de belangrijkste Prisma Woordenboeken:

Miniwoordenboeken
* voor cursus en vakantie
* in klein formaat
* in 24 talen, waaronder Turks, Fries,
  Afrikaans, Arabisch en Fins

Basiswoordenboeken
* voor beginnende taalleerders, de
  basisschool, lagere school en NT2
* glasheldere uitleg en voorbeelden
* met illustraties
* Nederlands (verklarend), Frans en Engels

Expresswoordenboeken
* voor de beginnende woordenboekgebruiker
* aansluitend bij het vmbo/mbo, bso/tso en de
  onderbouw havo/vwo, onderbouw tso/aso
* actuele informatie over de hedendaagse
  basiswoordenschat
* zeer toegankelijk, veel voorbeeldzinnen
* Nederlands (verklarend), Engels

Pocketwoordenboeken
* voor de middelbare scholier
* elk jaar bijgewerkt
* overzichtelijk: trefwoorden en tabs in kleur
* het pocketwoordenboek met de meeste
  trefwoorden
* Nederlands (verklarend), Engels, Frans,
  Duits, Spaans, Italiaans en Fries

Handwoordenboeken
* voor bovenbouw havo/vwo, bovenbouw
  tso/aso, studie en beroep
* gebonden, duurzame uitvoering
* veel voorbeeldzinnen en uitdrukkingen,
  kaderteksten met weetjes
* Nederlands (verklarend), Engels, Frans en
  Duits

PRISMA WOORDENBOEK

Engels
Nederlands

drs. M.E. Pieterse-van Baars

Uitgeverij Het Spectrum B.V.
Postbus 97
3990 DB Houten

Oorspronkelijke auteurs: drs. F.J.J. van Baars en drs.
J.G.J.A. van der Schoot
Database: Librios Ltd., Londen
Omslagontwerp: Kees Hoeve

De uitspraak in dit boek is afkomstig van Oxford
University Press en bewerkt door dr. J.M. Mees en dr.
B.S. Collins

ISBN 978 90 274 9298 2
ISBN met cd-rom 978 90 274 9099 5
NUR 627

www.prisma.nl

Voorwoord

Al meer dan 50 jaar zijn Prisma pockets de **meest gebruikte woordenboeken** op school en daarbuiten. In geen ander pocketwoordenboek vind je zo veel **betrouwbare informatie** als in de Prisma's. Onze woordenboeken hebben dan ook een uitstekende reputatie onder docenten, die ze al ruim een halve eeuw aanbevelen. In alle Prisma pockets passen we de **officiële spelling** toe, volgens de regels van de Nederlandse Taalunie.

Tienduizenden trefwoorden op alle gebieden, met duizenden voorbeeldzinnen om ze op de juiste manier te gebruiken: deze Prisma is **compleet** en toegespitst op gebruik op middelbare scholen, op het werk en thuis. Achterin hebben we een handige beknopte grammatica over de vreemde taal opgenomen.

Met een netwerk van taalprofessionals houden wij de Prisma woordenboeken doorlopend **actueel**: verouderde woorden maken plaats voor nieuwe, alle informatie controleren we en stellen we bij, waar nodig.

In deze editie hebben we honderden **nieuwe vertalingen** toegevoegd, zoals *carbon neutral* (klimaatneutraal), *credit crunch* (kredietcrisis) en *supersize* (vergroten).

Met dit Prisma woordenboek ontvang je bovendien **gratis tijdelijk toegang** tot hetzelfde boek op **internet**. Dat betekent dat je nog makkelijker zoekt en nog sneller een antwoord op je vraag hebt. De online versie is nog actueler: deze updaten we het hele jaar door. De inlogcode voor de online versie vind je ongeveer in het midden van dit boek, op een aparte pagina.

Dit woordenboek is erg **helder en gebruiksvriendelijk** door de overzichtelijke indeling van betekenissen, voorbeeldzinnen en idiomen. De extra kleur en de letterliniaal zijn belangrijke hulpmiddelen waarmee je ook in de boeken snel vindt wat je zoekt. Waar het nodig is, geven we extra informatie waarmee je de juiste vertaling kunt kiezen.

Lees de **gebruiksaanwijzing**, op de volgende bladzijden, en je haalt er alles uit wat erin zit.

Heb je opmerkingen over dit woordenboek, dan waarderen wij het zeer wanneer je ons deze laat weten. Zend een e-mail naar: redactie@prisma.nl.

de Prisma redactie

Gebruiksaanwijzing

In dit woordenboek vind je veel **woorden met hun vertaling**. Soms heeft een trefwoord meerdere vertalingen. *Jam* kan bijvoorbeeld 'opstopping' betekenen, maar ook 'marmelade' of 'storing'. *Cure* kan een zelfstandig naamwoord zijn, maar ook een werkwoord. Daarom geven we **extra informatie** als dat nodig is, bijvoorbeeld over de betekenis of over de grammatica. We geven ook voorbeelden hoe woorden voorkomen in combinatie met andere woorden. Hieronder beschrijven we kort wat je kunt aantreffen.

Alle **trefwoorden** drukken we vet en blauw. Varianten erop en verwijzingen ernaar ook. Alle Engelse tekst en alle extra informatieve tekst drukken we romein (rechtop), alle vertalingen in het Nederlands *cursief* (schuin).

De **uitspraak** van de trefwoorden geven we weer in fonetisch schrift, tussen ronde haken. Van de samengestelde trefwoorden (met een koppelteken of een spatie) is de uitspraak te vinden onder de afzonderlijke delen.Van afkortingen geven we alleen de uitspraak als die anders is dan de losse letters. Een verklaring van de uitspraaktekens staat op pagina 10.

Als een trefwoord meerdere **woordsoorten** heeft, geven we dat aan met blauwe Romeinse cijfers. Zoek je bijvoorbeeld de vertaling van *play*, dan vind je eerst (**I**) het werkwoord en een paar regels daarna (**II**) het zelfstandig naamwoord.

Als een trefwoord meerdere **betekenissen** heeft, dan staan daar blauwe bolletjes voor. Zoek je dus naar de vertaling van *good*, dan kom je achter elk blauw bolletje een nieuwe vertaling tegen (● goed ● braaf ● flink). Als twee vertalingen ongeveer hetzelfde betekenen, staat er geen bolletje, maar een puntkomma tussen. Bij *goof* staat bijvoorbeeld 'sufferd; kluns'. Engelse werkwoorden komen vaak voor in vaste combinatie met een **voorzetsel**, bijvoorbeeld *take off*. Deze krijgen ook een bolletje ervóór en zijn blauw gedrukt, zodat je ze snel vindt.

Bij een trefwoord vind je ook vaak **voorbeeldzinnen**. Deze laten zien hoe je het woord in combinatie met andere woorden kunt tegenkomen, bijvoorbeeld bij *sale* ('for sale': te koop) of *name* ('Christian name': <u>voor</u>naam). Soms betekent de combinatie iets heel anders dan de woorden los, bijvoorbeeld 'hit the roof': barsten van woede (en niet 'het dak slaan').

Extra informatie over de betekenis van een woord geven we met **labels**: MUZ. betekent dat het woord te maken heeft met muziek, MIN. betekent dat het woord een minachtende lading heeft. Ook tussen geknikte **haakjes** vind je soms extra informatie, die je helpt de juiste vertaling te kiezen, bijvoorbeeld dat een vertaling alléén gebruikt wordt ⟨bij rugby⟩.

Op **pagina 9** kun je zien hoe dit alles er in het boek uitziet.

Extra tips

★ Als je op zoek bent naar de vertaling van een uitdrukking of idioom, kijk dan eerst bij het **eerste zelfstandig naamwoord** dat daarin voorkomt. 'stand in line' vind je bij *line*, niet bij *stand* of *in*. Staan er meerdere zelfstandige naamwoorden in de zin, kijk dan ook eerst bij het eerste: 'race against time' vind je bij het trefwoord *race*, niet bij *time*.
Als je de gezochte vertaling niet bij het eerste zelfstandig naamwoord vindt, kijk dan bij het tweede, enzovoort.

★ Veel combinaties van woorden met **voorzetsels** (*at, by, for, through, with*) vind je bij de (werk)woorden waar ze vaak bij voorkomen: 'pull about' vind je bij *pull*, niet bij *about*; 'be in labour' vind je bij *labour*, niet bij *be* of *in*.

★ Zoek bij de **hele vorm** van het woord, niet bij de vervoeging of verbuiging: 'walked' vind je dus bij *walk*; 'stations' vind je bij *station*. Bij onregelmatige vervoegingen en verbuigingen vind je een verwijzing naar het juiste woord, bijvoorbeeld van *knew* naar *know*, van *mice* naar *mouse*.

★ Een aantal woorden kun je op meerdere manieren uitspreken. *Lead* (uitgesproken met ie-klank) betekent onder meer 'leiden' en *lead* (uitgesproken met è-klank) onder meer 'lood'. Deze woorden staan in het boek als afzonderlijke trefwoorden:

lead[1] (li:d) [...]
lead[2] (led) [...]

Hetzelfde geldt voor woorden met meerdere klemtonen:

defect[1] ('di:fekt/d'rfekt) [...]
defect[2] (dr'fekt) [...]

★ Als je iets in het woordenboek niet begrijpt, zoek dan in de lijsten met **bijzondere tekens** en **afkortingen** hierna. Als die geen uitkomst bieden, mail ons dan: redactie@prisma.nl.

Beknopte grammatica

Achter in dit woordenboek vind je een beknopte grammatica van het Engels.

Bijzondere tekens

Voorbeelden van het gebruik van onderstaande tekens worden gegeven op pagina 9.

I, II enz.	Als een trefwoord meerdere woordsoorten heeft (bv. overgankelijk én onovergankelijk werkwoord), worden deze voorafgegaan door blauw gedrukte Romeinse cijfers.
•	Als een trefwoord meerdere betekenissen heeft, worden deze voorafgegaan door een blauw bolletje. Ook vaste combinaties van het trefwoord met een voorzetsel worden gezien als een aparte betekenis.
★	Na een blauwe ster volgt een voorbeeldzin.
(...)	Tussen ronde haken staat uitspraakinformatie. Voor een verklaring van de tekens zie pagina 10.
[...]	Tussen rechte haken staat extra grammaticale informatie.
⟨...⟩	Tussen geknikte haken staat extra uitleg over de betekenis of de vertaling daarvan.
~	Een tilde vervangt vaak het trefwoord in voorbeeldzinnen en zegswijzen.
/	Een schuine streep scheidt woorden die onderling verwisselbaar zijn.
≈	Een equivalentieteken geeft aan dat de vertaling een benadering is van het vertaalde. Een exactere vertaling is in dat geval niet te geven.
→	Een pijl verwijst voor meer informatie naar het erop volgende trefwoord.

Lijst van gebruikte afkortingen

AANW VNW	aanwijzend voornaamwoord
AARDK.	aardrijkskunde
ADMIN.	administratie
AFK	afkorting
AGRAR.	agrarisch, landbouw
ANAT.	menselijke anatomie
ANGL.	anglicaans
ARCH.	architectuur
AUS.	Australisch-Engels
AUTO.	auto's en motoren
A-V	audiovisueel
BETR VNW	betrekkelijk voornaamwoord
BEZ VNW	bezittelijk voornaamwoord
BIJW	bijwoord
BIOL.	biologie, milieu
BN	Belgisch Nederlands
BNW	bijvoeglijk naamwoord
CAN.	Canadees, Canada
CHEM.	chemie
COMM.	communicatie, voorlichting, reclame
COMP.	computer
CUL.	culinaria, voeding
deelw.	deelwoord
DIERK.	dierkunde
DRUKK.	drukkerij- en uitgeverijwezen
ECON.	economie
ELEK.	elektronica
EUF.	eufemistisch
ev	enkelvoud
FIG.	figuurlijk
FILOS.	filosofie
FORM.	formeel
GB	vooral Brits-Engels, Groot-Brittannië
GEO.	geografie
GESCH.	geschiedenis
HER.	heraldiek
HUMOR.	humoristisch
HWW	hulpwerkwoord
id.	(verbuiging) identiek
iem.	iemand
infin.	infinitief
INFORM.	informeel
IRON.	ironisch
JEUGDT.	jeugdtaal
JUR.	juridisch, recht
KUNST	beeldende kunst
KWW	koppelwerkwoord
LANDB.	landbouw
LETT.	letterlijk
LIT.	literatuur, letterkunde
LUCHTV.	luchtvaart
LW	lidwoord
MED.	medisch, geneeskunde
MEDIA	media: televisie, radio, tijdschriften
MIL.	militair
MIN.	minachtend, afkeurend
MUZ.	muziek
mv	meervoud
MYTH.	mythologie
NATK.	natuurkunde
OMSCHR.	omschrijvend
ONB TELW	onbepaald telwoord
ONB VNW	onbepaald voornaamwoord
ONOV	onovergankelijk (zonder object)
ONP	onpersoonlijk
onr.	onregelmatig
ONV	onvervoegbaar
o.s.	oneself
OUD.	ouderwets
OV	overgankelijk (met object)
o&w	onderwijs en wetenschap
p.	person
PERS VNW	persoonlijk voornaamwoord
PLANTK.	plantkunde
PLAT	plat, ordinair
POL.	politiek
PSYCH.	psychologie
REG.	regionaal
REL.	religie
samentr.	samentrekking
sb	somebody
SCHEEPV.	scheepvaart
SCHEIK.	scheikunde
SL.	slang, boeventaal
SPORT	sport, lichamelijke oefening
STERRENK.	sterrenkunde
sth	something
TAALK.	taalkunde
TECHN.	techniek, mechanica
teg.	tegenwoordig
TELW	telwoord
TON.	toneel, theater
TW	tussenwerpsel
UITR VNW	uitroepend voornaamwoord
USA	vooral Amerikaans-Engels, Verenigde Staten
v.	van
v.d.	van de
v.e.	van een
v.h.	van het
VISS.	visserij
VOETB.	voetbal
volt.	voltooid
VOORV.	voorvoegsel
VR VNW	vragend voornaamwoord
VULG.	vulgair
VW	voegwoord
VZ	voorzetsel
WISK.	wiskunde
WKD	wederkerig en wederkerend
WKD VNW	wederkerend voornaamwoord
WKG VNW	wederkerig voornaamwoord
WW	werkwoord
WWW	internet
z.	zich
ZN	zelfstandig naamwoord

liberal ('lıbərəl) I ZN *liberaal* II BNW • *liberaal* — trefwoorden, met eventuele varianten, zijn
• *overvloedig; royaal* • *ruimdenkend;* blauw gedrukt
onbevooroordeeld ★ ~ *of royaal met* ★ ~ arts *vrije*
kunsten; alfawetenschappen ⟨in de VS⟩ ★ ~
education *brede ontwikkeling*

liberalism ('lıbərəlızəm) ZN *liberalisme* — tussen ronde haken wordt uitspraakinformatie
libertinage ('lıbətınıdʒ) ZN • *vrijdenkerij* gegeven
• *losbandigheid*
libertine ('lıbəti:n) I ZN • *vrijdenker* • *losbol* II BNW — Romeinse cijfers gaan vooraf aan een
• *vrijdenkend* • *losbandig* woordsoort
liberty ('lıbətı) ZN *vrijheid* ★ be at ~ *vrij/onbezet*
zijn ★ set at ~ *in vrijheid stellen* ★ liberties [mv] — tussen rechte haken wordt extra grammaticale
rechten; privileges ★ take liberties *zich* informatie gegeven - zie p. 8
(ongepaste) vrijheden (met iem.) veroorloven
Liberty Hall ZN FIG. *een vrijgevochten bende*
librate (laɪ'breɪt) ONOV WW • *z. in evenwicht* — bolletjes gaan vooraf aan verschillende
houden • *schommelen; trillen* betekenissen van een trefwoord
libriosic (lıbrı'əʊsık) BNW *(te) vrijmoedig*
Libyan ('lıbıən) I ZN *Libiër* II BNW *Libisch* — woordsoorten zijn in kleinkapitaal gezet - zie
lice (laıs) ZN MV → **louse** p. 8
licence ('laısəns), USA **license** ZN • *verlof;*
vergunning ⟨vnl. om drank te verkopen⟩ — pijlen verwijzen naar een ander trefwoord voor
• *licentie* • *diploma* • *concessie* • *vrijheid;* meer informatie
losbandigheid • *bewijs v. voorwaardelijke*
invrijheidstelling ★ poetic ~ *dichterlijke vrijheid*
★ driving ~ *rijbewijs*
licence number ZN *kenteken*
licence-plate ZN USA *nummerbord* — labels zijn in kleinkapitaal gezet en geven
life raft ZN *reddingsboot/-vlot* informatie over stijl, herkomst of vakgebied -
life sentence ZN *levenslange gevangenisstraf* zie p. 8
life-size(d) ('laıfsaız d) BNW *levensgroot*
life term ZN *levenslange gevangenisstraf* — schuine strepen staan tussen verwisselbare
lifetime ('laıftaım) ZN • *mensenleven* • *levensduur* varianten
★ a ~ career *een beroep voor het leven* ★ the
chance of a ~ *de kans van je leven*
life vest ZN USA *reddingsvest* — sterretjes gaan vooraf aan voorbeeldzinnen
lifework (laıf'wɜ:k) ZN *levenswerk*
lift (lıft) I ZN • *hulp; steun* • *laagje-hakleer* • GB *lift* — tildes (~) vervangen het trefwoord
• *(terrein)verhoging* • *opwaartse druk;*
stijgkracht ⟨v. vliegtuigvleugel⟩ • *het (iem.*
laten) meerijden ★ give s.o. a lift *iem. een lift*
geven II OV WW • *verheffen* • *in de lucht slaan* ⟨v.
bal⟩ • *stelen; wegvoeren* ⟨v. vee⟩ • *opbreken*
⟨vnl. van kamp⟩ • *rooien* ⟨v. aardappelen⟩
• *aflossen* ⟨v. lening⟩ • *opheffen; hijsen* • *opslaan*
⟨v. ogen⟩ • *omhoog steken* ★ lift s.o. down *iem.*
v. d. wagen aftillen/uit de auto helpen ★ lift a
hand *een hand uitsteken* ⟨om iets te doen⟩ ★ lift — tussen geknikte haken wordt extra uitleg
one's hand *een eed afleggen* ★ lift up one's heel gegeven
schoppen; trappen ★ lift up one's horn
eerzuchtig of trots zijn ★ lifting power
hefvermogen III ONOV WW • *omhoog getild*
worden • *zich verheffen* • *wegtrekken;*
optrekken ⟨v. mist⟩ • *kromtrekken* ⟨v. vloer⟩
• ~ off *opstijgen* ⟨v. vliegtuig⟩
liquorice ('lıkərıs) ZN • *zoethout* • *drop* ★ ~ allsorts
≈ *Engelse drop* — equivalentietekens (≈) geven aan dat de
liquor store ZN USA *slijterij* volgende vertaling een benadering is

Uitspraak

ɑ:	als a	in father ('fɑ:ðə)
æ	als a	in man (mæn)
aɪ	als i	in time (taɪm)
aɪə	als ire	in fire ('faɪə)
aʊ	als ou	in house (haʊs)
aʊə	als our	in sour ('saʊə)
ã	als an	in seance ('seɪãs)
ʌ	als u	in cup (kʌp)
b	als b	in but (bʌt)
d	als d	in day (deɪ)
e	als e	in bed (bed)
eə	als ai	in fair (feə)
eɪ	als ay	in day (deɪ)
ɜ:	als er	in service ('sɜ:vɪs)
ə	als a	in ago, villa (ə'gəʊ), (vɪlə)
f	als f	in father ('fɑ:ðə)
g	als g	in gun (gʌn)
h	als h	in hat (hæt)
i:	als ee	in three (θri:)
ɪ	als i	in it (ɪt)
ɪə	als ear	in near (nɪə)
j	als y	in you (ju:)
k	als c	in come (kʌm)
l	als l	in late, mile (leɪt), (maɪl)
m	als m	in man (mæn)
n	als n	in no (nəʊ)
ŋ	als ng	in song (sɒŋ)
əʊ	als o	in so (səʊ)
ɔ:	als or	in sport (spɔ:t)
ɒ	als o	in not (nɒt)
ɔɪ	als oy	in boy (bɔɪ)
p	als p	in park (pɑ:k)
r	als r	in right (raɪt)
s	als s	in song (sɒŋ)
ʃ	als sh	in fish (fɪʃ)
t	als t	in take (teɪk)
θ	als th	in thing (θɪŋ)
ð	als th	in the (ðɪ)
u:	als oe	in shoe (ʃu:)
ʊ	als oo	in good (gʊd)
ʊə	als oor	in boor ('bʊə)
v	als v	in very ('verɪ)
w	als w	in way (weɪ)
x	als ch	in het Nederlands toch, Schots loch (lɒx)
z	als z	in zero ('zɪərəʊ)
ʒ	als s	in measure ('meʒə)

' betekent dat de volgende lettergreep beklemtoond is
: betekent dat de klank lang is

A

a (ə, eɪ) I ZN • letter *a* ⋆ A as in Abel *de a van Anton* II LW • *een* • *een zekere* ⋆ twice a day *twee keer per dag* ⋆ a mr Hobbs *een zekere meneer Hobbs* III AFK • acre / ampere / answer

a- (eɪ) VOORV *a-*; *on-*; *niet* ⋆ amoral *amoreel* ⋆ atypical *atypisch*

A (eɪ) ZN • MUZ. *A* • O&W ≈ *9 à 10* ⟨schoolcijfer⟩ ⋆ A1 *eersteklas*; INFORM. *geweldig*

AA AFK • G-B Automobile Association ≈ *ANWB* • Alcoholics Anonymous *Anonieme Alcoholisten* • Anti-Aircraft *luchtafweer* ⋆ AA road service *wegenwacht*

ab (æb) I ZN • INFORM. • → **abdomen** II BIJW • INFORM. • → **absolutely**

aback (ə'bæk) BIJW *terug*; *achteruit* ▼ be taken ~ *onthutst zijn*

abacus ('æbəkəs) ZN • *telraam* • GESCH. *abacus*

abandon (ə'bændən) I OV WW • *in de steek laten*; *verlaten* • SPORT *afgelasten* • *opgeven* ⟨v. hoop/poging enz.⟩ ⋆ ~ yourself to *je overgeven aan* II ZN • do sth with ~ *iets met overgave doen*

abandoned (ə'bændənd) BNW • *verlaten* • *losbandig*; *verdorven* • *ongeremd*; *uitbundig*

abase (ə'beɪs) OV WW *verlagen*; *vernederen*

abasement (ə'beɪsmənt) ZN *vernedering*

abashed (ə'bæʃt) OV WW • *verlegen* • *beschaamd*

abate (ə'beɪt) I OV WW • *verlagen* ⟨v. prijs⟩ • *doen afnemen* • *verminderen* II ONOV WW • *afnemen*; *minder worden*

abatement (ə'beɪtmənt) ZN *vermindering*; *reductie*

abattoir ('æbətwɑː) ZN *abattoir*; *slachthuis*

abbess ('æbes) ZN *abdis*; *moeder-overste*

abbey ('æbɪ) ZN *abdij(kerk)*

abbot ('æbət) ZN *abt*

abbr. AFK • abbreviation *afk.* ⟨afkorting⟩ • abbreviated *afgekort*

abbreviate (ə'briːvɪeɪt) OV WW *af-/be-/verkorten*

abbreviation (əbriːvɪ'eɪʃən) ZN *afkorting*

ABC (eɪbiː'siː) AFK *abc* ▼ ⟨as⟩ easy as ABC *kinderlijk eenvoudig*

abdicate ('æbdɪkeɪt) I OV WW • *afstand doen* ⟨v. de troon⟩ • *afschuiven* ⋆ ~ (from) the throne *afstand doen van de troon* ⋆ ~ all responsabilities *alle verantwoordelijkheid afstoten/afschuiven* II ONOV WW • *aftreden*

abdication (æbdɪ'keɪʃən) ZN *(het) aftreden*; *troonsafstand*

abdomen ('æbdəmən) ZN • ANAT. *onderbuik* • *achterlijf* ⟨v. insect⟩

abdominal (æb'dɒmɪnl) BNW ANAT. *onderbuik-*

abduct (əb'dʌkt) OV WW *ontvoeren*

abduction (æb'dʌkʃən) ZN *ontvoering*

abductor (æb'dʌktə) ZN *ontvoerder*

aberrant (ə'berənt) BNW • *abnormaal* • OOK BIOL. *afwijkend*

aberration (æbə'reɪʃən) ZN • BIOL. *afwijking* • NATK. *aberratie* • *misstap*

abet (ə'bet) OV WW *ophitsen*; *aanstoken*; *(mee)helpen (aan iets slechts)* ⋆ JUR. accused of aiding and abetting *beschuldigd van*

medeplichtigheid

abeyance (ə'beɪəns) ZN FORM. ▼ in ~ *latent*; *hangende*; *onbeslist*

abhor (əb'hɔː) OV WW FORM. *verafschuwen*

abhorrence (əb'hɒrəns) ZN FORM. *afschuw* ⟨of van⟩

abhorrent (əb'hɒrənt) BNW FORM. *weerzinwekkend*

abide (ə'baɪd) I OV WW [onr.] • *verdragen*; *dulden* ⋆ I cannot ~ him *ik kan hem niet uitstaan* II ONOV WW • FORM. *blijven* • ~ by *trouw blijven aan* • *z. schikken naar*; *z. houden aan* ⟨de regel⟩

abiding (ə'baɪdɪŋ) BNW FORM. *duurzaam*; *blijvend*

ability (ə'bɪlətɪ) ZN • *vermogen*; *bevoegdheid* • *talent*; *bekwaamheid* ⋆ to the best of one's ~ *naar beste kunnen*

abject ('æbdʒekt) BNW • *rampzalig* • *verachtelijk* ⋆ ~ misery *diepe ellende* ⋆ ~ poverty *bittere armoede*

abjure (əb'dʒʊə) OV WW *afzweren*

ablation (æb'leɪʃən) ZN • *erosie* • *amputatie*

ablation shield ZN ⟨ruimtevaart⟩ *hitteschild*

ablative ('æblətɪv) ZN *ablatief* ⟨6e naamval⟩

ablaze (ə'bleɪz) BIJW • *in lichterlaaie* • *schitterend*; *stralend* • FIG. ⋆ ~ with excitement *gloeiend van opwinding* ⋆ set ~ *in vuur en vlam zetten*

able ('eɪbl) BNW • *bekwaam*; *kundig*; *intelligent* ⋆ be able to *in staat zijn om*; *kunnen*

able-bodied BNW *fit, sterk en gezond* ⋆ G-B ~ seaman *volmatroos*

ablution (ə'bluːʃən) ZN FORM. *reiniging*; *(rituele) wassing*; *zuivering* ⋆ IRON. have you finished your ~s? *ben je klaar met je toilet?*

ably ('eɪblɪ) BIJW • → **able**

abnegate ('æbnɪgeɪt) OV WW • FORM. *opgeven* • *z. ontzeggen*

abnormal (æb'nɔːml) BNW • *abnormaal*; *afwijkend* • *uitzonderlijk*

abnormality (æbnɔː'mælətɪ) ZN • *afwijking* • *uitzonderlijkheid*

aboard (ə'bɔːd) I VZ • *aan boord van* ⟨schip, vliegtuig, trein, bus⟩ II BIJW • *aan boord* ⋆ all ~! *iedereen instappen!*

abode (ə'bəʊd) I ZN FORM. *verblijf*; *woonplaats* ⋆ of/with no fixed ~ *zonder vaste woon- of verblijfplaats* II WW [verleden tijd + volt. deelw.] • → **abide**

abolish (ə'bɒlɪʃ) OV WW *afschaffen*

abolishment (ə'bɒlɪʃmənt) ZN *afschaffing*

abolition (æbə'lɪʃən) ZN *afschaffing*

abolitionist (æbə'lɪʃənɪst) ZN *voorstander v. afschaffing* ⟨v. wet, systeem, slavernij enz.⟩

abominable (ə'bɒmɪnəbl) BNW *afschuwelijk*

abominate (ə'bɒmɪneɪt) OV WW *verafschuwen*

abomination (əbɒmɪ'neɪʃən) ZN *gruwel*; *afschuw*

aboriginal (æbə'rɪdʒɪnl) I ZN • *oorspronkelijke bewoner* ⟨v. Australië⟩ II BNW • *oorspronkelijk*; *inheems*; *autochtoon*

aborigine (æbə'rɪdʒəniː) ZN *oorspronkelijke bewoner v. Australië*

abort (ə'bɔːt) I OV WW • *aborteren* • COMP./ LUCHTV. *(voortijdig) afbreken*; *stoppen* • *doen*

ab

mislukken II ONOV WW • *voortijdig bevallen*; *een miskraam hebben* • *mislukken*

abortion (ə'bɔːʃən) ZN • *abortus (provocatus)* • *miskraam* • *mislukking*

abortive (ə'bɔːtɪv) BNW *mislukt* ★ *prove ~ verkeerd uitvallen*; *falen*

abound (ə'baʊnd) ONOV WW • *overvloedig aanwezig zijn* • ~ *in/with rijk zijn aan*; *wemelen van*

about (ə'baʊt) I BIJW • *ongeveer*; *bijna* • *overal*; *in het rond* • *aanwezig*; *in de buurt* • *andersom*; *omgekeerd* ▼ *that's ~ all/it dat is het zo'n beetje* II VZ • *over* • *om.....heen* • *rondom*; *in de buurt van* ★ *I haven't any money ~ me ik heb helemaal geen geld bij me* ★ *there's sth strange ~ it er is iets vreemds mee/aan* ★ *be ~ to op het punt staan om* ★ *not be ~ to niet van plan zijn om* ★ *can you do sth ~ it? kun je er iets aan doen?* ▼ *how/what ~ a beer? (zin in een) biertje?* III BNW ▼ *be ~ to do sth op het punt staan iets te doen* ▼ *not be ~ to do sth niet van plan zijn iets te doen*

about-face, about-turn ZN OOK FIG. *totale ommekeer*; *ommezwaai*

above (ə'bʌv) I VZ • *boven* • *hoger dan*; *meer dan* • *verheven boven* • *harder dan* ⟨v. geluid⟩ ▼ ~ *all vooral*; *bovenal* ▼ ~ *yourself verwaand* ▼ *not be ~ je niet te goed voelen voor*; *in staat zijn om* II BIJW • *boven* • *meer dan* • *hierboven* ★ *imposed from ~ van hogerhand opgelegd* III BNW • *bovengenoemd*; *bovenstaand*; *hierboven* IV ZN • *bovengenoemde(n)*; *bovenstaande(n)*

abrade (ə'breɪd) OV WW • *afschaven/-schuren* ⟨v. rots, huid⟩ • *afrijden* ⟨v. band⟩

abrasion (ə'breɪʒən) ZN • *schaafwond* • AARDK. *afschuring*

abrasive (ə'breɪsɪv) I ZN • *schuurmiddel* II BNW • *krassend*; *schurend* • *ruw*; *scherp*

abreast (ə'brest) BIJW *naast elkaar* ★ *keep ~ of op de hoogte blijven van*; *gelijke tred houden met*

abridge (ə'brɪdʒ) OV WW *in-/verkorten*

abridgement, abridgment (ə'brɪdʒmənt) ZN • *in-/verkorting* • *verkorte uitgave/versie*; *uittreksel*

abroad (ə'brɔːd) BIJW • *in/naar het buitenland* • *in omloop* • *in het rond*

abrogate ('æbrəgeɪt) OV WW *afschaffen*; *intrekken*

abrogation (æbrə'geɪʃən) ZN *afschaffing*; *intrekking*

abrupt (ə'brʌpt) BNW • *abrupt*; *plotseling* • *kortaf*; *bruusk* • *steil* • PLANTK. *geknot*

abscess ('æbsɪs) ZN *abces*; *ettergezwel*

abscond (əb'skɒnd) ONOV WW • *stil er tussenuit trekken* • ~ *from vluchten voor*

abseil ('æbseɪl) WW SPORT *abseilen*

absence ('æbsəns) ZN *afwezigheid*; *absentie* ★ ~ *of afwezigheid van*; *gebrek aan*

absence rate ZN *afwezigheidspercentage*; *verzuimpercentage*

absent[1] (æb'sent) WKD WW ★ ~ *o.s. zich verwijderen*; *niet gaan*

absent[2] ('æbsənt) BNW *afwezig*

absentee (æbsən'tiː) ZN • *afwezige* • *iem. die niet*

in zijn land of huis verblijft

absenteeism (æbsən'tiːɪz(ə)m) ZN *werk-/schoolverzuim*

absent-minded (æbsənt'maɪndɪd) BNW *verstrooid*; *afwezig*

absolute ('æbsəluːt) BNW • *absoluut*; *geheel*; *volkomen* • *onbetwistbaar* • *onvoorwaardelijk* • *onbeperkt* ⟨vnl. pol.⟩ ★ MUZ. ~ *pitch absoluut gehoor* ★ I ~ly *agree! ik ben het volkomen met je eens!*

absolutely ('æbsəl'uːtlɪ) BIJW • → **absolute**

absolution (æbsə'luːʃən) ZN *absolutie* ⟨kwijtschelding⟩

absolve (əb'zɒlv) OV WW • *de absolutie geven*; *vergeven* • ~ *from/of vrijspreken van*

absorb (əb'sɔːb) OV WW • *absorberen* • *geheel in beslag nemen* • *in z. opnemen* • *opslorpen* ★ ~ed *in thought in gedachten verzonken*

absorbent (əb'sɔːbənt) BNW *absorberend* ★ USA ~ *cotton verbandwatten*

absorbing (əb'sɔːbɪŋ) BNW *boeiend*

absorption (əb'sɔːpʃən) ZN • *absorptie(vermogen)*; *opslorping* • *(het) opgaan (in in)*

abstain (əb'steɪn) ONOV WW ~ *from afzien van*; *z. onthouden van*

abstainer (əb'steɪnər) ZN • *iemand die niet wil stemmen* • *geheelonthouder*

abstemious (æb'stiːmɪəs) BNW *matig*; *zich onthoudend van*

abstention (əb'stenʃən) ZN ★ ~ *(from voting) (stem)onthouding*

abstinence ('æbstɪnəns) ZN *onthouding*

abstinent[1] ('æbstɪnənt) BNW *z. onthoudend van*

abstract[1] ('æbstrækt) I ZN • *abstract kunstwerk* • *abstractum*; *abstract begrip* • *samenvatting* ★ *in the ~ in theorie*; *in abstracto* II BNW • *abstract* • *theoretisch*

abstract[2] (æb'strækt) OV WW • *eruit halen*; *onttrekken* • *afleiden*; *abstraheren*; *(schriftelijk) samenvatten*

abstracted (əb'stræktɪd) BNW *verstrooid*; *in gedachten verzonken*

abstraction (əb'strækjən) ZN • *abstractie* • *verstrooidheid* • TECHN. *onttrekking*

abstruse (əb'struːs) BNW *duister*; *cryptisch*

absurd (əb'sɜːd) BNW *absurd*; *dwaas*; *ongerijmd*; *zinloos*

absurdity (əb'sɜːdətɪ) ZN *absurditeit*; *dwaasheid*; *ongerijmdheid*; *zinloosheid*

abundance (ə'bʌndəns) ZN *overvloed*

abundant (ə'bʌndənt) BNW • *overvloedig* • ~ *in/with rijk aan*; *wemelend van*

abuse[1] (ə'bjuːs) ZN • *misbruik* ⟨ook seksueel⟩ • *geweldpleging* • *scheldwoorden*

abuse[2] (ə'bjuːz) OV WW • *misbruiken* ⟨ook seksueel⟩ • *aanranden* • *uitschelden* ★ ~ *o.s. masturberen*

abusive (ə'bjuːsɪv) BNW *beledigend*; *gewelddadig*

abut (ə'bʌt) OV+ONOV WW • ~ *on/onto grenzen aan*

abutment (ə'bʌtmənt) ZN • *aanrakingspunt* • *steunpunt*; GESCH. *(steun)beer*; *schoor*

abysmal (ə'bɪzml) BNW *bodemloos*; *hopeloos* ★ *an ~ failure een gruwelijke mislukking*

abyss (ə'bɪs) ZN • *afgrond* • FIG. *hel*; *bodemloze*

put
AC, ac AFK • alternating current *wisselstroom*
• USA *airconditioning*
acacia (ə'keiʃə) ZN *acacia*
academic (ækə'demɪk) I ZN • *academicus* II BNW
• *academisch* • *theoretisch; speculatief*
• *nuchter* • *leergierig; studieus* ★ it was all ~
anyway *in de praktijk deed het niet ter zake*
academy (ə'kædəmɪ) ZN • *academie;
genootschap* • *instituut v. speciale opleiding* ⟨in
Schotland⟩ • *gymnasium* • USA *particuliere
middelbare school*
ACAS AFK Advisory, Conciliation and
Abstration Service *Bemiddelingsbureau voor
arbeidsconflicten*
accede (æk'si:d) ONOV WW ~ **to** *toestemmen in;
toetreden tot* ★ ~ to the throne *de troon
bestijgen*
accelerate (ək'seləreɪt) OV+ONOV WW *versnellen;
bespoedigen*
acceleration (əkselə'reɪʃən) ZN *versnelling;
bespoediging*
acceleration lane ZN *invoegstrook*
accelerator (ək'seləreɪtə) ZN • *gaspedaal* • NATK.
deeltjesversneller
accent¹ ('æksənt) ZN • *accent; uitspraak*
• *accent(teken)* • *nadruk*
accent² (æk'sent) OV WW *nadruk leggen op*
accentuate (æk'sentjʋeɪt) OV WW *accentueren;
beklemtonen*
accentuation (əksentʃʋ'eɪʃən) ZN *accentuering;
beklemtoning*
accept (ək'sept) OV+ONOV WW • *accepteren;
aannemen* • *toelaten; aanvaarden*
acceptable (ək'septəbl) BNW • *(algemeen)
aanvaardbaar* • *aannemelijk* • *acceptabel*
acceptance (ək'septns) ZN • *aanvaarding;
acceptatie* • *gunstige ontvangst* • *instemming;
goedkeuring* • ECON. *accept* ★ *without ~ of
persons zonder aanzien des persoons*
access ('ækses) I ZN • *toegang* ⟨'to tot⟩ • *aanval;
vlaag* II OV WW • *z. toegang verschaffen tot*
• *ontsluiten*
accessary (ək'sesərɪ) ZN • → **accessory**
access code ZN *toegangscode*
accessible (ək'sesɪbl) BNW *toegankelijk*
accession (ək'seʃən) ZN • *troonsbestijging*
• *toetreding; toelating* • *toevoeging; aanwinst*
• *vermeerdering; vergroting*
accessory (ək'sesərɪ) I ZN • *accessoire; iets
bijkomstigs* • *medeplichtige* ★ an ~ before/after
the fact *medeplichtige door aansporing / door
steun achteraf* II BNW • *bijkomstig*
• *ondergeschikt* • *medeplichtig* ★ be ~ to
(be)horen bij
access road ZN *toegangsweg*
accident ('æksɪdnt) ZN • *ongeluk* • *toeval* ★ by ~
toevallig ★ G-B ~ and emergency (A&E) *eerste
hulp* ★ FIG. ~s will happen ≈ *een ongeluk zit in
een klein hoekje*
accidental (æksɪ'dentl) BNW *toevallig*
accident-prone BNW *geneigd tot ongelukken*
acclaim (ə'kleɪm) I ZN • *gejuich* • *acclamatie* II OV
WW • *toejuichen* • *uitroepen tot* ★ a highly ~ed
work of art *een hooggeprezen kunstwerk*
acclamation (æklə'meɪʃən) ZN • *gejuich*

• *acclamatie* ★ by ~ *bij acclamatie; door
algemene luide instemming*
acclimatization, G-B **acclimatisation**
(əklaɪmətaɪ'zeɪʃn) ZN *acclimatisering*
acclimatize, G-B **acclimatise** (ə'klaɪmətaɪz)
OV+ONOV WW *acclimatiseren; wennen* ⟨'to aan⟩
accommodate (ə'kɒmədeɪt) OV WW • *huisvesten;
onderbrengen* • *verzoenen* • *van dienst zijn* ★ ~
sb's wishes *aan iemands wensen
tegemoetkomen* ★ ~ sb with sth *iem. met iets
van dienst zijn* ★ ~ to *aanpassen aan* ★ ~ with
voorzien van
accommodating (ə'kɒmədeɪtɪŋ) BNW
inschikkelijk; coulant
accommodation (əkɒmə'deɪʃən) ZN • *logies;
onderdak* • *schikking* • *aanpassing* • *plaats (in
voertuig)*
accommodation address ZN
correspondentieadres
accommodation train ZN USA *stoptrein*
accompaniment (ə'kʌmpənɪmənt) ZN
• *begeleiding* • *gezelschap*
accompanist (ə'kʌmpənɪst) ZN *begeleider*
accompany (ə'kʌmpənɪ) OV WW • *vergezellen;
begeleiden* • *gepaard gaan met* ★ ~ **with**
vergezeld doen gaan van ★ the food was
accompanied with excellent wine *het eten
ging vergezeld van een uitstekende wijn*
accomplice (ə'kʌmplɪs) ZN *medeplichtige*
accomplish (ə'kʌmplɪʃ) OV WW • *tot stand
brengen* • *volbrengen* • *nakomen* ⟨v. contract⟩
• *bereiken*
accomplished (ə'kʌmplɪʃt) BNW • *begaafd;
(veelzijdig) getalenteerd* • *volleerd; deskundig*
• *volbracht; voltooid* ★ an ~ fact *een voldongen
feit*
accomplishment (ə'kʌmplɪʃmənt) ZN • *prestatie*
• *bekwaamheid; talent* • *voltooiing; (het) tot
stand brengen* ★ a sense of ~ *het gevoel iets
volbracht te hebben*
accord (ə'kɔ:d) I ZN • *akkoord* ★ in ~ with (sth,
sb) *in overeenstemming met* ★ of one's own ~
uit eigen beweging ★ with one ~ *eenstemmig*
II OV WW • *verlenen* • *(doen) overeenstemmen*
accordance (ə'kɔ:dns) ZN ★ in ~ with *in
overeenstemming met*
accordingly (ə'kɔ:dɪŋlɪ) BIJW
dienovereenkomstig; derhalve
according to (ə'kɔ:dɪŋ'tʋ) VZ *volgens*
accordion (ə'kɔ:dɪən) ZN *accordeon*
accost (ə'kɒst) OV WW *aanklampen; lastig vallen*
account (ə'kaʋnt) I ZN • *verslag; beschrijving*
• *rekening* • *verklaring* • *(vaste) klant;
opdrachtgever* ★ ~s *boekhouding* ★ capital ~
kapitaalrekening ★ detailed ~ *uitvoerig verslag*
★ by/from all ~s *volgens veel mensen* ★ by
your own ~ *volgens eigen zeggen* ★ of no/little
~ *van geen/weinig belang* ★ on sb's ~ *ten
behoeve van iem.* ★ on ~ of *vanwege* ★ on no
~ / not on any ~ *in geen geval* ★ on your own
~ *voor eigen rekening; uit eigener beweging*
★ on this/that ~ *om deze reden / daarom*
★ give a good / poor ~ of yourself *je van je
goede / slechte kant laten zien* ★ put/turn sth
to good ~ *zijn voordeel doen met* ★ take ~ of
sth / take sth into ~ *rekening houden met*

ac

★ leave sth out of~ *iets buiten beschouwing laten* ★ terminal~ *driemaandelijkse rekening* **II** OV WW • *rekenen* • *beschouwen als* **III** ONOV WW • ~ **for** *veroorzaken*; *verklaren*; *uitleggen*; *vormen*; *uitmaken*; *verantwoorden* ★ be called / brought to~ for *ter verantwoording worden geroepen* ★ our antiaircraft guns~ed for three enemy bombers *ons luchtdoelgeschut heeft drie vijandelijke bommenwerpers uitgeschakeld* ★ there's no ~ing for taste *over smaak valt niet te twisten*

accountability (əkaʊntə'brɪlətɪ) ZN
• *verantwoordelijkheid*; *aansprakelijkheid*
• *verklaarbaarheid*

accountable (ə'kaʊntəbl) BNW
• *verantwoordelijk*; *aansprakelijk*
• *verklaarbaar*

accountancy (ə'kaʊntənsɪ) ZN • *(het) boekhouden* • *comptabiliteit* • *beroep v. (hoofd)boekhouder/accountant*

accountant (ə'kaʊntənt) ZN *boekhouder* ★ certified public~ *registeraccountant* ★ chartered~ *beëdigd accountant*; *hoofdboekhouder*

accounting (ə'kaʊntɪŋ) ZN • *boekhouding* • *verrekening*

accredit (ə'kredɪt) OV WW • *officieel erkennen*; *accrediteren*; *van geloofsbrieven voorzien* • *(uit)zenden* ⟨gezant, ambassadeur⟩ • ~ **to** *toeschrijven aan*; *geloof hechten aan*

accreditation (əkredr'teɪʃən) ZN *(officiële) erkenning*

accretion (ə'kri:ʃən) ZN *aangroei*; *aanslibbing*; *aanwas*

accrual (ə'kru:əl) ZN *groei*; *toename*

accrue (ə'kru:) **I** OV WW • *doen aangroeien*; *kweken* **II** ONOV WW • *aangroeien* • ~ **from** *voortkomen uit* • ~ **to** *toekomen* ⟨vnl. v. rente⟩

accumulate (ə'kju:mjʊleɪt) **I** OV WW • *verzamelen* **II** ONOV WW • *(z.) ophopen*

accumulation (əkju:mjʊ'leɪʃən) ZN *op(een)hoping*; *verzameling*

accumulative (ə'kju:mjʊlətɪv) BNW *opstapelend*; *aangroeiend*

accuracy (ˈækjʊrəsɪ) ZN *nauwkeurigheid*

accurate (ˈækjʊrət) BNW *nauwkeurig*; *stipt*

accusal (ə'kju:zəl) ZN • *beschuldiging* • *aanklacht*

accusation (əkju:'zeɪʃən) ZN *beschuldiging* ★ bring an~ (of murder) against *een aanklacht (wegens moord) indienen tegen*

accusatory (ə'kju:zətərɪ) BNW *beschuldigend*

accuse (ə'kju:z) OV WW *beschuldigen*; *aanklagen*

accused (ə'kju:zd) BNW ★ the~ *de verdachte(n)*

accusing (ə'kju:zɪŋ) BNW *beschuldigend*; *verwijtend*

accustom (ə'kʌstəm) OV WW *wennen* ★ ~ o.s. to sth *wennen aan iets.*

accustomed (ə'kʌstəmd) **I** BNW *gebruikelijk* ★ grow~ to sth *gewend zijn/raken aan iets* **II** WW [volt. deelw.] • → **accustom**

AC/DC ('eɪsi:'di:si:) BNW • Alternating Current/Direct Current *wisselstroom/ gelijkstroom* • *biseksueel*

ace (eɪs) ZN • *aas* ⟨kaartspel⟩ • *uitblinker* ⟨in competitie⟩ • SPORT *ace* ★ G-B an ace up your sleeve *een troef achter de hand* ★ USA an ace

in the hole *een troef achter de hand* ★ hold all the aces *alle troeven in handen hebben* ★ he was/came within an ace of losing *het scheelde maar een haartje of hij had verloren*

acerbic (ə'sɜ:bɪk) BNW *scherp*; *cynisch*

acerbity (ə'sɜ:bətɪ) ZN *wrangheid*; *bitterheid*

acetic (ə'si:tɪk) BNW *azijn-* ★ ~ acid *azijnzuur*

ache (eɪk) **I** ZN • *(voortdurende, hevige) pijn* ★ aches and pains *allerlei pijntjes* **II** ONOV WW • *pijn doen*; *pijn lijden* • *hunkeren (*for *naar)* ★ I am aching all over *alles doet me pijn* ★ she ached to see him *zij verlangde er hevig naar hem te zien*

achievable (ətʃi:vəbl) BNW • *uitvoerbaar* • *bereikbaar*; *met kans van slagen*

achieve (ə'tʃi:v) OV WW *volbrengen*; *bereiken* ⟨v. doel⟩; *behalen* ⟨v. succes⟩

achievement (ə'tʃi:vmənt) ZN *succes*; *prestatie*

achievement test ZN *schoolvorderingentest*

achy ('eɪki) BNW ★ I feel achy all over *het doet overal pijn*

acid ('æsɪd) **I** ZN • *zuur* • PLAT *lsd* ★ citric acid *citroenzuur* ★ cyanic acid *blauwzuur* ★ lactic acid *melkzuur* **II** BNW • *zuur* • *scherp*

acidity (ə'sɪdətɪ) ZN *zuurtegraad*; *zuurheid*

acid test ZN • SCHEIK. *zuurproef* • FIG. *lakmoesproef*

acknowledge (ək'nɒlɪdʒ) OV+ONOV WW • *toegeven* ⟨v. fout e.d.⟩ • *erkennen*; *bevestigen* • *beantwoorden* ⟨v. groet enz.⟩ • *blijk geven van* • *ontvangst bevestigen* ⟨v. bericht⟩ • *dank betuigen*

acknowledgement (ək'nɒlɪdʒmənt) ZN
• *erkenning*; *bevestiging* • *bericht v. ontvangst*
• *beantwoording* ⟨v. groet⟩

acme ('ækmɪ) ZN *toppunt*

acne ('æknɪ) ZN *acne*; *jeugdpuistjes*

acolyte ('ækəlaɪt) ZN • *volgeling* • *assistent* • *misdienaar*; *acoliet*

acorn ('eɪkɔ:n) ZN PLANTK. *eikel*

acorn shell ZN *zeepok*

acoustic (ə'ku:stɪk), USA **acoustical** (ə'ku:stɪkl) BNW *gehoor/geluid betreffend*; *akoestisch*

acoustics (ə'ku:stɪks) ZN MV *geluidsleer*; *akoestiek*

acquaint (ə'kweɪnt) OV WW ★ ~ o.s. with *zich vertrouwd maken met*; *zich op de hoogte stellen van* ★ ~ sb with *iem. in kennis stellen van*

acquaintance (ə'kweɪntəns) ZN • *kennis* ⟨persoon⟩ • *kennismaking* • *bekendheid* ★ make s.o.'s~ *kennis maken met iem.*

acquainted (ə'kweɪntɪd) BNW • *bekend*; *vertrouwd* • *op de hoogte*

acquiesce (ækwɪ'es) ONOV WW • *berusten* • ~ **in** *z. neerleggen bij*

acquiescence (ækwɪ'esəns) ZN *berusting*

acquiescent (ækwɪ'esənt) BNW • *berustend* • *inschikkelijk*

acquire (ə'kwaɪə) OV WW • *verwerven* ⟨vnl. v. kennis⟩; *verkrijgen* • *aanleren* ★ an~d taste *iets wat men moet/heeft léren waarderen*

acquirements (ə'kwaɪəmənts) ZN MV *verworvenheden*; *verworven kennis*

acquisition (ækwɪ'zɪʃən) ZN *verwerving* ⟨ook v. kennis⟩; *aanwinst* ⟨v. voorwerpen enz.⟩

acquisition cost ZN *aanschafkosten*

acquisitive (ə'kwɪzətɪv) BNW *hebzuchtig*; *kooplustig*

acquit (ə'kwɪt) OV WW JUR. *vrijspreken* ★ ~ o.s. well / badly *het er goed / slecht afbrengen*

acquittal (ə'kwɪtl) ZN JUR. *vrijspraak*

acre ('eɪkə) ZN *acre* ‹4047 m²› ★ FIG. *acres massa's*; *stapels*

acreage ('eɪkərɪdʒ) ZN *oppervlakte*

acrid ('ækrɪd) BNW • OOK FIG. *bijtend*; *scherp* • *penetrant*

acrimonious (ækrɪ'məunɪəs) BNW • *bitter* • *bits*; *fel*

acrimony ('ækrɪmənɪ) ZN • *bitterheid*; *boosheid* • *bitsheid*

acrobat ('ækrəbæt) ZN *acrobaat*

acrobatic (ækrə'bætɪk) BNW *acrobatisch*

acrobatics (ækrə'bætɪks) ZN MV *acrobatiek*

acronym ('ækrənɪm) ZN *acroniem*; *letterwoord*

across (ə'krɒs) VZ • *van de ene naar de andere kant*; *overdwars* • *in een bepaalde richting*; *naar* • *tegenover*; *aan de overkant* • *op/over* ‹deel van lichaam› • *overal* • *horizontaal* ‹in denksport› ★ he walked ~ the street *hij liep naar de overkant (van de straat)* ★ the crater was 30 yards ~ *de krater had een doorsnee van 30 meter* ★ her children are scattered ~ the world *haar kinderen zitten overal in de wereld* ★ he parked ~ from the station *hij parkeerde tegenover het station* ★ she sat down ~ from him *zij ging tegenover hem zitten*

across-the-board BNW *algemeen geldend*

acrylic (ə'krɪlɪk) I ZN • *acryl* II BNW • *acryl-*

act (ækt) I ONOV WW • *optreden*; *iets doen*; *handelen* • *zich gedragen* • *doen alsof* • *acteren* • *effect hebben op* ★ act for/on behalf of sb *optreden namens iem.* ★ INFORM. act the goat *ongein trappen* • ~ **up** *slecht functioneren*; *lastig zijn* ★ my VCR is acting up again *mijn videorecorder doet weer vreemd* • ~ **(up)on** *handelen volgens* II ZN • *handeling*; *daad* • *wet* • *bedrijf* ‹toneel› • *nummer* ‹variété› • JUR. act of God *natuurramp*; *force majeure* ★ TON. double act *duo* ★ in the act *op heterdaad* ★ INFORM. get in on the act *meedoen*; *zorgen dat je erbij bent* ★ INFORM. get one's act together *de boel op orde brengen*; *zijn zaakjes voor elkaar krijgen* ★ put on an act *zich aanstellen*; *komedie spelen* ★ JUR. Municipal Corporation Act *gemeentewet* ★ licensing act *drankwet*

acting ('æktɪŋ) I ZN • *(het) acteren* II BNW • *waarnemend*

action ('ækʃən) I ZN • *handeling*; *daad* • JUR. *proces* • *actie* • *werking*; *effect* • *mechaniek* ★ take~ *iets doen*; *handelend optreden* ★ ~s speak louder than words *geen woorden maar daden* ★ want a piece/slice of the~ *een graantje willen mee pikken* ★ that's where the~ is *daar gebeurt het allemaal* II ONOV WW • *actie ondernemen*

actionable ('ækʃnəbl) BNW JUR. *strafbaar*

action replay ZN *herhaling* ‹v. beelden v. sportwedstrijden›

activate ('æktɪveɪt) OV WW *aanzetten*; *activeren*

active ('æktɪv) I ZN • TAALK. *bedrijvende vorm* II BNW • *actief*; *werkzaam*; *werkend* • *levendig*

• *in dienst*; *dienstdoend*

actively ('æktɪvlɪ) BIJW *actief*; *bedrijvig*; *levendig*

activist ('æktɪvɪst) ZN *activist*

activity (æk'tɪvətɪ) ZN • *werk(zaamheid)*; *bedrijvigheid* • *activiteit*; *bezigheid*

actor ('æktə) ZN *acteur*; *toneelspeler*

actress ('æktrəs) ZN *actrice*; *toneelspeelster*

actual ('æktʃʊəl) BNW *(daad)werkelijk*; *feitelijk* ★ in~ *fact in feite* ★ ~ly, I quite liked her *eigenlijk vond ik haar best aardig* ★ I saw him, but didn't~ly talk to him *ik heb hem wel gezien, maar niet echt met hem gesproken* ★ he ~ly refused! *hij weigerde nota bene/zowaar!*; *hij waagde 't te weigeren!*

actuality (æktʃʊ'ælətɪ) ZN *werkelijkheid*

actually ('æktʃʊəlɪ) BIJW • *eigenlijk*; *feitelijk* • *trouwens*

actuary ('æktʃʊərɪ) ZN *actuaris*; *verzekeringswiskundige*

actuate ('æktʃʊeɪt) OV WW • *veroorzaken*; *in beweging zetten* • *drijven*

acuity (ə'kju:ətɪ) ZN • *scherpheid* • OOK FIG. *scherpzinnigheid*

acumen ('ækjʊmən) ZN *scherpzinnigheid*; *inzicht*

acupuncture ('ækju:pʌŋktʃə) ZN *acupunctuur*

acute (ə'kju:t) BNW • *acuut* ‹v. ziekte, pijn› • *scherpzinnig* • *dringend* • *scherp* ‹v. gehoor, hoek› ★ TAALK. an~ *accent een accent aigu*

acutely (ə'kju:tlɪ) BIJW *zeer* ★ ~ embarrassed *erg verlegen*; *in hevige geldnood* ★ be ~ aware of *zich sterk bewust zijn van*

ad (æd) ZN INFORM. • → **advertisement**

AD AFK Anno Domini *na Christus*; *A.D.*; *in het jaar onzes Heren*

adage ('ædɪdʒ) ZN *gezegde*

adamant ('ædəmənt) BNW *onvermurwbaar*; *keihard*

adapt (ə'dæpt) I OV WW • *aanpassen*; *bewerken* II ONOV WW • *z. aanpassen*

adaptability (ədæptə'bɪlətɪ) ZN • *aanpassingsvermogen* • *souplesse*

adaptable (ə'dæptəbl) BNW • *aanpasbaar* • *soepel*; *flexibel*

adaptation (ædæp'teɪʃən) ZN • *bewerking* • *aanpassing*

adapter ZN • → **adaptor**

adaption ZN • → **adaptation**

adaptor, adapter (ə'dæptə, ə'dæptər) ZN • TECHN. *tussenstuk*; *verdeel-/verloopstekker* • *bewerker*

add (æd) I OV WW • *toevoegen (*to *aan)* • *optellen* • *verder zeggen* ★ add insult to injury *de ene belediging op de andere stapelen* II ONOV WW • *bijdragen*; *optellen* • ~ **to** *vergroten*; *verhogen*; *bijdragen tot* • INFORM. ~ **up** *kloppen*; *optellen*; *neerkomen op* ★ this doesn't add up *dit klopt niet*

added ('ædɪd) BNW *toegevoegd*; *extra* ★ ~ value *toegevoegde waarde* ★ for~ protection of the skin *voor extra beveiliging van de huid*

adder ('ædə) ZN *adder*

addict ('ædɪkt) ZN *verslaafde*

addicted (ə'dɪktɪd) BNW *verslaafd* ★ become~ to drugs *verslaafd raken aan drugs*

addiction (ə'dɪkʃən) ZN *verslaving*; *verslaafdheid*

addictive (ə'dɪktɪv) BNW *verslavend*

ad

addition (ə'dɪʃən) ZN • *optelling*; *bijvoegsel*
• *aanwinst* • *vermeerdering*; *toevoeging* ★ in ~
bovendien ★ in ~ to *behalve*; *naast* ★ an ~ to
the family *gezinsuitbreiding*
additional (ə'dɪʃənl) BNW *additioneel*;
bijkomend; *extra*
additionally (ə'dɪʃənəlɪ) BIJW *bovendien*
addition sign ZN *plusteken*
additive ('ædətɪv) I ZN • *toevoeging*; *additief*
★ preservatives and ~s *conserveringsmiddelen
en andere toevoegingen* II BNW • *toevoegend*;
toevoegings-; *additief*
addled ('ædld) BNW • *bedorven* • *verward*
add-on ZN *uitbreidingsmogelijkheid*; *extra*
address (ə'dres) I ZN • *adres* • *toespraak* ★ form /
mode of ~ *correcte manier van aanspreken /
aanschrijven* ★ in case of change of ~ *indien
verhuisd* II OV WW • *adresseren* • *toespreken*;
aanspreken • *behandelen*; *aan de orde stellen*
addressee (ædre'siː) ZN *geadresseerde*
adduce (ə'djuːs) OV WW *aanvoeren*; *leveren* ⟨v.
bewijs⟩
adept ('ædept) I ZN • *deskundige* II BNW
• *deskundig* ⟨at, in in⟩; *bedreven*
adequacy ('ædɪkwəsɪ) ZN *geschiktheid*;
adequaatheid
adequate ('ædɪkwət) BNW • *voldoende*
• *geschikt*; *adequaat*
adhere (əd'hɪə) ONOV WW • ⟨zich⟩ *houden* ⟨to
aan⟩ • *trouw blijven aan*; *aanhangen*
• ⟨vast⟩*plakken aan*
adherence (əd'hɪərəns) ZN • ⟨het⟩ *kleven*
• *aanhankelijkheid*; *trouw*
adherent (əd'hɪərənt) I ZN • *aanhanger*;
volgeling II BNW • *eigen* ⟨to aan⟩
adhesion (əd'hiːʒən) ZN • *aankleving*; ⟨het⟩
vastkleven • *trouw*; *adhesie*; *instemming*
★ track ~ *vaste wegligging*
adhesive (əd'hiːsɪv) I ZN • *kleefmiddel* II BNW
• ⟨zelf⟩*klevend*
ad hoc (æd 'hɒk) BNW *ad hoc*
adieu (ə'djuː) I ZN • OUD. *afscheid* II TW • OUD.
vaarwel
adjacent (ə'dʒeɪsənt) BNW • *aangrenzend* ⟨to
aan⟩; *belendend* • *aanliggend* ⟨hoek⟩
adjectival ('ædʒɪktaɪvəl) BNW *bijvoeglijk*
adjective ('ædʒɪktɪv) ZN *bijvoeglijk naamwoord*;
adjectief
adjoin (ə'dʒɔɪn) I OV WW • *samenvoegen* II ONOV
WW • ~ to *grenzen aan*
adjourn (ə'dʒɜːn) I OV WW • *verdagen* ★ the
meeting was ~ed *de vergadering werd
geschorst* II ONOV WW • *op reces gaan*
adjournment (ə'dʒɜːnmənt) ZN • *verdaging*
• *onderbreking*
adjudge (ə'dʒʌdʒ) OV WW • *beslissen* • *oordelen
over* • *toekennen*
adjudicate (ə'dʒuːdɪkeɪt) OV WW • *oordelen*;
arbitreren • *jureren* ★ ~ in a dispute *over een
geschil oordelen*
adjudication (ədʒuːdɪ'keɪʃən) ZN • *toekenning*
• *beslissing*
adjudicator (ə'dʒuːdɪkeɪtə) ZN *scheidsrechter*;
arbiter; *jurylid*
adjunct ('ædʒʌŋkt) ZN • *toevoegsel* • *onderdeel*
• TAALK. *bepaling*; *attribuut*

adjure (ə'dʒʊə) OV WW • *bezweren* • *aanmanen*
adjust (ə'dʒʌst) OV+ONOV WW • *schikken*; *regelen*
• *instellen* ⟨v. instrument⟩; *afstellen* ⟨v.
apparatuur⟩; *afregelen*; *bijstellen* ★ ~ed for
inflation *gecorrigeerd voor inflatie* ★ well ~ed
aangepast • ~ to *aanpassen aan*; *afstemmen op*
adjustable (ə'dʒʌstəbl) BNW *verstel-/regelbaar*
adjustment (ə'dʒʌstmənt) ZN • *regeling*
• *instelling* • *aanpassing*
adjutant ('ædʒʊtnt) ZN *adjudant*
ad-lib (æd'lɪb) I ZN • *kwinkslag*; *geestigheid*
II BNW • *spontaan*; *geïmproviseerd* III OV+ONOV
WW • *improviseren* ★ he ~bed his entire
speech *hij verzon zijn gehele toespraak ter
plekke* IV BIJW • *vrijelijk*; *onbeperkt*
• *ongedwongen*
adman ('ædmæn) ZN INFORM. *reclameman*
admass ('ædmæs) ZN • MIN. ⟨het⟩ *grote publiek*;
⟨de⟩ *grote massa* • MIN. *massareclame*
admin ('ædmɪn) ZN INFORM. • → administration
administer (əd'mɪnɪstə) OV WW • *beheren*;
besturen • *toedienen* ⟨v. medicijn⟩ • *uitvoeren*
⟨v. wet⟩ • *opleggen* ⟨v. straf⟩ • *toebrengen* ⟨v.
schade, schop, stomp⟩ ★ ~ help *hulp verlenen*
★ ~ justice *recht spreken*
administration (ədmɪnɪ'streɪʃən) ZN
• *administratie* • *bestuur*; *beheer* • *regering*
• *regeerperiode*; *ambtstermijn* • *toediening* ⟨v.
medicijn enz.⟩
administrative (əd'mɪnɪstrətɪv) BNW
• *administratief* • *beheers-*; *bestuurs-*
administrator (əd'mɪnɪstreɪtə) ZN
• *administrateur*; *beheerder* • *executeur*;
curator
admirable ('ædmərəbl) BNW
bewonderenswaardig
admiral ('ædmərəl) ZN *admiraal* ★ G-B the
Admiralty ≈ *het ministerie van marine*
admiration (ædmɪ'reɪʃən) ZN *bewondering* ⟨for
voor⟩ ★ gaze in ~ *vol bewondering aanstaren*
★ be in ~ of *vol bewondering zijn voor*
admire (əd'maɪə) OV WW *bewonderen* ⟨for om⟩
admirer (əd'maɪərə) ZN *aanbidder*; *bewonderaar*
★ a secret ~ *een stille aanbidder*
admissibility (ədmɪsə'bɪlətɪ) ZN *toelaatbaarheid*
admissible (əd'mɪsəbl) BNW *geoorloofd*; JUR.
toelaatbaar
admission (əd'mɪʃən) ZN • *toegang(sgeld)*;
toelating • *erkenning* • *opname* ⟨in ziekenhuis,
inrichting⟩ ★ by his own ~ *volgens eigen
zeggen*
admit (əd'mɪt) OV WW • *toegeven*; *erkennen*
• *toelaten*; *opnemen* • *erkennen*; *toegeven* ★ he
~ted defeat *hij gaf zich gewonnen* • ~ to
toelaten ★ be ~ted to hospital *in het ziekenhuis
opgenomen worden* ★ she was ~ted to the club
zij mocht tot de club toetreden
admittance (əd'mɪtns) ZN *toegang*
admittedly (əd'mɪtɪdlɪ) BIJW • *toegegeven*; *zoals
algemeen erkend wordt* • *weliswaar*
admonish (əd'mɒnɪʃ) OV WW • *waarschuwen*
⟨of, against voor, tegen⟩; *berispen*
• *aanmanen*; *aansporen*
admonition (ædmə'nɪʃən) ZN • *waarschuwing*
• *aanmaning*
admonitory (əd'mɒnɪtərɪ) BNW *waarschuwend*;

vermanend

ado (ə'du:) ZN *drukte* ★ much ado about nothing *veel drukte om niks*

adobe (ə'dəʊbɪ) ZN *in de zon gedroogde bouwsteen*

adolescence (ædə'lesəns) ZN *puberteit*; *adolescentie*

adolescent (ædə'lesənt) I ZN • *puber*; *adolescent* II BNW • *opgroeiend*

adopt (ə'dɒpt) OV WW • *adopteren* • *aannemen*; *overnemen* • *aanvaarden*; *goedkeuren* ★ my ~ed country *mijn tweede vaderland*

adoption (ə'dɒpʃən) ZN • *adoptie* • *aanneming* • *aanvaarding*

adoptive (ə'dɒptiv) BNW ★ an ~ parent *een adoptiefouder*

adorable (ə'dɔ:rəbl) BNW *aanbiddelijk*; *schattig*

adoration (ædə'reɪʃən) ZN • *aanbidding* • *liefde*; *verering*

adore (ə'dɔ:) OV WW • *aanbidden*; *adoreren* • *dol zijn op*

adorn (ə'dɔ:n) OV WW *versieren*

adornment (ə'dɔ:nmənt) ZN *versiering*

adrenalin (ə'drenəlɪn) ZN *adrenaline* ★ the ~(e) was going *de adrenaline stroomde*

adrift (ə'drɪft) BIJW *stuurloos*; OOK FIG. *op drift*; *losgeslagen* ★ cast/set sb ~ *iem. de woestijn in sturen*

adroit (ə'drɔɪt) BNW *handig (at in)*

adroitness (ə'drɔɪtnəs) ZN *handigheid*

ADSL AFK COMP. Asymmetrical Digital Subscriber Line *ADSL*

adulate ('ædjʊleɪt) OV WW *overdreven vleien*

adulation (ædjʊ'leɪʃən) ZN • *overdreven gevlei* • FIG. *bewieroking* • *hielenlikkerij*

adult ('ædʌlt, ə'dʌlt) I ZN • *volwassene* II BNW • *volwassen* • EUF. *pornografisch*; *porno-*

adult education ZN *volwassenenonderwijs*

adult education centre ZN *volksuniversiteit*

adulterate (ə'dʌltəreɪt) OV WW • *vervalsen* • *aanlengen*; *versnijden* ★ un~d nonsense *klinkklare onzin*

adulteration (ədʌltə'reɪʃən) ZN • *vervalsing* • *versnijding*

adulterer (ə'dʌltərə) ZN *overspelige man*

adulteress (ə'dʌltəres) ZN *overspelige vrouw*

adulterous (ə'dʌltərəs) BNW *overspelig*

adultery (ə'dʌltərɪ) ZN *overspel*

adulthood ('ædʌlthʊd) ZN *volwassenheid*

advance (əd'va:ns) I ZN • *opmars* ⟨V. leger⟩ • OOK FIG. *vooruitgang* • *voorschot* ⟨V. geld⟩ • *toenadering* (seksueel) • *ontwikkeling* ★ in ~ *van tevoren*; *bij voorbaat*; *voor(uit)* ★ make ~s *avances maken* II BNW ★ an ~ booking *een reservering (vooraf)* ★ ~ notice *vooraankondiging* ★ ~ party/group *vooruitgestuurde groep* ★ ~ payment *vooruitbetaling* III OV+ONOV WW • *oprukken* ⟨V. leger⟩ • *vooruitgaan*; *ontwikkelen* • *bevorderen* • *voorschieten* • *naar voren brengen* ⟨v. plan⟩ • *vervroegen*

advanced (əd'va:nsəd) BNW • *modern*; *geavanceerd* • *(ver)gevorderd* ★ ~ English *Engels voor gevorderden* ★ of ~ years / ~ in age *op gevorderde leeftijd* ★ G-B, O&W Advanced Level ≈ *vwo-eindexamen*

advancement (əd'va:nsmənt) ZN • *bevordering*; *promotie* • *vooruitgang*; *verbetering*

advance payment ZN *vooruitbetaling*

advantage (əd'va:ntɪdʒ) ZN *gunstige omstandigheid*; *voordeel* ★ take ~ of sb/sth *misbruik maken van iem./iets* ★ turn sth to one's ~ *zijn voordeel doen met* ★ to sb's (good/best) ~ *in iemands voordeel*

advantaged (əd'va:ntɪdʒd) BNW *bevoorrecht*; *geprivilegieerd*

advantageous (ædvən'teɪdʒəs) BNW *voordelig*; *gunstig*

advent, Advent ('ædvent) ZN *advent*; *komst (van de Heer)*

adventure (əd'ventʃə) ZN • *avontuur* • *risico* • *speculatie*

adventurer (əd'ventʃərə) ZN • *avonturier*; *gelukzoeker* • *speculant*

adventuresome (əd'ventʃəsʌm) BNW USA • → **adventurous**

adventuress (əd'ventʃərəs) ZN *avonturierster*

adventurous (əd'ventʃərəs) BNW *avontuurlijk*

adverb ('ædvɜ:b) ZN *bijwoord*

adverbial (əd'vɜ:bɪəl) BNW *bijwoordelijk*

adversarial ('ædvərseriəl) BNW *vijandig*; *conflictueus* ★ ~ system of justice *conflictmodel in de rechtspraak*

adversary ('ædvəsərɪ) ZN *tegenstander*

adverse ('ædvɜ:s) BNW • *ongunstig (to voor)* • *vijandig* ★ ~ balance of trade *passieve handelsbalans*

adversity (əd'vɜ:sətɪ) ZN *tegenspoed*

advert ('ædvɜ:t) ZN INFORM. • → **advertisement**

advertise ('ædvətaɪz) I OV WW • *adverteren* • *aankondigen*; *ruchtbaarheid geven* II ONOV WW • *reclame maken*; *adverteren* • ~ **for** *vragen om* (via advertentie)

advertisement (əd'vɜ:tɪsmənt) ZN • *advertentie*; *reclame* • *aankondiging* ★ classified ~ *kleine advertentie* ★ poor ~ *slechte reclame* ★ the adverts *reclameblok* (televisie)

advertiser ('ædvətaɪzə) ZN • *adverteerder* • *advertentieblad*

advertising ('ædvətaɪzɪŋ) ZN *reclame*; *publiciteit*

advertising campaign ZN *reclame-/promotiecampagne*

advice (əd'vaɪs) ZN • *advies*; *raad* • *bericht* ★ a piece/bit of ~ *een advies* ★ ~ column *vragenrubriek* (in krant, tijdschrift)

advisable (əd'vaɪzəbl) BNW *raadzaam*

advise (əd'vaɪz) OV+ONOV WW • *van advies dienen*; *aanraden*; *raad geven* • *informeren*; *inlichten* ★ well ~d *weloverwogen* ★ be well ~d *verstandig doen* • ~ **against** *af-/ontraden*

advisedly (əd'vaɪzɪdlɪ) BIJW *weloverwogen*; *opzettelijk*

adviser (əd'vaɪzə) ZN *adviseur*; *raadgever*

advisory (əd'vaɪzərɪ) I ZN • USA *officiële waarschuwing* II BNW • *adviserend*; *advies-*

advocacy ('ædvəkəsɪ) ZN • *advocatuur* • *voorspraak*; *verdediging*; *steun*

advocate¹ ('ædvəkət) ZN • *advocaat* • *verdediger* • *voorstander*

advocate² ('ædvəkeɪt) OV WW *voorstaan*; *aanbevelen*

aegis ('i:dʒɪs) ZN ★ under the ~ of *onder*

auspiciën van

aeon ('i:ɒn) ZN G-B FIG. *eeuwigheid*

aerate ('eəreɪt) OV WW • *met koolzuur verzadigen* • *(be)luchten* ∗ ~d water *spuitwater*

aerial ('eərɪəl) I ZN • *antenne* II BNW • *lucht-*; *luchtig* • *bovengronds* ∗ ~ reconnaissance *luchtverkenning*

aerie ('ɪərɪ) ZN • → **eyrie**

aerobatics (eərə'bætɪks) ZN MV *(het) stuntvliegen*; *luchtacrobatiek*

aerobic (eə'rəʊbɪk) BNW *aerobic*; *aerobisch* ∗ ~ dancing *aerobic dansen*

aerobics (eə'rəʊbɪk͡s) ZN MV *aerobics*

aerodrome ('eərədrəʊm) ZN OUD. *(klein) vliegveld*

aerodynamic (eərəʊdaɪ'næmɪk) BNW *aerodynamisch*

aerodynamics (eərəʊdaɪ'næmɪks) ZN MV *aerodynamica*

aeronautical (eərəʊ'nɔːtɪkl) BNW *luchtvaartkundig*; *luchtvaart-*

aeronautics (eərəʊ'nɔːtɪks) ZN MV *luchtvaartkunde*

aeroplane ('eərəpleɪn) ZN G-B *vliegtuig*

aerosol ('eərəsɒl) ZN • *spray*; *spuitbus* • *drukgas*

aerospace ('eərəʊspeɪs) ZN • *wereldruim*; *heelal* • *ruimtevaarttechnologie/-industrie*

aerotrain ('eərəʊtreɪn) ZN *luchtkussentrein*

aesthete, esthete ('i:sθi:t) ZN *estheet*; *liefhebber van schoonheid*

aesthetic (i:s'θetɪk) BNW *esthetisch*

aesthetics, esthetics (i:s'θetɪks) ZN MV *esthetica*; *schoonheidsleer*

afar (ə'fɑ:) BIJW *in de verte* ∗ from afar *van verre*

affability (æfə'bɪlətɪ) ZN *vriendelijkheid*; *welwillendheid*; *innemendheid*

affable ('æfəbl) BNW *vriendelijk*; *welwillend*; *innemend*

affair (ə'feə) ZN • *zaak*; *kwestie* • *ding* • *verhouding* ∗ a state of ~s *situatie* ∗ current ~s *actualiteiten* ∗ have ~s on the side *vreemdgaan*

affect (ə'fekt) OV WW • *beïnvloeden* • *aantasten* • *(ont)roeren* • *voorwenden* • *bij voorkeur dragen/gebruiken, enz.* ∗ ~ed by famine *getroffen door hongersnood*

affectation (æfek'teɪʃən) ZN *aanstellerij*

affected (ə'fektɪd) BNW *aanstellerig*; *gemaakt* ∗ ~ mannerisms *aanstellerige maniertjes* ∗ an ~ style *een gekunstelde stijl*

affecting (ə'fektɪŋ) BNW *aangrijpend*; *ontroerend*

affection (ə'fekʃən) ZN • *genegenheid* • *tederheid* • MED. *aandoening* ∗ play on s.o.'s ~s *met iemands gevoelens spelen*

affectionate (ə'fekʃənət) BNW *hartelijk*; *warm* ∗ puppies are very ~ *jonge hondjes zijn erg aanhankelijk* ∗ yours ~ly *veel liefs* (in informele correspondentie)

affective (ə'fektɪv) BNW *affectief*

affidavit (æfɪ'deɪvɪt) ZN *beëdigde schriftelijke verklaring*

affiliate[1] (ə'fɪlɪət) ZN *filiaal*

affiliate[2] (ə'fɪlɪeɪt) OV+ONOV WW *(zich) aansluiten (to, with bij)*

affiliated (ə'fɪlɪeɪtɪd) BNW • *aangesloten (to bij)*; *lid (van)* • *verbonden (with met)* ∗ ~ society

aangesloten vereniging

affiliation (əfɪlɪ'eɪʃən) ZN • *connectie*; *band* • *filiaal*; *afdeling*

affinity (ə'fɪnətɪ) ZN *affiniteit*; *verwantschap*; *overeenkomst*

affirm (ə'fɜ:m) OV WW • *verklaren*; *verzekeren* • *bevestigen*; *bekrachtigen*

affirmation (æfə'meɪʃən) ZN *bevestiging* ∗ she nodded in ~ *ze knikte instemmend*

affirmative (ə'fɜ:mətɪv) I ZN • *bevestiging* ∗ reply in the ~ *bevestigend antwoorden* II BNW • *bevestigend* ∗ USA ~ action *voorkeursbehandeling*; *positieve discriminatie*

affix[1] ('æfɪks) ZN TAALK. *achter-/in-/voorvoegsel*

affix[2] (ə'fɪks) OV WW ~ **on/to** *aanhechten*; *(vast)plakken aan/op*

afflict (ə'flɪkt) OV WW *teisteren*; *kwellen*; *treffen* ∗ ~ed with a disease *lijdend aan een ziekte*

affliction (ə'flɪkʃən) ZN • *kwelling*; *aandoening* • *nood*

affluence ('æflʊəns) ZN • *rijkdom* • *toevloed*

affluent ('æflʊənt) I ZN • *zijrivier* II BNW • *rijk* • *overvloedig* ∗ the ~ society *de welvaartsstaat*

afflux ('æflʌks) ZN *toestroming*; *toevloed*

afford (ə'fɔ:d) OV WW • z. *veroorloven* • *verschaffen*; *bieden*

afforest (ə'fɒrɪst) OV WW *bebossen*

afforestation (ə'fɒrɪsteɪʃn) ZN *bebossing*; *aanplanting v. bomen*

affray (ə'freɪ) ZN *opstootje*; *vechtpartij*; *rel*

affront (ə'frʌnt) I ZN • *belediging* II OV WW • *beledigen*

Afghan ('æfgæn) I ZN • *Afghaan(se)* • *Afghaan(se windhond)* • *Afghaan(s tapijt)* II BNW • *Afghaans*

aficionado (əfɪʃə'nɑ:dəʊ) ZN *liefhebber*; *supporter*; *fan*

afield (ə'fi:ld) BIJW *op het veld* ∗ far ~ *ver van huis*; *ver weg*

afire (ə'faɪə) BIJW • OOK FIG. *in brand*; *in vuur en vlam* • *zeer enthousiast*

aflame (ə'fleɪm) BIJW *in vuur en vlam*; *vlammend* ∗ cheeks ~ (met) *wangen vuurrood van opwinding*

afloat (ə'fləʊt) BNW • *drijvend*; *vlot* • *op zee* • *op gang* • *onzeker* • PLAT *dronken* ∗ set ~ *in omloop brengen*; *op touw zetten* ∗ stay/keep ~ *het hoofd boven water houden*

afoot (ə'fʊt) BNW OUD. *te voet* ∗ the game is ~ *het spel is begonnen* ∗ what is ~? *wat is er aan de hand?*

aforementioned (ə'fɔ:menʃənd) BNW *voornoemd*

aforesaid (ə'fɔ:sed) BNW *voornoemd(e)*

afoul (ə'faʊl) BIJW ∗ fall/run ~ of the law *in botsing komen met de wet*

afraid (ə'freɪd) BNW • *bang* ∗ I'm ~ we cannot help you *wij kunnen u helaas niet helpen* • ~ **for** *bezorgd om* • ~ **of** *bang voor*

afresh (ə'freʃ) BIJW • *opnieuw* • v. *voren af aan*

Africa ('æfrɪkə) ZN *Afrika*

African ('æfrɪkən) I ZN • *Afrikaan(se)* II BNW • *Afrikaans*

Afro ('æfrəʊ) ZN *afro* (uiterlijk)

aft (ɑ:ft) BIJW *achterdeks*; *bij/naar/op het achterschip/-dek*

after ('ɑ:ftə) I BIJW • *nadat* • *daarna*; *later* II VZ
• *na*; *achter*; *achterna* • *naar* ⟨volgens⟩ ★ ~ all
tenslotte; *toch nog* ★ day~ day *dag in dag uit*
★ time~ time *steeds weer* ★ be~ money *op
geld uit zijn*
after- VOORV *na-*
afterbirth ('ɑ:ftəbɜ:θ) ZN *nageboorte*
afterburner ('ɑ:ftəbɜ:nə) ZN *naverbrander*
aftercare ('ɑ:ftəkeə) ZN *nazorg*
aftereffect ('ɑ:ftərɪfekt) ZN *nawerking*
after-hours BNW *na (winkel)sluitings-/kantoortijd*
afterlife ('ɑ:ftəlaɪf) ZN • *leven na de dood* • *latere
periode van het leven*
aftermath ('ɑ:ftəmæθ) ZN • FIG. *naweeën*
• *naspel*; *nasleep* ★ in the~ of the war *in de
nasleep van de oorlog*
afternoon (ɑ:ftə'nu:n) ZN *(na)middag*
afterpains ('ɑ:ftəpeɪnz) ZN MV *naweeën*
afters ('ɑ:təz) ZN MV *toetje* ★ what's for~? *wat
krijgen we toe?*
after-sales service ZN *(klanten)service*;
serviceafdeling
aftertaste ('ɑ:ftəteɪst) ZN *nasmaak*
afterthought ('ɑ:ftəθɔ:t) ZN~ *latere/nadere
overweging* • INFORM. *nakomertje*
afterwards ('ɑ:ftəwədz) BIJW *naderhand*; *daarna*
again (ə'geɪn) BIJW • *weer* • *daarentegen*
• *bovendien*; *trouwens* • *ook (al) weer* ★ ~ and
~ *herhaaldelijk* ★ all over~ *weer opnieuw* ★ as
much~ *tweemaal zoveel* ★ now and~ *nu en
dan* ★ every now and~ *telkens weer* ★ once~
alweer ★ then/there~ *aan de andere kant*
★ what was her name~? *hoe heette ze ook (al)
weer?*
against (ə'geɪnst) VZ • *tegen(over)* • *ongunstig*
★ over~ *(recht) tegenover*
agape (ə'geɪp) BIJW *met open mond* ⟨v.
verbazing⟩
agate ('ægət) ZN *agaat*
age (eɪdʒ) I ZN • *leeftijd* • *ouderdom* • *tijdperk*
• *eeuw(igheid)* ★ age of consent *leeftijd
waarop je handelingsbekwaam wordt* ★ of an
age *van dezelfde leeftijd* ★ under age
minderjarig ★ come of age *meerderjarig
worden* ★ the dark ages *de donkere
middeleeuwen* II OV WW • *doen verouderen*;
laten rijpen III ONOV WW • *ouder worden*;
verouderen ★ he's aged so well! *wat ziet hij er
goed uit voor zijn leeftijd!*
aged ('eɪdʒɪd) BNW *bejaard* ★ the aged *mensen
op leeftijd*; *de bejaarden* ★ a boy aged five *een
jongen van vijf jaar*
ageless ('eɪdʒləs) BNW *(leef)tijdloos*; *eeuwig*
agency ('eɪdʒənsɪ) ZN • *bureau*; *agentschap*
• *bemiddeling* ★ by/through the~ of *door
toedoen van* ★ matrimonial~ *huwelijksbureau*
agenda (ə'dʒendə) ZN • *agenda* ⟨v. vergadering⟩
• *werkprogramma* ★ hidden~ *geheime
agenda*; *verborgen motieven en doelstellingen*
agent ('eɪdʒənt) ZN • *agent*; *zaakwaarnemer*
• *tussenpersoon* • *impresario* • *(geheim)agent*
• *middel* • SCHEIK. *agens* ★ double~
dubbelspion ★ a free~ *onafhankelijk persoon*
age-old BNW *eeuwenoud*
agglomerate[1] I ZN • *agglomeraat*
II BNW • *opeengehoopt/-gestapeld*

agglomerate[2] (ə'glɒməreɪt) OV+ONOV WW
opeenhopen
agglomeration (əglɒmə'reɪʃən) ZN *opeenhoping*;
(ongeordende) verzameling
agglutinate[1] (ə'glu:tɪnət) BNW • *(vast)gelijmd*
• BIOL. *agglutinerend*
agglutinate[2] (ə'glu:tɪneɪt) OV+ONOV WW • *(doen)
samenklonteren* • *aan elkaar lijmen*
agglutination (əglu:tɪ'neɪʃən) ZN
aaneenhechting; *samenklontering*
aggrandize, G-B **aggrandise** (ə'grændaɪz) OV
WW • *vergroten* ⟨v. zaak⟩ • *indrukwekkend(er)
maken* • *verheerlijken* ⟨v. persoon⟩
aggrandizement, G-B **aggrandisement**
(ə'grændɪzmənt) ZN • *vergroting*
• *verheerlijking*
aggravate ('ægrəveɪt) OV WW • *verergeren*
• *ergeren*
aggravating ('ægrəveɪtɪŋ) BNW • *verzwarend*;
verergerend • *ergerlijk*
aggravation (ægrə'veɪʃən) ZN • *verergering*
• *ergernis*; *irritatie*
aggregate[1] ('ægrɪgət) I ZN • *totaal*; *geheel*
• BOUW *zand*; *grint* ★ in (the)~ *in totaal*
★ SPORT on~ *totaalscore* II BNW • *gezamenlijk*
aggregate[2] ('ægrɪgeɪt) OV WW *zich ophopen*;
verzamelen; *samenvoegen*
aggregation (ægrɪ'geɪʃən) ZN • *verzameling*;
samenvoeging • *aggregatie*
aggression (ə'greʃən) ZN • *agressie* • *aanval*;
strijdlust
aggressive (ə'gresɪv) BNW • *agressief*; *strijdlustig*
• *ondernemend*; *dynamisch*; *ambitieus*
aggressiveness (ə'gresɪvnəs) ZN *agressiviteit*
aggressor (ə'gresə) ZN *aanvaller*; *agressor*
aggrieved (ə'gri:vd) BNW • *gekrenkt*; *gekwetst*
• JUR. *aangetast in eer en goede naam*
aggro ('ægrəu) ZN • PLAT *(het) ruzie zoeken*
• *agressie* • *irritatie*
aghast (ə'gɑ:st) BNW + BIJW *verbijsterd*; *ontzet*
agile ('ædʒaɪl) BNW • *vlug en lenig* • *alert*;
waakzaam
agility (ə'dʒɪlətɪ) ZN • OOK FIG. *lenigheid*
• *waakzaamheid*
agio ('ædʒɪəu) ZN *agio*; *opgeld*
agitate ('ædʒɪteɪt) I OV WW • *verontrusten*
• *schudden*; *roeren* ⟨v. vloeistof⟩ • *opruien*
II ONOV WW • *ageren* ★ ~ for/against *actie
voeren voor/tegen*
agitated ('ædʒɪteɪtɪd) BNW *opgewonden*;
geërgerd
agitation (ædʒɪ'teɪʃən) ZN • *opwinding*; *agitatie*
• *actie* • *(het) schudden/roeren* ⟨v. vloeistof⟩
agitator ('ædʒɪteɪtə) ZN *onruststoker*; *agitator*
aglow (ə'gləu) BIJW *gloeiend*; *stralend*
AGM AFK annual general meeting
jaarvergadering
ago (ə'gəu) BIJW *geleden*
agog (ə'gɒg) BNW *opgewonden* ★ agog for *belust
op*; *happig op/naar*
agonize, G-B **agonise** ('ægənaɪz) ONOV WW
• *kwellen* • *gekweld worden* • *in doodsangst
verkeren* • ~ **about/over** z. *het hoofd breken
over*
agonized, G-B **agonised** ('ægənaɪzd) BNW
• *gekweld* • *doodsbenauwd* ★ ~ cries

ag

wanhoopskreten

agonizing ('ægənaɪzɪŋ) BNW *kwellend; hartverscheurend* ★ an ~ death *een smartelijke dood* ★ an ~ decision *een pijnlijke/moeilijke beslissing*

agony ('ægənɪ) ZN • *(ondraaglijke) pijn* • *foltering* • *(doods)angst; doodsstrijd* ★ be/lie in ~ *creperen van de pijn* ★ pile on the ~ *het er dik bovenop leggen* ★ mortal ~ *doodsangst*

agony aunt ZN *Lieve Lita*

agony column ZN *brievenrubriek over persoonlijke problemen*

agrarian (ə'greərɪən) BNW *m.b.t. grondbezit/ landbouw; agrarisch*

agree (ə'gri:) ONOV WW • *het eens zijn; akkoord gaan* • *toestemmen; instemmen* • *afspreken* • *goedkeuren* • *overeenstemmen; kloppen* • TAALK. *overeenkomen* ★ ~d! *afgesproken!* ★ ~ to differ | dis~ *zich bij een meningsverschil neerleggen* ★ this food doesn't ~ with me *dit eten valt niet goed* ★ life here certainly ~s with you! *het leven hier doet je goed!*

agreeable (ə'gri:əbl) BNW • *aangenaam; prettig* • *aanvaardbaar* ★ be ~ to *bereid zijn iets te doen / te aanvaarden*

agreement (ə'gri:mənt) ZN • *afspraak; overeenkomst* • JUR. *contract; verdrag* • *instemming; goedkeuring* • *bestemming* ★ collective ~ *cao-overeenkomst* ★ as per ~ *volgens contract*

agricultural (ægrɪ'kʌltʃərəl) BNW *landbouw-*

agriculture ('ægrɪkʌltʃə) ZN *landbouw*

aground (ə'graʊnd) BIJW *aan de grond*

ahead (ə'hed) BIJW • *voor; vooruit* • *van tevoren* ★ straight ~ *rechtdoor* ★ weeks ~ *weken van te voren* ★ we are ~ of schedule *we lopen vóór op ons schema* ★ go ~! *ga je gang!* ★ be ~ *voor liggen / lopen / staan / zijn*

ahead of VZ • *voor (tijd en plaats)* • *vroeger; eerder* • *verder dan* ★ he was way ~ his time *hij was zijn tijd ver vooruit*

AI AFK • Artificial Intelligence KI; *kunstmatige intelligentie* • Artificial Insemination KI; *kunstmatige inseminatie*

aid (eɪd) I ZN • *hulp; bijstand* • *hulpmiddel* • *helper; naaste medewerker* ★ come to sb's aid *iem. helpen* ★ first aid EHBO; *eerste hulp (bij ongelukken)* ★ foreign aid *ontwikkelingshulp* ★ in aid of *ten dienste van* II OV WW • *helpen* • *bevorderen* ★ accused of aiding and abetting *beschuldigd van medeplichtigheid*

aid agency ZN *hulporganisatie*

aide (eɪd) ZN *assistent; naaste medewerker* 〈vooral pol.〉 ★ MIL. aide-de-camp *adjudant (te velde)*

Aids (eɪdz) ZN Acquired Immune Deficiency Syndrome *aids*

Aids inhibitor ZN *aidsremmer*

ail (eɪl) OV WW *mankeren*

ailing ('eɪlɪŋ) BNW • FORM. OOK FIG. *ziekelijk* • *noodlijdend*

ailment ('eɪlmənt) ZN *(niet zo ernstige) kwaal*

aim (eɪm) I ZN • *doel* • *bedoeling* • *(het) richten* ★ have an excellent aim *uitstekend kunnen schieten* ★ take aim at *richten op* II ONOV WW

• *mikken*; OOK FIG. *richten* • ~ at/for/to *streven naar; gericht zijn op; richten op*

aimless ('eɪmləs) BNW *doelloos; zinloos*

ain't (eɪnt) SAMENTR • am/are/is not • → be • has/have not • → have

air (eə) I ZN • *(de) lucht; het luchtruim* • *houding* • *melodie* • *voorkomen; sfeer* ★ airs and graces *verwaandheid* ★ by air *per vliegtuig* 〈luchtpost〉 ★ float/walk on air *in de wolken zijn* ★ on/off the air *uitgezonden/niet uitgezonden* ★ up in the air *onbeslist; onzeker* ★ air conditioned *met luchtbehandeling* ★ make the air blue *vloeken als een ketter* ★ compressed air *perslucht* ★ hot air *gebakken lucht; poeha* II OV WW • *drogen* • *luchten* • *lucht geven aan* • USA *uitzenden* ★ air grievances *klachten uiten* ★ his new program aired yesterday *zijn nieuwe programma is gisteren uitgezonden*

airborne ('eəbɔ:n) BNW *in de lucht* ★ ~ troops *luchtlandingstroepen*

airbrush ('eəbrʌʃ) I ZN • *verfspuit* II OV+ONOV WW • *iets vervn m.b.v. een verfspuit* • *retoucheren v.e. foto*

airbus ('eəbʌs) ZN *luchtbus*

air cargo ZN *luchtvracht*

air conditioning ZN *(systeem van) luchtbehandeling*

aircraft ('eəkrɑ:ft) ZN [mv: aircraft, aircrafts] *vliegtuig* ★ ~ carrier *vliegdekschip*

airdrome ('eədrəʊm) ZN • → **aerodrome**

airer ('eərə) ZN G-B *droogrekje*

airfield ('eəfi:ld) ZN • *vliegveld* • *landingsbaan*

airforce ('eəfɔ:s) ZN *luchtmacht* ★ Airforce 1 *Airforce 1 〈het vliegtuig van de president van de V.S.〉*

air hostess ZN *stewardess*

airing ('eərɪŋ) ZN • *(het) luchten; (het) drogen* 〈v. textiel〉 • *(het) uiten*; OOK FIG. *(het) ventileren*

airing cupboard ZN • *geventileerde kast* 〈voor geisers e.d.〉 • FIG. *plek om je hart te luchten*

airlane ('eəlein) ZN *luchtcorridor*

airless ('eəlɪs) BNW • *bedompt* • *windstil*

airlift ('eəlɪft) I ZN • *luchtbrug* II OV WW • *per luchtbrug vervoeren*

airline ('eəlaɪn) ZN *luchtvaartmaatschappij*

airliner ('eəlaɪnə) ZN *lijnvliegtuig*

airlock ('eəlɒk) ZN *luchtsluis*

airmail ('eəmeɪl) ZN *luchtpost*

airman ('eəmən) ZN *vlieger*

air marshall ZN • MIL. *luchtmaarschalk* • JUR. *politiebeambte* 〈in vliegtuig〉

airplane ('eəpleɪn) ZN USA *vliegtuig*

air pollution ZN *luchtvervuiling*

airport ('eəpɔ:t) ZN *luchthaven*

air-raid (eəreɪd) ZN *luchtaanval*

airship ('eəʃɪp) ZN *luchtschip*

airsick ('eəsɪk) BNW *luchtziek*

airspace ('eəspeɪs) ZN *luchtruim* 〈v. land〉

airstrip ('eəstrɪp) ZN *landingsbaan/-terrein*

airtight ('eətaɪt) BNW *luchtdicht*

air-traffic controller ZN *(lucht)verkeersleider*

air trap ZN *stankafsluiter* 〈in riool〉

airway ('eəweɪ) ZN • *luchtkanaal* • *luchtroute*

airworthy ('eəwɜ:ðɪ) BNW *luchtwaardig* 〈v. vliegtuig〉

airy ('eərɪ) BNW • *fris* ⟨v. ruimte enz.⟩ • *luchtig*; *zorgeloos* • *vluchtig*; *oppervlakkig* ★ airy promises *loze beloften* ★ airy fairy *wazig*

aisle (aɪl) ZN • *zijbeuk* ⟨v. gebouw⟩ • *gangpad* ⟨in kerk⟩; *pad tussen schappen* ⟨in supermarkt⟩ ★ go/walk down the ~ *trouwen* ★ INFORM. rolling in the ~s *in een deuk liggen* ⟨v. het lachen⟩

aitch (eɪtʃ) ZN *(de letter) h* ★ drop one's ~es *de H niet uitspreken* ⟨Cockney⟩

ajar (ə'dʒɑ:) BIJW *op een kier*

akimbo (ə'kɪmbəʊ) BIJW ★ (with) arms ~ *(met de) handen in de zij*

akin (ə'kɪn) BIJW ★ akin to *verwant aan*; *lijkend op*

à la ('ælə/'ɑ:lɑ:) VZ *in dezelfde stijl als*

Ala. AFK USA *Alabama* ⟨staat⟩

alacrity (ə'lækrətɪ) ZN • *enthousiasme* • *bereidwilligheid*

alarm (ə'lɑ:m) I ZN • *schrik*; *ontsteltenis* ★ there is no cause for ~ *er is geen reden tot paniek* • *alarm* ⟨ook van auto, brand enz.⟩ ★ sound the ~ *alarm slaan* II OV WW • *alarmeren* • *verontrusten* III ONOV WW • *alarm slaan*

alarm bell ZN *noodklok*

alarm clock ZN *wekker*

alarmed (ə'lɑ:md) BNW • *verschrikt* • *beveiligd*

alarming (ə'lɑ:mɪŋ) BNW *alarmerend*; *verontrustend*

alarmist (ə'lɑ:mɪst) BNW *onrust zaaiend*

alas (ə'læs) TW *helaas!*; *ach!*

Alas. AFK USA *Alaska* ⟨staat⟩

Albanian (æl'beɪnɪən) I ZN • *(het) Albanees* II BNW • *Albanees*

albatross ('ælbətrɒs) ZN • *albatros* • *albatros* ⟨slag bij golf⟩ • *zware last* ★ an ~ around o.'s neck *een zware last; een ernstige handicap*

albeit (ɔ:l'bi:ɪt) BIJW *zij het*; *al is het dan*; *ofschoon*

albino (æl'bi:nəʊ) ZN *albino*

album ('ælbəm) ZN • *album* • *langspeelplaat*; *cd*

albumen ('ælbjʊmɪn) ZN *eiwit*; *albumine*

alchemist ('ælkəmɪst) ZN *alchemist*

alchemy ('ælkəmɪ) ZN • *alchemie* • *toverkunst*

alcohol ('ælkəhɒl) ZN *alcohol*

alcoholic (ælkə'hɒlɪk) I ZN • *alcoholist* ★ Alcoholics Anonymous *Anonieme Alcoholisten* II BNW • *alcoholhoudend*; *alcoholisch*

alcoholism ('ælkəhɒlɪzəm) ZN *alcoholisme*; *drankzucht*

alcopop ('ælkɒupɒp) ZN *mixdrankje* ⟨v. frisdrank en alcohol⟩

alcove ('ælkəʊv) ZN • *alkoof*; *nis* • *prieel*

alder ('ɔ:ldə) ZN *elzenboom*

alderman ('ɔ:ldəmən) ZN *wethouder*

ale (eɪl) ZN *bier*

alec ('ælɪk) ZN ★ smart alec *wijsneus*

alembic (ə'lembɪk) ZN *distilleerkolf*

alert (ə'lɜ:t) I ZN • *(lucht)alarm* ★ red ~ *hoogste alarmfase* ★ on red ~ *extra waakzaam* ★ on the ~ *op zijn hoede* ★ on (full) ~ *een en al waakzaamheid* II BNW • *waakzaam*; *op z'n hoede* III OV+ONOV WW • *alarmeren*; *alarm slaan*

A level ('əʊlevəl) AFK O&W *Advanced level* ≈

vwo-eindexamen ★ pass one's ~s ≈ *zijn eindexamen vwo halen*

al fresco (ælfreskəʊ) BNW + BIJW *in de open lucht*; *buiten*

alga ('ælgə) ZN *alg(e)*; *zeewier*

algae ('ældʒi:) ZN [mv] • → *alga*

algebra ('ældʒəbrə) ZN *algebra*

Algerian (æl'dʒɪərɪən) I ZN • *Algerijn* II BNW • *Algerijns*

alias ('eɪlɪəs) I ZN • *alias*; *schuilnaam* II BIJW • *alias*; *anders genoemd*

alibi ('ælɪbaɪ) ZN • *alibi* • *uitvlucht*; *excuus*

alien ('eɪlɪən) I ZN • *buitenlander* • *buitenaards wezen* II BNW • *vreemd* • *buitenlands* • *buitenaards* ★ ~ to *strijdig met*; *vreemd aan*

alienate ('eɪlɪəneɪt) OV WW *vervreemden*

alienation (eɪlɪə'neɪʃən) ZN *vervreemding*

alight (ə'laɪt) I ONOV WW • *afstijgen* • *uitstappen* • *landen*; *neerstrijken* ★ ~ on/upon sth *iets toevallig aantreffen*; *op iets komen* ★ this stop is for ~ing only *dit is een uitstaphalte* II BIJW • *verlicht* • *brandend*

align (ə'laɪn) ONOV WW • *op één lijn brengen/zetten*; *uitlijnen* ⟨v. wielen⟩ • *aanpassen* ★ ~ o.s. with *zich aansluiten bij* ★ non-~ed countries *niet-gebonden landen*

alignment (ə'laɪnmənt) ZN • *(het) in één lijn staan (met)*; *opstelling in een rechte lijn* • *(het) richten*; *richting* • *rooilijn* • FIG. *politieke steun* ★ out of ~ *uitstekend*

alike (ə'laɪk) BIJW • *hetzelfde* • *gelijk*; *gelijkend op* • *op dezelfde wijze* ★ men and women ~ *zowel mannen als vrouwen*

alimentary (ælɪ'mentərɪ) BNW *voedings-* ★ ~ canal *spijsverteringskanaal*

alimentation (ælɪmen'teɪʃən) ZN *voeding*; *alimentatie*

alimony ('ælɪmənɪ) ZN *alimentatie*; *onderhoud*

alive (ə'laɪv) BIJW • *in leven*; *levend* • *levendig* ★ ~ and kicking *springlevend* ★ be ~ to *zich bewust zijn van* ★ OOK FIG. be ~ with *vol zijn van*; *wemelen van* ★ she was ~ with happiness *ze straalde van geluk* ★ look ~! *schiet op!*

alkaline ('ælkəlaɪn) BNW *alkalisch*

all (ɔ:l) I BNW • *al(le)* • *geheel* • *een en al* ★ INFORM. of all people/things! *uitgerekend ...!*; *nota bene ...!* ★ is he as clever as all that? *is hij inderdaad zo knap?* ★ she was all smiles *zij was een en al glimlach* II ONB VNW • *alle(n)* • *alles*; *allemaal* • *het enige/alles wat* ★ he jumped into the pool, clothes and all *hij sprong in het zwembad met kleren en al* ★ 'I'm starving.' 'Yeah, me and all.' *'Ik rammel van de honger.' 'Ja, ik ook.'* ★ in all *in totaal* ★ I wonder if he'll come at all *ik vraag me af of hij überhaupt wel komt* ★ not at all *helemaal niet*; *niets te danken* ★ after all *tenslotte*; *toch nog*; *per slot van rekening* III BIJW • *helemaal* ★ all along *vanaf het begin* ★ all the better/faster etc. *veel beter/sneller enz.* ★ all but *bijna* ★ all but one *alles/allen op één na* ★ all in *doodmoe/uitgeput*; *in totaal* ★ IRON. it must be all of 100 meters *het is zeker 100 meter* ★ all over *overal* ★ that's him all over *net iets voor hem* ★ all (a)round *in elk opzicht*; *voor iedereen* ★ INFORM. he's not all there *hij*

al

heeft ze niet allemaal op een rijtje ★ be all for sth / for doing sth *sterk vóór iets zijn* ★ INFORM. be all over sb *zichtbaar dol op iem. zijn*

all-American BNW *echt / typisch Amerikaans*

allay (ə'leɪ) OV WW ● *verminderen* ● *tot bedaren brengen*

all-clear ZN ● *toestemming; verlof* ● *goedkeuring ⟨gezondheid⟩*

allegation (ælɪ'geɪʃən) ZN *bewering; aantijging*

allege (ə'ledʒ) OV WW *beweren*

alleged (ə'ledʒd) BNW *zogenaamd; zogeheten; zogenoemd*

allegedly (ə'ledʒɪdlɪ) BIJW *zogezegd; naar verluidt* ★ the objects~ *stolen de voorwerpen waarvan beweerd wordt dat zij gestolen zijn*

allegiance (ə'li:dʒəns) ZN *(eed v.) trouw* ★ swear ~ to *trouw zweren aan*

allegorical (ælɪ'gɒrɪkl) BNW *allegorisch*

allegory ('ælɪgərɪ) ZN *allegorie*

all-embracing BNW *allesomvattend*

allergen ('alədʒ(ə)n) ZN *allergeen*

allergic (ə'lɜ:dʒɪk) BNW ● *allergisch* ● *afkerig*

allergy ('ælədʒɪ) ZN ● *allergie* ● *afkeer (to van)*

alleviate (ə'li:vɪeɪt) OV WW *verzachten; verlichten*

alleviation (əli:vɪ'eɪʃən) ZN ● *verlichting* ● *verzachtend/kalmerend middel*

alley ('ælɪ) ZN ● *steeg* ● *kegelbaan* ● *pad* ● *extra vak ⟨bij tennis⟩* ★ blind~ *doodlopende steeg; dood spoor* ★ FIG. be up a blind~ *vastgelopen zijn* ★ INFORM. right up your~ *precies in je straatje*

alley cat ZN *zwerfkat*

alliance (ə'laɪəns) ZN ● *verdrag; verbond* ● *verwantschap* ★ in~ with *geallierd met*

allied ('ælaɪd) BNW ● *geallieerd* ● *verbonden (to met)* ★ the~ forces/the Allies *de geallieerden*

alligator ('ælɪgeɪtə) ZN *alligator*

all-in BNW *allen/alles inbegrepen; totaal*

all-night BNW *de hele nacht durend/geopend*

all-nighter ZN *evenement dat of bezigheid die de hele nacht duurt* ★ pull an~ *de hele nacht doorgaan; nachtbraken*

allocate ('æləkeɪt) OV WW *toewijzen*

allocation (ælə'keɪʃən) ZN *toewijzing*

allocution (ælə'kju:ʃən) ZN *formele toespraak*

allot (ə'lɒt) OV WW ● *toewijzen; toebedelen* ● *bestemmen (to, for voor) ⟨v. geld enz.⟩* ★ within the time~ted *binnen de beschikbare tijd*

allotment (ə'lɒtmənt) ZN ● *volkstuintje* ● *toegewezen deel; contingent* ● *toewijzing*

all-out BNW *volledig; intensief; krachtig; met volle kracht*

allow (ə'laʊ) OV WW ● *toelaten; toestaan* ● *mogen* ● *mogelijk maken* ● *uittrekken ⟨geld⟩* ● USA *beweren* ● *toekennen* ● *erkennen; toegeven* ★ ~ o.s. *zich veroorloven* ★ ~ of sth *mogelijk maken* ★ ~ me *staat u mij toe* ★ ~ for *rekening houden met*

allowance (ə'laʊəns) ZN ● *toelage* ● *vergoeding; tegemoetkoming ⟨kosten⟩* ● *belastingvrije som* ● USA *zakgeld* ● *vergunning* ★ family~ *kinderbijslag* ★ make~(s) for *rekening houden met; in aanmerking nemen dat*

alloy ('ælɔɪ) I ZN ● *legering* ● *allooi; gehalte* II OV

ww ● *legeren; mengen*

all-purpose BNW *voor alle doeleinden*

all-round BNW *allround; veelzijdig*

all-rounder ZN *allrounder; veelzijdig persoon*

all-terrain BNW *voor elk terrein geschikt* ★ ~ vehicle *terreinwagen* ★ ~ bike *allterrainbike*

all-time ('ɔ:l'taɪm) BNW *beste/beroemdste/ grootste, enz. van alle tijd; onovertroffen* ★ an~ favourite ≈ *een tijdloze klassieker* ★ an~ low *een dieptepunt*

allude (ə'lu:d) ONOV WW ★ ~ to *zinspelen op*

allure (ə'ljʊə) I ZN ● *aantrekkingskracht* II OV WW ● *aanlokken; aantrekken*

alluring (ə'ljʊərɪŋ) BNW *verleidelijk*

allusion (ə'lu:ʒən) ZN *toespeling; zinspeling*

allusive (ə'lu:sɪv) BNW ● *zinspelend* ● *dubbelzinnig*

ally[1] ('ælaɪ) ZN *bondgenoot; medestander*

ally[2] (ə'laɪ) OV WW ● *(zich) verenigen* ★ ally (o.s.) with *een verbond sluiten met* ★ ~ to/with *verwant zijn aan*

almanac ('ɔ:lmənæk) ZN *almanak*

almighty (ɔ:l'maɪtɪ) BNW *almachtig* ★ the Almighty *God*

almond ('ɑ:mənd) ZN *amandel*

almost ('ɔ:lməʊst) BIJW *bijna*

alms (ɑ:mz) ZN MV GESCH. *aalmoes; aalmoezen*

aloft (ə'lɒft) BIJW *(om)hoog*

alone (ə'ləʊn) BNW ● *alleen* ● *eenzaam* ★ leave/let him ~ *laat hem met rust* ★ let~ the danger *nog afgezien v.h. gevaar* ★ leave/let well~ *wees ermee tevreden* ★ go it~ *iets in z'n eentje doen* ★ you are not~ in ...ing *je bent niet de enige die ...*

along (ə'lɒŋ) I BIJW ● *(er)langs; door* ★ met ... mee; vergezeld van* ★ get~ with a person *met iem. kunnen opschieten* ★ go~ with sth *in iets meegaan ⟨vnl. argument⟩* ★ I knew all~ *ik heb het al die tijd geweten* ★ all~ *altijd wel* ★ take~ *meenemen* ★ we walked happily~ *we liepen vrolijk door/verder* ★ why didn't you come~? *waarom ging je niet mee?* ★ the work's coming~ fine *het werk schiet lekker op* ★ she was sacked~ with 200 others *ze werd samen met 200 anderen ontslagen* II VZ ● *langs*

alongside (əlɒŋ'saɪd) VZ ● *langszij* ● *naast*

aloof (ə'lu:f) BNW + BIJW *op een afstand; gereserveerd*

aloud (ə'laʊd) BIJW *hardop*

alp (ælp) ZN ● *alpenweide* ● *alp; bergtop* ★ the Alps *de Alpen*

alphabet ('ælfə'bet) ZN *alfabet; ABC* ★ manual~ *handalfabet*

alphabetical (ælfə'betɪkl) BNW *alfabetisch*

alpine ('ælpaɪn) I ZN ● *alpenplant* II BNW ● *alpen-; berg-* ★ ~ horn *alpenhoorn*

already (ɔ:l'redɪ) I BIJW ● *reeds; al; nu al* II TW ● INFORM. *verdomme; nou eens* ★ shut up~! *houd nou eens je kop!*

alright, **all right** I BNW+BIJW ● *goed* ● *gezond en wel; veilig* ● *voldoende* ● *geoorloofd* ★ oh yes, it's him~ *dat is 'm zonder enige twijfel* ★ she's crazy~ *ze is écht gek* ★ it's~ for some *sommige mensen zit alles mee* II TW ● *goed; in orde; oké* ● *afgesproken*

Alsace (æl'sæs) ZN *Elzas*

Alsatian (æl′seɪʃən) ZN • *Duitse herder(shond)*
• *Elzasser*
also (′ɔ:lsəʊ) BIJW *ook*; *bovendien*
also-ran (′ɔ:lsəʊræn) ZN *verliezer* 〈v. wedstrijd, verkiezingen〉
altar (′ɔ:ltə) ZN *altaar* ★ ~ *boy misdienaar*
alter (′ɔ:ltə) OV WW • *wijzigen* • *vermaken* 〈v. kleding〉
alterable (′ɔ:ltərəbl) BNW *veranderbaar*; *veranderlijk*
alteration (ɔ:ltə′reɪʃən) ZN • *wijziging*; *verandering* • *verbouwing* 〈v. huis enz.〉
altercation (ɔ:ltə′keɪʃən) ZN *woordenwisseling*; *gekrakeel*
alternate[1] (ɔ:l′tɜ:nət) BNW • *af-/verwisselend*; *beurtelings* • USA *alternatief*; *vervangend* ★ *on* ~ *days om de dag*
alternate[2] (′ɔ:ltəneɪt) ONOV WW *afwisselen* ★ *alternating current wisselstroom* ★ ~ *between hope and despair heen en weer geslingerd worden tussen hoop en wanhoop*
alternation (ɔ:ltə′neɪʃən) ZN *afwisseling*
alternative (ɔ:l′tɜ:nətɪv) I ZN • *andere/tweede mogelijkheid* 〈bij keuze〉; *alternatief* II BNW • *alternatief*
alternatively (ɔ:l′tɜ:nətɪvlɪ) BIJW *anders*; *in het andere/tweede geval*
although (ɔ:l′ðəʊ) BIJW *hoewel*; *ofschoon*
altimeter (′æltɪmi:tə) ZN *hoogtemeter*
altitude (′æltɪtju:d) ZN *hoogte*
alto (′æltəʊ) ZN *alt(stem)*; *altpartij*; *altinstrument*
altogether (ɔ:ltə′geðə) BIJW • *helemaal*; *in alle opzichten* • *in totaal* • *bij elkaar genomen* ★ *that is not* ~ *true dat is niet helemáál waar* ★ IRON. *in the* ~ *in adams-/evakostuum*
altruism (′æltru:ɪzəm) ZN *onbaatzuchtigheid*; *altruïsme*
altruistic (æltru′ɪstɪk) BNW *onbaatzuchtig*; *altruïstisch*
aluminium (æl(j)ʊ′mɪnɪəm), USA *aluminum* (æ′lʊmɪnəm) ZN *aluminium*
alumni (ə′lʌmni:) ZN [mv] • → **alumnus**
alumnus (ə′lʌmnəs) ZN *oud-leerling*
always (′ɔ:lweɪz) BIJW • *altijd*; *steeds* • *altijd nog*
Alzheimer's Disease ZN *ziekte van Alzheimer*
am (æm) WW • → **be**
a.m., USA **A.M.** AFK *ante meridiem a.m.*; *vóór 12 uur 's middags* ★ 8.30 a.m. *8.30*; *half negen 's ochtends*
amalgam (ə′mælgəm) ZN • *mengsel* • *amalgaam*
amalgamate (ə′mælgəmeɪt) OV+ONOV WW • *een fusie aangaan*; *fuseren* • *verenigen*; *integreren* • TECHN. *amalgameren*
amalgamation (əmælgə′meɪʃən) ZN *fusie*; *samensmelting*
amass (ə′mæs) OV WW *vergaren*
amateur (′æmətə) ZN *amateur*; *liefhebber*
amateurish (′æmətərɪʃ) BNW *amateuristisch*
amatory (′æmətərɪ) BNW *verliefd*; *erotisch*
amaze (ə′meɪz) OV WW *verbazen*
amazed (ə′meɪzd) BNW • *verbaasd (at over)* • *verbijsterd*
amazement (ə′meɪzmənt) ZN *verbazing* ★ *she looked at me in* ~ *zij keek mij verbaasd / verbijsterd aan*
amazing (ə′meɪzɪŋ) BNW *verbazingwekkend*

amazon (′æməz(ə)n) I ZN • *amazone* II BNW • *van/uit het Amazonegebied*
ambassador (æm′bæsədə) ZN *ambassadeur*; *afgezant*
amber (′æmbə) I ZN • *barnsteen*; *gele amber* II BNW • *vaalgeel* • *oranje* 〈v. verkeerslicht〉
ambiance (′æmbɪəns) ZN • → **ambience**
ambidextrous (æmbɪ′dekstrəs) BNW *links- en rechtshandig*
ambience (′æmbɪəns) ZN • *sfeer*; *ambiance* • *omgeving*
ambient (′æmbɪənt) BNW *omringend* ★ ~ *temperature omgevingstemperatuur*
ambiguity (æmbɪ′gju:ətɪ) ZN *ambiguïteit*; *dubbelzinnigheid*
ambiguous (æm′bɪgjʊəs) BNW • *ambigu*; *dubbelzinnig* • *vaag*; *onduidelijk*
ambit (′æmbɪt) ZN *omvang*; *gebied*
ambition (æm′bɪʃən) ZN • *eerzucht*; *ambitie* • *streven*; *ideaal*
ambitious (æm′bɪʃəs) BNW • *eerzuchtig*; *ambitieus* • *groots*; *grootscheeps* ★ *isn't this a bit* ~? *is dit niet te hoog gegrepen?*
ambivalence (æm′bɪvələns) ZN *ambivalentie*; *dubbelwaardigheid*
ambivalent (æm′bɪvələnt) BNW *ambivalent*
amble (′æmbl) I ZN • *(rustige) wandeling* • *telgang* II ONOV WW • *kuieren*; *in telgang lopen*
ambulance (′æmbjʊləns) ZN • *ambulance*; *ziekenwagen* • *veldhospitaal* 〈verplaatsbaar〉
ambulant (′æmbjʊlənt) BNW *in beweging*; *rondtrekkend*
ambulatory (′æmbjʊlətərɪ) I ZN • *kloostergang*; *wandelplaats* II BNW • *rondtrekkend*
ambush (′æmbʊʃ) I ZN • *hinderlaag* II OV WW • *in hinderlaag laten lopen/vallen* III ONOV WW • *in hinderlaag liggen*
ameliorate (ə′mi:lɪəreɪt) OV+ONOV WW • *verbeteren* • *beter worden*
amen (′ɑ:men/′eɪmen) ZN *amen* ★ *amen to that daar ben ik het zeker mee eens*
amenable (ə′mi:nəbl) BNW *handelbaar*; *volgzaam* ★ ~ *to ontvankelijk/vatbaar voor*
amend (ə′mend) OV WW • *wijzigen* • *z. (ver)beteren*; *amenderen*
amendment (ə′mendmənt) ZN *amendement* ★ USA, POL. *the First Amendment het recht op vrijheid v. meningsuiting*
amends (ə′mendz) MV ★ *make* ~ *het weer goedmaken*
amenity (ə′mi:nətɪ) ZN • [meestal mv] *voorziening*; *faciliteit* • [meestal mv] *aantrekkelijke kant*; *goede ligging*
America (ə′merɪkə) ZN *Amerika*
American (ə′merɪkən) I ZN • *Amerikaan* ★ *African* ~ *Amerikaan met Afrikaanse voorouders* ★ *native* ~ *indiaan* II BNW • *Amerikaans* ★ *as* ~ *as apple pie typisch Amerikaans* ★ *African* ~ *Afro-Amerikaans*
Americanism (ə′merɪkənɪzəm) ZN *amerikanisme*
Americanize, G-B **Americanise** (ə′merɪkənaɪz) WW • *veramerikaniseren* • TAALK. *amerikanismen gebruiken*
amiability (eɪmɪə′bɪlətɪ) ZN *beminnelijkheid*; *vriendelijkheid*

am

amiable ('eɪmɪəbl) BNW *beminnelijk*; *vriendelijk*

amicability (æmɪkə'bɪlətɪ) ZN *vriend(schapp)elijkheid*

amicable ('æmɪkəbl) BNW *vriendschappelijk*

amicably (æ'mɪkəblɪ) BNW *op vriendschappelijke toon* ∗ part ~ *in goede verstandhouding uit elkaar gaan*

amid, amidst (ə'mɪd(st)) VZ • *te midden van* • *tussen*

amidships (ə'mɪdʃɪps) BIJW USA *midscheeps*

amiss (ə'mɪs) BNW + BIJW *verkeerd*; *te onpas* ∗ take sth ~ *iets kwalijk nemen*; *iets verkeerd begrijpen/opvatten* ∗ not come/go ~ *welkom zijn*

amity ('æmətɪ) ZN *vriendschappelijke verhouding*

ammeter ('æmɪtə) ZN *ampèremeter*

ammo ('æmeʊ) ZN INFORM. *(am)munitie*

ammonia (ə'məʊnɪə) ZN *ammoniak*

ammunition (æmjʊ'nɪʃən) ZN *(am)munitie*

amnesia (æm'niːzɪə) ZN *geheugenverlies*

amnesty ('æmnɪstɪ) ZN *amnestie*

amniocentesis ('æmnɪə'sentəsɪs) ZN *vruchtwaterpunctie*

amok (ə'mɒk) BIJW ∗ run amok *amok maken*; *als een bezetene tekeer gaan*

among (ə'mʌŋ) 〈vóór 'the' of medeklinker〉, amongst (ə'mʌŋst) 〈vóór 'the' of klinker〉 VZ *temidden van*; *onder* ∗ let's keep it ~ ourselves *laten we het onder ons houden* ∗ talk ~(st) yourselves *iets in een besloten groep bespreken*

amoral (eɪ'mɒrəl) BNW *amoreel*

amorous ('æmərəs) BNW • *verliefd (of op)* • *liefdes-*

amorphous (ə'mɔːfəs) BNW *amorf*; *vormloos*

amortization, G-B amortisation (ə'mɔːtaɪ'zeɪʃn) ZN *amortisatie*; *delging* 〈v. schuld〉

amortize, G-B amortise (ə'mɔːtaɪz) OV WW *amortiseren*; *delgen* 〈v. schuld〉

amount (ə'maʊnt) I ZN • *bedrag* • *grootte*; *hoeveelheid*; *mate*; *omvang* ∗ any ~ of sth *een berg*; *heleboel* ∗ no ~ of sth *geen enkel(e)* ∗ to the ~ of ten *bedrage van* II ONOV WW • ~ to *bedragen*; *neerkomen op* ∗ it ~s to *het komt neer op*

amp (æmp) ZN • *ampère* • INFORM. *versterker* 〈= amplifier〉

ampersand ('æmpəsænd) ZN *ampersand* 〈teken: &〉

amphetamine (æm'fetəmiːn) ZN *amfetamine*

amphibian (æm'fɪbɪən) I ZN • *amfibie*; *tweeslachtig dier* • *amfibievliegtuig/-voertuig* II BNW • *tweeslachtig*; *amfibieachtig*

amphibious (æm'fɪbɪəs) BNW *tweeslachtig*; *amfibisch*; *amfibie-*

amphitheatre, USA amphitheater ('æmfɪθɪətə) ZN G-B *amfitheater*

ample ('æmpl) BNW • *ruim*; *ampel* • *uitvoerig* • *overvloedig* • *gezet* 〈v. figuur〉

amplification (æmplɪfɪ'keɪʃən) ZN • *versterking* 〈geluidstechniek〉 • *uitweiding*; *nadere verklaring*

amplifier ('æmplɪfaɪə) ZN *versterker*

amplify ('æmplɪfaɪ) OV+ONOV WW • *versterken* • *vergroten* • *uitbreiden*; *uitweiden*

amplitude ('æmplɪtjuːd) ZN • *omvang* • *amplitude*; *uitgestrektheid*

amply ('æmplɪ) BIJW *ruim*; *royaal*; *uitvoerig* ∗ ~ rewarded *rijkelijk beloond*

amputate ('æmpjʊteɪt) OV+ONOV WW *amputeren*; *afzetten*

amputation (æmpjʊ'teɪʃən) ZN *amputatie*

amuck (ə'mʌk) BIJW • → amok

amulet ('æmjʊlət) ZN *amulet*; *talisman*

amuse (ə'mjuːz) OV WW • *amuseren*; *vermaken* • *aangenaam bezig houden* ∗ I am not ~d *ik vind het niet leuk*

amusement (ə'mjuːzmənt) ZN *amusement*; *plezier*

amusement arcade ZN *gokhal*; *automatenhal*

amusing (ə'mjuːzɪŋ) BNW *amusant*; *vermakelijk*

an (æn) LW • → a

anabolic ('ænə'bɒlɪk) I ZN • *anabool* II BNW • *anabolisch* ∗ ~ steroid *anabolicum*

anachronism (ə'nækrənɪzəm) ZN *anachronisme*

anachronistic (ənækrə'nɪstɪk) BNW *anachronistisch*; *ouderwets*

anaemia (ə'niːmɪə) ZN • *bloedarmoede*; *anemie* • *lusteloosheid*

anaemic (ə'niːmɪk) BNW • *bloedarm*; *anemisch* • *lusteloos* ∗ an ~ performance *een bloedeloze voorstelling*

anaesthesia (ænɪs'θiːzɪə) ZN • *anesthesie* • *narcose*; *verdoving*

anaesthetic (ænɪs'θetɪk) I ZN • *verdovingsmiddel* II BNW • *verdovend*

anaesthetist (ə'niːsθətɪst) ZN *anesthesist*

anaesthetize, G-B anaesthetise (ə'niːsθətaɪz) OV WW *verdoven*; *onder narcose brengen*

anal ('eɪnl) BNW *anaal*; *aars-*

analgesic ('ænəl'dʒiːsɪk) I ZN • *analgeticum*; *pijnstillend middel* II BNW • *pijnstillend*

analog ('ænəlɒg) USA • → analogue

analogical (ænə'lɒdʒɪkl) BIJW *analoog*; *overeenkomstig*

analogous (ə'næləgəs) BNW *analoog (to met)*; *overeenkomstig*

analogue ('ænəlɒg) I ZN • *analoog* • *parallel* II BNW • *analoog* • *met wijzerplaat* 〈v. klok, horloge〉

analogy (ə'nælədʒɪ) ZN *analogie*; *overeenkomst* ∗ on the ~ of/by ~ with *naar analogie van*

analyse ('ænəlaɪz) OV WW • *analyseren* • *ontleden* ∗ aan psychoanalyse onderwerpen

analysis (ə'næləsɪs) ZN • *analyse* • *(psycho)analyse* ∗ in the final/last ~ *in laatste instantie*; *uiteindelijk*

analyst ('ænəlɪst) ZN • *analist* • *(psycho)analyticus*

analytical (ænə'lɪtɪkl), analytic (ænə'lɪtɪk) BNW *analytisch*

analyze OV WW USA • → analyse

anarchical (æn'ɑːkɪkl), anarchic (æn'ɑːkɪk) BNW • *anarchistisch* • *ordeloos*

anarchism ('ænəkɪzəm) ZN *anarchisme*

anarchist ('ænəkɪst) ZN *anarchist*

anarchistic (ænə'kɪstɪk) BNW *anarchistisch*

anarchy ('ænəkɪ) ZN *anarchie*

anathema (ə'næθəmə) ZN • *banvloek* • *vervloekt iets of iemand* • *gruwel*

anatomical (ænə'tɒmɪkl) BNW *anatomisch*

anatomist (ə'nætəmɪst) ZN *anatoom*

anatomy (ə'nætəmɪ) ZN • *anatomie* • *bouw*;

structuur ⟨v. lichaam⟩ • *analyse*; *onderzoek*
★ human ~ *menselijk lichaam* ★ morbid ~
pathologische anatomie
ancestor ('ænsestə) ZN • *voorvader* • *oertype*;
prototype
ancestral (æn'sestrəl) BNW • *voorouderlijk*
• *prototypisch*
ancestry ('ænsestrɪ) ZN • *voorouders* • *afkomst*
anchor ('æŋkə) I ZN • *anker* • *steun* ★ drop ~ *het
anker uitwerpen* ★ weigh ~ *het anker lichten*
II OV+ONOV WW • *(ver)ankeren*
anchorage ('æŋkərɪdʒ) ZN • *verankering*
• *ligplaats* • FIG. *steun*
anchorite ('æŋkəraɪt) ZN *kluizenaar*
anchorman ('æŋkəmən) ZN [v: **anchorwoman**]
tv-presentator ⟨vast⟩
anchovy ('æntʃəvɪ) ZN *ansjovis*
ancient ('eɪnʃənt) BNW • *(zeer) oud* • *uit de
(klassieke) oudheid* ★ FIG. ~ *history oude koeien*
★ the Ancients *de Klassieken* ⟨i.h.b. Grieken
en Romeinen⟩
ancillary (æn'sɪlərɪ) I ZN • *assistent* II BNW
• *ondergeschikt*; *bijkomend* • *hulp-*;
ondersteunend ★ ~ *industries
toeleveringsbedrijven*
and (ænd) VW *en* ★ try and come *probeer te
komen*
anecdotal ('ænɪk'doʊtl) BNW *anekdotisch*
anecdote ('ænɪkdoʊt) ZN *anekdote*
anemia (ə'ni:mɪə) ZN MV → **anaemia**
anemic (ə'ni:mɪk) BNW • → **anaemic**
anemone (ə'nemənɪ) ZN *anemoon*
anesthesia ZN USA • → **anaesthesia**
anesthetic ZN USA • → **anaesthetic**
anesthetist ZN USA • → **anaesthetist**
anesthetize OV WW USA • → **anaesthetize**
anew (ə'nju:) BIJW • *opnieuw* • *anders*
angel ('eɪndʒəl) ZN • OOK FIG. *engel* • *schat*
• INFORM. *sponsor* ★ guardian ~ *beschermengel*
angelic (æn'dʒelɪk) BNW *engelachtig*
anger ('æŋgə) I ZN • *woede* II OV+ONOV WW
• *boos maken/worden*
angle ('æŋgl) I ZN • *hoek* • *gezichtspunt* ★ a right
~ *een hoek van 90 graden* ★ at an ~ ⟨to⟩ *schuin
(op)* ★ at right ~s to *haaks op* ★ ~ parking
schuin parkeren ★ dead ~ *dode hoek* ★ blind ~
dode hoek; *blinde vlek* ★ WISK. alternate ~s
verwisselende hoeken ★ WISK. corresponding
~s *overeenkomstige hoeken* II OV WW
• *ombuigen*; *schuin zetten* • *een vertekend
beeld geven* • ~ **towards** *richten op* III ONOV
WW • *zich kronkelen*; *buigen* • *hengelen* ★ ~
for compliments *vissen naar complimentjes*
angle bracket ('æŋgl 'brækɪt) ZN DRUKK. *vishaak*
⟨tekens: ⟨⟩⟩
angler ('æŋglə) ZN *hengelaar*
Anglican ('æŋglɪkən) BNW *anglicaan(s)*
Anglicism ('æŋglɪsɪzəm) ZN *anglicisme*
Anglicize, G-B **Anglicise** ('æŋglɪsaɪz) OV+ONOV
WW *verengelsen*
angling ('æŋglɪŋ) ZN *hengelsport*
Anglo- ('æŋgləʊ) VOORV • *Engels* • *van
Britse/Engelse oorsprong*
Anglo-American BNW *Anglo-Amerikaans*
anglophile ('æŋgləʊfaɪl) ZN *anglofiel*
Anglo-Saxon (æŋgləʊ'sæksən) I ZN • *Angelsakser*

• *(typische) Engelsman* II BNW • *Oud-Engels*;
Angelsaksisch • USA *Engels*
angry ('æŋgrɪ) BNW • *boos* ⟨at, with *op*; about,
at *over*⟩ • *dreigend* • *pijnlijk*; *ontstoken* ★ ~
clouds *dreigende wolken* ★ ~ wound *ontstoken
wond*
anguish ('æŋgwɪʃ) ZN • *(zielen)smart* • *angst*
• *pijn*; *lijden* ★ be in ~ *angsten uitstaan*
anguished ('æŋgwɪʃt) BNW *vol smart*; *vol angst*;
gekweld
angular ('æŋgjʊlə) BNW • *hoekig* • *benig*; *knokig*
• *onbehouwen*; *ruw*
animal ('ænɪml) I ZN • *dier* • *dierlijk wezen*
★ domesticated ~ *huisdier*; *getemd dier* II BNW
• *dierlijk*
animality (ænɪ'mælətɪ) ZN • *dierlijke natuur*
• *vitaliteit* • *dierenwereld*
animal shelter ZN USA *dierenasiel*
animate ('ænɪmeɪt) I BNW • *levend* II OV WW
• *bezielen*; *tot leven brengen* • *animeren* • *een
animatiefilm maken*
animated ('ænɪmeɪtɪd) BNW *levend(ig)*; *bezield*
★ ~ cartoon *tekenfilm*
animation (ænɪ'meɪʃən) ZN • *levendigheid*;
enthousiasme • *(het maken v.e.) tekenfilm*
animosity (ænɪ'mɒsətɪ) ZN *vijandigheid*
animus ('ænɪməs) ZN • *vijandigheid* • *bezielende
kracht*
anise ('ænɪs) ZN *anijs*
aniseed ('ænɪsi:d) ZN *anijszaad(je)*
ankle ('æŋkl) ZN *enkel*
anklet ('æŋklət) ZN • *enkelstuk*; *enkelkettinkje*
• USA *sok*
annalist ('ænəlɪst) ZN *kroniekschrijver*
annals ('ænlz) ZN MV *annalen*; *jaarboeken*
anneal (ə'ni:l) OV WW • *temperen* ⟨v. metaal⟩
• *louteren*; FIG. *harden*
annex[1] ('æneks) ZN • *aanhangsel* ⟨v. document⟩
• *bijgebouw*; *dependance*
annex[2] (ə'neks) OV WW • *annexeren*
• *aanhangen* ⟨toevoegen als bijlage⟩
annexation ('ænek'seɪʃn) ZN *annexatie*; *inlijving*
annexe ('æneks) ZN G-B • → **annex**[1]
annihilate (ə'naɪəleɪt) OV WW • *vernietigen*
• *(volledig) verslaan*
annihilation (ənaɪə'leɪʃən) ZN *vernietiging*
anniversary (ænɪ'vɜ:sərɪ) ZN *verjaardag*;
(jaarlijkse) gedenkdag
annotate ('ænəʊteɪt) OV+ONOV WW *annoteren*;
aantekeningen maken
annotation (ænə'teɪʃən) ZN *annotatie*;
aantekening
announce (ə'naʊns) OV WW *aankondigen*;
bekendmaken; *omroepen*
announcement (ə'naʊnsmənt) ZN
aankondiging; *bekendmaking*
announcer (ə'naʊnsə) ZN *aankondiger*; *omroeper*
annoy (ə'nɔɪ) OV+ONOV WW • *ergeren* • *lastig
vallen*
annoyance (ə'nɔɪəns) ZN • *ergernis*; *irritatie*
• *last*; *hinder*
annoyed (ə'nɔɪd) BNW *geïrriteerd* ★ ~ with sb
geïrriteerd over iem. ★ ~ with sth *geïrriteerd
over iets*
annoying (ə'nɔɪɪŋ) BNW *hinderlijk*; *vervelend*
annual ('ænjʊəl) I ZN • *jaarboekje* • *éénjarige*

an

plant II BNW • *jaar-; jaarlijks* ★ ~ *income jaarinkomen*

annuity (ə'nju:ətɪ) ZN *lijfrente; jaargeld*

annul (ə'nʌl) OV WW • *tenietdoen* • *ongeldig/ nietig verklaren*

annular ('ænjʊlə) BNW *ring-; ringvormig*

annulment (ə'nʌlmənt) ZN • *tenietdoening* • *ongeldig-/nietigverklaring*

annunciate (ə'nʌnʃɪeɪt) OV WW *aankondigen*

annunciation (ənʌnsɪ'eɪʃən) ZN *aankondiging*

Annunciation (ənʌnsɪ'eɪʃən) ZN ★ ~ (day) *Maria-Boodschap* ⟨25 maart⟩

anode ('ænoʊd) ZN *anode*

anodyne ('ænədaɪn) I ZN • *pijnstillend / kalmerend middel* II BNW • *pijnstillend* • *kalmerend; sussend*

anoint (ə'nɔɪnt) OV WW • *insmeren; zalven* ⟨vooral rel.⟩ • INFORM. *aftuigen*

anomalous (ə'nɒmələs) BNW *abnormaal; onregelmatig; uitzonderings-* ★ the ~ *expansion* of water *de buitengewone toename van water*

anomaly (ə'nɒməlɪ) ZN *anomalie; onregelmatigheid*

anon. (ə'nɒn) AFK anonymous *anon.* ⟨anoniem⟩

anonymity (ænə'nɪmətɪ) ZN *anonimiteit; naamloosheid*

anonymous (ə'nɒnɪməs) BNW *anoniem; naamloos* ★ a dull and ~ landscape *een saai, karakterloos landschap*

anorak ('ænəræk) ZN • *anorak; parka* • INFORM. *freak*

anorectic (ænə'rektɪk) BNW *anorectisch*

anorexia (ænə'reksɪə) ZN *anorexia (nervosa); magerzucht*

another (ə'nʌðə) ONB VNW • *nog een* • *een ander* • *een tweede* ★ one ~ *elkaar* ★ for one reason or ~ *om de een of andere reden*

answer ('ɑ:nsə) I ZN • *antwoord* ★ have/know all the ~s *van alle markten thuis zijn;* IRON. *denken dat men alles weet* II OV WW • *antwoorden op; beantwoorden (aan)* • *reageren op* ★ ~ the door *opendoen* ⟨na kloppen/bellen⟩ ★ ~ the phone *de telefoon opnemen* ★ does this ~ your requirements? *voldoet dit aan je eisen?* III ONOV WW • *antwoorden* • *voldoende zijn* • ~ back *een brutaal antwoord geven* • ~ for *instaan voor; boeten voor* ★ have a lot to ~ for *heel wat op zijn geweten hebben* • ~ to *luisteren naar; reageren op; verantwoorden tegenover; beantwoorden aan* ★ ~ to the name of *luisteren naar de naam*

answerable ('ɑ:nsərəbl) BNW • *verantwoording verschuldigd; aansprakelijk* • *te beantwoorden*

answering machine ZN *antwoordapparaat*

answering service ZN *(tel.) boodschappendienst*

answerphone ('ɑ:nsəfəʊn) ZN *antwoordapparaat*

ant (ænt) ZN • *mier* ★ have ants in one's pants *geen rust in zijn kont hebben*

antagonism (æn'tægənɪzəm) ZN • *antagonisme* • *tegenstrijdig principe* • *vijandschap* ★ his proposal met with a lot of ~ *zijn voorstel riep veel verzet op*

antagonist (æn'tægənɪst) ZN *antagonist; tegenstander*

antagonistic (æntægə'nɪstɪk) BNW *antagonistisch; tegenwerkend; vijandig*

antagonize, G-B **antagonise** (æn'tægənaɪz) OV WW • *tegen zich in het harnas jagen* • *tegengaan/-werken*

Antarctic (ænt'ɑ:ktɪk) I ZN • *Antarctica; zuidpoolgebied* • *Zuidelijke IJszee* II BNW • *m.b.t. Antarctica*

ante ('ænti) I ZN ★ raise/up the ante *z'n eisen opschroeven* II OV WW • ~ up *ophoesten* ⟨v. geld⟩

ante- ('æntɪ) VOORV *voor-; vooraf*

antebellum (æntɪ'beləm) BNW *vooroorlogs* ⟨vnl. van vóór de Amerikaanse burgeroorlog⟩

antecedence (æntɪ'si:dəns) ZN *(het) voorafgaan*

antecedent (æntɪ'si:dənt) I ZN • *(het) voorafgaande; voorgeschiedenis* • OOK TAALK. *antecedent* • ~s [mv] *voorouders; verleden* II BNW • *voorafgaand*

antedate (æntɪ'deɪt) I ZN • *antidatering* II OV WW • *antidateren; te vroeg dateren* • *voorafgaan aan* • *vervroegen*

antelope ('æntɪləʊp) ZN *antilope; leer van antilope*

antenatal (æntɪ'neɪtl) BNW *prenataal* ★ ~ clinic *kliniek voor a.s. moeders* ★ ~ exercises *zwangerschapsgymnastiek*

antenna (æn'tenə) ZN [mv: **antennae**] • *voelspriet* • OOK FIG. *antenne*

antepenultimate (æntɪpɪ'nʌltɪmət) I ZN • *op twee na de laatste lettergreep* II BNW • *op twee na laatste; voorvoorlaatst*

anterior (æn'tɪərɪə) BNW • *voor-; voorste* • *voorafgaand (to aan); vroeger*

anteroom ('æntɪru:m) ZN • *wachtkamer* • *voorvertrek*

ant heap ZN *mierenhoop*

anthem ('ænθəm) ZN *religieuze koorzang* ★ national ~ *volkslied*

anther ('ænθə) ZN *helmknop* ★ ~ dust *stuifmeel*

ant hill ZN *mierenhoop*

anthology (æn'θɒlədʒɪ) ZN *bloemlezing*

anthrax ('ænθræks) ZN *antrax; miltvuur*

anthropoid ('ænθrəpɔɪd) I ZN • *mensaap* II BNW • *mens-; mensachtig*

anthropologist (ænθrə'pɒlədʒɪst) ZN *antropoloog*

anthropology (ænθrə'pɒlədʒɪ) ZN *antropologie; leer v.d. mens*

anthropomorphic (ænθrəpə'mɔ:fɪk) BNW *antropomorf; mensachtig*

anti ('ænti/'æntaɪ) I ZN • *tegenstander* II VZ • *tegen*

anti- ('æntɪ/'æntaɪ) VOORV *tegen-; anti-* ★ ~abortionist *antiabortusactivist*

anti-aircraft (æntɪ'eəkrɑ:ft) BNW ★ ~ guns *luchtafweergeschut*

antibiotic (æntɪbaɪ'ɒtɪk) I ZN • *antibioticum* II BNW • *antibiotisch; bacteriebestrijdend*

antibody ('æntɪbɒdɪ) ZN *antilichaam; antistof*

anticipate (æn'tɪsɪpeɪt) OV WW • *verwachten; tegemoetzien* • *anticiperen; vooruitlopen op* • *vóór zijn* • *voorvoelen/-zien*

anticipation (æntɪsɪ'peɪʃən) ZN • *voorgevoel* • *verwachting* ★ in ~ *bij voorbaat* ★ in ~ of *in*

afwachting van
anticipatory (æn'tɪsɪpətərɪ) BNW *anticiperend*
anticlimax (æntɪ'klaɪmæks) ZN *anticlimax*
anticlockwise (æntɪ'klɒkwaɪz) BNW + BIJW *tegen de wijzers v.d. klok in; linksom draaiend*
anticorrosive (æntɪkə'roʊsɪv) BNW *anticorrosief; antiroest-*
antics ('æntɪks) ZN MV • *capriolen • potsierlijk gedrag*
anticyclical (æntɪ'sɪklɪkəl) BNW *anticyclisch; tegen de cyclus ingaand*
anticyclone (æntɪ'saɪkləʊn) ZN *gebied met hoge luchtdruk; anticycloon*
antidotal (æntɪ'dəʊtl) BNW *als tegengif*
antidote ('æntɪdəʊt) ZN *tegengif (against, for tegen)*
antifreeze (æntɪ'friːz) ZN *antivries*
anti-globalism (æntɪ'gləʊbəlɪzəm) ZN POL. *antiglobalisme*
anti-lock BNW ★ *~ braking system antiblokkeersysteem*
antinuclear (æntɪ'njuːklɪə) BNW *antikernwapen(s); tegen kernenergie*
antipathetic (æntɪpə'θetɪk) BNW *antipathiek ★ ~ to new ideas niet openstaand voor nieuwe ideeën*
antipathy (æn'tɪpəθɪ) ZN *antipathie; afkeer*
anti-personnel (æntɪpɜːsə'nel) BNW *tegen personen gericht*
antipode (æn'tɪpoʊd) ZN *antipode; tegenvoeter*
Antipodes (æn'tɪpədiːz) ZN MV ★ the ~ *Australië en Nieuw-Zeeland*
antipollution ('æntɪpə'luːʃən) BNW *milieubeschermend*
antiquarian (æntɪ'kweərɪən) **I** ZN • *oudheidkundige • antiquaar; antiquair* **II** BNW • *oudheidkundig*
antiquary ('æntɪkwərɪ) ZN • *oudheidkundige • antiquaar; antiquair*
antiquated ('æntɪkweɪtɪd) BNW *verouderd; achterhaald*
antique (æn'tiːk) **I** ZN • *antiek voorwerp* **II** BNW • *antiek; oud*
antique dealer ZN *antiquair*
antiquity (æn'tɪkwətɪ) ZN • *(de) oudheid • ouderdom ★ antiquities [mv] oudheden*
anti-Semitic BNW *antisemitisch*
anti-Semitism ZN *antisemitisme*
antiseptic (æntɪ'septɪk) **I** ZN • *ontsmettend middel* **II** BNW • *antiseptisch; ontsmettend*
antisocial (æntɪ'səʊʃəl) BNW • *asociaal • ongezellig*
anti-terrorist BNW ★ *~ organization antiterreurorganisatie*
antithesis (æn'tɪθəsɪs) ZN *antithese; tegenstelling; contrast*
antithetical (æntɪ'θetɪkl) BNW *antithetisch; tegengesteld*
antitoxin (æntɪ'tɒksɪn) ZN *tegengif; antitoxine*
antler ('æntlə) ZN [meestal mv] *gewei*
antonym ('æntənɪm) ZN *antoniem; tegengestelde*
anus ('eɪnəs) ZN *anus; aars(opening)*
anvil ('ænvɪl) ZN OOK ANAT. *aanbeeld*
anxiety (æŋ'zaɪətɪ) ZN • *angst • bezorgdheid (about, for om) • verlangen (for naar)*
anxious ('æŋkʃəs) BNW • *bezorgd (about over);*

nerveus • verontrust • verlangend (for naar) ★ ~ moments *angstige ogenblikken ★* he was ~ to leave *hij stond te popelen om te vertrekken;* hij wilde graag vertrekken
any ('enɪ) **I** ONB VNW • *enig(e) • ieder • soms ook* ★ at any time *steeds; altijd ★* any time! *graag gedaan!; geen dank! ★* not just any person *niet zo maar iem.; een bijzonder iem. ★* INFORM. I'm not having any of it *ik wil dit absoluut niet; er komt niets van in!* **II** BIJW • [met ontkenning] *niet(s);* USA *helemaal niet ★* I'm afraid I'm not any the wiser after that class *ik ben bang dat ik van die les niets heb opgestoken*
anybody ('enɪbɒdɪ) ONB VNW ★ →**anyone**
anyhow ('enɪhaʊ) BIJW • *hoe dan ook; in ieder geval • nonchalant; ongeregeld ★* she dresses ~ *ze kleedt zich slordig*
anymore ('eni'mɔː) BIJW [met 'not'] *meer ★* I don't live in Utrecht ~ *ik woon niet meer in Utrecht*
anyone ('enɪwʌn) ONB VNW • *iemand • wie dan ook; iedereen ★ ~* who is ~ *iedereen die iets te betekenen heeft ★* it could happen to ~ *het kan iedereén overkomen*
anyplace ('enɪpleɪs) BIJW *waar dan ook; overal*
anything ('enɪθɪŋ) ONB VNW • *iets • wat dan ook; (van) alles ★ ~* but *allesbehalve ★* not for ~ *voor niets ter wereld ★* as fast as ~ *zo snel als wat ★* if ~ this is better *dit is mogelijk nog beter*
anyway ('enɪweɪ) BIJW • *bovendien • in ieder geval; toch • hoe dan ook*
anywhere ('enɪweə) BIJW • *ergens • waar dan ook; overal ★* miles from ~ *mijlenver van alles verwijderd ★* there weren't ~ near enough chairs *er waren bij lange niet genoeg stoelen ★* we are not getting ~ (with this) *zo komen we (hiermee) geen klap verder*
AOB AFK *any other business wat verder ter tafel komt*
aorta (eɪ'ɔːtə) ZN *aorta; hoofdslagader*
apace (ə'peɪs) BIJW *snel*
apart (ə'pɑːt) BNW + BIJW • *apart; los • uit elkaar; gescheiden* ⟨v. tijd, plaats⟩ • *behalve ★ ~* from *afgezien van • poles/worlds ~ hemelsbreed van elkaar verschillend ★* set ~ *scheiden ★* take ~ *uit elkaar halen; demonteren; kritisch analyseren; afkraken ★* tell ~ *onderscheiden ★* joking ~ *zonder dollen/gekheid ★* John ~, not one of them is suitable *behalve John is niemand geschikt*
apartment (ə'pɑːtmənt) ZN • USA *appartement; flat • vertrek ★ ~* block *flatgebouw ★* USA ~ house *klein flatgebouw*
apathetic (æpə'θetɪk) BNW *apathisch; lusteloos*
apathy ('æpəθɪ) ZN *apathie; lusteloosheid*
ape (eɪp) **I** ZN • *mensaap; staartloze aap ★* USA go ape(shit) *razend / knettergek worden* **II** OV WW • *na-apen*
aperture ('æpətʃə) ZN *opening; spleet*
apery ('eipəri) ZN • *apenstreek • na-aperij*
apex ('eɪpeks) ZN OOK FIG. *top(punt)*
aphorism ('æfərɪzəm) ZN *aforisme; kernachtig gezegde*
aphrodisiac (æfrə'dɪzɪæk) ZN *afrodisiacum* ⟨libidoverhogend middel⟩

ap

apian ('eɪpɪən) BNW *bijen-*
apiculture ('eɪpɪkʌltʃə) ZN FORM. *bijenteelt*
apiece (ə'pi:s) BIJW *per stuk*
apish ('eɪpɪʃ) BNW • *aapachtig* • *aanstellerig*
aplomb (ə'plɒm) ZN *zelfverzekerdheid; aplomb*
apnoea, apnea (ap'ni:ə) ZN *ademstilstand/-onderbreking*
apocalypse (ə'pɒkəlɪps) ZN • *openbaring; onthulling* • *einde/vernietiging v.d. wereld*
apocrypha (ə'pɒkrəfə) ZN *apocriefe boeken* ⟨v. het Oude Testament⟩
apocryphal (ə'pɒkrɪfəl) BNW • REL. *apocrief* • *onecht* • *twijfelachtig*
apodictic (æpə'dɪktɪk) BNW *onweerlegbaar; apodictisch*
apogee ('æpədʒi:) ZN • *apogeum* • *hoogste punt*
apologetic (əpɒlə'dʒetɪk) BNW *verontschuldigend*
apologize, G-B apologise (ə'pɒlədʒaɪz) ONOV ww *zich verontschuldigen*
apology (ə'pɒlədʒɪ) ZN *verontschuldiging*
apoplectic (æpə'plektɪk) BNW • OUD. *apoplectisch* • *licht ontvlambaar*
apoplexy ('æpəpleksɪ) ZN OUD. *beroerte; apoplexie*
apostasy (ə'pɒstəsɪ) ZN *afvalligheid*
apostate (ə'pɒsteɪt) I ZN • *afvallige* II BNW • *afvallig*
apostle (ə'pɒsəl) ZN • *apostel* • *aanhanger*
apostolate (ə'pɒstələt) ZN *apostolaat* ⟨r.-k. kerk⟩
apostolic (æpə'stɒlɪk) BNW *apostolisch* ★ the Apostolic See *de Heilige Stoel*
apostrophe (ə'pɒstrəfɪ) ZN TAALK. *apostrof: weglatingsteken*
apotheosis (əpɒθɪ'əʊsɪs) ZN • *vergoddelijking; apotheose* • *(vergoddelijkt) ideaalbeeld*
appal, USA appall (ə'pɔ:l) OV WW *ontstellen; ontzetten*
appalling (ə'pɔ:lɪŋ) BNW • *ontstellend; verbijsterend* • INFORM. *heel slecht*
apparatus (æpə'reɪtəs) ZN • *apparaat; apparatuur* • *organisatie; inrichting* • *hulpmiddelen* • ANAT. *organen*
apparent (ə'pærənt) BNW • *duidelijk* • *blijkbaar* • *ogenschijnlijk* • with no ~ reason *zonder aanwijsbare reden*
apparition (æpə'rɪʃən) ZN *spook(verschijning)*
appeal (ə'pi:l) I ZN • *aantrekkingskracht* • JUR. *beroep* • *oproep; smeekbede* ★ lodge an ~ *beroep aantekenen* ★ Court of Appeal *Hof van Appel* ★ have a wide ~ *in brede kring gehoor vinden* II ONOV WW • *in beroep gaan* • *dringend verzoeken* ★ ~ against a decision *beroep aantekenen tegen een beslissing* ★ ~ for calm *verzoeken om stilte* • ~ to *beroep doen op; z. beroepen op; aantrekkingskracht uitoefenen; aanspreken*
appealing (ə'pi:lɪŋ) BNW • *aantrekkelijk* • *smekend*
appear (ə'pɪə) I ONOV WW • *verschijnen* II HWW • *blijken* • *schijnen*
appearance (ə'pɪərəns) ZN • *uiterlijk; schijn* • *verschijning; (het) optreden* • *verschijnsel* ★ make an ~ *optreden* ★ put in an ~ *zich even laten zien* ★ keep up ~s *de schijn redden; stand ophouden* ★ to all ~s *zo te zien; kennelijk* ★ ~s

are deceptive *schijn bedriegt*
appease (ə'pi:z) OV WW • *verzoenen* • *sussen* • *bevredigen*
appeasement (ə'pi:zmənt) ZN • *verzoening* • *kalmering*
appellant (ə'pelənt) ZN *eiser in hoger beroep; appellant*
appellate (ə'pelət) BNW *met appelrecht* ★ USA ~ court *hof v. appel/beroep*
appellation (æpə'leɪʃən) ZN • *titel; benaming* • *nomenclatuur*
append (ə'pend) OV WW *bijvoegen; aanhechten*
appendage (ə'pendɪdʒ) ZN • *bijvoegsel; aanhangsel* • MED. *aanhangsel*
appendectomy (æpɪn'dektəmɪ) ZN *blindedarmoperatie*
appendices (ə'pendɪsi:z) ZN [MV] • → appendix
appendicitis (əpendɪ'saɪtɪs) ZN *blindedarmontsteking*
appendix (ə'pendɪks) ZN • *aanhangsel; appendix* • ANAT. *blindedarm; appendix*
apperception (æpə'sepʃən) ZN FILOS., PSYCH. *bewuste waarneming; apperceptie*
appertain (æpə'teɪn) ONOV WW ~ to *behoren aan/bij/tot; betreffen*
appetite ('æpɪtaɪt) ZN • *eetlust* • *begeerte (for naar)*
appetizer, G-B appetiser ('æpɪtaɪzə) ZN • *aperitief* • *voorgerecht*
appetizing, G-B appetising ('æpɪtaɪzɪŋ) BNW • *de eetlust opwekkend* • *smakelijk*
applaud (ə'plɔ:d) I OV WW • *toejuichen* II ONOV WW • *applaudisseren*
applause (ə'plɔ:z) ZN *applaus; bijval*
apple ('æpl) ZN *appel* ★ ~ dumpling *appelbol* ★ the Big Apple *New York* ★ ~ of s.o.'s eye *iemands oogappel*
applecart ('æplkɑ:t) ZN ★ to upset the ~ *iemands plannen verijdelen*
apple-pie ZN *appeltaart* ★ as American as ~ *typisch Amerikaans* ★ left in ~ order *keurig netjes achtergelaten*
applesauce (æpl'sɔ:s) ZN *appelmoes*
appliance (ə'plaɪəns) ZN • *toestel; apparaat* • *toepassing* • *hulpstuk* • *brandweerwagen*
applicability (əplɪkə'bɪlətɪ) ZN • *toepasselijkheid* • *doelmatigheid*
applicable ('æplɪkəbl) BNW • *toepasselijk* • *doelmatig* ★ ~ to *van toepassing op*
applicant ('æplɪkənt) ZN *sollicitant* ★ ~ for shares *inschrijver op aandelen*
application (æplɪ'keɪʃən) ZN • *toepassing; gebruik* • *sollicitatie* • *aanvraag(formulier); verzoek* • *toewijding* • COMP. *applicatie* • *versiersel applicatie* ★ for outward ~ only *alleen voor uitwendig gebruik*
application program ZN COMP. *toepassingsprogramma*
applied (æ'plaɪd) BNW *toegepast*
apply (ə'plaɪ) I OV WW • *aanbrengen* • *toepassen; gebruiken* ★ ~ o.s. (to) *zich toeleggen (op); zich inspannen (voor)* ★ ~ the brakes *remmen* ★ ~ pressure *druk uitoefenen* ★ applied art *kunstnijverheid* II ONOV WW • *van toepassing zijn; gelden* • ~ for *solliciteren naar; aanvragen* • ~ to *z. wenden tot*

appoint (ə'pɔɪnt) OV WW • *aanstellen*
• *vaststellen* ★ well ~ed *welvoorzien; goed uitgerust*

appointment (ə'pɔɪntmənt) ZN • *afspraak*
• *benoeming* ★ by ~ only *alleen volgens afspraak*

apportion (ə'pɔːʃən) OV WW *toebedelen*

apportionment (ə'pɔːʃənmənt) ZN *toebedeling*

apposite ('æpəzɪt) BNW • *passend; toepasselijk* (to op) • *ad rem* ★ an ~ answer *een gevat antwoord*

apposition (æpə'zɪʃən) ZN • TAALK. *bijstelling*
• *aanhechting*

appraisal (ə'preɪzəl) ZN • *beoordeling*
• *waardebepaling* ★ staff / performance ~ *beoordeling; evaluatie*

appraise (ə'preɪz) OV WW • *schatten* • *evalueren*

appraisement (ə'preɪzmənt) ZN • *beoordeling*
• *waardebepaling*

appraiser (ə'preɪzə(r)) ZN • *taxateur*
• *veilingmeester*

appreciable (ə'priːʃəbl) BNW • *schatbaar*
• *merkbaar* • *aanzienlijk* ★ an ~ amount *een aanzienlijke hoeveelheid*

appreciate (ə'priːʃɪeɪt) I OV WW • *appreciëren; waarderen* • *beoordelen* • *inzien* • *verhogen in koers/prijs* II ONOV WW • *in waarde stijgen*

appreciation (əpriːʃɪ'eɪʃən) ZN • *appreciatie; waardering* • *beoordeling*
• *waardevermeerdering*

appreciative (ə'priːʃətɪv) BNW • *waarderend*
• *erkentelijk*

apprehend (æprɪ'hend) OV WW • LIT. *begrijpen*
• *arresteren* • *vrezen* ★ the thief was ~ed at the border *de dief werd aan de grens aangehouden*

apprehension (æprɪ'henʃən) ZN • *ongerustheid*
• *arrestatie* • *begrip* • *vrees*

apprehensive (æprɪ'hensɪv) BNW *ongerust*

apprentice (ə'prentɪs) I ZN • *leerjongen* II OV WW
• *in de leer doen/nemen* • ~ to *in de leer doen bij*

apprenticeship (ə'prentɪsʃɪp) ZN • *leerlingschap*
• *leerjaren*

apprise (ə'praɪz) OV WW *informeren* ★ ~d of the facts *op de hoogte van de feiten*

approach (ə'prəʊtʃ) I ZN • *(be)nadering*
• *toegang(sweg)* • *aanpak* II OV WW
• *aanpakken* • *(be)naderen*

approachable (ə'prəʊtʃəbl) ZN *toegankelijk*

approbation (æprə'beɪʃən) ZN *(officiële) goedkeuring*

appropriate[1] (ə'prəʊprɪət) BNW • *geschikt* (to, for *voor*) • *passend*

appropriate[2] (ə'prəʊprɪeɪt) OV WW • z. *toe-eigenen* • *toewijzen; bestemmen*

appropriation (əprəʊprɪ'eɪʃən) ZN • *toe-eigening*
• *bestemming*

approval (ə'pruːvəl) ZN *goedkeuring* ★ on ~ *op zicht* ★ meet with ~ *bijval vinden*

approve (ə'pruːv) ONOV WW • *akkoord gaan* ★ an ~d method *een beproefde methode* • ~ of *goedkeuren*

approx. AFK approximate(ly) *ongeveer; bij benadering*

approximate[1] (ə'prɒksɪmət) BNW *bij benadering*

(aangegeven)

approximate[2] (ə'prɒksɪmeɪt) OV WW
• *(be)naderen* • *schatten*

approximately (ə'prɒksɪmətlɪ) BIJW *bij benadering; ongeveer*

approximation (ə'prɒksɪ'meɪʃn) ZN *benadering; schatting*

appurtenance (ə'pɜːtɪnəns) ZN *bijvoegsel* ★ ~s [mv] *toebehoren*

Apr AFK April *april*

APR AFK annual percentage rate *percentage per jaar*

apricot ('eɪprɪkɒt) I ZN • *abrikoos* II BNW
• *abrikooskleurig*

April ('eɪprɪl) ZN *april* ★ ~ Fools' Day/All Fools' Day *één april* ★ ~ fool *slachtoffer v. aprilgrap*

apron ('eɪprən) ZN • *schort* • *voortoneel*
• *verhard deel van vliegveld* ★ be tied to s.o.'s ~ strings *aan iemands leiband lopen*

apse (æps) ZN *apsis*

apt (æpt) BNW • *geschikt; passend* • *geneigd*
• *gevat; kien*

APT AFK advanced passenger train *hogesnelheidstrein*

aptitude ('æptɪtjuːd) ZN • *aanleg* • *neiging*
• *geschiktheid* ★ ~ test *geschiktheidsonderzoek*

aquaplane ('ækwəpleɪn) I ZN • *waterskiplank* II ONOV WW • *waterskiën* • *over een glad oppervlak glijden; planeren*

aquarium (ə'kweərɪəm) ZN *aquarium*

Aquarius (ə'kweərɪəs) ZN *Waterman* ⟨sterrenbeeld⟩

aquatic (ə'kwætɪk) BNW *water-*

aqueduct ('ækwɪdʌkt) ZN *aquaduct; waterleidingbuis*

aqueous ('eɪkwɪəs) BNW *water-; waterachtig*

aquiline ('ækwɪlaɪn) BNW *arends-* ★ ~ nose *haviksneus*

Arab ('ærəb) I ZN • *Arabier* II BNW • *Arabisch*

Arabia (ə'reɪbɪə) ZN *Arabië*

Arabian (ə'reɪbɪən) BNW *Arabisch* ★ ~ Nights *Duizend-en-een-nacht*

Arabic ('ærəbɪk) I ZN • *(het) Arabisch* II BNW
• *Arabisch*

arable ('ærəbl) BNW *bebouwbaar* ★ ~ land *(land)bouwgrond* ★ ~ farming *akkerbouw*

arbiter ('ɑːbɪtə) ZN • *scheidsrechter; arbiter* • *iem. die de toon aangeeft* ⟨in smaak, mode, stijl⟩

arbitrariness (ɑːbɪ'trærɪnəs) ZN *willekeur*

arbitrary ('ɑːbɪtrərɪ) BNW *willekeurig; arbitrair*

arbitrate ('ɑːbɪtreɪt) OV+ONOV WW
• *scheidsrechterlijk (laten) regelen* • *als scheidsrechter / arbiter optreden*

arbitration (ɑːbɪ'treɪʃən) ZN *arbitrage* ★ go to ~ *voorleggen aan een arbitragecommissie*

arbitrator ('ɑːbɪtreɪtə) ZN *scheidsrechter* ⟨bij geschillen⟩; *arbiter; bemiddelaar*

arboreous (ɑː'bɔːrɪəs) BNW *bomen-; met bomen beplant*

arbour, USA arbor ('ɑːbə) ZN *prieel*

arc (ɑːk) I ZN • *(cirkel)boog* II ONOV WW • *een boog vormen/beschrijven* • *een vonkenbrug vormen*

ARC AFK • American Red Cross *Amerikaanse Rode Kruis* • Automobile Racing Club *Autorensportvereniging*

ar

arcade (ɑːˈkeɪd) ZN • galerij • speelautomatenhal ★ shopping~ winkelgalerij

arcane (ɑːˈkeɪn) BNW geheimzinnig; mysterieus

arch (ɑːtʃ) I ZN • boog • gewelf • voetholte II BNW • ondeugend; schalks III ONOV WW • (zich) welven

arch- (ɑːtʃ) VOORV aarts-

archaeological (ɑːkɪəˈlodʒɪkl) BNW archeologisch; oudheidkundig

archaeologist (ɑːkɪˈolədʒɪst) ZN archeoloog; oudheidkundige

archaeology (ɑːkɪˈolədʒɪ) ZN archeologie; oudheidkunde

archaic (ɑːˈkeɪɪk) BNW archaïsch; verouderd

archaism (ˈɑːkeɪɪzəm) ZN verouderd(e) gebruik/uitdrukking/woord

archangel (ˈɑːkeɪndʒəl) ZN aartsengel

archbishop (ɑːtʃˈbɪʃəp) ZN aartsbisschop

archdeacon (ɑːtʃˈdiːkən) ZN aartsdiaken

archdiocese (ɑːtʃˈdaɪəsɪs) ZN aartsbisdom

archduke (ɑːtʃˈdjuːk) ZN aartshertog

archer (ˈɑːtʃə) ZN boogschutter ★ Archer Boogschutter ⟨sterrenbeeld⟩

archery (ˈɑːtʃərɪ) ZN • (het) boogschieten • pijl en boog

archetype (ˈɑːkɪtaɪp) ZN archetype; oorspronkelijk model

archiepiscopal (ɑːkɪˈpɪskəpl) BNW aartsbisschoppelijk

archipelago (ɑːkɪˈpeləgəʊ) ZN archipel

architect (ˈɑːkɪtekt) ZN architect; ontwerper; maker ★ naval~ scheepsbouwkundig ingenieur

architectural (ɑːkɪˈtektʃərəl) BNW bouwkundig; architectonisch

architecture (ˈɑːkɪtektʃə) ZN architectuur; bouwkunde

archive (ˈɑːkaɪv(z)) I ZN • archief II OV WW • archiveren

archivist (ˈɑːkɪvɪst) ZN archivaris

archway (ˈɑːtʃweɪ) ZN overwelfde/overdekte (in)gang; poort

arctic (ˈɑːktɪk) I ZN • noordpoolgebied ★ the Arctic (Ocean) Noordelijke IJszee II BNW • Arctisch; noordpool- • ijskoud

ardent (ˈɑːdnt) BNW • vurig • ijverig ★ ~ spirits sterkedrank; gedestilleerd

ardour, USA ardor (ˈɑːdə) ZN • gloed • bezieling

arduous (ˈɑːdjuːəs) BNW • steil • inspannend; lastig

are (ɑː) WW [o.t.t.] • → be

area (ˈeərɪə) ZN • oppervlakte • gebied ★ built-up area bebouwde kom ★ depressed/distressed area gebied met hoge werkeloosheid ★ no-go area verboden terrein ★ wooded area bosgebied

area code ZN netnummer; kengetal

arena (əˈriːnə) ZN • arena; strijdperk • FIG. toneel

aren't (ɑːnt) SAMENTR are not • → be

Argentinian (ɑːdʒənˈtɪnɪən) I ZN • Argentijn II BNW • Argentijns

argot (ˈɑːgəʊ) ZN slang; Bargoens; jargon

arguable (ˈɑːgjʊəbl) BNW • aantoonbaar • aanvechtbaar

argue (ˈɑːgjuː) ONOV WW • ruzie maken • betogen • debatteren • bewijzen ★ ~ a point een kwestie bespreken ★ ~ the toss een

onherroepelijk besluit aanvechten ★ ~ sb into/out of sth iem. overhalen iets (niet) te doen ★ she is successful, you can't~ with that ze is succesvol, dat is gewoon een feit/dat is buiten kijf

argument (ˈɑːgjʊmənt) ZN • betoog • woordentwist; woordenwisseling; ruzie • argument ★ close~ waterdichte redenering

argumentation (ɑːgjʊmənˈteɪʃən) ZN • discussie • bewijsvoering; argumentatie

argumentative (ɑːgjʊˈmentətɪv) BNW • twistziek • logisch

argy-bargy (ɑːdʒɪˈbɑːdʒɪ) ZN INFORM. gekibbel

aria (ˈɑːrɪə) ZN aria

arid (ˈærɪd) BNW dor; OOK FIG. droog

aridity (əˈrɪdɪtɪ) ZN • dorheid; droogheid • saaiheid

Aries (ˈe(ə)riːz) ZN Ram ⟨sterrenbeeld⟩

arise (əˈraɪz) ONOV WW [onr.] • zich voordoen • tot gevolg hebben • opstaan; verrijzen ★ when the need~s indien nodig • ~ from/ out of voortkomen uit; ontstaan uit

arisen (əˈrɪzən) WW [volt. deelw.] • → arise

aristocracy (ærɪˈstokrəsɪ) ZN aristocratie; adel

aristocrat (ˈærɪstəkræt) ZN aristocraat

aristocratic (ærɪstəˈkrætɪk) BNW aristocratisch

arithmetic (əˈrɪθmetɪk) ZN rekenkunde ★ mental ~ hoofdrekenen

arithmetical (ærɪθˈmetɪkəl) BNW rekenkundig ★ ~ progression rekenkundige reeks

Ariz. AFK USA Arizona ⟨staat⟩

ark (ɑːk) ZN • ark • toevluchtsoord • REG. kist; mand; doos ★ Ark of the Covenant/of Testimony Ark des Verbonds ★ Noah's ark de ark van Noach ★ out of the ark uit het jaar nul

Ark. AFK USA Arkansas ⟨staat⟩

arm (ɑːm) I ZN • arm • tak ⟨v. organisatie⟩ • [vaak mv] wapen ★ cost/pay an arm and a leg je blauw betalen ★ keep sb at arm's length iem. op afstand houden ★ twist sb's arm iem. het mes op de keel zetten ★ make a long arm for sth reiken naar iets ★ upper/lower arm boven-/onderarm ★ take up arms against de wapenen opnemen tegen ★ up in arms gevechtsklaar ★ up in arms about sth verontwaardigd over iets; gealarmeerd door iets II OV WW • bewapenen III ONOV WW • z. wapenen

armadillo (ɑːməˈdɪləʊ) ZN gordeldier

armament (ˈɑːməmənt) ZN • bewapening; wapentuig • krijgsmacht ★ nuclear~ kernbewapening

armature (ˈɑːmətjʊə) ZN • armatuur • anker ⟨magneet⟩ • BIOL. bepantsering

armband (ˈɑːmbænd) ZN mouwband; rouwband

armchair (ɑːmˈtʃeə) ZN leunstoel ★ MIN. ~ socialist salonsocialist ★ ~ traveller iem. die alleen over reizen leest

armed (ɑːmd) BNW • gewapend • uit-/toegerust • met armen ★ ~ forces/services strijdkrachten

armful (ˈɑːmfʊl) ZN armvol

armhole (ˈɑːmhəʊl) ZN armsgat

armistice (ˈɑːmɪstɪs) ZN wapenstilstand ★ Armistice Day (verjaar)dag v.d. wapenstilstand ⟨11 november 1918⟩

armlet (ˈɑːmlət) ZN armband

armlock ('ɑ:mlɒk) ZN *houdgreep*
armorial (ɑ:'mɔ:rɪəl) BNW *heraldisch*
armour, USA armor ('ɑ:mə) ZN • *bepantsering* • *pantservoertuigen* • *wapenrusting* • *harnas* • *duikerpak*
armoured, USA armored BNW • *gepantserd* • *gewapend* • *bewapend*
armourer, USA armorer ('ɑ:mərə) ZN • *wapensmid* • *wapenmeester*
armour-plated, USA armor-plated BNW *gepantserd*
armoury, USA armory ('ɑ:mərɪ) ZN • *(wapen)arsenaal* • *wapenzaal, -depot, -magazijn*
armpit ('ɑ:mpɪt) ZN *oksel*
arms (ɑ:mz) ZN [mv] • → **arm**
arms race ZN *bewapeningswedloop*
arms talks ZN MV *ontwapeningsonderhandelingen*
army ('ɑ:mɪ) ZN • *leger* • *menigte* ★ army of bees *zwerm bijen*
army store ZN *dump* ⟨v. leger⟩; *opslagplaats*
A-road ZN ≈ *rijksweg*
aroma (ə'rəʊmə) ZN *aroma*; *(lekkere) geur*
aromatherapy (ə'rəʊmə'θerəpɪ) ZN *aromatherapie*
aromatic (ærə'mætɪk) BNW *geurig*; *aromatisch*
arose (ə'rəʊz) WW [verleden tijd] • → **arise**
around (ə'raʊnd) I BIJW • *ongeveer*; *omstreeks* • OOK FIG. *rond* • *in het rond* • *in de buurt* ★ the news got~ *het nieuws verbreidde zich* ★ they sat~ looking bored *ze hingen verveeld rond* ★ the other way~ *omgekeerd* ★ have been~ *het klappen van de zweep kennen* II VZ • *rond(om)*; *(in het) rond* • *om ... heen* • *ongeveer*; *omstreeks* ★ this team is better all ~ *dit team is in elk opzicht beter*
arousal (ə'raʊzəl) ZN • *opwinding* ⟨ook seksueel⟩ • *geprikkeldheid*
arouse (ə'raʊz) OV WW • *opwinden* ⟨ook seksueel⟩ • *prikkelen* • *uitlokken*
arr. AFK • *arranged gearrangeerd* • *arrival aankomst*
arraign (ə'reɪn) OV WW • *beschuldigen*; JUR. *aanklagen* • *berispen*
arraignment (ə'reɪnmənt) ZN • *beschuldiging* • JUR. *formele aanklacht*
arrange (ə'reɪndʒ) OV WW • *schikken*; *ordenen* • *regelen*; *afspreken*; MUZ. *arrangeren*
arrangement (ə'reɪndʒmənt) ZN • *regeling*; *afspraak* • *ordening* • MUZ. *arrangement*; *bewerking* ★ make~s *voorzorgsmaatregelen nemen*
array (ə'reɪ) I ZN • *serie*; *reeks*; *rits*; *stoet* ★ WISK. *matrix* • *mars-/slagorde* II OV WW • *opstellen* • *uitdossen*
arrear (ə'rɪə) ZN [meestal mv] *achterstallige schuld* ★ pay in ~s *achteraf betalen*
arrest (ə'rest) I ZN • *arrest(atie)* • *stilstand* ★ MED. cardiac~ *hartstilstand* ★ under~ *aangehouden/gearresteerd zijn* ★ under house ~ *onder huisarrest* II OV WW • *arresteren* • *tegenhouden*; *stuiten* • *treffen*; *boeien* ★ ~ed development *tot stilstand gekomen ontwikkeling* ★ ~ (the) attention *de aandacht boeien*

arresting (ə'restɪŋ) BNW • *boeiend* • *opvallend*; *verrassend*
arrival (ə'raɪvəl) ZN • *(aan)komst* • *aangekomene*
arrive (ə'raɪv) ONOV WW *aankomen*; *arriveren* ★ she has ~d *zij heeft het gemaakt* ⟨succes⟩
arrogance ('ærəgəns) ZN *arrogantie*; *aanmatiging*
arrogant ('ærəgənt) BNW *arrogant*; *aanmatigend*
arrow ('ærəʊ) ZN *pijl*
arrowhead ('ærəʊhed) ZN • *pijlpunt* • PLANTK. *pijlkruid*
arse (ɑ:s) I ZN • G-B, VULG. *reet*; *kont* • VULG. *klootzak* ★ shift your arse! *verdwijn!*; *rot op!* ★ get off your arse! *schiet toch eens op!* ★ my arse! *m'n reet!*; *ga toch weg!* ★ work one's arse off *zich in het zweet werken* II ONOV WW • ~ about/around *(aan/rond)klooien*
arsenal ('ɑ:sənl) ZN OOK FIG. *arsenaal*; *wapendepot*
arsenic ('ɑ:snɪk) ZN *arsenicum*
arson ('ɑ:sən) ZN *brandstichting*
arsonist ('ɑ:sənɪst) ZN *brandstichter*
art (ɑ:t) I ZN • [vaak mv] *kunst* • *vaardigheid* • *list* ★ arts and crafts *kunst en ambacht* ★ fine arts *schone kunsten* ★ get sth down to a fine art *iets perfect leren beheersen* ★ black arts *zwarte kunst* ★ martial arts *(oosterse) vechtsporten* ★ visual arts *beeldende kunst* II WW • → **be**
art. AFK *article artikel*
artefact (ɑ:tɪfækt, ɑ:tɪfækt), artifact ZN • *artefact* • *kunstproduct*; *kunstvoorwerp*
arterial (ɑ:'tɪərɪəl) BNW *v.d. slagader* ★ ~ road *hoofdverkeersweg*
artery ('ɑ:tərɪ) ZN • *slagader* • *verkeersader*
artful ('ɑ:tfʊl) BNW • *listig* • *gekunsteld* • *kundig*
arthritic (ɑ:'θrɪtɪk) BNW *jichtig*
arthritis (ɑ:'θraɪtɪs) ZN *artritis*; *gewrichtsontsteking*
artichoke ('ɑ:tɪtʃəʊk) ZN *artisjok* ★ Jerusalem ~ *topinamboer*; *aardpeer*
article ('ɑ:tɪkl) ZN • *artikel* ⟨ook v. contract⟩ • *deel v.e. set* • TAALK. *lidwoord* ★ ~s [mv] *spullen*; *zaken* ★ ~ of faith *geloofsartikel* ★ ~s of association *statuten* ⟨v. bedrijf enz.⟩ ★ ECON./JUR. he's in ~s *hij is jurist/accountant in de leer* ★ the whisky was the genuine ~ *de whisky was van uitstekende kwaliteit / je van het*
articled ('ɑ:tɪkld) BNW *in de leer (to bij)*
articulate[1] (ɑ:'tɪkjʊlət) BNW • *welbespraakt*; z. *gemakkelijk uitdrukkend* • *verstaanbaar*; *gearticuleerd* • *geleed*
articulate[2] (ɑ:'tɪkjʊleɪt) OV+ONOV WW • *zich duidelijk uitdrukken* • *articuleren*; *duidelijk uitspreken* • *aaneenkoppelen* ⟨met gewricht enz.⟩ ★ ~d bus *gelede bus*; *harmonicabus* ★ G-B ~d lorry *truck met aanhanger/oplegger*
articulation (ɑ:tɪkjʊ'leɪʃən) ZN *articulatie*
artifact ('ɑ:tɪfækt) ZN • → **artefact**
artifice ('ɑ:tɪfɪs) ZN *list*; *kunstgreep*
artificer (ɑ:'tɪfɪsə) ZN • *handwerksman* • MIL. *geschoold mecanicien/technicus*
artificial (ɑ:tɪ'fɪʃəl) BNW • *kunst-*; *namaak-* • *kunstmatig* • *gekunsteld*; *onnatuurlijk* ★ ~ fibres *kunstvezels* ★ ~ limb *kunstlidmaat*;

prothese

artillery (ɑ:'tɪlərɪ) ZN *artillerie*; *geschut*
★ mounted ~ *veldartillerie*

artisan (ɑ:tɪ'zæn) ZN *handwerksman*

artist ('ɑ:tɪst) ZN • *kunstenaar* ⟨vnl. beeldend⟩
• *artiest(e)*

artiste (ɑ:'ti:st) ZN *(variété-)artiest*

artistic (ɑ:'tɪstɪk) BNW *artistiek*; *kunst-*

artistry ('ɑ:tɪstrɪ) ZN *artisticiteit*;
kunstenaarstalent; *kunstzinnigheid*

artless ('ɑ:tləs) BNW • *ongekunsteld* • *naïef*
• *onhandig*

arts cinema ZN BNW USA *filmhuis*

artsy ('ɑ:tsɪ) BNW USA • → **arty**

artwork ('ɑ:twɜ:k) ZN *artwork*;
(reclame)tekeningen

arty ('ɑ:tɪ) BNW *artistiekerig*

arum ('eərəm) ZN *aronskelk*

as (æz) I BIJW • *zo* ★ as ... as *even* ... *als*; *(net)
zoals* ★ as against/opposed to *in tegenstelling
tot / tegenover* ★ as it is *op zichzelf* ★ as it were
als het ware ★ it was as much as I could do
meer kon ik niet doen ★ as much as 20 euros
maar liefst 20 euro ★ as soon as *zodra* ★ as yet
alsnog / tot nu toe ★ as you please/wish *zoals
u wilt/wenst*; *zo je wenst / wat je maar wil(t)*
★ MIL. as you were! *doorgaan!* II VZ • *als* ★ as
for/to/regards *wat betreft* ★ he inquired as to
what it was all about *hij vroeg waar het
allemaal om ging* ★ as from/of *vanaf / met
ingang van* ★ as such *als zodanig* III VW
• *(zo)als* • *aangezien* • *naarmate* • *terwijl* ★ as
if/though *alsof* ★ old as I am, ... *hoe oud ik
ook ben, ...*; *ook al ben ik oud, ...* ★ so as to
teneinde; *om*

AS AFK Anglo-Saxon *Angelsaksisch*

ASA AFK USA, A-V Advertising Standards
Authority *Amerikaanse normalisatiecommissie*

asap AFK as soon as possible *z.s.m.* ⟨zo spoedig
mogelijk⟩

asbestos (æz'bestɒs) ZN *asbest*

ascend (ə'send) OV WW • OOK MUZ. *stijgen*
• *bestijgen*; *beklimmen* • *teruggaan* ⟨in de tijd⟩
★ Queen Elisabeth II ~ed the throne in 1952
Koningin Elizabeth II besteeg de troon in 1952
★ in ~ing order *van klein naar groot
(opklimmend)*

ascendancy, ascendency (ə'sendənsɪ) ZN
overwicht ★ in the ~ *in opkomst*

ascendant, ascendent (ə'sendənt) I ZN
• *overwicht* ⟨dierenriem⟩ • *ascendant* ★ in the
~ *in opkomst* II BNW • *stijgend* • *dominant*

ascension (ə'senʃən) ZN • *beklimming*; *bestijging*
• *hemelvaart* ★ Ascension Day *Hemelvaartsdag*

ascent (ə'sent) ZN • *be-/opstijging* • *helling*; *klim*
• *trap* • *opkomst*

ascertain (æsə'teɪn) OV WW • *vaststellen* • *te
weten komen*

ascertainable (æsə'teɪnəbl) BNW *vast te stellen*

ascetic (ə'setɪk) I ZN • *asceet* II BNW • *ascetisch*

asceticism (ə'setɪsɪzəm) ZN *ascese*

ASCII ('æskɪ) AFK American Standard Code for
Information Interchange *ASCII*

ascorbic ZN *ascorbine-* ★ ~ acid *ascorbinezuur*;
vitamine C

ascribable (ə'skraɪbəbl) BNW *toe te schrijven* ⟨to

aan)

ascribe (ə'skraɪb) OV WW *toeschrijven* ⟨to *aan*⟩

ascription (ə'skrɪpʃən) ZN • *toeschrijving* ⟨to *aan*⟩
• *lofbetuiging* ⟨aan God⟩

aseptic (er'septɪk) BNW *aseptisch*; OOK FIG. *steriel*
★ ~ gauze *verbandgaas*

asexual (er'seksjʊəl) BNW *geslachtloos*; *aseksueel*

ash (æʃ) ZN • *as* • *es* ⟨boom⟩ ★ the town was
reduced to ashes *de stad werd in de as gelegd*
★ Ash Wednesday *Aswoensdag*

ashamed (ə'ʃeɪmd) BNW *beschaamd* ★ be ~ for
zich schamen voor ★ be ~ of *zich schamen over*

ashbin ('æʃbɪn) ZN USA *vuilnisbak/-vat*

ashen ('æʃən) BNW • *asgrauw* • *doodsbleek* ★ ~
faced *lijkbleek*

ashore (ə'ʃɔ:) BIJW *aan land/wal*

ashtray ('æʃtreɪ) ZN *asbak*

ashy ('æʃɪ) BNW *asachtig* ★ ashy grey *asgrauw*

Asia ('eɪʃə) ZN *Azië*

Asian ('eɪʃən) I ZN • *Aziaat* II BNW • *Aziatisch*

Asiatic (eɪʃɪ'ætɪk) BNW *Aziatisch*

aside (ə'saɪd) I ZN • *terzijde* ⟨toneel⟩ • *terloops
gemaakte opmerking* II BIJW • *terzijde* ★ ~ *from
afgezien van* ★ brush/sweep ~ *terzijde schuiven*
★ leaving ~ *afgezien van* ★ set ~ *reserveren*
★ take/draw ~ *apart nemen*

asinine ('æsɪnaɪn) BNW OOK FIG. *ezelachtig*

ask (ɑ:sk) OV+ONOV WW • *vragen* ★ ask a
question *een vraag stellen* ★ don't drop that, I
ask you! *laat dat alsjeblieft niet vallen!* ★ PLAT
ask me another *ik zou 't niet weten* ★ that's
asking *dat gaat je niets aan*; *ik ga 't je niet
vertellen* ★ it is yours for the asking *je hoeft
het maar te vragen en je hebt/krijgt het* ★ asked
price *laat-, verkoopkoers* ★ don't ask! *daar
kunnen we 't beter niet over hebben*
• ~ after/about *vragen naar* • ~ for *vragen
om/naar*; *uitlokken* • ~ out *uitnodigen*
• ~ round *thuis uitnodigen*

askance (ə'skæns) BIJW • *van terzijde*
• *achterdochtig* • *dubbelzinnig* ★ look ~ at a
person *iem. wantrouwend/kritisch aankijken*

askew (ə'skju:) BIJW *scheef*

aslant (ə'slɑ:nt) BNW *schuin*

asleep (ə'sli:p) BNW + BIJW *in slaap* ★ be ~ *slapen*
★ fast/sound ~ *in (een) diepe slaap* ★ drop/fall
~ *in slaap vallen*

aslope (ə'sləʊp) BNW *hellend*

asp (æsp) ZN *aspis*; *adder*

asparagus (ə'spærəgəs) ZN *asperge*

aspect ('æspekt) ZN • *aspect*; *gezichtspunt*
• *aanblik* • *ligging* • *zijde*

aspen ('æspən) ZN • *esp* • *ratelpopulier*

asperity (æ'sperətɪ) ZN • *strengheid* • *guurheid*;
bittere kou • *scherpheid* ★ say sth with some ~
op wat strenge/onvriendelijke toon iets zeggen
★ asperities [MV] *narigheid*; *misère*

asperse (ə'spɜ:s) OV WW • *bekladden* • *belasteren*

aspersion (ə'spɜ:ʃən) ZN *laster* ★ to cast ~s on sb
iem. belasteren/bekladden

asphalt ('æsfælt) I ZN • *asfalt* II OV WW
• *asfalteren*

asphyxia (æs'fɪksɪə) ZN *verstikking(sdood)*

asphyxiate (æs'fɪksɪeɪt) OV+ONOV WW
(ver)stikken

aspirant ('æspɪrənt) I ZN • *kandidaat*; *gegadigde*

II BNW • *strevend*; *eerzuchtig*

aspirate[1] ('æspərət) ZN TAALK. *geaspireerde klank*

aspirate[2] ('æspəreɪt) OV WW TAALK. *aspireren*; *met aanblazing uitspreken*

aspiration (æspɪ'reɪʃən) ZN • *streven* • TAALK. *geaspireerde klank*

aspire (ə'spaɪə) ONOV WW • *streven (**to, after** naar)* • *(ver)rijzen*

aspirin ('æsprɪn) ZN *aspirine*

aspiring (ə'spaɪərɪŋ) BNW • *strevend*; *verlangend* • *eerzuchtig* • *hoog*

asquint (ə'skwɪnt) BNW • *vanuit een ooghoek* • *loensend*

ass (æs) ZN • G-B *ezel* ⟨dier⟩ • USA/VULG. *kont*; *reet* • G-B/MIN. *kluns* ★ INFORM. *kick ass geweldig zijn*

assail (ə'seɪl) OV WW *bestormen*; *aanvallen*

assailant (ə'seɪlənt) ZN *aanvaller*

assassin (ə'sæsɪn) ZN *sluip-/huurmoordenaar*

assassinate (ə'sæsɪneɪt) OV WW *vermoorden*

assassination (əsæsɪ'neɪʃən) ZN *sluip-/huurmoord*

assault (ə'sɔːlt) **I** ZN • *geweldpleging* • *aanval* • MIL. *bestorming* • *(seksuele) aanranding* ★ JUR. *~ and battery mishandeling*; *geweldpleging* ★ *criminal / indecent ~ aanranding/ verkrachting*; *ontuchtige handeling* **II** OV WW • *aanvallen* • MIL. *bestormen*

assault course ZN *stormbaan*

assay (ə'seɪ) **I** ZN • *analyse* **II** OV WW • *toetsen*; *analyseren* • *essayeren* ⟨metaal⟩

assemblage (ə'semblɪdʒ) ZN • *assemblage* • *verzameling*; *groep*

assemble (ə'sembl) **I** OV WW • *assembleren* • *monteren*; *in elkaar zetten* **II** ONOV WW • *bijeenkomen*; *z. verzamelen*

assembly (ə'semblɪ) ZN • *montage* • *vergadering* • *verzameling* ★ *~ line lopende band* • *~ shop montagehal, -werkplaats* • *constituent ~ constituerende vergadering* ⟨bevoegd tot grondwetswijziging⟩

assent (ə'sent) **I** ZN • *instemming* ★ *Royal Assent koninklijke bekrachtiging* ⟨v. wet⟩ **II** ONOV WW • *instemmen (**to met**)*

assert (ə'sɜːt) OV WW • *beweren* • *laten/doen gelden* ★ *~ yourself voor jezelf opkomen*

assertion (ə'sɜːʃən) ZN • *bewering*; *bevestiging* • *handhaving*

assertive (ə'sɜːtɪv) BNW • *stellig*; *beslist* • *zelfverzekerd*; *aanmatigend*

assess (ə'ses) OV WW • *vaststellen* • *waarderen*; *beoordelen* • *(in)schatten* • *belasten* ★ *~ed work (school)werk dat cijfermatig beoordeeld zal worden*

assessable (ə'sesəbl) BNW • *belastbaar* • *beoordeelbaar*

assessment (ə'sesmənt) ZN *beoordeling*; *evaluatie* ★ *continuous ~ permanente beoordeling*

assessor (ə'sesə) ZN • *expert* • *taxateur* ★ *external ~ gecommitteerde* ⟨bij examen⟩

asset ('æset) ZN • *aanwinst* • ECON. *creditpost* • *voordeel*; *pluspunt* • *goed*; *bezit* ★ *be a great ~ veel waard zijn*

assets ('æsets) ZN MV *activa*; *bezit* ★ *~ and liabilities activa en passiva* ★ *capital ~ vaste*

activa; *kapitaalgoederen* ★ *frozen ~ bevroren tegoeden*

asshole ('ɑːshəʊl) ZN VULG. *klootzak*; *lul*

assiduity (æsɪ'djuːɪtɪ) ZN • *vlijt* • *volharding*

assiduous (ə'sɪdjʊəs) BNW • *volhardend*; *vlijtig* • *toegewijd*

assign (ə'saɪn) OV WW • *toewijzen*; *toekennen* • *indelen*; OOK MIL. *detacheren* • JUR. *overdragen (**to aan**)* • *vaststellen* ★ *~ homework huiswerk opgeven*

assignable (ə'saɪnəbl) BNW • *toewijsbaar* • *vast te stellen*; *aanwijsbaar* • JUR. *overdraagbaar*

assignation (æsɪg'neɪʃən) ZN • *taak* • *afspraak*; *rendez-vous* • *toewijzing*

assignee (æsɑ'niː) ZN *gevolmachtigde*; *curator* ⟨bij faillissement⟩

assignment (ə'saɪnmənt) ZN • *opdracht*; *taak* • *toewijzing* • JUR. *overdracht* • USA *benoeming* ★ *be on ~ uitgezonden zijn (met opdracht)*

assimilate (ə'sɪmɪleɪt) **I** OV WW • *assimileren* • *opnemen*; *zich eigen maken* **II** ONOV WW • *zich assimileren* • *opgenomen / gelijk worden*

assimilation (əsɪmə'leɪʃən) ZN *assimilatie*; *opneming*

assimilation rate ZN *opnamecapaciteit/-snelheid*

assist (ə'sɪst) OV WW • *bijstaan*; *assisteren* • *hulp verlenen* ★ *~ at deelnemen aan*

assistance (ə'sɪstəns) ZN • *hulp*; *steun* • INFORM. *sociale bijstand* ★ *be of ~ to sb iem. helpen/van dienst zijn* ★ *lend ~ hulp verlenen*

assistant (ə'sɪstnt) **I** ZN • *assistent* • *bediende* **II** BNW • *adjunct-* ★ USA/CAN., O&W • *professor ≈ universitair docent*

associate[1] (ə'səʊʃɪət) **I** ZN • *compagnon*; *partner* • *metgezel*; *collega* **II** BNW • *verbonden* • *begeleidend* • *mede-* ★ USA/CAN., O&W *~ professor ≈ universitair hoofddocent*

associate[2] (ə'səʊʃɪeɪt) ONOV WW • *(z.) verenigen*; *zich associëren* • *~ **with** omgaan met* ★ *~ yourself with je aansluiten bij*

associated (ə'səʊʃɪeɪtɪd) BNW • *gepaard gaand met* • *banden hebbend met*; *gerelateerd zijnd aan*

association (əsəʊsɪ'eɪʃən) ZN • *vereniging* • *samenwerking* • *associatie* • *verband* ★ *by ~ door samenwerking* ★ *in ~ with in samenwerking met* ★ *wrecking ~ bergingsmaatschappij* ★ *buying ~ inkoopcombinatie*

Association football ZN FORM. *voetbal*

assort (ə'sɔːt) OV WW • *sorteren*; *groeperen* • *voorzien* • *~ **with** passen bij*

assorted (ə'sɔːtɪd) BNW • *bij elkaar passend* • *gemengd*; *gesorteerd* • *ill-~ slecht bij elkaar passend* ★ *~ toffees gemengde toffees*

assortment (ə'sɔːtmənt) ZN • *assortiment* • *sortering*

assuage (ə'sweɪdʒ) OV WW • *verzachten*; *lenigen*; *kalmeren* • *bevredigen*

assume (ə'sjuːm) OV WW • *aannemen*; *veronderstellen* • *op zich nemen* • *z. aanmatigen* • *veinzen* ★ *let's ~ stel dat* ★ *always assuming (that) ervan uitgaand (dat)*

assumed (ə'sjuːmd) BNW • *aangenomen*; *verzonnen* • *verondersteld* ★ *under an ~ name onder een valse naam*

assumedly (ə'sju:mɪdlɪ) BIJW *vermoedelijk*

assumption (ə'sʌmpʃən) ZN • *veronderstelling; vermoeden* • *aanvaarding* • *overname* ⟨v. macht⟩ ★ with an ~ of modesty *met gespeelde bescheidenheid* ★ Assumption (Day) *Maria-Hemelvaart*

assumptive (ə'sʌmptɪv) BNW • *aangenomen* • *geneigd om aan te nemen* • *aanmatigend; zelfverzekerd*

assurance (ə'ʃɔːrəns) ZN • *verzekering; belofte* • *zelfvertrouwen* • *(levens)verzekering* • *zekerheid*

assure (ə'ʃɔːə) OV WW • *verzekeren* • *zekerheid verschaffen* ★ I can ~ you *je kunt gerust zijn; ik beloof je*

assured (ə'ʃɔːd) BNW • *zelfverzekerd* • *zeker; stellig* ★ you may rest ~ that *u kunt ervan op aan dat*

asterisk ('æstərɪsk) ZN *asterisk; sterretje*

astern (ə'stɜːn) BIJW *achter(uit)*

asthma ('æsmə) ZN *astma*

asthmatic (æs'mætɪk) **I** ZN • *astmapatiënt; astmaticus* **II** BNW • *astmatisch*

astir (ə'stɜː) BNW + BIJW • *in de weer; opgewonden* • *op de been*

astonish (ə'stɒnɪʃ) OV WW *verbazen* ★ be ~ed at *zich verbazen over*

astonishing (ə'stɒnɪʃɪŋ) BNW *verbazingwekkend*

astonishment (ə'stɒnɪʃmənt) ZN *(stomme) verbazing*

astound (ə'staʊnd) OV WW • *zeer verbazen* • *ontstellen* ★ be ~ed by *ontzet zijn door*

astounding (ə'staʊndɪŋ) BNW *verbazingwekkend*

astral ('æstrəl) BNW *astraal; de sterren betreffend*

astray (ə'streɪ) BNW *op een dwaalspoor; op het slechte/verkeerde pad* ★ go ~ *verdwalen* ★ lead sb ~ *iem. op een dwaalspoor/het slechte pad brengen*

astride (ə'straɪd) BIJW *schrijlings*

astringent (ə'strɪndʒənt) **I** ZN • *stelpend/ samentrekkend middel; adstringens* **II** BNW • *streng* • *scherp* • *stelpend* • MED. *samentrekkend* ★ ~ comment *scherpe kritiek*

astrologer (əs'trɒlədʒə) ZN *astroloog; sterrenwichelaar*

astrological (æstrə'lɒdʒɪkl) BNW *astrologisch*

astrology (ə'strɒlədʒɪ) ZN *astrologie; sterrenwichelarij*

astronaut ('æstrənɔːt) ZN *astronaut; ruimtevaarder*

astronautics ('æstrənˈɔːtɪks) ZN *ruimtevaart*

astronomer (ə'strɒnəmə) ZN *astronoom; sterrenkundige*

astronomic (æn'ɒ.kɪk) BNW FIG. *enorm*

astronomical (æstrə'nɒmɪkl) BNW *astronomisch*

astronomy (ə'strɒnəmɪ) ZN *astronomie; sterrenkunde*

astute (ə'stjuːt) BNW *scherpzinnig; slim; schrander*

astuteness (ə'stjuːtnəs) ZN *scherpzinnigheid; slimheid; geslepenheid*

asunder (ə'sʌndə) BIJW *van/uit elkaar* ★ rent/torn ~ *in stukken gescheurd*

asylum (ə'saɪləm) ZN OOK POL. *asiel;* OUD. *gesticht* ★ MIN. lunatic ~ *gekkenhuis*

asylum seeker ZN *asielzoeker*

asymmetric (eɪsɪ'metrɪk), **asymmetrical** (eɪsɪ'metrɪkl) BNW *asymmetrisch*

asymmetry (eɪ'sɪmətrɪ) ZN *asymmetrie*

at (æt) VZ • *op; in; bij; aan* ⟨plaats⟩ • *om; in; tijdens* ⟨tijd⟩ • *op* ⟨leeftijd⟩ • *naar* ⟨richting⟩ • *op; vanaf* ⟨afstand⟩ • *in* ⟨situatie⟩ • *met* ⟨snelheid⟩ • *vanwege; met* ⟨oorzaak⟩ • *op* ⟨reactie⟩ • *voor* ⟨in ruil voor⟩ ★ he must be at lunch *hij is vermoedelijk aan het lunchen* ★ I'm good at French *ik ben goed in Frans* ★ she was at her best/worst *zij was op haar best/slechtst* ★ I've got a new help and good one at that *ik heb een nieuwe hulp en (nog) een goeie ook* ★ that's where it's at! *daar is het te doen! / daar moet je zijn!*

ATC AFK Automatic Train Control *ATB* ⟨Automatische Treinbeïnvloeding⟩

ate (et, eɪt) WW [verleden tijd] • → **eat**

atheism ('eɪθɪɪzəm) ZN *atheïsme*

atheist ('eɪθɪɪst) ZN *atheïst*

atheistic (eɪθɪ'ɪstɪk) BNW *atheïstisch*

Atheneum (æθɪ'niːəm) ZN • *Atheneum* • *literaire of wetenschappelijke vereniging* • *leeszaal*

athlete ('æθliːt) ZN *atleet* ★ ~'s foot *zwemmerseczeem; voetschimmel*

athletic (æθ'letɪk) BNW *atletisch*

athletics (æθ'letɪks) ZN MV *atletiek; sport*

Atlantic (ət'læntɪk) **I** ZN • *Atlantische Oceaan* **II** BNW • *Atlantisch*

atlas ('ætləs) ZN *atlas*

ATM AFK USA Automated Teller Machine *geld-/pinautomaat*

ATM-card ZN *pinpas*

atmosphere ('ætməsfɪə) ZN • *atmosfeer; dampkring* • *sfeer*

atmospheric (ætməs'ferɪk) BNW *atmosferisch*

atmospherics (ætməs'ferɪks) ZN MV • *atmosferische storingen* • *luchtstoringen* • *sfeerbepalende elementen*

atom ('ætəm) ZN • *atoom* • *greintje*

atomic (ə'tɒmɪk) BNW *atoom-; kern-* ★ Atomic Age *atoomtijdperk*

atomize, G-B **atomise** ('ætəmaɪz) OV WW • *verstuiven* • *versplinteren* • *vernietigen door atoomwapens*

atomizer, G-B **atomiser** ('ætəmaɪzə) ZN *verstuiver; sproeier; vaporisator*

atone (ə'təʊn) OV+ONOV WW ~ **for** *weer goedmaken; boeten voor*

atonement (ə'təʊnmənt) ZN *verzoening* ★ make ~ for *weer goedmaken; boeten voor* ★ Day of Atonement *Grote Verzoendag*

atop (ə'tɒp) VZ USA *boven; boven op*

atrocious (ə'trəʊʃəs) BNW • *gruwelijk* • *monsterachtig; wreed*

atrocity (ə'trɒsətɪ) ZN *gruweldaad; wreedheid*

atrophy ('ætrəfɪ) **I** ZN • *atrofie; verschrompeling* **II** OV+ONOV WW • *(doen) wegkwijnen; (doen) verschrompelen; verkommeren*

attaboy ('ætəbɔɪ) TW INFORM. *goed zo!*

attach (ə'tætʃ) ONOV WW • *aanhechten; aansluiten; verbinden* • ~ **to** *vastmaken aan* ★ be ~ed to sb *aan iem. gehecht zijn* ★ ~ importance to sth *belang aan iets toekennen* ★ ~ yourself to sb *je aan iem. vastklampen*

attachable (ə'tætʃəbl) BNW • *bevestigbaar* • *toe te*

schrijven
attaché case (ə'tæʃeɪ keɪs) ZN *attachékoffertje*
attached (ə'tætʃt) BNW • *(aan)gehecht*
• *verbonden* (to met)
attachment (ə'tætʃmənt) ZN • *binding*;
verbinding • PSYCH. *hechting* • TECHN. *hulpstuk*
• COMP. *attachment* • JUR. *arrestatie*
attack (ə'tæk) I ZN • *aanval* • MUZ. *inzet* ★ play
in ~ *in een aanvallende positie spelen* II OV WW
• *aanvallen* • *beschadigen*; *aantasten* • *(fel)
bekritiseren*
attacker (ə'tækə) ZN *aanvaller*
attain (ə'teɪn) OV+ONOV WW • FORM. *bereiken*
• *verwerven*
attainable (ə'teɪnəbl) BNW • *bereikbaar*
• *verkrijgbaar*
attainment (ə'teɪnmənt) ZN • *verworvenheid*
• *kundigheid* • *prestatie*
attaint (ə'teɪnt) OV WW *aantasten*; *besmetten*;
OOK FIG. *bezoedelen*
attempt (ə'tempt) I ZN • *poging*; SPORT
recordpoging • *aanslag* ★ an ~ on the
minister's life *een (moord)aanslag op de
minister* II OV WW • *pogen* • *aanvallen* ★ ~ed
rape/murder *poging tot verkrachting/moord*
attend (ə'tend) OV WW • *bijwonen*; *aanwezig
zijn* • *begeleiden* ★ our children ~ the same
school *onze kinderen zitten op dezelfde school*
★ ~ a machine *een machine bedienen* • ~ **to**
zorgen voor; *verzorgen*; *opletten* ★ are you
being ~ed to? *wordt u al geholpen?*
attendance (ə'tendəns) ZN • *aanwezigheid*;
opkomst • *verzorging*; *bediening* ★ be in ~ on
sb *iem. begeleiden/bedienen* ★ dance ~ on sb
iem. op zijn wenken bedienen ★ USA take ~
absenten opnemen
attendance book/list ZN *presentielijst*
attendant (ə'tendənt) I ZN • *bediende*
• *begeleider* II BNW • *aanwezig* • *begeleidend*
• *bedienend* ★ ~ circumstances *bijkomende
omstandigheden*
attention (ə'tenʃən) ZN *aandacht*; *attentie* ★ MIL.
~! *geef acht!* ★ (for the) ~ of *ter attentie van*
★ attract/catch s.o.'s ~ *iemands aandacht
trekken* ★ bring to s.o.'s ~ *onder iemands
aandacht brengen* ★ call ~ to *aandacht vragen
voor* ★ MIL. stand at ~ *in de houding staan*
★ pay ~ to *aandacht schenken aan* ★ pay close
~! *let goed op!*
attention span ZN *concentratieduur*
attentive (ə'tentɪv) BNW *aandachtig*; *attent*
attenuate (ə'tenjʊeɪt) OV WW • *verzachten*
• *ver-/afzwakken* • *verdunnen*
attenuation (ətenjʊ'eɪʃən) ZN • *verzachting*
• *verdunning*
attest (ə'test) OV WW • *plechtig verklaren*
• *getuigen van* • JUR. *waarmerken* ★ ~ to sth
getuigenis afleggen van
attestation (æte'steɪʃən) ZN • *getuigenis*
• *bekrachtiging* • *beëdiging*
attic ('ætɪk) ZN *zolder(kamer)*
attire (ə'taɪə) ZN • *kledij*; *gewaad* • *tooi*
★ suitable ~ *gepaste kledij*
attired (ə'taɪəd) BNW *uitgedost*
attitude ('ætɪtjuːd) ZN • *houding*; *attitude*
• *zienswijze* ★ what is your ~ to ...? *hoe staat u*

tegenover ...?
attitudinal (ætɪ'tjuːdɪnl) BNW *gedrags-* ★ ~
changes in society *gedragsveranderingen in de
samenleving*
attn. USA **attn.** AFK for the attention of *t.a.v.* ⟨ter
attentie van⟩
attorney (ə'tɜːnɪ) ZN • USA *advocaat* • *procureur*;
gevolmachtigde ★ USA Attorney General
procureur-generaal; *minister van justitie*
attract (ə'trækt) OV WW *(aan)trekken*; *boeien* ★ it
has ~ed much criticism *het heeft veel kritiek
uitgelokt/losgemaakt*
attraction (ə'trækʃən) ZN • *aantrekking(skracht)*
• *attractie*
attractive (ə'træktɪv) BNW *aantrekkelijk*;
bekoorlijk
attributable (ə'trɪbjʊtəbl) BNW *toe te schrijven*
(to aan)
attribute[1] ('ætrɪbjuːt) ZN *kenmerk*; *eigenschap*;
attribuut
attribute[2] (ə'trɪbjuːt) OV WW *toeschrijven* (to
aan); *plaatsen*
attribution (ætrɪ'bjuːʃən) ZN • *toekenning*;
toeschrijving • *plaatsing*
attributive (ə'trɪbjʊtɪv) I ZN • TAALK. *bijvoeglijke
bepaling* II BNW • *toekennend* • TAALK.
attributief
attrition (ə'trɪʃən) ZN • *uitputting* • *natuurlijk
verloop* • *studie-uitval* • REL. *berouw* ★ war of ~
uitputtingsslag
attune (ə'tjuːn) OV WW • MUZ. *stemmen*
• *afstemmen* • ~ **to** *aanpassen aan*
ATV AFK all-terrain vehicle *terreinwagen*
atypical (eɪ'tɪpɪk(ə)l) BNW *atypisch*; *afwijkend*
aubergine ('əʊbədʒiːn) ZN G-B *aubergine*
auburn ('ɔːbən) BNW *kastanjebruin* ⟨vnl. v. haar⟩
auction ('ɔːkʃən) I ZN • *veiling*; *vendutie* • *bieding*
⟨bridge⟩ ★ Dutch ~ *veiling bij afslag* II OV WW
• *veilen*; *openbaar bij opbod verkopen* • ~ **off**
bij opbod uit-/verkopen
auctioneer (ɔːkʃə'nɪə) I ZN • *veiling-,
vendumeester* II OV WW • *veilen*
audacious (ɔː'deɪʃəs) BNW • *dapper*; *vermetel*
• *onbeschaamd*
audacity (ɔː'dæsɪtɪ) ZN • *dapperheid*;
vermetelheid • *onbeschaamdheid*
audibility (ɔːdə'bɪlətɪ) ZN *hoorbaarheid*
audible ('ɔːdɪbl) BNW *hoorbaar*
audience ('ɔːdɪəns) ZN • *toehoorders* • *publiek*
• *audiëntie* ★ captive ~ *zeer geboeid publiek*
audio ('ɔːdɪəʊ) BNW *audio-*; *geluids-*; *gehoor-*
audioconferencing (ɔːdɪəʊ'kɒnfərensɪŋ) ZN *(het)
telefonisch vergaderen*
audio-visual BNW *audiovisueel* ★ ~ aids/
materials *audiovisuele middelen*
audit ('ɔːdɪt) I ZN • *accountantsonderzoek*
II ONOV WW • *de boekhouding controleren*
audition (ɔː'dɪʃən) I ZN • *gehoor* • *auditie* II ONOV
WW • *auditie doen*
auditor ('ɔːdɪtə) ZN • *accountant* • USA
toehoorder; *auditor*
auditorium (ɔːdɪ'tɔːrɪəm) ZN *gehoorzaal*; *aula*
auditory ('ɔːdɪtərɪ) BNW *gehoor-*; *auditief*
augment (ɔːg'ment) OV+ONOV WW *(doen)
toenemen*
augmentation (ɔːgmen'teɪʃən) ZN *toename*

au

augur (ˈɔːgə) I ZN • *waarzegger* II OV WW
• *voorspellen* ⋆ ~ well/ill *iets goeds/kwaads
voorspellen; een goed/slecht voorteken zijn van*
augury (ˈɔːgjərɪ) ZN • *voorspelling* • *voorteken*
august (ɔːˈgʌst) BNW *verheven; doorluchtig* ⋆ an
~ figure *een indrukwekkend personage*
August (ˈɔːgəst) ZN *augustus*
aunt (ɑːnt) ZN *tante* ⋆ aunt Sally *werpspel*; FIG.
mikpunt ⟨v. spot/kritiek⟩
auntie (ˈɑːntɪ) ZN INFORM. *tante(tje)*
aupair (oʊˈpeə) I BNW ⋆ ~ girl *au pair(meisje)*
II ONOV WW • *als au pair werken*
aura (ˈɔːrə) ZN • *aura; sfeer; uitstraling* • *aroma*;
geur
aural (ˈɔːrəl) BNW • *oor-* • *akoestisch*
auricle (ˈɔːrɪkl) ZN • ANAT. *oorschelp* • ANAT.
hartboezem • PLANTK. *oortje*
aurist (ˈɔːrɪst) ZN *oorspecialist*
auspices (ˈɔːspɪsɪz) ZN MV *auspiciën* ⋆ under the
~ of *onder auspiciën/bescherming van*
auspicious (ɔːˈspɪʃəs) BNW *veelbelovend; gunstig*
Aussie (ˈɒzi, ˈɒsi) I ZN • INFORM. *Australiër* II BNW
• INFORM. *Australisch*
austere (ɒˈstɪə) ZN • *sober* • *grimmig; streng*
austerity (ɒˈsterətɪ) ZN • *soberheid* • *strengheid*
Australasia ZN *Australië, Nieuw-Zeeland en
naburige eilanden*
Australasian (ɒstrəˈleɪʒən) I ZN • *bewoner van
Australië of de naburige eilanden* II BNW
• *m.b.t. Australië en de naburige eilanden*
Australia (ɒˈstreɪlɪə) ZN *Australië*
Australian (ɒˈstreɪlɪən) I ZN • *Australiër* II BNW
• *Australisch*
Austria (ˈɒstrɪə) ZN *Oostenrijk*
Austrian (ˈɒstrɪən) I ZN • *Oostenrijker* II BNW
• *Oostenrijks*
authentic (ɔːˈθentɪk) ZN • *authentiek; echt;
origineel* • *betrouwbaar* • *oprecht* • *rechtsgeldig*
authenticate (ɔːˈθentɪkeɪt) OV WW • *de
authenticiteit bevestigen/staven* • *de
rechtsgeldigheid bevestigen/staven; legaliseren*
authenticity (ɔːθenˈtɪsətɪ) ZN • *authenticiteit;
echtheid* • *betrouwbaarheid*
author (ˈɔːθə) ZN • *schrijver; auteur* • *schepper;
bedenker* • JUR. *dader*
authorisation ZN G-B • → **authorization**
authoritarian (ɔːθɒrɪˈteərɪən) BNW *autoritair;
eigenmachtig*
authoritative (ɔːˈθɒrɪtətɪv) BNW *gezaghebbend*
authority (ɔːˈθɒrətɪ) ZN • *autoriteit; gezag*
• *expert* ⋆ have it on good ~ *iets uit
betrouwbare bron hebben* ⋆ under the ~ of *op
gezag van* ⋆ written ~ *schriftelijke toestemming*
authorization (ɔːθərarˈzeɪʃən) ZN • *machtiging;
volmacht; autorisatie* • *goedkeuring*
authorize, G-B **authorise** (ˈɔːθəraɪz) OV WW
• *machtigen* • *goedkeuren*
authorship (ˈɔːθəʃɪp) ZN *auteurschap*
autism (ˈɔːtɪzm) ZN *autisme*
autistic (ɔːˈtɪstɪk) BNW *autistisch*
auto (ˈɔːtəʊ) ZN USA *auto*
auto- (ɔːtəʊ-) VOORV *auto-; automatisch*
autobiographical (ɔːtəʊbaɪəˈgræfɪkl) BNW
autobiografisch
autobiography (ɔːtəʊbaɪˈɒgrəfɪ) ZN
autobiografie

autochthonous (ɔːˈtɒkθənəs) BNW *autochtoon*
autocracy (ɔːˈtɒkrəsɪ) ZN *alleenheerschappij*
autocrat (ˈɔːtəkræt) ZN *alleenheerser*
autocue (ˈɔːtoʊkjuː) ZN *teleprompter;
afleesapparaat*
autograph (ˈɔːtəgrɑːf) I ZN • *handtekening*
• *eigen handschrift* II OV WW • *ondertekenen;
signeren* • *eigenhandig tekenen* ⋆ ~ed
book/copy *door de schrijver gesigneerd boek*
automate (ˈɔːtəmeɪt) I OV WW • *automatiseren*
II ONOV WW • *automatisch werken;
geautomatiseerd zijn* ⋆ ~d teller machine
geld-/pinautomaat
automatic (ɔːtəˈmætɪk) I ZN • *automaat*
⟨auto/apparaat⟩ • *automatisch wapen* II BNW
• *automatisch* • *werktuiglijk; zonder nadenken*
• *noodzakelijk* • *on-/onderbewust* ⋆ be on ~
pilot *op de automatische piloot vliegen / gaan*
automation (ɔːtəˈmeɪʃən) ZN *automatisering*
automatism (ɔːˈtɒmətɪzəm) ZN *automatisme;
automatische handeling*
automaton (ɔːˈtɒmətn) ZN *automaat; robot*
automobile (ˈɔːtəʊməʊˈbiːl) ZN USA *auto*
autonomous (ɔːˈtɒnəməs) BNW *autonoom; met
zelfbestuur*
autonomy (ɔːˈtɒnəmɪ) ZN *autonomie; zelfbestuur*
auto pilot ZN *automatische piloot*
autopsy (ˈɔːtɒpsɪ) ZN *autopsie; lijkschouwing*
autosearch (ˈɔːtəʊsɜːtʃ) ZN COMP. *automatische
zoekfunctie*
autoteller (ˈɔːtəʊtelə) ZN *geldautomaat*
autotransfusion (ˈɔːtəʊtrænsˈfjuːʒən) ZN
bloedtransfusie met eigen bloed
autumn (ˈɔːtəm) ZN OOK FIG. *herfst*
autumnal (ɔːˈtʌmnl) BNW *herfstachtig*
aux AFK • → **auxiliary**
auxiliary (ɔːgˈzɪljərɪ) I ZN • *hulpstuk* • *helper*
• TAALK. *hulpwerkwoord* II BNW • *hulp-*
• *aanvullend; reserve-*
Av. AFK USA • → **Ave.**
avail (əˈveɪl) I ZN • *baat; nut* ⋆ of/to no ~
nutteloos; vergeefs ⋆ of little ~ *van weinig nut*
II ONOV WW • *baten* ⋆ ~ o.s. of *gebruik maken
van*
availability (əˈveɪləbɪlətɪ) ZN • *beschikbaarheid*
• *bruikbaarheid* ⋆ this offer is subject to ~ *dit
aanbod geldt zolang de voorraad strekt*
available (əˈveɪləbl) BNW • *beschikbaar* • *geldig*
avalanche (ˈævəlɑːnʃ) ZN OOK FIG. *lawine*
avarice (ˈævərɪs) ZN • *hebzucht* • *gierigheid*
avaricious (ævəˈrɪʃəs) BNW • *hebzuchtig* • *gierig*
Ave., USA **Av.** AFK Avenue str. ⟨straat⟩
avenge (əˈvendʒ) OV WW *wreken*
avenger (əˈvendʒə) ZN *wreker*
avenue (ˈævənjuː) ZN • *straat* • *laan* • FIG. *weg*
⟨manier⟩
aver (əˈvɜː) OV WW • *(met klem) beweren;
verzekeren* • *bewijzen*
average (ˈævərɪdʒ) I ZN • *gemiddelde*
• JUR./SCHEEPVAART *averij* ⋆ above ~ *meer dan
gemiddeld* ⋆ on ~ *doorgaans* ⋆ by the law of ~s
naar alle waarschijnlijkheid ⋆ Mr Average *Jan
Modaal* II BNW • *gemiddeld; middelmatig;
gewoon* III OV WW • *het gemiddelde
berekenen / halen* • *schatten* • ~ out *gemiddeld
op hetzelfde neerkomen*

averse (ə'vɜ:s) BNW *afkerig* ⟨**to** *van*⟩; *afwijzend* ⋆ not ~ to a pint of stout *niet afkerig van een biertje*

aversion (ə'vɜ:ʃən) ZN *afkeer* ⟨**to, for, from** *van*⟩

avert (ə'vɜ:t) OV WW *afwenden* ⋆ ~ one's eyes/gaze *de blik afwenden*

avian ('eɪvɪən) BNW *vogel-*; *ornithologisch*

aviary ('eɪvɪərɪ) ZN *volière*; *vogelverblijf* ⟨in dierentuin⟩

aviation (eɪvɪ'eɪʃən) ZN • *vliegsport*; *luchtvaart* • *vliegkunst* ⋆ ~ medicine *medicijn tegen luchtziekte*

avid ('ævɪd) BNW • *begerig* ⟨**for** *naar*⟩ • *gretig* • *fervent* ⋆ avid for revenge *wraakzuchtig* ⋆ an avid reader *een fervent lezer*

avidity (ə'vɪdətɪ) ZN • *begeerte* • *gretigheid*

avionics (eɪvɪ'ɒnɪks) ZN MV *vliegtuigelektronica*

avocado, G-B **avocado pear** ZN *avocado*

avocation (ævə'keɪʃ(ə)n) ZN • OUD. *bijbaantje* • OUD. *nevenwerkzaamheid* ⟨vnl. ter ontspanning⟩

avoid (ə'vɔɪd) OV WW *vermijden* ⋆ ~ sb/sth like the plague *iem./iets mijden als de pest*

avoidable (ə'vɔɪdəbl) BNW *vermijdbaar*; *te vermijden*

avoidance (ə'vɔɪdəns) ZN • *vermijding* • *ontwijking*

avoirdupois ('ævədə'pɔɪz, 'ævwa:dju:'pwa) ZN *Engels gewichtstelsel*

avow (ə'vaʊ) OV WW • *erkennen* • *bekennen*

avowal (ə'vaʊəl) ZN *(openlijke) bekentenis*

avowed (ə'vaʊd) BNW *openlijk*; *erkend*; *verklaard*

avuncular (ə'vʌŋkjʊlə) BNW • *(als) v.e. oom* • *vaderlijk*

AWACS AFK MIL. Airborne Warning And Control System *Awacs*

await (ə'weɪt) OV WW *(af)wachten*

awake (ə'weɪk) I BNW • *wakker* ⋆ wide ~ *klaarwakker* II OV WW [onr.] • *wekken*; *wakker maken* ⋆ ~ sb to sth *iem. bewust maken van iets* III ONOV WW • *wakker worden* ⋆ ~ to sth *zich bewust worden van iets*

awaken (ə'weɪkən) WW • → **awake**

awakening (ə'weɪkənɪŋ) ZN • *(het) ontwaken* • *bewustwording* ⋆ rude ~ *ontgoocheling*

award (ə'wɔ:d) I ZN • *bekroning*; *prijs* • *toekenning* ⟨v. schadevergoeding enz.⟩ • *uitspraak* ⟨via arbitrage⟩ • *toelage* ⋆ an ~-winning TV-programme *een bekroond tv-programma* II OV WW • *belonen* • *toekennen* • JUR. *opleggen*; *beslissen*

aware (ə'weə) BNW • *bewust* • *bekend* ⋆ be ~ of *zich bewust zijn van* ⋆ as far as I'm ~ *voor zover mij bekend*

awareness (ə'weənəs) ZN *bewustzijn*

awash (ə'wɒʃ) BNW • *onder water*; *overspoeld* • *ronddrijvend* • PLAT *aangeschoten*; *tipsy* ⋆ FIG. ~ with *vol van*

away (ə'weɪ) I ZN • SPORT *(gewonnen) uitwedstrijd* II BNW + BIJW • *weg*; *niet aanwezig*; *op afstand*; *van huis* • *ver* • *op een andere plaats* • SPORT *uit(-)* ⋆ away from *op een afstand van* ⋆ far / miles away *ver hiervandaan* ⋆ hide / put sth away *iets ver-/opbergen* ⋆ play away *(een) uit(wedstrijd)*

spelen ⋆ talk away *maar raak praten*

awe (ɔ:) I ZN • *ontzag* ⋆ be / stand in awe of *groot respect / ontzag hebben voor* ⋆ in awed silence *(vol ontzag) tot (stil)zwijgen gebracht* II OV WW • *ontzag inboezemen*

awe-inspiring ('ɔ:ɪnspaɪərɪŋ) BNW *ontzagwekkend*

awesome ('ɔ:səm) BNW • *ontzagwekkend*; *vreselijk* • USA *fantastisch*

awestricken ('ɔ:strɪkən) BNW *vol ontzag*

awestruck BNW • → **awestricken**

awful ('ɔ:fʊl) I BNW • *afschuwelijk* ⋆ an ~ lot of trouble *een hoop ellende* II BIJW • USA ⋆ John is ~ clever *John is erg/uiterst slim*

awhile (ə'waɪl) BIJW *een poosje*; *even*

awkward ('ɔ:kwəd) BNW • *pijnlijk*; *gênant* • *lastig* • *opgelaten* • *gevaarlijk* • *onhandig*

awning ('ɔ:nɪŋ) ZN *zonnetent*; *markies*; *luifel*

awoke (ə'wəʊk) WW [verleden tijd + volt. deelw.] • → **awake**

awoken (ə'wəʊkən) WW [volt.deelw.] • → **awake**

AWOL ('eɪwɒl) AFK MIL. absent without leave *afwezig zonder verlof* ⋆ INFORM. go AWOL *er tussenuit knijpen*

awry (ə'raɪ) BNW + BIJW • *scheef* • *verkeerd*

axe (æks) I ZN • *bijl* ⋆ apply the axe *de botte bijl hanteren* ⟨bezuinigen⟩ ⋆ INFORM. get the axe *de zak krijgen*; *gestopt / stilgelegd worden* ⟨v. project⟩ ⋆ have an axe to grind *uit eigen belang handelen* II OV WW • *vermoorden* ⟨met bijl⟩ • *afschaffen wegens bezuiniging* • *ontslaan*

axe-man, USA **axman** ZN • *iem. die met een bijl aanvalt* • *iem. die de botte bijl hanteert* ⟨bij ontslagen e.d.⟩

axes ('æksəs) ZN [mv] • → **axis**

axiom ('æksɪəm) ZN *axioma*; *grondwaarheid*

axiomatic (æksɪə'mætɪk) BNW *axiomatisch*; *vanzelfsprekend*

axis ('æksɪs) ZN • TECHN. *as* • WISK. *as* • POL. *as* • ANAT. *draaier* ⋆ POL. axis of evil *as van het kwaad*

axle ('æksl) ZN TECHN. *(draag)as*

axman ZN USA • → **axe-man**

ay, aye (aɪ) I TW • *inderdaad*; *ja* II ZN ⋆ the ay(e)s and the noes *de voor- en tegenstemmers* ⋆ the ay(e)s have it *de meerderheid is ervóór*

azalea (ə'zeɪlɪə) ZN *azalea*

azure ('æʒə) BNW *hemelsblauw* ⋆ ~ stone *lapis lazuli*

b

B

b (bi:) ZN letter *b* ∗ B as in Benjamin *de b van Bernard*

B ZN • MUZ. *B* • O&W ≈ *7 à 8* ⟨schoolcijfer⟩ ∗ a B for/in English *een goed cijfer voor Engels*

B2B AFK Business-to-Business *b2b* ⟨v. bedrijf naar bedrijf⟩

BA, USA **B.A.** AFK Bachelor of Arts *bachelor in de letteren/sociale wetenschappen*

baa (bɑ:) I ZN • *geblaat* II ONOV WW • *blaten*

babble ('bæbl) I ZN • *gekakel*; *gesnater* • *geleuter* • *(baby)gebrabbel* II ONOV WW • ~ **(away/on)** *babbelen*; *leuteren* • *kabbelen* • *verklappen*

babbler ('bæblər) ZN *leuteraar*; *babbelkous*

babe (beɪb) ZN • OUD., LIT. *baby* • INFORM. *schatje*; *liefje* • INFORM. *aantrekkelijk meisje* ▼ OUD. babe in arms *zuigeling*

babel ('beɪbl) ZN • *(spraak)verwarring* • *rumoer*

baboon (bə'bu:n) ZN *baviaan*

baby ('beɪbɪ) I ZN • *baby*; *zuigeling* • *de jongste* • FIG. *klein kind* • PLAT *schatje* ▼ throw the baby out with the bathwater *het kind met het badwater weggooien* ▼ leave sb holding the baby *iem. met de gebakken peren laten zitten* II OV WW • *als (een) kind behandelen*

babybattering ('beɪbɪ'bætərɪŋ) ZN *babymishandeling*

baby blues ZN INFORM. *postnatale depressie*

baby boom ZN *geboortegolf*

baby boomer ZN *iem. van de geboortegolfgeneratie*

baby carriage ZN G-B *kinderwagen*

baby fat ZN *babyvet*

baby grand ZN *kleine vleugel* ⟨piano⟩

Babygro ('beɪbɪgrəʊ) ZN *boxpakje*

babyhood ('beɪbɪhʊd) ZN *babytijd*

babyish ('beɪbɪʃ) BNW *kinderachtig*; *kinderlijk*

babysit ('beɪbɪsɪt) I ZN • *kinderoppas* II OV+ONOV WW • *babysitten*; *op kinderen oppassen*

babysitter ('beɪbɪsɪtə) ZN *kinderoppas*

baby tooth ZN USA *melktand*

baccalaureate (ˌbækə'lɔ:rɪət) ZN • O&W *eindexamen vwo* ⟨o.a. in Frankrijk, op internationale scholen⟩ • O&W *de graad van bachelor* ⟨aan universiteit⟩ ∗ International Baccalaureate *Internationaal Baccalaureaat* ⟨internationaal erkend schooldiploma⟩

bachelor ('bætʃələ) ZN • *vrijgezel* • O&W *bachelor* ⟨laagste academische graad⟩ ∗ confirmed ~ *verstokte vrijgezel*; *homoseksueel* ∗ Bachelor of Arts ≈ *bachelor in de letteren en wijsbegeerte*

bacilli (bə'sɪlaɪ) ZN [mv] • → **bacillus**

bacillus (bə'sɪləs) ZN *bacil*

back (bæk) I ZN • *rug* • *achterkant* • *rugleuning* • SPORT *achterspeler* ▼ at/in the back of your mind *in je achterhoofd* ▼ the back of beyond *een verloren uithoek* ▼ back to back *rug aan rug* ▼ back to front *achterstevoren* ▼ INFORM. be glad to see the back of sb/sth *blij van iem./iets af te zijn*; *iem./iets liever zien gaan dan komen* ▼ behind sb's back *achter iemands rug (om)* ▼ be on sb's back *iem. jennen* ▼ break the back of sth *het grootste deel v. iets af/klaar*

hebben ▼ get/put sb's back up *iem. irriteren* ▼ get off sb's back *iem. met rust laten* ▼ have your back against the wall *met je rug tegen de muur staan* ▼ HUMOR. off the back of a lorry *van de vrachtwagen gevallen* ⟨gestolen⟩ ▼ INFORM. (flat) on your back *ziek in bed* ▼ put your back into sth *erg je best doen voor iets* ▼ turn your back *je omdraaien* ▼ turn your back on sb/sth *iem. of iets de rug toekeren* ▼ you scratch my back and I'll scratch yours ≈ *de ene dienst is de andere waard* II BNW • *achter(-)* • *terug-* • *ver (weg)* • *oud* ⟨v. tijdschriften, enz.⟩ • *achterstallig* ▼ INFORM. on the back burner *op een laag pitje* III BIJW • *achter(uit)* • *op afstand* • *terug* ∗ as far back as 1950 *al in 1950* ∗ be back where one started *terug zijn bij af* ▼ back and forth *heen en weer* ▼ USA back of *achter*; *aan de achterkant van* IV OV WW • *(onder)steunen*; *bijstaan* • *wedden op* ∗ back a loan *een lening garanderen* ∗ our house is backed by a park *ons huis grenst aan een park* ▼ back the wrong/right horse *op het verkeerde/goede paard wedden* V BNW • *achteruitgaan/-rijden* • *krimpen* ⟨v. wind⟩ ∗ back off! *donder op!*; *schei uit!* VI WW • ~ **away (from)** [onov] *terugdeinzen (voor)*; *zich terugtrekken (van/uit)*; *achteruit weglopen (van)* • ~ **down (on/from)** [onov] *terugkrabbelen (van/voor)*; *toegeven (aan)* • ~ **off** [onov] *z. terugtrekken* • *intrekken* ⟨steun, bewering enz.⟩ • ~ **onto** [ov] *grenzen aan* ⟨v. gebouw⟩ • ~ **out** [onov] *zich achterwaarts verwijderen*; *terugkrabbelen*; *achteruit wegrijden* • ~ **up** [onov] *achteruitrijden* • ~ **up** [ov] *steunen* • COMP. *een reservekopie maken*

backache ('bækeɪk) ZN *rugpijn*

backbencher (bæk'bentʃə) ZN *gewoon Lagerhuislid*

backbiting ('bækbaɪt) ZN *roddel*; *achterklap*

backbone ('bækbəʊn) ZN • *ruggengraat* • *wilskracht* ∗ not have the ~ to face the truth *het lef niet hebben om de waarheid onder ogen te zien*

back-breaking BNW *slopend*; *zwaar*

backchat ('bæktʃæt) ZN *brutaal antwoord*; *brutaliteit*

backcloth ('bækklɒθ) ZN • TON. *doek/scherm* • FIG. *achtergrond*

back door ZN *achterdeur* ▼ come in through the ~ *via een achterdeurtje binnenkomen*

back-door BNW *geheim*; *achterbaks*

backdrop ('bækdrɒp) ZN • TON. *doek/scherm* • FIG. *achtergrond*

backer (bækə) ZN *financier*; *sponsor*

backfire ('bækfaɪə) ONOV WW • *terugslaan* ⟨v. motor⟩ • *averechts werken*; *mislopen*; *de mist in gaan*

backgammon ('bækgæmən) ZN *backgammon(spel)*

background ('bækgraʊnd) ZN *achtergrond*

backhand ('bækhænd) ZN SPORT *slag met de rug v.d. hand naar voren*

backhanded ('bækhændɪd) BNW • *met de rug v.d. hand naar voren* • *dubbelzinnig* • *indirect* ▼ a ~ compliment *een dubieus compliment*

backhander ('bækhændə) ZN *smeergeld*
backhoe (bækhəʊ) ZN *graafmachine*
backing ('bækɪŋ) ZN • *steun* • *medestanders*
 • *achterkantversteviging* ⟨bv. van boek⟩ • MUZ.
 begeleiding
backlash ('bæklæʃ) ZN • *verzet*; *reactie* • TECHN.
 speling
backlog ('bæklɒg) ZN *achterstallig werk*
backmost ('bækməʊst) BNW *achterst(e)*
backpack ('bækpæk) I ZN • USA *rugzak* II ONOV
 WW ★ go ~ing *vakantie houden* ⟨als
 rugzaktoerist⟩
backpacker ('bækpækə) ZN *rugzaktoerist*
back-pedal (bæk'pedl) ONOV WW • *terugtrappen*
 ⟨fiets⟩ • FIG. *terugkrabbelen* ★ backpedal on a
 statement *(haastig) terugkomen op een*
 uitspraak
backrest ('bækrest) ZN *rugleuning*
backscratching ('bækskrætʃɪŋ) ZN • INFORM.,
 MIN. *vriendjespolitiek* • *handjeklap*
backseat (bæk'siːt) ZN *zitplaats achterin* ▼ take a
 ~ *zich op de achtergrond houden*
backseat driver ZN • IRON. *meerijder*
 ⟨betweterige passagier⟩ • *betweter*
backside ('bæksaɪd) ZN INFORM. *achterste*
 ★ INFORM. get off your ~! *kom eens van je luie*
 kont!
backslapping ('bækslæpɪŋ) ZN *joviaal gedrag*
backslash ('bækslæʃ) ZN COMP. *backslash*
 ⟨schuine streep naar links: \⟩
backsliding ('bækslaɪdɪŋ) ZN *het vervallen in*
 oude fouten
backspace ZN COMP. *terugtoets*
backstabbing ('bækstæbə) ZN *iem. achter zijn*
 rug om zwart maken
backstage (bæk'steɪdʒ) BIJW *achter het toneel*;
 achter de schermen OOK FIG.
backstairs (bæk'steəz) I ZN MV • *achtertrap*
 II BNW • *heimelijk*; *achterbaks*
backstairs gossip ZN *roddel en achterklap*
backstreet ('bækstriːt) I ZN • *achterafstraatje*
 II BNW • *illegaal* • *clandestien* ★ ~ abortion
 illegale abortus
backstroke ('bækstrəʊk) ZN *rugslag*
backtrack ('bæktræk) ONOV WW • *op zijn*
 schreden terugkeren • *terugkrabbelen*
back-up ('bækʌp) I ZN • COMP. *reservekopie*
 • *steun* • *invaller* II BNW • *reserve*-★ ~ copy
 reservekopie
backward ('bækwəd) BNW + BIJW • *achterwaarts*;
 achteruit; *terug* • *achter(lijk)*; *achtergebleven*
 ⟨in ontwikkeling⟩ ★ a ~ step *een stap achteruit*
 ★ she's not ~ in coming forward *ze is niet*
 verlegen
backwards ('bækwədz) BIJW • *naar achteren*;
 achteruit; *terug* • *achterstevoren*; *van achter*
 naar voren • *achteruit* ⟨ongunstige
 ontwikkeling⟩ ★ take a step ~ *een stap naar*
 achteren doen ▼ ~ and forwards *(herhaaldelijk)*
 van achteren naar voren ▼ bend/lean over ~
 (to help sb) *zich uit de naad werken (om iem.*
 te helpen) ▼ know your lines ~ *je tekst van*
 achter naar voren kennen
backwash ('bækwɒʃ) ZN • *terugslag*; *nasleep*
 • *terugloop v. golf*
backwater ('bækwɔːtə) ZN • *nauwelijks stromend*

binnenwater • FIG. *achtergebleven/-blijvend*
 gebied ★ he lives in a cultural ~ *hij woont in*
 een cultureel achterlijk gebied
backwoods ('bækwʊdz) ZN MV *binnenlanden*
backyard (bæk'jɑːd) ZN • *achtererf*; USA
 achtertuin • *woonomgeving* ▼ I know it like
 my own ~ *ik ken het als mijn broekzak*
 ▼ nobody wants a factory in their own ~
 niemand wil een fabriek vlak in de buurt ▼ the
 MP was facing opposition in his own ~ *het*
 Parlementslid werd tegengewerkt door zijn
 eigen achterban • → **nimby**
bacon ('beɪkən) ZN *spek* ★ INFORM. bring home
 the ~ *ergens in slagen*; *de kost verdienen*
bacteria (bæk'tɪərɪə) ZN [mv] • → **bacterium**
bacterial (bæk'tɪərɪəl) BNW *bacterie*-
bacteriology (bæktɪərɪ'ɒlədʒɪ) ZN *bacteriologie*
bacterium (bæk'tɪərɪəm) ZN [mv: **bacteria**]
 bacterie
bad (bæd) I BNW • *slecht* • *ondeugdelijk* • *hevig*;
 ernstig • *ondeugend* • *schadelijk↔*;
 • *pijnlijk* ⟨bv. voeten⟩ • *bedorven* ⟨voedsel⟩
 • VS, INFORM. *geweldig*; *gaaf* ★ feel bad about
 sth *je schuldig voelen over iets* ★ feel bad for
 sb *medelijden hebben met iem.* ★ from bad to
 worse v. *kwaad tot erger* ★ go bad *bederven* ⟨v.
 eten⟩ ▼ not bad! *niet gek!* ▼ too bad! *jammer!*;
 pech! ▼ have got it bad *het flink te pakken*
 hebben; *erg verliefd zijn* II ZN • the bad ▼ OUD.
 go to the bad *de verkeerde kant opgaan* ▼ my
 bad! *mijn fout!* ▼ take the bad with the good
 iets op de koop toe nemen ▼ we were £50 to
 the bad *we waren er £50 op achteruit gegaan*
 III BIJW • VS, INFORM. ★ want sth real bad *iets*
 heel graag willen
baddie, baddy ('bædɪ) ZN INFORM. *slechterik*;
 schurk
bade (bæd) WW [verleden tijd] • → **bid**
badge (bædʒ) ZN • *badge*; *embleem*
 • *(politie)penning*; *insigne* • *symbool* ★ ~ of
 office *kenmerk van functie*
badger ('bædʒə) I ZN • *das* ⟨dier⟩ II OV WW
 • *lastig vallen*; *zeuren om iets* ★ she ~ed him
 into going *ze zeurde net zolang totdat hij ging*
badinage ('bædɪnɑːʒ) ZN *scherts*
badly ('bæ) BNW + BIJW • *slecht* • *erg*; *zeer* ★ need
 sth ~ *iets hard nodig hebben* ★ ~ wounded
 zwaar gewond ★ ~ off *arm*; *slecht af (zijn)* ▼ be
 ~ off for sth *iets tekort komen*; *te weinig*
 hebben van iets
badmouth ('bædmaʊθ) OV WW USA
 kwaadspreken; *lasteren*
bad-tempered BNW *slechtgehumeurd*
baffle ('bæfəl) OV WW *verbijsteren*
baffling ('bæflɪŋ) BNW *verbijsterend*; *ongelooflijk*
 ★ a ~ problem *een probleem dat onoplosbaar*
 lijkt
bag (bæg) I ZN • *zak*; *tas* • *wal* ⟨onder oog⟩
 • *vangst* ★ bags (of sth) [mv] *heel veel*
 ★ INFORM. bags of room *plek genoeg* ★ lucky
 bag *grabbelton* ★ mixed bag *ratjetoe* ★ MIN.
 old bag *oud wijf* ★ overnight bag *weekendtas*
 ★ sleeping bag *slaapzak* ▼ bag and baggage
 met zijn hele hebben en houden ▼ INFORM. it's
 in the bag *dat zit (wel) goed*; *dat is kat in 't*
 bakkie ▼ that's (not) my bag *daar ben ik (niet)*

ba

goed in ▾ be a bag of bones *vel over been zijn* ▾ VS, INFORM. *iem. alleen laten opknappen* ▾ pack your bags *je biezen pakken*; *vertrekken* II OV WW • *in een tas doen* • INFORM. *vangen*; *schieten* ⟨wild⟩ • SPORT *scoren* • *bemachtigen*; *buit maken* • *doen opzwellen/uitpuilen* ★ bag the best seats *de beste plaatsen inpikken* ★ JEUGDT. bags (I) *hebbes!* III ONOV WW • *(op)zwellen*; *uitpuilen*

bagel (beɪgl) ZN USA *rond broodje*

baggage ('bægɪdʒ) ZN USA *bagage*

baggage room ZN *bagagedepot*

baggy ('bægɪ) BNW *uitgezakt*; *flodderig* ★ ~ trousers *ruimvallende broek*

bag lady ZN *zwerfster*

bagpipe ('bægpaɪp) ZN *doedelzak*

bail (beɪl) I ZN • *borg(tocht)* ▾ stand bail / put up bail for sb *borg staan voor iem.* ▾ jump/skip bail *ertussenuit knijpen nadat vrije borgtocht is verleend* II OV WW • *borg staan voor* • *hozen* • ~ out *door borgtocht vrij krijgen*; *uit de puree helpen*

bailey ('beɪlɪ) ZN • *binnenplein* ⟨v. kasteel⟩ • *vestingmuur*

bailiff ('beɪlɪf) ZN • *deurwaarder* • *rentmeester* • USA *gerechtsdienaar*

bait (beɪt) I ZN • *(lok)aas* ★ FIG. rise to the bait/take the bait *happen* II OV WW • *van aas of voer voorzien* • *sarren*

bake (beɪk) OV+ONOV WW *bakken*

baker ('beɪkə) ZN • *bakker* • *bakkerswinkel* ★ a ~'s dozen *dertien* ▾ I'm going to the ~'s *ik ga naar de bakker(swinkel)*

bakery ('beɪkərɪ) ZN *bakkerij*; *bakkerswinkel*

baking ('beɪkɪŋ) BNW • *bak-* • *snikheet*

balaclava ('bæləklɑːvə), **balaclava helmet** ZN *bivakmuts*

balance ('bæləns) I ZN • *balans* • *evenwicht* • *saldo*; *rest* • *weegschaal* ★ ~ of power *machtsevenwicht* ★ ~ of trade *handelsbalans* ▾ be/hang in the ~ *onzeker zijn* ▾ catch/throw sb off ~ *iem. overrompelen* ▾ shift/turn the ~ *de schaal doen doorslaan* ▾ strike a ~ *een compromis vinden* ▾ off ~ *uit evenwicht* ▾ on ~ *alles in aanmerking genomen* II OV WW • *(af)wegen*; *overwegen* • *opwegen tegen* • *in evenwicht houden/brengen* ★ ECON. ~ the books *boeken afsluiten* ▾ well ~d *evenwichtig* ⟨v. persoon⟩ III ONOV WW • *in evenwicht zijn* ★ ECON. *sluiten* ⟨v. balans⟩ ▾ the books ~ *de boeken kloppen* • ~ out *elkaar compenseren*

balance sheet ZN ECON. *balans*

balancing act ZN *koorddansnummer* OOK FIG. ★ do a ~ between career and motherhood *proberen werk en gezin te combineren*

balcony ('bælkənɪ) ZN *balkon*

bald (bɔːld) BNW • *kaal* • *sober*; *onopgesmukt* ▾ as bald as a coot *zo kaal als een luis*

bald-faced BNW *schaamteloos* ★ barefaced lie *onbeschaamde leugen*

balding ('bɔːldɪŋ) BNW *kalend*

baldly ('bɔːldlɪ) BIJW *gewoonweg*; *zonder omwegen*

baldy, baldie ('bɔːldɪ) ZN INFORM. *kale*

bale (beɪl) I ZN • *baal* II OV WW • *in balen pakken* • *hozen* • ~ → **bail** III ONOV WW • ~ out *met*

parachute uit vliegtuig springen

baleful ('beɪlfʊl) BNW • LIT. *onheilspellend* • *verderfelijk*

balk (bɔːk) WW USA • → **baulk**

ball (bɔːl) I ZN • SPORT *bal* • *bol* ⟨vorm⟩ • *bal* ⟨dansfeest⟩ • BIOL. *bal* ⟨v. voet⟩; *muis* ⟨v. hand⟩ • SPORT *wijd* ⟨honkbal⟩ • balls [mv] • → **balls** • ball and chain *belemmering* ▾ be on the ball *bij de les zijn* ▾ the ball is in your court *het initiatief is aan jou* ▾ get/set/start the ball rolling *de zaak aan het rollen brengen* ▾ keep the ball rolling *de zaak gaande houden* ▾ INFORM. have a ball *zich vermaken*; *een leuke tijd hebben* ▾ play ball *samenwerken* ▾ VS, INFORM. the whole ball of wax *alles*; *het hele zaakje* ★ INFORM. play ball USA *honkbal spelen*; FIG. *meehelpen*; *meedoen* ▾ fancy-dress ball *gemaskerd bal* ★ masked ball *gemaskerd bal* ★ SPORT wide ball *wijd* ⟨bij honkbal e.d.⟩ II OV+ONOV WW • *(samen)ballen* • VS, VULG. *neuken* • ~ up *verkloten*

ballad ('bæləd) ZN *ballade*

ballast ('bæləst) I ZN • *ballast* II OV WW • *bezwaren*

ball bearing ZN *kogellager*

ballet ('bæleɪ) ZN *ballet*

ball game ZN • *balspel* • USA *honkbalwedstrijd* ★ FIG. a different/new ~ *een nieuwe situatie*

ballistic (bə'lɪstɪk) BNW *ballistisch* ★ go ~ *barsten van woede*

ballistics (bə'lɪstɪks) ZN *ballistiek*

ball lightning ZN *bolbliksem*

balloon (bə'luːn) I ZN • *ballon* ★ captive ~ *kabelballon* ★ go down like a lead ~ *mislukken* ▾ when the ~ goes up *als de ellende begint* II ONOV WW • *bol staan* • *opzwellen* ★ go ~ing *ballonvaren*

balloonist (bə'luːnɪst) ZN *ballonvaarder*

ballot ('bælət) I ZN • *stemming* • *loting* • *aantal uitgebrachte stemmen* ★ put sth to the ~ *over iets laten stemmen* II ONOV WW • *stemmen* • *loten* (for om) • *balloteren*

ballot box ZN *stembus*

ballpark ('bɔːlpɑːk) ZN USA *honkbalstadion* ★ be in the same ~ *niet veel verschillen*

ballpark figure ZN INFORM. *grove schatting*

ballroom ('bɔːlruːm) ZN *balzaal*; *danszaal*

ballroom dancing ZN *stijldansen*

balls I MV • *kloten*; *(teel)ballen* • INFORM. *gelul* • INFORM. *lef* ★ PLAT have sb by the ~ *iem. bij de kloten hebben* ★ have (a lot of) ~ *(veel) lef hebben* ★ ~! *onzin!* II OV WW • VULG. ★ ~ sth up *iets naar de kloten helpen*

balls-up ZN *knoeiboel* ★ PLAT make a ~ of sth *iets helemaal verpesten*

ballyhoo (bælɪ'huː) ZN INFORM., MIN. *trammelant*; *drukte*

balm (bɑːm) ZN OOK FIG. *balsem*

balmoral (bæl'mɒrəl) ZN *Schotse baret*

balmy ('bɑːmɪ) BNW *zacht*; *mild* ⟨v. weer⟩

baloney (bə'ləʊnɪ) ZN INFORM. *nonsens*; *flauwekul*

balsam ('bɔːlsəm) ZN OOK FIG. *balsem*

Baltic ('bɔːltɪk) BNW *Baltisch* ★ ~ Sea *Oostzee*

balustrade (bælə'streɪd) ZN • *balustrade* • *reling*

bamboo (bæm'buː) ZN *bamboe*

bamboozle (bæm'bu:zl) OV WW *beetnemen*

ban (bæn) I ZN • *ban(vloek)* • *verbod* ★ put a ban upon *verbieden* II OV WW • *verbieden* • *verbannen*; *uitbannen*

banal (bə'nɑ:l) BNW *banaal*

banality (bə'nælətɪ) ZN *banaliteit*

banana (bə'nɑ:nə) ZN *banaan* ▾ PLAT go ~s *boos/gek worden*

banana split ZN *roomijs met banaan en slagroom*

band (bænd) I ZN • MUZ. *band*; *orkestje*; *kapel* • *groep(je)* • *band*; *lint* • *rand*; *strook* • *bandbreedte* ★ military band *militaire kapel* II OV WW • *strepen* • *ringen* ⟨v. vogels⟩ • *naar niveau/tariefgroep indelen* III ONOV WW • ~ **together** *zich tot groep verenigen*

bandage ('bændɪdʒ) I ZN • *verband*; *zwachtel* II OV WW • ~ **(up)** *verbinden*

Band-Aid ZN • USA *pleister* • FIG. *noodverbandje*

B and B, B&B / b and b / b&b AFK Bed and Breakfast *bed and breakfast*

bandit ('bændɪt) ZN *bandiet*; *(struik)rover* ★ one-armed ~ *gokautomaat*

banditry ('bændɪtrɪ) ZN *roverij*

bandmaster ('bændmɑ:stə) ZN *kapelmeester*

bandolier, bandoleer (bændə'lɪə) ZN *patroongordel*

band saw ZN *lintzaag*

bandstand ('bændstænd) ZN *muziektent*

bandwagon ('bændwægən) ZN *muziek-/reclamewagen* ▾ INFORM. climb/jump on the ~ *met de massa/mode meedoen*; *aan de kant v.d. winnaar gaan staan*

bandy ('bændɪ) I ZN • *op hockey lijkend balspel* • *bendie* ⟨rijtuig⟩ II BNW • *O-vormig* ★ AUSTR./INFORM. knock (sb) ~ *iem. versteld doen staan* III OV WW • *uitwisselen* ★ his name is being bandied about as... *zijn naam wordt genoemd/circuleert als...*

bandy-legged BNW *met O-benen*

bane (beɪn) ZN • *vloek*; *pest* • *vergif* ★ you are the bane of my life *je bent een nagel aan mijn doodkist*

bang (bæŋ) I ZN • *klap*; *smak*; *knal* ★ STERRENK. the Big Bang *de oerknal* ★ INFORM. the party went with a bang *het was een knalfeest* ★ go out with a bang *eindigen met een knal*; *een grootse apotheose hebben* ★ USA more bang for the buck *meer waar voor je geld* II OV+ONOV WW • *hard slaan* • *smakken*; *dichtslaan* • *knallen* • VULG. *neuken* ★ bang o.'s head against a brick wall *met het hoofd tegen de muur lopen*; *zichzelf verwijten maken* ★ bang out a tune *een melodie luid en onzuiver spelen* • ~ **about/around** *stommelen* • ~ **into** *aanlopen tegen* • ~ **on about** *doordrammen over* III TW • *pats!*; *boem!* ★ bang goes that! *dat kunnen we wel vergeten!* ★ bang on target! *precies raak/goed!* ★ go bang *uit elkaar klappen*

banger ('bæŋə) ZN • *rammelkast* ⟨auto⟩ • *worstje* • *vuurwerk*

bangle ('bæŋgl) ZN • *armband* • *enkelband*

bang-up (bæŋ ʌp) BNW USA/INFORM. *piekfijn*; *prima*

banish ('bænɪʃ) OV WW *verbannen*

banishment ('bænɪʃmənt) ZN *verbanning*; *ballingschap*

banister ('bænɪstə) ZN *trapleuning*

bank (bæŋk) I ZN • ECON. *bank* • *oever* • *zand-/wolkenbank* • *berm* ★ national bank *centrale bank* ★ it won't break the bank! *zó duur is het nu ook weer niet!* II OV+ONOV WW • *storten* ⟨bij bank⟩ • *bankrekening hebben* • *doen hellen*; *schuin gaan* • *indammen* ★ bank up a fire *veel kolen op het vuur gooien*; *opbanken* ★ bank up earth *aarde ophopen* ★ bank on sth/sb *op iets/iem. hopen*

bankable (bæŋkəbl) BNW • *bankabel* • *betrouwbaar* ★ a ~ star *een ster die veel publiek trekt*

bank account ZN *bankrekening*

bank balance ZN *saldo*

bank card ZN *bankpasje*

banker ('bæŋkə) ZN *bankier*

banker's card ZN *bankpasje*

bank holiday ZN *officiële vrije dag*

banking ('bæŋkɪŋ) ZN *bankwezen*

banknote ('bæŋknəʊt) ZN *bankbiljet*

bank rate ZN *bankdisconto*

bank roll (bæŋk rəʊl) I ZN • *fonds(en)* II WW • USA/INFORM. *financieel steunen*

bankrupt ('bæŋkrʌpt) I BNW • *failliet* II OV WW • *failliet doen gaan*

bankruptcy ('bæŋkrʌptsɪ) ZN *faillissement*

bank statement ZN *bankafrekening*

banner ('bænə) ZN • *banier* • *spandoek* • COMP. *banner* ⟨internet⟩ ★ under the ~ of *onder de vlag van*

banner headline ZN *kop over hele pagina v. krant*

bannister ZN • → **banister**

banquet ('bæŋkwɪt) I ZN • *banket*; *feestmaal* II OV WW • *feestelijk onthalen* III ONOV WW • *feesten*; *smullen*

banshee ('bænʃi:) ZN *vrouwelijke geest die dood aankondigt*

banter ('bæntə) I ZN • *scherts* • *badinage* ★ they engaged in some friendly ~ *zij plaagden wat over en weer* II OV+ONOV WW • *schertsen* • *badineren*

Bap., Bapt. AFK Baptist *baptist*

baptise WW G-B ▾ → **baptize**

baptism ('bæptɪzəm) ZN *doop*

baptismal (bæp'tɪzməl) BNW *doop-* ★ ~ name *doopnaam*

baptist ('bæptɪst) ZN • *doopsgezinde* • *doper*

baptize (bæp'taɪz) OV WW *dopen*

bar (bɑ:) I ZN • *bar* ⟨horeca⟩ • *reep* ⟨chocolade⟩; *stuk* ⟨zeep⟩ • *balk*; *tralie* • *staaf*; *stang* • *slagboom* • *zandbank* ⟨voor haven- of riviermonding⟩ • *belemmering*; *bezwaar* • MUZ. *maat* • NATK. *millibar* ★ lounge bar *(nette) bar* ★ public bar *bar*; *café* ★ INFORM. behind bars *achter de tralies* II OV WW • *versperren*; *beletten* • *grendelen* ★ bar s.o.'s way *iem. de weg versperren* ★ no holds barred *alles is toegestaan* ⟨in gevecht, wedstrijd⟩ III VZ • *behalve* ★ bar none *zonder uitzondering* ★ bar two *op twee na*

Bar (bɑ:) ZN *balie*; *advocatuur* ★ call to the Bar *toelaten als advocaat*

ba

barb (ba:b) ZN • *weerhaak* • *steek onder water* • *baarddraad* ⟨v. vis⟩
barbarian (ba:'beəriən) ZN *barbaar*
barbaric (ba:'bærɪk) BNW *barbaars*
barbarity (ba:'bærəti) ZN *barbaarsheid; wreedheid*
barbarous ('ba:brəs) BNW *barbaars; wreed*
barbecue ('ba:bɪkju:) I ZN • *barbecue; feest* • *groot braadrooster* • *voedsel bereid op barbecue* II OV WW • *barbecueën*
barbed ('ba:bd) BNW • *met weerhaken* • *scherp kritisch/sarcastisch*
barbel ('ba:bl) ZN • *barbeel* • *voelspriet*
barbell (ba:bel) ZN *halter*
barber ('ba:bə) ZN *herenkapper* ★ the ~'s *de kapper(swinkel)*
barbie ('ba:bɪ) ZN INFORM. • → **barbecue**
bar code ZN *streepjescode*
bare (beə) I BNW • *naakt; bloot* • *onbedekt; kaal* • FIG. *naakt* ⟨v. alle overbodigheid ontdaan⟩; *essentieel* ★ the bare bones *de belangrijkste elementen* ★ the bare essentials *het allernoodzakelijkste* ★ the bare minimum *het absolute minimum* ★ lay bare *blootleggen* ★ with one's bare hands *met zijn blote handen* II OV WW • *blootleggen; ontbloten* ★ bare all *alle kleren uitdoen; niets verbergen* ★ bare one's soul *zijn ziel en zaligheid blootleggen* ★ bare one's teeth *de tanden laten zien*
bareback ('beəbæk) BNW *zonder zadel*
barefaced ('beəfeɪst) BNW *schaamteloos* ★ ~ lie *onbeschaamde leugen*
barefoot (beə'fʊt), barefooted (beə'fʊtɪd) BNW *blootsvoets*
bareheaded (beə'hedɪd) BNW *blootshoofds*
barely ('beəlɪ) BIJW *nauwelijks; amper; ternauwernood*
bareness ('beənəs) ZN *naaktheid; kaalheid*
barf ('ba:f) WW USA INFORM. *kotsen*
barfly ('ba:flaɪ) ZN INFORM. *kroegloper*
bargain ('ba:gɪn) I ZN • *afspraak* • *koopje* ★ drive a ~ *een transactie sluiten* ★ drive a hard ~ *iem. het vel over de oren halen* ★ into the ~ *op de koop toe* ★ keep one's side of the ~ *zich aan zijn afspraak houden* ★ make/strike a ~ with sb *het eens worden met iem.; een overeenkomst sluiten* ★ make the best of a bad ~ *zich zo goed mogelijk in iets schikken* ★ a blind ~ *een kat in de zak* ★ a wet ~ *een overeenkomst die met een borrel beklonken wordt* II ONOV WW • *overeenkomen* • *marchanderen* ★ ~ for sth *verwachten dat iets gebeurt*
barge (ba:dʒ) I ZN • *aak; praam* • *officierssloep; staatsiesloep* • *oude schuit* II ONOV WW ★ he is always barging in *hij bemoeit zich overal mee* • ~ in/into INFORM. *binnenvallen*
baritone ('bærɪtəʊn) ZN *bariton*
bark (ba:k) I OV WW • *afschillen; schaven* ⟨v. huid⟩ II ONOV WW • *blaffen* ★ bark up the wrong tree *aan het verkeerde adres zijn* ★ bark at sb *blaffen tegen iem.*; FIG. *iem. afblaffen* III ZN • *schors; bast* • *geblaf* • USA *bark* ★ FIG. his bark is worse than his bite ≈ *blaffende honden bijten niet*
barker ('ba:kə) ZN *klantenlokker*

barley ('ba:lɪ) ZN *gerst*
barmaid ('ba:meɪd) ZN *barmeisje*
barman ('ba:mən) ZN *barman; barkeeper*
barmy ('ba:mɪ) BNW INFORM. *getikt*
barn (ba:n) ZN *schuur* ★ a barn of a house *een kast van een huis* ★ FIG. close the barn door after the horse has escaped *de put dempen als het kalf verdronken is* ★ Dutch barn *open schuur*
barnacle ('ba:nəkl) ZN *eendenmossel; zeepok* ★ ~ (goose) *brandgans*
barn dance ZN *boerendans; boerenbal*
barn owl ZN *kerkuil*
barnstorm ('ba:nstɔ:m) ONOV WW USA *op tournee gaan* ⟨v. acteurs, politici⟩
barnstorming ('ba:nstɔ:mə) BNW USA *sensationeel*
barnyard ('ba:nja:d) ZN *boerenerf*
barometer (bə'rɒmətə) ZN *barometer*
baron ('bærən) ZN • *baron* • GESCH. *edelman*
baroness ('bærənɪs) ZN *barones*
baronet ('bærənɪt) ZN G-B *baronet* ⟨laagste erfelijke rang⟩
baronetcy ('bærənɪtsɪ) ZN *titel van baronet*
baronial (bə'rəʊnɪəl) BNW • *van een baron* • *statig*
baroque (bə'rɒk) BNW *barok*
barque (ba:k) ZN *bark*
barrack ('bærək) I ZN • *kazerne* • *barak; keet* II OV WW • *in kazerne onderbrengen*
barrage ('bæra:ʒ) ZN • *stuwdam; versperring* • OOK FIG. *spervuur* ★ SPORT *barrage*
barrage balloon ZN *versperringsballon*
barrel ('bærəl) ZN • *vat* • *cilinder* • *romp* ⟨v. paard⟩ • *loop* ⟨v. geweer/kanon⟩ • *vat* ⟨als inhoudsmaat voor olie: 159 liter⟩ ★ INFORM. life's not a ~ of fun/laughs *het leven is geen lolletje* ★ INFORM. have/get sb over a ~ *iem. in de tang hebben* ★ scrape the (bottom of the) ~ *de laatste reserves verbruiken*
barrel organ ZN *draaiorgel*
barren ('bærən) ZN *onvruchtbaar; dor*
barricade (bærɪ'keɪd) I ZN • *barricade* ★ man the ~s *op de barricades staan* II OV WW • *barricaderen*
barrier ('bærɪə) ZN • *dranghek* • *blokkade; hinderpaal; slagboom*
barrier reef ZN *barrièrerif*
barring ('ba:rɪŋ) VZ *behalve; behoudens*
barrister ('bærɪstə) ZN G-B *advocaat; pleiter*
barrow ('bærəʊ) ZN • *handkar* • *grafheuvel* • *kruiwagen* • *berrie*
bartender ('ba:tendə) ZN USA *barman/-keeper*
barter ('ba:tə) I ZN • *ruilhandel* II OV+ONOV WW • *ruilhandel drijven*
barterer ('ba:tərə) ZN *sjacheraar*
basal ('beɪsəl) BNW • *basis-; grond-* • *fundamenteel*
base (beɪs) I ZN • *basis; voetstuk* • *grondgetal* • SCHEIK. *base* ★ USA/INFORM. off base *bij het verkeerde eind* II BNW • *laag; gemeen* III OV WW • *baseren; als basis gebruiken; vestigen*
baseball ('beɪsbɔ:l) ZN *honkbal; baseball*
base board ZN USA *plint*
baseless ('beɪsləs) BNW *ongegrond*

baseline ('beɪslaɪn) ZN • *grondlijn* • SPORT *achterlijn* • TECHN. *basis; uitgangspunt*

basement ('beɪsmənt) ZN *souterrain*

base metal ZN *onedel metaal*

base rate ZN *basistarief*

bases ('beɪsi:z) ZN (mv) • → **basis**

bash (bæʃ) I ZN • *slag* ★ have a bash at *het (maar) eens proberen* II OV WW • *(in elkaar) rammen*; FIG. *uithalen naar* • *inslaan*; *kapot slaan* • *scherp kritiseren* • ~ **on/away** *doordouwen* • ~ **up** INFORM. *in elkaar slaan*

bashful ('bæʃfʊl) BNW *bedeesd; verlegen*

bashing ('bæʃɪŋ) ZN • *afranselen* • *afkraken* ★ Bible~ *het fanatiek propageren van de Bijbel* ★ union~ *het fel uithalen naar de vakbonden*

basic ('beɪsɪk) BNW • *fundamenteel*; *basis-* • SCHEIK. *basisch* ★ get/go back to ~s *terug gaan naar de basis* ⟨elementair uitgangspunt⟩

basically ('beɪsɪklɪ) BIJW *in de grond*; *eigenlijk*; *voornamelijk*

basil ('bæzl) ZN *basilicum*

basin ('beɪsn) ZN • *wastafel/-bak* • *kom* • AARDK. *stroomgebied*; *laagte*; *bekken* • *haven*; *dok* • *bassin* ⟨kom van havens, dokken⟩

basis ('beɪsɪs) ZN (mv: **bases**) *basis*; *grondslag* ★ ~ of/for sth *centrale, belangrijkste deel van iets*

bask (bɑːsk) ONOV WW *z. koesteren*

basket ('bɑːskɪt) ZN *mand*; *korf* ★ ECON. ~ of currencies *pakket verschillende valuta* ★ mending ~ *werkmandje*

basketball ('bɑːskɪtbɔːl) ZN *basketbal*

basket case ZN • ECON. *aantal verschillende goederen of valuta* • INFORM. *halvegare*

basket chair ZN *rieten stoel*

basketry ('bɑːskɪtrɪ) ZN *mandenwerk*

Basque (bɑːsk) I ZN • *Bask(ische)* • *Baskisch* ⟨de taal⟩ II BNW • *Baskisch*

bass¹ (beɪs) I ZN • *baspartij*; *lage tonen* • *bas(stem)* • INFORM. *basgitaar* ★ MUZ. double bass *contrabas* II BNW • *bas-* ⟨v. stem of instrument⟩

bass² (bæs) ZN • *(zee)baars* • *bast*

bass clef ('beɪs klef) ZN MUZ. *bassleutel*

bassoon (bə'suːn) ZN *fagot*

bastard ('bɑːstəd) ZN • *bastaard* ⟨onecht kind⟩ • *rotzak* • INFORM. *rotding*; *kreng* ★ a ~ of a problem *een hels probleem* ★ lucky ~! *bofkont!* ★ poor ~! *arme ziel!*

bastardize, G-B **bastardise** ('bɑːstədaɪz) OV WW *verlagen*; *verbasteren*; *tot bastaard verklaren*

baste (beɪst) OV WW • *met vet overgieten tijdens braden*; *bedruipen* • *rijgen* ⟨naaiwerk⟩

bastion ('bæstiən) ZN *bastion*; *bolwerk*

bat (bæt) I ZN • *slaghout*; *bat* • *vleermuis* ★ have bats in the belfry *kierewiet zijn* ★ like a bat out of hell *razendsnel* ★ off one's own bat *op eigen houtje* ★ USA, INFORM. (right) off the bat *ogenblikkelijk* ★ FIG. (as) blind as a bat *zo blind als een mol* II OV+ONOV WW • *batten* ★ bat your eyes/eyelashes *knipperen met de ogen* ★ USA/INFORM bat a thousand *zeer succesvol zijn* ★ USA/INFORM go to bat for sb *iem. helpen* ★ without batting an eye(lid) *zonder een spier te vertrekken*

batch (bætʃ) ZN • *partij*; *groep*; *stel* • *baksel*

bate (beɪt) OV WW *verminderen* ★ with bated breath *met ingehouden adem*

bath (bɑːθ) I ZN • *bad* • *badkuip* ★ run a bath *een bad laten vollopen* ★ take a bath *een bad nemen*; USA *zwaar verlies lijden* II OV WW • *in bad doen*; *wassen*

bathe (beɪð) OV+ONOV WW • *baden* • *natmaken* • *in licht baden* ★ go for a ~ in the sea *een bad nemen in zee*

bather ('beɪðə) ZN • *bader*; *zwemmer* • AUS. *zwempak/-broek*

bathing ('beɪðɪŋ) ZN *het baden*; *het zwemmen*

bathing cap ZN *badmuts*

bathing suit ZN *badpak*

bathrobe ('bɑːθrəʊb) ZN • *badjas* • USA *kamerjas*

bathroom ('bɑːθruːm) ZN • *badkamer* • USA *wc*

bathroom spray ZN *toiletverfrisser*

bathtub ('bɑːθtʌb) ZN *badkuip*

batman ('bætmən) ZN *oppasser* ⟨v. officier⟩

baton ('bætn) ZN • *dirigeerstok* • *gummistok* • *staf* • *estafettestokje*

batsman ('bætsmən) ZN • SPORT *batsman*; *slagman* • MIL. *deklandingsofficier*

battalion (bə'tæliən) ZN *bataljon*

batten ('bætn) I ZN • *vloerplank* II OV WW ★ ~ down the hatches *scheepsluiken met schalmen afsluiten*; FIG. *veiligheidsmaatregelen nemen* III ONOV WW • *z. te goed doen aan* • *vet worden* ★ ~ on sb *parasiteren op iem.*

batter ('bætə) I ZN • *beslag* • *slagman* • *helling* II OV+ONOV WW • *beuken* • *rammen* • *deuken*; *havenen* ★ ~ away at sth *ergens tegenaan rammen/beuken* ★ ~ down the door *de deur inrammen*

battering ZN *mishandeling*

battering ram ('bætərɪŋ ræm) ZN *stormram*

battery ('bætərɪ) ZN • *batterij*; *accu* • MIL. *batterij* • *legbatterij* • JUR. *aanranding* ★ dry~ *batterij* ⟨met vaste chemicaliën⟩ ★ FIG. recharge a ~ *een batterij weer opladen*

battery charger ZN *batterijlader*

battery farm ZN *legbatterij*

battle ('bætl) I ZN • *strijd*; *veldslag* ★ do ~ *strijd leveren* ★ it's half the ~ *hiermee is de strijd al voor de helft gewonnen* II OV+ONOV WW • *strijden*

battle array ZN *slagorde*

battleaxe ('bætlæks) ZN • *strijdbijl* • INFORM. *kenau*

battlecruiser ('bætlkruːzə) ZN *slagkruiser*

battle cry ZN *strijdkreet*

battledress ('bætldres) ZN *veldtenue*

battlefield ('bætlfiːld) ZN *slagveld*; *strijdtoneel*

battleground ('bætlgraʊnd) ZN *gevechtsterrein*; *slagveld*

battlements ('bætlmənt) ZN *kantelen*

battleship ('bætlʃɪp) ZN *slagschip*

batty ('bætɪ) BNW G-B INFORM. *gek*

bauble ('bɔːbl) ZN • *kerstbal* • *snuisterij*; *prul*

baud (bəʊd) ZN *baud*; *snelheidsmaat voor overbrenging van informatie*

baulk (bɔːk) OV WW • *terugschrikken* • *weigeren* • FORM. *verijdelen*

bawdy ('bɔːdɪ) BNW ★ ~ talk *schuine grappen*

bawl (bɔːl) OV+ONOV WW • *brullen*; *schreeuwen* • INFORM. ~ **out** *de mantel uitvegen*;

ba

uitkafferen

bay (beɪ) **I** ZN • *baai* • *vak* • *nis*; *erker* • *bruin paard met zwarte manen en staart* • *geblaf* • *laurierboom* ★ at bay *in het nauw gedreven* ★ bring to bay *in het nauw drijven* ★ hold/keep at bay *in bedwang houden* **II** OV+ONOV WW • *blaffen*

bay leaf ZN *laurierblad*

bayonet ('beɪənet) ZN *bajonet*

bayonet catch ZN *bajonetsluiting*

bayou ('baɪu:) ZN USA *moerassige rivierarm*

bay window ZN *erker*; PLAT *buikje*

bazaar (bə'zɑ:) ZN • *oosterse markt* • *bazaar*; *fancy fair*

b & b AFK bed and breakfast *logies met ontbijt*

BBC AFK British Broadcasting Corporation *Britse Radio en Televisie Omroep*

BBQ AFK INFORM. barbecue *BBQ*

BC AFK Before Christ *vóór Christus*

BCE AFK Before the Common Era *vóór Christus*

be (bi:) **I** ONOV WW [onr.] • *zijn*; *bestaan* • *liggen*; *staan* • *plaatsvinden* • *(ver)blijven* • *bezoeken*; *langskomen* ★ as/that was *voormalig* ★ INFORM. sb's been and ruined the lawn *ze hebben het gazon verpest!* ★ leave/let sb/sth be *iem./iets met rust laten* ★ a teacher-to-be *een leraar in wording* ★ she was to be a great author *zij zou een groot auteur worden* ★ he is to be married next month *hij gaat volgende maand trouwen* ★ you are to be home by midnight *je moet (uiterlijk) om middernacht thuis zijn* ★ it is nowhere to be found *het is nergens te vinden* • ~ **for** *zijn voor*; *voorstander zijn van* ★ be all for it *er helemaal vóór(stander van) zijn* • ~ **from** *van(daan) komen* • ~ **in** *aan slag zijn*; *aan het bewind zijn*; *erbij/in de mode/opgenomen zijn*; *aanwezig/binnen/er zijn* ★ he's in with my neighbour *hij is goede maatjes met mijn buurman* ★ you're in for a nasty surprise *er staat je een onaangename verrassing te wachten* ★ be in for a job *kandidaat zijn voor een betrekking* ★ you're in for it *er zwaait wat voor je*; *je bent erbij* ★ SPORT John is in *John is aan slag* ★ he is not in on it *hij is er niet bij betrokken*; *hij weet er niets van* ★ he is not in *hij is niet thuis* ★ there is nothing in it *het is niet van belang*; *er is niets van aan* ★ the communists are in *de communisten regeren* ★ the tide is in *het is vloed* ★ PLAT he's in for murder *hij zit gevangen wegens moord* ★ be in on it *van de partij zijn* ★ be in on a secret *van een geheim op de hoogte zijn* ★ you're not in with him *je haalt het niet bij hem* • ~ **off** *afgesloten zijn* ⟨elektra/gas/water⟩; *niet in orde zijn*; *verwijderd zijn*; *niet doorgaan*; *afgelast zijn*; *weg zijn*; *starten*; *ervandoor gaan/zijn* ★ he's off *hij staat klaar om weg te gaan*; *hij is weg*; *hij zit op zijn stokpaardje*; *hij slaapt* ★ when they saw the police, the hooligans were off *toen ze de politie zagen, namen de herrieschoppers gauw de benen* ★ I'm off smoking *ik rook niet meer* ★ his guess was far off *hij sloeg de plank helemaal mis* ★ how far off is it? *hoe ver is het?* ★ the meat is a bit off *het vlees is niet helemaal fris* ★ he's off his

head *hij is de kluts kwijt* ★ the gas is off *het gas is afgesloten* ★ how are you off for money? *hoeveel geld heb je nog?* ★ be badly off *er slecht voorstaan* ★ be well off *er warmpjes bij zitten* ★ they are well off for *ze zijn goed voorzien van* ★ his colour looks (a little) off *hij ziet er wat ziekelijk uit* • ~ **on** *tipsy zijn*; *aan/op zijn* ⟨v. kledingstuk⟩; *doorgaan*; *in behandeling zijn*; *bezig zijn*; *aan de gang zijn*; *aan de beurt zijn*; *meedoen*; *gevorderd zijn*; *gebruiken*; *verslaafd zijn aan* ★ the light is still on *het licht is nog aan* ★ the kettle is on *het water staat op* ★ what's on? *wat is er aan de hand?* ★ what's on at the cinema? *welke film draait er?* ★ there's a heavy sea on *er staat een zware zee* ★ the drinks are on me *ik trakteer* ★ are you on? *doe je mee?* ★ he's on the staff *hij hoort bij de staf* ★ INFORM. that just isn't on *daar is geen sprake van* ★ the work is well on *het werk schiet goed op* ★ he is well on in his sixties *hij is ver over de zestig* ★ be on to sb *iem. door hebben* ★ what's he on about? *waar heeft hij het over?* ★ he's always on at/to me *hij heeft altijd wat op me aan te merken* ★ be on drugs/alcohol *verslaafd zijn aan drugs/alcohol*; *(regelmatig) drugs/alcohol gebruiken* • ~ **out** *gepubliceerd zijn*; *(er)buiten/eruit zijn*; *om/weg zijn*; *in staking zijn*; *werkloos zijn*; *onmogelijk zijn* ★ you are far out *je zit er ver naast* ★ I am ten pounds out *ik kom 10 pond tekort* ★ he is out in A *hij zit helemaal in A* ★ the results are out *de resultaten zijn bekendgemaakt* ★ Labour is out *Labour is niet (meer) aan de macht* ★ my arm is out *mijn arm is uit de kom* ★ the girl is out *het meisje heeft haar debuut gemaakt* ★ he is out and about *hij is weer hersteld* ★ the invitations are out *de uitnodigingen zijn verzonden* ★ the book will be out in March *het boek zal in maart verschijnen* ★ the teachers are out *de leraren staken* ★ the river is out *de rivier is buiten haar oevers getreden* ★ hot pants are out *hotpants zijn uit de mode* ★ the secret is out *het geheim is uitgelekt* ★ driving home was out *naar huis rijden was uitgesloten* ★ the stars are out *de sterren staan aan de hemel* ★ the tide is out *het is eb* ★ be out with a person *ruzie hebben met iem.* ★ be out of ... *zonder ... zitten*; *geen ... meer hebben* ★ they are out for blood *ze willen bloed zien* ★ I'm all out for his plan *ik voel er alles voor* ★ this book is always out *dit boek is altijd uitgeleend* ★ he's out for himself *hij heeft zijn eigen voordeel op het oog* • ~ **over** *over/uit/voorbij zijn*; *op bezoek zijn*; *overschieten* ★ that's over and done with *dat is helemaal voorbij* • ~ **through** *het niet meer zien zitten*; *klaar zijn*; *er doorheen zijn* • ~ **up** *hoger/gestegen zijn*; *op/wakker zijn*; *op/over/voorbij zijn*; *aan de gang/hand zijn*; *ter discussie staan* ★ petrol is up again *de benzine is weer duurder* ★ his blood is up *zijn bloed kookt* ★ the road is up *de weg is opengebroken* ★ his spirit was up *hij was opgewekt* ★ be full up *geheel bezet/uitverkocht zijn* ★ the game is up *het spel is voorbij* ★ the House is up *het*

Parlement is met reces ★ what's up with him? *wat is er met hem aan de hand?* ★ Mr. X is up *meneer X is aan het woord* ★ be up in arms *onder de wapenen zijn* ★ her name was up *ze ging over de tong* ★ she's up for election *zij stelt zich kandidaat* ★ be up to sth *iets in zijn schild voeren* ★ I'm up to his tricks *ik doorzie zijn streken* ★ she's up to anything *ze is voor alles te vinden* ★ it's up to you *het (initiatief) is aan u* ★ be well up in *goed op de hoogte zijn van* ★ be up against *in conflict komen met*; *staan tegenover* ★ be up to a task *opgewassen zijn tegen een taak* ★ be up and about *in de weer zijn*; *op de been zijn* II KWW [onr.] • *zijn* • *bestaan* • *worden* • *liggen*; *staan* ★ he is to send it *hij moet het verzenden* ★ be that as it may *hoe dan ook* ★ be onto sth *iets op het spoor zijn* ★ as happy as can be *zo blij als maar kan* ★ how are you? *hoe maakt u het?*; *hoe gaat het met je?* ★ how is it that ... *hoe komt het dat ...* ★ it was a long time before ... *het duurde lang voordat ...* ★ be about to... *op het punt staan om...* ★ don't be long! *blijf niet lang weg!* ★ the bride to be *de aanstaande bruid* ★ how much is it? *hoeveel kost het?* ★ how much are these books? *wat kosten deze boeken?*

beach (biːtʃ) I ZN • *strand* II OV WW • *op het strand zetten* • ~ed whale *gestrande walvis*
beach-ball ZN • *strandbal* ⟨voorwerp⟩ • *beachball* ⟨sport⟩
beach bum ZN *strandliefhebber*; *jonge vent die op het strand rondhangt*
beachcomber (ˈbiːtʃkəʊmə) ZN *strandjutter*
beachfront (biːtʃ) BNW *aan/vlakbij het strand* ⟨v. pand enz.⟩
beachhead (ˈbiːtʃhed) ZN • *bruggenhoofd* • FIG. *voet aan de grond*
beacon (ˈbiːkən) I ZN • *baken*; *vuurtoren* • *bakenzender* • FIG. *lichtend voorbeeld* ★ (Belisha) ~ *knipperbol* II OV WW • *verlichten*; *bebakenen*
bead (biːd) I ZN • *kraal* • *parel* ⟨v. zweet⟩ • *vizierkorrel* • *beading/beadwork met kralen versierd handwerk*; *kraal* ⟨lijstwerk⟩ ★ say one's beads *rozenkrans bidden* II OV WW • *van kralen voorzien*; *kralen rijgen*
beadle (ˈbiːdl) ZN • *bode*; *pedel* ⟨universiteit⟩ • *koster*
beadledom (ˈbiːdldəm) ZN *bekrompen bemoeizucht*
beady (ˈbiːdɪ) BNW • *kraalvormig*; *kraal-* • *parelend* ★ keep a ~ eye on sb/sth *iem./iets strak in de gaten houden*; *iem./iets geen seconde uit het oog verliezen*
beagle (ˈbiːgl) I ZN • *beagle*; *brak* ⟨drijfhond⟩ II ONOV WW • *met brakken jagen*
beak (biːk) ZN • *(scherpe) snavel* • PLAT *neus* • *tuit*
beaker (ˈbiːkər) ZN • *beker(glas)*
be-all ZN *essentie* ★ the ~ and end-all *de alfa en de omega*; *de gehele zaak*
beam (biːm) I ZN • *straal*; *stralenbundel* • *balk*; *evenwichtsbalk* • *stralende glimlach* • *drijfstang* • SCHEEPV. *dekbalk* • *grootste breedte v. schip* • *radiosignaal* ★ be off beam *ernaast zitten* ★ broad in the beam *log gebouwd*; ⟨v. schip⟩

met brede heupen ★ on full beam *met groot (ongedimd) licht* ★ INFORM. on one's beam-ends *blut zijn* II OV+ONOV WW • *stralen*; *glunderen* • *uitzenden* ⟨op tv⟩ • *schijnen* | ★ ~ up *omhoogstralen* ⟨sciencefiction⟩
beamer (ˈbiːmə) ZN *beamer* ⟨projector⟩
beam wind ZN *zijwind*
bean (biːn) ZN *boon* ★ baked beans *witte bonen in tomatensaus* ★ French bean *sperzieboon* ★ full of beans *in een opgewekte stemming* ★ not have a bean *platzak zijn*
beanbag (biːn bæg) ZN *zitzak*
bean curd (biːn kɜːd) ZN *tofoe*; *tahoe*
beanie (biːniː) ZN *(wollen) muts*
beanpole (biːnpəʊl) ZN • *bonenstaak* • *lange slungel*
bean sprouts (biːn spraʊts) ZN MV *taugé*
bear (beə) I ZN • *beer* ★ white bear *ijsbeer* II OV WW [onr.] • *(ver)dragen* • *dulden* • *uitstaan* • *opbrengen*; *opleveren* • *baren*; *voortbrengen* • *gaan* ⟨een zekere richting op⟩ ★ bear fruit *vruchten dragen*; FIG. *vruchten afwerpen* ★ bear a hand *een handje helpen* ★ bear down hard on sb *zwaar op iem. drukken* ★ bear in mind *in gedachten houden* ★ bear yourself well *je goed gedragen/houden* ★ bear left/right *links/rechts aanhouden*; *naar links/rechts afslaan* ★ be borne in on sb *tot iem. doordringen* ★ bring one's influence to bear *zijn invloed laten gelden* ★ bring to bear *toepassen*; *laten gelden* ★ bear witness to *getuige zijn van* • ~ down *afkomen op* • ~ out *bevestigen* • ~ up against/under *het hoofd bieden aan*; *zich goed houden onder* • ~ with *geduld hebben met* ★ bear with me *heb even geduld*; *wacht even* • ~ (up)on *betrekking hebben op*
bearable (ˈbeərəbl) BNW *te (ver)dragen*
bear-baiting ZN *berengevecht* ⟨waarbij pitbulls worden losgelaten op beren⟩
beard (bɪəd) I ZN • *baard* ★ to ~ the lion in his den *zich in het hol van de leeuw wagen* II OV WW • *tarten*
bearded (ˈbɪədɪd) BNW • *met een baard* • *met een weerhaak* • *met een staart* ⟨komeet⟩
beardless (ˈbɪədləs) BNW • *baardeloos* • FIG. *onvolwassen*
bearer (ˈbeərə) ZN • *drager* • *brenger* ⟨v. boodschap⟩ • *houder* • *toonder* • *stut* • *hoeder*
bear hug ZN *houdgreep*; *stevige omhelzing*
bearing (ˈbeərɪŋ) ZN • *invloed* • *gedrag*; *houding* • *verband* • *richting* ⟨kompas⟩ • TECHN. *lager* ★ this has no ~ on you *dit heeft geen betrekking op jou*; *dit slaat niet op jou*; *dit heeft geen gevolgen voor jou* ★ get/find/take your ~s *zich oriënteren*; *poolshoogte nemen* ★ lose your ~s *verdwalen*; *in verwarring geraken* ★ take a ~ *een peiling nemen*
bearish (ˈbeərɪʃ) BNW • *lomp* • *nors* • *dalend* ⟨v. effectenbeurs⟩; *pessimistisch*
bearskin (ˈbeəskɪn) ZN • *berenhuid* • *berenmuts* • *ruige wollen stof*
beast (biːst) ZN • OOK FIG. *beest* • *viervoeter* ★ the exam was a real ~ *het was echt een rotexamen* ★ his new bike is a very expensive ~ *die nieuwe fiets van hem is een heel duur beestje*

★ ~ of burden *lastdier* ★ ~ of prey *roofdier*
beastly ('bi:stlɪ) BNW • *beestachtig* • *gemeen* ★ ~
weather *hondenweer*
beat (bi:t) I ZN • *slag*; *tik* • MUZ. *maat* • *ronde* ⟨v.
politie⟩ • *wijk* • *(jacht)terrein* • *beatmuziek*
★ more police officers on the beat *meer
politie/blauw op straat* ★ MUZ. out of beat *uit
de maat* II BNW • INFORM. *uitgeteld*; *(dood)op*
III OV+ONOV WW [onr.] • *slaan* • *verslaan*
• *bestrijden* • *verbeteren* ⟨record⟩ • *ontkomen
aan*; *voor zijn* • *kloppen* ⟨ook van metaal⟩
• *klutsen* ⟨ei⟩ • *zich een weg banen* • beat sb at
his own game *iem. een koekje van eigen deeg
geven* ★ INFORM. beat one's brains out *zich de
hersens afpijnigen*; *iem. de hersens inslaan*
★ beat the clock *iets
doen binnen de gegeven tijd* ★ beat it! *donder
op!* ★ beat a path to sb's door *de deur bij iem.
plat lopen* ★ beat a retreat *zich terugtrekken*
★ beat time *de maat slaan* ★ INFORM. beat sb
to the punch *iem. te snel af zijn* ★ can you
beat that? *heb je ooit zoiets gehoord/gezien?*
★ FIG. if you can't beat them, join them *als je
ze niet kunt verslaan, kun je ze maar beter te
vriend houden* ★ a rod/stick to beat sb with
een stok om de hond mee te slaan ★ that beats
everything! *dat is het toppunt!*; *dat slaat alles!*
★ beats me! *het is me een raadsel!* ★ USA beat
sb out of sth *iem. iets listig afhandig maken*
★ beat sb to sth *met iets van iem. winnen*
★ FIG. beat about (the bush) *eromheen draaien*
• ~ **down** *intrappen* ⟨deur enz.⟩; *neertrappen*
⟨iem.⟩ • beat down the price *de prijs drukken*
• ~ **down on** *branden op* ⟨v. zon⟩ • ~ **off** PLAT
aftrekken ⟨masturberen⟩; *afweren*; *afslaan*
⟨aanval enz.⟩ • ~ **out** *doven* ⟨vuur⟩; *uitdeuken*
• ~ **up** *aftuigen*; *opjagen*; *optrommelen*
beaten ('bi:tn) I BNW • *verslagen* • *veel
betreden/gebaand*; *platgetreden* • *gedreven* ⟨v.
goud⟩ II OV+ONOV WW [volt. deelw.] • → **beat**
beater ('bi:tə) ZN • *klopper* ⟨eieren, mat, etc.⟩
• *drijver* ⟨bij jacht⟩
beat generation ZN *beat generation* ⟨groep
schrijvers rond 1960⟩
beatify (bɪ'tɪfaɪ) WW *zalig verklaren* ⟨r.-k.⟩
beating ('bi:tɪŋ) ZN *pak slaag* ★ take some ~
moeilijk te overtreffen zijn
beatitude (bi:'ætɪtju:d) ZN *zaligheid* ★ the
Beatitudes *de acht zaligheden*
beat-up (bi:t ʌp) BNW *aftands*
beaut (bju:t) I ZN • USA/AUSTR. *prachtexemplaar*
II BNW • USA/AUSTR. *fantastisch*
beautician (bju:'tɪʃən) ZN *schoonheidsspecialist*
beautiful ('bju:tɪfʊl) BNW *mooi*; *knap*
beautify ('bju:tɪ) OV WW *verfraaien*
beauty ('bju:tɪ) ZN *schoonheid* ★ ~ is in the eye
of the beholder ≈ *over smaak valt niet te
twisten* ★ ~ is only skin deep *schoonheid is
maar uiterlijk* ★ Sleeping Beauty *Schone
Slaapster*; *Doornroosje*
beauty mark ZN *schoonheidsvlekje*
beauty parlour ZN *schoonheidssalon*
beaver ('bi:və) I ZN • *bever* • *beverbont* • VULG.
kut ★ INFORM. eager ~ *uitslover*; *harde werker*
II ONOV WW ★ ~ away at sth INFORM. *ergens*

hard aan werken
bebop ('bi:bɒp) ZN *bebop*
became (bɪ'keɪm) WW [verleden tijd] • →
become
because (bɪ'kɒz) VW *omdat* ★ ~ of *vanwege*
beck (bek) ZN ★ be at a sb's beck and call *klaar
staan voor iem.*; *te wachten staan*; *iem. op zijn
wenken bedienen*
beckon ('bekən) OV WW *wenken*
become (bɪ'kʌm) I KWW [onr.] • *worden* II OV
WW • *goed staan* • *passend zijn* ★ that suit~s
you well *dat pak staat je goed*
becoming (bɪ'kʌmɪŋ) BNW • *betamelijk* ⟨v.
kleding etc.⟩; *passend* • *flatterend*
bed (bed) I ZN • *bed* • *leger* ⟨v. dier⟩ • *bedding*
• *(onder)laag*; *bed* ⟨planten⟩ ★ bed and
breakfast *(pension voor) overnachting met
ontbijt* ★ a bed of roses *rozengeur en
maneschijn* ★ convertible bed *opklapbed*
★ forcing bed *broeibak* ★ INFORM. get out of
bed on the wrong side *met het verkeerde been
uit bed stappen* ★ INFORM. go to bed with sb
met iem. naar bed gaan ★ you've made your
bed, and now you must lie on it *wie zijn
billen brandt, moet op de blaren zitten* ★ make
the bed *het bed opmaken* ★ USA separate/
divorce from bed and board *scheiden van
tafel en bed* ★ take to one's bed *ziek worden*
★ wet the bed *bedplassen* II OV WW • *inbedden*
• *in bed krijgen* ⟨voor seks⟩ • ~ **down** *naar bed
brengen*; *een slaapplaats geven* ⟨dieren⟩; *ergens
gaan slapen* ★ we'll bed down in the attic *wij
zoeken wel een plaatsje op zolder*
bedaub (bɪ'dɔ:b) OV WW • *bekladden* • *opdirken*
bedazzle (bɪ'dæzəl) OV WW *verblinden*
bedbug ('bedbʌg) ZN *wandluis*; *bedwants*
bedclothes ('bedkləʊðz) ZN MV *beddengoed*
bedding ('bedɪŋ) ZN • *beddengoed* • *ligstro*
• *onderlaag*
bedding plants ZN *tuinplanten*
bedeck (bɪ'dek) OV WW *(op)tooien*; *versieren*
bedevil (bɪ'devəl) OV WW • *mishandelen*
• *uitschelden* • *beheksen* • *bederven* • *in de war
brengen*
bedfellow ('bedfeləʊ) ZN • *bedgenoot/-genote*
• *slapie* • *verbonden/verwante persoon of zaak*
bedlam ('bedləm) ZN OOK FIG. *gekkenhuis*
bedraggled (bɪ'drægld) BNW • *doorweekt*
• *sjofel*; *gehavend* • *besmeurd*
bedridden ('bedrɪdn) BNW *bedlegerig*
bedrock ('bedrɒk) ZN • *basis*; *fundament* • *vast
gesteente* • *laagste punt*; *minimum* ★ ~
principles *vaste grondbeginselen*
bedroom ('bedru:m) ZN *slaapkamer*
bedroom town ZN *slaapstad*
bedside ('bedsaɪd) ZN ★ she remained at his ~
ze week niet van zijn bed
bedside manner ZN *gedrag (van dokter etc.)
t.o.v. patiënten*
bedside table ZN *nachtkastje*
bedsit ('bedsɪt), **bedsitter** ('bedsɪtə) ZN
zit-slaapkamer
bedsore (bed'sɔ:) ZN *doorligplek*
bedspread ('bedspred) ZN *sprei*
bedstead ('bedsted) ZN *ledikant*
bee (bi:) • *bij* • USA *bijeenkomst van buren*

⟨voor gezelligheid en werk⟩ ★ she thinks she's the bee's knees *ze denkt dat ze heel wat is* ★ have a bee in one's bonnet (about sth) *(door iets) geobsedeerd zijn* ★ FIG. busy bee *bezige bij*

beech (biːtʃ) ZN *beuk* ★ copper ~ *bruine beuk*

beef (biːf) **I** ZN • *rundvlees* • INFORM. *klacht* ★ corned/corn beef *cornedbeef* **II** OV WW • INFORM. ~ **up** *versterken*; *opvoeren*; *opkalefateren*; *groter/beter/interessanter maken* **III** ONOV WW ★ INFORM. beef about sth *ergens over klagen*

beefcake (biːfkeɪk) ZN PLAT *krachtpatser*; FIG. *klerenkast*

Beefeater ('biːfiːtə) ZN *wacht bij de Tower of London*

beefsteak ('biːfsteɪk) ZN *runderlapje*; *biefstuk*

beefsteak tomato ZN *vleestomaat*

beeftea (biːf'tiː) ZN *bouillon*

beefy ('biːfɪ) BNW *stevig*; *gespierd*

beehive ('biːhaɪv) ZN • *bijenkorf* • HUMOR. *hoog opgestoken haar*

beekeeper ('biːkiːpə) ZN *bijenhouder*; *imker*

beeline ('biːlaɪn) ZN *rechte lijn* ★ make a ~ for/to *regelrecht afgaan op*

been (biːn) WW [volt. deelw.] • → **be**

beep (biːp) **I** ZN • *getoeter* • *pieptoon*; *piep(je)* **II** ONOV WW • *toeteren* • *piepen*

beer (bɪə) ZN *bier*; *biertje*

beery ('bɪərɪ) BNW • *beneveld* • *naar bier ruikend*

beeswax ('biːzwæks) **I** ZN • *boenwas* **II** OV WW • *boenen*

beet (biːt) ZN *biet*; *kroot*

beetle ('biːtl) **I** ZN • *tor* • *stamper* • *heiblok* ★ black~ *kakkerlak* **II** OV WW • *stampen* • *uitsteken* • ~ **off** *wegglippen*

beetroot ('biːtruːt) ZN *beetwortel*

befall (bɪ'fɔːl) **I** OV WW • *overkomen*; *gebeuren met* **II** ONOV WW • *voorvallen*; *gebeuren*

befit (bɪ'fɪt) OV WW *betamen*; *passen*

before (bɪ'fɔː) **I** BIJW • *voorop/aan* • *vroeger*; *eerder* **II** VZ • *voor* • *tevoren* ★ ~ long *weldra*; *spoedig* ★ not ~ time *geen moment te vroeg* **III** VW • *voor* • *voordat*

beforehand (bɪ'fɔːhænd) BIJW *van tevoren*

befriend (bɪ'frend) OV WW ★ be ~ed by *bevriend raken met*

befuddled (bɪ'fʌdld) BNW *beneveld*; *in de war*

beg (beg) OV+ONOV WW • *smeken*; *bedelen*; *verzoeken* ★ beg leave to do sth FORM. *permissie vragen iets te doen* ★ go begging *uit bedelen gaan*; *ongewild zijn* ★ I beg your pardon *pardon*; *wat zegt u?* ★ beg the question *ontwijkend antwoorden*; *iets als bewezen veronderstellen* ★ I beg to differ *ik ben het er niet mee eens* ★ I'll have that last piece of cake if it's going begging *ik wil dat laatste stuk taart wel als niemand het wil* • ~ **off** *z. (laten) verontschuldigen*; *het laten afweten*

began (bɪ'gæn) WW [verleden tijd] • → **begin**

beget (bɪ'get) OV WW • *verwekken*; *voortbrengen* • *veroorzaken*

beggar ('begə) **I** ZN • *bedelaar* • *(arme) kerel* • *schooier(tje)* ★ lucky ~! *bofkont!* ▾ ~s can't be choosers *je mag een gegeven paard niet in de*

bek kijken **II** OV WW • *tot bedelstaf brengen* • *buiten de grenzen vallen van* ★ ~ belief/description *niet te geloven/beschrijven zijn*

beggarly ('begəlɪ) BNW *arm*; *armoedig*; *armzalig*

begin (bɪ'gɪn) OV+ONOV WW [onr.] *beginnen* ★ I couldn't (even) ~ to understand her *ik begreep haar absoluut niet* ★ to ~ with *om te beginnen*; *om te beginnen*; *in het begin*

beginner (bɪ'gɪnə) ZN *beginneling* ★ ~'s luck *beginnersgeluk*

beginning (bɪ'gɪnɪŋ) ZN *oorsprong*; *begin* ★ the ~ of the end *het begin van het einde* ★ in the ~ was the Word ... *in den beginne was er het Woord ...* ★ build up from small ~s *klein beginnen*

begot ('bɪ'gɒt) WW [verleden tijd] • → **beget**

begotten ('bɪgɒtn) WW [volt. deelw.] • → **beget**

begrudge (bɪ'grʌdʒ) OV WW • *misgunnen* • *met tegenzin iets doen/betalen/geven*

beguile (bɪ'gaɪl) OV WW • *verleiden* • *bekoren* • ~ **into** *verleiden tot*

beguiling (bɪ'gaɪlɪŋ) BNW *verleidelijk*; *bekoorlijk*

begun (bɪ'gʌn) WW [volt. deelw.] • → **begin**

behalf (bɪ'hɑːf) ZN ★ USA in ~ of *ten behoeve van* ★ on ~ of *namens* ★ in that ~ *in dat opzicht*

behave (bɪ'heɪv) **I** ONOV WW • *z. gedragen* ★ ~! *gedraag je fatsoenlijk!* ★ well ~d *fatsoenlijk*; *beschaafd* **II** WKD VNW • *z. gedragen* ★ ~ yourself! *gedraag je fatsoenlijk!*

behaviour (bɪ'heɪvjə) ZN • *gedrag* • *werking* ★ be on your best ~ *je zo netjes mogelijk gedragen* ★ gross ~ *lomp gedrag*

behead (bɪ'hed) OV WW *onthoofden*

beheld (bɪ'held) WW [verl. tijd + volt. deelw.] • → **behold**

behind (bɪ'haɪnd) **I** ZN • *achterste* **II** BIJW • *(er)achter*; *achteraan*; *achter de rug* **III** VZ • *achter* • *ten achter* • *na* ★ we're right ~ you *we staan pal achter je*; *we komen meteen achter je aan* ★ be ~ with *achter zijn met* ⟨werk enz.⟩

behindhand (bɪ'haɪndhænd) BNW + BIJW • *te traag*; *te laat* ★ *achter(op)*

behold (bɪ'həʊld) OV WW [onr.] LIT. *aanschouwen*; *zien*

beholden (bɪ'həʊldən) BNW *verschuldigd*; *verplicht*

beholder (bɪ'həʊldə) ZN *aanschouwer*

beige (beɪʒ) **I** BNW • *beige* **II** ZN • *beige*

being ('biːɪŋ) ZN *bestaan*; *wezen* ★ come into ~ *ontstaan*

belabour (bɪ'leɪbə) OV WW *te uitvoerig behandelen* ★ ~ a point *blijven hangen bij een onderwerp*

belated (bɪ'leɪtɪd) BNW • *laat* • *te laat* ★ ~ travellers *door de duisternis overvallen reizigers*

belay (bɪ'leɪ) OV WW • *vastsjorren* • *zekeren* ⟨met touw⟩

belch (beltʃ) **I** ZN • *boer* **II** OV+ONOV WW • *boeren* ★ ~ forth smoke *rook uitbraken*

beleaguered (bɪ'liːgə) BNW *belegerd*

belfry ('belfrɪ) ZN *klokkentoren*

Belgian ('beldʒən) **I** ZN • *Belg* **II** BNW • *Belgisch*

Belgium ('beldʒəm) ZN *België*

belie (bɪ'laɪ) OV WW • *verkeerde indruk geven*;

be

verloochenen • *tegenspreken*
belief (brˈliːf) ZN *geloof* ★ beyond ~ *niet te geloven*
believable (brˈliːvəbl) BNW *geloofwaardig*
believe (brˈliːv) OV+ONOV WW *geloven* ★ ~ it or not *of je het gelooft of niet* ★ ~ (you) me *daar kun je van op aan* ★ don't you ~ it! *echt niet!* ★ I don't ~ it! *niet te geloven!* ★ if you ~ that, you'll ~ anything *ze kunnen jou ook alles wijs maken* ★ make ~ *doen alsof*; *wijsmaken* ★ seeing is believing *zien is geloven* ★ would you ~ (it)? *je houdt het niet voor mogelijk* ★ you('d) better ~ it! *dat is zeker waar!* ★ come to ~ *tot het besef gekomen*
believer (brˈliːvə) ZN *gelovige* • *aanhanger*
belittle (brˈlɪtl) OV WW *verkleinen* • *kleineren*
bell (bel) I ZN • *bel* • *klok* ★ answer the bell *(de deur) opendoen* ★ that rings a bell *dat klinkt bekend* ★ bells and whistles *toeters en bellen* II OV WW • *de bel aanbinden* III ONOV WW • *brullen* ⟨v. mannetjeshert⟩
bellboy (ˈbelbɔɪ) ZN *piccolo*
bellhop (ˈbelhɒp) ZN USA *piccolo*
bellicose (ˈbelɪkəʊz) BNW • *agressief* • *oorlogszuchtig*
belligerence (bəˈlɪdʒərəns) ZN • *agressiviteit*; *vijandigheid* • *status v. oorlogvoerende*
belligerent (bəˈlɪdʒərənt) I ZN • *oorlogvoerende partij* II BNW • *agressief*; *vijandig* • *oorlogvoerend*
bellow (ˈbeləʊ) I ZN • *gebrul* II OV+ONOV WW • *loeien*; *brullen*
bellows (ˈbeləʊz) ZN MV • (a pair of) ~ *(blaas)balg*
bell pepper ZN USA *paprika*
bell-push ZN *belknop*
bell-ringer ZN *klokkenluider*
belly (ˈbelɪ) I ZN • *buik* • *schoot* • *ronding*; *bolle deel* II OV+ONOV WW • *bol (laten) staan*
bellyache (ˈbelɪeɪk) I ZN • *buikpijn* II ONOV WW • *zeuren*; *klagen*
belly button ZN INFORM. *navel*
belly dancer ZN *buikdanseres*
bellyflop (ˈbelɪflɒp) WW INFORM. *een buiklanding maken*
bellyful (ˈbelɪfʊl) ZN ★ have had a ~ of *de buik vol hebben van*
belly laugh ZN *daverende lach*
belong (brˈlɒŋ) ONOV WW • *horen bij iets*; *thuishoren* ★ he does not quite ~ *hij voelt zich niet echt/helemaal thuis* • ~ **to** *behoren aan/tot*; *lid zijn van*
belongings (brˈlɒŋɪŋz) ZN MV • *eigendom(men)* • *bagage*
beloved (brˈlʌvɪd) I ZN • *geliefde* II BNW • *geliefd*
below (brˈləʊ) I BIJW • *beneden*; *onder(aan)* • *ten zuiden van* • *stroomafwaarts* II VZ • *onder*; *(naar) beneden* ★ it's three degrees ~ *het is drie graden onder nul* ★ go ~ *benedendeks gaan*
belt (belt) I ZN • *gordel*; *riem* • *zone* • *opdonder* • SPORT *band* ⟨als onderscheiding⟩ ★ belt and braces *dubbele veiligheidsmaatregelen* ★ SPORT black belt *zwarte band*; *iem. die de zwarte band heeft* ★ have sth under o.'s belt *iets achter de kiezen hebben*; *iets ervaren hebben* ★ OOK FIG. below the belt *onder de gordel* II OV

WW • *aangorden* • *ringen* • *afranselen* ★ belt out a song *een lied brullen* III ONOV WW • *racen* ★ she belted down the stairs *ze kwam de trap afstormen* ★ belt down the motorway *over de snelweg racen* • ~ **up** *zijn veiligheidsriem omdoen* ⟨v. INFORM. belt up! *hou je kop!*⟩
bemoan (brˈməʊn) OV WW *bejammeren*; *beklagen*
bemused (brˈmjuːzd) BNW • *verbijsterd* • *verstrooid*
bench (bentʃ) I ZN • *bank* • *rechtbank* • G-B *zetel in het parlement* • SPORT *bank*; *reserve* • *werkbank* ★ back ~ *bank voor gewone leden* ⟨in het parlement⟩ ★ front ~ *bank voor ministers en oppositieleiders* ⟨in het parlement⟩ ★ government/opposition ~ *bank v.d. regeringsfractie/oppositie* ⟨in het parlement⟩ ★ serve/sit on the ~ *rechter zijn* ★ Queen's/King's Bench Division *afdeling v.h. hooggerechtshof* II OV WW • *tentoonstellen* ⟨honden⟩
benchmark (ˈbentʃmɑːk) ZN • *vast punt* • *maatstaf*; *criterium*
bend (bend) I ZN • *bocht*; *buiging* • INFORM. [meestal mv] *caissonziekte* ★ SCHEEPV. *knoop* ★ drive sb round the bend *iem. stupelgek maken*; *iem. over zijn toeren jagen* II OV+ONOV WW [onr.] • *(zich) buigen* • NATK. *breken* ⟨v. licht⟩ • *richten* ⟨v. ogen, stappen, aandacht⟩ ★ INFORM. bend sb's ear *aan iemands hoofd zeuren*; *zijn hart luchten bij iem.* ★ bend over backwards *zich tot het uiterste inspannen* ★ FORM. bend your mind/efforts to sth *diep over iets nadenken*; *alles doen wat je kunt* ★ bend the rules *de regels naar je hand zetten* ★ bend the truth *de waarheid verdraaien* ★ on bended knees *op de knieën* ★ FORM. bend sb to sth *iem. aan je wil onderwerpen*
bender (ˈbendə) ZN *zuippartij* ★ INFORM. go on a ~ *het op een zuipen zetten*; *flink drugs gaan gebruiken*
bendy (ˈbendɪ) BNW • G-B *buigzaam*; *flexibel* • *bochtig*
beneath (brˈniːθ) I BIJW • *(er)onder*; *ondergeschikt* II VZ • *onder*; *beneden*
benediction (benɪˈdɪkʃən) ZN • *zegen* • *lof* ⟨r.-k.⟩
benefaction (benɪˈfækʃən) ZN • *goede daad* • *schenking* • *liefdadigheid*
benefactor (ˈbenɪfæktə) ZN *weldoener*
benefactress (benɪˈfæktrəs) ZN *weldoenster*
benefice (ˈbenɪfɪs) ZN • *predikantsplaats* • GESCH. *leengoed*
beneficent (brˈnefɪsənt) BNW *liefdadig*; *weldadig*
beneficial (benɪˈfɪʃəl) BNW *heilzaam*
beneficiary (benɪˈfɪʃərɪ) ZN • *begunstigde* • *erfgenaam* • *predikant* • NIEUW-ZEELAND *uitkeringstrekker* • GESCH. *vazal*
benefit (ˈbenɪfɪt) I ZN • *voordeel*; *baat* • *toelage* • *uitkering* • *benefiet* ⟨wedstrijd/concert⟩ ★ supplementary/unemployment ~ *aanvullende/werkloosheidsuitkering* ★ for sb's ~ *ten bate van iem.*; *ten voordele van iem.* ★ give sb the ~ of the doubt *iem. het voordeel van de twijfel gunnen* ★ be on the ~ *bijstand trekken* II OV+ONOV WW • *baten* • ~ **by/from sth**

voordeel trekken uit iets

benevolence (bə'nevələns) ZN • *welwillendheid*
• *vriendelijkheid* • *weldadigheid*

benevolent (bə'nevələnt) BNW • *welwillend*
• *weldadig* ★ ~ fund *ondersteuningsfonds*

benign (bɪ'naɪn) BNW • *vriendelijk* • *heilzaam*
• *goedaardig* ⟨v. ziekte⟩ ★ ~ despot *verlicht
despoot* ★ ~ tumour *goedaardig gezwel*

benignant BNW • → **benign**

bent (bent) I ZN • *aanleg; voorliefde; zwak*
• *overtuiging; neiging* II BNW • *gebogen* • *krom*
• G-B/INFORM. *corrupt; omkoopbaar* • ~ **on**
vastbesloten om; geconcentreerd op III WW
[verl. tijd + volt. deelw.] • → **bend**

benumb (bɪ'nʌm) OV WW *verstijven; verkleumen*

benzene ('benziːn) ZN *benzeen*

benzine ('benziːn) ZN *wasbenzine*

bequeath (bɪ'kwiːð) OV WW *nalaten; vermaken*

bequest (bɪ'kwest) ZN *legaat*

berate (bɪ'reɪt) OV WW • *hekelen* • *uitschelden*
• *uitvaren tegen*

bereave (bɪ'riːv) OV WW *beroven* ⟨figuurlijk⟩
★ the ~d *de nabestaanden*

bereavement (bɪ'riːvmənt) ZN • *verlies*
• *sterfgeval* ★ ~ counselling *psychiatrische hulp
voor nabestaanden*

bereft (bɪ'reft) I BNW *beroofd* ⟨fig.⟩ ★ ~ of hope
van iedere hoop verstoken ★ utterly ~ *diep
bedroefd* ⟨door overlijden⟩ II WW [verl. tijd +
volt. deelw.] • → **bereave**

beret ('bereɪ) ZN *baret; alpinomuts*

berk (bɜːk) ZN *eikel; sukkel*

Berks. (bɜːks) AFK *Berkshire*

Berlin (bɜː'lɪn) ZN *Berlijn*

Bermudas (bə'mjuːdəz) ZN MV
• *Bermuda(-eilanden)* • → **Bermuda shorts**

Bermuda shorts ZN MV *bermuda; korte broek*

berry ('beri) I ZN • *bes* ★ *ei* ⟨v. vis of kreeft⟩
• *(koffie)boon* II ONOV WW • *bessen vormen*
• *bessen plukken*

berserk (bə'sɜːk) BNW ★ go ~ *woest worden*

berth (bɜːθ) I ZN • *lig-/ankerplaats* • *slaapplek;
kooi* ⟨op schip⟩; *couchette* ⟨in trein⟩ ★ give sb a
wide ~ *iem. uit de weg gaan* II OV WW
• *afmeren*

beseech (bɪ'siːtʃ) OV WW *(af)smeken*

beseem (bɪ'siːm) WW *betamen*

beset (bɪ'set) OV WW • *omringen; bestoken;
omsingelen* • *van alle kanten aanvallen* • ~ting
sin *zonde waarin men vervalt; slechte
gewoonte* ★ ~ with problems *met problemen
overladen*

beside (bɪ'saɪd) VZ *naast; in vergelijking* ★ ~ o.s.
with grief *buiten zichzelf van verdriet* ★ that is
~ the point *dat heeft er niets mee te maken*

besides (bɪ'saɪdz) I BIJW • *bovendien* • *daarnaast*
• *trouwens* II VZ • *behalve; naast*

besiege (bɪ'siːdʒ) OV WW • *belegeren* • *bestormen*
★ ~ sb with sth *iem. overstelpen met iets*

besmear (bɪ'smɪə) OV WW • *besmeuren* • FIG.
bezoedelen ⟨reputatie e.d.⟩

besmirch (bɪ'smɜːtʃ) OV WW • *besmeuren* • FIG.
bezoedelen ⟨reputatie e.d.⟩

besom ('biːzəm) I ZN • *bezem* II OV WW • *vegen*

besotted (bɪ'sɒtəd) BNW • *dronken*
• *stapelverliefd* • *verdwaasd*

besought (bɪ'sɔːt) WW [verl. tijd + volt. deelw.]
• → **beseech**

bespatter (bɪ'spætə) OV WW *bespatten;
bekladden*

bespeak (bɪ'spiːk) OV WW • *bespreken; reserveren*
• *getuigen van*

bespectacled (bɪ'spektəkld) BNW *met bril*

bespoke (bɪ'spəʊk) BNW G-B *op maat gemaakt*
⟨v. kleren⟩ ★ ~ suit *maatkostuum*

best (best) I BNW + BIJW • *best(e)* ★ at best *op zijn
best; hoogstens* ★ the best part *het beste deel*
★ we'll manage as best we can *we zullen er
het beste van maken* ★ as best one can/may *zo
goed mogelijk* ★ he had best leave *hij kan
beter weggaan* II ZN • *de/het beste* ★ all the
best! *het allerbeste!*; ⟨groet⟩ *sterkte!* ★ do/mean
sth for the best *de beste bedoelingen hebben*
★ have/get the best of sb *iem. te slim af zijn*
★ make the best of it/a bad job/things *het
beste ervan maken* ★ to the best of my
knowledge/belief *voor zover ik weet/op de
hoogte ben* ★ with the best (of them) *met de
besten; met wie dan ook* ★ it's all for the best
het is het beste zo ★ hope for the best *het beste
ervan hopen* III OV WW • *overtreffen* • *te slim af
zijn*

bestial ('bestɪəl) BNW *beestachtig*

bestiality (bestɪ'ælɪtɪ) ZN *beestachtigheid*

bestiary ('bestɪərɪ) ZN *middeleeuws dierenboek*

bestir (bɪ'stɜː) OV WW • FORM. – o.s. *zich
haasten; zich beijveren*

bestow (bɪ'stəʊ) OV WW ~ **upon** *schenken aan*

bestowal (bɪ'stəʊəl) ZN • *schenking* • *gift*

bestride (bɪ'straɪd) OV WW *schrijlings (gaan)
staan over/zitten op*

best-seller (best'selə) ZN *goed verkopend boek;
populaire roman*

bet (bet) I ZN • *weddenschap* • *inzet* • INFORM.
inschatting ★ one's best bet *z'n beste kans* ★ a
good/safe bet *een veilige weddenschap/
belegging* ★ make a bet *een weddenschap
aangaan* ★ a long bet *tien tegen één*
II OV+ONOV WW [onregelmatig + regelmatig]
• *(ver)wedden* ▼ I bet! ▼ I'll bet! *nogal wiedes!*;
IRON. *zal wel!* ▼ I wouldn't bet on it! ▼ don't
bet on it! *daar zou ik maar niet op rekenen!*
▼ you bet! *nou en of!* ▼ you can bet your life
▼ your bottom dollar on it *daar kun je gif op
innemen* ▼ INFORM. wanna bet? *wedden van
niet?*

betel ('biːtl) ZN *sirihpruim*

betoken (bɪ'təʊkən) OV WW • *betekenen*
• *voorspellen*

betray (bɪ'treɪ) OV WW • *verraden* • *bedriegen;
verleiden*

betrayal (bɪ'treɪəl) ZN *verraad*

betrayer (bɪ'treɪə) ZN *verrader*

betrothal (bɪ'trəʊðəl) ZN *verloving*

betrothed (bɪ'trəʊðd) ZN *verloofde*

betted WW [verleden tijd + volt. deelw.] • →
bet

better ('betə) I BNW • *beter* ★ the ~ (of the two)
de beste (van de twee) ★ ~ off *beter af* ★ you'd
~! *dat is je geraden!* ★ you had ~ go *je moest
maar liever gaan* ★ for ~ or worse *in voorspoed
en tegenspoed* ★ all the ~ *des te beter/meer*

★ get the ~ of sb *iem. de baas worden*; *iem. te slim af zijn* ★ little/no ~ than *weinig/ nauwelijks beter dan* ★ that's (much) ~ *dat is al (heel wat) beter* ★ the sooner/bigger/more/ etc., the ~ *hoe sneller/groter/meer/etc., hoe beter* ★ so much the ~ *des te beter* **II** OV WW • *verbeteren* • *overtreffen* ★ ~ o.s. *zich beteren*; *zijn positie verbeteren*

betterment ('betəmənt) ZN *verbetering*

between (bɪ'twi:n) **I** BIJW • *ertussen*; *tussendoor* **II** VZ • *tussen* ★ ~ ourselves *tussen ons* ★ in ~ *tussenin*; *tussendoor* ★ few and far ~ *zeldzaam* ★ ~ whiles *zo nu en dan*; *tussen de bedrijven door* ★ ~ you and me/ourselves *samen*; *onder ons gezegd en gezwegen*

betwixt (bɪ'twɪkst) **I** BIJW • OUD. *ertussen* ★ ~ and between *noch het één, noch het ander* **II** VZ • *tussen*

bevel ('bevəl) **I** ZN • *afschuining*; *schuine rand* **II** OV+ONOV WW • *afschuinen*

beverage ('bevərɪdʒ) ZN *drank*

bevy ('bevi) ZN • INFORM. *troep* • *vlucht* ⟨vogels⟩

bewail (bɪ'weɪl) OV WW FORM. *bewenen*

beware (bɪ'weə) OV+ONOV WW *oppassen*; *op de hoede zijn* ★ ~ of the dog! *pas op voor de hond!*

bewilder (bɪ'wɪldə) OV WW *verbijsteren*

bewildering (bɪ'wɪldərɪŋ) BNW *verbijsterend*

bewilderment (bɪ'wɪldəmənt) ZN *verbijstering*

bewitch (bɪ'wɪtʃ) OV WW *betoveren*; *beheksen*

bewitching (bɪ'wɪtʃɪŋ) BNW *betoverend*

beyond (bɪ'jɒnd) **I** ZN • *onbekende*; *hiernamaals* ★ the back of ~ *diep in het binnenland* ★ the great ~ *het grote onbekende* **II** BIJW • *verder*; *bovendien*; *meer* **III** VZ • *verder dan* • *aan de andere kant (van)* • *boven* • *behalve* ★ it was ~ him *hij kon het zich niet voorstellen*; *het ging hem boven de pet*

bi- (baɪ) VOORV *bi-*; *twee-* ★ bilingual *tweetalig*

biannual (baɪ'ænjʊəl) BNW *halfjaarlijks*

bias ('baɪəs) **I** ZN • *vooroordeel* • *voormagnetisatie* • *diagonaal* ⟨v.e. stof⟩ • *afwijking* ⟨v. richting⟩; *effect* ★ cut on the bias *scheef geknipt* ★ a practical bias *een praktijkgerichte instelling* **II** OV WW • *scheef knippen* • *richting of neiging geven aan*

biased, biassed ('baɪəst) BNW *bevooroordeeld*; *vooringenomen/tendentieus* ★ be ~ towards *veel aandacht hebben voor*; *een vooroordeel hebben jegens*

biathlon (baɪ'æθlən) ZN *biatlon*

bib (bɪb) ZN • *slabbetje*; *bef(je)* • G-B *rugnummer* ★ best bib and tucker HUMOR *paasbest* ★ AUS. stick one's bib in sth *zich bemoeien met iets*

Bible ('baɪbl) ZN *Bijbel*

biblical ('bɪblɪkl) BNW *Bijbels*

bibliographer (bɪblɪ'ɒgrəfə) ZN *bibliograaf*

bibliography (bɪblɪ'ɒgrəfɪ) ZN *bibliografie*

bibliophile ('bɪblɪɒfaɪl) ZN *bibliofiel*; *boekenliefhebber*

bib overalls ZN *tuinbroek*; *salopette*

bibulous ('bɪbjʊləs) BNW *drankzuchtig*

bicameral (baɪ'kæmrəl) BNW *bestaand uit 2 kamers / huizen* ⟨v. parlement⟩

bicarbonate (baɪ'kɑ:bənɪt) ZN • ★ ~ (of soda) *dubbelkoolzuurzout*; *zuiveringszout*

bicentenary (baɪsen'ti:nərɪ), USA **bicentennial** (baɪsen'tenɪəl) **I** ZN • *200-jarige gedenkdag* **II** BNW • *200-jarig*

biceps ('baɪseps) ZN *biceps*

bicker ('bɪkə) ONOV WW • *kibbelen* • *kletteren* ⟨v. regen⟩; *snel stromen* ⟨v. rivier⟩ • *flikkeren* ⟨v. vuur⟩

bickering ('bɪkərɪŋ) ZN *gekibbel*

bicycle ('baɪsɪkl) ZN *rijwiel*

bid (bɪd) **I** ZN • *bod* • USA *prijsopgave*; *offerte* • *uitnodiging*; *aanbod* • *poging* ★ make a bid for *een poging doen om*; *een gooi doen naar* ★ no bid *(ik) pas* ⟨bij bridge⟩ **II** OV+ONOV WW [o.v.t.: bid, volt. deelw.: bid] • *bieden* • *offerte / prijsopgave indienen* • *pogen* ▾ what am I bid? *wie biedt?* ⟨veiling⟩ **III** ONOV WW [o.v.t.: bade, volt. deelw.: bidden] • *bevelen* • *verzoeken* ★ bid welcome / farewell *welkom heten*; *vaarwel zeggen* ★ I bade her goodnight *ik wenste haar goedenacht*

bidden ('bɪdn) WW [volt. deelw.] • → **bid**

bidder ('bɪdə) ZN *bieder*; *gegadigde*

bidding ('bɪdɪŋ) ZN • *het bieden* ⟨veiling, kaartspel⟩ • *aanbieding* ★ FORM. do s.o.'s ~ *iem. gehoorzamen* ★ at s.o.'s ~ *op iemands bevel*

biddy ('bɪdɪ) ZN *wijf*; *muts*

bide (baɪd) OV+ONOV WW • ★ bide one's time *zijn tijd/kans afwachten*

bidet (bi:'deɪ) ZN *bidet*

biennial (baɪ'enɪəl) **I** ZN • *tweejarige plant* **II** BNW • *tweejarig*

bier (bɪə) ZN *(lijk)baar*; *katafalk*

biff (bɪf) **I** ZN • INFORM. *mep* **II** OV WW • INFORM. *een klap geven*

bifocals (baɪ'fəʊklz) ZN MV *dubbelfocusbril*

bifold ('baɪfəʊld) BNW *tweevoudig*; *dubbel*

bifurcate[1] (baɪ'fɜ:keɪt) BNW *gaffelvormig*

bifurcate[2] ('baɪfəkeɪt) OV+ONOV WW *(z.) splitsen*; *vertakken*

bifurcation (baɪfə'keɪʃən) ZN *splitsing*

big (bɪg) ZN MV + BIJW • *groot*; *omvangrijk* • *belangrijk* • *groots* • *populair* • *groot(moedig)*; *gul* **II** BIJW • *op indrukwekkende wijze* ★ go over big (with sb) *er in gaan als koek (bij iem.)* ★ make it big *veel succes hebben*

bigamy ('bɪgəmɪ) ZN *bigamie*

biggie ('bɪgi:) ZN INFORM. *belangrijke zaak/persoon* ★ INFORM. no ~! *maakt niet uit!*

biggish ('bɪgɪʃ) **I** BNW • *nogal dik / groot* **II** BIJW • *op indrukwekkende wijze*

big-head ZN *blaaskaak*; *verwaande kwast*

big-headed BNW *verwaand*

big-hearted BNW *ruimhartig*

bight (baɪt) ZN • *bocht*; *baai* • *lus*

bigot ('bɪgət) ZN • *dweper* • *kwezel*

bigoted ('bɪgətɪd) BNW *dweepziek*; *onverdraagzaam*

bigotry ('bɪgətrɪ) ZN • *dweepzucht* • *kwezelarij*

big-ticket BNW USA *duur*

big-timer ZN *top* ⟨artiest, speler, atleet, etc.⟩

bigwig ('bɪgwɪg) ZN INFORM. *hoge ome*; *hoge piet*

bijou (bi:'ʒu:) BNW *klein maar fijn*

bike (baɪk) **I** ZN • *fiets* • USA *motorfiets* ★ PLAT on your bike! *wegwezen!* **II** ONOV WW • *fietsen*

biker ('baɪkə) zn • *motorrijder* • *mountainbiker*
bilateral (baɪ'lætərəl) bnw *bilateraal*; *tweezijdig*
bilberry ('bɪlbərɪ) zn *blauwe bosbes*
bile (baɪl) zn *gal*
bilge (bɪldʒ) zn • *buik* ⟨v. vat⟩; *ruim* ⟨v. schip⟩ • *lenswater* • inform. *onzin*
bilge water zn *lenswater*
bilharzia (bɪl'hɑːtsɪə) zn *bilharzia*
bilingual (baɪ'lɪŋwəl) bnw *tweetalig*
bilious ('bɪljəs) bnw • *misselijk* • *walgelijk* • *humeurig*
bilk (bɪlk) I zn • *zwendel* • *zwendelaar* II ov ww • *bezwendelen*
bill (bɪl) I zn • G-B *rekening* • USA *bankbiljet* • *wet*; *wetsontwerp* • *aanplakbiljet* • *document* • *lijst* • *snavel* • *snoeimes* ★ bill of exchange *wissel* ★ bill of fare *menu* ★ bill of fares *tarieflijst* ⟨in bus, tram enz.⟩ • ★ bill of indictment *akte van beschuldiging* ★ bill of lading *cognossement* ★ G-B Bill of Rights *grondwet van 1689* ★ bill of sale *koopbrief* ★ fill/fit the bill *aan het doel beantwoorden* ▾ a clean bill of health *verklaring v. goede gezondheid* II ov ww • *op de rekening zetten* • *aankondigen* • *volplakken met biljetten* • *boeken* ★ bill and coo *minnekozen*
billboard ('bɪlbɔːd) zn USA *reclamebord*
billet ('bɪlɪt) I zn • MIL. *kwartier* • inform. *baantje* II ov ww • on *inkwartieren bij*
billfold ('bɪlfəʊld) zn USA *portefeuille*
billhook ('bɪlhʊk) zn *kapmes*; *snoeimes*
billiards ('bɪljədz) zn MV *biljart*; *biljartspel* ★ play ~ *biljarten*
billion ('bɪljən) zn • *biljoen* • USA *miljard*
billow ('bɪləʊ) I zn • ⟨vloed⟩golf II ww • *golven*; *bollen*
billowy ('bɪləʊɪ) bnw *golvend*
billposter ('bɪlpəʊstə) zn *aanplakker*
billsticker ('bɪlstɪkə) zn *aanplakker*
billy goat ('bɪlɪgəʊt) zn *bok*
bimbo ('bɪmbəʊ) zn • MIN. *dom blondje* • MIN. *sukkel*
bimonthly (baɪ'mʌnθlɪ) I zn • *tweemaandelijks tijdschrift* II bnw • *tweemaandelijks*
bin (bɪn) I zn • *bak*; *bus*; *trommel*; *mand* • G-B *vuilnisbak* • scheepv. *voorraadruimte* II ww • inform. *weggooien*
binary ('baɪnərɪ) I zn • wisk. *binair getal* • sterrenk. *dubbelster* II bnw • *binair*; *tweevoudig*; *tweedelig*
bind (baɪnd) I ov ww [onr.] • *binden* ⟨ook van saus, beslag⟩; *inbinden*; *verbinden*; *vastbinden* • *verplichten*; *dwingen*; *bekrachtigen* • *omboorden* ⟨naaiwerk⟩ • jur. ~ over *dagvaarden*; *onder curatele plaatsen* ⟨i.v.m. openbare orde⟩ II onov ww • *binden* ⟨v. saus⟩ • *pakken* ⟨v. sneeuw⟩ III zn • *band*; *binding*; *gebondenheid* • inform. *vervelende situatie/zaak*; *moeilijkheid* ★ double bind *dilemma* ▾ ironing is such a bind *strijken is zo vervelend* ★ in a bind *in de knoei*
binder ('baɪndə) zn • ⟨boek⟩binder • *omslag*; *band* • *bindmiddel* • *bint* • *verbindingssteen* • AGRAR. *maaibinder*
binding ('baɪndɪŋ) I zn • ⟨boek⟩band • *boordsel* • sport *binding* II bnw • *bindend*

bind weed zn *woekerkruid*; *winde*
bine (baɪn) zn *rank*; *loot*; *winde*
binge (bɪndʒ) I zn • *braspartij*; *drinkgelag*; *fuif* ★ go on a ~ *gaan stappen*; *de bloemetjes buiten zetten* ▾ a chocolate ~ *een bui waarin men veel chocola eet* ★ a shopping ~ *een koopvlaag* II ww • *z. te buiten gaan*
bin-liner zn *vuilniszak*
binman ('bɪnmən) zn inform. *vuilnisman*
binoculars (bɪ'nɒkjʊləz) zn MV *verrekijker*; *veldkijker*; *toneelkijker*
binominal (baɪ'nəʊmɪnl) bnw *binominaal*; *tweenamig*
bio- ('baɪəʊ) voorv *bio-*; *biologisch*
biochemistry (baɪəʊ'kemɪstrɪ) zn *biochemie*
biodegradable (baɪəʊdɪ'greɪdəbl) bnw *biologisch afbreekbaar*
bio engineering zn *biotechniek*
biographer (baɪ'ɒgrəfə) zn *biograaf*
biographical (baɪə'græfɪkl) bnw *biografisch*
biography (baɪ'ɒgrəfɪ) zn *levensbeschrijving*
biological (baɪə'lɒdʒɪkl) bnw *biologisch*
biologist (baɪ'ɒlədʒɪst) zn *bioloog*
biology (baɪ'ɒlədʒɪ) zn *biologie*
bionic (baɪ'ɒnɪk) bnw *bionisch*
biopic ('baɪəʊpɪk) zn inform. *filmbiografie*
biopsy ('baɪɒpsɪ) zn *biopsie*
biosphere ('baɪəsfɪə) zn TECHN. *biosfeer*
biotechnology (baɪəʊtek'nɒlədʒɪ) zn *biotechnologie*
bipartisan (baɪpɑː'tɪˈzæn) bnw *twee partijen-*
bipartite (baɪ'pɑːtaɪt) bnw *tweedelig*; *tweeledig*
biped ('baɪped) zn *tweevoeter* ⟨vogel, mens⟩
biplane ('baɪpleɪn) zn *tweedekker*
birch (bɜːtʃ) I zn • *berk* • *roede* II ov ww • *met de roede kastijden*
bird (bɜːd) I zn • *vogel* • *meisje*; *vogel*; *snuiter*; *type* ▾ inform. be (strictly) for the birds *onbenullig/oninteressant zijn* ★ the bird has flown *de vogel is gevlogen* ★ a bird in the hand is worth two in the bush *beter één vogel in de hand dan tien in de lucht* ★ the birds and the bees *de bloemetjes en de bijtjes* ★ birds of a feather (flock together) *soort zoekt soort* ★ inform. give sb / get the bird *iem. uitjouwen / uitfluiten*; *de middelvinger opsteken* ▾ a little bird told me, that ... ≈ *een kaboutertje heeft me ingefluisterd dat ...* ★ bird of passage *trekvogel* ★ bird of prey *roofvogel* ▾ the early bird catches the worm *de morgenstond heeft goud in de mond* II ONOV ww • *vogels observeren* • *vogels vangen* ★ go birding *vogelnestjes gaan uithalen*
birdbrain ('bɜːdbreɪn) zn *onnozele hals*
birdcage ('bɜːdkeɪdʒ) zn *vogelkooi*
bird dog zn *jachthond*; *speurhond*
bird flu zn inform. *vogelgriep*
birdie ('bɜːdɪ) zn • inform. *vogeltje* • sport *birdie*
bird's-eye zn PLANTK. *gewone ereprijs* • *soort tabak* ★ ~ view *vogelperspectief*
bird's-foot zn • PLANTK. *klaver*; *wikke* • BIOL. *zeester*
bird table zn *voederplank* ⟨v. vogels⟩
bird-watcher zn *vogelwaarnemer*
biretta (bɪ'retə) zn *bonnet* ⟨v. r.-k. priester⟩
Biro ('baɪrəʊ) zn G-B *balpen*

bi

birth (bɜːθ) ZN • *geboorte* • *afkomst* • *ontstaan* ★ *by ~ van geboorte* ★ *give ~ to s.b iem. baren* ★ *give ~ to sth iets doen ontstaan* ★ REL. *new ~ wedergeboorte*
birth certificate ZN *geboorteakte*
birth control ZN *geboorteregeling*
birthday ('bɜːdeɪ) ZN *verjaardag*
birthday honours ZN MV ≈ *lintjesregen*
birthday suit ZN IRON. *adamskostuum*
birthmark ('bɜːθmɑːk) ZN *moedervlek*
birthplace ('bɜːθpleɪs) ZN *geboorteplaats*
birth rate ZN *geboortecijfer*
birthright ('bɜːθraɪt) ZN *geboorterecht*
biscuit ('bɪskɪt) I ZN • G-B *beschuit*; *biscuit*; *koekje* • *ongeglazuurd porselein* ★ *digestive ~ volkorenkoekje* ★ INFORM. *take the ~ alles overtreffen/slaan* II BNW • *lichtbruin*
bisect (baɪˈsekt) OV WW *in tweeën delen*
bisector (baɪˈsektə) ZN *bissectrice*
bisexual (baɪˈsekʃʊəl) BNW *biseksueel*
bisexuality (baɪseksjuˈælɪti) ZN *biseksualiteit*
bishop ('bɪʃəp) ZN • *bisschop* • *loper* ⟨v. schaakspel⟩
bishopric ('bɪʃəprɪk) ZN • *bisdom* • *ambt v. bisschop*
bison ('baɪs(ə)n) ZN *bizon*
bistro ('biːstrəʊ, 'bɪs-) ZN *bistro*
bit (bɪt) I ZN • *beetje*; *stukje*; *kleinigheid* • G-B, INFORM. *heel wat* ★ COMP. *bit* • *bit* ⟨v. hoofdstel⟩ • *schaafbeitel* • *boorijzer* • *baard* ⟨v. sleutel⟩ • *bek* ⟨v. tang⟩ ★ INFORM. *the (whole) ... bit gedoe*; *praktijken* ★ *bit by bit beetje bij beetje* ★ INFORM. *a bit much wat te veel (gevraagd)* ★ *a bit of ... een beetje ...* ★ INFORM. *have a bit on the side vreemdgaan* ★ G-B, INFORM. *bits and pieces / bobs spulletjes* ★ INFORM. *do one's bit zijn steentje bijdragen*; *zijn ding doen* ★ *every bit as good as ... zeker zo goed als ...* ★ OOK FIG. *take the bit between one's teeth op hol slaan* ★ *not a bit / not one (little) bit helemaal niet* ★ *to bits aan stukken*; *heel veel* ★ *not a blind bit geen greintje* ⟨niets, geen⟩ ★ *not a bit of it helemaal niet*; *geen sprake van* II WW [verleden tijd] • → **bite** OV WW *bit aandoen*; *beteugelen*
bitch (bɪtʃ) I ZN • *teef* • MIN. *rotwijf* • INFORM. *groot probleem* ★ *life's a ~ het leven is niet eenvoudig* II OV+ONOV WW • *hatelijk doen* • *kankeren (about op)*
bitchy ('bɪtʃi) BNW *hatelijk*; *boosaardig*
bite (baɪt) I OV+ONOV WW [onr.] • *bijten*; *happen* • *voelbaar worden* • *steken* ▾ *biter bit bedrieger bedrogen* ▾ *be bitten by sth gegrepen zijn/worden door iets* ★ INFORM. *bite the bullet de tanden op elkaar zetten* ▾ *bite the dust eraan gaan*; *het loodje leggen* ▾ *bite your lip je verbijten* ▾ *bite off more than you can chew teveel hooi op je vork nemen* ▾ *bite your tongue je tong afbijten* ▾ *once bitten, twice shy een ezel stoot zich geen tweemaal aan dezelfde steen* ★ *~ back inslikken* ⟨v. woorden⟩ II ZN • *beet*; *hap* • *greep* • *scherpte* • *pit* • *pittige smaak* • *vinnige kou* ★ *have a quick bite snel even iets eten* ★ *have a bite (at) een hap nemen (van)* ★ *have no bite to it oninteressant zijn* ▾ *a bite at/of the cherry een*

kans
bite-sized, **bite-size** ('baɪtsaɪz(d)) BNW *hapklaar*
biting ('baɪtɪŋ) BNW • *bijtend* ⟨koud⟩ • *scherp* ⟨opmerking⟩
bit part ZN *bijrolletje* ⟨in film⟩
bitten ('bɪtn) WW [volt. deelw.] • → **bite**
bitter ('bɪtə) I BNW • *bitter*; *scherp* ★ *a ~ blow een zware slag* ▾ *a ~ pill een bittere pil* ▾ *to/until the ~ end tot het bittere eind* II ZN • *bitter (bier)* ★ *a glass of (gin and) ~s een bittertje*
bittern ('bɪtn) ZN DIERK. *roerdomp*
bitterness ('bɪtənəs) ZN *bitterheid*
bitty ('bɪti) BNW INFORM. *samengeraapt*
bitumen ('bɪtjəmən) ZN *bitumen*; *asfalt*
bituminous (bɪˈtjuːmɪnəs) BNW *bitumineus* ★ *~ coal vetkolen*
bivalve ('baɪvælv) ZN *tweeschalig dier*
bivouac ('bɪvʊæk) I ZN • *bivak* II ONOV WW • *bivakkeren*
bivvy ZN • *tent*; *schuilplaats* • *slapen in een tent/schuilplaats*
biz (bɪz) ZN • INFORM. • → **business** • *amusementswereld(je)* ▾ *be the biz hartstikke goed zijn*
bizarre (bɪˈzɑː) BNW *bizar*; *vreemd*
blab (blæb) I ONOV WW • *zijn mond voorbij praten* II OV WW • *eruit flappen*; *verklappen*
blabber ('blæbə) ONOV WW *kletsen*
blabbermouth ('blæbəmaʊθ) ZN INFORM., MIN. *kletskous*
black (blæk) I BNW • *zwart* • *donker* • *donker* ⟨v. huidskleur⟩ • *zonder melk* ⟨v. koffie, thee⟩ • *vuil* • *somber* • LIT. *boosaardig* ★ *~ and blue bont en blauw* ★ *~ and tan manchesterterriër*; *black-and-tan* ⟨soort bier⟩ ★ *not as ~ as sb is painted niet zo kwaad als iem. afgeschilderd wordt* ★ *be in sb's ~ books slecht aangeschreven staan bij iem.* II ZN • *zwart* • *zwarte*; *neger* ▾ *be in the ~ uit de rode cijfers zijn*; *geld hebben* ▾ (in) *~ and white zwart-op-wit*; *zwart-wit* III OV WW • *boycotten* • *zwart maken* IV WW • [ov] *~ out onleesbaar maken* • *verduisteren* • [onov] *(tijdelijk) het bewustzijn verliezen*
blackball ('blækbɔːl) OV WW *deballoteren*
blackberry ('blækbəri) ZN *braam*
blackberrying ('blækbəriɪŋ) WW *bramenplukken*
blackbird ('blækbɜːd) ZN *merel*
blackboard ('blækbɔːd) ZN *schoolbord*
blackcurrant (blæk'kʌrənt) ZN *zwarte bes*
blacken ('blækən) OV+ONOV WW OOK FIG. *zwart maken/worden*
blackguard ('blægɑːd) ZN *schurk*
blackhead ('blækhed) ZN *mee-eter*
blacking ('blækɪŋ) ZN OUD. *schoensmeer*
blackjack ('blækdʒæk) ZN • *eenentwintigen* ⟨kaartspel⟩ • *ploertendoder*
blackleg ('blækleg) ZN *stakingsbreker*
blacklist ('blæklɪst) I ZN • *zwarte lijst* II OV WW • *op de zwarte lijst plaatsen*
blackmail ('blækmeɪl) I ZN • *chantage* II OV WW • *chanteren*
blackmailer ('blækmeɪlə) ZN *afperser*; *chanteur*
blackout ('blækaʊt) ZN • *verduistering* • FIG. *radiostilte* • PSYCH. *black-out*

blacksmith ('blæksmıθ) ZN *(hoef)smid*
blackthorn ('blækθɔːn) ZN *sleedoorn*
bladder ('blædə) ZN • ANAT. *blaas* • SPORT *binnenbal*
blade (bleıd) ZN • *lemmet* • *platte scherpe kant v. allerlei werktuigen*; *scheermesje* • *blad* ⟨v. roeiriem, propeller, enz.⟩ • *(gras)spriet*; *halm* ★ ~ of grass *grasspriet*
blading ZN SPORT *skaten*
blag (blæg) OV WW INFORM. *aftroggelen* ★ blag your way into sth *je ergens naar binnen lullen*
blah (blɑː) I ZN • INFORM. *bla* ⟨kletspraat⟩ II BNW • INFORM. *waardeloos* • INFORM. *beroerd* ⟨v. gevoel⟩
blame (bleım) I OV WW • *de schuld geven aan*; *verwijten* • *veroordelen*; *berispen* • *de schuld geven* (for van) ▼ you only have yourself to ~ *eigen schuld, dikke bult* II ZN • *schuld* • *berisping* ★ put the ~ on sb *iem. de schuld geven*
blameless ('bleımləs) BNW *onschuldig*; *vrij van blaam*
blameworthy ('bleımwɜːðı) BNW *laakbaar*; *afkeurenswaardig*
blanch (blɑːntʃ) I ONOV WW • *bleek worden*; *verschieten van kleur* II OV WW • *blancheren*
blancmange (blə'mɒnʒ) ZN *(gelatine)roompudding*
bland (blænd) BNW • *saai*; *nietszeggend* • *flauw* ⟨v. voedsel⟩; *middelmatig* • *laconiek*; *nuchter*
blandishments ('blændɪʃmənts) MV *vleierij*; *geslijm*
blandness ('blændnəs) ZN • *eentonigheid*; *saaiheid* • *flauwheid* ⟨v. voedsel⟩ • *koelheid*; *nuchterheid*
blank (blæŋk) I BNW • *blanco*; *leeg* • *wezenloos*; *uitdrukkingsloos* ⟨v. gezicht⟩; *verbijsterd*; *stom* ⟨v. verbazing⟩ • *bot* ★ a ~ look *een wezenloze blik* ★ my mind went ~ *ik wist niets meer* II ZN • *open ruimte* ⟨op formulier⟩ • *leegte* • *losse flodder* • *niet* ⟨in loterij⟩ • *onleesbaar gemaakt woord* ★ draw a ~ *buiten de prijzen vallen*; FIG. *bot vangen* ★ my mind is a ~ *ik heb geen flauw idee* III OV WW • *negeren* IV ONOV WW • *een black-out krijgen* V WW • ~ out [ov] *wissen* • *uit de gedachten bannen* • [onov] *leeg worden*
blanket ('blæŋkıt) I ZN • *(wollen) deken* • FIG. *(dikke) laag* ★ ~ of snow *dik pak sneeuw* ★ FIG. wet ~ *domper*; *spelbreker* II BNW • *allesomvattend*; *insluitend* ★ a ~ ban on *een algemeen verbod op* III OV WW • *met een deken bedekken*
blanket bath ZN *wasbeurt in bed*
blankety-blank ZN EUF. *puntje, puntje, puntje*
blare (bleə) I OV+ONOV WW • *schallen*; *brullen* II ZN • *geschal*; *gebrul*
blarney ('blɑːni) ZN *vleierij*; *geslijm* ▼ you have kissed the Blarney Stone *jij kunt goed slijmen*
blaspheme (blæs'fiːm) OV+ONOV WW *godslasterlijk spreken (over)*; *spotten (met)*
blasphemous ('blæsfəməs) BNW *(gods)lasterlijk*
blasphemy ('blæsfəmı) ZN *blasfemie*; *godslastering*
blast (blɑːst) I ZN • *explosie* • *windstoot* • *stoot* ⟨op stoomfluit, enz.⟩ • *felle kritiek* • USA *dikke*

pret ▼ at full ~ *in volle gang*; *voluit* II OV WW • *opblazen*; *laten springen* • *blèren*; *tetteren*; *schetteren* • *fel bekritiseren* • *poeieren* ⟨v. bal⟩ • *vernietigen* ⟨v. planten⟩ ▼ INFORM. ~ it! *verdomme!* III ONOV WW • ~ away *er op los knallen* • ~ off *opstijgen* ⟨v. ruimteschip⟩; *brullend wegrijden* ⟨v. auto, enz.⟩
blasted ('blɑːstıd) BNW *vervloekt*
blast furnace ('blɑːstfɜːnıs) ZN *hoogoven*
blast-off ZN *lancering*
blatant ('bleıtnt) BNW *schaamteloos*; *overduidelijk*
blather ('blæðə) ONOV WW *dom kletsen*
blaze (bleız) I ONOV WW • *fel branden*; *(op)vlammen* • *schitteren*; *fel schijnen* • *uitbarsten* ★ his eyes were blazing with fury *zijn ogen gloeiden v. woede* • • ~ away *er op los schieten* ⟨met vuurwapen⟩ • ~ up *oplaaien*; *opvliegen* II OV WW • *rondbazuinen* ▼ ~ a trail *een voortrekkersrol spelen* III ZN • *vlam(men)*; *vuur(zee)* • *gloed* • *uitbarsting* ⟨v. emotie⟩ • *bles* ★ EUF. ~s hel ▼ INFORM. like ~s *als bezeten*; *fanatiek*
blazer ('bleızə) ZN *blazer*; *sportjasje*
blazing ('bleızıŋ) BNW • *(fel) brandend*; *verblindend* • *woedend* • INFORM. *overduidelijk* ★ a ~ fool *een verdomde idioot* ★ ~ hot *gloeiend heet* ★ a ~ row *slaande ruzie*
blazon ('bleızən) OV WW *in alle glorie tonen*; *rondbazuinen*
bleach (bliːtʃ) I OV+ONOV WW • *bleken* II ZN • *bleekmiddel*
bleak (bliːk) BNW • *somber*; *troosteloos* • *guur* • *kaal*
bleary ('blıərı) BNW *wazig* ⟨v. blik⟩; *slaperig* ⟨v. ogen⟩
bleary-eyed (blıərı 'aıd) BNW *met wazige blik*
bleat (bliːt) I OV+ONOV WW • *blaten* II ZN • *geblaat*
bleb (bleb) ZN *blaasje*
bled (bled) WW [verl. tijd + volt. deelw.] • → **bleed**
bleed (bliːd) I ONOV WW [onr.] • *bloeden* ★ ~ to death *doodbloeden* II OV WW • *laten bloeden*; *aderlaten* • FIG. *uitzuigen*; *afpersen* ▼ ~ sb dry/white *iem. volledig uitzuigen*
bleeder ('bliːdə) ZN • G-B, INFORM. *rotzak* • INFORM. *lijder aan bloederziekte*
bleeding ('bliːdıŋ) I BNW • INFORM. *verdomd* II ZN • *het bloeden*
bleep (bliːp) I ZN • *piepje* II ONOV WW • *piepen* III OV WW • *oppiepen*
bleeper ('bliːpə) ZN *pieper* ⟨om iem. op te roepen⟩
blemish ('blemıʃ) I ZN • *smet*; *klad* II OV WW • *bevlekken*; *bekladden*
blench (blentʃ) ONOV WW FORM. *terugdeinzen* ⟨uit angst, enz.⟩
blend (blend) I OV WW • *mengen* • *vermengen* II ONOV WW • *z. mengen*; *harmoniëren* • • ~ in/into *harmoniëren met*; *één geheel vormen met*; *goed passen bij* III ZN • *melange*; *mengsel*
blender ('blendə) ZN *mixer*; *mengbeker*
blent (blent) WW [verl. tijd + volt. deelw.] • → **blend**

bl

bless (bles) OV WW *zegenen* ★ ~ me! *lieve hemel!* ★ ~ o.s. *een kruis slaan*; z. *gelukkig achten* ★ ~ you! *gezondheid!* ▼ be ~ed with *gezegend zijn met* ▼ ~ him/her! *de lieverd!*

blessed ('blesɪd) BNW • *zalig; gezegend* • *heerlijk* • EUF. ★ not a ~ thing *geen donder* ★ the whole ~ day *de godganse dag*

blessing ('blesɪŋ) ZN *zegen(ing)* ▼ ask a ~ *bidden* ⟨aan tafel⟩ ★ a mixed ~ *geen onverdeeld genoegen* ▼ a ~ in disguise *een geluk bij een ongeluk*

blether ('bleðə) ONOV WW *dom kletsen*

blew (blu:) WW [verleden tijd] • → **blow**

blight (blaɪt) I OV WW • PLANTK. *aantasten*; *doen verdorren* ⟨door ziekte⟩ • *bederven*; *beschadigen; ruïneren* ★ ~ed hopes *verwoeste hoop* II ZN • *verwoestende plantenziekte* ⟨zoals meeldauw, brand, roest, enz.⟩ • *vernietigende invloed* • *urban ~ afzichtelijke/verwaarloosde toestand waarin stedelijke gebieden verkeren* ★ cast a ~ on *een vernietigende uitwerking hebben op / vergallen*

blimey ('blaɪmɪ) TW G-B, INFORM. *verdorie!; verrek!*

blimp (blɪmp) ZN *zeppelin*

blind (blaɪnd) I BNW • *blind* • *doodlopend* • *onzichtbaar* ★ the ~ *de blinden* ★ ~ to *blind voor* ▼ ~ in one eye *aan één oog blind* ★ bake ~ *zonder vulling bakken* ★ LUCHTV. fly ~ *vliegen op de automatische piloot* ▼ (as) ~ as a bat *zo blind als een mol* ▼ the ~ leading the ~ *de ene blinde leidt de andere* ⟨onbetrouwbaar advies⟩ ▼ not a ~ bit *geen enkel* ▼ turn a ~ eye to sth *net doen alsof je niets ziet* II OV WW • *blind maken* • *verblinden* • *blinderen* ★ ~ to ~ sb with science *iem. met feiten overdonderen* III ZN • *rolgordijn* • *voorwendsel* • G-B ★ (venetian) ~s *jaloezieën; luxaflex* IV BIJW ★ ~ flying *blind vliegen* ▼ ~ drunk *stomdronken*

blinder (blaɪndə) ZN SPORT *schitterende prestatie* ★ ~s [mv] *oogkleppen*

blindfold ('blaɪndfəʊld) I OV WW • *blinddoeken* II ZN • *blinddoek* III BNW + BIJW • *geblinddoekt*

blinding ('blaɪndɪŋ) BNW • *verblindend* • *spectaculair* ★ a ~ headache *een knallende hoofdpijn*

blindingly ('blaɪndɪŋlɪ) BIJW *heel erg; extreem* ★ ~ obvious *zonneklaar*

blindside ('blaɪndsaɪd) WW *overrompelen*

blind side ZN *blinde hoek*

blindworm ('blaɪndwɜ:m) ZN DIERK. *hazelworm*

blink (blɪŋk) I ONOV WW • *knipperen* ⟨v. ogen/licht⟩ ★ ~ at the facts *de ogen sluiten voor de feiten* II OV WW • ~ *away/back wegpinken* ⟨v. tranen⟩ III ZN • *knippering* ⟨v. oog/licht⟩ • *glimp* ★ in the ~ of an eye *in 'n oogwenk* ★ INFORM. on the ~ *defect*

blinker ('blɪŋkə) ZN INFORM. *knipperlicht; richtingaanwijzer* ★ ~s [mv] *oogkleppen*

blinkered ('blɪŋkəd) BNW MIN. *met oogkleppen; kortzichtig*

blinking ('blɪŋkɪŋ) BNW EUF. *verdraaid*

blip (blɪp) ZN • *piep* • *echo* ⟨op radarscherm⟩ • *tijdelijke verslechtering; dip*

bliss (blɪs) ZN *geluk; gelukzaligheid*

blissful ('blɪsfʊl) BNW *(geluk)zalig*

blister ('blɪstə) I ZN • *blaar* ★ raise a ~ *'n blaar trekken* II OV+ONOV WW • *blaren (doen) krijgen* • *(doen) bladderen* ⟨v. verf⟩

blistering ('blɪstərɪŋ) BNW *hevig* ★ in the ~ heat *in de verschroeiende hitte* ▼ ~ criticism *vernietigende kritiek*

blister pack ZN *doordrukverpakking*

blithe (blaɪð) BNW • MIN. *zorgeloos; roekeloos* • LIT. *vreugdevol*

blithering ('blɪðərɪŋ) BNW ★ a ~ idiot *een ongelooflijke sufferd*

blitz (blɪts) I ZN • MEDIA *(overrompelende) actie* • *plotselinge aanval* • *blitzkrieg* ★ the Blitz *Duitse bomaanvallen op Engeland in 1940* II OV WW • *bombarderen* III ONOV WW ★ SPORT *op flitsende wijze aanvallen*

blizzard ('blɪzəd) ZN • *hevige sneeuwstorm* • *overweldigende hoeveelheid*

bloated (bləʊtɪd) BNW *opgeblazen; pafferig*

bloater ('bləʊtə) ZN *bokking*

blob (blɒb) ZN *klodder; vlek; druppel*

bloc (blɒk) ZN *blok; coalitie*

block (blɒk) I ZN • *blok* • *huizenblok* • USA *groot stuk land* • *hoeveelheid* ⟨aandelen, tijd, enz.⟩ • *blokkade* ★ ~ and tackle *takelblok* ★ two ~s away (from here) *twee straten verder* ▼ go on the ~ *tentoongesteld worden; geveild worden* ▼ have been around the ~ a few times *al een tijdje meelopen; het klappen van de zweep kennen* ▼ put/lay your head on the ~ *je reputatie op het spel zetten* II OV WW • *blokkeren; versperren* • *afsluiten* ★ ~ a bill *een wetsontwerp blokkeren* • ~ **in** *insluiten* • *in ruwe trekken schetsen/opzetten* • ~ **off** *afsluiten* • ~ **out** *buitensluiten; uitwissen* • ~ **up** *dichtmaken/-metselen*

blockade (blɒ'keɪd) I ZN • *blokkade* II OV WW • *blokkeren* • *afzetten*

blockage ('blɒkɪdʒ) ZN • *verstopping* • *blokkade*

blockbuster ('blɒkbʌstə) ZN INFORM. *kassucces; bestseller*

block calendar ZN *scheurkalender*

blockhead ('blɒkhed) ZN *domkop*

blockhouse ('blɒkhaʊs) ZN • *bunker* • USA *blokhuis*

blog ('blɒg) I ZN • COMP. *blog* ⟨weblog⟩ II ONOV WW • COMP. *een weblog bijhouden*

bloke (bləʊk) ZN INFORM. *kerel; vent*

blokeish, blokish ('bləʊkɪʃ) BNW *echt-voor-mannen*

blond (blɒnd) BNW • → **blonde**

blonde (blɒnd) I ZN • *blondine* ★ a dumb/dizzy ~ *een dom blondje* II BNW • *blond*

blood (blʌd) I ZN • *bloed* • *bloedverwantschap; familie* • *temperament* ▼ FIG. new/fresh ~ *vers bloed* ▼ in cold ~ *in koelen bloede* ▼ be after/out for sb's ~ *iemands bloed willen zien* ▼ be/run in your ~ *in het bloed zitten* ▼ ~ is thicker than water *het bloed kruipt waar het niet gaan kan* ▼ sb's ~ is up *iem. is razend* ▼ ~, sweat and tears *bloed, zweet en tranen* ▼ breed bad ~ *kwaad bloed zetten* ▼ have ~ on your hands *bloed aan je handen hebben* ▼ get ~ from/out of a stone *ijzer met handen breken* ▼ make your ~ boil *je bloed doen koken* ▼ make your ~ run cold *je bloed doen stollen; je koude*

rillingen bezorgen **II** ov ww • *inwijden; kennis laten maken met*
blood bank ZN *bloedbank*
bloodbath ('blʌdba:θ) ZN *bloedbad*
blood brother ZN *bloedbroeder*
blood clot ZN *bloedstolsel*
blood count ZN *bloedonderzoek*
blood-curdling BNW *bloedstollend*
blood donor ZN *bloeddonor*
blood group ZN *bloedgroep*
blood heat ZN *lichaamswarmte*
bloodhound ('blʌdhaʊnd) ZN *bloedhond*
bloodied ('blʌdɪd) BNW *met bloed bevlekt(e)*
bloodless ('blʌdləs) BNW • *bloedeloos • bleek • saai • ongevoelig*
bloodletting ('blʌdletɪŋ) ZN *aderlating*
bloodlust ('blʌdlʌst) ZN *bloeddorst*
blood money ZN *bloedgeld*
blood poisoning ZN *bloedvergiftiging*
blood pressure ZN *bloeddruk*
blood-red BNW *bloedrood*
blood relation ZN *bloedverwant(e)*
blood sausage ZN *bloedworst*
bloodshed ('blʌdʃed) ZN *bloedvergieten*
bloodshot ('blʌdʃɒt) BNW *bloeddoorlopen*
blood sport ZN *jacht; bloedige sport*
bloodstain ('blʌdsteɪn) ZN *bloedvlek*
bloodstained ('blʌdsteɪnd) BNW *met bloed bevlekt*
bloodstock ('blʌdstɒk) ZN ≈ *stamboekvee*
bloodstream ('blʌdstri:m) ZN *bloedstroom*
bloodsucker ('blʌdsʌkə) ZN OOK FIG. *bloedzuiger*
blood test ZN *bloedtest*
bloodthirsty ('blʌdθɜ:stɪ) BNW *bloeddorstig*
blood tranfusion ZN *bloedtransfusie*
blood type ZN *bloedgroep*
blood vessel ZN *bloedvat; ader*
bloody ('blʌdɪ) **I** BNW • *bloedig; bloederig • bloeddorstig* • VULG. *verdomd* ★ VULG. *~ nonsense verdomde onzin* ★ VULG. *you can ~ well keep your money! houd dat verdomde geld maar!* **II** ov ww • *met bloed bevlekken*
bloody-minded BNW • INFORM. *wreed* • INFORM. *dwars; obstinaat*
bloom (blu:m) **I** ZN • *bloei • blos* ★ *in (full) ~ in (volle) bloei* **II** ONOV WW • *(op)bloeien • floreren; gedijen*
bloomer ZN INFORM. *blunder*
blooming ('blu:mɪŋ) BNW *vervloekt*
blooper ('blu:pə) ZN USA *blunder; flater*
blossom ('blɒsəm) **I** ZN • *bloesem; bloei* **II** ONOV WW • *tot bloei komen*
blot (blɒt) **I** ov ww • *(af)vloeien • (be)vlekken* ▼ *blot your copybook slechte beurt maken* • *~ out aan het gezicht onttrekken; verduisteren; uit-/wegstrepen; uitwissen* • *~ up absorberen* • ZN • *vlek; smet* ★ *a blot on the landscape ontsierend (gebouw)*
blotch (blɒtʃ) ZN ★ *come out in ~es onder de vlekken komen te zitten*
blotchy ('blɒtʃi), G-B **blotched** (blɒtʃt) BNW *met vlekken; vlekkerig*
blotter ('blɒtə) ZN • *vloeiblok* • USA *politieregister*
blouse (blaʊz) ZN *bloes*
blow (bləʊ) **I** ZN • *klap; slag • windvlaag; rukwind* • INFORM. *cannabis* ★ *deal a blow to*

sb/sth *iem./iets een slag toebrengen* ★ *without (striking) a blow zonder slag of stoot* ★ *give your nose a good blow je neus eens goed snuiten* ★ *soften/cushion the blow de klap verzachten* ▼ *blow by blow* ▼ *moment tot moment* ▼ *come to blows (over sth) slaags raken* **II** ov ww [onr.] • *blazen • snuiten* ⟨v. neus⟩ • *toewerpen* ⟨v. handkus⟩ • TECHN. *doen doorbranden/-slaan* ⟨v. zekering⟩ • *opblazen • verraden* ⟨iets geheims⟩ • *verkwisten • verspelen* ⟨v. kans⟩; *verprutsen* • INFORM. *'m smeren* ★ INFORM. *I'm blowed if ik mag hangen als* ★ *it was blowing a gale er stond een stormachtige wind* **III** ONOV WW • *blazen • (af)waaien • klinken; schallen* • TECHN. *doorbranden/-slaan* ⟨v. zekering⟩ • *'m smeren* • INFORM. *blowen* ▼ *blow hot and cold weifelen; veranderen als het weer* **IV** WW • *~ away* [ov] *neerschieten • een verpletterende indruk maken • weasblazen* • *~ in/into* [onov] *binnen komen waaien* • *~ down* [ov] *omwaaien/-blazen* • *~ off* [ov] *af-/wegblazen* • *~ out* [ov] *uitblazen* • [onov] *uitrazen* • *~ over overwaaien* ⟨v. ruzie⟩; *gaan liggen* ⟨v. storm⟩ • *~ up* [ov] *opblazen* ⟨lucht toevoegen⟩; *opblazen* ⟨doen ontploffen⟩; *vergroten* ⟨v. foto⟩; *opblazen* ⟨groter doen lijken⟩ • *~ up* [onov] *ontploffen*
blow-dry ov ww *föhnen*
blower ('bləʊə) ZN • *aanjager; ventilator* • INFORM. *telefoon*
blowhard ZN vs, INFORM. *opschepper*
blow job ('bləʊ dʒɒb) ZN VULG. ★ *give sb a ~ iem. pijpen*
blowlamp ('bləʊlæmp) ZN *soldeerlamp*
blown WW [volt. deelw.] • → **blow**
blowout ('bləʊaʊt) ZN • *lekke band* • INFORM. *lekker etentje; schranspartij* • VS, INFORM. *knalfeest* • VS, INFORM. *eitje* ⟨gemakkelijke overwinning⟩ • *(ongewilde) uitstroming* ⟨bij oliewinning⟩
blowsy (blaʊzi) BNW INFORM. *groot, dik en slonzig* ⟨v. vrouw⟩
blowtorch ('bləʊtɔ:tʃ) ZN USA *soldeerlamp*
blow-up ('bləʊ ʌp) **I** ZN • *vergroting* ⟨v. foto⟩ • USA *uitbarsting* ⟨v. woede, enz.⟩ **II** BNW • *opblaasbaar*
blowy ('bləʊɪ) BNW *winderig*
blowzy BNW • → **blowsy**
BLT AFK Bacon, Lettuce and Tomato *bacon, sla en tomaat*
blubber ('blʌbə) **I** ZN • *walvisspek • gegrien* **II** BNW • *dik* ⟨v. lippen⟩ **III** OV+ONOV WW • *grienen*
bludgeon ('blʌdʒən) **I** ZN • *knuppel* **II** ov ww • *ranselen; aftuigen • dwingen (into tot)*
blue (blu:) **I** BNW • *blauw* • INFORM. *somber • porno-; schuin* ★ INFORM. *till you are blue in the face tot je blauw ziet* **II** ZN • *blauw* • *Oxford/Cambridge sporter* • AUS., INFORM. *fout; vergissing* • AUS., INFORM. *gevecht* ★ *the blue de lucht/zee; het onbekende* ★ *dark blue donkerblauw* ⟨kleur v. universiteit v. Oxford⟩ ★ *light blue lichtblauw* ⟨kleur v. universiteit v. Cambridge⟩ ▼ *out of the blue als een donderslag bij heldere hemel*

bl

bluebell ('blu:bel) ZN PLANTK. *wilde hyacint*; *grasklokje*

blueberry ('blu:berɪ) ZN *bosbes*

blue-blooded BNW *met blauw bloed* ‹adellijk›

bluebottle ('blu:bɒtl) ZN *bromvlieg*

blue-collar BNW ≈ *blauweboorden-* ‹m.b.t. personeel 'op de werkvloer'›

blue-eyed BNW ★ sb's ~ *boy iemands lievelingetje*

bluegrass ('blu:grɑːs) ZN • MUZ. *bluegrass* ‹soort country› • PLANTK. *beemdgras*

bluejay ('blu:dʒeɪ) ZN DIERK. *blauwe gaai*

blue-on-blue BNW *a blue-on-blue attack*; *aanval op eigen troepen*

blueprint ('blu:prɪnt) ZN *blauwdruk*

blues (blu:z) ZN MV MUZ. *blues* ★ *have the ~ in de put zitten*

blue-sky BNW *onrealistisch*

bluestocking ('blu:stɒkɪŋ) ZN MIN. *blauwkous*

bluff (blʌf) I ONOV WW • *bluffen* II OV WW • *overbluffen* • *met bluffen intimideren* ★ ~ *sb into doing sth iem. zover krijgen iets te doen* ★ ~ *your way je met bluf ergens doorheen slaan* III ZN • *bluf; grote woorden* ★ *call sb's ~ iem. uitdagen te doen wat hij zegt* IV BNW • *openhartig* • *joviaal*

bluish ('blu:ɪʃ) BNW *blauwachtig*

blunder ('blʌndə) I ZN • *blunder* II ONOV WW • *een blunder begaan* • ~ *around/around stommelen; strompelen* • ~ *into ergens tegenaan lopen; verzeild raken in* • ~ *on voortsukkelen; doorklunzen*

blunderer ('blʌndərə) ZN *klungel; kluns*

blunt (blʌnt) I BNW • *bot* • *dom* • *openlijk; direct; recht voor z'n raap* II OV WW • *afzwakken* • *bot maken*

blur (blɜː) I ZN • *klad; veeg* • *waas* • *vage omtrekken* II OV+ONOV WW • *(doen) vervagen* • *(doen) vertroebelen* ★ *blur the distinction between geen duidelijk onderscheid maken tussen*

blurb (blɜːb) ZN *flaptekst* ‹op boek›; *reclametekst*

blurt (blɜːt) OV+ONOV WW ~ *out eruit flappen*

blush (blʌʃ) I ZN • *blos; rode gloed* • *schaamrood* II ONOV WW • *blozen; z. schamen*

bluster ('blʌstə) I ONOV WW • *snoeven; brallen* • *te keer gaan; razen* • *loeien; bulderen* ‹v. wind› II ZN • *opschepperij; gebral* • *geraas; gebulder; getier* • *storm*

blustery ('blʌstərɪ) BNW *stormachtig*

Blvd. AFK *boulevard*

BM AFK • *Bachelor of Medicine bachelor in geneeskunde* • *British Museum Brits Museum* ‹in Londen›

BMI AFK MED. *Body-Mass-Index BMI*

BO AFK *body odour lichaamsgeur* ★ *have got BO stinken*

boar (bɔː) ZN [mv: **boar, boars**] • *wild zwijn* • *beer* ‹varken›

board (bɔːd) I ZN • *plank* • *bord; paneel* • *aanplakbord* • *schakelpaneel* • *bestuur; commissie* • *kost* • *karton* • SCHEEPV. *boord* ★ *ironing ~ strijkplank* ★ ~ *of directors raad van commissarissen* ★ ~ *and lodging kost en inwoning* ★ *Board of Trade ministerie van handel*; USA *Kamer van Koophandel* ★ *above ~*

open en eerlijk ★ *executive ~ raad van bestuur* ★ *full ~ vol pension* ★ *half/full ~ half-/volpension* ▼ *across the ~ voor iedereen* ‹geldend›; *niemand uitgezonderd*; *zonder aftrek* ▼ *go by the ~ overboord slaan/vallen*; FIG. *overboord gegooid worden* ▼ *on ~ aan boord* ▼ *take sth on ~ overnemen; accepteren* ‹(v. idee, enz.)› II OV WW • *aan boord gaan van* ‹schip› • *instappen in* • *inbinden* • FIG. *aanklampen* • ~ *out uitbesteden* ★ ~ *out sb iem. in de kost doen* • ~ *with in de kost doen bij* III ONOV WW • *laveren* • ~ *out buitenshuis eten* • ~ *with in de kost zijn bij*

boarder ('bɔːdə) ZN • *interne leerling* • *kostganger*

board game ZN *bordspel*

boarding ('bɔːdɪŋ) ZN • *betimmering; schutting* • *kost en inwoning*

boarding card, boarding pass ZN LUCHTV. *instapkaart*

boarding house ZN *kosthuis; pension*

boarding kennel ZN *dierenpension*

boarding school ('bɔːdɪŋsku:l) ZN *kostschool*

board meeting ZN *bestuursvergadering*

boardroom ('bɔːdru:m) ZN *bestuurskamer; directiekamer*

boardwalk ('bɔːdwɔːk) ZN *plankier*

boast (bəʊst) I ONOV WW • *(kunnen) bogen op* • *pochen; opscheppen* • *opscheppen* ‹about/of over› II ZN • *grootspraak; bluf*

boaster ('bəʊstə) ZN *opschepper*

boastful ('bəʊstfʊl) BNW *pocherig; opschepperig*

boat (bəʊt) I ZN • *boot* • *saus-/juskom* ★ *Venetian boat gondel* ▼ *be in the same boat in hetzelfde schuitje zitten* ▼ *miss the boat de boot missen* ▼ *push the boat out het breed laten hangen* ▼ *rock the boat dwarsliggen* II OV WW • *per boot/schip vervoeren* ★ *boat the oars de riemen binnenhalen* III ONOV WW • *met een boot varen* • *roeitochtje maken*

boat bridge ZN *schipbrug*

boater ('bəʊtə) ZN *strooien hoed*

boathouse ('bəʊthaʊs) ZN *botenhuis*

boating ('bəʊtɪŋ) ZN • *roeitochtje* • *roeisport; zeilsport*

boatman ('bəʊtmæn) ZN • *botenverhuurder* • *roeier*

boat people ZN *bootvluchtelingen*

boat race ZN *roeiwedstrijd*

boatswain ('bəʊsn) ZN SCHEEPV. *bootsman*

boatyard ('bəʊtjɑːd) ZN *scheepswerf*

bob (bɒb) I OV WW • *knippen* ‹in bobmodel› • *couperen* ‹v. staart› II ONOV WW • *dobberen; op en neer bewegen* • *knikken; buigen* • *tikken* ★ *bob for apples appelhappen* • ~ *about/around ronddobberen* • ~ *under onderduiken*; *naar beneden gaan* • ~ *up opduiken; omhoog komen* III ZN • *buiging* ‹kort›; *hoofdknik* • *bob* ‹kapsel› • *gecoupeerde staart* • *bobslee* • OUD. *shilling*

Bob ZN ▼ INFORM. *Bob's your uncle klaar is Kees*

bobbin ('bɒbɪn) ZN *klos; spoel*

bobble ('bɒbl) I ZN • *pompoen* ‹v. muts› II ONOV WW • *stuiteren* ‹v. bal› III OV WW • *verknoeien*

bobby ('bɒbɪ) ZN G-B, INFORM. *politieagent*

bobcat ('bɒbkæt) ZN USA *lynx*

bobs (bɒbz) ZN MV • → **bit**

bobsleigh ('bɒbsleɪ) ZN *bobslee*

bobtail ('bɒbteɪl) ZN *gecoupeerde staart*

bod ZN • INFORM. *lichaam* • INFORM. *persoon*

bode (bəʊd) ZN *voorspellen* ★ bode well / ill for sb/sth *(niet) veel goeds voor iem. / iets voorspellen*

bodge (bɒdʒ) OV WW '*n beetje opkalefateren*

bodice ('bɒdɪs) ZN • *keurslijf* • *lijfje*

bodily ('bɒdəlɪ) I BNW • *lichamelijk* ★ ~ harm *lichamelijk letsel* II BIJW • *lichamelijk* • *in levenden lijve* • *in zijn geheel*

bodkin ('bɒdkɪn) ZN • *rijgnaald* • *priem*

body ('bɒdɪ) I ZN • *lichaam* • *lijk* • *persoon* • *romp* • *carrosserie* • *voornaamste deel* • *groep* • *corporatie* • *volume* • *volheid* ⟨v. wijn⟩ ★ a body of evidence/information *een macht aan bewijsmateriaal/informatie* ★ corporate body *rechtspersoonlijk lichaam* ★ in a body *gezamenlijk*; *als één geheel* ▼ body and soul *met hart en ziel* ▼ keep body and soul together *(net) overleven* II OV WW ★ body forth *voorstellen*; *belichamen*

body armour, USA **body armor** ZN *kogelvrij vest*

body bag ZN *lijkzak*

body blow ZN • *zware tegenslag* • *stoot op het lichaam* ⟨boksen⟩

body clock ZN *biologische klok*

body colour ZN *dekkleur*

body count ZN *aantal doden*

body double ZN A-V *stand-in*

bodyguard ('bɒdɪɡɑːd) ZN *lijfwacht*

body language ZN *lichaamstaal*

body mass index ZN MED. *body mass index* ⟨voor bepaling overgewicht⟩

body odour, USA **body odor** ZN *lichaamsgeur*

body politic ZN *natie*

body search ZN *fouillering*

body shop ZN *carrosserie*; *autowerkplaats*

bodywork ('bɒdɪwɜːk) ZN *carrosserie*

Boer (bəʊə, bʊə) ZN *Zuid-Afrikaan* ⟨v. Nederlandse afkomst⟩

B of E AFK • Bank of England *Bank van Engeland* • Board of Education *onderwijsraad*

boffin ('bɒfɪn) ZN G-B, INFORM. *wetenschappelijk onderzoeker*

bog (bɒg) I ZN • *moeras*; *veen* • INFORM. *plee* II OV WW ★ be bogged *vastzitten*; *geen uitweg weten* III ONOV WW • ~ **down** *vastlopen*; *z. verliezen*

bogey ('bəʊgɪ) ZN • *boze geest*; *boeman* • *spook*; *iets dat men vreest* • *(balletje) droge snot*

bogeyman ('bəʊgɪmæn) ZN *boeman*

boggle ('bɒgl) I ZN • *scrupule* • *warboel* II OV WW • *verprutsen* III ONOV WW • *terugschrikken* • *aarzelen* ▼ it ~s the mind / the mind ~s at it *het gaat je verstand te boven*

boggy ('bɒgɪ) BNW *moerassig*; *drassig*

bog roll ZN INFORM. *pleepapier*

bog standard BNW INFORM. *gemiddeld*; *gewoon(tjes)*

bogus ('bəʊgəs) BNW • *pseudo-* • *vals* • *gefingeerd*

bogy ZN • → **bogey**

bogyman ZN • → **bogeyman**

Bohemian (bəʊ'hiːmɪən) I ZN • *Bohemer*

• *bohémien* II BNW • *Boheems* • *bohémien*

boil (bɔɪl) I ONOV WW • *koken* ★ boil with anger *koken van woede* II OV WW • *(uit)koken*; *aan de kook brengen* III WW • ~ **down** [onov] *inkoken* ★ it boils down to this *het komt hierop neer* • [ov] *inkorten* • ~ **over** [onov] *overkoken* • INFORM. *zieden van woede* • *exploderen*; *tot een uitbarsting komen* • ~ **up** [onov] *opkomen*; *ontstaan* • [ov] *aan de kook brengen* IV ZN • *kook*; *kookpunt* • *steenpuist* ▼ off the boil *minder goed* ▼ on the boil *aan de gang*; *lopend*

boiler ('bɔɪlə) ZN *boiler*; *(stoom)ketel*

boiler suit ZN *overall*; *ketelpak*

boisterous ('bɔɪstərəs) BNW • *luidruchtig* • *onstuimig*

bok choy ZN *paksoi*

bold (bəʊld) BNW • *moedig* • *brutaal* • *krachtig* • *fors* • DRUKK. *vet* ★ printed in bold *vetgedrukt* ▼ be/make so bold as to *zo vrij zijn om* ▼ G-B/INFORM. (as) bold as brass *(honds)brutaal*

boldface ('bəʊldfeɪs) ZN DRUKK. *vetgedrukte letter*

boldfaced (bəʊld 'feɪst) BNW • *brutaal* • DRUKK. *vetgedrukt*

bole (bəʊl) ZN *(boom)stam*

Bolivian (bə'lɪvɪən) I ZN • *Boliviaans* ⟨de taal⟩; *Boliviaan(se)* II BNW • *van/uit Bolivia*

bollard ('bɒlɑːd) ZN • *bolder*; *meerpaal* • *verkeerszuiltje*

bollocking ('bɒləkɪŋ) ZN *uitbrander*

bollocks ('bɒləks) ZN • *gelul* • ANAT. *kloten*

bolshie, bolshy ('bɒlʃɪ) BNW G-B, INFORM. *obstinaat*; *dwars*

bolster ('bəʊlstə) I WW • *(onder)steunen*; *versterken* II ZN • *peluw* • TECHN. *kussen*

bolt (bəʊlt) I ZN • *grendel* • *bout*; *pin* • *rol* ⟨stof⟩ • *schicht* ⟨v. kruisboog⟩ ▼ a bolt from the blue *een donderslag bij heldere hemel* ▼ make a bolt for it/sth *de benen nemen* ▼ shoot your bolt *je kruit verschieten* II OV WW • *vergrendelen* • *vastschroeven* • *schrokken* • *een groep/partij plotseling verlaten* • *zeven* ★ bolt down food *eten opschrokken* III ONOV WW • *op hol slaan* • *er vandoor gaan* • PLANTK. *doorschieten* IV BIJW ▼ sit/stand bolt upright *kaarsrecht zitten/staan*

bolt-hole ('bəʊlthəʊl) ZN • *uitweg* • *schuilplaats*

bolus ('bəʊləs) ZN • *kleine ronde zachte massa gekauwd voedsel* • MED. *pil*

bomb (bɒm) I ZN • *bom* • G-B, INFORM. *bom duiten* • USA *flop* • USA *spuitbus* • VS, SPORT *dieptepass* • *dirty bomb radioactieve bom* ★ MIL. smart bomb *slimme bom* ★ make a bomb *een bom maken*; *een bom geld verdienen* ▼ go down a bomb/go (like) a bomb *lopen als een trein* ▼ go like a bomb *scheuren* ⟨in auto, enz.⟩ II OV WW • *bombarderen* • *verprutsen* III ONOV WW • *scheuren*; *racen* • VS, INFORM. *floppen*

bombard (bɒm'bɑːd) OV WW *bombarderen*

bombardier (bɒmbə'dɪə) ZN • *bommenrichter* • *korporaal bij de artillerie*

bombardment (bɒm'bɑːdmənt) ZN *bombardement*

bombast ('bɒmbæst) ZN *bombast*; *hoogdravende*

bo

taal
bomb disposal ZN ✶ ~ squad de bom-/mijnopruimingsdienst
bomber ('bɒmə) ZN • bommenwerper • iem. die een bom plaatst
bombing ('bɒmɪŋ) ZN bomaanval; bombardement
bombproof ('bɒmpru:f) BNW bomvrij
bomb scare ZN bomalarm
bombshell ('bɒmʃel) ZN FIG. bom ✶ a blond(e) ~ een blonde stoot ⟨vrouw⟩ ✶ come as a ~ inslaan als een bom ✶ drop a ~ een sensationele mededeling doen
bomb site ZN gebombardeerde plek
bona fide ('bəʊnə 'faɪdi) BIJW bonafide ⟨betrouwbaar⟩
bonanza (bə'nænzə) I ZN • USA voorspoed • grote voorraad ⟨in mijn⟩; groot aanbod II BNW • voorspoedig
bond (bɒnd) I ZN • band • obligatie • VS, JUR. borg • JUR. contract; overeenkomst • hechting • SCHEIK. verbinding • verband ⟨in metselwerk⟩ ✶ in bonds [mv] in de boeien; geboeid II OV WW • hechten; vastmaken • band opbouwen
bondage ('bɒndɪdʒ) ZN slavernij
bondholder ('bɒndhəʊldə) ZN obligatiehouder
bonding ('bɒndɪŋ) ZN • PSYCH. hechtingsproces • SCHEIK. verbinding
bondsman ('bɒndzmən) ZN • borg • lijfeigene; slaaf
bone (bəʊn) I ZN • bot • been • graat • kluif ✶ funny/USA crazy bone telefoonbotje ⟨in elleboog⟩ ✶ bred in the bone erfelijk; aangeboren ▾ bone of contention twistappel ▾ close/near to the bone op het randje; gewaagd ▾ cut/pare, enz. to the bone uitkleden tot op het bot ▾ have a bone to pick een appeltje te schillen hebben ▾ make no bones about open en eerlijk zijn ▾ to the (bare) bone tot op het bot; uitermate II BNW • van been; benen III BIJW ✶ zeer ✶ bone idle aartslui ✶ bone dry gortdroog IV WW • uitbenen • ontgraten ✶ INFORM. bone up on a subject kennis ophalen/erin pompen
bone china ZN fijn porselein
bonehead ('bəʊnhed) ZN sufferd
boneless ('bəʊnləs) BNW • graatloos; zonder bot(ten) • FIG. slap
boner ('bəʊnə) ZN • VULG. stijve ⟨penis⟩ • blunder
bonfire ('bɒnfaɪə) ZN (vreugde)vuur
bonkers ('bɒŋkəz) BNW idioot ✶ go ~ gek worden
bonnet ('bɒnɪt) ZN • dames-/babyhoedje ⟨met strik onder kin⟩ • (Schotse) baret • G-B motorkap
bonny, bonnie ('bɒnɪ) BNW aantrekkelijk; knap
bonus ('bəʊnəs) ZN • bonus • ECON. tantième; extra dividend • ECON. bijslag; premie
bony ('bəʊnɪ) BNW benig; knokig; mager
boo (bu:) I ZN • boegeroep ▾ he couldn't say boo to a goose hij is zo bang als een wezel II OV WW • uitjouwen
boob (bu:b) ZN • INFORM. tiet • INFORM. domoor; ezel • blunder
boob tube ZN ≈ naveltruitje
booby ('bu:bɪ) ZN • klungel; uilskuiken • INFORM. tiet(je)

booby prize ZN poedelprijs
booby trap ZN valstrikbom
booby-trap ('bu:bɪtræp) OV WW een valstrikbom aanbrengen
boogeyman ('bu:gɪmæn) ZN USA • → bogeyman
boogie ('bu:gi) ONOV WW INFORM. dansen op snelle popmuziek
boohoo (bu:'hu:) I ZN • geblèr II ONOV WW • blèren; huilen
book (bʊk) I ZN • boek • mapje ⟨postzegels, lucifers, enz.⟩ • libretto ✶ books [mv] boekhouding ✶ comic book stripboek; stripverhaal ✶ hardback/paperback books boeken met harde/slappe kaft ✶ without book zonder gezag; uit het hoofd ▾ be in sb's good/bad books bij iem. in een goed/slecht blaadje staan ▾ bring to book ter verantwoording roepen; zijn gerechte straf doen ondergaan ▾ by the book volgens het boekje ▾ in my book volgens mij ▾ on the books ingeschreven ▾ suit sb's book in iemands kraam te pas komen ▾ INFORM. throw the books at sb iem. flink de mantel uitvegen ▾ HUMOR. I wrote the book on that subject ik weet alles over dat onderwerp II OV WW • boeken; bespreken • noteren • bekeuren ✶ booked up vol; bezet; besproken • ~ in/into inchecken ⟨in hotel, enz.⟩
bookable ('bʊkəbl) BNW te reserveren/bespreken ✶ USA a ~ offence overtreding waar je voor opgepakt kunt worden
bookbinding ('bʊkbaɪndɪŋ) ZN het (boek)binden
bookcase ('bʊkeɪs) ZN boekenkast
bookend ('bʊkend) ZN boekensteun
bookie ('bʊkɪ) ZN INFORM. • → bookmaker
booking ('bʊkɪŋ) ZN bespreking; reservering
booking clerk ZN kaartjesverkoper
booking office ZN reserverings-/ticketbureau; kassa
bookish ('bʊkɪʃ) BNW • geleerd • pedant
bookkeeper ('bʊk ki:pə) ZN boekhouder
bookkeeping ('bʊkki:pɪŋ) ZN boekhouding
booklet ('bʊklɪt) ZN boekje
bookmaker ('bʊkmeɪkə) ZN bookmaker; beroepsgokker
bookmark ('bʊkmɑ:k) I ZN • boekenlegger • COMP. bookmark ⟨markering v. internetpagina⟩ II OV WW • COMP. bookmarken
bookplate ('bʊkpleɪt) ZN ex libris
bookseller ('bʊkselə) ZN boekhandelaar
bookshelf ('bʊkʃelf) ZN boekenplank
bookshop ('bʊkʃɒp) ZN boekhandel
bookstall ('bʊkstɔ:l) ZN boekenstalletje
bookstore ('bʊkstɔ:) ZN USA boekwinkel
book token ZN boekenbon
bookworm ('bʊkwɜ:m) ZN boekenwurm
Boolean ('bu:lɪən) BNW WISK. booleaans
boom (bu:m) I ZN • dreun; donder • ECON. hoogconjunctuur • populariteit • SCHEEPV. giek • (haven)boom; versperring • hefboom; laadboom • TECHN. statief ⟨v. camera, microfoon⟩ ✶ sonic boom/bang supersone knal II ONOV WW • dreunen; bulderen ⟨v. stem⟩ • ECON. grote vlucht nemen • plotseling stijgen

⟨v. prijzen⟩
boom box ZN *gettoblaster*
boomerang (bʊːməræn) I ZN • *boemerang*
II ONOV WW • *een boemerangeffect hebben*
boom town ZN *snel gegroeide stad*
boon (buːn) ZN *zegen*
boon companion ZN *boezemvriend(in)*
boondocks ('buːndɒks), **boonies** (buːnɪz) ZN MV
VS, INFORM., FIG. *rimboe*
boondoggle (buːndɒgl) ZN VS, INFORM.
verspilling van tijd en geld
boor (bʊər) ZN *lomperik*
boost (buːst) I OV WW • *stimuleren; oppeppen;*
verhogen • opvoeren ⟨v. motor⟩ II ZN • *het duw*
(omhoog) • aanmoediging; verhoging • het
opvoeren ⟨v. motor⟩
booster ('buːstə) ZN • TECHN. *booster (extra*
krachtbron) • stimulerend middel; stimulans;
oppepper • LUCHTV. *hulp-/aanjaagraket •* USA
aanprijzer; supporter
booster rocket ZN LUCHTV. *hulp-/aanjaagraket*
booster seat ZN *kinderzitje*
boot (buːt) I ZN • *hoge schoen; laars • laadbak;*
bagageruimte ⟨v. auto⟩ • SPORT *trap; loeier*
• USA *wielklem ▾ get the boot / be given the*
boot eruit gegooid worden ▾ the boot/USA shoe
is on the other foot het is precies andersom
▾ G-B, INFORM. put/stick the boot in *in elkaar*
trappen ▾ die with one's boots on in het
harnas sterven; zijn vak beoefenen tot aan zijn
dood ▾ FIG. grow/get too big for one's boots
naast zijn schoenen gaan lopen ▾ INFORM. to
boot *op de koop toe; bovendien* II ONOV WW
• *trappen •* COMP. *booten ⟨systeem opstarten⟩*
★ VS, INFORM. be/get booted *een wielklem*
hebben/krijgen
boot camp ZN • *trainingskamp voor militairen*
• *tuchtkamp*
bootee, **bootie** (buːtiː) ZN • *(gebreid) schoentje*
⟨v. baby's⟩ • *kort dameslaarsje*
booth (buːð) ZN • *telefooncel; hokje • tent;*
kraam • zithoek (in restaurant)
bootlace ('buːtleɪs) ZN *veter*
bootleg ('buːtleg) I BNW • *illegaal; zwart*
II OV+ONOV WW • *smokkelen ⟨v. drank⟩*
• *clandestien stoken; illegaal geluidsopnamen*
maken/verspreiden III ZN • *bootleg (illegaal*
gemaakte geluidsopname)
bootlicker ('buːtlɪkə) ZN *hielenlikker*
bootstrap ('buːtstræp) ZN ▾ drag/pull yourself
up by your (own)~s *op eigen kracht*
opklimmen
boot tree ZN *leest*
booty ('buːtɪ) ZN • *buit •* VS, INFORM. *kontje*
booze (buːz) I ZN • INFORM. *drank •* INFORM.
zuippartij II ONOV WW • INFORM. *zuipen*
boozer ('buːzə) ZN INFORM. *zuiplap*
booze-up ('buːzʌp) ZN G-B, INFORM. *zuippartij*
boozy ('buːzɪ) BNW • INFORM. *drankzuchtig*
• INFORM. *met veel drank*
bop (bɒp) I ZN • INFORM. *dans op popmuziek*
II ONOV WW • INFORM. *dansen op popmuziek*
III OV WW • INFORM. *'n tik geven*
borage ('bɒrɪdʒ) ZN PLANTK. *bernagie*
borax ('bɔːræks) ZN *boorzure soda*
border ('bɔːdə) I ZN • *grens(streek) • rand; zoom*

• *border ★ the Border grensstreek tussen*
Engeland en Schotland II OV WW • *grenzen aan*
• *begrenzen; omzomen • ~ on grenzen aan;*
liggen aan
borderland ('bɔːdəlænd) ZN • *grensgebied*
• *overgangsgebied*
borderline ('bɔːdəlaɪn) I ZN • *grens(lijn)* II BNW
★ ~ cases *grensgevallen*
bore (bɔː) WW [verleden tijd] • → **bear** I OV WW
• *vervelen • boren* II ONOV WW • ~ **into**
indringend aankijken ⟨v. ogen⟩ III ZN
• *vervelende persoon/zaak • kaliber • vloedgolf*
• *boorgat • diameter ⟨v. pijp⟩; kaliber ⟨v.*
vuurwapen⟩
bored (bɔːd) BNW ▾ be~ stiff *je kapot vervelen*
★ be~ to death/tears *je dood vervelen*
boredom ('bɔːdəm) ZN *verveling*
borehole ('bɔːhəʊl) ZN *boorgat*
borer ('bɔːrə) ZN • *boor • boorder*
boric ('bɔːrɪk) BNW *boor-* ★ ~ acid *boorzuur*
boring ('bɔːrɪŋ) BNW *vervelend; saai*
born (bɔːn) BNW *geboren ★ a born driver een*
uitstekende chauffeur ★ a born loser een
geboren verliezer ★ born of geboren uit ▾ well
born van goede huize ▾ be born te be (a great
poet) *zou (groot dichter) worden ▾ born and*
bred *geboren en getogen ▾ born with a silver*
spoon in your mouth *van goede komaf ▾ be*
not born yesterday! *niet van gisteren zijn!*
born-again BNW *herboren; fanatiek*
borne (bɔːn) WW [volt. deelw.] • → **bear**
borough ('bʌrə) ZN *stad(sdeel) ⟨met eigen*
bestuur⟩
borrow ('bɒrəʊ) OV+ONOV WW • *lenen (from*
van) • *ontlenen (from aan) •* FIG. be (living)
on ~ed time ≈ *op zijn laatste benen lopen*
borrowing ('bɒrəʊɪŋ) ZN *iets dat geleend is*
borstal ('bɔːstl) ZN G-B *jeugdgevangenis;*
tuchthuis
bosom ('bʊzəm) ZN • *boezem; borst • schoot ⟨v.*
familie⟩ ★ a ~ pal/friend een boezemvriend(in)
bosomy BNW INFORM. *met grote borsten*
boss (bɒs) I ZN • *baas • kopstuk • uitsteeksel;*
knop ★ my own boss eigen baas II OV WW
• ~ **(about/around)** *de baas spelen;*
commanderen
bossy ('bɒsɪ) BNW • *bazig • eigenzinnig*
bossyboots ('bɒsɪbuːts) ZN INFORM., MIN. *bazig*
type
bosun ('bəʊsən) ZN SCHEEPV. *bootsman*
botanical (bə'tænɪk(l)) BNW ★ ~/botanic gardens
botanische tuin
botanist ('bɒtənɪst) ZN *plantkundige*
botany ('bɒtənɪ) ZN *plantkunde*
botch (bɒtʃ) I OV+ONOV WW • INFORM. ★ ~ sth
(up) *iets verknallen ★ a~ed job knoeiwerk* II ZN
• INFORM. *knoeiwerk*
botcher ('bɒtʃə) ZN INFORM. *knoeier; kluns*
both (bəʊθ) ONB VNW *allebei; beide(n) ★ both ...*
and ... *zowel ... als ...*
bother ('bɒðə) I ONOV WW • ~ **(with/about)** *je*
druk maken over/om; je inlaten met • je de
moeite geven • vervelend vinden • lastigvallen
★ don't~ *doe geen moeite; laat maar ▾* be~ed
(about sb/sth) *(iem./iets) belangrijk vinden*
▾ can't be~ed (to do sth) *je de moeite geven*

bo

bo

(iets te doen) II OV WW • ~ **(about/with)** *irriteren*; *zorgen baren*; *hinderen* ▼ *not ~ yourself/your head with/about sth je ergens niet druk over maken* III ZN • *last*; *moeite* • *gezeur* • *drukte* ★ *it's no ~ het is een kleine moeite* ★ *get yourself into a spot of ~ jezelf in de nesten werken* ★ *go to the ~(of) de moeite nemen (om)* IV TW • *verdorie*

bothersome ('boðəsəm) BNW *ergerlijk*; *vervelend*

bottle ('botl) I ZN • *fles* G-B, INFORM. *moed*; *lef* ★ *deposit* • *statiegeldfles* ★ *break a ~ een fles (drank) aanbreken* ★ *hit the ~ het op een drinken zetten* ★ *take to the ~ naar de fles grijpen* II OV WW • *bottelen* III WW • ~ **out of** [onov] G-B, INFORM. *ergens op het laatste moment van afzien* • ~ **up** [ov] *oppotten*; *opkroppen*

bottle bank ZN *glasbak*

bottle-feed ('botlfi:d) OV WW *met de fles grootbrengen*

bottle-green (botl 'gri:n) BNW *donkergroen*

bottleneck ('botlnek) ZN • *bottleneck* • *wegversmalling*; *knelpunt*

bottle-opener ZN *flesopener*

bottom ('botəm) I ZN • *bodem*; *onderkant* • *eind* ⟨v. straat, enz.⟩ • *zitvlak* • *slipje*; *broek* • SCHEEPV. *kiel* ★ ~ *of a hill voet v.e. heuvel* ★ ~ *up ondersteboven* ★ *at the ~ of onderaan* ★ *from the ~ of my heart vanuit het diepst v. mijn hart* ★ *get to the ~ of sth. iets tot op de bodem uitzoeken* ★ *at ~ in wezen*; *eigenlijk* ▼ *lie/be at the ~ of de oorzaak zijn van* ▼ *the ~ drops/falls out of sth iets stort helemaal in* ▼ *~s up! proost!* ▼ *knock the ~ out of sth iets versjteren* II BNW • *onderste* • *laatste* • *fundamenteel* ★ *come* ~ *'t laagst scoren* III ONOV WW • ~ **out** *het laagste punt bereiken*

bottom drawer ZN • *onderste lade* • *uitzet*

bottom gear ZN *laagste versnelling*

bottomless ('botəmləs) BNW • *ongegrond* • *bodemloos*; *onbeperkt*

bottom line ZN • *kern*; *essentie* • *(bedrijfs)resultaat* • *bodemprijs*

bottommost ('botəmməʊst) BNW *onderste*; *laagste*

bottom-up BNW *van benedenaf* • *a ~ approach eerst de details dan de algemene punten*

botulism ('botjʊlɪzm) ZN *botulisme*

bouffant ('bu:fãn) ZN *wijd uitstaand* ⟨v. haar⟩

bough (baʊ) ZN *grote dikke tak*

bought (bɔ:t) WW [verleden tijd + volt. deelw.] • → **buy**

boulder ('bəʊldə) ZN *grote kei*

bouldering ZN SPORT *boulderen*

bounce (baʊns) I ONOV WW • *kaatsen*; *stuiteren* • *springen*; *op-en-neer wippen* • *wegstuiven* • *ongedekt zijn* ⟨v. cheque⟩; *(als onbestelbaar) terugkrijgen* ⟨v. e-mail⟩ • ~ **back** *z. herstellen*; *er bovenop komen* ▼ *be bouncing off the walls staan te springen* ⟨v. ongeduld/opwinding⟩ II OV WW • *(laten) stuiteren*; *kaatsen* • *paardje laten rijden* ⟨op knie⟩ • *op-en-neer laten gaan* • *weigeren* ⟨v. cheque⟩ • COMP. *terugsturen* ⟨v. email⟩ ★ ~ *ideas off sb ideeën loslaten op iem.* ★ ~ *sb from a post iem. dwingen op te stappen* ★ ~ *sb into sth iem. op overbluffende wijze tot*

iets overhalen III ZN • *stuit*; *plotselinge toename* • INFORM. *veerkracht*; *levendigheid* • *energie*; *vitaliteit* ▼ *on the ~ achter elkaar*

bouncer ('baʊnsə) ZN *uitsmijter* ⟨in bar, enz.⟩

bouncing ('baʊnsɪŋ) BNW *gezond en levendig* ★ *a ~ baby een levendige baby*

bouncy ('baʊnsɪ) BNW • *levendig*; *druk* • *goed stuiterend*

bound (baʊnd) I BNW • *zeker/waarschijnlijk (te gebeuren)* • *verplicht* • *gebonden* ⟨v. boek⟩ ★ ~ *for op weg naar*; *met bestemming* ★ *homeward ~ op thuisreis* ▼ *be ~ up in in beslag genomen worden/zijn door* ▼ ~ *and determined vastbesloten* ▼ *be ~ together by/in nauwverbonden door* ▼ ~ *up with nauwverbonden met* ▼ *I'll be ~ wis en waarachtig*; *zeker weten* II ZN • *sprong* ⟨naar voren/omhoog⟩ ★ *(progress) by leaps and ~s met sprongen (vooruitgaan)* ★ *out of ~s verboden toegang*; *onacceptabel*; *onredelijk* III OV WW • *beperken*; *begrenzen* IV ONOV WW • *springen* V WW [verleden tijd + volt. deelw.] • → **bind**

boundary ('baʊndərɪ) ZN *grens* ★ *push back the boundaries de grenzen verleggen*

bounden ('baʊndən) BNW • *a/your ~ duty een/je dure plicht*

boundless ('baʊndləs) BNW *onbegrensd*

bounteous ('baʊntɪəs), **bountiful** ('baʊntɪfl) BNW FORM. *mild*; *gul*; *overvloedig*

bounty ('baʊntɪ) ZN • *gulheid* • *geschenk* • *premie*; *beloning*

bounty hunter ZN *premiejager*

bouquet (bu:'keɪ) ZN • *boeket* • *bouquet* ⟨v. wijn⟩

bourbon ('bɜ:bən) ZN USA *bourbon* ⟨whisky⟩

bourgeois ('bʊəʒwɑ:) BNW • *bourgeois* • *(klein)burgerlijk*; *bekrompen*

bout (baʊt) ZN • *tijdje*; *korte periode*; *vlaag* • *aanval* • *boks-/worstelwedstrijd* ★ *drinking bout drinkgelag* ★ *bout of fever koortsaanval*

bovine ('bəʊvaɪn) BNW • *als 'n rund*; *runder-* • *sloom*; *dom*

bovver ('bovə) ZN INFORM. *knokpartij*; *agressief gedrag* ★ ~ *boys herrieschoppers*; *hooligans*

bow¹ (baʊ) I OV WW • *buigen* ★ *be bowed down by gebukt gaan onder* II ONOV WW • *(z.) buigen*; *knielen* ▼ *bow and scrape hielen likken* • ~ **out** *z. terugtrekken* • INN. ~ **down to** *toegeven aan*; *z. schikken naar* • ~ **to** *z. neerleggen bij* ★ *bow to the inevitable het onvermijdelijke accepteren* III ZN • *buiging* • SCHEEPV. *boeg* ★ TON. *take a/your bow applaus in ontvangst nemen* ⟨door buiging te maken⟩

bow² (baʊ) I ZN • *boog* • *strijkstok* • *strik* ★ *bow and arrow pijl en boog* II OV WW • MUZ. *strijken*

bowdlerize, G-B **bowdlerise** ('baʊdləraɪz) OV WW *censureren*

bowel movement ZN *ontlasting*

bowels (baʊəlz) MV *darmen*; *ingewanden* ★ *the ~ of the earth 't binnenste der aarde* ★ MED. *move/open your ~ z. ontlasten*

bower ('baʊə) ZN OUD. *prieel*; *schaduwrijk plekje in tuin*

bowl (bəʊl) I ZN • *kom*; *schaal* • *holle/ronde deel*

v.e. voorwerp ⟨bv. lepel⟩ • *bal* ⟨bij bowlen, enz.⟩ • *pijpenkop* • USA *groot rond openluchttheater; stadion* **II** OV WW • ~ *over omverrijden* • *van zijn stuk brengen* **III** ONOV WW • *bowlen* ▼ *snel rijden*

bow-legged (bəʊ'legɪd) BNW *met O-benen*

bow legs ZN MV *O-benen*

bowler ('bəʊlə) ZN *bolhoed*

bowler hat ZN *bolhoed*

bowling ('bəʊlɪŋ) ZN *bowlen; kegelen*

bowling alley ('bəʊlɪŋælɪ) ZN *bowling-/kegelbaan*

bowling green ZN *bowlingveld*

bowsprit ('bəʊsprɪt) ZN *boegspriet*

bow tie (bəʊ'taɪ) ZN *vlinderdas*

bow window (bəʊ'wɪndəʊ) ZN *rond erkerraam*

bow-wow ZN *woef*

box (bɒks) **I** ZN • *bus; doos* • *hokje* • G-B, INFORM. *buis* ⟨tv⟩ • *postbus* • *bok* ⟨v. rijtuig⟩ • SPORT *strafschopgebied* ★ LUCHTV. *black box zwarte doos* ★ *wooden box kist(je)* ★ *musical box speeldoos* ▼ OUD. *give sb a box on the ears iem. een oorvijg geven* **II** OV WW • *in doos verpakken* • ~ *in insluiten; in-/opsluiten* **III** OV+ONOV WW • *boksen* ▼ *box clever slim handelen* ★ *box sb's ears iem. om de oren slaan*

box calf ZN *boxcalf* ⟨leer⟩

boxcar ('bɒkskaː) ZN USA *gesloten goederenwagon*

boxer ('bɒksə) • SPORT *bokser* • *hond bokser*

boxing ('bɒksɪŋ) ZN *boksen*

Boxing Day ('bɒksɪŋ deɪ) ZN *tweede kerstdag*

box junction ZN *kruispunt* ⟨waar men niet mag stilstaan⟩

box lunch ZN *lunch* ⟨in trommeltje⟩

box number ZN *antwoordnummer*

box office ZN *reserveringsbureau; (theater)bespreekbureau; kassa* ★ *box-office success kassucces; publiekstrekker* ★ *box-office take bruto opbrengst*

boxroom ('bɒksruːm) ZN G-B *berghok*

boxwood ('bɒkswʊd) ZN *palmhout; buxushout*

boy (bɔɪ) **I** ZN • *jongen* • INFORM. *man; vent* • VS, MIN. *bediende* ⟨meestal een zwarte bediende⟩ ★ *the boys club van (stoere) mannen* ▼ *the boys in blue de politie* ▼ *boys will be boys* ≈ *het zijn nou eenmaal jongens/mannen* **II** TW • *tjonge*

boycott ('bɔɪkɒt) **I** ZN • *boycot* **II** OV WW • *boycotten*

boyf ZN INFORM. *vriendje*

boyfriend ('bɔɪfrend) ZN *vriendje* ⟨partner⟩

boyhood ('bɔɪhʊd) ZN *jongensjaren*

boyish ('bɔɪɪʃ) BNW *jongensachtig*

Boy Scout (bɔɪ'skaʊt) ZN USA / OUD. *padvinder; verkenner*

bozo ('bəʊzəʊ) ZN MIN. *sukkel*

BR AFK *British Railways Britse Spoorwegen*

bra (braː) ZN INFORM. *beha*

brace (breɪs) **I** ZN • *klamp; beugel; (muur)anker* • TECHN. *kraag* • *booromslag* • SCHEEPV. *bras* • *klamp; steun* ★ TECHN. ~ *and bit booromslag* **II** OV WW • *steunen; versterken* • *spannen* • *opwekken; brassen* ★ ~ *o.s. for z. schrap zetten voor; z. voorbereiden op* ★ ~ *o.s. against z. schrap zetten tegen*

bracelet ('breɪslət) ZN *armband* ★ INFORM. ~s [mv] *handboeien*

braces ('breɪsɪz) ZN MV • G-B *bretels* • *(gebits)beugel*

bracing ('breɪsɪŋ) BNW *verkwikkend; versterkend* ⟨v. klimaat⟩

bracken ('brækən) ZN *(adelaars)varen(s)*

bracket ('brækɪt) **I** ZN • TAALK. *haakje* • *groep; klasse; categorie* • *muurplank; console; klamp* ★ TAALK. *between/in ~s tussen haakjes* **II** OV WW • *tussen haakjes zetten* • *in één adem noemen* • *gelijkstellen; koppelen*

brackish ('brækɪʃ) BNW *brak*

bract (brækt) ZN PLANTK. *schutblad*

brad (bræd) ZN • *stift* • *spijker met kleine platte kop*

bradawl ('brædɔːl) ZN *priem; els*

brae ('breɪ) ZN *steile helling/heuvel* ⟨in Schotland⟩

brag (bræg) **I** ONOV WW • *opscheppen* **II** ZN • *blufpoker*

braid (breɪd) **I** ZN • *vlecht* • *tres* **II** OV WW • *vlechten*

Braille, braille (breɪl) ZN *braille*

brain (breɪn) **I** ZN • *hersenen; verstand; brein* ★ *the ~s degene(n) met hersens; het brein (dat achter iets zit)* ★ *have sth on the ~ ergens voortdurend aan denken* ★ *pick sb's ~s hulp vragen aan iem. die er meer van weet* ★ *rack/beat your ~s je het hoofd breken* ▼ *turn sb's ~ iem. het hoofd op hol brengen* ▼ *blow sb's ~s out iem. voor de kop schieten* **II** OV WW • *de hersens inslaan*

brainchild ('breɪntʃaɪld) ZN *geesteskind*

brain damage ZN *hersenbeschadiging*

brain-dead BNW • *hersendood* • HUMOR. *stompzinnig; oerstom*

brain death ZN *hersendood*

brain drain ZN *braindrain* ⟨uittocht van intellectuelen⟩

brain fever ZN *hersenvliesontsteking*

brainless ('breɪnləs) BNW *dom; stom*

brain power ZN *intelligentie; intellectueel vermogen*

brainstorm ('breɪnstɔːm) **I** ZN • *black-out* • USA *lumineuze inval* **II** OV+ONOV WW • *brainstormen*

brainstorming ('breɪnstɔːmɪŋ) ZN *het brainstormen*

brain teaser ZN *hersenbreker; moeilijke puzzel / vraag*

brain trust ZN *commissie v. deskundigen*

brainwash ('breɪnwɒʃ) OV WW *hersenspoelen*

brainwave ('breɪnweɪv) ZN • *lumineuze inval; ingeving* • *hersengolf*

brainy ('breɪnɪ) BNW INFORM. *intelligent*

braise (breɪz) OV WW *stoven; smoren* ⟨v. vlees⟩

brake (breɪk) **I** ZN • *rem* • *varens* • *kreupelhout* • *zware eg* **II** WW • *remmen* ★ ~ *to a halt remmend tot stilstand komen*

brake fluid ZN *remvloeistof*

brake light ZN *remlicht*

bramble ('bræmbl) ZN *braamstruik*

bran (bræn) ZN *zemelen*

branch (braːntʃ) **I** ZN • *(zij)tak* • *filiaal* • *departement* • *branche* **II** ONOV WW • *z. vertakken; z. splitsen* • ~ *off afslaan* • ~ *out z.*

br

uitbreiden ⟨v. zaken⟩
branch manager ZN *vestigingsdirecteur*
brand (brænd) I ZN • *fabricaat; merk*
• *brandmerk* • *fakkel; brandend stuk hout*
★ *generic~ huismerk* II OV WW • *brandmerken*
★ be~ed upon o.'s memory *in het geheugen gegrift staan*
brandish ('brændɪʃ) OV WW *(dreigend) zwaaien met*
brand name ZN *merknaam*
brand new (brænd'nju:) BNW *splinternieuw*
brandy ('brændɪ) ZN • *cognac* • *brandewijn*
brash (bræʃ) I ZN • *steenslag* • *oprisping van (maag)zuur* II BNW • *onverschrokken; brutaal*
• *schreeuwerig* ⟨dingen en plaatsen⟩
brass (bra:s) I ZN • *geelkoper; messing* • *koperen herdenkings-/grafplaat* • INFORM. *centen* • MUZ. *koperen instrumenten* • *brutaliteit* ★ as bold as ~ *zo brutaal als de beul* ★ top~ *hoge pieten*
II BNW • *koperen* • INFORM. get down to~ *tacks spijkers met koppen slaan; tot de kern v/d zaak komen*
brass band ZN *fanfarekorps*
brassière ('bræzɪə) ZN *bustehouder*
brassy ('bra:sɪ) BNW • *koperachtig* • *schetterend* • *ordinair* • *brutaal; onbeschaamd*
brat (bræt) ZN *blaag; jochie*
bravado (brə'va:dəʊ) ZN *vertoon van moed/lef*
brave (breɪv) I ZN • *dapper; flink* II OV WW • *tarten; trotseren* ★ ~ (it) out *geen krimp geven; zich er doorheen slaan* ★ ~ a difficult situation *een moeilijke situatie doorstaan*
bravery ('breɪvərɪ) ZN *dapperheid*
brawl (brɔ:l) I ZN • *ruzie* II ONOV WW • *ruziën*
brawn (brɔ:n) ZN • *spieren* • G-B *zult; hoofdkaas*
brawny ('brɔ:nɪ) BNW *gespierd*
bray (breɪ) I ZN • *gebalk* • *geschetter* II OV WW • *fijnstampen* III ONOV WW • *balken* • *schetteren / schallen* ⟨v. trompet⟩
braze (breɪz) OV WW *(hard) solderen*
brazen ('breɪzən) I BNW • *koperen; koperkleurig* • *schel* ⟨v. klank⟩ • *brutaal* II OV WW ★ ~ out *zich ergens brutaal doorheen slaan*
brazen-faced (breɪzən'feɪst) BNW *onbeschaamd*
brazier ('breɪzɪə) ZN *komfoor; stoof*
Brazil (brə'zɪl) ZN *Brazilië*
Brazilian (brə'zɪlɪən) I ZN • *Braziliaan(se)* II BNW • *Braziliaans*
breach (bri:tʃ) I ZN • *bres* • *breuk* • *het breken* ⟨v. golven⟩ • *branding* • *sprong* ⟨v. walvis⟩ ★ ~ of the peace *ordeverstoring* ★ ~ of promise/faith *woordbreuk* ★ step into the~ *te hulp komen*
II OV WW • *bres slaan; verbreken* III ONOV WW • *springen* ⟨v. walvis⟩
bread (bred) ZN • *brood* • *voedsel* • PLAT *poen* ★ ~ and butter *besmeerde boterham; belangrijkste inkomstenbron* ★ make o.'s~ *zijn brood verdienen* ★ his~ is buttered on both sides *'t gaat hem zeer goed* ★ INFORM. the best thing since sliced~ *de beste uitvinding sinds het wiel*
bread-and-butter BNW *essentieel; basis-* ★ ~ issue *belangrijke kwestie*
bread basket ZN • *broodmand* • PLAT *maag*
breadcrumb ('bredkrʌm) ZN *broodkruimel* ★ ~s *paneermeel*
breaded ('bredɪd) BNW *gepaneerd*

breadfruit ('bredfru:t) ZN [mv: **breadfruit**] *broodvrucht*
breadline ('bredlaɪn) ZN ★ on the ~ *zeer arm*
breadroll ('bredrəʊl) ZN *broodje*
breadth (bredθ) ZN • *breedte; breedheid* • *baan* ⟨v. stof⟩ ★ ~ of vision *ruimdenkendheid*
breadwinner ('bredwɪnə) ZN *kostwinner*
break (breɪk) I OV WW [onr.] • *breken* • *verbreken* ⟨wet, regel⟩ • *kapotmaken* • *onderbreken*
• *klein maken* ⟨bankbiljet⟩ • ~ **down** *afbreken; specificeren;* SCHEIK. *afbreken* • ~ **in** *africhten; inlopen* ⟨v. schoenen⟩ • ~ **into** *inbreken in; losbarsten in; aanspreken* ⟨voorraad⟩ • ~ off *afbreken; onderbreken; beëindigen* • ~ **out** *uitbreken* • ~ **through** *dóórbreken; doorbréken* ★ ~ through the wall *door de muur breken* ★ ~ through sb's defences *iemands verdediging doorbreken* • ~ **up** *in stukken breken; beëindigen* II ONOV WW • *breken* • *kapotgaan* ★ ~ even *quitte spelen* • ~ free/loose/out from *z. losrukken van* • ~ **away from** *ontsnappen aan; z. losmaken van* • ~ **down** *ineenstorten; kapotgaan; uiteenvallen* ⟨in delen⟩; *instorten* ⟨geestelijk⟩ ★ ~ down in tears *in tranen uitbarsten* • ~ **for** *afstormen op* • ~ **in** *interrumperen* • ~ **off** *afbreken; eindigen* • ~ **out** *uitbreken; ontsnappen* • ~ **up** *in stukken breken; kapotgaan; eindigen; uit elkaar gaan* ⟨relatie⟩; *schaterlachen* ★ John and I broke up *John en ik zijn uit elkaar gegaan* • ~ **up with** *het uitmaken met* ⟨relatie⟩ III ZN • *breuk; opening; gat* • *onderbreking; pauze* • MUZ. *intermezzo* • *korte vakantie* • *verandering* • *kans* • *serie* ⟨bij biljarten⟩ • *servicedoorbraak* ⟨bij tennis⟩ • ECON. *plotselinge prijsdaling* ★ ~ of day/dawn *dageraad* ★ have/take a ~ *even pauzeren* ★ have a lucky~ *geluk hebben* ★ INFORM. give me a~! *houd toch op!; laat me met rust!* ★ INFORM. make a ~ for it *proberen te ontsnappen* ★ a clean~ *een radicale breuk* ★ ~ in the weather *weersomslag*
breakable ('breɪkəbl) BNW *breekbaar*
breakage ('breɪkɪdʒ) ZN • *breuk* • *(vergoeding voor) gebroken waar*
breakaway ('breɪkəweɪ) ZN *afscheiding; afgescheiden groep*
breakdown ('breɪkdaʊn) ZN • *instorting* • *defect; storing; (auto)pech* • INFORM. *specificatie* ★ mental/nervous ~ *zenuwinzinking*
breakdown lane ZN USA *vluchtstrook*
breakdown truck ZN *takelwagen*
breaker ('breɪkə) ZN • *vaatje* • *stortzee*
breakers ('breɪkəz) ZN MV *branding*
break-even I ZN • *rentabiliteitsdrempel* II VOORV • *omslag-* • ECON. *break-even-*
break-even point ZN • *omslagpunt; evenwichtspunt* • ECON. *break-evenpunt*
breakfast ('brekfəst) I ZN • *ontbijt* • have ~ *ontbijten* ★ what's for~? *wat hebben we bij het ontbijt?* ★ continental ~ *ontbijt met koffie, broodjes enz.* ★ English ~ *ontbijt met bacon, gebakken ei, witte bonen in tomatensaus enz.*
II ONOV WW • *ontbijten*
break-in ZN *inbraak*

breakneck ('breɪknek) BNW *halsbrekend* ★ at ~ speed *met razende snelheid*
breakout ('breɪkaʊt) ZN *uitbraak*
breakthrough ('breɪkθru:) ZN *doorbraak*
break time ZN *pauze*
break-up ZN • *opheffing; beëindiging* • INFORM. *scheiding* ⟨V. partner⟩
breakwater ('breɪkwɔ:tə) ZN • *golfbreker* • *havendam*
bream (bri:m) ZN *brasem*
breast (brest) I ZN • *borst; boezem* • *voorkant* ★ make a clean ~ of sth *iets opbiechten* II OV WW • *worstelen tegen* • *bestijgen* • *trotseren* • *doorklieven*
breastbone ('brestbəʊn) ZN *borstbeen*
breastfeed ('brestfi:d) OV+ONOV WW *borstvoeding geven*
breastplate ('brestpleɪt) ZN *borstschild*
breast pocket ZN *borstzak*
breaststroke ('breststrəʊk) ZN *schoolslag*
breastwork ('brestwɜ:k) ZN *borstwering*
breath (breθ) ZN • *adem* • *zuchtje; zweempje* ★ get a ~ of (fresh) air *een luchtje scheppen* ★ get one's ~ (back/again) *(weer) op adem komen* ★ hold one's ~ *zijn adem inhouden* ★ IRON. don't hold your ~! *ik zou er maar niet op wachten!* ★ in the same ~ *in één adem(teug)* ★ one's dying / last ~ *de laatste adem* ★ out of ~ *buiten adem* ★ under one's ~ *fluisterend* ★ take away one's ~ *iem. de adem benemen* ★ FIG. a ~ of fresh air *een frisse wind* ★ the ~ of life *noodzaak*
breathalyse, USA **breathalyze** ('breθəlaɪz) OV WW INFORM. *ademproef afnemen* ⟨alcoholcontrole⟩
breathalyser, USA **breathalyzer** ('breθəlaɪzə) ZN INFORM. *blaaspijpje* ⟨voor alcoholcontrole⟩
breath-catching BNW *adembenemend*
breathe (bri:ð) OV+ONOV WW • *ademen; ademhalen* • *ruisen* • *blazen* • *fluisteren* ★ ~ (easily / freely) again *weer (vrijuit) kunnen ademen* • INFORM. ~ down s.o.'s neck *iem. op de vingers kijken* ★ ~ o.'s last *de laatste adem(tocht) uitblazen* ★ don't ~ a word *geen woord erover* ★ ~ new life into sth *iets nieuw leven inblazen* • ~ in *inademen* • ~ out *uitademen*
breather ('bri:ðə) ZN • *flinke lichaamsbeweging* • *korte rustpauze*
breath freshener ZN *ademverfrisser*
breathing ('bri:ðɪŋ) ZN *ademhaling*
breathing-space ('bri:ðɪŋspeɪs) ZN *adempauze*
breathless ('breθləs) BNW • *ademloos; buiten adem* • *bladstil*
breathtaking ('breθteɪkɪŋ) BNW *adembenemend; wonderschoon*
breath test ZN *blaastest* ⟨alcoholcontrole⟩
breathy ('breθɪ) BNW *hijgerig*
bred (bred) WW [verl. tijd + volt. deelw.] • → **breed**
breech (bri:tʃ) ZN • *achterste; stuit* • *kulas* • *staartstuk* ⟨v. geweer⟩ ★ FIG. grow/get too big for one's ~es *naast zijn schoenen gaan lopen*
breech birth ZN *stuitligging*
breech-block ZN • *(geweer)grendel* • *sluitstuk* ⟨v. kanon⟩
breechcloth ('bri:tʃklɒθ) ZN *lendendoek*
breech delivery ZN *stuitligging*
breeches ('brɪtʃɪz) ZN MV *(rij)broek*
breed (bri:d) I ZN • *ras; soort* II OV+ONOV WW [onr.] • *voortbrengen* • *kweken; fokken* • *opvoeden* • ~ sth into sb *iem. iets met de paplepel ingeven*
breeder ('bri:də) ZN *fokker* ★ ~ reactor *kweekreactor*
breeder reactor ZN *kweekreactor*
breeding ('bri:dɪŋ) ZN • *het fokken; het kweken* • *opvoeding; manieren*
breeding ground ZN *kweekplaats; broedplaats*
breeze (bri:z) ZN • *bries* • *makkie; simpel karweitje* • *ruzie*
breeze block ZN BOUW *B2-blok*
breezy ('bri:zɪ) BNW • *winderig; fris* • *joviaal*
brethren ('breðrən) MV FORM. • → **brother**
breve (bri:v) ZN • MUZ. *noot met lengte van twee hele noten* • TAALK. *boogje boven korte klinker*
breviary ('bri:vɪərɪ) ZN REL. *brevier*
brevity ('brevətɪ) ZN • *kortheid* • *bondigheid*
brew (bru:) I OV WW • *brouwen* ⟨bier⟩ • *zetten* ⟨thee/koffie bereiden⟩ • FIG. *broeien op* ⟨plan e.d.⟩ • ~ up *zetten* ⟨thee/koffie⟩ II ONOV WW • *trekken* ⟨thee⟩; *doorlopen* ⟨koffie⟩ • FIG. *broeien; op til zijn* ★ a storm is brewing *er is storm op komst* ★ FIG. sth is brewing *er broeit iets* III ZN • *brouwsel*
brewer ('bru:ə) ZN *brouwer*
brewery ('bru:ərɪ) ZN *brouwerij*
briar ('braɪə), **brier** ZN • *doornstruik; wilde roos* • *boomheide* ★ sweet brier *egelantier*
bribe (braɪb) I ZN • *steekpenning* II OV WW • *omkopen*
bribery ('braɪbərɪ) ZN *omkoping*
bric-à-brac ('brɪkəbræk) ZN *bric-à-brac; snuisterijen*
brick (brɪk) I ZN • *baksteen* • *blok* ⟨v. bouwdoos⟩ ★ FIG. drop a ~ *zijn mond voorbijpraten; een blunder begaan* ★ FIG. make ~s without straw *ijzer met handen willen breken* ★ Dutch ~ *baksteen* II BNW • *van bakstenen* III OV WW • ~ in/up *dichtmetselen* • ~ off *ommuren*
brickbat ('brɪkbæt) ZN *schimpscheut*
bricklayer ('brɪkleɪə) ZN *metselaar*
brickwork ('brɪkwɜ:k) ZN *metselwerk*
brickworks ('brɪkwɜ:ks) ZN MV *steenbakkerij*
brickyard ('brɪkjɑ:d) ZN USA *steenbakkerij; steenhandel*
bridal ('braɪdl) BNW *bruids-*
bride (braɪd) ZN *bruid* ★ ~-to-be *aanstaande bruid*
bridegroom ('braɪdgru:m) ZN *bruidegom*
bridesmaid ('braɪdzmeɪd) ZN *bruidsmeisje*
bridge (brɪdʒ) I ZN • *brug* • *dek rug* ⟨v. neus⟩ • *kam* ⟨v. snaarinstrument⟩ • *bridge* ⟨kaartspel⟩ II OV WW • *overbruggen*
bridgedrive ('brɪdʒdraɪv) ZN *bridgewedstrijd*
bridgehead ('brɪdʒhed) ZN *bruggenhoofd*
bridle ('braɪdl) I ZN • *toom* • *hoofdstel en bit* • *beteugeling* II OV WW • *beteugelen* III ONOV WW • *gepikeerd/geïrriteerd zijn/reageren* ★ ~
bridle path ZN *ruiterpad*
bridleway ('braɪdlweɪ) ZN G-B *ruiterpad*
brief (bri:f) I ZN • *taakomschrijving* ⟨met bevoegdheden en plichten⟩ • JUR. *dossier*

br

• JUR. *instructie* ⟨voor advocaat⟩ • INFORM., JUR. *advocaat* ★ JUR. hold no ~ for sb/sth *iem./iets niet steunen* ★ FIG. stick to one's ~ *zijn boekje niet te buiten gaan* ‖ BNW • *kort; bondig* ★ in ~ *kortom; in het kort* ‖‖ OV WW • *instrueren*

briefcase ('bri:fkeɪs) ZN *aktetas*

briefing ('bri:fɪŋ) ZN • *instructie(s)* • *voorlichting*

briefs (bri:fs) ZN MV *slip(je)* ⟨v. man/vrouw⟩

brier ('braɪə) ZN • → **briar**

brig (brɪg) ZN • *brik* • USA *scheepsgevangenis*

brigade (brɪ'geɪd) ZN *brigade*

brigadier ZN G-B *brigadegeneraal van het leger*

brigadier general ZN USA *brigadegeneraal van het leger, de luchtmacht of de marine*

bright (braɪt) BNW • *helder; stralend* • *hoopvol* • *pienter* • *levendig* ★ ~ and early *voor dag en dauw* ★ as ~ as a button *zo helder als glas* ★ the ~ lights *het uitgaanscentrum* ★ IRON. ~ spark *slimmerik* ★ a ~ spot *lichtpuntje* ★ look on the ~ side *de dingen van de zonzijde bezien*

brighten ('braɪtn) ‖ OV WW • *helder/licht maken* • ~ **(up)** *opvrolijken* ⟨vrolijk maken⟩; *opfleuren* ‖‖ ONOV WW • *helder/licht worden* • ~ **(up)** *opvrolijken* ⟨vrolijk worden⟩; *opfleuren*

bright-eyed BNW *met heldere/stralende ogen*

brill (brɪl) ZN G-B, INFORM. *brilliant briljant*

brilliance ('brɪliəns) ZN *schittering; glans*

brilliant ('brɪliənt) ‖ ZN • *briljant* ‖‖ BNW • *briljant; schitterend*

brim (brɪm) ‖ ZN • *boord* • *rand* ★ to the brim *tot(aan) de rand* ‖‖ ONOV WW • ~ **over (with)** *bruisen/overlopen (van)*

brimful (brɪm'fʊl) BNW *boordevol*

brindle ('brɪndl), **brindled** ('brɪndld) BNW *bruingeel met strepen* ⟨v. dieren⟩

brine (braɪn) ‖ ZN • *pekel* • *het zilte nat* ‖‖ OV WW • *pekelen*

bring (brɪŋ) ‖ OV WW [onr.] • *(binnen-/in-/mee)brengen; aanvoeren* • *indienen* ★ ~ to mind *voor de geest halen* ★ ECON. ~ forward an amount *transporteren* ★ ~ down the house *geweldig applaus veroorzaken* ★ ~ influence to bear *invloed uitoefenen* ★ ~ into play *erbij betrekken* ★ ~ home to *doen beseffen* ★ he will ~ it off *hij komt er wel* ★ ~ it home to sb *iem. iets inpeperen* ★ they brought up the rear *zij vormden de achterhoede* ★ ~ low *aan lager wal brengen; vernederen* • ~ **about** *veroorzaken; wenden* ⟨v. schip⟩ • ~ **along** *meebrengen; stimuleren* ⟨in groei/bloei⟩ • ~ **back** *terugbrengen; meenemen; in de herinnering terugbrengen; herinvoeren* • ~ **down** *neerleggen; neerhalen; verlagen; verslaan; doen landen* ⟨een vliegtuig⟩ ★ ~ the house down *het publiek inpakken* • ~ **forth** *opleveren; voortbrengen; baren* • ~ **forward** *naar voren brengen;* ADMIN. *transporteren; vervroegen* • ~ **in** *binnenhalen/-brengen; inbrengen; erbij halen; introduceren; indienen* ⟨v. wetsontwerp⟩; JUR. *uitspraak doen* • ~ **on** *veroorzaken* • ~ **out** *naar buiten brengen; tot uiting laten komen; uitbrengen, in de handel brengen* ★ ~ sb out of himself *iem. helpen zich te ontplooien* • ~ **over** *laten (over)komen* • ~ **through** *er doorheen slepen* • ~ **to** *brengen tot; bijbrengen* ⟨uit bewusteloosheid⟩;

SCHEEPV. *tot stilstand brengen;* SCHEEPV. *doen bijdraaien* • ~ **under** *brengen onder; onderdrukken* • ~ **up** *naar voren brengen;* JUR. *voorleiden; opvoeden; opgeven* ⟨slijm, braaksel⟩ ★ ~ up to date *moderniseren; bijwerken* ⟨v. boeken⟩ • ~ **(a)round** *meebrengen; bijbrengen* ⟨uit bewusteloosheid⟩; *overreden* ‖‖ ONOV WW • SCHEEPV. ~ **to** *tot stilstand komen; bijdraaien*

brink (brɪŋk) ZN *rand*

brinkmanship ('brɪŋkmənʃɪp) ZN *politieke koorddanserij*

briny ('braɪnɪ) ‖ ZN • PLAT *zee* ‖‖ BNW • *zilt*

brio ('bri:əʊ) ZN *levendigheid; vuur*

brioche ('bri:ɒʃ) ZN *luxe broodje*

brisk (brɪsk) ‖ BNW • *levendig; kwiek • fris; verkwikkend* ‖‖ OV+ONOV WW ★ ~ (up) *levendig worden; opfleuren*

brisket ('brɪskɪt) ZN *borststuk* ⟨v. rundvlees⟩

bristle ('brɪsəl) ‖ ZN • *borstel* ⟨v. haar⟩ • *stoppel* • *borstelhaar* ★ make sb ~ *iem. nijdig maken* ‖‖ OV+ONOV WW • *overeind gaan staan • nijdig worden* • ~ **with** *vol zitten met; wemelen van*

bristly ('brɪslɪ) BNW • *borstelig • stoppelig*

Britain ('brɪtn) ZN *Brittannië*

Britannic (brɪ'tænɪk) BNW *Brits*

British ‖ BNW • *Brits* ‖‖ MV • *Britten*

Britisher ('brɪtɪʃə) ZN USA/INFORM. *Engelsman/Engelse*

Briton ('brɪtn) ZN *Brit*

Brittany ('brɪtənɪ) ZN *Bretagne*

brittle ('brɪtl) BNW • *bros; broos • kil*

broach (brəʊtʃ) ‖ ZN • *braadspit • boorstift* ‖‖ OV WW • *aanbreken • aansnijden* ⟨v. onderwerp⟩

broad (brɔːd) ‖ ZN • USA, INFORM. *meid* ‖‖ BNW • *breed; wijd • algemeen • vrijzinnig* ⟨v. opvatting⟩ • *(over)duidelijk • vrijzinnig* ⟨v. opvatting⟩ • *plat* ⟨v. taalgebruik⟩ ★ it's as ~ as it's long *'t is zo lang als 't breed is; 't maakt niet uit*

broadband ('brɔːdbænd) ZN TECHN. *breedband*

broad-based BNW *breed* ⟨v. draagvlak⟩

broadbrush ('brɔːdbrʌʃ) BNW *globaal*

broadcast ('brɔːdkɑːst) ‖ ZN • *uitzending* ⟨radio/tv⟩ ‖‖ BNW • *verspreid gezaaid • uitgezonden* ⟨radio/tv⟩ ‖‖ OV+ONOV WW [onr.] • *uitzenden* ⟨radio/tv⟩ • *omroepen; rondbazuinen • uitzaaien*

broaden ('brɔːdn) OV+ONOV WW • *breder worden/maken • travel* ~s the mind *door reizen verruimt men de blik* • ~ **out** *verbreden; verruimen*

broad-minded (brɔːd'maɪndɪd) BNW *ruimdenkend*

broadsheet ('brɔːdʃiːt) ZN • *kwaliteitskrant; krant (groot formaat) • aan één kant bedrukt groot blad papier*

brocade (brə'keɪd) ZN *brokaat*

brochure ('brəʊʃə) ZN *brochure*

brogue (brəʊg) ZN • *accent* ⟨vnl. Iers/Schots⟩ • *zware schoen met gaatjes*

broil (brɔɪl) ‖ ZN • USA *geroosterd vlees* ‖‖ OV+ONOV WW • USA *op rooster braden • braden/liggen bakken* ⟨in de zon⟩ • *krakelen; ruziën* • USA ~ing day *snikhete dag*

broiler ('brɔɪlə) ZN • *braadkip; kuiken* • USA *gril • braadrooster • snikhete dag*

broke (brəʊk) ‖ ZN *platzak; bankroet* ★ be flat ~

volkomen platzak zijn ★ INFORM. go for ~ *alles op één kaart zetten* II OV WW [o.v.t.] • → **break**
broken ('brəʊkən) I BNW • *gebroken*; *kapot* • *geaccidenteerd* ⟨terrein⟩; *oneffen* ★ ~ *marriage stukgelopen huwelijk* II WW [volt. deelw.] • → **break**
broken-down BNW • *vervallen*; *kapot* • *uitgeput*; *op*
broken-hearted BNW *geslagen*; *gebroken* ⟨v. verdriet⟩
broken home ZN *éénoudergezin*
broken-winded BNW *dampig* ⟨v. paard⟩
broker ('brəʊkə) ZN • *(effecten)makelaar* • *pandjesbaas*
brokerage ('brəʊkərɪdʒ) ZN • *makelaardij* • ECON. *courtage*
bromide ('brəʊmaɪd) ZN • SCHEIK. *bromide* • *gemeenplaats*; *banaliteit*
bromine ('brəʊmiːn) ZN *broom*
bronchial ('brɒŋkaɪ) BNW *bronchiaal*; *bronchiën-*
bronchitis (brɒŋ'kaɪtɪs) ZN *bronchitis*
bronze (brɒnz) I ZN • *brons* • *kunstwerk in brons* • *bronskleur* • *derde prijs* II BNW • *bronzen* • *bronskleurig* III OV+ONOV WW • *bronzen* • *bruin worden*
brooch (brəʊtʃ) ZN *broche*
brood (bruːd) I ZN • *broedsel* • HUMOR. *gebroed* II ONOV WW • *broeden* • ~ **on/over** *tobben over*
broodmare ('bruːdmeə) ZN *fokmerrie*
broody ('bruːdɪ) BNW • *broeds* • *bedrukt*; *somber*
brook (brʊk) I ZN • *beek* II OV WW • *dulden* ★ ~ *no nonsense geen flauwekul dulden*
brooklet ('brʊklət) ZN *beekje*
broom (bruːm) I ZN • *bezem* • *brem* II OV WW • *bezemen*
broomstick ('bruːmstɪk) ZN *bezemsteel* ★ *marry over the* ~ *ongehuwd samenwonen*
Bros, Bros. AFK *Brothers gebr.* ⟨gebroeders⟩
broth (brɒθ) ZN *bouillon* ★ *Scotch* ~ *Schotse maaltijdsoep*
brothel ('brɒθəl) ZN *bordeel*
brother ('brʌðə) ZN • *broer*; *broeder* ⟨rel.⟩ • *collega* ★ *big* ~ *instantie of autoriteit die teveel macht uitoefent*
brotherhood ('brʌðəhʊd) ZN *broederschap*
brother-in-law ('brʌðərɪnlɔ:) ZN *zwager*
brotherly ('brʌðəlɪ) BNW + BIJW *broederlijk*
brought (brɔ:t) WW [verl. tijd + volt. deelw.] • → **bring**
brow (braʊ) ZN • *voorhoofd* • *wenkbrauw* • *top* ⟨v. heuvel⟩ • *uitstekende rand* ★ SCHEEPV. *loopplank* ★ *knit o.'s brows het voorhoofd fronsen*
browbeat ('braʊbiːt) OV WW *intimideren*
brown (braʊn) I BNW • *bruin* ★ *as* ~ *as a berry zeer bruin* ★ *in a* ~ *study in gepeins verzonken* II ZN • *bruin* III OV+ONOV WW • *bruin worden/maken*; *bruineren* ★ INFORM. *~ed off het spuugzat zijn*
brownie ('braʊnɪ) ZN • *goede elf/kabouter* • *kabouter* ⟨padvindster (tussen 7-11 jaar)⟩ • *chocoladecakeje*
brown-nose WW PLAT, VULG. *kontlikken*
brownstone ('braʊnstəʊn) ZN *roodbruine zandsteen, gebruikt als bouwsteen*; *(voornaam) huis van roodbruine zandsteen*

browse (braʊz) I ZN • *het rondneuzen* • *twijgen*; *scheuten* ⟨voedsel voor dieren⟩ II OV+ONOV WW • *rondneuzen*; *grasduinen* • *doorbladeren* • *naar informatie zoeken* ⟨vooral op het internet⟩ • *(af)grazen*
browser ('braʊzə) ZN • COMP. *browser*; *zoekmachine* • *snuffelaar* ⟨in winkel⟩
BRS AFK *British Road Services Britse Wegenwacht*
bruise (bruːz) I ZN • *blauwe plek*; *(gekneusd) plekje* ⟨op fruit⟩ II OV WW • *fijnstampen* • *kneuzen* • *kwetsen*
bruiser ('bruːzə) ZN INFORM. *rouwdouwer*
bruising ('bruːzɪŋ) BNW *uitputtend*
Brummie ('brʌmɪ) ZN G-B, INFORM. *inwoner v. Birmingham*
brunch (brʌntʃ) ZN *ontbijt en lunch ineen*
brunt (brʌnt) ZN *piek*; *grootste klap* ⟨v. schok/aanval⟩ ★ *bear/take the* ~ *het 't hardst te verduren hebben*
brush (brʌʃ) I ZN • *borstel* • *kwast*; *penseel* • *veeg* • *confrontatie*; *onaangename ontmoeting* • PLANTK. *kreupelbos* • BIOL. *vossenstaart* ★ *give a* ~ *lichtjes afborstelen* ★ *with a broad* ~ *in grote lijnen* ▼ *as daft as a* ~ *zo gek als een deur* II OV WW • *borstelen*; *vegen* • *bestrijken* • FIG. ~ *aside opzij schuiven*; *negéren* • ~ **down** *afborstelen*; *schoonvegen*; FIG. *de mantel uitvegen* • ~ **off** *afborstelen*; FIG. *de bons geven*; *afschepen* • FIG. ~ **up** *opfrissen* ⟨v. kennis⟩ III ONOV WW • *licht aanraken* • ~ **past** *licht aanraken in het voorbijgaan*
brush-off ZN *afscheping* ★ INFORM. *give sb the* ~ *iem. eruit kegelen*; *iem. bot afwijzen*
brush stroke ZN *penseelstreek*
brushwood ('brʌʃwʊd) ZN • *kreupelhout* • *sprokkelhout*
brusque (brʊsk) BNW *bruusk*; *kortaf*
brusqueness ('brʊsknəs) ZN *bruuskheid*
Brussels sprout ZN *spruit*
brutal ('bruːtl) BNW • *wreed*; *beestachtig* • *grof*
brutality (bruː'tælətɪ) ZN • *wreedheid* • *beestachtigheid*
brutalize, G-B **brutalise** ('bruːtəlaɪz) OV WW • *onmenselijk behandelen* • *verwilderen*; *verdierlijken*
brute (bruːt) I ZN • *bruut* • *beest* II BNW • *redeloos* • *woedend* • *wreed*
brutish ('bruːtɪʃ) BNW *dierlijk*; *liederlijk*
BS AFK • *British Standard Britse Standaard* ⟨normalisatie-instituut⟩ • PLAT *bullshit onzin*; *rotzooi* • → **BSc**
BSc AFK O&W *Bachelor of Science* ≈ *bachelor in de natuurwetenschappen*
BSE (biː:esi:) AFK *bovine spongiform encephalopathy BSE*
BST AFK *British Summer Time Britse zomertijd*
btw AFK *by the way trouwens*
bubble ('bʌbl) I ZN • *(lucht)bel* • OOK FIG. *zeepbel* ★ *the* ~ *burst de zeepbel spatte uiteen*; *men kwam bedrogen uit* II ONOV WW • *borrelen*; *bruisen* • ~ **over with** *overlopen van* ★ ~ *over with excitement zijn mond niet kunnen houden van opwinding* • ~ **up** *opborrelen*
bubble bath ZN • *badschuim* • *schuimbad*
bubblegum ('bʌblgʌm) ZN *klapkauwgom*

bu

bu

bubbly ('bʌblɪ) I zn • INFORM. *champagne* II BNW • *bruisend; sprankelend • goedgemutst*

bubonic (bju:'bɒnɪk) BNW ★ ~ *plague builenpest*

buccaneer (bʌkə'nɪə) I zn • *boekanier • gladde zakenman* II ONOV WW • *zeeroverij plegen*

buck (bʌk) I zn • USA/AUSTR. *dollar • (ree)bok; ram(melaar)* ⟨konijn⟩ • *verantwoordelijkheid; schuld • aalfuik* • USA/INFORM. *jongen* ★ the buck stops here *de uiteindelijke verantwoordelijkheid ligt bij mij* ★ INFORM. make a fast/quick buck *snel binnenlopen; je slag slaan* ★ pass the buck *verantwoordelijkheid op iem. anders afschuiven* ★ big bucks *een boel geld; goeie handel* II OV+ONOV WW • *bokken • afwerpen* • INFORM. *tegenwerken; z. verzetten* ★ G-B, INFORM. buck your ideas up *ga er aan staan!* • INFORM. ~ up *moed houden/inspreken*

bucket ('bʌkɪt) I zn • *emmer • schoep* ★ INFORM. ~s [mv] *grote hoeveelheden* ★ she cried ~s *ze huilde tranen met tuiten* ★ ~ seat *kuipstoel* ⟨in auto/vliegtuig⟩ ▼ EUF. kick the ~ *het hoekje omgaan* ⟨sterven⟩ II OV+ONOV WW • *doorjakkeren; afjakkeren* ⟨v. paard⟩ ★ INFORM. rain is ~ing down *de regen komt met bakken naar beneden*

bucketful ('bʌkɪtfʊl) zn *emmer (vol)*

bucket seat zn *kuipstoel* ⟨in auto/vliegtuig⟩

bucket shop zn • *kantoor voor beursspeculanten* • G-B, INFORM. *reisbureau voor goedkope vliegtickets*

buckle ('bʌkl) I OV WW • *vastgespen* • *kromtrekken; verbuigen* • ~ **down to** z. *storten op* II ONOV WW • *kromtrekken; verbuigen • wankelen • in elkaar zakken* • ~ **up** *(veiligheids)riem omdoen* III zn • *gesp; gordel*

buckram ('bʌkrəm) I zn • *buckram; grof, stijf linnen • stijfheid* II BNW • *stijf*

buckshot ('bʌkʃɒt) zn *grove hagel*

buckskin ('bʌkskɪn) zn • *hertenleer • geitenleer*

buck-teeth (bʌk'tu:θ) zn *vooruitstekende boventanden*

buckwheat ('bʌkwi:t) zn *boekweit*

bucolic (bju:'kɒlɪk) I zn • LIT. *herdersgedicht* II BNW • *landelijk • pastoraal*

bud (bʌd) I zn • *knop • kiem* ★ cotton bud *wattenstaafjecandy* II OV+ONOV WW • *uitbotten* • *ontluiken • z. ontwikkelen • enten*

Buddhism ('bʊdɪzəm) zn *boeddhisme*

Buddhist ('bʊdɪst) I zn • *boeddhist* II BNW • *boeddhistisch*

budding ('bʌdɪŋ) BNW *aankomend; ontluikend* ★ a ~ artist *een aankomend kunstenaar*

buddy ('bʌdɪ) zn • *maat; kameraad • partner* • *buddy* ⟨v. aidspatiënt⟩

budge (bʌdʒ) ONOV WW z. *verroeren* ★ don't ~ *geef niet toe* ★ G-B/INFORM. ~ up a bit! *schuif eens wat op!*

budgerigar ('bʌdʒərɪga:) zn *grasparkiet*

budget ('bʌdʒɪt) I zn • *budget; begroting* II OV+ONOV WW • ~ **for** *post opnemen in de begroting; geld uittrekken voor*

budgetary ('bʌdʒɪtrɪ) BNW *budgettair*

budgie ('bʌdʒɪ) zn INFORM. • → **budgerigar**

buff (bʌf) I zn • *bruingeel • bruingeel leer* • *enthousiasteling; fan* ★ in the buff *naakt*

★ blind man's buff *blindemannetje* II BNW • *bruingeel* III OV WW • *polijsten*

buffalo ('bʌfələʊ) zn *bizon; buffel*

buffer ('bʌfə) zn • *buffer; stootkussen* • *tussengeheugen* • old ~ *malloot*

buffet[1] ('bʌfɪt) I zn • *klap* ⟨hand/vuist⟩ II OV WW • *worstelen • slaan; stompen* • z. een weg *banen* ★ a ~ing wind *harde windstoten*

buffet[2] ('bʊfeɪ) zn • *(lopend) buffet* • *restauratie(wagon)* • USA *buffet(kast)*

bug (bʌg) I OV WW • *afluisteren • hinderen; dwars zitten* • USA *irriteren* II ONOV WW • *uitpuilen* • USA PLAT *kwaad zijn* III zn • USA *insect • ziektekiem; bacil; OOK FIG. virus* • *wandluis* • INFORM. *verborgen microfoon* • COMP. *storing • obsessie* • big bug *grote piet* ★ be bitten by a bug *ergens enthousiast voor worden* ★ USA bug off *lazer op*

bugaboo ('bʌgəbu:) zn • *spook(beeld); schrikbeeld • oorzaak van overlast*

bugbear ('bʌgbeə) zn • *spook(beeld); schrikbeeld* • *oorzaak van overlast*

bug-eyed BIJW *met uitpuilende ogen;* USA *stomverbaasd*

bugger ('bʌgə) I OV WW • PLAT ~ it! *verdomme!* • PLAT ~ **about/around** *sollen met* • PLAT ~ **up** *verpesten* II ONOV WW ★ ~ off! *donder op* • PLAT ~ **about** *donderjagen; rondklooien* • PLAT ~ **off** *opdonderen; wegwezen* III zn • MIN. *klootzak* • PLAT *rotding* • MIN. poor ~ *arme drommel* ★ INFORM. tough ~ *taaie rakker* IV TW • *verdomme* ⟨bij (onaangename) verrassing⟩ ★ PLAT ~ all *geen sodemieter* ⟨niets⟩

buggered ('bʌgəd) BNW MIN. *afgepeigerd; naar de kloten* ★ I'll be ~! *(verrast) verdomme!* ★ I'm ~ if I know *ik heb Godverdomme geen idee*

buggery ('bʌgərɪ) zn *anaal geslachtsverkeer*

buggy ('bʌgɪ) zn • *sportieve open auto • licht rijtuigje • wandelwagen* ⟨kind⟩

bugle ('bju:gl) I zn • *signaalhoorn* • PLANTK. *zenegroen* II OV+ONOV WW • *signaal blazen*

bugle-call zn *hoornsignaal*

bugler ('bju:glə) zn *hoornblazer*

build (bɪld) I OV WW [onr.] • *bouwen* • *samenstellen • ontwikkelen* ★ Rome was not built in a day *Keulen en Aken zijn niet op één dag gebouwd* ⟨gezegde⟩ • ~ **in** *inbouwen; opnemen in* • ~ **on** *aan-/bijbouwen; baseren op; vertrouwen op* • ~ **onto** *aanbouwen* • ~ **up to** *voorbereiden op; ontwikkelen; ophemelen/ prijzen* ⟨iemand⟩; *voorbereiden op* II ONOV WW • *groter/meer worden* ★ tension is ~ing *de spanning stijgt* • ~ **up** *groter/meer worden* III zn • *(lichaams)bouw*

builder ('bɪldə) • *bouwer • aannemer*

building ('bɪldɪŋ) zn *gebouw*

building block zn OOK FIG. *bouwsteen*

building line zn *rooilijn*

building site zn *bouwterrein; perceel*

building society zn *bouwfonds; hypotheekbank*

build-up ('bɪldʌp) zn • *toename • publiciteit; campagne • opbouw; ontwikkeling*

built (bɪlt) WW [verl. tijd + volt. deelw.] • → **build**

built-in BNW *ingebouwd*

built-up BNW ★ ~ *area bebouwde kom*

bulb (bʌlb) I ZN • *knol*; *(bloem)bol* • *gloeilamp* II ONOV WW • *bolvormig opzwellen*
bulb farm ZN *bollenkwekerij*
bulb grower ZN *bollenkweker*
bulbous ('bʌlbəs) BNW • *bolvormig* • *uitpuilend* ⟨v. ogen⟩ ★ ~ *nose dikke ronde neus*
Bulgarian (bʌl'geərɪən) I ZN • *Bulgaar* II BNW • *Bulgaars*
bulge (bʌldʒ) I ZN • *bobbel*; *bolling* • INFORM. *vetlaag* • *piek*; *golf* II OV+ONOV WW • *(doen) uitpuilen*
bulgy ('bʌldʒɪ) BNW • *uitpuilend* • *opgezwollen*
bulk (bʌlk) I ZN • *partij* • *het grootste deel* • *lading* • *massa*; *omvang* ★ bulk goods *goederen die in grote hoeveelheden verhandeld worden* ★ bulk buying *in grote hoeveelheden kopen* ★ load in bulk *met stortgoederen laden* ★ bulk cargo *lading stortgoederen* II OV WW • ~ **up** *opstapelen* III ONOV WW ★ bulk large *van groot belang/grote omvang lijken*
bulk cargo ZN *lading stortgoederen*
bulk goods ZN MV *bulkgoederen*
bulkhead ('bʌlkhed) ZN • LUCHTV. *scheidingswand* • SCHEEPV. *waterdicht schot*
bulky ('bʌlkɪ) BNW *omvangrijk*
bull (bʊl) I ZN • *stier* ⟨ook van olifant, walvis⟩ • ECON. *haussier* • *pauselijke bul* • USA *smeris* ★ PLAT (a load of) bull! *(een hoop) onzin!* ★ (Irish) bull *lachwekkende ongerijmdheid* ★ a bull of a man *sterke, stevige, agressieve kerel* ★ like a bull in a china shop *als een olifant in een porseleinkast* ★ FIG. take the bull by the horns *de stier bij de horens vatten* II OV+ONOV WW • *à la hausse speculeren* ★ bull the market *de markt opdrijven*
bulldog ('bʊldɒg) ZN *bulldog*
bulldog clip ZN *papierklem*
bulldoze ('bʊldəʊz) OV WW OOK FIG. *platwalsen* ★ ~ sb into sth *iem. dwingen tot iets*
bulldozer ('bʊldəʊzə) ZN *bulldozer*
bullet ('bʊlɪt) ZN • *kogel* ⟨uit geweer⟩ • DRUKK. *bullet* (opsommingsteken) ▼ take a ~ *geraakt worden door een kogel*
bulletin ('bʊlətɪn) ZN *bulletin*
bulletin board ZN USA *mededelingenbord*
bulletproof ('bʊlɪtpru:f) BNW *kogelvrij*
bullfight ('bʊlfaɪt) ZN *stierengevecht*
bullfighter ('bʊlfaɪtə) ZN *stierenvechter*
bullfinch ('bʊlfɪntʃ) ZN *goudvink*
bullfrog ('bʊlfrɒg) ZN *(brul)kikvors*
bullhead ('bʊlhed) ZN INFORM. *stommerd*
bull-headed (bʊl'hedɪd) BNW • *onbesuisd* • *stom* • *koppig*
bullion ('bʊlɪən) ZN • *ongemunt goud of zilver* • *franje v. goud of zilverdraad*
bullish ('bʊlɪʃ) BNW • *stierachtig* • ECON. *met neiging tot oplopen* ⟨v. o.a. effecten⟩
bullock ('bʊlək) ZN *os*
bullring ('bʊlrɪŋ) ZN *arena voor stierengevechten*
bull session ZN USA/INFORM. *groepsdiscussie*
bullseye ('bʊlzaɪ) I ZN • *roos* ⟨v. schietschijf⟩ • *schot in de roos* II TW • *in de roos*; *raak*
bullshit ('bʊlʃɪt) ZN VULG. *gelul*; *gezeik*
bully ('bʊlɪ) I ZN • *pestkop*; *kwelgeest*; *bullebak* • *tiran* • *scheidsrechterbal* ⟨bij hockey⟩ II BNW • *reuze* ★ IRON. ~ for you! *uitstekend!* III OV WW

• *pesten* • *tiranniseren* • *koeioneren*
bully boy ZN *zware jongen*
bully proofing ZN ≈ *project tegen pesten op school*
bulrush ('bʊlrʌʃ) ZN • *mattenbies* • *lisdodde*
bulwark ('bʊlwək) ZN • *verschansing*; *bolwerk* • *golfbreker*
bum (bʌm) I ZN • *achterste* • USA/INFORM. *zwerver*; *nietsnut* II BNW • *waardeloos* ★ INFORM. a bum deal *een waardeloze overeenkomst* III OV WW • *bedelen*; *bietsen* IV ONOV WW • *rondzwerven* • ~ about/around *nutteloos rondhangen*
bumbag ('bʌmbæg) ZN *heuptasje*
bumble ('bʌmbl) ONOV WW • *zoemen* • *mompelen* • *aanrommelen*; *stuntelen*
bumblebee ('bʌmblbi:) ZN *hommel*
bumf (bʌmf) ZN • MIN. *paperassen*; *papierrommel* • PLAT *pleepapier*
bummer ('bʌmə) I ZN • *tegenslag*; *vervelend iets* II TW • *klote!*
bump (bʌmp) I ZN • *bons* • *botsing* • *buil* • *hobbel* II OV WW • ~ **up** *opkrikken*; *opschroeven*; *opvijzelen* III OV+ONOV WW • *bonzen* • *botsen* • *stoten* • *hobbelen* • INFORM. ~ **into** *bij toeval ontmoeten*; *botsen tegen* • PLAT ~ **off** *vermoorden* • INFORM. ~ **up** *verhogen* ⟨v. prijs⟩; *omhoogvallen* • ~ **up against** *tegen het lijf lopen*
bumper ('bʌmpə) I ZN • *bumper* • *buffer* ⟨v. spoorwagen⟩ • *vol glas* ★ ~ **to** ~ *bumper aan bumper* II BNW • *zeer groot* ★ ~ crop *zeer grote oogst*
bumper car ZN USA *botsautootje*
bumph ZN • → **bumf**
bumpkin ('bʌmpkɪn) ZN ★ (country) ~ *boerenpummel/-kinkel*
bumptious ('bʌmpʃəs) BNW *verwaand*
bumpy ('bʌmpɪ) BNW *bultig*; *hobbelig* ★ have/give sb a ~ ride *het iem. moeilijk maken*
bun (bʌn) ZN • *broodje* • *haarwrong* ★ IRON. have a bun in the oven *in verwachting zijn*
bunch (bʌntʃ) I ZN • *bos* • *tros* • *troep*; *stel* ★ in ~es *in twee staartjes* ⟨haardracht⟩ ★ the best of a bad ~ *de minst kwade v.h. stel* II OV+ONOV WW • *een bos vormen* • ~ **together/up** *samenklitten* ⟨v. mensen⟩
bundle ('bʌndl) I ZN • *bundel*; *bos*; *pak* ★ INFORM. a ~ of joy *een baby* ★ a ~ of fun/joy *iem. die een hoop lol/plezier heeft* ★ INFORM. go a ~ on sth *enthousiast worden over iets* ★ a ~ of nerves *een zenuwpees* II OV WW • *bundelen*; *samenvoegen* • *wegmoffelen*; *wegwerken* ⟨persoon⟩ • ~ **up** *bundelen*; *warm aankleden* III ONOV WW • *zich bewegen* ⟨snel, als groep⟩ • ~ **up** *zich warm aankleden*
bung (bʌŋ) I ZN • *stop* • G-B, INFORM. *smeergeld* II OV WW • *dichtstoppen*; *verstoppen* • *smijten* • G-B, INFORM. *(weg)keilen* ★ INFORM. just bung a pizza in the oven *gooi maar een pizza in de oven* • INFORM. ~ **up** *verstoppen*
bungee jumping ZN MV *bungeejumpen*
bungle ('bʌŋgl) I ZN • *prutswerk* II OV+ONOV WW • *(ver)prutsen*
bungler ('bʌŋglə) ZN *prutser*

bu

bunion ('bʌnjən) ZN *eeltknobbel op grote teen*

bunk (bʌŋk) I ZN • *kooi; couchette* ★ INFORM. do a bunk *er tussenuit knijpen* II ONOV WW • ~ **off** INFORM. *naar bed gaan, slapen; er tussenuit knijpen, spijbelen*

bunk bed ZN *stapelbed*

bunker ('bʌŋkə) I ZN • *kolenruim* • *zandkuil als hindernis* ⟨bij golf⟩ • MIL. *bunker* II OV WW • *brandstof innemen*

bunny ('bʌnɪ) ZN *konijntje*

bunting ('bʌntɪŋ) ZN • *vink; gors* ⟨vogel⟩ • *gekleurde vlaggetjes/vaantjes*

buoy (bɔɪ) I ZN • *ton; boei* II OV WW • ~ **(up)** *aanmoedigen; drijvende houden; kracht geven*

buoyancy ('bɔɪənsɪ) ZN • *opgewektheid* • *levendigheid* • *drijfvermogen* • *veerkracht*

buoyant ('bɔɪənt) BNW • *drijvend* • *opgewekt; vrolijk* ★ a ~ economy *een gezonde economie*

burble ('bɜːbl) ONOV WW • *snateren; kwebbelen* • *borrelen; bubbelen*

burden ('bɜːdn) I ZN • *last; taak; verplichting* • *vracht* • *tonnage* • *refrein* • *hoofdthema* ★ JUR. ~ of proof *bewijslast* II OV WW • *belasten* • *drukken*

burdensome ('bɜːdnsəm) BNW • FORM. *drukkend* • FORM. *loodzwaar*

burdock ('bɜːdɒk) ZN PLANTK. *klis*

bureau ('bjʊərəʊ) ZN • *schrijfbureau* • *kantoor*

bureaucracy (bjʊə'rɒkrəsɪ) ZN *bureaucratie*

bureaucrat ('bjʊərəkræt) ZN *bureaucraat*

bureaucratic (bjʊərə'krætɪk) BNW *bureaucratisch*

burgee (bɜː'dʒiː) ZN SCHEEPV. *eigenaars-/clubwimpel*

burgeon ('bɜːdʒən) I ZN • *knop* II ONOV WW • *snel groeien; uitbotten*

burger ('bɜːgə) ZN USA/INFORM. *hamburger*

burgess ('bɜːdʒɪs) ZN *burger*

burglar ('bɜːglə) ZN *inbreker*

burglar alarm ZN *alarminstallatie*

burglar-proof ('bɜːgləpruːf) ZN *inbraakvrij*

burglary ('bɜːglərɪ) ZN *inbraak*

burgle ('bɜːgl) OV+ONOV WW *inbreken bij/in*

burgomaster ('bɜːgəmɑːstə) ZN *burgemeester* ⟨vooral m.b.t. Nederland en Duitsland⟩

burial ('berɪəl) ZN *begrafenis*

burial grounds ZN *begraafplaats*

burial service ZN *uitvaartplechtigheid/-dienst*

burin ('bjʊərɪn) ZN *burijn; graveerstift*

burlap ('bɜːlæp) ZN *jute*

burlesque (bɜː'lesk) I ZN • *klucht* • *parodie* ★ USA ~ house *revuetheater* II BNW • *burlesk; boertig; plat* III OV WW • *parodiëren*

burly ('bɜːlɪ) BNW *zwaar; stevig*

burn (bɜːn) I OV WW [regelmatig + onr.] • *verbranden* • *verstoken* • *verteren* ▼ burn your bridges *je schepen achter je verbranden* ▼ burn the candle at both ends *jezelf overbelasten* ▼ burn the midnight oil *tot diep in de nacht werken* ▼ burn to a crisp/cinder *volledig verbranden* • ~ **away** *wegbranden* • ~ **down** *tot de grond toe verbranden* • ~ **up** *geheel verbranden* II ONOV WW • *(ver)branden* • *aanbranden* ★ you are burning! ⟨bij raad-/zoekspelletje⟩ ★ be burning to... *branden van verlangen om te...* • ~ **down** *tot de grond toe verbranden* • ~ **out**

uitbranden; opbranden • ~ **up** *geheel verbranden; opvlammen; hoge koorts hebben* III ZN • *brandwond*

burned (bɜːnd) WW [verleden tijd + volt. deelw.] • → burn

burner ('bɜːnə) ZN *pit* ⟨v. fornuis⟩; *brander* ★ FIG. on the back ~ *op een laag pitje*

burnet ('bɜːnɪt) ZN PLANTK. *pimpernel*

burning ('bɜːnɪŋ) BNW • *gloeiend* • *vurig* ★ ~ hot *gloeiend heet* ★ a ~ problem *een urgent/ cruciaal probleem*

burnish ('bɜːnɪʃ) OV WW • *glanzen* • *polijsten* • *bruineren* ★ ~ed brass/copper *gepolijst/ gepoetst koper*

burnout ('bɜːnaʊt) BNW • *burn-out* ⟨inzinking⟩ • *het uitgebrand zijn*

burnt (bɜːnt) WW [verl. tijd + volt. deelw.] • → burn

burp (bɜːp) OV+ONOV WW INFORM. *boeren; een boer laten*

burqa ('bɜːkə) ZN *boerka*

burr (bɜː) I ZN • TAALK. *brouw-r; keel-r* • *brom* • PLANTK. OOK FIG. *klit* • *braam* ⟨in metaal⟩ II OV+ONOV WW • *brommen* • *brouwen; met keel-r spreken*

burrow ('bʌrəʊ) I ZN • *hol; tunnel* II OV+ONOV WW • *een hol maken; wroeten; zoeken* • FIG. *z. begraven; nestelen*

bursar ('bɜːsə) ZN • *thesaurier* ⟨v. universiteit⟩ • *beursstudent*

bursary ('bɜːsərɪ) ZN • *thesaurie* • *studiebeurs*

burst (bɜːst) I ONOV WW [onr.] • *(door-/ open)breken* ★ the river ~ its banks *de rivier is buiten haar oevers getreden* ▼ ~ sb's bubble *iemands hoop de bodem in slaan* • ~ **upon** *doordringen tot* ⟨plotseling⟩ ★ the truth ~ upon us *de waarheid drong plots tot ons door* II OV WW • *barsten; (door)breken; (open)springen* ★ be ~ing to do sth *popelen om iets te doen* ★ the door ~ open *de deur vloog open* ★ ~ing at the seams with ... *barstensvol ...* • ~ **in** (up)**on** *(ruw) onderbreken* • ~ **into** *uitbarsten in; binnenvallen/-stormen* ⟨een pand enz.⟩ ★ ~ into tears/laughter/song *uitbarsten in tranen/gelach/gezang* ★ ~ into blossom *in bloei schieten* ★ ~ into flames *in brand vliegen* ★ ~ into sight/view *opduiken; tevoorschijn komen* • ~ **out** *uitbarsten; uitbreken; naar buiten dringen* • ~ **with** *barsten van* ★ ~ with health *blaken van gezondheid* ★ ~ with joy *dolgelukkig zijn* ★ ~ with pride *apetrots zijn* III ZN • *barst; scheur* • *vlaag* • *opwelling* ★ ~ of fire *salvo*

bury ('berɪ) OV WW • *begraven* • *verbergen* ★ bury the hatchet/your differences *de strijdbijl begraven; geschillen bijleggen*

bus (bʌs) I ZN [mv: buses, USA **busses**] • *bus* • INFORM. *kist* ⟨vliegtuig⟩ • INFORM. *wagen* ⟨auto⟩ II ONOV WW • *met de bus gaan*

busboy ('bʌsbɔɪ) ZN USA *hulpkelner*

busby ('bʌzbɪ) ZN *berenmuts*

bush (bʊʃ) ZN • *struik* • *haarbos* • *oerwoud; rimboe* ★ FIG. beat about the bush *om de hete brei heen draaien*

bushed (bʊʃt) BNW *bekaf*

bushel ('bʊʃəl) ZN *schepel* ★ USA/INFORM. ~s [mv]

massa's; *stapels*
bush-league I ZN USA *waardeloos*
Bushman ('buʃmən) ZN *Bosjesman*
bush-ranger ZN AUS *struikrover*
bushy ('buʃi) BNW • *ruig* • *met struikgewas begroeid* ★ a ~ tail *een volle staart* ★ ~ eyebrows *borstelige wenkbrauwen*
business ('bɪznəs) ZN • *handel*; *zaken* • *bedrijf*; *zaak* • *klandizie*; *omzet* • *beroep* • *taak* • *kwestie* ★ any other ~ *wat verder ter tafel komt* (agendapunt) ★ INFORM. be in ~ *startklaar zijn*; *aan de slag zijn* ★ ~ is ~ *zaken zijn zaken* ★ get down to ~ *ter zake komen* ★ I mean ~ *het is mij ernst* ★ have no ~ to ... *niet het recht hebben om ...* ★ go about one's ~ *met de dagelijkse dingen bezig zijn* ★ send sb about his ~ *iem. de laan uitsturen* ★ INFORM. like nobody's ~ *als geen ander* ⟨heel snel of goed⟩ ★ INFORM. big ~ *(grote) zaken*; *flinke handel* ★ that's none of your ~ *dat gaat je niet aan* ★ on ~ *voor zaken* ★ out of ~ *zonder werk*; *buiten bedrijf* ⟨wegens faillissement⟩ ★ I am not in the ~ of doing sth *ik ben niet van plan om iets te doen* ★ INFORM. take care of ~ *zijn zaakjes goed regelen* ★ ~ as usual *de gewone gang van zaken* ★ unfinished ~ *nog niet afgehandelde kwesties*
business card ZN *visitekaartje*; *adreskaartje*
business end ZN FIG. *essentie* ⟨v.e. kwestie⟩
business hours MV *kantooruren* ★ during ~ *tijdens kantooruren*
businesslike ('bɪznəslaɪk) BNW *zakelijk*
businessman ('bɪznəsmæn) ZN *zakenman*
business park ZN *bedrijvenpark*
business studies ZN MV *commerciële economie*; *bedrijfskunde*
businesswoman ('bɪznəswʊmən) ZN *zakenvrouw*
busk (bʌsk) ONOV WW G-B *optreden als straatmuzikant*
busker ('bʌskə) ZN G-B *straatmuzikant*
buslane ('bʌsleɪn) ZN *busbaan*
busman ('bʌsmən) ZN *buschauffeur*
busman's holiday ZN *vakantie/vrije tijd waarin men doorwerkt*
bus shelter ZN • *bushokje*; *abri* • *wachthuisje*
bus stop ZN *bushalte*
bust (bʌst) I ZN • *buste*; *boezem* • PLAT *inval* ⟨door de politie⟩ II BNW • *kapot* • INFORM. *failliet* ★ go bust *failliet gaan* ★ IRON. Hollywood or bust! ≈ *alles of niets!* III OV WW • *kapotmaken* • FIG. bust a gut *zich uit de naad werken* • INFORM. ~ up *in de war sturen* ⟨iets⟩; *verknallen* IV ONOV WW • *kapotgaan* • INFORM. ~ out *met geweld ontsnappen* • ~ up *trammelant hebben*; *uit elkaar gaan*
buster ('bʌstə) ZN • USA/INFORM./MIN. *kerel* • [als tweede lid] *bestrijder van iets* ★ crime ~ *misdaadbestrijder*
bustle ('bʌsəl) I ZN • *drukte* • *queue* ★ the hustle and ~ of city life *de drukte van het stadsleven* II OV WW • *opjagen* • ~ **about** *druk in de weer zijn*
bustling ('bʌstlɪŋ) BNW *bedrijvig*
bust-up ZN • G-B, INFORM. *bonje* • G-B, INFORM. *einde*

busty ('bʌstɪ) BNW *rondborstig*; *met zware borsten*
busy ('bɪzi) I BNW • *(druk) bezig* • *rusteloos* • *bemoeiziek* ★ as busy as a bee *zo bezig als een bij* ★ PLANTK. busy Lizzie *vlijtig Liesje* II OV WW ★ busy o.s. *zich bezighouden*; *zich bemoeien* III ZN • *detective*
busybody ('bɪzɪbɒdɪ) ZN *bemoeial*
busywork ('bɪziwɜːk) ZN USA *tijdverdrijf*
but (bʌt) I ZN • no buts! *geen gemaar!* II BIJW • *slechts* ★ I'm but 16 years old *ik ben nog maar 16 jaar* III VZ • *behalve*; *zonder* ★ but for you we would have lost *zonder jou hadden we verloren* ★ but for this *als dit niet gebeurd was* ★ the last but one *op één na de laatste* ★ who but you? *wie anders dan jij?* ★ anyone but me *iedereen behalve ik* ★ anything but this *alles behalve dit* ★ nothing but this *uitsluitend dit* ★ all but dead *bijna dood* IV VW • *maar* • *behalve* • *slechts* ★ we cannot but try *wij kunnen het slechts proberen* ★ one cannot but like him *je moet hem wel aardig vinden* ★ not but that ... *ondanks (het feit) dat ...* ★ but then (again) *echter*; *daarentegen*; *maar ja*
butane ('bjuːteɪn) ZN *butaan(gas)*
butch (bʊtʃ) ZN • *macho* ⟨man⟩ • MIN. *manwijf* ⟨lesbisch⟩
butcher ('bʊtʃə) I ZN • *slager* ★ ~'s *slagerij* II OV WW • *slachten* • *verknallen*
butchery ('bʊtʃərɪ) ZN *slachting*
butt (bʌt) I ZN • *(dik) achtereinde* • VULG. *achterste*; *reet* • *peuk* • *geweerkolf* • *doelwit*; FIG. *mikpunt* ⟨v.e. grap enz.⟩ ★ get off your lazy butt! *kom van je luie reet!* II OV WW • *stoten* ⟨met hoofd of hoorns⟩ III ONOV WW • ~ **in (on)** *interrumperen (in)*; z. *indringen (in)* ★ butt in on sth *zijn kont ergens indraaien* • USA ~ **out** *ophoepelen*
butt-end ('bʌt'end) ZN • *dik uiteinde* • *peukje*
butter ('bʌtə) I ZN • *boter* • *vleierij* • FIG. ~ wouldn't melt in her mouth *ze ziet er uit als de geboren onschuld* II OV WW • *beboteren* • ~ **up** INFORM. *slijmen*
buttercup ('bʌtəkʌp) ZN *boterbloem*
butterfingers ('bʌtəfɪŋgəz) ZN MV INFORM. *brokkenmaker*
butterfly ('bʌtəflaɪ) ZN • BIOL. *vlinder* • SPORT *vlinderslag* • INFORM. butterflies in your stomach *vlinders in je buik*
buttermilk ('bʌtəmɪlk) ZN *karnemelk*
butterscotch ('bʌtəskɒtʃ) ZN • *boterbabbelaar* • USA *butterscotch saus*
buttery ('bʌtərɪ) I ZN • *provisiekamer* II BNW • *als boter*; *met boter (besmeerd)* • FIG. *slijmerig*; *kruiperig*
buttock ('bʌtək) ZN *bil*; *bilspier*
button ('bʌtn) I ZN • *knoop* • *knop* • *button* II OV+ONOV WW • *(dicht)knopen* ★ ~ it! *kop dicht!* • ~ **(up)** *dichtknopen*; *afronden*
buttonhole ('bʌtnhəʊl) I ZN • *knoopsgat* • *corsage* II OV WW • *knoopsgaten maken* ★ ~ sb *iem. aanklampen*
buttress ('bʌtrɪs) I ZN • GESCH. *steunbeer*; *stut* • FIG. *steun* II OV WW • GESCH. *ondersteunen*; *stutten* • FIG. *steunen*; *onderbouwen* ⟨een bewering enz.⟩

butty ('bʌtɪ) ZN G-B, INFORM. *boterham*
buxom ('bʌksəm) BNW • *weelderig* • *mollig*
buy (baɪ) I OV WW [onr.] • *(in)kopen* • *omkopen*
• FIG. *slikken*; *geloven*; *pikken* ★ buy time *tijd winnen* ★ buy yourself into *je inkopen in*
• ~ **in** *inkopen* ⟨in grote hoeveelheden⟩ • ~ **off** *afkopen*; *uitkopen* • ~ **out** *uitkopen* • ~ **up** *opkopen* II ZN • *(aan)koop*
buyer ('baɪə) ZN • *(in)koper* • *klant*
buyer's market ('baɪəs 'mɑːkɪt) ZN ECON. *kopersmarkt*
buy out ZN *opkoop*; *bedrijfsovername*
buzz (bʌz) I ZN • *gezoem* • *geroezemoes* • INFORM. *belletje* ⟨telefoontje⟩ • INFORM. *roddel* ★ a buzz of excitement *een opgewonden sfeer* ★ INFORM. give sb a buzz *iem. bellen* II OV WW • *oppiepen* ⟨oproepen met een 'buzzer'⟩ • ~ **about/around** *rondfluisteren* III ONOV WW • *zoemen*
• *gonzen* • ~ **off** *opdonderen* • ~ **with** *gonzen van*; *duizelen van*; *trillen van*
buzzard ('bʌzəd) ZN *buizerd*
buzzer ('bʌzə) ZN *zoemer*
buzz word ZN *stopwoord*
by (baɪ) I BIJW • *langs*; *nabij* ★ drive by *langs rijden* ★ by and by *langzamerhand*; *straks*; *weldra* ★ INFORM. by the by/way *overigens*; *tussen twee haakjes* II VZ • *bij* • *aan* • *door*
• *met*; *per* • *tegen* ⟨een bep. tijd⟩ • *van*
• *volgens* ★ INFORM. by and large *over het algemeen* ★ know sb by ... *iem. herkennen aan* ... ★ a play by Shakespeare *een toneelstuk van Shakespeare* ★ by o.s. *geheel op eigen krachten*; *alleen* ★ by the river *aan de rivier* ★ by my watch *volgens mijn horloge* ★ by 10 o'clock *tegen tienen* ★ by the hour *uren achtereen*; *per uur* ★ north-east by east *noordoost ten oosten*
bye (baɪ) TW *tot ziens*
bye-bye (bar'baɪ) TW *tot ziens* ★ JEUGDT. go to ~s *naar bed(je) gaan*
bye-law ('baɪlɔː) ZN • → **by-law**
by-election ('baɪɪlekʃən) ZN *tussentijdse verkiezing*
bygone ('baɪɡɒn) BNW *vroeger* ★ let ~s be ~s *geen oude koeien uit de sloot halen*
by-law, bye-law ('baɪlɔː) ZN • *(plaatselijke) verordening* • USA *regel* ⟨club/bedrijf⟩
byline ('baɪlaɪn) ZN ADMIN. *naamregel*
bypass ('baɪpɑːs) I ZN • *rondweg* • *omleiding*
• MED. *bypass* II OV WW • *omleiden* • *gaan langs*; *voorbijgaan aan* • *mijden* • *negeren*
by-product ('baɪprɒdʌkt) ZN *bijproduct*
bystander ('baɪstændə) ZN *omstander*
byway ('baɪweɪ) ZN *binnenweg* • FIG. ~s *minder bekende gebieden*
byword ('baɪwɜːd) ZN *spreekwoord*; *zegswijze*
★ his name is a ~ for laziness *zijn luiheid is spreekwoordelijk*

C

c (siː) I ZN • *letter c* ★ C as in Charley *de c van Cornelis* II AFK • *century eeuw* • *circa circa*; *ongeveer*
C ZN • MUZ. *C* • O&W ≈ *5 à 6* ⟨schoolcijfer⟩ ★ a C in/for English *een krappe voldoende voor Engels*
ca AFK *circa ca.*
cab (kæb) ZN • *taxi* • *plaats v. bestuurder* ⟨bus, trein, vrachtauto⟩
cabaret ('kæbəreɪ) ZN • *variété*; *show*
• *restaurant met theatervoorstelling*
cabbage ('kæbɪdʒ) ZN • *kool* • *slome duikelaar*
cabbage butterfly ZN *koolwitje*
cabby, cabbie ('kæbɪ) ZN INFORM. *taxichauffeur*
caber ('keɪbə) ZN *paal* ★ tossing the ~ *paalwerpen* ⟨Schotse sport⟩
cabin ('kæbɪn) ZN • *hut*; *houten huisje* • *kajuit* ⟨op schip⟩; *cabine* ⟨v. vrachtauto⟩ • SCHEEPV. *hut*
cabin cruiser ZN *motorjacht*
cabinet ('kæbɪnət) ZN *kabinet*; *ministerraad* ★ filing ~ *archiefkast*
cabinetmaker ('kæbɪnətmeɪkə) ZN *meubelmaker*
cable ('keɪbl) I ZN • *kabel* • *kabeltelevisie* • OUD. *telegram* ★ fibre-optic ~ *glasvezelkabel*
II OV+ONOV WW • *bekabelen* • OUD. *telegraferen*
cable car ZN *gondel* ⟨v. kabelbaan⟩
cable railway ZN *kabelspoor(weg)*; *kabelbaan*
cable television ZN *kabeltelevisie*
caboodle (kə'buːdl) ZN ★ the whole (kit and) ~ *de hele zwik*
caboose (kə'buːs) ZN USA *personeelswagen* ⟨laatste wagon v. goederentrein⟩
cache (kæʃ) ZN • *geheime (voedsel)voorraad*; *geheime bergplaats* • COMP. *cachegeheugen*
cachet ('kæʃeɪ) ZN • *cachet*; *stijl* • *zegel*; *merk*
• *capsule*
cackhanded (kæk'hændid) BNW *onhandig*; *met twee linkerhanden*
cackle ('kækl) I ONOV WW • *kakelen* • *het uitkraaien* ⟨v. h. lachen⟩ II ZN • *gekakel*
• *schelle lach* ★ cut the ~! *nu serieus!*
cacophony (kə'kɒfənɪ) ZN • *kakofonie*
• *wanklank*
cactaceous (kæk'teɪʃəs) BNW *cactusachtig*
cacti ('kæktaɪ) ZN [mv] • → **cactus**
cactus ('kæktəs) ZN *cactus*
CAD AFK computer-aided design *ontwerp m.b.v. computer*
cadaver (kə'deɪvə) ZN *kadaver*; *(menselijk) lijk*
cadaverous (kə'dævərəs) BNW LIT. *lijkbleek*; *als een levend lijk*
caddie, caddy ('kædɪ) I ZN • SPORT *caddie*
II ONOV WW • *als caddie optreden*
caddy ('kædɪ) ZN • *theebusje* • USA *tasje* ⟨voor make-upspullen, enz.⟩ • → **caddie**
cadence ('keɪdns) ZN • *stembuiging*; *intonatie*
• MUZ. *cadens* • *ritme*
cadenza (kə'denzə) ZN *cadens*
cadet (kə'det) ZN • MIL. *cadet* • *jongere zoon*
★ naval ~ *adelborst*
cadge (kædʒ) I OV WW • G-B *bietsen*; *aftroggelen*

II ONOV WW • G-B, INFORM. *bedelen* • G-B, INFORM. *klaplopen*

cadger ('kædʒə) ZN G-B, INFORM. *bietser*; *klaploper*

cadre ('kɑːdə) ZN *kader(lid)*

caducity (kə'dju:sətɪ) ZN • LIT. *vergankelijkheid* • *seniliteit*

cafe, café ('kæfeɪ) ZN • *eethuisje*; *eetcafé* • USA *café*; *bar*

cafeteria (kæfɪ'tɪərɪə) ZN *zelfbedieningsrestaurant*

cage (keɪdʒ) **I** ZN • *kooi* **II** OV WW • *opsluiten* 〈in kooi〉

cagey ('keɪdʒɪ) BNW • *terughoudend*; *gesloten* • *ontwijkend*

cahoots (kə'hu:ts) MV USA ▼ be in ~ with *onder een hoedje spelen met*

caiman ('keɪmən) ZN *kaaiman*

Cain (keɪn) ZN *Kaïn* ★ raise Cain *de boel op stelten zetten*

cairn (keən) ZN *steenhoop* 〈als grens- of grafteken〉

cairngorm ('keəngɔːm) ZN *rookkwarts*

cajole (kə'dʒəʊl) OV WW *door vleierij gedaan krijgen* ★ ~ sb into giving you money *van iem. geld aftroggelen*

cajolery (kə'dʒəʊlərɪ) ZN *vleierij*

cake (keɪk) **I** ZN • *cake*; *taart*; *gebak(je)* • *blok*; *koek* ★ a cake of soap *een stuk zeep* ▼ you can't have your cake and eat it *je kunt niet alles tegelijk hebben* ▼ sell like hot cakes *als zoete broodjes over de toonbank gaan* ▼ VS, INFORM. that takes the cake *dat slaat alles* **II** OV+ONOV WW • *aankoeken* • *samenkoeken*

Cal. AFK USA *California* 〈staat〉

CAL AFK computer-assisted learning *computerondersteund onderwijs*

calabash ('kæləbæʃ) ZN • PLANTK. *kalebasboom* • *kalebas*; *pompoen*

calamine ('kæləmaɪn), **calamine lotion** ZN *zonnebrandzalf*

calamitous (kə'læmɪtəs) BNW *rampzalig*

calamity (kə'læmətɪ) ZN *ramp(spoed)*; *ellende*

calciferous (kæl'sɪfərəs) BNW *kalkhoudend*

calcify ('kælsɪfaɪ) OV+ONOV WW *verkalken*; *verstenen*

calculable ('kælkjʊləbl) BNW • *berekenbaar* • *betrouwbaar*

calculate ('kælkjʊleɪt) OV WW • *berekenen*; *uitrekenen* • *(in)schatten*

calculated ('kælkjʊleɪtɪd) BNW *bewust*; *opzettelijk* ★ ~ risk *ingecalculeerd risico* ▼ be ~ to do sth *bedoeld zijn om iets te doen*

calculating ('kælkjʊleɪtɪŋ) BNW MIN. *berekenend*

calculation (kælkjʊ'leɪʃən) ZN *berekening*; OOK FIG. ★ MIN. an act of cold ~ *een daad uit koele berekening*

calculative ('kælkjʊlætɪv) BNW *berekenend*; *bedachtzaam*

calculator ('kælkjʊleɪtə) ZN *(electronische) rekenmachine*

calculi ('kælkjʊlaɪ) ZN [mv] • → **calculus²**

calculus¹ ('kælkjʊləs) ZN [mv: **calculuses**] *berekening* • ~ of probabilities *kansberekening* ★ differential ~ *differentiaalrekening*

calculus² ZN [mv: **calculi**] MED. *steentje* 〈in nier enz.〉

caldron ('kɔːldrən) ZN USA • → **cauldron**

calendar ('kæləndə) **I** ZN • *kalender* • USA *agenda* • JUR. *rol* • *geplande evenementen* **II** OV WW • *inplannen*

calf (kɑːf) ZN [mv: **calves**] • *kuit* 〈v. been〉 • *kalf* • *kalfsleer* • *jong* ▼ in/with calf *drachtig* 〈v. koe〉

calf love ZN *kalverliefde*

calfskin ('kɑːfskɪn) ZN *kalfsleer*

calibrate ('kælɪbreɪt) OV WW *calibreren*

calibration (kælə'breɪʃən) ZN *schaalverdeling*

calibre, USA caliber ('kælɪbə) ZN OOK FIG. *kaliber*

calico ('kælɪkəʊ) ZN • *katoen* • USA *bedrukte katoen*

calico cat ZN *lapjeskat*

Calif. AFK USA *California* 〈staat〉

caliph, calif ('keɪlɪf) ZN *kalief*

caliphate ('kælɪfeɪt) ZN *kalifaat*

call (kɔːl) **I** OV WW • *noemen* • *oproepen* • *opbellen* • *kort bezoeken*; *langsgaan* • *inviteren* 〈kaartspel〉; *bieden* 〈kaartspel〉 ★ call attention to *onder de aandacht brengen* ★ call a halt *besluiten halt te houden* ★ call heads/tails *kruis/munt zeggen* ★ call a meeting/an election/a strike *een vergadering bijeenroepen*; *een verkiezing afkondigen*; *oproepen tot staking* ★ call into being *in het leven roepen* ★ call to the bar *als procureur toelaten* ★ call to witness *als getuige oproepen* ▼ call sb's bluff *uitdagen* ▼ call sth into play *een beroep doen op iets* ▼ call into question *in twijfel trekken* ▼ call it a day *het welletjes vinden (voor vandaag)*; *ophouden* ▼ call it quits *zand erover* ▼ call sb names *iem. uitschelden* ▼ call the shots/tune *het voor het zeggen hebben* ▼ call a spade a spade *het beestje bij de naam noemen* ▼ call sb to account *iem. ter verantwoording roepen* ★ call sb to order *iem. tot de orde roepen* **II** ONOV WW • *(uit)roepen* **III** WW • ~ **after** [ov] *noemen naar* • ~ **at** [onov] *stoppen* 〈v. trein〉 • ~ **back** [ov] *terugbellen*; *terugroepen* • [onov] *terugbellen/ -komen* • ~ **for** [ov] *ophalen* • *roepen/vragen om*; *vereisen* • ~ **forth** [ov] *oproepen*; *uitlokken* • ~ **in** [ov] *laten komen* • *uit de circulatie halen* • [onov] *opbellen* • *langs komen* ★ call in the doctor *de dokter laten komen* • ~ **off** [ov] *afgelasten*; *uitmaken* 〈v. verloving〉 • ~ **on/upon** [ov] *kort bezoeken* • *beroep doen op* • ~ **out** [ov] *uitroepen* • *de hulp inroepen* • *tot staking oproepen* • ~ **up** [ov] *opbellen* • *oproepen* 〈v.h. leger〉 • SPORT *opstellen* 〈in nationaal team〉 • *doen denken aan* • *in (zijn) herinnering roepen* • ~ **upon** [ov] *een beroep doen op* **IV** ZN • *(oproep tot) telefoongesprek* • *roep* 〈v. vogel, enz.〉 • *visite*; *kort bezoek* • *(op)roep* • *aanleiding*; *noodzaak* • *beroep* • LIT. *aantrekkingskracht* • *roeping* • *beslissing* • *bod* 〈kaartspel〉 ★ call waiting *wisselgesprek* • FIG. that was a close call *dat was op het nippertje* ★ long-distance call *interregionaal telefoongesprek* ★ on call *direct opvorderbaar* ★ within call *binnen gehoorsafstand* ★ have no call to worry *je geen zorgen hoeven maken* ★ pay a call *een bezoek brengen* ★ take the call *de telefoon*

ca

ca

beantwoorden ★ vote by call *hoofdelijk stemmen* ★ wind a call *een (fluit)signaal geven* ▼ HUMOR. the call of nature *drang om naar de wc te gaan* ▼ it's your call ≈ *jij mag het zeggen/beslissen*; ≈ *je moet het zélf maar weten* ▼ have first call *op de eerste plaats komen* ▼ be on call *dienst hebben*

callable ('kɔːləbl) BNW *opvorderbaar*

call box ZN • G-B *telefooncel* • USA *praatpaal*

call centre, USA **call center** ZN *callcenter*; *telefonisch informatiecentrum*

caller ('kɔːlə) • *bezoeker* • *beller*

call girl ZN *callgirl*; *prostituee* ⟨via telefoon⟩

calligrapher (kə'lɪgrəfə) ZN *kalligraaf*

calligraphy (kə'lɪgrəfɪ) ZN *kalligrafie*; *schoonschrift*

calling ('kɔːlɪŋ) ZN • *roeping* • *beroep*

calling credit ZN *beltegoed*

callisthenics (kælɪs'θenɪks) ZN MV • *ritmische gymnastiek* • *heilgymnastiek*

call loan ZN *daggeldlening*; *dagelijks opeisbare lening*

callosity (kə'lɒsətɪ) ZN • *eelt(knobbel)* • *ongevoeligheid*

callous ('kæləs) BNW *ongevoelig*

calloused, USA **callused** ('kæləst) BNW • *ruw en hard* ⟨v. hand⟩ • *met eelt bedekt*

callow ('kæləʊ) BNW MIN. *groen*; *onervaren*

call sign ZN *roepletters*; *zendercode*

call-up ZN • MIL., G-B *oproep* • *uitnodiging voor national team*

callus ('kæləs) ZN *eelt(plek)*

calm (kɑːm) I BNW • *kalm*; *windstil* II OV+ONOV WW • *kalmeren*; *(doen) bedaren* III WW • ~ **down** [OV] *kalmeren*; *tot bedaren brengen* • [ONOV] *kalmeren*; *tot bedaren komen* IV ZN • *windstilte*; *kalmte* ▼ the calm before the storm *de stilte voor de storm*

calorie ('kælərɪ) ZN *calorie*

calumet ('kæljʊmet) ZN *vredespijp*

calumniate (kə'lʌmnɪeɪt) OV WW *belasteren*

calumny ('kæləmnɪ) ZN *laster*

calve (kɑːv) OV+ONOV WW *(af)kalven*

calves (kɑːvz) ZN [MV] • → **calf**

calyx ('keɪlɪks) ZN [MV: **calyces**] *bloemkelk*

cam (kæm) ZN • *nok*; *kam* • *tand* ⟨v. wiel⟩

CAM AFK computer aided manufacturing *productie m.b.v. computers*

camber ('kæmbə) I ZN • *welving* ⟨v. weg, scheepsdek, enz.⟩ • *wielvlucht* ⟨v.e. motorvoertuig⟩ II OV+ONOV WW • *schuin oplopen* ⟨v. weg in bocht⟩

cambric ('kæmbrɪk) I ZN • *batist* II BNW • *batisten*

Cambs. AFK *Cambridgeshire*

came (keɪm) WW [verleden tijd] • → **come**

camel ('kæml) ZN • *kameel* • *kameelhaar*

cameo ('kæmɪəʊ) ZN • LIT. *karakterschets* • *camee* ★ ~ (appearance) *gastrol* ⟨in film, enz.⟩

camera ('kæmrə) ZN *camera* ★ candid ~ *verborgen camera* ★ JUR. in ~ *met gesloten deuren*

camomile ('kæməmaɪl) ZN *kamille*

camouflage ('kæməflɑːʒ) I ZN • *camouflage* II OV WW • *camoufleren*

camp (kæmp) I ZN • *kamp(ement)* • INFORM.

nichterig gedrag ★ break camp *(tenten) opbreken* II ONOV WW • *kamperen* • (z.) *legeren* III BNW • *homoseksueel* • INFORM. *bizar*; *overdreven*; *opzettelijk kitscherig* • INFORM. *verwijfd*

campaign (kæm'peɪn) I ZN • MIL. *veldtocht* • *campagne* II ONOV WW • *een campagne voeren*; *op campagne zijn*

campaigner (kæm'peɪnə) ZN *campagnevoerder*; *activist* ★ an old ~ *een oudgediende*

campanile (kæmpə'niːlɪ) ZN *klokkentoren*

camp bed ZN *veldbed*

camper ('kæmpə) ZN • *kampeerder* • *kampeerauto*

campfire ('kæmpfaɪə) ZN *kampvuur*

camp follower ZN • *aanhanger* • *marketent(st)er*

campground ('kæmpgraʊnd) ZN USA *kampeerterrein*; *camping*

camphor ('kæmfə) ZN *kamfer*

camp meeting ZN USA *godsdienstige bijeenkomst in tenten of open lucht*

campsite ('kæmpsaɪt) ZN *kampeerterrein*; *camping*

camp stool ZN *vouwstoeltje*

campus ('kæmpəs) ZN *campus*; *universiteitsterrein*

camshaft ('kæmʃɑːft) ZN *nokkenas*

can (kæn) I HWW • *kunnen* • *mogen* ★ can't be doing with sb/sth *niets moeten hebben v. iem./iets* II OV WW • *inblikken* • VS, INFORM. *afdanken* • VS, INFORM. *in de gevangenis zetten* • VS, INFORM. *ophouden* III ZN • USA *kan*; *blikje*; *bus* • *inmaakblik* • VS, INFORM. *bajes* • VS, INFORM. *plee* ▼ INFORM. a can of worms *een beerput* ▼ MEDIA, INFORM. in the can *klaar (voor vertoning)* ⟨v. film⟩

Canadian (kə'neɪdɪən) I ZN • *Canadees* II BNW • *Canadees*

canal (kə'næl) I ZN • *kanaal* • *vaart*; *gracht* II OV WW • *kanaliseren*

canalize, G-B **canalise** ('kænəlaɪz) OV WW OOK FIG. *kanaliseren*

canard (kæ'nɑːd) ZN *loos bericht*

Canaries (kə'neərɪz) ZN MV Canary Islands *Canarische Eilanden*

canary (kə'neərɪ) I ZN • *kanarie* II BNW • *kanariegeel*

cancel ('kænsəl) I OV WW • *annuleren*; *intrekken*; *afgelasten*; *afbestellen* • *schrappen*; *doorhalen* • *opheffen*; *ongedaan maken* • *afstempelen* II ONOV WW • ~ **out** *tegen elkaar wegvallen* ⟨v. factoren⟩; *neutraliseren*

cancellation, USA **cancelation** (kænsə'leɪʃən) ZN • *annulering* • *afzegging* • *ontbinding* ⟨v. contract⟩

cancer ('kænsə) ZN *kanker* ★ Cancer *Kreeft* ⟨sterrenbeeld⟩

cancerous ('kænsərəs) BNW *kankerachtig*

candelabra (kændɪ'lɑːbrə), **candelabrum** (kændɪ'lɑːbrəm) ZN [MV: **candelabra**, **candelabras**] *kroonkandelaar*

candid ('kændɪd) BNW • *oprecht* • *onpartijdig* ★ ~ photo *ongedwongen foto*

candidacy ('kændɪdəsɪ), **candidature** ('kændɪdətʃə) ZN *kandidatuur*

candidate ('kændɪdeɪt) ZN *kandidaat*

candied ('kændɪd) BNW • *geglaceerd* • *gekonfijt*
candle ('kændl) ZN *kaars* ★ cannot hold a ~ to sb/sth *het niet halen bij iem./iets* ★ not worth the ~ *de moeite niet waard*
candlelight ('kændllaɪt) ZN *kaarslicht*
Candlemas ('kændlməs) ZN *Maria-Lichtmis*
candlestick ('kændlstɪk) ZN *kandelaar*
candlewick ('kændlwɪk) ZN *kaarsenpit*
candour, USA **candor** ('kændə) ZN *oprechtheid*; *openheid*
candy ('kændɪ) I ZN • USA *snoepgoed* ★ cotton ~ *suikerspin* II OV WW • *konfijten*; *glaceren* • *tot suiker uitkristalliseren*
candy-ass ZN USA *schijterd*
candyfloss ('kændɪflɒs) ZN *suikerspin*
candyman ('kændɪmæn) ZN VS, INFORM. *drugsdealer*
candytuft ('kændɪtʌft) ZN PLANTK. *scheefbloem*
cane (keɪn) I ZN • *riet*; *rotan* • *wandelstok* • GESCH. *Spaans rietje* (voor lijfstraf) • PLANTK. *stam*; *scheut* ⟨v. druif, framboos, enz.⟩ ★ get the cane *met een rietje afgeranseld worden* II BNW • *rieten*; *van riet* III OV WW • *mat het rietje geven*; *afranselen* • INFORM. *hijsen* ⟨v. alcohol⟩
cane sugar ZN *rietsuiker*
canine ('keɪnaɪn) I BNW • *honden-*; *honds* II ZN • FORM. *hond*
canine tooth ZN *hoektand*
canister ('kænɪstə) I ZN • *trommel*; *bus*; *blik* • MIL. *(granaat)kartets* II OV WW • *in een trommel of blik doen*
canker ('kæŋkə) I ZN • PLANTK. *kanker* • FIG. *slechte invloed*; *kanker* II OV WW • *aantasten met kanker*
cankered ('kæŋkəd), **cankerous** ('kæŋkərəs) BNW • *aangetast* • *kwaadaardig* • *kankerachtig*
canker rose ZN *hondsroos*
canker sore ZN *mondzeer*
cannabis ('kænəbɪs) ZN • *hennep* • *marihuana*; *hasj(iesj)*
canned (kænd) BNW • *ingeblikt* • USA *dronken*
cannery ('kænərɪ) ZN *conservenfabriek*
cannibal ('kænɪbl) ZN *kannibaal*
cannibalism ('kænɪbəlɪzəm) ZN *kannibalisme*
cannibalistic (kænɪbə'lɪstɪk) BNW *kannibaals*
cannibalize, G-B **cannibalise** ('kænɪbəlaɪz) OV WW *kannibaliseren*; *alleen de onderdelen hergebruiken* ⟨v. machines, voertuigen⟩
canning ('kænɪŋ) ZN *inmaak*; *het inblikken*
cannon ('kænən) I ZN • *kanon(nen)* • *boordwapen* • *carambole* ⟨bij biljart⟩ ★ FIG. loose ~ *onbestuurd projectiel* II ONOV WW • *vuren (met kanon)* • ~ **into** *opbotsen tegen*
cannonade (kænə'neɪd) I ZN • *kanonnade* II OV WW • *kanonneren*
cannon ball ZN *kanonskogel*
cannoneer (kænə'nɪə) ZN *kanonnier*
cannon fodder ZN *kanonnenvlees*
cannot ('kænɒt) SAMENTR can not • → **can**
cannulate ('kænjuleɪt) OV WW MED. *voorzien v. buisje*
canny ('kænɪ) BNW *slim*; *handig*; *verstandig* ⟨vooral in zaken, politiek⟩
canoe (kə'nu:) I ZN • *kano* II ONOV WW • *kanoën*
canon ('kænən) • *kanunnik* • *canon*

canonic (kə'nɒnɪk) BNW • MUZ. *als v.e. canon* • → **canonical**
canonical (kə'nɒnɪklz) BNW *canoniek*
canonization, G-B **canonisation** (kænənaɪ'zeɪʃən) ZN *heiligverklaring*
canonize, G-B **canonise** ('kænənaɪz) OV WW *heilig verklaren*
canon law ZN *kerkelijk recht*
canoodle (kə'nu:dl) OV+ONOV WW INFORM. *knuffelen*
can opener ZN *blikopener*
canopy ('kænəpɪ) I ZN • *baldakijn*; *hemel*; *luifel*; *overkapping* • *bladerdak* • *cockpitkap* • *scherm* ⟨v. parachute⟩ II OV WW • *overkappen*
cant (kænt) ZN • *vroom of huichelachtig gepraat* • MIN. *jargon*; *groepstaal* ★ thieves' cant *dieventaal*
can't (ka:nt) SAMENTR can not • → **can**
cantankerous (kæn'tæŋkərəs) BNW *ruziezoekend*; *knorrig*
cantata (kæn'ta:tə) ZN *cantate*
canteen (kæn'ti:n) ZN • *kantine* • *veldfles* ★ ~ of cutlery *cassette* ⟨v. bestek⟩
canter ('kæntə) I OV WW • *in handgalop laten gaan* II ONOV WW • *in handgalop gaan* III ZN • *kwezelaar*; *huichelaar* • *handgalop*; *korte galop* ★ win at/in a ~ *op je gemak winnen*
canterbury ('kæntəbərɪ) ZN *rek* ⟨voor bladmuziek, boeken, enz⟩
canticle ('kæntɪkl) ZN *lofzang* ★ Canticles [mv] *Hooglied*
cantilever ('kæntɪliːvə) ZN *console*
canton ('kæntɒn) ZN *kanton*
cantonal ('kæntɒnəl) BNW *kantonnaal*
canvas ('kænvəs) ZN • *canvas* • *linnen* ⟨schildersdoek⟩ • *schilderij* ⟨op linnen⟩ • *zeil* • *vloer* ⟨v. boksring⟩ ▼ under ~ *in een tent*; *onder vol zeil*
canvass ('kænvəs) I ZN • *werving* • *opinieonderzoek* ⟨bij verkiezingen⟩ II OV+ONOV WW • *colporteren*; *klanten werven* • *stemmen werven* ⟨bij verkiezingen⟩ • *opinieonderzoek doen* • *grondig bespreken*
canvasser ('kænvəsə) ZN • *stemmenwerver*; *campagnevoerder* ⟨bij verkiezingen⟩ • *colporteur*
canyon ('kænjən) ZN *diep ravijn*
cap (kæp) I ZN • *muts*; *pet*; SPORT *pet v. geselecteerde speler* ⟨in nationaal team⟩ • *kap(je)*; *dop(je)*; *hoed* ⟨v. paddenstoel⟩ • *kroon* ⟨op tand⟩ • *bovengrens* ⟨v. lening, uitgave⟩ • *slaghoedje*; *klappertje* • INFORM.; *pessarium* ★ cloth cap *werkmanspet* ★ cap in hand *nederig* ▼ if the cap fits(, wear it) *wie de schoen past(, trekke hem aan)* II OV WW • *een muts, enz. opzetten* • *beschermen met kap, dop, enz.* • *overtreffen*; *overtroeven* • *van slaghoedje voorzien* • *selecteren als international* ▼ to cap it all *als klap op de vuurpijl*; *tot overmaat v. ramp*
capability (keɪpə'bɪlətɪ) ZN • *bekwaamheid*; *vermogen* • MIL. *slagkracht*
capable ('keɪpəbl) BNW • *bekwaam* • *begaafd* • *vatbaar* ★ ~ of *geschikt voor*; *in staat om*
capacious (kə'peɪʃəs) BNW *ruim*
capacitate (kə'pæsɪteɪt) OV WW • *geschikt maken*

ca

ca

• *in staat stellen* • *kwalificeren*
capacity ★ (kə'pæsəti) ZN • *(berg)ruimte*; *inhoud*;
volume • *bekwaamheid*; *vermogen*;
vaardigheid • *hoedanigheid*; *positie*
• *capaciteit*; *kracht* ⟨v. machine, fabriek, enz.⟩
★ *diminished* ~ *verminderde*
toerekeningsvatbaarheid ★ *filled/full to* ~
(stamp)vol
capacity house ZN *stampvolle zaal*
cape (keɪp) ZN • *kaap* • *cape*
caper ('keɪpə) I ZN • CUL. *kappertje* • INFORM.
onwettige praktijk; FIG. *capriool* • *komische
actiefilm* ★ *cut a little* ~ *een bokkesprongetje
maken* II ONOV WW • *capriolen maken*
capercaillie ZN *auerhoen*
capias ('kæpɪæs) ZN *arrestatiebevel*
capillary (kə'pɪləri) I ZN • ANAT. *haarvat* II BNW
• *capillair*; *haarvormig* ★ ~ *action capillaire
werking*
capital ('kæpɪtl) I ZN • *hoofdstad* • *kapitaal*;
(bedrijfs)vermogen • *hoofdletter* • *kapiteel*
▾ *make* ~ *out of sth ergens munt uit slaan*
II BNW • *voornaamste*; *hoofd-*; *zeer belangrijk*
• OUD. *geweldig* ▾ *with a* ~ A, B, etc. *met een
hoofdletter A, B, enz.* ⟨voor nadruk⟩
capital gain ZN *vermogensaanwas* ★ ~*s sharing
vermogensaanwasdeling*
capital goods ZN ECON. *kapitaalgoederen*
capital-intensive BNW *kapitaalintensief*
capitalism ('kæpɪtəlɪzəm) ZN *kapitalisme*
capitalist ('kæpɪtəlɪst) I ZN • *kapitalist* II BNW
• *kapitalistisch*
capitalization, G-B **capitalisation**
(kæpɪtəlaɪ'zeɪʃən) ZN • *kapitalisatie* • DRUKK.
gebruik v. hoofdletters
capitalize, G-B **capitalise** ('kæpɪtəlaɪz) OV+ONOV
WW • *kapitaliseren* • *munt slaan uit*
capital levy ZN *vermogensbelasting*
capital sum ZN *uitkering ineens* ⟨bv. van
verzekering⟩
capitation (kæpɪ'teɪʃən) ZN • *hoofdelijke omslag*
• *premie per hoofd*
Capitol ('kæpɪtəl) ZN USA *Capitool* ⟨zetel van het
Congres⟩
capitulate (kə'pɪtjʊleɪt) ONOV WW *capituleren*
capitulation (kəpɪtjʊ'leɪʃən) ZN *capitulatie*
capon ('keɪpən) ZN *kapoen*
caponize, G-B **caponise** ('keɪpənaɪz) OV WW
castreren ⟨v. pluimvee⟩
caprice (kə'priːs) ZN *gril(ligheid)*
capricious (kə'prɪʃəs) BNW *grillig*
Capricorn ('kæprɪkɔːn) ZN *Steenbok*
⟨sterrenbeeld⟩
capriole ('kæprɪəʊl) ZN *capriool* ⟨ook bij het
hogeschoolrijden⟩; *bokkensprong*
capsicum ('kæpsɪkəm) ZN *Spaanse peper*
capsize (kæp'saɪz) OV+ONOV WW *(doen) kapseizen*
capstone ('kæpstəʊn) ZN • *deksteen* • USA FIG.
kroon
capsule ('kæpsjuːl) ZN • *capsule* • PLANTK.
doosvrucht; *zaaddoos* • ANAT. *omhulsel*; *kapsel*
capsulize, G-B **capsulise** ('kæpsjʊlaɪz) OV WW
comprimeren; *samenvatten* ⟨v. informatie⟩
Capt. AFK *Captain kapt.* ⟨kapitein⟩
captain ('kæptɪn) I ZN • SCHEEPV. *kapitein*;
gezagvoerder • LUCHTV. *gezagvoerder*; *eerste

piloot • MIL. *kapitein* • *aanvoerder*; *leider*
• *ploegbaas* ★ ~ *of industry grootindustrieel*
II OV WW • *aanvoeren*
caption ('kæpʃən) I ZN • *opschrift*; *onderschrift*;
titel; *ondertiteling* ⟨bv. v. film⟩ II OV WW
• *voorzien van onder-/opschrift*
captious ('kæpʃəs) BNW *vitterig*; *muggenzifterig*
captivate ('kæptɪveɪt) OV WW *boeien*; *betoveren*
captive ('kæptɪv) I BNW • *gevangen* • FIG. *geboeid*
II ZN • *(krijgs)gevangene*
captivity (kæp'tɪvəti) ZN *gevangenschap*
captor ('kæptə) ZN *overmeesteraar*; *kaper*
capture ('kæptʃə) I OV WW • *gevangen nemen*;
innemen; *veroveren* • *bemachtigen* • *vastleggen*
⟨in woord, beeld, enz.⟩ II ZN
• *gevangenneming* • *buit*; *prijs*
Capuchin ('kæpjʊtʃɪn) ZN *kapucijn(er monnik)*
car (kɑː) ZN • *auto* • USA *spoorwagon*; *tram*
• *wagen*; *kar(retje)* • USA *liftkooi* • *schuitje*;
gondel ★ *executive car directiewagen*
carafe (kə'ræf) ZN *karaf*
caramel ('kærəmel) I ZN • *karamel* II BNW
• *karamelkleurig*
carat ('kærət) ZN *karaat* ★ *the purest gold is 24
~s het zuiverste goud is 24 karaats*
caravan ('kærəvæn) I ZN • G-B *caravan*
• *woonwagen* • *karavaan* II ONOV WW
• *rondtrekken met een caravan*
caravanning ('kærəvænɪŋ) ZN *het trekken met de
caravan*
caravanserai (kærə'vænsəraɪ), USA **caravansary**
(kærə'vænsərɪ) ZN • GESCH. *karavanserai*
• *groep mensen die samen reist*
caraway ('kærəweɪ) ZN *karwij*
carbide ('kɑːbaɪd) ZN *carbid*
carbine ('kɑːbaɪn) ZN *karabijn*
carbohydrate (kɑːbə'haɪdreɪt) ZN *koolhydraat*
car bomb ZN *autobom*; *bomauto*
carbon ('kɑːbən) ZN • SCHEIK. *kool(stof)*
• *carbonpapier* • *doorslag* ⟨op carbonpapier⟩
carbonaceous (kɑːbə'neɪʃəs) BNW
koolstofhoudend
carbonate ('kɑːbənɪt) I ZN • *carbonaat* II OV
WW • *carboniseren*
carbonated ('kɑːbəneɪtɪd) BNW
koolzuurhoudend
carbon copy ZN • *doorslag* ⟨met carbonpapier⟩
• *evenbeeld* ★ *she's a* ~ *of her mother zij is het
evenbeeld van haar moeder*
carbon dating ZN *koolstofdatering*
carbonic acid ZN SCHEIK. *koolzuur*
carboniferous (kɑːbə'nɪfərəs) BNW AARDK.
koolstofhoudend ★ *Carboniferous age/period
het carboon*
carbonization, G-B **carbonisation**
(kɑːbənaɪ'zeɪʃən) ZN *carbonisatie*; *verkoling*
carbonize, G-B **carbonise** ('kɑːbənaɪz) OV WW
• *carboniseren* • *verkolen*
carbon monoxide ZN *koolmonoxide*; *kolendamp*
carbon paper ZN *carbonpapier*
car boot sale ZN *kofferbakverkoop*
carboy ('kɑːbɔɪ) ZN *mandfles*
carbuncle ('kɑːbʌŋkl) ZN • *(steen)puist*
• *karbonkel*
carburettor (kɑːbə'retə), USA **carburetor**
(kɑːbə'reɪtə) ZN *carburator*

carcass, carcase ('kɑ:kəs) ZN • *karkas; romp* ⟨v. geslacht dier⟩ • *wrak; rest* • MIN. *lijk* ⟨v. mens⟩ • *geraamte; skelet*

carcinogen (kɑ:'sɪnədʒən) ZN *kankerverwekkende stof*

carcinogenic (kɑ:sɪnə'dʒənik) BNW *kankerverwekkend*

carcinoma (kɑ:sɪ'noʊmə) ZN *carcinoom; kankergezwel*

card (kɑ:d) I ZN • *kaart(je); wenskaart* • *programma* ⟨v. wedstrijd, enz.⟩ • *scorekaart* ⟨bij golf enz.⟩ • COMP. *printplaat* • INFORM. *vent; snoeshaan* • TECHN. *(wol)kaarde* ★ cards [mv] *kaartspel* • green card USA *werk- en woonvergunning voor buitenlanders* ★ knowing card *een gehaaid iem.* ★ leading card *troef; krachtig argument* ★ visiting card *visitekaartje* ★ smart card *chipkaart* ▼ get your cards *ontslag krijgen* ▼ have a card up your sleeve *nog iets achter de hand hebben* ▼ hold all the cards *alle troeven in handen hebben* ▼ hold/keep/play your cards close to your chest *je niet in de kaart laten kijken* ▼ lay/put your cards on the table *open kaart spelen* ▼ it's in/on the cards that *het zit er in dat* ▼ play your cards right *het slim/goed spelen* ▼ speak by the card *zich zeer precies uitdrukken* II OV WW • *kaarden* ★ VS, INFORM. card *sb iem. vragen zich te legitimeren* ★ card-index *een kaartsysteem aanleggen*

cardboard ('kɑ:dbɔ:d) I ZN • *karton* II BNW • *kartonnen*

card-carrying BNW ★ a ~ member of the party *een officieel/actief lid van de partij*

card game ZN *kaartspel*

cardholder ('kɑ:dhəʊldə) ZN *bezitter van creditcard*

cardiac ('kɑ:dɪæk) BNW • *hart-* • *maagmond* ★ ~ arrest *hartstilstand* ★ ~ failure *hartfalen*

cardigan ('kɑ:dɪgən) ZN *wollen vest*

cardinal ('kɑ:dɪnl) I ZN • *kardinaal* • *hoofdtelwoord* • *kardinaalvogel* II BNW • *voornaamst; kardinaal; fundamenteel* • *donkerrood*

card index ZN *kaartsysteem*

cardiologist (kɑ:dɪ'ɒlədʒɪst) ZN *cardioloog*

cardiology (kɑ:dɪ'ɒlədʒɪ) ZN *cardiologie*

card table ('kɑ:dteɪbl) ZN *speeltafeltje*

care (keə) I ZN • *zorg; bezorgdheid* ★ coronary care *hartbewaking* ★ domiciliary care *thuiszorg/-verpleging* ★ medical care *gezondheidszorg* ★ not have a care in the world *helemaal zonder zorgen zijn* ▼ care killed the cat *geen zorgen voor morgen* ▼ (in) care of *per adres* ▼ in care *in een kindertehuis* ▼ in the care of sb ▼ in sb's care *onder iemands hoede* ▼ under the care of *onder het beheer van* ▼ take care *pas op* ▼ take care of *zorgen voor; passen op* II ONOV WW • *geven om* • *(wel/graag) willen* ★ I don't care if you do *ik heb er niets op tegen; dat is mij best* ★ I couldn't care less *het zal me een zorg zijn* ★ who cares! *wat zou dat?; wat kan mij dat schelen?* ★ I don't care a damn/pin/rap/straw *'t kan mij geen steek schelen* ★ ~ **for** *zorgen voor; houden van; geven om*

care assistant ZN *verzorger* ⟨v. zieken, bejaarden, gehandicapten⟩

careen (kə'ri:n) ONOV WW • SCHEEPV. *overhellen* • USA *voortdenderen*

career (kə'rɪə) I ZN • *carrière; loopbaan* • *loop; ontwikkeling* II ONOV WW • *voortdenderen*

career coach ZN *loopbaanbegeleider*

career day ZN OMSCHR. *open dag voor beroepsoriëntatie* ⟨op school⟩

career diplomat ZN *beroepsdiplomaat*

careerism (kə'rɪərɪzəm) ZN *bezetenheid met carrière*

careerist (kə'rɪərɪst) ZN • *carrièrejager* • *streber*

careers officer ZN *beroepskeuzeadviseur; schooldecaan*

career woman ZN *carrièrevrouw*

carefree ('keəfri:) BNW *zorgeloos*

careful ('keəfʊl) BNW • *voorzichtig* • *zorgvuldig* • *nauwkeurig*

careless ('keələs) BNW • *onvoorzichtig* • *onzorgvuldig; slordig* • *onachtzaam* • *achteloos*

carer ('keərə), USA **caregiver** ('keəgɪvə(r)) ZN *mantelzorger*

caress (kə'res) I OV WW • *liefkozen; strelen* II ZN • *liefkozing*

caressing (kə'resɪŋ) BNW *liefdevol; teder*

caretaker ('keəteɪkə) ZN • G-B *conciërge* • *huisbewaarder* • *toezichthouder*

care worker ZN *verzorger* ⟨v. zieken, bejaarden, gehandicapten⟩

careworn ('keəwɔ:n) BNW *afgetobd*

cargo ('kɑ:gəʊ) ZN • *vracht* • *scheepslading*

cargo pants, cargoes MV ≈ *legerbroek* ⟨broek met veel zakken⟩

Caribbean (kærɪ'bi:ən) I ZN ★ the ~ *het Caribisch gebied* II BNW • *Caribisch*

caricature ('kærɪkətʃʊə) I ZN • *karikatuur* II OV WW • *tot een karikatuur maken*

caricaturist (kærɪkə'tʃʊərɪst) ZN *cartoontekenaar; cartoonist*

caries ('keəri:z) ZN *cariës; tandbederf*

carillon (kə'rɪljən) ZN • *carillon* • *beiaard*

caring ('keərɪŋ) BNW *zorgzaam; verzorgend*

carious ('keərɪəs) BNW MED. *aangevreten* ⟨v. botten, tanden⟩

Carmelite ('kɑ:məlaɪt) ZN *karmelieter monnik*

carmine ('kɑ:maɪn) I ZN • *karmijn* II BNW • *karmijnrood*

carnage ('kɑ:nɪdʒ) ZN *slachting; bloedbad*

carnal ('kɑ:nl) BNW MIN. *vleselijk; zinnelijk*

carnation (kɑ:'neɪʃən) ZN *anjer*

carnival ('kɑ:nɪvəl) ZN • *carnaval* • USA *kermis*

carnivore ('kɑ:nɪvɔ:) ZN *carnivoor; vleeseter*

carnivorous (kɑ:'nɪvərəs) BNW *vleesetend*

carol ('kærəl) I ZN • *(kerst)lied* II OV+ONOV WW • *(jubelend) zingen*

carotid (kə'rɒtɪd) I ZN • *halsslagader* II BNW • *halsslagaderlijk*

carouse (kə'raʊz) I ONOV WW • *zwelgen; brassen* II ZN • *lawaaiige braspartij*

carousel (kærə'sel) ZN • USA *draaimolen* • LUCHTV. *draaiende bagageband*

carp (kɑ:p) I ZN • *karper* II ONOV WW • *zeuren* • *vitten*

car park ZN G-B *parkeerplaats/-garage enz.*

carpenter ('kɑ:pəntə) ZN *timmerman*

carpentry ('kɑ:pəntrɪ) ZN • *timmerwerk* • *het timmervak*

carpet ('kɑ:pɪt) I ZN • *tapijt*; *loper* ★ fitted ~ *vaste vloerbedekking* • magic ~ *vliegend tapijt* ▼ (be/get called) on the ~ *op het matje geroepen worden* II OV WW • *met tapijt bedekken* • *een uitbrander geven*

carpetbagger ('kɑ:pɪtbægə) ZN *avonturier*

carpet-bomb ONOV WW • *een bommentapijt uitwerpen over* • ECON. *reclamemateriaal versturen naar heel veel mensen* ⟨vooral via e-mail⟩

carpeting ('kɑ:pɪtɪŋ) ZN *tapijt*

carpet slipper ZN OUD. *pantoffel* ⟨met stoffen bovenkant⟩

carpet sweeper ZN *rolveger*

car pool I ZN • *groep carpoolers* II ONOV WW • [carpool] *carpoolen*

carriage ('kærɪdʒ) ZN • G-B *wagon*; *wagen*; *rijtuig* • *vervoer*; *vracht(prijs)* • TECHN. *slede* • *houding* • carriage and pair/four *twee-/vierspan*

carriageway ('kærɪdʒweɪ) ZN *verkeersweg*; *rijbaan*; *brugdek* ★ G-B dual ~ *vierbaansweg*

carrier ('kærɪə) ZN • *vervoerder v. goederen/ reizigers*; *expediteur*; *luchtvaartmaatschappij* • *passagiersvliegtuig* • MIL. *vervoermiddel v. mensen en materieel*; *vliegdekschip* • MED. *drager v.e. ziekte*; *vector* • *bagagedrager* • A-V *platenraampje*; *chassis*

carrier bag ZN *plastic/papieren tas*

carrier pigeon ZN *postduif*

carriole ('kærɪəʊl) ZN • *rijtuigje* • *Canadese slee*

carrion ('kærɪən) I ZN • *kadaver*; *aas* II BNW • *rottend*; *weerzinwekkend*

carrion crow ZN *zwarte kraai*

carrot ('kærət) ZN • *wortel(tje)* • *lokmiddel* ★ ~s [mv] *rooie* ⟨scheldnaam voor roodharige⟩ ★ hold out a ~ to sb *iem. een worst voor houden* ★ use the ~ and the stick approach ≈ *(naar willekeur) belonen en bestraffen*

carry ('kærɪ) I OV WW • *dragen*; *vervoeren*; *transporteren* • *bij z. hebben/dragen* • *besmet zijn met* • *met zich meebrengen*; *impliceren* • *mee-/wegvoeren* • *steunen*; *goedkeuren* • MEDIA *publiceren*; *uitzenden* • *verkopen*; *in het assortiment hebben* • *zwanger zijn* ★ ~ authority *invloedrijk zijn* ★ ~ into effect *ten uitvoer brengen* ★ ~ an election *een verkiezing winnen* ★ ~ things too far *de zaak te ver drijven* ★ ~ sth in your head *iets in je hoofd hebben*; *iets onthouden* ★ ~ a meeting *een vergadering met zich meekrijgen* ★ ~ a motion *een motie aannemen/steunen* ★ ~ a tune *wijs houden* ★ ~ yourself *je gedragen*; *optreden* ★ ~ weight *gewicht in de schaal leggen* ★ ~ x to the 3rd power *x tot de 3e macht verheffen* ▼ be/get carried away *te hard van stapel lopen*; *je mee laten slepen* ▼ ~ all/everything before you *in ieder opzicht succes hebben* ▼ ~ the ball *het heft in handen nemen* ▼ ~ the can *de schuld op je nemen* ▼ ~ the day *winnen* ▼ ~ the torch for sb *verliefd zijn op iem.* II ONOV WW • *dragen* • *reiken* III WW • ~ **back** [ov] *terugvoeren* • ECON. ~ **forward** [ov] *transporteren* • ~ **off** *het er goed vanaf brengen*

• *winnen* ⟨v. prijs, enz.⟩ • ~ **on** [ov] *doorgaan* ⟨with met⟩ • *volhouden* • *uitvoeren* • [onov] INFORM. *tekeer gaan*; *z. aanstellen* • *scharrelen* • ~ **out** [ov] *uitvoeren*; *vervullen* • ~ **over** [ov] *meenemen*; *transporteren* • *uitstellen* • [onov] *bijblijven*; *meekrijgen* • ~ **through** [ov] *doorvoeren*; *volvoeren* • *erdoor helpen*; *tot een goed einde brengen*

carrycot ('kærɪkɒt) ZN *reiswieg*

carrying agent ZN *expediteur*

carrying capacity ZN *laadvermogen*

carryings-on ZN MV INFORM. *verdachte praktijken*

carrying trade ZN *goederenvervoer*; *vrachtvaart*

carry-on ZN INFORM. *heisa*; *drukte* ⟨om niks⟩

carry-over ZN *overblijfsel*

carsick ('kɑ:sɪk) BNW *wagenziek*

cart (kɑ:t) I ZN • *wagen* ⟨getrokken door paard⟩ • *(hand)kar* • USA *winkelwagentje* • USA *buggy* ⟨golf⟩ ▼ put the cart before the horse *het paard achter de wagen spannen* II OV WW • *(per kar) vervoeren*; *zeulen* • INFORM. *afvoeren*

cartcover ('kɑ:tkʌvə) ZN *huif*

cartel (kɑ:'tel) ZN ECON. *kartel*

cartilage ('kɑ:tɪlɪdʒ) ZN *kraakbeen*

cartload ('kɑ:tləʊd) ZN • *karrenvracht* • *grote hoeveelheid*

cartographer (kɑ:'tɒɡrəfə) ZN *cartograaf*; *kaarttekenaar*

cartography (kɑ:'tɒɡrəfɪ) ZN *cartografie*

cartomancy ('kɑ:təmænsɪ) ZN *het kaartleggen* ⟨om voorspelling te doen⟩

carton ('kɑ:tn) I ZN • *karton*; *kartonnen doos* ★ a ~ of 200 cigarettes *een slof met 200 sigaretten* II OV WW • *in karton verpakken*

cartoon (kɑ:'tu:n) I ZN • *spotprent* • *stripverhaal* • *tekenfilm* • *voorstudie* ⟨voor schilderij⟩ II OV WW • *karikaturiseren* III ONOV WW • *tekenen van spotprent of tekenfilm*

cartoonist (kɑ:'tu:nɪst) ZN *spotprenttekenaar*

cartridge ('kɑ:trɪdʒ) ZN • *patroon* • *vulling*; *cassette*; *cartridge* • *blank* ~ *losse patroon* ★ MIL. live ~ *scherpe patroon*

cart track ZN *karrenspoor*

cartwheel ('kɑ:twi:l) ZN *wagenrad* ★ turn ~s *radslagen maken*

carve (kɑ:v) I OV WW • *kerven*; *beeldhouwen*; *graveren* • *voorsnijden* ⟨v. vlees⟩ ★ ~ your way *je een weg banen* • ~ **out** *veroveren*; *bevechten* ⟨v. baan of reputatie⟩ ★ ~ out one's fortune *zijn eigen fortuin scheppen* II OV+ONOV WW • *(voor)snijden* • ~ **up** *verdelen*; *snijden* ⟨in het verkeer⟩

carver ('kɑ:və) ZN • *houtsnijder*; *beeldhouwer* • *graveur*

carving ('kɑ:vɪŋ) ZN *beeldhouwwerk*; *snijwerk*

carving knife ZN *voorsnijmes*

car wash ZN *autowasplaats*

cascade (kæs'keɪd) I ZN • *(kleine) waterval* • COMP. *deels overlappende weergave van schermen* II ONOV WW • *bruisend/golvend neerstorten*

case (keɪs) I ZN • *geval* • *zaak* • *(rechts)zaak*; *proces*; *geding* • *bewijs(materiaal)*; *pleidooi* • *huls*; *overtrek*; *foedraal*; *tas(je)*; *etui*; *kist*; *koffer* • *kast* • *staat*; *toestand* • *patiënt* • TAALK.

naamval ★ hard case *moeilijk geval*; *netelig punt* ★ DRUKK. lower case *kleine letter* ★ DRUKK. upper case *hoofdletter* ★ packing case *pakkist* ★ writing case *schrijfmap* ▼ as the case may be *al naargelang de omstandigheden* ▼ be on sb's case *z. bemoeien met iemands zaak* ▼ get off my case *laat me met rust* ▼ a case in point *een goed voorbeeld* ▼ in any case *in ieder geval; hoe dan ook* ▼ in case... *voor 't geval dat...* ▼ just in case *voor alle zekerheid* ▼ in case of *in geval van* ▼ no case to go *geen aanleiding/(rechts)grond om* ▼ there's a case for/to *er is wat voor te zeggen om* ▼ I rest my case *daarmee heb ik wel genoeg gezegd; dit lijkt me overtuigend bewijs* ll OV WW • *in een huls of andere verpakking doen* • overtrekken ★ INFORM. case the joint *de boel verkennen* ⟨voor beroving⟩

casebook ('keɪsbʊk) ZN • *register met verslagen van rechtszaken* • *patiëntenregister*

case clock ZN *staande klok*

case history ZN • *ziektegeschiedenis* • *dossier*

case law ZN JUR. *jurisprudentie*

caseload ZN • *het aantal te behandelen cliënten/patiënten* • *de totale praktijk van advocaat/arts*

casemate ('keɪsmeɪt) ZN *kazemat*

casement ('keɪsmənt) ZN *(klein) raam*

case-sensitive BNW COMP. *hoofdlettergevoelig*

case study ('keɪsstʌdɪ) ZN *casestudy; beschrijving* ⟨v. praktijkgeval⟩

casework ('keɪswɜːk) ZN *sociaal werk* ⟨vnl. psychologisch gericht⟩

caseworker ('keɪswɜːkə) ZN *maatschappelijk werker* ⟨vnl. psychologisch gericht⟩

cash (kæʃ) I ZN • *(contant) geld; kas(geld)* • *contant(en); kassa; kas* ★ cash down/USA up front *contante betaling* ▼ INFORM. cash in hand *contant* ⟨mogelijk zwart⟩ ★ cash on delivery *onder rembours* ★ cash with order *vooruitbetaling* ★ for cash *contant* ★ hard/USA cold cash *klinkende munt* ★ in cash *bij kas* ★ out of cash *niet bij kas* ★ ready cash *contanten* ★ short of cash *slecht bij kas* ll OV WW • *incasseren* lll WW • ~ in [OV] *verzilveren; te gelde maken* • *wisselen* • [onov] ★ cash in on sth *v. iets profiteren* ▼ cash in your chips *de pijp uitgaan*

cash card ZN *pinpas*

cash cow ZN *melkkoe*

cash crop ZN *marktgewas*

cash desk ZN *kassa*

cash dispenser ZN *geldautomaat*

cashew ('kæʃuː) ZN *cashewnoot*

cashier (kæ'ʃɪə) I ZN • *kassier; caissière* ll OV WW • MIL. *oneervol ontslaan*

cash machine ZN *geldautomaat*

cashmere ('kæʃmɪə) ZN • *kasjmier* • *sjaal*

cashpoint ('kæʃpɔɪnt) ZN *geldautomaat*

cash register ZN *kasregister*

cash-starved BNW *krap bij kas*

cash-strapped BNW *armlastig*

casing ('keɪsɪŋ) ZN *omhulsel; overtrek; verpakking; bekleding; bekisting*

cask (kɑːsk) I ZN • *vat; fust* ll OV WW • *op fust doen*

casket ('kɑːskɪt) I ZN • *kistje; cassette* • USA *doodskist* ll OV WW • *in een kistje doen*

casserole ('kæsərəʊl) ZN • *stoofschotel* • *stoofpan*

cassette (kə'set) ZN *cassette*

cassock ('kæsək) ZN • *soutane* • *toog*

cast (kɑːst) I ZN • *bezetting; rolverdeling* • *afgietsel; gietvorm* • *gooi; worp* • *aard; type; soort; uiterlijk* ⟨v. gezicht⟩ • *gipsverband* ll OV WW [onr.] • *werpen* ⟨v. blik, licht, schaduw, enz.⟩ • *opwerpen* ⟨v. twijfel⟩ • *afwerpen* ⟨v. huid⟩ • *toewijzen* ⟨v. rol⟩ • *uitwerpen* ⟨v. hengel⟩ • *rangschikken; indelen* • *uitbrengen* ⟨v. stem⟩ • TECHN. *gieten* ★ cast in the mould of *sterk lijkend op* ▼ cast your mind back *terugdenken aan* ▼ cast a spell on *betoveren* lll WW • ~ **about/around** [onov] *(koortsachtig) zoeken* • ~ **aside** [ov] *afstand doen van; verwerpen* • ~ **away** [ov] *weggooien* • ~ **down** [ov] *terneerslaan; neerslaan* ⟨v. ogen⟩ ★ be cast down *terneergeslagen zijn* • ~ **off** [ov] *z. ontdoen van* • [ov + onov] *afhechten* ⟨v. breiwerk⟩ • *losgooien* ⟨v. boot⟩ • ~ **on** [ov + onov] *opzetten* ⟨v. breiwerk⟩ • ~ *cast in your lot with je scharen aan de kant van*

castanets (kæstə'net) MV *castagnetten*

castaway ('kɑːstəweɪ) I ZN • *schipbreukeling* ll BNW • *aangespoeld* ⟨na schipbreuk⟩

caste (kɑːst) ZN • *kaste* • *kastestelsel* ★ lose ~ *in stand achteruitgaan*

caster ('kɑːstə) ZN USA • → **castor**

caster sugar ZN *fijne kristalsuiker*

castigate ('kæstɪgeɪt) OV WW *ernstig verwijten*

castigation (kæstɪ'geɪʃən) ZN *ernstig verwijt*

casting ('kɑːstɪŋ) ZN • TON. *rolverdeling* • *gietsel*

cast iron I ZN • *gietijzer* ll BNW [cast-iron] • *gietijzeren* • *ijzersterk*

castle ('kɑːsəl) I ZN • *kasteel* • *toren* ⟨schaakstuk⟩ ★ (build) ~s in the air *luchtkastelen (bouwen)* ★ bouncy ~ *groot springkussen* ll OV+ONOV WW • *rokeren* ⟨met schaken⟩

cast-off I ZN • *afdankertje* ll BNW • *afgedankt*

castor ('kɑːstə) ZN • *wieltje* ⟨onder meubel⟩ • *strooier* ⟨v. suiker, enz.⟩

castor oil ZN *wonderolie*

castor sugar ZN *fijne kristalsuiker*

castrate (kæ'streɪt) OV WW *castreren*

castration (kæ'streɪʃən) ZN *castratie*

casual ('kæʒʊəl) I BNW • *nonchalant* • *terloops; vluchtig* • *gemakkelijk; informeel* ⟨v. kleding⟩ • *tijdelijk* ⟨werk⟩ • *oppervlakkig; toevallig* ll ZN • *tijdelijke kracht* • ~s [mv] *informele kleding*

casualty ('kæʒʊəltɪ) ZN • *ongeluk; ramp* • *slachtoffer* ★ casualties [mv] *doden en gewonden*

casualty department ZN *eerste hulp* ⟨afdeling in ziekenhuis⟩

casuistry ('kæʒjuːɪstrɪ) ZN *drogreden*

cat (kæt) ZN • *kat* • BIOL. *katachtige* • INFORM. *vent* ★ fat cat *rijke stinkerd* ▼ INFORM. that is the cat's whiskers/pyjamas *dat is geweldig; dat is je van het* ▼ let the cat out of he bag *een geheim verklappen* ▼ I was like a cat on hot bricks/on a hot tin roof *ik zat op hete kolen* ▼ like a cat that's got the cream ▼ USA like the cat that got/ate/swallowed the canary *erg tevreden met mezelf* ▼ it's raining cats and dogs

ca

het regent pijpenstelen ▼ you look like sth the cat brought in *jij ziet er ellendig uit* ▼ I don't have/stand a cat in hell's chance *ik heb geen schijn van kans* ▼ play cat and mouse *een kat-en-muisspelletje spelen* ▼ put/set the cat among the pigeons *de kat op het spek binden* ▼ see which way the cat jumps *de kat uit de boom kijken* ▼ when the cat's away the mice will play *als de kat van huis is, dansen de muizen op tafel*

cataclysm ('kætəklɪzəm) ZN • *ramp; overstroming; oorlog* • *grote omwenteling*

cataclysmic (kætə'klɪzmɪk) BNW *enorme beroering teweegbrengend*

catacomb ('kætəku:m) ZN *catacombe*

catafalque ('kætəfælk) ZN • *katafalk* • *open lijkkoets*

catalogue ('kætəlɒg) I ZN • *catalogus* • *lijst; reeks* II OV WW • *catalogiseren*

catalyst ('kætəlɪst) ZN *katalysator*

catalytic converter ZN AUTO. *katalysator*

catamount (kætə'maʊnt), **catamountain** (kætə'maʊntɪn) ZN *poema*

catapult ('kætəpʌlt) I ZN • *catapult* • LUCHTV. *lanceerinrichting* II OV WW • *met een katapult af-/beschieten* • *lanceren* III ONOV WW • *afgeschoten worden*

cataract ('kætərækt) ZN • *waterval* • MED. *grauwe staar*

catarrh (kə'tɑ:) ZN • MED. *slijmvliesontsteking* • *snot*

catastrophe (kə'tæstrəfɪ) ZN *catastrofe; ramp*

catastrophic (kætə'strɒfɪk) BNW *catastrofaal; rampzalig*

cat burglar ZN *geveltoerist*

catcall ('kætkɔ:l) I ZN • *(afkeurend) gejoel; schel gefluit* II OV+ONOV WW • *uitfluiten*

catch (kætʃ) I OV WW [onr.] • *(op)vangen; grijpen; pakken* • *betrappen; verrassen; ontdekken* • *op tijd zien/aantreffen* • *halen* ⟨bus, enz.⟩ • *overvallen* • *trekken* ⟨aandacht⟩ • *treffen* ⟨v. gelijkenis⟩ • *oplopen; krijgen* ⟨v. ziekte⟩ • *raken; treffen* • *snappen; begrijpen* • SPORT *uitvangen* ★ ~ cold *kou vatten* ★ ~ me! *dat kun je begrijpen!* ★ ~ sb on the nose *iem. een klap op zijn neus geven* ★ ~ your finger in the door *met je vinger bekneld raken tussen de deur* ▼ ~ your breath *je adem stokt; op adem komen* ▼ ~ your death (of cold) *'n zware verkoudheid oplopen* ▼ ~ sb's eye *iemands blik vangen* ▼ ~ it *er flink van langs krijgen* ▼ ~ sb napping *iem. overrompelen* ▼ ~ sb red-handed *iem. op heterdaad betrappen* ▼ ~ sb with their pants/trousers down *iem. in een penibele situatie aantreffen* II ONOV WW • *vast komen te zitten; blijven haken* ⟨aan spijker, enz.⟩ • *besmettelijk zijn* • *pakken; sluiten* ⟨v. grendel⟩ • *ontbranden* • *aanstekelijk zijn* • *populair worden* ★ ~ fire *vlam vatten* • ~ WW • ~ at [onov] *grijpen naar; aangrijpen* • [ov] *betrappen op* • ~ on [onov] *populair worden* ★ ~ on to sth *iets snappen* • ~ out [ov] *overvallen; klem zetten; erin laten lopen* • ~ up [onov] *inhalen* ⟨v. achterstand⟩; *gelijk komen met* • *bijpraten* • ~ up in [onov] *betrokken raken bij; verwikkeld zijn in; vastzitten in*

• ~ up on [onov] *inhalen* ⟨v. achterstand⟩
• ~ up with [onov] *eindelijk te pakken krijgen; achterhalen* III ZN • *vang; het vangen* • *vangst; buit; aanwinst* • *sluiting; haak(je)* • *strikvraag; valstrik* • *vangbal* (balspel) • *goede partij* ▼ (a) ~ 22 OMSCHR. *onoplosbare situatie*

catch-all ZN *vergaarbak* ★ ~ term *verzamelnaam*

catcher ('kætʃə) ZN • *vanger* • SPORT *achtervanger*

catching ('kætʃɪŋ) BNW • *besmettelijk* • *aanstekelijk*

catchment ('kætʃmənt) ZN *neerslag-/stroomgebied*

catchment area ZN • *verzorgingsgebied* • *neerslag-/stroomgebied*

catchphrase ('kætʃfreɪz) ZN *cliché; (populaire) kreet*

catchy ('kætʃɪ) BNW • *pakkend; aantrekkelijk* • *goed in het gehoor liggend*

catechism ('kætɪkɪzəm) ZN *catechismus*

catechumen (kætɪ'kju:mən) ZN *doop-/geloofsleerling*

categorical (kætɪ'gɒrɪkl) BNW • *categorisch* • *stellig*

categorize, G-B **categorise** ('kætɪgəraɪz) OV WW *categoriseren*

category ('kætɪgərɪ) ZN *categorie*

catena (kæ'ti:nə) ZN *reeks; aaneenschakeling*

catenary (kə'ti:nərɪ) BNW *ketting-*

cater ('keɪtə) ONOV WW • *cateren; voedsel verzorgen/leveren* • ~ for *zorgen voor; leveren aan* ★ ~ for the needs of the elderly *voorzien in (alle) behoeften van ouderen* • ~ to ★ *mags* ~ing to the masses *tijdschriften gericht op de grote massa*

caterer ('keɪtərə) ZN *cateraar; cateringbedrijf*

catering ('keɪtərɪŋ) ZN *catering; proviandering; receptie-/dinerverzorging*

caterpillar ('kætəpɪlə) ZN • *rups* • *rupsband*

caterwaul ('kætəwɔ:l) I ZN • *kattengejank* II ONOV WW • *krollen*

catfish ('kætfɪʃ) ZN • *meerval* • *katvis*

cat flap ZN *poezenluik*

catgut ('kætgʌt) ZN *darmsnaar* ⟨v. schaap⟩

catharsis (kə'θɑ:sɪs) ZN *catharsis; loutering*

cathedral (kə'θi:drəl) ZN *kathedraal*

Catherine wheel ZN *vuurrad*

cathode ('kæθəʊd) ZN *kathode*

catholic ('kæθəlɪk) BNW • [Catholic] *(rooms-)katholiek* • [vaak: Catholic] *algemeen christelijk; ruim; veelzijdig*

Catholic ('kæθəlɪk) ZN *katholiek* ★ ~ Church *algemene christelijke kerk; r.-k. kerk*

Catholicism (kə'θɒlɪsɪzm) ZN *katholicisme*

catkin ('kætkɪn) ZN *katje* ⟨aan wilg, hazelaar⟩

catnap ('kætnæp) ZN *hazenslaapje*

cat's foot ZN PLANTK. *hondsdraf*

catsleep ZN *hazenslaapje*

cat's paw ZN OMSCHR. *iem. die het vuile werk voor 'n ander opknapt*

cat's tail, cattail ('kætteɪl) ZN PLANTK. *lisdodde*

catsuit ('kætsu:t) ZN *jumpsuit; bodystocking*

cattery ('kætərɪ) ZN *poezenpension*

cattle ('kætl) ZN *(rund)vee* ★ a herd of ~ *een kudde koeien* ★ twenty head of ~ *twintig stuks vee*

cattle grid, USA **cattle guard** ZN *wildrooster*

catty ('kætɪ) BNW *kattig*

catwalk ('kætwɔːk) ZN *catwalk; plankier* ⟨bij modeshows⟩; *smal looppad* ⟨bv. langs brug⟩
Caucasian (kɔːˈkeɪʒən) I ZN • *Kaukasiër* • *blanke* ⟨v.h. Indo-Europese ras⟩ II BNW • *Kaukasisch* • *blank* ⟨v.h. Indo-Europese ras⟩
caucus ('kɔːkəs) ZN • *(besloten) vergadering v. partijleden* ⟨over kandidaten en/of beleid⟩ • *groepering*
caudal ('kɔːdl) BNW ★ ~ fin *staartvin*
caught (kɔːt) WW [verleden tijd + volt. deelw.] • → **catch**
cauldron ('kɔːldrən) ZN • *grote ketel* • *heksenketel*
cauliflower ('kɒlɪflaʊə) ZN *bloemkool*
caulk (kɔːk) OV WW *breeuwen; waterdicht maken*
causal ('kɔːzəl) BNW *causaal; oorzakelijk*
causality (kɔːˈzælətɪ) ZN *causaliteit; oorzakelijkheid*
causation (kɔːˈzeɪʃən) ZN • *veroorzaking* • *oorzakelijkheid*
causative ('kɔːzətɪv) I ZN • TAALK. *causatief* II BNW • *veroorzakend* • TAALK. *causatief*
cause (kɔːz) I ZN • *oorzaak* • *reden; motief; grond* • *zaak; principe* • *rechtszaak; proces* ★ no ~ for concern *geen reden tot ongerustheid* ▼ be for/in a good ~ *voor een goede zaak zijn/werken* II OV WW • *veroorzaken; teweegbrengen* • *laten* • *zorgen dat*
'cause (kəs) VW INFORM. • → **because**
causeway ('kɔːzweɪ) ZN *verhoogde weg* ⟨door nat gebied⟩
caustic ('kɔːstɪk) BNW • *brandend; bijtend* • *sarcastisch*
cauterize, G-B **cauterise** ('kɔːtəraɪz) OV WW • MED. *uit-/dichtbranden* ⟨v. wond⟩ • *verharden; gevoelloos maken*
caution ('kɔːʃən) I ZN • *voorzichtigheid; omzichtigheid* • *waarschuwing(scommando)* • *berisping* ▼ throw/cast ~ to the wind(s) *alle voorzichtigheid laten varen* II OV WW • *waarschuwen; berispen*
cautionary ('kɔːʃənərɪ) BNW *waarschuwend*
cautious ('kɔːʃəs) BNW *omzichtig; voorzichtig; behoedzaam*
cavalcade (kævəlˈkeɪd) ZN • *ruiterstoet* • *(bonte) optocht*
cavalier (kævəˈlɪə) I ZN • *begeleider* ⟨v. dame⟩ • *(galante) heer; cavalier* • GESCH. *koningsgezinde* ⟨in 17e eeuw⟩ II BNW • *arrogant* • *nonchalant* • *onhoffelijk* III ONOV WW • *z. arrogant, enz. gedragen*
cavalry ('kævəlrɪ) ZN *cavalerie*
cavalryman ('kævəlrɪmən) ZN *cavalerist*
cave (keɪv) I ZN • *hol; grot* II OV+ONOV WW • *uithollen; uitgraven* • ~ in *instorten; bezwijken; zwichten*
caveat ('kævɪæt) ZN • JUR. *caveat; protest* • *voorbehoud*
cave-in ZN *instorting; verzakking*
caveman ('keɪvmæn) ZN *holbewoner*
cavern ('kævən) ZN *hol; spelonk*
cavernous ('kævənəs) BNW *vol holen; spelonkachtig*
caviar, caviare ('kævɪɑː) ZN *kaviaar*
cavil ('kævɪl) I ZN • *muggenzifterij* II ONOV WW • *vitten*
caving ('keɪvɪŋ) ZN ★ go ~ *grotten verkennen*

cavity ('kævətɪ) ZN • *holte* • *gaatje* ⟨in tand/kies⟩
cavity wall ZN *spouwmuur*
cavort (kəˈvɔːt) ONOV WW *dartelen; rondspringen*
cavy ('keɪvɪ) ZN *cavia*
caw (kɔː) I ZN • *gekras* ⟨v. kraai, enz.⟩ II ONOV WW • *krassen* ⟨v. kraai, enz.⟩
cay (keɪ) ZN • *zandbank* • *koraalrif*
cayenne (keɪˈen) ZN ★ ~ (pepper) *cayennepeper*
cayman ('keɪmən) ZN • → **caiman**
CBE AFK Commander of the Order of the British Empire *Commandeur in de Orde van het Britse Rijk*
cc AFK • carbon copy *cc'tje* • cubic centimetre(s) *cc*
CCTV AFK closed-circuit television *camerabewaking* ★ CCTV footage *opname gemaakt door bewakingscamera*
CD AFK Compact Disc *cd*
CD-R AFK Compact Disc Recordable *cd-r*
CD-ROM AFK Compact Disc Read Only Memory *cd-rom*
CDT AFK • Central Daylight Time *Centrale Daglichttijd* ⟨tijdzone in oostelijk-centraal USA⟩ • G-B, O&W Craft, Design and Technology ≈*handvaardigheid*
cease (siːs) OV+ONOV WW *ophouden*
ceasefire ('siːsfaɪə) ZN *staakt-het-vuren; wapenstilstand*
ceaseless ('siːsləs) BNW *onophoudelijk*
cedar ('siːdə) I ZN • PLANTK. *ceder* • *cederhout* II BNW • *ceder(houten)*
cede (siːd) OV WW FORM. *afstaan*
Ceefax ('siːfæks) ZN ≈ *teletekst* ⟨v. BBC⟩
ceiling ('siːlɪŋ) ZN • *plafond* • *bovengrens; limiet* ⟨v. loon, enz.⟩ • *maximale hoogte* ⟨v. vliegtuig, enz.⟩ ▼ hit the ~ *ontploffen van woede*
celeb (səˈleb) ZN INFORM. • → **celebrity**
celebrant ('seləbrənt) ZN • *priester die de mis opdraagt* • USA *feestvierder*
celebrate ('seləbreɪt) OV+ONOV WW • *vieren* • *de mis opdragen* • *huldigen; loven*
celebrated ('seləbreɪtɪd) BNW *gevierd; beroemd*
celebration (seləˈbreɪʃən) ZN • *viering* • *feestelijke herdenking* • *huldiging* • *het opdragen v.d. mis* ★ lustral • *lustrumviering*
celebrity (sɪˈlebrətɪ) ZN • *roem* • *beroemdheid (persoon)*
celerity (sɪˈlerətɪ) ZN *snelheid*
celery ('selərɪ) ZN *selderie; bleekselderij*
celestial (sɪˈlestɪəl) BNW • *hemels; hemel-* • *goddelijk* ★ ~ body *hemellichaam* ★ the Celestial Empire *het Hemelse Rijk; China*
celibacy ('seləbəsɪ) ZN *celibaat; ongehuwde staat*
celibate ('selɪbət) I ZN • *ongehuwde* • *celibaat; ongehuwde staat* II BNW • *ongehuwd* • *celibatair*
cell (sel) ZN • *cel; gevangeniscel; monnikscel; bijencel* • POL. *groep(je)*
cellar ('selə) I ZN • *kelder; wijnkelder* II OV WW • *in kelder bewaren*
cellist ('tʃelɪst) ZN *cellist*
cellophane ('seləfeɪn) ZN *cellofaan*
cellphone (selfəʊn') ZN *mobiele telefoon*
cellular ('seljʊlə) BNW • *celvormig; met cellen* • *luchtig; losgeweven* • *mobiel* ⟨v. telefoon⟩
cellulite ('seljulaɪt) ZN *cellulitis*

ce

cellulose ('seljʊləʊz) I ZN • *cellulose* II BNW • *v. celstof*
Celt (kelt) ZN *Kelt*
Celtic ('keltɪk) BNW *Keltisch*
cement (sɪ'ment) I ZN • *cement* • *bindmiddel*; OOK FIG. II OV WW • *met cement verbinden* • *bevestigen* • *één worden*
cement mixer ZN *betonmolen*
cemetery ('semɪtərɪ) ZN *begraafplaats*
cenotaph ('senəta:f) ZN *cenotaaf* ⟨leeg grafmonument⟩ ★ the Cenotaph *monument in Londen voor gesneuvelden in WO I*
censer ('sensə) ZN *wierookvat*
censor ('sensə) I ZN • *censor* • *zedenmeester* II OV WW • *censuur uitoefenen over*; *censureren*
censorious (sen'sɔ:rɪəs) BNW *vol kritiek*
censorship ('sensəʃɪp) ZN • *ambt v. censor* • *censuur*
censure ('senʃə) I OV WW • *berispen* • *afkeuren* • *kritiseren* II ZN • *berisping*; *terechtwijzing* • *afkeuring*
census ('sensəs) ZN *volkstelling*
cent (sent) ZN *cent* ★ per cent *procent*
cent. (sent) AFK • centigrade *Celsius* • century *eeuw*
centaur ('sentɔ:) ZN *centaur* ⟨half mens, half paard⟩
centenarian (sentɪ'neərɪən) I ZN • *100-jarige* II BNW • *100-jarig*
centenary (sen'ti:nərɪ), USA **centennial** (sen'tenɪəl) I ZN • *eeuw* • *eeuwfeest* II BNW • *100-jarig*
center ('sentə) ZN USA • → **centre**
center- ('sentə-) VOORV USA • → **centre-**
centerboard ('sentəbɔ:d) ZN USA • → **centreboard**
centerfold ('sentəfəʊld) ZN USA • → **centrefold**
centermost ('sentəməʊst) ZN USA • → **centremost**
centerpiece ('sentəpi:s) ZN USA • → **centrepiece**
center stage ZN USA • → **centre stage**
centigrade ('sentɪgreɪd) BNW *met/op schaal v.Celsius*
centimetre ('sentɪmi:tə) ZN *centimeter*
centipede ('sentɪpi:d) ZN *duizendpoot*
central ('sentrəl) I ZN • USA *centrale* • *centraal geheugen* ⟨v. computer⟩ II BNW • *voornaamste*; *hoofd-* • *centraal*; *midden-*
centrality (sen'trælətɪ) ZN *centrale ligging*
centralize, G-B **centralise** ('sentrəlaɪz) OV+ONOV WW *centraliseren*
centre ('sentə) I ZN • *middelpunt*; *midden* • *centrum* • *instelling*; *centrum* • *kern*; *bron*; *haard* ⟨fig.⟩ • *middenspeler* ★ ~ (forward) *midvoor*; *centrumspits* ★ ~ of gravity *zwaartepunt* II OV WW • *in het midden plaatsen* • *concentreren* • *het midden zoeken/bepalen van* • SPORT *voorzetten*; *naar het midden spelen*
centre- ('sentə) VOORV *midden-*; *centraal*
centreboard ('sentəbɔ:d) ZN *middenzwaard* ⟨v. zeiljacht⟩
centrefold ('sentəfəʊld) ZN • *uitklapplaat* ⟨in tijdschrift⟩; ≈ *pin-up* • *pin-upgirl*
centremost ('sentəməʊst) ZN *middelste*
centrepiece ('sentəpi:s) ZN • *het belangrijkste*

• *middenstuk* ⟨tafelversiering⟩
centre stage ZN *middelpunt v. belangstelling*
centricity (sen'trɪsətɪ) ZN *centrale ligging*
centrifugal (sentrɪ'fju:gl) BNW *middelpuntvliedend*
centripetal (sen'trɪpɪtl) BNW *middelpuntzoekend*
centrist ('sentrɪst) I ZN • *iemand met gematigde politieke opvattingen* II BNW • *centrum-*; *gematigd*
centurion (sen'tjʊərɪən) ZN GESCH. *centurio*; *honderdman*
century ('sentʃərɪ) ZN *eeuw*
CEO AFK ECON. Chief Executive Officer *voorzitter v. Raad v. Bestuur* ⟨v. groot bedrijf⟩
cephalic (sɪ'fælɪk) BNW • *van het hoofd* • *hoofd-*; *hersen-*
ceramic (sɪ'ræmɪk) I ZN • ~s [mv] *keramiek* II BNW • *keramisch*
cereal ('sɪərɪəl) I ZN • *graan graanproduct* ⟨als ontbijt⟩ II BNW • *graan-*
cerebellum (serɪ'beləm) ZN *kleine hersenen*
cerebral ('serɪbrəl) BNW • *hersen-* • *cerebraal*; *intellectueel* ★ ~ haemorrhage *hersenbloeding*
cerebrum ('serɪbrəm) ZN *grote hersenen*
ceremonial (serɪ'məʊnɪəl) I ZN • *ceremonieel*; *plechtigheid* II BNW • *ceremonieel*; *plechtig*
ceremonious (serɪ'məʊnɪəs) BNW • *ceremonieel*; *plechtstatig* • *vormelijk*
ceremony ('serɪmənɪ) ZN • *ceremonie*; *plechtigheid* • *vormelijkheid* • *formaliteit(en)* ★ stand on ~ *hechten aan vormen* ★ without ~ *zonder plichtplegingen*
cert (sɜ:t) I ZN • INFORM. • → **certainty** II BNW • INFORM. • → **certain**
cert. AFK • certificate *certificaat* • certified *gewaarmerkt*
certain ('sɜ:tn) BNW *zeker* ★ he is ~ to come *hij komt zeker* ▼ for ~ *zeker*; *met zekerheid* ▼ make ~ (that) *z. ervan vergewissen (dat)* ▼ of a ~ age *niet jong maar ook niet oud*
certainty ('sɜ:tntɪ) ZN *zekerheid* ★ for a ~ *stellig*
certifiable (sɜ:tɪ'faɪəbl) BNW • *certificeerbaar* • *rijp voor een inrichting*
certificate¹ (sə'tɪfɪkət) ZN • *certificaat*; *verklaring*; *bewijs*; *attest*; *akte* • *diploma* ★ ~ of bankruptcy *verklaring v. opheffing/ faillissement* ★ be married by ~ *huwen voor de ambtenaar v.d. burgerlijke stand*
certificate² (sə'tɪfɪkeɪt) OV WW • *een certificaat geven*; *certificeren* • *met een verklaring machtigen*
certification (sɜ:tɪfɪ'keɪʃən) ZN • *verklaring*; *bevoegdheid* • *verlening van diploma*
certify ('sɜ:tɪfaɪ) OV WW • *(officieel) verklaren*; *waarmerken*; *een diploma/certificaat uitreiken/verlenen* • *krankzinnig verklaren* • *getuigen*
certitude ('sɜ:tɪtju:d) ZN *zekerheid*
cerulean (sə'ru:lɪən) BNW *hemelsblauw*; *azuur*
cervical ('sə:vɪk(ə)l) BNW • ANAT. *hals-*; *nek-* • *baarmoederhals-* ★ ~ cancer *baarmoederhalskanker* ★ ~ smear *uitstrijkje*
cessation (se'seɪʃən) ZN *het ophouden*; *beëindiging*
cession ('seʃən) ZN • *afstand*; *overdracht* • *cessie* ★ ~ of rights *overdracht van rechten*

cesspit ('sespɪt), **cesspool** ('sespu:l) ZN *beerput*; OOK FIG. ★ ~ of iniquity *poel v. ongerechtigheid*
CET AFK Central European Time *Midden-Europese tijd*
cetacean (sɪ'terʃən) I ZN • *walvis*; *walvisachtig zoogdier* II BNW • *walvisachtig*
cf. AFK confer ⟨Latijn⟩ *vergelijk*
chad (tʃæd) ZN COMP. *ponsafval*
chador ('tʃʌdə) ZN *chador*
chafe (tʃeɪf) I ZN • *schaafwond* • *ergernis* II OV+ONOV WW • *(warm) wrijven* • *schuren*; *z. pijn doen* ⟨door schuren⟩ • *(open) schaven* • *sarren* • *z. dood ergeren*; *koken* ⟨v. woede⟩
chafer ('tʃeɪfə) ZN *(mei)kever*
chaff (tʃɑ:f) I ZN • *kaf* • *haksel* • *stroken aluminiumfolie* ⟨tegen radardetectie⟩ ▼ *separate/sort the ~ from the wheat het kaf van het koren scheiden* II OV+ONOV WW • *plagen*
chaffinch ZN *vink*
chafing dish ZN • *komfoor* • *schotelverwarmer*
chagrin ('ʃægrɪn) ZN • *teleurstelling* • *verdriet*
chain (tʃeɪn) I ZN • *ketting* • *reeks*; *keten* ★ ~ of office *ambtsketen* II OV WW • *(aaneen)ketenen*; *aan de ketting leggen* • *schakelen*
chain gang ZN *ploeg geketende dwangarbeiders* ★ work on the ~ *dwangarbeid verrichten*
chain letter ZN *kettingbrief*
chain-link fence ZN *afrastering v. harmonicagaas*
chain mail ZN *maliënkolder*
chainsaw ('tʃeɪnsɔ:) ZN *kettingzaag*
chain-smoker ZN *kettingroker*
chain store ZN *winkelketen*
chair (tʃeə) I ZN • *stoel*; *zetel* • *voorzitter*; *voorzitterschap* • *leerstoel*; *hoogleraarschap* • VS, INFORM. *de elektrische stoel* ★ easy ~ *leunstoel*; *fauteuil* ▼ musical ~s *stoelendans* ★ high ~ *kinderstoel* ★ rocking ~ *schommelstoel* ★ be in the ~ *voorzitter zijn* ★ take/leave the ~ *de vergadering openen/sluiten* II OV WW • *vóórzitten* • *in triomf ronddragen*
chairman ('tʃeəmən) ZN *voorzitter* ★ ~ of the (supervisory) board *president-commissaris*
chairmanship ('tʃeəmənʃɪp) ZN *voorzitterschap*
chairperson ('tʃeəpɜ:sən) ZN *voorzitter*; *voorzitster*
chairwoman ('tʃeəwʊmən) ZN *voorzitster*
chalet ('ʃæleɪ) ZN • *chalet* • *vakantiehuisje*
chalice ('tʃælɪs) ZN *kelk*
chalk (tʃɔ:k) I ZN • *krijt* • *kleurkrijt* ▼ like ~ and cheese *verschillen als dag en nacht* ▼ by (a) long ~(s) *verreweg* ▼ not by a long ~ *op geen stukken na* II OV WW • *met krijt opschrijven* • ~ out *schetsen*; *aangeven* • ~ up *opschrijven*; *krijten* ⟨keu⟩
chalky ('tʃɔ:kɪ) BNW • *krijtachtig* • *krijtwit*
challenge ('tʃælɪndʒ) I ZN • *uitdaging*; *moeilijke zaak/taak* • JUR. *wraking* • *vraag om uitleg* • MED. *immuniteitsonderzoek* ▼ rise to the ~ *de uitdaging aannemen*; *de handschoen oppakken* II OV WW • *uitdagen* • *aanvechten*; *betwisten* • *opwekken*; *prikkelen* • *aanhouden* • *eisen*; *vragen* • JUR. *wraken*
challenge cup ZN SPORT *wisselbeker*

challenged ('tʃælɪndʒd) BNW EUF. *gehandicapt* ★ USA physically/mentally ~ *lichamelijk/ geestelijk gehandicapt*
challenger ('tʃælɪndʒə) ZN *uitdager*
challenging ('tʃælɪndʒɪŋ) BNW • *een uitdaging vormend* • EUF. *moeilijk*
chamber ('tʃeɪmbə) ZN • *kamer*; *vertrek* • *vergaderzaal* • POL. *kamer* • ANAT. *kamer*; *holte*
chamberlain ('tʃeɪmbəlɪn) ZN • *kamerheer* • *penningmeester*
chambermaid ('tʃeɪmbəmeɪd) ZN *kamermeisje*
chamber music ZN *kamermuziek*
chamber pot ZN *po*
chameleon (kə'mi:lɪən) ZN • *kameleon* • MIN. *onstandvastig iemand*; *draaier*
chamfer ('tʃæmfə) I ZN • *schuine kant* • *groef* II OV WW • *afschuinen* • *groeven*
chamois ('ʃæmwɑ:) ZN • *gems* ('ʃæmwɑ:/'ʃæmɪ) • *gemzenleer*; *zeemleer*
chamomile ('kæməmaɪl) ZN *kamille*
champ (tʃæmp) I ZN • INFORM. champion *kampioen* II OV+ONOV WW • *(hoorbaar) kauwen* ▼ ~ing at the bit *popelen*
champagne (ʃæm'peɪn) ZN *champagne*
champers ('ʃæmpəz) MV G-B, INFORM. *champagne*
champion ('tʃæmpɪən) I ZN • *kampioen* • *voorvechter* II BNW + BIJW • *prima*; *geweldig* III OV WW • *verdedigen*; *krachtig opkomen voor*
championship ('tʃæmpɪənʃɪp) ZN • *kampioenschap* • *verdediging*; *krachtige steun*
chance (tʃɑ:ns) I ZN • *kans* • *gelegenheid* • *risico* • *toeval* ★ leave nothing to ~ *niets aan het toeval overlaten* ▼ the ~s are against it *er is niet veel kans* ▼ as ~ would have it *het toeval wilde* ▼ by ~ *toevallig* ▼ by any ~ *soms*; *misschien*; *toevallig* ▼ the ~s are that *er is veel kans dat* ▼ on the off ~ *voor 't geval iets onverhoopt toch goed zou uitpakken* ▼ stand a fair ~ *kans hebben*; *a good chance*; *heel waarschijnlijk* ▼ take a ~ *het erop wagen*; *de gelegenheid aangrijpen* ▼ do sth on the off ~ *iets tegen beter weten in tóch proberen te doen* ▼ have an eye to the main ~ *op eigen voordeel letten* II BNW • *toevallig* III OV WW • *wagen*; *riskeren* IV ONOV WW • *gebeuren* ★ I ~d to see it *ik zag het toevallig* • ~ on *toevallig tegenkomen*
chancel ('tʃɑ:nsəl) ZN *(priester)koor*
chancellery ('tʃɑ:nsələrɪ) ZN • *kanselierschap* • *kanselarij*
chancellor ('tʃɑ:nsələ) ZN • *kanselier* • *titulair hoofd v.e. universiteit* ★ vice ~ *rector magnificus* ★ G-B Lord Chancellor ≈ *minister van justitie, voorzitter v.h. Hogerhuis en opperste rechter* ★ G-B Chancellor of the Exchequer *minister v. financiën*
chancery ('tʃɑ:nsərɪ) ZN • *kanselarij* • USA chancery (court) *gerechtshof voor equityzaken* ★ JUR. Chancery *afdeling v.h. hooggerechtshof*
chancy ('tʃɑ:nsɪ) BNW *gewaagd*; *riskant*
chandelier (ʃændɪ'lɪə) ZN *kroonluchter*
chandler ('tʃɑ:ndlə) ZN *handelaar in scheepsbenodigdheden*
change (tʃeɪndʒ) I OV+ONOV WW • *veranderen*

ch

• *(ver)wisselen*; *verruilen*; *omruilen*; *ruilen* • z. *verkleden*; z. *verschonen* • *omschakelen* • *overstappen* ★ ~ your clothes *je verkleden* ★ ~ colour *verschieten v. kleur* ▼ ~ hands *in andere handen overgaan*; *verhandeld worden* ▼ ~ your mind *je bedenken* ▼ ~ your note/tune *een toontje lager (gaan) zingen*- **II** WW • [ov] ~ **around/round** [onov] z. *weer verkleden* • [ov] *weer omtoveren tot* ★ ~ **back into** work clothes *je werkkleding weer aantrekken* • AUTO. ~ **down** [onov] *terugschakelen* • ~ **into** *overgaan in* • z. *verkleden* ★ ~ **into** shorts *een korte broek aantrekken* • ~ **over** *omschakelen*; *omzwaaien* • AUTO. ~ **up** *naar hogere versnelling schakelen* **III** ZN • *verandering* • *verwisseling*; *(ver)ruiling*; *verschoning* ⟨v. kleding⟩ • *variatie* • *overgang* • *overstap* • *kleingeld*; *wisselgeld* ★ a ~ of scene *een andere omgeving* ★ for a ~ *voor de verandering* ★ loose~ *kleingeld* ★ keep the ~ *het is goed zo* ⟨ik hoef het wisselgeld niet⟩ ▼ ~ for the better/worse *verandering ten goede/kwade* ▼ ~ of heart *verandering van inzicht*; *bekering* ▼ ~ of life *menopauze*; *overgang* ▼ ~ of mind *verandering v. gedachten* ▼ get no ~ out of sb *bij iem. aan het verkeerde adres zijn*

changeability (tʃeɪndʒəˈbɪlətɪ) ZN *veranderlijkheid*

changeable (ˈtʃeɪndʒəbl) BNW *veranderlijk*

changeless (ˈtʃeɪndʒləs) BNW *onveranderlijk*

changeover (ˈtʃeɪndʒəʊvə) **I** ZN • *ommezwaai*; *omschakeling* • *overgang* **II** BNW • [change-over] ★ change-over switch *omschakelaar*

channel (ˈtʃænl) **I** ZN • *kanaal* • *waterloop* • *stroombed* • *vaargeul* ★ the (English) Channel *Het Kanaal* ★ the Channel Islands *de Kanaaleilanden* ★ through the usual ~s *via de gebruikelijke kanalen*; *langs de gewone weg* **II** OV WW • *kanaliseren*; *(in vaste banen) leiden*

channel-hop, channel-surf ONOV WW A-V *zappen*

chant (tʃɑːnt) **I** ZN • *lied*; *melodie*; *deun* • *koraal*; *psalm* • *zangerige toon* • *(gescandeerde) kreet*; *spreekkoor* **II** OV+ONOV WW • *scanderen* • *zingen*; *reciteren*

chanter (ˈtʃɑːntə) ZN • *voorzanger* • *schalmeipijp* ⟨v. doedelzak⟩

chaos (ˈkeɪɒs) ZN *chaos*

chaotic (keɪˈɒtɪk) BNW *chaotisch*

chap (tʃæp) **I** ZN • *kinnebak*; *kaak* • G-B, INFORM. *kerel*; *vent* **II** OV+ONOV WW • *splijten*; *kloven*

chap. AFK chapter *hoofdstuk*

chapel (ˈtʃæpl) ZN • *kapel*; *zijkapel* ⟨v. kerk⟩ • *(niet-anglicaanse) kerk* • *kerkdienst* ★ be ~ *niet tot de Engelse staatskerk behorend*

chaperon (ˈʃæpərəʊn) **I** ZN • *chaperon(ne)* **II** OV WW • *chaperonneren*

chaplain (ˈtʃæplɪn) ZN • *veldprediker*; *aalmoezenier* • *huiskapelaan*

chaplet (ˈtʃæplɪt) ZN • *(bloemen)krans* • *rozenkrans*; *rozenhoedje* • *halssnoer*

chapped (ˈtʃæpt) BNW *met kloven* ⟨handen⟩; *gesprongen* ⟨lippen⟩

chapter (ˈtʃæptə) ZN • *hoofdstuk* • *episode*; *periode* ⟨in leven⟩ • *kapittel* • USA *afdeling v.e. studentenvereniging* ▼ ~ and verse *tekst en uitleg* ▼ ~ of accidents *reeks tegenslagen*

chapter house ZN • *kapittelhuis* • USA *studentenhuis*

char (tʃɑː) **I** OV+ONOV WW • *(doen) verkolen*; *branden*; *schroeien* **II** ZN • OUD. (ook: charwoman) *werkster* • INFORM. *thee*

character (ˈkærəktə) ZN • *karakter(trek)* • *aard*; *natuur* • *type*; *knakker*; *snuiter* • *personage* • *teken*; *letter* ★ public ~ *bekend persoon/type* ★ she's quite a ~ *zij is me er eentje* ▼ in/out of ~ *typisch/helemaal niet typisch* ▼ in ~ with *passend bij*

character actor ZN *karakterspeler*

characteristic (kærəktəˈrɪstɪk) **I** ZN • *kenmerk* • WISK. *index v. logaritme* **II** BNW *kenmerkend*

characterization, G-B **characterisation** (kærəktəraɪˈzeɪʃən) ZN *karakterisering*

characterize, G-B **characterise** (ˈkærəktəraɪz) OV WW *kenmerken*

characterless (ˈkærəktələs) BNW *karakterloos*

character reference ZN *aanbevelingsbrief*

charade (ʃəˈrɑːd) ZN *schertsvertoning* ★ ~s *hints* ⟨spelletje⟩

charcoal (ˈtʃɑːkəʊl) ZN *houtskool*

charge (tʃɑːdʒ) **I** ZN • *(on)kosten*; *vergoeding*; *prijs* • VS, INFORM. *kostenpost*; *rekening* ⟨v. hotel, enz.⟩ • JUR. *aanklacht*; *beschuldiging*; *tenlastelegging* • *zorg*; *leiding* • FORM., HUMOR. *pupil* • *lading* ⟨elektriciteit, emotie⟩ • *lading*; *springstof* • FORM. *taak*; *plicht*; *zorg* • REL. *gemeente*; *parochie* • *kick* • *call-out ~ voorrijkosten* ★ first ~ *preferente schuld* ★ no ~/free of ~ *gratis* ★ at sb's ~ *op kosten van iem.* ★ in ~ of *verantwoordelijk voor* ★ in/under the ~ of *onder de hoede van* ★ official in ~ *dienstdoende beambte* ★ be in ~ of *onder zijn hoede hebben*; *onder toezicht staan van* ★ drop the ~s *een aanklacht intrekken* ★ face a ~ *terechtstaan voor* ★ take in ~ *op zich nemen*; *in hechtenis nemen* ▼ bring/press/prefer ~s against sb *iem. iets ten laste leggen* ▼ get a ~ out of sth *ergens een kick v. krijgen* **II** OV+ONOV WW • *in rekening brengen*; *heffen* • *afboeken*; *afschrijven* ⟨als kosten⟩ • JUR. *beschuldigen*; *aanklagen* • *aanvallen*; *losstormen op* • *rennen*; *binnenvliegen/-stormen* • *gelasten*; *opdragen* • *laden* • *vullen* • *verzadigen* ★ a highly ~d atmosphere *een erg gespannen sfeer* ★ ~ to (sb's) account *(iemands) rekening debiteren voor* ★ ~ into sb *op iem. losstormen*

chargeable (ˈtʃɑːdʒəbl) BNW • *te declareren* • *belastbaar* ⟨v. inkomen⟩

charge account ZN USA *klantenrekening*

charge card ZN *klanten(krediet)kaart*; *klantenpas*

chargehand (ˈtʃɑːdʒhænd) ZN *ploegbaas*

charge nurse ZN *hoofdverpleegkundige*

charger (ˈtʃɑːdʒə) ZN *oplader*; *acculader*

chariot (ˈtʃærɪət) ZN *zegekar*

charioteer (tʃærɪəˈtɪə) ZN *wagenmenner*

charisma (kəˈrɪzmə) ZN *charisma*; *uitstraling*

charitable (ˈtʃærɪtəbl) BNW • *liefdadig* • *welwillend*; *mild*

charity (ˈtʃærəti) ZN • *liefdadigheid* • *liefdadigheidsinstelling* • *(naasten)liefde*

• *mildheid* ★ live on/off ~ *van liefdadigheid leven* ▼ ~ begins at home *het hemd is nader dan de rok*

charlady ('tʃɑːleɪdɪ) ZN *werkster*

charlatan ('ʃɑːlətn) ZN *charlatan*

Charles (tʃɑːlz) ZN *Karel*

charley horse ZN VS, INFORM. *kramp*

charlotte ('ʃɑːlɒt) ZN *vruchtenpudding*

charm (tʃɑːm) I ZN • *charme* • *betovering*; *tovermiddel*; *toverwoord*; *toverspreuk* • *bedeltje* • *amulet* • lucky ~ *talisman* ▼ work like a ~ *werken als een zonnetje* II OV WW • *charmeren*; *bekoren* • *bezweren*; *met magische kracht beschermen* ★ ~ sth out of a person *iem. iets (weten te) ontlokken*

charmer ('tʃɑːmə) ZN *charmeur*

charming ('tʃɑːmɪŋ) BNW *charmant*; *aantrekkelijk*; *allerliefst*

charnel house ('tʃɑːnlhaʊs) ZN *knekelhuis*

chart (tʃɑːt) I ZN • *(zee-/weer)kaart* • *grafiek* • *tabel* ★ the ~s *de hitparade* II OV WW • *in kaart brengen* • *grafisch voorstellen/nagaan*

charter ('tʃɑːtə) I ZN • *charter*; *oorkonde*; *privilege* • *handvest* • *octrooi* • *oprichtingsakte*; *statuten* ★ Great Charter *Magna Carta* II OV WW • *charteren*; *huren* • *octrooi/privilege/recht verlenen aan*

chartreuse (ʃɑːˈtrɜːz) ZN • *lichtgroen* • *chartreuse (likeur)*

charwoman ('tʃɑːwʊmən) ZN *werkster*

chary ('tʃeərɪ) BNW *behoedzaam* ★ ~ of *huiverig voor*; *karig met*

chase (tʃeɪs) I OV+ONOV WW • *achtervolgen*; *achterna zitten*; *vervolgen*; *najagen*; *proberen te bereiken* • INFORM. *proberen te versieren* • INFORM. *achter de broek zitten* • INFORM. *aflopen/-rennen* • TECHN. *drijven* ⟨v. zilver⟩ II WW • ~ away/out/off, etc [ov] *wegjagen* • USA ~ **down** [ov] *opsporen* • ~ **up** [ov] *opsporen* III ZN • *vervolging*; *achtervolging* • *het najagen* ⟨v. succes, enz.⟩ • *jacht* • *jachtterrein* • *bejaagd wild*; *prooi* ★ in ~ of *op jacht naar* ▼ INFORM. cut to the ~ *ter zake komen* ▼ give ~ *de achtervolging inzetten*

chasm ('kæzəm) ZN *afgrond*; *kloof*

chassis ('ʃæsɪ) ZN *chassis*

chaste (tʃeɪst) BNW • *kuis* • *eenvoudig*; *sober*

chasten ('tʃeɪsən) OV WW *kuisen*

chastise (tʃæˈstaɪz) OV WW *kastijden*; *tuchtigen*

chastity ('tʃæstətɪ) ZN *kuisheid*

chasuble ('tʃæzjʊbl) ZN *kazuifel*

chat (tʃæt) I OV+ONOV WW • *kletsen*; *babbelen* • WWW *chatten* ★ chat sb up *proberen met een vlotte babbel iem. te versieren* II ZN • *gesprek*; *babbel* • *gepraat*

château ('ʃætəʊ) ZN *kasteel*; *landhuis*

chat show ZN *discussieprogramma*; *praatprogramma* ⟨op radio of tv⟩

chatter ('tʃætə) I ZN • *geklets*; *gekwebbel* • *geklapper* ⟨v. tanden⟩ II ONOV WW • *kletsen*; *kwebbelen* • *klapperen* ⟨v. tanden⟩

chatterbox ('tʃætəbɒks) ZN *babbelkous*

chatty ('tʃætɪ) BNW • *praatziek* • INFORM. *gezellig*

chauffeur ('ʃəʊfə) ZN *chauffeur*

cheap (tʃiːp) BNW + BIJW • *goedkoop*; *voordelig* • *v. weinig waarde* ★ ~ and cheerful *niet duur maar prettig* ★ feel ~ *je schamen*; *je rot/niet lekker voelen* ▼ on the ~ *voor een habbekrats* ▼ ~ at the price *waar voor je geld* ▼ go ~ *weggaan voor een prikje* ▼ this doesn't come ~ *dit kost nogal wat*

cheapen ('tʃiːpən) OV+ONOV WW • *je reputatie geweld aan doen* • *in prijs verminderen/verlagen* • *afbreuk doen aan*

cheapskate ('tʃiːpskeɪt) ZN *vrek*

cheat (tʃiːt) I OV+ONOV WW • *beetnemen* • *afzetten* • *valsspelen* • *frauderen* • *vreemdgaan* ★ INFORM. ~ on sb *iem. ontrouw zijn* ▼ ~ death *aan de dood ontsnappen* • ~ **(out) of** *aftroggelen*; *door de neus boren* II ZN • *bedrog*; *zwendel*; *afzetterij* • *bedrieger*; *afzetter* • *valsspeler*

check (tʃek) I OV WW • *controleren*; *verifiëren* • *stopzetten*; *tegenhouden*; *doen ophouden* • *beteugelen*; *intomen* • USA (ter bewaring) *afgeven* ⟨v. jas, enz.⟩ • *aankruisen* ⟨v. hokje, lijst⟩ • *schaak zetten* ★ ~! *akkoord!* ★ USA ~ with *kloppen met* II ONOV WW • *inhouden* • *het spoor bijster raken en blijven staan* ⟨tijdens jacht⟩ III WW • ~ **in** [onov] *z. melden*; *inchecken* • ~ **into** [onov] *aankomen* ⟨in hotel, enz.⟩ • USA ~ **off** [ov] *aankruisen*; *afvinken* • ~ **on** [onov] *controleren* • ~ **out** [onov] *iets natrekken*; *een hotel verlaten* • ~ **out** [ov] *bekijken*; *bewonderen* • ~ **over/through** [onov + ov] *nauwkeurig nakijken* • ~ **up on** [onov + ov] *controleren* IV ZN • USA • → **cheque** • *controle*; *proef*; *test* • *het natrekken*; *verificatie* • *beteugeling*; *belemmering*; *rem*; *stop* • *ruitjespatroon* • USA *rekening* ⟨v. hotel, enz.⟩ • USA *garderobe*; *vestiaire* • *bonnetje*; *reçu* ⟨v. garderobe, enz.⟩ • *schaak* ⟨v. koning⟩ • *streepje*; *kruisje* ⟨v. afvinken⟩ ▼ hold/keep in ~ *in toom houden*

check card ZN USA • → **cheque card**

checked (tʃekt) BNW *geruit*

checker ('tʃekə) ZN • USA *caissière* • *controle* • *controleur*

checkerboard ('tʃekəbɔːd) ZN USA *dambord*

checkered BNW USA • → **chequered**

checkers ('tʃekəs) ZN MV USA *damspel*

check-in desk ZN *afhandelingsbalie*

checklist ('tʃeklɪst) ZN *controlelijst*

check mark ZN USA *streepje*; *kruisje* ⟨v. afvinken⟩

checkmate ('tʃekmeɪt) ZN *schaakmat*; OOK FIG.

checkout ('tʃekaʊt) ZN *kassa*

checkpoint ('tʃekpɔɪnt) ZN • *controlepost*; *controlepunt* • *doorlaatpost*

check-up ('tʃekʌp) ZN *controle(beurt)*; *algeheel (vnl. medisch) onderzoek*

Cheddar ('tʃedə) ZN CUL. *cheddarkaas*

cheek (tʃiːk) I ZN • *wang* • INFORM. *bil* • *brutaliteit* ▼ ~ by jowl *dicht bij elkaar*; *met twee handen op één buik* ▼ turn the other ~ *iem. de andere wang toekeren* II OV WW • *brutaal zijn tegen*

cheekbone ('tʃiːkbəʊn) ZN *jukbeen*

cheeky ('tʃiːkɪ) BNW *brutaal*

cheep (tʃiːp) I ZN • *getjilp* II ONOV WW • *tjilpen*

ch

cheer ('tʃɪə) I zn • hoera(atje); gejuich
• aanmoediging; bijval • (goede/vrolijke)
stemming; vrolijkheid • onthaal • → cheers
II ov ww • (toe)juichen; aanmoedigen
• opvrolijken III ww • ~ up [onov] moed
scheppen • [ov] opvrolijken ★ ~ up! kop op!
★ the results were ~ing de resultaten waren
bemoedigend
cheerful ('tʃɪəfʊl) bnw vrolijk; opgeruimd
cheerfulness ('tʃɪəfʊlnəs) zn vrolijkheid;
opgeruimdheid
cheerio (tʃɪərɪ'əʊ) tw inform. dag!; tot ziens!
cheerless ('tʃɪələs) bnw triest; somber
cheers ('tʃɪəz) tw • proost; gezondheid • tot ziens
• bedankt
cheery ('tʃɪərɪ) bnw vrolijk; opgewekt
cheese (tʃiːz) I zn • kaas ★ a chunk/piece/slice of
~ een stukje/plakje kaas • say ~ even lachen ⟨bij
't maken v. foto⟩ II ov ww • inform. ~ off tot
wanhoop brengen; frustreren; vervelen ★ be ~d
off de pest in hebben
cheeseburger ('tʃiːzbɜːgə) zn cul. kaasburger
cheesecake ('tʃiːzkeɪk) zn kwarktaart
cheese-paring I zn • krenterigheid II bnw
• krenterig
cheese straw zn kaasstengel
cheesy ('tʃiːzɪ) bnw • kaasachtig • inform.
goedkoop; afgezaagd • gemaakt (v. lach)
chef (ʃef) zn chef-kok
chef-d'oeuvre (ʃeɪ'dɜːvr) zn meesterstuk;
meesterwerk
chemical ('kemɪkl) I bnw • chemisch II zn
• scheikundige stof • ~s [mv] chemicaliën
chemise (ʃə'miːz) zn dameshemd
chemist ('kemɪst) zn • g-b apotheker • drogist
• scheikundige • dispensing ~ apotheker
chemistry ('kemɪstrɪ) zn • chemie; scheikunde
• (scheikundige) samenstelling v. eigenschappen
• fig. werking v. iets tussen personen
chemotherapy (kiːməʊ'θerəpi), inform. chemo
('kiːməʊ) zn med. chemotherapie
cheque (tʃek) zn cheque • blank ~ blanco cheque
★ certified ~ gedekte cheque
cheque card zn betaalpas
chequered ('tʃekəd) bnw geblokt ★ the ~ flag
zwart-wit geblokte vlag (bij finish autoraces)
★ ~ life veelbewogen leven
cherish ('tʃerɪʃ) ov ww • koesteren • liefhebben
cherry ('tʃerɪ) I zn • kers • kersenboom;
kersenhout ★ ~ bob twee kersen aan één steeltje
★ ~ brandy kersenbrandewijn • take two bites
at a ~ iets half doen; knoeien II bnw
• kerskleurig; cerise
cherry-pick ov ww de beste uitkiezen
cherub ('tʃerəb) zn [mv: cherubs, cherubim]
• cherub(ijn) • engel
cherubic (tʃə'ruːbɪk) bnw engelachtig
cherubim ('tʃerəbɪm) zn [mv] • → cherub
chervil ('tʃɜːvɪl) zn kervel
chess (tʃes) zn schaakspel
chessboard ('tʃesbɔːd) zn schaakbord
chessman ('tʃesmæn), chess piece zn
schaakstuk
chest (tʃest) zn • borst(kas) • koffer; kist • kas (bv.
v. instelling) ★ g-b ~ of drawers ladekast;
commode ★ get sth off your ~ iets opbiechten;

je hart uitstorten
chesterfield ('tʃestəfiːld) zn • chesterfield ⟨soort
sofa/bank⟩ • can. bank; sofa • soort overjas
⟨met fluwelen kraag⟩
chestnut ('tʃesnʌt) I zn • kastanje • kastanjeboom
II bnw • kastanjebruin
chesty (tʃesti) bnw • met weelderige boezem
• met zwakke longen
chevalier (ʃevə'lɪə) zn ridder; galante man
chevron ('ʃevrən) zn • visgraatmotief • mil.
(V-vormige) streep ⟨op mouw⟩
chew (tʃuː) I zn • het kauwen • snoepgoed ⟨om
op te kauwen/zuigen⟩ • tabakspruim
II ov+onov ww • kauwen • (af)kluiven ▼ chew
the fat kletsen III ww • ~ on/over [ov]
overpeinzen; overdenken
chewing gum zn kauwgom
chic (ʃiːk) I bnw • chic II zn • stijl; elegantie
chicane (ʃɪ'keɪn) I zn • auto. chicane II ov+onov
ww • chicaneren • bedriegen
chicanery (ʃɪ'keɪnərɪ) zn • chicane(s) • slimme
drogredens
chichi ('ʃiːʃiː) bnw gewild chic; opzichtig; protserig
chick (tʃɪk) zn • kuiken(tje); jong vogeltje • jong
grietje
chicken ('tʃɪkɪn) I zn • kip • kuiken • inform.
lafaard ▼ count your ~s before they are
hatched de huid verkopen voor de beer
geschoten is II onov ww ★ ~ out of sth iets uit
angst niet doen
chicken feed zn • usa kippenvoer • kleingeld
chicken-hearted bnw laf; bang
chickenpox ('tʃɪkɪnpɒks) zn waterpokken
chicken wire zn kippengaas
chickpea ('tʃɪkpiː) zn keker; kikkererwt
chicory ('tʃɪkərɪ) zn • cichorei • Brussels lof;
witlof • usa andijvie
chide (tʃaɪd) ov+onov ww • berispen
• tekeergaan
chief (tʃiːf) I zn • leider; hoofd; chef;
commandant • in ~ in de eerste plaats;
voornamelijk ▼ too many ~s and not enough
Indians te veel bazen en te weinig knechten
II bnw • voornaamste; hoofd-; leidend(e)
Chief Constable zn (hoofd)commissaris v. politie
chiefly ('tʃiːflɪ) I bnw • van of als een leider
II bijw • voornamelijk
chieftain ('tʃiːftn) zn aanvoerder; hoofdman;
opperhoofd
chiffon ('ʃɪfɒn) zn dun gaas ⟨v. zijde/nylon⟩
chilblain ('tʃɪlbleɪn) zn winter(aandoening) ★ ~ed
feet/hands wintervoeten/-handen
child (tʃaɪld) zn kind ★ as a ~ als kind ★ from a ~
van kindsbeen af ★ be with ~ zwanger zijn ▼ ~'s
play kinderspel
child abuse zn kindermisbruik;
kindermishandeling
childbearing ('tʃaɪldbeərɪn) zn het baren
child benefit zn kinderbijslag
childbirth ('tʃaɪldbɜːθ) zn bevalling
childhood ('tʃaɪldhʊd) zn kindertijd ▼ second ~
kindsheid
childish ('tʃaɪldɪʃ) bnw kinderachtig
childless ('tʃaɪldləs) bnw kinderloos
childlike ('tʃaɪldlaɪk) bnw kinderlijk
childminder ('tʃaɪldmaɪndə) zn kinderoppas

ch

childproof ('tʃaɪldpruːf) BNW *kindveilig*
children ('tʃɪldrən) ZN [mv] • → **child**
child soldier ZN *kindsoldaat*
chill (tʃɪl) I ZN • *kou*; *kilte* • *verkoudheid* • *koude rilling* ★ cast a ~ over sth *ergens een dreun op zetten* ▼ send a ~ down your spine *je de koude rillingen geven* II BNW • *kil*; *koel* III OV WW • *afkoelen* • *ontmoedigen* IV ONOV WW • *afkoelen* • *beslaan* ⟨v. ruit, enz.⟩ • INFORM. ~ **out** *chillen*; *bijkomen*
chilli ('tʃɪli) ZN • *Spaanse peper* • CUL. *chili*
chilling (tʃɪlɪŋ) BNW *huiveringwekkend*
chilly ('tʃɪli) BNW • *kil* • *huiverig*
chimaera, chimera (kaɪ'mɪərə) ZN *hersenschim*; *schrikbeeld*
chime (tʃaɪm) I ZN • *klokkenspel* • *samenklank* • *harmonie* II OV+ONOV WW • *luiden* • *samenklinken*; *harmoniëren* • ~ **in with** *overeenstemmen met*
chimney ('tʃɪmni) ZN • *schoorsteen* • *rotskloof*; *spleet* ⟨bergsport⟩
chimney jack ZN *gek* ⟨op schoorsteen⟩
chimney piece ZN *schoorsteenmantel*
chimney pot ZN *schoorsteen(pot)*
chimney stack ZN *schoorsteen* ⟨op het dak⟩
chimney sweep ZN *schoorsteenveger*
chimpanzee (tʃɪmpæn'ziː), INFORM. **chimp** (tʃɪmp) ZN *chimpansee*
chin (tʃɪn) ZN *kin* ★ double chin *onderkin* ▼ (keep your) chin up *hou de moed erin* ▼ take sth on the chin *je ergens moedig doorheen slaan*
china ('tʃaɪnə) ZN • *porselein* • *porseleinen kopjes, bordjes enz.*
China ('tʃaɪnə) *China*
china clay ZN *porseleinaarde*
Chinese (tʃaɪ'niːz) I ZN • *Chinees* • TAALK. *Chinees* II BNW • *Chinees*
chink (tʃɪŋk) I ZN • *spleet* • *gerinkel* • MIN. *spleetoog*; *Chinees* ★ a ~ of light *straaltje licht* ▼ a ~ in sb's armour *een zwakke plek* II OV+ONOV WW • *rinkelen* • *klinken*; *toosten*
chintz (tʃɪnts) ZN *chintz*; *bedrukte katoenen stof*
chip (tʃɪp) I ZN • *spaan(der)*; *schilfer*; *splintertje* • *plakje*; *schijfje* • *fiche* • COMP. *chip* and PIN/pin *PIN-systeem*; *het betalen met pinpas* ★ chips [mv] G-B *patat*; USA *chips* ★ bargaining chip *troef* ⟨bij onderhandelingen⟩ ★ blue chip *goed aandeel*; *veilige investering* ▼ a chip off the old block *'n aardje naar zijn vaartje* ▼ have a chip on your shoulder *een wrok koesteren* ▼ as dry as a chip *gortdroog* ▼ he's had his chips *het is met hem gedaan* ▼ when the chips are down *als het er op aan komt* II OV WW • *(af)hakken*; *(af)bikken* • *beitelen* • SPORT *een boogballetje geven* III ONOV WW • *afbrokkelen*; *afschilferen* • ~ **away** *stukjes wegbeitelen/uitsnijden* • FIG. *langzaam zwakker maken* • ~ **in** *in de rede vallen* • *(zijn steentje) bijdragen* • ~ **off** *afbreken* ⟨klein stukje⟩
chipboard ('tʃɪpbɔːd) ZN *spaanplaat*
chipmunk ('tʃɪpmʌŋk) ZN USA *wangzakeekhoorn*
chipper ('tʃɪpə) I ZN • *houtversnipperaar* • *patatsnijder* II BNW • *opgewekt*; *vrolijk*
chippie ('tʃɪpi) ZN • → **chippy**
chipping ('tʃɪpɪŋ) ZN *scherfje* ★ ~s *steenslag*

chippy ('tʃɪpi) I ZN • INFORM. *snackbar* • INFORM. *timmerman* II BNW • INFORM. *prikkelbaar*
chip shop ZN INFORM. *snackbar*
chiropodist (kɪ'rɒpədɪst) ZN *pedicure*
chiropody (kɪ'rɒpədɪ) ZN *pedicure*
chirp (tʃɜːp) I OV+ONOV WW • *tjilpen*; *kwelen* • *opgewekt praten* II ZN • *getjilp*
chirpy ('tʃɜːpɪ) BNW *vrolijk*
chirrup ('tʃɪrəp) ZN • → **chirp**
chisel ('tʃɪzəl) I ZN • *beitel* II OV WW • *beitelen*; *beeldhouwen* • *bedriegen* ★ ~ sb out of some euros *iem. een paar euro lichter maken*
chiselled, USA **chiseled** ('tʃɪzəld) BNW • *gebeiteld*; *gebeeldhouwd* ★ ~ features *krachtige trekken*
chit (tʃɪt) ZN • *briefje*; *bonnetje* • MIN., OUD. *brutaaltje* ★ chit of a girl *jong ding*
chit-chat ('tʃɪttʃæt) ZN INFORM. *gebabbel*; *gekeuvel*
chivalrous ('ʃɪvəlrəs), **chivalric** ('ʃɪvəlrɪk) BNW *ridderlijk*
chivalry ('ʃɪvəlrɪ) ZN • *ridderschap* • *ridderlijkheid*
chives ('tʃaɪvz) MV *bieslook*
chivvy ('tʃɪvɪ) OV WW • INFORM. *opjagen* • *aandringen* ★ ~ sb into sth *iem. tot iets aanzetten*
chloride ('klɔːraɪd) ZN *chloride*
chlorine ('klɔːriːn) ZN *chloor*
chlorophyll ('klɒrəfɪl) ZN *chlorofyl*; *bladgroen*
choc (tʃɒk) ZN INFORM. • → **chocolate**
choc ice ('tʃɒkaɪs) ZN *ijsje met laagje chocola erop*
chock (tʃɒk) I ZN • *blok*; *klamp*; *klos* II OV WW • *vastzetten*
chock-a-block (tʃɒk ə 'blɒk) BNW *tjokvol*; *propvol*
chock-full (tʃɒk'fʊl) BNW *propvol*
chocolate ('tʃɒklət) I ZN • *chocola*; *chocolaatje* • *bonbon* ★ hot ~ *chocolademelk* ★ a bar/piece of ~ *een reep/stuk chocola* II BNW • *chocoladebruin*
choice (tʃɔɪs) I ZN • *keuze* • *voorkeur* ★ multiple ~ *meerkeuze-* ★ he had no ~ but to leave *hij moest wel weggaan* ▼ by ~ *naar keuze* ▼ of your ~ *naar eigen keuze* II BNW • *uitgelezen* • *met zorg gekozen* ★ ~ words *welgekozen woorden*; HUMOR. *grof taalgebruik*
choir ('kwaɪə) ZN *koor*
choirboy ('kwaɪəbɔɪ) ZN *koorknaap*
choirmaster ('kwaɪəmɑːstə) ZN *koordirigent*
choke (tʃəʊk) I ONOV WW • *zich verslikken*; *stikken* • *verstikken* • VS, INFORM. *klunzen* II OV WW • *wurgen*; *smoren* • *verstikken* • *verstoppen*; *afsluiten* • ~ **back** *terugdringen* ⟨tranen, enz.⟩ • ~ **down** *onderdrukken*; *inslikken*; *met moeite verwerken* • ~ **off** *afsnijden*; *beperken* • *(iem.) de mond snoeren* • ~ **out** *met moeite uitbrengen* • ~ **up** *een brok in de keel hebben* III ZN • AUTO. *choke*
choker ('tʃəʊkə) ZN *nauw sluitende halsketting*
choleric ('kɒlərɪk) BNW *opvliegend*
choose (tʃuːz) OV+ONOV WW [onr.] *kiezen*; *verkiezen*; *wensen* ★ ~ not to marry *ervoor kiezen niet te trouwen* ▼ there is nothing/little to ~ between them *ze zijn nagenoeg hetzelfde*
chooser ('tʃuːzə) ZN • → **beggar**
choosy ('tʃuːzɪ) BNW *kieskeurig*
chop (tʃɒp) I OV+ONOV WW • *(fijn)hakken*; *kappen* • *sterk reduceren* ▼ chop and change *steeds (v. gedachten) veranderen* • ~ **down** *omhakken*

ch

• ~ **off** *afhakken* • ~ **up** *fijnhakken* **II** ZN
• *karbonade*; *kotelet* • *slag*; *houw*; *stoot* • *korte golfslag* ★ **chops** [mv] *kaken*; *trucjes* ⟨*virtuositeit*⟩ ▼ get the chops *de zak krijgen*; *afgeblazen worden* ⟨v. plan⟩

chophouse ('tʃɒphaʊs) ZN *eethuis* ⟨gespecialiseerd in steaks enz.⟩

chopper ('tʃɒpə) ZN • INFORM. *helikopter* • *hakmes* • USA *motorfiets* ⟨met hoog stuur⟩ ★ ~s [mv] INFORM. *tanden*

chopping board ZN *snijplank*

choppy ('tʃɒpɪ) BNW TAALK. *hortend en onsamenhangend* ⟨v. stijl⟩ ★ ~ sea *ruwe zee*

chopstick ('tʃɒpstɪk) ZN *eetstokje*

chopsuey (tʃɒp'suːɪ) ZN *tjaptjoi*

choral ('kɔːrəl) BNW *koraal*-; *koor*-; *zang*- ★ ~ music *koormuziek* ★ ~ society *zangvereniging*

chorale (kɔːˈrɑːl) ZN • *kerkgezang* • USA *koor*

chord (kɔːd) ZN • MUZ. *akkoord* • WISK. *koorde* ★ vocal ~s *stembanden* ▼ strike/touch a cord (with sb) *een gevoelige snaar raken* ⟨bij iem.⟩

chore (tʃɔː) ZN ⟨*onaangenaam*⟩ *karweitje* ★ household/domestic ~s [mv] *huishoudelijke taken*

chorea (kɒˈrɪə) ZN MED. *sint-vitusdans*

choreographer (kɒrɪˈɒɡrəfə) ZN *choreograaf*

choreography (kɒrɪˈɒɡrəfɪ) ZN *choreografie*

chorister ('kɒrɪstə) ZN *koorzanger*; *koorknaap*

chortle ('tʃɔːtl) ONOV WW • *schateren* • *grinniken*

chorus ('kɔːrəs) **I** ZN • *refrein* • *koor* ▼ in ~ *in koor*; *allemaal samen* **II** OV WW • *in koor zingen*

chorus girl ZN *danseres* ⟨in musical⟩

chose (tʃəʊz) WW [verleden tijd] • → **choose**

chosen (tʃəʊzən) WW [volt. deelw.] • → **choose**

chough (tʃʌf) ZN *kauw* ⟨vogel⟩

chow (tʃaʊ) ZN • INFORM. *eten* • *chowchow* ⟨hondenras⟩

chowder ('tʃaʊdə) ZN *dikke vissoep*

Christ (kraɪst) ZN *Christus*

christen ('krɪsən) OV WW • *dopen* • *noemen* • *inwijden*

Christendom ('krɪsəndəm) ZN *christenheid*

christening ('krɪsnɪŋ) ZN *doop*; *het dopen*

Christian ('krɪstɪən) **I** ZN • *christen* ★ ~ Democratic *christendemocratisch* **II** BNW • *christelijk*

Christianity (krɪstɪˈænətɪ) ZN *christendom*

Christmas ('krɪsməs) ZN *Kerstmis*

Christmas box ZN *kerstcadeautje* ⟨voor leveranciers/werknemers⟩

Christmas carol ZN *kerstlied*

Christmas Eve ZN *kerstavond*

Christmas tree ZN *kerstboom*

chromatic (krəˈmætɪk) BNW *chromatisch*

chrome (krəʊm) ZN *chroom*

chromium ('krəʊmɪəm) ZN *chroom* ★ ~ plated *verchroomd*

chromosome ('krəʊməsəʊm) ZN *chromosoom*

chronic ('krɒnɪk) BNW • *chronisch* • INFORM. *verschrikkelijk slecht*

chronicle ('krɒnɪkl) **I** ZN • *kroniek*; *geschiedenis* **II** OV WW • *te boek stellen*

chronicler ('krɒnɪklə) ZN *kroniekschrijver*

chronograph ('krɒnəɡrɑːf) ZN • *precisietijdmeter* • *stopwatch*

chronological (krɒnəˈlɒdʒɪkl) BNW *chronologisch*

chronology (krəˈnɒlədʒɪ) ZN *chronologie*

chrysalis ('krɪsəlɪs) ZN *pop* ⟨v. insect⟩

chrysanthemum (krɪˈsænθəməm) ZN *chrysant*

chubby ('tʃʌbɪ) BNW *mollig*

chuck (tʃʌk) **I** OV WW • *gooien*; *smijten* • ~ (**in/up**) *stoppen*; *er de brui aan geven* • *de bons geven* ▼ ~ing it down *het regent dat het giet* **II** ONOV WW • ~ (**up**) *overgeven* **III** WW • ~ **away** [ov] *weggooien* • ~ **off/out** [ov] *eruit smijten* **IV** ZN • TECHN. *klem* ⟨aan draaibank⟩ • INFORM. *schatje* • *schouderstuk* ⟨v. rund⟩

chuckle ('tʃʌkl) **I** ZN • *lachje*; *gegrinnik* • *binnenpretje* **II** ONOV WW • *gniffelen*; *grinniken* • z. *verkneuteren*

chuck steak ZN *schouderstuk* ⟨v. rund⟩

chuffed (tʃʌft) BNW *verrukt*; *verrast*

chug (tʃʌɡ) **I** ZN • *geronk* **II** ONOV WW • *ronken* • *puffen* ⟨v. motor⟩; *draaien* ⟨v. motor⟩ **III** OV WW • VS, INFORM. *naar binnen klokken* ⟨drank(je)⟩

chum (tʃʌm) ZN INFORM. *kameraad*

chummy ('tʃʌmɪ) BNW INFORM. *gezellig* ★ we are ~ *we zijn goede maatjes met elkaar*

chump (tʃʌmp) ZN *stomkop*

chunk (tʃʌŋk) **I** ZN • *homp*; *brok*; *bonk*; *stuk* • *grote hoeveelheid* • TAALK. *woordgroep* ▼ blow ~s *kotsen* **II** OV WW • USA *in brokken verdelen*

chunky ('tʃʌŋkɪ) BNW • *dik en zwaar*; *omvangrijk* • *gezet*; *gedrongen* ⟨v. postuur⟩ • *met grote brokken*

church (tʃɜːtʃ) ZN *kerk* ★ Church of England *anglicaanse Kerk* ★ Established Church *staatskerk* ★ Low Church *calvinistische richting in de anglicaanse Kerk* ★ go into/enter the Church *geestelijke/predikant worden*

churchgoer ('tʃɜːtʃɡəʊə) ZN *kerkganger*

churchwarden (tʃɜːtʃˈwɔːdn) ZN *kerkmeester*; *kerkvoogd*

churchy ('tʃɜːtʃɪ) BNW *kerks*

churchyard ('tʃɜːtʃjɑːd) ZN *kerkhof*

churlish ('tʃɜːlɪʃ) BNW FORM. *lomp*; *bot*

churn (tʃɜːn) **I** ZN • *karn* • *melkbus* **II** ONOV WW • *schuimen* • *zieden* ⟨v. zee⟩ • *stampen* ⟨v. scheepsmotor⟩ • *omdraaien* ⟨v. maag⟩ **III** OV WW • *karnen* • *omroeren* • *kwaad maken* • *doen schuimen* • ~ **out** *aan de lopende band produceren* • ~ **up** *omwoelen* ⟨v. grond⟩

chute (ʃuːt) ZN • *glijbaan* • *stortkoker* • INFORM. *parachute*

CIA AFK USA Central Intelligence Agency *Centrale Inlichtingendienst*

ciborium (sɪˈbɔːrɪəm) ZN *ciborie*

cicada (sɪˈkɑːdə) ZN *krekel*

CID AFK Criminal Investigation Department *opsporingsdienst*; *recherche*

cider ('saɪdə) ZN *cider*

c.i.f. AFK cost, insurance, freight *kosten, verzekering, vracht*

cigar (sɪˈɡɑː) ZN *sigaar* ▼ USA close, but no ~ *bijna goed, maar geen prijs* ⟨antwoord, gok enz.⟩

cigarette (sɪɡəˈret) ZN *sigaret*

cigarette butt, cigarette end ZN *peuk*

cigarette lighter ZN *aansteker*
cigarette paper ZN *vloei*
cinch (sɪntʃ) I ZN • INFORM. *makkie* • USA *iets dat zeker is* • USA *zadelriem* II OV WW • *vastgespen* • USA *singelen* ⟨v. paard⟩
cinder ('sɪndə) ZN *sintel*; *slak* • ~s [mv] *as*
Cinderella (sɪndə'relə) ZN *Assepoester*
cinder track ZN SPORT *sintelbaan*
cinema ('sɪnɪmɑ:) ZN G-B *bioscoop*
cinematic (sɪnɪ'mætɪk) BNW *film-*
cinnamon ('sɪnəmən) I ZN • *kaneel* II BNW • *geelbruin*
cipher ('saɪfə) I ZN • *geheimschrift* • *code* • *nul*; OOK FIG. • *cijfer* • *monogram* ★ he is a mere ~ *hij is een grote nul* II OV+ONOV WW • *cijferen* • *coderen*
circle ('sɜ:kl) I ZN • *cirkel*; *kring*; *ring* ★ Arctic Circle *noordpoolcirkel* ★ TON. dress/upper ~ *balkon 1e/2e rang* ▼ come/turn full ~ *op het beginpunt terugkeren* II OV WW • *omcirkelen* III ONOV WW • *rondgaan*; *ronddraaien*; *rondcirkelen*
circlet ('sɜ:klɪt) ZN • *cirkeltje*; *ring* • *band*
circuit ('sɜ:kɪt) ZN • *kring(loop)*; *omtrek*; *omsloten gebied* • *tournee*; *rondreis*; *rondgang* ⟨v. rechter⟩ • SPORT *circuit* • TECHN. *stroombaan* • ELEK. *schakeling* ★ closed ~ *gesloten tv-systeem* ★ put in/out the ~ *stroom in-/uitschakelen* ★ short ~ *kortsluiting*
circuitous (sɜ:'kju:ɪtəs) BNW *omslachtig* ★ ~ route *omweg*
circuitry ('sɜ:kɪtrɪ) ZN *elektriciteitsnet*; *elektrische installatie*; *bedrading*
circular ('sɜ:kjʊlə) I BNW • *cirkelvormig*; *rond(gaand)* ★ ~ tour *rondreis* II ZN • *circulaire*
circulate ('sɜ:kjʊleɪt) I ONOV WW • *circuleren*; *in omloop zijn* • *rondlopen* ⟨op receptie⟩ II OV WW • *laten circuleren*; *in omloop brengen*
circulation (sɜ:kjʊ'leɪʃən) ZN • *(bloeds)omloop* • *circulatie* • *verspreiding* • *oplage* ★ take out of ~ *uit de roulatie nemen*
circum- ('sɜ:kəm) VOORV *om-*; *cirkel-*
circumcise ('sɜ:kəmsaɪz) OV WW *besnijden*
circumcision (sɜ:kəm'sɪʒən) ZN *besnijdenis*
circumference (sɜ:'kʌmfərəns) ZN WISK. *omtrek* ⟨v. cirkel⟩
circumlocution (sɜ:kəmlə'kju:ʃən) ZN *omhaal v. woorden*
circumlocutory (sɜ:kəmlə'kju:tərɪ) BNW *omslachtig*
circumscribe ('sɜ:kəmskraɪb) OV WW • *begrenzen*; *beperken* • *omcirkelen*
circumscription (sɜ:kəm'skrɪpʃən) ZN • *begrenzing* • *omtrek*
circumspect ('sɜ:kəmspekt) BNW *omzichtig*
circumspection (sɜ:kəm'spekʃən) ZN *omzichtigheid*
circumstance ('sɜ:kəmstns) ZN • *omstandigheid* • *(financiële) situatie* ▼ in/under no ~s *onder geen enkele voorwaarde*
circumstantial (sɜ:kəm'stænʃəl) BNW • JUR. *(afhankelijk) van de omstandigheden*; *indirect*; *bijkomstig* ⟨bewijs⟩ • *uitvoerig* ⟨beschrijving⟩
circumvent (sɜ:kəm'vent) OV WW *omzeilen*; *ontwijken*
circumvention (sɜ:kəm'venʃən) ZN • *misleiding*

• *ontduiking*
circus ('sɜ:kəs) ZN • *circus* • *rond plein*
cirrocumulus (sɪrəʊ'kju:mjʊləs) ZN *schapenwolkje(s)*
cirrus ('sɪrəs) ZN • *vederwolk* • PLANTK. *hechtrank*
CIS AFK Commonwealth of Independent States *GOS* ⟨Gemenebest van Onafhankelijke Staten⟩
cissy I ZN • MIN. *mietje* II BNW • MIN. *mietjesachtig*
cistern ('sɪstn) ZN • *waterreservoir* • *stortbak*
citadel ('sɪtədl) ZN *fort*; *citadel*
citation (saɪ'teɪʃən) ZN • *aanhaling*; *citaat* • JUR. *dagvaarding* • *eervolle vermelding*
cite (saɪt) OV WW • *aanvoeren* ⟨as als⟩ • *aanhalen* • JUR. *dagvaarden* • *eervol vermelden*
citizen ('sɪtɪzən) ZN • *(staats)burger* • *stedeling*
citizenry ('sɪtɪzənrɪ) ZN *burgerij*
citizenship ('sɪtɪzənʃɪp) ZN • *(staats)burgerschap* • *burgerrecht*
citric ('sɪtrɪk) BNW *citroen-* ★ ~ acid *citroenzuur*
citron ('sɪtrən) ZN *soort citroen(boom)*
city ('sɪti:) ZN *(grote) stad* ★ the City *de city van Londen* ⟨financieel en zakelijk centrum⟩ ★ inner city *binnenstad*
city council ZN *gemeenteraad*
city hall ZN USA *gemeente-/stadhuis*
cityscape ('sɪtɪskeɪp) ZN • *aanblik v. stad* • *stadsbeeld*
city slicker ZN INFORM., MIN. *stadse meneer/madam*
civic ('sɪvɪk) BNW • *stads-* • *burger-*; *burgerlijk*
civic centre, USA **civic center** ZN • *bestuurscentrum* • USA *gemeenschapscentrum*
civics ('sɪvɪks) MV VS. O&W *maatschappijleer*; *staatsinrichting*
civil ('sɪvəl) BNW • *burger-* • *burgerlijk* • *privaatrechtelijk* • *beschaafd*; *beleefd*
civilian (sɪ'vɪljən) I ZN • *burger* II BNW • *burger-*
civility (sɪ'vɪlətɪ) BNW *beleefdheid* ★ civilities [mv] *plichtplegingen*
civilization, G-B **civilisation** (sɪvɪlaɪ'zeɪʃən) ZN • *beschaving* • *beschaafde wereld*
civilize, G-B **civilise** ('sɪvɪlaɪz) OV WW *beschaven*
civvy ('sɪvɪ) BNW INFORM. *burger-* ★ in civvies *in burger(kleding)* ★ Civvy Street *de burgermaatschappij*
CJ AFK Chief Justice *opperrechter*
cl AFK centilitre *centiliter*
clack (klæk) I ONOV WW • *klikken*; *tikken* II ZN • *geklik*; *getik*
clad (klæd) WW [volt. deelw.] • → **clothe**
claim (kleɪm) I ZN • *bewering* • *aanspraak*; *recht*; *eis* • *claim*; *vordering* ▼ have a ~ on *recht hebben op*; *een vordering hebben op* ▼ lay ~ to *aanspraak maken op* ▼ stake (out) a ~ to/for/on sth *iets opeisen* II OV WW • *beweren* • *aanspraak maken op* • *(op)eisen* • ~ **back** *terugvorderen*
claimant ('kleɪmənt) ZN • *eiser* • *uitkeringsgerechtigde*
clairvoyance (kleə'vɔɪəns) ZN *helderziendheid*
clairvoyant (kleə'vɔɪənt) I ZN • *helderziende* II BNW • *helderziend*
clam (klæm) I ZN • ≈ *mossel* II ONOV WW • INFORM. ~ **up** *je mond stijf dicht houden*
clamber ('klæmbə) I ONOV WW • *klauteren* II ZN

cl

• *zware beklimming*
clammy ('klæmɪ) BNW • *klam* • *kleverig*; *klef*
clamorous ('klæmərəs) BNW *luidruchtig*; *schreeuwerig*
clamour, USA **clamor** ('klæmə) I ONOV WW
• *schreeuwen* • *protesteren* • *eisen* II ZN
• *geschreeuw*; *misbaar* • *luid protest* • *roep*; *eis*
clamp (klæmp) I OV WW • *klampen*; *vastklemmen*; *op elkaar klemmen*; *krammen*
• *stevig vasthouden* • *een wielklem bevestigen*
II WW • ~ **down (on)** [onov] *onderdrukken*; *de kop indrukken* • ~ **on** [ov] *opleggen* ⟨regel, wet, enz.⟩ III ZN • *klamp*; *klem*; *kram*
• *(muur)anker* • *wielklem*
clan (klæn) ZN • *clan* (stam in Schotse Hooglanden) • *familie* • *kliek*
clandestine (klæn'destɪn) BNW *clandestien*
clang ('klæŋ) I ZN • *metalige klank* • *klokgelui*; *belgerinkel* II OV+ONOV WW • *(laten) klinken*
• *bellen*; *rinkelen*
clanger ('klæŋə) ZN INFORM. *blunder* ★ drop a ~ *een flater slaan*
clangour, USA **clangor** ('klæŋgə) ZN FORM. *(voortdurend) gekletter*
clank (klæŋk) I ZN • *metaalgerinkel* II OV+ONOV WW • *rammelen*; *kletteren*
clap (klæp) I ONOV WW • *klappen*; *slaan*
• *applaudisseren*; *toejuichen* II OV WW
• *klappen voor*; *slaan in* • *(stevig) zetten/ plaatsen* ★ clap eyes on *zien* ★ clap a hand over your mouth *een hand voor je mond slaan*
★ clap in irons *in de boeien slaan* ★ clap in prison *in de gevangenis zetten* ★ clap on all sail *alle zeilen bijzetten* ★ clap spurs to a horse *het paard de sporen geven* III ZN • *klap*; *slag*
• *applaus* • INFORM. • the clap *druiper* ★ clap of thunder *donderslag*
clapped out BNW • INFORM. *doodop*; *uitgeteld*
• INFORM. *gammel*
clapper ('klæpə) ZN • *klepel* • *ratel* ▼ INFORM. run like the ~s *er als een haas vandoor gaan*
claptrap ('klæptræp) ZN *mooie praatjes*; *geklets*
claret ('klærət) I ZN • *rode bordeaux(wijn)* • *bloed*
II BNW • *wijnrood*; *bordeauxrood*
clarification (klærəfɪ'keɪʃən) ZN • *opheldering*
• *zuivering*
clarify ('klærəfaɪ) I OV WW • *ophelderen*; *verhelderen* • *helder/zuiver maken* II ONOV WW
• *helder/zuiver worden*
clarinet (klærə'net) ZN *klarinet*
clarion call ('klærɪən kɔːl) ZN *oproep tot actie*
clarity ('klærətɪ) ZN • *helderheid*; *klaarheid*
• *duidelijkheid*
clash (klæʃ) I ZN • *botsing*; *strijd* • *conflict*; *tegenstrijdigheid* • *gekletter* II OV+ONOV WW
• *(doen) botsen*; *(doen) kletteren* ★ these colours ~ *deze kleuren vloeken* ★ ~ **with** *in botsing komen met*; *twisten over*; *vloeken met*
clasp (klɑːsp) I ZN • *gesp*; *slot* • *greep*; *handdruk*
• *omhelzing* II OV+ONOV WW • *sluiten*; *dichthaken* • *pakken*; *grijpen* • *omhelzen*; *omklemmen* ★ ~ hands *de hand drukken*
class (klɑːs) I ZN • *klasse* ⟨categorie⟩ • *klasse* ⟨sociale stand⟩ • *(school)klas* • *les(uur)*; *cursus*
• *klasse* ⟨stijl⟩ ★ in a ~ of your own *een klasse apart* ★ the lower/upper ~(es) *de lagere/hogere*

kringen; *het lagere/betere milieu* ★ cut ~ *spijbelen* II BNW • *van stand*; *superieur* III OV WW • *classificeren*; *indelen*
class action ZN *rechtszaak* ⟨door groep belanghebbenden⟩
class-conscious BNW *klassenbewust*
classic ('klæsɪk) I ZN • *klassiek werk*; *klassieke schrijver* • *klassieker* ⟨film, enz.⟩ II BNW
• *klassiek* • *kenmerkend*
classical ('klæsɪkl) BNW *klassiek*
classicism ('klæsɪsɪzəm) ZN *classicisme*
classicist ('klæsɪsɪst) ZN • *classicus* • *navolger van het classicisme*
classifiable (klæsɪ'faɪəbl) BNW *classificeerbaar*
classification (klæsɪfɪ'keɪʃən) ZN *classificatie*
classified ('klæsɪfaɪd) BNW • *geheim*
• *geclassificeerd*
classify ('klæsɪfaɪ) OV WW • *rangschikken*; *classificeren*; *in systeem onderbrengen* • *geheim verklaren*
classmate ('klɑːsmeɪt) ZN *klasgenoot*
classroom ('klɑːsruːm) ZN *leslokaal*
classy ('klɑːsɪ) BNW *elegant*; *chic*; *duur*
clatter ('klætə) I ZN • *gekletter*; *geratel*
II OV+ONOV WW • *kletteren*; *ratelen*
clause (klɔːz) ZN • TAALK. *bijzin* • JUR. *clausule*
★ coordinate ~ *nevenschikkende bijzin*
★ subordinate ~ *onderschikkende bijzin*
claustrophobia (klɔːstrə'fəʊbɪə) ZN *claustrofobie*
claustrophobic (klɔːstrə'fəʊbɪk) BNW *claustrofobisch*
clavicle ('klævɪkl) ZN *sleutelbeen*
claw (klɔː) I ZN • *klauw*; *poot* • *schaar* ⟨v. kreeft⟩
• *(klem)haak* ▼ get your claws into sb *iem. in je klauwen krijgen*; *iem. afkraken* II OV WW
• *krabben* • *grissen*; *grijpen* • ~ **back** *terugvorderen* ▼ claw your way back *langzaam maar vastbesloten de weg terug gaan* III ONOV WW • *klauwen*; *graaien*
claw hammer ZN *klauwhamer*
clay (kleɪ) I ZN • *klei*; *leem*; *aarde* II BNW • *van klei*
clayey ('kleɪɪ) BNW *kleiachtig*
clean (kliːn) I BNW • *schoon*; *zuiver*; *helder*
• *zindelijk* • *blanco* ⟨v. strafblad⟩ • *eerlijk* ⟨v. wedstrijd⟩ • *van de drugs/drank af* • *glad*; *zonder oneffenheden* • *handig* • *fris* ⟨v. smaak⟩
★ come ~ with sb about sth *iem. een lang verzwegen geheim vertellen* II OV WW
• *schoonmaken*; *reinigen* ★ ~ing lady *werkster*
▼ ~ house OOK FIG. *grote schoonmaak houden*
▼ ~ up your act *je leven beteren* III ONOV WW
• *schoon worden* IV WW • ~ **down** [ov] *grondig schoonmaken* • ~ **out** [ov] *schoonmaken*
• INFORM. *leegmaken*; *leegroven*; *blut maken*
• ~ **up** [ov] *schoonmaken*; *opknappen*
• *opruimen* • [onov] *dikke winst maken* ★ ~ up your image *je reputatie oppoetsen* V BIJW
• *totaal* • *schoon* ★ keep it ~! *hou 't netjes*
★ keep/stay ~ *geen drugs meer gebruiken*
▼ come ~ *bekennen* VI ZN • *schoonmaakbeurt*
clean-cut (kliːn'kʌt) BNW • *verzorgd*; *netjes*
• *scherp omlijnd*
cleaner ('kliːnə) ZN • *schoonmaker* • *stofzuiger*; *schoonmaakmiddel* • (dry-)~'s *stomerij*
▼ INFORM. take sb to the ~s *iem. van al zijn*

geld afhelpen; iem. inmaken ⟨in wedstrijd⟩
cleaning ('kli:nɪŋ) ZN schoonmaak
cleanliness ('klenlɪnəs) ZN zindelijkheid
cleanly ('kli:nlɪ) BNW zindelijk
cleanse (klenz) OV WW zuiveren; reinigen
cleanser ('klenzə) ZN reinigingsmiddel
clean-shaven BNW gladgeschoren
cleansing ('klenzɪŋ) ZN (het) schoonmaken
★ ethnic ~ etnische zuivering
clean-up ('kli:nʌp) ZN schoonmaak
clear (klɪə) I BNW • duidelijk; klaar; helder • glad ⟨v. huid⟩ • zuiver; onbezwaard ⟨v. geweten⟩ • vrij • veilig • netto • totaal; helemaal ★ crystal ~ kistalhelder ★ three ~ days drie volle dagen ★ the coast is ~ de kust is veilig ★ in ~ niet in code ★ I am quite ~ about it het is mij duidelijk ★ I am ~ that... het is mij duidelijk dat... ★ ~ of vrij van; buiten (bereik van) ▼ (as) ~ as day zonneklaar ▼ INFORM., HUMOR. as ~ as mud zo helder als koffiedik ▼ out of a ~ sky als een donderslag bij heldere hemel II BIJW • los; weg; vrij ★ keep ~ of doors deuren vrijhouden ★ stand ~! uit de weg! III OV WW • opruimen; afruimen ⟨v. tafel⟩ • verhelderen; ophelderen; verduidelijken • wegnemen • vrij maken; ontruimen (gebouw enz.⟩ • (laten) passeren ⟨douane⟩ • nemen ⟨v. hindernis⟩ • vrijspreken • toestemming geven • aflossen (schuld⟩ • verdienen ⟨schoon⟩ • COMP. wissen ★ ~ a dish/plate een bord leegeten ★ ~ inward/outward inklaren/uitklaren ▼ ~ the air de lucht zuiveren ▼ ~ the decks alles voorbereiden ▼ ~ your throat je keel schrapen ▼ ~ the way de weg vrijmaken IV ONOV WW • ophelderen; helder worden • wegtrekken; optrekken • oplossen ⟨v. file⟩ V WW • ~ away [ov] opruimen; afruimen • [onov.] optrekken ⟨v. mist⟩ • ~ off [onov] wegrennen; verdwijnen • ~ out [ov] wegdoen; opruimen; uitmesten • [onov] er tussenuit knijpen • ~ up [onov] opklaren; ophelderen • verdwijnen • [ov] opruimen VI ZN ▼ in the ~ uit de gevarenzone; vrij van (verdenking, schuld enz.⟩
clearance ('klɪərəns) ZN • ontruiming; sloop • speling; ruimte • vergunning; toestemming • opheldering • ECON. verrekening • SPORT het wegwerken v. bal
clearance sale ZN opruiming
clear-cut (klɪə'kʌt) BNW scherpomlijnd
clear-headed BNW helder denkend; verstandig
clearing ('klɪərɪŋ) ZN open plek in bos
clearing house ZN • verrekenkantoor • informatiecentrum
clearly ('klɪəlɪ) BIJW • helder; duidelijk • begrijpelijk • ongetwijfeld
clear-sighted (klɪə'saɪtɪd) BNW • scherpzinnig • met scherpe blik
clearway ('klɪəweɪ) ZN autoweg ⟨met stopverbod⟩
cleat (kli:t) ZN • klamp • SCHEEPV. kikker • anti-slipzool
cleavage ('kli:vɪdʒ) ZN • INFORM. decolleté • kloof; scheiding
cleave (kli:v) I OV WW • kloven; splijten • doorklieven II ONOV WW • (aan)kleven ★ ~ to an idea/belief trouw blijven aan een

idee/geloof
cleaver ('kli:və) ZN hakmes
cleavers ('kli:vəz) ZN PLANTK. kleefkruid
clef (klef) ZN MUZ. sleutel
cleft (kleft) I ZN • spleet; barst II BNW ▼ be (caught) in a ~ stick in de knel zitten III WW [verl. tijd + volt. deelw.] • → **cleave**
cleft lip ZN hazenlip
cleft palate ZN gespleten gehemelte
clemency ('klemənsɪ) ZN • zachtheid • clementie
clement ('klemənt) BNW • zacht • mild • tegemoetkomend
clench (klentʃ) OV WW • dichtklemmen; op elkaar klemmen ⟨v. tanden⟩ • ballen ⟨v. vuist⟩ • vastgrijpen
clergy ('klɜːdʒɪ) ZN geestelijkheid; geestelijken
clergyman ('klɜːdʒɪmən) ZN dominee; priester
cleric ('klerɪk) ZN • geestelijke • religieus leider
clerical ('klerɪkl) BNW • administratief • priester- • dominees- ★ ~ error schrijffout
clerk (klɑːk) I ZN • kantoorbediende • secretaris; griffier • USA winkelbediende • USA receptionist(e) ★ ~ of works bouwopzichter ★ confidential ~ procuratiehouder ★ filing ~ archiefmedewerker ★ managing ~ procuratiehouder ★ Town Clerk gemeentesecretaris II ONOV WW • als klerk/secretaris optreden
clever ('klevə) BNW • intelligent; slim • handig • INFORM., MIN. brutaal ★ ~ ~ eigenwijs ★ ~ Dick/clogs eigenwijs ventje; wijsneus ★ too ~ by half veel te eigenwijs ★ don't you get ~ with me! we worden toch niet bijdehand!
cleverness ('klevənəs) ZN • slimheid • handigheid
cliché, cliche ('kli:ʃeɪ) ZN cliché
click (klɪk) I ZN • klik; tik • COMP. muisklik ⟨op teller⟩ • kilometer; mijl ★ it's ten ~s to Utrecht het is tien kilometer naar Utrecht II OV WW • knippen ⟨met de vingers⟩; klikken; klakken ⟨met de tong⟩ • COMP. aanklikken ⟨met muis⟩ III ONOV WW • COMP. klikken • klikken; het samen goed kunnen vinden; goed kunnen samenwerken • ploseling duidelijk worden ★ it ~s het werkt; het gaat goed! ★ it ~ed into place het viel op z'n plaats • COMP. ~ through (to) doorklikken naar
click-through rate, click rate ZN COMP. aantal hits ⟨op website⟩
client ('klaɪənt) ZN • cliënt; klant • COMP. client
clientele (kli:ɒn'tel) ZN cliëntèle; klantenkring
cliff (klɪf) ZN • klif • steile rots/wand) ⟨aan zee⟩
cliffhanger ('klɪfhæŋə) ZN MEDIA cliffhanger ⟨spannende situatie die pas na een pauze wordt opgelost⟩
cliff-hanging ('klɪfhæŋɪŋ) BNW • met onzekere afloop • sensatie-
climacteric (klaɪ'mæktərɪk) ZN • MED. menopause; overgang • kritieke periode/gebeurtenis
climactic (klaɪ'mæktɪk) BNW een climax vormend; heel spannend; heel belangrijk
climate ('klaɪmɪt) ZN klimaat ★ continental ~ landklimaat ★ benign ~ zacht/heilzaam klimaat
climatic (klaɪ'mætɪk) BNW klimaat-
climax ('klaɪmæks) I ZN • hoogtepunt • LIT.

cl

cl

climax • *orgasme* ★ come to/reach a ~ *tot een climax komen* II ONOV WW • *een hoogtepunt bereiken* • *klaarkomen*

climb (klaɪm) I OV WW • *beklimmen* II ONOV WW • *klimmen* • *stijgen* • *opklimmen* ⟨in rang, enz.⟩ • ~ **down** *een toontje lager zingen; een fout toegeven* III ZN • *klim* • *helling* • *stijging*

climbdown ('klaɪmdaʊn) ZN • *vernedering* • *stap terug*

climber ('klaɪmə) ZN • *klimmer* • *bergbeklimmer* • *klimplant* ★ MIN. social ~ *streber*

clime (klaɪm) ZN HUMOR., LIT. • → **climate**

clinch (klɪntʃ) I OV WW • *beklinken; sluiten* ⟨overeenkomst⟩ • *de doorslag geven* II ONOV WW • *(met elkaar) in de clinch gaan* • INFORM. *elkaar omhelzen* III ZN • *omklemming* • INFORM. *omhelzing*

clincher ('klɪntʃər) ZN *afdoend argument*

cling (klɪŋ) ONOV WW [onr.] • *(aan)kleven* • *nauw aansluiten* • *trouw blijven* • ~ **to** ~ **on to** z. *vastklampen aan*

clinging ('klɪŋɪŋ), **clingy** ('klɪŋi) BNW • *klevend; nauwsluitend* • MIN. *aanhankelijk*

cling-wrapped ('klɪŋræpd) BNW *in folie verpakt*

clinic ('klɪnɪk) ZN • *kliniek* • *klinisch onderwijs* • *workshop*

clinical ('klɪnɪkl) BNW • *klinisch; geneeskundig* • *emotieloos* • MIN. *koel; zakelijk* ⟨v. vertrek, enz.⟩

clink (klɪŋk) I ONOV WW • *klinken* • *rinkelen* II OV WW • *doen klinken* ⟨glazen⟩ • *laten rinkelen* III ZN • *het klinken* • *gerinkel* • INFORM., OUD. *gevangenis; nor*

clinker ('klɪŋkə) ZN • *sintel; slak* • *klinker* ⟨steen⟩ • USA *mislukking; fiasco*

clip (klɪp) I ZN • *klem* • *knipbeurt* • *(video)clip; (film)fragment* • INFORM. *mep* • *patroonhouder* ★ *a clip round the ear een draai om de oren* ▼ USA *at a fast/good/steady clip snel* II OV WW • *klemmen (on aan); (vast)hechten* • *(af)knippen; kort knippen; snoeien; trimmen; scheren* ⟨v. schapen⟩ • *half uitspreken; afbijten* ⟨v. woorden⟩ • *een draai om de oren geven* • INFORM. ~ **off** *afknabbelen* ★ *clip 5 seconds off the world record het wereldrecord verbeteren met 5 seconden* • ~ **out** *uitknippen*

clipboard ('klɪpbɔːd) ZN *klembord*

clip joint ZN *peperdure nachtclub*

clip-on BNW *met een klem* • a ~ *tie een nepdasje*

clipper ('klɪpə) ZN • *schaar(tje)* • SCHEEPV. *klipper* ★ ~s [mv] *tondeuse; kniptang*

clipping ('klɪpɪŋ) ZN *(kranten)knipsel* ★ ~s [mv] *snoeisel*

clique (kliːk) ZN MIN. *kliek; clubje*

clitoridectomy (klɪtərɪ'dektəmɪ) ZN *clitoridectomie; vrouwenbesnijdenis*

clitoris ('klɪtərɪs) ZN *clitoris; kittelaar*

cloak (kləʊk) I ZN • *cape; mantel* • *dekmantel* II OV WW • *omhullen; verhullen*

cloak-and-dagger BNW *(onnodig) mysterieus* ★ ~ *story mysterieus spionageverhaal*

cloakroom ('kləʊkruːm) ZN • G-B *garderobe* • G-B *toiletten*

clobber ('klɒbə) I ZN • INFORM. *kleren* • *spullen; boeltje* II OV WW • INFORM. *een pak rammel geven* • *hard aanpakken* ★ *get ~ed in de pan*

gehakt worden

cloche (klɒʃ) ZN *stolp; beschermkap* ⟨voor jonge planten⟩

clock (klɒk) I ZN • *klok; uurwerk* • *prikklok* • *kilometerteller* ★ *six o'~ 6 uur* ▼ *work against the ~ tegen de klok werken* ▼ round/around the ~ *de klok rond* ▼ VS, SPORT run down/out the ~ *op balbezit spelen* II OV WW • SPORT *klokken; de tijd opnemen* III WW • ~ **up** [ov] *laten noteren* ⟨v. tijd/afstand⟩; *halen* ⟨v. snelheid⟩ • ~ **in/on** [onov] *inklokken* • ~ **out/off** *uitklokken* ⟨op prikklok⟩

clock radio ZN *wekkerradio*

clockwise ('klɒkwaɪz) BIJW *met de wijzers v.d. klok mee; rechtsom draaiend*

clockwork ('klɒkwɜːk) ZN *uurwerk; raderwerk* ★ *regular like ~ met de regelmaat van de klok* ▼ *go/run like ~ gesmeerd lopen*

clod (klɒd) ZN • *kluit (aarde)* • INFORM. *stommeling*

clodhopper ('klɒdhɒpə) ZN • MIN. *boerenpummel* • HUMOR. *schuit* ⟨grote, zware schoen⟩

clog (klɒg) I ZN • *klomp(schoen)* II OV WW • *verstoppen* ★ *tears clogged her throat tranen verstikten haar keel* III ONOV WW • ~ **(up)** *verstopt raken* ⟨with *door*⟩

cloister ('klɔɪstə) ZN • *kloostergang; kruisgang* • *kloosterleven*

cloistered BNW *afgezonderd; teruggetrokken*

clone (kləʊn) I ZN • *kloon* II OV WW • *klonen*

close[1] (kləʊs) I BNW • *dichtbij* • *nabij; intiem; hecht; dik* ⟨v. vriendschap⟩ • *nauwkeurig* • *gesloten; dicht opeen* • *nauwsluitend* • *kortgeknipt* • *op het nippertje* • *streng bewaakt* • *benauwd* • *zwijgzaam; gesloten* • *gierig* II BIJW • *dicht(bij)* ▼ ~ *by/to/up dichtbij; vlakbij* ▼ ~ *at hand vlakbij* ▼ ~ *on/to bijna* ▼ ~ *up to dicht tegen* ▼ *come ~ to bijna bereiken* ▼ *run sb/sth ~ bijna net zo goed zijn als* III ZN • *binnenplaats; erf; hofje* • *speelveld* • *terrein* ⟨rond kerkgebouw enz.⟩ • *doodlopende straat*

close[2] (kləʊz) I OV WW • *(af)sluiten; besluiten* • *insluiten* II ONOV WW • *(zich) sluiten* • *dichter bij elkaar komen* • *het slot vormen van* III WW • ~ **down** [onov] *sluiten* • [ov] *eindigen; opheffen* • ~ **in** [onov] *slechter worden* ⟨v. weer⟩ • *invallen* ⟨v. duisternis⟩ • *korten* ⟨v.d. dagen⟩ ★ ~ *in on omsingelen* • ~ **off** [ov] *afsluiten* • USA ~ **out** [ov] *uitverkopen* • *beëindigen* • ~ **up** [ov] *blokkeren* • *afsluiten; dichtdoen* • [onov] *dichtgaan; dichter bij elkaar gaan staan* ★ *he ~d up hij zei geen woord meer* IV ZN • *besluit; einde*

close-clipped (kləʊs-'klɪpt) BNW *kort geknipt*

close-cropped (kləʊs-'krɒpt) ZN • → **close-clipped**

closed-circuit (kləʊzd 'sɜːkɪt) BNW *via een gesloten circuit* ★ ~ television *camerabewaking*

close-down ('kləʊzdaʊn) ZN *sluiting; stopzetting*

close-fitting BNW *nauwsluitend*

close-knit BNW *hecht*

close-set BNW *dicht bij elkaar*

closet ('klɒzɪt) I ZN • USA *kast* • *(privé)kamertje; kabinet* ▼ come out of the ~ *uit de kast komen* ⟨zijn (homo)seksuele aard bekendmaken⟩

II OV WW • *opsluiten*
closing date ZN *sluitingsdatum*
closure ('kləʊʒə) ZN • *sluiting* • *slot* • *afsluiting*
clot (klɒt) I ZN • *kluit*; *klont(er)* ★ clot of blood *trombose* **II** ONOV WW • *klonteren*; *stollen*
cloth (klɒθ) ZN • *laken*; *stof* • *tafellaken*; *linnen* • *doek*; *stofdoek*; *dweil* ★ the ~ *de geestelijkheid*
clothe (kləʊð) OV WW • *(om)hullen* • *kleden* • *bekleden* • *inkleden*; *omkleden* ★ leather-clad motorists *in leer gehulde motorrijders* ★ snow-clad *met sneeuw bedekt*
clothes (kləʊðz) ZN MV *kleding*; *kleren* ★ casual ~ *vrijetijdskleding*
clothes hanger ZN *klerenhanger*
clothes horse ZN • *droogrek* (voor kleren) • MIN. *modepop*
clothes line ZN, USA **clothes pin** ZN *wasknijper*
clothes peg ZN, USA **clothes pin** ZN *wasknijper*
clothier ('kləʊðɪə) ZN FORM. *handelaar in kleding*
clothing ('kləʊðɪŋ) ZN *kleding*
cloud (klaʊd) I ZN • *wolk* ★ every ~ has a silver lining *achter de wolken schijnt de zon* (gezegde) ▼ INFORM. on ~ nine *in de zevende hemel* ▼ under a ~ *uit de gratie* **II** OV WW • *bewolken*; *verduisteren*; *een schaduw werpen over* • *vertroebelen* OOK FIG. **III** ONOV WW • ~ **over** *somber worden*; *betrekken*
cloudburst ('klaʊdbɜːst) ZN *wolkbreuk*
cloud-capped BNW *met de top in de wolken*
cloud cuckoo land, USA **cloud land** ZN MIN. *droomwereld*
cloudless ('klaʊdləs) BNW *onbewolkt*
cloudy ('klaʊdɪ) BNW • *bewolkt* • *troebel* • *onduidelijk*
clout (klaʊt) I ZN • *(politieke) invloed* • *klap*; *mep* **II** OV WW • *meppen*; *slaan*
clove (kləʊv) I ZN • *kruidnagel* ★ a ~ of garlic *een teentje knoflook* **II** WW [verleden tijd] • → **cleave**
cloven ('kləʊvən) WW [volt. deelw.] • → **cleave**
clover ('kləʊvə) ZN *klaver* ★ four-leaf ~ *klavertjevier* ▼ be/live in ~ *een prinsheerlijk leven leiden*; *op rozen zitten*
cloverleaf ('kləʊvəliːf) ZN • *klaverblad* • *verkeersknooppunt*
clown (klaʊn) I ZN • *clown* • OOK FIG. *hansworst* **II** ONOV WW • *de clown uithangen*
clownish ('klaʊnɪʃ) BNW • → **clown**
cloy (klɔɪ) I OV WW • *(over)verzadigen* • *doen walgen* **II** ONOV WW • *tegenstaan*
cloying ('klɔɪŋ) BNW OOK FIG. *misselijk makend*
cloze test ZN O&W *invuloefening*
club (klʌb) I ZN • *club*; *sociëteit*; *clubgebouw* • *knuppel*; *golfstick* • *klaverkaart* ★ clubs [mv] *klaveren* ▼ be in the club *in verwachting zijn* **II** OV WW • *met knuppel slaan* **III** ONOV WW • *(z.) verenigen* ★ go clubbing *uitgaan* (in nachtclubs) • ~ **together** *geld bij elkaar leggen*
club foot ZN *klompvoet*
cluck (klʌk) I ZN • *geklok* (als v.e. kip) ▼ VS, INFORM. *stommeling* **II** ONOV WW • *klokken* (als een kip)
clue (kluː) I ZN • *aanwijzing* • *(sleutel tot) oplossing* ▼ I don' have a clue *ik heb geen idee*; *ik begrijp er niets van* **II** OV WW • ~ **in/up** *informeren*; *bijpraten*

clueless ('kluːləs) BNW INFORM. *stom* ★ ~ about computers *geen flauw benul van computers*
clump (klʌmp) I ZN • *groep* (v. bomen) • *geklos* (v. schoenen) ★ a ~ of hair *een pluk haar* **II** OV WW • *bij elkaar doen/planten* **III** ONOV WW • *klossen* **IV** ONOV WW • *klossen*
clumsiness ('klʌmzɪnəs) ZN *klungeligheid*; *onhandigheid*
clumsy ('klʌmzɪ) BNW *klungelig*; *onhandig*
clung (klʌŋ) WW [verl. tijd + volt. deelw.] • → **cling**
clunk (klʌŋk) ZN *bons*; *klap*
cluster ('klʌstə) I ZN • *cluster*; *groep* • *bos*; *tros* • *zwerm*; *troep* **II** OV WW • *groeperen* **III** ONOV WW • *z. groeperen* • ~ **together** *bij elkaar komen*
cluster bomb ZN MIL. *clusterbom*
clutch (klʌtʃ) I OV WW • *stevig vasthouden* • *vastgrijpen* **II** ONOV WW • ~ **at** *grijpen naar* **III** ZN • TECHN. *koppeling(spedaal)* • *stel*; *groep* • *greep*; *macht* • *broedsel* • USA • ~ **clutch bag** ★ INFORM. have in your ~es *in je macht/ klauwen hebben*
clutch bag ZN *avond-/damestasje* (zonder hengsel)
clutter ('klʌtə) I OV WW • ~ **(up)** *rommelig maken* ★ ~ (up) with *volstoppen met* **II** ZN • *rommel* • *bende*
c/o AFK *care of p/a*
co- (kəʊ) VOORV *co-*; *mede-*
CO AFK Commanding Officer *bevelvoerend officier*
coach (kəʊtʃ) I ZN • SPORT *coach* • *repetitor*; *privédocent* • *bus*; *touringcar* • *koets*; *rijtuig*; *spoorwagon* • *diligence* • USA *tweede klas* (in vliegtuig) ★ to fly ~ *goedkoop vliegen* **II** OV WW • SPORT, O&W *begeleiden*; *coachen* • *instrueren*
coachman ('kəʊtʃmən) ZN *koetsier*
coachwork ('kəʊtʃwɜːk) ZN *koetswerk*; *carrosserie*
coagulate (kəʊ'ægjʊleɪt) ONOV WW *stremmen*; *stollen*
coagulation (kəʊægjʊ'leɪʃən) ZN *stremming*; *stolling*
coal (kəʊl) ZN *(steen)kool*; *kolen* ★ living coal *gloeiend kooltje* ▼ carry coals to Newcastle *water naar de zee dragen* ▼ haul/rake sb over the coals *iem. flink de waarheid zeggen*
coal black BNW *pikzwart*
coalesce (kəʊə'les) ONOV WW *samensmelten*; *samenvallen*
coal gas ZN *steenkolengas*
coalition (kəʊə'lɪʃən) ZN *coalitie*; *verbond*
coal mine ZN *kolenmijn*
coalminer ('kəʊlmaɪnə) ZN *mijnwerker*
coalmining ('kəʊlmaɪnɪŋ) ZN *kolenwinning*
coal pit ZN *kolenmijn*
coal tar ZN *koolteer*
coarse (kɔːs) BNW • *grof*; *ruw* • *platvloers* ★ ~ fish *zoetwatervis* (behalve zalm en forel)
coarsen ('kɔːsən) I OV WW • *ruw maken* **II** ONOV WW • *ruw worden*
coast (kəʊst) I ZN • *kust* • *het glijden* ▼ the ~ is clear *de kust is veilig* **II** ONOV WW • *(naar beneden) glijden* • *freewheelen* • *zonder inspanning vooruitkomen* • *langs de kust varen* • ~ **through** ★ he ~ed through his exams *hij*

CO

haalde zijn examen zonder veel uit te voeren
coastal ('kəʊstl) BNW *kust-*
coaster ('kəʊstə) ZN • *bierviltje; onderzetter* • *kustvaartuig*
coast guard ZN *kustwacht(er)*
coastline ('kəʊstlaɪn) ZN *kustlijn*
coat (kəʊt) I ZN • *jas; mantel • vacht; pels* • *(dek)laag* ★ coat of arms *familiewapen; wapenschild* ★ coat of mail *maliënkolder* ★ coat and skirt *mantelpak* ▾ cut your coat according to your cloth *niet verder springen dan je stok lang is* II OV WW • *(be)dekken* • *bekleden* • *van een laag(je) voorzien*
coat check ZN • USA *garderobe* • USA *toiletten*
coat hanger ZN *kleerhanger*
coating ('kəʊtɪŋ) ZN *laag(je)*
coatroom ('kəʊtru:m) ZN USA • → **cloakroom**
coat stand ZN *kapstok*
coat-tails ('kəʊtteɪlz) MV *jaspanden* ▾ on sb's ~ *je succes te danken hebben aan iem.*
co-author ZN *medeauteur*
coax (kəʊks) OV+ONOV WW • *vleien* • ~ **away from** *met zachte hand verwijderen* • ~ **(in)to** *vleiend overhalen om; verleiden tot* • ~ **out of/from** *aftroggelen; eruit weten te halen*
cob (kɒb) ZN • *maïskolf • rond brood • sterk paard* ⟨met korte benen⟩ • *mannetjeszwaan*
cobalt ('kəʊbɔ:lt) ZN *kobalt(blauw)*
cobble ('kɒbl) I ZN • *kinderkopje* ⟨straatsteen⟩ II OV WW • *bestraten* ⟨met keien⟩ • *lappen* ⟨v schoenen⟩ • ~ **together** *in elkaar flansen*
cobbler ('kɒblə) ZN • USA *vruchtentaart* • OUD. *schoenlapper • cobbler* ⟨gekoelde drank⟩ ★ a load of ~s [mv] *allemaal lulkoek*
cobblestone ('kɒblstəʊn) ZN MV *kinderkopje* ⟨straatsteen⟩
cobweb ('kɒbweb) ZN *spinnenweb; spinrag* ▾ blow/clear the ~s away *uitwaaien*
cocaine (kə'keɪn) ZN *cocaïne*
cock (kɒk) I ZN • *haan • mannetje* • VULG. *lul; pik* • *kraan; tap* • OUD. *makker • haan* ⟨v. vuurwapen⟩ • cock-and-bull story *kolderverhaal* ★ cock of the walk *haantje-de-voorste* ▾ that cock won't fight *die vlieger gaat niet op* II OV WW • *scheef zetten/houden* • *(op)steken; optillen* • *(op)zetten* • *de haan spannen* ⟨v. vuurwapen⟩ • G-B, INFORM. ~ **up** *verprutsen; verknallen*
cock-a-doodle-doo (kɒkədu:dl'du) ZN *kukeleku*
cock-a-hoop (kɒkə'hu:p) BNW *juichend; uitgelaten*
cock-a-leekie (kɒkə'li:kɪ) ZN *kippensoep met prei en spek*
cockatoo (kɒkə'tu:) ZN *kaketoe*
cockchafer ('kɒktʃeɪfə) ZN *meikever*
cockerel ('kɒkərəl) ZN *jonge haan*
cockeyed ('kɒkaɪd) BNW • *scheef • onzinnig; dwaas*
cockfighting ('kɒkfaɪtɪŋ) ZN *hanengevechten*
cockle ('kɒkl) ZN *kokkel* ▾ warm the ~s of your heart *je hart goed doen*
cockney ('kɒknɪ) I ZN • *geboren Londenaar* ⟨uit het East End⟩ • *het Cockney* ⟨Londens dialect⟩ II BNW • *cockney*
cockpit ('kɒkpɪt) ZN • *cockpit; stuurhut* • *strijdtoneel*

cockroach ('kɒkrəʊtʃ) ZN *kakkerlak*
cocksure (kɒk'ʃɔ:) BNW • *stellig • zelfbewust* • *pedant*
cock-up ('kɒkʌp) ZN *rotzooi; bende*
cocky ('kɒkɪ) BNW *verwaand; eigenwijs*
coco ('kəʊkəʊ) ZN *kokospalm*
cocoa ('kəʊkəʊ) ZN • *cacao* • *(een beker) chocolademelk*
coconut ('kəʊkənʌt) ZN *kokosnoot*
coconut matting ZN *kokosmat*
coconut palm ZN *kokospalm*
cocoon (kə'ku:n) I ZN • *cocon* • *(beschermend) omhulsel* II OV WW • *inspinnen* III ONOV WW • z. inspinnen • *cocoonen; ergens knus in zitten/liggen*
coctail stick ZN *coctailprikker*
cod (kɒd) I ZN • *kabeljauw* • INFORM. *grap* II ONOV WW • INFORM. *voor de gek houden*
COD, cod AFK G-B cash on delivery, USA collect on delivery *rembours; betaling bij ontvangst*
coddle ('kɒdl) OV WW • *vertroetelen* • *zacht koken*
code (kəʊd) I ZN • *code* • *wet(boek)* • *reglement; gedragslijn* ★ civil code *Burgerlijk Wetboek* ★ dialling code *kengetal* ★ break the code *de code ontcijferen* II OV WW • *coderen; in code overbrengen*
codger ('kɒdʒə) ZN *ouwe baas; ouwe knar*
codification (kəʊdɪfɪ'keɪʃən) ZN *codificatie*
codify ('kəʊdɪfaɪ) OV WW *codificeren*
codswallop ('kɒdzwɒləp) ZN *gezwam in de ruimte; kletskoek*
coeducation (kəʊedju:'keɪʃən) ZN *co-educatie; gemengd onderwijs*
coefficient (kəʊɪ'fɪʃənt) ZN *coëfficiënt*
coequal (kəʊ'i:kwəl) BNW *gelijk(waardig)*
coerce (kəʊ'ɜ:s) OV WW *dwingen* (**into** *tot*)
coercion (kəʊ'ɜ:ʃən) ZN *dwang*
coercive (kəʊ'ɜ:sɪv) BNW *dwang-*
coeval (kəʊ'i:vəl) I ZN • *tijdgenoot; leeftijdsgenoot* II BNW • *even oud* (**with** *als*) • *van gelijke duur*
coexist (kəʊɪg'zɪst) ONOV WW *co-existeren; naast elkaar leven; gelijktijdig bestaan*
coexistence (kəʊɪg'zɪstəns) ZN *co-existentie*
C. of E. AFK Church of England *anglicaanse Kerk*
coffee ('kɒfɪ) ZN *koffie* ★ Irish ~ *Irish coffee* ⟨koffie met whisky en slagroom⟩ ★ white ~ *koffie met melk*
coffee bar ZN *koffiebar*
coffee break ZN *koffiepauze*
coffee grounds ZN MV *koffiedik*
coffee maker ZN *koffiezetapparaat*
coffee shop ZN *café; koffiewinkel*
coffee table ZN *salontafel(tje)* ★ coffee-table book *kijkboek*
coffer ('kɒfə) ZN *(geld)kist*
coffin ('kɒfɪn) I ZN • *doodskist* II OV WW • *kisten*
cog (kɒg) ZN *tand* ⟨v. wiel⟩ ▾ a cog in the machine/wheel *een radertje in het grote geheel*
cogency ('kəʊdʒənsɪ) ZN *overtuigingskracht*
cogent ('kəʊdʒənt) BNW *overtuigend*
cogged (kɒgd) BNW *getand*
cogitate ('kɒdʒɪteɪt) OV+ONOV WW *overdenken*
cogitation (kɒdʒɪ'teɪʃən) ZN *overdenking*
cognac ('kɒnjæk) ZN *cognac*
cognate ('kɒgneɪt) I ZN • *(bloed)verwant* II BNW

• *verwant (***with** *aan)*
cognition (kɒg'nɪʃən) ZN • *het (bewust) kennen*;
  kennis • *perceptie*
cognizance, cognisance ('kɒgnɪzəns) ZN *kennis*
  ▼ take ~ of *nota nemen van*
cognizant, cognisant ('kɒgnɪzənt) BNW *bekend*
  (of met); *op de hoogte van*
cogwheel ('kɒgwi:l) ZN *tandwiel*; *kamwiel*
cohabit (kəʊ'hæbɪt) ONOV WW *samenwonen*
cohabitation agreement ZN
  samenlevingscontract
cohere (kəʊ'hɪə) ONOV WW • *coherent zijn*;
  *(logisch) samenhangen (***with** *met)*
  • *samenwerken*
coherence (kəʊ'hɪərəns) ZN *samenhang*
coherent (kəʊ'hɪərənt) BNW *samenhangend*
cohesion (koʊ'hi:ʒən) ZN • *cohesie*; *samenhang*
  • NATK., SCHEIK. *binding*
cohesive (koʊ'hi:sɪv) BNW • *samenhangend*;
  coherent • *bindend*; *verbindend*
coiffure (kwa:'fjʊə) ZN *kapsel*
coign (kɔɪn) ZN • ~ of *vantage gunstige*
  hoek/waarnemingspost
coil (kɔɪl) I ZN • *spiraal(veer)* • *tros* • *bocht*;
  kronkel • *rol* • *inductie(spoel)* • MED. *spiraaltje*
  II OV WW • *oprollen*; *in bochten leggen* III ONOV
  WW • *(z.) kronkelen*
coin (kɔɪn) I ZN • *munt* • *geld* ▼ the other side of
  the coin *de andere kant van de medaille* II OV
  WW • *munten* • *verzinnen* ▼ coin a phrase *een*
  cliché gebruiken; *een woordspeling maken* ▼ be
  coining it *(in)/be coining money geld*
  verdienen als water ▼ pay sb back in his own
  coin *iem. met gelijke munt betalen*
coinage ('kɔɪnɪdʒ) ZN • *munt(stelsel)* • *het*
  munten • *neologisme*
coincide (kəʊɪn'saɪd) ONOV WW • *samenvallen*
  • *overeenstemmen*
coincidence (kəʊ'ɪnsɪdns) ZN • *toeval*;
  samenloop van omstandigheden
  • *overeenstemming* ★ what a ~! *wat toevallig!*
  ★ by (sheer) ~ *door puur toeval*
coincident (kəʊ'ɪnsɪdnt) BNW *samenvallend*
coincidental (kəʊɪnsɪ'dentl) BNW *toevallig*
coitus ('kɔɪtəs), **coition** (kəʊ'ɪʃən) ZN *coïtus*;
  geslachtsdaad
coke (kəʊk) ZN • INFORM. *cocaïne* • *cokes*
Coke ZN INFORM. *cola*
col (kɒl) ZN *bergpas*
colander ('kʌləndə) ZN *vergiet*
cold (kəʊld) I BNW • *koud*; *koel* • *frigide*
  • *bewusteloos* ★ the cold facts/truth *de naakte*
  feiten/waarheid ★ cold front *kou(de)front*
  ★ cold news *ontmoedigend nieuws* ★ knock sb
  out cold *iem. bewusteloos slaan* II ZN • *kou*
  • *verkoudheid* ★ a bad/heavy cold *een zware*
  verkoudheid ★ catch a cold *verkouden worden*
  ▼ leave sb out in the cold *iem. aan zijn lot*
  overlaten/iem. in de kou laten staan
cold-blooded (kəʊld'blʌdɪd) BNW *koelbloedig*
cold-calling ZN *telemarketing*
cold-hearted (kəʊld'hɑ:tɪd) BNW *harteloos*
cold-shoulder OV WW *de rug toekeren*; *negéren*
coleslaw ('kəʊlslɔ:) ZN *koolsalade*
colic ('kɒlɪk) ZN *(darm)koliek*
collaborate (kə'læbəreɪt) ONOV WW • *meewerken*

• MIN. *collaboreren*
collaboration (kəlæbə'reɪʃən) ZN • *medewerking*
  • MIN. *collaboratie* ★ in ~ wih *samen met*
collaborator (kə'læbəreɪtə) ZN • *medewerker*
  • MIN. *collaborateur*
collapse (kə'læps) I ONOV WW • *ineenstorten*; *in*
  elkaar zakken • *mislukken* • *neerzijgen*;
  neerploffen • *scherp dalen* II OV WW
  • *inklappen*; *opvouwen* ★ a ~d lung *een*
  klaplong III ZN • *ineenstorting* • *mislukking*
  ★ nervous ~ *zenuwinzinking*
collapsible (kə'læpsəbl) BNW *opvouwbaar*
collar ('kɒlə) I ZN • *kraag*; *boord* • *(hals)keten*;
  (hals)band II OV WW • *in de kraag vatten*
  • *aanklampen*
collarbone ('kɒləbəʊn) ZN *sleutelbeen*
collate (kə'leɪt) OV WW • *verzamelen om te*
  vergelijken ⟨bv. cijfers⟩ • *ordenen*
collateral (kə'lætərəl) I BNW • *bijkomstig*;
  secundair • *zij aan zij*; *zijdelings* • *verwant* ⟨in
  zijlinie⟩ II ZN • ECON. *onderpand*
  • *bloedverwant in zijlinie*
colleague ('kɒli:g) ZN *collega*
collect (kə'lekt) I OV WW • *verzamelen* • *innen*
  • *innemen*; *ophalen*; *collecteren* • *in de wacht*
  slepen; *op de kop tikken* ⟨v. prijs, enz.⟩ ★ ~ a
  horse *een paard in toom houden* ▼ to ~
  yourself *jezelf weer onder controle krijgen* ▼ to
  ~ your thoughts *je gedachten ordenen* II ONOV
  WW • *z. verzamelen*; *samenkomen* III BNW
  • USA ★ ~ call OMSCHR. *telefoongesprek betaald*
  door opgeroepene
collection (kə'lekʃən) ZN • *verzameling* • *collecte*;
  inzameling • *het verzamelen/ophalen*; *lichting*
  ⟨v. brievenbus⟩ • *collectie* ⟨v. kleding, enz.⟩
collective (kə'lektɪv) I BNW • *collectief*
  • *samengesteld* • *verzamelend* • ~ bargaining
  cao-onderhandelingen II ZN • *collectief*
collectivize, G-B **collectivise** (kə'lektɪvaɪz) OV
  WW *tot collectief bezit maken*
collector (kə'lektə) ZN • *verzamelaar* • *collectant*
  • *ontvanger* • TECHN. *collector* ★ ~'s item
  gezocht (verzamel)object
colleen (kɒ'li:n) ZN *meisje* ⟨in Ierland⟩
college ('kɒlɪdʒ) ZN • *college* • *hbo-opleiding*
  • *universiteit(sgebouw)* • *zelfstandig*
  universiteitsinstituut • USA *universiteit met*
  BA-degree • *particuliere (kost)school* ★ she's at ~
  zij studeert (aan een universiteit) ★ electoral ~
  kiescollege; USA *college van kiesmannen*
collegiate (kə'li:dʒɪət) BNW • *studenten-*;
  studentikoos • *bestaand uit verschillende*
  'colleges'
collide (kə'laɪd) ONOV WW *botsen*
collie ('kɒlɪ) ZN *collie* ⟨Schotse herdershond⟩
collier ('kɒlɪə) ZN *mijnwerker*
colliery ('kɒlɪərɪ) ZN *kolenmijn*
collision (kə'lɪʒən) ZN • *botsing* • FIG. *conflict*
  ▼ be on a ~ course *op ramkoers liggen/*
  afstevenen op een conflict
collocate ('kɒləkeɪt) ONOV WW TAALK. *bij elkaar*
  horen ⟨v. woorden⟩ ★ 'merry' ~s with
  'Christmas' *'merry' past bij 'Christmas'*
collocation (kɒlə'keɪʃən) ZN TAALK. *collocatie*; *het*
  bij elkaar horen ⟨v. woorden⟩
colloquial (kə'ləʊkwɪəl) BNW *tot de spreektaal*

CO

behorend

colloquialism (kə'ləʊkwɪəlɪzəm) ZN *alledaagse uitdrukking*

collusion (kə'lu:ʒən) ZN *complot*

collywobbles ('kɒlɪwɒblz) ZN MV • INFORM. *de zenuwen* • INFORM. *buikpijn* ⟨v. zenuwen/angst⟩

Colo. AFK USA *Colorado*

colon ('kəʊlən) ZN • MED. *dikke darm* • TAALK. *dubbele punt*

colonel ('kɜ:nl) ZN • *kolonel* • *overste*

colonial (kə'ləʊnɪəl) BNW *koloniaal*

colonialism (kə'ləʊnɪəlɪzəm) ZN *kolonialisme*

colonist ('kɒlənɪst) ZN *kolonist*

colonization, G-B **colonisation** (kɒlənaɪ'zeɪʃən) ZN *kolonisatie*

colonize, G-B **colonise** ('kɒlənaɪz) OV+ONOV WW *koloniseren*

colonnade (kɒlə'neɪd) ZN *zuilengalerij*

colony ('kɒlənɪ) ZN *kolonie*

colophon ('kɒləfɒn) ZN DRUKK. *colofon*

color ('kʌlə) ZN USA • → **colour**

color- ('kʌlə-) ZN USA • → **colour-**

colossal (kə'lɒsl) BNW *kolossaal*

colossus (kə'lɒsəs) ZN *kolos*

colour ('kʌlə) I ZN • *kleur* • *gelaatskleur*; *blos*; *tint* • *(donkere) huidskleur* • *klank-/toonkleur*; *timbre* • *verf*; *kleurstof* • *schijn*; *voorwendsel* • *aard* ⋆ ~s [mv] *clubkleuren*; *vaandel*; *nationale vlag* ⋆ *local* ~ *couleur locale* ⋆ *person/woman/man of* ~ *kleurling* ⋆ *gain* ~ *weer kleur krijgen* ⋆ *lose* ~ *bleek worden* ▾ *off* ~ *niet gezond/lekker zijn*; *er niet goed uitzien*; *ongepast* ⟨v. grap⟩ ▾ *under the* ~ *of onder het voorwendsel dat* ▾ *with flying* ~s *met vlag en wimpel* ▾ *nail your* ~s *to the mast kleur bekennen* ▾ *see the* ~ *of sb's money kijken of iem. kredietwaardig is* ▾ *show your true* ~s *je ware aard tonen* II OV WW • *(in)kleuren*; *verven* • FIG. *kleuren*; *een verkeerde voorstelling geven* • *blozen* ⋆ ~ *at sb's remark een kleur krijgen door iemands opmerking*

colour- *kleur-*; *kleuren-*

colour bar ZN *rassendiscriminatie*

colour-blind BNW • *kleurenblind* • USA *onbevooroordeeld t.o.v. ras*

coloured ('kʌləd) BNW *gekleurd* ⋆ ~ *person kleurling*

colour-fast BNW *kleurecht*

colourful ('kʌləfʊl) BNW • *kleurrijk* • *interessant*

colouring ('kʌlərɪŋ) ZN *kleur(sel)* • *huid-/gelaatskleur*

colourless ('kʌlələs) BNW • *kleurloos* • *oninteressant*

colour supplement ZN *kleurenbijlage*

colt (kəʊlt) ZN • *colt* ⟨vuurwapen⟩ • G-B, SPORT *lid v. jong team*

coltish ('kəʊltɪʃ) BNW *dartel*

column ('kɒləm) ZN • *kolom* • *zuil* • *column* • *colonne*

coma ('kəʊmə) ZN *coma* ⋆ *go into/be in a coma in coma raken/zijn*

comatose ('kəʊmətəʊs) BNW • MED. *comateus*; *diep bewusteloos* • HUMOR. *doodop*; *slaperig*

comb (kəʊm) I ZN • *kam* • *hanenkam* • *honingraat* II OV WW • *kammen* • *hekelen* ⟨v.

vlas⟩ • ~ **out** *uitkammen*; *nauwkeurig onderzoeken*; FIG. *zuiveren*

combat ('kɒmbæt) I ZN • *strijd*; *gevecht* ⋆ *(un)armed* ~ *(on)gewapende strijd* II OV WW • *bestrijden*

combatant ('kɒmbətnt) ZN *strijder*

combat fatigue ZN *oorlogsneurose*

combative ('kɒmbətɪv) BNW *strijdlustig*

combats ('kɒmbæts) MV ≈ *legerbroek* ⟨broek met veel zakken⟩

comb honey ZN *raathoning*

combination (kɒmbɪ'neɪʃən) ZN *combinatie* ⋆ *(motorcycle)* ~ *motor met zijspan*

combination lock ZN *combinatieslot*; *cijfer-/letterslot*

combine[1] ('kɒmbaɪn) ZN *syndicaat* ⋆ ~ *(harvester) oogstmachine*

combine[2] (kəm'baɪn) I OV WW • *verenigen* • *combineren* ⋆ ~d *efforts gezamenlijke inspanning* II ONOV WW • *z. verenigen* • *samenwerken*; *samenspelen*

combust (kəm'bʌst) I OV WW • *verbranden* II ONOV WW • *ontbranden*

combustible (kəm'bʌstɪbl) BNW *brandbaar*

combustion (kəm'bʌstʃən) ZN *verbranding* ⋆ *spontaneous* ~ *zelfontbranding*

combustion chamber ZN *verbrandingskamer*; *vlamkast*

come (kʌm) I ONOV WW [onr.] • *komen* • *komen (to bij)*; *aankomen* • *komen (for/about voor)* • *gebeuren* • *verkrijgbaar zijn* • *worden*; *gaan* • INFORM. *klaarkomen* ⋆ *come and... kom eens...* ▾ *be as clever, stupid, etc. as they come zo slim, dom, enz. zijn als wat* ▾ *come again? wat zeg je?* ▾ *coming and going komen en gaan* ▾ *come easily, naturally, etc. to sb iem. in het bloed zitten* ▾ *come over (all) faint, dizzy, etc. plotseling duizelig, enz. worden* ▾ *come to nothing niets van terecht komen* ▾ *come to that/if it comes to that trouwens* ▾ *come what may wat er ook gebeurt* ▾ *how come? hoezo/hoe komt het dan dat...?* ▾ *not come to much niet veel van terecht komen* ▾ *(in weeks) to come (in) de komende (weken)* ▾ *when it comes to als het een kwestie is van* II WW • ~ **about** *gebeuren*; *ontstaan*; *tot stand komen* • ~ **across** *tegenkomen*; *aantreffen* • *oversteken*; *overkomen* ⟨v. informatie⟩ • ~ **across** *op de proppen komen (with met)* • ~ **after** *komen na* • *achterna komen* • ~ **along** *eraan komen*; *zich voordoen* • *meegaan* • *vooruitgaan*; *z. ontwikkelen* • *voortmaken* • ~ **apart** *losgaan*; *uit elkaar vallen* ▾ FIG. *come apart at the seams aan flarden liggen* • ~ **around, round** *langs komen*; *rondgaan*; *(er weer) aan komen* • *bijkomen (na flauwte)* • *bijtrekken (na ruzie)* • *draaien* ⟨v. wind⟩ • ~ **at** *afkomen op*; *aanvallen* ⟨OOK FIG.⟩ • ~ **away** *weggaan* • *losraken* • ~ **back** *terugkomen*; *een reactie krijgen* • *weer voor de geest komen* • ~ **back to** *terugkomen op* • ~ **between** *ertussen komen* • ~ **by** *toevallig krijgen* • *(even) langskomen* • ~ **down** *naar beneden komen*; *komen naar*; *meegaan naar* • *komen* ⟨v.noord naar zuid/v.grote naar kleine plaats⟩; FORM. *de*

universiteit verlaten ⟨vnl. van Oxford/
Cambridge voor vakantie of als
afgestudeerde⟩ • *instorten; naar beneden
komen* • *neerstorten* ⟨v. vliegtuig⟩ • *dalen;
zakken* ⟨in prijs⟩ • *reiken* • *overleveren* ⟨v.
traditie⟩ • *bereiken* • *een beslissing nemen*
★ come down in the world *aan lager wal
raken* • ~ **down on** *aanvallen; straffen; tekeer
gaan tegen* • ~ **down to** *neerkomen op*
• ~ **down with** *krijgen* ⟨v. ziekte⟩ ★ I'm
coming down with the flu ≈ *ik voel dat ik de
griep begin te krijgen* • ~ **for** *komen voor;
ophalen* • *(dreigend) afkomen op* • ~ **forth**
tevoorschijn komen; voor de dag komen
• ~ **forward** *z. aanbieden; voor de dag komen
(with met)* • ~ **from** *vandaan komen;
(voort)komen uit* • *het resultaat zijn van*
★ INFORM. (not) know where sb is coming
from *(niet) weten wat iem. bezielt* • ~ **in**
binnenkomen; thuiskomen • *aankomen* ⟨v.
persoon⟩ • *binnenkomen* ⟨v. bus, trein, enz.⟩
• *binnenkomen; binnendringen* ⟨v. geluid,
regen, enz.⟩ • *aankomen* ⟨v. bericht⟩
• *opkomen* ⟨getij⟩ • *in de mode komen* • *in
werking treden; v. kracht worden* ⟨v. wet⟩ • *z.
mengen in* ⟨discussie⟩ • *meedoen* • *aan de
macht komen* ⟨v. regering⟩ • *betrekken zijn bij*
• *beginnen* ⟨v. seizoen⟩ • SPORT *aan bat gaan*
★ where do I come in? *en ik (dan)?* ★ come in
on a discussion *je mengen in een discussie*
★ come in useful/handy *goed van pas komen*
• ~ **in for** *te verduren krijgen; je op de hals
halen* • ~ **into** *binnenkomen* • *erven* • *relevant
zijn voor* ★ come into office *aan het bewind
komen* ⟨v. regering⟩ ★ come into a fortune
een fortuin erven • ~ **of** *tot gevolg hebben*
• *stammen uit* • ~ **off** *eraf/eruit gaan/komen*
• *losraken* • *lukken; succes hebben* • *uit de
strijd komen* • TON. *uit productie/circulatie
nemen* • *komen van(af/uit)* • *afkomen van* ⟨bv.
drugs⟩ ★ come off it! *je bent niet goed wijs!;
hoe kan dat nou?* • ~ **on** TON. *opkomen*
• *toevallig stuiten op* • *aangaan* ⟨v. licht, enz.⟩
• *vertoning/uitzending beginnen* ⟨v. film,
nieuws, enz.⟩ • *naderen* ⟨v. seizoen, weer,
enz.⟩ • *komen opzetten* ⟨v. verkoudheid, enz.⟩
• *vorderen* ⟨v. werk, enz.⟩ • *overkomen*
• *openlijk (seksuele) avances maken* • come
on! *kom op!/opschieten!* ★ come on in! *kom
binnen!* ★ come on strong *het er dik bovenop
leggen* • ~ **to/onto** *opkomen* • *aansnijden*
⟨v. onderwerp⟩ • ~ **out** *(er) uitkomen;
tevoorschijn komen* • *meegaan* • *komen naar*
• *aan 't licht komen* • *uitkomen voor*
⟨geaardheid⟩ • *in staking gaan* • *debuteren*
• ~ **out in** ★ come out in a rash *uitslag krijgen*
• ~ **out of** *het resultaat zijn van* • ~ **out with**
op de proppen komen met • ~ **over** *oversteken;
óverkomen; even langskomen* • *overlopen*
• *komen over* • *óverkomen; begrepen worden*
★ come over dizzy *duizelig worden* • ~ **round**
langskomen • *veranderen* ⟨bv. van mening⟩
• *in aantocht zijn* ⟨v. seizoen, enz.⟩ • *(weer)
bijkomen* ⟨na flauwte⟩ • ~ **through** *doorkomen*
• *overleven* • *over de brug komen* • ~ **to**
bijkomen ★ it comes to the same thing *het*

komt op hetzelfde neer ★ it comes to € 5,99
het komt op € 5,99 • ~ **to your senses** *tot
bezinning komen; bijkomen* • ~ **under**
voorwerp worden van ⟨kritiek, enz.⟩ • *vallen
onder* • ~ **up** *opkomen; naar boven komen*
• *afkomen op; benaderen* • *komen* ⟨v. zuid
naar noord/v. kleine naar grote plaats⟩
• *bovenkomen* • *naar voren brengen;
suggereren* • *aankomen* ⟨als student⟩ • *aan de
orde komen; ter sprake komen* • *z. voordoen;
beschikbaar komen* • *opsteken* ⟨v. wind, licht,
enz.⟩ • COMP. *verschijnen* ⟨op scherm⟩
• *vooruitkomen; zich opwerken* • ~ **up against**
te maken krijgen met • ~ **upon** *aantreffen;
stoten op* • *overvallen; overrompelen* • ~ **up to**
voldoen aan • *naderen* • ~ **up with** *aankomen
met; op de proppen komen met* • *over de brug
komen* ⟨met geld⟩ **III** OV WW • *afleggen* ⟨v.
afstand⟩

comeback ('kʌmbæk) ZN • *comeback; hernieuwd
optreden* • *terugkeer* • INFORM. *bijdehand
antwoord* • *verhaal; vergoeding*

comedian (kə'mi:dɪən) ZN *komiek*

comedienne (kəmi:dɪ'en) ZN *vrouwelijke komiek*

comedown ('kʌmdaʊn) ZN • INFORM.
vernedering; achteruitgang • *tegenvaller*

comedy ('kɒmɪdɪ) ZN *komedie; blijspel*

comely ('kʌmlɪ) BNW LIT. *aantrekkelijk* ⟨v. vrouw⟩

come-on ('kʌmɒn) ZN INFORM. *aanmoediging*
⟨vnl. seksueel⟩ ★ give the ~ *avances maken*

comer ('kʌmə) ZN • *aangekomene; bezoeker*
• INFORM., VS *veelbelovend iemand* ★ all ~s
[mv] *iedereen*

comet ('kɒmɪt) ZN *komeet*

comeuppance (kʌm'ʌpəns) ZN INFORM. *verdiende
loon*

comfort ('kʌmfət) **I** ZN • *comfort; gerief; gemak*
• *troost; bemoediging* • *welstand* ★ ~ eating
eten uit frustratie ★ cold/Dutch ~ *schrale troost*
★ too close for ~ *al te dichtbij* ★ draw ~ from
troost putten uit **II** OV WW • *troosten*

comfortable ('kʌmftəbl) BNW • *comfortabel;
gerieflijk; gemakkelijk* • *rustig; op je gemak*
• *royaal; ruim* • *bemiddeld*

comfortably ('kʌmftəbli) BIJW • *gerieflijk* • *met
gemak; zonder problemen* ▾ be ~ off *er
warmpjes bij zitten*

comfort eating ZN *troosteten*

comforter ('kʌmfətə) ZN • *trooster* • *fopspeen*
• USA *dekbed; gewatteerde deken*

comforting ('kʌmfətɪŋ) BNW *troostend; troostrijk*

comfortless ('kʌmfətləs) BNW • *troosteloos*
• *ongerieflijk*

comfort stop ZN *sanitaire stop*

comfrey ('kʌmfrɪ) ZN PLANTK. *smeerwortel*

comfy ('kʌmfɪ) BNW INFORM. • → **comfortable**

comic ('kɒmɪk) **I** BNW • *komisch* **II** ZN • *komiek*
• *stripverhaal; stripboek*

coming ('kʌmɪŋ) **I** ZN • *komst* ★ ~ of age *het
volwassen worden* ⟨volgens de wet⟩ • ~s and
goings *komen en gaan* **II** BNW • *komend;
aanstaand* • *veelbelovend* ★ this ~ Saturday
aanstaande zaterdag

coming-out (kʌmɪŋ-'aʊt) ZN *het openbaar
maken; coming-out* ⟨het openlijk uitkomen
voor je geaardheid, politieke overtuiging,

CO

enz.)

comma ('kɒmə) ZN *komma*
command (kə'mɑ:nd) I ZN • *bevel; order*
• *commando* • *(leger)onderdeel* • *beheersing*;
controle ★ ~ of language *vaardigheid in taal*
★ be in ~ of *het bevel voeren over* ★ be in ~ of
the situation *de toestand onder controle
hebben* ★ second in ~ *onderbevelhebber; eerste
officier* ⟨bij marine⟩ ★ at your ~ *tot je
beschikking* II OV WW • *bevelen; commanderen*
• *het commando voeren over* • *afdwingen*
• *reiken; uitzicht bieden op* • *beschikken over*
★ this spot ~s a splendid view (of) *vanuit deze
plek heb je een prachtig uitzicht (op)*
commandeer (kɒmən'dɪə) OV WW *vorderen*
commander (kə'mɑ:ndə) ZN • *commandant*
• *gezagvoerder* ★ ~ in chief *opperbevelhebber*
commanding (kə'mɑ:ndɪŋ) BNW • *bevelvoerend*
• *leidend* ⟨v. positie⟩ • *indrukwekkend* • *met
goed uitzicht*
commandment (kə'mɑ:ndmənt) ZN *gebod*
commando (kə'mɑ:ndəʊ) ZN *commando*;
stoottroep(er)
commemorate (kə'meməreɪt) OV WW *herdenken*
commemoration (kəmemə'reɪʃən) ZN
herdenking
commemorative (kə'memərətɪv) BNW
herdenkings-
commence (kə'mens) OV WW FORM. *aanvangen*;
beginnen
commencement (kə'mensmənt) ZN • FORM.
aanvang; opening • USA *plechtige uitreiking v.
bul/diploma*
commend (kə'mend) OV WW • *prijzen*
• *aanbevelen*
commendable (kə'mendəbl) BNW
• *prijzenswaardig* • *aanbevelenswaardig*
commendation (kɒmen'deɪʃən) ZN • *lof*
• *aanbeveling* • *eervolle vermelding*
commensurate (kə'menʃərət) BNW *evenredig*
(with/to *aan*)
comment ('kɒment) I ZN • *commentaar; kritiek*
II ONOV WW • *commentaar leveren; aan- of
opmerkingen maken*
commentary ('kɒməntəri) ZN • *reportage*
• *commentaar; uiteenzetting* ★ running ~
ooggetuigenverslag
commentate ('kɒməntert) I OV WW • *een verslag
geven van* II ONOV WW • *commentaar leveren*
(on *op*)
commentator ('kɒməntertə) ZN • *commentator*
• MEDIA *verslaggever*
commerce ('kɒmɜ:s) ZN *handel; verkeer*
commercial (kə'mɜ:ʃəl) I ZN • *reclameboodschap*
⟨op radio⟩; *reclamefilm/-spot* ⟨op tv⟩ II BNW
• *commercieel; handels-*
commercialism (kə'mɜ:ʃəlɪzəm) ZN MIN.
handelsgeest
commercialize, G-B **commercialise** (kə'mɜ:ʃələɪz)
OV WW *tot handelsobject maken*
commie ('kɒmɪ) ZN VS, MIN. *communist*
commingle (kə'mɪŋgl) I OV WW • *vermengen*
II ONOV WW • z. *vermengen*
commiserate (kə'mɪzəreɪt) WW *medelijden
hebben/betuigen* (with *met*)
commiseration (kəmɪzə'reɪʃən) ZN *medeleven*;

deelneming
commissariat (kɒmɪ'seərɪət) ZN • *intendance*
• *voedselvoorziening*
commissary ('kɒmɪsərɪ) ZN • MIL. *voedsel-/
kledingmagazijn* • *kantine* ⟨i.h.b. in
filmstudio⟩
commission (kə'mɪʃən) I ZN • *commissie*
• *provisie* • *opdracht* • MIL. *aanstelling (tot
officier)* • *het plegen* ⟨v. misdrijf⟩ ★ get your ~
officier worden ★ lose/resign your ~ *ontslagen
worden*; *ontslag nemen als officier* ★ work on ~
op commissiebasis werken ▼ in ~ *in actieve
dienst* ▼ out of ~ *buiten dienst* II OV WW
• *opdracht geven* • MIL. *aanstellen* (als officier)
commissionaire (kəmɪʃə'neə) ZN *portier*
commissioned (kə'mɪʃənd) BNW • *gemachtigd*
• *in opdracht*
commissioned officer ZN *officier*
commissioner (kə'mɪʃənə) ZN • *commissaris*;
gevolmachtigde • USA *(hoofd)commissaris v.
politie* • *hoofd v. departement* • *commissielid*
• USA *hoofdbestuurslid* ⟨v. sportorganisatie⟩
★ ~ for oaths *jurist die beëdigde verklaringen
afneemt*
commit (kə'mɪt) OV WW • *plegen; bedrijven* • z.
binden; z. *committeren* • *toewijzen* ⟨v. geld⟩
• *verwijzen* ★ ~ to hospital *in een ziekenhuis
(laten) opnemen* ★ ~ to memory *van buiten
leren* ★ ~ to paper *opschrijven* ★ ~ to prison
gevangen zetten
commitment (kə'mɪtmənt) ZN • *verplichting*;
toezegging • *betrokkenheid*; *engagement*
• *toewijzing* • *het laten opnemen in een
inrichting* ★ make a ~ to sb *je aan iem. binden*
committal (kə'mɪtl) ZN • *opsluiting* ⟨in
gevangenis/psychiatrische kliniek⟩
• *teraardebestelling*
committed (kə'mɪtɪd) BNW • *toegewijd*
• *geëngageerd*
committee (kə'mətɪ) ZN • *commissie; comité*
• *bestuur* ★ consultative ~ *commissie van
advies*
commode (kə'məʊd) ZN • *commode; ladekast*
• *po-stoel* • USA *toilet*
commodious (kə'məʊdɪəs) BNW FORM. *ruim en
geriefelijk*
commodity (kə'mɒdətɪ) ZN • *(handels)artikel*;
product • *basisproduct; grondstof*
commodore ('kɒmədɔ:) ZN *commodore* ⟨hoge
marineofficier⟩
common ('kɒmən) I BNW • *algemeen
(voorkomend)* • *gemeenschappelijk* • *gewoon*
• *vulgair; ordinair* • *openbaar* ▼ ~ or garden
huis-, tuin-, en keuken-; gewoon II ZN
• *onbebouwd (stuk) land* • *meent*;
gemeenschappelijke grond ★ USA ~s [mv]
eetzaal ⟨in school, college, enz.⟩ ★ (the)
Commons *het Lagerhuis* ▼ have sth in ~ with
sb *iets gemeen hebben met iem.* ▼ in ~ with
evenals ▼ sth out of the ~ *iets ongewoons*
commoner ('kɒmənə) ZN • *(gewoon) burger* • *lid
v. House of Commons* • *niet-beursstudent*
commonly ('kɒmənlɪ) BIJW *gewoonlijk*;
gebruikelijk
commonplace ('kɒmənpleɪs) I ZN • *gemeengoed*
• *treffende passage* • *gemeenplaats* II BNW

* alledaags * afgezaagd
commonwealth ('kɒmənwelθ) ZN * *gemenebest*; *aantal verbonden staten * bepaalde staten van de VS * USA onafhankelijke staat met sterke band met de VS ★ the (British) Commonwealth (of Nations) *Britse Gemenebest; Britse Rijk*
commotion (kə'məʊʃən) ZN *opschudding*
communal ('kɒmjʊnl) BNW *gemeente-; gemeenschaps-* ★ ~ spirit *gemeenschapszin*
commune[1] ('kɒmju:n) ZN * *commune * gemeente* (in Frankrijk, enz.)
commune[2] (kə'mju:n) ONOV WW ~ **with** *vertrouwelijk praten met*; *je één voelen met*
communicant (kə'mju:nɪkənt) ZN * REL. *communicant* ⟨r.-k.⟩ * *deelnemer aan Avondmaal* ⟨prot.⟩
communicate (kə'mju:nɪkeɪt) I ONOV WW * *communiceren*; *contact hebben* * ~ **with** van *gedachten wisselen met* ★ *communicating door tussendeur* II OV WW * *doorgeven*; *verspreiden* ⟨v. ziekte⟩ * *vertellen*
communication (kəmju:nɪ'keɪʃən) ZN * *communicatie; contact * bericht* ⟨via communicatiemiddel⟩ * *verbinding(sweg)*
communication cord ZN *noodrem*
communication skills ZN *communicatieve vaardigheden*
communicative (kə'mju:nɪkətɪv) BNW * *mededeelzaam * communicatief*
communion (kə'mju:nɪən) ZN * *gemeenschap; omgang * kerkgenootschap * verbinding; verbondenheid* ★ Holy Communion *het Avondmaal*; ⟨prot.⟩ *heilige communie* ⟨r.-k⟩ ★ in ~ **with** *nature één met de natuur*
communiqué (kə'mju:nɪkeɪ) ZN *communiqué; bekendmaking* ⟨vnl. aan de pers⟩
communism ('kɒmjʊnɪzəm) ZN *communisme*
communist ('kɒmjʊnɪst) I ZN * *communist* II BNW * *communistisch*
communistic (kɒmjʊ'nɪstɪk) BNW * → communist
community (kə'mju:nəti) ZN * *gemeenschap; buurt; bevolking(sgroep)* * BIOL. *kolonie*
community care ZN *mantelzorg*
community centre ZN *buurthuis; wijkcentrum*
community college, community school ZN G-B OMSCHR. *voortgezet volwassenenonderwijs*
community lawyers ZN *juridisch loket; wetswinkel*
community library ZN *gemeentelijke bibliotheek*
community property ZN *gemeenschappelijk eigendom* ⟨v. man en vrouw⟩
community service ZN * *vrijwilligerswerk * dienstverlening; taakstraf*
commutable (kə'mju:təbl) BNW * *goed bereikbaar* ⟨in woon-werkverkeer⟩ * FORM. *vervangbaar*
commutation (kɒmju:'teɪʃən) ZN * JUR. *omzetting van straf* * ECON. *het afkopen en omzetten* ⟨v. schuld of verplichting⟩
commutation ticket ZN USA *trajectkaart*
commutative (kə'mju:tətɪv) BNW *verwisselbaar*
commutator ('kɒmju:teɪtə) ZN NATK. *stroomwisselaar*
commute (kə'mju:t) I ONOV WW * *forenzen* II OV

WW * *veranderen*; *verwisselen * verlichten* ⟨v. straf⟩ * *afkopen/omzetten* ⟨v. schuld of verplichting⟩ III ZN * *reis* ⟨naar werk als forens⟩
commuter (kə'mju:tə) ZN *forens; pendelaar*
commuter belt ZN *slaapsteden; buitenwijken*
commuter train ZN *forenzentrein*
compact[1] ('kɒmpækt) ZN * USA *kleine auto * poederdoos* * FORM. *verdrag; overeenkomst*
compact[2] (kəm'pækt) I BNW * *compact * klein * vast; stevig; bondig * gedrongen* II OV WW * *samenpakken; condenseren*
companion (kəm'pænjən) I ZN * *makker; metgezel * gezelschap * deelgenoot * gezelschapsdame * bijbehorende deel * handboek* II OV WW * FORM. *vergezellen*
companionable (kəm'pænjənəbl) BNW *gezellig*
companionship (kəm'pænjənʃɪp) ZN *kameraadschap*
companionway (kəm'pænjənweɪ) ZN SCHEEPV. *trap naar kajuit*
company ('kʌmpəni) ZN * *bedrijf; firma; vennootschap; maatschappij * toneelgezelschap * bezoek(ers) * genootschap * MIL. compagnie* ★ part ~ *uiteengaan* ★ weep for ~ *van de weeromstuit meehuilen* ▼ the ~ sb keeps *het gezelschap waarin iem. verkeert* ▼ get into/keep bad ~ *met verkeerde mensen in aanraking komen/omgaan* ▼ be in good ~ *niet de enige zijn* ⟨die bv. een fout maakt⟩ ▼ keep sb ~ *iem. gezelschap houden* ▼ two's ~, three's a crowd *drie is te veel*
company car ZN *auto van de zaak*
comparable ('kɒmpərəbl) BNW *vergelijkbaar*
comparative (kəm'pærətɪv) I ZN * TAALK. *vergrotende trap* II BNW * *vergelijkend* III BIJW * *betrekkelijk; relatief* ★ he was ~ly small *hij was betrekkelijk klein*
compare (kəm'peə) I OV WW * *vergelijken* II ONOV WW * *vergeleken worden* ★ nobody can ~ with *niemand kan de vergelijking doorstaan met*
comparison (kəm'pærɪsən) ZN *vergelijking* ★ bear/stand ~ with *de vergelijking kunnen doorstaan met* ★ degrees of ~ *trappen v. vergelijking* ▼ by ~ *in vergelijking* ▼ there's no ~ *niet te vergelijken*
compartment (kəm'pɑ:tmənt) ZN * *coupé * afdeling; vak*
compartmentalize, G-B **compartmentalise** (kɒmpɑ:t'mentəlaɪz) OV WW *in vakken onderverdelen*
compass ('kʌmpəs) ZN * *kompas * omtrek * gebied; terrein * bereik* ⟨bv. van stem⟩ ★ (pair of) ~es [mv] *passer*
compass bearing ZN *kompaspeiling*
compassion (kəm'pæʃən) ZN *medelijden; medeleven*
compassionate (kəm'pæʃənət) I BNW * *meelevend; medelijdend* II OV WW * *medelijden hebben*
compatibility (kəmpætə'bɪlətɪ) ZN * *verenigbaarheid * uitwisselbaarheid*
compatible (kəm'pætəbl) BNW * *verenigbaar * COMP. compatible* ★ ~ **with** *aangepast aan; verenigbaar met*

CO

compatriot (kəm'pætriət) ZN *landgenoot*

compel (kəm'pel) OV WW *(af)dwingen*; *verplichten*

compelling (kəm'pelɪŋ) BNW • *onweerstaanbaar*; *boeiend*; *fascinerend* • *dwingend*

compendium (kəm'pendiəm) ZN *samenvatting*

compensate ('kɒmpenseɪt) OV WW • *compenseren* • *goedmaken*; *vergoeden*

compensation (kɒmpen'seɪʃən) ZN *compensatie*; *(schade)vergoeding*

compère ('kɒmpeə) I ZN • G-B *presentator* II WW • *presenteren*; *als presentator optreden*

compete (kəm'pi:t) ONOV WW *wedijveren*; *concurreren*; *meedingen*

competence ('kɒmpɪtns) ZN • *(vak)bekwaamheid*; *competentie* • JUR. *bevoegdheid*

competent ('kɒmpɪtnt) BNW • *competent*; *(vak)bekwaam* • *geschikt* • *bevoegd*

competition (kɒmpə'tɪʃən) ZN • *concurrentie*; *competitie* • *wedstrijd* ★ stiff ~ *geduchte concurrentie* ★ be in competiton with *wedijveren met*

competitive (kəm'petɪtɪv) BNW • *concurrerend* • *prestatiegericht*

competitor (kəm'petɪtə) ZN • *concurrent*; *rivaal* • *deelnemer*

compilation (kɒmpɪ'leɪʃən) ZN • *samenstelling* • *verzameling*

compile (kəm'paɪl) OV WW • *samenstellen* • *bijeenbrengen* • COMP. *compileren*

compiler (kəm'paɪlə) ZN • *samensteller*; *compilator* • COMP. *compiler*

complacency (kəm'pleɪsənsɪ), **complacence** (kəm'pleɪsəns) ZN *(zelf)genoegzaamheid*

complacent (kəm'pleɪsənt) BNW *(zelf)genoegzaam*

complain ONOV WW *klagen*; *een klacht indienen* ★ ~ bitterly *vreselijk klagen*

complainant (kəm'pleɪnənt) ZN • → **plaintiff**

complaint (kəm'pleɪnt) ZN • *klacht* • *kwaal*; *aandoening* • JUR. *aanklacht* ★ a letter of ~ *een klachtenbrief* ★ no ground for ~ *geen reden om te klagen* ★ make a ~ *je beklag doen* • FORM. file/lodge a ~ against sb *iem. aangeven (bij de politie)*

complaisant (kəm'pleɪzənt) BNW OUD. *minzaam*; *inschikkelijk*

complement ('kɒmplɪmənt) I OV WW • *aanvullen* II ZN • *aanvulling*; *complement* • *vereiste/toegestane hoeveelheid*; *vereist/ toegestaan aantal* • TAALK. *complement*

complementary (kɒmplɪ'mentərɪ) BNW *aanvullend*

complete (kəm'pli:t) I BNW • *compleet*; *volkomen*; *voltallig* • *klaar*; *gereed*; *voltooid* II OV WW • *voltooien*; *afmaken* • *completeren* • *invullen*

completion (kəm'pli:ʃən) ZN • *voltooiing*; *afwerking* • *invulling* ⟨v. formulier⟩

complex ('kɒmpleks) I BNW • *ingewikkeld*; *complex* • TAALK. *samengesteld* II ZN • *complex* • *samenstel*; *geheel* • SCHEIK. *samengestelde verbinding*

complexion (kəm'plekʃən) ZN • *gelaatskleur* • *aanzien* ▾ put a new/different ~ on sth *iets een heel ander aanzien geven*

complexity (kəm'pleksətɪ) ZN *complexiteit*

compliance (kəm'plaɪəns) ZN *toestemming*; *nakoming*; *inwilliging* ★ in ~ with *overeenkomstig*

compliant (kəm'plaɪənt) BNW • meestal MIN. *meegaand* • *volgens de regels*

complicate ('kɒmplɪkeɪt) OV WW *ingewikkeld maken*

complicated ('kɒmplɪkeɪtɪd) BNW *ingewikkeld*; *gecompliceerd*

complication (kɒmplɪ'keɪʃən) ZN *complicatie*

complicity (kəm'plɪsətɪ) ZN *medeplichtigheid*

compliment ('kɒmplɪmənt) I ZN • *compliment* ★ ECON. ~s slip *begeleidend briefje* ★ please accept this with the ~s of *dit wordt u aangeboden door* II OV WW • *complimenteren (on met)*

complimentary (kɒmplɪ'mentərɪ) BNW • *gratis* • *complimenteus*

comply (kəm'plaɪ) ONOV WW *gehoorzamen*; *berusten* ★ ~ with the UN resolution *gehoor geven aan de VN-resolutie*

component (kəm'pəʊnənt) I ZN • *component*; *bestanddeel* II BNW • *samenstellend*

component part ZN *onderdeel*

comport (kəm'pɔ:t) ONOV WW FORM. ★ ~ yourself *je gedragen*

comportment (kəm'pɔ:tmənt) ZN FORM. *gedrag*

compose (kəm'pəʊz) OV+ONOV WW • *vormen*; *samenstellen* • *componeren*; *schrijven* • *kalmeren* ★ ~ yourself *tot bedaren komen*

composed (kəm'pəʊzd) BNW *rustig*; *bedaard*; *beheerst* ★ be ~ of *bestaan uit*

composer (kəm'pəʊzə) ZN *componist*

composite ('kɒmpəzɪt) I BNW • *samengesteld* II ZN • *samengesteld materiaal* • PLANTK. *composiet* • USA → **identikit**

composition (kɒmpə'zɪʃən) ZN • *samenstelling* • *compositie* • *mengsel* • *schrijfvaardigheid*; *opstel* • *schikking*

compost ('kɒmpɒst) I ZN • *compost*; *mengmest* II OV WW • *bemesten met compost* • *composteren*

compost heap ZN *composthoop*

composure (kəm'pəʊʒə) ZN *bedaardheid*; *kalmte*; *(zelf)beheersing*

compote ('kɒmpəʊt) ZN *vruchtenmoes*; *compote*

compound[1] ('kɒmpaʊnd) I ZN • *samenstel* • TAALK. *samenstelling* • SCHEIK. *verbinding* • *kamp*; *omheind terrein* ⟨met gebouwen/ huizen⟩ II BNW • *samengesteld* ★ ~ animal feeds *mengvoeders* ★ ~ fracture *gecompliceerde breuk*

compound[2] (kəm'paʊnd) I OV WW • *verergeren*; *vergroten* • *samenstellen*; *(ver)mengen* • *samengestelde interest betalen/in rekening brengen* • *afkopen* II ONOV WW • *schikken*; *tot een akkoord komen*

comprehend (kɒmprɪ'hend) OV WW • *begrijpen* • *inhouden*; *omvatten*

comprehensibility (kɒmprɪhensə'bɪlətɪ) ZN *begrijpelijkheid*

comprehensible (kɒmprɪ'hensɪbl) BNW *begrijpelijk* ★ easily/readily ~ *gemakkelijk te begrijpen*

comprehension (kɒmprɪ'henʃən) ZN *begrip*; *bevattingsvermogen* ★ be beyond ~ *het begrip te boven gaan*; *onbegrijpelijk zijn*

comprehensive (kɒmprɪ'hensɪv) I BNW • *alles-/veelomvattend*; *uitgebreid* • O&W *schoolbreed* II ZN • *scholengemeenschap*

compress[1] ('kɒmpres) ZN *kompres*

compress[2] (kəm'pres) OV WW *samendrukken*; *comprimeren*

compression (kəm'preʃən) ZN • *samenpersing*; *compressie* • *bondigheid*; *compactheid*

compressor (kəm'presə) ZN *compressor*

comprise (kəm'praɪz) OV WW • *be-/om-/ samenvatten* • *vormen* ★ be ~d of *bestaan uit*

compromise ('kɒmprəmaɪz) I ZN • *compromis*; *vergelijk*; *tussenoplossing* ★ reach a ~ *tot een compromis komen* II OV WW • *een compromis sluiten* • *compromitteren*; *geweld aandoen* III ONOV WW • *tot een compromis komen*

comptroller (kən'trəʊlə) ZN • → **controller**

compulsion (kəm'pʌlʃən) ZN • *dwang* • PSYCH. *dwangneurose*; *dwanggedachte*

compulsive (kəm'pʌlsɪv) BNW • *dwingend* • *dwangmatig* ★ ~ drinker *alcoholist* ★ ~ liar *aartsleugenaar* ★ ~ reading *boeiende lectuur*

compulsory (kəm'pʌlsərɪ) BNW *verplicht*

compunction (kəm'pʌŋkʃən) ZN *wroeging*; *spijt*

computation (kɒmpju:'teɪʃən) ZN *berekening*

compute (kəm'pju:t) OV+ONOV WW *(be)rekenen*; *calculeren*

computer (kəm'pju:tə) ZN *computer*; *elektronisch brein*

computerate (kəm'pju:tərət) BNW COMP. *computerkundig* ★ applicants need to be ~ *sollicitanten moeten met een computer om kunnen gaan*

computer game ZN *computerspelletje*

computerization, G-B **computerisation** (kəmpju:tərar'zeɪʃən) ZN *automatisering*

computerize, G-B **computerise** (kəm'pju:təraɪz) I OV WW • *met computer verwerken*; *in computer opslaan* II OV+ONOV WW • *op de computer overgaan*; *automatiseren*

computer-literate BNW *computerkundig*

computer science ZN *informatica*

computing (kəm'pju:tɪŋ) ZN COMP. *informatica*

comrade ('kɒmreɪd) ZN *kameraad*

comradely ('kɒmreɪdlɪ) BNW + BIJW *kameraadschappelijk*

comsat ('kɒmsæt) ZN communication satellite *communicatiesatelliet*

con (kɒn) I ZN • INFORM. *oplichterij*; *zwendel* • *nadeel* • *veroordeelde* ★ pros and cons *voor en tegen* ★ mod cons ⟨modern conveniences⟩ [mv] *modern comfort* II OV WW • INFORM. *oplichten* • *ompraten* • SCHEEPV. *het commando voeren* ★ con sb into signing *met mooie praatjes iem. overhalen te tekenen* ★ con sb out of his money *iem. zijn geld afhandig maken* ★ con a ship *roercommando's geven*

Con AFK Conservative *lid v.d. Conservatieve Partij*

concatenation (kən'kætɪneɪʃən) OV WW *aaneenschakeling*

concave ('kɒnkeɪv) BNW *concaaf*; *holrond*

conceal (kən'si:l) OV WW *verbergen*; *geheim houden*

concealment (kən'si:lmənt) ZN • *het verborgen houden* • *geheimhouding*

concede (kən'si:d) I OV WW • *toegeven* • *toestaan*; *afstaan* ★ ~ a game *verliezen* ★ it must be ~d that *toegegeven,...* II ONOV WW • *z. gewonnen geven*; *opgeven*

conceit (kən'si:t) ZN • *eigendunk*; *verwaandheid* • *bizar idee* • LIT. *stijlfiguur*

conceited (kən'si:tɪd) BNW *verwaand*; *arrogant*

conceivable (kən'si:vəbl) BNW *denkbaar*

conceive (kən'si:v) I ONOV WW • *geloven*; *z. voorstellen* • *zwanger worden* II OV WW • *bedenken*; *voorstellen* • *verwekken*

concentrate ('kɒnsəntreɪt) I ONOV WW • *(z.) concentreren (on op)* • *samenkomen* II OV WW • *concentreren* • *samen laten komen* • SCHEIK. *inkoken*; *indikken* III ZN • *concentraat*; *extract*

concentrated ('kɒnsəntreɪtɪd) BNW • *geconcentreerd*; *onverdund* • *intens*

concentration (kɒnsən'treɪʃən) ZN *concentratie*

concentric (kən'sentrɪk) BNW *concentrisch*

concept ('kɒnsept) ZN *begrip*; *denkbeeld*; *idee*

conception (kən'sepʃən) ZN • *het ontstaan van een idee* • *begrip*; *idee*; *voorstelling* ⟨mentaal⟩ • *bevruchting* ★ immaculate ~ *onbevlekte ontvangenis*

conceptual (kən'septʃʊəl) BNW *conceptueel*; *begrips-* ★ ~ framework *basisconcept*

conceptualize, G-B **conceptualise** (kən'septʃʊəlaɪz) OV WW *zich een beeld vormen van*

concern (kən'sɜːn) I OV WW • *betrekking hebben op*; *aangaan* • *gaan over* • *verontrusten* • *belangrijk vinden* ★ to whom it may ~ *LS (Lectori Salutem)* ⟨aanhef open brief⟩ ▼ as far as I'm ~ed *wat mij betreft* II WKD WW *z. interesseren*; *z. inlaten* III ZN • *zorg*; *bezorgdheid* • *belang* • FORM. *verantwoordelijkheid* • *zaak*; *firma* ★ the whole ~ *de hele zaak*; *het hele spul* ★ cause for ~ *reden voor ongerustheid* ★ a matter of ~ *to een aangelegenheid voor* ★ have no ~ for *zich niet bekommeren om* ▼ have no ~ with *niets te maken hebben met* ▼ a going ~ *een succesvolle onderneming*

concerned (kən'sɜːnd) BNW • *bezorgd (about over)* • *betrokken (in bij)* • *geïnteresseerd (about/with in)*

concerning (kən'sɜːnɪŋ) BIJW *betreffende*; *in verband met*

concert ('kɒnsət) ZN • *concert* • *overeenstemming* ▼ in ~ *gezamenlijk* ▼ The Stones in ~ *een optreden van The Stones* ▼ work in ~ *samenwerken*; FORM. in concert with sb; *in samenwerking met*

concerted (kən'sɜːtɪd) BNW *gezamenlijk*

concert-goer ('kɒnsətgəʊə) ZN *concertganger*

concert grand ZN *concertvleugel*

concertina (kɒnsə'ti:nə) ZN *concertina* ⟨kleine zeshoekige accordeon⟩

concerto (kən'tʃeətəʊ) ZN *concert*

concession (kən'seʃən) ZN • *concessie* • *korting*; *reductie* • *vergunning*; *toestemming* • *concessieveld/-terrein*

concessive (kən'sesɪv) BNW TAALK. *toegevend*

CO

conch (kɒŋk) ZN *schelp(dier)*
conciliate (kən'sɪlɪeɪt) OV WW • FORM. *verzoenen*
• *kalmeren; gunstig stemmen*
conciliation (kənsɪlɪ'eɪʃən) ZN *verzoening*
conciliator (kən'sɪlɪeɪtə) ZN *bemiddelaar*
conciliatory (kən'sɪlɪətrɪ) BNW *verzoeningsgezind*
concise (kən'saɪs) BNW *beknopt*
concision (kən'sɪʒən) ZN *beknoptheid*
conclave ('kɒnkleɪv) ZN *conclaaf*
conclude (kən'klu:d) I OV WW • *(be)sluiten;*
beëindigen • *concluderen* ★ to be ~d *slot volgt*
• ~ **from** *uit opmaken* II ONOV WW • *eindigen;*
aflopen • *tot een conclusie komen*
conclusion (kən'klu:ʒən) ZN *conclusie; besluit*
▾ *foregone* ~ *uitgemaakte zaak* ▾ *in* ~ *tenslotte*
▾ *jump/leap to* ~s *overhaaste conclusies trekken*
conclusive (kən'klu:sɪv) BNW *beslissend;*
overtuigend ★ JUR. ~ *evidence doorslaggevend*
bewijs
concoct (kən'kɒkt) OV WW • *bereiden; brouwen;*
in elkaar draaien • *verzinnen*
concoction (kən'kɒkʃən) ZN • *brouwsel* • *verzinsel*
concomitant (kən'kɒmɪtnt) I BNW • *bijbehorend;*
samengaand II ZN • *begeleidend verschijnsel*
concord ('kɒnkɔ:d) ZN • *verdrag* • *eendracht* ★ *in*
~ *with in harmonie met*
concordance (kən'kɔ:dns) ZN • *concordantie*
• *harmonie; overeenstemming*
concordant (kən'kɔ:dnt) BNW *harmonieus*
concordat (kən'kɔ:dæt) ZN *concordaat*
concourse ('kɒnkɔ:s) ZN • *menigte; op-/samen-/*
toeloop • *plein; (stations)hal; trefpunt*
concrete ('kɒnkri:t) I ZN • *beton* II BNW • *v. beton*
• *concreet; tastbaar* III OV WW • *v.e. laag beton*
voorzien
concrete mixer ZN *betonmolen*
concubine ('kɒŋkjʊbaɪn) ZN *concubine; bijzit*
concupiscence (kən'kju:pɪsəns) ZN FORM. vaak
MIN. *wellust*
concupiscent (kən'kju:pɪsənt) BNW FORM. vaak
MIN. *wellustig*
concur (kən'kɜ:) ONOV WW • *het eens zijn*
• *samenvallen*
concurrence (kən'kʌrəns) ZN • *overeenstemming*
• *het samenvallen*
concurrent (kən'kʌrənt) BNW *samenvallend;*
gelijktijdig
concuss (kən'kʌs) OV WW *iem. een*
hersenschudding bezorgen ⟨door klap op het
hoofd⟩ ★ *be* ~ed *een hersenschudding oplopen*
concussion (kən'kʌʃən) ZN • *hersenschudding*
• *dreun; schok*
condemn (kən'dem) OV WW • *afkeuren*
• *veroordelen* • *onbruikbaar verklaren;*
onbewoonbaar verklaren ★ *be* ~ed
afgekeurd/veroordeeld worden
condemnation (kɒndem'neɪʃən) ZN *afkeuring;*
veroordeling
condemnatory (kɒndem'neɪtərɪ) BNW
afkeurenswaardig
condemned (kən'demd) ZN *veroordeelde*
condemned cell ZN *dodencel*
condensation (kɒndən'seɪʃən) ZN • *condensatie*
• *inkorting* ⟨v. tekst⟩
condense (kən'dens) OV+ONOV WW
• *condenseren* • *concentreren* • *inkorten* ⟨v.

*tekst⟩
condenser (kən'densə) ZN *condens(at)or*
condescend (kɒndɪ'send) ONOV WW • *z.*
verwaardigen • *uit de hoogte doen;*
neerbuigend doen
condescending (kɒndɪ'sendɪŋ) BNW *uit de*
hoogte; neerbuigend
condign (kən'daɪn) BNW *passend; verdiend* ⟨vnl.
straf⟩
condiment ('kɒndɪmənt) ZN • *kruiderij* • USA
sausje; chutney
condition (kən'dɪʃən) I ZN • *staat; toestand*
• *voorwaarde; conditie* • *aandoening; kwaal*
• *rang; stand* ★ ~s [mv] *omstandigheden* ★ *in* ~
in vorm/conditie; gezond ★ *on* ~ *that op*
voorwaarde dat ★ *out of* ~ *niet in vorm/*
conditie; niet gezond ★ *on/* USA *under no* ~
onder geen beding II OV WW • *conditioneren;*
trainen • *bepalen* • *in goede staat brengen* • *als*
voorwaarde stellen ★ *it is* ~ed by *het hangt af*
van
conditional (kən'dɪʃənl) I BNW • *voorwaardelijk*
• *afhankelijk (on/upon van)* II ZN • TAALK.
voorwaardelijke bijzin
conditioner (kən'dɪʃənə) ZN • *conditioner;*
crèmespoeling • *wasverzachter*
condo ('kɒndoʊ) ZN • → **condominium**
condole (kən'dəʊl) I ONOV WW • *je deelneming*
betuigen (with met) • *condoleren (on met)* ★ ~
with sb on the loss of iem. condoleren met het
verlies van ★ ~ *sb on the death of iem.*
condoleren met de dood van II ONOV WW
• ~ **with** *deelneming betuigen aan* ★ ~ *with sb*
on the loss of iem. condoleren met het verlies
van
condolence (kən'dəʊləns) ZN *deelneming;*
medeleven ★ ~s [mv] *condoleance* ★ *my* ~s!
gecondoleerd! ★ *give/offer/express your* ~s *je*
medeleven betuigen
condom ('kɒndɒm) ZN *condoom*
condominium (kɒndə'mɪnɪəm) ZN • USA
(gebouw met) koopflats; koopflat (in een
'condominium') • JUR. *(gebied onder)*
gemeenschappelijk bestuur
condone (kən'dəʊn) OV WW *gedogen; door de*
vingers zien
conducive (kən'dju:sɪv) BNW ★ ~ *to bevorderlijk*
voor
conduct[1] ('kɒndʌkt) ZN • *gedrag; optreden*
• *beleid; wijze v. uitvoering* ★ *safe* ~ *vrijgeleide*
conduct[2] (kən'dʌkt) OV WW • *uitvoeren*
• *dirigeren; leiden; (aan)voeren* • NATK.
geleiden ★ ~ *yourself je gedragen*
conduction (kən'dʌkʃən) ZN NATK. *geleiding*
conductive (kən'dʌktɪv) BNW NATK. *geleidend*
conductivity (kɒndʌk'tɪvəti) ZN NATK.
geleidingsvermogen
conductor (kən'dʌktə) ZN • *dirigent* • *conducteur*
• *gids; leider* • NATK. *geleider* • *bliksemafleider*
conductor rail ZN *stroomrail* ⟨v. spoorweg⟩
conductress (kən'dʌktrəs) ZN *conductrice*
conduit ('kɒndjʊɪt) ZN • TECHN. *leiding;*
geleidingsbuis • FIG. *doorvoerkanaal*
cone (kəʊn) I ZN • *kegel* • *pylon* • *ijshoorn*
• *sparappel; dennenappel; vrucht v. cederboom*
★ *paper cone puntzak* II OV WW • ~ **off**

afzetten met pylons/verkeerskegels

confab ('kɒnfæb) ZN • INFORM. *babbeltje* • USA *vergadering*

confabulation (kənfæbju'leɪʃn) ZN • FORM. *verzinsel* • FORM. *gesprek*

confection (kən'fekʃən) ZN • *gebak; lekkernij* • *stijlvol kledingstuk; creatie* • *bereiding*

confectioner (kən'fekʃənə) ZN *banketbakker; snoepgoedfabrikant; snoepwinkel*

confectionery (kən'fekʃənərɪ) ZN • *gebak; snoepgoed* • *banketbakkerij*

confederacy (kən'fedərəsɪ) ZN • *(ver)bond; statenbond; (con)federatie* • *complot*

confederate[1] (kən'fedərət) I ZN • *bondgenoot* • *medeplichtige* II BNW • *in een federatie verenigd*

confederate[2] (kən'fedəreɪt) ONOV WW • *(z.) verbinden; een federatie vormen* • *samenspannen*

confederation (kənfedə'reɪʃən) ZN *(con)federatie*

confer (kən'fɜ:) I OV WW • *verlenen* II ONOV WW • *confereren; beraadslagen*

conference ('kɒnfərəns) ZN • *conferentie* • VS, SPORT *competitie; klasse* ★ in ~ *in bespreking/vergadering*

conference call ZN *telefonische vergadering*

conferment (kən'fɜ:mənt) ZN *verlening*

confess (kən'fes) I OV+ONOV WW • ~ **(to)** *bekennen* • *erkennen* • *biechten* II OV WW • *(de) biecht horen*

confession (kən'feʃən) ZN • *bekentenis; biecht* • *(geloofs)belijdenis* • *kerkgenootschap; gezindte* ★ have a ~ to make *iets moeten bekennen*

confessional (kən'feʃənl) ZN • *biechtstoel* • *biecht*

confessor (kən'fesə) ZN • *biechtvader* • *biechteling* • *belijder*

confidant (kɒnfɪ'dænt) ZN [v: **confidante**] • *vertrouweling* • *deelgenoot* ⟨v. geheim⟩

confide (kən'faɪd) I OV WW • *vertrouwen* • *toevertrouwen* ⟨to aan⟩ II ONOV WW • ~ in *in vertrouwen nemen*

confidence ('kɒnfɪdns) ZN • *vertrouwen* • *(zelf)vertrouwen; zekerheid; overtuiging* • *vertrouwelijke mededeling* ▼ be in sb's ~ *iemands vertrouweling zijn* ▼ take sb into your ~ *iem. in vertrouwen nemen*

confidence trick ZN FORM. *(geval van) oplichting*

confidence trickster ZN FORM. *oplichter*

confident ('kɒnfɪdnt) BNW • *vol zelfvertrouwen; vrijmoedig* • *zeker; overtuigd*

confidential (kɒnfɪ'denʃəl) BNW *vertrouwelijk*

confiding (kən'faɪdɪŋ) BNW *vertrouwend* ★ a ~ relationship *een vertrouwelijke relatie*

configuration (kənfɪgju'reɪʃən) ZN • *formatie* • *gedaante; vorm* • ook COMP. *configuratie*

confine (kən'faɪn) OV WW • *beperken; begrenzen* • *opsluiten* ★ be ~d to your bed *in bed moeten blijven*

confined (kən'faɪnd) BNW *krap; nauw* ⟨ruimte⟩ ★ a ~ space *een besloten ruimte*

confinement (kən'faɪnmənt) ZN • *opsluiting; beperking* • MED. *bevalling* ★ date of ~ *datum waarop iem. uitgerekend is* ★ solitary ~ *eenzame opsluiting*

confines ('kɒnfaɪnz) MV *grenzen*

confirm (kən'fɜ:m) OV WW • *bevestigen;*

bekrachtigen • *vaste aanstelling geven* • *confirmeren; bevestigen* ⟨als lidmaat v. prot. kerk⟩; *het Heilig Vormsel toedienen* ⟨r-k⟩

confirmation (kɒnfə'meɪʃən) ZN *bevestiging* ⟨ook als lidmaat v. kerk⟩

confirmed (kən'fɜ:md) BNW *overtuigd*

confiscate ('kɒnfɪskeɪt) OV WW *confisqueren; in beslag nemen; afpakken*

confiscation (kɒnfɪ'skeɪʃən) ZN *confiscatie; inbeslagneming*

conflagration (kɒnflə'greɪʃən) ZN *grote brand*

conflate (kən'fleɪt) OV WW FORM. *samenvoegen*

conflation (kən'fleɪʃən) ZN FORM. *samenvoeging*

conflict[1] ('kɒnflɪkt) ZN *ruzie; strijd; conflict* ▼ ~ of interests *tegenstrijdige belangen*

conflict[2] (kən'flɪkt) ONOV WW *conflicteren; strijdig zijn; botsen*

conflicting (kɒn'flɪktɪŋ) BNW *(tegen)strijdig*

confluence ('kɒnfluəns) WW • *samenvloeiing* ⟨v. twee rivieren⟩ • *versmelting*

conform (kən'fɔ:m) I ONOV WW • ~ **(to)** *z. conformeren; z. aanpassen* II ONOV WW • ~ **(to/with)** *z. voegen naar; naleven* ⟨v. regels⟩ • ~ **(to)** *voldoen aan; overeenstemmen met*

conformation (kɒnfɔ:'meɪʃən) ZN *vorm; structuur*

conformist (kən'fɔ:mɪst) ZN • *conformist* • *lid v. anglicaanse staatskerk*

conformity (kən'fɔ:mətɪ) ZN • *conformiteit; aanpassing; naleving* • *overeenstemming* ▼ in ~ with the regulations *conform de regels*

confound (kən'faʊnd) OV WW • *verbazen; verwarren* • *beschamen*

confraternity (kɒnfrə'tɜ:nətɪ) ZN *broederschap*

confront (kən'frʌnt) OV WW *confronteren; tegenover elkaar staan/stellen; het hoofd bieden* ★ be ~ed with a killer *oog in oog staan met een moordenaar* ★ ~ sb with a plan *een plan voorleggen aan iem.*

confrontation (kɒnfrʌn'teɪʃən) ZN *confrontatie*

confuse (kən'fju:z) OV WW • *in de war brengen* • *verwarren*

confused (kən'fju:zd) BNW • *verward; beduusd* • *warrig*

confusion (kən'fju:ʒən) ZN • *verwarring; chaos; paniek* • *verbijstering* ★ to avoid ~ *om verwarring te voorkomen* ★ look at sb in ~ *iem. verbijsterd aankijken*

confute (kən'fju:t) OV WW • FORM. *weerleggen* ⟨v. argument⟩ • *(iem.) tot zwijgen brengen*

congeal (kən'dʒi:l) OV+ONOV WW • *(doen) stollen* • FIG. *overgaan in; veranderen*

congenial (kən'dʒi:nɪəl) BNW • *sympathiek; gelijkgestemd* • *prettig* ★ ~ to *geschikt voor*

congenital (kən'dʒenɪtl) BNW *aangeboren* ⟨v. ziekte, enz.⟩ ★ a ~ liar *een aartsleugenaar*

congested (kən'dʒestɪd) BNW *overvol* ⟨v. wegen⟩ • MED. *verstopt*

congestion (kən'dʒestʃən) ZN • *verkeersopstopping* • MED. *congestie; opeenhoping*

congestion charge ZN *tol* ⟨voor stadscentrum⟩

conglomerate (kən'glɒməreɪt) ZN *conglomeraat*

conglomeration (kənglɒmə'reɪʃən) ZN *conglomeraat*

CO

co

congrats (kən'græts) TW INFORM. *gefeliciteerd*

congratulate (kən'grætʃuleıt) OV WW *feliciteren (on met)*

congratulations (kəngrætʃu'leıʃənz) I MV • *felicitaties; gelukwensen* II TW • *gefeliciteerd!*

congratulatory (kəngrætʃu'leıtərı) BNW ★ a ~ letter *een felicitatiebrief*

congregate ('kɒngrıgeıt) I OV WW • *verzamelen* II ONOV WW • *vergaderen; (z.) verzamelen*

congregation (kɒngrı'geıʃən) ZN • *congregatie* • *gemeente* ⟨v. kerk⟩

congress ('kɒngres) ZN • *congres* • USA ★ Congress *Parlement* ⟨Senaat en Huis v. Afgevaardigden⟩

congressional (kən'greʃənəl) BNW *congres-;* USA *betr.het Congres*

Congressman ('kɒngresmən) ZN [v: -woman] *Congreslid*

congruence ('kɒngruəns) ZN • *overeenstemming* • WISK. *congruentie*

congruent ('kɒngruənt) BNW *overeenstemmend; congruent*

congruity (kɒn'gruıtı) ZN *(punt van) overeenstemming*

congruous ('kɒngruəs) BNW *overeenstemmend*

conic ('kɒnık) I ZN • *kegelsnede* II BNW • *kegelvormig*

conical ('kɒnıkl) BNW *kegelvormig; conisch*

conifer ('kɒnıfə) ZN *conifeer*

coniferous (kə'nıfərəs) BNW ★ ~ trees *naaldbomen*

conjectural (kən'dʒektʃərəl) BNW *speculatief*

conjecture (kən'dʒektʃə) I ZN • *gissing; vermoeden* II ONOV WW • *gissen; vermoeden*

conjoin (kən'dʒɔın) OV+ONOV WW *(z.) verenigen*

conjoint (kən'dʒɔınt) BNW *verenigd*

conjugal ('kɒndʒugl) BNW *echtelijk; huwelijks-* ★ ~ rights *huwelijksrechten*

conjugate ('kɒndʒugeıt) I OV WW • TAALK. *vervoegen* II ONOV WW • TAALK. *vervoegd worden* • BIOL. *z. verbinden*

conjugation (kɒndʒu'geıʃən) ZN • *vervoeging* • *conjugatie*

conjunction (kən'dʒʌŋkʃən) ZN • TAALK. *voegwoord* • FORM. *samenloop* • STERRENK. *samenstand* ★ coordinating ~ *nevenschikkend voegwoord* ★ subordinating ~ *onderschikkend voegwoord* ▼ in ~ with *in samenwerking met*

conjunctive (kən'dʒʌŋktıv) I ZN • TAALK. *aanvoegende wijs* II BNW • *verbindend* ★ ~ tissue *bindweefsel*

conjunctivitis (kəndʒʌŋktı'vaıtıs) ZN *bindvliesontsteking*

conjuncture (kən'dʒʌŋktʃə) ZN • *crisis* • *samenloop* ⟨v. omstandigheden⟩

conjure ('kʌndʒə) OV+ONOV WW • *goochelen; (tevoorschijn) toveren* ★ a name to ~ with *een beroemde naam* • ~ up *oproepen; voor de geest roepen*

conjuror, conjurer ('kʌndʒərə) ZN *goochelaar*

conk (kɒŋk) I OV WW • *een knal voor de kop geven* II ONOV WW • ~ out *'t opgeven* ⟨v. machine⟩; *in zwijm vallen; als een blok in slaap vallen; het loodje leggen* ⟨v. persoon⟩ III ZN • G-B *kokkerd*

con man ZN *oplichter; zwendelaar*

Conn. AFK USA *Connecticut* ⟨staat⟩

connect (kə'nekt) I OV WW • *verbinden; koppelen* • *aansluiten* • *in verband brengen* ★ well ~ed *van goede familie; met goede connecties* II ONOV WW • *in verband staan; (z.) verbinden* • *aansluiten* • USA *klikken* • *doel treffen; raken*

connection, connexion (kə'nekʃən) ZN • *verband* • *verbinding; aansluiting* • *koppeling* • *relatie; connectie* • *familielid; verwant* • INFORM., VS *drugsdealer* ▼ in ~ with *in verband met* ▼ FORM. in this/that ~ *in dit verband/in verband hiermee*

connective (kə'nektıv) I BNW • MED. *verbindend* ★ ~ tissue *bindweefsel* II ZN • TAALK. *verbindingswoord*

connivance (kə'naıvəns) ZN *samenspanning* ★ with the ~ of *met medewerken van*

connive (kə'naıv) ONOV WW • *oogluikend toezien* • ~ at *oogluikend toelaten* • ~ with *onder een hoedje spelen met*

connoisseur (kɒnə'sɜ:) ZN *fijnproever; kenner*

connotation (kɒnə'teıʃən) ZN *bijbetekenis; connotatie*

connote (kə'nəut) OV WW FORM. *insluiten; suggereren; (ook nog) betekenen*

connubial (kə'nju:bıəl) BNW *echtelijk; huwelijks-*

conquer ('kɒŋkə) OV+ONOV WW • *veroveren* • *overwinnen*

conqueror ('kɒŋkərə) ZN *veroveraar; overwinnaar*

conquest ('kɒŋkwest) ZN *verovering* ★ GESCH. the Norman Conquest *de verovering v. Engeland door de Normandiërs (1066)* ★ make a ~ *veroveren*

consanguinity (kɒnsæŋ'gwınətı) ZN *bloedverwantschap*

conscience ('kɒnʃəns) ZN *geweten* ▼ in all/good ~ *waarachtig* ▼ on your ~ *je schuldig voelen*

conscience clause ZN OMSCHR. *bepaling waardoor gewetensbezwaren worden gerespecteerd*

conscience-stricken BNW *vol wroeging*

conscientious (kɒnʃı'enʃəs) BNW *gewetensvol; nauwgezet; scrupuleus*

conscious ('kɒnʃəs) BNW • *(z.) bewust* • *bij kennis* • *weloverwogen* ★ environmentally ~ *milieubewust*

consciousness ('kɒnʃəsnəs) ZN *bewustzijn* ★ lose ~ *het bewustzijn verliezen* ★ regain ~ *(weer) bijkomen*

conscript[1] ('kɒnskrıpt) ZN *dienstplichtige*

conscript[2] (kən'skrıpt) OV WW *oproepen voor militaire dienst*

conscription (kən'skrıpʃən) ZN *dienstplicht*

consecrate ('kɒnsıkreıt) OV WW • *(in)wijden* • *consacreren*

consecration (kɒnsı'kreıʃən) ZN • *wijding* • *consecratie* ⟨deel v. r-k mis⟩

consecutive (kən'sekjutıv) BNW • *(opeen)volgend* • TAALK. *gevolgaanduidend*

consensus (kən'sensəs) ZN *consensus; eenheid v. gevoelens; overeenstemming*

consent (kən'sent) I ZN • *toestemming* • *vergunning* ★ by common ~ *éénstemmig* ★ by mutual ~ *met wederzijds goedvinden* II ONOV WW • *toestemmen* ★ ~ing adult *iem.*

*die (volgens de wet) oud genoeg is om seks te
bedrijven* • *~* **to** *toestaan*
consequence ('kɒnsɪkwəns) ZN *(logisch) gevolg*
▼ *in ~ dientengevolge* ▼ FORM. *in ~ of ten
gevolge van* ▼ *of no ~ van geen belang* ▼ *sb of ~
iem. van gewicht/met invloed*
consequent ('kɒnsɪkwənt) BNW • *consequent*
• *daaruit volgend/voortvloeiend*
consequential (kɒnsɪ'kwenʃəl) BNW
• *voortvloeiend; resulterend* • *zwaarwegend;
belangrijk*
consequently ('kɒnsɪkwentlɪ) BIJW *dus; derhalve*
conservancy (kən'sɜ:vənsɪ) ZN • *milieu-/
natuurbeheer* • *raad/commissie v. toezicht* ⟨op
waterschap, monumenten, enz.⟩ • *het
conserveren*
conservation (kɒnsə'veɪʃən) ZN • *behoud;
instandhouding* • *milieubescherming;
natuurbehoud* • *monumentenzorg*
conservation area ZN • *(beschermd)
natuurgebied* • *beschermd stadsgezicht*
conservationist (kɒnsə'veɪʃənɪst) ZN
natuur-/milieubeschermer
conservatism (kən'sɜ:vətɪzəm) ZN *conservatisme*
conservative (kən'sɜ:vətɪv) I BNW • *conservatief;
behoudend* • *gematigd* ★ *Conservative m.b.t.
de Britse Conservatieve Partij* ★ *~ estimate
voorzichtige schatting* II ZN • *lid v.e.
conservatieve partij; conservatief*
★ *Conservative lid v.d. Britse Conservatieve
Partij*
conservatoire (kən'sɜ:vətwɑ:) ZN
• *conservatorium* • *toneelschool*
conservator (kən'sɜ:vətə) ZN • *restaurateur*
• *conservator* ⟨in museum⟩
conservatory (kən'sɜ:vətərɪ) ZN • *broeikas; serre*
• USA • → **conservatoire**
conserve (kən'sɜ:v) I OV WW • *besparen op;
zuinig zijn met* • *in stand houden; bewaren;
goed houden* ⟨v. voedsel⟩ II ZN • *jam;
marmelade; ingemaakt fruit*
consider (kən'sɪdə) I OV WW • *overwegen;
nadenken over* • *beschouwen (als)* • *rekening
houden met* ▼ *all things ~ed alles in
aanmerking genomen* II ONOV WW • *nadenken*
considerable (kən'sɪdərəbl) BNW • FORM.
aanzienlijk; veel • *belangrijk*
considerate (kən'sɪdərət) BNW *attent*
consideration (kənsɪdə'reɪʃən) ZN • *overweging*
• *overtuiging* • *consideratie* • *voorkomendheid;
egards* • *beloning; compensatie* ★ *out of ~ for
met het oog op* ★ *under ~ in beraad* ▼ *in ~ of
vanwege; in ruil voor* ▼ *take into ~ in
aanmerking nemen*
considered BNW *weloverwogen*
considering (kən'sɪdərɪŋ) VW *gezien (het feit)*
consign (kən'saɪn) OV WW • FORM. *deponeren;
storten* • FORM. *overleveren; overdragen* • FORM.
zenden; consigneren • *~* **to** *toevertrouwen aan;
verwijzen naar*
consignee (kənsaɪ'ni:) ZN *geadresseerde*
consignment (kən'saɪnmənt) ZN • *zending*
• *vracht*
consist (kən'sɪst) ONOV WW • *~* **in** *bestaan in*
• *~* **of** *bestaan uit*
consistency (kən'sɪstənsɪ), **consistence**

(kən'sɪstəns) ZN • *consistentie; vaste lijn* • *dikte*
⟨v. vloeistof⟩
consistent (kən'sɪstnt) BNW • *consequent*
• *constant* • *in lijn; strokend* • *consistent* ★ *be ~
with kloppen met*
consolation (kɒnsə'leɪʃən) ZN *troost*
consolatory (kən'sɒlətərɪ) BNW *troostend*
console[1] ('kɒnsəʊl) ZN • *console*
• *bedieningspaneel*
console[2] (kən'səʊl) OV WW *troosten*
consolidate (kən'sɒlɪdeɪt) I OV WW • *bevestigen;
consolideren* • *samenvoegen* II ONOV WW
• *hechter worden* • *samengaan; fuseren*
consolidation (kənsɒlɪ'deɪʃən) ZN *consolidatie*
consommé (kɒn'sɒmeɪ) ZN *heldere soep; bouillon*
consonance ('kɒnsənəns) ZN • *overeenstemming*
• MUZ. *consonantie* • *harmonie*
consonant ('kɒnsənənt) I ZN • TAALK.
medeklinker II BNW • *welluidend*
• *overeenstemmend* • *~* **to/with** *in
overeenstemming met*
consort[1] ('kɒnsɔ:t) ZN • *gemalin; gemaal* • MUZ.
consort; ensemble ★ *in ~ with samen met*
consort[2] (kən'sɔ:t) ONOV WW • **with** *z. inlaten
met; optrekken met*
consortium (kən'sɔ:tɪəm) ZN *consortium;
syndicaat*
conspicuous (kən'spɪkjʊəs) BNW *in het oog
springend; opvallend* ▼ *be ~ by absence
schitteren door afwezigheid*
conspiracy (kən'spɪrəsɪ) ZN *samenzwering*
conspirator (kən'spɪrətə) ZN *samenzweerder*
conspire (kən'spaɪə) ONOV WW • *samenzweren;
samenspannen* • *beramen*
constable ('kʌnstəbl) ZN *politieagent*
constabulary (kən'stæbjʊlərɪ) I ZN • *politiekorps/
-macht* II BNW • *politie-*
constancy ('kɒnstənsɪ) ZN • *standvastigheid*
• *trouw; loyaliteit*
constant ('kɒnstnt) I BNW • *voortdurend*
• *standvastig; trouw* ★ *~ly steeds (maar)* II ZN
• *constante*
constellation (kɒnstə'leɪʃən) ZN • *constellatie*
• *sterrenbeeld*
consternation (kɒnstə'neɪʃən) ZN *consternatie;
ontsteltenis*
constipated ('kɒnstɪpeɪt) BNW *verstopt* ★ *be ~
last hebben v. constipatie*
constipation (kɒnstɪ'peɪʃən) ZN *verstopping* ⟨v.
darm⟩
constituency (kən'stɪtjʊənsɪ) ZN • POL.
kiesdistrict • *de kiezers; achterban* ⟨in een
district⟩ • *doelgroep*
constituent (kən'stɪtjʊənt) I ZN • POL. *kiezer*
• *bestanddeel; onderdeel* II BNW • *afvaardigend;
electoraal; kiezers-* • *constituerend*
• *samenstellend*
constitute ('kɒnstɪtju:t) OV WW • *vormen;
uitmaken* • *stichten; instellen* • *aanstellen (tot);
benoemen* • *samenstellen*
constitution (kɒnstɪ'tju:ʃən) ZN • *constitutie;
grondwet; (partij)programma* • *gestel;
constitutie* • *constructie; opbouw* • *instelling;
vorming* ⟨v. commissie, enz.⟩
constitutional (kɒnstɪ'tju:ʃənl) I ZN • INFORM.,
OUD. *wandeling(etje) voor de gezondheid* II BNW

CO

• *constitutioneel*; *grondwettelijk* • *m.b.t. gestel/conditie* ★ a ~ly elected government *een wettig gekozen regering*

constitutionalize, G-B **constitutionalise** (kɒnstɪ'tjuː:ʃənəlaɪz) OV WW *grondwettelijk maken*

constrain (kən'streɪn) OV WW • *in-/beperken* • *af-/bedwingen*

constrained (kən'streɪnd) BNW *geremd*; *geforceerd*; *onnatuurlijk*

constraint (kən'streɪnt) ZN • *beperking* • *dwang* • *(zelf)beheersing*; *geremdheid* ★ without ~ *ongedwongen*

constrict (kən'strɪkt) OV WW • *samentrekken*; *nauwer/kleiner maken* • *in-/beperken*

constriction (kən'strɪkʃən) ZN • *vernauwing*; *samentrekking* • *benauwing*; *beklemming*

construct (kən'strʌkt) OV WW *construeren*; *(op)bouwen*; *aanleggen*

construction (kən'strʌkʃən) ZN • *constructie*; *(op)bouw*; *aanleg* • FORM. *betekenis*; *interpretatie* ★ under ~ *in aanleg/aanbouw*

constructional (kən'strʌkʃənl) BNW *constructief*

constructive (kən'strʌktɪv) BNW *opbouwend* ⟨vnl. van kritiek⟩

constructor (kən'strʌktə) ZN *constructeur*; *aannemer*; *bouwer* ⟨auto's, vliegtuigen⟩

construe (kən'struː) OV WW *interpreteren*; *uitleggen*

consul ('kɒns(ə)l) ZN *consul*

consular ('kɒnsjʊlə) BNW *consulair*

consulate ('kɒnsjʊlət) ZN *consulaat*

consult (kən'sʌlt) I OV WW • *consulteren*; *raadplegen* II ONOV WW • *beraadslagen*; *overleggen*

consultant (kən'sʌltənt) ZN • *adviseur* • MED. *specialist*

consultant engineer ZN *technisch adviseur*

consultation (kɒnsəl'teɪʃən) ZN • *beraadslaging* • *consult* ⟨bij arts⟩ • *raadpleging*

consultation paper ZN *discussienota*

consultative (kən'sʌltətɪv) BNW *advies-*; *adviserend*

consulting room ZN *spreekkamer*

consumable (kən'sjuː:məbl) I BNW • ECON. *verbruiks-* II ZN • ECON. *consumptieartikel*

consume (kən'sjuː:m) I OV WW • *consumeren*; *nuttigen* • *verbruiken* II ONOV WW • *ver-/wegteren*

consumer (kən'sjuː:mə) ZN *verbruiker*; *consument*

consumerism (kən'sjuː:mərɪzəm) ZN • *bescherming en bevordering van consumentenbelangen* • *consumentisme*; *sterke drang tot consumeren*

consummate[1] (kən'sʌmət) BNW • *volkomen*; *volmaakt* • MIN. *doortrapt* ⟨bv. leugenaar⟩

consummate[2] ('kɒnsəmeɪt) OV WW *voltooien*; *de laatste hand leggen aan* ★ ~ a marriage *een huwelijk consumeren*

consummation (kɒnsə'meɪʃən) ZN • *consummatie*; *voltrekking v. huwelijk door de coïtus* • *voltooiing*; *vervolmaking*

consumption (kən'sʌmpʃən) ZN • *verbruik*; *consumptie* • OUD. *tuberculose*; *tering*

cont. AFK • contents *inhoud* • continued *voortgezet*

contact ('kɒntækt) I ZN • *contact* ⟨ook elektrisch⟩ • *aanraking*; *raakpunt* • MED. *bacillendrager* ★ ~s [MV] *contactlenzen* ★ ⟨trade-⟩s [MV] *(handels)betrekkingen* II OV WW • *in contact komen met*; *z. in verbinding stellen met* • *aanraken*

contagion (kən'teɪdʒən) ZN • *besmetting* • OUD. *besmettelijke ziekte*

contagious (kən'teɪdʒəs) BNW • *besmettelijk* ⟨m.b.t. ziekte⟩ • FIG. *aanstekelijk*

contain (kən'teɪn) OV WW • *bevatten* • *z. beheersen*; *bedwingen* • *onder controle houden* • *deelbaar zijn door* ★ 24 ~s 3 *24 is deelbaar door 3*

container (kən'teɪnə) ZN • *container* • *bak* • *kist* • *bus* • *fles* • *doos* • *vat*

contaminate (kən'tæmɪneɪt) OV WW • *bevuilen*; *verontreinigen* • FORM. *corrumperen*; *bederven* ★ ~d soil *vervuilde grond*

contamination (kəntæmɪ'neɪʃən) ZN • *besmetting* • *contaminatie*

contemplate ('kɒntəmpleɪt) I OV WW • *beschouwen*; *overpeinzen*; *overwegen* II ONOV WW • *na-/overdenken*; *peinzen*

contemplation (kɒntəm'pleɪʃən) ZN *overpeinzing*; *overdenking*; *beginning*; *contemplatie* ⟨ook religieus⟩ ▼ in ~ *in overweging*

contemplative (kən'templətɪv) BNW • *beschouwend*; *bespiegelend* • *contemplatief*

contemporaneous (kəntempə'reɪnɪəs) BNW • FORM. *gelijktijdig* • *even oud*

contemporary (kən'tempərərɪ) I ZN • *tijdgenoot* • *leeftijdgenoot*; *jaargenoot* II BNW • *van dezelfde tijd*; *even oud* • *hedendaags*; *eigentijds*

contempt (kən'tempt) ZN *min-/verachting* ★ beneath ~ *beneden alle peil* ★ in ~ of *zonder respect voor* ★ hold in ~ *min-/verachten*

contemptible (kən'temptɪbl) BNW *verachtelijk*

contemptuous (kən'temptjʊəs) BNW *minachtend*

contend (kən'tend) I OV WW • FORM. *beweren* II ONOV WW • *strijden*; *wedijveren* • ~ with *te kampen hebben met*

contender (kən'tendə) ZN • *mededinger* • SPORT *uitdager*

content[1] (kən'tent) I ZN • → **contentment** II BNW • *tevreden* • *bereid* III OV WW • *tevredenstellen* ★ ~ yourself with *genoegen nemen met*

content[2] ('kɒntent) ZN • *inhoud* • *gehalte* • WWW *content* • ~s *inhoud*; *inhoudsopgave*; *gehalte*

contented (kən'tentɪd) BNW *tevreden*

contention (kən'tenʃən) ZN • *geschil*; *conflict* • *standpunt* ▼ in ~ for *strijden om/voor* ▼ out of ~ for *kansloos voor*

contentious (kən'tenʃəs) BNW • *controversieel*; *betwistbaar* • *twistziek* ★ have a ~ nature *altijd ruzie zoeken*

contentment (kən'tentmənt) ZN *tevredenheid*

contest[1] ('kɒntest) ZN • *wedstrijd* • *strijd* ★ close ~ *gelijkopgaande strijd* ▼ be no ~ *geen partij zijn*

contest[2] (kən'test) OV WW • *dingen naar*; *strijden om* • *betwisten*; *aanvechten*

contestant (kən'testnt) ZN *deelnemer* ⟨aan

wedstrijd⟩
context ('kɒntekst) ZN *samenhang* ★ in the ~ of *in verband met/tegen de achtergrond van* ★ words used out of ~ *uit hun verband gerukte woorden*
contextual (kən'tekstju:əl) BNW *contextueel; contextgebonden*
contiguous (kən'tɪgjuəs) BNW *aangrenzend; naburig*
continence ('kɒntɪnəns) ZN • FORM. *zelfbeheersing; (seksuele) onthouding* • *continentie*
continent ('kɒntɪnənt) ZN *vasteland; werelddeel* ★ the Continent *Europese vasteland* ★ the Dark Continent OMSCHR. *Afrika*
continental (kɒntɪ'nentl) I ZN • OUD., MIN. *bewoner v.h. Europese vasteland* II BNW • *continentaal; het vasteland v. Europa/ Amerika betreffende*
contingency (kən'tɪndʒənsɪ) ZN *eventualiteit*
contingent (kən'tɪndʒənt) I ZN • *afvaardiging* • *contingent* II BNW • *bijkomend* • *onzeker; toevallig* ~ *on afhankelijk van*
continual (kən'tɪnjuəl) BNW • *herhaaldelijk* • *voortdurend*
continuance (kən'tɪnjuəns) ZN • FORM. *voortduring; handhaving; duur* • VS, JUR. *verdaging*
continuation (kəntɪnju'eɪʃən) ZN • *voortzetting; prolongatie* • *vervolg*
continue (kən'tɪnju:) I OV WW • *door (laten) gaan met; voortzetten* II ONOV WW • *blijven (bestaan); doorgaan; hervatten* ★ thanks for your ~d interest *bedankt voor je voortdurende belangstelling*
continuity (kɒntɪ'nju:ətɪ) ZN • *continuïteit* • *logisch verband* • MEDIA *tekstboek* ⟨radio, tv⟩; *draaiboek* ⟨v. film⟩
continuous (kən'tɪnjuəs) BNW • *onafgebroken* • *ononderbroken* • *voortdurend*
contort (kən'tɔ:t) OV WW *(ver)draaien; verwringen* ★ his face ~ed with anger *zijn gezicht vertrok v. woede*
contortion (kən'tɔ:ʃən) ZN *(ver)draaiing* ★ facial ~s *bekkentrekkerij*
contortionist (kən'tɔ:ʃənɪst) ZN *slangenmens*
contour ('kɒntʊə) ZN • *contour; omtrek* • *hoogtelijn*
contoured BNW • *met de omtrek(lijn); gevormd* • *met hoogtelijnen*
contour map ZN *kaart met hoogtelijnen*
contra- ('kɒntrə) VOORV *contra-; tegen-*
contraband ('kɒntrəbænd) I ZN • *smokkelwaar/ -handel* II BNW • *smokkel-*
contraception (kɒntrə'sepʃən) ZN *anticonceptie*
contraceptive (kɒntrə'septɪv) I ZN • *voorbehoedmiddel* II BNW • *anticonceptie-*
contract[1] ('kɒntrækt) ZN *contract; verdrag; overeenkomst* ★ by private ~ *onderhands* ★ USA take out a ~ on sb *overeenkomen iem. te vermoorden*
contract[2] (kən'trækt) I OV WW • *contracteren; aannemen; aangaan; sluiten* • *samentrekken* ⟨ook v. woorden⟩; *spannen* • *oplopen* ⟨v. ziekte⟩ ★ ~ a marriage *een huwelijk sluiten* II ONOV WW • *krimpen; z. samentrekken* • z.

verbinden ★ ~ed ideas *bekrompen ideeën* III WW • ~ **in** [onov] z. *verplichten tot* • ~ **out** [onov] z. *terugtrekken uit* [ov]; *uitbesteden*
contractable BNW *besmettelijk*
contractible (kən'træktɪbl) BNW *samentrekbaar; intrekbaar*
contractile (kən'træktaɪl) BNW *samentrekbaar; samentrekkend*
contraction (kən'trækʃən) • *samentrekking* ⟨ook TAALK.⟩ • MED. *(barens)wee*
contractor (kən'træktə) ZN • *aannemer(sbedrijf)* • ECON. *leverancier* ⟨v. goederen of diensten⟩
contractual (kən'træktʃuəl) BNW *contractueel*
contract work ZN *aangenomen werk*
contradict (kɒntrə'dɪkt) OV WW *ontkennen; tegenspreken*
contradiction (kɒntrə'dɪkʃən) ZN • *tegenstrijdigheid* • *tegenspraak* ▼ ~ in terms *contradictio in terminis*
contradictory (kɒntrə'dɪktərɪ) BNW *tegenstrijdig; in tegenspraak*
contradistinction (kɒntrədɪ'stɪŋkʃən) ZN FORM. *onderscheid* ▼ in ~ to *in tegenstelling tot*
contralto (kən'træltəʊ) ZN *alt*
contraption (kən'træpʃən) ZN *uitvindsel; raar apparaat/toestel* ⟨onnodig ingewikkeld⟩
contrariety (kɒntrə'raɪətɪ) ZN • *tegenstrijdigheid* • *inconsistentie*
contrariwise (kən'treərɪwaɪz/'kɒntrərɪwaɪz) BIJW • *daarentegen* • *andersom*
contrary[1] ('kɒntrərɪ) I BNW • *tegen(gesteld)* ★ ~ to popular belief *in tegenstelling tot wat men denkt* II ZN • *tegengestelde* ▼ on/quite the ~ *integendeel* ▼ to the ~ *van het tegenovergestelde*
contrary[2] (kən'treərɪ) BNW FORM. *dwars; tegen de draad in*
contrast[1] ('kɒntrɑ:st) ZN *contrast(werking)* ★ a sharp/stark/striking ~ *een opvallend verschil* ★ by ~ *in vergelijking* ★ in ~ to *in tegenstelling tot* ★ stand in total ~ to *een volledig contrast vormen met*
contrast[2] (kən'trɑ:st) I OV WW • *vergelijken; naast elkaar leggen* II ONOV WW • *contrasteren* ★ ~ sharply *fel afsteken* ⟨with *bij/met*⟩
contrastive (kən'trɑ:stɪv) BNW *contrastief; contrasterend*
contravene (kɒntrə'vi:n) OV WW • *overtreden* • *in strijd zijn met*
contravention (kɒntrə'venʃən) ZN *overtreding* ★ in ~ of *in strijd met*
contribute (kən'trɪbju:t) OV+ONOV WW *bijdragen* ★ ~ to a magazine *schrijven voor een blad*
contribution (kɒntrɪ'bju:ʃən) ZN • *bijdrage* • *premie* ⟨v. pensioen, enz.⟩ • *contributie*
contributor (kən'trɪbjutə) ZN • *(journalistiek) medewerker* ★ be a ~ to *een bijdrage leveren aan*
contributory (kən'trɪbjutərɪ) BNW • *medebepalend; medeverantwoordelijk* • *betaald door werkgever en werknemer* ⟨bv. pensioen, verzekering⟩
contrite ('kɒntraɪt) BNW *berouwvol*
contrition (kən'trɪʃən) ZN *berouw*
contrivance (kən'traɪvəns) ZN • *gekunsteldheid* • *toestel; vinding; ding* • *slimme truc; list*
contrive (kən'traɪv) OV WW • *klaarspelen;*

CO

uitdenken • *voor elkaar boksen* • *beramen*
contrived (kən'traɪvd) BNW *onnatuurlijk*;
gekunsteld
control (kən'trəʊl) I ZN • *macht*; *gezag*
• *beheersing*; *controle* • *toezicht*; *beheer*
• *bestuur*; *leiding* • *beteugeling*; *bediening* ‹v.
apparaat›; *besturing* ‹v. voertuig› • PSYCH.
controle(groep) ★ ~s [mv] *knoppen*;
bedieningspaneel; *besturing* ★ dual ~ *dubbele
stuurinrichting* ‹v.auto› ★ remote ~
afstandsbediening ★ beyond ~ *onhandelbaar*
★ out of ~ *onbestuurbaar*; ‹machine e.d.›
onhandelbaar; ‹persoon e.d.› *chaotisch*
‹situatie› ★ be at the ~s *aan de knoppen zitten*
▼ under ~ *onder controle* ▼ be in ~ (of sth) *de
leiding hebben (over iets)*; *(iets) in de hand
hebben* ▼ get/run/etc. out of ~ *uit de hand
lopen* II OV WW • *beheren*; *leiden*; *besturen*
• *beheersen* • *regelen* • z. *beheersen*; *kalm
blijven*
control freak ZN *regelnicht/-neef*
controllable (kən'trəʊləbl) BNW • *beheersbaar*
• *controleerbaar*
controller (kən'trəʊlə) ZN • *hoofd* ‹v. afdeling›;
controller • TECHN. *regelaar* • ECON. *hoofd v.
afdeling financiën*
control panel ZN *bedieningspaneel*
control stick, control lever ZN LUCHTV.
stuurknuppel
control tower ZN LUCHTV. *verkeerstoren*
controversial (kɒntrə'vɜ:ʃəl) BNW *controversieel*
controversy ('kɒntrəvɜ:sɪ) ZN • *controverse*
• *geschil*; *twistpunt*; *polemiek* ★ beyond ~
buiten kijf
contuse (kən'tju:z) OV WW *kneuzen*
contusion (kən'tju:ʒən) ZN *kneuzing*
conundrum (kə'nʌndrəm) ZN • *raadselachtige
zaak* • *woordraadsel*
conurbation (kɒnɜ:'beɪʃən) ZN *agglomeratie*;
verstedelijkt gebied
convalesce (kɒnvə'les) ONOV WW *herstellende
zijn*
convalescence (kɒnvə'lesəns) ZN *herstel(periode)*
convalescent (kɒnvə'lesənt) I BNW • *herstellend*
‹v. ziekte› II ZN • *herstellende zieke*
convection (kən'vekʃən) ZN NATK. *convectie*;
warmtestuwing
convene (kən'vi:n) I OV WW • *bijeenroepen*
II ONOV WW • *bijeenkomen*
convener, convenor (kən'vi:nə) ZN • *iem. die
vergaderingen uitschrijft*
• *vakbondsvertegenwoordiger* ‹in bedrijf›
convenience (kən'vi:nɪəns) ZN *gemak*; *gerief*;
comfort ★ public ~ *openbaar toilet* ★ for (the
sake of) ~ *voor het gemak*; *gemakshalve* ▼ at
your ~ *waar/wanneer het u/jou schikt* ▼ at your
earliest ~ *zo spoedig mogelijk* ‹zakenbrief›
convenience food ZN *gemaksvoedsel*;
kant-en-klaarmaaltijd
convenience store ZN USA *buurtwinkel voor
kleine boodschappen* ‹vaak open 24 uur per
dag›
convenient (kən'vi:nɪənt) BNW *geschikt* ‹v.
moment, plaats, enz.›; *gemakkelijk* ▼ ~ for
gunstig gelegen voor
convent ('kɒnvənt) ZN • *klooster* • *zustersschool*

★ ~ school *nonnenschool*
convention (kən'venʃən) ZN • *conventie*; *gebruik*;
gewoonte • *conventie*; *verdrag* ‹tussen staten›
• *bijeenkomst*; *vergadering*; *(partij)congres* ★ by
~ *gewoontegetrouw*
conventional (kən'venʃənl) BNW • *behoudzuchtig*
• *conventioneel*; *vormelijk*; *traditioneel*
• *niet-nucleair* ‹v. bewapening›
conventionality (kənvenʃə'nælətɪ) ZN
• *vormelijkheid* • *gebruikelijkheid*
converge (kən'vɜ:dʒ) I OV WW • *in één punt
laten samenkomen* II ONOV WW • *in één punt
samenkomen*
convergence (kən'vɜ:dʒəns) ZN *convergentie*
convergent (kən'vɜ:dʒənt) BNW *convergerend*;
convergent
conversant (kən'vɜ:sənt) BNW FORM. *bedreven*;
vertrouwd ★ ~ with *goed op de hoogte van*
conversation (kɒnvə'seɪʃən) ZN *conversatie*;
gesprek
conversational (kɒnvə'seɪʃənl) BNW *gespreks-*
conversation piece ZN • *onderwerp van gesprek*
• *genrestuk* ‹in schilderkunst›
converse[1] ('kɒnvɜ:s) I ZN • *(het) omgekeerde*
II BNW • *omgekeerd*
converse[2] (kən'vɜ:s) ONOV WW *converseren*
conversion (kən'vɜ:ʃən) ZN • *omzetting*;
verbouwing • *bekering* • *verbouwd huis, enz.*
• SPORT *conversie* ‹rugby› ★ fraudulent ~
verduistering ‹v. gelden›
convert[1] ('kɒnvɜ:t) ZN *bekeerling*
convert[2] (kən'vɜ:t) I OV WW • *omzetten*;
verbouwen • *bekeren* ★ ~ a try ‹bij rugby› *een
try scoren* II ONOV WW • z. *bekeren*
• *veranderen* ‹v. mening, enz.›
converter, convertor (kən'vɜ:tə) ZN ELEK.
convertor; *omvormer*
convertible (kən'vɜ:tɪbl) I BNW • *omkeerbaar*;
in-/verwisselbaar II ZN • *cabriolet*
convex ('kɒnveks) BNW *convex*; *bol*
convexity (kən'veksətɪ) ZN *bolheid*
convey (kən'veɪ) OV WW • *mededelen*;
uitdrukken • *vervoeren*
conveyance (kən'veɪəns) ZN • FORM. *vervoer*
• FORM. *vervoermiddel* • JUR. *(akte v.)
overdracht/transport*
conveyor, conveyer (kən'veɪə) ZN • *vervoerder*
• *lopende band*; *transportband*
conveyor belt ZN *lopende band*; *transportband*
convict[1] ('kɒnvɪkt) ZN *veroordeelde*; *gevangene*
convict[2] (kən'vɪkt) OV WW *schuldig bevinden*;
veroordelen
conviction (kən'vɪkʃən) ZN • *veroordeling*
• *overtuiging*
convince (kən'vɪns) OV WW *overtuigen*
convincing (kən'vɪnsɪŋ) BNW *overtuigend*
convivial (kən'vɪvɪəl) BNW • *feestelijk* • *gezellig*
convocation (kɒnvə'keɪʃən) ZN • *(kerkelijke)
synode*; *senaat* ‹v. universiteit› • *oproep*;
convocatie • USA *ceremoniële uitreiking v. bul*
convoke (kən'vəʊk) OV WW *bijeenroepen*
convoluted BNW • *ingewikkeld* • *gedraaid*;
gekronkeld
convolution (kɒnvə'lu:ʃən) ZN *kronkel(ing)*;
draaiing
convoy ('kɒnvɔɪ) I ZN • *konvooi*; *escorte* II OV

ww • *begeleiden*

convulse (kən'vʌls) **I** ov ww • *(hevig) in beroering brengen* ★ *be ~d with laughter in een deuk liggen (van het lachen)* **II** ONOV WW • *(krampachtig) samentrekken*; *stuiptrekken*

convulsion (kən'vʌlʃən) ZN • *stuiptrekking* • *opschudding*

convulsive (kən'vʌlsɪv) BNW • *verkrampt*; *spastisch* • *schokkend* • *stuiptrekkend*

coo (ku:) ONOV WW • *koeren* • *kirren* ⟨v. baby⟩ • → bill

cook (kʊk) **I** ONOV WW • *koken*; *bereiden* ★ *sth is cooking er is iets loos* ▼ USA *be cooking with gas erg veel succes hebben* **II** OV WW • *koken*; *klaar maken* • FIG. *vervalsen* ▼ *cook the books knoeien met de boeken* ▼ *cook sb's goose iem. dwars zitten* • ~ **up** *bekokstoven*; *verzinnen* **III** ZN • *kok* ▼ *too many cooks spoil the broth teveel koks bederven de brij*

cook book, cookery book ZN *kookboek*

cooker ('kʊkə) ZN *fornuis*; *kookplaat*

cookery ('kʊkərɪ) ZN *kookkunst* ★ *French ~ de Franse keuken*

cookie ('kʊkɪ) ZN • USA *koekje* • INFORM., VS *persoon*; *type* • COMP. *cookie*

cooking ('kʊkɪŋ) ZN *het koken* ★ *French ~ Frans eten* ★ *home ~ gewone pot/kost*

cool (ku:l) **I** BNW • *koel* • *fris* ⟨v. kleur⟩ • *kalm* • *kil*; *koud* • *gaaf*; *cool* • *overstoord*; *onderkoeld* ★ *cool, calm and collected bedaard* ★ *a cool hundred een slordige £100* ▼ *(as) cool as a cucumber heel bedaard* ▼ INFORM. *play it cool rustig te werk gaan* **II** OV+ONOV WW • *afkoelen* ▼ *cool it rustig* ▼ *cool your heels lang staan wachten* • ~ **down/off** [onov] *afkoelen* **III** ZN • *koelte* ▼ *keep your cool je kalm houden* ▼ *lose your cool boos/opgewonden worden* **IV** BNW • *cool*; *gaaf*

coolant ('ku:lənt) ZN *koelmiddel*

cooler ('ku:lə) ZN • *koeler*; *koelkan/-kuip/-vat* • USA *verkoelende drank* ⟨met ijs en (vaak) wijn⟩

cool-headed (ku:l'hedɪd) BNW *koel*; *kalm*

coolhunter ('ku:lhʌntə) ZN INFORM., OMSCHR. *iem. die op zoek is naar de nieuwste trend onder de jeugd* ⟨met commercieel oogmerk⟩

coolie ('ku:lɪ) ZN OUD., MIN. *koelie*

coon (ku:n) ZN VS, MIN. *nikker*

coop (ku:p) **I** ZN • *kippenhok/-mand* **II** OV WW • ~ **in/up** *opsluiten*

co-op ZN • → cooperation

cooper ('ku:pə) ZN *kuiper*

cooperate (kəʊ'ɒpəreɪt) ONOV WW • *samenwerken* • *meewerken*

cooperation, co-operation (kəʊɒpə'reɪʃən) ZN • *samenwerking* • *coöperatie*

cooperative (kəʊ'ɒpərətɪv) BNW *samen-/ meewerkend*; *coöperatief*

co-opt OV WW • *opnemen*; *erbij kiezen* • *inlijven*

coordinate¹ (kəʊ'ɔ:dɪnət) ZN *coördinaat*

coordinate² (kəʊ'ɔ:dɪneɪt) **I** OV WW • *coördineren* • *laten samenwerken* • *combineren* **II** ONOV WW • *samenwerken*

coordination, G-B **co-ordination** ZN *coördinatie*

coot (ku:t) ZN • *meerkoet* • INFORM., VS *uilskuiken*

cop (kɒp) **I** ZN • *smeris* ★ *play cops and robbers* ≈ *boefje en politie spelen* ▼ *not much cop niet veel soeps* **II** OV WW • *te verduren krijgen* ★ *cop a load of this luister eens hier* ▼ INFORM. *cop hold of sth op de kop tikken* ▼ VS, INFORM. *cop a plea schuld bekennen* ⟨voor strafvermindering⟩ ▼ *cop it ervanlangs krijgen*; *er geweest zijn* **III** ONOV WW • *z. terugtrekken* • ~ **off with** *versieren* ⟨v. man/vrouw⟩ • ~ **out** *er tussenuit knijpen*; *terugkrabbelen*

co-partner ZN *compagnon*

cope (kəʊp) **I** ONOV WW • *'t aankunnen* • ~ **with** *het hoofd bieden aan* **II** ZN • *koorkap*; *mantel*

copier ('kɒpɪə) ZN *kopieerapparaat*

co-pilot ZN *tweede piloot*

copious ('kəʊpɪəs) BNW *overvloedig*; *uitvoerig*

copiousness ('kəʊpɪəsnəs) ZN *overvloed*

cop-out ZN *smoes*; *uitvlucht*

copper ('kɒpə) **I** ZN • *(rood) koper* • *koperen ketel* • *smeris* ★ *~s* [mv] *kopergeld* **II** BNW • *koperen*

copperplate ('kɒpəpleɪt) ZN • *koper(druk)plaat* • *kopergravure* • *(ouderwets) schuinschrift*

coppersmith ('kɒpəsmɪθ) ZN *koperslager*

coppery ('kɒpərɪ) BNW *koperachtig*

coppice ('kɒpɪs), **copse** (kɒps) ZN *kreupelbosje*

cop shop ZN INFORM. *politiebureau*

copter ('kɒptə) ZN *heli(kopter)*

copula ('kɒpjʊlə) ZN TAALK. *koppelwerkwoord*

copulate ('kɒpjʊleɪt) ONOV WW *paren*

copulation (kɒpjʊ'leɪʃən) ZN *paring*; *geslachtsdaad*

copy ('kɒpɪ) **I** ZN • *kopie*; *afschrift* • *exemplaar* • *kopij* ★ *back copy oud nummer* ⟨v. tijdschrift⟩ ★ *complimentary copy presentexemplaar* ★ *fair copy gecorrigeerde versie* **II** OV WW • *kopiëren*; *overschrijven* ⟨off/from van⟩ • *imiteren*; *nabootsen* • *fotokopiëren* • ~ **in** *cc'tje sturen* ★ *make sure you're copied in zorg ervoor dat je ook cc'tje krijgt* • ~ **out** *volledig kopiëren*

copybook ('kɒpɪbʊk) **I** ZN • *schoonschrift met voorbeelden* **II** BNW • *perfect*; *volgens het boekje* ★ ~ *drill perfect verlopen oefening*

copycat ('kɒpɪkæt) ZN *na-aper*

copyright ('kɒpɪraɪt) **I** ZN • *auteursrecht* **II** OV WW • *(z.) verzekeren van het auteursrecht*

copywriter ('kɒpɪraɪtə) ZN *tekstschrijver*

cor (kɔ:), **cor blimey** TW G-B, INFORM. *jemig*

coral ('kɒrəl) **I** ZN • *koraal(dier)* **II** BNW • *koraalrood* • *koralen*

coralline ('kɒrəlaɪn) **I** ZN • *koraalmos* **II** BNW • *koraal-* • *koraalrood*

coral reef ZN *koraalrif*

corbie ('kɔ:bɪ) ZN *raaf*; *kraai* ⟨in Schotland⟩

cord (kɔ:d) ZN • *streng*; *koord* • USA *(elektrisch) snoer* • *ribfluweel* ★ *cords* [mv] *ribfluwelen broek* ★ *spinal cord ruggenmerg* ★ *umbilical cord navelstreng* ★ *vocal cords* [mv] *stembanden*

corded ('kɔ:dɪd) BNW • *geribd* • *voorzien van een koord*

cordial ('kɔ:dɪəl) **I** BNW • FORM. *hartelijk*; *hartversterkend* **II** ZN • *likeur* • *limonadesiroop*

cordite ('kɔ:daɪt) ZN *cordiet*

cordless ('kɔ:dləs) BNW *draadloos*

CO

cordon ('kɔ:dn) I ZN • *kordon* II OV WW • ~ **off** *met een kordon afzetten*

corduroy ('kɔ:dərɔɪ) ZN *ribfluweel* ★ ~s [mv] *ribfluwelen broek*

core (kɔ:) I ZN • *kern; binnenste* • COMP. *kerngeheugen* • *klokhuis* (v. appel) ★ *hard core harde kern* ★ *be at the core of ten grondslag liggen aan* ▼ *to the core door en door* II ONOV WW • *uitboren* (v. appel, enz.)

core business ZN *kernactiviteit; voornaamste bezigheid*

corer ('kɔ:rə) ZN *appelboor*

co-respondent (kəʊrɪ'spɒndənt) ZN JUR. *als medeplichtige gedaagde* (bij echtscheiding)

cork (kɔ:k) I ZN • *kurk(eik)* II BNW • *kurken-* III OV WW • *kurken* • ~ **up** (dicht)*kurken*

corkage ('kɔ:kɪdʒ) ZN • *het (ont)kurken* • *kurkengeld*

corker ('kɔ:kə) ZN INFORM. *'n fantastisch iem./iets*

corkscrew ('kɔ:skru:) I ZN • *kurkentrekker* II ONOV WW • *z. spiraalvormig bewegen*

corky ('kɔ:kɪ) BNW • *kurkachtig* • *kurks* (v. wijn)

corm (kɔ:m) ZN PLANTK. *knol*

cormorant ('kɔ:mərənt) ZN *aalscholver*

corn (kɔ:n) I ZN • *koren; graan* • USA *maïs* • INFORM. *iets banaals/sentimenteels* • *likdoorn* ★ *corn on the cob maïskolf* ★ *ears/sheaves of corn korenaren/-schoven* ★ *tread upon sb's corns iem. op de tenen trappen* ★ *Indian corn maïs* II OV WW • *zouten*

corn beef ZN → **corned beef**

corn circle ZN • → **crop circle**

corn cob ZN USA *maïskolf*

cornea ('kɔ:nɪə) ZN *hoornvlies*

corned (kɔ:nd) BNW • *gezouten; ingemaakt* • VS. INFORM. *dronken*

cornel ('kɔ:nl) ZN PLANTK. *kornoelje*

corner ('kɔ:nə) I ZN • *hoek* • *hoekschop* ★ *between/within the four ~s binnen de perken* ★ *in a ~ in het geheim* ★ *in a tight ~ in een lastig parket* ★ *drive sb into a ~ iem. in het nauw drijven* ▼ *(just) around/round the ~ om de hoek; vlakbij* ▼ MIN. *cut ~s regels, enz. omzeilen; de gemakkelijkste weg kiezen* ▼ *see sth out of the ~ of your eye iets zien vanuit je ooghoek* ▼ *turn the ~ over het kritieke punt heenkomen* II OV WW • *in de hoek drijven/ zetten* ★ ~ *the market in cars de automarkt veroveren* III ONOV WW • AUTO. *bochten nemen*

corner shop ZN *buurtwinkeltje*

cornerstone ('kɔ:nəstəʊn) ZN • *hoeksteen; fundament* • *essentieel deel*

cornet ('kɔ:nɪt) ZN ★ MUZ. *cornet* • *(ijs)hoorn*

cornfield ('kɔ:nfi:ld) ZN *koren-/maïsveld*

cornflour ('kɔ:nflaʊə) ZN *maïzena*

cornflower ('kɔ:nflaʊə) ZN *korenbloem*

cornice ('kɔ:nɪs) ZN ARCH. *(kroon)lijst; lijstwerk*

Cornish ('kɔ:nɪʃ) I ZN • *taal v. Cornwall* II BNW • *m.b.t. Cornwall*

corn poppy, corn rose ZN *klaproos*

cornrows ('kɔ:nrəʊz) MV *(rijen) vlechtjes* ⟨haarstijl v. vnl. zwarte vrouwen⟩

corn salad ZN *veldsla*

cornstarch ('kɔ:nstɑ:tʃ) ZN USA *maïzena*

cornucopia (kɔ:njʊ'kəʊpɪə) ZN *hoorn des overvloeds*

corny ('kɔ:nɪ) BNW *afgezaagd; sentimenteel*

corolla (kə'rɒlə) ZN PLANTK. *bloemkroon*

corollary (kə'rɒlərɪ) ZN *gevolg; uitvloeisel*

corona (kə'rəʊnə) [mv: coronae] ZN ★ STERRENK. *corona; kring om zon/maan* • PLANTK. *kroon*

coronary ('kɒrənərɪ) BNW • *kroonvormig* • MED. *hart-; m.b.t. de krans(slag)aderen*

coronation (kɒrə'neɪʃən) ZN *kroning*

coroner ('kɒrənə) ZN *lijkschouwer* ★ ~'s inquest *gerechtelijk(e) lijkschouwing/vooronderzoek*

coronet ('kɒrənɪt) ZN • *kroontje* • *diadeem*

Corp. AFK • Corporation *vennootschap* • Corporal *korporaal*

corpora ('kɔ:pərə) ZN [mv] • → **corpus**

corporal ('kɔ:prəl) I ZN • *korporaal* II BNW • *lichamelijk*

corporate ('kɔ:pərət) BNW • *bedrijfs-; ondernemings-* • *rechtspersoonlijkheid bezittend*

corporation (kɔ:pə'reɪʃən) ZN • *onderneming; corporatie; maatschappij; rechtspersoon(lijk lichaam)* • USA *bedrijf* ★ *municipal ~ gemeentebestuur/-raad*

corporation tax ZN *vennootschapsbelasting*

corporeal (kɔ:'pɔ:rɪəl) BNW • *stoffelijk* • *lichamelijk*

corps (kɔ:) ZN • *(leger)korps; wapen* • *corps* ★ *diplomatic ~ corps diplomatique* ★ ~ *de ballet groep balletdansers*

corpse (kɔ:ps) ZN *lijk*

corpulence ('kɔ:pjʊləns) ZN *zwaarlijvigheid*

corpulent ('kɔ:pjʊlənt) BNW *zwaarlijvig*

corpus ('kɔ:pəs) ZN [mv: corpora, corpuses] • *corpus; verzameling teksten* • *corpus; lichaam*

Corpus Christi ZN *Sacramentsdag*

corpuscle ('kɔ:pʌsəl) ZN ANAT. *(bloed)lichaampje*

corpus delicti ZN *voorwerp van de misdaad*

corral (kə'rɑ:l) I ZN • *kraal; omheining* II OV WW • *in kraal drijven; bijeendrijven*

correct (kə'rekt) I BNW • *correct; goed; juist* • *beleefd; gepast* II OV WW • *corrigeren; verbeteren* • O&W *nakijken* (corrigeren en becijferen) • *terechtwijzen* ★ ~ *me if I'm wrong corrigeer me als het niet zo is* ★ *I stand ~ed je hebt volkomen gelijk*

correction (kə'rekʃən) I ZN • *verbetering* ★ *speak under ~ spreken onder voorbehoud* II TW • *herstel* ★ ~ - *I do know herstel - ik weet het wel*

corrective (kə'rektɪv) I BNW • *verbeterend; correctief* II ZN • *correctief (middel)*

correlate ('kɒrəleɪt) I OV+ONOV WW • *correleren; in onderling verband brengen/staan met* II ZN • *correlaat; onderling verband*

correlation (kɒrə'leɪʃən) ZN *correlatie; onderling verband*

correlative (kə'relətɪv) I ZN • *correlaat* II BNW • *nauwverbonden; afhankelijk*

correspond (kɒrɪ'spɒnd) ONOV WW • *corresponderen; kloppen; overeenstemmen (to/with met)* • *vergelijkbaar zijn (to met)*

correspondence (kɒrɪ'spɒndəns) ZN • *correspondentie; briefwisseling* • *overeenstemming*

correspondence column ZN *ingezonden brieven*

correspondence course ZN *schriftelijke cursus*

correspondence school ZN *instituut voor*

schriftelijk onderwijs

correspondent (kɒrɪ'spɒndənt) **I** ZN
• *correspondent* **II** BNW • *overeenkomend*;
overeenkomstig

corresponding (kɒrɪ'spɒndɪŋ) BNW
overeenkomstig

corridor ('kɒrɪdɔ:) ZN *corridor*; *gang* ▾ the ~s of
power *de wandelgangen*

corrigendum (kɒrɪ'gendəm) ZN *(druk)fout*

corrigible ('kɒrɪdʒɪbl) BNW *verbeterbaar*

corroborate (kə'rɒbəreɪt) OV WW FORM.
bekrachtigen; bevestigen

corroboration (kərɒbə'reɪʃən) ZN *bekrachtiging*;
bevestiging

corroborative (kərɒbə'reɪtɪv) BNW *bevestigend*

corrode (kə'rəʊd) **I** OV WW • *aantasten* **II** ONOV
WW • *wegteren*; *(ver)roesten*; *corroderen*

corrosion (kə'rəʊʒən) ZN *corrosie*; *roest*

corrosive (kə'rəʊsɪv) **I** ZN • *corrosie vormende
stof* • *ondermijning* **II** BNW • *corrosief*
• *ondermijnend*

corrugate ('kɒrʊgeɪt) OV+ONOV WW *rimpelen*
★ ~d iron *golfplaat*

corrugated ('kɒrʊgeɪt) OV+ONOV WW *rimpelen*

corrugation (kɒrə'geɪʃən) ZN *rimpeling*

corrupt (kə'rʌpt) **I** OV WW • *corrumperen*;
omkopen • *beschadigen*; *aantasten*; *bederven*
II BNW • *corrupt*; *omkoopbaar* • *aangetast*;
verknoeid; *beschadigd* • *verdorven*; *immoreel*
• *verbasterd* (v. tekst)

corruptible (kə'rʌptəbl) BNW • *omkoopbaar*
• *bederfelijk*

corruption (kə'rʌpʃən) ZN • *corruptie*; *omkoping*
• *verval*; *verloedering* • *verbastering*

corsage (kɔ:'sɑ:ʒ) ZN *corsage*

corselette, corselet (kɔ:sə'let/'kɔ:sələt) ZN
corselet

corset ('kɔ:sɪt) ZN *korset*

cortège, cortege (kɔ:'teɪʒ) ZN *(rouw)stoet*

cortex ('kɔ:teks) [mv: **cortices**] ('kɔ:tɪsi:z) ZN
PLANTK. *schors* ★ ANAT. cerebral/renal ~
hersen-/nierschors

cortical ('kɔ:tɪkl) BNW *m.b.t. de schors*

coruscate ('kɒrəskeɪt) ONOV WW • *flikkeren*;
schitteren • *sprankelen*

cos[1], '**cos** (kas) VW INFORM. • → **because**

cos[2] AFK WISK. • → **cosine**

cosh (kɒʃ) **I** ZN • *ploertendoder*; *knuppel* ▾ under
the cosh *onder zware druk* **II** OV WW • *afrossen*

co-signatory (kəʊ'sɪgnətəri) ZN
medeondertekenaar

cosine ('kəʊsaɪn) ZN WISK. *cosinus*

cosmetic (kɒz'metɪk) **I** ZN • *schoonheidsmiddel*
II BNW • *schoonheids-*

cosmetician (kɒzmə'tɪʃən) ZN USA
schoonheidsspecialist(e)

cosmic ('kɒzmɪk) BNW *kosmisch*

cosmographer (kɒz'mɒgrəfə) ZN *kosmograaf*

cosmography (kɒz'mɒgrəfi) ZN *kosmografie*

cosmonaut ('kɒzmənɔ:t) ZN *ruimtevaarder*

cosmopolitan (kɒzmə'pɒlɪtn) **I** ZN
• *wereldburger*; *kosmopoliet* **II** BNW
• *kosmopolitisch*

cosmos ('kɒzmɒz) ZN *kosmos*; *heelal*

cosset ('kɒsɪt) OV WW *verwennen*

cost (kɒst) **I** ZN • *prijs*; *kosten*; *uitgaven* • *schade*

★ cost of living *kosten v. levensonderhoud*
★ prime cost *primaire kosten* ★ at a cost of
voor het bedrag van ★ but it will cost you
maar dat kost een paar centen ▾ count the cost
(of sth) *de voor- en nadelen (van iets)
overwegen*; *het moeten bezuren (om iets)* ▾ at
cost *tegen kostprijs* ▾ at all cost(s) *tot elke prijs*
▾ at any cost *koste wat het kost*; *tot elke prijs*
▾ know/learn/find sth to your cost *tot je
schade/aan den lijve ondervinden* **II** OV WW
• [onr.] *kosten* • [regelmatig] *begroten* ★ the
project was costed at € 10 million *het project
werd begroot op € 10 miljoen* ▾ this will cost
you dear *dit zal je duur komen te staan*

co-star I ZN • TON. *tegenspeler/-speelster* **II** ONOV
WW • TON. *samen optreden*

cost-benefit ZN • ★ ~ analysis *kostenbatenanalyse*

cost-cutting ZN *kostenbesparing*; *bezuiniging*

cost-effective BNW *rendabel*

costing ('kɒstɪŋ) ZN *(kost)prijsberekening*

costly ('kɒstlɪ) BNW *kostbaar*; *duur*

cost price ZN *kostprijs*

cost reduction ZN *kostenverlaging*

costume ('kɒstju:m) ZN • *kostuum* • *klederdracht*
• INFORM. • → **swimming costume**

costume jewellery ZN *namaakjuwelen*

cosy ('kəʊzɪ) **I** BNW • *gezellig*; *knus* • MIN. *dik*
★ have a cosy relationship with *nogal dik zijn
met* **II** ZN • *theemuts* • *eierwarmer* **III** OV WW
• ~ up to z. *nestelen bij*; *in de gunst proberen
te komen bij*

cot (kɒt) ZN • *(kinder)ledikantje* • USA *veldbed*;
stretcher • SCHEEPV. *kooi*

cot death ZN *wiegendood*

cote (kəʊt) ZN *hok*; *kooi*

coterie ('kəʊtərɪ) ZN MIN. *kliek*

cottage ('kɒtɪdʒ) ZN • *huis(je)* • *landhuis(je)*
• *vakantiehuisje*

cottage cheese ZN *hüttenkäse*; *kwark*

cottage hospital ZN *plattelandsziekenhuis*

cottage industry ZN *huisnijverheid*

cottage loaf ZN *boerenbrood*

cottage pie ZN *soort jachtschotel*

cottager ('kɒtɪdʒə) ZN GESCH. *(boeren)arbeider*;
dorpeling

cotter pin ZN *splitpen*

cotton ('kɒtn) **I** ZN • *katoen(plant)* • *garen* ★ ~s
[mv] *katoenstoffen* **II** BNW • *katoenen*; *van
katoen* **III** ONOV WW • ~ on (het) snappen • ~ to
aardig vinden

cottontail ('kɒt(ə)nteɪl) ZN USA *konijn*

cotton wool ZN G-B *watten* ★ medicated ~
verbandwatten

couch (kaʊtʃ) **I** ZN • *sofa* • *(rust)bed*; *divan* ★ FIG.
on the ~ *in therapie* **II** OV WW • *formuleren*
★ ~ed in vague terms *verwoord in vage
termen* **III** ONOV WW • *gaan liggen* 〈v. dieren〉;
klaar liggen voor de sprong

couchette (ku:'ʃet) ZN *couchette*

couch potato ZN HUMOR. ≈ *tv-verslaafde*

cougar ('ku:gə) ZN USA *poema*

cough (kɒf) **I** OV WW • *ophoesten* • INFORM., FIG.
~ up *over de brug komen*; *dokken* **II** ONOV WW
• *hoesten*; *kuchen* **III** ZN • *hoest*; *kuch*

cough drop, cough sweet ZN *hoesttablet*;
keelpastille

cough mixture ZN *hoestdrank*
could (kəd) WW [verleden tijd] • → **can**
coulisse (ku:'li:s) ZN *coulisse*
couloir ('ku:lwa:) ZN *bergspleet*
council ('kaʊnsəl) ZN • *raad(svergadering)*;
gemeentebestuur • *concilie*; *synode*
• *vergadering* ★ ~ of war *krijgsraad* ★ hold ~
with *beraadslagen met*
council estate ZN *wijk v. gemeentewoningen*
council house ZN *gemeentewoning*
councillor ('kaʊnsələ), USA **councilman**
('kaʊnsəlmən) ZN *raadslid*
council tax ZN ≈ *onroerendzaakbelasting*
counsel ('kaʊnsəl) I ZN • FORM. *advies*;
raad(geving) • JUR. *advocaten*; *advocaat* ★ ~ for
the defence *verdediger* ★ ~ for the
prosecution *openbare aanklager* ★ King's/
Queen's Counsel *titel voor uitmuntende
advocaten* ▾ ~ of perfection *moeilijk op te
volgen raad* ▾ keep your own ~ *mening/
plannen voor je houden* ▾ take ~ *raadplegen*;
*overleggen (*with *met)* II OV+ONOV WW
• *counselen*; *begeleiden* • *adviseren*
counselling, USA **counseling** ('kaʊnsəlɪŋ) ZN
• *counseling* (psychiatrie) • PSYCH.
hulpverlening (ook sociaal)
counsellor ('kaʊnsələ) ZN • *(studie)adviseur*;
(studenten)decaan • USA *raadsman/-vrouw*
• USA *leider v. jeugdkamp*
count (kaʊnt) I OV WW • *(op)tellen* • *rekenen* ★ ~
yourself lucky *van geluk spreken* II ONOV WW
• *(op)tellen* • *meetellen*; *gelden* ▾ be able to ~
sth on (the fingers of) one hand *iets op een
hand kunnen tellen* ▾ ... and ~ing ... *en de teller
loopt nog* ▾ stand up and be ~ed *kleur
bekennen* III WW • ~ **against** [onov]
aanrekenen; *pleiten tegen* • ~ **among** [ov]
rekenen tot • ~ **down** [onov] *aftellen* • ~ **for**
[onov] *meetellen als* • ~ **in** [ov] *meerekenen*
• ~ **out** [ov] *uittellen* (ook v. bokser); *niet
meerekenen* ★ ~ me out! *reken niet op mij!*; *ik
doe niet mee!* • ~ **(up)on** [ov] *rekenen op* IV ZN
• *tel(ling)*; *aantal* • JUR. *punt v. aanklacht*
• *punt*; *onderdeel* • *graaf* (niet-Engelse
edelman) ★ out of ~ *ontelbaar* ★ JUR. found
guilty on all ~s *op alle punten schuldig
bevonden* ▾ lose all ~ of time *elk besef van tijd
verliezen* ▾ at the last ~ *volgens de laatste
telling/gegevens* ▾ keep/lose ~ *de tel
bijhouden/kwijtraken* ▾ out/USA down for the ~
OOK FIG. *gevloerd*
countable ('kaʊntəbl) BNW *telbaar*
countdown ('kaʊntdaʊn) ZN *het aftellen*
countenance ('kaʊntɪnəns) I ZN
• *gezicht(suitdrukking)* II OV WW • *steunen*;
goedkeuren
counter ('kaʊntə) I ZN • *toonbank*; *balie*; *loket*
• USA *aanrecht(blad)* • *damsteen*; *fiche* • *teller*
• FORM. *tegenhanger*; *respons* ★ bargaining ~
troef (bij onderhandelingen) ★ over the ~
zonder recept (v. medicijnen) ★ sell under the
~ *clandestien/vanonder de toonbank verkopen*
II OV WW • *weerleggen* • *tegengaan* III ONOV
WW • *tegenwerpen* IV BIJW • *in tegengestelde
richting*; *op tegengestelde wijze* ★ run ~ to
strijdig zijn met; *indruisen tegen*

counter- ('kaʊntə) VOORV *tegen-*; *contra-*
counteract (kaʊntə'rækt) OV WW *tegengaan*;
neutraliseren
counteraction (kaʊntə'rækʃən) ZN *tegenactie*
counter-attack ('kaʊntərətæk) I ZN
• *tegenaanval* II ONOV WW • *een tegenaanval
doen*; *v. repliek dienen*
counterbalance ('kaʊntəbæləns) I OV WW
• *opwegen tegen*; *neutraliseren* II ZN
• *tegenwicht*
counterblast ('kaʊntəbla:st) ZN • *heftige reactie*
• *tegenstoot*
countercharge ('kaʊntətʃa:dʒ) I ZN
• *tegenaanklacht*; *tegenbeschuldiging* II ONOV
WW • *tegen(aan)klacht indienen*
counterclaim ('kaʊntəkleɪm) ZN JUR. *tegeneis*
counterclockwise (kaʊntə'klɒkwaɪz) BIJW *tegen
de wijzers v.d. klok in*; *linksom draaiend*
counterculture ('kaʊntəkʌltʃə) ZN *alternatieve
cultuur*
counterespionage (kaʊntər'espɪənɑ:ʒ) ZN
contraspionage
counterexample (kaʊntər'ɪgzɑ:mpl) ZN
tegenvoorbeeld
counterfeit ('kaʊntəfɪt) I BNW • *nagemaakt*; *vals*
II OV WW • *vervalsen*
counterfeiter ('kaʊntəfɪtə) ZN *valsemunter*
counterfoil ('kaʊntəfɔɪl) ZN *bewaarstrookje* (v.
cheque)
counterintelligence (kaʊntərɪn'telɪdʒəns) ZN
contraspionage
countermand (kaʊntə'mɑ:nd) OV WW
afbestellen; *annuleren*
countermeasure ('kaʊntəmeʒə) ZN
tegenmaatregel
countermove ('kaʊntəmu:v) ZN *tegenzet*
counteroffensive (kaʊntərə'fensɪv) ZN
tegenoffensief
counterpane ('kaʊntəpeɪn) ZN *gestikte deken*;
sprei
counterpart ('kaʊntəpɑ:t) ZN • *tegenhanger*
• JUR. *duplicaat*
counterpoint ('kaʊntəpɔɪnt) ZN • *contrapunt*
• *contrast*
counterproductive (kaʊntəprə'dʌktɪv) BNW
averechts werkend; *contraproductief*
countersign ('kaʊntəsaɪn) OV WW
medeondertekenen
countersunk ('kaʊntəsʌŋk) BNW TECHN. *met
platte kop* (v. schroef)
counter-tenor ZN *hoge tenor*
countertop ('kaʊntətɒp) ZN USA *aanrecht(blad)*
countervailing ('kaʊntəveɪlɪŋ) BNW
compenserend; *tegenwicht vormend*
counterweight ('kaʊntəwert) ZN *tegenwicht*
countess ('kaʊntɪs) ZN *(niet-Engelse) gravin*
countless ('kaʊntləs) BNW *talloos*
countrified ('kʌntrɪfaɪd) BNW • *boers* • *landelijk*
country ('kʌntrɪ) ZN • *land* • *natie*; *volk* • *land*;
landerijen; *velden* • *platteland*; *de provincie*;
streek ★ USA ~ and western
country-and-westernmuziek ★ developing ~
ontwikkelingsland ★ Low Countries *Lage
Landen*; *Nederlanden* ★ native ~ *vaderland*
★ in the ~ *op het platteland*; *buiten* ▾ across ~
cross-country ▾ POL. go to the ~ *verkiezingen*

uitschrijven
country club ZN *buitensociëteit*
country cousin ZN *provinciaal*
country dancing ZN *volksdansen*
country house ZN *landhuis; buitenplaats*
countryman ('kʌntrɪmən) ZN • *landgenoot*
• *provinciaal; buitenman*
country seat ZN *landgoed*
countryside ('kʌntrɪsaɪd) ZN *platteland; regio*
countrywide (kʌntrɪ'waɪd) BNW *over het hele land verspreid*
countrywoman ('kʌntrɪwʊmən) ZN • *landgenote*
• *plattelandsvrouw*
county ('kaʊntɪ) ZN • USA *provincie* • *graafschap; bestuurlijk gewest*
county council ZN ≈ *Provinciale Staten; graafschapsraad*
county court ZN ≈ *arrondissementsrechtbank*
county family ZN *deftige plattelandsfamilie*
county town ZN *hoofdstad v. graafschap/provincie*
coup (kuː) ZN • *coup; staatsgreep* • *goede slag/zet*
coupé ('kuːpeɪ) ZN *tweedeursauto; coupé*
couple ('kʌpl) I ZN • *paar(tje); tweetal* ★ a ~ of *twee; een paar* ★ a married ~ *een getrouwd stel* II OV WW • *koppelen* • *associëren* (with met)
III ONOV WW • *paren*
couplet ('kʌplɪt) ZN *twee rijmende versregels*
coupling ('kʌplɪŋ) ZN • *koppeling* • *paring*
coupon ('kuːpɒn) ZN • *coupon* • *(waarde)bon*
★ money-off ~ *kortingsbon*
courage ('kʌrɪdʒ) ZN *moed; durf; lef* ★ Dutch ~ *dronkenmansmoed* ★ pluck up/summon ~ *moed bijeenrapen* ▾ have the ~ of your convictions *voor jezelf opkomen* ▾ take ~ from *moed putten uit* ▾ take your ~ in both hands *alle moed bij elkaar rapen*
courageous (kə'reɪdʒəs) BNW *moedig*
courier ('kʊrɪə) ZN • *koerier* • *reisleider*
course (kɔːs) I ZN • O&W *cursus; leergang* • OOK FIG. *koers* (gedragslijn) • FIG. *weg; aanpak* • *loop* (v. rivier); *verloop; reeks* (v. gebeurtenissen) • *gang* (v. maaltijd) • MED. *kuur* • *laag* (stenen) • *weg; (ren)baan* ★ ~ of action *aanpak; gedragslijn* ★ ~ of exchange *wisselkoers* ▾ in ~ of (preparation) *in (voorbereiding)* ▾ in the ~ of *gedurende/in de loop van* ▾ in the ~ of time *op den duur/te zijner tijd* ▾ in due ~/time *te zijner tijd* ▾ in the ordinary ~ of events *normaliter* ▾ of ~ *natuurlijk* ▾ be on ~ for *afstevenen op* ▾ run/take its ~ *zijn loop hebben* II ONOV WW • *snellen; stromen*
coursework ('kɔːswɜːk) ZN *schoolonderzoeken*
court (kɔːt) I ZN • *hof* (woning van vorst) • JUR. *rechtbank; gerechtshof* • SPORT *baan* • *binnenplaats* ★ ~ of appeal *hof v. appel* ★ ~ of inquiry/enquiry *enquêtecommissie* ★ ~ of justice/law *gerechtshof* ★ High Court (of Justice) *Hoge Raad* ★ Supreme Court ≈ *de Hoge Raad* ★ at ~ *aan 't hof* ★ in ~ *voor het gerecht* ▾ bring a case to ~ *een zaak voor het gerecht brengen* ▾ settle sth out of ~ *iets in der minne schikken* ★ take sb to ~ *iem. voor het gerecht dagen* ★ hard ~ *gravelbaan* ▾ rule/throw sth out of ~ *iets terzijde schuiven*

II OV WW • *vleien; in de gunst proberen te komen; het hof maken* • *streven naar*
• *uitlokken* ★ ~ danger *het gevaar tarten* III ONOV WW • *verkering hebben*
court card ZN *heer/boer/vrouw in kaartspel*
court case ZN JUR. *rechtszaak*
courteous ('kɜːtɪəs) BNW *hoffelijk*
courtesy ('kɜːtəsɪ) ZN *hoffelijkheid* ★ (have) the common ~ *het fatsoen (hebben)* ★ exchange of courtesies *uitwisseling v. beleefdheden*
courtesy call ZN *beleefdheidsbezoek*
courtesy title ZN OMSCHR. *uit hoffelijkheid (en niet rechtens) verleende titel*
courthouse ('kɔːthaʊs) ZN • *gerechtsgebouw*
• USA ≈ *provinciehuis*
courtier ('kɔːtɪə) ZN *hoveling*
courtly ('kɔːtlɪ) BNW *hoffelijk*
courtly love ZN LIT. / GESCH. *hoofse liefde*
court martial ZN *krijgsraad*
court-martial OV WW *voor de krijgsraad brengen*
court order ZN *rechterlijk bevel/vonnis; gerechtelijk bevel*
courtroom ('kɔːtruːm) ZN *rechtszaal*
courtship ('kɔːtʃɪp) ZN • OUD. *hofmakerij; vrijerij; verkering* ★ DIERK. ~ display *baltsgedrag*
• *geflirt*
courtyard ('kɔːtjɑːd) ZN *binnenplaats*
cousin ('kʌzən) ZN *neef* (zoon v. oom/tante); *nicht* (dochter v. oom/tante) ★ first ~ *volle neef/nicht* ★ second ~ *achterneef/-nicht*
★ distant ~ *verre neef/nicht*
cove (kəʊv) ZN • *kleine baai* • INFORM. *kerel; vent*
coven (kʌvn) ZN *heksensamenkomst*
covenant ('kʌvənənt) I ZN • *verbond; verdrag* II OV WW • *contractueel toestemmen in*
Coventry ('kɒvəntrɪ) ZN *Coventry* ▾ send sb to ~ *iem. negeren; doen of iem. lucht is*
cover ('kʌvə) I OV WW • *afdekken; verbergen* • *bedekken* • *bestrijken; v. toepassing zijn op* • *(financieel) dekken; betalen* • *z. uitstrekken over; afleggen* (v. afstand) • MEDIA *verslaan* • *invallen* • *beschermen; dekken* • *nieuwe versie v. oud nummer opnemen* ★ ~ a meeting *een vergadering verslaan* ▾ ~ all the bases *niets aan het toeval overlaten* ▾ ~ your back *jezelf indekken* ▾ ~ your tracks *je sporen uitwissen*
• ~ **over** *geheel bedekken* ★ ~ **up** *verbergen; toedekken; in de doofpot stoppen* II ONOV WW • *invallen* III ZN • *deksel; bedekking* • *kaft; boekomslag* • *dekking; bescherming* • MUZ. *cover* • FIG. *dekmantel* • *invaller* ★ ~s [mv] *beddengoed* ★ hard ~ *ingebonden* ▾ from ~ to ~ *van kaft tot kaft* ▾ under ~ *heimelijk; beschut* ▾ under (the) ~ of *beschut door; onder het mom van; gedekt door* ▾ ECON. under separate ~ *separaat* ▾ break ~ *uit je schuilplaats komen*
coverage ('kʌvərɪdʒ) ZN • *dekking* (ook v. verzekering) • *bericht-/verslaggeving* • *bereik*
coveralls ('kʌvɔːɔːlz) MV USA *overall*
cover charge ZN *couvert(kosten)*
cover girl ZN *covergirl; fotomodel* (op omslag tijdschrift)
covering ('kʌvərɪŋ) ZN • *laag* • *bedekking* • *dek; hoes*
coverlet ('kʌvəlɪt) ZN *gestikte deken; sprei*
cover story ZN *coverstory; omslagartikel*

CO

covert ('kʌvət) I BNW • *heimelijk* II ZN
• *struikgewas*
cover-up ZN *doofpotaffaire*
covet ('kʌvɪt) OV WW *begeren*
covetous ('kʌvɪtəs) BNW *begerig; hebzuchtig*
cow (kaʊ) I ZN • *koe* • *wijfje* ⟨v. bep. zoogdieren⟩
★ *holy cow! jezus mina!* ▼ *till the cows come home tot sint-juttemis* II OV WW • *koeioneren; intimideren*
coward ('kaʊəd) ZN *lafaard*
cowardice ('kaʊədɪs) ZN *lafheid*
cowardly ('kaʊədlɪ) BNW + BIJW *lafhartig*
cowboy ('kaʊbɔɪ) ZN • *cowboy; veedrijver*
• *beunhaas*
cower ('kaʊə) ONOV WW *(neer)hurken; ineenkrimpen*
cowfish ('kaʊfɪʃ) ZN *zeekoe*
cowhide ('kaʊhaɪd) ZN *rundleer*
cowl (kaʊl) ZN • *monnikskap/-pij* • *schoorsteengek*
cowlick ('kaʊlɪk) ZN *weerborstel* ⟨in haar⟩
cowling ('kaʊlɪŋ) ZN TECHN. *kap* ⟨v. vliegtuigmotor⟩
cowman ('kaʊmən) ZN *veehoeder; cowboy*
co-worker ZN • *collega* • *teamgenoot*
cowpat ('kaʊpæt) ZN *koeienvlaai*
cowpox ('kaʊpɒks) ZN *koepokken*
cowshed ('kaʊʃed) ZN *koestal*
cowslip ('kaʊslɪp) ZN PLANTK. *sleutelbloem*
cox (kɒks) I ZN • → **coxswain** II OV+ONOV WW
• *(be)sturen*
coxswain ('kɒksn) ZN *stuurman* ⟨vnl. v. roeiboot⟩
coy (kɔɪ) BNW • *bedeesd* • *koket; quasi-schuchter*
• *terughoudend*
coyness ('kɔɪnəs) ZN • *bedeesdheid*
• *terughoudendheid*
coyote (kɔɪ'əʊtɪ) ZN USA *coyote; prairiewolf*
cozy BNW USA • → **cosy**
cp. AFK COMPARE *vergelijk*
CPI AFK Consumer Price Index *prijsindex v. verbruiksgoederen*
crab (kræb) ZN • *krab* • TECHN. *lier* ★ *crabs* [mv] *platjes; schaamluis* ★ *catch a crab een snoek slaan* ⟨misslag bij het roeien⟩
crab apple ZN *wilde appel*
crabbed ('kræbɪd) BNW • *kriebelig; slecht leesbaar* ⟨handschrift⟩ • *ontoegankelijk* ⟨v. stijl⟩
crabby ('kræbɪ) BNW *kribbig; nors*
crack (kræk) I ZN • *barst; scheur; kier; spleet*
• *(ge)knal; klap • dreun; oplawaai; mep*
• INFORM. *gooi; poging • crack* ⟨vnl. cocaïne⟩
• *grap; spottende opmerking • plezier* ★ *the ~ of doom het laatste Oordeel* ★ *have a ~ at proberen; een gooi doen naar* ▼ *at the ~ of dawn bij het krieken v.d. dag* II BNW • *prima; eersteklas* III OV WW • *breken; scheuren*
• *kraken; barsten; meppen; een dreun geven*
• *laten knallen; doen barsten • kraken;*
ontcijferen ⟨v. code⟩; *een oplossing vinden*
• *stoppen; oprollen* ★ INFORM. *~ a bottle een fles openen* ★ *~ a joke een mop vertellen* ▼ *not all sb is ~ed up to be niet zo goed als ze van iem. zeggen* ▼ INFORM. *~ a crib een kraak zetten*
▼ *~ the whip de zweep erover leggen/achter de broek zitten* ▼ *get ~ing aan de slag gaan*
IV ONOV WW • *scheuren • breken • knallen*

• *breken/overslaan* ⟨v. stem⟩ • *(geestelijk) instorten* ⟨onder druk⟩ • *~ down stevig aanpakken* • *~ up omvallen van het lachen*
• *(geestelijk) instorten*
crackbrained ('krækbreɪnd) ZN INFORM. *knettergek*
cracked (krækt) BNW • *gescheurd; gekneusd*
• *getikt; maf* ★ *in a ~ voice met gebroken stem*
cracker ('krækə) ZN • *cracker; dun biskwietje*
• *knalbonbon; rotje • iets heel goeds* • INFORM. *spetter* ⟨vrouw⟩
crackerjack ('krækədʒæk) I ZN • USA *kei; eersteklas speler, enz.* II BNW • USA *eersteklas*
crackers ('krækəz) BNW *stapelgek*
crackhead ZN USA *crackgebruiker*
cracking ('krækɪŋ) I ZN • *scheuren; barsten*
• *gekraak* II BNW • INFORM. *uitstekend; geweldig* • INFORM. *snel* ★ *at a ~ pace met een stevige vaart*
crackle ('krækl) I ZN • *geknetter* II ONOV WW
• *knetteren; knappen* ⟨v. vuur⟩; *kraken* ⟨v. telefoon⟩
crackling ('kræklɪŋ) ZN • *geknetter • kaantjes*
★ USA *~s kaantjes*
cracknel ('kræknl) ZN *krakeling*
crackpot ('krækpɒt) I ZN • INFORM. *zonderling*
II BNW • *excentriek*
cradle ('kreɪdl) I ZN • *wieg • bakermat*
• *hangstelling* ⟨t.b.v. glazenwassers⟩ • *haak* ⟨v. telefoon⟩ II OV WW • *wiegen*
craft (krɑːft) I ZN [geen mv] • *handvaardigheid*
• *vak; (kunst)vaardigheid; ambacht • sluwheid; list* II ZN [mv: **craft**] • *vaartuig* ⟨boot, schip, enz.⟩; *vliegtuig; ruimteschip* III OV WW
• *maken*
craftsman ('krɑːftsmən) ZN *vakman; handwerksman*
craftsmanship ('krɑːftsmənʃɪp) ZN
• *vakmanschap • (vak)bekwaamheid*
crafty ('krɑːftɪ) BNW *listig*
crag (kræg) ZN • *steile rots • schelpzand*
craggy ('krægɪ) BNW • *rotsig; woest* • FIG. *verweerd; met sterke (gelaats)trekken*
cram (kræm) I OV WW • *proppen; overladen*
• *inpompen* ⟨kennis⟩ ★ *cram sth down sb's throat iets met geweld aan iem. opdringen*
II ONOV WW • *(z.) volstoppen • blokken* ⟨op leerwerk⟩
crammer ('kræmə) ZN *repetitor*; OMSCHR. *middel (persoon/school/boek) dat mensen klaarstoomt voor een examen*
cramp (kræmp) I ZN • *kramp* ★ *~s* [mv] *maagkramp* II OV WW • *belemmeren* ▼ *~ sb's style belemmerende invloed uitoefenen op iemands gedrag*
cramped (kræmpt) BNW • *benauwd; krap*
• *beknot* ⟨in bewegingsvrijheid⟩ • *kriebelig* ⟨v. handschrift⟩
crampon ('kræmpən) ZN *klimijzer*
cranberry ('krænbərɪ) ZN *veenbes*
crane (kreɪn) I ZN • *(hijs)kraan • kraanvogel* II OV WW ★ *~ your neck reikhalzen* III ONOV WW
• *de hals uitstrekken*
crane fly ZN *langpootmug*
cranesbill ('kreɪnzbɪl) ZN PLANTK. *ooievaarsbek*
cranium ('kreɪnɪəm) [mv: **craniums/crania**] ZN

schedel

crank (kræŋk) **I** ZN • *zonderling* • USA *narrig persoon* • *kruk(stang)* ⟨v. fiets⟩; *slinger* ⟨v. auto⟩ ★ ~ **call** *telefoontje v.e. gek* **II** OV WW • FIG. *aanzwengelen* • INFORM. ~ **out** *aan de lopende band produceren* • INFORM. ~ **up** *starten* ⟨v. motor⟩; *harder zetten* ⟨v. muziek⟩; *aanslingeren* ⟨v. auto⟩

crankcase ('kræŋkeɪs) ZN TECHN. *carter*

crankshaft ('kræŋkʃɑːft) ZN TECHN. *krukas*

cranky ('kræŋkɪ) BNW • INFORM. *bizar* • INFORM. *humeurig*

cranny ('krænɪ) ZN *gaatje; spleetje*

crap (kræp) **I** ZN • VULG. *gelul* • VULG. *rotzooi* • VULG. *stront* ★ *load/bunch of crap alleen maar gelul* ★ *cut the crap geen gezeik* ★ *have a crap schijten* **II** BNW • VULG. *klote* **III** ONOV WW • VULG. *schijten; bouten*

crappy (kræpi) BNW VULG. *klote*

crash (kræʃ) **I** OV WW • *in elkaar rijden*; *oprijden tegen* • *neersmijten/-gooien* • SPORT *verpletterend verslaan* ★ ~ *a door shut een deur dichtknallen* **II** ONOV WW • *botsen* ⟨into tegen/op⟩ • *neerstorten; te pletter vallen* ⟨into tegen/op⟩ • *dreunen; knallen; ratelen* ⟨v. donder⟩ • ECON. *failliet gaan; ineenstorten* ⟨v. prijzen, enz.⟩ • SPORT *verpletterend verslagen worden* • COMP. *crashen* • INFORM. *pitten* • MED. *een hartstilstand krijgen* • INFORM. *komen binnenvallen* ⟨als ongenode gast⟩ ★ *the door ~ed open de deur knalde open* ★ *a tile ~ed though the window met donderend geraas vloog er een tegel door het raam* • ~ **about/around** *iets doen met veel kabaal* • ~ **out** *schallen; schetteren; in slaap vallen* **III** ZN • *botsing* • *klap* • ECON. *krach* • COMP. *crash; storing*

crash barrier ZN *vangrail*

crash-dive WW • *snel duiken* ⟨v. onderzeeër⟩ • *plotseling neerstorten* ⟨v. luchtvaartuig⟩

crash helmet ZN *valhelm*

crashing ('kræʃɪŋ) BNW INFORM. *verpletterend*

crash-land ONOV WW LUCHTV. *noodlanding maken*

crass (kræs) BNW *grof; bot*

crate (kreɪt) **I** ZN • *kist* • *krat* **II** OV WW • ~ **(up)** *verpakken in kist/krat*

crater ('kreɪtə) ZN • *krater* • *bomtrechter*

cravat (krə'væt) ZN *halsdoek; das; choker*

crave (kreɪv) **I** OV WW • *smeken; verzoeken* **II** ONOV WW • *hunkeren; smachten* • ~ **for** *vurig verlangen naar*

craven ('kreɪvn) BNW *lafhartig*

craving ('kreɪvɪŋ) ZN *onweerstaanbare trek in iets*

craw (krɔː) ZN *krop*

crawfish ('krɔːfɪʃ) ZN USA *crayfish*

crawl (krɔːl) **I** ONOV WW • *kruipen; sluipen* • *langzaam bewegen/voortgaan; niet opschieten* • *(de) hielen likken* • *crawlen* • INFORM. ~ **with** *krioelen van* **II** ZN • *slakkengangetje* • *crawl*

crawler ('krɔːlə) ZN • MIN. *slijmbal; hielenlikker* • *crawl* • *langzaamrijdend zwaar voertuig; taxi op zoek naar een vrachtje* • *beestje* ⟨bv. luis⟩ • *boxpakje*

crawly ('krɔːlɪ) BNW *griezelig*

crayfish ('kreɪfɪʃ) ZN *rivierkreeft; langoest*

crayon ('kreɪən) **I** ZN • *kleurpotlood; tekenkrijt* • *pastel(tekening)* **II** OV WW • *tekenen met crayon*

craze (kreɪz) ZN *manie; rage*

crazy ('kreɪzɪ) BNW • *gek; krankzinnig* • *erg boos; woest* • *buiten zinnen* ★ ~ *about dol/gek/stapel op* ★ *go ~ uit je dak gaan* ▼ *like ~/mad als een idioot/heel hard, snel, enz.*

creak (kriːk) **I** ONOV WW • *piepen; kraken* ▼ ~ *under the strain in zijn voegen kraken* **II** ZN • *gepiep; gekraak*

creaky ('kriːkɪ) BNW • *krakend* • *aftands*

cream (kriːm) **I** ZN • *room* • *crème* • *gerecht met room* ★ ~ *of the jest/joke het fijne/de kern van de grap* ★ *the ~ of sth crème de la crème; het puikje* ★ *clotted ~ dikke room* ★ *moisturizing ~ vochtregulerende crème* ★ *whipped ~ geslagen room* **II** BNW • *crème(kleurig)* **III** OV WW • *tot room maken* • VS, INFORM. *FIG. kloppen; inmaken* • OOK FIG. ~ **off** *afromen*

creamer ('kriːmə) ZN • *koffiemelkpoeder* • *roomkan(netje)*

creamery ('kriːmərɪ) ZN *karnhuis*

cream puff ZN *roomsoes*

cream tea ZN *thee met scones, jam en dikke room*

creamy ('kriːmɪ) BNW • *smeuïg* • *zacht; vol* • *crème(kleurig)*

crease (kriːs) **I** ZN • *vouw; kreukel* • *rimpel* **II** OV+ONOV WW • *vouwen; kreukelen* • *rimpelen* • INFORM. ~ **up** *in een deuk (doen) liggen*

create (kriː'eɪt) OV WW • *scheppen; creëren; (aan)maken* • *teweegbrengen* • *benoemen*

creation (kriː'eɪʃən) ZN • *schepping; stichting* • *vaak* HUMOR. *creatie* • COMP. *het aanmaken v.e.bestand* ★ *(the) Creation de schepping*

creative (kriː'eɪtɪv) BNW • *creatief* • *artistiek* ★ MIN. ~ *accounting creatief boekhouden* ★ ~ *director artistiek leider*

creativity (kriːeɪ'tɪvətɪ) ZN *creativiteit*

creator (kriː'eɪtə) ZN • *schepper* ★ *the Creator God*

creature ('kriːtʃə) ZN • *schepsel; dier* • *creatuur* ★ *a ~ of habit een gewoontedier* ▼ FORM., MIN. *the/a ~ of sb/sb's ~ protégé/beschermeling*

creature comforts ZN *alle geneugten des levens*

crèche, creche (kreʃ) ZN *crèche*

cred (kred) ZN • → *street cred*

credence ('kriːdns) ZN *geloof; geloofwaardigheid* ★ *gain ~ geloofwaardiger worden* ★ *lend ~ to sth iets geloofwaardig maken*

credentials (krə'denʃəlz) ZN MV • *kwalificaties; diploma's* • *geloofsbrieven*

credibility (kredə'bɪlətɪ) ZN *geloofwaardigheid*

credibility gap ZN *vertrouwenscrisis; gebrek aan vertrouwen*

credible ('kredɪbl) BNW *geloofwaardig*

credit ('kredɪt) **I** ZN • *krediet; lening* • *kredietwaardigheid* • *credit(zijde)* • *tegoed* • *geloof; vertrouwen* • *verdienste; eer* • *goede naam; sieraad* • MEDIA *vermelding in aftiteling* • O&W *studiepunt(en)* ★ ~*s* [mv] *aftiteling* ⟨v. film, enz.⟩ ★ *calling ~ beltegoed* ★ ~ *where ~ is due ere wie ere toekomt* ★ *be a ~ to tot eer strekken* ★ *give sb ~ for iem. belonen voor* ★ *take the ~ for met de eer gaan strijken* ▼ *on* the ~ side *als pluspunt* ▾ to sb's ~ *het siert iem.* ▾ do sb ~/do ~ to sb *iem. eer aan doen* ▾ have to your ~ *op je naam hebben* ‖ OV WW • *crediteren* • *toeschrijven; toedichten* • *geloven* ★ ~ sb with *iem. iets nageven*

creditable ('kredɪtəbl) BNW • FORM. *eervol; prijzenswaardig* • *bewonderenswaardig*

credit card ZN *creditcard*

credit note ZN *tegoedbon*

creditor ('kredɪtə) ZN *crediteur; schuldeiser*

credit transfer ZN *overboeking*

creditworthy ('kredɪtwɜːðɪ) BNW *kredietwaardig*

credo ('kriːdəʊ) ZN *credo; geloofsbelijdenis*

credulity (krə'djuːlətɪ) ZN *lichtgelovigheid*

credulous ('kredjʊləs) BNW *lichtgelovig*

creed (kriːd) ZN REL. *geloof(sbelijdenis)* ★ the Creed *het credo*

creek (kriːk) ZN • *kreek* • *inham* • VS, AUS. *riviertje* ▾ up the ~ (without a paddle) *in de nesten zitten*

creel (kriːl) ZN *visfuik/-mand*

creep (kriːp) I ONOV WW [onr.] • *sluipen* • ook PLANTK. *kruipen* • *bekruipen* • *hielenlikken* • ~ in/into *binnensluipen* • ~ up *omhoogkruipen* • ~ up on *besluipen; bekruipen* ‖ ZN • INFORM. *griezel* • *slijmbal* ▾ give sb the ~s *iem. kippenvel bezorgen*

creeper ('kriːpə) ZN *kruipdier/-plant; bodembedekker* ▾ short-toed tree ~ *boomkruiper*

creepy ('kriːpɪ) BNW *griezelig; eng*

creepy-crawly ZN INFORM. *insect; beestje*

cremate (krɪ'meɪt) OV WW *cremeren*

cremation (krɪ'meɪʃən) ZN *crematie; lijkverbranding*

crematorium (kremə'tɔːrɪəm), **crematory** ('kriːmətɔːrɪ) ZN *crematorium*

crenellated, USA **crenelated** ('krenəleɪtɪd) BNW *met schietgaten; gekanteeld*

creole ('kriːəʊl) I ZN • *creool* ‖ BNW • *creools*

crêpe, crepe (kreɪp) ZN • *crêpe; krip* • *rubber* • *flensje*

crepitate ('krepɪteɪt) ONOV WW *knetteren*

crept (krept) WW [verl. tijd + volt. deelw.] • → creep

crescendo (krɪ'ʃendəʊ) BNW MUZ. *crescendo*

crescent ('krezənt) ZN • *maansikkel; halve maan* • *rij huizen in halve cirkel* ★ the Crescent *de halvemaan* ⟨islam⟩

cress (kres) ZN *tuinkers; waterkers*

cresset ('kresɪt) ZN GESCH. *bakenvuur*

crest (krest) I ZN • *top; heuveltop; (schuim)kop op golf* • HER. *wapen* • *kuif; kam* • gold ~ *goudhaantje* ▾ the ~ of a/the wave *op het hoogtepunt* ‖ OV WW • *de top bereiken* ‖‖ ONOV WW • *pieken*

crested ('krestɪd) BNW • *met wapen* • *met een kam/kuif/pluim*

crestfallen ('krestfɔːlən) BNW *terneergeslagen*

cretin ('kretɪn) ZN *idioot*

Creutzfeldt-Jakobdisease ZN MED. *gekkekoeienziekte*

crevasse (krə'væs) ZN • *gletsjerspleet* • *dijkdoorbraak*

crevice ('krevɪs) ZN *spleet; scheur* ⟨in rots, enz.⟩

crew (kruː) I ZN • *bemanning; personeel*

• *filmploeg* • *zootje; troep* • *roeiploeg* ★ motley crew *zootje ongeregeld* ▾ go out for crew *bij een roeiploeg gaan* ‖ OV WW • *bemannen* ‖‖ ONOV WW • *bemanningslid zijn*

crew cut ZN *crewcut* ⟨egaal kortgeknipt⟩

crewman ('kruːmən) ZN *bemanningslid*

crew neck ZN *ronde hals*

crib (krɪb) I ZN • USA *kinderledikantje* • *kribbe; voederbak* • *kerststal* • INFORM. *spiekbriefje; gegapte tekst* • *krib* ⟨in rivier⟩ • VS, INFORM. *optrekje* ‖ ONOV WW • *spieken; frauderen* ⟨bij examen, enz.⟩ • *plagiaat plegen*

crib death ZN USA *wiegendood*

crick (krɪk) ZN ★ ~ in the back *spit* ★ ~ in the neck *stijve nek*

cricket ('krɪkɪt) ZN • *krekel* • SPORT *cricket* ▾ not ~ *niet fair/eerlijk*

cricketer ('krɪkɪtə) ZN *cricketspeler*

crier ('kraɪə) ZN • *huiler* • *omroeper; schreeuwer*

crikey ('kraɪkɪ) TW *allemachtig!*

crime (kraɪm) ZN *misdaad* ★ capital ~ *halsmisdaad* ★ ~ of violence *geweldsmisdrijf* ★ it's a ~ *het is een schande* ★ commit a ~ *een misdaad plegen*

crime rate ZN *misdaadcijfer*

criminal ('krɪmɪnl) I BNW • *crimineel* • JUR. *strafrechtelijk* • *misdadig.* ‖ ZN • *misdadiger* ★ hardened ~s *draaideurcriminelen* ★ a common ~ *een ordinaire misdadiger*

criminality (krɪmɪ'nælətɪ) ZN *criminaliteit*

criminology (krɪmɪ'nɒlədʒɪ) ZN *criminologie*

crimp (krɪmp) I ZN, VS, INFORM. ▾ put a ~ in *dwarszitten; in de wielen rijden* ‖ OV WW • *krullen* ⟨v. haar⟩ • *plooien; plisseren* • VS, INFORM. *verzieken*

crimson ('krɪmzən) I ZN • *karm(oz)ijnrood* ‖ BNW • *karm(oz)ijnrood* ‖‖ OV WW • *rood kleuren* ‖V ONOV WW • *rood worden*

cringe (krɪndʒ) I ZN • *onderdanige buiging* ‖ ONOV WW • *ineenkrimpen; terugdeinzen*

cringeworthy BNW *gênant*

crinkle ('krɪŋkl) I OV+ONOV WW • *rimpelen; kreukelen; (ver)frommelen* ‖ ZN • *vouw; kreukel; rimpel; plooi*

crinkly ('krɪŋklɪ) BNW • *gekreukeld; gerimpeld; verfrommeld* • *gekruld*

crinoline ('krɪnəlɪn) ZN *hoepelrok*

cripes ('kraɪps) TW INFORM. *jeetje*

cripple ('krɪpl) I ZN • MIN. *invalide* ‖ OV WW • *verlammen; verminken; beschadigen* ★ an emotional ~ *een binnenvetter* ★ crippling debts *verlammende schuldenlast*

crisis ('kraɪsɪs) ZN [mv: **crises**] *crisis* ★ ~ of confidence *vertrouwenscrisis* ★ midlife ~ *midlifecrisis*

crisp (krɪsp) I BNW • *bros; knappend; krokant* • *knapperig; stevig; vers* • *knisperend nieuw* ⟨v. papier, textiel, enz.⟩ • *fris en helder* ⟨v. weer, lucht⟩ • *knerpend* ⟨v. sneeuw, enz.⟩ • *helder en duidelijk* ⟨v. opname⟩ • soms MIN. *kort en bondig* ⟨v. manier v. spreken⟩ ‖ ZN ★ (potato) ~s [mv] *chips* ▾ burn sth to a ~ *iets laten aanbranden/verbranden* ‖‖ OV WW • *krokant maken* ‖V ONOV WW • *krokant worden*

crispate ('krɪspeɪt) BNW PLANTK. *gekruld; golvend*

crispbread ('krɪspbred) ZN *knäckebröd*

crispy ('krɪspɪ) BNW • → **crisp**

criss-cross ('krɪskrɒs) I BNW • *kriskras doorelkaar; kruiselings; elkaar kruisend* ★ a ~ *pattern een patroon v. elkaar kruisende lijnen* II ZN
• *wirwar; netwerk* • *boter-kaas-en-eieren* III OV WW • *kriskras door elkaar doen gaan; doorkruisen* IV ONOV WW • *kriskras door elkaar gaan*

criterion (kraɪˈtɪərɪən) ZN *criterium; maatstaf*

critic ('krɪtɪk) ZN • *criticus; recensent* • *criticus; criticaster*

critical ('krɪtɪkl) I BNW • *ook* NATK. *kritisch*
• *kritiek; cruciaal* • *hachelijk; kritiek* • WISK. *m.b.t. een uiterste waarde* ★ NATK. ~ *mass kritische massa* ★ ~ *path kritisch traject* ★ ~ *thinking kritisch/onafhankelijk denken* ★ it's ~ *to us het is voor ons v. essentieel belang* ★ *receive* ~ *acclaim lof toegezwaaid krijgen v. critici* II BIJW ★ ~ly *ill ernstig ziek*

criticism ('krɪtɪsɪzəm) ZN • *kritiek* • *kritische bespreking*

criticize, G-B **criticise** ('krɪtɪsaɪz) OV WW
• *(be)kritiseren; kritiek uitoefenen* • *beoordelen*

critique (krɪˈtiːk) ZN *kritische analyse; (kunst)kritiek; recensie*

croak (krəʊk) I ONOV WW • *kwaken; krassen*
• *met hese/schorre stem spreken* • VULG. *creperen* II ZN • *gekwaak; gekras* • *schorheid; heesheid* ★ *speak with a* ~ *met hese/schorre stem spreken*

croaky ('krəʊkɪ) BNW • *schor; hees* • *kwakend; krassend*

crochet ('krəʊʃeɪ) I ZN • *haakwerk* II OV+ONOV WW • *haken* ⟨met wol, enz.⟩

crochet hook ZN *haaknaald*

crock (krɒk) ZN • *aardewerken pot(scherf)*
• INFORM. *ouwe lul; ouwe muts* • INFORM. *ouwe brik* ▼ VS, VULG. a ~ *of shit geouwehoer/bullshit*

crocked (krɒkt) BNW USA *in de lorum*

crockery ('krɒkərɪ) ZN • *aardewerk; serviesgoed*
• USA *ovenvaste schalen, enz.*

crocodile ('krɒkədaɪl) ZN • *krokodil*
• *krokodillenleer* • *lange rij kinderen die twee aan twee lopen* ▼ ~ *tears krokodillentranen*

croft (krɒft) ZN *perceeltje bouwland; kleine pachtboerderij* ⟨vnl. in Schotland⟩

crofter ('krɒftə) ZN *keuterboer; pachtboertje*

cromlech ('krɒmlek) ZN *hunebed* ⟨in Wales⟩

crone (krəʊn) ZN *oud wijf*

crony ('krəʊnɪ) ZN MIN. *gabber*

cronyism ('krəʊnɪɪzəm) ZN *vriendjespolitiek*

crook (krʊk) I ZN • *oplichter; boef* • *kromte; bocht; haak* • *kromstaf* ★ the ~ *of your arm/elbow de elleboogholte* ★ *on the* ~ *oneerlijk* II BNW • → **crooked** III OV WW
• *buigen*

crooked ('krʊkɪd) BNW • *krom; gebogen; scheef; bochtig* • *oneerlijk; achterbaks* • *met dwars handvat* • AUS., INFORM. ★ *be* ~ *on sb geïrriteerd zijn met iem.*

croon (kruːn) OV+ONOV WW • *neuriën* • MUZ. *croonen; zwoel zingen*

crop (krɒp) I ZN • *gewas* • *oogst; opbrengst*
• *groep mensen/aantal dingen bij elkaar; lichting* • *zeer kort geknipt haar* • *krop* ⟨v. vogel⟩ ★ *in/under crop bebouwd* ★ *out of crop*

onbebouwd/braak II OV WW • *knippen* ⟨v. haar⟩
• *afknippen; afsnijden* ⟨v. foto⟩ • *afgrazen* ⟨v. grasland⟩ • *bebouwen* III ONOV WW • *een goede oogst opleveren* • ~ **up** *zich (plotseling) voordoen; (plotseling) opduiken*

crop circle ZN *graancirkel*

crop dusting ZN *gewasbespuiting*

cropper ('krɒpə) ZN ▼ *come a* ~ *een smak maken; finaal onderuit gaan/mislukken*

crop rotation ZN *wisselbouw*

crop top ZN *naveltruitje*

croquet ('krəʊkeɪ) ZN *croquetspel*

cross (krɒs) I ZN • *kruisje; kruis(ing); kruisteken*
• *kruising; bastaard* • VOETB. *kruispass; voorzet*
★ REL. the Cross *het kruis* ★ MIL. Victoria Cross *Victoria kruis* ⟨onderscheiding⟩ ★ (it was) a ~ *between (het hield) het midden tussen* ★ *on the* ~ *overhoeks; diagonaal* ▼ *have a (heavy)* ~ *to bear een (zwaar) kruis te dragen hebben* II OV WW • *oversteken; passeren* • *dwarsbomen*
• *kruisen* ⟨v. dieren, planten⟩ • *crossen* ⟨v. cheque⟩ • *dwars over elkaar leggen* ★ ~ *yourself een kruis maken* ★ *with your legs ~ed met de benen over elkaar* ▼ ~ *that bridge when you come to it geen zorgen voor morgen* ▼ ~ *your fingers je vingers gekruist houden* ▼ ~ *my heart (and hope to die) erewoord!/zeker weten!* ▼ ~ *your mind in je (gedachten) opkomen* ▼ ~ *sb's palm with silver iem. omkopen/iem. betalen voor een gunst* ▼ ~ *swords with sb miet iem. de degens kruisen* III ONOV WW • *oversteken; gaan over/door*
• *(elkaar) kruisen* • SPORT *voorzetten* ⟨v. bal⟩ IV WW • ~ **off** [ov] *wegstrepen; doorstrepen*
• ~ **out** [ov] *wegstrepen; doorstrepen* • ~ **over** [onov] *oversteken; overlopen* V BNW • *uit zijn humeur* ★ ~ *with boos op*

crossbar ('krɒsbɑː) ZN • SPORT *doellat* • *stang* ⟨v. herenfiets⟩

cross-beam ZN *dwarsbalk*

cross-bench ZN ★ ~ *mind onafhankelijke of lauwe mentaliteit*

cross-bencher ZN *onafhankelijk lid v. het Hogerhuis*

cross-border BNW *over de grens; grensoverschrijdend*

crossbow ('krɒsbəʊ) ZN *kruisboog*

cross-breed I OV+ONOV WW • *(z.) kruisen* ⟨genetisch⟩ II ZN • *gekruist ras; kruising; bastaard*

cross-buttock I ZN • *heupworp/-zwaai* ⟨worstelen⟩ II OV WW • *met heupworp vloeren*

cross check ZN *contra controle/check*

cross-check OV WW *m.b.v. ander methode controleren; kruislings controleren*

cross-country BNW • *dwars door het land; crosscountry* • *(dwars) over/door een land* ★ ~ *race veldloop* ★ ~ *train journeys treinreizen dwars door een land*

cross cultural BNW *intercultureel*

cross current ZN • *dwarsstroom* • FIG. *tegenkracht*

cross-examination ZN *kruisverhoor*

cross-examine OV WW • *aan een kruisverhoor onderwerpen* • *stevig aan de tand voelen; scherp ondervragen*

cr

cross-eyed BNW *scheel*

cross-fertilization, G-B **cross-fertilisation** ZN OOK FIG. *kruisbestuiving*

cross-fertilize, G-B **cross-fertilise** OV WW *kruisen*

crossfire ('krɒsfaɪə) ZN *kruisvuur* ★ FIG. get caught in the ~ *tussen twee vuren raken*

cross-grained BNW • TECHN. *met dwarsnaad* • *tegen de draad in*; *dwars*

cross head ZN *kruiskopschroef*

crossing ('krɒsɪŋ) ZN • *oversteekplaats*; *overweg* • *kruising*; *kruispunt* • *overtocht* • *het oversteken* ★ G-B level ~ *gelijkvloerse kruising* ⟨v. weg en spoorlijn⟩

crossing guard ZN *klaar-over*; *verkeersbrigadier*

cross-legged BNW *in kleermakerszit*

crossness ('krɒsnəs) ZN • *slecht humeur* • *dwars-/koppigheid*

crossover ('krɒsəʊvə) ZN • *viaduct* • *oversteekplaats*; *overstapplaats* • BIOL. *uitwisseling v. gen* • MUZ. *twee genres gecombineerd* • SPORT *wisseling v. baan*

cross-ply BNW ★ ~ *tyres diagonaalbanden*

cross purposes MV

cross-question OV WW *scherp/met strikvragen ondervragen*

cross reference ZN *verwijzing*

crossroads ('krɒsrəʊdz) ZN [mv: **crossroads**] *kruispunt* ▼ at a ~ *op een belangrijk punt*

cross section ZN *dwarsdoorsnede*

cross stitch ZN *kruissteek*

cross street ZN *zij-/dwarsstraat*

crosstalk ('krɒstɔ:k) ZN • *overspraak* • *flitsend woordenspel*

crosstown (krɒs'taʊn) BIJW *door de hele stad*

crosswalk ('krɒswɔ:k) ZN USA *(gemarkeerde) voetgangersoversteekplaats*

crosswise ('krɒswaɪz) BNW *kruiselings*; *dwars over*

crossword ('krɒswɜ:d) ZN *kruiswoordpuzzel*; *cryptogram*

crotch (krɒtʃ) ZN *kruis* ⟨v. menselijk lichaam/broek⟩

crotchet ('krɒtʃɪt) ZN MUZ. *kwartnoot*

crotchety ('krɒtʃətɪ) BNW *prikkelbaar*; *nors*

crouch (kraʊtʃ) ONOV WW • *kruipen*; OOK FIG. • ~ **down** *neerhurken*; *z. bukken*

croup (kru:p) ZN MED. *kroep*

crow (krəʊ) I ZN • *kraai* • *gekraai* ★ hooded crow *bonte kraai* ▼ FIG. white crow *witte raaf* ▼ as the crow flies *hemelsbreed* ▼ USA eat crow *zoete broodjes bakken* II ONOV WW • *kraaien* • ~ **(about/over)** *juichen om/over*; *leedvermaak hebben over*

crowbar ('krəʊbɑ:) ZN *koevoet*

crowd (kraʊd) I ZN • *menigte*; *publiek*; *gedrang*; *troep*; *gezelschap*; *hoop* ★ the ~ *de grote massa* ★ the madding ~ *het jachtige leven*; *de jachtige maatschappij* ★ follow/stand out from the ~ *meedoen/z. onderscheiden v.d. massa* ★ pass in a ~ *er mee door kunnen* II OV WW • *volproppen*; *samenpakken* • *overstelpen* ★ ~ sail *alle zeilen bijzetten* III ONOV WW • ⟨z. ver)dringen; (te) dicht op elkaar staan • ~ **around** *samendrommen* • ~ **into** *naar binnen dringen* • ~ **in on** *z. opdringen aan*

• ~ **out** *z. naar buiten dringen*

crowded ('kraʊdɪd) BNW *druk*; *vol*; *samengepakt*

crowd pleaser ZN INFORM. *iem. die op het publiek speelt*

crowd-puller ZN *publiekstrekker*

crown (kraʊn) I ZN • *kroon*; *krans* • *kruin*; *hoogste punt* • SPORT, INFORM. *kampioenstitel* • *bol* ⟨v. hoed⟩ • OUD. *vijfshillingstuk* • crown imperial *keizerskroon* II OV WW • *kroon zetten op*; *(be)kronen*; *alles overtreffen* • *een dam halen* ⟨bij damspel⟩

crown case ZN JUR. *strafzaak*

Crown court ZN JUR. *rechtbank voor strafzaken* ⟨met jury⟩

crown jewel ZN *kroonjuweel*

crown land ZN *kroondomein*

Crown prince ZN [v: **Crown princess**] *kroonprins*

Crown prosecutor ZN JUR. *openbare aanklager*

crow's-feet MV *kraaienpootjes* ⟨rimpels rond de ogen⟩

crucial ('kru:ʃəl) BNW *cruciaal*; *essentieel*; *kritiek* ★ ~ test *vuurproef*

crucible ('kru:sɪbl) ZN • *smeltkroes* • FIG. *vuurproef*

crucifix ('kru:sɪfɪks) ZN *kruisbeeld*

crucifixion (kru:sɪ'fɪkʃən) ZN *kruisiging*

crucify ('kru:sɪfaɪ) OV WW • *kruisigen* • INFORM., FIG. *aan de paal nagelen*

crud (krʌd) ZN • INFORM. *viezigheid* • *afval* • *rotzak*

crude (kru:d) I BNW • *globaal*; *grof*; *ruw*; *onafgewerkt* • *vulgair*; *ruw*; *ongezuiverd* ★ ~ oil *ongeraffineerde/ruwe olie* II ZN • *ruwe olie*

crudeness ('kru:dnəs), **crudity** ('kru:dətɪ) ZN • *ruwheid*; *grofheid* • *lompheid*

cruel ('kru:əl) BNW *gemeen*; *wreed*

cruelty ('kru:əltɪ) ZN *wreedheid*

cruet ('kru:ɪt) ZN • *zout-/pepervaatje* • *olie-/azijnflesje*

cruise (kru:z) I ZN • *cruise* • *tocht* II OV WW • *bevaren* III ONOV WW • *varen*; *een cruise maken* • *kruisen* ⟨m.b.t. snelheid⟩ • *zoekend rondrijden*; *patrouilleren* • *met gemak behalen* • *jagen* ⟨for op⟩ (seksuele partner) ★ cruising speed *kruissnelheid*

cruise control ZN *snelheidsregelaar/-begrenzer*

cruise missile ZN *kruisraket*

cruiser ('kru:zə) ZN • SCHEEPV. *kruiser* • SCHEEPV. *motorjacht* • USA *politieauto*

cruiserweight ('kru:zəweɪt) ZN *licht zwaargewicht*

crumb (krʌm) ZN *kruim(el)* ★ ~ of comfort *schrale troost*

crumble ('krʌmbl) I OV WW • *verkruimelen*; *(ver)brokkelen* II ONOV WW • *verkruimelen*; *afbrokkelen*; *vergaan* ★ ~ into dust *tot stof vergaan*

crumbly ('krʌmblɪ) BNW *kruimelig*

crummy ('krʌmɪ) ZN *slecht*; *waardeloos*

crumpet ('krʌmpɪt) ZN • *plaatkoek* • PLAT *lekker stuk*

crumple ('krʌmpl) I OV WW • ~ **(up)** *kreuk(el)en*; *rimpelen*; *(ver)frommelen* II ONOV WW • ~ **(up)** *kreuk(el)en*; *verschrompelen* ★ her face ~d *haar gezicht betrok*

crumple zone ZN TECHN. *kreukelzone*

crunch (krʌntʃ) I ZN • *knerpend geluid* • *probleem* • *plotseling tekort* ⟨vnl. geld⟩ • *kritiek moment* ★ when it comes to the ~ *als het erop aan komt* II OV WW • *(kapot)knauwen* • *doen knerpen* • ~ **up** *verfrommelen* III ONOV WW • *knerpen*; *knarsen* • *knauwen*

crunchy ('krʌntʃɪ) BNW • *krokant* • *knapperig* • *bijtgaar*

crusade (kru:'seɪd) I ZN • *kruistocht* II ONOV WW • *campagne voeren*

crusader (kru:'seɪdə) ZN • *kruisvaarder* • *gedreven actievoerder*

crush (krʌʃ) I OV WW • *verpletteren* • *proppen* • *persen*; *pletten* • *de kop indrukken* II ZN • *samengepakte mensenmassa*; *gedrang* • *(hevige) verliefdheid* • *geperst vruchtensap* ★ have a ~ on sb *verliefd zijn op iem.*

crush barrier ZN *dranghek*

crusher ('krʌʃə) ZN *pers*

crushing ('krʌʃɪŋ) BNW • a ~ *blow/defeat een verpletterende klap/nederlaag*

crust (krʌst) ZN • *(brood)korst* • CUL. *korst* ⟨op gerecht⟩ • *korst* ⟨op zacht of vloeibaar materiaal⟩ ★ INFORM. the upper ~ *aristocratie* ▼ G-B, INFORM. earn a/your ~ *je brood verdienen*

crustacean (krʌ'steɪʃən) I ZN • *schaaldier* II BNW • *m.b.t. schaaldieren*

crusted ('krʌstɪd) BNW • *met een korst* • FIG. *respectabel*

crustie ZN • → **crusty**

crusty ('krʌstɪ) I BNW • *knapperig* • INFORM. *korzelig* ★ ~ bread *brood met knapperige korst* II ZN • *zwerver*; *schooier*

crutch (krʌtʃ) ZN • *kruk* • FIG. *steun*; *toeverlaat* • → **crotch**

crux (krʌks) ZN • *essentie*; *kern* • *crux*; *probleem* ★ the crux of the matter *de kern v.d. zaak*

cry (kraɪ) I ONOV WW • *huilen*; *schreeuwen*; *(uit)roepen* • *schreeuwen* ⟨v. dier⟩; *janken* ⟨v. wolf⟩; *roepen* ⟨v. vogel⟩; *krijsen* ⟨v. meeuw⟩ ▼ for crying out loud *potverdorie* ▼ it's no use crying over spilt milk *gedane zaken nemen geen keer* (gezegde) II OV WW • *huilen* ★ cry yourself to sleep *jezelf in slaap huilen* III WW • ~ **down** [ov] *naar beneden halen* • ~ **for** [onov] *schreeuwen om/van* • ~ **off** [onov] *afzien van* • ~ **out (against)** [onov] *(het) uitschreeuwen*; *luid protesteren* • ~ **out for** [onov] *schreeuwen om* IV ZN • *kreet*; *(ge)schreeuw*; *uitroep* • *schreeuw* ⟨v. dier⟩; *roep* ⟨v. vogel⟩ • *huilbui*; *gehuil* • *roep*; *smeekbede* • *publieke opinie* • *strijdkreet*; *leus* ★ a far cry from *in de verste verte niet lijkend op* ▼ in full cry *enthousiaste geluiden makend*

crybaby ('kraɪbeɪbɪ) ZN *huilebalk*

crying ('kraɪɪŋ) BNW ▼ a ~ shame *tenhemelschreiend* ▼ a ~ need *een schreeuwende behoefte*

crypt (krɪpt) ZN *crypte*

cryptic ('krɪptɪk) BNW *geheim(zinnig)*

cryptogram ('krɪptəgræm) ZN • *in geheimschrift geschreven stuk* • *cryptogram*

cryptography (krɪp'tɒgrəfɪ) ZN *geheimschrift*

crystal ('krɪstl) ZN • *kristal* • *horlogeglas*

crystal-gazing ZN *waarzeggerij* ⟨met glazen bol⟩

crystalline ('krɪstəlaɪn) BNW *kristallijn*; *transparant*

crystallize, G-B **crystallise** ('krɪstəlaɪz) I OV WW • *doen kristalliseren* • *vaste vorm geven* II ONOV WW • *(uit)kristalliseren* • *vaste vorm aannemen*

CSE AFK O&W Certificate of Secondary Education ≈ *vmbo-diploma*

CST AFK AUS. Central Standard Time *Centrale Standaardtijd* (tijdzone in centraal Australië)

ct, USA **ct.** AFK • cent *cent* • carat *karaat*

cu. AFK cubic *kubiek*

cub (kʌb) ZN • *welp*; *jong* ⟨v. beer, vos, leeuw⟩ • FIG. *groentje* ★ Cubs *welpen* ⟨padvinderij⟩

Cuban ('kju:bən) I ZN • *Cubaan* II BNW • *Cubaans*

cubbyhole ('kʌbɪhoʊl) ZN *gezellig hoekje*

cube (kju:b) I ZN • *kubus* • *blok(je)* • *dobbelsteen* II OV WW • WISK. *tot de derdemacht verheffen* • *in dobbelsteentje snijden*

cube root ZN WISK. *derdemachtswortel*

cubic ('kju:bɪk(l)) BNW • *kubiek* • *kubusvormig*

cubicle ('kju:bɪkl) ZN • *hokje*; *stemhokje* • *slaaphokje* • *kleedhokje*

cubism ('kju:bɪzəm) ZN *kubisme*

cubist ('kju:bɪst) I ZN • *kubist* II BNW • *kubistisch*

cuckold ('kʌkəʊld) I ZN • *bedrogen echtgenoot* II WW • *echtgenoot/echtgenote bedriegen*

cuckoo ('kʊku:) I ZN • *koekoek* II BNW • *gek*; *niet goed snik*

cuckoo clock ZN *koekoeksklok*

cuckoo pint ZN PLANTK. *aronskelk*

cucumber ('kju:kʌmbə) ZN *komkommer*

cud (kʌd) ZN • *cows chewing the cud herkauwende koeien* ▼ chew the cud *iets nog eens overdenken*

cuddle ('kʌdl) I OV WW • *knuffelen* II ONOV WW • *z. nestelen* • ~ **up against** *knus tegen elkaar gaan liggen* III ZN • *knuffel*

cuddly ('kʌdlɪ) BNW *aanhalig*

cudgel ('kʌdʒəl) I ZN • *knuppel* ▼ take up the ~s for sb *het voor iem. opnemen* II OV WW • *(neer)knuppelen* • ~ your brains about sth *je het hoofd breken over iets*

cue (kju:) I ZN • *signaal* • TON. *wachtwoord* • *keu* ▼ (right) on cue *(precies) op het goede moment* ▼ take your cue from *een voorbeeld nemen aan* II OV WW • *een seintje geven*

cuff (kʌf) I ZN • *manchet* • USA *broekomslag* • *tikje* ⟨met vlakke hand⟩ ★ INFORM. cuffs [mv] *handboeien* ▼ off the cuff *voor de vuist weg* II OV WW • *een tikje geven*

cufflink ZN *manchetknoop*

cuirass (kwɪ'ræs) I ZN • GESCH. *kuras* II OV WW • *pantseren*

cuisine (kwɪ'zi:n) ZN *cuisine*; *keuken*; *kookstijl*

cul-de-sac ('kʌldəsæk) ZN *doodlopende steeg/straat*

culinary ('kʌlɪnərɪ) ZN *culinair*; *keuken-*; *kook-*

cull (kʌl) I ZN • *het afmaken* ⟨v. zwakke beesten in kudde⟩ II OV WW • *afmaken* ⟨v. zwakke beesten in kudde⟩ • ~ **from** *selecteren uit*

culminate ('kʌlmɪneɪt) ONOV WW *culmineren*; *uitlopen*; *het toppunt bereiken*

culmination (kʌlmɪ'neɪʃən) ZN *hoogtepunt*; *toppunt*

culottes (kju:'lɒts) MV *broekrok*

culpability (kʌlpə'bɪlətɪ) ZN JUR. *(verwijtbare)*

cu

schuld

culpable ('kʌlpəbl) BNW • *schuldig* • JUR. *verwijtbaar*

culprit ('kʌlprɪt) ZN • *schuldige* • *boosdoener* • JUR. *beschuldigde; beklaagde*

cult (kʌlt) I ZN • *rage; verering* • *sekte* • *cultus; eredienst* II BNW • *cult-* ★ *cult movie cultfilm* ★ *cult figure idool*

cultivable ('kʌltɪvəbl) BNW *bebouwbaar; ontginbaar*

cultivate ('kʌltɪveɪt) OV WW • AGRAR. *cultiveren; bebouwen; ontginnen* • *verbouwen; kweken* • soms MIN. *in het gevlei proberen te komen; proberen voor je te winnen* • *vormen; ontwikkelen; cultiveren* ⟨v. gedrag, houding, enz.⟩ ★ ~ sb('s friendship) *iemands vriendschap zoeken*

cultivated ('kʌltɪveɪtɪd) BNW • *gecultiveerd; beschaafd; ontwikkeld* • AGRAR. *bebouwd; ontgonnen* • PLANTK. *gekweekt*

cultivation (kʌltɪ'veɪʃən) ZN • AGRAR. *cultivering; bebouwing; ontginning* • *beschaving; ontwikkeling*

cultivator ('kʌltɪveɪtə) ZN • *boer; kweker* • AGRAR. *kleine ploeg*

cultural ('kʌltʃərəl) BNW *cultureel*

culture ('kʌltʃə) I ZN • *cultuur; beschaving* • MED. *kweek* ⟨v. bacteriën⟩ • *(algemene) ontwikkeling* ★ ~ of confession *sorrycultuur* II OV WW • MED. *kweken*

cultured ('kʌltʃəd) BNW • *beschaafd; ontwikkeld* • MED. *gekweekt* ★ ~ pearls *cultivéparels*

culture shock ZN *cultuurschok*

culture vulture ZN *cultuurvreter*

culvert ('kʌlvət) ZN *duiker* ⟨onder een weg, enz. door⟩

cum (kʌm) VZ • *met; inclusief* • *tevens* ★ O&W cum laude *met lof* ★ bed-cum-sitting room *zit-slaapkamer*

cumbersome ('kʌmbəsəm) BNW • *moeilijk hanteerbaar; log* • *moeizaam*

cumin, cummin ('kʌmɪn) ZN *komijn*

cumulate ('kju:mjʊlət) I OV WW • *ophopen* II ONOV WW • z.*ophopen*

cumulative ('kju:mjʊlətɪv) BNW • *cumulatief; aangroeiend* • *op(een)hopend*

cumuli ('kju:mjʊlaɪ) ZN [mv] → **cumulus**

cumulus ('kju:mjʊləs) ZN *cumulus; stapelwolk*

cuneiform ('kju:nɪfɔ:m) ZN *spijkerschrift*

cunnilingus (kʌnɪ'lɪŋgəs) ZN *het beffen*

cunning ('kʌnɪŋ) I BNW • *sluw* • *knap* II ZN • *sluwheid* • *slimheid*

cunt (kʌnt) ZN • VULG. *kut* • MIN. *klootzak; kutwijf*

cup (kʌp) I ZN • *kop(je)* ⟨ook als maat⟩; *beker(tje)* • SPORT *(wedstrijd)beker* • *kelk*; REL. *(lijdens-/mis)kelk* • *cup* ⟨v. bh⟩ • *vruchtenbowl; punch* • USA *hole* ⟨v. golfbaan⟩ • VS, SPORT *toque* (bescherming v. genitaliën) ★ my cup was full *ik kon mijn geluk niet op/mijn verdriet niet aan* ★ SPORT lift the cup *winnen* ▾ INFORM. in your cups *aangeschoten* ★ not your cup of tea *niets voor jou* II OV WW • *tot een kom vormen* ★ in cupped hands *in de (holte v. d.) handen* ★ cup your ear *de hand achter het oor houden* ★ cup your hands round sth *je*

handen om iets heenleggen; iets in je handen nemen

cupboard ('kʌbəd) ZN • *kast* • G-B ★ built-in ~ *inloopkast* ▾ the ~ is bare *de koek is op* ▾ ~ love *geveinsde liefde* ⟨om iets te krijgen⟩

cupcake ZN *cakeje*

cup final, Cup Final ZN SPORT *bekerfinale*

cupful ('kʌpfʊl) ZN *kop(je)* ⟨inhoudsmaat: ±250ml⟩ ★ a ~ of flour *een kopje meel*

cupidity (kju:'pɪdətɪ) ZN *heb-/graaizucht*

cupola ('kju:pələ) ZN *koepel*

cuppa ('kʌpə) ZN INFORM. cup of ... *koppie/bakkie thee*

cup tie ZN *bekerwedstrijd*

cur (k3:) ZN *straathond*

curable ('kjʊərəbl) BNW *geneeslijk; te genezen*

curate ('kjʊərət) ZN • *hulppredikant* • *kapelaan* ⟨in r.k. kerk⟩ ▾ a ~'s egg *deels goed, deels slecht*

curative ('kjʊerətɪv) BNW *geneeskrachtig*

curator (kjʊə'reɪtə) ZN • *curator* • *conservator* ⟨in museum⟩

curb (k3:b) I ZN • FIG. *beteugeling; beperking* • USA → **kerb** II OV WW • FIG. *beteugelen; beperken* ★ curb your dogs! *hond in de goot!*

curbstone ('k3:bstəʊn) ZN USA • → **kerbstone**

curd, curds (k3:d(z)) ZN *stremsel; kwark*

curdle ('k3:dl) OV+ONOV WW *(doen) stremmen; (doen) stollen*

cure ('kjʊə) I OV WW • *genezen; beter maken* • FIG. *verhelpen* ⟨probleem, enz.⟩ • *behandelen* ⟨tegen bederf, rot enz.⟩ ★ cure sb of a disease *iem. genezen van een ziekte* II ZN • *geneesmiddel; remedie; kuur; behandeling* • *genezing* • FIG. *middel; oplossing* • *behandeling* ⟨tegen bederf, enz.⟩ ★ a cure for cancer *een middel tegen kanker*

cure-all ZN *wondermiddel; panacee*

curfew ('k3:fju:) ZN • *avondklok* • USA ★ have a 10 o'clock ~ *om 10 uur thuis moeten zijn*

curio ('kjʊərɪəʊ) ZN *rariteit*

curiosity (kjʊərɪ'ɒsətɪ) ZN • *nieuwsgierigheid* • *rariteit* ▾ idle ~ *zomaar uit nieuwsgierigheid* ▾ ~ killed the cat ≈ *je bent veel te nieuwsgierig* ⟨gezegde⟩

curious ('kjʊərɪəs) BNW • *nieuwsgierig* • *merkwaardig; eigenaardig* ★ ~ about *nieuwsgierig naar* ★ be ~ to find out *graag willen weten* ★ be ~ as to what happened *nieuwsgierig zijn naar wat er gebeurd is*

curl (k3:l) I ONOV WW • *krullen* • z. *oprollen* • *kronkelen; kringelen* ⟨v. rook⟩ II OV WW • *doen krullen* • *kronkelen om* • *smalend optrekken* ⟨v.mondhoeken⟩ III WW • ~ up [ov + onov] *(z.) oprollen; omkrullen; opkrullen* • [onov] *ineenkrimpen* [ov]; *ineen doen krimpen* ⟨v. schaamte⟩ IV ZN • *krul*

curler ('k3:lə) ZN *krulspeld*

curlew ('k3:lju:) ZN DIERK. *wulp*

curling ('k3:lɪŋ) ZN *curling; ijswerpen* ⟨spel op ijs⟩

curly ('k3:lɪ) BNW *gekruld; met krullen*

curmudgeon (kə'mʌdʒən) ZN OUD. *zuurpruim*

currant ('kʌrənt) ZN • *krent* • *bes*

currency ('kʌrənsɪ) ZN • *valuta; munteenheid* • *gangbaarheid* • *geldigheid* ★ paper ~ *papiergeld* ▾ foreign currencies *vreemde valuta* ★ gain ~ z. *verspreiden*

currency union ZN *monetaire unie*
current ('kʌrənt) I BNW • *actueel*; *lopend*; *huidig* • *gangbaar* • *geldig*; *geldend* II ZN • *stroming* ⟨v. lucht, water, enz.⟩ • ELEK. *stroom* • FIG. *stroming*; *tendens* ~ *alternating* ~ *wisselstroom* ★ *direct* ~ *gelijkstroom*
current account ZN *rekening-courant*; *lopende rekening*
currently ('kʌrəntlɪ) BIJW *tegenwoordig*; *op het ogenblik*
curricular (kə'rɪkjələ) BNW *m.b.t. het curriculum*
curriculum (kə'rɪkjələm) ZN [mv: *curricula/curriculums*] *curriculum*; *leerplan*; *onderwijsprogramma*
curriculum vitae (kə'rɪkjələm 'viːtaɪ) ZN *curriculum vitae*
curry ('kʌrɪ) I ZN • *kerrie* • *curry* ⟨Indiaas gerecht⟩ II OV WW • *curry maken* • USA *roskammen* ▾ MIN. ~ *favour with sb een wit voetje bij iem. halen*
curry powder ZN *kerriepoeder*
curse (kɜːs) I ZN • *vloek* • *vervloeking* • *plaag* ★ INFORM. *the* ~ *menstruatie* II ONOV WW • *vloeken* III OV WW • *vervloeken* • *plagen*; *kwellen* • ~ **with** *gebukt gaan onder*; *opgezadeld zitten met*
cursed ('kɜːsɪd) BNW *vervloekt*
cursive ('kɜːsɪv) BNW *lopend*; *schuin* ⟨v. handschrift⟩
cursory ('kɜːsərɪ) BNW *vluchtig*; *oppervlakkig*
curt (kɜːt) BNW *kortaf*; *bits*
curtail (kɜː'teɪl) OV WW • *beperken* • *inkorten*
curtailment (kɜː'teɪlmənt) ZN • *beperking* • *inkorting*
curtain ('kɜːtn) I ZN • *gordijn*; *scherm* • USA *vitrage* • TON. *doek* ★ *the final* ~ *het einde/de dood* ★ *draw the* ~s *de gordijnen open-/dichtdoen* ★ TON. *drop the* ~ *het doek laten zakken* ▾ INFORM. *be* ~s *(for sb) een verloren zaak (voor iem.) zijn* ▾ *bring down the* ~ *on sth een einde aan iets maken* II OV WW • *voorzien van gordijnen* • ~ **off** *afschermen* ⟨met gordijn⟩
curtain call ZN TON. *applaus* ⟨na optreden waarmee artiest wordt teruggeroepen⟩
curtain-raiser ZN TON. *voorprogramma*
curtness ('kɜːtnəs) ZN *kortafheid*; *bitsheid*
curtsy, curtsey ('kɜːtsɪ) I ZN • *reverence* ★ *drop/make a* ~ *to een reverence maken voor* II ONOV WW • *een reverence maken*
curvaceous (kɜː'veɪʃəs) BNW INFORM. *met goed gevormde rondingen* ⟨v. (vrouwelijk) lichaam⟩; *welgevormd*
curvature ('kɜːvətʃə) ZN *kromming*; *boog*; *(ver)buiging*
curve (kɜːv) I ZN • *curve*; *gebogen lijn* • *bocht* • *ronding*; *welving* • SPORT *effectbal* ★ *blind* ~ *gevaarlijke bocht* ⟨in weg⟩ II ONOV WW • *(z.) buigen*; *(z.) krommen*; *met een boog gaan*, *enz.*
cushion ('kuʃn) I ZN • *kussen* • FIG. *buffer* • *band* ⟨v. biljart⟩ II OV WW • *dempen* ⟨val, schok⟩ ★ ~ *the blow de klap verzachten*
cushy ('kuʃɪ) BNW INFORM. vaak: MIN. *gemakkelijk*; *fijn*; *lekker* ▾ *a* ~ *number een luizenbaantje*; *een makkie*
cusp (kʌsp) ZN • TECHN. *(snij)punt* • STERRENK.

hoorn ⟨v.d. maan⟩
cuss (kʌs) INFORM. • → **curse**
cussed ('kʌsɪd) BNW INFORM. *koppig*
custard ('kʌstəd) ZN *custard* ⟨warme vla⟩
custard pie ZN *taart* ⟨zoals gebruikt bij slapstick⟩
custodian (kʌ'stəudɪən) ZN • *bewaker*; *conservator*; *hoeder* • USA *conciërge*
custody ('kʌstədɪ) ZN • *voogdij* • JUR. *bewaring*; *hechtenis*; *detentie* ★ *in the* ~ *of onder de hoede van* ★ *remanded in* ~ *in voorarrest/voorlopige hechtenis* ★ *take into police* ~ *in hechtenis nemen*
custom ('kʌstəm) I ZN • *gebruik* • *gewoonte* • ECON. *klandizie* • ~s *(and excise)* [mv] *douane*; *invoerbelasting* ★ ~s *duty/duties* [mv] *invoerbelasting* ★ *go through* ~s *door de douane gaan* II BNW • *op maat*; *aangepast*
customary ('kʌstəmərɪ) BNW *gebruikelijk*
custom-built BNW *op bestelling*; *op maat*
customer ('kʌstəmə) ZN • *klant* • INFORM. *type* ⟨persoon⟩ ★ *a tough* ~ *een taaie*
customize, G-B **customise** ('kʌstəmaɪz) OV WW *aanpassen* ⟨aan wensen gebruiker⟩
customs officer ZN *douanebeambte*
cut (kʌt) I OV WW [onr.] • *snijden*; *door-/af-/wegsnijden* • *knippen*; *af-/bij-/wegknippen* • *uit-/weghakken* • *couperen* ⟨kaartspel⟩ • *slijpen* • *verwonden*; *pijn doen* • *verlagen*; *verminderen*; *inkorten* • *verwijderen* • *stoppen* • *verbreken* • A-V *monteren* ⟨v. film⟩ • *versnijden* ⟨v. drugs⟩ • *opnemen* ⟨muziek, voor cd enz.⟩ ★ ~ *an engine een motor afzetten* ★ ~ *it fine precies afpassen* ★ ~ *short overdrijven*; *de mond snoeren* ▾ COMP. ~ *and paste knippen en plakken* II ONOV WW • *(z. laten) snijden* • *knippen*; *hakken* • *stoppen* ★ ~ *loose from zich (met moeite) losmaken van* ▾ ~ *and run er vandoor gaan* ▾ *(not) cut it het (niet) maken* III WW • ~ **across** [onov] *overstijgen* • *strijdig zijn met* • *afsnijden*; *een kortere weg nemen* • ~ **back** [ov] *snoeien* • *verlagen*; *verminderen* • ~ **back on** [onov] *inkrimpen*; *bezuinigen* • ~ **down** [ov] *omhakken* • *verlagen*; *verminderen* • *kleiner maken* ★ FIG. *cut sb down to size iem. op zijn nummer zetten* • [onov] *minderen* • ~ **down on smoking** *minder gaan roken* • ~ **in** [ov] *laten meedelen* ★ *cut sb in on the profit iem. laten meedelen in de winst* • [onov] *aanslaan* ⟨v. motor⟩; *snijden* ⟨met auto⟩; *onderbreken* ★ *cut in on a conversation een gesprek interrumperen* • ~ **into** [onov] *aansnijden* • *onderbreken* • *een aanslag doen op* • ~ **off** [ov] *afsnijden* • *isoleren* • *stopzetten*; *afsluiten*; *blokkeren* • *onderbreken* • *uitsluiten*; *onterven* • ~ **out** [ov] *(uit)snijden*; *(uit)knippen* • *verwijderen* • *uitschakelen* • *ophouden*; *stoppen* • *verdringen*; *uitsluiten*; *tegenhouden* • [onov] *ermee stoppen* ★ *cut it out! houd op!*; *schei uit!* ★ *be cut out for sth geschikt zijn voor iets* • [onov] *weigeren*; *afslaan* ⟨v. motor⟩ • ~ **through** [onov] *z. een weg banen door*; *dwars door iets heen gaan*; *klieven door* ⟨water⟩ • ~ **up** [ov] *in stukken snijden* • *verwonden* • PSYCH. *erg aangrijpen* ★ *I was cut up about*

his death *zijn dood greep me erg aan* **IV** ZN
• *snee* • *knip* • *(snij)wond* • *iets dat is
uit-/afgesneden; (uit-/afgesneden) stuk*
• *verlaging; vermindering* • *coupe; knipbeurt*
⟨v. haar⟩ • *snit* ⟨v. kleding⟩ • *(aan)deel* • A-V
coupure; montage • *opname* ⟨v. cd⟩ ★ a cut in
pay *een loonsverlaging* ★ a cut of lamb *een
stuk lamsvlees* ★ director's cut *montage van de
regisseur* ★ FIG. short cut *kortere weg;
efficiëntere werkwijze* ▼ a cut above sb/sth *een
stuk beter dan iem./iets* ▼ cut and thrust *fel
debat* **V** BNW • *gesneden* • *geslepen* ⟨glas⟩
cut and dried BNW • *kant-en-klaar* • *bij voorbaat
vaststaand*
cutaway ('kʌtəweɪ) BNW *opengewerkt* ⟨v.
bouwtekening, enz.⟩
cutback ('kʌtbæk) ZN *bezuiniging*
cute (kju:t) BNW • *schattig* • INFORM., VS *leuk;
sexy* • *bijdehand*
cutesy ('kju:tsi) BNW INFORM. *aanstellerig*
cuticle ('kju:tɪkl) ZN *nagelriem*
cutie ('kju:tɪ) ZN INFORM. *schatje; aardig iem.*
cutlass ('kʌtləs) ZN GESCH. *kort zwaard*
cutlery ('kʌtlərɪ) ZN *bestek*
cutlet ('kʌtlɪt) ZN *kotelet*
cut-off ('kʌtɒf) ZN *grens; limiet* ★ ~s [mv]
afgeknipte spijkerbroek
cut-out ('kʌtaʊt) ZN • *uitsnede* • *knipsel* • ELEK.
stroomonderbreker
cut-price, USA **cut-rate** BNW *afgeprijsd* ★ ~
articles *afgeprijsde artikelen* ★ ~ store
discountwinkel
cutter ('kʌtə) ZN • *snijder; snijmachine* • A-V
montagetechnicus • SCHEEPV. *kotter* • SCHEEPV.
sloep ★ ~s [mv] *schaar; tang*
cut-throat ('kʌtθrəʊt) BNW *meedogenloos* ★ ~
competition *moordende concurrentie*
cutting ('kʌtɪŋ) **I** ZN • *knipsel* ⟨uit krant, enz.⟩
• *stek* ⟨v. plant⟩ • *doorgang* **II** BNW • *scherp;
grievend* ⟨opmerking⟩ • *snijdend* ⟨wind⟩
cutting-edge (kʌtɪŋ 'edʒ) BNW *uiterst
geavanceerd; experimenteel; innovatief*
cuttlefish ('kʌtlfɪʃ) ZN [mv: **cuttlefish**] *inktvis*
cutup ('kʌtʌp) ZN INFORM., VS *pias*
CV AFK *curriculim vitae cv* ⟨curriculum vitae⟩
c.w.o. AFK *cash with order vooruitbetaling*
cyan ('saɪən) ZN DRUKK. *cyaan* ⟨groen-blauw⟩
cyanide (saɪə'naɪd) ZN SCHEIK. *cyanide; cyaankali*
cybercafe ('saɪbəkæfeɪ) ZN *internetcafé*
cyberdating ('saɪbədeɪtɪŋ) ZN *internetdaten*
cybernetics (saɪbə'netɪks) ZN MV *cybernetica*
cyborg ('saɪbɔ:rg) ZN *cyborg* ⟨mens-robot⟩
cycle ('saɪkl) **I** ZN • *fiets; motorfiets* • *cyclus*
• *omwenteling* • ELEK. *periode* • NATK. *hertz*
II ONOV WW • *fietsen* • *in kring ronddraaien*
cycle track ZN *fietspad*
cyclic ('saɪklɪk), **cyclical** ('saɪklɪkl) BNW *cyclisch;
tot een cyclus behorend*
cycling ('saɪklɪŋ) ZN *het fietsen*
cyclist ('saɪklɪst) ZN *fietser*
cyclone ('saɪkləʊn) ZN *cycloon*
cyclopaedia (saɪklə'pi:dɪə) ZN *encyclopedie*
Cyclops ('saɪklɒps) ZN *cycloop*
cygnet ('sɪgnɪt) ZN *jonge zwaan*
cylinder ('sɪlɪndə) ZN *cilinder; rol* ▼ working/
firing on all ~s *op volle toeren draaien*

cylindrical (sə'lɪndrɪkl) BNW *cilindrisch*
cymbal ('sɪmbl) ZN MUZ. *cimbaal; bekken*
cynic ('sɪnɪk) **I** ZN • *cynicus* **II** BNW • *cynisch*
cynical ('sɪnɪkl) BNW *cynisch*
cynicism ('sɪnɪsɪzəm) ZN *cynisme*
cypher ('saɪfə) **I** ZN • → **cipher II** OV+ONOV WW
• → **cipher**
cypress ('saɪprəs) ZN *cipres*
Cypriot ('sɪprɪət) **I** ZN • *Cyprioot* **II** BNW
• *Cyprisch*
cyst (sɪst) ZN MED. *cyste; (beurs)gezwel*
czar (zɑ:) ZN *tsaar*
czarina (zɑ:'ri:nə) ZN *tsarina*
Czech (tʃek) **I** ZN • *Tsjech* **II** BNW • *Tsjechisch*
Czechoslovak (tʃekə'sləʊvæk) **I** ZN • GESCH.
Tsjecho-Slowaak **II** BNW • GESCH.
Tsjecho-Slowaaks

cu

D

d (di:) ZN letter *d* ★ D as in David *de d van Dirk*

'd (d) WW • had • → **have** • would • → **will**

D ZN • MUZ. *D* • O&W ≈ 3 à 4 ⟨schoolcijfer⟩ ★ a D for/in English *een onvoldoende voor Engels*

DA, USA **D.A.** AFK District Attorney *officier van justitie* ⟨bij arrondissementsrechtbank⟩

dab (dæb) **I** OV WW • ~ at *betten* • ~ **on** *op-/aanbrengen* **II** ZN • *veeg(je)*; *likje* ⟨verf⟩ • *tik(je)* • DIERK. *schar* ★ INFORM. dabs [mv] *vingerafdrukken*

dabble ('dæbl) ONOV WW • *plassen*; *ploeteren* ⟨in water⟩ • *liefhebberen* **(in/with** *in*)

dab hand ZN INFORM. *kei*; *expert*

dachshund ('dæksnd) ZN *teckel*; *taks*

dad (dæd) ZN INFORM. *pap*; *papa*

daddy ('dædɪ) ZN INFORM. *papa*; *pappie*

daddy-long-legs ZN INFORM. *langpootmug*

daffodil ('dæfədɪl) ZN PLANTK. *gele narcis*

daft (dɑːft) ZN INFORM. *gek*; *maf*

dagger ('dægə) ZN *dolk* ▼ at ~s drawn *op voet van oorlog* ▼ look ~s at sb *vernietigend/venijnig naar iem. kijken*

dago ('deɪɡəʊ) ZN MIN. *Zuid-Europeaan*

Dáil ('dɔɪl) ZN ▼ Dáil Éireann *Ierse Lagerhuis*

daily ('deɪlɪ) **I** BNW + BIJW • *dagelijks* **II** ZN • *dagblad* • OUD. *dienstmeisje*

dainty ('deɪntɪ) **I** BNW • *bevallig*; *delicaat* ⟨v. mensen/dingen⟩ • *gracieus* ⟨v. beweging⟩ • *verfijnd* ⟨v. smaak⟩ **II** ZN • *lekkernij*

dairy ('deərɪ) **I** ZN • *melkerij* • *zuivelfabriek* • *zuivelwinkel* **II** BNW • *zuivel-* • ~ products/ produce *zuivelproducten* ★ ~ cattle *melkvee*

dairying ('deərɪɪŋ) ZN *zuivelbereiding*

dairyman ('deərɪmən) ZN • *melkboer* • *melkveehouder* • *zuivelbereider*

dais ('deɪɪs) ZN *podium*

daisy ('deɪzɪ) ZN *madeliefje* ▼ pushing up (the) daisies *onder de groene zoden liggen*

daisy wheel ZN DRUKK. *margrietwiel*; *drukwiel*

dale (deɪl) ZN *dal* ⟨in noorden v. Engeland⟩

dally ('dælɪ) ONOV WW • OUD. *treuzelen*; *talmen* • OUD. *flirten/spelen* **(with** *met*)

dam (dæm) **I** ZN • *dam*; *dijk* **II** OV WW • ~ **up** *afdammen*; *opkroppen* ⟨v. gevoelens⟩

damage ('dæmɪdʒ) **I** ZN • *schade* ★ ~s [mv] *schadevergoeding* ★ EUF. collateral ~ *burgerslachtoffers* ⟨v. mil. aanval⟩ ▼ what's the ~? *wat is de schade?*; *wat kost 't?* **II** OV WW • *beschadigen* • *in diskrediet brengen*

damage control, **damage limitation** ZN USA *schadebeperking*

damask ('dæməsk) ZN *damast*

dame (deɪm) ZN • *dame*; *vrouwe* ⟨eretitel⟩ • VS, INFORM. *vrouw*; *mens*

dammit ('dæmɪt) TW *verdomme*

damn (dæm) **I** TW • *verdomme* **II** BNW+BIJW • *vervloekt* ★ that damn cat! *die rotkat!* ★ you know damn well that *je weet bliksemsgoed dat* ▼ know damn all about sth *geen donder van iets afweten* **III** ZN ▼ I don't give/care a damn *'t kan me geen donder schelen* **IV** OV WW • *vervloeken*; *verdoemen* • *afmaken*; *afkraken*

★ damn it! *(wel) verdomd!* ★ damn the fellow *die vervloekte kerel* ▼ damn with faint praise *het graf in prijzen* ▼ I'm damned if I know *ik mag hangen als ik 't weet* **V** ONOV WW • *vloeken*

damnation (dæm'neɪʃən) **I** ZN • *vervloeking*; *verdoemenis* **II** TW • *allejezus!*

damned (dæmd) BNW • *vervloekt*; *verdoemd* • *verdomd* ▼ USA the ~est thing I ever saw *'t meest verbazingwekkende wat ik ooit heb gezien*

damp (dæmp) **I** BNW • *vochtig*; *klam* **II** ZN • *vocht(igheid)* **III** OV WW • *bevochtigen* • *dempen* ⟨v. (geluids)trilling⟩ • ~ **down** *temperen*; *sussen*

damp course ZN ARCH. *vochtwerende laag*

dampen ('dæmpən) OV WW • *bevochtigen* • *dempen*

damper ('dæmpə) ZN • *demper* ⟨v. snaren⟩ • *regelklep* ⟨v. kachel⟩ • AUS. *ongezuurd brood* ▼ INFORM. put a ~ on sth *een domper op iets zetten*

damp-proof BNW *bestand tegen vocht*

damsel ('dæmzl) ZN LIT. *jongedame* ★ HUMOR. a ~ in distress *een jonkvrouw in nood*

dance (dɑːns) **I** OV WW • *dansen* **II** ONOV WW • *dansen* **(to** *op)* **III** ZN • *dans* • *bal*; *dansfeest* ▼ lead sb a pretty ~ *iem. het leven zuur maken*

dance hall ZN *danszaal*; *dancing*

dancer ('dɑːnsə) ZN *danser*

dancing ('dɑːnsɪŋ) ZN *het dansen*; *dans*

dandelion ('dændɪlaɪən) ZN *paardenbloem*

dandruff ('dændrʌf) ZN *(hoofd)roos*

dandy ('dændɪ) **I** ZN • *dandy*; *fat* **II** BIJW • USA *prima*; *uitstekend*

Dane (deɪn) ZN • *Deen* • GESCH. *Noorman* ★ Great Dane *Deense dog*

danger ('deɪndʒə) ZN *gevaar* ★ be in/out of ~ *in/buiten gevaar zijn*

danger area ZN *gevarenzone*

danger money ZN *gevarengeld*

dangerous ('deɪndʒərəs) BNW *gevaarlijk*

dangle ('dæŋgl) **I** OV WW • *laten bengelen* ★ ~ sth before/in front of sb *iem. een worst voor houden*; *iem. proberen te paaien* ▼ keep/leave sb dangling *iem. in het onzekere laten* **II** ONOV WW • *bengelen*

Danish ('deɪnɪʃ) BNW *Deens*

dank (dæŋk) BNW *kil*; *koud en vochtig*

Danube ('dæ'nju:b) ZN *Donau*

dapper ('dæpə) BNW *parmantig*; *kwiek*

dappled ('dæpld) BNW *gespikkeld*; *gevlekt*

dare (deə) **I** OV WW • *aandurven*; *trotseren* • *uitdagen*; *tarten* ★ they dared him to do it *ze daagden hem uit het te doen* **II** HWW • *durven* ★ she didn't dare (to) say it *ze durfde het niet te zeggen* ▼ don't you dare! *waag het niet!* ▼ I dare say... *waarschijnlijk...*; *ik neem aan dat...* **III** ZN • *do sth for/*USA on a dare *je niet laten kennen*; *iets doen omdat je wordt uitgedaagd*

daredevil ('deədevl) **I** ZN • *waaghals* **II** BNW • *waaghalzerig*

daresay ('deəseɪ) HWW ▼ I ~... *waarschijnlijk...*; *ik neem aan dat...*

daring ('deərɪŋ) **I** ZN • *durf* **II** BNW • *gedurfd*

da

• *gewaagd*; *uitdagend*

dark (dɑːk) **I** BNW • *donker* • *somber*; *zwart* • *duister*; *geheim(zinnig)* • *slecht*; *kwaad* ▼ keep sth dark *iets onder de pet houden* **II** ZN • *(het) donker* ▼ be in the dark (about sth) *(omtrent iets) in het duister tasten*

darken ('dɑːkən) WW • *donker maken/worden*; *verduisteren* • *een schaduw werpen*; *triest stemmen*; *boos maken* ★ his face ~ed *hij keek boos* ▼ OUD. never ~ my door again! *je komt er bij mij niet meer in!*

darkness ('dɑːknəs) ZN *het donker*; *duisternis*

darkroom ('dɑːkruːm) ZN *donkere kamer*; *doka*

darling ('dɑːlɪŋ) **I** • *lieveling* ★ INFORM. he is such a ~! *'t is toch zo'n lieverd!* ★ he's the ~ of the BBC *hij kan bij de BBC geen kwaad doen* **II** BNW • *geliefd*; *lief(ste)* ★ INFORM. a ~ dress! *een schattig jurkje!*

darn (dɑːn) **I** ONOV WW • *stoppen* ⟨v. sokken⟩ **II** ZN • *stop* **III** BIJW ★ it's a darn good film *'t is een verdraaid goede film* **IV** TW ▼ VS, INFORM. darn it! *verdraaid!* ▼ VS, INFORM. I'll be darned! *krijg nou wat!*

darned (dɑːnd) BNW+BIJW USA *verdraaid*

dart (dɑːt) **I** ONOV WW • *rennen*; *stuiven* ★ dart across the room *door de kamer stormen* **II** OV WW ★ dart a glance/look at sb *iem. een snelle blik toewerpen* **III** ZN • *dartpijltje* • *plotselinge sprong*; *uitval* • PSYCH. *aanval*; *opwelling* • *figuurnaad* ★ darts [mv] *darts*

dash (dæʃ) **I** ZN • *onstuimige aanval*; *snelle vaart* • *scheutje*; *tintje*; *tikje* • *gedachtestreepje* • SPORT *sprint* • *zwier* • AUTO., VS *dashboard* ★ with a dash of brandy *met een scheutje cognac* ★ make a dash for the pub *zo snel mogelijk in de kroeg zien te komen* ▼ make a dash for it *snel proberen te ontsnappen* ▼ cut a dash *een wervelende indruk maken* **II** ONOV WW • ~ (off) *snel lopen/weggaan*; *vlug weg wezen*; *zich snel uit de voeten maken* **III** OV WW • *smijten*; *smakken*; *slaan* ★ dash to pieces *verpletteren* ★ dash away tears *tranen haastig wegvegen* ▼ OUD. dash it (all)! *verdikkeme!* ▼ dash sb's hope *iemands hoop de bodem in slaan* • ~ off *iets haastig opschrijven/tekenen*

dashboard ('dæʃbɔːd) ZN • AUTO. *dashboard* • *instrumentenpaneel*

dashing ('dæʃɪŋ) BNW • *energiek*; *aantrekkelijk* ⟨v. man⟩ • *zwierig*; *chic* ⟨v. ding⟩

data ('deɪtə) ZN MV *data*; *informatie*; *gegevens*

data entry ZN *gegevensinvoer*

data processing ZN COMP. *dataverwerking*

data protection ZN COMP. *wettelijke bescherming v. computergegevens*

date (deɪt) **I** ZN • *datum* • G-B *afspraak* • *(romantisch) afspraakje* • USA *vriend(in) waarmee je een afspraak hebt* • *dadel(palm)* ★ blind date *afspraak met onbekende* ★ at an early date *binnenkort* ★ at a later date *later* ★ due date *vervaldatum* ★ out of date *verouderd*; *verlopen* ★ to date *tot nu toe* ★ up to date *modern*; *bij(gewerkt)* ★ fix a date *een datum vaststellen* ★ have a hot date *een spannend afspraakje hebben* ★ marked with a use-by date *voorzien van houdbaarheidsdatum* ▼ to date *tot op dit moment* **II** OV WW

• *dateren*; *dagtekenen* • *ouderdom vaststellen van* • *(geregeld) uitgaan met*; *verkering hebben met* **III** ONOV WW • *verouderen*; *uit de tijd raken* • *de kenmerken van de tijd dragen* • ~ back to *dateren/stammen uit*

dated ('deɪtɪd) BNW *gedateerd*; *ouderwets*

date line ('deɪtlaɪn) ZN ★ international ~ *meridiaan waar de datum verspringt* • *dagtekening* ⟨v. bericht⟩

date rape ZN *verkrachting* ⟨na avondje stappen⟩

dative ('deɪtɪv) ZN TAALK. *dativus*

datum ('deɪtəm) ZN *gegeven*

daub (dɔːb) **I** ZN • *pleisterkalk* • *lik* ⟨verf⟩; *veeg* ⟨lippenstift⟩ • *kladschilderij* **II** OV WW • *bepleisteren* • *bekladden*; *besmeren*

daughter ('dɔːtə) ZN *dochter*

daughter-in-law ZN *schoondochter*

daunt (dɔːnt) OV WW *ontmoedigen*; *bang maken* ★ a ~ing task *een afschrikwekkende opdracht* ▼ FORM. nothing ~ed *onverschrokken*; *resoluut*

dauntless ('dɔːntləs) BNW *onverschrokken*; *resoluut*

dawdle ('dɔːdl) ONOV WW • *beuzelen*; *lummelen* • *treuzelen*

dawn (dɔːn) **I** ZN • *dageraad* • *de eerste tekenen van* ▼ leave at dawn *vertrekken bij het ochtendgloren* ★ we arrived as dawn broke *wij kwamen aan bij het krieken van de dag* ★ from dawn till dusk *van de vroege ochtend tot de late avond* **II** ONOV WW • *dagen*; *licht worden* • *aanbreken* • FIG. *ontluiken* ★ it dawned (up)on me *'t begon me te dagen*; *'t werd me duidelijk*

day (deɪ) ZN • *dag* • *(bepaalde) tijd* ★ a day per *dag* ★ all (the) day *de hele dag* ▼ by day *overdag* ▼ the other day *onlangs* ▼ a day of reckoning *het uur der waarheid* ▼ one/some day *op zekere dag*; *op een goede dag* ▼ these days *tegenwoordig* ▼ one of these days *vandaag of morgen* ▼ one of those days *een rotdag* ▼ IRON. that will be the day *dat moeten we nog zien* ▼ day after day *dag aan dag* ▼ day by day *steeds*; *elke dag een beetje* ▼ all in a day's work *niets bijzonders* ▼ any day (now) *heel gauw* ▼ from day one *vanaf de allereerste dag*; *meteen* ▼ from one day to the next *van de een op de andere dag* ▼ (save up) for a rainy day *'n appeltje voor de dorst (bewaren)* ▼ in this day and age *vandaag de dag* ▼ to the day *precies*; *op de kop af* ▼ to this day *nu nog* ▼ carry/win the day *de slag winnen* ▼ have had your day *je beste tijd gehad hebben* ▼ have seen/known better days *betere tijden gekend hebben* ▼ lose the day *de slag verliezen* ▼ make sb's day *iemands dag goed maken* ▼ take it/things one day at a time *het rustig aan doen* ▼ it's early days (yet) *we staan nog maar aan 't begin*

Day ZN ★ Great/Latter Day *de Laatste Dag* ⟨Dag des oordeels⟩ ★ Day of Judgment *Dag des Oordeels* ★ All Souls' Day *Allerzielen* ★ All Saints' Day *Allerheiligen*

daybreak ('deɪbreɪk) ZN *het aanbreken v.d. dag*

day care ZN *dagopvang* ⟨voor kleine kinderen/zieken/bejaarden⟩

day centre, day care centre ZN *dagverblijf*

⟨voor kleine kinderen/zieken/bejaarden⟩
daydream ('deɪdri:m) I ZN • *dagdroom* II ONOV WW • *dagdromen*

daylight ('deɪlaɪt) ZN *daglicht* • ~s [mv] *levenslicht* ★ ~ saving time *zomertijd* ★ before ~ *voor het licht wordt* ★ in broad ~ *op klaarlichte dag* ▾ beat/knock the (living) ~s out of sb *iem. aftuigen* ▾ scare the (living) ~s out of sb *iem. de stuipen op het lijf jagen*

daylong ('deɪlɒŋ) BNW + BIJW *een hele dag durend*

day nursery ZN *crèche*

day off ZN *vrije dag*

day out ZN *dagje uit*

day pupil ZN *externe leerling*

day release ZN *studiedag; studieverlof*

day return ZN *dagretour*

day school ZN • *dagschool* • *eendaagse cursus*

daytime ('deɪtaɪm) ZN • in the ~ *overdag*

day-to-day BNW ★ on a ~ basis *per dag*

day tripper ZN *dagjesmens*

daze (deɪz) I ZN • *verbijstering* ▾ in a daze *als verdoofd; verbijsterd* II OV WW • *verbijsteren; doen duizelen*

dazzle ('dæzl) I ZN • *schittering* • *verbijstering* II OV WW • *verblinden* • *verbijsteren* ▾ he ~d her with his charm *zijn charme deed haar duizelen*

dazzling ('dæzlɪŋ) BNW *(oog)verblindend; verbijsterend*

DBE AFK Dame Commander of the British Empire *Dame-Commandeur van het Britse Rijk*

DC AFK • direct current *DC* (gelijkstroom) • District of Columbia *District Columbia* • MUZ. da capo *DC*

D-Day ('di:deɪ) AFK • Decision Day *dag van invasie* ⟨WO II⟩ • *kritische begindag*

de- (dɪ) VOORV *de-; ont-; af-*

deacon ('di:kən) ZN • *diaken* • *ouderling*

deaconess (di:kə'nes) ZN *lekenassistente* ⟨protestantse kerk⟩; *vrouwelijke diaken* ⟨r.-k. en anglicaanse Kerk⟩

deactivate (di:'æktɪveɪt) OV WW *onschadelijk maken; demonteren* ⟨v. bom⟩

dead (ded) I BNW • *dood* • *achterhaald* ⟨v. plan/idee⟩ • *in onbruik* • *niet meer bruikbaar* • *leeg* ⟨v. batterij⟩; *buiten werking* ⟨v. machine/telefoon⟩ • *doods; uitgestorven* ⟨v. plaats⟩ • INFORM. *slap* ⟨v. handel⟩ • INFORM. *doodop* • *gevoelloos* • *dof; mat* ⟨v. stem⟩ • *absoluut; totaal* • SPORT *uit* ⟨v. bal⟩ • *uitgedoofd* ★ be dead to *ongevoelig zijn voor* ★ dead calm *doodse stilte* ★ dead centre *precies in het midden* ▾ dead as a/the dodo *dood als een pier* ▾ a dead duck *een fiasco* ▾ dead as a doornail *dood als een pier* ▾ dead and gone *dood en begraven* ▾ dead in the water *mislukt* ▾ if he finds out, I'm dead meat *als hij er achter komt, dan zwaait er wat* ▾ dead to the world *in diepe slaap* ▾ over my dead body *over mijn lijk* ▾ she wouldn't be seen/caught dead... *zij zou zich dood schamen...* II ZN • the dead *de doden* ▾ in the dead of night/at dead of night *in het holst v.d. nacht* ▾ in the dead of winter *in hartje winter* III BIJW • *volkomen* • *uiterst* ★ dead

against *mordicus tegen* ★ dead slow *zeer langzaam* ★ be dead set on getting sth *vastbesloten zijn iets te krijgen* ★ stop dead in your tracks *plotseling stokstijf stilstaan* ▾ cut sb dead *iem. negeren*

deadbeat ('dedbi:t) ZN • VS, INFORM. *nietsnut; uitvreter* • VS, INFORM. *wanbetaler*

dead beat BNW INFORM. *doodop; bekaf*

deaden ('dedn) OV WW • *dempen* ⟨v. geluid⟩; *verzachten; stillen* ⟨v. pijn⟩; *dof maken* ⟨v. kleur⟩ • *verdoven; ongevoelig maken*

dead end I ZN • *slop; doodlopende straat* • *dood punt* II BNW ★ a dead-end job *een uitzichtloze baan*

deadline ('dedlaɪn) ZN *deadline; tijdslimiet*

deadlock ('dedlɒk) ZN *impasse*

deadly ('dedlɪ) BNW + BIJW • *dodelijk; fataal* • *van een dodelijke precisie* • G-B, INFORM. *oersaai* ★ the seven ~ sins *de zeven hoofdzonden*

deadpan ('dedpæn) BNW *met uitgestreken/stalen gezicht*

deaf (def) BNW • *doof* ★ the deaf [zn] *de doven* ★ deaf to *doof voor* ★ deaf and dumb FORM. *doofstom*

deafen ('defən) OV WW *doof maken*

deafening ('defənɪŋ) BNW *oorverdovend*

deal (di:l) I OV WW [onr.] • *geven* ⟨bij kaartspel⟩ • *dealen* • ~ in *handelen in; behandelen* • ~ out *toekennen; uitdelen; delen* ⟨v. kaarten⟩ • ~ with *behandelen; aanpakken; zaken doen met* II ZN • *transactie; overeenkomst* • *(vuil) zaakje* • *'t geven; gift* ⟨kaartspel⟩ • *vurenhout(en plank)* ★ big deal! IRON. *geweldig!* ★ a good deal *aardig wat* ★ a great deal *heel wat* ★ fair/square deal *eerlijke behandeling* ★ it's a deal! *afgesproken!* ★ my deal *ik moet geven* ⟨bij kaartspel⟩ ★ POL. New Deal *economisch herstelplan v.d. VS (1932)* ★ raw/rough deal *onheuse behandeling* ★ cut/strike a deal *een deal maken; elkaar tegemoet komen* ▾ INFORM. what's the deal? *wat gaan we doen?*

dealer ('di:lə) ZN • *handelaar* • *dealer* • *gever* ⟨bij kaartspel⟩

dealing ('di:lɪŋ) ZN • *behandeling; aanpak* • *manier v. zaken doen* • *het handelen* ★ have ~s with *zaken doen met; te maken hebben met*

dealt (delt) WW [verleden tijd + volt. deelw.] • → **deal**

dean (di:n) ZN • REL. en JUR. *deken* • O&W *decaan* ⟨v. faculteit⟩ • O&W *studentenadviseur (met disciplinaire bevoegdheden)* ⟨in Oxford/Cambridge⟩

deanery ('di:nərɪ) ZN • *decanaat* • *ambtsgebied/ -woning v. deken*

dear (dɪə) I BNW • *lief; dierbaar; duur; kostbaar* ★ Dear Sir *Geachte heer* ⟨aanhef boven brief⟩ ★ IRON. my dear sir *waarde heer* ★ what a dear little thing *wat een schatje* ★ run for dear life *lopen voor je leven* II TW ★ dear, oh dear! *goeie hemel!* ★ oh dear! *jemig!* III ZN • *schat(je)* • *liefste* • *kindje* ⟨v. oudere tot kind⟩

dearest ('dɪərɪst) I BNW ★ Dearest Janet *Lieve Janet* ⟨aanhef boven brief⟩ ★ her ~ wish *haar diepste wens* II ZN • *liefste*

de

dearie ('dɪərɪ) ZN G-B, OUD. *liefje*
dearly ('dɪəlɪ) BIJW • *heel erg*; *zeer • duur* ★ it cost her ~ *het heeft haar heel wat gekost*
dearth (dɜːθ) ZN • *schaarste • gebrek*
death (deθ) ZN • *dood • (het) sterven • sterfgeval* • *einde*; *vernietiging* ★ ~ and destruction *dood en verderf* ★ the Black Death *de Zwarte Dood* ⟨pest⟩ ▼ be at ~'s door *op sterven na dood zijn* ▼ like ~ warmed up/USA over *zo ziek als een hond* ▼ to ~ *heel erg*; *extreem* ▼ to the ~ *tot aan de dood* ▼ be the ~ of sb *iemands dood zijn* ▼ do sth to ~ *iets tot vervelens toe doen* ▼ fight to the ~ *een gevecht op leven en dood* ▼ frighten/scare sb to ~ *iem. de doodschrik op het lijf jagen* ▼ put to ~ *ter dood brengen*
deathbed ('deθbed) ZN *doodsbed*
death blow ZN *doodklap*; *genadeslag*
death certificate ZN *overlijdensakte*
deathless ('deθləs) BNW LIT. *onsterfelijk*
deathly ('deθlɪ) BNW • *dodelijk • doods-*
death penalty ZN *doodstraf*
death rate ZN *sterftecijfer*
death roll ZN *lijst v. sterfgevallen/gesneuvelden*
death row ZN *dodencellen* ★ be on deathrow *in een dodencel zitten; op executie wachten*
death sentence ZN *doodstraf*
death's head ZN *doodshoofd*
death tax ZN USA *successiebelasting*
death throes MV *doodsstrijd*; *agonie*
death trap ('deθtræp) ZN • *val* • *levensgevaarlijke plek*
death warrant ('deθwɒrənt) ZN *executiebevel*
debacle (deɪ'bɑːkl) ZN *debacle*
debar (dɪ'bɑː) OV WW • *uitsluiten* (from *van*) • *verhinderen* (om te)
debark (dɪ'bɑːk) ONOV WW *ontschepen*; *van boord gaan*
debarkation (diːbɑː'keɪʃən) ZN *ontscheping*
debase (dɪ'beɪs) OV WW • *neerhalen*; *vernederen*
debasement (dɪ'beɪsmənt) ZN • *vernedering* • *ontwaarding*
debatable (dɪ'beɪtəbl) BNW • *aanvechtbaar* • *omstreden*
debate (dɪ'beɪt) I OV WW • *bespreken* • *overwegen* II ONOV WW • *debatteren* (on, about, over *over*) • *overleggen* III ZN • *debat* ★ full-dress ~ *groots opgezet debat* ★ the subject under ~ *het onderwerp v. discussie* ★ be open to ~ *ter discussie staan*
debauched (dɪ'bɔːtʃt) BNW *losbandig*; *liederlijk*
debauchery (dɪ'bɔːtʃərɪ) ZN *losbandigheid*
debenture (dɪ'bentʃə) ZN ECON. *obligatie*
debilitate (dɪ'bɪlɪteɪt) OV WW *verzwakken*
debility (dɪ'bɪlətɪ) ZN *zwakte*; *zwakheid*
debit ('debɪt) I ZN • *debetzijde*; *debetpost* ★ direct ~ *automatische incasso* II OV WW • *debiteren*
debonair (debə'neə) BNW OUD. *joviaal*; *voorkomend*
debrief (diː'briːf) OV WW MIL. *nabespreken*; *ondervragen over uitgevoerde taak*
debris ('debriː/də'briː) ZN • *puin • resten*
debt (det) ZN *(financiële) schuld* ★ national debt *staatsschuld* ★ out of debt *vrij van schuld* ★ be in debt *in de schulden zitten* ★ run into/up debt(s) *schulden maken* ▼ FORM. be in sb's debt *iem. dank verschuldigd zijn*; *bij iem. in het krijt*

staan
debt collector ('detkəlektə) ZN *incasseerder*
debtor ('detə) ZN *schuldenaar*; *debiteur*
debug (diː'bʌg) OV WW COMP. *fouten opsporen en verwijderen*
debunk (diː'bʌŋk) OV WW • *doorprikken*; *onderuit halen* ⟨v.theorie⟩ • *tot ware proporties terugbrengen* ⟨v. reputatie⟩
debut, début ('deɪbjuː) ZN *debuut*
decade ('dekeɪd) ZN *decennium*
decadence ('dekədns) ZN *decadentie*
decadent ('dekədnt) BNW MIN. *decadent*; *genotzuchtig*
decalcify (diː'kælsɪfaɪ) OV WW *ontkalken*
Decalogue ('dekəlɒg) ZN *de 10 geboden*
decamp (dɪ'kæmp) ONOV WW *ervandoor gaan*; *met de noorderzon vertrekken*
decant (dɪ'kænt) OV WW *voorzichtig uitschenken* ⟨v. wijn⟩; *overschenken*
decanter (dɪ'kæntə) ZN *wijnkaraf*
decapitate (dɪ'kæpɪteɪt) OV WW *onthoofden*
decathlete (də'kæθliːt) ZN *tienkamper*
decathlon (dɪ'kæθlən) ZN *tienkamp*
decay (dɪ'keɪ) I OV WW • *doen vervallen*; *bederven* II ONOV WW • *vervallen*; *bederven*; *rotten* III ZN • *bederf • verval*
decease (dɪ'siːs) ZN FORM. /JUR. *het overlijden*
deceased (dɪ'siːst) BNW FORM. /JUR. *overleden*; *pas gestorven* ★ the ~ *de overledene(n)*
decedent (dɪ'siːdnt) ZN VS, JUR. *overledene*
deceit (dɪ'siːt) ZN • *bedrog • bedrieglijkheid*
deceitful (dɪ'siːtful) BNW *bedrieglijk*
deceive (dɪ'siːv) OV WW *bedriegen*; *misleiden* ★ ~ yourself *jezelf voor de gek houden*
decelerate (diː'seləreɪt) I OV WW • *vaart doen verminderen* II ONOV WW • *vaart minderen*
deceleration (diːselə'reɪʃən) ZN *snelheidsvermindering*
deceleration lane ZN *uitrijstrook*
December (dɪ'sembə) ZN *december*
decency ('diːsənsɪ) ZN *fatsoen* ★ the decencies [mv] *goede omgangsvormen* ★ a lack of common ~ *een gebrek aan goed fatsoen*
decent ('diːsənt) BNW • *behoorlijk*; *fatsoenlijk* • INFORM. *geschikt*; *aardig • netjes*; *gepast* ★ don't come in, I'm not ~ *niet binnenkomen, ik ben niet aangekleed* ▼ to do the ~ thing *doen wat je hoort te doen*
decentralize, G-B **decentralise** (diː'sentrəlaɪz) OV+ONOV WW *decentraliseren*
deception (dɪ'sepʃən) ZN • *bedrog • misleiding*
deceptive (dɪ'septɪv) BNW *bedrieglijk*; *misleidend*
decibel ('desɪbel) ZN *decibel*
decide (dɪ'saɪd) I OV WW • *beslissen*; *uitmaken* ★ that ~d me *dat gaf de doorslag* II ONOV WW • *beslissen* ★ the judge ~d in his favour *de rechter stelde hem in 't gelijk* ★ ~ on/upon *een besluit nemen over*
decided (dɪ'saɪdɪd) BNW • *beslist • uitgesproken*
decider (dɪ'saɪdə) ZN SPORT *beslissingswedstrijd*
deciduous (dɪ'sɪdjʊəs) BNW • *regelmatig af-/uitvallend • vergankelijk* ★ ~ tree *loofboom*
decimal ('desɪml) I ZN • WISK. *tiendelige breuk* • *decimaal* II BNW • *tientallig • decimaal* • WISK. *tiendelig* ⟨v. breuk⟩ ★ ECON. go ~ *overgaan op het decimale stelsel*

decimalize, G-B **decimalise** ('desɪməlaɪz) OV WW *tiendelig maken*

decimate ('desɪmeɪt) OV WW • *decimeren* • INFORM. *sterk verzwakken*

decipher (dɪ'saɪfə) OV WW *ontcijferen*

decision (dɪ'sɪʒən) ZN • *beslissing; besluit* • *vastberadenheid* ★ make/take a ~ *een beslissing nemen*

decision-making ZN *besluitvorming*

decisive (dɪ'saɪsɪv) BNW • *beslissend* • *beslist* ★ take ~ action *doortastend optreden*

deck (dek) I ZN • *dek; verdieping* ⟨v. bus, enz.⟩ • USA *spel kaarten* • USA *veranda* • *(cassette)deck* ★ main deck *eerste tussendek* ⟨op schip⟩ II OV WW • INFORM. *vloeren* • ~ **out** *versieren; mooi aankleden*

deckchair ('dektʃeə) ZN *dekstoel; (opvouwbare) ligstoel*

deckhand ('dekhænd) ZN *dekmatroos*

deck shoe ZN *gymschoen*

declaim (dɪ'kleɪm) I OV WW • *declameren; voordragen* II ONOV WW • *uitvaren* (**against** *tegen); luid protesteren*

declamation (deklə'meɪʃən) ZN • *voordracht* ⟨v. poëzie⟩ • *tirade; donderpreek*

declamatory (dɪ'klæmətərɪ) BNW FORM. *hartstochtelijk; vurig*

declaration (deklə'reɪʃən) ZN • *verklaring* • *aangifte* ⟨belasting, enz.⟩ ★ USA the Declaration of Independence *de onafhankelijkheidsverklaring* ★ the Universal Declaration of Human Rights *Universele Verklaring van de Rechten van de Mens*

declare (dɪ'kleə) OV WW • *verklaren* • *vaststellen* • *aangifte doen* (bij belasting, enz.) ★ ~ against/for sb/sth *z. tegen/voor iem./iets uitspreken*

declared (dɪ'kleəd) BNW *erkend; openlijk* ★ a ~ opponent of this policy *een verklaard tegenstander van dit beleid*

declassify (di:'klæsɪfaɪ) OV WW *vrijgeven* ⟨v. geheime informatie⟩

decline (dɪ'klaɪn) I ZN • *afname; terugval* • *daling • helling naar beneden • moral ~ moreel verval* ★ be on the ~/in ~ *afnemen; achteruit gaan* ★ fall into (a) ~ *in verval raken* II OV WW • *(beleefd) afwijzen; (beleefd) weigeren* • TAALK. *verbuigen* III ONOV WW • *dalen; afnemen; achteruitgaan • afslaan; z. onthouden van • zakken* ⟨v. zon⟩

decode (di:'kəʊd) OV WW *decoderen; omzetten uit code*

décolletage (deɪkɒl'tɑːʒ) ZN *decolleté*

décolleté (deɪ'kɒlteɪ) I ZN • *decolleté* II BNW • *gedecolleteerd; laag uitgesneden*

decolonization, G-B **decolonisation** (di:kɒlənaɪ'zeɪʃn) OV WW *dekolonisatie*

decommission (di:kə'mɪʃn) OV WW *ontmantelen*

decompose (di:kəm'pəʊz) I OV WW • *ontleden* II ONOV WW • *rotten • ontbinden*

decomposition (di:kɒmpəzɪʃən) ZN *ontbinding; afbraak; desintegratie*

decompress (di:kəm'pres) OV WW *druk verlagen; druk wegnemen*

decongestant (di:kən'dʒestnt) ZN *anticongestiemiddel*

decontaminate (di:kən'tæmɪneɪt) OV WW *ontsmetten*

decontrol (di:kn'trəʊl) ZN USA *deregulering; opheffing* ⟨v. staatstoezicht⟩

decor ('deɪkɔː) ZN *inrichting; (toneel)decor*

decorate ('dekəreɪt) OV WW • *versieren* • *schilderen en/of behangen • decoreren; ridderen*

decoration (dekə'reɪʃən) ZN • *versiering; decoratie • het schilderen en/of behangen • onderscheidingsteken; lintje*

decorative ('dekərətɪv) BNW *decoratief*

decorator ('dekəreɪtə) ZN • *huisschilder; behanger • decorateur • interior ~ binnenhuisarchitect; interieurontwerper*

decorous ('dekərəs) BNW *waardig; fatsoenlijk*

decorum (dɪ'kɔːrəm) ZN • *decorum • waardigheid; fatsoen*

decoy[1] ('di:kɔɪ) ZN • *lokeend; lokvogel • lokmiddel*

decoy[2] (di:'kɔɪ) OV WW • *lokken • in de val lokken*

decrease[1] ('di:kri:s) ZN *afname*

decrease[2] (di:'kri:s) I OV WW • *doen afnemen; doen dalen* II ONOV WW • *afnemen; dalen*

decree (dɪ'kri:) I OV WW • *bepalen; verordonneren* II ZN • *bevel; decreet; gebod • vonnis* ★ rule by ~ *per/bij decreet regeren*

decrepit (dɪ'krepɪt) BNW • *vervallen • versleten*

decrepitude (dɪ'krepɪtju:d) ZN • *toestand van verval • afgeleefdheid*

decry (dɪ'kraɪ) OV WW *openlijk afkeuren* ★ ~ as *uitmaken voor*

dedicate ('dedɪkeɪt) WW • *wijden; in dienst stellen van • opdragen • inwijden*

dedicated ('dedɪkeɪtɪd) BNW • *toegewijd • specifiek bedoeld voor*

dedication (dedɪ'keɪʃən) ZN • *toewijding • plechtige opening* ⟨v. gebouw enz.⟩ • *opdracht*

deduce (dɪ'dju:s) OV WW • *deduceren; afleiden • concluderen* ★ we can ~ from this *wij kunnen hier uit afleiden*

deduct (dɪ'dʌkt) OV WW *aftrekken; in mindering brengen*

deductible (dɪ'dʌktɪbl) I BNW • *aftrekbaar* ⟨v. belastingen⟩ II ZN • *aftrekpost*

deduction (dɪ'dʌkʃən) ZN • *deductie • conclusie • aftrek; korting*

deductive (dɪ'dʌktɪv) BNW *deductief*

deed (di:d) ZN • FORM. *daad* • [meestal mv] *eigendomsakte* ★ a good deed *een goede daad*

deem (di:m) I OV WW • *achten* II ONOV WW • *oordelen*

deep (di:p) I BNW • *diep(liggend); hoog* ⟨sneeuw⟩ • *laag; zwaar* ⟨v. geluid⟩ • *diepzinnig; moeilijk; ontoegankelijk • ernstig; hevig; zwaar* ⟨drinker⟩ ★ he is a deep one *hij is moeilijk te doorgronden* ★ in deep water(s) *zwaar in de problemen* ▼ go off the deep end *uit zijn vel springen; plotseling enorm tekeer gaan* ▼ jump in at the deep end *een sprong in het duister wagen* ▼ be thrown in at the deep end *in het diepe gegooid worden; voor het blok gezet worden* II BIJW • *diep* ▼ deep down *diep van binnen* ▼ still waters run deep *stille wateren*

de

hebben diepe gronden III ZN • LIT. [the deep] *de diepte; de zee*
deepen ('di:pən) I OV WW • *dieper maken; verdiepen* • *doen toenemen* II ONOV WW • *dieper worden; toenemen* • *donkerder worden* ⟨v. kleur⟩; *lager worden* ⟨v. geluid, stem⟩
deep-fry OV WW *frituren*
deeply ('di:plɪ) BIJW • *diep* • *in hoge mate*
deep-sea BNW *diepzee*
deep-seated, deep-rooted BNW *diepgeworteld; diepliggend*
deep-set BNW *diepliggend*
deep-six OV WW VS, INFORM. *begraven; lozen*
deer (dɪə) ZN [mv: deer] *hert(en)* ★ fallow deer *damhert*
deerstalker ('dɪəstɔ:kə) ZN *jachtpet (met klep voor en achter)*
de-escalate (di:'eskəleɪt) I OV WW • *doen afnemen* II ONOV WW • *verminderen* • *verkleinen*
deface (dɪ'feɪs) OV WW • *schenden; beschadigen* • *bekladden*
defacement (dɪ'feɪsmənt) ZN • *schending* • *bekladding*
defamation (defə'meɪʃən) ZN *smaad; laster*
defamatory (dɪ'fæmətərɪ) BNW *lasterlijk*
defame (dɪ'feɪm) OV WW *belasteren; iemands eer/goede naam aantasten*
default (dɪ'fɔ:lt) I ZN • *wanbetaling; verzuim* • *afwezigheid; gebrek* • COMP. *standaardinstelling* ★ judgment went by ~ *vonnis werd gewezen bij verstek* ▾ by ~ *bij gebrek aan deelnemers; bij gebrek aan beter* ▾ FORM. in ~ of *bij ontstentenis van* II OV WW • *bij verstek veroordelen* III ONOV WW • *verstek laten gaan* • *in gebreke blijven; nalatig zijn* • *niet verschijnen*
defaulter (dɪ'fɔ:ltə) ZN • *wanbetaler* • G-B, MIL. *gestrafte*
defeasance (dɪ'fi:zəns) ZN JUR. *nietigverklaring*
defeat (dɪ'fi:t) I OV WW • *verslaan* • FORM. *verbijsteren; niet kunnen vatten* • *verwerpen* • *doen mislukken* • JUR. *nietig verklaren* ★ to ~ the object of the exercise *het doel van de oefening voorbijschieten* II ZN • *nederlaag* • *mislukking* • JUR. *nietigverklaring* ★ admit ~ *z. gewonnen geven* ★ the ~ on communism *de overwinning op het communisme*
defeatism (dɪ'fi:tɪzəm) ZN *defaitisme*
defecation (defə'keɪʃən) ZN *ontlasting*
defect[1] ('di:fekt/dɪ'fekt) ZN • *gebrek; mankement* • *foutje*
defect[2] (dɪ'fekt) ONOV WW *overlopen* ⟨naar tegenpartij⟩
defection (dɪ'fekʃən) ZN • *afval(ligheid); ontrouw* • *desertie*
defective (dɪ'fektɪv) BNW • *defect* • *gebrekkig; beschadigd*
defector (dɪ'fektə) ZN *overloper; verrader*
defence (dɪ'fens) ZN • *verdediging; defensie* • *afweermiddel* • *de verdedigers* • JUR. *verweer* • JUR. [the defence] *de verdediging* ★ ~s [mv] *verdedigingswerken* • in sb's ~ *ter verdediging van iem.* ★ leap to sb's ~ *voor iem. in de bres springen*
defenceless (dɪ'fensləs) BNW *weerloos*

defend (dɪ'fend) OV WW *verdedigen; beschermen*
defendant (dɪ'fendənt) ZN JUR. *gedaagde*
defender (dɪ'fendə) ZN *verdediger*
defense ZN USA • → **defence**
defenseless ZN USA • → **defenceless**
defensible (dɪ'fensɪbl) BNW *verdedigbaar; houdbaar*
defensive (dɪ'fensɪv) I BNW • *verdedigend; defensief* II ZN ▾ on/onto the ~ *in verdedigende houding; in het defensief*
defer (dɪ'fɜ:) OV WW • *uitstellen* • USA *uitstel v. militaire dienst verlenen* • JUR. *verdagen* • ~ to *z. voegen naar; z. neerleggen bij*
deference ('defərəns) ZN • *eerbied* • *eerbiediging* ★ in ~ to/out of ~ *uit eerbied voor*
deferential (defə'renʃəl) BNW *eerbiedig; onderdanig*
deferment (dɪ'fɜ:mənt) ZN *uitstel*
defiance (dɪ'faɪəns) ZN • *openlijk verzet* • *trotsering; uitdaging* ★ in ~ of *in strijd met; in weerwil van*
defiant (dɪ'faɪənt) BNW *uitdagend; tartend*
deficiency (dɪ'fɪʃənsɪ) ZN • *tekort; gebrek* • *mankement; onvolkomenheid*
deficient (dɪ'fɪʃənt) BNW • *ontoereikend* • *onvolkomen* • *onvolwaardig* ★ ~ in *met een tekort aan; arm aan*
deficit ('defɪsɪt) ZN • ECON. *tekort* • *achterstand* ★ be in ~ *een tekort vertonen*
defile[1] ('di:faɪl) ZN *(berg)pas*
defile[2] (dɪ'faɪl) OV WW • *besmetten; bevuilen* • *onteren; ontwijden*
definable (dɪ'faɪnəbl) BNW *definieerbaar*
define (dɪ'faɪn) OV WW • *definiëren • beschrijven; omschrijven* ★ sharply ~d against the sky *scherp afgetekend tegen de lucht*
definite ('defɪnɪt) I BNW • *definitief; zeker* • *duidelijk; onmiskenbaar* II ZN ★ is Bob coming? -yes, he's a ~ *komt Bob? - ja, op hem kunnen we rekenen*
definition (defɪ'nɪʃn) ZN • *definitie* • *(beeld)scherpte*
definitive (dɪ'fɪnɪtɪv) BNW • *definitief; onheroepelijk* • *afdoend; meest gezaghebbend*
deflate (dɪ'fleɪt) WW • *leeg laten lopen* ⟨v. band, enz.⟩; *doorprikken* ⟨verwaandheid enz.⟩ • *kleineren* • ECON. *de hoeveelheid geld inkrimpen; deflatie veroorzaken* ★ totally ~d *geheel ontmoedigd*
deflation (dɪ'fleɪʃən) ZN ECON. *deflatie*
deflationary (di:'fleɪʃənrɪ) BNW ★ ~ policy *deflatiepolitiek*
deflect (dɪ'flekt) I OV WW • *afweren; doen afwijken* • *afleiden* ★ not be ~ed from *vasthouden aan* II ONOV WW • *afketsen*
deflection (dɪ'flekʃən) ZN *afbuiging; verandering van richting*
defloration (di:flɔ:'reɪʃən) ZN *ontmaagding*
deflower (dɪ'flaʊə) OV WW LIT. *ontmaagden*
defoliant (di:'fəʊlɪənt) ZN *ontbladeringsmiddel*
defoliate (di:'fəʊlɪeɪt) OV WW *ontbladeren*
deforest (di:'fɒrɪst) OV WW *ontbossen*
deforestation (di:fɒrɪ'steɪʃən) ZN *ontbossing*
deform (dɪ'fɔ:m) I OV WW • *deformeren; misvormen* II ONOV WW • *misvormd raken*
deformation (di:fɔ:'meɪʃən) ZN *vervorming;*

misvorming; *deformatie*

deformed (dɪˈfɔːmd) BNW *misvormd*; *mismaakt*

deformity (dɪˈfɔːmətɪ) ZN *mismaaktheid*

defraud (dɪˈfrɔːd) OV WW *bedriegen*; *oplichten*

defray (dɪˈfreɪ) OV WW FORM. *bekostigen* ★ ~ costs/expenses *kosten vergoeden*

defrock (diːˈfrɒk) OV WW *uit het (priester)ambt ontzetten*

defrost (diːˈfrɒst) OV+ONOV WW *ontdooien*

defroster (diːˈfrɒstə) ZN *voorruitverwarmer*

deft (deft) BNW • *behendig* • *bedreven*; *knap*

deftness (ˈdeftnəs) ZN *behendigheid*

defunct (dɪˈfʌŋkt) BNW FORM. *ter ziele*; *niet meer bestaand* ★ ~ ideas *achterhaalde ideeën*

defuse (diːˈfjuːz) OV WW • *onschadelijk maken* ⟨v. bom⟩ • *druk van de ketel halen*

defy (dɪˈfaɪ) OV WW • *ingaan tegen* • *te boven gaan* • *trotseren*; *tarten* ★ defy all the odds and succeed *tegen alle verwachtingen in slagen* ★ it defies explanation *het valt niet uit te leggen* ▼ defy sb to do sth *iem. uitdagen iets te doen*

deg. AFK degree *graad*

degenerate¹ (dɪˈdʒenərət) I ZN • *dégeneré*; *ontaard/pervers persoon* II BNW • *gedegenereerd*; *ontaard*

degenerate² (dɪˈdʒenəreɪt) ONOV WW *degenereren*; *ontaarden*

degradable (dɪˈgreɪdəbl) BNW VS, TECHN. *(chemisch) afbreekbaar*

degradation (degrəˈdeɪʃən) ZN • *vernedering* • *degradatie* • *ontaarding* • SCHEIK. *afbreking*; *desintegratie*

degrade (dɪˈgreɪd) OV WW • *vernederen* • SCHEIK. *afbreken*; *desintegreren* • *degraderen*; *verlagen*

degrading (dɪˈgreɪdɪŋ) BNW *vernederend*

degree (dɪˈgriː) ZN • NATK., WISK. *graad* • *(verwantschaps)graad* • O&W *universitaire graad* ★ a four-year ~ course *een universitaire studie van vier jaar* ★ a third ~ burn *een derdegraads verbranding* ★ to a ~ *in zekere mate*; *tot op zekere hoogte* ★ have a ~ in physics *afgestudeerd zijn in natuurkunde* ★ take one's ~ *afstuderen* ▼ by ~s *stukje bij beetje*

dehumanize, G-B **dehumanise** (diːˈhjuːmənaɪz) OV WW • *ontmenselijken* • *van menselijkheid ontdoen*

dehydrate (diːˈhaɪdreɪt) I OV WW • *drogen* II ONOV WW • *vocht verliezen* • *uitdrogen*

de-icer (diːˈaɪsə) ZN *ijsbestrijdingsmiddel*

deify (ˈdiːɪfaɪ) OV WW *vergoddelijken*

deign (deɪn) ONOV WW *z. verwaardigen*

deity (ˈdiːətɪ) ZN *godheid*

dejected (dɪˈdʒektɪd) BNW • *terneergeslagen* • *ontmoedigd*

dejection (dɪˈdʒekʃən) BNW *neerslachtigheid*

Del. AFK USA Delaware *(staat)*

delay (dɪˈleɪ) I OV WW • *uitstellen*; *talmen* ★ suffer a ~ed reaction *last hebben van een vertraagde reactie* II ZN • *vertraging*; *oponthoud* ★ without ~ *onverwijld*

delectable (dɪˈlektəbl) BNW *verrukkelijk*

delectation (diːlekˈteɪʃən) ZN FORM. | HUMOR. *genot*

delegacy (ˈdelɪgəsɪ) ZN • *delegatie* • *afvaardiging*

delegate¹ (ˈdelɪgət) ZN *afgevaardigde*

delegate² (ˈdelɪgeɪt) OV WW • *delegeren* • *machtigen*

delegation (delɪˈgeɪʃən) ZN • *delegatie* • *machtiging*

delete (dɪˈliːt) OV WW *wissen*; *schrappen*

deletion (dɪˈliːʃən) ZN • *doorhaling* • *coupure* ⟨in tekst⟩ • MED. *deletie*

deli (ˈdeli) AFK INFORM. • → delicatessen

deliberate¹ (dɪˈlɪbərət) BNW • *opzettelijk* • *weloverwogen*; *bedachtzaam*

deliberate² (dɪˈlɪbəreɪt) ONOV WW *overwegen*; *overleggen*

deliberation (dɪlɪbəˈreɪʃən) ZN • *beraadslaging*; *overleg* • *behoedzaamheid*; *bedachtzaamheid* ★ after much ~ *na lang wikken en wegen*

delicacy (ˈdelɪkəsɪ) ZN • *teerheid* • *fijngevoeligheid*; *fijnzinnigheid*; *tact* • *delicatesse*

delicate (ˈdelɪkət) BNW • *fragiel*; *teer*; *broos* • *zwak* ⟨v. gezondheid⟩ • *fijn en welgevormd* ⟨v. handen⟩ • *delicaat*; *verfijnd* ⟨voorwerp⟩ • *tactvol*; *fijn(gevoelig)* • *netelig*; *moeilijk* • *subtiel* ⟨v. kleur/geur/enz.⟩

delicatessen (delɪkəˈtesn) ZN *delicatessenwinkel*

delicious (dɪˈlɪʃəs) BNW *lekker*; *heerlijk*

delight (dɪˈlaɪt) I ZN • *genot*; *vreugde*; *genoegen* ★ take ~ in *behagen scheppen in*; *zich amuseren met* II ONOV WW • *behagen scheppen* ★ I shall be ~ed *het zal mij een waar genoegen zijn* ★ ~ in bullying *'t heerlijk vinden om te pesten* III OV WW • *blij maken*; *in verrukking brengen*

delightful (dɪˈlaɪtfʊl) BNW *verrukkelijk*

delimit (dɪˈlɪmɪt) OV WW *afbakenen*

delineate (dɪˈlɪnɪeɪt) OV WW • *omlijnen* • *tekenen*

delineation (dɪlɪnɪˈeɪʃən) ZN *omlijning*

delinquency (dɪˈlɪŋkwənsɪ) ZN • *overtreding* • *misdadig gedrag* ⟨vnl. v. jongeren⟩ ★ juvenile ~ *jeugdcriminaliteit*

delinquent (dɪˈlɪŋkwənt) I BNW • *geneigd tot misdadig gedrag* ⟨v. jongeren⟩ • USA *achterstallig* ⟨met betaling⟩ II ZN • *delinquent*; *jeugdige wetsovertreder*

delirious (dɪˈlɪrɪəs) BNW • *ijlend* ⟨v. koorts⟩ • *uitzinnig* ⟨v. vreugde⟩

delirium (dɪˈlɪrɪəm) ZN • *delirium*; *ijltoestand* • *uitzinnigheid* ⟨v. vreugde⟩

deliver (dɪˈlɪvə) I OV WW • *bezorgen*; *(af)leveren* • *afsteken*; *houden* ⟨v. speech, enz.⟩ • *overhandigen*; *overdragen* • *verlossen* ⟨v. zwangere vrouw⟩ • *toebrengen* ⟨v. klap⟩ • OUD. *bevrijden* II ONOV WW • *doen wat je beloofd hebt* • *bevallen* ⟨v. baby⟩

deliverance (dɪˈlɪvərəns) ZN *bevrijding*

delivery (dɪˈlɪvərɪ) ZN • *het afleveren*; *bestelling* • *bevalling*; *verlossing* • *voordracht* • *worp* ⟨v. bal⟩ ★ USA general ~ *poste restante* ★ take ~ of *in ontvangst nemen van*

delivery costs ZN *(af)leveringskosten*

delivery note ZN *afleveringsbon*; *vrachtbrief*

delivery room ZN *verloskamer*

delivery truck/van ZN *bestelwagen*

dell (del) ZN *nauw bebost dal*

delouse (diːˈlaʊs) OV WW *ontluizen*

de

de

delta ('deltə) ZN • *delta* • O&W *onvoldoende*

delude (dɪ'lu:d) OV WW *misleiden*

deluge ('delju:dʒ) I ZN • *(zond)vloed* • *stortvloed* II OV WW • *overstromen*; *overstelpen*

delusion (dɪ'lu:ʒən) ZN • *waanidee*; *waanvoorstelling* • *misleiding*; *bedrog* ★ be under the ~ *in de waan verkeren*

delusive (dɪ'lu:sɪv) BNW *bedrieglijk*; *misleidend*

delve (delv) ONOV WW *speuren*; *graven*

demagogic ('deməˈgɒgɪk) BNW *demagogisch*

demagogue ('deməgɒg) ZN *volksmenner*; *demagoog*

demagogy ('deməgɒdʒɪ) ZN *volksmennerij*; *demagogie*

demand (dɪ'mɑ:nd) I OV WW • *eisen*; *verlangen* • *vragen*; *vergen* II ZN • *eis*; *verlangen* • ECON. *vraag* ★ make great ~s on *veel vergen van* ★ meet/satisfy sb's ~s *aan iemands eisen voldoen* ▼ by popular ~ *omdat er zoveel vraag naar is* ▼ in ~ *in trek* ▼ on ~ *op vezoek*

demanding (dɪ'mɑ:ndɪŋ) BNW *veeleisend*

demarcate ('di:mɑ:keɪt) OV WW • *demarqueren* • *afbakenen*

demarcation (di:mɑ:'keɪʃən) ZN • *grens* • *afbakening*

demean (dɪ'mi:n) OV WW ★ yourself *je verlagen* • *vernederen* ★ ~ing to women *vrouwonvriendelijk*

demeanour, USA **demeanor** (dɪ'mi:nə) ZN *houding*; *gedrag*

demented (dɪ'mentɪd) BNW • *krankzinnig* • OUD. / MED. *dement*

dementia (dɪ'menʃə) ZN MED. *dementie*

demerara sugar (deməˈreərə) ZN *bruine (riet)suiker*

demerit (di:'merɪt) ZN • *gebrek*; *tekortkoming* • *fout* • VS, O&W *slechte aantekening*; *minpunt*

demesne (dɪ'mi:n) ZN *domein* ★ hold in ~ JUR. *in eigendom bezitten*

demigod ('demɪgɒd) ZN *halfgod*

demilitarize, G-B **demilitarise** (di:'mɪlɪtəraɪz) OV WW *demilitariseren*

demise (dɪ'maɪz) ZN FORM. /HUMOR. *het ter ziele gaan*

demist (di:'mɪst) OV WW *ontwasemen*

demo ('deməʊ) ZN • INFORM. *demonstratie* • MUZ. *demo*

demobilization, G-B **demobilisation** (di:məʊbəlaɪ'zeɪʃən) ZN *demobilisatie*

demobilize, G-B **demobilise** (di:'məʊbɪlaɪz) OV+ONOV WW MIL. *demobiliseren*; *(laten) afzwaaien*

democracy (dɪ'mɒkrəsɪ) ZN *democratie*

democrat ('deməkræt) ZN • *democraat* • USA ★ Democrat *lid v.d. Democratische Partij*

democratic (demə'krætɪk) BNW *democratisch*

democratize, G-B **democratise** (dɪ'mɒkrətaɪz) OV+ONOV WW *democratiseren*

demolish (dɪ'mɒlɪʃ) OV WW • *slopen* • *omverwerpen* • SPORT *inmaken* • G-B, INFORM. *naar binnen werken*

demolition (demə'lɪʃən) ZN *sloop* ★ do a ~ job on a proposal *een voorstel volledig afkraken*

demon ('di:mən) ZN • *boze geest*; *duivel* • *bezetene*; *fanatiekeling* ★ drown the ~ *vergetelheid zoeken in drank* ★ a ~ for work

een echte werkezel ▼ HUMOR. the ~ drink *alcoholische drank*

demonic (dɪ'mɒnɪk) BNW *duivels*; *bezeten*

demonstrable (de'mɒnstrəbl) BNW *aantoonbaar*

demonstrate ('demənstreɪt) I OV WW • *een demonstratie geven* • *bewijzen*; *aantonen* • *tonen* II ONOV WW • *demonstreren*; *betoging houden*

demonstration (demən'streɪʃən) ZN • *betoging*; *protestmars* • *demonstratie* • *het leveren van bewijs* • *uiting*; *betuiging*

demonstrative (dɪ'mɒnstrətɪv) I BNW • *demonstratief (met gevoelens)* • TAALK. *aanwijzend*; *aantonend* II ZN • *aanwijzend voornaamwoord*

demonstrator ('demənstreɪtə) ZN • *demonstrant*; *betoger* • *demonstrateur*

demoralize, G-B **demoralise** (dɪ'mɒrəlaɪz) OV WW *demoraliseren*; *moedeloos maken*

demote (dɪ'məʊt) OV WW *degraderen*

demotic (dɪ'mɒtɪk) BNW *volks-* ★ ~ entertainment *volksvermaak*

demotivate (di:'məʊtɪvet) OV WW *demotiveren*

demur (dɪ'mɜ:) I ONOV WW • *bezwaar maken*; *protesteren* II ZN • *bezwaar* ★ FORM. without ~ *zonder meer*

demure (dɪ'mjʊə) BNW • *ingetogen*; *eerbaar* • *terughoudend*

den (den) ZN • *hol (v. dier/misdadigers)* • USA *huiskamer* • *(werk)kamer* • *(geheime) hut (v. kinderen)*

denary ('di:nərɪ) BNW *tientallig*

denationalization, G-B **denationalisation** (di:næʃənəlaɪ'zeɪʃən) ZN • *privatisering* • *denaturalisering*

denationalize, G-B **denationalise** (di:'næʃənəlaɪz) OV WW • *privatiseren* • *vervallen verklaren v. nationaliteit*

deniable (dɪ'naɪəbl) BNW *loochenbaar*; *te ontkennen*

denial (dɪ'naɪəl) ZN • *ontkenning* • *ontzegging* ★ PSYCH. be in ~ *in de ontkenningsfase zitten*

denigrate ('denɪgreɪt) OV WW • *denigreren*; *kleineren* • *zwart maken*

denigration (denɪ'greɪʃən) ZN • *kleinering* • *laster*

denim ('denɪm) I ZN • *spijkerstof* II BNW • *v. spijkerstof*

denizen ('denɪzən) ZN • FORM. /HUMOR. *bewoner* • GESCH. *vreemdeling met burgerrechten*

Denmark ('denmɑ:k) ZN *Denemarken*

denominate (dɪ'nɒmɪneɪt) OV WW • *in valuta uitdrukken (v. bedrag)* • *(be)noemen*; *betitelen*

denomination (dɪnɒmɪ'neɪʃən) ZN • *gezindte*; *kerkgenootschap* • *coupure*; *(munt)eenheid* • FORM. *naamgeving* • *noemer* ★ reduce fractions to the same ~ *breuken onder een noemer brengen*

denominational (dɪ'nɒmɪneɪʃnəl) BNW *confessioneel*; *denominatief*

denominator (dɪ'nɒmɪneɪtə) ZN WISK. *noemer (in breuk)* ★ lowest common ~ *kleinste gemene veelvoud* ★ common ~ *gemene deler*; *gemeenschappelijke noemer*

denotation (di:nəʊ'teɪʃn) ZN • TAALK. *denotatie* • *teken* • *betekenis* denote (dɪ'nəʊt) OV WW • *aanduiden* • *wijzen op* • *betekenen*

dénouement (deɪ'nu:mənt) ZN *ontknoping* ⟨v. verhaal⟩

denounce (dɪ'naʊns) OV WW • *openlijk aan de kaak stellen*; *openlijk kritiseren*; *hekelen* • *aangeven*; *verklikken*

denouncement (dɪ'naʊnsmənt) ZN • *aanklacht* • *openlijke beschuldiging* • *afkeuring*

dense (dens) BNW • *dicht*; *compact* • INFORM. *dom* ★ a ~ piece of writing *een compact stuk tekst* ★ a ~ly populated area *een dichtbevolkt gebied*

density ('densəti), denseness ('densnəs) ZN • *(bevolkings)dichtheid* • *compactheid*

dent (dent) I ZN • *deuk* II OV WW • *deuken*; *schaden* ★ he dented his car *hij reed een deuk in zijn auto* ★ this dented her reputation *hierdoor werd haar reputatie geschaad*

dental ('dentl) BNW • *tand-* • *tandheelkundig* ★ ~ dam *beflapje* ★ ~ hygienist *mondhygiënist*

dentifrice ('dentɪfrɪs) ZN *tandpoeder*; *tandpasta*

dentine ('denti:n), USA dentin ('denti:n) ZN *tandbeen*

dentist ('dentɪst) ZN *tandarts*

dentistry ('dentɪstri) ZN *tandheelkunde*

dentures ('dentʃəz) ZN MV *kunstgebit*

denudation (di:'njʊ'deɪʃən) ZN • *erosie* • *ontbossing*

denude (dɪ'nju:d) OV WW • *blootleggen*; *kaal maken* • *ontbossen* ★ be ~d of *ontdaan van*

denunciation (dɪnʌnsɪ'eɪʃən) ZN • → denounce

Denver boot ZN USA *wielklem*

deny (dɪ'naɪ) OV WW • *ontkennen* • *van de hand wijzen* • *ontzeggen*; *weigeren* ★ there's no deying/it can't be denied *het valt niet te ontkennen*

deodorant (di:'əʊdərənt) ZN *deodorant*

dep. AFK • departure *vertrek* • deputy *plaatsvervanger*

depart (dɪ'pɑ:t) ONOV WW • *vertrekken* (for naar) • *vertrekken* (from van) ★ ~ from this life *heen-/doodgaan* ★ ~ed greatness *vergane glorie* • ~ from *afwijken van*

departed (dɪ'pɑ:tɪd) BNW *overleden* ★ the ~ *de overledene(n)*

department (dɪ'pɑ:tmənt) ZN • *departement* • *afdeling* • O&W *sectie*; *vakgroep* ★ the Department of Trade and Industry *ministerie v. economische zaken*

departmental (di:pɑ:t'mentl) BNW • *afdelings-* • USA *ministerieel*

department store ZN *warenhuis*

departure (dɪ'pɑ:tʃə) ZN • *vertrek* • *afwijking* ★ a new ~ *een nieuwe koers*

depend (dɪ'pend) ONOV WW ▼ ~ing on *afhankelijk van*; *alnaargelang* ▼ that ~s/it (all) ~s *dat hangt er (maar) van af* ★ ~ on/upon *vertrouwen op*; *rekenen op* • *afhankelijk zijn van*; *afhangen van* ★ ~ upon it! *reken maar!*

dependable (dɪ'pendəbl) BNW *betrouwbaar*

dependant, dependent (dɪ'pendənt) ZN *afhankelijk persoon* (v.w.b. onderdak, voedsel, geld) ★ my ~s *zij die aan mij toevertrouwd zijn*

dependence (dɪ'pendəns) ZN • *afhankelijkheid* • *verslaving* ★ drug/alcohol ~ *drugs-/alcoholverslaving*

dependency (dɪ'pendənsɪ) ZN • *afhankelijkheid* • *gebiedsdeel*; *gewest* • *verslaving*

dependent (dɪ'pendənt) I ZN • → dependant II BNW • *afhankelijk*

depict (dɪ'pɪkt) OV WW • *uitbeelden*; *afbeelden* • *afschilderen*

depiction (dɪ'pɪkʃən) ZN *afschildering*

depilate ('depɪleɪt) OV WW *ontharen*

depilatory (dɪ'pɪlətərɪ) I ZN • *ontharingsmiddel* II BNW • *ontharings-* ★ ~ appliance *epileerapparaat*

deplane (di:'pleɪn) ONOV WW *uitstappen* ⟨uit vliegtuig⟩

deplete (dɪ'pli:t) OV WW *leeghalen*; *uitputten* ⟨v. voorraad⟩

depletion (dɪ'pli:ʃən) ZN *het ledigen*

deplorable (dɪ'plɔ:rəbl) BNW *betreurenswaardig*

deplore (dɪ'plɔ:) OV WW *betreuren*

deploy (dɪ'plɔɪ) OV WW *plaatsen* ⟨v. wapens⟩; *inzetten* ⟨v. troepen⟩ ★ ~ arguments *argumenten in stelling brengen* ★ ~ resources *bronnen aanwenden*

deployment (dɪ'plɔɪmənt) ZN • *plaatsing* ⟨v. wapens⟩ • *inzetting* ⟨v. troepen⟩

depopulate (di:'pɒpjʊleɪt) OV WW *ontvolken*

deport (dɪ'pɔ:t) OV WW *verbannen*; *deporteren*; *uitzetten*

deportation (di:pɔ:'teɪʃən) ZN *deportatie*

deportee (di:pɔ:'ti:) ZN *gedeporteerde*

deportment (dɪ'pɔ:tmənt) ZN • *gedrag*; *(lichaams)houding* • USA *manieren*

depose (dɪ'pəʊz) I OV WW • *afzetten* • *(onder ede) verklaren* II ONOV WW • *getuigen*

deposit (dɪ'pɒzɪt) I ZN • *aanbetaling* • *waarborgsom* • *storting*; *deposito* • AARDK. *bezinksel*; *afzetting* ★ on~ *in deposito* II OV WW • *deponeren*; *in bewaring geven* • *als waarborg storten* • *(neer)leggen* • *afzetten* III ONOV WW • *neerslaan*

deposit account ZN *depositorekening*

depositary (dɪ'pɒzɪtərɪ) ZN *bewaarplaats*; *opslagplaats*

deposition (di:pə'zɪʃən) ZN • *afzetting* ⟨v. heerser⟩ • AARDK. *afzetting* • JUR. *(aflegging v.) verklaring* • *het deponeren* • REL. ★ the Deposition *kruisafneming*

depositor (dɪ'pɒzɪtə) ZN *depositeur*; *inlegger*

depository (dɪ'pɒzɪtərɪ) ZN • → depositary

depot ('depəʊ) ZN • *depot* • G-B *remise* • USA *klein (bus-/trein)station*

deprave (dɪ'preɪv) OV WW *bederven*; *slecht maken*

depravity (dɪ'prævətɪ) ZN • *verdorvenheid* • *corrupte daad* • *slechtheid* ★ a life of ~ *een verdorven leven*

deprecate ('deprɪkeɪt) OV WW *afkeuren*

deprecatory ('deprəkeɪtərɪ) BNW • *afkeurend* • *(z.) verontschuldigend*

depreciate (dɪ'pri:ʃɪeɪt) I OV WW • *in waarde doen verminderen* • ECON. *afschrijven* • *kleineren*; *denigreren* II ONOV WW • *devalueren*; *in waarde verminderen*

depreciation (dɪpri:ʃɪ'eɪʃən) ZN • ECON. *afschrijving(ssom)* • *ontwaarding*; *waardevermindering* • *kleinering*

depreciatory (dɪ'pri:ʃɪətrɪ) BNW • *minachtend*

de

de

• *in waarde dalend*
depredation (deprɪ'deɪʃən) ZN *plundering*; *verwoesting*
depress (dɪ'pres) OV WW • *deprimeren*; *neerslachtig maken* • *(neer)drukken* • *verlagen* ⟨v. prijzen/lonen⟩ • *indrukken* ⟨v. pedaal, enz.⟩
depressant (dɪ'presənt) I ZN • *kalmerend middel* II BNW • *kalmerend*
depressed (dɪ'prest) BNW • *gedeprimeerd* •• MED. *depressief* • *onder de maat*; *achtergebleven*
depressing (dɪ'presɪŋ) BNW *deprimerend*
depression (dɪ'preʃən) ZN • MED. *depressiviteit* • *neerslachtigheid*; *gedrukte stemming* • ECON. *malaise*; *crisis*; *slapte* • FORM. *laagte* • NATK. *depressie*; *gebied v. lage luchtdruk*
depressive (dɪ'presɪv) I ZN • *depressief iem.* II BNW • *depressief*
deprivation (deprɪ'veɪʃən) ZN • *ontbering*; *gemis* • *beroving*
deprive (dɪ'praɪv) OV WW *beroven* ⋆ *~ yourself of sth jezelf iets ontnemen/onthouden*
deprived (dɪ'praɪvd) BNW *arm*; *misdeeld*
Dept. USA **Dept.** AFK Department *departement*
depth (depθ) ZN • *diepte* • *intensiteit* ⟨v. gevoel⟩ ⋆ *the ~s* [mv] *het dieptepunt*; *het diepste/laagste/hevigste* ⟨v. iets⟩ ⋆ *in the ~s of the night in het holst van de nacht* ⋆ *in the ~s of the country diep in het binnenland* ▾ *in ~ grondig*; *diepgaand* ▾ *be out of your ~geen grond onder de voeten hebben*; *er niets (meer) van snappen*
deputation (depjʊ'teɪʃən) ZN *afvaardiging*; *deputatie*
depute (dɪ'pju:t) OV WW • *overdragen*; *(vol)machtigen* • *afvaardigen*
deputize, G-B **deputise** ('depjʊtaɪz) I OV WW • *aanstellen als waarnemer* II ONOV WW • *waarnemen*
deputy ('depjʊtɪ) ZN • *plaatsvervanger* • *afgevaardigde* ⟨in parlement v. sommige landen⟩ • USA *hulpsheriff*
derail (dɪ'reɪl) OV+ONOV WW *(doen) ontsporen* ⋆ *the train (was) ~ed de trein ontspoorde*
derailment (dɪ:'reɪlmənt) ZN *ontsporing*
deranged (dɪ'reɪndʒd) BNW *(geestelijk) gestoord*
derangement (dɪ'reɪndʒmənt) ZN • *waanzin* • *verwarring*
derby ('dɑ:bɪ) ZN • SPORT *wedstrijd tussen ploegen uit de regio/stad* • SPORT *race*; *wedstrijd* ⋆ *Derby jaarlijkse paardenrennen* ⟨bv. in Epsom⟩ • USA *bolhoed*
deregulate (di:'regjʊleɪt) OV WW *dereguleren*
derelict ('derəlɪkt) I BNW • *verwaarloosd*; *vervallen* ⟨v. gebouw⟩ • *verlaten* ⟨v. land⟩ II ZN • FORM. *dakloze*; *zwerver*
dereliction (derɪ'lɪkʃən) ZN *verwaarlozing*; *verval* ⋆ *~ of duty plichtsverzuim*
deride (dɪ'raɪd) OV WW *uitlachen*
derision (dɪ'rɪʒən) ZN *(voorwerp van) spot*
derisive (dɪ'raɪsɪv) BNW *spottend*; *de spot drijvend*
derisory (dɪ'raɪsərɪ) BNW • FORM. *bespottelijk* • *spottend* ⋆ *a ~ £15 a week een belachelijk bedrag van £15 per week*
derivation (derɪ'veɪʃn) ZN *afleiding*; *afkomst* ⟨ook TAALK.⟩

derivative (də'rɪvətɪv) I ZN • *derivaat* • *afgeleid woord* II BNW • MIN. *afgeleid*; *niet oorspronkelijk*
derive (dɪ'raɪv) I OV WW • *~ from afleiden van*; *ontlenen aan*; *winnen uit* II ONOV WW • *voortkomen* • *~ from voortkomen uit*; *afstammen van*
dermatologist (dɜ:mə'tɒlədʒɪst) ZN MED. *dermatoloog*; *huidarts*
dermatology (dɜ:mə'tɒlədʒɪ) ZN MED. *dermatologie*; *leer van de huidziekten*
derogate ('derəgeɪt) I OV WW • *denigreren*; *kleineren* II ONOV WW • *verdwalen*; *afwijken* • *~ from afwijken van*; *afbreuk doen aan*
derogation (derə'geɪʃən) ZN • *gedeeltelijke buitenwerkingstelling van een wet*; *ontheffing* • *denigrerende uitlating(en)*
derogatory (dɪ'rɒgətərɪ) BNW • *geringschattend*; *minachtend* • *beledigend*
derrick ('derɪk) ZN • *hijskraan*; *bok* • *boortoren*
derv, DERV (dɜ:v) ZN *diesel-engined road vehicles dieselolie*
descale (di:'skeɪl) OV WW *ontkalken*
descant ('deskænt) I ZN • MUZ. *bovenstem*; *sopraan* • LIT. *verhandeling* II ONOV WW • LIT. *uitweiden over*
descend (dɪ'send) I OV WW • *afdalen*; *afgaan*; *afkomen* II ONOV WW • *(af)dalen* • *neerdalen*; *neerkomen* • *afstammen* • *z. verlagen* • *uitstappen* ⋆ *a deep depression ~ed on him hij werd overvallen door een diep gevoel van depressie* ▾ *in ~ing order van boven naar beneden* ▾ *be ~ed from sb van iem. afstammen* • *~ on/upon (onverwacht) binnen-/overvallen* • *~ to z. verlagen tot*
descendant (dɪ'sendənt) I ZN • *afstammeling* II BNW • *afstammend*
descent (dɪ'sent) ZN • *(af)daling*; *neergang*; OOK FIG. • *helling*; *afdaling* • *afkomst*; *geslacht*
describe (dɪ'skraɪb) OV WW *beschrijven*
description (dɪ'skrɪpʃən) ZN • *beschrijving*; *omschrijving* • *klasse*; *soort* ⋆ *pain that goes beyond ~ een onbeschrijfelijke pijn* ▾ *vehicles of every ~ allerlei soorten voertuigen*
descriptive (dɪ'skrɪptɪv) BNW *beschrijvend*
descry (dɪ'skraɪ) OV WW LIT. *ontwaren*; *bespeuren*
desecrate ('desɪkreɪt) OV WW *schenden*; *ontheiligen*
desegregate (di:'segrɪgeɪt) OV WW *rassenscheiding opheffen*
desegregation (di:segrɪ'geɪʃən) ZN • → **desegregate**
deselect (di:sɪ'lekt) OV WW • G-B *parlementslid niet langer als kandidaat handhaven* • COMP. *uit menu verwijderen*
desensitize, G-B **desensitise** (di:'sensɪtaɪz) OV WW *ongevoelig(er) maken*
desert[1] ('dezət) ZN *woestijn*
desert[2] (dɪ'zɜ:t) I OV WW • *in de steek laten*; *verlaten* II ONOV WW • MIL. *deserteren* III ZN ▾ *get your (just) ~s je verdiende loon krijgen*
deserted BNW • *verlaten* • *in de steek gelaten*
deserter (dɪ'zɜ:tə) ZN *deserteur*
deserve (dɪ'zɜ:v) OV WW *verdienen*; *recht hebben op* ▾ *~ a medal een lintje verdienen* ▾ *get what you ~/~ all/everything you get je verdiende*

loon krijgen
deservedly (dɪ'zɜ:vɪdlɪ) BIJW *verdiend*; *terecht*
deserving (dɪ'zɜ:vɪŋ) BNW *waardig*; *verdienstelijk*
★ this is ~of attention *dit verdient alle aandacht*
desiccated ('desɪkeɪtɪd) BNW • *gedroogd* ⟨v. voedsel⟩ • *uitgedroogd*
desideratum (dɪzɪdə'rɑ:təm) ZN [mv: **desiderata**] • *verlangen* • *gemis*
design (dɪ'zaɪn) I ZN • *ontwerp(tekening)*; *schets* • *vormgeving*; *aanzien* • *plan*; *opzet* • *patroon* • by accident or design *per ongeluk of expres* ★ without ~*zonder bijbedoeling* ▼ FORM. /HUMOR. have ~s (up)on sb *een oogje op iem. hebben* ▼ have ~s on *azen op* II OV WW • *ontwerpen* • *bedenken*; *ontwikkelen* • *bestemmen*; *bedoelen* • *van plan zijn*
designate ('dezɪgneɪt) OV WW • *bestemmen*; *aanmerken* • *(be)noemen* • *aanduiden*
designation (dezɪg'neɪʃən) ZN • *bestemming*; *benoeming* • *aanduiding*
designer (dɪ'zaɪnə) I ZN • *ontwerper* II BNW • *merk-*
designing (dɪ'zaɪnɪŋ) BNW *listig*; *berekenend*
desirability (dɪzaɪərə'bɪlətɪ) ZN • *wenselijkheid* • *begeerlijkheid*
desirable (dɪ'zaɪərəbl) BNW • *begeerlijk* • *wenselijk*
desire (dɪ'zaɪə) I ZN • *wens*; *verlangen* • *begeerte* ★ animal ~s *vleselijke lusten* II OV WW • *wensen* • *begeren* ▼ leave a lot/much/etc. to be ~d *veel te wensen over laten*
desirous (dɪ'zaɪərəs) BNW • *verlangend* • *begerig*
desist (dɪ'zɪst/dɪ'sɪst) ONOV WW • *stoppen* • ~ from *afzien van*; *ophouden met*
desk (desk) ZN • *schrijftafel*; *bureau*; *lessenaar* • *balie* • USA *preekstoel* • *afdeling*
desk clerk ZN *receptionist(e)*
desk job ZN *kantoorbaan*
desktop ('desktɒp) ZN • *bureaublad* • COMP. *desktop*; *bureaublad*
desktop publishing ZN *dtp* ⟨elektronisch publiceren⟩
desolate[1] ('desələt) BNW • *troosteloos* • *eenzaam en ongelukkig*
desolate[2] ('desəleɪt) OV WW *doodongelukkig maken*
desolation (desə'leɪʃən) ZN • *eenzaamheid*; *ellende* • *troosteloosheid*
despair (dɪ'speə) I ZN • *wanhoop* ▼ be the ~of sb *iem. tot wanhoop drijven* II ONOV WW • *wanhopen* ★ ~of having children *de hoop opgeven ooit kinderen te krijgen*
despairing (dɪ'speərɪŋ) BNW *wanhopig*
despatch (dɪ'spætʃ) ZN • → **dispatch**
desperado (despə'rɑ:dəʊ) ZN OUD. *desperado*; *roekeloos, nietsontziend persoon*
desperate ('despərət) BNW • *wanhopig*; *hopeloos* • *radeloos* • *vreselijk* ★ I'm ~for a cigarette *ik snak naar een sigaret*
desperation (despə'reɪʃən) ZN *wanhoop*; *vertwijfeling* ★ in ~*wanhopig*; *vertwijfeld*
despicable ('despɪkəbl) BNW *verachtelijk*
despise (dɪ'spaɪz) OV WW *verachten*
despite (dɪ'spaɪt) VZ *ondanks*; *in weerwil van*
despoil (dɪ'spɔɪl) OV WW LIT. *plunderen*

despondency (dɪ'spɒndənsɪ) ZN • *wanhoop* • *melancholie*
despondent (dɪ'spɒndənt) BNW • *wanhopig* • *melancholiek*
despot ('despɒt) ZN *despoot*
despotic (dɪ'spɒtɪk) BNW *despotisch*
despotism ('despətɪzəm) ZN *despotisme*; *tirannie*
dessert (dɪ'zɜ:t) ZN *dessert*; INFORM. *toetje*
destabilize, G-B **destabilise** (di:'steɪbɪlaɪz) OV WW *destabiliseren*; *ontrichten*
destination (destɪ'neɪʃən) ZN *bestemming*
destine ('destɪn) OV WW *bestemmen*
destiny ('destɪnɪ) ZN *(nood)lot*; *bestemming*
destitute ('destɪtju:t) BNW *behoeftig*; *arm* ★ ~of *verstoken van*
destitution (destɪ'tju:ʃən) ZN • *behoeftigheid* • *armoede*
destroy (dɪ'strɔɪ) OV WW *vernietigen*; *ruïneren* • *afmaken* ⟨v. dier⟩
destroyer (dɪ'strɔɪə) ZN • MIL. *torpedojager* • *vernieler*
destruct (dɪ'strʌkt) OV WW *vernietigen*
destruction (dɪ'strʌkʃən) ZN • *vernietiging* • *ondergang*
destructive (dɪ'strʌktɪv) BNW • *vernietigend* • *vernielzuchtig*
destructor (dɪ'strʌktə) ZN *vuilverbrandingsoven*
desultory ('desəltərɪ) BNW • FORM. *zonder plan*; *onsamenhangend* • *vluchtig*
detach (dɪ'tætʃ) I OV WW • *detacheren* • *eraf halen*; *losmaken* II WKD WW • ~ from *z. losmaken van*; *z. distantiëren van*
detachable (dɪ'tætʃəbl) BNW *afneembaar*
detached (dɪ'tætʃt) BNW • *vrijstaand* ⟨v. huis⟩ • *emotieloos*; *afstandelijk* • *objectief*; *onbevooroordeeld* • *los*
detachment (dɪ'tætʃmənt) ZN • *afstandelijkheid*; *onverschilligheid* • *objectiviteit* • *detachement* • *loslating*
detail[1] ('di:teɪl) ZN • *detail* • *bijzonderheid* • *onderdeel* • *bijzaak* • MIL. *detachement* ★ ~s [mv] *inlichtingen* ★ a matter of ~*bijzaak* ▼ in ~ *grondig*; *volledig* ▼ go into ~(s) *nader op iets ingaan*
detail[2] (di:'teɪl) OV WW • *uitvoerig vertellen*; *details geven* • MIL. *voor speciale dienst aanwijzen* • USA *grondig schoonmaken* ⟨v. auto⟩
detain (dɪ'teɪn) OV WW • *vasthouden*; *gevangen houden*; *laten nablijven* ⟨op school⟩ • *ophouden*
detainee (di:teɪ'ni:) ZN *gevangene*
detainer (dɪ'teɪnə) ZN JUR. *(bevel tot) gevangenhouding*
detect (dɪ'tekt) OV WW • *ontdekken* • *opsporen*; *betrappen* • *bespeuren*
detection (dɪ'tekʃən) ZN • *ontdekking*; *opsporing* • *speurwerk* ★ Morse is a master of ~*Morse is een meesterspeurder* ★ the ~rate is too low *het opsporingspercentage is te laag*
detective (dɪ'tektɪv) ZN *detective*; *rechercheur*
détente, **detente** ('deɪtɒnt) ZN POL. *detente*; *ontspanning*
detention (dɪ'tenʃən) ZN • *opsluiting*; *hechtenis* • *schoolblijven* • *oponthoud*
detention centre, USA **detention center** ZN

de

• *jeugdgevangenis* • *detentiecentrum* ⟨voor illegalen⟩

deter (dɪ'tɜ:) OV WW *afschrikken*

detergent (dɪ'tɜ:dʒənt) ZN • *schoonmaakmiddel*; *reinigingsmiddel* • *(af)wasmiddel*

deteriorate (dɪ'tɪərɪəreɪt) I ONOV WW • *slechter worden*; *ontaarden* II OV WW • *slechter maken*

deterioration (dɪtɪərɪə'reɪʃən) ZN *verslechtering*

determinable (dɪ'tɜ:mɪnəbl) BNW *bepaalbaar*

determinant (dɪ'tɜ:mɪnənt) ZN • *beslissende factor* • *determinant*

determinate (dɪ'tɜ:mɪnət) BNW FORM. *vast*; *bepaald*

determination (dɪtɜ:mɪ'neɪʃən) ZN • *vastberadenheid* • *bepaling* • JUR. *besluit* ⋆ the ~ of sth *het vaststellen van iets*

determine (dɪ'tɜ:mɪn) I OV WW • *vaststellen*; *bepalen* • *beslissen* II ONOV WW • *besluiten*

determined (dɪ'tɜ:mɪnd) BNW • *vastbesloten* • *vastberaden*

determiner (dɪ'tɜ:mɪnə) ZN • TAALK. *determinator* • *bepalende factor*

determinism (dɪ'tɜ:mɪnɪzəm) ZN FILOS. *determinisme*; *ontkenning v.d. vrije wil*

determinist (dɪ'tɜ:mɪnɪst) ZN *determinist*

deterrence (dɪ'terəns) ZN *afschrikking*

deterrent (dɪ'terənt) I ZN • *afschrikkend middel* II BNW • *afschrikwekkend*

detest (dɪ'test) OV WW *verafschuwen*; *haten*

detestable (dɪ'testəbl) BNW *afschuwelijk*

detestation (di:te'steɪʃən) ZN *(voorwerp v.) afschuw*

dethrone (di:'θrəʊn) OV WW OUD. *onttronen*

dethronement (dɪ'θrəʊnmənt) ZN *onttroning*; *afzetting*

detonate ('detəneɪt) I OV WW • *doen ontploffen* II ONOV WW • *ontploffen*

detonator ('detəneɪtə) ZN • *ontstekingsmechanisme*; *detonator* • *mistsignaal*

detour ('di:tʊə) ZN • *omweg* • *omleiding*

detract (dɪ'trækt) I OV WW • *afnemen*; *afleiden* II ONOV WW • ~ *from afbreuk doen aan*; *kleineren*

detraction (dɪ'trækʃən) ZN *geringschatting*; *het kleineren*

detrain (di:'treɪn) I OV WW • *uitladen* ⟨uit trein⟩ II ONOV WW • *uitstappen* ⟨uit trein⟩ • SPORT *aftrainen*

detriment ('detrɪmənt) ZN • *nadeel* • *schade*

detrimental (detrɪ'mentl) BNW *schadelijk*

detritus (dɪ'traɪtəs) ZN • *resten*; *afval* • *afgeschuurd gesteente*; *gruis* • *bezinksel*; *drab*

deuce (dju:s) ZN • *40 gelijk* ⟨tennis⟩; *twee* ⟨dobbelsteen/speelkaart⟩ • INFORM. *du(i)vel*; *de donder* ⋆ ~ of a mess *heidense bende* ⋆ what the ~ is he doing? *wat voert die bliksemse jongen uit?*

devaluation (di:vælju:'eɪʃən) ZN *waardevermindering*

devalue (di:'vælju:) OV+ONOV WW *devalueren*; *in waarde (doen) dalen*

devastate ('devəsteɪt) OV WW *verwoesten* ⋆ we were ~d by the news *het nieuws heeft ons diepgeschokt*

devastating ('devəsteɪtɪŋ) BNW • *verwoestend*

• *schokkend* • *geweldig*; *indrukwekkend*

devastation (devə'steɪʃən) ZN *verwoesting*

develop (dɪ'veləp) I OV WW • *ontwikkelen* • *(last) krijgen (van)* • *uitwerken* ⟨v. idee/thema⟩ • *ontginnen* ⋆ ~ pneumonia *longontsteking oplopen* II ONOV WW • *z. ontwikkelen* • *aan de dag leggen*

developer (dɪ'veləpə) ZN • *projectontwikkelaar* • A-V *ontwikkelaar* • *uitwerker*

development (dɪ'veləpmənt) ZN • *ontwikkeling* • *nieuwbouwproject*

developmental (dɪveləp'mentl) BNW *ontwikkelings-*

deviance ('di:vɪəns), **deviancy** ('di:vɪənsɪ) ZN *afwijking*; *afwijkend gedrag*

deviant ('di:vɪənt) I ZN • *afwijkend persoon/iets* II BNW • *afwijkend*; *abnormaal*

deviate ('di:vɪeɪt) I OV WW • *doen afwijken* II ONOV WW • *afwijken* • *afdwalen*

deviation (di:vɪ'eɪʃən) ZN *afwijking*

device (dɪ'vaɪs) ZN • *toestel*; *apparaat*; *uitvinding* • *bom*; *wapen* • *(hulp)middel* • *truc*; *list* • *devies* ⋆ nuclear ~ *atoombom* ⋆ leave sb to their own ~s *iem. met rust laten*

devil ('devəl) ZN • *duivel* • *boze geest* • INFORM. *kerel* ⋆ the Devil *de Duivel* ▼ poor ~ *arme donder* ⋆ lucky~ *geluksvogel* ▼ better the ~ you know than the~ you don't *je weet wat je hebt, niet wat je krijgt* ⋆ between the~ and the deep (blue) sea *tussen twee vuren* ▼ what/how/why the~ *wat/hoe/waarom in 's hemelsnaam* ▼ give the~ his due *ere wie ere toekomt* ▼ talk/speak of the~ (and he is sure to appear) *als je over de duivel spreekt (trap je 'm op zijn staart)* ▼ there's the~ to pay *daar heb je de poppen aan het dansen* ▼ when you sleep with the~, there's always hell to pay *wie z'n gat (ver)brandt moet op de blaren zitten*

devilfish ('devəlfɪʃ) ZN *zeeduivel*

devilish ('devəlɪʃ) BNW • *duivels* • *buitensporig*

devil-may-care BNW INFORM. *onverschillig*; *zorgeloos*

devilment ('devəlmənt), **devilry** ('devɪlrɪ) ZN • *baldadigheid*; *uitgelatenheid* • *boosheid* • *duivelskunst*

devil's advocate ZN *advocaat v.d. duivel*

devious ('di:vɪəs) BNW *slinks* ⋆ ~ *route/path omweg*

devise (dɪ'vaɪz) I OV WW • *bedenken*; *beramen* • JUR. *legateren* II ZN • JUR. *legaat*

devisor (dɪ'vaɪzə) ZN *legator*; *erflater*

devoid (dɪ'vɔɪd) BNW ⋆ ~ of all humour *zonder enig gevoel voor humor*

devolution (di:və'lu:ʃən) ZN • POL. *decentralisatie v. bestuur*; *overdracht van bestuur(sbevoegdheden)* • BIOL. *degeneratie* • JUR. *overdracht*

devolve (dɪ'vɒlv) I OV WW • *overdragen*; *afwentelen* II ONOV WW • JUR. *toevallen* ⟨v. bezit⟩

devote (dɪ'vəʊt) OV WW *wijden*; *geven*; *besteden* ⟨v. tijd/aandacht⟩ ⋆ ~ yourself to sb/sth *je geheel wijden aan iem./iets*

devoted (dɪ'vəʊtɪd) BNW *toegewijd*; *verknocht* ⋆ ~ to *gehecht aan*; *dol op*

devotee (devə'ti:) ZN • *enthousiast liefhebber*;

aanbidder • REL. *aanhanger*

devotion (dɪ'vəʊʃən) ZN • *grote liefde*; *toewijding* • *godsvrucht* ★ ~s [mv] *gebeden*; *godsdienstoefeningen*

devotional (dɪ'vəʊʃənl) BNW • *godsdienstig* • *devoot*

devour (dɪ'vaʊə) OV WW • *verslinden* ⟨ook FIG.⟩ • *verteren* ⟨door vuur⟩ ★ be ~ed by envy *verteerd worden door jaloezie*

devout (dɪ'vaʊt) BNW *vroom*; *toegewijd* ★ ~ly hope *vurig hopen*

dew (dju:) ZN *dauw*

dewdrop ('dju:drɒp) ZN *dauwdruppel*

dewlap ('dju:læp) ZN *halskwab* ⟨bij rund/hond⟩

dewy ('dju:ɪ) BNW • *bedauwd* • *dauwachtig*

dewy-eyed BNW *met vochtige ogen*; *sentimenteel*

dexterity (dek'sterɪtɪ) ZN *handigheid*

dexterous ('dekstərəs), **dextrous** ('dekstrəs) BNW *handig*

dextrose ('dekstrəʊs) ZN *druivensuiker*

diabetes (daɪə'bi:ti:z) ZN *suikerziekte*; *diabetes*

diabetic (daɪə'betɪk) I ZN • *suikerpatiënt*; *diabeticus/-ca* II BNW • *suikerziekte-* ★ a ~ diet *een dieet voor diabetici*

diabolic (daɪə'bɒlɪk) BNW *kwaadaardig*; *duivels*

diabolical (daɪə'bɒlɪkl) BNW • INFORM. *afgrijselijk*; *vreselijk* • *kwaadaardig*; *duivels*

diadem ('daɪədem) ZN *diadeem*

diagnose ('daɪəgnəʊz) OV WW *een diagnose stellen*; *constateren*

diagnosis (daɪəg'nəʊsɪs) ZN *diagnose*

diagnostic (daɪəg'nɒstɪk) I BNW • *diagnostisch*; *kenmerkend* II ZN • *symptoom* • COMP. *diagnoseprogramma* ★ ~s [mv] *diagnostiek*

diagonal (daɪ'ægənl) I ZN • *diagonaal* II BNW • *diagonaal*

diagram ('daɪəgræm) ZN • *diagram* • *grafiek*

diagrammatic (daɪəgrə'mætɪk) BNW *schematisch*

dial ('daɪəl) I OV WW • COMM. *draaien*; *kiezen* II ZN • *wijzerplaat*; *zonnewijzer* • TECHN. *(afstem)schaal* • *kiesschijf* ⟨v. telefoon⟩ • INFORM. *smoel*; *bek*

dialectal (daɪə'lektl) BNW *dialectisch*

dialectical (daɪə'lektɪkl) BNW *dialectisch*; *scherpzinnig*

dialogue ('daɪəlɒg) ZN *dialoog*

diameter (daɪ'æmɪtə) ZN *diameter*; *middellijn*

diametrical (daɪə'metrɪkl) BNW *lijnrecht*; *diametraal* ★ ~ly opposed view *volkomen tegenstrijdige mening*

diamond ('daɪəmənd) I ZN • *diamant* • *ruit* • SPORT, VS *honkbalveld* ★ ~s [mv] *ruiten* ⟨speelkaart⟩ ★ rough ~ *ongeslepen diamant*; *ruwe bolster, blanke pit* II BNW • *diamanten*

diamond cutter ZN *diamantslijper*

diaper ('daɪəpə) I ZN • USA *luier* • *ruitjespatroon* • *linnen/katoen met ruitjespatroon* II OV WW • USA *een luier omdoen* • *versieren met ruitjespatroon*

diaphanous (daɪ'æfənəs) BNW *doorschijnend*; *ragfijn* ⟨v. stof⟩

diaphragm ('daɪəfræm) ZN • *middenrif* • *pessarium* • *membraan* • A-V *diafragma*

diarist ('daɪərɪst) ZN *dagboekschrijver*

diarrhoea, USA **diarrhea** (daɪə'rɪə) ZN *diarree*

diary ('daɪərɪ) ZN • *dagboek* • *agenda*

diaspora (daɪ'æspərə) ZN *diaspora*; *verstrooiing* ⟨v. andersdenkenden⟩

diatribe ('daɪətraɪb) ZN *felle aanval* ⟨met woorden⟩

dibble ('dɪbl) I ZN • *pootijzer* II OV WW • *planten*; *poten* • *met pootijzer bewerken* ⟨v. grond⟩

dibs (dɪb) MV VS, INFORM. *poen* ▼ have first dibs on sth *recht hebben op iets*

dice (daɪs) I MV • *dobbelspel*; *dobbelstenen* • CUL. *dobbelsteentjes* ★ roll/throw/shake the dice *de dobbelstenen gooien/schudden* ▼ USA no dice *vergeet het maar*; *dat gaat (mooi) niet door* II ONOV WW • *dobbelen* III OV WW • *(ver)dobbelen* • CUL. *in dobbelsteentje snijden* ▼ dice with death *met je leven spelen*

dicey ('daɪsɪ) BNW INFORM. *link*; *riskant* ★ it looks a bit ~ to me! *ik vertrouw het voor geen meter!*

dichotomy (daɪ'kɒtəmɪ) ZN *tweedeling*

dick (dɪk) ZN VULG. *lul*; *pik*

dickens ('dɪkɪnz) ZN • INFORM., OUD. ★ what the ~ are you up to? *waar ben jij verdorie mee bezig?* • USA ★ cute as the ~ *verdomd knap*

dicker ('dɪkə) ONOV WW • USA *kibbelen* • USA *marchanderen*

dickey ZN INFORM. *front(je)*

dicky ('dɪkɪ) I ZN • INFORM. *front(je)* • *kofferbak* ⟨v. auto⟩ ▼ INFORM. not say a ~ bird *geen woord zeggen* II BNW • INFORM. *zwak*; *wankel*

dicta ('dɪktə) ZN [mv] • → **dictum**

dictate (dɪk'teɪt) I OV WW • *dicteren* • *opleggen*; *voorschrijven* II ONOV WW • *commanderen*

dictation (dɪk'teɪʃən) ZN • *dictee*; *dictaat* • *bevel*

dictatorial (dɪktə'tɔ:rɪəl) BNW *dictatoriaal*

dictatorship (dɪk'teɪtəʃɪp) ZN *dictatuur*

diction ('dɪkʃən) ZN • *dictie*; *wijze v. uitspreken* • *woordkeuze*

dictionary ('dɪkʃənrɪ) ZN *woordenboek*

dictum ('dɪktəm) ZN [mv: **dicta**, **dictums**] • *gezegde* • *uitspraak*

did (dɪd) WW [verleden tijd] • → **do**[1]

didactic (daɪ'dæktɪk) BNW • *belerend*; *moraliserend* • *schoolmeesterachtig*

didactics (daɪ'dæktɪks) ZN MV *didactiek*

diddle ('dɪdl) OV WW • INFORM. *bedriegen*; *afzetten* • INFORM. *lummelen* • VULG., VS *naaien*

die (daɪ) I ONOV WW • *dood gaan*; *sterven*; *omkomen* • *uitsterven*; *verdwijnen* • *stilvallen* ⟨v. machine⟩ ★ never say die! *de moed niet opgeven!* ▼ INFORM. be dying for sth *snakken naar iets* ▼ INFORM. die a/the death *floppen* ▼ die in your bed *'n natuurlijke dood sterven* ▼ die laughing *je doodlachen* ▼ INFORM. (it is sth) to die for *daar zou ik een moord voor doen* • ~ away/down *wegsterven*; *afnemen*; -; *wegkwijnen* • ~ back *afsterven* ⟨v. plant⟩ • ~ off/out *uitsterven*; *wegsterven* II ZN [mv: **dice**] • *dobbelsteen* ★ the die is cast *de teerling is geworpen*

diehard ('daɪhɑ:d) I ZN • *conservatieveling* • *doorzetter* II BNW • *conservatief* • *onverzettelijk*

diesel (di:zl), **diesel oil** ZN *dieselolie*

diesel engine ZN *dieselmotor*

diet ('daɪət) I ZN • *dieet*; *voedsel* • *menu* ★ be fed a diet of soap operas *alleen maar soaps voorgeschoteld krijgen* ‖ONOV WW • *lijnen*

dietary ('daɪətrɪ) BNW *dieet-*

dietetics (daɪə'tetɪks) ZN MV *voedselleer*

dietitian, dietician (daɪə'tɪʃən) ZN • *diëtist(e)* • *voedingsdeskundige*

differ ('dɪfə) ONOV WW *verschillen* ★ ~with sb about/on/over sth *over iets met iem. van mening verschillen*

difference ('dɪfrəns) ZN • *verschil* • *onenigheid* ★ a marked ~*een duidelijk verschil* ★ can you tell the ~? *kun je het verschil zien?* ▾ make no ~ *geen verschil uitmaken; niet uitmaken* ▾ make all the ~ *alles uitmaken* ▾ same ~ *maakt niks uit* ▾ with a ~ *bijzonder*

different ('dɪfrənt) BNW • *ander(e)* • *verschillend* • INFORM. *anders* ★ ~from/to/than *anders dan*

differential (dɪfə'renʃəl) I ZN • *verschil* ⟨in hoeveelheid/waarde⟩ • TECHN. *differentieel* • WISK. *differentiaal* ‖ BNW • *verschillend* • *ongelijk* • *differentieel*

differentiate (dɪfə'renʃɪeɪt) I OV WW • *onderscheiden* • *doen verschillen van* • WISK. *differentiëren* ‖ ONOV WW • *differentiëren*; *onderscheid/verschil maken* • *z. onderscheiden*; *z. anders ontwikkelen* • *ongelijk behandelen*; *discrimineren*

differentiation (dɪfərenʃɪ'eɪʃən) ZN • *onderscheid* • *differentiatie*

difficult ('dɪfɪkəlt) BNW *moeilijk*

difficulty ('dɪfɪkəltɪ) ZN • *probleem*; *moeilijkheid* • *moeite* • *moeilijkheidsgraad* ★ run into ~/difficulties *in problemen komen*

diffidence ('dɪfɪdns) ZN *gebrek aan zelfvertrouwen*

diffident ('dɪfɪdnt) BNW *bedeesd*; *verlegen*

diffract (dɪ'frækt) OV+ONOV WW NATK. *breken* ⟨v. licht⟩

diffraction (dɪ'frækʃən) ZN NATK. *breking* ⟨v. licht⟩

diffuse[1] (dɪ'fju:s) BNW • *diffuus*; *verspreid*; *verstrooid* • *omslachtig*

diffuse[2] (dɪ'fju:z) I OV WW • *verspreiden*; *uitstralen* ‖ ONOV WW • *z. verspreiden*

diffusion (dɪ'fju:ʒən) ZN • *verspreiding* • *uitstraling*

dig (dɪg) I ONOV WW [onr.] • *graven* • *zoeken* ‖ OV WW • *graven* • *opgraven*; *uitgraven* • *rooien* ⟨v. aardappelen⟩ • *duwen*; *porren* • INFORM. *fantastisch/mooi/cool/ vinden* ‖‖ WW • ~ in [ov] *onderspitten*; *ingraven* • [onov] *je ingraven*; *je tijd afwachten* • *aanvallen* ⟨op eten⟩ ★ dig yourself in *je verschansen* ⟨soldaten⟩ • ~ into [onov] *graven in* • ~ out [ov] *opgraven* • FIG. *opdiepen*; *uitvissen* • ~ over [ov] *omspitten* • ~ up [ov] *uitgraven*; *rooien* • FIG. *opgraven* ‖‖ ZN • *por*; *stoot* • *opgraving* ★ a dig in the ribs *een por in de zij* ★ have a dig at sb *iem. een steek onder water geven*

digerati MV *computerfanaten*; *computerdeskundigen*

digest[1] (daɪ'dʒest) I OV WW • *verteren* • *verwerken* ⟨v. info⟩ • *in z. opnemen* • *rangschikken*; *ordenen* ‖ ONOV WW • *verteren* • *voedsel opnemen*

digest[2] ('daɪdʒest) ZN *samenvatting*

digestibility (daɪdʒestə'bɪlətɪ) ZN • *verteerbaarheid* • *verwerkbaarheid*

digestible (daɪ'dʒestəbl) BNW • *verteerbaar* • *aanvaardbaar*

digestion (daɪ'dʒestʃən) ZN *spijsvertering* • → **digest**[1]

digestive (daɪ'dʒestɪv) I ZN • *spijsvertering bevorderend middel* • *volkorenkoekje* ‖ BNW • *de spijsvertering bevorderend*

digger ('dɪgə) ZN • *graafmachine* • *(goud)delver*

digit ('dɪdʒɪt) ZN • *cijfer*; *heel getal van 0-9* • ANAT. *vinger*; *teen*; *duim*

digital ('dɪdʒɪtl) BNW *digitaal*

digitalis (dɪdʒɪ'teɪlɪs) ZN • PLANTK. *vingerhoedskruid* • MED. *digitalis* ⟨geneesmiddel v. hartziekten⟩

dignified ('dɪgnɪfaɪd) BNW *waardig*; *statig*

dignify ('dɪgnɪfaɪ) OV WW • *waardigheid geven aan*; *vereren* • *opluisteren* ★ not ~sb's remark by reacting to it ≈ *iemands opmerking geen antwoord waardig achten*

dignitary ('dɪgnɪtərɪ) ZN *(kerkelijke) hoogwaardigheidsbekleder*

dignity ('dɪgnətɪ) ZN • *waardigheid* • *zelfrespect*

digress (daɪ'gres) ONOV WW • *afdwalen* • ~ on *uitweiden over*

digression (daɪ'greʃən) ZN *uitweiding*

dike (daɪk) ZN • → **dyke**

diktat ('dɪktæt) ZN MIN. *dictaat*; *van bovenaf opgelegde regeling*

dilapidate (dɪ'læpɪdeɪt) ONOV WW *vervallen*; *in verval raken*

dilapidation (dɪlæpɪ'deɪʃən) ZN *verval*; *bouwvalligheid*

dilatation (daɪlə'teɪʃn), **dilation** (daɪ'leɪʃn) ZN MED. *verwijding*; *dilatatie*

dilate (daɪ'leɪt) I OV WW • *verwijden*; *uitzetten* ‖ ONOV WW • *wijder worden*; *z. uitzetten* • ~ on *uitweiden over*

dilatory ('dɪlətərɪ) BNW • *traag* • *vertragend*

dilettante (dɪlə'tæntɪ) ZN [mv: **dilettanti**, **dilettantes**] *dilettante*

diligence ('dɪlɪdʒəns) ZN • *toewijding*; *ijver* • GESCH. *postkoets*

diligent ('dɪlɪdʒənt) BNW *ijverig*

dill (dɪl) ZN PLANTK. *dille*

dilly-dally (dɪlɪ'dælɪ) ONOV WW INFORM. *treuzelen*; *zeuren*

diluent ('dɪljʊənt) I ZN • *verdunnend middel* ‖ BNW • *verdunnend*

dilute (daɪ'lju:t) I BNW • *waterig* ‖ OV WW • *(met water) verdunnen*

dilution (daɪ'lu:ʃən) ZN *verdunning*; *(slap) aftreksel*; OOK FIG.

dim (dɪm) I BNW • *zwak* ⟨licht/schijnsel⟩ • *donker*; *schemerig* • *flauw*; *vaag* • G-B, INFORM. *dom* • *weinig hoopvol* ⟨v. situatie⟩ ★ the dim and distant past *het grijs verleden* ▾ take a dim view of sb/sth *niet veel op hebben met iem./iets* ‖ OV WW • *donker/schemerig maken* • *temperen* • *ontluisteren* ★ dim the lights *de lichten dimmen* ‖‖ ONOV WW • *donker/schemerig worden* • *vervagen*; *verflauwen*

dime (daɪm) ZN USA *dubbeltje* ⟨10 dollarcent⟩ ▾ a

di

dime a dozen *dertien in een dozijn*
dime novel ZN USA *stuiversroman*
dimension(daɪ'menʃən) ZN ● *afmeting* ● *omvang*
● *dimensie*
dimensional(daɪ'menʃənl) BNW *dimensionaal*
★ *three-~driedimensionaal*
diminish(dɪ'mɪnɪʃ) I OV WW ● *verminderen*;
verkleinen ● *bagatelliseren* II ONOV WW
● *verminderen*; *afnemen*
diminution(dɪmɪ'nju:ʃən) ZN ● *verkleining*
● *vermindering*; *afname*
diminutive(dɪ'mɪnjʊtɪv) I ZN ● TAALK.
verkleinwoord; *verkleiningsuitgang* II BNW
● *erg klein*; *miniatuur*
dimple('dɪmpl) I ZN ● *kuiltje* ● *rimpeltje* ⟨in
wateroppervlak⟩ II OV WW ● *kuiltjes maken*
● *rimpelen* III ONOV WW ● *kuiltje(s) vertonen*
● *rimpelen*
dimwitted(dɪm'wɪtɪd) BNW *traag van begrip*
din(dɪn) I ZN ● *kabaal* II OV WW ★ *din sth into*
sb er iets bij iem. inhameren
dine(daɪn) I ONOV WW ● *dineren* II WW
● *~ off/on*[ov] *zijn (middag)maal doen met*;
zich voeden met ● *~ out*[onov] *buitenshuis*
dineren
diner('daɪnə) ZN ● *gast*; *eter* ● *restauratiewagen*
● USA *(goedkoop) restaurantje*
dinette ZN USA *eethoek/-kamer*
ding-dong('dɪŋdɒŋ) ZN ● INFORM. *dingdong*;
bimbam ⟨klanknabootsend geluid⟩ ● G-B,
INFORM. *fel gevecht*
dinghy('dɪŋɪ) ZN ● *roei-/zeilboot* ● *rubberboot*
dingo('dɪŋɡəʊ) [mv: dingoes] ZN *dingo*
⟨Australische wilde hond⟩
dingy('dɪndʒɪ) BNW *smerig*; *vuil*
dining car ZN *restauratiewagen*
dining room ZN *eetkamer*; *eetzaal*
dinkie('dɪŋkɪ) I ZN ● *double income, no kids*
dinkie ⟨één van stel tweeverdieners zonder
kinderen⟩ II BNW ● *leuk*; *aardig* ● USA *klein*;
armzalig
dinkum('dɪŋkəm) BNW AUS., INFORM. *onvervalst*;
echt
dinky('dɪŋkɪ) BNW *leuk*; *aardig*
dinner('dɪnə) ZN *diner*; *middagmaal* ★ *what's*
for ~? wat eten we vandaag? ★ *have ~dineren*;
het middagmaal gebruiken
dinner jacket ZN *smoking*
dinner party ZN *dinertje*
dinner service, **dinner set** ZN *eetservies*
dinner table ZN *eettafel*
dinosaur('daɪnəsɔ:) ZN *dinosaurus*
dint(dɪnt) ZN ★ *by dint of hard work door hard*
werken
diocesan(daɪ'ɒsɪsn) I ZN ● *bisschop* ● *diocesaan*
II BNW ● *diocesaan*
diocese('daɪəsɪs) ZN *bisdom*
dioxide(daɪ'ɒksaɪd) ZN SCHEIK. *dioxide*
dip(dɪp) I OV WW ● *(even) indopen*; *dompelen*
● AUTO. *dimmen* ★ *dip candles kaarsen trekken*
★ *dip sheep schapen m.b.v. dompelbad*
ontdoen v. parasieten II ONOV WW ● *(even)*
duiken ● *dalen*; *ondergaan* ● *hellen* III WW
● *~ in*[onov] *toetasten* ● *~ into*[onov] *vluchtig*
bekijken ⟨v. boek⟩ ★ *dip into your savings je*
spaargeld aanspreken ● [ov] ★ *dip your hand*

into the water je hand in het water steken
▾ *dip into your pocket in de buidel tasten*
▾ INFORM. *dip a toe in/into the water* OMSCHR.
voorzichtig uitproberen IV ZN ● *duik*; OOK FIG.
● *dip*; *inzinking* ● *kuil* ⟨in oppervlak⟩
● *(dip)saus* ★ *a dip into sth snelle blik (in iets)*
● *knikje* ⟨v. hoofd⟩ ● VS, INFORM. *stommeling*
★ *lucky dip grabbelton*
diphtheria(dɪf'θɪərɪə) ZN *difterie*
diphthong('dɪfθɒŋ) ZN *tweeklank*
diploma(dɪ'pləʊmə) ZN ● *diploma* ● *getuigschrift*
diplomacy(dɪp'ləʊməsɪ) ZN *diplomatie*
diplomat('dɪpləmæt) ZN *diplomaat*
diplomatic(dɪplə'mætɪk) BNW ● *diplomatiek*;
tactvol ● *m.b.t. diplomatieke dienst* ★ *~*
immunity diplomatieke onschendbaarheid
dip net ZN *schepnet*
dipper('dɪpə) ZN ● DIERK. *waterspreeuw*
● *pollepel* ★ USA *the Big Dipper de achtbaan*;
de Grote Beer
dippy('dɪpɪ) BNW *getikt*
dipsomania(dɪpsə'meɪnɪə) ZN *drankzucht*;
alcoholisme
dipsomaniac(dɪpsə'meɪnɪæk) ZN *alcoholist*
dipstick('dɪpstɪk) ZN *peilstok*
dip switch ZN AUTO. *dimschakelaar*
diptych('dɪptɪk) ZN *tweeluik*
dire('daɪə) BNW *zeer ernstig*; *gruwelijk* ★ *in dire*
need of help snakken naar hulp
direct(daɪ'rekt) I BNW+BIJW ● *direct*; *rechtstreeks*
● *exact* ● *zonder omhaal* ● *oprecht* II BETR VNW
● *richten* ● *leiding geven aan* ● *regisseren*
● *aanwijzingen geven* ● *verordonneren*
● *adresseren* ⟨v. post⟩ ★ *~sb to the station iem.*
de weg wijzen naar het station III ONOV WW
● *regisseren* ● *leiden*
direction(daɪ'rekʃən) ZN ● *richting*; *kant*
● *bestuur*; *leiding* ● *instructie*; *aanwijzing*
● *regie* ★ *sense of ~richtingsgevoel* ★ *under*
the ~of onder leiding van
directional(də'rekʃənl) BNW *richtings-* ★ *~aerial*
richtantenne
directive(də'rektɪv) I ZN ● *richtlijn* II BNW
● *leidend*
directly(daɪ'rektlɪ) I BIJW ● *rechtstreeks*; *direct*
● *meteen* ★ *~opposite recht tegenover* ★ *~*
below vlak daaronder II VW ● *zodra*
directness(də'rektnəs) ZN *directheid*;
openhartigheid
director(daɪ'rektə) ZN ● *directeur*; *directielid*;
hoofd ⟨v. afdeling⟩ ● *regisseur*; *dirigent* ★ G-B
managing ~directeur ★ *be on the board of ~s*
lid zijn van de raad van bestuur ★ *Director of*
Public Prosecutions rechter van instructie ⟨in
Engeland/Wales⟩
directorate(daɪ'rektərət) ZN ● *raad v. bestuur*
● *directoraat* ⟨v. ministerie⟩
directorial(daɪrek'tɔ:rɪəl) BNW ● *leidinggevend*
● *directeurs-* ● *regie-*
directorship(daɪ'rektəʃɪp) ZN *directeurschap*;
directeurspost
directory(daɪ'rektərɪ) ZN ● *gids*; *adresboek*
● COMP. *map*; *directory*
dirge(dɜ:dʒ) ZN *klaagzang*
dirigible('dɪrɪdʒɪbl) I ZN ● *zeppelin* II BNW
● *bestuurbaar*

di

dirk (dɜːk) ZN *dolk*

dirt (dɜːt) ZN • *vuil; modder* • USA *aarde; grond* • *roddel; laster • stront; drek* ★ dirt cheap *spotgoedkoop* ★ dirt poor *straatarm* ▼ dish the dirt on sb *roddelen over iem.* ▼ eat dirt *door het stof gaan; slikken* ⟨v. belediging⟩ ▼ treat sb like dirt *iem. als oud vuil behandelen*

dirt bike ZN *crossmotor*

dirt farmer ZN USA *keuterboer*

dirt road, USA **dirt track** ZN • *onverharde weg* • SPORT *sintelbaan*

dirty (dɜːtɪ) I BNW • *vies; smerig* • *schuin* ⟨v. grap enz.⟩ • *gemeen; laag-bij-de-gronds* • USA *drugsverslaafd* ▼ do the ~ on sb *iem. gemeen behandelen* ▼ give sb a ~ look *iem. vuil aankijken* II BIJW • G-B, INFORM. ▼ ~ great/big *hartstikke groot* ▼ play ~ *een smerig spelletje spelen* III OV WW • *bevuilen* IV ONOV WW • *smerig worden*

dis (dɪs) OV WW VS, INFORM. *dissen; afzeiken*

dis- (dɪs) VOORV *dis-; af-; on-; ont-*

disability (dɪsəˈbɪlətɪ) ZN • *handicap; belemmering • onbekwaamheid; invaliditeit* ★ ~ to work *arbeidsongeschiktheid*

disability benefit ZN ≈ *WIA-uitkering*

disability insurance ZN *arbeidsongeschiktheidsverzekering*

disable (dɪsˈeɪbl) OV WW • *invalide maken; (arbeids)ongeschikt maken • onklaar maken*

disabled (dɪsˈeɪbld) BNW *invalide; lichamelijk gehandicapt* ★ mentally ~ *geestelijk gehandicapt*

disabuse (dɪsəˈbjuːz) OV WW • FORM. *uit de droom helpen* • ~ of *afbrengen van; genezen van* ⟨een idee⟩

disadvantage (dɪsədˈvɑːntɪdʒ) I ZN • *nadeel* ★ at a ~ *in het nadeel* ★ sell to ~ *met verlies verkopen* II OV WW • *benadelen*

disadvantaged (dɪsədˈvɑːntɪdʒd) BNW *minder bevoorrecht; kansarm*

disadvantageous (dɪsædvənˈteɪdʒəs) BNW *nadelig*

disaffected (dɪsəˈfektɪd) BNW • *ontevreden* • *vervreemd • afvallig*

disaffection (dɪsəˈfekʃən) ZN • POL. *afvalligheid* • *ontrouw*

disaffiliate (dɪsəˈfɪlɪeɪt) ONOV WW ★ ~ from an organisation *de relaties met een organisatie verbreken*

disaffirm (dɪsəˈfɜːm) OV WW JUR. *verwerpen; herroepen*

disafforest (dɪsəˈfɒrɪst) OV WW • → **deforest**

disagree (dɪsəˈgriː) ONOV WW • *het oneens zijn* • *verschillen • niet passen bij* ★ fish ~s with me *ik kan niet tegen vis*

disagreeable (dɪsəˈgriːəbl) BNW *onaangenaam*

disagreement (dɪsəˈgriːmənt) ZN • *meningsverschil; onenigheid • verschil*

disallow (dɪsəˈlaʊ) OV WW *niet toestaan; afkeuren*

disappear (dɪsəˈpɪə) ONOV WW *verdwijnen*

disappearance (dɪsəˈpɪərəns) ZN *verdwijning*

disappoint (dɪsəˈpɔɪnt) OV WW • *teleurstellen* • *verijdelen; tenietdoen* ★ his expectations of success were ~ed *het succes dat hij verwachtte bleef uit*

disappointing (dɪsəˈpɔɪntɪŋ) BNW *teleurstellend; tegenvallend*

disappointingly (dɪsəˈpɔɪntɪŋlɪ) BIJW *teleurstellend* ★ ~, he didn't turn up *tot onze teleurstelling kwam hij niet opdagen*

disappointment (dɪsəˈpɔɪntmənt) ZN *teleurstelling*

disapprobation (dɪsəprəʊˈbeɪʃən) ZN FORM. *afkeuring* ⟨op morele gronden⟩

disapproval (dɪsəˈpruːvəl) ZN *afkeuring* ★ shake your head in ~ *afkeurend het hoofd schudden* ★ look with ~ *afkeurend kijken*

disapprove (dɪsəˈpruːv) OV+ONOV WW • *afkeuren; afwijzen* • ~ of *afkeuren*

disapprovingly (dɪsəˈpruːvɪŋlɪ) BIJW *afkeurend*

disarm (dɪsˈɑːm) I OV+ONOV WW • *ontwapenen;* OOK FIG. II OV WW • *ontmantelen* ⟨i.h.b. kernwapens⟩

disarmament (dɪsˈɑːməmənt) ZN *ontwapening*

disarrange (dɪsəˈreɪndʒ) OV WW *in de war brengen*

disarrangement (dɪsəˈreɪndʒmənt) ZN *verwarring; wanorde*

disarray (dɪsəˈreɪ) ZN *wanorde* ★ throw plans into ~ *plannen in de war sturen*

disassociate (dɪsəˈsəʊʃɪeɪt) OV WW • → **dissociate**

disaster (dɪˈzɑːstə) ZN • *ramp • narigheid* ★ ~ struck when the wheel came off *het noodlot sloeg toe toen het wiel eraf liep* ★ it's a recipe for ~ *dat is vragen om ellende*

disaster area ZN • *rampgebied* • INFORM. *ramp; puinhoop* ⟨v. organisatie, enz.⟩

disastrous (dɪˈzɑːstrəs) BNW *rampzalig*

disavow (dɪsəˈvaʊ) OV WW *ontkennen; loochenen; verwerpen*

disavowal (dɪsəˈvaʊəl) ZN *verloochening; ontkenning*

disband (dɪsˈbænd) I OV WW • *ontbinden* II ONOV WW • *uiteengaan • ontbonden worden*

disbandment (dɪsˈbændmənt) ZN *ontbinding*

disbar (dɪsˈbɑː) OV WW JUR. *royeren* ⟨vnl. advocaten⟩

disbelief (dɪsbɪˈliːf) ZN *ongeloof* ★ look on in ~ *je ogen niet kunnen geloven*

disbelieve (dɪsbɪˈliːv) OV+ONOV WW *niet geloven*

disbeliever (dɪsbɪˈliːvə) ZN *ongelovige*

disburden (dɪsˈbɜːdn) OV+ONOV WW FORM. *ontlasten; ontladen*

disburse (dɪsˈbɜːs) OV+ONOV WW FORM. *(uit)betalen* ⟨uit fonds⟩

disbursement (dɪsˈbɜːsmənt) ZN *uitbetaling*

disc (dɪsk) ZN • *rond plaatje • cd* • SPORT *discus* • COMP. *schijf* ★ MED. slipped disc *hernia*

discard[1] (dɪsˈkɑːd) OV WW • *uitdoen* ⟨v. kledingstuk⟩ • *weggooien • opzij zetten* • *ontslaan* • COMP. ★ ~ changes *veranderingen niet opslaan*

discard[2] (ˈdɪskɑːd) ZN • *het afdanken; afdankertje • bijgespeelde kaart(en)* ⟨bridge⟩

disc brake ZN AUTO. *schijfrem*

discern (dɪˈsɜːn) OV WW • *onderscheiden* • *bespeuren; ontwaren • waarnemen*

discernible (dɪˈsɜːnəbl) BNW *waarneembaar*

discerning (dɪˈsɜːnɪŋ) BNW *scherpzinnig*

discernment (dɪˈsɜːnmənt) ZN *inzicht;*

onderscheidingsvermogen

discharge¹ (dɪsˈtʃɑːdʒ) I OV WW • *wegsturen*;
ontslaan ‹ziekenhuis/baan› • *ontslaan v.
rechtsvervolging*; *vrijlaten* • *lozen* • TECHN.
ontladen • *afvuren*; *lossen* ‹v. schot›
• *(in)lossen*; *betalen* ‹v. schuld› • *vervullen* ‹v.
plicht› II ONOV WW • *z. ontladen* • *z. ontlasten*;
uitbarsten • *uitmonden* • *lossen* • *afgaan* ‹v.
geweer›

discharge² (ˈdɪstʃɑːdʒ) ZN • *afscheiding*; *uitstoot*
• *lozing*; *ontlading* • *ontheffing* • *ontslag*
• *vervulling* ‹v. plicht› ★ ~ of debts *betaling v.
schulden*

discharger (dɪsˈtʃɑːdʒə) ZN *ontlader*

disciple (dɪˈsaɪpl) ZN • *leerling*; *volgeling* • REL.
discipel

disciplinarian (dɪsɪplɪˈneərɪən) ZN *strenge
leermeester*

disciplinary (ˈdɪsɪplɪnərɪ) BNW *disciplinair*

discipline (ˈdɪsɪplɪn) I ZN • *discipline*; *tucht*;
handhaving v. orde • *training*; *methode*
• *zelfbeheersing* • *vak*; *tak v. wetenschap* II OV
WW • *disciplinaire maatregelen nemen* • *leren
gehoorzamen*; *discipline bijbrengen* ★ ~
yourself je leren beheersen

disclaim (dɪsˈkleɪm) OV WW • *ontkennen*; *van de
hand wijzen* • *afstand doen van*

disclaimer (dɪsˈkleɪmə) ZN • *ontkenning*;
afwijzing • JUR. *disclaimer*; *bewijs v. afstand*

disclose (dɪsˈkləʊz) OV WW *onthullen*

disclosure (dɪsˈkləʊʒə) ZN *onthulling*;
openbaring

discolour, USA **discolor** (dɪsˈkʌlə) I ONOV WW
• *verkleuren*; *verschieten* II OV WW • *doen
verkleuren*

discomfit (dɪsˈkʌmfɪt) OV WW • *in verlegenheid
brengen* • *storen*; *hinderen*

discomfiture (dɪsˈkʌmfɪtʃə) ZN *verwarring*

discomfort (dɪsˈkʌmfət) I ZN • *onbehaaglijkheid*
• *ongemak* II OV WW • *onbehagen veroorzaken*
• *hinderen*

discompose (dɪskəmˈpəʊz) OV WW • *(ver)storen*
• *verwarren*

discomposure (dɪskəmˈpəʊʒə) ZN • *verstoring*
• *verwarring*

disconcert (dɪskənˈsɜːt) OV WW *verwarren*;
verontrusten

disconcerting (dɪskənˈsɜːtɪŋ) BNW *verontrustend*

disconnect (dɪskəˈnekt) OV WW • *uitschakelen*
• *afsluiten* ‹v. gas, water, enz.› • *losmaken*
• *verbinding verbreken* ‹v. telefoon/Internet›

disconnected (dɪskəˈnektɪd) BNW *los*;
onsamenhangend

disconsolate (dɪsˈkɒnsələt) BNW FORM.
ontroostbaar; *neerslachtig*

discontent (dɪskənˈtent), **discontentment**
(dɪskənˈtentmənt) ZN *ontevredenheid*

discontented (dɪskənˈtentɪd) BNW *ontevreden*

discontinue (dɪskənˈtɪnjuː) I OV WW • *niet
voortzetten*; *stoppen* • *opzeggen* • *opheffen*
II ONOV WW • *ophouden*

discontinuity (dɪskɒntɪˈnjuːətɪ) ZN
• *onderbreking* • *discontinuïteit*

discontinuous (dɪskənˈtɪnjʊəs) BNW
onderbroken; *met onderbrekingen*

discord (ˈdɪskɔːd) ZN • FORM. *tweedracht*;

wanklank • MUZ. *dissonant*

discordant (dɪsˈkɔːdnt) BNW • *strijdig* • MUZ.
dissonerend

discotheque (ˈdɪskətek) ZN *discotheek*

discount¹ (ˈdɪskaʊnt) ZN • *korting* • ECON.
disagio ★ at a ~ *met korting*

discount² (dɪsˈkaʊnt) OV WW • *buiten
beschouwing laten* • *weinig geloof/belang
hechten aan*; *afdoen als* • *korten*; *met korting
verkopen* • *(ver)disconteren*

discounter (ˈdɪskaʊntə), **discount store**,
discount house ZN *discountwinkel*

discount rate ZN *wisseldisconto*

discourage (dɪsˈkʌrɪdʒ) OV WW • *ontmoedigen*
• *ervan afhouden*; *afschrikken*

discouragement (dɪsˈkʌrɪdʒmənt) ZN
• *moedeloosheid* • *ontmoediging*

discourse¹ (ˈdɪskɔːs) ZN • *verhandeling* • *gesprek*;
rede

discourse² (dɪsˈkɔːs) ONOV WW • *een
verhandeling schrijven/houden* • *converseren*

discourteous (dɪsˈkɜːtɪəs) BNW FORM. *onhoffelijk*

discourtesy (dɪsˈkɜːtəsɪ) ZN FORM. *onbeleefdheid*

discover (dɪˈskʌvə) OV WW *ontdekken*; *tot de
ontdekking komen*

discoverer (dɪˈskʌvərə) ZN *ontdekker*; *uitvinder*

discovery (dɪˈskʌvərɪ) ZN *ontdekking*; *vondst*

discredit (dɪsˈkredɪt) I ZN • *schande*; *diskrediet*
• *opspraak* ★ bring ~ on the club *de club in
diskrediet brengen* II OV WW • *in diskrediet
brengen* • *in twijfel trekken*

discreditable (dɪsˈkredɪtəbl) BNW FORM.
schandelijk

discreet (dɪˈskriːt) BNW • *discreet*; *kies*;
bescheiden • *tactvol*

discrepancy (dɪsˈkrepənsɪ) ZN *discrepantie*;
verschil

discrete (dɪˈskriːt) BNW *afzonderlijk*; *zonder
samenhang*

discretion (dɪˈskreʃən) ZN • *wijsheid*; *beleid*; *tact*;
voorzichtigheid • *discretie*; *geheimhouding*
★ use your ~ *naar eigen goedvinden handelen*
▼ at sb's ~ *naar iemands eigen inzicht*

discretionary (dɪˈskreʃənərɪ) BNW FORM. *naar
eigen oordeel*

discriminate (dɪˈskrɪmɪneɪt) I OV WW
• *onderscheiden*; *discrimineren* II ONOV WW
• *onderscheid in acht nemen* • ~ against
onderscheid maken ‹ten nadele van›;
discrimineren

discriminating (dɪˈskrɪmɪneɪtɪŋ) BNW
scherpzinnig; *opmerkzaam*

discrimination (dɪskrɪmɪˈneɪʃən) ZN
• *discriminatie* • *inzicht*; *doorzicht* • FORM.
onderscheidingsvermogen

discriminatory (dɪˈskrɪmɪnətrɪ) BNW
discriminerend

discursive (dɪˈskɜːsɪv) BNW *onsamenhangend*

discus (ˈdɪskəs) ZN • *discus* ★ the ~ *het
discuswerpen*

discuss (dɪˈskʌs) OV WW *bespreken*

discussion (dɪˈskʌʃən) ZN *bespreking*; *discussie*
★ it's still under ~ *daar praat men nog over*

disdain (dɪsˈdeɪn) I ZN • *minachting* II OV WW
• *hooghartig afwijzen/weigeren*

disdainful (dɪsˈdeɪnfʊl) BNW *minachtend*;

di

hooghartig

disease (dɪ'ziːz) ZN *ziekte*; *kwaal* ★ Parkinson's ~ *ziekte van Parkinson* ★ kissing ~ *ziekte van Pfeiffer*

diseased (dɪ'ziːzd) BNW • *ziek(elijk)* • *verziekt*

disembark (dɪsɪm'baːk) I OV WW • *ontschepen* II ONOV WW • *uitstappen*; *aan wal gaan*

disembodied (dɪsɪm'bɒdɪd) BNW *zonder lichaam*; *onstoffelijk*; *niet tastbaar*

disembowel (dɪsɪm'baʊəl) OV WW • *de ingewanden verwijderen*; *ontweien* ⟨v. wild⟩ • *openrijten*

disenchant (dɪsɪn'tʃaːnt) OV WW *ontgoochelen*

disenchantment (dɪsɪn'tʃaːntmənt) ZN • *desillusie* • *ontgoocheling*

disencumber (dɪsɪn'kʌmbə) OV WW *vrijmaken*; *bevrijden van* ⟨een last⟩

disendow (dɪsɪn'daʊ) OV WW *(kerkelijke) goederen afnemen*

disenfranchise (dɪsɪn'fræntʃaɪz) OV WW *het kiesrecht/de burgerrechten ontnemen*

disenfranchisement (dɪsen'fræntʃɪzmənt) ZN *ontzetting uit een recht*

disengage (dɪsɪn'geɪdʒ) I OV WW • *vrijmaken*; *bevrijden* • MIL. *terugtrekken* II ONOV WW • *z. vrijmaken*

disengaged (dɪsɪn'geɪdʒd) BNW • *afstandelijk* • *los*; *vrij*

disengagement (dɪsɪn'geɪdʒmənt) ZN • *bevrijding* • *terugtrekking* ⟨v. troepen⟩ • *ongedwongenheid* • *verbreking v. verloving*

disentangle (dɪsɪn'tæŋgl) OV WW • *ontwarren* • *losmaken* • *bevrijden*

disestablish (dɪsɪ'stæblɪʃ) OV WW FORM. *ontbinden*; *de officiële status opheffen* ★ ~ the Church *de Kerk van de Staat scheiden*

disfavour, USA **disfavor** (dɪs'feɪvə) I OV WW • *ongunstig gezind zijn* • *afkeuren* II ZN • *ongenade* • *afkeer*; *tegenzin*

disfigure (dɪs'fɪgə) OV WW *verminken*; *misvormen*; *ontsieren*

disfigurement (dɪs'fɪgəmənt) ZN *mismaaktheid*; *verminking*

disforest (dɪs'fɒrɪst) OV WW • → **disafforest**

disgorge (dɪs'gɔːdʒ) I OV WW • *uitbraken*; OOK FIG. II ONOV WW • *leegstromen*

disgrace (dɪs'greɪs) I ZN • *ongenade* • *schande* ★ bring ~ on *te schande maken* II OV WW • *in ongenade doen vallen* • *te schande maken* ★ ~ yourself *je schandelijk gedragen*

disgraceful (dɪs'greɪsfʊl) BNW *schandelijk*

disgruntled (dɪs'grʌntld) BNW *knorrig*; *ontevreden*; *teleurgesteld*

disguise (dɪs'gaɪz) I ZN • *vermomming* • *dekmantel* II OV WW • *vermommen*; *onherkenbaar maken* ★ ~d voice *verdraaide stem* ★ ~ your feelings *je gevoelens verbergen*

disgust (dɪs'gʌst) I ZN • *afschuw* II OV WW • *doen walgen*

disgusted (dɪs'gʌstɪd) BNW *walgend*; *vol afkeer*

disgusting (dɪs'gʌstɪŋ) BNW *weerzinwekkend*; *walgelijk*

disgustingly (dɪs'gʌstɪŋlɪ) BIJW soms HUMOR. ★ ~ healthy *walgelijk gezond*

dish (dɪʃ) I ZN • *schaal*; *schotel* • *gerecht* • *schotelantenne* • INFORM. *lekker ding/wijf*

★ do the dishes *de afwas doen* II OV WW • *in een schaal doen*; *opdienen* ▼ dish the dirt (on sb) *praatjes rondstrooien (over iem.)* ▼ dish it out *ervan langs geven ⟨kritiseren⟩* • ~ out *uitdelen*; *opscheppen* ⟨v. eten⟩ • ~ up *opdienen*; *opdissen*

dish aerial ZN *schotelantenne*

disharmony (dɪs'haːmənɪ) ZN *disharmonie*

dishcloth ('dɪʃklɒθ) ZN *vaatdoek*

dishearten (dɪs'haːtn) OV WW *ontmoedigen*

dishevel (dɪ'ʃevəl) OV WW *in de war brengen*; *slordig maken*

dishevelled, USA **disheveled** ('dɪ'ʃevld) BNW *slonzig*; *onverzorgd*

dishonest (dɪs'ɒnɪst) BNW *oneerlijk*

dishonesty (dɪs'ɒnɪstɪ) ZN *oneerlijkheid*

dishonour, USA **dishonor** (dɪs'ɒnə) I ZN • *oneer*; *schande* II OV WW • *te schande maken* • *schenden*

dishonourable (dɪs'ɒnərəbl) BNW • *schandelijk* • *oneervol*

dishtowel ('dɪʃtaʊəl) ZN *thee-/droogdoek*

dishwasher ('dɪʃwɒʃə) ZN *vaatwasmachine*

dishwater ('dɪʃwɔːtə) ZN • *afwaswater* • FIG. *slootwater* ▼ as dull as ~ *oersaai*

dishy ('dɪʃɪ) BNW INFORM. *zeer aantrekkelijk* ⟨v. persoon⟩

disillusion (dɪsɪ'luːʒən) I ZN • *desillusie*; *ontgoocheling* II OV WW • *ontgoochelen*; *teleurstellen*

disillusionment (dɪsɪ'luːʒənmənt) ZN *ontgoocheling*; *teleurstelling*

disinclination (dɪsɪnklɪ'neɪʃən) ZN *tegenzin*

disinclined (dɪsɪn'klaɪnd) BNW *met tegenzin*

disinfect (dɪsɪn'fekt) OV WW • *ontsmetten* • COMP. *virusvrij maken*

disinfectant (dɪsɪn'fektnt) I ZN • *ontsmettend middel* II BNW • *ontsmettend*

disinfection (dɪsɪn'fekʃən) ZN *ontsmetting*

disinfest (dɪsɪn'fest) OV WW • *van ongedierte zuiveren* • *ontluizen*

disingenuous (dɪsɪn'dʒenjʊəs) BNW *onoprecht*

disinherit (dɪsɪn'herɪt) OV WW *onterven*

disinheritance (dɪsɪn'herɪtəns) ZN *onterving*

disintegrate (dɪs'ɪntɪgreɪt) I ONOV WW • *uit elkaar vallen*; *ontbinden* II OV WW • *uit elkaar laten vallen*; *doen ontbinden*

disintegration (dɪsɪntɪ'greɪʃən) ZN *ontbinding*; *desintegratie*

disinter (dɪsɪn'tɜː) OV WW • *opgraven* ⟨v. dode⟩ • FIG. *oprakelen*

disinterest (dɪs'ɪntrəst) ZN • *belangeloosheid* • *ongeïnteresseerdheid*

disinterested (dɪs'ɪntrəstɪd) BNW • *belangeloos*; *onbevooroordeeld* • *ongeïnteresseerd*

disinterment (dɪsɪn'tɜːmənt) ZN • *opgraving* • *onthulling*

disinvest (dɪsɪn'vest) ONOV WW *investeringen terugtrekken*; *minder investeren*

disjointed (dɪs'dʒɔɪntɪd) BNW • *onsamenhangend* • *ontwricht*

disjunction (dɪs'dʒʌŋkʃən), **disjuncture** (dɪs'dʒʌŋktʃə) ZN FORM. *scheiding*

disk (dɪsk) ZN • COMP. *disk*; *schijf* ★ floppy disk *diskette* ★ hard disk *harde schijf* • USA • → **disc**

dislike (dɪs'laɪk) I OV WW • *een hekel hebben aan*;

niet houden van **II** ZN • afkeer ★ my likes and
~s alles wat ik leuk en niet leuk vind ★ take a ~
to een hekel krijgen aan
dislocate ('dɪsləkeɪt) OV WW • ontwrichten
• verstoren
dislocation (dɪslə'keɪʃən) ZN • ontwrichting
• verstoring
dislodge (dɪs'lɒdʒ) OV WW • loswrikken
• verjagen
disloyal (dɪs'lɔɪəl) BNW trouweloos
disloyalty (dɪs'lɔɪəltɪ) ZN • trouweloosheid
• trouweloze daad
dismal ('dɪzml) BNW • triest; naar; akelig
• INFORM. pover ⟨v. kwaliteit⟩ ★a ~result een
treurig resultaat ▼HUMOR. the ~science
economie
dismantle (dɪs'mæntl) OV WW • uit elkaar halen
• ontmantelen
dismay (dɪs'meɪ) **I** ZN • wanhoop; verslagenheid
★ look at sb in ~iem. ontsteld aankijken ★ to
my ~tot mijn ontzetting **II** OV WW
• ontmoedigen; ontstellen
dismayed (dɪs'meɪd) BNW onthutst; ontsteld
dismember (dɪs'membə) OV WW • (in stukken)
scheuren; uiteen rukken • (in stukken) verdelen
dismiss (dɪs'mɪs) OV WW • verwerpen; van tafel
vegen • van je afzetten ⟨angst, gedachte, enz.⟩
• ontslaan • wegsturen • JUR. niet ontvankelijk
verklaren ★ ~a subject van een onderwerp
afstappen
dismissal (dɪs'mɪsəl) ZN • verwerping • ontslag
• wegzending • verklaring van
onontvankelijkheid
dismount (dɪs'maʊnt) ONOV WW afstijgen;
afstappen
disobedience (dɪsə'biːdɪəns) ZN
ongehoorzaamheid ★ civil ~burgerlijke
ongehoorzaamheid
disobedient (dɪsə'biːdɪənt) BNW ongehoorzaam
disobey (dɪsə'beɪ) OV+ONOV WW ongehoorzaam
zijn
disobliging (dɪsə'blaɪdʒɪŋ) BNW • onvriendelijk
• onheus
disorder (dɪs'ɔːdə) ZN • wanorde • oproer; rel
• aandoening; stoornis; kwaal • ontregeling
disordered (dɪs'ɔːdəd) BNW verward; ontregeld;
gestoord ★ emotionally ~children kinderen
met een emotionele stoornis
disorderly (dɪs'ɔːdəlɪ) BNW • wanordelijk
• aanstootgevend; oproerig; bandeloos ★ they
were drunk and ~zij waren dronken en
verstoorden de openbare orde
disorganized, G-B **disorganised** (dɪs'ɔːgənaɪzd)
BNW • slecht georganiseerd; rommelig
• inefficient ⟨v. persoon⟩
disorientate (dɪs'ɔːrɪənteɪt), **disorient**
(dɪs'ɔːrɪent) OV WW desoriënteren; stuurloos
maken
disown (dɪs'əʊn) OV WW verstoten;
(ver)loochenen; niet meer erkennen
disparage (dɪ'spærɪdʒ) OV WW • kleineren
• afgeven op
disparaging (dɪ'spærɪdʒɪŋ) BNW
geringschattend; kleinerend
disparate ('dɪspərət) BNW wezenlijk verschillend;
ongelijksoortig

disparity (dɪ'spærətɪ) ZN ongelijkheid;
ongelijkwaardigheid; verschil
dispassionate (dɪ'spæʃənət) BNW • bedaard; koel
• onpartijdig
dispatch (dɪ'spætʃ) **I** OV WW • sturen; verzenden
• z. ontdoen van; wegwerken • OUD. uit de weg
ruimen **II** ZN • verzending • bericht ⟨over
krijgsverrichtingen⟩ • reportage (uit het
buitenland) ⟨voor krant⟩ • het doden ▼with ~
doeltreffend
dispatch box ZN • aktedoos/-kist ★ Dispatch Box
spreekgestoelte ⟨in Brits Lagerhuis⟩
dispatcher (dɪ'spætʃə) ZN • USA manager
vertrektijden ⟨bij transportbedrijf⟩
• coördinator noodvervoer
dispatch rider ZN motorordonnans; koerier
dispel (dɪ'spel) OV WW verdrijven
dispensable (dɪ'spensəbl) BNW • niet essentieel
• waarvan afgeweken kan worden
dispensary (dɪ'spensərɪ) ZN • apotheek • OUD.
kliniek
dispensation (dɪspen'seɪʃən) ZN • dispensatie;
vrijstelling • distributie • bestel
dispense (dɪ'spens) **I** ONOV WW • uitdelen
• toedienen • klaarmaken en verstrekken ⟨v.
medicijnen⟩ **II** WW ~ from [ov] vrijstellen van
• ~ with [onov] het (kunnen) stellen zonder
dispenser (dɪ'spensə) ZN • apotheker
• automaat; doseerbuisje; houder
dispersal (dɪ'spɜːsəl) ZN (ver)spreiding;
verstrooiing; uiteendrijving
disperse (dɪ'spɜːs) **I** OV WW • uiteen doen gaan;
verjagen • verspreiden **II** ONOV WW • z.
verspreiden • uiteen gaan
dispersion (dɪ'spɜːʃən) ZN • verspreiding • het
uiteenjagen ★ the ~(of the Jews) de diaspora
(v.d. Joden)
dispirit (dɪ'spɪrɪt) OV WW ontmoedigen;
moedeloos maken
dispiriting (dɪ'spɪrɪtɪŋ) BNW ontmoedigend
displace (dɪs'pleɪs) OV WW • verdringen;
verdrijven • verplaatsen • USA ontslaan;
afzetten • vervangen
displacement (dɪs'pleɪsmənt) ZN
• (water)verplaatsing; verschuiving
• vervanging
display (dɪs'pleɪ) **I** ZN • tentoonstelling;
uitstalling • vertoning; vertoon • beeldscherm;
display ▼on ~te zien **II** OV WW • tentoonstellen
• (ver)tonen; aan de dag leggen **III** ONOV WW
• DIERK. baltsen
displease (dɪs'pliːz) OV WW FORM. mishagen
displeased (dɪs'pliːzd) BNW ontevreden
(with/about/at over)
displeasing (dɪs'pliːzɪŋ) BNW onaangenaam
displeasure (dɪs'pleʒə) ZN misnoegen; ergernis
disport (dɪs'pɔːt) ONOV WW HUMOR. z.
ontspannen; z. vermaken
disposable (dɪ'spəʊzəbl) **I** ZN • wegwerpartikel
II BNW • wegwerp- • beschikbaar
disposal (dɪ'spəʊzəl) ZN • opruiming; het
wegdoen • ECON. het afstoten; verkoop van
bezittingen ▼at your ~tot uw beschikking
dispose (dɪ'spəʊz) **I** OV WW • regelen
• rangschikken; plaatsen • bewegen; brengen
tot ★ this medicine ~s you to/towards sleep

di

dit medicijn brengt je in slaap ★ *well* ~d
welgezind (to jegens) II ONOV WW • *beschikken*
• ~ *of z. ontdoen van; afrekenen met;
wegwerken* • *verkopen; van de hand doen*
• *afhandelen* ★ ~ *of an argument een
argument ontzenuwen* ★ ~ *of a problem een
moeilijkheid uit de weg ruimen*

disposition (dɪspə'zɪʃən) ZN • *aard; aanleg;
neiging* • *opstelling* • JUR. *beschikking* ★ *at
your* ~ *tot uw beschikking*

dispossess (dɪspə'zes) OV WW • *afnemen;
beroven* • *onterven* • *onteigenen*

disproportion (dɪsprə'pɔ:ʃən) ZN
onevenredigheid; wanverhouding

disproportionate (dɪsprə'pɔ:ʃənət) BNW
onevenredig; disproportioneel

disprovable (dɪs'pru:vəbl) BNW *weerlegbaar; te
weerleggen*

disprove (dɪs'pru:v) OV WW *weerleggen*

disputable (dɪ'spju:təbl) BNW *betwistbaar*

disputation (dɪspju:'teɪʃən) ZN *dispuut; geschil*

dispute (dɪ'spju:t) I ZN • *dispuut; twist(gesprek);
verschil van mening* ★ a ~ *about/over een
conflict over/om* ★ beyond/past/without ~
buiten kijf ★ the matter in ~ *het punt van
discussie* ★ it's open to ~ *er valt over te twisten*
II OV WW • *betwisten* ★ to~ a will *een
testament aanvechten* III ONOV WW
• *redetwisten* ★ the issue remains hotly ~d
over dit punt wordt nog heftig gediscussieerd

disqualification (dɪskwɒlɪfɪ'keɪʃən) ZN
diskwalificatie; uitsluiting

disqualify (dɪs'kwɒlɪfaɪ) OV WW
• *diskwalificeren; uitsluiten* • *onbevoegd
verklaren*

disquiet (dɪs'kwaɪət) I ZN • FORM. *ongerustheid*
• *onrust* II OV WW • *onrustig maken*

disquieting (dɪs'kwaɪətɪŋ) BNW *onrustbarend;
verontrustend*

disquisition (dɪskwɪ'zɪʃən) ZN *verhandeling;
uiteenzetting; relaas*

disregard (dɪsrɪ'gɑ:d) I OV WW • *negeren; z. niets
aantrekken van* II ZN • *veronachtzaming*

disrepair (dɪsrɪ'peə) ZN *vervallen staat* ★ fall into
~ *in verval raken*

disreputable (dɪs'repjʊtəbl) BNW • *berucht*
• *schandelijk; onfatsoenlijk*

disrepute (dɪsrɪ'pju:t) ZN *diskrediet* ★ bring into
~ *in opspraak brengen* ★ fall into~ *in diskrediet
raken*

disrespect (dɪsrɪ'spekt) ZN *gebrek aan eerbied*
★ no~ intended *goedbedoeld*

disrespectful (dɪsrɪ'spektfʊl) BNW *oneerbiedig;
onbeschaamd*

disrobe (dɪs'rəʊb) I OV WW • *van het
ambtsgewaad ontdoen* • FORM. /HUMOR.
ontkleden II ONOV WW • FORM. /HUMOR. *z.
ontkleden* • *het ambtsgewaad afleggen*

disrupt (dɪs'rʌpt) OV WW *ontwrichten; verstoren*

disruption (dɪs'rʌpʃən) ZN *ontwrichting;
verstoring*

diss (dɪs) OV WW • → dis

dissatisfaction (dɪssætɪs'fækʃən) ZN
ontevredenheid

dissatisfied (dɪs'sætɪsfaɪd) BNW *ontevreden;
teleurgesteld*

dissect (dɪ'sekt) OV WW • *ontleden* • *(ver)delen*
★ ~ a book/theory *een boek/theorie grondig
onderzoeken/analyseren*

dissecting room ZN MED. *snijkamer*

dissection (dɪ'sekʃən) ZN • *ontleding* • *sectie*

dissemble (dɪ'sembl) I OV WW • FORM. *verhullen;
veinzen* II ONOV WW • *huichelen*

dissembler (dɪ'semblə) ZN FORM. *veinzer;
huichelaar*

disseminate (dɪ'semɪneɪt) OV WW FORM.
verspreiden; (uit)zaaien (figuurlijk)

dissemination (dɪsemɪ'neɪʃən) ZN • FORM.
verspreiding • *uitzaaiing*

dissension (dɪ'senʃən) ZN FORM. *onenigheid*

dissent (dɪ'sent) I ZN • *verschil v. inzicht* II ONOV
WW • *verschillen v. mening* • *afwijken van de
algemeen geldende mening* ★ ~ing minister
afgescheiden dominee

dissenter (dɪ'sentə) ZN *andersdenkende*

dissentient (dɪ'senʃənt) I ZN • *andersgezinde;
andersdenkende* II BNW • *andersgezind;
andersdenkend*

dissertation (dɪsə'teɪʃən) ZN *verhandeling;
scriptie*

disservice (dɪs'sɜ:vɪs) ZN ▼ do sb a ~ *iem. een
slechte dienst bewijzen*

dissever (dɪ'sevə) OV WW *scheiden; verdelen*

dissidence ('dɪsɪdns) ZN *onenigheid*

dissident ('dɪsɪdnt) I ZN • *andersdenkende*
• *afvallige* II BNW • *andersdenkend* • *afvallig*

dissimilar (dɪ'sɪmɪlə) BNW *ongelijk*

dissimilarity (dɪsɪmɪ'lærətɪ) ZN • *verschil*
• *ongelijkheid*

dissimilitude (dɪsɪ'mɪlɪtju:d) ZN • →
dissimilarity

dissimulate (dɪ'sɪmjʊleɪt) OV+ONOV WW
• *huichelen* • *verbergen*

dissimulation (dɪsɪmjʊ'leɪʃən) ZN *huichelarij*

dissipate ('dɪsɪpeɪt) I OV WW • *verspillen;
verkwisten* • *verdrijven; doen verdwijnen*
II ONOV WW • *verdwijnen*

dissipated ('dɪsɪpeɪtɪd) BNW *liederlijk;
losgeslagen*

dissipation (dɪsɪ'peɪʃən) ZN • *verspilling;
verkwisting* • *losbandigheid*

dissociate (dɪ'səʊʃɪeɪt) OV WW *losmaken* ★ ~
yourself (from sb/sth) *je distantiëren (van
iem./iets)*

dissolute ('dɪsəlu:t) BNW FORM. *losbandig*

dissolution (dɪsə'lu:ʃən) ZN • *het uiteenvallen;
desintegratie* • *ontbinding*

dissolve (dɪ'zɒlv) I OV WW • *oplossen*
• *ontbinden; opheffen* • *verdwijnen* ★ ~ into
tears *in huilen uitbarsten* ★ dissolving views
in elkaar overgaande lichtbeelden II ONOV WW
• *z. oplossen* • *z. ontbinden*

dissolvent (dɪ'zɒlvənt) I ZN • *oplossend middel*
II BNW • *oplossend*

dissonance ('dɪsənəns) ZN • *wanklank; dissonant*
• *onenigheid*

dissonant ('dɪsənənt) BNW • *onwelluidend;
dissonant* • *niet overeenstemmend*

dissuade (dɪ'sweɪd) OV WW • *af-/ontraden*
• ~ from *afbrengen van; weerhouden van*

dissuasion (dɪ'sweɪʒən) ZN *ontrading*

distance ('dɪstns) I ZN • *afstand* • *verte*

• *afstandelijkheid*; *distantie* ▼ at a ~ *op afstand* ▼ from a ~ *van een afstand* ▼ go the (full) ~ *de hele wedstrijd uitspelen/-vechten*; *het tot 't einde volhouden* ▼ keep one's ~ *afstand bewaren* ▼ travel long ~ *reizen over een lange afstand* ★ call long ~ *interregionaal bellen* **II** OV WW • *ver achter z. laten* • *op afstand plaatsen* ★ ~ yourself from *afstand nemen van*

distance learning ZN *afstandsonderwijs*

distant ('dɪstnt) BNW • *ver (weg)* • *op een afstand* • *afstandelijk*

distaste (dɪs'teɪst) ZN • *afkeer* • *tegenzin*

distasteful (dɪs'teɪstfʊl) BNW • *onaangenaam* • *weerzinwekkend*

distemper (dɪ'stempə) ZN • *infectieziekte* ⟨v. dieren⟩ • *muurverf*; *tempera*

distend (dɪ'stend) OV+ONOV WW *(doen) opzwellen*

distension (dɪ'stenʃən) ZN *zwelling*

distil, USA **distill** (dɪ'stɪl) OV WW • *zuiveren*; *distilleren* • *concentreren* • *stoken*; *branden*

distillation (dɪstɪ'leɪʃən) ZN *distillatie*

distillery (dɪ'stɪləri) ZN *distilleerderij*; *stokerij*

distinct (dɪ'stɪŋkt) BNW • *duidelijk* • *apart* • *onderscheiden* ★ ~ from *niet hetzelfde* ★ as ~ from *in tegenstelling tot*

distinction (dɪ'stɪŋkʃən) ZN • *onderscheid(ing)* • *verschil* • *aanzien*; *voornaamheid* ★ a writer of ~ *een vooraanstaand schrijver* ★ draw a ~ between *onderscheid maken tussen* ★ have the ~ of *de eer hebben om*

distinctive (dɪ'stɪŋktɪv) BNW • *onderscheidend* • *kenmerkend*

distinguish (dɪ'stɪŋgwɪʃ) **I** OV WW • *verschil zien* • *(z.) onderscheiden* • *kenmerken* ★ this ~es her from her friends *hierin onderscheidt zij zich van haar vrienden* **II** ONOV WW • ~ **among/ between** *onderscheid maken tussen*

distinguishable (dɪ'stɪŋgwɪʃəbl) BNW • *te onderscheiden* • *waarneembaar*

distinguished (dɪ'stɪŋgwɪʃt) BNW • *voornaam*; *gedistingeerd* • *befaamd*

distort (dɪ'stɔ:t) OV WW • *vervormen*; *verwringen* • *verdraaien*; *vertekenen* ★ ~ed face *vertrokken gezicht*

distortion (dɪ'stɔ:ʃən) ZN *vervorming*

distract (dɪ'strækt) OV WW • *afleiden* • *verwarren*; *verbijsteren*

distracted (dɪ'stræktɪd) BNW • *afgeleid* • *verward*; *verbijsterd*

distraction (dɪ'strækʃən) ZN • *afleiding* • *ontspanning* • *verwarring* ★ drive sb to ~ *iem.hoorndol maken* ★ love sb to ~ *stapelgek zijn op iem.*

distrain (dɪ'streɪn) OV WW JUR. *beslag leggen*

distraint (dɪ'streɪnt) ZN JUR. *beslag(legging)*

distraught (dɪ'strɔ:t) BNW *wanhopig* ★ ~ with grief *radeloos van verdriet*

distress (dɪ'stres) **I** ZN • *leed*; *pijn*; *angst* • *nood*; *ellende* • MED. *benauwdheid* • JUR. *beslaglegging* ★ financial ~ *armoede* **II** OV WW • *leed berokkenen*; *verdriet doen* • *verontrusten* • JUR. *beslag leggen*

distressed (dɪ'strest) BNW • *van streek*; *overstuur* • *(kunstmatig) oud gemaakt* ⟨v. kleding/meubels⟩

distressing (dɪ'stresɪŋ) BNW • *pijn/angst*

veroorzakend; *pijnlijk* • *verontrustend*

distress signal ZN *noodsignaal*

distribute (dɪ'strɪbju:t) OV WW • *uitdelen*; *verdelen* • *distribueren* • *verspreiden*

distribution (dɪstrɪ'bju:ʃən) ZN • *uitdeling*; *verdeling* • *distributie* • *verspreiding*

distributive (dɪ'strɪbjʊtɪv) BNW *distributief*

distributor (dɪ'strɪbjʊtə) ZN • *groothandelaar* • TECHN. *verdeler*

district ('dɪstrɪkt) ZN • *district*; *streek*; *gebied* • *wijk*

district attorney ZN USA *officier v. justitie* ⟨in arrondissement⟩

district nurse ZN *wijkverpleegster*

distrust (dɪs'trʌst) **I** OV WW • *wantrouwen* **II** ZN • *wantrouwen*

distrustful (dɪs'trʌstfʊl) BNW *wantrouwig*

disturb (dɪ'stɜ:b) OV WW • *(ver)storen* • *verplaatsen* • *verontrusten*

disturbance (dɪ'stɜ:bəns) ZN • *verstoring*; *stoornis* • *beroering*; *opschudding*

disturbed (dɪ'stɜ:bd) BNW • *gestoord* • *aangeslagen*

disturbing (dɪ'stɜ:bɪŋ) BNW *verontrustend*; *schokkend*

disunite (dɪsjʊ'naɪt) **I** OV WW • *scheiden*; *verdelen* **II** ONOV WW • *uiteengaan*

disunity (dɪs'ju:nəti) ZN *onenigheid* ★ political ~ *politieke verdeeldheid*

disuse (dɪs'ju:s) ZN • fall into ~ *in onbruik raken*

disused (dɪs'ju:zd) BNW *niet meer in gebruik*; *verwaarloosd*

ditch (dɪtʃ) **I** ZN • *sloot*; *greppel* **II** OV WW • INFORM. *afdanken* • *de bons geven*; *dumpen*; *in de steek laten* • *een vliegtuig een noodlanding laten maken op zee* **III** ONOV WW • *graven* ⟨v. sloot, greppel⟩ • *een noodlanding maken op zee* • USA *spijbelen*

ditchwater ('dɪtʃwɔ:tə) ZN ▼ as dull as ~ *oersaai*

dither ('dɪðə) **I** ONOV WW • *aarzelen*; *dubben* **II** ZN • *opwinding*; *paniek* ★ be in a ~ *niet weten wat te doen*; *aarzelen*

ditto ('dɪtəʊ) ZN *dezelfde*; *hetzelfde*; *(idem) dito*

ditto mark ZN TAALK. *aanhalingsteken*

ditty ('dɪti) ZN vaak HUMOR. *liedje*; *deuntje*

diurnal (daɪ'ɜ:nl) BNW • FORM. *overdag* • *gedurende de dag* • *dagelijks*

divan (dɪ'væn/USA 'daɪvæn) ZN • *springbox* • *divan*; *sofa*

divan bed ZN *springbox*

divaricate (daɪ'værɪkeɪt) ONOV WW z. *vertakken*

dive (daɪv) **I** ONOV WW • *duiken* • z. *verdiepen in* • *kelderen* ⟨v. prijzen⟩ • SPORT *een schwalbe maken* ★ dive for cover *wegduiken* • ~ **in/into** *je ergens in/op storten* ⟨onvoorbereid⟩ • ~ **into** *een greep doen in* **II** ZN • *duik*; *duikvlucht* • INFORM. *kroeg* ⟨louche⟩ • SPORT *schwalbe* ★ make a dive for *duiken naar*; *grijpen naar* ★ SPORT take a dive *een schwalbe maken*

dive-bomb OV WW *in duikvlucht bombarderen*

diver ('daɪvə) ZN *duiker* ★ black-throated ~ *parelduiker*

diverge (daɪ'vɜ:dʒ) ONOV WW • *uiteenlopen* • *afwijken*

divergence, divergency (daɪ'vɜ:dʒəns(ɪ)) ZN • *divergentie* • *afwijking*

di

divergent (daɪˈvɜːdʒənt) BNW • *divergent*
• *afwijkend*
diverse (daɪˈvɜːs) BNW *verschillend*
diversify (daɪˈvɜːsɪfaɪ) OV WW • *variëren*;
afwisselen • *verscheidenheid aanbrengen*
diversion (daɪˈvɜːʃən) ZN • *omweg* • *omleiding*
• *afleidingsmanoeuvre* • *verstrooiing*
diversionary (daɪˈvɜːʃənəri) BNW *afleidend*
diversity (daɪˈvɜːsəti) ZN • *variatie*
• *verscheidenheid*
divert (daɪˈvɜːt) OV WW • *omleiden* • *een andere
bestemming of richting geven* • *afleiden*
• *vermaken*
divest (daɪˈvest) OV WW • *ontdoen* • *afstand doen
van* • *ontkleden* • *ontnemen*; *beroven*
divide (dɪˈvaɪd) I OV WW • *verdelen*; *(in)delen*
• *scheiden* • WISK. *delen* ▼ • *and rule verdeel en
heers* ★ ~d against itself *onderling verdeeld*
★ 15 ~d by 3 is 5 *15 gedeeld door 3 is 5* II ONOV
WW • *z. verdelen* III ZN • *scheidslijn* • USA
waterscheiding
dividend (ˈdɪvɪdend) ZN • *dividend* • *geldprijs in
voetbalpool*
divider (dɪˈvaɪdə) ZN • *kamerscherm* • *(ver)deler*
★ ~s [mv] *verdeelpasser*
divination (dɪvɪˈneɪʃən) ZN • *voorspelling*
• *waarzeggerij*
divine (dɪˈvaɪn) I BNW • *goddelijk* • *godsdienstig*
• *gewijd* II OV WW • *raden* • *voorspellen*
III ONOV WW • *waarzeggen* • *een voorgevoel
hebben*
diviner (dɪˈvaɪnə) ZN • *waarzegger* • *helderziende*
★ (water) ~ *wichelroedeloper*
diving bell ZN *duikerklok*
diving board ZN *duikplank*
divinity (dɪˈvɪnəti) ZN • *god(heid)* • *goddelijkheid*
• *godgeleerdheid*
divisible (dɪˈvɪzɪbl) BNW *(ver)deelbaar*
division (dɪˈvɪʒən) ZN • *deling*; *scheiding*
• *verdeeldheid*; *meningsverschil* • *afdeling*;
groep; *branche* • SPORT /MIL. *divisie* • *scheiding*;
scheidslijn • *stemming* (vóór of tegen)
divisional (dɪˈvɪʒənl) BNW • *deel-* • *divisie-*
divisive (dɪˈvaɪsɪv) BNW *leidend tot ongelijkheid
of verdeeldheid*
divisor (dɪˈvaɪzə) ZN WISK. *deler*
divorce (dɪˈvɔːs) I ZN • *echtscheiding* • *scheiding*
II OV WW • *scheiden van* • *z. laten scheiden van*
★ be ~d from reality *buiten de werkelijkheid
staan*
divorcé (dɪvɔːˈseɪ) ZN USA *gescheiden man*
divorcee (dɪvɔːˈsiː) ZN *gescheiden persoon*
(meestal vrouw)
divorcée (dɪvɔːˈseɪ) ZN USA *gescheiden vrouw*
divulge (daɪˈvʌldʒ) OV WW *openbaar/bekend
maken*
divulgence (daɪˈvʌldʒəns) ZN *onthulling*
divvy (ˈdɪvi) OV WW INFORM. *(ver)delen*
Dixie (ˈdɪksi) ZN INFORM. *zuidelijke staten van de
VS*
Dixieland (ˈdɪksɪlænd) ZN MUZ. *dixieland*
DIY AFK do-it-yourself *doe-het-zelf*
dizzy (ˈdɪzi) I BNW • *duizelig* • *duizelingwekkend*
• VS, INFORM. *dwaas* II OV WW • *duizelig maken*
DJ AFK Disc Jockey *dj* (diskjockey)
DLitt AFK Doctor of Letters *doctor in de
letterkunde*

DNA AFK deoxyribonucleic acid *DNA* ★ DNA
fingerprinting/profiling
DNA-vingerafdruktechniek
do¹ (duː) I OV WW [onr.] • *doen* • *leren*; *studeren*
• *oplossen* (v. opgave) • *maken*; *produceren*
• *maken*; *bereiden* • *verkopen* • TON. *spelen
voor* • *imiteren* • *klaar zijn*; *afhebben*;
afkrijgen • *afleggen* (v. afstand) • *verbuiken* (v.
brandstof) • *een bepaalde snelheid rijden*
• *bezoeken*; *bekijken* • *doorbrengen* (v. tijd);
zitten (in gevangenis) • *behandelen* • *bereiden*
(v. voedsel) • *ertussen nemen*; *oplichten*
• *bestraffen*; *beboeten* • *beroven* • *gebruiken*
(drugs) • *seks hebben met* ★ what do you do
(for a living)? *wat doe je (voor de kost)?*
★ INFORM. he did me for £ 20 *hij boorde me £
20 door de neus* ▼ INFORM. no can do *dat kan
ik niet doen* II ONOV WW • *doen* • *het goed
doen*; *slagen*; *winst maken* • *genoeg zijn*
• (ermee door) *gaan* ★ how are you doing? *hoe
staat het leven?* ★ wait till I have done *wacht
tot ik klaar ben* ▼ be/have to do with sb/sth
iets te maken hebben met iem./iets ▼ it won't
do *dat gaat (zo) niet*; *dat is niet genoeg* ▼ not
do much for sb *iem. niet mooi staan* ▼ that
does it *de maat is vol* ▼ how do you do? *hoe
maakt u het?* III HWW ▼ but I did knock *maar
ik hèb wel geklopt* ★ I do wish she... *ik zou
toch zo graag willen dat ze ...* ★ and so did I *en
ik ook* ★ he sees it as clearly as I do *hij ziet het
even duidelijk als ik* ★ I don't mind if I do! *dat
laat ik me geen twee keer zeggen!* (bij aanbod)
IV WW • ~ **away with** [onov] *afschaffen*;
wegdoen; *eraf zien te komen* • *van kant maken*
• ~ **by/to** [onov] *behandelen* • ~ **for** [onov]
dienen als • *(huishoudelijk) werk doen voor*
• INFORM. [ov] *ruïneren*; *doden* ★ INFORM. he is
done for *het is met hem gedaan* • INFORM. ~ **in**
[ov] *ruïneren*; *te pakken nemen*; *van kant
maken* ★ INFORM. done in *doodmoe* • ~ **up** [ov]
opknappen; *opkalefateren*; *opruimen*
• *inpakken* • *dichtknopen*; *sluiten* (kleding)
• ~ **with** [onov] *nodig hebben* • *zin hebben in*
★ I've done with him! *ik heb het met hem
gehad!* • ~ **without** [onov] *ontberen*; *niet
nodig hebben* ▼ done and dusted/over and
done with *afgelopen*; *klaar* ▼ be done for *er
geweest zijn* ▼ be done in *uitgeput zijn* ▼ that is
the done thing *dat is zoals het hoort* ▼ be/get
done for sth *gepakt worden voor iets*
▼ be/have done with sth *klaar zijn met iets*
V ZN [mv: **dos, do's**] • *feest*; *sociaal gebeuren*
★ dos/do's and don'ts *wat wel en wat niet
mag*
do² (dəʊ) ZN • → **doh**
dob (dɒb) WW • ~ **in** [ov] *verlinken* • [onov]
hutje bij mutje leggen
dobbin (ˈdɒbɪn) ZN *werkpaard*
doc (dɒk) ZN • INFORM. doctor *dokter* • COMP.
document *documentje*
docile (ˈdəʊsaɪl) BNW • *gedwee* • *handelbaar*
• *volgzaam*
docility (dəʊˈsɪləti) ZN *gedweeheid*;
volgzaamheid
dock (dɒk) I ZN • *dok* • *haven* • *beklaagdenbank*

• USA *aanlegsteiger* • PLANTK. *zuring* ★ SCHEEPV. *wet dock drijvend dok* II OV WW • *dokken* • *koppelen* ⟨in ruimtevaart⟩ • *korten* ⟨op salaris⟩ • *couperen* III ONOV WW • *meren*; *dokken*

dockage ('dɒkɪdʒ) ZN • *dokgeld*; *havengeld* • *dokgelegenheid*

docker ('dɒkə) ZN *dokwerker; havenarbeider*

docket ('dɒkɪt) I ZN • *bon*; *(geleide)briefje* • VS, JUR. *rol* ⟨lijst van aanhangige zaken⟩ • *label* • *korte inhoudsaanduiding* ⟨op document⟩ • USA *agenda* ⟨v.vergadering⟩ II OV WW • *labelen* ★ ~a parcel *een pakje voorzien van etiket*

dockhand ('dɒkhænd) ZN *dokwerker*; *havenarbeider*

dockland ('dɒklənd) ZN *havengebied/-kwartier*

dockyard ('dɒkjɑːd) ZN • *scheepswerf* • *haventerrein*

doctor ('dɒktə) I ZN • *dokter* • *doctor* ▼ HUMOR. *just what the ~ordered net wat we nodig hebben* II OV WW • *behandelen* • *knoeien met*; *vervalsen* • *vergiftigen* • *de graad van doctor verlenen* III ONOV WW • *dokteren*

doctoral ('dɒktərəl) BNW *doctors-* ★ ~thesis *proefschrift*

doctorate ('dɒktərət) ZN *doctoraat*

doctrinaire (dɒktrɪ'neə) BNW *strikt*; *doctrinair*

doctrinal (dɒk'traɪnl) BNW *leerstellig*

doctrine ('dɒktrɪn) ZN • *leer(stuk)* • *dogma*

docudrama ('dɒkjʊdrɑːmə) ZN *docudrama*

document ('dɒkjʊmənt) I ZN • *document*; *bewijsstuk* II OV WW • *documenteren*

documentary (dɒkjʊ'mentəri) I ZN • *documentaire* II BNW • *feitelijk* • *gedocumenteerd*

documentation (dɒkjʊmen'teɪʃən) ZN *documentatie*

docu-soap ('dɒkjʊ səʊp) ZN *docusoap* ⟨amusementsprogramma op TV over bestaande mensen⟩

doddering ('dɒdərɪŋ), **doddery** ('dɒdərɪ) BNW *wankelend*; *schuifelend* ⟨door ouderdom⟩

doddle ('dɒdl) ZN INFORM. *makkie*

dodge (dɒdʒ) I OV WW • *ontwijken* • *handig ontduiken* II ONOV WW • *uitwijken* III ZN • *slimmigheidje*; *truc*; *foefje* • *ontwijkende beweging*

dodgem ('dɒdʒəm) ZN *botsauto*

dodger ('dɒdʒə) ZN • *ontduiker* • *slimme vos* ▼ ★ fare ~zwartrijder ★ tax ~belastingontduiker

dodgy ('dɒdʒɪ) BNW • *listig*; *geslepen*; *wankel*; *moeilijk* • *riskant*; *link*

dodo ('dəʊdəʊ) ZN • *dodo* • USA *stom figuur*

doe (dəʊ) ZN • *hinde* • *wijfje* ⟨v. haas, konijn, hert⟩

doer ('duːə) ZN • *dader* • *doener*; *iem. die van aanpakken weet*

does (dʌz) WW • → **do**[1]

dog (dɒg) I ZN • *hond* • *mannetjeswolf*; *mannetjesvos* • VS, INFORM. *fiasco*; *flop* • USA *lelijk wijf* • *(rot)vent* • *klauw*; *klemhaak* ★ hot dog *hotdog*; SPORT *waaghals* ★ lucky dog *geluksvogel* ★ a dog's age *een eeuwigheid* ▼ a dog's breakfast/dinner *zooitje* ▼ a case of dog eat dog *een strijd op leven en dood* ▼ a dog in

the manger *iem. die de zon niet in het water kan zien schijnen* ▼ a dog's life *een ellendig bestaan* ▼ every dog has his day *het zit iedereen wel eens mee* ▼ give a dog a bad name (and hang him) ≈ *Barbertje moet hangen* ▼ go to the dogs *naar de haaien gaan* ▼ not have a dog's chance *geen schijn van kans hebben* ▼ put on the dog *opscheppen* II OV WW • *achtervolgen* • *volgen*; *iemands gangen nagaan*

dogcart ('dɒgkɑːt) ZN *hondenkar*

dog collar ZN • *halsband* • INFORM. *priesterboord*

dog days MV *hondsdagen*

dog-eared ZN *met ezelsoren*

dog-end ZN • INFORM. *peukje* • *laatste loodjes*

dogfight ('dɒgfaɪt) ZN • *luchtgevecht* • *hevige knokpartij* • *(illegaal) hondengevecht*

dogfish ('dɒgfɪʃ) ZN *hondshaai*

dogged ('dɒgɪd) BNW *vasthoudend*; *volhardend*

doggerel ('dɒgərəl) ZN *rijmelarij*

doggie style *op z'n hondjes*

doggo ('dɒgəʊ) BIJW INFORM. ★ lie ~zich koest houden

doggone ('dɒgɒn) BNW+BIJW USA *verdomd*; *verrekt* ★ well, ~it! *wel verdomd!*

doggy, doggie ('dɒgɪ) I ZN • *hondje* II BNW • *honden-*

doggy bag, doggie bag ZN INFORM. *zak verstrekt door restaurant om rest v. maaltijd in mee te nemen*

doggy-paddle ONOV WW • → **dog-paddle**

dog handler ZN *agent v.d. hondenbrigade*

doghouse ('dɒghaʊs) ZN *hondenhok* ▼ be in the ~*eruit liggen*; *uit de gratie zijn*

dogie ('dəʊgɪ) ZN USA *moederloos kalf*

dog Latin ZN *potjeslatijn*

dog-leg ZN *scherpe bocht*

dogma ('dɒgmə) ZN *dogma*

dogmatic (dɒg'mætɪk) BNW • *dogmatisch* • *autoritair*

dogmatism ('dɒgmətɪzəm) ZN *dogmatisme*; *dogmatiek*

do-gooder (duː'gʊdə) ZN IRON. *wereldverbeteraar*

dog-paddle ONOV WW *op zijn hondjes zwemmen*

dogsbody ('dɒgzbɒdi) ZN *duvelstoejager*; *manusje-van-alles*

dogsled ('dɒgsled) ZN USA *hondenslee*

Dog Star ZN *Sirius*

dog tag ZN • *hondenpenning* • VS, MIL., INFORM. *identiteitsplaatje*

dog-tired BNW *doodmoe*

dogtrot ('dɒgtrɒt) ZN *lichte draf*; *sukkeldrafje*

dogwood ('dɒgwʊd) ZN PLANTK. *kornoelje*

doh (dəʊ) ZN MUZ. *do*

doily ('dɔɪlɪ) ZN *(decoratief) onderleggertje*; *kleedje* ⟨onder taartje/cake⟩

doing ('duːɪŋ) ZN • *daad*; *handeling* • *moeite* • INFORM. *pak slaag* ★ ~s [mv] *activiteiten*; INFORM. *uitwerpselen* ★ sb's ~s *iemands doen en laten* ▼ take some ~*voeten in aarde hebben*

do-it-yourself BNW *doe-het-zelf*

Dolby (dɒlbɪ) ZN ⟨ruisonderdrukkingssysteem⟩

doldrums ('dɒldrəmz) ZN MV • *neerslachtigheid* • ECON. *stagnatie* • the ~*windstille streken* ★ be in the ~*in de put zitten*

dole (dəʊl) I ZN • *(werkeloosheids)uitkering* ★ be on the dole *steun trekken* ★ in the dole queue *werkeloos* II OV WW • ~ out *uitdelen*

doleful ('dəʊlfʊl) BNW • *somber* • *treurig*; *droefgeestig*

doll ('dɒl) I ZN • *pop* • VS, INFORM. *stuk*; *spetter* II OV WW • ~ up *optutten*

dollar ('dɒlə) ZN *dollar*

dollop ('dɒləp) ZN • *homp*; *brok* • *kwak* • *scheut*

doll's house, USA **doll house** ZN *poppenhuis*

dolly ('dɒlɪ) I ZN • INFORM. *popje* • *dolly* ⟨camerawagen⟩ II ONOV WW • ~ in/up to *camera naar onderwerp toe bewegen*

dolly bird ('dɒlɪbːd) ZN INFORM. *leuk (maar dom) meisje*

dolmen ('dɒlmən) ZN *dolmen*; *hunebed*

dolorous ('dɒlərəs) BNW • *treurig*; *droevig* • *smartelijk*; *pijnlijk*

dolphin ('dɒlfɪn) ZN • *dolfijn* • *dukdalf*

dolt (dəʊlt) ZN *stommeling*

doltish ('dəʊltɪʃ) BNW *dom*

domain (də'meɪn) ZN *gebied*; *domein* ★ it's public ~ *het is openbaar toegankelijk*; *het is voor iedereen te gebruiken*

dome (dəʊm) ZN • *koepel* • *gewelf*

domed ('dəʊmd) BNW *koepelvormig*

domestic (də'mestɪk) I ZN • *huishoudelijke hulp* • INFORM. *huiselijke ruzie* II BNW • *huiselijk* • *binnenlands* • *tam*

domesticate (də'mestɪkeɪt) OV WW • *temmen* • PLANTK. *cultiveren* • vaak HUMOR. *aan huiselijk leven wennen*; *beschaven*

domesticity (dɒmə'stɪsətɪ) ZN *huiselijk leven*

dome tent ZN *koepeltent*

domicile ('dɒmɪsaɪl) I ZN • *domicilie*; *woonplaats* • *vestiging* ★ free ~ *franco thuis* II OV WW • *vestigen* III ONOV WW • z. *vestigen*

domiciliary (dɒmɪ'sɪlɪərɪ) BNW *huis-*; *thuis-*; *woon-*

dominance ('dɒmɪnəns) ZN *dominantie*

dominant ('dɒmɪnənt) I ZN • MUZ. *dominant* II BNW • *dominant*

dominate ('dɒmɪneɪt) I OV WW • *domineren*; *beheersen*; *overheersen* II ONOV WW • *heersen*; *domineren* • *de overhand hebben*

domination (dɒmɪ'neɪʃən) ZN *overheersing*

domineering (dɒmɪ'nɪərɪŋ) BNW *bazig*

Dominican (də'mɪnɪkən) ZN • *dominicaan* • *inwoner Dominicaanse Republiek*

dominion (də'mɪnɪən) ZN • *heerschappij* • FORM. *gebied*

Dominion (də'mɪnɪən) ZN *deel v. Britse Rijk met zelfbestuur*

domino ('dɒmɪnəʊ) ZN *domino(steen)* ★ ~es [mv] *dominospel* ★ a set of ~es *een dominospel*

don (dɒn) I ZN • *docent aan een universiteit* ⟨i.h.b. Oxford en Cambridge⟩ • INFORM. *maffiabaas* II OV WW • FORM. *aandoen*; *aantrekken* ⟨v. kleren⟩

donate (dəʊ'neɪt) OV WW • *schenken*; *begiftigen* • *bloed/orgaan geven*

donation (dəʊ'neɪʃən) ZN *schenking*; *gift* ★ organ ~ *orgaandonatie*

done (dʌn) WW [volt. deelw.] • → **do**[1] BIJW • *gaar* • *klaar*; *over* • *aangenomen* ⟨v. aanbod⟩ ★ well done *volkomen gaar*; *doorbakken*

dong (dɒŋ) ZN VULG. *snikkel*

donjon ('dɒndʒən) ZN *slottoren*

donkey ('dɒŋkɪ) ZN *ezel*

donkey jacket ZN *jekker*

donkey work ('dɒŋkɪwɜːk) ZN *slavenwerk*

donor ('dəʊnə) ZN • *donateur*; *schenker* • *donor*

don't (dəʊnt) SAMENTR do not • → **do**[1]

donut ('dəʊnʌt) ZN • → **doughnut**

doodah ('duːdɑː), USA **doodad** ('duːdæd) ZN INFORM. *dinges* ▼ all of a ~ *verhit*; *opgewonden*

doodle ('duːdl) I ZN • *krabbel* II ONOV WW • *gedachteloos poppetjes tekenen*

doom (duːm) I ZN • *lot*; *ondergang* II OV WW • *(ver)doemen*; *veroordelen* ★ doomed *ten dode opgeschreven* ★ doomed to failure *gedoemd te mislukken* ▼ doom and gloom *een en al somberheid* ▼ doom merchant/prophet of doom *doemdenker*

doomsday ('duːmzdeɪ) ZN *dag des oordeels* ▼ till ~ *tot sintjuttemis*

door (dɔː) ZN *deur* ★ Dutch door *onder- en bovendeur* ★ a few doors down *een paar huizen verder* ★ answer the door *opendoen* ▼ from door to door *huis aan huis* ▼ out of doors *in de buitenlucht* ▼ be on the door *bij de deur/ingang staan* ⟨bv. als controleur⟩ ▼ close/shut the door on sth *de deur dichtgooien voor iets* ▼ lay sth at a sb's door *iem. iets in de schoenen schuiven* ▼ leave the door open (for sth) *de zaak open laten* ▼ open the door (to) *mogelijk maken* ▼ shut/slam the door in sb's face *voor iemands neus de deur dichtgooien*; *weigeren iem. te spreken*

doorbell ('dɔːbel) ZN *huisbel*

doorcase ('dɔːkeɪz) ZN *deurkozijn*

do-or-die BNW *erop of eronder*

door frame ZN *deurkozijn*

doorkeeper ('dɔːkiːpə) ZN *portier*

doorman ('dɔːmən) ZN *portier*

doorpost ('dɔːpəʊst) ZN *deurstijl*

doorstep ('dɔːstep) ZN • *stoep* • INFORM. *dikke pil*; *boterham* ▼ on the/your ~ *op steenworp afstand*

doorway ('dɔːweɪ) ZN • *deuropening* • *ingang*

dope (dəʊp) I ZN • *drug(s)* ⟨i.h.b. cannabis; in VS heroïne⟩ • *doping* ⟨pepmiddel⟩ • INFORM. *sufferd* • INFORM. *info* ★ give me the dope on the new neighbours *vertel mij alle roddels over de nieuwe buren* II OV WW • *dope geven* ⟨aan mens of dier⟩ • *drogeren*; *bedwelmen* ★ doped up *stoned*

dopey ('dəʊpɪ) BNW • *suf*; *versuft* • *dom*

dork (dɔːk) ZN *sukkel*; *sufferd*

dorm (dɔːm) ZN INFORM. • → **dormitory**

dormancy ('dɔːmənsɪ) ZN *slaaptoestand*; *tijdelijke inactiviteit*

dormant ('dɔːmənt) BNW • *latent* • *slapend*; *ongebruikt*

dormer ('dɔːmə), **dormer window** ZN *dakkapel*

dormitory ('dɔːmɪtərɪ) ZN *slaapzaal*

Dormobile ('dɔːməbiːl) ZN *kampeerauto*

dormouse ('dɔːmaʊs) ZN [mv: **dormice**] *relmuis*

dorsal ('dɔːsəl) BNW *van/aan de rug*; *rug-*

dosage ('dəʊsɪdʒ) ZN • *dosering* • *dosis*

dose (dəʊs) I ZN • *dosis* ★ small doses *kleine hoeveelheden*; FIG. *korte periodes* ▼ INFORM. like

a dose of salts *in een record tempo* II OV WW
• *doseren*; ~ **(up)/(with)** *een medicijn toedienen*

dosh (dɒʃ) ZN INFORM. *poen*; *pegels*

doss (dɒs) I ONOV WW • ~ **(down)** INFORM. *pitten* ⟨op een geïmproviseerd bed⟩ • ~ **(about/around)** *aanrommelen*; *rondklungelen* II ZN
• *makkie*

dosser ('dɒsə) ZN • *zwerver*; *dakloze* • INFORM. *lamlul*

dosshouse ('dɒshaʊs) ZN *opvanghuis voor daklozen*

dossier ('dɒsɪə) ZN *dossier* ★ a ~ on sb *een dossier over iem.*

dot (dɒt) I ZN • *stip*; *punt* ▾ on the dot *precies op tijd* II OV WW • *stippen/punten zetten op*; *bestippelen* • *bezaaien* • INFORM. *een lel geven* ★ WISK. dot and carry one *opschrijven, één onthouden* ★ MUZ. dotted eighth *gepunteerde achtste (noot)* ★ a lake dotted with boats *een meer, bezaaid met boten* ▾ dot your i's and cross your t's *de puntjes op de i zetten*

dotage ('dəʊtɪdʒ) ZN ▾ be in your ~ *seniel zijn*

dotcom (dɒt'kɒm) ZN ECON. *dotcom*; *internetbedrijf*

dote (dəʊt) ONOV WW ~ **on/upon** *dol zijn op*

doting ('dəʊtɪŋ) BNW *dol/verzot op*; *liefhebbend* ⟨zonder enige kritiek⟩

dotty ('dɒtɪ) BNW • *gespikkeld* • *niet goed snik*
• *dol op* ★ ~ about horses *gek op/met/van paarden*

double ('dʌbl) I BNW • *dubbel* • *tweeledig*
• *dubbele* ⟨hoeveelheid, omvang, sterkte⟩
• *tweepersoons-* • MUZ. *een octaaf lager* ★ do a ~ take *een late reactie vertonen* II VNW • *twee keer zoveel* ★ ~ the size *tweemaal zo groot* ★ her income is ~ his *zij verdient twee keer zoveel als hij* III BIJW • *dubbel*; *in tweeën* ★ (ride) ~ *met z'n tweeën op één paard/fiets rijden* IV ZN • *dubbele* • *tweepersoonskamer*
• *dubbelganger*; *evenbeeld* • *doublure*; *stuntman* ⟨in films⟩ • *doublet* ⟨bij bridge⟩
• *dubbelspel* • SPORT *twee overwinningen of kampioenschappen in één seizoen* ★ play ~s or singles *dubbel of enkel spelen* ⟨bij tennis⟩ ▾ at (USA on) the ~ *in looppas*; *onmiddellijk*; *opschieten!* ▾ ~ or quits /(USA nothing) *het dubbele of niets* ⟨risico bij het gokken⟩ V OV WW • *verdubbelen* • *dubbelslaan*; *dubbelvouwen* • *doubleren* • *een dubbelrol spelen* VI ONOV WW • *verdubbelen* • *als vervanger optreden* • *een dubbele functie hebben* • *een tweehonkslag maken* ⟨bij honkbal⟩ VII WW • ~ **back** [onov] *omdraaien en terugkomen* • [ov] *omslaan*; *terugvouwen*
• ~ **over** *dubbelvouwen* • ~ **over/up** [onov] *ineenkrimpen* ⟨v. pijn⟩; *kromliggen* ⟨v. h. lachen⟩ • [ov] *doen ineenkrimpen* ⟨v. pijn⟩; *doen kromliggen* ⟨v. h. lachen⟩ • ~ **up** [onov] ⟨samen⟩ *delen*; *een kamer delen*

double-barrelled, USA **double-barreled** (dʌbl'bærəld) BNW *dubbelloops* ⟨v. geweer⟩

double-breasted ZN WW *met 2 rijen knopen* ⟨v. jas⟩

double-check OV WW *tweemaal controleren*

double-cross I OV WW • *dubbel spel spelen*; *bedriegen* II ZN • *bedriegerij*

double-crosser ZN *bedrieger*

double-dealer ZN *huichelaar*; *oplichter*

double-dealing I ZN • *oplichterij* II BNW
• *oneerlijk*

double-decker ZN *dubbeldekker*

double-declutch ONOV WW *tussengas geven*

double-digit BNW *met twee cijfers*; *in tientallen*

double-dyed BNW *door de wol geverfd*

double-edged BNW *tweesnijdend*

double entendre ZN *dubbelzinnigheid*

double-faced BNW • *huichelachtig* • *aan 2 kanten te dragen* ⟨v. stof⟩

double-jointed BNW *bijzonder lenig*

double-quick (dʌbl'kwɪk) BNW *supersnel*

doublespeak ('dʌblspi:k), **doubletalk** ('dʌbltɔ:k) ZN *dubbelzinnigheden*; *onzin*

doublet ('dʌblɪt) ZN GESCH. ★ ~ and hose *wambuis en pofbroek*

double-tongued BNW *onoprecht*

doubly ('dʌblɪ) BIJW *dubbel*; *extra*

doubt (daʊt) I ZN • *twijfel*; *onzekerheid* ▾ beyond (any) ~ *ongetwijfeld* ▾ have your ~s (about sth) *(iets) betwijfelen* ★ if in ~ *bij twijfel*
▾ without/beyond ~ *ongetwijfeld* II OV+ONOV WW • *twijfelen* ★ ~ing Thomas *ongelovige Thomas*

doubtful ('daʊtfʊl) BNW • *weifelend*
• *onwaarschijnlijk* • *bedenkelijk*; *precair* ★ of ~ quality *van dubieuze kwaliteit*

doubtless ('daʊtləs) BIJW *ongetwijfeld*

douche (du:ʃ) ZN *(uit)spoeling* ⟨v. vagina⟩

dough (dəʊ) ZN • *deeg* • INFORM., OUD. *poen*

doughnut ('dəʊnʌt) ZN *donut*; *soort oliebol*

dour (dʊə) BNW *streng*; *hard*; *koel*; *ongenaakbaar*

douse (daʊs) OV WW • *overgieten* • *blussen*; *uitdoen* ⟨v. licht⟩

dove (dʌv) ZN *duif(je)* ⟨OOK FIG.⟩

dovecote, **dovecot** ('dʌvkɒt) ZN *duiventil*

dovetail ('dʌvteɪl) I ZN • *zwaluwstaart* ⟨in timmervak⟩ II OV+ONOV WW • *met zwaluwstaarten verbinden* • *precies in elkaar passen* ⟨OOK FIG.⟩ ★ ~ed *gezwaluwstaart*; *zwaluwstaartvormig*

dovish ('dʌvɪʃ) BNW *vredelievend*

dowdy ('daʊdɪ) BNW • *slecht gekleed* ⟨v. vrouw⟩
• *saai*; *onaantrekkelijk*

dowel ('daʊəl), **dowel rod** ZN *deuvel*

down (daʊn) I BIJW • *(naar) beneden*; *naar een lager niveau* • *verticaal* ⟨in kruiswoordpuzzel⟩
• *naar in het zuiden* ⟨v. een land⟩ • *op papier*
• *kwijt*; *verloren* • *stroomafwaarts* • *naar/op een lager gelegen plaats* ★ two goals down *twee doelpunten achter* ★ six down and four to go *zes gedaan en nog vier te gaan* ★ a long way down *een heel eind weg* ★ down with fever *met koorts in bed* ★ from ... down to ... *van ... tot (aan) ...* ★ not able to keep your food down *je voedsel niet binnen kunnen houden* ▾ down at heel *niet versleten*; *sjofel*; *armoedig (gekleed)* ▾ be down for *ingeschreven zijn voor*; *op de agenda staan* ▾ be down on sb *iem. niet mogen* ▾ be down to sb *iemands verantwoordelijkheid zijn* ▾ be down to (£2) *nog maar (£2) over hebben* ▾ down under *Australië en/of Nieuw-Zeeland* ▾ down with...!

do

weg met...! II VZ • *van ... af*; *langs*; *(naar beneden) in* ⋆ throw sth down the well *iets in de put gooien* ⋆ down the river *stroomafwaarts* ⋆ down the road *verderop op de weg* ⋆ go down the road *de weg afgaan* III OV WW • *snel naar binnen werken* ⟨v. drinken⟩ • *naar beneden halen* ▾down tools *in staking gaan* IV BNW • *down* ⟨depressief⟩ • TECHN. *down* (niet operationeel) V ZN • *dons* • *hooggelegen land* • INFORM. *periode met tegenslag* ▾have a down on *de pest hebben aan*

down and out BNW • *aan lager wal geraakt* • *kansloos*

down-and-out ('daʊnən'aʊt) ZN *zwerver*

downcast ('daʊnkɑːst) BNW *terneergeslagen*; *neergeslagen* (v. ogen)

downer ('daʊnə) ZN • *kalmerend middel* • *afknapper* ⋆ be on a ~ *erg depri zijn*

downfall ('daʊnfɔːl) ZN *ondergang*; *val*

downgrade ('daʊngreɪd) OV WW • *degraderen*; *op een lager niveau plaatsen* • *naar beneden halen* ⟨v. waarde, belang, enz.⟩ • COMP. *downgraden*

downhearted (daʊn'hɑːtɪd) BNW *moedeloos*

downhill (daʊn'hɪl) I BIJW • *naar beneden* ▾OOK FIG. go ~*bergafwaarts gaan* II BNW • *hellend* ▾be (all) ⌐/be ~all the way *van een leien dakje gaan*; *steeds slechter worden* III ZN • *afdaling* ⟨skiën⟩

Downing Street ZN FIG. *de regering in Londen* ⟨de ambtswoning v.d. minister-president staat in die straat⟩

download ('daʊnləʊd) I OV WW • COMP. *downloaden* II ZN • COMP. *download*

downmarket (daʊn'mɑːkɪt) BNW *derderangs*

downpour ('daʊnpɔː) ZN *stortbui*

downright ('daʊnraɪt) BNW + BIJW • *gewoon*; *puur* • *oprecht*; *echt* • *bot(weg)*; *vierkant* • *door en door*; *absoluut*

downscale (daʊn'skeɪl) I OV WW • USA *reduceren*; *kleiner maken* II BNW • USA *derderangs*

downshift ('daʊnʃɪft) ONOV WW • *het rustiger aan gaan doen* • USA *terugschakelen* ⟨in auto enz.⟩

downsize ('daʊnsaɪz) OV+ONOV WW ECON. *inkrimpen*; *bezuinigen*

downstage (daʊn'steɪdʒ) BIJW *vóór op het toneel*

downstairs (daʊn'steəz) I BNW+BIJW • *(naar) beneden* II ZN • *benedenverdieping*

downstream (daʊn'striːm) BNW + BIJW *stroomafwaarts*

down to earth BNW *praktisch*; *realistisch*

downtown (daʊn'taʊn) I BNW • *in het centrum* II BIJW • *het centrum in* III ZN • USA *binnenstad*; *centrum*

downtrodden ('daʊntrɒdn) BNW • *onderdrukt* • *vertrapt*

downturn ('daʊntɜːn) ZN • *neergang*; *daling*; *achteruitgang*

downward ('daʊnwəd) BNW + BIJW *benedenwaarts*

downwards ('daʊnwədz) BIJW *benedenwaarts*

downwind ('daʊnwɪnd) BNW + BIJW *met de wind mee*

downy ('daʊnɪ) BNW *donzig*

dowry ('daʊərɪ) ZN *bruidsschat*

dowser ('daʊzə) ZN *wichelroedeloper*

doxology (dɒk'sɒlədʒɪ) ZN REL. *lofzang*

doyen ('dɔɪən) ZN [v: **doyenne**] *nestor*

doz. AFK dozen *dozijn*

doze (daʊz) I ONOV WW • *dutten*; *soezen* ⋆ ~ off *indutten* II ZN • *sluimering*

dozen ('dʌzən) ZN *dozijn*; *veel* ⋆ in ~s *in groten getale*; *bij tientallen*

dozy ('dəʊzɪ) BNW • INFORM. *soezerig*; *slaperig* • G-B *dom*

DP AFK • *displaced person* *ontheemd persoon* • *data processing* *gegevensverwerking*

DPhil AFK *Doctor of Philosophy* *doctor in de wijsbegeerte*

dpt AFK *department* *departement*

Dr, Dr. AFK *Doctor* *doctor*

drab (dræb) BNW • *saai*; *eentonig* • *in bruin en grijs*

draconian (drə'kaʊnɪən) BNW *draconisch*

draft (drɑːft) I ZN • *schets*; *ontwerp*; *concept*; *klad* • ECON. *het trekken* ⟨v. wissel⟩ • USA *dienstplicht*; *lichting*; *rekrutering* • *wissel*; *cheque* • VS, SPORT *systeem waarbij professionele sportteams studenten selecteren* • *tocht* II BNW • USA ~ ▸ **draught** III OV WW • *ontwerpen*; *opstellen* • USA *oproepen* ⟨voor mil. dienst⟩ • *selecteren*

draft dodger ZN *dienstweigeraar*

draftee (drɑː'fiː) ZN USA *dienstplichtige*

draftsman ('drɑːftsmən), **drafter** ('drɑːftə) ZN [v: **draftswoman**] • *ontwerper* • *tekenaar*

drafty ('drɑːftɪ) BNW USA ▸ **draughty**

drag (dræg) I OV WW • *trekken*; *slepen* ⟨ook COMP. ⟩; *iem. ergens mee naar toe slepen* • *lang duren*; *kruipen* ⟨v. tijd⟩ • *over de grond slepen*; *dreggen* ▾drag your feet/heels *de zaak traineren* II ONOV WW • *niet opschieten* • *remmen* III WW • ~ along [onov] z. *voortslepen* • ~ down [ov] *omlaaghalen* • *deprimeren* • ~ in [ov] *erbij slepen* • ~ into [ov] *erin betrekken* • ~ on [onov] z. *voortslepen* • ~ out [ov] *rekken*; *eruit trekken* • ~ up [ov] *oprakelen* IV ZN • INFORM. *stomvervelend iem./iets* • *blok aan het been* • INFORM. *trek*; *haal* ⟨aan sigaret⟩ • INFORM. *vrouwenkleding* ⟨v. travestiet⟩ • *luchtweerstand* • *dreg*; *sleepnet* ⋆ in drag *als vrouw verkleed*

dragon ('drægən) ZN • *draak* • *kenau*

dragonfly ('drægənflaɪ) ZN *waterjuffer*; *libel*

dragoon (drə'guːn) I ZN • *dragonder* II OV WW • FORM. ⋆ ~sb into sth *iem. dwingen iets te doen*

drag queen ZN *(mannelijke) travestiet*

drain (dreɪn) I ZN • *afvoerpijp*; *riool* • *ijzeren putdeksel* • USA *gootsteen* • *last*; *belasting* ⋆ a ~ on your purse *veel kosten* ▾INFORM. down the ~*naar de knoppen* II OV WW • *afwateren*; *droogleggen*; *draineren*; *rioleren* • *aftappen*; *afgieten* • *leegmaken*; *opmaken* • *uitputten* ⋆ ~ing board *afdruiprek* • *emotionally ~ed emotioneel uitgeput* III ONOV WW • *leeglopen*; *afdruipen*; *afwateren*

drainage ('dreɪnɪdʒ) ZN • *drainage* • *riolering*

drainer ('dreɪnə) ZN *afdruiprek/-plaat*

drainpipe ('dreɪnpaɪp) ZN • *regenpijp*

dr

• *afvoerbuis*
drake (dreɪk) ZN DIERK. *woerd*
dram (dræm) ZN *neut* ‹meestal whisky›
drama ('drɑːmə) ZN • *toneel; toneelstuk* • *drama*
dramatic (drəˈmætɪk) BNW • *veelzeggend*; *aangrijpend* • *indrukwekkend* • *toneel-* • *overdreven*
dramatics (drəˈmætɪks) ZN MV *dramatiek*
dramatist ('dræmətɪst) ZN *toneelschrijver*
dramatization, G-B **dramatisation** (dræmətaɪˈzeɪʃən) ZN • *toneelbewerking* • *dramatisering* • *aanstellerij*
dramatize, G-B **dramatise** ('dræmətaɪz) I OV WW • *voor toneel bewerken* • *dramatiseren* II ONOV WW • *z. aanstellen*
drank (dræŋk) WW [verleden tijd] • → **drink**
drape (dreɪp) OV WW • *draperen* • *bekleden* • *(achteloos) leggen om*
drastic ('dræstɪk) BNW *drastisch; doortastend* ★ ~ *measures ingrijpende maatregelen*
draught (drɑːft) I ZN • *tocht; trek; zucht* • *ontwerp; schets* • *teug; slok;* MED. *drankje* • *vangst* ‹in één keer› • SCHEEPV. *diepgang* II OV WW • *ontwerpen; opstellen; schetsen* ▾ *on* ~ *van/uit het vat* III BNW ★ ~ *beer tapbier*
draughtboard ('drɑːftbɔːd) ZN *dambord*
draught excluder ZN *tochtband/-strip/-lat*
draughts (drɑːfts) ZN MV G-B *damspel*
draughtsman ('drɑːftsmən) ZN • *ontwerper* • *tekenaar*
draughty, USA **drafty** ('drɑːftɪ) BNW *tochtig*
draw (drɔː) I OV WW [onr.] • *trekken; slepen* • *tekenen; schetsen* • *sluiten of openen* ‹v. gordijnen› • *trekken* (v. wapen, publiek) • *losmaken* ‹als reactie› • *uithoren; aan de praat krijgen* • *trekken* ‹v. lot› • SPORT *gelijk spelen* • ECON. *(geld) opnemen* • *betrekken*; *(ergens uit) tevoorschijn halen* • *inademen* ★ *draw aside apart nemen* ★ *draw a game een wedstrijd onbeslist laten* ▾ *draw a blank niet in de prijzen vallen; bot vangen* ▾ *draw blood bloed doen vloeien* ▾ *draw* (VS: a) *breath op adem komen;* LIT. *leven; bestaan* ▾ *draw the line between de grens trekken tussen* ▾ *draw the short straw aan het kortste eind trekken* II ONOV WW • *tekenen; schetsen* • *bewegen* (in genoemde richting) • *pistool/zwaard trekken* • *loten* • SPORT *gelijk spelen* • *trekken* ‹aan sigaret, enz.› ★ *draw to a close tegen het einde lopen* III WW • ~ *apart* [onov] *uiteendrijven* • ~ *away* [onov] *terugwijken; op voorsprong komen* • ~ *back* [onov] *terugdeinzen; terugwijken* • ~ *down* [onov + ov] *z. op de hals halen* • ~ *forth* [ov] *tevoorschijn halen* • ~ *in* [onov] *korter worden* • [ov] *erbij betrekken* • ~ *in/into* [onov] *binnenlopen* ‹trein› • ~ *off* [onov] *de aftocht blazen; z. terugtrekken* • [ov] *uittrekken; aftappen* • ~ *on* [ov] *aantrekken* • *naderen* • *voorbijgaan* • ~ *on/upon* [ov] *gebruik maken van; putten uit* • ~ *out* [onov] *lengen* ‹v.d. dagen› • *vertrekken* ‹v. trein› • [ov] *tevoorschijn halen* • *(uit)rekken* • *(geld) opnemen* • *(een) contract opmaken* • *uithoren* • ~ *up* [onov] *vóórrijden; stoppen* • [ov] *aanschuiven; opstellen; schrijven; tot staan brengen/komen* ★ *draw yourself up je*

oprichten IV ZN • *loterij; trekking* • *gelijkspel* • *publiekstrekker* • *trekje* ‹aan sigaret, enz.›
drawback ('drɔːbæk) ZN *nadeel; gebrek; schaduwzijde*
drawbridge ('drɔːbrɪdʒ) ZN *ophaalbrug*
drawer ('drɔːə) ZN • *lade* • ECON. *trekker* ★ ~s [mv] *ladekast; commode;* HUMOR. *onderbroekje*
drawing ('drɔːɪŋ) ZN *tekening*
drawing board ZN *tekentafel* ▾ *go back to the* ~ *(weer) van voren af aan beginnen*
drawing pin ('drɔːɪŋpɪn) ZN G-B *punaise*
drawing room ('drɔːɪŋruːm) ZN FORM. *salon; ontvangkamer*
drawl (drɔːl) I ZN • *lijzige manier van praten* II ONOV WW • *lijzig spreken*
drawn (drɔːn) I BNW *afgetobd; vertrokken* ‹v. gezicht› II WW [volt. deelw.] • → **draw**
dray (dreɪ) ZN *sleperswagen*
dread (dred) I ZN • *ontzetting* • *angst* II BNW • *ontzagwekkend* • *angstaanjagend* III OV WW • *vrezen; duchten; opzien tegen*
dreadful ('dredfʊl) BNW *vreselijk*
dreadlocks ('dredlɒks) MV *dreadlocks; rastahaar*
dream (driːm) I ZN • *droom* ▾ *not in my wildest* ~s *niet in mijn stoutste dromen* II OV+ONOV WW [regelmatig + onr.] • *dromen* ▾ *I never* ~t *that I would get the job Ik had nooit gedacht dat ik de baan zou krijgen* ▾ *go/work like a* ~ *gaan/werken als een zonnetje* • ~ *of* ★ *I wouldn't* ~ *of asking her out 't zou niet in mijn hoofd opkomen om haar uit te vragen* • ~ *on* ★ IRON. ~*on! blijf maar lekker dromen* • ~ *up iets (idioots) verzinnen*
dreamed (driːmd) WW [verleden tijd + volt. deelw.] • → **dream**
dreamer ('driːmə) ZN *dromer*
dreamland ('driːmlænd) ZN • *droomwereld* • *dromenland*
dreamlike ('driːmlaɪk) BNW *onwezenlijk*
dreamt (dremt) WW [verl. tijd + volt. deelwoord] • → **dream**
dreamy ('driːmɪ) BNW • *dromerig; vaag* • INFORM. *geweldig*
dreary ('drɪərɪ) BNW *somber; akelig*
dredge (dredʒ) I OV+ONOV WW • *baggeren; dreggen* II OV WW • *bestrooien* III WW • ~ *up* [ov] *ophalen* ‹v. herinneringen›; *oprakelen; oude koeien uit de sloot halen* IV ZN • *dreg; baggermachine*
dredger ('dredʒə) ZN • *baggeraar; baggermachine* • *strooibus*
dregs (dregz) ZN MV • *grondsop* • *bezinksel* ★ *the* ~ *of society de heffe des volks; het uitschot*
drench (drentʃ) I OV WW • *doorweken; kletsnat maken* • MED. *drankje toedienen* ‹aan dier› II ZN • *medicijn* ‹voor dier›
dress (dres) I ZN • *japon; jurk* • *kleding; dracht* ★ *formal* ~ *avondkleding* ★ *full* ~ *groot/ceremonieel tenue; galakleding* ★ *fancy* ~ *kostuum* ‹v. verkleedpartij› II OV WW • *kleden* • *kostumeren* • *opmaken* ‹v. haar› • *optuigen; pavoiseren* • *etaleren* • *bewerken* • *aanmaken* ‹v. etenswaren› • *bereiden* • *schoonmaken; vlakmaken; gladmaken* • *verbinden* ‹v. wond› • *bemesten* • MIL. *(z.) richten* III ONOV WW • *z. (aan)kleden; z. verkleden; toilet maken* IV WW

dr

• ~ **down** [ov] *op z'n kop geven* [onov]; *z. zeer eenvoudig kleden* • ~ **up** [ov] *verkleden*; *mooi maken* [onov]; *z. mooi aankleden*; *z. verkleden*; *z. opdirken*

dressage ('dresɑːʒ) ZN *dressuur*

dress circle ZN TON. *1e balkon*

dress coat ZN *rok*

dress code ZN *kledingvoorschrift*

dressed BNW *(aan)gekleed* ▼ ~ to kill *gekleed om te behagen* ▼ ~ (up) to the nines *onberispelijk gekleed*

dresser ('dresə) ZN • *dressoir* • *aanrecht* • USA *ladekast* • TON. *kleder*; *kleedster* ★ a snappy ~ *iem. die zich netjes kleedt*

dressing ('dresɪŋ) ZN • *(sla)saus*; *dressing* • *(op)vulsel* ★ French ~ *vinaigrette*

dressing-down ZN *uitbrander*

dressing gown ZN G-B *peignoir*; *kamerjas*

dressing room ZN *kleedkamer*

dressing table ZN *toilettafel*

dressmaker ('dresmeɪkə) ZN *naaister*

dress rehearsal ZN *generale repetitie*

dress suit ZN *rokkostuum*

dress uniform ZN *gala-uniform*

dressy ('dresɪ) BNW *chic*; *elegant*

drew (druː) WW [verleden tijd] • → **draw**

dribble ('drɪbl) I ONOV WW • *kwijlen* • *druppelen* • *dribbelen* ⟨bij voetbal⟩ II OV WW • *druppelen* • SPORT *dribbelen (met)* III ZN • *straaltje* • *kwijl* • *dribbel* ⟨bij voetbal⟩

dribs (drɪbz) ZN MV ▼ in ~ and drabs *stukje bij beetje*

dried (draɪd) I BNW *gedroogd* II WW [verl. tijd + volt. deelwoord] • → **dry**

drier ('draɪə) I ZN *droger* II BNW [vergrotende trap] • → **dry**

driest ('draɪɪst) BNW [overtreffende trap] • → **dry**

drift (drɪft) I ZN • *trek*; *gang* • SCHEEPV. *drift*; *afwijking*; *afdrijving* • *stroom-* • *opeenhoping*; *(drijvende) massa* • *strekking*; *bedoeling*; *tendens* • *neiging* • *afwachtende houding* ★ continental ~ *continentverschuiving* ★ a ~ of daffodils *een massa narcissen* ★ INFORM. catch my ~? *snap je 'm?* ★ get the ~ *globaal begrijpen* II OV WW • *doen afdrijven*; *laten meevoeren* • *door de wind op een hoop geblazen worden* III ONOV WW • *(af)drijven*; *glijden* ⟨v. blik⟩ • *(toevallig) verzeild raken* • *(z.) ophopen* ⟨v. sneeuw, zand, enz.⟩ • ~ about/ around *maar wat doen (zonder plan)* • ~ apart *van elkaar vervreemden* • ~ off ★ ~ off to sleep *in slaap sukkelen*

drifter ('drɪftə) ZN *lanterfanter*

drift net ZN *drijfnet*

driftwood ('drɪftwʊd) ZN *drijfhout*

drill (drɪl) I ZN • *boormachine*; *drilboor* • *exercitie*; *het drillen* • *oefening* • *dril* ⟨stof⟩ • *zaaimachine* II ONOV WW • *boren* • *stampen*; *oefenen* III OV WW • *drillen*; *africhten* • *doorboren* ⟨met kogel⟩ • ~ in(to) *erin stampen*

drily ('draɪlɪ) BIJW • → **dry**

drink (drɪŋk) I ZN • *drank* • *dronk*; *teug* • *borrel* • *het overmatig drinken* ★ soft ~ *frisdrank* ★ the worse for ~ *beschonken* ★ drive sb to ~ *iem. wanhopig maken* ★ take to ~ *aan de drank raken* II OV WW [onr.] • ~ *(op)drinken* ★ ~ and drive *rijden onder invloed* ★ ~ hard *stevig aan de drank zijn* III ONOV WW • *drinken* ▼ ~ sb's health *op iemands gezondheid drinken* ▼ ~ like a fish *drinken als een tempelier* IV WW • ~ **away** *verdrinken* ⟨geld, verdriet enz.⟩ • ~ **down** [ov] *opdrinken* • ~ **in** [ov] *gretig in z. opnemen* • ~ **to** [onov] *drinken op* • ~ **up** [onov] *leegdrinken* • [ov] *opdrinken*

drinkable ('drɪŋkəbl) BNW • *drinkbaar* • *lekker*

drink-driver ZN *dronken bestuurder*

drinker ('drɪŋkə) ZN *alcoholist* ★ a hard ~ *een stevige drinker*

drip (drɪp) I OV WW • *laten druppelen* II ONOV WW • *druppelen* • ~ **with** *druipen van* III ZN • *(ge)druppel* • MED. *infuus*

drip-dry BNW ★ a ~ shirt *een 'no-iron' overhemd*

dripping ('drɪpɪŋ) I ZN • *braadvet* • *afdruipend water of vet* II BNW • *drijfnat*

drive (draɪv) I OV WW [onr.] • *(be)sturen*; *rijden* • *(aan)drijven*; *voortdrijven* • *(aan)jagen*; *brengen tot* ★ *hard slaan/schoppen* ⟨v. bal⟩ ★ ~ crazy/mad *gek maken* II ONOV WW • *(auto)rijden* • *beuken* ⟨v. golven⟩ ▼ ~ home *(iets) duidelijk maken*; *vastslaan* ▼ what are you driving at? *wat bedoel je?* III WW • ~ **away** [ov] *wegrijden*; *wegjagen* • [onov] *wegrijden* • ~ **down** [ov] *laten kelderen* ⟨v. prijzen⟩ • ~ **off/out** [ov] *verdrijven* • ~ **up** [ov] *opdrijven* ⟨v. prijzen⟩ IV ZN • *rit*; *tocht* • *drang* • *energie* • *slag* • *wedstrijd* ⟨kaartspel⟩ • *drijfjacht* • *rijweg*; *oprijlaan* ★ USA all-wheel ~ *vierwielaandrijving*

drive-by ZN *beschieting vanuit een voertuig*

drivel ('drɪvəl) I ONOV WW • *kwijlen* • *kletsen* • ~ on *doorleuteren* II ZN • INFORM., MIN. *kletskoek*; *onzin*

driven ('drɪvən) WW [volt. deelw.] BNW *gedreven* ★ a market~ economy *een marktgestuurde economie*

driver ('draɪvə) ZN • *bestuurder*; *chauffeur*; *machinist* • *soort golfstick* • *drijfveer* • COMP. *besturingsprogramma* ★ designated ~ *Bob* ⟨bewust onbeschonken bestuurder⟩

driver's license ZN USA *rijbewijs*

drive time ZN *spitsuur*

driveway ('draɪvweɪ) ZN • *oprijlaan*; *inrit* • USA *rijweg*

driving ('draɪvɪŋ) I ZN • *het (auto)rijden* II BNW • *energiek*; *stimulerend*

driving licence ZN G-B *rijbewijs*

driving school ZN *autorijschool*

driving seat ZN *plaats achter het stuur*

driving test ZN *rijexamen*

drizzle ('drɪzəl) I ZN • *motregen* II ONOV WW • *motregenen*

drizzly ('drɪzlɪ) BNW *druilerig*; *miezerig*

drogue (drəʊg) ZN *kleine parachute* ⟨die een grote tevoorschijn trekt⟩

droll (drəʊl) BNW IRON. *grappig*

dromedary ('drɒmɪdərɪ) ZN *dromedaris*

drone (drəʊn) I ZN • *gegons*; *dreun* • *dar* • *leegloper* • *radiografisch bestuurd vliegtuig* II ONOV WW • *ronken*; *dreunen*; *gonzen*; *brommen* • ~ **on** *doorzeuren*

drool (dru:l) ONOV WW • *kwijlen* • ~ *over dwepen met*; *smachtend kijken naar*

droop (dru:p) I ONOV WW • *(neer)hangen*; *dichtvallen* ⟨v. ogen⟩ • *de moed verliezen*; *een inzinking hebben* II ZN • *het (laten) hangen* • *mismoedigheid*

droopy BNW • *mismoedig* • *hangend*

drop (drɒp) I OV WW • *laten vallen*; *laten zakken* • *droppen*; *afzetten*; *afgeven* • *weglaten* ★ drop anchor *ankeren* ★ drop a curtsy *een reverence maken* ★ drop your eyelids *de ogen neerslaan* ★ drop your h's *de h niet uitspreken* ★ drop a hint *een wenk geven* ★ drop it! *schei uit!* ★ drop me a line *schrijf me eens* ★ drop your voice *je stem laten zakken* ▼ USA drop the ball *miskleunen* ▼ drop a brick/clanger *een flater begaan* ▼ let sth/sb drop *niets meer zeggen over iets/iem.*; *iets/iemands naam laten vallen* II ONOV WW • *druppelen* • *vallen* • *afnemen*; *minder worden* • *naar beneden gaan* • *verliezen* ★ ready to drop *erbij neervallen* ⟨v. vermoeidheid⟩ ★ it has dropped out of use *het is niet meer in gebruik* III WW • ~ away [onov] *afnemen* • ~ **back** [onov] *inhouden*; *langzamer gaan* • ~ **behind** [onov] *achter(op) raken* • ~ **by/in/round** [onov] *even langskomen*; *binnenwippen* • ~ **off** [onov] *in slaap sukkelen* • ~ **out** z. *terugtrekken*; *een studie opgeven*; *uitvallen* • ~ **round** [ov] *afgeven* IV ZN • *druppel* • *val*; *daling*; *achteruitgang* • *helling* • *borreltje*; *slokje* • *zuurtje* *dropping* • INFORM. *bezorging* ▼ at the drop of a hat *plotsklaps*; *van de ene dag op de andere* ▼ a drop in the ocean/USA bucket *een druppel op een gloeiende plaat* ▼ INFORM. have the drop on sb *z. in een betere positie bevinden dan iem.*

drop-dead BNW *adembenemend*

drophead ('drɒphed) ZN *cabriolet*

droplet ('drɒplət) ZN *druppeltje*

dropout ('drɒpaʊt) ZN *drop-out*

droppings ('drɒpɪŋz) ZN MV *uitwerpselen*

drop shot ZN *dropshot*; *bal die loodrecht naar beneden komt*

dross (drɒs) ZN • *rommel* • *metaalslakken*

drought (draʊt) ZN *droogte*

drove (drəʊv) I ZN *samengedreven kudde*; *mensenmenigte* ★ in ~s *in drommen* II WW [verleden tijd] • → **drive**

drover ('drəʊvə) ZN *veedrijver*

drown (draʊn) I OV WW • *verdrinken* • *drenken*; *onder water zetten* • *overstemmen* ★ be ~ed *verdrinken* ▼ HUMOR. ~ your sorrows *je verdriet verdrinken* • ~ **out** *overstemmen* II ONOV WW • *verdrinken* • *overstromen*

drowse (draʊz) ONOV WW *dutten*; *soezen*

drowsy ('draʊzɪ) BNW • *slaperig* • *slaapverwekkend*

drubbing ('drʌbɪŋ) ZN SPORT *pak slaag*

drudge (drʌdʒ) ZN *werkezel*; *zwoeger*

drudgery ('drʌdʒərɪ) ZN *saai werk*

drug (drʌg) I ZN • *drug* ⟨verdovend middel⟩ • *medicijn*; *drankje* • hard drug *harddrug* ★ soft drug *softdrug* ★ do drugs *drugs gebruiken* ★ push drugs *drugs verkopen* II OV WW • *een drug of pepmiddel geven* • bedwelmen III ONOV WW • *verdovende middelen gebruiken* ▼ be drugged up to the eyeballs *onder de pillen zitten*

drug addict ZN *drugsverslaafde*

druggie, druggy ('drʌgi) ZN INFORM. *drugsgebruiker*

druggist ('drʌgɪst) ZN USA *apotheker*; *drogist*

drug pusher ZN *drugshandelaar*

drugs squad ZN USA *narcoticabrigade*

drugstore ('drʌgstɔ:) ZN USA *drugstore* ⟨combinatie drogisterij, apotheek en parfumerie⟩

drum (drʌm) I ZN • *trommel*; *(metalen) vat* • *olievat* • MUZ. *trom* • INFORM. *huis*; *appartement* ★ drums [mv] *drumstel* ★ steel drum *steeldrum* II ONOV WW • *trommelen*; *roffelen* III WW • ~ **up** [ov] *proberen te krijgen* ▼ drum sth into sb's head *iets er bij iem. in heien*

drumbeat ('drʌmbi:t) ZN *(ritmisch) tromgeroffel*

drumhead ('drʌmhed) ZN *trommelvel*; *trommelvlies*

drum major ZN *tamboer-majoor*

drum majorette ZN *majorette*

drummer ('drʌmə) ZN • *drummer*; *tamboer* • USA *handelsreiziger*

drumstick ('drʌmstɪk) ZN • *trommelstok* • *drumstick*

drunk (drʌŋk) I BNW • *dronken*; OOK FIG. ★ ~ and disorderly *in (kennelijke) staat v. dronkenschap* ★ dead/blind ~ *stomdronken* II ZN • *dronkaard* III WW [volt. deelw.] • → **drink**

drunkard ('drʌŋkəd) ZN OUD. *dronkaard*

drunken ('drʌŋkən) BNW *dronken*

dry (draɪ) I BNW • *droog* • *sec*; *niet zoet* • *nuchter* • *saai* • *dorstig* • *zonder alcohol* ★ as dry as a bone *zo droog als kurk* ▼ milk sb dry *iem. uitmelken* II ONOV WW • *drogen* III WW • ~ **off** [onov] *opdrogen* • ~ **out** [ov] *door en door droog laten worden* • *uitdrogen* • *laten afkicken* • [onov] *uitdrogen* • *afkicken* • ~ **up** [onov] *opdrogen*; *opraken* • *verdwijnen* • *niet verder kunnen* ⟨v. toneelspeler⟩ • [ov] *afdrogen* ★ dry up! *hou je waffel*

dry-clean OV WW *chemisch reinigen*

dry-cleaner ZN *stomerij*; *inrichting voor chemische reiniging*

dry-cure OV WW *conserveren*; *zouten en/of drogen*

dryer, drier ('draɪə) ZN *droger*; *(haar)droogkap*

dry-eyed BNW *met droge ogen*

drystone wall ZN *stapelmuur*

drywall ('draɪwɔ:l) ZN *gipsplaat*

DSc AFK Doctor of Science *doctor in natuurwetenschappen*

DSO AFK Distinguished Service Order *ridderorde voor bijzondere verrichtingen*

DST AFK Daylight Saving Time *zomertijd*

dual ('dju:əl) BNW *dubbel*; *tweeledig*

dub (dʌb) I OV WW • *betitelen (als)*; *de bijnaam geven van* • *nasynchroniseren* • MUZ. *dubben* II ZN • VS, INFORM. *beginneling*

dubbin ('dʌbɪn) ZN *(leer)vet*; *leerwas*

dubiety (dju:'baɪətɪ) ZN FORM. *onzekerheid*

dubious ('dju:bɪəs) BNW *twijfelachtig*

dubitable ('dju:bɪtəbl) BNW *twijfelachtig*

du

ducal ('dju:kl) BNW *hertogelijk*

duchess ('dʌtʃɪs) ZN *hertogin* ★grand ~ *groothertogin*

duchy ('dʌtʃɪ) ZN *hertogdom*

duck (dʌk) I ZN [mv: **ducks**, **duck**] • *eend* • *liefje*; *schatje* ★lame duck *sukkelaar*; *zwakkeling*; USA *niet herkiesbare ambtenaar/politicus* ▼*sitting duck gemakkelijke prooi* ▼get/have all your ducks in a row *alles keurig voor elkaar hebben* ▼(take to sth) like a duck to water *in je element zijn*; *iets is je op het lijf geschreven* II OV WW • *onderduwen* III ONOV WW • *(weg)duiken* • *z. bukken* • *ontwijken* • ~ **out** *er onderuit komen*; *ontkomen (aan)*

duckboards ('dʌkbɔːdz) ZN MV *loopplank* ⟨op drassige grond⟩

duckling ('dʌklɪŋ) ZN *jonge eend*

duckweed ('dʌkwiːd) ZN *(eenden)kroos*

ducky ('dʌkɪ) I ZN • *schatje* II BNW • HUMOR. *geweldig fijn*

duct ('dʌkt) ZN *leiding*; *buis*; *kanaal*

ductile ('dʌktaɪl) BNW • *uitrekbaar tot dunne draad* ⟨v. metaal⟩ • *kneedbaar*; OOK FIG.

dud (dʌd) I ZN • INFORM. *blindganger* ★INFORM. duds [mv] *vodden*; *oude kleren* II BNW ★INFORM. a dud banknote *vals bankbiljet*

dude (duːd) ZN VS, INFORM. *kerel*

dude ranch ZN USA *vakantieboerderij*

dudgeon ('dʌdʒən) ZN *diepe wrok* ★in (high) ~ *nijdig*

due (djuː) I BNW • *schuldig*; *verschuldigd*; *verplicht* • *gepast*; *juist* ★be due for *recht hebben op*; *verdienen*; *toe zijn aan* ★due to *vanwege*; *door* ★be due *verwacht worden* II ZN • *waar je recht op hebt* ★dues [mv] *financiële verplichtingen*; *gelden*; *rechten* ★to give her her due *om haar recht te doen*; *om eerlijk te zijn* III BIJW • *precies* ★sail due east *pal oost varen*

duel ('dju:əl) I ZN • *duel* II ONOV WW • *duelleren*

duet (dju:'et) ZN • *duet* • *paar*

duff (dʌf) I BNW • INFORM. *waardeloos* II ZN • INFORM., VS *kont* III OV WW • INFORM. ~ **up** *aftuigen* • *misslaan* ⟨bij golf⟩

duffel bag, **duffle bag** ('dʌfəlbæg) ZN • *plunjezak* • USA *weekendtas*; *reistas*

duffel coat, **duffle coat** ('dʌfəlkəut) ZN *duffel*; *houtje-touwtjejas*

duffer ('dʌfə) ZN *sufferd*; *stomkop*

dug (dʌg) WW [verl. tijd + volt. deelw.] • → **dig**

dugout ('dʌgaʊt) ZN • SPORT *dug-out* • *schuttersput*

duh TUSSENW • INFORM., JEUGDT. ≈ *da's nogal logisch* • MIN., JEUGDT. ≈ *doe niet zo suf*

duke (dju:k) ZN *hertog* ★INFORM. dukes [mv] *vuisten*

dukedom ('dju:kdəm) ZN *hertogdom*

dulcimer ('dʌlsɪmə) ZN MUZ. *hakkebord*

dull (dʌl) I BNW • *saai* • *somber*; *dof* ⟨v. licht, kleur, geluid, pijn⟩ • *somber*; *bewolkt* ⟨weer⟩ • *dom*; *stompzinnig*; *idioot* ⟨persoon⟩ • *stomp*; *bot* ⟨v. mes, enz.⟩ • ECON. *lusteloos*; *slap* ⟨v. handel⟩ II OV WW • *somber maken* • *suf maken* • *dempen* ⟨v. geluid⟩ ★dull the pain *de pijn verzachten* III ONOV WW • *somber worden* • *dof/mat worden*

dullard ('dʌləd) ZN *botterik*

dullness ('dʌlnəs) ZN *saaiheid*

dull-witted BNW *dom*; *traag*

dulse (dʌls) ZN *(eetbaar) zeewier*

duly ('dju:lɪ) BIJW • *prompt*; *stipt* • *naar behoren* ★they duly began in March *ze begonnen in maart zoals gepland*

dumb (dʌm) I BNW • *stom* • *sprakeloos* • INFORM., VS *dom* ★dumb animal *stom dier* ⟨om medelijden uit te drukken⟩ ★act dumb *doen alsof je van niks weet* II OV WW • ~ **down** *versimpelen*

dumb-bell ('dʌmbel) ZN • *halter* • VS, INFORM. *stommerik*

dumbfound (dʌm'faʊnd) OV WW *sprakeloos doen staan*

dumbfounded (dʌm'faʊndɪd), **dumbstruck** ('dʌmstrʌk) BNW *sprakeloos*

dumbshow ('dʌmʃəʊ) ZN *pantomime*

dummy ('dʌmɪ) I ZN • *(pas)pop*; *etalagepop* • *lege verpakking* • VS, INFORM. *stommerd* • SPORT *schijnbeweging* • G-B *fopspeen* • *blinde* ⟨bij kaartspel⟩ • *figurant*; *stroman* II BNW • *namaak-* ★~**bomb** *nepbom*

dummy run ZN • *repetitie* • MIL. *oefenaanval*

dump (dʌmp) I OV WW • *je ontdoen van*; *lozen* ⟨waar het niet hoort⟩ • *opzadelen* • ECON. *dumpen* • *neergooien*; *storten* ⟨v. vuil⟩ • *de bons geven*; *dumpen*; *afserveren* ★dump computer data *computerdata overzetten van één informatiedrager naar een andere* ▼VS, INFORM. dump on sb *iem. er van langs geven*; *fel bekritiseren* II ZN • *vuilnisbelt* • MIL. *opslagplaats* • INFORM. *troosteloze plek* • COMP. *het dumpen van data*; *kopie/lijst van gedumpte data* • INFORM. *het poepen* ★down in the dumps *depri*; *in de put*

dumper ('dʌmpə) ZN USA • *iem. die gevaarlijke stoffen loost* ⟨op verkeerde plek⟩

dumper truck, USA **dump truck** ZN *kiepauto*

dumpling ('dʌmplɪŋ) ZN • CUL. *knoedel* • CUL. *(appel)bol*

Dumpster ZN USA *afvalcontainer*

dumpy ('dʌmpɪ) BNW *kort en dik*

dun (dʌn) BNW *grijsbruin*

dunce (dʌns) ZN • *domkop* • *langzame leerling*

dunderhead ('dʌndəhed) ZN *sufferd*

dune (dju:n) ZN *duin*

dung (dʌŋ) I ZN • *mest* II OV WW • *bemesten*

dungarees (dʌŋɡə'ri:z) ZN MV *tuinbroek*; *(grof linnen) werkbroek*

dungeon ('dʌndʒən) ZN *kerker*

dunghill ('dʌŋhɪl) ZN *mesthoop*

Dunglish ('dʌŋglɪʃ) ZN TAALK. *Dunglish* ⟨hybride taal: Engels/Nederlands⟩

dunk (dʌŋk) OV WW • *soppen*; *dopen* • *onderdompelen* • SPORT *van bovenaf inwerpen* ⟨bij basketbal⟩

dunno (də'nəʊ) SAMENTR INFORM. do not know • → **know**

duo ('dju:əʊ) ZN • *duo*; *paar* • *duet*

duodecimal (dju:əʊ'desɪml) BNW *twaalftallig*

duodenal (dju:əʊ'di:nl) BNW *m.b.t. de twaalfvingerige darm*

duodenum (dju:əʊ'di:nəm) ZN *twaalfvingerige darm*

dupe (dju:p) **I** ov ww • *beetnemen* **II** zn • *dupe*; *gedupeerde* • *onnozele hals*
dupery ('dju:pərɪ) zn *bedriegerij*
duplex ('dju:pleks) bnw *tweevoudig*; *dubbel*
duplicate¹ ('dju:plɪkət) **I** zn • *duplicaat*; *kopie*; *viertallen* ⟨bij bridge⟩ ⋆ *in ~ in duplo* **II** bnw • *gekopiëerd*
duplicate² ('dju:plɪkeɪt) ov ww • *kopiëren*; *dupliceren* • *twee keer doen*
duplicity (dju:'plɪsətɪ) zn *onbetrouwbaarheid*
durability (djʊərəbɪlətɪ) zn *duurzaamheid*
durable ('djʊərəbl) bnw *duurzaam* ⋆ *consumer ~s duurzame gebruiksgoederen*
duration (djʊə'reɪʃən) zn *duur* ⋆ *for the ~ voorlopig*
duress (djʊə'res) zn *dwang*
during ('djʊərɪŋ) vz *gedurende*
dusk (dʌsk) zn *avondschemering*
dusky ('dʌskɪ) bnw *duister*; *schemerig*; *donker* ⟨v. kleur⟩
dust (dʌst) **I** zn • *stof(wolk)*; *gruis* • *stuifmeel* • *pegels*; *poen* ▾ *bite the dust in het zand bijten* ▾ *gathering dust ongebruikt* ▾ *kick up/raise (a) dust stennis maken* ▾ *leave sb in the dust iem. ver achter je laten* ▾ *let the dust settle/wait for the dust to settle afwachten* ▾ *throw dust into sb's eyes iem. zand in de ogen strooien* ▾ *when the dust has settled als de rust is weergekeerd* **II** ov ww • *afkloppen* • *bestuiven*; *stoffig maken* • ~ *down/off afkloppen*; *afstoffen* • ~ *off afstoffen*
dust bath zn *zandbad* ⟨v. vogel⟩
dustbin ('dʌstbɪn) zn g-b *vuilnisbak*
dust bowl zn usa *verdorde streek*; *erosiegebied*
dustcart ('dʌstka:t) zn *vuilniswagen*
dust cover zn *stofomslag*; *stofbeschermer*
duster ('dʌstə) zn • *stofdoek* • *stofjas*
dust jacket zn *stofomslag*
dustman ('dʌstmən) zn *vuilnisman*
dustpan ('dʌstpæn) zn *blik*
dust shot zn *fijne hagel*
dust-up zn *gevecht*; *ruzie*
dusty ('dʌstɪ) bnw • *stoffig* • *dor* ⋆ ~ *answer vaag antwoord*
Dutch (dʌtʃ) **I** bnw • *Nederlands* ⋆ *double ~ gebrabbel* ⋆ *go ~ de kosten delen* **II** zn • taalk. *Nederlands* **III** mv • *Nederlanders*
Dutchman ('dʌtʃmən) zn [v: **Dutchwoman**] *Nederlander* ⋆ *I am a ~ if... ik mag een boon zijn als...*
dutiable ('dju:tɪəbl) bnw *belastbaar*; *onderhevig aan rechten*
dutiful ('dju:tɪfl) bnw *plichtmatig*; *plichtsgetrouw*
duty ('dju:tɪ) zn • *plicht* • *functie*; *dienst* ⋆ *duties* [mv] *rechten*; *invoerrechten*; *uitvoerrechten*; *accijnzen* ⋆ *act out of (a sense of) duty uit plichtsbesef handelen* ⋆ *do duty for fungeren als* ⋆ *pay your duty to je opwachting maken bij* ▾ *on/off duty in/buiten dienst*
duty-bound bnw *moreel verplicht*
duty call zn *beleefdheidsbezoek*
duty-free bnw *belastingvrij*; *vrij van rechten*
duty officer zn *officier v. dienst*
duvet ('du:veɪ) zn *donzen dekbed*
DVD (di:vi:'di:) afk comp. *digital versatile disc dvd*

dwarf (dwɔ:f) **I** zn [mv: **dwarfs**, **dwarves**] • *dwerg* **II** ov ww • *nietig doen lijken* • *in groei belemmeren*
dwarfism ('dwɔ:fɪzm) zn *dwerggroei*
dweeb (dwi:b) zn vs, inform. *nerd*; *sul*
dwell (dwel) onov ww [onr.] • *wonen* • *verblijven* • ~ *on/upon uitweiden over*
dwelling ('dwelɪŋ), **dwelling house** zn *woning*
dwelling place zn *woonplaats*
dwelt (dwelt) ww [verleden tijd + volt. deelw.] • → *dwell*
dwindle ('dwɪndl) onov ww *afnemen*; *achteruitgaan*
dyad ('daɪæd) **I** zn • *twee(tal)* **II** bnw • *2-waardig*
dye (daɪ) **I** ov ww • *verven* ⋆ *dyed-in-the-wool door de wol geverfd*; *doorgewinterd*; *onbuigzaam* **II** onov ww ⋆ *it dyes well het laat zich goed verven* **III** zn • *kleur*; *tint* • *verf(stof)*
dying ('daɪɪŋ) bnw *stervend*; *sterf-* ⋆ *the ~ [mv] de stervenden* ⋆ *to my ~ day tot mijn laatste snik*
dyke (daɪk) **I** zn • *dijk*; *dam*; *wal* • *wetering*; *sloot* • vulg. *pot* ⟨lesbienne⟩ • *rotsader* **II** ov ww • *indijken*; *omwallen*
dynamic (daɪ'næmɪk) **I** zn • *dynamiek* • *stuwkracht* • *gedrevenheid* **II** bnw • *dynamisch*; *energiek*
dynamics (daɪ'næmɪks) zn mv • *dynamica* • muz. *dynamiek*
dynamism ('daɪnəmɪzəm) zn *dynamiek*
dynamite ('daɪnəmaɪt) **I** zn • *dynamiet* **II** ov ww • *met dynamiet vernielen*
dynamo ('daɪnəməʊ) zn *dynamo*
dynasty ('dɪnəstɪ) zn *dynastie*
dysentery ('dɪsəntərɪ) zn *dysenterie*
dysfunctional (dɪs'fʌŋkʃənl) bnw *verstoord*
dyslexia (dɪs'leksɪə) zn *dyslexie*; *woordblindheid*
dyspepsia (dɪs'pepsɪə) zn *spijsverteringsstoornis*
dyspeptic (dɪs'peptɪk) **I** zn • *lijder aan indigestie* **II** bnw • *met spijsverteringsklachten* • *chagrijnig*

dy

E

e (i:) AFK electronic *elektronisch*

E (i:) I ZN • MUZ. *E* O&W ≈ *1 à 2* ★ E as in Edward *de e van Eduard* ★ an E for/in maths *een 2 voor wiskunde* II AFK • East(ern) *oost(elijk)* • INFORM. Ecstasy *ecstasy* ⟨drug⟩

each (i:tʃ) ONB VNW *elk* ★ $5 each *$5 per stuk* ★ each other *elkaar*

eager ('i:gə) BNW *vurig (verlangend)*; *gretig*; *enthousiast* ★ ~ for sth *iets erg graag willen (hebben)* ★ they're ~ to please *zij zijn erg behulpzaam*

eagle ('i:gl) ZN *adelaar* ★ golden ~ *steenarend*

eagle-eyed BNW FIG. *scherpziend*

eagle owl ZN *oehoe*

ear (ɪə) ZN • *oor* • *gehoor* • *(koren)aar* ★ deaf in one ear *doof aan één oor* ▾ fall on deaf ears *geen gehoor vinden* ▾ turn a deaf ear (to sb/sth) *doof zijn (voor iem./iets)* ▾ be all ears *een en al oor zijn* ★ cock an ear *de oren spitsen* ▾ be out on your ear *eruit geknikkerd zijn* ▾ be up to your ears in sth *tot over je oren ergens in zitten* ▾ my ears are burning *ze hebben het over mij* ▾ this has come to my ears *dit is mij ter ore gekomen* ▾ this has reached my ears *dit is mij ter ore gekomen* ▾ sb's ears are flapping *iem. probeert mee te luisteren* ▾ in one ear and out the other *het ene oor in en het andere uit* ▾ have sb's ear/have the ear of sb *iemands aandacht hebben* ▾ keep/have your ear to the ground *de vinger aan de pols houden*; *alles goed in de gaten houden* ▾ FIG. play it by ear *improviseren*

earache ('ɪəreɪk) ZN *oorpijn*

eardrum ('ɪədrʌm) ZN *trommelvlies*

earful ('ɪəfʊl) ZN ★ give sb an ~ *iem. (onomwonden) de waarheid zeggen*

earl (ɜːl) ZN *(Britse) graaf*

ear lobe ZN *oorlel*

early ('ɜːlɪ) I BNW • *vroeg* • *spoedig* ▾ at the earliest *niet eerder dan* II BIJW • *vroeg* • *te vroeg* ★ ~ on *in een vroeg stadium* ★ an hour ~ *een uur te vroeg*

earmark ('ɪəmɑːk) OV WW • *aanduiden* • *reserveren*; *bestemmen* ★ she is being ~ed as the next president *zij wordt gezien als de volgende president*

earn (ɜːn) OV WW • *verdienen* • *behalen*; *bezorgen* ★ earn a living *de kost verdienen* ★ well earned *welverdiend*

earner ('ɜːnə) ZN • *verdiener* • *iets winstgevends* ★ a nice little ~ *een mooie bron van inkomsten*

earnest ('ɜːnɪst) I BNW • *ernstig*; *serieus* II ZN • *ernst* ★ in deadly ~ *bloedserieus* ★ be in ~ *het menen* ★ begin in ~ *pas echt beginnen*

earnings ('ɜːnɪŋz) ZN MV • *verdiensten* • *opbrengst*; *winst*

earnings-related BNW G-B *inkomensgebonden*; *inkomensafhankelijk*

earphones ('ɪəfəʊnz) ZN MV *koptelefoon*

earpiece ('ɪəpiːs) ZN *oortelefoon*

earplug ('ɪəplʌg) ZN *oordopje*

earring ('ɪərɪŋ) ZN *oorring*; *oorbel*

earshot ('ɪəʃɒt) ZN ▾ out of/within ~ *buiten/binnen gehoorsafstand*

ear-splitting BNW *oorverdovend*

earth (ɜːθ) I ZN • *aarde* ⟨planeet⟩ • *aarde* ⟨materie⟩ • *grond* • *hol* ⟨v. vos, enz.⟩ ▾ why on ~ *waarom in vredesnaam*; *waarom toch eigenlijk* ▾ come back/down to ~ *weer met beide benen op de grond komen te staan* ▾ cost/pay the ~ *een vermogen kosten/betalen* ▾ go to ~ *onderduiken* ▾ run to ~ *opsporen* II OV WW • TECHN. *aarden* • AGRAR. ~ up *aanaarden*

Earth (ɜːθ) ZN *aarde* ⟨planeet⟩

earthbound ('ɜːθbaʊnd) BNW • *aan de aarde gebonden* • *op weg naar de aarde* • *gehecht aan materiële zaken*

earthen ('ɜːθən) BNW • *aarden* ⟨vloer/wal⟩ • *van aardewerk*

earthenware ('ɜːθənweə) ZN *aardewerk*

earthling ('ɜːθlɪŋ) ZN *aardbewoner*

earthly ('ɜːθlɪ) BNW *aards* ▾ no ~ chance *geen schijn van kans* ▾ no ~ reason *geen enkele reden*

earthquake ('ɜːθkweɪk) ZN *aardbeving*

earth science ZN ≈ *aardwetenschappen* ⟨geologie, geografie enz.⟩

earthwork ('ɜːθwɜːk) ZN • *aarden wal* • *grondwerk*

earthworm ('ɜːθwɜːm) ZN *aardworm*

earthy ('ɜːθɪ) BNW • *platvloers*; *laag-bij-de-gronds* • *vuil* ⟨door aarde⟩ ★ in ~ colours *in aardkleuren*

earwax ('ɪəwæks) ZN *oorsmeer*

earwig ('ɪəwɪg) I ZN • *oorworm* II OV WW • G-B, INFORM. *afluisteren*

ease (i:z) I ZN • *gemak* • *rust*; *comfort* ★ ease of use *gebruiksvriendelijkheid* ▾ at (your) ease *op je gemak* ▾ (stand) at ease *op de plaats rust* ▾ put sb at ease *iem. op z'n gemak stellen* II OV WW • *verlichten* • *voorzichtig bewegen/doen* • *vergemakkelijken* • *losser maken* • *reduceren* ⟨v. prijs⟩ ★ ease sb's mind *iem. geruststellen* III ONOV WW • *voorzichtig bewegen/doen* IV WW • [ov] ~ into *inwerken* • [onov] ~ off *afnemen* ⟨in hevigheid⟩; *voorzichtig uit/af/enz. doen* • [ov] ~ out (of) *eruitwerken* • [onov] ~ up *kalmer aan doen*; *minder worden* • [ov] ~ up *verminderen*

easel ('i:zəl) ZN *(schilders)ezel*

easement ('i:zmənt) ZN JUR. *erfdienstbaarheid*

easily ('i:zəlɪ) BIJW • *gemakkelijk* ★ ~ the best/the nicest/etc. *absoluut de/het beste/mooiste/enz.* ★ ~ bored *gauw verveeld*

east (i:st) I ZN • *het oosten/Oosten* ★ to the east of *ten oosten van* ★ the East *het Oosten* II BNW + BIJW • *in/naar het oosten*

Easter ('i:stə) ZN • *Pasen* • *eerste paasdag*

Easter day ZN *eerste paasdag*

easterly ('i:stəlɪ) I ZN • *oostenwind* II BNW • *oostelijk*; *oosten*

eastern, Eastern ('i:stn) BNW • *oostelijk* • *oosters*

easterner ('i:stənə) ZN • *iem. uit het oosten* • *Amerikaan(se) uit het oosten v.d. VS*

Easter Sunday ZN *eerste paasdag*

eastward (i:stwəd) BNW + BIJW *oostwaarts*

eastwards (i:stwədz) BIJW *oostwaarts*

easy ('i:zɪ) I BNW • *gemakkelijk* • *comfortabel*;

relaxed • ongedwongen; op zijn gemak
• INFORM., MIN. willig; los van zeden (V. VROUW)
★ within easy reach goed bereikbaar ▼ as easy
as anything/pie/ABC/falling off a log zo
gemakkelijk als wat; eitje ▼ easy money
gemakkelijk verdiend geld; mazzeltje ▼ easy on
the eye/ear leuk om te zien/horen ▼ G-B,
INFORM. I'm easy 't maakt mij niet uit ▼ on
easy street in goeden doen ▼ take the easy way
out de gemakkelijkste weg kiezen II BIJW
• voorzichtig ▼ easy come, easy go zo
gewonnen, zo geronnen ▼ easy does it rustig
aan (dan breekt het lijntje niet) ▼ go easy on
met mildheid behandelen; spaarzaam
gebruiken ▼ take it easy het gemakkelijk
opnemen; je niet druk maken
easy-going BNW makkelijk; tolerant
eat (i:t) I ONOV WW [onr.] • eten; de maaltijd
gebruiken II OV WW • eten • op(vr)eten
• aantasten ▼ what's eating you? wat zit je
dwars? III WW • [ov] ~ **away** wegvreten;
verteren • [onov] ~ **away at** knagen aan;
aanvreten • [onov] ~ **in** thuis eten • [onov]
~ **into** aantasten; een bres schieten in
⟨reserves⟩ • [onov] ~ **out** buiten de deur eten;
wegvreten • [ov] ~ **up** (alles) opeten; opvreten;
verteren; opsouperen
eatable ('i:təbl) BNW eetbaar
eaten (i:tn) WW [volt. deelw.] • → **eat**
eater ('i:tə) ZN • eter • gast (aan tafel)
• handappel/-peer
eatery ('i:təri) ZN INFORM. eethuisje/-café
eating disorder ZN eetstoornis
eats (i:ts) ZN MV INFORM. (borrel)hapjes; eten
eaves (i:vz) ZN MV (overhangende) dakrand
eavesdrop ('i:vzdrɒp) ONOV WW afluisteren
eavesdropper ('i:vzdrɒpə) ZN luistervink
ebb (eb) I ZN • eb ▼ verval; afname ▼ the ebb
and flow of sth ≈het op- en neergaan van iets
▼ at a low ebb in de put; aan lager wal II ONOV
WW • ~ **away** vervallen; afnemen
Ebola fever (i:'bəʊlə fi:və) ZN MED. ebolakoorts
ebonite ('ebənaɪt) ZN eboniet
ebony ('ebəni) I ZN • ebbenhout • ebbenboom
II BNW • donkerbruin; zwart
ebullience (ɪ'bʌlɪəns) ZN • uitbundigheid • het
bruisen van enthousiasme
ebullient (ɪ'bʌlɪənt) BNW • bruisend van energie
• uitbundig
e-business ZN internetbedrijf
EC AFK • European Community EG; Europese
Gemeenschap • East Central postdistrict in
Londen • Established Church de staatskerk
eccentric (ɪk'sentrɪk) I ZN • zonderling;
excentriekeling II BNW • zonderling; excentriek
• excentrisch
eccentricity (eksen'trɪsətɪ) ZN excentriciteit
ecclesiastic (ɪkli:zɪ'æstɪk) I ZN • geestelijke II BNW
• → **ecclesiastical**
ecclesiastical (ɪkli:zɪ'æstɪkl) BNW kerkelijk
ECG AFK electrocardiogram ECG;
elektrocardiogram
echelon ('eʃəlɒn) ZN • echelon; rang; niveau;
laag • formatie (soldaten/vliegtuigen)
echo ('ekəʊ) I ONOV WW • weerkaatsen
II OV+ONOV WW • weergalmen; resoneren

• weerklank vinden • herhalen III ZN [mv:
echoes] • echo • weerklank
éclair (ɪ'kleə) ZN éclair ⟨roomtaartje met
chocola⟩
éclat ('eɪklɑ:) ZN • éclat • luister • aanzien
eclectic (ɪ'klektɪk) BNW eclectisch; 't beste kiezend
eclipse (ɪ'klɪps) I ZN maans-/zonsverduistering
• verdwijning ★ in eclips op de achtergrond
geraakt; van het toneel verdwenen II OV WW
• verduisteren • overschaduwen
ecological (i:kə'lɒdʒɪkl) BNW ecologisch
ecologist (ɪ'kɒlədʒɪst) ZN • ecoloog
• milieuactivist
ecology (ɪ'kɒlədʒɪ) ZN ecologie
e-commerce ('i: 'kɒmɜ:s) ZN handel via internet
economic (i:kə'nɒmɪk) BNW • economisch
• lonend
economical (i:kə'nɒmɪkl) BNW • spaarzaam
• voordelig ▼ EUF. be ~ with the truth de halve
waarheid vertellen
economics (i:kə'nɒmɪks) ZN MV • economie
• economische aspecten
economist (ɪ'kɒnəmɪst) ZN econoom
economize, G-B economise (ɪ'kɒnəmaɪz) OV WW
bezuinigen (on op)
economy (ɪ'kɒnəmɪ) ZN • economie ⟨V.
land/regio⟩ • (zuinig) beheer; spaarzaamheid
• besparing ★ black ~ zwartgeldcircuit
★ controlled ~ geleide economie ★ (a) false ~
goedkoop is duurkoop ★ be on an ~ drive een
zuinigheidscampagne voeren ★ travel ~ class
reizen tegen laag tarief
economy pack ZN voordeelpak
ecstasy ('ekstəsɪ) ZN • extase • XTC; ecstasy
⟨drug⟩
ecstatic (ɪk'stætɪk) BNW extatisch; verrukt
ecumenical (i:kju:'menɪkl) BNW oecumenisch
eczema ('eksɪmə) ZN eczeem; huiduitslag
ed. AFK • edited uitgegeven • edition uitgave
• editor redacteur
eddy ('edɪ) I ZN • draaikolk II OV+ONOV WW
• (rond)draaien; kolken
edge (edʒ) I ZN • rand; kant • snee; snede
• scherpe kant ★ this knife has no edge dit
mes is bot ▼ on the edge of your seat op het
puntje van je stoel; geboeid ▼ be at the
cutting/leading edge of sth het modernst/best
zijn in iets ▼ be on edge gespannen/ongedurig
zijn ▼ give sb the edge of your tongue iem.
flink op zijn nummer zetten ▼ USA have the
edge on sb vóór liggen op iem. ▼ take the
edge off sth 't ergste wegnemen II OV WW
• omzomen III ONOV WW • zich (langzaam en
voorzichtig) bewegen ★ edge closer to sb
dichter naar iem. toekruipen • ~ **down/upon**
omlaag-/omhoogkruipen ⟨v.prijzen, enz.⟩
edgeways ('edʒweɪz), USA edgewise ('edʒwaɪz)
op z'n kant ▼ not get a word in ~ er geen
woord tussen krijgen
edging ('edʒɪŋ) ZN rand; franje; border
edgy ('edʒɪ) BNW • zenuwachtig • gespannen
• prikkelbaar
edible ('edɪbl) BNW eetbaar ★ it was barely ~ het
was eigenlijk niet te eten
edict ('i:dɪkt) ZN edict; bevelschrift
edifice ('edɪfɪs) ZN FORM. bouwwerk

ed

edify ('edɪfaɪ) OV WW FORM. *stichten; geestelijk verheffen*
edifying (edɪ'faɪɪŋ) BNW *stichtelijk; verheffend*
edit ('edɪt) OV WW • *bewerken* ⟨voor publicatie⟩ • *redactie voeren* • *monteren* ⟨v. film, enz.⟩ • ~ out *schrappen*
edition (ɪ'dɪʃən) ZN • *editie; uitgave* • *oplage* ★ third ~ *3e druk*
editor ('edɪtə) ZN • *redacteur* • *bewerker* • COMP. *tekstverwerker*
editorial (edɪ'tɔ:rɪəl) I ZN • *hoofdartikel* II BNW • *redactioneel*
editorialize, G-B editorialise (edɪ'tɔ:rɪəlaɪz) ONOV WW • *een subjectief verslag geven* • ~ on *kritisch beschouwen* ⟨in hoofdartikel⟩
editorship ('edɪtəʃɪp) ZN • *redacteurschap* • *redactionele bewerking*
EDP AFK Electronic Data Processing *elektronische informatieverwerking*
EDT AFK Eastern Daylight Time *Oostelijke Daglichttijd* ⟨tijdzone in oostelijk USA⟩
educate ('edjʊkeɪt) OV WW • *opleiden; onderwijzen; scholen* • *opvoeden*
education (edjʊ'keɪʃən) ZN *onderwijs; opleiding* ★ continuing ~ *volwassenenonderwijs* ★ denominational ~ *bijzonder onderwijs* ★ further ~ *voortgezet onderwijs* ★ G-B quite an ~ *een interessante ervaring*
educational (edjʊ'keɪʃənl) BNW • *leerzaam* • *onderwijs-*
educationalist (edjʊ'keɪʃənəlɪst), educationist (edjʊ'keɪʃənɪst) ZN *onderwijsdeskundige*
educative ('edjʊkətɪv) BNW *opvoedend*
educator ('edjʊkeɪtə) ZN *opvoeder*
eel (i:l) ZN *paling; aal*
eely ('i:lɪ) BNW *kronkelend*
eerie ('ɪərɪ) BNW • *angstaanjagend* • *luguber*
eff (ef) I ONOV WW • EUF. *vloeken* ★ eff and blind *vloeken en tieren* • EUF. ~ off *opsodemieteren* II TW • EUF. *fuck*
efface (ɪ'feɪs) OV WW *uitwissen* ★ ~ o.s. z. *wegcijferen*
effect (ɪ'fekt) I ZN • *effect* • *gevolg; resultaat* ★ -s [mv] *persoonlijke bezittingen* ★ for ~ *om indruk te maken* ★ ...or words to that ~ *...of woorden van die strekking* ▾ in ~ *van kracht* ▾ (a note) to the ~ that *(een briefje) dat er op neer kwam dat* ▾ to good/etc. ~ *met een goed/enz. resultaat* ▾ to no ~ *tevergeefs* ▾ with ~ from *geldend vanaf* ▾ bring/put into ~ *ten uitvoer brengen* ▾ come into ~ *van kracht worden* ★ take ~ *uitwerking hebben* II OV WW • *bewerkstelligen* • *verwezenlijken* ★ ~ an insurance *een verzekering sluiten*
effective (ɪ'fektɪv) BNW • *effectief; doeltreffend; werkzaam* • *eigenlijk; feitelijk* ★ ~ from April 1st *geldend vanaf 1 april*
effectively (ɪ'fektɪvlɪ) BIJW *feitelijk; eigenlijk; in feite*
effectiveness (ɪ'fektɪvnəs), effectivity (ɪfek'tɪvətɪ) ZN • *doeltreffendheid* • *uitwerking*
effectual (ɪ'fektʃʊəl) BNW • *doeltreffend* • *bindend*
effectuate (ɪ'fektʃʊeɪt) OV WW *bewerkstelligen*
effeminacy (ɪ'femɪnəsɪ) ZN *verwijfdheid*
effeminate (ɪ'femɪnət) BNW *verwijfd*

effervesce (efə'ves) ONOV WW *(op)bruisen; borrelen*
effervescent (efə'vesənt) BNW • *borrelend* • *bruisend*
effete (ɪ'fi:t) BNW • MIN. *verzwakt* • MIN. *slap; verwijfd* ⟨v. man⟩
efficacious (efɪ'keɪʃəs) BNW • *werkzaam* • *probaat* • *kracht(dad)ig*
efficacy ('efɪkəsɪ) ZN • *uitwerking* • *doeltreffendheid* • *kracht*
efficiency (ɪ'fɪʃənsɪ) ZN • *efficiëntie; doelmatigheid* • TECHN. *rendement*
efficient (ɪ'fɪʃənt) BNW • *doeltreffend; doelmatig* • *krachtig* • *bekwaam* • TECHN. *renderend*
effigy ('efɪdʒɪ) ZN *(af)beeld(ing); beeldenaar*
effluent ('efluənt) I ZN • *afvalwater* • *zijtak* • *uitstromend water* II BNW • *uitstromend*
effort ('efət) ZN • *(krachts)inspanning* • *poging* • *prestatie* ★ a joint ~ *een gezamenlijke krachtsinspanning; met vereende krachten* ★ with an ~ *met moeite* ★ make every ~ *alles in het werk stellen*
effortless ('efətləs) BNW *moeiteloos; ongedwongen*
effrontery (ɪ'frʌntərɪ) ZN *onbeschaamdheid*
effusion (ɪ'fju:ʒən) ZN • *uitstroming* • FORM. *ontboezeming*
effusive (ɪ'fju:sɪv) BNW *overdreven; overdadig* ⟨m.b.t. dankbetuiging, enz.⟩
EFTA AFK European Free Trade Association *EVA; Europese Vrijhandelsassociatie*
e.g. AFK exempli gratia *bv.; bijvoorbeeld*
egalitarian (ɪgælɪ'teərɪən) I ZN • *voorstander van gelijkheid* II BNW • *gelijkheids-; gelijkheid voorstaand*
egg (eg) I ZN • *ei* ★ fried egg *spiegelei* ▾ INFORM. have egg on your face *voor schut staan* ▾ put all your eggs in one basket *alles op één kaart zetten* II OV WW • ~ on *aanzetten; ophitsen*
egg cup ('egkʌp) ZN *eierdopje*
egghead ('eghed) ZN INFORM. / HUMOR. *studiehoofd*
eggnog ('egnɒg) ZN *eierpunch; advokaat*
eggplant ('egplɑ:nt) ZN USA *aubergine*
eggshell ('egʃel) ZN • *eierschaal* • *matglanzend* ⟨v. verf⟩ ★ of ~ *china van zeer dun porselein*
ego ('i:gəʊ) ZN • *ego* • *eigenwaarde; trots* • *ik-bewustzijn*
egocentric (i:gəʊ'sentrɪk) BNW *egocentrisch*
egoism ('i:gəʊɪzəm) ZN *egoïsme*
egoist ('i:gəʊɪst) ZN *egoïst*
egoistic (i:gəʊ'ɪstɪk) BNW *egoïstisch*
egotism ('i:gətɪzəm) ZN *egoïsme*
egotist ('egətɪst) ZN *egoïst*
egotistic (egə'tɪstɪk) BNW *egoïstisch*
egregious (ɪ'gri:dʒəs) BNW FORM. *schandelijk; stuitend* ★ ~ errors *koeien van fouten*
egret ('i:grət) ZN *zilverreiger*
Egypt ('i:dʒɪpt) ZN *Egypte*
Egyptian (ɪ'dʒɪpʃən) I ZN • *Egyptenaar* II BNW • *Egyptisch*
Eid (i:d) ZN REL. *islamitisch feest*
eider ('aɪdə), eider duck ZN *eidereend*
eiderdown ('aɪdədaʊn) ZN *(dekbed van) eiderdons*
eight (eɪt) I TELW • *acht* II ZN • *boot voor acht*

roeiers; *roeiploeg van acht* ▾have one over the ~*er eentje te veel op hebben*
eighteen ('eɪ'tiːn) TELW *achttien*
eighteenth (er'tiːnθ) TELW *achttiende*
eighth (ertθ) TELW *achtste*
eightieth ('ertɪəθ) TELW *tachtigste*
eighty ('erti) TELW *tachtig* ★ the eighties *de jaren tachtig*
Eire ('eərə) ZN *Ierland*
either ('aɪðə) I VNW • *allebei* • *één van beide* II VW • either ... or of ... of; *hetzij ... hetzij* III BNW ★ it's an ~or *decision het is of het één of het ander* IV BIJW • *ook* ★ if you don't go, I shan't • *als jij niet gaat, dan ga ik ook niet*
ejaculate (r'dʒækjʊleɪt) OV WW *ejaculeren; een zaadlozing hebben*
ejaculation (ɪdʒækjʊ'leɪʃən) ZN *ejaculatie; zaadlozing*
eject (r'dʒekt) I OV WW • *verdrijven; uitwijzen* • *uitwerpen* II ONOV WW • *per schietstoel verlaten*
ejector seat, ejection seat ZN *schietstoel*
eke (iːk) OV WW ~ **out** *rekken* ★ eke out your livelihood *je met moeite in leven kunnen houden*
elaborate (r'læbərət) I BNW • *nauwgezet* • *met zorg uitgewerkt; uitgebreid* II OV WW (r'læbəreɪt) • *uitwerken* ONOV WW • ~ **on/upon** *uitweiden over; nader bespreken*
elaboration (ɪlæbə'reɪʃən) ZN *verfijnde uitwerking; precisering; detaillering*
élan (er'lɑːn) ZN *elan*
elapse (r'læps) ONOV WW *verstrijken* ⟨v. tijd⟩
elastic (r'læstɪk) I ZN • *elastiek* II BNW • *elastisch; rekbaar* • *elastieken* • *flexibel*
elasticity (iːlæ'stɪsətɪ) ZN *elasticiteit*
elated (r'leɪtɪd) BNW *opgetogen* ★ be ~at/by sth *in de wolken zijn met iets*
elation (r'leɪʃən) ZN *opgetogenheid*
elbow ('elbəʊ) I ZN • *elleboog* ⟨ook v. pijpleiding⟩ ▾up to your ~s *tot over je oren* ▾get/give the ~*de bons krijgen/geven* II OV WW • *(met de ellebogen) dringen/duwen* ★ ~ your way *je een weg banen*
elbow grease ZN INFORM. *zwaar werk* ⟨vooral poets-/schoonmaakwerk⟩ ★ show a bit of ~ *laat je handen eens wapperen*
elbow room ZN *bewegingsruimte; armslag*
elder ('eldə) I BNW • *ouder; oudste* • *wijs en ervaren* II ZN • *oudere; oudste* • PLANTK. *vlier* • *ouderling* ★ my ~s and betters *degenen die ouder en wijzer zijn dan ik*
elderberry ('eldəberɪ) ZN *vlierbes*
elderly ('eldəlɪ) BNW *op leeftijd*
eldest ('eldɪst) BNW *oudste*
elect (r'lekt) I OV WW • *(ver)kiezen* II BNW • *uitverkoren* ★ the President ~*gekozen president* ⟨nog niet in functie⟩
election (r'lekʃən) ZN *verkiezing* ★ run for ~ *meedoen aan de verkiezingen* ★ stand for ~ *verkiesbaar zijn*
electioneering (ɪlekʃə'nɪə) ZN *verkiezingscampagne voeren*
elective (r'lektɪv) I BNW • *gekozen* • *kies-; keuze-* • *met kiesrecht* • *op verzoek* • *facultatief* II ZN • *keuzevak*

elector (r'lektə) ZN • *kiezer*; USA *kiesman* • GESCH. *keurvorst*
electoral college ZN *kiescollege*; USA *college van kiesmannen*
electorate (r'lektərət) ZN *electoraat; de kiezers*
electric (r'lektrɪk) I BNW • *elektrisch* • PSYCH. *opgewonden* II ZN • INFORM. *elektriciteit* • *elektrische trein/auto* ★ ~s [mv] *bedrading*
electrical (r'lektrɪkl) BNW *elektrisch*
electrician (ɪlek'trɪʃən) ZN *elektricien*
electricity (ɪlek'trɪsətɪ) ZN *elektriciteit*
electrify (r'lektrɪfaɪ) OV WW • *elektrificeren* • *onder stroom zetten* • FIG. *opwinden; enthousiast maken*
electrocardiogram (ɪlektrəʊ'kɑːdɪəʊgræm) ZN *electrocardiogram*
electrocute (r'lektrəkjuːt) OV WW *elektrocuteren; terechtstellen op elektrische stoel*
electrocution (ɪlektrə'kjuʃən) ZN *elektrocutie*
electrode (r'lektrəʊd) ZN *elektrode*
electrolyse, USA **electrolyze** (r'lektrəlaɪz) OV WW *elektrolyseren*
electrolysis (ɪlek'trɒləsɪs) ZN *elektrolyse*
electromagnet (ɪlektrəʊ'mægnɪt) ZN *elektromagneet*
electronic (ɪlek'trɒnɪk) BNW *elektronisch* ★ ~ data processing *verwerking v. informatie per computer* ★ ~ tagging *elektronisch volgsysteem* ⟨t.b.v. de politie⟩
electronics (ɪlek'trɒnɪks) ZN MV *elektronica*
electroplate (r'lektrəpleɪt) OV WW *elektrolytisch verchromen/verzilveren*
electroshock therapy ZN *elektroschoktherapie*
elegance ('elɪgəns) ZN *elegantie*
elegant ('elɪgənt) BNW • *sierlijk; smaakvol* • *elegant* • INFORM. *prima*
elegy ('eladʒɪ) ZN *treurdicht/-zang*
element ZN • *element* • *onderdeel* • *(grond)beginsel* ★ the ~s [mv] *de elementen* ⟨het weer⟩
elemental (elɪ'mentl) BNW • *v.d. elementen* • *natuur-* • *essentieel*
elementary (elɪ'mentərɪ) BNW *eenvoudig; elementair* ★ USA ~school *basisschool*
elephant ('elɪfənt) ZN *olifant*
elephantine (elɪ'fæntaɪn) BNW FORM. / HUMOR. *als een olifant; plomp*
elevate ('elɪveɪt) OV WW • *bevorderen* • *opheffen; omhoog houden* • TECHN. *verhogen* • *veredelen; verheffen* ★ ~a gun *een kanon hoger richten*
elevated ('elɪveɪtɪd) BNW • *hoog; verheven* • *verhoogd*
elevation (elɪ'veɪʃən) ZN • *bevordering; promotie* • *hoogte* • ARCH. *aanzicht; gevel* • *verhoging*
elevator ('elɪveɪtə) ZN • USA *lift* • *(graan)silo* • LUCHTV. *hoogteroer*
eleven (r'levən) I TELW • *elf* II ZN • *elftal*
eleven-plus ZN *toelatingsexamen voor voortgezet onderwijs*
elevenses (r'levənzɪz) ZN *thee/koffie met iets erbij* ⟨rond elf uur⟩; *elfuurtje*
eleventh (r'levənθ) TELW *elfde* ▾at the ~hour *te elfder ure*
elf (elf) ZN [mv: **elves**] *aardmannetje; kobold; kabouter*
elfin ('elfɪn) BNW *kabouterachtig*

el

el

elicit (ɪ'lɪsɪt) OV WW *ontlokken*; *loskrijgen* ∗ ~ no response from sb *geen antwoord uit iem. krijgen*

eligible ('elɪdʒəbl) BNW • *verkiesbaar* • *wenselijk* ∗ ~ to vote *met stemrecht* ∗ an ~ young man/woman *een gewilde partij*

eliminate (ɪ'lɪmɪneɪt) OV WW • *elimineren* • *uitschakelen* • *uit de weg ruimen*; *doden* • *uit-/verdrijven*

elimination (ɪlɪmɪ'neɪʃən) ZN • *eliminatie* • *uitschakeling* • *liquidatie*

elite (ɪ'li:t) ZN *elite*

elitist (ɪ'li:tɪst) BNW *elitair*

elixir (ɪ'lɪksɪə) ZN • *toverdrank* • *elixer*; *bitter* ⟨drank⟩

Elizabethan (ɪlɪzə'bi:θn) BNW *elizabethaans* ⟨uit de tijd v. koningin Elizabeth I⟩

elk (elk) ZN • *eland* • USA *wapitihert*

ellipse (ɪ'lɪps) ZN *ellips*; *ovaal*

ellipsis (ɪ'lɪpsɪs) ZN TAALK. *ellips*; *weglating*

elliptic (ɪ'lɪptɪk) BNW *elliptisch*

elliptical (ɪ'lɪptɪkl) BNW • *onvolledig*; *beknopt* • *elliptisch*

elm (elm), **elm tree** ZN *iep* ∗ Dutch elm disease *iepziekte*

elocution (elə'kju:ʃən) ZN *voordracht(skunst)*

elongate ('i:lɒŋeɪt) I OV WW • *(uit)rekken* • *verlengen* II ONOV WW • *langer worden*

elongation (i:lɒŋ'geɪʃən) ZN *verlenging*

elope (ɪ'ləʊp) ONOV WW *(v. huis) weglopen om te trouwen*

elopement (ɪ'ləʊpmənt) ZN *wegloperij om te trouwen*

eloquence ('eləkwəns) ZN *welsprekendheid*

eloquent ('eləkwənt) BNW • *welsprekend*; *welbespraakt* • *veelzeggend*

else (els) BNW • *nog meer* • *anders*

elsewhere ('elsweə) BIJW *elders*; *ergens anders*

ELT AFK English Language Teaching *onderwijs in de Engelse taal*

elucidate (ɪ'lu:sɪdeɪt) OV WW *ophelderen*; *toelichten*

elucidation (ɪlu:sɪ'deɪʃən) ZN *opheldering*; *toelichting*

elude (ɪ'lu:d) OV WW *ontwijken*; *ontgaan* ∗ her name ~s me *ik kan niet op haar naam komen*

elusive (ɪ'lu:sɪv) BNW • *onvindbaar* • *ontwijkend*

elves (elvz) ZN [mv] • → elf

em- (ɪm) VOORV *em-*; *ver-*; *be-*; *in-* ∗ empower *machtigen*

emaciated (ɪ'meɪsɪeɪtɪd) BNW *uitgeteerd*; *uitgemergeld*

email, e-mail ('i:meɪl) I OV WW • *e-mailen* II ZN • *e-mail*

emanate ('eməneɪt) I OV WW • FORM. *uitstralen* II ONOV WW • ~ from *(voort)komen uit*

emancipate (ɪ'mænsɪpeɪt) OV WW • *emanciperen* • *vrij maken*

emancipation (ɪmænsɪ'peɪʃən) ZN • *emancipatie* • *vrijmaking v. slavernij*

emasculate (ɪ'mæskjʊleɪt) OV WW • *ontmannen* • FIG. *ontkrachten*

embalm (ɪm'ba:m) OV WW *balsemen*

embankment (ɪm'bæŋkmənt) ZN • *kade* • *spoordijk* • *opgehoogde weg*

embargo (em'ba:gəʊ) I ZN • *embargo* • *in- of uitvoerverbod* II OV WW • *een embargo leggen op*

embark (ɪm'ba:k) I OV WW • *aan boord nemen*; *inschepen* II ONOV WW • *aan boord gaan*; z. *inschepen* • ~ on/upon z. *begeven/wagen in*

embarkation (emba:'keɪʃən) ZN *inscheping*

embarrass (ɪm'bærəs) OV WW • *in verlegenheid brengen* • *in moeilijkheden brengen*

embarrassing (ɪm'bærəsɪŋ) BNW *lastig*; *pijnlijk*

embarrassment (ɪm'bærəsmənt) ZN *verlegenheid*

embassy ('embəsɪ) ZN *gezantschap*; *ambassade*

embattled (ɪm'bætld) BNW • *in moeilijkheden*; *geplaagd* • *omringd door vijanden*

embed (ɪm'bed) I OV WW • *(vast)leggen*; *insluiten* ∗ be ~ded in *vastzitten in* II ZN • *oorlogscorrespondent* ⟨geattacheerd bij legereenheid in oorlog⟩

embellish (ɪm'belɪʃ) OV WW *verfraaien*; *versieren*

ember ('embə) ZN *gloeiend kooltje* ∗ ~s [mv] *sintels*

embezzle (ɪm'bezəl) OV WW *verduisteren* ⟨v. geld⟩

embitter (ɪm'bɪtə) OV WW *verbitteren*

emblazon (ɪm'bleɪzən) OV WW *versieren*

emblem ('embləm) ZN • *embleem* • *symbool*

emblematic (emblə'mætɪk) BNW *symbolisch* ∗ be ~ of *symboliseren*

embodiment (ɪm'bɒdɪmənt) ZN *belichaming*

embody (ɪm'bɒdɪ) OV WW • *belichamen* • *vorm geven* • *uitdrukken* • *omvatten*

embolden (ɪm'bəʊldn) OV WW • *aanmoedigen* • DRUKK. *vet maken*

embolism ('embəlɪzəm) ZN MED. *embolie*

embolus ('embələs) ZN MED. *bloedprop*

emboss (ɪm'bɒs) OV WW • *reliëfversiering maken* • *drijven* ⟨v. metaal⟩

embrace (ɪm'breɪs) I OV WW • *(elkaar) omhelzen* • *omvatten*; *omarmen*; OOK FIG. ∗ ~ an opportunity *een gelegenheid aangrijpen* ∗ ~ a party *zich aansluiten bij een partij* II ZN • *omhelzing*

embroider (ɪm'brɔɪdə) OV WW • *borduren* • *opsmukken*; *versieren* ⟨v. verhaal⟩

embroidery (ɪm'brɔɪdərɪ) ZN *borduurwerk*

embroil (ɪm'brɔɪl) OV WW *verwikkelen*

embroilment (ɪm'brɔɪlmənt) ZN *twist*

embryo ('embrɪəʊ) ZN *embryo*; *kiem* ▾ in ~ *in embryonale toestand*

embryology (embrɪ'ɒlədʒɪ) ZN *embryologie*

embryonic (embrɪ'ɒnɪk) BNW *nog niet ontwikkeld*

emcee (em'si:) ZN VS, INFORM. *ceremoniemeester*; *programmaleider*

emend (ɪ'mend) OV WW FORM. *verbeteren*

emendation (i:men'deɪʃən) ZN • *verbetering*; *correctie* ⟨in tekst⟩ • *het verbeteren* ⟨v. tekst⟩

emerald ('emərəld) I ZN • *smaragd* II BNW • *smaragden* • *smaragdgroen* ∗ the Emerald Isle *Ierland*

emerge (ɪ'mɜ:dʒ) ONOV WW • *(naar) boven komen* • *naar buiten/tevoorschijn komen* • z. *vertonen* • z. *voordoen* • *blijken*

emergence (ɪ'mɜ:dʒəns) ZN • *opkomst*; *het verschijnen* • *het bovenkomen*

emergency (ɪ'mɜ:dʒənsɪ) ZN • *onverwachte/ onvoorziene gebeurtenis* • *nood(toestand)* ∗ in

an ~ *in geval van nood* ★ a state of ~ *noodtoestand* ★ ~ meeting *spoedvergadering*
emergency number ZN *alarmnummer*
emergency room ZN USA *eerstehulpafdeling*
emergency service ZN *hulpdienst* ⟨politie, brandweer of ambulance⟩
emergent (ɪ'mɜːdʒənt), **emerging** (ɪ'mɜːdʒɪŋ) BNW • *verschijnend* • *opkomend*; z. *ontwikkelend*
emeritus (ɪ'merɪtəs) BNW *rustend*
emery board ZN *nagelvijl* ⟨met laagje amaril⟩
emetic (ɪ'metɪk) I ZN • MED. *braakmiddel* II BNW • *braakwekkend*
EMF AFK • European Monetary Fund *EMF*; *Europees Monetair Fonds* • electromotive force *elektromotorische kracht*
emigrant ('emɪɡrənt) ZN *emigrant*
emigrant bird ZN *trekvogel*
emigrate ('emɪɡreɪt) ONOV WW *emigreren*
emigration (emɪ'ɡreɪʃən) ZN *emigratie*
emigré ('emɪɡreɪ) ZN *politiek vluchteling*
eminence ('emɪnəns) ZN • *hoge positie* • *eminentie* • LIT. *heuvel*
eminent ('emɪnənt) BNW *eminent*; *verheven*; *uitstekend*
eminently ('emɪnəntlɪ) BIJW • *in hoge mate* • *bij uitstek*
emirate ('emɪərət/'emərət) ZN *emiraat*
emissary ('emɪsərɪ) ZN *gezant*
emission (ɪ'mɪʃən) ZN • *afgifte*; *uitstraling* • *uitlaatgas* ⟨v. auto⟩ • *ejaculatie*; *zaadlozing* • *uiting* • *emissie*; *uitstoot* ⟨v. schadelijke gassen enz.⟩ • ECON. *uitgifte* ⟨v. aandelen⟩ • *uitlaatgas*
emit (ɪ'mɪt) OV WW • *uiten* • *uitzenden* ⟨v. geluid, licht enz.⟩ • *uitstoten* ⟨v. schadelijke stoffen⟩ • ECON. *uitgeven* ⟨v. aandelen⟩
emollient (ɪ'mɒlɪənt) I BIJW • *verzachtend* ★ an ~ reply *een sussend antwoord* II ZN • *verzachtend middel*
emoticon (ɪ'məʊtɪkɒn) ZN COMP. *emoticon*
emotion (ɪ'məʊʃən) ZN *emotie*; *ontroering* ★ ~s are running high *de emoties lopen hoog op*
emotional (ɪ'məʊʃənl) BNW • *emotioneel*; *ontroerend* • *gevoels-* • *ontroerd*; *geroerd*
emotive (ɪ'məʊtɪv) BNW *(ont)roerend*
empanel (ɪm'pænl) OV WW • → **impanel**
empathize, G-B **empathise** ('empəθaɪz) ONOV WW • *meeleven (**with** met)* • *zich inleven (in)*
empathy ('empəθɪ) ZN *empathie*; *het zich inleven*
emperor ('empərə) ZN *keizer*
emphasis ('emfəsɪs) ZN [mv: **emphases**] • *accent* • *nadruk* ★ shift of ~ *accentverschuiving* ★ with an ~ on *met de nadruk op*
emphasize, G-B **emphasise** ('emfəsaɪz) OV WW *nadruk leggen op*
emphatic (ɪm'fætɪk) BNW *nadrukkelijk* ★ an ~ victory *een overduidelijke overwinning*
emphysema (emfɪ'siːmə) ZN MED. *emfyseem*
empire ('empaɪə) ZN *imperium*; *keizerrijk* ★ ~ building *machtsuitbreiding*
empirical (em'pɪrɪkl), **empiric** (em'pɪrɪk) BNW *empirisch*
empiricism (ɪm'pɪrɪsɪzəm) ZN FILOS. *empirisme*
employ (ɪm'plɔɪ) I OV WW • *in dienst hebben*

• FORM. *gebruiken* ▾ be ~ed in *bezig zijn met* II ZN ▾ be in the ~ of *in dienst zijn van*
employable (ɪm'plɔɪəbl) BNW *bruikbaar*; *inzetbaar*
employee (emplɔɪ'iː) ZN *werknemer*
employer (ɪm'plɔɪə) ZN *werkgever*
employment (ɪm'plɔɪmənt) ZN • *werk*; *beroep* • *werkgelegenheid* • *tewerkstelling*
employment agency ZN *uitzendbureau*
employment office ZN *arbeidsbureau*
employment package ZN *arbeidsvoorwaarden*
emporium (em'pɔːrɪəm) ZN *grootwinkelbedrijf*; *warenhuis*
empower (ɪm'paʊə) OV WW • *machtigen* • *in staat stellen* • *zelfvertrouwen geven*
empress ('emprɪs) ZN *keizerin*
empties ZN MV *lege flessen/glazen*
emptiness ('emptɪnəs) ZN *leegheid*; *leegte*
empty ('emptɪ) I BNW • *leeg* • *nietszeggend* II OV WW • *leeg maken*; *legen* III ONOV WW • *leeg raken*
empty-handed BNW *met lege handen*
empty-headed BNW *leeghoofdig*; *dom*; *onnozel*
emu ('iːmjuː) ZN *emoe*
emulate ('emjʊleɪt) OV WW • FORM. *proberen te evenaren/overtreffen* • COMP. *emuleren*
emulation ('emjʊ'leɪʃən) ZN • *wedijver* • *rivaliteit*
emulsify (ɪ'mʌlsɪfaɪ) OV WW *emulgeren*
emulsion (ɪ'mʌlʃən) ZN • *emulsie* • *emulsieverf*
enable (ɪ'neɪbl) OV WW • *in staat stellen* • *machtigen*
enabling act ZN *machtigingswet*
enact (ɪ'nækt) OV WW • *tot wet verheffen* • *spelen* ⟨v. rol⟩ • *bepalen* ★ be ~ed *z. afspelen*
enactment (ɪ'næktmənt) ZN • *wet(geving)* • *verheffing tot wet* • *bepaling*; *verordening* • TON. *vertolking* ⟨v. rol⟩
enamel (ɪ'næml) I ZN • *vernis* • *email* • *lak* • *(tand)glazuur* II OV WW • *vernissen*; *emailleren*; *lakken*
enamoured, USA **enamored** (ɪ'næməd) BNW *verliefd*; *gecharmeerd* ★ ~ of/with *verliefd/dol op* ★ not ~ with *niet (zo) gelukkig zijn met*
en bloc BIJW *en bloc*; *in zijn geheel*
encamp (ɪn'kæmp) ONOV WW • *(zich) legeren* • *kamperen*
encampment (ɪn'kæmpmənt) ZN *kamp(ement)*
encapsulate (ɪn'kæpsjuleɪt) ONOV WW FORM. z. *inkapselen*
encase (ɪn'keɪs) OV WW *omhullen*; *omsluiten*
encash (ɪn'kæʃ) OV WW *inwisselen* ⟨v. cheque, enz.⟩
encaustic (ɪn'kɔːstɪk) I ZN • *brandschilderwerk* II BNW • *ingebrand*
encephalitis (ensefə'laɪtəs/enkefə'laɪtɪs) ZN *hersenontsteking*
enchant (ɪn'tʃɑːnt) OV WW • *betoveren* • *verrukken*
enchanter (ɪn'tʃɑːntə) ZN *tovenaar*
enchanting (ɪn'tʃɑːntɪŋ) BNW *aantrekkelijk*; *verrukkelijk*; *charmant*; *betoverend*
enchantment (ɪn'tʃɑːntmənt) ZN • FORM. *bekoring* • *betovering*
enchantress (ɪn'tʃɑːntrəs) ZN • *tovenares* • *betoverende vrouw*
enchilada (entʃɪ'lɑːdə) ZN CUL. *enchilada* ★ IRON.

en

big ~ *hoge pief* ▾the whole ~ *de hele mikmak*
encircle (ɪn'sɜ:kl) OV WW *omringen; insluiten; omsingelen*
encl. AFK enclosed *ingesloten* ⟨in zakenbrief⟩
enclose (ɪn'kləʊz) OV WW • *omgeven; omheinen* • *insluiten* ⟨bij brief⟩ ★ please find ~d *ingesloten vindt u*
enclosure (ɪn'kləʊʒə) ZN • *omheind gebied; eigen terrein* • *bijlage*
encode (ɪn'kəʊd) OV WW *coderen*
encompass (ɪn'kʌmpəs) OV WW • *insluiten* • *omgeven* • *omvatten*
encore ('ɒŋkɔ:) I ZN • *toegift* II TW • *bis*
encounter (ɪn'kaʊntə) I OV WW • *geconfronteerd worden met* • *(onverwachts) ontmoeten; treffen* II ONOV WW • *elkaar ontmoeten* III ZN • *confrontatie* • *ontmoeting* ★ your first sexual ~ *je eerste seksuele ervaring*
encourage (ɪn'kʌrɪdʒ) OV WW • *aanmoedigen; stimuleren* • *bemoedigen*
encouragement (ɪn'kʌrɪdʒmənt) ZN *aanmoediging*
encroach (ɪn'krəʊtʃ) ONOV WW • *opdringen; oprukken* • ~ (up)on *inbreuk maken op*
encroachment (ɪn'krəʊtʃmənt) ZN • *aantasting* • *overschrijding*
encrust (ɪn'krʌst) OV WW *(met een korst) bedekken* ★ ~ed with diamonds *bezet met diamanten*
encumber (ɪn'kʌmbə) OV WW • *belemmeren; hinderen* • ADMIN. *belasten* ★ ~ed with a sick mother *belast met de zorg voor een zieke moeder*
encumbrance (ɪn'kʌmbrəns) ZN • FORM. *last; hindernis* • *hypotheek*
encyclopaedist, encyclopedist (ensaɪklə'pi:dɪst) ZN *encyclopedist*
encyclopedia, encyclopaedia (ensaɪklə'pi:dɪə) ZN *encyclopedie*
encyclopedic, encyclopaedic (ensaɪklə'pi:dɪk) BNW *encyclopedisch*
end (end) I ZN • *eind(je)* • *doel* • SPORT *helft* ⟨v. speelveld⟩ ★ an untimely end *een (te) vroege dood* ★ with this end in view *met dit doel voor ogen* ★ it was finally at an end *het was eindelijk voorbij* ★ for that end *te dien einde* ★ from end to end *van het begin tot het eind; helemaal* ★ weeks on end *wekenlang* ▾INFORM. end of story *einde verhaal* ▾an end in itself *een doel op zichzelf* ▾the end justifies the means *het doel heiligt de middelen* ▾end to end *in de lengte achter elkaar* ▾INFORM. no end *heel veel; erg* ▾no end of sth *iets tofs/geweldigs* ▾at the end of the day *tenslotte; als puntje bij paaltje komt* ▾at the end of your tether/USA rope *aan het einde van je krachten; ten einde raad* ▾in the end *tenslotte; op den duur* ▾on end *rechtop/overeind; zonder onderbreking* ▾to no end *tevergeefs* ▾come to a bad/sticky end *slecht aflopen; er slecht afkomen* ▾PLAT get/have your end away *seks hebben* ▾keep your end up *je handhaven/kranig weren* ▾make both ends meet *de eindjes aan elkaar knopen; rondkomen* ▾reach the end of the line/road *in het laatste stadium komen; het*

breekpunt bereiken ▾West End *westelijke wijk* ⟨v. Londen⟩ II OV WW • *beëindigen* • *een eind maken aan* ★ INFORM. a party to end all parties *een feest zoals je nog nooit meegemaakt hebt* ▾end it all *zelfmoord plegen* III ONOV WW • *eindigen* • ~ up *belanden; eindigen (in); uitlopen op*
endanger (ɪn'deɪndʒə) OV WW *in gevaar brengen* ★ an ~ed species *een bedreigde diersoort*
endear (ɪn'dɪə) OV WW *geliefd maken*
endearing (ɪn'dɪərɪŋ) BNW *schattig; vertederend*
endearment (ɪn'dɪəmənt) ZN *liefkozing* ★ terms of ~ *liefkozende woorden; koosnaampjes*
endeavour, USA **endeavor** (ɪn'devə) I ZN • *poging* II ONOV WW • *proberen*
endemic (en'demɪk) BNW *inheems; plaatsgebonden*
ending ('endɪŋ) ZN • *einde* • *het beëindigen* • TAALK. *uitgang*
endive ('endaɪv) ZN • *andijvie* • USA *witlof*
endless ('endləs) BNW *eindeloos*
endocrinology (endəʊkrɪ'nɒlədʒɪ) ZN *hormonenleer*
endorse (ɪn'dɔ:s) OV WW • *publiekelijk steun betuigen* • *aanbevelen* ⟨in reclameboodschap⟩ • *endosseren; handtekening zetten op achterkant* ⟨v. cheque⟩ ★ ~ a (driver's) licence *achterop rijbewijs overtreding vermelden*
endorsement (ɪn'dɔ:smənt) ZN • *steunbetuiging* • *aanbeveling v. produkt* ⟨in reclameboodschap⟩ • *vermelding v. overtreding* ⟨op rijbewijs⟩
endow (ɪn'daʊ) OV WW • *schenken* • *subsidiëren* • *toekennen* • ~ with *geven aan;* FORM. *belasten met* ★ be ~ed with *begiftigd zijn met* ★ very well ~ed *groot geschapen* ⟨borsten/penis⟩
endowment (ɪn'daʊmənt) ZN • *talent* • *gift*
endowment insurance, endowment policy ZN *kapitaalverzekering*
endowment mortgage ZN *leven-/spaarhypotheek*
endurance (ɪn'djʊərəns) ZN • *lijdzaamheid; geduld* • *uithoudingsvermogen* • *duurzaamheid* ★ beyond ~ *onverdraaglijk*
endure (ɪn'djʊə) I OV WW • *verdragen; uithouden* II ONOV WW • *(voort)duren; in stand blijven*
enduring (ɪn'djʊərɪŋ) BNW *blijvend*
end-user ZN COMP. *ge-/verbruiker*
end zone ZN *eindzone* ⟨bij American football⟩
enema ('enɪmə) ZN *klysma; darmspoeling*
enemy ('enəmɪ) I ZN • *vijand* II BNW • *vijandelijk*
energetic (enə'dʒetɪk) BNW • *energiek* • *krachtig*
energize, G-B **energise** ('enədʒaɪz) OV WW • *enthousiasmeren* • *activeren; meer kracht/energie geven* • TECHN. *voorzien van energie; energie toevoeren*
energy ('enədʒɪ) ZN *energie; werkkracht* ★ speak with ~ *met nadruk spreken*
enervate ('enəveɪt) OV WW FORM. *ontkrachten; verzwakken*
enfeeble (ɪn'fi:bl) OV WW *zwak maken*
enforce (ɪn'fɔ:s) OV WW • *(streng) handhaven* • ~ (on) *(af)dwingen (tot)*

enforceable (ɪn'fɔ:səbl) BNW *af te dwingen*

enforcement (ɪn'fɔ:smənt) ZN • *handhaving*
• *dwang*

enfranchise (ɪn'fræntʃaɪz) OV WW FORM.
kies-/stemrecht verlenen

engage (ɪn'geɪdʒ) I OV WW • FORM. *vasthouden*
⟨v. aandacht, enz.⟩ • FORM. *in dienst nemen*
• z. *bezighouden/inlaten (with met);
deelnemen (in aan)* • TECHN. *koppelen;
inschakelen* ∗ ~ sb's attention *iemands
aandacht voor zich opeisen* II ONOV WW • *(z.)
verbinden* • z. *verloven* • *slaags raken; de strijd
aanbinden* • ~ in *deelnemen aan; z. begeven in*
• ~ (up)on z. *bezig gaan houden met*

engaged BNW • *verloofd* • G-B *bezet; in gesprek*
⟨v. telefoon⟩ ∗ be ~ in/on *bezig zijn met*

engagement (ɪn'geɪdʒmənt) ZN • *verloving*
• *afspraak* • MIL. *gevecht* • FORM. *betrokkenheid
(with bij)* • *dienstbetrekking* ∗ without ~
vrijblijvend

engaging (ɪn'geɪdʒɪŋ) BNW *innemend; charmant*

engender (ɪn'dʒendə) OV WW *teweegbrengen*

engine ('endʒɪn) ZN • *motor; machine*
• *locomotief* ∗ a twin-~d plane *tweemotorig
vliegtuig*

engine driver ZN *machinist*

engineer (endʒɪ'nɪə) I ZN • *ingenieur* • *technicus*
• SCHEEPV. *machinist* • LUCHTV.
boordwerktuigkundige • USA *treinmachinist*
• *geniesoldaat* • *aanstichter* II OV WW • *vaak
MIN. beramen; bekokstoven* • *bouwen*
• *manipuleren*

engineering (endʒɪ'nɪərɪŋ) ZN
• *(machine)bouwkunde* • *techniek* • *technische
wetenschappen* • *manipulatie* • *bouw;
constructie* ∗ chemical ~ *chemische technologie*

English ('ɪŋglɪʃ) I ZN • TAALK. *Engels* ∗ OUD. the
King's/Queen's ~ *algemeen beschaafd Engels*
∗ in plain ~ *in klare taal* ∗ the ~[mv] *de
Engelsen* II BNW • *Engels*

Englishman ('ɪŋglɪʃmən) ZN *Engelsman* ▾ an ~'s
home is his castle ≈ *oost west, thuis best*

English-speaking BNW *Engelstalig*

Englishwoman ('ɪŋglɪʃwʊmən) ZN *Engelse*

engraft (ɪn'grɑ:ft) OV WW • → *graft*

engrave (ɪn'greɪv) OV WW *graveren* ▾ be ~d
on/in your heart/memory *onuitwisbaar in het
geheugen gegrift staan*

engraver (ɪn'greɪvə) ZN *graveur*

engraving (ɪn'greɪvɪŋ) ZN • *gravure* • *graveren*

engross (ɪn'grəʊs) OV WW *voor zich opeisen;
geheel in beslag nemen* ∗ ~ed in a book
verdiept in een boek

engrossing (en'grəʊsɪŋ) BNW *boeiend; uitermate
interessant*

engulf (ɪn'gʌlf) OV WW • *overspoelen*
• *verzwelgen* ∗ ~ed by fear *overmand door
angst*

enhance (ɪn'hɑ:ns) OV WW *vergroten; verhogen;
versterken; verbeteren*

enhancer (ɪn'hɑ:nsə) ZN *versterkend(e)
stof/middel*

enigma (ɪ'nɪgmə) ZN *raadsel*

enigmatic (enɪg'mætɪk) BNW *raadselachtig*

enjoin (ɪn'dʒɔɪn) OV WW • *voorschrijven; bevelen*
• JUR. *verbieden*

enjoy (ɪn'dʒɔɪ) I OV WW • *genieten (van)* ∗ ~
good health *een goede gezondheid genieten*
∗ INFORM. ~! *geniet ervan!* II WKD WW z.
vermaken/amuseren

enjoyable (ɪn'dʒɔɪəbl) BNW *prettig*

enjoyment (ɪn'dʒɔɪmənt) ZN • *plezier*
• *genoegen*

enlarge (ɪn'lɑ:dʒ) I OV WW • *vergroten;
verruimen* II ONOV WW • *groter worden*
• ~ (up)on *uitweiden over; dieper ingaan op*

enlargement (ɪn'lɑ:dʒmənt) ZN • *vergroting*
• *uitbreiding*

enlighten (ɪn'laɪtn) OV WW *informeren; inlichten*

enlightened (ɪn'laɪtnd) BNW *verlicht*

enlightenment (ɪn'laɪtnmənt) ZN • *opheldering;
verduidelijking* • *verlichting* ∗ the
Enlightenment *de verlichting* ⟨periode⟩

enlist (ɪn'lɪst) I OV WW • *inroepen* ⟨v. hulp⟩ • MIL.
rekruteren; werven II ONOV WW • *dienst nemen*

enlisted man/woman ZN USA *gewoon soldaat*

enlistment (ɪn'lɪstmənt) ZN • *het inroepen* ⟨v.
hulp⟩ • MIL. *diensttijd*

enliven (ɪn'laɪvən) OV WW *verlevendigen;
opvrolijken*

enmesh (ɪn'meʃ) OV WW *verwarren* ∗ be ~ed in
verstrikt zijn in

enmity ('enmətɪ) ZN *vijandschap*

ennoble (ɪ'nəʊbl) OV WW • *adelen; veredelen* • *in
de adelstand verheffen* • *verheffen; grotere
waardigheid geven*

enormity (ɪ'nɔ:mətɪ) ZN • *enormiteit; enorme
omvang; grote domheid* • *gruweldaad*

enormous (ɪ'nɔ:məs) BNW *enorm; kolossaal*

enough (ɪ'nʌf) BNW + BIJW *genoeg* ∗ nowhere
near ~ *bij lange na niet genoeg* ▾ ~ is ~ *genoeg
is genoeg* ▾ ~ said *genoeg daarover* ▾ I have
had ~ (of it) *ik heb er genoeg van*

enquire (ɪn'kwaɪə) I ONOV WW • FORM.
navragen; informeren II WW • ~ about/after
[ov] *informeren naar; onderzoeken* • ~ into
[onov] *een onderzoek instellen*

enquiry (ɪn'kwaɪərɪ) ZN • *(officieel) onderzoek*
• *(aan-/na-)vraag* ∗ 't vragen ∗ help the police
with their inquiries *ondervraagd worden door
de politie* ∗ make enquiries *inlichtingen
inwinnen*

enrage (ɪn'reɪdʒ) OV WW *woedend maken*

enrapture (ɪn'ræptʃə) OV WW *in verrukking
brengen*

enrich (ɪn'rɪtʃ) OV WW *rijk(er) maken; verrijken*

enrichment plant ZN
(uranium)verrijkingsfabriek

enrol, USA **enroll** (ɪn'rəʊl) I ONOV WW • z. *(laten)
inschrijven* II OV WW • *inschrijven; opnemen*

enrolment, USA **enrollment** (ɪn'rəʊlmənt) ZN
• *inschrijving* • USA *aantal inschrijvingen*

ensconce (ɪn'skɒns) I OV WW ∗ be ~d in *veilig
verstopt in* II WKD WW • z. *(behaaglijk) nestelen*

ensemble (ɒn'sɒmbl) ZN *ensemble; groep*

enshrine (ɪn'ʃraɪn) OV WW • FORM. *vastleggen;
(als kostbaar goed) bewaren* • *in-/omsluiten*

enshroud (ɪn'ʃraʊd) OV WW *(om)hullen*

ensign ('ensaɪn) ZN • *vlag; vaandel* • USA
luitenant-ter-zee derde klasse • *vaandrig; kornet*
∗ red ~ *Britse koopvaardijvlag* ∗ white ~ *Britse
marinevlag*

en

en

enslave (ɪn'sleɪv) OV WW • *(doen) verslaven* • *tot slaaf maken*

enslavement (ɪn'sleɪvmənt) ZN *slavernij*

ensnare (ɪn'sneə) OV WW *verstrikken*

ensue (ɪn'sju:) ONOV WW *volgen*; *resulteren*

en suite (ɒn 'swi:t) BNW ★ an ~ bathroom/a bathroom ~ *een eigen (wc en) badkamer*

ensure (ɪn'ʃɔ:) OV WW • *verzekeren* • *je verzekeren/vergewissen (van)* ★ ~ against burglary *tegen inbraak beveiligen*

ENT AFK ear, nose and throat *KNO*; *keel-, neus- en oor-*

entail (ɪn'teɪl) OV WW • *tot gevolg hebben*; *met zich meebrengen* • *tot onvervreemdbaar erfgoed maken*

entangle (ɪn'tæŋgl) OV WW *verwikkelen* ★ be ~d in/with *verstrikt/verward zitten in*

entanglement (ɪn'tæŋglmənt) ZN • *ingewikkelde relatie* • *het verstrikt raken* ★ MIL. ~s [mv] *(prikkel)draadversperring*

enter ('entə) I ONOV WW • *binnengaan* • *lid worden*; z. *opgeven* • TON.; *opkomen* II OV WW • *binnengaan/-komen*; *binnendringen* • *toelaten* ⟨als lid⟩ • *beginnen* ⟨een activiteit⟩ • z.*inschrijven* ⟨voor examen, wedstrijd, enz.⟩ • *invullen*; *invoeren* ⟨COMP. ⟩ • FORM. *(officieel) verklaren* • *boeken* ★ it never ~ed my head *het kwam nooit in mij op* ★ ~ Parliament *parlementslid worden* ★ ~ politics *de politiek ingaan* ★ ~ a protest *een protest indienen* ★ ~ a vote *een stem uitbrengen* III WW • [onov] ~ for z. *opgeven voor* ⟨wedstrijd, examen, enz.⟩ • [ov] ~ for *toelaten tot* • [onov] ~ into *erbij komen*; *een rol gaan spelen* ★ ~ into sb's feelings *met iem. meevoelen* • [ov] ~ into *aangaan* ⟨v. contract, enz.⟩ • *aanknopen*; *beginnen* • FORM. [onov] ~ (up)on *aanvaarden*; *beginnen met*

enteritis (entə'raɪtɪs) ZN *darmontsteking*

enterprise ('entəpraɪz) ZN • *onderneming* • *ondernemingsgeest* • *initiatief* ★ a man of ~ *een man met ondernemingszin/durf*

enterprising ('entəpraɪzɪŋ) BNW *ondernemend*

entertain (entə'teɪn) OV WW • *gastvrij onthalen/ontvangen* • *onderhouden*; *aangenaam bezig houden*; *vermaken* ★ ~ hopes *hoop koesteren* ★ ~ a doubt *twijfels hebben*

entertainer (entə'teɪnə) ZN *conferencier*; *kleinkunstenaar*

entertaining (entə'teɪnɪŋ) BNW *amusant*; *onderhoudend*

entertainment (entə'teɪnmənt) ZN *amusement*

enthral, USA **enthrall** (ɪn'θrɔ:l) OV WW *boeien*; *betoveren*

enthrone (ɪn'θrəʊn) OV WW • *kronen*; *wijden* ⟨v. bisschop⟩ • *eren*

enthronement (ɪn'θrəʊnmənt) ZN *kroning*; *wijding*

enthuse (ɪn'θju:z) I OV WW • *enthousiast maken* II ONOV WW • *enthousiast zijn*; *dwepen*

enthusiasm (ɪn'θju:zɪæzəm) ZN *enthousiasme*; *geestdrift*

enthusiast (ɪn'θju:zɪæst) ZN *enthousiasteling*; *geestdriftig bewonderaar*

enthusiastic (ɪnθju:zɪ'æstɪk) BNW *enthousiast*

entice (ɪn'taɪs) OV WW *(aan-/ver)lokken*; *verleiden*

enticement (ɪn'taɪsmənt) ZN • *lokmiddel* • *verlokking*; *verleiding*

enticing (ɪn'taɪsɪŋ) BNW *verleidelijk*; *verlokkelijk*

entire (ɪn'taɪə) BNW • *(ge)heel* • *compleet*

entirely (ɪn'taɪəli) BIJW *helemaal*; *totaal*

entirety (ɪn'taɪərəti) ZN *geheel* ▼ in its ~ *in z'n geheel*

entitle (ɪn'taɪtl) OV WW *betitelen* ★ be ~d to *recht hebben op*; *recht geven op*

entitlement (ɪn'taɪtlmənt) ZN • *recht (to op)* • *betiteling* • USA *uitkering*

entity ('entəti) ZN • *entiteit*; *eenheid* • *het wezen/bestaan*

entomb (ɪn'tu:m) OV WW *begraven*; *bijzetten* ⟨in grafkelder⟩

entombment (ɪn'tu:mmənt) ZN *begrafenis*; *bijzetting* ⟨in grafkelder⟩

entomologist (entə'mɒlədʒɪst) ZN *insectenkundige*

entomology (entə'mɒlədʒɪ) ZN *insectenleer*

entourage (ɒntʊə'rɑ:ʒ) ZN • *gevolg*; *begeleiding* • *omgeving*

entrails ('entreɪlz) ZN MV *ingewanden*; *binnenste*

entrance ('entrəns) I ZN • *ingang*; *toegang* • *intocht*; *binnenkomst* • *entree* • *(ambts)aanvaarding* ★ make your ~ *binnen-/opkomen* II OV WW (ɪn'trɑ:ns) *in trance brengen*

entrance exam ZN *toelatingsexamen*

entrance fee ZN *entreegeld*

entrant ('entrənt) ZN • *nieuweling* • *deelnemer*; *inschrijver*

entrap (ɪn'træp) OV WW • *vangen* ⟨in val⟩ • *in de val laten lopen*

entreat (ɪn'tri:t) OV WW FORM. *smeken*; *bidden*

entreaty (ɪn'tri:tɪ) ZN *smeekbede*

entrée ('ɒntreɪ) ZN • CUL. *hoofdgerecht*; *voorgerecht* • *entree*

entrench (ɪn'trentʃ) ONOV WW • *stevig verankeren* • MIL. *verschansen* ★ sexism is deeply ~ed here *seksisme is hier diepgeworteld*

entrenchment (ɪn'trentʃmənt) ZN *verschansing*

entrepôt ('ɒntrəpəʊ) ZN *entrepot*; *goederenopslagplaats*

entrepreneur (ɒntrəprə'nɜ:) ZN *ondernemer*

entrepreneurship (ɒntrəprə'nɜ:ʃɪp) ZN *ondernemerschap*

entrust (ɪn'trʌst) OV WW *toevertrouwen* ★ ~ sb with sth *iem. iets toevertrouwen* ★ ~ sth to sb *iem. iets toevertrouwen*

entry ('entrɪ) ZN • *(binnen)komst* • *intocht* • *ingang* • *inzending* ⟨v. wedstrijd⟩ • *boeking* • *inschrijving*; *aantal inschrijvingen* • *post* ⟨in boekhouding⟩; *intekening*; *notitie* ⟨in dagboek⟩ • *invoering* ⟨v. gegevens⟩ ★ by double/single ~ *dubbel/enkel* ⟨bij boekhouden⟩

entwine (ɪn'twaɪn) OV WW *ineenvlechten*; *ineenstrengelen*

enumerate (ɪ'nju:məreɪt) OV WW *opnoemen*; *opsommen*

enunciate (ɪ'nʌnsɪeɪt) OV WW • *(duidelijk) uitspreken* • *uiteenzetten*; *formuleren*

envelop (ɪn'veləp) OV WW • *(in-/om-)hullen* • *omgeven*

envelope ('envələʊp) ZN *enveloppe*

enviable ('envɪəbl) BNW *benijdenswaardig*

envious ('envɪəs) BNW *afgunstig* ★ ~ of *jaloers op*

environment (ɪn'vaɪərənmənt) ZN • *omgeving* • *milieu*

environmental (ɪnvaɪərən'mentl) BNW *milieu-* ★ ~ly friendly *milieuvriendelijk*

environmentalist (ɪnvaɪərən'mentəlɪst) ZN • *milieudeskundige* • *milieuactivist*

environs (ɪn'vaɪərənz) ZN MV • *omstreken* • *omgeving*

envisage (ɪn'vɪzɪdʒ) OV WW • *beschouwen* • *voorzien; zich voorstellen*

envoy ('envɔɪ) ZN *(af)gezant*

envy ('envɪ) I ZN • *(voorwerp van) afgunst* ★ this is the envy of my friends *al mijn vrienden zijn hier jaloers op* II OV WW • *benijden; jaloers zijn*

enwrap (ɪn'ræp) OV WW *omwikkelen*

enzyme ('enzaɪm) ZN *enzym*

eon ('i:ən) ZN • → aeon

ephemeral (ɪ'femərəl) BNW *vluchtig; kortstondig*

epic ('epɪk) I ZN • *episch gedicht; epos* • *(meestal lange historische) actiefilm* • HUMOR. *lang en moeilijk karwei* II BNW • *episch* • *lang en moeizaam* • *indrukwekkend*

epicentre, USA epicenter ('epɪsentə) ZN *epicentrum*

epicure ('epɪkjʊə) ZN *gastronoom; lekkerbek*

epidemic (epɪ'demɪk) I ZN • *epidemie* II BNW • *epidemisch*

epidermis (epɪ'dɜːmɪs) ZN *opperhuid*

epidural (epɪ'djʊərəl) ZN MED. *ruggenprik*

epiglottis (epɪ'glɒtɪs) ZN ANAT. *strotklep*

epigram ('epɪgræm) ZN *puntdicht*

epigraph (epɪ'grɑːf) ZN • *epigraaf* • *opschrift; motto*

epilepsy ('epɪlepsɪ) ZN *epilepsie; vallende ziekte*

epileptic (epɪ'leptɪk) I ZN • *epilepsiepatiënt* II BNW • *epileptisch*

epilogue ('epɪlɒg) ZN *slotwoord; naschrift*

epiphany (ɪ'pɪfənɪ) ZN • *goddelijke openbaring* ★ Epiphany *(feest v.) Driekoningen* ⟨6 januari⟩

episcopal (ɪ'pɪskəpl) BNW *bisschoppelijk*

Episcopalian (ɪpɪskə'peɪlɪən) ZN *lid van episcopale Kerk*

episcopate (ɪ'pɪskəpət) ZN *episcopaat*

episode ('epɪsoʊd) ZN • *episode* • *aflevering* ⟨v. serie⟩

episodic (epɪ'sɒdɪk) BNW • *episodisch* • *onregelmatig*

epistle (ɪ'pɪsəl) ZN FORM. / HUMOR. *epistel* ★ the Epistles of St Paul *de brieven van Paulus*

epistolary (ɪ'pɪstələrɪ) BNW ★ an ~ novel *briefroman*

epitaph ('epɪtɑːf) ZN *grafschrift*

epithet ('epɪθet) ZN • *epitheton; bijvoeglijk naamwoord* • USA *scheldwoord*

epitome (ɪ'pɪtəmɪ) ZN • *toonbeeld* • *samenvatting* ⟨v. tekst⟩

epitomize, G-B epitomise (ɪ'pɪtəmaɪz) OV WW • *het toonbeeld zijn van* • *samenvatten; beknopt weergeven*

epoch ('i:pɒk) ZN • *tijdvak* • *tijdstip*

epoch-making ('i:pɒkmeɪkɪŋ) BNW *baanbrekend; gewichtig*

eponymous (ɪ'pɒnɪməs) BNW *naamgevend* ★ the ~ hero of the novel *de titelheld van de roman*

epoxy (ɪ'pɒksɪ), epoxy resin ZN *epoxyhars*

equable ('ekwəbl) BNW • *evenwichtig; stabiel* • *gelijkvormig*

equal ('i:kwəl) I ZN • *gelijke* II BNW • *gelijk* • *dezelfde; hetzelfde* ★ an ~ fight *een gelijk opgaand gevecht* ★ ~ to the task *tegen de taak opgewassen* ▼ on ~ terms *op voet van gelijkheid* ▼ be without ~/have no ~ *ongeëvenaard zijn; zonder weerga* III OV WW • *gelijk zijn aan* • *evenaren*

equality (ɪ'kwɒlətɪ) ZN *gelijkheid*

equalization, G-B equalisation (i:kwəlaɪ'zeɪʃən) ZN • *het gelijkmaken* • *het evenredig verdelen*

equalize, G-B equalise ('i:kwəlaɪz) OV WW *gelijk maken/stellen*

equalizer, G-B equaliser ('i:kwəlaɪzə) ZN • SPORT *gelijkmaker* • A-V *equalizer* • VS, INFORM. *pistool*

equally ('i:kwəlɪ) BIJW • *even* • *gelijk(elijk)* • *tegelijkertijd*

equanimity (ekwə'nɪmətɪ) ZN • *evenwichtigheid* • *berusting* ★ with ~ *berustend*

equate (ɪ'kweɪt) I OV WW • *gelijkstellen; vergelijken* II ONOV WW ★ ~ to sth *gelijk zijn aan iets*

equation (ɪ'kweɪʒn) ZN • WISK. /SCHEIK. *vergelijking* • *het gelijk maken/stellen* ★ enter the ~ *in het geding komen*

equator (ɪ'kweɪtə) ZN *evenaar*

equatorial (ekwə'tɔːrɪəl) BNW *equatoriaal*

equerry (ɪ'kweri) ZN *adjudant* ⟨v. lid koninklijk huis⟩

equestrian (ɪ'kwestrɪən) I ZN • *ruiter* II BNW • *ruiter-*

equidistant (i:kwɪ'dɪstənt) BNW *op gelijke afstand*

equilateral (i:kwɪ'lætərəl) BNW *gelijkzijdig*

equilibrium (i:kwɪ'lɪbrɪəm) ZN *evenwicht*

equine ('i:kwaɪn) BNW *paarden-*

equinox ('i:kwɪnɒks) ZN *(dag- en-)nachtevening*

equip (ɪ'kwɪp) OV WW • *uit-/toerusten* • *klaar/geschikt maken*

equipment (ɪ'kwɪpmənt) ZN • *uitrusting; outillage; apparatuur* • *het uitrusten/outilleren*

equitable ('ekwɪtəbl) BNW *billijk*

equity ('ekwətɪ) ZN • ECON. *(netto) vermogen* • FORM. *billijkheid* ★ ECON. equities [mv] *gewone aandelen; aandelenkapitaal*

equivalence (ɪ'kwɪvələns) ZN *gelijkwaardigheid*

equivalent (ɪ'kwɪvələnt) I ZN • *equivalent* II BNW • *gelijkwaardig*

equivocal (ɪ'kwɪvəkl) BNW • *dubbelzinnig* • *twijfelachtig; dubieus*

equivocate (ɪ'kwɪvəkeɪt) ONOV WW FORM. *dubbelzinnig spreken; er omheen draaien*

equivocation (ɪkwɪvə'keɪʃən) ZN *dubbelzinnigheid; draaierij* ★ condemn sth without ~ *iets op ondubbelzinnige wijze veroordelen*

ER AFK • MED. Emergency Room ≈ *eerstehulpafdeling* • Elizabeth Regina *koningin Elizabeth*

era ('ɪərə) ZN GESCH. *tijdperk* ★ Common Era *christelijke jaartelling*

eradicate (ɪ'rædɪkeɪt) OV WW • *ontwortelen* • *uitroeien*

eradication (ɪrædɪ'keɪʃən) ZN • *het ontwortelen* • *het uitroeien*

erase (ɪ'reɪz) OV WW • *uitvegen*; *uitwissen* • COMP. *wissen*

eraser (ɪ'reɪzə) ZN • *vlakgum* • *bordenwisser*

erasure (ɪ'reɪʒə) ZN FORM. *uitwissing*; *vernietiging*

ere (eə) I VZ • LIT. *vóór* ★ ere long *weldra* II VW • *voordat*

erect (ɪ'rekt) I BNW • FORM. *rechtop* • *omhoogstaand* ⟨penis/tepels⟩ II OV WW • *bouwen*; *oprichten* • *opzetten* • *neerzetten*

erection (ɪ'rekʃən) ZN • *erectie* • FORM. *het oprichten/bouwen* • FORM. ⟨*groot*⟩ *gebouw*

ergotherapy (ɜ:gəʊ'θerəpɪ) ZN *ergotherapie*

ermine ('ɜ:mɪn) ZN DIERK. *hermelijn*

erode (ɪ'rəʊd) I OV WW • *eroderen*; *wegbijten/-vreten*; *uitschuren* • *uitbijten* ⟨door zuur⟩ II ONOV WW • *eroderen*; *wegspoelen* • *verzwakken*

erogenous (ɪ'rɒdʒɪnəs) BNW *erogeen*

erosion (ɪ'rəʊʒən) ZN *erosie*; *uitholling* ⟨OOK FIG.⟩

erotic (ɪ'rɒtɪk) BNW *erotisch*

erotica (ɪ'rɒtɪkə) ZN MV *erotische literatuur*

eroticism (ɪ'rɒtɪsɪzəm) ZN *erotiek*

err (ɜ:) OV WW • *dwalen* • z. *vergissen* ▼ err on the side of caution *het zekere voor het onzekere nemen*

errand ('erənd) ZN *boodschap* ★ run ~s *boodschappen doen/rondbrengen*

errant ('erənt) BNW • FORM. / HUMOR. *trouweloos*; *gemankeerd* • *ontrouw*

erratic (ɪ'rætɪk) BNW MIN. *onregelmatig*; *onvoorspelbaar*; *onevenwichtig*; *grillig*

erratum (ɪ'rɑ:təm) ZN [MV: **errata**] DRUKK. *erratum*; *fout*

erroneous (ɪ'rəʊnɪəs) BNW FORM. *onjuist*

error ('erə) ZN • *fout*; *vergissing* • *dwaling* • *overtreding* ★ ~s excepted *fouten voorbehouden* • capital ~ *fatale fout* ★ due to an ~ of judgment *door een inschattingsfout* ★ in ~ *per vergissing*

error message ZN COMP. *foutmelding*

ersatz ('eəzæts) ZN *surrogaat*

erstwhile ('ɜ:stwaɪl) BNW *voormalig*

erudite ('eru:daɪt) BNW *erudiet*

erudition (eru'dɪʃən) ZN *eruditie*

erupt (ɪ'rʌpt) ONOV WW • *uitbarsten* ⟨v. vulkaan⟩ • *losbarsten* • *uitbarsten* ⟨v. gevoelens⟩ • *opkomen* ⟨v. (huid)uitslag⟩

eruption (ɪ'rʌpʃən) ZN • *uitbarsting* • MED. *(huid)uitslag*

escalate ('eskəleɪt) I ONOV WW • *escaleren*; *verhevigen* • *toenemen* II OV WW • *laten escaleren*

escalation (eskə'leɪʃən) ZN *stijging* ⟨v. prijzen⟩; *verheviging* ⟨v. geweld/spanning⟩

escalator ('eskəleɪtə) ZN *roltrap*

escalope ('eskəlɒp) ZN *escalope*; *lapje gepaneerd (kalfs)vlees* ★ ~ of veal *kalfsoester*

escapade ('eskəpeɪd) ZN *escapade*; *wild avontuur*

escape (ɪ'skeɪp) I ONOV WW • *ontsnappen* ⟨OOK v. gas, enz.⟩ • *ontkomen* • she escaped unhurt *zij kwam er ongedeerd vanaf* ★ there was no escaping *er was geen ontsnappen aan* II OV

WW • *ontgaan* ⟨straf, enz.⟩ ★ it has ~d my notice *het is aan mijn aandacht ontsnapt* ★ the name ~d him *de naam ontschoot hem* ★ we narrowly ~d death *wij ontkwamen ternauwernood aan de dood* III ZN • *ontsnapping* • *vlucht* • *hoeveelheid ontsnapt gas, enz.* ★ a narrow ~ *ontsnapping op het nippertje*

escape clause ZN *ontsnappingsclausule*

escapee (ɪsker'pi:) ZN *ontsnapte gevangene*

escapism (ɪ'skeɪpɪzəm) ZN *escapisme*

escapist (ɪ'skeɪpɪst) I ZN • *escapist* II BNW • *escapistisch*

escarpment (ɪ'skɑ:pmənt) ZN AARDK. *steile wand* ⟨langs plateau⟩

eschew (ɪs'tʃu:) OV WW FORM. *schuwen*; *mijden*

escort (esk:t) I ZN *escorte*; *geleide* II OV WW (ɪ'sk:t) *escorteren*; *begeleiden*

Eskimo ('eskɪməʊ) ZN *Eskimo* ⟨mens en taal⟩

esoteric (i:səʊ'terɪk) BNW FORM. *esoterisch*; *voor ingewijden*

esp. AFK *especially vooral*; *speciaal*

espalier (ɪ'spælɪə) ZN *leiboom*

especial (ɪ'speʃəl) BNW *bijzonder*

especially (ɪ'speʃlɪ) BIJW • *vooral* • *speciaal* ★ not feeling ~ happy *niet erg vrolijk zijn*

espionage ('esprənɑ:ʒ) ZN *spionage*

esplanade (esplə'neɪd) ZN *esplanade*; *boulevard*

espousal (ɪ'spaʊzəl) ZN *hulp*; *steun* ⟨aan zaak⟩

espouse (ɪ'spaʊz) OV WW FORM. *alleen* FIG. *omhelzen*; *steunen*

espy (ɪ'spaɪ) OV WW FORM. *bespeuren*

Esq. AFK • OUD. Esquire *de Weledele Heer* • USA *titel voor advocaat* ⟨achter de naam⟩ ★ Jack Collins Esq. *de Weledele Heer Jan Klaassen*

essay ('eseɪ) I ZN • *essay*; *korte studie* • FORM. *poging* II OV WW • FORM. *pogen*

essayist ('eseɪɪst) ZN *essayschrijver*

essence ('esəns) ZN • *wezen*; *kern* • *extract* • *parfum* ▼ of the ~ *van essentieel belang*

essential (ɪ'senʃəl) I BNW • *wezenlijk* • *onontbeerlijk* II ZN • *het wezenlijke* • *het onontbeerlijke* ★ the bare ~s *de meest noodzakelijke dingen*

essentially (ɪ'senʃəlɪ) BIJW *in wezen*; *essentieel*

EST AFK AUS Eastern Standard Time *Oostelijke Standaardtijd* ⟨tijdzone in oostelijk Australië⟩

establish (ɪ'stæblɪʃ) OV WW • *oprichten*; *vestigen* • *tot stand brengen* • *vaststellen* ★ ~ o.s. *zichzelf bewijzen* ★ the Established Church *de staatskerk* ★ well ~ed *lang bestaand*; *lang gevestigd*; *solide*

establishment (ɪ'stæblɪʃmənt) ZN • *instelling*; *organisatie*; *hotel* • *handelshuis*; *grote zaak* • *stichting*; *het tot stand brengen* ★ the Establishment *de gevestigde orde*

estate (ɪ'steɪt) ZN • *landgoed* • G-B *stadsdeel*; *woonwijk* • JUR. *boedel*; *nalatenschap* • G-B *stationcar* ★ the Three Estates *de geestelijke en wereldlijke Lords en het Lagerhuis* ★ real ~ *onroerend goed* ★ third ~ *derde stand*; *burgerij* ★ fourth ~ *de pers*

estate agent ZN G-B *makelaar in onroerend goed*

estate car ZN G-B *stationcar*

estate tax ZN USA *successiebelasting*

esteem (ɪ'sti:m) I ZN • FORM. *achting* ★ hold sb

in high ~ *iem. hoogachten* II OV WW • FORM. *achten*; *waarderen*

esthete ZN USA • → **aesthete**

esthetic BNW USA • → **aesthetic**

esthetics ZN MV USA • → **aesthetics**

estimable ('estɪməbl) BNW FORM. *achtenswaardig*

estimate[1] ('estɪmət) ZN *raming*; *schatting* ★ a conservative ~ *een voorzichtige schatting*

estimate[2] ('estɪmeɪt) OV WW • *taxeren* • ~ **at** *schatten op*; *begroten op*

estimation (estɪ'meɪʃən) ZN • *schatting* • *oordeel* • *mening* • *achting* ★ in my ~ *volgens mij* ★ go up in sb's ~ *in iemands achting stijgen*

estimator ('estɪmeɪtə) ZN *schatter*; *taxateur*

estrange (ɪ'streɪndʒ) OV WW *vervreemden*

estrangement (ɪ'streɪndʒmənt) ZN *vervreemding*

estrogen ('i:strədʒən) ZN *oestrogeen*

estuary ('estjʊərɪ) ZN *trechtermonding* 〈v. rivier〉

Estuary English ZN *standaard Engels*

et (et) VW ★ et cetera *enzovoort* ★ et al. *en anderen* ★ et seq. *en volgende*

ETA AFK estimated time of arrival *geschatte aankomsttijd*

et al. AFK et alii *e.a.*; *en anderen*

etc. AFK et cetera *enz.*; *enzovoorts*

etch (etʃ) OV+ONOV WW *etsen* ▼ be etched on your memory/heart/mind *in je geheugen gegrift staan*

etching ('etʃɪŋ) ZN *ets*

ETD AFK estimated time of departure *geschatte vertrektijd*

eternal (ɪ'tɜ:nl) BNW *eeuwig*

eternity (ɪ'tɜ:nətɪ) ZN *eeuwigheid*

ether ('i:θə) ZN *ether*

ethereal (ɪ'θɪərɪəl) BNW • *etherisch* • *vluchtig* • *hemels*

ethic ('eθɪk) ZN [meestal mv] *ethiek*

ethical ('eθɪkl) BNW *ethisch*

ethnic ('eθnɪk) BNW • *etnisch* • *volkenkundig*

ethnography (eθ'nɒgrəfɪ) ZN *etnografie*

ethnologist (eθ'nɒlədʒɪst) ZN *etnoloog*

ethnology (eθ'nɒlədʒɪ) ZN *volkenkunde*

ethos ('i:θɒs) ZN FORM. *ethos*; *zedelijke houding/motivatie*

etiquette ('etɪket) ZN *etiquette*

etymologist (etɪ'mɒlədʒɪst) ZN *etymoloog*

etymology (etɪ'mɒlədʒɪ) ZN *etymologie*; *(studie v.) woordafleiding*

eucalyptus (ju:kə'lɪptəs) ZN *eucalyptus(boom)*

Eucharist ('ju:kərɪst) ZN REL. *eucharistie*; *Avondmaal*

eugenic (ju:'dʒenɪk) BNW *eugenetisch*

eugenics (ju:'dʒenɪks) ZN MV *eugenese*; *eugenetica*

eulogize, G-B **eulogise** ('ju:lədʒaɪz) OV WW FORM. *prijzen*

eulogy ('ju:lədʒɪ) ZN *lof(rede)*

eunuch ('ju:nək) ZN *eunuch*

euphemism ('ju:fɪmɪzəm) ZN *eufemisme*

euphemistic (ju:fə'mɪstɪk) BNW *eufemistisch*

euphoria (ju:'fɔ:rɪə) ZN *euforie*; *gelukzalig gevoel*

euphoric (ju:'fɒrɪk) BNW *euforisch*

Eurasian (jʊə'reɪʒən) I ZN • *Euraziër* II BNW • *Euraziatisch*; *Europees-Aziatisch*

eureka (jʊə'ri:kə) TW *eureka*

euro ('jʊərəʊ) ZN *euro*

Eurocrat ('jʊərəʊkræt) ZN POL. soms: MIN. *eurocraat* 〈hoge euroambtenaar〉

Eurocurrency ('jʊərəʊkʌrənsɪ) ZN *eurovaluta*; *Europese munt*

European (jʊərə'pɪən) I ZN • *Europeaan* II BNW • *Europees*

Euro-sceptic (jʊərəʊ'skeptɪk) ZN POL. *euroscepticus*

euthanasia (ju:θə'neɪzɪə) ZN *euthanasie*

evacuate (ɪ'vækjʊeɪt) OV WW • *evacueren* • *ontruimen*; *ledigen* • *ontlasten* 〈v. ingewanden〉

evacuation (ɪvækjʊ'eɪʃən) ZN • *evacuatie* • *ontruiming*

evacuee (ɪvækju:'i:) ZN *evacué*

evade (ɪ'veɪd) I OV WW • *ontduiken/-wijken* • *vermijden* • *uit de weg gaan* 〈v. probleem, enz.〉 II ONOV WW • *te boven gaan*

evaluate (ɪ'væljʊeɪt) OV WW *evalueren*; *beoordelen*

evaluation (ɪvæljʊ'eɪʃən) ZN *evaluatie*; *nabeschouwing*; *beoordeling*

evanesce (i:və'nes) ONOV WW *verdwijnen*

evanescent (i:və'nesənt) BNW *voorbijgaand*

evangelical (i:væn'dʒelɪkl) I BNW • *evangelisch* II ZN • *aanhanger van evangelische leer*

evangelism (ɪ'vændʒəlɪzəm) ZN • *evangelische leer* • *evangelieprediking*

evangelist (ɪ'vændʒəlɪst) ZN *evangelist* 〈schrijver/prediker〉

evangelize, G-B **evangelise** (ɪ'vændʒəlaɪz) OV WW *evangeliseren*; *het evangelie verkondigen*

evaporate (ɪ'væpəreɪt) OV+ONOV WW • *(doen) verdampen* • *(doen) uitwasemen* • *(doen) vervliegen* ★ ~d milk *gecondenseerde melk*

evaporation (ɪvæpə'reɪʃən) ZN *verdamping*; *uitwaseming*; *vervlieging*

evaporator (ɪ'væpəreɪtə) ZN *verdampingstoestel*

evasion (ɪ'veɪʒən) ZN *ontwijking*

evasive (ɪ'veɪsɪv) BNW *ontwijkend*

eve (i:v) ZN • *vóóravond* • *dag vóór*

even ('i:vən) I BIJW • *zelfs* ▼ FORM. even as *op 't zelfde ogenblik (dat)* ▼ even so *maar dan nog* II BNW • *effen* • *even* 〈v. getallen〉 • *gelijk* • *vlak* • *gelijk-/regelmatig* ▼ be even *quitte zijn* ▼ get even with sb *iem. iets betaald zetten* ▼ break even/of even date *van dezelfde datum* ▼ on an even keel *rustig*; *in rustiger vaarwater* III OV WW • *gelijk maken*; *gelijkstellen* IV WW • [ov] ~ **out** *gelijkmatig verdelen/-spreiden* • [onov] ~ **up** *gelijk worden* • [ov] ~ **up** *gelijk maken*

even-handed BNW *onpartijdig*

evening ('i:vnɪŋ) ZN *avond*

evening class ZN *avondschool/-cursus*

evening dress ZN *avondkleding*; *avondjurk*; *rok(kostuum)*; *smoking*

evenings ('i:vnɪŋz) BIJW USA *'s avonds*

evenly (i:vənlɪ) BIJW • *gelijkmatig* • *rustig*

event (ɪ'vent) ZN • *gebeurtenis* • *evenement* • SPORT: *nummer*; *wedstrijd* ▼ in any ~/at all ~s *wat er ook gebeurt*; *in elk geval* ▼ in the ~ *toen het zover was* ▼ in the ~ of/that *in het geval dat er iets gebeurt*

even-tempered BNW *gelijkmatig v. humeur*

eventful (ɪ'ventfʊl) BNW *veelbewogen*

ev

ev

eventual (ɪ'ventʃʊəl) BNW *uiteindelijk*

eventuality (ɪventʃʊ'ælətɪ) ZN *mogelijke gebeurtenis*

eventually (ɪ'ventʃʊəlɪ) BIJW *ten slotte*; *uiteindelijk*

eventuate (ɪ'ventʃʊeɪt) ONOV WW • FORM. *aflopen* • ~ **in** *uitlopen op*

ever ('evə) BIJW • *ooit* ★ *altijd* ★ *ever after sindsdien*; *daarna* ★ *for ever eeuwig* ★ *never ever nooit van mijn leven!* ★ *as quick as you ever can zo vlug als je maar kunt* ★ *he may be ever so rich al is hij nog zo rijk* ▼ *ever since van toen af aan*; *sindsdien* ▼ INFORM. *ever so much heel veel* ▼ *ever yours/yours ever voor altijd de jouwe*; *je ...* ⟨onder brief⟩ ▼ OUD. *did you ever! heb je ooit van je leven!*

evergreen ('evəgriːn) ZN • *groenblijvende plant* • *blijvend populair nummer*

everlasting (evə'lɑːstɪŋ) BNW • *eeuwig(durend)* • *voortdurend*; *onophoudelijk*

evermore (evə'mɔː) BIJW *voor eeuwig*

every ('evrɪ) ONB VNW *ieder*; *elk* ★ ~ *other day om de andere dag* ★ ~ *three days om de 3 dagen* ★ ~ *now and then/again telkens*; *nu en dan* ★ ~ *so often nu en dan* ★ ~ *which way alle kanten op* ★ *he's his father,* ~ *bit hij is precies zijn vader*

everybody ('evrɪbɒdɪ) ONB VNW *iedereen*

everyday ('evrɪdeɪ) BNW • *alledaags* • *dagelijks*

everyone ('evrɪwʌn) ONB VNW *ieder(een)*

everything ('evrɪθɪŋ) ONB VNW *alles*

everywhere ('evrɪweə) BIJW *overal*

evict ('ɪvɪkt) OV WW *uitwijzen/-zetten*

eviction (ɪ'vɪkʃən) ZN *uitzetting*; *ontruiming*

evidence ('evɪdəns) I ZN • *aanwijzing*; *teken* • *bewijs*; *bewijsstuk/-materiaal* • *getuigenis* ★ JUR. *only circumstantial* ~ *slechts indirect bewijs* ★ *not a shred of* ~ *geen snipper bewijs* ★ *on the* ~ *of op grond van* ★ *be called in* ~ *als getuige worden opgeroepen* ▼ *give* ~ *getuigenis afleggen* ▼ *be in* ~ *opvallend aanwezig* ▼ *turn King's/Queen's* ~ *State's* ~ *misdadiger die getuigenis aflegt tegen een medeverdachte* ⟨in ruil voor minder straf⟩ II OV WW • *bewijzen* • *tonen* • *getuigen (van)*

evident ('evɪdənt) BNW *duidelijk* ★ *they played with* ~ *enjoyment ze speelden met zichtbaar plezier*

evil ('iːvəl) I BNW • *kwaad*; *slecht* • *duivels* • *uiterst onaangenaam* ⟨v. geur, enz.⟩ ★ OUD. *the Evil One de duivel* ▼ *face the evil hour/day/moment iets onplezierigs onder ogen zien* II ZN • FORM. *het kwaad* • *zonde* • *onheil* • *euvel* • *boosdoener*

evil-doer ZN *boosdoener*

evil-tempered BNW *slechtgehumeurd*

evince ('ɪ'vɪns) OV WW FORM. *duidelijk tonen*; *aangeven*

eviscerate (ɪ'vɪsəreɪt) OV WW FORM. *v. ingewanden ontdoen*

evocation (iːvəʊ'keɪʃən) ZN • *evocatie* • *beeldende/levensechte weergave*

evocative (ɪ'vɒkətɪv) BNW • *ontroerend* • *herinneringen opwekkend* • *beeldend* ⟨v. taal⟩ ★ *be* ~ *of doen denken aan*

evoke (ɪ'vəʊk) OV WW *oproepen*; *opwekken*

evolution (iːvə'luːʃən) ZN • BIOL. *evolutie* • *geleidelijke ontwikkeling*

evolutionary (iːvə'luːʃənərɪ) BNW *evolutie-*

evolutionism (iːvə'luːʃənɪzm) ZN *evolutieleer*

evolve (ɪ'vɒlv) I OV WW • *ontwikkelen* II ONOV WW • *zich ontplooien* • *geleidelijk ontstaan*

ewe (juː) ZN *ooi*

ewer ('juːə) ZN *(lampet)kan*

ex (eks) I ZN • *ex* II VZ • *zonder* • *(komend) uit* ★ *ex factory af fabriek*

ex- (eks-) VOORV *ex-*; *voormalig*

exacerbate (ɪg'zæsəbeɪt) OV WW *verergeren*

exact (ɪg'zækt) I BNW • *exact*; *precies*; *nauwkeurig* • *nauwgezet* • *juist* ★ *to be* ~ *om precies te zijn* II OV WW • *eisen* ★ ~ *revenge wraak nemen*

exacting (ɪg'zæktɪŋ) BNW *veeleisend*

exaction (ɪg'zækʃən) ZN *afpersing*

exactitude (ɪg'zæktɪtjuːd) ZN *nauwkeurigheid*

exactly (ɪg'zæktlɪ) BIJW • *precies*; *juist*; *nauwkeurig* • *eigenlijk* ▼ *not* ~ *eigenlijk niet*; *niet bepaald*

exaggerate (ɪg'zædʒəreɪt) OV WW *overdrijven*

exaggerated (ɪg'zædʒəreɪtɪd) BNW *overdreven*

exaggeration (ɪgzædʒə'reɪʃən) ZN *overdrijving*

exalt (ɪg'zɔːlt) OV WW • *verheffen*; *verheerlijken* • *loven*; *prijzen*

exaltation (egzɔːl'teɪʃən) ZN • *verheerlijking* • *verrukking*

exalted (ɪg'zɒltɪd) BNW • *verheven* • *opgetogen*; *in vervoering*

exam (ɪg'zæm) ZN INFORM. • → **examination**

examination (ɪgzæmɪ'neɪʃən) ZN • *examen* • *onderzoek* • JUR. *verhoor* ★ *competitive* ~ *vergelijkend examen* ★ *terminal* ~ *examen aan het eind v.e. trimester* ★ *on closer* ~ *bij nader onderzoek* ★ *under* ~ *nog in onderzoek* ★ *do/sit/take an* ~ *examen doen*

examination paper ZN *examenopgave*

examine (ɪg'zæmɪn) I OV WW • *onderzoeken* • JUR. *ondervragen* • *examineren* II ONOV WW • *onderzoek doen* (**into** *naar*)

examinee (ɪgzæmɪ'niː) ZN *examenkandidaat*

examiner (ɪg'zæmɪnə) ZN *examinator*

example (ɪg'zɑːmpl) ZN *voorbeeld* ★ *a shining* ~ *een lichtend voorbeeld* ★ *set an* ~ *for others een voorbeeld zijn voor anderen* ▼ *for* ~ *bij voorbeeld* ▼ *make an* ~ *of een voorbeeld stellen*

exasperate (ɪg'zɑːspəreɪt) (USA ɪg'zæspəreɪt) OV WW *tergen*; *irriteren*

exasperating (ɪg'zæspəreɪtɪŋ/G-B ɪg'zɑːspəreɪtɪŋ) BNW *tergend*; *onuitstaanbaar*

exasperation (ɪgzæspə'reɪʃən/G-B ɪgzɑːspə'reɪʃən) ZN *ergernis*; *frustratie*

excavate ('ekskəveɪt) OV WW *op-/uitgraven*

excavation (ekskə'veɪʃən) ZN *opgraving*

excavator ('ekskəveɪtə) ZN • *graafmachine* • *opgraver*

exceed (ɪk'siːd) OV WW • FORM. *overschrijden* • *te boven gaan*; *overtreffen* ★ ~ *expectations de verwachtingen overtreffen*

exceedingly (ɪk'siːdɪŋlɪ) BIJW FORM. *buitengewoon*

excel (ɪk'sel) I ONOV WW • *uitblinken* II OV WW ★ ~ *yourself jezelf overtreffen*

excellence ('eksələns) ZN *voortreffelijkheid*

excellency ('eksələnsı) ZN ★ His/Your, etc. Excellency *Zijne/Uwe, enz. Excellentie*

excellent ('eksələnt) BNW *uitstekend*

except (ɪk'sept) I VZ • ~ **(for)** *behalve*; *uitgezonderd* II OV WW • *uitzonderen*

excepting (ɪk'septɪŋ) VZ *behalve; uitgezonderd*

exception (ɪk'sepʃən) ZN *uitzondering* ▼ the ~ that proves the rule *de uitzondering die de regel bevestigt* ▼ take ~ to *zich ergeren aan; protesteren*

exceptionable (ɪk'sepʃənəbl) BNW • *verwerpelijk* • *betwistbaar*

exceptional (ɪk'sepʃənl) BNW *uitzonderlijk*

excerpt ('eksɜ:pt) I ZN *fragment; passage* II OV WW (ek'sɜ:pt) *citeren; aanhalen*

excess (ɪk'ses) I ZN • *overmaat* • *exces* • *buitensporigheid* • *uitspatting* • *surplus* ★ ~es [mv] *excessen; excessief/onacceptabel gedrag* ★ drink to ~ *z. te buiten gaan aan drank* ★ in ~ *overmatig* ★ in ~ of *meer dan* II BNW • *bovenmatig* • *extra-; over-*

excess baggage ZN *overgewicht* ⟨v. bagage⟩

excessive (ɪk'sesɪv) BNW *buitensporig*

exchange (ɪks'tʃeɪndʒ) I OV WW • *(ver-/uit-/om)wisselen* • *ruilen* ★ ~ contracts *koopcontract tekenen* II ZN • *uitwisseling* • *woorden-/gedachtewisseling* • *beurs* • *telefooncentrale*

exchangeable (ɪks'tʃeɪndʒəbl) BNW *omwisselbaar*

exchange rate ZN *wisselkoers*

exchequer (ɪks'tʃekə) ZN ★ the Exchequer *het ministerie v. Financiën* • *schatkist*

excise¹ ('eksaɪz) ZN *accijns* ★ an increase in ~ duties *een verhoging van de accijnzen*

excise² (ek'saɪz) OV WW FORM. *chirurgisch verwijderen; uitsnijden*

excision (ɪk'sɪʒən) ZN *coupure; verwijdering*

excitable (ɪk'saɪtəbl) BNW *gauw opgewonden*

excite (ɪk'saɪt) OV WW • *opwinden* • *(op)wekken* • *prikkelen* ⟨seksueel⟩ • FORM. *stimuleren*

excited (ɪk'saɪtɪd) BNW • *opgewonden* • *nerveus* • *geil* ★ nothing to get ~ about *niets bijzonders*

excitement (ɪk'saɪtmənt) ZN • *opwinding* ⟨ook seksueel⟩ • *iets opwindends*

exciting (ɪk'saɪtɪŋ) BNW *opwindend; spannend*

exclaim (ɪk'skleɪm) OV WW *uitroepen*

exclamation (eksklə'meɪʃən) ZN *uitroep*

exclamation mark ZN *uitroepteken*

exclude (ɪk'sklu:d) OV WW *uitsluiten; niet toelaten; weren* ★ ~d from school *geschorst* ⟨wegens wangedrag⟩

excluding (ɪk'sklu:dɪŋ) VZ *zonder; niet inbegrepen*

exclusion (ɪk'sklu:ʒən) ZN *uitsluiting* ★ to the ~ of *met uitsluiting van*

exclusion zone ZN *verboden terrein*

exclusive (ɪk'sklu:sɪv) I BNW • *exclusief; alleen-* • *exclusief* ⟨v. club/groep/kleding, enz.⟩ ★ ~ of *exclusief; met uitsluiting van* ★ have ~ access to *als enige toegang hebben tot* II ZN • *primeur* ⟨journalistiek⟩; *exclusief artikel/interview*

exclusively (ɪk'sklu:sɪvlɪ) BIJW *uitsluitend*

excommunicate (ekskə'mju:nɪkeɪt) OV WW *in de kerkelijke ban doen*

excommunication (ekskəmju:nɪ'keɪʃən) ZN *excommunicatie*

ex-con AFK INFORM. ex-convict *voormalig gevangene*

excoriate (eks'kɔ:rɪeɪt) OV WW • MED. *schaven van de huid; ontvellen* • FORM. *hekelen*

excrement ('ekskrɪmənt) ZN *uitwerpsel(en); ontlasting*

excrescence (ɪk'skresəns) ZN *uitwas*

excreta (ɪk'skri:tə) ZN MV *afscheidingsproducten; excreten*

excrete (ɪk'skri:t) OV WW *uit-/afscheiden*

excretion (ɪk'skri:ʃən) ZN *uitscheiding*

excretory (ɪk'skri:tərɪ) BNW *uitscheidings-*

excruciating (ɪk'skru:ʃɪeɪtɪŋ) BNW *ondraaglijk; folterend*

exculpate ('eksklpeɪt) OV WW • FORM. *rehabiliteren* • *vrijspreken*

excursion (ɪk'skɜ:ʃən) ZN • *excursie* • *uitstapje*

excursionist (ɪk'skɜ:ʃənɪst) ZN *deelnemer aan excursie*

excursive (ɪk'skɜ:sɪv) BNW *afdwalend*

excuse (ɪks'kju:s) I ZN • *excuus; verontschuldiging* • *uitvlucht* • USA *attest; briefje* ⟨i.v.m. ziekteverzuim⟩ II OV WW (ɪks'kju:z) • *excuseren; verontschuldigen* • *vrijstellen* ★ ~ me for *neemt u me niet kwalijk dat*

ex-directory (eksdaɪ'rektərɪ) BNW *geheim* ⟨v. telefoonnummer⟩

exec AFK executive *leidinggevende; directeur*

execrable ('eksɪkrəbl) BNW FORM. *afschuwelijk*

execrate ('eksɪkreɪt) OV WW *verafschuwen*

execute ('eksɪkju:t) OV WW • *uitvoeren; ten uitvoer brengen* • *ter dood brengen* • *maken/produceren* ⟨v. kunstwerk⟩ • *vervullen* ★ ~ a deed *een akte passeren* ★ ~ an estate *een boedel afwikkelen*

execution (eksɪ'kju:ʃən) ZN • *terechtstelling; executie* • FORM. *uitvoering; afwikkeling* • FORM. *uitvoering; voordracht* • JUR. *passering; bekrachtiging* ★ carry/put into ~ *ten uitvoer brengen*

executioner (eksɪ'kju:ʃənə) ZN *beul*

executive (ɪg'zekjʊtɪv) I ZN • *directeur; hoofd v. afdeling* • *directie; bestuur* • *uitvoerende macht* II BNW • *uitvoerend; verantwoordelijk*

executor (ɪg'zekjʊtə) ZN JUR. *executeur-testamentair*

exegesis (eksɪ'dʒi:sɪs) ZN • *exegese; tekstuitleg* • *Bijbeluitleg*

exemplar (ɪg'zemplə) ZN *toon-/voorbeeld; model*

exemplary (ɪg'zemplərɪ) BNW • *voorbeeldig* • JUR. *voorbeeld-* ★ JUR. ~ damages *smartengeld* ⟨bij schade⟩

exemplification (ɪgzemplɪfɪ'keɪʃn) ZN • *voorbeeld; illustratie* • *toelichting* • JUR. *gewaarmerkte kopie*

exemplify (ɪg'zemplɪfaɪ) OV WW • *als voorbeeld dienen* • *met voorbeeld toelichten*

exempt (ɪg'zempt) I BNW • *vrijgesteld* II OV WW • *vrijstellen* III ZN • *vrijgestelde*

exemption (ɪg'zempʃən) ZN *vrijstelling*

exercise ('eksəsaɪz) I ONOV WW • *oefeningen doen/maken* • *aan lichaamsbeweging doen; sporten* II OV WW • *gebruik maken van* • *trainen* ★ ~ the mind(s) *de gemoederen bezighouden* III ZN • *oefening*

ex

• *(lichaams)beweging* • *thema* • *uitoefening*; *gebruik* ★ USA ~s [MV] *ceremonie* ★ winding-down ~ *ontspanningsoefening*

exercise bike ZN *hometrainer*

exercise book ZN *schrift*

exert (ɪg'zɜ:t) OV WW *uitoefenen*; *aanwenden*; *inspannen*

exertion (ɪg'zɜ:ʃən) ZN • *inspanning* • *uitoefening*; *aanwending*

exeunt ('eksɪʌnt) ONOV WW TON. [meervoudsvorm]• →exit

exhalation (ekshə'leɪʃən) ZN • *uitademing* • *damp*

exhale (eks'heɪl) OV WW• *uitademen* • *uitwasemen*

exhaust (ɪg'zɔ:st) I ZN • *uitlaatgassen* • *uitlaat* ⟨v. motor⟩ II OV WW• *uitputten* • *verbruiken* • *uitputtend behandelen*

exhaustible (ɪg'zɔ:stəbl) BNW *eindig*

exhaustion (ɪg'zɔ:stʃən) ZN *uitputting*; OOK FIG.

exhaustive (ɪg'zɔ:stɪv) BNW *volledig*; *grondig*

exhibit (ɪg'zɪbɪt) I OV WW• *tentoonstellen* • *(ver)tonen*; *aan de dag leggen* II ZN • *tentoongesteld voorwerp*; *inzending* ⟨op tentoonstelling⟩• JUR. *bewijsstuk* • USA *tentoonstelling*

exhibition (eksɪ'bɪʃən) ZN • *tentoonstelling* • *demonstratie* ⟨v. wat iem. kan⟩ • *studiebeurs* ▼ make an~ of yourself *je aanstellen*

exhibitioner (eksɪ'bɪʃənə) ZN *beursstudent*

exhibitionism (eksɪ'bɪʃənɪzəm) ZN *exhibitionisme*

exhibitor (ɪg'zɪbɪtə) ZN *exposant*

exhilarate (ɪg'zɪləreɪt) OV WW *opvrolijken*; *opwinden*; *een kick geven*

exhilarating (ɪg'zɪləreɪtɪŋ) BNW • *opwekkend*; *opbeurend* • *opwindend*

exhilaration (ɪgzɪlə'reɪʃən) ZN *opwinding*; *plezier*; *kick*

exhort (ɪg'zɔ:t) OV WW *aansporen*; *manen*

exhortation (egzɔ:'teɪʃən) ZN *aansporing*

exhume (eks'hju:m) OV WW *opgraven*

exigency ('eksɪdʒənsɪ), **exigence** ('eksɪdʒəns) *dringende nood(zaak)*; *noodtoestand/-situatie* ★ financial exigencies *financiële nood*

exigent ('eksɪdʒənt) BNW • *dringend* • *veeleisend*

exile ('eksaɪl) I ZN • *verbanning* • *ballingschap* • *balling* II OV WW• *verbannen*

exist (ɪg'zɪst) ONOV WW *bestaan* ⟨on *van*⟩

existence (ɪg'zɪstns) ZN *bestaan* ★ come into~ *ontstaan*

existent (ɪg'zɪstnt) BNW *bestaand*

existential (egzɪ'stenʃəl) BNW *existentieel*

existentialism (egzɪ'stenʃəlɪzəm) ZN *existentialisme*

exit ('eksɪt) I ZN • *uitgang* ⟨v. gebouw, voertuig enz.⟩ • *vertrek* ⟨het weggaan⟩ • *afslag* ⟨v. snelweg⟩ ★ make your exit *van het toneel verdwijnen* II ONOV WW• *weggaan*; *verlaten* ⟨gebouw, voertuig enz.⟩ • TON. *afgaan* ★ TON. exit Hamlet *Hamlet af* ★ TON. exeunt Hamlet and Ophelia *Hamlet en Ophelia af*

exit visa ZN *uitreisvisum*

exodus ('eksədəs) ZN *uittocht*

exonerate (ɪg'zɒnəreɪt) OV WW • *zuiveren* • *vrijstellen*; *ontlasten* ⟨v. taak/plicht⟩

exoneration (ɪgzɒnə'reɪʃən) ZN • *zuivering* • *vrijstelling*; *ontlasting* ⟨v. taak/plicht⟩

exorbitance (ɪg'zɔ:bɪtns) ZN *buitensporigheid*

exorbitant (ɪg'zɔ:bɪtnt) BNW *buitensporig* ⟨v. kosten⟩

exorcism ('eksɔ:sɪzəm) ZN *uitdrijving* ⟨v. duivel⟩

exorcist ('eksɔ:sɪst) ZN *exorcist*; *uitdrijver* ⟨v. duivel⟩

exorcize, G-B **exorcise** ('eksɔ:saɪz) OV WW • *uitdrijven* ⟨v. duivel⟩ • *verdrijven*

exotic (ɪg'zɒtɪk) BNW *uitheems*

expand (ɪk'spænd) I OV WW• *uitbreiden*; *uitspreiden* • *nader ingaan op*; *uitwerken* ⟨v. aantekeningen⟩ II ONOV WW• *uitzetten*; *toenemen* ⟨z.⟩ *uitbreiden*; *(z.) ontwikkelen* • z. *vrijer voelen* • ~ **on/upon** *uitweiden over*

expanse (ɪk'spæns) ZN *uitgestrektheid*; *uitgestrekt oppervlak*

expansion (ɪk'spænʃn) ZN • *uitbreiding* • *ontwikkeling*

expansive (ɪk'spænsɪv) BNW • *wijd*; *breed* • *mededeelzaam*; *open* ⟨v. karakter⟩ • *expansief*; *op uitbreiding gericht*

expatiate (ɪk'speɪʃɪeɪt) ONOV WW~ **on/upon** *uitweiden over*

expatriate[1] (eks'pætrɪət), INFORM. **expat** ('ekspet) ZN *emigrant*

expatriate[2] (eks'pætrɪeɪt) ONOV WW *in het buitenland gaan wonen*

expect (ɪk'spekt) OV WW *verwachten* ★ ~ing (a baby) *in verwachting*

expectancy (ɪk'spektənsɪ) ZN • *verwachting*; *hoop* • *vooruitzicht* ★ there was an air of ~ among the crowd *de menigte was vol verwachting*

expectant (ɪk'spektnt) BNW • *verwachtingsvol* • *aanstaande* ⟨moeder of vader⟩ ★ ~ of *in afwachting van*

expectation (ekspek'teɪʃən) ZN *vooruitzicht* ★ ~ of life *vermoedelijke levensduur*

expectorant (ek'spektərənt) ZN MED. *slijmoplossend middel*

expectorate (ek'spektəreɪt) OV WW *opgeven*; *spuwen*

expediency (ɪk'spi:dɪənsɪ), **expedience** (ɪk'spi:dɪəns) ZN • *opportunisme* • *middeltje* • *geschiktheid*

expedient (ɪk'spi:dɪənt) I ZN • *(red)middel* II BNW • *opportuun*; *opportunistisch* • *geschikt*; *passend*

expedite ('ekspɪdaɪt) OV WW • *bespoedigen*; *bevorderen* • *vlot afdoen*

expedition (ekspɪ'dɪʃən) ZN *expeditie*

expeditious (ekspɪ'dɪʃəs) BNW *vlot*; *efficiënt*

expel (ɪk'spel) OV WW • *verwijderen* ⟨ook v. school⟩ • *verbannen*; *wegsturen* ⟨uit een land⟩ • *verdrijven*

expend (ɪk'spend) OV WW• *besteden*; *uitgeven* • *verbruiken*

expendable (ɪk'spendəbl) BNW • *te verwaarlozen*; *waardeloos* • *overtollig*; *overbodig*

expenditure (ɪk'spendɪtʃə) ZN • *uitgaven* • *verbruik* ★ capital ~ *(kapitaal)investering*

expense (ɪk'spens) ZN *uitgave(n)*; *(on)kosten* ▼ at sb's~ *ten koste van iem.* ▼ at the~ of *ten koste* *van*; *op kosten van* ▼ go to the ~ of *geld uitgeven aan* ▼ put sb to the ~ of *iem. op kosten jagen*

expense account ZN *onkostenrekening*

expensive (ɪkˈspensɪv) BNW *duur*

experience (ɪkˈspɪərɪəns) I OV WW • *ervaren*; *beleven*; *ondervinden* II ZN • *ervaring* ⟨kennis, kunde⟩ • *ervaring*; *beleving* • *belevingswereld*

experienced (ɪkˈspɪərɪənst) BNW *ervaren*

experiential (ɪkspɪərɪˈenʃəl) BNW *ervarings-*; *empirisch*

experiment (ɪkˈsperɪmənt) I ONOV WW • *proeven nemen* II ZN • *experiment*

experimental (ɪksperɪˈmentl) BNW • *experimenteel*; *onbeproefd* • *nieuw en innovatief* ⟨m.b.t. kunst⟩

experimentation (ɪksperɪmenˈteɪʃən) ZN *proefneming*

expert (ˈekspɜ:t) I ZN • *expert*; *deskundige* II BNW • *deskundig*; *bedreven*

expertise (ekspɜ:ˈti:z) ZN • *expertise* • *deskundigheid*

expert witness ZN *getuige-deskundige*

expiate (ˈekspɪeɪt) OV WW *boeten (voor)*

expiation (ekspɪˈeɪʃən) ZN *boetedoening*

expiration (ekspɪˈreɪʃən) ZN *uitademing*; *expiratie*; *afloop*

expire (ɪkˈspaɪə) ONOV WW • *aflopen*; *vervallen* • *de laatste adem uitblazen*; *sterven*

expiry (ɪkˈspaɪərɪ) ZN JUR. *einde*; *afloop*

expiry date, USA **expiration date** ZN *vervaldatum*

explain (ɪkˈspleɪn) OV WW • *uitleggen*; *verklaren* ▼ ~ *yourself je gedrag uitleggen*; *je nader verklaren* • ~ *away wegredeneren*; *goedpraten*

explanation (ekspləˈneɪʃən) ZN *uitleg*; *verklaring*

explanatory (ɪkˈsplænətərɪ) BNW *verklarend*

expletive (ɪkˈspli:tɪv) ZN *verwensing*; *vloek*

explicable (ɪkˈsplɪkəbl) BNW *verklaarbaar*

explicate (ˈeksplɪkeɪt) OV WW *ontvouwen*; *uiteenzetten*

explication (eksplɪˈkeɪʃən) ZN *uiteenzetting*

explicit (ɪkˈsplɪsɪt) BNW • *expliciet*; *nauwkeurig omschreven* • *uitdrukkelijk*; *uitgesproken* • EUF. *nietsverhullend*

explode (ɪkˈspləʊd) I ONOV WW • *ontploffen* • *snel toenemen* ★ ~ *into laughter in lachen uitbarsten* ★ ~ *into action plotseling in actie komen* II OV WW • *tot ontploffing brengen* ★ ~ *a theory een theorie omverwerpen*

exploit (ˈeksplɔɪt) OV WW, (ɪkˈsplɔɪt) • *exploiteren* • *uitbuiten* • MIN. *profiteren van* ZN • *heldendaad* • *prestatie*

exploitation (eksplɔɪˈteɪʃən) ZN • *uitbuiting* • *exploitatie*; *profijt*

exploiter (ɪksˈplɔɪtə) ZN • *uitbuiter* • *profiteur*

exploration (ekspləˈreɪʃən) ZN *verkenning*; *onderzoek*

exploratory (ɪkˈsplɒrətərɪ) BNW *verkennend*; *onderzoekend*

explore (ɪkˈsplɔ:) OV WW • *verkennen* • *onderzoeken* • *tastend onderzoeken*

explorer (ɪkˈsplɔ:rə) ZN *ontdekkingsreiziger*

explosion (ɪkˈspləʊʒən) ZN • *explosie* • *uitbarsting* ⟨v. woede, enz.⟩

explosive (ɪkˈspləʊsɪv) I BNW • *explosief*;

ontplofbaar • *opvliegend* ⟨v. aard⟩ II ZN • *springstof*

exponent (ɪkˈspəʊnənt) ZN • *vertegenwoordiger*; *drager* ⟨v. idee/theorie⟩ • WISK. *exponent* • *vertolker*

exponential (ekspəˈnenʃəl) BNW *exponentieel*

export[1] (ˈekspɔ:t) ZN • *export* • *exportartikel*

export[2] (ɪkˈspɔ:t) OV WW *exporteren*

exportation (ekspɔ:ˈteɪʃən) ZN • *export(handel)* • *het exporteren*

export duty ZN *uitvoerrecht*

exporter (ɪkˈspɔ:tə) ZN *exporteur*

expose (ɪkˈspəʊz) I OV WW • *ontbloten*; *blootleggen*; *onthullen* • *belichten* ⟨v. film⟩ • *tentoonstellen* II WKD WW • *potloodventen*; z. *exhibitionistisch gedragen* • ~ *to* (z.) *blootstellen aan*

exposé (ekˈspəʊzeɪ) ZN MEDIA *onthulling*

exposed (ɪkˈspəʊzd) BNW • *open*; *onbeschut* • *kwetsbaar*

exposition (ekspəˈzɪʃən) ZN • *uiteenzetting* • *(handels)beurs*

expostulate (ɪkˈspɒstjʊleɪt) ONOV WW FORM. *protesteren*; *vermanen*

expostulation (ɪkspɒstjʊˈleɪʃən) ZN *protest*; *vermaning*

exposure (ɪkˈspəʊʒə) ZN • *blootstelling* ⟨aan gevaar, risico, enz.⟩ • *bekendmaking*; *ontmaskering* • *publiciteit* • *het onbeschermd zijn tegen weersomstandigheden* • *belichting* ⟨v. film⟩ • *het ontbloten* ⟨v. geslachtsdelen⟩ ★ *indecent* ~ *exhibitionisme* ★ *death by* ~ *dood door onderkoeling*

expound (ɪkˈspaʊnd) OV WW FORM. *uiteenzetten* ★ ~ *on the new policy een uitgebreide toelichting geven op het nieuwe beleid*

express (ɪkˈspres) I OV WW • *uitdrukken* • *uitpersen* ★ ~ *your sympathy je deelneming betuigen* ★ *their appreciation* ~*ed itself in a burst of applause zij brachten hun waardering tot uitdrukking met applaus* II BNW + BIJW • *expres(se)* ⟨post, enz.⟩ • FORM. *uitdrukkelijk*; *stellig* ★ *with the* ~ *purpose met opzet* ★ *send sth* ~ *iets per expres versturen* III ZN • *sneltrein* • *expresse*

express delivery service ZN *snelpost*

expression (ɪkˈspreʃən) ZN • *uitdrukking* • MUZ., TON. *expressie*; *uitdrukkingskracht* ★ *beyond* ~ *onuitsprekelijk* ★ *freedom of* ~ *vrijheid van meningsuiting* ★ *if you'll pardon the* ~ *excusez le mot*

expressionism (ɪkˈspreʃənɪzəm) ZN *expressionisme*

expressionist (ɪkˈspreʃənɪst) BNW *expressionistisch*

expressionless (ɪkˈspreʃənləs) BNW *wezenloos*; *uitdrukkingsloos* ⟨v. gezicht⟩; *dof* ⟨v. stem⟩

expressive (ɪkˈspresɪv) BNW *expressief*; *veelzeggend* ★ *be* ~ *of uitdrukken*; *uitdrukking geven aan*

expressly (ɪkˈspreslɪ) BIJW • *uitdrukkelijk*; *met nadruk* • *speciaal*

expressway (ɪkˈspreswei) ZN USA *autosnelweg*

expropriate (eksˈprəʊprɪeɪt) OV WW FORM. /JUR. *onteigenen*; *confisqueren*

expropriation (ɪksprəʊprɪˈeɪʃən) ZN *onteigening*

ex

expulsion (ɪk'spʌlʃən) ZN • *verwijdering* • *verbanning*; *uitwijzing* • *verdrijving*

expunge (ɪk'spʌndʒ) OV WW FORM. *schrappen*; *uitwissen*

expurgate ('ekspəgeɪt) OV WW *kuisen* ⟨v. tekst⟩

exquisite ('ekskwɪzɪt) BNW • *voortreffelijk*; *(ver)fijn(d)* • FORM. *intens*

ex-serviceman (eks'sɜ:vɪsmən) ZN G-B, MIL. *oudgediende*

extant (ek'stænt) BNW *(nog) bestaand*

extemporaneous (ɪkstempə'reɪnɪəs), **extemporary** (ɪk'stempərərɪ) BNW *geïmproviseerd*

extempore (ɪk'stempərɪ) BNW *voor de vuist weg*

extemporize, G-B **extemporise** (ɪk'stempəraɪz) OV WW *improviseren*

extend (ɪk'stend) I OV WW • *groter maken*; *uitbreiden*; *verlengen* • *uitstrekken*; *aanreiken*; *uitsteken* • *verlenen*; *bieden* ★ ~ (shorthand) notes *steno uitwerken* ★ ~ lands *land taxeren* ★ ~ a favour *een gunst bewijzen* II ONOV WW • *zich uitstrekken*; *reiken*

extended (ɪk'stendɪd) BNW • *lang(er)*; *verlengd* • *uitgebreid*

extension (ɪk'stenʃən) ZN • *uitbreiding* • *aanbouw* • *verlenging* • *extra telefoonlijn* • *verlengsnoer* ★ ~ 3 *toestel 3* ▼ by ~ *in het verlengde*; *ruimer gezien*

extension course ZN *deeltijdstudie*

extension lead, USA **extension cord** ZN *verlengsnoer*

extensive (ɪk'stensɪv) BNW • *uitgestrekt*; *groot*; *veelomvattend* • *extensief*

extent (ɪk'stent) ZN *omvang*; *mate* ★ to a certain ~ *in zekere mate* ★ to such an ~ that *zozeer dat*

extenuate (ɪkstenjʊ'eɪt) OV WW *verzachten*

extenuating (ɪk'stenjʊeɪtɪŋ) BNW ★ ~ circumstances *verzachtende omstandigheden*

exterior (ɪk'stɪərɪə) I ZN • *buitenkant*; *uiterlijk* II BNW • MEDIA *buiten-* • *uiterlijk*; *uitwendig*

exterminate (ɪk'stɜ:mɪneɪt) OV WW *uitroeien*; *verdelgen*

extermination (ɪkstɜ:mɪ'neɪʃən) ZN • *uitroeiing* • *verdelging*

external (ɪk'stɜ:nl) BNW • *uitwendig* • *van buiten af*; *extern* • *uiterlijk* • *buitenlands* ★ ~ student *extraneus*

externalize, G-B **externalise** (ɪk'stɜ:nəlaɪz) OV WW *uiting geven aan*

externals (ɪk'stɜ:nlz) ZN MV *uiterlijkheden*

extinct (ɪk'stɪŋkt) BNW *uitgestorven* ★ ~ volcano *dode vulkaan*

extinction (ɪk'stɪŋkʃən) ZN *(het) uitsterven* ★ threatened with ~ *door uitsterven bedreigd*

extinguish (ɪk'stɪŋgwɪʃ) OV WW • *(uit)blussen*; *(uit)doven* • *beëindigen*; *tenietdoen* • *vernietigen*; *uitroeien* ★ ~ a debt *een schuld delgen* ★ ~ all hope *alle hoop de bodem in doen slaan*

extinguisher (ɪk'stɪŋgwɪʃə) ZN • *blusapparaat* • *domper*

extirpate ('ekstɜ:peɪt) OV WW FORM. *verdelgen*; *uitroeien*

extirpation (ekstɜ:'peɪʃən) ZN *verdelging*; *uitroeiing*

extol (ɪk'stəʊl) OV WW *prijzen*; *ophemelen*

extort (ɪk'stɔ:t) OV WW *afdwingen/-persen*

extortion (ɪk'stɔ:ʃən) ZN • *afpersing* • *afzetterij*

extortionate (ɪk'stɔ:ʃənət) BNW *buitensporig*

extra ('ekstrə) I BNW • *extra* II ZN • *extra nummer* • *extra leervak* • *extraatje* • *figurant* ⟨in film⟩ ★ (special) ~ *laatste editie v. avondblad* ★ hidden ~s *onverwachte kosten* ★ drama is an optional ~ *dramatische expressie is een keuzevak* III VOORV • *buiten-* • INFORM. *zeer*; *buitengewoon*

extract[1] (ɪk'strækt) OV WW • *winnen* (from *uit*); *halen* (*uit*) • *ontfutselen*; *loskrijgen* ⟨informatie, geld, enz.⟩ • *selecteren* ⟨v. fragment⟩ • FORM. *(uit)trekken*; *(uit)halen* • FORM. *ontlenen* ★ have a tooth ~ed *een kies/tand laten trekken*

extract[2] ('ekstrækt) ZN • *passage* ⟨uit boek⟩ • *extract*

extraction (ɪk'strækʃən) ZN • *winning* ⟨v. olie enz.⟩ • *het trekken* ⟨v. tand/kies⟩ • FORM. *afkomst* ★ of Dutch ~ *van Nederlandse afkomst*

extractor (ɪk'stræktə), **extractor fan** ZN *ventilator*

extracurricular (ekstrəkə'rɪkjʊlə) BNW *buitenschools*

extradite ('ekstrədaɪt) OV WW *uitleveren*

extradition (ekstrə'dɪʃən) ZN *uitlevering*

extrajudicial (ekstrədʒu:'dɪʃəl) BNW • *buitengerechtelijk* • *wederrechtelijk*

extramarital (ekstrə'mærɪtl) BNW *buitenechtelijk*

extramural (ekstrə'mjʊərəl) BNW *extramuraal* ⟨buiten de muren v. een instelling⟩ ★ ~ activities *buitenschoolse activiteiten* ★ ~ education *opleiding voor deeltijdstudenten*

extraneous (ɪk'streɪnɪəs) BNW *buiten de zaak staand*

extraordinary (ɪk'strɔ:dɪnərɪ) BNW *buitengewoon*

extrapolate (ɪk'stræpəleɪt) OV+ONOV WW • *extrapoleren* • *afleiden*

extrasensory (ekstrə'sensərɪ) BNW ★ ~ perception *buitenzintuiglijke waarneming*

extraterrestrial (ekstrətɪ'restrɪəl) BNW *buitenaards*

extraterritorial (ekstrəterɪ'tɔ:rɪəl) BNW *buiten de landswet(ten) vallend*

extravagance (ɪk'strævəgəns) ZN • *verkwisting*; *buitensporigheid*; *uitspatting*; *extravagantie* • *ongerijmdheid*

extravagant (ɪk'strævəgənt) BNW • *verkwistend*; *buitensporig*; *overdreven*; *extravagant* • *ongerijmd*

extravaganza (ɪkstrævə'gænzə) ZN *spectaculaire theater-/televisieproductie*

extreme (ɪk'stri:m) I BNW • *hevig*; *extreem* • *buitengewoon* • *uiterst*; *ultra-* • *uiterste* II ZN • *uiterste*; *(uit)einde* • *hoogste graad* ★ the opposite ~ *het andere uiterste* ▼ in the ~ *uitermate* ▼ go to ~s/take sth to ~s *tot het uiterste gaan*

extremely (ɪk'stri:mlɪ) BIJW *buitengewoon*; *uitermate*

extremism (ɪk'stri:mɪzəm) ZN *extremisme*

extremist (ɪk'stri:mɪst) I ZN • *extremist* II BNW • *extremistisch*

extremity (ɪk'stremətɪ) ZN *uiterste (punt)*; *extreem*; *extremiteit* ★ a tingling sensation in

ex *(margin tab)*

the extremities *tintelende handen en voeten* ★ the ~ of the climate *het meedogenloze/onbarmhartige klimaat* ★ the ~ of pain *genadeloze pijn*

extricate ('ekstrıkeıt) OV WW • *ontwarren* • *bevrijden*

extrovert ('ekstrəvɜ:t) BNW • *extrovert* • *op de buitenwereld gericht*

extrude (ık'stru:d) OV WW • *uitstoten/-werpen* • TECHN. *(uit)persen*

extrusion (ık'stru:ʒən) ZN • *uitwerping* • TECHN. *(uit)persing*

exuberance (ıg'zju:bərəns) ZN • *overdaad* • *uitbundigheid*

exuberant (ıg'zju:bərənt) BNW • *uitbundig* • *overvloedig*; *weelderig*

exude (ıg'zju:d) OV WW • *uitstralen* • *afscheiden* ⟨v. zweet, enz.⟩

exult (ıg'zʌlt) ONOV WW *juichen*; *dolblij zijn* ★ ~ at the success of sth *juichen om het slagen van iets*

exultant (ıg'zʌltənt) BNW *juichend*; *opgetogen*; *dolblij*

exultation (egzʌl'teıʃən) ZN *opgetogenheid*; *vreugde*

exurb ('eksɜ:b) ZN USA *villawijk*

eye (aı) I ZN • *oog* ★ black eye *blauw oog* ▼ an eye for an eye (and a tooth for a tooth) *oog om oog (en tand om tand)* ▼ my eye! *onzin!* ▼ be all eyes *een en al oog zijn* ▼ be up to your eyes in sth *tot over je oren in iets zitten* ▼ INFORM. clap/lay/set eyes on *zien* ▼ cock an eye *oplettend kijken* ▼ cock an eye at sb *iem. oplettend aankijken* ▼ have an eye for *oog hebben voor* ▼ have eyes in the back of your head *ogen in je achterhoofd hebben* ▼ have your eye on *in de gaten houden*; *een oogje hebben op* ▼ keep an eye out/open *de ogen open houden* ▼ keep your eyes open/peeled/skinned *goed uit je doppen kijken* ▼ make eyes at sb/give sb the eye *naar iem. lonken* ▼ see eye to eye *het eens zijn* ▼ one in the eye *teleurstelling*; *klap* ▼ only have eyes for/have eyes only for *alleen oog hebben voor* ▼ shut/close your eyes to sth *je ogen voor iets sluiten* ▼ with an eye to *met het oog op* ▼ with your eyes open *met open ogen* II OV WW • *kijken*; *bekijken* • ~ up *verlekkerd kijken naar*

eyeball ('aıbɔ:l) I ZN • *oogappel* • *oogbol* ▼ to ~ *oog in oog* ▼ up to your ~s *tot over je oren* II OV WW • INFORM. *aanstaren*

eyebrow ('aıbraʊ) ZN *wenkbrauw* ★ up to your ~s *tot over je oren*

eye-catcher ZN *blikvanger*

eye-catching BNW *opvallend*

eyeful ('aıfʊl) ZN • INFORM. *lust voor het oog* • *iets in je oog* ★ an ~ of mud *een spatje modder in je oog* ★ get an ~ of sth *iets heel goed bekijken*

eyeglass ('aıglɑ:s) ZN *monocle* ★ USA ~es [MV] *bril*

eyelash ('aılæʃ) ZN *wimper*

eyelet ('aılət) ZN *oogje*; *vetergaatje*

eyelid ('aılıd) ZN *ooglid*

eye-opener ZN • *openbaring* • *verrassing*

eyepiece ('aıpi:s) ZN *oculair*

eyeshot ('aıʃɒt) ZN ★ out of ~ *niet meer te zien* ★ within ~ *nog te zien*

eyesight ('aısaıt) ZN • *gezichtsvermogen* • *zicht* ⟨zintuig⟩

eyesore ('aısɔ:) ZN *iets foeilelijks*; *doorn in 't oog*

eye tooth ('aıtu:θ) ZN *hoektand* ★ give one's eye teeth for sth *alles voor iets over hebben*

eyewash ('aıwɒʃ) ZN *oogwater* ★ all ~ *allemaal onzin*

eyewitness ('aıwıtnıs) ZN *ooggetuige*

eyrie ('ıərı) ZN • USA *roofvogelnest* • FIG. *arendsnest*

ey

F

f (ef) ZN *f* ⟨letter⟩ ★ F as in Frederic *de f van Ferdinand*

F (ef) **I** ZN • MUZ. *F* • VS, O&W ≈ *1 à 3* ⟨schoolcijfer⟩ **II** AFK • *Fahrenheit*

FA AFK G-B Football Association *Voetbalbond*

fab (fæb) BNW INFORM. • → **fabulous**

fable ('feɪbl) ZN • *fabel* • *leugen*; *praatje*

fabled ('feɪbld) BNW • *legendarisch* • *verzonnen*

fabric ('fæbrɪk) ZN • *stof*; *weefsel*; *materiaal* • *constructie*; *structuur* ★ the ~ of society *het maatschappelijk systeem*

fabricate ('fæbrɪkeɪt) OV WW • *verzinnen* • *maken*

fabulous ('fæbjʊləs) BNW • *buitengewoon* • *fantastisch*; *geweldig* • *mythisch*; *fabelachtig*

facade, façade (fəˈsɑːd) ZN • BOUW *façade*; *voorgevel* • FIG. *façade*

face (feɪs) **I** ZN • *gezicht* • *gezichtsuitdrukking* • *beeldzijde*; *voorkant* • *zijde*; *kant*; *oppervlakte* • *wijzerplaat* ⟨v. klok⟩ ★ full face *en face*; *van voren* ★ his face fell *zijn gezicht betrok* ▾ face to face *tegenover elkaa* ▾ his face doesn't fit *hij past er niet tussen* ▾ in the face of sth *ondanks iets*; *als gevolg van iets* ▾ on the face of it *op het eerste gezicht* ▾ to sb's face *in iemands gezicht* ▾ have the face to do sth *de brutaliteit hebben iets te doen* ▾ lose face *gezichtsverlies lijden, afgaan* ▾ make/pull faces *rare gezichten trekken* ▾ save face *zijn figuur redden* ▾ set your face against sb/sth *tegen iem./iets gekant zijn* ▾ face down/up *gedekt/met beeldzijde zichtbaar* ⟨kaartspel⟩ **II** OV WW • *uitzicht geven op* • *onder ogen* ⟨durven⟩ *zien* • *liggen/staan tegenover* • *openleggen* ⟨kaart bij kaartspel⟩ • *afzetten* ⟨kledingstuk met stof⟩ ★ face the facts *de feiten onder ogen zien* ★ faced with a problem *geconfronteerd met een probleem* ★ let's face it *laten we het maar onder ogen zien* ▾ face the music *de consequenties aanvaarden*; ~ **about** *doen omdraaien* ⟨onov⟩ ★ about face! *rechtsomkeert!* • ~ **off** ⟨onov⟩ [ov] *overbluffen* • ~ **down** [ov] *overbluffen* • ~ **out** [ov] ★ we'll have to face it out *we zullen ons er doorheen moeten slaan* • ~ **round** ⟨onov⟩ *z. omkeren* • ~ **up to** ⟨onov⟩ *flink aanpakken* • *onder ogen zien*

face card ZN *boer/vrouw/heer* ⟨v. kaartspel⟩

facecloth ('feɪsklɒθ), **face flannel** ZN *washandje/-lapje*

faceless ('feɪsləs) BNW *onpersoonlijk*; *anoniem*

facelift ('feɪslɪft) ZN • OOK FIG. *facelift* • *opknapbeurt*

face pack ZN *schoonheidsmasker*

facer ('feɪsə) ZN • INFORM. *klap in gezicht* • *plotselinge lastige situatie*

face-saving BNW ★ a ~ compromise *een compromis om gezichtsverlies te voorkomen*

facet ('fæsɪt) ZN • *facet* • *aspect*; *facet*

facetious (fəˈsiːʃəs) BNW ⟨ongepast⟩ *geestig*

face value ZN • *nominale waarde* • *eerste indruk*

facia ('feɪʃə) ZN • → **fascia**

facial ('feɪʃəl) **I** ZN • *gezichtsmassage* **II** BNW • *gelaats-*

facile ('fæsaɪl) BNW • *oppervlakkig* • *gemakkelijk*; *vlot*

facilitate (fəˈsɪlɪteɪt) OV WW • *vergemakkelijken* • *faciliteren*; *mogelijk maken*

facility (fəˈsɪlɪti) ZN • *faciliteit* • *voorziening* • *plaats (incl. gebouw)* • *gemak*; *talent* ★ a large nuclear waste ~ *een grote opslagplaats voor kernafval*

facing ('feɪsɪŋ) ZN • *(aanbrenging van) buitenlaag/dek*; *bekleding* ⟨op muur en metaal⟩ • *beleg*; *garneersel* ⟨mode⟩

facsimile (fækˈsɪmɪlɪ) ZN *facsimile*; *exacte kopie*

fact (fækt) ZN • *feit* • *gebeurtenis* • *werkelijkheid* ★ hard facts *nuchtere feiten* ▾ facts and figures *exacte gegevens* ▾ a fact of life *een onvermijdelijk gegeven* ▾ the facts of life *de harde werkelijkheid*; INFORM., EUF. *de bloemetjes en de bijtjes* ▾ the fact of the matter is *het feit wil* ▾ after the fact *achteraf* ▾ before the fact *van tevoren* ▾ in (actual) fact *in feite*; *inderdaad* ▾ is that a fact? *goh*; *tjonge* ▾ know sth for a fact *iets zeker weten*

fact-finding BNW *onderzoeks-* ★ a ~ mission *opdracht om feitenmateriaal te verzamelen*; *inspectiereis*

faction ('fækʃən) ZN • *(politieke) groepering* • *ruzie (binnen groepering)* • *fictie gebaseerd op feiten*

factitious (fækˈtɪʃəs) BNW *kunstmatig*; *gekunsteld*; *onecht*

factor ('fæktə) ZN • *factor* • *commissionair*; *agent*

factorize, G-B **factorise** ('fæktəraɪz) OV WW *ontbinden in factoren*

factory ('fæktərɪ) ZN *fabriek*

factory farming ZN *intensieve veehouderij*; *bio-industrie*

factory floor ZN *werkvloer*

factotum (fækˈtəʊtəm) ZN *manusje-van-alles*

factual ('fæktʃʊal) BNW *feitelijk*; *feiten-*

faculty ('fækəltɪ) ZN • *vermogen*; *handigheid*; *talent* • *faculteit* • USA *wetenschappelijk personeel* ★ comprehensive ~ *bevattingsvermogen* ★ in full possession of your faculties *bij je volle verstand*

fad (fæd) ZN • *liefhebberij* • *mode* ★ the latest fad *de laatste mode*

faddy ('fædɪ) BNW • *grillig* • *kieskeurig*

fade (feɪd) **I** ONOV WW • *verbleken* • *verwelken* • SPORT /TON. *terugvallen*; *verslappen* ★ fade into insignificance *heel onbelangrijk worden* **II** OV WW • *doen verbleken* • *doen verwelken* • *infaden* ⟨langzaam zichtbaar/hoorbaar maken⟩ **III** WW • ~ **away** ⟨onov⟩ *langzaam verdwijnen*; *verflauwen*; *wegsterven*; *wegkwijnen* • ~ **in/up** ⟨onov⟩ *langzaam zichtbaar/hoorbaar worden* ⟨film⟩ • ~ **out** [ov] *uitfaden* ⟨langzaam onzichtbaar/onhoorbaar maken⟩ • ~ **out** ⟨onov⟩ *vervagen*; *verdwijnen*

faeces, USA **feces** ('fiːsiːz) ZN FORM. *fecaliën*; *uitwerpselen*

fag (fæg) ZN • G-B, INFORM. *saffie*; *sigaret* • VS, MIN. *homo* • FIG., INFORM. *vermoeiend en onaangenaam werk* • G-B *jongere leerling die diensten verricht voor oudere* ⟨Public school⟩

fag end ZN G-B, INFORM. *peuk* ★ the *~ of a conversation het staartje van een gesprek*

fagged (fægd), **fagged out** BNW G-B, INFORM. *doodop* ★ I can't be ~ to do sth *Ik ben te afgepeigerd om iets te doen*

faggot ('fægət) ZN • *bal gehakt* • VS, MIN. *flikker* • USA *takkenbos*

fagot ('fægət) ZN USA *takkenbos*

Fahrenheit ('færənhaɪt) ZN *Fahrenheit*

fail (feɪl) I OV WW • *in de steek laten* • *teleurstellen* • *(laten) zakken* ⟨voor examen⟩ • *nalaten; verzuimen* ★ I fail to see this *Ik zie dit niet in* ★ words fail *woorden schieten te kort* II ONOV WW • *falen; mislukken* • *zakken* ⟨voor examen⟩ • *het laten afweten; het begeven* ⟨v. machine/lichaamsdeel⟩ • *failliet gaan* • *minder worden* III ZN • *onvoldoende* ▼ *without fail zonder mankeren*

failing ('feɪlɪŋ) I ZN • *gebrek; zwak(te)* II VZ • *bij gebrek aan* ★ ~ this *als dit niet gebeurt*

fail-safe BNW *(uitgerust) met noodbeveiliging*

failure ('feɪljə) ZN • *mislukking* • *faillissement* • *gebrek; onvermogen* • *mankement* ⟨v. machine/lichaamsdeel⟩

faint (feɪnt) I BNW • *nauwelijks waarneembaar; vaag; onduidelijk* ⟨beeld, geluid⟩ • *halfhartig; zwak* • *wee; flauw* ⟨v.d. honger⟩ ★ a ~ hope *een sprankje hoop* ★ a ~ smile *een flauwe glimlach* ▼ I don't have the ~est *ik heb geen flauw idee* II ONOV WW • *flauwvallen* III ZN • *flauwte*

faint-hearted BNW *laf* ★ not for the ~ *niet voor bangeriken*

fair (feə) I ZN • *markt; beurs; jaarmarkt* • *kermis* • *feest/bazaar in de open lucht* II BNW • *rechtvaardig; eerlijk; zuiver* • *blank* ⟨v. huid⟩; *licht(gekleurd); blond* ⟨v. haar⟩ • *vrij groot/goed* ⟨omvang/kwaliteit⟩ • *gunstig; mooi* ⟨v. weer⟩ ▼ *fair's fair eerlijk is eerlijk* ★ *fair enough! oké, jij gelijk!; prima!* ▼ G-B, INFORM. *it's a fair cop ik ben erbij; dat zat er in* III BIJW ★ *play fair eerlijk spel spelen* ★ *copy it out fair schrijf het in 't net* ▼ *fair and square eerlijk*

fair-faced BNW • *met mooi gezicht* • *z. mooi voordoend*

fairground ('feəgraʊnd) ZN *kermisterrein*

fair-haired BNW *blond*

fairly ('feəlɪ) BIJW • *tamelijk* • *eerlijk; redelijk*

fair-minded BNW *rechtvaardig; eerlijk*

fairway ('feəweɪ) ZN • *verzorgde golfbaan* • SCHEEPV. *vaargeul; vaarwater*

fair-weather BNW ▼ ~ *friends mensen die alleen in voorspoed vrienden zijn*

fairy ('feərɪ) ZN • *fee; elfje* • MIN. *homo*

fairyland ('feərɪlænd) ZN *sprookjesland/-wereld*

fairy tale ZN *sprookje*

fairy-tale BNW • *sprookjesachtig; sprookjes-* • *droom-* ★ *fairy-tail princess sprookjesprinses*

faith (feɪθ) ZN • *geloof; vertrouwen* • REL. *(sterk) godsdienstig geloof; bepaalde godsdienst* ★ *blind ~ blind vertrouwen* ▼ *break ~ with sb je niet aan je woord houden* ▼ *in good/bad ~ te goeder/kwader trouw*

faithful ('feɪθfʊl) BNW • *trouw; betrouwbaar; gelovig* • *waarheidsgetrouw* • *nauwgezet* ★ the ~ *de gelovigen*

faithfully ('feɪθfʊlɪ) BIJW • *eerlijk; oprecht* ▼ G-B *yours ~* ⟨in brief⟩ *hoogachtend*

faith healing ZN *gebedsgenezing*

faithless ('feɪθləs) BNW *trouweloos; ontrouw; onbetrouwbaar*

fake (feɪk) I ZN • *namaak; vervalsing* • *bedrieger* II BNW • *vals; namaak; nep* III OV WW • *vervalsen; voorwenden* ★ USA *fake sb out iem. bedotten* IV ONOV WW • *simuleren; doen alsof*

fakir ('feɪkrə) ZN *fakir*

falcon ('fɔːlkən) ZN *valk* ★ *peregrine ~ slechtvalk*

falconer ('fɔːlkənə) ZN *valkenier*

falconry ('fɔːlkənrɪ) ZN • *valkenjacht* • *valkendressuur*

fa

fall (fɔːl) I ONOV WW [onr.] • *vallen • worden • sneuvelen • gebeuren; plaatsvinden • afnemen* ⟨v. hoeveelheid, aantal, kracht⟩ • *betrekken* ⟨v. gezicht⟩ ★ *fall ill/in love ziek/verliefd worden* ★ *fall to doing sth iets beginnen te doen* • ~ **about** *omvallen van het lachen* • ~ **apart** *uit elkaar vallen; instorten* • ~ **away** *weg-/uit-/afvallen; naar beneden aflopen; verdwijnen; verminderen; wegsterven* ⟨v. geluid⟩ • ~ **back** *terugvallen; z. terugtrekken; terugdeinzen* • ~ **back on/upon** *zijn toevlucht nemen tot; achter de hand hebben* • ~ **behind** *achterop raken* • ~ **down** *neervallen; instorten; op instorten staan • falen* • ~ **for** *verliefd worden op* • ~ **in** *instorten; aantreden* ⟨v. soldaten, enz.⟩ • ~ **into** *vervallen tot; z. schikken naar* ★ the tradition fell into disuse *de traditie raakte in onbruik* • ~ **in with** *akkoord gaan met • toevallig in aanraking komen met* • ~ **off** *afvallen; achteruitgaan; verminderen* • ~ **on/upon** *zich storten op; neerkomen op • beleven; overkomen • om de nek vliegen; vallen op* • ~ **out** *uitvallen; ruzie krijgen • inrukken* ⟨v. soldaten⟩ • ~ **over** *omvallen; over elkaar heen vallen* • ~ **through** *mislukken* • ~ **to** *toevallen aan; vervallen aan • beginnen met* II ZN • *val • daling • verval; ondergang* • [meestal mv] *waterval* ★ *Victoria Falls Vicoria Waterval* • USA *herfst* • VS, FIG. *take the fall de schuld krijgen*

Fall (fɔːl) ZN *Zondeval*

fallacious (fə'leɪʃəs) BNW *bedrieglijk* ★ a ~ *argument drogreden*

fallacy ('fæləsɪ) ZN • *misvatting • drogreden*

fallback ('fɔːlbæk) ZN *uitwijkmogelijkheid; alternatief*

fallen ('fɔːlən) WW [volt. deelw.] • → **fall**

fall guy ZN *zondebok*

fallibility (fælə'bɪlɪtɪ) ZN *feilbaarheid*

fallible ('fæləbl) BNW *feilbaar*

fallout ('fɔːlaʊt) ZN • *radioactieve neerslag* • *nare/ongewenste bijverschijnselen*

fallow ('fæləʊ) BNW • *braak(liggend)* ⟨v. landbouwgrond⟩ • *niet productief* ⟨bep. periode⟩

false (fɔːls) BNW • *fout; verkeerd • onecht; vals • onrechtvaardig; ontrouw* ★ *play sb ~ iem. bedriegen*

falsehood ('fɔːlshʊd) ZN • *leugen(s) • onwaarheid*

falsies (fɔːlsɪːz) MV • *vulling in beha; voorgevormde beha • schoudervulling*

fa

falsification (fɔ:lsɪfɪ'keɪʃən) ZN *vervalsing*

falsify ('fɔ:lsəfaɪ) OV WW • *vervalsen* • *weerleggen* ⟨v. argument/theorie⟩

falsity ('fɔ:lsətɪ) ZN • *valsheid* ⟨in geschrifte⟩ • *onwaarheid*; *leugen*

falter ('fɔ:ltə) ONOV WW • *wankelen* • *teruglopen* ⟨v. zaken⟩ • *haperen* ⟨v. stem⟩ • *aarzelen*

fame (feɪm) ZN • *faam*; *roem* • *reputatie*

famed (feɪmd) BNW *beroemd* ★ ~ *for beroemd om/vanwege*

familiar (fə'mɪlɪə) BNW • *vertrouwd*; *bekend* • *familiair*; *intiem*

familiarity (fəmɪlɪ'ærətɪ) ZN • *vertrouwdheid* • *ongedwongenheid* • *familiariteit* ▼ ~ *breeds contempt v. familiariteit komt minachting* ⟨gezegde⟩

familiarize, G-B **familiarise** (fə'mɪlɪəraɪz) OV WW *bekend/vertrouwd maken met* ★ ~ *yourself with sth je iets eigen maken*

family ('fæməlɪ) **I** ZN • *gezin* • *familie* ★ a ~ *of four vier kinderen* ★ immediate ~ *naaste verwanten* ★ a young ~ *een gezin met jonge kinderen* ★ start a ~ *een gezin stichten* ▼ be in the ~ *way zwanger zijn* ▼ sth runs in the ~ *iets zit in de familie*

family allowance ZN *kinderbijslag*

family circle ZN *huiselijke kring*; *tweede rang* ⟨in theater⟩

family doctor, **family practitioner** ZN *huisarts*

family planning ZN *geboorteregeling*; *gezinsplanning*

family tree ZN *stamboom*

famine ('fæmɪn) ZN • *hongersnood* • *schaarste*

famish ('fæmɪʃ) OV WW *uithongeren* ★ FIG. I'm ~ed *ik rammel van de honger*

famous ('feɪməs) BNW *beroemd* ★ ~ *for beroemd om/vanwege*

fan (fæn) **I** ZN • *fan*; *bewonderaar* • *ventilator* • *waaier* **II** OV WW • *koelte toewaaien* • OOK FIG. *aanwakkeren* **III** ONOV WW • ~ **out** *uitwaaieren*; *verspreiden*

fanatic (fə'nætɪk) ZN *fanatiekeling*

fanatical (fə'nætɪkl) BNW *fanatiek*

fanaticism (fə'nætɪsɪzəm) ZN *fanatisme*

fan belt ZN *ventilatorriem*

fanciable BNW ⟨seksueel⟩ *aantrekkelijk*

fancier ('fænsɪə) ZN *liefhebber*; *fokker/kweker*

fanciful ('fænsɪfʊl) BNW • *fantasievol* • *denkbeeldig*; MIN. *ingebeeld*

fancy ('fænsɪ) **I** ZN • *inbeelding*; *verbeelding(skracht)*; *fantasie* • *gril* • *idee* • *favoriet* ⟨in wedstrijd⟩ ★ *fancies* [mv] *taartjes* ▼ *as/whenever the* ~ *takes you wanneer je maar wilt* ▼ *catch/take sb's* ~ *iem. aantrekken*; *iem. behagen* ▼ *catch/take a* ~ *to een voorliefde ontwikkelen voor*; *gaan houden van* **II** BNW • *extravagant* ⟨v. prijzen e.d.⟩ • *chic* • *uitbundig* • *decoratief* ★ ~ *articles/goods luxeartikelen* **III** OV WW • *z. verbeelden* • *zin hebben/krijgen in*; *leuk vinden* ▼ *just* ~! *stel je (toch) eens voor!* ★ ~ *yourself (as) hoge dunk van jezelf hebben*; *jezelf zien als* ★ ~ *a girl op een meisje vallen*

fancy-free (fænsɪ'fri:) BNW *ongebonden* • → **footloose**

fancy man ZN INFORM. vaak: MIN. *vrijer*

fancy woman ZN INFORM. vaak: MIN. *minnares*

fanfare ('fænfeə) • *trompetgeschal* • *drukte*; *ophef*

fang (fæŋ) ZN • *hoektand*; *snijtand* ⟨v. hond/wolf⟩ • *giftand* ⟨v. slang⟩

fanlight ('fænlaɪt) ZN *waaiervormig raam boven een deur*

fanny ('fænɪ) ZN • G-B, VULG. *kut* • VS, INFORM. *kont*

fanny pack ZN USA *heuptasje*

fantasize, G-B **fantasise** ('fæntəsaɪz) OV+ONOV WW *fantaseren*

fantastic (fæn'tæstɪk) BNW • *fantastisch* • *grillig*; *vreemd*

fantasy ('fæntəsɪ) ZN *fantasie*; *illusie*

fanzine ('fænzi:n) ZN ⟨fan + magazine⟩ *fanclubblad*

FAO AFK Food and Agricultural Organization *Wereldvoedsel- en Landbouworganisatie*

far (fɑ:) **I** BIJW • *ver (verwijderd)* • *veel*; *verreweg* ★ *as far back as 1900 al in 1900* ★ *as far as tot (aan)*; *voor zover* ★ *far different heel anders* ▼ *by far verreweg* ▼ *far and away the best verreweg de beste* ▼ *far and near overal* ▼ *far and wide wijd en zijd* ▼ *far from verre van* ▼ INFORM. *far be it from/for me to do sth het is niet aan mij om dat te doen* ▼ *we worked far into the night we werkten door tot diep in de nacht* ▼ *go far succes hebben* ▼ *go far towards veel bijdragen tot* ▼ *go so/as far as to zo ver gaan dat* ▼ *how far can we trust him? in hoeverre kunnen we hem vertrouwen?* ▼ *so/thus far zover*; *tot nog/nu toe* ▼ *so far, so good tot zover gaat 't goed* **II** BNW • *(ver)afgelegen* ★ *on the far right uiterst rechts* ⟨ook politiek⟩ ★ *the far side of the river de overkant v.d. rivier* ▼ *a far cry from in de verste verte niet lijkend op* ▼ *far out! helemaal te gek!*

faraway (fɑ:rə'weɪ) BNW • *ver(afgelegen)* • *afwezig* ⟨v. blik⟩

farce (fɑ:s) ZN • *klucht* • *farce*; *aanfluiting*

farcical ('fɑ:sɪkl) BNW *bespottelijk*

fare (feə) **I** ZN • *tarief* ⟨trein, enz.⟩ • *vrachtje* ⟨taxi⟩ • *kost* ⟨eten⟩ **II** ONOV WW ★ *fare much better het veel beter doen*

farewell (feə'wel) ZN *vaarwel*

farewell dinner ZN *afscheidsdiner*

far-fetched BNW *vergezocht*

far-flung BNW • *ver verspreid* • *verafgelegen*

farina (fə'ri:nə) ZN ⟨zet⟩*meel*; *bloem*

farm (fɑ:m) **I** ZN • *boerderij* • *landbouwbedrijf* • *fokkerij*; *kwekerij* ⟨v.vis⟩ **II** ONOV WW • *boeren* **III** OV WW • *bewerken*; *bebouwen* • ~ **out** MIN. *verzorgen tegen betaling* ⟨vooral v. kind⟩; *uitbesteden* ⟨v. werk⟩ **IV** ONOV WW • *boeren*

farmer ('fɑ:mə) ZN *boer*; *landbouwer*; *pachter*

farmhand ('fɑ:mhænd) ZN *boerenknecht*

farmhouse ('fɑ:mhaʊs) ZN *boerderij*; *boerenhoeve*

farming ('fɑ:mɪŋ) **I** ZN • *het boeren* **II** BNW • *landbouw-*

farmland ('fɑ:mlænd) ZN *bouwland*

farmstead ('fɑ:msted) ZN *boerderij*

farmyard ('fɑ:mjɑ:d) **I** ZN • *boerenerf* **II** BNW • *grof*; *ruw*

far-off BNW • afgelegen • afwezig ⟨v. blik⟩

farrago (fə'rɑ:gəʊ) ZN ratjetoe; mengelmoes

far-reaching BNW vérstrekkend

farrier ('færɪə) ZN hoefsmid

farrow ('færəʊ) I ZN • worp ∗ in/with ~ drachtig
II OV+ONOV WW • biggen werpen

far-seeing BNW vooruitziend

far-sighted BNW • vooruitziend • USA verziend

fart (fɑ:t) I ZN • scheet ∗ an old fart een oude lul
II ONOV WW • een scheet laten • ~ around/
about aanklooien; rondlummelen

farther, further ('fɑ:ðə) BNW + BIJW
[vergrotende trap] • → far

farthest ('fɑ:ðɪst) BNW [overtreffende trap] • →
far ▾ at (the) ~ op z'n hoogst/laatst/meest/verst

farthing ('fɑ:ðɪŋ) ZN FIG. minieme hoeveelheid

fascia, facia ('feɪʃə) ZN • frontje voor mobieltje;
instrumentenpaneel; dashboard • ARCH. fascia;
band ⟨op gevel⟩ • naambord ⟨v. winkel⟩

fascinate ('fæsɪneɪt) OV WW fascineren; boeien

fascinating ('fæsɪneɪtɪŋ) BNW fascinerend

fascination (fæsɪ'neɪʃən) ZN • (sterke)
aantrekkingskracht • geboeidheid

fascism ('fæʃɪzəm) ZN fascisme

fascist ('fæʃɪst) I ZN • fascist II BNW • fascistisch

fashion ('fæʃən) I ZN • mode • gebruik; gewoonte
∗ come into ~ in de mode komen ∗ set the ~
de toon aangeven ∗ a man of ~ een man met
stijl ∗ after a ~ tot op zekere hoogte ∗ after/in
the ~ of in de stijl van ▾ in such a ~ zo; op die
manier ▾ like it's going out of ~ alsof zijn
leven er van afhangt II OV WW • vormen;
modelleren • pasklaar maken

fashionable ('fæʃnəbl) BNW modieus ∗ a ~
restaurant een chic restaurant ∗ the ~ world
de grote wereld

fast (fɑ:st) I ZN • vastentijd II BNW + BIJW • snel
• onbeweeglijk; vast • trouw ⟨vriendschap⟩
• wasecht ⟨v. kleur⟩ • gevoelig ⟨v. film⟩ • vóór
⟨v. klok⟩ ∗ fast asleep in diepe slaap ∗ fast
friends onafscheidelijke/dikke vrienden ∗ SPORT
a fast one snelle bal ∗ live fast maar raak
leven; snel leven ∗ a fast and furious film een
geweldige actiefilm ▾ a fast talker een gladde
prater ▾ a fast worker een snelle jongen ⟨in
relatie met het andere geslacht⟩ ▾ as fast as
your legs can carry you zo snel als je kunt
▾ pull a fast one gemene streek uithalen; (iem.)
een loer draaien ▾ stand fast/firm op zijn stuk
blijven III ONOV WW • vasten

fasten ('fɑ:sən) OV WW vastmaken • sluiten;
dichtdoen • bevestigen • vastbinden • vestigen
op; richten ⟨ogen, aandacht⟩ ∗ the door will
not ~ de deur gaat niet dicht ∗ the dog ~ed its
teeth in my leg de hond zette zijn tanden in
mijn been • ~ off afhechten ⟨draad⟩
• ~ on/upon z. richten op; vasthouden aan
⟨plan⟩; klitten • ~ up vastmaken ⟨jas⟩

fastener ('fɑ:snə), fastening ('fɑ:snɪŋ) ZN
sluiting

fastidious (fæ'stɪdɪəs) BNW • nauwgezet
• overdreven schoon • kieskeurig; veeleisend

fastness ('fɑ:stnɪs) ZN • bolwerk • → fast

fat (fæt) I ZN • vet ∗ then the fat was in the fire
toen had je de poppen aan 't dansen ∗ live
off/on the fat of the land van het goede der

aarde genieten II BNW • vet; vettig • dik ▾ fat
chance! weinig kans! ▾ a fat lot you know! en
jij zou dat weten! ▾ IRON. a fat lot of use totaal
geen nut ▾ kill the fatted calf for sb iem.
feestelijk onthalen

fatal ('feɪtl) BNW • fataal; dodelijk • noodlottig;
rampzalig

fatalism ('feɪtəlɪzəm) ZN fatalisme

fatality (fə'tælətɪ) ZN ongeluk met dodelijke
afloop; dodelijk verloop ⟨v. ziekte⟩; noodlot

fatally ('feɪtlɪ) BIJW fataal; dodelijk

fate (feɪt) ZN lot; noodlot ∗ seal sb's fate iemands
lot bezegelen ▾ a fate worse than death iets
gruwelijks

fated ('feɪtɪd) BNW • voorbestemd • gedoemd

fateful ('feɪtfʊl) BNW • noodlottig • belangrijk

fathead ('fæthed) ZN domkop; dwaas

father ('fɑ:ðə) I ZN • vader ∗ Father pater;
priester; God • ~s [mv] voorvaderen
∗ founding ~ grondlegger ▾ from ~ to son van
vader op zoon ▾ like ~, like son zo vader, zo
zoon II OV WW • voortbrengen • z. opwerpen
als maker/vader van • vaderschap op z. nemen
• een vader zijn voor

Father Christmas ZN Kerstman

father-figure ZN vaderfiguur

fatherhood ('fɑ:ðəhʊd) ZN vaderschap

father-in-law (fɑ:ðərɪnlɔ:) ZN schoonvader

fatherly ('fɑ:ðəlɪ) BNW vaderlijk

fathom ('fæðəm) I ZN • vadem ⟨6 voet (ca. 1.80
m)⟩ II OV WW • peilen • FIG. doorgronden

fathomable ('fæðəməbl) BNW peilbaar

fathomless ('fæðəmləs) BNW peilloos;
ondoorgrondelijk

fatigue (fə'ti:g) I ZN • vermoeidheid; moeheid
⟨ook v. metaal⟩ • vermoeiend werk ∗ MIL. ~s
[mv] gevechtspak; (straf)corvee II OV WW
• vermoeien

fatso ('fætsəʊ) ZN INFORM., MIN. vetzak

fatstock ('fætstɒk) ZN slachtvee

fatten ('fætn) I OV WW • vetmesten II ONOV WW
• dik/vet worden

fatty ('fætɪ) I ZN • INFORM. dikzak II BNW
• vet(tig) ∗ ~ acids vetzuren

fatuity (fə'tju:ətɪ) ZN domheid; onzinnigheid

fatuous ('fætjʊəs) BNW dom; dwaas; idioot

faucet ('fɔ:sɪt) ZN USA kraan

fault (fɔ:lt) ZN • fout • onvolkomenheid; gebrek
• schuld • overtreding • breuk in aardlaag
• verkeerd geserveerde bal ⟨tennis⟩ ∗ at ~
schuldig; verantwoordelijk ∗ find ~ (with)
aanmerking maken (op) ▾ to a ~ buitengewoon;
al te ... ▾ ECON. with all ~s op risico v. koper

fault-finding ZN muggenzifterij

faultless ('fɔ:ltləs) BNW onberispelijk; foutloos

faulty ('fɔ:ltɪ) BNW • defect • gebrekkig • onjuist

faun (fɔ:n) ZN faun; bosgod

fauna ('fɔ:nə) ZN fauna; dierenwereld

fave (feɪv) I ZN • INFORM. favoriet persoon/ding
II BNW • favoriet-; lievelings-

favour, USA favor ('feɪvə) I ZN • gunst
• goedkeuring; steun • begunstiging • USA
aandenken; gift ∗ in ~ with in de gunst van
∗ fall from/lose ~ uit de gratie raken ∗ find ~
with steun krijgen van ∗ look with ~ upon iets
goedkeuren; met welgevallen beschouwen ▾ ~s

fa

fa

don't come easily *voor wat hoort wat* ▼ in~ of (sb/sth) *ten gunste van*; *vóór iem./iets* ▼ in your ~ *in je voordeel* ▼ be all in~ of *volledig steunen* ▼ come down in~ of *uiteindelijk kiezen voor* ▼ do me a~! *kom nou!* ▼ do sb no ~s *iem. geen dienst bewijzen* **II** ov ww • *verkiezen; bij voorkeur dragen* ‹v. kleren› • *begunstigen; bevoordelen* • *goed/gunstig zijn voor*

favourable, USA **favorable** ('feɪvərəbl) BNW *gunstig; positief* ★ ~ to *te verkiezen boven*

favourite, USA **favorite** ('feɪvərɪt) **I** ZN • *favoriet; gunsteling; lieveling* **II** BNW • *lievelings-*

favouritism, USA **favoritism** ('feɪvərɪtɪzəm) ZN *voortrekkerij; vriendjespolitiek*

fawn (fɔːn) **I** ZN • *jong hert; reekalf* **II** BNW • *licht geelbruin* **III** ONOV WW • ~ **on/over** MIN. *kruipen voor; vleien*

faze (feɪz) OV WW *van zijn stuk brengen*

FBI AFK USA Federal Bureau of Investigation *Federale Recherche*

FC AFK Football Club *voetbalvereniging*

fear (fɪə) **I** ZN • *vrees; angst* ★ shake with fear *bibberen van angst* ▼ for fear of *uit vrees voor* ▼ for fear that *uit vrees dat* ▼ in fear of *bang voor* ▼ without fear or favour *rechtvaardig, eerlijk* ▼ no fear! *absoluut niet!* ▼ put the fear of God into sb *iem. erg bang maken* **II** OV WW • *vrezen; bang zijn voor; beducht zijn* ▼ never fear! / fear not! *wees (maar) niet bang!* ▼ ~ **for** *bang zijn voor; bezorgd zijn over*

fearful ('fɪəfʊl) BNW *bang; angstig; vreselijk; angstaanjagend*

fearless ('fɪələs) BNW *onbevreesd; onverschrokken*

fearsome ('fɪəsəm) BNW *afschrikwekkend*

feasibility (fiːzɪ'bɪlətɪ) ZN • *uitvoerbaarheid* • *haalbaarheid* • *waarschijnlijkheid*

feast (fiːst) **I** ZN • *feest(maal)* • *kerkelijk feest* **II** OV WW • *trakteren* **III** ONOV WW • *feest vieren* • ~ **on** *z. te goed doen aan; z. verlustigen in* ▼ ~ one's eyes on sth *genieten v.d. aanblik v. iets*

feat (fiːt) ZN *prestatie; heldendaad* ★ no mean feat *een hele prestatie/toer*

feather ('feðə) **I** ZN • *veer* ▼ ~s [mv] *pluim* ‹ook aan poot v. dier› ▼ a ~ in your cap *iets om trots op te zijn* **II** OV WW • *met veren bedekken* ▼ ~ one's nest *zijn zakken vullen*

feather-bed OV WW *in de watten leggen*

feather-brained BNW *leeghoofdig*

feathered ('feðəd) BNW *gevederd; gevleugeld*

featherweight ('feðəweɪt) ZN • SPORT *vedergewicht* • *onbeduidend iets/persoon*

feathery ('feðərɪ) BNW • *gevederd; veer-* • *zeer licht en zacht*

feature ('fiːtʃə) **I** ZN • *gelaatstrek* • *belangrijk/ interessant/typisch iets; (hoofd)eigenschap; kenmerk(ende trek); karakteristiek* • *hoofdartikel in krant* • *hoofdfilm* **II** ONOV WW • *een belangrijke plaats innemen; opvallen; een (hoofd)rol spelen* **III** OV WW • *karakteriseren; beschrijven; schetsen* • *als speciale attractie hebben*

feature film ZN *speel-/hoofdfilm*

featureless ('fiːtʃələs) BNW • *saai; vervelend* • *niet interessant*

Feb. ('februərɪ) AFK February *februari*

febrile ('fiːbraɪl) BNW • *koortsig* • *koortsachtig*

feckless ('fekləs) BNW • *slap* • *zonder pit; futloos*

fecund ('fekənd) BNW *productief; vruchtbaar*

fecundity (fɪ'kʌndətɪ) ZN *vruchtbaarheid; productiviteit*

fed (fed) **I** AFK • federal agent INFORM. *FBI-agent* • Federal Reserve *Amerikaanse Nationale Bank* **II** WW [verl. tijd + volt. deelw.] • → **feed**

federal ('fedərəl) BNW *federaal; bonds-*

federalize, G-B **federalise** ('fedərəlaɪz) OV WW *verenigen*

federate ('fedərət) **I** BNW *verbonden* **II** OV+ONOV WW ('fedəreɪt) (z.) *tot (staten)bond verenigen*

federation (fedə'reɪʃən) ZN • *(staten)bond; federatie* • *eenwording*

federative ('fedərətɪv) BNW *verbonden; bonds-*

fed up BNW ★ be ~ with *het zat/beu zijn; balen*

fee (fiː) **I** ZN • *honorarium; loon* • *entree-/clubgeld* ★ fees [mv] *schoolgeld* **II** OV WW • *betalen; honoreren*

feeble ('fiːbl) BNW *zwak; futloos*

feed (fiːd) **I** OV WW [onr.] • *voeden; voederen* • *voorzien van; bevredigen* ‹v. behoefte› • *invoeren; instoppen* ‹computer› ★ we are constantly fed gossip by the media *via de media krijgen we voortdurend kletspraat over ons heen* ★ well fed *goed doorvoed* **II** ONOV WW • *eten; z. voeden; weiden* ‹v. vee› ★ feed one's eyes on *zich verlustigen in* ★ they only feed on rice *zij leven alleen van rijst* ▼ feed your face *schransen* ~ **off/on** ★ art feeds off life *de kunst wordt geïnspireerd door het leven* ~ **up** ★ vetmesten **III** ZN • INFORM. *maaltijd* ‹v. baby/dier› • *voer; voeding* ‹v. vee/planten› • *invoer* ‹machine› • INFORM. *stevige maaltijd* ▼ 't aangevoerde materiaal ▼ be off one's feed *geen trek in eten hebben*

feedback ('fiːdbæk) ZN • *terugkoppeling* • *feedback; respons; reactie*

feeder ('fiːdə) ZN • *eter* • *toevoer* • *zijrivier/-weg, aftakking* • *voederbak* • *zuigfles* • USA *mestdier*

feeding ('fiːdɪŋ) ZN *voeding; het voeden*

feeding bottle ZN *zuigfles; flesje*

feel (fiːl) **I** OV WW [onr.] • *voelen; tasten* • *gewaarworden* • *vinden; van mening zijn* ★ feel your way *op de tast gaan*; FIG. *het terrein verkennen* ▼ feel your age *voelen dat de jaren tellen* ▼ feel your ears burning *denken dat anderen over je roddelen* ▼ INFORM. feel the pinch *(financieel) krap zitten* ▼ feel (it) in your bones *(het) in je botten voelen* ▼ feel your way *tastend/voorzichtig je weg zoeken* ▼ not feel yourself *je niet lekker voelen* **II** ONOV WW • *(zich) voelen; aanvoelen; gevoelens hebben* • *tasten; verkennen* ▼ INFORM. feel free *wees zo vrij* ▼ it makes me feel good *het doet me goed* ▼ feel like sth/feel like doing sth *zin hebben in* ▼ G-B feel sick/USA feel sick to your stomach *misselijk zijn* • ~ **for** *meevoelen; sympathiseren met* • ~ **out** *uithoren* • VULG. ~ **up** *seksueel betasten* • ~ **up to** *aankunnen; opgewassen zijn tegen* **III** ZN • *gevoel* ▼ firm to the feel *stevig aanvoelend* ▼ get the feel of sth *aan iets gewend raken; iets in de vingers krijgen* ▼ have a feel for sth *gevoel hebben voor*

feeler ('fiːlə) ZN *voelhoorn/-spriet; proefballonnetje* ▼ put out ~s *voelhoorns* *uitsteken*

feel-good BNW *positief*; *een goed gevoel gevend* ★ a ~ movie *film waar je een goed gevoel aan overhoudt*

feeling ('fi:lɪŋ) I ZN • *gevoel(en)* • *idee* • *sympathie*; *medeleven* • *sfeer* ★ ~s [mv] *gevoelens*; *emoties* ▼ bad/ill ~(s) *wrok*; *bitterheid* ★ ~s ran high *de gemoederen raakten verhit* ★ your better ~s *je geweten* ★ INFORM. no hard ~s! *even goede vrienden!* II BNW • *gevoelig* • *meelevend*

feelingly ('fi:lɪŋlɪ) BIJW *met gevoel*; *gevoelvol*

feet (fi:t) ZN [mv] • → **foot**

feign (feɪn) ONOV WW *veinzen*; *doen alsof*

feint (feɪnt) I ZN • SPORT *schijnbeweging* II ONOV WW • *een schijnbeweging maken*

felicitous (fə'lɪsɪtəs) BNW *goed (gevonden) en toepasselijk*

felicity (fə'lɪsətɪ) ZN • *groot geluk*; *zegen(ing)* • *toepasselijkheid*

feline ('fi:laɪn) I ZN • *katachtige* II BNW • *katachtig*

fell (fel) ONOV WW [verleden tijd] • → **fall** I OV WW • *vellen* II ZN • *(kale) heuvel*; *heidevlakte* ⟨N.-Engeland⟩ III BNW • *wreed*; *woest* • *dodelijk* ▼ at/in one fell swoop *met/in één klap*

fellow ('feləʊ) I ZN • *vent*; *kerel* • *maat*; *makker* • *staflid v. College/faculteit* • *lid v. universiteitsbestuur of wetenschappelijk genootschap* • vnl. USA *afgestudeerde met toelage voor onderzoek* • *wederhelft*; *andere helft* II BNW • *gelijke* • *-genoot*; *mede-* ★ my ~ passengers *mijn medepassagiers*

fellow feeling ZN *sympathie*; *medeleven*

fellowship ('feləʊʃɪp) ZN • *kameraadschappelijke omgang*; *collegialiteit* • *broederschap*; *genootschap* • in G-B *baan als wetenschapper* • *toelage v. doctoraalassistent* • *lidmaatschap v. academische/professionele organisatie*

felon ('felən) ZN *misdadiger*

felonious (fɪ'ləʊnɪəs) BNW *misdadig*

felony ('felənɪ) ZN *zware misdaad*

felt (felt) I ZN • *vilt* II BNW ★ a felt hat *een vilten hoed* III ONOV WW [verl. tijd + volt. deelw.] • → **feel**

felt-tip pen ZN *viltstift*

female ('fi:meɪl) I ZN • DIERK. *wijfje* • PLANTK. *een vrouwelijke plant* • *vrouw*; *meisje* II BNW • *vrouwelijk*; *wijfjes-*

feminine ('femɪnɪn) BNW *vrouwelijk*; *vrouwen-*

femininity (femə'nɪnətɪ) ZN *vrouwelijkheid*

feminism ('femɪnɪsm) ZN *feminisme*

femora ('femərə) ZN [mv] • → **femur**

femur ('fi:mə) ZN *dij(been)*

fen (fen) ZN *moeras*; *ondergelopen land* ★ the Fens *lage gebieden in Cambridgeshire*

fence (fens) I ZN • *hek*; *omheining*; *schutting* • SPORT *hindernis* • INFORM. *heler* ★ electric ~ *afrastering van schrikdraad* ★ be/sit/stay on the ~ *geen partij kiezen* ★ over the ~ AUS.; *onredelijk*; *niet acceptabel* II OV WW • *beschutten*; *omheinen* • ~ **in** *omheinen*; *afrasteren*; FIG. *belemmeren* • ~ **off** *afscheiden*; *afschermen* (met hek) III ONOV WW • SPORT *schermen*

fencing ('fensɪŋ) ZN • *omheining*

• *schermkunst/-sport*

fend (fend) I OV WW • ~ **off** *afweren*; *ontwijken* II ONOV WW • ~ **for** *zorgen voor* ★ fend for yourself *voor jezelf opkomen/zorgen*

fender ('fendə) ZN • USA *spatbord* ⟨v. auto⟩ • *haardrand*; *stootkussen*; *bumper*

fender bender ZN INFORM. *auto-ongelukje*

fennel ('fenl) ZN *venkel*

feral ('ferəl) BNW • *verwilderd* • *wild*; *dierlijk*

ferment ('fɜ:mənt) I OV WW • *doen fermenteren/gisten*; *in beroering brengen* II ONOV WW • *fermenteren*; *gisten* III ZN • OUD. *gist*; *gisting* • *opwinding*; *(sociale) onrust*

fermentation (fɜ:men'teɪʃən) ZN • *gisting* • *onrust*; *beroering*

fern (fɜ:n) ZN *varen(s)*

ferocious (fə'rəʊʃəs) BNW • *woest*; *wild* • *wreed*

ferocity (fə'rɒsətɪ) ZN *woestheid*; *wreedheid*

ferret ('ferɪt) I ZN • *fret* • PLAT *detective* • *grondig onderzoek* II ONOV WW • *met fretten jagen* III OV WW • *opsporen*; *speuren naar* • ~ **out** *uitvissen*; *opdiepen*

ferric ('ferɪk) BNW *ijzer-*

Ferris wheel ('ferɪswi:l) ZN *reuzenrad* ⟨op kermis⟩

ferroconcrete (ferəʊ'kɒŋkri:t) ZN *gewapend beton*

ferrous ('ferəs) BNW *ijzerhoudend*; *ferro-*

ferruginous (fə'ru:dʒɪnəs) BNW • *ijzerhoudend* • *roestkleurig*

ferrule ('feru:l) ZN *metalen dop/ring om eind v. stok*

ferry ('ferɪ) I ZN • *veer(boot)* II OV WW • *overzetten*; *vervoeren* III ONOV WW • *oversteken*

ferry boat ('ferɪbəʊt) ZN *veerboot*

ferryman ('ferɪmən) ZN *veerman*

fertile ('fɜ:taɪl) BNW *vruchtbaar*; *creatief*; *rijk (in/aan)*

fertility (fɜ:'tɪlətɪ) ZN *vruchtbaarheid*

fertilization, G-B **fertilisation** (fɜ:tɪlaɪ'zeɪʃən) ZN *bevruchting*; *bemesting*

fertilize, G-B **fertilise** ('fɜ:tɪlaɪz) OV WW • *bevruchten*; *vruchtbaar maken* • *met kunstmest behandelen*

fertilizer, G-B **fertiliser** ('fɜ:təlaɪzə) ZN *(kunst)mest*

fervent ('fɜ:vənt) BNW *heet*; *vurig*; *hartstochtelijk*

fervid ('fɜ:vɪd) BNW *vurig*; *hartstochtelijk*

fervour, USA **fervor** ('fɜ:və) ZN *hitte*; *vuur*; *enthousiasme*

festal ('festl) BNW *feestelijk*; *feest-*

fester ('festə) WW • *(doen) zweren* • *verrotten* • *knagen*

festive ('festɪv) BNW *feest-*; *feestelijk*

festivity (fe'stɪvətɪ) ZN *feestelijkheid*; *feestvreugde*

festoon (fe'stu:n) I ZN • *guirlande*; *slinger* II OV WW • *versieren met slingers/bloemen*

fetch (fetʃ) OV WW • *halen*; *brengen* • *opbrengen*; *opleveren* • *toebrengen* (slag) ▼ ~ and carry *voor bediende spelen* ★ go and ~ *gaan halen* • INFORM. ~ **up** *terechtkomen*

fetching ('fetʃɪŋ) BNW INFORM. *enig*; *leuk*; *aantrekkelijk*

fête (feɪt), **fete** I ZN • *feest/bazaar in de open lucht* II OV WW • *fêteren*; *feestelijk onthalen*

fe

fe

fetid ('fi:tɪd) BNW *stinkend*
fetish ('fetɪʃ) ZN • MIN. *fetisj* • *fixatie; obsessie*
fetor ('fi:tə) ZN *gruwelijke stank*
fetter ('fetə) I ZN • *voetboei; keten* • *belemmering* II OV WW • *boeien; belemmeren*
fettle ('fetl) ZN *conditie*
fetus ('fi:təs) USA • → **foetus**
feud (fju:d) I ZN • *vete* II ONOV WW • *twisten; ruziën*
feudal ('fju:dl) BNW *feodaal*
feudalism ('fju:dəlɪzəm) ZN *feodaal stelsel*
fever ('fi:və) ZN • *koorts* • *(koortsachtige) opwinding* ★ glandular ~ *ziekte van Pfeiffer* ★ scarlet ~ *roodvonk*
fevered ('fi:vəd), **feverish** ('fi:vərɪʃ) BNW • *koortsig* • *koortsachtig*
fever pitch ZN *hoogtepunt; kookpunt*
few (fju:) I BNW + ONB VNW • *weinige(n)* ★ a few *enkele; een paar* ★ no fewer than 80 people *wel 80 mensen* ★ the happy few *een kleine/uitverkoren minderheid* ▾ quite a few *vrij veel* ▾ G-B a good few *heel wat* ▾ INFORM. have had a few *teveel op hebben* (alcohol) II BNW • *(maar) weinig* • a few *enkele; een paar* ★ every few days *om de zoveel dagen* ▾ few and far between *dungezaaid; sporadisch*
fey (feɪ) BNW • *eigenaardig; wereldvreemd* • *helderziend*
ff. AFK • and following (pages) *en volgende (pagina's)* • folios *folio's*
fiancé (fɪ'ɒnseɪ, fi'a:nseɪ) ZN *verloofde* (man)
fiancée (fɪ'ɒnseɪ, fi'a:nseɪ) ZN *verloofde* (vrouw)
fiasco (fɪ'æskəʊ) ZN *fiasco; afgang*
fiat ('faɪæt) ZN • *fiat; goedkeuring* • *(officieel) besluit*
fib (fɪb) I ZN • *leugentje* II ONOV WW • *jokken*
fibber ('fɪbə) ZN *jokkebrok*
fibre, USA **fiber** ('faɪbə) ZN • *vezel(s)* (in voedsel) • *vezelachtige stof* • *karakter* ★ synthetic ~ *kunstvezel* ★ a high-~ diet *een vezelrijk dieet* ★ with every ~ of my being *met elke vezel in mijn lichaam; met heel mijn ziel*
fibreboard, USA **fiberboard** ('faɪbəbɔ:d) ZN *(hout)vezelplaat*
fibreglass, USA **fiberglass** ('faɪbəglɑ:s) ZN *fiberglas; glasvezel*
fibril ('faɪbrɪl) ZN • *vezeltje* • ANAT. *trilhaar*
fibrin ('faɪbrɪn) ZN *vezelstof*
fibrous ('faɪbrəs) ZN *vezelig*
fibula ('fɪbjʊlə) ZN *kuitbeen*
fickle ('fɪkl) BNW *wispelturig; grillig*
fiction ('fɪkʃən) ZN • *fictie* • *onwaarheid*
fictional ('fɪkʃənl) BNW *fictief; roman-*
fictitious (fɪk'tɪʃəs) BNW *verzonnen; fictief*
fiddle ('fɪdl) I ZN • *fiedel;* FORM. *viool; vedel* • *knoeierij; bedrog* • *een (hele) toer* ▾ be on the ~ *met geld rommelen* ▾ play second ~ *tweede viool spelen* II OV WW • *friemelen; spelen* • PLAT *knoeien; rommelen* (vooral met de boekhouding) III ONOV WW • *fiedelen;* FORM. *vioolspelen;* ~ **about/around** *keutelen; rommelen*
fiddle-faddle ('fɪdlfædl) ZN *onzin*
fiddler ('fɪdlə) ZN • *vedelaar;* INFORM. *vioolspeler* • INFORM. *knoeier*
fiddlesticks ('fɪdlstɪks) ZN MV *nonsens; flauwekul;*

smoesjes
fiddling ('fɪdlɪŋ) BNW • *onbetekenend* • *prullerig*
fidelity (fɪ'delətɪ) ZN *trouw; getrouwheid* ★ high ~ *natuurgetrouwe geluidsweergave*
fidget ('fɪdʒɪt) I ONOV WW • *(z.) zenuwachtig bewegen* • *z. niet op z'n gemak voelen* II ZN • *druk en nerveus persoon* • *zenuwachtige toestand* ★ have the ~s *erg gejaagd zijn; niet stil kunnen zitten*
fidgety ('fɪdʒətɪ) BNW *onrustig; druk*
fiduciary (fɪ'dju:ʃərɪ) I ZN • *vertrouwensman; zaakwaarnemer* II BNW • *vertrouwens-*
fief (fi:f) ZN • GESCH. *leengoed* • *invloedssfeer*
field (fi:ld) I ZN • *veld; gebied; terrein* • *slagveld* • *akker* • *spelers* (v.e. wedstrijd) ★ take the ~ *spelen/optrekken tegen* ★ ~ of vision *gezichtsveld* ★ ~ of fire *schootsveld* ▾ INFORM. play the ~ *pakken wat je pakken kunt* (op seksueel gebied) II OV WW • *veldspeler zijn* • *kandidaat stellen* (voor verkiezing) • *terugspelen* • *afhandelen* (v. telefoontje)*; pareren* (v. vraag)
field day ZN • *grote dag* (figuurlijk) • USA *sportdag*
fielder ('fi:ldə) ZN *veldspeler*
field events MV *atletiek* (uitgezonderd baannummers)
field glasses ('fi:ldglɑ:sɪz) MV *veldkijker*
field goal ZN (Am. football) • *fieldgoal* (basketbal) • *driepunter*
field hockey ZN USA *hockey*
field marshal ZN G-B, MIL. *veldmaarschalk*
field officer ZN • *veldwerker* • MIL. *hoofdofficier*
fieldsman ('fi:ldzmən) ZN *veldspeler*
field sports MV *buitensport* (zoals jagen en vissen)
field test I ZN • *praktijktest* II OV WW • *in de praktijk testen*
field trip ZN *excursie; veldwerk*
fieldwork ('fi:ldwɜ:k) ZN • *veldwerk* • *praktijk*
fiend (fi:nd) ZN • *duivel* • *maniak* • *boze geest* ★ a health ~ *een gezondheidsmaniak*
fiendish ('fi:ndɪʃ), **fiendlike** ('fi:ndlaɪk) BNW • *gemeen; duivels* • *maniakaal* • *verduiveld moeilijk*
fierce ('fɪəs) BNW *woest; vinnig; fel; onstuimig; hevig*
fiery ('faɪərɪ) BNW • *vurig* • *opvliegend* • *fel* (boosheid) • *heet; scherp* (voedsel)
fife (faɪf) ZN MIL. *kleine dwarsfluit*
fifteen (fɪf'ti:n) I TELW • *vijftien* II ZN • *vijftiental* (bij rugby)
fifteenth (fɪf'ti:nθ) TELW *vijftiende*
fifth (fɪfθ) TELW *vijfde* ★ USA take/plead the Fifth *weigeren te antwoorden/getuigen* (op basis van het vijfde amendement van de grondwet)
fiftieth ('fɪftɪəθ) TELW *vijftigste*
fifty ('fɪftɪ) TELW *vijftig* ★ ~~ *half om half*
fig (fɪg) ZN • *vijg* • *kleding* ★ not care/give a fig *geen laars kunnen schelen* ★ in full fig *in vol ornaat*
fight (faɪt) I OV WW [onr.] • *bevechten* • *aanvechten; bestrijden* II ONOV WW • *vechten; strijden; ruzie maken* ▾ ~ like a tiger *vechten als een leeuw* ▾ ~ fire with fire *vuur met vuur bestrijden* ▾ ~ a losing battle *voor een verloren*

zaak vechten ▾ ~ shy of *zich niet inlaten met*; *terugschrikken voor* ▾ ~ tooth and nail *tot het uiterste vechten* ▾ ~ your own battles *je eigen zaakjes opknappen* ● ~ **back** [onov] *terugvechten*; *wegslikken*; *onderdrukken* ⟨angst, boosheid, tranen⟩ ● ~ **down** [ov] *onderdrukken* ● ~ **off** [ov] *verdrijven* ⟨vrees, wanhoop⟩ ● ~ **out** [ov] *uitvechten* III ZN ● *gevecht*; *strijd* ● *ruzie* ● *slag* ⟨om een stad⟩ ● *vechtlust* ★ a ~ broke out *er ontstond een gevecht* ★ there is ~ in him *hij weert zich flink* ★ get into a ~ *in gevecht raken* ★ have a ~ on your hands *nog flink moeten vechten* ★ put up a good ~ *z. goed weren* ▾ ~ or flight *vechten of wegwezen* ▾ a ~ to the finish *een gevecht tot het bittere eind*

fightback (ˈfaɪtbæk) ZN *tegenaanval*

fighter (ˈfaɪtə) ZN ● *vechtersbaas* ● LUCHTV. *gevechtsvliegtuig*

fighting chance ZN *een kans als je erg je best doet*

fighting spirit ZN *vechtlust*

fig leaf ZN *vijgenblad*

figment (ˈfɪgmənt) ZN *verzinsel* ▾ a ~ of your imagination *een hersenspinsel*

fig tree ZN *vijgenboom*

figurant (ˈfigjʊrənt) ZN [v: **figurante**] *figurant*

figurative (ˈfɪgərətɪv) BNW ● *figuurlijk* ● *figuratief*

figure (ˈfɪgə) I ZN ● *cijfer*; *getal*; *bedrag* ● *persoon*; *figuur*; *gestalte*; *beeld* ⟨KUNST⟩ ● ⟨geometrische⟩ *figuur*; *diagram* ● MUZ. *motief* ★ bad at ~s *slecht in rekenen* ★ do ~s *cijferen*; *sommen maken* ★ run into three ~s *in de duizenden lopen* ▾ TAALK. ~ of speech *stijlfiguur* ★ cut a ~ *een figuur slaan* ▾ be/become a ~ of fun *het mikpunt zijn/worden van plagerijen* ▾ put a ~ on sth *de prijs van iets schatten* II OV WW ● *(z.) voorstellen*; *afbeelden* ● USA *rekenen* ● USA *geloven*; *denken*; *vanzelf spreken* ● *versieren in patroon* ● VS, INFORM. ~ **on** *rekenen op*; *vertrouwen op* ● INFORM. ~ **out** *uitrekenen*; *uitvogelen*; *hoogte krijgen van* ▾ that ~s! *dat is logisch!* ▾ IRON. go ~! *snap jij het, snap ik het!* III ONOV WW ● *rekenen*; *cijferen* ● *een rol spelen*; *voorkomen*

figurehead (ˈfɪgəhed) ZN ● SCHEEPV. *boegbeeld* ● *leider in naam*; *stroman*

figure skating ZN *kunstrijden*

figurine (fɪgjʊˈriːn) ZN *beeldje*

filament (ˈfɪləmənt) ZN ● *gloeidraad* ● *vezel* ● PLANTK. *helmdraad*

filamentous (fɪləˈmentəs) BNW *vezelig*

filbert (ˈfɪlbət) ZN ● *hazelaar* ● *hazelnoot*

filch (fɪltʃ) OV WW *pikken*; *gappen*

file (faɪl) I ZN ● *map*; *dossier* ● COMP. *bestand*; *document*; *file* ● *archief* ● *vijl* ● *gelid*; *rij* ★ in file *in de rij* ★ in single file *achter elkaar* ★ on file *in het archief* II OV WW ● *archiveren*; *opbergen* ⟨in dossier⟩ ● *indienen* ⟨eis, klacht, verzoek⟩ ● MEDIA *insturen* ⟨v. bericht, reportage enz.⟩ ● *vijlen* III ONOV WW ● *achter elkaar lopen* IV WW ● ~ **away** [ov] *opbergen*; *archiveren* ● ~ **for** [onov] *indienen* ⟨eis, klacht, verzoek⟩ ★ file for divorce *een verzoek tot echtscheiding indienen*

filename (ˈfaɪlneɪm) ZN *bestandsnaam*

filial (ˈfɪliəl) BNW ● *v. dochter/zoon* ● *kinderlijk*

filiation (fɪliˈeɪʃən) ZN *kindschap*; *afstamming*; *verwantschap*; *tak*

filibuster (ˈfɪlibʌstə) I ZN ● GESCH. *vrijbuiter* ● *obstructievoerder* ● *vertragingstactiek* ⟨in parlementair debat⟩ II ONOV WW ● *vrijbuiterij bedrijven* ● *obstructie voeren*

filigree (ˈfiligriː) ZN *filigrein(werk)*

filings (ˈfaɪlɪŋz) ZN *vijlsel*

Filipino (fɪliˈpiːnəʊ) I ZN ● *Filippijn* II BNW ● *Filippijns*

fill (fɪl) I OV WW ● *(op)vullen* ● *uitvoeren* ⟨order⟩ ● *voldoen aan* ⟨een behoefte⟩ ● *volproppen* ⟨met eten⟩ ● *bekleden* ⟨ambt⟩ ● ~ **in** *de plaats innemen/vervangen*; *invullen* ⟨v. formulier⟩; *opvullen*; *inkleuren* ⟨v. tekening⟩; *inlichten*, *bijpraten* ● ~ **out** *invullen* ⟨v. formulier⟩; *dikker worden* ● ~ **up** *opvullen* ⟨ook v. ruimte/plaats⟩; *z. vullen*; *invullen* ⟨v. tijd⟩; *volproppen*; *invullen* ⟨formulier⟩; *vol doen* ⟨benzinetank⟩; *dempen* II ONOV WW ● *z. vullen* ● *vervuld zijn* ⟨v. een gevoel⟩ ▾ fill sb's boots/shoes *iem. adequaat vervangen* III ZN ● *vulling* ★ eat your fill *je buik rond eten* ★ have one's fill of sb/sth *schoon genoeg hebben v. iem./iets*

filler (ˈfɪlə) ZN ● *vulmiddel*; *(op)vulsel*; *plamuur* ● *opvulling*; *stopper* ⟨MEDIA⟩

filler cap ZN *benzinedop*

fillet (ˈfɪlɪt) I ZN ● *filet* ⟨v. vlees/vis⟩; *lendenstuk* ⟨v. rund⟩ ★ ~ of pork *varkenshaas* ● *haar-/hoofdband* ● ARCH. *lijst*; *strook*; *strip* ● *bies* ⟨op boek⟩ II OV WW ● *fileren*

fillet steak ZN *biefstuk v.d. haas*; *lendenbiefstuk*

filling (ˈfɪlɪŋ) I ZN ● *vulling* II BNW ● *voedzaam*

filling station ZN *benzinestation*

fillip (ˈfɪlɪp) ZN *stimulans*; *prikkel*

filly (ˈfɪli) ZN ● *merrieveulen* ● *levenslustig meisje*

film (fɪlm) I ZN ● *filmrolletje* ● G-B: *film*; *de filmindustrie* ● *folie*; *dunne laag*; *vlies*; *waas* ★ cling film *huishoudfolie* ★ documentary film *documentaire* II OV WW ● *(ver)filmen* ● *met een dun laagje bedekken*

filmy (ˈfɪlmi) BNW *dun*; *doorzichtig*

filter (ˈfɪltə) I ZN ● *filter* ● *licht-/kleurfilter*; *frequentiezeef* ⟨v. radio⟩ ● *doorrijlicht voor afslaand verkeer* II BNW ● *filtreren*; *zuiveren* III ONOV WW ● *filtreren*; *doorsijpelen* ● *voorsorteren* ● ~ **through** *door-/uitlekken*

filter tip ZN *sigarettenfilter*; *filtersigaret*

filter-tipped BNW *met filter*

filth (fɪlθ) ZN ● *vuiligheid* ● *vies blaadje*; *vuile taal* ● G-B, MIN. (the filth) *smerissen*

filthy (ˈfɪlθi) I BNW ● *vuil*; *smerig* ● *schunnig*; *obsceen* ● INFORM. *slecht*; *gemeen* ⟨bui, blik⟩ ● *guur*; *nat en koud* ⟨v. weer⟩ II BIJW ● INFORM. *heel erg* ● ~ dirty *onvoorstelbaar smerig* ★ ~ rich *stinkend rijk*

filtrate (ˈfɪltreɪt) I ZN ● *filtraat* II OV WW ● *filtreren*

filtration (fɪlˈtreɪʃən) ZN *het filtreren*

fin (fɪn) I ZN ● *vin*; *zwemvlies* ● *stabilisator* ⟨aan voertuig, raket⟩ II ONOV WW ● *onderwater zwemmen met zwemvliezen*

fi

finagle (fɪˈneɪgl) **I** OV WW • vnl. USA *aftroggelen* • *bedriegen* **II** ONOV WW • *knoeien*

final ('faɪnl) **I** BNW • *laatste; eind-; slot-* • *definitief; afdoend; onherroepelijk* **II** ZN • *finale; eindwedstrijd* • USA *afsluitende toets* ⟨aan het einde v. semester, enz.⟩ • MUZ. *voornaamste noot in toonschaal* ★ G-B ~s [mv] *laatste universitaire examens*

finalist ('faɪnəlɪst) ZN • *finalist* • *eindexamenkandidaat*

finality (faɪˈnælətɪ) ZN *onontkoombaarheid* ★ the ~ of death *de onontkoombaarheid v.d. dood* ★ he spoke with ~ *hij sprak op besliste toon*

finalize, G-B **finalise** ('faɪnəlaɪz) OV WW *de laatste hand leggen aan; afmaken; afronden*

finally ('faɪnəlɪ) BIJW • *ten slotte* • *afdoend; definitief*

finance ('faɪnæns) **I** OV WW • *financieren* **II** ONOV WW • *geldzaken doen* **III** ZN • *financiën* • *financieel beheer; geldwezen* ★ ~s [mv] *financiën; geldmiddelen*

finance company ZN *financieringsmaatschappij*

financial (faɪˈnænʃəl) **I** BNW • *financieel* • AUS., INFORM. *in bezit v. geld* **II** ZN • ~s *financiële situatie*

financier (faɪˈnænsɪə) ZN *financier*

finch (fɪntʃ) ZN *vink*

find (faɪnd) **I** OV WW [onr.] • *vinden; merken* • *zien; ontdekken; blijken* • *(gaan) zoeken/halen* • *(ver)krijgen* ★ it was nowhere to be found *het was nergens te vinden* ▼ find fault with *iets aan te merken hebben op* ▼ find your feet *wennen* ▼ not find it in your heart to do *het niet over je hart kunnen verkrijgen te doen* ▼ find your voice/tongue *je spraak hervinden* ▼ take sb as you find them *mensen nemen zoals ze zijn* **II** OV+ONOV WW • JUR. *oordelen; uitspreken* • find a verdict of guilty *het schuldig uitspreken* • JUR. ~ against [onov] *iem. in het ongelijk stellen* • JUR. ~ for [onov] *een vordering toewijzen* • ~ out [onov] *er achter komen; ontdekken; door hebben; betrappen* ★ they found him out eventually *uiteindelijk viel hij door de mand* **III** ZN • *vondst*

finder ('faɪndə) ZN • *vinder* • *zoeker* ⟨op fototoestel⟩ ★ ~s, keepers (losers weepers)! *eerlijk gevonden!*

fin de siècle BNW *eind 19e eeuws*

finding ('faɪndɪŋ) ZN • meestal: ~s *bevindingen; resultaat* • JUR. *uitspraak*

fine (faɪn) **I** ZN • *geldboete* **II** BNW • *fijn; mooi* • *verfijnd; subtiel; zuiver* • *dun; fijn* ⟨haar⟩ • *zuiver* ⟨v. samenstelling⟩ • *fijn* ⟨v. korrel⟩ • IRON. *mooi* (bijv. v. woorden) • *scherp* ⟨pen⟩ • *uitstékend* ⟨conditie⟩ • *goed; gelukkig; schoon; waardig • helder of droog* ⟨weer⟩ ★ I'm fine, thank you! *Met mij gaat het prima, dank je!* ★ That's fine by me! *Prima!* ★ her finest hour *haar meest succesvolle tijd* ▼ get sth down to a fine art *een meester worden in iets* ▼ not to put too fine a point on it *om het het maar botweg te zeggen; om er geen doekjes om te winden* **III** BIJW • *goed; mooi; prima* ★ a sandwich will do me fine *een boterham is genoeg* ▼ cut it/things fine *precies genoeg tijd*

voor iets hebben **IV** OV WW • *beboeten* • *verfijnen; zuiveren; helder maken* • ~ **down** *verminderen; klaren* ⟨bier/wijn⟩ **V** ONOV WW • AUS. ~ **up** *opklaren* ⟨v. weer⟩

fineness ('faɪnnəs) ZN • *fijnheid* • TECHN. *kwaliteit; zuiverheid*

finery ('faɪnərɪ) ZN *opschik; mooie kleren*

finesse (fɪˈnes) **I** ZN • *handigheid; spitsvondigheid* • '*t snijden* (bij kaartspel) **II** WW • *sluw te werk gaan; snijden* ⟨bij kaartspel⟩

fine-tooth comb, fine-toothed comb ZN *stofkam* ▼ go over/through sth with a ~ *iets zorgvuldig onderzoeken*

fine-tune OV WW *precies afstemmen/instellen*

finger ('fɪŋgə) **I** ZN • *vinger* • *een vinger(dik)* ⟨maat⟩ ▼ all ~s and thumbs *erg onhandig* ▼ get your ~s burned/burnt *je vingers branden* ▼ get/pull your ~ out *je handen laten wapperen* ▼ VS, INFORM. give sb the ~ *de middelvinger opsteken naar iem.* ▼ have your ~ in the till *geld stelen uit de kassa* ⟨v. je baas⟩ ▼ have a ~ in the pie *een vinger in de pap hebben* ▼ keep your ~s crossed *(ergens voor) duimen* ▼ not lift/move/raise/stir a ~ *geen vinger uitsteken* ▼ not put your ~ on sth *je vinger ergens niet achter krijgen* ▼ work your ~s to the bone *je kapot werken* **II** OV WW • *met de vingers beroeren/aanraken; bespelen* ⟨muziekinstrument⟩ • VS, INFORM. *verlinken*

fingerboard ('fɪŋgəbɔːd) ZN • *toets; greepplank* ⟨v. snaarinstrument⟩ • USA *klavier* ⟨v. piano⟩

fingering ('fɪŋgərɪŋ) ZN *vingerzetting*

fingermark ('fɪŋgəmɑːk) ZN *(vette) vinger* ⟨op oppervlak⟩

fingerprint ('fɪŋgəprɪnt) ZN *vingerafdruk*

fingertip ('fɪŋgətɪp) ZN *vingertop* ★ have sth at your ~s *iets in de vingers hebben* ★ to your ~s *helemaal*

finicky ('fɪnɪkɪ) BNW • *(al te) kieskeurig* • *pietepeuterig; nauwgezet*

finish ('fɪnɪʃ) **I** ZN • *finish; einde* • *afwerking(slaag); laatste laag; glanslaag* • *afdronk* ⟨v. wijn/bier⟩ ★ a close/tight ~ *een nipte overwinning* ▼ to the ~ *tot het bittere eind* **II** OV WW • *voltooien; eindigen; afmaken* • *opeten/-drinken/-roken enz.* • *garneren* • *uitlezen* • *afwerken; lakken* • *v. kant maken; verslaan* ★ that ~es it all *dat doet de deur toe* **III** ONOV WW • *eindigen; tot een einde komen* • *uiteindelijk terecht komen* ★ I am ~ed *ik ben doodop; ik ben klaar* **IV** WW • ~ **off** [ov] *eindigen; beëindigen; afmaken; opmaken; afwerken; van kant maken* • ~ **up** [onov] *eindigen; afwerken* [ov]; *alles opeten* • ~ **up with** [onov] *als resultaat krijgen/hebben* • ~ **with** [onov] *klaar zijn met*

finish line ZN USA *eindstreep*

finite ('faɪnaɪt) BNW *eindig; beperkt* ★ TAALK. ~ verb *persoonsvorm*

fink (fɪŋk) **I** ZN • VS, INFORM. *klootzak* • *verklikker* **II** ONOV WW • VS, INFORM. *doorslaan* • ~ **on** *verlinken* • ~ **out** *terugkrabbelen*

Finnish ('fɪnɪʃ) BNW *Fins*

fiord (fjɔːd) ZN *fjord*

fir (fɜː) ZN *den(nenboom); spar*

fir cone ZN *pijnappel*

fire ('faɪə) **I** ZN • *vuur*; *brand*; *gloed*; *hitte* • *(vuur)haard* • *het vuren*; *beschieting* • *enthousiasme*; *inspiratie* ★ on fire *in brand*; *in vuur en vlam* ★ in the line of fire *in de vuurlinie* ★ catch fire *vlam vatten* ★ come under fire *onder vuur komen te liggen* ★ go through fire and water *door het vuur gaan* ★ hang/hold fire *vertragen*; *uitstellen* ★ MIL. killed by friendly fire *(per ongeluk) gesneuveld door vuur van eigen troepen* ★ play with fire *met vuur spelen* ★ preach fire and brimstone *hel en verdoemenis preken* ★ set fire to/set on fire *in brand steken* **II** OV WW • *in brand steken*; *ontsteken*; *aansteken* • *stoken* • *bakken* ⟨steen⟩ • *(af)schieten*; *vuren*; *afvuren* ⟨v. vragen⟩ • INFORM. *ontslaan* • *aanvuren* • *drogen* ⟨stenen⟩ ★ fire a salute *saluutschoten lossen* **III** OV+ONOV WW • *vlam vatten* • *vuren*; *schieten* • *aanslaan*; *ontsteken* ⟨v. motor⟩ ★ fire on all (four) cylinders *op volle toeren draaien* **IV** WW • ~ **away** [onov] *er op los schieten*; *v. leer trekken*; INFORM. *beginnen* ★ fire away! *brand maar los!* • ~ **off** [ov] *afvuren*; *afsteken* ⟨redevoering⟩

fire alarm ('faɪərəlɑːm) ZN *brandalarm*

firearm ('faɪərɑːm) ZN *vuurwapen*

fireball ('faɪəbɔːl) ZN *vuurbal*; *vuurbol*

firebrand ('faɪəbrænd) ZN *activist*; *ruziestoker*

firebreak ('faɪəbreɪk) ZN *brandgang*; *brandstrook*

fire brigade ZN *brandweerkorps*

firebug ('faɪəbʌg) ZN INFORM. *brandstichter*

fire company ZN USA *brandweer(afdeling)*

firecracker ('faɪəkrækə) ZN *voetzoeker*

firedamp ('faɪədæmp) ZN *mijngas*

fire department ZN USA *brandweerkorps*

fire drill ZN *brandweeroefening*

fire-eater ZN *vuurvreter*

fire engine ZN *brandweerwagen*

fire escape ('faɪərɪskeɪp) ZN *brandtrap*; *nooduitgang*; *reddingstoestel bij brand*

fire extinguisher ZN *brandblusapparaat*

firefight ('faɪə'faɪt) ZN *vuurgevecht*

firefighter ('faɪə'faɪtə) ZN *brandweerman*; *brandbestrijder*

firefighting ('faɪəfaɪtɪŋ) BNW *brandbestrijdings-*

firefly ('faɪəflaɪ) ZN *vuurvliegje*; *glimworm*

fireguard ('faɪəgɑːd) ZN *haardscherm*

fire hose ZN *brandweerslang*

firehouse ZN USA *brandweerkazerne*

fire hydrant ZN *brandkraan*

fire irons ZN MV *haardstel*

firelight ('faɪəlaɪt) ZN *vuurgloed*

firelighter ('faɪəlaɪtə) ZN *aanmaakblokje*

fire line ZN *vuurlinie*

fireman ('faɪəmən) ZN • *brandweerman* • *stoker*

fireplace ('faɪəpleɪs) ZN *open haard*

fireplug ('faɪəplʌg) ZN • USA *brandkraan* • USA *kleine, atletisch gebouwde man*

fire practice ZN *brandoefening*

fireproof ('faɪəpruːf) **I** BNW • *brandvrij*; *vuurvast* **II** OV WW • *brandvrij maken*

fire-raising ZN *brandstichting*

fire-retardant BNW *brandvertragend*

fire screen ZN *vuurscherm*

fire service ZN *brandweer(korps)*

fireside ('faɪəsaɪd) ZN *(hoekje bij de) haard*

fire starter ZN USA *aanmaakblok(je)*

fire station ZN *brandweerkazerne*

fire trap ZN *brandgevaarlijk gebouw*

fire truck ZN USA *brandweerwagen*

fire tube ZN *vlampijp*

firewall ('faɪəwɔːl) ZN • *brandvrij schot* • COMP. *firewall*; *netwerkbeveiliging*

firewater ('faɪəwɑːtə) ZN IRON. *vuurwater* ⟨sterke drank⟩

fireworks ('faɪəwɜːks) ZN MV *vuurwerk*

firing ('faɪərɪŋ) ZN *beschieting*

firing line ZN *vuurlinie* ★ be in/on the ~ *z. in de vuurlinie bevinden* OOK FIG.

firing squad, firing party ZN *vuurpeloton*

firm (fɜːm) **I** ZN • *firma* **II** BNW • *stevig*; *vast*; *hard* • *vastberaden*; *standvastig* • *vast in hand* ⟨v. bod⟩ ★ a firm believer in *een overtuigd aanhanger van* ★ firm friends *dikke vrienden* **III** OV WW • *bevestigen*; *versterven* • ~ **up** *vaster worden* ⟨v. prijzen⟩

firmament ('fɜːməmənt) ZN *firmament*; *uitspansel*

firmness ('fɜːmnəs) ZN • → **firm**

first (fɜːst) **I** TELW • *eerst* **II** BNW • *belangrijkst* **III** BIJW • *eerst* • *voor 't eerst* • *in de eerste plaats* • *(nog) liever* ▾ • ~ and foremost *bovenal, allereerst* ★ ~ and last *au fond, in de grond* ▾ • ~ come, ~ served *wie 't eerst komt, 't eerst maalt* ▾ • ~ of all *vooral*; *allereerst* ★ G-B, INFORM. ~ off *eerst* ★ G-B, INFORM. ~ up *eerst*; *om te beginnen* ▾ *at* ~ *eerst*; *in 't begin* ★ her children come ~ *haar kinderen komen op de eerste plaats* ▾ put sb/sth ~ *het belangrijkst vinden* **IV** ZN • *eerste* • *eerste keer* • *begin* • *eerste versnelling* ★ ~s [mv] *eersteklas goederen* ★ the ~ I heard about it was when... *ik hoorde er voor het eerst iets over toen...* ★ get a ~ *in maths cum laude afstuderen in wiskunde* ▾ ~ among equals *de eerste onder gelijken* ▾ from ~ to last *van 't begin tot 't eind*

firstborn ('fɜːstbɔːn) ZN *eerstgeborene*

first-class ZN BNW + BIJW *eersteklas*; *prima* ★ ~ postage ≈ *expressepost*

first-degree BNW *eerstegraads* ★ ~ murder *moord met voorbedachten rade*

first-ever BNW *allereerst(e)*

first-footer ZN *eerste bezoeker in het nieuwe jaar*

first-hand (fɜːst'hænd) BNW *uit de eerste hand*

firstly ('fɜːstlɪ) BIJW *ten eerste*

first-name BNW ★ be on ~ terms *elkaar bij de voornaam noemen*

first-rate BNW *eersteklas*; *prima*

firth (fɜːθ) ZN ⟨in Schotland⟩ *zeearm*; *riviermond*

fir tree ZN • → **fir**

fiscal ('fɪskl) BNW *fiscaal*; *belasting-*

fish (fɪʃ) **I** ZN • *vis* ★ FIG. a big fish (in a small pond) *een beroemdheid (maar zeer plaatselijk)*; *wereldberoemd in Purmerend* ▾ a cold fish *een kouwe kikker* ▾ like a fish out of water *als een vis op het droge* ▾ neither fish nor fowl *vlees noch vis* ▾ have bigger/other fish to fry *nog meer/wel wat anders te doen hebben* ▾ there are plenty more fish in the sea *er lopen nog genoeg andere vrouwen/mannen rond* **II** OV+ONOV WW • *vissen* • ~ **for** [onov] *vissen naar* • ~ **out** [ov] *opvissen*

fi

fish auction ZN *visafslag*
fish bone ZN *vissengraat*
fish cake ZN *visburger*
fisherman ('fɪʃəmən) ZN *visser*
fishery ('fɪʃərɪ) I ZN • *visgrond/-plaats* • *viskwekerij* • INDUS. *visserij*
fisheye ('fɪʃaɪ) ZN • VS, INFORM. *koele/ achterdochtige blik* ★ ~ *lens visooglens*
fish farm ZN *viskwekerij*
fish finger ZN *visstick*
fishing line ZN *vissnoer*
fishing tackle ZN- *vistuig*
fishmonger ('fɪʃmʌŋgə) ZN *visverkoper*
fish slice ('fɪʃslaɪs) ZN *(bak)spatel*
fishwife ('fɪʃwaɪf) ZN *visvrouw; viswijf*
fishy ('fɪʃɪ) BNW • *naar vis smakend* • *visachtig* • INFORM. *niet pluis; verdacht*
fissile ('fɪsaɪl) BNW *splijtbaar* ⟨ook v. atoom⟩
fission ('fɪʃən) ZN • *splijting* • *(cel)deling* • *splitsing v. atoom*
fissure ('fɪʃə) I ZN • *splijting; kloof; spleet* II OV WW • *splijten*
fist (fɪst) I ZN • *vuist* ★ make a poor fist of sth *het verknoeien* II OV WW • *slaan met de vuist*
fistful ('fɪstfʊl) ZN *handvol*
fistula ('fɪstjʊlə) ZN • *fistel* • *stoma* • *buis*
fit (fɪt) I ZN • *aanval* ⟨v. ziekte, woede⟩ • *bui* ⟨lachen, hoesten⟩; *stuip* • *beroerte* • *pasvorm* ★ it's a tight fit *'t zit krap; 't kan er maar net in* ★ she gave me a fit *ze joeg me de stuipen op 't lijf* ★ he had us in fits (of laughter) *hij liet ons vreselijk lachen* ▾ by/in fits and starts *bij vlagen* ▾ INFORM. throw a fit *boos/verontrust worden* II BNW • *gezond; in goede conditie* • *geschikt; gepast* ★ a dinner fit for a king *een koningsmaal* ★ feel fighting fit *het gevoel hebben dat je alles kunt* ★ run until you are fit to drop *rennen tot je er bijna bij neervalt* ▾ (as) fit as a fiddle *kiplekker* ▾ FORM. see/think fit *juist achten* III OV WW • *passen; geschikt maken* • *aanbrengen; monteren* • *monteren* ★ with fitted basin *met vaste wastafel* IV ONOV WW • *passend/geschikt zijn* ★ things don't fit together *de zaken kloppen niet met elkaar* ▾ fit to a T/like a glove *precies passen* • ~ in [onov] *inlassen; inpassen* • ~ into [ov] *ergens inplaatsen/-passen* • ~ in with [onov] *kloppen met; aanpassen aan* • ~ on [ov] *(aan)passen* • ~ out [ov] *uitrusten* ⟨bijv. schip⟩ • ~ up [ov] *monteren; uitrusten;* G-B, INFORM. *erin luizen*
fitful ('fɪtfʊl) BNW *afwisselend; bij vlagen* ★ a ~ winter *een kwakkelwinter*
fitment ('fɪtmənt) ZN *inbouwmeubel* ★ ~s [mv] *onderdelen*
fitness ('fɪtnəs) ZN • *fitness; (goede) lichamelijke conditie* • *geschiktheid*
fitter ('fɪtə) ZN • *monteur; installateur* • *bankwerker* • *coupeur/coupeuse*
fitting ('fɪtɪŋ) I ZN • *pasbeurt* • *onderdeel; hulpstuk; accessoire* • *beslag* ⟨op kist, enz.⟩ ★ ~s [mv] *armaturen; uitrusting; niet-spijkervaste elementen* II BNW • *passend; gepast*
fitting room ZN *paskamer*
fitting shop ZN *montagewerkplaats*
five (faɪv) TELW *vijf* ▾ INFORM. give sb five *elkaar een high five geven; de vlakke hand hoog tegen*

elkaar slaan ⟨groet/overwinningsgebaar⟩
five-a-side ZN G-B *zaalvoetbal* ⟨met teams v. 5⟩
fivefold ('faɪvfəʊld) BNW *vijfvoudig*
five o'clock shadow ZN INFORM. *stoppelbaard die tegen de avond verschijnt*
fiver ('faɪvə) ZN G-B, INFORM. *briefje van vijf*
fix (fɪks) I OV WW • *vastleggen/-maken; bevestigen; monteren* • *vaststellen* ⟨v. datum⟩ • *beleggen; organiseren* ⟨v. vergadering, enz.⟩ • *vaststellen; bepalen* ⟨v. tijd/positie⟩ • vnl. USA *klaarmaken* ⟨v. eten⟩ • *repareren* • vnl. USA *opmaken* ⟨v. haar/gezicht⟩ • INFORM. *omkopen* ⟨jury⟩ • INFORM. *straffen* • *fixeren* ⟨v. foto⟩ • VS, INFORM. *castreren; steriliseren* ⟨v. dier⟩ • *aanleggen* ⟨v. vuur⟩ • *klaarspelen* ★ you've fixed it *je hebt het voor elkaar* ▾ fix sb with a look *iem. strak aankijken* ▾ INFORM. ~ on *besluiten tot* • INFORM. ~ up *regelen; organiseren; in elkaar flansen; opknappen* II ONOV WW • *concentreren; stollen* III ZN • INFORM. *oplossing* • INFORM. *shot; dosis* ⟨drugs⟩ • *moeilijkheid; dilemma* • INFORM. *doorgestoken kaart* ▾ INFORM. *omkoperij* ★ try to get a fix on sb/sth *iets/iem. proberen te begrijpen*
fixation (fɪk'seɪʃən) ZN • *fixatie; obsessie* • TECHN. *het stollen; vast worden*
fixative ('fɪksətɪv) ZN *fixeer; hechtmiddel*
fixed (fɪkst) BNW • *vast* • MIN. *vastgeroest* ⟨idee⟩ • *bewezen* ⟨feit⟩ • *onbeweeglijk* ⟨v. gezicht⟩ ▾ how are we ~ for Sunday? *wat doen we zondag?*
fixer ('fɪksə) ZN • *regelaar; ritselaar* • *reparateur; monteur* • *fixeer*
fixings ('fɪksɪŋz) ZN MV • USA *toebehoren; uitrusting; ingrediënten* • *garnering*
fixity ('fɪksətɪ) ZN *vastheid; stabiliteit*
fixture ('fɪkstʃə) ZN • SPORT *(vaste datum v.) wedstrijd* • *iets dat vast is* • *doorgestoken kaart* ★ ~s and fittings [mv] *wat spijkervast is* ⟨in een huis⟩ ★ a permanent ~ *iem. die bij het meubilair hoort*
fizz (fɪz) I ZN • *koolzuurgas;* FIG. *pit; fut* • *gesis* • G-B, INFORM. *mousserende wijn/champagne* II ONOV WW • *mousseren; bruisen*
fizzle ('fɪzəl) I ONOV WW • *(zachtjes) sissen; sputteren* • INFORM. ~ out *als een nachtkaars uitgaan; mislukken* II ZN • *mislukking*
fizzy ('fɪzɪ) BNW • *mousserend* • *bruisend; levendig* ★ ~ or still? *met of zonder prik?*
Fla. AFK USA *Florida* ⟨staat⟩
flab ('flæb) ZN INFORM., MIN. *vet(kwab)*
flabbergasted ('flæbəgɑːstɪd) BNW INFORM. *verbijsterd*
flabby ('flæbɪ) BNW INFORM., MIN. *kwabbig* ⟨vel⟩; *slap* ⟨v. spieren/karakter⟩
flaccid ('flæksɪd) BNW FORM. *slap; hangend*
flaccidity (flæk'sɪdətɪ) ZN • *slapte; zwakheid* • *willoosheid*
flack (flæk) ZN • → **flak** • VS, INFORM. *perschef*
flag (flæg) I ZN • *vlag* • *gele lis* • *flagstone* ★ flag of truce *witte vlag* ★ fly a flag *een vlag voeren* ⟨v. schip⟩ ★ the flags were at halfmast *de vlaggen hingen halfstok* ▾ with flags flying *met vlag en wimpel* ▾ FIG. fly/show/wave the flag *vlaggen voor;* ⟨het vaderland⟩ *kleur bekennen*

voor ⟨een organisatie⟩ ▼ keep the flag flying *de naam van je land /organisatie hooghouden*; *doorgaan*; *volharden* **II** OV WW • *versieren*; *seinen met vlaggen* • *van een merk voorzien* • *van een vlag voorzien* **III** ONOV WW • *verslappen*; *verflauwen* • **~ down** *teken geven om te stoppen* ⟨aan auto⟩

flagellant ('flædʒələnt) ZN *flagellant*; *geselaar*

flagellate ('flædʒəleɪt) OV WW *kastijden*; *geselen*

flag feather ZN *slagveer*

flagging ('flægɪn) BNW *afnemend*; *verflauwend*

flagman ('flægmən) ZN • *vlagseiner* • *baanwachter*

flag of truce ZN *witte vlag*

flagon ('flægən) ZN • *schenkkan* • ⟨grote⟩ *fles*

flagpole ('flægpəʊl) ZN *vlaggenstok*

flagrant ('fleɪgrənt) BNW • *flagrant* • *opvallend* • *schandelijk* ⟨belediging⟩

flagrante ZN LIT., HUMOR. ★ in ~ *in compromitterende omstandigheden*

flagship ('flægʃɪp) ZN *vlaggenschip*

flagstaff ('flægstɑːf) ZN • *vlaggenstok* • FIG. *paradepaardje*

flagstone ('flægstəʊn) ZN *flagstone*; *natuurstenen tuintegel*

flag-waving ZN *vlagvertoon*

flail (fleɪl) **I** ZN • *dorsvlegel* **II** OV WW • *dorsen*; *(af)ranselen* **III** ONOV WW • *wild zwaaien met de armen* • **~ (around/about)** *worstelen*

flair ('fleə) ZN *flair*; *bijzondere handigheid*; *gemak*

flak, flack (flæk) ZN • *luchtafweergeschut* • INFORM. *hevige kritiek*

flake (fleɪk) **I** ZN • *schilfer* ⟨verf⟩; *vlok* ⟨sneeuw⟩ • VS, INFORM. *mafkees*; *excentriekeling* **II** OV+ONOV WW • *(doen) afschilferen*; *schaven*; *in plakjes uiteen (laten) vallen* • **~ off** [onov] *loslaten*; *afschilferen* • INFORM. ~ **out** [onov] *in slaap vallen*; *omvallen v. moeheid*

flak jacket ZN *kogelvrij vest*

flaky ('fleɪkɪ) BNW • *vlokkig*; *schilferachtig* • VS, INFORM. *maf*; *excentriek* • INFORM. *onbetrouwbaar*

flamboyant (flæm'bɔɪənt) BNW • *flamboyant*; *opzichtig* • *vlammend*; *al te uitbundig*

flame (fleɪm) **I** ZN • *vlam*; *vuur* • *vuurrood*; *fel oranje* • *vlaag*; *het opvlammen* ⟨v. liefde, enz.⟩ • WWW *venijnig e-mailbericht* ★ burst into ~s *in brand vliegen* **II** OV WW • *in brand steken* • WWW *een beledigende e-mail sturen* **III** ONOV WW • LIT. *branden* • *ontvlammen*; *uitbarsten* • *gloeien* ⟨v. gezicht⟩

flame-thrower ZN *vlammenwerper*

flaming ('fleɪmɪn) BNW • *vlammend* • *erg heet* • *hoogoplopend*; *hevig* ⟨v. ruzie⟩ • *vuurrood*; *fel oranje* • INFORM. *verdomd*; *rot-* ★ a ~ sun *een verzengende zon*

flammable ('flæməbl) BNW *brandbaar*

flan (flæn) ZN • ≈ *vlaai* • *quiche*

Flanders ('flɑːndəz) **I** ZN • *Vlaanderen* **II** BNW • *Vlaams*

flank (flæŋk) **I** ZN • *zijde*; *flank* ★ MIL. in ~ *van terzijde* **II** OV+ONOV WW • *grenzen aan*; *staan/liggen langs*; *flankeren*

flanker ('flæŋkə) ZN VOETB. *aanvaller*

flannel ('flænl) **I** ZN • *flanel* • *washandje* • G-B, INFORM. *smoesjes* ★ ~s [mv] *flanellen broek*

II BNW • *flanellen*

flannelette (flænə'let) ZN *katoenflanel*

flap (flæp) **I** ZN • *flap*; *omslag*; *klep*; *blad* • *geflapper*; *gefladder* • *paniek*; *nervositeit* • *kritiek*; *ophef* • *slip*; *pand* ⟨v. jas⟩ • *roer* ⟨v. vliegtuig⟩ ★ be in a flap *gejaagd/nerveus doen/zijn* **II** OV+ONOV WW • *klapperen*; *fladderen*; *wapperen* • *flapwieken* • G-B, INFORM. *in paniek/opgewonden raken* • **~ at** *slaan*; *meppen*

flapdoodle (flæp'duːdl) ZN • vnl. VS, INFORM. *onzin*; *geklets* • *dwaas*; *zwetser*

flapjack ('flæpdʒæk) ZN • USA ≈ *drie-in-de-pan* • *stevig koekje van haver en stroop*

flare (fleə) **I** ZN • *helle vlam* • *lichtkogel* ⟨met parachute⟩; *signaalvlam*; *opwelling* ⟨v. emotie⟩ • *het uitstaan v. rok* ★ ~s [mv] *broek met wijd uitlopende pijpen* **II** ONOV WW • *(op)flikkeren*; *gloeien* • *(open)sperren* ⟨v. neusgaten⟩; *géren*; *uitstaan* ⟨v. rok⟩ • **~ out** *uitwaaieren* • **~ up** *oplaaien*; *opflikkeren*; *opstuiven*

flarepath ('fleəpɑːθ) ZN *verlichte landingsbaan*

flare-up ('fleərʌp) ZN *uitbarsting v. geweld/vijandelijkheden, enz.*; *opflikkering*

flash (flæʃ) **I** ZN • *flits*; *flikkering* • *lichtsein/-signaal* • *vlaag*; *opwelling* • *flitser*; *flits(licht)* ⟨foto⟩ ★ ~ of lightning *bliksemstraal* ▼ ~ in the pan *eenmalig succes* ▼ in/like a ~ *in 'n oogwenk* **II** BNW • G-B, INFORM., MIN. *opzichtig*; *patserig* **III** OV+ONOV WW • *doen flitsen*; *laten schijnen* • *pronken met* • *seinen* • *snel laten zien* • MEDIA *uitzenden* ★ ~ a look at sb/sth *een snelle blik op iem./iets werpen* ★ ~ a smile at sb *even naar iem. lachen* ★ ~ through your mind *door het hoofd schieten* • get ~ed *geflitst worden* **IV** ONOV WW • *flitsen*; *flikkeren*; *opvlammen* • *verschijnen* ⟨op een scherm⟩ • *vliegen*; *voortsnellen* ⟨v. tijd, enz.⟩ • *potloodventen* • **~ back** *plotseling terugdenken aan*

flashback ('flæʃbæk) ZN *terugblik*; *flashback*

flashbulb ('flæʃbʌlb) ZN *flitslampje*

flash card ZN • *spelkaart* • COMP. *geheugenkaart*

flasher ('flæʃə) ZN • *knipperlicht* ⟨auto⟩ • *exhibitionist*; *potloodventer*

flashgun ('flæʃgʌn), **flashlamp** ('flæʃlæmp) ZN *flitslamp*

flashing ('flæʃɪn) BNW TECHN. *voeglood*

flashlight ('flæʃlaɪt) ZN • USA *zaklantaarn* • *knipperlicht* • *flitslamp*

flashpoint ('flæʃpɔɪnt) ZN • FIG. *kookpunt* • SCHEIK. *ontbrandingspunt*

flashy ('flæʃɪ) BNW INFORM. meestal: MIN. *patserig*; *opvallend*; *pretentieus*

flask (flɑːsk) ZN • USA *veld-/heupfles* • G-B *thermosfles*; *flacon* • SCHEIK. *erlenmeyer*; *kolf*

flat (flæt) **I** BNW • *vlak*; *plat* • *gelijkmatig* • *bot* ⟨weigering⟩ • *verschaald* ⟨bier⟩ • *plat*; *zonder koolzuur* ⟨water⟩ • *saai*; *flauw*; *smakeloos*; *mat* ⟨stemming⟩ • *vlak* ⟨stem/kleur⟩ • *gedrukt* ⟨markt⟩ • *leeg* ⟨accu⟩ • *plat* ⟨band/voet⟩ • MUZ. *mol*; *mineur*; *verlaagd*; *te laag* ▼ MUZ. A flat *As* ★ flat tyre *lekke band* **II** BIJW • *plat* • *botweg*; *ronduit* • MUZ. *te laag* ▼ flat broke *helemaal platzak* ▼ fall flat *mislukken* ▼ fall flat on your

fl

face *totaal mislukken* ▼ in five seconds flat *in precies vijf seconden* ★ flat out *zo hard mogelijk*; USA *ondubbelzinnig; ronduit; uitgeput* III ZN • G-B *flat(gebouw); appartement* • *platte kant* • *vlakte* • *lekke band* • *schoen met platte hak* • MUZ. *mol*

flatfish ('flætfɪʃ) ZN *platvis*

flat-footed BNW • *met platvoeten* • INFORM. *onvoorbereid; onhandig*

flat iron ZN *strijkijzer*

flatly ('flætlɪ) BIJW • *uitdrukkingsloos* • *plat; botweg* ★ she ~ refused to go *ze vertikte het om te gaan*

flat-out BNW *regelrecht* ★ a ~ refusal *een botte weigering*

flatten ('flætn) I OV WW • *plat maken* • *pletten* • *klein krijgen* • *met de grond gelijk maken* ⟨ook fig.⟩ • *vloeren* • *verlagen* ⟨v. toon⟩ II ONOV WW • *plat/vlak worden* • *verschalen* ⟨v. bier⟩ III WW • ~ out [ov] *plat maken*; [onov] *plat worden; afnemen* [onov]; *doen verdwijnen*

flatter ('flætə) OV WW *vleien; strelen* ⟨v. ego/ijdelheid⟩; *flatteren* ★ he ~ed himself that his speech had gone well *hij vleide zich met de gedachte dat zijn toespraak een succes was* ▼ ~ to deceive *mooier lijken dan het is*

flattering ('flætərɪŋ) BNW *vleiend; flatterend; flatteus*

flattery ('flætərɪ) BNW • *vleierij* • *vleiende woorden*

flattie, flatty ('flætɪ) ZN INFORM. *schoen met platte hak*

flatulent ('flætjʊlənt) BNW • *winderig; met een opgeblazen gevoel* • *aanmatigend*

flatware ('flætweə) ZN • *borden; schoteltjes en schalen* • USA *bestek*

flatways ('flætweɪz), **flatwise** ('flætwaɪz) BNW + BIJW *met/op de platte kant*

flaunt (flɔ:nt) I OV WW • *te koop lopen met; pralen met* II ONOV WW • *pronken* ▼ HUMOR. if you've got it, ~ it *als je het breed hebt, moet je het breed laten hangen* III ZN • *vertoon*

flaunty ('flɔ:ntɪ) BNW *pronkziek; opzichtig*

flautist ('flɔ:tɪst) ZN *fluitist*

flavor ('fleɪvə) ZN USA • → **flavour**

flavorful ('fleɪvəfʊl) BNW USA • → **flavoursome**

flavoring ZN USA • → **flavouring**

flavorless BNW USA • → **flavourless**

flavour ('fleɪvə) I ZN • *aroma; smaak en geur* • *tintje* • *het karakteristieke* ★ ~s [mv] *smaakstoffen* ▼ there is an unpleasant ~ about it *er zit een (onaangenaam) luchtje aan* ▼ ~ of the month *(tijdelijk) populair iets/iem.* II OV WW • *smakelijk maken; kruiden* ★ coffee~ed ice cream *ijs met koffiesmaak*

flavour enhancer ZN *smaakversterker*

flavouring ('fleɪvərɪŋ) ZN • *'t kruiden; kruiderij* • *smaakstof*

flavourless ('fleɪvələs) BNW *zonder geur of smaak; smaakloos*

flavoursome ('fleɪvəsəm) BNW *smakelijk; geurig*

flaw (flɔ:) I ZN • *onvolkomenheid; gebrek; fout; zwakke plek* ⟨in iemands karakter⟩ • *barst; scheur; breuk* II OV+ONOV WW • *(doen) barsten; ontsieren; bederven*

flawless ('flɔ:ləs) BNW *perfect; onberispelijk;*

smetteloos

flax (flæks) ZN *vlas*

flaxen ('flæksən) BNW *v. vlas* ★ ~ hair *vlasblond haar*

flaxseed ('flæksi:d) ZN *lijnzaad*

flay (fleɪ) OV WW • *villen* • *afranselen* • *scherp bekritiseren; hekelen*

flea (fli:) ZN *vlo* ★ send sb off with a flea in their ear *iem. met een botte weigering afschepen* ▼ as fit as a flea *zo gezond als een vis*

fleabag ('fli:bæg) ZN • FIG. *voddenbaal* • VS, INFORM. *vunzig hotelletje/bioscoop, enz.*

fleck (flek) I ZN • *vlek; spikkel* II OV WW • *bevlekken; bespikkelen*

flection ZN • → **flexion**

fled (fled) WW [verleden tijd + volt. deelw.] • → **flee, fly**

fledged ('fledʒd) BNW *kunnende vliegen* ⟨v. vogel⟩

fledgling, fledgeling ('fledʒlɪŋ) ZN • *vogel die pas kan vliegen* • *jong/onervaren persoon* ★ a ~ democracy *een jonge democratie*

flee (fli:) OV+ONOV WW *(ont)vluchten*

fleece (fli:s) I ZN • *vacht* ⟨v. schaap⟩ • *fleecejack / -trui* II OV WW • INFORM. *plukken; afzetten*

fleecy ('fli:sɪ) BNW *wollig; vlokkig* ★ ~ clouds *schapenwolkjes*

fleet (fli:t) I ZN • *vloot* • *schare; groep* ★ ~ of cars *wagenpark* II BNW • *ondiep; rap; snel; behendig* ★ ~ of foot *gezwind* III ONOV WW • *voorbijsnellen*

fleeting ('fli:tɪŋ) BNW *snel; vergankelijk; vluchtig* ★ catch a ~ glimpse of *een glimp opvangen van*

Fleet Street ('fli:t 'stri:t) ZN *de Britse dagbladpers*

Fleming ('flemɪŋ) ZN *Vlaming*

Flemish ('flemɪʃ) BNW *Vlaams*

flesh (fleʃ) I ZN • *vlees* ▼ your own ~ and blood *je naaste verwanten* ▼ in the ~ *in levenden lijve* ▼ make sb's ~ creep *iem. kippenvel bezorgen* ▼ put on/lose ~ *dik/mager worden* II OV WW • ~ out *nader preciseren; uitwerken; dikker worden*

fleshly ('fleʃlɪ) BNW *zinnelijk; sensueel*

fleshy ('fleʃɪ) BNW • *vlezig* • *dik*

flew (flu:) WW [verleden tijd] • → **fly**

flex (fleks) I OV WW • *buigen; strekken; samentrekken* ⟨v. spier⟩ ★ flex your muscles *je spierballen laten zien* ⟨ook fig.⟩ II ZN • G-B *(elektrisch) snoer*

flexibility (fleksə'bɪlətɪ) ZN *flexibiliteit; souplesse*

flexible ('fleksɪbl) BNW • *flexibel* • *buigzaam; handelbaar* • *variabel*

flexion ('flekʃən) ZN *(ver)buiging; bocht*

flexitime ('fleksɪtaɪm), USA **flextime** ('flekstaɪm) ZN *(systeem met) variabele werktijden*

flexor ('fleksə) ZN *buigspier*

flexure ('flekʃə) ZN *buiging; bocht*

flibbertigibbet (flɪbətɪ'dʒɪbɪt) ZN • *kletskous* • *onnozel/wispelturig iemand*

flick (flɪk) I OV WW • *tikken; rukken; knippen* ★ ~ on/off *aan/uitzetten* ▼ ~ a smile at sb *even naar iem. lachen* • ~ **over** *omslaan; doorbladeren* • ~ **through** *doorbladeren; zappen* II ZN • *tik(je); rukje; knip* ⟨met nagel⟩ ★ ~s [mv] *bioscoop* ▼ AUS. give sb the ~s *iem.*

afwijzen
flicker ('flɪkə) **I** ZN • *geflikker* ⟨licht⟩
• *opflikkering; trilling • sprankje* **II** OV+ONOV
WW • *(doen) flikkeren; knipperen; trillen;
fladderen*
flick knife ZN *stiletto*
flier ('flaɪə) ZN • → **flyer**
flight (flaɪt) **I** ZN • *vlucht • baan* ⟨v. projectiel⟩
• *zwerm • formatie* ⟨vliegtuigen⟩ ★ ~ *of
fancy/imagination fantasierijk (maar
onpraktisch) idee* ★ ~ *of stairs trap* ★ ~ *of steps
trap; stoep; bordes* ★ *three* ~s *up drie trappen
hoog* ★ ~ *of steps bordes* ★ *in the first/top* ~
een van de beste ★ *put to* ~ *op de vlucht drijven*
★ *take* ~ *op de vlucht slaan; wegvliegen* **II** OV
WW • G-B, SPORT *in de vlucht schieten* **III** ONOV
WW • *in zwermen vliegen*
flight deck ZN *vliegdek*
flight feather ZN *slagpen*
flight lieutenant ZN *kapitein-vlieger*
flight recorder ZN *vluchtregistrator; zwarte doos*
flighty ('flaɪtɪ) BNW • *grillig • wispelturig*
• *onberekenbaar*
flimsy ('flɪmzɪ) **I** ZN • *kopie • dun papier* **II** BNW
• *ondeugdelijk; kwetsbaar; zwak; niet
overtuigend* ⟨excuus/bewijs⟩ ★ *a* ~ *dress een
licht en dun jurkje*
flinch (flɪntʃ) ONOV WW • *wijken; terugschrikken*
• *ineenkrimpen* ⟨v.d. pijn⟩ ★ *he never* ~ed *hij
vertrok geen spier* ★ ~ *from terugdeinzen voor*
flinders ('flɪndəz) ZN MV *brokstukken; splinters*
fling (flɪŋ) **I** ZN • *uitspatting • korte affaire*
• *worp* ★ *a bit of a* ~ *verzetje* ★ *have a* ~
uitspatten; met iem. iets hebben ★ *at full* ~ *op
topsnelheid; in volle vaart* **II** ONOV WW • *kwaad
weglopen* **III** OV WW • *(weg)smijten,
(neer)gooien • neerwerpen • naar het hoofd
slingeren* ⟨belediging, enz.⟩ • INFORM., MIN.
~ *at* ★ ~ *yourself at openlijk lonken naar*
• ~ *into z. storten op* ⟨een activiteit⟩ • ~ *off
afgooien* ⟨v. kleren⟩ • ~ *out eruit gooien;
uitspreiden* ⟨v. armen⟩; *trappen* ⟨v. paard⟩;
uitvaren tegen
flint (flɪnt) ZN *keisteen; vuursteen*
flinty ('flɪntɪ) BNW • *steenachtig • (kei)hard*
flip (flɪp) **I** OV WW • *(weg)knippen; tikken • (om)
laten kantelen • (snel) omdraaien* ★ *flip a coin
een munt opgooien* **II** ONOV WW • ~ *(out)
flippen* ⟨door drugs⟩; *controle verliezen; door
het dolle heen raken* **III** WW • ~ *over* [ov]
omdraaien; omgooien • ~ *through* [onov]
doorbladeren **IV** ZN • *knip; tik • salto*
• *advocaat* ⟨drank⟩ • *his heart did a flip; zijn
hart sloeg over* **V** BNW • INFORM. *oneerbiedig;
spottend* ★ *a flip remark een ongepaste
opmerking*
flip-flop I ZN • *teenslipper* • USA *achterwaartse
salto* • USA *plotselinge koerswijziging* **II** ONOV
WW • *klapperen • achterwaartse salto maken*
• VS, INFORM. *van standpunt veranderen*
flippancy ('flɪpənsɪ) ZN • *spot • oneerbiedige
opmerking*
flippant ('flɪpənt) BNW *oneerbiedig; spottend* ★ *a
~ remark een ongepaste/spottende opmerking*
flipper ('flɪpə) ZN • *zwemvlies • vin • zwempoot*
flipping ('flɪpɪŋ) BNW INFORM. *verdraaid;*

verdomd
flip side ZN FIG. *keerzijde; nadeel*
flirt (flɜːt) **I** ZN • *flirt* **II** ONOV WW • *flirten*
• ~ *with flirten met; spelen met* ⟨gedachte⟩ ★ ~
with danger met vuur spelen
flirtation (flɜː'teɪʃən) ZN • *flirt • geflirt*
flirtatious (flɜː'teɪʃəs), INFORM. **flirty** ('flɜːtɪ) BNW
flirterig
flit (flɪt) **I** ZN • G-B, INFORM. ▼ *do a moonlight/
midnight flit met de noorderzon vertrekken*
II ONOV WW • *fladderen; vliegen* ★ *a smile
flitted across her face een glimlach gleed over
haar gezicht* ★ *a thought flitted through my
mind er schoot een gedachte door mij heen*
flitter ('flɪtə) ONOV WW *fladderen*
flivver ('flɪvə) ZN VS, INFORM. *goedkope auto*
float (fləʊt) **I** OV WW • *laten drijven; doen zweven*
• *uitschrijven* ⟨v. lening⟩ • *inunderen* • ECON.
uitgeven ⟨v. aandelen⟩ • ECON. *laten zweven*
⟨valuta⟩ • *in omloop brengen* ⟨idee/gerucht⟩
II ONOV WW • *drijven; zweven • vlot komen*
• ~ *around de ronde doen* ⟨geruchten⟩;
rondzwerven ⟨voorwerp⟩ **III** ZN • *drijvend/
zwevend voorwerp; vlot; drijver; zwemplankje*
• *dobber • vlotter* ⟨v. stoomketel⟩
• *(praal)wagen • wisselgeld* • USA *limonade met
schepijs* • ECON. *eerste emissie • strijkbord* ⟨v.
stukadoor⟩
floatation (fləʊ'teɪʃən) ZN • → **flotation**
float board ZN *scheprad*
floatel, flotel (fləʊt'el) *drijvend hotel* ⟨bij
olieplatform⟩
floating ('fləʊtɪŋ) BNW *drijvend; vlottend;
zwevend* ★ ~ *exchange rates variabele
wisselkoersen*
floating bridge ZN *pontonbrug*
floating voter ZN *zwevende kiezer*
floatplane ('fləʊtpleɪn) ZN *watervliegtuig*
flock (flɒk) **I** ZN • *kudde; troep; zwerm • schare;
groep* • REL. *kudde • vulling; kapok* **II** ONOV
WW • *(in groten getale) samenstromen*
floe (fləʊ) ZN *drijvende ijsschots(en)*
flog (flɒg) OV WW • *geselen; slaan* ⟨met stok⟩
• G-B, INFORM. *verpatsen; aansmeren* ★ *z.
uitsloven* ★ *z. afsloven* ▼ *flog a dead horse z.
vergeefs inspannen* ▼ *flog a story to death een
verhaal tot vervelens toe vertellen*
flogging ('flɒgɪŋ) ZN *pak slaag/rammel*
flood (flʌd) **I** ZN • *vloed; overstroming • stroom*
• *stortvloed • schijnwerper* ★ *the Flood de
zondvloed* **II** OV WW • *(doen) overstromen;
onder water zetten • binnenstromen;
overvoeren* ⟨v.d. markt⟩ • FIG. *verzuipen* ⟨v.
motor⟩ **III** ONOV WW • *buiten de oevers treden;
overstromen* ★ ~ed *with text messages
overspoeld met sms'jes* • ~ *in/into
binnenstromen* • ~ *out be* ~ed *out of your
house uit je huis verdreven worden door
water(overlast)*
floodgate ('flʌdgeɪt) ZN *sluisdeur* ★ *open the* ~s
to de deuren wagenwijd openzetten voor
★ INFORM. *the* ~s *were opened de waterlanders
kwamen tevoorschijn*
floodlight ('flʌdlaɪt) **I** ZN • *schijnwerper* **II** OV WW
• *verlichten met schijnwerpers*
floodlit ('flʌdlɪt) BNW *verlicht met*

fl

schijnwerpers/spotjes

flood tide ('flʌdtaɪd) ZN *vloed*

floor (flɔ:) I ZN • *vloer; bodem* • *verdieping* • *minimum(loon)* ★ the ~ *vergaderzaal*; ⟨v. parlement⟩ *beursvloer* ⟨effectenbeurs⟩ ★ the ~ is yours *je kunt beginnen; ga je gang maar* ★ on the first ~ *op de eerste verdieping*; USA *op de begane grond* ★ be given/get the ~ *het woord krijgen* ★ go through the ~ *diep wegzakken* ⟨prijzen⟩ ★ hold the ~ *(langdurig) het woord voeren* ★ take the ~ *het woord nemen* ★ take to the ~ *gaan dansen* II OV WW • *vloeren; neerslaan* • *een vloer leggen* • *overdonderen; verbijsteren*

floorboard ('flɔ:bɔ:d) ZN *vloerplank*

floorcloth ('flɔ:klɒθ) ZN *dweil*

floorer ('flɔ:rə) ZN • *slag die iem. vloert* • *ontstellende berichten* • *lastige kwestie; opgave*

flooring ('flɔ:rɪŋ) ZN *vloer(materiaal)*

floor leader ZN USA *fractievoorzitter*

floor manager ZN *afdelingschef* ⟨warenhuis⟩; *opnameleider* ⟨televisie⟩

floor price ZN *minimum prijs; bodemprijs*

floor show ZN *nachtcluboptreden*

floorwalker ('flɔ:wɔ:kə) ZN USA *afdelingschef* ⟨warenhuis⟩

floozy, floozie ('flu:zɪ) ZN INFORM. *sloerie; sletje*

flop (flɒp) I ZN • *plof; plons* • INFORM. *flop; fiasco* • VS, INFORM. *logement* II ONOV WW • *neerploffen; neersmakken* • *een mislukking worden; zakken* ⟨v. examen⟩ • *pitten*

floppy ('flɒpɪ) I BNW • *flodderig; slap* II ZN • COMP. *floppy*

floral ('flɔ:rəl) BNW *bloemen-; gebloemd; bloemetjes-* ★ ~ arrangement *bloemstuk*

Florentine ('flɒrəntaɪn) I ZN • *Florentijn* • *chocoladekoekje met noten en jam* II BNW • *Florentijns* • CUL. *op een bedje van spinazie*

floriculture ('flɒrɪkʌltʃə) ZN *het kweken v. bloemen*

florid ('flɒrɪd) BNW • *blozend* ⟨v. gezicht⟩ • MIN. *(te) bloemrijk; opzichtig*

florin ('flɒrɪn) ZN GESCH. *tweeshillingstuk; florijn; gulden*

florist ('flɒrɪst) ZN *bloemist; bloemenverkoper*

floss (flɒs) I OV WW • *flossen* II ZN • *vlaszijde* • *borduurzijde* ★ dental ~ *tandzijde; floss*

flossy ('flɒsɪ) BNW • *zijdeachtig* • VS, INFORM. *opzichtig*

flotation, floatation (fləʊ'teɪʃən) ZN *het drijven*

flotsam ('flɒtsəm) ZN *drijf/wrakhout* ★ ~ and jetsam *aangespoeld drijf/wrakhout; rommel; zwervers*

flounce (flaʊns) I ZN • *boze zwaai/ruk* • *strook; roesje* II OV WW • *voorzien v. stroken* III ONOV WW • *wegbenen; wegstormen* ⟨in drift⟩

flounder ('flaʊndə) I ONOV WW • *ploeteren* • *in de war/het spoor bijster zijn* • *in moeilijkheden verkeren* • *spartelen* II ZN • *bot*

flour ('flaʊə) I ZN • *bloem; meel* II OV WW • *bestrooien met meel* • USA *malen tot meel*

flourish ('flʌrɪʃ) I OV WW • *geuren met* • *zwaaien met* II ONOV WW • *bloeien; gedijen; in de bloeitijd leven/zijn* III ZN • *zwierig gebaar* • *stijlbloem* • *krul* ⟨als versiering in

handschrift⟩ ★ with a ~ *met vertoon* ★ a ~ of trumpets *trompetgeschal; fanfare*

floury ('flaʊərɪ) BNW *melig; bedekt met meel; kruimig* ⟨v. aardappel⟩

flout (flaʊt) OV WW *spotten met; beledigen; overtreden* ⟨de wet⟩

flow (fləʊ) I ONOV WW • *stromen; golven* • *opkomen* ⟨v. getij⟩ • ~ from *(voort)vloeien uit*; ~ over *overmand worden door* II ZN • *vloed; toevloed* • *(door)stroming; toevoer* ★ in full flow *in volle gang* ▼ go with the flow *iets ontspannen over je heen laten komen*

flow chart, flowsheet ZN *stroomschema; processchema; organogram*

flower ('flaʊə) I ZN • *bloem* • *bloei* • *keur* ★ the ~ of the nation *de bloem der natie* II ONOV WW • *(op)bloeien*

flower children ZN *hippies* ⟨60er jaren⟩

flowered ('flaʊəd) BNW *gebloemd; versierd met bloemen*

flowery ('flaʊərɪ) BNW *bloemrijk; gebloemd; bloemen-*

flowing ('flaʊɪŋ) BNW • *vloeiend* • *loshangend*

flown (fləʊn) WW [volt. deelw.] • → **fly**

flowsheet • → **flow chart**

fl oz AFK *fluid ounce* ⟨inhoudsmaat: G-B 28,35 cc, USA : 29,6 cc⟩

flu (flu:) ZN INFORM. *griep*

fluctuate ('flʌktʃʊeɪt) ONOV WW *golven; op en neer gaan*

fluctuation (flʌktʃʊ'eɪʃən) ZN • *fluctuatie* • *schommeling*

flue (flu:) ZN *rookkanaal; vlampijp*

fluency ('flu:ənsɪ) ZN • *spreekvaardigheid* • *welbespraaktheid*

fluent ('flu:ənt) BNW • *vloeiend* • *sierlijk* • *vloeibaar*

fluff (flʌf) I ZN • *pluisjes* • *dons* • INFORM. vnl. USA *amusement* • *verspreking; blunder* II ONOV WW • *pluizen* III OV WW • *verknoeien; je rol kwijt zijn* ⟨als acteur⟩ • *opschudden* ⟨v. kussen⟩ • ~ out/up *opkloppen; laten uitstaan* ⟨v. haar⟩; *opzetten v. veren* ⟨vogels⟩

fluffy ('flʌfɪ) BNW • *donzig; pluizig* • CUL. *luchtig* • INFORM. *wuft*

fluid ('flu:ɪd) I ZN • *vloeistof* II BNW • *vloeiend; beweeglijk; instabiel; veranderlijk* • *vloeibaar*

fluidity (flʊ'ɪdətɪ) ZN • *soepelheid* • *instabiliteit* • *vloeibaarheid*

fluke (flu:k) I ZN • *puur geluk; meevaller* II ONOV WW • *boffen*

flume (flu:m) ZN *waterloop; kanaal voor vervoer v. boomstammen; waterglijbaan* ⟨in zwembad⟩

flummox ('flʌməks) OV WW *versteld doen staan* ★ I was ~ed *ik was perplex*

flump (flʌmp) I ZN • *plof* II OV WW • *neersmijten* III ONOV WW • *(neer)ploffen*

flung (flʌŋ) WW [verl. tijd + volt. deelw.] • → **fling**

flunk (flʌŋk) OV+ONOV WW • INFORM. vnl.USA *(laten) zakken* ⟨bij examen⟩ • USA ~ out [onov] *weggestuurd worden* ⟨v. school/universiteit⟩

fluorescent (flʊə'resənt) BNW *fluorescerend*

fluoridate ('flʊərɪdeɪt) OV WW *fluorideren*

fluoride ('flʊəraɪd) ZN *fluoride*

fluorine ('flʊəri:n) ZN *fluor*

flurried ('flʌrɪd) BNW *zenuwachtig; verward; geagiteerd*

flurry ('flʌrɪ) ZN • *drukte; vlaag* ⟨v. opwinding⟩ • *vlaag; bui* ⟨wind/regen/sneeuw⟩ • *geritsel* ⟨v. papier⟩; *geruis* ⟨v. kleding⟩

flush (flʌʃ) I OV WW • *doorspoelen; wegspoelen* • *schoonspoelen* • *doen blozen* • *opjagen* ⟨v. vogels⟩ ★ be ~ed with *opgewonden zijn door* II ONOV WW • *kleuren; blozen; rood aanlopen* • ~ **out** *uit schuilplaats verjagen* III ZN • *blos; gloed* • *(water)spoeling* • *opwinding* • *gesloten serie; flush* ⟨kaartspel⟩ ▾ (in) the first ~ of *in de roes van* IV BNW • *goed bij kas* • *vlak* ★ the flags are ~ with the lawn *de plavuizen liggen gelijk met het gazon*

flushed (flʌʃt) BNW • *rood* ⟨v. opwinding/woede⟩ • *dolblij*

Flushing ('flʌʃɪŋ) ZN *Vlissingen*

fluster ('flʌstə) I ZN • *opwinding; (nerveuze) drukte* II OV WW • *zenuwachtig maken; van de wijs brengen* ★ hot and ~ed *rood van opwinding*

flute (flu:t) I ZN • *dwarsfluit* • *champagneglas; fluit* • ARCH. *groef; ribbel* ⟨in zuil⟩ • *plooi* II ONOV WW • *fluit spelen; fluiten*

fluted ('flu:tɪd) BNW *geplooid; geribbeld; gegroefd*

flutist ('flu:tɪst) ZN USA • → **flautist**

flutter ('flʌtə) I ZN • *gefladder; geknipper* ⟨met ogen⟩ • *sensatie* • G-B, INFORM. *gokje* • *snel(ler) kloppen* ⟨v. hart⟩ • *zweving; vervorming* ⟨geluidstechniek⟩ ★ a ~ of panic *een gevoel van paniek* II OV WW • *zenuwachtig maken* ★ ~ your eyelashes *knipperen met je ogen* III ONOV WW • *fladderen; trillen; vlug heen en weer bewegen; snel/onregelmatig slaan* ⟨v. hart⟩

fluvial ('flu:vɪəl) BNW *rivier-*

flux (flʌks) ZN • *stroom* • MED. *bloeding* • *voortdurende verandering* ★ in a state of flux *steeds in beweging; aan verandering onderhevig*

fly (flaɪ) I ZN • *vlieg* • *klep* ⟨v. kledingstuk⟩; *gulp* • *tentflap* • *buitentent* ▾ a (the) fly in the ointment *minpunt* ▾ a fly on the wall *een spion* ▾ on the fly *in het voorbijgaan; snel tussendoor* ▾ there are no flies on him *hij weet van wanten* ▾ die/fall/drop like flies *bij bosjes neervallen/omkomen* II ONOV WW [o.v.t.: flew, volt. deelw.: flown] • *vliegen* • *voortsnellen; opschieten* • *in 't rond vliegen* ⟨v. voorwerpen⟩ • *wapperen* ⟨v. haar⟩ • *slagen; succes worden; werken* ⟨v. plan/idee⟩ ★ VS, INFORM. fly the coop *'m smeren* ★ fly high *succes hebben* ★ fly in the face of sth *lijnrecht tegen iets ingaan* ★ fly into a rage/temper *woedend worden* ★ fly off the handle *plotseling kwaad worden* ★ G-B, INFORM. go flying *vallen; struikelen* ★ let fly at sb *with your fists met je vuisten op iem. aanvliegen* ★ let fly with abuse *een scheldkanonnade afvuren* • ~ **out** at *uitvaren tegen; aanvliegen* • ~ **in/out** *per vliegtuig aankomen/vertrekken* III OV WW [o.v.t.: fled, volt. deelw.: fled] • *ontvluchten* IV OV WW [o.v.t.: flew, volt. deelw.: flown] • *besturen* ⟨vliegtuig⟩ • *oplaten* ⟨vlieger⟩ • *voeren* ⟨v. vlag⟩ • SPORT *een hoge bal slaan* ⟨honkbal⟩ ★ fly a kite *vliegeren; een proefballonnetje oplaten*

VS, INFORM. (go) fly a/your kite! *rot op!*

flyaway ('flaɪəweɪ) BNW *loshangend* ⟨v. haar, kleding⟩

flyblown ('flaɪbləʊn) BNW *vuil; besmet*

fly-by-night BNW *loucbe; niet te vertrouwen*

fly-drive BNW ★ ~ holiday *vliegvakantie, incl. huurauto*

flyer ('flaɪə) ZN • LUCHTV. *vlieger; piloot* • *strooibiljet; flyer* • *hogesnelheidstrein* • INFORM. *snelvarend schip* ★ LUCHTV. frequent ~ miles ≈ *airmiles*

flying ('flaɪɪŋ) BNW *vliegend* ▾ with ~ colours *met vlag en wimpel*

flyleaf ('flaɪli:f) ZN *schutblad*

flyover ('flaɪəʊvə) ZN G-B *viaduct; ongelijkvloerse kruising*

flypaper ('flaɪpeɪpə) ZN *vliegenpapier*

fly-past ('flaɪpɑ:st) ZN *luchtparade*

flysheet ('flaɪʃi:t) ZN • *buitentent* • *folder*

flyweight ('flaɪweɪt) ZN SPORT *vlieggewicht*

flywheel ('flaɪwi:l) ZN *vliegwiel*

FM AFK frequency modulation *frequentiemodulatie* ⟨radio⟩

foal (fəʊl) I ZN • *veulen* ▾ in/with foal *drachtig* ⟨merrie⟩ II ONOV WW • *een veulen werpen*

foam (fəʊm) I ONOV WW • *schuimen* ★ foam at the mouth OOK FIG. *schuimbekken* II ZN • *schuim* • *schuimrubber*

foamy ('fəʊmɪ) BNW *schuimend; schuimig*

fob (fɒb) I OV WW • ~ **off** *(met smoesjes) afschepen; in de maag splitsen* II ZN • *horlogeketting; sleutelhanger* • *zakhorloge*

f.o.b. AFK free on board *vrij aan boord* ⟨inclusief de kosten van het inladen⟩

fob watch ZN *zakhorloge*

focal ('fəʊkl) BNW *centraal; belangrijk; brandpunt(s)-*

foci ZN [mv] • → **focus**

focus ('fəʊkəs) I ZN • *brandpunt; focus* • *middelpunt; haard* ⟨v. ziekte⟩ • *scherpstelling* • AARDK. *epicentrum* ★ a change of ~ *andere manier van kijken* ★ out of ~ *onscherp; verdraaid* ★ in ~ *duidelijk; scherp* II WW ~ **(on/upon)** [onov] *(z.) concentreren/richten* ⟨v. gedachten⟩; *vestigen op* ⟨v. ogen⟩ [ov]; *instellen; scherp stellen* ⟨v. camera⟩

fodder ('fɒdə) I ZN • *voer* ⟨ook fig.⟩ II OV WW • *voederen*

foe (fəʊ) ZN LIT. *vijand*

foetus ('fi:təs) ZN *foetus; ongeboren kind*

fog (fɒg) I ZN • *mist; sluier* ⟨op foto⟩ • *verwarring* ★ patches of fog *mistflarden* ★ be in a fog *in het duister tasten; de kluts kwijt zijn* II OV WW • *in mist hullen* • *sluieren* ⟨foto⟩ • *vertroebelen* • *bespuiten* III ONOV WW • ~ **up** *beslaan*

fogbound ('fɒgbaʊnd) BNW *in mist gehuld; niet verder kunnen door de mist*

fogey, fogy ('fəʊgɪ) BNW *ouderwets* ★ an old fog(e)y *een ouwe zeur*

foggy ('fɒgɪ) BNW • *mistig* • *vaag* • *gesluierd* ⟨foto⟩ ▾ INFORM. not have the foggiest (idea) *geen idee hebben*

foghorn ('fɒghɔ:n) ZN *misthoorn*

foible ('fɔɪbl) ZN *zwakheid; zwakke kant*

foil (fɔɪl) I ZN • *aluminiumfolie* • *folie* ⟨v. spiegel, onder juweel⟩ • *achtergrond; contrast* • *spoor*

fo

⟨v. wild⟩ • SPORT *floret* (schermen) II OV WW
• *verijdelen*; *dwarsbomen* • *'t spoor uitwissen*
⟨jacht⟩

foist (fɔɪst) OV WW • **on/upon** ~ ~ sth on/upon
sb *iem. iets opdringen*

fold (fəʊld) I OV WW • *vouwen* • *opsluiten*;
sluiten (in de armen); *drukken* ⟨aan de borst⟩
▼ fold your arms *de armen over elkaar doen*
• INFORM. ~ **up** *failliet gaan*; *dichtgaan*
⟨bloemknop⟩ II ZN • *vouw*; *plooi* • *schaapskooi*
• *kudde*

foldaway ('fəʊldəweɪ) BNW *vouw-*; *in-/opklap-*;
opklapbaar

folder ('fəʊldə) ZN • *map* ⟨voor documenten⟩
• USA *folder* • COMP. *map*; *directory*

folding ('fəʊldɪŋ) BNW *vouw-*; *klap-*; *opvouwbaar*

foliage ('fəʊlɪɪdʒ) ZN *gebladerte*; *loof*

foliated ('fəʊlɪət) BNW *versierd met
bladeren/bladmotief*

folio ('fəʊlɪəʊ) ZN • *folio(vel)* • *foliant*

folk (fəʊk) I MV • INFORM. *mensen* • *volk*
★ INFORM., VS my folks [MV] *mijn ouders*; *mijn
ouwelui*; *mijn familie* II ZN • *volksmuziek*
III BNW • *volks-*

folklore ('fəʊklɔː) ZN *folklore*

folk memory ZN *volksoverlevering*

folks ZN • → **folk**

folk singer ZN *zanger(es) van volksliedjes*

folksy ('fəʊksɪ) BNW • *volks-* • *gezellig*;
plattelands-; *eenvoudig*

folk tale ZN *volksverhaal*

follicle ('fɒlɪkl) ZN • MED. *(haar)zakje* • PLANTK.
kokervrucht

follow ('fɒləʊ) I OV WW • *volgen* • *opvolgen*;
navolgen • *laten volgen op* • *begrijpen*
• *uitoefenen* ⟨v. ambacht⟩ II ONOV WW • *volgen
(op/uit)* ▼ ~ in sb's footsteps *in iemands
voetstappen treden* ▼ ~ your nose *je neus
achterna gaan*; *je gevoel/instinct volgen* ▼ ~ suit
kleur bekennen; *een voorbeeld volgen* • ~ **on**
later volgen • ~ **out** *opvolgen*; *uitvoeren*
⟨bevelen⟩ • ~ **through** *goed overdenken*;
(nauwkeurig) nagaan; *controleren* • ~ **up**
nagaan; *onderzoeken*; *spoedig (laten) volgen*

follower ('fɒləʊwə) ZN • *volgeling* • *iem. die
iets/iem. nauwlettend volgt* • *volger*

following ('fɒləʊwɪŋ) I ZN • *volgelingen*;
aanhang • *het volgende / de volgende* II BNW
• *volgend* ▼ a ~ wind *wind in de rug* III VZ
• *na*; *volgend op*

follow-through ZN • SPORT *het afmaken v.
zwaai* ⟨in tennis/golf, enz.⟩ • *afwerking*

follow-up ZN • *vervolg*; *follow-up* • MED. *nazorg*

folly ('fɒlɪ) ZN • *dwaasheid*; *stommiteit*
• *nutteloos maar decoratief gebouw* ⟨in
park/tuin⟩

foment (fə'ment) OV WW *stoken*; *aanwakkeren*
⟨onrust⟩

fond (fɒnd) BNW • *lief*; *dierbaar* • *dol*; *verzot*
• *innig*; *teder* • *dwaas*; *naïef*; *al te optimistisch*
★ be fond of doing sth *geneigd zijn iets
(irritants) te doen* ★ grow fond of sb *erg gesteld
op iem. raken*; *dol op iem. worden* ▼ be in the
fond hope *tegen beter weten in hopen*

fondle ('fɒndl) OV WW *liefkozen*; *strelen*

fondness ('fɒndnəs) ZN *tederheid*; *voorliefde*;

dwaasheid • → **fond**

font (fɒnt) ZN • *doopvont* • DRUKK. *lettertype*

food (fuːd) ZN *voedsel*; *eten*; *voedingsartikel*
★ fast food *snelle hap*; *snack*; *gemaksvoedsel*
★ frozen foods *diepvriesproducten* ★ be off
your food *geen eetlust hebben* ▼ food for
thought *stof tot nadenken*

food chain ZN *voedselketen*

foodie ('fuːdɪ) ZN INFORM. *lekkerbek*

food processor ZN *keukenmachine*

food stamp ZN *voedselbon*

foodstuff ('fuːdstʌf) ZN *voedingsmiddel*

fool (fuːl) I ZN • *idioot*; *gek* • GESCH. *nar*; *clown*
• *(kruisbessen)vla* ★ fool's paradise
droomwereld ▼ act/play the fool *de clown
uithangen* ▼ be nobody's fool *z. niet voor de
gek laten houden* ▼ make a fool of sb *iem. voor
gek zetten* ▼ make a fool of yourself *je
aanstellen/belachelijk maken* ▼ INFORM. more
fool sb (for doing sth) *die was gek (om dat te
doen)* ▼ no fool like an old fool *hoe ouder hoe
gekker* II BNW • INFORM. *dwaas* III OV WW
• *voor de gek houden*; *wijsmaken* • fool sb into
thinking *iem. iets wijsmaken* ▼ INFORM. you
could have fooled me *hou je moeder voor de
gek* • ~ **about/around** *tijd verbeuzelen*;
rondhangen; *spelen*; *lol trappen*; *aanrotzooien/
-rommelen* ⟨ook seksueel⟩

foolery ('fuːlərɪ) ZN *dwaas gedoe*; *gedol*

foolhardy ('fuːlhɑːdɪ) BNW *roekeloos*

foolish ('fuːlɪʃ) BNW • *dwaas*; *dom* • *belachelijk*

foolproof ('fuːlpruːf) BNW *waterdicht* ⟨plan,
enz.⟩; *volkomen betrouwbaar*; *onfeilbaar*
⟨methode, enz.⟩; *kinderlijk eenvoudig*

foot (fʊt) I ZN [MV: feet] • *voet*; *poot* • *pas*; *tred*
• *onderste deel* ⟨meubilair, enz.⟩; *voeteneinde*
⟨bed⟩ • *voet* (30,48 cm) • LIT. *versvoet*
• *infanterie* ★ in bare feet *op blote voeten*
★ on/by foot *te voet* ▼ get/rise to one's feet
gaan staan ▼ INFORM., HUMOR. my foot!
flauwekul! ▼ feet first *dood* ▼ feet of clay
zwakke plek ⟨in karakter⟩ ▼ on your feet *op de
been* ▼ on your own (two) feet *op eigen benen*
▼ under your feet *in de weg*; *voor de voeten*
▼ be rushed/run off your feet *het razend druk
hebben* ▼ fall/land on your feet *op je pootjes
terechtkomen*; *mazzel hebben* ▼ get cold feet
bang worden ▼ get/have your/a foot in the
door *een voet tussen de deur krijgen/hebben*
▼ get/start off on the right/wrong foot
goed/verkeerd beginnen ▼ have/keep your feet
on the ground *met beide benen op de grond
staan* ▼ have/keep a foot in both camps *geen
partij kiezen* ▼ have one foot in the grave *met
een been in het graf staan* ▼ (not) put a foot
wrong *(geen) fouten maken* ▼ put your foot
down *krachtig optreden*; *plankgas geven* ▼ put
your best foot forward *je beste beentje
voorzetten* ▼ put your foot in it *een stommiteit
begaan* ▼ put your feet up *gaan zitten met de
benen omhoog* ▼ set foot in/on sth
binnengaan/betreden ▼ set sth on its feet *iets
op poten zetten* II OV WW • *betalen* ⟨rekening⟩
★ INFORM. foot it *lopen* ▼ foot the bill *voor de
kosten opdraaien*

footage ('fʊtɪdʒ) ZN *stuk film*; *lengte* ⟨gemeten

in voeten⟩
foot-and-mouth disease ZN *mond-en-klauwzeer*
football ('fʊtbɔ:l) ZN • G-B *voetbal* • USA *American Football* • *voetbal* ⟨rond/ovaal⟩; FIG. *speelbal*
football boot ZN *voetbalschoen*
footballer ('fʊtbɔ:lə) ZN • *(prof)voetballer* • *rugbyspeler*
football pools MV *voetbalpool*
footbridge ('fʊtbrɪdʒ) ZN *voetbrug*
footer ('fʊtə) ZN • PLAT *voetbal* • DRUKK. *voetregel*
footfall ('fʊtfɔ:l) ZN *(geluid v.) voetstap*
footgear ('fʊtgɪə) ZN *schoeisel*
foothill ('fʊthɪl) ZN AARDK. *uitloper ⟨v. gebergte⟩*
foothold ('fʊthəʊld) ZN • *steunpunt ⟨voor voet⟩* • *vaste voet (aan de grond)*
footie ('fʊtɪ) ZN • → **footer**
footing ('fʊtɪŋ) ZN • *vaste voet; steunpunt* • *basis; grondslag* • *verhouding* • *fundering* ★ *on an equal ~ op voet van gelijkheid* ★ *on a war~ voorbereid op oorlog* ★ *lose your ~ uitglijden; uit je evenwicht raken* ★ *treat on the same~ gelijk behandelen*
footle ('fu:tl) ONOV WW • *leuteren • prutsen* • *rondlummelen*
footlights ('fʊtlaɪts) ZN MV *voetlicht*
footling ('fu:tlɪŋ) BNW INFORM. *stomvervelend*
footloose ('fʊtlu:s) BNW ★ *~ and fancy-free vrij (om te doen wat je wilt)*
footman ('fʊtmən) ZN • GESCH. *lakei* • *infanterist*
footmark ('fʊtmɑ:k) ZN *voetafdruk*
footnote ('fʊtnəʊt) ZN *voetnoot*
footpath ('fʊtpɑ:θ) ZN *voetpad; trottoir*
footprint ('fʊtprɪnt) ZN *voetspoor; voetafdruk*
foot race ZN *hardloopwedstrijd*
foot rest ZN *voetensteun*
footsie ('fʊtsɪ) ZN INFORM. ▼ *play~ voetjevrijen*
footslog ('fʊtslɒg) I ZN • *lange, vermoeiende mars* II ONOV WW • *voortsjokken*
footsore ('fʊtsɔ:) BNW *met pijnlijke voeten*
footstep ('fʊtstep) ZN *(geluid v.) voetstap*
footstool ('fʊtstu:l) ZN *voetenbankje*
footway ('fʊtweɪ) ZN *trottoir; voetpad*
footwear ('fʊtweə) ZN *schoeisel*
footy ('fʊtɪ) ZN • → **footer**
fop (fɒp) ZN *fat; dandy*
for (fɔ:) I VZ • *voor* • *om; wegens; vanwege* • *namens* • *(in dienst) bij* • *vóór ⟨iets zijn⟩* • *(in ruil) voor* • *bestemd voor; naar ⟨bus, trein, enz.⟩* • *gedurende* ★ *for all I care voor mijn part* ★ *for all I know voor zover ik weet* ★ *for hours and hours urenlang* ★ *I for one ik voor mij* ★ *now for it! er op los!* ★ *it's for me to decide het is aan mij om te beslissen* ★ *there's no need for you to go je hoeft niet te gaan* ★ *he is here for a few days hij is hier een paar dagen* ★ *so much for that dat is dat* ★ *be hanged for a spy opgehangen worden als spion* ★ *feel better for a good night's sleep je beter voelen na een goede nachtrust* ▼ *for all ondanks* ▼ INFORM. *be (in) for it problemen krijgen* ▼ *there's / that's a hero for you dat is nog eens held* II VW • OUD., LIT. *want; aangezien*
forage ('fɒrɪdʒ) I ZN • *voer* • *'t foerageren*

II ONOV WW • *foerageren; zoeken naar voedsel* • *doorzoeken*
foray ('fɒreɪ) I ZN • *aanval; inval; rooftocht* • *uitstapje* II OV WW • *een inval/aanval doen; plunderen*
forbade (fə'bæd) WW [verleden tijd] • → **forbid**
forbear (fɔ:'beə) I ZN • → **forebear** II ONOV WW • z. *onthouden van* • *geduld hebben*
forbearance (fɔ:'beərəns) ZN *verdraagzaamheid*
forbid (fə'bɪd) OV WW *verbieden; verhinderen; voorkómen* ★ God/Heaven~ (that)... *God/de hemel verhoede (dat)...*
forbidden (fə'bɪdn) I BNW *verboden* ★ *strictly~ ten strengste verboden* II WW [volt. deelw.] • → **forbid**
forbidding (fə'bɪdɪŋ) BNW • *onheilspellend* • *afstotelijk*
forbore (fɔ:'bɔ:) WW [verleden tijd] • → **forbear**
forborne (fɔ:'bɔ:n) WW [volt. deelw.] • → **forbear**
force (fɔ:s) I ZN • *kracht; macht* • *geweld* • *invloed; gezag* • *overtuigingskracht* • *groep werknemers* • MIL. *leger; korps* • *waterval* ★ MIL. ~s [mv] *strijdkrachten* ★ G-B, INFORM. the ~ *de politie* ★ a~ for change *een instrument om dingen te kunnen veranderen* ★ a~ to be reckoned with *iem. waar je niet omheen kunt* ★ gravitational ~ *zwaartekracht* ★ superior ~ *overmacht* ▼ by~ *met geweld* ▼ by~ of door *middel van* ▼ (from/out of)~ of habit *(uit) macht der gewoonte* ▼ in~ *in groten getale* ▼ put in~ *in werking stellen* ▼ come/enter into ~ v. kracht worden; gelden ▼ join/combine ~s *de krachten bundelen* II OV WW • *dwingen; noodzaken; forceren; openbreken* • *je best doen; je tot 't uiterste inspannen* • *de ontwikkeling forceren ⟨v. kinderen⟩; trekken ⟨planten⟩* ★ ~ your way *je een weg banen* ★ ~ down food *eten met moeite naar binnen werken* ▼ ~ sb's hand *iem. dwingen* ▼ ~ the issue *iets er door drukken* ▼ ~ the pace *het tempo opjagen* • ~ back *onderdrukken* • ~ into *dwingen tot* • ~ on *opdringen aan*
forced (fɔ:st) BNW *gedwongen; onoprecht; gemaakt*
force-feed OV WW *dwingen te eten*
forceful ('fɔ:sfʊl) BNW *krachtig*
forcemeat ('fɔ:smi:t) ZN CUL. *vulsel v. gekruid gehakt/groente ⟨in gevogelte⟩*
forceps ('fɔ:seps) ZN ★ a pair of ~ *tang ⟨v. chirurg⟩*
forcible ('fɔ:səbl) BNW *gedwongen; gewelddadig*
forcibly ('fɔ:səblɪ) BIJW • *met geweld* • *overtuigend*
ford (fɔ:d) I ZN • *doorwaadbare plaats* II OV WW • *doorwaden*
fore (fɔ:) I ZN • *voorschip* ▼ bring to the fore *zorgen voor publieke aandacht* ▼ come to the fore *op de voorgrond treden* II BNW • *voor(ste)* III BIJW • *voor(aan)*; IV UITR VNW *vantevoren* • SPORT ★ fore! *kijk uit! ⟨waarschuwing voor bal bij golf⟩*
fore- (fɔ:) VOORV *voor*
forearm ('fɔ:rɑ:m) I ZN *onderarm* II OV WW (fɔ:r'ɑ:m) *vooraf (be)wapenen*
forebear, forbear ('fɔ:beə) ZN *voorouder/-vader*

fo

fo

foreboding (fɔː'bəʊdɪŋ) ZN • *aankondiging* • *voorgevoel* ★ *have a sense of ~ een slecht voorgevoel hebben*

forecast ('fɔːkɑːst) I ZN • *(weers)voorspelling* • *prognose* II OV WW • *voorspellen*

forecastle ('fəʊksəl) ZN SCHEEPV. *vooronder*

foreclose (fɔː'kləʊz) OV WW • JUR. *beslag leggen op* • *uitsluiten*

forecourt ('fɔːkɔːt) ZN *voorhof; voorterrein*

forefather ('fɔːfɑːðə) ZN *voorvader*

forefinger ('fɔːfɪŋə) ZN *wijsvinger*

forefoot ('fɔːfʊt) ZN • *voorpoot* • *voorsteven*

forefront ('fɔːfrʌnt) ZN *voorste deel; voorste gelederen*

foregather (fɔː'gæðə) ONOV WW FORM. *vergaderen; samenkomen*

forego WW • → **forgo**

foregoing (fɔː'gəʊɪŋ) BNW • *bovenvermeld* • *voorafgaand*

foreground ('fɔːgraʊnd) I ZN • *voorgrond* II OV WW • *in het middelpunt zetten*

forehead ('fɒrɪd) ZN *voorhoofd*

foreign ('fɒrɪn) BNW • *vreemd; buitenlands* • *niet ter zake doende* ★ *dishonesty is ~ to him oneerlijkheid is hem vreemd*

foreigner ('fɒrɪnə) ZN • *buitenlander* • *vreemde*

foreland ('fɔːlænd) ZN • *kaap; voorgebergte* • *kuststreek*

forelock ('fɔːlɒk) ZN *voorlok* ▼ *take time by the ~ de gelegenheid aangrijpen*

foreman ('fɔːmən) ZN • *voorman; ploegbaas* • *voorzitter v. jury*

foremast ('fɔːmɑːst) ZN *fokkenmast*

foremost ('fɔːməʊst) I BNW • *voornaamste; voorste; eerste* II BIJW • *in de eerste plaats*

forenoon ('fɔːnuːn) ZN USA *voormiddag*

forensic (fə'rensɪk) BNW *gerechtelijk; rechts-* ★ *~ psychiatry forensische psychiatrie*

foreordain (fɔːrɔː'deɪn) OV WW *voorbeschikken*

foreplay ('fɔːpleɪ) ZN *voorspel* 〈in de liefde〉

forerunner (fɔː'rʌnə) ZN *voorloper*

foresee (fɔː'siː) OV WW *voorzien; verwachten*

foreseeable (fɔː'siːəbl) BNW *te voorzien; afzienbaar* ▼ *for/in the forseeable future in de nabije toekomst*

foreshadow (fɔː'ʃædəʊ) OV WW *aankondigen; voorspellen*

foreshore ('fɔːʃɔː) ZN • *strand* 〈tussen eb en vloed〉 • *waterkant*

foreshorten (fɔː'ʃɔːtn) OV WW *in perspectief afbeelden; verkort weergeven*

foresight ('fɔːsaɪt) ZN *vooruitziende blik*

foreskin ('fɔːskɪn) ZN *voorhuid*

forest ('fɒrɪst) I ZN • *woud; bos* ▼ *not see the ~ for the trees door de bomen het bos niet zien* II OV WW • *bebossen*

forestall (fɔː'stɔːl) OV WW • *vooruitlopen op* • *voorkómen*

forester ('fɒrɪstə) ZN *houtvester*

forestry ('fɒrɪstrɪ) ZN • *bosbouw* • *bosgrond*

foretaste ('fɔːteɪst) ZN *voorproef(je)*

foretell (fɔː'tel) OV WW *voorspellen*

forethought ('fɔːθɔːt) ZN *planning*

forever (fə'revə) I BIJW • *voor eeuwig/altijd* • *een eeuwigheid; de hele tijd; steeds maar (door)* ★ *she's ~ complaining! ze klaagt altijd!* II TW

• *leve; hiep hiep hoera* ★ *Arsenal ~ leve Arsenal*

forewarn (fɔː'wɔːn) OV WW *van te voren waarschuwen* ▼ *~ed is forearmed een gewaarschuwd man telt voor twee*

forewoman ('fɔːwʊmən) ZN • *hoofd; cheffin* • *voorzitter v.e. jury*

foreword ('fɔːwɜːd) ZN *voorwoord*

forfeit ('fɔːfɪt) I ZN • *boete* ▼ *het verbeurde; pand* II BNW • *verbeurd verklaard* III OV WW • *verspelen*

forfeiture ('fɔːfɪtʃə) ZN • *verbeurdverklaring* • *verlies*

forgather (fɔː'gæðə) ONOV WW • → **foregather**

forgave (fə'geɪv) WW [verleden tijd] • → **forgive**

forge (fɔːdʒ) I OV WW • *smeden* OOK FIG.; *bedenken; beramen* • *vervalsen* II ONOV WW • *z. een weg banen* • ~ *ahead een leidende positie verwerven; z. snel ontwikkelen* III ZN • *smidse; smidsvuur* • *smeltoven; smelterij*

forger ('fɔːdʒə) ZN *vervalser; oplichter*

forgery ('fɔːdʒərɪ) ZN • *valsheid in geschrifte* • *vervalsing*

forget (fə'get) OV+ONOV WW *vergeten* ★ I ~ *what it was called ik ben vergeten hoe het heette*

forgetful (fə'getfʊl) BNW *vergeetachtig*

forget-me-not ZN *vergeet-mij-nietje*

forgivable (fə'gɪvəbl) BNW *vergeeflijk*

forgive (fə'gɪv) OV WW *vergeven; kwijtschelden*

forgiven (fə'gɪvən) WW [volt. deelw.] • → **forgive**

forgiveness (fə'gɪvnəs) ZN *vergeving; vergevingsgezindheid*

forgiving (fə'gɪvɪŋ) BNW *vergevingsgezind*

forgo (fɔː'gəʊ) OV WW • *afzien/z. onthouden van* • *opgeven; afstand doen van*

forgot WW [verl. tijd] • → **forget**

forgotten WW [volt. deelw.] • → **forget**

fork (fɔːk) I ZN • *vork; gaffel; greep* • *vertakking; splitsing* 〈in weg, enz.〉 II ONOV WW • *z. vertakken/splitsen* ★ *fork left bij splitsing naar links* III OV WW • *verplaatsen/spitten met een gaffel/greep* ★ ~ *out dokken; ophoesten; geld neertellen*

forked (fɔːkt) BNW *gevorkt; gesplitst*

forklift truck ZN *vorkheftruck*

forlorn (fə'lɔːn) BNW • *mistroostig; ongelukkig; eenzaam* • *verlaten; troosteloos* ★ ~ *hope ijdele/vrome hoop* ★ *a ~ attempt een wanhopige poging*

form (fɔːm) I ZN • *vorm; gedaante* • *formulier* • *opbouw; vorm* 〈v. tekst〉 • SPORT *conditie* • *gedragscode; procedure* • G-B *schoolklas/-jaar* ★ *as a matter of form bij wijze v. formaliteit* ★ *it's bad form het is niet gepast* ★ *in great form in 'n opperbeste stemming; in uitstekende conditie; goed op dreef* ★ *on current form zoals het nu gaat* ★ *out of form niet in vorm; in slechte conditie* ★ *true to form geheel in stijl* ★ *be right on form het heel goed doen* ▼ *take form z. ontwikkelen; vaste vorm aannemen* II OV WW • *vormen; formeren* III ONOV WW • *zich vormen* • ~ *after z. vormen naar* • ~ *into z. vormen tot* • MIL. ~ *up z. opstellen; aantreden*

formal ('fɔːml) I BNW • *formeel* • *officieel* • *vormelijk* ★ *pay a ~ call een* *beleefdheidsbezoek afleggen* **II** ZN • USA *avondjurk*; *gala(feest)*

formalism ZN *formalisme*; *vormelijkheid*

formality (fɔ:'mælətɪ) ZN *formaliteit* ★ *greet sb with stiff ~iem. op stijve wijze begroeten*

formalize, G-B **formalise** ('fɔ:məlaɪz) OV WW • *officieel maken* • *formaliseren*

format ('fɔ:mæt) **I** ZN • *opzet* • *formaat* • COMP. *opmaak*; *indeling* **II** OV WW • *opmaken*; *indelen* ⟨v. tekst op scherm⟩ • COMP. *formatteren*

formation (fɔ:'meɪʃən) ZN *formatie*; *vorming*

formative ('fɔ:mətɪv) BNW *vormend* ★ ~ *years jeugdjaren*; *beginjaren*

former ('fɔ:mə) **I** ZN • *vormer*; *schepper* • *de eerstgenoemde* ⟨v. twee⟩ • *leerling* ⟨v. e. klas⟩ **II** BNW • *vroeger*; *voormalig* • *eerstgenoemde* ★ *be your ~ self again weer de oude zijn*

formerly ('fɔ:məlɪ) BIJW *eertijds*; *vroeger*

formidable ('fɔ:mɪdəbl) BNW *geducht*; *ontzagwekkend*; *formidabel*

formula ('fɔ:mjʊlə) ZN [mv: **formulae**] • *formule* • SCHEIK. *symbool* • *recept*; *methode* • SPORT *formule* ⟨raceklasse⟩ • *woorden*; *cliché*

formula milk ZN USA *babyvoeding*

formulate ('fɔ:mjʊleɪt) OV WW *formuleren*

fornicate ('fɔ:nɪkeɪt) ONOV WW *ontucht plegen*

fornication (fɔ:nɪ'keɪʃən) ZN • *ontucht* • *overspel*

forsake (fə'seɪk) OV WW *in de steek laten*; *verlaten*; *afstand doen van*

forsaken (fə'seɪkən) WW [volt. deelw.] • → **forsake**

forsook (fə'sʊk) WW [verleden tijd] • → **forsake**

forswear (fɔ:'sweə) OV WW *afzweren*

fort (fɔ:t) ZN *fort* ▾ *hold the fort / USA hold down the fort het fort bewaken*; *de zaak draaiende houden*

forte ('fɔ:teɪ) ZN • *fort*; *sterke kant* • MUZ. *forte*; *krachtig*

forth (fɔ:θ) BIJW *voort*; *uit*; *weg*; *buiten* ★ *from this time ~ van nu af aan* ★ *and so ~ enzovoorts*

forthcoming (fɔ:θ'kʌmɪŋ) BNW • *aanstaande*; *komend* • *mededeelzaam*; *toeschietelijk*

forthright ('fɔ:θraɪt) BNW *open*; *eerlijk*; *rechtuit*

forthwith (fɔ:θ'wɪθ) BIJW FORM. *terstond*; *onmiddellijk*

fortieth ('fɔ:tɪɪθ) TELW *veertigste*

fortification (fɔ:tɪfɪ'keɪʃən) ZN *versterking*

fortify ('fɔ:tɪfaɪ) OV WW • *versterking aanbrengen*; *(ver)sterken* • *verrijken* ⟨voedsel⟩

fortitude ('fɔ:tɪtju:d) ZN *vastberadenheid*

fortnight ('fɔ:tnaɪt) ZN *twee weken* ★ *I'll be seeing you Sunday ~ tot zondag over veertien dagen*

fortnightly ('fɔ:tnaɪtlɪ) BIJW *iedere twee weken*

fortress ('fɔ:trɪs) ZN *vesting*

fortuitous (fɔ:'tju:ɪtəs) BNW • *toevallig* • *fortuinlijk*

fortunate ('fɔ:tʃənət) BNW *gelukkig*

fortunately BIJW *gelukkig*

fortune ('fɔ:tʃən) ZN • *geluk* • *fortuin* ⟨geld⟩ ★ ~*s* [mv] *lotgevallen* ★ ~ *favours the bold wie waagt, die wint* ⟨zegswijze⟩ ★ *Fortune smiled on me ik had geluk* ★ *fame and ~ roem en rijkdom* ★ *by a stroke of ~ door een gelukkig*

toeval ★ *make a ~ fortuin maken*; *veel geld verdienen* ▾ *tell sb's ~ iem.de toekomst voorspellen*

fortune cookie ZN OMSCHR. *hol koekje met een spreuk* ⟨in Chinese restaurants⟩

fortune hunter ZN *gelukzoeker*

fortune teller ZN *waarzegger*; *waarzegster*

forty ('fɔ:tɪ) TELW *veertig* ★ *take ~ winks 'n dutje doen*

forum ('fɔ:rəm) ZN • *forum*; *discussiegroep* • vnl. USA *tribunaal*; *rechtbank* • *markt*; *plein* ⟨in het oude Rome⟩

forward ('fɔ:wəd) **I** ZN • SPORT *voorhoedespeler* **II** BNW • *voorwaarts*; *naar voren* • *vooraan*; *voorin* ⟨v. schip, vliegtuig, bus, enz.⟩; *vooruitstrevend* • *vroegrijp*; *vroegtijdig* • *brutaal* ★ ~ *planning vooraf een plan maken* **III** OV WW • *sturen*; *doorsturen*; *forwarden* ⟨e-mail⟩ • *bevorderen*; *vooruithelpen*

forwarder ('fɔ:wədə) ZN *expediteur*; *verzender*

forwarding address ZN *doorstuuradres*

forwarding agent ZN *expediteur*

forward-looking BNW *(met) vooruitziend(e blik)*; *op de toekomst gericht*

forwardness ('fɔ:wədnəs) ZN *vrijpostigheid*; *brutaliteit*

forwards ('fɔ:wədz) BIJW • *voorwaarts* • *vooruit* • *voorover*

forwent (fɔ:'went) WW [verleden tijd] • → **forego**

fossick ('fɒsɪk) ONOV WW • AUS., INFORM. *rondscharrelen*; *snuffelen in* • *goudzoeken*

fossil ('fɒsəl) ZN • *fossiel* • IRON. *fossiel*; *ouwe zak*

fossilize, G-B **fossilise** ('fɒsəlaɪz) ONOV WW *verstenen*

foster ('fɒstə) **I** BNW • *pleeg-* **II** OV WW • *bevorderen*; *koesteren* • *een pleegkind opnemen in het gezin* ⟨tijdelijk⟩

fought (fɔ:t) WW [verl. tijd + volt. deelw.] • → **fight**

foul (faʊl) **I** BNW • *walgelijk*; *stinkend*; *vuil*; *bedorven* ⟨lucht⟩ • *slecht*; *vals* • *obsceen*; *vulgair* ⟨taal⟩ • *smerig*; *verraderlijk* ⟨weer⟩ • *gemeen*; *laag* ⟨misdaad⟩ • ~ *with verstopt* ⟨buis⟩ ★ *a foul day een rotdag* ▾ *fall foul of in aanvaring/conflict komen met* **II** ZN • SPORT *overtreding* • *botsing*; *aanvaring*; *foutslag* ⟨honkbal⟩ **III** ONOV WW • *vuil worden* • *verstopt raken* • *in de war raken* **IV** OV WW • SPORT *een overtreding begaan*; *de bal uit slaan* ⟨honkbal⟩; *verontreinigen*; *bezoedelen* • *in de war maken* • SCHEEPV. *in aanvaring komen met*; *versperren* • INFORM. ~ **up** *verknoeien*; *verprutsen*

foully ('faʊllɪ) BIJW *op 'n gemene manier*

foul-mouthed BNW *grof in de mond*; *vuile taal uitslaand*

foulness ('faʊlnəs) ZN • *vuilheid* • *bedorvenheid*

foul play ZN • *vals/onsportief spel* • *misdaad*; *geweldpleging*; *moord*

foul-up ZN *puinhoop*; *knoeiboel*

found (faʊnd) WW [verleden tijd + volt. deelw.] • → **find** OV WW • *stichten*; *grondvesten*; *de basis zijn van* • *smelten en gieten* ⟨v. metaal⟩ ★ *well ~ed gegrond*; *gefundeerd*

foundation (faʊn'deɪʃən) ZN • *fundering*; *basis*;

grondslag • *fonds* • *oprichting; stichting; stichting die inkomsten uit legaten trekt* • *onderlaag voor make-up* ▾ rock/shake sth to its ~s *iets op zijn grondvesten laten schudden*

foundation course ZN *basiscursus*

foundation stone ZN *eerste steen*

founder ('faʊndə) I ZN • *oprichter; stichter* II WW • *in duigen vallen; mislukken* ⟨v. plan⟩ • *vergaan* ⟨v. schip⟩ • *kreupel worden* ⟨v. paard⟩

founding father ZN *grondlegger; stichter*

foundling ('faʊndlɪŋ) ZN *vondeling*

foundry ('faʊndrɪ) ZN *(metaal)gieterij*

fount (faʊnt) ZN LIT. / HUMOR. ★ the ~ of all knowledge *de bron v. alle kennis*

fountain ('faʊntɪn) ZN • *fontein* • LIT. *(natuurlijke) bron* • *reservoir*

fountainhead ('faʊntɪnhed) ZN *bron; oorsprong*

fountainpen ('faʊntɪnpen) ZN *vulpen*

four (fɔ:) I TELW • *vier* II ZN • *viertal* • *boot* ⟨voor 4 roeiers⟩ ▾ on all fours *op handen en voeten*

four-by-four ZN *auto met vierwielaandrijving*

four-letter word ('fɔ:letəwɜ:d) ZN EUF. *drieletterwoord*

four-poster ZN *hemelbed*

foursome ('fɔ:səm) ZN • SPORT *dubbelspel* ⟨golf⟩ • INFORM. *gezelschap v. vier personen*

four-square I BNW • *vierkant* • *potig; stevig* II BIJW ★ I stand ~ with you *ik sta vierkant achter je*

fourteen (fɔ:'ti:n) TELW *veertien*

fourteenth (fɔ:'ti:nθ) TELW *veertiende*

fourth (fɔ:θ) I TELW • *vierde* II ZN • *kwart* • *vierde man*

fourthly ('fɔ:θlɪ) BIJW *ten vierde*

four-wheel drive ZN *vierwielaandrijving*

four-wheeler ZN USA *auto met vierwielaandrijving*

fowl (faʊl) ZN • *gevogelte* ⟨ook 't vlees⟩ • *kip; haan* • *jachtvogels*

fowl plague, fowl pest ZN *vogelpest*

fowl run ZN *kippenren*

fox (fɒks) I ZN • *vos* • VS, INFORM. *lekker stuk* ★ a wily old fox *een sluwe vos* II OV WW • *beetnemen; bedriegen* • *in de war brengen*

foxglove ('fɒksglʌv) ZN PLANT. *vingerhoedskruid*

foxhole ('fɒkshoʊl) ZN MIL. *schuttersputje*

foxhound ('fɒkshaʊnd) ZN *jachthond* ⟨voor de vossenjacht⟩

fox-hunting ZN *vossenjacht*

foxy ('fɒksɪ) BNW • *vosachtig* • *sluw* • VS, INFORM. *geil* ⟨aantrekkelijk⟩

foyer ('fɔɪeɪ) ZN • *foyer* • USA *entree; hal*

fracas ('fræka:) ZN *herrie; vechtpartij*

fraction ('frækʃən) ZN • *fractie; klein deel* • *breuk* ★ REL. the Fraction *'t breken v. 't brood*

fractional ('frækʃənl) BNW • *onbetekenend* • *gebroken; gedeeltelijk*

fractionate ('frækʃəneɪt) OV WW *kraken* ⟨v. ruwe olie⟩

fractious ('frækʃəs) BNW • *dwars; lastig* • *narrig*

fracture ('fræktʃə) I ZN • *barst* • *botbreuk* II OV WW • *breken* III ONOV WW • *uit elkaar vallen*

fragile ('frædʒaɪl) BNW • *breekbaar; broos; bros* • *zwak* • *teer*

fragility (frə'dʒɪlɪtɪ) ZN *broosheid; breekbaarheid*

fragment¹ ('frægmənt) ZN • *fragment* • *scherf; (brok)stuk*

fragment² (fræg'ment) OV+ONOV WW *verdelen in (brok)stukken; versplinteren*

fragmental (fræg'mentl), **fragmentary** ('frægməntərɪ) BNW *fragmentarisch*

fragmentation (frægmən'teɪʃən) ZN *fragmentatie*

fragmentation bomb ZN *splinterbom*

fragrance ('freɪgrəns) ZN • *geur* • *parfum*

fragrant ('freɪgrənt) BNW *geurig*

frail (freɪl) BNW *broos; zwak; kwetsbaar*

frailty ('freɪltɪ) ZN *zwakheid* ⟨ook v. karakter⟩

frame (freɪm) I ZN • *lijst; kozijn* • *frame; geraamte* ⟨v. bouwsel⟩ • *bouw; gestel* ⟨v. mens/dier⟩ • *kader; plan* ⟨v. systeem/tekst⟩ • *kader; beeld; plaatje* ⟨v. film⟩ ★ ~s [mv] *montuur* ⟨v. bril⟩ ★ ~ of mind *gemoedsgesteldheid* ★ ~ of reference *referentiekader* ▾ be in the ~ *kandidaat zijn voor; gezocht worden door de politie* II OV WW • *inlijsten; omlijsten* • *opstellen; formuleren* ⟨v. plan, concept⟩ • INFORM. *vals beschuldigen; erin luizen*

frame-up ZN INFORM. *complot; een doorgestoken kaart*

framework ('freɪmwɜ:k) ZN • *geraamte; skelet* • *stelling; basis* • *structuur; kader*

France (fra:ns) ZN *Frankrijk*

franchise ('fræntʃaɪz) I ZN • *vergunning; licentie* • ECON. *concessie; franchise* • *(burger)recht* • *stemrecht* II OV WW • *een concessie/licentie/vergunning verlenen*

Franciscan (fræn'sɪskən) ZN *franciscaan*

francophile ('frænkəfaɪl) ZN *francofiel*

francophone ('frænkəfəʊn) BNW *Franssprekend; Franstalig*

frangible ('frændʒɪbl) BNW *broos; fragiel*

frank (fræŋk) I BNW • *openhartig* ★ to be ~ with you *om eerlijk te zijn* II OV WW • *frankeren* ⟨met frankeermachine⟩

frankfurter ('fræŋkfɜːtə) ZN *knakworstje*

frankincense ('fræŋkɪnsens) ZN *wierook*

Frankish ('fræŋkɪʃ) BNW *Frankisch*

frankly ('fræŋklɪ) BIJW • *eerlijk gezegd* • *oprecht*

frankness ('fræŋknəs) ZN *openhartigheid*

frantic ('fræntɪk) BNW • *verwoed; razend; hectisch* • *buiten zinnen; gek; krankzinnig*

frat (fræt) ZN VS, INFORM. *corpsbal*

fraternal (frə'tɜ:nl) BNW *broederlijk*

fraternity (frə'tɜ:nətɪ) ZN USA *broederschap; studentenclub/-corps*

fraternize, G-B **fraternise** ('frætənaɪz) ONOV WW *z. verbroederen*

fratricide ('frætrɪsaɪd) ZN *broeder-/zustermoord(enaar)*

fraud (frɔ:d) ZN • *fraude; bedrog* • *bedrieger*

fraudster ('frɔːdstə) ZN *fraudeur; bedrieger*

fraudulence ('frɔ:djʊləns) ZN *bedrog; bedrieglijkheid*

fraudulent ('frɔ:djʊlənt) BNW • *frauduleus* • *bedrieglijk*

fraught (frɔ:t) BNW • ~ with *beladen; vol van* • *bezorgd; gespannen* ★ ~ with danger *vol gevaar* ★ there was a ~ silence *er viel een geladen stilte*

fray (freɪ) I ZN • *strijd* ★ the political fray *de politieke arena* II OV WW • *rafelen* • *prikkelen* ⟨v. humeur⟩ • *aantasten* ★ his nerves got frayed *hij kreeg 't op z'n zenuwen* ★ tempers began to fray *men raakte geïrriteerd*

frazzle ('fræzl) ZN *rafel; flard* ★ to a ~ *tot op het bot; helemaal* ★ burnt to a ~ *volledig opgebrand* ★ worn to a ~ *tot op de draad versleten*

frazzled ('fræzld) BNW *uitgeput*

freak (fri:k) I ZN • *fanaat* • *zonderling; hippie* • *gedrocht* • *abnormaal verschijnsel* • OUD. *gril* • USA *verslaafde* ★ ~ of nature *speling der natuur* II BNW • *grillig* ★ a ~ accident *'n bizar en onwaarschijnlijk ongeluk* III ONOV WW • EUF., JEUGDT. *neuken* • ~ out *buiten zinnen raken; hallucinaties krijgen* ⟨door drugs⟩

freaking (fri:kɪŋ) BNW + BIJW VS, EUF. *verrekt; verdomd; klote-*

freakish ('fri:kɪʃ), **freaky** ('fri:kɪ) BNW *grillig; vreemd*

freckle ('frekl) I ZN • *sproet* II ONOV WW • *met sproeten bedekt worden*

freckled ('frekld) BNW *sproeterig*

free (fri:) I BNW • *vrij; vrijwillig* • *onbelemmerd* • *onafhankelijk* • *kosteloos; gratis* • NATK., SCHEIK. *zuiver; ongebonden* • *gunstig* ⟨wind⟩ • ECON. *franco* • free domicile *franco huis* ★ free with money *royaal met geld* ★ be too free with your opinions *(al te) graag je mening verkondigen* ★ cut free from a wreck *lossnijden uit een wrak* ★ pull yourself free *je losrukken* ★ set free *bevrijden* ▾ free and easy *relaxed* ▾ there's no such thing as a free lunch *voor niets gaat de zon op* ▾ get/have a free hand *de vrije hand krijgen/hebben* ▾ get/take a free ride *vrijgehouden worden; gratis krijgen* II BIJW • *kosteloos* • *los* ★ free of charge *gratis* ▾ make free with sb *te vrij met iem. omgaan* ★ run free *los rondlopen* III OV WW • *bevrijden; los/vrij maken* • *ontslaan* ⟨v. belofte⟩ ★ free your mind *stort je hart uit* ★ the leagcy freed her to write *door het legaat kreeg ze tijd om te schrijven* ★ free up more money *meer geld vrijmaken*

freebase ('fri:beɪs) ZN *gezuiverde cocaïne*

freebie ('fri:bɪ) ZN *weggevertje; relatiegeschenk*

freebooter ('fri:bu:tə) ZN *vrijbuiter*

freedom ('fri:dəm) ZN • *vrijheid* • *vrijstelling; vrijwaring* ★ G-B the ~ of the city *het ereburgerschap* ★ ~ of speech *vrijheid van meningsuiting*

free-floating BNW • *vrij rondzwervend* • *ongebonden* • *ongecontroleerd* • *niet te vangen* ⟨figuurlijk⟩ • *vaag; zweverig*

Freefone ZN • → **Freephone**

free-for-all I ZN • *een ieder-voor-zich situatie* • *vrije discussie* • *algemene ruzie*

freehand ('fri:hænd) BNW + BIJW *uit de vrije hand*

freehold ('fri:həʊld) I ZN • JUR. *vrij bezit* ⟨onroerend goed⟩ II BNW • *vrij; in volledig eigendom*

freeholder ('fri:həʊldə) ZN JUR. *eigenaar* ⟨v. onroerend goed⟩

freelance ('fri:lɑ:ns) I BNW • *onafhankelijk; freelance* II ONOV WW • *freelance werken*

freeloader ('fri:ləʊdə) ZN INFORM. *klaploper; profiteur*

freely ('fri:lɪ) BIJW • *vrij(elijk); openlijk* • *overvloedig; royaal*

freeman ('fri:mən) ZN • *ereburger* • *vrije/stemgerechtigde burger*

Freemason ('fri:meɪsən) ZN *vrijmetselaar*

Freephone ('fri:fəʊn) ZN *systeem waarin de telefoonkosten worden betaald door de gebelde, niet de beller*

free-range BNW *scharrel-* ★ ~ eggs *scharreleieren*

freestyle ('fri:staɪl) ZN *vrije slag/stijl*

freethinker (fri:'θɪŋkə) ZN *vrijdenker*

freeway ('fri:weɪ) ZN USA *(auto)snelweg*

freewheel ('fri:'wi:l) ONOV WW • *rustig aan doen; je niet uitsloven* • *fietsen zonder te trappen*

freeze (fri:z) I OV WW • OOK FIG. *doen bevriezen* • *doen stollen* • *invriezen* • *laten stilstaan* ⟨beeldband/film⟩ • *stabiliseren* ⟨prijzen/lonen⟩ • *blokkeren* ★ ~ wages *loonstop afkondigen* ★ deep ~ *diepvriezen; invriezen* ▾ ~ your blood/make your blood ~ *het bloed in de aderen doen stollen* II ONOV WW • *vriezen* • FIG. *bevriezen; verstijven* ⟨door angst enz.⟩ ★ USA ~! *blijf staan of ik schiet!* ★ ~ to death *doodvriezen* III WW • ~ out [ov] *uitsluiten; boycotten* • ~ over [onov] *dichtvriezen* IV ZN • *bevriezing* • *vorst(periode)* ★ deep ~ *diepvries; diepvrieskist/-kast*

freeze-dry OV WW *vriesdrogen*

freezer ('fri:zə), USA **deep freezer, deep freeze** ZN *diepvries*

freezing ('fri:zɪŋ) BNW • *ijskoud* • *vries-*

freight (freɪt) I ZN • *vracht(prijs)* • *lading* • *vrachtvervoer* II OV WW • *verzenden* • *bevrachten; laden* • FIG. *beladen; belasten*

freightage ('freɪtɪdʒ) ZN • *vracht(prijs)* • *lading* • *vrachtvervoer*

freight car ZN USA *goederenwagon*

freighter ('freɪtə) ZN • *bevrachter* • *vrachtboot/-vliegtuig*

French (frentʃ) I ZN • TAALK. *Frans* ▾ (inform.) pardon my ~ *sorry voor mijn taalgebruik* II BNW • *Frans* III MV • *Fransen*

Frenchify ('frentʃɪfaɪ) OV+ONOV WW *verfransen*

Frenchman ('frentʃmən) ZN *Fransman*

Frenchwoman ('frentʃwʊmən) ZN *Française*

frenetic (frə'netɪk) BNW *hectisch; koortsachtig*

frenzied ('frenzɪd) BNW *dol; heftig; hysterisch*

frenzy ('frenzɪ) ZN *vlaag (v. waanzin/geweld); (aanval v.) razernij* ★ a ~ of joy *uitzinnige vreugde* ★ the ~ of the mob *de dolle woede van de meute*

frequency ('fri:kwənsɪ) ZN • *frequentie; het veelvuldig voorkomen; veelvuldigheid* • *golflengte* • *trillingsgetal*

frequent[1] ('fri:kwənt) BNW *frequent; vaak voorkomend* ★ a ~ visitor *een regelmatige bezoeker*

frequent[2] (fri'kwent) OV WW *regelmatig/vaak bezoeken*

frequenter (frɪ'kwentə) ZN *regelmatig bezoeker; stamgast*

frequently ('fri:kwəntlɪ) BIJW *vaak; herhaaldelijk*

fresh (freʃ) I BNW • *vers* • *fris* • *nieuw* • *zoet* ⟨water⟩ • *helder* ⟨v. kleur⟩ • *energiek* • *jong en*

fr

onervaren • *brutaal* ★ ~ *paint!* *nat!*; *geverfd!*
★ as ~ as a daisy *zo fris als 'n hoentje* II BIJW
• *vers* • *pas* ▼ ~ from/out of school *net van school*

freshen ('freʃən) I OV WW • *opfrissen* • USA
bijschenken II ONOV WW • *aanwakkeren* ⟨v. wind⟩ • ~ **up** *(z.) opfrissen*

freshener ('freʃnə) ZN *opfrissing*

fresher ('freʃə) ZN INFORM. • → **freshman**

freshly ('freʃlɪ) BIJW • *fris; krachtig* • *pas; zo-even*
★ ~ baked bread *versgebakken brood*

freshman ('freʃmən) ZN *eerstejaars (student)*

freshwater ('freʃwɔːtə) BNW *zoetwater-*

fret (fret) I ONOV WW • *z. ongerust maken; z. ergeren; z. opvreten • verdrietig zijn; zeuren*
• *versieren met snijwerk* • ~ **about/over** *ongerust zijn over* II ZN • *ongerustheid* • MUZ.
fret; richel ⟨op toets v. snaarinstrument⟩
• ARCH. *lijstwerk*

fretful ('fretfʊl) BNW • *geïrriteerd • zeurderig*
• *prikkelbaar*

fretsaw ('fretsɔː) ZN *figuurzaag*

fretwork ('fretwɜːk) ZN *figuurzaagwerk; snijwerk*

Freudian ('frɔɪdɪən) BNW *freudiaans*

Fri. AFK Friday *vrijdag*

friable ('fraɪəbl) BNW *bros; brokkelig*

friar ('fraɪə) ZN • *monnik • broeder*

friary ('fraɪərɪ) ZN *klooster*

fricative ('frɪkətɪv) ZN TAALK. *spirant*

friction ('frɪkʃən) ZN • *wrijving • onenigheid*

Friday ('fraɪdeɪ) ZN *vrijdag*

fridge (frɪdʒ) ZN *koelkast; ijskast*

fridge-freezer ZN *koel/vriescombinatie*

fried (fraɪd) WW [verl. tijd + volt. deelw.] • → **fry**
BNW • *gebakken* • VS, INFORM. *uitgepoept • teut*
• *high* ⟨door drugs⟩

friend (frend) ZN • *vriend(in); kameraad*
• *supporter • bondgenoot* • REL. (Friend) *lid v Quakergenootschap* • my honourable/noble ~
de geachte afgevaardigde ⟨in House of Commons en House of Lords⟩ ★ my learned ~
mijn geachte confrater ▼ a ~ in need is a ~
indeed *in nood leert men zijn vrienden kennen*
▼ ~s at court/ in high places *invloedrijke vrienden; kruiwagens* ▼ make ~s *vrienden maken; (weer) vrienden worden*

friendless ('frendləs) BNW *zonder vrienden*

friendly ('frendlɪ) I BNW • *vriendelijk; vriendschappelijk • bevriend* ⟨naties⟩ II ZN
• *vriendschappelijke wedstrijd*

friendship ('frendʃɪp) ZN *vriendschap* ★ strike up a ~ *een vriendschap aangaan*

frier ('fraɪə) ZN • → **fryer**

fries ZN [mv] • → **fry**

Friesian ('friːzɪən) I ZN • *Friese koe* II BNW • *Fries* ⟨vee⟩

frieze (friːz) ZN ARCH. *fries; sierlijst*

frig (frɪg) ONOV WW • VULG. *neuken* • VULG. *(z.) aftrekken* ★ VULG. frigging! *verrekt(e)!*
• INFORM. ~ **around/about** *rond-/aanklooien*

frigate ('frɪgɪt) ZN *fregat*

frigging ('frɪgɪŋ) BNW VULG. *verdomd; klote-*

fright (fraɪt) ZN *angst; vrees; schrik* ▼ give sb a ~
iem. de schrik op het lijf jagen ▼ look a ~ *er verschrikkelijk uitzien* ▼ take ~ *bang worden*

frighten ('fraɪtn) OV WW • *bang maken; doen*

schrikken • ~ **away/off** *verjagen; afschrikken*
• ~ **into** *dwingen* ⟨door bang te maken⟩
• ~ **out of** *z. laten afschrikken*

frightened (fraɪtnd) BNW • *bang; angstig; verschrikt* ★ ~ to death/out of your wits *doodsbang* • ~ **of** *bang voor* • ~ **for** *bezorgd om*

frightening ('fraɪtnɪŋ) BNW *angstaanjagend*

frightful ('fraɪtfʊl) BNW • *afschuwelijk • vreselijk*

frigid ('frɪdʒɪd) BNW • *frigide • koud; ijzig; kil*

frill (frɪl) ZN • *volant; ruche • manchet* ⟨om poten van kalkoen enz.⟩ ★ no ~s *zonder franje/extra's* ★ put on ~s *z. airs geven*

frilly ('frɪlɪ) BNW *met kantjes en strookjes*

fringe (frɪndʒ) I ZN • *pony* ⟨v. haar⟩ • *franje*
• *zoom; rand* ★ the ~ *buitenkant; zelfkant; randgroepering* II OV WW • *met franje versieren*
• *omzomen*

fringe benefits MV *secundaire arbeidsvoorwaarden*

fringe theatre ZN *experimenteel theater*

frippery ('frɪpərɪ) ZN MIN. *opschik; snuisterijen*

Frisian ('frɪzɪən) I ZN • *Fries • Friese koe* II BNW
• *Fries*

frisk (frɪsk) I ZN • *het fouilleren* • *(bokken)sprong*
II OV WW • *fouilleren* III ONOV WW • *springen; dartelen*

frisky ('frɪski) BNW *dartel; vrolijk*

frisson ('friːsɒn) ZN *huivering; rilling*

fritillary (frɪ'tɪlərɪ) ZN • PLANTK. *kievietsbloem*
• PLANTK. *keizerskroon • paarlemoervlinder*

fritter ('frɪtə) I ZN • *(appel)beignet* II OV WW
• ~ **away** *verkwisten; verspillen*

fritz (frɪts) ZN VS, INFORM. ★ go/be on the ~ *het niet doen* ⟨v. apparaat⟩

frivolous ('frɪvələs) BNW • *frivool; lichtzinnig*
• *onbelangrijk; onnozel*

frizz (frɪz) I ZN • MIN. *kroeshaar* II ONOV WW
• INFORM. *krullen; kroezen* ⟨v. haar⟩

frizzle ('frɪzəl) I ZN • *gekroesd haar* II OV WW
• *krullen* ⟨haar⟩ • *(doen) sissen* ⟨bij braden⟩
• *(krokant) bakken*

fro (frəʊ) BIJW ★ to and fro *heen en weer*

frock (frɒk) ZN • *jurk • pij*

frock coat (frɒk'kəʊt) ZN *geklede jas*

frog (frɒg) ZN • *kikker; kikvors* • MIN. *fransoos*
▼ have a frog in your throat *een kikker in de keel hebben; hees zijn*

frogman ('frɒgmən) ZN *kikvorsman*

frogmarch ('frɒgmɑːtʃ) OV WW OMSCHR. *iem. opbrengen met beide armen van achter stevig in de greep*

frogspawn ('frɒgspɔːn) ZN *kikkerdril*

frolic ('frɒlɪk) I ZN • *pret; lol; gekheid* II ONOV WW
• *rondspringen; pret maken* ★ ~k on the beach *stoeien op het strand*

frolicsome ('frɒlɪksəm) BNW *dartel; vrolijk*

from (frɒm) VZ • *van; weg van; van ... af;*
(van)uit; voor • *als gevolg van; vanwege; aan de hand van; door* ★ sick from fatigue *ziek van vermoeidheid* ▼ 100 years from now *over 100 jaar* ▼ from now on *vanaf nu*

frond (frɒnd) ZN *varen-/palmblad; zeewier*

front (frʌnt) I ZN • *front • voorkant • voorgevel; gevel • waterkant; boulevard • façade* ★ in the ~ of the house *vóór in het huis* ★ with a firm ~
vastberaden ★ come to the ~ *op de voorgrond*

treden ★ put on a bold ~ *z. moedig voordoen* ▼ USA ~ and center *op de belangrijkste plaats* ▼ ~ up *eerlijk; oprecht* ▼ in ~ *vooraf; vooraan; aan de voorkant; en face* ▼ in ~ of *vóór* in ~ out ~ *vooraan in de gang* ⟨v. schouwburg⟩ ▼ out the ~ *vlak bij de ingang* ▼ up ~ *helemaal vooraan; van tevoren* II BNW • *voorste; voor-* VS, INFORM. ▼ keep on the ~ burner *warm/in de belangstelling houden* III OV WW • *staan tegenover* • *aan het hoofd staan van* • *van een façade voorzien* • *presenteren* ⟨tv-programma enz.⟩ IV ONOV WW • *als façade dienen* • ~ **for** *vertegenwoordigen*

frontage ('frʌntɪdʒ) ZN • *gevel; front* • *frontbreedte*

frontage road ZN *ventweg*

frontal ('frʌntl) I ZN • *frontaal* ⟨v. altaar⟩ II BNW • *frontaal* • MED. *voorhoofds-*

front bencher ZN *lid v.h. kabinet of schaduwkabinet* ⟨zit vooraan in het Parlement⟩

front desk ZN *receptie* ⟨v. hotel enz.⟩

front door ('frʌntdɔ:) ZN *voordeur*

frontier ('frʌntɪə) ZN *grens; grensgebied*

frontiersman ('frʌntɪəzmən) ZN • *grensbewoner* • USA *pionier*

frontline ('frʌntlaɪn) ZN *frontlinie; vuurlijn*

front office ZN • *hoofdkantoor* • *front office*

front organization, G-B **front organisation** ZN *mantelorganisatie*

frost (frɒst) I ZN • *vorst; rijp* ★ *hard/sharp/severe* ~ *strenge vorst* ★ *glazed* ~ *ijzel* II OV WW • *met rijp/ijs/ijsbloemen bedekken* • CUL. *glaceren* • *mat maken* ⟨glas⟩ III ONOV WW • ~ **over/up** *met rijp/ijs/ijsbloemen bedekt worden*

frostbite ('frɒstbaɪt) ZN *(beschadiging/verwonding door) bevriezing*

frostbitten ('frɒstbɪtn) BNW *bevroren*

frosted BNW • *mat* ⟨v. glas⟩ • *met rijp bedekt* • *geglaceerd*

frosting ('frɒstɪŋ) ZN • CUL. *glazuur* • *mat oppervlak*

frosty ('frɒstɪ) BNW • *ijzig* • *berijpt; bevroren* • *kil; koud*

froth (frɒθ) I ZN • *schuim* • *luchtigheid; oppervlakkigheid* II ONOV WW • *schuimen* ★ ~ing at the mouth *schuimbekkend*

frown (fraʊn) I ZN • *frons* • *fronsende blik* ⟨v. afkeuring, ontevredenheid, door concentratie⟩ II ONOV WW • *dreigend kijken; 't voorhoofd fronsen* • ~ **on/upon** *afkeuren*

frowsty ('fraʊstɪ) BNW *bedompt; benauwd; muf*

frowzy, frowsy ('fraʊzɪ) BNW *smerig; vuil; onfris*

froze (frəʊz) WW [verleden tijd] • → **freeze**

frozen (frəʊzən) WW [volt. deelw.] • → **freeze** BNW • *bevroren* ⟨ook fig.⟩; *ijskoud* • ~ **with** ★ ~ with fear *verstijfd van angst*

fructify ('frʌktɪfaɪ) I OV WW • *bevruchten* II ONOV WW • *vruchtdragen*

frugal ('fru:gl) BNW *zuinig; spaarzaam; sober; matig*

fruit (fru:t) I ZN • *fruit; vrucht* ⟨ook fig.⟩ • VS, MIN. *flikker; homo* ▼ the ~/~s of sth *het resultaat van iets* ▼ in ~ *vruchtdragend* ▼ bear ~ *vrucht dragen; goede resultaten /succes hebben*

II ONOV WW • *vrucht(en) dragen*

fruit cake ZN • *vruchtencake* • INFORM. *excentriek persoon* ▼ as nutty as a ~ *zo gek als een deur*

fruiterer ('fru:tərə) ZN *fruithandelaar*

fruitful ('fru:tfʊl) BNW *vruchtbaar; productief*

fruition (fru'ɪʃən) ZN • *verwezenlijking* • *vervulling* ★ bring to ~ *in vervulling doen gaan* ★ come to ~ *werkelijkheid worden*

fruitless ('fru:tləs) BNW • *vruchteloos* • *zonder vruchten*

fruit machine ZN *fruitautomaat; gokautomaat*

fruity ('fru:tɪ) BNW • *fruitig* ⟨wijn⟩ • LIT. *vruchtbaar* • *vrucht(en)-* • *geurig; pikant* • *vol en diep* ⟨stem⟩ • G-B, INFORM. *geil* • INFORM. vnl. USA *getikt* • VS, INFORM., MIN. *homo-*

frump (frʌmp) ZN *trut*

frustrate (frʌ'streɪt) OV WW • *frustreren; teleurstellen* • *verijdelen; tegenwerken*

frustration (frʌ'streɪʃən) ZN • *teleurstelling; frustratie* • *mislukking*

fry (fraɪ) I ZN • USA *feestje met gebakken/gebraden voedsel* ★ fries [mv] *patat frites; gebakken/gebraden voedsel* ★ small fry *jong volkje; onbetekenende mensen* II OV WW • *braden; bakken; frituren* • INFORM. *vernietigen* ★ alcohol fries the brain *alcohol vernietigt de hersenen*

fryer, frier ('fraɪə) ZN • *braadpan* • *braadkuiken*

frying pan, frypan ('fraɪpæn) ZN *koekenpan* ▼ out of the ~ into the fire *van de regen in de drup*

fry-up ZN G-B, INFORM. *gebakken/gebraden gerecht/maaltijd*

ft AFK foot/feet *voet* (lengtemaat)

fubsy ('fʌbzɪ) BNW G-B, INFORM. *dik; mollig*

fuchsia ('fju:ʃə) ZN *fuchsia*

fuck (fʌk) I OV+ONOV WW • VULG. *neuken; naaien* ▼ fuck (it)! *godverdomme!* ▼ fuck me! *jezus!* ▼ VULG. fuck off! *rot op!* ▼ VULG. fuck you! *sodemieter op* • ~ **about/around** [onov] *rotzooien; aanklooien* • ~ **off** [onov] *opsodemieteren* • ~ **up** [ov] *verpesten; opfokken* • ~ **with** [onov] *rotzooien met; knoeien* II ZN • VULG. *het neuken; neukpartij* ★ not a fuck *geen reet* ★ get the fuck out of here *lazer op* ★ not give a fuck (about sb/sth) *geen bal geven (om iem./iets)* III TW ▼ I haven't done fuck all today *ik heb vandaag geen reet/flikker uitgevoerd*

fucker ('fʌkə) ZN VULG. *klootzak*

fucking ('fʌkɪŋ) BNW + BIJW VULG. *klote-; klere-; kut-* ▼ ~ well *godverdomme*

fuddle ('fʌdl) I OV WW • *benevelen* II ONOV WW • *(z. be)drinken* III ZN ★ USA on the ~ *aan de zwier*

fuddled ('fʌdld) BNW *beneveld; verward* ★ a ~ idea *een vaag idee*

fuddy-duddy ZN FIG., MIN. *fossiel* ⟨persoon⟩

fudge (fʌdʒ) I ZN • *zachte karamel* ★ *kunstgreep; slimmigheid* • *laatste nieuws* (in krant) • USA *chocoladecake/-koekje* II OV WW • *knoeien met* (feiten/cijfers) III ONOV WW • ~ **(on)** *er omheen draaien; ontwijken; frauderen*

fuel ('fju:əl) I ZN • *brandstof* • *voeding* ⟨ook fig.⟩ ★ add fuel to the fire/flames *olie op 't vuur*

fu

fu

gooien **II** OV WW • *voorzien v. brandstof*
• *voeden*; *aanwakkeren* ★ this budget fuels
inflation *deze begroting verhoogt de inflatie*
III ONOV WW • *tanken*

fuel oil ZN *stookolie*

fug (fʌg) ZN G-B, INFORM. *bedompte/benauwde lucht*

fugitive ('fju:dʒətɪv) **I** ZN • *voortvluchtige*
• *vluchteling* **II** BNW • *voortvluchtig* • LIT. *kortstondig*

fugue (fju:g) ZN *fuga*

fulcrum ('fʊlkrəm) ZN [mv: **fulcrums, fulcra**] *steunpunt*; *draaipunt* ⟨v. hefboom⟩

fulfil, USA **fulfill** (fʊl'fɪl) OV WW • *vervullen*; *beantwoorden aan* ⟨doel⟩ • *uitvoeren*; *nakomen* • *voldoening geven*

fulfilment, USA **fulfillment** (fʊl'fɪlmənt) ZN • *vervulling* • *voldoening*

fulgent ('fʌldʒənt) BNW *prachtig* ⟨dichterlijk⟩

full (fʊl) **I** ZN • *geheel*; *totaal* ▼ in full *volledig* ▼ to the full /(USA to the fullest *ten volle* ▼ the full of sth *alle details over* **II** BNW • *vol*; *verzadigd*; *vol* (of *van/met*); *vervuld van* • *volledig* • *wijd uitstaand* ⟨kleren⟩ • *volslank* • *druk*; *actief* ★ ⟨run⟩ full on *op volle toeren* ⟨draaien⟩ ★ INFORM. full-on fun *puur plezier* ★ INFORM. full up *vol* **III** BIJW • *ten volle* ★ full in the face *recht in 't gezicht* ★ full out *uit alle macht* ★ know full well *heel goed weten*

fullback ('fʊlbæk) ZN *achterspeler*; *verdediger*

full-blooded (fʊl'blʌdɪd) BNW • *krachtig*; *sterk* • *volbloed-*; *raszuiver*

full-blown BNW *goed ontwikkeld*; *volledig*; *in volle bloei* ▼ a ~ crisis *een regelrechte crisis*

full-bodied BNW • *zwaar* • *vol* ⟨smaak/geluid⟩

full-colour, USA **full-color** BNW *veelkleurig*; *veelkleuren-*

full-dress BNW • *gala-* • *formeel*; *belangrijk*

full-fledged, G-B **fully fledged** BNW
• *volwassen*; *volledig ontwikkeld* • *volleerd* • *volwaardig*

full-frontal BNW *frontaal* ★ ~ nudity *volledig naakt vooraanzicht*

full-grown BNW *volwassen*

full-length BNW • *in volle lengte*; *ten voeten uit*; *levensgroot* • *volledig* ⟨niet ingekort⟩ • *tot op de grond* ⟨v. gordijnen⟩ • *lang* ⟨v. rok enz.⟩

full-mouthed BNW • *met volledig gebit* (m.b.t. vee) • *luid-/heftig(klinkend)*

fullness, fulness ('fʊlnəs) ZN *volheid* ▼ in the ~ of time *op den duur*

full-page BNW *paginagroot*

full-scale BNW • *totaal* • *op ware grootte* • *grootschalig*

full-term BNW *voldragen* ⟨v. kind⟩

full-time BNW *fulltime* ★ ~ job *volledige dagtaak*

fully ('fʊli) BIJW • *volledig*; *volkomen* • *minstens*; *ten minste* ★ ~ fifty per cent *wel vijftig procent*

fulmar ZN *Noordse stormvogel*

fulminate ('fʌlmɪneɪt) **I** OV WW • ~ **against** *heftig uitvaren tegen* **II** ONOV WW • *ontploffen*
• MED. *plotseling uitbreken* ⟨ziekte⟩

fulmination (fʊlmɪ'neɪʃən) ZN *ontploffing*; *uitbarsting*

fulsome ('fʊlsəm) BNW • *overdreven* ⟨v. lof, verontschuldiging enz.⟩ • *overvloedig*

fumble ('fʌmbl) **I** OV WW • *bevoelen*; *betasten*
• SPORT *verknoeien* ⟨v. bal⟩ **II** ONOV WW
• *tasten*; *morrelen* • *friemelen* • ~ after/for zoeken naar • ~ **around** *rondtasten*

fumbling **I** ZN • *gestuntel* • *onhandige poging tot liefkozen* **II** BNW • *onhandig*; *stuntelig*

fume (fju:m) **I** ZN • *(giftige) damp*; *rook* **II** ONOV WW • *dampen*; *roken* • ~ at/about/over koken *van* ⟨bv. woede⟩

fumigate ('fju:mɪgeɪt) OV WW • *uitroken*
• *ontsmetten*

fun (fʌn) **I** ZN • *plezier*; *pret*; *lol* ★ have fun! *veel plezier!* ★ what fun! *wat leuk!* ▼ for/in fun *voor de aardigheid*; *voor de grap* ▼ fun and games *loltrapperij* ▼ make fun of / poke fun at *voor de gek houden* **II** BNW • *plezierig*; *aardig*; *leuk* ★ she's fun to be with *je kunt veel plezier met haar hebben*

funboard ('fʌnbɔːd) ZN *(snelle) surfplank*

function ('fʌŋkʃən) **I** ZN • *functie*; *taak*
• *plechtigheid*; *feest* **II** ONOV WW • *functioneren*
• ~ **as** *fungeren als*

functional ('fʌŋkʃənl) BNW • *functioneel* • *in functie*; *operationeel*

functionary ('fʌŋkʃənərɪ) ZN • *ambtenaar*; *beambte* • *functionaris*

fund (fʌnd) **I** ZN • *fonds* • *voorraad* ★ funds [mv] *geld*; *kapitaal* ★ a fund of experience *een schat aan ervaring* ★ in funds *geld hebben* ★ short of funds *slecht bij kas* **II** OV WW • *financieren*

fundamental (fʌndə'mentl) **I** BNW
• *fundamenteel*; *wezenlijk* • NATK. *elementair* **II** ZN • *principe*; *grondbeginsel* • MUZ. *grondtoon* ★ get down to ~s *ter zake komen* **III** BNW • *fundamenteel*; *wezenlijk* • NATK. *elementair*

fundamentalist (fʌndə'mentəlɪst) **I** ZN
• *fundamentalist* **II** BNW • *fundamentalistisch*

fund-raising ZN *fondsenwerving*

funeral ('fju:nərəl) ZN • *begrafenis(plechtigheid)*
• *rouwdienst* ▼ INFORM. that's your ~! *dat is jouw pakkie-an!*

funeral chapel ZN *rouwkapel*

funeral director ZN *begrafenisondernemer*

funeral parlour, USA **funeral parlor, funeral home** ZN *rouwkamer*; *mortuarium*

funeral pile, funeral pyre ZN *brandstapel* ⟨bij lijkverbranding⟩

funerary ('fju:nərərɪ) BNW *begrafenis-*; *lijk-*

funereal (fju:'nɪərɪəl) BNW • *begrafenis-*
• *droevig*; *triest*; *somber*

funfair ('fʌnfeə) ZN G-B *kermis*; *pretpark*

fungi ('fʌŋgiː/'fʌŋgaɪ/'fʌŋʒaɪ) ZN [mv] → **fungus**

fungicide ('fʌngɪsaɪd) ZN *fungicide*; *schimmeldodend middel*

fungus ('fʌngəs) ZN [mv: **funguses, fungi**]
• *paddenstoel* • *zwam* • *schimmel*

funicular (fju:'nɪkjʊlə) **I** ZN • *kabelbaan* **II** BNW
• *kabel-* ★ ~ railway *kabelbaan*

funk (fʌŋk) **I** ZN • MUZ. *funk* • INFORM. *angst*
• USA *depressie* ★ be in a blue funk *lelijk in de rats zitten* **II** OV WW • *ontwijken* ⟨uit angst⟩
• MUZ. ~ up *elementen van funk geven*

funky ('fʌŋkɪ) BNW • MUZ. *funky* • *trendy*;

modieus • USA *stinkend*

funnel ('fʌnl) I ZN • *trechter* ; *licht-/luchtkoker* • *schoorsteenpijp* ⟨v. schip⟩ II OV WW • *afvoeren* ⟨door pijp, enz.⟩ • *sturen*; *in bep. banen leiden*

funnies ('fʌnɪz) ZN MV • INFORM. *leuke moppen* • *moppenpagina*; *strippagina* ⟨in krant⟩

funnily ('fʌnəlɪ) BIJW *vreemd*; *eigenaardig* ▼ ~ *enough,* I've never met her *gek genoeg heb ik haar nog nooit ontmoet*

funny ('fʌnɪ) BNW • *grappig*; *leuk* • *raar*; *gek* • *eigenaardig*; *verdacht* • *misselijk* • *quasi-geestig* • *excentriek* ★ I feel a bit ~ *ik voel me niet lekker* ★ don't you get ~ with me! *we worden toch niet brutaal!* ▼ INFORM. ~ ha-ha *gek in de betekenis 'grappig'* ▼ INFORM. ~ peculiar / USA ~ weird/strange *gek in de betekenis 'vreemd'*

fun run ZN *recreatieloop*; *sponsorloop*

fur (fɜː) I ZN • *bont*; *vacht*; *pels*; *bontwerk* • *bontjas* • *aanslag*; *aanzetsel* ⟨v. wijn⟩; MED. *beslag* ⟨op de tong⟩; *ketelsteen* ▼ fur and feather *pelsdieren en gevogelte* ▼ the fur will fly *dat geeft gedonder* II BNW • *bonten*; *bont-* III OV WW • *met bont afzetten* • *doen aanslaan*; *doen beslaan* IV ONOV WW • ~ (up) *aanslaan*; *beslaan* ⟨v. tong⟩

furbish ('fɜːbɪ ʃ) OV WW *opknappen*; *renoveren*

furcate ('fɜːkeɪt) I BNW • *gevorkt* II ONOV WW • *z. vertakken*

furious ('fjʊərɪəs) BNW • *woedend*; *razend* • *verwoed*; *fel* • ~ with /at *woest op*

furl (fɜːl) OV WW *oprollen en vastbinden* ⟨zeil⟩

furlong ('fɜːlɒŋ) ZN *1/8 Engelse mijl (201 m.)*

furlough ('fɜːləʊ) I ZN • *verlof*; *proefverlof* ⟨v. gevangenis⟩ ★ on ~ *met verlof* II OV WW • USA *verlof geven* ⟨geen geld v. salaris⟩

furnace ('fɜːnɪs) ZN • *(stook)oven*; *smeltoven* • USA *verwarmingsketel*

furnish ('fɜːnɪ ʃ) OV WW • *meubileren* • *leveren* • ~ with *voorzien van*

furnishing, furnishings ('fɜːnɪʃɪŋ(z)) ZN *meubilering en stoffering*

furniture ('fɜːnɪtʃə) ZN *meubilair*; *huisraad* **furniture van** ZN *verhuiswagen*

furore (fjʊə'rɔːrɪ), USA **furor** ('fjʊərə) ZN • *furore* • *opwinding*; *opschudding*

furrier ('fʌrɪə) ZN *bontwerker*; *bonthandelaar*

furrow ('fʌrəʊ) I ZN • *voor*; *groef* • *rimpel* II OV WW • *een voor maken*; *ploegen* • *fronsen*

furry ('fɜːrɪ) BNW • *met bont bekleed* • *zacht*

further ('fɜːðə) [vergelijkende trap] • → **far** I BNW • *verder* ⟨afstand⟩ • *verder*; *nader*; *meer* ★ until ~ notice *tot nadere aankondiging* ★ the ~ side *overkant* ★ any ~ questions? *nog meer vragen?* II BIJW • *verder* ▼ this mustn't go any ~ *dit mag niet verder verteld worden* ▼ take sth ~ *verder/hogerop gaan met iets* III OV WW • *bevorderen*; *stimuleren*

furtherance ('fɜːðərəns) ZN *hulp* ★ in (the) furthering of *ter bevordering van*

furthermore (fɜːðə'mɔː) BIJW *bovendien*; *verder*

furthermost ('fɜːðəməʊst) BNW *verst (verwijderd)*

furthest ('fɜːðɪst) BNW [overtreffende trap] *verst(e)* ⟨niet alleen m.b.t. afstand⟩ • → **far**

furtive ('fɜːtɪv) BNW *heimelijk*; *stiekem*

furuncle ('fjʊərʌŋkl) ZN *zweer*; *steenpuist*

fury ('fjʊərɪ) ZN *woede*; *razernij* ▼ fly into a fury *woedend worden* ▼ like fury *als 'n bezetene*

fuse (fjuːz) I ZN • ELEK. *zekering*; *stop* • USA *lont* • *ontstekingsmechanisme* ★ a fuse has blown *er is een stop doorgeslagen* ▼ blow a fuse *uit elkaar spatten v. woede* II OV WW • *(samen)smelten* • *fuseren*; *samengaan* • *voorzien v. zekering* III ONOV WW • *doorslaan* ⟨v. zekering⟩

fuse box ZN *zekeringkast*; *meterkast*

fuselage ('fjuːzəlɑːʒ / 'fjuːzəlɪdʒ) ZN *romp v. vliegtuig*

fusilier (fjuːzɪ'lɪə) ZN *fuselier*

fusillade (fjuːzɪ'leɪd) I ZN • *fusillade*; *geweervuur* ★ a ~ of questions *een spervuur v. vragen* II OV WW • *fusilleren*

fusion ('fjuːʒən) ZN • *fusie(proces)*; *samensmelting*; *coalitie* • *kernfusie* • *mengeling* • MUZ. *fusion* ⟨mengvorm v. jazz en rock⟩

fusion bomb ZN *waterstofbom*

fusion cooking ZN *fusiekoken* ⟨mengeling v. oosterse en westerse keuken⟩

fuss (fʌs) I ZN • *(onnodige) drukte*; *ophef* ★ kick up/make a fuss *heibel maken* II ONOV WW • *drukte maken* • *z. druk maken* • *zeuren* ▼ make a fuss of/over sb *overdreven veel aandacht aan iem. schenken* ▼ not be fussed (about sb/sth) *z. niet druk maken (over iem./iets)* ▼ ~ over *betuttelen*; *overdreven aandacht besteden aan*

fusspot ('fʌspɒt), USA **fussbudget** ('fʌsbʌdʒɪt) ZN • *pietlut*; *zenuwpees* • *bemoeial*

fussy ('fʌsɪ) BNW • *pietluttig*; *kieskeurig* • *gejaagd*; *zenuwachtig* • *druk* ⟨ook v. versierselen⟩ ★ be ~ about *z. druk maken om*

fustian ('fʌstɪən) ZN *bombast*

fusty ('fʌstɪ) BNW • *muf* • *ouderwets* ★ ~ ideas *bekrompen ideeën*

futile ('fjuːtaɪl) BNW *nutteloos*; *zinloos*; *vergeefs*

futility (fjʊ'tɪlətɪ) ZN • *nutteloosheid* • *futiliteit*

future ('fjuːtʃə) I ZN • *toekomst* • TAALK. *toekomende tijd* ★ in ~ / USA in the ~ *voortaan*; *in het vervolg*; *in de toekomst* II BNW • *toekomstig* • *aanstaand*

futuristic (fjuːtʃə'rɪstɪk) BNW *futuristisch*

fuze (fjuːz) ZN USA *lont*

fuzz (fʌz) I ZN • *dons* • *kroeshaar* • *vaag beeld* • *vervormd geluid* ⟨v. gitaar⟩ II OV WW • *pluizig maken* • *vervormd geluid produceren* ⟨v. gitaar⟩

fuzzy ('fʌzɪ) BNW • *donzig*; *pluizig* • *kroes-* ⟨v. haar⟩ • *wazig* • *vaag*; *onduidelijk*

f.w.d., 4WD AFK • *four-wheel drive vierwielaandrijving* • *front-wheel drive voorwielaandrijving*

F-word ZN EUF. ≈ *k-woord* ⟨scheldwoord, vies woord⟩

FYI AFK for your information *ter informatie*

fylfot ('fɪlfət) ZN *swastika*; *hakenkruis*

fy

G

g (dʒi:) ZN letter *g* ★ G as in George *de g van Gerard*

G ZN MUZ. *G*

Ga. AFK USA *Georgia* ⟨staat⟩

gab (gæb) ZN • → **gift**

gabble ('gæbl) I ONOV WW • *kwebbelen; kakelen* • *afraffelen* II ZN • INFORM. *gekakel*

gable ('geɪbl) ZN *gevelspits*

gabled ('geɪbld) BNW *met puntgevel* ★ ~ roof *zadeldak*

gad (gæd) ONOV WW INFORM. ~ **about/around** *stappen; pierewaaien*

gadabout ('gædəbaʊt) ZN MIN. *boemelaar*

gadfly ('gædflaɪ) ZN • *steekvlieg; horzel* • FIG. *een lastig persoon*

gadget ('gædʒɪt) ZN *(handig) dingetje; apparaatje*

gadgetry ('gædʒɪtrɪ) ZN *technische snufjes*

Gaelic ('geɪlɪk) I ZN • *Gaelic* ⟨Keltische taal⟩ II BNW • *Gaelic*

gaff (gæf) ZN • *visspeer* • SCHEEPV. *gaffel* • INFORM. *onderkomen* ▾ *blow the gaff (on sb/sth) zijn mond voorbijpraten (over iemand/iets)*

gaffe (gæf) ZN *blunder*

gaffer ('gæfə) ZN • INFORM. *ploegbaas* • INFORM. *ouwe baas* • A-V *lichttechnicus*

gag (gæg) I OV WW • *een prop in de mond stoppen* • FIG. *de mond snoeren* II ONOV WW • *kokhalzen* ▾ INFORM. *be gagging for sth/to do sth iets heel graag willen; popelen* III ZN • *mondprop; persbreidel* • VS, INFORM. *geintje* • INFORM. *grap* ★ *running gag zich herhalende grap*

gaga ('gɑːgɑː) BNW • INFORM. *kinds; dement* • INFORM. ★ *be/go gaga over helemaal gek zijn van*

gage (geɪdʒ) USA • → **gauge**

gaggle ('gægl) ZN • *(luidruchtig) gezelschap* • *vlucht ganzen*

gaiety ('geɪətɪ) ZN *vrolijkheid; pret*

gaily ('geɪlɪ) BIJW • → **gay**

gain (geɪn) I OV WW • *winnen; behalen; krijgen* • FORM. *bereiken* ★ *gain confidence meer zelfvertrouwen krijgen* ★ *gain weight aankomen* ▾ *gain ground/time terrein/tijd winnen* II ONOV WW • *winst maken* • *groeien; toenemen* ★ *the clock gains de klok loopt vóór* • ~ **in** *toenemen* ⟨in kwaliteit⟩ • ~ **(up)on** *inhalen* III ZN • *winst; toename; groei* • *voordeel* • MIN. *gewin* ★ *for gain uit winstbejag*

gainful ('geɪnfʊl) BNW *winstgevend* ★ ~ *employment betaald werk*

gainings ('geɪnɪŋz) ZN MV • *winst* • *opbrengst*

gainsay (geɪn'seɪ) OV WW *tegenspreken; ontkennen*

gait (geɪt) ZN *gang; pas*

gaiter ('geɪtə) ZN • *slobkous* • *beenkap*

gal (gæl) ZN • INFORM., VS *meisje* • *vrouw*

galactic (gə'læktɪk) BNW STERRENK. *v.d. melkweg; galactisch*

galaxy ('gæləksɪ) ZN • STERRENK. *melkweg(stelsel)* • FIG. *uitgelezen groep*

gale (geɪl) ZN *storm* ★ *gale of laughter lachsalvo*

gall (gɔːl) I ZN • *onbeschaamdheid* • *bitterheid* • *galappel/-noot* • OUD. *gal(blaas)* II OV WW • *irriteren* ★ *his behaviour galls me ik baal van zijn gedrag*

gallant[1] ('gælənt) BNW *dapper*

gallant[2] ('gælənt; gə'lænt) BNW *galant; hoffelijk*

gallantry ('gæləntrɪ) ZN • *dapperheid* • *hoffelijkheid*

gall bladder ZN *galblaas*

galleon ('gælɪən) ZN *galjoen*

gallery ('gælərɪ) ZN • *galerij* • *museum* • *galerie* • *balkon* • TON. *engelenbak* ★ *play to the ~ op 't publiek spelen*

galley ('gælɪ) ZN • SCHEEPV. *galei* • *(kapiteins-)sloep* • *kombuis*

Gallic ('gælɪk) BNW • *Gallisch* • *Frans*

Gallicism ('gælɪsɪzəm) ZN *gallicisme*

gallivant ('gælɪvænt) ONOV WW • INFORM. *stappen; boemelen* • ~ **about/around** *zorgeloos rondtrekken*

gallon ('gælən) ZN *gallon* ⟨G-B 4,54 liter, USA 3,8 liter⟩ ★ *30 (miles) to the ~ één op tien*

gallop ('gæləp) I ZN • *galop* ★ *at a ~ in galop* II OV+ONOV WW • *(laten) galopperen*

galloping ('gæləpɪŋ) BNW *snel toenemend* ★ ~ *inflation hollende inflatie*

gallows ('gæləʊz) ZN MV *galg*

gallstone ('gɔːlstəʊn) ZN *galsteen*

galop ('gæləp) ZN *galop* ⟨dans⟩

galore (gə'lɔː) BIJW INFORM. *in overvloed; massa's*

galosh (gə'lɒʃ) ZN *overschoen*

galvanic (gæl'vænɪk) BNW • TECHN. *galvanisch* • *opwindend*

galvanize, G-B **galvanise** ('gælvənaɪz) OV WW • TECHN. *galvaniseren* • *opzwepen*

gambit ('gæmbɪt) ZN • *gambiet; openingszet* ⟨bij schaken⟩ • *listige zet*

gamble ('gæmbl) I ONOV WW • *gokken; spelen* • *speculeren* II OV WW • *op het spel zetten* • ~ **away** *vergokken;* ~ **on** *gokken op* III ZN • *gok*

gambling ('gæmblɪŋ) ZN *het gokken*

gambling debt ZN *speelschuld*

gambol ('gæmbl) ONOV WW *springen; dartelen*

game (geɪm) I ZN • *spel; spelletje;* COMP. *game* • *wedstrijd; partij* • *manche* ⟨kaartspel⟩ • *wild* ⟨jachtterm⟩ ★ *fair game gemakkelijke prooi* ★ *none of your games! geen kunsten!* ★ *what a game! wat een mop!* ★ *be off/on one's game in slechte/goede vorm zijn* ★ *is that your little game? zo, dus daar ben je mee bezig?* ★ *it's all in the game dat hoort er nu eenmaal bij; zo gaat dat (nu eenmaal)* ★ *make game of voor de gek houden* ▾ *the game is up het spel is uit/voorbij* ▾ INFORM. *be on the game in de prostitutie zitten* ▾ *beat sb at his own game iem. een koekje van eigen deeg geven* ▾ *give the game away de boel verraden* ▾ *play the game eerlijk spel spelen* ▾ *two can play at that game! ik zal je met gelijke munt terugbetalen!* II BNW • *bereid* • *kreupel; lam* ★ *I'm game! ik doe mee!* III ONOV WW • *spelen* ⟨om geld⟩; COMP. *gamen*

game bag ZN *weitas*
game cock, game fowl ZN *vechthaan*
gamekeeper ('geɪmkiːpə) ZN *jachtopziener*
gamesmanship ('geɪmzmənʃɪp) ZN *gehaaidheid*
gamey ('geɪmɪ) BNW • → **gamy**
gamma ('gæmə) ZN *gamma*
gamma radiation ZN NATK. *gammastraling*
gamma rays MV NATK. *gammastralen*; *gammastraling*
gammon ('gæmən) ZN • *gerookte ham* • *(gekookte) achterham*
gamut ('gæmət) ZN • *gamma* OOK FIG. • MUZ. *toonladder* ★ run the whole ~ of sth *het volledige scala van iets doorlopen*
gamy ('geɪmɪ) BNW • *naar wild geurend/ smakend* • USA *gewaagd* ★ gamy details *pikante details*
gander ('gændə) ZN *mannetjesgans* ▾ have/take a ~ *een kijkje nemen*
gang (gæŋ) I ZN • *bende* • *groep mensen*; *troep* • *ploeg* (werklui) II ONOV WW • ~ **together** *samenklitten*; *een bende vormen* • ~ **up (against/on)** z. *collectief keren tegen*; *samenspannen tegen*
gang bang ('gæŋbæŋ) ZN • VULG. *groepsseks* • *groepsverkrachting*
gang buster ZN VS, INFORM. ▾ it's going gangbusters *het gaat geweldig* ▾ like gangbusters *enthousiast en energiek*
ganger ('gæŋə) ZN *voorman*; *ploegbaas*
gangland ('gæŋlænd) ZN *onderwereld*
gangling ('gæŋlɪŋ), gangly (gæŋgli) BNW *slungelig*
gangplank ('gæŋplæŋk) ZN SCHEEPV. *loopplank*
gang rape ZN *groepsverkrachting*
gangrene ('gæŋgriːn) ZN *gangreen*; *koudvuur*
gangrenous ('gæŋgrɪnəs) BNW *door koudvuur aangetast*
gangsta ('gæŋstə) ZN • VS, PLAT *lid v.jeugdbende* • MUZ. *gangstarap*
gangster ('gæŋstə) ZN *gangster*; *bendelid*
gangway ('gæŋweɪ) ZN • G-B *gangpad* • SCHEEPV. *loopplank*; *loopbrug*
gannet ('gænɪt) ZN • DIERK. *jan-van-gent* • INFORM. *veelvraat*
gantry ('gæntrɪ) ZN • *stellage* • *seinbrug*; *rijbrug* (onder kraan)
gaol (dʒeɪl) ZN G-B • → **jail**
gaoler (dʒeɪlə) ZN G-B • → **jailer**
gap (gæp) ZN • *gat*; *opening*; *bres* • *onderbreking* • *hiaat* • FIG. *kloof*
gape (geɪp) ONOV WW • *gapen*; *geeuwen* • *openstaan* • ~ **at** *aangapen*
gap-toothed BNW *met uit elkaar staande tanden*
garage ('gærɑː(d)ʒ/-idz) I ZN • *garage* II OV WW • *in de garage stallen*
garage sale ZN *rommelmarkt* (bij particulier)
garb (gɑːb) ZN • FORM., HUMOR. *kledij* • *dracht*
garbage ('gɑːbɪdʒ) ZN • USA *afval*; *vuilnis* • INFORM. *onzin* ▾ COMP. ~ in, ~ out (GIGO) *slechte input geeft slechte output*
garbage can, USA garbage bin ZN *vuilnisbak*
garbled ('gɑːbld) BNW *verward*; *onbegrijpelijk*
garden ('gɑːdn) I ZN • *tuin* ▾ everything in the ~ is rosy *alles ziet er rooskleurig uit* (gezegde) II ONOV WW • *tuinieren*

gardener ('gɑːdnə) ZN • *tuinman*; *hovenier* • *tuinier*
garden frame ZN *broeibak*; *broeikas*
gardening ('gɑːdnɪŋ) ZN *tuinieren*
garden party ZN *tuinfeest*
garden path ZN ★ lead sb up the ~ *iem. om de tuin leiden*
garden-variety BNW *gewoon*; *huis-tuin-en-keuken*
gargantuan (gɑːˈgæntjʊən) BNW *reusachtig*
gargle ('gɑːgl) I ONOV WW • *gorgelen* II ZN • *gorgeldrank*
gargoyle ('gɑːgɔɪl) ZN *waterspuwer*
garibaldi (gærˈbɔːldɪ) ZN *krentenkoekje*
garish ('geərɪʃ) BNW *opzichtig*; *bont*
garland ('gɑːlənd) I ZN • *guirlande*; *bloemslinger/ -krans* II OV WW • *omkransen*
garlic ('gɑːlɪk) ZN *knoflook*
garment ('gɑːmənt) ZN FORM. *kledingstuk*; *gewaad*
garner ('gɑːnə) OV WW FORM. *vergaren*; *verwerven*
garnet ('gɑːnɪt) ZN *granaat(steen)*
garnish ('gɑːnɪʃ) I OV WW • *garneren*; *opmaken* • JUR. *beslag leggen op* II ZN • *garnering*; *versiering*
garotte (gəˈrɒt) ZN • → **garrotte**
garret ('gærɪt) ZN *zolderkamer(tje)*
garrison ('gærɪsən) I ZN • *garnizoen* II OV WW • *bezetten (met een garnizoen)* • *in garnizoen leggen*
garrotte (gəˈrɒt) I OV WW • *wurgen* II ZN • *wurgring*; *wurgsnoer*
garrulous ('gærələs) BNW *praatziek*
garter ('gɑːtə) ZN *kousenband*
garter belt ZN *jarretelgordel*
gas (gæs) I ZN • *gas* • USA *benzine* • *wind* (in buik) ★ natural gas *aardgas* ★ step on the gas *gas geven*; *er vaart achter zetten* ★ VS, INFORM. it was a gas! *'t was hartstikke gaaf!* II OV WW • *vergassen* III ONOV WW • INFORM. *kletsen* • USA *tanken*
gasbag ('gæsbæg) ZN INFORM. *branieschopper*; *windbuil*
gaseous ('gæsɪəs) BNW *gasachtig*
gas-fired BNW *gasgestookt*
gas guzzler ZN VS, INFORM. *auto die benzine slurpt*
gash (gæʃ) I ZN • *diepe snede*; *jaap* II OV WW • *opensnijden*
gasholder ('gæshəʊldə) ZN *gashouder*
gasket ('gæskɪt) ZN TECHN. *pakking*
gasman ('gæsmən) ZN *meteropnemer*
gas mask ('gæsmɑːsk) ZN *gasmasker*
gasoline, gasolene ('gæsəliːn) ZN • *gasoline* • USA *benzine*
gasometer (gæˈsɒmɪtə) ZN *gashouder*
gasp (gɑːsp) I ONOV WW • *naar adem snakken/happen* • *hijgen* • *snakken (for naar)* • ~ **out** *met moeite uitbrengen* II ZN ★ at his last gasp *bij zijn laatste snik*
gas station ZN USA *benzinestation*
gassy ('gæsɪ) BNW • *met (te) veel prik* • USA *winderig*; *rufterig*
gastric ('gæstrɪk) BNW MED. *v.d. maag*; *maag-*
gastritis (gæˈstraɪtɪs) ZN MED. *maagontsteking*;

gastritis

gastro-enteritis (gæstrəʊentə'raɪtɪs) ZN MED. *gastro-enteritis; maag-darmontsteking*

gastronome ('gæstrənəʊm) ZN *gastronoom; fijnproever*

gastronomy (gæ'strɒnəmɪ) ZN *gastronomie*

gasworks ('gæswɜ:ks) ZN MV *gasfabriek*

gate (geɪt) ZN • *poort* • *hek* • *deur* ⟨ook v. sluis⟩ • *slagboom* • *aantal bezoekers* ⟨v. sportevenement⟩ • *recette* • VS, INFORM. ▾ be given the gate *de laan uitgestuurd worden*

gatecrash ('geɪtkræʃ) ONOV WW *komen binnenvallen* ⟨als ongenode gast⟩

gatecrasher ('geɪtkræʃə) ZN *ongenode gast*

gatehouse ('geɪthaʊs) ZN • *portierswoning* • GESCH. *gevangenpoort*

gatekeeper ('geɪtki:pə) ZN *portier*

gateleg table ZN *hangoortafel; klaptafel*

gate money ZN *recette*

gatepost ('geɪtpəʊst) ZN • *deurpost* • *hekpaal* ▾ between you, me and the ~ *onder ons gezegd en gezwegen*

gateway ('geɪtweɪ) ZN • *poort* • COMP. *toegangspoort*

gather ('gæðə) I OV WW • *verzamelen* • *bijeen brengen* • *begrijpen* • *oogsten; plukken* • *toenemen* • *rimpelen; plooien* II ONOV WW • *samenkomen; vergaderen* • *zich samenpakken* ⟨wolken enz.⟩ • *toenemen* ★ ~ force/momentum/speed/way *vaart krijgen* • ~ (a)round [onov] *z. scharen om* • *heenslaan om* • [ov] ~ from *opmaken uit* • [ov] ~ in *in veiligheid brengen* • [ov] ~ together/up *bij elkaar rapen* ★ ~ up courage *moed verzamelen*

gathering ('gæðərɪŋ) ZN • *bijeenkomst* • *inzameling*

gauche (gəʊʃ) BNW *onhandig; lomp*

gaudy ('gɔ:dɪ) BNW *opzichtig; felgekleurd*

gauge (geɪdʒ) I ZN • *peilstok/-glas; meetinstrument* ⟨voor brandstof, temp. enz.⟩ • *maat* • *omvang; inhoud* • MIL. *kaliber* • TECHN. *mal* • *spoorbreedte* • SCHEEPV. *diepgang* ★ serve as a ~ *als maatstaf dienen* ★ take the ~ of *de schatten* II OV WW • *meten; peilen* • OOK FIG. *schatten; taxeren*

gaugeglass ('geɪdʒgla:s) ZN *peilglas*

gauge-rod ZN *peilstok*

Gaul (gɔ:l) ZN • *Gallië* • *Galliër*

gaunt (gɔ:nt) BNW • *mager; ingevallen* • *naargeestig*

gauntlet ('gɔ:ntlɪt) ZN • GESCH. *ijzeren handschoen* • *motorhandschoen; sporthandschoen* ▾ run the ~ *spitsroeden lopen* ▾ take up the ~ *de uitdaging aannemen*

gauze (gɔ:z) ZN *tule; gaas*

gave (geɪv) WW [verleden tijd] • → *give*

gavel ('gævəl) ZN *(voorzitters)hamer*

gawk (gɔ:k), G-B gawp (gɔ:p) ONOV WW *aangapen; met open mond aanstaren*

gawky ('gɔ:kɪ) BNW *onhandig; klungelig*

gay (geɪ) I BNW • *homoseksueel* • OUD. *vrolijk; opgewekt* • OUD. *fleurig; bont* II ZN • *homo(seksueel)*

gaze (geɪz) I ONOV WW • *staren* II ZN • *starende blik*

gazebo (gə'zi:bəʊ) ZN *tuinhuisje*

gazelle (gə'zel) ZN *gazelle*

gazette (gə'zet) I ZN • *krant* • *Staatscourant* II OV WW • *officieel publiceren*

gazump (gə'zʌmp) OV WW G-B, INFORM. *oplichten* ⟨overeengekomen prijs van huis verhogen⟩

GB AFK Great Britain *Groot-Brittannië*

GCE AFK O&W General Certificate of Education ≈ *diploma vwo*

GCSE AFK O&W General Certificate of Secondary Education ≈ *diploma havo/mavo*

GDR AFK German Democratic Republic *DDR; Duitse Democratische Republiek*

gear (gɪə) I ZN • *versnelling* • *uitrusting* • INFORM. *spullen* • INFORM. *kleding* • INFORM. *drugs* ★ OOK FIG. get into gear *op gang kome* ★ in/out of gear *in-/uitgeschakeld* ★ step up a gear *een tandje hoger gaan* ★ throw into/out of gear *in-/uitschakelen* ★ OOK FIG. get into gear *op gang komen* ▾ (slip/be thrown) out of gear *de controle kwijt (raken)* II OV WW • ~ down/up *naar een lagere/hogere versnelling schakelen* • ~ to/towards *aanpassen aan; afstemmen op* • ~ up *klaar maken; voorbereiden*

gearbox ('gɪəbɒks) ZN *versnellingsbak*

gearing ('gɪərɪŋ) ZN • ECON. *verhouding geleend geld en kapitaal* • *tandwieloverbrenging*

gear lever, gearstick ('gɪəstɪk), USA **gear shift** ZN *versnellingshendel/-pook*

gee (dʒi:) I TW • *goh* II OV WW • ~ up *aanmoedigen*

geek (gi:k) ZN • *sukkel; slome* ★ computer geek *computergek*

geese (gi:s) ZN [MV] • → **goose**

geezer ('gi:zə) ZN • INFORM. *gozer; vent* • VS, INFORM. *ouwe sok*

gel (dʒel) I ZN • *gel* II ONOV WW • *succesvol samenwerken* • *vaste(re) vorm krijgen*

gelatin, gelatine (dʒelətɪn) ZN *gelatine*

gelatinous (dʒɪ'lætɪnəs) BNW *gelatineachtig*

gem (dʒem) ZN • *edelsteen* • OOK FIG. *juweel(tje)*

Gemini ('dʒemɪnaɪ) ZN *Tweeling* ⟨sterrenbeeld⟩

gen (dʒen) I ZN • *info(rmatie)* II OV+ONOV WW • ~ up *grondig van informatie (worden) voorzien*

gender ('dʒendə) ZN • *geslacht* • TAALK. *(grammaticaal) geslacht*

gender bender ZN *androgyn persoon*

gene (dʒi:n) ZN *gen*

genealogical (dʒi:nɪə'lɒdʒɪkl) BNW *genealogisch; stam-* ★ ~ tree *stamboom*

genealogist (dʒi:nɪ'ælədʒɪst) ZN *genealoog*

genealogy (dʒi:nɪ'ælədʒɪ) ZN • *genealogie* • *stamboom*

genera ('dʒenərə) ZN [MV] • → **genus**

general ('dʒenərəl) I BNW • *algemeen; gewoon(lijk)* ★ as a ~ rule *in/over het algemeen* ★ the ~ direction *ongeveer de richting* ▾ in ~ *meestal; over/in het algemeen* II ZN • *generaal*

generality (dʒenə'rælətɪ) ZN *algemeenheid* ★ the ~ *de meerderheid*

generalization, G-B **generalisation** (dʒenərəlaɪ'zeɪʃən) ZN *generalisatie*

generalize, G-B **generalise** ('dʒenərəlaɪz) I OV WW • *algemeen maken; verbreiden* II ONOV WW • *generaliseren* • MED. *z. verspreiden; uitzaaien*

• ~ **from** *een algemene conclusie trekken uit*
• ~ **about** *een algemene uitspraak doen over*
generally ('dʒenərəlɪ) BIJW • *in/over het algemeen* • *meestal*
general-purpose BNW *voor algemeen gebruik*; *multifunctioneel*
generate ('dʒenəreɪt) OV WW • *genereren*; *voortbrengen* • *opwekken* (elektriciteit) • *ontwikkelen* (warmte)
generation (dʒenə'reɪʃən) ZN • *generatie* • *het genereren* • *ontwikkeling*; *voortplanting*
generation gap ZN *generatiekloof*
generative ('dʒenərətɪv) BNW FORM. *generatief*; *vruchtbaar*
generator ('dʒenəreɪtə) ZN • *generator* • TECHN. *dynamo* • G-B *elektriciteitsmaatschappij*
generic (dʒɪ'nerɪk) BNW • *algemeen* • BIOL. *generiek*; *kenmerkend voor de soort* ★ branded and ~ drugs *merk- en merkloze geneesmiddelen*
generosity (dʒenə'rɒsətɪ) ZN • *edelmoedigheid* • *vrijgevigheid*
generous ('dʒenərəs) BNW • *royaal* • *overvloedig* • *aardig* • *edelmoedig*
genesis ('dʒenɪsɪs) ZN *ontstaan*; *oorsprong*
gene therapy ZN *gentherapie*
genetic (dʒɪ'netɪk) BNW *genetisch* ★ ~ally modified *genetisch gemanipuleerd*
genetics (dʒɪ'netɪks) ZN MV *genetica*; *erfelijkheidsleer*
genever (dʒɪ'niːvə) ZN *jenever*
genial ('dʒiːnɪəl) BNW • *vriendelijk*; *sympathiek* • *aangenaam* (v. weer)
genie ('dʒiːnɪ) ZN [mv: **genies, genii**] *geest* (in Arabische sprookjes) ▾ the ~ is out of the bottle *de geest is uit de fles*
genital ('dʒenɪtl) BNW *genitaal*; *geslachts-*
genitals ('dʒenɪtlz), **genitalia** (dʒenɪ'teɪlɪə) ZN MV *geslachtsdelen*
genitive ('dʒenɪtɪv) ZN TAALK. *genitief*
genius ('dʒiːnɪəs) ZN [mv: **geniuses**] • *genialiteit*; *talent* • *genie* ▾ good/evil ~ *goede/kwade genius*
genocide ('dʒenəsaɪd) ZN *rassenmoord*; *genocide*
genre ('ʒɑːnrə) ZN • *genre* • KUNST *naar het leven*
gent (dʒent) ZN INFORM. *meneer* ★ gents [mv] *herentoilet*
genteel (dʒen'tiːl) BNW • IRON. *chic*; *deftig* • *rustig en een beetje saai* (v. plaats) ▾ live in ~ poverty *proberen de stand op te houden*
gentile, Gentile (dʒentaɪl) I ZN • *niet- jood* (m.b.t. geloof) • *niet-Jood* (m.b.t. volk) II BNW • *niet- joods* (m.b.t. geloof) • *niet-Joods* (m.b.t. volk)
gentility (dʒen'tɪlətɪ) ZN *deftigheid*
gentle ('dʒentl) I BNW • *vriendelijk*; *rustig* • *zacht*; *matig* • *licht* (helling, bocht etc.) ★ gently does it! *rustig/kalmpjes aan!* II ZN • *made* (visaas)
gentleman ('dʒentlmən) ZN *(echte) heer*
gentleman farmer ZN *herenboer*
gentlemanly BNW *als een heer*; *beschaafd*
gentleman's agreement ZN *herenakkoord*
gentlewoman ('dʒentlwʊmən) ZN OUD. *dame*
gentrification (dʒentrɪfɪ'keɪʃən) ZN *sociale opwaardering* (v.e. woonwijk)
gentry ('dʒentrɪ) ZN *gegoede/deftige burgerij*

★ landed ~ *grootgrondbezitters*
genuflect ('dʒenjʊflekt) ONOV WW *knielen*
genuflection, genuflexion (dʒenjʊ'flekʃən) ZN • *kniebuiging* • OOK FIG. *knieval*
genuine ('dʒenjʊɪn) BNW • *echt*; *onvervalst* • *oprecht*
genus ('dʒiːnəs) ZN • *geslacht* • *soort*; *klasse*
geo- ('dʒiːəʊ) VOORV *geo-*; *aard-*
geographer (dʒɪ'ɒgrəfə) ZN *aardrijkskundige*
geographical (dʒiːə'græfɪkl), **geographic** (dʒiːə'græfɪk) BNW *geografisch*
geography (dʒɪ'ɒgrəfɪ) ZN *aardrijkskunde*
geological (dʒiːə'lɒdʒɪkl) BNW *geologisch*
geologist (dʒɪ'ɒlədʒɪst) ZN *geoloog*
geology (dʒɪ'ɒlədʒɪ) ZN *geologie*
geometric (dʒiːə'metrɪkl), **geometrical** (dʒiːə'metrɪk) BNW *meetkundig*
geometry (dʒɪ'ɒmətrɪ) ZN *meetkunde*
geophysical (dʒiːəʊ'fɪzɪkl) BNW *geofysisch*
geophysics (dʒiːəʊ'fɪzɪks) MV *geofysica*
Georgian ('dʒɔːdʒən) I ZN • *Georgiër* • *Georgisch* • *inwoner van Georgia* (USA) II BNW • *Georgisch* • *18e-eeuws* (tijd v. King George)
geothermal (dʒiːəʊ'θɜːml) BNW *geothermisch*; *m.b.t. aardwarmte*
geranium (dʒə'reɪnɪəm) ZN *geranium*
geriatric (dʒerɪ'ætrɪk) BNW *geriatrisch*
geriatrics (dʒerɪ'ætrɪks) ZN MV *geriatrie*
germ (dʒɜːm) ZN • MED. *ziektekiem* • FIG. *begin* • BIOL. *kiem*
German ('dʒɜːmən) I ZN • *Duitser* II BNW • *Duits*
germane (dʒɜː'meɪn) BNW FORM. *toepasselijk*; *betrekking hebbend op*
Germanic (dʒɜː'mænɪk) BNW *Germaans*
Germany ('dʒɜːmənɪ) ZN *Duitsland*
germinal ('dʒɜːmɪnl) BNW *ontluikend*; *in de kiem*
germinate ('dʒɜːmɪneɪt) OV+ONOV WW *(doen) ontkiemen*
germination (dʒɜːmɪ'neɪʃən) ZN *ontkieming*
germ warfare ZN *biologische oorlogvoering*
gerontology (dʒerɒn'tɒlədʒɪ) ZN *gerontologie*
gerund ('dʒerənd) ZN TAALK. *gerundium*
gestation (dʒe'steɪʃən) ZN • *zwangerschap*; *draagtijd* • FORM. *ontwikkeling* (v. idee of plan)
gesticulate (dʒe'stɪkjʊleɪt) ONOV WW *gebaren maken*
gesticulation (dʒestɪkjʊ'leɪʃən) ZN *het gebaren*
gesture ('dʒestʃə) I ZN • *gebaar* • *geste* II ONOV WW • *gebaren*
get (get) I OV WW • *krijgen* • *(te) pakken (krijgen)* • *(be)halen* • *ertoe brengen* • *bezorgen* • *laten* • INFORM. *snappen* • *(laten) worden* ★ get ready *klaarmaken* ★ get sb to talk *iem. aan het praten krijgen* ★ get the message *het doorhebben* ★ he got his arm broken *hij brak zijn arm* ★ get the worst of it *er heel slecht afkomen* ★ it has got to be done *het moet gedaan worden* ★ you've got it *jij hebt 't in je*; *jij kunt het* ★ get it *ervanlangs krijgen* ▾ you got it! *jij hebt het begrepen!* ▾ INFORM. get sb going *iem. kwaad/bang maken* II ONOV WW • *(ge)raken* • *bereiken* • *terechtkomen* • *als gewoonte aannemen* • *de gelegenheid krijgen* ★ get to ... *al doende ...*; *gaandeweg ...* ▾ get there *er komen*; *succes hebben* III WW

• *worden* **IV** WW • ~ **about/around** [onov] *z. verspreiden*; *rondlopen* • ~ **across** [ov] *duidelijk maken* ★ get across an idea *een idee overbrengen* • [onov] *(goed) overkomen* • ~ **ahead** [onov] *vooruitkomen* ★ get ahead *voorbij streven* • ~ **along** [onov] *vorderen*; *opschieten* • *z. redden* ★ get along with *goed overweg kunnen met* • ~ **around** [onov] *z. voortbewegen* • *rondkomen* • *zijn deel krijgen* ★ get around to *ertoe komen om*; *tijd vinden om* • [ov] *omzeilen* • *afrekenen met* • ~ **at** [onov] INFORM. *bekritiseren* • *bereiken*; *er komen* • *achterhalen* ▼ INFORM. what are you getting at? *wat bedoel je?* • ~ **away** [onov] *weggaan* • *ontkomen* • *afdwalen* ▼ INFORM. get away from it all *even er helemaal tussenuit* ▼ there's no getting away from *er valt niet aan te ontkomen* ★ get away with *ermee wegkomen*; *ongestraft blijven* • ~ **back** [ov] *terugkrijgen* • *terugbrengen* • [onov] *terugkomen/-gaan* ★ get back to sb *het iem. betaald zetten* • ~ **by** [onov] *z. redden* • *(net) voldoen* • ~ **down** [ov] *deprimeren* • *doorslikken* • *noteren* • *van tafel gaan* ⟨v. kinderen⟩ • [onov] *naar beneden gaan/komen* ★ get down to business *tot zaken komen* ★ get down to work *aan het werk gaan* • ~ **in** [ov] *binnenhalen* • [onov] *erin/ertussen komen* • *gekozen worden* ⟨voor parlement⟩ • *binnenkomen* • *instappen* • ~ **into** [onov] *komen/belanden in* • *toegelaten worden* ⟨tot school enz.⟩ ▼ what's got into you? *wat bezielt je?* • ~ **off** [onov] *vertrekken*; *weggaan* • *in slaap vallen* • *uitstappen* • INFORM. *er goed afkomen* ▼ get off with *aanpapppen met*; *het aanleggen met* ★ INFORM. get off on *kicken op* • ~ **on** [ov] *aantrekken* • [onov] *vooruitkomen*; *opschieten* ▼ she is getting on my nerves *ze werkt me op de zenuwen* ▼ time is getting on *het is al laat* ▼ he is getting on for forty *hij loopt tegen de veertig* ★ get on with sb *goed overweg kunnen met iem.* ★ get on with sth *doorgaan met iets* ⟨vnl. na een onderbreking⟩ ▼ INFORM., VS get it on ⟨with sb⟩ *met iem.seks hebben* • ~ **out** [ov] *uitbrengen* • *aan het licht brengen* • *eruit halen/krijgen* • [onov] *uitlekken* • *weggaan* • *ontkomen* • ~ **out of** [ov] *afwennen* • [onov] *er onderuit komen* • ~ **over** [ov] *duidelijk maken* ★ get sth over and done (with) *ergens een eind aan maken* • [onov] *begrepen worden* • *overkomen* • *te boven komen* ▼ INFORM. I can't get over it *ik kan er niet over uit* • ~ **(a)round** [onov] *inpalmen* • *oplossen* ⟨probleem⟩ • *ontduiken* • *bijkomen* ★ get (a)round to sth *ergens aan toekomen* • ~ **through** [ov] *erdoor krijgen* • *duidelijk maken* ★ get through with sth *iets afmaken* • [onov] *(er) door komen* • *bereiken* • ~ **to** [onov] *komen/krijgen te*; *bereiken* ★ get to work *aan het werk krijgen* • ~ **together** [onov] *bijeenkomen* • ~ **up** [ov] *organiseren* • *produceren* ★ get up courage *moed verzamelen* ▼ INFORM. get it up *een erectie krijgen* • [onov] *opstaan* • *opsteken* ⟨v. wind⟩ ★ what are they getting up to? *wat voeren ze in hun schild?*

get-at-able (get'ætəbl) BNW • *bereikbaar* • *toegankelijk*

getaway ('getəweɪ) ZN • *ontsnapping* • INFORM. *korte vakantie* ★ make your ~ *ertussenuit knijpen*

get-together ZN INFORM. *samenkomst*; *bijeenkomst*

get-up ZN INFORM. *uitdossing*

get-up-and-go ZN INFORM. *energie*; *enthousiasme*

gewgaw ('gju:gɔ:) ZN *prul*; *snuisterij*

geyser ('gi:zə/USA 'gaɪzə) ZN • *geiser*; *natuurlijke hete bron* • G-B *(gas)geiser*

ghastly ('gɑ:stlɪ) BNW • *gruwelijk*; *afgrijselijk* • INFORM. *afschuwelijk* • LIT. *doodsbleek*

gherkin ('gɜ:kɪn) ZN *augurk*

ghetto ('getəʊ) ZN *getto*

ghost (gəʊst) I ZN • *geest*; *spook* • *spookbeeld* • *zweem* ★ not have the ~ of a chance *geen schijn van kans hebben* ▼ give up the ~ *de geest geven*; *doodgaan* II OV WW ★ ~(write) *anoniem schrijven voor iem. anders*

ghostly ('gəʊstlɪ) BNW *spookachtig*

ghost town ZN *spookstad*

ghostwriter ('gəʊstraɪtə) ZN *ghostwriter*

ghoul (gu:l) ZN • *lijkeneter*; *grafschenner* • *morbide geest*

ghoulish ('gu:lɪʃ) BNW • *walgelijk*; *gruwelijk* • *morbide*

GHQ AFK General Headquarters *centraal hoofdkwartier*

GI AFK General Issue *soldaat* ⟨in VS⟩

giant ('dʒaɪənt) I ZN • *reus* • *gigant* • FIG. *grote naam* ⟨in de kunst, enz.⟩ II BNW • *reuzen-*; *gigantisch*

giantess ('dʒaɪəntəs) ZN *reuzin*

gibber ('dʒɪbə) ONOV WW *brabbelen*

gibberish ('dʒɪbərɪʃ) ZN *brabbeltaal*

gibe (dʒaɪb) ZN • → **jibe**

giblets ('dʒɪblɪts) ZN MV *ingewanden* ⟨v. gevogelte⟩

giddy ('gɪdɪ) I BNW • *duizelig* • *duizelingwekkend* • *wispelturig*; *frivool* II OV WW • *duizelig maken*

gift (gɪft) I ZN • *geschenk* • *gave*; *talent* • *buitenkansje* ★ have a gift for sth/for doing sth *talent voor iets hebben* ▼ INFORM. have the gift of the gab/(USA have a gift for/of gab *goed van de tongriem gesneden zijn* II OV WW • FORM. *begiftigen*; *schenken*

gifted ('gɪftɪd) BNW *begaafd*

gift token, gift voucher, USA **gift certificate** ZN *cadeaubon*

gig (gɪg) ZN • *optreden* ⟨v.musici, enz.⟩ • VS, INFORM. *kortlopend project*; *(kort) contract* • COMP., INFORM. *gigabyte* • GESCH. *sjees*

gigantic (dʒaɪ'gæntɪk) BNW *reusachtig*; *gigantisch*

giggle ('gɪgl) I ONOV WW • *giechelen* II ZN • *gegiechel* ★ for a ~ *voor de lol* ▼ have the ~s *de slappe lach hebben*

gigolo ('dʒɪgələʊ) ZN *gigolo*

gigot ('dʒɪgət) ZN *lams-/schapenbout*

gild (gɪld) OV WW *vergulden* ▼ gild the lily *iets onnodig mooier maken*

gilded ('gɪldɪd) BNW • *verguld*; *rijk*; *luxueus*

gill¹ (gɪl) ZN [meestal mv] *kieuw* ▾ INFORM. to the gills *propvol*

gill² (dʒɪl) 1/4 pint ‹0,14 l›

gilt (gɪlt) I ZN • *verguldsel* • USA *jonge zeug* ★ the gilt is off the gingerbread *de aardigheid is er af* II BNW • *verguld* III WW [verl. tijd + volt. deelw.] • → **gild**

gilt-edged BNW *met rijksgarantie* ★ ~ shares *goudgerande aandelen*

gimcrack (ˈdʒɪmkræk) I ZN • *prul; snuisterij* II BNW • *prullerig*

gimlet (ˈgɪmlət) ZN *hand-/fretboor(tje)* ★ with eyes like ~s *met priemende ogen*

gimme (ˈgɪmɪ) SAMENTR give me • → **give**

gimmick (ˈgɪmɪk) ZN vaak:MIN. *truc(je); foefje*

gimmicky (ˈgɪmɪkɪ) BNW *op effect gericht*

gin (dʒɪn) ZN *gin; ≈ jenever*

ginger (ˈdʒɪndʒə) I ZN • *gember* • *rode haarkleur* • *fut; spirit* II BNW • *rood* (v. haar) ★ ~ (tom)cat *rooie kater* III OV WW • *stimuleren; opjutten* • ~ **up** *verlevendigen; wat leven in de brouwerij brengen*

ginger ale, ginger beer ZN *gemberbier*

gingerbread (ˈdʒɪndʒəbred) ZN *gemberkoek(je)*

ginger group ZN G-B, POL. *actiegroep*

gingerly (ˈdʒɪndʒəlɪ) BIJW *behoedzaam*

gingivitis (dʒɪndʒɪˈvaɪtɪs) ZN *gingivitis; tandvleesontsteking*

ginormous (dʒaɪˈnɔːməs) BNW G-B, INFORM. *enorm*

gipsy (ˈdʒɪpsɪ) ZN • → **gypsy**

giraffe (dʒəˈrɑːf) ZN *giraffe*

gird (gɜːd) OV WW • LIT. *een gordel omdoen* • *om-/insluiten* • LIT. /HUMOR. gird (up) your loins *jezelf vermannen* • ~ **(up) for** *klaar maken* ‹vnl. voor strijd›

girder (ˈgɜːdə) ZN *steun-/draagbalk*

girdle (ˈgɜːdl) I ZN • *step-in; korset* • *ring* (v. bomen) • *gordel* II OV WW • *omringen* • *ringen* (v. boom)

girl (gɜːl) ZN • *meisje* • *dochter* ★ *continuity girl scriptgirl* (v. film) ★ go out with the girls *met de meiden op stap gaan*

girlfriend (ˈgɜːlfrend) ZN • *vriendin(netje); meisje* • USA *vriendin* (v. vrouw)

Girl Guide ZN G-B *gids; padvindster*

girlhood (ˈgɜːlhʊd) ZN *meisjesjaren; meisjestijd*

girlie, girly (ˈgɜːlɪ) BNW • MIN. *meisjes-* • *bloot-* ★ ~ calendar *pin-upkalender* ★ ~ magazine *seksblaadje*

girlish (ˈgɜːlɪʃ) BNW *meisjesachtig*

giro (ˈdʒaɪrəʊ) ZN *giro*

girt (gɜːt) WW [verl. tijd + volt. deelw.] • → **gird**

girth (gɜːθ) ZN • *omvang; taille • buikriem; singel* ‹v.paard›

gist (dʒɪst) ZN • *kern; hoofdzaak • strekking* ★ get the gist of sth *de essentie van iets begrijpen*

git (ˈgɪt) ZN G-B, INFORM. *sukkel; klootzak; lul*

give (gɪv) I OV WW • *geven* • *opleveren* ★ give birth to *voortbrengen; bevallen van* ★ give chase *er achteraan gaan* ★ give ear to *luisteren naar* ★ give ground *zich terugtrekken; terugkrabbelen* ★ give judgment *een oordeel vellen* ★ give rise to *veroorzaken; doen ontstaan* ★ give way *bezwijken; wijken;*

zwichten ★ give your regards *de groeten doen* ★ give sb a piece of your mind *iem. flink de waarheid zeggen* ★ give a sigh of relief *een zucht v. verlichting slaken* ★ give or take a minute *het kan een minuutje schelen* II ONOV WW • *geven* • *toegeven; meegeven* • *het begeven* ★ come on, give! *vertel op!* ★ INFORM. what gives? *is er nog nieuws?* ▾ give as good as you get *met gelijke munt terugbetalen* III WW • ~ **away** [ov] *verklappen* • *weggeven* • *verraden* ★ give away the bride *de bruid ten huwelijk geven* • ~ **back** [ov] *teruggeven* • ~ **forth** [ov] *afgeven; verspreiden; bekend maken* • ~ **in** [ov] *inleveren; erbij geven* • [onov] *toegeven; zwichten; z. gewonnen geven* • ~ **off** [ov] *afgeven* • ~ **onto/to** [onov] *uitkomen op* • ~ **out** [ov] *aankondigen; bekend maken • opgeven • afgeven • [onov] opraken* • ~ **over** [ov] *opgeven; laten varen* ★ be given over to *verslaafd zijn aan; last hebben van* • ~ **up** [ov] *opgeven; afstand doen/afzien van* • *ophouden met • overleveren* ★ give yourself up *je overgeven* • [onov] *(het) opgeven* ★ give up on *geen hoop meer hebben voor* IV ZN • *'t meegeven; elasticiteit* ▾ give and take *geven en nemen; compromis*

giveaway (ˈgɪvəweɪ) ZN • *weggevertje; (relatie)geschenk • (ongewild) verraad* ★ her body language was a dead ~ *haar lichaamstaal verried haar*

given (ˈgɪvən) WW [volt. deelw.] • → **give** I BNW • *bepaald* ▾ FORM. be ~ to doing sth *gewend/gewoon zijn iets te doen; verslaafd zijn aan* II VZ • *gezien; in aanmerking genomen* III ZN • *gegeven*

giver (ˈgɪvə) ZN *schenker; gever*

glacé (ˈglæseɪ) BNW • *gekonfijt; geglaceerd* (v. fruit) • *glad*

glacial (ˈgleɪʃəl) BNW • *ijs-; gletsjer-* • OOK FIG. *ijzig; ijskoud* ★ ~ epoch/era/period *ijstijd*

glaciated (ˈgleɪsɪeɪtɪd) BNW *met ijs bedekt*

glaciation (gleɪsɪˈeɪʃən) ZN *ijsvorming*

glacier (ˈglæsɪə) ZN *gletsjer*

glad (glæd) BNW • *blij* ★ I should be glad to come *ik zou graag komen* ★ we shall be glad to *met genoegen zullen wij* • • ~ **of/at** *verheugd over*

gladden (ˈglædn) OV WW *blij maken*

glade (gleɪd) ZN LIT. *open plek in bos*

gladiator (ˈglædɪeɪtə) ZN *gladiator*

gladly (ˈglædlɪ) BIJW *graag; met alle plezier*

glamor (ˈglæmə) ZN USA • → **glamour**

glamorize, G-B glamorise (ˈglæməraɪz) OV WW MIN. *verheerlijken; idealiseren*

glamorous (ˈglæmrəs) BNW *betoverend; zeer aantrekkelijk; glitter-*

glamour (ˈglæmə) ZN • *betovering • glans*

glance (glɑːns) I ONOV WW • *(vluchtig) kijken* • • ~ **off** *afschampen* • • ~ **at/over/through** *een (vluchtige) blik werpen op; dóórkijken* II ZN • *(vluchtige) blik* ★ steal a ~ *onopvallend kijken* ▾ at a (single) ~ *in één oogopslag* ▾ at first ~ *op 't eerste gezicht*

glancing (ˈglɑːnsɪŋ) BNW *afschampend; schamp-*

glancingly (ˈglɑːnsɪŋlɪ) BIJW *vluchtig*

gland (glænd) ZN *klier*

gl

glandular ('glændjʊlə) BNW MED. *m.b.t. klier*;
klierachtig

glare (gleə) I ONOV WW • *woedend kijken* • *fel
schijnen/stralen* II ZN • *hel licht*; *schittering*
• *boze blik* ★ in the full ~ of publicity *met
voortdurende aandacht van de media*

glaring ('gleərɪŋ) BNW • *opvallend*
• *(oog)verblindend* • *woedend* ★ a ~ blunder
een enorme miskleun ★ ~ colours
schreeuwende kleuren

glass (glɑːs) I ZN • *glas* • *raam*; *ramen* • G-B
spiegel ★ the ~ *barometer* ★ ~es [mv] *bril*;
(verre-/toneel)kijker ★ looking ~ *spiegel* ★ raise
one's ~ to *toosten op* II BNW • *glazen* III OV WW
• *van glas/ruiten voorzien* • G-B, INFORM. *met
een glas in het gezicht slaan*

glass fibre, USA **glass fiber** ZN *glasvezel*

glasshouse ('glɑːshaʊs) ZN • *broeikas* • MIL.,
INFORM. *nor*

glasspaper ('glɑːsˈpeɪpə) ZN *schuurpapier*

glassware ('glɑːsweə) ZN *glaswerk*

glassy ('glɑːsɪ) BNW • *glazen*; *spiegelglad*
• *wezenloos*

glaucoma (glɔːˈkəʊmə) ZN *glaucoom*

glaucous ('glɔːkəs) BNW • TECHN. /LIT. *zeegroen*
• *bedauwd*

glaze (gleɪz) I OV WW • *van glas voorzien*
• *glazuren* • *vernissen* II ONOV WW • ~ **(over)**
glazig worden III ZN • *glazuur(laag)* • *vernis*;
glans • USA *dun laagje ijs*

glazier ('gleɪzɪə) ZN *glazenmaker*

glazing ('gleɪzɪŋ) ZN • *glazuur* • *glaswerk*; *ruiten*

gleam (gliːm) I ZN • *glans* • *schijnsel* • *glimp* ★ ~
of hope *sprankje hoop* II ONOV WW • *schijnen*
• *glanzen* • *glimmen*

glean (gliːn) OV WW • *moeizaam vergaren* ⟨v.
informatie⟩ • GESCH. *verzamelen*; *aren lezen*

glee (gliː) ZN *vrolijkheid*; *blijdschap*

gleeful ('gliːfʊl) BNW • *triomfantelijk* • *met
leedvermaak*

glen (glen) ZN *nauw dal* ⟨in Schotland/Ierland⟩

glib (glɪb) BNW *rad v. tong*; *welbespraakt*

glide (glaɪd) I ONOV WW • *glijden* • *zweven* II ZN
• *glijvlucht* • TAALK. *overgangsklank*

glider ('glaɪdə) ZN *zweefvliegtuig*

gliding ('glaɪdɪŋ) ZN • *zweefvliegen* • *het glijden*

glimmer ('glɪmə) I ZN • *zwak flikkerend licht*
• FIG. *straaltje* ★ ~ of hope *sprankje hoop*
II ONOV WW • *flikkeren*; *(zwak) schijnen*

glimmering ('glɪmərɪŋ) ZN FIG. *straaltje* ★ not a ~
of understanding *geen greintje begrip*

glimpse (glɪmps) I ZN • *glimp*; *vluchtige blik*
• *kijkje* • *schijn(sel)* ★ catch a ~ of *een glimp
opvangen van* II OV+ONOV WW • *even vluchtig
zien/kijken* • - *beginnen te begrijpen*

glint (glɪnt) I ONOV WW • *glinsteren*; *blinken* II ZN
• *glinstering* • *flikkering*

glisten ('glɪsən) ONOV WW *glinsteren*; *fonkelen*

glitch (glɪtʃ) ZN INFORM. *storing*; *hapering*

glitter ('glɪtə) I ONOV WW • *blinken*; *schitteren*;
fonkelen II ZN • *schittering* • *glans* • *schone
schijn* • *glittertjes (decoratie)*

glitterati MV *rijke beroemdheden* ⟨krantentaal⟩

glittering ('glɪtərɪŋ) BNW • *uiterst succesvol*
• *schitterend* ★ a ~ career *een glanzende
carrière*

glitz (glɪts) ZN *schone schijn*

gloat (gləʊt) ONOV WW • ~ **on/over** *begerig
kijken naar* • ~ **over** *z. verkneukelen over*

global ('gləʊbl) BNW • *wereldwijd* • *globaal*;
allesomvattend

globe (gləʊb) ZN • *globe*; *wereldbol* • *aarde*
• *bol(vormig voorwerp)*

globetrotter ('gləʊbtrɒtə) ZN *globetrotter*;
wereldreiziger

globular ('glɒbjʊlə) BNW *bolvormig*

globule ('glɒbjuːl) ZN *bolletje*; *druppel*

gloom (gluːm) ZN • *somberheid*;
zwaarmoedigheid • LIT. *duisternis*

gloomy ('gluːmɪ) BNW • *donker* • *somber*
• *deprimerend*

glorify ('glɔːrɪfaɪ) OV WW • *verheerlijken*
• *ophemelen* • *mooier voorstellen*

glorious ('glɔːrɪəs) BNW • *roemrijk* • *heerlijk*;
prachtig • *stralend* ⟨v. weer⟩

glory ('glɔːrɪ) I ZN • *glorie* • *roem* • *luister*
• *heerlijkheid* • *aureool* ★ the glories of
Florence *het allermooiste van Florence* ▼ go to
~ *de eeuwigheid ingaan* ▼ send to ~ *naar de
andere wereld helpen* II ONOV WW • ~ **in** *erg
genieten van*; *prat gaan op*

gloss (glɒs) I ZN • *glans* • *glansverf* • *(schone)
schijn* • *kanttekening*; *tekstuitleg* II OV WW
• *glanzend maken* • *van commentaar voorzien*
• ~ **over** *met de mantel der liefde bedekken*;
verbloemen

glossary ('glɒsərɪ) ZN *verklarende woordenlijst*

gloss paint ZN *glansverf*

glossy ('glɒsɪ) BNW • *glanzend* • *duur uitziend*
• *glossy magazine glossy*; *duur uitgevoerd
tijdschrift*

glottis ('glɒtɪs) ZN ANAT. *stemspleet*

glove (glʌv) ZN *handschoen* ▼ the ~s are off *klaar
voor de strijd*

glove compartment ZN AUTO.
handschoenenvakje

glow (gləʊ) I ONOV WW • *gloeien* ★ glow with
pride *glimmen van trots* II ZN • *gloed* • *blos*
• *warm gevoel*

glower ('glaʊə) ONOV WW *woedend kijken* (**at**
naar)

glowing ('gləʊɪŋ) BNW • *gloeiend*; *vlammend*
• *enthousiast*

glowworm ('gləʊwɜːm) ZN *glimworm*

glucose ('gluːkəʊs) ZN *glucose*; *druivensuiker*

glue (gluː) I ZN • *lijm* II OV WW • *lijmen*;
(vast)plakken ▼ be glued to sth *je niet los
kunnen maken van* ▼ glued to the spot *(als)
aan de grond genageld*

glue-sniffing ZN *het lijmsnuiven*

gluey (gluːɪ) BNW • *kleverig* • *met lijm bedekt*

glum (glʌm) BNW • *somber*; *triest* • *nors*

glut (glʌt) I ZN ★ there is a glut of oil on the
market *de markt is met olie overvoerd* II OV
WW • *(over)verzadigen* • *overladen*
• *overvoeren*

gluten ('gluːtn) ZN • *gluten* • *kleefstof*

glutinous ('gluːtɪnəs) BNW *lijmachtig*; *kleverig*

glutton ('glʌtn) ZN *gulzigaard*; *veelvraat* ▼ a ~ for
work/punishment *een workaholic/masochist*

gluttony ('glʌtənɪ) ZN *vraatzucht*; *gulzigheid*

glycerol ('glɪsərɒl), **glycerine**, USA **glycerin**

('glɪsəri:n) ZN *glycerol*; *glycerine*

gm AFK gram *g.*; *gram*

GMT AFK Greenwich Mean Time *Greenwichtijd*

gnarl (nɑ:l) ZN *knoest*

gnarled (nɑ:ld) BNW • *knoestig* • *knokig*

gnash (næʃ) OV WW ▼ ~ (your teeth) *knarsetanden*

gnat (næt) ZN *mug*

gnaw (nɔ:) OV+ONOV WW *knabbelen (aan)*; *knagen (aan)* OOK FIG.

gnawing ('nɔ:ɪŋ) BNW *knagend*; *kwellend*

gnome (nəʊm) ZN *kabouter*; *aardmannetje* ★ the ~s of Zürich *de grote Zwitserse bankiers*

GNP AFK Gross National Product *bnp*; *Bruto Nationaal Product*

gnu (nu:) ZN *gnoe*; *wildebeest*

go (gəʊ) **I** OV WW • *gaan* • *vertrekken* • *beginnen* ★ go halves/shares *eerlijk delen* ★ go it! *toe maar!* ★ go it alone *het helemaal alleen doen* ★ go places *reizen*; *uitgaan* ★ go a long way *lang toereikend zijn* ★ go a long way towards *veel bijdragen aan* ★ go one better *een méér bieden*; *overtroeven* **II** ONOV WW • *gaan*; *lopen* • *vertrekken* • *eropuit gaan*; *reizen* • *kunnen*; *mogen* • *passen* • *werken*; *functioneren* • *wegraken*; *verdwijnen* • *doodgaan* • INFORM. *naar de wc gaan* ★ go and fetch it *ga het eens halen* ★ go for a walk *een wandeling gaan maken* ★ the rest can go *de rest kan vervallen* ★ USA (coffee) to go *(koffie) om mee te nemen* ▼ go cheap *weinig kosten*; *weinig opbrengen* ▼ go easy *het kalmpjes aan doen* ▼ go far *het ver brengen*; *lang meegaan* ▼ go all out for sth/to do sth *de grootste moeite doen voor/om te* ▼ go behind a person's words *iets achter iemands woorden zoeken* ▼ go by/under the name of *bekend staan als*; *heten* ▼ go to all lengths *zich niet laten weerhouden* ▼ anything goes *alles is mogelijk* ▼ as far as it goes *tot op zekere hoogte* ▼ as people/things go *vergeleken met de meeste mensen/dingen* ▼ as the proverb goes *zoals het spreekwoord luidt* ▼ don't go doing sth *doe geen stomme dingen* ▼ have a lot going *veel voordelen hebben* ▼ still be going strong *het nog steeds goed doen* • ~ **about** *rondgaan* • *bezig zijn met* • *aanpakken* ★ go about with sb *met iem. omgaan* • ~ **after** *achterna gaan*; *achter (iets/iem.) aangaan* • ~ **against** *tegenin gaan* • *indruisen tegen*; *in strijd zijn met* • ~ **ahead** *vooruitgaan* • *beginnen* • *doorgaan* ★ go ahead! *ga je gang!* • ~ **along** *(verder) gaan* ★ go along with *meegaan met*; *het eens zijn met* • ~ **(a)round** *rondgaan* • *voldoende zijn* • ~ **at** *aanvallen* • *aanpakken* • *verkocht worden voor* • ~ **away** *weggaan*; *er vandoor gaan* • *op reis gaan* ★ go away! *dat meen je niet!*; *ga weg!* • ~ **back** *teruggaan*; *teruglopen* ★ go back on *terugkomen op*; *terugdraaien* ▼ *z. niet houden aan* • go back to sth *iets weer oppakken* • ~ **before** *vooraf gaan* • *verschijnen voor* • ~ **beyond** *overschrijden*; *verder gaan dan*; *te boven gaan* • ~ **by** *voorbijgaan* • *afhangen van* • *afgaan op* ★ it is not much to go by *je hebt er niet veel aan*; *je kunt er niet veel uit opmaken* • ~ **down** *naar*

beneden gaan; *gebeuren*; *aan de hand zijn* • *dalen* ⟨v. prijs, temperatuur⟩ • *vallen* • *zinken*; *óndergaan* • *in de smaak vallen* • *niet meer functioneren* ★ go down from *de universiteit verlaten* ★ go down in history *in de geschiedenis vermeld worden als* ★ VULG. go down on sb *iem. beffen/pijpen* ★ go down to sb *verslagen worden door iem.* ★ go down with *iets krijgen* ⟨ziekte⟩ ★ that won't go down with me *dat wil er bij mij niet in* • ~ **for** *te lijf gaan* • *ervoor gaan* • *gelden* • *leuk vinden* • *kiezen* • ~ **in** *naar binnen gaan* • *mee gaan doen* • *schuilgaan* ⟨v. zon⟩ • ~ **in for** *(mee)doen aan* ★ go in for an examination *opgaan voor een examen* ★ go in for journalism *journalistiek gaan studeren* • ~ **into** *binnengaan* • *ingaan (op)* • *deelnemen (aan)* • *zorgvuldig onderzoeken* • *besteed worden aan* ⟨v. tijd, geld enz.⟩ • ~ **off** *weggaan* • *afgaan*; *ontploffen* • *uitgaan* • INFORM. *in slaap vallen* • INFORM. *niet meer aardig/lekker vinden* • *achteruitgaan* ⟨in kwaliteit⟩ ★ go off well *goed verlopen* ★ VS, INFORM. go off on sb *plotseling heel kwaad worden* ★ go off with *er vandoor gaan met* • ~ **on** *doorgaan (met)*; *volhouden* • *aangaan* • *aan de hand zijn* • *afgaan* • going on for six *tegen zessen lopen* • ~ **on at** *tekeer gaan tegen/over* • ~ **out** *uitgaan* • *uit de mode raken* • *versturen* • *uitzenden* ★ the tide is going out *het is eb* ★ go out for sth *zich voor iets inzetten* ★ go out of *verlaten*; *verdwijnen* ★ go out with sb/go out together *verkering hebben met* • ~ **over** *dóórlopen* ⟨v. thema/huis⟩; *nakijken* • *de revue laten passeren* • *overlopen* ★ go over the top* FIG. *overstag gaan* ★ go over to *overgaan op/naar* • ~ **through** *doorgaan* ★ go through sth *iets doornemen*; *doorzoeken* • *doorstaan*; *meemaken* • *opmaken* ★ go through with *doorgaan (met)*; *volhouden* • ~ **to** *gaan naar/tot*; *zich getroosten* ★ go to great lengths *alle mogelijke moeite doen* • ~ **together** *(bij elkaar) passen*; *samengaan* • ~ **towards** *besteed worden aan* • *met elkaar gaan* • ~ **under** *(ten) onder gaan* • INFORM. *failliet gaan* • ~ **up** *opgaan*; *stijgen* • *ontploffen* • *gebouwd worden* • ~ **with** *passen bij*; *overeenkomen met*; *samengaan* • *het eens zijn met* • INFORM. *verkering hebben met* • ~ **without** *het stellen zonder* **III** KWW • *worden* • go bad *bederven*; *zuur worden* ★ go hungry *honger krijgen* ★ go mad *gek worden* **IV** ZN • *beurt*; *keer* • *poging* • *energie* • *go* ⟨Japans bordspel⟩ ▼ at/in one go *in één keer* ▼ be a go *mogelijk zijn* ▼ be all go *druk zijn* ▼ be on the go *in volle actie zijn* ▼ have a go at sth *iets proberen* ▼ have a go at sb *iem. te lijf gaan* ▼ make a go of sth *er een succes van maken* ▼ INFORM. no go *'t gaat (toch) niet*

goad (gəʊd) **I** OV WW • *prikkelen* • *opstoken*; *uitlokken* **II** ZN • *prikstok* ⟨voor vee⟩ • *prikkel*

go-ahead ('gəʊəhed) **I** ZN • *verlof*; *vergunning* ★ give the ~ *het groene licht geven* **II** BNW • *vooruitstrevend*

goal (gəʊl) ZN • *doel* • *doelpunt* • *bestemming* ★ golden goal SPORT *eerste en beslissende*

doelpunt in de verlenging
goalkeeper ('gəʊlkiːpə), INFORM. **goalie** ('gəʊli) ZN INFORM. *keeper; doelverdediger*
goalpost ('gəʊlpəʊst) ZN *doelpaal* ▼ G-B, INFORM. move the *~s stiekem de regels/procedure veranderen*
goat (gəʊt) ZN *geit; bok* ★ old goat *oude bok* ⟨figuurlijk⟩ ▼ get sb's goat *iem. irriteren*
goatee (gəʊˈtiː) ZN *sik(je)*
goatherd ('gəʊt‌hɜːd) ZN *geitenhoeder*
gob (gɒb) I ZN • INFORM. *smoel; bek* • *fluim* ★ USA gobs of *heel veel (van iets)* II ONOV WW • INFORM. *spugen*
gobbet ('gɒbɪt) ZN • *brok; homp* • *stuk (examen)tekst*
gobble ('gɒbl) I OV WW • *naar binnen schrokken; opslokken* OOK FIG. II ONOV WW • *schrokken* • *klokken* ⟨v. kalkoen⟩ III ZN • *gekakel; geklok* ⟨v. kalkoen⟩
gobbledegook, gobbledygook ('gɒbldɪguːk) ZN *ambtelijke taal; abracadabra*
go-between ('gəʊbɪtwiːn) ZN • *tussenpersoon* • *bemiddelaar*
goblet ('gɒblət) ZN • *glas met hoge voet* • *bokaal*
goblin ('gɒblɪn) ZN *kobold*
gobsmacked ('gɒbsmækt) BNW INFORM. *sprakeloos; verbijsterd*
go-by ('gəʊbaɪ) ZN ★ give sb the *~ iem. links laten liggen; iem. de bons geven*
go-cart ZN • → **go-kart**
god (gɒd) ZN • *god* • *godheid* • *afgod* ★ God *God*
godchild ('gɒdtʃaɪld) ZN *petekind*
goddess ('gɒdɪs) ZN *godin*
godfather ('gɒdfɑːðə) ZN • *peter; peetoom* • Godfather *peetvader* ⟨hoofd van maffia⟩
God-fearing ('gɒdfɪərɪŋ) ZN *godvrezend*
god-forsaken ('gɒdfəseɪkən) BNW • *van God verlaten* • *ellendig*
godhead ('gɒdhed) ZN • *godheid; het goddelijke* • *verafgood persoon*
godless ('gɒdləs) BNW *goddeloos*
godlike ('gɒdlaɪk) BNW *goddelijk*
godly ('gɒdlɪ) BNW *godvruchtig; vroom*
godmother ('gɒdmʌðə) ZN *peettante; meter*
godparent ('gɒdpeərənt) ZN *peet*
godsend ('gɒdsend) ZN *meevaller; buitenkansje*
godson ('gɒdsʌn) ZN *peetzoon*
godwit ZN ★ black-tailed *~ grutto*
goer ('gəʊə) ZN • *iem. die gaat* • G-B, INFORM. *een wilde meid*
gofer ('gəʊfə) ZN *manusje-van-alles*
go-getter ('gəʊgetə) ZN *doorzetter; doordouwer*
goggle ('gɒgl) ONOV WW *rollen* ⟨v. ogen⟩; *uitpuilen* ⟨v. ogen⟩
goggle-box ('gɒglbɒks) ZN *kijkkast; buis; tv*
goggles ('gɒglz) ZN MV *duik-/motor-/ski-/stofbril*
go-go I ZN • *het discodansen* II BNW ★ *~ girls discomeisjes* • INFORM. ★ a *~* company *een snelgroeiend, bruisend bedrijf*
going ('gəʊɪŋ) I ZN • *het gaan* • *vertrek* • *overlijden* ▼ when the *~ gets tough als het moeilijk wordt* ▼ while the *~/*USA getting is good *zolang het nog kan* II BNW • *voorhanden* • *(goed) werkend* • *gangbaar* ▼ *~, ~,* gone! *eenmaal, andermaal, verkocht* ▼ the best fellow *~ de beste kerel die er is*

going-over ZN • *controle(beurt)* • INFORM. *pak rammel*
goings-on MV *wederwaardigheden; voorvallen; gedoe* ★ there are some strange *~ er gebeuren wat rare dingen*
go-kart ('gəʊkɑːt) ZN *kart; skelter*
gold (gəʊld) I ZN • *goud* ★ beaten gold *bladgoud* II BNW • *gouden*
goldbrick ('gəʊldbrɪk), **goldbricker** ('gəʊldbrɪkə) ZN • VS, INFORM. *lijntrekker* • *zwendelaar*
gold-digger ('gəʊlddɪgə) ZN • *goudzoeker* • INFORM., MIN. *op geld beluste vrouw*
gold dust ZN *stofgoud* ▼ G-B be like *~ zeldzaam zijn*
golden ('gəʊldn) BNW • LIT. *gouden; van goud; goud-* • *goudkleurig* • *speciaal; succesvol*
goldfinch ('gəʊldfɪntʃ) ZN DIERK. *puttertje*
goldfish ('gəʊldfɪʃ) ZN *goudvis*
gold leaf, gold foil ZN *bladgoud*
gold mine ZN *goudmijn*
gold-plated BNW • *verguld* • *doublé*
gold rush ZN *trek naar de goudvelden*
goldsmith ('gəʊldsmɪθ) ZN *goudsmid*
golf (gɒlf) I ZN • *golf(spel)* II ONOV WW • *golfen*
golf course ZN *golfbaan*
golfer ('gɒlfə) ZN *golfspeler*
golf links ZN *golfterrein*
golliwog ('gɒlɪwɒg), INFORM. **golly** ('gɒlɪ) ZN *(lappen) negerpop*
gondola ('gɒndələ) ZN *gondel*
gondolier (gɒndəˈlɪə) ZN *gondelier*
gone (gɒn) WW [volt. deelw.] • → **go** BNW • *weg; verdwenen* • *voorbij* • *op* • *dood* ★ be gone! *maak dat je wegkomt!* ★ just gone twelve *net 12 uur geweest* ★ 6 months gone *6 maanden zwanger*
goner ('gɒnə) ZN INFORM. ★ he's a *~ hij is verloren*
gonna ('gɒnə) SAMENTR INFORM. going to • → **go**
goo (guː) ZN • *slijmerig spul* • *slijmerij*
good (gʊd) I BNW • *goed* • *braaf* • *flink; aanzienlijk* • *vriendelijk; aardig* • *geschikt* • USA *geldig* ★ good! *goed zo!* ★ good at English *goed in Engels* ★ good gracious/God/ heavens! *goeie genade!; goeie hemel!* ★ no good *geen zin/nut* ★ be good for another 5 years *nog wel 5 jaar meegaan* ★ that holds good for *dat gaat op voor* ★ make good *vergoeden; waarmaken; zich houden aan; slagen in* ▼ good for you/AUS. on you! *goed zo!* ▼ a good few *verscheidene* ▼ as good as *bijna* ▼ as good as gold *heel braaf* ▼ as good as it gets *beter wordt het niet* ▼ all in good time *alles op zijn tijd* ▼ in good time *op tijd* II ZN • *goed; welzijn* • *voordeel; nut* ★ the common good *het algemeen belang* ★ consumer goods *verbruiksgoederen; consumptieartikelen* ★ for your own good *voor je eigen bestwil* ★ what's the good of it? *wat heeft het voor zin?* ★ all to the good *mooi meegenomen* ▼ be no good/not be any/much good *van geen nut zijn; niets waard zijn* ▼ for good (and all) *voorgoed* ▼ £5 to the good *£5 tegoed (hebben); £5 voordeel* ▼ up to no good *niets goeds in de zin*
goodbye, USA **goodby** (gʊdˈbaɪ) I TW • *tot ziens*

‖ ZN • afscheid ★ say ~ afscheid nemen;
vaarwel zeggen
good-for-nothing (gʊdfə'nʌθɪŋ) I ZN • nietsnut;
deugniet ‖ BNW • waardeloos
good-humoured, USA good-humored BNW
goedgehumeurd; opgewekt ★ a ~ atmosphere
een plezierige sfeer
good-looking BNW knap ⟨v. uiterlijk⟩
good-natured BNW goedhartig; aardig
goodness ('gʊdnəs) ZN • goedheid
• voedingswaarde ▼ thank ~! goddank! ▼ ~
(me)!/my ~!/~ gracious! goeie genade!/lieve
hemel! ▼ ~ knows! Joost mag 't weten ▼ for ~'
sake in 's hemelsnaam
goods (gʊdz) ZN MV goederen ★ dry ~
droogwaren ★ soft ~ manufacturen ▼ the ~
precies wat nodig is ▼ deliver the ~ aan de
verwachtingen voldoen
goods train ZN goederentrein
good-tempered BNW goedgehumeurd
goodwill (gʊd'wɪl) ZN • welwillendheid • ECON.
goodwill
goody, goodie ('gʊdɪ) I ZN • lekkernij • G-B,
INFORM. goeie ⟨held in film, enz.⟩ ★ the
goodies and the baddies de goeien en de
slechteriken ‖ TW • jippie!
goody-goody ZN INFORM., MIN. heilig boontje
gooey ('gu:ɪ) BNW • INFORM. klef; kleverig • klef;
overdreven sentimenteel
goof (gu:f) I ZN • VS, INFORM. sufferd; kluns
• miskleun ‖ ONOV WW • VS, INFORM.
miskleunen • ~ **around** aanklooien • ~ **off**
niksen
goofy ('gu:fɪ) BNW • USA geschift; stompzinnig
• met vooruitstekende tanden
goon (gu:n) ZN • VS, INFORM. handlanger • OUD.
sukkel
goose (gu:s) I ZN [mv: **geese**] • gans • INFORM.
uilskuiken ★ the golden ~ de kip met de
gouden eieren ★ greylag ~ grauwe gans ‖ OV
WW • INFORM. in de billen knijpen • USA
~ **(along/up)** aansporen; opjutten
gooseberry ('gʊzbərɪ) ZN kruisbes ▼ play ~ het
vijfde wiel aan de wagen zijn
gooseberry fool ZN kruisbessenvla
goose egg ZN SPORT nulscore
gooseneck ('gu:snek) ZN zwanenhals ⟨in
afvoerbuis⟩
goose pimples, goosebumps ('gu:sbʌmps) ZN
MV FIG., G-B, USA kippenvel
goose-step I ZN • vaak: MIN. ganzenpas;
paradepas ‖ ONOV WW • in paradepas lopen
gopher ('gəʊfə) ZN • USA grondeekhoorn • COMP.
zoeksysteem • → **gofer**
gore (gɔ:) I ZN • (geronnen) bloed ★ the movie is
not just blood and gore de film is niet alleen
maar gewelddadig ‖ OV WW • doorboren;
priemen
gorge (gɔ:dʒ) I ZN • bergengte • OUD. keel; strot
▼ FORM. my ~ rises ik walg ervan ‖ OV+ONOV
WW ★ ~ (o.s.) (on) (z.) volproppen
gorgeous (gɔ:dʒəs) BNW prachtig; schitterend
gorgon ('gɔ:gən) ZN • Gorgoon
• afschuwwekkende heks
gormless ('gɔ:mləs) BNW INFORM. onnozel; stom
gorse (gɔ:s) ZN PLANTK. gaspeldoorn

gory ('gɔ:rɪ) BNW bloederig; bebloed ★ the gory
details HUMOR. alles tot in detail
gosh (gɒʃ) TW gossie!; jeetje!
goshawk ZN ★ Northern ~ havik
gosling ('gɒzlɪŋ) ZN jonge gans
go-slow ZN langzaamaanactie
gospel ('gɒspl) ZN • evangelie • USA gospelmuziek
★ take a thing as ~ (truth) iets voor absoluut
waar aannemen
gossamer ('gɒsəmə) I ZN • herfstdraad/-draden
• ragfijn weefsel ‖ BNW • ragfijn
gossip ('gɒsɪp) I ZN • geroddel; roddel
• roddelaar ‖ ONOV WW • roddelen
gossip column ZN roddelrubriek
gossipy ('gɒsɪpɪ) BNW roddelachtig; praatziek
★ ~ letter brief met allerlei nieuwtjes
got (gɒt) WW [verl. tijd + volt. deelw.] • → **get**
gotcha (gɒtʃə) SAMENTR I have got you hebbes!
Gothic ('gɒθɪk) I ZN • KUNST gotiek • gothic
⟨subcultuur⟩ ‖ BNW • gotisch
gotta ('gɒtə) SAMENTR INFORM. got to • → **get**
gotten ('gɒtən) WW USA [volt. deelw.] • → **get**
gouge (gaʊdʒ) I ZN • TECHN. guts • groef ‖ OV
WW • ~ **(out)** gutsen; uithollen; uitsteken • VS,
INFORM. afzetten
gourd (gʊəd) ZN kalebas; pompoen
gourmand ('gʊəmənd) ZN • vaak MIN. vreetzak
• fijnproever; lekkerbek
gourmet ('gʊəmeɪ) ZN fijnproever
gout (gaʊt) ZN jicht
govern ('gʌvən) OV WW • regeren; besturen
• bepalen; beheersen
governance ('gʌvənəns) ZN bestuur; leiding
★ corporate ~ (goed) ondernemingsbestuur
governess ('gʌvənəs) ZN gouvernante
government ('gʌvənmənt) ZN overheid; regering
governmental (gʌvən'mentl) BNW overheids-;
regerings-
government paper ZN staatsobligatie
governor ('gʌvənə) ZN • gouverneur • G-B
directeur/bestuurder ⟨v. instituut⟩ • baas
• TECHN. regulateur
Governor General ZN gouverneur-generaal
gown (gaʊn) I ZN • japon; (avond)jurk • toga
• operatieschort ‖ OV WW • kleden ★ gowned
in toga • ~ **up** een operatieschort aandoen
goy (gɔɪ) ZN • niet- jood ⟨m.b.t. geloof⟩
• niet-Jood ⟨m.b.t. volk⟩
GP AFK general practitioner huisarts
GPS AFK Global Positioning System gps
grab (græb) I OV WW • grijpen; pakken
• inpikken ▼ how does that grab you? hoe lijkt
je dat? • grijpen • ~ **at** aangrijpen • ~ **at/for**
grijpen naar ‖ ZN • greep • roof • TECHN.
grijper • COMP. digitaal opgeslagen
film-/videobeeld • make a grab at grijpen naar
▼ up for grabs voor het grijpen
grace (greɪs) I ZN • gratie; elegantie • genade
• gepastheid; fatsoen • uitstel ⟨v. betaling⟩
• tafelgebed ★ Her/His/Your Grace Uwe
Hoogheid ⟨titel v. hertog(in) of aartsbisschop⟩
▼ FORM. be in sb's good ~s bij iem. in een goed
blaadje staan ▼ fall from ~ in ongenade vallen
▼ have the (good) ~ to zo beleefd zijn om
▼ with (a) good ~ graag; van harte ▼ with (a)
bad ~ met tegenzin ‖ OV WW • FORM.

gr

gr

(ver)sieren; *opluisteren* • IRON. ~ **with** *vereren met*

graceful ('greɪsfʊl) BNW • *elegant*; *sierlijk* • *waardig*

graceless ('greɪsləs) BNW • *onbeschaamd* • *lelijk* • *lomp*; *onhandig*

gracious ('greɪʃəs) BNW • *hoffelijk*; *waardig* • *stijlvol* • *goedgunstig* ★ ~ **me!** *goeie genade!*

grad (græd) ZN VS, INFORM. *graduate afgestudeerde*

gradate (grə'deɪt) OV+ONOV WW *geleidelijk (doen) overgaan*

gradation (grə'deɪʃən) ZN • *gradatie*; *(geleidelijke) overgang* • *schaalverdeling*; *maatstreep*

grade (greɪd) I ZN • *graad* • *salarisschaal* • O&W *cijfer* • USA *klas* • USA *helling* ▼ USA at ~ *op hetzelfde niveau* ▼ INFORM. make the ~ *slagen* II OV WW • *sorteren*; *rangschikken* • USA *beoordelen met cijfer* • *nivelleren* ⟨v. weg⟩ • *inschalen* ⟨loonschaal⟩ • USA *een cijfer geven* • *veredelen* ⟨door kruising⟩ • ~ **down** *degraderen*; *(geleidelijk) beperken* • ~ **up** *verbeteren*; *opwaarderen*

grade crossing ZN • USA *gelijkvloerse kruising* • *spoorwegovergang*

grade school ZN VS, INFORM. *basisschool*

gradient ('greɪdɪənt) ZN • *helling(shoek)* • NATK. *gradiënt*

grading ('greɪdɪŋ) ZN • *beoordeling* ⟨v. schoolwerk⟩ • *inschalen* ⟨in loonschaal⟩

gradual ('grædʒʊəl) BNW *geleidelijk* ★ a ~ *slope een flauwe helling*

gradually ('grædʒʊəlɪ) BIJW *geleidelijkaan*; *langzamerhand*

graduate[1] ('grædʒʊət) I ZN • *afgestudeerde* • USA *gediplomeerde* II BNW • *afgestudeerd* • USA *gediplomeerd*

graduate[2] ('grædʒʊeɪt) I OV WW • *graad verlenen* • USA *diploma uitreiken* • *in graden verdelen* II ONOV WW • *graad behalen* • USA *diploma behalen* • ~ **to** *opklimmen tot* ★ ~ from third to fourth grade *van de vierde naar de vijfde klas overgaan*

graduate school ZN USA ≈ *(post)doctorale opleiding*

graduate student ZN *(post)doctoraal student*

graduation (grædʒʊ'eɪʃən) ZN • *het afstuderen* • *buluitreiking*; USA *diploma-uitreiking* • *schaalverdeling*; *maatstreep* • *promotie*

graffiti (grə'fi:tɪ) ZN MV *graffiti*

graft (grɑːft) I ZN • *ent(ing)* • MED. *transplantaat*; *transplantatie* • INFORM. *hard werk* • USA *omkoperij* ⟨in politiek, enz.⟩ II OV WW • *enten* • MED. *transplanteren* • *toevoegen* III ONOV WW • *corruptie bedrijven* • *hard werken*

grafter ('grɑːftə) ZN • *enter* • *chirurg die transplanteert* • USA *corrupte politicus*

Grail (greɪl) ZN • *graal* • *wensdroom* ★ the Holy ~ *de heilige graal*

grain (greɪn) ZN • *graan* • *korrel* • *grein(tje)* • *korrelstructuur*; *ruwe kant v. leer* • *nerf*; *draad* ⟨v. hout⟩ • *aard*; *natuur* ▼ go against the ~ *tegen de draad in gaan*; *tegen de borst*

stuiten

grained (greɪnd) BNW • *korrelig* • *geaderd*; *gevlamd*

grainy ('greɪnɪ) BNW • *korrelig* • *grof*; *ruw*

gram (græm) ZN *gram*

grammar ('græmə) ZN • *grammatica(boek)*; *spraakkunst* • *basiskennis* ★ bad ~ *onjuist taalgebruik*

grammarian (grə'meərɪən) ZN *taalkundige*

grammar school ZN G-B, O&W ≈ *gymnasium*; *middelbare school*

grammatical (grə'mætɪkl) BNW *grammaticaal*

gramme (græm) ZN • → **gram**

gramophone ('græməfəʊn) ZN OUD. *grammofoon*

grampus ('græmpəs) ZN *orka*

gran (græn) ZN *oma(atje)*

granary ('grænərɪ) ZN *graanschuur*

grand (grænd) I BNW • *voornaam* • *groot(s)*; *weids*; *imposant* • *prachtig*; *prima* ▼ ~ old man *nestor* II ZN • INFORM. *1000 pond*; *1000 dollar* • MUZ. *vleugel*

grandad, USA **granddad** ('grændæd) ZN INFORM. *opa*

grandaunt ('grændɑːnt) ZN *oudtante*

grandchild ('græntʃaɪld) ZN *kleinkind*

granddaughter ('grændɔːtə) ZN *kleindochter*

grandee (græn'di:) ZN • GESCH. *grande* ⟨Spaanse edelman⟩ • *hooggeplaatst persoon*

grandeur ('grændʒə) ZN • *grootsheid*; *pracht* • *grandeur*

grandfather ('grænfɑːðə) ZN *grootvader*

grandfather clock ZN *staande klok*

grandiloquent (græn'dɪləkwənt) BNW FORM., MIN. *hoogdravend*; *bombastisch*

grandiose ('grændɪəʊs) BNW MIN. *groots*; *pompeus*

grandma ('græn(mə)mɑː) ZN INFORM. *oma*

grandmother ('grænmʌðə) ZN *grootmoeder*

grandpa ('grænpəpɑː) ZN INFORM. *opa*

grandparents ('grænpeərənts) ZN MV *grootouders*

grandson ('grænsʌn) ZN *kleinzoon*

grandstand ('grænstænd) ZN *overdekte tribune*

grandstanding ('grænstændɪŋ) ZN VS, MIN. *het bespelen van het publiek*

grange (greɪndʒ) ZN *landhuis met boerderij*

granite ('grænɪt) ZN *graniet*

granny, grannie ('grænɪ) ZN INFORM. *oma(atje)*

granny flat ZN G-B, INFORM. *aparte woonruimte in huis voor ouder familielid*

granny knot ZN SCHEEPV. *oud wijf* ⟨verkeerde knoop⟩

grant (grɑːnt) I OV WW • *vergunnen*; *toestaan*; *verlenen* • *toegeven* ▼ take sth for ~ed *al (te) vanzelfsprekend voor waar aannemen* ▼ take sb for ~ed *iem. niet (meer) waarderen* II ZN • *(overheids)subsidie*; *toelage* • *(studie)beurs* ★ direct ~ school *door de regering rechtstreeks gesubsidieerde school*

grantee (grɑː'nti:) ZN *begunstigde*

granular ('grænjʊlə) BNW *korrelig*

granulate ('grænjʊlert) OV WW *korrelig maken*

granule ('grænju:l) ZN *korreltje*

grape (greɪp) ZN *druif* ▼ just sour ~s *gewoon jaloezie*

grapevine ('greɪpvaɪn) ZN *wijnstok* ▼ hear sth on/through the ~ *iets via via horen*
graph (grɑːf) ZN *grafiek*
graphic ('græfɪk) BNW • *grafisch* • *aanschouwelijk* ★ ~ description *levendige beschrijving*
graphics ('græfɪks) ZN MV • *grafiek* • *plaatjes*; *tekeningen*
graphite ('græfaɪt) ZN *grafiet*
graphology (grə'fɒlədʒɪ) ZN *handschriftkunde*
graph paper ZN *milimeterpapier*
grapple ('græpl) I OV WW • *beetpakken* OOK FIG. ★ ~ a problem *een probleem aanpakken* II ONOV WW • ~ (with) *worstelen (met)* OOK FIG. III ZN • *worsteling* OOK FIG.
grasp (grɑːsp) I OV WW • *aangrijpen*; *vasthouden* • *begrijpen*; *inzien* ▼ ~ the nettle *de koe bij de hoorns vatten* II ONOV WW • ~ at *grijpen naar* III ZN • *greep*; *houvast* • *bereik* • *begrip*; *bevattingsvermogen*
grasping ('grɑːspɪŋ) BNW *hebberig*; *inhalig*
grass (grɑːs) I ZN • *gras(soort)* • INFORM. *marihuana* • G-B, INFORM. *verklikker* ★ the ~ *gazon* ▼ the ~ is always greener on the other side (of the fence) *het gras bij de buren is altijd groener* ▼ not let the ~ grow under your feet *er geen gras over laten groeien* ▼ INFORM. put sb out to ~ *iem. ontslaan/wegsturen* II OV WW • *met gras(zoden) bedekken* • *tegen de grond slaan* • *aan land halen* ⟨v. vis⟩ III ONOV WW • INFORM. ~ (on/up) *verlinken*
grasshopper ('grɑːʃɒpə) ZN *sprinkhaan*
grassland ('grɑːslænd) ZN *grasland*
grass roots ZN • *basis(elementen)* • *achterban*; *gewone leden*
grass-roots BNW *aan de basis*; *fundamenteel* ★ ~ support *steun van de achterban*
grass snake ZN *ringslang*
grass widow ZN *onbestorven weduwe*
grassy ('grɑːsɪ) BNW • *grasachtig* • *bedekt met gras*
grate (greɪt) I OV WW • *raspen* • *knarsen* ⟨v.tanden⟩ II ONOV WW • *schuren*; *krassen* • ~ on *irriteren* III ZN • *rooster* • *open haard*
grateful ('greɪtfʊl) BNW *dankbaar*
grater ('greɪtə) ZN *rasp*
gratification (grætɪfɪ'keɪʃən) ZN *voldoening*
gratify ('grætɪfaɪ) OV WW • *bevredigen*; *voldoen* • *voldoening schenken*
gratifying ('grætɪfaɪŋ) BNW FORM. *aangenaam*; *verheugend*
grating ('greɪtɪŋ) I ZN • *tralies*; *traliewerk* II BNW • *knarsend* ⟨geluid⟩; *irriterend*; *krakend* ⟨stemgeluid⟩
gratitude ('grætɪtjuːd) ZN *dankbaarheid*
gratuitous (grə'tjuːɪtəs) BNW • *ongegrond* • *nodeloos* • *kosteloos*
gratuity (grə'tjuːətɪ) ZN • *fooi* • *premie* ⟨bij ontslag⟩
grave (greɪv) I ZN • *graf* ▼ turn/USA roll in one's ~ *zich in zijn graf omdraaien* II BNW • *ernstig*; *gewichtig* • *plechtig*
gravedigger ('greɪvdɪgə) ZN *doodgraver*
gravel ('grævəl) I ZN • *grind*; *kiezel* • *gravel* II OV WW • *met grind bedekken* • VS, INFORM. *boos maken*; *irriteren*

gravelly ('grævəlɪ) BNW • *vol kiezel(zand)* • *raspend* ⟨v. stem⟩
gravestone ('greɪvstəʊn) ZN *grafsteen*; *zerk*
graveyard ('greɪvjɑːd) ZN *kerkhof*
gravid ('grævɪd) BNW TECHN. *zwanger*
gravitate ('grævɪteɪt) ONOV WW • *neigen* • FORM. ~ to/towards *aangetrokken worden door*
gravitation (grævɪ'teɪʃən) ZN NATK. *zwaartekracht*; *aantrekkingskracht*
gravitational (grævɪ'teɪʃənl) BNW *gravitatie-*
gravity ('grævətɪ) ZN • *zwaartekracht* • *gewicht(igheid)*; *ernst*
gravy ('greɪvɪ) ZN • *jus* • VS, INFORM. *(financieel) mazzeltje*
gravy boat ZN *juskom*
gravy train ZN ▼ MIN. get/ride on the ~ *slapende rijk worden*
gray (greɪ) USA • → **grey**
graze (greɪz) I ONOV WW • *grazen*; *weiden* II OV WW • *laten grazen* • *afgrazen* • *rakelings langs gaan*; *schampen* • *schaven* III ZN • *schaafwond*
grease (griːs) I ZN • *vet* • *smeer(olie)* II OV WW • *insmeren*; *invetten* ▼ ~ sb's hand/palm *iem. omkopen* ▼ VS, INFORM. ~ the wheels *de zaak gesmeerd laten lopen*
grease gun ZN *smeerspuit*
grease monkey ZN VS, HUMOR. *automonteur*
greasepaint ('griːspeɪnt) ZN *schmink*
greaseproof ('griːspruːf) BNW *vetvrij*
greasy ('griːsɪ) BNW • *vettig* • *glibberig* OOK FIG.
great (greɪt) BNW • *groot* • *belangrijk* • *prachtig*; *geweldig* • *uitstekend* ▼ that's ~! *prima!* ★ ~ age *hoge leeftijd* ★ ~ friends *dikke vrienden* ▼ be a ~ one for (doing) sth *iets veel en graag doen* ▼ INFORM. no ~ shakes *niet veel bijzonders* ▼ the ~ (and the good) *de groten der aarde*
great- VOORV *over-*; *achter-*; *oud-*
great-aunt ZN *oudtante*
greatcoat ('greɪtkəʊt) ZN *(militaire) overjas*
great-grandfather ZN *overgrootvader*
great-grandson ZN *achterkleinzoon*
greatly ('greɪtlɪ) BIJW *zeer*; *buitengewoon*
greatness ('greɪtnəs) ZN *grootheid*
grebe (griːb) ZN *fuut*
Grecian ('griːʃən) BNW *Grieks*
Greece (griːs) ZN *Griekenland*
greed (griːd) ZN • *hebzucht* • *vraatzucht*; *gulzigheid*
greedy ('griːdɪ) BNW • *hebzuchtig* • *gulzig*
Greek (griːk) I ZN • *Griek* • *de Griekse taal* ▼ it's all ~ to me *ik begrijp er geen jota van* II BNW • *Grieks*
green (griːn) I ZN • *groen* • *onrijp* • *onervaren* ▼ ~ with envy *groen van jaloezie* II ZN • *groen* • *grasveld* ★ POL. the Greens [mv] *de Groenen* ★ ~s [mv] *(blad)groente(n)* III OV WW • *groen maken*; *van (meer) groen voorzien* ⟨v. steden⟩ • *milieubewust maken* IV ONOV WW • *groen worden*
greenback ('griːnbæk) ZN INFORM. *dollarbiljet*
greenery ('griːnərɪ) ZN *(blad)groen*
green-eyed BNW *jaloers*
greenfly ('griːnflaɪ) ZN *bladluis*
greengage ('griːngeɪdʒ) ZN *reine-claude*
greengrocer ('griːngrəʊsə) ZN *groenteman*
greengrocery ('griːngrəʊsərɪ) ZN *groente- en*

gr

fruithandel

greenhorn ('gri:nhɔ:n) ZN VS, INFORM. *groentje*; *nieuweling*

greenhouse ('gri:nhaʊs) ZN *broeikas*

Greenland ('gri:nlənd) ZN *Groenland*

Greenwich ('grenɪtʃ/grɪnɪdʒ) ZN *Greenwich* • → GMT

greet (gri:t) OV WW *(be)groeten*

greeting ('gri:tɪŋ) ZN • *groet* • *begroeting* ★ ~s [mv] *groeten* ★ Christmas/birthday ~s [mv] *kerst-/verjaardagswensen*

gregarious (grɪ'geərɪəs) BNW • *van gezelschap/ gezelligheid houdend*; *sociaal* • DIERK. *in kudde/kolonie levend*

grenade (grɪ'neɪd) ZN MIL. *granaat*

grenadier (grenə'dɪə) ZN MIL. *grenadier*

grew (gru:) WW [verleden tijd] • → **grow**

grey (greɪ) I BNW • *grijs* • *somber* • *bewolkt*; *grauw* • *kleurloos* II ZN • *(grijze) schimmel* • *grijze kleur* III ONOV WW • *grijs worden*

grey-haired BNW *grijs*; *met grijs haar*

greyhound ('greɪhaʊnd) ZN • *hazewind(hond)* ★ USA Greyhound *langeafstandsbus*

grid (grɪd) ZN • *raster* • *(wild)rooster* • *net(werk)* ⟨v. elektriciteit en gas⟩ • *startopstelling* ⟨bij motorraces⟩ ★ grid D9 *kaartvak D9*

griddle ('grɪdl) ZN *ronde bakplaat*

gridiron ('grɪdaɪən) ZN • *(braad)rooster* • USA *rugbyveld*

gridlock (grɪdlɒk) ZN • *verkeersopstopping* • *impasse*

grief (gri:f) ZN *verdriet*; *leed* ▼ come to ~ *totaal mislukken*; *verongelukken* ▼ INFORM. give sb ~ (about/over sth) *iem. een veeg uit de pan geven* ▼ INFORM. good ~! *lieve hemel!*

grievance ('gri:vəns) ZN • *grief*; *klacht* • *bitter gevoel* ★ nurse a ~ *wrok koesteren*

grieve (gri:v) I OV WW • *verdriet doen* ★ it ~s me to hear that *het spijt me dat te horen* II ONOV WW • ~ about/at/for/over *treuren om/over*

grievous ('gri:vəs) BNW • *pijnlijk* • *ernstig*; *afschuwelijk* ★ ~ bodily harm *zwaar lichamelijk letsel*

grill (grɪl) I ZN • *grill* • *rooster* • *geroosterd vlees* • INFORM. *grillrestaurant* II OV WW • *grillen*; *roosteren* • *stevig aan de tand voelen*

grille, grill (grɪl) ZN • *traliewerk* • AUTO. *radiatorscherm*

grillroom ('grɪlru:m) ZN INFORM. *grillrestaurant*

grim (grɪm) BNW • *grimmig*; *streng*; *onverbiddelijk* • *akelig* • *deprimerend* • G-B, INFORM.; *beroerd* ▼ hang/hold on for/like grim death *wanhopig vasthouden*

grimace ('grɪməs) I ZN • *grijns* • *grimas* II ONOV WW • *grijnzen*

grime (graɪm) ZN *vuil*

grimy ('graɪmɪ) BNW *vies*; *vuil*; *smerig*

grin (grɪn) I ONOV WW • *breed glimlachen* • *grijnzen* ▼ grin and bear it *geen krimp geven* II ZN • *brede glimlach* • *grijns* ▼ take that silly grin off your face! *sta niet zo dom te lachen!*

grind (graɪnd) I OV WW • *(fijn)malen* • *slijpen* • *ergens in drukken* ⟨met draaiende beweging⟩ • *draaien* ⟨orgel⟩ ★ ~ your teeth *knarsetanden* II ONOV WW • *knarsen*; *schuren* • ~ **down** [ov] *onderdrukken* • ~ **on** [onov]

almaar doorgaan • ~ **out** [ov] *aan de lopende band produceren* III ZN • *het malen*; *maling* • *(vervelend) karwei* • *geknars* • VS, INFORM. *hardwerkende student*

grinder ('graɪndə) ZN • *molen* • *slijpmachine* • *slijper*

grindstone ('graɪndstəʊn) ZN *slijpsteen* ▼ keep sb's nose on the ~ *iem. afbeulen*

gringo ('grɪŋgəʊ) ZN • INFORM., MIN. *gringo* • *(Engelssprekende) blanke* ⟨in Latijns-Amerika⟩

grip (grɪp) I ZN • *greep* • *beheersing*; *macht* • *begrip* • *grip* • *handvat* • *camera-assistent* ⟨bij filmopname⟩ ★ get a grip! *beheers je!* ▼ come/get to grips with *vat krijgen op* ▼ get/keep a grip (on yourself) *jezelf in de hand houden* ▼ lose grip (of/on) *niet meer in de hand hebben* II OV WW • *grijpen*; *vastpakken* • *boeien* III ONOV WW • *pakken* ⟨v. rem enz.⟩

gripe (graɪp) I ZN • INFORM. *klacht* ★ ~s [mv] *buikkramp* II ONOV WW • VS, INFORM. *klagen* (about *over*); *jeremiëren*

grisly ('grɪzlɪ) BNW • *griezelig* • *weerzinwekkend*

grist (grɪst) ZN • *koren* • *mout* ▼ ~ to sb's mill *koren op iemands molen*

gristle ('grɪsəl) ZN *kraakbeen*

grit (grɪt) I ZN • *zand(korreltje)* • *(steen)gruis* • *grove zandsteen* • *pit*; *durf* II OV WW • *met zand bestrooien* ▼ grit your teeth *op je tanden bijten*

gritstone ('grɪtstəʊn) ZN *grove zandsteen*

gritty ('grɪtɪ) BNW • *zanderig*; *korrelig* • *kranig* • *onverbloemd*

grizzle ('grɪzəl) ONOV WW G-B, INFORM. *jengelen* ⟨v. kind⟩

grizzled ('grɪzəld) BNW *grijs*; *grijzend*

grizzly ('grɪzlɪ) ZN *grizzly(beer)*

groan (grəʊn) I ONOV WW • *kreunen* • *steunen* ★ tables ~ing with food *overvolle tafels* • ~ about *klagen over* • ~ under *zuchten onder* II ZN • *gekreun*

grocer ('grəʊsə) ZN *kruidenier* ★ the ~'s *de kruidenierswinkel*

groceries ('grəʊsərɪz) ZN MV • *kruidenierswaren* • *boodschappen*

grocery ('grəʊsərɪ) ZN • G-B *kruidenierswinkel* • *het kruideniersvak*

groggy ('grɒgɪ) BNW • *wankel* • *versuft*

groin (grɔɪn) ZN • *lies*; *kruis* • USA • → **groyne**

groom (gru:m) I ZN • *stalknecht* • *bruidegom* II OV WW • *verzorgen* • *borstelen* ⟨v. dieren⟩ • *opleiden*; *trainen* • WWW z. *inlikken* ⟨v.pedofiel bij kind⟩ ★ well ~ed *gesoigneerd*; *goed verzorgd*

groomsman ('gru:mzmən) ZN USA *bruidsjonker*

groove (gru:v) I ZN • *groef*; *sleuf*; *sponning* • *sleur*; *routine* • MUZ. *groove*; *swing* ▼ be (stuck) in a ~ *in een sleur zitten* ▼ in(to) the ~ *swingend*; *zelfverzekerd* II OV WW • *een sleuf maken in* III ONOV WW • INFORM. *swingen*

groovy ('gru:vɪ) BNW INFORM., OUD. *gaaf*; *tof*; *blits*

grope (grəʊp) I OV WW • INFORM. *betasten*; *aanranden* ⟨met seksuele bedoelingen⟩ II ONOV WW • *(tastend) zoeken* • ~ after/around/for *(rond)tasten naar*

gropingly ('grəʊpɪŋlɪ) BIJW *op de tast*

gross (grəʊs) **I** BNW • *bruto* • *grof; lomp* • INFORM. *walgelijk; afschuwelijk* • *vet* **II** BIJW • *bruto* **III** OV WW • *bruto verdienen; een brutowinst hebben van* • VS, INFORM. ~ **out** *doen walgen* **IV** ZN • *gros* ⟨144⟩ ★ USA ~**es** [mv] *bruto opbrengst*

grotesque (grəʊ'tesk) **I** ZN • *groteske* **II** BNW • *bespottelijk* • *potsierlijk*

grotto ('grɒtəʊ) ZN *(kunstmatige) grot*

grotty ('grɒtɪ) BNW • *armzalig; waardeloos* • INFORM. *akelig; beroerd*

grouch (graʊtʃ) **I** ZN • INFORM. *gemopper* • *mopperkont* **II** ONOV WW • *mopperen*

grouchy ('graʊtʃɪ) BNW INFORM. *mopperig; humeurig*

ground (graʊnd) **I** ZN • *grond* • *aarde* • *ondergrond* • *terrein; park* • *grondkleur/ -toon/-verf* • *reden; grond* • *drab; bezinksel* ★ ~**s** [mv] *gebied; terrein* ★ *dumping* ~ *stortplaats* ★ *common* ~ *iets waarover men het eens is* ▼ OOK FIG. *break new/fresh* ~ *nieuw terrein ontginnen* ▼ *cut the* ~ *from under sb's feet iem. het gras voor de voeten wegmaaien* ▼ *(down) to the* ~ *geheel en al* ▼ *gain/make up* ~ *terrein winnen* ▼ *get sth off the* ~ *iets van de grond krijgen* • *give/lose* ~ *wijken; terrein verliezen* ▼ *go to* ~ *z. schuil houden; onderduiken* ▼ *hold/stand your* ~ *voet bij stuk houden* ▼ *run/drive/work yourself into the* ~ *jezelf uit de naad werken* ▼ *thick/thin on the* ~ *dik/dun gezaaid* **II** WW [verl. tijd + volt. deelw.] • ~ → **grind I** OV WW • *gronden; baseren* • LUCHTV. *aan/op de grond houden* • *huisarrest geven* • USA *aarden* ⟨v. elektriciteit⟩ ★ *well* ~**ed** *gegrond; gefundeerd* **II** ONOV WW • SCHEEPV. *aan de grond lopen*

groundbreaking ('graʊndbreɪkɪŋ) BNW *baanbrekend; vernieuwend*

ground cloth ZN USA *grondzeil*

ground control ZN LUCHTV. *vluchtleiding*

ground crew ZN *grondpersoneel*

grounder ('graʊndə) ZN SPORT *grondbal*

ground floor ZN *begane grond; benedenverdieping*

groundfrost ('graʊndfrɒst) ZN *vorst aan de grond*

grounding ('graʊndɪŋ) ZN • *basis; vooropleiding* • *het aan de grond houden* ⟨v. vliegtuig⟩

groundless ('graʊndləs) BNW *ongegrond*

groundnut ('graʊndnʌt) ZN *pinda; aardnoot*

ground plan ZN • *plattegrond* • *ontwerp*

ground rent ZN *grondpacht*

groundsheet ('graʊndʃiːt) ZN *grondzeil*

groundsman ('graʊndzmən) ZN • *tuinman* • *terreinknecht*

groundwork ('graʊndwɜːk) ZN • *ondergrond* • *grondslag*

group (gruːp) **I** ZN • *groep* **II** OV+ONOV WW • *(z.) groeperen*

group captain ZN *kolonel v.d. luchtmacht*

grouping ('gruːpɪŋ) ZN *groepering*

grouse (graʊs) **I** ZN • *korhoen(ders)* • INFORM. *klacht* **II** ONOV WW • *kankeren; mopperen* • *op korhoenders jagen*

grout (graʊt) **I** ZN • *dunne mortel* **II** OV WW • *voegen*

grove (grəʊv) ZN *bosje*

grovel ('grɒvəl) ONOV WW *z. vernederen*; FIG. *kruipen*

grovelling ('grɒvəlɪŋ) BNW • *kruiperig* • *laag-bij-de-gronds*

grow (grəʊ) **I** OV WW • *laten groeien* • *verbouwen; kweken* ★ *grow a beard zijn baard laten staan* **II** ONOV WW • *groeien* • *worden; beginnen* ★ *grow to accept sth iets leren accepteren* • ~ **apart/away from** *vervreemden van* • ~ **into** *uitgroeien tot* • *je draai vinden* • ~ **on** *steeds aantrekkelijker worden* • ~ **out of** *ontstaan uit* • *ontgroeien* • ~ **up** *opgroeien; volwassen worden* • *ontstaan* ★ *grown-up volwassen(e)*

grower ('grəʊə) ZN • *kweker; teler* ★ *a slow* ~ *een langzame groeier* ⟨plant⟩

growing ('grəʊɪŋ) BNW *groeiend; groei-*

growing pains ZN *groeistuipen*; FIG. *kinderziekten*

growl (graʊl) **I** ZN • *gegrom* • *snauw* **II** ONOV WW • *grommen (at naar)* • *grauwen; snauwen*

growler ('graʊlə) ZN • *brompot* • *kleine ijsberg*

grown (grəʊn) WW [volt. deelw.] • ~ → **grow**

growth (grəʊθ) ZN • *groei* • *gewas* • *gezwel*

groyne (grɔɪn) ZN *golfbreker*

grub (grʌb) **I** ZN • *larve; engerling; made* • INFORM. *eten* ★ *grub's up het eten is klaar* **II** OV WW • ~ **(up)** *opgraven; uitgraven* **III** ONOV WW • *wroeten; graven; zwoegen; ploeteren*

grubby ('grʌbɪ) BNW *smerig; vies; goor*

grudge (grʌdʒ) **I** ZN • *wrok* ★ *bear/hold/have a* ~ *against sb wrok koesteren jegens iem.* **II** OV WW • *een hekel hebben aan* • *misgunnen* ★ *he ~s no effort geen werk is hem te veel*

grudging ('grʌdʒɪŋ) BNW *onwillig; schoorvoetend; met tegenzin*

gruel ('gruːəl) ZN *watergruwel*

gruelling, USA **grueling** ('gruːəlɪŋ) BNW *afmattend; slopend*

gruesome ('gruːsəm) BNW *ijzingwekkend; akelig*

gruff (grʌf) BNW • *bars; nurks; nors* • *grof*

grumble ('grʌmbl) **I** ONOV WW • *mopperen; grommen* • ~ **about/at/over** *z. beklagen over* **II** ZN • *aanmerking* ★ *have a* ~ *against iets tegen hebben op*

grumbler ('grʌmblə) ZN *mopperaar*

grumpy ('grʌmpɪ) BNW *knorrig; humeurig*

grungy ('grʌndʒɪ) BNW INFORM. *vunzig*

grunt (grʌnt) **I** ONOV WW • *knorren* • *grommen* **II** ZN • *geknor* • VS, INFORM. *werker; werkezel* • VS, INFORM. *(jan) soldaat*

gruntled ('grʌntld) BNW HUMOR. *tevreden*

G-string ('dʒiːstrɪŋ) ZN • *(g-)string* • MUZ. *g-snaar*

guarantee, guaranty (gærən'tiː) **I** ZN • *garantie; waarborg* • *borg* **II** OV WW • *garanderen* ▼ *be* ~**d** *to do sth iets gegarandeerd doen* • ~ **against/from** *waarborgen tegen*

guarantor (gærən'tɔː) ZN JUR. *borg (persoon)*

guard (gɑːd) **I** ZN • *bewaker* • *wacht; bewaking* • *bescherming; beveiliging* • *waakzaamheid* • USA *cipier* • OUD. *conducteur* • SPORT *verdediging(sstand)* • Swiss ~**s** *Zwitserse garde* ⟨pauselijke lijfwacht⟩ ▼ *be on/off your* ~ *(niet) op je hoede zijn* ▼ *catch sb off* ~ *iem. ergens mee overvallen* ▼ *lower/drop your* ~ *je* *waakzaamheid laten verslappen* ▾ mount/ stand/keep ~ *de wacht houden* ▾ on ~ *op wacht* II OV WW • *beschermen* • *bewaken* ★ ~ your steps *behoedzaam lopen/te werk gaan* III ONOV WW • *z. hoeden* • *z. verdedigen* IV WW • ~ **against** [ov] *behoeden voor; beschermen tegen* • [onov] *waken voor*

guard dog ZN *waakhond*

guarded ('gɑ:dɪd) BNW *voorzichtig*

guardhouse ('gɑ:dhaʊs) ZN • *wachthuisje* • *arrestantenlokaal*

guardian ('gɑ:dɪən) ZN • *beschermer* • *voogd*; *curator*

guardian angel ZN *beschermengel*; *engelbewaarder*

guardianship ('gɑ:dɪənʃɪp) ZN *voogdij*

guard rail ZN • *leuning*; *reling* • *vangrail*

guardsman ('gɑ:dzmən) ZN *gardesoldaat; lid v.e. garderegiment*

gudgeon ('gʌdʒən) ZN • *grondeling* ⟨vis⟩ • SCHEEPV. *roerhaak* • TECHN. *pen*

guerrilla, guerilla (gə'rɪlə) ZN *guerrillastrijder*

guess (ges) I OV WW • *raden*; *gissen* • *denken*; *geloven* ▾ VS, INFORM. I ~ *ik denk/geloof* ★ ~... *moet je horen...* ▾ keep sb ~ing *iem. in het ingewisse laten* II ZN • *gissing*; *schatting* ★ at a ~ *naar schatting* ★ educated ~ *goed onderbouwde schatting* ★ have a ~! *raad eens!* ★ near ~ *bijna juiste gok* ▾ it's anybody's ~ *dat weet geen mens* ▾ your ~ is as good as mine *ik weet het net zo min als jij*

guesstimate, guestimate ('gestɪmət) ZN INFORM. *ruwe schatting*

guesswork ('geswɜ:k) ZN *gissing*; *veronderstelling*

guest (gest) I ZN • *gast* • *introducé* ★ make a ~ appearance *als gast optreden* ★ paying ~ *betalende logé* ▾ INFORM. be my ~ *ga je gang* II ONOV WW • USA *als gast optreden* (on in) ⟨show, concert enz.⟩

guest house ZN *pension*

guest room ZN *logeerkamer*

guest worker ZN *gastarbeider*

guff (gʌf) ZN INFORM. *geklets; onzin*

guffaw (gʌ'fɔ:) I ZN • *schaterlach* II ONOV WW • *schaterlachen*

guidance ('gaɪdns) ZN • *leiding* • *begeleiding*; *advies* ★ parental ~ *begeleiding door ouders* ★ spiritual ~ *geestelijke bijstand* ★ vocational ~ *beroepsvoorlichting*

guidance counselor ZN USA *studieadviseur*

guide (gaɪd) I ZN • *(reis)gids* • *(reis)leider* • *leidraad* • *padvindster* ★ as a rough ~... *als richtlijn...* II OV WW • *(bege)leiden* • *besturen*

guidebook ('gaɪdbʊk) ZN *reis-/stadsgids*

guide dog ZN *(blinden)geleidehond*

guideline ('gaɪdlaɪn) ZN *richtlijn*

guild (gɪld) ZN • GESCH. *gilde* • *vakbond*

guilder ('gɪldə) ZN OUD. *gulden*

guildhall (gɪld'hɔ:l) ZN • *gildehuis* • *stadhuis*

guile (gaɪl) ZN *bedrog; list*

guileful ('gaɪlfʊl) BNW *slinks; vals*

guileless ('gaɪlləs) BNW *argeloos; onschuldig*

guillemot ('gɪlɪmɒt) ZN *zeekoet*

guillotine ('gɪləti:n) I ZN • *guillotine* • *papiersnijder* • POL. *vaststelling v. tijdslimiet*

tijdens debat in parlement II OV WW • *onthoofden* • *papier snijden* • POL. *erdoor jagen* (wetsontwerp)

guilt (gɪlt) ZN *schuld(gevoel)*

guiltless ('gɪltləs) BNW *onschuldig*

guilt trip ZN *sterk schuldgevoel*

guilty ('gɪltɪ) BNW *schuldig* ★ ~ of *schuldig aan*

guinea ('gɪnɪ) ZN GESCH. *guinea* (gouden muntstuk)

guinea-pig ZN • *cavia* • FIG. *proefkonijn*

guise (gaɪz) ZN • *voorwendsel* • *uiterlijk*; *gedaante* ★ in/under the ~ of *onder het mom van*

guitar (gɪ'tɑ:) ZN *gitaar*

guitarist (gɪ'tɑ:rɪst) ZN *gitarist*

gulch (gʌltʃ) ZN USA *ravijn*

gulf (gʌlf) ZN • *golf* • *afgrond*; *kloof* OOK FIG.

gull (gʌl) I ZN • *zeemeeuw* ★ black-headed gull *kokmeeuw* ★ herring gull *zilvermeeuw* II OV WW • *erin luizen*

gullet ('gʌlɪt) ZN *slokdarm*

gulley ('gʌlɪ) ZN • → **gully**

gullible ('gʌlɪbl) BNW *goedgelovig*; *onnozel*

gully ('gʌlɪ) ZN • *ravijn* • *geul*; *goot*

gulp (gʌlp) I ZN • *slok* • *slikbeweging* II OV WW • *(in)slikken* • *(op)slokken* ★ gulp for air *naar adem snakken* • ~ **back** *onderdrukken* • ~ **down** *in één keer achteroverslaan/opslokken*

gum (gʌm) I ZN • [meestal mv] *tandvlees* • *gom* • *gombal* • *kauwgom* • *gomhars* • USA *rubberlaars* II OV WW • *met gom insmeren/ plakken* • ~ **up** *onklaar maken*

gumdrop ('gʌmdrɒp) ZN *gombal*

gummy ('gʌmɪ) BNW • *gomachtig* • *kleverig*

gumption ('gʌmpʃən) ZN *gehaaidheid*; *vindingrijkheid*

gum-tree ZN *gomboom; eucalyptus* ▾ be up a ~ *in de knoei zitten*

gun (gʌn) I ZN • *vuurwapen; geweer* • *(spuit)pistool* ★ the gun *startpistool* ▾ go great guns *als een speer gaan* ▾ hold/put a gun to sb's head *iem. dwingen iets te doen* ▾ jump the gun *valse start maken; op de zaak vooruit lopen* ▾ stand/stick to one's guns *voet bij stuk houden* ▾ the smoking gun *het onomstotelijke bewijs* ▾ INFORM. top gun *hoogste baas* ▾ VS, INFORM. under the gun *onder grote druk* ▾ INFORM. (with) all/both guns blazing *energiek en vastberaden* II OV WW • USA *schieten* • USA *laten ronken* (v. motoren) • USA *snel optrekken* • ~ **down** *neerschieten* • ~ **for** *het gemunt hebben op*

gunboat ('gʌnbəʊt) ZN *kanonneerboot*

gunboat diplomacy ZN *machtspolitiek*

gun dog ZN *jachthond*

gunfight ('gʌnfaɪt) ZN *vuurgevecht*

gunfire ('gʌnfaɪə) ZN *kanonvuur; kanonschot(en)*

gunge (gʌndʒ), **gunk** (gʌŋk) ZN *kleeftroep*; *viezigheid*

gung-ho (gʌŋ 'həʊ) BNW *onvervaard*

gunman ('gʌnmən) ZN *gewapende bandiet*; *moordenaar*

gunner ('gʌnə) ZN • MIL. *artillerist; kanonnier* • *boordschutter*

gunnery ('gʌnərɪ) ZN • TECHN. *ballistiek*

• *artillerie(vuur)*
gunny ('ɡʌnɪ) BNW *jute*
gunnysack ('ɡʌnɪsæk) ZN USA *jutezak*
gunpoint ('ɡʌnpɔɪnt) ZN ▼ at ~ *met het geweer/pistool (op zich) gericht*
gunpowder ('ɡʌnpaʊdə) ZN *(bus)kruit*
gun room ZN *wapenkamer*
gunrunner ('ɡʌnɾʌnə) ZN *wapensmokkelaar*
gunshot ('ɡʌnʃɒt) ZN • *geweer-/pistoolschot*
• *reikwijdte; schootsafstand* ★ out of/within ~ *buiten/binnen schootsbereik*
gunsmith ('ɡʌnsmɪθ) ZN *wapensmid*
gurgle ('ɡɜːɡl) I ZN • *gekir* • *geklok* • *gemurmel* II ONOV WW • *kirren* • *klokken* • *gorgelen* • *murmelen*
guru ('ɡʊruː) ZN *goeroe*
gush (ɡʌʃ) I OV WW • *doen gutsen* II ONOV WW • *gutsen; (uit)stromen* • *dwepen; overdreven doen* III ZN • *stroom* • *opwelling*
gusher ('ɡʌʃə) ZN • *oliebron* • *aansteller*
gushing ('ɡʌʃɪŋ), **gushy** ('ɡʌʃɪ) BNW MIN. *overdreven*
gust (ɡʌst) ZN *(wind)vlaag*
gusto ('ɡʌstəʊ) ZN *smaak; genot; animo*
gusty ('ɡʌstɪ) BNW *stormachtig*
gut (ɡʌt) I ZN • *darm* • *geul; engte* • MIN. *pens* • *ingewanden* ★ greedy guts *gulzigaard* ★ guts [mv] *pit; lef; moed* ▼ have the guts *het lef hebben; de brutaliteit/moed hebben* II OV WW • *kaken* (v. vis); *uithalen* • *leeghalen; uitbranden* (v. huis) • *schrokken*
gutless ('ɡʌtləs) BNW *laf; zonder ruggengraat* (fig.)
gutsy ('ɡʌtsɪ) BNW • *dapper* • *gewaagd; gedurfd*
gutter ('ɡʌtə) I ZN • *(dak)goot* II ONOV WW • *druipen; flakkeren* (v. kaars)
gutter press ZN *schandaalpers; riooljournalistiek*
guttural ('ɡʌtərəl) I ZN • TAALK. *keelklank* II BNW • *keel-*
guy (ɡaɪ) I ZN • USA *vent; kerel* • *scheerlijn* ★ VS, INFORM. guys [mv] *jongens* ★ come on, (you) guys, let's go *kom op, jongens, we gaan* ★ INFORM. bad guy *boef* ★ INFORM. good guy *goeie vent* II OV WW • *met scheerlijn vastzetten*
guy rope ZN *scheerlijn*
guzzle ('ɡʌzəl) OV+ONOV WW MIN., INFORM. *(op)schrokken; (op)zuipen*
guzzler ('ɡʌzlə) ZN VS, INFORM. *zuiplap*
gybe (dʒaɪb) ONOV WW *gijpen*
gym (dʒɪm) ZN • INFORM. *gymzaal* • *gymnastiekles* • *fitnesscentrum*
gymkhana (dʒɪm'kɑːnə) ZN *gymkana; ruiterwedstrijd/-show*
gymnasium (dʒɪm'neɪzɪəm) ZN • *gymnastiekzaal; gymnastiekschool* • *gymnasium* (buiten G-B)
gymnast ('dʒɪmnæst) ZN • *gymnast(e)* • *turn(st)er*
gymnastics (dʒɪm'næstɪks) ZN MV *gymnastiek; turnen* ★ vocal ~ *stemoefeningen*
gynaecologist (ɡaɪnɪ'kɒlədʒɪst) ZN *gynaecoloog*
gynaecology (ɡaɪnɪ'kɒlədʒɪ) ZN *gynaecologie*
gyp (dʒɪp) I ZN • G-B, INFORM. *pijn* • USA *oplichterij* ▼ give sb gyp *iem. er flink van langs geven; iem. pijnigen* II OV WW • *oplichten*
gypsum ('dʒɪpsəm) ZN *gips*
gypsy ('dʒɪpsɪ) ZN *zigeuner(in)*

gyrate ('dʒaɪəreɪt) ONOV WW *(rond)draaien; wentelen*
gyration (dʒaɪə'reɪʃən) ZN *omwenteling; spiraalbeweging*
gyratory (dʒaɪə'reɪtərɪ) BNW ★ ~ traffic *in één richting rondgaand verkeer*
gyroscope ('dʒaɪərəskəʊp) ZN *gyroscoop*

gy

H

h (eitʃ) ZN letter *h* ★ H as in Harry *de h van Hendrik*

ha (hɑ:) I ZN • *kuchje* II ONOV WW • *kuchen*

Ha. AFK USA *Hawaii* (staat)

haberdasher ('hæbədæʃə) ZN • *fournituurenhandelaar* • USA *verkoper van herenmode(artikelen)*

haberdashery ('hæbədæʃərɪ) ZN • G-B *fournituren(zaak/-afdeling)* • USA *herenmodezaak/-afdeling*

habit ('hæbɪt) I ZN • *gewoonte* • *gesteldheid* • *pij; habijt* II OV WW • *kleden*

habitable ('hæbɪtəbl) BNW *bewoonbaar*

habitat ('hæbɪtæt) ZN *verspreidingsgebied* ‹v. dier/plant›; *woongebied*

habitation (hæbɪ'teɪʃən) ZN • *woning* • *bewoning*

habitual (hə'bɪtʃuəl) I ZN • *vaste klant; stamgast* II BNW • *gewoon(lijk)* ★ ~ *smoker gewoonteroker*

habitually (hə'bɪtʃuəlɪ) BIJW *gewoonlijk; doorgaans*

habituate (hə'bɪtʃueɪt) OV WW FORM. *(ge)wennen*

hack (hæk) I ZN • *schop tegen de schenen* • *houweel* • *huurpaard; rijpaard* • *knol* • *loonslaaf* • USA *taxi; huurrijtuig* • *broodschrijver* II BNW • *afgezaagd* III OV WW • *tot vervelens toe herhalen* IV ONOV WW • *computerkraken; met computer spelen* • *kuchen* • *(paard)rijden* V OV+ONOV WW • *(af-/fijn)hakken*

hacker ('hækə) ZN *computerkraker; hacker; computerfreak*

hacking ('hækɪŋ) BNW ★ ~ cough *droge kuch/hoest*

hackle ('hækl) I OV WW • *hekelen* II ONOV WW • *hakken* III ZN • *hekel* • *kunstvlieg* ★ ~s *nekharen; nekveren* ★ my ~s rose *de haren rezen mij te berge*

hackney ('hæknɪ) I ZN • *rijpaard; huurpaard* • *loonslaaf* II BNW ★ ~ cab/carriage *huurrijtuig*

hackneyed ('hæknɪd) BNW *afgezaagd*

hacksaw ('hæksɔ:) ZN *ijzerzaag*

had (hæd) WW [verleden tijd + volt. deelw.] • → have

haddock ('hædək) ZN *schelvis*

hadn't ('hædnt) SAMENTR had not • → have

haemo- ('hi:məʊ) VOORV *hemo-*

haemoglobin (hi:mə'gləʊbɪn) ZN *hemoglobine*

haemophilia (hi:mə'fɪlɪə) ZN *hemofilie; bloederziekte*

haemophiliac (hi:mə'fɪlɪæk) I ZN • *hemofiliepatiënt* II BNW • *bloeder-*

haemorrhage ('hemərɪdʒ) ZN *bloeding*

haemorrhoids ('hemərɔɪdz) ZN *aambeien*

hag (hæg) ZN *heks; oud wijf*

haggard ('hægəd) I ZN • *ongetemde havik/valk* II BNW • *verwilderd uitziend; wild*

haggis ('hægɪs) ZN *haggis* ‹Schotse worst, in schapenmaag met havermout gekookt›

haggle ('hægl) I ZN • *gemarchandeer* • *gekibbel* II ONOV WW • *(af)pingelen* • *kibbelen*

hagiography (hægɪ'ɒgrəfɪ) ZN *hagiografie*

hagridden ('hægrɪdn) BNW *door nachtmerrie(s) gekweld*

Hague (heɪg) ZN ★ The ~ *Den Haag*

hail (heɪl) I OV WW • *begroeten; aanroepen; praaien; hagelen* (figuurlijk) ★ hail a taxi *een taxi aanroepen* ★ he hails from ... *hij komt van/uit ...* II ONOV WW • *hagelen* III TW • *heil!; hoezee!* IV ZN • *hagel* • *heil; welkom* ★ be hail-fellow-well-met *goede maatjes zijn*

hailstone ('heɪlstəʊn) ZN *hagelsteen*

hailstorm ('heɪlstɔ:m) ZN *hagelbui*

hair (heə) ZN *haar; haren* ★ tear one's hair out *zich de haren uit het hoofd trekken* ★ sb gets in your hair *iem. ergert je* ★ it makes your hair stand on end *het maakt dat je haren te berge rijzen* ★ let your hair down *laat je gaan* ★ not a hair out of place *bijzonder netjes gekleed* ★ not turn a hair (in a difficult situation) *geen spier vertrekken (in een moeilijke situatie)* ★ keep your hair on! *maak je niet dik!* ★ to a hair *haarfijn* ★ have a hair of the dog that bit you *een borrel nemen om een kater te verdrijven* ★ IRON. bad hair day *dag waarop alles misgaat* ★ big hair *een grote bos haar* ★ bobbed hair *pagekop*

hairbreadth ('heəbredθ) ZN *haarbreedte* ★ it was a ~ escape *'t scheelde maar een haar*

hairbrush ('heəbrʌʃ) ZN *haarborstel*

haircloth ('heəklɒθ) ZN *haardoek*

haircut ('heəkʌt) ZN • *het knippen* • *coupe*

hairdo ('heədu:) ZN • *het kappen* • *kapsel*

hairdresser ('heədresə) ZN *kapper*

hairless ('heələs) BNW *onbehaard; kaal*

hairline ('heəlaɪn) ZN • *zeer dunne lijn* • *ophaal bij het schrijven* • *meetlijn op lens*

hairpiece ('heəpi:s) ZN *haarstukje; toupet*

hairpin ('heəpɪn) ZN • *haarspeld* • *scherpe bocht* ★ ~ bend *haarspeldbocht*

hair-raiser ('heəreɪzə) ZN *iets huiveringwekkends*

hair-raising BNW *huiveringwekkend; angstaanjagend*

hairslide ('heəslaɪd) ZN *haarspeld(je)*

hair-splitting ('heəsplɪtɪŋ) ZN *haarkloverij*

hairspray ('heəspreɪ) ZN *haarlak*

hairstyle ('heəstaɪl) ZN *kapsel*

hairstylist ('heəstaɪlɪst) ZN *(dames)kapper/-kapster*

hairy ('heərɪ) BNW • *harig* • *hachelijk*

hake (heɪk) ZN *heek; stokvis*

halberd ('hælbəd) ZN *hellebaard*

halcyon ('hælsɪən) I ZN • *ijsvogel* II BNW • *voorspoedig; kalm* ★ ~ days *vredige tijden*

hale (heɪl) I BNW • *gezond; kras* ★ hale and hearty *fris en gezond* II OV WW • *trekken; sleuren; slepen*

half (hɑ:f) I ZN • *de helft* • *een halve* ★ a ... and a half *een flinke ...* ★ one's better half *iemands wederhelft* (partner) II BNW • *half* ★ two and a half pounds *tweeëneenhalve pond* ★ half measures *halve maatregelen* III BIJW • *half* ★ not half! *en of!* ★ I half wish *ik zou haast wensen* ★ half as much again *anderhalf maal zoveel* ★ go halves *de kosten delen* ★ do things by halves *half werk leveren* ★ he didn't half swear *hij vloekte danig* ★ not half a bad fellow *lang geen kwade kerel* ★ not half bad *nog zo kwaad/gek niet* ★ he is too clever by half *hij heeft meer hersens dan goed voor hem is* ★ cut in half *doormidden snijden* ★ half (past) three *half vier* ★ half a minute *een halve minuut*

half-baked (hɑːfˈbeɪkt) BNW *halfbakken*; *halfgaar*

half-breed (ˈhɑːfbriːd) I ZN ● *halfbloed* II BNW ● *halfbloed*

half-caste (ˈhɑːfkɑːst) ZN *halfbloed*

half-hearted (hɑːfˈhɑːtɪd) BNW *halfslachtig*; *lauw*

half holiday (hɑːfˈhɒlədeɪ) ZN *vrije middag* ⟨v. school⟩

half-hourly BNW + BIJW *om het halfuur*; *ieder halfuur*

half-life ZN *halveringstijd*

half-light ZN *schemering*

half-moon ZN *halvemaan*

halfpenny (ˈheɪpnɪ) ZN ★ FIG. ~ *worth voor een grijpstuiver*

half-term (hɑːfˈtɜːm) ZN *korte vakantie*

half-timbered BNW GESCH. *vakwerk-*

half-time (hɑːfˈtaɪm) ZN *rust*

half-tone ZN ● *halftoon* ● *halftint*

half-truth ZN *halve waarheid*

halfway (hɑːfˈweɪ) I ZN ● *compromis*; *middenweg*; *tussenstadium* II BIJW ● *halfweg*; *halverwege*

halfwit ZN *halvegare*

half-witted (hɑːfˈwɪtɪd) BNW *niet goed wijs*

half-yearly BNW + BIJW *halfjaarlijks*

halibut (ˈhælɪbət) ZN *heilbot*

hall (hɔːl) ZN ● *zaal*; *eetzaal* ● *hal*; *vestibule*; *gang* ● *groot huis*; *gildehuis*; *stadhuis*; *kasteel* ● *klein college* ★ hall man *portier* ★ hall stand *kapstok*

hallmark (ˈhɔːlmɑːk) I ZN ● *keur*; *waarmerk* II OV WW ● *stempelen*; *waarmerken*

hallo ● → **hello**

hallow (ˈhæləʊ) I ZN ● OUD. *heilige* ● All Hallows *Allerheiligen* II OV WW ● *heiligen*; *wijden*

hallowed (ˈhæləʊd) BNW *gezegend*; *geheiligd*

Halloween, Hallowe'en (hæləʊˈiːn) ZN *allerheiligenavond* ⟨kinderverkleedfestijn op de avond van 31 okt. in de VS, Canada en G-B.⟩

hallstand (ˈhɔːlstænd) ZN ● *staande kapstok* ● *stander*

hallucinate (həˈluːsɪneɪt) OV+ONOV WW *hallucineren*

hallucination (həluːsɪˈneɪʃən) ZN *hallucinatie*

hallucinatory (həluːsɪˈneɪtəri) BNW *hallucinair*

hallucinogenic (həluːsɪnəˈdʒenɪk) BNW *hallucinogeen*

hallway (ˈhɔːlweɪ) ZN *portaal*

halo (ˈheɪləʊ) I ZN ● *halo* ● *lichtkring* ● *krans*; *stralenkrans*; *nimbus* II OV WW ● *met een halo omgeven*

halogen (ˈhælədʒən) ZN *halogeen*

halt (hɔːlt) I ZN ● *halt(e)* ● *rust* II OV WW ● *halt (laten/doen) houden* III ONOV WW ● *weifelen* ● *mank gaan* ● *met horten en stoten gaan* ★ halting French *gebrekkig Frans*

halter (ˈhɔːltə) I ZN ● *halster* ● *bovenstukje* ⟨v. bikini⟩; *topje* ● *strop* II OV WW ● *halster/strop aan-/omdoen* ● *opknopen*

halterneck (ˈhɔːltənek) BNW *in halterlijn* ★ ~ dress *halterjurk*

haltertop (ˈhɔːltətɒp) ZN *haltertop*

halting (ˈhɔːltɪŋ) BNW *aarzelend*; *weifelend*

halve (hɑːv) OV WW *halveren*

halves (ˈhɑːvz) ZN [MV] → **half**

ham (hæm) I ZN ● *ham* ● *dij*; *bil* ● *amateur* II OV+ONOV WW ● *slecht acteren* ● ~ **up** *z. aanstellen*

hamburger (ˈhæmbɜːgə) ZN *hamburger*

ham-fisted (hæmˈfɪstɪd) BNW *lomp*

hamlet (ˈhæmlət) ZN *gehucht*

hammer (ˈhæmə) I ZN ● *hamer* ★ ~ and tongs *uit alle macht* II OV WW ● *hameren* ★ ~ sth into a p. *iets bij iem. erin hameren* ● ~ **out** *ontwerpen*; *verzinnen*; *uitwerken*; ⟨met moeite⟩ *bereiken/tot stand doen komen* III ONOV WW ● *hameren* ● *smeden* ● *diskwalificeren* ⟨op effectenbeurs⟩ ● *klop geven* ● ~ **(away) at** *erop los kloppen*; *zwoegen op*

hammock (ˈhæmək) ZN *hangmat*

hamper (ˈhæmpə) I ZN ● *pakmand*; *sluitmand* ● *belemmering* ● USA *wasmand* II OV WW ● *in een mand doen* ● *belemmeren*; *verwarren*

hamstring (ˈhæmstrɪŋ) I ZN ● *kniepees* ● *hakpees* ⟨v. paard⟩ II OV WW ● *de hakpees doorsnijden* ● *lamleggen*

hand (hænd) I ZN ● *hand* ● *voorpoot* ● *arbeider*; *werknemer* ● *handtekening* ● *handschrift* ● *wijzer* ⟨v. klok⟩ ● *handvol*; *vijf* ● *tros* ⟨bananen⟩ ● *bundel* (tabaksbladeren) ● *speler* ● *beurt* ● *handbreedte* (4 inch) ★ be dealt a bad hand *een slechte kaart krijgen* ★ seconds hand *secondewijzer* ● go hand in hand *samengaan* ★ take in hand *aanpakken*; *zich belasten met* ★ time in hand *nog ter beschikking staande tijd* ★ keep one's hand in *zijn vaardigheid onderhouden*; *bijblijven* ★ lay hands on *de hand leggen op*; *de hand slaan aan* ★ hands off! *handen thuis!*; *niet aankomen!* ★ an old hand *een ouwe rot* ★ on hand *voorhanden*; *ter beschikking* ★ subject on hand *onderwerp dat aan de orde is* ★ work on (one's) hand(s) *nog te verrichten werk* ★ on the one/other hand *aan de ene/andere kant* ★ I had him on my hands *ik had hem onder mijn hoede*; *ik heb hem onder handen gehad* ★ give sb a hand *iem. een handje helpen* ★ out of hand *direct*; *op staande voet* ★ it got out of hand *het liep uit de hand* ★ his hand is out *zijn hand staat er niet meer naar*; *hij kan (het) niet meer* ★ second hand *tweedehands*; *uit de tweede hand* ★ take a hand in ⟨z.⟩ *gaan bemoeien met*; *aanpakken* ★ to hand *binnen bereik*; *ter beschikking*; *klaar* ★ to one's hand *klaar* ★ come to hand *ter hand komen*; *ontvangen worden* ★ hand to hand *man tegen man* ★ hand to mouth *van de hand in de tand* ★ under his hand *met zijn handtekening bekrachtigd*; *onder zijn verantwoordelijkheid* ★ hands up! *handen omhoog!* ★ brought up by hand *met de fles grootgebracht* ★ hand-reared *met de fles grootgebracht* ★ all hands on deck *alle hens aan dek* ★ (close) at hand *dichtbij*; *bij de hand*; *ophanden* ★ by

ha

ha

your hand *uit uw hand*; *van u* ★ by hand *met de hand* ★ by the hand of *door* ★ bear a hand in *meewerken aan* ★ change hands *in andere handen overgaan* ★ clean hands *onschuld* ★ hands down *op zijn dooie gemak*; *moeiteloos* ★ first hand *uit de eerste hand* ★ at first hand *rechtstreeks* ★ serve hand and foot *slaafs dienen* ★ be a dab hand at... *bekwaam zijn in...* ★ for one's own hand *voor eigen rekening* ★ get a hand *applaus krijgen* ★ give sb a (big) hand *iem. een (hartelijk) applaus geven* ★ give one's hand to *in een huwelijk toestemmen met* ★ be hand in glove with *nauw verbonden zijn met* ★ a good hand at *vaardig in* ★ be no hand at *geen verstand hebben van* ★ with a heavy hand *moeilijk*; *drukkend* ★ with a high hand *uit de hoogte*; *aanmatigend* ★ in hand *in de hand*; *in handen*; *onder handen*; *in bedwang*; *contant* ★ the matter in hand *de zaak in behandeling* ★ off hand *voor de vuist weg*; *zomaar*; *ineens* ★ hand over hand/fist *gestadig*; *snel* ★ a cool hand *een gladde vent* ★ get the upper hand *de overhand krijgen* II OV WW • *overhandigen*; *aangeven* • *toezenden*; *overmaken* • ~ **down** *aan/doorgeven*; *overleveren* • ~ **in** *inleveren*; *erin helpen*; *aanbieden* • ~ **on** *doorgeven* • ~ **out** *aanreiken*; *uitdelen*; *eruit helpen* • ~ **over** *overhandigen*; *overleveren*; *overdragen* • ~ **round** *uitdelen* ★ I got to hand it to you: ... *ik moet het je nageven/toegeven: ...*

handbag ('hændbæg) ZN G-B *handtas(je)*
handbill ('hændbɪl) ZN *(strooi)biljet*; *pamflet*
handbook ('hændbʊk) ZN *handboek*
handbrake ('hændbreɪk) ZN *handrem*
handcart ('hændkɑːt) ZN *handkar*
handcuff ('hændkʌf) I ZN • *handboei* II OV WW • *de handboeien aandoen*
handful ('hændfʊl) ZN • *hand(je)vol*; *lastig kind*
handglass ('hændglɑːs) ZN • *handspiegel* • *loep*
handhold ('hændhəʊld) ZN *houvast*
handicap ('hændɪkæp) I ZN • *handicap* • *extra belasting* • *belemmering* II OV WW • *nadelige invloed hebben op* • *belemmeren*; *hinderen*
handicapped ('hændɪkæpt) BNW • *gehandicapt* • SPORT *met een handicap*
handicraft ('hændɪkrɑːft) ZN *handarbeid*; *handwerk*
handiness ('hændɪnəs) ZN • → **handy**
handiwork ('hændɪwɜːk) ZN *werk*; *handwerk*; *schepping*
handkerchief ('hæŋkətʃɪf) ZN *zakdoek*
handle ('hændl) I OV WW • *hanteren* • *bevoelen* • *onder handen nemen* • *behandelen* • *bedienen* • *aanraken* • *van handgreep enz. voorzien* II ZN • *handgreep*; *handvat* • *kruk* • *knop* • *oor*; *heft* • *stuur* • *give a* ~ *to aanleiding geven tot*; *iem. de kans geven om* ★ PLAT have a ~ *to one's name een titel hebben* ★ fly off the ~ *niet meer te houden zijn*
handlebars ('hændlbɑːz) ZN MV *stuur* ⟨v. fiets⟩
handler ('hændlə) ZN • *africhter*; *trainer* ⟨v. honden⟩ • *afhandelaar* ⟨v. bagage⟩
handling ('hændlɪŋ) ZN • *(af)handeling*; *behandeling* • *het hanteren*
hand luggage ZN *handbagage*

handmade (hænd'meɪd) BNW *met de hand gemaakt* ★ ~ *paper geschept papier*
hand-me-down I ZN • *afdankertje* II BNW • *afgedankt*; *gedragen* ⟨kleding⟩
handout ('hændaʊt) ZN • *gift* • *communiqué*
hand-picked ('hænd-pɪkd) BNW INFORM. *zorgvuldig gekozen*
handrail ('hændreɪl) ZN *leuning*
handshake ('hændʃeɪk) ZN *handdruk*
handsome ('hænsəm) BNW • *flink* • *mooi*; *knap* • *royaal*; *overvloedig*
hands-on BNW *praktijk-*; *uit ervaring* ★ ~ *expert ervaringsdeskundige*
handspike ('hændspaɪk) ZN • *koevoet* • *handspaak*
handstand ('hændstænd) ZN *handstand*
handwork ('hændwɜːk) ZN • *handwerk* • *handenarbeid*
handwriting ('hændraɪtɪŋ) ZN *handschrift*
handwritten ('hænd'rɪtn) BNW *met de hand geschreven*
handy ('hændɪ) BNW • *handig* • *bij de hand* ★ come in ~ *(goed) te pas komen* ★ ~*man manusje-van-alles*; *klusjesman*; *hulp*; *matroos*
handyman ('hændɪmæn) ZN *klusjesman*; *manusje-van-alles*
hang (hæŋ) I OV WW [o.v.t.: hung, volt. deelw.: hung] • *hangen* • *ophangen* • *behangen* ★ hung over *katterig*; *met een kater* ★ hang fire *te laat afgaan*; *niet opschieten* ⟨fig.⟩ ★ hang o.'s head *het hoofd laten hangen* • ~ **out** *uithangen* • ~ **up** *op de lange baan schuiven* II OV WW [o.v.t.: hanged, volt. deelw.: hanged] • *ophangen* ⟨om te doden⟩ ★ hang it (all)! *verdikkeme!* ★ I'll be hanged if... *ik mag hangen als...* III ONOV WW [o.v.t.: hung, volt. deelw.: hung] • *hangen* • *niet opschieten* ★ time hangs heavy *de tijd valt lang* • ~ **about** *(doelloos) rondhangen* ★ hang about! *wacht 'ns even!* • ~ **back** *dralen*; *niet mee willen komen* • ~ **behind** *achterblijven* • ~ **from/onto** *hangen aan* • ~ **on** *hangen aan*; *met aandacht luisteren naar*; *volhouden* ★ hang on! *wacht even!* ★ COMM. hang on a minute *blijf even aan het toestel* ★ hang on by the eye-brows *er maar bij hangen* • ~ **on/onto** *z. vastklampen aan* • ~ **out** *uithangen* • ~ **together** *één lijn trekken*; *samenhangen* • ~ **up** *(telefoon) ophangen* ★ she hung up on me *ze liet me niet uitspreken* • ~ **upon** *steunen op*; *afhangen van* ★ the case hangs upon ... *de zaak is afhankelijk van ...* IV ZN • *wijze waarop iets hangt* • *helling* ★ get the hang of sth *iets onder de knie krijgen* ★ I don't care a hang *het kan me geen zier schelen*
hangar ('hæŋə) ZN *hangar*
hangdog ('hæŋdɒg) I ZN • *gluiperd* ★ ~*look gluiperige blik*; *boeventronie* II BNW • *gluiperig* ★ *look* ~ *beschaamd kijken*
hanged (hæŋd) WW [verleden tijd + volt. deelw.] • → **hang**
hanger ('hæŋə) ZN • *lus*; *haak*; *pothaak*; *spekhaak* • *kleerhanger* • *hartsvanger* • *bos* ⟨langs helling⟩
hangglider ('hæŋglaɪdə) ZN *deltavlieger*
hanging ('hæŋɪŋ) I ZN ★ *death by* ~ *dood door*

ophanging ★ ~(s) *wandtapijt(en)*; *behang*
II BNW • *onopgelost* ★ ~ matter *halszaak* ★ ~
question/issue *onopgeloste vraag/zaak*
hangman ('hæŋmən) ZN *beul*
hang-out ('hæŋaʊt) ZN • *verblijf(plaats)*;
stamkroeg • *hangplek*
hangover ('hæŋəʊvə) ZN *kater*
hang-up ('hæŋʌp) ZN PLAT *complex*; *obsessie*
★ have a ~ about flying *vliegangst hebben*
hank (hæŋk) ZN *streng* (garen)
hanker ('hæŋkə) ONOV WW *hunkeren* ★ ~ after
hunkeren naar
hankering ('hæŋkərɪŋ) ZN *hunkering*; *hang* ★ ~
for/after *hang/hunkering naar*
hanky ('hæŋkɪ) ZN INFORM. *zakdoek*
hanky-panky (hæŋkɪ'pæŋkɪ) ZN INFORM. *hocus*
pocus; *slinksheid*; *kunsten*
hansom ('hænsəm), **hansom cab** ('hænsəm
kæb) ZN *tweewielig huurrijtuig*
Hants. AFK *Hampshire*
haphazard (hæp'hæzəd) **I** ZN • *toeval* **II** BNW +
BIJW • *ongeorganiseerd*; *op goed geluk*
hapless ('hæpləs) BNW *ongelukkig*; *onfortuinlijk*
happen ('hæpən) ONOV WW • *gebeuren*;
voorvallen ★ it so ~ed that *het toeval wilde, dat*
★ I ~ed to meet him *ik ontmoette hem
toevallig* • ~ **(up)on** *toevallig aantreffen*
happening ('hæpənɪŋ) ZN • *gebeurtenis*
• *manifestatie*
happily ('hæpəlɪ) BIJW • *gelukkig(erwijs)* • *met
(veel) genoegen*
happiness ('hæpɪnəs) ZN *geluk*
happy ('hæpɪ) BNW • *gelukkig* • *tevreden* • *blij*
★ I shall be ~ to *het zal mij een genoegen zijn
(te)*
happy-go-lucky (hæpɪgəʊ'lʌkɪ) BNW • *op goed
geluk af* • *onbekommerd*
harangue (hə'ræŋ) **I** ZN • *(heftige) rede*; *filippica*
II ONOV WW • *een heftige toespraak houden*
harass ('hærəs) OV WW *teisteren*; *bestoken*; *lastig
vallen*
harassment (hə'ræsmənt, 'hærəsmənt) ZN
• *moedwillige overlast* • *pesterij* • *aanranding*
• *terreur* • JUR. sexual ~ *ontucht*; *aanranding*;
verkrachting
harbinger ('hɑːbɪndʒə) ZN *voorbode*
harbour ('hɑːbə) **I** ZN • *haven* • *(veilige)
schuilplaats* **II** OV WW • *voor anker gaan*
III ONOV WW • *herbergen* • *koesteren*
harbourage ('hɑːbərɪdʒ) ZN *schuilplaats*
harbour dues ZN *havengeld*; *havenkosten*;
havenrechten
hard (hɑːd) BNW + BIJW • *hard* • *moeilijk*
• *moeizaam* • *streng* • *onbuigzaam* • *ruw*
• *sterk* (v. drank en drugs) ★ hard-and-fast
rule *regel waar niet v. afgeweken wordt* ★ hard
set *vast*; *gestold*; *hongerig*; *bebroed* ★ it's hard
going *het valt niet mee* ★ hard up for money
slecht bij kas; *verlegen om geld* ★ hard (up)on
hard/meedogenloos voor; *vlakbij*; *naderend*
★ hard of hearing *hardhorend* ★ hard by
vlakbij
hardback (hɑːdbæk) ZN *gebonden boek*
hardbitten (hɑːd'bɪtn) BNW *taai*; *hardnekkig*
hard-boiled (hɑːd'bɔɪld) BNW • *hardgekookt*
• *nuchter*; *zakelijk* • *ongevoelig*; *hard*

hard-core BNW • *hard-* ⟨drug/porno⟩ • *verstokt*;
fanatiek
hard-earned (hɑːd'ɜːnd) BNW *zuurverdiend*
harden ('hɑːdn) ONOV WW *hard of vast worden*;
stollen
hard-headed (hɑːd'hedɪd) BNW • *zakelijk*;
nuchter • *koppig* ★ a ~ man *een stijfkop*
hard-hearted (hɑːd'hɑːtɪd) BNW *hardvochtig*
hard-liner ZN *voorstander v.d. harde lijn*
hardly ('hɑːdlɪ) BIJW • *met moeite* • *nauwelijks*;
bijna niet; *zelden* ★ ~ had he finished when ...
hij was amper klaar of ... ★ IRON. I need ~
remind you ... *ik hoef je toch niet te
herinneren aan ...* ★ they ~ looked at her *zij
keken nauwelijks naar haar* ★ ~ an hour
passed without ... *er ging geen uur voorbij
zonder ...*
hardness ('hɑːdnəs) ZN *hardheid*
hard-pressed (hɑːd'prest) BNW • *in 't nauw
gedreven* • *in verlegenheid* ★ be ~ for time *in
tijdnood zitten*
hardship ('hɑːdʃɪp) ZN *last*; *tegenspoed*;
ongemak; *ontbering* ★ the ~ he has suffered *de
ontberingen die hij doorstaan heeft*
hardware ('hɑːdweə) ZN • *wapens* • *ijzerwaren*
• *apparatuur*; *hardware*
hard-wearing (hɑːd'weərɪŋ) BNW *duurzaam*
hardwood ('hɑːdwʊd) ZN *hardhout*
hardy ('hɑːdɪ) BNW • *stoutmoedig* • *sterk*; *gehard*
hare (heə) **I** ZN • *haas* ★ hare and hounds
snipperjacht ★ run with the hare and hunt
with the hounds *schipperen* ★ as mad as a
March hare *stapelgek* **II** ONOV WW • *rennen*
★ hare away/off *hard wegrennen*
hare-brained ('heəbreɪnd) BNW *onbesuisd*
harelip ('heəlɪp) ZN *hazenlip*
harem ('hɑːriːm) ZN *harem*
haricot ('hærɪkəʊ) ZN *schapenragout* ★ ~ (bean)
snijboon; *witte boon*
hark (hɑːk) ONOV WW • *luisteren* • ~ **at** *met
verbijstering/ongeloof luisteren* • ~ **back** *in
herinnering brengen*; *doen herinneren*
harlequin ('hɑːlɪkwɪn) ZN *harlekijn*
harm (hɑːm) **I** ZN • *kwaad*; *letsel* ★ out of harm's
way *in veiligheid* **II** OV WW • *kwaad doen*;
benadelen; *letsel toebrengen*
harmful ('hɑːmfʊl) BNW *schadelijk*; *nadelig*
harmless ('hɑːmləs) BNW • *argeloos*
• *onbeschadigd* • *onschadelijk*
harmonic (hɑː'mɒnɪk) **I** ZN • *flageolettoon* **II** BNW
• *harmonisch* ★ ~ progression *harmonische
reeks* ★ ~ tone *flageolettoon*
harmonica (hɑː'mɒnɪkə) ZN • *harmonica*
• *mondharmonica*
harmonious (hɑː'məʊnɪəs) BNW • *eensgezind*
• *harmonisch* • *welluidend*
harmonize, G-B **harmonise** ('hɑːmənaɪz) **I** OV
WW • *harmoniseren* **II** ONOV WW
• *harmoniëren*
harmony ('hɑːmənɪ) ZN • *harmonie*
• *overeenstemming* • *eensgezindheid*
harness ('hɑːnɪs) **I** ZN • *paardentuig* • *babytuigje*
★ get back in ~ *weer aan het werk gaan* **II** OV
WW • *inspannen* • *benutten*
harp (hɑːp) **I** ZN • *harp* **II** ONOV WW • *op harp
spelen* • ~ **on (about)** *doorzeuren (over)* ★ harp

ha

ha

on the same string *op hetzelfde aambeeld hameren*
harper ('hɑ:pə) ZN • → **harpist**
harpist ('hɑ:pɪst) ZN *harpist*
harpoon (hɑ:'pu:n) I ZN • *harpoen* II OV WW • *harpoeneren*
harpsichord ('hɑ:psɪkɔ:d) ZN *klavecimbel*
harrier ('hærɪə) ZN • *drijfhond* • *veldloper* • *kiekendief* • *plunderaar*
harrow ('hærəʊ) I ZN • *eg* ★ be under the ~ *diep bedroefd zijn* II OV WW • *eggen* • *openrijten* • FIG. *pijnigen; kwellen*
harrowing ('hærəʊɪŋ) BNW *aangrijpend; schokkend*
harry ('hærɪ) OV WW • *plunderen* • *teisteren* • *martelen*
harsh (hɑ:ʃ) BNW • *hard(vochtig)* • *ruw* • *krassend* • *wrang*
hart (hɑ:t) ZN *mannetjeshert*
harum-scarum I ZN • *onbesuisd persoon; dolleman* II BNW + BIJW • *onbesuisd; dol*
harvest ('hɑ:vɪst) I ZN • *oogst* II OV WW • *oogsten* • *bijeenbrengen*
harvester ('hɑ:vɪstə) ZN • *oogster* • *oogstmachine*
harvest moon ZN *volle maan omstreeks 22 sept*
harvest spider ZN *hooiwagen* ⟨insect⟩
has (hæz,əz) WW • → **have**
has-been ('hæzbi:n) ZN *iem. die heeft afgedaan; iets wat verleden tijd is*
hash (hæʃ) I ZN • *hachee* • *hasj* ★ make a hash of sth *iets verknoeien* II OV WW • *fijn hakken* • ~ **out** *doorpraten; uitpraten* • ~ **up** *in de war gooien*
hashish ('hæʃi:ʃ) ZN *hasj(iesj)*
hasp (hɑ:sp) I ZN • *knip; klamp; beugel* ⟨v. hangslot⟩ • *grendel* II OV WW • *op de knip doen*
hassle ('hæsəl) ZN *herrie; ruzie*
hassock ('hæsək) ZN • *knielkussen* • *graspol* • *zachte zandsteen*
haste (heɪst) I ZN • *haast* ★ more ~, less speed *haastige spoed is zelden goed* II OV WW • *verhaasten* III ONOV WW • *z. haasten*
hasten ('heɪsən) I OV WW • *verhaasten* II ONOV WW • *z. haasten*
hasty ('heɪstɪ) BNW • *haastig* • *overhaast*
hat (hæt) ZN • *hoed* • MIL. *helm* • DRUKK. *dakje* ⟨accent circonflexe: ^⟩ ★ hard hat *veiligheidshelm; honkbalhelm; bouwvakker* ★ I'll eat my hat if … *ik mag doodvallen als …* ★ keep sth under your hat *iets geheim houden* ★ take off one's hat to sb *voor iem. zijn hoed afnemen* ★ raise one's hat to sb *iem. (be)groeten* ★ OUD. my hat! *nu breekt mijn klomp!* ★ hat in hand *onderdanig* ★ pass the hat round *met de pet rondgaan* ★ INFORM. brass hat *hoge pief* ★ out of the hat *willekeurig*
hatch (hætʃ) I ZN • *onderdeur* • *luikgat; doorgeefluik* • *5e deur* ⟨v. auto⟩ • *het broeden; broedsel* • *arceerstreepje* ★ down the ~! *proost!* ★ under ~es *onderdeks; goed opgeborgen; aan lager wal; dood* ★ HUMOR. ~es, matches and dispatches *familieberichten in de krant* II OV WW • *(uit)broeden* • *arceren* III ONOV WW • *uitkomen*
hatchback ('hætʃbæk) ZN *(auto met) vijfde deur*

hatchery ('hætʃərɪ) ZN *kwekerij* ⟨vnl. vis⟩
hatchet ('hætʃɪt) ZN *bijl(tje)* ★ ~ face *smal, scherp getekend gelaat* ★ bury the ~ *de strijdbijl begraven* ★ take up the ~ *de wapens opnemen*
hatchway ('hætʃweɪ) ZN *luik*
hate (heɪt) I ZN • *haat* II OV WW • *een hekel hebben aan* • *haten* ★ I hate to trouble you *het spijt me dat ik u moet lastig vallen*
hateful ('heɪtfʊl) BNW • *erg vervelend; akelig* • *hatelijk* • *haatdragend*
hat rack ZN *hoedenplank*
hatred ('heɪtrɪd) ZN *haat* ★ ~ for *haat jegens*
hatter ('hætə) ZN *hoedenmaker/-maakster* ★ as mad as a ~ *stapelgek*
hat-trick ('hættrɪk) ZN SPORT *hattrick* ⟨drie punten door één speler in één wedstrijd⟩
haugh (hɔ:) ZN *uiterwaard*
haughtiness ('hɔ:tɪnəs) ZN *hoogmoed; arrogantie*
haughty ('hɔ:tɪ) BNW *uit de hoogte; arrogant*
haul (hɔ:l) I OV WW • *(op)halen; slepen* • *vervoeren* • *draaien* ⟨v. wind⟩ ★ haul sb over the coals *iem. een uitbrander geven* • ~ **up** *dagvaarden; aan boord halen* ★ be hauled up before a court of law *voor de rechter moeten verschijnen* ★ haul a p. up *iem. een uitbrander geven* II ONOV WW • SCHEEPV. *wenden* • *trekken* ★ haul (up)on the wind *bij de wind brassen/oploeven* III ZN • *haal; trek* • *illegale vangst; buitenkansje*
haulage ('hɔ:lɪdʒ) ZN • *het slepen* • *sleeploon* • *transport* • *vrachtvervoer*
haulier ('hɔ:lɪə) ZN *transportbedrijf; vrachtrijder*
haunch (hɔ:ntʃ) ZN *lende(nstuk); schoft; bil*
haunt (hɔ:nt) I OV WW • *(veelvuldig) bezoeken* • *rondspoken in/om* • z. *ophouden in* ★ ~ a p.'s house *de deur platlopen bij iem.* ★ the idea ~s me *het idee laat me niet los* ★ ~ed house *spookhuis* II ONOV WW • *rondwaren* • z. *ophouden in* III ZN • *veel bezochte plaats* • *verblijf(plaats)* • *hol*
haunter ('hɔ:ntə) ZN *trouwe bezoeker*
hautboy ('əʊbɔɪ) ZN *hobo*
have (hæv) I OV WW [onr.] • *hebben; bezitten* • *ontvangen; krijgen* • *nemen* • *laten doen* • *bestaan uit* • *toelaten; toestaan* • *voor elkaar krijgen* • *organiseren* ⟨v. feest, enz.⟩; *gebruiken; nuttigen* ⟨v. maaltijd, enz.⟩; *hebben; krijgen* ⟨ervaring⟩; *krijgen; baren* ⟨v. baby⟩ • *iets doen* • *te pakken hebben* • INFORM. *neuken; nemen* • INFORM. *beduvelen* ★ have tea/coffee *een kopje thee/koffie drinken* ★ have no money about you *geen geld bij je hebben* ★ is this to be had here? *is dit hier te krijgen?* ★ he will have it that *hij beweert dat* ★ let sb have it *iem. er van langs geven* ★ he's had a house built *hij heeft een huis laten bouwen* ★ he had me build a house *hij liet mij een huis bouwen* ★ I won't have you smoking here *ik wil niet hebben dat je hier rookt* ▼ have done with sth *ophouden met iets* ▼ INFORM. have had it *versleten zijn; doodop zijn; er geweest zijn; er van langs krijgen; het helemaal gehad hebben (met iem.)* ▼ have it coming to you *je verdiende loon krijgen* ▼ have it in for sb *de pik hebben op iem.* ▼ have nothing on sb *niet tegen iem.op kunnen* ▼ I'm not having any *ik*

pieker er niet over ▾ what have you *en wat al niet* **II** WW • ~ **against** [ov] ★ have sth against sb *iets tegen hebben op iem.* • ~ **in** [ov] ★ have sb in *iem. hebben/laten komen* ⟨om te werken⟩ • INFORM. ~ **off/away** [onov] *een nummertje maken* • ~ **on** [ov] *aanhebben; dragen* • *plagen* • *belasten* ★ have nothing on sb *iem. niets kunnen maken* • you're having me on! *je neemt me in de maling!* • ~ **out** [ov] *uitvechten* • *verwijderen* ★ have it out with sb *het uitvechten/afrekenen met iem.* ★ have a tooth out *een tand laten trekken* • INFORM. ~ **up** [ov] *voor laten komen; beschuldigen* **III** HWW [onr.] • *hebben* • *zijn* • ~ **to, got to** *moeten* ★ have died *gestorven zijn* • I've (got) to go *ik moet gaan* ★ there has (got) to be a reason *er moet een reden zijn* ★ you had better go *je kunt maar beter gaan* ★ I had rather stay here *ik zou liever hier blijven* ZN *iemand met geld* ★ the haves and the have-nots *de rijken en de armen*

haven ('heɪvən) ZN *haven; toevluchtsoord*

have-nots (hæv'nɒts) ZN MV *armen*

haven't ('hævənt) SAMENTR have not • → **have**

haver ('heɪvə) **I** ZN ★ ~s *kletspraat* **II** ONOV WW • *zwetsen; zwammen*

haversack ('hævəsæk) ZN *broodzak*

haves (hævz) ZN MV *rijken*

havoc ('hævək) ZN *verwoesting; schade* ★ wreak ~ on sth *iets totaal verwoesten* ★ play ~ with s.th *flinke schade aanrichten onder iets*

haw (hɔ:) **I** ZN • *hagedoorn* **II** ONOV WW • *hm zeggen* **III** TW • *hm*

Hawaiian (hə'waɪən) **I** ZN • *Hawaïaan* • *Hawaïaans* ⟨taal⟩ • *Hawaïaanse muziek* **II** BNW • *Hawaïaans*

haw-haw ('hɔ:hɔ:) **I** ZN • *schaterlach* **II** ONOV WW • *schaterlachen* **III** TW • *haha*

hawk (hɔ:k) **I** ZN • *havik* • *valk* • FIG. *havik* ⟨agressieve politicus⟩ ★ know a hawk from a handsaw *niet (zo) stom zijn* **II** OV WW • *leuren met; venten* **II** ONOV WW • *met valken jagen* • *op roof uit zijn* • *de keel schrapen* ★ hawk at *jagen op*

hawker ('hɔ:kə) ZN • *valkenier* • *venter*

hawking ('hɔ:kɪŋ) ZN • *valkenjacht* • *het venten*

hawse (hɔ:z) ZN *boeg*

hawser ('hɔ:zə) ZN *kabel*

hawthorn ('hɔ:θɔ:n) ZN *hagedoorn*

hay (heɪ) **I** ZN • *hooi* • INFORM. *poen* ★ INFORM. hit the hay *gaan pitten* ★ make hay *hooien* ★ make hay while the sun shines *het ijzer smeden als het heet is* **II** ONOV WW • *hooien*

haycock ('heɪkɒk) ZN *hooiopper*

hay fever ZN *hooikoorts*

haymaker ('heɪmeɪkə) ZN • *hooier* • *opstopper*

haymaking ('heɪmeɪkɪŋ) ZN *hooibouw*

hayrick ('heɪrɪk) ZN *hooiberg*

haystack ('heɪstæk) ZN *hooiberg*

haywire ('heɪwaɪə) BNW *in de war* ★ go ~ *van streek raken*

hazard ('hæzəd) **I** ZN • *gevaar* • *kans* • *risico* • *hazardspel* ★ at ~ *in gevaar* • *verstikkingsgevaar* **II** OV WW • *riskeren; wagen*

hazardous ('hæzədəs) BNW • *onzeker* • *gewaagd*

haze (heɪz) **I** ZN • *nevel; waas* • *zweem* **II** OV WW

• *benevelen; in nevel hullen* • SCHEEPV. *het leven zuur maken; met rotklussen opzadelen* • USA *treiteren*

hazel ('heɪzəl) **I** ZN • *hazelaar* • *(stok v.) hazelnotenhout* **II** BNW • *lichtbruin*

hazelnut ('heɪzəlnʌt) ZN *hazelnoot*

hazy ('heɪzɪ) BNW • *vaag* • *aangeschoten* • *heiig*

H-bomb ('eɪtʃbɒm) ZN *waterstofbom*

he (hi:) PERS VNW • *hij* • *mannetjes-*

HE AFK His/Her Excellency *Zijne/Hare Excellentie*

head (hed) **I** ZN • *hoofd; kop* • *chef; directeur* • *rector* • *top* • *bovenstuk; bovenkant* • *hoofdeinde* • *voorste stuk; voorkant* • *voorgebergte* • *schuimkraag* • *kopzijde* ⟨op munt⟩ • *room* ⟨op melk⟩ • *gewei* • *hoogtepunt* • *hoofdpunt; kern* • *categorie; rubriek; post* • *mijngang* • *waterreservoir* • *stroomdruk* • *stuk* ⟨vee⟩ ★ heads or tails *kruis of munt* ★ I can't make head or tail of it *ik kan er geen touw aan vastknopen* ★ head over heels *halsoverkop* ★ give sb his head *iem. de vrije hand geven* ★ put sth into sb's head *iem. iets aanpraten* ★ make head *vooruitkomen* ★ I don't have a head for figures *ik kan slecht rekenen* ★ have a good head on your shoulders *een goed stel hersenen hebben* ★ have an old head on young shoulders *zeer wijs zijn voor je leeftijd* ★ be soft in the head *niet goed snik zijn* ★ lose your head *de kluts kwijtraken* ★ be off your head *niet goed snik zijn* ★ I can do it standing on my head *ik kan het op mijn sloffen af* ★ promote a p. over another's head *iem. passeren bij bevordering* ★ you're in over your head *je zit er tot over je oren in* ★ talk one's head off *veel praten/praatziek zijn* ★ two heads are better than one *twee weten meer dan een* ★ PLAT beat a p.'s head in *iem. totaal verslaan* ★ head first/foremost *voorover* ★ scratch one's head *zich achter 't oor krabben* ★ VULG. give head *pijpen* **II** OV WW • *de leiding geven/nemen/hebben* • *vóór-/bovenaan staan* • *van kop voorzien* • *het hoofd bieden aan* • SPORT *koppen* • *aftoppen* • ~ **off** *de pas afsnijden; verhinderen* **III** ONOV WW • *gaan* • PLANTK. *krop zetten* • USA *ontspringen* • ~ **for** *aangaan op; onderweg zijn naar*

headache ('hedeɪk) ZN *hoofdpijn* ★ have a ~ *hoofdpijn hebben*

headband ('hedbænd) ZN *hoofdband*

headboard ('hedbɔ:d) ZN *(plank/schot aan het) hoofdeinde*

headdress ('heddress) ZN *hoofdtooi; kapsel*

headed ('hedɪd) BNW *met hoofd/kop*

header ('hedə) ZN • *duik met hoofd voorover* • *kopbal* • DRUKK. *koptekst* • ARCH. *kopsteen*

headgear ('hedgɪə) ZN • *hoofddeksel* • *paardenhoofdstel* • *hoofdtooi*

headhunter ('hedhʌntə) ZN • *koppensneller* • *headhunter*

heading ('hedɪŋ) ZN • *opschrift* • *titel* • *kop* • *rubriek*

headlamp ('hedlæmp) ZN • → **headlight**

headland ('hedlənd) ZN • *voorgebergte* • *kaap*

headless ('hedləs) BNW *zonder hoofd/kop*

headlight ('hedlaɪt) ZN *koplamp*

he

headline ('hedlaɪn) ZN *krantenkop*; *voornaamste nieuws*

headlong ('hedlɒŋ) BNW • *languit voorover* • *onbesuisd*

headman ('hedmən) ZN • *opperhoofd*; *dorpshoofd*; *hoofdman* • *voorman*

headmaster (hed'mɑːstə) ZN • *directeur* • *rector* • *hoofd v.e. school*

headmistress (hed'mɪstrəs) ZN • *directrice* • *rectrix*

head-on BNW *frontaal*

headphones ('hedfəʊnz) ZN MV *koptelefoon*

headpiece ('hedpiːs) ZN • *helm* • *bovenstuk* • *titelvignet*

headquarters (hed'kwɔːtəz) ZN MV *hoofdkwartier*

headrest ('hedrest) ZN *hoofdsteun(tje)*

headroom ('hedruːm) ZN *vrije hoogte*

headset ('hedset) ZN *koptelefoon en microfoon*; *hoor-/spreekset*

head start ZN *voorsprong* ⟨bij aanvang⟩

headstone ('hedstəʊn) ZN • *hoeksteen* • *grafzerk*

headstrong ('hedstrɒŋ) BNW *koppig*

head voice ZN *kopstem*

headway ('hedweɪ) ZN • *vaart*; *vooruitgang* • *doorvaarthoogte* ★ make ~ *vooruitkomen*; *vooruitgang boeken*

headwind ('hedwɪnd) ZN *tegenwind*

heady ('hedɪ) BNW • *onstuimig* • *koppig*

heal (hiːl) OV+ONOV WW *genezen*

heal-all ZN *wondermiddel*

healer ('hiːlə) ZN *genezer*

health (helθ) ZN *gezondheid* ★ ~ resort *herstellingsoord* ★ G-B National Health (Service) *Nationale Gezondheidszorg*; ≈ *ziekenfonds* ★ drink (to) s.o.'s ~ *drinken op iemands gezondheid* ★ your ~! *op je gezondheid!* ★ ~ centre *gezondheidscentrum*; *consultatiebureau* ★ ~ foods *natuurvoeding* ★ ~ service *gezondheidsdienst* ★ ~ officer *ambtenaar v.d. gezondheidsdienst* ★ ~ visitor *wijkverpleegster*

health care ZN *gezondheidszorg*

health food ZN *natuurvoeding* ★ ~ shop *natuurvoedingswinkel*

healthful ('helθfʊl) BNW • → **healthy**

health insurance ZN *ziektekostenverzekering*

healthy ('helθɪ) BNW *gezond*

heap (hiːp) I ZN • *hoop* II OV WW • *ophopen* • *laden*; *beladen*; *overladen*

hear (hɪə) I OV WW • *horen*; *vernemen* • *luisteren naar*; *overhoren*; *verhoren* ★ hear things *stemmen horen* • ~ of *horen over* ★ I won't hear of ... *daar wil ik niets over horen ...* • ~ out *aanhoren tot het einde* II OV+ONOV WW • *horen* ★ hear, hear! *bravo!* • ~ of

heard (hɜːd) WW [verleden tijd + volt. deelw.] • → **hear**

hearer ('hɪərə) ZN *toehoorder*

hearing ('hɪərɪŋ) ZN • *hoorzitting* • *publiek* • *gehoor* ★ give a fair ~ *onpartijdig aanhoren/luisteren naar* ★ ~-aid *(ge)hoorapparaat* ★ hard of ~ *hardhorend* ★ in the ~ of sb *binnen gehoorsafstand van iem.* ★ good ~ *een goed gehoor*

hearsay ('hɪəseɪ) ZN *praatjes* ★ by/from ~ *v.*

horen zeggen

hearse (hɜːs) ZN *lijkkoets*; *lijkauto*

heart (hɑːt) ZN • *hart* • *gemoed* • *moed* • *kern* ★ wear o.'s ~ on o.'s sleeve *het hart op de tong dragen* ★ ~ and soul *met hart en ziel* ★ in o.'s ~ of ~s *in het diepst v. zijn hart*; *tevredenheid* ★ to your ~'s content *naar hartenlust* ★ have o.'s ~ in o.'s mouth *het hart in de keel voelen kloppen* ★ OUD. out of ~ *ontmoedigd*; *ontevreden*; *in slechte conditie* ★ take ~ *moed vergaren* ★ find it in o.'s ~ to *het hart hebben om*; *over zijn hart verkrijgen* ★ OUD., SCHEEPV. my ~ies! *mannen!* ★ at ~ *in de grond (v. zijn hart)* ★ have at ~ *warm hart toedragen* ★ have sth by ~ *iets v. buiten kennen* ★ learn by ~ *v. buiten leren* ★ give/lose o.'s ~ to *verliefd worden op* ★ have the ~ to *over zijn hart verkrijgen*; *het hart hebben om* ★ a ~-to~ talk *openhartig gesprek* ★ my ~ bleeds for you! *wat heb ik een medelijden met jou!* ★ FIG. bleeding ~ *watje* ⟨zachtaardig persoon⟩ ▼ eat your ~ out *je verbijten* ⟨uit frustratie⟩

heartache ('hɑːteɪk) ZN *hartzeer*

heart attack ZN *hartaanval*

heartbeat ('hɑːtbiːt) ZN *hartslag*

heartbreak ('hɑːtbreɪk) ZN • → **heartache**

heartbreaking ('hɑːtbreɪkɪŋ) BNW *hartverscheurend*

heartbroken ('hɑːtbrəʊkən) ZN *met gebroken hart*; *verpletterd*

heartburn ('hɑːtbɜːn) ZN *(brandend maag)zuur*

heart condition ZN *hartkwaal*

hearten ('hɑːtn) I OV WW • *bemoedigen* II ONOV WW • *moed vatten*

heart failure ZN *hartstilstand*

heartfelt ('hɑːtfelt) BNW *innig*; *hartgrondig*

hearth (hɑːθ) ZN *haard*

hearthrug ('hɑːθrʌg) ZN *haardkleedje*

hearthstone ('hɑːθstəʊn) ZN *haardsteen*; *schuursteen*

heartily ('hɑːtɪlɪ) BIJW • *hartgrondig* • *van harte* • *flink*

heartiness ('hɑːtɪnəs) ZN • *hartelijkheid* • *vuur*

heartless ('hɑːtləs) BNW • *harteloos* • *flauw* • *moedeloos*

heart-rending ('hɑːtrendɪŋ) BNW *hartverscheurend*

heart seizure ZN *hartverlamming*

heartsick ('hɑːtsɪk) BNW *moedeloos*

heartsore ('hɑːtsɔː) I ZN • *hartzeer* II BNW • *diep bedroefd*

heart-throb ('hɑːtθrɒb) ZN • *hartslag* • INFORM. *hartenbreker*

hearty ('hɑːtɪ) BNW • *hartelijk* • *grondig* • *stevig* • *gezond*

heat (hiːt) I ZN • *hitte*; *warmte* • *drift* • *bronst* • *uitslag* • *pikantheid* • *heat*; *loop*; *manche* ★ in/on heat *tochtig*; *loops* ★ white heat *het witheet zijn* ★ be at white heat *witheet zijn* ⟨v. woede⟩ II OV WW • ~ up • *heated/het up opgewonden* III ONOV WW • *heet/warm maken/worden*; *warmlopen* • *broeien* • *opgewonden worden*

heated ('hiːtɪd) BNW *verhit*; *razend*; *woest*

heater ('hiːtə) ZN • *verwarmer* • *kacheltje* • *vóórwarmer* • *strijkbout*

heath (hi:θ) ZN *heide* ★ ~ cock *korhaan* ★ ~ hen *korhoen*
heathen ('hi:ðn) I ZN • *heiden* II BNW • *heidens*
heathenish ('hi:ðənɪʃ) BNW *heidens*
heather ('heðə) I ZN • *heide(struik)* II BNW • *heidekleurig*
heating ('hi:tɪŋ) ZN *verwarming(sinstallatie)* ★ central ~ *centrale verwarming*
heat rash ZN MED. *uitslag* ⟨op huid, door hitte⟩
heat-seeking BNW *hittezoekend* ★ ~ missile *hittezoekende raket*
heatstroke ('hi:tstrəʊk) ZN *zonnesteek; hitteberoerte*
heave (hi:v) I OV WW • *(op)heffen; optillen* • *gooien* • *ophijsen* • *slaken* • *verplaatsen* ⟨v. aardlaag⟩ ★ ~ anchor *het anker lichten* ★ ~ down *kielen* II ONOV WW • *op (en neer) gaan; deinen* • *trekken* ★ the ship hove in sight *het schip kwam in zicht* ● ~ **about** *overstag gaan* • ~ **at** *trekken aan* ● SCHEEPV. ~ **to** *stil gaan liggen; bijdraaien* ● ~ **up** *moeizaam omhoog brengen; overgeven; braken* III ZN • *hijs; ruk*
heaven ('hevn) ZN *hemel* ★ ~born *goddelijk; hemels* ★ for ~'s sake *ach, kom nou toch; toe nou, zeg; in 's hemelswil*
heavenly ('hevnlɪ) BNW *hemels*
heaven-sent BNW *uit de hemel; door de hemel gezonden*
heavy ('hevɪ) I BNW + BIJW • *zwaar* • *moeilijk* • *saai* • *somber; zwaarmoedig* • *lomp* • *droevig* • *slaperig* • *klef* • with a ~ heart *droevig* ★ ~ humour *lompe humor* ★ make ~ weather of sth *zwaar aan iets tillen* II BIJW ★ time hangs ~ on his hands *de tijd valt hem lang* ★ find sth ~ going *iets saai/moeilijk vinden*
heavy-duty (hevɪ'dju:tɪ) BNW • *bestand tegen hoge belasting* • *zeer duurzaam*
heavy-handed (hevɪ'hændɪd) BNW • *onhandig* • *lomp*
heavy-hearted (hevɪ'hɑ:tɪd) BNW *zwaarmoedig*
heavyweight ('hevɪweɪt) I ZN • SPORT *zwaargewicht;* INFORM. *belangrijk persoon* II BNW • *zwaargewicht-*
Hebrew ('hi:bru:) I ZN • *Hebreeër* • *Hebreeuws* ⟨taal⟩ II BNW • *Hebreeuws*
heck (hek) TW *verdomme!*
heckle ('hekl) OV WW • *hekelen* • *(luidruchtig) interrumperen*
heckler ('heklə) ZN *querulant*
hectare ('hekteə) ZN *hectare*
hectic ('hektɪk) I ZN • *teringlijder* II BNW • *koortsachtig; opgewonden; hectisch* • *tering-*
hector ('hektə) I ZN • *bullebak* • *schreeuwer* II OV WW • *intimideren; overdonderen* • *afblaffen*
he'd (hi:d) SAMENTR • he had • → **have** • he would • → **will**
hedge (hedʒ) I ZN • *heg; haag* ★ hedging one's bet *z'n risico's spreiden* ★ buying a house will be a ~ against inflation *door een huis te kopen, heb je een waarborg tegen inflatie* II OV WW • *omheinen* • *belemmeren* III ONOV WW • *z. gedekt houden* • *z. dekken* • *een heg snoeien* • *heg; haag* • *belemmering*
hedgehog ('hedʒhɒg) ZN • *egel* • USA *stekelvarken;* MIL. *egelstelling*
hedgerow ('hedʒrəʊ) ZN *haag*

heebie-jeebies ('hi:bɪ'dʒi:bɪz) ZN MV *de zenuwen; de griezels*
heed (hi:d) I ZN • *aandacht* • *zorg* ★ give/pay heed to *zich bekommeren om; aandacht schenken aan* ★ take heed *oppassen* II OV WW • *z. bekommeren om; aandacht schenken aan*
heedful ('hi:dfʊl) BNW *behoedzaam*
heedless ('hi:dləs) BNW *achteloos* ★ ~ of *zonder te letten op*
hee-haw ('hi:hɔ:) I ZN • *ia* • *luide lach* II ONOV WW • *balken* ⟨v. een ezel⟩ • *luid lachen*
heel (hi:l) I ZN • *hiel* ⟨v. voet⟩ • *hak* ⟨v. schoeisel⟩; *hiel* ⟨v. sokken e.d.⟩ • *rotzak* ★ bring sb to heel *iem. in het gareel krijgen* ★ drag o.'s heels *opzettelijk treuzelen* ★ click o.'s heels *met de hakken klikken* ▼ dig your heels in *je hakken in het zand zetten* ★ heels *hooggehakte schoenen* ★ be at sb's heels *iem. op de hielen zitten* ★ clap/lay sb by the heels *iem. gevangen nemen/zetten* ★ down at heel *afgetrapt(e hakken)* ★ take to o.'s heels *er vandoor gaan* II OV WW • *de hak repareren* ⟨v. schoeisel⟩ • *doen hellen* ★ SPORT heel back *met de hakken trappen* ⟨bij rugby⟩ ★ heel over *doen overhellen* ★ INFORM. well heeled *stinkend rijk* III ONOV WW • *hellen* • *heel over overhellen*
heelball ('hi:lbɔ:l) ZN • *was; schoenmakerswas* • *(gekleurde) wasstift*
heelprick ('hi:lprɪk) ZN MED. *hielprik*
heeltap ('hi:ltæp) ZN • *hakstuk* • *staartje wijn* ★ no ~s! *ad fundum!*
heft (heft) OV WW *optillen*
hefty ('heftɪ) BNW • USA *zwaar* • *stoer* • *log*
hegemony (hɪ'dʒemənɪ) ZN *hegemonie; suprematie; overwicht*
heifer ('hefə) ZN *vaars*
height (haɪt) ZN *hoogte(punt)* ▼ INFORM. the dizzy ~s (of sth) *een erg hoge positie*
heighten ('haɪtn) OV WW • *verhogen* • *overdrijven*
Heimlich manoeuvre ('haɪmlɪk mə'nu:və) ZN *heimlichmanoeuvre*
heinous ('heɪnəs) BNW *afschuwelijk*
heir (eə) ZN • *erfgenaam* ★ heir apparent *(troon)opvolger* ★ heir presumptive *vermoedelijke (troon)opvolger*
heir-at-law ZN *wettige erfgenaam*
heiress ('eərɪs) ZN *erfgename*
heirloom ('eəlu:m) ZN *erfstuk*
held (held) WW [verleden tijd + volt. deelw.] • → **hold**
heliport ('helɪpɔ:t) ZN *helihaven*
helium ('hi:lɪəm) ZN *helium*
helix ('hi:lɪks) ZN • *schroef* • *rand v.d. oorschelp* • *huisjesslak* • *spiraal*
hell (hel) ZN • *hel* • *speelhol* • USA *dronkenmanslol* ★ come hell or high water *wat er ook gebeurt* ★ for the hell of it *zomaar; voor de gein* ★ give hell to *op z'n falie geven* ★ hell of a mess *heidense bende* ★ go to hell! *loop naar de bliksem!* ★ raise hell *de boel op stelten zetten* ★ there was hell to pay! *daar had je het gedonder!* ★ ride hell for leather *in vliegende vaart*
he'll (hi:l) SAMENTR • he shall • → **shall** • he will • → **will**

he

hell-bent (hel'bent) BNW *vastbesloten*
hellish ('helɪʃ) BNW *hels*
hello (hə'ləʊ) TW *hallo*
helm (helm) ZN *roer*
helmet ('helmɪt) ZN *helm* ★ blue ~ *blauwhelm*
helmsman ('helmzmən) ZN *roerganger*
help (help) I OV+ONOV WW • *helpen; bijstaan*
• *(be)dienen* ★ INFORM. help yourself to sth *iets stelen* ★ I couldn't help seeing it *ik moest 't wel zien* ★ don't be longer than you can help *blijf niet langer weg dan nodig* ★ it couldn't be helped *er was niets aan te doen* ▼ give/lend a helping hand *een helpende hand toesteken*
• ~ along *voorthelpen* • ~ off/on *helpen uit-/aantrekken* ⟨v. kleding⟩ • ~ out *uit de brand helpen* • ~ to *helpen aan; bedienen van*
• ~ up *helpen op te staan* II ZN • *hulp; nut*
• *hulp* ⟨persoon⟩ ★ domestic help *huishoudelijke hulp* ★ be of help to sb *van nut zijn voor iem.* ★ it's not much help *het helpt niet veel; het is niet erg zinvol/nuttig* ★ with the help of *met behulp van* ▼ there's no help for it *er is niets aan te doen* III TW • *help*
helpful ('helpfʊl) BNW • *behulpzaam* • *handig; nuttig*
helping ('helpɪŋ) ZN *portie*
helpless ('helpləs) BNW *hulpeloos*
helter-skelter (heltə'skeltə) I ZN • G-B *roetsjbaan; glijbaan* II BNW • *onbesuisd; verward* III BIJW
• *halsoverkop*
helve (helv) ZN *steel*
hem (hem) I ZN • *zoom* II OV WW • *omzomen*
• ~ in *insluiten; omsingelen; beletten*
he-man ('hi:mæn) ZN *stoere kerel; bink*
hemi- ('hemɪ) VOORV *half-*
hemisphere ('hemɪsfɪə) ZN *halve bol*
hemline ('hemlaɪn) ZN *zoom*
hemlock ('hemlɒk) ZN *dolle kervel* ★ ~ fir/spruce *Canadese den*
hemo- VOORV → **haemo-**
hemp (hemp) ZN • *hennep* • *strop*
hemstitch ('hemstɪtʃ) I ZN • *(open) zoomsteek* II OV WW • *(om)zomen*
hen (hen) ZN • *kip* • *wijfje* ⟨bij vogels⟩ ★ hen canary *wijfjeskanarie* ★ FIG. like a hen with one chicken *zenuwachtig druk*
hence (hens) BIJW • *van hier; vandaar* • *weg* ★ ~ it appears *hieruit volgt*
henceforth (hens'fɔːθ) BIJW *voortaan*
henceforward (hens'fɔːwəd) BIJW • →
henceforth
henchman ('hentʃmən) ZN • *edelman; page*
• *volgeling; trawant*
hen-house ('henhaʊs) ZN *kippenhok*
henna ('henə) I ZN • *henna* II OV WW • *met henna verven*
hen party ZN *geitenfuif* ⟨vrijgezellenfeest voor bruid⟩
henpecked ('henpekt) BNW *onder de plak zittend* ★ ~ husband *pantoffelheld*
hepatitis (hepə'taɪtɪs) ZN *hepatitis; geelzucht*
hepta- ('heptə) VOORV *zeven-*
her (hɜː) PERS VNW *haar*
herald ('herəld) I ZN • *heraut; (voor)bode*
• *functionaris van Herald's College* ★ Herald's College *Hoge Raad v. Adel* II OV WW

• *aankondigen*
heraldic (he'rældɪk) BNW *heraldisch*
heraldry ('herəldrɪ) ZN *heraldiek*
herb (hɜːb) ZN • *kruid* • USA, INFORM. *hasj*
herbaceous (hɜː'beɪʃəs) BNW *kruidachtig; met kruiden* ★ ~ border *border met vaste planten*
herbage ('hɜːbɪdʒ) ZN • *kruiden* • JUR. *recht van weide*
herbal ('hɜːbl) I ZN • *kruidenboek* II BNW
• *kruiden-*
herbalist ('hɜːbəlɪst) ZN • *kruidenkenner*
• *kruidendokter*
herbivorous (hɜː'bɪvərəs) BNW *plantenetend*
herd (hɜːd) I ZN • *kudde* • *hoeder; herder* ★ the herd *de grote massa* II OV WW • *hoeden; bijeendrijven* ⟨v. kudde⟩ • ~ together *samendrijven* III ONOV WW • *in kudde/samen leven* • ~ together *samendrommen* • ~ with *z. aansluiten bij; omgaan met*
herdsman ('hɜːdzmən) ZN *veehoeder*
here (hɪə) BIJW *hier(heen)* ★ here's to you! *op je gezondheid!* ★ here's luck! *op je gezondheid!*
★ here you are! *alstublieft!* ★ neither here nor there *'t raakt kant noch wal; 't heeft er niets mee te maken*
hereabouts (hɪərə'baʊts), USA **hereabout** (hɪərə'baʊt) BIJW *hier in de buurt*
hereafter (hɪər'ɑːftə) I ZN • *het hiernamaals* II BIJW • *hierna; in het hiernamaals*
hereby (hɪə'baɪ) BIJW *hierdoor*
hereditary (hɪ'redɪtərɪ) BNW *erfelijk*
heredity (hɪ'redɪtɪ) ZN *erfelijkheid; overerving*
herein (hɪə'rɪn) BIJW *hierin*
hereinafter (hɪərɪn'ɑːftə) BIJW JUR. *in het vervolg*
heresy ('herəsɪ) ZN *ketterij*
heretic ('herətɪk) ZN *ketter*
heretical (hə'retɪkl) BNW • *ketters* • *onrechtzinnig*
hereto (hɪə'tuː) BIJW *hiertoe; hieraan*
heretofore (hɪətʊ'fɔː) BIJW *eertijds*
hereupon (hɪərə'pɒn) BIJW *hierop*
herewith (hɪə'wɪð) BIJW *hiermee; bij deze*
heritage ('herɪtɪdʒ) ZN *erfenis; erfgoed; erfdeel*
hermaphrodite (hɜː'mæfrədaɪt) ZN *hermafrodiet*
hermetic (hɜː'metɪk) BNW *hermetisch*
hermit ('hɜːmɪt) ZN *kluizenaar*
hermitage ('hɜːmɪtɪdʒ) ZN *kluis*
hernia ('hɜːnɪə) ZN *(ingewands)breuk*
hero ('hɪərəʊ) ZN • *held* • *halfgod*
heroic (hə'rəʊɪk) BNW *heldhaftig*
heroics (hə'rəʊɪks) ZN MV • *gezwollen taal* • *valse pathos* • *heldhaftigheid/-heden*
heroin ('herəʊɪn) ZN *heroïne*
heroine ('herəʊɪn) ZN • *halfgodin* • *heldin*
heroism ('herəʊɪzəm) ZN *heldenmoed*
heron ('herən) ZN *reiger* ★ night ~ *kwak*
★ purple ~ *purperreiger* ★ grey ~ *blauwe reiger*
herpes ('hɜːpiːz) ZN • *huiduitslag* • *gordelroos*
herring ('herɪŋ) ZN *haring* ★ red ~ *afleidingsmanoeuvre*
herringbone ('herɪŋbəʊn) I ZN • *haringgraat*
• *visgraatpatroon* II OV WW • *(in) visgraatpatroon weven/bouwen*
herring gull ZN *zilvermeeuw*
hers (hɜːz) BEZ VNW • *van haar* • *het/de hare*
herself (hə'self) WKD VNW *haar(zelf); zich(zelf)*
Herts. AFK *Hertfordshire*

he's (hi:z) SAMENTR • he is • → **be** • he has • → have

hesitancy ('hezɪtənsɪ) ZN *aarzeling*

hesitant ('hezɪtnt) BNW *aarzelend*

hesitate ('hezɪteɪt) ONOV WW • *aarzelen* • *weifelen*

hesitation (hezɪ'teɪʃən) ZN *aarzeling*

hessian ('hesɪən) I ZN • *zakkengoed; grove jute* II BNW • *Hessisch* ★ ~ *boot hoge laars* ⟨met kwastjes⟩

hetero ('hetərəʊ) I ZN • *hetero* II BNW • *hetero*

heterodox ('hetərəʊdɒks) BNW *andersdenkend; ketters*

heterodoxy ('hetərədɒksɪ) ZN *ketterij*

heterogeneity (hetərədʒə'ni:ətɪ) ZN *heterogeniteit; ongelijksoortigheid*

heterogeneous (hetərəʊ'dʒi:nɪəs) BNW *heterogeen; ongelijksoortig*

heterosexual (hetərəʊ'sekʃʊəl) BNW *heteroseksueel*

hew (hju:) OV+ONOV WW • *kappen; houwen* • *hakken* ★ hew one's way through a forest *zich een weg door een bos banen* • ~ **down** *omhakken; vellen* ★ hew down a tree *een boom omhakken* • ~ **off** *afhakken* ★ hew off a branch *een tak afhakken*

hewn (hju:n) WW [volt. deelw.] • → **hew**

hexa- ('heksə) VOORV *zes-*

hexagon ('heksəgən) ZN *zeshoek*

hexagonal (hek'sægənl) BNW *zeshoekig*

hexahedron (heksə'hi:drən) ZN *zesvlak*

hexameter (hek'sæmɪtə) ZN *zesvoetig vers*

hey (heɪ) TW • *hee* • *hoera* ★ hey there! *hee daar!* ★ hey presto! *hocus pocus pilatus pas!*

heyday ('heɪdeɪ) ZN *bloei; fleur*

hiatus (haɪ'eɪtəs) ZN *leemte; hiaat*

hibernate ('haɪbəneɪt) ONOV WW • *winterslaap doen* • *winter doorbrengen*

hibernation (haɪbə'neɪʃən) ZN *winterslaap*

Hibernia (haɪ'bɜ:nɪə) ZN *Ierland*

hiccough I ZN • → **hiccup** II OV+ONOV WW • → **hiccup**

hiccup ('hɪkʌp) I ZN • *hik* II OV+ONOV WW • *hikken*

hick (hɪk) I ZN • USA/INFORM. *boer* II BNW • *boers*

hickory ('hɪkərɪ) ZN • *Noord-Amerikaanse notenboom* • *notenhout* • *notenhouten stok*

hid (hɪd) WW [verleden tijd] • → **hide**

hidden (hɪdn) WW [volt. deelw.] • → **hide**

hide (haɪd) I OV WW • *op zijn huid geven* • ~ **from** *verbergen voor* II ONOV WW • (z.) *verbergen* ★ hide o.'s light under a bushel *zijn talenten voor anderen verbergen* III ZN • *huid* • *hachje* • *oppervlaktemaat (120 acres)* • *schuilplaats*

hide-and-seek ZN *verstoppertje*

hideaway ('haɪdəweɪ) ZN *geheime schuilplaats*

hidebound ('haɪdbaʊnd) BNW • *met nauwsluitende huid/schors* • *bekrompen*

hideous ('hɪdɪəs) BNW *afschuwelijk*

hideout ('haɪdaʊt) ZN *schuilplaats*

hiding ('haɪdɪŋ) ZN *pak rammel* ★ a good ~ *flink pak slaag* ★ in ~ *ondergedoken*

hiding place ZN *schuilplaats*

hierarchical (haɪə'rɑ:kɪkl) BNW *hiërarchisch*

hierarchy ('haɪərə:kɪ) ZN *hiërarchie*

hieroglyph ('haɪərəglɪf) ZN *hiëroglief*

hieroglyphic (haɪərə'glɪfɪk) BNW *hiëroglifisch*

hi-fi ('haɪfaɪ) ZN • *hifi geluidsinstallatie* • (met) *getrouwe geluidsweergave*

higgledy-piggledy (hɪgldɪ'pɪgldɪ) I ZN • *rommel* II BNW + BIJW • *schots en scheef; overhoop*

high (haɪ) I BNW + BIJW • *hoog* • *verheven* • *duur* • *op 't kantje van bederf* • *adellijk* (v. vlees/wild) • *opgewekt* • *dronken* • *bedwelmd* ★ how is that for high! *wat zeg je daarvan!* ★ high art *kunst met een grote K* ★ high day *klaarlichte dag; hoogtijdag; feestdag* ★ high jinks *dolle pret* ★ high life/society *('t leven van) de beau monde* ★ LIT. high noon *midden v.d. dag* ★ high spot *hoogtepunt* ★ high street *hoofdstraat* ★ high tea *uitgebreide theemaaltijd (met warme gerechten)* ★ high water mark *hoogtepunt; hoogwaterpeil* ★ high words *'woorden'; ruzie* ★ on the high seas *in volle zee* ★ with a high hand *autoritair* ▼ high and dry *verlaten; alleen; buitenspel* ▼ high and low *overal; hoog en laag* ▼ high and mighty *aanmatigend; autoritair* ▼ smell/stink to high heaven *uren in de wind stinken; het daglicht niet kunnen velen* II ZN • *hogedrukgebied* • *record; hoogtepunt* • *climax* ★ on high *omhoog; in de hoogte; in de hemel* ★ hit a high *een climax bereiken*

highborn ('haɪbɔ:n) BNW *van adellijke geboorte*

highbrow ('haɪbraʊ) I ZN • (pedante) *intellectueel* II BNW • *intellectueel* • *superieur*

high-class (haɪ'klɑ:s) BNW *uitstekend; voornaam*

highfalutin (haɪfə'lu:tɪn) ZN *hoogdravend*

high-flier, high-flyer ZN *hoogvlieger*

high-flown (haɪ'fləʊn) BNW *hoogdravend*

high-grade BNW (v.) *uitstekende kwaliteit*

high-handed (haɪ'hændɪd) BNW • *laatdunkend* • *autoritair*

high-heeled BNW *met hoge hakken*

high-jump (haɪ'dʒʌmp) ZN ★ he will be for the high jump *hij zal er van lusten*

Highlander ('haɪləndə) ZN MV *Hooglander*

Highlands ('haɪləndz) ZN MV *Schotse Hooglanden*

high-level BNW *op hoog niveau*

highlight ('haɪlaɪt) I ZN • *hoogtepunt* II OV WW • *markeren* ⟨met markeerpen⟩

highly ('haɪlɪ) BIJW *hogelijk; hoogst*

high-minded (haɪ'maɪndɪd) BNW • *edelmoedig* • *hoogmoedig*

highness ('haɪnəs) ZN • *hoogheid* • *hoogte*

high-pitched BNW • *hoog* • *schel* • *steil* • *verheven*

high-powered (haɪ'paʊəd) BNW • (zeer) *krachtig; met groot vermogen* • *hooggekwalificeerd*

high-pressure I BNW • *hoge druk-* II OV WW • *onder hoge druk zetten*

high-ranking BNW *hoog(staand)*

high-rise ('haɪraɪz) BNW *hoog* ★ ~ office *wolkenkrabber* ★ ~ flat *torenflat*

high-sounding BNW • *hoogdravend* • *holklinkend*

high-speed BNW *met grote snelheid; snel-*

high-strung BNW *hypernerveus; overgevoelig*

hightail ('haɪteɪl) ONOV WW • PLAT *'m smeren* • PLAT *pal achter iemand rijden* • PLAT *racen*

hi

high-tech BNW high technology *geavanceerd*
high-tension BNW *hoogspannings-*
high-up ZN *hoge piet*
highway ('haɪweɪ) ZN *grote weg; verkeersweg* ★ ~ *code verkeersreglement* ★ USA divided ~ *gescheiden vierbaansweg*
highwayman ('haɪweɪmən) ZN *struikrover*
hijack ('haɪdʒæk) I ZN • *kaping* • *beroving* II OV WW • *kapen* • *stelen* • *buitmaken* • *roven* ⟨v. smokkeldrank⟩
hijacker ('haɪdʒækə) ZN *kaper*
hike (haɪk) I ZN • *trektocht* II OV WW • *ophijsen* III ONOV WW • *rondtrekken*
hiker ('haɪkə) ZN *wandelaar; trekker*
hilarious (hɪ'leərɪəs) BNW *vrolijk*
hilarity (hɪ'lærətɪ) ZN *hilariteit*
hill (hɪl) I ZN • *heuvel* • *hoop* ★ USA over the hill *over zijn hoogtepunt heen* II OV WW • hill (up) *ophogen; aanaarden*
hillbilly ('hɪlbɪlɪ) ZN USA *boertje; heikneuter*
hillock ('hɪlək) ZN *heuveltje*
hillside ('hɪlsaɪd) ZN *helling*
hilltop ('hɪltɒp) ZN *heuveltop* ★ ~ village *hooggelegen dorp*
hilly ('hɪlɪ) BNW *heuvelachtig*
hilt (hɪlt) ZN *gevest* ★ support sb (up) to the hilt *iem. volledig ondersteunen* ★ up to the hilt in debts *tot over zijn oren in de schuld*
him (hɪm) PERS VNW *hem*
himself (hɪm'self) WKD VNW • *zich(zelf)* • *zelf* ★ all by ~ *helemaal alleen* ★ he's quite ~ again *hij is weer helemaal de oude*
hind (haɪnd) I ZN • *hinde* • *boer(enknecht)* • *rentmeester* II BNW • *achter(ste)* ★ talk the hind legs of a donkey *iem. de oren van het hoofd praten*
hinder ('hɪndə) I BNW • *achter(ste)* II OV WW • *(ver)hinderen; beletten*
Hindi ('hɪndɪ) ZN *Hindi*
hindmost ('haɪndməʊst) BNW *achterste*
hindquarters (haɪnd'kwɔ:təz) ZN *achterdeel; achterste*
hindrance ('hɪndrəns) ZN • *obstakel; belemmering*
hindsight ('haɪndsaɪt) ZN • *vizier* • *beschouwing achteraf* ★ with ~ *achteraf bekeken*
Hindu ('hɪndu:) I ZN • *hindoe* II BNW • *hindoes* • *van het hindoeïsme*
Hinduism ('hɪndu:ɪzəm) ZN *hindoeïsme*
hinge (hɪndʒ) I ZN • *scharnier* • *spil* (figuurlijk) ★ off the ~s *in de war* II OV WW • *met scharnier vastmaken* III ONOV WW • *rusten op* • *draaien*
hinny ('hɪnɪ) ZN *muilezel*
hint (hɪnt) I ZN • *hint; zinspeling* ★ drop a hint *een hint geven* ★ take a hint *een hint oppikken/begrijpen* II OV WW • *in bedekte termen te kennen geven* III ONOV WW • ~ at *zinspelen op*
hinterland ('hɪntəlænd) ZN *achterland*
hip (hɪp) I ZN • *heup* • *rozenbottel* • *zwaarmoedigheid* ★ smite hip and thigh *meedogenloos slaan* II BNW • *hip* III OV WW • *zwaarmoedig maken* IV TW ★ hip, hip, hooray! *hiep hiep hoera!*
hip bath ZN *zitbad*
hip hop ZN MUZ. *hiphop*
hippie, hippy ('hɪpɪ) ZN *hippie; hippe vogel*

hippo ('hɪpəʊ) ZN *nijlpaard*
hip pocket ZN *achterzak*
hippodrome ('hɪpədrəʊm) ZN • *renbaan* • *circus*
hippopotami (hɪpə'pɒtəmɪ) ZN [MV] • → **hippopotamus**
hippopotamus (hɪpə'pɒtəməs) ZN *nijlpaard*
hippy ('hɪpɪ) ZN • → **hippie**
hipster ('hɪpstə) ZN *hippie* ★ wear ~ trousers *een heupbroek dragen*
hire ('haɪə) I OV WW • *huren* • ~ out *verhuren* II ZN • *huur* • *loon* ★ on hire *te huur* ★ hire purchase *huurkoop*
hireling ('haɪəlɪŋ) ZN *huurling*
hirsute ('hɜ:sju:t) BNW • *harig; ruig; borstelig* • *(met) onverzorgd(e) baard/haar*
his (hɪz) BEZ VNW *'t zijne; zijn; van hem*
hiss (hɪs) I OV WW • *(uit)fluiten* • ~ off *van het podium fluiten* II OV+ONOV WW • *sissen* III ZN • *sissend geluid*
hist (hɪst) TW *pst!; sst!*
histology (hɪ'stɒlədʒɪ) ZN *weefselleer*
historian (hɪ'stɔ:rɪən) ZN • *geschiedschrijver* • *geschiedkundige*
historic (hɪ'stɒrɪk) BNW *historisch*
historical (hɪ'stɒrɪkl) BNW *geschiedenis-; geschiedkundig*
history ('hɪstərɪ) ZN *geschiedenis* ★ natural ~ *biologie* ★ make ~ *geschiedenis maken*
histrionic (hɪstrɪ'ɒnɪk) I ZN • *acteur* ★ ~s *toneelkunst; theatraal gedoe* II BNW • *toneel-* • *huichelachtig*
hit (hɪt) I OV WW • *slaan* • *treffen; raken* • *teisteren* • *(aan)komen (bij/op)* • *raden* ★ hit it off *'t goed kunnen vinden met iem.* ★ hard hit *zwaar getroffen/geteisterd* ★ hit the road *(op) weg gaan* ★ hit the headlines *de voorpagina halen* ★ USA hit the hay/sack *onder de wol kruipen* ★ hit home *zijn doel treffen* ★ hit the roof *barsten van woede* ★ hit the nail on the head *de spijker op zijn kop slaan* ★ hit and run *doorrijden na aanrijding* ★ OOK FIG. hit below the belt *onder de gordel slaan* • ~ back *terugslaan* • ~ off *precies treffen* II ONOV WW • ~ out *slaan naar; van z. afslaan* • ~ (up)on *toevallig aantreffen; stuiten op* III ZN • *slag; stoot; voltreffer* • *hit* ⟨iets populairs⟩ • COMP. *hit* ⟨keer dat een internetpagina wordt geraadpleegd⟩
hitch (hɪtʃ) I ZN • *hapering; kink in de kabel* • SCHEEPV. *knoop* ★ without a ~ *zonder onderbreking* II OV WW • *rukken* • *(z.) even verplaatsen* • *vastmaken; vast raken* ★ ter sprake brengen ★ PLAT get ~ed *trouwen* ★ ~ a horse to a cart *een paard voor een wagen spannen* • ~ up *optrekken* ⟨met een rukje⟩ ★ ~ up o.'s trousers *z'n broek ophijsen* III ONOV WW • USA *goed samen opschieten* • *liften*
hitch-hike ('hɪtʃhaɪk) ONOV WW *liften; liftend trekken door*
hi-tech BNW • → **high-tech**
hither ('hɪðə) BIJW *hierheen* ★ ~ and t~ *her en der*
hitherto (hɪðə'tu:) BIJW *tot dusver*
hit list ZN INFORM. *dodenlijst* ⟨lijst van te vermoorden personen⟩
hit man ZN INFORM. *huurmoordenaar*
hit-or-miss BNW *lukraak*

HIV AFK human immunodeficiency virus *hiv* ★ HIV positive *seropositief*

hive (haɪv) **I** ZN • bijenkorf • bijenzwerm **II** OV WW • *korven* • *huisvesten* • ~ **off** *uitbesteden* **III** ONOV WW • *samenwonen/-huizen* • ~ **off** *uitzwermen*

hives (haɪvz) ZN MV *huiduitslag*

HM AFK Her/His Majesty *Hare/Zijne Majesteit*

hoard (hɔːd) **I** ZN • voorraad • spaargeld • schat **II** OV WW • *vergaren* **III** OV+ONOV WW • *hamsteren* • ~ up in one's heart *koesteren*; *bewaren*

hoarding ('hɔːdɪŋ) ZN • G-B *het hamsteren* • *schutting*; *aanplakbord*

hoar frost (hɔːˈfrɒst) ZN *rijp*

hoarse (hɔːs) BNW *schor*; *hees*

hoary ('hɔːrɪ) BNW • grijs • eerbiedwaardig

hoax (həʊks) **I** ZN • grap; poets; WWW *hoax* **II** OV WW • *foppen*; *een poets bakken*

hob (hɒb) ZN • haardplaat • pin

hobble ('hɒbl) **I** OV WW • (doen) strompelen • kluisteren **II** ONOV WW • ~ skirt *nauwe rok* **III** ZN • strompelgang • boei • vervelende situatie

hobby ('hɒbɪ) ZN • liefhebberij • boomvalk ★ ~horse *stokpaardje*; *hobbelpaard*

hobgoblin (hɒbˈɡɒblɪn) ZN • kabouter • kwelgeest

hobnail ('hɒbneɪl) ZN *schoenspijker*

hobnob ('hɒbnɒb) ONOV WW *babbelen met*; *samen een glaasje drinken* ★ ~ with sb *als dikke vrienden met iem. omgaan*

hobo ('həʊbəʊ) ZN *zwerver*; *landloper*

hock (hɒk) **I** ZN • hielgewricht ⟨v. paard⟩ • Rijnwijn • USA *pand* ★ USA in hock *in de lommerd*; *in de gevangenis* **II** OV WW • USA *verpanden* • de hakpees doorsnijden van

hocus ('həʊkəs) OV WW • voor de gek houden • bedwelmen

hocus-pocus (həʊkəsˈpəʊkəs) **I** ZN • hocus pocus **II** OV WW • voor de gek houden **III** ONOV WW • goochelen

hod (hɒd) ZN *kalkbak*

hodgepodge ('hɒdʒpɒdʒ) ZN USA • → hotchpotch

hodman ('hɒdmæn) ZN • opperman • broodschrijver

hoe (həʊ) **I** ZN • schoffel • STRAATT., USA *hoer* **II** OV+ONOV WW • schoffelen

hog (hɒɡ) **I** ZN • (slacht)varken • jong schaap • zwijn ⟨fig.⟩ **II** OV WW • krommen ⟨de rug⟩ • kort knippen • zich inhalig gedragen

hogget ('hɒɡɪt) ZN *éénjarig schaap*

Hogmanay ('hɒɡmæneɪ) ZN ⟨in Schotland⟩ *oudejaarsavond*; *oudejaarsdag*

hogpen ('hɒɡpen) ZN *varkenskot*

hogwash ('hɒɡwɒʃ) ZN • nonsens; larie • varkensvoer

hoist (hɔɪst) **I** ZN • hijstoestel; lift; hijsinrichting **II** OV WW • (op)hijsen

hoity-toity (hɔɪtɪˈtɔɪtɪ) BNW • hooghartig • lichtgeraakt • uitgelaten • snobistisch • USA *lichtzinnig*

hokum ('həʊkəm) ZN *kitsch* ⟨m.b.t. toneel/film⟩

hold (həʊld) **I** OV WW • JUR. *beslissen* • in bezit/pacht hebben/houden • USA *gevangen* houden • hold at bay *op een afstand houden* • (be)houden • in-/tegen-/vasthouden • eropna houden • (kunnen) bevatten • v. mening zijn • beledigende taal bezigen ★ that story doesn't hold water *dat verhaal houdt geen steek/klopt niet* ★ hold cheap *geen hoge dunk hebben van* ★ he can hold with the best *hij kan met de besten wedijveren* ★ hold sb to an opinion *iem. op zijn mening vastpinnen* ★ hold a p. to a promise *iem. aan zijn belofte houden* ★ hold sth over a p. *iem. dreigen met iets* ★ be left holding the baby *met de gebakken peren blijven zitten* ★ hold in hand *aan 't lijntje houden* ★ hold one's head high *zich fier gedragen* ★ hold it! stop! *blijf staan!* ★ hold in esteem/repute *hoogachten* ★ hold your tongue! *hou je mond!* ★ hold a place *een betrekking bekleden* ★ hold one's own *stand houden*; *zich goed houden*; *niet toegeven* ★ hold no sway! *hou je gemak!* ★ hold one's hand *zich er niet mee bemoeien* ★ hold it good *to het raadzaam vinden om* • ~ **against** *kwalijk nemen*; *verwijten* • ~ **back** *aarzelen*; *z. onthouden* • USA ~ **down** *bekleden*; *onderdrukken* • ~ **in** (z.) *inhouden* • ~ **off** *uitstellen*; *op een afstand houden*; *aanhouden* • ~ **on** *niet loslaten* • ~ **out** *uitsteken* ★ hold out an olive branch *vrede sluiten* • ~ **over** *uitstellen*; *aanhouden* • ~ **up** *ophouden*; *tegenhouden*; *omhooghouden*; *aanhouden*; *vóórhouden*; *opsteken*; *overvallen* ★ hold up one's head with *niet onderdoen voor* ★ hold up one's head *moed houden*; *nieuwe moed scheppen* **II** ONOV WW • *het (uit)houden* • v. kracht zijn • aanhouden ★ hold to one's course *doorzetten* ★ hold true *blijken waar te zijn* • ~ **aloof** *z. afzijdig houden* • ~ **back** *achterhouden*; *tegenhouden*; *geheim houden*; *in bedwang houden* • ~ **by** *blijven bij*; *z. houden aan* • ~ **forth** *betogen*; *oreren* • ~ **off** *wegblijven*; *z. op een afstand houden* • ~ **on** *z. vasthouden*; *doorgaan*; *aanblijven* ★ hold on a minute! *wacht even!* • ~ **on to** *vasthouden aan*; *niet opgeven*; *niet loslaten*; *niet loskomen van* • ~ **out** *het uithouden*; *toereikend zijn*; USA *achterhouden* • ~ **with** *het houden bij/met*; *goedkeuren* **III** ZN • *houvast*; *vat*; *greep* • SCHEEPV. *ruim* ★ take/get/catch hold of *vastpakken*; *aangrijpen* ★ keep hold of *vasthouden* ★ hold on/to *macht over*; *vat op*

holdall ('həʊldɔːl) ZN • plunjezak • reistas

holder ('həʊldə) ZN • huurder; pachter • sigarenpijpje; houder; sigarettenpijpje

holding ('həʊldɪŋ) ZN • pachthoeve • goudvoorraad ★ ~(-company) *houdstermaatschappij*

hold-up ZN • stremming; vertraging • overval

hole (həʊl) **I** ZN • hok; gat; holte; kuil • SPORT *hole* ★ need sth like you need a hole in the head *iets kunnen missen als kiespijn* ★ in a hole *in de knoei zitten* ★ pick holes in an argument/theory *spijkers op laag water zoeken* ★ STERRENK. black hole *zwart gat* **II** OV WW • gaten maken in • graven • (door)boren • in hole plaatsen ⟨bij golf⟩ **III** OV+ONOV WW • ~ **up** (zich) verbergen; (zich) verschuilen

ho

hole-and-corner BNW *heimelijk*; *steels*; *schalks*; *geheim*

holiday ('hɒlədeɪ) ZN *vakantie(dag)* ★ go on ~ *op vakantie gaan*

holidaymaker ('hɒlədeɪmeɪkə) ZN *vakantieganger*

holiness ('həʊlɪnəs) ZN *heiligheid*

holler ('hɒlə) OV+ONOV WW *schreeuwen*

hollow ('hɒləʊ) I ZN • *holte* • *dal*; *laagte* II BNW + BIJW • *hol* • *voos*; *slap*; *geveinsd*; *ijdel* ★ beat a p. ~ *iem. totaal verslaan* III OV WW • *(uit)hollen*; *hol maken*

hollowness ('hɒləʊnəs) ZN • *holheid* • *leegheid*

hollowware ('hɒləʊweə) ZN *potten en pannen*

holly ('hɒlɪ) ZN *hulst*

hollyhock ('hɒlɪhɒk) ZN *stokroos*

holocaust ('hɒləkɔːst) ZN • *Holocaust* • *slachting*

holster ('həʊlstə) ZN *(pistool)holster*

holy ('həʊlɪ) BNW *heilig*

homage ('hɒmɪdʒ) I ZN • *hulde* ★ pay/do ~ *hulde betuigen* II OV WW • *huldigen*

hombre ('ɒmbreɪ) ZN USA *man*; *kerel*

homburg ('hɒmbɜːg) ZN *gleufhoed* ⟨met omgekrulde rand⟩

home (həʊm) I ZN • *t(e)huis* • *huis* • *geboortegrond*; *vaderland* • *verblijf* • *honk* ★ home ground *van eigen bodem* ★ bring sth closer to home *iets tastbaarder maken* ★ a home from a home *als thuis* ★ convalescent home *herstellingsoord* • *long/last home laatste rustplaats* ★ make a home *zich vestigen* ★ home sweet home *oost, west, thuis best* ★ at home *thuis*; *in 't (vader)land*; *hier te lande* ★ be at home with/in *op de hoogte zijn van*; *goed bekend zijn met* ★ bring sth home to sb *iem. doordringen van iets*; *iem. iets in zijn hoofd prenten* ★ make yourself at home *doe alsof je thuis bent* ★ charity begins at home *het hemd is nader dan de rok* ★ home truth *harde waarheid* ★ go to one's long home *de eeuwige rust ingaan* ▾ close to home *raak* II BNW • *huis(houd)elijk* • *eigen* • *binnenlands* • *raak* ★ homematch *thuiswedstrijd* ★ a home thrust *rake zet*; *1-0* III OV WW • *naar huis sturen/geleiden* • *huisvesten* IV ONOV WW • *naar huis gaan* ⟨v. duif⟩ V BIJW • *naar huis*; *thuis* • *naar/op z'n plaats*; *raak* • *vast*; *dicht* ★ drive a nail home *een spijker vastslaan* ★ nothing to write home about *nauwelijks de moeite waard* ★ come home to *duidelijk worden* ★ it's coming home to me *daar staat me iets van voor* ★ bring sth home to a p. *iem. iets aan zijn verstand brengen*

Home ('həʊm) ZN ★ Home Office *ministerie v. binnenlandse zaken* ★ Home Rule *zelfbestuur* ★ Home Secretary *Minister v. Binnenlandse Zaken* ★ Home Counties *de graafschappen rondom Londen*

home bird ('həʊmbɜːd) ZN INFORM. *huismus* ⟨figuurlijk⟩

home brew ZN *eigen brouwsel*

home-brewed (həʊm'bruːd) I ZN • *zelfgebrouwen bier* II BNW • *zelfgebrouwen*

homecoming ('həʊmkʌmɪŋ) ZN • *thuiskomst* • *repatriëring*

home economics ZN *huishoudkunde*

home-grown BNW *inlands*; *v. eigen bodem*

homeland ('həʊmlænd) ZN • *geboorteland* • *thuisland* ⟨in Zuid-Afrika⟩

homely (houmli) BNW • *simpel*; *eenvoudig* • *alledaags* • USA *lelijk*

home-made BNW • *eigengemaakt* • *inlands*

homeopath ('həʊmɪəʊpæθ) ZN *homeopaat*

homeopathic (həʊmɪə'pæθɪk) BNW *homeopathisch*

homeopathy (həʊmɪ'ɒpəθɪ) ZN *homeopathie*

home page ('həʊmpeɪdʒ) ZN COMP. *homepage*; *indexpagina*

homer ('həʊmə) ZN *duif op thuisreis*

homespun ('həʊmspʌn) BNW • *zelf gesponnen* • *onopgesmukt*; *eenvoudig*

homestead ('həʊmsted) ZN *hofstede*

homeward ('həʊmwəd) BNW + BIJW *huiswaarts* ★ ~ bound *op thuisreis*

homewards ('həʊmwədz) BIJW *huiswaarts*

homework ('həʊmwɜːk) ZN *huiswerk* ★ do your ~ *je huiswerk maken*

homey ('həʊmɪ) I ZN • INFORM. *maatje*; *makker* II BNW • *huiselijk*

homicidal (hɒmɪ'saɪdl) BNW *moord-*; *moorddadig*

homicide ('hɒmɪsaɪd) ZN • *doodslag* • *pleger v. doodslag* ★ culpable ~ *dood door schuld*

homily ('hɒməlɪ) ZN *preek*; *homilie*; *leerrede*

homing ('həʊmɪŋ) ZN *het naar huis gaan* ★ ~ device *stuurorgaan v. geleide projectielen* ★ ~ instinct *instinct dat de weg naar huis wijst* ★ ~ pigeon *postduif*

homo ('həʊməʊ) ZN *homo*

homoeopath ZN • → **homeopath**

homoeopathic BNW • → **homeopathic**

homoeopathy ZN • → **homeopathy**

homogeneity (həʊməʊdʒə'niːətɪ) ZN *gelijksoortigheid*; *homogeniteit*

homogeneous (həʊməʊ'dʒiːnɪəs) BNW *gelijksoortig*; *homogeen*

homologous (hə'mɒləgəs) BNW *overeenkomend*; *overeenkomstig*

homonym ('hɒmənɪm) ZN *gelijkluidend woord*; *homoniem*

homosexual (həʊməʊ'sekʃʊəl) I ZN • *homoseksueel* II BNW • *homoseksueel*

homy ('həʊmɪ) BNW *huiselijk*

Hon. Hon. AFK • Honourable ≈ *hooggeboren* • Honorary *ere-*

hone (həʊn) I ZN • *wetsteen*; *oliesteen* II OV WW • *aanzetten*; *slijpen*

honest ('ɒnɪst) BNW • *rechtschapen*; *braaf* • *eerlijk* • *onvervalst*; *deugdelijk* ★ make an ~ woman of *trouwen na eerst verleid te hebben*

honestly ('ɒnəstlɪ) BIJW *eerlijk* ★ ~ speaking *eerlijk gezegd*

honest-to-goodness I BNW • *ongecompliceerd*; *zuiver* II TW • *echt*

honesty ('ɒnɪstɪ) ZN • *eerlijkheid*; *oprechtheid* • PLANTK. *judaspenning* ★ ~ is the best policy *eerlijk duurt het langst*

honey ('hʌnɪ) ZN • *honing* • *schat*; *liefje*

honeybee ('hʌnɪbiː) ZN *honingbij*

honeycomb ('hʌnɪkəʊm) I ZN • *honingraat* • *honingraatpatroon* • *raatvormige gietfout* ⟨in metaal⟩ II OV WW • *gaatjes maken in*; *doorboren* • *ondermijnen* • *bewerken met*

ho

honingraatpatroon

honeydew ('hʌnidju:) ZN • *gesausde tabak* • *honingdauw*

honeyed ('hʌnid) BNW *(honing)zoet* ★ ~ *words lieve woordjes* ★ ~ *voice lieve stem*

honeymoon ('hʌnimu:n) I ZN • *huwelijksreis*; *wittebroodsweken* II ONOV WW • *de huwelijksreis/wittebroodsweken doorbrengen*

honeysuckle ('hʌnisʌkl) ZN *kamperfoelie*

honk (hɒŋk) I ZN • *getoeter* • *gesnater* II ONOV WW • *toeteren* • *snateren*

honky ('hɒŋkɪ) ZN USA/SLANG, MIN. *bleekscheet*

honorary ('ɒnərərɪ) BNW • *ere-* • *onbezoldigd*

honour ('ɒnə) I ZN • *eer; eergevoel* • *eerbewijs*; *woord van eer* ★ *do sb the ~ of ... iem. vereren met ...* ★ ~*s cum laude; onderscheidingen*; *honneurs* ★ ~*s degree graad na gespecialiseerde studie* ★ Honours List *lijst van personen die koninklijk onderscheiden worden*; ≈ *lintjesregen* ★ Your Honour *Edelachtbare* ★ *be on one's ~ to aan zijn eer verplicht zijn om* ★ *bound in ~ to aan zijn eer verplicht zijn om* ★ *in ~ of ter ere van* ★ *meet with due ~ behoorlijk gehonoreerd worden* ★ *put a p. on his ~ op zijn eergevoel werken* II OV WW • *eren* • *honoreren*

honourable ('ɒnərəbl) BNW • *eervol* • *rechtschapen* • ≈ *edelachtbaar*

hooch (hu:tʃ) ZN USA, STRAATT. *whisky*; *sterkedrank*

hood (hʊd) I ZN • *kap*; *capuchon* • USA *motorkap* • PLAT *buurt*; *wijk* II OV WW • *met kap bedekken*; *van kap voorzien*

hooded ('hʊdɪd) BNW *bedekt* ⟨met kap⟩

hoodie ('hʊdɪ) ZN *sweatshirt met capuchon*

hoodlum ('hu:dləm) ZN *vandaal*; *relschopper*; *vechtersbaas*

hoodoo ('hu:du:) I ZN • *ongeluk* II BNW • *ongeluks-* III OV WW • *ongeluk brengen*

hoodwink ('hʊdwɪŋk) OV WW *misleiden*; *zand in de ogen strooien*

hooey ('hu:i) ZN USA *waardeloze nonsens*

hoof (hu:f) I ZN • *hoef* • *poot* ★ *on the hoof levend*; *(nog) niet geslacht* II OV WW • *trappen*; *slaan* ⟨door paard⟩ III OV+ONOV WW ★ PLAT *hoof (it) te voet gaan*

hook (hʊk) I ZN • *haak*; *vishaak* • *sikkel*; *snoeimes*; *kram* • SCHEEPV. *bocht* ★ *grappling hook werpanker*; *dreg* ★ *reaping hook sikkel* ★ *by hook or by crook eerlijk of oneerlijk*; *hoe dan ook* ★ *on one's own hook op z'n eigen houtje* ★ PLAT *let sb off the hook iem. uit de narigheid halen* ★ *sling o.'s hook 'm smeren* ★ *take the receiver off the hook de hoorn van de haak nemen* II OV WW • ⟨z.⟩ *vasthaken*; *aanhaken* • *aan de haak slaan* • *inpikken* ★ *tot verslaafdheid brengen* • ~ *on aanhaken*; *in elkaar haken* • ~ *up vasthaken*; *aan de haak slaan* III ONOV WW • *blijven haken* • ~ *up with bij elkaar komen*; *gaan samenwerken*

hookah ('hʊkə) ZN *waterpijp*

hooked (hʊkt) BNW • *haakvormig* • *met haak* ★ ~ *on verslaafd aan*

hooker ('hʊkə) ZN USA/PLAT *hoer*

hook-up ZN *onderlinge verbinding v. radiostations*

hooky ('hʊkɪ) ZN USA *het spijbelen* ★ *play ~ spijbelen*

hooligan ('hu:lɪgən) ZN *vandaal*; *relschopper*; *vechtersbaas*

hooliganism ('hu:lɪgənɪzəm) ZN *vandalisme*

hoop (hu:p) I ZN • *hoepel* • *hoepelrok* • SPORT *basket* ⟨bij basketbal⟩ ★ *go/be put through the hoops het zwaar te verduren hebben* II OV WW • *hoepelen* • *met hoepels beslaan*

hoopoe ZN *hop*

hooray (hʊ'reɪ) TW *hoera*

hoot (hu:t) I OV WW • *uitjouwen* II ONOV WW • *krassen* ⟨v. uil⟩ • *toeteren*; *claxonneren* • *jouwen* • *(hard) lachen* • *loeien* • ~ *at na-/uitjouwen* III ZN • *gekras* • *getoeter* ★ *not care a hoot about sth ergens geen snars om geven*

hooter ('hu:tə) ZN • *stoomfluit* • *sirene* • INFORM. *tiet* ⟨groot⟩

hoover ('hu:və) I ZN • *stofzuiger* II OV+ONOV WW • *stofzuigen*

hooves ('hu:vz) ZN [mv] • → **hoof**

hop (hɒp) I OV WW • *hoppen* ⟨v. bier⟩ ★ *hopping mad pisnijdig* ★ PLAT *hop it! hoepel op!* II ONOV WW • *springen (op)*; *hinken*; *huppelen* • *hop dragen/plukken* • ~ *off ophoepelen*; *afspringen (van)*; *opstijgen* III ZN • PLANTK. *hop* • *etappe* • *dansje* • *sprong(etje)* ★ *on the hop druk in de weer*

hope (həʊp) I ZN • *hoop* ★ *hope of hoop op* II OV+ONOV WW • *hopen* ★ *hope against hope hopen tegen beter weten in* ★ *I should hope so! dat zou ik wel denken!* • ~ *for hopen op*

hopeful ('həʊpfʊl) BNW *hoopvol*

hopefully ('həʊpfʊlɪ) BIJW *hopelijk*

hopeless ('həʊpləs) BNW *hopeloos*

hopper ('hɒpə) ZN • *hopplukker/-ster* • *springend beest/insect* • *(graan)schudder*

hopple ('hɒpl) OV WW *kluisteren* ⟨v. paard⟩

hopscotch ('hɒpskɒtʃ) ZN *hinkelspel*; *het hinkelen*

horde (hɔ:d) ZN *horde*; *bende*

horizon (hə'raɪzən) I ZN • *horizon*; *einder* ★ *visible ~ schijnbare horizon* II OV WW • *begrenzen*

horizontal (hɒrɪ'zɒntl) I ZN • *horizontale lijn*; *rekstok* II BNW • *horizontaal* ★ ~ *bar rekstok*

hormone ('hɔ:məʊn) ZN *hormoon*

horn (hɔ:n) I ZN • *hoorn* • *horen*; *voelhoorn* • *trompet*; *kornet* • *claxon* • *punt v. maansikkel* • *riviertak* ★ *take the bull by the horns de koe bij de hoorns vatten* ★ *draw in one's horns (z.) matigen*; *in zijn schulp kruipen* ★ English horn *althobo*; *Engelse hoorn* ★ French horn *waldhoorn* ▼ USA *blow/toot your own horn opscheppen* II OV WW • *van hoorns voorzien* III ONOV WW • ~ *in z. opdringen* ★ *horn in on a conversation een gesprek onderbreken*

horned (hɔ:nd) BNW *met hoorns*

hornet ('hɔ:nɪt) ZN *horzel* ★ *stir up a ~'s nest zich in een wespennest steken*

hornpipe ('hɔ:npaɪp) ZN *horlepijp*

horn-rimmed (hɔ:n'rɪmd) BNW *met hoornen montuur*

horny ('hɔ:nɪ) BNW • *hoornachtig*; *vereelt* • PLAT

heet; geil

horoscope ('hɒrəskəʊp) ZN *horoscoop*

horrendous (hə'rendəs) BNW *gruwelijk; afgrijselijk*

horrible ('hɒrɪbl) BNW *afschuwelijk*

horrid ('hɒrɪd) BNW • → **horrible**

horrific (hə'rɪfɪk) BNW *afschuwelijk; weerzinwekkend*

horrify ('hɒrɪfaɪ) OV WW • *met afschuw vervullen* • *ergernis wekken*

horror ('hɒrə) ZN • *afgrijzen* • *gruwel* ★ ~s [mv] *angstaanval; delirium tremens*

horse (hɔ:s) I ZN • *paard* • *paard* ⟨gymnastiek⟩ • *rek; schraag* • PLAT *heroïne* ★ *rocking* ~ *hobbelpaard* ★ *vaulting* ~ *paard* ⟨gymnastiek⟩ ★ FIG. *stalking* ~ *dekmantel; voorwendsel* ★ *flog a dead* ~ *oude koeien uit de sloot halen* ★ *hold your* ~s! *rustig aan!* ★ *dark* ~ *outsider; onbekende mededinger* ★ *ride a dark* ~ *iets in zijn schild voeren* ★ *mount/ride the high* ~ *hoog van de toren blazen* ★ *you can lead a* ~ *to water, but you can't make it drink met onwillige honden is het slecht hazen vangen* ★ *back the right/wrong* ~ *op 't goede/ verkeerde paard wedden* ★ *straight from the* ~'s *mouth uit de eerste hand* ★ FIG. *hold your* ~! *kalm aan!* ★ *break a* ~ *een paard africhten* ★ *a gift* ~ *een gegeven paard* ▾ *eat like a* ~ *eten als een wolf* II ONOV WW • ~ **about/around** *ravotten*

horse-artillery ZN *bereden artillerie*

horseback ('hɔ:sbæk) ZN *paardenrug* ★ *on* ~ *te paard*

horsebox ('hɔ:sbɒks) ZN *paardentrailer*

horse chestnut ZN PLANTK. *wilde kastanje*

horsefly ('hɔ:sflaɪ) ZN *daas; paardenvlieg*

horsehair ('hɔ:sheə) ZN *paardenhaar*

horseleech ('hɔ:sli:tʃ) ZN • *grote bloedzuiger* • *uitzuiger*

horseman ('hɔ:smən) ZN *ruiter*

horsemanship ('hɔ:smənʃɪp) ZN *rijkunst*

horseplay ('hɔ:spleɪ) ZN *dollen; ruw gestoei*

horsepower ('hɔ:spaʊə) ZN *paardenkracht*

horse race ZN *paardenwedren*

horse racing ZN *het paardenrennen*

horseradish ('hɔ:srædɪʃ) ZN *mierikswortel*

horse sense ZN *boerenverstand*

horseshoe ('hɔ:ʃʃu:) ZN *hoefijzer*

horse-trading ZN FIG. *sluwe onderhandelingswijze*

horsewhip ('hɔ:swɪp) I ZN • *rijzweep* II OV WW • *er van langs geven; met rijzweep afranselen*

horsewoman ('hɔ:swʊmən) ZN *paardrijdster*

horsey, horsy ('hɔ:sɪ) BNW • *paardachtig* • *jockeyachtig* • *lomp; ongepast*

hortative ('hɔ:tətɪv) BNW • *aansporend* • *aanmoedigend*

horticulture ('hɔ:tɪkʌltʃə) ZN *tuinbouw*

horticulturist (hɔ:tɪ'kʌltʃərɪst) ZN *hovenier; tuinbouwer*

hortus ('hɔ:təs) ZN ★ ~ *siccus herbarium*

hose (həʊz) I OV WW • *(schoon)spuiten* • ~ **down** *schoonspuiten* II ZN • *sokken; maillot; kousen* • *slang; tuinslang; brandslang*

hosepipe ('həʊzpaɪp) ZN *brand-/tuinslang*

hosier ('həʊzɪə) ZN *verkoper v. kousen/ondergoed*

hosiery ('həʊzɪərɪ) ZN *kousen en gebreide artikelen*

hospice ('hɒspɪs) ZN *gastenkwartier; gastenhuis*

hospitable ('hɒspɪtəbl) BNW *gastvrij*

hospital ('hɒspɪtl) ZN • *ziekenhuis* • *hospitaal*

hospitality (hɒspɪ'tælɪtɪ) ZN *gastvrijheid*

hospitalize, G-B **hospitalise** ('hɒspɪtəlaɪz) OV WW *in ziekenhuis opnemen* ★ *be* ~d *in het ziekenhuis liggen*

host (həʊst) I ZN • *gastheer* • *waard; herbergier* • *menigte* • BIOL. *gastheer* • REL. *hostie* • COMP. *host* ★ *host-country ontvangend land* ★ *reckon without o.'s host buiten de waard rekenen* II OV WW • *gastheer/-vrouw zijn bij* • COMP. *hosten*

hostage ('hɒstɪdʒ) ZN • *gijzelaar* • *onderpand*

hostel ('hɒstl) ZN *tehuis; jeugdherberg*

hostess ('həʊstɪs) ZN • *gastvrouw* • *waardin* • *stewardess*

hostile ('hɒstaɪl) BNW *vijandig; vijandelijk*

hostility (hɒ'stɪlɪtɪ) ZN • *vijandigheid* • *vijandelijke daad*

hostler ('ɒslə) ZN *stalknecht*

hot (hɒt) I BNW • *heet; warm* • *driftig; heftig* • *pikant* ⟨erotisch⟩ • *kersvers; gloednieuw* • PLAT *gestolen; illegaal* • *actueel; 'in'; populair* ★ *hot and bothered geërgerd* ★ *be hot on gebrand zijn op* ★ *be hot on s.o.'s trail/track iem. op de hielen zitten* ★ *make it/the place too hot for a p. iem. het leven onmogelijk maken* ★ *hot and strong hevig* II OV WW • ~ **up** *opvoeren* ⟨v. motor⟩; *op laten lopen* ★ *hot up a car een auto opvoeren* III ONOV WW • ~ **up** *verhit raken*

hotbed ('hɒtbed) ZN • *broeibak* • *broeinest*

hot-blooded (hɒt'blʌdɪd) BNW *heetgebakerd; driftig*

hotchpotch ('hɒtʃpɒtʃ) ZN • *hutspot; ratjetoe* • *mengelmoes* • *warboel*

hotel (həʊ'tel) ZN *hotel*

hotelier (həʊ'telɪə) ZN *hotelhouder*

hotfoot ('hɒtfʊt) I ONOV WW • *zich haasten* II BIJW • *in (grote) haast*

hothead ('hɒthed) ZN *heethoofd*

hotheaded (hɒt'hedɪd) BNW *onbesuisd; driftig*

hothouse ('hɒthaʊs) ZN *broeikas*

hotline ('hɒtlaɪn) ZN *hotline; directe telefoonlijn tussen staatshoofden*

hotly ('hɒtlɪ) BIJW *vurig; fel*

hotpot ('hɒtpɒt) ZN *jachtschotel*

hotspur ('hɒtspɜ:) ZN *driftkop*

hot-tempered BNW *opvliegend; heetgebakerd*

hot-water BNW *heetwater-* ★ ~ *bottle bedkruik*

hound (haʊnd) I ZN • *(jacht)hond* • *hond van een vent* II OV WW • *vervolgen* • *aanhitsen* • ~ **out** *verjagen; wegjagen*

hour (aʊə) ZN *uur* ★ *after hours na sluitings-/ kantoortijd* ★ *peak/rush hour spitsuur* ★ *on the hour op het hele uur/de hele uren* ★ *sb's hour of need moment waarop de nood het hoogst is* ★ *till all hours tot diep in de nacht* ★ *hours on end uren achtereen* ★ *the small hours de kleine uurtjes* ★ *keep early/late hours vroeg/laat naar bed gaan/opstaan* ★ *a good hour ruim een uur* ★ *zero hour uur nul*

★ keep regular hours *op gezette tijden naar bed gaan/opstaan*

hourglass ('aʊəglɑːs) ZN *zandloper*

hour hand ZN *kleine wijzer* ⟨v. klok, die uren aangeeft⟩

hourly ('aʊəlɪ) BNW + BIJW • *per uur* • *van uur tot uur*; *voortdurend*

hourly wage ZN *uurloon*

house[1] (haʊs) ZN • *huis* • *schouwburg(zaal)* • *firma* • *geslacht*; *stamhuis* ★ House *(effecten)beurs*; USA *Huis v. Afgevaardigden*; G-B *Hoger-/Lagerhuis* ★ G-B House of Lords *Hogerhuis* ★ G-B Lower House *Lagerhuis* ★ the ~ of York *het geslacht York* ★ ~ of wax *wassenbeeldenmuseum* ★ this one is on the ~ *deze is van de zaak* ⟨gratis⟩ ★ bring down the ~ *stormachtig applaus verwekken* ★ they get on like a ~ on fire *ze zijn meteen de beste vrienden* ★ keep ~ *huishouden* ★ keep open ~ *zeer gastvrij zijn* ★ forcing ~ *broeikas* ★ USA rooming ~ *pension* ★ free ~ *ongebonden café* ⟨niet gebonden aan bep. brouwerij⟩ ★ full ~ *volle zaal*; *full house* ⟨pokerspel⟩ ★ licensed ~ *café met drankvergunning*; *legaal bordeel* ★ meeting ~ *bedehuis* ★ owner occupied ~ *koopwoning* ★ terrace/terraced ~ *rijtjeshuis*; *eengezinswoning* ▼ eat sb out of ~ and home *iem. de oren van het hoofd eten* ▼ this drink is on the ~ *dit drankje is van het huis* ⟨gratis⟩

house[2] (haʊz) OV WW • *huisvesten*; *herbergen*; *stallen* • *binnenhalen*

house-agent ('haʊseɪdʒənt) ZN *makelaar* ⟨in onroerend goed⟩

houseboat ('haʊsbəʊt) ZN *woonboot*

housebound ('haʊsbaʊnd) BNW *aan huis gebonden*

housebreaker ('haʊsbreɪkə) ZN • *huizensloper* • *inbreker*

housebreaking ('haʊsbreɪkɪŋ) ZN • *inbraak* • *sloop*

housecoat ('haʊskəʊt) ZN *duster*

household ('haʊshəʊld) I ZN • *gezin*; *huishouden* II BNW • *huis-* ★ Household brigade/troops/cavalry *koninklijke lijfwacht* ★ ~ word *bekend gezegde*

householder ('haʊshəʊldə) ZN • *hoofd v.h. gezin* • *hoofdbewoner* • *bewoner v. een eigen huis*

housekeeper ('haʊskiːpə) ZN *huishoudster*

housekeeping ('haʊskiːpɪŋ) ZN *het huishouden*

houseman ('haʊsmən) ZN • *(intern) assistent-arts* • *(huis)knecht*

housemaster ('haʊsmɑːstə) ZN *mentor van (afdeling van) internaat*

housemistress ('haʊsmɪstrəs) ZN • *vrouwelijke huismeester* • *lerares* ⟨op (afdeling v.e.) kostschool⟩; *surveillante*

house party ZN *partij*; *feest*

houseproud ('haʊspraʊd) BNW *gesteld op een keurig huis*

houseroom ('haʊsruːm) ZN • *woonruimte* • *onderdak* ★ I would not give it ~ *ik zou het niet cadeau willen hebben*

house rule ZN *huisregel*

house-to-house BIJW *huis-aan-huis*

housetop ('haʊstɒp) ZN *dak* ★ proclaim/shout from the ~s *van de daken schreeuwen*

house-warming ('haʊswɔːmɪŋ) ZN *huisinwijdingsfeestje*

housewife ('haʊswaɪf) ZN *huisvrouw*

housewifely ('haʊswaɪflɪ) BNW • *huishoudelijk* • *spaarzaam*

housework ('haʊswɜːk) ZN *huishoudelijk werk*

housing ('haʊzɪŋ) ZN • *behuizing* • *bijgebouwen* • *huisvesting* • TECHN. *(metalen) kast/ombouw* ★ ~ estate *bouwproject* ★ ~ problem *huisvestingsprobleem* ★ ~ association *bouwvereniging*

hove (həʊv) WW [verl. tijd + volt. deelw.] • → **heave**

hovel ('hɒvəl) ZN *hut*; *krot*

hover ('hɒvə) I ZN • *onzekere spanning* II ONOV WW • *rondhangen*; *zwerven*; *zweven* • *bidden* ⟨v. roofvogel⟩

hovercraft ('hɒvəkrɑːft) ZN *hovercraft*; *luchtkussenvaartuig*

how (haʊ) BIJW • *hoe* • *wat* ★ how about ...? *hoe staat 't met ...?*; *wat zeg je van ...?* ★ how come? *hoe komt dat?*; *hoe komt 't dat ...?* ★ how much is corn selling at? *hoeveel doet het graan?*

howdy ('haʊdɪ) TW USA, INFORM. *how do you do? hoi*

however (haʊ'evə) BIJW • *echter* • *hoe ... ook*

howl (haʊl) I ZN • *gehuil* II ONOV WW • *brullen*; *huilen*; *janken*

howler ('haʊlə) ZN • *huilebalk* • *brulaap* • *enorme blunder*

howling ('haʊlɪŋ) I ZN • *gebrul* II BNW • *enorm* ★ a ~ success *een enorm succes* ★ ~shame *grof schandaal*

h.p., HP AFK horse power *pk* ⟨paardenkracht⟩

HQ AFK Headquarters *hoofdkwartier*

hr, USA **hr.** AFK hour(s) *uur*

HRH AFK Her/His Royal Highness *Hare/Zijne Koninklijke Hoogheid*

hrs, USA **hrs.** AFK hours *uur*

hub (hʌb) ZN • *naaf* • *middelpunt* • *manlief*

hubbub ('hʌbʌb) ZN *kabaal*; *herrie*

hubby ('hʌbɪ) ZN INFORM. *echtgenoot*; *manlief*

hubcap ('hʌbkæp) ZN *wieldop*

hubris ('hjuːbrɪs) ZN *overmoed*

huckaback ('hʌkəbæk) ZN *badstof*

huckle ('hʌkl) ZN *heup* ★ ~-backed *met een bochel* ★ ~-bone *heupbeen*

huckleberry ('hʌkəlbərɪ) ZN *bosbes*

huckster ('hʌkstə) I ZN • *venter* • *sjacheraar* • USA *schrijver van reclameteksten* ⟨voor radio/tv⟩ II OV WW • *leuren met* • *vervalsen* • *scharrelen in* III ONOV WW • *pingelen*

huddle ('hʌdl) I ZN • *dicht opeengepakte groep* • *samenraapsel* ★ go into a ~ *een menigte vormen* II OV WW • *(slordig) op een hoop gooien* ★ ~ up *haastig tot stand brengen*; *in elkaar flansen* III ONOV WW • *in elkaar duiken* ★ ~ together/up *bijeen kruipen* • ~ **up** *zich zo klein mogelijk maken*

hue (hjuː) ZN *tint*; *kleur* ★ hue and cry *geschreeuw* ⟨bijv. 'houd de dief'⟩ ★ raise the hue and cry *misbaar maken*

huff (hʌf) I ZN • *nijdige bui*; *lichtgeraaktheid* • *razernij* • OUD. *het blazen* ⟨bij damspel⟩ ★ PLAT take the huff *verontwaardigd zijn over* hu

★ take huff *zich boos maken* ★ be in a huff *gepikeerd zijn over* II OV WW • *treiteren* • *razen/tieren tegen* III ONOV WW • *z. nijdig maken*
huffy ('hʌfɪ) BNW *lichtgeraakt*
hug (hʌg) I OV WW • *omhelzen* • *omknellen* • *knuffelen* ★ hug o.s. *met zichzelf ingenomen zijn* ★ hug the shore/coast *dicht bij de kust blijven* ★ hug a prejudice *een vooroordeel koesteren* II ZN • *omhelzing*
huge (hju:dʒ) BNW *reusachtig*
hugeness (hju:dʒnəs) ZN *reusachtigheid*
hugger-mugger ('hʌgəmʌgə) I ZN • *warboel* • *heimelijkheid* II BNW + BIJW • *heimelijk; in 't geniep* • *verward; rommelig* III OV WW • *in de doofpot stoppen* IV ONOV WW • *konkelen*
hulk (hʌlk) ZN • *bonk* ⟨grote man⟩ • *romp* ⟨v. afgetuigd schip⟩ • *joekel*
hulking ('hʌlkɪŋ) BNW *log; lomp*
hull (hʌl) I ZN • *peul; schil* • *omhulsel* • *(scheeps)romp* II OV WW • *pellen* • *torpederen*
hullabaloo (hʌləbə'lu:) ZN *rumoer; drukte; kabaal*
hum (hʌm) I ONOV WW • *zoemen; brommen* • *stinken* ★ hum and haw *aarzelen (zijn mening te zeggen)* ★ the office was humming with activity *het kantoor gonsde van activiteit* ★ make things hum *de zaak op dreef helpen; leven in de brouwerij brengen* II OV+ONOV WW • *neuriën* III ZN • *gezoem; gebrom* • *aarzelende toon; gehum* IV TW • *tja; hm*
human ('hju:mən) BNW *menselijk*
humane (hju:'meɪn) BNW *humaan; menslievend* ★ ~ killer *slachtmasker* ★ ~ studies *humaniora*
humanise WW G-B → **humanize**
humanism ('hju:mənɪzəm) ZN *humanisme*
humanist ('hju:mənɪst) ZN *humanist*
humanitarian (hju:mænɪ'teərɪən) I ZN • *filantroop* II BNW • *filantropisch* • *humanitair*
humanity (hju:'mænətɪ) ZN • *menselijkheid* • *mensdom* • *het mens zijn* • *menslievendheid* ★ humanities [mv] *humaniora*
humanize ('hju:mənaɪz) I OV WW • *beschaven* II ONOV WW • *beschaafd(er) worden*
humankind (hju:mən'kaɪnd) ZN *(de) mensheid*
humanly ('hju:mənlɪ) BIJW *menselijkerwijs gesproken*
humble ('hʌmbl) I BNW • *nederig; onderdanig* • *bescheiden* ★ eat ~ pie *zoete broodjes bakken* II OV WW • *vernederen*
humbug ('hʌmbʌg) I ZN • *zwendel* • *kouwe drukte* • *nonsens* • *branieschopper* II OV WW • *bedriegen* III ONOV WW • *zwendelen*
humdinger ('hʌmdɪŋə) ZN • *kei* ⟨fig.⟩; *geweldenaar* • *meesterstukje* • *knaller*
humdrum ('hʌmdrʌm) I ZN • *alledaagsheid; saaiheid* • *sleur* II BNW • *alledaags; saai* III ONOV WW • *in de oude sleur voortgaan*
humid ('hju:mɪd) BNW *vochtig*
humidify (hju:'mɪdɪfaɪ) OV WW *vochtig maken*
humidity (hju:'mɪdətɪ) ZN *vochtigheid*
humiliate (hju:'mɪlɪeɪt) OV WW *vernederen*
humiliation (hju:mɪlɪ'eɪʃən) ZN *vernedering*
humility (hju:'mɪlətɪ) BNW *nederigheid*
humming ('hʌmɪŋ) I ZN • *gezoem* II BNW • *krachtig*

hummingbird ('hʌmɪŋbɜːd) ZN *kolibrie*
humming-top ('hʌmɪŋtɒp) ZN *bromtol*
hummock ('hʌmək) ZN *heuveltje*
humorist ('hju:mərɪst) ZN *humorist*
humorous ('hju:mərəs) BNW *geestig*
humour, USA **humor** ('hju:mə) I ZN • *humeur* • *humor* • *stemming* ★ out of ~ *ontstemd* ★ black ~ *zwarte humor* II OV WW • *zijn zin geven* • *toegeven (aan)*
hump (hʌmp) I ZN • *bult* • FIG. *het land; de pest* ★ PLAT it gives me the hump *ik heb er de balen van* II ONOV WW • USA *z. inspannen* • *krommen* • *iemand ergeren*
humpback ('hʌmpbæk) ZN *gebochelde*
humpbacked ('hʌmpbækt) BNW *met een bochel*
humpty-dumpty (hʌmptɪ'dʌmptɪ) ZN *kort dik ventje*
humus ('hju:məs) ZN *teelaarde*
hunch (hʌntʃ) I ZN • *bult* • *homp* • *voorgevoel* II OV WW • ~ up *optrekken* ★ don't sit with your shoulders ~ed up! *zit niet met je schouders opgetrokken!* III ONOV WW • *krommen; krombuigen*
hunchback ('hʌntʃbæk) ZN *bochel*
hunchbacked ('hʌntʃbækt) BNW *met een bochel*
hundred ('hʌndrəd) TELW *honderd; honderdtal* ★ a ~ to one (chance) *(kans van) een op honderd* ★ ~s *een heleboel* ★ still a ~ and one things to do *nog duizend-en-een dingen te doen*
hundredfold ('hʌndrədfəʊld) BNW *honderdvoud(ig)*
hundredth ('hʌndrədθ) TELW *honderdste*
hung (hʌŋ) WW [verleden tijd + volt. deelw.] • → **hang**
Hungarian (hʌŋ'geərɪən) I ZN • *Hongaar(se)* • *het Hongaars* II BNW • *Hongaars*
Hungary ('hʌŋgərɪ) ZN *Hongarije*
hunger ('hʌŋgə) I ZN • *honger* • *verlangen* II ONOV WW ★ ~ for/after sth *hunkeren naar iets*
hunger strike ZN *hongerstaking*
hungry ('hʌŋgrɪ) BNW • *hongerig* • *hongerig makend* ★ be ~ *trek hebben* ★ go ~ *honger lijden; niet te eten krijgen*
hunk (hʌŋk) ZN • *brok; homp* • INFORM. *lekker stuk* ⟨leuk uitziend persoon⟩
hunker ('hʌŋkə) ZN ★ on one's ~s *op de hurken* II ONOV WW • *hurken*
hunky-dory (hʌŋkɪ'dɔ:rɪ) BNW PLAT/USA *prima*
hunt (hʌnt) I OV WW • *najagen* • *jagen op* • *afzoeken* • ~ down *in 't nauw drijven; achterna zitten* • ~ out *opsporen; achterhalen* II ONOV WW • *jagen* ⟨met honden/paard⟩ • *zoeken* III ZN • *jacht* • *zoektocht* • *jachtstoet* • *jachtclub* • *jachtgebied*
hunter ('hʌntə) ZN *jager*
hunting ('hʌntɪŋ) ZN • *jacht* ★ fox ~ *vossenjacht* • *zoektocht* ★ ~box/-lodge/-seat *jachthut*
hunting crop ZN *korte rijzweep*
hunting ground ZN *jachtterrein*
huntsman ('hʌntsmən) ZN *jager*
hurdle ('hɜːdl) ZN *horde* ★ ~s *hordeloop*
hurdler ('hɜːdlə) ZN *hordelo(o)p(st)er*
hurdy-gurdy ('hɜːdɪgɜːdɪ) ZN *draailier; buik-/draaiorgel(tje)*
hurl (hɜːl) I ZN • *worp* II OV WW • *werpen; smijten*

hurly-burly ('hɜ:lɪbɜ:lɪ) ZN *rumoer*
hurrah (hʊ'rɑ:) I ZN • *hoera(atje)* II ONOV WW
• *hoera roepen* III TW • *hoera!*
hurray (hʊ'rei) I ZN • → **hurrah** II ONOV WW • →
hurrah III TW • → **hurrah**
hurricane ('hʌrɪkən) ZN *orkaan* ★ ~**deck**
stormdek ★ ~**lamp** *stormlamp*
hurried ('hʌrɪd) BNW *gehaast*
hurry ('hʌrɪ) I OV WW • *overhaasten* • *tot haast
aanzetten* • ~ **along/on** *voortjagen*; *opjagen*
• ~ **away** *in haast wegbrengen* II ONOV WW • z.
haasten • *haast maken met* • ~ **along/on**
voortijlen • ~ **away** *wegsnellen* • ~ **up** *haast
maken*; *voortmaken* III ZN • *haast* ★ *be in a* ~
haast hebben ★ *you won't beat that in a* ~ *dat
doe je niet zo gemakkelijk beter* ★ I *shall not
ask again in a* ~ *ik zal het niet zo snel een
tweede keer vragen*
hurt (hɜ:t) I OV WW • *beschadigen* • *kwetsen* ★ *it
doesn't hurt to try baat het niet, dan schaadt
het niet* II ONOV WW III OV+ONOV WW • *pijn
doen* IV ZN • *pijn* • *letsel* • *krenking* • *schade*
hurtful ('hɜ:tfʊl) BNW • *nadelig* • *grievend*
hurtle ('hɜ:tl) I OV WW • *slingeren*; *smakken*
II ONOV WW • *snorren*; *kletteren* III ZN
• *geslinger*
husband ('hʌzbənd) I ZN • *man*; *echtgenoot* II OV
WW • *zuinig beheren*
husbandry ('hʌzbəndrɪ) ZN • *landbouw en
veeteelt* • *(zuinig) beheer*
hush (hʌʃ) I OV WW • *sussen* • *doen stilhouden*;
tot zwijgen brengen • ~ **up** *in de doofpot
stoppen*; *verzwijgen* II ONOV WW • *zwijgen*;
stilhouden III TW • *sst!* IV ZN • *stilte* • *gesus*
hushaby ('hʌʃəbaɪ) TW OUD. *sst!* ⟨tegen kind⟩
hush money ('hʌʃmʌnɪ) ZN *zwijggeld*
husk (hʌsk) I ZN • *schil*; *peul*; *kaf*; *dop* II OV WW
• *v. schil enz. ontdoen*; *pellen*
husky ('hʌskɪ) I ZN • *poolhond* • USA *potige vent*
II BNW • *vol peulen/schillen, enz.* • *schor* • *potig*
hussar (hʊ'zɑ:) ZN *huzaar*
hussy ('hʌsɪ) ZN *brutale meid*; *feeks*
hustle ('hʌsəl) I ZN • *gedrang* • ~ **and bustle**
drukte; *('t) jachten en jagen* II OV WW • *haastig
verwerken* • *door elkaar schudden* • USA
hoereren III ONOV WW • *dringen* • *stompen*
• *jachten*
hustler ('hʌslə) ZN • *doorzetter* • USA *voortvarend
mens* • *oplichter* • INFORM. *hoer*
hut (hʌt) I ZN • *hut* • *barak* II OV WW • *in
hut/barak onderbrengen* III ONOV WW • *in
hut/barak verblijven*
hutch (hʌtʃ) ZN • *(konijnen)hok* • *hut*
• *kolenkarretje*
hutment ('hʌtmənt) ZN *barakkenkamp*
hyacinth ('haɪəsɪnθ) ZN *hyacint*
hyaena (haɪ'i:nə) ZN *hyena*
hybrid ('haɪbrɪd) I ZN • *bastaard(vorm)* II BNW
• *bastaard-*; *hybridisch*
hybridism ('haɪbrɪdɪzəm) ZN *verbastering*
hybridize, G-B **hybridise** ('haɪbrɪdaɪz) OV WW
kruisen
hydra ('haɪdrə) ZN *waterslang*
hydrangea (haɪ'dreɪndʒə) ZN *hortensia*
hydrant ('haɪdrənt) ZN *brandslang*; *standpijp*
hydrate ('haɪdreɪt) ZN *hydraat*

hydraulic (haɪ'drɔ:lɪk) BNW *hydraulisch*
hydraulics (haɪ'drɔ:lɪks) ZN MV *hydraulica*
hydro- ('haɪdrəʊ) VOORV *hydro-*; *water-*
hydrocarbon (haɪdrəʊ'kɑ:bən) ZN *koolwaterstof*
hydroelectric (haɪdrəʊɪ'lektrɪk) BNW
hydro-elektrisch
hydrofoil ('haɪdrəfɔɪl) ZN *(draag)vleugelboot*
hydrogen ('haɪdrədʒən) ZN *waterstof* ★ ~**bomb**
H-bom ★ ~**peroxide** *waterstofperoxide*
hydrophobia (haɪdrə'fəʊbɪə) ZN • *watervrees*
• *hondsdolheid*
hydroplane ('haɪdrəpleɪn) ZN • *raceboot*
• *watervliegtuig* • *horizontaal roer* ⟨v.
duikboot⟩
hydroponics (haɪdrə'pɒnɪks) ZN MV *hydrocultuur*
hygiene ('haɪdʒi:n) ZN *hygiëne*
hygienic (haɪ'dʒi:nɪk) BNW *hygiënisch*
hymen ('haɪmen) ZN *maagdenvlies*
hymn (hɪm) I ZN • *lofzang*; *hymne* II OV WW
• *(de lof) bezingen (van)* III ONOV WW • *hymnen
zingen*
hymnal ('hɪmnl) I ZN • *hymneboek*;
gezangenboek II BNW • *hymnisch*
hype (haɪp) I ZN • *hype*; *manie*; *rage* • *heisa*;
tamtam; *sensatie* II OV WW • USA/PLAT
belazeren • *opzwepen*; *opwinden*; *opjutten*
★ *hype up opzwepen*
hyper- ('haɪpə) VOORV *hyper-*; *over-*
hyperbole (haɪ'pɜ:balɪ) ZN *hyperbool*
hypercritical (haɪpə'krɪtɪkl) BNW *overkritisch*
hyperlink ('haɪpəlɪŋk) ZN COMP. *hyperlink*
hypermarket ('haɪpəmɑ:kɪt) ZN *grote
supermarkt*
hypersensitive (haɪpə'sensɪtɪv) BNW
overgevoelig
hypertension (haɪpə'tenʃən) ZN *verhoogde
bloeddruk*
hyperventilate (haɪpə'ventɪleɪt) ONOV WW MED.
hyperventileren
hyperventilation (haɪpə'ventɪleɪʃən) ZN MED.
hyperventilatie
hyphen ('haɪfən) I ZN • *verbindingsstreepje* II OV
WW • *met streepje verbinden*
hyphenate ('haɪfəneɪt) OV WW *met streepje
verbinden* ★ ~**d name** *dubbele naam* ▼ ~**d**
American *Amerikaan v. buitenlandse afkomst*
hypnosis (hɪp'nəʊsɪs) ZN *hypnose*
hypnotic (hɪp'nɒtɪk) I ZN • *slaapwekkend middel*
II BNW • *slaapverwekkend*
hypnotism ('hɪpnətɪzəm) ZN *hypnotisme*
hypnotist ('hɪpnətɪst) ZN *hypnotiseur*
hypnotize, G-B **hypnotise** ('hɪpnətaɪz) OV WW
hypnotiseren
hypo ('haɪpəʊ) ZN *fixeerzout*
hypo- VOORV *onder-*
hypochondria (haɪpə'kɒndrɪə) ZN *hypochondrie*
hypochondriac (haɪpə'kɒndrɪæk) I ZN
• *hypochonder* II BNW • *hypochondrisch*
hypocrisy (hɪ'pɒkrəsɪ) ZN *hypocrisie*
hypocrite ('hɪpəkrɪt) ZN *hypocriet*
hypocritical (hɪpə'krɪtɪkl) BNW *hypocriet*
hypodermic (haɪpə'dɜ:mɪk) I BNW • BIOL.
onderhuids II ZN • MED. *injectiespuit*
hypotenuse (haɪ'pɒtənju:z) ZN *hypotenusa*;
schuine zijde
hypothecate (haɪ'pɒθɪkeɪt) OV WW

hy

verhypothekeren
hypothesis (har'pɒθɪsɪs) ZN *hypothese*;
veronderstelling
hypothesize, G-B **hypothesise** (har'pɒθɪsaɪz)
I OV WW • *veronderstellen* II ONOV WW • *een*
veronderstelling maken
hypothetical (harpə'θetɪkl) BNW *hypothetisch*
hyssop ('hɪsəp) ZN • PLANTK. *hysop*
• *wijwaterkwast*
hysterectomy (hɪstə'rektəmɪ) ZN *verwijdering*
v.d. baarmoeder
hysteria (hɪ'stɪərɪə) ZN *hysterie*
hysteric (hɪ'sterɪk) BNW *hysterisch*
hysterical (hɪ'sterɪkl) I ZN • *hysterisch persoon*
II BNW • *hysterisch*
hysterics (hɪ'sterɪks) ZN MV *hysterische aanval*
★ go into ~ *hysterische aanvallen krijgen*

I

i (aɪ) ZN *letter i* ★ I as in Isaac *de i van Izaak*
I (aɪ) PERS VNW *ik*
Ia. AFK USA *Iowa* (staat)
iamb ('aɪæmb) ZN *jambe*
iambic (aɪ'æmbɪk) BNW *jambisch*
iambus ZN • → **iamb**
IB AFK International Baccalaureat *Internationaal*
Baccalaureaat
Iberian (aɪ'bɪərɪən) I ZN • *Iberiër* II BNW
• *Iberisch*
ibex ('aɪbeks) ZN *steenbok*
i/c AFK • in charge of *verantwoordelijk voor* • in
command *onder bevelvoering van*
ice (aɪs) I ZN • *ijs* ★ black ice *ijzel* ★ TON. dry ice
koolzuurgas ★ FIG. on thin ice *op glad ijs* ★ FIG.
break the ice *het ijs breken* ★ FIG. cut ice
invloed hebben; *nut/zin hebben* II OV WW
• *(doen) bevriezen* • *met ijs bedekken* • *koud*
maken • USA/PLAT *doden* • *glaceren* (v. gebak)
III ONOV WW • ~ **over/up** *vastvriezen*; *ijs*
vormen (op vliegtuig); *met ijs bedekt worden*
ice age ZN *ijstijd*
iceberg ('aɪsbɜːg) ZN *ijsberg*
ice-bound ('aɪsbaʊnd) ZN *bevroren*; *ingevroren*
icebox ('aɪsbɒks) ZN • *ijskast* • USA *koelkast*
icebreaker ('aɪsbreɪkə) ZN *ijsbreker*
ice-cold BNW *ijskoud*
ice cream ZN *(room)ijs(je)*
ice cream soda ZN *sorbet*
ice cube ZN *ijsblokje*
ice ferns MV *ijsbloemen*
ice floe ZN *ijsschots*
ice hockey ZN *ijshockey*
Icelander ('aɪsləndə) ZN *IJslander*
icelandic (aɪs'lændɪk) I ZN • *IJslands* ⟨de taal⟩
II BNW • *van IJsland*
Icelandic (aɪs'lændɪk) I ZN • *IJslands* II BNW
• *IJslands*
ice rink ZN *kunstijsbaan*
ice skate ZN *schaats*
ice-skate I ZN • *schaats* II ONOV WW • *schaatsen*
icicle ('aɪsɪkl) ZN *ijspegel*
icily ('aɪsəlɪ) BNW • *ijzig* • *ijs-*
icing ('aɪsɪŋ) ZN • *ijsafzetting* • *suikerglazuur* ★ ~
sugar *poedersuiker*
icon ('aɪkɒn) ZN *icoon*
iconoclasm (aɪ'kɒnəklæzəm) ZN *beeldenstorm*
iconoclast (aɪ'kɒnəklæst) ZN *beeldenstormer*
icy ('aəsɪ) BNW • *ijsachtig*; *ijs-* • *bevroren*; *met ijs*
bedekt; *vriezend* • *kil*; *afstandelijk*
Id., Ida. AFK USA *Idaho* (staat)
I'd (aɪd) SAMENTR • I had • → **have** • I would • →
will
ID AFK Identity *identiteit*; *identiteits-* ⟨als eerste
deel van een samenstelling⟩
idea (aɪ'dɪə) ZN • *idee* • *plan* • *bedoeling* ▾ I don't
have the faintest *ik heb geen flauw idee*
ideal (aɪ'diːəl) I ZN • *ideaal* II BNW • *ideaal*
• *ideëel* • *denkbeeldig*
idealisation ZN G-B • → **idealization**
idealise WW G-B • → **idealize**
idealism (aɪ'dɪəlɪzəm) ZN *idealisme*

idealist (aɪˈdɪəlɪst) ZN *idealist*
idealistic (aɪdɪəˈlɪstɪk) BNW *idealistisch*
idealization (aɪdɪəlaɪˈzeɪʃən) ZN *idealisering*
idealize (aɪˈdɪəlaɪz) OV WW *idealiseren*
ideally (aɪˈdɪəlɪ) BIJW *ideaal; als ideaal*
identical (aɪˈdentɪkl) BNW *gelijkwaardig; identiek*
identifiable (aɪˈdentɪfaɪəbl) BNW *te identificeren*
identification (aɪdentɪfɪˈkeɪʃən) ZN ★ *means of ~ legitimatiebewijs*
identify (aɪˈdentɪfaɪ) I OV WW • *identificeren*; *gelijkstellen* ★ ~ *flowers bloemen determineren* II ONOV WW • ~ **with** *zich identificeren met*
identikit (aɪˈdentɪkɪt) ZN *compositietekening*; *montagefoto*
identity (aɪˈdentətɪ) ZN *identiteit; persoonlijkheid* ★ ~ *plate nummerbord* ★ ~ *card identiteitskaart; persoonsbewijs* ★ *corporate ~ bedrijfsidentiteit; huisstijl*
ideological (aɪdɪəˈlɒdʒɪkl) BNW *ideologisch*
ideologist (aɪdɪˈɒlədʒɪst) ZN *ideoloog*
ideology (aɪdɪˈɒlədʒɪ) ZN *ideologie*
ides (aɪdz) ZN *15e/13e dag van de maand*
idiocy (ˈɪdɪəsɪ) ZN *zwakzinnigheid; idioterie*
idiom (ˈɪdɪəm) ZN • *uitdrukking met eigen betekenis* • *taaleigen uitdrukking*
idiomatic (ɪdɪəˈmætɪk) BNW *idiomatisch*
idiosyncrasy (ɪdɪəˈsɪŋkrəsɪ) ZN *persoonlijke eigenaardigheid/gesteldheid*
idiosyncratic (ɪdɪəusɪŋˈkrætɪk) BNW *karakteristiek*
idiot (ˈɪdɪət) ZN *idioot*
idiotic (ɪdɪˈɒtɪk) BNW *idioot*
idle (ˈaɪdl) I BNW • *nutteloos* • *ongegrond* • *ongebruikt; opgelegd* ⟨v. schepen⟩ • *braak* ⟨v. land⟩ • *lui* • *niet aan 't werk zijnde* ★ *idle gossip kletspraat* ★ *idle story praatje voor de vaak* ★ *idle wheel veiligheidswiel; tussenwiel* ★ *bone idle aartslui* II OV WW • *idle away one's time z'n tijd verluieren* III ONOV WW • *luieren* • *stationair draaien*
idleness (ˈaɪdlnəs) ZN *nutteloosheid*
idler (ˈaɪdlə) ZN *leegloper*
idly (ˈaɪdlɪ) BIJW • *terloops* • *zonder bepaalde bedoeling*
idol (ˈaɪdl) ZN • *afgod* • *idool*
idolatry (aɪˈdɒlətrɪ) ZN • *afgoderij* • FIG. *aanbidding*
idolize, G-B **idolise** (ˈaɪdəlaɪz) OV WW • *verafgoden* • FIG. *aanbidden*
idyll (ˈɪdl) ZN *idylle*
idyllic (ɪˈdɪlɪk) BNW *idyllisch*
i.e. AFK *id est d.w.z.*
if (ɪf) I ZN • *voorwaarde* II VW • *indien; als; ingeval* • *of* ★ INFORM. *she's 30 if she's a day zij is minstens 30* ★ *if ifs and ands were pots and pans as is verbrande turf* ★ *if not well-to-do, he is not poor hij mag dan niet rijk zijn, arm is hij ook niet* ★ *if not ... zo niet, dan ...* ★ *if so ... zo ja, dan ...* ★ *he won't succeed, if he's ever so clever het zal hem niet lukken al is hij nog zo slim* ★ *as if he didn't know alsof hij het niet wist* ★ *if anything wat je ook doet* ★ *if only als ... maar*
iffy (ˈɪfɪ) BNW INFORM. *twijfelachtig*
igloo (ˈɪɡluː) ZN *iglo*
igneous (ˈɪɡnɪəs) BNW *vurig; vuur-*

ignite (ɪɡˈnaɪt) I OV WW • *doen gloeien; in brand steken* II ONOV WW • *in brand raken; ontbranden*
ignition (ɪɡˈnɪʃən) ZN • *ontsteking* ⟨v. motor⟩ • *ontbranding* ★ ~ *coil bobine* ★ ~ *key contactsleuteltje*
ignoble (ɪɡˈnəʊbl) BNW • *v. lage komaf* • *gemeen* • *oneervol*
ignominious (ɪɡnəˈmɪnɪəs) BNW • *schandelijk* • *oneervol*
ignominy (ˈɪɡnəmɪnɪ) ZN *schande; smaad*
ignoramus (ɪɡnəˈreɪməs) ZN *domkop*
ignorance (ˈɪɡnərəns) ZN • *onwetendheid* • *onkunde* • *het voorbijgaan aan* • *het onbekend zijn met*
ignorant (ˈɪɡnərənt) BNW • *onwetend* • *onkundig* • *onontwikkeld* • *onopgevoed; onbeleefd* ★ ~ *of onbekend met*
ignore (ɪɡˈnɔː) OV WW *negeren*
ikon (ˈaɪkɒn) ZN • → **icon**
il- (ɪl) VOORV *on-; niet*
ilk (ɪlk) BNW • *soort; slag* • *zelfde* ★ *of that ilk van die naam*
ill (ɪl) I ZN • *kwaad* • *ramp* • *kwaal* ★ *ills tegenslagen* ★ OUD. *speak ill of a p. van iem. kwaadspreken* ★ *do a p. an ill turn iem. kwaad berokkenen* II BNW • *ziek; misselijk* • *slecht* • *met lichamelijk letsel* • *onbehoorlijk* ★ *ill blood kwaad bloed* ★ *ill weeds grow apace onkruid vergaat niet* ★ *it is an ill wind that blows nobody any good 't is 'n slecht land waar 't niemand goed gaat* III BIJW • *slecht; kwalijk* ★ *you won't take it ill of me je zult ('t) me niet kwalijk nemen* ★ *they were ill at ease zij voelden zich niet op hun gemak*
Ill. AFK USA *Illinois* ⟨staat⟩
I'll (aɪl) SAMENTR • I shall • → **shall** • I will • → **will**
ill-advised (ɪləдˈvaɪzd) BNW • *onverstandig* • *onvoorzichtig*
ill-assorted (ɪləˈsɔːtɪd) BNW *niet bij elkaar horend*
ill-bred (ɪlˈbred) BNW *onopgevoed*
ill-disposed BNW • *slechtgezind* • *onwillig; ongenegen* • ~ **towards** *gekant tegen*
illegal (ɪˈliːɡl) BNW *onwettig*
illegality (ɪliːˈɡælɪtɪ) ZN *onwettigheid*
illegibility (ɪledʒəˈbɪlɪtɪ) ZN *onleesbaarheid*
illegible (ɪˈledʒɪbl) BNW *onleesbaar*
illegitimacy (ɪlɪˈdʒɪtɪməsɪ) ZN *onwettigheid; illegitimiteit*
illegitimate (ɪlɪˈdʒɪtɪmɪt) I BNW • *onwettig; onecht* II ZN • *onecht kind*
ill-equipped BNW *slecht toegerust*
ill-famed BNW *berucht*
ill-fated (ɪlˈfeɪtɪd) BNW *noodlottig*
ill-favoured, USA **ill-favored** (ɪlˈfeɪvəd) BNW *lelijk*
illiberal (ɪˈlɪbərəl) BNW • *bekrompen* • *gierig* • *niet eerlijk*
illicit (ɪˈlɪsɪt) BNW *onwettig; ongeoorloofd* ★ ~ *trade illegale/zwarte handel* ★ ~ *work zwartwerk*
illimitable (ɪˈlɪmɪtəbl) BNW • *onmeetbaar* • *onbegrensd*
illiteracy (ɪˈlɪtərəsɪ) ZN *ongeletterdheid*
illiterate (ɪˈlɪtərət) I ZN • *analfabeet* • *ongeletterde* II BNW • *niet kunnende lezen*

il

il

• *ongeletterd*
ill-judged (ɪlˈjʌdʒd) BNW *onverstandig*
ill-mannered (ilˈmænəd) BNW *ongemanierd*
ill-natured BNW *onvriendelijk*; *nors*
illness (ˈɪlnəs) ZN *ziekte*
illogical (ɪˈlɒdʒɪkl) BNW *onlogisch*
ill-omened (ɪlˈəʊmənd) BNW *ongeluks-*
ill-prepared BNW *slecht voorbereid*
ill-starred (ɪlˈstɑːd) BNW *ongelukkig*;
rampspoedig
ill-tempered (ɪlˈtempəd) BNW *humeurig*
ill-timed (ɪlˈtaɪmd) BNW *ongelegen*
ill-treat (ɪlˈtriːt) OV WW *mishandelen*; *slecht behandelen*
ill-treatment (ɪlˈtriːtmənt) ZN • *mishandeling*; *slechte behandeling* • *kwaadwilligheid* • *tegenzin*
illuminate (ɪˈluːmɪneɪt) OV WW *verlichten*; *licht werpen op* ★ USA mildly ~d *wat aangeschoten*
illuminating (ɪˈluːmɪneɪtɪŋ) BNW *verhelderend*; *verduidelijkend*
illumination (ɪluːmɪˈneɪʃən) ZN *licht*; *verlichting*
illumine OV WW • → **illuminate**
illusion (ɪˈluːʒən) ZN • *illusie*; *zinsbegoocheling* • *visioen*
illusionist (ɪˈluːʒənɪst) ZN *goochelaar*
illusive (ɪˈluːsɪv), **illusory** (ɪˈluːsərɪ) BNW *bedrieglijk*
illustrate (ˈɪləstreɪt) OV WW • *illustreren* • *verduidelijken*
illustrated (ˈɪləstreɪtəd) ZN *tijdschrift*
illustration (ɪləˈstreɪʃən) ZN • *illustratie*; *afbeelding* • *verduidelijking*
illustrative (ˈɪləstrətɪv) BNW *illustratief*
illustrator (ˈɪləstreɪtə) ZN *illustrator*; *tekenaar*
illustrious (ɪˈlʌstrɪəs) BNW • *doorluchtig* • *beroemd*
I'm (aɪm) SAMENTR I am • → **be**
image (ˈɪmɪdʒ) I ZN • *beeld*; *voorstelling*; *beeltenis*; *gelijkenis* • *idee* • *reputatie* ★ she is the (very) ~ of her mother *ze lijkt sprekend op haar moeder* II OV WW • *afbeelden*; *voorstellen*
imagery (ˈɪmɪdʒərɪ) ZN • *beelden* • *beeldspraak*
imaginable (ɪˈmædʒɪnəbl) BNW *denkbaar*
imaginary (ɪˈmædʒɪnərɪ) BNW *denkbeeldig*; *imaginair(e)*
imagination (ɪmædʒɪˈneɪʃən) ZN *verbeelding*; *voorstellingsvermogen*
imaginative (ɪˈmædʒɪnətɪv) ZN • *fantasierijk* • *fantastisch*
imagine (ɪˈmædʒɪn) OV WW *z. voorstellen*
imam (ɪˈmɑːm) ZN *imam*
imbalance (ɪmˈbæləns) ZN *onevenwichtigheid*
imbecile (ˈɪmbɪsiːl) I ZN • *stommerd* II BNW • *imbeciel*; *stom*
imbecility (ɪmbəˈsɪlətɪ) ZN • *geesteszwakheid* • *dwaasheid*
imbed (ɪmˈbed) OV WW *insluiten*; *(vast)leggen* ★ be ~ded in *vastzitten in*
imbibe (ɪmˈbaɪb) OV WW • *drinken* • *in z. opnemen*
imbroglio (ɪmˈbrəʊlɪəʊ) ZN *verwarde situatie*
imbue (ɪmˈbjuː) OV WW • *drenken* • *verven* • *bezielen*
IMF AFK International Monetary Fund *IMF*; *Internationaal Monetair Fonds*

imitate (ˈɪmɪteɪt) OV WW *nabootsen*; *navolgen*
imitation (ɪmɪˈteɪʃən) ZN *imitatie*; *namaak*
imitative (ˈɪmɪtətɪv) BNW *nabootsend* ★ ~ arts *beeldende kunsten*
imitator (ˈɪmɪteɪtə) ZN *imitator*
immaculate (ɪˈmækjʊlət) BNW • *onbevlekt* • *onberispelijk*
immanence (ˈɪmənəns) ZN *'t zijn in*
immanent (ˈɪmənənt) BNW • *inherent* • *innerlijk* • *alomtegenwoordig*
immaterial (ɪməˈtɪərɪəl) BNW • *onstoffelijk* • *onbelangrijk*
immature (ɪməˈtjʊə) BNW *onrijp*; *niet volwassen*
immaturity (ɪməˈtjʊərətɪ) ZN *onvolgroeidheid*
immeasurable (ɪˈmeʒərəbl) BNW *oneindig*; *onmeetbaar*
immediacy (ɪˈmiːdɪəsɪ) ZN • *nabijheid* • *dringendheid*
immediate (ɪˈmiːdɪət) BNW *onmiddellijk* ★ ~ future *nabije toekomst*
immediately (ɪˈmiːdɪətlɪ) I BIJW • *onmiddellijk* • *rechtstreeks* II VW • *meteen als*; *meteen toen*; *zodra*
immemorial (ɪmɪˈmɔːrɪəl) BNW *onheuglijk*
immense (ɪˈmens) BNW • *onmetelijk* • PLAT *eersteklas*; *prima*
immensely (ɪˈmenslɪ) BIJW • *immens* • *onmetelijk*
immensity (ɪˈmensətɪ) ZN *oneindigheid*
immerse (ɪˈmɜːs) OV WW *onderdompelen*; *indopen* ★ ~d in *verdiept in*
immersion (ɪˈmɜːʃən) ZN ★ ~ heater *dompelaar*
immigrant (ˈɪmɪgrənt) I ZN • *immigrant* II BNW • *immigrerend*
immigrate (ˈɪmɪgreɪt) ONOV WW *immigreren*
immigration (ɪmɪˈgreɪʃən) ZN *immigratie*
imminence (ˈɪmɪnəns) ZN *dreigend gevaar*
imminent (ˈɪmɪnənt) BNW *dreigend*; *op handen zijnde*
immobile (ɪˈməʊbaɪl) BNW *onbeweeglijk*
immobilisation ZN G-B • → **immobilization**
immobilise WW G-B • → **immobilize**
immobiliser (ɪˈməʊbəlaɪzə) ZN TECHN. *startonderbreker*
immobility (ɪməʊˈbɪlɪtɪ) ZN *onbeweeglijkheid*
immobilization (ɪməʊbəlaɪˈzeɪʃən) ZN *immobilisatie*
immobilize (ɪˈməʊbɪlaɪz) OV WW • *onbeweeglijk maken* • *immobiel maken ‹v. troepen›* • *aan de circulatie onttrekken ‹v. geld›*
immoderate (ɪˈmɒdərət) BNW *buitensporig*; *onmatig*
immoderation (ɪmɒdəˈreɪʃən) ZN • *onmatigheid* • *buitensporigheid*
immodest (ɪˈmɒdɪst) BNW • *onbetamelijk* • *onbescheiden*
immodesty (ɪˈmɒdəstɪ) ZN *onbescheidenheid*
immolate (ˈɪmələɪt) OV WW *offeren*
immolation (ɪməˈleɪʃən) ZN *offer*
immoral (ɪˈmɒrəl) BNW • *immoreel* • *onzedelijk*
immorality (ɪməˈrælətɪ) ZN • *immoraliteit* • *verdorvenheid*
immortal (ɪˈmɔːtl) I ZN • *onsterfelijke* II BNW • *onsterfelijk* • INFORM. *onverslijtbaar*
immortality (ɪmɔːˈtælətɪ) ZN *onsterfelijkheid*
immortalize, G-B **immortalise** (ɪˈmɔːtəlaɪz) OV WW *onsterfelijk maken*; *vereeuwigen*

immovable (ɪˈmuːvəbl) BNW • *onbeweeglijk*
• *onveranderlijk* • *niet geroerd* • *onroerend*
immovables (ɪˈmuːvəblz) ZN MV *onroerende goederen*
immune (ɪˈmjuːn) BNW ★ ~ *against/to/from immuun voor*
immunity (ɪˈmjuːnətɪ) ZN • *immuniteit*
• *ontheffing* (v. belasting)
immunization, G-B **immunisation** (ɪmjʊnaɪˈzeɪʃən) ZN *immunisering*
immunize, G-B **immunise** (ˈɪmjuːnaɪz) OV WW *immuun maken*
immure (ɪˈmjʊə) OV WW (z.) *opsluiten*
immutability (ɪmjuːtəˈbɪlətɪ) ZN *onveranderlijkheid*
immutable (ɪˈmjuːtəbl) BNW *onveranderlijk*
imp (ɪmp) I ZN • *kabouter* • *stout kind* • *duiveltje*
II OV WW • *versterken*
impact[1] (ˈɪmpækt) ZN • *slag* • *stoot* • *botsing*
• *invloed* • *uitwerking* • *doorwerking*; *effect*
impact[2] (ɪmˈpækt) OV WW *indrijven*
impair (ɪmˈpeə) OV WW • *beschadigen*
• *verzwakken*
impairment (ɪmˈpeəmənt) ZN • *beschadiging*
• *verzwakking*
impale (ɪmˈpeɪl) OV WW *spietsen*
impalpability (ɪmpælpəˈbɪlətɪ) ZN
• *onvoelbaarheid* • *ongrijpbaarheid*
impalpable (ɪmˈpælpəbl) BNW • *ontastbaar*
• *onvoelbaar* • *ongrijpbaar*
impanel (ɪmˈpænl) OV WW *samenstellen* (v. jury)
impart (ɪmˈpɑːt) OV WW • *mededelen*
impartial (ɪmˈpɑːʃəl) BNW *onpartijdig*
impartiality (ɪmpɑːʃɪˈælətɪ) ZN *onpartijdigheid*
impassability (ɪmpɑːsəˈbɪlətɪ) ZN
• *onbegaanbaarheid* • *onoverkomelijkheid*
impassable (ɪmˈpɑːsəbl) BNW • *onoverkomelijk*
• *onbegaanbaar*
impasse (ˈæmpæs) ZN *impasse*
impassion (ɪmˈpæʃən) OV WW *aanvuren*
impassioned (ɪmˈpæʃənd) BNW *hartstochtelijk*
impassive (ɪmˈpæsɪv) BNW • *ongevoelig*
• *onverstoorbaar* • *gevoelloos* • *onbeweeglijk*
impassivity (ɪmpæˈsɪvətɪ) ZN
• *onverstoorbaarheid* • *ongevoeligheid*
impatience (ɪmˈpeɪʃəns) ZN • *ongeduld*
• *gretigheid* • *onverdraagzaamheid*
impatient (ɪmˈpeɪʃənt) BNW *vurig*; *verlangend*; *ongeduldig*
impeach (ɪmˈpiːtʃ) OV WW • *in twijfel trekken*
• *beschuldigen*; *in staat v. beschuldiging stellen*
• *aanmerking maken op (iets)*
impeachable (ɪmˈpiːtʃəbl) BNW *beschuldigbaar*
impeachment (ɪmˈpiːtʃmənt) ZN • *aanklacht en vervolging* • *beschuldiging* • *verwijt*
impeccable (ɪmˈpekəbl) BNW *zonder zonden*; *feilloos*; *smetteloos*
impecunious (ɪmpɪˈkjuːnɪəs) BNW • *zonder geld*
• *(altijd) arm*
impedance (ɪmˈpiːdns) ZN *variabele weerstand*; *impedantie*
impede (ɪmˈpiːd) OV WW *verhinderen*
impediment (ɪmˈpedɪmənt) ZN *beletsel* ★ *speech ~ spraakgebrek*
impedimenta (ɪmpedɪˈmentə) ZN MV
• *belemmerende last* • *(leger)bagage* • *legertros*

impel (ɪmˈpel) OV WW • *aanzetten* • *dringen*
impend (ɪmˈpend) ONOV WW • *dreigen*
• *aanstaande zijn* • *boven 't hoofd hangen*
★ *dangers are ~ing over them grote gevaren hangen hun boven het hoofd*
impending (ɪmˈpendɪŋ) BNW *dreigend*; *komend*; *ophanden zijnd*
impenetrable (ɪmˈpenɪtrəbl) BNW
• *ondoordringbaar*; *ondoorgrondelijk*; *onbegrijpelijk* • *onoplosbaar* (v. moeilijkheid)
impenitent (ɪmˈpenɪtnt) BNW *niet berouwvol*
imperative (ɪmˈperətɪv) I ZN ★ ~ mood *gebiedende wijs* II BNW • *gebiedend* • *verplicht*
• *noodzakelijk*
imperceptible (ɪmpəˈseptɪbl) BNW *onmerkbaar*
imperfect (ɪmˈpɜːfɪkt) I ZN • *onvoltooid verleden tijd* II BNW • *onvolkomen*; *onvolmaakt*
imperfection (ɪmpəˈfekʃən) ZN • *onvolmaaktheid*
• *zonde*
imperforate (ɪmˈpɜːfərət) BNW *ongeperforeerd*
imperial (ɪmˈpɪərəl) I ZN • *imperiaal* • *lange sik* II BNW • *keizerlijk*; *keizer(s)-* • *rijks-* ★ ~ city *rijksstad*
imperialism (ɪmˈpɪərɪəlɪzəm) ZN • *regering v. keizer* • *imperialisme*
imperialist (ɪmˈpɪərɪəlɪst) I ZN • *imperialist*
• *keizersgezinde* II BNW • *imperialistisch*
imperialistic (ɪmpɪərɪəˈlɪstɪk) BNW *imperialistisch*
imperil (ɪmˈperɪl) OV WW *in gevaar brengen*
imperious (ɪmˈpɪərɪəs) BNW • *heerszuchtig*; *gebiedend* • *dringend*
imperishability (ɪmperɪʃəˈbɪlətɪ) ZN *onvergankelijkheid*
imperishable (ɪmˈperɪʃəbl) BNW *onvergankelijk*
impermeable (ɪmˈpɜːmɪəbl) BNW *ondoordringbaar*
impermissible (ɪmpəˈmɪsɪbl) BNW *ongeoorloofd*
impersonal (ɪmˈpɜːsənl) BNW *onpersoonlijk*
impersonality (ɪmpɜːsəˈnælətɪ) ZN *onpersoonlijkheid*
impersonate (ɪmˈpɜːsəneɪt) OV WW
• *verpersoonlijken* • *vertolken* • *nadoen*; *imiteren*
impersonation (ɪmpɜːsəˈneɪʃən) ZN
• *verpersoonlijking* • *imitatie*
impersonator (ɪmˈpɜːsəneɪtə) ZN • *vertolker*
• *imitator*
impertinence (ɪmˈpɜːtɪnəns) ZN
• *onbeschaamdheid* • JUR. *irrelevantie*
impertinent (ɪmˈpɜːtɪnənt) BNW • *niet ter zake*
• *belachelijk* • *brutaal*; *ongepast*
imperturbability (ɪmpətɜːbəˈbɪlətɪ) ZN *onverstoorbaarheid*
imperturbable (ɪmpəˈtɜːbəbl) BNW *onverstoorbaar*
impervious (ɪmˈpɜːvɪəs) BNW *ondoordringbaar*
★ ~ to *doof voor*
impetuosity (ɪmpetjʊˈɒsətɪ) ZN *onstuimigheid*
impetuous (ɪmˈpetjʊəs) BNW *onstuimig*; *heftig*
impetus (ˈɪmpɪtəs) ZN • *bewegingsstuwkracht*
• *stoot*
impiety (ɪmˈpaɪətɪ) ZN • *goddeloosheid*
• *oneerbiedigheid*
impinge (ɪmˈpɪndʒ) OV+ONOV WW ~ **(up)on** *inbreuk maken op*; *beïnvloeden*; *treffen*; *botsen*
impingement (ɪmˈpɪndʒmənt) ZN • *botsing*

im

im

• inbreuk
impious ('ımpıəs) BNW • *goddeloos* • *profaan*
impish ('ımpıʃ) BNW • *ondeugend* • *duivelachtig*
implacability (ımplækə'bılətı) ZN *onverbiddelijkheid*
implacable (ım'plækəbl) BNW *onverzoenlijk*
implant (ım'plɑ:nt) OV WW • *planten* • *inprenten*
• MED. *implanteren*
implausible (ım'plɔ:zıbl) BNW *onwaarschijnlijk*
implement[1] ('ımplımənt) ZN • *werktuig* • JUR. *uitvoering* ★ ~s of war *oorlogstuig*
implement[2] ('ımplıment) OV WW • *uitvoeren*; *verwezenlijken* • *toe-/uitrusten* • COMP. *implementeren* • *aanvullen*
implementation (ımpləmen'teıʃən) ZN
• *uitvoering*; *verwezenlijking* • COMP. *implementatie*
implicate[1] ('ımplıkət) ZN *impliciet*; *wat is opgesloten in*
implicate[2] ('ımplıkeıt) OV WW • *impliceren*; *insluiten*; *omvatten* • ~ **in** *betrekken bij*
implication (ımplı'keıʃən) ZN • *(stilzwijgende) gevolgtrekking* • *betrokkenheid* ★ by ~ *als logische conclusie*
implicit (ım'plısıt) BNW • *erin begrepen*
• *onvoorwaardelijk*
implied (ım'plaıd) BNW *impliciet*
implore (ım'plɔ:) OV WW *(af)smeken*
imply (ım'plaı) OV WW • *insluiten* • *betekenen*
• *laten blijken*
impolite (ımpə'laıt) BNW *onbeleefd*
impolitic (ım'pplıtık) BNW *onoordeelkundig*
imponderability (ımppndərə'bılətı) ZN *onberekenbaarheid*
imponderable (ım'ppndərəbl) BNW
• *onweegbaar* • *niet te schatten*
import[1] ('ımpɔ:t) ZN • *import*; *invoer* • *betekenis*
• *belang(rijkheid)* ★ ~s *invoer*
import[2] (ım'pɔ:t) OV WW • *importeren*; *invoeren*
• *betekenen* • *v. belang zijn*
importable (ım'pɔ:təbl) BNW *invoerbaar*
importance (ım'pɔ:tns) ZN • *belang*
• *gewicht(igheid)*
important (ım'pɔ:tnt) BNW • *belangrijk*
• *gewichtig (doende)*
importation (ımpɔ:'teıʃən) ZN *invoer(ing)*
importer (ım'pɔ:tə) ZN *importeur*
importunate (ım'pɔ:tjʊnət) BNW *lastig*; *(z. op)dringend*
importune (ım'pɔ:tju:n) OV WW *lastig vallen*
importunity (ımpə'tju:nətı) ZN • *opdringerigheid*
• *bemoeiing*
impose (ım'pəʊz) I OV WW • *in de hand stoppen*
• ~ **on** *imponeren*; *z. opdringen* • ~ **upon** *opleggen* 〈v. plicht, belasting〉; *misbruik maken van* II ONOV WW • *bedriegen*
imposing (ım'pəʊzıŋ) BNW • *indrukwekkend*
• *veeleisend* • *bedrieglijk*
imposition (ımpə'zıʃən) ZN • *handoplegging*; *wijding* • *belasting* • *strafwerk* • *bedriegerij*
impossibility (ımppsı'bılətı) ZN *onmogelijkheid*
impossible (ım'ppsıbl) BNW *onmogelijk*
impostor (ım'ppstə) ZN *bedrieger*
imposture (ım'ppstʃə) ZN *bedrog*
impotence ('ımpətns) ZN • *onmacht*; *onvermogen* • *impotentie*

impotent ('ımpətnt) BNW • *machteloos*
• *impotent*
impound (ım'paʊnd) OV WW • *insluiten* • *in beslag nemen* 〈v. goederen〉
impoverish (ım'ppvərıʃ) OV WW • *uitputten* 〈v. land〉 • *verarmen*
impoverishment (ım'ppvərıʃmənt) ZN
• *verarming* • *uitputting*
impracticability (ımpræktıkə'bılətı) ZN
• *onuitvoerbaarheid* • *onhandelbaarheid*
• *onbegaanbaarheid*
impracticable (ım'præktıkəbl) BNW
• *onbegaanbaar* • *onuitvoerbaar*
• *onhandelbaar*
impractical (ım'præktıkl) BNW *onpraktisch*
imprecation (ımprı'keıʃən) ZN *vloek*
imprecise (ımprı'saıs) BNW *onnauwkeurig*
imprecision (ımprı'sıʒən) ZN *onnauwkeurigheid*
impregnable (ım'pregnəbl) BNW *onneembaar*
★ ~ to *bestand tegen*
impregnate[1] (ım'pregnət) BNW *zwanger* ★ ~ with *doortrokken van*
impregnate[2] ('ımpregneıt) OV WW • *bevruchten*
• *verzadigen* • *inspireren*
impregnation (ımpreg'neıʃən) ZN *bevruchting*
impress[1] ('ımpres) ZN • *stempel* • *ronselarij*
impress[2] (ım'pres) OV WW • *stempelen*; *inprenten* • *indruk maken op* • *ronselen*
• *rekwireren* 〈v. goederen〉 • *z. bedienen van*
impression (ım'preʃən) ZN • *indruk* 〈idee, mening〉 • *indruk* 〈uitwerking, effect〉
• *indruk*; *schijn* 〈valse weergave〉 • *imitatie*
• DRUKK. *bijdruk* ★ get/have the ~ that... *de indruk krijgen/hebben dat...* ★ make a good ~ on sb *een goede indruk maken op iem.*
impressionable (ım'preʃənəbl) BNW *ontvankelijk*
impressionism (ım'preʃənızəm) ZN *impressionisme*
impressionist (ım'preʃənıst) ZN • *impressionist*
• *imitator*
impressionistic (ımpreʃə'nıstık) BNW *impressionistisch*
impressive (ım'presıv) BNW *indrukwekkend*
imprint[1] ('ımprınt) ZN • *stempel* • *naam v. drukker of uitgever in boek*
imprint[2] (ım'prınt) OV WW • *stempelen*
• *inprenten*
imprison (ım'prızən) OV WW *in de gevangenis zetten*
imprisonment (ım'prızənmənt) ZN *gevangenschap*
improbability (ımprpbə'bılətı) ZN *onwaarschijnlijkheid*
improbable (ım'prpbəbl) BNW *onwaarschijnlijk*
improbity (ım'prəʊbətı) BNW *oneerlijkheid*
impromptu (ım'prpmptju:) I ZN • *improvisatie* II BNW • *onvoorbereid*
improper (ım'prppə) BNW • *onjuist*
• *onwelvoeglijk*; *ongepast* ★ ~ fraction *onechte breuk*
impropriate[1] (ım'prəʊprıət) BNW *aan leken toekomend* 〈m.b.t. kerkelijke inkomsten〉
impropriate[2] (ım'prəʊprıeıt) OV WW *seculariseren*
impropriation (ımprəʊprı'eıʃən) ZN
• *secularisatie* • *geseculariseerde goederen*

impropriety (ımprǝ'praıǝtı) ZN *ongepastheid; ongeschiktheid*

improve (ım'pru:v) OV+ONOV WW • *verhogen; verbeteren; ontwikkelen* • *goed gebruik maken van* • ~ **(up)on** *verbeteren; 't beter doen*

improvement (ım'pru:vmǝnt) ZN • *beterschap; vooruitgang* • *hoger bod* • *(bodem)verbetering*

improver (ım'pru:vǝ) ZN • *verbeteraar* • USA *vrijwilliger* • *stagiair*

improvidence (ım'provıdǝns) ZN *zorgeloosheid*

improvident (ım'provıdnt) BNW • *zorgeloos* • *niet vooruitziend*

improvisation (ımprǝvaı'zeıʃǝn) ZN *improvisatie*

improvise ('ımprǝvaız) OV WW • *onvoorbereid (iets) doen of maken* • *improviseren*

imprudence (ım'pru:dns) ZN *onvoorzichtigheid*

imprudent (ım'pru:dnt) BNW *onvoorzichtig*

impudence ('ımpjʊdns) ZN *schaamteloosheid*

impudent ('ımpjʊdnt) BNW *onbeschaamd; schaamteloos*

impudicity (ımpjʊ'dısǝtı) ZN • *schaamteloosheid* • *ontucht*

impugn (ım'pju:n) OV WW *betwisten*

impuissant (ım'pju:ısǝnt) BNW *machteloos; zwak*

impulse ('ımpʌls) ZN • *stoot* • *prikkel* • *opwelling* ★ ~ **buy** *impulsaankoop*

impulsion (ım'pʌlʃǝn) ZN *stuwkracht*

impulsive (ım'pʌlsıv) BNW • *aandrijvend; stuw-* • *impulsief*

impunity (ım'pju:nǝtı) ZN *straffeloosheid* ★ with ~ *ongestraft*

impure (ım'pjʊǝ) BNW • *onzuiver* • *onzedig*

impurity (ım'pjʊǝrǝtı) ZN *onzuiverheid*

imputation (ımpjʊ'teıʃǝn) ZN *beschuldiging*

impute (ım'pju:t) OV WW • *ten laste leggen* • *toeschrijven; wijten (aan)*

in (ın) I VZ • *in; binnen* ★ in the window *voor het raam* ★ in yellow shoes *met gele schoenen aan* ★ 10 in 100 *10 op de 100* ★ in my opinion *naar mijn mening* ★ in good health *gezond* ★ in doing so *zodoende* ★ in going there *terwijl ...* ★ they were sold in scores *ze werden met 20 tegelijk verkocht* ★ in all *alles bij elkaar; totaal* ★ INFORM. you are not in with him *je haalt niet bij hem* ★ he has it in him *hij heeft het in hem; daar is hij toe in staat* ★ INFORM. they are in *zij zijn aan de macht; zij zijn in de mode/populair* ★ in between *er tussen (in)* ★ these things are in now *deze artikelen zijn nu erg in trek/in de mode* ★ you are in for it! *je bent er bij!* ★ be in for sth *naar iets mededingen* ★ he is in with my neighbour *het is koek en ei tussen hem en mijn buurman* ★ in honour of *ter ere van* ★ in search of *op zoek naar* ★ in the daytime *overdag* ★ in a week *over een week* ★ the latest in modern warfare *het nieuwste op 't gebied van moderne oorlogvoering* ★ he is not in it *hij is er niet bij betrokken* ★ in that it was *omdat het betrof* ★ trust in *vertrouwen in/op* ★ rejoice in *zich verheugen in/over* ★ come in *binnenkomen* ★ lock in *opsluiten* ★ he's in *hij is thuis* ★ be in office *regeren; regering zijn* II BIJW • *(naar) binnen; in gebruik* III ZN • *ins and outs alle details; de bijzonderheden* IV BNW ★ in patient *interne patiënt* ★ in-joke *grapje alleen voor ingewijden* ★ an in place *een populaire plek*

in. AFK inch(es) *inch(es)*

inability (ınǝ'bılǝtı) ZN *onbekwaamheid*

inaccessibility (ınǝksesǝ'bılǝtı) ZN *ontoegankelijkheid*

inaccessible (ınǝk'sesıbl) BNW *ontoegankelijk; ongenaakbaar*

inaccuracy (ın'ækjʊrǝsı) ZN *onnauwkeurigheid; fout(je)*

inaccurate (ın'ækjʊrǝt) BNW *onnauwkeurig*

inaction (ın'ækʃǝn) ZN • *traagheid* • *werkeloosheid*

inactive (ın'æktıv) BNW • *werkeloos* • *traag*

inactivity (ınæk'tıvǝtı) ZN *werkeloosheid*

inadequacy (ın'ædıkwǝsı) ZN *onvolledigheid*

inadequate (ın'ædıkwǝt) BNW *ontoereikend*

inadmissible (ınǝd'mısıbl) BNW *ontoelaatbaar*

inadvertence (ınǝd'vɜ:tns) ZN *onoplettendheid*

inadvertent (ınǝd'vɜ:tnt) BNW • *onoplettend* • *onbewust*

inalienable (ın'eılıǝnǝbl) BNW *onvervreemdbaar*

inane (ı'neın) I ZN ★ the ~ *het ledig* II BNW • *leeg* • *idioot* • *zinloos*

inanimate (ın'ænımǝt) BNW • *levenloos* • ECON. *flauw*

inanition (ınǝ'nıʃǝn) ZN *uitputting door voedselgebrek*

inappetence (ın'æpǝtns) ZN *lusteloosheid*

inapplicability (ınǝplıkǝ'bılǝtı) ZN *het niet v. toepassing zijn*

inapplicable (ın'æplıkǝbl) BNW *niet toepasselijk*

inapposite (ınǝ'æpǝzıt) BNW • *ongepast* • *ongeschikt*

inappreciable (ınǝ'pri:ʃǝbl) BNW • *zeer weinig* • *zeer gering*

inappropriate (ınǝ'prǝʊprıǝt) BNW • *ongepast* • *ongeschikt*

inapt (ın'æpt) BNW • *ongeschikt* • *onhandig* • *ongepast*

inaptitude (ın'æptıtju:d) ZN • *ongeschiktheid* • *onhandigheid*

inarticulate (ına:'tıkjʊlǝt) BNW • *niet verbonden* • *onverstaanbaar* • *sprakeloos*

inasmuch (ınǝz'mʌtʃ) BIJW ★ ~ as *aangezien*

inattention (ınǝ'tenʃǝn) ZN • *onachtzaamheid* • *onvoorzichtigheid*

inattentive (ınǝ'tentıv) BNW • *onoplettend* • *onvoorzichtig*

inaudible (ın'ɔ:dıbl) BNW *onhoorbaar*

inaugural (ı'nɔ:gjʊrǝl) I ZN • USA *inaugurele rede* II BNW • *inaugureel*

inaugurate (ı'nɔ:gjʊreıt) OV WW • *installeren* • *inwijden* • *openen*

inauguration (ınɔ:gjʊ'reıʃǝn) ZN *installatie*

inauguratory (ı'nɔ:gjʊrǝtǝrı) BNW *inaugureel*

inauspicious (ınɔ:'spıʃǝs) BNW *onheilspellend; ongunstig*

inboard ('ınbɔ:d) I BNW • *binnenboord-* II BIJW • *binnenboords*

inborn (ın'bɔ:n) BNW *aangeboren*

inbound ('ınbaʊnd) BNW *op huis aan*

inbox ('ınbɒks) ZN COMP. ≈ *postvak IN*

inbred ('ın'bred) BNW • *uit inteelt voortgekomen* • *aangeboren*

inbreeding ('ınbri:dıŋ) ZN *inteelt*

Inc. (ıŋk) AFK incorporated ≈ *NV*

in

incalculable (ɪn'kælkjʊləbl) BNW *onberekenbaar*
incandescence (ɪnkæn'desəns) ZN • *het gloeien*
• *gloeihitte*
incandescent (ɪnkæn'desənt) BNW *gloeiend* ★ ~
(lamp) *gloeilamp*
incantation (ɪnkæn'teɪʃən) ZN • *toverformule*
• *toverij*
incapable (ɪn'keɪpəbl) BNW *onbekwaam*;
dronken ★ ~ *of niet bij machte om*
incapacitate (ɪnkə'pæsɪteɪt) OV WW *ongeschikt
maken*
incapacity (ɪnkə'pæsətɪ) ZN *onbekwaamheid*;
ongeschiktheid; *onbevoegdheid*
incarcerate (ɪn'kɑːsəreɪt) OV WW *gevangenzetten*
incarceration (ɪnkɑːsə'reɪʃən) ZN *opsluiting*
incarnate[1] (ɪn'kɑːnət) BNW *vleselijk*;
vleesgeworden
incarnate[2] ('ɪnkɑːneɪt) OV WW *belichamen*
incarnation (ɪnkɑː'neɪʃən) ZN *verpersoonlijking*
incautious (ɪn'kɔːʃəs) BNW *onvoorzichtig*
incendiarism (ɪn'sendɪərɪzəm) ZN
• *brandstichting* • *opruiing*
incendiary (ɪn'sendɪərɪ) I ZN • *brandstichter*
• *brandbom* • *opruier* II BNW • *brandstichtend*
• *opruiend*
incense[1] ('ɪnsens) I ZN • *wierook* II OV WW
• *bewieroken*
incense[2] (ɪn'sens) OV WW *woedend maken*
incentive (ɪn'sentɪv) I ZN • *prikkeling* • *motief*
• *aansporing* II BNW • *prikkelend*
• *aanmoediging(s)-*
inception (ɪn'sepʃən) ZN *aanvang*
incertitude (ɪn'sɜːtɪtjuːd) ZN *onzekerheid*
incessant (ɪn'sesənt) BNW *onophoudelijk*
incestuous (ɪn'sestjʊəs) BNW *incestueus*
inch (ɪntʃ) I ZN • *Engelse duim* ⟨2,54 cm⟩ ⟨in
Schotland⟩ • *eilandje* ★ *inch rule duimstok*
★ *by inches heel langzaam* ★ *give him an
inch and he'll take an ell als je hem de vinger
geeft, neemt hij de hele hand* ★ *beat a man
within an inch of his life iem. bijna doodslaan*
★ *he is every inch a gentleman hij is op en
top een heer* II ONOV WW • *z. zeer langzaam
voortbewegen*
inchmeal ('ɪntʃmiːl) BIJW • *voetje voor voetje*
• *met kleine stukjes*
inchoate (ɪn'kəʊeɪt) I BNW • *pas begonnen*
• *onvolledig gevormd* II OV WW • *beginnen*
inchoative ('ɪnkəʊeɪtɪv) BNW *beginnend*;
aanvangs-
incidence ('ɪnsɪdns) ZN • *het vallen*; *het treffen*
• *het vóórkomen* • *invloed(ssfeer)* • *lichtinval*
★ *angle of ~ invalshoek*
incident ('ɪnsɪdnt) I ZN • *incident*; *voorval*;
episode • *rechten en plichten verbonden aan
vaste goederen* II BNW • *gemakkelijk voor te
vallen* • *invallend* ⟨v. licht⟩ ★ ~ *to/(up)on
voortvloeiend uit*
incidental (ɪnsɪ'dentl) BNW *bijkomstig* ★ ~ *to
eigen aan* ★ ~ *(up)on het gevolg zijnde van*
incidentally (ɪnsɪ'dentəlɪ) BIJW • *overigens*
• *terloops*
incinerate (ɪn'sɪnəreɪt) OV WW *verassen*;
verbranden
incineration (ɪnsɪnə'reɪʃən) ZN *(vuil)verbranding*
incinerator (ɪn'sɪnəreɪtə) ZN *verbrandingsoven*

incipience (ɪn'sɪpɪəns) ZN *begin*
incipient (ɪn'sɪpɪənt) BNW *aanvangs-*
incise (ɪn'saɪz) OV WW • *insnijden* • *graveren*
incision (ɪn'sɪʒən) ZN *insnijding*; *kerf*
incisive (ɪn'saɪsɪv) BNW • *scherp* • *snij-*
incisor (ɪn'saɪzə) ZN *snijtand*
incite (ɪn'saɪt) OV WW • *aansporen* • *opruien*
incivility (ɪnsɪ'vɪlətɪ) ZN *onbeleefdheid*
inclement (ɪn'klemənt) BNW *streng* ⟨v. weer⟩;
guur
inclination (ɪnklɪ'neɪʃən) ZN • *neiging* • *aanleg*
• *geneigdheid* • *genegenheid* • *helling*
• *inclinatie*
incline[1] ('ɪnklaɪn) ZN • *hellend vlak* • *helling*
incline[2] (ɪn'klaɪn) I OV WW • *buigen* • *geneigd
maken* • *doen (over)hellen* ★ ~*d hellend*;
geneigd; *genegen* • ~ *to aanzetten tot* II ONOV
WW • *(over)hellen* • *geneigd zijn*; *neiging
vertonen*
include (ɪn'kluːd) OV WW *insluiten*; *omvatten*
★ *everything ~d alles inbegrepen*
inclusion (ɪn'kluːʒən) ZN • *insluitsel* • *insluiting*
inclusive (ɪn'kluːsɪv) BNW *insluitend*; *omvattend*
★ ~ *of... met ... inbegrepen* ★ *pages 5 to 7 ~ blz.
5 tot en met 7* ★ ~ *terms prijs inclusief onkosten*
★ *all ~ alles inbegrepen* ★ ~ *language
niet-seksistisch taalgebruik*
incognito (ɪnkɒg'niːtəʊ) BIJW *incognito*
incoherence (ɪnkəʊ'hɪərəns) ZN
onsamenhangendheid
incoherent (ɪnkəʊ'hɪərənt) BNW • *verward*
• *onsamenhangend*
incombustible (ɪnkəm'bʌstɪbl) BNW
on(ver)brandbaar
income ('ɪnkʌm) ZN *inkomsten*; *inkomen*
★ *annual ~ jaarinkomen* ★ *disposable ~
besteedbaar/netto inkomen*
incomer ('ɪnkʌmə) ZN • *binnenkomende*
• *immigrant* • *indringer* • *opvolger*
income support ZN *bijstand*
income tax ZN *inkomstenbelasting*
incoming ('ɪnkʌmɪŋ) I ZN • *aankomst* II BNW
• *binnenkomend* • *opkomend* ⟨v. getij⟩
• *opvolgend*
incommensurable (ɪnkə'menʃərəbl) BNW
• *onmeetbaar* • *niet te vergelijken met*
incommensurate (ɪnkə'menʃərət) BNW ★ ~
to/with niet evenredig met
incommode (ɪnkə'məʊd) OV WW *lastig vallen*
incommodious (ɪnkə'məʊdɪəs) BNW *lastig*
incommunicable (ɪnkə'mjuːnɪkəbl) BNW *niet
mededeelbaar*
incommunicado (ɪnkəmjuːnɪ'kɑːdəʊ) BNW *(v.d.
buitenwereld) afgeschermd*; *geïsoleerd*
incommutable (ɪnkə'mjuːtəbl) BNW
onveranderlijk
incomparable (ɪn'kɒmpərəbl) BNW
onvergelijkelijk
incompatibility (ɪnkəmpætə'bɪlətɪ) ZN
• *onverenigbaarheid* • *tegenstrijdigheid*
incompatible (ɪnkəm'pætɪbl) BNW
• *onverenigbaar* • *tegenstrijdig* • *niet
consequent*
incompetence (ɪn'kɒmpɪtns) ZN
• *onbekwaamheid* • *onbevoegdheid*
incompetent (ɪn'kɒmpɪtnt) BNW • *onbekwaam*

• *onbevoegd*

incomplete (ɪnkəm'pli:t) BNW • *onvolledig*
• *gebrekkig*

incomprehensibility (ɪnkɒmprɪhensə'bɪlətɪ) ZN *onbegrijpelijkheid*

incomprehensible (ɪnkɒmprɪ'hensɪbl) BNW *onbegrijpelijk*

incomprehension (ɪnkɒmprɪ'henʃən) ZN *onbegrip*

inconceivability (ɪnkənsi:və'bɪlətɪ) ZN *onvoorstelbaarheid*

inconceivable (ɪnkən'si:vəbl) BNW
• *onvoorstelbaar* • *onbegrijpelijk* • INFORM. *zeer merkwaardig*

inconclusive (ɪnkən'klu:sɪv) BNW *niet beslissend*; *niet overtuigend*

incongruity (ɪnkɒn'gru:ətɪ) ZN
• *ongelijksoortigheid* • *inconsequentie*

incongruous (ɪn'kɒŋgrʊəs) BNW • *ongelijksoortig*
• *onlogisch* ★ ~ *with niet passend bij*

inconsecutive (ɪnkən'sekjʊtɪv) BNW *onlogisch*

inconsequent (ɪn'kɒnsɪkwənt) BNW • *niet ter zake dienend* • *onsamenhangend* • *onlogisch*

inconsequential (ɪnkɒnsɪ'kwenʃəl) BNW • *niet ter zake doend* • *onbelangrijk*

inconsiderable (ɪnkən'sɪdərəbl) BNW *onbelangrijk*

inconsiderate (ɪnkən'sɪdərət) BNW *onbedachtzaam*; *onattent*

inconsistency (ɪnkən'sɪstənsɪ) ZN
• *tegenstrijdigheid* • *inconsequentie*

inconsistent (ɪnkən'sɪstnt) BNW • *inconsistent*
• *tegenstrijdig*

inconsolable (ɪnkən'səʊləbl) BNW *ontroostbaar*

inconspicuous (ɪnkən'spɪkjʊəs) BNW
• *onopvallend* • *onaanzienlijk*

inconstancy (ɪn'kɒnstənsɪ) ZN • *veranderlijkheid*
• *wispelturigheid*

inconstant (ɪn'kɒnstnt) BNW *veranderlijk*; *wispelturig*

incontestable (ɪnkən'testəbl) BNW *onbetwistbaar*

incontinence (ɪn'kɒntɪnəns) ZN • *gebrek aan zelfbeheersing* • *incontinentie* • *bedwateren*

incontinent (ɪn'kɒntɪnənt) BNW • *zonder zelfbeheersing*; *ongebonden* • *incontinent*

incontinently (ɪn'kɒntɪnəntlɪ) BNW *onmiddellijk*

incontrovertibility (ɪnkɒntrəvɜ:tɪ'bɪlətɪ) ZN *onbetwistbaarheid*

incontrovertible (ɪnkɒntrə'vɜ:tɪbl) BNW *onbetwistbaar*

inconvenience (ɪnkən'vi:nɪəns) I ZN • *ongemak*; *ongerief* II OV WW • *in ongelegenheid brengen*

inconvenient (ɪnkən'vi:nɪənt) BNW
• *ongeriefelijk* • *lastig*

inconvertibility (ɪnkɒnvɜ:tə'bɪlətɪ) ZN
• *onveranderlijkheid* • *oninwisselbaarheid*

inconvertible (ɪnkən'vɜ:təbl) BNW
• *onveranderlijk* • *oninwisselbaar*

incorporate[1] (ɪn'kɔ:pərət) BNW • *verenigd* • *als rechtspersoon erkend*

incorporate[2] (ɪn'kɔ:pəreɪt) OV WW • *verenigen*
• *indelen* • *als rechtspersoon erkennen* • USA *tot NV maken* ★ ~d *company NV* • ~ *in(to)/with inlijven bij*

incorporation (ɪnkɔ:pe'reɪʃən) ZN • *inlijving*
• *NV*

incorporator (ɪn'kɔ:pəreɪtə) ZN *lid of oprichter v. corporatie*

incorporeal (ɪnkɔ:'pɔ:rɪəl) BNW *onstoffelijk*

incorrect (ɪnkə'rekt) BNW *onjuist*

incorrigible (ɪn'kɒrɪdʒɪbl) BNW *onverbeterlijk*

incorruptible (ɪnkə'rʌptɪbl) BNW • *onkreukbaar*
• *onvergankelijk*

increase[1] ('ɪŋkri:s) ZN *groei*; *toename*; *verhoging*; *aanwas* ★ *be on the* ~ *toenemen* ★ ~ *in taxes belastingverhoging* ★ ~ *in wages loonsverhoging*

increase[2] (ɪŋ'kri:s) OV+ONOV WW • *(doen) toenemen*; *vermeerderen* • *vergroten*; *verhogen*; *versterken*

increasingly (ɪn'kri:sɪŋlɪ) BIJW *steeds meer*; *steeds verder*

incredible (ɪn'kredɪbl) BNW *ongelofelijk*

incredulity (ɪnkrə'dju:lətɪ) ZN *ongeloof*

incredulous (ɪn'kredjʊləs) BNW *niet gelovende*; *ongelovig*

increment ('ɪnkrɪmənt) ZN • *aanwas*
• *loonsverhoging* • *toename* • *differentiaal*

incriminate (ɪn'krɪmɪneɪt) OV WW • *beschuldigen*
⟨v. misdaad⟩ • *betrekken in aanklacht*
★ *incriminating evidence belastend bewijs*

incrimination (ɪnkrɪmɪ'neɪʃən) ZN *aanklacht*

incriminatory (ɪn'krɪmɪnətrɪ) BNW *bezwarend*

incubate ('ɪŋkjʊbeɪt) OV+ONOV WW *(uit)broeden*

incubation (ɪŋkjʊ'beɪʃən) ZN *incubatie*

incubator ('ɪŋkjʊbeɪtə) ZN • *broedmachine*
• *couveuse*

incubus ('ɪŋkjʊbəs) ZN *nachtmerrie*

inculcate ('ɪnkʌlkeɪt) OV WW *inprenten*

inculcation (ɪnkʌl'keɪʃən) ZN *inprenting*

incumbency (ɪn'kʌmbənsɪ) ZN *kerkelijk ambt*

incumbent (ɪn'kʌmbənt) I ZN • *bekleder v. kerkelijk ambt* • *parochiegeestelijke* • *lid v. bestuur* II BNW • *verplicht*; *moreel gebonden*
• *dienstdoende*; *aan de macht zijnde* • *liggend*
★ ~ *on rustend op* ★ *it is* ~ *on me het is mijn plicht*

incur (ɪn'kɜ:) OV WW • *oplopen* • *z. aandoen*
• *maken* ⟨v. schulden⟩

incurable (ɪn'kjʊərəbl) BNW *ongeneeslijk*

incurious (ɪn'kjʊərɪəs) BNW • *niet nieuwsgierig*
• *onverschillig* ★ *not* ~ *nogal belangwekkend*

incursion (ɪn'kɜ:ʃən) ZN *vijandelijke inval*; *onverwachte aanval*

incurvate ('ɪnkɜ:veɪt) ONOV WW *naar binnen*; *terug buigen*

incurvation (ɪnkɜ:'veɪʃən) ZN *bocht* ⟨naar binnen⟩

incurved (ɪn'kɜ:vd) BNW *teruggebogen*

incuse (ɪŋ'kju:z) I ZN • *stempelindruk* II BNW
• *gestempeld* ⟨v. munt⟩ III OV WW • *inhameren*; *instempelen*

Ind. AFK USA *Indiana* ⟨staat⟩

indebted (ɪn'detɪd) BNW • *(ver)schuldig(d)*
• *verplicht*

indebtedness (ɪn'detɪdnəs) ZN • *het verschuldigd zijn* • *schuld(en)* • *verplichting*

indecency (ɪn'di:sənsɪ) ZN • *ongepastheid*
• *onfatsoenlijkheid*

indecent (ɪn'di:sənt) BNW • *onzedelijk*;
onfatsoenlijk • *ongepast* ★ ~ *assault aanranding*

in

in

indecipherable (ɪndɪ'saɪfərəbl) BNW *niet te ontcijferen; onleesbaar*

indecision (ɪndɪ'sɪʒən) ZN *besluiteloosheid*

indecisive (ɪndɪ'saɪsɪv) BNW • *besluiteloos* • *onbeslist* • *niet beslissend*

indeclinable (ɪndɪ'klaɪnəbl) BNW *onverbuigbaar*

indecorous (ɪn'dekərəs) BNW *onwelvoeglijk*

indecorum (ɪndɪ'kɔ:rəm) ZN *onwelvoeglijkheid*

indeed (ɪn'di:d) BIJW *trouwens; dan ook; zelfs; werkelijk; weliswaar; inderdaad* ★ thank you very much ~ *dank u zeer* (familiair)

indefatigable (ɪndɪ'fætɪgəbl) BNW *onvermoeid; onvermoeibaar*

indefeasible (ɪndɪ'fi:zɪbl) BNW *onschendbaar; onaantastbaar; onvervreemdbaar*

indefectible (ɪndɪ'fektɪbl) BNW *onvergankelijk; onfeilbaar; feilloos*

indefensible (ɪndɪ'fensɪbl) BNW *onverdedigbaar*

indefinable (ɪndɪ'faɪnəbl) BNW *ondefinieerbaar; niet te bepalen*

indefinite (ɪn'defɪnɪt) BNW • *onbepaald* • *voor onbepaalde tijd* • *vaag* • *onbepalend*

indelible (ɪn'delɪbl) BNW *onuitwisbaar*

indelicacy (ɪn'delɪkəsɪ) ZN • *onbehoorlijkheid* • *smakeloosheid*

indelicate (ɪn'delɪkət) BNW *onkies; niet fijnzinnig; grof*

indemnification (ɪndemnɪfɪ'keɪʃən) ZN • *vrijwaring* • *schadeloosstelling*

indemnify (ɪn'demnɪfaɪ) OV WW • *vrijwaren* • *ontslaan v. verantwoordelijkheid* • *schadeloos stellen*

indemnity (ɪn'demnətɪ) ZN • *schadeloosstelling* • *vrijwaring* • *amnestie; kwijtschelding*

indent (ɪn'dent) I OV WW • *vorderen* 〈v. goederen〉• *stempelen* • *indrukken* • *insnijden* II OV+ONOV WW • *inspringen* 〈v. regel〉 III ZN • *insnijding* • *vordering* 〈v. goederen〉 • *(buitenlandse) bestelling* • *deuk; indeuking* • *akte; gezegeld contract*

indentation (ɪnden'teɪʃən) ZN *inkeping; het inspringen; indruksel; deuk*

indenture (ɪn'dentʃə) I ZN • *uittanding; deuk* • *gezegeld contract* ★ take up one's ~s *zijn leertijd afsluiten* II OV WW • *in de leer nemen of doen* • *groeven maken in*

independence (ɪndɪ'pendəns) ZN *onafhankelijkheid* ★ USA Independence Day *4 juli*

independency (ɪndɪ'pendənsɪ) ZN • *kerkelijk zelfbestuur* • *onafhankelijke staat*

independent (ɪndɪ'pendənt) I ZN • *iem. die niet politiek gebonden is* II BNW • *onafhankelijk*

Independent (ɪndɪ'pendnt) ZN *voorstander van kerkelijk zelfbestuur*

indescribable (ɪndɪ'skraɪbəbl) BNW *vaag; niet te beschrijven*

indestructibility (ɪndɪstrʌktə'bɪlətɪ) ZN *onverwoestbaarheid*

indestructible (ɪndɪ'strʌktɪbl) BNW *onverwoestbaar*

indeterminable (ɪndɪ'tɜ:mɪnəbl) BNW *niet te bepalen; niet te beslissen*

indeterminate (ɪndɪ'tɜ:mɪnət) BNW • *vaag* • *twijfelachtig* • *niet te bepalen*

indetermination (ɪndɪtɜ:mɪ'neɪʃən) ZN *besluiteloosheid*

index ('ɪndeks) I ZN • *index* 〈v. kosten, prijzen〉 • *wijzer* 〈v. instrument〉 • *leidraad* • *aanwijzing; teken* • *alfabetisch register* • *exponent* 〈in algebra〉 ★ the Index *de Index* 〈r.-k.〉 II OV WW • *voorzien van index; plaatsen op index* • *aanwijzen*

indexation (ɪndek'seɪʃən) ZN *indexering*

index finger ZN *wijsvinger*

index-linked (ɪndeks'lɪŋkt) BNW *geïndexeerd* ★ ~ pension *waardevast pensioen*

India ('ɪndɪə) ZN • *India* • *Voor-Indië* ★ ~ ink *Oost-Indische inkt* ★ ~ paper *dun, ondoorschijnend papier* ★ ~ rubber *rubber; vlakgum* ★ ~-rubber conscience *ruim geweten*

Indiaman ('ɪndɪəmən) ZN *Oost-Indiëvaarder*

Indian ('ɪndɪən) I ZN • *Indiër* • *indiaan* ★ American ~ *indiaan* II BNW • *indiaans* • *Indisch*

indicate ('ɪndɪkeɪt) OV WW • *aanwijzen* • *aangeven* 〈v. richting〉 • *tonen* • *wijzen op*

indication (ɪndɪ'keɪʃən) ZN *aanwijzing*

indicative (ɪn'dɪkətɪv) I ZN • *aantonende wijs* II BNW • *aantonend* ★ be ~ of *duiden op*

indicator ('ɪndɪkeɪtə) ZN • *spanningmeter* • *richtingaanwijzer*

indices ('ɪndɪsi:z) ZN [mv] • → index

indicia (ɪn'dɪʃɪə) ZN MV *tekens*

indict (ɪn'daɪt) OV WW *beschuldigen; aanklagen*

indictable (ɪn'daɪtəbl) BNW *vervolgbaar*

indictment (ɪn'daɪtmənt) ZN • *aanklacht* • *akte v. beschuldiging*

indie ('ɪndɪ) I ZN • MUZ. independent *onafhankelijke platenmaatschappij* II BNW • MUZ. independent ≈ *alternatief*

Indies ('ɪndɪz) ZN MV ★ the ~ *Brits Indië*

indifference (ɪn'dɪfrəns) ZN *onverschilligheid; gebrek aan interesse*

indifferent (ɪn'dɪfrənt) I ZN • *onverschillig iem.* II BNW • *nogal slecht* • *onbelangrijk* • *onpartijdig; neutraal* • *onverschillig*

indifferently (ɪn'dɪfrəntlɪ) BIJW *onpartijdig*

indigence ('ɪndɪdʒəns) ZN *armoede; gebrek*

indigene ('ɪndɪdʒi:n) ZN *inboorling*

indigenous (ɪn'dɪdʒɪnəs) BNW • *inheems* • *aangeboren*

indigent ('ɪndɪdʒənt) BNW *arm; behoeftig*

indigestible (ɪndɪ'dʒestɪbl) BNW *onverteerbaar*

indigestion (ɪndɪ'dʒestʃən) ZN *indigestie*

indigestive (ɪndɪ'dʒestɪv) BNW *lijdende aan indigestie*

indignant (ɪn'dɪgnənt) BNW *verontwaardigd*

indignation (ɪndɪg'neɪʃən) ZN *verontwaardiging* ★ ~ meeting *protestvergadering*

indignity (ɪn'dɪgnətɪ) ZN • *onwaardige behandeling* • *belediging*

indigo ('ɪndɪgəʊ) ZN *indigo(blauw)*

indirect (ɪndaɪ'rekt) BNW • *bedrieglijk* • *indirect; zijdelings* ★ ~ costs *indirecte kosten*

indirection (ɪndɪ'rekʃən) ZN • *omweg* • *bedrog* ★ by ~ *langs een omweg*

indiscernible (ɪndɪ'sɜ:nɪbl) BNW *niet te onderscheiden*

indiscipline (ɪn'dɪsɪplɪn) ZN • *onhandelbaarheid* • *ontembaarheid* • *tuchteloosheid*

indiscreet (ɪndɪ'skri:t) BNW • *onoordeelkundig*

• *onbezonnen* • *onbescheiden*
indiscretion (ˌɪndɪˈskreʃən) ZN ★ *years of ~ kwajongensjaren*
indiscriminate (ˌɪndɪˈskrɪmɪnət) BNW • *geen verschil makend* • *in het wilde weg; zo maar*
indiscrimination (ˌɪndɪskrɪmɪˈneɪʃən) ZN *gebrek aan onderscheiding(svermogen)*
indispensable (ˌɪndɪˈspensəbl) BNW *onmisbaar*
indisposed (ˈɪndɪˈspoʊzd) BNW • *onwel* • *onwelwillend*
indisposition (ˌɪndɪspəˈzɪʃən) ZN • *ongesteldheid* • *ongenegenheid*; *afkeer*
indisputability (ˌɪndɪˈspjuːtəbɪlətɪ) ZN *onbetwistbaarheid*
indisputable (ˌɪndɪˈspjuːtəbl) BNW *onbetwistbaar*
indissolubility (ˌɪndɪˈsɒljuːbɪlətɪ) ZN • *onoplosbaarheid* • *onverbrekelijkheid*
indissoluble (ˌɪndɪˈsɒljuːbl) BNW *onoplosbaar; onverbrekelijk*
indistinct (ˌɪndɪˈstɪŋkt) BNW *onduidelijk*
indistinguishable (ˌɪndɪˈstɪŋgwɪʃəbl) BNW *niet te onderscheiden*
individual (ˌɪndɪˈvɪdʒʊəl) I ZN • *individu; persoon* II BNW • *individueel; persoonlijk* • *eigenaardig*
individualise WW G-B • → **individualize**
individualism (ˌɪndɪˈvɪdʒʊəlɪzəm) ZN • *individualisme* • *zelfzucht*
individualist (ˌɪndɪˈvɪdʒʊəlɪst) I ZN • *individualist* II BNW • *individualistisch*
individualistic (ˌɪndɪvɪdʒʊəˈlɪstɪk) BNW *individualistisch*
individuality (ˌɪndɪvɪdʒʊˈælətɪ) ZN • *eigen karakter en hoedanigheden* • *individualiteit*
individualize (ˌɪndɪˈvɪdʒʊəlaɪz) OV WW *individualiseren; toespitsen op individu*
indivisibility (ˌɪndɪvɪzəˈbɪlətɪ) ZN *ondeelbaarheid*
indivisible (ˌɪndɪˈvɪzɪbl) BNW *ondeelbaar*
indocile (ɪnˈdəʊsaɪl) BNW • *ongezeglijk* • *onhandelbaar*
indoctrinate (ɪnˈdɒktrɪneɪt) OV WW *indoctrineren*
indolence (ˈɪndələns) ZN • *traagheid* • *luiheid*
indolent (ˈɪndələnt) BNW *lui; sloom*
indomitable (ɪnˈdɒmɪtəbl) BNW *ontembaar; onoverwinnelijk*
Indonesian (ˌɪndəˈniːzɪən) I ZN • *Indonesiër; Indonesische* II BNW • *Indonesisch*
indoor (ɪnˈdɔː) BNW *binnenshuis; huis-* ★ ~ *games zaalsporten* ★ ~ *relief verzorgen v. armen in een inrichting*
indoors (ɪnˈdɔːz) BIJW • *binnenshuis* • *binnenskamers; geheim*
indrawn (ɪnˈdrɔːn) BNW ★ ~ *breath ingehouden adem*
indubitable (ɪnˈdjuːbɪtəbl) BNW *zonder twijfel*
induce (ɪnˈdjuːs) OV WW • *bewegen; ertoe krijgen* • *afleiden* • *forceren* • *induceren* ★ ~d *current inductiestroom*
inducement (ɪnˈdjuːsmənt) ZN • *beweegreden* • *lokmiddel*
induct (ɪnˈdʌkt) OV WW • *inleiden* 〈v. bevalling〉 • *installeren; bevestigen* 〈v. predikant〉 • *inwijden*
induction (ɪnˈdʌkʃən) ZN • *installatie* • *inleiding* • *gevolgtrekking* • *inductie* • *kunstmatig ingeleide bevalling*

induction coil ZN *inductieklos/-spoel*
inductive (ɪnˈdʌktɪv) BNW *aanleiding gevend; inductief*
inductor (ɪnˈdʌktə) ZN • *iem. die predikant bevestigt* • TECHN. *inductor*
indulge (ɪnˈdʌldʒ) I OV WW • *verwennen* • *toegeven (aan)* ★ ~ *sb with iem. iets toestaan* II ONOV WW ★ ~ *in a journey abroad zich op een buitenlandse reis trakteren* ★ INFORM. *he* ~s *too freely hij drinkt te veel* • ~ *in z. overgeven aan*
indulgence (ɪnˈdʌldʒəns) I ZN • *overdreven toegeeflijkheid* • *gunst* • *aflaat* • *bevrediging* II OV WW • *aflaat verbinden aan*
indulgent (ɪnˈdʌldʒənt) BNW *(al te) toegeeflijk*
indurate (ˈɪndjʊəreɪt) ONOV WW *verharden; verstokt worden*
industrial (ɪnˈdʌstrɪəl) I ZN • *werker in de industrie* • *bedrijf* • *industrieel* II BNW • *industrieel; bedrijfs-; nijverheids-* ★ ~ *art kunstnijverheid*
industrialisation ZN G-B • → **industrialization**
industrialise WW G-B • → **industrialize**
industrialism (ɪnˈdʌstrɪəlɪzəm) ZN *de industrie*
industrialist (ɪnˈdʌstrɪəlɪst) ZN • *industrieel* • *fabriekseigenaar*
industrialization (ɪndʌstrɪəlaɪˈzeɪʃən) ZN *industrialisatie*
industrialize (ɪnˈdʌstrɪəlaɪz) OV WW *industrialiseren*
industrious (ɪnˈdʌstrɪəs) BNW *hardwerkend; arbeidzaam*
industry (ˈɪndəstrɪ) ZN • *industrie; bedrijf* • *ijver* ★ *distributive industries distributiebedrijven*
inebriate[1] (ɪˈniːbrɪət) I ZN • *dronkaard* II BNW • *(altijd) dronken*
inebriate[2] (ɪˈniːbrɪeɪt) OV WW *dronken maken*
inebriation (ɪniːbrɪˈeɪʃən) ZN *dronkenschap*
inebriety (ɪniːˈbraɪətɪ) ZN • *dronkenschap* • *drankzucht*
inedible (ɪnˈedɪbl) BNW *oneetbaar*
ineffable (ɪnˈefəbl) BNW *onuitsprekelijk*
ineffaceable (ɪnɪˈfeɪsəbl) BNW *onuitwisbaar*
ineffective (ɪnɪˈfektɪv) BNW • *ondoeltreffend* • *incompetent*
ineffectual (ɪnɪˈfektʃʊəl) BNW • *vruchteloos* • *futloos* • *ontoereikend*
inefficacious (ɪnefɪˈkeɪʃəs) BNW *niet doelmatig*
inefficacy (ɪnˈefɪkəsɪ) ZN *onwerkzaamheid*
inefficiency (ɪnɪˈfɪʃənsɪ) ZN *ondoelmatigheid*
inefficient (ɪnɪˈfɪʃənt) BNW • *onbekwaam* • *ondoelmatig*
inelegant (ɪnˈelɪgənt) BNW *onelegant; niet fraai*
ineligibility (ɪnelɪdʒəˈbɪlətɪ) ZN *onverkiesbaarheid*
ineligible (ɪnˈelɪdʒɪbl) BNW • *niet te verkiezen* • *niet in aanmerking komend*
ineluctable (ɪnɪˈlʌktəbl) BNW *onontkoombaar*
inept (ɪˈnept) BNW • *ongerijmd; dwaas* • *ongeschikt*
ineptitude (ɪnˈeptɪtjuːd) ZN • *dwaasheid* • *ongerijmdheid*
ineptness (ɪnˈeptnəs) ZN • → **ineptness**
inequable (ɪnˈekwəbl) BNW *ongelijk (verdeeld)*
inequality (ɪnɪˈkwɒlətɪ) ZN • *verschil* • *ongelijkheid* ★ ~ *to 't niet opgewassen zijn*

tegen

inequitable (ɪn'ekwɪtəbl) BNW *onrechtvaardig; onbillijk*

inequity (ɪn'ekwətɪ) ZN *onrechtvaardigheid*

ineradicable (ɪnɪ'rædɪkəbl) BNW *onuitroeibaar*

inerrability (ɪnɜ:rə'bɪlətɪ) ZN *onfeilbaarheid*

inerrable (ɪn'ɜ:rəbl) BNW *onfeilbaar*

inerrancy ZN • → **inerrability**

inerrant BNW • → **inerrable**

inert (ɪ'nɜ:t) BNW *traag; log* ★ ~ *gas edelgas*

inertia (ɪ'nɜ:ʃə) ZN *traagheid*

inescapable (ɪnɪ'skeɪpəbl) BNW *onontkoombaar*

inessential (ɪnɪ'senʃəl) BNW *niet essentieel; bijkomstig*

inestimable (ɪn'estɪməbl) BNW *onschatbaar*

inevitability (ɪn'evɪtəbɪlətɪ) ZN *onvermijdelijkheid*

inevitable (ɪn'evɪtəbl) BNW *onvermijdelijk*

inexact (ɪnɪg'zækt) BNW *onjuist*

inexactitude (ɪnɪg'zæktɪtjuːd) ZN • *onnauwkeurigheid* • *onjuistheid*

inexcusable (ɪnɪk'skjuːzəbl) BNW *onvergeeflijk; niet goed te praten*

inexhaustible (ɪnɪg'zɔːstɪbl) BNW *onuitputtelijk*

inexorable (ɪn'eksərəbl) BNW *onverbiddelijk*

inexpediency (ɪnɪk'spiːdɪənsɪ) ZN *ondoelmatigheid*

inexpedient (ɪnɪk'spiːdɪənt) BNW *ongeschikt; niet raadzaam; niet van pas*

inexpensive (ɪnɪk'spensɪv) BNW *goedkoop*

inexperience (ɪnɪk'spɪərɪəns) ZN *onervarenheid*

inexperienced (ɪnɪk'spɪərɪənst) BNW *onervaren*

inexpert (ɪn'ekspɜ:t) I ZN • *ondeskundige; leek* II BNW • *onbedreven; ondeskundig*

inexpiable (ɪn'ekspɪəbl) BNW • *niet goed te maken* • *onverzoenlijk*

inexplicable (ɪnɪk'splɪkəbl) BNW *onverklaarbaar*

inexpressible (ɪnɪk'spresɪbl) BNW *onuitsprekelijk*

inexpressive (ɪnɪk'spresɪv) BNW *uitdrukkingsloos*

inextinguishable (ɪnɪk'stɪŋgwɪʃəbl) BNW • *onblusbaar* • *niet te lessen*

inextricable (ɪn'ekstrɪkəbl) BNW • *onontkoombaar* • *onontwarbaar*

infallibility (ɪnfælɪ'bɪlətɪ) ZN *onfeilbaarheid*

infallible (ɪn'fælɪbl) BNW *onfeilbaar*

infamous ('ɪnfəməs) BNW • *schandelijk* • *eerloos*

infamy ('ɪnfəmɪ) ZN • *beruchtheid* • *schande* • *schanddaad*

infancy ('ɪnfənsɪ) ZN • *kindsheid* • *minderjarigheid* ★ it's still in its ~ *het staat nog in de kinderschoenen*

infant ('ɪnfənt) I ZN • *zuigeling* • *kind beneden 7 jaar* • *minderjarige* ★ ~ school *kleuterschool* II BNW • *kinderlijk; kinder-* ★ ~ prodigy *wonderkind*

infanticide (ɪn'fæntɪsaɪd) ZN *kindermoord*

infantile ('ɪnfəntaɪl) BNW *kinder-; kinderlijk; kinderachtig*

infantilism (ɪn'fæntɪlɪzəm) ZN *infantilisme*

infantry ('ɪnfəntrɪ) ZN *infanterie*

infantryman ('ɪnfəntrɪmən) ZN *infanterist*

infatuate (ɪn'fætjʊert) OV WW *verdwazen; verblinden* ★ ~d by/with *smoorverliefd op*

infatuation (ɪnfætjʊ'eɪʃən) ZN • *verdwazing* • *dwaze verliefdheid*

infect (ɪn'fekt) OV WW *besmetten*

infection (ɪn'fekʃən) ZN *besmetting; aanstekelijkheid*

infectious (ɪn'fekʃəs) BNW *besmettelijk; aanstekelijk*

infective BNW • → **infectious**

infelicitous (ɪnfɪ'lɪsɪtəs) BNW • *ongelukkig* • *misplaatst* ⟨v. opmerking of voorbeeld⟩

infelicity (ɪnfɪ'lɪsətɪ) ZN • *ongeluk* • *ongelukkige keuze*

infer (ɪn'fɜ:) OV WW • *gevolg trekken* • *betekenen*

inferable (ɪn'fɜ:rəbl) BNW *afleidbaar*

inference ('ɪnfərəns) ZN *gevolgtrekking*

inferential (ɪnfə'renʃəl) BNW *afleidbaar*

inferior (ɪn'fɪərə) I ZN • *ondergeschikte* II BNW • *lager* • *minder(waardig)* • *onder-* ★ he is ~ to none *hij doet voor niemand onder*

inferiority (ɪnfɪərɪ'ɒrətɪ) ZN ★ ~ complex *minderwaardigheidscomplex*

infernal (ɪn'fɜ:nl) BNW *hels; duivels*

inferno (ɪn'fɜ:nəʊ) ZN *hel; onderwereld*

infertile (ɪn'fɜ:taɪl) BNW *onvruchtbaar*

infertility (ɪnfɜ:'tɪlətɪ) ZN *onvruchtbaarheid*

infest (ɪn'fest) OV WW • *teisteren* • *onveilig maken* ★ be ~ed with *geteisterd worden door; vergeven zijn van*

infestation (ɪnfe'steɪʃən) ZN *teistering*

infidel ('ɪnfɪdl) I ZN • *ongelovige* II BNW • *ongelovig*

infidelity (ɪnfɪ'delətɪ) ZN • *ongeloof* • *ontrouw*

infield ('ɪnfiːld) ZN • *erf/bouwland* ⟨bij boerderij⟩ • *gedeelte v. sportveld bij 't doel*

infighting ('ɪnfaɪtɪŋ) ZN • *gevecht op de korte afstand* • *bedekte onderlinge strijd*

infiltrate ('ɪnfɪltreɪt) OV+ONOV WW • *infiltreren* • *dóórdringen*

infiltration (ɪnfɪl'treɪʃən) ZN *infiltratie* ⟨vóór vijandelijke aanval⟩

infiltrator ('ɪnfɪltreɪtə) ZN *infiltrant*

infinite ('ɪnfɪnɪt) I ZN ★ the ~ *de oneindigheid; de oneindige ruimte* II BNW • *oneindig* • *zeer veel* • TAALK. *niet beperkt door persoon/getal*

infinitesimal (ɪnfɪnɪ'tesɪml) I ZN • *zeer kleine hoeveelheid* II BNW • *zeer klein* ★ ~ calculus *integraal-/differentiaalrekening*

infinitive (ɪn'fɪnɪtɪv) ZN *onbepaalde wijs*

infinitude (ɪn'fɪnɪtjuːd) ZN *oneindige hoeveelheid*

infinity (ɪn'fɪnətɪ) ZN • *oneindigheid* • *oneindige hoeveelheid of uitgestrektheid*

infirm (ɪn'fɜ:m) BNW • *onvast; zwak* • *besluiteloos*

infirmary (ɪn'fɜ:mərɪ) ZN *ziekenhuis; ziekenzaal*

infirmity (ɪn'fɜ:mətɪ) ZN • *zwakheid; zwakte* • *gebrek*

infix[1] ('ɪnfɪks) ZN TAALK. *tussenvoegsel*

infix[2] (ɪn'fɪks) OV WW • *inzetten; invoegen* • *bevestigen (in)* • *inprenten*

inflame (ɪn'fleɪm) I OV WW • *vlam doen vatten* • *opgewonden maken* II ONOV WW • *vlam vatten* • *opgewonden raken*

inflammability (ɪnflæmə'bɪlətɪ) ZN *ontvlambaarheid*

inflammable (ɪn'flæməbl) I ZN • *licht ontvlambare stof* II BNW • *ontvlambaar*

inflammation (ɪnflə'meɪʃən) ZN • *ontbranding* • *ontsteking*

inflammatory (ɪn'flæmətərɪ) BNW • *opwindend* • *ontstekings-*

inflatable (ɪn'fleɪtəbl) BNW *opblaasbaar*
inflate (ɪn'fleɪt) OV WW • *oppompen*; *opblazen*
 • *opdrijven*; *verhogen* ⟨v. prijzen⟩ • *te veel
 papiergeld in omloop brengen*
inflated (ɪn'fleɪtɪd) BNW • *opgepompt*
 • *gezwollen*; *opgeblazen*
inflation (ɪn'fleɪʃən) ZN • *'t oppompen*
 • *opgeblazenheid* • *inflatie*
inflect (ɪn'flekt) OV WW • MUZ. *halve toon
 verhogen of verlagen* • *naar binnen buigen*
 • TAALK. *verbuigen*
inflection (ɪn'flekʃən) ZN • *verbuiging*;
 buigingsuitgang • *stembuiging*
inflexibility (ɪnfleksə'bɪlətɪ) ZN • *standvastigheid*
 • *onbuigbaarheid*
inflexible (ɪn'fleksɪbl) BNW • *standvastig*
 • *onbuigbaar*; *onbuigzaam*
inflexion ZN • → **inflection**
inflict (ɪn'flɪkt) OV WW • *toebrengen*; *toedienen*
 ⟨v. straf⟩ • *opleggen* (v. straf) • ~ sth (up)on a
 p. *iets aan iem. opdringen*
infliction (ɪn'flɪkʃən) ZN • *straf* • *bezoeking*
in-flight BNW *tijdens de vlucht*
inflow ('ɪnfləʊ) ZN • *binnenstromende
 hoeveelheid* • *het binnenstromen*
influence ('ɪnflʊəns) I ZN • *invloed* • *projectie*
 • TECHN. *inductie* II OV WW • *invloed hebben
 op*; *beïnvloeden*
influent ('ɪnflʊənt) I ZN • *zijrivier* II BNW
 • *instromend*
influential (ɪnflʊ'enʃəl) BNW *invloedrijk*
influenza (ɪnflʊ'enzə) ZN *griep* ⋆ avian ~
 vogelgriep
influx ('ɪnflʌks) ZN • *instroming* • *toevloed*
infomercial (ɪnfəʊ'mɜːʃəl) ZN ⟨information +
 commercial⟩ *infomercial* ⟨informatieve
 reclame⟩
inform (ɪn'fɔːm) I OV WW • *bezielen* • *mededelen*
 ⋆ ~ of/about *mededelen*; *op de hoogte brengen
 van* ⋆ ~ed *goed op de hoogte*; *kundig*;
 ontwikkeld; *bevoegd* II ONOV WW • FORM.
 ~ (up)on *aanklacht indienen tegen*
informal (ɪn'fɔːml) BNW • *informeel*; *niet officieel*
 • *zonder veel drukte*
informality (ɪnfɔː'mælətɪ) ZN *informaliteit*
informant (ɪn'fɔːmənt) ZN • *zegsman*
 • *informant* • *geheim agent*
informatics (ɪnfə'mætɪks) ZN MV *informatica*
information (ɪnfə'meɪʃən) ZN • *mededeling*
 • *inlichtingen* • *nieuws* • *aanklacht*
information desk ZN *informatiebalie*;
 inlichtingenbureau
information superhighway ZN COMP.
 elektronische snelweg
information technology ZN COMP.
 informatietechnologie
informative (ɪn'fɔːmətɪv) BNW • *informatief*
 • *leerzaam*
informatory (ɪn'fɔːmətərɪ) BNW • → **informative**
informer (ɪn'fɔːmə) ZN • *aanklager* • *geheim
 agent* • *informant*
infotainment (ɪnfəʊ'teɪnmənt) ZN ⟨information
 + entertainment⟩ *infotainment* ⟨informatief
 amusement⟩
infraction (ɪn'frækʃən) ZN • *schending*
 • *overtreding*

infrangible (ɪn'frændʒɪbl) BNW • *onschendbaar*
 • *niet te verbreken*
infrared (ɪnfrə'red) BNW *infrarood*
infrastructure ('ɪnfrəstrʌktʃə) ZN *infrastructuur*
infrequency (ɪn'friːkwənsɪ) ZN *zeldzaamheid*
infrequent (ɪn'friːkwənt) BNW *niet vaak* ⋆ not
 ~ly *nog al eens*
infringe (ɪn'frɪndʒ) OV+ONOV WW • *overtreden*
 • *schenden* ⟨v. eed⟩
infringement (ɪn'frɪndʒmənt) ZN • *inbreuk*
 • *overtreding*
infundibular (ɪnfʌn'dɪbjʊlə) BNW *trechtervormig*
infuriate[1] (ɪn'fjʊərɪət) BNW *razend*
infuriate[2] (ɪn'fjʊərɪeɪt) OV WW *woedend maken*
infuse (ɪn'fjuːz) I OV WW • *laten trekken* ⟨v. thee⟩
 • *ingieten* • *inprenten* • *doordrenken* II ONOV
 WW • *trekken* ⟨v. thee⟩
infuser (ɪn'fjuːzə) ZN *thee-ei*
infusible (ɪn'fjuːzɪbl) BNW *onsmeltbaar*
infusion (ɪn'fjuːʒən) ZN • *'t inprenten*
 • *doordringen* • *infusie* • *aftreksel*
ingathering ('ɪngæðərɪŋ) ZN *het ophalen*; *het
 binnenhalen* ⟨v. oogst⟩; *het bijeenbrengen*
ingenious (ɪn'dʒiːnɪəs) BNW *vernuftig*
ingenuity (ɪndʒɪ'njuːətɪ) ZN *vernuft*
ingenuous (ɪn'dʒenjʊəs) BNW *onschuldig*
ingest (ɪn'dʒest) OV WW *opnemen* ⟨v. voedsel⟩
inglenook ('ɪnglnʊk) ZN *haard*
inglorious (ɪn'glɔːrɪəs) BNW • *roemloos*
 • *onbekend*
ingoing ('ɪngəʊɪŋ) I ZN • *'t binnengaan* II BNW
 • *binnengaand*
ingot ('ɪngɒt) ZN *staaf*; *baar* ⟨v. metaal⟩
ingrained (ɪn'greɪnd) BNW • *diepgeworteld*
 • *doortrapt*; *verstokt* • *aarts-*; *door en door*
ingratiate (ɪn'greɪʃɪeɪt) OV WW ⋆ an
 ingratiating *smile een innemende glimlach*
 ⋆ ~ o.s. with *zich bemind maken bij*
ingratitude (ɪn'grætɪtjuːd) ZN *ondankbaarheid*
ingredient (ɪn'griːdɪənt) ZN *bestanddeel*
ingress ('ɪngres) ZN • *'t binnengaan* • *ingang*;
 toegang
in-group ('ɪngruːp) ZN • *kliek* • *groep personen
 met gemeenschappelijke belangen*
inhabit (ɪn'hæbɪt) OV WW *wonen in*
inhabitable (ɪn'hæbɪtəbl) BNW *bewoonbaar*
inhabitant (ɪn'hæbɪtənt) ZN *bewoner*; *inwoner*
inhalation (ɪnhə'leɪʃən) ZN *inademing*
inhale (ɪn'heɪl) OV WW *inademen*; *inhaleren*
inhaler (ɪn'heɪlə) ZN *inhaleerapparaat*
inharmonious (ɪnhaː'məʊnɪəs) BNW
 • *tegenstrijdig* • *niet bij elkaar passend*
 • *onwelluidend*
inhere (ɪn'hɪə) ONOV WW *bestaan in*; *inherent
 zijn aan*
inherent (ɪn'herənt) BNW *inherent* ⋆ ~ in *eigen
 aan*
inherently (ɪn'herəntlɪ) BIJW *als zodanig*
inherit (ɪn'herɪt) OV WW *erven*
inheritable (ɪn'herɪtəbl) BNW *erfelijk*
inheritance (ɪn'herɪtns) ZN *erfenis*; *overerving*
inheritance tax ZN *successiebelasting*
inheritor (ɪn'herɪtə) ZN *erfgenaam*
inhibit (ɪn'hɪbɪt) OV WW • *verbieden* • *beletten*;
 in de weg staan • *suspenderen* ⟨r.-k.⟩
inhibited (ɪn'hɪbɪtɪd) BNW *verlegen*; *geremd*

in

inhibition (ınhı'bıʃən) ZN • *verbod* • INFORM. *onderdrukking*; *het beletten*
inhibitory (ın'hıbıtərı) BNW *verbods-*
inhospitable (ınhɒ'spıtəbl) BNW • *ongastvrij* • *onherbergzaam*
inhospitality (ınhɒspı'tælətı) ZN • *ongastvrijheid* • *onherbergzaamheid*
inhuman (ın'hju:mən) BNW • *onmenselijk* • *monsterlijk*
inhumane (ınhju:'meın) BNW *wreed*
inhumanity (ınhju:'mænətı) ZN *wreedheid*
inhumation (ınhju'meıʃən) ZN *'t begraven*; *begrafenis*
inhume (ın'hju:m) OV WW *begraven*
inimical (ı'nımıkl) BNW • *vijandig* • *schadelijk*
inimitability (ınımıtə'bılətı) ZN *onnavolgbaarheid*
inimitable (ı'nımıtəbl) BNW *onnavolgbaar*; *weergaloos*
iniquitous (ı'nıkwıtəs) BNW • *zondig* • *(hoogst) onrechtvaardig*
iniquity (ı'nıkwətı) ZN • *onrechtvaardigheid* • *zonde*
initial (ı'nıʃəl) I ZN • *voorletter* II BNW • *eerste*; *begin-*; *voor-* III OV WW • *paraferen*
initially (ı'nıʃəlı) BIJW *eerst*; *aanvankelijk*
initiate[1] (ı'nıʃıət) I ZN • *ingewijde* II BNW • *ingewijd*
initiate[2] (ı'nıʃıeıt) OV WW • *inwijden*; *inleiden* • *beginnen* • *initiëren* • *opstarten* ⟨machine, proces⟩
initiation (ınıʃı'eıʃən) ZN • *begin* • *inwijding*
initiative (ı'nıʃətıv) I ZN • *eerste stap*; *begin* • *initiatief* II BNW • *aanvangs-*
inject (ın'dʒekt) OV WW *inspuiten*
injection (ın'dʒekʃən) ZN • *injectie* • *'t in baan om aarde brengen* ⟨v. satelliet⟩ ★ TECHN. ~ *moulding spuitgieten*
injector (ın'dʒektə) ZN *injector*
injudicious (ındʒu:'dıʃəs) BNW *onverstandig*
injunction (ın'dʒʌŋkʃən) ZN • *dringend verzoek* • *bevel*; *verbod*
injure (ʾındʒə) OV WW • *verwonden* • *onrecht aandoen*; *benadelen*; *krenken*
injurious (ın'dʒʊərıəs) BNW • *beledigend* • *schadelijk*
injury (ʾındʒərı) ZN • *belediging* • *letsel*; *schade*
injury time ZN SPORT *blessuretijd*
injustice (ın'dʒʌstıs) ZN *onrecht(vaardigheid)*
ink (ıŋk) I ZN • *inkt* • Chinese ink *Oost-Indische inkt* II OV WW • *met inkt insmeren*
inkling (ʾıŋklıŋ) ZN *flauw vermoeden*
inkstand (ʾıŋkstænd) ZN *inktstel*
ink-well (ʾıŋkwel) ZN *inktpot*
inky (ʾıŋkı) BNW *inktachtig* ★ inky (black) *inktzwart*
inlaid (ın'leıd) BNW *ingelegd*
inland (ʾınlənd) I ZN • *binnenland* II BNW + BIJW • *binnenlands* • *in of naar 't binnenland* ★ ~ navigation *binnenvaart* ★ Inland Revenue ≈ *belastingdienst* ★ ~ sea *binnenzee* ★ ~ lake *in 't binnenland gelegen meer*
in-law (ʾınlɔ:) ZN • INFORM. *aangetrouwd familielid* • INFORM. *schoonouder*
inlay[1] (ʾınleı) ZN • *inlegsel*; *mozaïek* • *vulling* ⟨v. kies⟩ • *ingang*

inlay[2] (ın'leı) OV WW *inleggen* ⟨versiering⟩
inlet (ʾınlet) ZN • *inham* • *inzetsel*
inmate (ʾınmeıt) ZN *medegevangene*
inmost (ʾınməʊst) BNW • *binnenste* • *meest intieme*; *diepste*
inn (ın) ZN • *herberg*; *taveerne* • *(dorps)hotel*
innards (ʾınədz) ZN MV PLAT *maag*; *ingewanden*
innate (ı'neıt) BNW *aangeboren*; *natuurlijk*
inner (ʾınə) I ZN • *kring om roos* • *schot net naast de roos* II BNW • *inwendig*; *innerlijk*; *binnen ...* ★ ~ office *privékantoor* ★ ~ tube *binnenband*
innermost (ʾınəməʊst) BNW *binnenste*
innings (ʾınıŋz) ZN • *ambtsperiode* • SPORT *slagbeurt* ▾ have a good ~ *geluk hebben*; *lang leven*
innkeeper (ʾınki:pə) ZN *waard*; *hotelhouder*; *kastelein*; *herbergier*
innocence (ʾınəsəns) ZN • *onschuld* • *onnozelheid*
innocent (ʾınəsənt) I BNW • *onschuldig* • *onschadelijk* ★ ~ of *niet schuldig aan*; *totaal zonder* II ZN • *onschuldig iemand* ⟨vooral klein kind⟩ • *zwakzinnige* • *onnozele* ★ Innocents' Day *Onnozele-Kinderen* ⟨feestdag⟩
innocuous (ı'nɒkjʊəs) BNW • *onschadelijk*; *ongevaarlijk*
innovate (ʾınəvet) ONOV WW *vernieuwen*; *nieuwigheden aanbrengen*
innovation (ınə'veıʃən) ZN *vernieuwing*; *nieuwigheid*
innovative (ʾınəvetıv) BNW *vernieuwend*
innovator (ʾınəvetə) ZN • *vernieuwer* • *nieuwlichter*
innuendo (ınju'endəʊ) ZN • *beledigende insinuatie* • *verdachtmaking*
innumerable (ı'nju:mərəbl) BNW *ontelbaar*
inoculate (ı'nɒkjʊleıt) OV WW *inenten*
inoculation (ınɒkjʊ'leıʃən) ZN *inenting*
inoffensive (ınə'fensıv) BNW • *geen aanstoot gevend* • *niet bezwaarlijk* • *onschadelijk*
inoperable (ın'ɒpərəbl) BNW • *niet te opereren* • *onuitvoerbaar*
inoperative (ın'ɒpərətıv) BNW • *niet werkend* • *ongeldig* ⟨v. wet⟩
inopportune (ın'ɒpətju:n) BNW • *ontijdig* • *ongelegen*
inordinate (ın'ɔ:dınət) BNW *buitensporig*; *onmatig*; *ongeregeld*
inorganic (ınɔ:'gænık) BNW *anorganisch*
input (ʾınpʊt) I ZN • *invoer van gegevens* • TECHN. *ingang* II OV WW • *computer voorzien v. opdrachten* • *programmeren*
inquest (ʾınkwest) ZN *gerechtelijk onderzoek* ★ coroner's ~ *gerechtelijke lijkschouwing*
inquietude (ın'kwaııtju:d) ZN • *onrust(igheid)* • *ongerustheid*
inquire (ın'kwaıə) OV+ONOV WW vnl. USA • → **enquire**
inquirer (ın'kwaıərə) ZN *onderzoeker*; *enquêteur*
inquiring (ın'kwaıərıŋ) BNW *onderzoekend*; *weetgierig*
inquiry (ın'kwaıərı) ZN vnl. USA • → **enquiry**
inquisition (ınkwı'zıʃən) ZN • *onderzoek* • *inquisitie*
inquisitive (ın'kwızıtıv) BNW *nieuwsgierig*
inquisitor (ın'kwızıtə) ZN • *inquisiteur* • *officieel onderzoeker*

in

inquisitorial (ɪnkwɪzɪ'tɔ:rɪəl) BNW • *inquisitoriaal* • *hinderlijk nieuwsgierig*

inroad ('ɪnrəʊd) ZN • *vijandelijke inval* • *inbreuk*; *aantasting*

insalubrious (ɪnsə'lu:brɪəs) BNW • *ongezond* ⟨v. omgeving⟩ • *onsmakelijk*

insane (ɪn'seɪn) BNW *krankzinnig*

insanitary (ɪn'sænɪtərɪ) BNW *ongezond*; *onhygiënisch*

insanity (ɪn'sænətɪ) ZN *krankzinnigheid*; *dwaasheid*

insatiability (ɪnseɪʃə'bɪlətɪ) ZN *onverzadigbaarheid*

insatiable (ɪn'seɪʃəbl) BNW *onverzadigbaar*

insatiate (ɪn'seɪʃɪət) BNW • *niet te verzadigen* • *onverzadigd*

inscribe (ɪn'skraɪb) OV WW • *graveren* • *inschrijven* • *inprenten* • *beschrijven in* • *opdragen* ⟨v. boek⟩

inscription (ɪn'skrɪpʃən) ZN • *inscriptie* • *opdracht*

inscrutability (ɪnskru:tə'bɪlətɪ) ZN • *ondoorgrondelijkheid* • *geheimzinnigheid*

inscrutable (ɪn'skru:təbl) BNW • *ondoorgrondelijk* • *geheimzinnig*

insect ('ɪnsekt) ZN *insect*

insecticide (ɪn'sektɪsaɪd) ZN *insecticide*

insecure (ɪnsɪ'kjʊə) BNW *onveilig*; *onbetrouwbaar*

insecurity (ɪnsɪ'kjʊərətɪ) ZN *onveiligheid*

inseminate (ɪn'semɪneɪt) OV WW • *bevruchten*; *insemineren* • *(in)zaaien*

insemination (ɪnsemɪ'neɪʃən) ZN *bevruchting* ★ artificial ~ *kunstmatige inseminatie*

insensate (ɪn'senseɪt) ZN • *gevoelloos* • *onzinnig*

insensibility (ɪnsensɪ'bɪlətɪ) ZN • *ongevoeligheid* • *bewusteloosheid*

insensible (ɪn'sensɪbl) BNW • *niet te bemerken* • *bewusteloos* • *z. niet bewust* • *ongevoelig*

insensitive (ɪn'sensɪtɪv) BNW ★ ~ to *onverschillig voor*

inseparability (ɪnsepərə'bɪlətɪ) ZN *onafscheidelijkheid*

inseparable (ɪn'sepərəbl) BNW *onafscheidelijk*; *niet te scheiden*

insert[1] ('ɪnsɜ:t) ZN *inlas*

insert[2] (ɪn'sɜ:t) OV WW • *invoegen*; *inzetten* • *insteken* • *plaatsen* ⟨v. artikel, advertentie⟩

insertion (ɪn'sɜ:ʃən) ZN • *wijze v. inplanting* ⟨v. spier, orgaan⟩ • *tussenzetsel* ⟨v. kant e.d.⟩ • *krasje* ⟨bij inenting⟩ • *'t in een baan rond de aarde brengen* ⟨v. satelliet⟩

in-service (ɪn'sɜ:vɪs) BNW *tijdens het werk*

inset[1] ('ɪnset) ZN • *ingelaste bladen* • *tussenzetsel* ★ ~ map *bijkaart* ⟨in atlas⟩

inset[2] (ɪn'set) OV WW *inzetten*; *inlassen*

inshore (ɪn'ʃɔ:) BNW *naar of dichtbij de kust*

inside[1] ('ɪnsaɪd) I ZN • *binnenkant* • *kant die niet langs de weg loopt* ⟨v. trottoir⟩ • *passagier binnenin* • the ~ of a week *het midden van een week* ★ ~ out *binnenste buiten* II BNW • *binnen-*; *binnenste* ★ ~ information *inlichtingen uit de eerste hand*

inside[2] (ɪn'saɪd) I ZN • *ingewanden*; *inborst* II BIJW • *van/naar binnen* ★ PLAT he's ~ *hij zit* ⟨in de gevangenis⟩ III VZ • *binnen*; *in*

insider (ɪn'saɪdə) ZN • *lid v. vereniging* • *ingewijde*

insidious (ɪn'sɪdɪəs) BNW *verraderlijk*

insight ('ɪnsaɪt) ZN *inzicht*

insignia (ɪn'sɪgnɪə) ZN MV *onderscheidingstekenen*

insignificance (ɪnsɪg'nɪfɪkəns) ZN *onbeduidendheid*

insignificant (ɪnsɪg'nɪfɪkənt) BNW • *onbeduidend* • *verachtelijk* • *zonder betekenis*

insincere (ɪnsɪn'sɪə) BNW *onoprecht*; *oneerlijk*

insincerity (ɪnsɪn'serətɪ) ZN • *oneerlijkheid* • *onoprechtheid*

insinuate (ɪn'sɪnjʊeɪt) OV WW • *insinueren* • *inleiden* • *inbrengen*

insinuation (ɪnsɪnjʊ'eɪʃən) ZN • *insinuatie* • *'t ongemerkt binnendringen*

insipid (ɪn'sɪpɪd) BNW • *saai*; *oninteressant* • *smakeloos*

insipidity (ɪnsɪ'pɪdətɪ) ZN *flauwheid*; *smakeloosheid*

insist (ɪn'sɪst) OV+ONOV WW *blijven bij*; *volhouden*; met klem beweren ★ I ~ (up)on your going *ik sta erop dat je gaat*

insistence (ɪn'sɪstns) ZN *aandrang*

insistent (ɪn'sɪstnt) BNW • *blijvend bij*; *áánhoudend* • *noodzakelijk* • *urgent*

insobriety (ɪnsə'braɪətɪ) ZN *onmatigheid*

insofar (ɪnsəʊ'fɑ:) BIJW ★ ~ as *voor zover (als)*

insolation (ɪnsəʊ'leɪʃən) ZN *straling van de zon*

insole ('ɪnsəʊl) ZN *binnenzool*

insolence ('ɪnsələns) ZN *onbeschaamdheid*

insolent ('ɪnsələnt) BNW *onbeschaamd*

insolubility (ɪnsɒljʊ'bɪlətɪ) ZN *onoplosbaarheid*

insoluble (ɪn'sɒljʊbl) BNW *onoplosbaar*

insolvency (ɪn'sɒlvənsɪ) ZN *insolventie*

insolvent (ɪn'sɒlvənt) I ZN • *schuldenaar* II BNW • IRON. *blut* • *insolvent*

insomnia (ɪn'sɒmnɪə) ZN *slapeloosheid*

insomniac (ɪn'sɒmnɪæk) ZN *lijder aan slapeloosheid*

insomuch (ɪnsəʊ'mʌtʃ) BIJW ★ ~ as *in zoverre dat* ★ ~ that *zó dat*

insouciance (ɪn'su:sɪəns) ZN • *totale onverschilligheid* • *zorgeloosheid*

inspect (ɪn'spekt) OV WW *onderzoeken*; *inspecteren*; *bezichtigen*

inspection (ɪn'spekʃən) ZN ★ for (your) ~ *ter inzage* ★ ~ copy *exemplaar ter inzage*

inspector (ɪn'spektə) ZN • *onderzoeker* • *inspecteur* • *opzichter*

inspectorate (ɪnspek'tərət) ZN • *inspectie* • *inspecteurschap*

inspiration (ɪnspɪ'reɪʃən) ZN • *inademing* • *inspiratie*; *ingeving*

inspirational (ɪnspə'reɪʃənəl) BNW • *geïnspireerd* • *bezielend*

inspire (ɪn'spaɪə) OV WW • *inademen* • *inspireren*; *bezielen*

inspired (ɪn'spaɪəd) BNW *geïnspireerd*

instability (ɪnstə'bɪlətɪ) ZN *onstandvastigheid*

install (ɪn'stɔ:l) OV WW • *installeren* ⟨v. personen⟩ • *plaatsen* ⟨v. machines⟩

installation (ɪnstə'leɪʃən) ZN • *installatie* • *plaatsing*

instalment, USA **installment** (ɪn'stɔ:lmənt) ZN

• *termijn* ⟨v. betaling⟩ • *aflevering* • *installatie*
★ ~ *plan afbetaling*
instance ('ɪnstns) I ZN • *voorbeeld* • *verzoek*
• JUR. *instantie* ★ for ~ *bijvoorbeeld* ★ in the
first ~ *in de eerste plaats*; *in eerste instantie*
II OV WW • *aanhalen als voorbeeld*
instant ('ɪnstnt) I ZN • *ogenblik* ★ on the ~ *direct*
II BNW • *dringend* • *ogenblikkelijk* • *klaar voor*
(direct) gebruik ★ ~ *coffee oploskoffie* ★ an ~
replay herhaling ⟨op tv⟩
instantaneous (ɪnstən'teɪnɪəs) BNW
• *ogenblikkelijk* • *moment-*
instantly ('ɪnstəntlɪ) BIJW *onmiddellijk*
instate (ɪn'steɪt) OV WW *installeren*; *vestigen*
instead (ɪn'sted) BIJW *in plaats hiervan/daarvan*
★ ~ *of in plaats van*
instep ('ɪnstep) ZN *wreef* ⟨v. voet⟩
instigate ('ɪnstɪgeɪt) OV WW *aansporen*;
aanzetten tot
instigation (ɪnstɪ'geɪʃən) ZN ★ at the ~ *of op*
aandringen van

instigator ('ɪnstɪgeɪtə) ZN *ophitser*; *aanzetter*
instil, USA **instill** (ɪn'stɪl) OV WW • *doordringen*
van gevoelens/ideeën • *indruppelen*
instinct ('ɪnstɪŋkt) I ZN • *instinct* • *intuïtie* II BNW
★ ~ *with doordrongen van*
instinctive (ɪn'stɪŋktɪv) BNW *instinctmatig*
institute ('ɪnstɪtju:t) I ZN • *instelling*; *instituut*
II OV WW • *stichten* • *installeren* ⟨v. personen⟩
• *aanstellen*; *bevestigen* ⟨v. predikant⟩
institution (ɪnstɪ'tju:ʃən) ZN • *instituut*; *instelling*
• *gesticht* • *wet* • INFORM. *bekend of vast*
voorwerp of persoon
institutional (ɪnstɪ'tju:ʃənl) BNW • *institutioneel*
• *wets-* • *gesticht-* • *gevestigd*
instruct (ɪn'strʌkt) OV WW • *onderrichten*
• *inlichtingen verstrekken*; *voorlichten*
• *bevelen*
instruction (ɪn'strʌkʃən) ZN • *aanwijzing*;
instructie • *bevel* • *onderwijs* ★ *manual* ~
(onderwijs in) handenarbeid
instructional (ɪn'strʌkʃənl) BNW • *educatief*;
onderwijs- • *inlichtingen bevattend*
instructive (ɪn'strʌktɪv) BNW *leerzaam*
instructor (ɪn'strʌktə) ZN • *instructeur* • USA
docent ⟨aan universiteit⟩
instructress (ɪn'strʌktrəs) ZN *instructrice*
instrument ('ɪnstrəmənt) I ZN • *instrument*;
werktuig • *document* ★ ~ *panel*
instrumentenpaneel; *dashboard* II OV WW
• *instrumenteren*
instrumental (ɪnstrə'mentl) I ZN • MUZ.
instrumental ⟨muziekstuk zonder zang⟩
• TAALK. *instrumentalis* ⟨naamval⟩ II BNW
• *instrumentaal* • *behulpzaam* • *bevorderlijk*
instrumentalist (ɪnstrʊ'mentəlɪst) ZN *bespeler v.*
instrument
instrumentality (ɪnstrʊmen'tælətɪ) ZN
• *bemiddeling* • *middel*
instrumentation (ɪnstrəmen'teɪʃən) ZN
• *instrumentatie* • *operatie met instrumenten*
• *bemiddeling*
insubordinate (ɪnsə'bɔːdɪnət) BNW
ongehoorzaam
insubordination (ɪnsəbɔːdə'neɪʃən) ZN
• *insubordinatie* • *ongehoorzaamheid*

insubstantial (ɪnsəb'stænʃəl) BNW
• *onaanzienlijk* • *onwerkelijk* • *krachteloos*
• *ondegelijk*
insufferable (ɪn'sʌfərəbl) BNW *on(ver)draaglijk*
insufficiency (ɪnsə'fɪʃənsɪ) ZN *ontoereikendheid*;
gebrek
insufficient (ɪnsə'fɪʃənt) BNW *onvoldoende*
insufflate ('ɪnsəfleɪt) OV WW *inblazen*; *beademen*
insufflator ('ɪnsəfleɪtə) ZN *beademingsapparaat*
insular ('ɪnsjʊlə) I ZN • *eilandbewoner* II BNW
• *geïsoleerd* • *bekrompen* ⟨v. geest⟩
insularity (ɪnsjʊ'lærətɪ) ZN • *bekrompenheid*
• *insulaire positie*
insulate ('ɪnsjʊleɪt) OV WW • *isoleren*
• *afscheiden* ★ *insulating tape isolatieband*
insulation (ɪnsjʊ'leɪʃən) ZN *isolatie(materiaal)*
insulator ('ɪnsjʊleɪtə) ZN *isolatie(middel)*
insulin ('ɪnsjʊlɪn) ZN *insuline*
insult[1] ('ɪnsʌlt) ZN *belediging* ★ FIG. add ~ to
injury *iem. een trap na geven*; *natrappen*
insult[2] (ɪn'sʌlt) OV WW *beledigen*
insuperable (ɪn'su:pərəbl) BNW *onoverkomelijk*
insupportable (ɪnsə'pɔːtəbl) BNW *ondraaglijk*
insurable (ɪn'ʃʊərəbl) BNW *verzekerbaar*
insurance (ɪn'ʃʊərəns) ZN *verzekering* ★ ~ policy
verzekeringspolis ★ comprehensive ~
allriskverzekering ★ mutual ~ company
onderlinge verzekeringsmaatschappij ★ G-B
National Insurance *sociale verzekering*
insure (ɪn'ʃʊə) OV WW *verzekeren* ★ the ~d *de*
verzekerde(n)
insurer (ɪn'ʃʊərə) ZN *verzekeraar*; *assuradeur*
insurgent (ɪn'sɜːdʒənt) I ZN • *rebel* II BNW
• *oproerig* • *instromend* ⟨v. water⟩
insurmountable (ɪnsə'maʊntəbl) BNW
• *onoverkomelijk* • *onoverwinnelijk*
insurrection (ɪnsə'rekʃən) ZN *opstand*
insurrectionary (ɪnsə'rekʃənərɪ) I ZN
• *opstandeling* II BNW • *opstandig*
insurrectionist (ɪnsə'rekʃənɪst) ZN *oproerling*
insusceptible (ɪnsə'septɪbl) BNW ★ ~ to *niet*
ontvankelijk voor ★ ~ to disease *niet vatbaar*
voor ziekte
intact (ɪn'tækt) BNW *intact*; *heel*; *ongeschonden*
intake ('ɪnteɪk) I ZN • *inlaatopening*
• *vernauwing* • *nieuwe instroom* ⟨v. personen⟩
• *opname* • *invoer* ⟨v. apparaat⟩ • *opgenomen*
hoeveelheid ⟨v. energie, vermogen⟩
• *inkomsten* • *ontvangsten* • *drooggelegd of*
ontgonnen stuk land II OV WW ★ ~ valve
inlaatklep
intangible (ɪn'tændʒɪbl) BNW • *ongrijpbaar*
• *onstoffelijk* • *vaag* ★ ~ assets *immateriële*
goederen
integer ('ɪntɪdʒə) ZN *geheel getal*
integral ('ɪntɪgrəl) I ZN • *integraal* II BNW
• *essentieel deel uitmakend* • *volledig* ★ ~
calculus *integraalrekening*
integrant ('ɪntəgrənt) BNW *samenstellend*
integrate[1] ('ɪntəgrət) BNW *geheel*
integrate[2] ('ɪntəgreɪt) OV WW • *delen tot één*
geheel verenigen • *de integraal vinden*
• *gemiddelde waarde/het totaal aangeven* ⟨v.
temperatuur, oppervlakte⟩ ★ ~d circuit
geïntegreerde schakeling
integration (ɪntɪ'greɪʃən) ZN *integratie*

integrationist (ɪntə'greɪʃənɪst) ZN *voorstander van rassenintegratie*
integrity (ɪn'tegrɪtɪ) ZN • *eerlijkheid* • *onkreukbaarheid* • *volledigheid*
integument (ɪn'tegjʊmənt) ZN • *omhulsel* • *huid* • *vel*
intellect ('ɪntəlekt) ZN *intellect*; *verstand*
intellection (ɪntə'lekʃən) ZN *'t begrijpen*
intellectual (ɪntə'lektʃʊəl) I ZN • *intellectueel*
II BNW • *intellectueel* • *verstandelijk* • *verstands-*
intelligence (ɪn'telɪdʒəns) ZN • *verstand*; *begrip* • *denkend wezen* • *nieuws*; *inlichtingen* • *spionage* ★ artificial ~ *kunstmatige intelligentie*
intelligent (ɪn'telɪdʒənt) BNW *intelligent*
intelligential (ɪntəlɪ'dʒenʃəl) BNW • *verstandelijk* • *nieuws-*
intelligently (ɪn'telɪdʒəntlɪ) BIJW *met verstand*
intelligentsia (ɪntelɪ'dʒentsɪə) ZN *intellectuelen*
intelligibility (ɪntelɪdʒə'bɪlɪtɪ) ZN *begrijpelijkheid*
intelligible (ɪn'telɪdʒɪbl) BNW *begrijpelijk*
intemperance (ɪn'tempərəns) ZN • *onmatigheid* • *dronkenschap*
intemperate (ɪn'tempərət) BNW • *dronken* • *overdreven*; *hevig*
intend (ɪn'tend) OV WW • *v. plan zijn* • *bestemmen* ★ ~ed as *bedoeld als*
intendant (ɪn'tendənt) ZN *intendant*
intended (ɪn'tendɪd) I ZN • *verloofde* II BNW • *aanstaande* • *met opzet*
intending (ɪn'tendɪŋ) BNW *aanstaande* ★ ~ buyers *potentiële kopers*
intense (ɪn'tens) BNW *intens*; *krachtig*; *vurig*; *diep gevoeld*
intensely (ɪn'tenslɪ) BIJW *intens*
intensification (ɪntensɪfɪ'keɪʃən) ZN *verheviging*; *versterking*
intensifier (ɪn'tensɪfaɪə) ZN *versterker*
intensify (ɪn'tensɪfaɪ) OV+ONOV WW • *versterken* • *verhevigen*
intensity (ɪn'tensɪtɪ) ZN • *intensiteit* • *gespannenheid*; *gespannen toestand*
intensive (ɪn'tensɪv) BNW • *intensief* • *grondig*
intent (ɪn'tent) I ZN • *bedoeling* ★ with ~ to *om te* ★ to all ~s and purposes *feitelijk* II BNW • *(in)gespannen* • *doelbewust* ★ be ~ (up)on *uit zijn op* • ~ **(up)on** *vastbesloten*
intention (ɪn'tenʃən) ZN • *voornemen* • *doel*; *bedoeling*
intentional (ɪn'tenʃənl) BNW *opzettelijk*
intentioned (ɪn'tenʃənd) BNW ★ well ~ *goed bedoeld*; *welgemeend*
inter¹ ('ɪntə) BNW *tussen*; *onder* ★ ~ alia *o.a.*
inter² (ɪn'tɜ:) OV WW *begraven*
inter- ('ɪntə) VOORV *inter-*; *tussen* ★ *intergovernmental intergouvernementeel*
interact¹ ('ɪntərækt) ZN *tussenspel*
interact² (ɪntər'ækt) ONOV WW *op elkaar inwerken*
interaction (ɪntər'ækʃən) ZN *wisselwerking*
interbreed (ɪntə'briːd) I OV WW • *kruisen* II ONOV WW • *z. kruisen*
intercalate (ɪn'tɜ:kələɪt) OV WW • *invoegen* • *toevoegen* ⟨v. tijdseenheid⟩
intercede (ɪntə'siːd) ONOV WW *bemiddelen*;

tussenbeide komen ★ ~ on s.o.'s behalf *een goed woordje voor iem. doen*
intercept (ɪntə'sept) OV WW *onderscheppen*
interception (ɪntə'sepʃən) ZN *onderschepping*
interceptor (ɪntə'septə) ZN *klein, snel gevechtsvliegtuig*; *interceptor*
intercession (ɪntə'seʃən) ZN *tussenkomst*; *voorspraak* ⟨door gebed⟩
intercessor (ɪntə'sesə) ZN *bemiddelaar*
interchange¹ ('ɪntətʃeɪndʒ) ZN • *verandering* • *ruil*; *uitwisseling* • *in-/uitvoegstrook*
interchange² (ɪntə'tʃeɪndʒ) OV WW *(uit)wisselen*; *ruilen*
interchangeable (ɪntə'tʃeɪndʒəbl) BNW *verwisselbaar*
intercollegiate (ɪntəkə'liːdʒət) BNW *tussen colleges onderling* ⟨v. universiteiten⟩
intercommunicate (ɪntəkə'mjuːnɪkeɪt) ONOV WW *contact onderhouden met elkaar*
intercontinental (ɪntəkɒntɪ'nentl) BNW *intercontinentaal*
intercourse ('ɪntəkɔːs) ZN *(geslachts)verkeer*; *omgang* ★ sexual ~ *geslachtsgemeenschap*
intercurrent (ɪntə'kʌrənt) BNW • *vallend tussen* • *onregelmatig*
interdenominational (ɪntədɪnɒmɪ'neɪʃənl) BNW *interkerkelijk*
interdependence (ɪntədɪ'pendəns) ZN *onderlinge afhankelijkheid*
interdependent (ɪntədɪ'pendənt) BNW *onderling afhankelijk*
interdict¹ ('ɪntədɪkt) ZN • *verbod* • *'t suspenderen* ⟨in r.-k. Kerk⟩
interdict² (ɪntə'dɪkt) OV WW • *verbieden* • *suspenderen* • *vernietigen*; *nederlaag bezorgen*
interdiction (ɪntə'dɪkʃən) ZN *verbod*
interest ('ɪntrəst) I ZN • *groep v. belanghebbenden* • *belangstelling*; *(eigen)belang* • *invloed* • *rente* • *recht*; *aandeel* ★ controlling ~ *meerderheidsbelang* ★ it's of ~ *'t is interessant* ★ have an ~ in sth *belang hebben bij iets* ★ it's in the ~(s) of the whole community *het is in het belang van de hele gemeenschap* ★ the rate of ~ *rentevoet* ★ the landed ~(s) *de gezamenlijke landeigenaren* II OV WW • *belangstelling wekken* ★ he is ~ed in *hij stelt belang in* ★ the ~ed parties *de belanghebbenden* • ~ **in** *belangstelling wekken voor*
interested ('ɪntərestɪd) BNW *interesse hebben*; *geïnteresseerd zijn*
interest-free (ɪntrəst'friː) BNW *renteloos*
interesting ('ɪntrəstɪŋ) BNW *interessant*; *belangwekkend*
interface ('ɪntəfeɪs) ZN • *raakvlak* • *aansluiting* • *contact* • COMP. *interface*; *koppeling*
interfere (ɪntə'fɪə) ONOV WW • *z. bemoeien met* • *belemmeren* • *in botsing komen* • *tussenbeide komen* • TECHN. *interfereren* • ~ **with** *z. bemoeien met*; *verstoren*; *belemmeren*; *z. vergrijpen aan*
interference (ɪntə'fɪərəns) ZN • *tussenkomst*; *bemoeiing* • *hinder* • *interferentie*; *storing* • SPORT *blokkeren*
interfuse (ɪntə'fjuːz) I OV WW • *doordringen*

ll OV+ONOV WW • *(ver)mengen* • *in elkaar overlopen*

interim ('ɪntərɪm) **l** ZN • *tussenliggende tijd* ★ *in the* ~ *ondertussen* **ll** BNW • *tussentijds* • *voorlopig* • *tijdelijk* ★ ~ *report voorlopig (gepubliceerd) rapport*

interior (ɪn'tɪərɪə) **l** ZN • *'t inwendige*; *interieur* • *binnenland* • *binnenste* ★ USA Department of the Interior *ministerie v. binnenlandse zaken* **ll** BNW • *binnenlands* • *inwendig* • *innerlijk* ★ ~ *decorator binnenhuisarchitect*

interject (ɪntə'dʒekt) OV WW • *tussen werpen* • *tussen haakjes opmerken*

interjection (ɪntə'dʒekʃən) ZN • *tussenwerpsel* • *uitroep*

interlace (ɪntə'leɪs) OV WW *nauw verbinden*; *in elkaar vlechten*

interlard (ɪntə'lɑːd) OV WW *doorspekken*

interleave (ɪntə'liːv) OV WW *met blanco pagina's doorschieten*

interline (ɪntə'laɪn) OV WW *tussen de regels schrijven of drukken*

interlinear (ɪntə'lɪnɪə) BNW *interlineair*

interlink (ɪntə'lɪŋk) OV WW *onderling verbinden*

interlock (ɪntə'lɒk) **l** ZN • *interlock* **ll** OV WW • *(met elkaar) verbinden* **lll** ONOV WW • *in elkaar sluiten of grijpen* • *overlappen*

interlocutor (ɪntə'lɒkjʊtə) ZN • *gesprekspartner* • *compère*

interloper ('ɪntələʊpə) ZN • *indringer* • *beunhaas*; *zwartwerker*

interlude ('ɪntəluːd) ZN • *pauze* • *tussenspel*; *intermezzo*

intermarriage (ɪntə'mærɪdʒ) ZN *gemengd huwelijk*

intermarry (ɪntə'mærɪ) ONOV WW *huwen tussen verschillende groepen, stammen of volkeren*

intermediary (ɪntə'miːdɪərɪ) **l** ZN • *bemiddelaar* • *bemiddeling* **ll** BNW • *bemiddelend*

intermediate (ɪntə'miːdɪət) **l** ZN • *tussenpersoon* • *iets wat komt tussen* • *bemiddelend optreden* **ll** BNW • *tussenkomend* ★ ~ *education middelbaar onderwijs* ★ ~ *frequency middengolf* ★ ~ *range ballistic missile middellangeafstandsraket*

interment (ɪn'tɜːmənt) ZN *begrafenis*

interminable (ɪn'tɜːmɪnəbl) BNW *eindeloos*

intermingle (ɪntə'mɪŋgl) OV+ONOV WW *(ver)mengen*

intermission (ɪntə'mɪʃən) ZN • *pauze* • *onderbreking*

intermit (ɪntə'mɪt) ONOV WW *ophouden*

intermittent (ɪntə'mɪtnt) BNW *periodiek* ★ ~ *fever intermitterende koorts*

intermix (ɪntə'mɪks) OV+ONOV WW *(ver)mengen*

intern[1] ('ɪntɜːn) ZN • USA *coassistent* • *stagiair*

intern[2] (ɪn'tɜːn) OV WW *interneren*

internal (ɪn'tɜːnl) **l** ZN ★ ~s *intrinsieke waarden* **ll** BNW • *inwendig*; *innerlijk* • *binnenlands* • *inwonend* ★ ~ *evidence bewijs uit de zaak zelf* ★ ~ *combustion engine verbrandingsmotor*

internalize, G-B **internalise** (ɪn'tɜːnəlaɪz) OV WW *z. eigen maken*

international (ɪntə'næʃnl) **l** ZN • SPORT *(deelnemer aan) internationale wedstrijd* **ll** BNW • *internationaal*

internationalism (ɪntə'næʃənəlɪzəm) ZN *internationalisme*

internationalization, G-B **internationalisation** (ɪntənæʃənəlaɪ'zeɪʃən) ZN *internationalisatie*

internationalize, G-B **internationalise** (ɪntə'næʃənəlaɪz) OV WW *internationaliseren*

interne ZN • → **intern**[1]

internecine (ɪntə'niːsaɪn) BNW • *bitter* ‹in gevecht› • *elkaar uitmoordend* • *bloederig* • *intern* ★ ~ *war burgeroorlog*

internee (ɪntɜː'niː) ZN *geïnterneerde*

internet ('ɪntə:n) ZN WWW *internet* ★ surf the ~ *op het internet surfen*

internment (ɪn'tɜːnmənt) ZN *internering*

interpellate (ɪn'tɜːpəleɪt) OV WW *interpelleren*

interpellation (ɪntɜːpə'leɪʃən) ZN *interpellatie*

interpersonal (ɪntə'pɜːsənl) BNW *van mens tot mens*

interplanetary (ɪntə'plænɪtərɪ) BNW *interplanetair*

interplay ('ɪntəpleɪ) ZN *wisselwerking*

interpolate (ɪn'tɜːpəleɪt) OV WW *tussenvoegen*; *inlassen*

interpolation (ɪntɜːpə'leɪʃən) ZN *interpolatie*

interpose (ɪntə'pəʊz) **l** OV WW • *plaatsen tussen* **ll** ONOV WW • *tussen beide komen* • *in de rede vallen*

interposition (ɪntəpə'zɪʃən) ZN • *tussenplaatsing* • *bemiddeling*

interpret (ɪn'tɜːprɪt) **l** OV WW • *verklaren*; *uitleggen* • *vertolken* **ll** ONOV WW • *als tolk fungeren*

interpretation (ɪntɜːprə'teɪʃən) ZN • *vertolking* • *uitleg*; *verklaring*

interpretative (ɪn'tɜːprɪtətɪv) BNW *verklarend*

interpreter (ɪn'tɜːprɪtə) ZN *tolk*

interracial (ɪntə'reɪʃəl) BNW *tussen verschillende rassen*

interregnum (ɪntə'regnəm) ZN *interregnum*; *tussenregering*

interrelate (ɪntərɪ'leɪt) OV WW *onderling verbinden*

interrogate (ɪn'terəgeɪt) OV WW *ondervragen*

interrogator (ɪn'terəgeɪtə) ZN *ondervrager*

interrupt (ɪntə'rʌpt) **l** OV WW • *onderbreken*; *afbreken* **ll** ZN • *ingreep* ‹v. computer›

interruption (ɪntə'rʌpʃən) ZN *interruptie*; *onderbreking*

intersect (ɪntə'sekt) **l** OV WW • *doorsnijden* • *verdelen* **ll** ONOV WW • *elkaar snijden*

intersection (ɪntə'sekʃən) ZN *snijpunt*; *kruispunt* ‹v. wegen›

intersperse (ɪntə'spɜːs) OV WW *verspreiden*; *sprenkelen*

interstate ('ɪntəsteɪt) BNW USA *tussen staten onderling* ★ ~ *highway autoweg*

interstellar (ɪntə'stelə) BNW *tussen sterren*

interstice (ɪn'tɜːstɪs) ZN *tussenruimte*; *opening*; *spleet*

intertwine (ɪntə'twaɪn) OV WW *vlechten*

interurban (ɪntər'ɜːbən) **l** ZN • *interstedelijke spoorweg* **ll** BNW • *tussen verschillende steden bestaande* ★ ~ *railway interstedelijke spoorweg*

interval ('ɪntəvəl) ZN • *tussenruimte* • MUZ. *interval* • *pauze* ★ at ~s *zo nu en dan*

intervene (ɪntə'viːn) ONOV WW • *tussen beide komen* • *interveniëren* • *liggen tussen*
intervention (ɪntə'venʃən) ZN *interventie*
interview ('ɪntəvjuː) I ZN • *onderhoud* • *sollicitatiegesprek* • *vraaggesprek* II OV WW • *interviewen* • *ondervragen*
interviewee (ɪntəvjʊ'iː) ZN • *geïnterviewde* • *ondervraagde*
interviewer ('ɪntəvjuːə) ZN • *interviewer* • *ondervrager*
interweave (ɪntə'wiːv) I OV WW • *vervlechten* II ONOV WW • *zich dooreen weven*
intestate (ɪn'testət) I ZN • *zonder testament overleden* II BNW • *zonder testament (overleden)*
intestine (ɪn'testɪn) I ZN • *darm* II BNW • *inwendig* ★ ~s *ingewanden* ★ large/small ~ *dikke/dunne darm*
intimacy ('ɪntɪməsɪ) ZN *intimiteit*
intimate[1] ('ɪntɪmət) I ZN • *boezemvriend* II BNW • *intiem; vertrouwelijk* • *innerlijk* • *grondig* ★ be ~ with *boezemvriend zijn van; een (seksuele) verhouding hebben met*
intimate[2] ('ɪntɪmeɪt) OV WW • *min of meer laten blijken* • *bekend maken*
intimation (ɪntɪ'meɪʃən) ZN • *kennisgeving* • *wenk* • *teken*
intimidate (ɪn'tɪmɪdeɪt) OV WW *intimideren*
intimidation (ɪntɪmɪ'deɪʃən) ZN *intimidatie*
into ('ɪntʊ) VZ *in; tot* ★ two into eight is four *acht gedeeld door twee is vier* ★ he was beaten into submission *hij werd geslagen tot hij zich onderwierp* ★ well into the night *tot diep in de nacht*
intolerable (ɪn'tɒlərəbl) BNW *on(ver)draaglijk*
intolerance (ɪn'tɒlərəns) ZN *onverdraagzaamheid*
intolerant (ɪn'tɒlərənt) BNW *onverdraagzaam*
intonation (ɪntə'neɪʃən) ZN *intonatie*
intone (ɪn'təʊn) OV WW • *op één toon zingen/zeggen* • *aanheffen*
intoxicant (ɪn'tɒksɪkənt) I ZN • *bedwelmend middel; sterkedrank* II BNW • *bedwelmend*
intoxicate (ɪn'tɒksɪkeɪt) OV WW • *dronken maken* • *in extase brengen*
intoxication (ɪntɒksɪ'keɪʃən) ZN *extase; dronkenschap; roes*
intra- ('ɪntrə) VOORV *intra-; in-; binnen* ★ intravenous *intraveneus*
intractable (ɪn'træktəbl) BNW *weerspannig*
intramural (ɪntrə'mjʊərəl) BNW • *binnen de muren/grenzen* • *toegankelijk voor studenten van de eigen school/universiteit*
intranet ('ɪntrɑːnet, 'ɪntrənet) ZN COMP. *intranet*
intransigence (ɪn'trænsɪdʒəns) ZN *onverzoenlijkheid*
intransigent (ɪn'trænsɪdʒənt) BNW *onverzoenlijk*
intransitive (ɪn'trænsɪtɪv) BNW *onovergankelijk*
intravenous (ɪntrə'viːnəs) BNW • *intraveneus* • *in de ader(en)*
intrench (ɪn'trentʃ) OV+ONOV WW *(z.) verschansen*
intrepid (ɪn'trepɪd) BNW *onverschrokken; moedig*
intrepidity (ɪntrə'pɪdətɪ) ZN • *moedigheid* • *onverschrokkenheid*
intricacy ('ɪntrɪkəsɪ) ZN *ingewikkeldheid*
intricate ('ɪntrɪkət) BNW • *ingewikkeld; duister* • *moeilijk te begrijpen*

intrigue (ɪn'triːg) I ONOV WW • *'t aanleggen met* II OV+ONOV WW • *bevreemden* • *intrigeren* III ZN • *intrige; kuiperij* • *liefdesaffaire*
intriguer (ɪn'triːgə) ZN *intrigant*
intrinsic (ɪn'trɪnsɪk) BNW • *innerlijk* • *inherent*
intro ('ɪntrəʊ) ZN *intro*
introduce (ɪntrə'djuːs) OV WW • *voorstellen* ⟨v. persoon⟩ • *ter sprake brengen* • *indienen* ⟨v. wetsvoorstel⟩ • *invoeren; inleiden*
introduction (ɪntrə'dʌkʃən) ZN • *inleiding; voorwoord* • *invoering* • *het indienen*
introductory (ɪntrə'dʌktərɪ) BNW *inleidend*
introspect (ɪntrə'spekt) ONOV WW *onderzoeken* ⟨v. eigen gedachten en gevoelens⟩
introspection (ɪntrə'spekʃən) ZN *zelfonderzoek*
introspective (ɪntrə'spektɪv) BNW *zelfbespiegelend*
introvert (ɪntrə'vɜːt) I BNW • *introvert; naar binnen gekeerd* II OV WW • *in zichzelf keren; zich sluiten*
introverted (ɪntrə'vɜːrtɪd) BNW *introvert; naar binnen gekeerd*
intrude (ɪn'truːd) I ONOV WW • *z. binnen-/op-/indringen* II OV+ONOV WW • *storen* • *z. indringen; z. opdringen* ★ I hope I'm not intruding *ik stoor u toch niet, hoop ik*
intruder (ɪn'truːdə) ZN *indringer*
intrusion (ɪn'truːʒən) ZN *inbreuk*
intrusive (ɪn'truːsɪv) BNW • *indringerig* • *ingelast*
intuition (ɪntjuː'ɪʃən) ZN *intuïtie*
intuitive (ɪn'tjuːətɪv) BNW *intuïtief; als bij ingeving*
intumescence (ɪntjʊ'mesəns) ZN *gezwel*
inunction (ɪn'ʌŋkʃən) ZN • *olie; zalf* • *inwrijving* • REL. *zalving*
inundate ('ɪnəndeɪt) OV WW *onder water zetten; overstromen*
inundation (ɪnʌn'deɪʃən) ZN • *stortvloed* • *inundatie*
inure (ɪ'njʊə) I OV WW • *~ to gewennen aan; ten goede komen aan* II ONOV WW • *in werking treden*
invade (ɪn'veɪd) OV WW • *binnenvallen* ⟨v. vijand⟩ • *bestormen; aangrijpen* ⟨v. ziekte⟩ • *inbreuk maken* ⟨op rechten⟩
invader (ɪn'veɪdə) ZN *binnenvaller; binnendringer*
invalid[1] (ɪn'vælɪd) BNW • *ziek* • *invalide* • *ongeldig*
invalid[2] ('ɪnvɜːlɪd, 'ɪnvəliːd) I ZN • *zieke; invalide* ★ confirmed ~ *chronisch zieke* II OV WW • *bedlegerig maken; invalide maken* • INFORM./MEDISCH • ~ **out** *afkeuren*
invalidate (ɪn'vælɪdeɪt) OV WW *ongeldig maken*
invalidation (ɪnvælɪ'deɪʃən) ZN *'t ongeldig maken*
invalidism ('ɪnvælɪdɪzm) ZN • *gesukkel* • *chronische ziekte*
invalidity (ɪnvə'lɪdətɪ) ZN • *ongeldigheid* • *invaliditeit*
invaluable (ɪn'væljʊəbl) BNW *onschatbaar*
invariable (ɪn'veərɪəbl) BNW *onveranderlijk*
invariably (ɪn'veərɪəblɪ) BIJW *altijd; steeds*
invasion (ɪn'veɪʒən) ZN • *inval* • *optreden* ⟨v. ziekte⟩ • *inbreuk*
invasive (ɪn'veɪsɪv) BNW • *invallend* • *zich*

in

verspreidend ⟨v. ziekte⟩

invective (ɪn'vektɪv) I ZN • *scheldwoorden* II BNW
• *schimpend*

inveigh (ɪn'veɪ) ONOV WW ~ **against** *(heftig) uitvaren tegen; schelden op*

inveigle (ɪn'veɪgl, ɪn'viːgl) OV WW *(ver)lokken*
★ he ~d her into it *hij verleidde haar ertoe*

invent (ɪn'vent) OV WW • *uitvinden* • *verzinnen*

invention (ɪn'venʃən) ZN *uitvinding*

inventive (ɪn'ventɪv) BNW *vindingrijk*

inventor (ɪn'ventə) ZN *uitvinder*

inventory ('ɪnvəntərɪ) I ZN • *inventaris* II OV WW
• *inventariseren*

inverse ('ɪnvɜːs) I ZN • *'t omgekeerde* II BNW
• *omgekeerd*

inversely (ɪn'vɜːslɪ) BIJW ★ ~ proportional to *omgekeerd evenredig met*

inversion (ɪn'vɜːʃən) ZN • *omkering* • TAALK. *inversie* • *homoseksualiteit*

invert (ɪn'vɜːt) I ZN • *homoseksueel* • GESCH. *omgekeerde boog* ★ ~ed commas *aanhalingstekens* II OV WW • *omkeren*

invertebrate (ɪn'vɜːtɪbrət) I ZN • *ongewerveld dier* • *zwakkeling* II BNW • *ongewerveld* • *zwak*

invest (ɪn'vest) I OV WW • *omsingelen; belegeren*
• *beleggen* ⟨v. geld⟩ • *bekleden* • *installeren* ★ ~ with an order *'n orde of onderscheiding verlenen* II ONOV WW • *investeren*

investigate (ɪn'vestɪgeɪt) OV WW *onderzoeken*

investigation (ɪnvestɪ'geɪʃən) ZN *onderzoek(ing)*

investigative (ɪn'vestɪgətɪv) BNW *onderzoekend*

investigator (ɪn'vestɪgeɪtə) ZN *onderzoeker*

investigatory (ɪn'vestɪgətərɪ) BNW • → **investigative**

investiture (ɪn'vestɪtʃə) ZN *inhuldiging; bekleding*

investment (ɪn'vestmənt) ZN • *geldbelegging; investering* • *bekleding* • *omsingeling; blokkade*

investment bank ZN *investeringsbank*

investment banking WW *investeren; beleggen*

investor (ɪn'vestə) ZN • *investeerder; belegger*
• *iem. die installeert*

inveteracy (ɪn'vetərəsɪ) ZN *verstoktheid; het ingeworteld zijn*

inveterate (ɪn'vetərət) BNW *verstokt; ingeworteld*

invidious (ɪn'vɪdɪəs) BNW • *aanstootgevend*
• *gehaat; hatelijk* • *jaloers*

invigilate (ɪn'vɪdʒɪleɪt) ONOV WW *surveilleren* ⟨bij examen⟩

invigilation (ɪnvɪdʒə'leɪʃən) ZN *surveillance*

invigilator (ɪn'vɪdʒəleɪtə) ZN *surveillant*

invigorate (ɪn'vɪgəreɪt) OV WW *versterken; stimuleren; bezielen*

invincibility (ɪnvɪnsə'bɪlətɪ) ZN *onoverwinnelijkheid*

invincible (ɪn'vɪnsɪbl) BNW *onoverwinnelijk*

inviolability (ɪnvaɪələ'bɪlətɪ) ZN *onschendbaarheid*

inviolable (ɪn'vaɪələbl) BNW *onschendbaar*

inviolate (ɪn'vaɪələt) BNW *ongeschonden*

invisibility (ɪnvɪzə'bɪlətɪ) ZN *onzichtbaarheid*

invisible (ɪn'vɪzɪbl) BNW • *onzichtbaar* • *niet officieel bekend; zwart* ⟨figuurlijk⟩ ★ ECON. ~ earnings *onzichtbare in- of uitvoer*

invitation (ɪnvɪ'teɪʃən) ZN *uitnodiging*

invite (ɪn'vaɪt) I ZN • INFORM. *uitnodiging* II OV

WW • *uitnodigen* • *beleefd vragen* • *aanlokken*

inviting (ɪn'vaɪtɪŋ) BNW *aanlokkelijk*

invocation (ɪnvə'keɪʃən) ZN • *inroeping* ⟨v. hulp⟩
• *aanroeping* ⟨v. God⟩ • *oproeping* ⟨v. geest⟩
• *toverformule*

invoice ('ɪnvɔɪs) I ZN • *factuur* II OV WW
• *factureren*

invoke (ɪn'vəuk) OV WW *inroepen*

involuntary (ɪn'vɒləntərɪ) BNW *onwillekeurig*

involve (ɪn'vɒlv) OV WW • *(in)wikkelen* • *draaien*
• *verwikkelen* • *insluiten; met z. meebrengen*
• ~ **in/with** *betrekken bij*

involvement (ɪn'vɒlvmənt) ZN • *verwikkeling*
• *(financiële) betrokkenheid* • *ingewikkelde zaak* • *(seksuele) verhouding*

invulnerability (ɪnvʌlnərə'bɪlətɪ) ZN *onkwetsbaarheid*

invulnerable (ɪn'vʌlnərəbl) BNW *onkwetsbaar*

inward ('ɪnwəd) I BNW • *inwendig; innerlijk*
II BIJW • *naar binnen*

inwardly ('ɪnwədlɪ) BIJW • *innerlijk* • *in zichzelf (sprekend)* • *binnen*

inwardness ('ɪnwədnəs) ZN • *innerlijkheid* • *'t essentiële; 't wezen*

inwards ('ɪnwədz) BIJW *naar binnen; inwaarts*

iodine ('aɪədiːn) ZN *jodium*

ion ('aɪən) ZN *ion*

Ionic (aɪ'ɒnɪk) BNW *Ionisch*

iota (aɪ'əutə) ZN • *jota* • *zeer kleine hoeveelheid*
• *schijntje*

IOU AFK I Owe You *schuldbekentenis*

ir- (ɪ) VOORV *on-; niet* ★ irregular *onregelmatig*

IRA AFK Irish Republican Army *IRA* ⟨Iers Republikeins Leger⟩

Iranian (ɪ'reɪnɪən) I ZN • *Iraniër* II BNW • *Iraans*

Iraq (ɪ'rɑːk) ZN *Irak*

Iraqi (ɪ'rɑːkɪ) BNW *Irakees*

irascibility (ɪræsə'bɪlətɪ) ZN *opvliegendheid*

irascible (ɪ'ræsɪbl) BNW *opvliegend* ⟨v. aard⟩

irate (aɪ'reɪt) BNW *woedend*

ire ('aɪə) ZN *toorn*

ireful ('aɪəfʊl) BNW *toornig*

Ireland ('aɪələnd) ZN *Ierland*

iridescence (ɪrɪ'desns) ZN *kleurenspel*

iridescent (ɪrɪ'desənt) BNW • *met de kleuren van de regenboog; regenboogkleurig*
• *weerschijnend*

iris ('aɪərɪs) ZN • *iris* ⟨v. oog⟩ • *iris* ⟨plant⟩ • *soort kristal* • A-V *diafragma* • *regenboog*

Irish ('aɪərɪʃ) I ZN • *het Iers* II the ~ *de Ieren*
II BNW • *Iers*

Irishman ('aɪərɪʃmən) ZN *Ier*

Irishwoman ('aɪərɪʃwʊmən) ZN *Ierse*

iris scan ZN *irisscan*

irk (ɜːk) I ZN • *verveling* II OV WW • *vervelen*
• *vermoeien*

irksome ('ɜːksəm) BNW *vervelend*

iron ('aɪən) I ZN • *ijzer* • *strijkijzer* • *stijgbeugel*
• *boei* • SPORT *golfstok* • USA/PLAT *revolver*
★ wrought iron *smeedijzer* ★ cast iron *gietijzer*
★ branding iron *brandijzer* ★ curling iron *krultang* ▼ have too many irons in the fire *te veel hooi op je vork nemen* ▼ rule with a rod of iron *met ijzeren hand regeren* II BNW • *ijzeren*
• *stevig* • *onbuigzaam; meedogenloos* ★ MIL.
iron rations *noodrantsoenen* III OV WW

• *strijken* • ~ **out** *gladstrijken*; *oplossing vinden voor*
ironclad ('aɪənklæd) **I** ZN • *pantserschip* **II** BNW
• *gepantserd* ★ ~ rations *hoogwaardig voedsel*; *rantsoenen*
iron-hearted BNW *hardvochtig*
ironic (aɪ'rɒnɪk), **ironical** (aɪ'rɒnɪkl) BNW *ironisch*
ironing ('aɪənɪŋ) ZN • *het strijken* • *strijkgoed*
ironmonger ('aɪənmʌŋgə) ZN *ijzerhandelaar*
ironmongery ('aɪənmʌŋgərɪ) ZN • *ijzerwaren* • *ijzerwinkel*
iron ore ZN *ijzererts*
ironside ('aɪənsaɪd) ZN *ijzervreter*
ironware ('aɪənweə) ZN *ijzerwaren*
ironwork ('aɪənwɜ:k) ZN *ijzerwerk*
ironworks ('aɪənwɜ:ks) ZN MV *ijzergieterij*
irony ('aɪ(ə)rənɪ) **I** ZN • *ironie*; *spot* **II** BNW • *ijzerachtig*
irradiant (ɪ'reɪdɪənt) BNW *helder stralend*
irradiate (ɪ'reɪdɪeɪt) **I** BNW • *bestraald* • *stralend* **II** OV WW • *helder (doen) stralen* • *ophelderen* • *met röntgenstralen behandelen*
irradiation (ɪreɪdɪ'eɪʃən) ZN • *schijnsel* • *verlichting*
irrational (ɪ'ræʃənl) **I** ZN • *onmeetbaar getal* **II** BNW • *redeloos* • *irrationeel* • *onredelijk*; *ongerijmd* ★ ~ number *onmeetbaar getal*
irrationality (ɪræʃə'nælætɪ) ZN • *onredelijkheid* • *redeloosheid*
irreconcilable (ɪ'rekənsaɪləbl) BNW *onverzoenlijk*
irrecoverable (ɪrɪ'kʌvərəbl) BNW • *niet te herwinnen* • *onherstelbaar*
irredeemable (ɪrɪ'di:məbl) BNW • *onherstelbaar* • *onaflosbaar* • *niet inwisselbaar* ⟨v. geld⟩
irreducible (ɪrɪ'dju:sɪbl) BNW • *onherleidbaar* • *wat niet meer vereenvoudigd kan worden* ★ ~ minimum *wat niet meer vereenvoudigd kan worden*
irrefutable (ɪ'refjʊtəbl) BNW *onweerlegbaar*
irregular (ɪ'regjʊlə) BNW • *ongeregeld* • *onregelmatig* ★ ~ troops *ongeregelde troepen*
irregularity (ɪregjʊ'lærətɪ) ZN • *onregelmatigheid* • *afwijking*
irrelevance (ɪ'reləvəns) ZN *irrelevantie*
irrelevancy (ɪ'reləvənsɪ) ZN • → **irrelevance**
irrelevant (ɪ'relɪvənt) BNW *irrelevant*; *niet ter zake doend*
irreligion (ɪrɪ'lɪdʒən) ZN • *ongodsdienstigheid* • *ongeloof*
irreligious (ɪrɪ'lɪdʒəs) BNW *niet gelovig*
irremediable (ɪrɪ'mi:dɪəbl) BNW *onherstelbaar*
irremovable (ɪrɪ'mu:vəbl) BNW • *niet te verwijderen*
irreparable (ɪ'repərəbl) BNW *onherstelbaar*
irreplaceable (ɪrɪ'pleɪsəbl) BNW *onvervangbaar*
irrepressible (ɪrɪ'presɪbl) **I** ZN • INFORM. *iem. die z. teweer durft te stellen* **II** BNW • *niet te onderdrukken*
irreproachable (ɪrɪ'prəʊtʃəbl) BNW • *onberispelijk*; *keurig* • *zonder gebreken*
irresistible (ɪrɪ'zɪstɪbl) BNW *onweerstaanbaar*
irresolute (ɪ'rezəlu:t) BNW *aarzelend*; *besluiteloos*
irresolution (ɪrezə'lu:ʃən) ZN • *aarzeling* • *besluiteloosheid*
irresolvable (ɪrɪ'zɒlvəbl) BNW • *onoplosbaar* • *onscheidbaar*

irrespective (ɪrɪ'spektɪv) BNW ★ ~ of *ongeacht*
irresponsibility (ɪrɪspɒnsə'brlətɪ) ZN *onverantwoordelijkheid*
irresponsible (ɪrɪ'spɒnsɪbl) BNW • *ontoerekenbaar* • *onverantwoordelijk*
irretrievable (ɪrɪ'tri:vəbl) BNW *reddeloos (verloren)* ★ ~ breakdown *duurzame ontwrichting* ⟨v. huwelijk⟩
irreverence (ɪ'revərəns) ZN • *oneerbiedigheid* • *oneerbiedig gedrag*
irreverent (ɪ'revərənt) BNW *oneerbiedig*
irreversible (ɪrɪ'vɜ:sɪbl) BNW *onomkeerbaar*
irrevocable (ɪ'revəkəbl) BNW *onherroepelijk*
irrigate ('ɪrɪgeɪt) OV WW • *bevloeien*; *irrigeren* • *verfrissen* • *vochtig houden* ⟨v. wond⟩
irrigation (ɪrɪ'geɪʃən) ZN *irrigatie*
irritability (ɪrɪtə'brlətɪ) ZN *prikkelbaarheid*
irritable ('ɪrɪtəbl) BNW *prikkelbaar*
irritant ('ɪrɪtnt) **I** ZN • *prikkelend middel* **II** BNW • *prikkelend* • *ergerlijk*
irritate ('ɪrɪteɪt) OV WW • MED. *irriteren* ⟨v. huid⟩ • *prikkelen* • *ergeren*
irritation (ɪrɪ'teɪʃən) ZN • *geprikkeldheid* • *branderigheid*
irruption (ɪ'rʌpʃən) ZN • *inval* • *binnendringing* • *uitbarsting*
is (ɪz, z, s) WW • → **be**
ISBN AFK *international standard book number ISBN*; *internationaal standaard boeknummer*
isinglass ('aɪzɪŋglɑ:s) ZN • *vislijm* • *mica*
Islam (ɪz'læm) ZN *islam*
Islamic (ɪz'læmɪk) BNW *islamitisch*
island ('aɪlənd) **I** ZN • *eiland* • *bovenbouw v. schip*; *brug* ★ (traffic) ~ *verkeersheuvel* **II** OV WW • *isoleren*
islander ('aɪləndə) ZN *eilandbewoner*
isle (aɪl) ZN *eiland*
islet ('aɪlət) ZN *eilandje*
ism ('ɪzəm) ZN INFORM. *theorie*; *filosofisch systeem*
isn't ('ɪznt) SAMENTR *is not* • → **be**
isolate ('aɪsəleɪt) OV WW *isoleren*; *afzonderen*
isolated ('aɪsəleɪtɪd) BNW • *afgelegen* • *afzonderlijk*
isolation (aɪsə'leɪʃən) ZN • *afzondering*; *isolement* • *quarantaine* • in ~ in *afzondering*; *op zichzelf* ★ ~ward *quarantainebarak*
isolationism (aɪsə'leɪʃənɪzəm) ZN *'t z. niet bemoeien met zaken v. andere staten*
isolationist (aɪsə'leɪʃənɪst) ZN *voorstander van isolationisme*
isopod ('aɪsəʊpɒd) ZN *pissebed*
isosceles (aɪ'sɒsɪli:z) BNW WISK. *gelijkbenig*
Israeli (ɪz'reɪlɪ) **I** ZN • *Israëliër* **II** BNW • *Israëlisch*
Israelite ('ɪzrɪəlaɪt) ZN *Israëliet* (m.b.t. volk)
issue ('ɪʃu:) **I** ZN • *kwestie*; *zaak*; *onderwerp* • EUF. *probleem* • *uitgave* ⟨v. tijdschriften enz.⟩; *uitgifte* ⟨v. postzegels, bankbiljetten enz.⟩; *emissie* ⟨v. aandelen⟩ • *oplage* • FORM. *nageslacht* ★ be at ~ *aan de orde zijn* ★ raise the ~ of sth *iets aan de orde stellen* ★ take ~ with *ruzie maken met*; *de strijd aanbinden met* ★ hot ~ *actueel onderwerp* **II** OV WW • *uitgeven*; *in circulatie brengen* • *verstrekken* • *uitvaardigen* • ~ **with** *voorzien van* **III** ONOV WW • ~ **from** *voortkomen uit*
issueless ('ɪʃu:ləs) BNW *kinderloos*

isthmus ('isməs) ZN *istmus; landengte*

it (it) PERS VNW *het; hèt; het einde* ★ stop it! *hou op!* ★ he's it *hij is de juiste man* ★ we had a hard time of it *we hadden een moeilijke tijd* ★ go it! *vooruit!; zet 'm op!* ★ we've had it! *we hebben geen kans meer*

Italian (ɪ'tæljən) I ZN • *Italiaan* II BNW • *Italiaans*

Italianate (ɪ'tæljəneɪt) BNW *veritaliaanst*

italic (ɪ'tælɪk) I BNW • *cursief* II ZN • *cursiefletter* ★ in *~s cursief gedrukt*

italicize, G-B **italicise** (ɪ'tælɪsaɪz) OV WW *cursief drukken*

Italy ('ɪtəlɪ) ZN *Italië*

itch (ɪtʃ) I ZN • *jeuk* • *schurft* ★ itch for *hunkering naar* ★ IRON. the seven-year itch *de kriebels* ⟨na relatie van 7 jaar⟩ II ONOV WW • *jeuken* • *hunkeren* ★ my fingers itch to... *mijn vingers jeuken om ...*

itchy ('ɪtʃɪ) BNW • *jeukend* • *schurft(acht)ig*

it'd ('ɪtəd) SAMENTR • it had • → **have** • it would • → **will**

item ('aɪtəm) I ZN • *agendapunt; programmaonderdeel* • *artikel* • *post* ⟨op rekening⟩ • *nieuwsbericht* ★ to be an item *een stelletje zijn* II BIJW • OUD. *ook; eveneens*

itemize, G-B **itemise** ('aɪtəmaɪz) OV WW • *artikelsgewijze noteren* • *specificeren*

iterate ('ɪtəreɪt) OV WW *herhalen*

iteration (ɪtə'reɪʃən) ZN *herhaling*

iterative ('ɪtərətɪv) BNW • *herhalend* • *herhaald*

itinerant (aɪ'tɪnərənt) BNW *rondreizend* ★ *~ labour seizoenarbeid*

itinerary (aɪ'tɪnərərɪ) I ZN • *route* • *reisbeschrijving* • *gids* II BNW • *reis-*

it'll ('ɪtl) SAMENTR • it shall • → **shall** • it will • → **will**

its (ɪts) BEZ VNW *zijn; haar*

it's (ɪts) SAMENTR • it is • → **be** • it has • → **have**

itself (ɪt'self) WKD VNW *zich(zelf)* • of *~ vanzelf* ★ in *~ op zichzelf* ★ by *~ alleen*

I've (aɪv) SAMENTR I have • → **have**

ivied ('aɪvɪd) BNW *met klimop begroeid*

ivory ('aɪvərɪ) I ZN • *ivoor* ★ Ivory Coast *Ivoorkust* II BNW • *ivoren*

ivy ('aɪvɪ) ZN *klimop* ★ Ivy League *Ivy League* ⟨groep v. acht universiteiten in Amerika⟩

ivy-clad BNW *met klimop begroeid*

J

j (dʒeɪ) ZN letter *j* ★ J as in Jack *de j van Johan*

jab (dʒæb) I ZN • *steek* II OV WW • *porren; steken*

jabber ('dʒæbə) ONOV WW *kletsen; wauwelen; ratelen*

jack (dʒæk) I ZN • *stekker* • *boer* ⟨in kaartspel⟩ • *krik* • *stellage* • SCHEEPV. *vlag* ⟨die de nationaliteit aangeeft⟩ • PLAT/USA *geld* ★ on one's jack *in z'n eentje* ★ every man jack *iedereen* ★ jack of all trades *manusje-van-alles* ★ jack-of-all-trades and master of none *van 12 ambachten, 13 ongelukken* II OV WW • VULG. *~ off aftrekken (seksueel)* • *~ up* LETT. *opkrikken*; FIG. *opkrikken* ★ he's jacked it up/in *hij heeft de brui er aan gegeven* • *~ in kappen met*

Jack (dʒæk) ZN FIG. *Jan met de pet* ★ before you can say Jack Robinson *in een ommezien* ★ Jack and Jill *man en vrouw'; jongen en meisje*

jackal ('dʒækl) ZN • *jakhals* • *iem. die 't beroerde werk opknapt*

jackaroo (dʒækə'ru:) ZN *groentje*

jackass ('dʒækæs) ZN • *ezel* • *stommerik* ★ laughing ~ *reuzenijsvogel*

jackboot ('dʒækbu:t) ZN *waterlaars; kaplaars*

jackdaw ('dʒækdɔ:) ZN *kauw*

jacket ('dʒækɪt) I ZN • *jasje; buis; colbert* • *mantel; bekleding* ⟨v. stoomketel⟩ • *omslag* ⟨v. boek⟩ • *hoes* ⟨v. plaat⟩ • *huid; vacht; pels* • *schil* ⟨v. aardappel⟩ ★ ~ potato *in de schil gepofte aardappel* ★ dust a man's ~ *iem. een pak ransel geven* II OV WW • *voorzien v. een mantel/omslag*

jackfish ('dʒækfɪʃ) ZN *snoek; snoekbaars*

jackhammer ('dʒækhæmə) ZN *pneumatische boor*

jack-in-the-box ('dʒækɪnðəbɒks) ZN *duveltje in 'n doosje*

jackknife ('dʒæknaɪf) I ZN • *groot zakmes* • *gehoekte sprong* ⟨bij schoonspringen⟩ II ONOV WW • *scharen; gehoekte sprong uitvoeren*

jackleg ('dʒækleg) ZN USA *beunhaas*

jack-o'-lantern (dʒækə'læntən) ZN • *dwaallicht* • USA *lantaarn (van pompoen)* ⟨bij Halloween⟩

jackpot ('dʒækpɒt) ZN • *pot* ⟨bij poker⟩ • *groot succes* ★ hit the ~ *winnen; groot succes hebben*

jackstraw ('dʒækstrɔ:) ZN *stroman* ⟨fig.⟩

Jacobean (dʒækə'bi:ən) BNW • *v. Jacobus (de Mindere)* • *met de kleur van donker eikenhout*

jacobin ('dʒækəbɪn) ZN *kapduif*

Jacobin ('dʒækəbɪn) ZN • *dominicaan* • *jakobijn*

jade (dʒeɪd) I ZN • *oude knol* • *speelse deern* • *jade* II OV WW ★ jaded *afgejakkerd; afgestompt*

jaded ('dʒeɪdɪd) BNW • *moe* • *verveeld; beu; landerig*

jag (dʒæg) I ZN • *uitsteeksel; punt* • REG. *aanval; vlaag* • *hoeveelheid; hoop* • PLAT *drinkgelag* II OV WW • *kerven; ruw scheuren*

jagged ('dʒægɪd) BNW • *hoekig; getand* • *gekarteld* • *dronken*

jaggery ('dʒægərɪ) ZN *ruwe suiker*

jaggy ('dʒægɪ) BNW • → **jagged**
jaguar ('dʒægjʊə) ZN *jaguar*
jail (dʒeɪl) I ZN • *gevangenis* • *gevangenisstraf*
II OV WW • *gevangen zetten*
jailbird ('dʒeɪlbɜːd) ZN *bajesklant*
jailbreak ('dʒeɪlbreɪk) ZN *uitbraak* ⟨uit gevangenis⟩
jailer ('dʒeɪlə) ZN *cipier; gevangenbewaarder*
jalopy (dʒə'lɒpɪ) ZN INFORM. *oude, versleten auto*
jalousie ('ʒæluːziː) ZN *zonneblind; jaloezie*
jam (dʒæm) I ZN • *klemming; gedrang; (verkeers)opstopping* • *storing* ⟨op de radio⟩ • *jam; marmelade* • *buitenkansje* ★ *money for jam ongelofelijk geluk* ★ *jam session jam sessie* ★ *he was in a jam hij zat in de penarie* II OV WW • *samendrukken; vastzetten; versperren* • COMM. *storen* • *met geweld (iets) wegslingeren* • *jam maken (van)* • *jammer stoorzender* ★ *jamming station stoorzender* ★ *jam on the brakes krachtig remmen* III ONOV WW • *knellen* • *vastlopen* ⟨v. machine⟩ • MUZ. *improviseren*
jamb (dʒæm) ZN *deur-/raamstijl*
jamboree (dʒæmbə'riː) ZN • PLAT *fuif* • *concert v. volksmuziek* • *jamboree*
jammy ('dʒæmɪ) BNW • *jamachtig; jam-* • *gemakkelijk* • *geluk hebbend*
jam-packed (dʒæm'pækt) BNW *propvol*
jane (dʒeɪn) ZN PLAT/USA *meisje; griet*
jangle ('dʒæŋgl) I ZN • *gerinkel* • *wanklank* • *kibbelarij; onenigheid* II OV WW • *doen rinkelen* • *schril doen klinken* III ONOV WW • *onaangenaam lawaai maken; ratelen; rinkelen*
janitor ('dʒænɪtə) ZN • *portier* • USA *conciërge*
January ('dʒænjʊərɪ) ZN *januari*
japan (dʒə'pæn) I ZN • *lakvernis* • *lakwerk* • *werk in Japanse stijl* II OV WW • *lakken*
Japan (ðʒə'pæn) ZN *Japan*
Japanese (dʒæpə'niːz) I ZN • *Japanner(s)* II BNW • *Japans*
jape (dʒeɪp) I ZN • *grap; aardigheid* II ONOV WW • *grapjes maken*
jar (dʒɑː) I ZN • *geknars* • *schok* • *wanklank* • *onenigheid* • *ontnuchtering* • *pot; kruik; fles* II WW • *onaangenaam aandoen* • *pijn doen* • *in strijd zijn met* • *ruzie maken* • *knarsen; krassen* ★ *it jars upon my ears het doet pijn aan mijn oren*
jargon ('dʒɑːgən) ZN ⟨vaak afkeurend⟩ *jargon; vaktaal*
jargoon (dʒɑː'guːn) ZN *zirkoon(steen)*
jasmine ('dʒæzmɪn) ZN *jasmijn*
jaundice ('dʒɔːndɪs) I ZN • *geelzucht* • *vooringenomenheid; afgunst* II OV WW • *geelzucht veroorzaken* • *jaloers maken*
jaundiced ('dʒɔːndɪst) BNW • *vooringenomen; bevooroordeeld* • *verwrongen* ⟨beeld v. iets⟩ • *wantrouwend*
jaunt (dʒɔːnt) I ZN • *uitstapje* ★ *~ing car open rijtuigje* II ONOV WW • *'n uitstapje maken*
jaunty ('dʒɔːntɪ) BNW *luchtig; vrolijk*
Java ('dʒɑːvə) ZN *Java; javakoffie*
Javanese (dʒɑːvə'niːz) I ZN • *Javaan* II BNW • *Javaans*
javelin ('dʒævəlɪn) ZN SPORT *lange metalen speer; speer* ⟨bij jacht⟩

jaw (dʒɔː) I ZN • *kaak* • INFORM. *geklets; standje* ★ *jaw tooth kies* ★ *hold your jaw! houd je snater!* ★ *jaws [mv] bek* ⟨v. bankschroef⟩ II OV WW • *iem. 'n standje geven* III ONOV WW • PLAT *kletsen*
jawbone ('dʒɔːbəʊn) ZN *kaakbeen*
jawbreaker ('dʒɔːbreɪkə) ZN • INFORM. *moeilijk uit te spreken woord* • *hard snoepje*
jay (dʒeɪ) ZN • *Vlaamse gaai* • *kletskous* ★ *jay town boerendorp; provincieplaats*
jaywalk ('dʒeɪwɔːk) ONOV WW JUR. *roekeloos de straat oversteken* ⟨strafbaar⟩
jay-walker ('dʒeɪwɔːkə) ZN *iem. die roekeloos de straat oversteekt*
jazz (dʒæz) I ZN • *jazz* • PLAT *onzin* II BNW • *jazz-* III ONOV WW • *jazz dansen/spelen* • PLAT *~* **up** *levendiger maken; opvrolijken; opleuken* ★ *jazz it up leven in de brouwerij brengen*
jealous ('dʒeləs) BNW *jaloers* ★ *be ~ of sb jaloers op iem. zijn* ★ *~ of ... zorgvuldig wakend over ...*
jealousy ('dʒeləsɪ) ZN • *jaloezie; afgunst* • *bezorgdheid*
jeans (dʒiːnz) ZN MV ★ *(blue) ~ spijkerbroek*
jeep (dʒiːp) ZN • *jeep* • *open legerauto*
jeer (dʒɪə) I ZN • *hoon; spot* II WW • *honen* • *~* **at** *spotten met*
jejune (dʒɪ'dʒuːn) BNW • *onbelangrijk; onvoldoende* • *onervaren* • USA *kinderlijk* • *schraal; onvruchtbaar* ⟨land⟩ • *pover* ⟨geschrift⟩
jell (dʒel) ONOV WW • *stollen* • INFORM. *vaste vorm aannemen*
jellied ('dʒelɪd) BNW *in gelei*
Jello ('dʒeləʊ) ZN USA *gelatinepudding*
jelly ('dʒelɪ) I ZN • *gelei(achtige stof); gelatinepudding* • *jeep* ★ *beat to a ~ tot moes slaan* ★ *mineral ~ vaseline* II WW • *(doen) stollen*
jellyfish ('dʒelɪfɪʃ) ZN *kwal*
jemmy ('dʒemɪ) ZN *breekijzer*
jenny ('dʒenɪ) ZN • *loopkraan* • *spinmachine* • *bepaalde biljartstoot*
jeopardize, G-B **jeopardise** ('dʒepədaɪz) OV WW *in gevaar brengen*
jeopardy ('dʒepədɪ) ZN *gevaar*
jeremiad (dʒerɪ'maɪæd) ZN *klaaglied*
jerk (dʒɜːk) I ZN • *ruk; trek; schok; zenuwtrekking; spiertrekking* • PLAT *stomme meid/vent* ★ INFORM. physical jerks *gymnastische oefeningen* II OV+ONOV WW • *rukken; trekken; schokken* • *(vlees) in repen snijden en in de zon drogen* • PLAT *~* **off** *aftrekken*
jerkin ('dʒɜːkɪn) ZN *wambuis*
jerky ('dʒɜːkɪ) BNW • *met rukken; met horten en stoten* • *krampachtig; dwaas; lomp*
Jerry ('dʒerɪ) I ZN • MIN. *mof* ⟨Duitser⟩ II BNW • MIL. *moffen-* ⟨Duits⟩
jerry-build OV WW *slordig bouwen*
jerry-builder ('dʒerɪbɪldə) ZN *revolutiebouwer*
jersey ('dʒɜːzɪ) ZN • *jersey* ⟨gebreide wollen trui⟩ • *damesmanteltje*
jess (dʒes) I ZN • *riempje; zijden draad om poten v. valk* II OV WW • *de poten vastbinden*
jest (dʒest) I ZN • *scherts; spotternij; grap* ★ *in jest voor de grap* ★ *a standing jest iem. die/iets dat voortdurend de spotlust opwekt; risee*

je

II ONOV WW • *schertsen*; *aardigheidjes verkopen*
jester ('dʒestə) ZN *grappenmaker*; *nar*
Jesuit ('dʒezjʊɪt) ZN *jezuïet*
jet (dʒet) **I** ZN • *(water)straal* • *vlam* • *git*
• *straalvliegtuig* ★ jet engine *straalmotor* ★ jet fighter *straaljager* **II** BNW • *gitzwart* **III** ONOV WW • *per straalvliegtuig/jet reizen* **IV** OV+ONOV WW • *(uit)spuiten*
jetsam ('dʒetsəm) ZN • *overboord gegooide lading* • *aangespoelde goederen*
jettison ('dʒetɪsən) **I** ZN • *overboord gooien v. lading*; *afwerpen v. lading* (in de ruimtevaart) **II** OV WW • *werpen*
jetty ('dʒetɪ) **I** ZN • *havenhoofd*; *steiger* **II** BNW • *gitzwart*; *gitachtig*
Jew (dʒu:) ZN • *jood* ⟨m.b.t. geloof⟩ • *Jood* ⟨m.b.t. volk⟩
jewel ('dʒu:əl) **I** ZN • *juweel*; *edelsteen* **II** OV WW • *versieren met juwelen*
jewel case ZN *jewelcase* ⟨cd-doosje⟩
jewelled ('dʒu:əld) BNW *met juwelen bezet*
jeweller ('dʒu:ələ) ZN *juwelier*
jewellery, USA **jewelry** ('dʒu:əlrɪ) ZN • *juwelen* • *juwelierswerk*
Jewess ('dʒu:es) ZN • *jodin* ⟨m.b.t. geloof⟩ • *Jodin* ⟨m.b.t. volk⟩
Jewish ('dʒu:ɪʃ) BNW • *joods* ⟨m.b.t. geloof⟩ • *Joods* ⟨m.b.t. volk⟩
Jewry ('dʒʊərɪ) ZN • *jodendom* ⟨m.b.t. geloof⟩ • *Jodendom* ⟨m.b.t. volk⟩ • *Jodenbuurt*
Jezebel ('dʒezəbel) ZN • *schaamteloze vrouw* • *vrouw die zich zwaar opmaakt*
jib (dʒɪb) **I** ZN • SCHEEPV. *kluiver* • *arm* ⟨v. kraan⟩ ★ INFORM. the cut of a man's jib *iemands gezicht/voorkomen* • jib door *onzichtbare deur in een muur* **II** OV WW • *verleggen* ⟨v. zeil⟩ **III** ONOV WW • *koppig zijn* • *achteruit en zijwaarts bewegen*; *onverwachts stilstaan* ⟨v. paard⟩ • *bezwaar maken* • ~ at *niets ophebben met*
jibber ('dʒɪbə) ZN *koppig paard*
jibe (dʒaɪb) **I** ZN • *schimpscheut*; *spottende opmerking* **II** OV WW • *bespotten*; *honen* **III** ONOV WW • *spotten* **IV** OV+ONOV WW • *(be)spotten*; *honen*
jiffy ('dʒɪfɪ) ZN *ogenblikje* ★ in a jiff(y) *in een wip*
jig (dʒɪg) **I** ZN • *ertszeef* • *trucje*; *foefje* ★ PLAT the jig is up *alle hoop is vervlogen* **II** OV WW • *ziften* ⟨v. erts⟩ **III** OV+ONOV WW • *huppelen* • *met korte rukjes bewegen* • *hossen*
jigger ('dʒɪgə) **I** ZN ⟨maat voor vloeistof, 1,5 fluid ounce⟩ • *glas* ⟨met inhoud van 1 a 2 fluid ounces⟩ **II** ONOV WW • *spartelen* ⟨v. vis⟩ ★ I'm ~ed! *wel verdraaid!* ★ ~ed *doodop*
jiggery-pokery (dʒɪgərɪ'pəʊkərɪ) ZN *achterbaks gedoe*
jiggle ('dʒɪgl) OV WW *schudden*; *wiegelen*; *even rukken aan*; *spartelen*
jigsaw ('dʒɪgsɔ:) ZN *decoupeerzaag* • ★ ~ puzzle *legpuzzel*
jihad (dʒɪ'hæd) ZN *heilige oorlog*
jilt (dʒɪlt) **I** ZN • *meisje dat haar minnaar de bons geeft* **II** OV WW • *de bons geven*
jimjams ('dʒɪmdʒæmz) ZN MV INFORM. *pyjama*
jimmy ('dʒɪmɪ) OV WW USA • → **jemmy**
jingle ('dʒɪŋgl) **I** ZN • *geklingel* • *rijmelarij*

• *deuntje* • *jingle* **II** OV+ONOV WW • *(doen) klingelen*; *(laten) rinkelen* • *rijmelen*
jingoism ('dʒɪŋgəʊɪzm) ZN *chauvinisme*
jingoistic (dʒɪŋgəʊ'ɪstɪk) BNW *chauvinistisch*
jink (dʒɪŋk) ZN • *ontwijkende beweging* • *het manoeuvreren met vliegtuig door afweergeschut heen* ★ he has given me the jink *hij is me ontglipt* ★ high jinks *reuzekeet*; *dolle pret*
jinx (dʒɪŋks) **I** ZN • *doem*; *vloek* **II** OV WW • *beheksen* ★ be jinxed *voor het ongeluk geboren zijn*; *ongeluk brengen*
jitney (dʒɪtnɪ) ZN • USA *munt van 5 dollarcent* • USA *klein busje*
jitterbug ('dʒɪtəbʌg) **I** ZN • *zenuwpees* • *soort dans* **II** ONOV WW • *de jitterbug dansen*
jitters ('dʒɪtəz) ZN MV *kriebels*; *zenuwen*
jittery ('dʒɪtərɪ) BNW PLAT *gejaagd*
jive (dʒaɪv) **I** ZN • *jive* ⟨dans⟩ • *soort jazzmuziek* • USA *kletspraat* **II** ONOV WW • *de jive dansen*
job (dʒɒb) **I** ZN • *werk*; *karwei* • *klus* • INFORM. *cosmetische operatie* • *baan(tje)*; *betrekking*; *arbeidsplaats*; *functie*; *vak* • *knoeierij* • *por*; *stoot*; *opdonder* ★ soft job *peulenschilletje* ★ and that's a good job too! *en dat is maar goed ook!* ★ a bad job *mislukking* ★ he called it a job *hij vond 't al lang goed* ★ PLAT do the job on sb *iem. ruïneren*; *iem. v. kant maken* ★ have (quite) a job to *(een hoop) moeite hebben om* ★ by the job *per stuk* ★ just the job *net wat ik hebben moet* ★ INFORM. I'm on the job *ik ben ermee bezig* ★ pull a job *beroven* ⟨vnl. bank⟩ ★ a put-up job *doorgestoken kaart* ★ INFORM. get a nose / chin job *je neus / kin laten doen* ⟨kosmetisch⟩ ★ good job! *goed gedaan!* **II** OV WW • *(ver)huren* ⟨v. voertuigen⟩ **III** ONOV WW • *karweitjes uitvoeren* **IV** OV+ONOV WW • *verhandelen* ⟨v. effecten⟩ • *knoeien* ⟨figuurlijk⟩ • *misbruik v. vertrouwen maken* • *steken*; *por geven* ★ jobbing gardener *losse tuinman*
Job (dʒəʊb) ZN *Job* ★ Job's comforter *trooster die nog méér leed veroorzaakt* ★ Job's post *jobsbode* ★ Job's tears *zaad v. grassoort, gebruikt als kralen*; *traangas*
jobber ('dʒɒbə) ZN • *stukwerker* • *tussenhandelaar* • *stalhouder* • *sjacheraar*
jobcentre ('dʒɒbsentə) ZN *arbeidsbureau*
job-sharing ZN *het werken in deeltijd*
jock (dʒɒk) ZN INFORM. *jockey* ★ jocks [mv] *onderbroek* ⟨voor jongens./mannen⟩
Jock (dʒɒk) • INFORM. *Schot* • MIN. *boerenkinkel*
jockey ('dʒɒkɪ) **I** ZN • *jockey* • *iemand die machine bedient* **II** ONOV WW • *knoeien (met)* • *(be)rijden* ⟨v. renpaard⟩ • ★ ~ sb out of his money *iem. listig zijn geld afhandig maken* ★ he was ~ed out *hij werd er uitgewerkt* ★ ~ for position *door oneerlijkheid voordeel trachten te behalen*; *gunstige ligging trachten te verkrijgen* (bij zeilwedstrijd) **III** OV+ONOV WW • *beetnemen*; *misleiden*
jockstrap ('dʒɒkstræp) ZN *suspensoir*
jocose (dʒə'kəʊs) BNW • → **jocular**
jocosity (dʒəʊ'kɒsətɪ) ZN *scherts*; *grap*
jocular (dʒɒkjulə) BNW *schertsend*; *grappig*

je

jocularity (dʒɒkjʊˈlærətɪ) ZN *grappigheid*
jocund (dʒɒkənd) BNW *vrolijk*; *opgewekt*
jocundity (dʒəˈkʌndətɪ) ZN *vrolijkheid*
jodhpurs (dʒɒdpəz) ZN MV *rijbroek*
joey (dʒəʊɪ) ZN AUS. *jonge kangoeroe*; *jong dier*
jog (dʒɒg) **I** OV WW ● *aanstoten* ● *schudden* ★ jog sb's memory *een herinnering bij iem. oproepen* **II** ONOV WW ● *joggen*; *trimmen* ● *op een sukkeldrafje lopen* ● ~ **along** *voortsukkelen* **III** ZN ● *duwtje*; *klopje*; *schok* ● *sukkeldraf* ● *inkeping*
jogger (dʒɒgə) ZN ● *afstandsloper* ● *trimmer*
joggle (dʒɒgl) **I** ZN ● TECHN. *tandverbinding (uitsteeksel en inkeping)* ● *schok(je)* **II** WW ● *schudden* ● TECHN. *op bepaalde wijze verbinden*
joggly (dʒɒglɪ) BNW INFORM. *hortend en stotend*
jogtrot (dʒɒgtrɒt) ZN *sukkeldrafje*
john (dʒɒn) ZN USA/INFORM. *wc* ★ (long) johns [mv] *(lange) onderbroek*
johnny (dʒɒnɪ) ZN *vent*; *fat*; *groentje* ★ soft ~ *halvegare*; *hals*
join (dʒɔɪn) **I** OV+ONOV WW ● *dienst nemen* (in het leger); *bij elkaar brengen*; *ontmoeten*; (z.) *aansluiten bij*; *meedoen aan/met*; *lid worden van* ★ join ship *aan boord gaan*; *monsteren* ★ join forces *gezamenlijk optreden* ★ join battle *de strijd aanbinden* ★ join hands *elkaar de hand geven*; *samenwerken* ● ~ **in** *meedoen* ● ~ **to/with** (z.) *verbinden met*; (z.) *verenigen met* ● ~ **up** *verbinden*; *in militaire dienst gaan* ★ they got joined up *zij trouwden* ● ~ **with** z. *aansluiten bij* **II** ZN ● *verbindingslijn/-punt/-las, enz.* ● *naad*
joiner (dʒɔɪnə) ZN ● *schrijnwerker*; *meubelmaker* ● *iem. die z. graag ergens bij aansluit*
joinery (dʒɔɪnərɪ) ZN *vak/werk v. schrijnwerker*
joint (dʒɔɪnt) **I** ZN ● TECHN. *verbindingsstuk*; *koppeling* ● ANAT. *gewricht* ● *verbinding*; *geleding* ● *stuk vlees* (op tafel opgediend) ● PLAT *tent*; *kroeg*; *speelhol* ● PLAT *joint* ★ ball-and-socket ~ *kogelgewricht* ★ OOK FIG. out of ~ *ontwricht* ★ TECHN. universal ~ *kruiskoppeling* **II** BNW ★ ~ heir *mede-erfgenaam* ★ ~ tenancy *gezamenlijk bezit* ★ ~ venture *gezamenlijke onderneming* ★ on ~ account *voor gezamenlijke rekening* ★ during their ~ lives *zolang ze allen/beide in leven waren* **III** OV WW ● *verbinden* ● *voegen* (muur) ● *verdelen*
jointed (dʒɔɪntəd) BNW *geleed*
jointly (dʒɔɪntlɪ) BIJW *gezamenlijk* ★ ~ with *in samenwerking met*
jointure (dʒɔɪntʃə) **I** ZN ● *weduwepensioen* **II** OV WW ● *v. weduwepensioen verzekeren* (echtgenote)
joist (dʒɔɪst) **I** ZN ● *bint* **II** OV WW ● *voorzien v. dwarsbalken*
joke (dʒəʊk) **I** ZN ● *grap*; *kwinkslag*; *bespotting* ★ that is no joke *dit is ernst* ★ in joke *voor de grap* ★ a practical joke *practical joke* (handeling waarbij iemand belachelijk wordt gemaakt) ★ sick joke *nare grap* ★ this goes/is beyond a joke *daar kun je niet meer om lachen* **II** OV+ONOV WW ● *grappen maken* ● *plagen* ★ he always jokes it off *hij maakt zich er altijd met een grapje van af*

joker (dʒəʊkə) ZN ● *grappenmaker* ● PLAT *kerel* ● *joker* (in kaartspel)
jokey, joky (dʒəʊkɪ) BNW *grappig*
jokingly (dʒəʊkɪŋlɪ) BIJW *als grap*
jollify (dʒɒlɪfaɪ) **I** OV WW ● *in 'n vrolijke stemming brengen* **II** ONOV WW ● *feesten*
jolly (dʒɒlɪ) **I** ZN ● PLAT *marinier* ● *lolletje* ● *jol* **II** BNW ● *vrolijk* ● *'n beetje aangeschoten* ● INFORM. *buitengewoon aardig*; *verrukkelijk* ★ Jolly Roger *piratenvlag met doodshoofd* **III** OV WW ● *overhalen*; *vleien* ● PLAT *voor de mal houden* ● OUD. ~ a person along *iem. zoet houden* **IV** BIJW ● INFORM. *heel*; *zeer* ★ a ~ good fellow *'n moordvent*
jolly-boat (dʒɒlɪbəʊt) ZN *jol*
jolt (dʒəʊlt) **I** ZN ● *schok*; *stoot* **II** WW ● *schokken*; *stoten*
jolty (dʒəʊltɪ) BNW *schokkend*
Jonathan (dʒɒnəθən) ZN ● (Brother) ~ *jonathan* (soort appel)
Joneses (dʒəʊnzɪz) MV ▼ keep up with the ~ *niet voor de buren (willen) onderdoen*
josh (dʒɒʃ) **I** ZN ● *onschuldige grap* **II** WW ● *plagen*; *voor de gek houden*; *grapjes maken*
joss (dʒɒs) ZN ● *Chinese afgod*; *Chinees afgodsbeeld* ● AUS. *vip* ★ joss house *Chinese tempel*
josser (dʒɒsə) ZN ● PLAT *dwaas*; *gek* ● PLAT *kerel*
joss stick (dʒɒsstɪk) ZN (Chinees) *wierookstaafje*
jostle (dʒɒsəl) **I** ZN ● *duw*; *botsing* ● *drukte*; *gewoel* **II** OV+ONOV WW ● *duwen*; *(ver)dringen* ● USA/PLAT *zakkenrollen*
jot (dʒɒt) **I** ZN ● *jota* (fig.) ● *kleine hoeveelheid* **II** OV WW ● *vlug opschrijven*; *noteren* ● ~ **down** *vlug opschrijven*
jotter (dʒɒtə) ZN ● *aantekenboekje* ● *iem. die noteert*
jotting (dʒɒtɪŋ) ZN *notitie*
joule (dʒuːl) ZN *joule*
jounce (dʒaʊns) **I** ZN ● *stoot* **II** OV+ONOV WW ● *stoten*; *hotsen*
journal (dʒɜːnl) ZN ● *journaal* (bij boekhouden) ● *dagboek* ● *tijdschrift*; *dagblad* ● *tap* (v. machine) ★ the Journals [mv] *de Handelingen van het parlement*
journalese (dʒɜːnəˈliːz) ZN INFORM. *krantentaal*
journalism (dʒɜːnəlɪzəm) ZN *journalistiek* ★ yellow ~ *riooljournalistiek*
journalist (dʒɜːnəlɪst) ZN *journalist*
journalistic (dʒɜːnəˈlɪstɪk) BNW *journalistisch*
journey (dʒɜːnɪ) **I** ZN ● *reis* **II** ONOV WW ● *reizen*
journeyman (dʒɜːnɪmən) ZN ● *knecht*; *handwerksman* ● *handlanger*
joust (dʒaʊst) **I** ZN ● *steekspel* **II** ONOV WW ● *steekspel houden*
Jove (dʒəʊv) ZN *Jupiter* (god) ★ by Jove! *lieve deugd!*
jovial (dʒəʊvɪəl) BNW *gezelschaps-*; *opgewekt*; *joviaal*
joviality (dʒəʊvɪˈælətɪ) ZN ● *joviale opmerking* ● *jovialiteit*
Jovian (dʒəʊvɪən) BNW ● (als) *van Jupiter* ● *majestueus*
jowl (dʒaʊl) ZN ● *kaak*; *wang* ● *kossem* ● *krop* ● *viskop* ★ cheek by jowl *dicht bij elkaar*; *intiem*

jo

joy (dʒɔɪ) **I** ZN • *vreugde*; *genot* • *succes* ★ *for joy uit vreugde* **II** WW • LIT. *z. verblijden*; *z. verheugen*
joyful ('dʒɔɪfʊl) BNW • → **joyous**
joyless ('dʒɔɪləs) BNW *treurig*
joyous ('dʒɔɪəs) BNW *vreugdevol*; *blij*
joyride ('dʒɔɪraɪd) ZN PLAT *plezierritje in gestolen auto*
joystick ('dʒɔɪstɪk) ZN COMP. *joystick*; *bedieningshendel*
Jr AFK Junior *jr.*; *junior*
jubilant ('dʒu:bɪlənt) BNW *juichend*
jubilation (dʒu:bɪ'leɪʃən) ZN *gejubel*
jubilee ('dʒu:bɪli:) ZN • *jubeljaar* • *vijftigste gedenkdag* • *jubileum* • *gejubel*
Judaism ('dʒu:deɪɪzəm) ZN *judaïsme*
Judas ('dʒu:dəs) ZN • *Judas* • *verrader*
judder ('dʒʌdə) ONOV WW *hevig schudden*
judge (dʒʌdʒ) **I** ZN • *rechter* • *iem. die beoordeelt*; *kenner* • *jurylid* ★ Judges Richteren ⟨Oude Testament⟩ ★ Judge Advocate General *auditeur-generaal* ★ *I'll be the ~ of that! dat maak ik wel uit!* **II** OV WW • *be-/veroordelen* • *beslissen* • *well ~d weloverwogen* **III** ONOV WW • *rechtspreken* • *als scheidsrechter optreden*
judgement, USA **judgment** ('dʒʌdʒmənt) ZN • *oordeel*; *uitspraak* • *mening*; *kritisch vermogen*; *verstand* • *godsgericht* ★ *against one's (own) better ~ tegen beter weten in* ★ *pass/pronounce ~ (against sb) een oordeel (over iem.) uitspreken* ★ *sit in ~ beoordelen*
judicature ('dʒu:dɪkətʃə) ZN • *rechtspleging* • *rechtersambt* • *rechterlijke macht*; *rechtbank*
judicial (dʒu:'dɪʃəl) BNW • *rechterlijk*; *gerechtelijk* • *kritisch* • *onpartijdig*
judiciary (dʒu:'dɪʃɪərɪ) **I** ZN • *rechterlijke macht* **II** BNW • *rechterlijk*; *gerechtelijk*
judicious (dʒu:'dɪʃəs) BNW *verstandig*
judo ('dʒu:dəʊ) ZN *judo*
Judy ('dʒu:dɪ) ZN • ≈ *Katrijn* ⟨in poppenkast⟩ • PLAT *meid*; *slons* ★ *make a Judy of o.s. zich belachelijk aanstellen* ⟨familiair⟩
jug (dʒʌg) **I** ZN • G-B *kan*; *kruik* ★ PLAT *stone jug gevangenis* • *jug-jug roep* (v. merel of nachtegaal) • *jug-eared met uitstaande oren* **II** OV WW • *stoven*; *koken* (in pot) • PLAT *in de bak gooien* ★ *jugged hare hazenpeper* ★ *jugged dronken* **III** ONOV WW • *roepen* ⟨v. merel, nachtegaal⟩
juggernaut ('dʒʌgənɔ:t) ZN • *moloch* • *grote vrachtwagen*
juggle ('dʒʌgl) **I** OV WW • *jongleren met*; *goochelen met* • *spelen met*; *bedriegen* ★ *~ the books knoeien met de boekhouding* ★ *he has ~d me out of it hij heeft 't me ontfutseld* **II** ONOV WW • *jongleren*; *goochelen* **III** ZN • *goochelarij*; *bedriegerij*
juggler ('dʒʌglə) ZN • *goochelaar*; *jongleur* • *zwendelaar*
jugglery ('dʒʌglərɪ) ZN • *goochelarij* • *handige foefjes*
jugular ('dʒʌgjʊlə) BNW *keel-*; *hals-* ★ ~ *vein halsader*
jugulate ('dʒʌgjʊ:leɪt) OV WW • *tot stilstand brengen* ⟨figuurlijk⟩ • *doden*; *kelen*
juice (dʒu:s) **I** ZN • *sap*; *vocht* • CUL. *jus*; *vleesnat*

• INFORM. *fut*; *energie* • INFORM. *benzine* ⟨in motor⟩ • USA/PLAT *sterkedrank* • INFORM. *stroom* ⟨elektriciteit⟩ ★ *step on the ~ plankgas geven* ★ *gastric ~s maagsap* **II** OV WW • ~ *up oppeppen*
juicer ZN *sapcentrifuge*
juicy ('dʒu:sɪ) BNW • *sappig* • *nat* ⟨weersgesteldheid⟩ • INFORM. *interessant* • *pikant* • *pittig*
July (dʒu:'laɪ) ZN *juli*
jumble ('dʒʌmbl) **I** ZN • *rommelboel*; *warboel* • *schok* ★ ~ *sale rommelmarkt*; *liefdadigheidsbazaar* **II** ONOV WW • *door elkaar gooien/rollen*; *verwarren*
jumbo ('dʒʌmbəʊ) ZN • *olifant* • *kolossaal mens, dier of ding* • *geluksvogel*
jump (dʒʌmp) **I** OV WW • *doen springen* • *springen over* • *toespringen op* • *overslaan* • *sauteren* • *in de steek laten* ★ *he jumped his bill hij vertrok zonder te betalen* ★ *jump the lights door rood licht rijden* **II** ONOV WW • *omhoogschieten* • *springen* • *derailleren* • *boren* ★ *jump clear springen zonder zich te bezeren* ★ *jump to it zich haasten* ★ *he jumped at the proposal hij nam het voorstel met beide handen aan* ★ *jump to conclusions overhaaste conclusies trekken* ★ *jump into one's clothes z'n kleren aanschieten* ★ *jump together overeenstemmen* • INFORM. *jump down s.o.'s throat iem. streng terechtwijzen/ tegenspreken* • ~ *upon bespringen*; *uitvallen tegen* • ~ *with het eens zijn met* **III** ZN • *sprong* • *plotselinge beweging* • *stoot* • SPORT *hindernis* • *slag* (bij damspel) ★ *long jump vérspringen* ★ USA *broad jump vérspringen* ★ INFORM. *the jumps zenuwtrekking*; *delirium tremens*; *sint-vitusdans* ★ *he gave a jump hij maakte 'n sprong*; *hij schrok op* ★ *he gave me the jumps hij joeg me de schrik op 't lijf* ★ *from the jump van meet af aan* ★ *all of a jump erg druk/zenuwachtig* ★ *on the jump erg druk/zenuwachtig*
jumped-up BNW *gewichtig*; *overdreven positiebewust*
jumper ('dʒʌmpə) ZN • *boorbeitel* • *matrozenkiel* • *gebreide (dames)trui* • USA *overgooier* • *kruisverbindingsdraad* • *springer*; *springpaard* • *springend insect* ★ *counter ~ winkelbediende*
jumping ('dʒʌmpɪŋ) BNW • ~ *jack hansworst* ⟨speelgoed⟩ • ~*off place eindpunt*; *beginpunt*
jumpsuit ('dʒʌmpsu:t) ZN • *jumpsuit* • *parachutistenpak*
jumpy ('dʒʌmpɪ) BNW *zenuwachtig*; *opgewonden*; *stotend*
junction ('dʒʌŋkʃən) ZN *verbinding*; *punt v. samenkomst*; *knooppunt*; *kruispunt*
juncture ('dʒʌŋktʃə) ZN • *verbindingsplaats* • *samenloop v. omstandigheden* ★ *at this ~ op dit ogenblik*; *toen* ⟨dit gebeurd was⟩
June (dʒu:n) ZN *juni*
jungle ('dʒʌŋgl) ZN • *oerwoud* • *warwinkel* ★ ~ *fever malaria*
junior ('dʒu:nɪə) ZN • *junior* • *jongere*; *mindere* • USA *derdejaarsstudent* • *zoon* ★ *he is ten years my ~ hij is tien jaar jonger dan ik* ★ ~

clerk *jongste bediende* ★ ~ school *onderbouw v.d. middelbare school* ★ the ~ service *het leger*
juniper ('dʒu:nɪpə) ZN *jeneverbes(struik)*
junk (dʒʌŋk) I ZN ● *rommel; rotzooi ● jonk* II OV WW ● *afdanken; wegdoen*
junket ('dʒʌŋkɪt) I ZN ● *snoepreisje* II ONOV WW ● *fuiven ● picknicken*
junk food ZN *junkfood*
junkie ('dʒʌŋkɪ) ZN PLAT *junkie; drugverslaafde*
junk mail ZN *junkmail*
junk shop ZN *uitdragerij; rommelwinkel*
junta ('dʒʌntə) ZN ● *junta ● partij; factie; kliek*
jural ('dʒʊərəl) BNW ● *wettelijk- ● recht(s)-*
jurat ('dʒʊəræt) ZN ● *schepen ● magistraat*
juridical (dʒʊə'rɪdɪkl) BNW *gerechtelijk*
jurisdiction (dʒʊərɪs'dɪkʃən) ZN ● *jurisdictie ● rechtspraak ● rechtsbevoegdheid; rechtsgebied*
jurisdictional (dʒʊərɪs'dɪkʃənəl) BNW *m.b.t. jurisdictie*
jurisprudence (dʒʊərɪs'pru:dns) ZN *jurisprudentie*
jurist ('dʒʊərɪst) ZN *jurist; rechtsgeleerde*
juror ('dʒʊərə) ZN ● *jurylid ● gezworene*
jury ('dʒʊərɪ) ZN *jury; gezworenen* ★ grand jury *jury van 12-23 leden, die beschuldiging onderzoeken vóór berechting* ★ petty jury *jury van 12 leden, die unaniem hun oordeel geven over bepaalde rechtszaken*
juryman ('dʒʊərɪmən) ZN *jurylid*
just (dʒʌst) I BNW ● *eerlijk; rechtvaardig ● verdiend* II BIJW ● *juist; zoals past ● terecht ● gegrond ● precies; net ● alleen maar; gewoon(weg)* ★ just so! *juist!; precies!* ★ just come here *kom 'ns even hier* ★ just call me Peter *noem me maar gewoon Peter* ★ I just managed it *ik heb 't maar net klaargespeeld* ★ just a minute! *één minuutje!* ★ just a bit nervous *'n klein beetje zenuwachtig* ★ the music was just splendid *de muziek was gewoonweg schitterend* ★ it's just possible *het is niet onmogelijk* ★ won't I just give it to him! *zal ik 't 'm niet geven!; nou!* ★ just about *maar net; op 't kantje; bijna* ★ just now *zo net; daarstraks; nu* ★ not just yet *(voorlopig) nog niet*
justice ('dʒʌstɪs) ZN ● *rechtvaardigheid; recht ● rechter* ⟨vooral in Engels hooggerechtshof⟩ ★ do o.s. ~ *z'n goede naam ophouden* ★ in ~ *rechtens; billijkheidshalve* ★ Court of ~ *Hof v. Justitie* ★ Justice of the Peace *politierechter* ★ do ~ to *recht doen wedervaren; eer aandoen* ★ temper ~ with mercy *genade voor recht laten gelden*
justiciary (dʒʌ'stɪʃɪərɪ) I ZN ● *gerechtsdienaar* II BNW ● *gerechts-; gerechtelijk*
justifiable ('dʒʌstɪfaɪəbl) BNW *gerechtvaardigd*
justification ('dʒʌstɪfɪkeɪʃən) ZN *rechtvaardiging; verantwoording* ★ in ~ *als rechtvaardiging*
justify ('dʒʌstɪfaɪ) OV WW ● *rechtvaardigen ● verdedigen ● absolveren; ontslaan v. zonden ● verontschuldigen ● staven* ⟨v. bewering⟩ ● *uitvullen* ★ the end justifies the means *het doel heiligt de middelen* ★ he was justified in coming *'t was goed dat hij kwam*
justly ('dʒʌstlɪ) BIJW *terecht*
jut (dʒʌt) I ZN ● *uitsteeksel* II OV WW ● *uitsteken*

● ~ forth/out *uitsteken*
jute (dʒu:t) ZN *jute*
juvenesence (dʒu:vɪ'nesəns) ● *jeugd ● onvolwassenheid*
juvenile ('dʒu:vənaɪl) I ZN ● *jongeling ● jeune premier; acteur v. jonge rol ● USA kinderboek* II BNW ● *jong; jeugdig* ★ ~ delinquency *jeugdcriminaliteit* ★ ~ court *kinderrechter*
juvenilia (dʒu:və'nɪlɪə) ZN MV *jeugdwerken* ⟨v. schrijver/kunstenaar⟩
juxtapose (dʒʌksta'pəʊz) OV WW *naast elkaar plaatsen*
juxtaposition (dʒʌkstəpə'zɪʃən) ZN ● *het naast elkaar plaatsen ● het naast elkaar geplaatst zijn*

ju

K

k (kei) **I** ZN • letter *k* ★ K as in King *de k van Karel* **II** AFK • INFORM. kilo *1000* ★ earn 20k per month *20.000 per maand verdienen*

Kafkaesque (kæfkə'esk) BNW *kafkaiaans; kafkaësk*

kale, kail (keil) ZN • USA/PLAT *geld* • *(boeren)kool* • *koolsoep* ★ curled/curly/Scotch kale *boerenkool*

kaleidoscope (kə'laidəskəup) ZN *caleidoscoop*

Kan. AFK USA *Kansas* ⟨staat⟩

kangaroo (kæŋgə'ru:) ZN *kangoeroe*

kangaroo court ZN *onwettige rechtbank*

kangaroo rat ZN *buidelrat*

Kans. AFK *Kansas*

kaolin ('keiəlin) ZN *porseleinaarde*

karate (kə'rɑ:ti) ZN *karate*

kart (kɑ:t) ZN *kart; skelter*

kayak ('kaiæk) ZN *kajak*

kc. AFK *kilocycle(s)*

KC AFK JUR. King's Counsel ≈ *advocaat van hogere rang*

kedgeree ('kedʒəri) ZN *gerecht van rijst en vis*

keel (ki:l) **I** ZN • *kiel* ⟨v. schip⟩ • *(kolen)schuit* • LIT. *schip* • *hoeveelheid in kolenschuit* ★ on an even keel *vlak; in evenwicht; zonder inspanning; gestadig; rustig* **II** OV WW • *omduwen; doen omslaan* • SCHEEPV. ~ over *kielen; doen omslaan* **III** ONOV WW • *omslaan; kapseizen*

keelhaul ('ki:lhɔ:l) OV WW *kielhalen*

keen (ki:n) **I** BNW • *scherp; doordringend* • *scherpzinnig* • *intens; levendig; vurig* ★ be keen on sb *een beetje verliefd op iem. zijn* ★ keen on doing it *erop gebrand om 't te doen* ★ he's as keen as mustard *hij is enthousiast* **II** OV WW • *bewenen* **III** ONOV WW • *weeklagen (over)* **IV** ZN • *klaagzang*

keen-set BNW ★ ~ for *hongerig/verlangend naar*

keep (ki:p) **I** OV WW • *(z.) houden (aan)* • *in acht nemen; vervullen* • *vieren* • *bewaren* • *in orde houden* • *houden* ⟨het bed⟩ • *bijhouden* ⟨v. boeken⟩ • *hebben* ⟨v. winkel/bedrijf⟩ • *erop na houden* • *iem. onderhouden* • *in voorraad hebben* • *vasthouden; gevangen houden* • *verbergen* • *beschermen; behoeden* ★ keep one's feet *op de been blijven* ★ keep house *het huishouden doen* ★ keep sb waiting *iem. laten wachten* • ~ away *uit de buurt houden* • ~ back *terug-/achterhouden* • ~ down *(onder)drukken* ★ keep it down a bit! *kalm aan!; rustig a.u.b.* • ~ from *afhouden van; verzwijgen voor; verhinderen te; weerhouden van* • ~ in *inhouden; binnen houden; school laten blijven* • ~ off *afweren; op afstand houden; afblijven van* • ~ on *ophouden; blijven houden; aanhouden* ⟨bijv. v. huis⟩ • ~ out *buiten houden* • ~ over *bewaren (tot later)* • ~ together *bij elkaar houden; bij elkaar blijven* • ~ under *onderhouden; onderdrukken; bedwingen* • ~ up *de moed erin houden; in stand houden; aanhouden* ⟨vuur⟩; *uit bed houden; wakker houden; ophouden;*

onderhouden ⟨contact⟩ ★ he will keep it up *hij zal z. eraan houden* ★ keep it up! *houd vol!* **II** ONOV WW • *goed houden; goed blijven* ⟨v. voedsel⟩ • *blijven doen; doorgaan met* ★ that news will keep *dat nieuws kan wel zolang blijven liggen* • ~ at *blijven werken aan* • ~ away *wegblijven* • ~ from *z. onthouden van* • ~ in *blijven branden* • INFORM. ~ in with *contact houden met* • ~ on *doorgaan; blijven praten* • ~ on at *blijven praten tegen; vragen aan; vitten; treiteren* • SCHEEPV. ~ to *bij de wind houden; z. houden aan; blijven in* ★ keep o.s. to o.s. *z. weinig met anderen bemoeien* • ~ up *op dezelfde hoogte blijven* ★ keep up with a p. *iem. bijhouden* ★ be kept up late *laat opblijven* **III** ZN • *toren; versterking; fort* • *hoede; bewaring* • *onderhoud; kost* • PLAT for keeps *voorgoed; om te houden* ▾ earn your keep *je salaris waard zijn*

keeper ('ki:pə) ZN • *anker* ⟨v. magneet⟩ • *bewaker; bewaarder; houder* • *doelverdediger* • *hoeder; opzichter* ★ ~(ring) *veiligheidsring*

keeping ('ki:pɪŋ) ZN • *overeenstemming* • *hoede* ★ in ~ with *kloppen met* ★ not out of/in ~ with *niet passend bij* **II** BNW ★ ~ apples *appels die men lang kan bewaren*

keepsake ('ki:pseik) **I** ZN • *aandenken; souvenir* **II** BNW • *sentimenteel*

keg (keg) ZN *vaatje*

kelp (kelp) ZN *zeewier*

kempt (kempt) BNW *goed verzorgd; gekamd*

ken (ken) **I** ZN • *gezichtskring; begrip* • *obscure kroeg* ★ beyond my ken *buiten mijn gezichtsveld; boven mijn pet* **II** OV WW ⟨in Schotland⟩ • *weten; herkennen*

Ken. AFK USA *Kentucky* ⟨staat⟩

kennel ('kenl) **I** ZN • *hondenhok* • *krot* • *meute* • *goot* • ~s *hondenverblijf* **II** OV+ONOV WW • *wonen; huizen* • *onderbrengen in een kennel*

Kenyan ('kenjən) **I** ZN • *Keniaan* **II** BNW • *Keniaans*

kept (kept) **I** BNW *(goed) onderhouden* **II** WW [verleden tijd + volt. deelw.] • → keep

kerb (kɜ:b) ZN *trottoirband*

kerb crawler ZN *iem. die langzaam langs het trottoir rijdt om prostituees aan te spreken*

kerbstone ('kɜ:bstəun) ZN *trottoirband*

kerchief ('kɜ:tʃi:f) ZN • *hoofddoek; halsdoek* • *zakdoek*

kerf (kɜ:f) ZN • *(zaag)snede* • *gekapt deel v. gevelde boom*

kerfuffle (kə'fʌfəl) ZN *drukte; opschudding; commotie*

kernel ('kɜ:nl) ZN *pit; kern*

kerosene, kerosine ('kerəsi:n) ZN USA *kerosine*

kestrel ('kestrəl) ZN *torenvalk*

ketchup ('ketʃəp) ZN *ketchup*

kettle ('ketl) ZN *ketel* ★ INFORM. a different ~ of fish *heel wat anders* ★ a fine/pretty ~ of fish *'n mooie boel* ★ the ~ on *theewater opzetten*

kettle drum ZN MUZ. *pauk*

key (ki:) **I** ZN • OOK FIG. *sleutel* • *toets* • *grondtoon; toonaard* • *stemming* • *spie; wig* • *rif* ★ key screw *(schroef)sleutel* ★ master/ skeleton key *loper* ★ in key with *harmoniërend met* ★ it's out of key *'t past er*

niet bij ★ key bit *baard* ⟨v. sleutel⟩ **II** BNW
• *voornaamste-; sleutel-* ★ key colour
grondkleur **III** OV+ONOV WW • *vastmaken met
spie* • *sluiten* • *stemmen; spannen* • *aanpassen;
geschikt maken* • ~ **down** *afzwakken; 'n
toontje lager (doen) zingen* • ~ **up** *verhogen;
opdrijven* ★ keyed up *hooggespannen*
keyboard ('ki:bɔ:d) ZN • *toetsenbord; klavier*
• *elektronisch muziekinstrument*
keyhole ('ki:həʊl) ZN *sleutelgat*
keynote ('ki:nəʊt) **I** ZN • *grondtoon* • *leus*
⟨figuurlijk⟩ • *rede ter uiteenzetting v. bepaalde
politiek* **II** OV WW • *uiteenzetten*
key ring ZN *sleutelring*
keystone ('ki:stəʊn) ZN • *sluitsteen* • OOK FIG.
hoeksteen
kg AFK *kilogram(me) kg* ⟨kilogram⟩
khaki ('kɑ:kɪ) ZN • *kaki* • *soldaat in kaki uniform*
★ get into ~ *in 't leger gaan*
kibble ('kɪbl) **I** ZN • *hijskooi in mijn* **II** OV WW
• *verbrokkelen* • *grof malen*
kibbutz (kɪ'bʊts) ZN *kibboets*
kibbutzim (kɪbʊt'si:m) ZN [mv] • → **kibbutz**
kick (kɪk) **I** ONOV WW • ~ **around** *rondzwerven;
rondslingeren* **II** OV+ONOV WW • *trappen;
stoten; achteruitslaan; z. verzetten tegen*
• *klagen* ★ kick against sth *zich verzetten tegen*
★ kick up a row/shindy *ruzie schoppen* ★ kick
downstairs *eruit trappen* ★ they kicked up
their heels *ze sprongen (van pret); ze waren
aan de zwier* ★ kick over the traces *uit de
band springen* ★ kick against the pricks *zich
tot eigen schade verzetten* ★ PLAT kick the
bucket *het hoekje omgaan* ★ USA we can't kick
any longer *we hebben nu niets meer te klagen*
★ he was kicking his heels *hij stond te
wachten* • ~ **about** *rondslingeren; rondtrekken;
't trappen met voetbal; ruw behandelen* • ~ **off**
uittrappen ⟨bv. van schoenen⟩ • ~ **out** *eruit
trappen; doodgaan* • ~ **up** *tegenwerpingen
maken; ruzie veroorzaken* **III** ZN • *schop; trap*
• *kick; stimulans* • *terugslag* ⟨v. geweer bij
afgaan⟩ • *ziel* ⟨v. fles⟩ ★ PLAT the kick *ontslag*
★ get a kick out of sth *een kick van iets krijgen*
★ kick piece *spektakelstuk*
kickback ('kɪkbæk) ZN • *terugslag* • *smeergeld*
kicker ('kɪkə) ZN • SPORT *iemand die aftrapt* • USA
verrassend eind
kick-off ('kɪkɒf) ZN • *aftrap* • PLAT *begin*
kicky ('kɪkɪ) BNW PLAT/USA *pittig; vurig; levendig*
kid (kɪd) **I** ZN • PLAT *jochie; kind* • PLAT
bedriegerij • *vaatje* SCHEEPV. *nap* • *jonge geit*
• *geitenleer* **II** BNW • PLAT *jongere broer of zus*
• *kinderlijk* **III** ONOV WW • *geiten werpen*
IV OV+ONOV WW • INFORM. *bedotten* ★ you're
kidding! *dat meen je niet!* ★ we'll kid him out
of it *we zullen 't hem afhandig maken*
kiddie ('kɪdɪ) ZN *kindje*
kidnap ('kɪdnæp) OV WW *ontvoeren; kidnappen*
kidney ('kɪdnɪ) ZN • *nier* • *aard; gesteldheid* ★ ~
potato muis ⟨aardappel⟩ ★ ~ bean *kievietsboon*
★ ~ machine *kunstnier* ★ ~ stone *niersteen*
★ wandering ~ *wandelende nier*
kill (kɪl) **I** OV WW • *doden* • *slachten*
• *uitschakelen* ⟨v. een machine⟩ • *vernietigend
oordeel uitspreken* ⟨over wetsontwerp⟩

• *stoppen* ⟨v. bal⟩ • *afzetten* ⟨v. motor⟩ ★ kill or
cure *erop of eronder* ★ kill o.s. laughing *je
dood lachen* ★ kill two birds with one stone
twee vliegen in één klap slaan ★ six were killed
zes man sneuvelden; zes mensen kwamen om
★ she was dressed to kill *ze zag er geweldig uit*
★ kill with kindness *overdreven vriendelijk
tegen iem. zijn* • ~ **off** *afmaken* ⟨doden⟩
• ~ **out** *uitroeien* **II** ZN • *'t doden* • *(door jager)
gedood dier* • *dier als lokmiddel gebruikt*
killer ('kɪlə) ZN • *moordenaar* • *slachter*
killer whale ZN *orka*
killing ('kɪlɪŋ) **I** ZN • *prooi* ★ make a ~ *ineens 'n
bom duiten verdienen* **II** BNW • *dodelijk*
• *overweldigend*
killjoy ('kɪldʒɔɪ) ZN • *spelbreker* • *somber iemand*
kilo ('ki:ləʊ) ZN *kilo*
kilogram, G-B **kilogramme** ('kɪləgræm) ZN
kilo(gram)
kilometre ('kɪləmi:tə, kɪ'lɒmətə) ZN *kilometer*
kilt (kɪlt) **I** ZN • *kilt* ⟨Schotse rok, gedragen door
mannen⟩ **II** OV WW • *opnemen; plooien* ⟨v. rok⟩
kilted ('kɪltɪd) BNW *met/in kilt*
kilter ('kɪltə) ZN *in orde* ★ out of ~ *niet in orde*
kiltie, kilty ('kɪltɪ) ZN INFORM. *Schot*
kin (kɪn) **I** ZN • *familie; bloedverwantschap*
★ next of kin *naaste familieleden* **II** BNW ★ kin
to *verwant aan*
kind (kaɪnd) **I** ZN • *soort; aard* ★ pay in kind *in
natura betalen; met gelijke munt betalen*
★ INFORM. I kind of expected this *ik heb dit zo
half en half verwacht* **II** BNW ★ kind to
vriendelijk, goed voor
kinda ('kaɪndə) SAMENTR USA kind of *min of
meer; best wel; nogal* ★ I'm ~ mad at you *ik
ben nogal boos op jou* • → **kind**
kindergarten ('kɪndəgɑ:tn) ZN *kleuterschool*
kind-hearted (kaɪnd'hɑ:tɪd) BNW *goedaardig;
vriendelijk*
kindle ('kɪndl) OV+ONOV WW *ontsteken;
aansteken; (doen) ontvlammen; aanvuren;
vlam vatten; (doen) gloeien*
kindliness ('kaɪndlɪnəs) ZN • *vriendelijkheid*
• *mildheid*
kindling ('kɪndlɪŋ) ZN *aanmaakhout*
kindly ('kaɪndlɪ) **I** BNW • *gemoedelijk; vriendelijk;
humaan* • *aangenaam of gunstig* ⟨v. klimaat⟩
II BIJW ★ ~ show me the book *wees zo goed mij
het boek te laten zien*
kindness ('kaɪndnəs) ZN • *vriendelijkheid* • *iets
aardigs*
kindred ('kɪndrɪd) **I** ZN • *bloedverwantschap*
• *verwanten* ★ a ~ soul/spirit *een geestverwant*
II BNW • *verwant*
kinetic (kɪ'netɪk) BNW *bewegings-*
kinetics (kɪ'netɪks) ZN MV • *kinetica*
• *bewegingsleer*
king (kɪŋ) **I** ZN • *koning; vorst* • *heer* • *magnaat*
• *eerste soort* • *dam* ⟨in damspel⟩ ★ crown sb
king *iem. tot koning kronen* ★ the king in
Council *de koning en zijn raadslieden* ★ go to
king *een dam halen* **II** OV WW • *tot koning
kronen* ★ king it *koning spelen/zijn*
King (kɪŋ) ZN ★ King's Bench *afdeling van het
Engelse hooggerechtshof* • King's Counsel *(lid
v.) hoge orde v. advocaten* ★ INFORM.

ki

King's/Queen's head *postzegel* ★ King's/
Queen's speech *troonrede*

kingcup ('kɪŋkʌp) ZN • *boterbloem* • *dotterbloem*

kingdom ('kɪŋdəm) ZN • *(konink)rijk* • *terrein*
• *gebied* ★ United Kingdom *Verenigd
Koninkrijk* ⟨Groot-Brittannië⟩ ▼ to Kingdom
come *naar het Hiernamaals*

kingfisher ('kɪŋfɪʃə) ZN *ijsvogel*

kingly ('kɪŋlɪ) BNW *koninklijk*

kingmaker ('kɪŋmeɪkə) ZN *iem. die benoeming
tot hoge post kan beïnvloeden*

kingpin ('kɪŋpɪn) ZN • *hoofdbout* • *leider*; *spil
waar alles om draait*

kingship ('kɪŋʃɪp) ZN *koningschap*

kink (kɪŋk) ZN • *kink*; *slag*; *knik*; *hersenkronkel*;
afwijking • *trucje*; *foefje*

kinky ('kɪŋkɪ) BNW *kinky* ⟨enigszins seksueel
pervers⟩

kinsfolk ('kɪnzfəʊk) ZN *verwanten*

kinship ('kɪnʃɪp) ZN *verwantschap*

kinsman ('kɪnzmən) ZN *mannelijke bloedverwant*

kinswoman ('kɪnzwʊmən) ZN *vrouwelijke
bloedverwant*

kiosk ('ki:ɒsk) ZN • *stalletje* • *kiosk* • *telefooncel*

kip (kɪp) I ZN • *ongelooide huid v.e. jong dier*
• INFORM. *bed*; *slaap* II ONOV WW • INFORM.
maffen • ~ **down** *gaan maffen*

kippah ('kɪpɑ:) ZN *keppeltje*

kipper ('kɪpə) I ZN • *gerookte haring* • PLAT
vent(je) II OV WW • *zouten en drogen/roken v.
vis*

kirk (kɜːk) ZN ⟨in Schotland⟩ *kerk*

kiss (kɪs) I ZN • *kus* • *suikerboon* • *klots* ⟨bij
biljart⟩ ★ French kiss *tongzoen* ★ kiss of death
genadestoot ★ kiss of life
mond-op-mondbeademing ★ blow sb a kiss
iem. een kushandje geven II OV WW • *kussen*
• *klotsen* ⟨bij biljart⟩ • *(elkaar) even raken*
★ kiss the dust *zich slaafs onderwerpen*;
gedood worden ★ kiss the ground *zich voor
iem. in 't stof werpen*; *'t onderspit moeten
delven*

kissable ('kɪsəbl) BNW *om te zoenen*

kisser ('kɪsə) ZN • PLAT *mond* • *zoener* ★ he is a
good ~ *hij kan erg goed zoenen*

kit (kɪt) I ZN • *gereedschap*; *uitrusting* • *partij*; *stel*
• *bouwpakket*; *kit* ★ kit bag *plunjezak*
II OV+ONOV WW • ~ **out (with)** *uitrusten (met)*;
voorzien worden (v.) ⟨vooral kleren⟩

kitchen ('kɪtʃɪn) ZN *keuken* ★ ~ garden *moestuin*
★ ~ dresser *aanrecht* ★ ~ range *keukenfornuis*
★ ~ utensils *keukengerei* ★ ~ cabinet
(onofficiële) groep adviseurs

kitchenette (kɪtʃɪ'net) ZN *keukentje*

kitchen sink ('kɪtʃɪn sɪŋk) ZN *gootsteen*; *afwasbak*
★ IRON. take everything but the ~ *alles
meenemen wat los en vast zit*

kite (kaɪt) I ZN • *vlieger* • *wouw* • PLAT *vliegtuig*
• *schoorsteenwissel* ★ fly a kite *vliegeren* ★ as
high as a kite *beneveld* ⟨door drank of drugs⟩
erg opgewonden ★ kite flying *het vliegeren* ▼ as
stoned as a kite *zo stoned als een garnaal* II OV
WW • *laten zweven* • *schoorsteenwissel trekken*
III ONOV WW • *zweven*

kitten ('kɪtn) I ZN • *katje* • *kittig meisje* • have ~ s
jongen krijgen; ⟨v. poes⟩ *nerveus zijn* II WW

• *jongen* ⟨v. poes⟩ • *koketteren (met)*

kittenish ('kɪtənɪʃ) BNW *speels*

kitty ('kətɪ) ZN • *poesje* • *pot* ⟨bij kaartspel⟩
• *(huishoud)potje* • *kas*; *portemonnee*

kiwi ('ki:wi:) ZN • *vrucht kiwi* • *dier kiwi*
• HUMOR. *Nieuw-Zeelander*

KKK AFK USA Ku-Klux-Klan ⟨verboden politieke
groepering⟩

klaxon ('klæksən) ZN *claxon*

kleptomania (kleptəʊ'meɪnɪə) ZN *kleptomanie*

kleptomaniac (kleptəʊ'meɪnɪæk) ZN *kleptomaan*

km AFK kilometre *km* ⟨kilometer⟩

knack (næk) ZN • *handigheid*; *slag* • *kunstgreep*
• *gewoonte* ★ get the ~ *de slag te pakken
krijgen*

knacker ('nækə) OV WW • INFORM. *uitputten*
• INFORM. *versjteren*

knackered ('nækəd) BNW PLAT *doodmoe*; *bekaf*

knaggy ('nægɪ) BNW *knoestig*; *ruw*

knapsack ('næpsæk) ZN USA *rugzakje*

knavery ('neɪvərɪ) ZN *bedriegerij*

knead (ni:d) OV WW • *kneden* • *masseren*
• *vormen* • ~ing trough *bakkerstrog*

knee (ni:) I ZN • *knie(stuk)* • *kromhout* • *knieval*
★ knee breeches *kniebroek* ★ INFORM. gone at
the knees *afgeleefd* II OV WW • *een knietje
geven* • *met de knie aanraken* • *met kniestuk
bevestigen* • *knieën krijgen* ⟨in broek⟩

kneecap ('ni:kæp) ZN • *knieschijf*
• *kniebeschermer*

knee-deep (ni:'di:p) BIJW • *tot aan de knieën*
• *tot over de oren* ⟨figuurlijk⟩

knee-high BNW *tot aan de knieën*

kneel (ni:l) ONOV WW • *knielen* • ~ing chair
bidstoel • ~ to *knielen voor* • ~ **up** v. *liggende
in knielende houding komen*

kneeler ('ni:lə) ZN • *iem. die knielt* • *knielkussen*;
knielbank

knees-up ZN INFORM. *feestje*

knell (nel) ZN LIT. *(geluid v.) doodsklok*

knelt (nelt) WW [verleden tijd + volt. deelw.] • →
kneel

knew (nju:) WW [verleden tijd] • → **know**

knickerbockers ('nɪkəbɒkəz) ZN MV
knickerbocker; *wijde kniebroek*

knickers ('nɪkəz) ZN MV • INFORM. *slipje*,
onderbroek ⟨v. vrouw⟩ • USA *sportbroekje*
• *knickerbocker*; *wijde kniebroek* ★ get your ~
in a twist *boos/geïrriteerd worden*

knick-knack ('nɪknæk) ZN *snuisterij*

knife (naɪf) I ZN • *mes* • ~ blade *lemmet* ★ ~ rest
messenlegger ★ get/have one's ~ in(to) *gebeten
zijn op*; *de pik hebben op* ★ war to the ~
verbeten strijd II OV WW • *steken* ⟨met mes⟩

knife-edge ('naɪfedʒ) ZN • *snede v. mes* • *mes* ⟨v.
balans⟩ • *heel fijn* ⟨v.e. vouw⟩ ★ on a ~ *vreselijk
gespannen*

knight (naɪt) I ZN • *ridder* • *paard* ⟨in
schaakspel⟩ ★ USA Knights of Labor
arbeidersvereniging ★ ~ bachelor *ridder van
laagste rang* ★ ~ errant(try) *dolende
ridder(schap)* ★ ~ of Malta *Maltezer ridder* ★ ~
of the road *struikrover*; *zwerver*;
vrachtwagenchauffeur ★ GESCH. ~ of the shire
parlementsvertegenwoordiger v. graafschap
★ GESCH. ~ templar *tempelier* ★ IRON. the ~ in

shining armour *de prins op het witte paard*; *de ware jakob* **II** OV WW • *tot ridder slaan*; *ridderen*

knighthood ('naɪthʊd) ZN • *ridderschap* • *titel v. ridder* • *ridderlijkheid*

knightly ('naɪtlɪ) BNW *ridderlijk*

knit (nɪt) WW • *knopen*; *breien* • *z. verenigen* • *versterken* • *fronsen* ⟨v. wenkbrauwen⟩ ★ *knit together samenbinden* • *~ up stoppen* ⟨v. kousen⟩; *verbinden*; *eindigen* ★ *knit up (in) verenigen met* ★ *well knit hecht*; *solide*

knitted (nɪtəd) WW [verleden tijd + volt. deelw.] • →**knit**

knitter ('nɪtə) ZN • *brei(st)er* • *breimachine*

knitting ('nɪtɪŋ) ZN • *'t breien* • *breiwerk*

knitting needle ZN *breinaald*

knitwear ('nɪtweə) ZN *gebreide kleding*

knives (naɪvz) ZN [mv] • →**knife**

knob (nɒb) **I** ZN • *knobbel*; *knop* • *brok*; *kluitje*; *klont(je)* • *heuvel* ★ PLAT *with knobs on! en niet zo'n klein beetje ook!* **II** OV WW • *voorzien v. knop* • *~ out uitzetten*; *(op)zwellen*

knobbly ('nɒblɪ) BNW • *bultig* • *knobbelig*

knobby ('nɒbɪ) BNW *knobbelig*; *knokig*

knock (nɒk) **I** OV WW • *slaan* • PLAT/USA *bekritiseren* • PLAT *(iem.) verstomd doen staan* • *pakken* ⟨v. publiek⟩ ★ PLAT *a s.o.'s head off iem. volkomen in z'n macht hebben*; *overtreffen* ★ *the rooms were ~ed into one de kamers werden bij elkaar getrokken* ★ *he was ~ed into a cocked hat hij werd tot moes geslagen* • *~ about/around toetakelen*; *afranselen* • *~ back achteroverslaan* ⟨borrel⟩ ★ *how much did that car~ you back? wat heeft je die wagen gekost?* • *~ down neerslaan*; *afbreken*; *demonteren*; *verslaan*; *toewijzen* ⟨v. artikel op veiling⟩; INFORM. *afprijzen*; *aanrijden* • *~ off afslaan*; *korting geven*; INFORM. *iets vlug afwerken*; *uit de mouw schudden*; PLAT *naar de andere wereld helpen*; PLAT *achteroverdrukken*; *stelen*; *beroven*; *aftrekken* ⟨v. kosten⟩; PLAT *een beurt geven* (figuurlijk); *naaien* (figuurlijk); *eraan geven* ★ *~ it off! hou ermee op!*; *duvel op!* • *~ out uitkloppen* ⟨pijp⟩; *ko slaan*; *verslaan*; *haastig in elkaar flansen*; *met stomheid slaan* ★ *~ed out doodmoe* ★ SPORT *he was~ed out of time hij werd uitgeteld* • *~ over overrijden*; *neerschieten*; INFORM. *bezwijken*; PLAT *omslaan* (een glas) • *~ together haastig in elkaar zetten* • *~ up omhoog slaan*; *vlug in elkaar zetten* ⟨huis/plan⟩; SPORT *snel achter elkaar runs maken*; *(op)wekken*; *afmatten*; *bij elkaar verdienen* ⟨geld⟩; PLAT/USA *zwanger maken* ★ *~ up copy tekst persklaar maken* **II** ONOV WW • *kloppen* ⟨ook v. motor⟩ • *botsen* • *~ about/around rondslenteren*; *ronddolen* • *~ off ophouden* • *~ under z. onderwerpen* • SPORT *~ up vooraf inslaan* **III** ZN • *klop*; *duw*; *slag* ★ PLAT *take a ~ zware (financiële) klap(pen) krijgen*

knockabout ('nɒkəbaʊt) **I** ZN • *lawaaierige voorstelling/acteur* **II** BNW • *lawaaierig* • *zwervend* • *geschikt voor ruw gebruik* ⟨v. kleding⟩ ★ *~ film gooi-en-smijtfilm*

knock-back ZN *tegenvaller*; *teleurstelling*

knockdown ('nɒkdaʊn) **I** ZN • *zware slag* • *vechtpartij* **II** BNW • *verpletterend* • *minimum* ★ *~ price afbraakprijs*

knock-down ('nɒkdaʊn) BNW • *verpletterend* • *gemakkelijk demonteerbaar* ★ *knockdown price zeer lage prijs*

knocker ('nɒkə) ZN • *deurklopper* • INFORM. *vitter* ★ *on the ~ direct*

knock-kneed BNW *met X-benen*

knock-knees ZN MV *klotsknieën*; *X-benen*

knock-off ('nɒkɒf) ZN USA, INFORM. *kopie/namaak* ⟨v. modekleding⟩

knockout ('nɒkaʊt) **I** ZN • SPORT *genadeslag* • FIG. *overweldigend iets/iem.* ★ *you're a ~! je bent 'n onweerstaanbaar iemand!* ★ *it's a ~ daar sta je paf van* **II** BNW • *fantastisch* ★ *you look ~ je ziet er fantastisch uit*

knock-up ZN • *warming-up* **II** ONOV WW • *inslaan* ⟨bv. v. tennis⟩

knoll (nəʊl) ZN *heuveltje*

knot (nɒt) **I** ZN • *moeilijkheid* • *knobbel* • *kanoet* ⟨soort strandloper⟩ • *knoest in hout* • *strik*; *knoop* ⟨in touw⟩ • *groep(je)* • SCHEEPV. *knoop* **II** OV WW • *in de knoop/war maken* • *vast-/dichtknopen* **III** ONOV WW • *in de knoop/war raken*

knotty ('nɒtɪ) BNW *vol knopen*; *ingewikkeld*

know (nəʊ) **I** OV WW • *weten*; *kennen*; *bekend zijn met* • *herkennen* • *merken* ★ *he knows what's what hij weet z'n weetje* ★ *he knows his beans hij weet er alles van* ★ *we never knew him to tell a lie we hebben nooit meegemaakt dat hij 'n leugen vertelde* ★ *not if I know it! niet als het aan mij ligt!* ★ *for all I know voor zover ik weet* ★ *you don't wanna know! dat wil je niet weten!* **II** ONOV WW • *zich bewust zijn van*; *weten* ★ *run all you know! loop wat je kunt!* ★ *I know better than to go ik ben niet zo gek om te gaan* **III** ZN ★ *he is in the know hij weet er van* ★ *I'll keep you in the know ik houd je op de hoogte*

knowable ('nəʊəbl) BNW

know-all ('nəʊɔːl) ZN *weetal*; *wijsneus*

know-how ('nəʊhaʊ) ZN *knowhow*; *vakkennis*; *vaardigheid*

knowing ('nəʊɪŋ) **I** ZN ★ *there's no ~ what may happen niemand weet wat er kan gebeuren* **II** BNW • *begrijpend*; *wetend* • *schrander*; *handig*; *geslepen* ★ *a ~ look 'n begrijpende blik*

knowingly ('nəʊɪŋlɪ) BIJW *bewust*; *met opzet*

knowledge ('nɒlɪdʒ) ZN • *kennis*; *wetenschap* • *'t weten*; *voorkennis* ★ *to my ~ voor zover ik weet* ★ JUR. *carnal ~ geslachtsgemeenschap* ★ *common ~ iets dat algemeen bekend is* ★ *general ~ algemene ontwikkeling*

knowledgeable ('nɒlɪdʒəbl) BNW • *slim* • *goed ingelicht*

known (nəʊn) **I** BNW *erkend*; *berucht*; *gereputeerd* ★ *well ~ bekend* **II** WW [volt. deelw.] • →**know**

knuckle ('nʌkl) **I** ZN • *knokkel* • *schenkel*; *kluif*; *varkenskluif* **II** OV WW • *met de knokkels slaan/wrijven* • *~ down/under z. gewonnen geven* • *~ to hard aan 't werk gaan*

knuckleduster ('nʌkldʌstə) ZN *boksbeugel*

kn

knurl (nɜːl) ZN *ribbel*
koala (kəʊˈælə) ZN *koala*
kohlrabi (kəʊlˈrɑːbɪ) ZN *koolraap*
kook (kuːk) ZN USA, INFORM. *rare snuiter; idioot*
kooky ('kuːkɪ) BNW USA, INFORM. *raar; geschift*
Koran (kəˈrɑːn) ZN REL. *Koran*
Korean (kəˈriːən) **I** ZN • *Koreaan* • *het Koreaans* **II** BNW • *Koreaans*
kowtow (kaʊˈtaʊ) ONOV WW ★ ~ to sb *voor iem. door het stof gaan*
kph AFK kilometres per hour *kilometer per uur*
kudos ('kjuːdɒs) ZN INFORM. *eer; roem*
Ky. AFK *Kentucky*
kyle (kaɪl) ZN ⟨in Schotland⟩ *enge zeearm*

L

l (el) AFK letter *l* ⟨letter⟩ ★ L as in Lucy *de l van Lodewijk*
L AFK Large *groot* ⟨kledingmaat⟩
La. AFK USA *Louisiana* ⟨staat⟩
L.A., LA AFK Los Angeles ⟨stad in de Verenigde Staten van Amerika⟩
lab (læb) ZN INFORM. laboratory *lab*
label ('leɪbl) **I** ZN • *etiket; plakzegel; label* **II** OV WW • *van etiket voorzien* • *bestempelen (als); beschrijven (als)*
labial ('leɪbɪəl) **I** ZN • *labiaal* **II** BNW • *lip-; labiaal*
labile ('leɪbaɪl) BNW *labiel; onstabiel*
labor ('leɪbə) ZN USA • → **labour**
laboratory (ləˈbɒrətərɪ) ZN *laboratorium*
Labor Day ZN USA *Labor Day* ⟨1e maandag in september, vrije dag⟩
laborious (ləˈbɔːrɪəs) BNW • *hardwerkend* • *moeizaam* • *geforceerd* ⟨v. stijl⟩
labor union ZN USA *vakbond*
labour ('leɪbə) **I** ZN • *arbeid; taak; werk; inspanning* • *arbeidskrachten* • *arbeiders(klasse)* • *barensweeën* ★ hard/forced ~ *dwangarbeid* ★ ~ lost/lost ~ *verspilde moeite* ★ ~ of love *werk verricht uit naastenliefde* ★ be in ~ *aan het bevallen zijn* ★ go into ~ *beginnen met bevallen* **II** OV WW • *uitputtend behandelen* **III** ONOV WW • *hard werken; zich inspannen* ★ ~ away at sth *hard werken voor iets*
Labour ('leɪbə) ZN • → **Labour Party**
Labour Day ZN G-B *Dag van de Arbeid*
laboured ('leɪbəd) BNW • *moeizaam* • *geforceerd* ⟨v. stijl⟩
labourer ('leɪbərə) ZN *arbeider* ★ casual ~ *tijdelijke arbeidskracht*
labour force ZN *beroepsbevolking*
labour-intensive BNW *arbeidsintensief*
labour market ZN *arbeidsmarkt*
labour pains ZN *barensweeën*
Labour Party ZN G-B, POL. ⟨Engelse sociaaldemocratische partij⟩
labour-saving ('leɪbəseɪvɪŋ) BNW *arbeidsbesparend*
laburnum (ləˈbɜːnəm) ZN *goudenregen*
labyrinth ('læbərɪnθ) ZN *labyrint; doolhof*
labyrinthine (læbəˈrɪnθaɪn) BNW *als een doolhof; ingewikkeld; verwarrend*
lace (leɪs) **I** ZN • *veter* • *kant; vitrage* • *galon; tres* **II** BNW • *kanten* **III** OV WW • *rijgen* • *borduren* • *galonneren; dooreenstrengelen; dooreenweven* • *scheutje sterkedrank toevoegen* • ~ up *vastrijgen; strikken*
lace boot ZN *rijglaars* ⟨veter⟩
lacerate ('læsəreɪt) OV WW • *(ver)scheuren; verwonden* • *scherp bekritiseren; ernstig kwetsen*
laceration (læsəˈreɪʃən) ZN • *scheur; verwonding* • *scherpe kritiek*
lace-up BNW ★ ~ boots/shoes *schoenen met veters*
lachrymal ('lækrɪml) **I** ZN • *traanklier* **II** BNW • *traan-*
lachrymose ('lækrɪməʊs) BNW • *huilend*

• *huilerig*

lack (læk) **I** ZN • *gebrek* • *behoefte* ★ for (the) lack of *bij gebrek aan* **II** OV WW • *gebrek hebben aan* **III** ONOV WW • *ontbreken* ★ be lacking in money *geen geld hebben*

lackadaisical (læka'deızıkl) BNW *lusteloos*; *traag*

lacker ('læka) ZN *lacquer*

lackey ('lækı) ZN • *lakei* • *kruiperig iemand*

lacking ('lækıŋ) BNW • *ontbrekend*; *afwezig* • INFORM. *dom*

lacklustre ('læklʌstə) BNW • *dof* • *ongeïnspireerd*

laconic (lə'kɒnɪk) BNW *kortaf*; *laconiek*

lacquer ('lækə) **I** ZN • *vernis* • *lakwerk* **II** OV WW • *vernissen*; *lakken*

lactation (læk'teɪʃən) ZN • *het zogen* • *het afscheiden van melk*

lactic ('læktık) BNW *melk-*

lactose ('læktəʊs) ZN *lactose*

lacuna (lə'kju:nə) ZN • *leemte*; *hiaat* • *holte*

lacunae (lə'kju:ni:) ZN [mv] • → **lacuna**

lacy ('leɪsɪ) BNW • *kanten* • *kantachtig*

lad (læd) ZN • *knaap*; *jongeman*; *jongen* • INFORM. *maat*; *makker* ★ INFORM. he is a bit of a lad *hij is een vrolijke frans*

ladder ('lædə) **I** ZN • *ladder*; G-B *ladder* ⟨in kous⟩ **II** OV WW • *'n ladder maken* ⟨in kous⟩

ladder dredge ZN *baggermachine*

ladder stitch ZN *dwarssteek*

ladder tower ZN *brandladder*

ladder truck ZN *brandweerladderwagen*

laddie ('lædı) ZN *jochie*

laden ('leɪdn) BNW • *beladen* • *geschept* • *bezwaard* ★ ~with *beladen met*; *bezwaard met/door*

la-di-da (lɑ:dɪ'dɑ:) BNW • INFORM. *opschepperig* • INFORM. *bekakt*

ladies' man ZN *charmeur*

ladies room ZN *damestoilet*

ladle ('leɪdl) **I** ZN • *soeplepel* • *gietlepel* • *schoep* ⟨v. molenrad⟩ **II** OV WW • *opscheppen*; *uitscheppen* ★ ~out advice *strooien met advies*

lady ('leɪdı) ZN • *dame* • *vrouwe* ⟨adellijke titel⟩ ★ The First Lady *Vrouw v.d. President* ★ INFORM. the old lady *mijn oudje* ★ lady in waiting *hofdame* ★ Our Lady *Onze Lieve Vrouw*

ladybird ('leɪdıbз:d) ZN *lieveheersbeestje*

Lady Day ZN *feestdag v. Maria Boodschap*

ladykiller ('leɪdıkılə) ZN *donjuan*; *vrouwenjager*

ladylike ('leɪdılaık) BNW • *damesachtig* • *verwijfd*

lady's companion ZN *handwerktasje*

lady's maid ZN *kamenier*

lag (læg) **I** ZN • *bekleding*; *isolatie* • *achterstand* • *achterblijver* • *vertraging* • PLAT *recidivist* **II** OV WW • *van bekleding voorzien* ⟨v. stoomketel⟩; *isoleren* • PLAT *arresteren*; *inrekenen* **III** ONOV WW ★ lag (behind) *achterblijven*; *achter raken*

lager ('lɑ:gə) ZN ★ ~(beer) *lager*; ≈ *pils*

laggard ('lægəd) **I** ZN • *treuzelaar* **II** BNW • *achterblijvend*; *achtergebleven*

lagging ('lægıŋ) ZN • TECHN. *bekisting* • *isolatiemateriaal* • PLAT *gevangenisstraf*

lagoon (lə'gu:n) ZN *lagune*

laical ('leɪɪkl) BNW • *leken-* • *wereldlijk*

laid (leıd) WW [verleden tijd + volt. deelw.] • →

lay ★ INFORM. laid back *kalm*; *ontspannen* ★ INFORM. laid up *bedlegerig*

lain (leın) WW [volt. deelw.] • → **lie**

lair (leə) ZN • *leger* ⟨v. dier⟩; *hol* • *veeloods* ⟨voor vee op transport⟩ • INFORM. *kamer*

laird (leəd) ZN ⟨in Schotland⟩ *grondeigenaar*; *landheer*

laissez-faire (leser'feə) BNW ★ ~policy *niet-inmenging van de staat met particulier initiatief*

laity ('leɪətı) ZN • *de leken*; *niet-geestelijken* • *lekenpubliek*; *niet-deskundigen*

lake (leık) ZN • *meer* • *roodachtige verfstof*

la-la land ZN • USA/INFORM. *Hollywood* • USA/INFORM. *droomwereld*

lam (læm) **I** ZN ★ PLAT be on the lam *op de vlucht zijn* ⟨voor politie⟩ **II** ONOV WW ★ USA lam (it) *er tussenuit knijpen* ★ lam into sb *iem. een pak slaag geven*

lama ('lɑ:mə) ZN REL. *lama* ⟨monnik⟩

lamb (læm) **I** ZN • *lam* • FIG. *lammetje* ★ in lamb *drachtig* ★ like lambs to the slaughter *als lammetjes naar de slachtbank* **II** ONOV WW • *lammeren werpen*

lambaste, lambast (læm'beıst) OV WW • INFORM. *aftuigen*; *afranselen* • FIG. *scherp bekritiseren*

lamb chop ZN *lamskotelet*

lambency ('læmbənsı) ZN • *het lekken* ⟨v. vlammen⟩ • *zachte glans* • *speelsheid*

lambent ('læmbənt) BNW • *zacht stralend* • *lekkend* ⟨v. vlammen⟩ • *speels*

lambskin ('læmskın) ZN *lamsvel*

lambswool ZN *lamswol*

lame (leım) **I** BNW • *lam* • *kreupel* ⟨v. metrum⟩ • *slap* ⟨v. excuus⟩ • INFORM. *flauw* ⟨v. grap enz.⟩ **II** OV WW • *lam maken* • *onbruikbaar maken* • FIG. *verlammen*

lame-duck BNW • *noodlijdend* • VS, POL. *demissionair*

lamella (lə'melə) ZN • *laagje* • *schilfer*

lament (lə'ment) **I** ZN • *klaaglied*; *jammerklacht* **II** WW • *(be)treuren*; *lamenteren* ★ the late ~ed *de betreurde dode(n)* ★ ~ for *weeklagen over*

lamentable ('læməntəbl) BNW • *jammerlijk* • *betreurenswaardig*

lamentation (læmən'teɪʃən) ZN *weeklacht*; *klaaglied*

lamia ('leımıə) ZN *vrouwelijk monster*; *heks*

laminate ('læmıneıt) **I** ZN • *laminaat* **II** OV+ONOV WW • *lamineren*

lamish ('læmıʃ) BNW • *mank*; *kreupel* • *ontoereikend*

lamming ('læmıŋ) ZN INFORM. *pak slaag*

lamp (læmp) ZN *lamp*; *lantaarn*

lamp chimney ZN *lampenglas*

lamplighter ('læmplaɪtə) ZN *lantaarnopsteker* ★ like a ~ *bliksemsnel*

lamplit ('læmplıt) BNW *door lamplicht verlicht*

lampoon (læm'pu:n) **I** ZN • *satirisch pamflet* **II** OV WW • *aanvallen in een satirisch pamflet*

lampoonist (læm'pu:nıst) ZN *schrijver van satirische pamfletten*

lamp post ZN *lantaarnpaal* ★ between you and me and the ~ *onder vier ogen*

lampshade ('læmpʃeıd) ZN *lampenkap*

LAN (læn) AFK COMP. Local Area Network *LAN*

la

⟨plaatselijk computernetwerk⟩
lance (lɑːns)**I** ZN • *lans*; *speer* ★ break a~ with
argumenteren met **II** OV+ONOV WW
• *doorsteken* ⟨met lans⟩; *doorprikken* ⟨met
lancet⟩
lancer ('lɑːnsə) ZN • *lansier* • *(gewoon) soldaat*
lancet ('lɑːnsɪt) ZN *lancet*
lancet arch ZN *spitsboog*
lancet window ZN *spitsboogvenster*
Lancs. AFK *Lancashire*
land (lænd)**I** ZN • *land(streek)*; *grond*; *landerij(en)*
• *veld* ⟨v. vuurwapen⟩ ★ *by land te land*; *over
land* ★ *on land aan land*; *te land* ★ *see how
the land lies zien hoe de zaken staan* ★ the
land of cakes *Schotland* ★ the land of the leal
de hemel ★ make land *land in zicht krijgen*;
land aandoen **II** OV WW • *doen landen* ⟨v.
vliegtuig⟩ • *lossen* • *afzetten* ⟨uit rijtuig⟩
• *toedienen* ⟨v. klap of slag⟩ • *ophalen* ⟨v. vis⟩
• *in de wacht slepen* ⟨v. prijs⟩ • *slaan* • *klap
geven* • *doen belanden* ★ ~ with *opschepen met*
III ONOV WW • *landen* • *aan land gaan*
• *aankomen*; *bereiken*; *terechtkomen*
land agent ZN *rentmeester*
landau ('lændɔː) ZN *landauer*
landed ('lændɪd) BNW • *grond-*; *land-* • *grond
bezittend* • *ontscheept* • INFORM. *in
moeilijkheden*
landfall ('lændfɔːl) ZN • *het in 't zicht krijgen v.
land* • *aardverschuiving*
landfill ('lændfɪl) ZN *vuilstort*
landing ('lændɪŋ) ZN • *landing* • *landingsplaats*;
losplaats • *overloop* ⟨tussen twee trappen⟩
• *vangst* • *aanvoer* ★ *forced~ noodlanding*
landing craft ZN [mv: id.] *landingsvaartuig*
landing gear ZN *landingsgestel*
landing-net ('lændɪŋnet) ZN *schepnet*
landing stage ZN *steiger*
landing strip ZN *landingsbaan*
landlady ('lændleɪdɪ) ZN • *hospita* • *waardin*
• *grondbezitster* • *huiseigenares*
landlocked ('lændlɒkt) ZN *door land ingesloten*
landlord ('lændlɔːd) ZN • *hospes* • *landheer*
• *herbergier* • *huisbaas*
landlubber ('lændlʌbə) ZN *landrot*
landmark ('lændmɑːk) ZN • *mijlpaal* • *grenspaal*
• *bekend punt* • *herkenningsteken*; *baken*
landmine ('lændmaɪn) ZN *landmijn*
landowner ('lændəʊnə) ZN *grondbezitter*
land reform ZN *landhervorming*
land registry ZN *kadaster*
landscape (lændskeɪp) ZN *landschap*
landscape gardening ZN *tuinarchitectuur*
landscapist ('lændskeɪpɪst) ZN *landschapschilder*
landslide ('lændslaɪd) ZN • *aardverschuiving*
• *overweldigende verkiezingsoverwinning*
landsman ('lændzmən) ZN *landrot*
landward ('lændwəd) BNW + BIJW *land(in)waarts*
landwards ('lændwədz) BIJW *land(in)waarts*
lane (leɪn) ZN • *landweg*; *weggetje* • *rijstrook*
• *(gang)pad* • *steeg* • *route* ⟨v. schepen,
vliegtuigen⟩ • *(kogel)baan* ★ form a lane *zich
opstellen in dubbele rij met tussenruimte* ★ fast
lane- *inhaalstrook* ▼ live in the fast lane *een
hectisch leven leiden* ▼ it's a long lane that has
no turning *zo kan het niet lang blijven duren*

lane markings ZN *rijstrookmarkering*
language ('læŋgwɪdʒ) ZN *taal*; *spraak*
★ bad/strong/explicit~ *grof taalgebruik*
★ native~ *moedertaal* ★ TAALK. universal~
wereldtaal ★ written~ *schrijftaal*
language laboratory ZN *talenpracticum*
languid ('læŋgwɪd) BNW • *traag*; *lusteloos*
• *afmattend* • *zwak*; *slap* • *flauw* ⟨v. markt⟩
languish ('læŋgwɪʃ) ONOV WW • *(weg)kwijnen*;
verzwakken • *smachten* ★ ~ for *smachten naar*
languor ('læŋgə) ZN • *slapheid*; *loomheid*
• *smachtende tederheid* • *zwoele atmosfeer*
languorous ('læŋgərəs) BNW • *slap*; *mat*
• *smachtend* • *zwoel*
lank (læŋk) BNW • *mager en lang* • *sluik* ⟨v. haar⟩
lanky ('læŋkɪ) BNW *slungelachtig*
lantern ('læntən) ZN *lantaarn* ★ Chinese~
lampion
Laotian ('laʊʃɪən)**I** ZN • *Laotiaans* ⟨de taal⟩
• *Laotiaan* **II** BNW • *van/uit Laos*
lap (læp)**I** ZN • *schoot* • *ronde* ⟨bij wedstrijd⟩;
etappe • *heuveldal* • *overstekend deel* • *het
kabbelen* ⟨v. golven⟩ • *onderdeel* ⟨v. plan⟩
• *polijstschijf* • *slag* ⟨v. touw om klos⟩ • *pand*;
slip ★ in the lap of luxury *badend in weelde*
★ drop sth in s.o.'s lap *iem. met iets
belasten/opzadelen* ★ lap of honour *ereronde*
II OV WW • *omwikkelen*; *omgeven* • *koesteren*
• *polijsten* • *ronde vóórkomen* ⟨bij wedstrijd⟩
III OV+ONOV WW • ~ up *gretig luisteren of
aannemen*
lapdog (læpdɒg) ZN *schoothondje*
lapel (lə'pel) ZN *revers* ⟨v. jas⟩
lapidary ('læpɪdərɪ)**I** ZN • *edelsteenbewerker*
II BNW • *in steen gesneden*; *steen-* ★ ~ style
bondige schrijftrant
Lapp (læp)**I** ZN • *Laplander* **II** BNW • *Laplands*
lappet ('læpɪt) ZN • *strook*; *slip* ⟨v. hoofddeksel⟩
• *afhangend lint v. dameshoed*
Lappish ('læpɪʃ) BNW *Laplands*
lapse (læps)**I** ZN • *verloop* ⟨v. tijd⟩ • *vergissing*;
misstap • *afval(ligheid)* • *verval* • *het vervallen*
⟨v. recht⟩ • *loop* ⟨v. rivier⟩ **II** ONOV WW
• *afvallen* • *(ver)vallen* • *glijden* • *verlopen*
lapsed ('læpst) BNW • JUR. *verlopen* • REL. *niet
meer praktiserend*; *afvallig* • *in onbruik
geraakt*
laptop ('læptɒp) ZN COMP. *laptop*;
schootcomputer
lapwing ('læpwɪŋ) ZN *kieviet*
larceny ('lɑːsənɪ) ZN *diefstal*
larch (lɑːtʃ) ZN • *lariks* • *larikshout*
lard (lɑːd)**I** ZN • *varkensvet* **II** OV WW • *larderen*
• *doorspekken*
larder ('lɑːdə) ZN *provisiekast*; *provisiekamer*
lardy ('lɑːdɪ) BNW *vetachtig*
large (lɑːdʒ) BNW • *groot*; *veelomvattend*;
omvangrijk; *fors* • *breed of ruim* ⟨v. opvatting⟩
• *onbevangen* • *opschepperig* ⟨v. praat⟩
• *grootmoedig* ★ *vrijgevig* ★ at~ *in het
algemeen*; *breedvoerig*; ⟨v. uitleg⟩ *op vrije
voeten*; *los(gebroken)* ★ by and~ *over 't geheel
genomen* ★ in~ *op grote schaal*
large-handed BNW *royaal*
large-hearted (lɑːdʒ'hɑːtɪd) BNW • *grootmoedig*
• *goedhartig*

la

largely ('lɑːdʒlɪ) BIJW • *op grote schaal* • *met gulle hand* • *pompeus* • *voornamelijk*
large-minded (lɑːdʒ'maɪndɪd) BNW *breed v. opvatting*
largeness ('lɑːdʒnəs) ZN • *grootheid* • *grootte* • *ruime blik*
large-scale BNW *op grote schaal; grootschalig*
largesse, largess (lɑː'dʒes) ZN • *overvloedige gave* • *(overdreven) vrijgevigheid*
largish ('lɑːdʒɪʃ) BNW *nogal groot*
lark (lɑːk) I ZN • *leeuwerik* • *dolle grap; lolletje* • *vermakelijk voorval* ★ have a lark *een geintje uithalen* II OV WW • *streken uithalen* • *iemand voor de gek houden* III ONOV WW • ~ **about/ around** *keet trappen; tekeer gaan*
larker ('lɑːkə) ZN *grapjas*
larkspur ('lɑːkspɜː) ZN PLANTK. *ridderspoor*
larrikin ('lærɪkɪn) I ZN • *(jeugdige) straatschender* ⟨Australisch⟩ II BNW • *baldadig*
larrup ('lærəp) OV WW INFORM. *'n pak slaag geven*
larva ('lɑːvə) ZN *larve*
laryngitis (lærɪn'dʒaɪtɪs) ZN *ontsteking v.h. strottenhoofd*
laryngologist (lærɪŋ'gɒlədʒɪst) ZN *keelarts*
larynx ('lærɪŋks) ZN *strottenhoofd*
lascivious (lə'sɪvɪəs) BNW *wellustig; wulps*
laser ('leɪzə) ZN *laser; laserstraal*
lash (læʃ) I ZN • *(zweep)slag* • *zweepkoord* • *wimper* ★ under the lash of *onder de plak van* II OV WW • *geselen* • *vastsjorren* • lash o.s. into a fury *zich razend maken; zich opzwepen* III ONOV WW • *achteruitslaan* ⟨v. een paard⟩ • *om z. heen slaan* • *wild stromen* • *uit de band springen* • ~ **at** *slaan naar* • ~ **out at** *uitvaren tegen* IV OV+ONOV WW • *slaan* • *zwiepen*
lasher ('læʃə) ZN • *waterkering* • *over een dam stortend water* • *watermassa beneden (rivier)dam*
lashing ('læʃɪŋ) ZN • *pak slaag* • *bindtouw* • *grote hoeveelheid*
lash-up ('læʃʌp) ZN INFORM. *vlugge improvisatie*
lass (læs) ZN • *meisje* • *liefje*
lassitude ('læsɪtjuːd) ZN *moeheid; traagheid*
lasso (lə'suː) I ZN • *lasso* II OV WW • *met een lasso vangen*
last (lɑːst) I ZN • *leest* • *last* ⟨bepaald gewicht⟩ • *(de) laatste* • *uithoudingsvermogen* ★ at (long) last *uiteindelijk; ten slotte* ★ to/till the very last *tot het allerlaatste ogenblik* ★ you will never see the last of her *je zult nooit van haar afkomen* II BNW • *laatste* • *verleden* • *vorig* • *uiterst* ★ last night *gisterenavond*; *afgelopen/vorige nacht* ★ last week *de vorige week* ★ the Last Day/Last Judgement/Latter Day *de jongste dag; de dag v.h. Laatste Oordeel* ★ sth of the last importance *iets van het grootste belang* ★ last but not least *wel het laatst genoemd, maar daarom niet minder belangrijk* ★ last but one *voorlaatste* III OV+ONOV WW • *duren* • *'t uithouden* • *goed blijven* ⟨v. voedsel⟩ • *voldoende zijn* ★ it will last you another week *je zult er nóg wel een week genoeg aan hebben* ★ he could not last out his opponent *hij kon 't op den duur niet van zijn tegenstander winnen* IV BIJW • *het laatst* ★ when I last saw him *toen ik hem*

laatst/kort geleden zag
lastage ('lɑːstɪdʒ) ZN • *tonnenmaat* • SCHEEPV. *haven-/tonnengeld*
last-ditch BNW ★ a~ attempt *een allerlaatste, vertwijfelde poging*
lasting ('lɑːstɪŋ) I ZN • *sterke wollen/katoenen keperstof; evalist* II BNW • *voortdurend; blijvend* • *duurzaam*
lastly ('lɑːstlɪ) BIJW *ten slotte; uiteindelijk; laatst*
last-minute BNW *allerlaatst; uiterst* ★ a~ decision *een op het allerlaatst genomen beslissing*
lat. AFK latitude *breedte*
latch (lætʃ) I ZN • *klink* • *slot* ⟨in deur⟩ II OV WW • *op de klink doen* III ONOV WW • ~ **on** *'t begrijpen* • ~ **on to** *begrijpen; zich realiseren*; *niet loslaten; zich vastklampen aan*
latchkey ('lætʃkiː) ZN *huissleutel*
latchkey child ZN *sleutelkind*
late (leɪt) I BNW • *laat* • *te laat* • *wijlen; overleden; gewezen; vorig; vroeger* • *van de laatste tijd* ★ Morrison, late Falconer *Morrison, voorheen Falconer* ★ late years *in de laatste jaren* ★ Sunday at the latest *uiterlijk zondag* II BIJW • *onlangs* ★ sooner or later *vroeg of laat* ★ as late as the 14th century *nog in de 14e eeuw* ★ that's rather late in the day *da's nogal laat* ★ of late *(in) de laatste tijd* ★ later on *later*
latecomer ('leɪtkʌmə) ZN *laatkomer*
lately ('leɪtlɪ) BIJW • *onlangs; kort tevoren* • *de laatste tijd*
latency ('leɪtnsɪ) ZN ★ ~ period *incubatietijd*
latent ('leɪtnt) BNW • *latent; verborgen* • *slapend*
later ('leɪtə) BNW [vergrotende trap] • →late
lateral ('lætərəl) I ZN • *zijtak* II BNW • *zijdelings* • *zij-* • ~ **control** *dwarsbesturing v. vliegtuig*
latest ('leɪtɪst) BNW [overtreffende trap] • →late ZN • *laatste nieuws* • *laatste mode*
latex ('leɪteks) ZN *latex; melksap v. rubberboom*
lath (lɑːθ) I ZN • *lat* II OV WW • *voorzien van latten; beslaan met latten*
lath-and-plaster BNW *ondeugdelijk* ★ ~ wall *binnenmuur*
lathe (leɪð) ZN • *draaibank* • *bestuurlijk district in Kent*
lather ('lɑːðə) I ZN • *zeepsop* • *schuimend zweet* ⟨bij paard⟩ ★ ~ brush *scheerkwast* II OV WW • *inzepen* • *afranselen* III ONOV WW • *schuimen* • *schuimend zweet afscheiden* ⟨v. paard⟩
Latin ('lætɪn) I ZN • *Latijn* • *persoon uit Romaans land* • Low~ *Volkslatijn* II BNW • *Latijns* • *Romaans*
latish ('leɪtɪʃ) BIJW *aan de late kant*
latitude ('lætɪtjuːd) ZN • *ruime opvatting* • *omvang* • *vrijheid* • AARDK. *breedte* ★ low~s *streek rond de evenaar*
latitudinal (lætɪ'tjuːdɪnl) BNW *breedte-*
latitudinarian (lætɪtjuːdɪ'neərɪən) I ZN • *vrijzinnige* II BNW • *vrijzinnig*
latrine (lə'triːn) ZN *latrine*
latter ('lætə) BNW • *laatstgenoemde* ⟨v. de twee⟩ • OUD. *laatste* • ~ end *het einde*; ⟨vnl. van het leven⟩ *achterste* ★ Latter Day *Dag des Oordeels*
latter-day (lætə'deɪ) BNW *modern*
latterly ('lætəlɪ) BIJW • *tegen het eind van* • *de*

la

laatste tijd

lattice ('lætɪs) ZN • *raster*; *ruitpatroon* • *traliewerk*

Latvia ('lætvɪə) ZN *Letland*

Latvian ('lætvɪən) I ZN • *Let* • *de Letse taal* II BNW • *Lets*

laud (lɔːd) I ZN • *lof(lied)* II OV WW • *loven*

laudable ('lɔːdəbl) BNW • *prijzenswaardig*; *lofwaardig* • MED. *gezond* 〈v. afscheiding〉

laudator (lɔːˈdeɪtə) ZN *lofredenaar*

laudatory ('lɔːdətərɪ) BNW *lovend*

laugh (lɑːf) I OV+ONOV WW • *lachen* ★ *~ in the face of* uitdagen; *uitlachen* ★ *~ on the wrong side of one's face* lachen als een boer die kiespijn heeft ★ *~ in one's sleeve* in zijn vuistje lachen ★ *he ~ed his head off* hij schaterde van het lachen ★ *he ~s that wins* wie het laatst lacht lacht het best ★ *~ away!* lach maar gerust! ★ *~ to scorn* spottend uitlachen ★ *don't make me ~* laat me niet lachen ★ *~ at* lachen om/tegen; uitlachen • *~ away* weglachen; met een lach afdoen ★ *~ away the time* de tijd doden met grapjes • *~ off* met een lach afdoen • *~ out* luid lachen • *~ out of* afleren door uitlachen ★ *I've ~ed him out of biting nails* ik heb 'm zo belachelijk gemaakt om zijn nagelbijten dat hij 't niet meer doet • *~ over* lachen om II ZN • *(ge)lach* ★ *then I had the ~ of him* toen kon ik hem (op mijn beurt) uitlachen ★ *for ~s* voor de lol

laughable ('lɑːfəbl) BNW *belachelijk*; *lachwekkend*

laughing ('lɑːfɪŋ) BNW • *no ~matter* een ernstige kwestie

laughter ('lɑːftə) ZN *gelach* ★ *canned ~* ingeblikt/van tevoren opgenomen gelach

laughy ('lɑːfɪ) BNW *goedlachs*

launch (lɔːntʃ) I OV WW • *werpen*; *slingeren* • *afschieten*; *lanceren* • *uitbrengen*; *op de markt brengen* • *te water laten* • *uitzetten* 〈v. boten〉 • *loslaten*; *laten gaan* • *op touw zetten* • *ontketenen* • *~ into the world* de wereld inzenden ★ *fairly ~ed* goed en wel op dreef II ONOV WW • *~ forth beginnen* • *~ into* zich storten in; zich begeven in ★ *~ into expense* onkosten maken • *~ out (into)* iets royaal aanpakken; royaal met zijn geld zijn; zich te buiten gaan III ZN • *tewaterlating*; *lancering* • *sloep* • *boot* • *begin*

launcher ('lɔːntʃə) ZN *lanceerinrichting*

launching ('lɔːntʃɪŋ) BNW • *~ pad lanceerplatform* • *~ site lanceerterrein*

launder ('lɔːndə) I OV WW • *wassen* (en strijken) • *witwassen* 〈v. zwart geld〉 II ONOV WW • *wasecht zijn*

launderette (lɔːnˈdret) ZN *wasserette*

laundress ('lɔːndrəs) ZN *wasvrouw*

laundry ('lɔːndrɪ) ZN • *wasserij* • *was(goed)*

laureate ('lɒrɪət) I ZN • *laureaat*; *prijswinnaar*; *hofdichter* ★ (Poet) Laureate *gelauwerd dichter*; *hofdichter* 〈in Engeland〉 II BNW • *omkranst* • *~ Laureate gelauwerde dichter*; *hofdichter*

laurel ('lɒrəl) ZN • *laurier* • *lauwerkrans* ★ *look to one's ~s* waken voor prestigeverlies ★ *rest/sit on one's ~s* op z'n lauweren rusten ★ *win ~s*

lauweren oogsten

laurel wreath ZN *lauwerkrans*

lav AFK INFORM. *lavatory plee*

lava ('lɑːvə) ZN *lava*

lavabo (ləˈvɑːbəʊ) ZN • *lavabo* • *bak en handdoek voor handwassing v. priester* • *wasbak* ★ *~s toilet*

lavatory ('lævətərɪ) I ZN • *wasvertrek* • *wc* II BNW • *was-*

lavatory paper ZN *toiletpapier*

lavatory stand ZN *wastafel*

lave (leɪv) OV WW • *wassen* • *stromen langs* 〈v. rivier〉; *spoelen tegen*

lavender ('lævɪndə) ZN • *lavendel* • *zacht lila*

laver ('leɪvə) ZN • *wasbekken* • *zeesla*

lavish ('lævɪʃ) I BNW • *verkwistend* • *kwistig* II OV WW • *kwistig geven*

law (lɔː) ZN • *wet* • *recht* • *justitie*; *politie* • *voorsprong* • *uitstel* ★ *law of the jungle* recht v.d. sterkste ★ *common law gewoonterecht* ★ *constitutional law staatsrecht* ★ *international law volkenrecht* ★ *it is bad law het is niet volgens de wet* ★ *go to law gaan procederen* ★ *have/take the law of a person iem. een proces aandoen* ★ *lay down the law de wet voorschrijven* ★ *necessity knows no law nood breekt wet* ★ *read law rechten studeren* ★ *by law wettelijk*; *volgens de wet* ★ *by the law of averages naar alle waarschijnlijkheid* ★ *civil law burgerlijk recht* ★ *criminal law strafrecht* ★ *martial law staat van beleg* ★ *moral law moreel recht* • JUR. *municipal law staatsrecht* ★ *break the law de wet breken* ★ *licensing law drankwet*

law-abiding ('lɔːəbaɪdɪŋ) BNW *gezagsgetrouw*

lawbreaker ('lɔːbreɪkə) ZN *wetschender*

law court ZN • *rechtbank* • *rechtszaal*

lawful ('lɔːfʊl) BNW • *rechtmatig*; *wettig*

lawless ('lɔːləs) BNW • *wetteloos* • *losbandig*

law lord ZN *lid v. Hogerhuis die daar rechtskundig advies kan verlenen*

lawmaker ('lɔːmeɪkə) ZN *wetgever*

law merchant ZN *handelsrecht*

lawn (lɔːn) ZN • *gazon* • *grasperk* • *grasveld* 〈om op te sporten〉 • *batist*

lawn tennis ZN *tennis(spel) op grasbaan*

lawny ('lɔːnɪ) BNW • *v. batist* • *als 'n grasperk*

lawsuit ('lɔːsuːt) ZN *rechtzaak*

law writer ZN *schrijver over juridische aangelegenheden*; *iem. die akten kopieert*

lawyer ('lɔːɪə) ZN • *advocaat* • *jurist* • *rechtsgeleerde* ★ *criminal ~strafpleiter* ★ *personal injury ~letselschadeadvocaat*

lax (læks) I ZN • *Noorse zalm* II BNW • *laks* • *slordig* • *vaag*; *slap* • *los*

laxative ('læksətɪv) I ZN • *laxeermiddel* II BNW • *laxerend*

laxity ('læksətɪ) ZN • *laksheid* • *losheid*

lay (leɪ) WW [verleden tijd] • → **lie** I OV WW • *draaien* 〈touw〉 • *ontwerpen* 〈plan〉 • *smeden* 〈samenzwering〉 • *bezweren* 〈geest〉 • *leggen*; *zetten*; *plaatsen* • *neerslaan* • *doen bedaren* • *(ver)wedden* • *richten* 〈v. kanon〉 • *aanbieden* • *opleggen* 〈straf〉 • PLAT *pak slaag geven* • *dekken* 〈de tafel〉 • *aanleggen* 〈vuur〉 • *beleggen*; *bekleden*; *bedekken* ★ *lay sth upon* a person *iets op iem. schuiven* ★ they will lay it at his door *zij zullen hem ervan beschuldigen* ● ~ **aside/by** *opzij leggen; sparen* ● ~ **down** *neerleggen; voorschrijven; opgeven* 〈hoop〉; *in kaart brengen; grasland maken van; opslaan* 〈wijn〉 ★ he laid down his life *hij offerde zijn leven* ★ lay down collar *liggende boord* ★ have a lay down *een dutje doen* ● ~ **in** *voorraad inslaan* ● ~ **low** *verslaan; neerslaan; verneveren; begraven* ● ~ **off** *afleggen; aanleggen* 〈straten〉; *z. niet inlaten met; ontslaan* ● ~ **on** *opleggen; toedienen* 〈klappen〉; *aanleggen* ★ lay it on *overdrijven* ● ~ **out** *klaarleggen/-zetten; laten zien; afleggen* 〈v. lijk〉; *aanleggen; ontwerpen; buiten gevecht stellen; om zeep brengen* ★ lay o.s. out *z. veel moeite geven* ● ~ **out on** *geld besteden aan* ● ~ **to** *wijten aan* ● ~ **up** *sparen; bewaren; uit de vaart nemen; 't bed doen houden* **II** ONOV WW ● *wedden* ● *leggen* ★ lay aboard *langszij komen* ● ~ **about** *wild slaan* ★ lay about one *om z. heen slaan* ● ~ **over** *een reis onderbreken* ● SCHEEPV. ~ *to stilleggen* **III** ZN ● AARDK. *ligging* ● FIG. *stand van zaken* ● *leger* 〈v. dier〉 ● *richting* ● *karweitje* ● *plan* ● *leg* 〈v. kip〉 ● *laag* 〈v. metselwerk〉 ● *weddenschap* ● PLAT *strafbaar feit* ● PLAT an easy lay *gemakkelijk in bed te krijgen* ★ PLAT in lay *aan de leg* **IV** BNW ● *leken-; wereldlijk*

layabout ('leɪəbaʊt) ZN ● *landloper* ● *schooier* ● *nietsnut*

lay baptism ZN *nooddoop*

lay brother/sister ZN *lekenbroeder/-zuster*

lay-by ('leɪbaɪ) ZN ● *ligplaats; parkeerplaats* ● *gespaard geld*

lay clerk ZN *voorzanger*

lay-day ZN ● MED. *ligdag* 〈in ziekenhuis e.d.〉 ● SCHEEPV. *ligdag* 〈in haven〉 ● *rustdag*

layer ('leɪə) **I** ZN ● PLANTK. *aflegger* ● *gedeelte door de wind neergeslagen koren* ● *laag* ● *legger* ● *legkip* ● *bookmaker* ● *oesterbed* **II** OV WW ● PLANTK. *afleggen* **III** ONOV WW ● *gaan liggen* 〈v. koren〉

layered ('leɪəd) BNW *gelaagd*

layette (leɪ'et) ZN *babyuitzet*

lay figure ZN *ledenpop*

laying ('leɪɪŋ) ZN ● *laag* ● *gelegde eieren* ● *oesterbank*

layman ('leɪmən) ZN ● *leek* ● *oningewijde*

lay-off ZN *(periode v.) (tijdelijk) ontslag; afvloeiing; tijdelijke werkloosheid*

layout ('leɪaʊt) ZN ● *plan* ● *schema* ● *lay-out; ontwerp* ● *opmaak*

lay person ZN *leek*

lay term ZN *lekenterm*

laze (leɪz) ONOV WW ● *luilakken* ● *uitrusten*

lazy ('leɪzɪ) BNW ● *lui* ● *traag* ● *loom*

lazybones ('leɪzɪbəʊnz) ZN *luilak*

lb, USA **lb.** AFK libra(e) *pond* 〈gewicht, ca. 454 gram〉

lbs, USA **lbs.** AFK libra(e) *pond* 〈gewicht, ca. 454 gram〉

LCD AFK ● liquid crystal display *lcd* ● lowest common denominator *grootste gemene deler*

lcm AFK lowest/least common multiple *kleinste gemene veelvoud*

L-driver ('eldraɪvə) ZN *leerling-automobilist*

lea (li:) ZN ● *weide; landouw*

LEA AFK Local Education Authority ≈ *Gemeentelijke Dienst Onderwijs*

leach (li:tʃ) **I** ZN ● *loog* **II** OV WW ● *logen*

lead¹ (li:d) **I** OV WW ● *leiden* ● *overreden* ★ lead sb a (merry) dance *iem. veel last veroorzaken om zijn doel te bereiken* ★ lead one a life *iem. 't leven zuur maken* ★ lead sb up/down the garden path *iem. voor de gek houden* ★ lead by the nose *bij de neus nemen* ★ lead the way *vóórgaan* ● ~ **astray** *misleiden; verleiden* ● ~ **away** *wegleiden; verleiden* ● ~ **on** *verder leiden; aanmoedigen; uithoren* ● ~ **on to** *brengen op; aansturen op* **II** OV+ONOV WW ● *leiden; aanvoeren* ● *de eerste viool spelen; de toon aangeven* ● *vóórspelen* 〈kaartspel〉 ● ~ **off** *beginnen; openen* ● ~ **off with** *uitkomen met* ● ~ **out** *ten dans leiden; beginnen* ● ~ **out of** *in directe verbinding staan met* ● ~ **up to** *aansturen op* **III** ZN ● *leiding* 〈het leiden〉; *bestuur* ● TECHN. *leiding* 〈pijp, buis〉 ● *waterloop; vaargeul* ● *hoofdrol* ● *hoofdartikel* ● *spoor* 〈achtergebleven teken〉 ● *hondenriem*

lead² (led) **I** ZN ● *lood* ● *peillood* ● DRUKK. *interlinie* **II** OV WW ● *loden; van lood* **III** OV WW ● *verloden; in lood vatten* ● DRUKK. *interliniëren* ● → **lead¹**

leaded ('ledɪd) BNW ● *lood bevattend* ● *gelood* 〈v. benzine〉

leaden ('ledn) BNW ● *loden* ● *drukkend* ● *loodkleurig*

leader ('li:də) ZN ● *leider* ● *gids; geleider* ● *reclameartikel* ● *concertmeester* ● USA *dirigent* ● PLANTK. *hoofdscheut* ● *pees* ● *hoofdartikel* ● COMM. *introductie* 〈v. film, tv-programma enz.〉 ● *stippellijn als leidraad voor het oog* ● *voorste paard in een span* ● *advocaat die de leiding in bep. zaak heeft*

leaderette (li:də'ret) ZN *kort hoofdartikel*

leadership ('li:dəʃɪp) ZN ● *leiding* ● *leiderschap*

lead-in ('li:dɪn) ZN ● *inleidende opmerkingen* ● *verbinding tussen antenne en radiotoestel*

leading ('li:dɪŋ) BNW *leidend; voornaamste; hoofd-* ★ ~ article *hoofdartikel* 〈in krant〉 ★ ~ light *prominente figuur* ★ ~ question *suggestieve vraag* ★ ~ man/lady *acteur/actrice in de hoofdrol*

lead-off ('li:dɒf) ZN ● *begin* ● *aansluiting op radiocentrale*

lead-up (li:d'ʌp) ZN *aanleiding; aanloop*

lead work (led wɜːk) ZN *loodgieterswerk*

leaf (li:f) **I** ZN ● *blad; gebladerte* ● *deurvleugel* ● *vizierklep* ★ take a leaf from s.o.'s book *iemands gedrag overnemen* ★ turn over a new leaf *een nieuw leven beginnen* **II** OV WW ● *leaf over/through doorbladeren* **III** ONOV WW ● *bladeren krijgen*

leaf bridge ZN *ophaalbrug*

leaflet ('li:flət) ZN *blaadje; circulaire*

leaf mould ZN *bladaarde*

leafy ('li:fɪ) BNW ● *bladachtig* ● *bladerrijk* ★ ~ vegetables *bladgroente*

league (li:g) **I** ZN ● *(ver)bond* ● ± 4800 m 〈op land〉 ● ± 5500 m 〈op zee〉 ● *(voetbal)competitie* ★ be in ~ with *samenspannen met* **II** OV WW

le

le

• *verbinden* III ONOV WW • *z. verbinden*

leak (li:k) I OV WW • *lekken* • *laten uitlekken*
II ONOV WW • *lek zijn*; *lekken*; *uitlekken* • PLAT
pissen • ~ **out** *uitlekken*; *bekend worden* III ZN
• *lek(kage)* • spring a leak *lek slaan/raken*
leakage ('li:kɪdʒ) ZN *lek(kage)* • *uitlekking*
leaky ('li:kɪ) BNW • *lek* • *loslippig*
lean (li:n) I OV WW • *laten steunen* II ONOV WW
• *leunen* • *schuin staan* • ~ **over** *overhellen*
★ lean over backwards *alle mogelijke moeite
doen* • ~ **towards** *begunstigen*; *meegaan met*
• ~ **(up)on** *steunen op* III ZN • *het magere
gedeelte v. vlees* • *schuine stand* ★ it's on the
lean *het staat scheef* IV BNW • *schraal* • *mager*
• *slank*
leaned (li:nd) WW [verleden tijd + volt. deelw.]
• →**lean**
leaning ('li:nɪŋ) ZN *neiging*
leant (lent) WW [verleden tijd + volt. deelw.] • →
lean
lean-to ('li:ntu:) I ZN • *aangebouwde schuur*;
afdak II BNW • *aangebouwd*; *leunend*
leap (li:p) I ZN • *sprong* ★ by leaps and bounds
met sprongen II ONOV WW • *springen* ★ look
before you leap *bezint eer ge begint* ★ leap at
a chance *iets aangrijpen* ★ my heart leaps
mijn hart gaat sneller kloppen
leaped (li:pd) WW [verleden tijd + volt. deelw.]
• →**leap**
leapfrog ('li:pfrɒg) ZN ★ to play at~ *haasje-over
spelen*
leapt (lept) WW [verleden tijd + volt. deelw.] • →
leap
leap year ZN *schrikkeljaar*
learn (lɜ:n) OV+ONOV WW • *leren* • *vernemen*;
horen; *erachter komen*
learned[1] ('lɜ:nɪd) BNW • *geleerd*
• *wetenschappelijk* • JUR. my ~ friend/brother
mijn hooggeachte confrater
learned[2] (lɜ:nd) WW [verleden tijd + volt.
deelw.] • →**learn**
learner ('lɜ:nə) ZN • *leerling* • G-B
leerling-automobilist
learner-driver ZN *leerling-automobilist*
learner's permit ZN • → **learning permit** USA
voorlopig rijbewijs
learning ('lɜ:nɪŋ) ZN *geleerdheid*; *wetenschap*
★ the new~ *renaissance*
learning disabilities ZN *leerproblemen*
learning permit ZN *voorlopig rijbewijs*
learnt (lɜ:nt) WW [verleden tijd + volt. deelw.]
• →**learn**
lease (li:s) I ZN • *huur*; *pacht*; *lease* • *verhuur*;
verpachting ★ ~ of life *levensduur/-verwachting*
★ let out on/by~ *verhuren*; *verpachten* ★ put
out to~ *verpachten*; *verhuren* II OV WW
• *huren*; *pachten*; *leasen* • *verhuren*;
verpachten
leasehold ('li:ʃəʊld) I ZN • *pacht(goed)* II BNW
• *gepacht*; *pacht-*
leaseholder ('li:ʃəʊldə) ZN *huurder*; *pachter*
leash (li:ʃ) I ZN • *riem*; *band* • *drietal* ⟨v.
jachthonden, hazen⟩ • *bep. draad bij 't weven*
★ give full~ to *de vrije teugel laten* ★ hold in~
in bedwang houden II OV WW • *koppelen*
• *aangelijnd houden*

leasing ('li:sɪŋ) ZN *(ver)pacht(ing)*; *het leasen*
least (li:st) BNW *kleinst*; *geringst*; *minst* ★ at~ *ten
minste* ★ at the~ *minstens*; *op zijn minst* ★ ~ of
all *zeker niet* ★ not in the~ *helemaal niet*
★ not~ *in belangrijke mate* ★ to say the~ of it
op z'n zachtst gezegd ★ ~ said soonest mended
*hoe minder er over gesproken wordt des te beter
het is* • WISK. ~/lowest common multiple
kleinste gemene veelvoud
leather ('leðə) I ZN • *leder*; *leertje* • *zeemlap*
• PLAT *voetbal*; *cricketbal* • *riem v. stijgbeugel*
• PLAT *huid* ★ there's nothing like~ *eigen
waar is de beste* ★ ~ and prunella *lood om oud
ijzer* ★ ~ head *domkop* II ZN • *leren* III OV
WW • *met leer bekleden* • *ranselen* ⟨met riem⟩
• ~ **away** *erop los slaan*; *hard aan 't werk zijn*
leatherette (leðə'ret) ZN *imitatieleer*
leatheroid ('leðərɔɪd) ZN *imitatieleer*
leathery ('leðərɪ) BNW *leerachtig*; *taai* ⟨v. vlees⟩
leave (li:v) I OV WW • *verlaten*; *nalaten*; *laten*;
overlaten; *achterlaten* • *in de steek laten*
• *vertrekken* • ~ for *vertrekken naar* ★ PLAT ~
go (of) *loslaten* ★ ~ hold (of) *loslaten* ★ he ~s
his books about *hij laat zijn boeken slingeren*
★ ~ him alone *laat hem met rust*; *laat hem
begaan* ★ ~ it at that *laat het daarbij* ★ the
house was left away *het huis werd aan een
ander vermaakt* ★ take it or~ it *graag of niet*
★ ~ the house on the left *laat het huis aan de
linkerkant liggen* ★ she is well left *er is goed
voor haar gezorgd* ★ ~ well alone *ga niet
veranderen wat eenmaal goed is* ★ INFORM. he
got left *hij werd aan zijn lot overgelaten* ★ has
he left word? *heeft hij een boodschap
achtergelaten?* ★ ~ her to herself *bemoei je niet
met haar* • ~ **behind** *achterlaten*; *achter zich
laten*; *thuislaten*; *nalaten* • ~ **off** *afleggen*;
uitlaten ⟨v. kleren⟩; *ophouden (met)* • ~ **on**
laten liggen (op); *aan laten (staan)* • ~ **out**
overslaan II ZN • *verlof*; *vakantie* ★ ~-off *verlof
om ergens mee op te houden* ★ ~-out *verlof om
uit te gaan* ★ ~ of absence *verlof*
★ compassionate~ *verlof wegens
familieomstandigheden* • French~
afwezigheid zonder verlof ★ by/with your~
met uw verlof ★ take (your)~ *afscheid nemen*
▾ take French~ *er stiekem vandoor gaan*
leaven ('levən) I ZN • *zuurdeeg*; *zuurdesem*
• *invloed op karakter* II OV WW • *zuren* ⟨v.
deeg⟩ • *doordringen*
leaves (li:vz) ZN [mv] • →**leaf**
leave-taking ('li:vteɪkɪŋ) ZN *afscheid*
leavings ('li:vɪŋz) ZN MV *afval*; *kliekjes*; *wat
overblijft*
Lebanese (lebə'ni:z) I ZN • *Libanees* II BNW
• *Libanees*
lecher ('letʃə) ZN *geilaard*
lecherous ('letʃərəs) BNW *wellustig*; *geil*
lechery ('letʃərɪ) ZN *ontucht*; *wellust*
lectern ('lektɜ:n) ZN *lezenaar*; *lessenaar*
lecture ('lektʃə) I OV WW • *de les lezen* II ONOV
WW • *college geven* III ZN • *lezing* • *college*
• *berisping* ★ read sb a ~ *iem. de les lezen*
lecturer ('lektʃərə) ZN • *spreker* • *lector*
lectureship ('lektʃəʃɪp) ZN *lectoraat*; *het ambt
van lector*

led (led) WW [verleden tijd + volt. deelw.] • → **lead**[1]

LED AFK light-emitting diode *(elektronisch) lampje*

ledge (ledʒ) ZN • *rif* • *mijnader* • *overstekende rand*; *lijst*; *richel*

ledger ('ledʒə) ZN • *platte grafsteen* • USA *register* • *grootboek* • *liggende plank of balk v. steiger* ★ ~ (bait) *vastliggend aas*

lee (li:) ZN *lijzijde*; *luwte* ★ under the lee of *in de luwte van*

leech (li:tʃ) I ZN • OOK FIG. *bloedzuiger* • *lijk* ⟨v. zeil⟩ ★ stick like a ~ *aanhangen als een klit* II OV WW • ~ *aderlaten met bloedzuigers*

leek (li:k) ZN • *look* • *prei* ▾ eat the leek *zich laten beledigen*

leer (lɪə) I ZN • *wellustige, sluwe blik* • *koeloven* II ONOV WW • ~ **at** *lonken naar*

leery ('lɪərɪ) BNW *handig*; *sluw*

lees (li:z) ZN MV *bezinksel*; *droesem*

lee shore ZN *lagerwal*

lee side ZN *lijzijde*

leeward ('li:wəd) I ZN • *lijzijde* II BNW + BIJW • *lijwaarts*

leeway ('li:weɪ) ZN • *bewegings-/ speelruimte* • *koersafwijking* ★ make up ~ *achterstand inhalen*

left (left) I ZN • *linkerhand*; *linkerkant* II BNW • *links*; *linker* III WW [verleden tijd + volt. deelw.] • → **leave** BIJW *links*

left-hand BNW *links*; *linker* ★ ~ drive *linkse besturing* ⟨v. auto⟩

left-handed (left'hændɪd) BNW • *linkshandig* • FIG. *dubbelzinnig*; *twijfelachtig*

left-hander (left'hændə) ZN • *iem. die links is* • *slag met de linkerhand*

leftist ('leftɪst) I ZN • *links iemand*; *radicaal* II BNW • *links*; *radicaal*

leftover ('leftəʊvə) ZN [vaak mv] *kliekje*; *restant*

left-winger ZN • POL. *lid v.d. linkervleugel* • SPORT *linksbuiten*

lefty ('leftɪ) ZN • INFORM. *linkshandige* • POL. *lid v.d. linkervleugel*

leg (leg) I ZN • *been*; *schenkel*; *poot* • *broekspijp* • *etappe* • *uithoudingsvermogen* • *vaart* • *één spel v. een serie v. twee* • PLAT *oplichter* ★ he was off his legs *hij was slecht ter been*; *hij was afgepeigerd* ★ he was on his legs *hij voerde het woord*; *hij was op de been* ★ he got on his legs *hij stond op*; *hij nam het woord* ★ give a leg (up) *helpen* ★ pull s.o.'s leg *iem. voor de gek houden* ★ shake a leg *dansen*; *zich haasten* ★ stretch one's legs *de benen strekken* ★ take to one's legs *er vandoor gaan* ★ he walked us off our legs *hij liet ons lopen tot we er bij neervielen* ★ upper/lower leg *boven-/ onderbeen* II OV WW • *met voeten voortduwen* ⟨v. boot⟩ ★ leg it *de benen nemen* III ONOV WW • *(z.) uit de naad lopen* • *z. met de voeten voortduwen* ⟨in boot⟩

legacy ('legəsɪ) ZN • *legaat* • *erfenis*; *nalatenschap*

legacy aunt ZN *suikertante*

legacy duty ZN *successierecht*

legal ('li:gl) BNW • *wets-* • *wettelijk*; *wettig* • *rechtsgeldig* • *rechterlijk* • *rechtskundig* ★ ~

offence strafbaar feit ★ ~ tender *wettig betaalmiddel* ★ ~ status *rechtspositie* ★ ~ charges *overschrijvingskosten* ⟨bij koop v. huis⟩

legalisation ZN G-B • → **legalization**

legalise WW G-B • → **legalize**

legalism ('li:gəlɪzəm) ZN • *bureaucratie* • REL. *leer v.d. rechtvaardiging door de goede werken*

legalistic (li:gə'lɪstɪk) BNW • *bureaucratisch* • REL. *wettisch*

legality (lɪ'gælɪtɪ) ZN • *wettigheid* • → **legalism**

legalization (li:gəlaɪ'zeɪʃən) ZN *legalisatie*

legalize ('li:gəlaɪz) OV WW • *legaliseren* • *wettigen*

legal position ZN *rechtspositie*

legate ('legət) I ZN • *pauselijk legaat* • *lid v. gezantschap* II OV WW • *vermaken*; *nalaten*

legatee (legə'ti:) ZN *legataris*

legation (lɪ'geɪʃən) ZN *gezantschap*; *legatie*

legator (lɪ'geɪtə) ZN *erflater*

legend ('ledʒənd) ZN • *legende* • *inscriptie* • *legenda* ★ urban ~ *broodje aap*

legendary ('ledʒəndərɪ) I ZN • *legendeverzameling* • *schrijver van legenden* II BNW • *legendarisch*

legerdemain (ledʒədə'meɪn) ZN *gegoochel*

legging ('legɪŋ) ZN • *legging* • *beenkap* ★ ~s [mv] *broek*

legguard (leg'gɑ:d) ZN *beenbeschermer*

leggy ('legɪ) BNW • *met lange of mooie benen* • *hoog opgeschoten* ⟨v. plant⟩

leghorn (le'gɔ:n) ZN • *leghorn* ⟨kip⟩ • *Italiaans(e) stro(hoed)*

legibility (ledʒə'bɪlɪtɪ) ZN *leesbaarheid*

legible ('ledʒɪbl) BNW *leesbaar*

legion ('li:dʒən) ZN • *legioen* • *enorm aantal*; *legio*

legionary ('li:dʒənərɪ) I ZN • *legioensoldaat* II BNW • *legioens-* • *zeer talrijk*

legislate ('ledʒɪsleɪt) ONOV WW • *wetten maken* • *maatregelen treffen*

legislation (ledʒɪs'leɪʃən) ZN *wetgeving*

legislative ('ledʒɪslətɪv) BNW *wetgevend*

legislator ('ledʒɪsleɪtə) ZN *wetgever*

legislature ('ledʒɪsleɪtʃə) ZN *wetgevende macht*

legist ('li:dʒɪst) ZN *rechtsgeleerde*

legit (lɪ'dʒɪt) BNW INFORM. • → **legitimate**[1]

legitimacy (lɪ'dʒɪtəməsɪ) ZN • *wettigheid* • *geldigheid*

legitimate[1] (lɪ'dʒɪtəmət) I ZN • *wettig kind* • *(aanhanger v.) wettig vorst* II BNW • *wettig*; *rechtmatig*; *gerechtvaardigd* • *echt* • *zoals het behoort*; *volgens standaardtype* • *logisch* ⟨v. gevolgtrekking⟩ ★ ~ drama/theatre *echt toneel*; *klassiek stuk*

legitimate[2] (lɪ'dʒɪtəmeɪt) OV WW • *wettigen*; *rechtvaardigen* • *als echt erkennen*

legitimize, G-B **legitimise** (lɪ'dʒɪtɪmaɪz) OV WW *wettigen*; *als wettig erkennen* ⟨v. kind⟩

legless ('legləs) BNW • *zonder benen* • G-B *stomdronken*; INFORM. *ladderzat*

leg-pulling ('legpʊlɪŋ) ZN INFORM. *bedotterij*

legroom ('legru:m) ZN *beenruimte*

legume ('legju:m) ZN • *peulvrucht* • *groente*

leguminous (lɪ'gju:mɪnəs) BNW *peul-*

leg-up ZN *steuntje*

le

legwork ('legwɜ:k) ZN *inspannend; langdradig/ eentonig werk*

Leics. AFK *Leicestershire*

leisure ('leʒə) I ZN • *vrije tijd* ★ at your ~ *als het u schikt* ★ be at ~ *niet bezet zijn; zich op zijn gemak voelen* II BNW • *onbezet; vrij • vrijetijds-* ★ ~ *clothing vrijetijdskleding*

leisured ('leʒəd) BNW • *met veel vrije tijd • bedaard; rustig*

leisurely ('leʒəlɪ) BNW + BIJW • *op zijn gemak • bedaard; rustig*

lemon ('lemən) ZN • *citroen(boom) • citroenkleur(ig)* • PLAT *onaantrekkelijk meisje* • PLAT *strop; tegenvaller • gemene truc*

lemonade (lemə'neɪd) ZN *limonade*

lemon cheese, lemon curd ZN *citroenpasta*

lemon drop ZN *citroenzuurtje*

lemon sole ZN *tong* (vis)

lemon squash ZN *citroenlimonade*

lemon-squeezer ('lemənskwi:zə) ZN *citroenpers*

lend (lend) I ZN • INFORM. *uitleenbibliotheek* II OV WW • *(uit)lenen; verlenen* ★ lend o.s. to *zich lenen voor* ★ lend a (helping) hand *een handje helpen* ★ lend itself to sth *geschikt zijn voor iets*

lender ('lendə) ZN *iem. die uitleent (aan)*

length (leŋθ) ZN • *lengte; duur • grootte • stuk* (vnl. van touw) ★ keep at arm's ~ *op een afstand houden* ★ I will go to all/any ~s to succeed *ik wil álles doen om te slagen* ★ at ~ *ten slotte; omstandig; uitvoerig* ★ at some ~ *uitvoerig; gedetailleerd*

lengthen ('leŋθən) I OV WW • *(ver)lengen* ★ a ~ed stay *langdurig verblijf* II ONOV WW • *langer worden*

lengthways ('leŋθweɪz) BIJW *in de lengte*

lengthy ('leŋθɪ) BNW • *langdurig • langdradig; wijdlopig*

lenience ('li:nɪəns), **leniency** ('li:nɪənsɪ) ZN *mildheid*

lenient ('li:nɪənt) BNW *toegevend; mild*

lenity ('lenətɪ) ZN *zachtheid; neerbuigende goedheid*

lens (lenz) ZN *lens*

lent (lent) WW [verleden tijd + volt. deelw.] • → **lend**

Lent (lent) ZN *veertigdaagse vasten voor Pasen*

Lenten ('lentən) BNW • *vasten- • vleesloos; schraal* (v. kost) • *droevig* (v. gelaat)

lentil ('lentɪl) ZN *linze*

Lent lily ZN *(wilde) narcis*

Leo ('li:əʊ) ZN *Leeuw* (sterrenbeeld)

leonine ('li:ənaɪn) BNW *leeuwen-*

leopard ('lepəd) ZN *luipaard* ★ American ~ *jaguar* ★ a ~ can't change its spots *een vos verliest wel zijn haren, maar niet zijn streken*

leotard ('li:əta:d) ZN *nauwsluitend tricot; gympak; maillot*

leper ('lepə) ZN *melaatse; lepralijder*

leprosy ('leprəsɪ) ZN *melaatsheid; lepra*

leprous ('leprəs) BNW *melaats*

lesbian ('lezbɪən) I ZN • *lesbienne* II BNW • *lesbisch*

lese-majesty (li:z 'mædʒɪstɪ) ZN • *hoogverraad • majesteitsschennis*

lesion ('li:ʒən) ZN • *schade; nadeel* • MED. *laesie;* stoornis

less (les) I BNW + BIJW • *kleiner; minder* ★ not any the less *helemaal niet minder* ★ this is no less true than what you say *dit is niet minder waar dan wat jij zegt* ★ none/not the less *niettemin* ★ no less a person than *niemand minder dan* ★ nothing less *niets liever* ★ IRON. less than ... *allesbehalve ...* II ONB VNW • *minder* ★ a less quality *een mindere kwaliteit* III VZ • *min; zonder; exclusief* ★ 1200 pound less tax *1200 pond exclusief belasting*

lessee (le'si:) ZN *huurder; pachter*

lessen ('lesən) I OV WW • *doen afnemen* II ONOV WW • *verminderen; afnemen; kleiner worden*

lesser ('lesə) BNW *kleiner; minder* ★ Lesser Asia *Klein-Azië* ★ Lesser Bear *Kleine Beer* ★ the ~ of two evils *de minste van twee kwaden*

lesson ('lesən) I ZN • *les • Schriftlezing* ★ teach/give sb a ~ *iem. een lesje geven* ★ I hope you have learnt your ~ *ik hoop dat je je lesje hebt geleerd* II OV WW • *de les lezen • onderwijzen*

lessor (le'sɔ:) ZN *verhuurder; verpachter*

lest (lest) VW *opdat niet; uit vrees dat*

let (let) I OV WW • *laten; toestaan • verhuren* • OUD. *verhinderen* ★ let alone *met rust laten; zich niet bemoeien met; laten staan* ★ I wouldn't even think of it, let alone go there *ik wil er niet eens aan denken, laat staan er heengaan* ★ let be *zich niet inlaten met; met rust laten* ★ let it be *houd er mee op* ★ let drive *erop los slaan* ★ let fall *laten vallen; zich laten vallen* ★ let go *loslaten; losraken* ★ let it go at that *laat het daar maar bij* ★ let o.s. go *zich laten gaan; zich verwaarlozen* ★ let sb have it *iem. ervan langs geven* ★ let loose *loslaten; uitpakken* (figuurlijk) ★ let slip *laten schieten; loslaten; missen* ★ let sb on sth/let sb into sth *ze deelden me het geheim mede; iem. iets toevertrouwen* ★ let sth into sth *iets aanbrengen in* ★ let blood *aderlaten* • ~ **down** *neerlaten; in de steek laten; teleurstellen; moeten afzeggen; uitleggen* (v. zoom); *verminderen; verneederen; bedriegen; verwaarlozen; verraden* ★ let o.s. down z. *laten zakken; z. verlagen* • ~ **from** *(be)letten om/te* • ~ **in** *binnenlaten; inlassen; ergens in aanbrengen; beetnemen* ★ I won't let you in for it *ik zal je er niet voor laten opdraaien* • ~ **off** *afvuren; laten ontsnappen; vrijlaten; ontslaan van; verhuren* • ~ **out** *uitlaten; verklappen;* G-B *verhuren; uitleggen* (kledingstuk); *meer vaart geven* (auto); *aanbesteden* ★ he let the cat out of the bag *hij verklapte het geheim* II ONOV WW ★ the house lets well *het huis is gemakkelijk te verhuren* • INFORM. ~ **on** *iets verklappen; z. uitlaten; doen alsof* • ~ **out** *opspelen; uitgaan* (v. bioscoop) ★ let out at *schoppen/slaan naar* • ~ **up** *minder streng/sterk worden; ophouden* III ZN • *'t verhuren • huurhuis/-flat • kaartenverkoop* • SPORT *overgespeelde bal • verhindering* ★ without let or hindrance *zonder tegenstand*

let-down ZN • *teleurstelling • achteruitgang • nadeel*

lethal ('li:θl) BNW *dodelijk*; *moord-* ★ ~weapon *moordwapen* ★ ~chamber *gaskamer*
lethargic (lə'θɑ:dʒɪk) BNW *loom*; *slaperig*
lethargy ('leθədʒɪ) ZN • *loomheid* • *onnatuurlijk lange slaap* • *apathische toestand* • *slaperigheid*
let-off ZN • *ontsnappingsmogelijkheid* • *kwijtschelding*
letter ('letə) I ZN • *letter* • *brief* • *verhuurder* • ~ of attorney *volmacht* ★ ~of credence *geloofsbrief* ★ ~of credit *kredietbrief* ★ ~of indication *legitimatiebewijs* ★ ~of recommandation *aanbevelingsbrief* ★ ~of regret *bericht v. verhindering*; *advies v. niet-toewijzing* ★ ~to the editor *ingezonden stuk* ★ capital ~*hoofdletter* ★ circular ~ *circulaire* ★ covering/USA cover ~ *begeleidende brief* ★ dead /blind ~*onbestelbare brief* ★ INFORM. French ~*condoom* ★ by ~*schriftelijk* ★ follow instructions to the ~*instructies letterlijk opvolgen* II OV WW • *(boekomslag) voorzien v. titel* • *v. letters voorzien*
letter bomb ZN *bombrief*
letter box ZN *brievenbus*
letter carrier ZN *brievenbesteller*
lettered ('letəd) BNW • *geleerd* • *voorzien v. letters*
letterhead ('letəhed) ZN *briefhoofd*
lettering ('letərɪŋ) ZN *belettering*; *opschrift*; *titel*
letter-perfect ('letə) • *rolvast* • USA *vlekkeloos*
letterpress ('letəpres) ZN • *tekst* • *presse-papier* • *kopieerpers*
letter-writer ('letəraɪtə) ZN • *briefschrijver* • *brievenboek*
Lettish ('letɪʃ) BNW *Lets*
lettuce ('letɪs) ZN • *sla*; *latuw* • *krop sla*
let-up ZN *vermindering*; *rust*; *onderbreking*; 't *ophouden*
leukaemia (lu:'ki:mɪə) ZN *leukemie*
levee ('levɪ) ZN • *natuurlijke oeverwal*; *rivierdijk* • *aanlegsteiger* • *receptie voor heren aan het hof* • *bijeenkomst*; *partij*; *receptie*
level ('levəl) I ZN • *peil*; *stand*; *niveau* • *horizontale mijngang* • *waterpas* • *vlak(te)* ★ INFORM. on the ~*eerlijk*; *werkelijk* ★ on a ~ with *op één hoogte met* II BNW + BIJW • *horizontaal* • *gelijk(elijk)* • *naast elkaar* • *uniform* • *evenwichtig* ★ be ~with eachother *met elkaar afrekenen* ★ come ~ with *inhalen* ★ draw ~*gelijk spelen* ★ make ~ with (the ground) *slechten*; *met de grond gelijk maken* ★ play ~with sb *zonder voorgift tegen iem. spelen* ★ do one's ~best *zijn uiterste best doen* ★ have a ~head '*n evenwichtig iem. zijn* ★ speak in a ~voice *spreken op één toon* ★ ~ spoonful *afgestreken theelepel* III OV WW • *gelijkmaken*; *op gelijke hoogte plaatsen* • *nivelleren*; *met de grond gelijkmaken* • ~ **down** *afronden naar beneden*; *neerhalen* (fig.) • ~ **up** *ophogen*; *op hoger peil brengen*; *verheffen* IV ONOV WW • PLAT ~ **with** *open/eerlijk spreken* V OV+ONOV WW • *waterpassen* • *aanleggen* ⟨geweer⟩ • ~ **at/against** *richten tegen* ⟨v. kanon/ beschuldiging⟩ • ~ **out** *vlak maken/worden*; *horizontaal (gaan) vliegen*
level-headed (levəl'hedɪd) BNW • *evenwichtig*

• *nuchter*; *met gezond verstand*
lever ('li:və) I ZN • *hefboom* • *versnellingspook* II OV WW • *met een hefboom opheffen* • *opvijzelen*
leverage ('li:vərɪdʒ) ZN • *hefboomwerking*; *hefboomkracht* • *invloed*; *macht* • USA *kredietspeculatie* ★ ~d buyout *overname met geleend geld*
leveret ('levərɪt) ZN *jonge haas*
lever watch ZN *ankerhorloge*
leviathan (lɪ'vaɪəθn) I ZN • *zeemonster*; *gevaarte*; *krachtpatser* II BNW • *reuzen-*
levitate ('levɪteɪt) I OV WW • *doen opstijgen* II ONOV WW • *opstijgen*
levitation (levɪ'teɪʃən) ZN *levitatie*
levity ('levɪtɪ) ZN • *onstandvastigheid*; *lichtzinnigheid* • *ongepaste vrolijkheid*
levy ('levɪ) I ZN • *beslaglegging*; *vordering* • *heffing* ⟨v. belasting⟩ • MIL. *lichting* II OV WW • *beslag leggen*; *vorderen* • *heffen* • *werven* ⟨v. soldaten⟩ ★ levy a tax on *belasting heffen op* ★ levy blackmail *chantage plegen* • ~ (**up)on** *heffen op* ★ levy a sum (up)on sb's goods *beslag leggen op iemands goederen om bepaalde som betaald te krijgen*
lewd (lju:d) BNW • *wellustig*; *wulps* • *obsceen*
lexicographer (leksɪ'kɒgrəfə) ZN *lexicograaf*; *woordenboekschrijver*
lexicographic (leksɪkə'græfɪk), **lexicographical** (leksɪkə'græfɪkl) BNW *lexicografisch*
lexicography (leksɪ'kɒgrəfɪ) ZN *lexicografie*
lexicon ('leksɪkən) ZN • *woordenboek* • *lexicon*
lexis ('leksɪs) ZN *woordenschat*
Leyden ('laɪdn) I ZN • *Leiden* II BNW • *Leids* ★ ~ Jar *Leidse fles*
liability (laɪə'bɪlətɪ) ZN • *(betalings)verplichting* • *(wettelijke) aansprakelijkheid* • *blok aan het been* • *vatbaarheid* ★ limited ~ company *naamloze vennootschap*
liable ('laɪəbl) BNW • *(wettelijk) verplicht* • *aansprakelijk* ★ ~for *verantwoordelijk voor*; *aansprakelijk voor* ★ ~to *onderhevig aan*; *vatbaar voor*; *blootgesteld aan* ★ it is ~to rain *het gaat zeer waarschijnlijk regenen* ★ accidents are ~to happen *een ongeluk zit in een klein hoekje*
liaise (lɪ'eɪz) ONOV WW z. *in verbinding stellen*; *verbinding onderhouden met*
liaison (lɪ'eɪz(ə)n) ZN *liaison* ★ in close ~*in nauwe samenwerking*
liaison officer ZN *verbindingsofficier*; *contactpersoon*
liana (lɪ'ɑ:nə), **liane** (lɪ'ɑ:n) ZN *liaan*
liar ('laɪə) ZN *leugenaar*
lib (lɪb) ZN *liberation emancipatie* ★ women's lib *emancipatie(beweging) van de vrouw*
libation (laɪ'beɪʃən) ZN • *plengoffer* • IRON. *drinkgelag*
libber ('lɪbə) ZN *vechter voor emancipatie*
Lib Dem AFK G-B, INFORM., POL. *Liberal Democrats Liberale Democraten*
libel ('laɪbl) I ZN • JUR. *schriftelijke aanklacht* • *smaadschrift* ★ the work is a ~on human nature *het werk is een karikatuur v.d. menselijke natuur* II OV WW • *valselijk beschuldigen* • *belasteren* • *niet tot z'n recht*

li

doen komen

libellous ('laɪbələs) BNW *lasterlijk*

liberal ('lɪbərəl) I ZN • *liberaal* II BNW • *liberaal* • *overvloedig*; *royaal* • *ruimdenkend*; *onbevooroordeeld* • ~ *of royaal met* ★ ~ *arts vrije kunsten*; *alfawetenschappen* ⟨in de VS⟩ ★ ~ *education brede ontwikkeling*

liberalism ('lɪbərəlɪzəm) ZN *liberalisme*

liberality (lɪbə'rælətɪ) ZN • *royale gift* • *vrijgevigheid* • *brede opvatting*

liberalization, G-B **liberalisation** ('lɪbərəlɪzeɪʃən) ZN *liberalisatie*

liberal-minded (lɪbərəl'maɪndɪd) BNW *vrijzinnig*; *ruimdenkend*

liberate ('lɪbəreɪt) OV WW • *bevrijden*; *vrijmaken* • *emanciperen*

liberated ('lɪbəreɪtɪd) BNW • *bevrijd* • *geëmancipeerd*

liberation (lɪbə'reɪʃən) ZN • *bevrijding* • *emancipatie*

liberator ('lɪbəreɪtə) ZN *bevrijder*

libertarian (lɪbə'teərɪən) I ZN • *vrijdenker* II BNW • *gelovend in leer v.d. vrije wil*

libertinage ('lɪbətɪnɪdʒ) ZN • *vrijdenkerij* • *losbandigheid*

libertine ('lɪbəti:n) I ZN • *vrijdenker* • *losbol* II BNW • *vrijdenkend* • *losbandig*

liberty ('lɪbətɪ) ZN *vrijheid* ★ *be at~ vrij/onbezet zijn* ★ *set at~ in vrijheid stellen* ★ *liberties [mv] rechten*; *privileges* ★ *take liberties zich (ongepaste) vrijheden (met iem.) veroorloven*

Liberty Hall ZN FIG. *een vrijgevochten bende*

liberty man ZN *passagierend matroos*

libidinous (lɪ'bɪdɪnəs) BNW *wellustig*

libra ('laɪbrə) ZN *pond, ca. 454 gram*

Libra ('li:brə) ZN *Weegschaal* ⟨sterrenbeeld⟩

librarian (laɪ'breərɪən) ZN *bibliothecaris*

library ('laɪbrərɪ) ZN *bibliotheek* ★ *lending/ circulating~ uitleenbibliotheek* ★ *public~ openbare leeszaal*

librate (laɪ'breɪt) ONOV WW • *z. in evenwicht houden* • *schommelen*; *trillen*

libriosic (lɪbrɪ'əʊsɪk) BNW *(te) vrijmoedig*

Libyan ('lɪbɪən) I ZN • *Libiër* II BNW • *Libisch*

lice (laɪs) ZN [mv] • →**louse**

licence ('laɪsəns), USA **license** ZN • *verlof*; *vergunning*; *licentie* ⟨vnl. om drank te verkopen⟩ • *diploma*; *(rij)bewijs*; *brevet* • *vrijheid*; *losbandigheid* ★ *artistic~ artistieke vrijheid*

licence number ZN G-B *kenteken*

license ('laɪsəns) I ZN • USA • →**licence** II OV WW • *veroorloven* • *vergunning geven*; *patenteren*

licensed ('laɪsənst) BNW • *met officiële vergunning*; *erkend* • *bevoorrecht*

licensee (laɪsən'si:) ZN *vergunninghouder*

license plate ZN USA *nummerbord*

licenser ('laɪsənsə) ZN • *vergunninggever*; *patentgever* • *censor*

licentiate (laɪ'senʃɪət) ZN • *licentiaat*; *gediplomeerde* • *kandidaat-predikant*

licentious (laɪ'senʃəs) BNW *ongebreideld*; *losbandig*

lichen ('laɪkən) ZN *korstmos*

lichenous ('laɪkənəs) BNW *mosachtig*

licit ('lɪsɪt) BNW *wettig*

lick (lɪk) I OV WW • *likken* • *lekken* ⟨v. vlammen⟩ • *zacht overspoelen* ⟨v. golven⟩ • *overtreffen* • *versteld doen staan* • *onder de knie hebben* • PLAT *afranselen* • PLAT *overwinnen* ★ *lick platter klaplopen* ★ *lick into shape fatsoeneren* ★ *lick s.o.'s shoes/boots iem. de hielen likken* II ZN • PLAT *rennen* III ZN • *lik* • *inspanning* • *veeg* • *snelheid*; *vaart* • *zoutlik* ★ INFORM. *at a lick in een handomdraai* ★ *give it a lick and a promise het aan de Franse slag doen* ⟨i.h.b. schoonmaken⟩ ★ *I haven't worked a lick ik heb geen klap uitgevoerd* ★ *give sb a lick with the rough side of one's tongue iem. een veeg uit de pan geven*

licking ('lɪkɪŋ) ZN PLAT *pak slaag*; *nederlaag*

lickspittle ('lɪkspɪtl) ZN *vleier*; *slijmerd*

licorice ('lɪkərɪs) ZN • →**liquorice**

lid (lɪd) ZN • *deksel* • *ooglid* • USA *drankverbod* ★ *blow/take the lid off de waarheid aan het licht brengen* ★ *keep a/the lid on geheimhouden* ★ *that puts the lid on it dat doet de deur dicht* ★ *with the lid off onverbloemd*; *open en bloot*; *in volle glorie* ▼ *flip your lid over de rooie raken*

lidded ('lɪdɪd) BNW *voorzien van een deksel*

lidless ('lɪdləs) BNW • *zonder deksel* • *steeds waakzaam*

lido ('li:dəʊ) ZN • *lido*; *badstrand* • *openluchtbad*

lie (laɪ) I ONOV WW • *liegen* • *liggen* • *gaan/ blijven liggen* • *rusten* • JUR. *geldig zijn*; *ontvankelijk zijn* ★ INFORM. *lie-off rust* ★ INFORM. *you're lying through your teeth! je liegt!* ★ *lie like truth liegen alsof het gedrukt staat* ★ *I don't want to be lied to ik wil niet worden voorgelogen* ★ *lie low (dood) terneer liggen*; *zich schuil/koest houden* ★ *lie in state opgebaard liggen* ★ *lie waste braak liggen* ★ *lie out of one's money niet uitbetaald worden* ★ *you know how the land lies jij weet hoe de zaken ervoor staan* • ~ **about** *rondslingeren*; *lui zijn*; *niets uitvoeren* • ~ **away** *door leugens iets verliezen* • ~ **back** *achterover (gaan) liggen* • ~ **by** *z. rustig houden*; *ongebruikt liggen* • ~ **down** *z. iets laten welgevallen*; *liggen te rusten*; *lijntrekken*; *gaan liggen*; *het opgeven* • ~ **in** *in het kraambed liggen*; *lang uitslapen* • ~ **off** *afstand bewaren* ⟨t.o.v. kust of ander schip⟩; *z. terugtrekken* • ~ **over** *blijven liggen* • SCHEEPV. ~ **to** *bijleggen*; *bijgedraaid liggen* • ~ **under** *gebukt gaan onder* • ~ **up** *z. terugtrekken*; *het bed houden*; *z. verborgen houden*; *in dok gaan* ⟨v. schip⟩; *buiten dienst zijn* • ~ **with** *liggen bij*; *slapen met*; *zijn aan*; *berusten bij* ★ *the decision lies with you de beslissing is aan jou* II ZN • *leugen* • *ligging*; *richting* • *leger* ⟨v. dier⟩ ★ *blatant lie flagrante leugen* ★ *white lie leugentje om bestwil* ★ *tell lies liegen* ★ *give the lie to logenstraffen* ★ *lies have no legs al is de leugen nog zo snel, de waarheid achterhaalt haar wel* ★ *the lie of the land toestand*; *stand van zaken*

lie-detector ZN *leugendetector*

lie-down ZN INFORM. *dutje*

liege (li:dʒ) I ZN • *leenheer* • *leenman*; *trouw onderdaan* II BNW • *leenplichtig*; *leen-*

liege lord ZN GESCH. *leenheer*; *soeverein*

liegeman ('li:dʒmæn) ZN • *trouwe volgeling*
• *vazal*
lie-in (laɪ'ɪn) ZN *het uitslapen*
lieu (lju:) ZN *plaats* ★ in lieu of *in plaats van*
lieutenancy (lef'tenənsɪ, lu:'tenənsɪ) ZN • *rang of plaats v. luitenant* • *ambt v. gouverneur*
lieutenant¹ (lef'tenənt) ZN • *luitenant*
• *plaatsvervanger* • ~s *officieren*
lieutenant² (lu:'tenənt) ZN USA *inspecteur* ⟨v. politie⟩
life (laɪf) ZN • *leven* • *levensbeschrijving; levensduur* • *energie; levendigheid; bezieling*
• *kans* • USA, STRAATT. *levenslang* ⟨gevangenisstraf⟩ • as large as life *levensgroot; in levenden lijve* ★ bring sb to life *iem. weer bijbrengen* ★ for dear life *of zijn/haar leven ervan afhangt; in ernst* ★ not for the life of me *dat nooit!* ★ I can't for the life of me remember that★ *ik kan me dat absoluut niet herinneren* ★ drawn from (the) life *naar het leven getekend* ★ low/high life *lagere/hogere sociale klasse* ★ long life to him! *hij leve lang!* ★ a cat has nine lives *een kat komt altijd op zijn pootjes terecht* ★ (up)on my life *op mijn woord* ★ see life *levenservaring opdoen* ★ sound in life and limb *gezond van lijf en leden* ★ take one's life in one's hands *zijn leven wagen* ★ this life *dit (aardse) leven* ★ have the time of one's life *zich reusachtig amuseren* ★ a description to the life *beschrijving naar het leven* ★ each player has two lives *iedere speler heeft twee kansen* ★ friends/enemies for life *vrienden/vijanden voor het leven* ★ there was no loss of life *het heeft geen mensenlevens gekost*▾ *the life and times of Robin Hood het roemruchte leven van Robin Hood*
life-and-death (laɪfən'deθ) BNW *van levensbelang*
life annuity ZN *lijfrente*
lifebelt ('laɪfbelt) ZN *reddingsgordel*
lifeboat ('laɪfbəʊt) ZN *reddingsboot*
lifebuoy ('laɪfbɔɪ) ZN *reddingsboei*
life coach ZN *personal coach*
life expectancy ZN *levensverwachting*
life-giving (laɪf'gɪvɪŋ) BNW *bezielend*
lifeguard ('laɪfgɑːd) ZN • *bad-/strandmeester*
• *lijfwacht* ★ Life Guards ⟨Engels cavalerieregiment⟩
life imprisonment ZN *levenslange gevangenisstraf*
life insurance ZN *levensverzekering*
life jacket ZN *reddingsvest*
lifeless ('laɪfləs) BNW • *levenloos* • *saai; vervelend*
lifelike ('laɪflaɪk) BNW *levensecht; naar het leven*
lifeline ('laɪflaɪn) ZN • *reddingslijn* • *belangrijke verbindingslijn*
lifelong ('laɪflɒŋ) BNW *levenslang*
life peer ZN *lid van het Hogerhuis* ⟨benoemd voor het leven⟩
life preserver ZN *reddingsboei; reddingsvest*
lifer ('laɪfə) ZN • PLAT *tot levenslang veroordeelde*
• PLAT *veroordeling tot levenslang*
life raft ZN *reddingsboot/-vlot*
life sentence ZN *levenslange gevangenisstraf*
life-size ('laɪfsaɪz), **life-sized** ('laɪfsaɪzd) BNW

levensgroot
life term ZN *levenslange gevangenisstraf*
lifetime ('laɪftaɪm) ZN • *mensenleven*
• *levensduur* ★ a~ career *een beroep voor het leven* ★ the chance of a~ *de kans van je leven*
life vest ZN USA *reddingsvest*
lifework (laɪf'wɜːk) ZN *levenswerk*
lift (lɪft) I OV WW • *verheffen* • *in de lucht slaan* ⟨v. bal⟩ • *stelen; wegvoeren* ⟨v. vee⟩ • *opbreken* ⟨vnl. van kamp⟩ • *rooien* ⟨v. aardappelen⟩
• *aflossen* ⟨v. lening⟩ • *opheffen; hijsen*
• *opslaan* ⟨v. ogen⟩ • *omhoog steken* ★ lift sb down *iem. v. d. wagen aftillen/uit de auto helpen* ★ lift a hand *een hand uitsteken* ⟨om iets te doen⟩ ★ lift one's hand *een eed afleggen* ★ lift up one's heel *schoppen; trappen* ★ lift up one's horn *eerzuchtig of trots zijn*
★ lifting power *hefvermogen* **II** ONOV WW
• *omhoog getild worden* • *zich verheffen*
• *wegtrekken; optrekken* ⟨v. mist⟩
• *kromtrekken* ⟨v. vloer⟩ • ~ **off** *opstijgen* ⟨v. vliegtuig⟩ **III** ZN • *hulp; steun* • *laagje hakleer*
• G-B *lift a* ⟨terrein⟩*verhoging* • *opwaartse druk; stijgkracht* ⟨v. vliegtuigvleugel⟩ • *het (iem. laten) meerijden* ★ give sb a lift *iem. een lift geven*
lift bridge ZN *hefbrug*
lift-off ('lɪftɒf) ZN *lancering* ★ have~ *los zijn van de aarde*
lift shaft ZN *liftkoker*
ligament ('lɪgəmənt) ZN *gewrichtsband*
ligate (lɪ'geɪt) OV WW *afbinden*
ligature ('lɪgətʃə) I ZN • *afbinding(sdraad)*
• *verbinding; verbindingsteken* • MUZ. *ligatuur*
• DRUKK. *koppelletter* **II** OV WW • *afbinden*
light (laɪt) I ZN • ⟨*dag*⟩*licht* • *gezichtsvermogen;* LIT. *licht der ogen* • *kennis* • *verstand* • *raam; venster; ruit* • *lichte partij* ⟨op schilderij⟩
• *vonk* • *vuurtje* • *lucifer* • *verlichting; lamp*
★ the~ of sb's life *iemands lieveling* ★ see the ~ het levenslicht aanschouwen;* FIG. *het licht zien* ★ FIG. shed a~ on a matter *licht werpen op een zaak* ★ don't stand in my~ *sta me niet in 't licht; verhinder me niet vooruit te komen* ⟨figuurlijk⟩ ★ reversing~ *achteruitrijlamp*▾ in the cold~ of day *nadat je er een nachtje over geslapen hebt* **II** BNW • BIJW • *licht* ⟨niet donker⟩ • *licht* ⟨niet zwaar⟩ • *te licht* ⟨v. goud⟩
• *licht* ⟨v. kleur⟩ • *sierlijk* ⟨gebouw⟩ • *tactvol*
• *luchtig* • *lichtzinnig* ★ FIG. ~ fingers *lange vingers* ★ ~ traffic *weinig verkeer* ★ make~ of a matter *een kwestie licht opvatten; zich weinig aantrekken van een kwestie* **III** OV WW
• *lichten; verlichten; belichten; voorlichten*
• *aansteken; opsteken* • ~ **up** *aansteken; verlichten; verhelderen* **IV** ONOV WW • *vlam vatten* • *schitteren* • SCHEEPV. *helpen bij 't aanhalen v. touwen* • ~ **up** *aangaan; opsteken; vlam vatten; opvrolijken* ⟨v. gezicht⟩
• ~ (up)on *toevallig aantreffen* **V** BIJW ★ travel ~ *lichtbepakt reizen; weinig bagage meenemen*
light bulb ZN ⟨*gloei*⟩*lamp*
lighted (laɪtɪd) WW [verleden tijd + volt. deelw.]
• →**light**
lighten ('laɪtn) I OV WW • *verlichten; verhelderen*
• *lossen* **II** ONOV WW • *lichter worden*

• *opklaren* • *flikkeren*; *bliksemen*; *weerlichten*; *schijnen* • INFORM. *~ up tot bezinning komen; weer normaal gaan doen*
lighter ('laɪtə) ZN • *aansteker* • SCHEEPV. *lichter*
light-fingered (laɪt'fɪŋɡəd) BNW *met vlugge vingers ★ ~gentry de heren gauwdieven*
light-footed BNW *snelvoetig*
light-handed BNW • *tactvol* • *met onvoldoende bemanning of personeel* • *licht beladen*
light-headed (laɪt'hedɪd) BNW • *ijlend* • *lichtzinnig*
light-hearted (laɪt'hɑ:tɪd) BNW *luchthartig*
lighthouse ('laɪthaʊs) ZN *vuurtoren*
lighthouse-keeper ZN *vuurtorenwachter*
lighting ('laɪtɪŋ) ZN *verlichting ★ concealed ~ indirecte verlichting*
lighting shaft ZN *lichtkoker*
lightly ('laɪtlɪ) BIJW • *licht; luchtig* • *lichtvaardig; gemakkelijk*
light meter ZN *belichtingsmeter*
light-minded BNW *luchtig; lichtzinnig*
lightness ('laɪtnəs) ZN *lichtheid* ⟨v. beweging, gevoel⟩
lightning ('laɪtnɪŋ) I ZN • *bliksem ★ like (greased) ~als de (gesmeerde) bliksem* II BNW • *bliksemsnel ★ ~sketcher sneltekenaar ★ ~ strike onverwachte staking*
lightning conductor ZN *bliksemafleider*
lightning-proof ZN *beveiligd tegen blikseminslag*
lightning rod ZN USA *bliksemafleider*
lightrail ('laɪtreɪl) ZN *lightrail*
lightsome ('laɪtsəm) BNW • *sierlijk; elegant* • *vrolijk; opgewekt* • *vlug* • *helder verlicht; lichtgevend*
lightweight ('laɪtweɪt) ZN *lichtgewicht*
lightwood ('laɪtwʊd) ZN • *aanmaakhout* • *harsachtig hout*
light year ZN *lichtjaar*
ligneous ('lɪɡnɪəs) BNW • *houtachtig* • *verhout*
like (laɪk) I OV WW • *houden van* ⟨iets⟩ • *graag mogen* ⟨iemand⟩ • [met would/should] *(graag) willen ★* IRON. I like that! *die is goed! ★* I'm shy if you like, but ... *ik ben dan wel verlegen, maar ... ★* IRON. I should like to know *dat zou ik wel eens willen weten ★* I like it, but it does not like me *ik vind het wel fijn, maar ik kan er niet tegen* II VZ • *(zo)als ★* that's more like it *dat is beter ★* don't talk like that *praat zo toch niet ★* a fellow like that *zo'n vent* III ZN • *gelijke; weerga* • *voorliefde* • *gelijk makende slag* (bij golf) *★* and the like *en dergelijke ★* did you ever see the like of it? *heb je ooit zoiets gezien? ★* INFORM. the likes of me *zulke lui als ik ★* INFORM. the likes of you *zulke lui als jullie/u ★* likes and dislikes *sympathieën en antipathieën ★* like will to like *soort zoekt soort* IV BNW • *gelijk(end)* • *dergelijk* • *geneigd ★* in like manner *op dezelfde wijze ★* what is she like? *wat is ze voor iemand?; hoe ziet ze er uit? ★* sth like £10 *zoiets als £10 ★* nothing like as good *lang niet zo goed ★* INFORM. I had like to have gone *ik was bijna gegaan ★* sth like a day *een echt fijne dag ★* INFORM. this is sth like! *dit is je ware! ★* INFORM. this is like só cool! *dit is supergeweldig! ★* just like dad *typisch pa; net iets voor pa* V BIJW *★* INFORM.

(as) like as not *zeer waarschijnlijk ★* INFORM. like enough *zeer waarschijnlijk ★* INFORM. very like *zeer waarschijnlijk*
likeable ('laɪkəbl) BNW *aangenaam; aantrekkelijk; aardig; prettig*
likelihood ('laɪklɪhʊd) ZN *waarschijnlijkheid*
likely ('laɪklɪ) BNW + BIJW • *waarschijnlijk; vermoedelijk* • *geschikt (lijkend)* • *veelbelovend* • *knap* ⟨v. uiterlijk⟩ • *aannemelijk ★* that's a ~ story *je kunt mij nog meer vertellen ★* as ~ as not *misschien wel, misschien niet ★* he is not ~ to come *hij komt waarschijnlijk niet ★* they called at every ~house *ze bezochten ieder huis dat hen geschikt voorkwam*
like-minded BNW *gelijkgestemd*
liken ('laɪkən) OV WW *vergelijken ★ ~to vergelijken met*
likeness ('laɪknəs) ZN • *gelijkenis* • *gedaante* • *portret* • *getrouwe kopie* • *dubbelganger ★* an enemy in the ~*of a friend een vijand in de gedaante van een vriend ★* a living ~*een treffende gelijkenis*
likewise ('laɪkwaɪz) BIJW *eveneens; bovendien; ook*
liking ('laɪkɪŋ) ZN *voorkeur; zin; smaak ★* have a ~for *een voorliefde hebben voor; houden van ★* take a ~to *op krijgen met; zin krijgen in*
lilac ('laɪlək) I BNW • *lila* II ZN • *sering* • *lila*
lilac wine ZN *seringenwijn*
lilo ('laɪləʊ) ZN *luchtbed*
lilt (lɪlt) I ZN • *wijsje* • *ritme* • *veerkrachtige tred* II OV+ONOV WW • *(melodieus en ritmisch) zingen*
lily ('lɪlɪ) I ZN • *lelie ★* lilies and roses *witte gelaatskleur* II BNW • *wit; lelieblank; bleek*
lily-livered (lɪlɪ'lɪvəd) BNW *laf*
lily of the valley ZN *lelietje-van-dalen*
lily-white (lɪlɪ'waɪt) BNW • *lelieblank* • *moreel zuiver* ⟨vaak ironisch⟩
limb (lɪm) I ZN • *lid(maat)* • *tak* • *arm* ⟨v. kruis⟩ • *uitloper* ⟨v. gebergte⟩ • *passage* ⟨in vonnis⟩ • *rand* • *bladschijf ★* out on a limb *alleen, zonder steun van anderen* II OV WW • *v. elkaar trekken; ontleden*
limber ('lɪmbə) I ZN • *vóórwagen* ⟨v. kanon⟩ II BNW • *lenig; buigzaam; meegaand* III OV+ONOV WW • *~ up de spieren losmaken; soepel maken*
limber chest ZN *munitiekist*
limbo ('lɪmbəʊ) ZN • *limbo* ⟨dans⟩ • INFORM. *nor* • *toestand v. vergetelheid*
lime (laɪm) I ZN • *vogellijm* • *kalk* • *limoen* • *linde ★* quick lime *ongebluste kalk ★* slaked lime *gebluste kalk* II OV WW • *behandelen/ bemesten met kalk* • *bestrijken met vogellijm ★* OOK FIG. *lijmen*
lime juice ZN *limoensap*
limelight ('laɪmlaɪt) ZN *★* FIG. be in the ~*in de schijnwerpers staan*
limerick ('lɪmərɪk) ZN *limerick*
limestone ('laɪmstəʊn) ZN *kalksteen*
Limey ('laɪmɪ) ZN • USA, STRAATT. *Engelse matroos/schip* • USA, STRAATT. *Engelsman*
limit ('lɪmɪt) I ZN • *grens(lijn)* • *eindpunt; limiet* • *beperking ★* that is the ~*dat is het toppunt ★* isn't he the ~? *heb je ooit zo'n*

onuitstaanbaar iem. gezien? ★ go the *~ tot het uiterste gaan* ★ USA off *~s verboden gebied* ★ set *~s* to *paal en perk stellen aan* ★ within *~s tot op zekere hoogte* II OV WW • *begrenzen*; *beperken*

limitation (lɪmɪ'teɪʃən) ZN • *begrenzing*; *grens* • *verjaringstermijn*

limited ('lɪmɪtɪd) BNW • *begrensd*; *beperkt* • *bekrompen* • *schraal* ★ ~*liability beperkte aansprakelijkheid* ★ ~*liability company Naamloze Vennootschap* ★ ~*partnership commanditaire vennootschap* ★ ~*monarchy constitutionele monarchie*

limitless ('lɪmɪtləs) BNW *onbeperkt*; *grenzeloos*

limn (lɪm) OV WW • *tekenen*; *schilderen* ⟨v. miniaturen⟩ • *beschrijven*

limo ('lɪməʊ) AFK INFORM. *limousine*

limousine ('lɪməziːn) ZN • *limousine* • USA *taxibusje*

limp (lɪmp) I ZN • *kreupele gang* ★ he has a limp in his walk *hij loopt mank* II BNW • *buigzaam* • *lusteloos* III ONOV WW • *kreupel/mank lopen*; *hinken* • *met moeite vooruitkomen* ⟨v. beschadigd schip of vliegtuig⟩ • *haperen* ⟨v. vers⟩

limpet ('lɪmpɪt) ZN • *soort zeeslak* • *iem. die niet te bewegen is zijn post te verlaten* ★ stick on like a ~*aanhangen als 'n klit*

limpid ('lɪmpɪd) BNW *helder*; *doorschijnend*

limpidity (lɪm'pɪdətɪ) ZN *helderheid*

limpsy ('lɪmpsɪ) BNW *lusteloos*; *slap*

limy ('laɪmɪ) BNW • *kleverig* • *kalk-*

linage ('laɪnɪdʒ) ZN • *aantal regels* • *aantal regels per bladzijde* ⟨bij drukwerk⟩ • *betaling per regel*

linchpin, lynchpin ('lɪntʃpɪn) ZN *belangrijkste deel/persoon*

Lincs. AFK *Lincolnshire*

linden ('lɪndən) ZN *linde(boom)*

line (laɪn) I ZN • *lijn* • *reeks* • *linie* • USA *rij* ⟨v. wachtenden⟩ • *grens(lijn)* • *streep* • MIL. *loopgraaf* • *rij tenten* • *rimpel* ⟨in gezicht⟩ • *omtrek*; *contour* • *regel*; *versregel* • *lettertje*; *briefje* • *lijndienst* • *afkomst*; *familie* • *gedragslijn* • *gedachtegang* • *vak*; *branche* • *artikel* ⟨uit assortiment⟩ • *spoor* • *richting* • *(stuk) touw*; *koord*; *snoer* • *fijn lang vlas* • *linnen* • *mooie praatjes* ★ line of battle *slagorde* ★ line of conduct *gedragslijn* ★ line of fortune *gelukslijn* ⟨bij handlezen⟩ ★ line of life *levenslijn* ⟨bij handlezen⟩ ★ line by line *langzaam maar zeker* ★ line of thought *gedachtegang* ★ dotted line *stippellijn* ★ finishing line *eindstreep* ★ hard lines *tegenslag* ★ all along the line *over de gehele linie* ★ that's in my line *dat is mijn vak*; *net iets voor mij* ★ on the line *tussen twee in*; *op de grens* ★ it is out of my line *het is mijn vak niet*; *het is niets voor mij* ★ be in line with *op één lijn staan met*; *overeenkomen met* ★ bring into line with *in overeenstemming brengen met* ★ draw the line *paal en perk stellen* ★ FIG. go over the line *te ver gaan* ★ PLAT get a line on *er achter komen* ★ hold the line, please *blijft u even aan de lijn* ⟨telefoon⟩ ★ read between the lines *tussen de regels lezen* ★ USA stand/wait in line *in de rij staan* ★ take one's

own line *z'n eigen gang gaan* ★ toe the line *in de pas blijven (lopen)*; *de partijlijn volgen*; ⟨onder druk⟩ *zich neerleggen bij de situatie* II OV WW • *liniëren* • *rimpelen* • *strepen* • *opgesteld staan langs*; *opstellen* • *afzetten* ⟨v. straat⟩ • *(v. binnen) bekleden*; *voeren*; *als voering dienen* • *beleggen* • *vullen* ⟨v. maag⟩; *spekken* ⟨v. beurs⟩ • *bespringen*; *dekken* ⟨v. honden⟩ • ~ **in** *omlijnen* • ~ **off** *afscheiden door streep* • ~ **out** *omlijnen* ⟨plan⟩ • USA ~ **through** *doorstrepen* III ONOV WW • ~ **up** *z. opstellen*; *aantreden*; *naast elkaar voortbewegen* ⟨v. schepen/vliegtuigen⟩ ★ line up with *één lijn trekken met* ★ line up behind *steunen*; *helpen* • ~ **with** *grenzen aan*

lineage ('lɪnɪdʒ) ZN • *geslacht* • *nakomelingen*

lineal ('lɪnɪəl) BNW • *rechtstreeks* • *afstammend in rechte lijn*

lineament ('lɪnɪəmənt) ZN *(gelaats)trek*

linear ('lɪnɪə) BNW • *lineair* • *lang*, *smal en v. gelijke breedte* • *lengte-*; *lijn-*

lineate ('lɪnɪeɪt) OV WW *liniëren*

line drawing ZN *pentekening*; *potloodtekening*

line keeper ZN *baanwachter*

lineman ('laɪnmən) ZN *lijnwerker*

linen ('lɪnɪn) ZN • *linnen* • *ondergoed* ★ FIG. wash one's dirty ~in public *de vuile was buiten hangen*

linen-draper ZN *winkelier in linnen/katoenen stoffen*

line operator ZN *telefonist*

liner ('laɪnə) ZN • *lijnentrekker* • *lijnboot/ -vliegtuig* • INFORM. *broodschrijver* ⟨voor krant⟩ • *voering* ⟨v. cilinder⟩

linesman ('laɪnzmən) ZN • *liniesoldaat* • SPORT *grensrechter* • *lijnwerker*

line-up ZN • *het aantreden* • *opstelling* • *samenstelling* ⟨v. groep⟩

ling (lɪŋ) ZN • *soort kabeljauw* • *soort heide(plant)*

linger ('lɪŋgə) I OV WW ★ ~away time *tijd verknoeien* II ONOV WW • *talmen*; *dralen*; *blijven zitten* • *blijven hangen* • *kwijnen* • *weifelen* ★ ~on sth *uitweiden over iets* ★ ~ over a report *lang bij een rapport stilstaan*

lingerer ('lɪŋgərə) ZN • → **linger**

lingerie ('lãːʒarɪː, USA lãːʒəˈreɪ) ZN *lingerie*

lingering ('lɪŋgərɪŋ) BNW *langzaam*; *slepend* ⟨v. ziekte⟩

lingo ('lɪŋgəʊ) ZN *groepstaal*; *jargon*

lingual ('lɪŋgwəl) I ZN • *tongklank* II BNW • *tong-* • *taal-*

linguist ('lɪŋgwɪst) ZN • *talenkenner* • *taalkundige*

linguistic (lɪŋ'gwɪstɪk) BNW *taal-*; *taalkundig*

linguistics (lɪŋ'gwɪstɪks) ZN MV *taalwetenschap*

lingy ('lɪŋɪ) BNW *begroeid met heide*

liniment ('lɪnɪmənt) ZN *smeersel*

lining ('laɪnɪŋ) ZN • *voering* • *omlijning* ★ every cloud has a silver ~*achter de wolken schijnt de zon*

link (lɪŋk) I ZN • *schakel*; *verbinding*; *verband* • *fakkel* • USA *voet* ⟨±30 cm⟩ • *manchetknoop* ★ missing link *ontbrekende schakel* II OV WW • *schakelen*; *verbinden* • *ineenslaan* ⟨v. handen⟩ • *steken door* ⟨v. armen⟩ III ONOV WW • *zich verbinden*; *zich aansluiten*

linkage ('lɪŋkɪdʒ) ZN *verbinding*
linkman ('lɪŋkmæn) ZN *presentator* ⟨tussen programma's⟩
link-up ('lɪŋkʌp) ZN *verbinding*
linnet ('lɪnɪt) ZN *kneu*
lino ('laɪnəʊ) ZN INFORM. *linoleum*
linseed ('lɪnsiːd) ZN *lijnzaad*
linsey-woolsey (lɪnzɪ'wʊlzɪ) ZN *weefsel uit wol en linnen*
lint (lɪnt) ZN *pluis; pluksel*
lintel ('lɪntl) ZN *kalf; latei* ⟨balk⟩
lion ('laɪən) ZN • *leeuw* • *man v. grote moed* ★ FIG. a lion in the way/path *een beer op de weg* ⟨denkbeeldig gevaar⟩
lioness ('laɪənəs) ZN *leeuwin*
lion-hearted (laɪən'hɑːtɪd) BNW *zeer moedig*
lionize, G-B **lionise** ('laɪənaɪz) OV WW *als beroemdheid behandelen* • *op een voetstuk plaatsen*
lion's den ZN *leeuwenkuil*
lion's share ZN *leeuwendeel*
lip (lɪp) I ZN • *lip* • *rand* • PLAT *brutale praat; onbeschaamdheid* ★ hang one's lip *beteuterd staan te kijken* ★ keep a stiff upper lip *geen emotie tonen* ★ none of your lip! *hou je grote mond!* II BNW • *lip(pen)-* • *schijn-* II OV WW • *murmelen; mompelen* • PLAT *zingen* • *aanraken met de lippen* • *even aanraken; kabbelen tegen of over* ⟨v. water⟩
lip-deep BNW *onoprecht*
lip-read ONOV WW *liplezen*
lip-service ('lɪpsɜːvɪs) ZN *lippendienst* ★ pay/give ~ to *lippendienst bewijzen aan; alleen met de mond belijden*
lipstick ('lɪpstɪk) ZN *lippenstift*
liquefaction (lɪkwɪ'fækʃən) ZN *vloeibaarheid*
liquefy ('lɪkwɪfaɪ) OV+ONOV WW *smelten; vloeibaar maken* ⟨v. gas⟩
liqueur (lɪ'kjʊə) I ZN • *likeur* II OV WW • *mengen met likeur*
liquid ('lɪkwɪd) I ZN • *vloeistof* II BNW • *waterig; vloeibaar* • *harmonieus of vloeiend* ⟨v. klanken⟩ • *onvast; vlottend* ⟨v. kapitaal⟩ ★ ~ fire *vuur uit vlammenwerper* ★ ~ manure *drijfmest; gier*
liquidate ('lɪkwɪdeɪt) OV WW • *liquideren* • *vereffenen* ⟨v. schuld⟩ • *uit de weg ruimen*
liquidation (lɪkwɪ'deɪʃən) ZN • *liquidatie* • *vereffening*
liquidator ('lɪkwɪdeɪtə) ZN *liquidateur*
liquidity (lɪ'kwɪdətɪ) ZN • *onvastheid* • ECON. *liquiditeit* • *vloeibaarheid*
liquidize, G-B **liquidise** ('lɪkwɪdaɪz) OV WW • *uitpersen* • *vloeibaar maken*
liquidizer, G-B **liquidiser** ('lɪkwɪdaɪzə) ZN *mengbeker*
liquid measure ZN *inhoudsmaat voor vloeistoffen*
liquor ('lɪkə) I ZN • *drank; sterkedrank • aftreksel; brouwsel* • *vocht; nat* ★ be in~ *dronken zijn* ★ be the worse for~ *dronken zijn* ★ spirituous ~ *sterkedrank* II OV WW • *insmeren; weken* • ~ **up** *dronken voeren* III ONOV WW • PLAT ~ **up** *borrelen*
liquorice ('lɪkərɪs) ZN • *zoethout* • *drop* ★ ~ allsorts ≈ *Engelse drop*

liquor store ZN USA *slijterij*
lisp (lɪsp) I ZN • *gelispel* II ONOV WW • *lispelen* • *krompraten* ⟨v. kind⟩
lissom, lissome ('lɪsəm) BNW *lenig; buigzaam*
list (lɪst) I ZN • *lijst; catalogus* • JUR. *rol* • *zelfkant; rand • tochtband • slagzij; het overhellen* ⟨bijv. v. muur⟩ II OV WW • *een lijst opmaken van; catalogiseren • noteren; registreren* • *v. zelfkant/tochtband voorzien • lust hebben* ⟨dichterlijk⟩ ★ a listed building *een op de monumentenlijst geplaatst gebouw* ★ a listed hotel *een bondshotel* III ONOV WW • *overhellen* • *slagzij maken*
listen ('lɪsən) ONOV WW • *luisteren* • ~ **in (to)** *afluisteren; luisteren naar radiostation* • ~ **out** *goed/aandachtig luisteren* • ~ **to** *luisteren naar*
listener ('lɪsənə) ZN • *iem. die luistert* • PLAT *oor*
listless ('lɪstləs) BNW *lusteloos*
list price ZN *adviesprijs*
lit (lɪt) I BNW • PLAT lit (up) *wat aangeschoten; tipsy* II WW [verleden tijd + volt. deelw.] • → light
litany ('lɪtənɪ) ZN *litanie*
liter ZN USA • → litre
literacy ('lɪtərəsɪ) ZN *geletterdheid*
literal ('lɪtərəl) BNW • *prozaïsch; nuchter* • *letterlijk • letter-* ★ ~ error *drukfout*
literary ('lɪtərərɪ) BNW • *letterkundig • geletterd*
literate ('lɪtərət) I ZN • *geletterde • iem. die kan lezen en schrijven • proponent; kandidaat-predikant die niet aan een universiteit heeft gestudeerd* ⟨in anglicaanse Kerk⟩ II BNW • *kunnende lezen en schrijven* • *geletterd*
literature ('lɪtərətʃə) ZN • *literatuur; letterkunde* • *de publicaties over een bep. onderwerp* • INFORM. *propaganda-/voorlichtingsmateriaal*
lithe (laɪð) BNW *lenig; buigzaam*
lithograph ('lɪθəɡrɑːf) ZN *litho; steendruk(prent)*
lithography (lɪ'θɒɡrəfɪ) ZN *lithografie; steendrukkunst*
Lithuania (lɪθjʊ'eɪnɪə) ZN *Litouwen*
Lithuanian (lɪθjʊ'eɪnɪən) I ZN • *Litouwer* II BNW • *Litouws*
litigant ('lɪtɪɡənt) ZN *partij voor de rechtbank*
litigate ('lɪtɪɡeɪt) OV+ONOV WW *procederen; betwisten*
litigation (lɪtɪ'ɡeɪʃən) ZN *proces(voering)*
litigious (lɪ'tɪdʒəs) BNW • *pleitziek; twistziek* • *betwistbaar • proces-*
litmus ('lɪtməs) ZN *lakmoes*
litre ('liːtə) ZN *liter*
litter ('lɪtə) I ZN • *afval • rommelboeltje • worp* ⟨v. dieren⟩ • *stalstro • stalmest • strobedekking • draagstoel; draagbaar* ★ everything was in a ~ *alles lag overhoop* ★ be in~ *drachtig zijn* II OV WW • *rommel maken • jongen werpen • van stro voorzien; bedekken met stro* • ~ **about/around/over** *bezaaien; door elkaar gooien*
litter bin ZN *prullenbak*
litter lout, litter bug V/O INFORM. *sloddervos*
little ('lɪtl) BNW + BIJW • *klein • weinig • laag; gemeen* • *kleinzielig • onbelangrijk • laag; gemeen* ★ the~ *de kleine luiden* ★ the~ ones *de kleintjes; de jongen* ★ ~ by~ *langzamerhand*

★ after a~ *na een tijdje* ★ by~ *and~ langzamerhand* ★ for a~ *(gedurende) korte tijd* ★ in~ *op kleine schaal* ★ make~ of *als onbelangrijk behandelen*; *weinig begrip tonen voor* ★ he~ *knows the story hij kent het verhaal helemaal niet* ★ he did his~ *best hij deed wat hij kon (al was het dan niet veel)* ★ ~ things please~ *minds eenvoudige mensen zijn met een beetje tevreden*; *een kinderhand is gauw gevuld*

littleness ('lɪtlnəs) ZN *klein(zielig)heid*

littoral ('lɪtərəl) I ZN • *kuststreek* II BNW • *kust-*

liturgy ('lɪtədʒɪ) ZN *liturgie*

livable BNW • →**liveable**

live¹ (lɪv) I OV WW • *leven* • *doorléven* • *in praktijk brengen* • ~ **down** *te boven komen* • ~ **out** *zijn leven slijten* ★ *live out one's fantasies zijn fantasie realiseren* ★ *she did not live out the night ze haalde de morgen niet* • ~ **over** *doorkomen (tijd)* II ONOV WW • *leven*; *bestaan* • *wonen* • *leven van*; *aan de kost komen* • *blijven leven* ★ *as I live zowaar (ik leef)* ★ *he lived to a great age hij bereikte een zeer hoge leeftijd* ★ *if I live to see the day als ik de dag nog beleef/meemaak* ★ *live again herleven* ★ *live and learn! ondervind 't maar eens!* ★ *live from hand to mouth v.d. hand in de tand leven* ★ *live well 'n goed leven leiden*; *er goed v. eten* • ~ **by** *leven van* • ~ **in** *inwonend zijn* ★ *the room was not lived in de kamer werd niet bewoond* • ~ **off** *leven (op kosten) van* • ~ **on** *blijven leven* ★ *he lives on potatoes hij leeft van aardappelen* • ~ **out** *uitwonend zijn* • ~ **through** *doormaken* • ~ **up to** *naleven*; *waarmaken*

live² (laɪv) BNW • *levend*; *in leven* • *levendig* • COMM. *rechtstreeks uitgezonden*; *niet vooraf opgenomen*; *live* • MUZ. *ter plekke uitgevoerd*; *niet vooraf opgenomen*; *live* • *scherp* (v. *munitie*) • TECHN. *onder stroom* (v. *elektriciteitskabel*) • *gloeiend heet* (v. *kolen*)

liveable, livable ('lɪvəbl) BNW • *leefbaar* • *bewoonbaar* • *draaglijk* (v. *leven*) • *gezellig* (v. *mensen*)

live-in ('lɪvɪn) BNW • *inwonend* • *samenwonend*

livelihood ('laɪvlɪhʊd) ZN *levensonderhoud*

liveliness ('laɪvlɪnəs) ZN *levendigheid*; *vrolijkheid*

livelong ('lɪvlɒŋ) I PLANTK. *hemelsleutel* II BNW ★ *the~ day de godganse dag*

lively ('laɪvlɪ) BNW • *levendig*; *krachtig* • *vrolijk*; *opgewekt* • *bedrijvig* • *treffend* • IRON. *moeilijk*; *opwindend*; *gevaarlijk* • *helder*; *fris* (v. *kleur*) • *licht op het water liggend* (v. *boot*) • ~! *vlug 'n beetje!* ★ *he gave me a~ time hij gaf me handen vol werk* ★ *that's~! dat ziet er fraai uit!*

liven (laɪvən) OV+ONOV WW • ~ **up** *opvrolijken*

liver ('lɪvə) ZN • *lever* • *leverkwaal* • *leverkleur* • *iem. die leeft*; *levende* • *bewoner* ★ *he is a good~ hij leidt een behoorlijk/goed leven*; *hij leeft er goed van* • *chopped~ leverpastei*

liveried ('lɪvərɪd) BNW *in livrei*

liverish ('lɪvərɪʃ) BNW • *misselijk* • *galachtig*; *chagrijnig* • *leverachtig*

liver sausage ZN *leverworst*

liverwort ('lɪvəwɜːt) ZN PLANTK. *levermos*

livery ('lɪvərɪ) ZN • *kleurstelling* • *livrei*

livery stable ZN *stalhouderij*

lives¹ (lɪvz) OV+ONOV WW [o.t.t.] • →**live¹**

lives² (laɪvz) ZN [mv] • →**life**

livestock ('laɪvstɒk) ZN *veestapel*; *levende have*

livid ('lɪvɪd) BNW • *loodkleurig*; *lijkkleurig* • INFORM. *razend*; *boos*

living ('lɪvɪŋ) I ZN • *levensonderhoud* • *leven* • *woonkamer*; *woonruimte* • *predikantsplaats* (in anglicaanse Kerk) ★ *the~ de levenden* ★ *good~ lekker eten en drinken* ★ *earn/make a~ de kost verdienen* II BNW • *levend*

living room ZN *woonkamer*

living wage ZN *aanvaardbaar salaris* (waarmee je goed kunt leven)

lizard ('lɪzəd) ZN • *hagedis* • *soort kanarie* II AFK *lines regels*

'll HWW • →**will** • →**shall**

llama ('lɑːmə) ZN *lama(wol)*

lo (ləʊ) TW IRON. *kijk!*; *zie!* ★ IRON. lo and behold *(en) ziet!*

load (ləʊd) I OV WW • *laden*; *inladen*; *beladen*; *verzwaren*; *belasten* • *overláden* • *vervalsen door zwaarder/sterker te maken* (vnl. van dobbelstenen) • *veel kopen* (op effectenbeurs) • *verzekeringspremie extra verhogen* • ~ **up** (be)laden II ONOV WW • *vollopen/-raken* (v. *vervoermiddel*) III ZN • *last*; *vracht*; *lading* • *kracht* • *hoeveelheid* • *druk* • *belasting* ★ INFORM. loads of *een overvloed aan*; *hopen van* ★ *it took a load off my mind het was een pak v. mijn hart*

loaded ('ləʊdɪd) BNW *dronken* ★ *he's~ hij barst van het geld*; *hij is schatrijk* ★ ~ tongue *beslagen tong* ★ air~ *with lucht bezwangerd met*

loader ('ləʊdə) ZN • *lader v. geweer op de jacht* • *type geweer dat op bep. manier wordt geladen*

loading ('ləʊdɪŋ) ZN • *vracht* • *het laden* • *extra verhoging op verzekeringspremie*

loadstar ZN • →**lodestar**

loadstone ZN • →**lodestone**

loaf (ləʊf) I ZN • *brood* • *krop* (v. *groente*) • *gelummel* ★ *French loaf stokbrood* ★ FIG. *half a loaf is better than no bread een half ei is beter dan een lege dop* ★ PLAT *use your loaf! gebruik je hersens!* ★ *be on the loaf aan het slenteren zijn*; *lummelen* II OV+ONOV WW • *rondslenteren*; *lummelen* ★ *loaf away one's time z'n tijd verlummelen*

loafer ('ləʊfə) ZN • *leegloper* • *(comfortabele) herenschoen*

loam (ləʊm) I ZN • *leem* • *potgrond* • *bloemistenaarde* II OV WW • *met leem besmeren*

loamy ('ləʊmɪ) BNW • *leem-* • *leemachtig*

loan (ləʊn) I ZN • *lening*; *krediet* • *het (ont)lenen* • *het ontleende of geleende* • *on loan te leen* ★ *bridging loan overbruggingskrediet* ★ *government-backed loans leningen met overheidsgarantie* II BNW • *in bruikleen* • *ontleend* ★ *a loan collection een in bruikleen afgestane verzameling* III OV WW • ~ **out** *uitlenen*

loan shark ZN *woekeraar*

loanword ZN TAALK. *leenwoord*

loath BNW *afkerig*; *ongenegen*; *onwillig*

★ nothing ~ *helemaal niet afkerig; met alle plezier*
loathe (ləʊð) OV WW *verafschuwen; walgen van*
loathing ('ləʊðɪŋ) ZN *afschuw; walging*
loathsome ('ləʊðsəm) BNW *walgelijk*
loaves (ləʊvz) ZN [mv] • → **loaf**
lob (lɒb) I ZN • *homp; klomp* • PLAT *geldlade*
• *hoog geslagen bal* ⟨bij tennis⟩ II OV WW
• *gooien of slaan* ⟨v. bal⟩ III ONOV WW • *z. log bewegen*
lobby ('lɒbɪ) I ZN • *portaal; vestibule*
• *(wandel)gang* • USA *foyer; wachtkamer; conversatiezaal* ⟨in hotel⟩ • *lobby* ⟨pressiegroep⟩ • *lobbyist* II OV+ONOV WW
• *lobbyen; bewerken van invloedrijke personen*
• *druk uitoefenen op (politieke) besluitvorming*
lobe (ləʊb) ZN • *(oor)lel* • *lob* • *kwab*
lobotomy (lə'bɒtəmɪ) ZN *lobotomie*
lobster ('lɒbstə) ZN • *zeekreeft* • *Engelse soldaat*
• *sul* ★ PLAT *a raw ~ politieagent*
lobworm ('lɒbwɜːm) ZN *aasworm*
local ('ləʊkl) I ZN • *plaatselijke bewoner*
• *plaatselijk nieuws* ⟨in krant⟩ • *postzegel voor bep. district* • *lokaaltrein* • INFORM. *(dorps)café*
II BNW • *plaatselijk; gewestelijk; plaats-* • *alhier* ⟨op brief⟩
locale (ləʊ'kɑːl) ZN *plaats van handeling; toneel*
localise WW G-B • → **localize**
localism ('ləʊkəlɪzəm) ZN *plaatselijke eigenaardigheid; gehechtheid aan bep. plaats*
locality (ləʊ'kælətɪ) ZN • *ligging* • *plaats; streek*
• *plaatsgeheugen; oriënteringsvermogen*
localize ('ləʊkəlaɪz) OV WW • *lokaliseren* • *een plaatselijk karakter geven* • *decentraliseren*
• ~ *upon (aandacht) concentreren op*
locate (ləʊ'keɪt) I OV WW • *in 'n plaats vestigen*
• *de plaats bepalen van* • *afbakenen*
• *aanleggen* ⟨v. weg⟩ II ONOV WW • *gelegen zijn*
location (ləʊ'keɪʃən) ZN • *plaats(bepaling)*
• *ligging* • *afbakening* • *afgebakend gebied*
• *aanleg* ⟨v. weg⟩ • *verblijfplaats* • *kraal* ⟨in Zuid-Afrika⟩ ★ on ~ *op locatie*
loch (lɒx) ZN ⟨in Schotland⟩ • *meer* ⟨in Schotland⟩ • *smalle zeearm*
loci ('ləʊsaɪ) ZN [mv] • → **locus**
lock (lɒk) I OV WW • *op slot doen* • *vastzetten* ⟨v. kapitaal⟩ • *voorzien v. sluizen* • ~ **away** *wegsluiten* • ~ **down/in/out/through** *schutten* ⟨v. boot⟩ • ~ **in** *insluiten; opsluiten; omsluiten* • ~ **out** *buitensluiten; uitsluiten*
• ~ **up** *wegsluiten; opsluiten* ⟨v. patiënt⟩; *op (nacht)slot doen; vastzetten* ⟨v. geld⟩; *sluiten*
II ONOV WW • *vastlopen* ⟨v. wiel⟩ • *klemmen*
• *op slot kunnen* • ~ **on** *doel zoeken en automatisch volgen* ⟨v. raket, radar⟩
III OV+ONOV WW • *insluiten; omsluiten; sluiten*
IV ZN • *slot* • *(haar)lok* • *sluis* • *vlok* ⟨v. katoen of wol⟩ • *houdgreep* • *dol* ⟨v. roeiboot⟩
• *verkeersopstopping* ★ *lock, stock and barrel alles inbegrepen; geheel en al* ★ *under lock and key achter slot en grendel*
lockage ('lɒkɪdʒ) ZN • *verval in sluis* • *schutgeld*
• *sluiswerken*
locker ('lɒkə) ZN • *doosje of kastje met slot*
• *bagagekluis*
locker room ZN *kleedkamer met kasten*

locket ('lɒkɪt) ZN *medaillon*
lock gate ZN *sluisdeur*
lock-in ZN *'t bezetten v. fabriek, enz. uit protest*
lockjaw ('lɒkdʒɔː) ZN *tetanus*
lock-keeper ZN *sluiswachter*
lockout ('lɒkaʊt) ZN *uitsluiting* ⟨v. personeel bij dreigende staking⟩
locksmith ('lɒksmɪθ) ZN *slotenmaker*
lock-up ('lɒkʌp) ZN • *iets dat op slot gedaan kan worden* • *sluitingstijd* • *het vastzetten* ⟨v. geld⟩
• *arrestantenlokaal* • *garagebox*
lock-up shop ZN *winkel zonder woongelegenheid*
loco ('ləʊkəʊ) I ZN • *locomotief* II BNW • PLAT *niet goed snik*
locomotion (ləʊkə'məʊʃən) ZN *(voort)beweging; verkeer; vervoer*
locomotive (ləʊkə'məʊtɪv) I ZN • *locomotief*
II BNW • *z. (voort)bewegend; bewegings-; beweeg-* • FIG. *altijd onderweg*
locum ('ləʊkəm) ZN ★ ~(tenens) *plaatsvervanger*
locus ('ləʊkəs) ZN *(meetkundige) plaats*
locust ('ləʊkəst) ZN • *sprinkhaan* • *vrucht v.d. broodboom* • *acacia*
locution (lək'juːʃən) ZN *spreekwijze; manier v. (z.) uitdrukken*
lode (ləʊd) ZN • *afvoerkanaal* • *metaalader*
lodestar ('ləʊdstɑː) ZN • *Poolster; leidster* • *iets wat men najaagt*
lodestone ('ləʊdstəʊn) ZN *magneet*
lodge (lɒdʒ) I OV WW • *bevatten* • *indienen* ⟨v. klacht⟩ • *inzenden* • *plaatsen; leggen* ⟨v. macht in iemands handen⟩ • *logies verschaffen; herbergen* ★ ~ *an appeal in hoger beroep gaan*
• ~ **with** *deponeren* ⟨bij rechtbank⟩ II ONOV WW • *logeren* • *zetelen* • *neerslaan* ⟨v. gewas door wind of regen⟩ • *blijven steken; blijven zitten* ⟨v. splinter⟩ • ~ **with** *(in)wonen bij* III ZN
• *(schuil)hut* • *jachthuis; buitenhuis*
• *portierswoning; portierskamer* • *herberg*
• *woning v. hoofd v. college in Cambridge*
• *wigwam* • *leger v. bever of otter*
• *vrijmetselaarsloge* • *afdeling v. vakbond*
lodge-keeper ZN *portier*
lodgement ZN • → **lodgment**
lodger ('lɒdʒə) ZN *kamerbewoner*
lodging ('lɒdʒɪŋ) ZN *logies; verblijf* ★ *live in ~s op kamers wonen*
lodgment ('lɒdʒmənt) ZN • *logies; onderdak*
• JUR. *het deponeren* • *ophoping*
loess ('ləʊɪs) ZN *löss*
loft (lɒft) I ZN • *vliering; zolder* • *tribune; galerij*
• *duiventil* • *vlucht duiven* II OV WW • *hoog slaan* ⟨v. bal bij golf⟩ • *de ruimte inschieten* ⟨v. satelliet⟩ • *duiven in til houden*
lofter ('lɒftə) ZN *golfclub*
lofty ('lɒftɪ) BNW • *hoog; verheven* • *hooghartig*
log (lɒg) I ZN • *blok hout* • *logboek* ★ *I have no log to roll ik ben niet op eigen baat uit* ★ *sleep like a log slapen als een os/blok* ★ *in the log niet gekapt; onbehouwen* II OV WW • *in blokken kappen* • USA *hout hakken en vervoeren* • *optekenen* ⟨in dagboek⟩ • SCHEEPV. *afstand afleggen; lopen* • *beboeten* • COMP.
~ **in/on** *inloggen* • COMP. ~ **out** *uitloggen*
III AFK • WISK. *logaritme*
loganberry (ləʊɡənbri, -beri) ZN *loganbes*

⟨kruising framboos en braam⟩

logarithm ('lɒgərɪðəm) ZN *logaritme*

logbook ('lɒgbʊk) ZN • *logboek* • *dagboek*

log cabin ZN *blokhut*

logged (lɒgd) BNW • *vol water* • *stilstaand* ⟨v. water⟩ • *vastgelopen*

logger ('lɒgə) ZN *houthakker*

logic ('lɒdʒɪk) ZN *logica*

logical ('lɒdʒɪkl) BNW *logisch*

logically ('lɒdʒɪklɪ) BIJW *logischerwijze*

logician ('lədʒɪʃən) ZN *beoefenaar v.d. logica*; *logicus*

logistics (lə'dʒɪstɪks) ZN MV • *logistiek* • *verplaatsing en legering v. troepen* • USA *bevoorrading en onderhoud v.e. vloot*

logjam ('lɒgdʒæm) ZN • *stremming* ⟨v. houtvlotten⟩ • FIG. *sta-in-de-weg*

logo ('ləʊgəʊ) ZN *logo; beeldmerk*

loin (lɔɪn) ZN *lende(nstuk)* ★ *one's loins zijn eigen kroost* ★ *gird (up) one's loins zich op de strijd voorbereiden*

loincloth ('lɔɪnklɒθ) ZN *lendendoek*

loiter ('lɔɪtə) OV+ONOV WW • *dralen*; *talmen*; *rondhangen* ★ ~ *away one's time z'n tijd verbeuzelen* • ~ *about/away rondslenteren*

loiterer ('lɔɪtərə) ZN *draler*; *slenteraar*

loll (lɒl) OV+ONOV WW • *los (laten) hangen* • *lui liggen/hangen* • ~ *about/around rondslenteren*; *rondhangen*

lollipop ('lɒlɪpɒp) ZN • *(ijs)lolly* • PLAT *geld*; *poen* • *stopbordje* ⟨v. klaar-over⟩

lollop ('lɒləp) ONOV WW • INFORM. *lui liggen/hangen* • INFORM. *slenteren*; *zwalken*

lone (ləʊn) BNW • *eenzaam*; *verlaten* • *alleenstaand* ★ *play a lone hand met niemand rekening houden* • INFORM. *on/by my lone moederziel alleen* ★ *lone wolf eenzelvig iem.*

loneliness ('ləʊnlɪnəs) ZN *eenzaamheid*

lonely ('ləʊnli) BNW *eenzaam*; *verlaten*

loner ('ləʊnə) ZN *eenzame*; *verlatene*; *eenzelvig mens*

lonesome ('ləʊnsəm) BNW • *eenzaam*; *alleen* • *verlaten*

long (lɒŋ) I ZN • *lange klinker/lettergreep* • *haussier* ★ *the long de grote vakantie* ★ *the long and the short of it is het komt hierop neer* ★ *at (the) longest uiterlijk* ★ *before long weldra*; *spoedig* ★ *for long lange tijd* ★ USA *longs lange broek* II BNW • *lang(gerekt)* • *ver reikend* • *scherp* ⟨v. gezichtsvermogen⟩ • *groot* ⟨v. getal of gezin⟩ • *saai*; *vervelend* • INFORM. *hoog* ⟨v. prijs⟩ ★ *long in the tooth aftands* ★ *a long hundred 120* III ONOV WW • ~ **for** *verlangen naar* IV BIJW ★ *all day long de hele dag door* ★ INFORM. *so long! tot ziens!* ★ *I will help you, as long as you do what I tell you ik wil je wel helpen, als je maar doet wat ik zeg* ★ *no longer niet langer*; *niet meer* ★ *not any longer niet langer*; *niet meer*

longbill ('lɒŋbɪl) ZN *snip*

longboat ('lɒŋbəʊt) ZN *sloep*

longbow ('lɒŋbəʊ) ZN *handboog* ★ *draw the ~ opscheppen*

long-distance BNW *langeafstands-*; *interregionaal*

long-drawn-out BNW *langdurig*

long-eared (lɒŋ'ɪəd) BNW • *met lange oren* • *dom*

longevity (lɒn'dʒevətɪ) ZN *lang leven*

longhand ('lɒŋhænd) ZN *(gewoon) handschrift*

longing ('lɒŋɪŋ) ZN *verlangen*

longitude ('lɒŋgɪtju:d) ZN *geografische lengte*

longitudinal (lɒŋgɪ'tju:dɪnl) BNW *lengte-*; *in de lengte(richting)*

long-lasting BNW *langdurig*

long-lived (lɒŋ'lɪvd) BNW • *lang levend* • *langdurig*

long-range BNW • *op lange termijn* • *ver reikend*; *langeafstands-*

longshoreman ('lɒŋʃɔ:mən) ZN USA *havenarbeider*; *dokwerker*

long-sighted BNW *verziend*

long-standing (lɒŋ'stændɪŋ) BNW *v. oude datum*; *al lang bestaand*

long-suffering (lɒŋ'sʌfərɪŋ) BNW *lankmoedig*

long-term (lɒŋ'tɜ:m) BNW *langetermijn-*; *op lange termijn*

long-time (lɒŋ'taɪm) BNW ★ ~ *friend oude vriend*

longways ('lɒŋweɪz) BNW + BIJW *lengte-*; *in de lengte*

long-winded (lɒŋ'wɪndɪd) BNW • *met lange adem* • *langdradig*

loo (lu:) ZN INFORM. *plee*

look (lʊk) I OV WW • *kijken (naar)* • *onderzoeken* • *verbaasd/dreigend kijken* • INFORM. *zorgen*; *te kennen geven* ★ *look sb down iem. de ogen doen neerslaan* • ~ **over** *doorkijken*; *onderzoeken*; *door de vingers zien* ★ *look a p. over iem. opnemen* • ~ **up** *opzoeken* ⟨v. woord/persoon⟩ ★ *look sb up and down iem. van onder tot boven opnemen* II ONOV WW • *kijken*; *zien* • *ergens v. opkijken* • *een bep. kant uitgaan* ★ *look before you leap bezint eer ge begint* ★ *look sharp op zijn hoede zijn*; *vlug voortmaken* ★ *look you! denk erom!*; *luister 'ns!* • ~ **about** *rondkijken* ★ *he looked about him hij keek om z. heen*; *hij was op zijn hoede* • ~ **after** *zorgen voor*; *waarnemen* ⟨v. dokterspraktijk⟩ • ~ **ahead** *vooruitzien* • ~ **at** *kijken naar*; *bezien*; *beoordelen*; *bekijken*; *overwegen* ★ *I won't look at it ik wil er niet naar kijken*; *ik wil er niets mee te maken hebben* ★ INFORM. *he could not look at you hij bleef ver bij je achter* ★ *it is not much to look at zo te zien lijkt 't niet veel zaaks* ★ *to look at him, you would not say so naar z'n uiterlijk te oordelen zou je het niet zeggen* ★ *here's looking at you! proost!* • ~ **back** *achterom kijken*; *z. herinneren* • ~ **down** *neerzien*; *de ogen neerslaan* • OOK FIG. *look down upon neerkijken op* • ~ **for** *zoeken naar*; *verwachten*; *vragen om* ⟨moeilijkheden⟩ • ~ **forward to** *(verlangend) uitzien naar* • ~ **in** *aanlopen* ★ *look in on sb bij iem. aanlopen* • ~ **into** *onderzoeken* • ~ **on** *toekijken* • ~ **out** *uitkijken* • ~ **out for** *uitzien naar*; *verwachten*; *zorgen voor* • ~ **out (up)on** *uitzicht geven op/over* • ~ **over** *uitzien op/over* • ~ **round** *omkijken*; *om z. heen zien* • ~ **round for** *uitkijken naar* • ~ **through** *kijken door*; *doorkijken*; *doorzien*

lo

★ look through sb *iem. met zijn blik doorboren* • ~ **to** *zorgen voor; denken om; nazien; tegemoet zien; vertrouwen* ★ I look to her for help *ik verwacht/hoop dat zij me zal helpen* ★ look to yourself! *denk om jezelf!*

• ~ **towards** *uitzien op; overhellen naar* • ~ **up** *opkijken; stijgen* ⟨v. prijzen⟩; *beter worden* ⟨v. weer⟩ ★ look up to *opkijken naar; opzien tegen* • ~ **upon as** *beschouwen als* **III** KWW • *lijken; uitzien; eruitzien* ★ look small *er dwaas/ onbelangrijk uitzien* ★ he looks it *hij ziet ernaar uit* ★ look alive! *schiet op!* • ~ **like** *eruitzien als; lijken op* ★ you look like winning *het lijkt wel of jij zult winnen* ★ it looks like a storm *het ziet er uit alsof we storm krijgen* **IV** ZN • *'t kijken • blik; gezicht • uiterlijk* • *uitzicht • aanzien* ★ good looks *knap uiterlijk* ★ new look *nieuwe mode; nieuwe zienswijze/aspect* ⟨v. bep. zaak⟩ ★ by the look of it *zo te zien* ★ for the look of it *voor de schijn* ★ have/take a (close) look at *eens (goed) kijken naar* ★ lose one's looks *er niet knapper op worden* ★ I don't like the look of him *hij staat me niet aan*

lookalike (ˈlʊkəlaɪk) ZN USA *evenbeeld; dubbelganger*

looker (ˈlʊkə) ZN • *kijker* • FIG. *lekker ding; stuk*

looker-on (lʊkərˈɒn) ZN *toeschouwer*

look-in (ˈlʊkɪn) ZN • *kans om mee te doen* • *kans op succes • kort bezoek • vlugge blik* ★ he gave me a ~ *hij kwam even bij me aanlopen*

lookout (ˈlʊkaʊt) ZN • *uitkijkpost • (voor)uitzicht* ★ on the ~ for *op de uitkijk naar; uitziende naar* ★ that's my ~ *dat is mijn zaak*

look-over (ˈlʊkəʊvə) ZN *kort onderzoek* ★ give sth a ~ *ergens wel even naar kijken*

look-see (lʊkˈsi:) ZN PLAT *vluchtige blik; haastig onderzoek*

loom (lu:m) **I** ZN • *weefgetouw • steel v. roeiriem* • *vage verschijning* ⟨v. land/zee door mist⟩ • *duikvogel* **II** ONOV WW • *opdoemen* ★ the danger loomed large *het gevaar doemde in al zijn omvang op*

loon (lu:n) ZN • *fuut • (zee)duiker* ⟨vogel⟩ • *leegloper; luilak • vent • jongen*

loony (ˈlu:nɪ) BNW INFORM. *gek*

loony bin ZN INFORM. *gekkenhuis*

loop (lu:p) **I** ZN • *lus; strop • loop* ⟨zeg: loep⟩ • *bocht • spiraaltje* ★ loop(-line) *ringlijn* **II** OV WW • *een lus maken in • met een lus vastmaken* ★ looping the loop *een lus vliegen/maken* ⟨door vliegtuig of fietsacrobaat⟩

loop-aerial ZN *raamantenne*

loo paper ZN INFORM. *pleepapier*

looper (ˈlu:pə) ZN • *spanrups • lussenmaker* ⟨in naaimachine⟩ • *lusvlieger*

loophole (ˈlu:phəʊl) ZN • *schietgat; kijkgat; lichtgat* • FIG. *uitwijkmogelijkheid* ★ FIG. legal ~ *maas in de wet*

loopy (ˈlu:pɪ) BNW • *bochtig* • INFORM. *niet goed wijs*

loose (lu:s) **I** ZN • *vrije loop* ★ PLAT be on the ~ *ontsnapt zijn;* ⟨v.gevangene⟩ *aan de boemel zijn* ★ give (a) ~ to *de vrije loop laten; lucht geven aan* **II** BNW • *los • loslijvig • losbandig*

• SCHEIK. *niet verbonden • ruim; vrij • slap* • *onnauwkeurig; vaag • onjuist; oppervlakkig; slordig* ⟨v. stijl⟩ **III** OV WW • *loslaten; losmaken* • *afschieten* ★ ~ one's hold *loslaten*

loose-leaf BNW *losbladig*

loose-limbed (lu:sˈlɪmd) BNW *lenig*

loose-minded BNW *lichtzinnig*

loosen (ˈlu:sən) **I** OV WW • *los(ser) maken • doen verslappen* **II** ONOV WW • *los(ser) worden* • *losraken • verslappen* • ~ **up** *vrijuit praten; opdokken; opwarmen* ⟨voor het sporten⟩ ★ ~ up! *doe eens relaxed!*

loosestrife (ˈlu:sstraɪf) ZN • *wederik* • *kattenstaart*

loose-tongued BNW *loslippig*

loot (lu:t) **I** ZN • *buit; plundering* • PLAT *luitenant; luit* **II** OV WW • *plunderen; (be)roven*

lop (lɒp) **I** ZN • *dunne takken en twijgen* • *hangoorkonijn • golvende zee* **II** WW • *slap laten hangen* • ~ **away/off** *snoeien* • ~ **off** *afhakken* **III** ONOV WW • *slap hangen* • *rondslenteren • korte golven maken*

lope (ləʊp) **I** ZN • *sprong* **II** ONOV WW • z. met *grote sprongen voortbewegen* ⟨v. dier⟩ • *draven*

lop-eared (lɒpˈɪəd) BNW *met hangende oren*

loppings (ˈlɒpɪŋz) ZN MV *snoeisel*

lopsided (lɒpˈsaɪdɪd) BNW • *scheef* • *onevenwichtig*

loquacious (ləʊˈkweɪʃəs) BNW • *praatziek* • *kwetterend* ⟨v. vogels⟩ • *kabbelend* ⟨v. water⟩

loquacity (ləˈkwæsətɪ) ZN *babbelzucht*

lord (lɔ:d) **I** ZN • *heer; meester • heer* ⟨adellijke titel⟩ • *lord* ⟨lid v.h. Hogerhuis⟩ • *eigenaar* • *(handels)magnaat* ★ IRON. lord (and master) *echtgenoot* ★ lord of the manor *ambachtsheer* ★ lords spiritual/temporal *geestelijke/ wereldlijke leden v. het Hogerhuis* ★ live like a lord *royaal leven* ★ swear like a lord *vloeken als een ketteras)* ▾ (as) drunk as a lord *zo dronken als een kanon* **II** OV WW • *in de adelstand verheffen* • lord (it) *de baas spelen*

Lord (lɔ:d) ZN REL. *Heer* ⟨God⟩ ★ the Lord's Day *de dag des Heren* ⟨zondag⟩ ★ the Day of the Lord *de Dag v.h. Laatste Oordeel* ★ the Lord's Prayer *het onzevader* ★ the Lord's Supper *het Avondmaal* ★ Lord of Hosts *Heer der heerscharen*

Lord Chancellor ZN *voorzitter v. het Hogerhuis*

Lord Chief Justice ZN *hoogste rechterlijke ambtenaar na de Lord Chancellor*

Lord Lieutenant ZN *onderkoning; commissaris der koningin*

lordly (ˈlɔ:dlɪ) BNW • *hooghartig • groots* • *vorstelijk • als v. een heer*

Lord Mayor ZN G-B *burgemeester* ⟨v.grote stad⟩

lordship (ˈlɔ:dʃɪp) ZN • *titel van baron/graaf* • *landgoed; adellijk domein* ★ His Lordship *meneer de baron/graaf;* IRON. *mijnheer*

lore (lɔ:) ZN *kennis* ⟨v. oudsher overgeleverd⟩

lorn (lɔ:n) BNW *eenzaam; verlaten*

lorry (ˈlɒrɪ) ZN • *lorrie • vrachtwagen*

lory (ˈlɔ:rɪ) ZN *papegaai*

lose (lu:z) OV+ONOV WW • *(doen) verliezen; verspelen; verlies lijden • verknoeien* ⟨v. tijd⟩ • *missen* ⟨v. kans, trein⟩ • *achterlopen* ⟨v. uurwerk⟩ ★ lose ground *terrein verliezen;*

lo

terugtrekken ★ lose one's head *de kluts kwijtraken* ★ lose one's temper *kwaad worden* ★ lose one's way *verdwalen* ★ the story does not lose in the telling *het verhaal wordt smeuïg verteld* ★ lose one's grip OOK FIG. *zijn greep verliezen* ★ lose to sb *verliezen van iem.* • ~ **out (to/with)** *het afleggen (tegen)*

loser ('lu:zə) ZN • *verliezer* • *sukkel* ★ be a good/bad ~ *goed/slecht tegen zijn verlies kunnen*

losing ('lu:zɪŋ) I BNW ★ a ~ game *'n verloren spel* ★ a ~ business *niet renderende zaak* II WW • → **lose**

loss (lɒs) ZN • *verlies* • *schade* ★ at a loss *onzeker; het spoor bijster* ★ at a loss for words *met de mond vol tanden*

loss-leader ZN *lokartikel* ⟨onder kostprijs verkocht⟩

lost (lɒst) WW [verleden tijd + volt. deelw.] • → **lose** BNW ★ lost *zijn verloren gaan; verdwalen; weg raken* ★ get lost! *duvel op!* ★ the motion was lost *de motie werd verworpen* ★ be lost *omkomen; verdwaald zijn* ★ be lost in thought *in gedachten verdiept zijn* ★ be lost upon sb *aan iem. niet besteed zijn; iem. ontgaan* ★ FIG. be lost without... *nergens zijn zonder...* ★ lost and found ⟨depot van⟩ *gevonden voorwerpen* ⟨op stations, luchthaven enz.⟩

lot (lɒt) I ZN • *heel wat; een boel; veel* • *groep* ⟨mensen, dieren, dingen⟩ • *lot* • *aandeel* • *partij* • *stuk grond; perceel* ★ lots of/a lot of friends *veel / een heleboel vrienden* ★ lots and lots *hopen; ontzettend veel* ★ the lot *de hele boel* ★ a bad lot *een gemeen stel* ★ a lazy lot *een luiwammes; een lui zootje* ★ by lot *bij loting* ★ cast/draw lots *loten* ★ he cast in his lot with me *hij sloot zich bij me aan* II OV WW • ~ **out** *verkavelen; verdelen* • USA ~ **(up)on** *rekenen op*

lotion ('ləʊʃən) ZN *lotion*

lotta ('lɒtə) SAMENTR INFORM. lot of • → **lot**

lottery ('lɒtərɪ) ZN *loterij*

lotus ('ləʊtəs) ZN • *lotusplant* • *bep. waterlelie* • *rolklaver*

lotus-eater ('ləʊtəsi:tə) ZN *zweefhommel*

lotus position ZN *lotushouding*

loud (laʊd) BNW • *luid; lawaaierig; opvallend* • *sterk ruikend; schreeuwend* ⟨v. kleuren⟩

loudly ('laʊdlɪ) BIJW *luid; krachtig*

loudmouth ('laʊdmaʊθ) ZN *luidruchtig iemand; schreeuwer*

loudness ('laʊdnəs) ZN *(geluids)volume; kracht*

loudspeaker (laʊd'spi:kə) ZN *luidspreker*

lough (lɒk) ZN • ⟨in Ierland⟩ • *meer* ⟨in Ierland⟩ • *zeearm*

lounge (laʊndʒ) I ZN • *zitkamer* • *grote hal* ⟨in huis/hotel⟩ • *sofa* • *tijd v. slenteren of luieren* II ONOV WW • *slenteren* • *lui (gaan) liggen; luieren* • ~ *away one's time de tijd verluieren*

lounge bar ZN *(nette) bar*

lounge chair, lounge seat ZN *luie stoel*

lounge lizard ZN *klaploper* ⟨die rijk en modieus wil lijken⟩

lounger ('laʊndʒə) ZN • *slenteraar* • *iem. die z'n tijd verluiert*

louring ('laʊərɪŋ) BNW USA *somber; dreigend*

louse (laʊs) I ZN • *luis* • USA *ploert* II OV WW • *ontluizen* • ~ **up** *in de soep laten lopen; verknoeien*

lousy ('laʊzɪ) BNW • *luizig* • *gemeen; laag* • *armzalig; slecht* ⟨kwalitatief⟩ ★ ~ with *vol van; bulkend* ⟨v. geld⟩

lout (laʊt) ZN *lummel; boerenpummel*

louvre, louver ('lu:və) ZN *ventilatiekoepel*

louvred ('lu:vəd) *louvre-* ★ ~ **door** *louvredeur*

louvres ('lu:vəz) ZN MV *jaloezieën*

lovable ('lʌvəbl) BNW *lief; beminnelijk*

lovage ('lʌvɪdʒ) ZN *lavas* ⟨maggiplant⟩

love (lʌv) I ZN • *liefde* • *groet(en)* • *geliefde* • *lief(je); schat(je)* • *liefdegod; engeltje* ⟨in schilderij⟩ • *iets heerlijks/verrukkelijks* • SPORT *nul* ★ love for/of/to(wards) *liefde voor* ★ be in love with *verliefd zijn op* ★ be out of love with *niet meer verliefd zijn op; genoeg hebben van* ★ fall in love *verliefd worden* ★ make love *vrijen* ★ not to be had for love or money *voor geen geld of goede woorden te krijgen* ★ marry for love *uit liefde trouwen* ★ play for love *voor je plezier/lol spelen* ★ send one's love to *de groeten doen* ★ for the love of God *om Godswil* ★ old love lies deep *oude liefde roest niet* ★ there's no love lost between them *ze hebben niet veel met elkaar op* ★ SPORT love all *nul-nul* ★ SPORT love two *twee-nul* II OV WW • *houden van; beminnen* • *dol zijn op; dolgraag doen* • *liefkozen* ★ IRON. I love that! *die is goed!* ★ love me, love my dog *als je mij mag, moet je mijn vrienden maar op de koop toe nemen*

love affair ZN *liefdesaffaire*

love-begotten BNW *onecht; onwettig*

lovebird ('lʌvbɜ:d) ZN *parkiet* ★ couple of ~s *dolverliefd paar*

love bite ZN *zuigzoen*

love child ZN *buitenechtelijk kind*

love game ZN SPORT *love game*

love handle ZN *zwembandje* ⟨vetrol⟩

love letter ZN *liefdesbrief*

lovelorn ('lʌvlɔ:n) BNW • *in de steek gelaten door geliefde* • *hopeloos verliefd*

lovely ('lʌvlɪ) I ZN • *schoonheid* ⟨m.b.t. vrouw⟩ II BNW • *mooi* • *leuk; fijn; lekker; enig*

love-making ('lʌvmeɪkɪŋ) ZN *vrijage*

lover ('lʌvə) ZN • *minnaar* • *bewonderaar* ★ two ~s *verliefd paar*

loverboy ('lʌvəbɔɪ) ZN *vrouwenversierder*

lovesick ('lʌvsɪk) ZN *smoorverliefd*

love story ZN *liefdesgeschiedenis*

loving ('lʌvɪŋ) I ZN ★ give some ~ *een beetje liefde geven* II BNW • *liefhebbend; teder*

low (ləʊ) I ZN • *geloei; gebulk* • *laag terrein* • *lagedrukgebied* • *laag peil* • *klein bedrag/getal* • *eerste versnelling van auto* II BNW + BIJW • *laag* • *(laag) uitgesneden* ⟨v. japon⟩ • *diep* ⟨v. buiging⟩ • *gedempt* ⟨v. stem⟩ • *gemeen; ruw; plat* • *minnetjes; bijna leeg* ⟨v. beurs⟩ • *neerslachtig* • *schraal* ⟨v. voedsel⟩ • *eenvoudig* ★ as low as that time *(zelfs) toen nog* III OV+ONOV WW • *loeien* ⟨v. koe⟩

low-born (ləʊ'bɔ:n) BNW v. *lage afkomst*

low-bred BNW *onbeschaafd*

lo

lowbrow ('ləʊbraʊ) I ZN • *niet-intellectueel* II BNW • *alledaags; gewoon; ordinair*
low-budget (ləʊ'bʌdʒɪt) BNW *economisch; goedkoop*
low-class BNW • *van lage afkomst* • *van inferieure kwaliteit*
low-cut BNW *laag uitgesneden*
low-down ('ləʊdaʊn) I ZN • PLAT *ware feiten; het fijne van de zaak* II BNW • *laag; gemeen; eerloos*
lower[1] ('ləʊə) I BNW • *onder-; onderste-; beneden-* ★ ~ *world aarde; hel* II OV WW • *strijken* ⟨v. vlag, zeil⟩ • *verlagen* ⟨v. prijs⟩ • *vernederen* • *doen vermageren* • INFORM. *drinken; achterover slaan* • *neerlaten* ★ SCHEEPV. ~ *deck minderen* ⟨v.d. bemanning⟩ III ONOV WW • *afhellen; afdalen*
lower[2] ('laʊə) I ZN • *dreigende (aan)blik* II ONOV WW • *dreigend/somber kijken; er dreigend uitzien*
lowermost ('ləʊəməʊst) BNW *laagst*
low-fat BNW *vetarm*
low-key BNW *rustig; ingehouden*
lowland ('ləʊlənd) I ZN • *laagland* II BNW • *van 't laagland*
lowly ('ləʊlɪ) BNW • *nederig; bescheiden* • *laag*
low-lying BNW *laag(gelegen)*
low-minded (ləʊ'maɪndɪd) BNW *gemeen*
low-necked BNW *met lage hals; gedecolleteerd*
lowness ('ləʊnɪs) ZN • → **low**
low-pitched BNW • *laag* ⟨v. toon⟩; *diep* • *laag* ⟨niet stijl/hoog⟩
low-rise BNW *laagbouw-* ★ ~ *flat laagbouwflat*
low-spirited (ləʊ'spɪrɪtəd) BNW *neerslachtig*
loyal ('lɔɪəl) I ZN • *trouwe onderdaan of volgeling* II BNW • *(ge)trouw; loyaal*
loyalist ('lɔɪəlɪst) ZN *regeringsgetrouwe*
loyalty ('lɔɪəltɪ) ZN *loyaliteit; trouw*
lozenge ('lɒzɪndʒ) ZN • WISK. *ruit* ⟨geometrische figuur⟩ • *(hoest)tablet*
LP AFK Long-Playing (record) *lp* ⟨langspeelplaat⟩
LPG AFK liquefied petroleum gas *LPG*
L-plate ('elpleɪt) ZN *L-plaat* ⟨op lesauto⟩
LSD AFK lysergic acid diethylamide *lsd*
Lt, USA **Lt.** AFK Lieutenant *luitenant*
Ltd AFK Limited *NV*
lubber ('lʌbə) ZN • *lompe kerel* • *onbevaren matroos*
lubberly ('lʌbəlɪ) BNW + BIJW *lummelachtig*
lubricant ('lu:brɪkənt) I ZN • MED. *glijmiddel* • *smeermiddel* II BNW • *gladmakend*
lubricate ('lu:brɪkeɪt) I OV WW *smeren* • *omkopen* • *dronken voeren* II ONOV WW • *drinken*
lubrication (lu:brɪ'keɪʃən) ZN • *het smeren; het oliën* • *omkoperij*
lubricator ('lu:brɪkeɪtə) ZN • *smeermiddel* • *smeerbus*
lubricious (lu:'brɪʃəs) BNW • *glad; glibberig* • *wulps*
lubricity (lu:'brɪsətɪ) ZN • *gladheid; olieachtigheid* • *wellustigheid*
lucent ('lu:sənt) BNW • *schijnend; glanzend* • *transparant*
lucid ('lu:sɪd) BNW *helder; klaar; stralend* ★ ~ *interval helder ogenblik* ⟨v. geesteszieke⟩

lucidity (lu:'sɪdətɪ) ZN *helderheid; klaarheid*
luck (lʌk) I ZN • *geluk; toeval; succes* ★ be in luck *boffen* ★ be out of luck *pech hebben* ★ bad/hard/tough luck *pech; ongeluk* ★ good luck *geluk; succes* ★ good luck to you! *succes!;* 't beste! ★ worse luck *ongelukkig genoeg* ★ have the worst of luck *pech hebben* ★ just my luck! *dat heb ík weer!* ⟨bij tegenslag⟩ ★ as luck would have it *zoals het toeval wilde* II ONOV WW • ~ out *pech krijgen*
luckily ('lʌkɪlɪ) BIJW • *toevallig* • *gelukkig*
luckless ('lʌkləs) BNW *onfortuinlijk*
lucky ('lʌkɪ) BNW • *gelukkig; fortuinlijk* • *geluks-; geluk brengend* ★ third time ~ *driemaal is scheepsrecht* ★ count o.s. ~ *zichzelf gelukkig prijzen*
lucrative ('lu:krətɪv) BNW *winstgevend*
lucre ('lu:kə) ZN *voordeel; gewin* ★ IRON. filthy ~ *(onrechtvaardig verkregen) geld*
ludic ('lu:dɪk) BNW *speels; ludiek*
ludicrous ('lu:dɪkrəs) BNW *belachelijk; koddig*
ludo ('lu:dəʊ) ZN ≈ *mens-erger-je-niet*
luff (lʌf) I ZN • *loef(zijde)* • INFORM. *buitenkant* II OV+ONOV WW • *loeven* • *de loef afsteken* ⟨met zeilen⟩ • *zwenken*
lug (lʌg) I ZN • *zeepier* • *ruk* ⟨aan iets⟩ • *uitsteeksel; handvat* ★ USA put on lugs *verwaand doen* II OV WW • *sleuren; slepen* • ~ **along** *meeslepen* • ~ **in** *met de haren erbij slepen* III ONOV WW • ~ **at** *rukken aan*
luge (lu:ʒ) I ZN • *slee* II ONOV WW • *bobsleeën*
luggage ('lʌgɪdʒ) ZN G-B *bagage* ★ left ~ *(depot voor) afgegeven bagage* ⟨op station, luchthaven enz.⟩
luggage rack ZN *bagagerek; bagagenet*
lugger ('lʌgə) ZN *logger*
lugubrious (lu:'gu:brɪəs) BNW *luguber; naargeestig; somber; treurig*
lukewarm (lu:k'wɔ:m) I ZN • *lauw persoon; onverschillige* II BNW • *lauw* • *onverschillig*
lull (lʌl) I OV WW • *in slaap wiegen/sussen* II ONOV WW • *gaan liggen* ⟨v. wind⟩ • *kalm worden* III ZN • *tijdelijke stilte* • *slapte in bedrijf* ★ a lull in the fight *een gevechtspauze*
lullaby ('lʌləbaɪ) I ZN • *slaapliedje* II OV WW • *in slaap zingen*
lumbago (lʌm'beɪgəʊ) ZN *lendenpijn; spit*
lumbar ('lʌmbə) BNW *lumbaal; lenden-*
lumber ('lʌmbə) I ZN • USA *hout* • *rommel* • *lastige situatie* • *overtollig vet* II OV WW • *volstoppen met rommel* • *opzadelen met* III ONOV WW • *hout hakken, zagen en vervoeren* • *zich log/onhandig bewegen* • *botsen* ★ ~ **along** *voortsjokken*
lumbering ('lʌmbərɪŋ) BNW *lomp; voortsjokkend*
lumberjack ('lʌmbədʒæk) ZN *houthakker; houtvervoerder*
lumberjacker ZN • → **lumberjack**
lumberjacket ('lʌmbədʒækɪt) ZN *stevige korte jekker*
lumberyard ('lʌmbəja:d) ZN *houtwerf*
lumbrical ('lʌmbrɪkl) BNW *wormvormig; wormachtig*
luminary ('lu:mɪnərɪ) ZN • *lichtgevend hemellichaam* • *uitblinker*
luminous ('lu:mɪnəs) BNW • *lichtgevend; stralend*

• *verlicht; helder*

lump (lʌmp) **I** ZN • *brok; klont* • *partij; massa*
• *knobbel; gezwel; buil* • *lomperd; vleesklomp*
⟨figuurlijk⟩ ★ the lump *losse arbeiders* ★ in the
lump *in zijn geheel* ⟨vnl. in de bouw⟩ **II** OV
WW • *bij elkaar doen* • *over één kam scheren*
★ if you don't like it, lump it *als het je niet
bevalt, pech gehad* • ~ in *erbij nemen* • ~ on
zetten op ⟨in weddenschap⟩ **III** ONOV WW
• *klonteren* • ~ along *voortsjokken* • ~ down
neerploffen

lumper (ˈlʌmpə) ZN • *bootwerker* • *kleine
aannemer*

lumping (ˈlʌmpɪŋ) BNW INFORM. *zwaar; dik*

lumpish (ˈlʌmpɪʃ) BNW • *lomp* • *traag*

lump sum ZN *bedrag ineens; forfaitair bedrag*

lumpy (ˈlʌmpɪ) BNW • *klonterig* • *met bulten of
gezwellen* • *woelig* ⟨v. water⟩ • PLAT *dronken*

lunacy (ˈluːnəsɪ) ZN *krankzinnigheid*

lunar (ˈluːnə) **I** ZN • *maansafstand* • *waarneming
v.d. maan* • *sikkelvormig been* **II** BNW • *v.d.
maan; maanvormig; sikkelvormig*

lunarian (luːˈneəriən) ZN *maanbewoner*

lunate (ˈluːneɪt) BNW *sikkelvormig*

lunatic (ˈluːnətɪk) **I** ZN • *krankzinnige* **II** BNW
• *krankzinnig* • *dwaas*

lunatic asylum ZN MIN. *gekkenhuis*

lunation (luːˈneɪʃən) ZN *maansomloop*

lunch (lʌntʃ) **I** ZN • *lunch* • *lichte maaltijd*
★ do/have ~with *lunchen met* **II** ONOV WW
• *lunchen*

lunch break ZN *lunchpauze*

luncheon (ˈlʌntʃən) ZN • *lunch* • *lichte maaltijd*

luncheon meat ZN *lunchworst*

luncheon voucher ZN *maaltijdbon*

lunch hour ZN *lunchtijd*

lune (luːn) ZN *sikkel; halvemaan*

lunette (luːˈnet) ZN • *kijkglas; bril* • *oogklep*
• *plat horlogeglas*

lung (lʌŋ) ZN *long* ★ USA black lung *stoflong*
★ iron lung *ijzeren long*
⟨beademingsmachine⟩

lunge (lʌndʒ) **I** ZN • *plotselinge voorwaartse
beweging* • *uitval* **II** ONOV WW • *vooruitschieten*
• ~ at *een uitval doen naar; afstormen op*

luny BNW • → **loony**

lupine (ˈluːpaɪn) BNW *wolfachtig*

lurch (lɜːtʃ) **I** ZN • 't *wankelen* • *plotselinge
slingerbeweging; plotselinge zijwaartse
beweging; ruk* ★ leave in the ~*in de steek laten*
II ONOV WW • *slingeren* • *plotseling overstag
gaan* ⟨figuurlijk⟩

lurcher (ˈlɜːtʃə) ZN • G-B *stropershond* • *dief;
zwendelaar* • *spion*

lure (ljʊə) **I** ZN • *lokaas* • *lokkertje* **II** OV WW
• (ver)*lokken*

lurid (ˈljʊərɪd) BNW • *geelbruin* • *vaalbleek*
• *spookachtig; luguber; vreselijk* • *schril*

lurk (lɜːk) **I** ZN ★ on the lurk *op de loer* **II** ONOV
WW • z. *schuil houden* • *verscholen zijn* • *aan
de aandacht ontsnappen*

luscious (ˈlʌʃəs) BNW • *heerlijk* • *walgelijk zoet*
• *zinnelijk* • *met overdreven beeldspraak*

lush (lʌʃ) **I** ZN • PLAT *sterkedrank* • *zuippartij*
• USA *dronkenlap* **II** BNW • *weelderig* • *mals* ⟨v.
gras⟩ **III** OV WW • *dronken voeren* **IV** ONOV WW

• *zuipen*

lust (lʌst) **I** ZN • (wel)*lust* ★ lust of *zucht naar*
II ONOV WW • ~ **after/for** *haken naar; begeren;
hevig verlangen naar*

lustful (ˈlʌstfʊl) BNW *wellustig*

lustral (ˈlʌstrəl) BNW *lustrum-*

lustre (ˈlʌstə) **I** ZN • *schittering; glans*
• *kroonluchter* • *lustre* • *lustrum* **II** BNW
• *glanzend; geglazuurd* ⟨v. aardewerk,
keramiek⟩ **III** OV WW • *doen glanzen; lustreren*
⟨v. aardewerk⟩

lustreless (ˈlʌstələs) BNW *glansloos; dof*

lustrous (ˈlʌstrəs) BNW *glanzend; schitterend*

lusty (ˈlʌstɪ) BNW • *krachtig; flink; vitaal*
• *zwaarlijvig* • *wellustig* ★ deal ~blows *harde
klappen uitdelen*

lute (luːt) **I** ZN • *luit* • *kit* • *gummiring* **II** OV WW
• *dichtsmeren met kit*

lutenist, lutanist (ˈluːtənɪst) ZN *luitspeler*

luxate (ˈlʌkseɪt) OV WW *ontwrichten*

luxuriance (lʌɡˈʒʊəriəns) ZN • *luxe* • *rijkdom*

luxuriant (lʌɡˈʒʊəriənt) BNW *weelderig; welig*

luxuriate (lʌɡˈʒʊərieɪt) ONOV WW • *zijn gemak er
van nemen* • *welig tieren* • ~ in *genieten van;
zwelgen in*

luxurious (lʌɡˈʒʊəriəs) BNW • *weelderig*
• *wellustig* • *v. alle gemakken voorzien*

luxury (ˈlʌkʃərɪ) ZN • *luxe; weelde* • *weeldeartikel*
• *genot(middel)* • *weelderigheid*

lye (laɪ) ZN *loog*

lying (ˈlaɪɪŋ) **I** BNW *leugenachtig; vals* **II** WW [teg.
deelw.] • → **lie**

lymph (lɪmf) ZN *lymf(e); weefselvocht*

lymph gland ZN *lymfeklier*

lynch (lɪntʃ) OV WW *lynchen*

lynching (ˈlɪntʃɪŋ) ZN *lynchpartij*

lynx (lɪŋks) ZN *lynx*

lyre (ˈlaɪə) ZN *lier*

lyric (ˈlɪrɪk) **I** ZN • *lyrisch gedicht* ★ ~s [mv]
songtekst; lyriek; lyrische poëzie **II** BNW
• *lyrisch*

lyrical (ˈlɪrɪkl) BNW *lyrisch*

lyricism (ˈlɪrɪsɪzəm) ZN • *lyrisme* • *lyrische stijl*

M

m (em) I ZN • letter *m* ★ M as in Mary *de m van Marie* II AFK • metre *meter* • mile *mijl* • minute *minuut*

M AFK • O&W Master *master;* ≈ *doctorandus* • mach *mach* • mega *mega-* • million *miljoen* • medium *middelgroot* ⟨kledingmaat⟩ • G-B Motorway *snelweg*

ma (mɑ:) ZN INFORM. *ma(ma)*

MA AFK Master of Arts *master in de letteren/ sociale wetenschappen*

ma'am (mæm, mɑ:m) ZN • →madam

mac (mæk) ZN • →macadam • →mackintosh

macabre (mə'kɑ:br) BNW *griezelig*

macadam (mə'kædəm) ZN *macadam*

macaroni (mækə'rəʊnɪ) ZN • *macaroni* • *18e-eeuwse dandy* • MIN. *spaghettivreter; Italiaan*

macaronic (mækə'rɒnɪk) BNW *macaronisch; burlesk* ★ ~ verses *macaronische verzen*

macaroon (mækə'ru:n) ZN *bitterkoekje*

macaw (mə'kɔ:) ZN *ara*

mace (meɪs) I ZN • *foelie* • *scepter* • *zwendel* • *soort gas* ⟨in pepperspray⟩ II OV WW • *afzetten*

mace bearer ZN *stafdrager; pedel*

macerate ('mæsəreɪt) OV+ONOV WW • *weken; week maken* • *uitteren; vermageren; verzwakken*

maceration (mæsə'reɪʃən) ZN • → **macerate**

Mach (mɑ:k, mæk) ZN *mach* ⟨snelheid van het geluid⟩

machete (mə'ʃetɪ) ZN *machete; kapmes*

Machiavellian (mækɪə'velɪən) BNW *machiavellistisch*

machinate ('mækɪneɪt) ONOV WW *intrigeren; samenspannen*

machination (mækɪ'neɪʃən) ZN *kuiperij; intrige*

machine (mə'ʃi:n) I ZN • *machine; toestel; apparaat* • *automaat* • *fiets* • *auto* • *vliegtuig* • *organisatie v. politieke partij* ★ milling~ *freesbank* ★ mincing~ *gehaktmolen* ★ washing~ *wasmachine* II OV WW • *machinaal vervaardigen*

machine code (mə'ʃi:n kəʊd) ZN COMP. *machinetaal*

machine gun ZN *machinegeweer*

machine-gun (mə'ʃi:n-gʌn) WW *beschieten* ⟨met machinegeweer⟩

machine-made (məʃi:n'meɪd) BNW *machinaal gemaakt*

machinery (mə'ʃi:nərɪ) ZN • *machinerie* • *mechanisme* • *bovennatuurlijke gebeurtenissen*

machine shop ZN *machinewerkplaats*

machine tool ZN *gereedschapswerktuig*

machinist (mə'ʃi:nɪst) ZN • *monteur* • *machineconstructeur* • *machinebediener* • USA *orthodox partijpoliticus*

machismo ('mætʃɪzməʊ) ZN USA *machogedrag*

macho ('mætʃəʊ) I ZN • *macho* II BNW • *macho*

mackerel ('mækrəl) ZN *makreel*

mackerel sky ZN *lucht met schapenwolkjes*

mackintosh ('mækɪntɒʃ) ZN G-B *regenjas*

macramé (mə'kra:mɪ) ZN *macramé*

macrobiotic (mækrəʊbaɪ'ɒtɪk) BNW *macrobiotisch*

macrocosm ('mækrəʊkɒzəm) ZN *macrokosmos; heelal*

macroeconomics ('mækrəʊ i:kə'nɒmɪks) ZN MV *macro-economie*

mad (mæd) I BNW • *gek; dwaas; krankzinnig* ★ as mad as a hatter/March hare *stapelgek* ★ barking mad *knettergek* • ~ **about/at** *woest over* • ~ **about/for/on** *dol op; verliefd op; gek van* • ~ **with** *nijdig op; gek van* II ONOV WW

madam ('mædəm) ZN *mevrouw; juffrouw*

madcap ('mædkæp) I ZN • *dolleman* II BNW • *dwaas*

mad cow disease ZN *gekkekoeienziekte*

madden ('mædn) OV WW *dol/gek maken*

maddening ('mædənɪŋ) BNW *gek makend*

madder ('mædə) ZN *meekrap*

made (meɪd) I BNW ★ made dish *uit verschillende spijzen bestaande schotel* ★ a made man *iem. die binnen/geslaagd is* II WW [verleden tijd + volt. deelw.] • → **make**

made-up BNW • *verzonnen* • *voorgewend* • *opgemaakt* ⟨v. gezicht⟩

madhouse ('mædhaʊs) ZN *gekkenhuis*

madly ('mædlɪ) BIJW *als een bezetene; heel erg* ★ ~ in love *waanzinnig verliefd*

madman ('mædmən) ZN *krankzinnige*

madness ('mædnəs) ZN *krankzinnigheid; razernij* ★ midsummer~ *volslagen krankzinnigheid*

Madonna (mə'dɒnə) ZN *Onze-Lieve-Vrouw; madonnabeeld(je); madonna* ★ ~ lily *witte lelie*

madrigal ('mædrɪgl) ZN *madrigaal*

madwoman ('mædwʊmən) ZN *krankzinnige vrouw*

maecenas (maɪ'si:næs) ZN *beschermer van kunst*

maelstrom ('meɪlstrəm) ZN *maalstroom*

maenad ('mi:næd) ZN *bacchante*

maestro ('maɪstrəʊ) ZN *maestro*

Mae West (meɪ 'west) ZN *(opblaasbaar) reddingsvest*

mag (mæg) I ZN • *kletskous* • PLAT *halve stuiver* • → **magpie** • → **magazine** • → **magneto** II ONOV WW • *kletsen*

magazine (mægə'zi:n) ZN • *tijdschrift* • *actualiteitenrubriek op radio/tv* • *kruitmagazijn*

magenta (mə'dʒentə) ZN *magenta*

maggot ('mægət) ZN • *made* • FIG. *gril* ★ he has a~ in his head *hij ziet ze vliegen*

maggoty ('mægətɪ) BNW • *wormstekig* • *grillig*

Magi ('meɪdʒaɪ) ZN MV *de drie Wijzen uit het Oosten*

magic ('mædʒɪk) I ZN • *toverkunst* ★ black~ *zwarte magie* ★ white~ *witte magie* ★ I can't work~ *ik kan niet toveren* ★ as if by~ *als bij toverslag* II BNW • *toverachtig; betoverend; tover-*

magical ('mædʒɪkl) BNW *magisch*

magician (mə'dʒɪʃən) ZN • *tovenaar* • *goochelaar*

magisterial (mædʒɪ'stɪərɪəl) BNW • *magistraal* • *gezaghebbend; autoritair* • *magistraats-*

magistracy ('mædʒɪstrəsɪ) ZN *magistratuur*

magistrate ('mædʒɪstrət) ZN • *magistraat*

- *politierechter* ★ USA the chief ~ *de president*
magnanimity (mægnə'nɪmətɪ) ZN *grootmoedigheid*
magnanimous (mæg'nænɪməs) BNW *grootmoedig*
magnate ('mægneɪt) ZN *magnaat*
magnesium (məg'ni:zɪəm) ZN *magnesium*
magnet ('mægnət) ZN • *magneet*
- *aantrekkingskracht*
magnetic (mæg'netɪk) BNW *magnetisch*; *onweerstaanbaar*
magnetics (mæg'netɪks) ZN MV *(leer v.h.) magnetisme*
magnetism ('mægnɪtɪzəm) ZN *magnetisme*
magnetize, G-B **magnetise** ('mægnɪtaɪz) OV WW • *magnetiseren* • *biologeren*
magneto (mæg'ni:təʊ) ZN *magneetontsteker*
magnification (mægnɪfɪ'keɪʃən) ZN • *het vergroten* • *vergroting*
magnificence (mæg'nɪfɪsəns) ZN • *grootsheid*
- *pracht*; *praal*
magnificent (mæg'nɪfɪsənt) BNW • *prachtig*; *groots* • INFORM. *prima*
magnifier ('mægnɪfaɪə) ZN • *vergrootglas*
- *vergroter*
magnify ('mægnɪfaɪ) OV WW • *vergroten*
- *overdrijven*
magniloquence (mæg'nɪləkwəns) ZN • *gezwollen taal* • *grootspraak*
magnitude ('mægnɪtjuːd) ZN • *grootte*
- *belangrijkheid*
magnum ('mægnəm) ZN ★ ~ (bottle) *grote fles* ⟨1,5 l⟩
magpie ('mægpaɪ) ZN • *ekster* • *soort duif*
- *kletskous* • *(schot in) op één na buitenste ring v. schietschijf*
magus ('meɪgəs) ZN • *magus* ⟨Perzische priester⟩
- *tovenaar*
Magyar ('mægjɑ:) ZN • *Hongaar* • *(het) Hongaars*
maharaja, maharajah (mɑ:hə'rɑ:dʒə) ZN *maharadja*
mahogany (mə'hɒgənɪ) ZN • *mahoniehout*
- *mahonieboom* ★ have one's feet under s.o.'s ~ *bij iem. te gast zijn*
Mahomet (mə'hɒmɪt) ZN *Mohammed*
maid (meɪd) ZN • *meisje* • *maagd* • *ongetrouwde dame* • *kwarktaart* ★ old maid *oude vrijster*
★ maid of honour USA *eerste bruidsmeisje*; *(ongetrouwde) hofdame*; *amandeltaartje*
maiden ('meɪdn) I ZN • *meisje* • FORM. *maagd*
II BNW • *meisjes-* • *nieuw* • *eerst(e)*
- *ongetrouwd* • *ongedekt* ⟨v. dieren⟩
maidenhead ('meɪdnhed) ZN • *maagdenvlies*
- *maagdelijkheid*
maidenhood ('meɪdnhʊd) ZN • *meisjesjaren*
- *maagdelijkheid*
maiden name ZN *meisjesnaam* ⟨v. getrouwde vrouw⟩
maiden speech ZN *eerste toespraak*
maiden voyage ZN *eerste reis* ⟨v. schip⟩
mail (meɪl) I ZN • *post*; *poststukken*; *(e-)mail*
- *postzak*; *posttrein*; *postwagen* • *maliënkolder*
★ certified mail *aangetekende post* ★ direct mail *postreclame* II OV WW • USA *per post verzenden*; *op de post doen*; *(e-)mailen*
- *bepantseren*

mailbag ('meɪlbæg) ZN *postzak*
mailboat ('meɪlbəʊt) ZN *mailboot*; *postboot*
mailbox ('meɪlbɒks) ZN • *brievenbus* • *postbus*
- COMP. *mailbox*
mail carrier ZN USA *postbode*
mailing list ZN *adressenlijst*; *verzendlijst*
mailman ('meɪlmən) ZN *brievenbesteller*
mail order ZN *postorder*
mail order business ZN *postorderbedrijf*
maim (meɪm) I ZN • *verminking* II OV WW
- *verminken*
main (meɪn) I BNW • *hoofd-*; *voornaamste* II ZN
- *hoofdleiding*; *hoofdnet* • *hanengevecht*
★ mains [mv] *elektriciteit*; *elektrische leiding*
★ be on the mains *aangesloten zijn op gas/elektriciteit/water* ★ be connected to the mains *aangesloten zijn op gas/elektriciteit/water* ★ in the main *over 't geheel* III OV+ONOV WW • *inspuiten* ⟨v. drugs⟩
mainframe ('meɪnfreɪm) ZN *grote computer*
mainland ('meɪnlənd) ZN *vasteland*
mainline ('meɪnlaɪn) I ZN • *directe spoorverbinding* II BNW • USA *mainstream*
III OV+ONOV WW • *inspuiten* ⟨v. drugs⟩
mainly ('meɪnlɪ) BIJW *voornamelijk*; *hoofdzakelijk*
mainmast ('meɪnmɑ:st) ZN *grote mast*
mainsail ('meɪnseɪl) ZN *grootzeil*
mainspring ('meɪnsprɪŋ) ZN *drijfveer* ⟨figuurlijk⟩
mainstay ('meɪnsteɪ) ZN • SCHEEPV. *grote stag*
- *voornaamste steun*
mainstream ('meɪnstri:m) I ZN • *heersende stroming* • *hoofdstroom* II BNW • *behorend tot de heersende stroming*
maintain (meɪn'teɪn) OV WW • *volhouden*; *beweren*; *handhaven* • *steunen*; *onderhouden*; *voeren*
maintainable (meɪn'teɪnəbl) BNW *te handhaven*; *verdedigbaar*; *houdbaar*
maintenance ('meɪntənəns) ZN *onderhoud*; *alimentatie*; *handhaving*
maisonette (meɪzə'net) ZN • *maisonnette*
- *afzonderlijk verhuurd deel v. huis*
maize (meɪz) ZN G-B *maïs*
Maj. AFK Major *majoor*
majestic (mə'dʒestɪk) BNW *majestueus*
majestically (mə'dʒestɪklɪ) BIJW *majestueus*
majesty ('mædʒəstɪ) ZN • *majesteit* • *grootsheid*
major ('meɪdʒə) I ZN • *majoor* • *sergeant-majoor*
- *meerderjarige* • *hoofdvak*; *major*
- *hoofdpremisse* ★ take Spanish as one's ~ *Spaans als hoofdvak/major nemen* II BNW
- *groter*; *grootste*; *hoofd-* • *voornaam*
- *meerderjarig* • MUZ. *majeur* • *de oudere* ⟨v. twee⟩ ★ ~ road *ahead u nadert een voorrangsweg* ★ MUZ. ~ third *grote terts*
III ONOV WW • USA ~ in *als (hoofd)vak kiezen*; *als hoofdvak(ken) hebben* • ~ on *extra aandacht geven aan*
majorette (meɪdʒə'ret) ZN *majorette*
major general ZN *generaal-majoor*
majority (mə'dʒɒrətɪ) ZN • *meerderheid*
- *meerderjarigheid* • *rang van majoor* • USA *hoofdvak*
majority leader ZN *leider van de (politieke) meerderheid*
majority vote ZN USA *absolute meerderheid van*

ma

stemmen

majuscule ('mædʒəskju:l) ZN *grote letter*
make (meɪk) I OV WW • *maken; fabriceren;
bereiden* • *zorgen dat; dwingen; laten*
• *benoemen tot* • *vaststellen* • *bereiken*
• *worden* • *verdienen; vorderen* • *schatten op*
• *zetten* ⟨v. thee, koffie⟩; *aanleggen* ⟨v. vuur⟩;
houden ⟨v. toespraak⟩; *opmaken* ⟨v. bed⟩;
bieden ⟨bij kaarten⟩; *halen* ⟨v. trein, bus⟩;
afleggen ⟨v. afstand⟩; *in zicht komen* ⟨v.
(reis)doel⟩ ★ make it (big) *het (helemaal)
maken; een (groot) succes zijn* ★ I'm sure you'll
make an excellent writer *je wordt vast een
uitstekende schrijver* • ~ **out** *opmaken;
uitschrijven; begrijpen; beweren* • ~ **over**
overdragen; vermaken; veranderen • ~ **up**
*vergoeden; opmaken; bereiden; tot stand
brengen; verzinnen; z. grimeren; bijleggen;
aanvullen; inhalen* II ONOV WW ★ make do
with *zich behelpen met* • ~ **after** *achterna
zitten* • ~ **against** *schade berokkenen*
• ~ **at/towards** *afgaan op; afkomen op*
• ~ **away with** *uit de weg ruimen; verkwisten;
verorberen* • ~ **away/off** *er vandoor gaan*
• ~ **for** *bijdragen tot; gaan naar; aansturen op*
• ~ **out** *'t redden; 't klaar spelen; vrijen;
neuken* III ZN • *makelij; maaksel; fabricaat*
• *gesteldheid; aard; soort* • *(lichaams)bouw*
• *stroomsluiting* ★ be on the make *op eigen
voordeel uit zijn*
make-believe ('meɪkbəli:v) I ZN • *het doen alsof;
aanstellerij; voorwendsel* • *a world of* ~
fantasiewereld II BNW • *voorgewend;
zogenaamd; schijn-*
makeover ('meɪkəʊvə) ZN *opknapbeurt*
make-peace ZN *vredestichter*
maker ('meɪkə) ZN • *maker; schepper* • *fabrikant*
▼ EUF. go to meet your ~ *het hoekje omgaan*
⟨sterven⟩
makeshift ('meɪkʃɪft) I ZN • *noodoplossing* II BNW
• *geïmproviseerd*
make-up ('meɪkʌp) ZN • *make-up; grime*
• *opmaak; uiterlijke verzorging* ⟨v.
pagina/boek⟩ • *vermomming* • *verzinsel*
• *samenstelling* • *gesteltenis; gesteldheid* ★ ~
man *grimeur*
makeweight ('meɪkweɪt) ZN • FIG. *tegenwicht;
tegengewicht* ⟨balans⟩ • *aanvulling* ⟨tot vereist
gewicht⟩ • *waardeloos opvulsel*
making ('meɪkɪŋ) ZN • *productie; fabricage* ★ ~s
[mv] *essentiële eigenschappen; verdiensten* ★ he
has the ~s of a lawyer *er zit een advocaat in
hem*
mal- (mæl) VOORV *slecht; mis-*
maladjusted (mælə'dʒʌstɪd) BNW • *slecht
geregeld* • *onaangepast* • *onevenwichtig*
maladjustment (mælə'dʒʌstmənt) ZN • ~ →
maladjusted
maladministration (mælədmɪnɪ'streɪʃən) ZN
wanbeheer; wanbestuur
maladroit (mælə'drɔɪt) BNW *onhandig*
malady ('mælədɪ) ZN *ziekte; kwaal*
malaise (mə'leɪz) ZN • *onbehaaglijk gevoel*
• *malaise*
malapropism ('mæləprɒpɪzəm) ZN *komische
verspreking*

malapropos (mælæprə'pəʊ) I ZN • *inopportuun
iets* ⟨gebeurtenis, voorval⟩ II BNW + BIJW •
• *inopportuun; ongelegen*
malaria (mə'leərɪə) ZN *malaria*
malarial (mə'leərɪəl) BNW *malaria-*
Malay (mə'leɪ) I ZN • *Maleis* • *Maleier* II BNW
★ Federated ~States *Maleisië*
Malayan (mə'leɪən) BNW *Maleis*
Malaysia (mə'leɪzɪə) ZN *Maleisië*
Malaysian (mə'leɪzɪən) I ZN • *Maleier; Maleisiër*
II BNW • *Maleis*
malcontent ('mælkəntent) I ZN • *ontevreden
persoon* II BNW • *ontevreden*
male (meɪl) I ZN • *mannelijk persoon* • *mannetje*
II BNW • *mannelijk; mannen-*
malediction (mælɪ'dɪkʃən) ZN • *vervloeking*
• *scherpe afkeuring*
malefaction (mælɪ'fækʃən) ZN *misdaad*
malefactor ('mælɪfæktə) ZN *misdadiger*
malefic (mə'lefɪk) BNW *verderfelijk*
malevolence (mə'levələns) ZN • *kwaadwilligheid*
• *onheilbrengende invloed*
malevolent (mə'levələnt) BNW *kwaadwillig*
malformation (mælfɔ:'meɪʃən) ZN *misvorming*
malformed (mæl'fɔ:md) BNW *misvormd*
malfunction (mæl'fʌŋkʃən) I ZN • *storing* ⟨v.
apparatuur e.d.⟩; *verkeerde werking* II ONOV
WW • *storing geven* ⟨v. apparatuur e.d.⟩ • *niet
naar behoren functioneren* ⟨v. mensen⟩
malice ('mælɪs) ZN • *kwaadwilligheid* • JUR. *boos
opzet* • *plaagzucht* ★ with ~ aforethought/
prepense *met voorbedachten rade* ★ bear ~(to)
haat toedragen
malicious (mə'lɪʃəs) BNW • *boosaardig;
kwaadwillig* • JUR. *opzettelijk* • *plaagziek*
malign (mə'laɪn) I BNW • *kwaadaardig* ⟨v. ziekte⟩
• *schadelijk* • *verderfelijk* II OV WW • *belasteren*
malignancy (mə'lɪgnənsɪ) ZN *kwaadaardigheid*
⟨ook van ziekte⟩; *kwaadwilligheid*
malignant (mə'lɪgnənt) BNW *boosaardig;
schadelijk* ★ a ~tumor *een kwaadaardige
tumor*
malignity (mə'lɪgnətɪ) ZN • *kwaadaardigheid* ⟨v.
ziekte⟩ • *kwaadheid; boosaardigheid*
Malines (mə'li:n) ZN *Mechelen*
malinger (mə'lɪŋgə) ONOV WW *ziekte
voorwenden; simuleren*
malingerer (mə'lɪŋgərə) ZN *simulant*
mall (mæl) ZN *winkelcentrum*
mallard ('mælɑ:d) ZN *wilde eend*
malleability (mælɪə'bɪlətɪ) ZN • *pletbaarheid*
• *kneedbaarheid*
malleable ('mælɪəbl) BNW • *pletbaar; smeedbaar*
• *gedwee*
mallet ('mælɪt) ZN *houten hamer*
malling ('mɔ:lɪŋ) WW *rondhangen in een groot
winkelcentrum*
mallow ('mæləʊ) ZN *kaasjeskruid*
malm (mɑ:m) ZN *leem*
malnourished (mæl'nʌrɪʃt) BNW USA *ondervoed*
malnutrition (mælnju:'trɪʃən) ZN *ondervoeding*
malodorous (mæl'əʊdərəs) BNW *stinkend*
malpractice (mæl'præktɪs) ZN • *kwade praktijk*
• JUR., MEDISCH *medische fout*
malt (mɔ:lt) I ZN • *mout* II OV+ONOV WW
• *mouten*

Maltese (mɔːˈtiːz) I ZN • *Maltees*; *Maltezer* II BNW • *Maltees*
malt house ZN *mouterij*
malt liquor ZN *bier*
maltreat (mælˈtriːt) OV WW *slecht behandelen*; *mishandelen*
maltreatment (mælˈtriːtmənt) ZN • *slechte behandeling* • *mishandeling*
maltster (ˈmɔːltstə) ZN *mouter*
malt whisky ZN *maltwhisky*
malversation (mælvəˈseɪʃən) ZN *malversatie*; *verduistering*
mam (mæm) ZN INFORM. *mam(s)*; *moeder*
mamilla (məˈmɪlə) ZN *tepel*
mamma (ˈmæmə) ZN FORM. *vrouwenborst*
mammal (ˈmæməl) ZN *zoogdier*
mammalian (məˈmeɪljən) I ZN • *zoogdier* II BNW • *zoogdier-*
mammary (ˈmæmərɪ) BNW *m.b.t./van de borst*; *borst-*
mammogram (ˈmæməʊgræm) ZN MED. *mammogram*
mammography (mæˈmɒgrəfɪ) ZN MED. *mammografie*
mammoth (ˈmæməθ) I ZN • *mammoet* II BNW • *mammoet-*; *reusachtig*
mammy (ˈmæmɪ) ZN • *mammie* • USA/PEJORATIEF *zwarte kindermeid*
man (mæn) ZN [MV: **men**] • *man* • *mens*; *persoon* • *iemand*; *men* • *bediende*; *knecht*; *vazal*; *werkman* • *speelstuk* ★ *man in blue matroos*; *politieagent* ★ *man of colour kleurling* ★ *man of family iem. van hoge afkomst* ★ *man of fashion dandy* ★ *man of figure man v. betekenis* ★ *man Friday toegewijd helper* ★ *man to man man tegen man* ★ *man of means bemiddeld man* ★ *a man of men een buitengewoon man* ★ *man of property grondeigenaar* ★ *man of science natuurfilosoof* ★ *man of sense verstandig iem.* ★ *man of straw stropop* ★ *man and wife man en vrouw* ★ *man of the world man van de wereld* ★ (all) *to a man (allen) zonder uitzondering* ★ *best man getuige*; ⟨v. bruidegom⟩ *bruidsjonker* ★ *a Cambridge man een (oud-)student van de universiteit van Cambridge* ★ FIG. *the inner man de inwendige mens*; *het geestelijke leven* ★ *medical man medicus* ★ *military man soldaat* ★ *new man de 'nieuwe' man* ⟨modern en geëmancipeerd⟩ ★ *the outer man het stoffelijk leven* ★ INFORM. *the/my old man m'n vader*; *m'n vent* ★ *I'm your man ik neem je aanbod aan*; *ik ben de geschikte persoon* ★ *be a man! wees een man!* ★ *be sb's man de aangewezen persoon zijn*; *het wel klaar spelen*; *iemands vriend zijn* ★ *be one's own man eigen baas zijn* ★ *I've been here man and boy vanaf m'n jongensjaren ben ik al hier* ★ *take care of/refresh the inner man de inwendige mens versterken* ★ *the outer man* ★ *a man about town een man van de wereld*; *een bon vivant* ★ *a man and a brother een medemens* ★ *man by man man voor man* ★ *the man on the street de gewone man* ★ *a man or a mouse erop of eronder* ★ *as one man to another op gelijke voet* ★ LIT. *angry*

young man rebellerend schrijver ⟨jaren vijftig 20e eeuw⟩ ★ MIL. *men* [MV] *manschappen* II OV WW • v. *bemanning voorzien*; *bemannen* ★ *man o.s. zich vermannen*
manacle (ˈmænəkl) I ZN • *(hand)boei* II OV WW • *boeien* • *vastleggen* • *belemmeren*
manage (ˈmænɪdʒ) I OV WW • *hanteren*; *omspringen met* • *naar zijn hand zetten*; *beheersen* • *leiden*; *beheren*; *besturen*; *hoeden* ⟨v. vee⟩ • *aankunnen* II ONOV WW • *'t klaarspelen*; *z. redden* • *rondkomen*
manageability (mænɪdʒəˈbɪlətɪ) ZN *handelbaarheid*
manageable (ˈmænɪdʒəbl) BNW *te hanteren*; *handelbaar*
management (ˈmænɪdʒmənt) ZN • *(bedrijfs)leiding*; *beheer* • *bestuur*; *directie* • MED. *behandeling* • *handigheid*
manager (ˈmænɪdʒə) ZN • *directeur*; *bedrijfsleider*; *manager* • *(partij)leider*; *bestuurder* • *beheerder* • *impresario* • JUR. *curator*
manageress (mænɪdʒəˈres) ZN *bestuurster*; *beheerster*; *cheffin*
managerial (mænəˈdʒɪərɪəl) BNW *directeurs-*; *bestuurs-*
managing (ˈmænɪdʒɪŋ) BNW • *beherend* • *flink*; *handig* • *overleggend*
manciple (ˈmænsɪpl) ZN *econoom* ⟨in klooster⟩
Mancunian (mænˈkjuːnɪən) BNW *van/uit Manchester*
mandamus (mænˈdeɪməs) ZN *bevelschrift van het hooggerechtshof*
mandarin (ˈmændərɪn) ZN • *mandarijn* ⟨vrucht⟩ • *mandarijn* ⟨magistraat⟩
Mandarin (ˈmændərɪn) ZN TAALK. *Mandarijn*
mandate (ˈmændeɪt) I ZN • *mandaat*; *bevel*; *opdracht* II OV WW • *onder mandaat plaatsen*
mandatory (ˈmændətərɪ) I ZN • *mandataris* II BNW • *verplicht* • *bevel-*
mandible (ˈmændɪbl) ZN *(onder)kaak*
mandolin (mændəˈlɪn, ˈmændəlɪn) ZN *mandoline*
mane (meɪn) ZN *manen* ★ *the mane of the horse is black de manen van het paard zijn zwart*
man-eater ZN • *mensetend roofdier* • HUMOR. *mannenvreetster*
man-eating BNW *mensenetend*
maneuver ZN USA • → **manoeuvre**
manful (ˈmænfʊl) BNW *dapper*
manga (ˈmæŋgə) ZN *manga*
manganese (ˈmæŋgəniːz) ZN *mangaan*
mange (meɪndʒ) ZN *schurft*
manger (ˈmeɪndʒə) ZN *kribbe*; *voerbak*
mangle (ˈmæŋgl) I ZN • *mangel* II OV WW • *mangelen* • *verscheuren*; *verminken*; *verknoeien*
mangrove (ˈmæŋgrəʊv) ZN *mangrove*; *wortelboom*
mangy (ˈmeɪndʒɪ) BNW • *schurftig* • *sjofel*
manhandle (ˈmænhændl) OV WW • *door menskracht bewegen* • PLAT *ruw behandelen*; *toetakelen*
man hater ZN *mensenhater*; *mannenhaatster*
manhole (ˈmænhəʊl) ZN *mangat*
manhood (ˈmænhʊd) ZN • *mannelijkheid*

ma

• *mannelijke leeftijd* • *manhaftigheid*
• *mannelijke bevolking*
man-hour ZN *manuur*
manhunt ('mænhʌnt) ZN *mensenjacht*;
achtervolging
mania ('meɪnɪə) ZN • *manie*; *rage* • MED.
waanzin
maniac ('meɪnɪæk) ZN • *maniak* • *waanzinnige*
maniacal (mə'naɪəkl) BNW *dollemans-*;
waanzinnig
manic ('mænɪk) BNW *manisch*
manic-depressive BNW *manisch-depressief*
manicurist ('mænɪkjʊərɪst) ZN *manicure*;
manicuurster
manifest ('mænɪfest) I • OV WW • *openbaar maken*
• *bewijzen*; *aan de dag leggen* • SCHEEPV.
inschrijven in scheepsmanifest II ONOV WW
• *zich manifesteren*; *verschijnen* III ZN
• SCHEEPV. *passagierslijst* IV BNW • *zichtbaar*;
manifest • *klaarblijkelijk*; *duidelijke*
manifestation (mænɪfe'steɪʃən) ZN
• *manifestatie* • *verkondiging* • *uiting*
manifesto (mænɪ'festəʊ) ZN *manifest*
manifold ('mænɪfəʊld) I • ZN • *verdeelstuk*
• *verzameling* ⟨wisk.⟩ II • BNW • *menigvuldig*
• *geleed* III • OV WW • *verveelvoudigen*
manikin ('mænɪkɪn) ZN • *paspop* • *mannequin*
• *mannetje*; *dwerg* • *fantoom*
manilla (mə'nɪlə) ZN • *armring* • *hennep*
manipulate (mə'nɪpjʊleɪt) OV WW • *hanteren*
• *behandelen*; *manipuleren* • *knoeien met*
⟨cijfers, tekst⟩ • *speculeren in*
manipulation (mənɪpjʊ'leɪʃən) ZN • *manipulatie*
• *het betasten* ⟨v. lichaamsdeel⟩
manipulative (mə'nɪpjʊlətɪv) BNW *manipulerend*
manipulator (mə'nɪpjʊleɪtə) ZN *manipulator* ⋆ ~
of *speculant in*
mankind[1] (mæn'kaɪnd) ZN *het mensdom*; *de
mensheid*
mankind[2] ('mænkaɪnd) ZN *de mannen*
manky ('mænkɪ) BNW *groezelig*; *onfris*
manly ('mænlɪ) BNW • *mannelijk*; *manhaftig*
• *manachtig* ⟨v. vrouw⟩
man-made BNW *door de mens gemaakt*;
kunstmatig
manna ('mænə) ZN *manna*
manned (mænd) BNW *bemand*
mannequin ('mænɪkɪn) ZN • *mannequin*
• *etalagepop*
manner ('mænə) ZN *manier*; *wijze* ⋆ all~ of *men
mensen v. allerlei slag* ⋆ in a~ of *speaking bij
wijze v. spreken* ⋆ in like~ *op dezelfde manier*
⋆ to the~ *born van nature er voor
bestemd/geschikt* ⋆ *what~ of* man *is he? wat
voor een man is hij?* ⋆ ~s [mv] *zeden*;
gewoonten ⋆ *it's bad*~s *to do that het past
niet dat te doen* ⋆ *where are your*~s? *heb je
geen manieren geleerd?*
mannered ('mænəd) BNW • *geaffecteerd* • *met ...
manieren*
mannerism ('mænərɪzəm) ZN
• *gemaniëreerdheid* • *hebbelijkheid*; *aanwensel*
mannerless ('mænələs) BNW *ongemanierd*
mannerly ('mænəlɪ) BNW + BIJW *beleefd*
mannikin ZN • → **manikin**
mannish ('mænɪʃ) BNW *manachtig*

manoeuvrability (mə'nu:vrə'bɪlətɪ) ZN
manoeuvreerbaarheid
manoeuvre (mə'nu:və) I ZN • *kunstgreep*
• *manoeuvre* II • OV WW • *manoeuvreren*
• *klaarspelen* III ONOV WW • *manoeuvreren*
man-of-war ZN *oorlogsschip*
manor ('mænə) ZN • *landgoed* • ≈ *riddergoed*; ≈
heerlijkheid
manor-house ('mænəhaʊs) ZN *herenhuis*
manorial (mə'nɔ:rɪəl) BNW *behorende tot
(ambachts)heerlijkheid*
manpower ('mænpaʊə) ZN • *mankracht*
• *arbeidskracht(en)*; *personeel*
mansard ('mænsɑ:d) ZN *gebroken dak*
manservant ('mænsɜ:vənt) ZN *knecht*
mansion ('mænʃən) ZN *groot herenhuis* ⋆ ~s [mv]
flatgebouw
mansion house ZN *herenhuis*
man-sized BNW *mansgroot*; *voor één man
berekend*
manslaughter ('mænslɔ:tə) ZN *doodslag*
mantel ('mæntl) ZN USA *schoorsteenmantel*
mantelpiece ZN *schoorsteenmantel*
mantle ('mæntl) I ZN • *mantel*; *dekmantel*
• *gloeikousje* II • OV WW • *bedekken*; *doen blozen*
III ONOV WW • *blozen* • *schuimen*
manual ('mænjʊəl) I • ZN • *handboek*; *handleiding*
• MUZ. *manuaal* II BNW • *hand-*; *handmatig*
manufacture (mænjuˈfæktʃə) I ZN • *fabricage*
• *fabricaat* II OV WW • *fabriceren* • *verzinnen*
⋆ ~d articles *fabriceren*; *fabrieksproducten*
manufacturer (mænjuˈfæktʃərə) ZN *fabrikant*
manumission (mænju:ˈmɪʃən) ZN *vrijlating uit
slavernij*
manure (mə'njʊə) I ZN • *mest* II • OV WW
• *bemesten*
manuscript ('mænjʊskrɪpt) I ZN • *handschrift*;
manuscript II BNW • *handgeschreven*
Manx (mæŋks) I • ZN • *bewoners v.h. eiland Man*
• *taal v.h. eiland Man* II BNW • *Manx-*
Manxman ('mæŋksmən) ZN *bewoner van het
eiland Man*
many ('menɪ) I TELW • *veel*; *menige* ⋆ *many a
man/one menigeen* ⋆ *many a time* (and oft)
menigmaal; *steeds weer* ⋆ (so) *many men, so
many minds zoveel hoofden, zoveel zinnen*
⋆ *he's been here this many a day hij is al vele
dagen hier* II ONB VNW • *vele(n)* ⋆ *a good many
heel wat* ⋆ *a great many heel veel* ⋆ *the many
de menigte*; *de meerderheid* ⋆ *as many as ten
wel tien* ⋆ *one too many een te veel* ⋆ *he is
one too many for us hij is ons te slim af*
many-sided BNW *veelzijdig*
Maori ('maʊrɪ) I • ZN • *Maori* • *taal v.d. Maori*
map (mæp) I ZN • *(land)kaart* ⋆ *off the map
onbereikbaar*; *onbelangrijk* ⋆ *put on the map
bekend/beroemd maken* II OV WW • *in kaart
brengen* • ~ **out** *arrangeren*; *indelen*
maple ('meɪpl) ZN *esdoorn*
maple leaf ZN *esdoornblad* ⟨embleem van
Canada⟩
maple syrup ZN *ahornstroop*
mar (mɑ:) OV WW *ontsieren*; *bederven*
marathon ('mærəθən) ZN *marathon(loop)*
maraud (mə'rɔ:d) OV+ONOV WW *plunderen*;
stropen

ma

marauder (məˈrɔːdə) zn *plunderaar*; *stroper*
marble (ˈmɑːbl) **I** zn • *marmer* • *marmeren beeld*
• *knikker* ★ ~s [mv] *knikkerspel* ★ *play at* ~s
knikkeren ★ INFORM. *lose one's* ~s *z'n verstand
verliezen* **II** BNW • *marmeren*; *als marmer*
• *gemarmerd* ~ *cake marmercake* **III** OV WW
• *marmeren*
marbling (ˈmɑːblɪŋ) zn *het marmeren*
march (mɑːtʃ) **I** OV WW • ~ **away** *wegvoeren*
• ~ **off** *laten afmarcheren* • ~ **up** *laten
aanrukken* **II** ONOV WW • *marcheren* ★ *they* ~
with the times ze gaan met hun tijd mee
• ~ **off** *afmarcheren* • ~ **on** *voortmarcheren*
• ~ **past** *defileren* • ~ **up** *aanrukken*
• ~ **upon/with** *grenzen aan* • ~ **order**
marsorde; *veldtenue* **III** zn • *mars* • *loop*;
vooruitgang • *marsmuziek*; *marstempo* ★ *steal
a* ~ (*up*)*on sb iem. te vlug af zijn*; *iem. een vlieg
afvangen*
March (mɑːtʃ) zn *maart*
marchioness (mɑːʃəˈnes) zn *markiezin*
marchpane (ˈmɑːtʃpeɪn) zn *marsepein*
march past zn *defilé*
mare (meə) zn *merrie* ★ FIG. *a mare's nest een
denkbeeldige ontdekking*; *een wespennest*
★ *mare's tail lidsteng*; *lange vederwolk*
★ *Shanks's mare de benenwagen*
margarine (mɑːdʒəˈriːn) zn *margarine*
marge (mɑːdʒ) zn INFORM. *margarine*
margin (ˈmɑːdʒɪn) **I** zn • *marge*; *rand*; *kant*;
grens • *speling* • ECON. *marge*; *saldo*; *winst*
• ECON. *surplus* (effectenbeurs) ★ *buy on* ~ *op
prolongatie kopen* ★ ~ *of profit winstmarge* ★ ~
of error foutmarge **II** OV WW • *v. marge/rand
voorzien* • *v. kanttekening voorzien* • *dekken*
(op effectenbeurs)
marginal (ˈmɑːdʒɪnl) BNW • *marginaal*
(ondergeschikt) • *kant-*; *rand-* • *in grensgebied
gelegen*; *aangrenzend* • *weinig productief*
marginalia (mɑːdʒɪˈneɪlɪə) zn *kanttekeningen*
marigold (ˈmærɪɡəʊld) zn PLANTK. *goudsbloem*
★ *African/French* ~ *afrikaantje* (plant)
marijuana, marihuana (mærɪˈwɑːnə) zn
marihuana
marina (məˈriːnə) zn *jachthaven*
marinade (ˈmærɪneɪd) **I** zn • *marinade* **II** OV WW
• *marineren*
marine (məˈriːn) **I** zn • *marinier* ★ *tell that to
the* ~s *maak dat de kat wijs* ★ *mercantile* ~
handelsvloot ★ *merchant* ~ *koopvaardij(vloot)*
II BNW • *marine-* • *zee-*; *marien* • *scheeps-*
mariner (ˈmærɪnə) zn *matroos*; *zeeman*
marine stores zn *gebruikt scheepsmateriaal dat
verkocht wordt*
Mariolatry (meərɪˈɒlətrɪ) zn *Mariavereering*
marionette (mærɪəˈnet) zn *marionet*
marital (ˈmærɪtl) BNW • *v.d. echtgeno(o)t(e)*
• *huwelijks-*
maritime (ˈmærɪtaɪm) BNW *zee(vaart)-*; *kust-*;
maritiem
marjoram (ˈmɑːdʒərəm) zn *marjolein*
mark (mɑːk) **I** zn • *merk*; *teken* • *aanwijzing*;
signaal • *litteken*; *vlek* • *stempel*; *zegel* • *cijfer*;
punt • *startstreep* • *doel* • *kruisje* (i.p.v.
handtekening) • *mark* (munt)
• *onderscheiding* • GESCH. *mark* (gebied)

★ INFORM. *easy mark gemakkelijke prooi* ★ *full
marks* [mv] *het hoogst haalbare cijfer* (bij
examen) ★ *full marks to the staff for a
wonderful day hulde aan de leiding voor een
geweldige dag* ★ *a man of mark een man v.
betekenis* ★ *feel up to the mark zich fit voelen*
★ *hit the mark de spijker op de kop slaan*
★ *keep up to the mark op peil houden* ★ *make
one's mark zich onderscheiden* ★ *overstep the
mark over de schreef gaan* ★ *above the mark
meer dan voldoende* ★ *beside the mark naast
het doel* ★ *up to the mark voldoende* ★ *on my
mark op mijn teken* **II** OV WW • *noteren*
• *onderscheiden*; *(ken)merken* • *laten blijken*;
aantonen • *nakijken*; *cijfer/punt toekennen*
• *prijzen* (v. goederen) • *bestemmen*
• *opmerken*; *letten op* ★ *mark my words! let op
mijn woorden!* ★ *mark time de pas markeren*;
geen vooruitgang boeken (figuurlijk) • ~ **down**
opschrijven; *afprijzen*; *bestemmen* • ~ **off**
onderscheiden; *afscheiden* • ~ **out** *bestemmen*;
afbakenen; *onderscheiden* • ~ **up** *noteren*;
krediet geven **III** ONOV WW • *markeren* (bij
jacht) ★ *mark you! denk erom!*
marked (mɑːkt) BNW • *opvallend* • *gemerkt*;
getekend (dier) ★ *a* ~ *man ten dode
opgeschreven man*; *iem. die bespied wordt*; *iem.
die voorbestemd is te slagen*
marker (ˈmɑːkə) zn • *teken*; *merk* • *merkstift*
• SPORT *mandekker* • *scorebord* • *fiche*
• *nakijker/beoordeler* (v. examens, tentamens)
market (ˈmɑːkɪt) **I** zn • *markt* • *handel*;
marktprijs ★ ~ *for vraag naar* ★ JUR. ~ *overt
openbare markt* ★ *black* ~ *zwarte markt*;
zwarte handel ★ *common* ~
gemeenschappelijke markt ★ *measure* ★ *foreign*
~s *buitenlandse markt* ★ *bring one's
eggs/hogs to the wrong* ~ *van een koude
kermis thuiskomen* ★ *not come into the* ~ *niet
aan de markt komen* ★ *make a* ~ *of
versjacheren*; *voordeel trekken uit* ★ *play the* ~
speculeren **II** OV WW • *verkopen*; *verhandelen*
III ONOV WW • *inkopen doen*
marketable (ˈmɑːkɪtəbl) BNW • *verkoopbaar*
• *markt-*
market dues zn MV *marktgelden*
marketeer (mɑːkəˈtɪə) zn • *black* ~
zwarthandelaar
market garden zn *tuinderij*; *groentekwekerij*
market gardener zn *tuinder*; *groentekweker*
marketing (ˈmɑːkɪtɪŋ) zn • *marketing*;
commercieel beleid • *handel*; *verkoop*; *afzet*
• *marktgoederen* • *inkoop*; *marktbezoek*
marketplace (ˈmɑːkɪtpleɪs) zn *marktplein*
market rate zn *marktprijs*
market research zn ECON. *marktonderzoek*
marking (ˈmɑːkɪŋ) zn • *tekening* (v. dier)
• *markering*
marking-ink (ˈmɑːkɪŋɪŋk) zn *merkinkt*
marksman (ˈmɑːksmən) zn *(scherp)schutter*
marksmanship (ˈmɑːksmənʃɪp) zn
scherpschutterskunst
markup (ˈmɑːkʌp) zn ECON. *winstmarge*
marl (mɑːl) **I** zn • *mergel* **II** OV WW • *bemesten*
• SCHEEPV. *marlen*
marly (ˈmɑːlɪ) BNW *mergelachtig*

ma

marmalade ('mɑ:məleɪd) ZN *marmelade*
marmoreal (mɑ:'mɔ:rɪəl) BNW • *marmerachtig*
  • *koud* • *als een beeld*
marmot ('mɑ:mət) ZN *marmot*
maroon (mə'ru:n) I BNW • *kastanjebruin* II OV
  WW • *in isolement achterlaten* • *aan zijn lot*
  overlaten
marquee (mɑ:'ki:) ZN • *grote tent* • USA *markies*
  ⟨luifel⟩
marquess ZN • → **marquis**
marquis ('mɑ:kwɪs) ZN *markies* ⟨edelman⟩
marquise (mɑ:'ki:z) ZN • *markiezin* ⟨niet-Engels⟩
  • *luifel*; *kap*
marriage ('mærɪdʒ) ZN *huwelijk* ★ ~ *of*
  convenience *verstandshuwelijk* ★ by ~
  aangetrouwd ★ ask in ~ *ten huwelijk vragen*
marriageable ('mærɪdʒəbl) BNW *huwbaar*
marriage articles MV *huwelijkscontract*
marriage certificate ZN *trouwakte*
marriage lines MV *trouwakte*
marriage settlement ZN *huwelijksvoorwaarden*
married ('mærɪd) I BNW • *huwelijks-* *getrouwd*;
  gehuwd ★ ~ up *getrouwd*; *nauw verbonden*
  II ZN • *getrouwde* III WW [verleden tijd + volt.
  deelw.] • → **marry**
marrow ('mærəʊ) ZN • *merg* • *kern* • *(eetbare)*
  pompoen; *(soort) courgette*
marrowbone ('mærəʊbəʊn) ZN *mergpijp*
marrowfat pea ZN *kapucijner*
marrowy ('mærəʊɪ) BNW • *mergachtig* • *vol*
  merg • *flink*; *pittig* ⟨figuurlijk⟩
marry ('mærɪ) I OV WW • *huwen (met)*; *trouwen*
  • *uithuwelijken* • *nauw verbinden* • ~ off
  uithuwelijken • ~ up *samenbrengen* II ONOV
  WW • *trouwen* • z. *nauw verbinden* ★ ~
  above/beneath o.s. *boven/beneden je stand*
  trouwen ★ he is not a ~ing man/not the ~ing
  kind of man *hij is geen man om te trouwen*
  ★ a ~ing salary *een salaris waarmee je kunt*
  gaan trouwen
marsh (mɑ:ʃ) ZN *moeras*
marshal ('mɑ:ʃəl) I ZN • *maarschalk*
  • *ceremoniemeester* • ≈ *griffier* • USA *hoofd v.d.*
  politie • *directeur v. gevangenis*
  • *brandweercommandant* II OV WW
  • *rangschikken*; *opstellen* • *aanvoeren*; *leiden*
  ★ ~ one's thoughts *zijn gedachten verzamelen*
marshalling yard ZN *rangeerterrein*
marsh fire ZN *dwaallicht*
marshmallow (mɑ:ʃ'mæləʊ) ZN ≈ *spekkie*
  ⟨snoepgoed⟩
marshy ('mɑ:ʃɪ) BNW *moerassig*
marsupial (mɑ:'su:pɪəl) I ZN • *buideldier* II BNW
  • *buidelvormig*; *buideldragend*
mart (mɑ:t) ZN • USA *markt* • *verkooplokaal*
  • *handelscentrum*
marten ('mɑ:tɪn) ZN *marter* ⟨bont⟩
martial ('mɑ:ʃəl) BNW • *oorlogs-* *gevechts-* ★ ~
  law *oorlogsrecht* ★ ~ arts *gevechtssport*
Martian ('mɑ:ʃən) I ZN • *Marsbewoner* II BNW • v.
  Mars; *Mars-*
martin ('mɑ:tɪn) ZN ★ house ~ *huiszwaluw*
martinet (mɑ:tɪ'net) ZN *strenge meester*
Martinmas ('mɑ:tɪnməs) ZN *Sint-Maarten(sdag)*
martyr ('mɑ:tə) I ZN • *martelaar* ★ be a ~ to *veel*
  te lijden hebben van II OV WW • *de marteldood*

  doen sterven • *martelen*
martyrdom ('mɑ:tədəm) ZN • *martelaarschap*
  • *marteldood* • *marteling*
marvel ('mɑ:vəl) I ZN • *wonder* II ONOV WW • z.
  afvragen • ~ at z. *verwonderen over*
marvellous ('mɑ:vələs) BNW • *buitengewoon*
  • *wonderbaarlijk*
Marxist ('mɑ:ksɪst) I ZN • *marxist* II BNW
  • *marxistisch*
marzipan ('mɑ:zɪpæn) ZN *marsepein*
mascara (mæ'skɑ:rə) ZN *mascara*
mascot ('mæskɒt) ZN *mascotte*; *talisman*
masculine ('mæskjʊlɪn) I ZN • TAALK. *mannelijk*
  geslacht II BNW • *mannelijk* ⟨ook v. rijm⟩
  • *manachtig* ⟨v. vrouw⟩ • *krachtig*
mash (mæʃ) I ZN • *aardappelpuree* • *warm voer*
  • *beslag* ⟨brouwerij⟩ • *warboel*; *mengelmoes*
  • INFORM. *affaire* • *minnaar* II OV WW
  • *aanmengen* • *fijnstampen* • INFORM. *flirten*
  ★ be mashed on *stapelgek zijn op*
masher ('mæʃə) ZN • *stamper* • INFORM.
  charmeur • USA *(irritante) versierder*
mask (mɑ:sk) I ZN • *masker*; *vermomming*
  • *bedrog* • *tekening* ⟨op kop v. dier⟩ II OV WW
  • *vermommen* • *maskeren*; *verbergen* III ONOV
  WW • z. *vermommen*
masochism ('mæsəkɪzəm) ZN *masochisme*
masochist ('mæsəkɪst) ZN *masochist*
mason ('meɪsən) I ZN • *metselaar* • *steenhouwer*
  ★ monumental ~ *(graf)steenhouwer* II OV WW
  • *metselen*
masonry ('meɪsənrɪ) ZN *metselwerk*
masquerade (mɑ:skə'reɪd) I ZN • *maskerade*
  • *valse schijn* II ONOV WW • z. *vermommen (as*
  als)
mass (mæs) I ZN • *merendeel* • *massa*; *grote hoop*
  • *mis* ★ the amount in a mass *het bedrag*
  ineens ★ in the mass *bij elkaar genomen* ★ the
  masses *het gewone volk* ★ Low Mass *stille mis*
  ★ say Mass *de mis lezen* II OV WW
  • *verzamelen*; *samentrekken* ⟨v. troepen⟩
  III ONOV WW • z. *verzamelen*
Mass. AFK USA *Massachusetts* ⟨staat⟩
massacre ('mæsəkə) I ZN • *bloedbad*; *slachting*
  II OV WW • *een slachting aanrichten onder*
massage ('mæsɑ:ʒ, mə'sɑ:ʒ) I ZN • *massage* II OV
  WW • *masseren*
mass destruction ZN *massavernietiging*
masseur (mæ'sɜ:) ZN *masseur*
masseuse (mæ'sɜ:z) ZN *masseuse*
massif ('mæsi:f) ZN *berggroep*; *massief*
massive ('mæsɪv) BNW • *massief* • *zwaar*; *stevig*
  • *indrukwekkend*; *gigantisch*
mass media ZN *massamedia*
mass observation ZN *bestudering v.d. massa*
mass-produce OV WW *in massa vervaardigen*
massy ('mæsɪ) BIJW *massief*; *zwaar*
mast (mɑ:st) I ZN • *mast* ★ at half mast *halfstok*
  II OV WW • v. *mast voorzien*
mastectomy (mæs'tektəmɪ) ZN *borstamputatie*;
  mastectomie
master ('mɑ:stə) I ZN • *meester*; *baas*
  ⟨werkgever⟩ • *directeur*; *hoofd* ⟨v. college⟩;
  kapitein ⟨v. koopvaardijschip⟩; *gezagvoerder*
  • *(leer)meester*; *leraar* • *master* ⟨academische*
  *graad⟩ • *heer des huizes* • *jongeheer* • *mijnheer*

ma

prisma
woordenboek

Bij deze ontvang je een gratis abonnement op het online Prisma woordenboek

Gebruik de online Prisma woordenboeken bij het surfen of chatten op het internet, of bij het schrijven of vertalen van een tekst.
Met Prisma online heb je altijd de meest actuele versie van het woordenboek op je scherm.

Met onderstaande code krijg je toegang tot het online woordenboek

Nu met gratis

27492982A7040BC1

online woordenboek

Ga naar www.prisma.nl/mijnprisma om je aan te melden

• TECHN. *master* ⟨origineel exemplaar⟩ ★ O&W Master of Arts ≈ *master in de letteren en wijsbegeerte* ★ ~ of ceremonies *ceremoniemeester;* ⟨bij feesten en plechtigheden⟩ *leider v. festiviteiten;* ⟨aan het Hof⟩ *spelleider* ⟨radio/tv⟩ ★ be ~ of *ter beschikking hebben* ★ be one's own ~ *eigen baas zijn* ★ make o.s. ~ of *onder de knie krijgen* ★ ~s and men *werkgevers en werknemers* **II** BNW • *voornaamste; hoofd-* **III** OV WW • *beheersen; overmeesteren; de baas worden; te boven komen; besturen*

masterdom ('mɑːstədəm) ZN *heerschappij*

masterful ('mɑːstʊl) BNW • *meesterlijk* ● *bazig; meesterachtig*

masterhood ('mɑːstəhʊd) ZN *meesterschap*

master key ZN *loper* ⟨sleutel⟩

masterly ('mɑːstəlɪ) BNW + BIJW *meesterlijk*

master mariner ZN *gezagvoerder* ⟨v. koopvaardijvloot⟩

mastermind ('mɑːstəmaɪnd) **I** ZN • *genie* **II** OV WW • *in elkaar zetten* ⟨v. plan⟩; *uitwerken* ⟨v. plan⟩; *leiding geven aan*

masterpiece ('mɑːstəpiːs) ZN *meesterwerk*

mastership ('mɑːstəʃɪp) ZN • *meesterschap* ● *leraarschap; betrekking/waardigheid van leraar/meester*

master spirit ZN *genie*

master stroke ZN *meesterlijke zet*

master switch ZN *hoofdschakelaar*

masterwork ('mɑːstəwɜːk) ZN *meesterwerk; meesterlijk staaltje*

mastery ('mɑːstərɪ) ZN *meesterschap* ★ ~ of *beheersing van; heerschappij over*

masticate ('mæstɪkeɪt) OV+ONOV WW *kauwen*

mastication (mæstɪ'keɪʃən) ZN *het kauwen*

masticator ('mæstɪkeɪtə) ZN • *kauwer* ● *vleesmolen* ★ ~s IRON. *kakement; kaken*

mastiff ('mæstɪf) ZN *buldog*

mastodon ('mæstədɒn) ZN *mastodont; reus(achtig dier)*

masturbate ('mæstəbeɪt) ONOV WW *masturberen*

mat (mæt) **I** ZN • *mat; kleedje* ● *verwarde massa* ● *matte rand* ● *doffe kleur* ● *matwerk* ● have sb on the mat *iem. op het matje roepen* ★ PLAT on the mat *in moeilijkheden* **II** BNW • *dof; mat* **III** OV WW • *met matten bedekken/beleggen* ● *verwarren* ● *matteren* **IV** ONOV WW • *in de war raken*

match (mætʃ) **I** OV WW • *in overeenstemming brengen met; iets bijpassends vinden* ● *opgewassen zijn tegen* ● *een partij zijn voor; de gelijke zijn van* ● *laten concurreren* ● OUD. *in de echt verbinden; koppelen* ★ be well ~ed *goed bij elkaar passen; aan elkaar gewaagd zijn* ★ ~ sb against *zich meten met* ★ this colour is hard to ~ *het is moeilijk iets te vinden dat bij deze kleur past* ★ you can't ~ it *dat doe je me niet na* **II** ONOV WW • *bij elkaar passen* ● ~ **up to** *opgewassen zijn tegen* **III** ZN • *lucifer* ● *wedstrijd* ● *gelijke; tegenhanger* ● *paar* ● *huwelijk* ● *partij; lont* ★ be a ~ for sb *tegen iem. opgewassen zijn* ★ be more than a ~ for sb *iem. de baas zijn* ★ find one's ~ *zijns gelijke vinden* ★ make a ~ of it *trouwen* ★ he has made a good ~ *hij is goed getrouwd* ★ this

material is a good ~ *deze stof past er goed bij* ★ away ~ *uitwedstrijd* ★ friendly ~ *vriendschappelijke wedstrijd* ★ qualifying ~ *kwalificatiewedstrijd*

matchbox ('mætʃbɒks) ZN *lucifersdoosje*

matchless ('mætʃləs) BNW *weergaloos; niet te evenaren; onvergelijkelijk*

matchmaker ('mætʃmeɪkə) ZN *koppelaar(ster)*

matchmaking ('mætʃmeɪkɪŋ) ZN • *fabricage van lucifers* ● *het koppelen* ⟨voor huwelijk⟩

match point ZN SPORT *matchpoint; beslissende punt*

matchstick ('mætʃstɪk) ZN *lucifershoutje*

matchstick figure ZN ≈ *koppoter* ⟨getekend poppetje⟩

matchwood ('mætʃwʊd) ZN • *hout voor lucifers* ● *kleine splinters* ★ make ~ of *tot brandhout maken*

mate (meɪt) **I** ZN • *partner* ● *maat; kameraad* ● *levenspartner* ● *mannetje; wijfje* ● *stuurman* ● *schaakmat* ● *running mate* ⟨in USA en Ierland⟩ *kandidaat voor vicepresident* **II** OV WW • *in de echt verbinden* ● *doen paren* ● *mat zetten* **III** ONOV WW • *trouwen* ● *paren*

material (mə'tɪərɪəl) **I** ZN • *stof* ● *materiaal; bestanddeel* ★ buy a house for its ~s *een huis kopen voor afbraak* ★ raw ~s *grondstoffen* ★ writing ~s *schrijfbenodigdheden* **II** BNW • *stoffelijk; materieel; lichamelijk* ● *wezenlijk; essentieel; belangrijk* ★ ~ to *van belang/relevant voor*

materialisation ZN G-B • → **materialization**

materialise WW G-B • → **materialize**

materialism (mə'tɪərɪəlɪzəm) ZN *materialisme*

materialist (mə'tɪərɪəlɪst) ZN *materialist*

materialistic (mə,tɪərɪə'lɪstɪk) BNW *materialistisch*

materialization (mə,tɪərɪəlaɪ'zeɪʃən) ZN • *verwezenlijking* ● *materialisatie*

materialize (mə'tɪərɪəlaɪz) ONOV WW • *resultaat/voordeel opleveren; verwezenlijkt worden* ● *verstoffelijken; verschijnen; materialiseren*

materiel (mə,tɪərɪ'el) ZN *materieel; beschikbare middelen*

maternal (mə'tɜːnl) BNW *moederlijk; moeder-; v. moederszijde*

maternity (mə'tɜːnɪtɪ) ZN • *moederschap* ● *moederlijkheid*

maternity dress ZN *positiejurk*

maternity home/hospital ZN *kraamkliniek*

maternity leave ZN *zwangerschapsverlof*

maternity ward ZN *kraamafdeling*

matey (meɪtɪ) **I** ZN • INFORM. *maatje* **II** BNW • *kameraadschappelijk; gezellig*

mathematical (mæθə'mætɪkl) BNW *wiskundig; wiskunde-*

mathematician (mæθəmə'tɪʃən) ZN *wiskundige*

mathematics (mæθə'mætɪks) MV *wiskunde*

maths (mæθs) ZN MV INFORM. • → **mathematics**

matinée ('mætɪneɪ) ZN *matinee*

matins ('mætɪns) ZN MV *metten; morgendienst* ⟨anglicaanse Kerk⟩

matrass ('mætrəs) ZN *distilleerkolf*

matriarch ('meɪtrɪɑːk) ZN • *matriarch* ● *eerbiedwaardige oude vrouw*

ma

matriarchal (meɪtrɪˈɑːkl) BNW *matriarchaal*
matrices (ˈmeɪtrɪsiːz) ZN [mv] • → **matrix**
matricide (ˈmeɪtrɪsaɪd) ZN • *moedermoordenaar*
• *moedermoord*
matriculate (məˈtrɪkjʊleɪt) I OV WW • *als student inschrijven/toelaten* II ONOV WW • *als student toegelaten worden*; z. *als student inschrijven*
• OUD. *toelatingsexamen afleggen*
matriculation (mətrɪkjʊˈleɪʃən) ZN *inschrijving*
⟨als student aan universiteit⟩
matrimonial (mætrɪˈməʊnjəl) BNW *huwelijks-; echtelijk*
matrimony (ˈmætrɪmənɪ) ZN *huwelijk; huwelijkse staat*
matrix (ˈmeɪtrɪks) ZN • WISK., COMP. *matrix*
• *bakermat; voedingsbodem* • *netwerk* ⟨v. wegen⟩ • *gietvorm; matrijs* • AARDK. *moedergesteente*
matron (ˈmeɪtrən) ZN • *matrone; getrouwde dame* • *directrice; hoofd; moeder* ⟨v. instituut⟩
matronly (ˈmeɪtrənlɪ) BNW • *matroneachtig*
• *aan de dikke kant*
matt (mæt) BNW *dof; mat*
matted (ˈmætɪd) BNW *verward* ⟨v. haarbos⟩
matter (ˈmætə) I ZN • *materie; stof* • *zaak; aangelegenheid; kwestie* • *kopij* • *etter* ⟨substantie⟩ • *as a ~* of fact *inderdaad; in werkelijkheid; trouwens* ★ for that – *wat dat betreft; trouwens* ★ in the ~ of *wat betreft* ★ it is a ~ of £ 10 *het gaat om £ 10* ★ ~ for/of *aanleiding/reden voor* ★ a ~ of 20 years *een jaar of twintig* ★ (it is/makes) no – *het geeft niets* ★ no – *who om 't even wie* ★ no such – *niets daarvan* ★ what's the –? *wat is er (aan de hand)?* ★ what is the – with it? *wat is er op tegen?* ★ what is the – with you? *wat scheelt je?* ★ what –? *wat doet 't er toe?* ★ ~ of opinion *(betwistbare) mening* ★ ~ of fact *feit; feitelijke kwestie* ★ ~ of law *juridische kwestie* ★ ~ of course *vanzelfsprekende kwestie* ★ a delicate ~ *een gevoelige kwestie; een netelige zaak* II ONOV WW • *v. belang zijn; betekenen* • *etteren*
★ what does it –? *wat geeft 't?*
matter-of-fact (mætərəvˈfækt) BNW *prozaïsch; nuchter; zakelijk*
matting (ˈmætɪŋ) ZN • *het matteren* • *het v. matten voorzien; het matten maken* • *matwerk*
mattock (ˈmætək) ZN *houweel*
mattress (ˈmætrəs) ZN • *vlechtwerk* ⟨ter versteviging⟩ • *matras*
maturation (mætʃʊˈreɪʃən) ZN • *rijping*
• *ontwikkeling*
mature (məˈtjʊə) I BNW • *volwassen; volledig ontwikkeld; rijp* • *weloverwogen* • *vervallen* ⟨v. wissel⟩ II OV WW • *rijpen* III ONOV WW
• *volwassen worden; tot ontwikkeling komen; rijpen; in vervulling gaan* • *vervallen* ⟨v. wissel⟩
maturity (məˈtʃʊərətɪ) ZN • *rijpheid* • *vervaltijd* ⟨v. wissel⟩ ★ at ~ *op de vervaldag* ★ arrive at ~ *vervallen* ⟨v. wissel⟩
matutinal (mætjuːˈtaɪnl) BNW *vroeg; ochtend-; morgen-*
maud (mɔːd) ZN *gestreepte plaid*
maudlin (ˈmɔːdlɪn) BNW *overdreven sentimenteel*
maul (mɔːl) I ZN • *grote (houten) hamer* II OV WW
• *bont en blauw slaan; toetakelen; ruw behandelen* • *afkraken* ⟨door recensent⟩ • USA *splijten met hamer en wig*
maulstick (ˈmɔːlstɪk) ZN *schildersstok*
maunder (ˈmɔːndə) ONOV WW • *wauwelen; bazelen* • *mompelen* • ~ **about** *rondslenteren; rondhangen*
Maundy Thursday (ˈmɔːndɪ ˈθɜːzdeɪ) ZN *Witte Donderdag*
mauser (ˈmaʊzə) ZN *mausergeweer; pistool*
mausoleum (mɔːsəˈliːəm) ZN *mausoleum*
mauve (məʊv) BNW *mauve; zacht paars*
maverick (ˈmævərɪk) I ZN • *non-conformist*
• *ongemerkt kalf* • *eenling* II BNW ★ a ~ *politician een onafhankelijk politicus*
mavis (ˈmeɪvɪs) ZN *zanglijster*
mawkish (ˈmɔːkɪʃ) BNW • *overdreven sentimenteel* • *walgelijk* ⟨v. smaak⟩
mawseed (ˈmɔːsiːd) ZN *maanzaad*
maw-worm ZN • *spoelworm* • *huichelaar*
maxilla (mækˈsɪlə) ZN *kaak*
maxillary (mækˈsɪlərɪ) I ZN • *kaak* II BNW • *kaak-*
maxim (ˈmæksɪm) ZN *maxime* ⟨stelregel, principe⟩
maximal (ˈmæksɪml) BNW *maximaal*
maximize, G-B **maximise** (ˈmæksɪmaɪz) OV WW *maximaliseren; tot het uiterste vergroten*
maximum (ˈmæksɪməm) I ZN • *maximum* ★ to the ~ *volledig* II BNW • *maximaal; maximum-*
may (meɪ) I ZN • *meidoorn* II HWW • *mogen*
• *kunnen* ⟨mogelijkheid⟩ ★ *as one may say om zo te zeggen* ★ *be this as it may hoe 't ook zij* ★ *who may you be? wie bent u eigenlijk?*
May (meɪ) ZN *mei*
maybe (ˈmeɪbiː) BIJW *misschien*
Maybug (ˈmeɪbʌg) ZN *meikever*
maybush (ˈmeɪbʊʃ) ZN *hagedoornstruik*
Mayday (ˈmeɪdeɪ) ZN *noodsein* ★ ~, ~! *SOS, SOS!*
May Day ZN *eerste mei*
mayfly (ˈmeɪflaɪ) ZN *eendagsvlieg; kokerjuffer*
mayhem (ˈmeɪhem) ZN • USA/JUR. *verminking*
• *chaos; wanorde*
mayonnaise (meɪəˈneɪz) ZN *mayonaise*
mayor (meə) ZN *burgemeester* ★ ~ of the palace *hofmeier*
mayoral (ˈmeərəl) BNW • *burgemeesters-* • *burgemeesterlijk*
mayoralty (ˈmeərəltɪ) ZN • *burgemeestersambt* • *ambtsperiode v.e. burgemeester*
mayoress (meəˈres) ZN • *vrouw v.d. burgemeester* • *vrouwelijke burgemeester* • *dame die de honneurs van de burgemeester waarneemt*
maypole (ˈmeɪpəʊl) ZN • *meiboom* • *bonenstaak* ⟨figuurlijk⟩
maytree (ˈmeɪtriː) ZN *meidoorn*
mazarine (mæzəˈriːn) ZN *donkerblauw*
maze (meɪz) I ZN • *doolhof* • *verbijstering* II OV WW • *verbijsteren; verwarren*
mazuma (məˈzuːmə) ZN PLAT/USA *geld; pegels*
MBA AFK O&W Master of Business Administration ≈ *master in de bedrijfskunde*
MBE AFK Member of the Order of the British Empire *lid van de orde van het Britse rijk* ⟨onderscheiding⟩
MC AFK • Master of Ceremonies *mc* ⟨ceremoniemeester⟩ • USA Member of Congress *Congreslid*

Md. AFK USA *Maryland* 〈staat〉
MD AFK Doctor of Medicine *master in de geneeskunde*
MDT AFK Mountain Daylight Time *Bergstreek Daglichttijd* 〈tijdzone in westelijk-centraalUSA〉
me (miː) PERS VNW • *mij* • INFORM. *ik* ★ ah me! *wee mij!* ★ dear me! *lieve hemel!* ★ it's me *ik ben het*
mead (miːd) ZN • *mede* 〈drank〉 • OUD. *weide*
meadow ('medəʊ) ZN • *weide; hooiland; grasland* • *uiterwaard*
meadow mouse ZN *veldmuis*
meagre ('miːgə) BNW *mager; schraal*
meal (miːl) I ZN • *maal(tijd)* • *meel* ★ USA *maïsmeel* 〈in Schotland〉 • *havermeel* ★ make a meal of sth *nodeloos veel drukte maken om iets* ★ we had to make a meal of it *we moesten het er mee doen* II OV WW • *tot meel maken*
mealtime ('miːltaɪm) ZN *etenstijd*
mealy ('miːlɪ) BNW • *melig; meelachtig* • *wit gespikkeld* 〈v. paard〉 • *bleek* 〈v. gelaatskleur〉 • *zoetsappig*
mealy-mouthed (miːlɪ-mauðd) ZN *zoetsappig*
mean (miːn) I OV WW • *betekenen* • *bedoelen; (serieus) menen; willen* • *v. plan zijn* ★ mean business *het menen* ★ mean mischief *kwaad in de zin hebben* ★ mean sb well *het goed met iem. voorhebben* ★ what do you mean by it? *wat bedoel je er mee?; waarom doe je zoiets?* ★ well meaning *welgemeend; goed bedoeld* • ~ for *bestemmen voor* II ONOV WW • *bedoelen* III BNW • *gemiddeld; middelmatig* • *middelste; middel-; tussen- gemeen; laag* • *onbelangrijk; gering* • *bekrompen; gierig* • USA *onbehaaglijk* • *slechtgehumeurd* • INFORM. *beschaamd* ★ mean proportional *middelevenredig* ★ feel mean *zich beschaamd voelen; zich onwel voelen* IV ZN • *midden(weg); middelevenredige* • *middelste term* ★ the golden/happy mean *de gulden middenweg* ★ means [mv] *middelen; inkomsten* ★ by all (manner of) means *in ieder geval; beslist; natuurlijk; op alle mogelijke manieren* ★ not by any (manner of) means *in geen geval* • INFORM. by all means! *ga je gang!* ★ by means of *door middel van* ★ by no means *in geen geval* ★ of means *bemiddeld* ★ live beyond one's means *boven zijn stand leven* ▼ by fair means or foul *met geoorloofde en ongeoorloofde middelen*
mean-born (miːn'bɔːn) BNW *van lage komaf*
meander (mɪˈændə) I ONOV WW • *meanderen; kronkelen* 〈v. waterweg〉 II ZN • *kronkeling* 〈v. waterweg〉; *meandering*
meanderings (mɪˈændərɪŋz) ZN MV • *gekronkel* 〈v. beekje, pad, enz.〉 • *uitweidingen* 〈in betoog, enz.〉
meanie ('miːnɪ) ZN *gemenerik*
meaning ('miːnɪŋ) ZN • *bedoeling* • *betekenis*
meaningful ('miːnɪŋfʊl) BNW *veelbetekenend; belangrijk*
meaningless ('miːnɪŋləs) BNW • *nietszeggend* • *zinloos*
meaningly ('miːnɪŋlɪ) BIJW • *veelbetekenend* • *opzettelijk*

meanly ('miːnlɪ) BIJW • → **mean** ★ think ~ of *geen hoge dunk hebben van*
meanness ('miːnəs) ZN • → **mean**
meant (ment) WW [verleden tijd + volt. deelw.] • → **mean**
meantime ('miːntaɪm) ZN ★ in the ~ *ondertussen; inmiddels*
meanwhile ('miːnwaɪl) BIJW *inmiddels; intussen*
measles ('miːzlz) ZN MV *mazelen*
measly ('miːzlɪ) BNW • *aan de mazelen lijdend* • INFORM. *armzalig; min; waardeloos*
measurable ('meʒərəbl) BNW • *meetbaar* • *gematigd*
measure ('meʒə) I OV WW • *meten; de maat nemen; bep. lengte hebben; toemeten; afmeten; opmeten* • *onderzoekend aankijken; opnemen* • *beoordelen* • *deelbaar zijn op* • *afleggen* 〈v. afstand〉 ★ ~one's length *languit op de grond vallen* ★ ~swords *de degens kruisen* • ~ out *uitdelen* II ONOV WW • *meten* • ~ up to *voldoen aan* III ZN • *maatregel* • *grootte; afmeting; maat* • *bedrag; hoeveelheid* • *beperking* • *metrum* • *maatstaf* • MUZ. *maat* • *deler* ★ common ~ *twee- of vierkwartsmaat* ★ multiple ★ beyond ~ *bovenmate* ★ for good ~ *op de koop toe* ★ in a ~ *tot op zekere hoogte; in zekere zin* ★ keep ~ *maat houden* ★ made to ~ *aangemeten;* 〈v. kostuum〉 *op maat gemaakt* 〈v. kostuum〉 ★ ~ for ~ *leer om leer* ★ out of ~ *buitenmate* ★ set ~s to *paal en perk stellen aan* ★ take sb's ~ *iem. de maat nemen; onderzoeken met wat voor iem. men te doen heeft* ★ within ~ *binnen bepaalde grenzen; met mate* ★ long ~ *lengtemaat* ★ ~ of capacity *inhoudsmaat*
measured ('meʒəd) BNW • *gelijkmatig* • *weloverwogen* • *gematigd*
measureless ('meʒələs) BNW *onmetelijk*
measurement ('meʒəmənt) ZN *(af)meting* ★ inside/outside ~ *binnenmaat/buitenmaat*
meat (miːt) ZN • *vlees* • *vruchtvlees* • *kern; (diepere) inhoud* ★ green meat *groente; groenvoer* ★ minced meat *gehakt* ★ strong meat *zware kost* 〈figuurlijk〉 ★ be dead meat *de pineut zijn* ★ it is meat and drink to me *ik doe het ontzettend graag* ★ one man's meat is another man's poison *de een z'n dood is de ander z'n brood*
meatball ('miːtbɔːl) ZN *gehaktbal(letje)*
meathead ('miːthed) ZN INFORM. *stomkop*
meat loaf ZN *gehaktbrood*
meat pie ZN *vleespastei*
meaty ('miːtɪ) BNW • *vlezig; vleesachtig; vlees-* • *degelijk; stevig; pittig*
mechanic (mɪˈkænɪk) ZN • *monteur* • *werktuigkundige; mecanicien* • *handwerksman*
mechanical (mɪˈkænɪkl) BNW • *machinaal; werktuiglijk* • *werktuigkundig* • *handwerks-*
mechanician (mekəˈnɪʃən) ZN *machineconstructeur; werktuigkundige*
mechanics (mɪˈkænɪks) ZN MV *mechanica; werktuigkunde*
mechanisation ZN G-B • → **mechanization**
mechanise WW G-B • → **mechanize**
mechanism ('mekənɪzəm) ZN • *mechaniek* • *mechanisme* • *techniek*

me

mechanist ('mekənɪst) ZN *machineconstructeur*; *werktuigkundige*
mechanistic (mekə'nɪstɪk) BNW • *mechanistisch* • *mechanisch*
mechanization (mekənaɪ'zeɪʃən) ZN *mechanisatie*
mechanize ('mekənaɪz) OV WW *mechaniseren*
med. AFK • *medical medisch* • *mediaeval middeleeuws* • *medium gemiddeld*
medal ('medl) ZN *medaille*
medallion (mɪ'dæljən) ZN • *grote medaille* • *medaillon*
medallist ('medəlɪst) ZN *medaillewinnaar*
meddle ('medl) ONOV WW • ~ **in** *z. mengen in* • ~ **with** *z. bemoeien met*
meddler ('medlə) ZN *bemoeial*
meddlesome ('medəlsəm) BNW *bemoeiziek*
meddling ('medlɪŋ) BNW • →**meddlesome**
media ('mi:dɪə) ZN [mv] • →**medium**
mediaeval BNW • →**medieval**
mediaevalism (medr'i:vəlɪzəm) ZN • → **medievalism**
medial ('mi:dɪəl) BNW • *gemiddeld* • *midden-*; *tussen-*; *middel*
median ('mi:dɪən) I ZN • *mediaan* • *zwaartelijn* • *mediaanader* II BNW • *gemiddeld* • *midden-*; *middel-*; *middelste* • *mediaan-*
mediate[1] ('mi:dɪət) BNW *indirect*
mediate[2] ('mɪdɪeɪt) OV+ONOV WW *als bemiddelaar optreden*
mediation (mi:dɪ'eɪʃən) ZN *(conflict)bemiddeling*; *voorspraak*
mediator ('mi:dɪeɪtə) ZN *bemiddelaar*
mediatory ('mi:dɪətərɪ) BNW *bemiddelend*; *bemiddelings-*
medic ('medɪk) I ZN • *dokter* • *medisch student* • *examen in de medicijnen* • USA *kliniekassistent* II BNW • *medisch*; *geneeskundig*
medical ('medɪkl) I BNW • *medisch*; *geneeskundig* II ZN • *medisch onderzoek* • *medisch student*
medical examiner ZN *patholoog-anatoom*
medically ('medɪklɪ) BNW *door de dokter* ★ ~ *forbidden door de dokter verboden*
medicament (mə'dɪkəmənt) ZN *geneesmiddel*
Medicare ('medɪkeə) ZN USA *gezondheidszorg voor bejaarden*
medicate ('medɪkeɪt) OV WW • *geneeskundig behandelen* • *medicinaal bereiden*
medicated ('medɪkeɪtɪd) I BNW • *gezondheids-* • *sanitair*; *medicinaal* II WW [verl. tijd + volt. deelw.] • →**medicate**
medication (medr'keɪʃən) ZN • *geneeskundige behandeling* • *geneesmiddel*
medicinal (mə'dɪsɪnl) BNW • *geneeskundig* • *genezend*; *geneeskrachtig*
medicine ('medsən) ZN • *geneesmiddelen* • *tovermiddel* • PLAT *borrel* ★ *complementary~ alternatieve geneeskunde* ★ *a taste/dose of your own~ een koekje van eigen deeg*
medicine man ZN *medicijnman*; *toverdokter*
medico ('medɪkəʊ) I ZN • *dokter*; *esculaap* • *medisch student* II BNW • *medisch*
medieval (medr'i:vəl) BNW *middeleeuws*
medievalism (medr'i:vəlɪzəm) ZN *studie van de middeleeuwen*

mediocre (mi:dr'əʊkə) BNW *middelmatig*
mediocrity (mi:dr'ɒkrətɪ) ZN *middelmatigheid*
meditate ('medɪteɪt) I OV WW • *beramen*; *overdenken* II ONOV WW • *mediteren* • ~ **on/over** *peinzen over*
meditation (medr'teɪʃən) ZN • *overdenking* • *meditatie*
meditative ('medɪtətɪv) BNW *nadenkend*; *bespiegelend*
Mediterranean (medɪtə'reɪnɪən) I ZN • *Middellandse Zee*; *Middellandse Zeegebied* II BNW • *mediterraan*
medium ('mi:dɪəm) I ZN • *medium* • *tussenpersoon* • *voertaal* • *oplosmiddel* • *midden* • *middenweg*; *middenstof*; *middenterm* ★ *media* [mv] *media* ⟨televisie, kranten enz.⟩ ★ *the happy~ de gulden middenweg* ★ *through the~ of door bemiddeling van*; *door middel van* II BNW • *gemiddeld*; *middelmatig*
medium-sized BNW *middelgroot*
medium-term BNW *op middellange termijn*
medlar ('medlə) ZN *mispel(boom)*
medley ('medlɪ) I ZN • *mengelmoes*; MUZ. *potpourri* II BNW • *gemengd*; *bont* III OV WW • *mengen*
medulla (mɪ'dʌlə) ZN *merg*
medusa (mə'dju:zə) ZN *kwal*
meek (mi:k) BNW • *zachtmoedig* • *gedwee* • *deemoedig*
meet (mi:t) I OV WW • *ontmoeten*; *(aan)treffen*; *kennis maken met* • *afhalen*; *'t hoofd bieden*; *aanpakken* • *voldoen aan*; *voorzien in* • *betalen*; *voldoen*; *bestrijden* ⟨v. onkosten⟩ ★ *meet the case voldoende zijn* ★ *meet Mr A. mag ik u aan de heer A. voorstellen?* ★ *meet one's death de dood vinden* ★ *meet s.o.'s eye onder iemands ogen komen*; *een blik van iem. opvangen* ★ INFORM. *there's more (to it) than meets the eye! daar zit meer achter!* ★ *meet one's Maker zijn Schepper begroeten* ⟨overlijden⟩ II ONOV WW • *elkaar ontmoeten* • *samenkomen* ★ *make ends meet de eindjes aan elkaar knopen* • ~ **up with** *ontmoeten* • ~ **with** *ervaren*; *ondervinden*; *tegenkomen* ★ *meet with an accident een ongeluk krijgen* ★ *meet with approval goedkeuring wegdragen* III ZN • *samenkomst* • *plaats van samenkomst* ⟨v. jacht⟩ • *(jacht)gezelschap* IV BNW • OUD. *passend*; *geschikt*
meeting ('mi:tɪŋ) ZN • *bijeenkomst*; *vergadering* • *ontmoeting* • *wedstrijd* • *godsdienstoefening* • OUD. *duel*
mega- ('megə) VOORV • *mega-* • *een miljoen (maal)*
megabyte ('megəbaɪt) ZN *megabyte*
megadeath ('megədeθ) ZN *1 miljoen doden*
megajet ('megədʒet) ZN *zeer groot en snel straalvliegtuig*
megalomania (megələ'meɪnɪə) ZN *megalomanie*
megalomaniac (megələ'meɪnɪæk) ZN *megalomaan*
megaphone ('megəfəʊn) ZN *megafoon*
megastar ('megəstɑ:) ZN *megaster* ⟨beroemdheid⟩
megrim ('mi:grɪm) ZN • *platvis* • OUD. *migraine*

• gril

melancholia (melən'kəʊlɪə) ZN melancholie; zwaarmoedigheid

melancholic (melən'kɒlɪk) I ZN • melancholicus II BNW • melancholiek; melancholisch

melancholy ('melənkəlɪ) I ZN • melancholie; zwaarmoedigheid; droefgeestigheid II BNW • zwaarmoedig; droefgeestig

meld (meld) I ZN • roem ⟨kaartspel⟩ • combinatie II OV WW • roemen • (z.) (ver)mengen

melee ('meleɪ) ZN USA strijdgewoel

meliorate ('miːlɪəreɪt) OV+ONOV WW verbeteren

mellifluous (mɪ'lɪflʊəs) BNW honingzoet; zoetvloeiend

mellow ('meləʊ) I BNW • zacht; sappig; rijp • belegen ⟨v. wijn⟩ • zwaar ⟨v. grond⟩ • vol; zuiver ⟨v. klank, kleur⟩ • vriendelijk; hartelijk; joviaal • lichtelijk aangeschoten • ~ age rijpere leeftijd II OV+ONOV WW • rijpen; zacht maken/worden • benevelen • ~ out • USA/INFORM. zich ontspannen

melodic (mɪ'lɒdɪk) BNW melodisch; melodieus

melodious (mɪ'ləʊdɪəs) BNW melodieus; welluidend

melodist ('melədɪst) ZN • zanger • componist

melodrama ('melədrɒmə) ZN melodrama

melodramatic (melədrə'mætɪk) BNW melodramatisch

melody ('melədɪ) ZN melodie

melon ('melən) ZN • meloen • PLAT buit

melon-cutting ZN PLAT 't verdelen van de buit; INFORM. 't uitkeren van extra dividend

melt (melt) I OV WW • doen smelten • vertederen • ~ down versmelten; afsmelten ⟨v. kernreactor⟩ II ONOV WW • smelten; z. oplossen • vertederd worden • ~ away wegsmelten; verdwijnen • ~ into langzaam overgaan in ★ she melted into tears ze versmolt in tranen III ZN • (hoeveelheid) gesmolten metaal • (hoeveelheid) te smelten metaal

meltdown ('meltdaʊn) ZN het afsmelten ⟨bij kernreactor⟩

melting ('meltɪŋ) BNW • smeltend • zacht; week; sentimenteel

member ('membə) ZN • lid; afgevaardigde • afdeling; onderdeel • lichaamsdeel • lid ⟨penis⟩ ★ full~ volwaardig lid • INFORM. the unruly~ de tong

membership ('membəʃɪp) ZN • lidmaatschap • ledental

membrane ('membreɪn) ZN membraan; vlies; perkament ★ BIOL. mucous~ slijmvlies

membranous ('membrənəs) BNW vliezig

memento (mə'mentəʊ) ZN herinnering; aandenken

memo ('meməʊ) ZN INFORM. korte notitie; briefje

memoir ('memwɑː) ZN • verhandeling • gedenkschrift; (auto)biografie ★ ~s [mv] memoires

memo pad ZN notitieboekje

memorabilia (memərə'bɪlɪə) ZN MV souvenirs

memorable ('memərəbl) BNW gedenkwaardig

memoranda (memə'rændə) ZN [mv] • → **memorandum**

memorandum (memə'rændəm) ZN • memorandum • aantekening • diplomatieke

nota • akte

memorandum of association ZN akte van oprichting

memorial (mɪ'mɔːrɪəl) I ZN • gedenkteken; aandenken • nota • adres; verzoekschrift II BNW • gedenk-; herinnerings- • geheugen-

Memorial Day ZN USA oorlogsherdenkingsdag ⟨voor alle gevallen soldaten⟩

memorialize, G-B **memorialise** (mɪ'mɔːrɪəlaɪz) OV WW • herdenken • een verzoekschrift indienen

memorize, G-B **memorise** ('meməraɪz) OV WW • memoriseren; in het geheugen prenten; v. buiten leren • memoreren

memory ('memərɪ) ZN • geheugen • herinnering • gedachtenis ★ commit to~ v. buiten leren ★ from~ uit het hoofd ★ in/to the~ of ter gedachtenis aan ★ to the best of my~ zo goed als ik mij kan herinneren ★ within living~ sinds mensenheugenis ★ rake your~ je geheugen pijnigen ⟨proberen je iets te herinneren⟩

men (men) ZN [mv] • → **man**

menace ('menɪs) I ZN • bedreiging • vervelend iem.; lastig iets II OV+ONOV WW • (be)dreigen

ménage, menage (me'nɑːʒ) ZN huishouden

menagerie (mɪ'nædʒərɪ) ZN menagerie

mend (mend) I OV WW • verbeteren • herstellen; repareren; stoppen ⟨v. kousen⟩ ★ mend fences (with sb) het bijleggen ★ mend one's pace zijn pas versnellen ★ mend one's ways zijn leven beteren ★ mend the fire het vuur aanmaken ★ mend or end doe het beter of houd er mee op II ONOV WW • herstellen • z. (ver)beteren ★ least said soonest mended hoe minder er over gezegd wordt des te beter is het III ZN • gerepareerde/verstelde plaats ★ be on the mend aan de beterende hand zijn

mendable ('mendəbl) BNW • → **mend**

mendacious (men'deɪʃəs) BNW leugenachtig

mendacity (men'dæsɪtɪ) ZN leugen(achtigheid)

mender ('mendə) ZN hersteller; verbeteraar

mendicancy ('mendɪkənsɪ) ZN • bedelstand • bedelarij

mendicant ('mendɪkənt) I ZN • bedelaar • bedelmonnik II BNW • bedel-; bedelend

mendicity ZN • → **mendicancy**

mending ('mendɪŋ) ZN • reparatie • verstelwerk • stopgaren

mending basket ZN werkmandje

menfolk ('menfʊk) ZN manvolk; mannen

menial ('miːnɪəl) I ZN • MIN. bediende; knecht II BNW • dienstbaar; dienst- • slaafs; ondergeschikt; laag

meningitis (menɪn'dʒaɪtɪs) ZN hersenvliesontsteking

menopause ('menəpɔːz) ZN menopauze

men's room ZN USA herentoilet

menstrual ('menstrʊəl) BNW • menstruatie- • maandelijks

menstruate ('menstrʊeɪt) ONOV WW menstrueren

mensurable ('menʃərəbl) BNW • meetbaar • MUZ. met vast ritme

mensuration (menʃə'reɪʃən) ZN • theorie v. lengte-/inhoud-/oppervlakberekening • meting

menswear ('menzweə) ZN herenkleding

me

mental ('mentl) **I** BNW •geestelijk; geest(es)-; verstandelijk •INFORM. gek ★ go ~over de rooie gaan **II** ZN •INFORM. zwakzinnige

mental home ZN gekkenhuis

mental hospital ZN gekkenhuis

mentality (men'tælətɪ) ZN mentaliteit; denkwijze

mentally ('mentəlɪ) BIJW •geestelijk; verstandelijk •in gedachten

mentation (men'teɪʃən) ZN •geestesgesteldheid •geesteswerkzaamheid

mention ('menʃən) **I** ZN •(ver)melding **II** OV WW •noemen; (ver)melden; zeggen ★don't ~it! geen dank! ★not to ~om niet te spreken van

mentor ('mentɔ:) ZN •mentor; begeleider; raadgever; gids •USA trainer

menu ('menju:) ZN •menu •INFORM. programma ★COMP. drop-down menu rolmenu

MEP AFK Member of European Parliament lid v.h. Europees Parlement

mephitic (me'fɪtɪk) BNW stinkend; verpestend

mercantile ('mɜ:kəntaɪl) BNW •handels-; koopmans- •mercantilistisch ★~doctrine/ system mercantilisme

mercantilism ('mɜ:kəntɪlɪzəm) ZN •mercantilisme •handelsgeest

mercenary ('mɜ:sɪnərɪ) **I** ZN •huurling **II** BNW •huur- •geldbelust

mercer ('mɜ:sə) ZN OUD. handelaar ⟨m.n. in zijde⟩

merchandise[1] ('mɜ:tʃəndaɪs) ZN koopwaar; handelswaar

merchandise[2] ('mɜ:tʃəndaɪs, 'mɜ:tʃəndaɪz) OV WW aanprijzen ⟨v. koopwaar⟩

merchandizer ('mɜ:tʃəndaɪzə) ZN •winkelverkoopadviseur •klantenbezoeker

merchandizing ('mɜ:tʃəndaɪzɪŋ) ZN •koopactivering •productiestrategie

merchant ('mɜ:tʃənt) **I** ZN •groothandelaar; koopman •USA winkelier •PLAT vent •PLAT maniak **II** BNW •koopmans-; koopvaardij; handels-

merchantable ('mɜ:tʃəntəbl) BNW verkoopbaar

merchantman ('mɜ:tʃəntmən) ZN koopvaardijschip

merciful ('mɜ:sɪfʊl) BNW •gelukkig; fortuinlijk •barmhartig; genadig

merciless ('mɜ:sɪləs) BNW genadeloos; meedogenloos

mercurial (mɜ:'kjʊərɪəl) **I** ZN •kwik bevattend middel **II** BNW •kwikhoudend •veranderlijk •levendig; gevat

mercurism ('mɜ:kjʊrɪzəm) ZN kwikvergiftiging

mercury ('mɜ:kjʊrɪ) ZN •kwikzilver •IRON. bode

Mercury ('mɜ:kjʊrɪ) ZN Mercurius

mercy ('mɜ:sɪ) ZN •genade; barmhartigheid •zegen(ing); weldaad ★at the ~of in de macht van; overgeleverd aan ★at the tender mercies of overgeleverd aan de genade/ongenade van ★have ~(up)on us! wees ons genadig!; lieve hemel!

mercy killing ZN euthanasie

mere (mɪə) **I** ZN •OUD. meer; vijver **II** BNW •louter; alleen maar; niets anders dan; (nog) maar

merely ('mɪəlɪ) BIJW slechts; louter; enkel

meretricious (merɪ'trɪʃəs) BNW •opzichtig •bedrieglijk •ontuchtig

merge (mɜ:dʒ) **I** OV WW •doen opgaan in **II** ONOV WW •opgaan in •~ into (geleidelijk) overgaan in •~ with fuseren met

merger ('mɜ:dʒə) ZN •fusie •samensmelting; vermenging

meridian (mə'rɪdɪən) **I** ZN •meridiaan •hoogtepunt **II** BNW •middag- •hoogte-; hoogste

meridional (mə'rɪdɪənl) **I** ZN •zuiderling (vnl. v. Frankrijk) **II** BNW •meridiaan- •zuidelijk

meringue (mə'ræŋ) ZN •schuimpje •schuimgebakje

merit ('merɪt) **I** ZN •verdienste; waarde ★make a ~of zich als verdienste aanrekenen **II** OV WW •verdienen

meritocracy (merɪ'tɒkrəsɪ) ZN meritocratie; prestatiemaatschappij

meritorious (merɪ'tɔ:rɪəs) BNW verdienstelijk

mermaid ('mɜ:meɪd) ZN (zee)meermin

merman ('mɜ:mæn) ZN meerman

merriment ('merɪmənt) ZN vreugde; vrolijkheid

merry ('merɪ) **I** ZN •zoete (wilde) kers ★~ Andrew ≈ clown **II** BNW •vrolijk •prettig; heerlijk; aangenaam •aangeschoten ★make ~ pret maken ★the more the merrier hoe meer hoe beter

merry-go-round ('merɪɡəʊraʊnd) ZN draaimolen

merrymaking ('merɪmeɪkɪŋ) ZN pret; feestelijkheid

mesh (meʃ) **I** ZN •maas; net(werk) •valstrik ★in mesh werkend; ingeschakeld ★meshes netwerk; valstrik **II** OV WW •in een net vangen; verstrikken **III** ONOV WW •in elkaar grijpen

mesmeric (mez'merɪk) BNW hypnotisch

mesmerize, G-B **mesmerise** ('mezməraɪz) OV WW magnetiseren; hypnotiseren; biologeren

mess (mes) **I** ZN •knoeiboel •(vuile) rommel •mengsel •MIL. kantine; MIL. gemeenschappelijke tafel •spijs; voer ★be in a pretty mess lelijk in de knoei zitten **II** OV WW •bevuilen •te eten geven •~ up in de war sturen; verknoeien; vuil maken; in elkaar slaan ★be messed up in sth er iets mee te maken hebben **III** ONOV WW •knoeien; vervelend zijn •(samen) eten •~ about (rond)scharrelen •~ with z. bemoeien met; (iem.) last veroorzaken; (iem.) besodemieteren

message ('mesɪdʒ) **I** ZN •bericht; boodschap ★get the ~het begrijpen; het doorhebben **II** OV WW •overbrengen; seinen

messenger ('mesɪndʒə) ZN •bode; boodschapper •voorbode

messenger boy ZN boodschappenjongen; telegrambesteller

Messiah (mɪ'saɪə) ZN Messias

Messrs, USA **Messrs.** AFK messieurs de Heren/de firma

messuage ('meswɪdʒ) ZN opstal en grond

mess-up ZN warboel

messy ('mesɪ) BNW vuil; rommelig; verward

met (met) WW [verleden tijd + volt. deelw.] •→ meet

meta- ('metə-) VOORV meta-

metabolic (metə'bɒlɪk) BNW •stofwisselings-

• *gedaanteverwisselend*
metabolism (mɪˈtæbəlɪzəm) ZN *metabolisme*; *stofwisseling*
metal (ˈmetl) I ZN • *metaal* • *steenslag* • TECHN. *glasspecie* ★ white ~ *imitatiezilver* ★ ~s [mv] *rails*; *spoorstaven* ★ leave the ~s *ontsporen* II OV WW • *met metaal bedekken* • *verharden* ⟨v. weg⟩ ★ a ~led road *steenslagweg*
metallic (mɪˈtælɪk) BNW *metaal-*; *metalen*; *metaalachtig*
metalliferous (metəˈlɪfərəs) BNW *metaalhoudend*
metallurgical (metlˈɜːdʒɪk(ə)l) BNW *metallurgisch*; *metaalverwerkend* ★ ~ industries *metaalverwerkende industrie*
metallurgy (mɪˈtælədʒɪ) ZN *metallurgie*; *metaalkunde*
metalwork (ˈmetlwɜːk) ZN • *metaalwerk* • *metaalbewerking*
metamorphosis (metəˈmɔːfəsɪs) ZN *metamorfose*; *gedaanteverwisseling*
metaphor (ˈmetəfɔː) ZN • TAALK. *metafoor* • TAALK. *beeldspraak*
metaphorical (metəˈfɒrɪkl) BNW TAALK. *metaforisch*; *figuurlijk*
metaphysical (metəˈfɪzɪkl) BNW *metafysisch*; *bovennatuurlijk*
metaphysics (metəˈfɪzɪks) ZN MV *metafysica*
mete (miːt) I ZN • *maat* • *grens(paal)* II OV WW • OUD. *meten* • ~ **out** *toemeten*; *toedienen*
meteor (ˈmiːtɪə) ZN *meteoor*
meteoric (miːtɪˈɒrɪk) BNW • *meteoor-* • *als een komeet*; *bliksemsnel*
meteorite (ˈmiːtəraɪt) ZN *meteoriet*; *meteoorsteen*
meteorologist (mɪːtɪəˈrɒlədʒɪst) ZN *meteoroloog*; *weerkundige*
meteorology (miːtɪəˈrɒlədʒɪ) ZN *meteorologie*; *weerkunde*
meteor shower ZN *sterrenregen*
meter (ˈmiːtə) I ZN • *meetinstrument* • USA *meter* ★ parking ~ *parkeermeter* II OV WW • *meten*
meterage (ˈmiːtərɪdʒ) ZN • *het meten* • *aantal meters*
metered (ˈmiːtəd) BNW ★ ~ area *gebied met parkeerautomaten* ★ USA ~ mail *machinaal gefrankeerde post(stukken)*
meter maid ZN *vrouwelijke parkeerwacht*
methadone (ˈmeθədəʊn) ZN *methadon*
methane (ˈmiːθeɪn) ZN *methaan(gas)*
method (ˈmeθəd) ZN • *methode* • *regelmaat* ★ there is ~in his madness *hij is niet zo gek als hij lijkt*
methodical (meˈθɒdɪkl) BNW *methodisch*
methodist (ˈmeθədɪst) ZN *methodist* ⟨iem. die volgens methode werkt⟩
Methodist (ˈmeθədɪst) I ZN • REL. *methodist* II BNW • REL. *methodistisch*
Methodistical (meθəˈdɪstɪkl) BNW REL. *methodistisch*
methodology (meθəˈdɒlədʒɪ) ZN *methodeleer*; *methodologie*
meths (meθs) ZN MV *brandspiritus*
methyl (ˈmeθəl) ZN *methyl*
meticulous (məˈtɪkjʊləs) BNW • *nauwgezet* • *angstvallig nauwkeurig*; *pietluttig*
metre (ˈmiːtə) ZN • *meter* • *metrum*

metric (ˈmetrɪk) BNW *metriek* ★ 10 ~ton *1000 kilogram*
metrical (ˈmetrɪkl) BNW *metrisch*
metricate (ˈmetrɪkeɪt) OV+ONOV WW *aanpassen aan het tientallig stelsel*; *overgaan op het tientallig stelsel*
metrication (metrɪˈkeɪʃən) ZN *aanpassing aan het tientallig stelsel*; *overgang op het tientallig stelsel*
metrics (ˈmetrɪks) ZN MV *metriek*
metrification (metrɪfɪˈkeɪʃən) ZN *versificatie*
metro (ˈmetrə) BNW *metropolitan metropool*; *verbonden met een grote stad*
metronome (ˈmetrənəʊm) ZN *metronoom*
metropolis (məˈtrɒpəlɪs) ZN • *wereldstad*; *hoofdstad* • *zetel v. aartsbisschop/metropoliet* ★ INFORM. the Metropolis G-B *Londen*; USA *New York*
metropolitan (metrəˈpɒlɪtn) I ZN • *bewoner v. hoofd-/wereldstad* • *aartsbisschop*; *metropoliet* II BNW • *tot hoofd-/wereldstad behorend* • *tot het moederland behorend* • *aartsbisschoppelijk*; *v.d. metropoliet* ★ ~railway *metro*
metrosexual (metrəˈsekʃʊəl) ZN *metroseksueel* ⟨ijdele, schoonheidsgerichte heteroman⟩
mettle (ˈmetl) ZN • *aard* • *vuur*; *moed* ★ be on one's ~ *zijn uiterste best doen* ★ try s.o.'s ~ *iem. op de proef stellen*
mettlesome (ˈmetlsəm) BNW *vurig*; *moedig*
Meuse (ˈmɜːz) ZN *Maas*
mew (mjuː) I ZN • *gemiauw* • *kooi* ⟨v. valken⟩ • *schuilplaats* • *meeuw* II OV WW • *opsluiten* III ONOV WW • *miauwen*; *krijsen*
mews (mjuːz) ZN MV • *stallen*; *garages* • GESCH. *koninklijke stallen* • *woning(en) in voormalige stallen* ★ the Royal Mews *de koninklijke stallen*
Mexican (ˈmeksɪkən) I ZN • *Mexicaan(se)* II BNW • *Mexicaans*
mezzanine (ˈmetsəniːn) ZN • *tussenverdieping* • *(eerste) balkon* ⟨toneel⟩
m.g., mg AFK • *milligram milligram* • *machine-gun machinegeweer*
miaow (mɪˈaʊ) I ZN • *miauw* II ONOV WW • *miauwen*
miasma (mɪˈæzmə) ZN *miasma*; *ongezonde uitwaseming*
mica (ˈmaɪkə) ZN *mica*
mice (maɪs) ZN [mv] • → **mouse**[1]
Mich. AFK USA *Michigan* ⟨staat⟩
Michaelmas (ˈmɪklməs) ZN *St.-Michaël*
Michaelmas daisy ZN *grote aster*
Michaelmas term ZN *eerste trimester*
mickey (ˈmɪkɪ) ZN ★ take the ~ (out of sb) *(iem.) voor de gek houden*
micro- (ˈmaɪkrəʊ) VOORV • *micro-* • *zeer klein*
microbe (ˈmaɪkrəʊb) ZN *microbe*
microbiology (maɪkrəʊbaɪˈɒlədʒɪ) ZN *microbiologie*
microchip (ˈmaɪkrəʊtʃɪp) ZN *microchip*
microcosm (ˈmaɪkrəkɒzəm) ZN *microkosmos*
microeconomics (maɪkrəʊ iːkəˈnɒmɪks) ZN MV *micro-economie*
microelectronics (maɪkrəʊelekˈtrɒnɪks) ZN *micro-elektronica*
micron (ˈmaɪkrɒn) ZN *micron* ⟨miljoenste meter⟩
micro-organism (maɪkrəʊˈɔːɡənɪzəm) ZN

mi

micro-organisme

microphone ('maɪkrəfəʊn) ZN *microfoon*

microprocessor (maɪkrəʊ'prəʊsesə) ZN COMP. *microprocessor*

microscope ('maɪkrəskəʊp) ZN *microscoop*

microscopic (maɪkrə'skɒpɪk) BNW *microscopisch*

microwave ('maɪkrəʊweɪv) ZN ★ ~ (oven) *magnetron(oven)*

micturition (mɪktjuˈrɪʃən) ZN • *het urineren* • *herhaalde drang tot urineren*

mid (mɪd) BNW *midden*; *halverwege* ★ in your mid-thirties *halverwege de veertig*

mid-air ZN ★ in~ *tussen hemel en aarde*

midday (mɪd'deɪ) ZN *12 uur 's middags*

midden ('mɪdn) ZN *mesthoop*; *vuilnishoop*

middle ('mɪdl) I ZN • *midden* • *middel* ★ in the~ of te *midden van*; *bezig (zijnde) met* ★ kick sb into the~ of next week *iem. een ongeluk trappen* ★ the~ of the road *de gulden middenweg* II BNW • *midden(-)*; *middel-*; *middelst* ★ ~ age *middelbare leeftijd* ★ Middle Ages *middeleeuwen* ★ ~ course/way *middenweg* ★ Middle East *Midden-Oosten* ★ ~ life *middelbare leeftijd* ★ SCHEEPV. ~ watch *hondenwacht* III OV WW • *in 't midden plaatsen*

middle-aged (mɪdl'eɪdʒd) BNW *v. middelbare leeftijd*

middlebrow ('mɪdlbrəʊ) BNW *semi-intellectueel*

middle class ZN • *middenklasse* • *burgerij* ★ the upper~es *de gegoede burgerij*

middle-class BNW • *middenklasse-* • *burgerlijk*

middleman ('mɪdlmæn) ZN • *tussenpersoon* • *tussenhandel*

middle-sized BNW *middelgroot*

middleweight ('mɪdlweɪt) I ZN • SPORT *middengewicht* II BNW ★ ~ champion *kampioen in het middengewicht*

middling ('mɪdlɪŋ) I BNW • *middelmatig*; *vrij goed* II BIJW • *tamelijk*

middy ('mɪdɪ) ZN • INFORM. *adelborst* • USA *cadet* • *matrozenbloes*

midfield ('mɪdfiːld) ZN • *middenveld* • *middenvelder*

midge (mɪdʒ) ZN *mug*

midget ('mɪdʒɪt) I ZN • *dwerg* • *klein voorwerp* II BNW • *dwerg-*; *miniatuur*

MIDI ('miːdiː) ZN • AFK MUZ. Musical Instruments Digital Interface *midi*

midland ('mɪdlənd) I ZN • *centrum v.e. land*; *binnenland* II BNW • *binnenlands*; *in het centrum v.e. land*

Midlands ('mɪdləndz) ZN *(graafschappen in) het midden van Engeland*

midlife ('mɪdlaɪf) I ZN • *middelbare leeftijd* II BNW • *op middelbare leeftijd (gebeurend)*

midmost ('mɪdməʊst) BNW *precies in het midden*

midnight ('mɪdnaɪt) I ZN • *middernacht* II BNW • *middernachtelijk*

midpoint ('mɪdpɔɪnt) ZN *middelpunt*

mid-range BNW *doorsnee*; *middelmatig*

midriff ('mɪdrɪf) ZN *middenrif*

midst (mɪdst) ZN FORM. *midden* ★ in the~ of te *midden van*

midsummer (mɪd'sʌmə) I ZN • *midzomer*; *zonnewende* II BNW • *midzomers*

midterm (mɪd'tɜːm) ZN *midden v.e. academisch*

trimester/politieke ambtstermijn

midway ('mɪdweɪ) I ZN • USA *amusementsafdeling* ⟨op expositie⟩ II BIJW • *halverwege*; *in het midden*

midweek (mɪd'wiːk) ZN *het midden v.d. week*

Midwest (mɪd'west) ZN *Midwest* ⟨streek in de VS⟩

midwife ('mɪdwaɪf) ZN *vroedvrouw*

midwifery (mɪd'wɪfərɪ) ZN *verloskunde*

midwinter (mɪd'wɪntə) ZN • *midwinter* ⟨rond 21 dec⟩ • *zonnewende*

mien (miːn) ZN FORM. *houding*; *manier v. doen*; *gelaatsuitdrukking*

miff (mɪf) I ZN • *ruzietje* • *kwade bui* II OV WW ★ be miffed *de pest in hebben* ★ be miffed at/with *zich nijdig maken over/op*

might (maɪt) I ZN *kracht*; *macht* ★ with~ and main *uit alle macht* II HWW [verleden tijd] • → **may**

mightily ('maɪtəlɪ) BIJW *erg*; *geweldig*; *zeer*

mightiness ('maɪtɪnəs) ZN • *macht* • *hoogheid*

mighty ('maɪtɪ) I BNW • *machtig*; *geweldig* ★ ~ works *wonderwerken* II BIJW • INFORM. *zeer*; *verbazend* ★ ~ easy *een peulenschil*

mignonette (mɪnjə'net) ZN • PLANTK. *reseda* • *soort kant*

migraine ('miːgreɪn) ZN *migraine*

migrant ('maɪgrənt) I ZN • *migrant*; *zwerver* • *trekvogel* II BNW • *migrerend*; *zwervend*; *trek-*

migrate (maɪ'greɪt) ONOV WW • *migreren*; *verhuizen*; *trekken* ⟨v. vogels⟩

migration (maɪ'greɪʃən) ZN • *verhuizing*; *migratie* • *trek*

migratory ('maɪgrətərɪ) BNW *migrerend*; *trekkend*; *zwervend*; *trek-*

mike (maɪk) ZN *microfoon*

milady (mɪ'leɪdɪ) ZN *edele vrouw* ⟨als aanspreekvorm⟩

milage ZN • → **mileage**

milch (mɪltʃ) BNW *melkgevend* ★ ~ cow *melkkoe*

mild (maɪld) BNW • *mild*; *zacht* • *gematigd* • *mild* ⟨v. weer⟩ • *licht* ⟨v. bier, tabak⟩ • *onschuldig* ⟨v. ziekte⟩ ★ mild attempt *zwakke poging* ★ put it mildly *het zacht uitdrukken*

mildew ('mɪldjuː) I ZN • *meeldauw* (schimmel); *schimmel* II OV+ONOV WW • *(doen) schimmelen*

mildewy ('mɪldjuːɪ) BNW *beschimmeld*

mile (maɪl) ZN • *mijl* ⟨1609 m⟩ • *wedloop over afstand van 1 mijl* ★ miles away *mijlen ver weg* ★ go the extra mile *je extra inspannen* ★ nautical mile *zeemijl* ⟨1853 m⟩ ★ stand/stick out a mile *erg opvallen*

mileage ('maɪlɪdʒ) ZN • *afgelegde afstand in mijlen* • *kosten per mijl*

milepost ('maɪlpəʊst) ZN *mijlpaal*

milestone ZN *mijlpaal*

militancy ('mɪlɪtnsɪ) ZN *strijd(lust)*

militant ('mɪlɪtnt) I ZN • *militant persoon* II BNW • *strijdend*; *strijdlustig*; *strijdbaar*

militarism ('mɪlɪtərɪzəm) ZN *militarisme*

militaristic ('mɪlɪtə'rɪstɪk) BNW *militaristisch*

militarize, G-B **militarise** ('mɪlɪtəraɪz) OV WW *militariseren*

military ('mɪlɪtərɪ) I ZN • *soldaten*; *leger* II BNW • *militair*

militate ('mɪlɪteɪt) ONOV WW • *strijden*
• ~ **against** *pleiten tegen*
militia (mɪ'lɪʃə) ZN • *militie*; *burgerwacht*
• *landweer*
militiaman (mɪ'lɪʃəmən) ZN *lid v.d. burgerwacht*;
lid v.d. landweer
milk (mɪlk) **I** ZN • *melk* ★ milk for babes
kinderkost 〈figuurlijk〉 ★ milk of human
kindness *menselijke goedheid* ★ condensed
milk *geconcondenseerde melk* ★ dry milk
melkpoeder ★ it's no use crying over spilt
milk *gedane zaken nemen geen keer* **II** OV WW
• *melken* • *onttrekken; ontlokken* • *(uit)melken*
• *aftappen* 〈v. telefoon〉 ★ milk the ram/bull
vergeefse moeite doen **III** ONOV WW • *melk
geven*
milk-and-water BNW *zouteloos; zacht; week*
milk bar ZN *café* 〈waar men geen alcohol
schenkt〉
milk churn ZN *melkbus*
milker ('mɪlkə) ZN • *melk(st)er* • *melkkoe*
milk float ZN *elektrisch melkwagentje* 〈v.
leverancier〉
milkmaid ('mɪlkmeɪd) ZN *melkmeisje*
milkman ('mɪlkmən) ZN *melkboer*
milksop ('mɪlksɒp) ZN *melkmuil*
milk tooth ZN *melktand*
milky ('mɪlkɪ) BNW • *melkachtig* • *troebel*
• *verwijfd* • *teder*
mill (mɪl) **I** ZN • *molen* • *fabriek* • *(maal)machine*
• INFORM. *bokswedstrijd* • USA *1/1000 dollar*
★ put sb through the mill *iem. doorzagen*
★ they have been through the mill *ze kennen
het klappen van de zweep* ★ that's the run of
the mill *zo gaat het nu eenmaal (altijd)* **II** OV
WW • *malen* • *vollen* • *frezen* • *kartelen*
• *kloppen* • *slaan*; *afranselen* **III** ONOV WW
• *steeds rondlopen* • ~ **about/around** *krioelen*;
(ordeloos) rondlopen
millenary (mɪ'lenərɪ) **I** ZN • *millennium* • *tijd v.
grote voorspoed* • *iem. die gelooft in het
duizendjarig vrederijk* **II** BNW • *duizendjarig*
• *gelovend in het duizendjarig vrederijk*
millennial (mɪ'lenɪəl) BNW *duizendjarig*
millepede ('mɪləpi:d) ZN • → **millipede**
miller ('mɪlə) ZN • *molenaar* • *meikever* ★ drown
the ~ *te veel geven*; *te veel doen*
millesimal (mɪ'lesɪml) **I** ZN • *duizendste deel*
II BNW • *duizendste* • *duizenddelig*
millet ('mɪlɪt) ZN *gierst*
mill hand ZN • *molenaarsknecht*
• *fabrieksarbeider*
milli- ('mɪlɪ) VOORV *milli-*; *een duizendste*
milliard ('mɪljəd) ZN • *miljard* • USA *tien miljoen*
milligram, G-B **milligramme** ('mɪlɪgræm) ZN
milligram
millilitre, USA **milliliter** ('mɪlɪli:tə) ZN *milliliter*
millimetre, USA **millimeter** ('mɪlɪmi:tə) ZN
millimeter
milliner ('mɪlɪnə) ZN *hoedenmaker*
millinery ('mɪlɪnərɪ) ZN • *hoedenmakerij*
• *hoedenzaak* • *dameshoeden*
million ('mɪljən) ZN *miljoen* ★ the ~ *het overgrote
deel*; 〈v.d. bevolking〉 *de massa*
millionaire (mɪljə'neə) ZN *miljonair*
millionth ('mɪljənθ) TELW *miljoenste*

millipede ('mɪlɪpi:d) ZN • *duizendpoot* • *pissebed*
mill owner ZN *fabrikant*
millstone ('mɪlstəʊn) ZN *molensteen* ★ between
upper and nether ~ *tussen twee vuren* ★ see
through/far into a ~ *de wijsheid in pacht
hebben* ★ FIG. a ~ (a)round one's neck *een
groot probleem*; *een zware last*
millwright ('mɪlraɪt) ZN *molenbouwer*
milometer (mai'lɒmiːtə) ZN *snelheidsmeter*
milord (mɪ'lɔːd) TW *edele heer* 〈als
aanspreekvorm〉
milt (mɪlt) **I** ZN • *milt* • *hom* **II** OV WW
• *bevruchten*
milter ('mɪltə) ZN *mannetjesvis*
mime (maɪm) **I** ZN • *gebarenspel* • *mimespeler*
• *hansworst* • *nabootser* **II** OV WW • *door
gebaren voorstellen* • *nabootsen*
mimetic (mɪ'metɪk) BNW • *nabootsend*
• *nagebootst*
mimic ('mɪmɪk) **I** ZN • *mimespeler* • *nabootser*;
na-aper **II** BNW • *nabootsend* • *nagebootst*;
schijn- **III** OV WW • *nabootsen*; *na-apen*
mimicry ('mɪmɪkrɪ) ZN • *mimiek* • *nabootsing*;
na-aperij • BIOL. *mimicry*
minacious (mɪ'neɪʃəs) BNW *dreigend*
minar (mɪ'nɑː) ZN • *vuurtoren* • *torentje*
minaret ('mɪnəret) ZN *minaret*
minatory ('mɪnətərɪ) BNW *dreigend*
mince (mɪns) **I** ZN • G-B *gehakt* 〈vlees〉 **II** OV WW
• *fijnhakken* • *vergoelijken* ★ they don't ~
matters *ze nemen geen blad voor de mond*
III ONOV WW • *gemaakt lopen/spreken*
mincemeat ('mɪnsmiːt) ZN *zoete pasteivulling*
★ make ~ of *in mootjes hakken*; *ontzenuwen*
〈v. argumenten〉
mince pie ('mɪnspaɪ) ZN *pasteitje* 〈gevuld met
'mincemeat'〉
mincer ('mɪnsə) ZN • *vleesmolen* • *geaffecteerd
iem.*
mincing ('mɪnsɪŋ) BNW *gekunsteld*
mind (maɪnd) **I** ZN • *geest*; *ziel*; *verstand*
• *mening*; *gedachten* • *herinnering* • *aandacht*
• *zin* ★ be in two minds about sth *nog
twijfelen*; *(nog) niet kunnen beslissen* ★ be of
one/like/the same mind *het met elkaar eens
zijn* ★ be out of your mind *niet goed bij je
verstand zijn* ★ bear sth in mind *om iets
denken* ★ call to mind *zich herinneren*;
herinneren aan ★ ease sb's mind *iem.
geruststellen* ★ give sb a piece of your mind
iem. eens goed de waarheid zeggen ★ have a
good mind to ... *er veel voor voelen om ...*
★ have no mind to go *geen zin hebben om te
gaan* ★ lose your mind *je verstand verliezen*
★ you're not in your right mind *je bent niet
helemaal bij zinnen* ★ put sb in mind of sth
iem. aan iets herinneren ★ set your mind on
sth *je zinnen op iets zetten* ★ since time out of
mind *sinds onheuglijke tijden* ★ speak your
mind *eens goed zeggen waar het op staat*
★ that's a load off my mind *dat is een pak van
mijn hart* ★ to my mind *volgens mij*; *naar
mijn gevoel* ★ the mind's eye *gedachtewereld*
★ in my mind's eye *naar mijn idee* ★ make up
your mind *tot een besluit komen* ★ come to
mind *in zich opkomen* ▾ blow your mind *je in*

mi

extase brengen; *je onthutsen/verbijsteren* **II** OV WW • *geven om*; *er op tegen hebben* • *denken om*; *in acht nemen* • *zorgen voor*; *bedienen* 〈machine〉 ★ mind the shop *op de winkel letten* ★ I don't mind a cup of tea *ik lust wel een kopje thee* ★ mind your eye! *pas op!* ★ mind your own business! *bemoei je met je eigen zaken!* ★ never mind... *maak je maar geen zorgen over...*; *stoor je maar niet aan...* ★ would you mind...? *zou je het erg vinden om ...?* ★ do you mind?! *pardon?!* ★ mind you *trouwens*; *overigens*; *nota bene* ★ he can't walk, never mind run *hij kan niet lopen, laat staan rennen* **III** ONOV WW • *bezwaren hebben* ★ mind! *pas op!*; *aan de kant!* ★ mind (you)! *let wel*; *denk erom!* ★ never mind *laat maar*; *dat doet er niet toe* ★ I don't mind if I do *dat sla ik niet af*; *graag* • ~ **out (for)** *oppassen (voor)*

mind-blower ZN • *drug* • *druggebruiker* • *hallucinaire ervaring*

mind-blowing BNW • *hallucinogeen* • *geestverruimend*

mind-boggling ('maɪndbɒglɪŋ) BNW *hoogst verwonderlijk*

minded ('maɪndɪd) BNW • *geneigd*; *van zins* • *aangelegd*; *-bewust*; *-gezind*; *georiënteerd* ★ be theatre-~ *veel v.h. toneel houden*

mindending ('maɪndendɪŋ) BNW • *hallucinogeen* • *absoluut onbegrijpelijk*

minder ('maɪndə) ZN • *bediener* 〈v. machine〉 • *verzorger*; *oppas*

mind-expanding BNW *bewustzijnsverruimend*

mindful ('maɪndfʊl) BNW • *indachtig* • *voorzichtig* ★ be ~of *goed in gedachten houden*

mindless ('maɪndləs) BNW • FORM. *geesteloos* • *dwaas* • *onbedachtzaam* ★ ~of *niet lettend op*

mine (maɪn) **I** ZN • *mijn* • *bron* 〈figuurlijk〉 • *ijzererts* **II** OV WW • *ondermijnen*; *winnen*; *ontginnen* **III** ONOV WW • *graven* 〈v. onderaardse gang〉 • *mijnen leggen* • *in mijn werken* **IV** BEZ VNW • *de/het mijne*; *van mij* • *de mijnen* ★ me and mine *ik en mijn familie*

minefield ('maɪnfiːld) ZN *mijnenveld*

minelayer ('maɪnleɪə) ZN *mijnenlegger*

miner ('maɪnə) ZN • *mijnwerker* • *mijnengraafmachine*

mineral ('mɪnərəl) **I** ZN • *mineraal*; *delfstof* **II** BNW • *mineraal*

mineral kingdom ZN *delfstoffenrijk*

mineralogy (mɪnə'rælədʒɪ) ZN *mineralogie*

mineral water ZN *mineraalwater*

minesweeper ('maɪnswiːpə) ZN *mijnenveger*

mingle ('mɪŋgl) OV+ONOV WW • *(z.) (ver)mengen* • ~ **with** *meedoen met*; z. *begeven onder*

mingy ('mɪndʒɪ) BNW *gierig*; *krenterig*

mini ('mɪnɪ) ZN • *klein voorwerp* • *minirok* • *mini* 〈auto〉 • *kort*; *miniatuur-*; *klein*

miniate ('mɪnɪeɪt) OV WW • *meniën* • *verluchten*

miniature ('mɪnɪtʃə) **I** ZN • *miniatuurportret* ★ in ~ *op kleine schaal* **II** BNW • *klein*; *op kleine schaal* **III** OV WW • *in miniatuur voorstellen*

miniaturist ('mɪnətʃərɪst) ZN *miniatuurschilder*

minibus ('mɪnɪbʌs) ZN *minibus*

minicab ('mɪnɪkæb) ZN *alleen telefonisch te bestellen taxi*

minicar ('mɪnɪkɑː) ZN *miniauto*

minify ('mɪnɪfaɪ) OV WW *verkleinen*

minikin ('mɪnɪkɪn) **I** ZN • *schepseltje* **II** BNW • *klein* • *geaffecteerd*; *gemaakt*

minim ('mɪnɪm) ZN • MUZ. *halve noot* • *druppel* • *klein/zeer nietig wezen*

minima ('mɪnɪmə) ZN [mv] • → **minimum**

minimal ('mɪnɪml) BNW *minimaal*

minimize, G-B **minimise** ('mɪnɪmaɪz) OV WW • *minimaliseren* • *vergoelijken* 〈fout〉 • *onderwaarderen*

minimum ('mɪnɪməm) **I** ZN • *minimum* ★ the bare ~ *het allernoodzakelijkste* **II** BNW • *minimaal*; *minimum-*

mining ('maɪnɪŋ) ZN *mijnbouw*

mining industry ZN *mijnindustrie*

minion ('mɪnjən) ZN HUMOR. *slaafse dienaar* ★ ~s of the law *gerechtsdienaren*

miniskirt ('mɪnɪskɜːt) ZN *minirok*

minister ('mɪnɪstə) **I** ZN • *minister* • *dienaar* • *gezant* 〈beneden rang v. ambassadeur〉 • *predikant* ★ Prime Minister *minister-president* ★ Minister of State *onderminister*; *staatssecretaris* **II** OV WW • *toedienen* • *verschaffen* **III** ONOV WW • ~ **to** *hulp verlenen*; *bedienen*; *bijdragen tot*; *bevredigen*

ministerial (mɪnɪ'stɪərɪəl) BNW • *uitvoerend* • *predikants-* • *ministerieel*

ministration (mɪnɪ'streɪʃən) ZN • *geestelijke bijstand* • *hulp*; *bijstand*

ministry ('mɪnɪstrɪ) ZN • *ministerie*; *kabinet* • *ministerschap* • *geestelijkheid* • *bediening*; *verzorging* ★ Ministry of Transport and Public Works *ministerie van verkeer en waterstaat*

minium ('mɪnɪəm) ZN *menie*

miniver ('mɪnɪvə) ZN *hermelijnbont*; *wit bont*

mink (mɪŋk) ZN • *nerts* • *nerts-/bontmantel*

Minn. AFK USA *Minnesota* 〈staat〉

minnow ('mɪnəʊ) ZN *witvis*; *voorn*

minor ('maɪnə) **I** ZN • *minderjarige* • USA *bijvak*; *keuzevak*; *minor* • *minderbroeder* ★ take Spanish as one's ~ *Spaans als bijvak/minor nemen* **II** BNW • *minder*; *klein(er)*; *minderjarig*; *junior* • MUZ. *mineur* ★ in a ~key *in mineurstemming* **III** ONOV WW • ~ **in** *als bijvak nemen*

Minorite ('maɪnəraɪt) ZN *minderbroeder*

minority (maɪ'nɒrɪtɪ) ZN • *minderheid* • *minderjarigheid*

minster ('mɪnstə) ZN • *kloosterkerk* • *kathedraal*

minstrel ('mɪnstrəl) ZN *minstreel*

minstrelsy ('mɪnstrəlsɪ) ZN • *minstreelkunst* • *minstreelgroep* • *minstreelpoëzie*

mint (mɪnt) **I** ZN • *munt* 〈gebouw/instelling〉 • PLANTK. *munt* ★ a mint of money *een bom geld* **II** BNW • *ongeschonden* • *volmaakt* ★ in mint condition *zo goed als nieuw* **III** OV WW • *munten*; *uitvinden*; *fabriceren* ★ he is minting money *hij verdient geld als water*

mint drop ZN *pepermuntje*

mint sauce ZN *kruizemuntsaus*

minuend ('mɪnjʊend) ZN *aftrektal*

minuet (mɪnjʊ'et) ZN *menuet*

minus ('maɪnəs) I ZN • *minteken* II BNW
• *min(us)*; *negatief* • IRON. *zonder*
minuscule ('mɪnəskjuːl) I ZN • *kleine letter* II BNW
• *piepklein*
minus sign ZN *minteken*
minute[1] ('mɪnɪt) I ZN • *minuut* • *ogenblik*
• *memorandum*; *concept* ★ the ~ (that) I
arrived *zodra ik aankwam* ★ punctual to the
~ *op de minuut af* II OV WW • *notuleren*;
noteren • *ontwerpen*; *'n concept maken van*
• ~ **down** *noteren*
minute[2] (maɪˈnjuːt) I BNW • *zeer klein*; *nietig*
• *zeer nauwkeurig*; *minutieus* II ZN ★ ~s [mv]
notulen
minute hand ZN *grote wijzer* ⟨v. klok, die
minuten aangeeft⟩
minutely[1] (maɪˈnjuːtlɪ) BIJW *zeer klein*; *minutieus*
minutely[2] ('mɪnɪtlɪ) BIJW *iedere minuut*; *per
minuut*
minuteness (maɪˈnjuːtnəs) ZN • *nietigheid*
• *uiterste nauwkeurigheid*; *pietluttigheid*
minutiae (maɪˈnjuːʃiː) ZN MV *details*; *kleinigheden*
minx (mɪŋks) ZN *brutale meid*
miracle ('mɪrəkl) ZN *wonder* ★ succeed to a ~
wonderbaarlijk goed slagen ★ work ~s
wonderen doen
miracle monger ZN IRON. *wonderdoener*
miracle play ZN *mirakelspel*
miraculous (mɪˈrækjʊləs) BNW *miraculeus*;
wonderbaarlijk
mirage ('mɪraːʒ, mɪˈraːʒ) ZN • *luchtspiegeling*
• *waan*
mire ('maɪə) I ZN • *modder*; *slijk* ★ find o.s. in
the mire *zich in moeilijkheden bevinden* II OV
WW • *in de modder laten zakken* • *in
moeilijkheden brengen* • *besmeuren* III ONOV
WW • *in de modder zakken* • *in moeilijkheden
komen*
mirky ('mɜːkɪ) BNW *duister*; *somber*
mirror ('mɪrə) I ZN • *spiegel* • *afspiegeling* ★ blind
angle ~ *dodehoekspiegel* ★ distorting ~
lachspiegel II OV WW • *afspiegelen*; *weerkaatsen*
mirror image ZN *spiegelbeeld*
mirth (mɜːθ) ZN *vrolijkheid*
mirthful ('mɜːθʊl) BNW *vrolijk*
mirthless ('mɜːθləs) BNW *vreugdeloos*; *triest*;
somber
miry ('maɪərɪ) BNW *modderig*; *smerig*
mis- (mɪs) VOORV *mis-*; *slecht*
misadventure (mɪsədˈventʃə) ZN *tegenspoed*;
ongeluk ★ JUR. death by ~ *dood door schuld*
misalliance (mɪsəˈlaɪəns) ZN *ongelukkige
verbintenis*; *mesalliance*
misanthrope ('mɪsənθrəʊp) ZN *misantroop*
⟨mensenhater⟩
misanthropic ('mɪsənθrɒpɪk) BNW *misantropisch*
misanthropy (mɪˈsænθrəpɪ) ZN *misantropie*
misapplication (mɪsæplɪˈkeɪʃən) ZN *verkeerde/
onjuiste toepassing*
misapply (mɪsəˈplaɪ) OV WW • *verkeerd
gebruiken* • *malversatie plegen*
misapprehend (mɪsæprɪˈhend) OV WW *verkeerd
begrijpen*
misapprehension (mɪsæprɪˈhenʃən) ZN
misverstand
misappropriate (mɪsəˈprəʊprɪeɪt) OV WW z.

wederrechtelijk toe-eigenen; *verduisteren*
misbegotten (mɪsbɪˈɡɒtn) BNW • *gemeen*; *slecht*
• *onecht*; *bastaard-*
misbehave (mɪsbɪˈheɪv) OV+ONOV WW z.
misdragen
misbehaviour (mɪsbɪˈheɪvjə) ZN *wangedrag*
misbelief (mɪsbɪˈliːf) ZN • *ketterij* • *misvatting*
misbeliever ('mɪsbəliːvə) ZN *ketter*; *ongelovige*
misc. AFK *miscellaneous gemengd*
miscalculate (mɪsˈkælkjʊleɪt) I OV WW • *verkeerd
berekenen* II ONOV WW • z. *misrekenen*
miscalculation (mɪskælkjʊˈleɪʃən) ZN
misrekening; *rekenfout*
miscarriage ('mɪskærɪdʒ) ZN • *miskraam* • *het
verloren gaan* ⟨v. verzendingen⟩ • *mislukking*
★ ~ of justice *gerechtelijke dwaling*
miscarry (mɪsˈkærɪ) ONOV WW • *een miskraam
krijgen* • *mislukken*; *niet slagen* • *verloren gaan*
⟨v. verzendingen⟩
miscast (mɪsˈkɑːst) OV WW *een niet-passende rol
geven* ⟨bij film/theater⟩
miscegenation (mɪsɪdʒɪˈneɪʃən) ZN
rassenvermenging
miscellanea (mɪsəˈleɪnɪə) ZN MV • *gemengde
collectie* • *gemengde berichten* ⟨in krant⟩
miscellaneous (mɪsəˈleɪnɪəs) I BNW • *gemengd*
• *veelzijdig* II MV • *diversen*
miscellany (mɪˈselənɪ) ZN • *mengeling*
• *verhandelingen op allerlei gebied*
mischance (mɪsˈtʃɑːns) ZN *ongeluk* ★ by ~
ongelukkigerwijs
mischief ('mɪstʃɪf) ZN • *streken* • *ondeugendheid*
• *onheil* • *kwaad* • *plaaggeest*; *rakker*;
onheilstoker • INFORM. *duivel* ★ do ~
kattenkwaad uithalen ★ make ~ *onrust stoken*
★ out of ~ *uit moedwil* ★ the ~ of it is *'t
vervelende van het geval is*
mischief-maker ZN *onruststoker*
mischievous ('mɪstʃɪvəs) BNW • *ondeugend*
• *boosaardig*
miscible ('mɪsɪbl) BNW *(ver)mengbaar*
misconceive (mɪskənˈsiːv) OV+ONOV WW
• *verkeerd begrijpen* • *een verkeerde opvatting
hebben* ★ be ~d *niet deugen* ⟨v. plan⟩
misconception (mɪskənˈsepʃən) ZN *verkeerd
begrip*; *dwaling*
misconduct[1] (mɪsˈkɒndʌkt) ZN • *wangedrag*
• *wanbeheer* • *overspel*
misconduct[2] (mɪskənˈdʌkt) I OV WW • *slecht
beheren* II ONOV WW • z. *misdragen* • *overspel
plegen*
misconstruction (mɪskənˈstrʌkʃən) ZN *verkeerde
interpretatie*
misconstrue (mɪskənˈstruː) OV WW *verkeerd
interpreteren*
miscount[1] ('mɪskaʊnt) ZN *verkeerde telling*
miscount[2] (mɪsˈkaʊnt) I OV WW • *verkeerd tellen*
II ONOV WW • z. *vertellen*
miscreant ('mɪskrɪənt) I ZN • *onverlaat* II BNW
• *verdorven*
misdeal (mɪsˈdiːl) OV WW *fout delen* ⟨bij
kaartspel⟩
misdeed (mɪsˈdiːd) ZN *wandaad*; *misdaad*
misdemeanour (mɪsdɪˈmiːnə) ZN • *wangedrag*
• *misdrijf*
misdirect (mɪsdaɪˈrekt) OV WW • *verkeerd*

mi

leiden/richten • *verkeerde inlichtingen geven*
misdoing (mɪs'du:ɪŋ) ZN *misdaad; onrecht*
miser ('maɪzə) ZN • *gierigaard; vrek* • *putboor*
miserable ('mɪzərəbl) BNW *ellendig; miserabel; armzalig*
miserly ('maɪzəlɪ) BNW + BIJW *gierig; vrekkig*
misery ('mɪzərɪ) ZN • *ellende* • *ongelukkig persoon*
misfeasance (mɪs'fi:zəns) ZN • *overtreding* • *machtsmisbruik*
misfire (mɪs'faɪə) I ZN • *ketsschot* II ONOV WW • *ketsen* ⟨v. geweer⟩ • *weigeren* ⟨v. motor⟩ ★ things~d *het mislukte*
misfit[1] ('mɪsfɪt) I ZN • *buitenbeentje; mislukkeling in de maatschappij* • *niet passend kledingstuk* II BNW • *ongeschikt* • *niet passend* ⟨v. kledingstuk⟩
misfit[2] (mɪs'fɪt) ONOV WW *niet passen*
misfortune (mɪs'fɔ:tʃən) ZN • *ongeluk; tegenslag* • *buitenbeentje* ⟨onecht kind⟩ ★ ~s never come singly *een ongeluk komt nooit alleen*
misgiving (mɪs'gɪvɪŋ) ZN *twijfel; angstig voorgevoel; wantrouwen*
misgovern (mɪs'gʌvən) OV WW *slecht besturen*
misguided (mɪs'gaɪdɪd) BNW • *misleid* • *misplaatst*
mishandle (mɪs'hændl) OV WW *verkeerd behandelen; verkeerd aanpakken*
mishap ('mɪshæp) ZN INFORM. *ongelukje*
mishear (mɪs'hɪə) OV WW *verkeerd horen*
mishmash ('mɪʃmæʃ) ZN *mengelmoes*
misinform (mɪsɪn'fɔ:m) OV WW *verkeerd inlichten*
misinterpret (mɪsɪn'tɜ:prɪt) OV WW *verkeerd interpreteren; verkeerd uitleggen*
misinterpretation (mɪsɪntɜ:prɪ'teɪʃən) ZN *verkeerde interpretatie*
misjudge (mɪs'dʒʌdʒ) OV+ONOV WW • *verkeerd (be)oordelen* • *z. vergissen (in)*
mislay (mɪs'leɪ) OV WW *op verkeerde plaats leggen; zoek maken*
mislead (mɪs'li:d) OV WW *misleiden*
misleading (mɪs'li:dɪŋ) BNW • *misleidend* • *bedrieglijk*
mismanage (mɪs'mænɪdʒ) OV WW *verkeerd besturen; verkeerd beheren; verkeerd aanpakken*
mismanagement (mɪs'mænɪdʒmənt) ZN *wanbestuur; wanbeheer*
mismatch[1] ('mɪsmætʃ) ZN • *verkeerde combinatie* ⟨bij huwelijk⟩ • *wanverhouding*
mismatch[2] (mɪs'mæts) OV WW • *verkeerd samenvoegen* • *een ongeschikt huwelijk doen aangaan* ★ ~ed colours *slecht passende/ vloekende kleuren*
misname (mɪs'neɪm) OV WW *een verkeerde naam geven*
misnomer (mɪs'nəʊmə) ZN *verkeerde benaming* ★ by~ called *abusievelijk genoemd*
misogynist (mɪ'sɒdʒənɪst) ZN *vrouwenhater*
misplace (mɪs'pleɪs) OV WW *misplaatsen*
misprint[1] ('mɪsprɪnt) ZN *drukfout*
misprint[2] (mɪs'prɪnt) OV WW *foutief drukken*
misprision (mɪs'prɪʒən) ZN *verzuim* ★ ~ of treason *verheling v. hoogverraad*
mispronounce (mɪsprə'naʊns) OV WW *verkeerd*

uitspreken
mispronunciation (mɪsprənʌnsɪ'eɪʃən) ZN *verkeerde uitspraak*
misquote (mɪs'kwəʊt) OV+ONOV WW *onjuist aanhalen*
misread (mɪs'ri:d) OV WW • *verkeerd lezen* • *verkeerd interpreteren*
misrepresent (mɪsreprɪ'zent) OV WW • *een verkeerde voorstelling geven van* • *slecht vertegenwoordigen*
misrepresentation (mɪsreprɪzen'teɪʃən) ZN *onjuiste voorstelling*
misrule (mɪs'ru:l) I ZN • *wanbestuur* II OV WW • *verkeerd besturen*
miss (mɪs) I OV WW • *missen* ★ miss s.o.'s point *niet begrijpen wat iem. bedoelt* ★ just miss sth *net te laat komen* ★ miss the boat *de boot missen* • ~ **out** *overslaan* II ONOV WW • *falen; weigeren* ⟨v. motor⟩ • ~ **out (on)** *mislopen* III ZN • *misstoot; misslag* • INFORM. *miskraam* • *gemis* • *(me)juffrouw* ★ *give sth a miss overslaan* ★ a miss is as good as a mile *net mis is ook mis* ★ a near miss *net naast; op het kantje af* ★ Miss Inquisitive *nieuwsgierig aagje* ★ Miss Nancy *verwijfd ventje* ★ a pert miss *(een) brutaaltje*
Miss. AFK USA *Mississippi* ⟨staat⟩
missal ('mɪsəl) ZN *missaal; misboek*
misshapen (mɪs'ʃeɪpən) BNW *mismaakt; misvormd*
missile ('mɪsaɪl) I ZN • *raket* • *projectiel* • guided ~ *radiografisch bestuurd projectiel* II BNW • *werp-*
missing ('mɪsɪŋ) BNW *ontbrekend* ★ the~ *de vermisten*
mission ('mɪʃən) ZN • *missie* • USA *gezantschap* • *roeping* • USA foreign ~ *ambassade* ★ mercy ~ *hulpactie*
missionary ('mɪʃənərɪ) I ZN • *missionaris; zendeling* II BNW • *zend(el)ings-*
mission control ZN *controlecentrum* ⟨in de ruimtevaart⟩
missis ('mɪsɪz) ZN • → **missus**
missive ('mɪsɪv) ZN FORM. *schrijven; brief; formeel bericht*
misspell (mɪs'spel) OV WW *verkeerd spellen*
misspend (mɪs'spend) OV WW *verkwisten*
missus, missis ('mɪsɪz) ZN • INFORM. *moeder de vrouw; echtgenote* • INFORM. *mevrouw* ⟨door sommigen gebruikt als aanspreektitel als men niet weet hoe iemand heet⟩ ★ how's the ~? *hoe is het met je vrouw?* ★ is this your bag, ~? *is dit uw tas, mevrouw?*
mist (mɪst) I ZN • *mist; nevel; waas* ★ Scotch mist *motregen* ★ he is in a mist *hij is de kluts kwijt* II OV WW • *benevelen; beslaan* III ONOV WW • *beneveld worden; beslaan* • *misten*
mistake (mɪ'steɪk) I ZN • *fout; vergissing; dwaling* ★ and no ~ *daar kun je van op aan; en of!* ★ by ~ *per abuis* ★ my ~ *mijn fout; ik heb me vergist* II OV WW • *verkeerd begrijpen* ★ there's no mistaking this fact *dit staat nu eenmaal vast* ★ ~ sb for sb *iem. aanzien voor een ander* III ONOV WW • *z. vergissen*
mistaken (mɪ'steɪkən) BNW • *verkeerd; onjuist* • *misplaatst* ★ be ~ *verkeerd begrepen worden;*

zich vergissen

mistakenly (mɪˈsteɪkənlɪ) BNW *abusievelijk*

mister (ˈmɪstə) ZN • *mijnheer* • *man zonder titel* ★ Mr Speaker! *Mijnheer de voorzitter!* ⟨v.h. Lagerhuis⟩ ★ Mr Right *de ware Jacob*

mistime (mɪsˈtaɪm) OV WW *op het verkeerde ogenblik doen/zeggen*

mistletoe (ˈmɪsəltəʊ) ZN *maretak; vogellijm*

mistook (mɪˈstʊk) WW [verleden tijd] • → **mistake**

mistreat (mɪsˈtriːt) OV WW *mishandelen*

mistress (ˈmɪstrəs) ZN • *meesteres* • *mevrouw; vrouw des huizes* • *bazin; hoofd* • *geliefde; maîtresse* • *lerares; onderwijzeres*

mistrial (mɪsˈtraɪəl) ZN *nietig geding* ⟨wegens procedurefout⟩

mistrust (mɪsˈtrʌst) I ZN • *wantrouwen* II OV WW • *wantrouwen*

mistrustful (mɪsˈtrʌstfʊl) BNW *wantrouwend*

misty (ˈmɪstɪ) BNW • *mistig* • *vol tranen* • *vaag* • *wazig; beslagen*

misunderstand (mɪsʌndəˈstænd) OV WW • *niet begrijpen* • *verkeerd begrijpen*

misunderstanding (mɪsʌndəˈstændɪŋ) ZN *misverstand*

misunderstood (mɪsʌndəˈstʊd) WW [verl. tijd + volt. deelw.] • → **misunderstand**

misuse[1] (mɪsˈjuːs) ZN • *misbruik* • *verkeerd gebruik; mishandeling; slechte behandeling*

misuse[2] (mɪsˈjuːz) OV WW • *misbruiken* • *verkeerd gebruiken* • *mishandelen*

mite (maɪt) ZN • *beetje; zier* • *penning* • *dreumes* • *kaasmijt* • *contribute one's mite een duit in het zakje doen* ★ INFORM. *not a mite helemaal niet; geen zier* ★ *a mite of a child een kleine dreumes*

miter USA • → **mitre**

mitigate (ˈmɪtɪgeɪt) OV WW • *kalmeren* • *verlichten; verzachten* • *matigen* ⟨v. straf⟩

mitigation (mɪtɪˈgeɪʃən) ZN • → **mitigate** ★ *in~ als verzachtende omstandigheid*

mitre (ˈmaɪtə), USA **miter** I ZN • *mijter* • *verstek* ⟨timmerwerk⟩ • *schoorsteenkap* II OV WW • *met mijter tooien* • *in verstek maken; afschuinen*

mitt (mɪt) ZN • *want* • *vuisthandschoen* ⟨als bij honkbal⟩ • INFORM. *hand* ★ *get the mitten een blauwtje lopen; zijn congé krijgen* ★ PLAT *mitts bokshandschoenen*

mitten (mɪtn) ZN *want* ⟨handschoen⟩ ★ *get the~ een blauwtje lopen; zijn congé krijgen* ★ PLAT *~s bokshandschoenen*

mix (mɪks) I OV WW • *(ver)mengen* • *kruisen* ⟨v. dieren⟩ ★ *mix a drink een drankje klaarmaken* • *~ in (goed) vermengen* • *~ up verwarren; door elkaar gooien* II ONOV WW • *z. (ver)mengen* ★ *they don't mix well ze kunnen niet goed met elkaar overweg* • *~ with omgaan met; z. aansluiten bij* III ZN • *mengeling; mengsel*

mixed (mɪkst) BNW *gemengd; vermengd* ★ *~ up in de war* ★ *get~ up in sth ergens bij betrokken raken*

mixer (ˈmɪksə) ZN • *(keuken)mixer* • *menger* ★ *bad~ iem. die zich moeilijk aanpast*

mixer tap ZN *mengkraan*

mixture (ˈmɪkstʃə) ZN *mengsel; mengeling*

mix-up ZN • *mengsel* • *warboel* • *vechtpartij*

mizzle (ˈmɪzəl) I ZN • *motregen* II ONOV WW • *motregenen* • *er tussenuit knijpen*

ml AFK *millilitre(s) milliliter*

MMS I ZN • *mms(-bericht)* ★ *send an MMS een MMS-bericht versturen* II AFK • Multimedia Messaging service *mms*

mnemonic (nɪˈmɒnɪk) ZN *geheugensteuntje; ezelsbruggetje*

mo (məʊ) ZN INFORM. *moment ogenblik* ★ *half a mo, please 'n ogenblikje, alsjeblieft*

Mo. AFK USA *Missouri* ⟨staat⟩

MO AFK MIL. Medical Officer *officier van gezondheid*

moan (məʊn) I OV WW • *betreuren* II ONOV WW • *kreunen; jammeren* III ZN • *gekreun*

moat (məʊt) I ZN • *slotgracht* II OV WW • *met een gracht omgeven*

mob (mɒb) I ZN • *gepeupel* • *(wanordelijke) menigte* • INFORM. *kring; kliek* ★ *the Mob de maffia* II OV WW • *opdringen naar* ★ *'t lastig maken* III ONOV WW • *samenscholen*

mobile[1] (məʊˈbiːl) ZN • *mobieltje* ⟨telefoon⟩ • *mobile* ⟨beweegbaar model⟩

mobile[2] (ˈməʊbaɪl) BNW • *beweeglijk; mobiel* • *vlottend* ⟨v. kapitaal⟩

mobility (məʊˈbɪlətɪ) ZN *mobiliteit; beweeglijkheid*

mobilization, G-B **mobilisation** (məʊbəlaˈzeɪʃən) ZN *mobilisatie*

mobilize, G-B **mobilise** (ˈməʊbɪlaɪz) OV WW • *mobiel maken; mobiliseren* • *te gelde maken; in omloop brengen* ⟨v. aandelen⟩

mob orator ZN *volksredenaar*

mobster (ˈmɒbstə) ZN USA *bendelid; gangster*

moccasin (ˈmɒkəsɪn) ZN *mocassin*

mock (mɒk) I OV WW • *de spot drijven met* • *bedriegen* • *uitdagen* • *na-apen* II ONOV WW • *~ at spotten met* III ZN • *imitatie* IV BNW • *imitatie-; onecht; nep* • *proef-* ★ *mock combat/fight spiegelgevecht* ★ *mock meat imitatievlees*

mocker (ˈmɒkə) ZN *spotter*

mockery (ˈmɒkərɪ) ZN • *bespotting* • *schijnvertoning*

mockingbird (ˈmɒkɪŋbɜːd) ZN *spotvogel*

mock-up ZN *model op ware grootte*

mod (mɒd) BNW *modern*

modal (ˈməʊdl) BNW *modaal*

mode (məʊd) ZN • *manier* • *gebruik* • MUZ. *toonaard/-geslacht*

model (ˈmɒdl) I ZN • *model; mannequin* • *model; maquette* • *model; type* ★ *stand ~ als model poseren* II BNW • *model-* • *voorbeeldig* III OV WW • *modelleren; vormen; boetseren* ★ *~ o.s. upon sb zich modelleren naar iem.* • *~ after/on vormen naar; modelleren naar* IV ONOV WW • *als mannequin fungeren*

modeller (ˈmɒdlə) ZN *modelleur*

moderate[1] (ˈmɒdərət) I ZN • *gematigde* II BNW • *gematigd; matig*

moderate[2] (ˈmɒdəreɪt) I OV WW • *matigen* II ONOV WW • *bedaren; z. matigen* • *bemiddelen*

moderation (mɒdəˈreɪʃən) ZN • *matiging* • *matigheid; gematigdheid* ★ *in~ met mate*

mo

moderator ('mɒdəreɪtə) ZN • bemiddelaar
• voorzitter v. universitaire examencommissie
• REL. moderator
modern ('mɒdn) BNW modern
modern-day BNW modern; hedendaags
modernisation ZN G-B • → **modernization**
modernise WW G-B • → **modernize**
modernism ('mɒdənɪzəm) ZN • modernisme
• neologisme
modernist ('mɒdənɪst) ZN nieuwlichter
modernization (mɒdənər'zeɪʃən) I ZN
• modernisering II BNW • modern;
vooruitstrevend
modernize ('mɒdənaɪz) OV+ONOV WW
moderniseren
modest ('mɒdɪst) BNW • bescheiden • ingetogen;
zedig
modesty ('mɒdɪstɪ) ZN • bescheidenheid
• zedigheid
modicum ('mɒdɪkəm) ZN een beetje; een weinig
modifiable ('mɒdɪfaɪəbl) BNW te matigen;
wijzigbaar
modification (mɒdɪfɪ'keɪʃən) ZN • wijziging
• aanpassing
modify ('mɒdɪfaɪ) OV WW • matigen • wijzigen
• TAALK. bepalen
modish ('məʊdɪʃ) BNW modieus
modulate ('mɒdjʊleɪt) OV WW • regelen;
moduleren • → **to** in overeenstemming brengen
met
modulation (mɒdjʊ'leɪʃən) ZN • modulatie
• aanpassing
module ('mɒdjuːl) ZN • maatstaf; standaardmaat
• ruimtevaartuig • modulus ★ lunar ~
maanlander
Mogul ('məʊgl) I ZN • Mongool • mogol ★ mogul
invloedrijk persoon II BNW • Mongools
mohair ('məʊheə) ZN mohair
Mohammedan (mə'hæmɪdən) I ZN
• mohammedaan II BNW • mohammedaans
moiety ('mɔɪətɪ) ZN helft
moil (mɔɪl) I ZN • gezwoeg II ONOV WW • zwoegen
moist (mɔɪst) BNW vochtig; klam
moisten ('mɔɪsən) I OV WW • bevochtigen
II ONOV WW • vochtig worden
moistness ('mɔɪstnəs) ZN vochtigheid
moisture ('mɔɪstʃə) ZN vocht(igheid)
moisturize, G-B **moisturise** ('mɔɪstʃəraɪz) OV WW
bevochtigen ★ moisturizing cream
vochtregulerende crème
moke (məʊk) ZN • ezel • artiest die diverse
instrumenten bespeelt
molar ('məʊlə) I ZN • kies II BNW • m.b.t. de
maaltanden; maal- • massaal
molasses (mə'læsɪz) ZN melasse; stroop
mold ('məʊld) I ZN • → **mould** II OV WW • →
mould III ONOV WW • → **mould**
mole (məʊl) ZN • mol • INFORM. moedervlek
• INFORM. spion • haven(dam); pier ★ as blind
as a mole stekeblind
mole cast ZN molshoop
molecular (mə'lekjʊlə) BNW moleculair
molecule ('mɒlɪkjuːl) ZN molecule
mole-eyed BNW • bijziende • blind
molehill ('məʊlhɪl) ZN molshoop ★ make a
mountain out of a ~ van een mug een olifant

maken
moleskin ('məʊlskɪn) ZN • mollenvel • Engels leer
★ -s broek v. Engels leer
molest (mə'lest) OV WW • lastig vallen
• aanranden
molestation (məʊle'steɪʃən) ZN • het molesteren
• hinder
moll (mɒl) ZN • PLAT vriendin/handlangster v.e.
gangster • snol
mollification (mɒlɪfɪ'keɪʃən) ZN • → **mollify**
mollify ('mɒlɪfaɪ) OV WW vertederen; bedaren;
matigen
mollusc ('mɒləsk) ZN weekdier
mollycoddle ('mɒlɪkɒdl) I ZN • moederskindje
II OV WW • vertroetelen
molt (məʊlt) ONOV WW USA • → **moult**
molten ('məʊltn) I BNW gesmolten II WW [volt.
deelw.] • → **melt**
mom (mɒm) ZN INFORM./USA mam; mamma;
mammie
moment ('məʊmənt) ZN • moment • belang
★ do it this ~ doe het onmiddellijk ★ half a ~
een ogenblik(je) ★ it is the ~ for it het is er het
juiste ogenblik voor ★ I've seen him this ~ ik
heb hem zo-even gezien ★ a matter of great ~
een zaak van groot belang ★ never a dull ~ er
is altijd wel wat aan de hand
momentarily ('məʊməntərəlɪ) BIJW voor een
ogenblik
momentary ('məʊməntərɪ) BNW • gedurende een
ogenblik • vluchtig
momently ('məʊməntlɪ) BIJW • ieder ogenblik
• gedurende 'n ogenblik
momentous (mə'mentəs) BNW gedenkwaardig;
gewichtig; belangrijk
momentum (mə'mentəm) ZN • TECHN. moment
• stuwkracht ★ gather ~ aan kracht winnen
momma (mɒmə), **mommy** (mɒmɪ) ZN USA
mam; mamma; mammie
Mon. AFK Monday maandag
monarch ('mɒnək) ZN monarch; vorst
monarchical (mə'nɑːkɪkl) BNW monarchaal;
vorstelijk
monarchy ('mɒnəkɪ) ZN monarchie
monastery ('mɒnəstərɪ) ZN klooster
monastic (mə'næstɪk) BNW klooster-
monasticism (mə'næstɪsɪzəm) ZN kloosterleven;
kloosterwezen
Monday ('mʌndeɪ) ZN maandag
monetary ('mʌnɪtərɪ) BNW monetair; financieel-;
munt-
money ('mʌnɪ) I ZN • geld ★ VS, INFORM. folding
~ papiergeld ★ INFORM. funny ~ waardeloos
geld; vals geld ★ ready ~ contant geld ★ soft ~
papiergeld ★ for ~ contant ★ for my ~ naar
mijn mening ★ in the ~ rijk ★ ~ doesn't grow
on trees het geld ligt niet op straat ★ ~ talks
(and bullshit walks) praatjes vullen geen
gaatjes; geen woorden maar daden ★ want
one's ~s worth waar voor zijn geld willen ★ be
made of ~ bulken van het geld ★ be out of ~
blut zijn ★ coin ~ geld munten; geld als water
verdienen ★ make ~ geld verdienen ★ put ~
into investeren in ★ put your ~ where your
mouth is (zullen we erom) wedden?; laat eerst
maar 'ns zien! ★ want one's ~s worth waar

voor zijn geld willen ★ not my ~ *niets voor mij*
★ right on the ~ *precies goed*; *exact* **II** OV WW
● *te gelde maken*
money box ZN ● *spaarpot* ● *collectebus*
moneyed ('mʌnɪd) BNW ● *vermogend* ● *geldelijk*;
geld-
money-grubber ('mʌnɪɡrʌbə) ZN *duitendief*;
geldwolf
money-grubbing ('mʌnɪɡrʌbɪŋ) **I** ZN
● *inhaligheid* **II** BNW ● *inhalig*
moneylender ('mʌnɪlendə) ZN *geldschieter*
moneymaker ('mʌnɪmeɪkə) ZN ● *iemand die veel
geld verdient* ● *winstgevende zaak*;
goudmijn(tje)
money order ZN *postwissel*
money-spinner ZN *goudmijntje*
moneywort ('mʌnɪwɜ:t) ZN PLANTK.
penningkruid
mongol ('mɒŋɡəl) ZN *mongool*
mongrel ('mʌŋɡrəl) **I** ZN ● *bastaard(hond)*;
mormel **II** BNW ● *bastaard-*; *v. gemengd ras*
moniker ('mɒnɪkə) ZN INFORM. *koosnaam*;
bijnaam
monition (mə'nɪʃən) ZN ● *waarschuwing*;
vermaning ● *dagvaarding*
monitor ('mɒnɪtə) **I** ZN ● *monitor* ● *mentor*;
*oudere leerling die de zorg heeft voor een
jongere* ● *begeleider*; *verpleger* ⟨in inrichting/
tehuis⟩ ● *iem. die radio-uitzendingen afluistert*
● *varaan* **II** OV WW ● *controleren* ● *verzorgen*
monk (mʌŋk) ZN *monnik* ★ Black Monk
benedictijn
monkey ('mʌŋkɪ) **I** ZN ● *aap* ● *deugniet* ● *heiblok*
★ make a ~ of *voor schut zetten* ★ put s.o.'s ~
up *iem. nijdig maken* ★ it's brass ~ weather /
it's brass ~s *het is stervenskoud* **II** OV WW
● *na-apen* ● *bespotten*; *voor de gek houden*
III ONOV WW ● ~ **about/around** *streken
uithalen*; *donderjagen*; *klooien*
monkey business ZN *gesjoemel*
monkey jacket ZN *matrozenjekker*
monkey puzzle/tree ZN *apenboom*
monkey wrench ZN USA *bacho*; *Engelse sleutel*
monkish ('mʌŋkɪʃ) BNW *monniken-*;
monnikachtig
mono ('mɒnəʊ) BNW *mono*
monochromatic (mɒnəkrə'mætɪk) BNW
eenkleurig; *monochromatisch*
monochrome ('mɒnəkrəʊm) **I** ZN
● *monochromie* ● *computerbeeldscherm/
schilderij in verschillende tinten v. dezelfde
kleur* **II** BNW ● *zwart-wit*; *monochroom*
monocle ('mɒnək(ə)l) ZN *monocle*
monocular (mə'nɒkjʊlə) BNW ● *voor/van één oog*
● *eenogig*
monodial ('mɒnədaɪəl) BNW *met één knop*
⟨radio⟩
monody ('mɒnədɪ) ZN ● *solozang* ● *klaagzang*
monogamous (mə'nɒɡəməs) BNW *monogaam*
monogamy (mə'nɒɡəmɪ) ZN *monogamie*
monogram ('mɒnəɡræm) ZN *monogram*
monograph ('mɒnəɡrɑːf) ZN *monografie*
monolingual (mɒnə'lɪŋɡwəl) BNW
monolinguaal; *eentalig*
monolith ('mɒnəlɪθ) ZN *monoliet*
monolithic (mɒnə'lɪθɪk) BNW *monolithisch*

monologue ('mɒnəlɒɡ) ZN *monoloog*;
alleenspraak
monophonic (mɒnə'fɒnɪk) BNW *monofoon*;
eenstemmig
monoplane ('mɒnəpleɪn) ZN *eendekker*
monopolization, G-B **monopolisation**
(mənɒpəlaɪ'zeɪʃən) ZN *monopolisering*
monopolize, G-B **monopolise** (mə'nɒpəlaɪz) OV
WW ● *monopoliseren* ● *totaal in beslag nemen*
monopoly (mə'nɒpəlɪ) ZN *monopolie*
monosyllabic (mɒnəsɪ'læbɪk) BNW
eenlettergrepig
monosyllable ('mɒnəsɪləbl) ZN *eenlettergrepig
woord*
monotone ('mɒnətəʊn) **I** ZN ● *monotome klank*;
monotone manier v. spreken **II** BNW
● *monotoon*; *eentonig*
monotonous (mə'nɒtənəs) BNW *eentonig*
monotony (mə'nɒtənɪ) ZN *eentonigheid*
monsoon (mɒn'suːn) ZN *moesson*
monstrosity (mɒn'strɒsətɪ) ZN
monster(achtigheid)
monstrous ('mɒnstrəs) BNW *monsterlijk*;
gedrochtelijk; *kolossaal*
Mont. AFK USA *Montana* ⟨staat⟩
month (mʌnθ) ZN *maand* ★ in a ~ of Sundays
nooit (en te nimmer) ★ a ~ from today
vandaag over een maand
monthly ('mʌnθlɪ) **I** ZN ● *maandelijks tijdschrift*
II BNW + BIJW ● *maandelijks*
month's mind ZN REL. *maandstond*
monument ('mɒnjʊmənt) ZN *monument*
monumental (mɒnjʊ'mentl) BNW ● *gedenk-*;
monumentaal ● *kolossaal*; *enorm*
moo (muː) **I** ZN ● *geloei* **II** ONOV WW ● *loeien*
mooch (muːtʃ) **I** ZN ★ on the ~ *aan het
lummelen/schooien* **II** OV WW ● *gappen*
● *klaplopen*; *schooien* **III** ONOV WW ● *slenteren*
● ~ **about** *rondhangen*; *lummelen*
mood (muːd) ZN ● *stemming* ● TAALK. *wijs* ● MUZ.
modus; *toonschaal* ★ be in one of one's
moods *weer een van zijn buien hebben*
★ follow the mood of the moment *met de tijd
meegaan* ★ in no mood for *helemaal niet in de
stemming om* ★ in the mood *in de stemming*
mood swing ZN PSYCH. *hevige
stemmingswisseling*
moody ('muːdɪ) BNW *humeurig*; *somber gestemd*;
ontstemd; *zwaarmoedig*
moola (muːlə) ZN USA/PLAT *poen*; *geld*
moon (muːn) **I** ZN ● *maan* ★ ask for the moon
het onmogelijke willen ★ be over the moon *in
de wolken zijn* ★ cry for the moon *naar de
maan reiken*; *het onmogelijke willen* ★ once in
a blue moon *heel zelden* ★ promise sb the
moon *iem. gouden bergen beloven* ★ you can't
make him believe that the moon is made of
green cheese *je kunt hem niets wijs maken*
II ONOV WW ● *rondhangen* ● INFORM. *de billen
ontbloten* ● ~ **about** *rondhangen*;
rondslenteren ● ~ **over** *dagdromen over*;
nalopen
moonbeam ('muːnbiːm) ZN *manestraal*
moonboot ('muːnbuːt) ZN *moonboot*;
sneeuwlaars
mooncalf ('muːnkɑːf) ZN *domkop*

mo

moonlight ('mu:nlaɪt) **I** ZN • *maanlicht* ★ ~
flit(ting) vertrek met noorderzon **II** ONOV WW
• *zwartwerken; beunhazen; bijbeunen*
moonlighter ('mu:nlaɪtə) ZN *zwartwerker;
beunhaas*
moonlit ('mu:nlɪt) BNW *maanverlicht*
moonscape ('mu:nskeɪp) ZN *maanlandschap*
moonshine ('mu:nʃaɪn) ZN • *maneschijn*
• *hersenschim; onzin* • USA *illegale sterkedrank*
moonshiner ('mu:nʃaɪnə) ZN • USA
dranksmokkelaar • USA *illegale stoker* ⟨v.
sterkedrank⟩
moonshiny ('mu:nʃaɪnɪ) BNW • *door de maan
beschenen* • *ingebeeld*
moonstone ('mu:nstəʊn) ZN *maansteen*
moonstruck ('mu:nstrʌk) BNW *maanziek; gek*
moony ('mu:nɪ) BNW • *maan-; vollemaans-*
• *dromerig*
moor (mʊə) **I** ZN • *heide* • *veen; veengrond*
II OV+ONOV WW • *aan-/afmeren*
moorage ('mʊərɪdʒ) ZN • *meerplaats* • *ankergeld*
moorfowl ('mʊəfaʊl) ZN *korhoen(ders)*
moorgame ('mʊəgeɪm) ZN *korhoender*
moorhen ZN *waterhoen*
mooring ('mʊərɪŋ) ZN • *ligplaats* ⟨voor schepen⟩
• *dukdalf* ★ ~s *meertouwen; meerkettingen*
Moorish ('mʊərɪʃ) BNW *Moors*
moorland ('mʊələnd) ZN *heide*
moorstone ('mʊəstəʊn) ZN *soort graniet*
moose (mu:s) ZN *Amerikaanse eland*
moot (mu:t) **I** ZN • GESCH. *volksvergadering*
• *casusdiscussie* ⟨v. rechtenstudenten⟩ **II** BNW
• *betwistbaar; geschil-* ★ *a moot point/
question een geschilpunt* **III** OV WW
• *debatteren* • *opperen; te berde brengen*
mop (mɒp) **I** OV WW • *zwabberen; dweilen;
betten* ★ *mop the floor with sb de vloer met
iem. aanvegen* • ~ **up** *opvegen; opzuipen;
verslinden; afmaken* ⟨werk⟩; *oprollen; uit de
weg ruimen* **II** ONOV WW • *gezichten trekken*
III ZN • *zwabber* • *vaatkwast* • PLAT *zuiplap*
★ *mop of hair ragebol* ★ *mops and mows
grimassen*
mopboard ('mɒpbɔ:d) ZN *plint*
mope (məʊp) **I** ZN • *kniesoor* ★ *the mopes
neerslachtigheid* **II** ONOV WW • *kniezen*
moped ('məʊped) ZN *bromfiets*
mope-eyed BNW *bijziende*
mophead ZN INFORM. *iem. met dikke haardos*
moppet ('mɒpɪt) ZN • *lappenpop* • *dreumes;
wurm* • *schoothondje*
moppy ('mɒpɪ) BNW *ruig* ⟨haar⟩; *dik*
moral ('mɒrəl) **I** ZN • *moraal* ★ ~s *zeden;
zedelijkheid; zedelijk gedrag* **II** BNW • *moreel;
zedelijk; zedelijkheids-* ★ *a* ~ *certainty zo goed
als zeker* ★ *it is* ~ly *impossible het is feitelijk
onmogelijk*
morale (mə'rɑ:l) ZN *moreel*
moralise WW G-B • → **moralize**
moralist ('mɒrəlɪst) ZN • *moralist; zedenmeester*
• *aanhanger van het moralisme*
morality (mə'rælətɪ) ZN • *zedenleer* • *zedelijk
gedrag; moraliteit* ★ *moralities zedelijke
beginselen*
morality play ZN *zinnespel*
moralize ('mɒrəlaɪz) **I** OV WW • *hervormen;*

zedelijk verbeteren • *een morele les trekken uit*
II ONOV WW • *moraliseren*
morass (mə'ræs) ZN *moeras*
moratorium (mɒrə'tɔ:rɪəm) ZN • *moratorium;
algemeen uitstel van betaling* • *(tijdelijk)
verbod/uitstel*
morbid ('mɔ:bɪd) BNW • *morbide; ziek(elijk)*
• *somber*
morbidity ('mɔ:bɪdətɪ) ZN • *morbiditeit;
ziekelijkheid* • *ziektecijfer*
mordacious (mɔ:'deɪʃəs) BNW *bijtend;
sarcastisch; scherp*
mordacity (mɔ:'dæsətɪ) ZN *vinnigheid*
mordant ('mɔ:dnt) **I** ZN • *bijtmiddel; etszuur;
fixeermiddel* **II** BNW • *scherp; bijtend*
more (mɔ:) **I** ONB VNW • *meer* ★ *more is the pity
jammer genoeg* ★ *no more niet(s) meer* ★ *one
more nog één* **II** BIJW • *meer; verder* ★ *more
and more steeds meer* ★ *more or less min of
meer*
morel (mə'rel) ZN • *morielje* • *nachtschade*
morello (mə'reləʊ) ZN *morel*
moreover (mɔ:'rəʊvə) BIJW *bovendien*
morgue (mɔ:g) ZN • *lijkenhuis; morgue*
• *hooghartigheid*
moribund ('mɒrɪbʌnd) BNW *stervend; zieltogend*
morion ('mɒrɪən) ZN *stormhelm*
Mormon ('mɔ:mən) **I** ZN • *mormoon* **II** BNW
• *mormoons*
morn (mɔ:n) ZN • *dageraad; morgen;
ochtend(stond)*
morning ('mɔ:nɪŋ) ZN *morgen; voormiddag* ★ *in
the* ~ *'s ochtends* ★ *this* ~ *vanochtend* ★ *good* ~
goedemorgen
morning call ZN *ochtendbezoek*
morning coat/dress ZN *jacquet*
morning sickness ZN
zwangerschapsmisselijkheid
morning wood ZN INFORM. *ochtenderectie*
Moroccan (mə'rɒkən) **I** ZN • *Marokkaan* **II** BNW
• *Marokkaans*
morocco (mə'rɒkəʊ) ZN *marokijn(leder)*
Morocco (mə'rɒkəʊ) ZN *Marokko*
moron ('mɔ:rɒn) ZN • *zwakzinnige* • MIN.
imbeciel; rund
morose (mə'rəʊs) BNW • *gemelijk; knorrig*
• *somber*
morph ONOV WW *(langzaam) veranderen* ⟨zoals
in animatie⟩
morphine (mɔ:'fi:n) ZN *morfine*
morphology (mɔ:'fɒlədʒɪ) ZN *morfologie;
vormleer*
morris ('mɒrɪs) ZN • → **morris dance**
morris dance ZN *traditionele Engelse dans*
morrow ('mɒrəʊ) ZN FORM. *volgende dag*
Morse code ZN *morse(alfabet)*
morsel ('mɔ:səl) ZN *hapje; stukje*
mortal ('mɔ:tl) **I** ZN • *sterveling* • IRON. *persoon;
mens* **II** BNW • *sterfelijk* • *dodelijk* • INFORM.
verschrikkelijk; vreselijk vervelend ★ *any* ~
thing will do alles is goed
mortality (mɔ:'tælətɪ) ZN • *sterfelijkheid*
• *sterfte(cijfer)* • *stoffelijk overschot*
mortally ('mɔ:tlɪ) BIJW *dodelijk* ★ ~ *afraid
doodsbang*
mortar ('mɔ:tə) **I** ZN • *metselkalk* • *vijzel*

• *mortier* II OV WW • *metselen* • *met mortieren bestoken*

mortar board ZN *specieplank*

mortgage ('mɔ:gɪdʒ) I ZN • *hypotheek* II OV WW • *verhypothekeren* • *verpanden* 〈figuurlijk〉

mortgage bond ZN *pandbrief*

mortgagee (mɔ:gɪ'dʒi:) ZN *hypotheekhouder*

mortgager ('mɔ:gɪdʒə), **mortgagor** ZN *hypotheekgever*

mortgagor ZN • → **mortgager**

mortician (mɔ:'tɪʃən) ZN USA *begrafenisondernemer*

mortification (mɔ:tɪfɪ'keɪʃən) ZN • *kastijding*; *versterving* • *vernedering* • *ergernis* • *koudvuur*

mortify ('mɔ:tɪfaɪ) I OV WW • *kastijden* • *vernederen*; *ergeren* II ONOV WW • *door gangreen afsterven*

mortuary ('mɔ:tjʊərɪ) I ZN • *mortuarium*; *lijkenhuis* II BNW • *graf-* • *begrafenis-* • *sterf-* • *lijk-*

mosaic (məʊ'zeɪɪk) ZN *mozaïek*

mosey ('məʊzɪ) ONOV WW • USA/INFORM. *(voort)slenteren* • USA/INFORM. *ervandoor gaan* ★ ~ *along rondslenteren/-hangen*

Moslem ('mɒzləm) I ZN • → **Muslim** II BNW • → **Muslim**

mosque (mɒsk) ZN *moskee*

mosquito (mə'ski:təʊ) ZN • *muskiet* • *mug*

mosquito net ZN *klamboe*; *muskietennet*

moss (mɒs) I ZN • *mos* • *moeras* • PLAT *poen* II OV WW • *met mos bedekken*

moss-grown BNW *met mos bedekt*

mossy ('mɒsɪ) BNW • *met mos bedekt* • *mosachtig*

most (məʊst) I ONB VNW • *meest*; *grootst*; *meeste(n)* ★ *at (the) most op zijn meest/hoogst* ★ *make the most of it het zo veel mogelijk uitbuiten*; *er het beste van maken* II BIJW • *meest*; *hoogst*; *zeer*

mostly ('məʊstlɪ) BIJW *meestal*; *voornamelijk*

MOT AFK Ministry of Transport *ministerie van vervoer* ★ MOT (test) *apk-keuring*

mote (məʊt) ZN • *splinter* • *stofje*

motel (məʊ'tel) ZN *motel*

moth (mɒθ) ZN • *mot* • *nachtvlinder* • *iem. die de verleiding zoekt*

mothball ('mɒθbɔ:l) ZN *mottenbal*

moth-eaten BNW • *aangetast door de mot*; *mottig* • *aftands*

mother ('mʌðə) I ZN • *moeder* ★ *every~'s son iedereen* ★ Mother Superior *moeder-overste* ★ ~ *of vinegar azijnmoer* ★ *the Virgin Mother de Moedermaagd* II OV WW • FIG. *het leven schenken aan*; *in het leven roepen* • *als een moeder zorgen voor*; *bemoederen*

motherboard ('mʌðəbɔ:d) ZN COMP. *moederbord*

mother country ZN *moederland*; *land van oorsprong*

mothercraft ('mʌðəkrɑːft) ZN *deskundig moederschap*

motherfucker ('mʌðəfʌkə) ZN USA, VULG. *klootzak*

motherhood ('mʌðəhʊd) ZN *moederschap*

mother-in-law ZN *schoonmoeder*

motherless ('mʌðələs) BNW *moederloos*

motherlike ('mʌðəlaɪk) BNW *moederlijk*

motherly BNW *moederlijk*

mother-of-pearl ZN *parelmoer*

Mother's Day ZN *Moederdag*

mother-to-be ZN *aanstaande moeder*

mother tongue ZN *moedertaal*

mothproof ('mɒθpru:f) BNW *motecht*; *motvrij*

motif (məʊ'ti:f) ZN *motief*; *thema*

motion ('məʊʃən) I ZN • *beweging* • *tempo* • *gebaar* • *voorstel*; *motie* • *stoelgang* • *mechanisme* ★ go through the~s *ongeïnteresseerd iets doen*; *doen alsof* ★ ~ *of censure motie van afkeuring* ★ ~ *of no-confidence motie van wantrouwen* II OV+ONOV WW • *wenken* • *door gebaar te kennen geven*

motionless ('məʊʃənləs) BNW *onbeweeglijk*

motion picture ZN *film*

motivate ('məʊtɪveɪt) OV WW *motiveren*; *ingeven*; *aanzetten*

motivation (məʊtɪ'veɪʃən) ZN *motivatie*

motive ('məʊtɪv) I ZN • *motief* 〈reden〉 II BNW • *beweging veroorzakend*; *aandrijf-*

motiveless ('məʊtɪvləs) BNW *ongemotiveerd*; *zonder motief*

motley ('mɒtlɪ) I ZN • *bonte mengeling* • *narrenpak* • *nar* ★ wear ~ *voor nar spelen* II BNW • OOK FIG. *bont*

motocross ('məʊtəʊkrɒs) ZN *motorcross*

motor ('məʊtə) I ZN • *motor* • *motorwagen* • *auto* • *beweegkracht* • *motorische zenuw* II BNW • *beweging-*; *motorisch* III OV+ONOV WW • *in auto rijden/vervoeren*

motorbike ('məʊtəbaɪk) ZN *motorfiets*

motorcade ('məʊtəkeɪd) ZN *autocolonne*

motor car ZN G-B *auto*

motorcycle ('məʊtə'saɪkl) ZN *motorfiets*

motorcyclist ('məʊtə'saɪklɪst) ZN *motorrijder*

motoring ('məʊtərɪŋ) ZN *(rond)toeren met de auto*; *het autorijden*

motorist ('məʊtərɪst) ZN *automobilist*

motorize, G-B **motorise** ('məʊtəraɪz) OV WW *motoriseren*

motorway ('məʊtəweɪ) ZN G-B *snelweg*

Motown ('məʊtaʊn) *Motown* 〈Detroit, USA als centrum van auto-industrie〉; *Motown* 〈oorspr. in Detroit gevestigd platenlabel〉

mottle ('mɒtl) I ZN • *vlek* II OV WW • *vlekken*; *spikkelen*; *marmeren*; *schakeren*

mottled ('mɒtld) BNW *gevlekt*; *gespikkeld*

motto ('mɒtəʊ) ZN • *devies*; *spreuk* • *rijmpje*

mould, USA **mold** (məʊld) I OV WW • *gieten*; *kneden* • *met teelaarde bedekken* ★ ~ed glass *geperst glas* II ONOV WW • *beschimmelen* III ZN • *(giet)vorm*; *mal*; *bekisting* • *gesteldheid*; *aard* • *losse teelaarde* • *schimmel* • *roestvlek* ★ be cast in heroic~ *heldhaftig zijn* ★ *man of~ sterveling*

mould-candle ZN *gegoten kaars*

moulder ('məʊldə) I ZN • *vormer* • *maker v. gietvormen* II ONOV WW • *rotten*; *vermolmen* • *vervallen*

moulding ('məʊldɪŋ) ZN • *(kroon)lijst*; *fries* • *afdruk*

mouldy ('məʊldɪ) I ZN • PLAT/SCHEEPVAART *torpedo* II BNW • *beschimmeld* • *muf* • *saai*; *afgezaagd*; *vervelend*

mo

moult (məʊlt) I ZN • *het ruien* II ONOV WW • *verharen*; *vervellen*; *ruien*

mound (maʊnd) I ZN • *aardverhoging*; *(graf)heuveltje*; *terp* • *wal* • *werpheuvel* ⟨honkbal⟩ II OV WW • *ophopen* • *met een wal omringen*

mount (maʊnt) I OV WW • *monteren*; *opstellen*; *plaatsen* • *zetten* ⟨v. juwelen⟩ • *bestijgen* • *te paard zetten*; *v.e. paard voorzien* • *prijken met* • *zetten* ⟨v. toneelstuk⟩ • *opplakken* ★ *be badly ~ed een slecht paard hebben* ★ *~guard de wacht betrekken* ★ *~an offensief een offensief voorbereiden* II ONOV WW • *stijgen*; *opstijgen* • *~ up oplopen* III ZN • *berg* • *muis* ⟨v.d. hand⟩ • *omlijsting*; *montuur* • *rijpaard* • *fiets* • *rit* ⟨v. jockey⟩

mountain ('maʊntɪn) ZN *berg*

mountain ash ZN *lijsterbes*

mountain bike ZN *mountainbike*

mountain chain ZN *bergketen*

mountain dew ZN *whisky*

mountaineer (maʊntɪ'nɪə) I ZN • *bergbeklimmer* • *bergbewoner* ★ *~s bergtroepen* II ONOV WW • *bergbeklimmen*

mountaineering (maʊntɪ'nɪərɪŋ) ZN *bergsport*

mountainous ('maʊntɪnəs) BNW • *bergachtig* • *gigantisch*

mountain range ZN *bergketen*

mountainside ('maʊntɪnsaɪd) ZN *berghelling*

mountain slide ZN *lawine*

mountebank ('maʊntɪbæŋk) ZN • *kwakzalver*; *bedrieger* • *clown*

mounting ('maʊntɪŋ) I ZN • *montering*; *montuur*; *beslag* ⟨op kist⟩ II BNW • *oplopend*; *stijgend*

Mounty ('maʊnti) ZN INFORM. *bereden politieagent in Canada*

mourn (mɔːn) I OV WW • *betreuren* II ONOV WW • *rouw dragen*; *rouwen* ★ *~for/over treuren/rouwen om*

mourner ('mɔːnə) ZN • *treurende*; *rouwdrager* • *huilebalk*

mourners' bench ZN *zondaarsbankje*

mournful ('mɔːnfʊl) BNW *treurig*; *droevig*

mourning ('mɔːnɪŋ) ZN • *het treuren* • *weeklacht* • *rouw(kleding)* ★ *be in ~in de rouw zijn*

mourning coach ZN *rouwkoets*

mouse¹ (maʊs) ZN [MV: **mice**] • *dier muis* • COMP. *muis*

mouse² (maʊz) ONOV WW • *muizen vangen* • *snuffelen* • *~ about rondsnuffelen*

mouse mat ZN COMP. *muismat*

mouse pad ('maʊspæd) ZN USA, COMP. *muismat*

mouse potato ZN IRON. *internetfreak*

mousetrap ('maʊstræp) ZN *muizenval*

mousse (muːs) ZN • *mousse* • *haarversteviger*

moustache (mə'stɑːʃ) ZN *snor*; *knevel* ★ *a droopy ~een hangsnor*

mousy ('maʊsɪ) I ZN • *muisje* II BNW • *muisachtig*; *muizen-*; *muisstil* • *verlegen*; *schuw* • *muisgrijs*

mouth (maʊθ) I ZN • *mond*; *bek*; *muil* • *opening* • *monding* • *woordvoerder* ★ *be very down in the ~zeer terneergeslagen zijn* ★ *by the ~of bij monde van* ★ *by word of ~mondeling* ★ *laugh on the wrong side of one's ~jammeren*;

lamenteren ★ *make ~s at gezichten trekken tegen* ★ *my ~waters at it het doet me watertanden* ★ *big ~opschepper* ★ *have a big ~loslippig zijn*; *opscheppen* ★ *me and my big ~! ik kon natuurlijk mijn mond weer niet houden!* II OV WW • *in de mond nemen* • *aan 't bit wennen* ⟨paard⟩ ★ *~the words de woorden met de lippen vormen* III ONOV WW • *op hoogdravende toon spreken*; *oreren* • *grijnzen*; *gezichten trekken* • *~away maar raak schreeuwen*

mouthed (maʊðd) BNW *met mond(stuk)*

mouthful ('maʊθʊl) BNW • *mond(je)vol* • *kleine hoeveelheid* • INFORM. *hele mond vol*; *moeilijk uit te spreken woord* ★ *you've said a ~dat heb je goed gezegd*

mouth organ ZN *mondharmonica*

mouthpiece ('maʊθpiːs) ZN • *hoorn* ⟨v. telefoon⟩ • *mondstuk* • *sigarenpijpje* • *spreekbuis* ⟨figuurlijk⟩ • PLAT *advocaat*

mouthwash ('maʊθwɒʃ) ZN *mondspoeling*

mouthy ('maʊðɪ) BNW *bombastisch*; *luidruchtig*

movability (muːvə'bɪlətɪ) ZN *verplaatsbaarheid*

movable ('muːvəbl) BNW *beweegbaar*; *beweeglijk*

movables ('muːvəbəlz) ZN MV *roerende goederen*; *meubels*

move (muːv) I OV WW • *bewegen* • *verhuizen*; *verzetten*; *vervoeren* • *afnemen* ⟨v. hoed⟩ • *aanzetten tot*; *opwekken* ⟨v. gevoelens⟩; *ontroeren* • *z. wenden tot* ★ *move heaven and earth hemel en aarde bewegen* ★ *move one's bowels zich ontlasten* • *~down naar een lagere klas terugzetten*; *in rang terugzetten* II ONOV WW • *z. bewegen*; *in beweging komen* • *optreden*; *stappen nemen* • *een voorstel doen* • *opschieten* • *verhuizen* ★ *move on, please doorlopen a.u.b.* • *~about heen en weer trekken* • *~down naar een lagere klas teruggezet worden*; *in rang teruggezet worden* • *~in intrekken* ⟨in woning⟩ ★ *move in with sb bij iem. intrekken* • *~out verhuizen*; *vertrekken* • *~over opschuiven* • *~up overgaan* ⟨naar hogere klas⟩; *promoveren*; *vooruitgaan* III ZN • *zet*; *beurt* • *beweging* • *maatregel* • *verhuizing* • *het opstaan* ⟨v. tafel⟩; *het opstappen* • *het verhuizen* ★ *get a move on! schiet eens op!* ★ *make a move een stap doen*; *vertrekken* ★ *make a move on sb iem. versieren* ★ *on the move in beweging*; *en route*

movement ('muːvmənt) ZN • *beweging* • *opwelling* • *mechaniek* • *deel v.e. compositie* • *stoelgang* • ECON. *omzet*

movement cure ZN *heilgymnastiek*

mover ('muːvə) ZN • *iem. die iets voorstelt* • *drijfveer* • *verhuizer*

movie ('muːvɪ) ZN USA *film* ★ *blue ~pornofilm*

moviegoer ('muːvɪɡəʊə) ZN *bioscoopbezoeker*

moving ('muːvɪŋ) BNW • *ontroerend*; *aandoenlijk* • *beweeg-*; *bewegend*

mow¹ (maʊ) I ZN • *hooiberg* • *plaats in schuur voor hooi* • *grimas* II ONOV WW • *gezichten trekken*

mow² (məʊ) OV WW • *maaien* • *~down/off wegmaaien*

mowburnt ('məʊbɜːnt) BNW *door hooibroei*

bedorven
mowed (məʊd) WW [verleden tijd] • → **mow**²
mower (ˈməʊə) ZN *maaier*
mown (məʊn) WW [volt. deelw.] • → **mow**²
moxie (ˈmɒksiː) ZN PLAT/USA *moed*
MP AFK • Member of Parliament *parlementslid*
   • Military Police *Militaire Politie*
MP3 (empiˈθriː) I ZN • COMP. *MP3* ⟨MP3-bestand⟩
  II AFK • COMP. *MP3* ⟨compressietechniek⟩
MP3 player ZN *mp3-speler*
MPEG I ZN • COMP. *mpeg* ⟨mpeg-bestand⟩ II AFK
  • COMP. Motion Picture Expert Group *mpeg*
  ⟨compressietechniek⟩
mph AFK miles per hour *mijl per uur*
Mr. G-B **Mr** (ˈmɪstə) AFK Mister *dhr.* ⟨de heer⟩
Mrs. G-B **Mrs** (ˈmɪsɪz) AFK Mistress *mevr.*
  ⟨mevrouw⟩
Ms. G-B **Ms** (mɪz) AFK Miss *mejuffrouw/mevrouw*
MSc AFK Master of Science *master in de*
  natuurwetenschappen
MSN AFK *msn* ⟨chat on/via MSN *msn'en*⟩
Mt. **mt.** AFK mount(ain) *berg*
much (mʌtʃ) I ONB VNW • *zeer; ten zeerste; veel*
  ★ not much of a... *geen goede...* ★ he said as
  much *hij heeft iets dergelijks gezegd* ★ it is just
  so much idle talk *het is niets dan leeg gepraat*
  ★ much will have more *hoe meer men heeft,*
  hoe meer men wil hebben ★ so much the more
  des te meer ★ well, so much for that! *zo, dat is*
  klaar; zo, dat was dat! ★ we thought as much
  dat dachten we wel ★ make much of sth *veel*
  verdienen aan iets ★ make much of sb *hoog*
  van iem. opgeven II BIJW • *veel; zeer* ★ much as
  we regret it, we can't help you *hoezeer wij*
  het ook betreuren, wij kunnen u niet helpen
  ★ it is much the same *het komt vrijwel op*
  hetzelfde neer ★ it's not so much impudence*
  as lack of manners *het is niet zo zeer*
  brutaliteit dan wel onopgevoedheid ★ she
  never so much as looked at him *ze keek hem*
  niet eens aan
muchness (ˈmʌtʃnəs) ZN *grootte* ★ that's much of
  a ~*dat is lood om oud ijzer*
muck (mʌk) I ZN • *mest* • *vuile boel*
  • *smeerlapperij* • USA *turf* ★ make a muck of
  sth *de zaak verknoeien* II OV WW • *bemesten*
  • *bevuilen* • ~ **out** *uitmesten* • ~ **up** *bederven;*
  verknoeien III ONOV WW • ~ **about/around**
  rondhangen • INFORM. ~ **in** *meehelpen; een*
  handje helpen • ~ **in (with)** *een handje helpen*
mucker (ˈmʌkə) I ZN • *lelijke val* ★ he came/went
  a ~*hij ging aan de zwier* ★ he came a ~*hij*
  kwam te vallen; hij sloeg een flater; hij ging
  failliet II OV WW • *komen te vallen; failliet*
  gaan; een flater slaan III ONOV WW • *bederven*
muck heap ZN *mesthoop*
muckraker (ˈmʌkreɪkə) ZN *iem. die altijd uit is op*
  schandaaltjes
muckraking (ˈmʌkreɪkɪŋ) ZN *vuilspuiterij*
muckworm (ˈmʌkwɜːm) ZN • *mestworm* • *vrek*
  • *kwajongen*
mucky (ˈmʌkɪ) BNW • *vuil; smerig* • *slecht* ⟨v.
  weer⟩
mucous (ˈmjuːkəs) BNW *slijm-; slijmerig*
mucus (ˈmjuːkəs) ZN *slijm*
mud (mʌd) I ZN • *modder* • *leem; slijk* II OV WW

vertroebelen • *bemodderen*
muddle (ˈmʌdl) I ZN • *warboel; wanorde* ★ make
  a ~ of sth *iets verknoeien; iets in de war sturen*
  II OV WW • *door elkaar gooien* • *verknoeien*
  • *benevelen* III ONOV WW • ~ **along**
  aanmodderen • ~ **through** *z. er doorheen*
  scharrelen
muddled (ˈmʌdld) BNW *in de war; beneveld*
muddle-headed BNW • *warhoofdig* • *beneveld*
muddy (ˈmʌdɪ) I BNW • *modderig* • *wazig;*
  troebel • *diep* ⟨v. stem⟩ • *beneveld* II OV WW
  • *troebel maken* • *bemodderen*
mudflat (ˈmʌdflæt) ZN *wad; slik*
mudguard (ˈmʌdɡɑːd) ZN G-B *spatbord*
mud-head ZN *domkop*
mudlands (ˈmʌdləndz) ZN *wadden*
mudlark (ˈmʌdlɑːk) I ZN • *straatjongen*
  • *geniesoldaat* • *rioolwerker* II ONOV WW • *in de*
  modder spelen/werken
mud pack ZN *kleimasker*
mud pie ZN *zandtaartje*
mudsill (ˈmʌdsɪl) ZN • *onderste drempel* • *laagste*
  maatschappelijke klasse
mud-slinging (ˈmʌdslɪŋɪŋ) ZN *laster*
muesli (ˈmuːzlɪ) ZN G-B *muesli*
muff (mʌf) I ZN • *mof* • *sufferd; prul* • *knoeiboel;*
  fiasco ★ make a muff of o.s. *zich belachelijk*
  maken II OV WW • *verknoeien* ★ muff a ball
  een bal/slag missen ★ don't muff it! *bederf het*
  niet!
muff cuff ZN *bontomslag* ⟨aan mouw⟩
muffin (ˈmʌfɪn) ZN *licht, plat en rond gebakje*
muffin face ZN *wezenloos gezicht*
muffle (ˈmʌfəl) I ZN • *snoet* ⟨v. dier⟩
  • *bokshandschoen* • *moffel(oven)*
  • *geluiddemper* II OV WW • *instoppen* • *iem. een*
  doek voor de mond binden • *omfloersen;*
  dempen ⟨v. geluid⟩
muffled (mʌfld) BNW *gedempt* ⟨geluid⟩
muffler (mʌflə) ZN • *das* • *(boks)handschoen*
  • *(geluid)demper* • USA *knalpot*
mufti (ˈmʌftɪ) ZN *moefti* ★ in ~ *in burger*
mug (mʌɡ) I ZN • *mok* • *smoel* • *sul* • *blokker*
  ⟨voor examen⟩ ★ cut mugs *gezichten trekken*
  II OV WW • *gewelddadig beroven* • ~ **up** *erin*
  stampen; dronken voeren III ONOV WW
  • *gezichten trekken* • ~ **at** *blokken*
muggee (mʌˈɡiː) ZN *slachtoffer van straatroof*
mugger (ˈmʌɡə) ZN *straatrover*
mugging (ˈmʌɡɪŋ) ZN *straatroof*
muggins (ˈmʌɡɪnz) ZN [zonder lidwoord]
  onnozele hals; sukkel
muggy (ˈmʌɡɪ) BNW *benauwd* ⟨v. weer⟩;
  drukkend ⟨v. weer⟩
mug shot ZN INFORM. *politiefoto*
mugwump (ˈmʌɡwʌmp) ZN ⟨z.⟩ *belangrijk*
  (makend) persoon
Muhammadan (məˈhæmədn) • →
  Mohammedan
mulberry (ˈmʌlbərɪ) ZN *moerbei*
mulch (mʌltʃ) I ZN • *mulch; muls* II OV WW
  • *bedekken met mulch*
mulct (mʌlkt) I ZN • *boete* II OV WW • *beboeten*
  • ~ **of** *beroven van*
mule (mjuːl) ZN • *muildier; muilezel* • *muiltje;*
  pantoffel • PLAT *drugskoerier* ★ as stubborn as

mu

a mule *zo koppig als een ezel*
muleteer (mjuːlɪ'tɪə) ZN *muilezeldrijver*
mulish ('mjuːlɪʃ) BNW • *(als) v.e. muildier*
• *weerspannig*
mull (mʌl) I ZN • *fijne mousseline* • *knoeiboel* ⟨in
Schotland⟩ • *kaap* ★ make a mull of sth *iets
verknoeien* II OV WW • *verknoeien* • *warm
maken, zoeten en kruiden* • ~ **over** *overdenken*
III ONOV WW • *piekeren*
muller ('mʌlə) ZN • *maal-/wrijfsteen* ⟨zoals van
apotheker⟩ • *ketel voor warme wijn*
mullet ('mʌlɪt) ZN • *harder* • *zeebarbeel*
mulligan ('mʌlɪgən) ZN • USA *ratjetoe* • USA
hutspot
mulligrubs ('mʌlɪgrʌbz) ZN • *gedruktheid*;
gedrukte stemming • *buikpijn*
mullion ('mʌljən) ZN *verticale raamstijl*
mullioned ('mʌljənd) BNW *met verticale
raamstijlen*
multi- ('mʌltɪ) VOORV *veel-*; *meervoudig*; *multi-*
multicoloured, USA **multi-colored** ('mʌltɪkʌləd)
BNW *veelkleurig*; *bont*
multifaceted ('mʌltɪ'fæsɪtɪd) BNW *veelzijdig*;
complex
multifarious (mʌltɪ'feərɪəs) BNW *veelsoortig*;
verscheiden
multilateral (mʌltɪ'lætərəl) BNW • *multilateraal*
• *veelzijdig*
multilingual (mʌltɪ'lɪŋgwəl) BNW • *meertalig*
• *veeltalig*
multimedia (mʌltɪ'miːdɪə) ZN COMP. *multimedia*
multinational (mʌltɪ'næʃənl) I ZN
• *multinational* II BNW • *multinationaal*
• *internationaal*
multiple ('mʌltɪpl) I ZN • *veelvoud* ★ common ~
kleinste gemene veelvoud II BNW • *veelvoudig*
• *veelsoortig*
multiplex ('mʌltɪpleks) BNW *veelvoudig*
multipliable (mʌltɪ'plaɪəbl), **multiplicable**
(mʌltɪ'plɪkəbl) BNW *vermenigvuldigbaar* ★ ~ by
vermenigvuldigbaar met
multiplicand (mʌltɪplɪ'kænd) ZN
vermenigvuldigtal
multiplication (mʌltɪplɪ'keɪʃən) ZN
vermenigvuldiging
multiplication table ZN *tafel van
vermenigvuldiging*
multiplicity (mʌltɪ'plɪsətɪ) ZN • *veelheid*; *menigte*
• *verscheidenheid*
multiply ('mʌltɪplaɪ) I OV WW • *vergroten* • ~ **by**
vermenigvuldigen met II ONOV WW • *z.
voortplanten*; *z. vermenigvuldigen* III ZN
• *multiplex* ⟨hout⟩
multi-purpose (mʌltɪ'pɜːpəs) BNW *voor meerdere
doeleinden te gebruiken*
multiracial (mʌltɪ'reɪʃəl) BNW *multiraciaal*
multi-storey (mʌltɪ'stɔːrɪ) BNW *met meerdere
verdiepingen* ★ ~ carpark *parkeergarage met
verdiepingen*
multitude ('mʌltɪtjuːd) ZN • *menigte* • *groot
aantal* ★ the ~ *de grote hoop*; *de massa*
multitudinous (mʌltɪ'tjuːdɪnəs) BNW • *talrijk*
• *veelsoortig*
mum (mʌm) I ZN • INFORM. *mamma*; *mammie*
• *stilte*; *stilzwijgen* ★ mum's the word! *mondje
dicht!* II BNW • *stil* III ONOV WW • *in een*

pantomime optreden • *z. vermommen*
mumble ('mʌmbl) I ZN II OV+ONOV WW
mompelen; *prevelen*; *mummelen*
mumbo-jumbo (mʌmbəʊ'dʒʌmbəʊ) ZN • *onzin*
• *afgoderij*; *afgod*
mummer ('mʌmə) ZN • MIN. *toneelspeler*
• *gemaskerde* • GESCH. *pantomimespeler*
mummery ('mʌmərɪ) ZN • *komedie* ⟨hol ritueel⟩
• *maskerade*
mummification (mʌmɪfɪ'keɪʃən) ZN
mummificatie
mummify ('mʌmɪfaɪ) OV WW • *mummificeren*
• *laten verschrompelen*
mummy ('mʌmɪ) I ZN • *mummie* • *pulp* • *bruine
verf* • *mammie*; *moedertje* II OV WW
• *mummificeren*
mump (mʌmp) I OV WW • *afschooien* II ONOV
WW • *bedelen* • *een uitgestreken gezicht zetten*
mumps (mʌmps) ZN MV *bof* ⟨ziekte⟩ ★ have the~
een kwade bui hebben
munch (mʌntʃ) I ZN • *gekauw*; *geknabbel*
II OV+ONOV WW • *(hoorbaar) kauwen (op)*;
knabbelen (aan)
munchies ('mʌnʃɪz) ZN USA/INFORM. *hapjes*
★ have the ~ *trek hebben*
mundane (mʌn'deɪn) BNW • *kosmisch*
• *mondain*; *werelds*
municipal (mjuː'nɪsɪpl) BNW *gemeentelijk*;
gemeente-; *stads-*
municipality (mjuːnɪsɪ'pælətɪ) ZN
• *gemeentebestuur* • *gemeente*
munificence (mjuː'nɪfɪsəns) ZN *gulheid*;
vrijgevigheid
munificent (mjuː'nɪfɪsənt) BNW *gul*; *mild(dadig)*
munition (mjuː'nɪʃən) I ZN • *munitie*
• *krijgsvoorraad* II OV WW • v. *munitie voorzien*
mural ('mjʊərəl) I ZN • *muurschildering* II BNW
• *muur-*; *wand-*
murder ('mɜːdə) I ZN • *moord* • FIG. *hels karwei*;
hel; *gruwel* ★ ~ will out *een moord komt altijd
aan het licht* ★ the ~ is out *het geheim is
verklapt* ★ scream blue~ *moord en brand
schreeuwen* II OV WW • *vermoorden* • FIG.
totaal verknoeien III ONOV WW • *moorden*
murderer ('mɜːdərə) ZN *moordenaar*
murderess ('mɜːdərəs) ZN *moordenares*
murderous ('mɜːdərəs) BNW *moorddadig*
mure (mjʊə) OV WW • *ommuren* • ~ **up** *opsluiten*
murine ('mjʊəraɪn) BNW *muisachtig*
murk (mɜːk) ZN *duisternis* ⟨door mist of rook⟩
murky ('mɜːkɪ) BNW • *donker*; *somber* • INFORM.
schandelijk • *dicht* ⟨v. mist⟩
murmur ('mɜːmə) I ZN II OV+ONOV WW
• *mompelen* • *murmelen*; *ruisen* • *brommen*
• ~ **against** *mopperen op/over*
murrain ('mʌrɪn) ZN *(vee)pest*
muscle ('mʌsəl) I ZN • *spier* • *(spier)kracht* ★ she
did not move a~ *ze vertrok geen spier* II ONOV
WW • ~ **in** *z. indringen*
muscle-bound ('mʌsəlbaʊnd) BNW *met stijve
spieren* ⟨door te veel trainen⟩
muscleman ('mʌsəlmæn) ZN *krachtpatser*
Muscovite ('mʌskəvaɪt) I ZN • *Moskoviet* II BNW
• *Russisch*; *Moskovisch*
muscular ('mʌskjʊlə) BNW • *spier-* • *gespierd*
musculature ('mʌskjʊlətʃə) ZN *spierstelsel*

muse (mju:z) I zn • *muze* • *inspiratie* • *afwezige bui* II onov ww • *peinzen* • *~ about/on/over/upon peinzen over*; *peinzend kijken naar*
musette (mju:'zet) zn • *soort doedelzak*
• *doedelzakdans* • *orgelregister*
museum (mju:'zi:əm) zn *museum*
museum piece zn *museumstuk*
mush (mʌʃ) I zn • *pulp* • usa *maïsmeelpap*
• *sentimentaliteit* • *tocht met een hondenslede*
• *voetreis* II onov ww • *een tocht met de hondenslede maken*
mush area zn comm. *storingsgebied*
mushroom ('mʌʃrʊm) I zn • *(eetbare) paddenstoel; champignon* ★ magic~ *paddo* II onov ww • *z. snel ontwikkelen*; *als paddenstoelen uit de grond springen*
• *paddenstoelen zoeken*
mushroom cloud zn *atoomwolk*
mushroom growth zn *snelle ontwikkeling*; *explosieve groei*
mushy ('mʌʃɪ) bnw • *papperig* • *slap*; *sentimenteel*
music ('mju:zɪk) zn • *muziek* • *bladmuziek* ★ face the~ *de kritiek trotseren; de gevolgen aanvaarden*
musical ('mju:zɪkl) I zn • *musical*
• *muziekavondje* II bnw • *muzikaal*; *muziek-*
musicale (mju:zɪ'ka:l) zn usa *muziekavondje*
musicality (mju:zɪ'kælətɪ) zn • *welluidendheid*
• *muzikaliteit*
music hall zn • *concertzaal* • *variététheater*
musician (mju:'zɪʃən) zn *musicus*; *muzikant*
musicianship (mju:'zɪʃənʃɪp) zn *bekwaamheid als musicus*
music stand zn *muziekstandaard*
music stool zn *pianokruk*
musk (mʌsk) I zn • *muskusplant; muskus* II ov ww • *met muskus parfumeren*
musket ('mʌskɪt) zn *musket*
musketeer (mʌskɪ'tɪə) zn *musketier*
muskrat ('mʌskræt) zn *bisamrat*
musky ('mʌskɪ) bnw *muskusachtig*
Muslim ('mʊzlɪm) I zn • *moslim* II bnw
• *moslim-; mohammedaans*
Muslimah zn *moslima*
muslin ('mʌzlɪn) zn • *mousseline* • usa *katoen*
musquash ('mʌskwɒʃ) zn *muskusrat*
muss (mʌs) I zn • *warboel* • *herrie* II ov ww
• *~ up in de war brengen*; *bederven*; *bevuilen*
mussel ('mʌsəl) zn *mossel*
mussy ('mʌsɪ) bnw • *in de war; slordig* • *vuil*; *vies*
must (mʌst) I zn • inform. *noodzaak*; *must*
• *most* • *mufheid* • *schimmel* II bnw • *razend* III hww • *moet(en)* ★ *you must not/mustn't go in je mag niet naar binnen gaan*
mustache (mə'sta:ʃ) zn *snor*
mustang ('mʌstæŋ) zn *mustang*; *prairiepaard*
mustard ('mʌstəd) zn • *mosterd* • *mosterdplant*
• usa *iets pikants* ★ usa *cut the~ aan de verwachtingen voldoen* ★ *keen as~ enthousiast*
mustee (mʌs'ti:) zn *kleurling*
muster ('mʌstə) I ov ww • *bijeenbrengen* ⟨voor inspectie⟩ ★ *~ up what courage one has al de moed verzamelen die men heeft* II onov ww
• *aantreden* ⟨voor inspectie⟩; *z. verzamelen*

★ *to~ into service aanmonsteren* III zn
• *verzameling* • *inspectie* • *monsterrol* • econ. *monster* ★ *in full~ voltallig* ★ *pass~ de toets (kunnen) doorstaan*
muster-book zn mil. *stamboek*
musty ('mʌstɪ) bnw • *schimmelig* • *muf*
• *verouderd*
mutability (mju:təbɪlətɪ) zn • → **mutable**
mutable ('mju:təbl) bnw • *veranderlijk*
• *wispelturig*
mutate (mju:'teɪt) I ov ww • *doen veranderen* II onov ww • *veranderen* • biol. *mutatie ondergaan*
mutation (mju:'teɪʃən) zn • *verandering* • taalk. *umlaut* • biol. *mutatie*
mute (mju:t) I zn • *(doof)stomme* • *figurant*
• *bidder* ⟨bij begrafenis⟩ • muz. *demper*
• *uitwerpselen v. vogel* • *plofklank* ★ deaf mute *doofstomme* II bnw • *zwijgend*; *stom*
• *sprakeloos* ★ jur. *stand mute of malice opzettelijk weigeren te verdedigen* III ov ww • muz. *dempen* • *tot zwijgen brengen* IV onov ww • *poepen* ⟨v. vogels⟩ • *~ (up)on bevuilen*
mutilate ('mju:tɪleɪt) ov ww • *verminken*
• *bederven*
mutilation (mju:tɪ'leɪʃən) zn *verminking*
mutineer (mju:tɪ'nɪə) I zn • *muiter* II onov ww
• *muiten*
mutinous ('mju:tɪnəs) bnw *opstandig*; *muitend*; *oproerig*
mutiny ('mju:tɪnɪ) I zn • *muiterij*; *opstand* II onov ww • *muiten*; *in opstand komen*
mutism ('mju:tɪzəm) zn *stomheid*; *stilzwijgen*
mutt (mʌt) zn • *mormel* • *dwaas*; *sukkel*
mutter ('mʌtə) I zn • *gemompel* • *gemopper* II ov+onov ww • *mompelen* • *~ against/at mopperen over/tegen*
mutterer (mʌtərə) zn *mopperaar*
mutton ('mʌtn) zn *schapenvlees*
mutton chop zn *schaapskotelet*
mutton fist zn *grote/grove hand*
mutual ('mju:tʃʊəl) bnw *wederzijds*; *wederkerig*
mutuality (mju:tʃʊ'ælətɪ) zn *wederkerigheid*
muzak ('mju:zæk) zn *muzak*
muzzle ('mʌzəl) I zn • *bek*; *snuit* • *mond* ⟨v. vuurwapen⟩ • *muilkorf* II ov ww • ook fig. *muilkorven* • *besnuffelen* • *innemen* ⟨v. zeil⟩ • plat *kussen*
muzzy ('mʌzɪ) bnw • *wazig* • *beneveld* ⟨door drank⟩ • *saai*; *vervelend*
my (maɪ) bez vnw *mijn* ★ (oh) my! *lieve hemel!*
myopia (maɪ'əʊpɪə) zn *bijziendheid*
myopic (maɪ'ɒpɪk) bnw *bijziend*
myosotis (maɪə'səʊtɪs) zn *vergeet-mij-nietje*
myriad ('mɪrɪəd) I zn • *tienduizend(tal)* • *groot aantal* II bnw • *ontelbaar*
myriapod ('mɪrɪəpɒd) I zn • *duizendpoot* II bnw
• *duizendpotig*
myrmidon ('mɜ:mɪdn) zn *handlanger* ★ *~ of the law politieman*; *deurwaarder*
myrrh (mɜ:) zn *mirre*
myrtle ('mɜ:tl) zn • *mirt(e)* • usa *maagdenpalm*
• *gagel*
myrtle berry zn *mirtenbes*; *blauwe bosbes*
myself (maɪ'self) wkg vnw • *mijzelf* • *(ik)zelf*
mysterious (mɪ'stɪərɪəs) bnw *mysterieus*;

my

geheimzinnig
mystery ('mɪstərɪ) ZN • *mysterie*
• *geheimzinnigheid* • *detective* 〈roman, enz.〉
★ shrouded in ~ *in nevelen gehuld*
mystic ('mɪstɪk) ZN *mysticus*
mystical ('mɪstɪkl) BNW *mystiek*
mysticism ('mɪstɪsɪzəm) ZN • *mystiek*
• *mysticisme*
mystification (mɪstɪfɪ'keɪʃən) ZN *mystificatie*;
bedotterij
mystify ('mɪstɪfaɪ) OV WW • *voor een raadsel*
stellen • *bedotten*
mystique (mɪ'sti:k) ZN *mystiek*;
wereldbeschouwing
myth (mɪθ) ZN *mythe*
mythic ('mɪθɪk) BNW FIG. *legendarisch* 〈beroemd〉
mythical ('mɪθɪkl) BNW • *mythisch* • *fictief*
mythological (mɪθə'lɒdʒɪkl) BNW *mythologisch*
mythology (mɪ'θɒlədʒɪ) ZN *mythologie*

N

n (en) ZN *letter n* ★ N as in Nelly *de n van Nico*
N, n AFK • *name naam* • *neuter onzijdig* • *noun*
zelfstandig naamwoord
nab (næb) I OV WW • INFORM. *vangen*;
aanhouden • *(te) pakken (krijgen)* II AFK
• *no-alcohol beer alcoholvrij bier(tje)*; *malt(je)*
nacre ('neɪkə) ZN *paarlemoer*
nadir ('neɪdɪə) ZN • *dieptepunt* • STERRENK. *nadir*;
voetpunt
naevus, USA **nevus** ('ni:vəs) ZN *wijnvlek*;
geboortevlek
naff (næf) I BNW • G-B, INFORM. *smakeloos*
• *stijlloos* II ONOV WW • EUF. ~ **off** *opdonderen*
nag (næg) I OV WW • *bevitten* • *treiteren* II ONOV
WW • *(blijven) zeuren* • *dwars zitten* ★ doubts
nagged (at) her *twijfel knaagde aan haar*
III ZN • INFORM. *(oud) paard* • *zeurpiet*
naiad ('naɪæd/'neɪəd) ZN *najade*; *waternimf*
nail (neɪl) I ZN • *nagel* • *klauw* • *spijker*
• OMSCHR. *lengtemaat* 〈2,25 inches = 5,7 cm〉
★ as hard as nails *spijkerhard*; *onverbiddelijk*
▾ a nail in your coffin *een nagel aan je*
doodskist ▾ on the nail *contant*; 〈v. betaling〉
direct II OV WW • *(vast)spijkeren* • *betrappen*
• *aan de kaak stellen*; *doorprikken* 〈leugen〉
• VS, INFORM. *iets goed doen* 〈vnl. in sport〉
▾ nail your colours to the mast *openlijk kleur*
bekennen • ~ **down** *dicht/vastspijkeren*;
vastpinnen • *achterhalen* • *vaststellen* • ~ **up**
dichtspijkeren
nail brush ZN *nagelborsteltje*
nail file ('neɪlfaɪl) ZN *nagelvijl*
nail scissors ZN MV *nagelschaartje*
nail varnish, nail polish ZN *nagellak*
naive, naïve (naɪ'i:v/nɑː'i:v) BNW • *naïef*
• *ongedwongen*
naivety, naïvety (nɑ'i:vətɪ/nai'i:vətɪ) ZN *naïviteit*
naked ('neɪkɪd) BNW • *naakt*; *bloot* • *weerloos*
• *kaal*; *onopgesmukt* • *niet geïsoleerd* 〈v.
stroomdraad〉 ★ ~ exploitation *pure uitbuiting*
▾ the ~ eye *het blote oog* ▾ the ~ thruth *de*
naakte waarheid
Nam (næm) VS, INFORM. *Vietnam*
namby-pamby (næmbɪ'pæmbɪ) BNW *zwak*;
slap; *sentimenteel*
name (neɪm) I ZN • *naam*; *benaming* • *reputatie*
★ first name *voornaam* ★ Christian name
voornaam ★ USA given name *voornaam*;
doopnaam ★ last name *achternaam*
★ double-barrelled name *dubbele achternaam*
★ big name *grote naam* 〈belangrijk persoon〉
▾ by name *van/bij naam*; *met name* ▾ by the
name of *genaamd* ▾ HUMOR. his name is mud
hij is uit de gratie ▾ in all but name *niet*
officieel ▾ in the name of... *in naam van...*;
onder de naam van... ▾ INFORM. the name of
the game *waar het om gaat* ▾ enter your
name/put your name down *je aanmelden*
▾ give your name to *vernoemen* ▾ go by the
name of... *bekend zijn onder de naam...* ▾ have
to your name *in bezit hebben* ▾ make a name
for o.s. *beroemd worden* ▾ put a name to

sb/sth *iem./iets precies duiden* **II** OV WW
• *(be)noemen* ★ name the day *de
(huwelijks)dag bepalen* ★ you name it! *noem
maar op!* ▾ name names *namen noemen;
beschuldigen* ▾ name and shame *iemands
slechte reputatie publiceren*; ~ **after /** USA *for
vernoemen naar*
name day ZN *naamdag*
name-dropping ZN *dikdoenerij met namen v.
bekende personen*
nameless ('neɪmləs) BNW • *naamloos; onbekend*
• *anoniem* • LIT. *onuitsprekelijk; walgelijk*
namely ('neɪmlɪ) BIJW *namelijk*; *dat wil zeggen*
nameplate ('neɪmpleɪt) ZN *naambordje*
namesake ('neɪmseɪk) ZN *naamgenoot*
name tag ZN *naamplaatje* ⟨op jas etc.⟩
nancy ('nænsɪ), **nancy boy**, **nance** ZN MIN.
mietje; nicht
nanna, nana ('nænə) ZN INFORM. *oma*
nanny ('nænɪ) ZN • INFORM. *kinderjuffrouw;
gouvernante* • *oma* ▾ the ~ state *betuttelende
verzorgingsstaat*
nanny goat ZN *geit*
nap (næp) **I** ZN • *dutje* • *nop; vleug* ⟨v. stof⟩
★ have/take a nap *een dutje doen* **II** OV WW
• INFORM. *een tip geven* **III** ONOV WW • *dutten*
★ catch sb napping *iem.
betrappen/overrompelen*
napalm ('neɪpɑːm) ZN *napalm*
nape (neɪp) ZN *nek* • nape of the neck *nek*
napkin ('næpkɪn) ZN • *servet; doekje* • *luier*
nappy ('næpɪ) AFK G-B *luier* ★ change a ~ *een
luier verschonen*
nappy rash ZN INFORM. *luieruitslag*
narcissus (nɑː'sɪsəs) ZN *narcis*
narcosis (nɑː'kəʊsɪs) ZN *narcose*
narcotic (nɑː'kɒtɪk) **I** ZN • *verdovend middel*
II BNW • *verdovend* • *slaapverwekkend*
nark (nɑːk) **I** ZN • INFORM. *politiespion* **II** OV WW
• INFORM. *kwaad maken*
narrate (nə'reɪt) **I** OV WW • FORM. *vertellen*
II ONOV WW • FORM. *verhalen*
narration (nə'reɪʃən) ZN *verhaal*
narrative ('nærətɪv) **I** ZN • *verhaal* **II** BNW
• *verhalend*
narrator (nə'reɪtə) ZN *verteller*
narrow ('nærəʊ) **I** BNW • *smal; nauw* • *klein*
• *bekrompen* • *beperkt* ★ ~ circumstances
armoede ★ a ~ majority *een krappe
meerderheid* ★ a ~ squeak *op het nippertje*
★ have a ~ escape *ternauwernood ontsnappen*
II OV WW • *vernauwen* **III** ONOV WW • *z.
vernauwen* • *verminderen*; ~ **down** *beperken;
terugbrengen* ★ it ~s down to *uiteindelijk komt
het neer op*
narrowly ('nærəʊlɪ) BIJW • *ternauwernood; net*
• *precies* • *zorgvuldig; nauwlettend*
narrow-minded BNW *bekrompen* ⟨v. opvatting⟩
narrows ('nærəʊz) ZN MV *zee-engte*
NASA ('nɑːsə/'næsə) AFK USA National
Aeronautics and Space Administration *NASA*
⟨Amerikaanse ruimtevaartorganisatie⟩
nasal ('neɪzəl) **I** ZN • *neusklank* **II** BNW • *nasaal;
neus-*
nascent ('næsənt) BNW *in wording; ontluikend*
nasturtium (nə'stɜːʃəm) ZN • *waterkers*

• *Oost-Indische kers*
nasty ('nɑːstɪ) **I** ZN • INFORM. *onaangenaam
persoon/ding* **II** BNW • *akelig; gemeen; naar*
• *gemeen; lelijk* • *gevaarlijk; ernstig*
• *onsmakelijk; goor* ★ a ~ one *een hatelijke
opmerking; een lastige vraag; een rake klap;
een gemene truc enz.* ★ a ~ cold *een zware
(ver)kou(dheid)* ★ ~ weather *afschuwelijk /
guur weer* ▾ INFORM. a ~ bit / piece of work
een stuk ongeluk ▾ get/turn ~ *hij werd
giftig/geweldadig*
natal ('neɪtl) BNW *geboorte-*
natality (nə'tælətɪ) ZN *geboortecijfer*
natatorium (neɪtə'tɔːrɪəm) ZN USA *zwembassin*
natch (nætʃ) BIJW INFORM. *natuurlijk; uiteraard*
nation ('neɪʃən) ZN *natie; volk*
national ('næʃənl) **I** ZN • *staatsburger* • *landelijk
dagblad* **II** BNW • *nationaal; volks-; staats-*
nationalism ('næʃənəlɪzəm) ZN • *nationalisme;
vaderlandsliefde* • *streven naar nationale
onafhankelijkheid*
nationalist ('næʃənəlɪst) **I** ZN • *nationalist* **II** BNW
• *nationalistisch*
nationality (næʃə'nælətɪ) ZN • *nationaliteit*
• *volkskarakter* • *natie*
nationalize, G-B **nationalise** ('næʃənəlaɪz) OV
WW • *onteigenen* ⟨door de Staat⟩
• *naturaliseren*
nationwide (neɪʃən'waɪd) BNW *landelijk;
nationaal*
native ('neɪtɪv) **I** ZN • *inwoner; bewoner*
• *autochtoon* • MIN. *inboorling; inlander*
• *inheemse dier-/plantensoort* ★ speak French
like a ~ *Frans spreken als een geboren Fran*
II BNW • *geboorte-* • *natuurlijk; aangeboren*
• ~ **(to)** *inheems* • *puur; zuiver* ⟨v.
metaal/mineraal⟩ ▾ HUMOR. go ~ z. *aanpassen
aan de plaatselijke bevolking*
nativity (nə'tɪvətɪ) ZN • *geboorte* • REL. the
Nativity *geboortedag v. Christus*
nativity play ZN *kerstspel*
NATO ('neɪtəʊ) AFK North Atlantic Treaty
Organization *NAVO; Noord-Atlantische
Verdragsorganisatie*
natter ('nætə) ONOV WW INFORM. *kletsen;
babbelen*
natty ('nætɪ) BNW • *keurig* • *handig*
natural ('nætʃərəl) **I** ZN • INFORM. *natuurtalent*
• MUZ. *herstellingsteken; stamtoon* ★ be a ~ for
geknipt zijn voor **II** BNW • *natuurlijk* • *natuur-*
• *gewoon; normaal* • *ongekunsteld* • MUZ.
zonder kruis- of molteken ★ a ~ leader *een
geboren leider*
naturalisation ZN G-B • → **naturalization**
naturalism ('nætʃərəlɪzəm) ZN *naturalisme*
naturalist ('nætʃərəlɪst) **I** ZN • *naturalist* • *bioloog*
II BNW • → **naturalistic**
naturalistic (nætʃərə'lɪstɪk) BNW • *naturalistisch*
• *natuurhistorisch*
naturalization (nætʃərəlaɪ'zeɪʃən) ZN
naturalisatie
naturalize, G-B **naturalise** ('nætʃərəlaɪz) **I** OV WW
• *naturaliseren* • *natuurlijk maken; inheems
maken* **II** ONOV WW • *inburgeren* ⟨DIERK.,
PLANTK. *aanpassen* ★ become ~d *ingeburgerd
raken* ⟨v. gebruik/woord⟩

naturally ('nætʃərəlɪ) BIJW • *uiteraard*; *vanzelfsprekend* • *van nature* • *op natuurlijke wijze* ▼ it comes ~ to him *het gaat hem gemakkelijk af*

nature ('neɪtʃə) ZN • *(de) natuur* • *aard*; *karakter* • *soort* ★ by ~ *van nature* • draw from ~ *tekenen naar de natuur* ▼ the ~ of the beast *de aard van het beestje* ▼ in the ~ of things *uit de aard der zaak* ▼ in a state of ~ *naakt* ▼ against/contrary to ~ *tegennatuurlijk*; *onnatuurlijk*

nature trail ZN *natuurpad*

naturism ('neɪtʃərɪzəm) ZN *naturisme*; *nudisme*

naturist ('neɪtʃərɪst) ZN *naturist*; *nudist*

naught (nɔːt) • → **nought**

naughty ('nɔːtɪ) BNW • *ondeugend*; *stout* • *gewaagd*

nausea ('nɔːzɪə) ZN *(gevoel v.) misselijkheid*

nauseate ('nɔːzɪeɪt) OV WW *misselijk maken*

nauseous ('nɔːzɪəs) BNW • *misselijk* • *walgelijk*

nautical ('nɔːtɪkl) BNW • *de zeevaart betreffende* • *zee-* • *scheepvaart-*

nautical mile ZN *zeemijl (1852 m)*

naval ('neɪvəl) BNW • *marine-*; *vloot-* • *zee-*; *scheeps-*

nave (neɪv) ZN • *schip* (v. kerk) • *naaf* (v. wiel)

navel ('neɪvəl) ZN • *navel* • *middelpunt*

navigable ('nævɪgəbl) BNW • *bevaarbaar* (v. rivier) • *zeewaardig* (v. schip) • *bestuurbaar* (v. ballon)

navigate ('nævɪgeɪt) I OV WW • *bevaren* • *besturen* II ONOV WW • *varen* • *sturen* (v. schip, vliegtuig) • *navigeren* (ook op internet); *kaart lezen*

navigating bridge ZN *commandobrug*

navigation (nævɪ'geɪʃən) ZN • *navigatie*; *stuurmanskunst* • *zee-/luchtvaart*

navigational (nævɪ'geɪʃənəl) BNW *van/voor de scheepvaart*

navigator ('nævɪgeɪtə) ZN • *navigator* (v. schip/vliegtuig) • WWW *zoekprogramma*

navvy ('nævɪ) ZN *grondwerker*

navy ('neɪvɪ) I ZN • *marine* • *vloot* ★ merchant navy *koopvaardij(vloot)* II BNW • *marineblauw*

navy yard ZN USA *marinewerf*

Nazi ('nɑːtsɪ) I ZN • *nazi* II BNW • *nazi-*

Nazism ('nɑːtsɪzəm) ZN *nazisme*

NC AFK USA no children under 17 *boven de 16* (voor film)

N.C. AFK USA *North Carolina* (staat)

N.D. AFK USA *North Dakota* (staat)

neap (niːp), **neap tide** I ZN • *doodtij* II OV WW ★ the ship was neaped *het schip zat bij eb aan de grond*

Neapolitan (niːə'pɒlɪtən) I ZN • *Napolitaan* II BNW • *Napolitaans*

near (nɪə) I BNW • *nabij*; *dichtbij(zijnd)* • *nauw(verwant)* • *grenzend aan*; *veel lijkend op* ★ a near disaster *bijna een ramp* ▼ INFORM. your nearest and dearest *je familie en beste vrienden* ▼ in the near future *in de nabije toekomst* ▼ it was a near thing *het scheelde niet veel* ▼ to the nearest € 10 *tot op € 10 nauwkeurig* II BIJW • *dichtbij*; *nabij* • *bijna*; *nagenoeg* ★ near at hand *op handen*; *bij de hand* ★ near upon a week *bijna een week*

★ come/draw near *dichterbij komen* ▼ nowhere/not anywhere near *op geen stukken na* III OV WW • *naderen* IV ONOV WW • *dichterbij komen* V VZ • *dichtbij*; *naast* ★ she was near to tears *het huilen stond haar nader dan het lachen*

nearby (nɪə'baɪ) I BNW • *nabij gelegen* II BIJW • *in de buurt*

nearly ('nɪəlɪ) BIJW • *bijna*; *haast* • *van nabij*; *na* ★ it concerns us ~ *wij zijn er nauw bij betrokken* ▼ not ~ *lang niet*

nearness ('nɪənəs) ZN *nabijheid*

nearside ('nɪəsaɪd) BNW ★ ~ traffic lane *linkerrijbaan* 〈in Eng.〉 *rechterrijbaan* 〈in Am.〉

nearsighted (nɪə'saɪtɪd) BNW *bijziend*

neat (niːt) BNW • *net(jes)*; *keurig* • *sierlijk*; *slank* • *handig*; *knap* • *onvermengd*; *puur* (v. drank) • VS, INFORM. *gaaf*; *geweldig*

Nebr. AFK USA *Nebraska* (staat)

nebula ('nebjʊlə) ZN • STERRENK. *nevelvlek* • *vlek op hoornvlies*

nebulizer, G-B **nebuliser** ('nebjʊlaɪzə) ZN *verstuiver*

nebulous ('nebjʊləs) BNW • FORM. *nevelachtig* • *vaag*; *wollig*

necessarily (nesə'serəlɪ/G-B 'nesəsərəlɪ) BIJW *noodzakelijkerwijs*; *onvermijdelijk* ▼ not ~ *niet per se*

necessary ('nesəsərɪ) I BNW • *noodzakelijk* • *onvermijdelijk* II ZN ★ the ~ INFORM. *het nodige*; INFORM. *het nodige geld* ★ necessaries [mv] *primaire levensbehoeften*

necessitate (nɪ'sesɪteɪt) OV WW *noodzaken*; *dwingen*

necessitous (nɪ'sesɪtəs) BNW *behoeftig*; *noodlijdend*

necessity (nɪ'sesətɪ) ZN *noodzaak* ★ ~ for *behoefte aan* ★ from ~ *uit nood* ★ of ~ *noodzakelijkerwijze*

neck (nek) I ZN • *nek*; *hals* ▼ neck and neck *nek aan nek* ▼ INFORM. neck of the woods *buurt*; *omgeving* ▼ INFORM. be up to your neck in (debt) *tot aan je nek in (de schuld) zitten* ▼ INFORM. get it in the neck *het voor zijn kiezen krijgen*; *het zwaar te verduren hebben* ▼ have the neck to do sth *zo brutaal zijn om iets te doen* II OV WW • INFORM. *drinken* III ONOV WW • INFORM. *vrijen*

neckerchief ('nekətʃɪf) ZN *halsdoek*

necklace ('nekləs) ZN *halssnoer*; *collier*

neckline ('neklaɪn) ZN *halslijn* ★ with a low/plunging ~ *diep uitgesneden*

necktie (nektaɪ) ZN *(strop)das*

necktie party ZN VS, INFORM. *lynchpartij*

neckwear ('nekweə) ZN *boorden en dassen*

necrologist (ne'krɒlədʒɪst) ZN *schrijver v. necrologie*

necrology (ne'krɒlədʒɪ) ZN • *necrologie* • *lijst v. gestorvenen*

necromancer ('nekrəʊmænsə) ZN *beoefenaar van de zwarte kunst*

necromancy ('nekrəʊmænsɪ) ZN *zwarte kunst*

necropolis (ne'krɒpəlɪs) ZN • *dodenstad* • *(grote) begraafplaats*

nectar ('nektə) ZN • *nectar* • *godendrank*

nectarine ('nektərɪn) ZN *nectarine*

née (neɪ) BNW *geboren* ★ Mrs Smith, née Jones *Mevr. Smith, geboren Jones*

need (niːd) I OV WW • *nodig hebben; vereisen* ★ she needs knowing *je moet haar kennen* II HWW • *hoeven; moeten* ★ you didn't need to help me *je hoefde me niet te helpen* ★ you need not have done it *je had het niet hoeven doen* ★ need you have paid so much? *had je zo veel moeten betalen?* III ZN • *nood(zaak)* • *behoefte* • *armoede; tekort* ★ need for/of *behoefte aan* ★ be in/have need of *nodig hebben* ★ at need *in geval v. nood* ▼ if need be *desnoods; in geval van nood*

needle (niːdl) I ZN • *naald* ⟨naaiwerktuig⟩ • *pen* ⟨breiwerktuig⟩ • PLANTK. *naald* • *injectienaald* ▼ look for a ~ in a haystack *zoeken naar een speld in een hooiberg* II OV WW • *naaien* • *doorprikken; ergeren; prikkelen*

needle-point ZN *borduurwerk*

needless ('niːdləs) BNW *onnodig* ▼ ~ to say *vanzelfsprekend*

needlewoman ('niːdlwʊmən) ZN *naaister*

needlework ('niːdlwɜːk) ZN *naaldwerk; naaiwerk*

needn't ('niːdnt) SAMENTR *need not* • → **need**

needy ('niːdɪ) BNW *arm; hulpbehoevend*

nefarious (nɪ'feərɪəs) BNW FORM. *misdadig; schandelijk*

neg. (neg) AFK negative *negatief*

negate (nɪ'geɪt) OV WW • *tenietdoen* • *ontkennen*

negation (nɪ'geɪʃən) ZN • *ontkenning* • *weigering* ★ shake your head in ~ *nee schudden*

negative ('negətɪv) I ZN • *ontkenning* • *weigering* • WISK. *negatief getal* • TECHN. *negatieve pool* • A-V *negatief* ★ it was decided in the ~ *het voorstel werd verworpen* ★ answer in the ~ *ontkennend antwoorden* II BNW • *negatief* • *ontkennend; afwijzend* • *weigerend* III OV WW • *verwerpen* ⟨v. voorstel⟩ • *weerspreken; ongedaan maken*

negativity (negə'tɪvɪtɪ) ZN *negativiteit*

neglect (nɪ'glekt) I ZN • *verwaarlozing* • *verzuim* II OV WW • *verwaarlozen* • *veronachtzamen* • *verzuimen*

neglectful (nɪ'glektfʊl) BNW *nalatig* ★ be ~ of *verwaarlozen; veronachtzamen*

negligence ('neglɪdʒəns) ZN • *nalatigheid* • *onachtzaamheid; achteloosheid*

negligent ('neglɪdʒənt) BNW *nalatig; achteloos* ★ be ~ of *verwaarlozen*

negligible ('neglɪdʒɪbl) BNW *te verwaarlozen*

negotiable (nɪ'gəʊʃəbl) BNW • *bespreekbaar; onderhandelbaar* • ECON. *verhandelbaar*

negotiate (nɪ'gəʊʃɪeɪt) I OV WW • ~ **(for/about)** *onderhandelen over* • *tot stand brengen* • *(af)sluiten* ⟨v. lening⟩ • *nemen* ⟨v. hindernis⟩; *uit de weg ruimen* ⟨v. moeilijkheden⟩ ★ he ~d me in *hij loodste me naar binnen* II ONOV WW • *onderhandelen* ★ the negotiating table *de onderhandelingstafel*

negotiation (nɪgəʊʃɪ'eɪʃən) ZN *onderhandeling*

negotiator (nɪ'gəʊʃɪeɪtə) ZN *onderhandelaar*

Negro ('niːgrəʊ) ZN [mv: **negroes**] MIN. *neger*

neigh (neɪ) I ZN • *gehinnik* II ONOV WW • *hinniken*

neighbour, USA **neighbor** ('neɪbə) I ZN •

buurman/-vrouw • *buurland* • REL. *naaste* ★ this lake is smaller than its ~ *dit meer is kleiner dan dat wat er naast ligt* ★ next-door ~ *naaste buur* II ONOV WW • ~ **on** *grenzen aan*

neighbourhood, USA **neighborhood** ('neɪbəhʊd) ZN • *buurt* • *omgeving* ▼ in the ~ of *in de buurt van; ongeveer*

neighbourhood watch ZN *buurtpreventie*

neighbouring, USA **neighboring** ('neɪbərɪŋ) BNW *naburig*

neighbourly, USA **neighborly** ('neɪbəlɪ) BNW ★ good ~ relations *goede relaties met de buren* • *vriendelijk en behulpzaam*

neither ('naɪðə) I BIJW • *ook niet; evenmin* ★ INFORM. me ~ *ik ook niet* ★ Pete couldn't come and ~ could I *Pete kon niet komen en ik ook niet* ★ ~ X nor Y *noch X noch Y* ★ ~ big nor small *niet groot en ook niet klein* ★ it's ~ here nor there *het is niet van belang* II ONB VNW • *geen* ⟨v. meerdere⟩ ★ ~ answer is correct *geen van de antwoorden is goed* ★ ~ of us has a car *geen van ons heeft een auto*

nelly ('nelɪ) ZN • *onnozele hals* • *verwijfde man*; *homo* ▼ INFORM. not on your ~ *geen sprake van*

neo- ('niːəʊ) VOORV *neo-; nieuw*

neolithic (niːə'lɪθɪk) BNW *neolithisch*

neologism (niː'ɒlədʒɪzəm) ZN *neologisme; nieuw woord*

neon ('niːɒn) ZN *neon*

neon lamp ZN *ti-buis*

neophyte ('niːəfaɪt) ZN • *nieuweling* • *nieuwbekeerde* • *pas gewijd priester*

nephew ('nevjuː) ZN *neef* ⟨zoon v. broer/zuster⟩; *oom-/tantezegger*

nepotism ('nepətɪzəm) ZN MIN. *nepotisme; begunstiging van familieleden; vriendjespolitiek*

nerd (nɜːd) ZN • MIN. *studdje; computerfreak* • MIN. *lul*

nerve (nɜːv) I ZN • *zenuw* • *pees* • *moed; zelfbeheersing* • INFORM. *brutaliteit* • BIOL. *middennerf* ⟨v. blad⟩ ★ ~s [mv] *zenuwen* ★ my ~s were on edge *ik was erg gespannen* ★ strain every ~ *zich tot het uiterste inspannen* ★ you've got a ~! *jij durft!* ▼ be a bag/bundle of ~s *een bonk zenuwen zijn* ★ get on sb's ~s *op iemands zenuwen werken* ▼ have ~s of steel *stalen zenuwen hebben* ▼ hit/touch a raw/sensitive ~ *een gevoelige snaar raken* II OV WW • *kracht/moed geven* ★ he ~d himself *hij vermande zich*

nerve centre, USA **nerve center** ('nɜːvsentə) ZN *zenuwcentrum*

nerveless ('nɜːvləs) BNW • *krachteloos; lusteloos; zwak* • *zonder vrees*

nerve-racking, **nerve-wracking** BNW *zenuwslopend*

nervous ('nɜːvəs) BNW • *zenuwachtig; nerveus* • *zenuw-* • *bezorgd; bang* ★ he is ~ of all the work *hij ziet tegen al het werk op*

nervy ('nɜːvɪ) BNW • *zenuwachtig* • USA *vrijpostig; brutaal*

nest (nest) I ZN • *nest* • *broeinest; haard* • *stel* ★ nest of drawers *ladekastje* ★ nest of tables *stel mimitafeltjes* II OV WW • *nesten* III ONOV WW • *z. nestelen* • *z. vestigen*

nest egg ZN *appeltje voor de dorst*

nestle ('nesəl) **I** OV WW • *vlijen* **II** ONOV WW • *z. (neer)vlijen; z. nestelen* • *half verborgen liggen* • ~ **up against/to** *dicht aankruipen tegen*
nestling ('neslɪŋ) ZN *nestvogel; nestkuiken*
net (net) **I** ZN • *net* • FIG. *valstrik; web* • *vitrage* • *netto bedrag/prijs* • *netwerk* • the Net INFORM. *internet* **II** BNW • ECON. *netto* ★ the net result *het uiteindelijk resultaat; per saldo* **III** OV WW • *netto opbrengen/verdienen* • *met een net vangen* • INFORM. *in de wacht slepen* • INFORM. *een doelpunt maken* ⟨bij voetbal etc.⟩ • *met een net afdekken*
netball ('netbɔːl) ZN ≈ *korfbal*
net curtains MV *vitrage*
nether ('neðə) BNW LIT., HUMOR. *onder-; beneden* ★ ~world *onderwereld*
Netherlands ('neðələndz) MV *Nederland* ★ the ~ is/are a democracy *Nederland is een democratie*
nett (net) **I** BNW • → **net II** OV WW • → **net**
netting ('netɪŋ) ZN *gaas; net(werk)*
nettle ('netl) **I** ZN • *brandnetel* ★ stinging ~ *brandnetel* **II** OV WW • *ergeren; prikkelen*
nettlerash ('netlræʃ) ZN *netelroos*
network ('netwɜːk) **I** ZN • *netwerk* • *radio-/tv-station* **II** OV WW • *via een netwerk uitzenden* • COMP. *d.m.v. netwerk verbinden* **III** ONOV WW • *netwerken*
neural ('njʊərəl) BNW ANAT. *zenuw-; ruggenmergs-*
neuralgia (njʊə'rældʒə) ZN MED. *zenuwpijn*
neurologist (njʊə'rolədʒɪst) ZN *neuroloog*
neurology (njʊə'rolədʒɪ) ZN *neurologie*
neurosis (njʊə'rəʊsɪs) ZN [mv: **neuroses**] MED. *neurose*
neurosurgery (njʊərəʊ'sɜːdʒərɪ) ZN *neurochirurgie*
neurotic (njʊə'rɒtɪk) **I** ZN • *neuroot* **II** BNW • *neurotisch*
neuter ('njuːtə) **I** ZN • *neutraal iemand* • *geslachtsloze plant* • *gecastreerd dier* **II** BNW • TAALK. *onzijdig* • *neutraal; onpartijdig* • BIOL. *geslachtloos* **III** OV WW • *castreren; steriliseren* • *neutraliseren*
neutral ('njuːtrəl) **I** BNW • *neutraal; onpartijdig* • *neutraal* ⟨v. kleur/toon⟩ • NATK., SCHEIK. *neutraal* • *onbepaald; vaag* ★ in ~(gear) *in z'n vrij* ⟨v. versnelling⟩ ★ on ~ground/territory *op neutrale bodem* **II** ZN • *neutrale stand* ⟨v. versnelling⟩ • *neutraal iemand/land* • *gedekte kleur*
neutrality (njuː'trælətɪ) ZN *neutraliteit*
neutralization, G-B **neutralisation** (njuːtrəlaɪ'zeɪʃən) ZN *neutralisatie; neutralisering*
neutralize, G-B **neutralise** ('njuːtrəlaɪz) OV WW • *opheffen; neutraliseren* • SCHEIK. *neutraal maken* • *onschadelijk maken* ⟨v. bom⟩ • EUF. *doden; vernietigen*
neutron ('njuːtrɒn) ZN *neutron*
Nev. AFK USA *Nevada* ⟨staat⟩
never ('nevə) **I** BIJW • *nooit* • *helemaal niet; toch niet* ★ ~ever *nooit of te nimmer* ★ Never fear! *Maak je geen zorgen!* ★ ~mind! *geeft niet!; dat doet er niet toe!* ★ she ~so much as looked at me *ze keek niet eens naar me* ★ you ~took the

book! *je hebt het boek toch niet meegenomen?* ★ that would ~do! *dat kunnen we niet hebben!* ▼ ~a one *niet één* ▼ OUD. well, I ~! *heb ik ooit van m'n leven!* **II** UITR VNW ★ Never! *dat meen je niet!; nee toch!*
never-ending BNW *altijddurend; eindeloos*
nevermore (nevə'mɔː) BIJW LIT. *nooit meer*
never-never ZN INFORM. *huurkoop* ▼ ~land *sprookjesland* ▼ G-B on the ~ *op afbetaling/op de pof*
nevertheless (nevəðə'les) BIJW • *(desal)niettemin* • *desondanks; toch*
new (njuː) BNW • *nieuw* • *recent* • *ongebruikt* • *herboren* • ~ **to** *onbekend met* • ~ **to/at** *niet gewend aan* ★ I'm new to the job *ik werk hier nog maar pas* ▼ break new ground *nieuwe wegen banen* ▼ a new broom sweeps clean *nieuwe bezems vegen schoon* ▼ INFORM. that's a new one on me *dat/die heb ik niet eerder gehoord* ▼ INFORM. what's new? *hoe gaat-ie?*
newborn (njuː'bɔːn) BNW *pasgeboren*
newcomer ('njuːkʌmə) ZN • *nieuweling* • *nieuwkomer*
newfangled (njuː'fæŋgld) BNW MIN. *nieuwerwets*
new-laid BNW *net gelegd* ★ ~eggs *verse eieren*
newly ('njuːlɪ) BIJW • *onlangs; pas* • *(op)nieuw*
newly-wed **I** BNW • *pas getrouwd* **II** ZN • [meestal mv] *pasgetrouwde*
news (njuːz) ZN MV • *nieuws* • *bericht* ▼ INFORM. be bad news *slecht en/of gevaarlijk zijn* ▼ break the news *als eerste het (slechte) nieuws meedelen* ▼ INFORM. that is news to me *dat is nieuw voor mij*
news agency ZN *persagentschap; persbureau*
newsagent ('njuːzeɪdʒənt) ZN G-B *kioskhouder*
newsboy ('njuːzbɔɪ) ZN *krantenjongen; krantenbezorger*
newscast ('njuːzkɑːst) ZN USA *nieuwsberichten* ⟨op radio/tv⟩
newscaster ('njuːzkɑːstə) ZN *nieuwslezer*
news conference ZN USA *persconferentie*
news desk ZN • *nieuwsdienst* • *perskamer*
newsflash ('njuːzflæʃ) ZN *extra nieuwsbericht* ⟨tijdens normaal programma⟩
newsletter ('njuːzletə) ZN • *mededelingenblad* • *nieuwsbrief/-blaadje*
newspaper ('njuːzpeɪpə) ZN • *krant* • *krantenpapier* ★ discarded ~s *oude kranten*
newspaper clipping, **newspaper cutting** ZN *krantenknipsel*
newspaperman ('njuːzpeɪpəmæn) ZN *journalist*
newsprint ('njuːzprɪnt) ZN *krantenpapier*
newsreader ('njuːzriːdə) ZN *nieuwslezer*
newsreel ('njuːzriːl) ZN *(bioscoop)journaal*
newsroom ('njuːzruːm) ZN *redactiekamer*
news-sheet ('njuːzʃiːt) ZN *nieuwsblad/-bulletin*
news-stand ZN *krantenkiosk*
newsvendor ('njuːzvendə) ZN *krantenverkoper*
newsworthy ('njuːzwɜːðɪ) BNW *met voldoende nieuwswaarde; actueel*
newsy ('njuːzɪ) **I** ZN • USA *journalist; krantenjongen* **II** BNW • INFORM. *vol nieuws*
newt (njuːt) ZN *watersalamander*
New Zealand **I** ZN • *Nieuw Zeeland* **II** BNW • *Nieuw Zeelands*
next (nekst) **I** BNW • *(eerst)volgende; aanstaande*

★ the next best *op één na de beste* ★ the next thing I knew I was on the floor *voor ik het wist lag ik op de grond* ★ not till next time *pas de volgende keer* ▾ the next world *het hiernamaals* ▾ as energetic as the next man/woman/person *even energiek als wie dan ook* **II** BIJW • *(daar)naast* • *daarna; de volgende keer; vervolgens* ★ next after seeing him, I .... *direct nadat ik hem gezien had ...* ★ what(ever) next? *wat nu?; kan het nog gekker?* • ~ **to** *naast; volgende* 〈in rang〉; *bijna; in vergelijking met* ★ next to impossible *zo goed als onmogelijkt is next to murder* ★ next to nothing *bijna niets* ★ it is next to murder *'t staat bijna gelijk met moord* ★ the woman next to him *de vrouw naast hem* **III** ZN • [meestal: the next] *de/het (eerst)volgende; het eerstvolgende* ★ I'll tell you in my next *dat zal ik je in m'n volgende brief vertellen* ★ next please! *de volgende!* ★ the next in size *de maat die er op volgt*

next door (nekst'dɔ:) BNW ★ the next-door neighbours *de naaste buren*

nexus ('neksəs) ZN FORM. *band; schakel; verbinding*

NGO AFK Non-Governmental Organization OMSCHR. *niet-overheidsgebonden organisatie* 〈m.n. liefdadigheidsorganisatie in Derde Wereld〉

N.H. AFK USA *New Hampshire* 〈staat〉

NHS AFK National Health Service *Nationale Gezondheidszorg*

nib (nɪb) ZN • *punt* 〈v. pen/gereedschap〉 • *snavel*

nibble ('nɪbl) **I** ZN • *hapje; knabbeltje* • *geknabbel* ★ ~s [mv] *(borrel)hapjes* **II** ONOV WW • *knabbelen* • *voorzichtige interesse tonen* • ~ **at** *knabbelen/knagen aan* 〈OOK FIG. 〉 • ~ **away at** *aanvreten; uithollen*

niblick ('nɪblɪk) ZN *club; niblick* 〈zwaar type golfstok〉

nice (naɪs) BNW • *aardig; prettig; leuk; mooi* • *lekker* • *fatsoenlijk; keurig; netjes* • *genuanceerd; subtiel; nauwgezet; nauwkeurig* ★ don't be nice about going *schaam je maar niet om te gaan* ★ no nice girl should do this *geen fatsoenlijk meisje zou dit doen* ★ a nice long way *behoorlijke afstand* ▾ nice to meet you *aangenaam* ▾ INFORM., G-B nice one! *goed zo!* 〈tegen de verwachting in〉 ▾ nice and warm/fast *lekker warm/snel* ▾ INFORM. nice work if you can get it *je moet maar geluk hebben* ▾ as nice as pie *ontzettend vriendelijk* ▾ INFORM., VS have a nice day! *tot ziens!*

nice-looking (naɪs'lʊkɪŋ) BNW *mooi; knap*

nicely ('naɪslɪ) BIJW • *mooi; leuk* • *aardig; vriendelijk* • *goed; uitstekend* ▾ that'll do ~, thank you *dat is prima/voldoende, dank je; zo kan ie wel weer, hoor!*

nicety ('naɪsətɪ) ZN • *nauwgezetheid* • *finesse* • niceties [mv] *kleine details/verschillen* ▾ to a ~ *heel precies; tot op de millimeter nauwkeurig*

niche (nɪtʃ) **I** ZN • *leuke baan* • ECON. *niche* • *nis* • *plek(je); stek* ★ find your ~ *je draai vinden* **II** OV WW • *in nis plaatsen*

nick (nɪk) **I** ZN • *inkeping; kerf* • INFORM. *bajes;* nor; politiebureau ▾ in good nick *in prima conditie* ▾ in the nick of time *net op tijd* **II** OV WW • *inkepen; kerven* • *pikken; gappen* • INFORM. *arresteren* • AUS., INFORM. *snel ergens heen gaan* ★ we've nicked it *we hebben 't nog net gehaald* • ~ **off** *weggaan*

nickel ('nɪkl) **I** ZN • *nikkel* • USA *stuiver* 〈5 dollarcent〉 **II** BNW • *nikkelen* **III** OV WW • *vernikkelen*

nickelodeon ('nɪkə'loudɪən) ZN VS, OUD. *jukebox*

nicker ('nɪkə) ZN INFORM. *pond sterling*

nick-nack ('nɪknæk) • → **knick-knack**

nickname ('nɪkneɪm) **I** ZN • *bijnaam* **II** OV WW • *bijnaam geven*

nicotine ('nɪkati:n) ZN *nicotine*

niece (ni:s) ZN *nicht* 〈oom-/tantezegger〉

nifty ('nɪftɪ) BNW • INFORM. *handig* • INFORM. *mooi; aardig*

Nigerian (naɪ'dʒɪərɪən) **I** ZN • *Nigeriaan* **II** BNW • *Nigeriaans*

niggard ('nɪgəd) ZN FORM. *vrek*

niggardly ('nɪgədlɪ) BNW FORM. *gierig; karig*

nigger ('nɪgə) ZN MIN., PLAT *nikker; zwarte* ★ VS, MIN. a ~ in the fence/woodpile *een addertje onder het gras*

niggle ('nɪgl) **I** ZN • *lichte kritiek/ongerustheid/ irritatie* **II** ONOV WW • *irriteren; dwarszitten* ★ doubt ~d at her *onzekerheid knaagde aan haar* **III** ONOV WW • *muggenziften; vitten*

niggling ('nɪglɪŋ) BNW • *irritant; knagend* 〈v. twijfel〉; *zeurend* 〈v. pijn〉 • *onbeduidend; klein(zielig)*

night (naɪt) **I** ZN • *nacht* • *avond* • *duisternis* ★ at ~ *'s avonds; 's nachts* ★ by ~ *'s nachts* ★ in the ~ *gedurende de nacht* ★ a dirty ~ *stormachtige regennacht* ★ first ~ *première* ★ good ~welterusten! ★ make a ~ of it *de hele nacht doorfeesten* ▾ dance the ~ away *de hele nacht door dansen* ▾ INFORM. ~(-)! *welterusten!* ▾ ~ and day/day and ~ *dag en nacht* ▾ a ~ out *een avondje uit* ▾ INFORM. have an early/late ~ *vroeg/laat naar bed gaan* ▾ have a good/bad ~ *goed/slecht slapen* ▾ have a ~ on the tiles *een avondje stappen* **II** BIJW • USA ★ ~s *'s avonds laat; 's nachts*

nightcap ('naɪtkæp) ZN • *slaapmutsje* 〈drankje voor het slapen gaan〉 • OUD. *slaapmuts*

nightclothes ('naɪtkləʊðz) ZN MV *nachtgoed*

nightclub ('naɪtklʌb) ZN *nachtclub*

nightdress ('naɪtdres) ZN *nachthemd; nacht(ja)pon*

night duty ZN *nachtdienst*

nightfall ('naɪtfɔ:l) ZN LIT. *'t vallen v.d. avond; schemering*

nightie ('naɪtɪ) ZN INFORM. *nachtpon*

nightingale ('naɪtɪŋgeɪl) ZN *nachtegaal*

nightjar ('naɪtdʒɑ:) ZN *nachtzwaluw*

nightlife ('naɪtlaɪf) ZN *nachtleven*

nightly ('naɪtlɪ) **I** BNW • *nachtelijk; avond-* **II** BIJW • *iedere nacht/avond* • *'s avonds/nachts*

nightmare ('naɪtmeə) ZN *nachtmerrie* ★ their worst ~has come true *hun ergste vrees is werkelijkheid geworden*

nightmare scenario ZN *het ergste wat je kan overkomen*

night owl ('naɪtaʊl) ZN • *nachtuil*

ni

ni

• *nachtbraker/-mens*

night school ZN *avondschool*

nightshade ('naɪtʃeɪd) ZN PLANTK. *nachtschade*

night shift ZN • *nachtdienst* • *nachtploeg*

nightshirt ('naɪtʃɜːt) ZN *nachthemd*

nightspot ('naɪtspɒt) ZN INFORM. *nachtclub*

night stand , night table ZN USA *nachtkastje*

nightstick (naɪtstɪk) ZN USA *gummistok; knuppel*

nightwatchman ('naɪtwɒtʃmən) ZN *nachtwaker*

nightwear ('naɪtweə) ZN *nachtgoed*

nihilism ('naɪɪlɪzəm) ZN *nihilisme*

nil (nɪl) ZN *nul; niets* ★ three goals to nil *drie-nul* ★ their chances are nil *ze hebben geen enkele kans*

Nile (naɪl) ZN *Nijl*

nimble ('nɪmbl) BNW • *vlug; handig; schrander; gevat*

nimbus ('nɪmbəs) ZN [mv: **nimbi, nimbuses**] • *regenwolk* • *stralenkrans*

nimby ('nɪmbɪ) BNW not in my backyard *niet in mijn achtertuin* ⟨afwijzend⟩ ★ a~ attitude *een niet-in-mijn-buurt-opstelling*

nincompoop ('nɪŋkəmpuːp) ZN *stommeling*

nine (naɪn) TELW *negen* ▼ nine days' wonder *modeverschijnsel; kortstondige rage* ▼ nine times out of ten *negen van de tien keer* ▼ from nine to five *tijdens kantooruren*

ninepins ('naɪnpɪnz) ZN MV *kegels; kegelspel* ▼ go down/drop/fall like~ INFORM. *bij bosjes omvallen*

nineteen (naɪn'tiːn) TELW *negentien* ▼ talk~ to the dozen *honderduit praten*

nineteenth (naɪn'tiːnθ) BNW *negentiende*

ninetieth ('naɪntɪəθ) BNW *negentigste*

nine-to-fiver (naɪntə'faɪvə) ZN *iem. met een vaste (kantoor)baan*

ninety ('naɪntɪ) I TELW • *negentig* ▼ ~-nine times out of a hundred *bijna altijd* II ZN ★ the nineties *de negentiger jaren* ▼ he is in his nineties *hij is in de negentig*

ninny ('nɪnɪ) ZN *onnozele hals; sukkel*

ninth (naɪnθ) I TELW • *negende* II ZN • *negende deel*

nip (nɪp) I ZN • *kneep; beet* • *bijtende kou* • INFORM. *borreltje; hartversterking* ★ there was a nip in the air *het was nogal fris* II OV WW • *knijpen; bijten* • *beschadigen; doen verkleumen* ⟨door vorst/kou⟩ • VS, INFORM. *gappen* ▼ nip in the bud *in de kiem smoren* III ONOV WW • INFORM. *snellen; rennen* • *een slokje nemen* • ~ in [onov] *binnenwippen; inpiepen* • ~ off [ov] *afknijpen* • ~ out [ov] *vlug ervandoor gaan*

nip and tuck I ZN • INFORM. *facelift* II BNW + BIJW • USA *nek aan nek*

nipper ('nɪpə) ZN • INFORM. *(klein) ventje* • *schaar* ⟨v. kreeft⟩ ★ ~s [mv] *knijptangetje*

nipping ('nɪpɪŋ) BNW *bijtend; vinnig*

nipple ('nɪpl) BEZ VNW • *tepel* • USA *speen* • TECHN. *nippel*

Nippon ('nɪpɒn) ZN *Japan*

nippy ('nɪpɪ) BNW • *vlug; kwiek* • INFORM. *fris(jes); koud*

niqab (niˈkaːb) ZN *nikab*

nit (nɪt) ZN • *luizenei; neet* • INFORM. *stommeling*

nit-picking ZN INFORM. *muggenzifterij*

---

nitrate ('naɪtreɪt) ZN *nitraat(meststof)*

nitrogen ('naɪtrədʒən) ZN *stikstof*

nitty-gritty ('nɪtɪ'grɪtɪ) ZN *kern; essentie* ★ get down to the real~ *tot de kern van de zaak komen*

nitwit ('nɪtwɪt) ZN MIN. *leeghoofd*

nix (nɪks) I ZN • INFORM. *niks* II OV WW • VS, INFORM. *niet toestaan*

nixie ('nɪksɪ) ZN *watergeest*

N.J. AFK USA *New Jersey* ⟨staat⟩

N.M. , N.Mex. AFK USA *New Mexico* ⟨staat⟩

no (nəʊ) I TW • *nee* II BIJW • *geen* • *niet* ★ it's no better *'t is helemaal niet beter* ★ no less than ten people have told me *wel tien mensen hebben me verteld* ★ no more *niet(s) meer* ★ he is no more a rich man than I am *hij is evenmin als ik rijk* ★ I did not come, and no more did he *ik kwam niet en hij ook niet* ★ no sooner ... than *nauwelijks ... of* ★ pleasant or no, you'll have to do it of *je het prettig vindt of niet, je zult het moeten doen* ★ INFORM. no can do *onmogelijk* III VNW • *geen (enkele)* ★ no one man can lift it *niemand kan 't alleen optillen* ★ there's no saying *onmogelijk te zeggen* ★ in no time *heel gauw* IV ZN • *neen; weigering; ontkenning tegenstemmer* ★ the noes have it *de tegenstemmers zijn in de meerderheid* ▼ not take no for an answer *er op staan*

no-account BNW USA *onbelangrijk; waardeloos*

nob (nɒb) ZN • INFORM. *kop; hoofd* • INFORM. *hoge piet*

nobble ('nɒbl) OV WW • SPORT *een paard ongeschikt maken om een race te winnen* • INFORM. *omkopen* • INFORM. *dwarsbomen; aanklampen • gappen* • INFORM. *inrekenen* ⟨v. crimineel⟩

nobility (nəʊ'brɪətɪ) ZN • *adel(stand)* • *edelmoedigheid*

noble ('nəʊbl) I ZN • *edelman/-vrouw* II BNW • *adellijk* • *edel; grootmoedig* • *statig; indrukwekkend*

nobleman ('nəʊblmən) ZN *edelman*

noble-minded BNW *grootmoedig*

noblewoman ('nəʊblwʊmən) ZN *vrouw van adel; edelvrouw*

nobody ('nəʊbɒdɪ) I ONB VNW • *niemand* II ZN • *onbelangrijk persoon; nul* ★ she was a~ before she became actress *ze was een nul voordat ze actrice werd*

no-brainer ZN FIG. *eitje* ⟨simpele vraag⟩

nocturnal (nɒk'tɜːnl) BNW *nacht-; nachtelijk*

nocturne ('nɒktɜːn) ZN MUZ. *nocturne*

nocuous ('nɒkjʊəs) → **noxious**

nod (nɒd) I ZN • *knik(je)* ★ she is at his nod *ze is totaal van hem afhankelijk* ★ the land of Nod *de slaap; het rijk der dromen* ▼ a nod is as good as a wink *'n goed verstaander heeft maar 'n half woord nodig* ▼ FIG. get the nod *het groene licht krijgen* II ONOV WW • *knikken* • *knikkebollen* ★ he nodded assent *hij knikte toestemmend* ▼ I have a nodding acquaintance with him *ik ken 'm oppervlakkig* • ~ off *in slaap vallen*

node (nəʊd) ZN • *knoop(punt)* • PLANTK. *knoest; knoop* • ANAT. *knobbel* • COMP. *node*

nodular ('nɒdjʊlə) BNW knoestig; knobbelig
nodule ('nɒdjuːl) ZN • knoestje • knobbeltje; klein gezwel
Noel (nəʊ'el) ZN Kerstmis
noes (nəʊs) ZN [mv] • → no
noggin ('nɒgɪn) ZN • VS, INFORM. hoofd
• hoeveelheid alcoholische drank ⟨1/4 pint⟩
no-go BNW • verboden voor bepaalde personen
• verboden zonder speciale vergunning ★ ~ area verboden terrein
no-good BNW VS, INFORM. waardeloos
no-hoper ZN minkukel
nohow ('nəʊhaʊ) BIJW INFORM., VS van geen kant; helemaal niet
noise (nɔɪz) ZN • lawaai; geluid; rumoer • TECHN. ruis; brom ⟨in geluidsweergave⟩ ★ TON. ~s off geluiden vanuit de coulissen ▼ INFORM. make a ~ ⟨about sth⟩ luidruchtig ⟨over iets⟩ klagen ▼ INFORM. make~s ⟨about sth⟩ (iets) laten doorschemeren; (over iets) klagen ▼ make all the right~s zeggen wat mensen willen horen
noiseless ('nɔɪzləs) BNW geruisloos; zonder lawaai
noisy ('nɔɪzɪ) BNW • lawaaierig; luidruchtig; druk • gehorig • schreeuwend ⟨v. kleuren⟩
nomad ('nəʊmæd) ZN nomade
nomadic (nəʊ'mædɪk) BNW nomadisch; nomaden-; zwervend
no-man's-land ZN niemandsland
nomenclature (nəʊ'menklətʃə) ZN naamgeving; terminologie
nominal ('nɒmɪnl) BNW • in naam • heel klein; symbolisch ⟨geldbedrag⟩ • TAALK. naamwoordelijk ★ at a ~ price voor zo goed als geen geld/een spotprijs
nominate ('nɒmɪneɪt) OV WW • WW • kandidaat stellen; voordragen • benoemen • kiezen ⟨v. tijdstip/titel⟩ ★ the 3rd of March has been~d as the day of the election. de verkiezingen zijn vastgesteld op 3 maart.
nomination (nɒmɪ'neɪʃən) ZN • voordracht; kandidaatstelling • benoeming
nominative ('nɒmɪnətɪv) ZN TAALK. nominatief; eerste naamval
nominee (nɒmɪ'niː) ZN • kandidaat; genomineerde • ECON. gevolmachtigde
non- (nɒn) VOORV non-; niet-; -vrij
nonagenarian (nəʊnədʒɪ'neərɪən) ZN negentiger
non-aggression pact (nɒnə'greʃən pækt) ZN niet-aanvalsverdrag
non-alcoholic BNW niet-alcoholisch; alcoholvrij
non-aligned BNW POL. ★ ~ countries niet-gebonden/neutrale landen
non-appearance ZN JUR. afwezigheid; verstek
nonce (nɒns) I ZN • INFORM. iem. met een seksuele afwijking; kinderlokker ★ for the~ voor de gelegenheid; tijdelijk II BNW voor de gelegenheid verzonnen ⟨een woord⟩
nonchalant ('nɒnʃələnt) BNW nonchalant
non-combatant ZN • iemand die niet bij de gevechtshandelingen betrokken is • burger ⟨in oorlogstijd⟩
non-commissioned BNW zonder officiersbenoeming ★ a sergeant is a non-com(missioned) officer een sergeant is een onderofficier

noncommittal (nɒnkə'mɪtl) BNW neutraal; vrijblijvend; een slag om de arm houdend
nonconformist (nɒnkən'fɔːmɪst) I ZN
• non-conformist ★ Nonconformist een niet-anglicaanse protestant II BNW
• non-conformistisch
nonconformity (nɒnkən'fɔːmətɪ),
nonconformism (nɒnkən'fɔːmɪzəm) ZN non-conformisme
non-content ZN tegenstemmer ⟨v. motie in Hogerhuis⟩
nondescript ('nɒndɪskrɪpt) BNW nietszeggend; saai
none (nʌn) I BIJW • helemaal niet • niet erg ★ be none the wiser niets wijzer geworden ★ none too bright niet al te slim II VNW • niemand; niet een; totaal geen; niets ★ Is there any bread? No, there's none at all Hebben we ook brood? Nee, helemaal niets ▼ none other than niemand/niets minder dan ▼ have/want none of sth iets niet willen hebben/weigeren iets te accepteren ▼ none the less/nonetheless niettemin
nonentity (nɒ'nentətɪ) ZN MIN. onbeduidend iem./iets; nul
nonesuch ('nʌnsʌtʃ) ZN uitschieter; uitblinker
nonetheless, none the less (nʌnðə'les) BIJW niettemin; toch
non-event ZN INFORM. afknapper
nonfeasance (nɒn'fiːz(ə)ns) ZN JUR. nalatigheid
non-ferrous BNW niet ijzerhoudend ★ ~ metals non-ferrometalen
non-fiction ZN non-fictie ⟨informatieve boeken/lectuur⟩
no-nonsense BNW zakelijk; nuchter; praktisch
nonpareil (nɒnpə'rel) BNW weergaloos; onvergelijkelijk
nonplussed, USA **nonplused** (nɒn'plʌst) BNW perplex; verbijsterd
non-profit BNW non-profit; niet-commercieel; zonder winstoogmerk
non-proliferation ZN non-proliferatie; het tegengaan van uitbreiding ⟨i.h.b. van chemische-/kernwapens⟩
non-resident I ZN • iem. die ergens tijdelijk verblijft; bezoeker ⟨maar geen hotelgast⟩ II BNW • niet-inwonend; extern
non-resistance ZN • geweldloosheid • passieve gehoorzaamheid
nonsense ('nɒnsəns) ZN • onzin; nonsens • gekheid; flauwekul ★ clotted ~ klinkklare onzin ★ talk~ onzin uitkramen ▼ make (a)~ of sth een lachertje van iets maken
nonsensical (nɒn'sensɪkl) BNW onzinnig; absurd
non-skid BNW ★ ~ tyre antislipband
non-smoking, no-smoking BNW • rookvrij ⟨ruimte⟩ • niet-rokend ⟨persoon⟩
nonstick (nɒn'stɪk) BNW antiaanbak-
non-stop BNW + BIJW voortdurend; zonder onderbreking ★ ~ express doorgaande trein ★ ~ flight vlucht zonder tussenlanding
non-union BNW niet bij een vakbond aangesloten
noodle ('nuːdl) ZN • noedel ⟨deegwaar⟩ • INFORM. uilskuiken; eikel
nook (nʊk) ZN (gezellig) hoekje ★ a garden full of nooks and crannies een tuin met veel

no

verborgen plekjes ▼ INFORM. every nook and cranny *alle hoeken en gaten; in alle opzichten*

nooky, nookie (nʊkɪ) ZN PLAT *partijtje vrijen; potje neuken*

noon (nu:n) ZN *12 uur 's middags*

noonday ('nu:ndeɪ) ZN LIT. *middag* ★ the ~ sun *de middagzon*

noontide, noontime ZN • → **noonday**

noose (nu:s) I ZN • *lus; strop; strik* II OV WW • *(ver)strikken* • *opknopen* ▼ put your head in a ~ *je hoofd in de strop steken*

nope (nəʊp) BIJW INFORM. *nee*

nor (nɔ:) VW *noch; en ook niet; evenmin* ★ nor must we forget that... *en ook mogen wij niet vergeten dat...* ★ neither he nor she *noch hij, noch zij* ★ I told him I hadn't gone there: nor had I. *Ik zei hem dat ik er niet heen was gegaan; en dat was ook zo.* ★ You haven't seen it, nor have I. *Jij hebt het niet gezien en ik ook niet.*

Nordic ('nɔ:dɪk) I ZN • *Noord-Europeaan* II BNW • *Noord-Europees*

norm (nɔ:m) ZN *norm; standaard; regel* ★ O&W detailed education norms *gedetailleerde eindtermen*

normal ('nɔ:ml) I ZN • *het normale* • *gemiddelde* • WISK. *loodlijn* II BNW • *normaal* • WISK. *loodrecht* ★ lead a ~ life *een gewoon leven leiden*

normality (nɔ:'mælətɪ), USA **normalcy** ('nɔ:məlsɪ) ZN *normale toestand*

normalization, G-B **normalisation** (nɔ:məlar'zeɪʃən) ZN *normalisatie*

normalize, G-B **normalise** ('nɔ:məlaɪz) OV WW *normaliseren*

Norman ('nɔ:mən) I ZN • *Normandiër* II BNW • *Normandisch* ★ ~ style of architecture *Normandische rondboogstijl*

normative ('nɔ:mətɪv) BNW *volgens bepaalde norm; normatief*

Norse (nɔ:s) I ZN • *Oudnoors; Scandinavisch* II BNW • *Noors*

Norseman ('nɔ:smən) ZN *Noor(man)*

north (nɔ:θ) I ZN • *noorden(wind)* ★ the North *de staten in het noordoosten v.d.VS* ★ to the ~ of *ten noorden van* II BNW + BIJW • *noordelijk; noord(en)-; noorder-; naar het noorden* ▼ INFORM. up ~ *in het noorden* ⟨vnl. v. Engeland⟩

northbound ('nɔ:θbaʊnd) BNW *naar het noorden; in noordelijke richting*

North Pole ZN GEOGRAFIE *Noordpool*

northward ('nɔ:θwəd) BNW + BIJW *naar het noorden; in noordelijke richting*

northwards ('nɔ:θwədz) BIJW *naar het noorden; in noordelijke richting*

northwester (nɔ:θ'westə) ZN *noordwestenwind*

Norway ('nɔ:weɪ) ZN *Noorwegen*

Norwegian (nɔ:'wi:dʒən) I ZN • *Noor* II BNW • *Noors*

nos AFK numbers *nummers*

nose (nəʊz) I ZN • *neus; neusstuk* ⟨v. instrument⟩ • *reuk; geur* • *verklikker* ⟨bij de politie⟩ ▼ (win) by a nose *met een neuslengte voor zijn/met een kleine marge (winnen)* ▼ cut off your nose to spite your face *je eigen glazen ingooien* ▼ get

up sb's nose *iem. irriteren* ▼ have your nose in sth *iets aandachtig zitten lezen* ▼ have a nose round *rondneuzen* ▼ keep your nose clean *je nergens mee bemoeien* ▼ keep your nose out of sth *je niet bemoeien met iets* ▼ keep your nose to the grindstone *ploeteren; zwoegen* ▼ look down your nose at sb/sth *je neus ophalen voor iem./iets* ▼ nose to tail *kop aan staart; bumper aan bumper* ▼ on the nose *precies* ▼ poke/stick your nose into sth *je ergens mee bemoeien* ▼ put sb's nose out of joint *iem. van zijn stuk brengen; iem. jaloers maken* ▼ turn your nose up at sth *je neus ergens voor optrekken* ▼ under sb's nose *vlak onder je neus* ▼ with your nose in the air *met je neus in de lucht* II OV WW • *ruiken (aan); (be)snuffelen* • *ontdekken* ⟨figuurlijk⟩ III ONOV WW • *z. voorzichtig een weg banen* ⟨in voertuig⟩ • ~ **about/around** [onov] *rondneuzen; rondsnuffelen* • INFORM. ~ **out** [ov] *ontdekken; erachter komen*

nosebag ('nəʊzbæg) ZN *voederzak* ⟨v. paard⟩

nosebleed ('nəʊzbli:d) ZN *bloedneus; neusbloeding*

nosedive ('nəʊzdaɪv) I ZN • LUCHTV. *duikvlucht* • *plotselinge (prijs)daling* II ONOV WW • *kelderen* ⟨v. prijzen⟩ • *duiken* ⟨v. vliegtuig⟩

nosegay ('nəʊzgeɪ) ZN *boeketje*

nose job ZN *neuscorrectie/-operatie*

nosy ('nəʊzɪ) • → **nosy**

nosh (nɒʃ) I ZN • OUD., INFORM. *eten; voedsel* • USA *snelle hap tussendoor* II WW • INFORM. *eten*

no-show ZN *iem. die niet op komt dagen*

nosh-up ZN G-B, INFORM. *grote maaltijd*

nostalgia (nɒ'stældʒə) ZN *nostalgie; heimwee*

nostalgic (nɒ'stældʒɪk) BNW *nostalgisch* ★ look back ~ally to the good old days *met heimwee terugkijken naar de goede oude tijd*

nostril ('nɒstrɪl) ZN • *neusgat* • *neusvleugel*

nostrum ('nɒstrəm) ZN • *kwakzalversmiddel* • *panacee; wondermiddel*

nosy, nosey ('nəʊzɪ) BNW INFORM., MIN. *nieuwsgierig* ★ G-B, INFORM. nosey parker *nieuwsgierig aagje*

not (nɒt) BIJW *niet* ▼ he said nothing, not a/one word *hij zei niets, geen woord.* ▼ Thanks a lot! - Not at all. *Heel erg bedankt! - Geen dank.* ▼ she is not at all pretty *ze is helemaal niet knap* ▼ not only ... but also *niet alleen ... maar ook*

notable ('nəʊtəbl) I ZN • *vooraanstaand persoon; notabele* II BNW • *opmerkelijk; opvallend*

notably ('nəʊtəblɪ) BIJW • *in 't bijzonder; met name* • *bijzonder; opmerkelijk*

notarial (nəʊ'teərɪəl) BNW *notarieel*

notary ('nəʊtərɪ) ZN *notaris*

notation (nəʊ'teɪʃən) ZN *schrijfwijze*; MUZ., SCHEIK. *enz. notatie*

notch (nɒtʃ) I ZN • *inkeping* • *graadje; stukje* • *gaatje* ⟨in riem⟩ • USA *(berg)pas* II OV WW • *inkepen; kerven* • ~ **up** *scoren; behalen* ⟨v. punten/prijs⟩

note (nəʊt) I ZN • *aantekening; notitie* • *briefje; diplomatieke nota* • *(voet)noot; annotatie* • G-B *bankbiljet* • MUZ. *noot; toon; gezang* ⟨v. vogels⟩ • *toets* ⟨v. piano enz.⟩ • *(order)briefje* ★ circular

note *reiskredietbrief* ★ consignment note
vrachtbrief ★ marginal notes *kanttekeningen*
▼ of note *belangrijk*; *van belang* ▼ hit/strike
the right/wrong note *de juiste/verkeerde toon
treffen* ▼ sound/strike a note of (warning) een
(waarschuwend) geluid laten horen ▼ take note
of *nota nemen van*; *aandacht schenken aan*
II OV WW ● *notitie nemen van*; *opmerken*;
~ **down** *aantekenen*; *opschrijven*
notebook ('nəutbʊk) ZN ● *aantekenboekje*
● COMP. *notebook*
noted ('nəutɪd) BNW *beroemd* ★ ~for *bekend om*
notelet ('nəutlət) ZN *briefje*
notepaper ('nəutpeɪpə) ZN *post-/briefpapier*
noteworthy ('nəutwɜːðɪ) BNW *opmerkelijk*
nothing ('nʌθɪŋ) **I** VNW ● *niets*; *niets
(bijzonders/v. belang)* ★ ~else *matters to her
apart from her boyfriend zij geeft nergens
meer om behalve om haar vriendje* ▼ I'm ~ to
her *Ik beteken niets voor haar* ▼ be/have ~ to
do with sb/sth *niets te maken hebben met
iem./iets* ▼ INFORM. have ~ on sb *niets
hebben/kunnen in vergelijking met iem.*; *geen
harde bewijzen hebben* ⟨politie⟩ ▼ ~ but *alleen
maar* ▼ ~ if not *uitermate* ▼ ~ less than
minstens ▼ INFORM. ~ like *helemaal niet lijken
op* ▼ there's ~ to it *heel gemakkelijk*; *simpel*
▼ there was ~ for it but ... *er zat niets anders
op dan ...* ▼ there is/was ~ in it *het is/was niet
zo* ⟨gerucht⟩ ▼ there's ~ like... *er gaat niets
boven...* **II** ZN ● ~s [mv] *onbenulligheden*
★ soft/sweet ~s *lieve woordjes*
nothingness ('nʌθɪŋnəs) ZN ● *het niets*; *de leegte*
● *zinloosheid*; *onbeduidendheid*
notice ('nəutɪs) **I** ZN ● *aandacht* ● *mededeling*
● *waarschuwing* ● *bekendmaking*;
aankondiging ⟨via advertentie⟩ ● *kennisgeving
vooraf*; *opzegging* ⟨v. contract⟩ ● *recensie* ⟨v.
boek/film⟩ ★ one month's ~ *opzegtermijn van
een maand* ▼ at a moment's ~ *ogenblikkelijk*
▼ at/USA on short ~ *op korte termijn* ▼ until
further ~ *tot nadere orde* ▼ bring sth to sb's ~
iets onder iemands aandacht brengen ▼ hand
in your ~ *je baan opzeggen* ▼ this made them
sit up and take ~ *dit maakte dat ze het belang
van de zaak inzagen* ▼ take no ~ of sth *geen
aandacht aan iets schenken* **II** OV WW
● *merken*; *opmerken* ● *met de nodige
beleefdheid behandelen*
noticeable ('nəutɪsəbl) BNW ● *merkbaar*
● *opmerkelijk*
noticeboard ('nəutɪsbɔːd) ZN *aanplakbord*;
prikbord
notifiable ('nəutɪfaɪəbl) BNW *met aangifteplicht*
⟨v. ziekten/misdaden⟩
notification (nəutɪfɪ'keɪʃən) ZN ● *bekendmaking*
● *aankondiging*
notify ('nəutɪfaɪ) OV WW ● *verwittigen*;
meedelen; *aankondigen* ● *aangeven* ⟨v.
ziekte/misdaad⟩
notion ('nəuʃən) ZN ● *begrip*; *concept*; *notie*; *idee*
● USA notions *fournituren*
notoriety (nəutə'raɪətɪ) ZN *beruchtheid*
notorious (nəu'tɔːrɪəs) BNW *berucht*
Notts. AFK *Nottinghamshire*
notwithstanding (nɒtwɪð'stændɪŋ) **I** BIJW

● FORM. *niettemin* **II** VZ ● FORM.
niettegenstaande; *ondanks*
nougat ('nuːgɑː) ZN *noga*
nought (nɔːt) ZN ● *nul* ● *niets* ★ come to ~ *op
niets uitlopen*
noun (naun) ZN TAALK. *zelfstandig naamwoord*
★ collective noun *verzamelnaam*
nourish ('nʌrɪʃ) OV WW ● *voeden*; *bemesten* ⟨v.
land⟩ ● FORM. *koesteren*
nourishing ('nʌrɪʃɪŋ) BNW *voedzaam*
nourishment ('nʌrɪʃmənt) ZN *voeding*; OOK FIG.;
het voeden
nous (naus) ZN G-B, INFORM. *gezond verstand*
Nov. AFK November *november*
novel ('nɒvəl) **I** ZN ● *roman* ★ Gothic ~
griezelverhaal ⟨vnl. 19e eeuws⟩ **II** BNW
● *nieuw*; *baanbrekend*
novelette (nɒvə'let) ZN *romannetje*
novelist ('nɒvəlɪst) ZN *romanschrijver*
novella (nə'velə) ZN *novelle*; *vertelling*
November (nə'vembə) ZN *november*
novena (nə'viːnə) ZN *noveen*
novice ('nɒvɪs) ZN ● *nieuweling* ● REL. *novice*
novitiate, noviciate (nə'vɪʃɪət) ZN ● *noviciaat*
● *noviet*
now (nau) **I** BIJW ● *nu*; *dit ogenblik* ★ from now
on *voortaan* ★ up till now *tot nu toe* ★ I've
seen him just now *ik heb hem zo pas nog
gezien* ★ she'll be home by now *ze zal
onderhand wel thuis zijn* ▼ (every) now and
again/then *nu en dan* ▼ now for (the good
news) *en nu (het goede nieuws)*
▼ now...now/then/again... *nu eens...dan weer...*
▼ now what? *wat nu weer?*; *wat nu?* ▼ what's
it now? *wat nu weer?* **II** VW ★ now (that) I am
grown up, I think otherwise *nu ik volwassen
ben, denk ik er anders over*
nowadays ('nauədeɪ(z)) BIJW *tegenwoordig*
nowhere ('nəuweə) BIJW *nergens* ▼ ~ to be
found/seen *nergens te vinden/zien* ▼ a
settlement is ~ in sight/near *een regeling is
nog lang niet in zicht* ▼ from/out of ~ *uit het
niets* ▼ be/come ~ *verslagen zijn in een
race/wedstrijd* ▼ get/go ~ *niets opleveren*; *it got
her nowhere*; *het leidde tot niets*
noxious ('nɒkʃəs), **nocuous** ('nɒkjuəs) BNW
● *schadelijk* ● *kwalijk*
nozzle ('nɒzəl) ZN ● *tuit*; *pijp* ● TECHN. *mondstuk*;
spuitstuk
nr AFK near *(na)bij*
NSPCC AFK National Society for the Prevention
of Cruelty to Children *Kinderbescherming*
n't (ənt) SAMENTR not [in combinatie met
werkwoorden] ● → **not**
nuance ('njuːɑːns) ZN *nuance*; *schakering*
nub (nʌb) ZN ● *essentie* ● *knobbel* ● *brok(je)* ★ the
nub of the matter *de kern van de zaak*
nubile ('njuːbaɪl) BNW ● *seksueel aantrekkelijk*
⟨meisje/vrouw⟩ ● *huwbaar*
nubility (nju:'bɪlətɪ) ZN *huwbare leeftijd*
nuclear ('nju:klɪə) BNW *nucleair*; *atoom-*; *kern-*
nucleus ('nju:klɪəs) ZN [mv: *nuclei*] *kern*
nude (nju:d) **I** ZN ● KUNST *naakt(model)* **II** BNW
● *naakt*; *bloot* ● *vleeskleurig* ▼ in the nude
naakt
nudge (nʌdʒ) **I** ZN ● *por*; *duwtje* **II** OV WW

nu

• *zachtjes aanstoten* ⟨met elleboog⟩
nudism ('nju:dɪzəm) ZN *nudisme*
nudist ('nju:dɪst) ZN *nudist*
nudity ('nju:dətɪ) ZN *naaktheid*
nugatory ('nju:gətərɪ) BNW • FORM. *onbenullig*; *waardeloos* • FORM. *futiel*
nugget ('nʌgɪt) ZN *klompje* ⟨goud enz.⟩ ★ a ~ of information *informatie die goud waard is*
nuisance ('nju:səns) ZN *overlast*; *onaangenaam iets*; *lastpost* ★ what a ~! *wat 'n vervelend iemand!*; *wat vervelend!* ★ be a ~ *iem. tot last zijn* ★ make a ~ of yourself *vervelend/lastig zijn*
nuisance act ZN *Hinderwet*
nuke (nju:k) I ZN • INFORM. *kernwapen* II OV WW • *met kernwapen aanvallen/uitschakelen* • USA *eten opwarmen in de magnetron*
null (nʌl) BNW • JUR. *niet bindend*; *ongeldig*; *nietig* • *nul-* ★ a null result *zonder resultaat* ▼ JUR. null and void *van nul en generlei waarde*
nullify ('nʌlɪfaɪ) OV WW • *nietig verklaren* • *opheffen*
nullity ('nʌlətɪ) ZN • JUR. *nietigheid*; *ongeldigheid* • *zinloosheid*
numb (nʌm) I BNW • *verstijfd*; *verkleumd* • *gevoelloos*; *verdoofd* ★ numb with cold *verstijfd van de kou* II OV WW • *doen verstijven* ⟨v. kou⟩ • *verdoven*
number ('nʌmbə) I ZN • *getal* • *aantal* • *groep mensen* • *nummer* • *telefoonnummer* • *nummer*; *uitgave* ⟨v. tijdschrift⟩ • *lied*; *dans* • *iets dat bewondering wekt* ⟨kledingstuk/auto⟩ ★ ~s [mv] *een groot aantal* ★ he is one of our ~ *hij is een van ons*; *hij hoort bij ons* ★ I can give you any ~ of reasons *ik kan je ontzettend veel redenen geven* ★ cardinal ~ *hoofdtelwoord* ★ even/odd/round ~ *even/oneven/rond getal* ★ without ~ *talloos* ★ by force/weight of ~s *door overmacht* ★ look after ~ one *eerst voor jezelf zorgen* ★ we were seven in ~ *we waren met z'n zevenen* ★ wrong ~ *verkeerd verbonden* ⟨telefoon⟩ ▼ ~ one *de beste/jezelf* ▼ INFORM. your ~ is up *je bent er geweest/er bij/geruïneerd* ▼ have (got) sb's ~ *iem. doorhebben* II OV WW • *nummeren* • *tellen* • ~ **among** *rekenen tot*; *beschouwen als*
numberless ('nʌmbələs) BNW *talloos*
number plate ZN G-B *nummerplaat/-bord*
numbskull ('nʌmskʌl) ZN INFORM. *domkop*
numerable ('nju:mərəbl) BNW *telbaar*; *te tellen*
numeral ('nju:mərəl) ZN *telwoord*; *cijfer*
numerate ('nju:mərət) BNW *met een goede basiskennis rekenen* ★ people should be literate and ~ *mensen moeten kunnen lezen en schrijven*
numerator ('nju:məreɪtə) ZN *teller* ⟨v. breuk⟩
numeric (nju:'merɪk) BNW • → **numerical** ★ ~ code *cijfercode*
numerical (nju:'merɪkl) BNW *getal(s)-*; *numeriek*
numerous ('nju:mərəs) BNW FORM. *talrijk* ★ a ~ family *een groot gezin*
numinous ('nju:mɪnəs) BNW • FORM. *spiritueel* • *goddelijk*
numskull ('nʌmskʌl) ZN • → **numbskull**
nun (nʌn) ZN • *non* • *non* ⟨duif⟩

nuncio ('nʌnʃɪəʊ) ZN *nuntius*
nunnery ('nʌnərɪ) ZN *nonnenklooster*
nuptial ('nʌpʃəl) BNW *bruilofts-*; *huwelijks-*
nurse (nɜ:s) I ZN • *verpleegkundige*; *zuster* • OUD. *kindermeisje*; *kinderjuffrouw* • *werkbij* ★ wet ~ *voedster*; min II OV WW • *verplegen* • *behandelen* ⟨v. blessure/ziekte⟩ • *koesteren* ⟨wens⟩ • *grootbrengen*; *zorgen voor*; *letten op*; *vertroetelen* ⟨plantjes⟩ • *zogen*; *voeden* ⟨v. baby⟩ • *strelen* • *zuinig beheren*; *sparen* ⟨v. krachten⟩ ★ ~ a cold *verkoudheid uitvieren* ★ ~ a grievance/grudge *wrok koesteren* ★ ~ a secret *'n geheim zeer zorgvuldig bewaren* ★ he was ~d into going *met wat gesoebat kregen ze 'm weg*
nursemaid ('nɜ:smeɪd) ZN OUD. *kindermeisje*
nursery ('nɜ:sərɪ) ZN • O&W ≈ *peuterspeelzaal*; *kleuterschool* • OUD. *kinderkamer*; *speelkamer* • *kwekerij* • *kweekvijver*
nursery education ZN O&W *onderwijs aan peuters en kleuters*
nurseryman ('nɜ:sərɪmən) ZN *(boom)kweker*
nursery rhyme ZN *kinderversje/-rijmpje*
nursery school ZN O&W ≈ *peuterspeelzaal*; *kleuterschool*
nursery slope ZN *oefenpiste* ⟨voor beginners⟩
nursing ('nɜ:sɪŋ) ZN *verpleging*; *verzorging*
nursing home ZN *particulier verpleeghuis/verzorgingstehuis*
nurture ('nɜ:tʃə) I ZN • *de opvoeding, het onderwijs en het milieu van een opgroeiend kind*; *verzorging, aanmoediging en ondersteuning* ⟨bij opvoeding⟩ II OV WW • *opvoeden* • *koesteren* ⟨hoop/geloof/ambitie⟩
nut (nʌt) I ZN • *noot* • *moer* ⟨v. schroef⟩ • *test*; *knar* • *halvegare*; *mafkees* • *fanaat*; *freak* ★ VULG. nuts [mv] *kloten* ▼ INFORM. the nuts and bolts *de grondbeginselen/hoofdzaken* ▼ a hard nut to crack *'n moeilijk op te lossen geval* ▼ a hard/tough nut *een lastig persoon* ▼ G-B, INFORM. be off one's nut *gek zijn* ▼ G-B, INFORM. do your nut ▼ go nuts *als een razende tekeergaan* II OV WW • INFORM. *een kopstoot geven*
nut-brown BNW *donkerbruin*
nutcase ('nʌtkeɪs) ZN INFORM. *idioot*
nutcracker ('nʌtkrækə) ZN [ook mv] *notenkraker*
nuthouse (nʌthaʊs) ZN *gekkenhuis*
nutmeg ('nʌtmeg) ZN *nootmuskaat*
nutrient ('nju:trɪənt) ZN *voedingsstof/-middel*
nutriment ('nju:trɪmənt) ZN *voedsel*
nutrition (nju:'trɪʃən) ZN • *voeding* • *voedingsleer*
nutritional (nju:'trɪʃnəl) BNW *voedings-*
nutritionist (nju:'trɪʃənɪst) ZN *voedingsdeskundige*
nutritious (nju:'trɪʃəs) BNW *voedzaam*
nutritive ('nju:trɪtɪv) I ZN • *voedingsartikel* II BNW • *voedzaam*
nuts (nʌts) BNW INFORM. *gek*; *getikt* ★ be nuts about sb *gek zijn op iem.* ★ drive sb nuts *iem. gek maken* ★ PLAT go nuts *gek worden*
nutshell ('nʌtʃel) ZN *notendop* ▼ (put sth) in a ~ *iets in een paar woorden samenvatten*
nutter ('nʌtə) ZN INFORM. *mafkees*
nutty ('nʌtɪ) BNW • *nootachtig* • *vol noten* • INFORM. *getikt* ★ ~ as a fruitcake *stapelgek*

nuzzle ('nʌzəl) ONOV WW • *zachtjes met de neus wrijven tegen*; *besnuffelen* ★ the child ~d up against her mother *het kind nestelde zich lekker tegen haar moeder*

NY AFK USA *New York* ⟨staat⟩

NYC AFK USA New York City *New York Stad*

nylon ('naɪlən) ZN • *nylon* • OUD. nylons *paar nylonkousen*; *panty*

nymph (nɪmf) ZN • *nimf* ⟨geest⟩ • *nimf* ⟨insect⟩

nymphet ZN *jong, vroegrijp meisje*; *lolita*

nymphomania (nɪmfə'meɪnɪə) ZN *nymfomanie*

nymphomaniac (nɪmfə'meɪnɪæk) ZN *nymfomane*

NZ AFK New Zealand *Nieuw-Zeeland*

O

o (əʊ) ZN letter *o* ★ O as in Oliver *de o van Otto*

o' (ə) VZ ★ it's ten o'clock *het is tien uur*

O (oʊ) ZN ★ round O *cirkel*; *niets* ★ OO three *drie minuten na middernacht* ⟨bij tijdsmelding⟩ ★ O-level *(examenvak op) laagste eindexamenniveau*

oaf (əʊf) ZN • *vlegel* • *pummel*

oafish ('əʊfɪʃ) BNW *dom*; *onnozel*

oak (əʊk) I ZN • *eik*; *eikenhout*; *eikenloof* • FORM. *houten schepen* ★ Indian oak *teak* II BNW • *eikenhouten*

oaken ('əʊkən) BNW *eiken*

OAP (əʊei'pi:) AFK old age pensioner *AOW'er*

oar (ɔ:) I ZN • *roeiriem* • *roeier* • *vin*; *arm*; *zwempoot* ★ be chained to the oar *zwaar werk moeten doen* ★ pull a good oar *goed kunnen roeien* ★ he has an oar in every man's boat *hij bemoeit zich overal mee* ★ lie/rest on one's oars *op z'n lauweren rusten* II ONOV WW • FORM. *roeien*

oarlock ('ɔ:lɒk) ZN *dol*

oarsman ('ɔ:zmən) ZN *roeier*

oarsmanship ('ɔ:zmənʃɪp) ZN *roeikunst*

oarswoman ('ɔ:zwʊmən) ZN *roeister*

oases (əʊ'eɪsi:z) ZN [mv] • → oasis

oasis (əʊ'eɪsɪs) ZN *oase*

oast (əʊst) ZN • oast house *hopdrogerij*

oat (əʊt) BNW • *haver-*

oath (əʊθ) ZN • *eed* • *vloek* ★ make/swear/take an oath *een eed doen* ★ on oath *onder ede* ★ on my oath! *ik zweer het!*

oatmeal ('əʊtmi:l) I ZN • *havermout* II BNW • *beige-grijs*

oats (əʊts) ZN MV *haver* ★ rolled oats *havermout* ★ sow one's wild oats *er wild op los leven* ★ INFORM. feel one's oats *zich lekker voelen*; *bruisen van energie*; USA *zich gewichtig voelen*

OAU AFK Organisation of African Unity *OAE*; *Organisatie van Afrikaanse Eenheid*

ob. AFK obiit *hij/zij is overleden*

obduracy ('ɒbdjʊrəsɪ) ZN • *onverbeterlijkheid* • *onverzettelijkheid*

obdurate ('ɒbdjʊrət) BNW *verhard*; *verstokt*

OBE AFK Officer of the British Empire *officier in de Orde van het Britse Rijk* ⟨onderscheiding⟩

obedience (əʊ'bi:dɪəns) ZN • *gehoorzaamheid* • *kerkelijk gezag of gebied* ★ in ~ to *gehoorzamende aan*

obedient (əʊ'bi:dɪənt) BNW *gehoorzaam* ★ yours ~ly *uw dienstwillige dienaar*

obeisance (əʊ'beɪsəns) ZN • *diepe buiging* • *eerbetoon*

obese (əʊ'bi:s) BNW *corpulent*

obesity (əʊ'bi:sətɪ) ZN *zwaarlijvigheid*

obey (əʊ'beɪ) OV+ONOV WW *gehoorzamen (aan)*

obfuscate ('ɒbfʌskeɪt) OV WW *benevelen*; *verwarren*

obit ('əʊbɪt) ZN • *doodsbericht* • *herdenkingsdienst*

obituary (ə'bɪtʃʊərɪ) I ZN • *levensschets v. overledene*; *necrologie* • *dodenlijst* ★ ~ notice *in memoriam* II BNW • *doods-* • *doden-*

ob

object[1] ('ɒbdʒɪkt) ZN • *voorwerp* • *doel* ★ TAALK. *direct ~ lijdend voorwerp* ★ *salary no ~ op salaris zal minder gelet worden*; *salaris speelt geen rol* ★ *he looked an ~ hij zag er uit om van te schrikken*

object[2] (əb'dʒekt) ONOV WW • *bezwaar hebben/maken* • **~ against/to** *bezwaar maken tegen*

objectify (əb'dʒektɪfaɪ) OV WW *objectief voorstellen*; *belichamen*

objection (əb'dʒekʃənəbl) ZN *bezwaar* ★ *raise ~s tegenwerpingen maken*

objectionable (əb'dʒekʃənəbl) BNW • *laakbaar* • *onaangenaam* • *aan bezwaar onderhevig*

objective (əb'dʒektɪv) I ZN • MIL. *(operatie)doel* ⟨fig.⟩ • A-V *objectief* • *voorwerpsnaamval* II BNW • *objectief* • *voorwerps-* ★ MIL. *~ point operatiedoel*

objectivity (ɒbdʒek'tɪvətɪ) ZN *objectiviteit*

object-lens ('ɒbdʒɪktlenz) ZN *objectief*

object lesson ZN FIG. *praktische les*

objector (əb'dʒektə) ZN *opponent* ★ *conscientious ~ principiële dienstweigeraar*

oblate ('ɒbleɪt) BNW WISK. *aan de polen afgeplat*

oblation (əʊ'bleɪʃən) ZN • *offerande*; *gave* • REL. *eucharistie*; *Avondmaal*

obligate ('ɒblɪɡeɪt) I BNW • *onontbeerlijk* • *obligaat*; *verplicht* II OV WW • *verplichten*; *verbinden*

obligation (ɒblɪ'ɡeɪʃən) ZN • *verplichting* • *verbintenis* • *contract*

obligatory (ə'blɪɡətərɪ) BNW • *verplicht* • *bindend* ★ *~ military service dienstplicht*

oblige (ə'blaɪdʒ) I OV WW • *(ver)binden*; *(aan zich) verplichten* • ★ *~d for dankbaar voor* II OV+ONOV WW • *iets ten beste geven* ⟨nummertje⟩ ★ *we are ~d to go we moeten gaan* ★ *further details will ~ gaarne verdere bijzonderheden*

obligee (ɒblɪ'dʒiː) ZN JUR. *schuldeiser*

obliging (ə'blaɪdʒɪŋ) BNW *voorkomend*; *gedienstig*

obligor (ɒblɪ'ɡɔː) ZN *schuldenaar*

oblique (ə'bliːk) I ZN • *schuine streep* II BNW • *schuin*; *scheef*; *indirect* ★ *~ case verbogen naamval* ★ *~ plane hellend vlak* ★ *~ narration/speech indirecte rede* III ONOV WW • MIL. *in schuine richting oprukken*

obliterate (ə'blɪtəreɪt) OV WW • *stempelen* ⟨v. postzegels⟩ • *vernietigen* • *uitwissen* ★ *~ o.s. zichzelf wegcijferen*

obliteration (əblɪtə'reɪʃən) ZN • *uitwissing* • *afstempeling*

oblivion (ə'blɪvɪən) ZN *vergetelheid*; *veronachtzaming* ★ *Act/Bill of Oblivion amnestie* ★ *fall/sink into ~ in vergetelheid raken*

oblivious (ə'blɪvɪəs) BNW *vergeetachtig* ★ *~ of/to zich niet bewust van*

oblong ('ɒblɒŋ) I ZN • *rechthoek* II BNW • *langwerpig*

obloquy ('ɒbləkwɪ) ZN *laster*; *schande*

obnoxious (əb'nɒkʃəs) BNW • *gehaat*; *onaangenaam* • *aanstotelijk*

oboe ('əʊbəʊ) ZN *hobo*

oboist ('əʊbəʊɪst) ZN *hoboïst*

obscene (əb'siːn) BNW *vuil*; *onzedelijk*

obscenity (əb'senətɪ) ZN *iets obsceens* ★ *obscenities* [MV] *vuile taal*; *obscene handelingen*

obscure (əb'skjʊə) I ZN • *duisternis*; *vaagheid* II BNW • *donker*; *duister* • *obscuur*; *onbekend*; *onduidelijk* ★ *they live very ~ly ze leven zeer teruggetrokken* III OV WW • *verduisteren*; *verdoezelen*; *verbergen*; *in de schaduw stellen*

obscurity (əb'skjʊərətɪ) ZN *duisternis*

obsequies ('ɒbsəkwɪz) ZN *uitvaart*

obsequious (əb'siːkwɪəs) BNW *overgedienstig*; *kruiperig*

observable (əb'zɜːvəbl) BNW • *waarneembaar* • *opmerkenswaardig*

observance (əb'zɜːvəns) ZN • *inachtneming* • *viering* • *voorschrift*; *regel* • *waarneming*

observant (əb'zɜːvənt) I ZN • R.-K. *observant* II BNW • *opmerkzaam* • *de hand houdend aan*; *streng nalevend*; *orthodox* ★ *be ~ of naleven*; *in acht nemen*

observation (ɒbzə'veɪʃən) ZN • *aandacht*; *waarneming* • *opmerking* ★ *~ post observatiepost*

observational (ɒbzə'veɪʃnəl) BNW *waarnemings-*

observatory (əb'zɜːvətərɪ) ZN *sterrenwacht*

observe (əb'zɜːv) OV WW • *in acht nemen* • *vieren* • *nakomen* • *waarnemen* • *opmerken*; *opmerkingen maken* ★ *the ~d of all ~rs degene op wie aller aandacht is gevestigd*

observer (əb'zɜːvə) ZN *waarnemer*

observing (əb'zɜːvɪŋ) BNW *opmerkzaam*

obsess (əb'ses) OV WW *vervolgen* ⟨v. idee⟩; *kwellen*; *geheel vervullen* ★ *~ed by/with bezeten door*

obsession (əb'seʃən) ZN • *obsessie* • *nachtmerrie* ⟨fig.⟩

obsessional (əb'seʃnəl) I ZN • *iemand met waanidee* II BNW • *bezeten door*

obsessive (əb'sesɪv) BNW • *obsederend* • *bezeten*

obsidian (əb'sɪdɪən) ZN *lavaglas*; *obsidiaan*

obsolescence (ɒbsə'lesəns) ZN • MED. *atrofie* • *veroudering* • BIOL. *het geleidelijk verdwijnen*

obsolescent (ɒbsə'lesənt) BNW • *in onbruik gerakend* • BIOL. *langzaam verdwijnend*

obsolete ('ɒbsəliːt) BNW • *verouderd* • *rudimentair*

obstacle ('ɒbstəkl) ZN *hindernis*; *beletsel* ★ *~ race hindernisloop*

obstetric (əb'stetrɪk) BNW *verloskundig* ★ *~ nurse kraamverpleegster*

obstetrician (ɒbstə'trɪʃən) ZN *verloskundige*

obstetrics (əb'stetrɪks) ZN MV *verloskunde*

obstinacy ('ɒbstɪnəsɪ) ZN *koppigheid*

obstinate ('ɒbstɪnət) BNW *koppig*; *hardnekkig*

obstreperous (əb'strepərəs) BNW *lawaaierig*; *weerspannig*

obstruct (əb'strʌkt) OV WW • *belemmeren* • *obstructie voeren*

obstruction (əb'strʌkʃən) ZN • *beletsel* • *obstructie*

obstructionism (əb'strʌkʃənɪzəm) ZN *het voeren van obstructie*

obstructive (əb'strʌktɪv) BNW • *hinderlijk* • *obstructie voerend* ★ *~ of/to belemmerend voor*

obstructor (əb'strʌktə) zn *tegenstrever*
obtain (əb'teɪn) I ov ww • *verkrijgen; verwerven* II onov ww • *heersen; algemeen in gebruik zijn* ★ it ~s with most people *'t geldt voor de meesten*
obtainable (əb'teɪnəbl) bnw *verkrijgbaar*
obtrude (əb'tru:d) I ov ww • *opdringen* II onov ww • ~ (**up)on** z. *opdringen aan*
obtrusion (əb'tru:ʒən) zn *'t opdringen*
obtrusive (əb'tru:sɪv) bnw • *opdringerig* • *opvallend*
obtuse (əb'tju:s) bnw • *stomp; bot* • *traag v. begrip*
obverse ('ɒbvɜ:s) I zn • *voorzijde* • *tegengestelde* II bnw • *smaller aan voet dan aan top* • *tegengesteld*
obversely (ɒb'vɜ:slɪ) bijw *omgekeerd*
obviate ('ɒbvɪeɪt) ov ww *verhelpen; uit de weg ruimen*
obvious ('ɒbvɪəs) bnw *klaarblijkelijk; vanzelfsprekend; duidelijk; opvallend*
obviously ('ɒbvɪəslɪ) bnw *duidelijk; kennelijk*
obviousness ('ɒbvɪəsnəs) zn • *duidelijkheid* • *klaarblijkelijkheid*
occasion (ə'keɪʒən) I zn • *plechtige gelegenheid* • *gelegenheid* • *grond; aanleiding; reden* ★ take ~ to go *de gelegenheid aangrijpen om te gaan* ★ on that ~ *bij die gelegenheid* ★ on ~ *zo nodig/nu en dan* ★ on the ~ of *bij gelegenheid van* ★ on ~ of *naar aanleiding van* ★ I've done it for/on your ~ *ik heb 't gedaan ter wille van jou* ★ rise to the ~ *'n zaak flink aanpakken; tegen een situatie opgewassen zijn* ★ one's lawful ~s *(wettige) bezigheden/zaken* ★ he has no ~ to be informed of it *hij behoeft er niet v. op de hoogte gesteld te worden* ★ I have no ~ for it *ik heb het niet nodig; ik kan 't niet gebruiken* II ov ww • *aanleiding geven tot; veroorzaken*
occasional (ə'keɪʒənl) I zn • *noodhulp* • *los werkman* • usa *niet vaste klant* II bnw • *toevallig* • *af en toe plaatsvindend* ★ ~ cause *aanleidende oorzaak* ★ ~ poem *gelegenheidsgedicht* ★ ~ table *bijzettafeltje* ★ ~ help *noodhulp* ★ an ~ visit *zo nu en dan 'n bezoek*
occasionally (ə'keɪʒənlɪ) bijw *nu en dan*
Occident ('ɒksɪdənt) zn form. *Westen; Avondland*
occidental (ɒksɪ'dentl) I zn • *westerling* II bnw • *westelijk; westers*
occlude (ə'klu:d) ov ww • *af-/in-/om-/uitsluiten* • *absorberen* ⟨gas⟩
occlusion (ə'klu:ʒən) zn *afdichting/-sluiting*
occult (ɒ'kʌlt) I zn • *het occulte* II bnw • *occult* • *geheim; verborgen* III ov ww • *verduisteren; verbergen* ★ ~ing light *onderbroken vuurtorenlicht*
occupancy ('ɒkjʊpənsɪ) zn • *bezit* • *bewoning* • *bezitneming*
occupant ('ɒkjʊpənt) zn • *opvarende* • *bezitter; bekleder* ⟨v. ambt⟩ • *bewoner; inzittende* • *bezitnemer*
occupation (ɒkjʊ'peɪʃən) zn • *beroep; bezigheid* • *bezetting* • *bewoning* • *bezit* ★ he is a teacher by ~ *hij is leraar v. beroep* ★ army of ~

bezettingsleger
occupational (ɒkjʊ'peɪʃənl) bnw *beroeps-* ★ ~ hazard *beroepsrisico* ★ ~ disease/illness *beroepsziekte*
occupier ('ɒkjʊpaɪə) zn *bewoner*
occupy ('ɒkjʊpaɪ) ov ww • *bezetten; bekleden* ⟨v. ambt⟩ • *bewonen* • *innemen; in beslag nemen* ⟨v. tijd⟩; *bezighouden* ★ be occupied with *bezig zijn met* ★ ~ o.s. with *bezig zijn met*
occur (ə'kɜ:) onov ww • *gebeuren* • ~ **to** *in gedachte komen bij; opkomen bij*
occurrence (ə'kʌrəns) zn *gebeurtenis* ★ of frequent ~ *veel voorkomend*
ocean ('əʊʃən) zn *oceaan* ★ ~s of ... *een zee van ...* ⟨fig.⟩ ★ German Ocean *Noordzee*
oceanic (əʊʃɪ'ænɪk) bnw • *oceaan-* • *onmetelijk*
oceanography (əʊʃə'nɒɡrəfɪ) zn *oceanografie*
ocelot ('ɒsɪlɒt) zn *ocelot; wilde tijgerkat*
ochre ('əʊkə) zn • *oker* • plat *duiten; poen*
Oct. afk October *oktober*
octagon ('ɒktəɡən) zn *achthoek*
octagonal (ɒk'tæɡənl) bnw *achthoekig*
octane ('ɒkteɪn) zn *octaan*
octave ('ɒktɪv) zn *octaaf; achttal*
October (ɒk'təʊbə) zn *oktober*
octogenarian (ɒktəʊdʒɪ'neərɪən) zn *tachtigjarige*
octopus ('ɒktəpəs) zn *octopus*
octosyllabic (ɒktəʊsɪ'læbɪk) bnw *achtlettergrepig*
ocular ('ɒkjʊlə) I zn • *oculair* II bnw • *oog-* • *zichtbaar*
oculist ('ɒkjʊlɪst) zn • *oogarts* • *optometrist*
odd (ɒd) bnw • *overblijvend* • *oneven* ⟨getal⟩ • *ongeregeld* • *vreemd; eigenaardig* ★ the odd man *de derde; man met beslissende stem* ★ odd hand *noodhulp* ★ odd job man *klusjesman; manusje v. alles* ★ odd job *karweitje* ★ the odd trick *winnende slag* ★ be the odd one out *het buitenbeentje zijn* ★ odd and even *even en oneven* ★ an odd number *een oneven getal; losse aflevering* ⟨v. tijdschrift⟩ ★ odd socks *(twee) verschillende sokken* ★ and odd en zoveel ★ thirty odd *in de dertig* ★ at odd times *zo nu en dan* ★ the odd shilling *de shilling die over is* ★ earn some odd money *wat extra geld verdienen*
oddball ('ɒdbɔ:l) zn inform./usa *zonderling*
oddity ('ɒdɪtɪ) zn • *eigenaardigheid* • *zonderling*
odd-jobber (ɒd'dʒɒbə) zn inform. *klusjesman*
odd-looking (ɒd'lʊkɪn) bnw *vreemd uitziend*
oddly ('ɒdlɪ) bijw *vreemd*
oddments ('ɒdmənts) zn *restanten; ongeregelde goederen*
oddness ('ɒdnəs) zn *eigenaardigheid*
odds (ɒdz) mv • *ongelijkheden; verschil; geschil; onenigheid* • *voordeel* • *overmacht* • *voorgift* • *statistische kans/waarschijnlijkheid* ★ give/lay odds on *wedden op* ★ against the odds *tegen de verwachtingen in* ★ long odds *groot verschil; zeer ongelijke kans* ★ it's long odds *'t is tien tegen één* ★ over the odds *meer dan verwacht* ★ the odds are in his favour *zijn kansen zijn 't best; hij staat er 't best voor* ★ the odds are that he ... *waarschijnlijk zal hij ...* ★ what's the odds? *wat doet dat er toe?* ★ it's no odds *'t maakt geen verschil* ★ odds and

od

od

ends *rommel*; *allerlei karweitjes* ★ be at odds *ruzie hebben* ★ by long odds *verreweg* ★ set at odds *tegen elkaar opzetten* ★ I ask no odds *ik vraag geen gunst*

odds-on (ɒdz'ɒn) ZN *meer kans vóór dan tegen*

ode (əʊd) ZN *ode*

odious ('əʊdɪəs) BNW *hatelijk*; *verfoeilijk*; *uit den boze*

odium ('əʊdɪəm) ZN *haat*; *afschuw*; *blaam*

odometer (əʊ'dɒmɪtə) ZN USA *kilometer-/mijlenteller*

odontologist (ɒdɒn'tɒlədʒɪst) ZN USA FORM. *tandarts*

odoriferous (əʊdə'rɪfərəs) BNW INFORM. *geurig*; *welriekend*

odour, USA **odor** ('əʊdə) ZN • *geur*; *lucht* ★ *stank* • FIG. *luchtje*

odourless, USA **odorless** ('əʊdələs) BNW *geur-/reukloos*

odyssey ('ɒdəsɪ) ZN *lange, avontuurlijke reis*

OECD AFK Organization for Economic Cooperation and Development *OESO* ⟨Org. voor Econ. Samenwerking en Ontwikkeling⟩

oecumenical (i:kjʊ'menɪkl) BNW • *oecumenisch* • *wereldomvattend*

o'er ('əʊə) I BIJW • OUD. • → **over** II VZ • OUD. • → **over**

oesophagus, USA **esophagus** (i:'sɒfəgəs) ZN *slokdarm*

oestrogen ('i:strədʒən) ZN *oestrogeen*

of (əv) VZ *van* ★ she of all people *juist zij* ★ the city of W. *de stad W.* ★ as of now *nu* ★ he died of fever *hij stierf aan de koorts* ★ of an evening *op 'n avond* ★ USA a quarter of ten *kwart voor tien* ★ I heard nothing of him *ik hoorde niets over hem* ★ USA smell of *ruiken aan* ★ USA be of a stripe *met hetzelfde sop overgoten zijn* ★ as of January first *met ingang v./per 1 januari* ★ north of *ten noorden van* ★ USA back of *achter* ★ forsaken of God *door God verlaten* ★ battle of A. *de slag bij A.* ★ think of *denken aan/over* ★ the two of us *wij samen/tweetjes* ★ of late (in) *de laatste tijd*

off (ɒf) I VZ • *van(af)* • *naast*; *op de hoogte van* ★ he fell off the ladder *hij viel v. de ladder (af)* ★ off colour *in de war*; *niet lekker* ★ he plays off 5 *hij speelt met 5 punten voorsprong* ★ off duty *vrij* ★ off the map *totaal verdwenen*; *vernietigd* ★ off the record *vertrouwelijk*; *niet voor publicatie bestemd* ★ a street off the Strand *een straat uitkomende op de Strand* ★ off the stage *niet op 't toneel*; *achter de coulissen* ★ be off limits *op verboden terrein zijn*; *niet op de juiste plaats zijn* ★ buy off the nail *op de pof kopen* ★ I'm off smoking *ik ben gestopt met roken* ★ you're off it *je hebt 't mis* ★ take the ball off the red *de bal over rood spelen* ⟨biljart⟩ II BIJW • *weg*; *(er)af* • *af*; *uit* ★ they are well off *zij zijn goed af* ★ comfortably off *in goeden doen* ★ are well off for *zijn goed voorzien van* ★ off and on *steeds weer*; *nu en dan* ★ we have a day off *we hebben 'n vrije dag* ★ beat off an attack *een aanval afslaan* ★ ride off *wegrijden* ★ make off *er vandoor gaan* ★ off with you! *maak dat je wegkomt!* ★ go off *vervallen*; *in slaap vallen*

★ take off one's coat *zijn jas uittrekken* III BNW • *ver(der)*; *verst* • *rechts* ★ the gas is off *'t gas is afgesloten* ★ the meat is a bit off *'t vlees is niet helemaal fris* ★ it's off *'t is van de baan/voorbij* ★ be off for *gaan naar* ★ he is off *hij slaapt*; *hij staat klaar om te gaan*; *hij is (al) weg*; *hij zit op zijn stokpaardje* ★ off moments *vrije ogenblikken* ★ an off year for wheat *een ongunstig jaar voor tarwe* IV OV WW • *afbreken* ⟨v. onderhandelingen⟩ • *afnemen* ⟨v. hoed⟩ • SCHEEPV. *afhouden* V ONOV WW • *weggaan* VI ZN ★ from the off *vanaf het begin*

offal ('ɒfəl) I ZN • *afval* • *bedorven vlees* • *kreng* II BNW • *inferieure kwaliteit* ⟨oogst of vangst⟩

offbeat ('ɒfbi:t) I ZN • MUZ. *syncope* II BNW • MUZ. *gesyncopeerd* • INFORM. *onconventioneel*; *ongewoon*

off-Broadway BNW USA *experimenteel*; *niet-commercieel* ⟨v. theaterproductie⟩

off-day (ɒf'deɪ) ZN *pech-/rotdag*

offence (ə'fens) ZN • *aanval* • JUR. *overtreding*; *vergrijp* • *belediging* ★ take no ~ *geen aanstoot nemen*; *iets niet (als) beledigend/persoonlijk opvatten* ★ no ~! *'t was niet kwaad/persoonlijk bedoeld!* ★ take ~ (at) *aanstoot nemen (aan)* ★ capital ~ *halsmisdaad* ★ technical ~ *belediging volgens de wet*

offend (ə'fend) I OV WW • *beledigen*; *ergeren* ★ be ~ed by/with sb *kwaad zijn op iem.* ★ be ~ed at/by sth *kwaad zijn over iets* II ONOV WW • *zondigen* • ~ **against** *inbreuk maken op*

offender (ə'fendə) ZN *overtreder*; *delinquent* ★ first ~ *delinquent met een blanco strafblad*

offense ZN USA • → **offence**

offensive (ə'fensɪv) I ZN • *offensief* ★ act/take on the ~ *aanvallend optreden* II BNW • *aanvals-*; *aanvallend* • *beledigend* • *weerzinwekkend*; *kwalijk riekend*

offer ('ɒfə) I ZN • *aanbod*; *offerte* • *bod* • *huwelijksaanzoek* ★ be on ~ *aangeboden worden* II OV WW • *(aan)bieden* • *aanvoeren* ⟨v. bewijs⟩ ★ the first chance that ~s *de eerste gelegenheid die zich voordoet* ★ I'll ~ to go if ... *ik wil wel gaan als ...* ★ he ~ed to strike *hij was v. plan te slaan* • ~ **up** *huwelijksaanzoek doen*; *aanstalten maken*; *z. aandienen*; *offeren*

offering ('ɒfərɪŋ) ZN • *offerande*; *aanbieding* • *gift* ★ ~s *aangeboden iets*

offertory ('ɒfətərɪ) ZN • *offertorium* • *collecte*

offhand (ɒf'hænd) I BNW • *hooghartig* • *onvoorbereid* II BIJW • *nonchalant* • *voor de vuist weg*

offhanded (ɒf'hændɪd) BNW *onvoorbereid*

office ('ɒfɪs) ZN • *ambt*; *taak* • *dienst* • *kerkdienst*; *mis*; *officie* • *kantoor* • *ministerie* • *spreekkamer* • PLAT *teken*; *wenk* ★ be in ~ *aan 't bewind zijn*; *openbaar ambt bekleden* ★ perform the last ~s *to laatste eer bewijzen aan* ★ say ~ *de mis lezen* ★ ~ for the dead *lijkdienst* ★ Holy Office *de heilige inquisitie* ★ ~ boy *loopjongen*; *kantoorjongen* ★ friendly ~ *vriendendienst* ★ Foreign Office *ministerie van buitenlandse zaken*

office-bearer (ɒfɪsbeərə) ZN • USA *ambtsbekleder* • USA *ambtenaar*

officer ('ɒfɪsə) I ZN • *ambtenaar*; *beambte*

• *dienaar* • *politieagent* • *deurwaarder*
• *officier* ★ ~ at/of arms *heraut* ★ medical ~
MIL. *officier v. gezondheid*; MED. *arts van de geneeskundige dienst* ★ military ~ *legerofficier*
II OV WW • *v. officieren voorzien* • *aanvoeren*
official (ə'fɪʃl) **I** ZN • *ambtenaar; beambte* ★ ~
principal *officiaal* **II** BNW • *officieel; ambtelijk*
• *officieel erkend* ★ ~ duties *ambtsbezigheden*
officialdom (ə'fɪʃəldəm) ZN • *de ambtenarij* • *'t ambtenarenkorps*
officialese (əfɪʃə'li:z) ZN *ambtelijke taal*
officiate (ə'fɪʃɪeɪt) ONOV WW
• *godsdienstoefening leiden* • *fungeren als*
officious (ə'fɪʃəs) BNW • *overgedienstig*
• *opdringerig* • *officieus* 〈in diplomatie〉
offing ('ɒfɪŋ) ZN *volle zee* ★ in the ~ *in het verschiet*
offish ('ɒfɪʃ) BNW INFORM. *op 'n afstand; gereserveerd*
off-key (ɒf'ki:) BNW *vals*
off-licence ('ɒflaɪsəns) **I** ZN • *winkel met vergunning voor alcoholische dranken* **II** BNW
• *met vergunning voor alcoholische dranken*
offload (ɒf'ləʊd) OV WW • *v.d. hand doen*
• *afladen*
off-night (ɒf'naɪt) ZN *vrije avond*
off-peak BNW *tijdens de daluren; buiten het hoogseizoen*
offprint ('ɒfprɪnt) BNW *overdruk*
off-putting BNW • *ontmoedigend* • *afstotelijk*
off-road BNW *terrein-* ★ ~ vehicle *terreinwagen*
off-season (ɒf-'si:zən) BNW *buiten het (hoog)seizoen*
offset ('ɒfset) **I** ZN • PLANTK. *uitloper* 〈v. plant〉; *spruit; tak* • *begin* • *tegenhanger; compensatie*
• *knik* 〈in buis〉 ★ ~ printing *offsetdruk* **II** OV WW • *opwegen tegen; neutraliseren; compenseren*
offshoot ('ɒfʃu:t) ZN *zijtak*
offshore ('ɒfʃɔ:) BIJW • *vóór de kust*
• *buitengaats; in open zee* • *op de hoogte v.d. kust*
offside (ɒf'saɪd) **I** BNW • SPORT *buitenspel* **II** ZN
• *verste zijde* • *rechterkant*
off-size (ɒf'saɪz) ZN *incourante maat*
offspring ('ɒfsprɪŋ) ZN • *kroost; nakomeling(schap)* • *resultaat*
off-the-peg BNW *confectie-* 〈v. kleding〉
off-the-record BNW [alleen attributief] *vertrouwelijk*
off-the-wall BNW [alleen attributief] *gek; bizar*
off-time (ɒf'taɪm) ZN *vrije tijd*
off-white (ɒf'waɪt) ZN *gebroken wit*
oft (ɒft) BIJW OUD. *vaak* ★ many a time and oft *herhaaldelijk*
often ('ɒfən) BIJW *vaak; dikwijls* ★ ~ and ~ *heel vaak* ★ as ~ as not *dikwijls genoeg* ★ every so ~ *nu en dan* ★ more ~ than not *meestal*
ogival (əʊ'dʒaɪvəl) BNW *spits*
ogive ('əʊdʒaɪv) ZN • *graatrib* • *spitsboog*
ogle ('əʊgl) **I** ZN • *verliefde blik* **II** OV WW
• *toelonken*
ogre ('əʊgə) ZN • *boeman* • *menseneter*
ogress ('əʊgrɪs) ZN • *menseneetster* • – *angstaanjagende vrouw*
oh (əʊ) TW *o!; och!; ach!*

oho (əʊ'həʊ) TW *haha!*
oil (ɔɪl) **I** ZN • *olie* • *petroleum* • *olieverf* • *vleierij*
• *omkoperij* • oils [mv] *olieverf(schilderijen)*
★ FIG. oil and vinegar *water en vuur* ★ crude oil *ruwe olie* ★ essential oil *etherische olie*
★ burn the midnight oil *tot diep in de nacht werken* ★ strike oil *olie aanboren; een grote ontdekking doen; rijk worden* **II** OV WW
• *smeren; oliën* • *olie innemen* • *met olie bereiden* ★ oil a man('s hand) *iem. omkopen*
★ oil one's tongue *vleien*
oilcan ('ɔɪlkæn) ZN *oliekan/-busje; smeerbus*
oilcloth ('ɔɪlklɒθ) ZN *zeildoek*
oil colour, USA **oil color** ZN *olieverf*
oiler ('ɔɪlə) ZN • *olieman* 〈op boot〉 • *oliekan*
• *oliegoot* • *met olie gestookte boot* • USA *oliejas*
• USA *petroleumbron* • PLAT *vleier*
oil-fired BNW *met olie gestookt*
oil heater ZN *petroleumkachel*
oil paint ZN *olieverf*
oil painting ('ɔɪlpeɪntɪŋ) ZN *olieverfschilderij*
oil rig ('ɔɪlrɪg) ZN *booreiland*
oilskin ('ɔɪlskɪn) ZN • *oliejas* • *geolied doek* ★ ~s *oliepak*
oil slick ('ɔɪlslɪk) ZN *olievlek* 〈op water〉
oil tanker ZN *olietanker*
oil well ZN *oliebron*
oily ('ɔɪlɪ) BNW • *olieachtig; olie-* • *vleiend; glad v. tong*
ointment ('ɔɪntmənt) ZN *zalf*
OK, okay (əʊ'keɪ) **I** BNW • INFORM. *redelijk* 〈niet slecht〉 **II** BIJW • INFORM. *redelijk* 〈niet slecht〉 **III** TW • INFORM. *oké!* 〈akkoord!〉 • INFORM. *oké!* 〈begrepen!〉
Okla. AFK USA *Oklahoma* 〈staat〉
old (əʊld) **I** ZN ★ of old *weleer* **II** BNW • *oud; versleten; ouderwets* • *ervaren* • *vroeger*
• *verstokt* • *vervallen* ★ old age *ouderdom*
★ old-age pensioner *AOW'er* ★ my old bones *ik die al oud ben* ★ old bachelor *verstokte vrijgezel* ★ old bird *oude rot* ★ any old ... will do *ieder ... is afdoende* ★ any old thing *om het even wat* ★ old boy *ouwe jongen; oud-leerling*
★ old-boy network *netwerk van oud-leerlingen; vriendjespolitiek* ★ the old country *Engeland; 't moederland* ★ old girl *beste meid; oud-leerling; oudje* ★ Old Glory *v. Am. vlag* ★ old gold *oud ...! goeie ouwe ...!* ★ INFORM. have a good old time *zich ontzettend amuseren* ★ old hand *iem. met veel ervaring* ★ as old as the hills *zo oud als de weg naar Rome* ★ old maid *oude vrijster* ★ old man *ouwe jongen; kapitein; man/vader/ouweheer; baas* ★ PLANTK. old man's beard *wilde clematis* ★ old man of the sea *iem. die men niet kwijt kan raken* ★ in any old place *waar dan ook* ★ old woman *vrouw; moeder; oud wijf* 〈gezegd van man〉 ★ old wives' tale *oudewijvenpraat*
olden ('əʊldn) **I** BNW • OUD. *oud; vroeger*
• *voormalig; oud* **II** OV+ONOV WW • *(doen) verouderen*
old-established (əʊldr'stæblɪʃt) ZN *gevestigd*
old-fashioned (əʊld'fæʃənd) BNW *ouderwets*
oldie ('əʊldɪ) ZN INFORM. *oudje; ouwetje*
oldish ('əʊldɪʃ) BNW *oudachtig*
old-time (əʊld'taɪm) BNW *oud(erwets)*

ol

old-timer (əʊld'taɪmə) ZN • *oldtimer* • *iem. of iets v.d. oude stempel*

old-world (əʊld'wɜːld) BNW • *v.d. Oude Wereld* ⟨niet Amerikaans⟩ • *ouderwets*

O level ('əʊlevəl) AFK G-B ordinary level *laagste eindexamenniveau van de middelbare school*

olfactory (ɒl'fæktərɪ) BNW reuk- ★ ~ sense *reukzin*

oligarch ('ɒlɪgɑːk) ZN *oligarch; alleenheerser*

oligarchy ('ɒlɪgɑːkɪ) ZN *oligarchie*

olive ('ɒlɪv) I ZN • *olijf* • *olijfgroen; olijftak* • *ovale knoop* ★ ~ oil *olijfolie* ★ ~ ⟨branch⟩ *kind; spruit* ★ CUL. ~ (of veal) *blinde vink* II BNW • *olijfkleurig*

Olympiad (ə'lɪmpɪæd) ZN *olympiade*

Olympian (ə'lɪmpɪən) BNW • *Olympisch* ⟨m.b.t. de Olympus⟩ • *goddelijk*

Olympic (ə'lɪmpɪk) BNW *olympisch* ★ ~ Games *Olympische Spelen* ★ ~s *Olympische Spelen*

omelette, USA **omelet** ('ɒmlət) ZN *omelet* ★ you cannot make an ~ without breaking eggs *de kost gaat voor de baat uit*

omen ('əʊmən) I ZN • *voorteken* II OV WW • *voorspellen*

ominous ('ɒmɪnəs) BNW *onheilspellend; dreigend*

omission (ə'mɪʃən) ZN *weglating; 't weglaten; verzuim* ★ sins of ~ *zonden door verzuim*

omissive (əʊ'mɪsɪv) BNW • *weglatend* • *nalatig*

omit (ə'mɪt) OV WW • *weglaten* • *verzuimen*

omni- ('ɒmnɪ) VOORV *omni-; al-; alom-*

omnibus ('ɒmnɪbəs) I ZN • *boek* • OUD. *omnibus* ⟨voertuig⟩ ★ ~ book *verzameling verhalen* ★ ~ train *boemeltrein* II BNW • *allerlei zaken omvattend*

omnipotence (ɒm'nɪpətəns) ZN *almacht*

omnipotent (ɒm'nɪpətnt) BNW *almachtig*

omnipresence (ɒmnɪ'prezəns) ZN *alomtegenwoordigheid*

omnipresent (ɒmnɪ'prezənt) BNW • *overal verbreid* • *alomtegenwoordig*

omniscience (ɒm'nɪsɪəns) ZN *alwetendheid*

omniscient (ɒm'nɪsɪənt) BNW *alwetend* ★ the Omniscient *God*

omnivorous (ɒm'nɪvərəs) BNW • BIOL. *omnivoor; allesetend* • *verslindend* ⟨vnl. v. boeken⟩

on (ɒn) I BIJW • *(er)op* • *aan* ★ he was looking on *hij keek toe* ★ go on *ga door/verder* ★ the gas is on *het gas is aan(gelegd)* ★ from then on *van toen af* ★ we are getting on well *we vorderen goed* ★ well on in the fifties *een eind in de 50* ★ I've a large sum on *ik heb een grote som ingezet* ★ on and off *af en toe* ★ and so on *enzovoorts* II VZ • *over; aangaande* • *op* • *aan* ★ cash on delivery *rembours* ★ on his arrival *bij zijn aankomst* ★ on three o'clock *tegen drieën* ★ be on fire *in brand staan* ★ take pity on him *heb medelijden met hem* ★ he is on the staff *hij behoort bij 't personeel* ★ it's on me *ik trakteer* ★ I met him on the train *ik ontmoette hem in de trein* ★ USA on the lam *aan de haal* ★ USA on the thumb *liftend* ★ on time *op tijd* ★ INFORM./USA on the toot *aan de zwier* ★ USA on easy street *in goede doen* ★ have you any money on you? *heb je geld bij je?* ★ USA be on to sb *iem. door/in de gaten hebben*

once (wʌns) I ZN ★ for this once *voor deze ene keer* II BIJW • *eens; een keer* ★ once bit(ten), twice shy *een ezel stoot zich geen tweemaal aan dezelfde steen* ★ once or twice *een enkele keer* ★ once and again *v. tijd tot tijd* ★ when once he understands, he ... *als hij 't eenmaal begrijpt, dan ...* ★ once more *nog eens* ★ once for all *ééns voor altijd* ★ at once *onmiddellijk; tegelijk* ★ all at once *plotseling; allen tegelijk* ★ once upon a time there was *er was eens* ★ once in a way/while *een enkele keer* III VW • *zodra*

once-over ('wʌnsəʊvə) ZN • INFORM./USA *voorlopig onderzoek* • *kort bezoek* ★ he gave her the ~ *hij nam haar vluchtig op*

oncoming ('ɒnkʌmɪŋ) I ZN • *nadering* II BNW • *aanstaande* • PLAT *vriendschappelijk*

oncost ('ɒnkɒst) ZN *extra kosten*

one (wʌn) I TELW • *één; enige* • *een; dezelfde* ★ for one thing, he gambles *om te beginnen gokt hij* ★ they are at one *ze zijn 't eens* ★ at one (o'clock) *om 1 uur* ★ Mr. A. for one *de heer A. o.a./bijvoorbeeld* ★ I for one don't believe it *ik voor mij geloof 't niet* ★ he was one too many for him *hij was hem te slim af* ★ it's all one to me *het maakt mij niet uit* ★ one and all *allen tezamen* ★ one by one *een voor een* ★ one with another *gemiddeld* ★ one another *elkaar* ★ one Peterson *een zekere Peterson* ★ the one and only truth *de alleenzaligmakende waarheid* ★ one day *op zekere dag* II ZN • *een (1)* III ONB VNW • *iemand* • *men* ★ a one *een rare/mooie* ★ no one *niemand* ★ that's a good one *dat is een goede bak* ★ a nasty one *een flinke opstopper* ★ that one/the one there *die/dat daar* ★ many a one *menigeen* ★ the Holy One *God* ★ the Evil One *de duivel* ★ one should do one's duty *men behoort zijn plicht te doen* ★ a white rose and a red one *een witte en een rode roos* ★ you're a nice one! *je bent me er eentje!* ★ the little ones were put to bed *de kleintjes werden naar bed gebracht* ★ that's one on you! *dat/die kun je in je zak steken!* ★ one up on one *een slag voor*

one-armed (wʌn'ɑːmd) BNW *eenarmig* ★ ~ bandit *eenarmige bandiet* ⟨fruitautomaat⟩

one-eyed (wʌn'aɪd) BNW • *eenogig* • PLAT *partijdig*

one-horse BNW ★ ~ town *gehucht*

one-liner ('wʌnlaɪnə) ZN *oneliner* ⟨kernachtige opmerking⟩

one-man (wʌn'mæn) BNW *eenmans-*

oneness ('wʌnnəs) ZN • *het één zijn; eenheid* • *onveranderlijkheid*

one-off BNW *eenmalig; exclusief; uniek*

one-piece BNW • *uit één stuk; eendelig* ★ ~ bathing suit *badpak*

oner ('wʌnə) ZN • *uitblinker* • *grove leugen* • *flinke klap* • oner *at kei/kraan in*

onerous ('ɒnərəs) BNW *drukkend* ★ ~ property *bezwaard eigendom*

oneself (wʌn'self) WKD VNW (zich)zelf ★ by ~ *alleen; eigenhandig* ★ of ~ *vanzelf; uit zichzelf*

one-sided (wʌn'saɪdɪd) BNW • *eenzijdig* • *bevooroordeeld* ★ ~ street *straat met aan één kant huizen*

one-storeyed, USA **one-storied** (wʌn'stɔ:rɪd) BNW v. één verdieping

one-time ('wʌntaɪm) BNW • voormalig; eens; vroeger • slechts eenmaal

one-to-one BNW een op een; punt voor punt

one-track (wʌn'træk) BNW FIG. eenzijdig geïnteresseerd

one-upmanship ZN de kunst een ander steeds een slag voor te zijn

one-way (wʌn'weɪ) BNW ★ ~ traffic eenrichtingsverkeer ★ USA ~ ticket enkele reis

onflow ('ɒnfləʊ) ZN (voortdurende) stroom

ongoing ('ɒngəʊɪŋ) BNW lopend; voortdurend; aanhoudend

onion ('ʌnjən) ZN • ui • PLAT hoofd; kop ★ he is off his ~ hij is niet goed snik ★ know one's ~s zijn vak verstaan

online BNW + BIJW online; gekoppeld 〈aan centrale computer〉

onlooker ('ɒnlʊkə) ZN toeschouwer

only ('əʊnlɪ) I BNW • enig II BIJW • (alleen) maar • pas; eerst ★ if only I knew als ik maar wist ★ only too true maar al te waar ★ only not zo goed als III VW • maar; alleen ★ he always says he will do it, only he never does hij zegt altijd dat hij het zal doen, maar hij doet het nooit ★ he does well, only that he always hesitates to begin hij doet het goed, alleen weet hij nooit goed hoe te beginnen

onrush ('ɒnrʌʃ) ZN toeloop; toestroom; stormloop

on-screen BNW + BIJW • in beeld 〈tv, film, scherm〉 • op het scherm/monitor

onset ('ɒnset) ZN • aanval • begin; eerste symptomen

onshore ('ɒnʃɔ:) I BNW • aanlandig ★ ~ fishing kustvisserij ★ ~ wind zeewind II BIJW • land(in)waarts • aan land

onslaught ('ɒnslɔ:t) ZN woeste aanval

onto ('ɒntu:) VZ naar ... toe

onus ('əʊnəs) ZN • (bewijs)last; plicht • schuld

onward ('ɒnwəd) BNW voorwaarts

onwards ('ɒnwədz) BIJW voorwaarts

oof (u:f) ZN PLAT geld; duiten

oofy ('u:fɪ) BNW rijk

oomph (ʊmf) ZN INFORM. energie; (aantrekkings)kracht

oops (u:ps) TW oeps!; jeetje!; verdorie!

ooze (u:z) I ZN • slib; slijk • lek • het sijpelen 〈v. dikkere vloeistoffen〉 II OV WW • ontzinken 〈v. moed〉 • ~ out uitlekken 〈ook van geheim〉 III ONOV WW • druppelen; doorsijpelen 〈v. dikkere vloeistoffen〉

oozy ('u:zɪ) BNW modderig

opacity (ə'pæsətɪ) ZN • ondoorschijnendheid • onduidelijkheid • domheid

opal ('əʊpl) ZN opaal

opaque (əʊ'peɪk) BNW • ondoorschijnend • onduidelijk ★ ~ colour dekverf

OPD AFK Officially Pronounced Dead officieel dood verklaard

OPEC ('əʊpek) AFK Organisation of Petrol Exporting Countries OPEC 〈org. v. olie producerende en exporterende landen〉

open ('əʊpən) I OV+ONOV WW • (zich) openen; open maken; opengaan • beginnen te 〈spreken, blaffen enz.〉 • zichtbaar worden ★ open a case een rechtszaak inleiden ★ open ground land omploegen ★ open one's heart/mind zijn hart uitstorten ★ the door opens into the corridor de deur komt uit op de gang • ~ out ontvouwen; uitspreiden; ontwikkelen; uitbreiden; meedelen; gas geven • ~ up openen; vuren; openstellen; toegankelijk maken; openbaren; gas geven; vrijuit (beginnen te) spreken II BNW • open; geopend; vrij • openbaar • toegankelijk (to voor) • blootgesteld (to aan) • openhartig • onbevangen • bereid • vrijgevig ★ open cheque ongekruiste cheque ★ open contempt onverholen minachting ★ that point is open to debate dat staat nog ter discussie ★ open to question aanvechtbaar ★ open market vrije markt ★ have/keep an open mind open (blijven) staan voor ★ keep one's options open zich nergens op vastleggen III ZN • open plek • open kampioenschap ★ the open de open ruimte ★ bring into the open aan het licht brengen ★ come into the open zich nader verklaren; kleur bekennen; aan het licht komen

open-air BNW openlucht-; buiten-

open-and-shut (əʊpənən'ʃʌt) BNW USA (dood)eenvoudig

opencast ('əʊpənkɑ:st) BNW bovengronds ★ ~ mining dagbouw

open-ended (əʊpən'endɪd) ZN open; vrij(blijvend)

opener ('əʊpənə) ZN • blik-/flesopener • openingsnummer/-ronde

open-eyed BNW • met de ogen wijd open; aandachtig • met grote ogen; verbaasd

open-faced (əʊpən'feɪst) BNW • openhartig • betrouwbaar • onschuldig

open-field (əʊpən'fi:ld) BNW ★ ~ system stelsel van gemeenschappelijke bouwlanden

open-handed (əʊpən'hændɪd) BNW vrijgevig; royaal

open-hearted (əʊpən'hɑ:tɪd) BNW • ontvankelijk • hartelijk • openhartig

opening ('əʊpənɪŋ) I ZN • opening; begin • kans • vacature II BNW • openend; inleidend

openly ('əʊpənlɪ) BIJW • openlijk • openbaar • openhartig

open-minded (əʊpən'maɪndɪd) BNW onbevooroordeeld

open-mouthed (əʊpən'maʊðd) BNW • stomverbaasd • vrijuit sprekend

openness ('əʊpənəs) ZN openheid; eerlijkheid; onpartijdigheid

open-plan BNW met weinig tussenmuren ★ ~ kitchen open keuken

opera ('ɒprə) ZN opera ★ ~ cloak sortie; avondmantel

operable ('ɒpərəbl) BNW • operationeel; bruikbaar • uitvoerbaar • MED. te opereren

opera glasses ('ɒprəglɑ:sɪz) ZN toneelkijker

opera house ('ɒprəhaʊs) ZN opera

operate ('ɒpəreɪt) I OV WW • USA exploiteren; leiden • bewerken; teweegbrengen ★ he has been ~d on for hij is geopereerd aan II ONOV WW • opereren • werken; uitwerking hebben

operatic (ɒpə'rætɪk) BNW • opera- • theatraal 〈fig.〉 ★ an ~ character schertsfiguur

op

operating ('ɒpəreɪtɪŋ) BNW • *werkzaam* • *bedrijfs-*

operation (ɒpə'reɪʃən) ZN • *operatie* • *financiële transactie* • *geldigheid* • *exploitatie* • *werking*; *handeling* ★ *come into ~ in werking treden*

operational (ɒpə'reɪʃənl) BNW • *operationeel* • *gebruiksklaar* ★ ~ *costs bedrijfskosten* ★ ~ *research toegepast bedrijfsonderzoek* ★ *be ~ in werking zijn*

operative ('ɒpərətɪv) I ZN • *werkman*; *fabrieksarbeider* • USA *detective* II BNW • *in werking* • *van kracht* • *doeltreffend*; *praktisch* • *voornaamste* • *operatief* ★ *become ~ v. kracht worden* ★ *the ~ word het sleutelwoord*

operator ('ɒpəreɪtə) ZN • *(be)werker* • *operateur* • *iem. die machine bedient* • *telegrafist(e)*; *telefonist(e)* • *speculant* • USA *werkgever*; *eigenaar v. bedrijf*

operetta (ɒpə'retə) ZN *operette*

ophthalmia (ɒf'θælmɪə) ZN *oogontsteking*

ophthalmic (ɒf'θælmɪk) BNW *oogheelkundig*

ophthalmologist (ɒfθæl'mɒlədʒɪst) ZN *oogarts*

ophthalmology (ɒfθæl'mɒlədʒɪ) ZN *oogheelkunde*

opiate ('əʊpɪət) I ZN • *pijnstillend/slaapverwekkend middel* II OV WW • *met opium mengen* • OOK FIG. *bedwelmen*

opine (əʊ'paɪn) ONOV WW *v. mening zijn*

opinion (ə'pɪnjən) ZN • *overtuiging*; *opinie*; *mening*; *gedachte* • *advies* ★ *a matter of ~ 'n kwestie v. opvatting* ★ *take counsel's ~ rechtskundig advies inwinnen* ★ ~ *poll opiniepeiling*; *enquête*

opinionated (ə'pɪnjəneɪtɪd) BNW • *dogmatisch* • *eigenzinnig*; *koppig*

opium ('əʊpɪəm) ZN *opium* ★ PLAT ~ *den opiumkit*

opossum (ə'pɒsəm) ZN USA *(bont v.) buidelrat*

opponent (ə'pəʊnənt) I ZN • *tegenpartij/-stander* II BNW • *tegengesteld*; *strijdig*

opportune ('ɒpətjuːn/ɒpə'tjuːn) BNW *gelegen*; *geschikt*

opportunism (ɒpə'tjuːnɪzəm) ZN *opportunisme*

opportunist (ɒpə'tjuːnist) ZN *opportunist*

opportunistic (ɒpətjuː'nɪstɪk) BNW *opportunistisch*

opportunity (ɒpə'tjuːnətɪ) ZN *(gunstige) gelegenheid*; *kans* ★ ~ *knocks een goede gelegenheid/kans dient zich aan* ★ *golden ~ buitenkans*

opportunity cost ZN ECON. *alternatieve kosten*

oppose (ə'pəʊz) OV WW • *z. verzetten (tegen)* • ~ *to stellen tegenover*

opposed (ə'pəʊzd) BNW *vijandig* ★ ~ *to gekant tegen*; *tegengesteld aan*

opposing (ə'pəʊzɪŋ) BNW • *tegenoverstaand* • *tegen-*; *vijandig* ★ *the ~ team de tegenpartij*

opposite ('ɒpəzɪt) I ZN • *tegen(over)gestelde*; *tegenpool* II BNW • *tegenovergelegen*; *overstaand* ⟨v. blad of hoek⟩; *ander(e)*; *tegen-*; *over-* ★ ~ *from/to tegen(over)gesteld aan* ★ ~ *number tegenspeler/-stander* III BIJW • *aan de overkant* • *tegenover* IV VZ • *tegenover* • *aan de overkant* ★ *he plays ~ to me hij is mijn tegenspeler*

opposition (ɒpə'zɪʃən) ZN • *verzet*

• *tegenstelling*; *plaatsing tegenover* • POL. *oppositie* ★ *in ~ to in strijd met*

oppositionist (ɒpə'zɪʃənɪst) ZN *lid v.d. oppositie*

oppress (ə'pres) OV WW • *onderdrukken*; *verdrukken* • *bezwaren*; *drukken op*

oppression (ə'preʃən) ZN *verdrukking*; *onderdrukking*

oppressive (ə'presɪv) BNW *verdrukkend*; *onderdrukkend*

oppressor (ə'presə) ZN *onderdrukker*; *tiran*

opprobrious (ə'prəʊbrɪəs) BNW *honend*; *smaad-*; *scheld-*

opprobrium (ə'prəʊbrɪəm) ZN *schande*; *smaad*

oppugn (ə'pjuːn) OV WW *bestrijden*

opt (ɒpt) ONOV WW • *optéren*; *keuze doen* • ~ *out niet meer (willen) meedoen*; *z. terugtrekken*

optative (ɒp'teɪtɪv) I ZN • *optatief* II BNW • *wensend* ★ ~ *mood optatief*

optic ('ɒptɪk) I ZN • IRON. *oog* • *klein maatglas aan hals v. fles bevestigd* II BNW • *gezichts-* ★ ~ *nerve oogzenuw*

optical ('ɒptɪkl) BNW *gezichts-*; *optisch* ★ ~ *illusion gezichtsbedrog*

optician (ɒp'tɪʃən) ZN *opticien*

optics ('ɒptɪks) ZN MV • *optica*; *leer v. het zien*; *leer v. het licht* • *onderdelen van optische uitrusting*

optimal ('ɒptɪml) BNW *optimaal*

optimism ('ɒptɪmɪzəm) ZN *optimisme*

optimize, G-B **optimise** ('ɒptɪmaɪz) I OV WW • *optimaliseren* • *optimaal benutten* II ONOV WW • *optimistisch zijn*

optimum ('ɒptɪməm) ZN *optimum*; *beste*; *meest begunstigde*

option ('ɒpʃən) ZN • *optie*; *keus*; *mogelijkheid* • ECON. *optie* ★ *I have no ~ but to go ik moet wel gaan* ★ *keep/leave one's ~s open alle mogelijkheden open laten*; *zich nergens op vastleggen* ★ *run out of ~s langzamerhand geen mogelijkheden meer zien* ⟨om een probleem op te lossen⟩ ★ *a soft ~ een makkie*

optional ('ɒpʃənl) BNW *naar keuze*; *facultatief* ★ *it is ~ on/with you het staat u vrij te* ★ *be an ~ extra tegen meerprijs verkrijgbaar zijn*

opulence ('ɒpjʊləns) ZN • *rijkdom* • *weelderigheid*

opulent ('ɒpjʊlənt) BNW *rijk*; *weelderig*; *overvloedig*

opus ('əʊpəs) ZN *opus*; *(muziek)werk*

or (ɔː) VW *of*

oracle ('ɒrəkl) ZN *orakel* ★ PLAT *work the ~ achter de schermen werken*; *geld loskrijgen*

oracular (ə'rækjʊlə) BNW • *als een orakel* • *dubbelzinnig*

oral ('ɔːrəl) I ZN • INFORM. *mondeling examen* II BNW • *mondeling*; *mond-*; *oraal*

orange ('ɒrɪndʒ) I BNW • *oranje* ★ *squeezed ~ uitgeknepen citroen* II ZN • *de kleur oranje* • *sinaasappel* ★ *Orangeman protestantse Ier*; *orangist* ★ ~ *juice sinaasappelsap*; *jus d'orange*

orangeade (ɒrɪndʒ'eɪd) ZN *sinaasappellimonade*

orate (ɔː'reɪt) ONOV WW *oreren*

oration (ɔː'reɪʃən) ZN • *redevoering* • TAALK. *rede*

orator ('ɒrətə) ZN *redenaar*

oratorio (ɒrə'tɔːrɪəʊ) ZN *oratorium*

oratory ('ɒrətərɪ) ZN • *(huis)kapel* • *r.-k. Kerk*

• *welsprekendheid*

orb (ɔ:b) I ZN • *bol* • *hemellichaam* • FORM.
oog(bal) • *rijksappel* • *georganiseerd geheel*
II OV WW • *insluiten* III ONOV WW • *een baan
beschrijven*; *omwentelen*

orbit ('ɔ:bɪt) I ZN • *oogkas* • *oogrand* ⟨v. vogel⟩
• *(gebogen) baan v. hemellichaam* • *lichaam in
de ruimte* • *sfeer* ⟨fig.⟩ II OV+ONOV WW • *in
baan brengen* ⟨om een hemellichaam⟩
• *wentelen*; *draaien*

orbital ('ɔ:bɪtl) ZN • *verkeersweg om voorsteden
heen* • STERRENK. *(omloop)baan*

orbiter ('ɔ:bɪtə) ZN *satelliet*

orch. AFK orchestra *orkest*

orchard ('ɔ:tʃəd) ZN • *boomgaard* • *fruittuin*

orchestra ('ɔ:kɪstrə) ZN • *orkest* • USA *stalles* ★ ~
seats/stalls stalles ★ ~ *pit orkestbak*

orchestral (ɔ:'kestrəl) BNW *orkestraal*; *orkest-*

orchestrate ('ɔ:kɪstreɪt) OV WW *voor orkest
bewerken*

orchestration (ɔ:kɪs'treɪʃən) ZN *orkestratie*

orchid ('ɔ:kɪd) ZN *orchidee*

orchis ZN • → **orchid**

ordain (ɔ:'deɪn) ONOV WW • *(tot priester) wijden*
• *beschikken*; *voorschrijven*

ordeal (ɔ:'di:l) ZN • *godsgericht* • *beproeving* ★ ~
by fire vuurproef

order ('ɔ:də) I ZN • *orde* ⟨toestand van rust en
regelmaat⟩ • *orde*; *categorie*; *soort* • *orde*;
rang; *stand* • *volgorde* • *order*; *bevel*
• *bestelling* • GESCH. *orde* • *orde* ⟨(religieus)
genootschap⟩; *orde* ⟨medaille of ander
kenteken van zo'n genootschap⟩
• *betalingsopdracht* ★ Order in Council
Algemene Maatregel v. Bestuur ★ ~ *of
knighthood ridderorde* ★ USA *executive* ~
presidentieel besluit ★ (holy) ~s *de geestelijke
staat* ★ lower ~s [mv] *lagere sociale klasse*
★ pecking ~ *pikorde* • be in ~s *geestelijke zijn*
★ be on ~ *in bestelling zijn* ★ be the ~ of the
day *aan de orde v.d. dag zijn* ★ be under
doctor's ~s *(door arts) voorgeschreven leefregel
volgen* ★ take ~s *gewijd worden* ⟨tot priester⟩
★ by ~ *op bevel* ★ in ~ *aan de orde*; USA *gepast*;
toelaatbaar; ⟨v. bewijs of verklaring tijdens
rechtzaak⟩ *in orde*; *in volgorde* ★ out of ~ *niet
in/op orde*; *v. streek*; *buiten de orde zijnde* ⟨v.
spreker⟩ ★ to ~ *op bestelling*; *naar maat*; *aan
order* ⟨cheque⟩ ★ put in ~ *of importance
volgens belangrijkheid rangschikken* ★ in ~ *to
teneinde*; *om* ★ in ~ *that opdat*; *zodat* ★ in
short ~ *in kort geding*; USA *snel* ★ as per ~
enclosed volgens ingesloten order ★ USA *on the
~ of ongeveer zoals* II OV WW *bestellen*
• *ordenen*; *regelen* • *verordenen*; *bevelen* ★ he
was ~ed home *hij werd naar huis/'t vaderland
gezonden* ★ ~sb about *iem. commanderen*
★ she ~ed me up *zij liet mij boven komen*
• ~ out *wegsturen*; *laten uitrukken*

order book ZN ECON. *orderboek*

order form ZN *bestelformulier*

order-form ('ɔ:dəfɔ:m) ZN *bestelformulier*

orderly ('ɔ:dəlɪ) I ZN • *ordonnans*
• *hospitaalsoldaat* • *ziekenoppasser* • MIL.
facteur • *straatveger* ★ MIL. ~ *book orderboek*
★ MIL. ~ *officer officier v.d. dag* ★ ~ *room*

compagniesbureau ★ *medical* ~
hospitaalsoldaat II BNW • *ordelijk*; *geregeld*

order number ZN *bestelnummer*

ordinal ('ɔ:dɪnl) I ZN • *boek gebruikt bij wijding
v. geestelijken* ★ ~ *numbers rangtelwoorden*
II BNW • *rangschikkend* • *van natuurlijk
historische orde*

ordinance ('ɔ:dɪnəns) ZN • *verordening*
• *godsdienstige ritus*

ordinand ('ɔ:dɪnənd) ZN *wijdeling* ⟨r.-k. Kerk⟩

ordinarily ('ɔ:dɪnərəlɪ) BIJW *gewoonlijk*

ordinary ('ɔ:dɪnərɪ) BNW • *gewoon*; *alledaags*;
normaal • MIN. *gewoontjes* ★ in ~ *(in titel)
gewoon/vast in dienst* ⟨meestal t.b.v. het
koninklijk huis⟩ ★ *ambassador in* ~ *gewoon
gezant* ▼ in the ~ *way gewoonlijk/normaliter*
▼ out of the ~ *bijzonder/speciaal/ongewoon*

ordination (ɔ:dɪ'neɪʃən) ZN • *classificatie*;
ordening • *wijding* ⟨tot geestelijke⟩
• *beschikking* ⟨v. voorzienigheid⟩

ordnance ('ɔ:dnəns) ZN • *geschut* • *tak v.
openbare dienst voor militaire voorraden en
materieel* ★ ~ *survey topografische verkenning*

ordure ('ɔ:djʊə) ZN • *mest*; *gier* • *vuile taal*
• *uitwerpselen*; *drek*

ore (ɔ:) ZN • *erts* • FORM. *metaal* ⟨vnl. goud⟩

Oreg. AFK USA *Oregon* ⟨staat⟩

organ ('ɔ:gən) ZN • *orgel* • OOK FIG. *orgaan*
• *spreekbuis*; *blad* • EUF. *penis*

organ-grinder ('ɔ:gəngraɪndə) ZN *orgeldraaier*

organic (ɔ:'gænɪk) BNW • *organisch*
• *fundamenteel*; *structureel* • *georganiseerd*

organisation ZN G-B • → **organization**

organisational ZN G-B • → **organizational**

organism ('ɔ:gənɪzəm) ZN *organisme*

organist ('ɔ:gənɪst) ZN *organist*

organization (ɔ:gənar'zeɪʃən) ZN *organisatie*

organizational (ɔ:gənər'zeɪʃnəl) BNW
organisatorisch; *organisatie-*

organize, G-B **organise** ('ɔ:gənaɪz) OV WW
organiseren

organized, G-B **organised** ('ɔ:gənaɪzd) I WW
[o.v.t. + volt. deelw.] • → **organize** II BNW
• *georganiseerd* • *aangesloten* ⟨v.
vakbondsleden⟩

organizer, G-B **organiser** ('ɔ:gənaɪzə) ZN
• *systematische agenda* • *organisator*

organ-stop ('ɔ:gənstɒp) ZN *orgelregister*

orgasm ('ɔ:gæzəm) ZN *orgasme*

orgiastic (ɔ:dʒɪ'æstɪk) BNW *orgiastisch*; *orgie-*

orgy ('ɔ:dʒɪ) ZN *orgie*

oriel ('ɔ:rɪəl) ZN *erker*

orient ('ɔ:rɪənt) I BNW • *oosters* • *oostelijk* II OV
WW • → **orientate**

Orient ('ɔ:rɪənt) ZN *Oosten*

oriental (ɔ:rɪ'entl) I ZN • *oosterling* II BNW
• *oosters*

orientalism (ɔ:rɪ'entəlɪzəm) ZN • *oosters karakter*
• *kennis v. 't oosten*

orientalist (ɔ:rɪ'entəlɪst) ZN *oriëntalist*

orientate ('ɔ:rɪənteɪt) OV WW • *z. naar de
omstandigheden richten* • *z. naar het oosten
richten* • *oriënteren* • *z. naar een bepaald punt
richten*

orientation (ɔ:rɪen'teɪʃən) ZN • *richtingsgevoel*
• *oriëntering*

or

orifice ('ɒrɪfɪs) ZN *opening*; *mond(ing)*

origin ('ɒrɪdʒɪn) ZN *afkomst*; *oorsprong*; *begin* ★ office of ~ *kantoor v. afzending*

original (ə'rɪdʒɪnl) I ZN ● *origineel* II BNW ● *aanvankelijk*; *oorspronkelijk*; *origineel*; *eerste* ★ ~ sin *erfzonde*

originality (ərɪdʒɪ'nælətɪ) ZN *oorspronkelijkheid*

originate (ə'rɪdʒɪneɪt) ONOV WW ● *voortbrengen* ● ~ from *voortkomen uit* ● ~ with *opkomen bij*

originator (ə'rɪdʒɪneɪtə) ZN *schepper*; *bewerker*

oriole ZN ★ golden ~ *wielewaal*

orlop ('ɔːlɒp) ZN SCHEEPV. *koebrug*

ornament ('ɔːnəmənt) I ZN ● *ornament*; *sieraad*; *versiersel* ★ by way of ~ *als versiering* II OV WW ● *versieren*; *tooien*

ornamental (ɔːnə'mentl) BNW *decoratief*; *ornamenteel*; *sier-* ● ~ painter *decoratieschilder*

ornamentation (ɔːnəmen'teɪʃən) ZN *versiering*

ornate (ɔː'neɪt) BNW ● *sierlijk*; *bloemrijk* ⟨v. taal⟩ ● *ornaat*

ornery ('ɔːnərɪ) BNW ● USA *nors*; *knorrig*; *onaangenaam* ● USA *van slechte kwaliteit*

ornithologist (ɔːnɪ'θɒlədʒɪst) ZN *ornitholoog*; *vogelkenner*

ornithology (ɔːnɪ'θɒlədʒɪ) ZN *vogelkunde*

orotund ('ɒrətʌnd) BNW ● *gezwollen*; *bombastisch* ● *indrukwekkend*

orphan ('ɔːfən) I ZN ● *wees* II BNW ● *wees-*; *ouderloos* III OV WW ● *tot wees maken*

orphanage ('ɔːfənɪdʒ) ZN ● *het wees zijn* ● *(de) wezen* ● *weeshuis*

orphanhood ('ɔːfənhʊd) ZN *het wees zijn*

orthodontic (ɔːθə'dɒntɪk) BNW *orthodontisch*

orthodontics (ɔːθə'dɒntɪks) ZN *orthodontie*

orthodox ('ɔːθədɒks) BNW ● *orthodox* ● *algemeen aangenomen*; *gepast* ● *ouderwets*; *v.d. oude stempel* ★ the Orthodox Church *de Grieks-katholieke Kerk*

orthodoxy ('ɔːθədɒksɪ) ZN *orthodoxie*

orthography (ɔː'θɒɡrəfɪ) ZN *orthografie*; *spellingsleer*

orthopaedic (ɔːθə'piːdɪk) BNW *orthopedisch*

orthopaedics (ɔːθə'piːdɪks) ZN *orthopedie*

orthopaedist (ɔːθə'piːdɪst) ZN *orthopedist*; *orthopeed*

oscillate ('ɒsɪleɪt) ONOV WW ● *schommelen*; *slingeren* ● *oscilleren* ⟨v. radio⟩ ● *aarzelen*

oscillation (ɒsɪ'leɪʃən) ZN ● *radiostoring*; *trilling* ● *besluiteloosheid*

oscillatory (ɒ'sɪlət(ə)rɪ/'ɒsɪleɪt(ə)rɪ) BNW *schommelend*

oscular ('ɒskjʊlə) BNW ● *v.d. mond* ● IRON. *kussend*; *kus-*

osier ('əʊzɪə) I ZN ● *soort wilg* ● *rijs* II BNW ● *tenen*

osmosis (ɒz'məʊsɪs) ZN *osmose*

osprey ('ɒspreɪ) ZN ● *visarend* ● *pluim*; *veer* ⟨op dameshoed⟩

osseous ('ɒsɪəs) BNW *beenachtig*; *been-*

ossicle ('ɒsɪkl) ZN *beentje*

ossification (ɒsɪfɪ'keɪʃən) ZN ● MED. *beenvorming* ● *het verstenen*

ossify ('ɒsɪfaɪ) I OV WW ● *(doen) verstenen* II ONOV WW ● *in been veranderen* ● *verharden* ⟨fig.⟩

ossuary ('ɒsjʊərɪ) ZN *beenderurn*; *graf*; *knekelhuis*

ostensible (ɒ'stensɪbl) BNW *ogenschijnlijk*; *zogenaamd*

ostensive (ɒ'stensɪv) BNW *ogenschijnlijk*

ostentation (ɒsten'teɪʃən) ZN *uiterlijk vertoon*

ostentatious (ɒstən'teɪʃəs) BNW *opzichtig*; *in 't oog lopend*

osteopath ('ɒstɪəpæθ) ZN *(onbevoegd) orthopedist*

ostracism ('ɒstrəsɪzəm) ZN ● *schervengerecht* ● *uitbanning*

ostracize, G-B **ostracise** ('ɒstrəsaɪz) OV WW ● *verbannen* ● *boycotten*

ostrich ('ɒstrɪtʃ) ZN *struisvogel*

OTC AFK over the counter *vrij verkrijgbaar* ⟨v. geneesmiddelen⟩

other ('ʌðə) I ZN ● *de/het andere* II BNW ● *anders*; *verschillend* ● *nog* ★ some time or ~ *een of andere keer* ★ sb or ~ *de een of ander* ★ the ~ world *het hiernamaals* ★ the ~ morning *onlangs op een morgen* ★ he of all ~s *juist hij!* ★ INFORM. if you don't want it, do the ~ thing *als je het niet wilt, laat het dan* ★ every ~ day *om de andere dag* ★ on the ~ hand *daarentegen* ★ the ~ day *onlangs*

otherwise ('ʌðəwaɪz) I BNW ★ ~ minded *andersdenkend* II BIJW ● *anders* ● *(of) anders* ● *verder* ★ the merits or ~ of his conduct *de verdiensten of de fouten van zijn gedrag* ★ I would rather go than ~ *ik zou liever wel gaan dan niet* ★ he is unruly, but not ~ blameworthy *hij is wel onhandelbaar, maar verder valt er niets op hem aan te merken* ★ Mr. Simister, ~ Grossman *de Heer S., alias G.* ★ go, ~ you'll be late *ga, (of) anders kom je te laat* ★ his ~ equals *in andere opzichten zijns gelijken*

other-worldly (ʌðə'wɜːldlɪ) BNW *niet van deze aarde*; *niet aardsgezind*

otiose ('əʊʃəʊs) BNW *overbodig*; *v. geen nut*

OTT AFK INFORM. over the top *overdreven*; *te veel van het goede*

otter ('ɒtə) ZN *(bont v.d.) otter*

Ottoman ('ɒtəmən) I ZN ● *Turk* II BNW ● *Turks*

oubliette (uːblɪ'et) ZN *kerker met valluik*

ouch (aʊtʃ) I ZN ● OUD. *broche*; *gesp* II TW ● *au!*

ought (ɔːt) I ZN ● *iets* II HWW ● *moet(en)/ moest(en) eigenlijk*; *behoor(t)*; *behoren*; *behoorde(n)* ★ you ~ to stop talking like that *je moest eigenlijk met dergelijke praat ophouden*

ounce (aʊns) ZN ● *ounce* ⟨G-B 28,35 gram, USA 29,56 gram⟩ ● *sneeuwpanter*; *lynx* ● FIG. *klein beetje* ★ fluid ~ *ounce* ⟨voor vloeistoffen: G-B 28,35 ml, USA 29,56 ml⟩ ★ ~ of lead *blauwe boon* ★ an ~ of practice is worth a pound of theory *'n klein beetje praktijk is evenveel waard als veel theorie*

our ('aʊə) BEZ VNW *ons*

ours ('aʊəz) BEZ VNW *het onze*; *de onze(n)*

ourselves (aʊə'selvz) WKD VNW *ons(zelf)*; *wij(zelf)*; *zelf*

oust (aʊst) OV WW ● *ontnemen* ● *verdrijven* **(from** *uit)*; *wegdoen* ● *vervangen* ● ~ **of/from** *verdringen uit*

out (aʊt) I ZN ● *uitweg*; *uitvlucht* ● USA *nadeel* ● *gewezen politicus* ★ the outs *de partij die niet*

or

aan het bewind/spelen is ★ the ins and outs of the matter *de details v.d. zaak* ★ at outs with *overhoop liggend met* **II** BNW • *in staking* ★ outsize *abnormaal groot* • an out match *een uitwedstrijd* ★ out size *buitengewoon grote maat* **III** OV WW • *eruit gooien* • *ko slaan* • USA *uit de weg ruimen* **IV** ONOV WW • *een uitstapje maken* **V** BIJW • *weg*; *(er)uit*; *(er)buiten* • *niet meer aan 't bewind* • *uit de mode* • *voorbij*; *afgelopen*; *om* • *verschenen*; *publiek* • *zonder betrekking*; *af* (in spel) • out there *daarginds* ★ she is out and away the better *zij is verweg de beste* ★ out and out Conservatives *aartsconservatieven* ★ be out for *er op uit zijn om* ★ out of *buiten*; *uit*; *niet inbegrepen*; *zonder*; *geboren uit* ★ be out of it *er buiten staan*; in the weer *zijn*; *'t mis hebben*; *verkeerd ingelicht zijn*; *ten einde raad zijn* ★ changed out of recognition *niet meer te herkennen* ★ out with him! *gooi 'm eruit!* ★ out with it! *voor de dag ermee!* ★ all out *af*; *totaal mis*; met *de grootste inspanning* ★ they went all out *ze gaven zich geheel aan 't werk* ★ my arm is out *mijn arm is uit 't lid* ★ the girl has come out *'t meisje heeft haar debuut gemaakt* ★ he is out and about again *hij is weer hersteld* ★ out and away the largest *verreweg de grootste* ★ a reward was out *'n beloning werd uitgeloofd* ★ you are far out *je zit er ver naast* ★ I am ten euro's out *ik kom er tien euro aan te kort* ★ from this out *van nu af* ★ he is out in A. *hij zit helemaal in A.* ★ out on the town *aan de boemel* ★ out and about *weer hersteld*; *op de been* **VI** VZ • *langs*; *uit* ★ from out of *uit* **VII** VOORV • *meer*; *groter*; *beter*; *harder*

out-act (aʊt'ækt) OV WW *overtreffen*
outage ('aʊtɪdʒ) ZN *(stroom)onderbreking*
out-and-out (aʊtn'aʊt) BNW *volledig*; *voortreffelijk*
out-and-outer (aʊtənd'aʊtə) ZN • INFORM. *uitblinker* • *aartsschelm*
outback ('aʊtbæk) ZN *binnenland* (v. Australië)
outbalance (aʊt'bæləns) OV WW *zwaarder wegen dan*; *overtreffen*
outbid (aʊt'bɪd) OV WW *meer bieden dan*
outboard ('aʊtbɔːd) BNW *buitenboord*
outbound ('aʊtbaʊnd) BNW *op de uitreis*
outbox ('aʊtbɒks) ZN COMP. ≈ *verzonden berichten*
outbrave (aʊt'breɪv) OV WW • *uitdagen* • *overtreffen*
outbreak ('aʊtbreɪk) ZN • *het uitbreken* (v. oorlog, ziekte) • *oproer*
outbuilding ('aʊtbɪldɪŋ) ZN *bijgebouw*
outburst ('aʊtbɜːst) ZN *uitbarsting*
outcast ('aʊtkaːst) **I** ZN • *verschoppeling* **II** BNW • *verbannen*
outcaste¹ ('aʊtkaːst) **I** ZN • *paria* **II** BNW • *paria-*
outcaste² (aʊt'kaːst) OV WW *uit zijn kaste stoten*
outclass (aʊt'klaːs) **I** OV WW • *overtreffen* **II** ONOV WW • *de meerdere zijn van*
outcome ('aʊtkʌm) ZN *resultaat*
outcrop ('aʊtkrɒp) **I** ZN • *tevoorschijn komende aardlaag* **II** ONOV WW • *tevoorschijn komen*
outcry ('aʊtkraɪ) **I** ZN • *geschreeuw* • *verontwaardiging* **II** OV WW • *overschreeuwen*

outdated (aʊt'deɪtɪd) BNW • *ouderwets* • *verouderd*; *achterhaald*
outdistance (aʊt'dɪstns) OV WW *achter zich laten*
outdo (aʊt'duː) OV WW • *overtreffen* • *verstomd doen staan van*
outdoor ('aʊtdɔː) BNW • *openlucht-*; *buiten(shuis)* • *buiten 't parlement* ★ ~ department *polikliniek* ★ ~ relief *hulp aan armen buiten inrichting*
outdoors (aʊt'dɔːz) **I** ZN • *openlucht* ★ the great ~ *de vrije natuur* **II** BIJW • *buiten(shuis)*
outer ('aʊtə) BNW *buiten-*; *uitwendig* ★ ~ man *uiterlijk*; *kleding* ★ ~ office *kantoor van 't personeel* ★ ~ space *de (kosmische) ruimte* ★ ~garments *bovenkleren*
outermost ('aʊtəməʊst) BNW • *buitenste* • *uiterste*
outface (aʊt'feɪs) OV WW • *in verlegenheid brengen* • *trotseren*
outfall ('aʊtfɔːl) ZN *mond(ing)*
outfield ('aʊtfiːld) ZN • *afgelegen veld* (v. boerderij) • SPORT *verre veld*; *buitenveld*
outfielder ('aʊtfiːldə) ZN SPORT *verrevelder*
outfit ('aʊtfɪt) ZN • *uitrusting* • *kleding* • *zaakje* • *organisatie*; *systeem* • INFORM. *gezelschap*; *troep*; *stel* (mensen); *ploeg* (werklui); *bataljon*
outflank (aʊt'flæŋk) OV WW • MIL. *omtrekken* • *beetnemen* (figuurlijk)
outflow ('aʊtfləʊ) ZN • *af-/uitvloeiing* • *vlucht* (v. goud)
outfox (aʊt'fɒks) OV WW *te slim af zijn*
outgiving (aʊt'gɪvɪŋ) ZN USA *verklaring*
outgo¹ ('aʊtgəʊ) ZN *uitgave(n)*
outgo² (aʊt'gəʊ) OV WW • *overtreffen* • *overschrijden*
outgoing (aʊt'gəʊɪŋ) **I** ZN • *vertrek* • *afloop* • *eb* **II** BNW • *vertrekkend*; *aftredend*
outgoings ('aʊtgəʊɪŋz) ZN MV *onkosten*
outgrow (aʊt'grəʊ) OV WW • *boven 't hoofd groeien*; *ontgroeien (aan)*; *groeien uit* (kleren); *harder groeien dan* • *te boven komen*
outgrowth ('aʊtgrəʊθ) ZN • *uitwas* • *product*; *resultaat*
outgun (aʊt'gʌn) OV WW *overtreffen*
outhouse ('aʊthaʊs) ZN • *wc buiten* • *schuurtje*; *bijgebouw*
outing ('aʊtɪŋ) ZN *uitstapje*
outlandish (aʊt'lændɪʃ) BNW *vreemd*; *afgelegen*
outlast (aʊt'laːst) OV WW *langer duren dan*
outlaw ('aʊtlɔː) **I** ZN • *vogelvrij verklaarde* **II** BNW • *onwettig* ★ ~ strike *wilde staking* **III** OV WW • *vogelvrij verklaren* • *buiten de wet stellen*
outlawry ('aʊtlɔːrɪ) ZN • *ballingschap* • *het vogelvrij verklaren*
outlay ('aʊtleɪ) **I** ZN • *uitgave(n)* **II** OV WW • *besteden*; *uitgeven*
outlet ('aʊtlet) ZN • *uitgang/-weg* • *afvoerbuis*; *uitlaat(klep)* • *afzetgebied* • *afnemer* • *verkooppunt* • USA *stopcontact*
outlier ('aʊtlaɪə) ZN • *afzonderlijk deel* • *forens*
outline ('aʊtlaɪn) **I** ZN • *(om)trek*; *schets* **II** OV WW • *schetsen*; *in grote lijnen aangeven* • ~ against *aftekenen tegen*
outlive (aʊt'lɪv) OV WW *langer leven dan*; *overleven* (iem. anders)
outlook ('aʊtlʊk) ZN *uitkijk/-zicht*; *kijk* ★ ~ on

life *levensopvatting*

outlying (ˈaʊtlaɪɪŋ) BNW • *afgelegen* • FIG. *bijkomstig*

outmanoeuvre (aʊtməˈnuːvə) OV WW *te slim af zijn*

outmatch (aʊtˈmætʃ) OV WW *overtreffen*; *de loef afsteken*

outmoded (aʊtˈməʊdɪd) BNW *ouderwets*; *verouderd*

outmost (ˈaʊtməʊst) BNW • *buitenste* • *uiterste*

outnumber (aʊtˈnʌmbə) OV WW *overtreffen in aantal* ★ we were ~ed two to one by our opponents *de tegenpartij had twee keer zoveel mensen*

out-of-date (aʊtəvˈdeɪt) BNW *verouderd*

out-of-the-way (aʊtəvðəˈweɪ) BNW • *ongewoon* • *afgelegen*

out-of-work (aʊtəvˈwɜːk) BNW *werkloos* ★ the ~ *de werklozen*

outpatient (ˈaʊtpeɪʃənt) ZN *poliklinisch patiënt* ★ ~(s') clinic *polikliniek*

outplace (aʊtpleɪs) OV WW *tewerkstellen* ⟨bij andere werkgever⟩

outplacement (ˈaʊtpleɪsmənt) ZN • *uitplaatsing* • *ontslagbegeleiding*

outplay (aʊtˈpleɪ) OV WW *beter spelen dan*; *overspelen*

outpost (ˈaʊtpəʊst) ZN *buiten-/voorpost*

outpouring (ˈaʊtpɔːrɪŋ) ZN OOK FIG. *uitstorting*

output (ˈaʊtpʊt) ZN • *uitkomst*; *opbrengst* • *uitvoer* • *wat uitgevoerd/voltooid is* • *productie*; *prestatie*; *vermogen* ⟨v. elektriciteit⟩ • *output* ⟨v. computer⟩ • *uitgang* ⟨in elektronica⟩

outrage (ˈaʊtreɪdʒ) I ZN • *grove belediging* • *verontwaardiging* • *aanranding*; *verkrachting*; *gewelddaad* II OV WW • *geweld aandoen*; *verkrachten* • *grof beledigen* ★ ~d *diep verontwaardigd*

outrageous (aʊtˈreɪdʒəs) BNW • *beledigend*; *ergerlijk*; *afschuwelijk* • *gewelddadig* • *schandelijk*; *verschrikkelijk* • *extravagant*; *buitensporig*

outrange (aʊtˈreɪndʒ) OV WW *verder dragen* ⟨v. geschut⟩; *verder reiken dan*

outrank (aʊtˈræŋk) OV WW • *hogere rang hebben* • *overtreffen*

outré (ˈuːtreɪ) BNW *onbehoorlijk*; *buitenissig*; *excentriek*

outreach (aʊtˈriːtʃ) I OV WW • *overtreffen* • *verder reiken dan* II ONOV WW • *z. uitstrekken*

outride (aʊtˈraɪd) OV WW *sneller rijden dan*

outrider (ˈaʊtraɪdə) ZN • *achter-/voorrijder* ⟨bij koets/rijtuig⟩ • *handelsreiziger*

outright (ˈaʊtraɪt) I BNW • *totaal* II BIJW • *ineens* • *helemaal* • *ronduit*

outrun (aʊtˈrʌn) OV WW • *harder lopen dan* • *voorbij streven* • *ontlopen* ★ ~ the constable *te royaal leven*

outrunner (aʊtˈrʌnə) ZN • *extra paard buiten 't lamoen* • *begeleider* • *koploper*; FIG. *voorloper*

outsell (aʊtˈsel) OV WW • *meer verkopen dan* • *meer verkocht wordt dan*

outset (ˈaʊtset) ZN *begin* ★ from the very ~ *vanaf 't allereerste begin*

outshine (aʊtˈʃaɪn) OV WW *uitblinken*;

overtreffen in luister; *overschaduwen*

outside¹ (aʊtˈsaɪd) I ZN • *buiten(kant)*; *uiterlijk* ★ turn it ~ in *keer 't binnenste buiten* II BNW • *buitenste* III BIJW • *naar/van buiten*

outside² (ˈaʊtsaɪd) VZ • *buiten* • USA *behalve* ★ ~ of his family *buiten zijn familie*

outsider (aʊtˈsaɪdə) ZN • *buitenstaander* • *niet-lid* • SPORT *kansloos paard* ⟨in wedren⟩

outskirts (ˈaʊtskɜːts) ZN zoom; *buitenwijken* ★ on the ~ of society *aan de zelfkant van de maatschappij*

outsmart (aʊtˈsmɑːt) OV WW *te slim af zijn*

outsource (ˈaʊtsɔːs) OV WW *uitbesteden* ⟨v. niet-kernactiviteiten⟩

outspoken (aʊtˈspəʊkən) BNW *openhartig*; *ronduit*

outspread (aʊtˈspred) I BNW • *uitgespreid* II OV WW • *uitspreiden*

outstanding (aʊtˈstændɪŋ) BNW • *uitstaand* • *uitstekend*; *voortreffelijk* • *onbeslist* ★ ~ debts *onbetaalde schulden*

outstare (aʊtˈsteə) OV WW • *iem. v. z'n stuk brengen* • *brutaal blijven kijken naar*

outstation (ˈaʊtsteɪʃən) ZN *buitenpost* ⟨in koloniën⟩

outstay (aʊtˈsteɪ) OV WW *langer blijven dan* ★ ~ one's welcome *te lang blijven hangen*; *langer blijven dan je welkom bent*

outstrip (aʊtˈstrɪp) OV WW • *overtreffen* • *inhalen*; *voorbijlopen*

outta (ˈaʊtə) SAMENTR out of • → **out**

out-talk (aʊtˈtɔːk) OV WW *omver praten*

out-turn (ˈaʊtˌtɜːn) ZN • *productie* • *resultaat*

outvote (aʊtˈvəʊt) OV WW *meer stemmen behalen dan*

outward (ˈaʊtwəd) BNW + BIJW *buitenwaarts*; *uiterlijk*; *uitwendig* ★ ~ man *uiterlijke verschijning (kleding)*; *de uitwendige mens ('t lichaam, niet de ziel)* ★ to ~seeming *ogenschijnlijk* ★ ~ things *de wereld om ons heen* ★ ~ bound *op de uitreis*

outwardly (ˈaʊtwədlɪ) BIJW *ogenschijnlijk*; *klaarblijkelijk*

outwards (ˈaʊtwədz) BIJW *naar buiten*; *buitenwaarts*

outwear (aʊtˈweə) OV WW • *verslijten*; *op raken* • OUD. *doorbrengen* • *te boven komen* • *langer duren dan*

outweigh (aʊtˈweɪ) OV WW • *belangrijker zijn dan* • *compenseren* • *tenietdoen* • *zwaarder wegen dan*

outwit (aʊtˈwɪt) OV WW *te slim af zijn*

outwork (ˈaʊtwɜːk) ZN *werk buitenshuis gedaan*

outworn (aʊtˈwɔːn) BNW • *versleten* • *verouderd*; *afgezaagd*

ova (ˈəʊvə) ZN [mv] • → **ovum**

oval (ˈəʊvəl) I ZN • *de voetbal* ⟨bij Am. voetbal⟩ ★ the Oval *cricketterrein in Londen* II BNW • *ovaal*

ovarian (əʊˈveərɪən) BNW • *v.d. eierstok* • *v.h. vruchtbeginsel*

ovary (ˈəʊvərɪ) ZN • *eierstok* • *vruchtbeginsel*

ovate (ˈəʊvert) BNW *ovaal*; *eivormig*

ovation (əʊˈveɪʃən) ZN *ovatie*

oven (ˈʌvən) ZN *oven*; *fornuis*

ovenware (ˈʌvənweə) ZN *vuurvaste schalen*

over ('əʊvə) **I** BIJW • *voorbij* • *om*; *over* • USA
z.o.z. • *over again opnieuw* ★ *over and over
(again) telkens weer* ★ *over against this you
can put ... hiertegenover kun je ... stellen* ★ *he
is not over particular hij neemt 't niet zo
precies* ★ *we shall tide over the difficulties we
zullen de moeilijkheden te boven komen*
★ *school is over de school is uit* ★ *it's him all
over hij is 't precies; dat is nu precies iets voor
hem (om te doen)* ★ USA *over there in Europa*
★ *it's all over with him 't is met hem gedaan*
★ *do you see the people going over there?
zie je die mensen daarginds gaan?* ★ *it's all
over now het is allemaal voorbij* **II** VZ • *over*;
boven • *bij*; *aangaande* • *over ... heen* ★ *over
and above this you get also behalve dit krijg je
ook nog ...* ★ *all over the world over de hele
wereld* ★ *we talked about the matter over a
bottle of wine we bespraken de zaak bij 'n fles
wijn* ★ *he went asleep over his work hij viel
bij z'n werk in slaap* ★ *we stayed over
Wednesday we bleven (er) tot en met
woensdag* ★ *my neighbour over the way mijn
overbuur* ★ *over the way aan de overkant*
III VOORV • *over-; te* **IV** ZN • *surplus*

overabundant (əʊvə'bʌndənt) BNW *al te
overvloedig/overdadig*

overact (əʊvər'ækt) OV+ONOV WW *overdrijven*

overall[1] ('əʊvərɔ:l) ZN • *overall* • *jasschort* ★ ~s
overall; monteurspak

overall[2] (əʊvər'ɔ:l) BNW *geheel; totaal; globaal*

overanxious (əʊvər'æŋkʃəs) BNW *overbezorgd*

overarm ('əʊvərɑ:m) BNW + BIJW *bovenarms*

overawe (əʊvər'ɔ:) OV WW • *ontzag inboezemen*
• *intimideren*

overbalance (əʊvə'bæləns) **I** ZN • *overwicht;
meerderheid* **II** OV WW • *'t evenwicht doen
verliezen* **III** OV WW • *'t evenwicht verliezen*

overbearing (əʊvə'beərɪŋ) BNW *dominerend*

overbid[1] ('əʊvəbɪd) ZN *hoger bod*

overbid[2] (əʊvə'bɪd) OV+ONOV WW • *overbieden*
• FIG. *overtreffen*

overboard ('əʊvəbɔ:d) BIJW • *overboord* • *uit de
trein* • USA *overdreven* ★ *they were lost* ~ *ze
sloegen overboord en verdronken* ★ *they went
~ with their expenses zij zijn zich met de
onkosten behoorlijk te buiten gegaan*

overbuild (əʊvə'bɪld) OV WW • *vol bouwen* • *te
veel bouwen*

overburden (əʊvə'bɜ:dn) OV WW *overbelasten*

overbusy (əʊvə'bɪzɪ) BNW *al te druk*

overcall (əʊvə'kɔ:l) OV WW *overbieden*

overcast (əʊvə'kɑ:st) OV WW • *bedekken*
• *overhands naaien* ★ *an ~ sky een betrokken
hemel*

overcautious (əʊvə'kɔ:ʃəs) BNW *te voorzichtig*

overcharge (əʊvə'tʃɑ:dʒ) OV WW • *overvragen;
te veel in rekening brengen* • *te sterk laden* ⟨v.
batterij⟩ • *overdrijven*

overcoat ('əʊvəkəʊt) ZN • *overjas* • *deklaag* ⟨v.
verf enz.⟩

overcome (əʊvə'kʌm) OV WW *te boven komen*
★ *they were ~ ze werden overwonnen/
overmand; ⟨door moeilijkheden⟩ ze werden
bevangen ⟨door de hitte⟩*

overconfident (əʊvə'kɒnfɪdnt) BNW *overmoedig*

overcrop (əʊvə'krɒp) OV WW *uitputten door
roofbouw*

overcropping (əʊvə'krɒpɪŋ) ZN *roofbouw*

overcrowd (əʊvə'kraʊd) OV WW *te vol maken*

overcrowded (əʊvə'kraʊdɪd) BNW *overvol*

overdo (əʊvə'du:) OV WW • *overdrijven* • *te gaar
koken/worden* • *uitputten*

overdose ('əʊvədəʊs) **I** ZN • *te grote dosis* **II** OV
WW • *te grote dosis geven (v.)* **III** ONOV WW
• *een overdosis nemen*

overdraft ('əʊvədrɑ:ft) ZN • *debetstand;
bankschuld* • *voorschot in rekening-courant*

overdraw (əʊvə'drɔ:) OV WW *te veel opnemen*
⟨geld van bankrekening⟩ ★ ~ *one's account
debet staan ⟨bij de bank⟩* ★ *be ~n debet staan
⟨bij de bank⟩*

overdress (əʊvə'dres) ONOV WW • *z. te
feestelijk/formeel kleden voor de gelegenheid*
• *zich al te opzichtig kleden*

overdrive ('əʊvədraɪv) ZN AUTO. *overdrive*
★ INFORM. *go into ~ hyperactief worden*

overdue (əʊvə'dju:) BNW • *over tijd* • *te laat; niet
op tijd; achterstallig*

overeat (əʊvər'i:t) ONOV WW ★ ~ *o.s. te veel eten*

overestimate[1] (əʊvər'estɪmət) ZN *overschatting;
te hoge raming*

overestimate[2] (əʊvər'estɪmeɪt) OV WW *te hoog
schatten; overschatten*

overexpose (əʊvərɪk'spəʊz) OV WW *te lang
blootstellen; overbelichten* ⟨v. foto⟩

overfeed (əʊvə'fi:d) OV WW *te sterk voeden*

overflow[1] ('əʊvəfləʊ) ZN • *overloop(pijp)*
• *overstroming* • *overvloed*

overflow[2] (əʊvə'fləʊ) ONOV WW *overstromen*

overground ('əʊvəgraʊnd) BNW *bovengronds*

overgrow (əʊvə'grəʊ) **I** OV WW • *verstikken* • *te
buiten gaan* ⟨de perken⟩ • *begroeien* ★ ~ *o.s.
uit z'n kracht groeien* **II** ONOV WW • *te groot
worden*

overgrown (əʊvə'grəʊn) BNW • *overwoekerd;
verwilderd* • *uit zijn krachten gegroeid*

overgrowth ('əʊvəgrəʊθ) ZN • *te sterke groei*
• *overvloed*

overhand ('əʊvəhænd) BNW *bovenhands*

overhang ('əʊvəhæŋ) OV WW • *hangen boven of
over* • *bedreigen*

overhaul[1] ('əʊvəhɔ:l) ZN • *revisie; demontage*
• *grondig onderzoek* • *'t inhalen*

overhaul[2] (əʊvə'hɔ:l) OV WW • *reviseren;
demonteren* • *grondig onderzoeken* • SCHEEPV.
inhalen

overhead[1] ('əʊvəhed) **I** ZN • *zoldering*
• *overheadkosten; vaste bedrijfskosten* **II** BNW
• *boven 't hoofd; bovengronds* ⟨geleiding⟩ ★ ~
charges/costs/expenses vaste bedrijfskosten
★ ~ *price prijs met inbegrip van alle kosten* ★ ~
sector niet-productief personeel

overhead[2] (əʊvə'hed) BIJW *boven 't hoofd*

overhear (əʊvə'hɪə) OV WW • *toevallig horen*
• *afluisteren*

overheat (əʊvə'hi:t) **I** OV WW • *oververhitten*
II ONOV WW • *warmlopen*

overjoyed (əʊvə'dʒɔɪd) BNW *opgetogen; dolblij*

overkill ('əʊvəkɪl) ZN • *overdreven gebruik* • *een
teveel aan doden* ⟨bij kernoorlog⟩
• *onvoorziene vernietigende uitwerking*

OV

overladen (əʊvəˈleɪdn) BNW *overladen*; *overbelast*

overlap[1] (ˈəʊvəlæp) ZN *overlap*

overlap[2] (əʊvəˈlæp) OV WW *overlappen*; *gedeeltelijk bedekken*

overlay[1] (ˈəʊvəleɪ) ZN • *bedekking* • *tafelkleedje* • *bovenmatras*

overlay[2] (əʊvəˈleɪ) OV WW *bedekken*

overleaf (əʊvəˈliːf) BIJW *aan de andere kant v.d. bladzijde* ★ see ~ *z.o.z.*

overleap (əʊvəˈliːp) OV WW *springen over*; *overslaan*

overload[1] (ˈəʊvələʊd) ZN *te zware last*

overload[2] (əʊvəˈləʊd) OV WW *te zwaar (be)laden*

overlook (əʊvəˈlʊk) OV WW • *uitzien op* • *over het hoofd zien* • *door de vingers zien* • *toezicht houden op* • *behetsen met het kwade oog*

overlord (ˈəʊvələːd) ZN *opperheer*

overly (ˈəʊvəlɪ) BIJW *al te*; *te zeer*

overman (əʊvəˈmæn) ZN • *baas* • *übermensch*

overmanned (əʊvəˈmænd) BNW *overbezet*

overmany (əʊvəˈmenɪ) BNW *al te veel*

overmaster (əʊvəˈmɑːstə) OV WW *overweldigen*

overmatch[1] (əʊvəˈmætʃ) OV WW *overtreffen*; *verslaan*

overmatch[2] (ˈəʊvəmætʃ) ZN *meerdere* ⟨bij mededinging⟩

overmuch (əʊvəˈmʌtʃ) ZN *te veel/zeer*

overnight (əʊvəˈnaɪt) I ZN • *de vorige avond* II BNW • *v. d. avond/nacht tevoren* III BIJW • *de avond/nacht tevoren* • *gedurende de nacht* • *in 'n wip* • *zo maar*; *ineens* ★ stay ~ *blijven slapen*

overpass[1] (ˈəʊvəpɑːs) ZN USA *viaduct*

overpass[2] (əʊvəˈpɑːs) OV WW • *oversteken* • *afleggen* ⟨v. afstand⟩ • *uitsteken over* • *te boven komen*

overpay (əʊvəˈpeɪ) OV+ONOV WW *te veel betalen*

overplay (əʊvəˈpleɪ) OV WW *overdreven acteren* ★ ~ one's hand *te veel wagen*

overpopulated (əʊvəˈpɒpjʊleɪtɪd) BNW *overbevolkt*

overpopulation (əʊvəpɒpjʊˈleɪʃən) ZN *overbevolking*

overpower (əʊvəˈpaʊə) OV WW *overmannen/-weldigen*

overpowering (əʊvəˈpaʊərɪŋ) BNW • *overweldigend* • *onweerstaanbaar*

overprice (əʊvəˈpraɪs) OV WW *te veel vragen voor* ★ ~d shoes *te dure schoenen*

overprint[1] (ˈəʊvəprɪnt) ZN *opdruk* ⟨op postzegel⟩

overprint[2] (əʊvəˈprɪnt) OV WW A-V *te donker afdrukken*

overrate (əʊvəˈreɪt) OV WW *overschatten*

overreach (əʊvəˈriːtʃ) OV WW • *verder reiken dan* • *bedriegen* ★ ~ o.s. *al te slim willen zijn*; *zich verrekken*

override (əʊvəˈraɪd) OV WW • *te paard trekken door* • *z. niet storen aan* • *tenietdoen* • *afjakkeren*

overriding (əʊvəˈraɪdɪŋ) BNW *v. het allergrootste belang*

overrule (əʊvəˈruːl) OV WW • *verwerpen* • *overstèmmen* • *overreden*

overrun (əʊvəˈrʌn) I OV WW • *voorbijlopen* • *overstromen* • *geheel begroeien* • *aflopen/ -stropen* II WKD WW ★ ~ o.s. *zich een ongeluk lopen*

overseas (əʊvəˈsiːz) BNW + BIJW *overzee(s)*

oversee (əʊvəˈsiː) OV WW • OUD. *overzien* • *controleren*

overseer (ˈəʊvəsiːə) ZN • *opzichter*; *inspecteur* • *armenvoogd*

oversell (əʊvəˈsel) OV WW *meer verkopen dan afgeleverd kan worden*

overshadow (əʊvəˈʃædəʊ) OV WW • OOK FIG. *overschaduwen* • *beschutten*

overshoe (ˈəʊvəʃuː) ZN *overschoen*

overshoot (əʊvəˈʃuːt) OV WW *voorbijschieten/-streven*

overside (ˈəʊvəsaɪd) BNW + BIJW *over de zijde*; *over de verschansing* ⟨v. een schip⟩

oversight (ˈəʊvəsaɪt) ZN • *onoplettendheid*; *vergissing* • *toezicht*

oversimplify (əʊvəˈsɪmplɪfaɪ) OV WW *oversimplificeren*; *al te eenvoudig voorstellen*

oversized (əʊvəˈsaɪzd), **oversize** (əʊvəˈsaɪz) BNW *te groot*; *extra groot*

oversleep (əʊvəˈsliːp) ONOV WW *te lang doorslapen*; *zich verslapen* ★ ~ o.s. *zich verslapen*

overspend (əʊvəˈspend) I OV WW • *meer uitgeven dan* II OV+ONOV WW • *te veel uitgeven*

overspill[1] (ˈəʊvəspɪl) ZN • *overloop*; *gemorst water* • *overbevolking*

overspill[2] (əʊvəˈspɪl) ONOV WW *overlopen*

overstaff (əʊvəˈstɑːf) OV WW *te veel personeel aanstellen*

overstate (əʊvəˈsteɪt) OV WW *overdrijven*; *te veel beweren*

overstay (əʊvəˈsteɪ) OV WW *langer blijven dan*; *te lang blijven*

overstep (əʊvəˈstep) OV WW *overschrijden* ★ ~ the mark *over de schreef gaan*

overstock[1] (ˈəʊvəstɒk) ZN *te grote voorraad*

overstock[2] (əʊvəˈstɒk) OV WW *te veel overladen*; *overvoeren* ⟨v. markt⟩

overstrain (əʊvəˈstreɪn) I OV WW • *overspannen* II ONOV WW • *overdrijven* • *zich te zeer inspannen*

overstrung (ˈəʊvəstrʌŋ) BNW • *overspannen* • *kruissnarig* ⟨v. piano⟩

overt (əʊˈvɜːt) BNW • JUR. *openbaar* • *publiek*; *open(lijk)*

overtake (əʊvəˈteɪk) OV WW • *inhalen* ⟨in het verkeer⟩ • *overvallen*

overtax (əʊvəˈtæks) OV WW • *overbelasten* • *te zwaar belasten*

overthrow[1] (ˈəʊvəθrəʊ) ZN *nederlaag*; *val*

overthrow[2] (əʊvəˈθrəʊ) OV WW *omverwerpen*; *ten val brengen*

overthrowal (əʊvəˈθrəʊəl) ZN *nederlaag*; *val*

overtime (ˈəʊvətaɪm) ZN • *overuren*; *overwerk* • SPORT *verlenging* ★ work ~ *overwerken*

overtone (ˈəʊvətəʊn) ZN • MUZ. *boventoon* • *bijbetekenis*; *ondertoon* ⟨fig.⟩

overtop (əʊvəˈtɒp) OV WW • *overtreffen* • *z. verheffen boven*

overtrump (əʊvəˈtrʌmp) OV WW *overtroeven*

overture (ˈəʊvətjʊə) ZN • *(eerste) voorstel* • MUZ. *ouverture* • *inleiding v. gedicht* ★ make ~s *to toenadering zoeken tot*

overturn[1] (ˈəʊvətɜːn) ZN *het kantelen*; *het*

omverwerpen

overturn² (əʊvə'tɜ:n) **I** OV WW • *doen omslaan*; *omgooien*; *omverwerpen* • *ten val brengen* **II** ONOV WW • *kantelen*; *omslaan*

overvalue¹ ('əʊvəvælju:) ZN *overwaarde*

overvalue² (əʊvə'vælju:) OV WW *overschatten*; *overwaarderen*

overview ('əʊvəvju:) ZN *overzicht*

overweening (əʊvə'wi:nɪŋ) BNW • *verwaand* • *overdreven*

overweight¹ ('əʊvəweɪt) ZN *te zware last*; *over(ge)wicht*

overweight² (əʊvə'weɪt) **I** BNW • *te zwaar* ⟨in lichaamsgewicht⟩ **II** OV WW • *te zwaar belasten*

overwhelm (əʊvə'welm) OV WW *overstelpen*

overwhelming (əʊvə'welmɪŋ) BNW *overweldigend*; *verpletterend*

overwind (əʊvə'waɪnd) OV WW *te hard opwinden* ⟨v. horloge⟩

overwork¹ ('əʊvəwɜ:k) ZN *overwerk*

overwork² (əʊvə'wɜ:k) OV WW • *overwérken* • *uitputten* ⋆ ~ o.s. *zich overwérken*

overworn (əʊvə'wɔ:n) BNW • *afgedragen* • *doodop* • *afgezaagd*

overwrite (əʊvə'raɪt) **I** OV WW • *beschrijven* ⟨v. oppervlakte⟩ **II** ONOV WW • *te veel schrijven*

overwrought (əʊvə'rɔ:t) BNW • *overwerkt* • *te gedetailleerd*

oviduct ('əʊvɪdʌkt) ZN *eileider*

oviform ('əʊvɪfɔ:m) BNW *eivormig*

ovine ('əʊvaɪn) BNW • *schaaps-*; *schapen-* • *schaapachtig*

oviparous (əʊ'vɪpərəs) BNW *eierleggend*

ovoid ('əʊvɔɪd) BNW *eivormig lichaam/oppervlak*

ovulate ('ɒvjʊleɪt) ONOV WW *ovuleren*

ovule ('əʊvju:l) ZN • *eierkiem* • *onbevrucht ei*

ovum ('əʊvəm) ZN *ei(cel)*

ow (aʊ) TW *au*

owe (əʊ) OV WW • *schuldig/verschuldigd zijn* • *te danken hebben* ⋆ I owe for some goods *enkele artikelen moet ik nog betalen* ⋆ he owes me a grudge *hij koestert een wrok tegen me* ⋆ we owe you much for your help *wij zijn u zeer verplicht voor uw hulp*

owing ('əʊɪŋ) **I** ZN • ~s *schulden* **II** BNW + BIJW • *schuldig*; *verschuldigd*; *te betalen* ⋆ ~ to *als gevolg van*; *te danken/wijten aan*

owl (aʊl) ZN *uil* ⋆ USA owl-car *na middernacht rijdende tram* ⋆ tawny owl *bosuil* ⋆ barn owl *kerkuil* ⋆ little owl *steenuil* ⋆ eagle owl *oehoe* ⋆ long-eared owl *ransuil*

owlet ('aʊlət) ZN *uiltje*

owlish ('aʊlɪʃ) BNW *uilachtig*

own (əʊn) **I** OV WW • *bezitten*; *(in eigendom) hebben* • *toegeven*; *erkennen* ⋆ own to sth *iets bekennen* ⟨vooral een fout⟩ ⋆ British owned *Brits eigendom* • INFORM. ~ up *opbiechten* **II** BNW • *eigen* ⋆ truth for its own sake *waarheid omwille v. de waarheid* ⋆ in one's own right *krachtens erfrecht* ⟨niet door huwelijk⟩ ⋆ be one's own man *onafhankelijk zijn* ⋆ my very own room *een kamer die helemaal voor mezelf is* ⋆ an own cousin *volle neef* **III** ZN • *eigendom* • *eigen familie* ⋆ these qualities are all its own *de eigenschappen*

(ervan) zijn zeer karakteristiek ⋆ he came into his own *hij kreeg wat hem toekwam* ⋆ houses of one's own *eigen huizen* ⋆ one has to take care of one's own *het hemd is nader dan de rok* ⋆ my very own *helemaal van mij alleen*; *mijn allerliefste* ⋆ INFORM. get one's own back *zich wreken*; *'t iem. betaald zetten* ⋆ we could not hold our own *wij wisten ons niet staande te houden* ⋆ on one's own *op eigen houtje*; *voor eigen rekening*; *onafhankelijk*; *zelfstandig* ⋆ my time is my own *ik heb de tijd aan mezelf*

owner ('əʊnə) ZN • *eigenaar* • PLAT/SCHEEPVAART *kapitein* ⋆ ship ~ *reder*

owner-occupier ZN *eigenaar-bewoner*; *bewoner van eigen woning*

ownership ('əʊnəʃɪp) ZN *eigendom(srecht)* ⋆ JUR. beneficial ~ *vruchtgebruik*

ox (ɒks) ZN • *os* • *rund*

oxbow ('ɒksbəʊ) ZN *U-bocht* ⟨in rivier⟩

Oxbridge ('ɒksbrɪdʒ) **I** ZN • *samentrekking van Oxford en Cambridge* **II** BNW • *m.b.t. Oxford en/of Cambridge*

oxcart ('ɒkskɑ:t) ZN *ossenkar*

oxen ('ɒksən) ZN [MV] • → **ox**

oxer ('ɒksə) ZN *sterke omheining met haag en/of sloot*

oxidate ('ɒksɪdeɪt) OV+ONOV WW *oxideren*

oxidation (ɒksɪ'deɪʃən) ZN *oxidatie*

oxide ('ɒksaɪd) ZN *oxide*

oxidization, G-B **oxidisation** (ɒksɪdaɪ'zeɪʃən) ZN • → **oxidation**

oxidize, G-B **oxidise** ('ɒksɪdaɪz) OV+ONOV WW *oxideren*

oxlip ('ɒkslɪp) ZN *primula*

Oxonian (ɒk'səʊnɪən) ZN *(oud-)student v. Oxford* **II** BNW • *van Oxford*

oxtail ('ɒksteɪl) ZN *ossenstaart*

oxyacetylene (ɒksɪə'setɪli:n) BNW *met acetyleen en zuurstof* ⋆ ~ burner *snijbrander*

oxygen ('ɒksɪdʒən) ZN *zuurstof* ⋆ ~ mask *zuurstofmasker* ⋆ ~ tent *zuurstoftent*

oxygenate ('ɒksɪdʒəneɪt) ONOV WW *oxideren*; *verbinden met zuurstof*

oyster ('ɔɪstə) ZN • *oester* • *iem. die gesloten is*; *zwijger* ⋆ ~ mushroom *oesterzwam* ⋆ ~ bed *oesterbed* ⋆ ~ farm *oesterkwekerij*

oystercatcher ('ɔɪstəkætʃə) ZN *scholekster*

oz AFK *ounce(s)* ounce ⟨28,35 gram⟩

Oz (ɒz) INFORM. *Australië*

ozone ('əʊzəʊn) ZN • *ozon* • INFORM. *frisse lucht*

OZ

P

p (pi:) I ZN • letter *p* ⋆ P as in Peter *de p van Pieter* II AFK • MUZ. piano *p* • penny, pence *p*

P (pi:) I AFK • parking *parkeerplaats* II ZN • → **p**

P2P AFK Peer-to-Peer *P2P* ⟨≈ van particulier naar particulier⟩

pa (pɑ:) ZN INFORM. *pa*

Pa. AFK USA *Pennsylvania* ⟨staat⟩

PA (pi:ei) AFK • Public Address (System) *p.a.* • Personal Assistant *privésecretaris/-esse*

pace (peɪs) I ZN • *pas; stap* • *gang* • *tempo* • *telgang* ⋆ keep pace with *gelijke tred houden met* ⋆ set the pace *het tempo aangeven* ⋆ break pace *uit de pas gaan* ⋆ put one through one's paces *iem. op de proef stellen* ⋆ go through / show one's paces *tonen wat men waard is* ⋆ stand / stay the pace *bijblijven; op gelijke hoogte blijven* II OV+ONOV WW • *stappen* • *met afgemeten pas door een ruimte lopen* • *gangmaken* • *in telgang lopen* • ~ **off/out** *afpassen; afmeten*

pacemaker ('peɪsmeɪkə) ZN • *pacemaker* • *gangmaker*

pacesetter ('peɪssetə) ZN • SPORT FIG. *haas; gangmaker* • *koploper*

pacific (pə'sɪfɪk) BNW LIT. *vreedzaam; vredelievend*

Pacific (pə'sɪfɪk) I ZN • *Grote Oceaan* II BNW ⋆ ~ Ocean *Grote Oceaan*

pacification (pæsɪfɪ'keɪʃən) ZN *pacificatie*

pacifier ('pæsɪfaɪə) ZN • *vredestichter* • USA *fopspeen*

pacifism ('pæsɪfɪzəm) ZN *pacifisme*

pacifist ('pæsɪfɪst) I ZN • *pacifist* II BNW • *pacifistisch*

pacify ('pæsɪfaɪ) OV WW • *pacificeren* • *tot rust brengen*

pack (pæk) I OV WW • *pakken; inpakken; verpakken* • *omwikkelen* • *inmaken* ⟨voedsel⟩ • *beladen* • *aanstampen; samenpersen* ⋆ pack a punch *veel impact hebben* • INFORM. pack one's bags *zijn spullen pakken* ⟨weggaan⟩ • ~ **away/off** *opbergen; de zak geven* • ~ **in** INFORM. *binnenhalen* ⟨iem. als toeschouwer⟩; INFORM. *ophouden met* ⟨bezigheid⟩ • ~ **in/up** *(in)pakken* II ONOV WW • *(in)pakken* • *z. laten inpakken* ⋆ I have been sent packing *ik ben aan de dijk gezet* • PLAT ~ **up** *tot stilstand komen* ⟨v. machine⟩; *(moeten) stoppen, ophouden* III ZN • *pak(je)* • *bepakking* • *rugzak* • *partij* ⟨hoeveelheid⟩ • *stel* ⟨groep⟩; *bende* • *meute* ⟨v. jachthonden⟩ • G-B *spel kaarten* ⋆ a pack of fools *een stelletje idioten* ⋆ a pack of lies *een hoop leugens* ⋆ a pack of cigarettes / chewing gum *een pakje sigaretten / kauwgum*

package ('pækɪdʒ) I ZN • *pakket* • *verpakking* • *emballage* II OV WW • *inpakken; verpakken*

package deal ZN *meerledige transactie*

package holiday, package tour ZN *geheel verzorgde vakantie*

pack animal ('pæk ˌænɪml) ZN *lastdier*

packed (pækt) I BNW • *opeengepakt* • *overvol* ⋆ a ~ house *een volle/uitverkochte zaal* ⋆ action ~

barstensvol actie II OV WW • → **pack**

packer ('pækə) ZN • *inpakker* • *pakmachine*

packet ('pækɪt) ZN • *pakje* ⟨vnl. van sigaretten⟩ • *pakket* ⟨post⟩ • PLAT *vermogen*

pack horse ('pækhɔːs) ZN *lastpaard*

pack ice (pæk aɪs) ZN *pakijs*

packing ('pækɪŋ) ZN • *verpakking* • *(het) verpakken*

pact (pækt) ZN *pact*

pacy BNW *snel*

pad (pæd) I ZN • *kussen(tje)* • *wattenschijfje* • *stootkussen; beschermer* • *vulsel* • *onderlegger* • *kladblok* • *zool* ⟨v. dierenpoot⟩ • *platform* ⟨voor helikopters⟩ • *lanceerinrichting* ⟨voor ruimtevaartuigen⟩ • *drijfblad* ⟨v. waterlelie⟩ • INFORM. *kamer; flat* ⋆ be on the pad *steekpenningen krijgen* ⋆ inlegkruisje ⋆ scouring pad *schuurspons* II OV WW • *bekleden* • *opvullen* ⋆ USA pad one's pocket *zijn beurs spekken* III ONOV WW • *lopen* ⟨met lichte tred⟩; *trippelen*

padding ('pædɪŋ) ZN • *vulsel* • *bladvulling*

paddle ('pædl) I OV WW • *afranselen* II ONOV WW • *dribbelen* ⟨v. kind⟩ • *poedelen* ⟨in water⟩ III OV+ONOV WW • *peddelen* ⋆ ~ one's own canoe *zich redden* IV ZN • *peddel* • *schoep*

paddle boat ZN *raderboot*

paddle wheel ZN *schoeprad*

paddy ('pædɪ) ZN • *rijstveld* • *boze bui*

Paddy ('pædɪ) ZN MIN. *Ier*

padlock ('pædlɒk) I ZN • *hangslot* II OV WW • *afsluiten; op slot zetten* ⟨met hangslot⟩

padre ('pɑ:dri) ZN INFORM. *aalmoezenier* ⟨in het leger⟩

paean ('pi:ən) ZN *lofzang; danklied*

paediatrician (pi:dɪə'trɪʃən) ZN USA *kinderarts*

paedophile ('pi:dəfaɪl) ZN *pedofiel*

paedophilia (pi:də'fɪlɪə) ZN *pedofilie*

pagan ('peɪgən) I ZN • *heiden* II BNW • *heidens*

paganism ('peɪgənɪzəm) ZN *heidendom*

page (peɪdʒ) I ZN • *pagina* • *page* • *piccolo* ⟨bediende⟩ • G-B *bruidsjonker* ⋆ USA blue pages *telefoonnummers v. ministeries* ⟨in telefoongids⟩ ⋆ Yellow Pages/USA yellow pages *Gouden Gids* II OV WW • *pagineren* • *oproepen* ⟨via geluidsinstallatie⟩ • *oppiepen* ⟨met een 'pager⟩ III ONOV WW • *bladeren*

pageant ('pædʒənt) ZN • *(historische) optocht/vertoning* • *opzienbarend schouwspel* • ≈ *schoonheidswedstrijd*

pageantry ('pædʒəntrɪ) ZN *praal*

pageboy ('peɪdʒbɔɪ) ZN • *page* • *piccolo* ⟨bediende⟩ • G-B *bruidsjonker* • *pagekopje* ⟨haardracht⟩

pager ('peɪdʒə) ZN *pieper* ⟨oproepapparaatje⟩

paginate ('pædʒɪneɪt) OV WW *pagineren*

pagination (pædʒɪ'neɪʃən) ZN *paginering*

pagoda (pə'gəʊdə) ZN *pagode*

paid (peɪd) I BNW *betaald* ⟨werk, verlof enz.⟩ II WW [verleden tijd + volt. deelw.] • → **pay**

pail (peɪl) ZN • *emmer* • USA *eetketeltje*

pain (peɪn) I ZN • *pijn* • *lijden* • *lastpost* ⋆ take (great) pains *zich veel moeite geven* ⋆ pain in the neck *lastpost* ⋆ VULG. pain in the ass *lastpost* ⋆ pains *weeën; moeite* ⋆ on/under pain of *op straffe van* II OV+ONOV WW

• *pijnigen* • *leed aandoen*
pained (peɪnd) BNW *gepijnigd*
painful ('peɪnfʊl) BNW *pijnlijk*
painkiller ('peɪnkɪlə) ZN *pijnstiller*
painless ('peɪnləs) BNW *pijnloos*
painstaking ('peɪnzteɪkɪŋ) BNW • *zwaar* ⟨v. werk⟩ • *gedegen* ⟨v. onderzoek⟩
paint (peɪnt) I ZN • *verf* ★ ⟨facial⟩ ~ *schmink* II OV WW • *schilderen* • *beschilderen* ★ FIG. ~ the town red *de bloemen buiten zetten* • ~ as *afschilderen als* • ~ out *overschilderen*
paintbox ('peɪntbɒks) ZN *kleurdoos*; *verfdoos*
paintbrush ('peɪntbrʌʃ) ZN *verfkwast*; *penseel*
painter ('peɪntə) ZN *schilder*
painting ('peɪntɪŋ) • *schilderij*; *schildering* • *schilderkunst*
paintwork ('peɪntwɜːk) ZN *verfwerk*; *verflaag*
pair (peə) I ZN • *paar* ⟨tweetal⟩ • *tweede* ⟨v. een tweetal⟩ • *stelletje* ⟨partners⟩ ★ a pair of... ⟨shoes etc.⟩ *een paar...* ⟨schoenen enz.⟩ ★ a pair of... ⟨trousers, glasses etc.⟩ *een...* ⟨broek, bril enz.; zie het betreffende trefwoord⟩ ★ pair of steps *trap*; *stoep*; *bordes* ★ in pairs *met z'n tweeën* ★ INFORM. a pair of hands *een arbeidskracht* ★ up two pairs ⟨of stairs⟩ *twee hoog* ★ the pair to ⟨a glove etc.⟩ *de bijpassende* ⟨handschoen enz.⟩ ★ that's another pair of boots/shoes! *dat is heel wat anders!* ★ there's a pair of you! *jullie zijn aan elkaar gewaagd!* ★ a nice pair of shoes *'n mooie boel* ★ pair royal *drie kaarten v. dezelfde waarde*; *drie dobbelstenen met gelijk aantal ogen* II OV WW • *paren*; *koppelen* • ~ off ⟨with⟩ *koppelen* ⟨aan⟩ ⟨liefdespartner⟩ • ~ up ⟨with⟩ *paren* ⟨aan⟩; *koppelen* ⟨aan⟩ III ONOV WW • *zich paren*; *zich koppelen* • ~ off ⟨with⟩ *een paar vormen* ⟨met⟩ ⟨v. liefdespartners⟩ • ~ up ⟨with⟩ *zich paren* ⟨aan⟩; *zich koppelen* ⟨met⟩
paisley ('peɪzlɪ) ZN *paisley* ⟨patroon⟩
pajamas (pə'dʒɑːməz) MV USA *pyjama*
Pakistani (pɑːkɪ'stɑːnɪ) I ZN [mv: **Pakistani**] • *Pakistaan* II BNW • *Pakistaans*
pal (pæl) I ZN • INFORM. *makker* II ONOV WW • INFORM. ~ up ⟨to/with⟩ *vrienden zijn/worden* ⟨met⟩
palace ('pæləs) ZN *paleis* ★ the Palace of Westminster *de parlementsgebouwen*
palaeo- (-('pælɪəʊ-) VOORV *paleo-*; *prehistorisch*
palaeontology (pælɪɒn'tɒlədʒɪ) ZN *paleontologie*; *fossielenleer*
palais ('pæleɪ) ZN INFORM. *grote danszaal*
palatability (pælətə'bɪlətɪ) ZN *smakelijkheid*
palatable ('pælətəbl) BNW • *smakelijk* • *aangenaam*
palatal ('pælətl) I ZN • *palatale klank* II BNW • *verhemelte-*
palate ('pælət) ZN • *verhemelte* • *smaak*
palatial (pə'leɪʃəl) BNW *paleisachtig*
palaver (pə'lɑːvə) ZN • *gedoe* • *gewauwel*
pale (peɪl) I ZN • *paal*; *lat*; *staak* • *omsloten ruimte* • *gebied* ★ within the pale *geoorloofd*; *behoorlijk*; *binnen de grenzen* ★ beyond the pale *onaanvaardbaar*; *ongeoorloofd* II BNW • *bleek*; *mat*; *dof*; *licht* III OV WW • *bleek maken*; *insluiten*; *omsluiten* IV ONOV WW • *bleek worden*; *verbleken* ★ pale before

verbleken bij; *niet in de schaduw kunnen staan bij*
paleface ('peɪlfeɪs) ZN *bleekgezicht*
paleo- VOORV USA • → **palaeo-**
Palestinian (pælɪ'stɪnɪən) I ZN • *Palestijn* II BNW • *Palestijns*
palette ('pælɪt) ZN *palet*
palfrey ('pɔːlfrɪ) ZN *rijpaard* ⟨vnl. voor dames⟩
paling ('peɪlɪŋ) ZN [vaak mv] *afzetting*; *omheining*
palisade (pælɪ'seɪd) I ZN • *palissade* • MIL. *schanspaal* II OV WW • *met palen omgeven* • *afzetten*
palish ('peɪlɪʃ) BNW *bleekjes*
pall (pɔːl) I ZN • *pallium* • *sluier* • *lijkkleed* II OV+ONOV WW • *doen walgen* • *verzadigen* ★ it palls upon him *het gaat hem tegenstaan*
palladium (pə'leɪdɪəm) ZN • *bescherming*; *waarborg*; *schild* • SCHEIK. *palladium*
pall-bearer (pɔːlbeərə) ZN *slippendrager*
pallet ('pælət) ZN • *pallet*; *laadbord* • *palet* • *strozak*; *stromatras*
palliate ('pælɪeɪt) OV WW *verlichten*; *vergoelijken*
palliation (pælɪ'eɪʃən) ZN • *vergoelijking* • *verzachting*
palliative ('pælɪətɪv) I ZN • *verzachtend middel* • *lapmiddel* • *uitvlucht* II BNW • *verzachtend*
pallid ('pælɪd) BNW *bleek*
pallor ('pælə) ZN *bleekheid*
pally ('pælɪ) BNW • INFORM. *bevriend* • INFORM. *vriendschappelijk*
palm (pɑːm) I ZN • *palm(tak)* • *handpalm* ⟨ook als maat⟩ • *blad v. roeiriem* ★ Palm Sunday *palmzondag* ★ grease a man's palm *iem. omkopen* ★ palm tree *palmboom* ★ palm (oil) *palmolie*; *smeergeld*; *steekpenningen* ★ yield the palm to *onderdoen voor* ★ bear the palm *de overwinning behalen* II OV WW • *omkopen* • *verbergen* ⟨in de hand⟩ • *betasten* ★ they palmed it (off) on me *ze smeerden het me aan* ★ he palms himself off as a teacher *hij geeft zich voor onderwijzer uit*
palmist ('pɑːmɪst) ZN *handlijnkundige*
palmistry ('pɑːmɪstrɪ) ZN • *handlijnkunde* • INFORM. *vingervlugheid*; *ontfutseling*
palmtop ('pɑːmtɒp) ZN COMP. *palmtop*; *handcomputer*
palmy ('pɑːmɪ) BNW • *palm-* • *vol palmen* • *bloeiend* ★ ~ days *bloeiperiode*
palpable ('pælpəbl) BNW *tastbaar*
palpate (pæl'peɪt) OV WW MED. *bekloppen*
palpation (pæl'peɪʃən) ZN *'t betasten*
palpitate ('pælpɪteɪt) ONOV WW • *kloppen* ⟨v. hart⟩ • *trillen*
palpitation (pælpɪ'teɪʃən) ZN • *hartklopping* • *trilling*
palsied ('pɔːlzɪd) BNW *verlamd*; *lam*
palsy ('pɔːlzɪ) I ZN • *verlamming* ★ cerebral ~ *spastische verlamming* II OV WW • *lam leggen*; *verlammen*
palter ('pɔːltə) ONOV WW • *om iets heen draaien* • *uitvlucht zoeken* • ~ with *spelen met*
paltry ('pɔːltrɪ) ZN BNW *verachtelijk*; *armetierig*; *armzalig*; *nietig*
pamper ('pæmpə) OV WW • *te veel geven*; *verwennen* • *verzadigen*

pa

pamphlet ('pæmflət) ZN *vlugschrift; brochure*

pamphleteer (pæmflə'tɪə) I ZN
• *brochureschrijver* II ONOV WW • *brochures schrijven*

pan (pæn) I ZN • *(koeken)pan • ketel; schaal*
• *duinpan • ijsschots • harde ondergrond* • USA *gezicht; tronie* II OV WW • USA *afkammen; vitten op* • ~ out *wassen* (V. goudaarde)
III ONOV WW • ~ out *goed uitvallen; uitwerken; zich ontwikkelen; goud opleveren; succes hebben; uitvallen*

panacea (pænə'si:ə) ZN *panacee; wondermiddel*

panache (pə'næʃ) ZN • *vederbos; pluim • zwier; verve*

panama ('pænəmɑ:) ZN ★ ~ (hat) *panama(hoed)*

pancake ('pænkeɪk) I ZN • *pannenkoek*
★ Pancake Day *Vastenavond* ★ ~landing *buiklanding* ★ ~roll *loempia* II ONOV WW
• PLAT *dalen*

pancreas ('pæŋkrɪəs) ZN *alvleesklier*

pancreatic (pæŋkrɪ'ætɪk) BNW *van de alvleesklier*

panda ('pændə) ZN *panda*

pandemic (pæn'demɪk) I ZN • *pandemie; volksziekte* II BNW • *over 'n heel land/de hele wereld verspreid* (V. ziekte)

pandemonium (pændɪ'məʊnɪəm) ZN
• *pandemonium • totale verwarring • hels kabaal*

pander ('pændə) I ZN • *koppelaar • handlanger*
II ONOV WW • *koppelen* • ~ to *in de hand werken; uitbuiten; toegeven aan*

pandit ('pændɪt) ZN • → pundit

pane (peɪn) ZN • *(glas)ruit • vak of indeling in muur • paneel*

panegyric (pænə'dʒɪrɪk) I ZN • *lofrede* II BNW
★ ~(al) *prijzend*

panegyrist (pænə'dʒɪrɪst) ZN *lofredenaar*

panel ('pænl) I ZN • *paneel • tussenzetsel* (in jurk)
• *schakelbord • lijst • zadelkussen • grote langwerpige foto • panel* ★ he is on the ~ *hij zit in de beoordelingscommissie* ★ ~ (of judges) *panel* (jury, vnl. bij wedstrijd) II OV WW
• *tussenzetsel in jurk zetten • lambrisering aanbrengen • in vakken verdelen* (V. muur, plafond)

panel beater ZN *uitdeuker*

panelist, USA panellist ('pænlɪst) ZN *panellid*

panelling, USA panelling ('pænəlɪŋ) ZN *paneelwerk; lambrisering*

pang (pæŋ) I ZN • *pijnscheut* II TW • *pang!*

panhandle ('pænhændl) I ZN • *steel v. pan* • USA *smalle strook van een land tussen twee andere landen* II OV+ONOV WW • USA *bedelen*

panhandler ('pænhændlə) ZN USA *bedelaar*

panic ('pænɪk) I ZN • *paniek • panische schrik*
• USA *giller* II BNW • *panisch* III OV WW • USA *op z'n kop zetten* IV ONOV WW • *in paniek raken*

panicky ('pænɪkɪ) BNW • INFORM. *alarmerend*
• INFORM. *door paniek aangegrepen*
• USA/INFORM. *fantastisch*

panicle ('pænɪkl) ZN PLANTK. *pluim*

panic-monger ('pænɪkmʌŋgə) ZN *paniekzaaier*

panic-stricken ('pænɪkstrɪkən) BNW *door paniek bevangen*

panic-struck BNW • → panic-stricken

pannier ('pænɪə) ZN *zadeltas*

panorama (pænə'rɑ:mə) ZN *panorama*

panoramic (pænə'ræmɪk) BNW *panorama-; panoramisch*

pan pipes ('pænpaɪps) ZN MV *panfluit*

pansy ('pænzɪ) ZN • *driekleurig viooltje* • INFORM. *verwijfd persoon* • INFORM. *mietje*

pant (pænt) I OV WW ★ pant (out) *hijgend uitbrengen* II ONOV WW • *hijgen • hevig kloppen* • ~ after/for *snakken naar* III ZN
• *(het) hijgen • klopping*

pantaloon (pæntə'lu:n) ZN *hansworst*

pantechnicon (pæn'teknɪkən) ZN
meubelopslagplaats

pantheism ('pænθiɪzəm) ZN *pantheïsme*

pantheist ('pænθiɪst) ZN *pantheïst*

pantheon ('pænθiən) ZN *pantheon*

panther ('pænθə) ZN *panter*

panties ('pæntɪz) ZN MV • *(dames)onderbroek; slipje • kinderbroekje*

pantile ('pæntaɪl) ZN *gewelfde dakpan*

panto ('pæntəʊ) INFORM. • → pantomime

pantograph ('pæntəgrɑ:f) ZN *tekenaap*

pantomime ('pæntəmaɪm) I ZN • *pantomime; gebarenspel • mimespeler • kindermusical* II OV WW • *mimen* III ONOV WW • *z. door gebaren uitdrukken*

pantomimist ('pæntəmaɪmɪst) ZN
pantomimespeler

pantry ('pæntrɪ) ZN *provisiekast; provisiekamer*
★ butler's/housemaid's ~ *kamer voor glaswerk, tafelzilver, tafellinnen*

pants (pænts) ZN MV • USA *(lange) broek*
• *onderbroek* ★ hot ~ *hotpants* ★ wet one's ~ *in zijn broek plassen* • INFORM. this scares the ~ off me *hiervan schrik ik me helemaal wezenloos*

pantyhose ('pæntɪhəʊz) ZN [mv: pantyhose]
USA *panty*

pantyliner ('pæntɪlaɪnə) ZN *inlegkruisje*

pantywaist ('pæntɪweɪst) ZN USA/INFORM.
verwijfde man

pap (pæp) ZN *pap; pulp*

papa (pə'pɑ:, 'pɑpɑ:) ZN INFORM. *papa*

papacy ('peɪpəsɪ) ZN • *pausdom • pausschap*

papal ('peɪpl) BNW *pauselijk* ★ Papal States
Kerkelijke Staat

paparazzo (pæpə'rætsəʊ) ZN [mv: paparazzi]
paparazzo

papaya (pə'paɪə) ZN *papaja*

paper ('peɪpə) I ZN • *papier • papiergeld • wissels*
• PLAT *(mensen met) vrijkaartjes voor een voorstelling • examenopgave • krant; blad*
• *document • agenda • opstel • scriptie*
• *voordracht • zakje • papillot* ★ ~hangings *behangsel* ★ ~s [mv] *papieren; stukken* ★ brown ~pakpapier* ★ foreign ~ *deviezen; dun schrijfpapier* ★ VS, INFORM. funny ~s [mv] *moppenbladjes; moppenpagina* (V. krant)
★ white ~ *witboek* ★ writing ~ *schrijfpapier*
★ blotting ~ *vloei(papier)* ★ commit sth to ~ *iets aan het papier toevertrouwen* ★ do a ~ *een oefening maken* ★ send in one's ~s *zijn stukken inzenden; zijn ontslag indienen* II BNW
• *van papier • op papier* ★ ~ money *papiergeld*
III OV WW • *in papier pakken • behangen;*

schuren ⟨met schuurpapier⟩ • PLAT *met vrijkaartjes vullen* • USA/PLAT *met hypotheek bezwaren*

paperback ('peɪpəbæk) ZN *ingenaaid boek*; *pocket(boek)*

paper boy ZN *krantenjongen*

paper knife ZN *briefopener*

paperweight ('peɪpəweɪt) ZN *presse-papier*

paperwork ('peɪpəwɜːk) ZN *papierwerk*; *administratief werk*

papery ('peɪpərɪ) BNW *papierachtig*

papilla (pə'pɪlə) ZN *papil*

papillae (pə'pɪliː) ZN [mv] • → **papilla**

papist ('peɪpɪst) ZN *papist*; *paap*

papistry ('peɪpɪstrɪ) ZN *paaps gedoe*

pappy (pæpɪ) BNW • *papachtig*; *zacht* • *futloos*

paprika ('pæprɪkə, pə'priːkə) ZN *paprikapoeder*

papyrus (pə'paɪərəs) ZN *papyrus*

par (pɑː) I ZN • *gelijkheid* • *pari* • *gemiddelde* • INFORM. *krantenberichtje* • *vastgesteld aantal slagen* ⟨bij golf⟩ ★ *above par boven 't gemiddelde*; *zeer goed*; *boven de nominale waarde* ★ *below par beneden 't gemiddelde*; *ondermaats*; *onder de nominale waarde*; *wat van streek* ★ *it's up to par het is voldoende* ★ *on a par (with) gemiddeld*; *op één lijn (met)* ★ *at par à pari* ★ USA *par for the course wat te verwachten valt*; *typisch* II OV WW • *gelijk stellen* • *par spelen* ⟨golf⟩

para ('pærə) ZN *para(chutist)*

parable ('pærəbl) ZN *parabel*; *gelijkenis*

parabola (pə'ræbələ) ZN *parabool*

parabolic (pærə'bɒlɪk) BNW • *van/zoals een parabool* • *(bij wijze) van parabel*

parachute ('pærəʃuːt) I ZN • *valscherm* ★ ~ *flare lichtkogel* II OV WW • *met parachute neerlaten* III ONOV WW • *met parachute afdalen*

parachutist ('pærəʃuːtɪst) ZN *parachutist*

parade (pə'reɪd) I ZN • *parade* • *appel* • *menigte* ⟨v. wandelaars⟩ • *paradeplein* • *promenade*; *boulevard* • *vertoon* • *optocht* ★ ~ *ground paradeplaats* ★ *floral* ~ *bloemencorso* II OV+ONOV WW • *paraderen* • *doortrekken*; *laten marcheren* • *optocht houden* • *pronken (met)* • *(laten) aantreden*

paradigm ('pærədaɪm) ZN *paradigma*

paradigmatic (pærədɪg'mætɪk) BNW *paradigmatisch*

paradise ('pærədaɪs) ZN *paradijs*

paradisiacal (pærə'dɪzɪækl) BNW *paradijselijk*; *paradijs-*

paradox ('pærədɒks) ZN *paradox*

paradoxical (pærə'dɒksɪkl) BNW *paradoxaal*

paraffin ('pærəfɪn) ZN G-B *kerosine* ★ ~ *wax (harde) paraffine*

paragliding ('pærəglaɪdɪŋ) ZN SPORT *paragliden*; *parapenten*

paragon ('pærəgən) I ZN • *toonbeeld* ⟨v. volmaaktheid⟩ • *diamant v. meer dan 100 karaat* II OV WW • *vergelijken*

paragraph ('pærəgrɑːf) I ZN • *krantenartikeltje* • *alinea* • *paragraafteken* II OV WW • *in alinea's verdelen* • *krantenberichtje schrijven over*

parakeet ('pærəkiːt) ZN *parkiet*

paralegal ('pærəliːgl) ZN USA *assistent v. advocaat*

parallel ('pærəlel) I ZN • *parallel* ★ ~ *(of latitude) breedtecirkel* • *draw a* ~ *between ... een parallel trekken tussen ...* II BNW • *parallel* ★ ~ *bars brug met gelijke leggers* III OV WW • *op één lijn stellen* • *vergelijken* • *evenaren* • *evenwijdig zijn met*

parallelism ('pærəlelɪzəm) ZN • *evenwijdigheid* • *overeenkomst*

parallelogram (pærə'leləgræm) ZN *parallellogram*

paralyse ('pærəlaɪz) OV WW *verlammen*; *lam leggen*

paralysis (pə'rælɪsɪs) ZN *verlamming*

paralytic (pærə'lɪtɪk) I ZN • *lamme*; *verlamde* II BNW • *verlamd* • INFORM. *straalbezopen*

paramedic (pærə'medɪk) ZN • *paramedicus* • *verpleger*; *ambulancebroeder*

parameter (pə'ræmɪtə) ZN *parameter*

paramilitary (pærə'mɪlɪtərɪ) BNW *paramilitair*

paramount (pærəmaʊnt) BNW *opper-*; *hoogst*; *opperst* ★ ~ *to belangrijker/hoger dan*

paramountcy ('pærəmaʊntsɪ) ZN *opperheerschappij*

paramour ('pærəmʊə) ZN • *minnares* • *minnaar*

paranoia (pærə'nɔɪə) ZN *paranoia*; *vervolgingswaanzin*

paranoid ('pærənɔɪd) BNW • *paranoïde* • *dwaas*; *krankzinnig*

parapet ('pærəpɪt) ZN • *borstwering* • *muurtje*; *stenen leuning*

paraph ('pæræf) I ZN • *paraaf* • *krul onder handtekening* II OV WW • *paraferen*

paraphernalia (pærəfə'neɪlɪə) ZN MV • *spullen*; *eigendommen* • *rompslomp*

paraphrase ('pærəfreɪz) I ZN • *parafrase* II OV WW • *parafraseren*

parapsychology (pærəsar'kɒlədʒɪ) ZN *parapsychologie*

parasite ('pærəsaɪt) ZN • *parasiet* • *klaploper*

parasitic (pærə'sɪtɪk), **parasitical** (pærə'sɪtɪkl) BNW • *parasitair*; *parasitisch* • FIG. *profiterend*

parasol ('pærəsɒl) ZN *parasol*

paratrooper ('pærətruːpə) ZN *para(chutist)*; *paratroeper*

paratroops ('pærətruːps) ZN MV *paratroepen*

paratyphoid (pærə'taɪfɔɪd) ZN *paratyfus*

parboil ('pɑːbɔɪl) OV WW *blancheren*; *even aan de kook brengen*

parcel ('pɑːsəl) I ZN • *partij* ⟨v. goederen⟩ • *hoop geld* • *pak(je)* • *perceel*; *kaveling* ★ ~*s bestelgoederen* ★ ~ *post pakketpost* II OV WW • SCHEEPV. *omwinden met* • ~ **out** *verdelen*; *uitdelen*; *kavelen* • ~ **up** *inpakken*

parch (pɑːtʃ) OV+ONOV WW • *opdrogen*; *versmachten*; *verdorren* • *roosteren*

parchment ('pɑːtʃmənt) I ZN • *perkament* • *hoornschil* ⟨v. koffieboon⟩ • *diploma* II BNW • *van perkament*

pardon ('pɑːdn) I ZN • *vergiffenis*; *vergeving*; *gratie*; *pardon* • *aflaat* • *kerkelijk feest waaraan aflaat is verbonden* ★ *(general)* ~ *amnestie* ★ *I beg your* ~ *neem me niet kwalijk*; *pardon?*; *wat zegt u?* II OV WW • *vergiffenis schenken*; *vergeven*

pardonable ('pɑːdnəbl) BNW *vergeeflijk*

pare (peə) OV WW • *besnoeien*; *beknibbelen*

• *schillen* • *afknippen*; *afsnijden* • ~ **away/off** *afsnijden*

parent ('peərənt) ZN • *ouder* • *vader*; *moeder* • *bron* ★ *custodial* ~ *ouder die de voogdij toegewezen heeft gekregen* ★ *single* ~ *alleenstaande ouder*

parentage ('peərəntɪdʒ) ZN *afkomst*

parental (pə'rentl) BNW *ouderlijk*; *van/door de ouders*

parentheses (pə'renθɪsi:z) ZN MV • *in* ~ *tussen haakjes (geplaatst)* ★ *by way of* ~ *tussen twee haakjes*

parenthesis (pə'renθəsɪs) ZN • DRUKK. *haakje* • TAALK. *tussenzin*

parenthetic (pærən'θetɪk) BNW *tussen haakjes*; *verklarend* ★ *he said it* ~*ally hij zei het langs zijn neus weg*

parenthood ('peərənthʊd) ZN *ouderschap*

parent-teacher association ZN O&W *oudercommissie*

pariah (pə'raɪə) ZN *paria*; *uitgestotene*

paring ('peərɪŋ) ZN *schil*

Paris ZN *Parijs* • ~ *doll kleermakerspop*

parish ('pærɪʃ) ZN *parochie*; *kerkelijke gemeente* ★ *she was burie* by *the* ~ *ze werd v.d. armen begraven* ★ ~ *clerk koster*; *kerkbode* ★ ~ *priest plaatselijke dominee/pastoor* ★ ~ *register kerkregister* ★ ~ *relief armenzorg* ★ GESCH. (civil) ~ *district* ★ *he is on the* ~ *hij is armlastig*

parishioner (pə'rɪʃənə) ZN • *parochiaan* • *gemeentelid*

parish-pump (pærɪʃ'pʌmp) BNW • *alleen van plaatselijk belang* • *bekrompen*

Parisian (pə'rɪzɪən) I ZN • *Parijzenaar* • *Parisienne* II BNW • *Parijs*; *van/uit Parijs*

parity ('pærətɪ) ZN • *gelijkheid*; *overeenkomst* • ECON. *pariteit* ★ *by* ~ *of reasoning aldus redenerende* ★ ~ *value nominale waarde*

park (pɑːk) I OV WW • *als park aanleggen* • *deponeren* • ~ *in omsluiten als in een park* II ONOV WW III OV+ONOV WW • *parkeren* IV ZN • *park* • *parkeerterrein* • *oesterbank* ★ USA *memorial park begraafplaats*

parka ('pɑːkə) ZN *parka*; *anorak*

parking ('pɑːkɪŋ) ZN *(het) parkeren*; *parkeergelegenheid* ★ USA ~ *area/lot parkeerplaats* ★ ~ *ticket parkeerbon*

parkway ('pɑːkɪweɪ) ZN USA *fraaie autoweg*

parlance ('pɑːləns) ZN *wijze v. zeggen*; *taal* ★ *in legal* ~ *in wetstermen uitgedrukt* ★ *in common* ~ *zoals men dat in alledaagse taal weergeeft*

parley ('pɑːlɪ) I ZN • *onderhandeling* • USA *conferentie* ★ *beat/sound a* ~ *met trommel of trompet om onderhandelingen vragen* II OV WW • *brabbelen* III ONOV WW • *onderhandelen*

parliament ('pɑːləmənt) ZN *parlement*

parliamentarian (pɑːləmen'teərɪən) ZN • *parlementariër* • *aanhanger v. 't parlement in de Eng. burgeroorlog* ⟨17e eeuw⟩

parliamentary (pɑːlə'mentərɪ) BNW • *parlements-* • INFORM. *beleefd* • *parlementair* ★ *he is an old* ~ *hand hij is doorkneed in zaken betreffende het parlement*

parlour ('pɑːlə) ZN • *zitkamer* • *conversatiekamer* ⟨in herberg of klooster⟩ • USA *salon* ★ ~ *game gezelschapsspel*; *woordspel* ★ ~ *car salonrijtuig*

★ ~ *socialist salonsocialist*

parlourmaid ('pɑːləmeɪd) ZN *dienstmeisje*

parlous ('pɑːləs) BNW • FORM. *gevaarlijk* • IRON. *verbazend slim of handig*

parochial (pə'rəʊkɪəl) BNW • *parochiaal*; *gemeente-* • *kleinsteeds*

parochialism (pə'rəʊkɪəlɪzəm) ZN *bekrompenheid*

parodist ('pærədɪst) ZN *iem. die parodieën maakt*

parody ('pærədɪ) I ZN • *parodie* II OV WW • *parodiëren*

parole (pə'rəʊl) I ZN • *parool*; *erewoord* • *wachtwoord* • USA *voorwaardelijke invrijheidstelling* ★ *on* ~ *voorwaardelijk vrijgelaten* II OV WW • *op erewoord vrijlaten*

parotitis (pærə'taɪtɪs) ZN MED. *bof*

paroxysm ('pærəksɪzəm) ZN *hevige aanval*

parquet ('pɑːkɪ/'pɑːkeɪ) I ZN • *parketvloer* • USA *parket in schouwburg* II OV WW • *v. parketvloer voorzien*

parquetry ('pɑːkɪtrɪ) ZN *parketwerk*; *parketvloer*

parrakeet ZN • → **parakeet**

parricide ('pærɪsaɪd) ZN • *moordenaar* ⟨v.e. naast familielid⟩ • *moord* ⟨op een naast familielid⟩

parrot ('pærət) I ZN • *papegaai* ★ ~ *cry afgezaagde leus* II OV WW • *nadoen*; *napraten* • *drillen*

parrot-fashion BNW + BIJW *onnadenkend*; *uit het hoofd*

parry ('pærɪ) OV WW • *pareren*; *afweren* ⟨v. slag⟩ • *ontwijken* ⟨v. vraag⟩

parse (pɑːz) OV WW *taal-/redekundig ontleden*

parsimonious (pɑːsɪ'məʊnjəs) BNW • *spaarzaam* • *gierig*

parsimony ('pɑːsɪmənɪ) ZN *spaarzaamheid*; *gierigheid*

parsley ('pɑːslɪ) ZN *peterselie*

parsnip ('pɑːsnɪp) ZN *pastinaak*

parson ('pɑːsən) ZN *dominee* ★ ~'s *nose stuit* ⟨v. gebraden gevogelte⟩

parsonage ('pɑːsənɪdʒ) ZN *pastorie*

part (pɑːt) I ZN • *deel*; *onderdeel*; *aandeel* • *gedeelte*; *aflevering* ⟨vnl. van letterkundig werk⟩; *gelijke hoeveelheid* • *toneelrol* • *zijde* • *partij* • MUZ. *stem* • *parts* [mv] *gebied*; *streek* ★ *part author medeauteur* ★ *part owner mede-eigenaar* ★ *I've neither part nor lot in it ik heb er part noch deel aan* ★ *private parts geslachtsdelen* ★ *it was not my part to intervene het was niet aan mij om tussenbeide te komen* ★ *he is playing/acting a part hij speelt komedie*; *hij bedriegt de zaak* ★ *part and parcel 'n essentieel deel* ★ *part of speech woordsoort*; *grammaticale categorie* ★ *for the most part voor 't grootste deel* ★ *take part in deelnemen aan* ★ *he took the part of his brother hij nam 't op voor z'n broer* ★ *for my part wat mij betreft* ★ *in part gedeeltelijk* ★ *they took it in good part ze namen het goed op* ★ *on the part of his sister van de kant v. zijn zuster* ★ *on my part van mijn kant*; *mijnerzijds* ★ *three parts drie kwart* ★ *the nasty part of it is, that ... het vervelende is, dat ... .* ★ *he looks the part hij lijkt er geknipt voor* ★ *the better part het grootste deel* ★ *in foreign parts in den vreemde* II OV WW • *verdelen*

• *van elkaar scheiden*; *scheiding maken* 〈in haar〉 • *losraken* 〈v. schip〉 ★ part company *uiteen gaan* **III** ONOV WW • *z. verdelen* • *uit elkaar gaan* • PLAT *betalen* ★ he won't part *hij schuift niet af*; *hij wil niet betalen* ★ the cord parted *het touw brak* ★ they parted friends *ze gingen als vrienden uiteen* • ~ **from/with** *afscheid nemen van*; *scheiden van* • ~ **with** *opgeven*; *v.d. hand doen*; *afgeven* 〈vnl. van hitte〉

partake (pɑː'teɪk) ONOV WW *deel hebben aan* • ~ of *eten 〈van〉*; *drinken 〈van〉*; *gebruiken*

partial ('pɑːʃəl) BNW • *partijdig* • *gedeeltelijk* • be ~ to *veel houden van*; *vooringenomen zijn met*

partiality (pɑːʃɪ'ælətɪ) ZN • *voorliefde* • *partijdigheid*

partially ('pɑːʃəlɪ) BIJW *gedeeltelijk*

participant (pɑː'tɪsɪpənt) **I** ZN • *deelgenoot*; *deelnemer* **II** BNW • *deelhebbend*; *deelnemend*

participate (pɑː'tɪsɪpeɪt) ONOV WW *delen (in)*; *deelnemen aan*; *deel hebben in* ★ his work ~s of the nature of melancholy *zijn werk heeft iets droefgeestigs*

participation (pɑːtɪsɪ'peɪʃən) ZN • *aandeel*; *deelneming*; *deelname* • *inspraak*

participator (pɑː'tɪsɪpeɪtə) ZN *deelnemer*

participatory (pɑːtɪsɪ'peɪtərɪ) BNW *deelnemend*

participle ('pɑːtɪsɪpl) ZN *deelwoord*

particle ('pɑːtɪkl) ZN • *deeltje* • *partikel*

particular (pə'tɪkjʊlə) **I** ZN • *bijzonderheid* ★ ~s [mv] *inlichtingen*; *personalia*; *signalement* **II** BNW • *veeleisend* • *speciaal*; *afzonderlijk* • *nauwkeurig*; *precies* ★ he is very ~ in/about his dinner *hij is erg kieskeurig op zijn eten* ★ he is not ~ to such an amount *op zo'n bedrag kijkt hij niet* ★ in ~ *in 't bijzonder* ★ Mr. Particular *pietje-precies*

particularity (pətɪkjʊ'lærətɪ) ZN • *nauwkeurigheid*; *precisie* • *bijzonderheid*

particularize, G-B **particularise** (pə'tɪkjʊlərɑɪz) OV WW • *specificeren* • *in details treden*

particularly ('pɑːtɪkjʊləlɪ) BIJW *vooral*

parting ('pɑːtɪŋ) ZN • *afscheid* • *scheiding* 〈v. haar〉 ★ ~ shot *laatste schot*; *uitsmijter* 〈fig.〉

partisan ('pɑːtɪzæn), **partizan** I ZN • *partizaan*; *guerrilla* • *aanhanger*; *voorstander* **II** AANW VNW • *partizanen-*; *partizaans* • *partijgangers-*

partition (pɑː'tɪʃən) **I** ZN • *(ver)deling* • *tussenschot* • *afscheiding* **II** OV WW • *(ver)delen* • ~ **off** *afscheiden*

partitive ('pɑːtɪtɪv) BNW • *delend* • *delings-*

partizan ('pɑːtɪzæn) **I** ZN • → **partisan II** BNW • → **partisan**

partly ('pɑːtlɪ) BIJW *gedeeltelijk*

partner ('pɑːtnə) **I** ZN • *partner* • *vennoot*; *compagnon* • *deelgenoot*; *(levens)gezel(lin)* • INFORM. *kameraad*; *makker* ★ ~ in crime *mededader* ★ *dormant/sleeping ~ stille vennoot* ★ *managing ~ beherend vennoot* **II** OV WW • *tot (levens)gezel(lin) geven* • *de deelgenoot zijn van*

partnership ('pɑːtnəʃɪp) ZN *deelgenootschap*; *vennootschap* • *civil ~ homohuwelijk* ★ enter into ~ with sb *z. associëren met iem.*

partook (pɑː'tʊk) WW [verleden tijd] • → **partake**

part-payment (pɑːt-'peɪmənt) ZN *afbetaling*

partridge ('pɑːtrɪdʒ) ZN *patrijs*

part-time (pɑːt'tɑɪm) BNW *in deeltijd* ★ ~ worker *deeltijdwerker*

part-timer (pɑːt'tɑɪmə) BNW *deeltijdwerker*

parturition (pɑːtjʊ'rɪʃən) ZN FORM. *geboorte*; *bevalling*

party ('pɑːtɪ) **I** ZN • *partij* • *feest* • *gezelschap* • IRON. *persoon*; *mens* ★ he is a ~ to it *hij doet eraan mee* ★ OUD. he is a queer ~ *hij is 'n rare snoeshaan* ★ make one of the ~ *van de partij zijn*; *meedoen* ★ A. and ~ *A. en consorten* **II** ONOV WW • *feesten*; *uitgaan*

party dress ZN *galajurk*

party line ZN POL. *partijlijn*; *partijpolitiek*

party politics ZN MV POL. *partijpolitiek*

party-pooper ZN *spelbreker*; *sfeerbederver*

party rally ZN POL. *partijbijeenkomst*

party tent ZN *partytent*

parvenu ('pɑːvənuː) ZN *parvenu*

paschal ('pæskl) BNW *paas-*

pass (pɑːs) **I** OV WW • *inhalen*; *passeren*; *voorbijgaan* • *doorgeven*; *aangeven*; *geven*; *in circulatie brengen* 〈vnl. vals geld〉 • *laten gaan over* 〈v. oog, hand〉; *strijken over* • *doorbrengen* • *slagen voor* • *overtreffen*; *te boven gaan* • *goedkeuren*; *aangenomen worden*; *toelaten* • *uitspraak doen*; *berispen*; *vellen* 〈v. vonnis〉; *uitoefenen* 〈v. kritiek〉 ★ pass a dividend *geen dividend uitkeren* ★ pass a rope round it *doe er een touw omheen* ★ pass water *urineren* ★ pass sentence on *vonnissen* ★ he passed me a goodday *hij zei me goedendag* ★ pass across to *doorgeven aan* ★ pass criticism on *kritiek uitoefenen op* • ~ **away** *verdrijven* • ~ **by** *weglaten*; *geen aandacht besteden aan* ★ he could not pass a woman by *hij kon geen vrouw met rust laten* • ~ **down** *doorgeven*; *aflopen* • ~ **in** *ter betaling aanbieden* • ~ **off** *de aandacht afleiden van*; *laten doorgaan* ★ pass off as/for *uitgeven voor* ★ she passed it off with a laugh *ze maakte z. er met 'n lachje vanaf* • ~ **on** *heengaan*; *sterven*; *doorgeven*; *verder vertellen* ★ the cost could not be passed on(to) him *de kosten konden niet op hem worden verhaald* • ~ **over** *voorbijgaan*; *overslaan*; *over 't hoofd zien*; *passeren* 〈bij promotie〉 • ~ **round** *de ronde laten doen*; *laten rondgaan* • ~ **up** *achterwege laten*; *weigeren*; *alle connecties (met iem.) verbreken*; *verwaarlozen* **II** ONOV WW • *doorgaan*; *overgaan*; *heengaan*; *vergaan* • *z. bewegen*; *in omloop zijn*; *vervoerd worden*; *er doorheen gaan* • *sterven* • *voldoende zijn* • *gebeuren*; *laten lopen*; *laten gaan*; *onbenut laten*; *achterlaten* • *gewisseld worden*; *wisselen* • *passen* ★ bring to pass *tot stand brengen*; *uitvoeren* ★ come to pass *gebeuren* ★ it could not pass muster *het kon de toets v.d. kritiek niet doorstaan* • ~ **away** *heengaan*; *sterven* • ~ **by** *voorbijgaan* ★ he passed by the name of A. *hij was bekend onder de naam A.* • ~ **for** *doorgaan voor* • ~ **off** *vervagen* • ~ **on** *verder gaan* ★ let us pass on to sth else *laat ons tot iets anders overgaan* • ~ **out** *weggaan*; *verlaten*; *flauwvallen* • ~ **over** *overlijden*

• ~ **through** *ervaren*; *meemaken*; *doormaken*
• ~ **to** *overgaan tot* ★ pass to a p.'s credit *in iemands krediet boeken* • ~ **upon** *rechtspreken over* III ZN • *'t slagen voor examen* • *gewone graad* • *crisis*; *kritieke toestand* • *verlofpas*; *paspoort*; *vrijkaartje*; *toegangsbewijs* • *uitval* ⟨schermen⟩ • *handbeweging* ⟨v. magnetiseur⟩; *goocheltoer* • *pass* • *(berg)pas* • *vaargeul* ★ a pretty pass *een mooie boel* ★ free pass *vrijkaartje* ★ make a pass at *proberen te versieren*; *avances maken*

passable ('pɑːsəbl) BNW • *tamelijk*; *vrij behoorlijk* • *toelaatbaar* • *begaanbaar*; *doorwaadbaar* • *gangbaar*

passage ('pæsɪdʒ) I ZN • *gang*; *passage*; *overgang*; *doorgang*; *recht v. doorgang* • *overtocht* • *stoelgang* • *'t aannemen* ⟨v. een wet⟩ • *passage* ⟨in boek⟩ ★ ~s *uitwisseling* ⟨vnl. van gedachten⟩ ★ ~ at/of arms *strijd* ★ bird of ~ *trekvogel* ★ ~ boat *veerboot* II OV WW • *zijwaarts laten bewegen* ⟨v. paard⟩ III ONOV WW • *z. zijwaarts bewegen* ⟨v. paard⟩

passageway ('pæsɪdʒweɪ) ZN *gang*; *passage*; *doorgang*

passenger ('pæsɪndʒə) ZN • *passagier* • INFORM. *slappe speler of roeier in team*

passenger pigeon ZN *trekduif*

passer-by (pɑːsə'baɪ) ZN [MV: **passers-by**] *voorbijganger*

passing ('pɑːsɪŋ) I ZN • *(het) voorbijgaan* • *overlijden* ★ in ~ *in het voorbijgaan*; *terloops* II BNW • *voorbijgaand* • *terloops* • *oppervlakkig* ★ ~ bell *doodsklok* ★ ~ lane *inhaalstrook* III BIJW • OUD. *zeer*; *buitengewoon* ★ ~ fair *zeer schoon*

passion ('pæʃən) I ZN • *hartstocht*; *passie* • *woede*; *toorn* ★ fly into a ~ *in woede uitbarsten* II OV WW • *v. hartstocht vervullen* III ONOV WW • *v. hartstocht vervuld zijn*

Passion ('pæʃən) ZN • the ~ *het Lijden van Christus*; *het lijdensverhaal*

passionate ('pæʃənət) BNW • *hartstochtelijk* • *driftig*

passion fruit ZN *passievrucht*

passionless ('pæʃənləs) BNW *koel*; *koud*

passive ('pæsɪv) I ZN • TAALK. *lijdende vorm* II BNW • *lijdend* • *lijdelijk* ★ ~ resistance *lijdelijk verzet* ★ ~ debt *renteloze schuld*

passivity (pæ'sɪvəti) ZN *lijdelijkheid*

pass key ZN *loper* ⟨sleutel⟩

Passover ('pɑːsəʊvə) ZN *Pesach*

passport ('pɑːspɔːt) ZN • *paspoort* • *toegang*

password ('pɑːswɜːd) ZN *wachtwoord*

past (pɑːst) I ZN • *verleden (tijd)* II BNW • *voorbij(gegaan)* • *verleden* • *vroeger* • *gewezen* ★ he has been here for many weeks past *hij is al vele weken hier* III BIJW • *voorbij* ★ he hastened past *hij spoedde zich voorbij* IV VZ • *langs*; *voorbij* • *over*; *na* ★ past hope *hopeloos* ★ past recovery *onherstelbaar* ★ the child is past its sleep *het kind is over zijn slaap heen* ★ that's past my comprehension *dat gaat m'n begrip te boven* ★ quarter past two *kwart over twee* ★ half past two *half drie* ★ it's past looking into *het kan niet meer onderzocht worden* ★ she is past

her childhood *ze is geen kind meer*

paste (peɪst) I ZN • *deeg* ⟨v. gebak⟩ • *(amandel)spijs* • *pastei* • *(stijfsel)pap*; *plaksel* II OV WW • *plakken* • COMP. *plakken* ⟨invoegen⟩ • *beplakken* • PLAT *afranselen* • ~ **up** *aanplakken*; *dichtplakken*

pasteboard ('peɪstbɔːd) I ZN • *karton* • *rolplank* ⟨voor deeg⟩ • PLAT *visitekaartje*; *spoorkaartje* II BNW • *(bord)kartonnen* • *zwak* • *vals*; *onecht*

pastel ('pæstl) ZN • *pastel(tekening)* • *pastelkleur*

pasteurize ('pɑːstjəraɪz) OV WW G-B **pasteurise** ('pɑːstjəraɪz) OV WW *pasteuriseren*

pastiche (pæ'stiːʃ) ZN • *nabootsing* • *potpourri*

pastie I ZN • → **pasty**[1] II BNW • → **pasty**[2]

pastille ('pæst(ə)l) ZN *pastille*

pastime ('pɑːstaɪm) ZN *tijdverdrijf*

pasting ('peɪstɪŋ) ZN INFORM. *flink pak slaag*

pastor ('pɑːstə) ZN • *zielenherder* • USA *pastoor* • *geestelijke leider*

pastoral ('pɑːstərəl) I ZN • *pastorale* • *herderlijk schrijven* II BNW • *herderlijk*; *herders-* • *landelijk* ★ ~ care *zielzorg*

pastorate ('pɑːstərət) ZN • *geestelijkheid* • *herderlijk ambt*

pastry ('peɪstrɪ) ZN • *gebak(jes)*; *(korst)deeg* • Danish pastry; *koffiebroodje* ★ puff ~ *bladerdeeg*

pastry cook ZN *banketbakker*

pasturage ('pɑːstʃərɪdʒ) ZN • *'t weiden* ⟨v. vee⟩ • *gras* ⟨als voer⟩ • *weiland*

pasture ('pɑːstʃə) I ZN • *gras* • *weide* II OV WW • *laten grazen* III ONOV WW • *(af)grazen*

pasty[1] ('pæstɪ) ZN • *vleespastei* • *tepelsieraad*

pasty[2] ('peɪstɪ) BNW *deegachtig* ★ ~-faced *bleek*

pat (pæt) I OV WW • *zachtjes slaan/kloppen op* • *aaien* • *strelen* ★ he is always patting himself on the back *hij is altijd over zichzelf tevreden* II ZN • *tikje* • *klompje*; *kluitje* ⟨vnl. van boter⟩ III BNW + BIJW • *klaar* • *precies v. pas*; *toepasselijk* ★ his story came pat to the purpose *zijn verhaal kwam wel juist v. pas* ★ he has his answer pat *hij heeft zijn antwoord onmiddellijk klaar* ★ can you say it off pat? *kun je het vlot achter elkaar opzeggen?* ★ play a pat hand *sterke kaarten hebben* ★ stand pat *bij zijn besluit blijven*

patch (pætʃ) I ZN • *lap*; *pleister* • *plek* • *stukje grond* • *restant* ★ not a ~ on *niet te vergelijken bij* ★ strike a bad ~ *tegenslag hebben* ★ scraps and ~es *stukken en brokken* II OV WW • *(op)lappen* • *samenflansen* • COMP. *corrigeren* • ~ **up** *oplappen*; *bijleggen* ⟨v. geschil⟩; *slordig in elkaar zetten*

patchboard ('pætʃbɔːd) ZN *schakelkast*

patch test ZN MED. *allergietest*

patch-up ('pætʃʌp) ZN *lapmiddel*

patchwork ('pætʃwɜːk) ZN • *patchwork* • *lapwerk* • *mengelmoes* • ~ quilt *lappendeken*

patchy ('pætʃɪ) BNW • *onregelmatig* • REG. *humeurig* • *met vlekken* • *in elkaar geflanst*

pâté ('pæteɪ) ZN *vlees-/vis-/wildpastei*; *paté*

patella (pə'telə) ZN • *knieschijf* • *schoteltje*

patent ('peɪtnt) I ZN • *patent* • *octrooi* • *gepatenteerd artikel* • *recht* ★ ~ office *octrooibureau* ★ take out a ~ *for patent nemen op* ★ ~ pending *patent is aangevraagd* ⟨maar

nog niet verleend⟩ ‖ BNW • *gepatenteerd*
• *voortreffelijk*; *patent* • *open*; *zichtbaar* ★ ~
leather *verlakt leer*; *lakleer* ‖‖ OV WW
• *patenteren* • *patent nemen op*
patentee (peɪtən'tiː) ZN *patenthouder*
paterfamilias (peɪtəfə'mɪliæs) ZN *huisvader*
paternal (pə'tɜːnl) BNW • *vaderlijk*; *vader-* • *van vaderszijde*
paternalism (pə'tɜːnəlɪzəm) ZN *overdreven vaderlijke zorg*
paternalistic (pə'tɜːnəlɪstɪk). **paternalist** (pə'tɜːnəlɪst) BNW *paternalistisch*
paternity (pə'tɜːnɪtɪ) ZN *vaderschap*
paternoster (pætə'nɒstə) ZN • *paternosterlift*
• *Onzevader* • *paternosterkraal* ⟨v. rozenkrans⟩
• *zetlijn* ★ devil's ~ *gemompelde vloek*
path (pɑːθ) ZN *pad*; *weg*; *baan*
pathetic (pə'θetɪk) BNW • *aandoenlijk* • *gevoelvol*
• *zielig* • *bedroevend*
pathetics (pə'θetɪks) ZN MV *vertoon v. sentimentaliteit*
pathfinder ('pɑːθfaɪndə) ZN • *verkenner*
• *verkenningsvliegtuig* • *pionier* ⟨figuurlijk⟩
pathless ('pɑːθləs) BNW *ongebaand*
pathological (pæθə'lɒdʒɪkl) BNW *pathologisch*; *ziekelijk*
pathologist (pə'θɒlədʒɪst) ZN *patholoog*
pathology (pə'θɒlədʒɪ) ZN *pathologie*
pathos ('peɪθɒs) ZN • *pathos* • *aandoenlijkheid*
• *medelijden*
pathway ('pɑːθweɪ) ZN • *pad* • *weg* ⟨figuurlijk⟩
patience ('peɪʃəns) ZN • *patience* ⟨kaartspel⟩
• *geduld*; *lijdzaamheid*; *volharding* ★ he has
no ~ with her *hij kan haar niet uitstaan* ★ he
is out of ~ with her *hij kan haar niet meer
uitstaan*; *hij is boos op haar*
patient ('peɪʃənt) ‖ ZN • *patiënt*; *zieke* ★ mental ~
geesteszieke; *zwakzinnige* ‖ BNW • *geduldig*;
lijdzaam; *volhardend* ★ it is ~ of more than
one interpretation *het kan op meer dan één
manier worden verklaard*
patina ('pætɪnə) ZN • *schijn*; *waas*
• *ouderdomsglans* ⟨op meubels⟩ • *kopergroen*
patio ('pætɪəʊ) ZN *patio*; *binnenhof*
patriarch ('peɪtrɪɑːk) ZN • *patriarch*; *aartsvader*
• *nestor* • *grondlegger*
patriarchy ('peɪtrɪɑːkɪ) ZN *patriarchaat*
patrician (pə'trɪʃən) ‖ ZN • *patriciër* ‖ BNW
• *patricisch*
patriciate (pə'trɪʃət) ZN *aristocratie*
patricide ('pætrɪsaɪd) ZN • *vadermoord*
• *vadermoordenaar*
patrimonial (pætrɪ'məʊnjəl) BNW *erf-*; *overgeërfd*
patrimony ('pætrɪmənɪ) ZN *vaderlijk erfdeel*; *erfgoed*
patriot ('peɪtrɪət) ‖ ZN • *patriot* ‖ BNW
• *patriottisch*
patriotic (pætrɪ'ɒtɪk) BNW *vaderlandslievend*
patriotism ('peɪtrɪətɪzəm) ZN *patriottisme*;
vaderlandsliefde
patrol (pə'trəʊl) ‖ ZN • *patrouille*; *ronde* ★ school
crossing ~ *klaar-over* ★ ~ wagon *politiebusje*
★ USA ~ member *verkeersbrigadiertje* ★ ~ boat
patrouilleboot ★ ~ car *politiewagen* ‖ OV+ONOV
WW • *patrouilleren*; *de ronde doen*
patrolman (pə'trəʊlmən) ZN USA *politieagent*

★ A.A. ~ *wegenwachter*
patron ('peɪtrən) ZN • *patroon*; *beschermheer*;
begunstiger • *baas* • *beschermheilige* • *(vaste)
klant* • GESCH. *beschermheer* ⟨v. slaaf, cliënt⟩
★ ~ saint *beschermheilige* ★ ~ of the arts
mecenas
patronage ('pætrənɪdʒ) ZN • *minzame
bejegening* • *beschermheerschap* • *recht v.
voordracht tot ambt* • *klandizie*; *steun*
patronal ('pætrənl) v.e. *beschermheilige*
patroness (peɪtrə'nes) ZN • *beschermheilige*
• *beschermvrouw*
patronize. G-B **patronise** ('pætrənaɪz) OV WW
• *beschermen*; *begunstigen* • *neerbuigend
behandelen* ★ a well~d shop *een winkel met
veel klanten*
patsy ('pætsɪ) ZN PLAT/USA *lomperd*; *sul*
patter ('pætə) ‖ ZN • *heel snel gesproken/
gezongen tekst* • *tekst* ⟨v. humoristisch lied⟩
• *verkoperstaaltje* • *jargon* • *gekletter* ★ ~ of
feet *getrippel van voetjes* ‖ OV WW • *afratelen*
⟨v. gebed⟩ • *doen kletteren* ‖‖ ONOV WW
• *trippelen*; *ritselen* • *babbelen*; *praten*
• *kletteren*
pattern ('pætn) ‖ ZN • *patroon*; *dessin*; *model*
• MIL. *trefbeeld* • USA *lap stof* • *toonbeeld*;
voorbeeld; *staal* ★ willow ~ ⟨Chinees porselein
met⟩ *wilgenpatroon* ★ ~ book *stalenboek* ‖ BNW
• *model-* ‖‖ OV WW • *schakeren* • ~ after/upon
vormen naar
patty ('pætɪ) ZN *pasteitje*
paucity ('pɔːsətɪ) ZN ★ ~ of *schaarste aan*; *gebrek
aan*
paunch (pɔːntʃ) ‖ ZN • *buik* • *pens* • SCHEEPV.
stootmat ‖ OV WW • *ontweien*
paunchy ('pɔːntʃɪ) BNW *dikbuikig*
pauper ('pɔːpə) ZN • *armlastige*; *minder bedeelde*
• *iem. die pro Deo kan procederen*
pauperism ('pɔːpərɪzəm) ZN • *pauperisme*; *'t
armlastig zijn* • *armlastigen*
pause (pɔːz) ‖ ZN • *pauze*; *onderbreking*; *rust*;
MUZ. *orgelpunt* ★ he gave me ~ *hij stemde me
tot nadenken* ‖ ONOV WW • *even ophouden*;
pauzeren • *nadenken* • ~ upon *nadenken over*;
aanhouden ⟨v. noot⟩
pave (peɪv) ‖ OV WW • *bestraten* • *bevloeren*
★ pave the way *de weg banen* ‖ ZN • USA
wegdek; *plaveisel* • *trottoir* • USA *rijweg*
paved (peɪvd) BNW • *geplaveid*; *bestraat* • *vol*
pavement ('peɪvmənt) ZN • *bestrating* • G-B
trottoir • USA *rijweg* ★ ~ artist *trottoirtekenaar*
pavilion (pə'vɪljən) ‖ ZN • *tent* • *paviljoen*
• *clubhuis* ‖ OV WW • *v. tenten voorzien*
paving ('peɪvɪŋ) ZN *bestrating*; *plaveisel*;
bevloering ★ crazy ~ *bestrating in
fantasiepatroon*
paving stone ZN *straatsteen*
paw (pɔː) ‖ ZN • *poot* ⟨met klauw⟩ • INFORM.
'poot'; *hand* • OUD. *handschrift* ‖ OV WW
• INFORM. *betasten* • INFORM. *ruw of onhandig
aanpakken* ‖‖ OV+ONOV WW • *slaan* ⟨met
klauw⟩ • *krabben* ⟨met hoef⟩
pawl (pɔːl) ‖ ZN • *pal* ‖ OV WW • *bevestigen met
pal*
pawn (pɔːn) ‖ ZN • *onderpand* • *pion* ⟨in
schaakspel⟩ • *pion* ⟨figuurlijk⟩; *gemanipuleerd*

persoon ★ pawn ticket *lommerdbriefje* **II** OV WW • *belenen*; *verpanden*

pawnbroker ('pɔ:nbrəʊkə) ZN *lommerdhouder*

pawnshop ('pɔ:nʃɒp) ZN *lommerd*

pay (peɪ) **I** OV WW • *(uit)betalen* • *vergelden* • *vergoeden* • *schenken* ⟨v. aandacht⟩ • PLAT *afranselen* • *teren* ★ they will pay me a call/visit *ze zullen me bezoeken* ★ the business pays its way *de zaak kan zich zelf bedruipen* ★ pay for an article *een artikel betalen* ★ paying-in slip *stortingsbewijs* ★ paid-up shares *volgestorte aandelen* • ~ **away** *uitgeven* ⟨v. geld⟩ • SCHEEPV. ~ **away/out** *vieren* ⟨v. kabel⟩ • ~ **back** *betaald zetten*; *terugbetalen* • ~ **into** *storten* ⟨v. geld⟩ ★ paid into your account *op uw rekening gestort* • ~ **off** *(af)betalen*; *afrekenen*; *omkopen*; *betaald zetten*; *renderen*; *van pas komen* • ~ **out** *(uit)betalen*; *betaald zetten* • ~ **towards** *bijdragen voor* • ~ **up** *betalen*; *volstorten* ⟨v. aandelen⟩ **II** ONOV WW • *betalen*; *boeten* • *renderen* ⟨v. zaak⟩ ★ pay through the nose *afgezet/overvraagd worden* • ~ **down** *contant betalen* • ~ **off** *afzakken* ⟨naar lijzijde⟩; *afmonsteren* **III** OV+ONOV WW • ~ **down** *een aanbetaling doen* **IV** ZN • *betaling*; *loon*; *soldij* ★ on pay *met behoud v. salaris* ★ this affair is good pay *deze aangelegenheid is lonend* ★ no pay, no play *geen geld, geen Zwitsers* ★ take-home pay *netto loon* ★ basic pay *basisloon* ★ back pay *achterstallige betaling*; *nabetaling*

payable ('peɪəbl) BNW • *te betalen* • *betaalbaar* • *lonend*

pay-box ZN *loket*

pay cheque, USA **paycheck** ('peɪtʃek) ZN *looncheque*; *salaris*

pay claim ZN *looneis*

pay day ZN • *betaaldag* • *dag v. afrekening bij beursspeculaties*

pay desk ZN *kassa*

PAYE AFK pay as you earn *loonbelasting*

payee (peɪ'i:) ZN *iem. aan wie betaald wordt*

payer ('peɪə) ZN *betaler*

paying ('peɪɪŋ) BNW • *betalend* • *lonend*

payload ('peɪləʊd) ZN *nuttige last*

paymaster ('peɪmɑːstə) ZN • *betaalmeester* • *degene die betalen moet*

payment ('peɪmənt) ZN • *betaling* • *beloning* ★ make ~ *betalingen doen* ★ down ~ *aanbetaling*

pay-off ('peɪɒf) ZN • *betaling* ⟨bij omkoping⟩; *omkoopsom* • *afvloeiingspremie* • *resultaat*

payola (peɪ'əʊlə) ZN • USA/INFORM. *steekpenningen* • USA/INFORM. *omkoperij*

pay-packet ('peɪpækɪt) ZN *loonzakje*

pay phone ZN *(publiek) telefooncel*; *munttelefoon(toestel)*

pay-rise, USA **pay-raise** ZN *loonsverhoging*

payroll ('peɪrəʊl) ZN *loonlijst*

pay station ZN USA *telefooncel*

PC AFK • Personal Computer *pc* • Police Constable *politieagent* • Privy Council(lor) *(lid van) kroonraad*

pd AFK paid *betaald*

PD AFK • USA Police Department *politie* • public

domain *publiek domein* ★ N.Y.P.D. *New York Police Department*

PDT AFK Pacific Daylight Time *Pacifische Daglichttijd* ⟨tijdzone in westelijk USA⟩

PE AFK Physical Education *lichamelijke opvoeding*

pea (pi:) ZN *erwt* ★ they're like two peas in a pod *zij lijken precies op elkaar* ★ yellow pea *grauwe erwt*

peace (pi:s) ZN • *vrede* • *rust* ★ make ~ *vrede sluiten* ★ be at ~ with *in vrede leven met* ★ rest in ~ *rust in vrede*

peaceable ('pi:səbl) BNW • *vreedzaam* • *vredig*

peaceful ('pi:sful) BNW *vredig*

peacemaker ('pi:smeɪkə) ZN • *vredestichter* • IRON. *revolver*; *oorlogsschip*

peacetime ('pi:staɪm) ZN *vredestijd*

peach (pi:tʃ) **I** ZN • *perzik* • INFORM. *schat* ⟨v. een meisje⟩; *snoes* ★ INFORM. we had a ~ of a time *we hadden echt een heerlijke tijd* **II** ONOV WW • PLAT *(iem.) aanklagen*; *(iem.) aanbrengen* • *klikken*

peacock ('pi:kɒk) **I** ZN • *(mannetjes)pauw* • *dagpauwoog* **II** OV WW • *trots zijn op* **III** ONOV WW • *stappen als een pauw*

peacockery ('pi:kɒkrɪ) ZN *opschik*

peak (pi:k) **I** ZN • *piek*; *spits* • *hoogtepunt* • *klep* ⟨v. pet⟩ • SCHEEPV. *piek* • *gaffel* **II** BNW • *hoogste* ★ peak hour *spitsuur* ★ peak year *topjaar* **III** OV WW • *hoogste* ★ *toppen* ⟨v. ra⟩ • *omhoog steken* ⟨v. roeiriemen⟩ • *overeind zetten* **IV** ONOV WW ★ peak (and pine) *wegkwijnen*; *er magertjes uitzien*

peaked (pi:kt) BNW *puntig*; *scherp* ★ ~ cap *pet*

peaky ('pi:kɪ) BNW INFORM. *mager* ⟨v. gezicht⟩; *pips*

peal (pi:l) **I** ZN • *gelui* ⟨v. klokken⟩ • *gerommel* ⟨v. de donder⟩ • *(donder)slag* • *geschater* • *klokkenspel* **II** OV WW • *doen klinken* **III** ONOV WW • *klinken*; *weergalmen* • *rollen* ⟨v. de donder⟩

peanut ('pi:nʌt) ZN *pinda* ★ ~ butter *pindakaas* ★ USA/INFORM. ~s *kleinigheid*; *onzin*; *klein geldbedrag* ★ this problem is ~s compared to what is awaiting us *dit probleem stelt niets voor, vergeleken bij wat ons nog te wachten staat*

pear (peə) ZN *peer*

pearl (pɜːl) **I** ZN • OOK FIG. *parel* ★ ~ buttons *paarlemoeren knopen* ▼ cast/throw ~s before swine *paarlen voor de zwijnen gooien* ▼ meestal IRON. a ~ of wisdom *een wijze opmerking* **II** OV WW • *beparelen*; *met parelen bezetten of behangen*

pearl diver ('pɜːldaɪvə) ZN *parelvisser* • *parelduiker*

pearly ('pɜːlɪ) BNW • *parelachtig* • *vol parels*

pear-shaped ('peəʃeɪpt) BNW *peervormig*

peasant ('pezənt) ZN *boer*

peasantry ('pezəntrɪ) ZN • *boerenbevolking* • *boerenstand*

pea-souper (pi:'su:pə) ZN INFORM. *dikke, gele mist*

peat (pi:t) ZN • *veen* • *turf* ★ peat bog *veenland* ★ peat dust *turfmolm* ★ peat hog *afgegraven veengrond* ★ peat litter *turfstrooisel* ★ peat

moss *veenmos*
peaty ('piːtɪ) BNW *turfachtig; veenachtig*
pebble ('pebl) ZN • *kiezelsteen • (lens v.) bergkristal • agaat*
pebbly ('peblɪ) BNW *met of vol kiezelstenen*
peccable ('pekəbl) BNW *zondig*
peccadillo (pekə'dɪləʊ) ZN *pekelzonde; kleine zonde*
peck (pek) I ZN • *het pikken* ⟨met snavel⟩ • *vluchtige kus* • PLAT *eten* ★ a peck of trouble *'n hoop last* II OV WW • *vluchtig kussen* • ~ **up** *oppikken* III OV+ONOV WW • *pikken • hakken • knabbelen* ★ he only pecked at his food *hij at maar een klein hapje* • ~ at *pikken naar/in; in kleine hapjes verorberen; vitten op*
pecker ('pekə) ZN • *snavel • schoffel* • PLAT *neus • vitter* • INFORM. *moed* • PLAT *piemel; leuter* ★ (wood)~ *specht* ★ keep your ~ up *hou je taai*
peckish ('pekɪʃ) BNW INFORM. *hongerig* ★ I'm a bit ~ *ik heb trek*
pectoral ('pektərəl) I ZN • *borstschild; borstvin; borstspier* II BNW • *borst-*
peculate ('pekjʊlert) I OV WW • *verduisteren* ⟨v. geld⟩ II ONOV WW • *frauderen*
peculation (pekjʊ'leɪʃən) ZN *verduistering*
peculiar (prˈkjuːlɪə) BNW • *bijzonder; speciaal • eigenaardig* • ~ to *eigen aan*
peculiarity (prkjuːlɪˈærətɪ) ZN *eigenaardigheid*
peculiarly (prˈkjuːlɪəlɪ) BNW • *individueel • ongewoon; uitzonderlijk • eigenaardig; vreemd*
pecuniary (prˈkjuːnɪərɪ) BNW *geldelijk; geld(s)-*
pedagogic (pedəˈɡɒdʒɪk), **pedagogical** (pedəˈɡɒdʒɪkl) BNW *pedagogisch; opvoedkundig*
pedagogue ('pedəɡɒɡ) ZN *pedagoog*
pedagogy ('pedəɡɒdʒɪ) ZN *pedagogie*
pedal ('pedl) I ZN • *pedaal* • MUZ. *orgelpunt* ★ ~ bin *pedaalemmer* • *soft/loud* ~ *zachte/harde pedaal* ⟨v. piano⟩ II BNW • *voet-* III OV+ONOV WW • *peddelen; fietsen* • *v. pedaal gebruik maken*
pedalo ('pedaləʊ) ZN *waterfiets*
pedant ('pednt) ZN • *schoolmeester; boekengeleerde • muggenzifter*
pedantic (prˈdæntɪk) BNW • *schoolmeesterachtig; eigenwijs; pedant • (louter) theoretisch*
pedantry ('pedəntrɪ) ZN *muggenzifterij*
peddle ('pedl) OV+ONOV WW • *venten • uitventen • rondstrooien* ⟨v. praatjes⟩ • *beuzelen*
pedestal ('pedɪstl) I ZN • *voetstuk; basis • onderstuk v. schrijfbureau* ★ ~ cupboard *nachtkastje* • ~ writing-table *schrijfbureau* II OV WW • *op een voetstuk plaatsen*
pedestrian (prˈdestrɪən) I ZN • *voetganger* II BNW • *voetgangers- • wandel- • laag-bij-de-gronds*
pedestrian crossing ZN *oversteekplaats*
pedestrianize, G-B **pedestrianise** (pəˈdestrɪənaɪz) OV WW *verkeersvrij maken*
pediatrician (piːdiəˈtrɪʃən) ZN USA *kinderarts*
pediatrics (piːdrˈætrɪks) ZN MV *pediatrie; kindergeneeskunde*
pedicure ('pedɪkjʊə) ZN *pedicure*
pedigree ('pedɪɡriː) ZN • *stamboom • afkomst* ★ ~ cattle *stamboekvee* ★ ~ dog *rashond*
pedigreed ('pedɪɡriːd) BNW *stamboek-*

pedlar ('pedlə) ZN • *marskramer • handelaar in verdovende middelen • rondstrooier* ⟨v. praatjes⟩ ★ ~'s French *dieventaal*
pedophile ZN USA • → **paedophile**
pedophilia ZN USA • → **paedophilia**
pee (piː) I ZN • PLAT *plasje* II ONOV WW • PLAT *plassen*
peek (piːk) ONOV WW *gluren; kijken*
peekaboo ('piːkəˈbuː) ZN *kiekeboe*
peel (piːl) I OV WW • *(af)schillen • villen; (af)stropen* II ONOV WW • *vervellen* • PLAT z. *uitkleden* III • *schil* ★ candied peel *sukade*
peeler ('piːlə) ZN • *schilmachine; schilmesje • politieagent*
peelings ('piːlɪŋz) ZN MV *schillen* ⟨v. fruit⟩
peep (piːp) I ZN • *gepiep • kijkje • steelse blik* ★ at peep of day *bij 't krieken v.d. dag* II OV WW • z. *vertonen • heimelijk 'n blik werpen op • piepen* ★ peeping Tom *bespieder; voyeur* • ~ at *gluren naar*
peep-bo (piːˈpˈbəʊ) ZN *kiekeboe*
peephole ('piːˈphəʊl) ZN *kijkgaatje*
peep show *peepshow*
peer (pɪə) I ZN • *gelijke • edelman* ★ life peer *iem. met niet-erfelijke adellijke titel* ★ peer group *groep van gelijken* ★ peers of the realm/the United Kingdom *degenen die zitting mogen hebben in het Hogerhuis* ★ his physical development is far behind his peer group *zijn lichamelijke ontwikkeling ligt ver achter bij zijn leeftijdgenoten* ★ peer to peer ~ *van particulier naar particulier* II OV WW • *evenaren • in de adelstand verheffen* III ONOV WW • z. *vertonen; in zicht komen; verschijnen* • ~ **at/in(to)** *turen naar* • ~ **with** *evenaren; van dezelfde rang of stand zijn als*
peerage ('pɪərɪdʒ) ZN • *adel(stand) • boek v. edelen en hun stamboom*
peeress (pɪəˈres) ZN • *vrouw v. een edelman • vrouw met adellijke titel*
peerless ('pɪələs) BNW *ongeëvenaard*
peeve (piːv) OV WW ⟨z.⟩ *ergeren* ★ get ~d quickly *lichtgeraakt zijn; snel op z'n teentjes getrapt zijn*
peevish ('piːvɪʃ) BNW *knorrig; gemelijk*
peewit ('piːwɪt) ZN *kieviet* ★ pe(e)wit gull *kapmeeuw*
peg (peg) I ZN • *kapstok • schroef* ⟨v. snaarinstrument⟩ • INFORM. *houten been • houten nagel; pen • haring* ⟨v. tent⟩ ★ be a round peg in a square hole *zich als een vis op het droge voelen* ★ I'll take him down a peg or two *ik zal 'm wel 'n toontje lager laten zingen* ★ a peg to hang a talk on *iets om over te praten* ★ off the peg *confectie* ⟨kleding⟩ II OV WW • *verkopen van effecten om stijging te voorkomen; opkopen van effecten om daling te voorkomen • slaan/doorboren met pen • pennen/bouten slaan in • met pennen vastmaken/steunen* • PLAT ~ **at** *(stenen) gooien naar* • ~ **down (to)** *binden (aan)* • ~ **out** *afpalen; afbakenen; tent opslaan; wasgoed ophangen* III ONOV WW • ~ **along/away/on** *ploeteren op* • PLAT ~ **out** *zijn laatste adem uitblazen; 't afleggen; het hoekje omgaan; er tussenuit knijpen; doodgaan*

pe

peg leg ZN INFORM. *kunstbeen*
pejorative (pɪ'dʒɒrətɪv) BNW • *ongunstig*
• *kleinerend*
pelican ('pelɪkǝn) ZN *pelikaan* ★ ~ *crossing oversteekplaats*
pellet ('pelɪt) I ZN • *hagelkorrel* • *balletje; propje*
• *pil(letje)* II OV WW • *met proppen schieten naar*
pell-mell (pel'mel) I ZN • *verwarring*
• *mengelmoes* II BNW • *verward* III BIJW
• *roekeloos* • *halsoverkop* • *door elkaar*
pellucid (pɪ'lu:sɪd) BNW *helder; doorschijnend*
pelt (pelt) I ZN • *vacht; huid* • *slag(regen)* • PLAT
boze bui ★ *at full pelt zo hard als maar kan*
II OV WW • *beschieten* III ONOV WW • *kletteren*
• *rennen*
pelvic ('pelvɪk) BNW *bekken-*
pelvis ('pelvɪs) ZN *bekken*
pen (pen) I ZN • *pen* • *schaapskooi; hok* • *looprek*
• *plantage* ⟨op Jamaica⟩ • *wijfjeszwaan*
★ *submarine pen bunker voor duikboten*
★ *pen name schrijversnaam* II OV WW
• *opsluiten* • *(op)schrijven; neerpennen*
pen. AFK *peninsula schiereiland*
penal ('pi:nl) BNW • *straf(baar); straf-* • *zwaar;
heel ernstig* ★ ~ *code strafwetboek* ★ ~ *offence
strafbaar feit* ★ ~ *servitude dwangarbeid* ★ ~
taxes hoge belastingen
penalization, G-B **penalisation** (pi:nǝlar'zeɪʃǝn)
ZN *(het opleggen van) straf*
penalize, G-B **penalise** ('pi:nǝlaɪz) OV WW
• *strafbaar stellen* • *benadelen; handicappen*
penalty ('penǝltɪ) ZN *straf; boete* ★ ~ *area
strafschopgebied* ★ *on* ~ *of op straffe van* ★ ~
box strafbank ⟨bij ijshockey⟩ ★ JUR. ~ *clause
(paragraaf met) strafbepaling; boeteclausule*
penance ('penǝns) I ZN • *boetedoening* II OV WW
• *laten boeten*
pen-and-ink BNW *pen-* ★ ~ *drawing pentekening*
pence (pens) ZN [mv] • → **penny**
penchant ('pɑ̃ʃɑ̃) ZN *neiging; hang*
pencil ('pensɪl) I ZN • *potlood* • *stiftje*
• *meetkundig figuur* • *griffel* • OUD. *penseel*
• *convergerende stralenbundel* II OV WW • *met
stiftje aanstippen* ⟨v. wond⟩ • *met potlood
merken/(op)schrijven* • PLAT *inschrijven* ⟨v.
naam v. paard door bookmaker⟩ • *tekenen;
schilderen; uitbeelden* • ~ **in** *een voorlopige
afspraak maken*
pencil case ZN *schooletui*
pencil sharpener ZN *puntenslijper*
pendant ('pendǝnt) I ZN • *(oor)hanger*
• *horlogering* • *luchter* • SCHEEPV. *hanger*
• *wimpel* • *tegenhanger; pendant* II BNW
• *(over)hangend; hangende; onbeslist*
pendency ('pendnsɪ) ZN *onzekerheid*
pendent ('pendǝnt) BNW *(over)hangend;
hangende; onbeslist*
pending ('pendɪn) I BNW • *hangende; onbeslist*
II VZ • *hangende; gedurende* • *tot; in
afwachting van* ★ ~ *his return tot/in
afwachting v. zijn terugkeer*
pendulous ('pendjʊlǝs) BNW • *hangend* ⟨vnl. van
nest of bloem⟩ • *schommelend*
pendulum ('pendjʊlǝm) ZN • *slinger* • *weifelaar*
★ *the swing of the* ~ *wisseling v.d. macht*

tussen politieke partijen
penetrability (penǝtrǝ'bɪlǝtɪ) ZN
• *doordringbaarheid* • *ontvankelijkheid*
penetrable ('penǝtrǝbl) BNW *doordringbaar* ★ ~
to ontvankelijk voor
penetrate ('penǝtreɪt) OV+ONOV WW
• *doordringen* • *doorgronden*
penetrating ('penǝtreɪtɪn) BNW • *doordringend*
• *scherpzinnig*
penetration (penǝ'treɪʃǝn) ZN • *scherpzinnigheid*
• *'t doordringen* • *doordringingsvermogen*
• *doorzicht*
penetrative ('penǝtreɪtɪv) BNW • *doordringend*
• *scherpzinnig*
penfriend ('penfrend) ZN *penvriend(in)*
penguin ('pengwɪn) ZN *pinguïn*
penicillin (penɪ'sɪlɪn) ZN *penicilline*
peninsula (pǝ'nɪnsjʊlǝ) ZN *schiereiland* ★ *the
Peninsula het Pyreneese schiereiland*
peninsular (pǝ'nɪnsjʊlǝ) I ZN
• *schiereilandbewoner* II BNW • *v. een
schiereiland*
penis ('pi:nɪs) ZN *penis*
penitence ('penɪtns) ZN *berouw*
penitent ('penɪtnt) I ZN • *boetvaardige zondaar*
• *biechteling* • *boeteling* II BNW • *boetvaardig*
penitential (penɪ'tenʃǝl) BNW *boete-; boetvaardig*
★ *the* ~ *psalms de boetpsalmen*
penitentiary (penɪ'tenʃǝrɪ) I ZN
• *verbeteringsgesticht* II BNW • *straf-; boete-*
penknife ('pennaɪf) ZN *zakmes*
penman ('penmǝn) ZN *schrijver*
penmanship ('penmǝnʃɪp) ZN • *manier v.
schrijven* • *schrijfkunst*
Penn., Penna. AFK USA *Pennsylvania* ⟨staat⟩
pennant ('penǝnt) ZN *wimpel*
pennies ('penɪz) ZN [mv] • → **penny**
penniless ('penɪlɪs) BNW *arm; zonder geld*
penny ('penɪ) I ZN • *stuiver* • USA/INFORM. *cent*
★ ~ *whistle (speelgoed)fluitje* ★ ~ *dreadful
sensatieromannetje* ★ ~ *post stuiversposttarief*
★ *a pretty* ~ *een aardige cent* ★ *a* ~ *for your
thoughts een dubbeltje voor je gedachten* ★ *in
for a* ~*, in for a pound wie A zegt, moet ook B
zeggen* ★ *take care of the pence (and the
pounds will take care of themselves) let op de
kleintjes* ★ INFORM. *the* ~ *dropped de zaak
werd duidelijk* ★ *he turned an honest* ~ *hij
verdiende er 'n centje bij* ★ *to spend a* ~ *naar
het toilet gaan* ★ *a* ~ *plain and twopence
coloured 't lijkt heel wat, maar 't is niet veel
zaaks* ★ *turn up like a bad* ~ *telkens ongewenst
verschijnen* II BNW • *goedkoop; prul-*
penny-pinching ('penɪpɪntʃɪn) BNW *schriel;
vrekkig*
pennyweight ('penɪweɪt) ZN *±1,5 gram*
penny-wise BNW ★ ~ *and pound-foolish zuinig
in kleine zaken en royaal in grote*
pennyworth ('penɪwɜ:θ) ZN *(voor de) waarde v.
een penny* ★ *a* ~ *of this stuff voor 'n stuiver van
dit goedje* ★ *not a* ~ *totaal niets/geen* ★ *a
good/bad* ~ *een koopje/strop*
pen pal ZN *penvriend(in)*
pen-pusher ('penpʊʃǝ) ZN INFORM. *pennenlikker;
grijze kantoormuis*
pension ('penʃ(ǝ)n) I ZN • *pensioen* • *jaargeld*

• *pension* ★ old age ~ *ouderdomspensioen* ★ not for a ~*! voor geen goud!* ★ supplementary ~ *aanvullend pensioen* ★ early retirement ~ *prepensioen* **II** OV WW • *'n jaarwedde verlenen* ★ he was ~ed off *hij werd gepensioneerd* **III** ONOV WW • *(ergens) in pension zijn*

pensionable ('penʃənəbl) BNW • *pensioengerechtigd* • *recht gevend op pensioen*

pensionary ('penʃənərɪ) **I** ZN • *gepensioneerde* • *huurling* • GESCH. *pensionaris* **II** BNW • *pensioens-*

pensioner ('penʃənə) ZN *pensioentrekker*

pension loss ZN ≈ *pensioengat*

pension scheme ZN *pensioenregeling*

pensive ('pensɪv) BNW • *peinzend* • *zwaarmoedig*

penstock ('penstɒk) ZN *sluispoort*

pentagon ('pentəgən) ZN *vijfhoek* ★ The Pentagon *ministerie van defensie VS, tevens hoofdkwartier v.h. Amerikaanse leger*

pentagonal (pen'tægənl) BNW *vijfhoekig*

pentameter (pen'tæmɪtə) ZN *vijfvoetig vers*

pentathlete (pen'tæθliːt) ZN *vijfkamper*

pentathlon (pen'tæθlən) ZN *vijfkamp*

Pentecost ('pentɪkɒst) ZN • *joods Pinksteren* • *pinksterzondag*

Pentecostal (pentɪ'kɒstl) BNW *pinkster-*

penthouse ('penthaʊs) ZN • *hellend dak*; *afdak*; *luifel* • *dakwoning*; *dakappartement*

pent-up BNW • *in-/opgesloten* • *opgekropt*

penultimate (pə'nʌltɪmət) **I** ZN • *voorlaatste lettergreep* **II** BNW • *voorlaatste*

penurious (pə'njʊərɪəs) BNW • *behoeftig*; *schraal* • *gierig*

penury ('penjʊrɪ) ZN *armoede* ★ ~ of *gebrek aan*

peony ('piːənɪ) ZN *pioen(roos)*

people ('piːpl) **I** ZN • *mensen* • *men* • *volk* • *naaste familie* • *ouders* • *parochie*; *gemeente* ★ common ~ *gewone mensen* ★ young ~ *jongelui* **II** OV WW • *bevolken* • *bevolkt worden*

pep (pep) **I** ZN • PLAT *elan*; *fut*; *vuur*; *pit* ★ pep talk *praatje om het moreel te verhogen*; *aanmoedigende toespraak* ★ pep pill *stimulerend middel* **II** OV WW • PLAT pep (up) *oppeppen*; *opkikkeren*

pepper ('pepə) **I** ZN • *peper* • *paprika* ⟨vrucht⟩ ★ ~ mill *pepermolen* **II** OV WW • *peperen* • *beschieten*; *bombarderen* • *ranselen*

pepper-and-salt (pepərən'sɔːlt) BNW *peper-en-zoutkleurig*

peppercorn ('pepəkɔːn) **I** ZN • *peperkorrel* **II** BNW • *nietig*

peppermint ('pepəmɪnt) ZN *pepermunt*

peppery ('pepərɪ) BNW • *peperachtig*; *gepeperd* • *scherp* • *driftig*

peppy ('pepɪ) BNW USA *vurig*; *pittig*

peptic ('peptɪk) BNW *spijsverterings-* ★ ~ glands *maagsapklieren*

per (pɜː) VZ *per* ★ per se *per se* ★ per annum *per jaar* ★ per cent *procent* ★ per capita/caput *per hoofd* ★ per pro(c) *per procuratie*

perambulate (pə'ræmbjʊleɪt) OV+ONOV WW *rondlopen*; *aflopen*; *afreizen*

perambulation (pəræmbjʊ'leɪʃən) ZN • *rondgang*; *voetreis* • *inspectie* • *omtrek*; *grens*

perceivable (pə'siːvəbl) BNW *waarneembaar*

perceive (pə'siːv) OV WW *(be)merken*; *waarnemen*

percentage (pə'sentɪdʒ) ZN *percentage*

percept ('pɜːsept) ZN *geestelijke voorstelling v. wat men heeft waargenomen*

perceptible (pə'septɪbl) BNW • *waarneembaar* • *merkbaar*

perception (pə'sepʃən) ZN • *waarneming* • *gewaarwording* • JUR. *het incasseren*

perceptive (pə'septɪv) BNW • *opmerkzaam* • *waarnemend* ★ IRON. you're ~! *dat heb je snel gemerkt!*

perch (pɜːtʃ) **I** ZN • *baars* • *roest* ⟨v. vogel⟩ • *hoge plaats* • *roede* ⟨lengte-/oppervlaktemaat⟩ ★ the bird took its ~ *de vogel streek neer* ★ PLAT hop the ~ *'t hoekje omgaan* ★ they knocked him off his ~ *ze brachten 'm van zijn stuk*; *ze versloegen hem totaal* **II** OV WW • *gaan zitten of plaatsen op iets hoogs* ★ the town was ~ed on a hill *de stad was op een heuvel gelegen* **III** ONOV WW • *neerstrijken*

perchance (pɜː'tʃɑːns) BIJW OUD. *misschien*

percipient (pə'sɪpɪənt) **I** ZN • *medium*; *ziener* **II** BNW • *kunnende waarnemen*; *opmerkzaam*; *bewust*

percolate ('pɜːkəlet) OV+ONOV WW • *filtreren* • *sijpelen*; *dóórdringen*; *doordringen*

percolator ('pɜːkəleɪtə) ZN • *filter* • *koffiezetapparaat*

percussion (pə'kʌʃən) ZN • *slag* • MED. *beklopping* ★ ~ cap *slaghoedje* ★ ~ instrument *slaginstrument*

percussionist (pə'kʌʃənɪst) ZN *slagwerker*

percussive (pə'kʌʃɪv) BNW • *schokkend* • *slag-*

perdition (pə'dɪʃən) ZN *verderf*; *verdoemenis*

peregrination (perəgrɪ'neɪʃən) ZN *zwerftocht*

peremptory (pə'remptərɪ) BNW • *gebiedend*; *dictatoriaal* • JUR. *beslissend* • *onvoorwaardelijk* • *dogmatisch*

perennial (pə'renɪəl) **I** ZN • *overblijvende plant* ★ hardy ~ *(vorstbestendige) overblijvende plant* **II** BNW • *'t hele jaar durend* • *eeuwigdurend* • PLANTK. *overblijvend*

perfect[1] ('pɜːfɪkt) **I** BNW • *volmaakt*; *perfect* • *voortreffelijk* • *volledig*; *volslagen* • TAALK. *voltooid* ⟨v. tijd⟩ **II** ZN • *voltooid tegenwoordige tijd*

perfect[2] (pə'fekt) OV WW • *voltooien*; *volvoeren* • *perfectioneren*; *verbeteren*

perfection (pə'fekʃən) ZN • *volmaaktheid*; *voltooiing*; *volledige ontwikkeling* • *perfectie*; *toppunt*

perfectionism (pə'fekʃənɪzəm) ZN

perfectionist (pə'fekʃ(ə)nɪst) ZN *perfectionist*

perfidious (pə'fɪdɪəs) BNW *trouweloos*; *verraderlijk*

perfidy ('pɜːfɪdɪ) ZN *verraad*

perforate ('pɜːfəreɪt) **I** OV WW • *perforeren*; *doorboren* **II** ONOV WW • ~ into *doordringen in* • ~ through *doordringen door*

perforation (pɜːfə'reɪʃən) ZN • *doorboring*; *perforatie* • *gaatje*

perforce (pə'fɔːs) BIJW *noodzakelijkerwijs*

perform (pə'fɔːm) **I** OV WW • *volbrengen*; *verrichten*; *doen*; *uitvoeren* • *opvoeren* ⟨v.

pe

toneelstuk) **II** ONOV WW • *iets ten beste geven*
• *kunsten vertonen*
performable (pə'fɔːməbl) BNW *uitvoerbaar*
performance (pə'fɔːməns) ZN
• *(toneel)voorstelling*; *optreden* • *prestatie*
performer (pə'fɔːmə) ZN *iem. die iets doet of
presteert*; *toneelspeler*; *zanger*; *gymnast*
performing (pə'fɔːmɪŋ) BNW *uitvoerend*;
dramatisch ★ ~ arts *uitvoerende kunsten* ★ ~
right(s) *recht van uit-/opvoering*
perfume ('pɜːfjuːm) **I** ZN • *geur*; *parfum* **II** OV
WW • *parfumeren*
perfumery (pə'fjuːmərɪ) ZN *parfumerie(ën)*
perfunctory (pə'fʌŋktərɪ) BNW *oppervlakkig*;
nonchalant
perhaps (pə'hæps) BIJW *misschien*
peril ('perɪl) **I** ZN • *gevaar* ★ he is in ~ of his life
hij verkeert in levensgevaar ★ at your ~ *op uw
(eigen) verantwoording* **II** OV WW • *in gevaar
brengen*
perilous ('perɪləs) BNW *hachelijk*; *gevaarlijk*
perimeter (pə'rɪmɪtə) ZN *omtrek*
period ('pɪərɪəd) **I** ZN • *periode*; *tijdsduur* • *lesuur*
• *menstruatie*; *het ongesteld zijn* • USA *punt*
⟨leesteken⟩ • *(vol)zin* ★ have your ~
menstrueren; *ongesteld zijn* ★ he's put a ~ to it
hij heeft er een eind aan gemaakt ★ and that's
that, ~! *punt uit!* **II** BNW • ≈ *behorend tot 'n
bepaalde periode of stijl* ★ ~ costume ≈
kostuum uit de bedoelde periode
periodic (pɪərɪ'ɒdɪk) BNW • *periodiek* • *kring-
• retorisch*
periodical (pɪərɪ'ɒdɪkl) **I** ZN • *periodiek*;
tijdschrift **II** BNW • *periodiek*
peripatetic (perɪpə'tetɪk) **I** ZN • IRON. *zwerver*;
marskramer **II** BNW • *rondtrekkend*
peripheral (pə'rɪfərəl) BNW • *perifeer* • *de
buitenkant rakend*
periphery (pə'rɪfərɪ) ZN • *periferie* • *omtrek*
• *buitenkant*; *oppervlak*
periscope ('perɪskəʊp) ZN *periscoop*
perish ('perɪʃ) **I** ONOV WW • *omkomen of vergaan*
★ we ~ed with cold *we vergingen v.d. kou*
II OV WW • *doen omkomen of vergaan*
perishable ('perɪʃəbl) BNW • *vergankelijk* • *aan
bederf onderhevig*
perished ('perɪʃt) BNW INFORM. *uitgeput*; *'op'*
perishing ('perɪʃɪŋ) BNW + BIJW • *vergankelijk*
• PLAT *beestachtig* ⟨vnl. van kou⟩
peritonitis (perɪtə'naɪtɪs) ZN *buikvliesontsteking*
periwig ('perɪwɪg) ZN *pruik*
perjure ('pɜːdʒə) WKD WW ★ ~ o.s. *'n meineed
doen*
perjurer (pɜːdʒərə) ZN *meinedige*
perjurious (pə'dʒʊərɪəs) BNW *meinedig*
perjury ('pɜːdʒərɪ) ZN *meineed*
perk (pɜːk) **I** ZN • ≈ *bonus*; ≈ *voordeeltje*
II OV+ONOV WW • ~ up *opvrolijken*; *opfleuren*
perky ('pɜːkɪ) BNW *vrolijk*
perm (pɜːm) ZN *permanent* ⟨in haar⟩
permafrost ('pɜːməfrɒst) ZN *permafrost*
permanence ('pɜːmənəns) ZN • *duurzaamheid*;
bestendigheid • *vaste betrekking*
permanency ('pɜːmanEnsi) ZN • → **permanence**
permanent ('pɜːmənənt) BNW *blijvend*;
duurzaam; *permanent* ★ ~ wave *blijvende*

haargolf ★ ~ way *spoorbaan*
permanently ('pɜːmənəntlɪ) BIJW *voorgoed*;
blijvend
permeability (pɜːmɪə'bɪlətɪ) ZN
doordringbaarheid
permeable ('pɜːmɪəbl) BNW *doordringbaar*
permeate ('pɜːmɪeɪt) OV+ONOV WW
• *doordringen* • ~ **through** *dringen door*
permeation (pɜːmɪ'eɪʃən) ZN *doordringing*
permissible (pə'mɪsɪbl) BNW *toelaatbaar*;
geoorloofd
permission (pə'mɪʃən) ZN *verlof*; *vergunning*
permissive (pə'mɪsɪv) BNW • *veroorlovend* • *(al
te) toegeeflijk* ★ ~ society *tolerante
maatschappij*
permissiveness (pə'mɪsɪvnəs) ZN
• *toegeeflijkheid* • *tolerantie*
permit¹ ('pɜːmɪt) ZN • *permissiebiljet* ⟨voor
uitvoer⟩ • *vergunning*; *verlof*
permit² (pə'mɪt) OV+ONOV WW *toestaan* ★ ~ of
toelaten ★ weather ~ting *als 't weer het toelaat*
permutation (pɜːmjʊ'teɪʃən) ZN *omzetting*;
verwisseling
permute (pə'mjuːt) OV WW *verwisselen*
pernicious (pə'nɪʃəs) BNW • *verderfelijk*
• *kwaadaardig*
pernickety (pə'nɪkətɪ) BNW • INFORM. *bedillerig*
• INFORM. *moeilijk* • INFORM. *pietepeuterig*
• INFORM. *kieskeurig*
perorate ('perəreɪt) ONOV WW • FORM.
samenvatten • IRON. *uitweiden over*
peroration (perə'reɪʃən) ZN • FORM.
samenvattend slotwoord • *oratie*
peroxide (pə'rɒksaɪd) ZN *peroxide*
perpendicular (pɜːpən'dɪkjʊlə) **I** ZN • *loodlijn*
• *schietlood* • *loodrechte stand* **II** BNW
• *loodrecht*; *steil*; *recht(op)*
perpetrate ('pɜːpɪtreɪt) OV WW • *bedrijven*;
begaan • INFORM. *z. bezondigen aan*
perpetration (pɜːpə'treɪʃən) ZN *het plegen*; *het
bedrijven*
perpetrator ('pɜːpətreɪtə) ZN *dader*
perpetual (pə'petʃʊəl) BNW • *eeuwig*
• *levenslang* • *vast* • INFORM. *geregeld*;
herhaaldelijk
perpetuate (pə'petʃʊeɪt) OV WW • *bestendigen*
• *vereeuwigen*
perpetuation (pəpetʃʊ'eɪʃən) ZN *het bestendigen*
perpetuity (pɜːpɪ'tjuːətɪ) ZN • *eeuwigheid*
• *levenslang bezit* • *levenslange lijfrente*
★ in/for/to ~ *voor altijd*
perplex (pə'pleks) OV WW *verwarren*; *verlegen
maken*
perplexed (pə'plekst) BNW *verward*; *verlegen*;
verslagen
perplexity (pə'pleksətɪ) ZN *verwarring*
perquisite ('pɜːkwɪzɪt) ZN *neveninkomsten*; *fooi*
persecute ('pɜːsɪkjuːt) OV WW • *vervolgen* • *lastig
vallen*
persecution (pɜːsɪ'kjuːʃən) ZN *vervolging*
persecution complex ZN *achtervolgingswaan*
persecutor ('pɜːsɪkjuːtə) ZN *vervolger*
perseverance (pɜːsɪ'vɪərəns) ZN *volharding* ★ ~
kills the game *de aanhouder wint*
persevere (pɜːsɪ'vɪə) ONOV WW *volharden*;
volhouden

pe

persevering (pɜːsɪ'vɪərɪŋ) BNW *volhardend*; *hardnekkig*

Persia ('pɜːʃə) ZN *Perzië*

Persian ('pɜːʃən) I ZN • *'t Perzisch* • *Pers* II BNW • *Perzisch* ★ ~ blinds *jaloezieën*

persist (pə'sɪst) ONOV WW • *blijven volhouden* • *voortduren* • *overleven* • ~ **in** *doorgaan met*

persistence (pə'sɪstəns) ZN • *volharding* • *koppigheid*

persistency (pə'sɪstənsɪ) ZN • → **persistence**

persistent (pə'sɪstnt) BNW • *hardnekkig* • *blijvend*

person ('pɜːsən) ZN • *persoon* • *iemand* • *uiterlijk*; *voorkomen* ★ a competitive ~ *iem. die zich graag met anderen meet* ★ displaced ~s *ontheemden* ★ for our ~s *wat ons betreft* ★ JUR. natural ~ *menselijk wezen* ★ JUR. artificial ~ *corporatief lichaam* ★ in ~ *persoonlijk*; *in levende lijve*

persona (pɜː'səʊnə) ZN • *personage* • *persona*; *imago*

personable ('pɜːsənəbl) BNW • *knap* (v. uiterlijk) • *innemend*

personage ('pɜːsənɪdʒ) ZN • *personage* • *persoon*

personal ('pɜːsnl) I ZN ★ ~s *persoonlijk eigendom* II BNW • *persoonlijk* ★ ~ estate *roerend goed* ★ ~ column *familieberichten in krant*

personality (pɜːsə'nælətɪ) ZN *persoonlijkheid* ★ no personalities! *niet persoonlijk worden!*

personalize, G-B **personalise** ('pɜːsənəlaɪz) OV WW *verpersoonlijken*

personally ('pɜːsənlɪ) BIJW *persoonlijk*; *wat mij betreft*

personalty ('pɜːsənltɪ) ZN JUR. *roerend goed*

personate ('pɜːsneɪt) OV WW • *voorstellen* • *z. uitgeven voor*

personator ('pɜːsəneɪtə) ZN *personificatie*; *vertolker*

personification (pəsɒnɪfɪ'keɪʃən) ZN *verpersoonlijking*

personify (pə'sɒnɪfaɪ) OV WW *verpersoonlijken*

personnel (pɜːsə'nel) ZN • *personeel* • *manschappen*

perspective (pə'spektɪv) I ZN • *perspectief* • *perspectivische tekening* • *vooruitzicht* II BNW • *perspectivisch*

perspex ('pɜːspeks) ZN *perspex*; *plexiglas*

perspicacious (pɜːspɪ'keɪʃəs) BNW *scherpzinnig*; *schrander*

perspicacity (pɜːspɪ'kæsətɪ) ZN *schranderheid*; *scherpzinnigheid*

perspicuity (pɜːspɪ'kjuːətɪ) ZN • *duidelijkheid* • *scherpzinnigheid*

perspicuous (pə'spɪkjʊəs) BNW *scherpzinnig*; *duidelijk*

perspiration (pɜːspɪ'reɪʃən) ZN *uitwaseming*; *zweet*; *transpiratie*

perspire (pə'spaɪə) I OV WW • *uitwasemen* II ONOV WW • *transpireren*

persuade (pə'sweɪd) OV WW *overreden*; *overtuigen* ★ ~d of *overtuigd van* ★ he ~d himself of not having meant it *hij maakte zich zelf wijs dat hij het niet v. plan was geweest*

persuader (pə'sweɪdə) ZN *overreder*

persuasible (pə'sweɪsəbl) BNW *te overreden*

persuasion (pə'sweɪʒən) ZN • *overreding(skracht)* • *overtuiging* • *geloof* • *godsdienst*; *kerk*; *sekte* • IRON. *ras*; *soort*; *geslacht* ★ of the male ~ *v.h. mannelijk geslacht*

persuasive (pə'sweɪsɪv) I ZN • *beweegreden* II BNW • *overredend*; *overredings-*

persuasiveness (pə'sweɪsɪvnəs) ZN *overredingskracht*

pert (pɜːt) BNW *vrijpostig*; *brutaal* ★ Miss Pert *brutaaltje*

pertain (pə'teɪn) ONOV WW ~ **to** *betrekking hebben op*; *behoren tot*

pertinacious (pɜːtɪ'neɪʃəs) BNW *hardnekkig*; *volhardend*

pertinacity (pɜːtɪ'næsətɪ) ZN *volharding*; *hardnekkigheid*

pertinence ('pɜːtɪnəns) ZN *toepasselijkheid*

pertinent ('pɜːtɪnənt) BNW *toepasselijk*; *ter zake*; *ad rem* ★ ~ to *betrekking hebbend op*

perturb (pə'tɜːb) OV WW *verontrusten*; *van streek brengen*

perturbation (pɜːtə'beɪʃən) ZN *verontrusting*

perturbed (pə'tɜːbd) BNW *ontdaan*

perusal (pə'ruːzəl) ZN ★ for your ~ *ter inzage*

peruse (pə'ruːz) OV WW *onderzoeken*; *aandachtig bekijken*; *(nauwkeurig) lezen*

Peruvian (pə'ruːvɪən) I ZN • *Peruviaan* II BNW • *Peruviaans* ★ ~ bark *kinabast*

pervade (pə'veɪd) OV WW *doordringen*

pervasion (pə'veɪʒən) ZN *'t doordringen*

pervasive (pə'veɪsɪv) BNW *doordringend*

perverse (pə'vɜːs) BNW • *pervers*; *verdorven*; *verkeerd* • *onhandelbaar*

perversion (pə'vɜːʃən) ZN • *verdraaiing* ⟨vnl. van woorden⟩ • *afvalligheid* • *verdorvenheid*

perversity (pə'vɜːsətɪ) ZN *verdorvenheid*; *perversiteit*

pervert[1] ('pɜːvɜːt) ZN • *verdorvene* • *afvallige*

pervert[2] (pə'vɜːt) OV WW • *verdraaien* ⟨vnl. van woorden⟩ • *bederven*; *op 't verkeerde pad brengen* • *afvallig maken of worden*

perverted (pə'vɜːtɪd) BNW *pervers*; *ontaard*

pervious ('pɜːvɪəs) BNW • *doordringbaar* • *toegankelijk* ★ ~ to *ontvankelijk voor*; *doorlatend*

pesky ('peskɪ) BNW USA/INFORM. *vervelend*; *lastig*

pessary ('pesərɪ) ZN *pessarium*

pessimism ('pesɪmɪzəm) ZN *pessimisme*

pessimist ('pesɪmɪst) ZN *pessimist*

pest (pest) ZN • *plaag* • *lastig mens* • *schadelijk dier* • *pest* ★ the common (house) pest *de huisvlieg* ★ pests *ongedierte* ★ pest control *ongediertebestrijding*

pester ('pestə) OV WW • *plagen* • ~ **for** *lastig vallen om*

pesterer (pestərə) ZN *kwelgeest*

pesticide ('pestɪsaɪd) ZN *pesticide*; *verdelgingsmiddel*

pestilence ('pestɪləns) ZN *dodelijke epidemie*

pestilent ('pestɪlənt) BNW *fataal*

pestilential (pestɪ'lənʃəl) BNW • *verderfelijk* • HUMOR. *irritant*

pestle ('pesəl) ZN *stamper*

pet (pet) I ZN • *huisdier* • *lieveling* • *boze bui* ★ pet shop *dierenwinkel* II BNW • *met betrekking tot/bestemd voor huisdieren*

pe

• *houden als een huisdier* ★ it is his pet aversion *daar heeft hij het meest een hekel aan* ★ John owns a pet rabbit *John heeft een konijn als huisdier* **III** OV WW • *aaien* ⟨v. een huisdier⟩ • *liefkozen*; *vertroetelen*

petal ('petl) ZN *bloemblad*

petard (pɪ'tɑ:d) ZN • *springbus* • *voetzoeker* ★ he was hoist with his own ~ *hij viel in de kuil die hij groef voor een ander*

Pete (pi:t) ZN ★ for Pete's sake *in 's hemelsnaam*

peter ('pi:tə) ONOV WW • ~ **out** *uitgeput raken* ⟨v. mijn⟩; *doodlopen* ⟨v. spoor⟩; *mislukken*; *verlopen*; *uitsterven*

Peter ('pi:tə) ZN *Petrus*; *Peter* ★ SCHEEPV. blue ~ *vertrekvlag* ⟨v. schip⟩

petite (pə'ti:t) BNW *klein en tenger*

petition (pɪ'tɪʃən) **I** ZN • *verzoek(schrift)*; *smeekschrift*; *adres* **II** OV+ONOV WW • *een verzoek richten tot* • ~ **for** *smeken om*

petitionary (pə'tɪʃənərɪ) BNW *verzoek-*; *smekend*

petitioner (pə'tɪʃənə) ZN *verzoeker*; *adressant*; *eiser*

petrel ('petrəl) ZN *stormvogel*

petrifaction (petrɪ'fækʃən) ZN • *verstening* • *versteende massa*

petrify ('petrɪfaɪ) **I** OV WW • *doen verstenen* • *versteend doen staan* **II** ONOV WW • *verstenen*

petrochemical (petrəʊ'kemɪkl) **I** ZN • *petrochemische stof* **II** BNW • *petrochemisch*

petrol ('petrəl) ZN G-B *benzine* ★ ~ gauge *benzinemeter* ★ ~ pump *benzinepomp* ★ ~ station *benzinestation*; *pompstation*

petroleum (pə'trəʊlɪəm) ZN *petroleum* ★ ~ jelly *vaseline*

petrology (pə'trolədʒɪ) ZN *leer der gesteenten*

petticoat ('petɪkəʊt) ZN *petticoat* ⟨(onder)rok⟩

pettish ('petɪʃ) BNW • *humeurig* • *lichtgeraakt*

petty ('petɪ) BNW • *onbeduidend*; *nietig* • *kleinzielig* • *klein* ★ ~ cash *kleine uitgaven* ★ SCHEEPV. ~ officer *onderofficier*

petulance ('petjʊləns) ZN *prikkelbaarheid*

petulant ('petjʊlənt) BNW • *prikkelbaar* • *humeurig*

pew (pju:) **I** ZN • *kerkbank* • INFORM. *zitplaats* • *kerkgangers* **II** OV WW • *van kerkbanken voorzien*

pewter ('pju:tə) **I** ZN • *tinlegering* • *tinnen kan* • PLAT *geld of beker* ⟨als prijs⟩ **II** BNW • *tinnen*

PG AFK Parental Guidance *ouderlijke begeleiding* ⟨classificering voor films⟩ ★ a movie rated PG *een film die kinderen alleen onder ouderlijke begeleiding mogen zien*

phalanges (fæ'lændʒi:z) ZN [mv] • → **phalanx**

phalanx ('fælæŋks) ZN MIL. *falanx* ⟨slagorde⟩

phallic ('fælɪk) BNW *fallisch*

phallus ('fæləs) ZN *fallus*; *penis*

phantasm ('fæntæzəm) ZN • *verschijning*; *schim* • *illusie*; *hersenschim*

phantasmagoria (fæntæzmə'gɔ:rɪə) ZN *schimmenspel*

phantasmal (fæn'tæzməl) BNW *fantastisch*

phantom ('fæntəm) **I** ZN • *spook*; *geestverschijning* • *schijn* **II** BNW • *schijnbaar* • *onbekend* • *geheim* • *spook-*

pharaoh ('feərəʊ) ZN *farao*

pharmaceutical (fɑ:mə'sju:tɪkl) BNW

farmaceutisch

pharmaceutics (fɑ:mə'sju:tɪks) ZN MV *farmacie*

pharmacist ('fɑ:məsɪst) ZN *farmaceut*; *apotheker*

pharmacology (fɑ:mə'kɒlədʒɪ) ZN *farmacologie*

pharmacy ('fɑ:məsɪ) ZN *apotheek*; *farmacie*

pharyngitis (færən'dʒaɪtɪs) ZN *keelholteontsteking*

pharynx ('færɪŋks) ZN *keelholte*

phase (feɪz) **I** ZN • *fase*; *stadium* • *schijngestalte* ⟨v. de maan⟩ **II** OV WW • ~ **in** *geleidelijk invoeren* • ~ **out** *langzamerhand opheffen*

Ph.D. AFK Doctor of Philosophy *doctor in de wijsbegeerte*

pheasant ('fezənt) ZN *fazant*

phenomena (fə'nɒmɪnə) ZN [mv] • → **phenomenon**

phenomenal (fə'nɒmɪnl) BNW • *v.d. verschijnselen* • *waarneembaar* • *enorm*; *buitengewoon*

phenomenon (fə'nɒmɪnən) ZN • *verschijnsel* • *fenomeen* • *wonderbaarlijk iem./iets*

phew (fju:) TW *poe!*; *nou moe!*; *hè!*; *jakkes!*

phial ('faɪəl) ZN *medicijnflesje*

Phil. AFK Philosophy *wijsbegeerte*

philander (fɪ'lændə) ONOV WW *versieren (van een vrouw)*; *flirten (met een vrouw)*

philanderer (fɪ'lændərə) ZN *flirt(er)*

philanthropic (fɪlən'θrɒpɪk) BNW *filantropisch*; *menslievend*

philanthropist (fɪ'lænθrəpɪst) ZN *filantroop*; *mensenvriend*

philanthropy (fɪ'lænθrəpɪ) ZN *filantropie*; *menslievendheid*

philatelist (fɪ'lætəlɪst) ZN *filatelist*; *postzegelverzamelaar*

philately (fɪ'lætəlɪ) ZN *filatelie*; *het verzamelen van postzegels*

philharmonic (fɪlhɑ:'mɒnɪk) BNW *filharmonisch*; *muziekminnend*

philippic (fɪ'lɪpɪk) ZN *filippica*; *strafrede*

philistine ('fɪlɪstaɪn) **I** ZN • *cultuurbarbaar* **II** BNW • *onbeschaafd* • *prozaïsch*

Philistine ('fɪlɪstaɪn) **I** ZN • *Filistijn* **II** BNW • *Filistijns*

Philistinism ('fɪlɪstɪnɪzəm) ZN *onbeschaafdheid*; *platvloersheid*

philological (fɪlə'lɒdʒɪkl) BNW *taalkundig*; *filologisch*

philologist (fɪ'lɒlədʒɪst) ZN *filoloog*

philology (fɪ'lɒlədʒɪ) ZN *filologie*

philosopher (fɪ'lɒsəfə) ZN *wijsgeer* ★ ~'s stone *steen der wijzen*

philosophical (fɪlə'sɒfɪkl), **philosophic** (fɪlə'sɒfɪk) BNW *wijsgerig*

philosophize, G-B **philosophise** (fɪ'lɒsəfaɪz) ONOV WW *filosoferen*

philosophy (fɪ'lɒsəfɪ) ZN • *wijsbegeerte* • *levensbeschouwing*

philtre ('fɪltə) ZN *liefdesdrank*

phlegm (flem) ZN • *fluim*; *slijm* • *flegma*; *nuchterheid* • *apathie*

phlegmatic (fleg'mætɪk) BNW *flegmatisch*; *nuchter*

phobia ('fəʊbɪə) ZN *fobie*

phobic ('fəʊbɪk) **I** ZN • *iem. met een fobie* **II** BNW • *fobisch*

Phoenicia (fə'nɪʃə) ZN *Fenicië*
Phoenician (fə'nɪʃən) I ZN • *Feniciër* II BNW
• *Fenicisch*
phoenix ('fi:nɪks) ZN *feniks*
phone (fəʊn) ZN • INFORM. *telefoon*
• *spraakklank* ★ corded ~ *vaste telefoon*
★ mobile/cellular ~ *mobiele telefoon*
phone booth ZN *telefooncel*
phone-in ZN *radio-/tv-programma, waarbij
luisteraars/kijkers deelnemen via de telefoon*
phonetic (fə'netɪk) BNW *fonetisch; klank-*
phonetics (fə'netɪks) ZN MV *fonetiek*
phoney ('fəʊnɪ) BNW USA, STRAATT. *nagemaakt;
onecht; vals* ★ ~ talk *bedriegerij*
phonic ('fɒnɪk) BNW *klank-; akoestisch*
phonology (fə'nɒlədʒɪ) ZN *klankleer*
phony ('fəʊnɪ) • → phoney
phooey ('fu:ɪ) TW *poeh; bah*
phosphate ('fɒsfeɪt) ZN *fosfaat*
phosphor ('fɒsfə) ZN *fosfor*
phosphoresce (fɒsfə'res) ONOV WW *fosforesceren*
phosphorescence (fɒsfə'resəns) ZN *fosforescentie*
phosphorescent (fɒsfə'resənt) BNW
fosforescerend
phosphoric (fɒs'fɒrɪk) BNW *fosfor-*
phosphorous (fɒsfərəs) BNW *fosfor-*
phosphorus ('fɒsfərəs) ZN *fosforus*
photo ('fəʊtəʊ) ZN *foto*
photocopier ('fəʊtəʊkɒpɪə) ZN
fotokopieerapparaat
photocopy ('fəʊtəʊkɒpɪ) ZN *fotokopie*
photoelectric (fəʊtəʊɪ'lektrɪk) BNW
foto-elektrisch
photo finish ZN *fotofinish*
photofit ('fəʊtəʊfɪt) ZN *compositiefoto*
photogenic (fəʊtəʊ'dʒenɪk) BNW *fotogeniek*
photograph ('fəʊtəʊgrɑ:f) I ZN • *foto; portret*
★ I've had my ~ taken *ik heb me laten
fotograferen* II OV+ONOV WW • *fotograferen*
★ she ~s well *ze fotografeert goed; ze laat zich
goed fotograferen*
photographer (fə'tɒgrəfə) ZN *fotograaf*
photographic (fəʊtə'græfɪk) BNW • *fotografisch*
• *fotografie-*
photography (fə'tɒgrəfɪ) ZN *fotografie*
photometer (fəʊ'tɒmɪtə) ZN *belichtingsmeter*
photon ('fəʊtɒn) ZN *lichtdeeltje*
photosensitive (fəʊtəʊ'sensɪtɪv) BNW
lichtgevoelig
photostat ('fəʊtəstæt) ZN • *fotokopieerapparaat*
• *fotokopie*
phrase (freɪz) I ZN • *uitdrukking; gezegde*
• *bewoording; woorden* • *frase* ★ ~ book
taalgids ▼ to coin a ~ *zoals het spreekwoord
luidt* II OV WW • *onder woorden brengen*
phraseology (freɪzɪ'ɒlədʒɪ) ZN • *manier v.
zeggen of uitdrukken* • *woordkeus*
phrasing ('freɪzɪŋ) ZN • *bewoording; uitdrukking*
• MUZ. *frasering*
physical ('fɪzɪkl) I ZN • USA *lichamelijk onderzoek*
II BNW • *natuurkundig* • *materieel; natuur-*
• *natuurfilosofisch* • *lichamelijk* ★ ~ education
lichamelijke opvoeding ★ ~ force *natuurkracht*
★ ~ exercise *lichaamsbeweging; lichamelijke
oefening* ★ INFORM. ~ jerks *gymnastische
oefeningen* ★ ~ geography *natuurkundige*

aardrijkskunde ★ ~ therapy *fysiotherapie*
physician (fɪ'zɪʃən) ZN *geneesheer; dokter*
physicist ('fɪzɪsɪst) ZN *natuurkundige*
physics ('fɪzɪks) MV • NATK. *natuurkunde* • NATK.
natuurkundige wetten
physiognomist (fɪzɪ'ɒnəmɪst) ZN *gelaatkundige*
physiognomy (fɪzɪ'ɒnəmɪ) ZN • *gelaatkunde*
• *gelaat; voorkomen* • *aanblik v. iets*
physiology (fɪzɪ'ɒlədʒɪ) ZN *fysiologie*
physiotherapist (fɪzɪəʊ'θerəpɪst) ZN
fysiotherapeut(e)
physiotherapy (fɪzɪəʊ'θerəpɪ) ZN *fysiotherapie*
physique (fɪ'zi:k) ZN *lichaamsbouw; gestel*
pi (paɪ) I ZN • PLAT *brave hendrik*
II BNW • *prekerig*
pianist ('pi:ənɪst) ZN *pianist*
piano[1] (pɪ'ænəʊ) ZN *piano* ★ grand ~ *vleugel*
piano[2] ('pjɑ:nəʊ) BNW + BIJW MUZ. *piano*
pianoforte (pɪænəʊ'fɔ:tɪ) ZN *piano*
piano-player ZN *pianist*
piazza (pɪ'ætsə) ZN • *plein* ⟨in Italië⟩ • USA
veranda
picaresque (pɪkə'resk) BNW *schurken-;
schurkachtig* ★ ~ novel *schelmenroman*
piccolo ('pɪkələʊ) ZN *piccolo* ⟨kleine fluit⟩
pick (pɪk) I OV WW • *uiteenrafelen; pluizen*
• *(open)hakken* • *schoonmaken; plukken* ⟨v.
gevogelte⟩ • *peuteren* ★ pick to pieces
afkammen; uit elkaar halen ★ pick a quarrel
ruzie zoeken • ~ off *afplukken; uitpikken; de
een na de ander neerschieten* II OV+ONOV WW
• *bikken* • *plukken* • *(op)pikken* • INFORM. *eten*
• *(uit)kiezen* • *bekritiseren* ★ pick and choose
met zorg kiezen ★ he picked my pocket *hij
rolde mijn zakken* ★ pick and steal *gappen*
★ he's always picking holes *hij is altijd aan 't
vitten* ★ he has picked himself up *hij is weer
overeind gekomen* ⟨na een val⟩ ★ I've not yet
picked up with him *ik heb nog geen kennis
met hem gemaakt* ★ they picked up courage
ze vatten weer moed ★ pick a lock *een slot
openpeuteren* • ~ at *trekken aan* • USA ~ at/on
vitten/afgeven op • ~ on *uitkiezen* • ~ out
uitkiezen; op 't gehoor spelen; uithalen ⟨v.
naaiwerk⟩; *laten afsteken* • ~ up *oprapen;
opnemen; (aan)leren; meenemen* ⟨in voertuig⟩;
*toevallig ontmoeten; opknappen; beter worden;
gezondheid hervinden; terechtwijzen;
terugvinden* ⟨v. spoor⟩; *ontdekken;
aanwakkeren* ⟨v. wind⟩; *aanslaan* ⟨v. motor⟩;
ontvangen/krijgen ⟨v. inlichtingen⟩ III ZN
• *houweel* • *plectrum* • *keuze* • *'t beste* • *pluk*
★ the pick of the bunch/basket *'t neusje v.d.
zalm*
pickaxe, USA pickax ('pɪkæks) I ZN • *houweel*
II OV WW • *met houweel openbreken* III ONOV
WW • *een houweel gebruiken*
picker ('pɪkə) ZN • *plukker* • *houweel*
• *tandenstoker*
pickerel ('pɪk(ə)r(e)l) ZN • *(jonge) snoek* • USA
snoekbaars
picket ('pɪkɪt) I ZN • MIL. *piket* • *paal; staak* ★ ~s
post ⟨v. stakers⟩ • ~ *ship patrouilleschip* ★ ~
line groep posters ⟨bij staking⟩ II OV WW
• *posten* ⟨v. stakers⟩ • *posteren* • *omheinen met
palen* • MIL. *piket stationeren*

pi

pickings ('pɪkɪŋz) MV • *kleine diefstal* • *oneerlijke winst*

pickle ('pɪkl) I ZN • *tafelzuur*; *ingemaakte groente* ★ ~s [mv] *tafelzuur* ★ there's a rod in ~ for you *er staat je nog wat te wachten* ★ I was in a fine ~ *ik zat lelijk in de klem* II OV WW • *inmaken*

pick-me-up ('pɪkmiʌp) ZN *hartversterkertje*

pickpocket ('pɪkpɒkɪt) ZN *zakkenroller*

pick-up ('pɪkʌp) ZN • *pick-up* • *toevallige kennis* • USA *verbetering* • *versnelling* (v. auto) • *bestelwagentje* • INFORM. *vondst*; *koopje*

picky ('pɪkɪ) BNW • *kieskeurig* • *pietluttig*

picnic ('pɪknɪk) I ZN • *picknick* • INFORM. *iets aangenaams* • *iets wat gemakkelijk is te volbrengen of meevalt* II ONOV WW • *picknicken*

pictorial (pɪk'tɔ:rɪəl) I ZN • *geïllustreerd blad* • *postzegel met afbeelding* II BNW • *beeld-* • *geïllustreerd* • *schilderachtig* ★ ~ art *schilderkunst*

picture ('pɪktʃə) I ZN • *portret*; *beeld*; *voorstelling*; *plaat*; *toonbeeld*; *schilderij* ★ enter/come into the ~ *belangrijk worden*; *een rol gaan spelen* ★ PLAT slip from the ~ *van het toneel verdwijnen* ★ make a ~ of sb *iem. toetakelen*; *iem. ervan langs geven* ★ be in the ~ *erbij zijn*; *van belang zijn* ★ be out of the ~ *er niet bij zijn*; *niet van belang zijn* ★ put sb in the ~ *iem. op de hoogte brengen/houden* ★ FIG. the big ~ *het hele plaatje* ⟨overzicht⟩ ★ the (moving) ~(s) *de bioscoop*; *de film(s)* ★ FIG., INFORM. get the ~ *het snappen* ★ leave sb/sth out of the ~ *iemand/iets er buiten laten* II OV WW • *afbeelden*; *schilderen* ★ ~ to o.s. *zich voorstellen*

picture book ('pɪktʃəbʊk) ZN *prentenboek*

picture gallery ZN *schilderijenmuseum*

picture-perfect BNW USA *beeldschoon*

picture postcard ZN *ansichtkaart*

picturesque (pɪktʃə'resk) BNW • *schilderachtig* • *beeldend*; *levendig*

picture-writing ZN *beeldschrift*

piddle ('pɪdl) I ZN • INFORM. *plasje* II ONOV WW • *zijn tijd verdoen* • INFORM. *een plasje doen*

piddling ('pɪdlɪŋ) BNW INFORM. *onbenullig*

pidgin ('pɪdʒɪn) I ZN • *pidgin(taal)* ★ PLAT that's my ~ *dat is mijn zaak* II BNW • Pidgin English *op Engels gebaseerd pidgin*; *steenkolenengels*

pie (paɪ) I ZN • *pastei(tje)* • *taart*; *gebak* • *chaos*; *warboel* • *ekster* • *koperen munt in India* • *kletskous* ★ he has a finger in every pie *hij heeft overal wat in de melk te brokkelen* ★ you've made a precious pie of things *je hebt de zaak lelijk in de war geschopt* ★ USA eat humble pie *zoete broodjes bakken* ★ PLAT that's pie in the sky ≈ *dat lijkt me bijzonder onwaarschijnlijk* ★ pie chart *cirkeldiagram* ★ it has fallen into pie *het is in de war gelopen* II OV WW • *in de war sturen*

piebald ('paɪbɔ:ld) BNW *bont*; *gevlekt* ⟨v. paard⟩

piece (pi:s) I ZN • *stuk* ⟨hoeveelheid⟩ • *geldstuk*; *toneelstuk*; *stuk in een krant*; *schaakstuk* • *deel*; *aandeel* • USA, PLAT *vuurwapen* ★ a ~ of paper *een stuk papier* ★ a ~ of advice *een goede raad* ★ a ~ of music *een muziekstuk* ★ these are one euro a ~ *deze kosten één euro per stuk* ★ ~ by ~

stuk voor stuk ★ a ~ of the profits *een deel van de opbrengst* ★ take sth to ~s *iets uit elkaar halen* ★ smash sth to ~s *iets aan stukken gooien* ★ come/go to ~s *kapotgaan*; *mislukken* ▼ INFORM. ~ of cake *gemakkelijk karweitje* ▼ I have given her a ~ of my mind *ik heb haar flink de waarheid gezegd* ▼ a ~ of (good) luck *een buitenkansje*; *een meevaller* ▼ a nasty / nice ~ of work *een misbaksel* ⟨akelig persoon⟩ ▼ we are (all) in one ~ *we zijn ongedeerd (gebleven)* II OV WW • ~ **together** *stukje bij beetje tot een geheel maken*; *reconstrueren*

piecemeal ('pi:smi:l) I BNW • *stuk voor stuk gedaan*; *in gedeelten gedaan* II BIJW • *stukje voor stukje*

piecework ('pi:swɜ:k) ZN *stukwerk*

pieceworker ('pi:swɜ:kə) ZN *stukwerker*

pied (paɪd) BNW • *bont* ⟨gekleed, gekleurd⟩ • *gevlekt*

pie-eyed (paɪ'aɪd) ZN USA/PLAT *stomdronken*

pier (pɪə) ZN • *pijler* ⟨v. brug⟩ • *penant* • *havenhoofd*; *pier*

pierce (pɪəs) I OV WW • *prikken* • z. *een weg banen* • *doorgronden* II OV+ONOV WW • *doordringen*; *doorboren*

piercer ('pɪəsə) ZN • *priem* • *angel*

piercing ('pɪəsɪŋ) BNW *doordringend*

piety ('paɪətɪ) ZN *piëteit*; *vroomheid*

piffle ('pɪfəl) I ZN • INFORM. *onzin* • INFORM. *waardeloze rommel* II ONOV WW • INFORM. *leuteren*; *beuzelen*; *kletsen*

piffling ('pɪflɪŋ) BNW • INFORM. *pietluttig*; *onbeduidend* • INFORM. *beuzelachtig* • INFORM. *nutteloos*

pig (pɪg) I ZN • *varken*; *(wild) zwijn* • *lammeling*; *smeerlap* • *stijfkop* • *klomp ruw ijzer* ★ I'm the pig in the middle *ik zit tussen twee vuren* ★ be in pig *drachtig zijn* ★ when pigs fly *met sint-juttemis* ★ IRON. please the pigs *als 't de hemel behaagt* ★ he has brought his pigs to the wrong market *het is 'm tegengelopen*; *hij heeft op 't verkeerde paard gewed* ★ pigs might fly *de wonderen zijn de wereld nog niet uit* ★ bleed like a pig *bloeden als een rund* ★ INFORM. sweat like a pig *zweten als een rund* ★ buy a pig in a poke *een kat in de zak kopen* II OV WW • *biggen werpen* • *bij elkaar stoppen* III ONOV WW • *pig (it) bij elkaar hokken* • USA, STRAATT. ~ **out** *te veel eten*

pigeon ('pɪdʒɪn) I ZN • *duif* • *sul* • → **pidgin** ★ clay ~ *kleiduif* ★ ~ pair *tweeling v. verschillend geslacht*; *jongen en meisje als enige kinderen* ★ carrier/homing ~ *postduif* ★ wood ~ *houtduif* II OV WW • *voor de gek houden*

pigeon-fancier ('pɪdʒənfænsɪə) ZN *duivenmelker*

pigeon-hearted (pɪdʒən'hɑ:tɪd) BNW *bang*; *laf*

pigeon-hole ('pɪdʒənhəʊl) I ZN • *opening voor duiven in hok* • *loket* • *(post)vakje* II OV WW • *opbergen* • *in 't geheugen prenten* • *in vakjes verdelen*

piggery ('pɪgərɪ) ZN • *varkensfokkerij*; *varkensstal* • *zwijnerij* • *koppigheid*

piggish ('pɪgɪʃ) BNW • *varkensachtig* • *schrokkerig*

piggy ('pɪgɪ) I ZN • *varkentje* ★ ~ bank *spaarvarken* II BNW • *varkens-*

pi

piggyback ('pɪgɪbæk) **I** ZN • USA *ritje op de rug/schouders* **II** BIJW • USA *op de rug/schouders* ★ ~ *car platte spoorwagen voor opleggers* **III** BIJW ★ USA *carry* ~ *op de rug dragen*
pig-headed (pɪg'hedɪd) BNW MIN. *stijfkoppig; eigenwijs*
piglet ('pɪglət) ZN *big*
pigment ('pɪgmənt) ZN *kleurstof; verfstof*
pigmentation (pɪgmən'teɪʃən) ZN *pigmentatie*
pigmy ('pɪgmɪ) ZN • → **pygmy**
pigskin ('pɪgskɪn) ZN • *varkensleer* • INFORM., USA *football* ⟨bal⟩
pigsty ('pɪgstaɪ) ZN • *varkenshok* • *zwijnenstal* ⟨figuurlijk⟩
pigtail ('pɪgteɪl) ZN *paardenstaart* ⟨haardracht⟩
pike (paɪk) **I** ZN • *piek; spies* • *heuveltop* • *snoek* • *tol(boom)* • *tolweg* **II** OV WW • *met een piek doorboren* **III** ONOV WW • PLAT *lopen; wandelen*
pilchard ('pɪltʃəd) ZN *soort kleine haring; sardine*
pile (paɪl) **I** ZN • *hoop; stapel* • *blok huizen* • *groot gebouw* • *elektrisch element* • *kernreactor* • *pool; nop* ⟨op stof⟩ • *vacht* ⟨v. schaap⟩ • *aambei* • *(hei)paal* • *brandstapel* • INFORM. *fortuin; geld* • *rot* ⟨v. geweren⟩ • *dons* ★ pile house *paalwoning* **II** OV WW • *heien* • *opstapelen* ★ pile arms *de geweren aan rotten zetten* ★ he piled on the agony *hij vertelde het verhaal met alle griezelige bijzonderheden* ★ now you're piling it on *nu overdrijf je toch* ★ a pile-up *kettingbotsing; opeenstapeling* • ~ up *laten vastlopen* ⟨v. schip⟩; *op elkaar botsen* • ~ with *beladen met; belasten* ⟨met gewicht⟩ **III** ONOV WW ★ they piled in *ze kwamen met drommen naar binnen* • ~ up *rijkdom vergaren*
pile-driver ('paɪldraɪvə) ZN • *heier; heimachine* • INFORM. *trap; klap*
pile-dwelling ZN *paalwoning*
pilfer ('pɪlfə) OV WW *gappen*
pilferer ('pɪlfərə) ZN *kruimeldief*
pilgrim ('pɪlgrɪm) **I** ZN • *pelgrim* ★ Pilgrim Fathers *Engelse puriteinen, die in 1620 de kolonie Plymouth (Massachusetts) stichtten* **II** ONOV WW • *pelgrimstocht maken* • *zwerven*
pilgrimage ('pɪlgrɪmɪdʒ) **I** ZN • *bedevaart* • *levensreis* ★ go on a ~ *een pelgrimstocht maken* **II** ONOV WW • *op een pelgrimstocht gaan*
pill (pɪl) **I** ZN • *pil* • *bittere pil* • PLAT/SCHERTSEND *(kanons)kogel* • *(tennis)bal* • *akelige kerel* ★ a bitter pill to swallow *een bittere pil* ★ sleeping pill *slaappil* **II** OV WW • *pillen geven* • PLAT *met (kanons)kogels beschieten* **III** ONOV WW • *pluizen*
pillage ('pɪlɪdʒ) **I** OV WW • *plunderen; roven* **II** ZN • *plundering*
pillar ('pɪlə) **I** ZN • *(steun)pilaar; zuil* ★ he was driven from ~ to post *hij werd v. 't kastje naar de muur gezonden* **II** OV WW • *ondersteunen (als) met pilaren*
pillar-box ZN *ronde brievenbus* ⟨op straat⟩
pillbox ('pɪlbɒks) ZN • *pillendoosje* • *rond dameshoedje* • *rijtuigje; gebouwtje* • *kleine bunker*
pillion ('pɪljən) ZN *duozitting* ★ ride ~ *duo rijden*
pillory ('pɪlərɪ) ZN *schandpaal* ★ put sb in the ~

iem. belachelijk maken
pillow ('pɪləʊ) **I** ZN • *hoofdkussen* • TECHN. *kussenblok* ★ take counsel of your ~ *slaap er eens 'n nacht over* ★ ~ talk *intiem gesprek* ⟨in bed⟩ **II** OV WW • *op een kussen (laten) rusten* • ~ up *met kussens steunen*
pillowcase ('pɪləʊkeɪs), **pillowslip** ('pɪləʊslɪp) ZN *kussensloop*
pilot ('paɪlət) **I** ZN • *piloot* • *loods* • *leidsman; gids* • *proefexemplaar; proefaflevering* ⟨v.e. nieuwe tv-serie⟩ **II** BNW ★ ~ scheme *proefmodel* **III** OV WW • *besturen; loodsen* • *geleiden*
pilotage ('paɪlətɪdʒ) ZN • *loodsgelden* • *loodswezen*
pilot light ZN • *waakvlam* • *controlelampje*
pilot plant ZN *proeffabriek*
pilot project ZN *proefproject*
pilot scheme ZN *proefontwerp*
pilot's licence ZN *vliegbrevet*
pilule ('pɪljuːl) ZN *pil(letje)*
pimp (pɪmp) **I** ZN • *pooier* **II** OV WW • PLAT *optuigen* **III** ONOV WW • *pooier zijn*
pimple ('pɪmpl) ZN *puistje*
pimpled ('pɪmpld) BNW *puistig*
pimply BNW *puistig*
pin (pɪn) **I** ZN • *speld* • *pen* • *bout* • *kegel* • *schroef* ⟨v. snaarinstrument⟩ ★ INFORM. pins [mv] *benen* ★ rolling pin *deegroller* ★ he doesn't care a pin *het interesseert 'm geen zier* ★ I've got pins and needles in my leg *mijn been slaapt* **II** OV WW • *(op)prikken* • *vastspelden* • *opsluiten* • PLAT *gappen* ★ he was pinned against the wall *hij werd tegen de muur gedrukt* ★ he always pinned his faith on/to her *hij had altijd het volste vertrouwen in haar* ★ are you pinned (down) to it? *zit je er aan vast?; heb je het beloofd?* ★ pin-up board *prikbord* • ~ on *schuld schuiven op* • ~ up *opprikken* ⟨v. insecten⟩; *opspelden; opsluiten*
pinafore ('pɪnəfɔː) ZN *schortje*
pinball ('pɪnbɔːl) ZN ★ ~ (machine) *flipperkast*
pincers ('pɪnsəz) ZN MV • *schaar* ⟨v. kreeft, krab⟩ • *nijptang*
pinch (pɪntʃ) **I** ZN • *kneep* • *druk* • *nood* • *kritieke toestand* • *heel klein beetje; snuifje* ★ at a ~ *als 't kritiek wordt* **II** OV WW • *knijpen* • *gebrek laten lijden* • *krap houden* • *bekrimpen* • *paard aansporen* ⟨tijdens race⟩ • PLAT *jatten* • *(iem.) bestelen* • *in verzekerde bewaring stellen* ★ ~ed face *mager gezicht* ★ they were ~ed with cold *ze waren verkleumd v.d. kou* ★ he knows where the shoe ~es *hij weet waar de schoen wringt* ★ we were greatly ~ed for room *we waren zeer klein behuisd; we hadden erg gebrek aan ruimte* • ~ from *afpersen van* **III** ONOV WW • *gierig zijn* • *scherp aan de wind varen*
pine (paɪn) **I** ZN • *grenenhout; vurenhout* ★ pine (tree) *pijnboom* **II** ONOV WW • ~ after/for *smachten naar* • ~ away *wegkwijnen*
pineal ('pɪnɪəl) BNW *pijnappelvormig*
pineapple ('paɪnæpl) ZN • *ananas* • PLAT *handgranaat*
pine cone ZN *dennenappel*

pi

pine-needle ZN *dennennaald*
pinewood ('paɪnwʊd) ZN • *dennenbos*
• *dennenhout*; *vurenhout*
ping (pɪŋ) **I** ZN • *ping* • *kort, fluitend geluid*
II ONOV WW • *fluiten*
ping-pong ('pɪŋpɒŋ) **I** ZN • *tafeltennis* **II** ONOV
WW • *tafeltennissen*
pinhead ('pɪnhed) ZN • *speldenknop* • *zeer
onbetekenend iem. of iets* ★ INFORM. ~ed *dom*
pinion ('pɪnjən) **I** ZN • *vleugelpunt* • LIT. *vleugel*
• *slagpen* **II** OV WW • *kortwieken* • *vastbinden*
⟨v.d. armen⟩
pink (pɪŋk) **I** BNW • *roze* • *homosexueel* • POL.
met 'rood' sympathiserend ★ the pink pound
geld besteed door homosexuelen ⟨hun bijdrage
aan de economie⟩ **II** ZN • *roze* • *anjelier*
★ INFORM. in the pink *kerngezond* **III** ONOV WW
• *kloppen* ⟨v.motor⟩
pink-eye ('pɪŋkaɪ) ZN • *bep. koorts* ⟨bij paard⟩
• *oogontsteking* ⟨bij mens⟩
pinkish ('pɪŋkɪʃ) BNW *rozig*
pinko ('pɪŋkəʊ) ZN USA *gematigde
liberaal/radicaal*
pinnacle ('pɪnəkl) **I** ZN • *torentje* • *top*
• *hoogtepunt* **II** OV WW • *kronen* • *v. torentjes
voorzien*
pinny ('pɪnɪ) ZN JEUGDT. *schortje*
pinpoint ('pɪnpɔɪnt) **I** ZN • *speldenpunt* • *zeer
klein voorwerp* **II** OV WW • *nauwkeurig
aanwijzen*; *vaststellen*; *mikken*
pinprick ('pɪnprɪk) **I** ZN • *speldenprik* **II** OV WW
• *prikken met speld* • *irriteren*
pin-stripe ('pinstraɪp) ZN *dun streepje* ★ ~ suit
streepjespak
pint (paɪnt) ZN • *pint* ⟨6 dl⟩ • *glas bier*
pinta ('paɪntə) ZN INFORM. pint of ... *pint*
⟨inhoudsmaat⟩
pint-sized BNW INFORM. *nietig*; *klein*
pioneer (paɪə'nɪə) **I** ZN • *pionier* **II** OV WW • *de
weg bereiden* • *leiden* **III** ONOV WW •
• *pionierswerk doen*
pious ('paɪəs) BNW *vroom*; *godsdienstig*
pip (pɪp) **I** ZN • *pit* • *oog* ⟨op dobbel- of
dominosteen⟩ • *ster* ⟨op uniform⟩ ★ the pips
tijdsignaal op de radio ★ he has the pip *hij
heeft 'n kwade bui* **II** OV WW • *op het nippertje
verslaan* ★ pip sb at/to the post *vlak voor iem.
finishen*
pipage ('paɪpɪdʒ) ZN ('t *aanleggen v.*) *buizen*
pipe (paɪp) **I** ZN • *pijp* • *buis* • *bootsmansfluitje*
• *fluitsignaal* • *gefluit* ★ pipes [mv] *doedelzak*
★ USA pipe dream *waandenkbeeld* ★ pipe
cleaner *pijpenrager* ★ put that in your pipe
and smoke it! *die kun je in je zak steken!*
★ pipe major *eerste doedelzakspeler* ⟨in
regiment⟩ ★ pipe fitter *loodgieter* **II** OV WW
• *fluiten*; *op pijp spelen* • *door fluitsignaal
aangeven* • *oproepen door fluitsignaal* • *piepen*
• *stekken* • *met biezen versieren* • *v. buizen
voorzien* • *door buizen laten lopen* ★ INFORM.
pipe (one's eyes) *huilen* ★ ~ **up** *beginnen te
zingen of spelen* **III** ONOV WW • PLAT ~ **down**
rustig worden **IV** OV+ONOV WW • SCHEEPV.
~ **down** *vrijaf geven*
pipeclay ('paɪpkleɪ) **I** ZN • *pijpaarde* • *overdreven
aandacht aan uniform* **II** OV WW • *met*

pijpaarde wit maken
pipeline ('paɪplaɪn) ZN *pijpleiding* ★ in the ~ *op
stapel*
piper ('paɪpə) ZN • *doedelzakspeler* • *fluitspeler*
▾ pay the ~ 't *gelag betalen*
pipette (pɪ'pet) ZN *pipet*
piping ('paɪpɪŋ) **I** ZN • *pijpen*; *buizen*
• *biesversiering* • *stek* ⟨v. plant⟩ **II** BNW + BIJW
• *sissend*; *kokend* • *fluitend* ★ ~ hot *kokend
heet*
pipsqueak ('pɪpskwi:k) ZN • PLAT *kleine granaat*
• PLAT *onbetekenend/verachtelijk iem./iets*
• PLAT *praatjesmaker*
piquant ('pi:kənt) BNW *pikant*; *prikkelend*
pique (pi:k) **I** ZN • *wrok* **II** OV WW • *prikkelen*
• *opwekken* • *kwetsen* ★ he ~s himself on his
learning *hij gaat prat op zijn geleerdheid*
piracy ('paɪrəsɪ) ZN • *piraterij* ⟨zeeroverij⟩
• *piraterij* ⟨plagiaat⟩
pirate ('paɪərət) **I** ZN • *zeerover(sschip)* • *plagiaris*
★ ~ transmitter *clandestiene zender*;
etherpiraat **II** OV WW • *zeeroof plegen*
• *ongeoorloofd boeken e.d. nadrukken*
• *plunderen*
pirouette (pɪrʊ'et) **I** ZN • *pirouette* **II** ONOV WW
• *een pirouette maken*
piscatorial (pɪskə'tɔ:rɪəl) BNW *vissers-*;
hengelaars-; *vis-*
Pisces (pɪskɪz) ZN *Vissen* ⟨sterrenbeeld⟩
piscine[1] (pɪ'si:n) ZN *zwembad*; *vijver*
piscine[2] ('pɪsaɪn) BNW *vis-*; *visachtig*
piss (pɪs) **I** ZN • VULG. *pis* **II** ONOV WW • VULG.
pissen ★ pissed *dronken* ★ it's pissing (down)
het regent bakstenen • ~ **off** *wegwezen* ★ piss
off! *sodemieter op!*
pissed (pɪst) BNW • G-B *bezopen* ⟨dronken⟩ • USA
boos; *geërgerd*
pistachio (pɪ'stɑːʃɪəʊ) ZN *pistache*
piste (pi:st) ZN *piste*
pistil ('pɪstɪl) ZN *stamper* ⟨v. bloem⟩
pistol ('pɪstl) **I** ZN • *pistool* **II** OV WW • *met pistool
neerknallen*
piston ('pɪstn) ZN • *zuiger* • *klep in kornet*
• *zuigernap* ★ ~ rod *zuigerstang*
pit (pɪt) **I** ZN • *kuil*; *groeve*; *schacht* • *putje*;
kuiltje • *diepte* • *pits* • *parterre* ⟨in
schouwburg⟩ • USA *pit* ⟨v. vrucht⟩ ▾ the
bottomless pit *de bodemloze put*; *de hel* **II** OV
WW • *inkuilen* • *putjes of kuiltjes maken in*
• ~ **against** *opzetten tegen*; *stellen tegenover*
III ONOV WW • *putjes/kuiltjes krijgen in*
pitch (pɪtʃ) **I** ZN • *hoogte* • *graad* • *toonhoogte*
• *helling* • *steilheid* ⟨v. dak⟩ • *afstand* ⟨v.
tanden bij tandrad⟩ • *pek* • *het stampen* ⟨v.
schip⟩ • *worp* • *hoeveelheid op de markt
gebrachte waren* • *standplaats* • *sportterrein*
★ who touches ~ will be defiled *wie met pek
omgaat wordt er mee besmeurd* ★ fly a high ~
hoog vliegen; *een hoge vlucht nemen* ★ ~ sticks
wie met pek omgaat wordt ermee besmeurd
II OV WW • *in bep. stijl uitdrukken* • *bestraten*
• MUZ. *aangeven v. toon* • *gooien*; *werpen*
• PLAT *vertellen*; *opdissen* • *pekken* • *opslaan* ⟨v.
tent⟩; *kamperen*; *stellen*; *plaatsen* • *uitstallen*
★ a ~ed battle *een vooraf in elkaar gezette
veldslag* **III** ONOV WW • *voorover vallen*; *z.*

pi

storten • *stampen* ⟨v. schip⟩ • *schuin aflopen*
• INFORM. ~ *in de hand aan de ploeg slaan*; *'m
van katoen geven*; *inpeperen* • INFORM. ~ **into**
te lijf gaan • ~ **(up) on** *kiezen*; *ergens opkomen*
pitch-black BNW *pikzwart*
pitch-dark BNW *pikdonker*
pitcher ('pɪtʃə) ZN • *straatventer* ⟨met vaste
plaats⟩ • *straatsteen* • *houweel* • USA *kruik*; *kan*
• *golfstok* • *werper* ⟨bij honkbal⟩
pitchfork ('pɪtʃfɔ:k) ZN *stemvork*
piteous ('pɪtɪəs) BNW *treurig*; *droef*;
beklagenswaardig
pitfall ('pɪtfɔ:l) ZN • *valkuil* • *valstrik* ⟨figuurlijk⟩
pith (pɪθ) I ZN • *pit* • *(ruggen)merg* • *essentie*;
kern • *pit*; *energie* ★ a thing of pith and
moment *iets v. zeer veel belang* II OV WW
• *(dier) doden doon 't ruggenmerg door te
snijden/steken*
pithead ('pɪthed) ZN *mijningang*
pithy ('pɪθɪ) BNW *pittig*; *krachtig*
pitiable ('pɪtɪəbl) BNW *meelijwekkend*
pitiful ('pɪtɪfʊl) BNW • *medelijdend* • *armzalig*
• *verachtelijk*
pitiless ('pɪtɪlɪs) BNW *meedogenloos*
pitman ('pɪtmən) ZN • *mijnwerker* • USA
drijfstang
pittance ('pɪtns) ZN • GESCH. *legaat aan klooster
voor o.a. extra voedsel* • *klein loon*; *kleine
toelage* • *kleine hoeveelheid* ★ a mere ~ *een
schijntje*
pitted ('pɪtɪd) BNW *met putjes* ★ ~ with the
smallpox *pokdalig*
pitter-patter ZN *tiktik*; *(ge)tikketak*
pituitary (pɪ'tju:ɪtərɪ) I ZN • *hypofyse* II BNW
• *slijm-*; *slijmafscheidend* ★ ~ body/gland
hypofyse
pity ('pɪtɪ) I ZN • *medelijden* ★ take pity on
medelijden hebben met ★ for pity's sake *in 's
hemels naam* ★ what a pity! *wat jammer!*
★ more's the pity *des te erger is het* ★ a
thousand pities *vreselijk jammer* II OV WW
• *medelijden hebben met*; *beklagen*
pitying ('pɪtɪɪŋ) BNW *medelijdend*; *vol medelijden*
pivot ('pɪvət) I ZN • OOK FIG. *spil* • *stift* ★ ~ joint
draaigewricht II OV WW • *voorzien v. spil*
III ONOV WW • ~ **over** *hellen over* • ~ **upon**
draaien om
pivotal ('pɪvətl) BNW *hoofd-*; *centraal* ★ ~
industry *sleutelindustrie*
pivotbridge ('pɪvətbrɪdʒ) ZN *draaibrug*
pix (pɪks) MV • INFORM., USA pictures *foto's*; *film
• INFORM., USA *bioscoop*; *filmindustrie*
pixie ('pɪksɪ), **pixy** ZN *fee*
pixy ZN • → **pixie**
PKU test ZN MED. *hielprik*
placard ('plæka:d) I ZN • *aanplakbiljet* II OV WW
• *aanplakken* • *aankondigen*; *bekend maken*
placate (plə'keɪt) OV WW • *tevredenstellen*;
verzoenen; *sussen* • USA *omkopen*
placatory (plə'keɪtərɪ) BNW *verzoenend*;
verzoenings-
place (pleɪs) I ZN • *plaats*; *woonplaats* • *passage*
⟨in boek⟩ • *zitplaats* • *huis*; *gebouw*;
buitengoed • *pleintje*; *hofje* • *plek*; *rang*
• *ruimte* • *betrekking*; *positie* ★ ~ of worship
bedehuis ★ take ~ *gebeuren*; *plaatsvinden* ★ it

is not my ~ to do this *het ligt niet op mijn weg
om dit te doen* ★ USA go ~s *hier en daar
heengaan* ★ at your ~ *bij u thuis* ★ he is out of
~ *hij is werkloos* ★ what you said was out of ~
wat jij zei was misplaatst ★ it's all over the ~
iedereen/de hele stad weet ervan ★ she was all
over the ~ *ze was totaal in de war*
★ calculated to 5 decimal ~s *berekend tot in 5
decimalen nauwkeurig* ★ ~ card *tafelkaartje*
II OV WW • *plaatsen* • *arrangeren* • *herinneren*;
thuisbrengen ⟨figuurlijk⟩ • *plaatsen* ⟨v. order⟩;
verkopen; *stellen* ⟨v. vertrouwen in⟩
• *aanstellen*; *benoemen* • *'n betrekking vinden
voor* ★ he was ~d *hij behoorde tot de eerste drie*
⟨bij race⟩ • ~ **out** *beleggen* ⟨v. geld⟩ III ONOV
WW • SPORT *zich plaatsen*
placebo (plə'si:bəʊ) ZN *placebo*; *neppil*
placeman ('pleɪsmən) ZN *ambtenaar die uit
partijbelang is aangesteld*
placement ('pleɪsmənt) ZN *plaatsing*
placid ('plæsɪd) BNW *vredig*; *rustig*; *kalm*
placidity (plə'sɪdətɪ) ZN *rust*; *kalmte*; *vredigheid*
plagiarism ('pleɪdʒərɪzəm) ZN *plagiaat*
plagiarist ('pleɪdʒərɪst) ZN *plagiaris*
plagiarize, G-B **plagiarise** ('pleɪdʒəraɪz) OV WW
plagiaat plegen
plague (pleɪg) I ZN • *pest* • *plaag* • *vervelend/
lastig iem./iets* • *straf* II OV WW • *bezoeken* ⟨fig.⟩
• INFORM. *pesten*; *treiteren*
plaice (pleɪs) ZN *schol*
plaid (plæd) ZN • *plaid* • *Schotse omslagdoek*
• *(geruite) wollen stof*
plain (pleɪn) I ZN • *vlakte* II BNW • *duidelijk*
• *eenvoudig* • *onversierd* • *niet gekleurd* ⟨v.
tekening⟩ • *niet machtig/gekruid* ⟨v. voedsel⟩
• *openhartig* • *alledaags*; *gewoon* • *lelijk* ⟨v.
meisje⟩ • *vlak*; *glad* ⟨v. ring⟩ ★ it is all ~ sailing
't loopt als vanzelf; *'t is allemaal
doodeenvoudig* ★ as ~ as a pikestaff *zo klaar
als een klontje* ★ I will be ~ with you *ik zal je
precies zeggen waar 't op staat* ★ ~ card *kaart
onder boer* ★ ~ cooking *burgerpot* ★ ~
needle-work *nuttige handwerken* ★ ~ tea
theemaaltijd zonder vlees ★ ~ water *alleen
maar water*; *(dood)gewoon water* ★ ~ speaking
onomwonden spreken ★ ~ chocolate *pure
chocola* III ONOV WW • LIT. *klagen*; *klagend
uiten* IV BIJW • *duidelijk*
plain-clothes (pleɪn'kləʊðz) BNW *in
burger(kleren)*
plainclothesman ('pleɪnkləʊðsmæn) ZN
politieman in burger; *rechercheur*
plainly ('pleɪnlɪ) BIJW *ronduit*; *zonder meer*
plaint (pleɪnt) ZN • JUR. *beschuldiging*; *aanklacht*
• *weeklacht*
plaintiff ('pleɪntɪf) ZN *eiser*; *aanklager*
plaintive ('pleɪntɪv) BNW *klagend*
plait (plæt) I ZN • *vouw* • *vlecht* II OV WW
• *vouwen* • *vlechten*
plan (plæn) I ZN • *plan* • *schema*; *ontwerp*
• *schets*; *tekening* • *plattegrond* • *methode*
★ plan of action *plan de campagne* ★ plan of
site *situatietekening* ★ double-barrelled plan
tweeledig plan ★ the best plan is to stay *we
kunnen maar beter blijven* ★ contingency plan
rampenplan II OV WW • *schetsen*; *ontwerpen*

pl

• een plan maken • regelen ★ planning
permission bouwvergunning
plane (pleɪn) I ZN • plataan • schaaf • vlak
• INFORM. vliegtuig • hoofdweg in mijn
• niveau; peil; plan ★ ~ sailing 't vaststellen v.
positie v. schip op bep. manier; makkelijk ⟨v.
karwei⟩ II BNW • vlak III OV WW • schaven
IV ONOV WW • glijden ⟨v. vliegtuig⟩ • vliegen
⟨met vliegtuig⟩
planet ('plænɪt) ZN • planeet • kazuifel
planetarium (plænə'teərɪəm) ZN planetarium
planetary ('plænɪtərɪ) BNW • planetarisch;
planeet- • aards • zwervend
plangent ('plændʒənt) BNW • luid (klinkend)
• klagend • aanhoudend
planish ('plænɪʃ) OV WW • pletten • polijsten
• glanzen ⟨v. foto's⟩
plank (plæŋk) I ZN • plank • programmapunt ★ ~
bed brits II OV WW • met planken beleggen
• PLAT ~ **down** neerleggen; direct betalen
planking ('plæŋkɪŋ) ZN • bevloering • planken
plankton ('plæŋktən) ZN plankton
planner ('plænə) ZN ontwerper
planning ('plænɪŋ) ZN • planning; regeling; opzet;
't ontwerpen
plant (plɑːnt, plænt) I ZN • plant • manier v.
neerzetten • installatie; materieel • USA fabriek
• PLAT zwendel; bedotterij • (opslagplaats voor)
gestolen goederen • houding • machinerie
• val(strik) • infiltrant ★ ~ engineer
onderhoudstechnicus • in ~ groeiend ★ lose ~
afsterven II OV WW • planten; poten; uitzetten
⟨v. vis⟩ • plaatsen; posteren • koloniseren
• vestigen; stichten • beplanten • toebrengen ⟨v.
slag⟩ • PLAT verbergen ⟨v. gestolen goederen⟩
• begraven • opzetten ★ ~ o.s. zich opstellen;
zich posteren ★ ~ o.s. on zich opdringen aan
• ~ **out** vanuit pot in de open grond zetten;
uitpoten
plantain ('plæntɪn) ZN OMSCHR. soort banaan
plantation (plæn'teɪʃən) ZN • (be)planting;
aanplanting • plantage • GESCH. vestiging ⟨v.
kolonie⟩ ★ ~ song negerliedje
planter ('plɑːntə) ZN • planter • stichter
plaque (plæk) ZN • (gedenk)plaat • tandplak
plash (plæʃ) I ZN • (modder)poel; plas II OV WW
• ineenstrengelen; vlechten III OV+ONOV WW
• plonzen; (doen) spatten
plashy ('plæʃɪ) BNW • vol plassen • klotsend
plasma ('plæzmə) ZN plasma
plasma screen ZN plasmascherm
plaster ('plɑːstə) I ZN • G-B pleister • pleisterkalk
★ ~ of Paris gips ★ sticking ~ hechtpleister ★ ~
cast gipsverband; gipsafgietsel II BNW • gipsen
★ ~ saint heilig boontje III OV WW • bepleisteren
• besmeren • met eer overladen; ophemelen
• OOK FIG. een pleister leggen op • IRON. betaald
zetten • PLAT beschieten ★ ~ed dronken
plasterboard ('plɑːstəbɔːd) ZN gipsplaat
plasterer ('plɑːstərə) ZN stukadoor; gipswerker
plastic ('plæstɪk) I ZN • [vaak mv] plastic II BNW
• beeldend; vormend • kneedbaar ★ ~ bomb
kneedbom ★ ~ clay pottenbakkersaarde ★ ~
surgery plastische chirurgie
plasticine (plæstə'siːn) ZN plasticine
plasticity (plæs'tɪsətɪ) ZN kneedbaarheid

plastron ('plæstrən) ZN • SPORT borststuk • front;
voorstuk • plastron • buikschild ⟨v. schildpad⟩
plat (plæt) I ZN • → **plait** • stukje grond • USA
plattegrond II OV WW • in kaart brengen
plate (pleɪt) I ZN • naamplaat; pantserplaat;
fotografische plaat • afdruk • gravure • bord
• tafelzilver; metalen vaatwerk • collecteschaal
• opbrengst v. collecte • (race om) zilveren beker
of andere prijs ★ USA ~ dinner maaltijd waarbij
alle gerechten op één bord worden opgediend
★ dental ~ tandprothese ★ we have enough on
our ~ we hebben (al) genoeg te doen; er hoeft
niet meer bij II OV WW • pantseren • plateren
• vervaardigen v. drukplaat
plate armour, USA **plate armor** ZN harnas
plateau ('plætəʊ) ZN • presenteerblad • plateau
• stilstand ⟨in groei⟩
plateful ('pleɪtfʊl) ZN bordvol
plate glass ZN spiegelglas
platform ('plætfɔːm) I ZN • platform • perron
• podium • POL. partijprogramma • COMP.
platform ⟨systeem⟩ • balkon ⟨v. tram, bus⟩
• plateau II OV WW • (als) op een podium
plaatsen III ONOV WW • spreken vanaf podium
plating ('pleɪtɪŋ) ZN • verguldsel • pantsering
platinum ('plætɪnəm) ZN platina
platitude ('plætɪtjuːd) ZN gemeenplaats
platonic (plə'tɒnɪk) BNW platonisch
platoon (plə'tuːn) ZN peloton
platter ('plætə) ZN • plat bord of schaal
• broodplank • plateau
plaudit ('plɔːdɪt) ZN • lof • goedkeuring • applaus
plausibility (plɔːzə'bɪlətɪ) ZN • geloofwaardigheid
• schone schijn
plausible ('plɔːzəbl) BNW • aannemelijk;
geloofwaardig • z. mooi(er) voordoend (dan
men is)
play (pleɪ) I OV WW • spelen; bespelen • uithalen
⟨v. grap⟩ • spelen; uitspelen ⟨v. kaart⟩ • spuiten;
afgevuurd worden; afvuren ★ you should play
the game by him je moet eerlijk tegenover
hem zijn ★ play it cool zich onverschillig
voordoen ★ play the game eerlijk handelen
★ play hook(e)y spijbelen ★ play both sides
against the middle de een tegen de ander
uitspelen ★ don't play things low down je
moet niet gemeen zijn ★ play it on iem. op lage
wijze behandelen ten eigen bate ★ they played
him up ze namen 'm in 't ootje ★ he has
played away all his money hij heeft al z'n geld
verspeeld ★ you can't play them against each
other je kunt ze niet tegen elkaar uitspelen
★ play nuts doen alsof men gek is ★ he plays a
good knife and fork hij kan flink eten ★ he
plays a good stick/sword hij schermt goed
★ play the fool voor gek spelen ★ play the
market speculeren • ~ **back** terugspelen van
geluidsband • ~ **down** bagatelliseren; kleineren
★ play down to sb z. aan iem. aanpassen
• ~ **off** uithalen ⟨v. grap⟩; pronken met ★ play
off (against) uit spelen tegen ★ play off as laten
doorgaan voor • ~ **out** uit spelen ★ played out
op; geruïneerd; uitgeput • ~ **up** benadrukken
II ONOV WW • spuiten • z. vrij (kunnen)
bewegen • spelen • bespeelbaar zijn ⟨v. terrein⟩
• niet werken; staken ★ play fair eerlijk spel

spelen ★ he plays about with her *hij houdt
haar voor de gek* ★ play at cards *kaarten*
★ what are you playing at? *waar ben je in
vredesnaam mee bezig?* ★ he played at the
plan *hij deed zo maar half met het plan mee*
★ he plays at gardening *hij tuiniert zo'n beetje
voor z'n plezier* ★ two can play that game! *dat
kan ik ook!* ★ play for time *tijd proberen te
winnen* ★ play on words *woordspelingen
maken* ★ play round the law *de wet ontduiken*
★ SPORT play! *los!* ★ play-or-pay bet
weddenschap die van kracht blijft ★ play low
laag inzetten ⟨bij spel⟩ • ~ **off** *de beslissende
wedstrijd spelen* • ~ **up** *slecht functioneren*;
handelen/spelen zo goed men kan; *last
bezorgen* • ~ **(up)on** *bespelen*; *beïnvloeden*; *misbruik
maken van* III ZN • *spel* • *toneelstuk* • *speling*;
bewegingsvrijheid • *manier v. spelen*
• *activiteit*; *werking* • *werk(e)loosheid*; *staking*
★ he said it in play *hij zei 't voor de grap* ★ I'll
keep him in play *ik zal 'm wel bezighouden*
★ everything was in full play *alles was volop
in werking* ★ don't bring him into play *haal
hem er niet bij* ★ bring into play *laten gelden*
★ play of words *woordenspel* ★ play on words
woordspeling ★ fair play *eerlijke behandeling*
★ it was as good as a play *'t was net een film*
★ give full play *de vrije loop laten* ★ they will
make great play with what he said *ze zullen
wel erg schermen met wat hij zei* ★ the boys
were at play *de jongens waren aan 't spelen*
★ musical play *operette/musical*

playable ('pleɪəbl) BNW • *(be)speelbaar* • *te
maken* ⟨v. bal⟩

play-act ('pleɪækt) ONOV WW *komedie spelen*;
doen alsof

play-actor ('pleɪæktə) ZN OOK FIG. *komediant*

playback ('pleɪbæk) ZN • *het playbacken* • *het
afspelen van een band in opnameapparatuur*

playbill ('pleɪbɪl) ZN *affiche voor toneelstuk*

playboy ('pleɪbɔɪ) ZN *rijk uitgaanstype*; *playboy*

player ('pleɪə) ZN *(beroeps)speler*

playful ('pleɪfʊl) BNW *speels*; *schertsend*

playgoer ('pleɪɡəʊə) ZN *schouwburgbezoeker*

playground ('pleɪɡraʊnd) ZN • *speelplaats*
• *recreatiegebied*

playgroup ('pleɪɡruːp) ZN *kleutercrèche*

playhouse ('pleɪhaʊs) ZN • *schouwburg*
• *poppenhuis*

playing-card ('pleɪɪŋkɑːd) ZN *speelkaart*

playing-field ('pleɪɪŋfiːld) ZN *sportveld*

playmate ('pleɪmeɪt) ZN *speelmakker*

play-off ('pleɪɒf) ZN *beslissende wedstrijd*

playpen ('pleɪpen) ZN *babybox*

playroom ('pleɪruːm) ZN *speelkamer*

plaything ('pleɪθɪŋ) ZN • *stuk speelgoed*
• *speelbal* ⟨figuurlijk⟩

playtime ('pleɪtaɪm) ZN *speelkwartier/-tijd*

playwright ('pleɪraɪt) ZN *toneelschrijver*

plaza ('plɑːzə) ZN • USA *modern winkelcomplex*
• *plein*

plea (pliː) ZN • *pleidooi*; *betoog* • *voorwendsel*;
motief • *verontschuldiging* • GESCH. *proces*
★ USA, JUR. plea bargaining *(het) bepleiten van
strafvermindering in ruil voor schuldbekentenis*

pleach (pliːtʃ) OV WW *vlechten*; *ineenstrengelen*

plead (pliːd) I OV WW • *bepleiten*; *verdedigen*
• *als verontschuldiging aanvoeren*
• *voorwenden* II ONOV WW • *z. verdedigen*;
pleiten ★ he ~ed with me to have patience *hij
smeekte me om geduld te hebben* ★ he ~ed
guilty/not guilty *hij bekende/ontkende schuld*

pleader ('pliːdə) ZN *pleiter*

pleading ('pliːdɪŋ) ZN • *pleidooi* • *smeking*

pleasance ('plezəns) ZN OUD. *lusthof*; *genot*

pleasant ('plezənt) BNW *aangenaam*; *prettig*

pleasantry ('plezəntrɪ) ZN *grap*; *scherts*

please (pliːz) I TUSSENW • *alstublieft* ⟨bij vraag of
verzoek⟩ ★ could you ~ be quiet? *zou u
alstublieft stil kunnen zijn?* II OV+ONOV WW
• *bevallen*; *behagen*; *believen* ★ we were very
~d with it *we waren er zeer mee ingenomen*
★ if you ~ *alstublieft*; *als ik zo vrij mag zijn*;
zowaar; *nota bene* ★ ~ God *als het God/de
hemel behaagt* ★ ~ yourself *doe zoals je wilt*
★ His Majesty has been graciously~d to
come *het heeft Zijne Majesteit behaagd te
komen*

pleasing ('pliːzɪŋ) BNW • *aangenaam*
• *behaaglijk* • *innemend*

pleasurable ('pleʒərəbl) BNW *prettig*;
aangenaam

pleasure ('pleʒə) I ZN • *plezier*; *genoegen*; *genot*
• *verkiezing* ★ at~ *naar believen* ★ my ~! *(als
antwoord op dankbetuiging)* *graag gedaan!*
★ it is Our ~ to ... *het heeft Ons behaagd om ...*
⟨majesteitelijk⟩ ★ take~ in *plezier beleven aan*
II OV WW • *een genoegen doen* III ONOV WW
• *behagen scheppen in*

pleat (pliːt) I ZN • *plooi* II OV WW • *plooien*

pleb (pleb) ZN PLAT *iemand uit de lagere sociale
klasse*

plebeian (plɪ'biːən) I ZN • *plebejer* II BNW
• *plebejisch*

pled (pled) WW [verl. tijd + volt. deelw.] • →
plead

pledge (pledʒ) I ZN • *onderpand* • *belofte*; *gelofte*
• *heildronk* ★ he took the ~ *hij werd
geheelonthouder* II OV WW • *in pand geven*;
belenen • *verpanden* • *plechtig beloven*
• *drinken op de gezondheid van* ★ ~ o.s. *zich
borg stellen* ★ ~ the future *een wissel trekken
op de toekomst*

pledgee (ple'dʒiː) ZN *pandnemer*

pledger ('pledʒə) ZN *pandgever*

plenary ('pliːnərɪ) BNW • *geheel* • *volledig*;
voltallig ★ ~ powers *volmachten*

plenipotentiary (plenɪpə'tenʃərɪ) I ZN
• *gevolmachtigde*; *gevolmachtigde minister*
• *ambassadeur* II BNW • *gevolmachtigd*

plenitude ('plenɪtjuːd) ZN *overvloed*

plenteous ('plentɪəs) BNW *overvloedig*

plentiful BNW *overvloedig*

plenty ('plentɪ) I ZN • *overvloed* II BNW • USA
overvloedig III BIJW • INFORM. *ruimschoots*
★ INFORM. it's ~ large enough *het is meer dan
groot genoeg*

pleonasm ('pliːənæzəm) ZN *pleonasme*

pleonastic (pliːə'næstɪk) BNW *pleonastisch*

plethora ('pleθərə) ZN • *overvloed*; *overdaad*
• MED. *teveel aan lichaamsvocht/bloed*

pl

plethoric (pleˈθɒrɪk) BNW • *volbloedig* • *oververzadigd*

pliability (plaɪəˈbɪlɪti) ZN • *plooibaarheid* • *volgzaamheid*

pliable (ˈplaɪəbl) BNW *plooibaar*; *volgzaam*

pliancy (ˈplaɪənsɪ) ZN *kneedbaarheid*; *plooibaarheid*

pliant (plaɪənt) BNW *plooibaar*; *gedwee*

pliers (ˈplaɪəz) ZN MV *buigtang*

plight (plaɪt) I ZN • *verbintenis*; *trouwbelofte* • *conditie*; *(hopeloze) toestand* • *(onaangename) situatie* ★ they were in a sorry ~ *ze waren er slecht aan toe* II OV WW • *verpanden* ★ ~ed lovers *gelieven die elkaar trouw hebben gezworen* ★ ~ one's faith *zijn woord geven*

plimsolls (ˈplɪmsəlz) ZN MV G-B *gymnastiekschoenen*

plinth (plɪnθ) ZN *plint*

plod (plɒd) I ONOV WW ★ plodding *moeizaam* • ~ along/on *voortsukkelen* • ~ at *zwoegen aan*; *ploeteren aan*; *zwaar werken aan* II ZN • *gezwoeg*

plodder (ˈplɒdə) ZN *zwoeger*; *ploeteraar*

plonk (plɒŋk) I ZN • *plof*; *smak* • *goedkope wijn* II OV WW • *met 'n smak neergooien*

plop (plɒp) I ZN • *plons*; *plof* II BIJW • *pardoes*

plot (plɒt) I ZN • *stukje grond* • USA *plattegrond* • *plot*; *intrige* • *samenzwering* • *radar-plot radarbaken* II OV WW • *intrigeren*; *plannen smeden/beramen* • *ontwerpen* • *in kaart brengen* • *indelen* ⟨v. tijd⟩

plotter (ˈplɒtə) ZN *samenzweerder*

plough, plow (plaʊ) I OV WW • *(door)ploegen* • *ploeteren* • ~ back *onderploegen* • ~ out *uitroeien* • ~ up *omwoelen* II ONOV WW • ~ through *doorworstelen* III ZN • *ploeg* ★ put one's hand to the ~ *de hand aan de ploeg slaan*

Plough (plaʊ) ZN STERRENK. *Grote Beer*

plough-land (ˈplaʊlænd) ZN *bouwland*

ploughman (ˈplaʊmən) ZN *ploeger*; *boer* ★ ~'s lunch *(stevige) broodmaaltijd (met bier)*

ploughshare (ˈplaʊʃeə) ZN *ploegschaar* ★ at the ~tail *achter de ploeg* ⟨figuurlijk⟩

plover (ˈplʌvə) ZN • INFORM. *kievit* • *pluvier*

plow (plaʊ) • → **plough**

ploy (plɔɪ) ZN • INFORM. *tactische zet* • INFORM. *karweitje*

pluck (plʌk) I OV WW • *plukken* ⟨ook van gevogelte⟩; *trekken (aan)* • OUD. *laten zakken* ⟨voor examen⟩ • *tokkelen* • *oplichten* ★ ~ a pigeon *een onnozele ertussen nemen* ★ ~ up courage *zich vermannen*; *moed verzamelen* II ZN • *ruk*; *trek* • OUD. *'t zakken* ⟨voor examen⟩ • *hart, longen en lever v. dier* ⟨als voedsel⟩ • *durf*; *moed*

plucky BNW *moedig*

plug (plʌg) I OV WW • *dichtstoppen*; *(op)vullen* • VS, INFORM. *neerknallen* • *pluggen* ⟨publiciteit geven⟩ ★ COMP. plug and play ≈ *probleemloos in gebruik nemen* ⟨v. hardware⟩ II WW • ~ away [onov] *doorploeteren*; *doorzwoegen* • ~ in [ov] *contact maken*; *inpluggen* • ~ into [onov] *aangesloten kunnen worden op* ⟨elektriciteit⟩; *z. aansluiten bij*

⟨netwerk, enz.⟩ [ov]; *aansluiten op*; *dichtstoppen* • ~ up [ov] *dichtstoppen* III ZN • *stekker* • G-B, INFORM. *stopcontact* • *bougie* • *stop* ⟨v. bad, enz.⟩ • MED. *tampon*; *dot* ⟨watten, enz.⟩ • *plug* ★ INFORM. *aanbeveling* ⟨v. boek, film, enz.⟩ ★ sparking plug *bougie* ★ FIG. pull the plug on sth *ergens de stekker uit trekken* ⟨iets beëindigen⟩

plugboard (ˈplʌgbɔːd) ZN • *schakelbord* • WWW *banner*

plughole (ˈplʌghəʊl) ZN *gootsteengat* ▼ INFORM. down the ~ *naar de knoppen*

plug-in ZN USA *vulling*

plum (plʌm) I ZN • *pruim(enboom)* • *rozijn* • *iets heel begerenswaardigs*; *neusje van de zalm* ★ plum cake *rozijnencake*; *krentencake* ★ plum duff *jan-in-de-zak* II BNW • *donkerrood*; *paars*

plumage (ˈpluːmɪdʒ) ZN *gevederte*

plumb (plʌm) I ZN • *schietlood* ★ out of ~ *uit 't lood* ★ ~ line *schietlood* II BNW • *loodrecht*; *verticaal* • *volkomen*; *volslagen* III OV WW • OOK FIG. *peilen* • *loodrecht plaatsen of maken* IV ONOV WW • *loodgieterswerk verrichten*

plumber (ˈplʌmə) ZN *loodgieter*

plumbing (ˈplʌmɪŋ) ZN *loodgieterswerk*; *sanitair*

plume (pluːm) I ZN • *pluim*; *vederbos* ★ borrowed ~s *andermans veren* II OV WW • *met veren versieren* • *v. veren voorzien* • *de veren gladstrijken* • *met andermans veren pronken* ★ ~ o.s. *on/upon zich laten voorstaan op*

plummet (ˈplʌmɪt) ZN • *schietlood* • *gewichtje aan vislijn*

plummy (ˈplʌmɪ) BNW • *pruimachtig*; *vol pruimen* • INFORM. *voortreffelijk*

plump (plʌmp) I ZN • *zware val*; *plof* II BNW • *mollig*; *vol*; *vlezig*; *dik* • *onomwonden*; *vierkant*; *bot* III OV WW • *opschudden* • *neerkwakken* • ~ for *als één man stemmen op*; *z. verklaren voor* • ~ out *eruit flappen* • ~ up *vetmesten* • ~ upon *overvallen* IV ONOV WW • *neerploffen* • ~ down *neerploffen* • ~ out/up *aankomen* ⟨in gewicht⟩ V BIJW • *met een smak* • *botweg* ★ they came ~ upon me *ze overvielen me*

plumy (ˈpluːmɪ) BNW • *vederachtig* • *met veren versierd*

plunder (ˈplʌndə) I OV WW • *plunderen*; *(be)roven* II ZN • *plundering* • *buit*; *roof* • PLAT winst • USA *huisraad*; *bagage*

plunderer (ˈplʌndərə) ZN *plunderaar*

plunge (plʌndʒ) I ZN • *duik*; *diepe val* • *plotse vermindering* ★ FIG. take the ~ *de sprong wagen* II OV WW • *storten*; *naar beneden doen vallen* • *onderdompelen* • *in de grond zetten* ⟨v. plant⟩ III ONOV WW • *duiken*; *zich storten* • *kelderen* ⟨v. prijzen⟩ • ~ in *binnenstormen* ★ ~d in thought *in gedachten verzonken*

plunger (ˈplʌndʒə) ZN • *duiker* • *ontstopper*

plunk (plʌŋk) I ZN • *zware slag*; *plof* II OV+ONOV WW • *tokkelen* • *wegschieten* • *neerploffen* • USA/INFORM. *onverwachts raken*

pluperfect (pluːˈpɜːfɪkt) ZN *voltooid verleden tijd*

plural (ˈplʊərəl) BNW *meervoudig*; *meervoud(s)-*

pluralism (ˈplʊərəlɪzəm) ZN *pluralisme*

pl

plurality (pluə'rælətı) ZN • *groot aantal* • POL. *meerderheid* v. *stemmen* • TAALK. *meervoud*
plus (plʌs) I ZN • *plusteken* • *positieve of toegevoegde hoeveelheid* II BNW • *extra* • WISK. *positief* ★ plus sign *plus(teken)* III VZ • *plus*
plush (plʌʃ) I ZN • *pluche* II BNW • *piekfijn*
plushy ('plʌʃı) BNW • *plucheachtig* • INFORM. *chic*; *luxueus*
plutocracy (plu:'tɒkrəsı) ZN *plutocratie*
plutocratic (plu:tə'krætık) BNW *plutocratisch*
ply (plaı) I ZN • *vouw* • *laag* • *streng* • *neiging* ★ take a ply *zich richten naar* II ONOV WW • *laveren* • *klanten proberen te krijgen* • ~ between *pendelen tussen* III OV+ONOV WW • *(krachtig) hanteren* ⟨v. *wapen*⟩ • *bezig zijn met* • *lastig vallen met*; *overstelpen met* ★ ply with drink *dronken voeren* ★ ply the bottle *geducht de fles aanspreken*
plywood ('plaıwʊd) ZN *multiplex*; *triplex*
p.m., USA **P.M.** AFK post meridiem *p.m.*; *na 12 uur 's middags* ★ 8.30 p.m. *20.30*; half negen 's avonds
PM AFK Prime Minister *premier*
pneumatic (nju:'mætık) I ZN • *luchtband* • *fiets met luchtbanden* II BNW • *pneumatisch*; *lucht(druk)* • *geestelijk* ★ ~ tyre *luchtband*
pneumatics (nju:'mætıks) ZN MV *pneumatiek*
pneumonia (nju:'məunıə) ZN *longontsteking*
PO AFK • Post Office *postkantoor* • Postal Order *postwissel*
poach (pəutʃ) OV WW • CUL. *pocheren* • *illegaal bejagen*; *stropen* • *op oneerlijke manier verkrijgen* • *oneerlijk voorsprong op icm. of iets krijgen*
poacher ('pəutʃə) ZN • *stroper* • *indringer* • *pocheerpan*
pock (pɒk) ZN *pok*
pocked ('pɒkt) BNW *pokdalig*; *vol gaten*
pocket ('pɒkıt) I ZN • *zak* • *pocketboek* • MIL. *geïsoleerd gebied* • *financiële situatie* ★ an empty ~ *iem. zonder geld* ★ I'm 5 pounds in ~ *ik heb er 5 pond aan overgehouden*; *ik beschik over 5 pond* ★ be out of ~ *geen geld hebben* ★ I was 5 pounds out of ~ *ik ben 5 pond kwijtgeraakt* ▼ dig deep into your ~ *diep in de buidel tasten* II BNW • *in zakformaat*; *miniatuur* ★ ~ handkerchief *zakdoek* ★ ~ battleship *slagschip* v. *vestzakformaat* ★ ~ calculator *zakrekenmachine* ★ ~ expenses *kleine, persoonlijke uitgaven* ★ ~ money *zakgeld* ★ ~ glass *zakspiegeltje* III OV WW • *in de zak steken* • *potten* ⟨bij poolbiljart⟩ • *insluiten*; *hinderen* • *z. toe-eigenen*; *inpalmen* • *z. laten welgevallen* • *onderdrukken* ⟨v. gevoelens⟩; *verbergen*
pocketbook ('pɒkıtbʊk) ZN • *pocketboek* • *portefeuille*; *(dames)portemonnee* • USA *damestas*
pocketful ('pɒkıtfʊl) ZN *heel veel*
pockmark ('pɒkmɑ:k) ZN • *pokputje* • *put*; *gat*
pockmarked ('pɒkmɑ:kt) BNW *pokdalig*
pod (pɒd) I ZN • *dop*; *peul*; *omhulsel* • *cocon* • *fuik* • *houder* • *kleine school robben*/ *walvissen* ★ PLAT in pod *zwanger* II OV WW • *peulen dragen* • *doppen* • *bijeen drijven* v. *robben* • PLAT ~ up *dik worden bij*

zwangerschap
podgy ('pɒdʒı) BNW *dik*; *rond*
podia ('pəudıə) ZN [MV] • → **podium**
podiatrist (pə'daıətrıst) ZN *chiropodist*
podium ('pəudıəm) ZN • *podium* • *voetstuk* • *bank langs kantoormuur*
poem ('pəuım) ZN *gedicht*
poesy ('pəuəzı) ZN *poëzie*
poet ('pəuıt) ZN *dichter*
poetaster (pəuı'tæstə) ZN *rijmelaar*
poetess (pəuı'tes) ZN *dichteres*
poetic (pəu'etık), **poetical** (pəu'etıkl) BNW *dichterlijk*
poetics (pəu'etıks) ZN MV *poëzie*; *dichtkunst*
poetry ('pəuıtrı) ZN *dichtkunst*; *poëzie*
po-faced (pəu'feıst) BNW • PLAT *met een plechtig/doodernstig gezicht* • PLAT *zelfingenomen*
pogrom ('pɒgrəm) ZN *pogrom*; *razzia tegen Joden*
poignancy ('pɔınjənsı) ZN • *scherpheid* • *pikantheid*
poignant ('pɔınjənt) BNW • *scherp*; *pijnlijk*; *schrijnend* • *pikant*
point (pɔınt) I ZN • *punt*; *decimaalteken*; *stip* • *(kompas)streek* • *spits*; *naald*; *geweitak* • *(doel)punt* • *zin*; *nut* • *het voornaamste*; *kern* • *aanwijzing* • *karakteristiek* • USA *station* ★ there are ~s in your proposal *er zit wel wat goeds in uw voorstel* ★ a policeman on ~ (duty) *verkeersagent* ★ ~ of view *gezichtspunt* ★ what is the ~? *wat heeft het voor zin?* ★ what's your ~? *wat wil je daarmee zeggen/bereiken?* ★ stretch a ~ *door de vingers zien* ★ he made a ~ of *hij stond er op om* ★ at last he had carried his ~ *eindelijk had hij zijn doel bereikt* ★ I don't see the ~ *ik zie de aardigheid er niet van in*; *ik zie het nut er niet van in* ★ his remarks lack ~ *zijn opmerkingen zijn niet scherp* ★ take ~s *punten vóór krijgen* ★ ~ to *wedren met hindernissen* ★ possession is nine ~s of the law *hebben is hebben, krijgen is de kunst* ★ give ~s to *overtreffen* ★ give ~ to *doen uitkomen* ★ at all ~s *in alle opzichten* ★ when it comes to the ~ *als puntje bij paaltje komt* ★ to the ~ *ter zake* ★ be to the ~ *ter zake/zakelijk zijn*; *ad rem zijn* ★ brief and to the ~ *kort en zakelijk* ★ stick to the ~ *voet bij stuk houden* ★ selfsufficient to the ~ of pride *zó zelfverzekerd dat het bijna trots is* ★ not to put too fine a ~ (up)on it *het maar botweg zeggen* ★ at the ~ of death *op sterven* ★ a case in ~ *een toepasselijk geval* ★ the case in ~ *het onderhavige geval* ★ the case you take is not in ~ *het geval dat jij aanhaalt is niet ter zake dienend* ★ in ~ of fact *in feite*; *werkelijk* ★ it is off the ~ *het is niet ter zake doende* ★ with great ~ *met grote nadruk* ★ it is without ~ *'t heeft geen zin* ★ break-even ~ *break-evenpoint*; *positief keerpunt* ★ boiling ~ *kookpunt* ★ sticking ~ *struikelblok* ★ cardinal ~s *hoofdwindstreken* ★ focal ~ *brandpunt*; *middelpunt* ★ freezing ~ *vriespunt* ★ vanishing ~ *verdwijnpunt* ★ LUCHTV. frequent flyer ~s ≈ *airmiles* ★ to the breaking ~ *tot het uiterste* II OV WW • *richten* • *aanslijpen* • *doen*

po

uitkomen • voegen ⟨v. muur⟩ • ~ at richten op
• ~ out wijzen op; aanwijzen; aanduiden
• ~ up benadrukken; plamuren III ONOV WW
• gericht zijn de aandacht vestigen op • staan
⟨v. jachthond⟩ • ~ at wijzen op • ~ to wijzen
op; aangeven

point-blank (pɔɪnt'blæŋk) BNW + BIJW • bot(weg)
• horizontaal afgevuurd ★ at~ range botweg;
op de man af

point duty ZN ★ be on~ het verkeer regelen ⟨v.
verkeersagent⟩

pointed ('pɔɪntɪd) BNW • puntig • doordringend
• nadrukkelijk • scherp; ad rem ★ ~ly opvallend

pointer ('pɔɪntə) ZN • wijzer • aanwijsstok
• INFORM. aanwijzing; wenk • staande hond
• etsnaald

pointing ('pɔɪntɪŋ) ZN • punctuatie • voegwerk

pointless ('pɔɪntləs) BNW • stomp • zinloos;
doelloos • zonder betekenis • onopvallend
• flauw ⟨v. grap⟩ • niet ad rem

poise (pɔɪz) I ZN • zelfbeheersing • houding ⟨v.
hoofd⟩ • onzekerheid • evenwicht ★ at~ in
evenwicht; in onzekerheid II OV WW
• balanceren; in evenwicht houden
• ondersteunen • op bep. manier houden
⟨vooral van hoofd⟩ ★ ~d in evenwicht; beheerst
★ ~d for (action) klaar voor (de strijd) ★ be ~d
to op het punt staan III ONOV WW • in
evenwicht zijn • hangen; zweven

poison ('pɔɪzən) I ZN • vergif • slow~ langzaam
werkend vergif ★ I hate it like~ ik heb er een
vreselijke hekel aan • ~ gas gifgas II OV WW
• vergiftigen • verpesten; bederven • vervuilen

poisoner ('pɔɪzənə) ZN gifmenger

poisonous ('pɔɪzənəs) BNW • vergiftig
• verderfelijk • verontreinigend • INFORM. erg
onprettig

poison pill ZN • gifpil • FIG./ECON. middel om
vijandige overname te verhinderen

poke (pəʊk) I OV WW • oppoken ★ poke fun at
de draak steken met ★ poke one's nose into
z'n neus steken in • ~ up opsluiten II ONOV WW
• snuffelen • (met het hoofd) voorover lopen
• USA spuiten ⟨v. heroïne⟩ ★ poke about and
pry nieuwsgierig rondsnuffelen ★ poke nose
bemoeial • ~ at stoten naar; duwen naar III ZN
• stoot; duw; por • weibok • vooruitstekende
rand v. dameshoed • USA luilak • pot; inzet

poker ('pəʊkə) I ZN • pook • stijf mens • PLAT
pedel • poker II OV WW • versieren met
brandwerk

poker-faced ('pəʊkəfeɪst) BNW met een
onbewogen gezicht

pokey ('pəʊkɪ) ZN USA/PLAT gevangenis

poky ('pəʊkɪ) BNW • benauwd • sloom ⟨v. auto⟩

Poland ('pəʊlənd) ZN Polen

polar ('pəʊlə) BNW polair; pool- ★ ~ bear ijsbeer

polarity (pə'lærətɪ) ZN polariteit

polarization, G-B **polarisation** (pəʊlərər'zeɪʃən)
ZN polarisatie

polarize, G-B **polarise** ('pəʊləraɪz) OV WW • in
dezelfde richting leiden • willekeurige,
afwijkende betekenis geven • polariseren

pole (pəʊl) I ZN • paal; stok; staak; mast • dissel
• roede ⟨±5 meter⟩ • pool ★ (as the) poles apart
een hemelsbreed verschil • USA fishing pole

hengel ★ PLAT up the pole in de knel; niet goed
wijs; dronken ★ leaping pole polsstok II OV
WW • v. palen voorzien • bomen ⟨v. schuit⟩

Pole (pəʊl) ZN Pool

poleaxe ('pəʊlæks) ZN strijdbijl; bijl v. beul

polecat ('pəʊlkæt) ZN bunzing

polemic (pə'lemɪk) ZN polemiek

polestar ('pəʊlstɑː) ZN • Poolster • iets dat
leidt/aantrekt

pole-vault I ZN ★ het polsstokspringen
• polsstoksprong II ONOV WW • polsstokspringen

police (pə'liːs) I ZN • politie ★ mobile~
motorpolitie ★ mounted ~ bereden politie II OV
WW • onder politietoezicht stellen • van politie
voorzien • toezicht houden op

police action ZN politionele actie

police constable ZN politieagent

police force ZN politie(macht)

policeman (pə'liːsmən) ZN politieagent
★ sleeping ~ verkeersdrempel

police office ZN hoofdbureau v. politie

police officer ZN politieagent

police record ZN strafblad

police state ZN politiestaat

police station ZN politiebureau

police van ZN politiewagen

policy ('pɒləsɪ) ZN • (staats)beleid; omzichtigheid
• politiek; gedragslijn • polis • USA soort gokspel
★ ~ statement beleidsnota ★ be bad / good~
on- / verstandig zijn ★ honesty is the best~
eerlijk duurt het langst

polio ('pəʊlɪəʊ) ZN polio; kinderverlamming

polish ('pɒlɪʃ) I OV WW • polijsten; poetsen
• slijpen ⟨v. glas⟩ • beschaven • INFORM. ~ off
afmaken; verorberen; ervan langs geven • ~ up
verfraaien; oppoetsen II ONOV WW • gaan
glimmen III ZN • glans; politoer; poets
• beschaving ★ give it a~ poets 't wat op

Polish ('pəʊlɪʃ) BNW Pools

polisher ('pɒlɪʃə) ZN poetsmiddel

polite (pə'laɪt) BNW • beleefd • beschaafd
• elegant ★ ~ arts schone kunsten

politeness (pə'laɪtnəs) ZN • beleefdheid
• beschaving

politic ('pɒlɪtɪk) BNW politiek; geslepen; handig
★ the body~ de staat

political (pə'lɪtɪkl) I ZN • staatsgevangene II BNW
• staatkundig; politiek ★ ~ economist
staathuishoudkundige ★ ~ science politicologie

politician (pɒlɪ'tɪʃən) ZN • politicus • USA
politieke intrigant

politicize, G-B **politicise** (pə'lɪtɪsaɪz) I OV WW
• politiseren II ONOV WW • als politicus
optreden • z. bezig houden met de politiek;
praten over de politiek

politico- (pə'lɪtɪkəʊ) VOORV politico- ★ ~religious
politiek-godsdienstig ★ ~economical
politiek-economisch

politics ('pɒlɪtɪks) ZN MV politiek; staatkunde
★ domestic ~ binnenlandse politiek

polity ('pɒlɪtɪ) ZN • staatsinrichting • staat

polka ('pɒlkə) ZN polka ★ ~ dot stip; nop

poll (pəʊl) I ZN • opiniepeiling • POL. stemming
★ poll tax personele belasting ★ poll of the
people volksstemming ★ be at the head of the
poll vóór liggen in de peilingen II OV WW

• *stemmen behalen* • *ondervragen* III ONOV WW
• *zijn stem uitbrengen* ★ polling station
stembureau ★ polling booth *stemhokje* • ~ **for**
stemmen op
pollard ('pɒləd) I ZN • *ongehoornd dier*
• *geknotte boom* • *zemelen* II OV WW • *knotten*
★ ~ willow *knotwilg*
pollen ('pɒlən) I ZN • *stuifmeel* ★ ~ count
stuifmeelgehalte II OV WW • *bedekken met*
stuifmeel; *bestuiven*
pollinate ('pɒlɪneɪt) OV WW *bestuiven*
polling ('pəʊlɪŋ) ZN *stemming*
polling-day ZN *verkiezingsdag*
pollster ('pəʊlstə) ZN *enquêteur*
pollutant (pə'luːtənt) ZN *vervuiler*
pollute (pə'luːt) OV WW • *bezoedelen*; *besmetten*
• *verontreinigen* (vnl. van milieu) • *ontheiligen*
pollution (pə'luːʃən) ZN *verontreiniging*;
vervuiling
polo ('pəʊləʊ) ZN *polo* (paardensport)
polo-neck ('pəʊləʊnek) ZN *col*; *rolkraag*
poly ('pɒlɪ) I ZN • O&W ≈ *hoger beroepsonderwijs*
II VOORV • *poly-*; *veel-*; *meer-*
polyandry ('pɒlɪændrɪ) ZN *polyandrie*;
veelmannerij
polyethylene (pɒlɪ'eθɪliːn) ZN *polytheen*;
polyetheen; *polyethyleen*
polygamist (pə'lɪgəmɪst) ZN *polygame*
man/vrouw
polygamous (pə'lɪgəməs) BNW *polygaam*
polygamy (pə'lɪgəmɪ) ZN *polygamie*
polyglot ('pɒlɪglɒt) ZN *polyglot*; *iem. die veel*
talen beheerst
polygon ('pɒlɪgən) ZN *polygoon*; *veelhoek*
polyp ('pɒlɪp) ZN *poliep*
polyphonic (pɒlɪ'fɒnɪk) BNW *polyfoon*;
meerstemmig
polystyrene (pɒlɪ'staɪəriːn) ZN *polystyreen*;
plastic
polysyllabic (pɒlɪsɪ'læbɪk) BNW *veellettergrepig*
polytechnic (pɒlɪ'teknɪk) ZN O&W ≈ *hoger*
beroepsonderwijs
polytheism ('pɒlɪθiːɪzəm) ZN *polytheïsme*;
veelgodendom
polythene ('pɒlɪθiːn) ZN *polytheen*; *polyethyleen*
pom (pɒm) ZN MIN. *Engelsman*
pomander (pə'mændə) ZN *reukbal*
pomegranate ('pɒmɪgrænɪt) ZN
granaatappel(boom)
pommel ('pʌml) I ZN • *degenknop* • *oplopend*
voorgedeelte v. zadel II OV WW • *slaan*; *beuken*
pomology (pə'mɒlədʒɪ) ZN • *fruitteelt*
• *ooftkunde*
pomp (pɒmp) ZN INFORM. *pracht*; *luister* ★ pomp
and circumstance *pracht en praal*
pom-pom ('pɒmpɒm) ZN • *pompon*; *kwastje*
• *verdragend automatisch snelvuurkanon*
pomposity (pɒm'pɒsətɪ) ZN • *statigheid*; *praal*
• *gewichtigheid*
pompous ('pɒmpəs) BNW • *hoogdravend*
• *statig*; *gewichtig*
ponce (pɒns) ZN • *pooier* • PLAT *verwijfd type*;
nicht
pond (pɒnd) I ZN • *vijver* II OV WW • ~ **back/up**
afdammen III ONOV WW • *een plas vormen*
ponder ('pɒndə) I OV WW • *overpeinzen* II ONOV

WW • ~ **on** *peinzen over*
ponderous ('pɒndərəs) BNW • *zwaar*; *log* • *saai*;
vervelend (v. stijl) • *zwaarwichtig*
pong (pɒŋ) I ZN • *stank* II ONOV WW • *stinken*
pontiff ('pɒntɪf) ZN ★ sovereign ~ *opperpriester*
pontifical (pɒn'tɪfɪkl) I ZN • *ceremonieboek voor*
bisschoppen ★ ~s *gewaad en*
waardigheidstekenen v. bisschop ★ in full ~s
pontificaal II BNW • *pontificaal*; *pauselijk*
★ Pontifical States *Kerkelijke Staat*
pontificate[1] (pɒn'tɪfɪkət) ZN • *pontificaat*
• *pauselijke waardigheid*; *pauselijke regering*
pontificate[2] (pɒn'tɪfɪkeɪt) ONOV WW *gewichtig*
doen; *orakelen*
pontoon (pɒn'tuːn) I ZN • *ponton* • *caisson*
• *eenentwintigen* II OV WW • *in pontons*
oversteken
pony ('pəʊnɪ) I ZN • *pony*; *hit* • INFORM.
renpaard • PLAT *klein likeurglas* • PLAT £ 25
II ONOV WW • USA/INFORM. *spieken*
ponytail ('pəʊnɪteɪl) ZN *paardenstaart*
(haardracht)
poo (puː) ZN JEUGDT. *bah* (poep)
poo diaper ('pu daɪəpə) ZN *poepluier*
poodle ('puːdl) I ZN • *poedel* II OV WW • *knippen*
als een poedel
poof (puf), **poofter** ('puftə) ZN *flikker*; *mietje*
poofy ('pufɪ) BNW *flikkerachtig*
pooh (puː) I TW • *bah!* II ZN • JEUGDT. *bah* (poep)
pooh-pooh (puː'puː) OV WW • *niets willen weten*
(vnl. van plan) • *geringschatten*
pool (puːl) I ZN • *zwembad* • *poel*; *plas* • *depot*;
reservoir; *pool* • *pot* (bij spel) • *gezamenlijke*
inzet; *gemeenschappelijke pot*
• *gemeenschappelijke levering* (uit voorraad)
• SPORT *pool* (soort biljart) ★ the pools [mv] *de*
voetbalpool ★ paddling/wading pool
pierenbadje ★ pool table *biljarttafel* II OV WW
• *poelen* • *samenbundelen* (fig.)
• *bijeenbrengen en verdelen* • *verenigen*
• *gemene zaak maken*
poolroom ('puːlruːm) ZN USA *biljartlokaal*;
goklokaal
poop (puːp) I ZN • *achtersteven* • INFORM. *poep*
II OV WW • INFORM. *poepen* • ~ **out** *uitputten*
poor (pɔː) I ZN ★ poor relief *armenzorg* II BNW
• *behoeftig*; *arm* • *onvoldoende*; *schraal*
(grond) • *vermagerd* • *slecht* (v. gezondheid)
• *pover*; *armzalig* • *stumperig* ★ in my poor
opinion *naar mijn bescheiden mening* ★ my
poor mother *mijn moeder zaliger* ★ the poor
de armen
poorhouse ('pɔːhaʊs) ZN *armenhuis*
poorly ('pɔːlɪ) I BNW ★ he is very ~ *hij is erg*
minnetjes II BIJW • → **poor**
poorness ('pɔːnəs) ZN • → **poor**
poor-spirited (pɔː'spɪrɪtəd) BNW • *lafhartig*
• *stumperig*
pop (pɒp) I OV WW • *laten knallen* • *afvuren*
• USA *poffen* (v. maïs) • *pop upon* *toevallig*
vinden/ontmoeten; *overvallen* ★ he popped a
question *hij kwam ineens met een vraag*
★ INFORM. pop the question *iem. ten huwelijk*
vragen • ~ **at** *schieten op* • ~ **down**
neerschieten; *gauw opschrijven* • ~ **off**
neerschieten; *gappen* • ~ **on** *haastig*

aantrekken; *aanschieten* ⟨v. kleren⟩ • ~ **out**
ineens met iets voor de dag komen **II** ONOV WW
• *knallen* • *smakken* • *snel of plotseling gaan of*
komen; *glippen*; *wippen* • ~ **down** *even naar*
beneden gaan • ~ **in (on)** *even binnenlopen*
(bij) • ~ **off** *wegglippen* • *pop off (the books)*
de pijp uit gaan • ~ **out** *ineens doven* ⟨v. licht⟩
• ~ **over/round** *even aanwippen*; *even*
binnenlopen • ~ **up** *weer boven water komen*;
opduiken • ~ **with** *popelen van* **III** TW • *paf!*;
floep! **IV** ZN • *knal*; *plof*; *klap* ⟨verkorting van
'popular'⟩ • *pop* ⟨popmuziek⟩ • *gemberbier*
• INFORM. *champagne* • USA/INFORM. *papa*
V BNW ⟨verkorting van 'popular'⟩ • *populair*
pop. AFK population *bevolking*
popcorn ('pɒpkɔːn) ZN *popcorn* ⟨gepofte maïs⟩
pope (pəʊp) ZN *paus*
popery ('pəʊpəɪ) ZN *papisme*
pop-eyed ('pɒpaɪd) BNW USA/INFORM. *met*
uitpuilende ogen; *met grote ogen*
popgun ('pɒpgʌn) ZN *proppenschieter*; *(slecht)*
vuurwapen
popish ('pəʊpɪʃ) BNW *paaps*
poplar ('pɒplə) ZN *populier*
poplin ('pɒplɪn) ZN *popeline*
pop music ZN *popmuziek*
poppa ('pɒpə) ZN USA/INFORM. *pa*
popper ('pɒpə) ZN • INFORM., G-B *drukknoop*
• INFORM. *schietijzer* • INFORM. *knaller*
poppet ('pɒpɪt) ZN INFORM. *popje*; *lieverd*
poppy ('pɒpɪ) ZN • *papaver*; *klaproos* • *opium*
poppycock ('pɒpɪkɒk) ZN PLAT *lariekoek*
Poppy Day ZN *oorlogsherdenkingsdag* ⟨11
november, einde van WO I⟩
popsicle ('pɒpsɪkl) ZN USA *ijslolly*
populace ('pɒpjʊləs) ZN • *gewone volk*
• *gepeupel*
popular ('pɒpjʊlə) BNW • *populair*; *volks-*
• *gewoon*
popularity (pɒpjʊ'lærətɪ) ZN *populariteit*
popularization, G-B **popularisation**
(pɒpjʊləraɪ'zeɪʃən) ZN *popularisatie*
popularize, G-B **popularise** ('pɒpjʊləraɪz) OV
WW *populariseren*
popularly ('pɒpjʊləlɪ) BIJW *populair* ★ he is ~
known as ... *hij is algemeen bekend als ...*
populate ('pɒpjʊlett) OV WW *bewonen*; *bevolken*
population (pɒpjʊ'leɪʃən) ZN *bevolking*
populous ('pɒpjʊləs) BNW *dichtbevolkt*; *volkrijk*
pop-up BNW ★ COMP. ~ window *pop-upvenster*
porcelain ('pɔːsəlɪn) **I** ZN • *porselein* **II** BNW
• *porseleinen*
porch (pɔːtʃ) ZN • *portiek* • USA *veranda*
porcupine ('pɔːkjʊpaɪn) ZN *stekelvarken*
pore (pɔː) **I** ZN • *porie* **II** ONOV WW ★ pore one's
eyes out *zijn ogen te veel inspannen* • ~ **over** *z.*
verdiepen in ⟨vnl. boek⟩; *peinzen over*; *turen*
naar/op
pork (pɔːk) ZN • *varkensvlees* • USA *staatssubsidies*
om stemmen te winnen • *pork pie*
varkensvleespastei ★ pork pie hat *platte hoed*
porker ('pɔːkə) ZN *mestvarken* ★ he's a bit of a ~
het is wel een dikke bullebak
porky ('pɔːkɪ) BNW • *varkensvleesachtig*
• INFORM. *vet*
porn (pɔːn) ZN *porno*

porno (pɔːnəʊ) VOORV *porno-*; *pornografisch*
★ ~shop *sekswinkel*
pornography (pɔː'nɒgrəfɪ) ZN *pornografie*
porosity (pə'rɒsətɪ) ZN *poreusheid*
porous ('pɔːrəs) BNW *poreus*
porpoise ('pɔːpəs) ZN • *bruinvis* • *dolfijn*
porridge ('pɒrɪdʒ) ZN • *pap* • G-B *bajes* ★ doing ~
brommen ⟨in de gevangenis⟩
port (pɔːt) **I** ZN • *bakboord* • *port* • *patrijspoort*
• *haven(plaats)* • *poort* ⟨v. ommuurde stad⟩
• *houding* ★ a close port *aan een rivier gelegen*
haven ★ a port of call *een aanloophaven*
★ Port of London Authority *Bestuur v.d.*
Londense havens ★ port dues *havengelden*
II OV+ONOV WW ★ port arms *het geweer schuin*
voor en dichtbij 't lichaam houden ★ port the
helm *de helmstok naar bakboord draaien*
portable ('pɔːtəbl) BNW • *draagbaar* • *roerend* ⟨v.
goed⟩ ★ ~ kitchen *veldkeuken* ★ ~ set
draagbaar radiotoestel
portage ('pɔːtɪdʒ) **I** ZN • *vervoer* • *vervoerkosten*
• *draagplaats* ⟨voor goederen of boten⟩ **II** OV
WW • *dragen* ⟨v. goederen of boten⟩
portal ('pɔːtl) **I** ZN • *ingang*; *poort* **II** BNW ★ ~
vein *poortader*
portcullis (pɔːt'kʌlɪs) ZN *valpoort*
portend (pɔː'tend) OV WW *voorspellen*
portent ('pɔːtent) ZN • *voorteken* • *wonder*
portentous (pɔː'tentəs) BNW • *onheilspellend*
• *plechtig* • *veelbetekenend* • *ontzaglijk*
porter ('pɔːtə) ZN • G-B *portier* • *drager*; *besteller*;
kruier • *donker bier*
porterage ('pɔːtərɪdʒ) ZN • *'t werk v. kruier*
• *bestelloon*
portfolio (pɔːt'fəʊlɪəʊ) ZN • *map*; *portefeuille*
• USA *waardepapieren*
porthole ('pɔːthəʊl) ZN *patrijspoort*;
geschutspoort
portico ('pɔːtɪkəʊ) ZN *zuilengang*; *portiek*
portion ('pɔːʃən) **I** ZN • *(aan)deel*; *portie* • *lot*
• *erfdeel* • *bruidsschat* ★ a ~ of *enkele* **II** OV WW
• *verdelen*; *uitdelen* • *toewijzen* • *bruidsschat*
geven • ~ **off** *afschermen* • ~ **out** *uitdelen*;
verdelen
portmanteau (pɔːt'mæntəʊ) ZN *koffer* ★ TAALK. ~
word *woord gevormd door samenvoeging van*
twee andere woorden ⟨bv. brunch, Oxbridge⟩
portrait ('pɔːtrɪt) ZN • *portret* • *beeld* • *levendige*
beschrijving
portraitist ('pɔːtrɪtɪst) ZN *portretschilder*
portraiture ('pɔːtrɪtʃə) ZN • *portret* • *levendige*
beschrijving • *portretschilderkunst*
portray (pɔː'treɪ) OV WW *schilderen*
portrayal (pɔː'treɪəl) ZN *schildering*
portress ('pɔːtrɪs) ZN *portierster*
Portuguese (pɔːtjʊ'giːz) **I** ZN • *Portugees*;
Portugezen **II** BNW • *Portugees*
POS AFK point of sale *verkooppunt*
pose (pəʊz) **I** ZN • *pose*; *houding*; *aanstellerij*
II OV WW • *plaatsen*; *opstellen* • *stellen* ⟨v.
vraag of stelling⟩ • *zetten* ⟨v. domino⟩ **III** ONOV
WW • *z. aanstellen*; *'n houding aannemen* • *z.*
uitgeven voor • *voorstellen* • *poseren*
poser ('pəʊzə) ZN • *aansteller* • *moeilijke vraag*;
moeilijk probleem • *poseur*
posh (pɒʃ) BNW INFORM. *chic*

posit ('pɒzɪt) OV WW • *poneren; veronderstellen* • *plaatsen*

position (pə'zɪʃən) I ZN • *stelling; bewering* • *houding; plaats(ing)* • *'t stellen* • *bevestiging* • *stand; rang* • *toestand* • *post; betrekking* ★ in ~ *op zijn plaats* II OV WW • *plaatsen* • *plaats bepalen*

positive ('pozətɪv) I ZN • *stellende trap* • *positief getal* • *iets werkelijks* • *positief* ⟨v. foto⟩ II BNW • *positief* • *volstrekt* • *beslist* • *dogmatisch* • INFORM. *echt; volslagen* ★ ~ *degree stellende trap*

posse ('pɒsɪ) ZN • *groep (gewapende mannen)* • *troep*

possess (pə'zes) OV WW *bezitten; hebben; beheersen* ★ be ~ed *of bezitten* ★ ~ed by/with *bezeten door; vervuld van; behept met* ★ *what* ~es you? *wat bezielt je?* ★ he carries on like one ~ed *hij gaat te keer als een bezetene* ★ ~ o.s. of *in bezit nemen*

possession (pə'zeʃən) ZN • *bezit; bezitting* • *bezetenheid* ★ ~s *onderworpen gebied* ★ in ~ of *in het bezit van* ★ ~ is nine points of the law *hebben is hebben, krijgen is de kunst* ★ the bailiffs are in ~ *er is beslag gelegd op de inboedel*

possessive (pə'zesɪv) I ZN • *tweede naamval* • *bezittelijk voornaamwoord* II BNW • *bezit-; bezittelijk* • *aanmatigend* ★ ~ case *tweede naamval* ★ ~ pronoun *bezittelijk voornaamwoord*

possessor (pə'zesə) ZN *bezitter*

possibility (pɒsɪ'bɪlətɪ) ZN *mogelijkheid*

possible ('pɒsɪbl) I ZN • *hoogst mogelijke aantal punten* • *mogelijke kandidaat* ⟨voor sportploeg, elftal⟩ II BNW • *mogelijk* • *redelijk; begrijpelijk* ★ there are two ~ reasons *er zijn twee redenen mogelijk* ★ come if ~ *kom zo mogelijk* ★ there is only one ~ man among them *er is onder hen maar een waar je iets mee beginnen kunt*

possibly ('pɒsɪblɪ) BIJW *mogelijkerwijs* ★ how could you ~ do this? *hoe heb je in 's hemelsnaam dit kunnen doen* ★ he could not ~ come *hij kon onmogelijk komen*

possum ('pɒsəm) ZN INFORM. *buidelrat* ★ play ~ *zich ziek/dood houden*

post (pəust) I ZN • G-B *post; staak; paal; stijl* • *post(kantoor)* • *brievenbus* • *pleisterplaats voor postpaarden* • *afstand tussen twee pleisterplaatsen* • *koerier* • *postwagen; postbode* • *post; (stand)plaats* • *betrekking; post* ★ post office *postkantoor* ★ post office savingsbank *postspaarbank* ★ post office order *postwissel* ★ post office box *postbus* ★ the Post Office *de Post(erijen)* ★ ⟨trading⟩ post *handelsnederzetting* ★ you are on the wrong side of the post *je hebt 't bij 't verkeerde eind; je staat er lelijk voor* ★ by post *per post* ★ SPORT winning post *finish* ⟨eindmarkering van parcours⟩ ▼ INFORM. (as) deaf as a post *(zo) doof als een kwartel* II OV WW • *(aan)plakken; bekend maken* • *aankondigen als afgewezen voor examen; aankondigen als overtijd* ⟨v. schip⟩ • *beplakken* • G-B *op de post doen* • *posten* • *inboeken* • *plaatsen; posteren*

• *aanstellen tot* ★ he was posted to this regiment *hij werd ingedeeld bij dit regiment* ★ keep me posted *hou me op de hoogte* ★ well posted *goed ingelicht* • ~ up *bijhouden* ⟨v. boeken⟩ III ONOV WW • *snellen* IV VOORV • *na; post-* ★ post-industrial *postindustrieel*

postage ('pəustɪdʒ) ZN *porto* ★ ~ paid *franco* ★ ~ stamp *postzegel* ★ ~ and packing *verzendkosten*

postal ('pəustl) I ZN • USA *briefkaart* ★ ~ matter *poststukken* II BNW • *post-* ★ ~ van *postrijtuig* ★ USA ~ car *postrijtuig* ★ USA ~ card *briefkaart* ★ ~ order *postwissel* ★ ~ parcel *postpakket*

postbag ('pəustbæg) ZN *postzak*

postbox ('pəustbɒks) ZN *brievenbus*

postcard ('pəustkɑːd) ZN *briefkaart*

post-date (pəust'deɪt) OV WW *later dateren*

poster ('pəustə) ZN • *affiche; aanplakbiljet* • *postpaard*

posterior (pɒ'stɪərɪə) I ZN • *zitvlak* II BNW • *later* • *volgend op*

posterity (pɒ'sterətɪ) ZN *nakomelingschap; nageslacht*

post-free (pəust'friː) BNW *franco*

postgraduate (pəust'grædjuət) I ZN • *postdoctorale student* II BNW • *postuniversitair*

post-haste BIJW *in vliegende vaart*

posthumous ('pɒstjuməs) BNW *na de dood; postuum*

posting ('pəustɪŋ) ZN *stationering; (over)plaatsing; standplaats*

postman ('pəustmən) ZN *postbode*

postmark ('pəustmɑːk) I ZN • *poststempel* II OV WW • *stempelen*

postmaster ('pəustmɑːstə) ZN *postdirecteur* ★ Postmaster General *directeur-generaal v.d. posterijen*

postmeridiem (pəustmə'rɪdɪəm) BIJW *'s middags*

postmistress ('pəustmɪstrəs) ZN *directrice van postkantoor*

post-mortem (pəust'mɔːtəm) I ZN • *autopsie* • *analyse v.e. gebeurtenis* II BNW + BIJW • *(van) na de dood* ★ ~ examination *lijkschouwing*

post-natal (pəust'neɪtl) BNW *(van) na de geboorte*

post-paid ('pəustpeɪd) BNW *franco*

postpone (pəust'pəun) OV WW • *uitstellen* • ~ to *achterstellen bij*

postponement (pəust'pəunmənt) ZN • *uitstel* • *achterstelling*

postscript ('pəustskrɪpt) ZN *postscriptum*

postulate[1] ('pɒstjulət) ZN *stelling waarvan wordt uitgegaan*

postulate[2] ('pɒstjuleɪt) OV WW • *(ver)eisen* • *zonder bewijs aannemen* • ~ for *bedingen*

postulation (pɒstju'leɪʃən) ZN • *eis* • *verzoek* • *veronderstelling*

posture ('pɒstʃə) I ZN • *houding* • *toestand* II OV WW • *een zekere houding geven; plaatsen* III ONOV WW • *poseren*

post-war (pəust'wɔː) BNW *naoorlogs*

posy ('pəuzɪ) ZN • *(bloemen)ruiker(tje)* • *dichtbundel*

pot (pɒt) I ZN • *kan; beker; pot* • *prijs* ⟨bij wedstrijd⟩; *pot; inzet* ⟨bij gokken⟩ • PLAT

po

cannabis; *hasj*; *marihuana* ★ melting pot
smeltkroes ★ the pot is calling the kettle black
de pot verwijt de ketel dat hij zwart ziet ★ a big
pot *'n belangrijk persoon* ★ keep the pot
boiling *de schoorsteen laten roken*; *iets gaande*
houden ★ go to pot *op de fles gaan* ★ make
the pot boil *de kost verdienen* ★ pot roast
gestoofd rundvlees II OV WW • *inmaken* (in pot)
• *potten* ⟨v. plant⟩ • *stoppen* (bij biljart)
• *neerschieten* • *bemachtigen*; *z. verzekeren van*
III ONOV WW • ~ **at** *schieten op*

potable ('pəʊtəbl) BNW *drinkbaar*

potash ('pɒtæʃ) ZN *potas*; *kaliumcarbonaat*

potassium (pə'tæsɪəm) ZN *kalium*

potato (pə'teɪtəʊ) ZN • *aardappel(plant)* • *gat* ⟨in
kous⟩ ★ mashed ~(es) *aardappelpuree* • FIG.
hot ~ *linke zaak*; *moeilijk klusje*

pot-bellied (pɒt'belɪd) BNW *met dikke buik*

pot belly ZN *buikje*; *dikke buik*

potency ('pəʊtnsɪ) ZN • *macht*; *invloed*
• *potentie* • *kracht*

potent ('pəʊtnt) BNW • *machtig*; *overtuigend* ⟨v.
bewijs⟩ • *sterk* ⟨v. medicijn⟩ • *potent*

potentate ('pəʊtənteɪt) ZN *vorst*

potential (pə'tenʃəl) I ZN • *potentieel*
• *mogelijkheid* II BNW • *potentieel*; *mogelijk*;
eventueel; *latent* ★ TAALK. ~ (mood) *potentialis*

potentiality (pətenʃɪ'ælətɪ) ZN *mogelijkheid*

pothole ('pɒthəʊl) ZN • *gat in een weg* • *gat in
rivierbedding*

potholer ('pɒthəʊlə) ZN *speleoloog*

potion ('pəʊʃən) ZN *drankje* ⟨v. medicijn of
vergif⟩

potluck (pɒt'lʌk) ZN ≈ *feestmaal waarbij elke gast
een gerecht levert* ★ INFORM. take ~ *eten wat de
pot schaft*

potpourri (pəʊ'pʊərɪ) ZN • *mengsel van
gedroogde bloembladen en kruiden* • *potpourri*;
mengelmoes

potshot ('pɒtʃɒt) ZN ▼ take ~s at sb *kritiek
uitoefenen op iem.*

potted ('pɒtɪd) BNW • *ingemaakt* • *gekunsteld*;
onnatuurlijk • *verkort* • *in 't kort* ⟨v. nieuws⟩
• USA *dronken* • ~ meat *paté* ★ ~ music
ingeblikte muziek

potter ('pɒtə) I ZN • *pottenbakker* ★ ~'s wheel
pottenbakkersschijf II ONOV WW • *beuzelen*;
liefhebberen • ~ **about** *rondscharrelen*
• ~ **along** *boemelen* ⟨v. trein⟩ • ~ **away**
verknoeien ⟨v. tijd⟩

pottery ('pɒtərɪ) ZN • *aardewerk* • *pottenbakkerij*

potty ('pɒtɪ) I ZN • *pot*; *po* ★ ~ training *'t
zindelijk maken* ⟨v. kind⟩ II BNW • *gek* ★ to
drive ~ *gek maken* • ~ on *verkikkerd op*
III ONOV WW ★ JEUGDT. have to ~ *op de pot
moeten*

potty-trained BNW *zindelijk* ⟨v. kind⟩

pouch (paʊtʃ) I ZN • *zak* • *patroontas* • *wangzak*
• *krop*; *buikje* • *buidel* ⟨v. buideldier⟩ • *wal*
⟨onder ogen⟩ • *zaaddoos* II OV WW • *in een/de
tas stoppen* III ONOV WW • *uitzakken* ⟨v.
kledingstuk⟩

pouf, pouffe (pu:f) ZN • *poef*; *zitkussen* • PLAT
flikker

poult (pəʊlt) ZN *kuiken*

poulterer ('pəʊltərə) ZN *poelier*

poultice ('pəʊltɪs) I ZN • *kompres* II OV WW
• *pappen*

poultry ('pəʊltrɪ) ZN *pluimvee*

pounce (paʊns) I OV WW • *bestrooien*
• *gladmaken* II ONOV WW • *met klauwen
grijpen* • ~ **on** *zich werpen op* III ZN • *klauw*
• *plotselinge beweging/sprong* • *fijn poeder*
★ make a ~ at/on *neerschieten op*

pound (paʊnd) I ZN • *pond* (454 gram) • *pond
sterling* ⟨munteenheid van GB⟩ • *omsloten
ruimte* ⟨bewaarplaats voor vee, goederen⟩
• *schutstal* • *gevangenis* • *bons*; *slag*; *klap*
• *getrappel* ★ FIG. have your ~ of flesh *boter bij
de vis krijgen* II OV WW • *fijnstampen*; *beuken*
• *opsluiten*; *insluiten* ⟨v. vee⟩ • *'t gewicht v.
munten controleren* III ONOV WW • *bonzen* ⟨v.
hart⟩ • *zwaar onder vuur nemen*; *hard
(toe)slaan* • *moeilijk lopen* • *zwoegen* • ~ **along**
voortsjokken • ~ **(away) at/on** *losbeuken op*;
vuren op

poundage ('paʊndɪdʒ) ZN • *provisie*; *tantième
per pond sterling* • *winstdeling* • *pondsprijs*
• *schutgeld*; *bewaarloon*

pounder ('paʊndə) ZN • *vijzel*; *stamper* • *balans*

pounding ('paʊndɪŋ) ZN • *(ge)dreun*; *(ge)bons*
• *afstraffing*; PAK *slaag*

pour (pɔ:) I OV+ONOV WW • *gieten*; *schenken*;
storten • *stortregenen* • *bestoken* ⟨met
kanonvuur⟩ ★ pour me out a cup of tea
schenk me 'n kop thee in ★ pour oil upon
troubled waters *kalmeren* ★ pour cold water
on *ontmoedigen* ★ it never rains but it pours
'n ongeluk komt nooit alleen • ~ **forth/out**
uitstromen; *uitstorten* ⟨v. hart⟩ • ~ **in**
binnenstromen II ZN • *stortregen* • *gietsel* • *'t
gieten*

pout (paʊt) I OV+ONOV WW • *pruilen* II ZN
• *puitaal* • *gepruil* • *'t vooruitsteken v.d. lippen*
★ he is in the pouts *hij pruilt*; *hij mokt*

poverty ('pɒvətɪ) ZN • *armoede*; *gebrek*
• *gebrekkigheid* • ~ in/of *gebrek aan*

poverty-stricken ('pɒvətɪstrɪkən) BNW *arm*

POW AFK Prisoner Of War *krijgsgevangene*

POW camp ZN *krijgsgevangenenkamp*

powder ('paʊdə) I ZN • *poeder* • *buskruit* ★ it is
not worth ~ and shot *het is de moeite niet
waard* ★ food for ~ *kanonnenvoer* ★ baking ~
bakpoeder ★ washing ~ *waspoeder* II OV WW
• *poederen* • *besprenkelen* • *tot poeder maken*
• INFORM. *rennen* ★ ~ed milk *melkpoeder*

powder blue (paʊdə'blu:) I ZN • *lichtblauw*
II BNW • *lichtblauw*

powder puff ZN *poederdons*

powder room ZN FORM. *damestoilet*

powdery ('paʊdərɪ) BNW *poederachtig*;
gepoederd

power ('paʊə) I ZN • *macht* • *kracht* • *volmacht*
• *gezag* • *invloed* • *mogendheid* • *vermogen*
• *energie* • *kunnen* • *drijfkracht* • *sterkte* ⟨v.
lens⟩ • *stroom* • *net(spanning)* • INFORM. *partij*;
hoop • ~ of attorney *volmacht* ★ mechanical
~s *machines* ★ the ~s that be *de
machthebber(s)* ★ the party in ~ *de regerende
partij* ★ under its own ~ *op eigen kracht*
★ with the ~ on *vol gas* ★ all ~ to you! *succes!*;
sterkte! ★ nuclear ~ *kernenergie*;

kernmogendheid ★ by all the ~s *wis en waarachtig!* ★ merciful ~s! *lieve hemel!* II BNW
• *machinaal gedreven* III OV WW • *aandrijven* (motor e.d.); *van energie voorzien* • *(technisch) realiseren*
powerboat ('paʊəbəʊt) ZN USA *motorboot*
power broker ZN POL. *machthebber* (achter de schermen)
power cut ZN *stroomstoring*
-powered (-'paʊəd) VOORV *-aangedreven* ★ *nuclear~ submarine atoomonderzeeër*
powerful ('paʊəfʊl) BNW • *krachtig*; *machtig*; *invloedrijk* • *indrukwekkend*
powerhouse ('paʊəhaʊs) ZN • *machinekamer* • *energiek mens* ★ ~ *station elektrische centrale*
powerless ('paʊələs) BNW *machteloos*
power plant ('paʊə plɑːnt) ZN *elektriciteitsinstallatie*
power point ZN G-B *stopcontact*
power steering ZN *stuurbekrachtiging*
power stroke ZN *werkslag* (v. viertaktmotor)
powwow ('paʊwaʊ) ZN • *indiaanse tovenaar*; *medicijnman* • *indianenbijeenkomst* • INFORM. *lange conferentie*; *rumoerige bespreking*
pox (pɒks) ZN • *pokken* • VULG. *syfilis*
pp AFK • *pages pagina's* • *pianissimo pp*
practicability (præktɪkə'bɪlətɪ) ZN • *uitvoerbaarheid* • *begaanbaarheid*
practicable ('præktɪkəbl) BNW • *uitvoerbaar*; *doenlijk* • *begaanbaar* • *doorwaadbaar* • *te gebruiken*
practical ('præktɪkl) BNW • *praktisch*; *toegepast* • *doelmatig*; *geschikt* • *uitvoerbaar* • *verstandig* ★ ~ *engineer werktuigkundige* ★ ~ *joke poets die men iem. bakt door (iem.) iets te (laten) doen* ★ ~ *man man van de praktijk*
practicality (præktɪ'kælətɪ) ZN *praktische zaak*
practically ('præktɪkəlɪ) BIJW *bijna*; *zo goed als*
practice ('præktɪs) ZN • *praktijk* • *gewoonte* • *toepassing* • *(uit)oefening* ★ *he is out of ~ hij is uit vorm* ★ *put in(to) ~ in praktijk brengen* ★ *in ~ in de praktijk*; *in vorm*; *geoefend* ★ ~ *makes perfect oefening baart kunst*
practise ('præktɪs) I OV WW • *studeren* (op muziekinstrument) • *uitoefenen* (v. beroep) ★ *a ~d businessman een ervaren zakenman* • ~ *in zich oefenen op* II ONOV WW • *oefenen* • *beetnemen* • ~ **(up)on** *misbruik maken*
practitioner (præk'tɪʃənə) ZN *praktiserend geneesheer/advocaat* ★ *general ~ huisarts*
pragmatic (præg'mætɪk) BNW *pragmatisch*; *feitelijk*; *zakelijk*
pragmatism ('prægmətɪzəm) ZN • *zakelijkheid*; *praktische zin* • *bemoeizucht*; *pedanterie*
pragmatist ('prægmətɪst) ZN *pragmaticus*
praise (preɪz) I ZN • *lof(spraak)* ★ *beyond all ~ boven alle lof verheven* ★ *sing sb's ~s de loftrompet over iem. steken* ★ *more ~ than pudding meer lof dan materiële beloning* II OV WW • *loven*; *prijzen*
praiseworthy ('preɪzwɜːðɪ) BNW *lofwaardig*
pram (præm) ZN G-B *kinderwagen*
prance (prɑːns) I ZN • ~ *'t steigeren* • *trotse loop* II ONOV WW • *steigeren* • *trots stappen* • *z. arrogant gedragen*
prang (præŋ) I OV WW • INFORM. *te pletter*

rijden/vliegen II ZN • INFORM. *ongeluk*
prank (præŋk) I ZN • *(dolle) streek*; *poets* ★ *play ~s streken uithalen* ★ *play ~s upon a p. iem. ertussen nemen* II OV WW • ~ **out** *tooien*; *uitdossen* III ONOV WW • *pronken*
prankish ('præŋkɪʃ) BNW *olijk*; *schalks*
prankster ('præŋkstə) ZN *grappenmaker*
prat (præt) ZN INFORM. *sukkel*
prate (preɪt) I ZN • *gebazel* II OV+ONOV WW • *bazelen*; *babbelen*
prattle ('prætl) I ZN • *gebabbel* II OV+ONOV WW • *babbelen*
prattler ('prætlə) ZN *babbelaar*
prawn (prɔːn) ZN *steurgarnaal*
prawn cracker ZN *(stukje) kroepoek*
praxis ('præksɪs) ZN • *gewoonte*; *gebruik* • *verzameling (taalkundige) oefeningen*
pray (preɪ) OV+ONOV WW *bidden* ★ *pray to God bidden tot God* ★ *pray for a good harvest bidden voor een goede oogst* ★ *pray for mercy smeken om genade* ★ *pray for a good match hopen op een goede wedstrijd*
prayer[1] (preə) ZN • *gebed* • *verzoek* • *godsdienstoefening* ★ *het bidden* ★ *tell one's ~s de rozenkrans bidden* ★ *say your ~s maak je testament maar* ★ *Book of Common Prayer openbare eredienst v.d. anglicaanse Kerk* ★ ~ *mat bidmatje* ★ ~ *meeting bidstond*
prayer[2] ('preɪə) ZN *iem. die bidt*
prayer-book ('preəbʊk) ZN *kerkboek*
pre- (priː) VOORV *vooraf*; *voor-*; *pre-* ★ *pre-school onder de schoolleeftijd*
preach (priːtʃ) I OV+ONOV WW • *preken* • ~ **at/to** *een preek houden tegen* • ~ **down** *afgeven op (iem.)* • ~ **up** *ophemelen* II ZN • INFORM. *(zeden)preek*
preacher ('priːtʃə) ZN *prediker*; *predikant*
preachify ('priːtʃɪfaɪ) OV WW *'n preek houden*
preachy ('priːtʃɪ) BNW *prekerig*
preamble (priː'æmbl) I ZN • *inleiding* • *preambule* (v. wet) II ONOV WW • *v. een inleiding voorzien*
preamplifier (priː'æmplɪfaɪə) ZN *voorversterker*
prearrange (priːə'reɪndʒ) OV WW *van te voren regelen*
precarious (prɪ'keərɪəs) BNW *precair*; *wisselvallig*; *onzeker*
precaution (prɪ'kɔːʃən) I ZN • *voorzorgsmaatregel* II OV WW • *voorzorgsmaatregelen treffen* • *vooraf waarschuwen*
precautionary (prɪ'kɔːʃənərɪ) BNW *voorzorgs-*
precede (prɪ'siːd) OV WW *(laten) voorafgaan*; *voorgaan*
precedence ('presɪdns) ZN *prioriteit*; *(recht v.) voorrang* ★ *take ~ of voorrang hebben*; *gaan vóór*
precedent[1] ('presɪdənt) ZN • *precedent* • *traditie*
precedent[2] (prɪ'siːdənt) BNW *voorafgaand*
precedented ('presɪdentɪd) BNW *precedent hebbend*; *gesteund door precedent*
preceding (prɪ'siːdɪŋ) BNW *voorafgaand*
precept ('priːsept) ZN • *voorschrift*; *bevel* • *lering*
preceptor (prɪ'septə) ZN *leermeester*
precession (prɪ'seʃən) ZN *voorrang*
precinct ('priːsɪŋkt) ZN • *ingesloten ruimte* (vooral om kerk) • *gebied* • *grens* • USA

pr

politiedistrict; kiesdistrict

preciosity (preʃɪ'ɒsətɪ) ZN *overdreven verfijning*

precious ('preʃəs) **I** ZN • *my ~! schat!* **II** BNW
• *kostbaar* • *edel* ⟨v. steen of metaal⟩
• *dierbaar* • *gekunsteld* • INFORM. *geweldig*
• IRON. *mooi* • INFORM. *totaal* ★ *they are a ~
lot 't is 'n mooi stelletje* ★ *a ~ sight more heel
wat meer* ★ *he has made a ~ mess of it hij
heeft de zaak mooi bedorven* **III** BIJW • INFORM.
buitengewoon • *verduiveld*

precipice ('presɪpɪs) ZN • *steile rotswand*
• *afgrond* ⟨figuurlijk⟩

precipitance (prə'sɪpətəns) ZN *haast*

precipitancy ZN • → **precipitance**

precipitate¹ (prɪ'sɪpɪtət) **I** ZN • SCHEIK. *neerslag*
II BNW • *steil; neerstortend* • *onbezonnen*
• *overhaast*

precipitate² (prɪ'sɪpɪteɪt) OV WW • *z.
overhaasten* • SCHEIK. *neerslaan* • *(neer) werpen*
• *aanzetten; (ver)haasten*

precipitation (prɪsɪpɪ'teɪʃən) ZN • *'t neerwerpen*
• *verhaasting* • *onbezonnenheid* • SCHEIK.
neerslag

precipitous (prɪ'sɪpɪtəs) BNW *steil*

précis ('preɪsi:) ZN *beknopte samenvatting*

precise (prɪ'saɪs) BIJW • *juist* ⟨v. tijdstip⟩;
nauwkeurig • *(al te) precies*

precision (prɪ'sɪʒən) ZN *nauwkeurigheid* ★ *~
instruments precisie-instrumenten*

preclude (prɪ'klu:d) OV WW • *uitsluiten*
• *beletten; voorkómen; verhinderen*

preclusion (prɪ'klu:ʒən) ZN • *uitsluiting* • *'t
beletten*

precocious (prɪ'kəʊʃəs) BNW *vroegrijp; voorlijk*

precocity (prɪ'kɒsətɪ) ZN *voorlijkheid*

preconceived (pri:kən'si:vd) BNW *vooraf
gevormd* ★ *a ~ opinion een vooroordeel*

preconception (pri:kən'sepʃən) ZN *vooroordeel;
vooropgezette mening*

precondition (pri:kən'dɪʃən) ZN *eerste
vereiste/voorwaarde*

precook (pri:'kʊk) OV WW *van tevoren
bereiden/(even) koken*

precursor (pri:'kɜ:sə) ZN *voorloper*

precursory (prɪ'kɜ:sərɪ) BNW *inleidend* ★ *~ of
voorafgaand aan*

predacious (prɪ'deɪʃəs) BNW *v. roof levend; roof-*

predator ('predətə) ZN • *roofdier* • *plunderaar*

predatory ('predətərɪ) BNW *plunderend; roof-;
roofzuchtig* ★ *~ raid strooptocht*

predecessor ('pri:dɪsesə) ZN • *voorganger*
• *voorvader*

predestinate (pri:'destɪneɪt) OV WW
voorbeschikken; voorbestemmen

predestination (pri:destɪ'neɪʃən) ZN
• *bestemming* • *voorbeschikking*

predestine OV WW • → **predestinate**

predetermination (pri:dɪtɜ:mɪ'neɪʃən) ZN
• *voorbestemming* • *bepaling vooraf*

predetermine (pri:dɪ'tɜ:mɪn) OV WW • *vooraf
bepalen* • *voorbeschikken*

predicament (prɪ'dɪkəmənt) ZN • *categorie*
• *netelige of moeilijke positie of kwestie*

predicant ('predɪkənt) **I** ZN • *predikant;
predikheer* **II** BNW • *prekend*

predicate¹ ('predɪkət) ZN • *eigenschap* • TAALK.
gezegde

predicate² ('predɪkeɪt) OV WW • *beweren*
• *toekennen; insluiten* • USA *~ upon baseren op*

predicative (prɪ'dɪkətɪv) BNW • *toekennend*
• TAALK. *als (deel v.) gezegde (gebruikt)*

predict (prɪ'dɪkt) OV WW *voorspellen*

predictable (prɪ'dɪktəbl) BNW *voorspelbaar*

prediction (prɪ'dɪkʃən) ZN *voorspelling*

predictive (prɪ'dɪktɪv) BNW *voorspellend*

predictor (prɪ'dɪktə) ZN *voorspeller*

predilection (pri:dɪ'lekʃən) ZN *voorliefde;
voorkeur*

predispose (pri:dɪ'spəʊz) OV WW • *aanleg
hebben* ⟨vnl. voor ziekte⟩ • *vermaken* ⟨bij
testament⟩ • *~ to vatbaar maken voor*

predisposition (pri:dɪspə'zɪʃən) ZN *aanleg;
neiging*

predominance (prɪ'dɒmɪnəns) ZN *overheersing;
overhand; heerschappij*

predominant (prɪ'dɒmɪnənt) BNW *overheersend*

predominantly (prɪ'dɒmɪnəntlɪ) BIJW
overwegend; hoofdzakelijk

predominate (prɪ'dɒmɪneɪt) OV WW
overheersen; de overhand hebben

pre-eminence (pri:'emɪnəns) ZN • *superioriteit*
• *voorrang*

pre-eminent (pri:'emɪnənt) BNW *uitblinkend;
uitstekend boven* ★ *~ly bij uitstek*

pre-empt (pri:'empt) OV WW • *verkrijgen door
voorverkoop* • *zich toe-eigenen* • *overbodig
maken*

pre-emptive (pri:'emptɪv) BNW *voorkomend;
preventief*

preen (pri:n) OV WW *gladstrijken* ⟨v. veren⟩ ★ *~
o.s. zich mooi maken* • *~ o.s. on prat gaan op*

pref. AFK • *preface voorwoord* • *preference
voorkeur* • *prefix voorvoegsel*

prefab ('pri:fæb) **I** ZN • INFORM. *montagewoning*
II BNW • *prefabricated vooraf gefabriceerd*

prefabricate (pri:'fæbrɪkeɪt) OV WW *prefabriceren*

prefabrication (pri:fæbrɪ'keɪʃən) ZN
montagebouw

preface ('prefəs) **I** ZN • *voorbericht; inleiding*
• *prefatie* **II** OV WW • *v. een inleiding voorzien;
inleiden* • *leiden tot*

prefect ('pri:fekt) ZN • *prefect* • *raadgever* ⟨op
katholieke kostschool⟩

prefecture ('pri:fektʃə) ZN *prefectuur*

prefer (prɪ'fɜ:) OV WW • *indienen; voorleggen*
• *prefereren* ★ *~red shares preferente aandelen*
• *~ to bevorderen tot; verkiezen boven*

preferable ('prefərəbl) BNW *te verkiezen*

preferably ('prefərəblɪ) BIJW *bij voorkeur*

preference ('prefərəns) ZN • *voorkeur*
• *voorkeursbehandeling* • *prioriteitsrecht* ★ *for
~ bij voorkeur* ★ *~ shares preferente aandelen*

preferential (prefə'renʃəl) BNW *voorkeur
gevend/hebbend*

preferment (prɪ'fɜ:mənt) ZN *bevordering*

prefiguration (pri:fɪgə'reɪʃən) ZN
voorafschaduwing

prefigure (pri:'fɪgə) OV WW *(z.) vooraf voorstellen*

prefix ('pri:fɪks) **I** ZN • *voorvoegsel* • *titel;
voornaam* **II** OV WW • *vóór plaatsen;
voorvoegen*

pregnancy ('pregnənsɪ) ZN • *zwangerschap*

• *belang* ★ ~ test *zwangerschapstest*
pregnant ('pregnənt) BNW • *veelzeggend*
• *drachtig*; *zwanger* • *vruchtbaar* ★ ~ **with**
zwanger van; *vol van*
prehensile (pri:'hensaɪl) BNW *wat grijpen kan*
★ ~ **tail** *grijpstaart*
prehension (prɪ'henʃən) ZN • *'t grijpen* • *begrip*
prehistoric (pri:hɪ'stɒrɪk) BNW *voorhistorisch*
prehistory (pri:'hɪstərɪ) ZN *prehistorie*
pre-ignition (pri:ɪg'nɪʃən) ZN *voorontsteking*
prejudge (pri:'dʒʌdʒ) OV WW • *van te voren*
beoordelen • *vooruitlopen op*
prejudice ('predʒʊdɪs) I ZN • *vooroordeel*
• *nadeel*; *schade* ★ to the ~ of *ten nadele van*
★ **without** ~ *onder voorbehoud* II OV WW
• *schaden*; *nadeel berokkenen* ★ ~ (in favour
of) *innemen voor* ★ ~ **against** *innemen tegen*
prejudiced ('predʒʊdɪst) BNW *bevooroordeeld*
prejudicial (predʒʊ'dɪʃəl) BNW ★ ~ to *schadelijk*
voor; *nadelig voor*
prelacy ('preləsɪ) ZN • *bisschoppelijke*
waardigheid • *episcopaat*
prelate ('prelət) ZN *prelaat*
preliminary (prɪ'lɪmɪnərɪ) I ZN • *voorbereidende*
maatregel(en) II BNW • *inleidend* • *voorlopig*
★ ~ **examination** *tentamen*
prelude ('prelju:d) I ZN • *voorspel*; *inleiding* II OV
WW • *inleiden*; *aankondigen* • *'n voorspel*
spelen
premarital (pri:'mærɪtl) BNW *voor het huwelijk*
premature ('premətjʊə) BNW • *vroegtijdig*
• *ontijdig* • *voorbarig*
premeditate (pri:'medɪteɪt) OV WW *vooraf*
overleggen; *beramen* ★ ~d **murder** *moord met*
voorbedachten rade
premeditation (pri:medɪ'teɪʃən) ZN *opzet*
premier ('premɪə) I ZN • *premier* • *Eerste Minister*
II BNW • PLAT *voornaamste*; *eerste*
première ('premɪeə) ZN *première*
premiership ('premɪəʃɪp) ZN *ambt v. Eerste*
Minister
premise ('premɪs) I ZN • *premisse* II OV WW
• *vooropstellen*; *vooraf laten gaan*
premises ('premɪsɪz) ZN MV • JUR. *'t*
bovengenoemde ⟨pand, landgoed⟩ • *huis en erf*
★ he lives on the ~ *hij woont bij de zaak*
★ **adjacent** ~ *belendende percelen*
premiss ('premɪs) ZN *premisse*
premium ('pri:mɪəm) ZN • *agio* • *premie*
• *meerprijs* • *beloning* • *leergeld* • *toegiftartikel*
• *super(benzine)* ★ at a ~ *boven pari*; *in trek*
★ he sold it at a ~ *hij verkocht het met winst*
★ ~ **bond** *premieobligatie*
premonition (premə'nɪʃən) ZN • *waarschuwing*
• *voorgevoel*
premonitory (prɪ'mɒnətərɪ) BNW *waarschuwend*
prenatal (pri:'neɪtl) BNW *prenataal*
preoccupation (pri:ɒkjʊ'peɪʃən) ZN
• *vooringenomenheid* • *vooroordeel* • *vroeger*
bezit • *hoofdbezigheid* • *verstrooidheid*
preoccupied (pri:'ɒkjʊpaɪd) BNW *in gedachten*
verzonken
preoccupy (pri:'ɒkjʊpaɪ) OV WW *geheel of vooraf*
in beslag nemen
preordain (pri:ɔ:'deɪn) OV WW *vooraf bepalen*;
voorbeschikken

prep (prep) ZN USA, INFORM. *leerling v.*
voorbereidende school ★ be at prep *zijn lessen*
bestuderen ★ prep school *voorbereidingsschool*
prep. AFK *preposition voorzetsel*
pre-packed (pri:'pækt) BNW *voorverpakt*
prepaid (pri:'peɪd) BNW *prepaid* ⟨vooraf betaald⟩
preparation (prepə'reɪʃən) ZN • *huiswerk*
• *preparaat* • *voorbereiding* • *toebereidsel*
• *bestudering*; *studie*
preparative (prɪ'pærətɪv) I ZN • *toebereidsel*
II BNW • *voorbereidend*
preparatory (prɪ'pærətərɪ) BNW *voorbereidend*
★ ~ **school** *school die voorbereidt op "public*
school" (kostschool); *school voor voorbereidend*
hoger onderwijs in Amerika ★ ~ **to** *alvorens*
prepare (prɪ'peə) OV+ONOV WW • *bereiden* ⟨v.
voedsel⟩ • *prepareren* • *voorbereidingen treffen*
• *instuderen* ★ I am not ~d to go *ik ben niet*
bereid te gaan; *ik ben niet klaar om te gaan*
• ~ **for** ⟨z.⟩ *voorbereiden op/voor*
preparedness (prɪ'peərɪdnəs) ZN • *bereidheid*
• *het voorbereid zijn*
prepay (pri:'peɪ) OV WW • *frankeren*
• *vooruitbetalen*
prepayable (pri:'peɪəbl) BNW *vooraf te betalen*
prepayment (pri:'peɪmənt) ZN • *vooruitbetaling*
• *frankering*
preponderance (prɪ'pɒndərəns) ZN • *groter*
gewicht • *overwicht*
preponderant (prɪ'pɒndərənt) BNW *overwegend*
preponderate (prɪ'pɒndəreɪt) ONOV WW
• *zwaarder wegen* • *overtreffen* • *de overhand*
hebben
preposition (prepə'zɪʃən) ZN *voorzetsel*
prepositional (prepə'zɪʃənəl) BNW *voorzetsel-*
prepossessing (pri:pə'zesɪŋ) BNW ★ a ~ **face** *een*
innemend gezicht
prepossession (pri:pə'zeʃən) ZN
vooringenomenheid
preposterous (prɪ'pɒstərəs) BNW • *onnatuurlijk*
• *dwaas*; *belachelijk*
preppie ZN • → **prep**
prerequisite (pri:'rekwɪzɪt) I ZN • *eerste vereiste*
II BNW • *allereerst vereist*
prerogative (prɪ'rɒgətɪv) I ZN • *(voor)recht*
• *recht om 't eerst te stemmen* ★ the royal ~ *de*
koninklijke onschendbaarheid II BNW
• *bevoorrecht*
presage[1] ('presɪdʒ) ZN • *voorteken* • *voorgevoel*
presage[2] ('presɪdʒ, prɪ'seɪdʒ) OV WW
• *voorspellen* • *een voorgevoel hebben van*
presbyter ('prezbɪtə) ZN *geestelijke tussen*
bisschop en diaken ⟨in de anglicaanse Kerk⟩
Presbyterian (prezbɪ'tɪərɪən) I ZN
• *presbyteriaan* II BNW • *presbyteriaans*
Presbyterianism (prezbɪ'tɪərɪənɪzəm) ZN
presbyteriaanse leer
presbytery ('prezbɪtərɪ) ZN • *presbyterium* • *raad*
v. ouderlingen ⟨in de presbyteriaanse Kerk⟩
• *pastorie* ⟨v. r.-k. pastoor⟩
preschool (pri:'sku:l) BNW *onder de schoolleeftijd*;
peuter-
preschooler (pri:'sku:lə) ZN *nog niet schoolgaand*
kind
prescience ('presɪəns) ZN *vooruitziende blik*
prescient ('presɪənt) BNW *vooruitziend*

pr

prescribe (prɪˈskraɪb) OV+ONOV WW
• *voorschrijven* • JUR. *protesteren tegen*
• **~ for/to** *aanspraak maken op*
prescription (prɪˈskrɪpʃən) ZN • *voorschrijving*
• *recept* ‹v. dokter› • JUR. *aanspraak* ‹door verjaring›
prescriptive (prɪˈskrɪptɪv) BNW • *voorschrijvend*
• *verkregen door verjaring*
presence (ˈprezəns) ZN • *tegenwoordigheid*; *aanwezigheid* • *audiëntie* • *voorkomen*; *houding* ★ ~ chamber *audiëntiezaal* ★ he was admitted to the~ of ... *hij werd ter audiëntie bij ... toegelaten*
present[1] (prɪˈzent) **I** OV WW • *vertonen*; *bieden* ‹v. aanblik› • *indienen* ‹v. klacht› • *opleveren* ‹v. moeilijkheden› • *opvoeren* ‹v. toneelstuk› • *aanleggen of presenteren* ‹v. geweer› • *(aan 't hof) voorstellen* • *voordragen* ‹voor predikantsplaats› • *aanbieden* ‹v. wissel of cheque› ★ ~ o.s. *zich aanbieden*; *zich voordoen*; *zich aanmelden* ★ he ~ed me with it *hij deed me dit cadeau* **II** ZN • *aanslag* ‹v. geweer›; *(het) presenteren* ★ at the ~ *in de aanslag*; ‹v. geweer› *met geweer gepresenteerd*
present[2] (ˈprez(ə)nt) **I** ZN • *geschenk* • *(het) heden* • TAALK. *tegenwoordige tijd* ★ at ~ *op het ogenblik* ★ for the ~ *voorlopig* • up to the ~ *tot op heden* **II** BNW • *aanwezig* • *tegenwoordig*; *huidig* ★ the ~ volume *het boek dat voor me ligt (ter bespreking)* ★ those ~ *de aanwezigen* ★ the people ~ *de aanwezigen* ★ the ~ writer *schrijver dezes* ★ ~ to the mind *duidelijk voor de geest staande*
presentable (prɪˈzentəbl) BNW • *presentabel* • *geschikt als geschenk*; *geschikt om voorgedragen of voorgesteld te worden*
presentation (prezənˈteɪʃən) ZN • *'t voorstellen* • *aanbieding* • *voordracht* • *schenking* ★ on ~ *bij aanbieding*
present-day BNW *hedendaags*; *modern*
presenter (prɪˈzentə) ZN *presentator*
presentiment (prɪˈzentɪmənt) ZN *(angstig) voorgevoel*
presently (ˈprezntlɪ) BIJW • *dadelijk*; *aanstonds* • *weldra*; *kort daarop* • USA *nu*; *tegenwoordig*
preservable (prɪˈzɜːvəbl) BNW *houdbaar*
preservation (prezəˈveɪʃən) ZN • *onderhoud*; *toestand* • *behoud* ★ in fair ~ *in behoorlijke staat*
preservative (prɪˈzɜːvətɪv) **I** ZN • *conserverend middel* • *middel om ziekte te voorkomen* **II** BNW • *conserverend*
preserve (prɪˈzɜːv) **I** OV WW • *bewaren*; *beschermen*; *redden* • *goed houden*; *conserveren*; *inmaken* • *voor eigen gebruik houden* ‹v. wildpark of viswater› • well ~d *goed geconserveerd* • **~ from** *behoeden voor* **II** ZN • *wildpark*; *eigen viswater* • *eigen gebied* ★ ~s *jam*; *confituur*
preserver (prɪˈzɜːvə) ZN *conserveringsmiddel*
preset (ˈpriːset) OV WW *vooraf instellen* ‹v. apparatuur›
preshrunk, pre-shrunk (priːˈʃrʌŋk) BNW *voorgekrompen*
preside (prɪˈzaɪd) ONOV WW *voorzitten*; *de leiding hebben* ★ ~ over a meeting *een*

vergadering voorzitten
presidency (ˈprezɪdənsɪ) ZN *presidentschap*
president (ˈprezɪdnt) ZN • *hoofd v. bep. colleges* • *voorzitter* • *president* • USA *directeur* ‹v. bank of bedrijf›
presidential (prezɪˈdenʃəl) BNW *presidents-*; *voorzitters-*
press (pres) **I** ZN • *gedrang*; *menigte* • *druk(te)* • *de jachtigheid* ‹v. het bestaan› • *pers* • *(linnen)kast* • *ronselarij* (voor vloot of leger) ★ ~ agency *persbureau* ★ ~ agent *publiciteitsagent* ★ ~ box *perstribune* ★ ~ conference *persconferentie* ★ ~ coverage *verslaggeving* ★ ~ cutting *krantenknipsel* ★ ~ gallery *perstribune* ★ ~ release *persbericht*; *perscommuniqué* ★ ~ of sail *alle zeilen bij* ★ at/in (the) ~ *ter perse* ★ correct the ~ *de drukproeven corrigeren* ★ see through the ~ *voor de druk bezorgen* ‹v. boek› ★ when going to ~ *bij het ter perse gaan* ★ have a bad ~ *bekritiseerd worden door de media* ★ yellow ~ *riooljournalistiek* **II** OV+ONOV WW • *drukken*; *de hand drukken* • *uitpersen*; *oppersen* • *pressen*; *aandringen (op)* • *bestoken* ‹v. vijand› • *dringen* • z. *verdringen* ★ I'll go, since you are so ~ing *ik zal gaan omdat je zo aanhoudt* ★ time is ~ing *de tijd dringt* ★ he ~ed the question *hij drong aan op 't beantwoorden v.d. vraag* ★ ~ sail *alle zeilen bijzetten* ★ time ~es *de tijd dringt* ★ he was ~ed hard *'t vuur werd hem na aan de schenen gelegd* ★ they were hard ~ed *ze werden erg in 't nauw gedreven* ★ ~ for an answer *op antwoord aandringen* ★ I was much ~ed for time *ik verkeerde in tijdnood* ★ ~ on, boys! *schiet op, jongens!* ★ ~ up speed *de snelheid opvoeren* ★ ~ed beef *vlees in blik* ★ ~ into service *in dienst stellen*; *zich bedienen van*
pressing (ˈpresɪŋ) **I** ZN • *(aan)drang* **II** BNW • *dringend*
pressman (ˈpresmən) ZN • *iem. die geprest wordt* • *ronselaar* • *journalist* • *drukker*
pressreader (ˈpresriːdə) ZN *corrector*
press-stud (ˈpresstʌd) ZN G-B *drukknoop*; *druksluiting*
press-up ZN G-B *opdrukoefening* ★ do twenty ~s *je twintig keer opdrukken*
pressure (ˈpreʃə) ZN • NATK. *druk*; *spanning* • PSYCH. *spanning*; *nood*; *moeilijkheid* • *dwang*; *pressie* ★ to bring ~ to bear upon *pressie uitoefenen op* ★ ~ group *pressiegroep*
pressure-cooker (ˈpreʃəkʊkə) ZN *hogedrukpan*
pressurize, G-B **pressurise** (ˈpreʃəraɪz) OV WW • *de (lucht)druk regelen* • OOK FIG. *onder druk zetten*
prestige (preˈstiːʒ) ZN • *prestige*; *gezag*; *invloed*
prestigious (preˈstɪdʒəs) BNW • *met overwicht* • *gezaghebbend*
prestressed (priːˈstrest) BNW *voorgespannen* ★ ~ concrete *spanbeton*
presumable (prɪˈzjuːməbl) BNW *vermoedelijk*; *waarschijnlijk*
presumably (prɪˈzjuːməblɪ) BIJW *vermoedelijk*; *waarschijnlijk*
presume (prɪˈzjuːm) **I** OV WW • *aannemen*; *vermoeden*; *geloven* • *'t wagen* **II** ONOV WW

pr

• ~ **(up)on** *misbruik maken van*; z. *laten voorstaan op*
presumption (prɪ'zʌmpʃən) ZN • *aanmatiging*
• *het voor waar aannemen* • *vermoeden*
• *veronderstelling*
presumptive (prɪ'zʌmptɪv) BNW *vermoedelijk* ★ ~ *evidence aanwijzing(en)* ★ *heir* ~ *vermoedelijke erfgenaam*
presumptuous (prɪ'zʌmptʃʊəs) BNW *aanmatigend*
presuppose (pri:sə'pəʊz) OV WW *vóóronderstellen*; *insluiten*
presupposition (pri:sʌpə'zɪʃən) ZN *vóóronderstelling*
pretence (prɪ'tens) ZN • *voorwendsel*; *'t doen alsof* • *uiterlijk vertoon* ★ ~ *to aanspraak op* ★ *by/under/on false* ~s *onder valse voorwendselen* ★ *devoid of all* ~ *zonder enige pretentie* ★ *on the slightest* ~ *bij de geringste aanleiding*
pretend (prɪ'tend) I OV WW • *voorwenden*; *doen alsof* • *komedie spelen* • *(valselijk) beweren* II ONOV WW • z. *aanmatigen* ★ ~ *to aanspraak maken op*; *dingen naar (de hand van)*
pretended (prɪ'tendɪd) BNW *zogenaamd*
pretender (prɪ'tendə) ZN • *pretendent* • *komediant*
pretension (prɪ'tenʃən) ZN *aanmatiging* ★ ~ *to aanspraak op*
pretentious (prɪ'tenʃəs) BNW • *aanmatigend* • *ostentatief*
preter- ('pri:tə) VOORV *meer dan*; *boven*
preternatural (pri:tə'nætʃərəl) BNW • *onnatuurlijk* • *bovennatuurlijk* • *buitennatuurlijk*
pretext ('pri:tekst) I ZN • *voorwendsel* • *excuus* ★ *on/under the* ~ *of/that onder voorwendsel van* II OV WW • *voorwenden*
prettify ('prɪtɪfaɪ) OV WW *aardig of leuk maken*
prettiness ('prɪtɪnəs) ZN • → **pretty**
pretty ('prɪtɪ) I BNW • *schattig*; *mooi*; *leuk* • *aardig* ★ IRON. a ~ *mess 'n mooie boel* ★ a ~ *penny een aardig centje* II BIJW • *nogal*; *tamelijk* ★ *he came, and* ~ *quick hij kwam, en maar wat gauw* ★ *this is* ~ *much the same dat is zo goed als/vrijwel hetzelfde* III ZN ★ my ~! *schat!* ★ *pretties mooie dingen* IV OV WW ★ ~ (o.s.) *up zich opmaken*
pretty-pretty ('prɪtɪprɪtɪ) BNW *popperig*; *zoetelijk*
pretzel ('pretsəl) ZN *zoute krakeling*
prevail (prɪ'veɪl) ONOV WW • *de overhand krijgen of hebben* • *(over)heersen* • *zegevieren* • *overreden*; *overhalen*
prevailing (prɪ'veɪlɪŋ) BNW *heersend*; *gangbaar*
prevalence ('prevələns) ZN • *'t (over)heersen* • *overwicht* • *invloed*
prevalent ('prevələnt) BNW *heersend*
prevaricate (prɪ'værɪkeɪt) ONOV WW *liegen*; *er omheen draaien*
prevarication (prɪværɪ'keɪʃən) ZN *dubbelzinnigheid*
prevaricator (prɪ'værɪkeɪtə) ZN *bedrieger*
prevent (prɪ'vent) OV WW • *(ver)hinderen* • REL. *voorgaan*; *leiden* ★ ~ a p. *from doing sth iem. verhinderen iets te doen*
preventable (prɪ'ventəbl) BNW *te voorkomen*

prevention (prɪ'venʃən) ZN *'t voorkómen* ★ ~ *is better than cure voorkomen is beter dan genezen*
preventive (prɪ'ventɪv), **preventative** (prɪ'ventətɪv) I ZN • *obstakel* • *voorbehoedmiddel* II BNW • *preventief* • *kustwacht-* ★ ~ *of verhinderend* ★ ~ *custody voorlopige hechtenis* ★ ~ *officer opsporingsambtenaar*
preview ('pri:vju:) ZN • *beoordeling vooraf ⟨v. film of boek⟩* • *bezichtiging*
previous ('pri:vɪəs) I BNW • *voorafgaand* ★ ~ *examination tentamen* ★ *put the* ~ *question de prealabele kwestie stellen* II BIJW ★ ~ *to vóór*
previously ('pri:vɪəslɪ) BIJW *vroeger*; *tevoren*
prevision (pri:'vɪʒən) ZN *'t vooruit zien*
prewar (pri:'wɔ:) BNW *vooroorlogs*
prey (preɪ) I ZN • *prooi* ★ *bird of prey roofvogel* II ONOV WW • ~ **upon** *azen op*; *aantasten*
price (praɪs) I ZN • *(kost)prijs* • *koers* ★ *above/ beyond* ~ *van onschatbare waarde* ★ *at a* ~ *tegen een behoorlijke prijs* ★ *at a low/ discounted* ~ *tegen lage/gereduceerde prijs* ★ *not at any* ~ *voor geen geld* ★ *closing* ~ *slotkoers* ★ *competitive* ~s *concurrerende/ scherpe prijzen* ★ *mended* ~ *opgeschroefde prijs* ★ *every man has his* ~ *iedereen is om te kopen* ★ PLAT *what* ~ *this? dit is ook niet veel zaaks geweest* II OV WW • *prijzen ⟨v. goederen⟩* • *schatten* ★ *high-*d *tegen hoge prijs*
price bracket ZN *prijsklasse*
price cutter ZN *prijsvechter ⟨goedkope winkel⟩*
price freeze ZN *prijsstop*
priceless ('praɪsləs) BNW • *onschatbaar* • PLAT *vermakelijk*; *kostelijk*
price level ZN *prijspeil, prijsniveau*; *koersniveau*; *koersstand*
pricelist ('praɪslɪst) ZN *prijslijst*
price range ZN *prijsklasse*
price tag ZN *prijskaartje*
pricey ('praɪsɪ) BNW INFORM. *duur*; *prijzig*
prick (prɪk) I ZN • *prik* • *punt* • *stekel* • *spoor ⟨v. haas⟩* • VULG. *pik*; *lul* ★ ~s *of conscience gewetenswroeging* II OV WW • *(door)prikken* • *knagen ⟨v. geweten⟩* • *aanstippen ⟨v. naam op lijst⟩* • *benoemen ⟨als sheriff⟩* ★ ~ *up one's ears z'n oren spitsen* ★ ~ a *bladder de onbeduidendheid van iets/iem. aantonen* • ~ **in/out/off** *uitpoten ⟨v. zaailingen⟩*
pricker ('prɪkə) ZN • *instrument met scherpe punt* • *priem*
prickle ('prɪkl) I ZN • INFORM. *doorntje* • *stekel* • *tenen mandje* II OV+ONOV WW • *prik(el)en*
prickly ('prɪklɪ) BNW • *stekelig* • *kriebelig*
pride (praɪd) I ZN • *trots*; *hoogmoed* • LIT. *prima conditie* • *groep (leeuwen)* ★ *(proper)* ~ *zelfrespect* ★ ~ *of place voorrang*; *aanmatiging* ★ *take* ~ *in trots zijn op* ★ ~ *of the morning mist bij zonsopgang* ★ ~ *will have a fall hoogmoed komt voor de val* ★ my ~ *and joy mijn oogappel ⟨iemand die of iets dat trots en blijdschap geeft⟩* II WKD WW ★ ~ o.s. *(up)on zich beroemen op*
priest (pri:st) I ZN • *geestelijke* • *priester* II OV WW • *tot priester wijden*
priestess (pri:s'tes) ZN *priesteres*

priesthood ('pri:sthʊd) ZN *priesterschap*
prig (prɪg) I ZN • *pedant iem.* • PLAT *dief ★ a conceited prig een verwaande kwast* II OV WW • PLAT *stelen*
priggery ('prɪgərɪ) ZN *pedanterie*
priggish ('prɪgɪʃ) BNW *pedant*
prim (prɪm) I BNW • *vormelijk; stijf* II OV WW • *opsmukken* III ONOV WW • *gemaakt doen* IV OV+ONOV WW • *stijf gezicht opzetten;* ⟨*samentrekken ⟨v. mond of lippen⟩*
primacy ('praɪməsɪ) ZN • *primaatschap* • *voorrang*
prima donna (pri:mə 'dɒnə) BNW • *prima donna* • FIG., MIN. *diva* ⟨iemand met sterallures⟩
primaeval (praɪ'mi:vəl) BNW • → **primeval**
primal ('praɪml) BNW • *oorspronkelijk* • *voornaamst*
primarily ('praɪmərəlɪ) BIJW *allereerst*
primary ('praɪmərɪ) I ZN • *hoofdzaak* • USA *voorverkiezing voor presidentschap* II BNW • *eerst* • *voornaamste* • *oorspronkelijk ★ ~ education lager onderwijs ★ ~ colour primaire kleur*
primate ('praɪmeɪt) ZN • *primaat* • *aartsbisschop* • *mens(aap) ★ ~ of England aartsbisschop v. York ★ ~ of all England aartsbisschop v. Canterbury*
prime (praɪm) I ZN • *hoogste volmaaktheid ★ 't beste ★ bloeitijd ★ begin ★ metten ★ priemgetal ★ bep. positie bij schermen ★ in the ~ of life in de bloei der jaren* II BNW • *hoofd-* • *voornaamste ★ prima ★ oorspronkelijk* • *grond-* III OV WW • *inspuiten ★ op gang brengen (v. motor) ★ voorbereiden; inlichten* • *dronken voeren ★ in de grondverf zetten ★* FIG. *toerusten; uitrusten*
prime mover ZN *eerste oorzaak*
primer ('praɪmə) ZN • *boek voor beginners; inleiding* • GESCH. *gebeden voor leken* • *slaghoedje ★ grondverf*
prime time ZN *meest bekeken/beluisterde zendtijd op radio of tv*
primeval (praɪ'mi:vəl) BNW *oorspronkelijk; oer- ★ ~ forest oerwoud*
primitive ('prɪmɪtɪv) I ZN • *kunstenaar behorende tot de primitieven* • *kunstwerk van vóór de renaissance* II BNW • *primitief; grond-* • *oer-* • *vroeg; eerste; primair ★ ouderwets* • *eenvoudig; ruw; oorspronkelijk*
primogeniture (praɪməʊ'dʒenɪtʃə) ZN *eerstgeboorterecht*
primordial (praɪ'mɔ:dɪəl) BNW *oer-; oorspronkelijk ★ ~ duty eerste plicht*
primp (prɪmp) OV WW • *versieren ★ zich opdoffen*
primrose ('prɪmrəʊz) I ZN • *sleutelbloem ★ the ~ path 't najagen v. genot* II BNW • *lichtgeel*
primus ('praɪməs) ZN *primus; gasbrander*
prince (prɪns) ZN • *prins* • *vorst* • *voornaamste* • *grootste ★ Prince Consort prins-gemaal ★ ~ royal kroonprins*
princeling ('prɪnslɪŋ) ZN *prinsje*
princely ('prɪnslɪ) BNW • *prinselijk* • *vorstelijk*
princess (prɪn'ses, 'prɪnses) ZN *prinses; vorstin ★ ~ royal kroonprinses*
principal ('prɪnsɪpl) I ZN • *hoofdpersoon* • *directeur* • *rector* • *principaal; chef* • *kapitaal*

• *hoofdbalk* • *iem. die borgstelling heeft* • *duellist* • *hoofdschuldige ★ lady ~ directrice ★ ~ in the first degree hoofdschuldige ★ ~ in the second degree handlanger* II BNW • *voornaamste; hoofd-*
principality (prɪnsɪ'pælətɪ) ZN • *prinsdom; vorstendom* • *prinselijke/vorstelijke waardigheid ★ the Principality Wales*
principally ('prɪnsɪpəlɪ) BIJW *hoofdzakelijk*
principle ('prɪnsɪpl) ZN • *principe; grondbeginsel* • SCHEIK. *bestanddeel ★ Archimedean ~ wet v. Archimedes ★ on ~ principieel*
principled ('prɪnsɪpld) BNW *met (hoogstaande) principes*
print (prɪnt) I ZN • *afdruk; stempel; teken; merk* • *bedrukte stof ★ drukwerk; gedrukt werk; druk* • *reproductie; gravure; plaat; prent ★* USA *krant ★ a ~ dress 'n katoenen jurkje ★ in ~ nog niet uitverkocht; in druk ★ rush into ~ naar de pen grijpen; maar raak publiceren* II OV WW • *(laten) drukken ★ stempelen; bestempelen* • *inprenten ★ achterlaten ⟨v. indruk⟩ ★ in druk uitgeven ★ bedrukken ★ ~ed ware bedrukt aardewerk ★ ~ed matter drukwerk ★ ~ed in his memory in zijn geheugen gegrift* • ~ **off/out** *afdrukken ⟨v. foto's⟩*
printable ('prɪntəbl) BNW *geschikt om te drukken*
printer ('prɪntə) ZN • *drukker* • *eigenaar v. drukkerij* • *drukpers* • *printer ★ ~'s devil drukkersjongen*
printing ('prɪntɪŋ) ZN *(boek)drukkunst ★* GESCH. ~ *house/works drukkerij*
printing-press ('prɪntɪŋpres) ZN *drukpers*
print-out ZN *uitdraai*
prior ('praɪə) I ZN • *prior* II BNW + BIJW • *vroeger ★ ~ to voorafgaande aan; vóór*
prioress (praɪə'res) ZN *priores*
priority (praɪ'ɒrətɪ) ZN *voorrang*
priory ('praɪərɪ) ZN *priorij*
prise (praɪz) I OV WW • *openbreken* II ZN • *hefkracht*
prism ('prɪzəm) ZN • *prisma* • *spectrum ★ ~s prismatische kleuren*
prismatic (prɪz'mætɪk) BNW • *prismatisch* • *schitterend*
prison ('prɪzən) I ZN • *gevangenis ★ ~ bird recidivist ★ ~ yard gevangenisbinnenplaats ★ ~ camp gevangenkamp* II OV WW • *in de gevangenis werpen; gevangen houden*
prisoner ('prɪznə) ZN *gevangene ★ ~ (at the bar) verdachte ★ ~ of war krijgsgevangene*
prissy ('prɪsɪ) BNW INFORM. ≈ *preuts*
pristine ('prɪsti:n) BNW • *oorspronkelijk; vroeger; goed ⟨v. vroeger tijd⟩* • *ongerept; zuiver*
privacy ('prɪvəsɪ/'praɪvəsɪ) ZN • *afzondering* • *geheimhouding*
private ('praɪvət) I ZN • *gewoon soldaat ★ in ~ in 't geheim; achter gesloten deuren; alleen ★ (the) ~s (de) geslachtsdelen* II BNW • *gewoon; privé; persoonlijk; vertrouwelijk ★ afgelegen; afgezonderd ★ particulier ★ ~ bill wetsontwerp betreffende particulier of corporatie ★ ~ box postbus ★ ~ company familievennootschap ★ by ~ contract onderhands ★ ~ hotel familiehotel ★ ~ member gewoon parlementslid (niet-minister) ★ ~ ownership*

privébezit ★ ~ parts *geslachtsdelen* ★ ~ *soldier soldaat*

privateer (praɪvə'tɪə) ZN *kaper(schip)* ★ ~s *bemanning v. kaperschip*

privately ('praɪvətlɪ) BIJW • *privé* • *in stilte* • *particulier*

privation (praɪ'veɪʃən) ZN • *ontbering; gebrek* • *verlies*

privative ('prɪvətɪv) BNW • *berovend* • *ontkennend* • TAALK. *privatief*

privet ('prɪvɪt) ZN *liguster*

privilege ('prɪvɪlɪdʒ) I ZN • *(voor)recht; privilege* • *onschendbaarheid* ★ *your* ~! *dat is uw goed recht!* ★ *executive* ~ *(presidentieel) recht op geheimhouding* II OV WW • *bevoorrechten* • *vrijstellen*

privily ('prɪvɪlɪ) BIJW *heimelijk*

privy ('prɪvɪ) ZN • *toilet; privaat* • *belanghebbende*

prize (praɪz) I ZN • *prijs; beloning* • *meevaller* • *koop* • *buit* • USA • → **prise** II BNW • *bekroond* ⟨op tentoonstelling⟩ III OV WW • *waarderen* • *prijs maken* • *opbrengen* ⟨v. schip⟩ • USA • → **prise**

prizefight ('praɪzfaɪt) ZN *bokswedstrijd* ⟨voor geld⟩

prizefighter ('praɪzfaɪtə) ZN *prijsvechter* ⟨bokser⟩

prizeman ('praɪzmən) ZN • → **prizewinner**

prizewinner ('praɪzwɪnə) ZN *prijswinnaar*

pro (prəʊ) I BNW • *pro; vóór* • INFORM. • → **professional** ★ *the pros and cons de voors en tegens* II VZ • *ter verdediging van*

pro- (prəʊ) VOORV *pro-; voor* ★ *pro-American pro-Amerikaans*

proactive (prəʊ'æktɪv) BNW *proactief*

probability (probə'bɪlətɪ) ZN *waarschijnlijkheid* ★ USA *probabilities weersvoorspelling* ★ *in all* ~ *hoogst waarschijnlijk*

probable ('probəbl) I ZN • *vermoedelijke winnaar of kandidaat* II BNW • *waarschijnlijk*

probably ('probəblɪ) BIJW • *waarschijnlijk; vermoedelijk* • *ongetwijfeld*

probate ('prəʊbeɪt) ZN *geverifieerd afschrift v. een testament* ★ ~*duty successierecht*

probation (prə'beɪʃən) ZN • *proef(tijd); onderzoek* • *voorwaardelijke veroordeling* • *reclassering* ★ *on* ~ *proeftijd of noviciaat doormakend* ★ ~ *officer reclasseringsambtenaar*

probationary (prə'beɪʃənərɪ) BNW *proef-*

probationer (prə'beɪʃənə) ZN • *proefleerling* • *leerling-verpleegster* • *voorwaardelijk veroordeelde* • *proponent*

probe (prəʊb) I ZN • *sonde* • *onderzoek* II OV WW • *sonderen* • *onderzoeken; doordringen in*

probity ('prəʊbətɪ) ZN *oprechtheid; eerlijkheid*

problem ('probləm) ZN *probleem; vraagstuk*

problematic (problə'mætɪk), **problematical** (problə'mætɪkl) BNW *problematisch; moeilijk*

proboscis (prəʊ'bɒsɪs) ZN • *slurf* • IRON. *neus*

procedural (prə'siːdʒ(ə)rəl) BNW *betreffende een procedure*

procedure (prə'siːdʒə) ZN • *methode; handeling; procedure* • *rechtspleging*

proceed (prə'siːd) ONOV WW • *verder (voort)gaan; vorderen; vervolgen* ⟨v. rede⟩ • ~ **against** *gerechtelijk vervolgen* • ~ **from** *komen uit;*

uitgegeven worden door • ~ **to** *behalen* ⟨v. graad⟩ • ~ **upon** *te werk gaan volgens* • ~ **with** *verder gaan*

proceeding (prə'siːdɪŋ) ZN • *handeling* • *handelwijze* • *maatregel* • ~s *gebeurtenissen; werkzaamheden; handelingen; notulen* ★ *institute (legal)* ~s *rechtsvervolging instellen*

proceeds ('prəʊsiːdz) ZN MV *opbrengst*

process ('prəʊses) I ZN • *proces* • *(ver)loop* • *verrichting; methode; werkwijze* • *praktijk* • *uitwas* ★ *in* ~ *of construction in aanbouw* ★ *in* ~ *of time na verloop van tijd* II OV WW • *gerechtelijk vervolgen* • *behandelen* ⟨vnl. van stof⟩ • *conserveren* ⟨v. voedsel⟩ • *verwerken* • *ontwikkelen* ⟨v. foto, film⟩ III ONOV WW • *'n processie/optocht houden*

procession (prə'seʃən) I ZN • *defilé; stoet; processie* • *wedstrijd waarbij deelnemers elkaar de voorrang niet (kunnen) betwisten* • *opeenvolging; reeks* II ONOV WW • *'n processie/optocht houden*

processional (prə'seʃnl) BNW *processie-*

processor ('prəʊsesə) ZN • *bewerker* • *computer; verwerkingseenheid*

proclaim (prə'kleɪm) OV WW • *afkondigen; bekend maken* • *uitroepen tot* • *in staat v. beleg verklaren* • *verbieden* ⟨v. vergadering⟩ ★ ~ *a traitor tot verrader verklaren* ★ ~ *the banns een huwelijk kerkelijk afkondigen*

proclamation (proklə'meɪʃən) ZN • *proclamatie* • *verkondiging*

proclivity (prə'klɪvətɪ) ZN *neiging*

procrastinate (prəʊ'kræstɪneɪt) ONOV WW *talmen*

procrastination (prəkræstɪ'neɪʃən) ZN *getalm; uitstel*

procreate ('prəʊkrɪeɪt) OV WW *voortplanten*

procreation (prəʊkrɪ'eɪʃən) ZN *voortplanting*

proctor ('proktə) ZN • *universiteitsambtenaar die toezicht houdt op handhaving v. orde en tucht* • USA *surveillant* ⟨bij examen⟩

procurator ('prokjʊreɪtə) ZN • *gevolmachtigde* • *landvoogd* ★ ~ *fiscal officier van justitie van district in Schotland*

procure (prə'kjʊə) OV WW • *verkrijgen; bezorgen* • *koppelen*

procurement (prə'kjʊəmənt) ZN • *'t verkrijgen* • *bemiddeling*

procurer (prə'kjʊərə) ZN • *bezorger* • *koppelaar* • *souteneur*

procuress (prə'kjʊəres) ZN *bordeelhoudster; koppelaarster*

prod (prod) I OV+ONOV WW • *prikken; porren* • *prikkelen* • *(aan)sporen* II ZN • *por* • *(vlees)pen* • MIN. *Ierse Protestant*

prodigal ('prodɪgl) I ZN • *doordraaier; verkwister* II BNW • *verkwistend* ★ ~ *of kwistig met* ★ *the* ~ *son de verloren zoon*

prodigality (prodɪ'gælətɪ) ZN *verkwisting*

prodigious (prə'dɪdʒəs) BNW *wonderbaarlijk; enorm; abnormaal*

prodigy ('prodɪdʒɪ) ZN *wonder(kind)*

produce ('prodjuːs) ZN • *opbrengst* • *producten* ⟨v. de bodem⟩ • *resultaat* ★ *raw* ~ *land- en tuinbouwproducten* ★ ~ *trade goederenhandel*

pr

produce² (prəˈdjuːs) OV WW • *opleveren*
• *tevoorschijn halen* • *opbrengen* • *aanvoeren*
⟨v. bewijs⟩ • *opvoeren* ⟨v. toneelstuk⟩
• *verlengen* ⟨v. lijn⟩ • *produceren* • *ontwerpen*
⟨v. kleding⟩ • *veroorzaken*

producer (prəˈdjuːsə) ZN • *producent*
• *productieleider* ⟨v. film, toneel⟩ • *ontwerper*
• *regisseur* ★ ~ *gas persgas*

product (ˈprɒdʌkt) ZN • *product* • *resultaat*
★ *gross national~ bruto nationaal product*

production (prəˈdʌkʃən) ZN • *productie* • *product*
★ *on* ~ *of op vertoon van* ★ ~ *line lopende band*

productive (prəˈdʌktɪv) BNW • *producerend*
• *productief* ★ *be* ~ *of opleveren*

productivity (prɒdʌkˈtɪvətɪ) ZN *productiviteit*

proem (ˈprəʊɪm) ZN *inleiding; voorwoord*

Prof. AFK professor *professor*

profanation (prɒfəˈneɪʃən) ZN • *profanatie*
• *ontheiliging* • *heiligschennis*

profane (prəˈfeɪn) I BNW • *profaan* • *heidens*
• *godslasterlijk* II OV WW • *profaneren*
• *ontheiligen* • *schenden*

profanity (prəˈfænətɪ) ZN • *goddeloosheid*
• *heiligschennis*

profess (prəˈfes) I OV WW • *betuigen* ⟨v.
gevoelens⟩ • *doen alsof* • *openlijk verklaren*
• *beweren* • *belijden* ⟨v. godsdienst⟩
• *uitoefenen* ⟨v. beroep⟩ ★ *a* ~*ing Catholic
praktiserend katholiek* II ONOV WW • *de
kloostergelofte afleggen* III OV+ONOV WW
• *college geven* • *professorale plichten vervullen*

professed (prəˈfest) BNW • *overtuigd; openlijk*
• *zogenaamd* • *beroeps-*

professedly (prəˈfesɪdlɪ) BIJW • *openlijk*
• *ogenschijnlijk*

profession (prəˈfeʃən) ZN • *kloostergelofte*
• *beroep* • *verklaring; betuiging* • *belijdenis*
• *professie* ⟨v. kloosterling⟩ • *stand* ★ *the
(learned)~s de geleerde beroepen: theologie,
rechten, medicijnen* ★ *by* ~ *van beroep*

professional (prəˈfeʃənl) I ZN • *beroepsspeler*
• PLAT *acteur* • *vakman* II BNW • *beroeps-; vak-*
• *met een hogere opleiding* • MIN. *onverbeterlijk*
★ *he is a* ~ *man hij heeft gestudeerd; hij is een
vakman*

professionalism (prəˈfeʃənəlɪzəm) ZN
professionalisme; vakbekwaamheid

professor (prəˈfesə) ZN • *professor* • *belijder*
• PLAT *beroeps*

professorate (prəˈfesərɪt) ZN • *professoraat*
• *wetenschappelijke staf*

professorial (prɒfəˈsɔːrɪəl) BNW *professoraal*

professorship (prəˈfesəʃɪp) ZN *professoraat*

proffer (ˈprɒfə) I OV WW • *aanbieden* II ZN
• *aanbod*

proficiency (prəˈfɪʃənsɪ) ZN *bedrevenheid;
bekwaamheid*

proficient (prəˈfɪʃənt) I ZN • *bedrevene; meester*
II BNW • *bekwaam* ★ ~ *at/in bedreven in*

profile (ˈprəʊfaɪl) I ZN • *profiel* • *doorsnede*
• *omtrek* • *korte levensbeschrijving;
karakterschets* ⟨in de journalistiek⟩ ★ *keep a
low~ zich op de achtergrond houden; zich
gedeisd houden* II OV WW • *in profiel tekenen*

profit (ˈprɒfɪt) I ZN • *voordeel; nut* • *winst* ★ *at a
~ met winst* ★ ~ *and loss account winst- en*

verliesrekening ★ paper~*s denkbeeldige winst*
II OV WW • *van nut zijn; helpen* III ONOV WW
• *profiteren* ★ ~ *by z'n nut doen met; profiteren
van*

profitable (ˈprɒfɪtəbl) BNW • *winstgevend*
• *nuttig*

profitably (ˈprɒfɪtəblɪ) BNW *met winst*

profiteer (prɒfɪˈtɪə) I ZN • MIN. *woekeraar*
II ONOV WW • *woekerwinst maken*

profitless (ˈprɒfɪtləs) BNW *nutteloos; zonder
resultaat*

profit margin ZN *winstmarge*

profligacy (ˈprɒflɪɡəsɪ) ZN *losbandigheid*

profligate (ˈprɒflɪɡət) I ZN • *losbol* II BNW
• *losbandig*

profound (prəˈfaʊnd) I ZN • LIT. *onpeilbare
diepte* ⟨v. zee, hart⟩ II BNW • *diep(gaand);
grondig*

profundity (prəˈfʌndətɪ) ZN *diepte*

profuse (prəˈfjuːs) BNW • *kwistig; verkwistend*
• *overvloedig*

profusion (prəˈfjuːʒən) BNW • *kwistigheid;
verkwisting* • *overvloed*

prog (prɒɡ) I ZN • *progressieveling* • *radio-/
tv-programma* II OV WW • INFORM. *berispen* ⟨v.
student⟩

progenitor (prəʊˈdʒenɪtə) ZN • *voorvader*
• *geestelijke vader; voorganger* • *origineel*

progeniture (prəʊˈdʒenɪtjʊə) ZN • *verwekking*
• *afkomst* • *nakomelingschap*

progeny (ˈprɒdʒɪnɪ) ZN • *nageslacht* • *resultaat*

prognosis (prɒɡˈnəʊsɪs) ZN *prognose*

prognosticate (prɒɡˈnɒstɪkeɪt) OV WW
• *voorspellen* • *wijzen op*

programme, USA **program** (ˈprəʊɡræm) I ZN
• *program(ma)* • USA *agenda* • *program(me)*
picture *bijfilm* II OV WW • *programmeren*
• *plannen* ★ ~*d course geprogrammeerde
cursus*

progress¹ (ˈprəʊɡres) ZN • *voortgang;
vordering(en)* • *stand v. zaken* ★ *in* ~ *aan de
gang*

progress² (prəˈɡres) ONOV WW • *vooruitgaan;
vorderen* • *aan de gang zijn*

progression (prəˈɡreʃən) ZN • *vooruitgang;
vordering* • *progressie* • *reeks*

progressive (prəˈɡresɪv) I ZN • *voorstander v.
progressieve politiek* II BNW • *vooruitgaand*
• *vooruitstrevend* • *progressief*

prohibit (prəˈhɪbɪt) OV WW • *verbieden*
• *verhinderen*

prohibition (prəʊhɪˈbɪʃən) ZN *verbod*

Prohibition (prəʊhɪˈbɪʃən) ZN USA, GESCH.
drankverbod ⟨in de jaren '20⟩

prohibitive (prəʊˈhɪbɪtɪv), **prohibitory**
(prəʊˈhɪbɪtərɪ) BNW • *verbiedend*
• *belemmerend* • *enorm hoog* ⟨vnl. van prijs⟩
★ ~ *terms onaanvaardbare voorwaarden*

project¹ (ˈprɒdʒekt) ZN • *project; plan*
• *(school)taak*

project² (prəˈdʒekt) I OV WW • *ontwerpen*
• *projecteren* • *slingeren* • *belichamen* ⟨v.
gedachte⟩ ★ ~ *o.s. zich geestelijk verplaatsen in*
II ONOV WW • *vooruitsteken*

projectile (prəʊˈdʒektaɪl) I ZN • *projectiel* II BNW
• *voortdrijvend* ★ ~ *force drijfkracht*

projection (prəˈdʒekʃən) ZN • *uitsteeksel* • *ontwerp*; *'t ontwerpen* • *projectie* ⟨in meetkunde⟩ • *projectie*; *het projecteren* ★ ~ room *(film)cabine*

projectionist (prəˈdʒekʃənɪst) ZN *filmoperateur*

projective (prəˈdʒektɪv) BNW *projectie-; projecterend*

projector (prəˈdʒektə) ZN • *promotor v. zwendelmaatschappij* • *projectietoestel* • *ontwerper*

prolapse[1] (ˈprəʊlæps) ZN *verzakking*

prolapse[2] (prəʊˈlæps) ONOV WW *verzakken*

prole (prəʊl) ZN INFORM. *proletariër*

proletarian (prəʊlɪˈteərɪən) I ZN • *proletariër* II BNW • *proletarisch*

proletariat (prəʊləˈteərɪət) ZN *proletariaat*

pro-life BNW *anti-abortus-*

proliferate (prəˈlɪfəreɪt) ONOV WW *zich snel vermenigvuldigen*; *z. verspreiden*

proliferation (prəʊlɪfəˈreɪʃən) ZN *snelle toename; woekering*

proliferous (prəˈlɪfərəs) BNW • *snel in aantal toenemend* • *uitzaaiend*

prolific (prəˈlɪfɪk) BNW *overvloedig* ★ ~ of *vruchtbaar in* ★ ~ in *rijk aan*

prolix (ˈprəʊlɪks) BNW • *uitvoerig* • *langdradig*

prolixity (prəʊˈlɪksətɪ) ZN *uitvoerigheid; langdradigheid*

prologue (ˈprəʊlɒg) ZN • *proloog; inleiding* • *voorspel*

prolong (prəˈlɒŋ) OV WW *verlengen; aanhouden* ⟨v. noot⟩

prolongation (prəʊlɒŋgeɪʃən) ZN *verlenging*

prom (prɒm) ZN • USA *groot schoolfeest* ⟨vooral na eindexamen⟩ • INFORM. *promenadeconcert*

promenade (prɒməˈnɑːd) I ZN • *wandeling; wandelrit* • *wandelplaats* ★ ~ concert *zomerconcert* II OV+ONOV WW • *wandelen* • *rondrijden* • *rondleiden*

promenader (prɒməˈnɑːdə) ZN *wandelaar*

prominence (ˈprɒmɪnəns) ZN • *uitsteeksel; verhevenheid* • *onderscheiding* ★ give ~ to *op de voorgrond plaatsen*

prominent (ˈprɒmɪnənt) BNW • *vooraanstaand* • *voornaam* • *vooruitstekend* • *opvallend*

promiscuity (prɒmɪsˈkjuːətɪ) ZN • *gemengdheid; vermenging* • *vrije liefde*

promiscuous (prəˈmɪskjʊəs) BNW • INFORM. *toevallig* • *veel relaties hebbend* • *gemengd; zonder onderscheid*

promise (ˈprɒmɪs) I ZN • *belofte* ★ a man of ~ *'n veelbelovend man* II OV+ONOV WW • *beloven; toezeggen* ★ ~ well *veel beloven* ★ ~ o.s. *zich verheugen op* ★ the ~d land *'t beloofde land*

promising (ˈprɒmɪsɪŋ) BNW *veelbelovend*

promontory (ˈprɒməntərɪ) ZN • *voorgebergte* • *kaap* • ANAT. *uitsteeksel*

promote (prəˈməʊt) OV WW • *bevorderen; vooruithelpen* • *aanmoedigen* • *oprichten* ⟨v. maatschappij⟩ ★ ~ a bill *de aanneming v. wetsontwerp bevorderen*

promoter (prəˈməʊtə) ZN • *bevorderaar; begunstiger* • *oprichter van maatschappij* ★ company~ *oprichter van maatschappij*

promotion (prəˈməʊʃən) ZN • *promotie; bevordering* • *reclameactie* ★ ~ examination

overgangsexamen

promotional (prəʊˈməʊʃənəl) BNW *bevorderend; hulpverlenend*

prompt (prɒmpt) I ZN • *betalingstermijn; ontvangsttermijn* • *'t souffleren* • *'t gesouffleerde* • COMP. *prompt* ⟨vraag/instructie vanuit systeem⟩ II BNW • *onmiddellijk; vlug; vlot*; *prompt* ★ ~ cash *contant* III OV WW • *aanzetten; aanmoedigen* • *souffleren; voorzeggen* IV BIJW • *precies*

prompt box ZN *souffleurshokje*

prompter (ˈprɒmptə) ZN • *iem. die aanmoedigt* • *souffleur*

prompting (ˈprɒmptɪŋ) ZN • *aanmoediging* • *'t souffleren* ★ the ~ of conscience *de stem v. 't geweten*

promptitude (ˈprɒmptɪtjuːd) ZN *promptheid; vlugheid*

promptness (ˈprɒmptnəs) ZN • → **promptitude**

promulgate (ˈprɒmʌlgeɪt) OV WW • *bekend maken* • *uitvaardigen* • *verbreiden*

promulgation (prɒmʌlˈgeɪʃən) ZN • *bekendmaking* • *uitvaardiging* • *verbreiding*

prone (prəʊn) BNW *voorover(liggend); naar voren gebogen; plat liggend* ★ ~ to *geneigd tot; vatbaar voor* ★ accident~ *snel of vaak een ongeluk krijgend*

prong (prɒŋ) I ZN • *(hooi)vork* • *tand* ⟨v. vork⟩ II OV WW • *(door)steken* ⟨met vork⟩

pronominal (prəʊˈnɒmɪnl) BNW *voornaamwoordelijk*

pronoun (ˈprəʊnaʊn) ZN *voornaamwoord*

pronounce (prəˈnaʊns) WW • *uitspreken; uiten* • *uitspraak doen* ★ ~ for *(z.) verklaren voor*

pronounceable (prəˈnaʊnsəbl) BNW *uit te spreken*

pronounced (prəˈnaʊnst) BNW ★ he has a ~ tendency to ... *hij heeft een uitgesproken neiging om ...*

pronouncement (prəˈnaʊnsmənt) ZN *verklaring*

pronto (ˈprɒntəʊ) BIJW INFORM. *meteen; onmiddellijk*

pronunciation (prənʌnsɪˈeɪʃən) ZN *uitspraak*

proof (pruːf) I ZN • *proef* • *bewijs(materiaal)* • *drukproef* • USA *vereist alcoholgehalte* ★ USA 86 ~ 43% *(alcohol)* ★ the ~ of the pudding is in the eating *de praktijk zal het leren* ★ DRUKK. in ~ *ter perse* ★ in ~ of *ten bewijze van* ★ put to the ~ *op de proef stellen* ★ material ~ *hard bewijs* II BNW • *beproefd* ★ ~ against *bestand tegen* III OV WW • *ondoordringbaar maken; waterdicht maken*

proofread (ˈpruːfriːd) OV WW *proeflezen; corrigeren* ⟨v. drukproeven⟩

prop (prɒp) I ZN • INFORM. *voorstel* • *decorstuk; rekwisiet* • *stut; steunpilaar* II OV WW • *steunen* • *schragen* • ~ against *zetten tegen* • ~ up *overeind houden; ondersteunen* III ONOV WW • *plotseling stilstaan met gestrekte voorpoten* ⟨v. paard⟩

propagate (ˈprɒpəgeɪt) I OV WW • *propageren* • *voortplanten* • *verbreiden; verspreiden* II ONOV WW • *z. verspreiden* • *z. voortplanten*

propagation (prɒpəˈgeɪʃən) ZN • *verbreiding* • *voortplanting*

propane (ˈprəʊpeɪn) ZN *propaan*

propel (prə'pel) OV WW *(voort)drijven*
propellant (prə'pelənt) ZN *drijfkracht*
propellent (prə'pelənt) BNW *voortstuwend*
propeller (prə'pelə) ZN *propeller; schroef*
propensity (prə'pensətɪ) ZN *geneigdheid; neiging*
proper ('prɒpə) BNW • *eigen* • *eigenlijk* • *juist; goed* • *gepast; netjes; fatsoenlijk* • *onvervalst; echt* ★ *the story* ~ *het eigenlijke verhaal* ★ ~ *name eigennaam* ★ *a* ~ *row 'n flinke ruzie*
properly ('prɒpəlɪ) BIJW • *totaal; volkomen* • *correct; juist* • *terecht*
propertied ('prɒpətɪd) BNW ★ ~ *classes bezittende klassen*
property ('prɒpətɪ) ZN • *bezit(ting); land(goed)* • *eigendom(srecht)* • *eigenschap* ★ *properties toneelrekwisieten* ★ ~ *developer projectontwikkelaar* ★ ~ *master rekwisiteur* ★ ~ *settlement boedelscheiding* ★ ~ *tax grondbelasting* ★ *landed* ~ *grondbezit* ★ *lost* ~ *gevonden voorwerpen* ★ *movable* ~ *roerend goed* ★ *real* ~ *land in eigen bezit*
prophecy ('prɒfəsɪ) ZN *profetie; voorspelling*
prophesy ('prɒfɪsaɪ) OV+ONOV WW *profeteren; voorspellen*
prophet ('prɒfɪt) ZN • *profeet* • *voorstander* • PLAT *iem. die tips geeft bij wedstrijden*
prophetess (prɒfɪ'tes) ZN *profetes*
prophetic (prə'fetɪk) BNW *profetisch*
prophylactic (prɒfɪ'læktɪk) ZN • *preventief middel* • USA *condoom*
propinquity (prə'pɪŋkwətɪ) ZN • *nabijheid* • *nauwe verwantschap* • *gelijkheid; overeenkomst*
propitiate (prə'pɪʃɪeɪt) OV WW • *gunstig stemmen* • *verzoenen*
propitiation (prəpɪʃɪ'eɪʃən) ZN *verzoening; boetedoening*
propitiatory (prə'pɪʃɪətərɪ) BNW *verzoenend; zoen-*
propitious (prə'pɪʃəs) BNW *genadig; gunstig*
proponent (prə'pəʊnənt) I ZN • *voorstander; verdediger* II BNW • *ponerend; voorstellend*
proportion (prə'pɔːʃən) I ZN • *evenredigheid* • *deel* • *verhouding* • *in* ~ *as naarmate* ★ *in* ~ *to in verhouding tot* ★ *out of* ~ *niet in verhouding* ★ ~*s afmetingen* II OV WW • *evenredig maken* ★ *well*~*ed goed geproportioneerd* • ~ *to afmeten naar*
proportional (prə'pɔːʃənl) I ZN • *evenredige* II BNW ★ ~ *representation evenredige vertegenwoordiging* ★ ~ *to evenredig aan*
proportionate (prə'pɔːʃənət) BNW ★ ~ *to evenredig aan*
proposal (prə'pəʊzəl) ZN • *voorstel* • *huwelijksaanzoek* • *voordracht* ⟨als lid⟩
propose (prə'pəʊz) I OV WW • *voorstellen; van plan zijn* • *voordragen* ⟨als lid⟩ ★ ~ *a p.'s health op iemands gezondheid drinken* II ONOV WW • *huwelijksaanzoek doen* ~ *man*~*s, God disposes de mens wikt, God beschikt*
proposition (prɒpə'zɪʃən) ZN • *bewering* • *stelling* • *voorstel* • PLAT *karweitje; zaak(je); geval; kwestie; ding*
propositional (prɒpə'zɪʃənl) BNW *gegrond op een stelling*
propound (prə'paʊnd) OV WW • *voorstellen*

• *laten verifiëren* ⟨v. testament⟩
proprietary (prə'praɪətərɪ) I ZN • *bezit(srecht)* • *(groep van) eigenaar(s)* ★ *landed* ~ *gezamenlijke landeigenaren* II BNW • *eigendoms-; particulier* • *bezittend* ⟨v. klasse⟩ • *gepatenteerd*
proprietor (prə'praɪətə) ZN *eigenaar*
proprietorial (prəpraɪə'tɔːrɪəl) BNW *v. eigenaar*
proprietress (prə'praɪətrəs) ZN *eigenares*
propriety (prə'praɪətɪ) ZN • *juistheid* • *fatsoen; welvoeglijkheid* ★ *proprieties beleefde manieren*
propulsion (prə'pʌlʃən) ZN • *voortstuwing* • *stuwkracht* ★ *jet* ~ *straalaandrijving*
propulsive (prə'pʌlɪv) BNW • *voortdrijvend* • *stuw-*
prorogation (prəʊrə'geɪʃən) ZN • *verdaging* • *reces*
prorogue (prə'rəʊg) OV WW *verdagen*
prosaic (prəʊ'zeɪɪk) BNW *prozaïsch* ⟨alledaags⟩
proscenium (prə'siːnɪəm) ZN • *toneel* ⟨in de Oudheid⟩ • *ruimte tussen gordijn en orkest* ⟨bij toneel⟩
proscribe (prə'skraɪb) OV WW • *vogelvrij verklaren; verbannen* • *verwerpen* ⟨v. bepaalde praktijk⟩
proscription (prəʊ'skrɪpʃən) ZN • *verbod* • *verbanning*
prose (prəʊz) I ZN • *proza* • *'t prozaïsche* • *saaie of vervelende uiteenzetting* II OV WW • *in proza overbrengen* III ONOV WW • *prozaïsch schrijven/spreken*
prosecutable ('prɒsɪkjuːtəbl) BNW *strafbaar; vervolgbaar*
prosecute ('prɒsɪkjuːt) OV WW • *(ver)volgen; voortzetten* • *uitoefenen* ⟨v. vak⟩ • *klacht indienen tegen* ★ *trespassers will be* ~*d overtreders zullen worden gestraft*
prosecution (prɒsɪ'kjuːʃən) ZN • *vervolging* • *uitoefening* • *eiser*
prosecutor ('prɒsɪkjuːtə) ZN • *beoefenaar* • *aanklager* ★ *public* ~ *officier v. justitie*
prospect[1] ('prɒspekt) ZN • *verwachting; verschiet* • *vermoedelijke vindplaats v. erts of olie* • *ertsonderzoek; ertsopbrengst* • *gegadigde* • *vermoedelijke koper* ★ ~ *of (voor)uitzicht op* ★ *in* ~ *in 't vooruitzicht*
prospect[2] (prə'spekt) OV WW • *zoeken naar olie/erts* ★ *the mine* ~*s well de mijn belooft veel op te leveren* • ~ *for zoeken naar*
prospective (prə'spektɪv) BNW • *vooruitziend* • *aanstaand; toekomstig; vermoedelijk* ★ ~ *buyer gegadigde*
prospector (prə'spektə) ZN • *mijnonderzoeker* • *goudzoeker*
prosper ('prɒspə) ONOV WW *zich gunstig ontwikkelen; gedijen*
prosperity (prɒ'sperətɪ) ZN *voorspoed; bloei*
prosperous ('prɒspərəs) BNW *voorspoedig; welvarend*
prostate ('prɒsteɪt) ZN ★ ~ (gland) *prostaat*
prostitute ('prɒstɪtjuːt) I ZN • *prostituee* ★ *male* ~ *schandknaap* II OV WW • *prostitueren* • *vergooien; verlagen; misbruiken*
prostitution (prɒstɪ'tjuːʃən) ZN • *prostitutie* • *misbruik*

prostrate[1] ('prɒstreɪt) BNW • *vooroverliggend; uitgestrekt • verslagen; gebroken* ⟨v. smart⟩ • *(lichamelijk) uitgeput* ★ lay ~ *machteloos maken*

prostrate[2] (prɒs'treɪt) OV WW • *ter aarde werpen* • *verslaan • (lichamelijk) uitputten* ★ ~ o.s. *before zich in 't stof buigen voor*

prostration (prɒs'treɪʃən) ZN • *(voorover) liggende houding • voetval • ootmoedige aanbidding • (lichamelijke) uitputting* • *machteloosheid*

prosy ('prəʊzɪ) BNW *vervelend; saai; langdradig*

protagonist (prəʊ'tægənɪst) ZN • *hoofdpersoon* • *kopstuk • kampioen; voorvechter*

protean ('prəʊtɪən) BNW *voortdurend veranderend*

protect (prə'tekt) OV WW • *beveiligen* • *honoreren* ⟨v. wissel⟩ • ~ **against** *beschermen tegen* • ~ **from** *beschutten tegen; beschermen tegen*

protection (prə'tekʃən) ZN • *bescherming • gunst* • *(het) honoreren* ⟨v. wissel⟩ • *vrijgeleide*

protection factor ZN *beschermingsfactor* ⟨v. zonnebrand e.d.⟩

protection money ZN EUF. *beschermingsgeld*

protective (prə'tektɪv) BNW *beschermend*

protector (prə'tektə) ZN *beschermer*

protectorate (prə'tektərət) ZN • *protectoraat* • *beschermheerschap*

protectress (prə'tektrəs) ZN *beschermster*

protein ('prəʊtiːn) ZN *proteïne; eiwit*

protest[1] ('prəʊtest) ZN • *protest • plechtige verklaring*

protest[2] (prə'test) I OV WW • *plechtig verklaren; betuigen* II ONOV WW • *protesteren*

protestant[1] ('prɒtɪstənt) I ZN • *protestant* II BNW • *protestants*

protestant[2] (prə'testənt) I ZN • *protesterende; demonstrant* II BNW • *protesterend*

Protestantism ('prɒtɪstəntɪzəm) ZN *protestantisme*

protestation (prɒtɪ'steɪʃən) ZN • *plechtige verklaring; betuiging • protest*

protester (prə'testə) ZN • *demonstrant* • ≈ *iemand die een plechtige verklaring aflegt*

protocol ('prəʊtəkɒl) ZN *protocol*

prototype ('prəʊtətaɪp) ZN *prototype*

protract (prə'trækt) OV WW • *rekken; verlengen* • *op schaal tekenen* ★ a ~ed stay *een langdurig verblijf*

protractile (prə'træktaɪl) BNW *rekbaar*

protraction (prə'trækʃən) ZN • *verlenging* • *getalm*

protractor (prə'træktə) ZN • *gradenboog* • *strekspier*

protrude (prə'truːd) I OV WW • *opdringen* II ONOV WW • *(voor)uitsteken • uitpuilen*

protrusion (prə'truːʒən) ZN • *het vooruitsteken* • *uitsteeksel • het uitpuilen*

protrusive (prə'truːsɪv) BNW • *stuwend* • *(voor)uitstekend • opdringerig*

protuberance (prə'tjuːbərəns) ZN • *gezwel; opzwelling • protuberans* (in astronomie)

protuberant (prə'tjuːbərənt) BNW • *uitpuilend* • *gezwollen*

proud (praʊd) I BNW • *fier • prachtig;*

indrukwekkend • gezwollen ⟨v. rivier⟩ ★ ~ of *trots op* ★ it was a ~ day for him *het was een mooie dag voor hem* ★ ~ flesh *wild vlees* ⟨om wond⟩ II BIJW ★ you do me ~ *u doet me een grote eer aan*

provable ('pruːvəbl) BNW *bewijsbaar*

prove (pruːv) I OV WW • *bewijzen • verifiëren* • *onderzoeken* • *'n afdruk nemen • inschieten* ⟨v. kanon⟩ • *op de proef stellen • ondervinden* ★ ~ yourself *laat zien wat je kunt* ★ proving ground *proefterrein* II ONOV WW • *blijken (te zijn)* ★ it ~d true *het bleek waar te zijn*

proven ('pruːvən) BNW ★ not ~ ⟨in Schotland⟩ *niet bewezen*

provenance ('prɒvɪnəns) ZN *(plaats v.) herkomst*

proverb ('prɒvɜːb) ZN • *spreekwoord • gezegde* ★ he is a ~ for inaccuracy *zijn slordigheid is spreekwoordelijk*

proverbial (prə'vɜːbɪəl) BNW *spreekwoordelijk*

provide (prə'vaɪd) I OV WW • *bepalen* ⟨bij de wet⟩ ★ ~ for o.s. *aan de kost komen* ★ GESCH. ~ to a benefice *tot een geestelijk ambt benoemen* ★ ~d/providing (that) *op voorwaarde dat; mits* • ~ **for** *zorgen voor* ★ she was well ~d for *er was goed voor haar gezorgd* • ~ **with** *voorzien van* II ONOV WW • ~ **against** *maatregelen treffen tegen*

providence ('prɒvɪdns) ZN • *vooruitziendheid; voorzorg • zuinigheid* ★ ⟨special⟩ ~ *goddelijke voorzienigheid*

provident ('prɒvɪdnt) RNW • *vooruitziend; zorgzaam • zuinig*

providential (prɒvɪ'denʃəl) BNW • *v.d. voorzienigheid • geschikt; te juister tijd; gelukkig*

provider (prə'vaɪdə) ZN • *kostwinner • verzorger* • *leverancier*

province ('prɒvɪns) ZN • *provincie; gewest* • *gebied* ★ the ~s *het platteland*

provincial (prə'vɪnʃəl) I ZN • *provinciaal* • *plattelander* II BNW • *provinciaal • kleinsteeds*

provincialism (prə'vɪnʃəlɪzəm) ZN *provincialisme*

provision (prə'vɪʒən) I ZN • *voorziening* • *(mond)voorraad • wetsbepaling • reserve* ⟨v. geld⟩ ★ ~s *proviand* ★ make ~ for *voorzien in; zorgen voor* II OV WW • *bevoorraden*

provisional (prə'vɪʒənl) BNW *voorlopig*

proviso (prə'vaɪzəʊ) ZN • *bepaling • voorbehoud* ★ with a ~ *onder voorbehoud*

provisory (prə'vaɪzərɪ) BNW • *voorwaardelijk* • *voorlopig*

provocation (prɒvə'keɪʃən) ZN • *provocatie* • *prikkel; terging • aanleiding*

provocative (prə'vɒkətɪv) I ZN • *prikkel; aanleiding • uitdaging* II BNW • *provocerend* • *prikkelend* ★ it is ~ of ... *het stimuleert/ prikkelt tot ...*

provoke (prə'vəʊk) OV WW • *(op)wekken* • *uitlokken; tarten; verlokken • veroorzaken*

provoking (prə'vəʊkɪŋ) BNW *ellendig; ergerlijk; tergend*

provost[1] ('prɒvəst) ZN • *hoofd v.e. college* ⟨vnl. Oxford, Cambridge⟩ ⟨in Schotland⟩ • *burgemeester • provoost*

provost[2] (prə'vou) ZN *hoge bestuursfunctionaris* ⟨universiteit⟩

pr

prow (praʊ) ZN *boeg*; *voorsteven*

prowess ('praʊɪs) ZN *expertise*

prowl (praʊl) I ZN ⋆ be on the ~ *op roof uit zijn*; *snorren* II ONOV WW ⋆ USA ~ *car surveillance wagen* III OV+ONOV WW • *rondzwerven*; *rondsluipen* • *patrouilleren*

prowler ('praʊlə) ZN • *dief* • *roofdier op jacht* • *loerder*; *sluiper*

proximate ('prɒksɪmət) BNW *nabij zijnd*; *naburig*

proximity (prɒk'sɪmətɪ) ZN *nabijheid* ⋆ ~ *of blood bloedverwantschap*

proxy ('prɒksɪ) ZN *(ge)volmacht(igde)*; *procuratie(houder)* ⋆ marry by~ *met de handschoen trouwen*

prude (pruːd) ZN *preutse vrouw of meisje*

prudence ('pruːdəns) ZN • *voorzichtigheid*; *omzichtigheid* • *wijsheid*; *tact*

prudent ('pruːdnt) BNW • *voorzichtig*; *omzichtig* • *verstandig* • *spaarzaam*

prudential (pruː'denʃəl) BNW • *voorzichtigheids-* • *verstandig*

prudery ('pruːdərɪ) ZN *preutsheid*

prudish ('pruːdɪʃ) BNW *preuts*

prudishness ('pruːdɪʃnəʃ) ZN • → **prudery**

prune (pruːn) I ZN • *pruimedant* • *roodpaars* II OV WW • *snoeien* • FIG. *korten op*; *verminderen*

prurience ('prʊərɪəns) ZN *wellust*

prurient ('prʊərɪənt) BNW *wellustig*

Prussia ('prʌʃə) ZN *Pruisen*

prussic ('prʌsɪk) BNW *Pruisisch blauw* ⋆ ~ *acid blauwzuur*

pry (praɪ) I OV WW • *openbreken* II ONOV WW • *gluren* • ~ **about** *rondloeren* • ~ **into** *zijn neus steken in* III ZN • *breekijzer*

psalm (sɑːm) ZN *psalm*

psalmist ('sɑːmɪst) ZN *psalmist*

psalmody ('sɑːmədɪ) ZN • *psalmgezang* • *psalmen*

psalter ('sɔːltə) ZN *psalmboek*

psaltery ('sɔːltərɪ) ZN *dertiensnarige harp*

psephology (seˈfɒlədʒɪ) ZN *bestudering v.h. kiezersgedrag*

pseud (sjuːd) ZN *snoever*; *opgeblazen figuur*

pseudo- ('sjuːdəʊ) VOORV *onecht*; *pseudo-*; *schijn-* ⋆ ~*democratic pseudodemocratisch*

pseudonym ('sjuːdənɪm) ZN *pseudoniem*

pshaw (pʃɔː) TW HUMOR. *bah*; *foei*

psych (saɪk) I OV WW • ~ **out** *hoogte krijgen van*; *uitdenken*; *door krijgen*; *begrijpen*; *intimideren* II ONOV WW • ~ **out** *in de war raken*

psyche ('saɪkɪ) ZN • *psyche* • *geest*; *ziel* • *bep. vlinder*

psychedelic (saɪkɪ'delɪk) I BNW • *psychedelisch* II ZN • *psychedelische drug*

psychiatric (saɪkɪ'ætrɪk) BNW *psychiatrisch*

psychiatrist (saɪ'kaɪətrɪst) ZN *psychiater*

psychiatry (saɪ'kaɪətrɪ) ZN *psychiatrie*

psychic ('saɪkɪk) I ZN • *paranormaal begaafd persoon*; *medium (persoon)* II BNW • *psychisch* • *paranormaal*; *mediamiek*

psycho ('saɪkəʊ) I ZN • INFORM. *psychoot*; *psychopaat* II BNW • INFORM. *psychotisch* • *verknipt*; *gestoord*

psychoanalyse (saɪkəʊ'ænəlaɪz) OV WW *psychoanalytisch behandelen*

psychoanalysis (saɪkəʊə'næləsɪs) ZN *psychoanalyse*

psychoanalyst (saɪkəʊ'ænəlɪst) ZN *psychoanalyticus*

psychological (saɪkə'lɒdʒɪkl) BNW *psychologisch*

psychologist (saɪ'kɒlədʒɪst) ZN *psycholoog*

psychology (saɪ'kɒlədʒɪ) ZN *psychologie*

psychopath ('saɪkəpæθ) ZN *psychopaat*

psychosis (saɪ'kəʊsɪs) ZN *psychose*

psychosomatic (saɪkəʊsə'mætɪk) BNW *psychosomatisch*

psychotherapist (saɪkəʊ'θerəpɪst) ZN *psychotherapeut*

psychotherapy (saɪkəʊ'θerəpɪ) ZN *psychotherapie*

psychotic (saɪ'kɒtɪk) BNW *psychotisch*

pt, pt. AFK • *part deel* • payment *betaling* • pint *pint* • point *punt* • port *haven*

PT AFK Physical Training *lichamelijke oefening*

PTA AFK Parent-Teacher Association *oudercommissie*

ptarmigan ('tɑːmɪɡən) ZN *soort sneeuwhoen*

pto AFK please turn over *z.o.z.*

pub (pʌb) ZN • INFORM. *café*; *kroeg* • STRAATT., AUS *hotel* ⋆ pub crawler *iem. die een kroegentocht maakt*

pub-crawl ZN *kroegentocht*

puberty ('pjuːbətɪ) ZN *puberteit*

pubescence (pjuː'besəns) ZN • *puberteitsleeftijd* • *zacht dons*

pubescent (pjuː'besnt) BNW • *geslachtsrijp* • *donzig*

pubic ('pjuːbɪk) BNW *schaam-* ⋆ ~ hair *schaamhaar*

public ('pʌblɪk) I ZN • *publiek* • INFORM. *café* ⋆ in ~ *in 't openbaar* ⋆ the general ~ *het grote publiek* II BNW • *publiek*; *openbaar*; *algemeen staats-* • *universiteits-* ⋆ ~*-minded de belangen van het publiek behartigend* ⋆ ~ *opinion poll opiniepeiling* ⋆ ~ *place openbaar gebouw* ⋆ ~ *property staatseigendom* ⋆ ~ *prosecutor officier v. justitie* ⋆ the ~ *purse de schatkist* ⋆ ~ *relations officer voorlichtingsambtenaar* ⋆ ~ *servant rijksambtenaar* ⋆ ~ *spirit vaderlandsliefde* ⋆ ~ *address system geluidsinstallatie* ⋆ ~ *affairs staatszaken*; *openbare aangelegenheden* ⋆ at the ~ *cost op rijkskosten* ⋆ ~ *good algemeen welzijn* ⋆ ~ *health volksgezondheid* ⋆ ~ *house herberg*; *café* ⋆ ~ *man bekleder v. openbaar ambt*; *iem. die rol speelt in 't openbare leven* ⋆ go ~ *(iets) openbaar maken*

publican ('pʌblɪkən) ZN • *caféhouder* • *ontvanger v. belastingen* • REL. *tollenaar*

publication (pʌblɪ'keɪʃən) ZN • *publicatie*; *openbaarmaking* • *afkondiging* • *publicatie*; *uitgave*

public holiday ZN *nationale feestdag*; *vrije dag*

publicist ('pʌblɪsɪst) ZN • *journalist* • *schrijver over/kenner v. volkenrecht*

publicity (pʌb'lɪsətɪ) ZN • *openbaarheid*; *bekendheid* • *reclame* ⋆ give ~ to *bekend maken* ⋆ ~ agency *reclamebureau* ⋆ ~ agent *publiciteitsagent*

publicize, G-B **publicise** ('pʌblɪsaɪz) OV WW *bekendmaken*

publicly ('pʌblɪklɪ) BIJW ● v. rijkswege ● in 't openbaar
public-spirited BNW maatschappelijk/sociaal ingesteld
publish ('pʌblɪʃ) OV WW ● publiceren; uitgeven ● afkondigen; verkondigen ● bekend maken ★ ~ing house uitgeverij
publisher ('pʌblɪʃə) ZN ● USA eigenaar v. een krant ● uitgever
publishing ('pʌblɪʃɪn) ZN het uitgeversbedrijf
puck (pʌk) ZN ● kabouter ● rakker ● SPORT puck
pucker ('pʌkə) I ZN ● rimpel; plooi; kreuk ● INFORM. opwinding; zenuwachtigheid II OV+ONOV WW ● rimpelen; (z.) plooien ● samentrekken ★ ~ up o.'s mouth een pruimenmondje trekken
puckish ('pʌkɪʃ) BNW plagerig; ondeugend
pudding ('pʊdɪn) ZN ● pudding ● toetje; dessert ● bloedworst ★ black ~ bloedworst
pudding-head ('pʊdɪnhed) ZN domkop
puddle ('pʌdl) ZN poel
pudenda (pju'dendə) ZN MV schaamdelen
pudgy ('pʌdʒɪ) BNW ● kort en dik ● pafferig
puerile ('pjʊəraɪl) BNW kinderachtig
puerility (pjʊə'rɪlətɪ) ZN ● kinderachtigheid ● kinderleeftijd
puff (pʌf) I ZN ● rookwolkje ● pof ● poederdonsje ● luchtig gebak ● reclamemakerij ⟨vooral in krant⟩ ● windstoot; ademstoot ● trekje; puf II OV WW ● poederen ● reclame maken ● prijs opjagen ⟨bij verkoping⟩ ★ puff out the candle blaas de kaars uit ★ she puffed up her cheeks ze blies haar wangen op ★ I was perfectly puffed ik was totaal buiten adem III ONOV WW ● puffen; snuiven; blazen; hijgen ● opbollen; opzwellen ★ he puffed away at his pipe hij nam trekjes aan zijn pijp ★ he puffed with anger hij brieste v. woede
puffball ('pʌfbɔːl) ZN ● poederdonsje ● stuifzwam
puffbox ('pʌfbɒks) ZN poederdoos
puffer ('pʌfə) ZN ● reclamemaker ● snoever ● opjager ⟨op veiling⟩
puffin ('pʌfɪn) ZN papegaaiduiker
puffy ('pʌfɪ) BNW ● kortademig ● dik; opgeblazen; pafferig ● vlaagsgewijs ● dof ● reclameachtig
pug (pʌg) ZN mopshond
pugilist ('pjuːdʒɪlɪst) ZN ● bokser ● vechtjas
pugilistic (pjuːdʒɪ'lɪstɪk) BNW boks-
pugnacious (pʌg'neɪʃəs) BNW strijdlustig; twistziek
pugnacity (pʌg'næsətɪ) ZN vechtlust
pug nose ZN mopsneus
puisne ('pjuːnɪ) BNW ● JUR. ondergeschikt ● JUR. v. lagere rang
puke (pjuːk) I ZN ● INFORM. braakmiddel ● INFORM. braking II OV+ONOV WW ● INFORM. (uit)braken
pukka TW cool; fantastisch
pull (pʊl) I OV WW ● trekken (aan); rukken ● afdrukken ● verrekken ● een inval doen in ● een paard inhouden ★ pull s.o.'s leg iem. voor de gek houden ★ pull the long bow overdrijven ★ pull the strings/wire aan de touwtjes trekken ★ pull caps/wigs ruzie maken ★ pull devil hard tegen hard gaan ★ pull it er

vandoor gaan ★ he pulled his weight hij gaf zich geheel; hij roeide met volle kracht ★ pull o.s. together zich vermannen ★ pull up stakes verhuizen ★ pull up the right lane op de rechter rijstrook gaan rijden ★ pull the other one! houd iem. anders voor de gek! ● ~ **about** ruw behandelen; naar alle kanten trekken; overhoop halen ● ~ **back** (doen) terugtrekken ● ~ **down** neerhalen; afbreken; klein krijgen; omverwerpen; aanpakken; behalen ⟨v. cijfers⟩ ★ pulled down afgetobd; neerslachtig ● ~ **in** z. inhouden; inrekenen; binnenhalen; aantrekken ● ~ **off** uittrekken; afnemen ⟨v. hoed⟩; prijs behalen; klaarspelen ● ~ **on** aantrekken ● ~ **out** uittrekken; erbij trekken ● ~ **over** (naar de kant rijden en) stoppen; aan de kant gaan ● ~ **up** optrekken; uitroeien; erbij trekken; opbreken ⟨v. weg⟩; inhouden; tot nadenken/staan brengen; onder handen nemen II ONOV WW ● trekken (aan); rukken ● scheuren ● roeien ● ~ **at** trekken aan; een flinke teug nemen ● ~ **back** (zich) terugtrekken; terugkrabbelen ● ~ **in** binnenlopen ⟨v. trein⟩; naar de kant v.d. weg uithalen ● ~ **off** aftrekken ● ~ **out** vertrekken ⟨v. trein⟩; uitvaren; wegrijden; z. uit iets terugtrekken ★ pull out to one's right naar rechts gaan (om in te halen) ● ~ **round/ through** 't halen; er doorheen komen ● ~ **together** één lijn trekken; samenwerken ● ~ **up** stilhouden ★ pull up! stop! III ZN ● trek; ruk; teug ● trekkracht ● aantrekkingskracht ● voordeel ● protectie ● roeitochtje ● handvat; kruk ★ pull with invloed bij ★ a stiff pull 'n heel karwei ★ he has a pull on her hij heeft iets vóór op haar
pull-back ('pʊlbæk) ZN ● belemmering ● MIL. terugtrekking
pullet ('pʊlɪt) ZN ● jonge kip ● jong meisje
pulley ('pʊlɪ) I ZN ● katrol ● riemschijf II OV WW ● ophijsen met katrol; voorzien v. katrol
pull-in ZN ● pleisterplaats ● chauffeurscafé
pullover ('pʊləʊvə) ZN pullover
pullulate ('pʌljʊleɪt) ONOV WW ● ontspruiten ● welig tieren
pull-up ('pʊlʌp) ZN ● 't stilhouden ● optrekoefening ● pleisterplaats ● bestelkantoor voor vrachtrijders
pulmonary ('pʌlmənərɪ) BNW long-
pulp (pʌlp) I ZN ● vruchtvlees ● merg ● houtpap; pulp ★ beat sb to pulp iem. tot mosterd slaan II OV WW ● tot pulp maken ● van bast ontdoen ⟨v. koffiebonen⟩ III ONOV WW ● pappig worden
pulpit ('pʊlpɪt) ZN ● kansel; preekstoel ● de predikers
pulsate (pʌl'seɪt) ONOV WW kloppen; slaan; trillen
pulsation (pʌl'seɪʃən) ZN klopping; (hart)slag; trilling
pulse (pʌls) I ZN ● pols(slag); slag ● peulvrucht ★ I've felt/taken his ~ ik heb 'm gepolst; ik heb zijn hartslag opgenomen II ONOV WW ● kloppen; slaan; trillen; tikken
pulverization G-B pulverisation (pʌlvəraɪ'zeɪʃən) ZN ● vergruizing ● vernietiging
pulverize G-B **pulverise** ('pʌlvəraɪz) OV WW ● fijnwrijven; doen verstuiven; tot poeder/stof

maken • *volkomen afkraken*
puma ('pju:mə) ZN *poema*
pumice ('pʌmɪs) I ZN * ~ (stone) *puimsteen* II OV WW • *met puimsteen reinigen* III ONOV WW • *met puimsteen schuren*
pumiceous (pjʊ'mɪʃəs) BNW *puimsteenachtig*
pummel ('pʌml) OV WW *afrossen; toetakelen*
pump (pʌmp) I OV WW • *krachtig schudden* ⟨v. hand⟩ • *uithoren* • ~ **out** *buiten adem maken* ★ *he was pumped out hij was buiten adem*; *hij werd uitgehoord* ★ ~ **upon** *(iem.) overstelpen met* II OV+ONOV WW • *pompen* • *bonzen* ⟨v. hart⟩ III ZN • *gebons* • *'t uithoren* • *iem. die een ander uithoort* • USA *pump* • *pantoffel* • *pomp*
pumper ('pʌmpə) ZN • *pomper* • USA *pompput*
pumpernickel ('pʌmpənɪkl) ZN *roggebrood*
pumpkin ('pʌmpkɪn) I ZN • *pompoen* • *verwaande kwast* ★ USA *some ~s een hele piet*; *iets v. belang* ★ ~ **head** *stommeling* II BNW • *oranje*
pun (pʌn) I ZN • *woordspeling* II OV WW • *aanstampen* III ONOV WW • *woordspelingen maken*
punch (pʌntʃ) I ZN • *punch* • *pons(machine)* • *(munt)stempel* • *slag*; *por* • PLAT *fut*; *flink optreden* • *rake opmerking* ★ ~*ing ball boksbal* ★ ~ *bowl punch kom* ★ (Suffolk) ~ *gedrongen werkpaard* II OV WW • *stompen* • *porren* • USA *met stok voortdrijven* ⟨v. vee⟩ • *ponsen* ⟨v. kaartjes⟩ • ~ **in/out** *in-/uitklokken*
Punch (pʌntʃ) ZN ★ ~ **and Judy** *Jan Klaassen en Katrijn* ★ ~ **and Judy show** *poppenkast* ★ *he was as pleased as* ~ *hij was erg in zijn sas* ★ *he was as proud as* ~ *hij was zo trots als een pauw*
punchball ('pʌntʃbɔ:l) ZN USA *boksbal*
punch-drunk BNW • *versuft* • *verward*
punch-line ZN *clou*
punch-up ('pʌntʃʌp) ZN *knokpartij*
punchy ('pʌntʃɪ) BNW • *gedrongen* • *slagvaardig*; *pittig*
punctilious (pʌŋk'tɪlɪəs) BNW *overdreven precies*
punctual ('pʌŋktʃʊəl) BNW • *punctueel*; *precies op tijd* • WISK. *van een punt*
punctuality (pʌŋktʃʊ'ælətɪ) ZN *stiptheid*
punctuate ('pʌŋktʃʊeɪt) OV WW • *leestekens aanbrengen* • *onderbreken* ⟨v. redevoering⟩ • *kracht bijzetten (aan)*
punctuation (pʌŋktʃʊ'eɪʃən) ZN *interpunctie* ★ ~ **mark** *leesteken*
puncture ('pʌŋktʃə) I ZN • *prik*; *gaatje*; *lek* ⟨in fietsband⟩ II OV WW • *(door)prikken* • *een lekke band krijgen*
pundit ('pʌndɪt) ZN • *geleerde hindoe* • IRON. *geleerde*
pungency (pʌndʒənsɪ) ZN *scherpheid*
pungent ('pʌndʒənt) BNW • *scherp* • *bijtend* • *prikkelend* • *pikant*
Punic ('pju:nɪk) BNW *Punisch*
punish ('pʌnɪʃ) OV WW • *straffen*; *kastijden* • INFORM. *toetakelen* ⟨v. bokser⟩ • *krachten v. tegenstander beproeven* • *geducht aanspreken* ⟨v. reserve of voorraad⟩ ★ *a* ~*ing match een felle wedstrijd*
punishable ('pʌnɪʃəbl) BNW *strafbaar*
punishing ('pʌnɪʃɪŋ) BNW *zeer zwaar*; *vermoeiend*

punishment ('pʌnɪʃmənt) ZN *straf*; *bestraffing* ★ *capital* ~ *doodstraf* ★ *corporal* ~ *lijfstraf*
punitive ('pju:nətɪv) BNW • *straffend* • *straf-*
punk (pʌŋk) I ZN • *punker* • MUZ. *punk* • *klier*; *etterbak*; *rotjongen*, *rotmeid* II BNW • *rot-*; *waardeloos*; *beroerd*; *snert-* • *punk-*
punnet ('pʌnɪt) ZN *spanen mandje*
punster ('pʌnstə) ZN *iem. die woordspelingen maakt*
punt (pʌnt) I ZN • *punter* • *trap tegen vallende voetbal* • *speler tegen de bank* ★ **punting pole** *vaarboom* II OV WW • VOETB. *punteren* III ONOV WW • *tegen de bank spelen* (bij kaartspel) IV OV+ONOV WW • *in een punter vervoeren* • *bomen* ⟨v. vaartuig⟩
punter ('pʌntə) ZN • INFORM. *gokker*; *speculant* • INFORM. *klant* • INFORM. *cliënt* ⟨v. prostituee⟩
puny ('pju:nɪ) BNW *klein*; *zwak*; *nietig*
pup (pʌp) I ZN • *jonge hond* • *kwajongen* • USA *worstje* ★ FIG. *sell sb a pup iem. erin laten lopen* ★ *in pup drachtig* ⟨v. hond⟩ II OV WW • *jongen*
pupa ('pju:pə) ZN *pop* ⟨larve⟩
pupae (pju:pi:) ZN [mv] • → **pupa**
pupal ('pju:pəl) BNW *pop-*
pupate (pju:'peɪt) ONOV WW *z. verpoppen*
pupil ('pju:pɪl) ZN • *leerling*; *scholier* • *pupil* • *oogappel*
puppet ('pʌpɪt) ZN *marionet* ★ ~ **state** *vazalstaat* ★ ~ **show** *poppenspel*; *poppenkast(voorstelling)*
puppeteer (pʌpɪ'tɪə) ZN *poppenspeler*
puppetry ('pʌpɪtrɪ) ZN *schijnvertoning*
puppy ('pʌpɪ) ZN • *jonge hond* • *pedant ventje* ★ IRON. *sick* ~ *perverseling*; *ziekelijke geest*
puppy fat ZN *babyvet*
puppy love ZN *kalverliefde*
purchasable (pɜ:tʃɪsəbl) BNW *te koop*
purchase (pɜ:tʃɪs) I ZN • *inkoop*; *aankoop* • *verwerving* ⟨door eigen kracht⟩ • *hefkracht* • *boom* • *steun*; *macht* • *takel*; *katrol*; *kaapstander* ★ *I've made some ~s ik heb wat inkopen gedaan* ★ *he sold it at 20 years'* ~ *hij verkocht 't tegen 20 keer de jaarlijkse huur(opbrengst)* ★ *life is not worth an hour's* ~ *men is nooit zeker v. zijn leven* ★ **purchasing power** *koopkracht* ★ ~ **deed** *koopakte* ★ ~ **tax** *omzetbelasting* II OV WW • *(aan)kopen* • *opheffen* ⟨door hefboom⟩ • *lichten* ⟨v. anker⟩
purchase price ZN *(in)koopprijs*; *(aan)koopsom*
purchaser ('pɜ:tʃɪsə) ZN *koper*
pure (pjɔ:) BNW • *zuiver*; *kuis* • *harmoniërend* ⟨v. klanken⟩ • *louter* ★ **prejudice pure and simple** *louter vooroordeel* ★ **pure mathematics** *zuiver theoretische wiskunde*
pure-bred ('pjʊə-bred) BNW *rasecht*; *volbloed-*
purée ('pjʊəreɪ) ZN *puree*; *moes*
purely ('pjʊəlɪ) BIJW *uitsluitend* ★ *a* ~ **businesslike proposal** *een zuiver zakelijk voorstel*
purgation (pɜ:'geɪʃən) ZN • *zuivering*; *loutering* ⟨in vagevuur⟩ • *purgatie*
purgative ('pɜ:gətɪv) I ZN • *purgeermiddel* II BNW • *purgerend* • *zuiverend*
purgatorial (pɜ:gə'tɔ:rɪəl) BNW *van het vagevuur*
purgatory ('pɜ:gətərɪ) I ZN • *vagevuur* II BNW • *reinigend*; *louterend*

purge (pɜ:dʒ) **I** OV WW • *zuiveren* • *purgeren*
• *uitwissen* • *boeten voor* **II** ZN • *zuivering*
• *purgeermiddel*
purification (pjʊərɪ'keɪʃən) ZN • *zuivering*;
reiniging; *loutering* • *kerkgang* (in de r.-k.
Kerk) ★ the Purification *Maria-Lichtmis*
purify ('pjʊərɪfaɪ) OV WW • *reinigen*; *zuiveren*;
louteren • *klaren* (v. vloeistof)
purism ('pjʊərɪzəm) ZN *purisme*
purist ('pjʊərɪst) ZN *taalzuiveraar*
Puritan ('pjʊərɪtən) **I** ZN • *puritein* **II** BNW
• *puriteins*
puritanical (pjʊərɪ'tænɪkl), **puritan** ('pjʊərɪtən)
BNW *puriteins*
puritanism ('pjʊərɪtənɪzəm) ZN *puritanisme*
purity ('pjʊərətɪ) ZN *zuiverheid*; *reinheid*
purl (pɜ:l) **I** ZN • *heet bier met jenever* • INFORM.
val; *smak* • *goudboordsel*; *zilverboordsel* • *lusje*
• *averechtse steek* • *gemurmel* (v. beek)
• *alsembier* • *'t kantelen* **II** OV WW • *met goud-
of zilverboordsel omzomen* • *averechts breien*
III ONOV WW • *murmelen* (v. beek) **IV** OV+ONOV
WW • INFORM. *omslaan*; *kantelen*; *tuimelen*
★ the car got purled *de auto sloeg over de kop*
purloin (pə'lɔɪn) OV WW *stelen*; *gappen*
purple ('pɜ:pl) **I** BNW • *purper*; *violet* • *vorstelijk*
• *briljant* • *bombastisch* ★ ~ sin *doodzonde* **II** ZN
• *purper*; *violet* • *purperen mantel* ★ the ~ *'t
purper* (als waardigheid v. vorsten en) ★ ~s
purperen tinten **III** OV+ONOV WW • *paars
kleuren*
purplish ('pɜ:plɪʃ) BNW *paarsachtig*
purport[1] ('pɜ:pət) ZN *strekking*; *betekenis*
purport[2] (pə'pɔ:t) OV WW *beweren*; *voorwenden*
purpose ('pɜ:pəs) **I** ZN • *doel*; *plan*; *opzet*
• *vastberadenheid* • *strekking* ★ it serves my ~
het beantwoordt aan mijn doel ★ for that ~
met dat doel ★ on ~ *opzettelijk* ★ of set ~
welbewust; *opzettelijk* ★ to the ~ *ter zake
doende*; *toepasselijk* ★ to some ~ *met enig
succes* ★ to no ~ *zonder resultaat* ★ be at
cross-~s *elkaar misverstaan*; *langs elkaar heen
werken/praten* **II** OV WW • *van plan zijn*
purpose-built BNW *speciaal
gebouwd/vervaardigd*
purposeful ('pɜ:pəsfʊl) BNW • *met een bepaald
doel* • *vol betekenis* • *doelbewust*
purposeless ('pɜ:pəsləs) BNW *doelloos*
purposely ('pɜ:pəslɪ) BIJW *met opzet*
purr (pɜ:) **I** ZN • *gespin* • *gegons* • *tevreden geluid*
II ONOV WW • *spinnen* (v. kat) • *gonzen*
• *poeslief vragen*
purse (pɜ:s) **I** ZN • G-B *beurs*; *zak(je)* • *geldprijs*
• USA *damestas* • *wal* (onder ogen) • *fondsen*;
gelden ★ have a light/heavy ~ *arm/rijk zijn*
★ the public ~ *de schatkist* ★ privy ~ *civiele lijst*
★ ~ bearer *financier*; *thesaurier* **II** OV+ONOV
WW • *(z.) samentrekken* (vooral van lippen)
• *rimpelen*
purser ('pɜ:sə) ZN *administrateur* (vooral op
schip)
purse-strings ('pɜ:sstrɪŋz) ZN • *financieel beheer*
• *geldbeheer* • *beurs-/buidelkoordjes* ★ hold the
~ *de financiën beheren* ★ loosen the ~ *het geld
laten rollen*
pursuance (pə'sju:əns) ZN • *uitvoering* • *'t*

najagen ★ ~ of *'t streven naar* ★ in ~ of
overeenkomstig
pursue (pə'sju:) OV WW • *najagen* (v. genot)
• *achtervolgen*; *vervolgen* • *voortzetten* (vnl.
van gedragslijn) • *volgen* (v. plan)
• *uitoefenen*; *beoefenen*
pursuit (pə'sju:t) ZN • *vervolging* • *beoefening* ★ ~
of *jacht op*; *streven naar* ★ ~ of profit
winstbejag
purulence ('pjʊərʊləns) ZN *'t etteren*
purulent ('pjʊ:rʊlənt) BNW MED. *etterend*; *etter-*
purvey (pə'veɪ) OV+ONOV WW • *leveren* (v.
voedsel) • *verschaffen*
purveyance (pə'veɪəns) ZN • *levering*
• *verschaffing*
purveyor (pə'veɪə) ZN • *leverancier* (v.
levensmiddelen) • *verschaffer* ★ ~ to the Royal
Household *hofleverancier*
purview ('pɜ:vju:) ZN • *bepalingen v. een wet*
• *omvang* • *draagwijdte* • *gebied*; *sfeer*;
gezichtsveld
pus (pʌs) ZN *pus*; *etter*
push (pʊʃ) **I** ONOV WW • ~ in *een gesprek ruw
onderbreken*; *voordringen* **II** OV+ONOV WW
• *duwen*; *stoten* • *schuiven* • *handelen in
heroïne* • *steken* • *aanzetten* • *z. inspannen*;
doorzetten • *uitbreiden* (v. handelsrelaties)
• *pousseren* (v. handelsartikel) • *stimuleren*
• *onder druk zetten* ★ the ship pushed out *het
schip koos zee* ★ you will push it over *je zult 't
omverstoten* ★ he is pushing 80 *hij loopt naar
de 80* ★ I am pushed for time *ik heb bijna
geen tijd* ★ I pushed off the boat *ik zette de
boot af* ★ INFORM. we pushed off at 8 *we
stapten om 8 uur op* ★ they've pushed it upon
me *ze hebben het me opgedrongen* ★ push
roots *wortel schieten* ★ they pushed him hard
ze legden hem het vuur na aan de schenen
★ push one's way *zich een weg banen* ★ he
pushed her for payment *hij maande haar om
't geld* ★ push one's luck *net iets te ver gaan*
• INFORM. ~ on *verder gaan*; *zijn weg vervolgen*
• ~ through *doorzetten*; *zich een weg banen*;
uit de grond komen **III** ZN • *duw*; *stoot*; *zetje*
• *protectie* • *aanval* • *nood*; *crisis* • *energie*
• *drukknop* • PLAT *bende* (v. criminelen)
★ make a push *zich inspannen* ★ was it a hard
push? *kostte het veel moeite?* ★ matters came
to a push *'t werd kritiek* ★ PLAT they gave him
the push *ze stuurden hem de laan uit* ★ push
bell *drukbel*
push-button ZN *drukknop/-toets*
pushcart ('pʊʃkɑ:t) ZN *handkar*
pushchair ('pʊʃtʃeə) ZN G-B *(opvouwbaar)
wandelwagentje*
pusher ('pʊʃə) ZN • *opdringerig/brutaal persoon*;
streber • *(drugs)dealer*
pushover ('pʊʃəʊvə) ZN • *gemakkelijk karweitje*
• *iemand die erg makkelijk te beïnvloeden of
over te halen is*
push-pin ZN • *kinderspel* • USA *punaise*
pushy ('pʊʃɪ) BNW • *voortvarend* • *opdringerig*
pusillanimity (pju:sɪlə'nɪmətɪ) ZN *lafhartigheid*
pusillanimous (pju:sɪ'lænɪməs) BNW *lafhartig*
puss (pʊs) ZN • USA *kop*; *tronie* • *poes*
• *wilgenkatje* • INFORM. *jong meisje* ★ Puss in

pu

boots *de Gelaarsde Kat*
pussy ('pʊsɪ) ZN • *lekker stuk* • *wilgenkatje*
• VULG. *kutje* ★ ~ willow *(kat)wilg*
pussycat ('pʊsɪkæt) ZN • *poesje* • *schatje*
pussyfoot ('pʊsɪfʊt) ONOV WW *(overdreven)*
voorzichtig zijn
pustule ('pʌstjuːl) ZN • *puistje* • *wrat*
put (pʊt) **I** OV WW • *brengen*; *doen*; *plaatsen*;
leggen; *zetten* • *stellen* • *zeggen*; *onder*
woorden brengen • *in stemming brengen* ★ put
a mark against sb's name *een teken*
achter/voor iemands naam zetten ★ I'll put it
in hand at once *ik neem het direct onder*
handen ★ will you put me on to number ...
wilt u me verbinden met nummer ... ★ put it
on *overdrijven*; *overvragen* ★ put the sleeve
on sb *iem. arresteren* ★ he was put to death
hij werd ter dood gebracht ★ put it to the test
probeer het eens ★ I don't want to put you to
any inconvenience *ik wil u niet derangeren*
★ I was put to it *ik moest wel* ★ I was hard put
to it *ik had het zwaar te verantwoorden* ★ I put
it to you that *beken nu maar dat* ★ I put him
up to it *ik heb hem ertoe aangezet* ★ they put
up a fight *zij verweerden zich* ★ he put it
(up)on me *hij schoof 't op mij* ★ he put a trick
upon her *hij bakte haar een poets* • ~ **about**
wenden, keren ⟨v. schip⟩; *rondstrooien*
⟨praatjes⟩; *beweren*; *lastig vallen*; *van streek*
maken • ~ **across** OOK FIG. *overbrengen*;
USA/INFORM. *doordrukken* • ~ **aside** *opzij*
leggen/zetten; *uitschakelen* • ~ **at** *de prijs*
stellen op; *schatten op* ★ put him at ease
breng/stel hem op z'n gemak • ~ **away**
wegleggen; *opzijleggen*; *sparen*; *verorberen*;
gevangen zetten ★ put o.s. away *z. van kant*
maken • ~ **back** *vertragen*; *terug-/*
achteruitzetten; *uitstellen* • ~ **by** *opzijleggen*;
overleggen; *ontwijken*; *negeren*; *afschepen*
• ~ **down** *afschaffen*; *neerzetten*; *neerleggen*;
onderdrukken ⟨v. opstand⟩; *een eind maken*
aan; *op zijn plaats zetten* ⟨figuurlijk⟩; *wegdoen*
★ put a dog down *een hond laten inslapen*
★ what do you put him down for? *wat denk*
jij dat hij voor iem. is?; *voor welk bedrag noteer*
je hem? ★ I put her down at 30 *ik schat haar*
op 30 ★ I put it down to pride *ik schrijf het toe*
aan trots • ~ **forth** *inspannen*; *verkondigen*;
uitgeven; *uitvaardigen* • ~ **forward** *naar voren*
brengen; *komen met*; *verkondigen* ★ don't put
yourself forward *dring je niet op* • ~ **in** *poten*;
installeren; *indienen* ⟨v. vordering⟩;
overleggen; *voorleggen*; *binnenloodsen*;
inzetten; *insteken* ★ an execution was put in
er werd beslag gelegd (op de boedel) ★ he put in
an appearance *hij kwam even kijken* ★ will
you put in a word for me? *wil je een goed*
woordje voor me doen? ★ how much time
have you got to put in? *hoeveel tijd heb je*
beschikbaar? ★ how have you put in your
time? *hoe heb je je tijd doorgebracht?* ★ are
you going to put in for the post? *solliciteer je*
naar de betrekking? ★ he put in £ 100 *hij heeft*
er £ 100 ingestoken • ~ **into** *erin zetten* ★ put
into circulation *in omloop brengen* ★ put into
effect *van kracht doen worden* ★ put it into

Russian *vertaal het in 't Russisch* ★ put it into
words *onder woorden brengen* • ~ **off**
uittrekken; *afleggen*; *afraken van*; *uitstellen*;
afzeggen; *afschrijven*; *tegenmaken*; *misselijk*
maken; *ontwijken*; *v.d. wijs brengen* ★ he
could hardly be put off *je kon 'm bijna niet*
afschepen • ~ **on** *voorwenden*; *aannemen* ⟨een
houding⟩; *er boven op zetten*; *uitoefenen*;
arrangeren; *opvoeren* ⟨v. toneelstuk⟩;
aantrekken; *opzetten*; *vooruitzetten* ⟨v. klok⟩;
wedden; *opleggen* ★ put on weight *aankomen*
• ~ **out** *ontwrichten*; *irriteren*; *uitlenen*;
investeren; *uitbesteden*; *buitenshuis laten doen*;
uitblazen; *uitdoen*; *in de war brengen*;
inspannen; *uitgeven*; *uitvaardigen*; *uitzetten*;
uitsteken ⟨v. hand⟩; *blussen* ★ I hope I don't
put you out *ik hoop dat ik u niet stoor* ★ put
o.s. out *z. uitsloven*; *z. boos maken* ★ he is
easily put out *hij is gauw kwaad*; *hij is gauw*
de kluts kwijt • ~ **over** *overzetten*; *overbrengen*;
uitstellen ★ put over a play *waardering weten*
te krijgen voor een stuk ★ he put himself over
hij maakte indruk bij het publiek • ~ **through**
uitvoeren; *doorverbinden* • ~ **together**
samenstellen; *samenvoegen*; *in elkaar zetten*
★ put two and two together *de dingen met*
elkaar in verband brengen • ~ **up** *opsteken*;
logies verlenen; *stallen* ⟨v. paard⟩; *in de schede*
doen; *opbergen*; *aanplakken*; *aanbieden*;
opzenden; *opjagen* ⟨v. wild⟩; *opvoeren* ⟨v.
toneelstuk⟩; *als jockey laten rijden*; *opstellen*;
opslaan; *ophangen*; *verhogen* ⟨v. prijs⟩;
beschikbaar stellen; *voordragen* (als lid); *te*
koop aanbieden; *samenstellen*; *bouwen* ★ the
goods were put up for sale *de goederen*
werden te koop aangeboden ★ put up for
solliciteren naar **II** ONOV WW ★ they will put
upon you *ze zullen teveel van je vergen* ★ he is
easily put upon *hij laat zich gemakkelijk*
beetnemen • ~ **about** *draaien*; *de steven*
wenden • ~ **forth** *uitbotten*; *uitschieten* • ~ **in**
binnenlopen ⟨v. schip⟩ • ~ **off** *de zee kiezen*
• ~ **out** *vertrekken* • ~ **up** *logeren* ★ put up at
zijn intrek nemen in • ~ **up with** *tolereren*;
verdragen ★ you'll have to put up with it *je*
zult je ermee moeten behelpen; *je zult het je*
moeten laten welgevallen **III** ZN • SPORT *stoot*;
worp • *optie van verkoop* ⟨effectenbeurs⟩ • →
putt
putative ('pjuːtətɪv) BNW *vermeend* ★ the ~
father *de vermoedelijke vader*
put-down ZN *terechtwijzing*; *schampere*
opmerking; *vernedering*
putrefaction (pjuːtrɪ'fækʃən) ZN *(ver)rotting*;
bederf
putrefy ('pjuːtrɪfaɪ) **I** OV WW • *(moreel) bederven*
II ONOV WW • *etteren*; *rotten*
putrescence (pjuː'tresns) ZN *rotting*
putrescent (pjuː'tresənt) BNW *rottend*; *rottings-*
putrid ('pjuːtrɪd) BNW • *(ver)rot*; *vuil* • *verpestend*
• *corrupt* • PLAT *voos* • *onsmakelijk* ★ ~ fever
vlektyfus
putridity (pjuː'trɪdətɪ) ZN • *rotheid* • *rotte massa*
putsch (pʊtʃ) ZN *staatsgreep*
putt (pʌt) **I** ZN • *(golf)slag* **II** ONOV WW • *putten*
⟨bal in hole proberen te slaan⟩ ★ putting

green *green* ⟨gazon rond hole⟩
puttee ('pʌtɪ) ZN *beenwindsel*
putter ('pʌtə) I ZN • *(golf)putter* ⟨soort club⟩
     II ONOV WW • *knutselen; sukkelen*
putty ('pʌtɪ) I ZN • *stopverf; plamuur* II OV WW
     • *met stopverf dichtstoppen* • *plamuren*
put-up BNW *afgesproken* ★ ~ *job doorgestoken*
     kaart
put-upon BNW *misbruikt*
puzzle ('pʌzəl) I ZN • *moeilijkheid; probleem*
     • *verlegenheid* • *raadsel; puzzel* II OV WW
     • *verbijsteren; in de war brengen* ★ ~ o.s.
     about/over *zich 't hoofd breken over* ★ ~ a
     thing out *iets uitpuzzelen* ★ be ~d *onzeker zijn;*
     in de war zijn III ONOV WW • *piekeren*
puzzlement ('pʌzəlmənt) ZN *verwarring;*
     verlegenheid
puzzler ('pʌzlə) ZN • *puzzelaar* • *probleem;*
     moeilijke vraag
puzzling ('pʌzlɪŋ) BNW *onbegrijpelijk;*
     raadselachtig
Pvt. AFK Private *gewoon soldaat*
pygmy ('pɪgmɪ) I ZN • *pygmee; dwerg* II BNW
     • *dwergachtig*
pyjama (pə'dʒɑ:mə) BNW *pyjama-* ★ ~ trousers
     pyjamabroek
pyjamas (pɪ'dʒɑ:məz) ZN MV *pyjama*
pylon ('paɪlən) ZN • *ingang (als) v. Egyptische*
     tempel • *(ere)poort* • *elektriciteitsmast; pilaar*
pyramid ('pɪrəmɪd) ZN *piramide*
pyre ('paɪə) ZN *brandstapel*
pyromania (paɪərəʊ'meɪnɪə) ZN *pyromanie*
pyromaniac (paɪərəʊ'meɪnɪæk) ZN *pyromaan*
pyrotechnic (paɪərəʊ'teknɪk) BNW *vuurwerk-*
pyrotechnics (paɪərəʊ'teknɪks) ZN MV *vuurwerk*
python ('paɪθ(ə)n) ZN *python*

Q

q (kju:) I ZN • *letter q* ★ Q as in Queenie *de q van*
     quotiënt II AFK • question *vraag*
QC AFK JUR. Queen's Counsel ≈ *advocaat van*
     hogere rang
qt AFK • quantity *hoeveelheid* • quart(s) *kwart*
     gallon
Q-tip ('kju:tɪp) ZN USA *wattenstaafje*
quack (kwæk) I ZN • *gekwaak* • *kwakzalver*
     II WW • *kwaken* • *kwakzalven*
quackery ('kwækərɪ) ZN *kwakzalverij*
quad (kwɒd) ZN • → quadrangle, quadruple
quadrangle ('kwɒdræŋgl) ZN • *vierhoek*
     • *(vierkant) binnenplein*
quadrangular (kwɒ'dræŋgjʊlə) BNW *vierhoekig*
quadrant ('kwɒdrənt) ZN *kwadrant*
quadrat ('kwɒdrət) ZN *kwadraat*
quadrate (kwɒ'dreɪt) ZN • *vierkant* • *rechthoek*
quadratic (kwɒ'drætɪk) BNW *vierkant*
quadrature ('kwɒdrətʃə) ZN *kwadratuur*
quadrennium (kwɒ'drenɪəm) ZN *(periode v.) 4*
     jaar
quadrilateral (kwɒdrɪ'lætərəl) I ZN • *vierhoek*
     II BNW • *vierzijdig*
quadroon (kwɒ'dru:n) ZN *kind v. blanke en*
     mulat(tin)
quadruped ('kwɒdrʊped) ZN *viervoetig dier*
quadruple ('kwɒdrʊpl) I ZN • *viervoud* II BNW
     • *viervoudig* ★ ~ time *vierkwartsmaat*
     III OV+ONOV WW • *(z.) verviervoudigen*
quadruplet ('kwɒdrʊplɪt) ZN • *vierling*
     • *combinatie v. 4*
quadruplicate (kwɒ'dru:plɪkɪt) I ZN • *viervoud*
     • *verviervoudiging* II BNW • *viervoudig* III OV
     WW • *verviervoudigen*
quaestor ('kwi:stə) ZN • *quaestor* • *thesaurier*
quaff (kwɒf) I ZN • *teug* II WW • *drinken met*
     grote teugen
quag (kwæg) ZN *moeras*
quaggy ('kwægɪ) BNW • *moerassig* • *drassig*
quagmire ('kwɒgmaɪə) ZN *poel; moeras*
quail (kweɪl) I ZN • *kwartel* II ONOV WW • *de*
     moed verliezen • *wijken*
quaint (kweɪnt) BNW • *vreemd; eigenaardig;*
     typisch • *ouderwets*
quake (kweɪk) I ZN • *(aard)beving; trilling*
     II ONOV WW • *beven*
Quaker (kweɪkə) ZN *quaker; lid v. Society of*
     Friends
quaky ('kweɪkɪ) BNW *beverig*
qualification (kwɒlɪfɪ'keɪʃən) ZN • *matiging*
     • *wijziging* • *geschiktheid* • *voorwaarde;*
     vereiste • *kwalificatie*
qualified ('kwɒlɪfaɪd) BNW • *bevoegd; bekwaam*
     • *getemperd* ⟨v. optimisme⟩
qualifier ('kwɒlɪfaɪə) ZN • *iem. die z. heeft*
     geplaatst ⟨voor volgende ronde⟩;
     kwalificatiewedstrijd • *bepalend woord*
qualify ('kwɒlɪfaɪ) I OV WW • *een eed afnemen*
     • *bevoegd maken* • *verzachten* • *kwalificeren;*
     kenschetsen; bepalen II ONOV WW • *een eed*
     afleggen • *zich kwalificeren* ★ ~ as a teacher
     zijn onderwijsbevoegdheid behalen

qu

qualitative ('kwɒlɪtətɪv) BNW *kwalitatief*
quality ('kwɒlətɪ) ZN • *eigenschap*; *kwaliteit*
• *deugd* • *bekwaamheid* • INFORM. *de hogere stand* ★ ~ *paper vooraanstaande krant* ★ ~ *control kwaliteitscontrole* ★ ~ *time kwaliteitstijd* ⟨met bijv. aandacht voor kinderen⟩
qualm (kwɑːm) ZN • *gevoel v. misselijkheid* • *angstig voorgevoel* • *wroeging*
quandary ('kwɒndərɪ) ZN *moeilijke situatie*
quant (kwɒnt) I ZN • *boom* ⟨v. schip⟩ II OV+ONOV WW • *bomen*
quanta ('kwɒntə) ZN [mv] • → **quantum**
quantify ('kwɒntɪfaɪ) OV WW *kwantificeren*; *meten*; *bepalen*
quantitative ('kwɒntɪtətɪv) BNW *kwantitatief*; *de hoeveelheid betreffende*
quantity ('kwɒntətɪ) ZN • *hoeveelheid* • *aantal* • *omvang* • *gewicht* • *maat* ★ ~ *production* / ~ *output massaproductie* ★ ~ *surveyor kostendeskundige* ⟨in de bouw⟩
quantum ('kwɒntəm) ZN *kwantum*; *hoeveelheid*
quarantine ('kwɒrənti:n) I ZN • *quarantaine* ★ (to be) in ~ *in quarantaine liggen* II OV WW • *afzonderen in quarantaine*
quarrel ('kwɒrəl) I ZN • *ruzie*; *twist* • *kritiek* • *pijl voor kruisboog* • *glas in lood raampje* ★ pick a ~ *ruzie zoeken* II ONOV WW • *ruzie hebben*; *ruzie maken* • *kritiek hebben*
quarrelsome ('kwɒrəlsəm) BNW *twistziek*
quarry ('kwɒrɪ) I ZN • *prooi*; *slachtoffer* • *achtervolgd wild* • *(steen)groeve* • *tegel* II WW • *(uit)graven* • *vorsen*
quart ('kwɔːt) ZN *1/4 gallon* ⟨ruim 1 l⟩ ★ ~ *jug kan met die inhoud*
quarter ('kwɔːtə) I ZN • *kwart*; *vierde deel* • USA *kwartje* ⟨munt van 25 dollarcent⟩ • *kwartier* ⟨v. maan⟩ • *kwartaal* • *wijk* ⟨v. stad⟩ • *(wind)streek* • *genade* • *quarter of an hour kwartier* ★ ~s *kamers*; *huisvesting* ★ at close ~s *van dichtbij*; *in gesloten gelederen* ★ be at close ~s *handgemeen zijn* ★ live at close ~s *kleinbehuisd zijn* ★ take up one's ~s *zijn intrek nemen* ★ well-informed ~s *welingelichte kringen* ★ he cried for ~ *hij smeekte om genade* II OV WW • *in vieren delen* • *inkwartieren*
quarterage ('kwɔːtərɪdʒ) ZN *driemaandelijkse betaling*
quarter-deck ('kwɔːtədek) ZN *achterdek*
quarterly ('kwɔːtəlɪ) I ZN • *driemaandelijks tijdschrift* II BNW + BIJW • *driemaandelijks* ★ ~ *sessions driemaandelijkse rechtszitting*
quartermaster ('kwɔːtəmɑːstə) ZN • MIL. *intendant* • SCHEEPV. *kwartiermeester* ★ Quartermaster Corps *intendance* ★ Quartermaster Sergeant *foerier*
quartet (kwɔːˈtet) ZN *kwartet*; *viertal*
quartz (kwɔːts) ZN *kwarts*
quash (kwɒʃ) OV WW • JUR. *vernietigen* • *een einde maken aan*; *verijdelen*; *onderdrukken*
quasi ('kweɪzaɪ) BIJW *quasi-*; *zogenaamd*
quatercentenary (kwætəsənˈtiːnərɪ) ZN *vierhonderdste gedenkdag*
quaternary (kwəˈtɜːnərɪ) BNW • *viertallig* • *quartair*
quatrain ('kwɒtreɪn) ZN *vierregelig vers*

quaver ('kweɪvə) I ZN • *trilling* • *1/8 noot* II ONOV WW • *trillen*; *beven*
quavery ('kweɪvərɪ) BNW *beverig*
quay (kiː) ZN *kade*
queasy ('kwiːzɪ) BNW • *misselijk makend* • *misselijk*; *zwak* ⟨v. maag⟩ • *teergevoelig*
queen (kwiːn) I ZN • *koningin* • *vrouw* ⟨in kaartspel⟩ • USA *dame* • PLAT *homo*; *flikker* ★ ~ of clubs *schoppenvrouw* ★ Queen's speech *troonrede* ★ the Virgin Queen *koningin Elizabeth I* II OV WW • *tot koningin maken* ⟨v. pion, bij schaken⟩; *tot koningin kronen* ★ ~ it *de koningin spelen*
queen consort ZN *gemalin* ⟨v.d. koning⟩
queenlike ('kwiːnlɪk) BNW *als (van) een koningin*
queer (kwɪə) I ZN • MIN. *homo*; *poot* II BNW • OUD. *vreemd*; *eigenaardig* • MIN. *homoseksueel*; *homo-* III OV WW • PLAT *verknoeien* ★ ~ one's pitch *zijn kans verknoeien*
queer-bashing ZN *potenrammen*
queerish ('kwɪərɪʃ) BNW *enigszins vreemd*
quell (kwel) OV WW • *onderdrukken* • *met kracht een einde maken aan*
quench (kwentʃ) OV WW • *lessen* ⟨v. dorst⟩ • *blussen* • *smoren* • *afkoelen*
quenchless ('kwentʃləs) BNW *onlesbaar*; *niet te blussen*
querulous ('kwerʊləs) BNW *klagend*
query ('kwɪərɪ) I ZN • *vraag* • *vraagteken* • COMP. *query*; *zoekopdracht* II WW • *een vraag stellen* • *betwijfelen*
quest (kwest) I ZN • *speurtocht*; *het zoeken* • *onderzoek* • *wat wordt gezocht* ★ in ~ of *op zoek naar* II OV+ONOV WW • *speuren (naar)* • *zoeken*
question ('kwestʃən) I ZN • *vraag* • *(examen)opgave* • *twijfel* • *kwestie* • *probleem* ★ INFORM. pop the ~ *iem. ten huwelijk vragen* ★ beyond (all) ~ *boven alle twijfel verheven* ★ call in ~ *betwijfelen* ★ call for the ~ *stemming vragen* ★ come into ~ *ter sprake komen* ★ out of the ~ *geen sprake van* ★ put the ~ *over iets gaan stemmen* ★ that is the ~ *daar gaat het om* ★ beg the ~ *wat bewezen moet worden als zodanig aannemen*; *de vraag ontwijken* ★ raise a ~ *een vraag opwerpen* ★ live ~ *actuele kwestie* ★ no ~s asked *zonder moeilijk gedoe* ⟨bij (dubieuze) transacties enz.⟩ II OV WW • *(onder)vragen* • *betwijfelen*
questionable ('kwestʃənəbl) BNW *twijfelachtig*
questionary ('kwestʃənərɪ) BNW *vragend*
questioner ('kwestʃənə) ZN *ondervrager*
questioning ('kwestʃənɪŋ) BNW *vragend*
question mark ZN TAALK. *vraagteken*
question master ZN *quizmaster*; *spelleider*
questionnaire (kwestʃəˈneə) ZN *vragenlijst*
question time ZN G-B, POL. *vragenuurtje* ⟨voor leden van het Lagerhuis⟩
queue (kjuː) I ZN • *rij*; *queue* • *vlecht* • *staart* ⟨haardracht⟩ ★ jump the ~ *voordringen* II OV WW • *haar in vlecht dragen* III ONOV WW • *een rij vormen*
quibble ('kwɪbl) I ZN • *woordspeling* • *spitsvondigheid* II ONOV WW • *woordspeling maken* • *spitsvondig redeneren* • *chicaneren*

quibbler ('kwɪblə) ZN *chicaneur*

quiche (ki:ʃ) ZN *(hartige) taart*

quick (kwɪk) I BNW • *vluchtig* • *levendig* • *vrolijk* • *scherp* • *gevoelig* • *vlug* ★ ~*lime ongebluste kalk* ★ ~ *temper opvliegende aard* ★ he is ~ at figures *hij kan goed rekenen* ★ OUD. ~ with child *zwanger en al leven voelend* ★ ~ hedge *levende haag* II BIJW • *vlug*; *snel* III ZN • *levend vlees* ★ the ~ and the dead *de levenden en de doden* ★ bite one's nails to the ~ *z'n nagels afbijten tot op 't leven* ★ cut to the ~ *diep krenken* ★ he is a conservative to the ~ *hij is door en door conservatief* ★ MIL. ~ time *snelle pas*

quicken ('kwɪkən) WW • *leven vertonen* ⟨v. ongeborene⟩ • *versnellen* • *versnellen* ⟨v. pas⟩ • *levend maken* • *aanvuren* • *bezielen* • *leven voelen* ⟨v. zwangere vrouw⟩

quick-freeze OV WW *diepvriezen*

quickie ('kwɪkɪ) ZN • *iets dat zeer snel of in korte tijd gebeurt* • *vluggertje*

quicklime ('kwɪklaɪm) ZN *ongebluste kalk*

quickness ('kwɪknəs) ZN *snelheid*

quicksand ('kwɪksænd) ZN *drijfzand*

quickset ('kwɪkset) BNW ★ ~ hedge *haag van levende planten*

quicksilver ('kwɪksɪlvə) ZN *kwik(zilver)*

quickstep ('kwɪkstep) ZN *quickstep*; *snelle foxtrot*

quick-tempered ZN *opvliegend*; *lichtgeraakt*

quick-witted (kwɪk'wɪtɪd) BNW *gevat*; *vlug v. begrip*

quid (kwɪd) ZN • INFORM. *pond sterling* • *tabakspruim* ★ quid pro quo *vergoeding*; *tegenprestatie*

quiddity ('kwɪdətɪ) ZN • *(het) voornaamste v. iets*; *essentie* • *chicane*

quiescence (kwaɪ'esəns/kwɪ'esəns) ZN *rust*

quiescent (kwaɪ'esənt/kwɪ'esənt) BNW • *berustend* • *rustend* • *bewegingloos*; *stil*; *vredig*

quiet ('kwaɪət) I ZN • *rust* • *vrede* II BNW • *rustig*; *kalm* • *stil* • *mak* ⟨v. paard⟩ • *zonder veel omhaal* ⟨v. diner⟩ • *stemmig* ⟨v. kleding⟩ • *geheim* ★ ~, please *stilte, a.u.b.* ★ let me be ~ *laat me met rust* ★ on the ~ *heimelijk*; *stiekem* ★ be ~! *stil!* III WW • *tot rust brengen*; *kalmeren* • *rustig worden*

quieten ('kwaɪətn) I OV WW • *kalmeren*; *tot bedaren brengen* II ONOV WW • *rustig worden*; *bedaren*

quietude ('kwaɪɪtjuːd) ZN *rust*; *vrede*

quietus (kwaɪ'iːtəs) ZN *genadeslag*; *dood*

quiff (kwɪf) ZN *lok op voorhoofd*; *vetkuif*

quill (kwɪl) I ZN • *schacht* • *slagpen* • *ganzenpen* • *dobber* • *stekel* ⟨v. stekelvarken⟩ • *spoel* ★ drive the ~ *de pen voeren* ★ ~ driver *pennenlikker*; *schrijver* ⟨v. krantenartikel⟩ II OV WW • *vouwen* • *op spoel winden*

quilt (kwɪlt) I ZN • *gewatteerde deken* • *sprei* ★ continental ~ • • → **duvet** II OV WW • *watteren*; *doorstikken*

quin (kwɪn) ZN • → **quintuplet** INFORM. • → **quintuplet**

quince (kwɪns) ZN *kwee(peer)*

quinine ('kwɪniːn) ZN *kinine*

quintessence (kwɪn'tesəns) ZN • *het zuiverste*

• *het wezenlijke* • *het voornaamste*

quintessential (kwɪntɪ'senʃəl) BNW *wezenlijk*

quintet (kwɪn'tet) ZN *kwintet*

quintuplet ('kwɪntjʊplɪt) ZN *één v.e. vijfling*

quip (kwɪp) I ZN • *sarcastische opmerking* • *geestigheid* • *spitsvondigheid* II ONOV WW • *bespotten* • *spottend opmerken*

quirk (kwɜːk) ZN • *eigenaardigheid* • *krul in handschrift* ★ ~ of fate *speling van het lot*

quirt (kwɜːt) I ZN • *rijzweep* II OV WW • *slaan met rijzweep*

quisling ('kwɪzlɪŋ) ZN *landverrader*

quit (kwɪt) OV WW • *ophouden* • *opgeven* • *verlaten* • *huis ontruimen* ⟨door huurder⟩ • *er vandoor gaan* • *weggaan* • *ontslag nemen* • *vereffenen* ★ quit hold of *loslaten* ★ give notice to quit *de huur/dienst opzeggen* ★ quit business *zich uit de zaken terugtrekken*

quite (kwaɪt) BIJW • *geheel*; *volkomen* • *zeer* • *absoluut* • *grotendeels* ★ ~ frankly *eerlijk gezegd* ★ there were ~ a hundred *er waren er wel 100* ★ ~ tired *nogal vermoeid* ★ ~ a lady *een hele dame* ★ ~ another *een heel andere* ★ ~ a few *heel wat* ★ ~ other *heel anders* ★ ~ so *juist!*; *zo is het!* ★ it is ~ the thing now *'t is nu zeer in de mode*

quits (kwɪts) BNW *quitte* ★ call it ~ *we staan nu quitte*

quittance ('kwɪtns) ZN • *kwijting* • *kwitantie* • *vergelding* • *beloning*

quitted WW [verleden tijd + volt. deelw.] • → **quit**

quitter ('kwɪtə) ZN *iemand die bij moeilijkheden ervandoor gaat*

quiver ('kwɪvə) I ZN • *trilling* • *pijlkoker* II ONOV WW • *trillen*; *beven*

quiz (kwɪz) I ZN • *quiz* • *ondervraging* • *tentamen* II OV WW • OUD. *voor de gek houden* • OUD. *nieuwsgierig aankijken* • *examineren*

quizmaster ('kwɪzmɑːstə) ZN *quizmaster*; *spelleider*

quizzical ('kwɪzɪkl) BNW • *vragend* • *spottend*

quoin (kɔɪn) I ZN • *hoeksteen* • *wig* • *spie* II OV WW • *spie drijven in*

quoit (kɔɪt) ZN *werping* ★ (game of) ~s *ringwerpen*

quorum ('kwɔːrəm) ZN *quorum*; *aantal leden vereist voor het geldig zijn v.e. vergadering*

quota ('kwəʊtə) ZN MV • *aandeel* • *quota*

quotable ('kwəʊtəbl) BNW *wat aangehaald/genoteerd kan worden*

quotation (kwəʊ'teɪʃən) ZN • *aanhaling* ⟨v. passage⟩ • *notering* ⟨v. prijs⟩; *prijsopgave* ★ ~ marks *aanhalingstekens*

quote (kwəʊt) I OV WW • *citeren* • *noteren* ⟨v. prijs⟩ II ZN • *citaat* • ~s *aanhalingstekens*

quoth (kwəʊθ) ONOV WW OUD. *zei*

quotidian (kwɒ'tɪdɪən) I ZN • MED. *alledaagse koorts* II BNW • *alledaags* • *dagelijks*

quotient ('kwəʊʃənt) ZN *quotiënt*

Qu'ran (kə'rɑːn) ZN *Koran*

q.v. AFK *quod vide zie (dit)*

qv

R

r (a:r) ZN letter *r* ★ R as in Robert *de r van Rudolf* ★ the three R's (reading, (w)riting, (a)rithmetic) ≈ *lezen, schrijven en rekenen*

rabbi ('ræbaɪ) ZN *rabbi; rabbijn*

rabbit ('ræbɪt) **I** ZN • *konijn* • *slechte speler; kruk* **II** ONOV WW • *op konijnen jagen* • ~ **on** *wauwelen*

rabbit hutch ZN *konijnenhok*

rabbit punch ZN FIG. *nekslag*

rabbit warren ZN FIG. *doolhof*

rabble ('ræbl) ZN • *gepeupel; tuig; gespuis*

rabble-rouser ZN *volksmenner; demagoog*

rabble-rousing BNW *opruiend*

rabid ('ræbɪd) BNW • *woest; dolzinnig* • *verbeten* • *hondsdol*

rabies ('reɪbi:z) ZN *hondsdolheid*

RAC (a:reɪ'si:) AFK Royal Automobile Club *Koninklijke Automobilistenvereniging*

raccoon (rəˈku:n) ZN USA *wasbeer*

race (reɪs) **I** ZN • *race; wedstrijd* • *ras* • *afkomst* ★ race against time *race tegen de klok* ★ the races [mv] *paardenrennen* (groot evenement) **II** OV WW • *snel laten gaan; voortjagen* • *om 't hardst laten rijden/lopen, enz.* • ~ **away** *een fortuin verspelen* (met wedrennen) **III** ONOV WW • *snellen; jagen* • *racen; om 't hardst rijden/lopen, enz.* • *doorslaan* • ~ **with** *racen tegen*

racecourse ('reɪskɔ:s) ZN *renbaan*

racehorse ('reɪshɔ:s) ZN *renpaard; harddraver*

racer ('reɪsə) ZN • *hardloper* • *renpaard; renwagen; renfiets*

racetrack ('reɪstræk) ZN *renbaan*

racial ('reɪʃəl) BNW *ras(sen)-*

racing ('reɪsɪŋ) ZN • *het wedrennen* • *de rensport*

racism ('reɪsɪzəm) ZN *racisme*

racist ('reɪsɪst) **I** ZN • *racist* **II** BNW • *racistisch*

rack (ræk) **I** ZN • *(bagage)rek* • *ruif* • *pijnbank* • *ribstuk* (v. lam) ▼ go to rack and ruin *naar de maan gaan* ▼ on the rack *op de pijnbank; in angstige spanning* **II** OV WW • *folteren; pijnigen; afbeulen* • *uitmergelen* ▼ rack your brains *je het hoofd breken* • ~ **up** VS, INFORM. *kapotmaken*

racket ('rækɪt) **I** ZN • *herrie; lawaai; drukte* • SPORT *racket* • *zwendel* • SPORT raquets [mv] *raketspel* (soort squash) **II** ONOV WW • *lawaai maken* • ~ **about/around** *boemelen*

racketeer (rækəˈtɪə) **I** ZN • *zwarthandelaar; bandiet; geldafperser* **II** OV WW • *onder bedreiging geld (trachten) af (te) persen*

racketeering (rækəˈtɪərɪŋ) ZN *gangsterpraktijken* (afpersing, chantage, omkoperij)

rackety ('rækətɪ) BNW *lawaaierig*

racoon ZN • → **raccoon**

racquet ('rækɪt) ZN SPORT *racket* ★ SPORT raquets [mv] *raketspel* (soort squash)

racy ('reɪsɪ) BNW *pittig; pikant* ★ racy of the soil *rasecht; typisch; primitief*

radar ('reɪ:da:) ZN *radar*

raddle ('rædl) **I** ZN • *rode oker; rood* **II** OV WW • *(met) rood kleuren/schminken/verven*

radial ('reɪdɪəl) BNW • *straal-* • *stervormig* • *spaakbeen-* • *radium-* ★ ~s [mv] *radiaalbanden*

radiance ('reɪdɪəns) ZN *straling; schittering*

radiant ('reɪdɪənt) BNW *stralend*

radiate[1] ('reɪdɪeɪt) **I** OV WW • *uitstralen* • *draadloos uitzenden* **II** ONOV WW • *stralen* • *straalsgewijs uitlopen* **III** ZN • *straaldier*

radiate[2] ('reɪdɪət) BNW *ster-/straalvormig*

radiation (reɪdɪˈeɪʃən) ZN *straling*

radiation sickness ZN MED. *stralingsziekte*

radiator ('reɪdɪeɪtə) ZN • *radiator* • *koeler*

radical ('rædɪkl) **I** ZN • *wortel(teken)* • *stam(woord)* • POL. *radicaal* • SCHEIK. *radicaal* **II** BNW • *radicaal* • *grond-; grondig; wezenlijk; fundamenteel* • *wortel-*

radicalism ('rædɪkəlɪzəm) ZN *radicalisme*

radii ('reɪdɪaɪ) ZN MV • → **radius**

radio ('reɪdɪəʊ) **I** ZN • *radio* • *radiotelegrafie* **II** OV+ONOV WW • *uitzenden* (via radio) • *berichten* (via radio)

radioactive (reɪdɪəʊˈæktɪv) BNW *radioactief*

radioactivity (reɪdɪəʊæk'tɪvəti) ZN *radioactiviteit*

radiograph ('reɪdɪəʊgra:f) **I** ZN • *röntgenfoto* **II** OV WW • *een röntgenfoto maken van*

radiography (reɪdɪˈɒgrəfi) ZN *röntgenologie*

radioisotope (reɪdɪəʊˈaɪsətəʊp) ZN *radio-isotope*

radiologist (reɪdɪˈɒlədʒɪst) ZN *radioloog*

radiology (reɪdɪˈɒlədʒɪ) ZN *radiologie*

radio play ZN *hoorspel* (op de radio)

radio set ZN *radio*

radio telescope ZN *radiotelescoop*

radiotherapy (reɪdɪəʊˈθerəpɪ) ZN *behandeling met radioactieve stralen*

radish ('rædɪʃ) ZN *radijs*

radium ('reɪdɪəm) ZN *radium*

radius ('reɪdɪəs) ZN • *straal* • *spaak* • *spaakbeen*

radix ('reɪdɪks) ZN • *grondtal* • WISK. *wortel*

RAF AFK MIL. Royal Airforce *R.A.F.* (Britse Koninklijke Luchtmacht)

raffish ('ræfɪʃ) BNW *liederlijk*

raffle ('ræfəl) **I** ZN • *loterij* • *rommel* **II** OV WW • *verloten* **III** ONOV WW • *loten*

raft (ra:ft) **I** ZN • *vlot* **II** OV WW • *vlotten* • *per vlot vervoeren* **III** ONOV WW • *per vlot reizen*

rafter ('ra:ftə) ZN • *dakspar; balk* • *vlotter*

rag (ræg) **I** ZN • *doek; lap* • *populair krantje* • MUZ. *ragtime* • *vod; lomp(en)* ★ rags [mv] *lompen; kapotte kleren* ★ rag week *liefdadigheidsweek* (georganiseerd door studenten) ★ not a rag to cover yourself *geen kleren aan je lijf* ★ rags of cloud *wolkenflarden* ★ INFORM. glad rags *zondagse kloffie* ▼ in rags *in lompen* ▼ (from) rags to riches *v. armoede naar rijkdom* ▼ INFORM. lose your rag *over de rooie gaan* **II** OV WW • *plagen; treiteren; ontgroenen* • *herrie schoppen bij* • *een standje geven*

ragamuffin ('rægəmʌfɪn) ZN *schooiertje*

ragbag ('rægbæg) ZN • *voddenzak* • *allegaartje* • INFORM. *slons*

rag doll ZN *lappenpop*

rage (reɪdʒ) **I** ZN • *woede* • *rage; manie* • *geestdrift* ★ have a rage for *wild zijn op; niet kunnen zonder* ★ be in a rage *woedend zijn* **II** ONOV WW • *woeden; razen* • ~ **at** *tekeer gaan* *tegen*

ragged ('rægɪd) BNW • *haveloos; gerafeld; onverzorgd • ruig; ruw; rauw • ongelijk*

raglan ('ræglən) I ZN • *kledingstuk zonder schoudernaad* II BNW • *raglan; zonder schoudernaad*

ragman ('rægmən) ZN *voddenman*

ragtag ('rægtæg) ZN ★ ~ (and bobtail) *uitschot; tuig*

raid (reɪd) I ZN • *inval; overval • razzia • rooftocht • (lucht)aanval* II OV WW • *teisteren; afstropen* III ONOV WW • *een inval doen*

raider ('reɪdə) ZN • *overvaller • kaper; stroper • vijandelijk vliegtuig in actie*

rail (reɪl) I ZN • *hek(werk); leuning; reling • rail* [meestal mv]; *spoorrails • dwarsbalk; stang; staaf; lat* ★ by rail *per spoor* ▼ *get back on the rails er weer bovenop komen* ▼ go off the rails *ontsporen/het spoor bijster raken* II OV WW • *van reling voorzien • per spoor verzenden* III ONOV WW • *schelden • ~ at/against tekeer gaan tegen*

railhead ('reɪlhed) ZN *begin-/eindpunt v. spoorweg*

railing ('reɪlɪŋ) ZN *hek; leuning; reling*

raillery ('reɪlərɪ) ZN *scherts; grappen*

railroad ('reɪlrəʊd) I ZN • USA *spoorweg* II OV WW • *sporen • haastig afdoen; jagen*

railway ('reɪlweɪ) I ZN • G-B *spoorweg* ★ light ~ *smalspoor* II ONOV WW • *sporen*

railway embankment ZN *spoordijk*

railway guard ZN *conducteur*

railway guide ZN *spoorboekje*

railway sleeper ZN *biels*

railway yard ZN *spoorwegemplacement*

rain (reɪn) I ZN • *regen* ★ acid rain *zure regen* ★ soft rain *gezapig buitje regen* ★ torrential/ driving rain *slagregen* ★ the rains [mv] *regentijd* ▼ come rain, come shine *weer of geen weer* II ONOV WW • *regenen; neerstromen* ▼ it never rains but it pours *een ongeluk komt zelden alleen* III OV WW • *regenen; doen neerstromen/-dalen • ~ down doen neerkomen/-dalen* ★ stones were raining down on his head *het regende stenen op zijn hoofd*

rainbow ('reɪnbəʊ) ZN *regenboog* ★ chase ~ *hersenschimmen najagen*

rain check ZN *nieuw kaartje* ⟨voor afgelaste wedstrijd⟩ ★ INFORM. take a ~ on sth. *iets te goed houden*

raincoat ('reɪnkəʊt) ZN *regenjas*

raindrop ('reɪndrop) ZN *regendruppel*

rainfall ('reɪnfɔːl) ZN *regen*

rainforest ('reɪnforɪst) ZN *regenwoud*

rainproof ('reɪnpruːf) BNW *regendicht; waterdicht*

rainstorm ('reɪnstɔːm) ZN *stortbui*

rainwater ('reɪnwɔːtə) ZN *regenwater*

rainy ('reɪnɪ) BNW *regenachtig*

raise (reɪz) I OV WW • *heffen; opsteken; opslaan* ⟨v. ogen⟩ • *rechtop zetten; opheffen • wekken; doen opstaan* ⟨uit de dood⟩ • *verheffen* ⟨v. stem⟩; *verhogen* ⟨v. prijs, enz.⟩ • *oprichten; doen ontstaan; op de been brengen* ⟨v. leger⟩; *bij elkaar brengen* ⟨v. geld⟩ • *naar voren*

brengen; opwerpen ⟨v. vraag, enz.⟩ • *grootbrengen* ⟨v. kind⟩; *fokken* ⟨v. dier⟩; *kweken; telen* ⟨v. gewas⟩ • *bereiken* ⟨via radio/telefoon⟩ • *meer bieden* ⟨bij kaartspel⟩ • WISK. *verheffen tot* ⟨een macht⟩ ★ ~ doubts *twijfels oproepen* ★ ~ a laugh *gelach ontketenen* ★ ~ a loan *een lening aangaan/ sluiten* ★ 3 ~d to the power of 3 is 27 *3 tot de 3e macht is 27* II ZN • → **rise**

raisin ('reɪzən) ZN *rozijn*

rake (reɪk) I ZN • *hark • krabber • losbol; boemelaar • helling* II OV WW • *bijeenharken; aanharken; krabben; rakelen; (bijeen)schrapen; verzamelen • (door)snuffelen; doorzoeken • bestrijken • doen overhellen • ~ in* ⟨met hopen⟩ *binnenhalen • ~ up oprakelen* III ONOV WW • *er op los leven • hellen*

rake-off ZN *(illegale) provisie*

rakish ('reɪkɪʃ) BNW • *liederlijk; lichtzinnig • chic*

rally ('rælɪ) I ZN • *bijeenkomst • reünie • (signaal tot) verzamelen • SPORT *slagenwisseling • sterrit • demonstratie (op)tocht* II OV WW • *groeperen • verzamelen • plagen • ~ round z. scharen om • ~ to z. aansluiten bij* III ONOV WW • *zich hergroeperen • zich verzamelen • zich herstellen • schertsen*

ram (ræm) I ZN • DIERK. *ram • stormram • ramschip • heimachine* II OV WW • *rammen; heien • aan-/vaststampen • stoten • ~ in(to) rammen in*

RAM (ræm) AFK • COMP. Random Access Memory *RAM; werkgeheugen* • Royal Academy of Music *Koninklijk Conservatorium*

ramble ('ræmbl) I ONOV WW • *afdwalen • zwerven; rondtrekken; ronddolen • tieren; welig groeien • ~ on raaskallen* II ZN • *zwerftochtje*

rambler ('ræmblə) ZN • *zwerver • klimroos*

rambling ('ræmblɪŋ) BNW • *rommelig uitgebouwd* ⟨v. stad, enz⟩ • *onsamenhangend* ⟨v. tekst⟩ • *wildgroeiend*

rambunctious (ræm'bʌŋkʃəs) BNW *onstuimig; uitgelaten*

ramification (ræmɪfɪ'keɪʃən) ZN • *vertakking • afsplitsing • (meestal onaangenaam/ ingewikkeld) gevolg*

ramify ('ræmɪfaɪ) OV+ONOV WW • *(z.) vertakken • z. afsplitsen • netwerk vormen*

rammer ('ræmə) ZN • *straatstamper • heiblok*

ramp (ræmp) I ZN • *glooiing; talud • zwendel; zwarte handel • oneffenheid; drempel • bocht • oprit • loopplank • vliegtuigtrap* II OV WW • *afzetten; bedriegen* III ONOV WW • *schuin (af)lopen • tieren; tekeergaan • op de achterpoten (gaan) staan • klimmen*

rampage (ræm'peɪdʒ) ZN ★ be on the ~ *tieren; tekeergaan*

rampancy ('ræmpənsɪ) ZN • *wildheid • weelderigheid*

rampant ('ræmpənt) BNW • *klimmend • alom heersend • (te) weelderig • onbeheerst; wild; dolzinnig*

rampart ('ræmpɑːt) ZN *wal; bolwerk*

ramrod ('ræmrod) ZN *laadstok*

ramshackle ('ræmʃækl) BNW *bouwvallig; gammel*

ran (ræn) WW [verleden tijd] • → **run**

ra

ranch (rɑ:ntʃ) I ZN • USA *(vee)boerderij* • USA *zaak*; *bedrijf* II ONOV WW • USA *vee houden*

rancher ('rɑ:ntʃə) ZN USA *veeboer*

rancid ('ræensid) BNW • *ranzig* • *sterk*

rancorous ('ræŋkərəs) BNW *haatdragend*; *rancuneus*

rancour ('ræŋkə) ZN *wrok*; *rancune*

rand (rænd) ZN *rand* 〈munt(eenheid)〉

random ('rændəm) I ZN • *willekeur* ★ at ~ *zo maar*; *op goed geluk* II BNW • *willekeurig*

randy ('rændı) I ZN 〈in Schotland〉 • *schooier*; *schurk* 〈in Schotland〉 • *feeks* II BNW • *wellustig*; *wulps*; *geil* 〈in Schotland〉 • *luidruchtig*

rang (ræŋ) WW [verleden tijd] • → **ring**

range (reındʒ) I ZN • *rij*; *serie* • *assortiment*; *reeks* • *bereik*; *gebied*; *draagwijdte*; *omvang* • *sfeer* • *(berg)keten* • *richting* • *verspreiding(sgebied)*; *sector* • *(schoots)afstand*; *schootsveld* • *schietbaan* • *(kook)fornuis* • *weide-/ jachtgebied* ★ at close ~ *van dichtbij* ★ free ~ eggs *scharreleieren* ★ medium ~ *middellange afstand* II OV WW • *opstellen*; *rangschikken*; *plaatsen* • *dragen* 〈v. vuurwapen〉 • *laten gaan langs/over* • ~ **among/with** *indelen bij* III ONOV WW • *zich opstellen* • *zich uitstrekken*; *reiken*; *bestrijken* ★ ~ from ... to *variëren van ... tot* ★ ~ far from *afdwalen* • ~ **among/with** *behoren tot* • ~ **between** *z. bewegen tussen*; *gevonden worden*

range hood ZN *afzuigkap*

ranger ('reındʒə) ZN • *speurhond* • *koninklijk boswachter/parkopzichter* • *oudere padvindster* • USA *boswachter* • *(bereden) politieman te velde*

rangers ('reındʒəz) ZN MV *bereden politie*

rangy ('reındʒı) BNW *rank*; *slank*

rank (ræŋk) I ZN • *rang* • *stand* • *gelid* • *rij* • *taxistandplaats* ★ take rank with *gelijk staan met* ★ the ranks *manschappen* ★ rank and file *soldaten en onderofficieren*; *het gewone volk* ★ rank and fashion *de elite* ★ rise from the ranks *uit de troep voortkomen*; *zich opwerken* ★ close ranks *de gelederen sluiten* ★ keep rank in 't gelid blijven* ★ break ranks *de gelederen verbreken* II BNW • *te weelderig*; *te vet* • *grof* • *overwoekerd* • *vuil*; *walgelijk* • *ranzig*; *sterk* • *gemeen* ★ rank nonsense *klinkklare onzin* ★ rank poison *puur vergif* III OV WW • *opstellen*; *in gelid plaatsen* • *een plaats geven* ★ rank next to *in rang volgen op* • ~ **among** *rekenen tot* IV ONOV WW • *een plaats hebben* • *voorkeurspositie innemen* • ~ **among** *behoren tot*

ranker ('ræŋkə) ZN • *gewoon soldaat* • *officier uit de troep voortgekomen*

ranking ('ræŋkıŋ) BNW ★ ~ officer *hoogste officier*

rankle ('ræŋkl) ONOV WW *knagen*; *(blijven) pijn doen*

rankness ('ræŋknəs) • *weelderigheid* • *ranzigheid*

ransack ('rænsæk) OV WW • *plunderen* • *doorzoeken*

ransom ('rænsəm) I ZN • *losgeld* ★ worth a king's ~ *met geen goud te betalen* ★ hold to ~

losgeld eisen voor II OV WW • *loskopen*; *vrijkopen* • *verlossen* • *geld afpersen*

rant (rænt) I OV WW • *declameren* II ONOV WW • *fulmineren* • *bombastische taal uitslaan* • ~ **against** *uitvaren tegen* III ZN • *bombast*; *hoogdravende taal*

ranter ('ræntə) ZN *volksredenaar*

rap (ræp) I ZN • *tik*; *klop* • MUZ. *rap* 〈stijl〉 • MUZ. *rap* (tekst) • FIG. give a p. a rap on the knuckles *iem. op de vingers tikken* 〈bekritiseren〉 ★ beat the rap *zijn straf ontlopen* ★ not a rap *geen zier* II OV WW • *tikken* • MUZ. *rappen* • ~ **out** *er uit flappen* ★ FIG. rap sb on the knuckles *iem. op de vingers tikken* 〈bekritiseren〉

rapacious (rə'peıʃəs) BNW *roofzuchtig*

rapacity (rə'pæsətı) ZN *roofzucht*

rape (reıp) I OV WW • *onteren*; *verkrachten* • FORM. *(be)roven*; *schaken* II ZN • *verkrachting* • *koolzaad* ★ rape oil *raapolie* ★ rape cake *raapcake*

rapid ('ræpıd) I ZN • *stroomversnelling* II BNW • *snel* • *steil*

rapidity ('ræpıdətı) ZN *snelheid*

rapier ('reıpıə) ZN *rapier* ★ ~ thrust *rake/fijne zet*

rapist ('reıpıst) ZN *verkrachter*

rappel (ræ'pel) WW USA *abseilen*

rapport (ræ'pɔ:) ZN • *relatie* • *verstandhouding*

rapt (ræpt) BNW • *verzonken in vervoering*; *in hoger sferen* ★ with rapt attention *met onverdeelde belangstelling*

rapture ('ræptʃə) ZN *vervoering*; *extase*

rapturous ('ræptʃərəs) BNW *verrukt*; *hartstochtelijk*

rare (reə) BNW • *zeldzaam* • *dun*; *ijl* • *voortreffelijk* • *niet gaar*

rarebit ('reəbıt) ZN *warme toast met gesmolten kaas*

rarefied ('reərıfaıd) BNW • *verheven*; *geëxalteerd* • *exclusief*; *esoterisch*; *select* ★ ~ air *ijle lucht*

rarefy ('reərıfaı) I OV WW • *verdunnen*; *verfijnen* II ONOV WW • *zich verdunnen*

rarely ('reəlı) BIJW • *zelden* • *zeldzaam*

raring ('reərıŋ) BNW INFORM. *dolgraag*; *enthousiast* ★ ~ to go *staan te trappelen van ongeduld*

rarity ('reərətı) ZN *zeldzaamheid*

rascal ('rɑ:skl) I ZN • *schelm* • *kwajongen* II BNW ★ the ~ rout *het schorem*

rascally ('rɑ:skəlı) BNW *schelmachtig*

rash (ræʃ) I ZN • *huiduitslag* II BNW • *overhaast* • *onbezonnen* • *stoutmoedig*

rasher ('ræʃə) ZN *plakje spek of ham*

rasp (rɑ:sp) I ZN • *rasp* II OV WW • *onaangenaam aandoen* • *raspen* III ONOV WW • *krassen*; *schrapen*; *raspen*

raspberry ('rɑ:zbərı) ZN *framboos* ★ ~ cane *frambozenstruik*

rat (ræt) I ZN • *rat* • *onderkruiper*; *overloper* ★ rat's tail *rattenstaart*; *vijl* ★ rats! *onzin!* ★ smell a rat *lont ruiken* ★ rat race *concurrentiestrijd*; *onderlinge rivaliteit* II ONOV WW • *ratten vangen* • *overlopen*; *onderkruipen* • ~ **on** *verraden*; *in de steek laten*

ratability ZN • → **rateability**

ratable BNW • → **rateable**

ratcatcher ('rætkætʃə) ZN *rattenvanger*
ratchet ('rætʃ(ɪt)) ZN TECHN. *pal*
rate (reɪt) I ZN • *standaard; maatstaf • tarief; prijs • koers • cijfer • snelheid • plaatselijke belasting* ★ at a/the rate of *met een snelheid van; ten getale van* ★ at that rate *als dit uitgangspunt juist is; als het zo doorgaat* ★ at any rate *in ieder geval* ★ at an easy rate *gemakkelijk* ★ first rate *eersteklas; prima* ★ going rate *gangbaar tarief* ★ prime rate *laagste bankdisconto* ★ second rate *inferieur; pover* II OV WW • *achten; schatten; aanslaan* • *rekenen tot; waarderen; classificeren als; een waarde toekennen* • *de kast uitvegen; uitvaren tegen* • ~ **among/with** *rekenen tot* III ONOV WW • *gerekend worden* • ~ **among/with** *behoren tot*
rateability (reɪtə'bɪlətɪ) ZN • *taxeerbaarheid* • *belastbaarheid*
rateable ('reɪtəbl) BNW • *te schatten • belastbaar*
rate-collector ('reɪtkəlektə) ZN *gemeenteontvanger*
ratepayer ('reɪtpeɪə) ZN • *belastingbetaler* ⟨v. onroerend goed⟩ • *huiseigenaar*
rather ('rɑːðə) I BIJW • *liever (nog); eerder (nog)* • *vrij(wel); een beetje; tamelijk; nogal* ★ I would ~ stay *ik zou liever blijven* II TW • *nou en of!; (heel) graag!*
ratification (rætɪfɪ'keɪʃən) ZN *bekrachtiging; ratificatie*
ratify ('rætɪfaɪ) OV WW *bekrachtigen; ratificeren*
rating ('reɪtɪŋ) ZN • *taxering • klasse; classificatie* • *aanslag • matroos*
ratings ('reɪtɪŋz) ZN MV • *kijkcijfers • personeel* ★ ranks and ~ *officieren en manschappen*
ratio ('reɪʃɪəʊ) ZN • *verhouding • reden*
ration ('ræʃən) I ZN • *rantsoen* II OV WW • *rantsoeneren • distribueren* ★ ~ing *distributie* ★ meat is ~ed *vlees is op de bon* ★ ~ book *bonboekje*
rational ('ræʃənl) BNW • *redelijk; verstandelijk* • *rationeel • rationalistisch*
rationale (ræʃə'nɑːl) ZN • *basis; grond(reden)* • *redenering • argument*
rationalise WW G-B • → **rationalize**
rationalism ('ræʃənəlɪzəm) ZN *rationalisme*
rationalist ('ræʃ(ə)nəlɪst) ZN *rationalist*
rationalistic (ræʃənə'lɪstɪk) BNW *rationalistisch*
rationality ('ræʃənælətɪ) ZN • *rede(lijkheid)* • *rationaliteit*
rationalize ('ræʃənəlaɪz) OV+ONOV WW • *verstandelijk verklaren • rationaliseren* • *rationalistisch beschouwen*
rattan (rə'tæn) ZN *rotan; rotting*
rat-tat (ræt'tæt) ZN *klopklop*
rattle ('rætl) I OV WW • *doen rammelen; rammelen (met) • opjagen; op stang jagen; nerveus maken • jachten* ★ ~ up the anchor *het anker snel ophalen* ★ ~ a fox 'n *vos op de hielen zitten* • ~ off *afraffelen* • ~ up *opporren* II ONOV WW • *rammelen • kletteren • reutelen* • ~ along/away/on *er op los kletsen; maar door ratelen* III ZN • *geklets • gerammel • ratel* • *kletskous*
rattle-brain ('rætlbreɪn) ZN *leeghoofd* ★ ~ed *onbezonnen*

rattler ('rætlə) ZN • USA *ratelslang • rammelkast* • *daverende slag; stoot • vloek; leugen*
rattles ('rætlz) ZN MV ★ the ~ *kroep*
rattlesnake ('rætlsneɪk) ZN *ratelslang*
rattletrap ('rætltræp) I ZN • *rammelkast* II BNW • *gammel; wrak*
ratty ('rætɪ) BNW • *vol ratten • prikkelbaar; nijdig* • *sjofel*
raucous ('rɔːkəs) BNW *rauw; schor*
raunchy ('rɔːntʃɪ) BNW • *slonzig • geil*
ravage ('rævɪdʒ) I ZN ★ ~s *vernielingen* II OV WW • *verwoesten • teisteren • plunderen*
rave (reɪv) I ZN • *zeer lovende recensie* • *housefeest • wagenladder* • PLAT *vrijer • trend* • *gebulder* ⟨v. wind enz.⟩ ★ raves *zijschotten* ★ the latest rave *de laatste mode* II ONOV WW • *razen; ijlen • lyrisch zijn/worden • bulderen; loeien* ★ raving mad *stapelgek* • ~ about *dwepen met* • ~ against/at *tekeergaan tegen*
ravel ('rævəl) I OV WW • *in de war maken* • ~ out *ontwarren* II ONOV WW • *in de war raken* III ZN • *warboel • rafel*
raven[1] ('reɪvn) I ZN • *raaf* II BNW • *ravenzwart*
raven[2] ('rævn) I OV WW • *verslinden; schrokken* II ONOV WW • *roven; plunderen*
ravenous ('rævənəs) BNW • *uitgehongerd* • *roofzuchtig • hongerend* ★ ~ for *hongerend naar*
raver ('reɪvə) ZN • *bon vivant • bezoeker v. houseparty • gestoorde*
ravine (rə'viːn) ZN *ravijn*
raving ('reɪvɪŋ) BNW *extreem; hartstikke* ★ ~ mad *stapelgek*
ravish ('rævɪʃ) OV WW • *(ont)roven • wegslepen* • OOK FIG. *meeslepen • verkrachten*
ravishing ('rævɪʃɪŋ) BNW *verrukkelijk*
ravishment ('rævɪʃmənt) ZN • *ontvoering* • *verkrachting • verrukking*
raw (rɔː) I ZN • *rauwe plek* ★ touch a p. on the raw *iem. tegen het zere been schoppen* ★ in the raw *naakt; in ruwe staat* II BNW • *rauw • ruw; onbewerkt; puur • onervaren; ongeoefend* • *pijnlijk; gevoelig* ★ feel raw *gekrenkt zijn*
rawhide ('rɔːhaɪd) ZN *ongelooide huid*
ray (reɪ) I ZN • *straal • rog* (vis) II ONOV WW • *straalsgewijs uitlopen* III OV+ONOV WW ★ rayed animals *straaldieren* • ~ forth *uitstralen*
rayon ('reɪɒn) ZN *rayon; kunstzijde*
raze (reɪz) OV WW • *met de grond gelijk maken* • *uitwissen; uitkrabben* • ~ out *doorhalen*
razor ('reɪzə) ZN *scheerapparaat* ★ ~ blade *(veiligheids)scheermesje* ★ ~ strop *scheerriem* ★ cut-throat ~ *(lang) scheermes*
razorbill ZN *alk*
razor's edge ('reɪzərz 'edʒ), razor edge ('reɪzər 'edʒ) ZN ▼ FIG. on the ~ ≈ *op het scherp van de snede* ⟨in moeilijke omstandigheden⟩
razzle ('ræzl) ZN • *herrie • de 'rups'* ⟨kermisattractie⟩ • *drukte* ★ be on the ~ *aan de zwier zijn*
Rd, rd AFK *road weg; straat*
re (reɪ) I ZN • MUZ. *re* II VZ • *betreffende*
re- (riː) VOORV *her-; weer-; opnieuw; terug-*
reach (riːtʃ) I OV WW • *aanreiken • pakken* • *bereiken; komen bij* ★ the news has not ~ed

here *'t nieuws is hier nog niet binnengekomen*
★ ~ a p.'s conscience *iemands geweten treffen*
II ONOV WW • *reiken* ★ ~ forward to *streven
naar* • ~ **forward** *voorover reiken/leunen*
III OV+ONOV WW • *(z.)* uitstrekken • ~ **down**
(af)pakken; afnemen • ~ **for** *grijpen naar*
• ~ **out** *de hand uitstrekken* **IV** ZN • *bereik*
• *uitgestrektheid* • *kring; invloedssfeer* • *rak*
⟨v.e. rivier⟩ ★ man of high/deep ~ *een knappe
kop* ★ within easy ~ *gemakkelijk te bereiken*
reach-me-down ('ri:tʃmɪdaʊn) **I** ZN • *confectie-/
tweedehandskleding(stuk)* **II** BNW • *confectie-
• tweedehands*
react (rɪ'ækt) ONOV WW • *terugwerken* • *reageren*
• *tegenaanval doen*
reaction (rɪ'ækʃən) ZN *reactie*
reactionary (rɪ'ækʃənərɪ) **I** ZN • *reactionair*
II BNW • *tegen politieke of sociale vooruitgang*
reactivate (rɪ'æktɪvett) OV WW *reactiveren;
nieuw leven inblazen*
reactive (rɪ'æktɪv) BNW *reagerend*
reactor (rɪ'æktə) ZN *reactor*
read[1] (ri:d) **I** OV WW • *lezen; oplezen; voorlezen;
aflezen • uitleggen; begrijpen; (kunnen)
verstaan; horen • studeren • ontvangen* ⟨v.
radio⟩ ★ read the clock *op de klok kijken*
★ read a lecture *een lezing houden; college
geven; de les lezen* ★ read a paper *een lezing
houden* ★ she read him right *ze had hem door*
★ the thermometer reads 33° *de thermometer
wijst 33° aan* • ~ **into** *(een betekenis) willen
leggen in* • ~ **off** *aflezen; à vue lezen* • ~ **out**
voorlezen; royeren • ~ **to** *voorlezen* • ~ **up**
(grondig) bestuderen **II** ONOV WW • *lezen
• studeren* • a telegram reading *een telegram
dat luidt* ★ read for the press *(druk)proeven
corrigeren* ★ read with a p. *iem. bij de studie
helpen* • be well read *belezen zijn* **III** ZN
★ have a read *(even) lezen*
read[2] (red) WW [verl. tijd + volt. deelw.] • →
read[1]
readability (ri:də'bɪlətɪ) ZN *leesbaarheid*
readable ('ri:dəbl) BNW *lezenswaard*
readdress (ri:ə'dres) OV WW *doorsturen*
reader ('ri:də) ZN • *(voor)lezer • corrector • lector
• opnemer • leesboek; bloemlezing* ★ graded ~
bewerkt boek ⟨voor bep. niveau⟩
readership ('ri:dəʃɪp) ZN • *lectoraat • de lezers*
readily ('redəlɪ) BIJW *gaarne*
readiness ('redɪnəs) ZN *gevatheid* ★ ~ of wit
gevatheid ★ ~ of mind *tegenwoordigheid v.
geest*
reading ('ri:dɪŋ) **I** ZN • *lezing • lectuur
• (meter)stand* ★ first/second/third ~
behandeling in de Kamer **II** BNW • *van lezen of
studeren houdend* • ★ ~-clerk *griffier*
★ ~-desk/-stand *lezenaar* ★ ~-room *leeszaal*
★ ~-case *leesportefeuille*
reading comprehension ZN *leesvaardigheid*
readjust (ri:ə'dʒʌst) OV+ONOV WW *(z.) weer
aanpassen*
readjustment (ri:ə'dʒʌstmənt) ZN *heraanpassing*
readmission (ri:əd'mɪʃən) ZN *het opnieuw
toelaten*
readmit (ri:əd'mɪt) OV WW *herbekennen*
ready ('redɪ) **I** ZN ★ to the ~ *in de aanslag* **II** BNW

• *klaar • bereid(willig)* • *vaardig; vlug* ★ ~ to
klaar om; op 't punt om ★ she is very ~ at
excuses *ze staat direct klaar met een excuus*
★ ~ to hand *bij de hand* ★ ~ money/cash
contant geld ★ he was ~ to swear with rage *hij
kon wel vloeken van woede* ★ ~ wit *gevatheid*
ready-made (redɪ'meɪd) ZN *confectie*
ready-to-wear (redɪtə'weə) ZN *confectie*
reaffirm (ri:ə'fɜ:m) OV WW *opnieuw bevestigen*
reafforest (ri:ə'fɒrɪst) OV WW *herbebossen*
reafforestation (ri:əfɒrɪ'steɪʃən) ZN *herbebossing*
real (ri:l) BNW + BIJW • *echt; werkelijk* • *reëel
• onroerend* ★ real money *baar geld* ★ a real
life scene *een levensecht tafereel* ★ that's the
real thing *dat is 't pas; dat is het ware* ★ get
real! *doe eens normaal!*
real estate agent ZN USA *vastgoedmakelaar*
realisation ZN G-B • → **realization**
realise WW G-B • → **realize**
realism ('ri:əlɪzəm) ZN *realisme*
realist ('rɪəlɪst) ZN *realist*
realistic (rɪə'lɪstɪk) BNW *realistisch*
reality (rɪ'ælətɪ) ZN *werkelijkheid; realiteit*
★ virtual ~ *virtual reality; virtuele
werkelijkheid*
realizable, G-B **realisable** (rɪə'laɪzəbl) BNW
realiseerbaar; te verwezenlijken
realization (rɪəlaɪ'zeɪʃən) ZN • *bewustwording;
besef • realisatie; verwezenlijking*
realize ('rɪəlaɪz) OV WW • *verwezenlijken
• beseffen; inzien; z. realiseren • (te gelde)
maken • opbrengen*
really ('rɪəlɪ) **I** BIJW • *werkelijk* **II** TW • *inderdaad;
heus* ★ ~? *o ja?* ★ not ~! *och kom!*
realm (relm) ZN *(konink)rijk*
realtor ('rɪəltə, -tɔ:) ZN USA *makelaar in
onroerende goederen*
realty ('ri:əltɪ) ZN *huizen-/grondbezit*
ream (ri:m) **I** ZN • *riem* ⟨hoeveelheid papier⟩
II OV WW • *verwijden; uitboren*
reanimate (ri:'ænɪmeɪt) OV WW *reanimeren*
reanimation (ri:ænɪ'meɪʃən) ZN *reanimatie*
reap (ri:p) OV+ONOV WW *oogsten; maaien*
reaper ('ri:pə) ZN ★ the Grim Reaper *Magere
Hein*
reappear (ri:ə'pɪə) ONOV WW *weer verschijnen*
reappearance (ri:ə'pɪərəns) ZN *herverschijning*
reappoint (ri:ə'pɔɪnt) OV WW *heraanwijzen;
opnieuw aanstellen*
reappointment (ri:ə'pɔɪntmənt) ZN
heraanwijzing
reappraisal (ri:ə'preɪzəl) ZN *herwaardering*
rear (rɪə) **I** ZN • *achterkant; achterste gedeelte
• achterhoede* ★ rear rank *achterste gelid*
★ bring up the rear *de achterhoede vormen;
achteraan komen* ★ take in the rear *van
achter aanvallen* **II** BNW • *achter-; achterste*
III OV WW • *bouwen; oprichten • verheffen;
opheffen • kweken; fokken; grootbrengen*
IV ONOV WW • *steigeren*
rear-admiral ZN *schout-bij-nacht*
rearguard ('rɪəɡɑ:d) ZN *achterhoede*
reargunner ('rɪəɡʌnə) ZN *staartschutter*
rearm (ri:'ɑ:m) OV+ONOV WW *herbewapenen*
rearmament (ri:'ɑ:məmənt) ZN *herbewapening*
rearmost ('rɪəməʊst) BNW *achterste*

re

rearrange (ri:ə'reɪndʒ) OV WW *herschikken*

rearrangement (ri:ə'reɪndʒmənt) ZN *herschikking*

rearward ('rɪəwəd) BNW + BIJW • *achterste*; *achteraan* • *achterwaarts*

rearwards ('rɪəwədz) BIJW • *achterste*; *achteraan* • *achterwaarts*

reason ('ri:zən) I ZN • *reden* • *verstand*; *rede* • *redelijkheid*; *billijkheid* ★ *by ~ of wegens* ★ *for obvious ~s om redenen die voor de hand liggen* ★ *in ~ redelijkerwijs* ★ *talk ~ verstandig praten* ★ *it stands to ~ 't spreekt vanzelf* ★ *with good ~ terecht* II OV WW • *beredeneren* III ONOV WW • *redeneren* • **~ from** *uitgaan van*

reasonable ('ri:zənəbl) BNW • *redelijk* • *billijk*

reasonably ('ri:zənəblɪ) BIJW • *redelijkerwijs* • *vrij*; *tamelijk*

reasoning ('ri:zənɪŋ) ZN *redenering* ★ *close ~ waterdichte redenering*

reassemble (ri:ə'sembl) I OV WW • *opnieuw samenvoegen* II ONOV WW • *opnieuw verzamelen*

reassert (ri:ə'sɜ:t) OV WW *opnieuw beweren*

reassertion (ri:ə'sɜ:ʃən) ZN *herhaalde bewering*

reassess (ri:ə'ses) OV WW • *opnieuw schatten* • *opnieuw belasten*

reassessment (ri:ə'sesmənt) ZN *nieuwe belasting/aanslag*

reassign (ri:ə'saɪn) OV WW *opnieuw toewijzen*

reassume (ri:ə'sju:m) OV WW *weer aannemen*

reassurance (ri:ə'ʃɔ:rəns) ZN *geruststelling*

reassure (ri:ə'ʃɔ:) OV WW • *geruststellen* • *herverzekeren*

reassuring (ri:ə'ʃɔ:rɪŋ) BNW *geruststellend*

rebate ('ri:beɪt) ZN *rabat*; *korting*

rebel[1] ('rebl) I ZN • *opstandeling*; *oproerling* II BNW • *opstandig*

rebel[2] (rɪ'bel) ONOV WW *in opstand komen*

rebellion (rɪ'beljən) ZN *opstand*; *oproer*

rebellious (rɪ'beljəs) BNW • *opstandig* • *hardnekkig*

rebind (ri:'baɪnd) OV WW *opnieuw inbinden*

rebirth (ri:'bɜ:θ) ZN *wedergeboorte*

reboot (ri:'bu:t) OV WW COMP. *rebooten* ⟨systeem herstarten⟩

reborn (ri:'bɔ:n) BNW *herboren*

rebound[1] ('rɪbaʊnd) ZN ★ *take a p. on/at the ~ iemands reactie gebruiken om hem te overreden*

rebound[2] (ri:'baʊnd) ONOV WW • *terugspringen* • **~ (up)on** *(weer) neerkomen op*

rebuff (rɪ'bʌf) I ZN • *afwijzing* II OV WW • *voor 't hoofd stoten* • *afwijzen*; *onheus bejegenen*

rebuild (ri:'bɪld) OV WW *herbouwen*

rebuke (rɪ'bju:k) I ZN • *berisping* II OV WW • *berispen*

rebut (rɪ'bʌt) OV WW *weerleggen*

rebuttal (rɪ'bʌtl) ZN *weerlegging*

recalcitrance (rɪ'kælsɪtrəns) ZN *verzet*

recalcitrant (rɪ'kælsɪtrənt) I ZN • *recalcitrant/ weerspannig iemand* II BNW • *recalcitrant*; *weerspannig*

recall (rɪ'kɔ:l) I OV WW • *terugroepen* • *weer in 't geheugen/voor de geest roepen* • *herinneren aan* • *herroepen*; *intrekken*; *terugnemen* II ZN • USA *dwang om af te treden* ★ *beyond/past ~ onherroepelijk*

recant (rɪ'kænt) OV WW WW *(openlijk) herroepen*

recapitulate (ri:kə'pɪtjʊleɪt), INFORM. **recap** ('rɪ:kæp) OV+ONOV WW *recapituleren*

recapitulation (ri:kəpɪtjʊ'leɪʃən) ZN *recapitulatie*

recapture (ri:'kæptʃə) I ZN • *terugname*; *herovering* II OV+ONOV WW • *heroveren*; *terugnemen* • *oproepen*

recast (ri:'kɑ:st) I ZN • *in een nieuwe vorm gegoten voorwerp* • *hervorming* II OV WW • *omwerken* • *omgieten*

recede[1] ('ri:si:d) OV WW *weer afstaan*

recede[2] (rɪ'si:d) ONOV WW • *achteruitgaan*; *(terug)wijken* • **~ from** *terugkomen van/op*; *z. terugtrekken uit*

receipt (rɪ'si:t) I ZN • *ontvangst* • *kwitantie*; *reçu* • OUD. *recept* ★ *on ~ of na ontvangst van* II OV WW • *kwiteren* • USA *voor ontvangst tekenen*

receivable (rɪ'si:vəbl) BNW *geldig* ⟨vnl. v. betaalmiddel⟩

receive (rɪ'si:v) OV WW • *ontvangen* • *krijgen* ★ *generally ~d algemeen geldend*; *algemeen erkend* ★ *~ stolen goods helen*

received (rɪ'si:vd) BNW *algemeen aanvaard*; *standaard-* ★ Received Pronunciation *Algemeen Beschaafd Engels*

receiver (rɪ'si:və) ZN • *ontvanger* • *hoorn* ⟨v. telefoon⟩ • *reservoir* • *heler* ★ *official ~ curator*

recency ('ri:sənsɪ) ZN *'t recente*; *nieuwheid*

recension (rɪ'senʃən) ZN • *revisie* • *herziene uitgave*

recent ('ri:sənt) BNW • *kortgeleden* • *van onlangs* • *nieuw*

recently ('ri:səntlɪ) BIJW • *onlangs* • *de laatste tijd*

receptacle (rɪ'septəkl) ZN • *bloembodem*; *vruchtbodem* • *vergaarbak*; *bak*; *vat*

reception (rɪ'sepʃən) ZN • *ontvangst* • *receptie* • *erkenning* ★ *~ order bevel tot opneming in krankzinnigengesticht* ★ *~ room ontvangkamer* ★ *~ clerk chef de réception* ★ *~ desk hotelreceptie*

receptionist (rɪ'sepʃ(ə)nɪst) ZN *receptionist*

receptive (rɪ'septɪv) BNW *ontvankelijk*; *vatbaar*

receptivity (rɪsep'tɪvətɪ) ZN • → **receptive**

receptor (rɪ'septə) ZN *receptor*

recess (rɪ'ses) ZN • *nis*; *alkoof* • *schuilhoek* • *reces*; *vakantie*

recession (rɪ'seʃən) ZN *achteruitgang*; *recessie* ★ *~al hymn slotgezang*

recessive (rɪ'sesɪv) BNW *terugwijkend*

recharge (rɪ'tʃɑ:dʒ) I ZN • *nieuwe lading* II OV WW • *herladen*

rechristen (ri:'krɪsən) OV+ONOV WW *omdopen*

recidivism (rɪ'sɪdɪvɪzəm) ZN *recidive*; *herhaling van misdrijf*

recidivist (rɪ'sɪdɪvɪst) ZN *recidivist*

recipe ('resɪpɪ) ZN *recept*

recipient (rɪ'sɪpɪənt) I ZN • *ontvanger*; *belanghebbende* ★ *undisclosed ~s anonieme ontvangers* (bv. van e-mails) II BNW • *ontvankelijk*

reciprocal (rɪ'sɪprəkl) I ZN • *het omgekeerde* II BNW • *wederzijds*; *wederkerig*; *als tegenprestatie*

reciprocate (rɪ'sɪprəkeɪt) OV+ONOV WW • *wederdienst bewijzen*; *wederkerig van dienst zijn* • *uitwisselen*

reciprocity (resɪˈprɒsətɪ) ZN • *gelijke behandeling*
v. weerskanten • *wisselwerking*

recital (rɪˈsaɪtl) ZN • *concert; recital* • *verhaal*
• *voordracht*

recitation (resɪˈteɪʃən) ZN • *voordracht* • *verhaal*

recitative (resɪtəˈtiːv) ZN *recitatief*

recite (rɪˈsaɪt) I OV WW • *opnoemen* II OV+ONOV
WW • *voordragen; opzeggen*

reckless (ˈrekləs) BNW *roekeloos*

reckon (ˈrekən) I OV WW • OUD. *berekenen;*
uitrekenen • *houden voor; beschouwen* ★ ~
without one's host buiten de waard rekenen
• ~ *in meetellen* • ~ *with rekening houden met*
II ONOV WW • *menen*

reckoner (ˈrekənə) ZN • *rekenaar* • *rekenboekje*

reckoning (ˈrekənɪŋ) ZN • *berekening*
• *verrekening; vergelding* ★ *be out in one's* ~
zich misrekenen

reclaim (rɪˈkleɪm) I OV WW • *terugwinnen* • *weer*
op 't goede pad brengen; beschaven • *cultiveren*
• *droogmaken* II ZN ★ *beyond* ~ *niet voor*
verbetering vatbaar

reclamation (reklæˈmeɪʃən) ZN • *terugwinning*
• *ontginning* • *terugvordering*

recline (rɪˈklaɪn) I OV WW • *doen leunen* II ONOV
WW • *leunen* • *liggen* • *steunen*

recluse (rɪˈkluːs) I ZN • *kluizenaar* II BNW
• *afgezonderd*

recognise WW G-B • → recognize

recognition (rekəgˈnɪʃən) ZN • *herkenning*
• *erkenning*

recognizable (rekəgˈnaɪzəbl) BNW *herkenbaar*

recognizance (rɪˈkɒgnɪzəns) ZN • *borgtocht*
• *waarborgsom*

recognize (ˈrekəgnaɪz) OV WW • *herkennen*
• *erkennen*

recoil[1] (ˈrɪkɔɪl) ZN • *terugslag* • *reactie*

recoil[2] (rɪˈkɔɪl) ONOV WW • *terugdeinzen*
• *terugstoten* ⟨v. vuurwapen⟩ • ~ *from*
terugdeinzen voor • ~ *on z. wreken op*

recollect[1] (riːkəˈlekt) OV WW • ~ *o.s. zich*
herstellen/vermannen

recollect[2] (rekəˈlekt) OV+ONOV WW *zich (weten te)*
herinneren

recollection (rekəˈlekʃən) ZN *herinnering*

recommence (riːkəˈmens) OV+ONOV WW *opnieuw*
beginnen

recommencement (riːkəˈmensmənt) ZN
hervatting

recommend (rekəˈmend) OV WW *aanbevelen;*
adviseren ★ ~ed price *adviesprijs*

recommendable (rekəˈmendəbl) BNW
aanbevelenswaardig

recommendation (rekəmenˈdeɪʃən) ZN
aanbeveling(sbrief)

recommendatory (rekəmenˈdeɪtərɪ) BNW
aanbevelend

recompense (ˈrekəmpens) I ZN • *vergoeding* II OV
WW • *vergoeden; vergelden* • *belonen*

recompose (riːkəmˈpəʊz) OV WW *opnieuw*
samenstellen

reconcile (ˈrekənsaɪl) OV WW • *verzoenen;*
overeenbrengen • *bijleggen* ★ ~ *o.s. to zich*
schikken in • ~ *to/with verzoenen met*

reconcilement (rekənˈsaɪlmənt) ZN • → reconcile

reconciliation (rekənsɪlɪˈeɪʃən) ZN *verzoening*

recondite (ˈrekəndaɪt) BNW *obscuur; diep(zinnig)*

recondition (riːkənˈdɪʃən) OV WW *herstellen;*
opknappen; renoveren

reconnaissance (rɪˈkɒnɪsəns) ZN • *verkenning*
• *verkenningspatrouille*

reconnoitre, USA reconnoiter (rekəˈnɔɪtə) OV
WW *verkennen*

reconquer (riːˈkɒŋkə) OV WW *heroveren*

reconsider (riːkənˈsɪdə) OV+ONOV WW
• *heroverwegen* • *heroepen*

reconsideration (riːkənsɪdəˈreɪʃən) ZN
heroverweging

reconstruct (riːkənˈstrʌkt) OV WW • *opnieuw*
opbouwen • *reconstrueren*

reconstruction (riːkənˈstrʌkʃən) ZN
• *reconstructie* • *wederopbouw*

reconstructive (riːkənˈstrʌktɪv) BNW
reconstruerend

record[1] (ˈrekɔːd) ZN • *verslag; verhaal*
• *reputatie; antecedenten* • *opname;*
grammofoonplaat • *record; hoogste prestatie*
• *afschrift; document* • *getuigenis* ★ *bear* ~ *of*
getuigenis afleggen van ★ *beat/break/cut a* ~
een record breken ★ *keep a* ~ *of aantekeningen*
houden van ★ *keep to the* ~ *voet bij stuk*
houden ★ *criminal* ~ *strafblad* ★ *for the* ~ *voor*
de goede orde ▼ *off the* ~ *vertrouwelijk* ▼ *be on*
~ (*as*) *te boek staan (als); algemeen bekend*
staan (als) ▼ *put/set the* ~ *straight de zaken*
recht zetten

record[2] (rɪˈkɔːd) OV+ONOV WW • *registreren; te*
boek stellen; optekenen; aantekenen
• *vastleggen* ⟨op geluidsdrager⟩; *een*
geluidsopname maken van • *vermelden*

record-breaking BNW *die/dat een record breekt;*
record-

recorder (rɪˈkɔːdə) ZN • *griffier* • *archivaris*
• *rechter* • *(band)recorder* • *blokfluit*

recording (rɪˈkɔːdɪŋ) ZN *opname*

record-player ZN *platenspeler; grammofoon*

records (ˈrekɔːdz) ZN MV *archieven*

recount[1] (ˈriːkaʊnt) ZN *nieuwe telling*

recount[2] (rɪˈkaʊnt) OV WW *uitvoerig vertellen*

re-count (ˈriːkaʊnt) OV WW *opnieuw tellen*

recoup (rɪˈkuːp) I OV WW • *terugwinnen*
• *vergoeden* • JUR. *inhouden* ★ ~ *sb for iem. iets*
vergoeden • ~ *from verhalen op* II ONOV WW
• *z. herstellen*

recourse (rɪˈkɔːs) ZN *toevlucht* ★ *have* ~ *to zijn*
toevlucht nemen tot

recover (rɪˈkʌvə) I OV WW • *terugwinnen;*
terugkrijgen; terugvinden • *schadevergoeding*
krijgen • *inhalen* • *bijkomen; genezen* ★ ~
debts betaald krijgen ★ ~ *one's feet/legs weer*
op de been komen ★ ~ *o.s./one's senses*
bijkomen; tot bezinning komen ★ ~ *sword*
degen terugtrekken ⟨schermen⟩ II ONOV WW
• *genezen; herstellen; bijkomen; er weer*
bovenop komen III ZN • *herstel* ⟨schermen⟩

recoverable (rɪˈkʌvərəbl) BNW • *terug te krijgen*
• JUR. *verhaalbaar*

recovery (rɪˈkʌvərɪ) ZN *herstel* ★ *best wishes for*
your ~! *beterschap!* ★ *beyond/past* ~
onherstelbaar; ongeneeslijk

recreate (ˈrekrɪeɪt) OV+ONOV WW *ontspanning*
geven/nemen

re-create (ri:krı'eɪt) ov ww *herscheppen*
recreation (rekrı'eɪʃən) ZN • *speelkwartier*
• *ontspanning*; *recreatie* • *vermaak*
recreational (rekrı'eɪʃənəl) BNW *recreatie-*;
recreatief
recreation-ground ZN *speelterrein*; *speeltuin*
recriminate (rı'krımıneɪt) I ov ww • *met
tegenbeschuldiging beantwoorden* II ONOV WW
• *elkaar beschuldigen*
recrimination (rekrımı'neɪʃən) ZN *tegenverwijt*
recross (ri:'krɒs) ov ww *opnieuw oversteken*
recrudesce (ri:kru:'des) ONOV WW *weer
uitbreken*; *weer oplaaien*; *weer opleven*
recrudescence (ri:kru:'desəns) ZN *opleving*
recrudescent (ri:kru:'desənt) BNW *weer
uitbrekend*
recruit (rı'kru:t) I ov ww • *weer aanvullen*
• *aanwerven*; *rekruteren* II ONOV WW
• *rekruten (aan)werven* • OUD. *herstellen*;
herstel zoeken III ZN • *rekruut* • *nieuweling*
recruitment (rı'kru:tmənt) ZN • *rekrutering*
• OUD. *herstel*
rectangle ('rektæŋgl) ZN *rechthoek*
rectangular (rek'tæŋgʊlə) BNW *rechthoekig*
rectification (rektıfı'keıʃən) ZN *rectificatie*
rectify ('rektıfaı) ov ww • *recht zetten*;
verbeteren; *herstellen* • *opnieuw distilleren*
• *gelijkrichten*
rectilinear (rektı'lınıə) BNW *rechtlijnig*
rectitude ('rektıtju:d) ZN • *rechtschapenheid*
• *correctheid*
rector ('rektə) ZN • *rector* • *predikant* ⟨v.
anglicaanse Kerk⟩
rectorship ('rektəʃıp) ZN *ambt v. rector*
rectory ('rektərı) ZN • *predikantsplaats* • *pastorie*
recumbent (rı'kʌmbənt) BNW *(achterover)liggend*
recuperate (rı'ku:pəreıt) I ov ww • *doen
herstellen*; *er weer bovenop brengen* II ONOV
WW • *herstellen*; *er weer bovenop komen*
recuperation (rıku:pə'reıʃən) ZN *herstel*
recuperative (rı'ku:pərətıv) BNW *herstellend*;
herstellings-
recur (rı'kɜ:) ONOV WW • *terugkeren*; *terugkomen*;
z. *herhalen* • ~ring *decimals repeterende
decimalen* • ~ to *terugkomen op*; *zijn toevlucht
nemen tot*
recurrence (rı'kʌrens) ZN • *herhaling* • *toevlucht*
recurrent (rı'kʌrənt) BNW *telkens terugkerend*
recusant ('rekjʊzənt) ZN *weigeraar*
recycle (ri:'saıkl) ov ww *opnieuw in omloop
brengen*; *verwerken tot nieuw product*
recycling (ri:'saıklıŋ) ZN • *container* ~ *inleveren
v. verpakkingsmateriaal/flessen tegen statiegeld*
red (red) I BNW • *rood* • *rood* ⟨huidskleur⟩ ★ the
red carpet *de rode loper* ★ a red carpet
reception *een vorstelijke ontvangst* ★ red
herring *gerookte bokking*;
afleidingsmanoeuvre ★ red man *roodhuid*
★ red ribbon *rood lint van Orde van Bath*
★ red triangle *de YMCA* ★ be red on *fel zijn op*
★ redhead(ed) *met rode kop*; *roodharig* ★ red
hat *kardinaal(shoed)*; *Britse stafofficier* ★ red
tape *bureaucratie*; *bureaucratisch* II ZN • *rood*;
(de) rode ★ the red *verlies* ★ be in/get into the
red *rood* ⟨komen te⟩ *staan*
Red (red) I ZN ★ the Reds *de roden/rooien*;

communisten II BNW ★ Red Cross *Kruis v.
St.-George*; *Rode Kruis*
redaction (rı'dækʃən) ZN • *nieuwe uitgave*
• *bewerking*
redbreast ('redbrest) ZN *roodborstje*
redbrick ('redbrık) ZN ★ ~ (university) *universiteit
v. betrekkelijk recente datum*
redcoat ('redkəʊt) ZN GESCH. *Eng. soldaat*
redden ('redn) ov+ONOV ww *rood
maken/worden*
reddish ('redıʃ) BNW *roodachtig*; *rossig*
redecorate (ri:'dekəreıt) ov+ONOV WW
opknappen; *opnieuw schilderen en behangen*
redeem (rı'di:m) ov ww • *terugkopen*; *afkopen*;
vrijkopen; *aflossen*; *inlossen* • *loskopen*;
verlossen • *goedmaken* ★ ~ing feature
verzachtende omstandigheid
redeemable (rı'di:məbl) BNW • *aflosbaar*
• *inwisselbaar* • *uitlootbaar*
redeemer (rı'di:mə) ZN *verlosser*
redemption (rı'dempʃən) ZN • *aflossing*
• *verlossing*
redemptive (rı'demptıv) BNW *reddend*
redeploy (ri:dı'plɔı) ov ww *hergroeperen*
redevelop (ri:dı'veləp) ov ww • *opnieuw
ontwikkelen* • *saneren* • *renoveren*
red-handed (red'hændıd) BNW *op heterdaad*
red-hot (red'hɒt) BNW • *roodgloeiend* • *woedend*
• *vurig*
rediffusion (ri:dı'fju:ʒən) ZN MEDIA
radio-/tv-distributie
redirect (ri:daı'rekt) ov ww • *opnieuw richten*
• *doorsturen*
rediscover (ri:dı'skʌvə) ov ww *herontdekken*
rediscovery (ri:dı'skʌvərı) ZN *herontdekking*
redistribute (ri:dı'strıbju:t) ov ww *opnieuw
distribueren*
redistribution (ri:dıstrı'bju:ʃən) ZN *herdistributie*
red-letter ZN ★ ~ day *(kerkelijke) feestdag*;
geluksdag
red-light BNW ★ ~ district *rosse buurt*
redneck ('rednek) ZN USA, MIN. *(blanke,
conservatieve) arbeider* ⟨in de zuidelijke
staten⟩ ★ ~ed *kleingeestig*; *bevooroordeeld*
redo (ri:'du:) ov ww *overdoen*
redolence ('redələns) ZN *geur*; *welriekendheid*
redolent ('redələnt) BNW *(wel)riekend* ★ ~ of
herinnerend aan; *ruikend naar*
redouble (ri:'dʌbl) ov+ONOV ww ⟨z.⟩ *verdubbelen*
redoubtable (rı'daʊtəbl) BNW *geducht*
redound (rı'daʊnd) ONOV ww • *grotelijks
bijdragen* • *toevloeien*
redraft (rı'drɑ:ft) I ZN • *gewijzigd ontwerp* II OV
WW • *opnieuw ontwerpen*
redraw (ri:'drɔ:) ov ww *opnieuw tekenen*
redress (rı'dres) I ZN • *herstel*; *vergoeding* II OV
WW • *weer goedmaken*; *herstellen*; *vergoeden*
redskin ('redskın) ZN *roodhuid*
red snapper ZN *red snapper* ⟨vissoort⟩
reduce (rı'dju:s) ov ww • *verlagen*; *verminderen*;
verzwakken • *degraderen*; *verarmen*
• *(terug)brengen*; *herleiden* • *tot inkeer doen
komen*; *onderwerpen* • *zetten* ⟨v. ledematen⟩
★ ~ to practice *in praktijk brengen* ★ ~d
officials *afgedankte ambtenaren* ★ ~ to
powder *fijn maken*

re

reducible (rɪ'dju:səbl) BNW *reduceerbaar;
herleidbaar*

reduction (rɪ'dʌkʃən) ZN *vermindering*

reductive (rɪ'dʌktɪv) BNW *verminderend*

redundancy (rɪ'dʌndənsɪ) ZN • *overtolligheid*
• *weelderigheid* ★ ~ pay/scheme
afvloeiingspremie/-regeling; vut

redundant (rɪ'dʌndənt) BNW • *pleonastisch*
• *weelderig* • *overtollig*

reduplicate (rɪ'dju:plɪkeɪt) I OV WW • *herhalen*
II OV+ONOV WW • *verdubbelen* • *redupliceren*

reduplication (rɪdju:plɪ'keɪʃən) ZN • *herhaling*
• *verdubbeling*

reduplicative (rɪ'dju:plɪkətɪv) BNW • *herhalend*
• *verdubbelend*

redwood ('redwʊd) ZN *sequoia(boom)*

re-echo (ri:'ekəʊ) OV+ONOV WW *weerklinken*

reed (ri:d) I ZN • *riet* • *tongetje* (v.
muziekinstrument) • *weverskam* II OV WW
• *riet maken van* • *tongetje zetten in* • *(met
riet) dekken*

re-edit (ri:'edɪt) OV WW *opnieuw wijzigen*

re-educate (ri:'edjʊkeɪt) OV WW *herscholen*

re-education ZN *herscholing; omscholing*

reedy ('ri:dɪ) BNW *schel*

reef (ri:f) I ZN • *reef* 〈zeilen〉 • *rif* • *goudhoudende
kwartsader* ★ reef knot *platte knoop* II OV WW
• *reven*

reefer ('ri:fə) ZN • *platte knoop* • PLAT *joint*

reek (ri:k) I ZN • *stank* • *damp; rook* II ONOV WW
• *stinken* • *dampen; roken* • FIG. *rieken*

reel (ri:l) I ZN • *klos(je); haspel; spoel* • *film(strook)*
• *waggelende gang* ★ off the reel *vlot; zonder
haperen* II OV WW • *opwinden* • *doen wankelen*
★ reel up *ophalen; inhalen* • ~ **off** *afrollen;
afraffelen* III ONOV WW • *duizelen* • *wankelen;
waggelen* • *de 'reel' dansen* ★ my head reels *'t
duizelt me*

re-elect (ri:ɪ'lekt) OV WW *herkiezen*

re-election (ri:ɪ'lekʃən) ZN *herverkiezing*

re-eligible (ri:'elɪdʒəbl) BNW *herkiesbaar*

re-embark (ri:ɪm'bɑ:k) ONOV WW *weer aan boord
gaan*

re-embarkation (ri:embɑ:'keɪʃən) ZN *het
opnieuw inschepen*

re-emerge (ri:ɪ'mɜ:dʒ) ONOV WW *opnieuw
verschijnen*

re-enact (ri:ɪ'nækt) OV WW • *weer opvoeren*
• *weer instellen*

re-enactment (ri:ɪ'næktmənt) ZN *vernieuwing
van wet*

re-enforce (ri:ɪn'fɔ:s) OV WW *versterken*

re-enter (ri:'entə) I OV WW • *weer inschrijven*
II ONOV WW • *weer binnenkomen*

re-entrance (ri:'entrəns) ZN *herintreding*

re-entry (ri:'entrɪ) ZN *herintreding*

re-establish (ri:ɪ'stæblɪʃ) OV WW *opnieuw
vestigen*

re-establishment (ri:ɪ'stæblɪʃmənt) ZN • *nieuwe
vestiging* • *herstelling*

reeve (ri:v) I ZN • *baljuw* II OV WW • *inscheren*

re-examination (ri:ɪgzæmɪ'neɪʃən) ZN • *nieuw
onderzoek* • *herexamen*

re-examine (ri:ɪg'zæmɪn) OV WW *opnieuw
onderzoeken*

re-export (ri:ɪk'spɔ:t) OV+ONOV WW

herexporteren

ref (ref) ZN INFORM. • → **referee**

ref. (ref) AFK • referee *scheidsrechter* • reference
verwijzing

reface (ri:'feɪs) OV WW *van een nieuwe
buitenlaag voorzien*

refashion (ri:'fæʃən) OV WW *een nieuwe vorm
geven*

refection (rɪ'fekʃən) ZN *kleine maaltijd;
versersing*

refectory (rɪ'fektərɪ) ZN *refter*

refer (rɪ'fɜ:) I OV WW • *in handen stellen van;
overdragen* • *toeschrijven* • *verwijzen* ★ ~ o.s.
to *zich onderwerpen aan; zich toevertrouwen
aan* II ONOV WW ★ ~ring to *onder verwijzing
naar* • ~ **to** *raadplegen; betrekking hebben op;
zich wenden tot; een beroep doen op; zinspelen
op; vermelden*

referable (rɪ'fɜ:rəbl) BNW *toe te schrijven*

referee (refə'ri:) ZN *scheidsrechter*

reference ('refərəns) ZN • *bevoegdheid* • JUR.
renvooi • *het naslaan* • *verwijzingsteken*
• *referentie* ★ book of ~ *naslagwerk* ★ ~ book
naslagwerk ★ in/with ~ to *met betrekking tot;
naar aanleiding van* ★ on ~ to *bij 't naslaan
van* ★ without ~ to *zonder te letten op* ★ ~
library *handbibliotheek*

referendum (refə'rendəm) ZN *volksstemming*

referral (rɪ'fɜ:rəl) ZN *(door)verwijzing*

refill[1] ('ri:fɪl) ZN • *navulling; hervulling* • *tweede
portie*

refill[2] (ri:'fɪl) *navullen; hervullen*

refine (rɪ'faɪn) I OV WW • *zuiveren; verfijnen;
raffineren; veredelen* II ONOV WW • *zuiver
worden; edel(er) worden* • ~ **(up)on** *uitspinnen;
verbeteren*

refined (rɪ'faɪnd) BNW *verfijnd; elegant;
geraffineerd*

refinement (rɪ'faɪnmənt) ZN *raffinement*

refiner (rɪ'faɪnə) ZN *raffinadeur*

refinery (rɪ'faɪnərɪ) ZN *raffinaderij*

refit[1] ('ri:fɪt) ZN *herstel*

refit[2] (ri:'fɪt) OV WW *herstellen*

reflate (ri:'fleɪt) OV WW *reflatie veroorzaken* ★ a
plan to ~ the economy *een economisch
herstelplan*

reflect (rɪ'flekt) I OV WW • *weerspiegelen;
weergeven; terugkaatsen* ★ ~ credit (up)on *tot
eer strekken* II ONOV WW • *bedenken;
(over)peinzen* • ~ **(up)on** *nadenken over;
hekelen; aanmerkingen maken op; een blaam
werpen op*

reflection (rɪ'flekʃən) ZN • *weerschijn;
(spiegel)beeld* • *blaam* • *overdenking; 't
nadenken; gedachte* ★ on ~ *bij nader inzien*

reflective (rɪ'flektɪv) BNW *nadenkend; peinzend*

reflector (rɪ'flektə) ZN *reflector*

reflex ('ri:fleks) I ZN • *weerkaatst beeld of licht;
spiegelbeeld; weerkaatsing • terugslag;
afspiegeling* • *reflex(beweging)* ★ conditioned ~
geconditioneerde reflex II BNW • *vanzelf
reagerend* • *reflex-*

reflexion ZN • → **reflection**

reflexive (rɪ'fleksɪv) BNW *wederkerend*

refloat (ri:'fləʊt) ONOV WW *weer vlot komen*

reform (rɪ'fɔ:m) I OV WW • *hervormen;*

verbeteren; bekeren; tot inkeer brengen • afschaffen II ONOV WW • zich bekeren III ZN • beterschap; herziening ★ Reform Act/Bill (ontwerp-)kieswet van 1832 ★ ~ school verbeteringsgesticht

re-form (riːˈfɔːm) OV+ONOV WW (z.) opnieuw vormen

reformal (rɪˈfɔːməl) BNW hervormings-

reformation (refəˈmeɪʃən) ZN • hervorming • reformatie

Reformation (refəˈmeɪʃən) ZN REL. hervorming

reformatory (rɪˈfɔːmətərɪ) BNW hervormend

reformer (rɪˈfɔːmə) ZN hervormer

refract (rɪˈfrækt) OV WW breken (v. licht)

refraction (rɪˈfrækʃən) ZN (straal)breking

refractive (rɪˈfræktɪv) BNW brekend

refractor (rɪˈfræktə) ZN • brekende stof • lens; kijker

refractory (rɪˈfræktərɪ) BNW • onhandelbaar • moeilijk te bewerken

refrain (rɪˈfreɪn) I ZN • refrein II ONOV WW • z. onthouden • ~ from afzien van

refresh (rɪˈfreʃ) OV WW (z.) opfrissen; (z.) verfrissen; (z.) weer jong/sterk, enz. maken ★ ~ one's inner man wat gebruiken

refresher (rɪˈfreʃə) ZN • hartversterking • opfrisser • extra honorarium ★ ~ course bijscholingscursus

refreshing (rɪˈfreʃɪŋ) BNW • verfrissend • aangenaam; verrassend

refreshment (rɪˈfreʃmənt) ZN • verversing • verfrissing ★ ~ room restauratie; koffiekamer

refrigerant (rɪˈfrɪdʒərənt) I ZN • koelmiddel II BNW • verkoelend

refrigerate (rɪˈfrɪdʒəreɪt) OV+ONOV WW (af)koelen

refrigeration (rɪfrɪdʒəˈreɪʃən) ZN (af)koeling

refrigerator (rɪˈfrɪdʒəreɪtə) ZN koelapparaat; koeler; koelkast; koelwagen

refrigeratory (rɪˈfrɪdʒərətərɪ) BNW verkoelend

refuel (riːˈfjuːəl) OV+ONOV WW tanken

refuge (ˈrefjuːdʒ) ZN • toevlucht(soord) • redmiddel • vluchtheuvel ★ central ~ vluchtheuvel ★ take ~ in zijn toevlucht nemen tot

refugee (refjuˈdʒiː) ZN vluchteling

refund[1] (ˈriːfʌnd) ZN terugbetaling

refund[2] (rɪˈfʌnd) OV+ONOV WW terugbetalen

refurbish (riːˈfɜːbɪʃ) OV WW • renoveren; weer (als) nieuw maken; opknappen • weer doen (op)leven

refurnish (riːˈfɜːnɪʃ) OV WW opnieuw meubileren

refusal (rɪˈfjuːzəl) ZN weigering ★ first ~ optie ★ meet with ~ geweigerd worden

refuse[1] (ˈrefjuːs) I ZN • afval ★ ~ dump vuilnisbelt ★ ~ collector vuilnisophaler II BNW • waardeloos; weggegooid ★ ~ iron oud roest

refuse[2] (rɪˈfjuːz) OV+ONOV WW weigeren ★ the horse ~s the fence het paard weigert te springen

refuser (rɪˈfjuːzə) ZN weigeraar

refutable (ˈrɪˈfjuːtəbl) BNW weerlegbaar

refutation (refjuˈteɪʃən) ZN weerlegging

refute (rɪˈfjuːt) OV WW weerleggen

regain (rɪˈgeɪn) OV WW herkrijgen; terugwinnen ★ ~ one's feet weer op de been komen

regal (ˈriːgl) BNW koninklijk

regale (rɪˈgeɪl) I OV WW • onthalen • ~ with vergasten op II ONOV WW • ~ on z. vergasten op III ZN • feestmaal • verfijndheid

regalia (rɪˈgeɪlɪə) ZN regalia; koninklijke attributen; kroonjuwelen

regality (rɪˈgælətɪ) ZN koninklijke waardigheid

regard (rɪˈgɑːd) I ZN • aandacht; zorg • achting • OUD. starende blik • in/with ~ to met betrekking tot ★ without ~ to zonder te letten op ★ have ~ for rekening houden met ★ have ~ to in aanmerking nemen ★ pay no ~ to niet letten op II OV WW • bekijken; aankijken; beschouwen • in acht nemen ★ as ~s wat betreft ★ ~ing betreffende

regardful (rɪˈgɑːdfʊl) BNW • oplettend • attent; eerbiedig

regardless (rɪˈgɑːdləs) I BNW • onattent; onachtzaam II VZ ★ ~ of zonder te letten op

regards (rɪˈgɑːdz) ZN MV ★ give my ~ to doe van mij de groeten aan

regatta (rɪˈgætə) ZN roeiwedstrijd; zeilwedstrijd

regd. AFK registered geregistreerd

regency (ˈriːdʒənsɪ) ZN regentschap

Regency (ˈriːdʒənsɪ) ZN Regency (tijdperk v. 1810 - 1820)

regenerate[1] (rɪˈdʒenərət) BNW herboren

regenerate[2] (rɪˈdʒenəreɪt) I OV WW • doen herboren worden; nieuw leven inblazen II ONOV WW • herboren worden • regenereren

regeneration (rɪdʒenəˈreɪʃən) ZN regeneratie

regent (ˈriːdʒənt) ZN regent

regicide (ˈredʒɪsaɪd) ZN • koningsmoord • koningsmoordenaar

regime (reɪˈʒiːm) ZN regime

regimen (ˈredʒɪmen) ZN leefregel; dieet

regiment (ˈredʒɪmənt) I ZN • regiment II OV WW • indelen in regimenten

regimental (redʒɪˈmentl) BNW regiments-

regimentals (redʒɪˈmentlz) ZN MV militair uniform

regimented (redʒɪˈmentɪd) BNW gereglementeerd

region (ˈriːdʒən) ZN streek; gebied ★ lower ~s onderwereld; hel • nether ~s EUF. de onderste regionen; (de schaamstreek) de onderwereld ★ upper ~s hemel

regional (ˈriːdʒənl) BNW gewestelijk; regionaal

register (ˈredʒɪstə) I OV WW • (laten) inschrijven; aangeven • uitdrukken; tonen • (laten) aantekenen (v. brief) ★ ~ o.s. zich laten inschrijven op kiezerslijst II ONOV WW • z. (laten) inschrijven • in zich opnemen III OV+ONOV WW registreren (drukkerij) IV ZN • register; lijst • teller; (snelheids)meter • schuif (v. kachelpijp) ★ ~ (office) bureau v.d. burgerlijke stand; inschrijvingskantoor ★ ~ stove reguleerkachel

registrar (ˈredʒɪsˈtrɑː) ZN • griffier • ambtenaar v.d. burgerlijke stand • bewaarder der registers; archivaris

registration (redʒɪˈstreɪʃən) ZN registratie ★ ~ number registratienummer; autokenteken

registry (ˈredʒɪstrɪ) ZN • registratie • archief ★ ~ office (bureau van de) burgerlijke stand ★ married at a ~ office getrouwd voor de wet

regnant (ˈregnənt) BNW regerend

re

regress¹ ('ri:gres) ZN *teruggang; achteruitgang*
regress² (rɪ'gres) ONOV WW *achteruitgaan*
regression (rɪ'greʃən) ZN *terugkeer; verval; malaise*
regressive (rɪ'gresɪv) BNW *regressief*
regret (rɪ'gret) I ZN • *spijt; berouw* II OV WW • *betreuren* ★ I ~ to say *het spijt mij te moeten zeggen*
regretful (rɪ'gretfʊl) BNW *spijtig; treurig*
regretfully (rɪ'gretfʊlɪ) BIJW *met spijt/leedwezen*
regrets (rɪ'grets) ZN MV *berouw; verontschuldigingen; spijt*
regrettable (rɪ'gretəbl) BNW *betreurenswaardig*
regrettably (rɪ'gretəblɪ) BIJW *jammer genoeg; helaas* ★ ~ few of them attended the meeting *helaas bezochten weinig van hen de vergadering*
regroup (ri:'gru:p) OV+ONOV WW *(z.) hergroeperen*
regular ('regjʊlə) I ZN • *vaste afnemer; vaste klant; stamgast • ordegeestelijke • beroepsmilitair* II BNW • *beroeps-; gediplomeerd • regulier (geestelijkheid) • INFORM. echt; doortrapt • USA gewoon; normaal • regelmatig; geregeld; vast (klant) • correct; zoals het hoort* ★ keep ~ hours *zich aan vaste (werk)uren houden* ★ ~ battle *formeel gevecht* ★ ~ fellow *prima vent* ★ ~ treat *waar genot*
regularity (regjʊ'lærətɪ) ZN *regelmatigheid*
regularization, G-B **regularisation** (regjʊləraɪ'zeɪʃən) ZN *regularisatie*
regularize, G-B **regularise** ('regjʊləraɪz) OV WW *regulariseren*
regulate ('regjʊleɪt) OV WW *regelen; reguleren; reglementeren*
regulation (regjʊ'leɪʃən) ZN • *voorschrift • voorgeschreven* ★ ~ speed *maximum snelheid* ★ ~ uniform *modelkleding; dienstkleding*
regulative ('regjʊlətɪv) BNW *regulatief*
regulator ('regjʊlətə) ZN *regulateur*
regurgitate (rɪ'gɜ:dʒɪteɪt) I OV WW • *uitbraken • na-apen* II ONOV WW • *terugstromen*
regurgitation (rɪgɜ:dʒɪ'teɪʃən) ZN *het (doen) terugstromen*
rehab ('ri:hæb) I ZN • INFORM. • → **rehabilitation** ★ in ~ *aan het afkicken* II OV WW • INFORM. • → **rehabilitate**
rehabilitate (ri:hə'bɪlɪteɪt) OV WW • *rehabiliteren • revalideren • renoveren*
rehabilitation (ri:həbɪlə'teɪʃən) ZN • *rehabilitatie • revalidatie • ontwenningskuur; (het) afkicken* ★ ~ of prisoners *reclassering* ★ ~ centre/clinic *revalidatiecentrum; ontwenningskliniek; afkickcentrum* ★ medical ~ *revalidatie*
rehash (ri:'hæʃ) I ZN • *herbewerking; oude kost* (fig.) II OV WW • *weer uit de kast halen; opnieuw brengen*
rehearsal (rɪ'hɜ:səl) ZN • *repetitie; oefening* • FORM. *relaas* ★ dress ~ *generale repetitie*
rehearse (rɪ'hɜ:s) OV WW • *herhalen; weer opzeggen • opsommen • repeteren* (toneel)
rehouse (ri:'haʊz) OV WW *een nieuw onderdak geven*
reign (reɪn) I ZN • *regering* ★ ~ of terror *schrikbewind* II ONOV WW • *regeren; heersen*

reimburse (ri:ɪm'bɜ:s) OV WW *terugbetalen; vergoeden*
reimbursement (ri:ɪm'bɜ:smənt) ZN *terugbetaling*
reimport (ri:ɪm'pɔ:t) OV WW *weer importeren*
reimpose (ri:ɪm'pəʊz) OV WW *opnieuw invoeren; opnieuw opleggen*
rein (reɪn) I ZN • *teugel* ★ give (the) rein(s) to *de vrije teugel laten* ★ draw rein *stil houden; opgeven; zich intomen* ★ FIG. a loose rein *de vrije teugel* II OV WW • *besturen • beteugelen* • ~ **back/in** *inhouden*
reincarnation ('ri:ɪnkɑ:'neɪʃn) ZN *reïncarnatie*
reindeer ('reɪndɪə) ZN *rendier*
reinforce (ri:ɪn'fɔ:s) I OV WW • *versterken* ★ ~d concrete *gewapend beton* II ZN • *versterking*
reinforcement ('ri:ɪn'fɔsmənt) ZN *versterking*
reinsert (ri:ɪn'sɜ:t) OV WW *opnieuw tussenvoegen*
reinstate (ri:ɪn'steɪt) OV WW *herstellen*
reinstatement (ri:ɪn'steɪtmənt) ZN *herstel*
reinter (ri:ɪn'tɜ:) OV WW *opnieuw begraven*
reinterment (ri:ɪn'tɜ:mənt) ZN *herbegrafenis*
reinvest (ri:ɪn'vest) OV WW *herinvesteren*
reinvestment (ri:ɪn'vestmənt) ZN *herinvestering*
reinvigorate (ri:ɪn'vɪgəreɪt) OV WW *opnieuw (ver)sterken*
reissue (ri:'ɪʃu:) OV WW *opnieuw uitgeven*
reiterate (ri:'ɪtəreɪt) OV WW *herhalen*
reiteration (ri:ɪtə'reɪʃən) ZN *herhaling*
reiterative (ri:'ɪtərətɪv) BNW *herhalend*
reject (rɪ'dʒekt) OV WW • *verwerpen; afwijzen • uitbraken; uitwerpen; opgeven*
rejectable (rɪ'dʒektəbl) BNW *verwerpelijk*
rejection (rɪ'dʒekʃən) ZN *afwijzing*
rejoice (rɪ'dʒɔɪs) I OV WW • *verheugen; vieren* II ONOV WW • *zich verheugen; feesten* • ~ **at** *zich verheugen over*
rejoicing (rɪ'dʒɔɪsɪŋ) ZN • *vreugde • feestelijkheden*
rejoicings (rɪ'dʒɔɪsɪŋz) ZN MV *feestvreugde*
rejoin¹ (rɪ'dʒɔɪn) OV WW *(bits) antwoorden*
rejoin² (ri:'dʒɔɪn) OV+ONOV WW *(z.) weer verenigen; z. weer vervoegen bij*
rejoinder (rɪ'dʒɔɪndə) ZN *(bits) antwoord*
rejuvenate (rɪ'dʒu:vɪneɪt) OV+ONOV WW *weer jong maken/worden*
rekindle (ri:'kɪndl) OV+ONOV WW *opnieuw ontsteken*
relabel (ri:'leɪbl) OV WW *opnieuw etiketteren*
relapse (rɪ'læps) I ZN • *terugval; instorting* II ONOV WW • *(weer) instorten; (weer) terugvallen*
relate (rɪ'leɪt) I OV WW • *vertellen • (onderling) verband leggen* • ~ **to/with** *in verband brengen met* II ONOV WW • *in verband staan*
related (rɪ'leɪtɪd) BNW *verwant*
relation (rɪ'leɪʃən) ZN • *betrekking; verhouding* • *(bloed)verwantschap • familielid* ★ bear no ~ to *in geen verhouding staan tot* ★ be out of ~ to *in geen betrekking of verhouding staan tot* ★ in ~ to *in verhouding tot*
relational (rɪ'leɪʃənl) BNW *verwant*
relationship (rɪ'leɪʃənʃɪp) ZN • *verhouding • verwantschap*
relative ('relətɪv) I ZN • *familielid • betrekkelijk voornaamwoord* II BNW • *betrekkelijk • in*

betrekking staand • *toepasselijk* • *respectief* ⋆ ~ *to evenredig aan/tot*
relativity (relə'tɪvətɪ) ZN • *betrekkelijkheid* • *relativiteit*
relax (rɪ'læks) OV+ONOV WW • *(z.) ontspannen* • *verslappen*; *verzachten* ⋆ ~ *the bowels laxeren*
relaxation (ri:læk'seɪʃən) ZN *ontspanning*
relay[1] ('ri:leɪ) ZN • *aflossing* ⟨v. wacht, paarden⟩ • *relais* • *heruitzending* ⋆ ~ *race estafette*
relay[2] (ri:leɪ, rɪ'leɪ) OV WW *aflossen*; *relayeren*
re-lay (ri:'leɪ) OV WW *opnieuw leggen*
release (rɪ'li:s) I ZN • *bevrijding*; *vrijgeving* • *nieuwe film/lp* • *uitlaat* • A-V *ontspanner* II OV WW • *loslaten*; *bevrijden*; *vrijlaten* • *vrijgeven* • *voor 't eerst vertonen* ⟨film⟩; *op de markt brengen* • JUR. *afstand doen van*; *overdragen*; *kwijtschelden* • ~ *from ontheffen van*
relegate ('relɪgeɪt) OV WW • *verbannen* • SPORT *degraderen*; *overplaatsen* • *overdragen*; *verwijzen*
relegation (relɪ'geɪʃən) ZN • *verbanning* • *overplaatsing*; SPORT *degradatie*
relent (rɪ'lent) ONOV WW *medelijden tonen*; *z. laten vermurwen*
relentless (rɪ'lentləs) BNW *meedogenloos*
relevance ('relɪvəns) ZN *relevantie*
relevancy ('relɪvənsɪ) ZN • → **relevance**
relevant ('relɪvənt) BNW *relevant*; *toepasselijk* ⋆ *be* ~ *op zijn plaats zijn*; *(ermee) te maken hebben* ⋆ ~ *to betrekking hebbend op*
reliability (rɪlaɪə'bɪlətɪ) ZN *betrouwbaarheid*
reliable (rɪ'laɪəbl) BNW *betrouwbaar*
reliance (rɪ'laɪəns) ZN • *vertrouwen* • *hoop*
reliant (rɪ'laɪənt) BNW *vertrouwend* ⋆ ~ *on afgaand op*
relic ('relɪk) ZN • *reliek*; *relikwie* • *overblijfsel*
relics ('relɪks) ZN MV *overblijfselen*; *stoffelijk overschot*
relief (rɪ'li:f) ZN • *verlichting*; *opluchting*; *welkome afwisseling* • *steun*; *hulp* • *ontzet*; *ontslag*; *ontheffing* • *aflossing*; *extra bus/trein* • *reliëf*; *plastiek* ⋆ *throw into* ~ *doen uitkomen* ⋆ *comic* ~ *vrolijke noot*
relief fund ZN *rampenfonds*; *steunfonds*
relief road ZN *rondweg*
relief train ZN *extra trein*
relief work ZN *werkverschaffing(sobject)*
relief worker ZN *hulpverlener*
relieve (rɪ'li:v) OV WW ⋆ ~ *one's feelings lucht geven aan zijn gevoelens* ⋆ ~ *nature zijn behoefte doen* • ~*d opgelucht* ⋆ ~ *a p. of ontheffen van*; *ontslaan van*; *beroven van*
religion (rɪ'lɪdʒən) ZN • *godsdienst* • *godsvrucht* ⋆ *enter into* ~ *in het klooster gaan*
religious (rɪ'lɪdʒəs) BNW • *religieus* • *klooster-* • *kerkelijk* ⋆ *with* ~ *care met de uiterste zorg*
religiously (rɪ'lɪdʒəslɪ) BIJW • *godsdienstig* • *gewetensvol*; *nauwgezet*
reline (ri:'laɪn) OV WW *van een nieuwe voering voorzien*
relinquish (rɪ'lɪŋkwɪʃ) OV WW • *opgeven*; *afstand doen van* • *loslaten*
relinquishment (rɪ'lɪŋkwɪʃmənt) ZN *het opgeven*; *afstand*

reliquary ('relɪkwərɪ) ZN *reliekschrijn*
relish ('relɪʃ) I OV WW • *smakelijk(er) maken*; *kruiden* • *genoegen scheppen in*; *houden van*; *waarderen* • *verlangen naar* II ONOV WW • *smaken* • ~ *of zwemen naar* III ZN • *kruiderij* • *smaak* • *aantrekkelijkheid* • *scheutje*; *tikje* ⋆ *Worcester* ~ *worcestersaus* ⋆ *with great* ~ *met groot genoegen* ⋆ *no* ~ *for geen gevoel voor / verlangen naar*
relive (ri:'lɪv) OV WW *opnieuw beleven*
reload (ri:'ləʊd) OV WW *herladen*
relocate (ri:ləʊ'keɪt) OV WW • *verplaatsen* • *verhuizen*
relocation (ri:ləʊ'keɪʃən) ZN • *verplaatsing* • *verhuizing*
reluctance (rɪ'lʌktns) ZN *tegenzin*
reluctant (rɪ'lʌktnt) BNW *onwillig* ⋆ ~*ly met tegenzin*
rely (rɪ'laɪ) ONOV WW ⋆ *you may rely (up)on it wees daar maar zeker van* • ~ *(up)on vertrouwen op*; *afgaan op*; *rekenen op*
remain (rɪ'meɪn) ONOV WW *(over)blijven*; *nog over zijn*
remainder (rɪ'meɪndə) I ZN • *overblijfsel*; *rest(ant)* • JUR. *recht van erven* II OV WW • *opruimen*
remains (rɪ'meɪnz) ZN MV • *overblijfselen* • *nagelaten werken* • *stoffelijk overschot*
remake (rɪ'meɪk) OV WW *overmaken*
remand (rɪ'mɑ:nd) I ZN • *voorarrest* • *preventief gedetineerde* ⋆ ~ *centre verbeteringsgesticht*; *huis van bewaring* ⟨voor jeugdige delinquenten⟩ II OV WW ⋆ ~ *(in custody) terugzenden in voorarrest* ⋆ ~ *on bail onder borgstelling vrijlaten*
remark (rɪ'mɑ:k) I ZN • *opmerking* II OV WW • *opmerken* III ONOV WW • *opmerkingen maken*
remarkable (rɪ'mɑ:kəbl) BNW *merkwaardig*
remarkably (rɪ'mɑ:kəblɪ) BIJW *merkwaardig*; *opmerkelijk*
remarriage (ri:'mærɪdʒ) ZN *nieuw huwelijk*
remarry (ri:'mærɪ) ONOV WW *hertrouwen*
remediable (rɪ'mi:dɪəbl) BNW *te verhelpen*
remedial (rɪ'mi:dɪəl) BNW *verbeterend* ⋆ ~ *measures maatregelen tot herstel* ⋆ ~ *teacher speciale docent voor kinderen met achterstand en andere problemen*
remedy ('remɪdɪ) I ZN • *(genees)middel* • *(rechts)herstel* II OV WW • *verhelpen*; *genezen*
remember (rɪ'membə) I OV WW • *denken aan* • *bedenken* ⟨met fooi, legaat⟩ ⋆ ~ *me to your parents doe mijn groeten aan je ouders* II OV+ONOV WW • *(z.) herinneren*; *nog weten*; *niet vergeten*; *onthouden* ⋆ ~ *o.s. tot bezinning komen*
remembrance (rɪ'membrəns) ZN • *geheugen* • *aandenken*
Remembrance Day ZN *oorlogsherdenkingsdag* ⟨11 november, einde van WO I⟩
remembrancer (rɪ'membrənsə) ZN OUD. *iem. of iets dat aan iets herinnert*
remind (rɪ'maɪnd) OV WW • *herinneren* ⋆ *that* ~*s me! dat is waar ook!* • ~ *of doen denken aan*
reminder (rɪ'maɪndə) ZN • *waarschuwing* • *aanmaning*

re

remindful (rɪ'maɪndfʊl) BNW *indachtig* ★ ~ *of herinnerend aan*

reminisce (remɪ'nɪs) ONOV WW *herinneringen ophalen*; *mijmeren*

reminiscence (remɪ'nɪsəns) ZN *herinnering*

reminiscent (remɪ'nɪsənt) BNW *met plezier terugdenkend* ★ be ~ of *(zich) herinneren (aan)*

remiss (rɪ'mɪs) BNW *nonchalant*; *lui*

remissible (rɪ'mɪsɪbl) BNW *vergeeflijk*

remission (rɪ'mɪʃən) ZN • *vermindering* • *vergeving*

remit (rɪ'mɪt) I OV WW • *vergeven* • *kwijtschelden* • *matigen*; *doen afnemen* • JUR. *verwijzen* • *overmaken* • *toezenden* II ONOV WW • *afnemen*

remittal (rɪ'mɪtl) ZN JUR. *verwijzing naar andere rechtbank*

remittance (rɪ'mɪtns) ZN *overschrijving* ⟨v. geld⟩

remittee (rɪmɪ'tiː) ZN *ontvanger v. overschrijving*

remittent (rɪ'mɪtnt) BNW *op- en afgaand* ⟨v. koorts⟩

remnant ('remnənt) ZN • *rest*; *restant* • *coupon*

remodel (riː'mɒdl) OV WW *opnieuw modelleren*

remonstrance (rɪ'mɒnstrəns) ZN • *protest* • *officieel bezwaarschrift*

remonstrant (rɪ'mɒnstrənt) I ZN • *protesteerder* • *remonstrant* II BNW • *protesterend* • *remonstrants*

remonstrate ('remənstreɪt) I OV WW • *tegenwerpen* II ONOV WW • *protesteren*

remorse (rɪ'mɔːs) ZN *wroeging*; *berouw* ★ without ~ *meedogenloos*

remorseful (rɪ'mɔːsfʊl) BNW *berouwvol*

remorseless (rɪ'mɔːsləs) BNW *meedogenloos*

remote (rɪ'məʊt) I ZN • INFORM., TECHN. remote control *a.b.* ⟨afstandsbediening⟩ II BNW • *ver weg* • *afgelegen* ★ not the ~st idea *geen flauw idee* ★ ~ ages/antiquity *grijze verleden/oudheid* ★ ~ from *ver weg van*

remould (riː'məʊld, riː'məʊld) OV WW *omvormen*

removable (rɪ'muːvəbl) I ZN • *afzetbaar rechter* II BNW • *afneembaar* • *afzetbaar*

removal (rɪ'muːvəl) ZN *verwijdering*; *verplaatsing* ★ ~ van *verhuiswagen*

remove (rɪ'muːv) I OV WW • *verwijderen*; *afnemen*; *wegnemen*; *er af doen* • *opruimen*; *uit de weg ruimen* ★ first cousin once ~d *achterneef* ★ ~ the cloth *de tafel afruimen* ★ ~ furniture *zich met verhuizingen belasten* II ONOV WW • *verhuizen* III ZN • *bevordering* ⟨naar hogere klas⟩ • *tussenklas* • *status*; *trap*; *graad* • *afstand*

remover (rɪ'muːvə) ZN • *verhuizer* • *vlekkenwater*; *afbijtmiddel*; remover ⟨v. nagellak⟩

remunerate (rɪ'mjuːnəreɪt) OV WW *(be)lonen*

remuneration (rɪmjuːnə'reɪʃən) ZN *beloning*

remunerative (rɪ'mjuːnərətɪv) BNW *lonend*

Renaissance (rɪ'neɪsns, 'renə'sɑns) ZN *renaissance*

renal ('riːnl) BNW *v.d. nieren*; *nier-*

rename (riː'neɪm) OV WW *hernoemen*

renascence (rɪ'næsəns) ZN *wedergeboorte*

renascent (rɪ'næsənt) BNW *weer oplevend*

rend (rend) OV WW • *verscheuren*; *stukscheuren*

• *klieven* ★ rend one's hair *zich de haren uitrukken*

render ('rendə) I OV WW • *teruggeven* • *weergeven* • *betuigen*; *betonen* • *verlenen* ★ ~ good for evil *kwaad met goed vergelden* ★ ~ possible *mogelijk maken* • ~ **down** *smelten* ⟨v. vet⟩ II ZN • *vergoeding*

rendering ('rendərɪŋ) ZN *weergave*

rendezvous ('rɒndɪvuː) I ZN • *afspraakje* • *samenkomst* II ONOV WW • *samenkomen*

rendition (ren'dɪʃən) ZN *uitvoering*; *weergave*; *vertaling*

renegade ('renɪɡeɪd) ZN *afvallige*; *overloper*

renege (rɪ'niːɡ) OV WW *herroepen*; *intrekken*

renew (rɪ'njuː) OV WW • *vernieuwen*; *hernieuwen* • *doen herleven* • *hervatten* • *vervangen*; *verversen* • *verstellen* • *prolongeren*; *verlengen*

renewable (rɪ'njuːəbl) BNW • *vernieuwbaar* • *verlengbaar*

renewal (rɪ'njuːəl) ZN • *vernieuwing* • *verlenging*

rennet ('renɪt) ZN *stremsel*

renounce (rɪ'naʊns) I OV WW • *afstand doen van*; *afzien van* • *verwerpen*; *niet meer erkennen*; *verloochenen*; *verzaken* ★ ~ the world *zich uit de wereld terugtrekken* II ONOV WW ★ JUR. *afstand doen* • *verzaken* ⟨in kaartspel⟩

renouncement (rɪ'naʊnsmənt) ZN *afstand*

renovate ('renəveɪt) OV WW *vernieuwen*; *herstellen*

renovation (renə'veɪʃən) ZN *renovatie*

renown (rɪ'naʊn) ZN *roem*

renowned (rɪ'naʊnd) BNW *vermaard*

rent (rent) I ZN • *kloof*; *scheur* • *huur*; *pacht* ★ rent charge *erfpacht* II WW [verl. tijd + volt. deelw.] • → **rend** OV WW *(ver)huren*; *(ver)pachten*; *in huur of pacht hebben*

rental ('rentl) ZN *huursom*; *pachtsom* ★ ~ value *huurwaarde*

renter ('rentə) ZN *huurder*; *pachter*

rent-free BNW *vrij van huur*; *pachtvrij*

rentier ('rɑntɪeɪ) ZN *rentenier*

renumber (riː'nʌmbə) OV WW *vernummeren*

renunciation (rɪnʌnsɪ'eɪʃən) ZN • *het afstand doen* • *akte v. afstand*

reoccupation (riːɒkjʊ'peɪʃən) ZN *herbezetting*

reoccupy (riː'ɒkjʊpaɪ) OV WW *opnieuw bezetten*

reopen (riː'əʊpən) OV WW *heropenen*

reorder (riː'ɔːdə) I ZN • *nabestelling* II OV WW • *nabestellen* • *weer op orde brengen*

reorganization, G-B **reorganisation** (riːɔːɡənər'zeɪʃən) ZN *reorganisatie*

reorganize, G-B **reorganise** (riː'ɔːɡənaɪz) OV+ONOV WW *reorganiseren*

rep (rep) I ZN • *trijp* • *losbol* II AFK • *representative vertegenwoordiger* • *repetition herhaling*

repaint (riː'peɪnt) OV WW *overschilderen*

repair (rɪ'peə) I OV WW • *repareren*; *herstellen* • *vergoeden*; *weer goedmaken* II ONOV WW • ~ **to** *z. begeven naar* III ZN • *reparatie* • *onderhoud* ★ under ~ *in reparatie* ★ in good ~ *goed onderhouden* ★ out of ~ *slecht onderhouden* ★ ~ shop *reparatiewerkplaats*

repairable (rɪ'peərəbl) BNW *herstelbaar*

repairer (rɪ'peərə) ZN *hersteller*

repairman (rɪ'peəmən) ZN *(onderhouds)monteur*

repaper (ri:'peɪpə) OV WW *opnieuw behangen*

reparable ('repərəbl) BNW *goed te maken; te herstellen*

reparation (repə'reɪʃən) ZN • *schadeloosstelling; herstelbetaling • reparatie*

repartee (repɑ:'ti:) ZN • *gevat antwoord • gevatheid*

repass (ri:'pɑ:s) OV+ONOV WW *opnieuw voorbijgaan*

repatriate (ri:'pætrɪeɪt) OV+ONOV WW *naar 't vaderland terugkeren/-zenden*

repay (ri:'peɪ) OV WW • *terugbetalen • vergelden; vergoeden • nog eens betalen*

repayable (ri:'peɪəbl) BNW *aflosbaar*

repayment (ri:'peɪmənt) ZN • → **repay**

repeal (rɪ'pi:l) I ZN • *herroeping* II OV WW • *herroepen*

repeat (rɪ'pi:t) I OV WW • *herhalen • nadoen; imiteren • opzeggen; navertellen* II ONOV WW • *repeteren • opbreken* ⟨v. voedsel⟩ III ZN • *herhaling • MUZ. reprise; herhalingsteken • bis* ★ ~ *(order) nabestelling*

repeated (rɪ'pi:tɪd) BNW *herhaald*

repeatedly (rɪ'pi:tɪdli) BNW *herhaaldelijk*

repeater (rɪ'pi:tə) ZN • *herhaler • repeteergeweer • repetitiehorloge • versterker • verklikker* ⟨lamp⟩ • *repetitor • USA recidivist*

repel (rɪ'pel) OV WW • *afslaan; terugdrijven; afstoten; terugslaan*

repellent (rɪ'pelənt) I ZN • *afweermiddel* II BNW • *weerzinwekkend; onprettig*

repent (rɪ'pent) OV+ONOV WW *berouw hebben*

repentance (rɪ'pentəns) ZN *berouw*

repentant (rɪ'pentənt) BNW *berouwvol*

repercussion (ri:pə'kʌʃən) ZN • *reactie • terugslag; (onaangenaam) gevolg • weerklank*

repertoire ('repətwɑ:) ZN • *repertoire; gehele werk • lijst van mogelijkheden* ⟨computer⟩

repertory ('repətərɪ) ZN • *schat; verzameling • repertoire* ★ ~ *theatre repertoiretheater*

repetition (repɪ'tɪʃən) ZN • *herhaling • opgegeven les • voordracht • kopie; duplicaat*

repetitious (repɪ'tɪʃəs) BNW *(zich) herhalend*

repetitive (rɪ'petɪtɪv) BNW • → **repetitious**

rephrase (ri:'freɪz) OV WW *opnieuw formuleren*

repine (rɪ'paɪn) ONOV WW • *klagen • ~ against/at ontevreden zijn over*

replace (rɪ'pleɪs) OV WW • *terugzetten • vervangen*

replaceable (rɪ'pleɪsəbl) BNW *vervangbaar*

replacement (rɪ'pleɪsmənt) ZN *vervanging*

replant (ri:'plɑ:nt) OV WW *herplanten*

replay[1] (ri:'pleɪ) OV+ONOV WW • *overspelen • opnieuw laten zien/horen; herhalen*

replay[2] ('ri:pleɪ) ZN • *overgespeelde wedstrijd • herhaling* ⟨v. beeldscène/geluidsfragment⟩

replenish (rɪ'plenɪʃ) OV WW *bijvullen; aanvullen*

replenished (rɪ'plenɪʃt) BNW *vol*

replenishment (rɪ'plenɪʃmənt) ZN *aanvulling*

replete (rɪ'pli:t) BNW *vol; verzadigd*

repletion (rɪ'pli:ʃən) ZN *verzadiging*

replica ('replɪkə) ZN • *duplicaat • model • kopie v.d. kunstenaar zelf*

replicate ('replɪkeɪt) OV WW *een kopie maken van*

replication (replɪ'keɪʃən) ZN • *repliek • 't maken van kopie(ën) • kopie • echo*

reply (rɪ'plaɪ) I ZN • *antwoord* II OV+ONOV WW • *antwoorden • ~ to beantwoorden*

repoint (ri:'pɔɪnt) OV WW *opnieuw voegen*

repopulate (ri:'pɒpjʊleɪt) OV WW *opnieuw bevolken*

report (rɪ'pɔ:t) I OV WW • *verslag doen van; rapport uitbrengen van • melden; van z. laten horen; rapporteren; opgeven • vertellen; overbrengen* ★ *it is ~ed men zegt* ★ ~*ed speech indirecte rede* II ONOV WW • *verslag doen/uitbrengen; rapport uitbrengen • verslaggever zijn • ~ to zich melden bij* III ZN • *verslag • gerucht • roep; reputatie • knal; schot* ★ ~ *and accounts jaarstukken; jaarverslag en jaarrekening* ★ *by common ~ naar algemeen gezegd wordt* ★ *of common ~ algemeen besproken* ★ *of good ~ met goede reputatie; goed bekend staand* ★ *USA ~ card (school)rapport*

reportedly (rɪ'pɔ:tɪdli) BIJW *naar verluidt*

reporter (rɪ'pɔ:tə) ZN • *verslaggever • rapporteur*

repose (rɪ'pəʊz) I ZN • *rust* II OV WW • *stellen • laten (uit)rusten* ★ ~ *trust in vertrouwen stellen in* III ONOV WW • *rusten • berusten*

reposeful (rɪ'pəʊzfʊl) BNW *rustig*

repository (rɪ'pɒzɪtərɪ) ZN • *opslagplaats; bewaarplaats • magazijn; depot • schat(kamer)* ⟨figuurlijk⟩

repossess (ri:pə'zes) OV WW • *weer in bezit nemen; de huur of pacht opzeggen van • onteigenen*

repossession (ri:pə'zeʃən) ZN • → **repossess**

repot (ri:'pɒt) OV WW *verpotten*

reprehend (reprɪ'hend) OV WW *berispen*

reprehensible (reprɪ'hensɪbl) BNW *laakbaar*

reprehension (reprɪ'henʃən) ZN *berisping*

represent (reprɪ'zent) OV WW • *voorstellen • voorhouden; wijzen op • vertegenwoordigen*

representation (reprɪzen'teɪʃən) ZN • *voorstelling • vertoog; bezwaar(schrift) • vertegenwoordiging; inspraak* ★ *make ~s to protest aantekenen bij*

representative (reprɪ'zentətɪv) I ZN • *(volks)vertegenwoordiger* ★ *House of Representatives Huis v. Afgevaardigden* II BNW • *vertegenwoordigend; op vertegenwoordiging gebaseerd • representatief • kenmerkend; typisch*

repress (rɪ'pres) OV WW *onderdrukken; bedwingen*

repressed (rɪ'prest) BNW *onderdrukt; niet geuit; gefrustreerd*

repression (rɪ'preʃən) ZN • *onderdrukking • verdringing*

repressive (rɪ'presɪv) BNW *onderdrukkend*

reprieve (rɪ'pri:v) I ZN • *gratie* II OV WW • *gratie verlenen*

reprimand ('reprɪmɑ:nd) I ZN • *officiële berisping* II OV WW • *berispen*

reprint[1] ('ri:prɪnt) ZN *herdruk*

reprint[2] (ri:'prɪnt) OV WW *herdrukken*

reprisal (rɪ'praɪzəl) ZN *vergelding; represaille* ★ *take ~(s) against represaillemaatregelen nemen tegen*

re

reproach (rɪ'prəʊtʃ) I ZN • *verwijt* • *blaam*; *schande* II OV WW • *verwijten* • *berispen*

reproachful (rɪ'prəʊtʃfʊl) BNW *verwijtend*

reprobate ('reprəbeɪt) I ZN • *verworpene* II BNW • *verworpen*; *verdoemd*; *goddeloos* III OV WW • *verwerpen*

reprobation (reprə'beɪʃən) ZN • → **reprobate**

reprocess (ri:'prəʊses) OV WW *weer in productie brengen*; *opnieuw verwerken*; *van oud nieuw maken*; *hergebruiken*

reproduce (ri:prə'dju:s) I OV WW • *weergeven*; *reproduceren*; *kopiëren* • *(opnieuw) voortbrengen* II ONOV WW • *zich voortplanten*

reproducible (ri:prə'dju:səbl) BNW *reproduceerbaar*

reproduction (ri:prə'dʌkʃən) ZN *reproductie*

reproductive (ri:prə'dʌktɪv) BNW • *reproducerend* • *voortplantings-*

reproof (rɪ'pru:f) ZN • *verwijt* • *berisping* • *afkeuring*

reprove (rɪ'pru:v) OV WW • *afkeuren* • *berispen*

reptile ('reptaɪl) ZN • *(laaghartige) kruiper* • *reptiel* II BNW • *kruiperig*; *slaafs*

reptilian (rep'tɪliən) I ZN • *reptiel* • *kruiper* (fig.) II BNW • *kruipend*; *reptiel-* • *gemeen*; *kruiperig*; *laag*

republic (rɪ'pʌblɪk) ZN *republiek*

republican (rɪ'pʌblɪkən) I ZN • *republikein* II BNW • *republikeins*

republication (ri:pʌblɪ'keɪʃən) ZN *heruitgave*

republish (ri:'pʌblɪʃ) OV WW *heruitgeven*

repudiate (rɪ'pju:dɪeɪt) OV WW • *verwerpen*; *afwijzen*; *niet (meer) erkennen* • *verstoten*

repudiation (rɪpju:dɪ'eɪʃən) ZN • *verwerping* • *verstoting*

repugnance (rɪ'pʌgnəns) ZN • *afkeer*; *weerzin* • *onverenigbaarheid*

repugnant (rɪ'pʌgnənt) BNW *weerzinwekkend* • *(tegen)strijdig*

repulse (rɪ'pʌls) I ZN • *nederlaag* II OV WW • *afslaan*; *terugslaan* • *afwijzen*

repulsion (rɪ'pʌlʃən) ZN • *tegenzin* • *afstoting*

repulsive (rɪ'pʌlsɪv) BNW *weerzinwekkend*

repurchase (ri:'pɜ:tʃɪs) OV WW *terugkopen*

repurify (ri:'pjʊərɪfaɪ) OV WW *opnieuw zuiveren*

reputable ('repjʊtəbl) BNW *fatsoenlijk*; *goed bekend staand*

reputation (repjʊ'teɪʃən) ZN *(goede) naam*; *reputatie*

repute (rɪ'pju:t) ZN *vermaardheid*; *(goede) naam*; *roep* ★ by ~ *bij gerucht* ★ I know him by ~ *ik heb veel over hem gehoord* ★ in bad ~ *slecht aangeschreven*

reputed (rɪ'pju:tɪd) BNW ★ his ~ father *zijn vermeende vader* ★ be ~ *bekend staan (als)*

reputedly (rɪ'pju:tɪdlɪ) BIJW *naar men zegt*

request (rɪ'kwest) I ZN • *verzoek* ★ at your ~ *op uw verzoek* ★ by/on ~ *op verzoek* ★ in great ~ *zeer gezocht* ★ ~ stop *halte op verzoek* II OV WW • *verzoeken*

requiem ('rekwɪem) ZN *requiem*; *uitvaartdienst*

require (rɪ'kwaɪə) OV WW • *eisen* • *nodig hebben*; *vereisen* ★ ~d *vereist*; *verplicht*

requirement (rɪ'kwaɪəmənt) ZN *eis*; *vereiste* ★ meet the ~s *aan de gestelde eisen voldoen*

requisite ('rekwɪzɪt) I ZN • *vereiste* ★ ~s *benodigdheden* II BNW • *vereist*

requisition (rekwɪ'zɪʃən) I ZN • *(op)vordering* ★ be in/under ~ *gevorderd worden* ★ bring into/call into/put in ~ *vorderen* II OV WW • *vorderen*

requital (rɪ'kwaɪtl) ZN *vergelding*

requite (rɪ'kwaɪt) OV WW • *beantwoorden* • *vergelden*; *betaald zetten* ★ ~ like for like *met gelijke munt betalen*

reread (ri:'ri:d) OV WW *herlezen*

re-route (ri:'raʊt) OV WW *omleiden* ⟨v. verkeer⟩

rerun (ri:'rʌn) I ZN • *herhaling* ⟨v. film, tv-programma e.d.⟩ II OV WW • *herhalen* ⟨v. film, tv-programma e.d.⟩

resale (ri:'seɪl) ZN *wederverkoop*

rescind (rɪ'sɪnd) OV WW • *opheffen*; *intrekken*; *herroepen*; *tenietdoen*; *nietig verklaren*

rescript (ri:'skrɪpt) ZN • *edict* • *kopie*

rescue ('reskju:) I ZN • *redding* • *hulp* ★ come to the ~ of ... ... *te hulp komen* II OV WW • *redden*; *bevrijden* • *gewelddadig terugnemen*

rescuer ('reskju:ə) ZN *redder*

rescue worker ZN *reddingswerker*

research (rɪ'sɜ:tʃ) ZN *(wetenschappelijk) onderzoek* ★ ~ paper *onderzoeksrapport*; *scriptie*

researcher (rɪ'sɜ:tʃə) ZN *onderzoeker*; *wetenschapper*

reseat (ri:'si:t) OV WW • *v. nieuwe zitplaatsen voorzien* • *weer doen zitten*

resell (ri:'sel) OV WW *opnieuw verkopen*

resemblance (rɪ'zembləns) ZN *gelijkenis* ★ close ~ *sprekende gelijkenis*

resemble (rɪ'zembl) OV WW *lijken op*

resent (rɪ'zent) OV WW *kwaad zijn over*; *kwalijk nemen*

resentful (rɪ'zentfʊl) BNW • *kwaad*; *boos* • *lichtgeraakt*

resentment (rɪ'zentmənt) ZN *rancune*; *wrevel*

reservation (rezə'veɪʃən) ZN • *voorbehoud* • *indianenreservaat* • USA *reservering* • *reservatie* ★ central ~ *middenberm*

reserve (rɪ'zɜ:v) I ZN • *voorbehoud* • *gereserveerdheid* ★ ~ price *vastgestelde minimumprijs (bij afslag)* II OV WW • *reserveren*; *achterhouden*; *bewaren*; *wegleggen*; *sparen* • *voorbehouden*

reserved (rɪ'zɜ:vd) BNW *gesloten*; *gereserveerd*; *zwijgzaam*

reservist (rɪ'zɜ:vɪst) ZN *reservist*

reservoir ('rezəvwɑ:) ZN • *reservoir* • *reservevoorraad*

reset (ri:'set) OV WW • *opnieuw zetten* • COMP. *opnieuw opstarten*

resettle (ri:'setl) OV WW *opnieuw vestigen*

resettlement (ri:'setlmənt) ZN *nieuwe vestiging*

reshape (ri:'ʃeɪp) OV WW *een nieuwe vorm geven*

reshuffle (ri:'ʃʌfəl) I ZN • *herverdeling* ★ a Cabinet ~ *portefeuillewisseling* II OV WW • *herschikken*; *opnieuw schudden* ⟨kaartspel⟩

reside (rɪ'zaɪd) ONOV WW • *wonen*; *zijn standplaats hebben* • ~ in *berusten bij*

residence ('rezɪdns) ZN • *woning* • *woonplaats*; *standplaats* • *residentie* • *have/take up one's* ~ *(gaan) wonen* ★ ~ required *functionaris moet ter standplaats wonen*

residence permit ZN *verblijfsvergunning*

re

residency ('rezɪdənsɪ) ZN *residentie* ‹Indië›
resident ('rezɪdnt) I ZN • *inwoner; vaste bewoner*
• *resident* ‹Indië› II BNW • *(in)wonend*
• *inherent; gelegen* • *vast* ‹v. inwoner› ★ ~ *bird*
standvogel
residential (rezɪ'denʃəl) BNW ★ ~ *district*
woonwijk ★ ~ *hotel familiehotel* ★ ~
qualification stemrecht als ingezetene(n) ★ ~
street straat met woonhuizen
residentiary (rezɪ'denʃərɪ) I ZN • *(geestelijke) die*
ter standplaats woont of moet wonen II BNW
• *residentieplichtig; resident* ★ ~ *house*
ambtswoning
residual (rɪ'zɪdjʊəl) I ZN • *rest* II BNW • *resterend*
residuary (rɪ'zɪdjʊərɪ) BNW *overblijvend* ★ ~
legatee universeel erfgenaam
residue ('rezɪdju:) ZN *rest; (netto) overschot*
resign (rɪ'zaɪn) I OV WW • *afstand doen van;*
overgeven • *opgeven* ★ ~ *o.s. to zich*
onderwerpen aan; berusten in II ONOV WW
• *ontslag nemen; aftreden*
re-sign (ri:'saɪn) OV+ONOV WW *opnieuw tekenen*
resignation (rezɪg'neɪʃən) ZN • *ontslag*
• *berusting* ★ *send in one's ~ zijn ontslag*
indienen
resigned (rɪ'zaɪnd) BNW *gelaten*
resilience (rɪ'zɪlɪəns) ZN *veerkracht*
resilient (rɪ'zɪlɪənt) BNW *veerkrachtig*
resin ('rezɪn) I ZN • *hars* II OV WW • *met hars*
bestrijken
resinous ('rezɪnəs) BNW *harsig*
resist (rɪ'zɪst) I OV WW • *weerstand bieden aan;*
weren; bestand zijn tegen • *z. verzetten tegen*
II ONOV WW • *weerstand bieden; z. verzetten*
resistance (rɪ'zɪstns) ZN • *verzet* • TECHN.
weerstand
resistant (rɪ'zɪstnt) BNW *weerstand biedend;*
bestand; immuun ★ *shock ~ stootvast*
resistible (rɪ'zɪstəbl) BNW *weerstaanbaar*
resistor (rɪ'zɪstə) ZN *weerstand(je)*
resoluble (rɪ'zɒljʊbl) BNW *oplosbaar; ontleedbaar*
resolute ('rezəlu:t) BNW *vastberaden;*
vastbesloten; ferm
resolution (rezə'lu:ʃən) ZN • *besluit • resolutie*
• *ontknoping* • *vastberadenheid*
resolvable (rɪ'zɒlvəbl) BNW • *oplosbaar*
• *ontleedbaar*
resolve (rɪ'zɒlv) I OV WW • *(doen) besluiten;*
beslissen • *oplossen* ‹probleem e.d.›
• *ontbinden; herleiden* • *scheiden* II ONOV WW
• *besluiten; beslissen* • *zich oplossen; vanzelf*
verdwijnen ‹v. gezwel› III ZN • *besluit*
resolved (rɪ'zɒlvd) BNW *vastbesloten*
resonance ('rezənəns) ZN *resonantie*
resonant ('rezənənt) BNW • *holklinkend*
• *weerklinkend*
resort (rɪ'zɔ:t) I ZN • *vakantieverblijf*
• *toevluchtsoord* • *redmiddel* ★ *in the last ~ als*
niets meer helpt; in laatste instantie ★ *seaside ~*
badplaats aan zee II ONOV WW • ~ *to zijn*
toevlucht nemen tot; dikwijls bezoeken
resound (rɪ'zaʊnd) OV+ONOV WW *(doen)*
weerklinken; galmen
resounding (rɪ'zaʊndɪŋ) BNW • *luid klinkend;*
galmend; eclatant; daverend
resource (rɪ'zɔ:s) ZN • *hulpbron* • *middel;*

toevlucht; uitweg • *vindingrijkheid*
• *ontspanning* ★ *a man of ~ iem. die zich goed*
weet te redden ★ *he is full of ~ hij weet altijd*
raad
resourceful (rɪ'zɔ:sfʊl) BNW *inventief*
resources (rɪ'zɔ:sɪz) ZN MV *(financiële) middelen*
★ *I'm at the end of my ~ ik zie geen uitweg*
meer; ik heb gedaan wat ik kon ★ *a man of no*
~ *iem. die zich niet bezig kan houden; iem.*
zonder middelen
respect (rɪ'spekt) I ZN • *eerbied; achting; respect*
• *opzicht* ★ *human ~ menselijk opzicht* ★ ~ *of*
persons aanzien des persoons ★ *have ~ to*
betrekking hebben op; in aanmerking nemen
★ *in ~ of met betrekking tot* ★ *with ~ to met*
betrekking tot ★ *without ~ to zonder aandacht*
te schenken aan ★ *in every/some ~ in*
alle/zekere opzichten II OV WW • *eerbiedigen*
• *ontzien* • *betrekking hebben op* ★ ~ *o.s.*
zelfrespect hebben ★ ~ *persons de persoon*
aanzien
respectability (rɪspektə'bɪlətɪ) ZN *fatsoen;*
fatsoenlijkheid
respectable (rɪ'spektəbl) BNW • *te eerbiedigen*
• *fatsoenlijk* • *behoorlijk*
respectful (rɪ'spektfʊl) BNW *eerbiedig* ★ *yours ~ly*
hoogachtend
respecting (rɪ'spektɪŋ) VZ *wat betreft*
respective (rɪ'spektɪv) BNW *onderscheidenlijk;*
respectief
respectively (rɪ'spektɪvlɪ) BIJW *respectievelijk*
respects (rɪ'spekts) ZN MV ★ *in all ~ in alle*
opzichten ★ *pay one's ~ komen begroeten*
respiration (respɪ'reɪʃən) ZN *ademhaling*
respirator ('respɪreɪtə) ZN • *ademhalings-/*
zuurstofmasker • *gasmasker*
respiratory ('respɪrətərɪ) BNW ★ ~ *organs*
ademhalingsorganen
respire (rɪ'spaɪə) I OV WW • *inademen* II ONOV
WW • *herademen*
respite ('respaɪt) I ZN • *uitstel; opschorting;*
pauze II OV WW • *uitstel verlenen; opschorten*
resplendence (rɪ'splendəns) ZN *luister; pracht*
resplendency (rɪ'splendənsɪ) ZN • →
resplendence
resplendent (rɪ'splendənt) BNW *schitterend*
respond (rɪ'spɒnd) ONOV WW • *antwoorden*
• USA *aansprakelijk zijn* • ~ *to reageren op*
respondent (rɪ'spɒndənt) I ZN • *verdediger*
• *gedaagde* II BNW • *gedaagd*
response (rɪ'spɒns) ZN • *antwoord* • *reactie;*
weerklank • *tegenzang; responsorium* ★ EUF.
armed ~ streng verboden toegang ‹indringers*
zullen worden beschoten›
responsibility (rɪspɒnsɪ'bɪlətɪ) ZN
verantwoordelijkheid ★ *diminished ~*
verminderde toerekeningsvatbaarheid
responsible (rɪ'spɒnsɪbl) BNW • *verantwoordelijk*
• *aansprakelijk* • *betrouwbaar; degelijk*
responsive (rɪ'spɒnsɪv) BNW • *antwoordend; als*
antwoord • *reagerend* • *sympathiek*
rest (rest) I OV WW • *laten rusten; rust geven*
• *steunen; liggen* II ONOV WW • *uitrusten;*
berusten • *blijven* ★ *rest assured that u kunt er*
van op aan dat ★ *resting place rustplaats* ★ *it*
rests with you to decide het is aan u om te

beslissen III ZN • *steun*; *houder*; *statief*
• *onderkomen* • *inventarisatie en balans*; *rest*;
reservefonds • *rust* ★ at rest *in rust* ★ lay to rest
te ruste leggen; *begraven* ★ put at/set at rest
geruststellen; *regelen*; *een einde maken aan*
restart (ri:'stɑ:rt) OV+ONOV WW *opnieuw
beginnen/starten*
restate (ri:'steɪt) OV WW *herformuleren*
restatement (ri:'steɪtmənt) ZN *herformulering*
restaurant ('restərɒnt) ZN *restaurant* ★ ~ car
restauratiewagen
restful ('restfʊl) BNW • *rustig* • *kalmerend*
restitution (restɪ'tju:ʃən) ZN *schadeloosstelling*
restive ('restɪv) BNW • *koppig*; *prikkelbaar*;
onhandelbaar • *ongedurig*
restless ('restləs) BNW • *ongedurig* • *rusteloos*
restock (ri:'stɒk) OV+ONOV WW *(opnieuw)
aanvullen*
restoration (restə'reɪʃən) ZN *restauratie*
Restoration (restə'reɪʃən) ZN GESCH. *Restauratie*
⟨herstel v. Engels koningschap in 1660⟩
restorative (rɪ'stɒrətɪv) I ZN • *versterkend middel*
II BNW • *herstellend*; *versterkend*
restore (rɪ'stɔ:) OV WW • *herstellen*; *restaureren*
• *teruggeven* • *weer op zijn plaats zetten* ★ ~ to
health *genezen*
restorer (rɪ'stɔ:rə) ZN *restaurateur* ⟨v.
kunstwerken⟩
restrain (rɪ'streɪn) OV WW • *inhouden*;
weerhouden; *in bedwang houden*; *bedwingen*
• *gevangen zetten* • *beperken*
re-strain (ri:'streɪn) OV WW *opnieuw zeven*
restrained (rɪ'streɪnd) BNW *beheerst*; *rustig*; *kalm*
restrainedly (rɪ'streɪnɪdlɪ) BIJW *gematigd*
restraint (rɪ'streɪnt) ZN • *beperking*
• *terughoudendheid* ★ under ~ *in hechtenis*;
verpleegd in inrichting ★ without ~ *onbeperkt*
★ head ~ *hoofdsteun*
restrict (rɪ'strɪkt) OV WW *beperken*
restricted (rɪ'strɪktɪd) BNW • *beperkt*
• *vertrouwelijk* ★ ~ area *gebied met
snelheidslimiet* ★ ~ document *geheim
document*
restriction (rɪ'strɪkʃən) ZN *beperking*
restrictive (rɪ'strɪktɪv) BNW *beperkend*
rest-room ('restru:m) ZN USA *toilet* ⟨in openbare
gelegenheden⟩
result (rɪ'zʌlt) I ZN • *gevolg*; *resultaat* • *afloop*;
uitkomst II ONOV WW • ~ **from** *volgen uit* • ~ **in**
uitlopen op
resultant (rɪ'zʌltnt) I ZN • *resultante* II BNW
• *voortvloeiend*
resumable (rɪ'zju:məbl) BNW *hervatbaar*
resume (rɪ'zju:m) I OV WW • *resumeren*
II OV+ONOV WW • *weer aanknopen/beginnen*;
hervatten; *hernemen*
resumé ('rezju:meɪ) ZN • *resumé*; *samenvatting*
• USA *curriculum vitae*
resumption (rɪ'zʌmpʃən) ZN *hervatting*
resurface (ri:'sɜ:fɪs) I OV WW • *van nieuw wegdek
voorzien* II ONOV WW • *bovenkomen*
resurgence (rɪ'sɜ:dʒəns) ZN *heropleving*
resurgent (rɪ'sɜ:dʒənt) BNW *terugkerend*;
herlevend
resurrect (rezə'rekt) I OV WW • *weer ophalen*
II ONOV WW • *weer levend worden*

resurrection (rezə'rekʃən) ZN • *verrijzenis*
• *opgraving* ★ ~ man *grafschender*
resuscitate (rɪ'sʌsɪteɪt) I OV WW • *weer
opwekken*; *bijbrengen*; *reanimeren* II ONOV WW
• *weer opleven*; *bijkomen*
resuscitation (rɪ'sʌsɪteɪʃən) ZN • → **resuscitate**
resuscitator (rɪ'sʌsɪteɪtə) ZN • → **resuscitate**
ret. AFK • retired *gepensioneerd* • returned
teruggezonden
retail¹ ('ri:teɪl) ZN *kleinhandel*; *en détail* ★ ~
dealer *kleinhandelaar*
retail² (ri:'teɪl) I OV WW • *in 't klein verkopen*
• *uitvoerig vertellen*; *oververtellen* II ONOV WW
• *in 't klein verkocht worden*
retailer ('ri:teɪlə) ZN *kleinhandelaar*
retain (rɪ'teɪn) OV WW • *behouden*; *onthouden*
• *tegenhouden*; *vasthouden* • *nemen* ⟨v.
advocaat⟩ ★ ~ing fee *vooruitbetaald
honorarium*
retainer (rɪ'teɪnə) ZN • *vooruitbetaald
honorarium* • USA *beugel* ⟨voor
gebitscorrectie⟩ • OUD. *vazal*
retake (ri:'teɪk) OV WW *opnieuw nemen*
retaliate (rɪ'tælɪeɪt) I OV WW • *vergelden*; *wreken*
II ONOV WW • *wraak nemen* ★ ~ an accusation
(upon a p.) *een beschuldiging terugkaatsen (op
iem.)*
retaliation (rɪtælɪ'eɪʃən) ZN *vergelding*
retaliative (rɪ'tælɪeɪtɪv) BNW *vergeldings-*
retaliatory (rɪ'tælɪeɪtɪ:rɪ) BNW • → **retaliate**
retard¹ (rɪ'tɑ:d) OV WW • *ophouden*; *vertragen*
• *vertraging hebben*; *later komen*
retard² ('rɪtɑ:d) ZN MIN. *imbeciel*
retardation (rɪtɑ:'deɪʃən) ZN • *achterlijkheid*
• *vertraging*
retarded (rɪ'tɑ:dɪd) BNW *achterlijk*
retch (retʃ) I ZN • *'t kokhalzen* II ONOV WW
• *kokhalzen*
retd. AFK • → **ret.**
retell (ri:'tel) OV WW *navertellen*
retention (rɪ'tenʃən) ZN • *behoud* • *geheugen*
• *retentie*
retentive (rɪ'tentɪv) BNW *vasthoudend* ★ ~
memory *sterk geheugen*
rethink (ri:'θɪŋk) OV+ONOV WW *heroverwegen*;
nog eens bekijken
reticence ('retɪsəns) ZN • *zwijgzaamheid*
• *terughoudendheid*
reticent ('retɪsnt) BNW *zwijgzaam*; *gesloten*
reticular (rɪ'tɪkjʊlə) BNW *netvormig*
reticulate (rɪ'tɪkjʊlət) BNW • → **reticular**
retina ('retɪnə) ZN *netvlies*
retinue ('retɪnju:) ZN *gevolg*
retire (rɪ'taɪə) I OV WW • *terugtrekken*; *intrekken*
• *ontslaan* II ONOV WW • *met pensioen gaan*;
ontslag nemen • *zich terugtrekken*; *naar bed
gaan* ★ ~ into o.s. *eenzelvig zijn*; *tot zichzelf
inkeren* III ZN ★ sound the ~ *de aftocht blazen*
retired (rɪ'taɪəd) BNW • *teruggetrokken*
• *gepensioneerd* ★ ~ allowance/pay *pensioen*
★ ~ list *pensioenlijst*
retirement (rɪ'taɪəmənt) ZN
• *teruggetrokkenheid*; *afzondering*;
eenzaamheid • *pensionering*; *pensioen*
retirement pension ZN *ouderdomspensioen*;
AOW

retiring (rɪ'taɪərɪŋ) BNW • pensioen- • bescheiden ★ ~ age pensioengerechtigde leeftijd ★ ~ room toilet

retort (rɪ'tɔːt) I ZN • weerwoord • retort II OV WW • met gelijke munt betalen • vinnig antwoorden • in retort zuiveren III ONOV WW • tegenbeschuldiging doen

retouch (ri:'tʌtʃ) OV WW retoucheren; bijwerken

retrace (rɪ'treɪs) OV WW volgen; (weer) nagaan ★ ~ one's steps op zijn schreden terugkeren

retract (rɪ'trækt) I OV WW • intrekken; terugtrekken II ONOV WW • ingetrokken (kunnen) worden

retractable (rɪ'træktəbl) BNW intrekbaar

retractile (rɪ'træktaɪl) BNW intrekbaar

retraction (rɪ'trækʃən) ZN intrekking; herroeping

retractor (rɪ'træktə) ZN terugtrekker ⟨spier⟩

retrain (ri:'treɪn) OV WW omscholen

retread (ri:'tred) OV WW van nieuw loopvlak voorzien

retreat (rɪ'tri:t) I ZN • terugtocht • signaal tot terugtocht • taptoe • afzondering • retraite(huis) • wijkplaats • asiel ★ in ~ gepensioneerd ★ beat a ~ er vandoor gaan II ONOV WW • terugwijken; (zich) terugtrekken

retrench (rɪ'trentʃ) I OV WW • besnoeien; verkorten • verschansen II ONOV WW • bezuinigen

retrenchment (rɪ'trentʃmənt) ZN • verschansing • bezuiniging

retribution (retrɪ'bju:ʃən) ZN • vergelding; genoegdoening • vergoeding

retributive (rɪ'trɪbjʊtɪv) BNW vergeldend

retrieval (rɪ'tri:vəl) ZN het terughalen

retrieve (rɪ'tri:v) I OV WW • terugkrijgen; terugvinden; terechtbrengen • herstellen • apporteren II ZN • herstel ★ beyond/past ~ onherstelbaar

retriever (rɪ'tri:və) ZN retriever ⟨jachthond⟩

retro- ('retrəʊ) VOORV retro-; terug-

retroactive (retrəʊ'æktɪv) BNW met terugwerkende kracht

retrogradation (retrəʊgrə'deɪʃən) ZN teruggang

retrograde ('retrəgreɪd) I ZN • gedegenereerde • teruggang II BNW • achteruitgaand • omgekeerd III ONOV WW • achteruitgaan

retrogress (retrə'gres) ONOV WW achteruitgaan

retrogression (retrə'greʃən) ZN achteruitgang

retrogressive (retrəʊ'gresɪv) BNW achteruitgaand

retrospect ('retrəspekt) ZN terugblik ★ in ~ achteraf

retrospection (retrə'spektʃən) ZN • → **retrospect**

retrospective (retrə'spektɪv) BNW terugziend ★ ~ effect terugwerkende kracht

retrovirus ('retrəʊvaɪərəs) ZN retrovirus

return (rɪ'tɜːn) I OV WW • terugplaatsen; teruggeven; terugzetten; terugsturen • beantwoorden; terugbetalen; opleveren • afvaardigen • naspelen ⟨bij kaartspel⟩ ★ ~ the compliment wederkerig v. dienst zijn; het compliment beantwoorden ★ ~ guilty schuldig bevinden ★ ~ a ball/blow terugslaan ★ ~ like for like met gelijke munt betalen ★ ~ thanks danken; dank brengen ★ the liabilities were ~ed at £5000 volgens 't accountantsrapport

bedroegen de passiva £5000 ★ ~ing officer voorzitter v. stembureau II ONOV WW • terugkomen; teruggaan; terugkeren III ZN • terugkeer • teruggave • tegenprestatie • retour(tje) • omzet; opbrengst; rendement • opgave; rapport; aangifte ★ in ~ als tegenprestatie; in ruil ★ on ~ in commissie ★ by ~ mail/post per omgaande ★ ~ match revanchewedstrijd ★ G-B ~ ticket retourbiljet ★ many happy ~s (of the day)! nog vele jaren! ★ there's no ~ er is geen weg terug

returnable (rɪ'tɜːnəbl) I ZN • fles e.d. met statiegeld II BNW ★ is ~ kan/moet ingeleverd worden

reunion (ri:'ju:njən) ZN • hereniging • reünie

reunite (ri:ju:'naɪt) OV WW herenigen

rev (rev) OV WW ★ rev up the engine de motor sneller laten lopen

Rev. (rev) AFK • Revelation het boek der Openbaring • Reverend Eerwaarde

revaluation (revælju:'eɪʃən) ZN revaluatie

revalue (ri:'vælju:) OV WW revalueren; herwaarderen

revamp (ri:'væmp) OV WW vernieuwen; herschrijven

rev counter ZN toerenteller

reveal (rɪ'vi:l) OV WW • openbaren; bekendmaken • verraden ★ ~ o.s. zich tonen; zich ontpoppen als

revealing (rɪ'vi:lɪŋ) BNW (veel) onthullend; veelzeggend ★ ~ outfit kleding die niets te raden laat

revel ('revəl) I ONOV WW • pret maken • ~ away verbrassen; verspillen • ~ in genieten van; zwelgen in II ZN • ~(s) feest(en); braspartij

revelation (revə'leɪʃən) ZN onthulling; openbaring

reveller ('revələ) ZN pretmaker

revelry ('revəlrɪ) ZN pretmakerij

revenge (rɪ'vendʒ) I ZN • wraak • revanche II OV WW • wreken

revengeful (rɪ'vendʒfʊl) BNW wraakzuchtig

revenue ('revənju:) ZN (staats)inkomen; inkomsten; baten ★ the ~ de fiscus ★ ~ officer belastingambtenaar ★ ~ tax fiscaal recht

reverberate (rɪ'vɜːbəreɪt) OV+ONOV WW terugkaatsen; weerkaatsen

reverberation (rɪvɜːbə'reɪʃən) ZN • weerkaatsing • nagalm

reverberator (rɪ'vɜːbəreɪtə) ZN reflector

revere (rɪ'vɪə) OV WW (ver)eren; met eerbied opzien tegen

reverence ('revərəns) I ZN • eerbied; vering II OV WW • eerbied hebben voor; vering hebben voor

reverend ('revərənd) I ZN • geestelijke II BNW • eerwaard(ig) ★ the Reverend John Smith de weleerwaarde heer J.S. ★ (the) Reverend Father (de) weleerwaarde pater ★ the Most Reverend Zijne Hoogwaardige Excellentie ⟨aartsbisschop⟩

reverent ('revərənt) BNW eerbiedig

reverential (revə'renʃəl) BNW • → **reverent**

reverie ('revərɪ) ZN mijmering

reversal (rɪ'vɜːsəl) ZN het wisselen; ommekeer

reverse (rɪ'vɜːs) I ZN • tegenovergestelde; omgekeerde • achterkant • tegenslag

re

• *achteruit* ⟨v. auto⟩ **II** BNW • *tegenovergesteld*;
omgekeerd ★ ~ *gear de achteruit* ⟨v. auto⟩
★ MIL. ~ *fire rugvuur* ★ ~ *side achterkant* ★ ~
turn inzet voor luchtaanval **III** OV WW
• *omkeren; omschakelen* • *achteruitrijden*
• *herroepen; intrekken* ★ ~ a *sentence een
vonnis vernietigen* **IV** ONOV WW
• *achteruitrijden* • *linksom gaan dansen*

reverser (rɪ'vɜːsə) ZN *stroomwisselaar*

reversible (rɪ'vɜːsəbl) BNW *omkeerbaar*

reversing light ZN *achteruitrijlicht*

reversion (rɪ'vɜːʃən) ZN • *terugkeer* • *recht v.
opvolging*

revert (rɪ'vɜːt) ONOV WW • *terugkeren*;
terugkomen • *terugvallen* ⟨v.e. erfgoed aan
oorspronkelijke schenker⟩ ★ ~ *one's eyes
omzien*

review (rɪ'vjuː) **I** ZN • *recensie* • *inspectie; parade*
• *tijdschrift* • *overzicht* • *herziening* ★ *pass in* ~
de revue laten passeren ★ *under* ~ *in kwestie*
★ ~ *order groot tenue* **II** OV WW • *nog eens
onder de loep nemen; opnieuw bekijken*
• *inspecteren* • *recenseren* • *herzien*

reviewer (rɪ'vjuːə) ZN *recensent*

revile (rɪ'vaɪl) **I** OV WW • *uitschelden; tekeergaan
tegen* **II** ONOV WW • *schelden*

revise (rɪ'vaɪz) **I** OV WW • *nazien; herzien;
reviseren* ★ *Revised Version herziene uitgave
v.d. Bijbel (1870-'84)* **II** ZN • *revisie*

reviser (rɪ'vaɪzə) ZN *herziener; corrector*

revision (rɪ'vɪʒən) ZN • *herziening* • *herziene
uitgave*

revitalize, G-B **revitalise** (riː'vaɪtəlaɪz) OV WW
nieuwe kracht geven

revival (rɪ'vaɪvəl) ZN • *herleving* • *reprise* ⟨toneel⟩
★ ~ *of learning renaissance*

revive (rɪ'vaɪv) OV+ONOV WW ⟨*doen*⟩ *herleven*;
⟨*doen*⟩ *bijkomen* ★ ~ a *p.'s memory iemands
geheugen opfrissen*

revocable ('revəkəbl) BNW *herroepbaar*

revocation (revə'keɪʃən) ZN *herroeping*

revoke (rɪ'vəʊk) **I** OV WW • *herroepen* **II** ONOV
WW • *verzaken* ⟨kaartspel⟩

revolt (rɪ'vəʊlt) **I** ZN • *opstand* **II** OV WW • *doen
walgen* **III** ONOV WW • *in opstand komen*
• *walgen*

revolting (rɪ'vəʊltɪŋ) BNW • *opstandig*
• *weerzinwekkend*

revolution (revə'luːʃən) ZN • *omwenteling; toer;
omloop* • *ommekeer; revolutie* ★ GESCH. *the
Revolution de Revolutie van 1688*; ⟨Engeland⟩
de opstand v.d. Eng. kolonisten van 1775-'83
⟨in de VS⟩

revolutionary (revə'luːʃənərɪ) **I** ZN • *revolutionair*
II BNW • *revolutionair*

revolutionize, G-B **revolutionise** (revə'luːʃənaɪz)
OV WW *'n ommekeer teweegbrengen in*

revolve (rɪ'vɒlv) OV WW • *omwentelen*;
⟨*om*⟩*draaien* • *overpeinzen*

revolver (rɪ'vɒlvə) ZN *revolver*

revolving (rɪ'vɒlvɪŋ) BNW ★ ~ *door draaideur* ★ ~
winds dwarrelwinden

revue (rɪ'vjuː) ZN *revue*

revulsion (rɪ'vʌlʃən) ZN • *walging* • *ommekeer*
• MED. *afleiding*

reward (rɪ'wɔːd) **I** ZN • *beloning; vergelding* **II** OV

WW • *belonen* • *lonen*

rewarding (rɪ'wɔːdɪŋ) BNW *lonend; de moeite
waard*

rewind (riː'waɪnd) OV WW *opnieuw opwinden*;
terugspoelen

reword (riː'wɜːd) OV WW *anders stellen*

rewrite (riː'raɪt) OV WW *omwerken*

R.F., r.f. AFK *radio frequency radiofrequentie*

rhabdomancer ('ræbdəmænsə) ZN
wichelroedeloper

rhapsody ('ræpsədɪ) ZN *rapsodie*

Rhenish ('riːnɪʃ) ZN ★ ~(wine) *rijnwijn*

rhetoric ('retərɪk) ZN • *retorica* • *retoriek*

rhetorical (rɪ'tɒrɪkl) BNW *retorisch*

rheum (ruːm) ZN *slijm; speeksel; tranen*

rheumatic (ruː'mætɪk) **I** ZN • *reumalijder* **II** BNW
• *reumatisch*

rheumatics (ruː'mætɪks) ZN MV *reumatiek*

rheumatism ('ruːmætɪzəm) ZN • → **rheumatics**

rheumatoid ('ruːmətɔɪd) BNW *reumatoïde*;
reumatisch

Rhine (raɪn) ZN ⟨de⟩ *Rijn*

rhino ('raɪnəʊ) ZN *neushoorn* ★ PLAT *ready* ~
contant geld

rhinoceros (raɪ'nɒsərəs) ZN *neushoorn*

rhododendron (rəʊdə'dendrən) ZN *rododendron*

rhombic ('rɒmbɪk) BNW *ruitvormig*

rhomboid ('rɒmbɔɪd) ZN *parallellogram*

rhombus ('rɒmbəs) ZN *ruit*

rhubarb ('ruːbɑːb) ZN *rabarber*

rhyme (raɪm) **I** ZN • *rijm(pje); poëzie* ★ *without* ~
*or reason zonder slot of zin; zonder enige
reden* **II** OV WW • *laten rijmen* **III** ONOV WW
• *rijmen*

rhymer (raɪmə) ZN *rijmer; rijmelaar*

rhyming ('raɪmɪŋ) BNW *rijmend* ★ ~ *slang
rijmend slang* ★ ~ *couplet tweeregelig (rijmend)
vers*

rhythm ('rɪðəm) ZN *ritme*

rhythmic ('rɪðmɪk), **rhythmical** ('rɪðmɪkəl) BNW
ritmisch

R.I. AFK USA *Rhode Island* ⟨staat⟩

rib (rɪb) **I** ZN • *rib* • *nerf* • *richel* • *balein* • IRON.
vrouw ★ *rib(s) of beef ribstuk* ★ *spare rib
sparerib* **II** OV WW • *van ribben voorzien*
• INFORM. *plagen*

ribald ('rɪbld) BNW *onbehoorlijk; schunnig*

ribaldry ('rɪbəldrɪ) ZN *schunnige taal*

ribbed (rɪbd) BNW *gerib(bel)d* ★ ~ *vault
kruisgewelf*

ribbing ('rɪbɪŋ) ZN *ribwerk*

ribbon ('rɪbən) ZN *lint; strook* ★ ~ *development
lintbebouwing* ★ *blue* ~ *eerste prijs*

ribbons ('rɪbənz) ZN MV OUD. *teugels; flarden*

ribcage ('rɪbkeɪdʒ) ZN *ribbenkast*

rice (raɪs) ZN *rijst* ★ *rice milk rijstepap* ★ *rice
paper rijstpapier* ★ *rice pudding rijstebrij*

rich (rɪtʃ) BNW • *rijk* • *vruchtbaar* • *kostbaar*
• *machtig* ⟨v. spijzen⟩ • *vol; warm* ⟨v. kleur,
klank⟩ • *rich in rijk aan*

riches ('rɪtʃɪz) ZN *rijkdom(men)*

richly ('rɪtʃlɪ) BIJW ★ *deserve a thing* ~ *iets dubbel
en dwars verdienen*

richness ('rɪtʃnəs) ZN • → **rich**

rick (rɪk) **I** ZN • *hoop hooi; hooimijt* • *verdraaiing;
verstuiking* **II** OV WW • *ophopen* • *verstuiken*

• → **wrick**
rickets ('rɪkɪts) ZN *Engelse ziekte*
rickety ('rɪkətɪ) BNW • *wankel; gammel* • *lijdend aan Eng. ziekte*
ricochet ('rɪkəʃeɪ) I OV WW • *doen terugstuiten; keilen* II ONOV WW • *terugstuiten* III ZN • *by ~ v.d. weeromstuit*
rid (rɪd) OV WW • *bevrijden* ★ *be/get rid of af zijn/komen van* • ~ *of ontdoen van*
ridable ('raɪdəbl) BNW *berijdbaar*
riddance ('rɪdns) ZN ★ *good ~ to him die zijn we gelukkig kwijt*
ridden ('rɪdn) WW [volt. deelw.] • → **ride**
riddle ('rɪdl) I ZN • *raadsel* • *grove zeef* II OV WW • *raadsel oplossen* • *zeven* • *doorzeven* • *ontzenuwen* ★ ~ *me ra, ra wat is dat?* III ONOV WW • *in raadsels spreken* • *raadsel opgeven*
riddled ('rɪdld) BNW *vol; bezaaid* ★ • ~ *with gunshot met de volle lading hagel (erin)*
ride (raɪd) I OV WW • *laten rijden* • *berijden* • *te paard doortrekken* • *kwellen; verdrukken; tiranniseren* ★ *ride 150 lbs 150 lbs wegen in 't zadel* ★ *ride to death tot in 't oneindige doorvoeren; overdrijven* ★ *ride one's horse at af-/inrijden op* ★ *ride a p. on a rail iem. op een stang dragen* ⟨als marteling⟩ ★ *ride the whirlwind de opstand in de hand hebben* • ~ *down afjakkeren; omverrijden; inhalen; uit de weg ruimen* • ~ *out doorstaan* II ONOV WW • *rijden* • *drijven; varen* • *voor anker liggen* ★ *ride at anchor voor anker liggen* • *ride bodkin tussen twee personen in te paard zitten* ★ *ride off on a side issue een zijweg inslaan* ⟨figuurlijk⟩ ★ *ride for a fall roekeloos handelen/rijden* ★ *let it ride! laat maar lopen!* ★ *let (the jack) ride (de boer) laten doorlopen* ⟨kaartspel⟩ ★ *the ship rides on the wind het schip gaat voor de wind* ★ *the moon is riding high de maan staat hoog aan de hemel* • ~ *at afrijden op* III ZN • *rit; reis; tocht* • *ruiterpad* • MIL. *afdeling rekruten te paard* ★ *take a p. for a ride iem. er tussen nemen*
rider ('raɪdə) ZN • *ruiter; (be)rijder* • *toegevoegde clausule; toevoeging* • WISK. *vraagstuk* ★ ~*less zonder ruiter*
ridge (rɪdʒ) ZN • *heuvelrug; bergkam* • *richel* • *vorst; nok*
ridged (rɪdʒd) BNW • *kamvormig* • *ribbelig*
ridicule ('rɪdɪkjuːl) I ZN • *spot* II OV WW • *belachelijk maken*
ridiculous (rɪ'dɪkjʊləs) BNW *belachelijk*
riding ('raɪdɪŋ) ZN *district* ★ ~*breeches rijbroek* ★ *Little Red Riding Hood Roodkapje* ★ ~ *lamp/light ankerlicht*
riding-school ZN *ruiterschool; manege*
rife (raɪf) BNW *algemeen heersend* ★ *rife with vol van*
riffle ('rɪfəl) OV+ONOV WW • *schudden* ⟨bij kaartspel⟩ • *snel doorbladeren*
riff-raff ZN *gepeupel; tuig*
rifle ('raɪfəl) I ZN • *geweer* • *trek* ⟨in geweerloop⟩ ★ • ~ *range schietbaan; draagwijdte* II OV WW • *plunderen* • *trekken* ⟨v. geweerloop⟩ • ~ *through doorzoeken*
rifleman ('raɪfəlmən) ZN *infanterist*

rifling ('raɪflɪŋ) ZN *trek(ken)* ⟨in geweerloop⟩
rift (rɪft) ZN *spleet; scheur* ★ *there is a little rift within the lute er is een kleine wanklank; er loopt een streep door*
rig (rɪg) I ZN • *tuigage* • *boortoren; boorlocatie; booreiland; boorplatform* • *aankleding; kledij* • USA *span* • *foef; streek; zwendel* • *hoek* ⟨beurs⟩ ★ *I'm up to your rig ik heb jou door* II OV WW • *optuigen* ⟨v. schip⟩ • *uitrusten; uitdossen* • *monteren* • *manipuleren* ★ *rig the market kunstmatig prijsdaling of prijsstijging bewerken* • ~ *out optuigen* • ~ *up in elkaar flansen*
rigged (rɪgd) BNW *opgetuigd*
rigging ('rɪgɪŋ) ZN *tuigage*
right (raɪt) I ZN • *recht* • *rechterkant* ★ *to the ~ rechts* ★ *the ~s of the case de juiste toedracht v.d. zaak* • *be in the ~ de zaak bij het juiste eind hebben; in zijn recht staan* ★ *have a ~ to recht hebben op* ★ *do sb ~ billijk zijn jegens iem.* ★ *by/of ~ rechtens* ★ *by ~ of krachtens* ★ *in ~ of vanwege* ★ *on your ~ rechts van je* ★ *put/set to ~s rechtzetten; in orde brengen* ★ *mere ~ bloot eigendom; eigendom zonder vruchtgebruik* II BNW • *recht(s)* • *rechtmatig; rechtvaardig* • *in orde* • *juist; goed; waar* ★ *(that's) ~! dat is juist!; gelijk heb je!* ★ ~ *you are! natuurlijk; gelijk heb je* ★ *(all) ~ oké; afgesproken; in orde* ★ *are you ~ now? zit je goed?; ben je weer (helemaal) opgeknapt?* ★ *Mr Right de ware Jacob* ★ *set/put ~ verbeteren; in orde brengen/maken; terecht wijzen; gelijk zetten* ★ *on the ~ side of forty nog geen veertig (jaar oud)* ★ ~ *side up niet kantelen* ★ ~*whale Groenlandse walvis* III OV WW • *rechtzetten; herstellen; weer in orde brengen* • *recht doen wedervaren; rehabiliteren* ★ *it will ~ itself het komt vanzelf weer in orde* ★ *the ship ~ed itself het schip kwam weer recht* IV BIJW • *rechts* • *precies* • *juist; goed* • *helemaal* • *direct* ★ ~ *across dwars over* ★ ~ *away/off direct* ★ *Right Honourable Zeer Geachte* ★ *serves you ~! net goed!; je verdiende loon!* ★ *be/get in ~ with sb bij iem. in een goed blaadje staan/komen* V TW • *goed; in orde; oké* • *afgesproken* VI REST • → **alright**
right-about ('raɪt-əbaʊt) ZN ★ *do a ~ turn rechtsomkeert maken* ★ *send to the ~ de laan uitsturen; laten inrukken*
right-angled ('raɪtæŋgld) BNW *rechthoekig*
righteous ('raɪtʃəs) BNW • *rechtvaardig* • PLAT *geweldig; cool* • *rechtschapen*
rightful ('raɪtfʊl) BNW • *rechtmatig* • *rechtvaardig*
right-hand (raɪt'hænd) BNW *rechts* ★ ~ *man* MIL. *rechterman; rechterhand*
right-handed (raɪt'hændɪd) BNW *rechts; met de rechterhand; voor de rechterhand gemaakt*
right-hander (raɪt'hændə) ZN • *iem. die rechts is* • *klap met de rechterhand*
rightist ('raɪtɪst) I ZN • *rechts georiënteerde* II BNW • *rechts(georiënteerd)*
rightly ('raɪtlɪ) BNW • *terecht; juist* • *rechtvaardig*
right-minded (raɪt'maɪndɪd) BNW *weldenkend*
rightness ('raɪtnɪs) ZN • → **right**
right-wing BNW POL. *rechts; tot de rechtervleugel*

ri

behorend
right-winger ZN *lid v.d. rechtervleugel*
rigid ('rɪdʒɪd) BNW • *stijf* • *onbuigzaam*; *streng*
rigidity (rɪ'dʒɪdətɪ) ZN *starheid*
rigmarole ('rɪgmərəʊl) I ZN • *rompslomp*
• *gezwam*; *onzinnig verhaal* II BNW
• *onsamenhangend*
rigor ('rɪgə) ZN *koortsrilling*
rigorous ('rɪgərəs) BNW *streng; hard*
rigour ('rɪgə) ZN *strengheid; hardheid* ★ ~s
verschrikkingen
rile (raɪl) OV WW *kwaad maken*
rill (rɪl) ZN *beekje*
rim (rɪm) I ZN • *rand* • *velg* • *(bril)montuur* II OV
WW • *van een rand voorzien*
rime (raɪm) I ZN • *rijm* • *rijp* II OV WW • *rijmen*
• *met rijp bedekken*
rimless ('rɪmləs) BNW *zonder rand*
rind (raɪnd) I ZN • *(kaas)korst; schors; schil*
• *(spek)zwoerd* ★ a thick ring *'n huid als een
olifant* II OV WW • *van de schors ontdoen*
rinderpest ('rɪndəpest) ZN *veepest*
ring (rɪŋ) I ZN • *ring* • *kring* • *kliek; combinatie*
• *circus; (ren)baan* • *klank* • *gelui; gebel* ★ the
ring *het boksen; de bokswereld; de
bookmakers; het circus* ★ run rings round a p.
iem. ver achter zich laten ★ there's a ring *er
wordt gebeld* ★ three rings *driemaal bellen*
★ give a ring *bellen; opbellen* II OV WW
• *bellen; rinkelen; (laten) klinken; luiden*
• *weerklinken* • *ringen* • *omringen* ★ ring the
bell *bellen* ★ ring (the curtain) down *eindigen,
beëindigen*
ringbark ('rɪŋbɑːk) OV WW *ringen* ⟨v. bomen⟩
ring binder ZN *ringband; multomap*
ringer ('rɪŋə) ZN • *klokkenluider* • *werpring die
om pin valt*
ring finger ZN *ringvinger*
ringleader ('rɪŋliːdə) ZN *raddraaier*
ringlet ('rɪŋlɪt) ZN *haarkrulletje*
ringleted ('rɪŋlətɪd) BNW *gekruld* ⟨v. haar⟩;
krullend
ringmaster ('rɪŋmɑːstə) ZN *pikeur*
ring road ZN *rondweg*
ringside ('rɪŋsaɪd) BNW *aan de kant v.d. ring* ⟨bij
boksen⟩
ringtail ('rɪŋteɪl) ZN • *kiekendief* • *jonge
steenarend* • *buidelrat*
ringtone ('rɪŋtəʊn) ZN *ringtoon; beltoon*
ringworm ('rɪŋwɜːm) ZN *ringworm*
rink (rɪŋk) I ZN • *ijs(hockey)baan* • *rolschaatsbaan*
II ONOV WW • *(rol)schaatsen*
rinse (rɪns) I ZN • *spoeling* II OV WW
• *(om)spoelen*
riot ('raɪət) I ZN • *oproer; rel* • *vrolijke bende;
losbandigheid* • *overvloed* • INFORM. *giller* ★ a
riot of colour *bonte kleurenpracht* ★ run riot
*de vrije loop laten; wild opgroeien/worden;
doorslaan* II OV WW ★ riot out one's life *er op
los leven* • ~ **away** *verbrassen* III ONOV WW
• *oproer maken; samenscholen* • *de beest
uithangen*
rioter ('raɪətə) ZN *relschopper*
riotous ('raɪətəs) BNW • *oproerig* • *losbandig*
• *luidruchtig* • *welig*
rip (rɪp) I OV WW • *laten gaan* • *losscheuren*;

openscheuren; openrijten • *tornen* • *splijten*
★ let it/things rip *de boel maar laten waaien*
★ the storm ripped the roof off *door de storm
waaiden alle pannen van het dak* • ~ **up**
openrijten II ONOV WW • *zich laten gaan*
• *snellen* • *met de draad mee zagen* ★ let her
rip *laat haar maar gaan* III ZN • *scheur; torn*
• *oude knol* • *losbol; slet*
riparian (raɪ'peərɪən) BNW *aan/op de oever*
ripcord ('rɪpkɔːd) ZN *trektouw* ⟨v. parachute⟩
ripe (raɪp) BNW *rijp; belegen* ★ ripe lips *volle rode
lippen*
ripen ('raɪpən) OV+ONOV WW *rijp maken/worden*
rip-off ('rɪpɒf) ZN *afzetterij; zwendel*
riposte (rɪ'pɒst) I ZN • *gevat antwoord* II ONOV
WW • *riposteren* ⟨schermen⟩ III OV+ONOV WW
• *ad rem antwoorden*
ripper ('rɪpə) ZN • *tornmesje* • INFORM. *prima
vent/meid; prachtexemplaar*
ripping ('rɪpɪŋ) BNW *fantastisch; reuze* ★ ~ panel
noodluik ⟨v. vliegtuig⟩
ripple ('rɪpl) I ZN • *rimpeling; golfje(s) gekabbel;
geroezemoes* • *repel* ★ it excited ~s of interest
*het wekte hier en daar/nu en dan wat
belangstelling* II OV WW • *repelen* III ONOV WW
• *rimpelen* • *kabbelen; murmelen*
rip-roaring BNW *luidruchtig; oorverdovend*
ripsaw ('rɪpsɔː) ZN *schulpzaag*
riptide ('rɪptaɪd) ZN *tijstroom*
rise (raɪz) I OV WW ★ he did not rise a fish all
day *hij heeft de hele dag geen beet gehad*
II ONOV WW • *groter/hoger worden; opkomen;
(ver)rijzen; stijgen; wassen* • *(zich) opsteken;
(zich) verheffen* • *boven komen* • *hoog zijn*
• *uiteengaan* ⟨v. vergadering⟩ • *opstaan*
• *opgaan; omhooggaan* • *opgroeien* ★ her
colour rose *zij kreeg (meer) kleur* ★ rise in
arms *de wapens opnemen* ★ rise in rebellion
in opstand komen ★ spirits rose *de stemming
werd beter* ★ rise upon the view *in 't zicht
komen* ★ rise in the world *carrière maken*
★ rise and shine *op en monter* ★ rise at a p.
iem. staande hulde brengen • ~ **from**
ontspringen uit; voortkomen uit • ~ **to** *'t
aankunnen* ★ he did not rise to the occasion
hij wist niet wat hem te doen stond • ~ **up** *in
opstand komen* III ZN • *helling; verhoging*
• *opslag* • *oorsprong; aanleiding* • *'t
bovenkomen* • *stootbord* ★ prices are on the
rise *de prijzen gaan omhoog* ★ get/take a rise
out of a p. *iem. nijdig maken* ★ have/take its
rise in *zijn oorsprong vinden in* ★ give rise to
aanleiding geven tot
risen (rɪzn) WW [volt. deelw.] → **rise**
riser ('raɪzə) ZN ★ an early ~ *iem. die (altijd)
vroeg opstaat*
risibility ('rɪzəbɪlətɪ) ZN • *lachlust* • *gelach*
risible ('rɪzɪbl) BNW • *lachlustig* • *lach-*
rising ('raɪzɪŋ) I ZN • *opstand* • *gezwel; puist*
II BNW • *opkomend* ★ he is ~ 14 *hij wordt 14*
★ ~ ground *oplopend terrein*
risk (rɪsk) I ZN • *risico; gevaar* ★ run risks *gevaar
lopen* ★ run the risk of *het risico lopen te/van*
★ at the risk of *voor risico van; op gevaar van*
★ put at risk *in de waagschaal stellen* II OV WW
• *riskeren; wagen*

ri

risky ('rɪskɪ) BNW *gewaagd*
rissole ('rɪsəʊl) ZN *rissole*
rite (raɪt) ZN • *rite* • *plechtigheid* ★ *rites of passage overgangsriten*
ritual ('rɪtʃʊəl) I ZN • *ritueel* • *rituaal* II BNW • *ritueel*
ritzy ('rɪtsɪ) BNW *chic*; *luxueus*
rival ('raɪvəl) I ZN • *mededinger*; *medeminnaar* ★ *without a ~ ongeëvenaard* II BNW • *mededingend*; *concurrerend* III OV WW • *wedijveren met*; *trachten te evenaren*
rivalry ('raɪvəlrɪ) ZN *rivaliteit*; *wedijver*
rive (raɪv) OV WW *(vaneen) scheuren*; *rukken*; *splijten*
river ('rɪvə) ZN • *rivier* • *stroom*
riverbank ('rɪvəbæŋk) ZN *rivieroever*; *waterkant*
river bed ZN *rivierbedding*
riverine ('rɪvəraɪn) BNW *rivier-*
riverside ('rɪvəsaɪd) I ZN • *oever* II BNW • *aan de oever*
rivet ('rɪvɪt) I ZN • *klinknagel* II OV WW • *(vast)klinken* • OOK FIG. *boeien* • *vestigen* ⟨ogen⟩; *concentreren* ⟨de aandacht⟩ ★ *be ~ed vastgenageld zijn*; *vastzitten*
riveting ('rɪvɪtɪŋ) BNW *betoverend*; *meeslepend*; *fantastisch*
rivulet ('rɪvjʊlət) ZN *riviertje*; *beekje*
rixdollar (rɪks'dɒlə) ZN *rijksdaalder*
rms. AFK *rooms kamers*
RN AFK • Royal Navy *Koninklijke Marine* • registered nurse *gediplomeerd verpleegkundige*
roach (rəʊtʃ) ZN • *voorn* • SCHEEPV. *gilling* ★ *as sound as a ~ zo gezond als een vis*
road (rəʊd) ZN • *(straat)weg* • SCHEEPV. *rede* ★ *in one's/the road in de weg* ★ *get out of one's/the road uit de weg gaan* ★ *on the road op/bij de weg*; *op weg*; *op de baan*; *op tournee* ★ *one for the road afzakkertje* ★ *give a p. the road iem. laten passeren* ★ *take the road of voorrang hebben boven* ★ GESCH. *take to the road struikrover worden* ★ *road roller wegwals* ★ *road test proefrit* ★ *road sense verkeersinzicht* ★ OUD. *high road hoofdweg* ★ INFORM. *hit the road vertrekken*; *weggaan* ★ *there's no royal road to virtue de weg naar de volmaaktheid gaat niet over rozen*
roadblock ('rəʊdblɒk) ZN *wegversperring*
roadbook ('rəʊdbʊk) ZN *reiswijzer*
road hog ZN *wegpiraat*
roadhouse ('rəʊdhaʊs) ZN OUD. *wegrestaurant*
roadshow ('rəʊdʃəʊ) ZN • *radio-/tv-programma op locatie* • *promotietour*
roadside ('rəʊdsaɪd) I ZN • *kant v.d. weg* II BNW • *aan de kant v.d. weg*
road sign ZN *verkeersbord*
roadster ('rəʊdstə) ZN • *rijpaard* • *toerauto* • *toerfiets*
roadway ('rəʊdweɪ) ZN *rijweg*
roadworks ('rəʊdwɜːks) ZN MV *werk aan de weg(en)*; *werk in uitvoering*
roadworthy ('rəʊdwɜːðɪ) BNW *geschikt voor het verkeer*
roam (rəʊm) I ZN • *zwerftocht* ⟨te voet⟩ II OV+ONOV WW • *zwerven (door)*
roamer ('rəʊmə) ZN *zwerver*

roan (rəʊn) I ZN • *vos* ⟨paard⟩; *bonte koe* II BNW • *bont*
roar (rɔː) I ONOV WW • *loeien*; *razen* • *rollen* ⟨v. donder⟩ • *snuiven* II OV+ONOV WW • *brullen*; *bulderen* • *~ again weergalmen* III ZN ★ *set the table in a roar de gasten doen schateren*
roaring ('rɔːrɪŋ) BNW ★ *~ forties onstuimig gedeelte v. Atlantische Oceaan (40° - 50° NB)* ★ *~ health blakende welstand* ★ *~ night stormachtige/luidruchtige avond/nacht*
roast (rəʊst) I ZN • *gebraad* ★ *rule the ~ de lakens uitdelen* II BNW • *geroosterd* III OV WW • *in de maling nemen* IV OV+ONOV WW • *braden*; *roosteren* • *branden*
roaster ('rəʊstə) ZN • *braadoven*; *roostoven* • *koffiebrander* • *braadvarken* • *aardappel om te bakken*
roasting ('rəʊstɪŋ) ZN *uitbrander* ★ *give sb a ~ iem. de mantel uitvegen*
rob (rɒb) OV+ONOV WW • *(be)roven*; *(be)stelen* ★ *rob Peter to pay Paul een gat maken om het andere te stoppen* • *~ of stelen van*
robber ('rɒbə) ZN *dief*; *rover*
robbery ('rɒbərɪ) ZN *roof*; *diefstal*
robe (rəʊb) I ZN • *kamerjas* • *toga*; *ambtsgewaad* • *robe*; *gewaad* • *lange babyjurk* • *the long robe (toga van) rechtsgeleerden of geestelijkheid* ★ *gentlemen of the robe rechtsgeleerden* II OV WW • *(be)kleden*; *zich kleden*
robin ('rɒbɪn) ZN *roodborstje*
robot ('rəʊbɒt) ZN *robot*
robust (rəʊ'bʌst) BNW • *robuust*; *sterk* • *fors*; *flink*
rock (rɒk) I ZN • *rots*; *grote steen* • *kandij*; *suikerstok* • MUZ. *rock* ★ *rock climbing het bergbeklimmen* ★ *on the rocks met ijsblokjes* ⟨v. drankje⟩ ★ *lurking rock blinde klip* ★ *the Rock de Rots v. Gibraltar* II OV WW • *schommelen*; *wiegen* III ONOV WW • *schommelen*; *wiegelen* • INFORM. *geweldig zijn*
rock-bottom (rɒk'bɒtəm) BNW *rotsbodem* ★ *~ prices laagst mogelijke prijzen* ★ *hit ~ een absoluut dieptepunt bereiken*
rocker ('rɒkə) ZN • USA *schommelstoel* • *rocker* • *gebogen hout onder wieg* ★ *off one's ~ gek*; *niet goed wijs*
rockery ('rɒkərɪ) ZN *rotspartij*
rocket ('rɒkɪt) I ZN • *raket* • *raketsla*; *rucola* • *uitbrander* II ONOV WW • *omhoog schieten*
rocket launcher ZN *raketwerper*; *bazooka*
rock face ZN *rotswand*
Rockies (rɒkɪz) ZN MV INFORM. *Rocky Mountains*
rock-oil ZN *petroleum*
rock salmon ZN *koolvis*
rocky ('rɒkɪ) BNW • *rotsachtig* • *gammel*; *wankel* ★ *the Rocky Mountains de Rocky Mountains*; *het Rotsgebergte*
rod (rɒd) ZN • *staf*; *staaf*; *stang* • *hengelroede*; *hengelaar* • *roede* (± 5 m) ★ *a rod in pickle for you een appeltje met jou te schillen* ★ *angling/fishing rod hengel* ★ *connecting rod koppel-/drijfstang* ★ *make a rod for your own back je eigen graf graven*
rode (rəʊd) WW [verleden tijd] • → ride
rodent ('rəʊdnt) I ZN • *knaagdier* II BNW

ro

• *knagend*
rodeo (rəʊ'deɪəʊ) ZN *rodeo*
roe (rəʊ) ZN *ree* ★ hard roe *kuit* ★ soft roe *hom*
roebuck ('rəʊbʌk) ZN *reebok*
rogation (rəʊ'geɪʃən) ZN ★ Rogation days *kruisdagen* ★ Rogations *litanie v.d. kruisdagen* ★ Rogation Sunday *zondag voor Hemelvaartsdag* ★ Rogation week *week voor Hemelvaartsdag*
roger ('rɒdʒə) TW *begrepen* ⟨in mobiele communicatie en vluchtverkeer enz.⟩
rogue (rəʊg) ZN • *schurk* • *kwajongen* • *uitgestoten buffel/olifant*
roguery ('rəʊgərɪ) ZN *schelmenstreken*
roguish ('rəʊgɪʃ) BNW *schurkachtig*
roisterer ('rɔɪstərə) ZN *branieschopper*
role (rəʊl) ZN *rol*
roll (rəʊl) I OV WW • *(op)rollen; wentelen; doen kronkelen* • *pletten; walsen* • *~ along/on voortrollen* • *~ over omver rollen; omver gooien* • *~ up oprollen* II ONOV WW • *rollen; rijden* • *woelen* • *wentelen; kronkelen; golven* • *roffelen* ★ the bill is rolling up *de rekening loopt op* ★ rolling in money *zwemmen in 't geld* ★ the mule tried to roll *de muilezel probeerde de last af te werpen* • *~ along/on voortrollen* • *~ out eruit rollen; zich ontrollen* • *~ over omdraaien* III ZN • *rol* • *broodje* • *buiteling; koprol* • SCHEEPV. *slingering* ⟨v. schip⟩ • TECHN. *wals; rol* • *officiële namenlijst* • *gebak* ★ forward/backward roll *een koprol voor-/achterover* ★ Swiss roll *opgerolde cake* ▼ INFORM. be on a roll *lekker bezig zijn* ▼ INFORM. a roll in the hay *vrijpartij*
rollator (rəʊ'leɪtə) ZN *rollator*
rollback ZN *prijsverlaging*
roll-call ('rəʊlkɔ:l) ZN *appel*
rolled (rəʊld) BNW • *~ beef rollade* ★ *~ gold doublé* ★ *~ oats havermout*
roller ('rəʊlə) ZN *roller; rol(letje); wals* ★ *~ bearing rollager* • *~ coaster roetsjbaan* ★ *~ skate rolschaats* ★ *~ towel handdoek op rol*
rollerblade ZN *(roller)skate*
rollick ('rɒlɪk) ONOV WW *dartelen; pret maken* ★ *~ing dartel; uitgelaten*
rolling ('rəʊlɪŋ) BNW *golvend; deinend* ★ *~ stock rijdend materieel* ★ *~ stone zwerver*
roll-on ZN ★ *~ roll-off ferry rij-op-rij-afveerboot*
roll-top BNW ★ *~ desk cilinderbureau*
roly-poly (rəʊlɪ'pəʊlɪ) I ZN • *~ (pudding) vruchtenpudding* II BNW • *mollig*
ROM (rɒm) AFK COMP. Read-Only Memory *ROM*
Romaic (rəʊ'meɪɪk) I ZN • *Nieuwgrieks* II BNW • *Nieuwgrieks*
Roman ('rəʊmən) I ZN • *Romein* • *rooms-katholiek* II BNW • *Romeins* • *rooms(-katholiek)* ★ *~ nose arendsneus* ★ *~ numerals Romeinse cijfers* ★ *~ balance/beam/ steelyard unster* ★ *~ collar priesterboord* ★ *~ letter(s) type romein; staande drukletter*
romance (rəʊ'mæns) I ZN • *romance* • *'t romantische* • *romantisch verhaal* II ONOV WW • *fantaseren* • *romantisch doen*
Romance (rəʊ'mæns) BNW *Romaans* ★ *~ languages Romaanse talen*
Romanesque (rəʊmə'nesk) I ZN • *romaanse stijl*

II BNW • *romaans*
Romania (rəʊ'meɪnɪə) ZN *Roemenië*
Romanian (rəʊ'meɪnɪən) I ZN • *Roemeen(se)* • *Roemeens* II BNW • *Roemeens*
Romanic (rəʊ'mænɪk) I ZN • *romaans* II BNW • *romaans*
Romanist ('rəʊmənɪst) ZN • *roomsgezinde* • *romanist*
romantic (rəʊ'mæntɪk) I ZN • *romanticus* II BNW • *romantisch*
romanticism (rəʊ'mæntɪsɪzəm) ZN *romantiek*
romanticist (rəʊ'mæntɪsɪst) ZN *romanticus*
romanticize, G-B **romanticise** (rəʊ'mæntɪsaɪz) I OV WW • *romantisch maken* II ONOV WW • *romantisch doen*
Romany ('rɒmənɪ) I ZN • *zigeunertaal* II BNW • *zigeuner-*
romp (rɒmp) I ZN • *stoeipartij* • PLAT *ruzie* • SPORT *gemakkelijke overwinning* II ONOV WW • *stoeien; ravotten* • *ruzie hebben* ★ romp past/in/home *op zijn sloffen inhalen/winnen*
rompers ('rɒmpəz) MV *kruippakje*
romper suit ZN *kruippakje*
roof (ru:f) I ZN • *dak* ★ roof of the mouth *verhemelte* ★ be under a p.'s roof *iemands gast zijn* ★ roof rack *imperiaal* ★ roof garden *daktuin* II OV WW • *onder dak brengen; overdekken*
roofing ('ru:fɪŋ) ZN • *dakbedekking* • *dekmateriaal*
rooftop ('ru:ftɒp) ZN *dak*
rook (rʊk) I ZN • *roek* • *toren* ⟨schaakspel⟩ • *valsspeler* II OV WW • *afzetten; afleggen* • *vals spelen*
rookery ('rʊkərɪ) ZN • *roekennesten* • *kolonie* ⟨v. pinguïns, zeehonden e.d.⟩ • *krottenbuurt*
rookie ('rʊkɪ) ZN • *rekruut* • *groentje*
room (ru:m) I ZN • *kamer; zaal* • *ruimte; plaats* • *gelegenheid; aanleiding* ★ room service *bediening op de (hotel)kamer* ★ changing room *kleedkamer* ★ common room *docentenkamer; gelagkamer* ★ green room *artiestenkamer* ★ no room for hope *geen hoop meer* ★ I prefer his room to his company *ik zie hem liever gaan dan komen* ★ there's room for improvement *er kan nog wel wat verbeterd worden* ★ no room to swing a cat *je kunt je er niet wenden of keren* II ONOV WW • USA *op (een) kamer(s) wonen* ★ room together *met iem. op één kamer wonen* ★ room with a p. *met iem. op één kamer wonen*
roomer ('ru:mə) ZN *kamerbewoner*
roomie ('ru:mɪ) ZN *roommate slapie*
room-mate ZN *kamergenoot*
roomy ('ru:mɪ) BNW *ruim; breed*
roost (ru:st) I ZN • *roest; (kippen)stok; nachthok* ★ go to *~ op stok gaan* ★ at *~ op stok; in bed* ★ his curses came home to *~ zijn vloeken kwamen op zijn eigen hoofd neer* ★ he had his chickens come home to *~ hij kreeg zijn trekken thuis* II OV WW • *onderdak geven* III ONOV WW • *op stok gaan* • *huizen*
rooster ('ru:stə) ZN *haan*
root (ru:t) I ZN • *wortel* • *biet* • *kern; bron; grondslag* ★ root crop *wortelgewas;*

wortel-/rapen-/knollenoogst ★ pull up by the roots *met wortel en tak uitroeien* ★ root and branch *grondig*; *totaal* ★ strike/take root *wortel schieten* ★ have its root(s) in *wortelen in* ★ be/lie at the root of *ten grondslag liggen aan* ★ root idea *kerngedachte*; *grondgedachte* ★ square root *vierkantswortel* ★ third etc. root *3e enz. machtswortel* II OV WW • *doen wortelschieten* • *doen grondvesten* • *omhoogwroeten*; *omwroeten* ★ rooted to the ground/spot *als aan de grond genageld* • ~ **out** *tevoorschijn brengen*; *opschralen*; *opsnorren* • ~ **up** *omwroeten* III ONOV WW • *inwortelen*; *wortelschieten* • *zich grondvesten* • *snuffelen* • USA *steunen* • ~ **for** *zich inzetten voor*

rootless ('ru:tləs) BNW • *ontworteld*; *ontheemd* • *zonder voorgeschacht*

rootstock ('ru:tstɒk) ZN *wortelstok*

rope (rəʊp) I ZN • *(dik) touw*; *kabel*; *koord* • *snoer* • *lasso* ★ the rope *de strop* ★ the ropes *de touwen* ⟨v. boksring⟩ ★ skipping rope *springtouw* ★ give a p. rope (to hang himself) *iem. de vrije hand laten (om zijn eigen ondergang te bewerken)* ★ rope of sand *zijden draadje* ★ twist a rope of sand *monnikenwerk doen* ★ know the ropes *weten waar men zijn moet*; *van wanten weten* ★ put a p. up to the ropes *iem. op de hoogte brengen* ★ on the high ropes *opgewonden*; *woedend*; *hautain* II OV WW • *(vast)binden* • *met 'n lasso vangen* • ~ **in** *binnenlokken*; *omsluiten*; *insluiten*; *afperken met touw*; *inpalmen*; *binnenhalen* • ~ **up** *vastbinden*

rope ladder ZN *touwladder*
rope-walk ZN *lijnbaan*
ropy ('rəʊpɪ) BNW • *als (dik) touw* • *draderig*; *slijmerig*
ro-ro AFK roll-on roll-off • → **roll-on**
rosary ('rəʊzərɪ) ZN • *rozenkrans* • *rozenpark*; *rozentuin*
rose (rəʊz) I ZN • *roos* • *rozet(venster)* • *roze* • *sproeidop* ★ rose of May *witte narcis* ★ gather roses *vreugde scheppen in 't leven* ★ under the rose *in vertrouwen*; *onder geheimhouding* II BNW • *roze* III WW [verleden tijd] • → **rise**
roseate ('rəʊzɪət) BNW *rooskleurig*; *roze*
rosebay ('rəʊzbeɪ) ZN • *azalea* • *oleander* • *wilgenroosje* • *rododendron*
rosebed ('rəʊzbed) ZN *rozenperk*
rosebud ('rəʊzbʌd) ZN • *rozenknopje* • *fris jong meisje* • USA *debutante*
rose-coloured, USA **rose-colored** BNW *rooskleurig*
rose hip ZN *rozenbottel*
rosemary ('rəʊzmərɪ) ZN *rozemarijn*
roseola (rəʊ'zi:ələ) ZN • *rode uitslag bij mazelen* • *rode hond*
rosette (rəʊ'zet) ZN *rozet*
rose water ZN *rozenwater* ★ he got a ~ treatment *hij werd in de watten gelegd*
rose window ZN *roosvenster*
rosewood ('rəʊzwʊd) ZN *rozenhout*
rosin ('rɒzɪn) I ZN • *(viool)hars* II OV WW • *met hars bestrijken*
roster ('rɒstə) ZN *dienstrooster*

rostra ('rɒstrə) ZN MV • → **rostrum**
rostrum ('rɒstrəm) ZN • *spreekgestoelte*; *podium*; *publieke tribune* • *snavel*
rosy ('rəʊzɪ) BNW • *roze* • *rooskleurig*
rot (rɒt) I OV WW • *doen rotten*; *bederven* • *er tussen nemen* II ONOV WW • *rotten*; *verrotten*; *bederven* • *onzin verkopen* III ZN • *rotheid*; *rotte plek* • *onzin* • *pech* • *leverziekte* ⟨bij schapen⟩
rota ('rəʊtə) ZN *(dienst)rooster*
Rota ('rəʊtə) ZN *Rota* ⟨hoogste kerkelijke rechtbank⟩
Rotarian (rəʊ'teərɪən) ZN *lid v. Rotary Club*
rotary ('rəʊtərɪ) I ZN • *rotatiepers* II BNW • *roterend* • *volgens rooster* ★ Rotary (Club) *Rotary club*
rotate (rəʊ'teɪt) OV+ONOV WW • *draaien*; *wentelen* • *rouleren*
rotation (rəʊ'teɪʃən) ZN • → **rotate** ★ ~ of crops *wisselbouw*
rote (rəʊt) ZN ★ say by rote *van buiten/ machinaal opzeggen*
rotogravure (rəʊtəgrə'vjʊə) ZN *rotogravure*
rotor ('rəʊtə) ZN *(draai)wiek v.e. helikopter*
rotten ('rɒtn) BNW • *(ver)rot* • *corrupt* • *waardeloos*; *beroerd*; *slecht*
rotund (rəʊ'tʌnd) BNW • *rond* • *mollig*; *gezet* • *gezwollen*; *hoogdravend*
rotunda (rəʊ'tʌndə) ZN *rotonde*
rouble ('ru:bl) ZN *roebel*
rouge (ru:ʒ) ZN • *rouge* • *rood poetspoeder*
rough (rʌf) I BNW • *ruw*; *ruig* • *guur*; *stormachtig* • *onbeschaafd* • *hard*; *drastisch* • *globaal* ★ ~ copy *klad* ★ ~ luck *pech* II OV WW • *ruw maken* • *op scherp zetten* • ~ it *out 't uithouden* • ~ it *zich ontberingen getroosten*; *'t hard te verduren hebben* • ~ **up** *op de kast jagen*; *aftuigen* III ZN • *voorlopige opzet*; *ruwe schets*; *klad* ★ in ~ in het klad ★ the ~ and tumble *het gebakkelei* ★ take the ~ with the smooth *het leven nemen zoals het is*
roughage ('rʌfɪdʒ) ZN • *ruwvoer* • *vezelrijk voedsel*
rough-and-ready (rʌfən'redɪ) BNW • *onafgewerkt*; *eenvoudig*; *praktisch*; *bruikbaar* • *ongegeneerd*
rough-and-tumble (rʌfən'tʌmbl) BNW *onordelijk*; *in 't wilde weg*; *ongeregeld*
rough-cast I ZN • *ruwe pleisterkalk* II BNW • *ruw gepleisterd* • *niet nader uitgewerkt*; *in grove trekken*
roughen ('rʌfən) OV+ONOV WW *ruw maken/worden*
rough-hew (rʌf'hju:) OV WW *een ruw ontwerp maken* ★ ~n *ruw*; *grof*
rough-house I ZN • *keet*; *heibel* II OV WW • *ongenadig op de kop geven* III ONOV WW • *keet/heibel maken*
roughly ('rʌflɪ) BIJW *ruwweg*; *ongeveer* ★ ~ speaking *globaal genomen*
roughneck ('rʌfnek) ZN *ruwe klant*
rough-rider ZN *pikeur*
roughshod ('rʌfʃɒd) BNW *op scherp gezet* ★ ride ~ over *met voeten treden*; *ringeloren*
rough-spoken BNW *ruw in de mond*
roulette (ru:'let) ZN *roulette*

ro

round (raʊnd) **I** ZN • *ronde*; *rondte*; *omvang*; *kring*; *reeks* • *sport* ⟨v. ladder⟩ • *snee*; *schijf*; *plak* • *canon* • *toer* ⟨breien⟩ ★ ~ of fire *salvo* ★ ~ of ammunition *patroon*; *granaat* ★ in all the ~ of Nature *in de hele natuur* ★ go/make the ~ *de ronde doen* ★ in the ~ *open en bloot* **II** BNW • *rond* • *afgerond* ★ ~ trip *rondreis*; *heen- en terugreis* **III** OV WW • *rond maken*; *ronden*; *afronden* • *varen om*; *komen om* • ~ **down** *afronden* • ~ **up** *bijeendrijven*; *razzia houden*; *oppakken* **IV** ONOV WW • *rond worden*; *z. ronden* • *z. omdraaien* • ~ **out** *boller worden* **V** BIJW • *rond*; *om* • *in 't rond*; *rondom* ★ all ~ *overal*; *in alle opzichten* ★ ~ about *in 't rond*; *langs een omweg* ★ I'll be ~ at 6 *ik kom om 6 uur* ★ order the car ~ *de wagen laten voorkomen* ★ show sb ~ *iem. rondleiden* **VI** VZ ★ ~ the world *de wereld rond*

roundabout ('raʊndəbaʊt) **I** ZN • G-B *verkeersrotonde* • *draaimolen* • *omweg* • *omhaal* **II** BNW • *gezet* • *omslachtig*; *wijdlopig* ★ ~ traffic *rondlopend verkeer*; *éénrichtingsverkeer*

rounded ('raʊndɪd) BNW *(af)gerond*; *met ronde hoeken*

roundel ('raʊndl) ZN • *schijfje*; *rond plaatje* • *medaillon* • *rondeau*

rounder ('raʊndə) ZN • *zatlap* • *run* ⟨bij "rounders"⟩

rounders ('raʊndəz) ZN MV *soort honkbal*

round-eyed (raʊnd'aɪd) BNW *met grote ogen*

roundhouse ('raʊndhaʊs) ZN • USA *locomotiefloods* • GESCH. *gevangenis*

roundly ('raʊndlɪ) BIJW *botweg*; *rondweg*; *ronduit*

roundsman ('raʊndzmən) ZN • *bezorger* • USA *controleur v. wachtposten*

round-the-clock BNW + BIJW *de klok rond*; *de hele tijd door*

round-up ZN • *razzia* • *'t bijeendrijven* ⟨v. vee⟩

rouse (raʊz) **I** OV WW • *prikkelen* • *wakker maken*; *(op)wekken*; *opschrikken* • ~ **up** *opjagen*; *aanporren*; *wakker schudden* **II** ONOV WW *wakker worden* • ~ *o.s.* *wakker worden*

rouser ('raʊzə) ZN • *kanjer* • *iem. die wakker schudt*

rousing ('raʊzɪŋ) BNW *kolossaal*

roust (raʊst) OV WW USA ~ **out** *verdrijven*; *uitroeien*

roustabout ('raʊstəbaʊt) ZN • *(los) werkman*; *ongeschoolde arbeider* • USA *dokwerker*; *dekknecht* • *landarbeider* ⟨Australisch⟩

rout (raʊt) **I** ZN • *vlucht* • *bende* ★ put to rout *totaal verslaan* **II** OV WW • *totaal verslaan*

route (ru:t) ZN • *route* • *marsorder* ★ en ~ *onderweg*

route planner ZN *routeplanner*

router ('raʊtə) ZN COMP. *router*

routine (ru:'ti:n) ZN • *routine* • *vaste regel* • *sleur* ★ ~ duties *dagelijkse plichten*

rove (raʊv) **I** ZN • *zwerftocht* **II** OV+ONOV WW • *rondzwerven (door)*; *ronddolen (door)*; *dwalen (door)* • have a roving eye *(steeds) naar andere vrouwen/mannen kijken*

rover ('raʊvə) ZN • *zwerver* • *zeeschuimer*

row[1] (raʊ) **I** ZN • *herrie*; *drukte* • *ruzie* ★ be in a row *ruzie hebben met* ★ what's the row *wat is er aan de hand* ★ make/kick up a row *herrie schoppen* **II** OV WW • *een standje maken* **III** ONOV WW • *ruzie hebben*; *opspelen*

row[2] (raʊ) **I** ZN • *rij* • *huizenrij*; *straat* • *roeitochtje* **II** OV+ONOV WW • *roeien (tegen)* • ~ **down** *inhalen bij het roeien*

rowdy ('raʊdɪ) **I** ZN • *lawaaischopper*; *ruwe klant* **II** BNW • *lawaaierig*

rower ('raʊə) ZN *roeier*

rowing[1] ('raʊɪŋ) ZN *uitbrander*

rowing[2] ('raʊɪŋ) ZN *het roeien*

rowlock ('rɒlək) ZN *dol(pen)*

royal ('rɔɪəl) **I** ZN • *lid v. Koninklijk huis* **II** BNW • *konings-*; *koninklijk* • *schitterend*; *heerlijk* ★ Royal Academy/Society *Koninklijk Academie v. Schone Kunsten/Wetenschappen* ★ ~ blue *diepblauw* ★ ~ evil *klierziekte* ★ ~ fern *koningsvaren* ★ there's no ~ road to virtue *de weg naar de volmaaktheid gaat niet over rozen*

royalism ('rɔɪəlɪzəm) ZN *koningsgezindheid*

Royalist ('rɔɪəlɪst) **I** ZN • *royalist*; *koningsgezinde* ★ USA *economic* ~ *aan zijn principes verbeten vasthoudend econoom* **II** BNW • *koningsgezind*

Royals ('rɔɪəlz) ZN MV ★ the ~ *1e regiment infanterie*; *mariniers*

royalty ('rɔɪəltɪ) ZN • *vorstelijke personen* • *koningschap*; *koninklijke waardigheid* • *vergunning v.d. Kroon* • *royalty* ~ royalties *leden v. koninklijke familie*; *rechten door Kroon verleend*

rpm (ɑ:pi:'em) AFK *revolutions per minute omwentelingen per minuut*

RSI (ɑ:res'aɪ) AFK COMP. *Repetitive Strain Injury RSI*; *herhalingsoverbelasting*

RSPCA AFK G-B *Royal Society for the Prevention of Cruelty to Animals dierenbescherming*

Rt Hon AFK *Right Honourable Zeer Geachte*

Rt Revd, Rt. Rev. AFK *Right Reverend zeereerwaarde*

rub (rʌb) **I** OV WW • *poetsen*; *boenen* • *inwrijven*; *afwrijven* • *schuren* ★ rub one's hands *zich in de handen wrijven* ★ rub noses *de neuzen tegen elkaar wrijven* ★ rub elbows/shoulders with *in aanraking komen met* ★ rub a p. up the wrong way *iem. prikkelen*; *iem. kwaad maken* • ~ **down** *afwrijven*; *stevig afdrogen*; *roskammen* • ~ **in** *inwrijven*; *er in stampen* ⟨v. les⟩; *(blijven) doorzagen over* ★ rub it in (to a p.) *het iem. inpeperen* • ~ **off** *eraf wrijven* • ~ **out** *eruit wrijven*; USA *om zeep helpen* • ~ **together** *tegen elkaar wrijven* • ~ **up** *opwrijven*; *opfrissen*; *fijnwrijven*; *door elkaar mengen/wrijven* **III** ZN • *(los) werkman*; *moeilijkheid*; *hindernis* • *robber* ★ there's the rub *daar zit 'm de kneep* ★ give it a rub *het eens opwrijven* ★ I've given him a rub (down) *ik heb 'm eens even onder handen genomen* ★ those who play at bowls must look for rubs *wie kaatst moet de bal verwachten*

• ~ **along** *voortsukkelen*; *goed op kunnen schieten* • ~ **off** *er langzaam af gaan*; *er af slijten* • ~ **out** *door wrijven verdwijnen*

rubber ('rʌbə) **I** ZN • *rubber* • *gum* • *elastiek* • INFORM. *condoom* • *robber* ⟨serie wedstrijden⟩ ★ USA ~s *overschoenen* ★ ~ plant *rubberplant*; *ficus* II BNW • *rubberen*; *van rubber* • *elastieken* ★ ~ *band elastieken* III OV WW • *met rubber overtrekken*; *met rubber voeren*

rubberneck ('rʌbənek) ZN USA *nieuwsgierige*

rubber-stamp OV WW FIG. *als vanzelfsprekend goedkeuren*

rubbery ('rʌbəri) BNW *rubberachtig*

rubbing ('rʌbɪŋ) ZN DRUKK. *afdruk*

rubbish ('rʌbɪʃ) ZN • *rotzooi* • *onzin*

rubbishy ('rʌbɪʃɪ) BNW • *waardeloos* • *vol rotzooi* • *onzinnig*

rubble ('rʌbl) ZN • *puin* • *brokken natuursteen* • *gletsjerpuin*

rubicund ('ru:bɪkʌnd) BNW *blozend*

rubric ('ru:brɪk) ZN *rubriek*

ruby ('ru:bɪ) I ZN • *robijn* • *robijnrood* II BNW • *robijnen* • *robijnrood*

ruche (ru:ʃ) ZN *ruche*

ruck (rʌk) I ZN • *kreukel* • *(de) massa* II OV WW • *plooien* • ~ *up (ver)kreukelen* III ONOV WW • *verkreukelen*

rucksack ('rʌksæk) ZN *rugzak*; *ransel*

ruction ('rʌkʃən) ZN *herrie*; *ontevredenheid*

rudder ('rʌdə) ZN • *roer* • *richtsnoer*

rudderless ('rʌdələs) BNW *stuurloos*

ruddy ('rʌdɪ) BNW • *verdomd(e)* • *rood*; *blozend* • *rossig*

rude (ru:d) BNW • *ruw* • *lomp* • *primitief*; *onbeschaafd*; *woest* • *hard*; *streng* • *krachtig*; *robuust* ★ *rude things grofheden* ★ *be rude to sb iem. beledigen*

rudeness ('ru:dnəs) ZN • → **rude**

rudiment ('ru:dɪmənt) ZN *rudimentair orgaan*

rudimentary (ru:dɪˈmentərɪ) BNW • *rudimentair* • *in een beginstadium*

rudiments ('ru:dɪmənts) ZN MV • *eerste beginselen*; *kern* • *aanvangsstadium*

rue (ru:) OV WW *berouw hebben over/van*; *treuren om*

rueful ('ru:fʊl) BNW *verdrietig*; *treurig*

ruff (rʌf) I ZN • *Spaanse plooikraag* • *verenkraag* • *kapduif* • *kemphaan* II OV+ONOV WW • *(telkens) introeven*

ruffianism ('rʌfɪənɪzəm) ZN *gewelddadigheid*

ruffianly ('rʊfɪənlɪ) BNW *bruut*

ruffle ('rʌfəl) I ZN • *rimpeling* • *kanten manchet*; *(geplooide) kraag*; *jabot* II OV WW • *verfrommelen*; *verstoren*; *in de war brengen*; *verwarren* • *rimpelen* • *uit zijn humeur brengen* ★ ~ *sb up iem. kwaad maken* ★ ~ *the leaves of a book een boek doorbladeren* ★ ~ *one's feathers zijn veren opzetten*; *zich kwaad maken*

rug (rʌg) ZN • *(haard)kleedje* • *(reis)deken*

rugby ('rʌgbɪ) ZN *rugby*

rugged ('rʌgɪd) BNW • *ruw*; *hobbelig* • *hoekig* • *hard*; *stotend*; *nors* • USA *krachtig*

rugger ('rʌgə) ZN INFORM. *rugby*

ruin ('ru:ɪn) I ZN • *ruïne*; *ondergang* • *wrak* ⟨figuurlijk⟩ • *ruin(s) ruïne* ★ *bring to ruin te gronde richten* ★ *come/run to ruin te gronde gaan* II OV WW • *ruïneren*; *vernielen*; *te gronde richten*; *verleiden*

ruination (ru:ɪˈneɪʃən) ZN • *vernieling* • *ondergang*

ruinous ('ru:ɪnəs) BNW • *verderfelijk* • *bouwvallig*; *in puin*

rule (ru:l) I OV WW • *heersen* • *trekken*; *liniëren* ★ *rule the roost de lakens uitdelen* ★ *be ruled by zich laten leiden door* • ~ *out uitsluiten* II ONOV WW • *heersen*; *regeren* ★ *the prices ruled high de prijzen lagen hoog* III ZN • *regel* • *streepje* • *liniaal*; *duimstok* • *heerschappij*; *bestuur* ★ *rule book reglement* ★ *rule of action gedragsregel* ★ *rule of the road verkeersregels*; *het rechts/links houden* ★ *rule of thumb vuistregel* ★ *as a rule in de regel* ★ *by rule volgens vaste regels*; *machinaal* ★ *bear rule de scepter zwaaien* ★ *work to rule modelactie houden* ★ *golden rule gulden regel*

ruler ('ru:lə) ZN • *regeerder*; *heerser* • *liniaal*

rulership ('ru:ləʃɪp) ZN *heerschappij*

ruling ('ru:lɪŋ) I ZN • *beslissing*; *rechterlijke uitspraak* • *liniëring* II BNW • *leidend*; *heersend*

rum (rʌm) I ZN • *rum* • USA *sterkedrank* II BNW • *vreemd*; *raar* ★ *a rum go een gek/raar geval*

Rumania (ru:ˈmeɪnɪə) ZN *Roemenië*

Rumanian (ru:ˈmeɪnɪən) I ZN • *Roemeen(se)* • *het Roemeens* II BNW • *Roemeens*

rumble ('rʌmbl) I ZN • *gerommel* • *storend signaal*; *brom* ⟨elektronica⟩ • *kattenbak* ⟨v. auto⟩ II ONOV WW • *rommelen* • ~ *out opdreunen*

rumbling ('rʌmblɪŋ) ZN • *gemopper* • *gerommel* ★ *there were ~s of a war er deden geruchten de ronde over een oorlog*

rumbustious (rʌmˈbʌstʃəs) BNW • *lawaaierig*; *druk* • *recalcitrant*

ruminant ('ru:mɪnənt) I ZN • *herkauwer* II BNW • *overdenkend*; *bezinnend*

ruminate ('ru:mɪneɪt) I OV WW • *(nog eens) overdenken* II ONOV WW • *herkauwen*

rumination (ru:mɪˈneɪʃən) ZN *bezinning*

ruminative ('ru:mɪnətɪv) BNW *peinzend*

rummage ('rʌmɪdʒ) I OV WW • *doorsnuffelen* • *overhoop halen*; *rommel maken* • ~ *out opscharrelen* II ONOV WW • *rommelen*; *snuffelen* III ZN • *rommel* ★ ~ *sale vlooienmarkt*; *rommelmarkt*

rummy ('rʌmɪ) I ZN • *kaartspel* II BNW • *rumachtig* • *raar*

rumour ('ru:mə) ZN *gerucht* ★ ~ *has it that er wordt gezegd dat*

rumoured ('ru:məd) BNW • *it is ~ that het gerucht gaat dat*

rump (rʌmp) ZN • *overschot(je)* • *staart(stuk)*; *achterste*

rumple ('rʌmpl) I ZN • *rimpel*; *kreukel* II OV WW • *in de war maken*

rumpsteak ('rʌmpsteɪk) ZN *lendenbiefstuk*; *entrecote*

rumpus ('rʌmpəs) ZN *hooglopende ruzie*; *tumult*; *herrie* ★ *make/kick up a ~ lawaai schoppen*

run (rʌn) I OV WW • *lopen over* • *laten lopen*; *laten gaan*; *rijden*; *laten stromen* • *(na)jagen*; *achterna zitten* • *leiden*; *aan 't hoofd staan van*; *sturen* • *brengen* ⟨v. artikel, toneelstuk⟩; *verkopen* • *laten meedoen* • *halen (door)*; *strijken met*; *snel laten gaan* • *rijgen* • *(binnen)smokkelen* ★ *run to ground vervolgen tot in 't hol*; *te pakken krijgen*

ru

⟨figuurlijk⟩ ★ run sb home *iem. thuis brengen*; *doen wie er het eerste thuis is* ★ run blood *bloed verliezen; bloeden* ★ run sb close *iem. vlak op de hielen zitten* ★ run its course *gewoon doorgaan* ★ run errands *boodschappen doen* ★ run one's head against *met het hoofd lopen tegen* ★ run a race *deelnemen aan een wedstrijd; een wedstrijd organiseren* ★ run the show *de touwtjes in handen hebben* ★ run a thing *fine/close iets er net afbrengen* • ~ **down** *inhalen; overrijden; afgeven op* ★ he was much run down *hij was zo goed als op* • ~ in *inrijden* ⟨v. auto⟩; *erin brengen; inrekenen* • ~ **into** *laten vervallen tot; steken in* • ~ **off** *laten weglopen; uit de mouw schudden* ★ run sb off his legs *iem. v.d. sokken lopen* ★ run off a race *de eindwedstrijd houden* • ~ **out** *afrollen* ★ run o.s. out *z. buiten adem lopen* • ~ **out of** *gebrek krijgen aan; zonder komen te zitten; geen voorraad meer hebben van* ★ we have run out of water *ons water is op* • ~ **over** *overrijden; laten gaan over* ★ run over an account *een rekening nalopen* • ~ **through** *doorsteken; doorhalen; er door brengen* • ~ **up** *doen oplopen; opdrijven; haastig bouwen; optellen* II ONOV WW • *hardlopen* • *z. haasten* • *doorlopen; uitlopen; z. snel verspreiden* ★ he who runs may read *dat zie je zo* ★ my blood ran cold *'t bloed stolde me in de aderen* ★ run dry *opdrogen; op raken* ★ run low *op raken* ★ run low on ... *bijna geen ... meer hebben* ★ run high *hoog oplopen/zijn; hooggespannen zijn* ★ feeling ran high *de gemoederen raakten verhit* ★ run smooth *gesmeerd gaan* ★ run strong *komen opzetten* ★ run too far *te ver doordrijven* ★ run wild *in 't wild opgroeien* ★ run for it *'t op een lopen zetten* ★ it runs in the family *het zit in de familie* ★ run on the rocks *te pletter lopen* ★ run in one's head *iem. door het hoofd spelen* • ~ **about** *heen en weer lopen; rondsjouwen* • ~ **across** *(toevallig) tegenkomen* • ~ **after** *achternalopen* ★ much run after *zeer gezocht* • ~ **at** *inrennen op* • ~ **away** *weglopen; er vandoor gaan; op hol slaan* ★ run away with a lot of money *een hoop geld (gaan) kosten* ★ run away with *voetstoots aannemen; z. laten meeslepen door* • ~ **back** *teruglopen* ★ run back over sth *iets nog eens nagaan* • ~ **down** *aflopen; leeglopen; op raken; uitgeput raken; vervallen* • ~ **for** USA *kandidaat zijn voor* • ~ **in** *binnenlopen* ★ run in to *inlopen op* • ~ **into** *in botsing komen met; vervallen tot; binnenlopen* ★ run into debt *schulden maken* ★ it runs into millions *'t loopt in de miljoenen* ★ run into five editions *vijf drukken beleven* • ~ **off** *de benen nemen; weglopen* • ~ **on** *doordraven; verbonden zijn; doorlopen; doorgaan* • ~ **out** *aflopen; op raken; op z'n eind raken; lekken/lopen uit; verlopen; ongeldig worden* • ~ **over** *even overwippen; overlopen* • ~ **through** *doorlopen; lopen door; doornemen* • ~ **to** *(op)lopen tot; gaan tot; toereikend zijn voor; z. kunnen permitteren* • ~ **together** *in elkaar lopen* • ~ **up** *oplopen; opschieten; krimpen* • ~ **(up)on** *steeds*

terugkomen op; gaan over; tegen 't lijf lopen ★ run (up)on a bank *een bank bestormen* III ZN • *looppas; galop; vaart* • *uitstapje* • *afstand* • *(ver)loop* • *looptijd* • *toeloop* • *run* ⟨bij cricket⟩ • *vrije toegang; vrij gebruik* • *(kippen)ren* • *school* ⟨vissen⟩ • *soort!; stel* • USA *ladder* (in panty) • *stroompje* ★ run of office *ambtsperiode* ★ a run on *een plotselinge vraag naar* ★ dry run *proef; repetitie* ★ at a run *op een drafje* ★ have a run for one's money *waar voor z'n geld krijgen* ★ in the long run *op den duur; uiteindelijk* ★ she was allowed the run of their house *zij mocht overal komen* ★ I cannot get the run of it *ik kan de slag niet te pakken krijgen* ★ have a run of bad luck *de wind tegen hebben* ⟨figuurlijk⟩ ★ the run of the market *verloop v.d. prijzen* ★ common run of men *gewone slag mensen* ★ she had a long run of power *ze was lang aan de macht* ★ the play had a run of 50 nights *het stuk werd 50 maal achter elkaar gespeeld* ★ there was a run on the bank *de bank werd bestormd* ★ get the run on a p. *iem. bij de neus nemen* ★ on the run *op de loop; in de weer; aan de gang* ★ a run on the continent *een uitstapje over 't Kanaal* ★ with a run *snel* ★ have the run of one's teeth *de kost voor niets hebben*

runabout (ˈrʌnəbaʊt) I ZN ★ ~(-car) *toerwagentje* II BNW • *zwervend*

runaround (ˈrʌnəraʊnd) ZN ★ he'll give me the ~ *hij zal me met een kluitje in het riet sturen*

runaway (ˈrʌnəweɪ) I ZN • *vluchteling* • *op hol geslagen paard* II BNW • *op de vlucht; op hol* ★ ~ marriage/match *huwelijk waarbij bruid geschaakt is*

run-down BNW • *vervallen* • *uitgeput*

rung (rʌŋ) I ZN • *sport* ⟨v. ladder⟩ • *spijl* II WW [volt. deelw.] • → **ring**

run-in (ˈrʌnɪn) ZN • *aanvaring* ⟨figuurlijk⟩ • *einde* ⟨v. wedstrijd⟩

runlet (ˈrʌnlɪt) ZN *stroompje*

runnel (ˈrʌnl) ZN • *goot* • *beekje*

runner (ˈrʌnə) ZN • *renner; hardloper* • *koerier* • *smokkelaar* • TECHN. *sleuf; roede* • PLANTK. *stekje* ★ scarlet ~ *pronkboon*

runner bean ZN PLANTK. *pronkboon*

runner-up ZN *(gedeelde) tweede in een wedstrijd*

running (ˈrʌnɪŋ) I ZN • *(verloop van de) wedstrijd* ★ be out of the ~ *er uit liggen* ★ make the ~ *aan de kop liggen* ★ take up the ~ *de leiding nemen* ★ be in the ~ *kans hebben* II BNW • *doorlopend; achter elkaar* • *strekkend*

run-of-the-mill BNW *doodgewoon; alledaags*

runt (rʌnt) ZN • *klein rund* • *dwerg; kriel* • *uilskuiken* ★ runts *kleingoed*

run-through (ˈrʌnθruː) ZN • *herhaling* • *doorstoot* ⟨biljart⟩

run-up ZN • *aanloop* • *(het) op gang komen*

runway (ˈrʌnweɪ) ZN • *spanning; groef* • *startbaan* • *dierenlooppad*

rupee (ruːˈpiː) ZN *roepie*

rupture (ˈrʌptʃə) I OV WW • *een breuk veroorzaken* • *doorbreken; verbreken* II ONOV WW • *een breuk hebben* III ZN • *breuk; scheuring* • *doorbraak*

ru

rural ('rʊərəl) BNW *landelijk; plattelands-*
ruse (ru:z) ZN *list*
rush (rʌʃ) **I** ZN • *haast* • *toeloop*; *'t aanstormen*;
stormloop • *plotselinge snelle aanval*
• *aandrang* • *drukte* • *trek* • USA
studentengevecht ⟨om de vlag⟩ • *bies* • *greintje*
★ a rush for/on *plotselinge vraag naar* ★ be in
the rush *meedoen* ★ rush of tears *tranenvloed*
★ not worth a rush *geen (rooie) cent waard*
★ rush order *spoedorder* **II** BNW • *biezen* **III** OV
WW • *meeslepen* • *opjagen*; *overrompelen*
• *bestormen*; *stormenderhand nemen* • *matten*
⟨met biezen⟩ ★ refuse to be rushed *zich niet*
laten haasten ★ rush one's fences *overijld te*
werk gaan ★ rush a p. out of 2 pounds *iem. 2*
pond afzetten ★ rush a bill through *een*
wetsontwerp erdoor jagen **IV** ONOV WW • *(zich)*
haasten; *jachten* • *overijld te werk gaan*
• *stormen* • *(zich) dringen*; *z. een weg banen*
(door) • *z. storten*; *stromen* ★ rush into print
naar de pen grijpen voor de krant ★ rush into
one's memory *plotseling voor de geest komen*
• ~ in *binnenvallen* • ~ on *voortsnellen* • ~ out
naar buiten stormen
rush hour ZN *spitsuur*
rush job ('rʌʃdʒɒb) ZN *haastklus*
rushlight ('rʌʃlaɪt) ZN • *nachtpitje* • *flauw glimpje*
rusk (rʌsk) ZN ≈ *beschuit*
russet ('rʌsɪt) ZN • *roodbruin* • *goudrenet*
Russia ('rʌʃə) ZN *Rusland*
Russian ('rʌʃən) **I** ZN • *Rus(sin)* • *het Russisch*
II BNW • *Russisch* ★ ~ salad *gemengde salade*
met mayonaise ★ ~ boot *wijde laars*
rust (rʌst) **I** ZN • *roest* **II** OV WW • *doen roesten*
III ONOV WW • *roesten*; *verroesten*; *waardeloos*
worden
rustic ('rʌstɪk) **I** ZN • *buitenman*; *boer(enkinkel)*
II BNW • *landelijk* • *boers*
rusticate ('rʌstɪkeɪt) **I** OV WW • *schorsen* • *er*
landelijk doen uitzien **II** ONOV WW • *buiten*
(gaan) wonen
rustication (rʌstɪ'keɪʃən) ZN • → **rusticate**
rustle ('rʌsəl) **I** OV WW • *doen ritselen* • *stelen*
⟨vee⟩ • USA ~ up *opscharrelen*; *in elkaar flansen*
II ONOV WW • *ruisen*; *ritselen* **III** ZN • *geritsel*;
geruis
rustproof ('rʌstpru:f) ZN *roestvrij*
rusty ('rʌstɪ) BNW • *roestig*; *verroest* • FIG. *stroef*
⟨door gebrek aan oefening of studie⟩ ★ his
French is a little ~ *zijn Frans is een beetje stroef*
rut (rʌt) ZN • *karrenspoor* • *groef* • FIG. *sleur*
• *bronst* ★ in a rut *tot sleur geworden*
ruthless ('ru:θləs) BNW *meedogenloos*
rutted ('rʌtɪd) BNW *ingesleten* ⟨v. weg⟩
rutting ('rʌtɪŋ) BNW *bronstig*; *bronst-*
rutty ('rʌtɪ) BNW *bronstig*; *bronst-*
RWD AFK **Rear Wheel Drive**
achterwielaandrijving
rye (raɪ) ZN *rogge*

S

s (es) ZN *letter s* ★ S as in Sugar *de s van Simon*
S AFK • **Saint** *Sint* • **second(s)** *seconde(n)*
• **shilling(s)** *shilling(s)* • **Society** *genootschap*
• **son** *zoon* • **South** *zuid* • **Small** *klein*
⟨kledingmaat⟩
SA AFK • **Salvation Army** *Leger des Heils* • **South**
Africa *Zuid-Afrika* • **South America**
Zuid-Amerika • **South Australia** *Zuid-Australië*
sabbath ('sæbəθ) ZN • *sabbat* • *rustdag*; *zondag*
sabbatical (sə'bætɪkl) **I** ZN • *sabbatsjaar*;
verlofperiode **II** BNW ★ ~ year *sabbatsjaar* ★ ~
leave/term verlofperiode (voor studiereis e.d.)
saber ZN • → **sabre**
sable ('seɪbl) **I** ZN • *sabeldier* • *sabelbont* • *zwart*
II BNW • *zwart* • *duister*
sabot ('sæbəʊ,'sæbəʊ) ZN *klomp*
sabotage ('sæbəta:ʒ) **I** ZN • *sabotage* **II** OV+ONOV
WW • *saboteren*
saboteur (sæbə'tɜ:) ZN *saboteur*
sabre ('seɪbə) **I** ZN • *sabel* **II** OV WW • *neersabelen*
saccharin ('sækərɪn) ZN *sacharine*
saccharine ('sækəri:n) BNW • *suikerhoudend*
• *zoet(sappig)*
sacerdotal (sækə'dəʊtl) BNW *priesterlijk*
sachet ('sæʃeɪ) ZN • *sachet* • *geurzakje*
sack (sæk) **I** ZN • *zak* • *ruime jas/mantel*
• *Spaanse wijn* ★ INFORM. get the sack
ontslagen worden; *eruit vliegen* ★ INFORM. give
the sack *ontslaan*; *de laan uitsturen* ★ hit the
sack *naar bed gaan* **II** OV WW • *in zak(ken)*
doen • *de bons geven* • *plunderen*
sackcloth ('sækklɒθ) ZN *jute*; *zakkengoed* ★ in ~
and ashes *in zak en as*
sackful ('sækfʊl) ZN • *zak* ★ a ~ of peat *een zak*
turf ★ in ~s/by the ~ *met zakken vol*; *in*
enorme hoeveelheden
sacking ('sækɪŋ) ZN *jute, paklinnen*
sack race ('sækreɪs) ZN *(het) zaklopen*
sacral ('seɪkrəl) BNW *heilig*
sacrament ('sækrəmənt) ZN *sacrament* ★ the
(Blessed/Holy) Sacrament *de Eucharistie*
sacramental (sækrə'mentl) **I** ZN • *sacramentale*
★ ~s *sacramentaliën* **II** BNW • *sacramenteel*
sacred ('seɪkrɪd) BNW • *heilig* • *gewijd*
• *onschendbaar* ★ ~ service *godsdienstoefening*
sacrifice ('sækrɪfaɪs) **I** OV WW • *(op)offeren*
II ONOV WW • *offeren* **III** OV+ONOV WW • *met*
verlies verkopen **IV** ZN • *(op)offering* • *offerande*
★ make the great/last ~ *voor zijn vaderland*
sterven ★ be sold at a ~ *met verlies van de*
hand gaan
sacrificial (sækrə'fɪʃəl) BNW *offer-*
sacrilege ('sækrɪlɪdʒ) ZN *heiligschennis*
sacrilegious (sækrə'lɪdʒəs) BNW *heiligschennend*
sacristan ('seɪkrɪstən) ZN *koster*
sacristy ('sækrɪstɪ) ZN *sacristie*
sacrosanct ('sækrəʊsæŋkt) BNW • *onschendbaar*
• *heilig*
sacrosanctity (sækrəʊ'sæŋktətɪ) ZN
• *onschendbaarheid* • *heiligheid*
sacrum ('seɪkrəm) ZN *heiligbeen*
sad (sæd) BNW • *droevig*; *treurig* • *hopeloos*

sa

• *somber* (kleur); *vaal* • *klef* (brood) ★ sad stuff *prulwerk*
sadden ('sædn) I OV WW • *droevig maken* II ONOV WW • *droevig worden*
saddle ('sædl) I ZN • *zadel* • *beugel* • *lendenstuk* ★ ~ cover *zadeldek* II OV WW • *zadelen* • *belasten*; *in de schoenen schuiven* III ONOV WW • *opzadelen*
saddlebag ('sædlbæg) ZN *zadeltas*
saddler ('sædlə) ZN *zadelmaker*
saddlery ('sædlərɪ) ZN *zadelmakerij*
sadism ('seɪdɪzəm) ZN *sadisme*
sadist ('seɪdɪst) ZN *sadist*
sadistic (sə'dɪstɪk) BNW *sadistisch*
sadly ('sædlɪ) BIJW *droevig*; *jammer genoeg*
sadness ('sædnəs) ZN • *verdriet* • *droevigheid*
sadomasochism (seɪdəʊ'mæsəkɪzəm) ZN *sadomasochisme*
sae AFK • stamped addressed envelope *antwoordenvelop* • self addressed envelope *retourenvelop*
safari (sə'fɑːrɪ) ZN *safari*
safe (seɪf) I ZN • *brandkast* • *vliegenkast* II BNW • *veilig* • *gerust* • *betrouwbaar* ★ be on the safe side *het zekere voor 't onzekere nemen* ★ safe and sound *gezond en wel* ★ it is safe to touch *je kunt er gerust aankomen* ★ safe from *beveiligd tegen*
safe deposit box ZN *kluis*
safeguard ('seɪfgɑːd) I ZN • *vrijgeleide* • *bescherming* • *beveiliging* II OV WW • *beschermen*; *beveiligen*
safety ('seɪftɪ) ZN *veiligheid* ★ ~ first! *veiligheid gaat vóór alles!*
safety belt ZN *veiligheidsgordel* ⟨in auto⟩
safety catch ZN *veiligheidssluiting*
safety curtain ZN *brandscherm*
safety lock ZN *veiligheidssluiting*
safety net ZN *vangnet*
safety pin ZN *veiligheidsspeld*
saffron ('sæfrən) I ZN • *saffraan(geel)* II BNW • *saffraan(geel)* III OV WW • *kruiden met saffraan* • *saffraan(geel) kleuren*
sag (sæg) I OV WW • *doen doorbuigen/-zakken* II ONOV WW • *doorbuigen/-zakken* • *afnemen* • *minder worden* • *(scheef) hangen* • ECON. *goedkoper worden* III ZN • *verzakking* • *doorhanging* • *(prijs)daling*
saga ('sɑːgə) ZN • *(lang) verhaal* • *sage* • *familiekroniek*
sagacious (sə'geɪʃəs) BNW • *schrander* • *wijs*
sagacity (sə'gæsətɪ) ZN • *scherpzinnigheid* • *spitsvondigheid*
sage (seɪdʒ) I ZN • *wijze* ⟨persoon⟩ • *salie* II BNW • *wijs*
Sagittarius (sædʒɪ'teərɪəs) ZN *Boogschutter* ⟨sterrenbeeld⟩
sago ('seɪgəʊ) ZN *sago(palm)*
said (sed) I BNW *voornoemd(e)* II WW [verleden tijd + volt. deelw.] • → **say**
sail (seɪl) I OV WW • *besturen* • *zweven (door)* ★ sail the seas *de zeeën doorkruisen* II ONOV WW • *(uit)varen* • *zweven* • *stevenen* • *zeilen* ★ sail in the same boat *in 't zelfde schuitje varen* ★ it is smooth sailing *de zaak gaat vlot* ★ it's plain sailing *het gaat van een leien*

dakje; *er is niets aan* ★ sail close to/near the wind *scherp bij de wind varen*; *iets doen/zeggen wat op 't kantje af is* ★ sailing ship *zeilschip* • ~ into *aanpakken* III ZN • *zeil* • *schip*; *schepen* • *zeiltochtje* • *molenwiek* ★ 10 days' sail *10 dagen varen* ★ make/take sail *uitvaren*; *(meer) zeilen bijzetten* ★ take in sail *zeil minderen*; *zich matigen*
sailcloth ('seɪlklɒθ) ZN *zeildoek*
sailer ('seɪlə) ZN • *zeiler* • *zeilschip*
sailing ('seɪlɪŋ) ZN • *het zeilen* • *bootreis* • *afvaart* ★ ~ master *schipper*
sailor ('seɪlə) ZN • *zeeman* • *matroos* ★ be a good ~ *zeebenen hebben*; *weinig last v. zeeziekte hebben*
sailorly ('seɪləlɪ) BNW • *zoals het een zeeman betaamt* • *zeemanachtig*
saint (seɪnt) I ZN • *heilige*; *sint* • *heilig boontje* ★ provoke a ~ *iem. 't bloed onder de nagels uithalen* ★ ~'s day *naamdag*; *heiligedag* ★ Latter-day Saints *mormonen* II OV WW • *heilig verklaren* ★ ~ it *vroom doen*
sainted ('seɪntɪd) BNW ★ my ~ father *vader zaliger*
sainthood ('seɪnthʊd) ZN *heiligheid*
saintly ('seɪntlɪ) BNW • *vroom* • *volmaakt*
sake (seɪk) ZN ★ for the sake of ... *omwille van ...* ★ for my sake *om mijnentwil* ★ for God's/goodness'/heaven's sake *om 's hemelswil*
sal (sɑːl) ZN ★ sal volatile *vlugzout*
salable BNW • → **saleable**
salacious (sə'leɪʃəs) BNW *wellustig*; *wulps*
salacity (sə'læsətɪ) ZN *wellustigheid*
salad ('sæləd) ZN *salade*; *sla* ★ your ~-days *de tijd dat je nog groen was* ★ ~ cream *slasaus* ★ ~ dressing *slasaus* ★ ~ oil *slaolie*
salamander ('sæləmændə) ZN • *salamander* • *vuurgeest* • *roosterplaat* • *vuurijzer*
salami (sə'lɑːmɪ) ZN *salami*
salami tactics ZN MV *salamitactiek*
salaried ('sælərɪd) BNW *bezoldigd*
salary ('sælərɪ) I ZN • *salaris* ★ unemployed ~ *wachtgeld* II OV WW • *bezoldigen*
sale (seɪl) ZN • *verkoop* • *uitverkoop* • *verkoping*; *veiling* ★ on sale *in de uitverkoop* ★ sales uitverkoop ★ for sale *te koop* ★ put up for sale *in veiling brengen* ★ on sale or return *in commissie* ★ bring-and-buy sale *rommelmarkt* ⟨voor een goed doel⟩
saleable ('seɪləbl) BNW *verkoopbaar* ★ ~ value *verkoopwaarde*
saleroom ('seɪlruːm) ZN USA *verkoopruimte/-lokaal*
sales campaign ZN *verkoopcampagne*
salesgirl ('seɪlzgɜːl) ZN • *verkoopster* • *vertegenwoordigster* • *zakenvrouw*
saleslady ('seɪlzleɪdɪ) ZN *verkoopster*
salesman ('seɪlzmən) ZN • *verkoper* • *vertegenwoordiger* • *zakenman*
sales manager ZN *verkoopleider*
salesroom ('seɪlzruːm) ZN *verkoopruimte/-lokaal*
sales talk ZN *verkooppraatje*
sales tax ZN *omzetbelasting*
sales volume ZN *omzet*
saleswoman ('seɪlzwʊmən) ZN • *verkoopster*

• *vertegenwoordigster* • *zakenvrouw*
salient ('seɪlɪənt) **I** ZN • *saillant* **II** BNW
  • *(voor)uitspringend* • *in 't oog vallend*
saline ('seɪlaɪn) **I** ZN • *zoutziederij* • *zoutoplossing*
  • *zoutmeer/-pan* **II** BNW • *zout(houdend)*
salinity (sə'lɪnətɪ) ZN *zoutgehalte*
saliva (sə'laɪvə) ZN *speeksel*
salivary ('sælɪvərɪ) ZN *speeksel-* ★ ~ *glands*
  speekselklieren
salivate ('sælɪveɪt) ONOV WW *kwijlen*
sallow ('sæləʊ) **I** ZN • *wilg* • *wilgenscheut* **II** BNW
  • *vaal/ziekelijk geel* **III** OV WW • *vaalgeel maken*
  IV ONOV WW • *vaalgeel worden*
sally ('sælɪ) **I** ZN • *uitval* • *uitstapje* • *geestige zet*
  II ONOV WW • *een uitstapje maken*
  • ~ **forth/out** *er op uit trekken*
salmon ('sæmən) ZN • *zalm* • *zalmkleurig* ★ ~
  steak moot zalm
salmonella (sɑlmə'nelə) ZN *salmonella(bacterie)*
salon ('sælɒn) ZN • *salon*
  • *foto-/schilderijententoonstelling*
saloon (sə'lu:n) • *zaal* • *salon* • *grote luxe*
  kajuit • USA *bar* • G-B *sedan* ★ *upper* ~ *bovenste*
  dek v. dubbeldekkerbus
salsify ('sælsɪfɪ) ZN *schorseneer*
salt (sɔ:lt) **I** ZN • *geestigheid* ★ *in salt*
  gepekeld ★ *an old salt zeerob* ★ *to be worth*
  one's salt efficiënt/capabel zijn ★ *take with a*
  pinch/grain of salt met een korreltje zout
  nemen **II** BNW • *gezouten* ★ *salt beef warm*
  pekelvlees ★ *salt tears bittere tranen* ★ *salt cod*
  gezouten vis ★ *salt junk pekelvlees* **III** OV WW
  • *zouten; pekelen; pittig maken* • ~ **away**
  wegzetten als appeltje voor de dorst • ~ **down**
  inpekelen; wegzetten als appeltje voor de dorst
saltation (sæl'teɪʃən) ZN • *'t springen; 't dansen*
  • *sprong*
saltcellar ('sɔːltselə) ZN *zoutvaatje*
salted ('sɔːltɪd) BNW *gezouten*
saltern ('sɔːltn) ZN *zoutziederij*
saltpetre (sɒlt'piːtə) ZN *salpeter*
saltwater ('sɔːltwɔːtə) ZN *zeewater*
salty ('sɔːltɪ) BNW • *zout(ig)* • *pittig* • *pikant*
salubrious (sə'luːbrɪəs) BNW *gezond*
salubrity (sə'luːbrətɪ) ZN *gezondheid*
salutary ('sæljʊtərɪ) BNW *heilzaam*
salutation (sælju:'teɪʃən) ZN • *(be)groet(ing)*
  • *aanhef* ⟨in brief⟩ ★ *the Angelic Salutation*
  het weesgegroet
salutatory (sə'lju:tətərɪ) BNW *begroetende;*
  openende
salute (sə'lu:t) **I** ZN • *groet* • *saluut(schot)* ★ *take*
  the ~ *de parade afnemen* **II** OV WW • *begroeten;*
  huldigen ★ *the sight that* ~*d him het*
  schouwspel dat zich aan hem voordeed **III** ONOV
  WW • *salueren; groeten*
salvage ('sælvɪdʒ) **I** ZN • *berging; redding*
  • *geborgen of geredde goederen* • *bergingsloon*
  II OV WW • *bergen; redden*
salvation (sæl'veɪʃən) ZN • *behoudenis; redding*
  • *zaligheid* ★ *Salvation Army Leger des Heils*
salvationist (sæl'veɪʃənɪst) **I** ZN • *soldaat v.h.*
  Leger des Heils **II** BNW • *m.b.t. Leger des Heils*
salve (sælv) **I** ZN • *zalf* • *pleister* ⟨figuurlijk⟩ **II** OV
  WW • *insmeren* • *sussen* • *verbloemen* • *helen*
salver ('sælvə) ZN *presenteerblad*

salvo ('sælvəʊ) ZN • *salvo* • *applaus* • *beding;*
  voorbehoud • *uitvlucht*
salvor ('sælvə) ZN • *berger* • *bergingsvaartuig*
SAM (sæm) AFK surface-to-air missile
  grondluchtraket
Samaritan (sə'mærɪtn) **I** ZN • *Samaritaan(se)*
  II BNW • *Samaritaans; uit Samaria*
same (seɪm) AANW VNW • *zelfde* • *dezelfde;*
  hetzelfde ★ *same here! ik ook zo!* ★ *all the*
  same precies 't zelfde; toch; niettemin ★ *just*
  the same in ieder geval; toch wel ★ *one and*
  the same precies de/het zelfde ★ *much the*
  same nagenoeg 't zelfde ★ *at the same time*
  tegelijk(ertijd); tevens ★ *same to you van*
  hetzelfde; insgelijks
sameness ('seɪmnəs) ZN • *gelijkheid*
  • *eentonigheid*
samlet ('sæmlət) ZN *jonge zalm*
samovar ('sæməvɑː) ZN *samowaar*
sample ('sɑːmpl) **I** ZN • *monster; staal* • *proef;*
  proeve • MUZ. *sample* ★ *random* ~ *steekproef*
  II OV WW • *proeven* ⟨v. voedsel⟩ • *een monster*
  geven/nemen v. iets • *keuren* • *ondervinding*
  opdoen van • MUZ. *samplen*
sampler ('sɑːmplə) ZN • *merklap* • *keurmeester*
  • USA *monster(boek); staal(kaart)* • MUZ.
  sampler
sanatorium (sænə'tɔːrɪəm) ZN • *sanatorium;*
  herstellingsoord • *ziekenkamer* ⟨bijv. op school⟩
sanctification (sæŋtɪfɪ'keɪʃən) ZN • *heiliging*
  • *wijding*
sanctify ('sæŋktɪfaɪ) OV WW *heiligen; wijden*
  ★ *sanctified airs schijnheiligheid*
sanctimonious (sæŋktɪ'məʊnɪəs) BNW
  schijnheilig
sanction ('sæŋkʃən) **I** ZN • *sanctie* **II** OV WW
  • *bekrachtigen* • *sanctie geven aan*
sanctity ('sæŋktətɪ) ZN • *heiligheid*
  • *onschendbaarheid*
sanctuary ('sæŋktʃʊərɪ) ZN • *heiligdom; kerk*
  • *allerheiligste* • *priesterkoor* • *vrijplaats*
  • *vluchtheuvel* ★ *take/seek* ~ *z'n toevlucht*
  zoeken; asiel vragen
sanctum ('sæŋktəm) ZN *heiligdom*
sand (sænd) **I** ZN • *zand* • *zandbank* • USA *fut*
  ★ *sand dune duin* ★ *sands zandkorrels;*
  zandvlakte; strand; woestijn ★ *the sands are*
  running out de tijd is bijna om **II** OV WW • *met*
  zand bedekken • *verzanden* • ~ **down** *polijsten;*
  schuren
sandal ('sændl) ZN • *sandaal* • *sandelhout*
sandbag ('sændbæg) **I** ZN • *zandzak* **II** OV WW
  • *met zandzakken versterken* • OUD. *aftuigen;*
  neerslaan
sandbank ('sændbæŋk) ZN *zandbank*
sandblast ('sændblɑːst) OV WW *zandstralen*
sandblind ('sændblaɪnd) ZN *bijna blind*
sandboy ('sændbɔɪ) ZN • OUD. *as jolly as a* ~ *zo*
  vrolijk als een vogeltje
sandcastle ('sændkɑːsəl) ZN *zandkasteel*
sander ('sændə) ZN *schuurmachine*
sandglass ('sændglɑːs) ZN *zandloper*
sandman ('sændmæn) ZN *Klaas Vaak*
sandpaper ('sændpeɪpə) **I** ZN • *schuurpapier*
  II OV WW • *schuren*
sandpiper ('sændpaɪpə) ZN *oeverloper* ⟨vogel⟩

sandpit ('sændpɪt) ZN *zandkuil*
sandspout ('sændspaʊt) ZN *zandhoos*
sandstone ('sændstəʊn) ZN *zandsteen*
sandstorm ('sændstɔːm) ZN *zandstorm*
sandwich ('sænwɪdʒ) I ZN • *sandwich* ⟨dubbele boterham⟩ • VULG. *triootje* ★ ride/sit ~ *tussen twee anderen te paard zitten* ★ ~ *course cursus afgewisseld met praktijkstages* II OV WW • *inklemmen (tussen)* • *inschuiven*
sandwich board ZN *advertentiebord* ⟨vóór of achter van iemand af hangend⟩
sandy ('sændɪ) BNW • *zanderig* • *rossig*
sane (seɪn) BNW • *gezond* • *verstandig*
sang (sæŋ) WW [verleden tijd] • → **sing**
sanguinary ('sæŋgwɪnərɪ) BNW *bloedig*
sanguine ('sæŋgwɪn) I ZN • OUD. *(tekening in) rood krijt* II BNW • *optimistisch* • *opgewekt* • *fris; gezond* • *bloedrood*
sanguineous (sæŋ'gwɪnɪəs) BNW • *sanguinisch; temperamentvol* • *bloed-; bloedrood*
sanitarium (ʃænɪ'tærɪəm) ZN USA *sanatorium*
sanitary ('sænɪtərɪ) BNW *gezondheids-; hygiënisch* ★ ~ *cup papieren drinkbeker* ★ ~ *towel/pad/* USA *napkin maandverband*
sanitation (sænɪ'teɪʃən) ZN • *sanering* • *volksgezondheid* ★ ~ *department ministerie van volksgezondheid*
sanity ('sænətɪ) ZN • *(geestelijke) gezondheid* • *gezond verstand* • JUR. *toerekeningsvatbaarheid*
sank (sæŋk) WW [verleden tijd] • → **sink**
Santa (sæntə) ZN ★ ~ (Claus) *de Kerstman*
sap (sæp) I ZN • *(levens)sap* • *kracht* • *spint(hout)* • *(overdekte) loopgraaf* • *ondermijning* • *zwoeger* • *sul* II OV WW • *uitputten* • 't *sap onttrekken aan* • 't *spint(hout) verwijderen van* III OV+ONOV WW • *ondergraven/-mijnen* • *zwoegen*
sapid ('sæpɪd) BNW • *smakelijk* • *niet smakeloos*
sapience ('seɪpɪəns) ZN *(schijn)wijsheid*
sapient ('seɪpɪənt) BNW *(waan)wijs*
sapless ('sæpləs) BNW • *zonder sap* • *zouteloos* ⟨figuurlijk⟩; *zonder pit*
sapling ('sæplɪŋ) ZN *jonge boom*
sapphic ('sæfɪk) BNW *saffisch, sapfisch; lesbisch*
sapphire ('sæfaɪə) I ZN • *saffier* II BNW • *saffierblauw*
sappy ('sæpɪ) BNW • *sappig* • *krachtig*
sapwood ('sæpwʊd) ZN *spint*
sarcasm ('sɑːkæzəm) ZN *sarcasme* ★ *biting* ~ *bijtende spot*
sarcastic (sɑː'kæstɪk) BNW *sarcastisch*
sarcophagi (sɑː'kɒfəgɪ) ZN MV ★ → **sarcophagus**
sarcophagus (sɑː'kɒfəgəs) ZN *sarcofaag*
sardine (sɑː'diːn) ZN *sardientje* ★ *like* ~s *als haring in een ton*
sardonic (sɑː'dɒnɪk) BNW *sardonisch; cynisch; bitter* ★ ~ *laughter hoongelach*
sarge (sɑːdʒ) ZN INFORM. • → **sergeant**
sari ('sɑːrɪ) ZN *sari*
sartorial (sɑː'tɔːrɪəl) BNW *kleermakers-; (maat)kledings-*
sash (sæʃ) ZN • *sjerp* • *schuifraam*
sash pulley ZN *raamkatrol*
sash window (sæs'wɪndəʊ) ZN *schuifraam*
sassy ('sæsɪ) BNW USA *brutaal*

sat (sæt) WW [verleden tijd + volt. deelw.] • → **sit** AFK USA, O&W *scholastic aptitude test* ≈ *havo-/vwo-examen*
Sat. AFK *Saturday zaterdag*
Satan ('seɪt(ə)n) ZN *Satan*
satanic (sə'tænɪk) BNW *satanisch*
satchel ('sætʃəl) ZN • *pukkel* ⟨schooltas⟩ • *geldtas*
sate (seɪt) OV WW *verzadigen* ★ *be sated with genoeg hebben van* ★ *my appetite was sated mijn eetlust was bevredigd; ik was voldaan*
satellite ('sætəlaɪt) ZN • *satelliet* • *aanhanger* ★ ~ *dish schotelantenne* ★ ~ *state satellietstaat*
satiable ('seɪʃəbl) BNW *verzadigbaar; te bevredigen*
satiate ('seɪʃɪeɪt) I BNW • *verzadigd; zat* II OV WW • *(over)verzadigen*
satiation (seɪʃɪ'eɪʃən) ZN *verzadiging*
satiety (sə'taɪətɪ) ZN FORM. *oververzadiging* ★ *to* ~ *te overvloedig*
satin ('sætɪn) I ZN • *satijn* ★ *white* ~ *judaspenning; jenever* II BNW • *satijnen* III OV WW • *satineren; het glanzig maken van papier*
satinette (sætɪ'net) ZN *satinet*
satire ('sætaɪə) ZN *satire; hekeldicht*
satirical (sə'tɪrɪkl), **satiric** (sə'tɪrɪk) BNW *satirisch*
satirist ('sætərɪst) ZN • *satiricus* • *hekeldichter*
satirize, G-B **satirise** ('sætɪraɪz) OV WW *hekelen*
satisfaction (sætɪs'fækʃən) ZN • *tevredenheid* • *voldoening* • *voldaanheid* • *genoegen* • *genoegdoening* ★ *in* ~ *of ter voldoening van*
satisfactory (sætɪs'fæktərɪ) BNW • *bevredigend* • *voldoende*
satisfied ('sætɪsfaɪd) BNW • *tevreden* • *voldaan* • *overtuigd* ★ ~ *with tevreden met*
satisfy ('sætɪsfaɪ) I OV WW • *overtuigen* • *tevreden stellen* • *bevredigen* • *stillen* ⟨v. honger⟩ ★ ~ *o.s. of zich overtuigen van* II ONOV WW • *voldoen(de zijn)* • *genoegdoening geven*
saturate ('sætʃəreɪt) I BNW • *verzadigd* • *intensief* II OV WW • *verzadigen* • *doordrenken*
saturation (sætʃə'reɪʃən) ZN *(over)verzadiging*
Saturday ('sætədeɪ) ZN *zaterdag* ★ REL. *Holy* ~ *paaszaterdag*
saturnine ('sætənaɪn) BNW *somber; zwaarmoedig*
satyr ('sætə) ZN *sater*
sauce (sɔːs) I ZN • *saus* • USA, REG. *gestoofd fruit; compote* • INFORM. *brutaliteit* • USA, STRAATT. *alcohol* ★ *give a p.* ~ *iem. brutaliseren* ★ *serve with the same* ~ *met gelijke munt betalen* ★ *none of your* ~! *houd je brutale mond!* ★ *be on the* ~ *(te veel) zuipen* ★ ~ *for the goose is* ~ *for the gander gelijke monniken, gelijke kappen* II OV WW • *saus doen bij* • *kruiden; pittig of geurig maken* • INFORM. ~d *bezopen*
sauce boat ZN *sauskom*
saucebox ('sɔːsbɒks) ZN *brutale kerel; brutaal nest*
saucepan ('sɔːspən) ZN *steelpan*
saucer ('sɔːsə) ZN *schotel(tje)*
saucy ('sɔːsɪ) BNW • *brutaal* • *chic*
sauerkraut ('saʊəkraʊt) ZN *zuurkool*
sauna ('sɔːnə) ZN *sauna*
saunter ('sɔːntə) I ZN • *wandelingetje* II ONOV WW • *slenteren* • *kuieren*
saunterer ('sɔːntərə) ZN *slenteraar(ster)*

sausage ('sɒsɪdʒ) ZN • *worst(je)* • MIL. *kabelballon* ★ • roll *worstenbroodje*

sausagegrinder ('sɒsɪdʒgraɪndə) ZN *worstmachine*

sauté ('səʊteɪ) I ZN • *gerecht van licht gebakken hapjes* II BNW • *licht gebakken* III OV WW • *licht (en snel) bakken; sauteren*

savage ('sævɪdʒ) I ZN • *wilde* • *woesteling; barbaar* II BNW • *wild; primitief* • *wreed; fel* • *woest* III OV WW • *bijten* ⟨v. paard⟩; *vertrappen; aanvallen* • *(wild) aanvallen*

savagery ('sævɪdʒərɪ) ZN • *wreedheid* • *wilde staat*

savannah, savanna (sə'vænə) ZN *savanne; (sub)tropische grasvlakte*

savant ('sævənt) ZN *(hoog)geleerde*

save (seɪv) I OV WW • *redden* • *bewaren; houden;* COMP. *saven* • *sparen* • *besparen* • *voorkómen* ★ *be saved zalig worden* ★ *save hay hooien* ★ *save one's skin zijn hachje redden* ★ *save o.s. zich ontzien* ★ *save me from ... praat me niet van ...* ★ COMP. *save as ... bewaren als ...* II ONOV WW • *sparen* III ZN • SPORT *redding* IV VZ • *behalve* ★ *save for behoudens*

saveloy ('sævəlɔɪ) ZN *cervelaatworst*

saver ('seɪvə) ZN • *spaarder* • *gedekte weddenschap*

saving ('seɪvɪŋ) I ZN • *besparing* II BNW • *karig* ★ ~ *clause voorbehoud* III VZ • *behoudens* ★ ~ *your presence/reverence met uw welnemen*

savings ('seɪvɪŋz) ZN MV *spaargeld(en)* ★ ~ *account spaarrekening* ★ ~*bank spaarbank*

saviour, USA **savior** ('seɪvjə) ZN *verlosser*

savour, USA **savor** ('seɪvə) I OV WW • *proeven* • *genieten (van)* II ONOV WW • ~ *of smaken naar; rieken naar* III ZN • *smaak* • *aroma* • *zweem* • *aantrekkelijk tintje*

savoury, USA **savory** ('seɪvərɪ) I ZN • *(pikant) tussengerecht* • *open tosti* II BNW • *smakelijk* • *hartig; pikant*

savoy (sə'vɔɪ) ZN *savooiekool*

savvy ('sævɪ) I BNW • *wijs* • *gewiekst; schrander* II OV+ONOV WW • OUD. *snappen; begrijpen*

saw (sɔː) I ZN • *zaag* • OUD. *gezegde; spreuk* ★ *circular saw cirkelzaag* ★ *musical saw zingende zaag* II WW [verleden tijd] • → **see** I OV WW • *(door)zagen* • *(door)snijden* ★ *saw a tree down een boom omzagen* II ONOV WW • *zagen*

sawdust ('sɔːdʌst) ZN *zaagsel*

sawed WW [verleden tijd + volt. deelw.] • → **saw**

sawhorse ('sɔːhɔːs) ZN *zaagbok*

sawmill ('sɔːmɪl) ZN *houtzagerij*

sawn (sɔːn) WW [volt. deelw.] • → **saw**

sawyer ('sɔːjə) ZN *houtzager*

sax (sæks) ZN *sax*

Saxon ('sæksən) I ZN • *Angelsakser* II BNW • *Angelsaksisch*

saxophone ('sæksəfəʊn) ZN *saxofoon*

saxophonist (sæk'sɒfənɪst) ZN *saxofonist*

say (seɪ) I OV WW • *opzeggen* II ONOV WW • *zeggen* ★ I *say! zeg!* ★ *well,* I *say nou, nou* ★ *says you volgens jou, dan* ★ *what does the letter say? wat staat er in de brief?* ★ *it says in the paper in de krant staat* ★ *that's to say...*

dat wil zeggen...; *tenminste...* ★ *you don't say so! je meent het!* ★ *what do you say to ... wat zou je ervan zeggen als we eens ...* ★ *say one's prayers bidden* ★ *say grace dankgebed uitspreken voor/na de maaltijd* ★ *it says much for het pleit ten zeerste voor* ★ *say on! zeg op!* ★ *say when! zeg maar ho!; zeg maar tot hoe ver!* ★ *when all is said and done al met al* • ~ **over** *opzeggen* III ZN • *wat men te zeggen heeft* • *zeggenschap*

saying ('seɪɪŋ) ZN *gezegde* ★ *as the* ~ *goes/is zoals 't spreekwoord zegt*

say-so ZN • *toestemming* • *beslissingsrecht* ★ *on* my ~ *op mijn woord*; *met mijn toestemming* ★ *have the final* ~ *on sth uiteindelijk beslissen over iets*

sc. AFK *scilicet (that is to say) d.w.z.*

SC AFK • G-B Special Constable *hulppolitieagent* • USA South Carolina ⟨staat⟩

scab (skæb) ZN • *korstje* • *schurft* • *onderkruiper*

scabbard ('skæbəd) ZN *schede* ⟨v. zwaard, enz.⟩

scabby ('skæbɪ) BNW • *met korsten bedekt* • *schurftig*

scabies ('skeɪbiːz) ZN *schurft*

scabious ('skeɪbrəs) BNW *schurftachtig*

scabrous ('skeɪbrəs) BNW • *ruw*; *oneffen* • *delicaat* • *schunnig*

scaffold ('skæfəʊld) ZN • *stellage*; *steiger* • *schavot*

scaffolding ('skæfəʊldɪŋ) ZN *steigers*; *stellage*

scalawag ZN • → **scallywag**

scald (skɔːld) I OV WW • *branden* ⟨aan hete vloeistof of stoom⟩ • *met heet water uitwassen* • *tegen de kook aan brengen* ★ FIG. *like a ~ed cat als de gesmeerde bliksem* II ZN • *brandwond en/of blaar*

scalding ('skɔːldɪŋ) BNW *kokend (heet)* ★ ~ *tears hete tranen*

scale (skeɪl) I ZN • *(weeg)schaal* • *schub* • *schil; dop* • *schilfer* • *ketelsteen; tandsteen* • *talstelsel* • *maatstaf* • MUZ. *toonladder* ★ *(pair of) ~s weegschaal* ★ *binary* ~ *tweetallig stelsel* ★ ~ *of notation talstelsel* ★ *the social* ~ *de maatschappelijke ladder* ★ *out of* ~ *buiten proportie* ★ *remove the ~s from s.o.'s eyes iem. de ogen openen* ★ *tip/turn the ~s de doorslag geven* ★ *on a large/small* ~ *op grote/kleine schaal* II OV WW • *op schaal voorstellen* • *ontdoen van* ⟨schaal, schil⟩ • *aanpassen* • *(af)wegen; schatten* • *(be)klimmen* • ~ **down/up** *evenredig verlagen/-hogen* III ONOV WW • *afschilferen* • *wegen* • *in verhouding zijn* • *aanslaan* ⟨v. ketel⟩

scallion ('skæljən) ZN *sjalot*

scallop ('skæləp) I ZN • *sint-jakobsschelp*; *kamschelp* • *schulp* II OV WW • *in een schelp bakken* • *uitschulpen*

scallywag ('skæləwæg) ZN *deugniet*; *apenkop*; *rakker*

scalp (skælp) I ZN • *scalp* • *hoofdhuid* • *kale heuveltop* II OV WW • *scalperen* • *afmaken* ⟨met kritiek⟩ III ONOV WW • USA, STRAATT. *zwart handelen in toegangskaartjes*

scalpel ('skælpl) ZN *scalpel; ontleedmes*

scaly ('skeɪlɪ) BNW *geschubd*

scam (skæm) I ZN • INFORM. *bedrog*; *zwendel* II OV WW • INFORM. *bedriegen* III ONOV WW • INFORM. *bedrog plegen*

scamp (skæmp) I ZN • *rakker*; *deugniet* II OV WW ∗ ~ one's work *zijn werk afraffelen*

scamper ('skæmpə) I ZN • *drafje* ∗ take a ~ through *snel doornemen* ⟨boek⟩ II ONOV WW • *hollen*

scampi ('skæmpɪ) ZN • *grote garnalen* • *garnalengerecht*

scan (skæn) I ZN • *(het) scannen*; *(het) (punt voor punt) afzoeken*; *scan*; *(met scanner gemaakte) opname* II OV WW • *aftasten*; *scannen*; *(punt voor punt) afzoeken* • *aandachtig/kritisch bekijken*; *scherp opnemen*; *doornemen*

scandal ('skændl) ZN • *schandaal* • *opspraak*; *laster* • *ergernis*

scandalize, G-B **scandalise** ('skændəlaɪz) OV WW *ergernis wekken bij*; *choqueren*

scandalmonger ('skændlmʌŋgə) ZN *kwaadspreker*; *roddelaar*

scandalous ('skændələs) BNW • *ergerlijk*; *schandelijk* • *lasterlijk*

Scandinavian (skændɪ'neɪvɪən) I ZN • *Scandinaviër* • *Scandinavisch* II BNW • *Scandinavisch*

scanner ('skænə) ZN *scanner* ⟨aftastapparaat⟩

scansion ('skænʃən) ZN *scandering*

scant (skænt) BNW • *gering*; *karig* ∗ ~ of breath *kortademig* II OV WW • *karig toemeten* • *krap houden*

scantling ('skæntlɪŋ) ZN • *standaardafmeting* • *kleine hoeveelheid*

scanty ('skæntɪ) BNW • *krap* • *schaars*

scapegoat ('skeɪpgəʊt) ZN *zondebok*

scapegrace ('skeɪpgreɪs) ZN • *deugniet* • *guit*

scapula ('skæpjʊlə) ZN *schouderblad*

scapular ('skæpjʊlə) I ZN • *scapulier* II BNW • *v.d. schouder(bladen)*

scar (skɑ:) I ZN • *litteken* • AARDK. *steile rotswand* II OV WW • *een litteken bezorgen* • *met littekens bedekken* ∗ scarred *vol met littekens* III ONOV WW • *een litteken vormen*

scarab ('skærəb) ZN *mestkever*; *scarabee*

scarce (skeəs) BNW • *schaars* • *zeldzaam* ∗ make o.s. ~ *zich uit de voeten maken*

scarcely ('skeəslɪ) BIJW • *nauwelijks* • *haast niet* ∗ ~ any *bijna geen*

scarceness (skeəsnəs) ZN • → **scarcity**

scarcity ('skeəsətɪ) ZN *schaarste*

scare (skeə) I OV WW • *bang maken*; *verschrikken* • ~ away *wegjagen* • ~ off *afschrikken* II ONOV WW • *bang worden* ∗ she~s easily *ze schrikt erg gauw* III ZN • *schrik*; *vrees*; *angst* • *bangmakerij* ∗ ~ story *ijzingwekkend verhaal*; *sensatieverhaal*

scarecrow ('skeəkrəʊ) ZN • *vogelverschrikker* • *boeman*

scared (skeəd) BNW *bang*

scaremonger ('skeəmʌŋgə) ZN *onrustzaaier*

scarf (skɑ:f) I ZN • *sjaal* • *sjerp* • *das* • *houtverbinding* ⟨pen en gat⟩ II OV WW • *lassen* ⟨v. hout⟩

scarfskin ('skɑ:fskɪn) ZN *opperhuid*

scarify ('skærɪfaɪ) OV WW • *omwerken* ⟨v. aarde/grond⟩ • *meedogenloos hekelen* • MED.

insnijdingen maken in

scarlatina (skɑ:lə'ti:nə) ZN *roodvonk*

scarlet ('skɑ:lət) BNW *scharlaken*; *(vuur)rood*

scarp (skɑ:p) ZN *steile helling*

scarper ('skɑ:pə) ONOV WW *weglopen*; *'m smeren*

scarves (skɑ:vz) ZN MV • → **scarf**

scary ('skeərɪ) BNW • *eng*; *schrikaanjagend* • *schrikachtig*

scathe (skeɪð) I ZN ∗ without ~ *ongedeerd* II OV WW • *kwetsen* • *verpletteren* ⟨fig.⟩

scathing ('skeɪðɪŋ) BNW *vernietigend*; *bijtend*

scatter ('skætə) I OV WW • *(uit)strooien*; *verstrooien*; *bestrooien* • *(ver)spreiden* ∗ ~ hope *hoop doen vervliegen* II ONOV WW • *(z.) verspreiden*

scatterbrain ('skætəbreɪn) ZN *warhoofd*

scatterbrained ('skætəbreɪnd) BNW *warhoofdig*

scattered ('skætəd) BNW *sporadisch*

scatty ('skætɪ) BNW *getikt*

scavenge ('skævɪndʒ) I OV WW • *doorzoeken* ⟨v. afval⟩ • *eten* ⟨aas⟩ II ONOV WW • *vuil ophalen* • *afval doorzoeken op zoek naar eten, enz.*

scavenger ('skævɪndʒə) ZN • *aaseter* • *aaskever* • *vuilnisman*

scenario (sɪ'nɑ:rɪəʊ) ZN • *scenario* • *draaiboek*

scend (send) I ZN • *voorwaartse beweging* ⟨v. schip⟩ • *opwaartse beweging* ⟨v. schip⟩ II ONOV WW • *opwaarts bewegen* ⟨v. schip⟩

scene (si:n) ZN • *tafereel*; *toneel* • *decor* • *scène* • *landschap* ∗ ~ of action *plaats v. handeling* ∗ behind the~s *achter de schermen/coulissen* ∗ the ~ is laid/set in *de scène speelt zich af in* ∗ quit the ~ *v. het toneel verdwijnen* ∗ it's not my ~ *het ligt mij niet*; *dat is niets voor mij* ∗ steal the ~ *het toneel beheersen*

scenery ('si:nərɪ) ZN • *natuurschoon*; *landschap* • *decor(s)*

scenic ('si:nɪk) BNW • *in beeld* • *schilderachtig* • *verhalend*; *dramatisch* ∗ ~ route *toeristische route*

scent (sent) I ZN • *geur*; *lucht* • *parfum* • *reuk* • *spoor* ∗ get~ of *de lucht krijgen van* ∗ he has a wonderful~ for *hij heeft een fijne neus voor* ∗ put off the ~ *misleiden* ∗ be off the ~ *twijfelen*; *onzekerheid voelen* II OV WW • *vermoeden* • *ruiken* • *met geur vervullen* • *parfumeren* III ONOV WW • *snuffelen*

scentless ('sentləs) BNW *reukloos*; *zonder geur*

scepter ZN USA • → **sceptre**

sceptic ('skeptɪk) I ZN • *scepticus* II BNW • *sceptisch*

sceptical ('skeptɪkl) BNW *sceptisch*

scepticism ('skeptɪsɪzəm) ZN *scepticisme*

sceptre ('septə) ZN *scepter*

schedule ('ʃedju:l) I ZN • *tabel* • *aanhangsel* • *bijlage* • USA *dienstregeling*; *rooster* ∗ on ~ *precies op tijd* II OV WW • *een tabel, enz. maken van* • *in een tabel, enz. opnemen* ∗ is ~d to leave now *moet volgens de dienstregeling nu vertrekken*

schema ('ski:mə) ZN *schets*; *opzet*; *diagram*; *schema*

schematic (skɪ'mætɪk) BNW *schematisch*

scheme (ski:m) I ZN • *plan* • *schema* • *stelsel* • *(gemeen) spelletje*; *intrige* II OV WW • *beramen* • *intrigeren (tegen)* III ONOV WW

• *konkelen*
schemer ('ski:mə) ZN *intrigant*
scheming ('ski:mɪŋ) BNW *listig; uit op slinkse streken*
schism ('s(k)ɪzəm) ZN • *schisma* • *(kerkelijke) afscheiding* • *sekte*
schismatic (s(k)ɪz'mætɪk) I ZN • *iem. die een schisma veroorzaakt* II BNW • *schismatiek*
schizophrenia (skɪtsə'fri:nɪə) ZN *schizofrenie*
schizophrenic (skɪtsə'frenɪk) I ZN • *schizofreen persoon* II BNW • *schizofreen* • *gespleten*
schmuck (ʃmʌk) ZN PLAT *schlemiel; mafkees*
scholar ('skɒlə) ZN • *leerling* • *geleerde* • *beursstudent*
scholarly ('skɒləli) BNW • *wetenschappelijk* • *geleerd*
scholarship ('skɒləʃɪp) ZN • *geleerdheid* • *studiebeurs*
scholastic (skə'læstɪk) I ZN • *scholasticus* • *jezuïetengraad in noviciaat* II BNW • *schools* • *school-; academisch* • *schoolmeesterachtig* • *scholastisch*
school (sku:l) I ZN • *school* • INFORM. *universiteit; faculteit* ★ *at* ~ *op school* ★ *skip/cut* ~ *spijbelen* ★ *comprehensive* ~ *scholengemeenschap* ★ *finishing* ~ *privéschool voor meisjes* ⟨ter voltooiing van hun opvoeding⟩ ★ G-B *first* ~ ≈ *basisschool* ★ USA *high* ~ ≈ *havo/vwo* ★ *lower* ~ *lagere klassen v. public school* ★ *public* ~ *particuliere kostschool; openbare basisschool* ⟨buiten Groot-Brittannië⟩ II OV WW • *scholen* • *trainen* • *africhten* III ONOV WW • BIOL. *in scholen gaan zwemmen*
school age ZN *leerplichtige leeftijd*
school bag ZN *schooltas*
schoolboy ('sku:lbɔɪ) ZN *schooljongen*
schooldays ('sku:ldeɪz) ZN MV *schooljaren/-tijd*
schoolgirl ('sku:lgɜ:l) ZN *schoolmeisje*
schoolhouse ('sku:lhaʊs) ZN USA, OUD. *schoolgebouw*
schooling ('sku:lɪŋ) ZN • *onderwijs; scholing* • *dressuur*
school leaver ZN *schoolverlater*
schoolmaster ('sku:lmɑ:stə) ZN • *onderwijzer* • *leraar* • *hoofd v.e. school*
schoolmate ('sku:lmeɪt) ZN *schoolkameraad/-makker*
schoolmistress ('sku:lmɪstrəs) ZN • OUD. *onderwijzeres* • *lerares*
school patrol ZN *verkeersbrigadier; klaar-over*
schoolroom ('sku:lru:m) ZN • *leslokaal* • *leskamer* ★ ~ *English schoolengels*
schools ('sku:lz) ZN MV • *de scholastieken* • *universitaire examens* ★ *be in for one's* ~ *voor zijn examen zitten*
schoolteacher ('sku:lti:tʃə) ZN *onderwijzer(es); leraar; lerares*
schoolwork ('sku:lwɜ:k) ZN *schoolwerk*
schooner ('sku:nə) ZN • *schoener* • USA *(groot) bierglas*
sciatic (saɪ'ætɪk) BNW *heup-*
sciatica (saɪ'ætɪkə) ZN *ischias*
science ('saɪəns) ZN • *natuurwetenschap(pen)* • *wetenschappelijk onderzoek* • *techniek; vaardigheid* ★ ~ *and art theoretische en praktische vaardigheid* ★ *engineering* ~s

technische wetenschappen ★ *natural* ~ *natuurwetenschappen* ★ *the* (noble) ~ *schermen; boksen* ★ *veterinary* ~ *diergeneeskunde*
science fiction ZN *sciencefiction*
scientific (saɪən'tɪfɪk) BNW *(natuur)wetenschappelijk*
scientist ('saɪəntɪst) ZN • *natuurkundige* • *bioloog* • *scheikundige* • *natuurfilosoof*
sci-fi ('saɪfaɪ) ZN *sciencefiction*
scintillate ('sɪntɪleɪt) I OV WW • *uitstralen* II ONOV WW • *fonkelen; schitteren* • *sprankelen*
scion ('saɪən) ZN • *ent* • *spruit; telg*
scissors ('sɪzəz) ZN *schaar* ★ ~ *and paste knip- en plakwerk*
sclerosis (sklɪə'rəʊsɪs) ZN *sclerose; (weefsel)verharding*
scoff (skɒf) I ZN • *spot* • *vreten* ★ *the* ~ *of de risee van* II OV WW • *bespotten* • *gulzig opeten* III ONOV WW • *schrokken* • ~ *at spotten met*
scoffer ('skɒfə) ZN *spotter*
scold (skəʊld) I OV WW • '*n uitbrander geven* II ONOV WW • *schelden* III ZN • *feeks*
scolding ('skəʊldɪŋ) ZN *uitbrander*
scone (skɒn, skəʊn) ZN *klein rond cakeje*
scoop (sku:p) I ZN • *schop* • *schep(je)* • *lepel* • *hoos* • *spatel* • *kaasboor* • *kolenbak* • *baggermachine* • *schoep* • '*t scheppen* ⟨in één beweging⟩ • *buitenkansje* • *winstje* • *primeur* ★ *with a* ~ *in één keer* ★ *at one* ~ *in één slag* II OV WW • *(uit)scheppen* • *hozen* • *naar z. toe halen* ⟨in één beweging⟩ • *opstrijken* • *te slim/vlug af zijn* • ~ *out uithollen* • ~ *up opscheppen*
scoopful ('sku:pfʊl) ZN *schep; lepel* ★ *a* ~ *of sugar een schep suiker*
scoot (sku:t) ONOV WW • *rennen* • '*m smeren*
scooter ('sku:tə) ZN • *step* • *scooter* • USA *ijszeiljacht*
scope (skəʊp) ZN • *gebied; (draag)wijdte; bereik; strekking; omvang* • *gelegenheid* ⟨tot ontplooiing⟩ ★ *free/full* ~ *vrij spel*
scorch (skɔ:tʃ) I OV WW • *(ver)schroeien* • *bijtend bekritiseren* II ONOV WW • *(ver)schroeien* • *woest rijden; scheuren* III ZN • *schroeiplek* • *dolle rit*
scorcher ('skɔ:tʃə) ZN • *snikhete dag* • PLAT *iets vernietigends* • INFORM. *iets heel bijzonders* • INFORM. *snelheidsduivel*
scorching ('skɔ:tʃɪŋ) BNW • *snikheet; bloedheet* • *gloeiend (heet)*
score (skɔ:) I OV WW • *orkestreren; arrangeren* • *opschrijven; aantekenen* • *door-/onderstrepen* ★ ~ *a goal een goal scoren; een (doel)punt maken* II ONOV WW • *een punt maken* • *(succes) behalen* • *winnen* • *boffen* • *scoren* ⟨drugs⟩ ★ ~ *sth against/to a p. iets op iemands rekening schrijven* • ~ *off bakzeil doen halen* • ~ *out doorhalen; wegstrepen* • ~ *under onderstrepen* III ZN • *aantal punten* • *stand v. spel* • *kerf; kras; schram; striem* • *twistpunt* • *rake opmerking/zet* • *bof; treffer* • *partituur* • *filmmuziek* • *streep* • *twintigtal* • *rekening* ★ ~s *of times honderden keren* ★ *by* ~s *bij hopen* ★ *on that* ~ *wat dat betreft* ★ *go off at* ~ *het op een lopen zetten; van leer (beginnen te)*

trekken ★ know the ~ *weten hoe de vork in de steel zit* ★ pay off old ~*s even afrekenen (met iem.)* ★ settle a ~ *een rekening vereffenen*

scoreboard ('skɔ:bɔ:d) ZN *scorebord*

scorecard ('skɔ:ka:d) ZN *scorekaart*

scorer ('skɔ:rə) ZN • *(doel)puntenmaker; scorer* • *puntenteller*

scorn (skɔ:n) I OV WW • *verachten* II ONOV WW • *smalen* III ZN • *(voorwerp v.) verachting* ★ think ~ of *min-/verachten*

scornful ('skɔ:nfʊl) BNW *minachtend*

Scorpio ('skɔ:pɪəʊ) ZN *Schorpioen* ⟨sterrenbeeld⟩

scorpion ('skɔ:pɪən) ZN *schorpioen*

Scot (skɒt) ZN *Schot*

scotch (skɒtʃ) I ZN • *snee* • *wig* ⟨om wiel te blokkeren⟩ II OV WW • *een eind maken aan* ⟨bv. geruchten⟩

Scotch (skɒtʃ) I ZN • *whisky* ⟨uit Schotland⟩ II BNW • *Schots* ★ ~ broth *vleesnat gebonden met gerst* ★ ~ cap *Schotse muts/baret* ★ ~ fir *grove den* ★ ~ mist *zeer fijne motregen* ★ USA ~ tape *plakband*

Scotchman ('skɒtʃmən) ZN *Schot*

Scotchwoman ('skɒtʃwʊmən) ZN *Schotse*

scot-free (skɒt'fri:) BNW • *ongestraft; straffeloos* • *ongedeerd* ★ go ~ *vrijuit gaan*

Scotland (skɒtlənd) ZN *Schotland*

Scotland Yard (skɒtlənd ja:d) ZN *Scotland Yard* ⟨(hoofdbureau v.) Londense politie⟩

Scots (skɒts), **Scottish** ('skɒtɪʃ) I ZN • TAALK. *Schots* II BNW • *Schots* III ZN MV • → **Scot**

Scotsman ('skɒtsmən) ZN • → **Scotchman**

Scotswoman ('skɒtswʊmən) ZN • → **Scotchwoman**

scoundrel ('skaʊndrəl) ZN *schurk*

scoundrelly ('skaʊndrəlɪ) ZN *schurkachtig*

scour ('skaʊə) I OV WW • *(op)wrijven*; *(uit)schuren* • *reinigen* • *schoonkrabben/-vegen*; *dóórspoelen* ★ ~ the shops *de winkels aflopen* II ONOV WW • *snellen door/langs* • *(rond)trekken (door)* III ZN • *poetsbeurt* • *dysenterie* ⟨bij vee⟩

scourer ('skaʊərə) ZN *schuurspons*

scourge (skз:dʒ) I ZN • *gesel* • *criticus* II OV WW • *teisteren*

scout (skaʊt) I OV WW • *verkennen* • *minachtend afwijzen*; *verwerpen* II ONOV WW • *op verkenning zijn* • ~ (around) for *speuren naar* III ZN • *verkenningsvaar-/vliegtuig* • *verkenner* • *padvinder* • *wegenwacht* • *verkenning* • *oppasser* ⟨in Oxford⟩ • USA *vent* ★ talent ~ *talentenjager*

scoutmaster ('skaʊtmɑ:stə) ZN • *patrouilleleider* ⟨verkennerij⟩ • *hopman*

scow (skaʊ) ZN *schouw*

scowl (skaʊl) I ZN • *dreigende blik* II OV WW • *laten blijken* III ONOV WW • *dreigend kijken*

scrabble ('skræbl) I OV WW • *bijeengraaien* II ONOV WW • *krabbelen* • *stoeien* • *graaien*

scrag (skræg) I ZN • *mager scharminkel* • *spichtige plant* • *halsstuk* • *hals* II OV WW • *ophangen* • *de nek omdraaien* • *om de nek vastgrijpen* ⟨bij rugby⟩

scraggy ('skrægɪ) BNW *mager; schriel*

scram (skræm) ONOV WW *opkrassen* • ~! *donder op!* ★ go ~ *'m smeren*

scramble ('skræmbl) I OV WW • *te grabbel gooien* ★ ~d eggs *roereieren* II ONOV WW • *klauteren* • *scharrelen; grabbelen* ★ ~ through one's exam *door een examen rollen* III ZN • *gedrang*; *wedloop* • *motorcross* • *klimpartij*

scrambler ('skræmblə) ZN *geluidsvervormer*

scrambling ('skræmblɪŋ) BNW *slordig; verward*

scranny ('skrænɪ) BNW *spichtig*

scrap (skræp) I ZN • *ruzie; herrie* • *stukje* • *zweem; zier* • *(kranten)knipsel; uitgeknipt plaatje* ★ ~s [mv] *afval* • on the ~ nijdig ★ ~ of paper *vodje papier* ★ ~ iron *schroot; oud roest* II OV WW • *afdanken* • *aan de kant zetten* • *slopen* III ONOV WW • *herrie/ruzie hebben*

scrapbook ('skræpbʊk) ZN *plakboek*

scrape (skreɪp) I OV WW • *schuren (langs)* • *(af)krabben; schrap(p)en* • *krassen* ★ ~ one's chin *zich scheren* ★ ~ acquaintance with *zich opdringen aan* ★ ~ one's boots/shoes *zijn schoenen schoonmaken* ★ ~ one's plate *zijn bord helemaal leegeten* • ~ **away/off** *(er) afkrabben; wegkrabben* • ~ **down** *afschrap(p)en* • ~ **out** *uithollen/-krabben* • ~ **together/up** *bijeenschrapen* II ONOV WW • *schuifelen* • *schuren (langs)* • *zuinig doen/leven* • *krassen* ★ ~ through an exam *met de hakken over de sloot slagen* • ~ **through** *(het) nèt halen* III ZN • *(het) krassen* • *schaafwond* • *krabbel(tje)* ★ be in/get into a ~ *in de knel zitten/raken* ★ ~ the (bottom of the) barrel *de laatste reserves bijeen schrapen*

scraper ('skreɪpə) ZN • *(voet)schrapper* • *(verf)krabber*

scrap heap ZN *schroothoop* ★ go on the ~ *afgedankt worden*

scraping ('skreɪpɪŋ) ZN [vaak mv] *afschrapsel*; *krullen* ⟨v. hout⟩; *restjes; kliekjes*

scrappy ('skræpɪ) BNW • *onsamenhangend* • USA *vechtlustig*

scratch (skrætʃ) I BNW • *bij elkaar geraapt* II OV WW • *(z.) krabben* • *krassen* • *schrammen* • *schrappen* • *afgelasten* • ~ **out** *doorhalen*; *wegschrappen* • ~ **together/up** *bij elkaar schrapen* III ONOV WW • *krassen* IV ZN • *schram* • *(ge)kras* • *krabbeltje* • SPORT *startlijn* • SPORT *uitvaller* • *pruikje* ★ start from ~ *helemaal van voren af aan beginnen* ★ ~ of the pen *krabbel(tje)* ★ SPORT to come (up) to ~ *aan de start verschijnen; klaar zijn; aan de eisen/voorwaarden voldoen* ★ bring (up) to ~ *klaar maken; aan de eisen laten voldoen* ★ keep a p. up to ~ *iem. achter de vodden zitten* ★ ~ race *wedstrijd waaraan iedereen mag meedoen*

scratch pad ZN USA *kladblok*

scratchy ('skrætʃɪ) BNW • *krassend* • *krabbelig* • *samengeraapt* • *ongelijk* ★ a ~ record *een gekraste grammofoonplaat*

scrawl (skrɔ:l) I ZN • *krabbel(tje)* II OV+ONOV WW • *(be)krabbelen*

scrawny ('skrɔ:nɪ) BNW *broodmager*

scream (skri:m) I ZN • *gil*; *schreeuw*; *(ge)krijs* • *giller* II ONOV WW • *gillen* • *krijsen* • *gieren* III OV+ONOV WW • *gillen*; *krijsen*; *schreeuwen* ⟨boos⟩

screamer ('skri:mə) ZN • *krijser*; *giller* • USA *schreeuwende (kranten)kop* • *gierzwaluw*
scree (skri:) ZN *(berghelling met) steenslag*
screech (skri:tʃ) I ZN • *krijs* • *gil* II ONOV WW • *krijsen*; *knarsend piepen*
screed (skri:d) ZN • *lange en vervelende brief/toespraak* • *waslijst met klachten*
screen (skri:n) I ZN • *scherm*; *bescherming* • *(tussen)schot* • *ruit* (v. auto) • *koorhek* • *rooster*; *hor* ★ *small* ~ *beeldscherm* ⟨tv, monitor⟩ ★ *the big* ~ *het witte doek* ⟨bioscoop(scherm)⟩ ★ ~ *of indifference masker v. onverschilligheid* II OV WW • *doorlichten* • *vertonen* ⟨v. film⟩ • *verfilmen* • *af-/beschermen* • *maskeren* • *ziften* • *iemands antecedenten nagaan*
screen door ZN USA *hordeur*
screen dump ZN COMP. *screendump*; *afbeelding van het scherm*
screening ('skri:nɪŋ) ZN *doorlichting*; *onderzoek*
screenplay ('skri:npleɪ) ZN *scenario*; *script*
screen saver ZN *screensaver*; *schermbeveiliging(sprogramma)*
screenstar ('skri:nstɑ:) ZN *filmster*
screen test ZN *proefopname* ⟨voor film, tv⟩
screenwasher ('skri:nwɒʃə) ZN *ruitensproeier*
screenwiper ('skri:nwaɪpə) ZN *ruitenwisser*
screenwriter ('skri:nraɪtə) ZN *scenarioschrijver*
screes (skri:z) ZN MV *puin*
screw (skru:) I OV WW • *vastdraaien/-schroeven*; *aandraaien*; *opschroeven* • *omdraaien* • *onder pressie zetten* • *afpersen* • *effect geven* (bij biljarten) ★ ~ *(up) one's face z'n gezicht vertrekken* ★ ~ *up one's courage zich vermannen* • ~ *down dichtschroeven* • ~ *up nerveus maken*; *samenknijpen*; *verzieken*; *verfrommelen*; *verkreukelen*; *verpesten* • ~ *(around) rondlummelen*; *vreemdgaan* II ONOV WW • VULG. *neuken* • *met draaiende beweging lopen, enz.* • *vrekkig zijn* • ~ *up het verknallen* III ZN • *schroef*; *bout* • *kurkentrekker* • *draai(ing)* • SPORT *effect* • *vrek*; *uitzuiger* • PLAT *loon*; *salaris* • PLAT *sekspartner* ★ ~ *cap schroefdop* ★ ~ *clamp sergeant* (lijmklem) ★ ~ *cutter draadsnijder* ★ *there's a* ~ *loose de zaak zit niet (helemaal) goed* ★ *he has a* ~ *loose hij is niet helemaal snik* ★ *put the* ~*(s) on sb iem. de duimschroeven aanzetten* ★ FIG. *a turn of the* ~ *een verdere aanscherping* ⟨v.e. maatregel⟩ ★ PLAT *have a* ~ *neuken*
screwauger (skru:'ɔ:gə) ZN *schroefboor*
screwball ('skru:bɔ:l) ZN USA, STRAATT. *halvegare*
screwdriver ('skru:draɪvə) ZN *schroevendraaier*
screwed (skru:d) BNW *aangeschoten*
screwed-up BNW • *verfrommeld* • *verpest* • *van streek* ★ *he is* ~ *about his exam hij zit in zijn rats over zijn examen*
screw-spanner ZN *Engelse sleutel*
screwy ('skru:ɪ) BNW • *kronkelend* • *krenterig* • *afgejakkerd* ⟨v. paard⟩ • *getikt*
scribble ('skrɪbl) I ZN • *gekrabbel* • *kattebelletje* ★ *scribbling block kladblok* II OV WW • *pennen* • *(be)krabbelen* III ONOV WW • *een beetje aan schrijven doen* • *krabbelen*
scribbler ('skrɪblə) ZN *(prul)schrijver*

scribe (skraɪb) ZN *kopiist*
scrimmage ('skrɪmɪdʒ) I ZN • *scrimmage*; *worsteling om de bal* (bij rugby/american football) • *gedrang* II OV WW • *in de scrimmage brengen* ⟨rugby⟩ III ONOV WW • *vechten*; *worstelen*
scrimp ('skrɪmp) ONOV WW • *bezuinigen* • *het zuinig aan doen*
scrip (skrɪp) ZN • *recepis*; *voorlopig aandeel* • *waardebon* • OUD. *reistas*
script (skrɪpt) I ZN • *origineel geschrift* • *(blok)schrift*; *tekst*; *draaiboek* • *'t ingeleverde (examen)werk* ★ ~ *girl regieassistente* II OV WW • *(uit)schrijven*
scriptural ('skrɪptʃərəl) BNW *m.b.t. de Bijbel*
scripture ('skrɪptʃə) ZN • *de Bijbel* • *Bijbeltekst* • *heilig boek* ★ *Holy Scripture de Bijbel*
Scriptures ('skrɪptʃəz) ZN MV *de Bijbel*
scriptwriter ('skrɪptraɪtə) ZN *scenarioschrijver*
scrivener ('skrɪvənə) ZN • *schrijver* • *secretaris* • *notaris* • *geldschieter*
scroll (skrəʊl) I ZN • *(boek)rol* • *lijst* • *krul* • *volute* II OV WW • *op (boek)rol schrijven* • *scrollen*; *(op beeldscherm) op en neer (laten) schuiven*
scroll bar ZN COMP. *scrollbar*; *schuifbalk*
scroll saw ZN *figuurzaag*
scrotum ('skrəʊtəm) ZN *scrotum*; *balzak*
scrounge (skraʊndʒ) I ZN • *scharrelaar* II OV WW • *bietsen* III ONOV WW • *achterover drukken*; *organiseren*
scrounger ('skraʊndʒə) ZN *bedelaar*; *klaploper*
scrub (skrʌb) I OV WW • *wassen* • *schrappen* • *schrobben* II ONOV WW • *schrobben* • *ploeteren* • ~ *up schrobben tot het steriel is* ⟨v. handen v. chirurg⟩ III ZN • *in de groei belemmerd(e) dier/plant* • *snorretje* • *schrobber* • *dwerg* • *stakker* • *(terrein met) struikgewas* ★ *a good* ~ *een flinke beurt* ★ *give a p. a good* ~ *iem. eens goed onder handen nemen*
scrubber ('skrʌbə) ZN • *schrobber* • VULG. *slet*; *lellebel*
scrubbing ('skrʌbɪŋ) ZN *schrobbeurt* ★ *a good* ~ *een flinke beurt*
scrubbing brush ('skrʌbɪŋ brʌʃ), USA **scrub brush** ('skrʌb brʌʃ) ZN *schrobber*
scrubby ('skrʌbɪ) BNW • *klein*; *nietig* • *bedekt met struikgewas* • *borstelig*
scruff (skrʌf) ZN ★ *seize/take by the* ~ *of the neck bij 't nekvel pakken*
scruffy ('skrʌfɪ) BNW *smerig*; *min*
scrum (skrʌm), FORM. **scrummage** ('skrʌmɪdʒ) ZN *scrum* ⟨bij rugby⟩
scrumptious ('skrʌmpʃəs) ZN *verrukkelijk* ⟨vnl. eten⟩
scrunch (skrʌntʃ) I OV WW • *verfrommelen* • *ineenpersen* II ONOV WW • *knerpen* ⟨v. sneeuw⟩
scruple ('skru:pl) I ZN • *gewetensbezwaar*; *scrupule*; *schroom* ★ *have no* ~*s about ... geen scrupules voelen over ...* ★ *make no* ~ *to ... er geen beletsel in zien om ...* II ONOV WW • *aarzelen*; *schromen*
scrupulous ('skru:pjʊləs) BNW • *scrupuleus* • *angstvallig* • *(al te) punctueel*
scrutinize, G-B **scrutinise** ('skru:tɪnaɪz) OV WW *kritisch onderzoeken*

scrutiny ('skru:tɪnɪ) ZN • *kritisch onderzoek*
• *officieel onderzoek inzake (betwijfelde) juistheid v.e. stemming*
scuba ('sku:bə) ZN *aqualong*
scuba diving ZN *scubaduiken*
scud (skʌd) I ZN • *(het) snellen* • LIT. *wolkenjacht*; *regenbui* II ONOV WW • *(voort)jagen*; *snellen*
• *voor de wind gaan* • → scud missile
scud missile ZN MIL. *scudraket*
scuff (skʌf) I OV WW • *schaven*; *schuren*
II OV+ONOV WW • *sloffen*; *schuifelen*
scuffle ('skʌfəl) I ZN • *handgemeen* II ONOV WW
• *vechten*; *elkaar afrossen*
scull (skʌl) I ZN • *roeiriem*; *wrikriem* • *roeiboot (met 2 riemen per roeier)* II OV+ONOV WW
• *roeien* • *wrikken*
sculler ('skʌlə) ZN • *roeier* • *wrikker* • *sculler*; *(eenpersoons)scull*
scullery ('skʌlərɪ) ZN *bijkeuken*
scullion ('skʌljən) ZN *keukenjongen*
sculpt (skʌlpt) OV WW *beeldhouwen*
sculptor ('skʌlptə) ZN *beeldhouwer*
sculptress ('skʌlptrəs) ZN *beeldhouwster*
sculptural ('skʌlptʃərəl) BNW • *(als) gebeeldhouwd*
• *beeldhouwers-*
sculpture ('skʌlptʃə) I ZN • *beeldhouwwerk*
• *beeldhouwkunst* II OV+ONOV WW
• *beeldhouwen*
scum (skʌm) I ZN • *schuim* • *uitschot* ★ scum of the earth *slijk der aarde* II OV WW
• *afschuimen* III ONOV WW • *schuimen*
scummy ('skʌmɪ) BNW • *schuimachtig* • *gemeen*
scupper ('skʌpə) I ZN • *spuigat* II OV WW
• *overrompelen en afmaken*
scurf (skɜ:f) ZN • *korst* • *hoofdroos*
scurrility (skə'rɪlətɪ) ZN • *schunnigheid*
• *gemeenheid*
scurrilous ('skʌrɪləs) BNW • *gemeen*; *schunnig*
• *grof*
scurry ('skʌrɪ) I ZN • *getrippel* • *draf* • *holletje* ★ a ~ of snow *sneeuwjacht* ★ ~ of dust *stofwolk*
II ONOV WW • *dribbelen* • *zich haasten*
scurvy ('skɜ:vɪ) I ZN • *scheurbuik* II BNW
• *gemeen*; *vuil*
scut (skʌt) ZN *kort staartje*
scutcheon ('skʌtʃən) ZN • *wapenschild*
• *naam-/sleutelplaatje*
scuttle ('skʌtl) I ZN • *kolenbak* • *(scheeps)luik*
• *(luik)gat* • *haastig geren* • *vlucht* II OV WW
★ ~ a p.'s nob *iem. een gat in de kop slaan*
III ONOV WW • *gejaagd (weg)lopen* • *z. ijlings uit de voeten maken*
scythe (saɪð) I ZN • *zeis* II OV+ONOV WW • *maaien*
SD AFK *South Dakota*
SE (es'i:) AFK *southeast(ern)* *zuidoost(elijk)*
sea (si:) ZN *zee* • the sea *het zeeleven*; *de grote vaart* ★ high seas *zee buiten territoriale driemijlszone* ★ main sea *volle/open zee* ★ be at sea *de kluts kwijt zijn*; *varen* ★ put to sea *uitvaren* ★ take the sea *uitvaren* ★ within the four seas *in Groot-Brittannië* ★ find/get one's sea legs *zeebenen krijgen*
sea air ZN *zeelucht*
sea bass ZN *zeebaars*
seabed ('si:bed) ZN *zeebedding/-bodem*
seabird ('si:bɜ:d) ZN *zeevogel*

seaboard ('si:bɔ:d) ZN *kustlijn*
seaborne ('si:bɔ:n) BNW • *over zee vervoerd*
• *overzees*
sea breeze ZN *zeebries*
sea calf ZN *zeehond*
sea chest ZN *scheepskist*
sea cook ZN *scheepskok*
sea dog ZN • *zeehond* • *zeerob*; *zeebonk*
seafarer ('si:feərə) ZN *zeeman/-vaarder*
seafaring ('si:feərɪŋ) I ZN • *'t varen* II BNW
• *varend* ★ ~ man *varensgezel*
seafood ('si:fu:d) ZN *zeevis* ⟨als gerecht⟩; *schaal-/schelpdieren* ⟨als gerecht⟩
seafront ('si:frʌnt) ZN • *boulevard aan zee*
• *zeekant*
sea-gauge ZN • *diepgang* • *peilinrichting*
seagoing ('si:gəʊɪŋ) BNW • *voor de grote vaart*
• *zee-* ★ sea-going-gull *zeemeeuw*
sea horse ZN USA *zeepaardje*; *walrus*; *zeerob*
seal (si:l) I OV WW • *be-/verzegelen*
• *(dicht)plakken* • *stempelen* • *sluiten* ★ my lips are sealed *ik mag niets zeggen* • ~ up *sluiten*; *dichten*; *dichtsolderen* II ONOV WW • *op robben jagen* III ZN • *(lak)zegel* • *bezegeling* • *stempel*
• *afsluiter*; *sluiting* • *zeehond*; *zeehondenbont*; *rob* ★ return the seals *aftreden als minister*
★ given under my hand and seal *door mij getekend en gezegeld* ★ set one's seal to *sanctioneren* ★ receive the seals *minister worden*
sea legs ZN MV *zeebenen*
sealer ('si:lə) ZN • *robbenjager* • *ijker*
sea level ZN *zeespiegel*
sealing wax ('si:lɪŋwæks) ZN *zegelwas, -lak*
sea lion ZN *zeeleeuw*
Sea Lord ZN *hoge marineautoriteit*
sealskin ('si:lskɪn) ZN *robbenbont*
seam (si:m) I ZN • *naad* • *litteken* • AARDK. *dunne tussenlaag* ★ come apart at the seams *bij de naden losraken* II OV WW • *groeven* • *met littekens bedekken*
seaman ('si:mən) ZN • *zeeman* • *matroos*
★ ordinary ~ *lichtmatroos*
seamanly ('si:mənlɪ) BNW *als een zeeman*
seamanship ('si:mənʃɪp) ZN *bekwaamheid als zeeman*; *zeevaartkunde*
sea mile ZN *zeemijl*; *geografische mijl*
seamless ('si:mləs) BNW • *naadloos* • FIG. *probleemloos*
seamstress ('si:mstrɪs) ZN *naaister*
seamy ('si:mɪ) BNW • *met naad/naden* • *minder fraai* • FIG. *duister*; *onguur* ★ the ~ side *de zelfkant v. 't leven*; *de verkeerde kant*; *de keerzijde*
seance ('seɪɑ̃s, 'seɪɑ:ns) ZN • *seance* • *zitting*
sea needle ZN *geep*
sea nettle ZN *kwal*
seapiece ('si:pi:s) ZN *zeestuk* (schilderij)
seaplane ('si:pleɪn) ZN *watervliegtuig* ★ ~ carrier *vliegdekschip*
seaport ('si:pɔ:t) ZN *zeehaven*
sea power ZN *zeemogendheid*; *marine*
sear (sɪə) ONOV WW • *schroeien* • *verzengen*
• *(doen) afstompen* • *kort aanbraden*
search (sɜ:tʃ) I OV WW • *doorzoeken* • *nasporen*
• *doordringen in* • *doorgronden* • *zoeken* ★ ~ a

wound *sonderen* • ~ **for** *zoeken naar* • ~ **out** *grondig nasporen* II ZN • *(het) zoeken*; *zoekactie* • *huiszoeking* • MED. *visitatie* ★ in ~ of *op zoek naar*

search command ZN COMP. *zoekopdracht*

search engine ZN COMP. *zoekmachine*

searching (sɜːtʃɪn) I ZN • *grondig onderzoek* ★ ~s of heart *wroeging* II BNW • *onderzoekend* • *streng* • *diepgaand*; *doordringend*

searchlight ('sɜːtʃlaɪt) ZN *zoeklicht*

search party ('sɜːtʃpɑːtɪ) ZN • *zoektocht* • *reddingsploeg*

search warrant ZN *huiszoekingsbevel*

searing ('sɪərɪŋ) BNW • *heet*; *brandend* • *hitsig*

sea rover ZN *zeerover*

seascape ('siːskeɪp) ZN *zeegezicht*

seashell ('siːʃel) ZN *(zee)schelp*

seashore ('siːʃɔː) ZN • *kust*; *strand* • *strook tussen hoog- en laagwaterlijn*

seasick ('siːsɪk) BNW *zeeziek*

seasickness ('siːsɪknəs) ZN *zeeziekte*

seaside ('siːsaɪd) ZN *de kust* • ~ **resort** *badplaats* ★ go to the ~ *naar (een badplaats aan) de kust gaan*

season ('siːzən) I ZN • *jaargetijde*; *seizoen* • *moesson* • *(geschikte) tijd* ★ close ~ *gesloten jacht-/vistijd* ★ in ~ *op zijn plaats*; *verkrijgbaar* ⟨v. seizoengevoelige goederen⟩ ★ dead/dull/off ~ *slappe tijd* ★ oysters are in ~ *nu is het de tijd voor oesters* ★ out of ~ *niet op zijn plaats*; *niet te krijgen* ★ should be laid up to ~ ... *moet nog (wat) liggen* ★ low/high ~ *laag-/hoogseizoen* ★ silly ~ *komkommertijd* ★ spawning ~ *paartijd* ⟨v. vissen⟩ II OV WW • *geschikt maken* • *kruiden* • *toebereiden* III ONOV WW • *geschikt worden* • *rijper worden* ⟨vooral personen⟩

seasonable ('siːzənəbl) BNW • *geschikt* • *gelegen* • *op de juiste tijd (komend)* • *overeenkomstig de tijd v.h. jaar*

seasonal ('siːzənl) BNW • *seizoen-* • *volgens de wisseling v.d. jaargetijden* • *van een bepaald jaar*

seasoned ('siːzənd) BNW • *gekruid* • *gedroogd* • *belegen* • *uitgewerkt* ⟨v. hout⟩ • *gehard*; *doorgewinterd* • *verstokt* • *geroutineerd*

seasoning ('siːzənɪŋ) ZN • *(het) kruiden* • *kruiderij*

season's greetings ZN *kerst- en nieuwjaarsgroeten/-wensen*

season ticket ZN *seizoenkaart*; *abonnement*

seat (siːt) I ZN • *zetel* • *zitting* • *(zit)plaats*; *stoel*; *bank* • *zitvlak* • *houding* ⟨te paard⟩ • OUD. *buiten(goed)* ★ keep your seats! *zitten blijven!* ★ take a seat *gaan zitten* ★ the seat of the disease *de haard v.d. ziekte* ★ seat of war *toneel v.d. strijd* II OV WW • *doen zitten*; *plaatsen*; *een plaats geven* • *v. zitting of zitvlak voorzien* • *een zetel bezorgen* ⟨in het Parlement⟩ ★ seat o.s. *gaan zitten* ★ be seated *zitten*; *gelegen zijn* ★ a church seated for 5000 *'n kerk met 5000 zitplaatsen*

seat belt ('siːtbelt) ZN *veiligheidsgordel*

seating ('siːtɪŋ) ZN • ~ **accomodation** *zitplaatsen*

SEATO AFK South East Asia Treaty Organization *Zuidoost-Aziatische Verdragsorganisatie*

sea urchin ZN *zee-egel*

sea wall ZN • *zeedijk* • *strandmuur*

seaward ('siːwəd) BNW + BIJW *zeewaarts*

seawards ('siːwədz) BIJW *zeewaarts*

seaway ('siːweɪ) ZN *vaarroute naar zee*

seaweed ('siːwiːd) ZN *zeewier*

seaworthy ('siːwɜːðɪ) BNW *zeewaardig*

sebaceous (sɪ'beɪʃəs) BNW *talg-* ★ ~ gland *talgklier*

sec (sek) I ZN • *seconde*; *ogenblikje* II BNW • *droog* ⟨v. wijn⟩ III AFK • *secant snijlijn* • *second(s) seconde(n)* • *secretary secretaris*

secateurs (sekə'tɜːz) ZN *snoeischaar*

secede (sɪ'siːd) ONOV WW *z. terugtrekken*; *z. afscheiden*

secession (sɪ'seʃən) ZN ★ War of Secession *Am. Burgeroorlog*

seclude (sɪ'kluːd) OV WW *afzonderen*; *uitsluiten*

secluded (sɪ'kluːdɪd) BNW *afgezonderd* ★ live a ~ life *een teruggetrokken leven leiden* ★ ~ spot *eenzaam plekje*

seclusion (sɪ'kluːʒən) ZN • *afzondering* • *uitsluiting*

second[1] ('sekənd) I TELW • *tweede* II ZN • *de tweede* • *seconde* • MUZ. *tweede stem* • *begeleiding* • USA *tweede portie* • *secondant* ★ ~ hand *secondewijzer* ★ be a good ~ *niet ver na nr. 1 binnenkomen* ★ ~s [mv] *tweede portie*; ⟨bij maaltijd⟩ *tweede soort* III BNW • *ander* • *op tweede plaats komend* • *op één na* ★ be ~ to none *voor niemand onderdoen* ★ every ~ day *om de andere dag* ★ ~ ballot *herstemming* ★ ~ birth *wedergeboorte* ★ ~ childhood *kindsheid* ★ ~ cousin *achterneef/-nicht* ★ ~ self *tweede ik*; FIG. *rechterhand* ★ ~ sight *helderziendheid* ★ ~ string *reserve*; *slag om de arm* ★ ~ teeth *blijvend gebit* ★ on ~ thoughts *bij nader inzien* IV OV WW • *(onder)steunen*; *helpen* V BIJW • *ten tweede*

second[2] (sɪ'kɒnd) OV WW MIL. *detacheren*

secondary ('sekəndərɪ) BNW • *bij-* • *bijkomend* • *secundair* • O&W *voortgezet* ★ ~ modern school ≈ *mavo/havo*

second best (sekənd'best) BNW • *op één na de beste* • *tweederangs*

second-class BNW • *tweedeklas-* • *tweederangs-*

seconder ('sekəndə) ZN *voorstander*

second hand ZN *secondewijzer*

second-hand (sekənd'hænd) BNW • *tweedehands* • *uit de tweede hand* ★ ~ news *nieuws uit de tweede hand* ★ ~ coat *tweedehands jas*

secondly ('sekəndlɪ) BIJW *ten tweede*

second-rate (sekənd'reɪt) BNW • *tweederangs* • *inferieur*

secrecy ('siːkrəsɪ) ZN *geheimhouding* ★ in ~ *in 't geheim*

secret ('siːkrɪt) I ZN • *geheim* • REL. *secreta* ⟨in Heilige Mis⟩ ★ in the ~ *ingewijd* ★ in ~ *in 't geheim* ★ open ~ *publiek geheim* II BNW • *geheim* • *bedekt* • *vertrouwelijk* • *verborgen* ★ ~ service *geheime inlichtingendienst*

secretarial (sekrət'eərɪəl) BNW *van 'n secretaris/secretaresse*

secretariat (sekrə'teərɪət) ZN *secretariaat*

secretary ('sekrətərɪ) ZN • *secretaresse* • *secretaris* • *minister* ★ confidential ~ *privésecretaris/-esse*

se

★ USA Secretary of State *minister v.
Buitenlandse Zaken* ★ G-B Foreign Secretary
minister v. Buitenlandse Zaken
Secretary General ZN *secretaris-generaal*
secretaryship ('sekrətərɪʃɪp) ZN *secretariaat*
secrete (sɪ'kri:t) OV WW • *verbergen* • *helen*
• *afscheiden*
secretion (sɪ'kri:ʃən) ZN *afscheiding;
uitscheiding(sproduct)*
secretive ('si:krətɪv) BNW • *terughoudend;
gesloten* • *geheimzinnig*
secretly ('si:krɪtlɪ) BIJW *geheim; in het geheim*
secretory (sɪ'kri:tərɪ) BNW *de afscheiding
bevorderend; afscheidend*
sect (sekt) I ZN • *sekte* II AFK • *section sectie*
sectarian (sek'teərɪən) I ZN • *(fanatiek) lid v.e.
sekte* II BNW • *sektarisch* • *fanatiek*
sectarianism (sekt'eərɪənɪzəm) ZN • *hokjesgeest*
• *sektegeest*
section ('sekʃən) I ZN • *sectie; (ge)deel(te)*
• *afdeling* • *lid* • *(baan)vak* • *groep* • *paragraaf*
• *partje* ⟨v. citrusvrucht⟩ • *(door)snede* • USA
vierkante mijl • USA *district; (stads)wijk* II OV
WW • *in secties verdelen* • *een doorsnede tonen*
• BIOL. *prepareren* • *arceren*
sectional ('sekʃənl) BNW • *in secties, enz. verdeeld*
• *sectie-*
section mark ZN *paragraafteken*
sector ('sektə) ZN *sector*
secular ('sekjʊlə) I ZN • *wereldgeestelijke* • *leek*
II BNW • *seculier* • *wereldlijk* • *eeuwenlang
durend* • *onvergankelijk* • *seculair*
secularism ('sekjʊlərɪzəm) ZN *secularisme*
secularize, G-B **secularise** ('sekjʊləraɪz) OV WW
seculariseren
secure (sɪ'kjʊə) I BNW • *veilig* • *zeker* • *vast* II OV
WW • *versterken* • *beveiligen* • *vastleggen/
-zetten* • *op-/wegbergen* • *bemachtigen* • *(te
pakken) krijgen* • *waarborgen*
security (sɪ'kjʊərətɪ) ZN • *veiligheid*
• *geborgenheid* • *zekerheid* • *beveiliging*
• *waarborg* • *onderpand* • ECON. *effect* ★ on ~
of his house met zijn huis als borg
security blanket ZN *knuffeldeken*
Security Council ZN POL. *Veiligheidsraad* ⟨v.d.
Verenigde Naties⟩
security guard ZN *beveiligingsbeambte*
security risk ZN *veiligheidsrisico*
sedan (sɪ'dæn) ZN • *draagstoel* • USA *sedan* ★ ~
chair draagstoel
sedate (sɪ'deɪt) I BNW • *bedaard; rustig; stil* II OV
WW • *kalmeren* ⟨d.m.v. kalmeringsmiddel⟩
sedation (sɪ'deɪʃən) ZN *verdoving; slaaptoestand*
★ under ~ *onder kalmerende medicijnen; onder
verdoving*
sedative ('sedətɪv) I ZN • *kalmeringsmiddel*
II BNW • *kalmerend* ⟨medicijn⟩
sedentary ('sedəntərɪ) I ZN • *iem. die een zittend
leven leidt* • *huismus* ⟨persoon⟩ • *webspin*
II BNW • *zittend* • *een vaste woon- of
standplaats hebbend* ★ ~ *bird standvogel*
sedge (sedʒ) ZN *moerasgras; zegge*
sediment ('sedɪmənt) ZN *neerslag; bezinksel*
sedimentary (sedɪ'məntərɪ) BNW *sedimentair*
sedimentation (sedɪmən'teɪʃən) ZN
sedimentatie; bezinking

sedition (sɪ'dɪʃən) ZN *opruiing*
seditious (sɪ'dɪʃəs) BNW *oproerig*
seduce (sɪ'dju:s) OV WW *verleiden*
seducer (sɪ'dju:sə) ZN *verleider*
seduction (sɪ'dʌkʃən) ZN *verleiding*
seductive (sɪ'dʌktɪv) BNW *verleidelijk; verlokkend*
sedulous ('sedjʊləs) BNW *ijverig; naarstig*
see (si:) I OV WW • *zien* • *brengen* • *bezoeken*
• *(als gast) ontvangen* • *zorg dragen voor*
• *oppassen op* ★ seeing is believing *eerst zien,
dan geloven* ★ see red *bloed (willen) zien* ★ he
can see through a brick wall *hij heeft zijn
ogen niet in de zak* ★ see sb to bed *iem. naar
bed brengen* ★ see a p. through *iem. er door
heen helpen* ★ see it through *tot 'n goed einde
brengen; doorzetten* ★ see a p. home *iem.
thuisbrengen* ★ I'll see him damned/hanged
first! *hij kan doodvallen!* ★ he will never see
fifty again *hij is over de vijftig* ★ see you
(soon) *tot ziens* ★ I'll be seeing you *tot kijk*
★ see sth done *zorgen dat iets gedaan wordt*
★ mind you see the lights out *zorg dat 't licht
uit is* ★ I have seen better days *ik heb betere
dagen gekend* • ~ **off** *wegbrengen* • ~ **out**
uitlaten; overleven; doorzetten • ~ **through**
doorzien • ~ **to** *zorgen voor; zorg dragen voor*
II ONOV WW • *zien; inzien; snappen* • *vinden;
menen* ★ I see *zit dat zo!; ik begrijp het* ★ you
see? *snap je?* ★ see if I don't *reken er op!* ★ see
eye to eye with *het volkomen eens zijn met*
★ see fit/good to *het raadzaam achten om*
★ see into a millstone *de wijsheid in pacht
hebben* • ~ **after** *zorgen voor* • ~ **into**
onderzoeken; inzicht hebben in • ~ **over**
bezichtigen III ZN • *zetel* ⟨m.n. van bisschop⟩
★ Holy See *Heilige Stoel*
seed (si:d) I ZN • *zaad* ★ go/run to seed *verlopen;
in 't zaad schieten; de beste jaren gehad hebben*
★ raise from seed *kroost verwekken* ★ sow the
good seed *het H. Evangelie prediken* II OV WW
• SPORT *selecteren* • *ontpitten* III ONOV WW
• *zaad vormen*
seedbed ('si:dbed) ZN • *zaaibed* • *broeinest*
seedcorn ('si:dkɔ:n) ZN • *zaaigraan* • USA *maïs*
seedless ('si:dləs) BNW *zonder pit(ten)*
seedling ('si:dlɪŋ) ZN *kiemplant*
seed potato ZN *pootaardappel*
seedsman ('si:dzmən) ZN *zaadhandelaar*
seedy ('si:dɪ) BNW • *vol zaad* • *sjofel; verlopen*
• *feel ~ zich niet erg lekker voelen*
seeing ('si:ɪŋ) I BNW • *ziend* II VW • *aangezien*
seek (si:k) I OV WW • *trachten te bereiken/
verkrijgen* ★ seek a p.'s life *iem. naar 't leven
staan* ★ seek dead! *zoek!* ⟨op jacht⟩ ★ (much)
sought after *(zeer) gewild* • ~ **out** *(op)zoeken*
II ONOV WW • ~ **after/for** *(af)zoeken naar*
seem (si:m) ONOV WW *schijnen* ★ it should/
would seem *naar het schijnt*
seeming ('si:mɪŋ) BNW *schijnbaar*
seemingly ('si:mɪŋlɪ) BIJW *schijnbaar*
seemly ('si:mlɪ) BNW + BIJW *betamelijk*
seen (si:n) WW [volt. deelw.] • → **see**
seep (si:p) ONOV WW *sijpelen*
seepage ('si:pɪdʒ) ZN *lekkage*
seer ('si:ə) ZN • *ziener* • *profeet*
seeress (sɪə'res) ZN *zieneres*

seesaw ('si:sɔ:) I zn • *op- en neergaande beweging* • *schommeling* • *wip* II bnw • *op- en neergaand* III onov ww • *wippen* • *weifelen* • *afwisselen*

seethe (si:ð) onov ww *zieden; koken* ⟨v. woede⟩

see-through bnw *doorkijk-; doorschijnend*

segment ('segmənt) I zn • *lid* ⟨v. insect⟩ • *segment; deel; stukje* II ov ww • *verdelen* • biol. z. *delen*

segmentation (segmən'teɪʃən) zn • *segmentatie* • *celdeling*

segregate ('segrɪgeɪt) I ov ww • *scheiden* • *afzonderen* • *sorteren* II onov ww • z. *splitsen* III bnw • *gescheiden*

segregation (segrɪ'geɪʃən) zn • *(af)scheiding* • *segregatie*

seismic ('saɪzmɪk) bnw *aardbevings-*

seismograph ('saɪzməgrɑ:f) zn *seismograaf*

seismology (saɪz'mɒlədʒɪ) zn *seismologie*

seize (si:z) I ov ww • *grijpen; pakken; nemen* • jur. *confisqueren* • *vatten* ⟨begrijpen⟩ • jur. *in 't bezit stellen* ★ ~d *of in 't wettig bezit van* ★ ~d by/with *aangegrepen door; getroffen door* II onov ww • *vastlopen* • ~ **up** *het begeven* • ~ **(up)on** *aangrijpen; afkomen op*

seizing ('si:zɪŋ) zn *afstraffing met karwats*

seizure ('si:ʒə) zn • *inbeslagname* • *(machts)greep* • *aanval; vlaag* • med. *verlamming*

seldom ('seldəm) bijw *zelden*

select (sɪ'lekt) I ov ww • *uitkiezen* II onov ww • *kiezen* III bnw • *gedistingeerd* • *chic* • *select; uitgelezen*

selection (sɪ'lekʃən) zn • *keuze; keur* • *bloemlezing* • natural ~ *teeltkeus*

selective (sɪ'lektɪv) bnw • *(uit)kiezend* • *op keuze gebaseerd* • *selectief*

selectivity (sɪlek'tɪvətɪ) zn *selectiviteit*

selector (sɪ'lektə) zn • *lid van keuzecommissie; selecteur* • *keuzeschakelaar* • *versnellingshendel/-pook*

self (self) I zn • *(eigen) ik* • *persoon* • *(eigen) ik* • *persoon* ★ cheque drawn to self *cheque aan eigen order* II bnw • *effen* III voorv • *zelf-* • *eigen-* • *van/voor zichzelf*

self-abasement zn *zelfvernedering*

self-absorbed (selfəb'sɔ:bd) bnw • *in zichzelf verdiept* • *totaal in zichz. gekeerd*

self-abuse (selfə'bju:s) zn • *zelfverwijt* • *zelfbevrediging* ⟨moralistisch beschreven⟩

self-addressed bnw *aan zichzelf geadresseerd* ★ ~ envelope *antwoord-/retourenvelop*

self-advertise onov ww *reclame maken voor eigen zaak*

self-appointed (selfə'pɔɪntɪd) bnw • *zonder autoriteit* • *zichz. opgelegd* • *zich opwerpend (als)*

self-assertion (selfə's3:ʃən) zn • *geldingsdrang* • *aanmatiging*

self-assertive bnw *assertief*

self-assurance zn *zelfverzekerdheid*

self-assured bnw *zelfverzekerd*

self-centred (self'sentəd), usa self-centered (self'sentərd) bnw *egocentrisch*

self-collected bnw *bedaard*

self-command (selfkə'mɑ:nd) zn *zelfbeheersing*

self-complacency zn *zelfvoldaanheid*

self-complacent (selfkəm'pleɪsənt) bnw *zelfvoldaan*

self-conceit (selfkən'si:t) zn *verwaandheid*

self-conceited bnw *verwaand*

self-confessed • *openlijk* • *onverholen*

self-confidence (self'kɒnfɪdns) zn *zelfvertrouwen*

self-confident bnw *vol zelfvertrouwen*

self-conscious (self'kɒnʃəs) bnw • *verlegen* • *zich van zichzelf bewust*

self-contained (selfkən'teɪnd) bnw • *autonoom* • *eenzelvig* • *vrij(staand)* • *afzonderlijk*

self-contradictory bnw *tegenstrijdig; met zichzelf in tegenspraak*

self-control (selfkən'trəʊl) zn *zelfbeheersing*

self-controlled bnw *beheerst*

self-defeating (selfdɪ'fi:tɪŋ) bnw *zichzelf in de weg staand*

self-defence, usa self-defense (selfdɪ'fens) zn • *zelfverdediging* • jur. *noodweer* ★ the (noble) art of ~ *boksen* ★ in ~ *uit noodweer*

self-denial (selfdɪ'naɪəl) zn *zelfverloochening; zelfopoffering*

self-dependence (selfdɪ'pendəns) zn *zelfstandigheid*

self-destruction (selfdɪ'strʌkʃən) zn *zelfvernietiging; zelfmoord*

self-determination zn • *zelfbeschikking(srecht)* • *vrije wil*

self-determined bnw *onafhankelijk*

self-discipline (self'dɪsɪplɪn) zn *zelfdiscipline*

self-distrust (selfdis'trʌst) zn *gebrek aan zelfvertrouwen*

self-distrustful zn *niet zeker v. zichzelf*

self-drive (self'draɪv) bnw *zonder chauffeur*

self-educated (self'edju:keɪtɪd) bnw • *autodidact* • *ontwikkeld zonder scholing*

self-effacement zn *wegcijfering v. zichzelf; bescheidenheid*

self-effacing (selfɪ'feɪsɪŋ) bnw *bescheiden*

self-employed (selfɪm'plɔɪd) bnw *zelfstandig; zijn eigen baas*

self-esteem (selfɪ'sti:m) zn *zelfrespect*

self-evident (self'evɪdnt) bnw *vanzelfsprekend*

self-explanatory (selfɪk'splænətərɪ) bnw *onmiskenbaar; (zonder meer) duidelijk* ★ the phrase is ~ *de uitdrukking verklaart zichzelf*

self-forgetful (selfə'getfʊl) bnw *zichz. wegcijferend; onbaatzuchtig*

self-fulfilling (selffʊl'fɪlɪŋ) bnw *vanzelf in vervulling gaand*

self-governing bnw *onafhankelijk; autonoom*

self-government zn *zelfbestuur*

self-help (self'help) zn • *onafhankelijkheid; zelfstandigheid* • *zelfhulp*

self-importance (selfɪm'pɔ:tns) zn *eigendunk*

self-important bnw *gewichtig (doend)*

self-imposed (selfɪm'pəʊzd) bnw *zichz. opgelegd*

self-indulgence zn *genotzucht*

self-indulgent (selfɪn'dʌldʒənt) bnw *gemak-/genotzuchtig*

self-inflicted (selfɪn'flɪktɪd) bnw *zichzelf toegebracht*

self-interest (self'ɪntrəst) zn *eigenbelang*

self-interested bnw *uit eigenbelang; zelfzuchtig*

selfish ('selfɪʃ) bnw *egoïstisch*

se

selfless ('selfləs) BNW *onbaatzuchtig*
self-made (self'meɪd) BNW ★ ~ man *iem. die zichzelf opgewerkt heeft*
self-mastery (self'mɑːstərɪ) ZN *zelfbeheersing*
self-pity (self'pɪtɪ) ZN *zelfbeklag/-medelijden*
self-portrait (self'pɔːtrɪt) ZN *zelfportret*
self-possessed (selfpə'zest) BNW *kalm; beheerst*
self-possession ZN *zelfverzekerdheid;* *zelfbeheersing*
self-praise (self'preɪz) ZN *eigenroem*
self-preservation (selfprezə'veɪʃən) ZN *zelfbehoud*
self-raising (self'reɪzɪŋ) BNW *zelfrijzend*
self-recording (selfrɪ'kɔːdɪŋ) BNW *zelfregistrerend*
self-regard (selfrɪ'gɑːd) ZN *egoïsme; eigenbelang*
self-regarding BNW *egoïstisch*
self-reliance (selfrɪ'laɪəns) ZN *zelfvertrouwen*
self-reliant BNW *onafhankelijk*
self-respect (selfrɪ'spekt) ZN *zelfrespect*
self-respecting BNW *zichzelf respecterend; met zelfrespect*
self-restraint (selfrɪ'streɪnt) ZN *zelfbeheersing*
self-righteous (self'raɪtʃəs) BNW *eigengerechtig*
self-rule (self'ruːl) ZN *autonomie*
self-sacrifice (self'sækrɪfaɪs) ZN *zelfopoffering*
self-sacrificing BNW *zelfopofferend*
selfsame ('selfseɪm) BNW *precies de-/hetzelfde*
self-satisfaction (selfsætɪs'fækʃən) ZN *eigendunk; zelfvoldaanheid*
self-satisfied BNW *zelfvoldaan*
self-seeker ZN *egoïst*
self-seeking ('selfsiːkɪŋ) I ZN • *egoïsme* II BNW • *egoïstisch*
self-service ZN *zelfbediening(s-)*
self-starter (self'stɑːtə) ZN • *starter; startmotor*
self-styled ('selfstaɪld) BNW *zichzelf aangemeten*
self-sufficiency BNW • *onafhankelijkheid* • *autarkie*
self-sufficient (selfsə'fɪʃənt) BNW • *onafhankelijk* • *autarkisch* • *zelfgenoegzaam; verwaand*
self-supporting (selfsə'pɔːtɪŋ) BNW *zichzelf bedruipend; in eigen behoeften voorzien*
self-will ZN *eigenzinnigheid*
self-willed BNW *eigenzinnig*
sell (sel) I OV WW • *verkopen* • *verraden* • *er tussen nemen* ★ sell a p. a gold brick *knollen voor citroenen verkopen* ★ they sell like hot cakes/wild fire *ze gaan als warme broodjes over de toonbank* ★ sell short *te kort doen; onderschatten* ★ sell up a p. *de bezittingen van iem. (laten) verkopen* ★ sell sb a pup *knollen voor citroenen verkopen* • ~ off *uitverkopen* II ONOV WW • *verkocht worden* ★ selling price *verkoopprijs; winkelprijs* • ~ out *de idealen voor geld of roem laten varen; al zijn aandelen verkopen; (uit)verkopen; verraden*
sell-by date ZN *houdbaarheidsdatum; uiterste verkoopdatum*
seller ('selə) ZN • *verkoper; handelaar* • *verkoopsucces*
selling ('selɪŋ) ZN *verkoop*
selling agency ('selɪŋ) ZN *verkoopbureau*
selling point ZN *aanbeveling; positief aspect* ★ is a selling-point *strekt tot aanbeveling*
selling rate ('selɪŋ) ZN ECON. *laatkoers*
Sellotape ('seləteɪp) ZN G-B *sellotape* ⟨plakband⟩

sell-out ZN • *uitverkochte voorstelling* • *verraad*
seltzer ('seltsə) ZN • ~ water *mineraalwater*
selvedge, USA **selvage** ('selvɪdʒ) ZN *zelfkant*
selves (selvz) PERS VNW [mv] • → **self**
semantics (sɪ'mæntɪks) ZN *semantiek; betekenisleer*
semaphore ('seməfɔː) I ZN • *seinsysteem met vlaggen* • *seinpaal* • *het seinen* II OV+ONOV WW • *met vlaggen seinen*
semblance ('sembləns) ZN • *gedaante* • *schijn*
semen ('siːmən) ZN *sperma*
semi ('semɪ) VOORV • *semi-; half-* • → **semidetached**
semibreve ('semɪbriːv) ZN MUZ. *hele noot*
semicentennial (semɪsen'tenɪəl) BNW *vijftigjaarlijks*
semicircle ('semɪsɜːkl) ZN *halve cirkel*
semicircular (semɪ'sɜːkjʊlə) BNW *halfrond*
semicolon (semɪ'kəʊlən) ZN DRUKK. *puntkomma*
semiconductor (semɪkən'dʌktə) ZN *halfgeleider*
semidetached I BNW • *halfvrijstaand* ⟨v. gebouw⟩ II ZN • *halfvrijstaand gebouw*
semi-detached (semɪdɪ'tætʃt) BNW *half vrijstaand*
semi-final (semɪ'faɪnl) ZN *halve finale*
semi-finalist ZN *halvefinalist*
seminal ('semɪnl) BNW • *primitief* • *kiem-; zaad-*
seminar ('semɪnɑː) ZN • *cursus; studiegroep; groep studenten* • *congres*
seminary ('semɪnərɪ) ZN • *seminarie* • *broeinest*
semi-official (semɪə'fɪʃəl) BNW *officieus*
semi-precious (semɪ'preʃəs) BNW *halfedel-* ★ ~ stone *halfedelsteen*
semiquaver ('semɪkweɪvə) ZN *een zestiende noot*
Semite ('siːmaɪt) ZN *Semiet*
Semitic (sɪ'mɪtɪk) BNW *Semitisch*
semitone ('semɪtəʊn) ZN *halve toon*
semivowel ('semɪvaʊəl) ZN *halfvocaal*
semolina (semə'liːnə) ZN *griesmeel*
senate ('senɪt) ZN *senaat*
senator ('senətə) ZN • *senator* • *lid v.d. Am. Senaat*
senatorial (senə'tɔːrɪəl) BNW *senaats-*
send (send) I OV WW • *zenden; verzenden; op-/versturen* • *doen gaan/worden* • *gooien* • *schieten* ★ send a p. away/packing *iem. de laan uit sturen* ★ send a p. to Coventry *iem. negeren; iem. gezamenlijk boycotten* ★ send a p. flying *iem. op de vlucht jagen* ★ send a p. crazy/mad *iem. gek maken* ★ send word *berichten* ★ send a p. about his business *iem. de laan uit sturen* ★ send forth leaves *bladeren krijgen* ★ God send that it may not be so *God geve dat het niet waar is* ★ send in one's card *zijn kaartje afgeven* ★ have one's name sent in *zich laten aandienen* • ~ down *degraderen* ⟨wegens wangedrag⟩; *wegzenden* ⟨wegens wangedrag⟩; *naar beneden doen gaan/zenden* • ~ for *laten komen* • ~ forth *uitgeven/-zenden; afgeven* • ~ in *inzenden* • ~ off *af-/wegzenden; afgeven; uitgeleide doen* • ~ on *doorsturen* • ~ out *uitzenden; verspreiden* • ~ over *uitzenden* ⟨radio/tv⟩ II OV+ONOV WW • *uitzenden*
sender ('sendə) ZN *afzender* ★ return to ~ *retour afzender*

send-off ('sendɒf) ZN • *uitgeleide* • *afscheid* • *gunstige recensie*

send-up ('sendʌp) ZN *parodie*

senile ('si:naɪl) BNW *seniel; ouderdoms-*

senility (sə'nɪlətɪ) ZN *seniliteit*

senior ('si:nɪə) I ZN • *oudere* • *superieur* • SPORT *gevorderde* • G-B *leerling uit de bovenbouw* • USA *eindexamenleerling; ouderejaars leerling/student* ★ he is my ~ by two years *hij is twee jaar ouder dan ik*; hij heeft twee *dienstjaren meer dan ik* ★ he is my ~ *hij is ouder dan ik; hij heeft langere diensttijd dan ik* II BNW • *oudere; oudste* • *senior* ★ ~ partner *oudste vennoot* ★ ~ school *topklassen v. het basisonderwijs* ★ ~ service *marine*

seniority (si:nɪ'ɒrətɪ) ZN • *hogere leeftijd* • *anciënniteit*

sennight ('senaɪt) ZN OUD. *(over een) week*

sensation (sen'seɪʃən) ZN • *gewaarwording* • *sensatie* ★ cause/make a ~ *opschudding verwekken* ★ he had no ~ in his left hand *hij had geen gevoel meer in zijn linkerhand* ★ ~ among the audience *grote reactie bij het publiek*

sensational (sen'seɪʃənl) BNW *sensationeel*

sensationalism (sen'seɪʃənəlɪzəm) ZN *sensatiezucht*

sensationalist (sen'seɪʃənəlɪst) BNW *sensatie-*

sense (sens) I ZN • *verstand* • *zintuig* • *betekenis* • *zin* • *besef* • *gevoel(en)* ★ ~ of duty *plichtsbesef* ★ ~ of locality *oriëntatievermogen* ★ common ~ *gezond verstand* ★ it does not make ~ *'t kan niet juist zijn*; *'t heeft geen betekenis* ★ are you out of your ~s? *ben je gek (geworden)?* ★ have the good ~ to *de tegenwoordigheid van geest hebben om* ★ have you taken leave of your ~s? *ben je niet goed bij je hoofd?* ★ frighten sb out of his ~s *iem. de doodsschrik op het lijf jagen* ★ talk ~ *verstandig praten* ★ take the ~ of the meeting *de algemene stemming bij een vergadering peilen* ★ ~ of *gevoel van/voor; besef van* ★ ~ organ *zintuig* ★ moral ~ *moraal* II OV WW • *(aan)voelen; bespeuren* • USA *begrijpen*

senseless ('senslas) BNW • *bewusteloos* • *zinloos* • *onverstandig*

sensibility (sensə'bɪlətɪ) ZN • *gevoeligheid ⟨v. kunstenaar⟩; ontvankelijkheid* • *lichtgeraaktheid*

sensible ('sensɪbl) BNW • *verstandig; praktisch* • *z. bewust van* • *voelbaar*

sensitive ('sensətɪv) BNW *gevoelig* ★ ~ plant *kruidje-roer-mij-niet*

sensitivity (sensə'tɪvətɪ) ZN *gevoeligheid*

sensitize, G-B **sensitise** ('sensətaɪz) OV WW *gevoelig maken*

sensor ('sensə) ZN *sensor; voeler; aftaster*

sensorial (sen'sɔ:rɪəl) BNW *zintuiglijk*

sensory ('sensɔ:rɪ) BNW • → **sensorial**

sensual ('sensjʊəl) BNW • *sensueel* • *lichtzinnig*

sensualist ('sensjʊəlɪst) ZN *zinnelijk iem.*

sensuality (sensjʊ'ælətɪ) ZN *sensualiteit*

sensuous ('sensjʊəs) BNW • *tot de zinnen sprekend* • *zins-* • *de zinnen strelend*

sent (sent) WW [verleden tijd + volt. deelw.] • → **send**

sentence ('sentəns) I ZN • *zin* • JUR. *vonnis; oordeel; straf* ★ custodial ~ *gevangenisstraf* II OV WW • JUR. *veroordelen; vonnissen* ★ ~ sb to one year in prison *iem. veroordelen tot een jaar gevangenisstraf*

sententious (sen'tenʃəs) BNW • *kernachtig; bondig* • *vol spreuken* • *gewichtig* • *waanwijs*

sentience ('senʃəns) ZN *waarnemingsvermogen*

sentient ('senʃənt) BNW *met waarnemingsvermogen/gevoel*

sentiment ('sentɪmənt) ZN • *weekhartigheid* • *toast* • *gevoel(en)* • *sentimentaliteit*

sentimental (sentɪ'mentl) BNW • *gevoelvol; wat tot 't hart spreekt* • *weekhartig* • *sentimenteel*

sentimentalist (sentɪ'mentəlɪst) ZN *sentimenteel iem.*

sentimentality (sentɪmen'tælɪtɪ) ZN *sentimentaliteit*

sentinel ('sentɪnəl) ZN *wacht(post); schildwacht* ★ stand ~ *op wacht staan*

sentry ('sentrɪ) ZN *wacht(post); schildwacht* ★ keep/stand ~ *op wacht staan*

sentry box ZN *schildwachthuisje*

separable ('sepərəbl) BNW *scheidbaar*

separate¹ ('seprət) BNW • *afzonderlijk; apart* • *gescheiden* ★ ~ maintenance *alimentatie*

separate² ('sepərett) I OV WW • *sorteren* • *(af)scheiden* • *afzonderen* • *ontbinden ⟨in factoren⟩* ★ ~d milk *taptemelk* II ONOV WW • *uiteengaan* • *zich afscheiden*

separation (sepə'reɪʃən) ZN *scheiding; (het) uit elkaar/uiteen gaan/zijn* ★ ~ allowance/pay *kostwinnersvergoeding* ★ judicial ~ *scheiding van tafel en bed* ★ asasasa

separatism ('sepərətɪzəm) ZN *separatisme*

separatist ('sepərətɪst) ZN *separatist*

separative ('sepərətɪv) BNW *scheidend*

separator ('sepəreɪtə) ZN • *centrifuge* • *roomafscheider*

sepia ('si:pɪə) ZN • *sepia* • *inktvis*

sepsis ('sepsɪs) ZN • *infectie* • *bloedvergiftiging*

Sept. AFK *september*

September (sep'tembə) ZN *september*

septenary (sep'ti:nərɪ) BNW *zeventallig; zevenjarig*

septennial (sep'tenɪəl) BNW *zevenjarig; zevenjaarlijks*

septic ('septɪk) BNW • *septisch; infecterend* • *geïnfecteerd; ontstoken* ★ ~ matter *pus* ★ ~ tank *septic tank*

septicaemia (septɪ'si:mɪə) ZN *bloedvergiftiging*

septuagenarian (septjʊədʒə'neərɪən) I ZN • *zeventigjarige* II BNW • *zeventigjarig*

sepulchral (sɪ'pʌlkrəl) BNW • *graf-* • *begrafenis-*

sepulchre ('sepəlkə) I ZN • *graf* ★ white ~ *witgepleisterd graf; huichelaar* II OV WW • *begraven* • *tot graf dienen voor*

sepulture ('sepəltʃə) ZN *begrafenis*

sequel ('si:kwəl) ZN • *vervolg* • *gevolg; resultaat* • *vervolgaflevering*

sequence ('si:kwəns) ZN • *volgorde* • *opeenvolging* • *reeks* • *gevolg* • *scène ⟨v. film⟩; bedrijf ⟨toneel⟩* ★ in ~ *achter elkaar*

sequent ('si:kwənt) BNW • *(opeen)volgend* • *logisch volgend uit*

sequential (sɪ'kwenʃəl) BNW • *(erop)volgend* • *als*

se

gevolg; *als complicatie*

sequester (sɪ'kwestə) OV WW • *afzonderen* • JUR. *beslag leggen op*

sequestrate (sɪ'kwestreɪt) OV WW • *in beslag nemen* • JUR. *beslag leggen op*

sequestration (si:kwəs'treɪʃən) ZN • JUR. *beslaglegging* • *afzondering*

sequin ('si:kwɪn) ZN *lovertje*

sequoia (sɪ'kwɔɪə) ZN *sequoia; mammoetcipres*

seraglio (se'ra:lɪəʊ) ZN *serail; harem*

seraph ('serəf) ZN *seraf* (engel v.d. hoogste rang)

seraphic (sə'ræfɪk) BNW *serafijns*

seraphim ('serəfɪm) ZN MV • → **seraph**

Serb (sɜ:b) I ZN • *Serviër* II BNW • *Servisch*

Serbia ('sɜ:bɪə) ZN *Servië*

Serbo-Croat (sɜ:bəʊ'krəʊæt) I ZN • *Servo-Kroaat* • *Servo-Kroatisch* II BNW • *Servo-Kroatisch*

serenade (serə'neɪd) I ZN • *serenade* II OV+ONOV WW • *een serenade brengen*

serene (sɪ'ri:n) BNW • *sereen; bedaard* • *doorluchtig*

serenity (sɪ'renətɪ) ZN • *sereniteit* • *doorluchtigheid*

serf (sɜ:f) ZN *slaaf; lijfeigene*

serfdom (sɜ:fdəm) ZN *slavernij; lijfeigenschap*

sergeant, serjeant ('sɑ:dʒənt) ZN • *sergeant; wachtmeester* • *brigadier* (v. politie) ★ Sergeant at Arms *deurwaarder in Hoger en Lager Huis*

sergeant major (sɑ:dʒənt' meɪdʒə) ZN *sergeant-majoor*

serial ('sɪərɪəl) I ZN • *tv-serie; feuilleton* II BNW • *serie-* • *opeenvolgend* ★ ~ killer *seriemoordenaar*

serialize, G-B **serialise** ('sɪərɪəlaɪz) OV WW *in afleveringen publiceren/uitzenden*

seriatim (sɪərɪ'eɪtɪm) BNW + BIJW *punt voor punt*

series ('sɪərɪ:z) ZN • *serie(s)* • *reeks(en)*

seriocomic (sɪərɪəʊ'kɒmɪk) BNW • *half ernstig, half grappig* • *quasi-ernstig*

serious ('sɪərɪəs) BNW • *ernstig; serieus* • *belangrijk* • *zwaar* • *oprecht* • INFORM. *aanzienlijk* • PLAT *echt; absoluut* ★ are you ~? *meen je dat?* ★ ~ money *groot bedrag* ★ ~ bad *echt slecht*

seriously ('sɪərəslɪ) BIJW *in ernst; zonder gekheid* ★ ~ wounded *zwaargewond* ★ ~? *meen je dat?; werkelijk?*

seriousness ('sɪərɪəsnəs) ZN *ernst*

sermon ('sɜ:mən) ZN *preek* • REL. Sermon on the Mount *Bergrede*

sermonize, G-B **sermonise** ('sɜ:mənaɪz) OV+ONOV WW *preken*

serotonin (ʃɪərə'təʊnɪn) ZN BIOL. *serotonine*

serpent ('sɜ:pənt) ZN • *slang* • MIN. *kruiper* • *soort blaasinstrument* • *voetzoeker* ★ the Old Serpent *de duivel* ★ ~ charmer *slangenbezweerder*

serpentine ('sɜ:pəntaɪn) I ZN • *serpentine* • *serpentijn(steen)* • *een schaatsfiguur* II BNW • *slangachtig* • *kronkelend* ★ ~ explanation *ingewikkelde verklaring* III ONOV WW • *slingeren*; *(z.) kronkelen*

serrated (se'reɪtɪd) BNW • *getand als een zaag* • *gezaagd*

serried ('serɪd) BNW ★ ~ ranks *gesloten gelederen*

serum ('sɪərəm) ZN *serum* ⟨(bloed)wei⟩

servant ('sɜ:vənt) ZN • *bediende; knecht; dienstbode* • *diena(a)r(es)* ★ public ~ *politieagent; brandweerman* ★ civil ~ *ambtenaar* ★ menial ~ *bediende; knecht*

serve (sɜ:v) I OV WW • *voldoende zijn (voor)* • *behandelen* • *in dienst zijn (bij)* • *baten* ★ nothing would ~ him but the best *hij was niet tevreden voor hij het beste had* ★ ~ a need *in een behoefte voorzien* ★ ~ one's apprenticeship *als leerling in dienst zijn; het vak leren* ★ if memory ~s *als ik me goed herinner* ★ when occasion ~s *als de gelegenheid zich voordoet* ★ ~ an office *een ambt bekleden* ★ ~ a purpose *beantwoorden aan een doel* ★ ~ one's purpose *in de kraam te pas komen* ★ as the tide ~s *wanneer 't getij gunstig is* ★ ~ the purpose of *dienst doen als* ★ ~s you right *net goed!* ★ ~ a sentence *een straf uitzitten* ★ ~ a summons *'n dagvaarding betekenen* ★ ~ time *(in de gevangenis) zitten* ★ ~ one's time *zijn tijd uitdienen; zijn straf uitzitten* ★ ~ sb a trick *iem. een poets bakken* ★ ~ as *dienst doen als; dienen tot* ★ ~ on a committee *zitting hebben in een comité* ★ ~ sb out *even afrekenen met iem.* ★ ~ sb with *iem. bedienen van* ★ it has ~d its turn *'t heeft zijn dienst gedaan* ★ ~ sb a turn *iem. een dienst bewijzen* • ~ **out** *uitdelen; verstrekken* • ~ **round** *ronddelen; uitdelen* • ~ **up** *opdienen* II OV+ONOV WW • SPORT *serveren* • *bedienen* • *opdienen* III ZN • SPORT *serve; service*

server ('sɜ:və) ZN • *ober; serveerster* • *misdienaar; koorknaap* • *(serveer)lepel/-vork* • COMP. *server*

servers ('sɜ:vəz) ZN MV *bestek*

service ('sɜ:vɪs) I ZN • *dienst* • *dienstbetrekking* • *dienstbetoon* • *correcte behandeling* • *vakkundige verzorging* • *kerkdienst; kerkformulier* • *liturgische muziek* • *betekenis* ⟨v. vonnis⟩ • *servies* • SPORT *service; opslag* ★ at your ~ *tot uw dienst* ★ MIL. active ~ *actieve dienst* ★ choral ~ *gezongen kerkdienst* ★ civil ~ *overheidsdienst* ★ divine ~ *kerkdienst; godsdienstoefening* ★ local ~ *buurtverkeer* ★ merchant ~ *koopvaardij(vloot)* ★ military ~ *militaire dienst* ★ national ~ *dienstplicht* ★ plain ~ *stille (niet gezongen) kerkdienst* ★ can I be of ~ to you? *kan ik u van dienst zijn?* ★ can this be of any ~ to you? *heb je hier (nog) wat aan?* ★ On Her Majesty's ~ *Dienst* ⟨op poststuk⟩ ★ have seen ~ *een ervaren soldaat/zeeman zijn; veel gebruikt zijn* II BNW • *dienst-* • *militair*

serviceable ('sɜ:vɪsəbl) BNW • *dienstig* • *bruikbaar*

service area ZN *stopplaats* ⟨aan autoweg⟩

service book ZN *kerkboek; missaal*

service charge ZN *administratiekosten; behandelingskosten*

service contract ZN *onderhoudscontract*

service dress ZN *diensttenue*

service flat ZN *verzorgingsflat*

service hatch ZN *doorgeefluik*

serviceman ('sɜ:vɪsmən) ZN • *(onderhouds)monteur* • *militair*

service pipe ZN *gas-, waterleiding*

service road ZN *ventweg*
service station ZN *benzine-, servicestation*
serviette (s3:vɪˈet) ZN *servet*
servile (ˈs3:vaɪl) BNW • *slaafs* • *kruiperig* • *slaven-*
servility (s3:ˈvɪlətɪ) ZN • *kruiperigheid* • *slaafsheid*
serving (ˈs3:vɪŋ) ZN • *portie* • *bediening* • ~
spoon/fork *opscheplepel/-vork*
servitor (ˈs3:vɪtə) ZN • *dienaar* • *beursstudent*
servitude (ˈs3:vɪtjuːd) ZN • *slavernij*
• *dienstbaarheid*
sesame (ˈsesəmɪ) ZN *sesamzaad*
session (ˈseʃən) ZN • *zitting(speriode)*
• *bijeenkomst* • *academiejaar; schooljaar* ⟨in
USA en Schotland⟩ • *trimester* ⟨in Schotland⟩
• *kerkenraad* • MUZ. *(jam)sessie* • be in ~
zitting houden ★ JUR. petty ~ *niet-voltallige
zitting voor behandeling van kleine zaken*
sessional (ˈseʃənəl) BNW *zittings-*
sestet (sesˈtet) ZN *sextet*
set (set) I OV WW • *poten; planten* • *te broeden
zetten* • *aanzetten; scherpen* • *ophitsen*
• *richten* • *opprikken* ⟨v. vlinders⟩ • *bezetten;
versieren* • z. *vestigen; postvatten* ⟨v. mening⟩
• *zetten; stellen; plaatsen* • *instellen* • *uitzetten*
⟨v. wacht⟩ • *opeenklemmen* ⟨v. tanden⟩
• *vaststellen; opstellen* • *opgeven* • *gelijk zetten*
★ set sail *uitvaren* ★ set bounds to *paal en
perk stellen aan* ★ set one's cap at *hengelen
naar* ⟨figuurlijk⟩ ★ set eyes on *zien;
aanschouwen* ★ set the table in an uproar
iedereen aan tafel doen schateren ★ set one's
face against *stelling nemen tegen* ★ set fire to
in brand steken ★ set foot on *betreden* ★ set
little/much by *weinig/veel waarde hechten aan*
★ set spurs to *de sporen geven* ★ set store by
grote waarde hechten aan ★ he will not set the
river on fire *hij heeft het buskruit niet
uitgevonden* ★ set about rumours *geruchten
verspreiden* ★ set at ease *op zijn gemak stellen*
★ set at rest *kalmeren; tot bedaren brengen*
★ set free *bevrijden; vrijlaten* ★ set going *op
gang brengen* ★ set on edge *prikkelen;
irriteren* ★ set on fire *in brand steken* ★ set
right in orde brengen; *verbeteren; rechtzetten;
rehabiliteren* ★ set loose *vrijlaten; loslaten*
• ~ **against** *stellen tegenover; opzetten tegen*
• ~ **apart** *reserveren; scheiden; opzij
leggen/zetten* • ~ **aside** *aan de kant zetten;
afschaffen* • ~ **at** *aanvallen; ophitsen tegen*
• ~ **back** *terugzetten; achteruit zetten; hinderen*
• ~ **before** *voorleggen* • ~ *terzijde leggen;
reserveren* • ~ **down** *neerzetten; opschrijven*
★ set down as *beschouwen als; houden voor*
★ set down to *toeschrijven aan* • ~ **forth**
uiteenzetten • ~ **forward** *vooruit helpen;
vooruit zetten; verkondigen* • ~ **off** *doen
uitkomen; contrasteren; doen afgaan; aan 't ...
brengen; afpassen; compenseren* ★ set off
against *stellen tegenover* • ~ **on** *ophitsen tegen*
• ~ **out** *uitstallen; klaarzetten; uiteenzetten*
• ~ **over** *(aan)stellen over* • ~ **up** *rechtop
zetten; opstellen; beginnen; instellen;
aanheffen; aanvoeren; aan komen (dragen)
met; z. aanschaffen; (er op na) gaan houden; er
bovenop helpen; installeren; trots maken;
veroorzaken; klaarzetten; onthalen op* ★ set up

type *zetten* ⟨v. drukwerk⟩ ★ be set up with
trots zijn op ★ set sb up in business *iem. in een
zaak zetten* • ~ **upon** *aanvallen* II ONOV WW
• *ondergaan* ⟨v. zon, maan⟩ • *vast worden;
stollen; vrucht zetten* • *(blijven) staan* ⟨v. hond⟩
• *staan* ⟨v. kleren⟩; *vallen* ⟨v. kleren⟩ • ~ about
beginnen; aanpakken • ~ **forth** *op weg gaan*
• ~ in *inzetten* • ~ **off** *vertrekken* • ~ on
oprukken • ~ **out** *vertrekken; beginnen; z. ten
doel stellen* ★ set out on a journey *op reis gaan*
• ~ **to** *beginnen; aanvallen* ★ set to work *aan 't
werk gaan* • ~ **up** *er bovenop komen* ★ set up
for z. *opwerpen als* ★ set up in business *een
zaak beginnen* III ZN *stel* • *bijeenhorende
zaken⟩* • *toestel; installatie; apparatuur*
• *servies* • *rij; serie* • *onderdeel v.e. partij*
⟨tennis, volleybal⟩ • *(het) vallen* ⟨v. kleding⟩;
snit • *filmlocatie* • *ligging; stand* • *richting;
loop* • *(wiskundige) verzameling* ★ make a set
at *een aanval doen op* • ~ **of** set of partners
(bridge)paar • ~ set screw *stelschroef* ★ set of
teeth *gebit* ★ the smart set *de jetset* IV BNW
• *bestendig* • *gestold* • *vast(gesteld); formeel*
• *opgesteld* • *rustig; zelfverzekerd* • *eigengereid*
• *strak; opeengeklemd* ★ set fair *bestendig* ★ be
set on sth *ergens zijn zinnen op gezet hebben;
verzot zijn op iets* • ~ set in his ways *eigengereid*
setback (ˈsetbæk) ZN • *tegenslag* • *inzinking;
terugval*
setdown (ˈsetdaʊn) ZN • *terechtwijzing* • *veeg
uit de pan*
set-out ZN • *begin* • *zaak(je)* • *spul* • *drukte*
set point ZN *setpoint; setpunt* ⟨beslissend punt
voor de set⟩
settee (seˈtiː) ZN *canapé; bank*
setter (ˈsetə) ZN *setter* ⟨(jacht)hond⟩
setting (ˈsetɪŋ) ZN • *omlijsting; omgeving*
• *achtergrond* • *arrangement* • *montering;
instelling; (het) zetten* ⟨v. tekst⟩ • *opzet*
• *montuur*
settle (ˈsetl) I OV WW • *regelen* • *vestigen*
• *installeren* • *stichten* • *koloniseren* • *afdoen*
• *vereffenen* • *beslissen; besluiten* ★ ~ one's
children *zijn kinderen te paard zetten* ⟨fig.⟩
II ONOV WW • *vaste voet krijgen* • *gaan zitten*
• *rustig worden* • *geregeld gaan leven* • z.
installeren/vestigen; vaste woonplaats kiezen
• *bezinken* • *neerslaan* ⟨in vloeistof⟩ • z.
vastzetten ★ stand beer to ~ *bier neerzetten om
helder te laten worden* • ~ o.s. *op z'n gemak
gaan zitten; zich nestelen* • ~ **down** *geregeld
gaan leven; wennen; vast worden* • ~ **in** zich
installeren/vestigen • ~ **out** *neerslaan* ⟨in
vloeistof⟩ III OV+ONOV WW • *vaststellen*
• *afspreken* • *ophelderen* • *(doen) bedaren*
• *bedaren* ★ ~ to sleep *gaan liggen om te
slapen* • ~ **down** *tot bedaren/rust komen*
• ~ **up** *(definitief) in orde brengen; vereffenen;
afrekenen*
settled (ˈsetld) BNW • *verrekend* • *bedaard*
• *gevestigd* • *vast* • *bezadigd* ★ ~ habit *vaste
gewoonte* ★ ~ matter *uitgemaakte zaak* ★ ~
weather *rustig, bestendig weer*
settlement (ˈsetlmənt) ZN • *(het) zich vestigen*
• *kolonie; nederzetting* • *overeenkomst* • *sociaal
centrum in armenwijk* • *lijfrente* • *verrekening*

se

• *het bedaren* ★ make a ~ with *een schikking treffen met* ★ in ~ of *ter vereffening van*
settlement-worker ZN *maatschappelijk werk(st)er*
settler ('setlǝ) ZN • *kolonist* • *bemiddelaar* • *beslissend woord* • *dooddoener* • *afzakkertje*
settlings ('setlɪŋz) ZN MV *bezinksel; neerslag*
set-to ('settu:) ZN • *bokswedstrijd* • *ruzie* ★ they had ~'s *zij hadden woorden*
set-up I ZN • *structuur* • *regeling* • *organisatie* • *valstrik; hinderlaag* • SPORT *opslag* • COMP. *installatieprocedure* II BNW • *gevestigd* • *gebouwd* • *verwaand*
seven ('sevǝn) I TELW • *zeven* II ZN • *zeven*
sevenfold ('sevǝnfǝʊld) BNW *zevenvoudig*
seventeen (sevǝn'ti:n) TELW *zeventien*
seventeenth (sevǝn'ti:nθ) TELW *zeventiende*
seventh ('sevǝnθ) TELW *zevende*
seventieth ('sevǝntɪǝθ) TELW *zeventigste*
seventy ('sevǝntɪ) I TELW • *zeventig* II ZN • *het getal zeventig*
sever ('sevǝ) OV WW • *(af)scheiden* • *afhouwen* • *verbreken* ★ ~ o.s. from *breken met*
several ('sevrǝl) BNW • *verscheiden(e)* • *afzonderlijk* ★ they went their ~ ways *ieder ging zijn eigen weg* ★ ~ly *ieder voor zich; afzonderlijk; respectievelijk*
severance ('sevǝrǝns) ZN • *verbreking* • *scheiding*
severance pay ZN *ontslagvergoeding*
severe (sɪ'vɪǝ) BNW • *streng* • *sober* • *hevig* • *ruw* ⟨v. weer⟩ • *meedogenloos; hard* ★ leave ~ly alone *zijn handen afhouden van*
severity (sɪ'verǝtɪ) ZN • *soberheid* • *strengheid* • *hevigheid*
sew (sǝʊ) OV WW • *naaien; vast-, innaaien* • *hechten* • ~ **on/in** *aannaaien; aanzetten* • ~ **up** *dichtnaaien* ⟨bijv. van wond⟩; *regelen*; USA/INFORM. *monopoliseren* ★ sewn up *doodop; kapot; stomdronken*
sewage ('su:ɪdʒ) I ZN • *rioolvuil/-water* ★ ~ farm *vloeiveld* ⟨v. rioolwaterzuivering⟩ II OV WW • *bemesten/bevloeien met rioolwater*
sewed WW [verleden tijd + volt. deelw.] • → **sew**
sewer[1] ('sǝʊǝ) ZN *naai(st)er*
sewer[2] ('su:ǝ) ZN *riool*
sewerage ('su:ǝrɪdʒ) ZN *riolering*
sewing ('sǝʊɪŋ) ZN • *(het) naaien* • *naaiwerk*
sewing machine ('sǝʊɪŋmǝʃi:n) ZN *naaimachine*
sewn (sǝʊn) WW [volt. deelw.] • → **sew**
sex (seks) I ZN • *seks* • *geslacht* ★ the fair(er) sex *het zwakke geslacht* ⟨vrouwen⟩ ★ have sex *vrijen* II OV WW • *seksen* ⟨geslacht bepalen⟩ • INFORM. ~ **up** *opvrijen; sappiger maken* ⟨v. tekst⟩
sexagenarian (seksǝdʒǝ'neǝrɪǝn) I ZN • *zestigjarige* II BNW • *zestigjarig*
sex appeal ZN *sexappeal; seksuele aantrekkingskracht*
sex bomb (seksbɒm) ZN *seksbom*
sex education ZN *seksuele voorlichting*
sexism ('seksɪzǝm) ZN *seksisme*
sexist ('seksɪst) ZN *seksist*
sexless ('sekslǝs) BNW • *geslachtloos* • *seksueel ongevoelig*
sex offender ZN *zedendelinquent*

sextet (seks'tet) ZN [v: **sextette**] • *sextet* • *zestal*
sexton ('sekstn) ZN • *koster* • *doodgraver*
sextuple ('sekstju:pl) I ZN • *zesvoud* II BNW • *zesvoudig*
sexual ('sekʃʊǝl) BNW *geslachtelijk; seksueel*
sexuality (sekʃʊ'ælǝtɪ) ZN *seksualiteit*
sexy ('seksɪ) BNW *sexy; pikant*
sez (sez) WW • sez you! *je kan wel zo veel zeggen!*
SF AFK Science Fiction *sciencefiction*
sh (ʃ) TW *sst!*
sh. AFK shilling(s) *shilling(s)*
shabby ('ʃæbɪ) BNW • *haveloos* • *onverzorgd* • *gemeen* • *vunzig* • *krenterig*
shabby-genteel ZN *kale chic*
shack (ʃæk) I ZN • *hut; keet* • *huisje* II ONOV WW • ~ **up (with)** *samen (gaan) wonen (met); hokken (met)*
shackle ('ʃækl) I ZN • *boei* • *kluister* • *belemmering* • *beugel* • *sluiting* • *isolator* II OV WW • *boeien* • *kluisteren* • *belemmeren* • *koppelen*
shad (ʃæd) ZN *elft* ⟨vis⟩
shade (ʃeɪd) I ZN • *schaduw* • *schim* • *schakering; tint* • *nuance* • *lampenkap* • USA *scherm* • *stolp* • *zweem(pje); schijntje* ★ I feel a ~ better *ik voel me een klein beetje beter* II OV WW • *beschaduwen; (over)schaduwen* • *afschermen* • *arceren* ★ ~ one's eyes *zijn hand boven de ogen houden* III ONOV WW • *(langzaam) donkerder worden* • ~ **into** *overgaan in*
shading ('ʃeɪdɪŋ) ZN • *schaduw(partij)* • *(het) schaduwen* ⟨in tekeningen⟩ • *nuance; nuancering*
shadow ('ʃædǝʊ) I ZN • *schaduw* • *schim* • *beeld* • *schijn(tje); zweem* ★ may your ~ never grow less! *dat het je maar goed mag gaan!* ★ he's worn to a ~ *hij ziet er uit als een lijk* II OV WW • *schaduwen* • ~ **forth/out** *zijn schaduw vooruitwerpen; aanduiden*
shadowy ('ʃædǝʊɪ) BNW • *schaduwrijk* • *onduidelijk*
shady ('ʃeɪdɪ) BNW • *schaduwrijk* • *duister* • *onbetrouwbaar* • *twijfelachtig*
SHAEF (ʃeɪf) AFK Supreme Headquarters Allied Expeditionary Forces *Hoofdkwartier van het Geallieerde Expeditieleger*
shaft (ʃɑ:ft) ZN • *schacht* • *stang* • *steel* • *pijl; schicht* • *zuil* • *disselboom* ★ ventilating ~ *luchtschacht*
shag (ʃæg) I ZN • *aalscholver* • PLAT *nummertje* ⟨seks⟩ • PLAT *bedgenoot; vriendje; vriendinnetje* • *shag(tabak)* II OV WW • VULG. *neuken*
shaggy ('ʃægɪ) BNW *ruig(harig)*
shagreen (ʃæ'gri:n) I ZN • *segrijnleer* II BNW • *van segrijnleer*
shah (ʃɑ:) ZN *sjah*
shaikh (ʃeɪk) ZN • → **sheikh**
shake (ʃeɪk) I OV+ONOV WW • *(doen) schudden* • *schokken* • *trillen; beven* • *wankelen* • *vibreren* ★ USA ~ a hoof *dansen* ★ USA ~! *geef me de vijf!; je hand erop!* ★ ~ your fist at sb *iem. dreigen met de vuist* ★ ~ hands *een hand geven* ★ ~ a foot *dansen* ★ ~ in your shoes *beven v. schrik* • ~ **down** *af-/uitschudden*;

uitspreiden; *tot een schikking komen*; *afpersen*; *(beginnen te) wennen*; *op orde komen* • ~ **off** *(van z.) afschudden* • ~ **out** *leeg-/uitschudden*; *leegschudden*; *uitspreiden* • ~ **up** *door elkaar schudden*; *wakker maken* **II** ZN • *schok*; *ruk* • *(t)rilling* • USA *transactie* • *congé* • *milkshake* ★ *in a* ~/*two* ~*s/a brace of* ~*s in een wip* ★ *he was all of a* ~ *hij stond te rillen als een rietje*

shakedown ('ʃeɪkdaʊn) ZN • *(politie)inval* • USA *afpersing*

shake-hands ZN *handdruk*

shaken ('ʃeɪkən) WW [volt. deelw.] • → **shake**

shaker ('ʃeɪkə) ZN *shaker* ⟨voor cocktails⟩

shaky ('ʃeɪkɪ) BNW • *wankel* • *beverig* • *zwak* ★ ~ *promise vage belofte* ★ *get off to a* ~ *start moeizaam op gang komen*

shale (ʃeɪl) ZN *zachte leisteen* ★ ~ *oil schalieolie*; *leisteenolie*

shall (ʃæl) HWW *zal*; *zullen*; *zult*

shallop ('ʃæləp) ZN *sloep*

shallot (ʃə'lɒt) ZN *sjalot*

shallow ('ʃæləʊ) **I** ZN • *ondiepte* • *zandbank* **II** BNW • *oppervlakkig* • *ondiep* • *laag* **III** OV WW • *ondiep, enz. maken* **IV** ONOV WW • *ondiep, enz. worden*

shallow-brained BNW *leeghoofdig*

shallows ('ʃæləʊz) ZN MV *ondiepe plaats*; *ondiepte*

shalt (ʃælt) WW FORM. *(gij) zult* ★ *thou* ~ *not kill gij zult niet doden*

sham (ʃæm) **I** ZN • *namaak*; *schijn* • *verlakkerij* • *kitsch* • *komediant* **II** BNW • *vals* • *niet echt* • *voorgewend* **III** ONOV WW • *simuleren*; *voorwenden* ★ *sham dead/ill/sleep zich dood/ziek/slapend houden*

shamble ('ʃæmbl) **I** ZN • *schuifelende gang* **II** ONOV WW • *sloffen*; *schuifelen*

shambles ('ʃæmblz) MV • *slachthuis* • *bloedbad* • *janboel*; *bende*; *rotzooi*

shame (ʃeɪm) **I** ZN • *schaamte* • *schande* ★ *for* ~! *foei!*; *schaam je!* ★ *put to* ~ *beschamen* ★ ~ *on you! foei!*; *schaam je!* **II** OV WW • *beschamen* • *schande aandoen* **III** ONOV WW • *z. schamen*

shamefaced (ʃeɪm'feɪst) BNW *bedeesd*; *schuchter*

shamefacedly (ʃeɪm'feɪsɪdlɪ) BIJW *beschaamd*

shameful ('ʃeɪmfʊl) BNW *schandelijk*

shameless ('ʃeɪmləs) BNW *schaamteloos*

shammy ('ʃæmɪ) ZN *gemzenleer*

shampoo (ʃæm'puː) **I** ZN • *shampoo*; *haarwasmiddel* • *haarwassing*; *wasbeurt* **II** OV WW • *'t haar wassen*; *shampooën*

shamrock ('ʃæmrɒk) ZN *klaverblad* ⟨embleem van Ierland⟩

shank (ʃæŋk) ZN • ANAT. *(scheen)been* • *schacht*

shan't (ʃɑːnt) SAMENTR *shall not* • → **shall**

shanty ('ʃæntɪ) ZN *hut*; *keet* ★ ~ *town sloppen*; *krotten*

shape (ʃeɪp) **I** ZN • *vorm*; *gedaante* • *(lichamelijke) conditie* ★ *take* ~ *vaste vorm aannemen* **II** OV WW • *modelleren* • *vormen* • *scheppen* • *regelen* ★ ~ *course for koers zetten naar* ★ ~ *one's course accordingly dienovereenkomstig handelen* • ~ **to** *aanpassen* **III** ONOV WW • *z. ontwikkelen* ★ ~ *well er goed voorstaan* ★ *it is shaping (up) well het begint er aardig op te lijken*

shaped (ʃeɪpt) BNW *gevormd* ★ *egg*~ *eivormig*

shapeless ('ʃeɪpləs) BNW • *vormeloos* • *wanstaltig*

shapely ('ʃeɪplɪ) BNW *goedgevormd*; *mooi*; *knap*

shard (ʃɑːd) ZN *scherf*

share (ʃeə) **I** OV+ONOV WW • *delen* • *verdelen* ★ ~ *and* ~ *alike gelijk opdelen* **II** ZN • *(aan)deel*; *portie* • *ploegschaar* ★ ~*s! samen delen!* ★ *go* ~*s samen delen* ▾ FIG. *a* ~ *of the cake/pie een stuk van de koek* ⟨een deel van de opbrengst⟩

shareholder ('ʃeəhəʊldə) ZN G-B *aandeelhouder*

share-out ZN *uitdeling*

share price ZN *aandelenkoers*

shareware ('ʃeəweə) ZN COMP. *shareware*

shark (ʃɑːk) **I** ZN • *haai* • *afzetter* • *inhalig mens* • USA *bolleboos* **II** OV WW • *afzetten* • *woekeren* • ~ **up** *bij elkaar schrapen*

sharp (ʃɑːp) **I** ZN • *lange, dunne naald* • MUZ. *kruis* • *noot met kruis* • *zwendelaar*; *bedrieger* • USA *expert*; *kei* **II** BNW + BIJW • *scherp* • *puntig* • *goed bij*; *pienter* • *bits*; *vinnig* • *hevig* • *vlug* • *gehaaid* • *gemeen* • MUZ. *kruis*; *verlaagd*; *te laag* ★ ~ *at sums vlug in 't rekenen* ★ *look* ~! *vlug, opschieten!* ★ ~ *practices oneerlijke praktijken* ★ ~*'s the word opschieten geblazen, dus* ★ MUZ. *A* ~ *Ais* **III** OV WW • MUZ. *halve toon verhogen* **IV** OV+ONOV WW • *(be)zwendelen*; *oneerlijk doen*

sharpen ('ʃɑːpən) OV WW • *scherp maken*; *slijpen* • *halve toon verhogen*

sharpener ('ʃɑːpənə) ZN *(punten-/messen)slijper*

sharper ('ʃɑːpə) ZN • *bedrieger* • *oplichter* • *valsspeler*

sharp-eyed BNW • *scherpziend* • *oplettend*

sharp-set BNW • *hongerig* • *begerig*

sharpshooter ('ʃɑːpʃuːtə) ZN *scherpschutter*

sharp-witted (ʃɑːp'wɪtɪd) OV WW *gevat*; *scherpzinnig*; *ad rem*

shat (ʃæt) WW [verl. tijd + volt. deelw.] • → **shit**

shatter ('ʃætə) OV WW • *verbrijzelen* • *vernietigen* • *(in stukken) breken* • *schokken* ⟨v. zenuwen⟩ • *de bodem inslaan*

shatterproof ('ʃætəpruːf) BNW *onsplinterbaar*

shave (ʃeɪv) **I** OV WW • *(af)schaven* • *scheren* • *langs* ~ *iets afdoen van* ⟨de prijs⟩ **II** OV+ONOV WW • *(zich) scheren* • *scheren* • ~ **off** *afscheren* • ~ **through** *er net nog doorglippen* **III** ZN • *het scheren* • *schaafmes* • *afzetterij*; *bedriegerij* ★ *it was a close* ~ *'t was op 't nippertje*; *'t was op 't kantje af* ★ *have a* ~ *zich (laten) scheren*

shaved WW [verleden tijd + volt. deelw.] • → **shave**

shaven WW [volt. deelw.] • → **shave**

shaver ('ʃeɪvə) ZN *scheerapparaat*

shaving ('ʃeɪvɪŋ) ZN *(het) scheren* ★ ~*s (hout)krullen*

shaving brush ZN *scheerkwast*

shaving cream ZN *scheercrème*

shaving soap ZN *scheerzeep*

shaving stick ZN *staaf scheerzeep*

shaving tackle ZN *scheergerei*

shawl (ʃɔːl) ZN • *sjaal* • *omslagdoek*

she (ʃiː) PERS VNW • *zij* ★ *who's she, the cat's mother? wie mag zij dan wel zijn/wezen?* • *vrouwelijk* • *wijfjes-*

sheaf (ʃiːf) **I** ZN • *schoof*; *bundel* **II** OV WW • *tot schoven binden* • *bundelen*

shear (ʃɪə) OV WW • *scheren* ⟨v. wol⟩ • *villen*

sh

• *(kaal)plukken* • *knippen* ⟨v. metaal⟩ ★ **shorn** of *beroofd van*

shears (ʃɪəz) ZN MV *grote schaar* ★ edging ~ *tuinschaar* ★ pinking ~ *kartelschaar*

sheath (ʃi:θ) ZN • *schede* • *condoom* • *omhulsel*; *hoes* ★ ~ knife *dolk*

sheathe (ʃi:ð) OV WW • *in de schede steken* • *steken in* • *intrekken* ⟨v. klauwen⟩

sheathing ('ʃi:ðɪŋ) ZN *neusbeslag*

sheaves (ʃi:vz) ZN MV • → **sheaf**

shebang (ʃɪ'bæn) ZN USA *zootje* ★ the whole ~ *het hele zootje*

shed (ʃed) I ZN • *schuur*; *keet* • *afdak* II OV WW • *vergieten* • *afwerpen* • *verliezen* ⟨v. haar⟩ • *wisselen* ⟨v. tanden⟩ • *ruien* • *z. ontdoen van*

she'd (ʃi:d) SAMENTR • she had • → **have** • she would • → **will**

she-devil ZN *duivelin*

sheen (ʃi:n) ZN *glans*; *pracht*

sheep (ʃi:p) ZN • *schaap* • *schapenleer* ★ you might as well be hanged for a ~ as a lamb *als je 't toch doet, doe het dan maar goed* ★ the black ~ *het zwarte schaap*

sheepcote ('ʃi:pkəʊt) ZN *schaapskooi*

sheepdog ('ʃi:pdɒg) ZN *herdershond*

sheepfold ('ʃi:pfəʊld) ZN *schaapskooi*

sheepish ('ʃi:pɪʃ) BNW *schaapachtig*; *stom(pzinnig)*

sheepskin ('ʃi:pskɪn) ZN • *schapenleer* • *perkament* • *vacht* • USA *diploma*

sheepstation ('ʃi:pstetʃən) ZN AUS *schapenfokkerij*

sheer (ʃɪə) I ZN • SCHEEPV. *zeeg* II BNW + BIJW • *pardoes* • *zo maar* • *louter*; *puur* • *niets anders dan* • *klinkklaar* • *loodrecht*; *steil* • *ijl*; *doorschijnend* III ONOV WW • *uit de koers lopen* ⟨v. schip⟩ • ~ **off** *uit de weg gaan*

sheers (ʃɪəz) ZN MV *mastbok*; *mastkraan*

sheet (ʃi:t) I ZN • *vel (papier)* • *blad* • *krantje* • *(glas)plaat* • *vlak(te)* • SCHEEPV. *schoot* • *laken* • *doodskleed* ★ fitted ~ *hoeslaken* ★ white ~ *boetekleed* ★ the book is in ~s *het boek is gedrukt maar (nog) niet gebonden* ★ come down in ~s *in stromen neerkomen* (neerslag) ★ be a ~/three ~s in the wind *een (behoorlijk) stuk in de kraag hebben* ★ FIG. stand in a white ~ *het boetekleed aantrekken* ▼ a clean ~ *een schone lei* II OV WW • *met een laken, enz. bedekken* • ~ (home) *met schoot vastzetten* ⟨v. zeil⟩

sheet anchor ZN • *plechtanker* • FIG. *laatste redmiddel*

sheeting ('ʃi:tɪŋ) ZN *lakenstof*; *bekleding*

sheet lightning ZN *weerlicht*

sheet metal ZN • *gewalst metaal* • *plaatstaal*; *plaatijzer*

sheet music ZN MUZ. *bladmuziek*

sheikh (ʃi:k, ʃeɪk) ZN *sjeik*

sheikhdom ('ʃeɪkdəm) ZN *sjeikdom*

shekel ('ʃekl) ZN *sikkel* ⟨munt/gewicht⟩ ★ INFORM. ~s [mv] *poen*

shelf (ʃelf) ZN • *plank*; *schap* • *vak* • *(rots)rand* • *klip*; *zandbank* • continental ~ *continentaal plat* ★ on the ~ *aan de kant (gezet)*

shelf company ZN *brievenbusfirma*

shelf filler ZN *vakkenvuller*

---

shelf life ZN *houdbaarheid* ⟨v. levenswaren e.d.⟩ ★ limited ~ *beperkte houdbaarheid*

shell (ʃel) I ZN • *schelp*; *schaal* • *dop*; *peul* • *(om)huls(el)* • *granaat* • *geraamte*; *romp* • USA *patroon* ★ in the ~ *in de dop* ★ FIG. come out of one's ~ *loskomen* ★ blind ~ *blindganger* ⟨explosief⟩ II OV WW • *schillen*; *pellen*; *uit dop/schaal halen* • MIL. *bombarderen*; *onder artillerievuur nemen* III ONOV WW • ~ **off** *afschilferen* • ~ **out** *opdokken*

she'll (ʃi:l) SAMENTR • she shall • → **shall** • she will • → **will**

shellac (ʃə'læk) I ZN • *schellak* II OV WW • *met schellak vernissen*

shell company ZN *lege vennootschap*

shell crater ZN *granaattrechter*

shellfire ('ʃelfaɪə) ZN *granaatvuur*

shellfish ('ʃelfɪʃ) ZN *schaal- en schelpdieren*

shellproof ('ʃelpru:f) BNW *bomvrij*

shell shock ('ʃelʃɒk) ZN *shocktoestand* ⟨in oorlog⟩

shell suit ZN *(nylon) trainingspak*

shelter ('ʃeltə) I ZN • *doorgangshuis*; *asiel* • *ligtent* • *beschutting*; *bescherming*; *onderdak* • *schuilplaats* • *tram-/wachthuisje* II OV WW • *beschutten* • ~ed life *onbezorgd leven* • ~ed trades *beschermde bedrijven* III ONOV WW • *(z. ver)schuilen*

shelve (ʃelv) OV WW • *op de plank zetten*; *wegzetten* • *aan de kant zetten*; *afdanken*; *pensioneren* • *van planken/schappen voorzien* • *glooien*

shelves (ʃelvz) ZN MV • → **shelf**

shelving ('ʃelvɪŋ) ZN • *(kast)planken*; *schappen* • *materiaal voor planken*

shenanigan (ʃɪ'nænɪɡən) ZN *foefje*

shenanigans (ʃɪ'nænɪɡənz) ZN MV • *verlakkerij* • *uitgelaten, dolzinnig gedoe*; *keet*

shepherd ('ʃepəd) I ZN • *herder* ★ ~'s crook *herdersstaf* ★ ~'s pie *(lams)gehakt met puree* ★ ~'s plaid *wollen stof met zwarte en witte ruiten* II OV WW • *hoeden*; *(ge)leiden*

sherbet ('ʃɜ:bət) ZN • USA *sorbet* • *bruispoeder* ⟨om te eten of frisdrank v. te maken⟩ • AUS., HUMOR. *bier*

sheriff ('ʃerɪf) ZN • USA *commissaris van politie* • *politiebeambte* • G-B High Sheriff ≈ *commissaris v.d. koningin*

she's (ʃi:z) SAMENTR • she is • → **be** • she has • → **have**

shh TUSSENW • → **sh**

shield (ʃi:ld) I ZN • *schild* • *wapenschild* • *bescherming*; *beschermer* ★ the other side of the ~ *de andere kant v.d. zaak* II OV WW • *beschermen* • *de hand boven 't hoofd houden*

shier (ʃaɪə) BNW [vergrotende trap] • → **shy**

shiest ('ʃaɪst) BNW [overtreffende trap] • → **shy**

shift (ʃɪft) I OV WW • ~ key *versteltoets*; *hoofdlettertoets* ⟨v. typemachine⟩ II OV+ONOV WW • *veranderen (van)*; *wisselen (van)* • *verschuiven*; *verleggen*; *(z.) verplaatsen* • *z. (zien te) redden* • *draaien* ★ the cargo ~ed *de lading begon te werken* ★ ~ one's ground *'t over een andere boeg gooien* ★ he can ~ his food *hij weet wel raad met zijn eten* • ~ **away** *wegwerken*; *er tussenuit knijpen* III ZN • *hulp-/redmiddel* • *truc*; *list* • *ploeg* ⟨v.

arbeiders⟩ • *verband* ⟨v. metselwerk⟩ ★ *by ~s afwisselend* ★ *the ~s and changes of life de wederwaardigheden des levens* ★ *~ of crops wisselbouw* ★ *make* (a) *~ to het zo aanleggen, dat* ★ *make ~ with/without zich* ⟨*zien te*⟩ *redden met/zonder*

shifter ('ʃɪftə) ZN • *draaier* • *toneelknecht*

shifting ('ʃɪftɪŋ) BNW ★ *~ sands drijfzand*

shiftless ('ʃɪftləs) BNW • *zonder initiatief* • *onbeholpen*

shifty ('ʃɪftɪ) BNW *louche; onbetrouwbaar*

shilling ('ʃɪlɪŋ) ZN *shilling (1/20£)* ★ *take King's/Queen's ~ dienst nemen* ★ *cut off a p. with a ~ iem. onterven*

shilly-shally ('ʃɪlɪʃælɪ) I ZN • *besluiteloosheid* II BNW • *besluiteloos* III ONOV WW • *weifelen; aarzelen*

shimmer ('ʃɪmə) I ZN • *glinstering* II ONOV WW • *glinsteren*

shimmy ('ʃɪmɪ) I ZN • *hemdje* • USA *shimmy* ⟨*dans*⟩ • *abnormale slingering* ⟨v. voorwielen⟩ II ONOV WW • *de shimmy dansen* • *abnormaal slingeren* ⟨v. voorwielen⟩; *trillen*

shin (ʃɪn) I ZN • *scheen* • *shin of beef runderschenkel* ★ *kick in the shins tegen de schenen trappen* II ONOV WW • *klauteren*

shin bone ('ʃɪnbəʊn) ZN *scheenbeen*

shindig, shindy ('ʃɪndɪg, 'ʃɪndɪ) ZN • ⟨*wild*⟩ *partijtje* • *herrie*

shine (ʃaɪn) I OV WW • *~ up* ⟨*op*⟩*poetsen* II ONOV WW • *schijnen* • ⟨*uit*⟩*blinken* • *schitteren* III ZN • *zonneschijn* • PLAT *ruzie* • *rain or ~ weer of geen weer* ★ *take the ~ out of van zijn glans beroven; in de schaduw stellen* ★ USA *take a ~ to aardig/leuk beginnen te vinden* ★ *~, sir? schoenen poetsen, meneer?*

shiner ('ʃaɪnə) ZN • *iets dat blinkt* ⟨bijv. munt⟩ • *iemand die/iets dat doet blinken* • INFORM. *blauw oog*

shingle ('ʃɪŋgl) I ZN • *dekspaan; plank* ⟨v. dak⟩ • *jongenskop* ⟨kapsel⟩ • *kiezelste(e)n(en)* • USA *naambord* ★ *hang out one's ~ zich vestigen als o.a. advocaat* II OV WW • *dekken* ⟨met dekspanen⟩ • (z.) *een jongenskop (laten) knippen*

shingles ('ʃɪŋglz) ZN MV MED. *gordelroos*

shingly ('ʃɪŋglɪ) BNW *vol kiezel(s)*

shin guard ('ʃɪngɑːd) ZN *scheenbeschermer*

shining ('ʃaɪnɪŋ) BNW ★ *~ example lichtend voorbeeld*

shinty ('ʃɪntɪ) ZN SPORT *shinty* ⟨soort hockey⟩

shiny ('ʃaɪnɪ) BNW *glimmend*

ship (ʃɪp) I ZN • *schip* ★ *when one's ship comes home als 't schip met geld binnenkomt* ★ *line-of-battle ship linieschip* ★ *ship breaker scheepssloper* ★ *ship broker scheepsmakelaar; cargadoor* ★ *ship's agency scheepsagentuur* ★ *ship's chandler handelaar in scheepsbenodigdheden* II OV WW • *aan boord nemen* • *verzenden; expediëren* • *plaatsen* ⟨v. mast, roer⟩ ★ *ship a sea 'n stortzee overkrijgen* ★ *ship the oars de riemen inhalen* III ONOV WW • *aanmonsteren* • *aan boord gaan*

shipboard ('ʃɪpbɔːd) ZN ⟨scheeps⟩*boord* ★ *on ~ aan boord*

shipbuilding ('ʃɪpbɪldɪŋ) ZN *scheepsbouw*

shipload ('ʃɪpləʊd) ZN *scheepslading*; *scheepsvracht*

shipmaster ('ʃɪpmɑːstə) ZN • *kapitein* • *kapitein-reder*

shipmate ('ʃɪpmeɪt) ZN • *scheepsmaat* • *kameraad*

shipment ('ʃɪpmənt) ZN • (*ver*)*zending* • *lading*

shipowner ('ʃɪpəʊnə) ZN *reder*

shipper ('ʃɪpə) ZN • *verscheper* • *importeur*; *exporteur*

shipping ('ʃɪpɪŋ) I ZN • *scheepvaart* • *de schepen* II BNW • *scheeps-* • *expeditie-* ★ *~bill scheepsmanifest* ★ *~ agent expediteur* ★ *~articles monsterrol* ★ *~sample uitvalmonster*

shipshape ('ʃɪpʃeɪp) BNW + BIJW *netjes; in orde*

shipwreck ('ʃɪprek) I ZN • *schipbreuk* ★ *make ~ schipbreuk lijden* II OV WW • *schipbreuk doen lijden* III ONOV WW • *schipbreuk lijden* ★ *~ed verongelukt*

shipwright ('ʃɪpraɪt) ZN *scheepsbouwer*

shipyard ('ʃɪpjɑːd) ZN *scheepswerf*

shire ('ʃaɪə) ZN *graafschap* ★ *the Shires Leicestershire en Northamptonshire*

shirk (ʃɜːk) OV WW • *z. onttrekken aan* • *verzuimen* • *ontduiken* • *spijbelen* • *lijntrekken*

shirker ('ʃɜːkə) ZN *lijntrekker*

shirt (ʃɜːt) ZN • (*over*)*hemd* • *overhemdbloes* ★ *near is my ~, but nearer is my skin het hemd is nader dan de rok* ★ *give a p. a wet ~ iem. zich in het zweet laten werken* ★ *keep one's ~ on zich kalm houden* ★ *get a p.'s ~ off iem. nijdig maken* ★ *put one's ~ (up)on sth zijn laatste cent zetten op* ★ *tee ~ T-shirt*

shirt front ('ʃɜːtfrʌnt) ZN *front* ⟨kledingstuk⟩

shirt tail ZN *hemdslip*

shirty ('ʃɜːtɪ) BNW PLAT *nijdig*

shit (ʃɪt) I ZN • *schijt* • *rotzooi* • *onzin* • *hasj* ★ (*the*) *shits diarree* ▼ PLAT *no shit! je meent het!* II ONOV WW • *schijten* III TW • VULG. *verdomme; shit*

shitty ('ʃətɪ) BNW VULG. *kloterig; klote-*

shiver ('ʃɪvə) I ZN • *rilling* • *scherf; splinter* ★ *~s gruzelementen* II OV WW • *killen* ⟨zeilen⟩ • *aan* ⟨duizend⟩ *stukken gaan/slaan; verbrijzelen* ★ *~ my timbers ik mag doodvallen ...* III ONOV WW • *rillen; trillen*

shivery ('ʃɪvərɪ) BNW *rillerig*

shoal (ʃəʊl) I ZN • *school* ⟨v. vissen⟩ • *zandbank* ★ *in ~s bij de vleet* II BNW • *ondiep* III ONOV WW • *samenscholen* • *ondiep(er) worden*

shock (ʃɒk) I ZN • *schok* • *ergernis; ontzetting* • *zenuwinstorting* • *shock(toestand)* • *bos* ⟨haar⟩ ★ *~ absorber schokbreker* ★ *~ therapy shocktherapie* ★ *~ wave schokgolf; (lucht)drukgolf* II OV WW • *ergernis wekken* • *aanstoot geven* • *hevig ontstellen* ★ *be ~ed at zich ergeren aan; hevig ontsteld zijn door/over*

shocker ('ʃɒkə) ZN *gruwelroman/-film, enz.*

shock-headed (ʃɒk'hedɪd) BNW *met ruige haarbos*

shocking ('ʃɒkɪŋ) BNW • *schokkend* • *ergerlijk* • *gruwelijk* • *zeer onbehoorlijk*

shockproof ('ʃɒkpruːf) BNW *tegen schokken bestand*

sh

shod (ʃɒd) BNW *geschoeid*
shoddy ('ʃɒdɪ) I ZN • *kunstwol* ⟨uit lompen⟩ • *imitatiegoed*; *prullen*; *kitsch* • *parvenu* II BNW • *prullerig*; *goedkoop-mooi* • *parvenuachtig*
shoe (ʃu:) I ZN • *schoen* • *hoefijzer* ★ die in one's shoes *een gewelddadige dood sterven* ★ where the shoe pinches *waar de schoen wringt* ★ wait for dead men's shoes ≈ *de een z'n dood is de ander z'n brood* ★ USA athletic shoe *tennisschoen* II OV WW • *schoeien* • *beslaan*
shoeblack ('ʃu:blæk) ZN *schoenpoetser*
shoehorn ('ʃu:hɔ:n) ZN *schoenlepel*
shoelace ('ʃu:leɪs) ZN *schoenveter*
shoemaker ('ʃu:meɪkə) ZN *schoenmaker*
shoe polish ZN *schoensmeer*
shoeshine ('ʃu:ʃaɪn) ZN • *poetsbeurt* • USA *schoensmeer*
shoestring ('ʃu:strɪŋ) ZN USA *schoenveter* ★ live on a ~ (budget) *van erg weinig rond moeten komen*
shoetree ('ʃu:tri:) ZN *schoenspanner*
shone (ʃɒn) WW [verleden tijd + volt. deelw.] • → *shine*
shoo (ʃu:) I OV WW • ~ **away** *verjagen*; *wegjagen* II ONOV WW • *'ksj' roepen* III TW • *ksj!*
shook (ʃʊk) WW [verleden tijd] • → *shake* I OV WW • *verpakken in losse open krat* II ZN • *stel duigen/planken*; *losse krat*
shoot (ʃu:t) I OV WW • (af-/uit-/ver)schieten • *doodschieten* • *aanschieten* • *uitbotten* • (pijnlijk) *steken* • *uitsteken*; *vooruitsteken* • *storten* • *leeggooien* • *jagen*; *afjagen* • A-V *filmen*; *kieken* • *opnemen* • *te water laten* • *spuiten* ⟨v. heroïne⟩ ★ the whole ~ing match *de hele santenkraam* ★ ~ing match *schietwedstrijd* ★ USA ~! *spreek op!* ★ ~ the bolt home *de grendel dichtschuiven* ★ a fool's bolt is soon shot *een gek zijn kruit is gauw verschoten* ★ I'll be shot if *ik mag hangen als* ★ VULG. ~ a cat *braken* ★ ~ crystals *(heroïne) spuiten* ★ ~ a film *een film maken* ★ ~ a line *een heel rek bommen ineens loslaten*; *opscheppen* ★ ~ one's linen *z'n manchetten laten zien* ★ ~ the moon *met de noorderzon vertrekken* ★ a ~ing star *vallende ster* ★ ~ straight *goed (kunnen) schieten* ★ ~ off one's mouth *zijn mond voorbij praten*; *zwetsen* ★ ~ out one's lips *de lippen minachtend krullen* ★ ~ up a town *een stad terroriseren* • ~ **ahead of** *voorbijschieten* • ~ **up** *omhoog schieten* II ONOV WW • *een geweer/pistool, enz. afvuren*; *schieten* III ZN • *jacht* • *scheut*; *loot* • *stroomversnelling* • *stortplaats* • *vuilnisbelt* • *goot*; *kanaal* • *glijbaan* • *stortkoker* ★ the whole ~ *de hele zwik* IV TW • *verdomme*
shooter ('ʃu:tə) ZN • *schutter*; *jager* • *vuurwapen*
shooting ('ʃu:tɪŋ) I ZN • (het) *schieten*; *schietpartij* • (het) *jagen*; *jacht(partij)* • (het) *opnemen*, *draaien* ⟨v. film⟩ • *opname* II BNW • ~ *pains pijnlijke scheuten* • *jacht-* • *schiet-* • ~ *box jachthuis(je)* • ~ *gallery schiettent* • ~ *iron vuurwapen*; *blaffer*
shooting range ZN *schietbaan*
shoot-out ZN *schietpartij*; *vuurgevecht*
shop (ʃɒp) I ZN • *winkel* • *werkplaats* ★ the shop *de zaak*; *'t kantoor*; *de school* ★ the other shop

(onze) *concurrent* ★ all over the shop *overal* ★ be all over the shop *de kluts kwijt zijn* ★ come to the wrong shop *aan 't verkeerde kantoor zijn* ★ mind the shop *op de winkel passen*; (de zaak) *waarnemen* ★ shut up shop *de zaak sluiten*; *zijn mond (erover) dichthouden* ★ talk shop *over 't vak praten* • closed shop *bedrijf met verplicht vakbondslidmaatschap voor werknemers* ★ duty-free shop *winkel met belastingvrije artikelen* ★ multiple shop *grootwinkelbedrijf* II OV WW • *inrekenen* • *verlinken* III ONOV WW • *winkelen*; *boodschappen doen*; *shoppen* • ~ **around** *kijken en vergelijken* (in winkels) IV TW • *volk!*
shopaholic ('ʃɒpə'hɒlɪk) I ZN • *koopziek persoon* II BNW • *koopziek*
shop assistant ZN G-B *winkelbediende*
shop floor (ʃɒp'flɔ:) ZN ★ shop-floor management *arbeiderszelfbestuur*; *de arbeiders/bedrijfspersoneel*
shopkeeper ('ʃɒpki:pə) ZN *winkelier*
shoplifter ('ʃɒplɪftə) ZN *winkeldief*
shoplifting ('ʃɒplɪftɪŋ) ZN *winkeldiefstal*
shopper ('ʃɒpə) ZN • *koper*; *klant* • *boodschappentas* (op wieltjes)
shopping ('ʃɒpɪŋ) ZN • *boodschappen*; *inkopen* ★ ~ bag *boodschappentas* ★ ~ centre/mall *winkelcentrum* ★ ~ list *boodschappenlijstje* ★ ~ spree *extreme koopbui*
shop-soiled ('ʃɒpsɔɪld) BNW G-B *licht beschadigd* ⟨v. showmodel⟩
shop steward ZN *vakbondsgedelegeerde*
shop window ZN *etalage* ★ he has everything in the shop-window *hij is oppervlakkig*
shopworn ('ʃɒpwɔ:n) BNW USA *licht beschadigd* ⟨v. showmodel⟩
shore (ʃɔ:) I ZN • *kust* • *oever* • *strand* • *schoor*; *stut* ★ on ~ *aan land* ★ in ~ *(dichter) bij de kust* ★ off ~ *buitengaats*; *vóór de kust* II WW [verleden tijd] • → *shear* OV WW *stutten*
shoreline ('ʃɔ:laɪn) ZN *kustlijn*; *oever*; *waterkant*
shorn (ʃɔ:n) WW [volt. deelw.] • → *shear*
short (ʃɔ:t) I ZN • *korte (voor)film* • *borrel* • *kortsluiting* II BNW • *kort*; *klein* • *kortaf* • *te kort*; *bekrompen*; *karig* • *brokkelig*; *bros* • ECON. *à la baisse* ★ be very ~ with sb *erg kortaf zijn tegen iem.* ★ ~ *en borrel* ★ ~ bill *kortzichtwissel* ★ ~ circuit *kortsluiting* ★ be on ~ commons *'t karig hebben* ★ ~ drink *borrel*; *cocktail*; *aperitief* ★ for one ~ hour *een uurtje* ★ ~ measure/weight *(te) krappe maat/gewicht* ★ ~ mile *zowat een mijl* ★ ~ paper *korte zichtwissel(s)* ★ at ~ range *van dichtbij*; *op korte afstand* ★ ~ rib *valse rib*; *kotelet* ★ ~ give ~ shrift to *korte metten maken met* ★ ~ sight *kortzichtigheid*; *bijziendheid* ★ ~ story *novelle* ★ ~ nothing ~ of a miracle *alleen een wonder* (nog) ★ ~ cut *kortere weg (binnendoor)* ★ somewhere ~ of London *ergens in de buurt van Londen* ★ in ~ supply *beperkt leverbaar* ★ ~ time *verkorte werktijd* ★ take ~ views *niet verder kijken dan z'n neus lang is* ★ ~ wind *kortademigheid* ★ make ~ work of *kort metten maken met* ★ be a penny ~ *een stuiver te weinig hebben* ★ for ~ *kortweg*; *in 't kort* ★ in ~ *in 't kort*; *kortom* ★ be ~ of sth *gebrek hebben*

aan iets; zonder iets zitten ★ ~ of funds slecht bij kas ★ ~ of six nog geen zes ★ in the ~ run op korte termijn III BIJW • niet genoeg • plotseling; opeens ★ come/fall ~ (of) te kort schieten (in); niet voldoen (aan) ★ cut ~ besnoeien; een eind maken aan; afbreken; onderbreken ★ cut it ~ 't kort maken ★ jump ~ niet ver genoeg springen ★ run ~ op raken ★ run ~ of gebrek krijgen aan; zonder komen te zitten ★ sell ~ speculeren à la baisse ★ stop ~ opeens stilstaan ★ take sb up ~ iem. onderbreken ★ be caught/taken ~ overvallen worden; plotseling naar de wc moeten ★ turn ~ (round) zich plotseling omdraaien ★ little/nothing ~ of marvellous bijna/beslist wonderbaarlijk ★ ~ of lying I'll see what I can do for you ik zal mijn uiterste best voor je doen, maar ik ga me niet wagen aan een leugen ★ go ~ (of) gebrek hebben (aan)

shortage ('ʃɔ:tɪdʒ) ZN tekort ★ ~ of tekort aan ★ ~ of staff personeelstekort

shortbread ('ʃɔ:tbred) ZN sprits

shortcake ('ʃɔ:tkeɪk) ZN gebak met vruchten en room

short-change OV WW • afzetten • te weinig wisselgeld geven aan • bedriegen

short-circuit (ʃɔ:t'sɜ:kɪt) OV WW • kortsluiten • verijdelen • bekorten

shortcoming ('ʃɔ:tkʌmɪŋ) ZN tekortkoming

shorten ('ʃɔ:tn) OV WW (ver)minderen

shortening ('ʃɔ:tənɪŋ) ZN • verkorting; verkorte vorm • bakvet

shortfall ('ʃɔ:tfɔ:l) ZN tekort; deficit

shorthand ('ʃɔ:thænd) ZN steno ★ ~ typist stenotypiste

short-handed (ʃɔ:t'hændɪd) BNW met te weinig personeel

shortish ('ʃɔ:tɪʃ) BNW nogal klein

shortlist ('ʃɔ:tlɪst) I ZN • lijst van genomineerden; shortlist II OV WW • nomineren; op de shortlist plaatsen

short-lived BNW • van korte duur • kortlevend

shortly ('ʃɔ:tlɪ) BIJW • binnenkort • kort daarna • in 't kort • kortaf

shortness ('ʃɔ:tnəs) ZN gebrek

short-range (ʃɔ:t'reɪndʒ) BNW op korte termijn; korteafstands-

shorts (ʃɔ:ts) ZN MV korte broek

short-sighted (ʃɔ:t'saɪtɪd) BNW • kortzichtig • bijziend

short-spoken BNW • kort aangebonden • kort van stof

short-staffed BNW onderbezet; met te weinig personeel ★ be ~ personeelstekort hebben

short-tempered BNW kortaangebonden; opvliegend

short-term (ʃɔ:t'tɜ:m) BNW op korte termijn ★ ~ credit kortlopend krediet

short-winded (ʃɔ:t'wɪndɪd) BNW kortademig

shorty ('ʃɔ:tɪ) ZN kleintje ⟨persoon⟩

shot (ʃɒt) I ZN • schot • schutter • hagel; kogel(s) • A-V (korte) opname; beeldje • stoot; slag; worp • borrel • injectie; spuitje ⟨heroïne⟩ ★ take shots opnamen maken ★ like a shot grif; als de wind ★ be out of/within shot buiten/binnen schootsafstand zijn ★ INFORM. big shot hoge pief ★ have a shot at schieten op; een slag

slaan naar ★ make/take/try a shot at een slag slaan naar ★ not by a long shot bij lange na niet ★ pay one's shot zijn (gedeelte v.d.) rekening betalen ★ put the shot kogelstoten ★ shot cartridge hagelpatroon ★ FIG. low shot slag onder de gordel ▾ a shot in the dark een slag in de lucht II BNW • changeant (geweven) • INFORM. uitgeput; afgedaan • INFORM. dronken III WW [verleden tijd + volt. deelw.] • → shoot

shotgun ('ʃɒtgʌn) ZN jachtgeweer

shotgun wedding ZN IRON. gedwongen huwelijk

shotproof ('ʃɒtpru:f) BNW kogelvrij

shot-put ZN (het) kogelstoten

should (ʃʊd) HWW [verleden tijd] • → shall ★ I wonder whether he ~ know ik ben benieuwd of hij 't wel weten moet

shoulder ('ʃəʊldə) I ZN • schouder ★ hard ~ vluchtstrook; verharde berm ★ drag it in by the head and ~s het er met de haren bijslepen ★ straight from the ~ op de man af ★ put/set one's ~s to the wheel zijn schouders eronder zetten; (flink) aanpakken ★ have broad ~s 'n brede rug hebben ▾ give sb the cold ~ iem. met de nek aankijken II OV WW • op de schouder(s) nemen ★ MIL. ~ arms! schouder 't geweer! III OV+ONOV WW • duwen (met de schouder); dringen

shoulder blade ('ʃəʊldəbleɪd) ZN schouderblad

shoulder strap ('ʃəʊldəstræp) ZN • schouderband(je) • schouderbedekking; schouderklep

shouldn't ('ʃʊdnt) SAMENTR should not • → shall

shout (ʃaʊt) I OV+ONOV WW • schreeuwen • juichen • trakteren ★ all is over but the ~ing de zaak is (zo goed als) beslist ★ ~ at schreeuwen tegen; uitjouwen • ~ down overschreeuwen II ZN • schreeuw ★ my ~! ik trakteer!

shove (ʃʌv) I OV+ONOV WW • duwen • schuiven • (z.) dringen ★ ~ it! duvel op ★ ~ in one's pocket in de zak steken • ~ off opduvelen II ZN • zet; duw

shovel ('ʃʌvəl) I ZN • (laad)schop • schepmachine II OV WW • scheppen • schransen

shovelful ('ʃʌvəlfʊl) ZN schop(vol)

shoveller ('ʃʌvələ) ZN • → shovel

show (ʃəʊ) I OV WW • (aan)tonen; tentoonstellen; uitstallen; laten zien; vertonen • wijzen; bewijzen • blijk geven van ★ show one's hand/cards zijn kaarten op tafel leggen ⟨figuurlijk⟩ ★ show a leg uit bed komen; een beetje voortmaken ★ show sb over the house iem. het huis laten zien • ~ down OOK FIG. de kaarten op tafel leggen • ~ in binnenlaten • ~ off pronken met • ~ out uitlaten • ~ round rondleiden • ~ up boven laten komen; rapport uitbrengen over; aan het licht brengen II ONOV WW • zich laten zien; te zien zijn; vertoond worden; showen • ~ off z. aanstellen; branie maken • ~ up z. vertonen; verschijnen ★ show up well een goed figuur slaan III ZN • (uiterlijk) vertoon; de buitenkant; schijn • show; voorstelling • tentoonstelling • schouwspel; optocht • INFORM. organisatie; zaak(je); spul • zweem(pje) ★ what's the show? wat is hier gaande? ★ give away the show de boel

sh

verklappen ★ give sb a fair show *iem. een eerlijke kans geven* ★ make a show of sth *iets voor de schijn doen* ★ make a brave/fine show *goed voor de dag komen*; *heel wat lijken* ★ make a poor show *een armzalig figuur slaan* ★ he has no show at all *hij heeft geen schijn van kans* ★ run the show *de baas zijn*; *de touwtjes in handen hebben* ★ only for show *voor 't oog* ★ on show *te zien*; *tentoongesteld* ★ with some show of reason *met enige grond*

showbiz ('ʃəʊbɪz) ZN ● → **show business**

showboat ('ʃəʊbəʊt) ZN *showboot*; *drijvend theater*

show business ('ʃəʊbɪznəs) ZN *amusementsbedrijf/-industrie*

showcase ('ʃəʊkeɪs) ZN *vitrine*

showdown ('ʃəʊdaʊn) ZN ● *onthulling*; *ontknoping* ● *confrontatie*

showed WW [verleden tijd + volt. deelw.] ● → **show**

shower ('ʃaʊə) I ZN ● *(regen)bui* ● *douche* ● FIG. *stortvloed* II OV WW ● *doen neerstorten*; *doen dalen* ● z. *uitstorten* ★ ~ sth upon a p. *iem. met iets overstelpen* III ONOV WW ● *douchen*

showery ('ʃaʊərɪ) BNW *buiig*

showgirl ('ʃəʊgɜːl) ZN ● *revuemeisje* ● *mannequin*

showing ('ʃəʊɪŋ) ZN ● *voorstelling* ● *opgave* ★ on your own ~ *zoals u zelf zegt*

showman ('ʃəʊmən) ZN ● *eigenaar v. circus e.d.* ● *publieksspeler*; *aansteller*

showmanship ('ʃəʊmənʃɪp) ZN *kunst om zijn nummer te verkopen*

shown (ʃəʊn) WW [volt. deelw.] ● → **show**

show-off ('ʃəʊɒf) ZN ● *opschepper*; *showbink* ● *branie* ● *vertoon*

showpiece ('ʃəʊpiːs) ZN *'paradepaard'*; *pronkstuk*

showplace ('ʃəʊpleɪs) ZN *bezienswaardigheid*

showroom ('ʃəʊruːm) ZN *toonzaal, -kamer*; *showroom*

showy ('ʃəʊɪ) BNW ● *opzichtig* ● *schitterend* ● *praalziek*

shrank (ʃræŋk) WW [verleden tijd] ● → **shrink**

shrapnel ('ʃræpnl) ZN ● *granaatsplinters* ● *granaatkartets*

shred (ʃred) I ZN ● *reep*; *flard* ★ not a ~ of evidence *geen spoor v. bewijs* II OV WW ● *aan flarden/repen scheuren/snijden* ● *rafelen* ★ ~ded wheat *gesponnen tarwe* ⟨ontbijtgerecht met melk⟩

shredder ('ʃredə) ZN *shredder*; *papierversnipperaar*

shrew (ʃruː) ZN ● *feeks* ● *spitsmuis*

shrewd (ʃruːd) BNW ● *schrander* ● *gewiekst* ● *scherp*; *vinnig* ★ ~ guess *een gissing die dicht bij de waarheid is*

shriek (ʃriːk) I ZN ● *krijs* ● *gil* II OV+ONOV WW ● *gieren* ● *krijsen*; *gillen*

shrift (ʃrɪft) ZN ★ give short ~ to *korte metten maken met*; *te kort doen*

shrill (ʃrɪl) I BNW ● *schril*; *schel* ● *gieren*; *gillen* II ONOV WW ● *schel/schril klinken*

shrimp (ʃrɪmp) ZN ● *klein kereltje* ● *garnaal*

shrine (ʃraɪn) ZN ● *graf v.e. heilige* ● *reliekschrijn* ● *heiligdom*

shrink (ʃrɪŋk) I OV WW ● *doen krimpen* II ONOV WW ● *(in elkaar) krimpen* ● *verschrompelen*

● *verminderen* ★ ~ on a tyre (round a wheel) *een band heet om een wiel leggen* ● ~ at *huiveren voor* ● ~ (back) from *terugdeinzen voor*; *huiveren voor* III ZN ● USA, INFORM. *psych* ⟨psychiater⟩

shrinkage ('ʃrɪŋkɪdʒ) ZN *be-/inkrimping*

shrivel ('ʃrɪvəl) I OV WW ● *doen ineenschrompelen* II ONOV WW ● *ineenkrimpen*

shroud (ʃraʊd) I ZN ● *doodskleed* ● *waas*; *sluier* ★ Holy Shroud *lijkwade van Christus* II OV WW ● *in doodskleed wikkelen* ● *hullen* ● ~ from *verbergen voor*

Shrove Tuesday (ʃrəʊv) ZN *Vastenavond*

shrub (ʃrʌb) ZN ● *heester* ● *punch*

shrubbery ('ʃrʌbərɪ) ZN *heesters*

shrug (ʃrʌg) I ZN ● *het schouderophalen* II OV WW ★ ~ one's shoulder *de schouders ophalen* ● ~ off *naast zich neerleggen*; *negeren*

shrunk (ʃrʌŋk) WW [volt. deelw.] ● → **shrink**

shrunken ('ʃrʌŋkən) WW [volt. deelw.] ● → **shrink**

shuck (ʃʌk) I ZN ● *dop*; *peul*; *schil* ★ not worth a ~ *geen cent waard* ★ USA ~s! *verdorie!*; *waardeloos!* II OV WW ● *doppen* ● ~ off *afschudden*; *verwijderen*; USA *oplichten*

shudder ('ʃʌdə) I ZN ★ give the ~s *doen huiveren* II ONOV WW ● *huiveren*; *rillen*

shuffle ('ʃʌfəl) I OV WW ● *schuiven* ● *(eromheen) draaien* ★ ~ (the cards) *de kaarten schudden*; *de taken anders verdelen* ● ~ off *the responsibility de verantwoordelijkheid van zich afschuiven* II ONOV WW ● *niet stil (kunnen) zitten* ● *schuifelen*; *sloffen* III ZN ● *schuifelende loop*; *geschuifel* ● *verwisseling* ● *draaierij*

shun (ʃʌn) OV WW ● *(ver)mijden*; *ontlopen* ● *links laten liggen*

shunt (ʃʌnt) I ZN ● *(het) rangeren* II OV WW ● *aftakken* ● *(op zijspoor) rangeren of gerangeerd worden* ● *op de lange baan schuiven*

shunter ('ʃʌntə) ZN *rangeerder*

shush (ʃʊʃ) I TW ● *sussen* II ONOV WW ● *stil zijn/worden* III TW ● *sst*

shut (ʃʌt) I BNW ● *dicht* II OV WW ● *(z.) sluiten* ● *dicht doen* ★ shut up shop *de zaak sluiten* ★ shut the door upon *de deur sluiten voor* ● ~ down *stopzetten* ● ~ in *klemmen*; *in-/opsluiten*; *het uitzicht belemmeren* ● ~ off *af-/uitsluiten* ● ~ to *dicht doen* ● ~ up *(helemaal) sluiten*; *opsluiten*; *insluiten*; *afsluiten*; *de mond snoeren*; *tot zwijgen brengen* III ONOV WW ● *dicht gaan* ★ shut up! *hou je mond!* ● ~ down *stil gaan liggen* ● ~ up z. *(helemaal) sluiten*

shutdown ('ʃʌtdaʊn) ZN *stopzetting*; *stillegging*

shut-eye ZN *dutje*

shutter ('ʃʌtə) ZN ● *scherm* ⟨voor raam⟩ ● A-V *sluiter*

shuttle ('ʃʌtl) ZN ● *schietspoel* ● *schuitje* ⟨v. naaimachine⟩ ● *pendel*; *veer*

shuttlecock ('ʃʌtlkɒk) ZN ● *pluimbal* ● *shuttle*

shuttle train ZN *pendeltrein*

shy (ʃaɪ) I ZN ● *zijsprong* ★ give a shy at *(iem.) een steek onder water geven*; *een gooi doen naar* II BNW ● *verlegen* ● *schuw* ● *verdacht* ● *obscuur* ★ be shy of *zich niet inlaten met*; *vies zijn van* ★ be shy *verlegen zijn*; *te kort*

komen **III** OV WW • *gooien* **IV** ONOV WW
• *schichtig worden* • *opzij springen* • ~ **away from** *(terug)schrikken voor*
shyster ('ʃaɪstə) ZN • USA *beunhaas* • USA *advocaat v. kwade zaken*
Siamese (saɪə'mi:z) **I** ZN • *Siamees* • *Siamese kat* **II** BNW • *Siamees* • ~ *twins Siamese tweeling*
Siberian (saɪ'bɪərɪən) **I** ZN • *Siberiër* **II** BNW • *Siberisch*
sibilant ('sɪbɪlənt) **I** ZN • *sisklank* **II** BNW • *sissend*
sibling ('sɪblɪŋ) ZN • *broer* • *zuster*
sibyl ('sɪbɪl) ZN *waarzegster; profetes*
sice (saɪs) ZN *zes* ⟨op dobbelsteen⟩
sick (sɪk) **I** ZN • *braaksel* **II** BNW • *misselijk* • *ziekelijk; naar* ≈ *zeeziek; ziek* • *wrang* • *luguber* ★ *sick headache hoofdpijn met misselijkheid* ★ *sick humour wrange/zwarte humor* ★ *sick parade ziekenrapport* ★ *I am sick of it ik ben het spuugzat* ★ *sick for smachtend naar* ★ *be sick at heart wee om 't hart zijn* ★ *turn sick misselijk worden* ★ *it makes him sick (to think about it) hij is er kapot van* ★ *be laid sick te ziek zijn om te werken* **III** ONOV WW • *braken* • ~ **up** *uitbraken*
sickbay ('sɪkbeɪ) ZN *ziekenboeg*
sickbed ('sɪkbed) ZN *ziekbed*
sick call ZN • USA, MED. *ziekenbezoek* • USA, MED. *ziekterapport*
sicken ('sɪkən) **I** OV WW • *ziek maken* • *doen walgen* ★ ~*ing walgelijk* ★ *be* ~*ing (for sth) iets onder de leden hebben* **II** ONOV WW • *ziek worden* • *walgen*
sickening ('sɪkənɪŋ) BNW *walgelijk; ziekelijk*
sickish ('sɪkɪʃ) BNW *een beetje ziek*
sickle ('sɪkl) ZN *sikkel*
sick leave ('sɪkli:v) ZN *ziekteverlof*
sickly ('sɪklɪ) BNW • *ziekelijk* • *ongezond* • *wee; weeïg* ★ ~ *sweet mierzoet* ★ ~ *smile flauw lachje*
sickness ('sɪknəs) ZN • *ziekte* • *misselijkheid* ★ ~*related absence ziekteverzuim* ★ *sleeping* ~ *slaapziekte*
sickness benefit ZN *ziekengeld*
sick-ward ZN *ziekenzaal*
side (saɪd) **I** ZN • *kant; zijde* • *zijkant* • *wand* • *helling* • *aspect* • *partij* • *elftal; team* • *effect* ⟨bij biljart⟩ • *gewichtigheid; air* ★ *take sides (with) partij kiezen (voor)* ★ *side by side zij aan zij* ★ *by the side of naast* ★ *fault on the right side geluk bij een ongeluk* ★ *on the side of op de hand van* ★ *on the right side of 40 nog geen 40 jaar* ★ *sunny side up* ≈ *spiegelei* **II** ONOV WW • ~ **with** *partij kiezen voor*
sideboard ('saɪdbɔ:d) ZN • G-B *dressoir* • *buffet* ★ INFORM. ~*s bakkebaarden*
sideburn ('saɪdbɜ:n) ZN USA *bakkebaard*
sidecar ('saɪdkɑ:) ZN • *zijspan* • *soort cocktail*
side dish ('saɪddɪʃ) ZN *bijgerecht*
side effect ('saɪdɪfekt) ZN *neveneffect; bijwerking*
side issue ('saɪdɪʃu:) ZN *nevenprobleem; bijzaak*
sidekick ('saɪdkɪk) ZN USA *makker; kameraad*
sidelight ('saɪdlaɪt) ZN • *zijlicht; parkeerlicht* • *nevenaspect* • *bijkomstige informatie*
sideline ('saɪdlaɪn) ZN • *zijlijn* • *bijbaantje* • *nevenartikel* • *pensioen*
sidelong ('saɪdlɒŋ) BIJW • *van terzijde* • *zijdelings*

sideshow ('saɪdʃəʊ) ZN • *nevenattractie* • *bijzaak*
side-slip ('saɪdslɪp) **I** ZN • *(het) slippen, enz.* **II** OV WW • LUCHTV. *dwars laten afglijden* **III** ONOV WW • *slippen* • LUCHTV. *dwars afglijden*
side-splitting ('saɪdsplɪtɪŋ) BNW *om je dood te lachen* ⟨grap⟩ ★ *a ~ fit of laughter een lachbui waar je pijn van in de zij krijgt*
sidestep ('saɪdstep) **I** ZN • *stap opzij* • *ontwijking* **II** OV WW • *opzij gaan; ontwijken*
sidestroke ('saɪdstrəʊk) ZN • *zijslag* • *zijstoot*
sidetrack ('saɪdtræk) **I** ZN *zijspoor* **II** OV WW • OOK FIG. *op een zijspoor zetten* • FIG. *op de lange baan schuiven*
sidewalk ('saɪdwɔ:k) ZN USA *trottoir*
side whiskers ZN MV *bakkebaarden*
siding ('saɪdɪŋ) ZN • *rangeerspoor* • USA *zijlplanken v.e. houten gebouw*
sidle ('saɪdl) ONOV WW • *zijdelings lopen* • *met eerbied/schuchter naderen*
SIDS AFK *sudden infant death syndrome wiegendood*
siege (si:dʒ) ZN • *belegering* • *beleg* ★ *lay ~ to belegeren* ★ *raise the ~ het beleg opheffen*
sieve (sɪv) **I** ZN • *zeef* • *loslippig iem.* **II** OV WW • *zeven*
sift (sɪft) OV WW • *zeven; ziften* • *strooien* ⟨V. O.A. suiker⟩ • *nauwkeurig uitpluizen; uithoren*
sifter ('sɪftə) ZN *zeef(je)*
sigh (saɪ) **I** ZN • *zucht* **II** ONOV WW • *zuchten* • ~ **for** *smachten naar*
sight (saɪt) **I** ZN • *(ge)zicht* • *schouwspel* • *bezienswaardigheid* • *vizier* • INFORM. *heleboel* ★ *a common ~ een normaal verschijnsel* ★ *on ~, at (first) ~ op het eerste gezicht* ★ *in ~ in zicht; in het gezicht* ★ INFORM. *out of ~! geweldig!* ★ FIG. *out of ~, out of mind uit het oog, uit het hart* ★ *catch ~ of beginnen te zien; in 't oog krijgen* ★ *lose ~ of uit 't oog verliezen* ★ *know sb by ~ iem. kennen van gezicht* ★ *you're a ~ for sore eyes! ik ben blij dat ik je (eens) zie* ★ *what a ~ you look! wat zie je eruit!* ★ *raise/lower one's ~s verwachtingen/ambities hoger/lager stellen* ★ *get out of my ~! uit mijn ogen!* **II** OV WW • *in 't oog krijgen* • *observeren* • *(het vizier) stellen (van)*
sighted ('saɪtɪd) BNW *ziende*
sighting ('saɪtɪŋ) ZN *waarneming*
sightless ('saɪtləs) BNW *blind*
sightly ('saɪtlɪ) BNW *fraai*
sight-read OV+ONOV WW *van het blad spelen/zingen*
sightseeer ('saɪtsi:ə) ZN *toerist*
sightseeing ('saɪtsi:ɪŋ) ZN *bezichtiging van bezienswaardigheden* ★ ~ *tour rondrit voor toeristen* ★ ~ *bus bus voor rondritten*
sign (saɪn) **I** ZN • *teken* • USA *spoor* • *uithangbord* • *bordje* • *reclameplaat* ★ *sign and countersign geheime tekens v. verstandhouding* ★ *sign language gebarentaal* ★ *negative sign minteken* ★ *in sign of ten teken van* ★ *make a sign een teken geven* **II** OV WW • *door een teken aanduiden* ★ *sign one's name (to) ondertekenen* ★ *sign assent toestemmend knikken* **III** ONOV WW • *in gebarentaal spreken* • ~ **away** *schriftelijk afstand doen van* • ~ **in** *de presentielijst tekenen*

si

• ~ **off** *stopbod doen* • ~ **on** *stempelen bij de sociale dienst* • ~ **on/up (for/to)** *aanmonsteren (bij); tekenen* ⟨als o.a. lid⟩ **IV** OV+ONOV WW • *ondertekenen*

signal ('sɪgnl) **I** ZN • *verkeerslicht; sein; signaal* ★ ~ **book/code** *seinregister* ★ USA ~ **cord** *noodrem* **II** BNW • *schitterend* • *buitengewoon* • *opmerkelijk* ★ a ~ *villain aartsschurk* **III** OV WW • *seinen* • *door signalen/tekens te kennen geven* • *aankondigen* • ~ **to** *een wenk geven om*

signal box ('sɪgnlbɒks) ZN *seinhuis*

signalize, G-B **signalise** ('sɪgnəlaɪz) OV WW • *signaleren* • AUS., VS *verkeerslichten plaatsen*

signaller, USA **signaler** ('sɪgnələ) ZN MIL. *seiner*

signatory ('sɪgnətərɪ) ZN *ondertekenaar*

signature ('sɪgnətʃə) ZN • *handtekening* • *signatuur; ondertekening* • MUZ. *vóórtekening* ★ ~ **tune** *herkenningsmelodie*

signboard ('saɪnbɔːd) ZN • *(uithang)bord* • USA *aanplakbord*

signer ('saɪnə) ZN *ondertekenaar*

signet ('sɪgnɪt) ZN *zegel*

signet ring (sɪgnɪtrɪŋ) ZN *zegelring*

significance (sɪg'nɪfɪkəns) ZN • *betekenis* • *gewichtigheid*

significant (sɪg'nɪfɪkənt) BNW *veelbetekenend* ★ ~ **figure** *elk cijfer behalve 0*

signification (sɪgnɪfɪ'keɪʃən) ZN *betekenis*

signify ('sɪgnɪfaɪ) OV WW • *betekenen* • *aanduiden* • *te kennen geven*

signpost ('saɪnpəʊst) ZN • *handwijzer; wegwijzer* • *stok v. uithangbord*

silage ('saɪlɪdʒ) **I** ZN • *ingekuild veevoer* **II** OV WW • *inkuilen*

silence ('saɪləns) **I** ZN • *stilte* • *(het) zwijgen* • *vergetelheid* ★ stunned ~ *oorverdovende stilte* ★ put to ~ *tot zwijgen brengen* • ~ *gives consent wie zwijgt, stemt toe* **II** OV WW • *tot zwijgen brengen*

silencer ('saɪlənsə) ZN • *geluiddemper* • G-B *knalpot* • *dooddoener*

silent ('saɪlənt) BNW • *stil* • *zwijgend* • *zwijgzaam* ★ ~ *film stomme film* ★ be ~ *zwijgen* ★ the Silent Service *de Britse Marine* ★ GESCH. William the Silent *Willem de Zwijger*

silhouette (sɪluː'et) **I** ZN • *silhouet; schaduwbeeld* **II** OV WW ★ be ~d against *zich aftekenen tegen*

silica ('sɪlɪkə) ZN *kiezelzuur*

silicate ('sɪlɪkeɪt) ZN *silicaat*

silicon ('sɪlɪkən) ZN *silicium*

silicone ('sɪlɪkəʊn) ZN *silicone*

silk (sɪlk) **I** ZN • *zijde* **II** BNW ★ you can't make a silk purse out of a sow's ear *je kunt geen ijzer met handen breken; je kunt van een boer geen heer maken*

silken ('sɪlkən) BNW • *zijdeachtig; zijdezacht* • *poeslief* • *zijden*

silkworm ('sɪlkwɜːm) ZN *zijderups*

silky ('sɪlkɪ) BNW • → **silken**

sill (sɪl) ZN • *drempel* • *vensterbank*

silly ('sɪlɪ) BNW • *dwaas; idioot* • *flauw; kinderachtig* ★ become ~ *gek/seniel worden* ★ knock a p. ~ *iem. suf slaan* ★ spoil sb ~ *iem. schandalig verwennen* ★ the ~ *season de komkommertijd* **II** ZN • *mallerd; gekkie*

silo ('saɪləʊ) **I** ZN • *(graan)silo* • *kuil voor groenvoer* **II** OV WW • *inkuilen*

silt (sɪlt) **I** ZN • *slib* **II** OV WW • *doen dichtslibben* **III** ONOV WW • *dichtslibben* **IV** OV+ONOV WW • ~ **up** *dichtslibben*

silver ('sɪlvə) **I** ZN • *zilver* • *(z.) geld* • *tafelzilver* **II** BNW • *zilveren* • *zilverachtig* **III** OV WW • *verzilveren* • *zilverwit maken*

silver foil ZN *zilverpapier*

silver leaf ZN *bladzilver*

silver-plated (sɪlvə'pleɪtɪd) BNW *verzilverd*

silversmith ('sɪlvəsmɪθ) ZN *zilversmid*

silverware ('sɪlvəweə) ZN *tafelzilver; zilverwerk*

silvery ('sɪlvərɪ) BNW • *met zilveren klank* • *zilverachtig*

SIM (sɪm) AFK Subscriber Identity Module *sim*

simcard ('sɪmkɑːd) ZN *simkaart*

simian ('sɪmɪən) **I** ZN • *aap* **II** BNW • *aap-; apen-*

similar ('sɪmɪlə) **I** ZN • *gelijke* **II** BNW ★ ~ **to** *gelijk(vormig) aan; gelijkend op*

similarity (sɪmɪ'lærətɪ) ZN • *gelijkvormigheid* • *overeenkomst*

similarly ('sɪmɪlərlɪ) BIJW *evenzo; op dezelfde manier; gelijk*

simile ('sɪmɪlɪ) ZN *uitgebreide vergelijking* ⟨stijlfiguur⟩

similitude (sɪ'mɪlɪtjuːd) ZN • *gelijkenis* • *evenbeeld*

simlock ('sɪmlɒk) ZN *simlock*

simmer ('sɪmə) **I** OV WW • *laten sudderen* **II** ONOV WW • *sudderen* • *koken* ⟨v. woede⟩ • *zich verkneukelen* **III** ZN • *gesudder*

simper ('sɪmpə) **I** ZN • *onnozele glimlach* **II** ONOV WW • *gemaakt/onnozel lachen*

simple ('sɪmpl) BNW • *eenvoudig; enkelvoudig* • *ongekunsteld* • *gewoon* • *onnozel* ★ it's ~ *madness het is gewoonweg dwaasheid*

simple-hearted (sɪmpl'hɑːtɪd) BNW *oprecht; eenvoudig*

simple-minded (sɪmpl'maɪndɪd) BNW • *eenvoudig* • *zwakzinnig*

simpleton ('sɪmpltn) ZN • *dwaas* • *sul*

simplicity (sɪm'plɪsətɪ) ZN • *eenvoud* • *ongekunsteldheid*

simplify ('sɪmplɪfaɪ) OV WW *vereenvoudigen*

simplistic (sɪm'plɪstɪk) BNW *simplistisch; oppervlakkig*

simply ('sɪmplɪ) BIJW *simpel(weg); eenvoudig(weg); domweg*

simulate ('sɪmjʊleɪt) OV WW • *veinzen* • *nabootsen*

simulation (sɪmjʊ'leɪʃən) ZN *simulatie*

simulator ('sɪmjʊleɪtə) ZN • *simulant* • *simulator*

simultaneity (sɪməltə'neɪətɪ) ZN *gelijktijdigheid*

simultaneous (sɪməl'teɪnɪəs) BNW *gelijktijdig*

sin (sɪn) **I** ZN • *zonde* ★ *capital/cardinal/mortal sin doodzonde* ★ *original sin erfzonde* ★ *seven deadly sins zeven hoofdzonden* ★ *like sin van je welste* ★ *ugly as sin spuuglelijk* **II** OV WW ★ *sin in one's mercies zich ondankbaar gedragen* **III** ONOV WW • *zondigen*

since (sɪns) **I** BIJW • *sindsdien* • *geleden* ★ *long ~ al lang; lang geleden* **II** VZ • *sinds; sedert* **III** VW • *(aan)gezien*

sincere (sɪn'sɪə) BNW *oprecht* ★ *yours ~ly met vriendelijke groeten*

sincerity (sɪn'serətɪ) ZN • *eerlijkheid*
• *oprechtheid*

sinew ('sɪnju:) ZN *pees*

sinews ('sɪnju:z) ZN MV *spieren*; *spierkracht* ★ the
~ of war *dat waar de oorlog op drijft: geld*

sinewy ('sɪnju:ɪ) BNW • *pezig* • *gespierd*; *sterk*

sinful ('sɪnfʊl) BNW *zondig*

sing (sɪŋ) I OV WW • *bezingen* ★ sing another
tune *uit een ander vaatje tappen* ★ sing s.o.'s
praises *iem. ophemelen* II ONOV WW • *zoemen*;
suizen ★ sing flat/sharp *vals zingen* ★ sing
for one's supper *moeten werken voor de kost*
★ sing small *een toontje lager zingen* • ~ of
bezingen • ~ out *uitzingen*; *brullen*
III OV+ONOV WW • *zingen* IV ZN • USA
bijeenkomst om te zingen

singe (sɪndʒ) OV WW *afschroeien*; *(ver)schroeien*
★ have one's hair ~d *het haar laten onduleren*
★ FIG. ~ one's feathers/wings *de vingers
branden*

singer ('sɪŋə) ZN *zanger(es)*

singing ('sɪŋɪŋ) ZN • *(het) zingen* • *gezang*
• *zang(kunst)* ★ had a fine ~ voice *kon mooi
zingen*

single ('sɪŋgl) I ZN • *single* ⟨geluidsdrager met
korte speelduur⟩ • *enkelspel* • *enkele reis*
• *enkele bloem* • *één punt* • TAALK. *enkelvoud*
• *vrijgezel* II BNW • *enkel*; *afzonderlijk*
• *vrijgezel*; *alleenstaand* • *oprecht*; *rechtdoorzee*
★ ~ room *eenpersoonskamer* ★ ~ combat/fight
tweegevecht ★ with a ~ eye *doelbewust* III OV
WW • ~ out *uitkiezen*; *eruit pikken*

single-breasted (sɪŋgl'brestɪd) BNW *met één rij
knopen*

single-handed (sɪŋgl'hændɪd) BNW
• *eigenhandig* • *zonder hulp v. anderen*

single-minded (sɪŋgl'maɪndɪd) BNW *doelbewust*

singleness ('sɪŋglnəs) ZN ★ ~ of mind/purpose
doelbewustheid

singlet ('sɪŋglət) ZN *singlet* ⟨(mouwloos) hemd⟩

singleton ('sɪŋgltn) ZN • *één enkele kaart in een
kleur* ⟨kaartspel⟩ • *éénling*

single-use BNW *wegwerp-* ★ ~ camera
wegwerpcamera

singly ('sɪŋglɪ) BIJW • *apart* • *één voor één*

singsong ('sɪŋsɒŋ) ZN • *dreun* • *zangavondje*

singular ('sɪŋgjʊlə) I ZN • TAALK. *enkelvoud(ig
woord)* II BNW • *zonderling*; *vreemd* • *uniek*
• *enkelvoudig* ★ all and ~ *allen en ieder in 't
bijzonder* • ~ly *bij uitstek*

singularity (sɪŋgjʊ'lærətɪ) ZN • → **singular**

Sinhalese (sɪnhə'li:z) I ZN • *Singalees* II BNW
• *Singalees*

sinister ('sɪnɪstə) BNW • *sinister* • *onheilspellend*;
akelig • *kwaadaardig* • *onguur* • *linker-*

sink (sɪŋk) I OV WW • OOK FIG. *doen zinken*; *in de
grond boren* • *laten zakken* • *inlaten*
• *investeren*; *steken in* • *amortiseren* • *onder
water aanbrengen* • *graveren* ★ sink o.s./one's
own interests *de eigen belangen opzij zetten*
★ sink differences *geschilpunten laten rusten*
★ sink or swim *pompen of verzuipen*; *erop of
eronder* ★ we're sunk *we zijn verloren*
★ sunken cheeks *ingevallen wangen* ★ sunken
eyes *diepliggende ogen* II ONOV WW • *zinken*;
dalen; *zakken* • *boren*; *graven* • *achteruitgaan*;

bezwijken • *gaan liggen* ⟨wind⟩ • ~ in *tot iem.
doordringen*; *bezinken*; *inzinken* III ZN
• *gootsteen*; *wasbak* • *riool*; *beerput* • *poel*
★ sink of iniquity *poel v. ongerechtigheid*

sinker ('sɪŋkə) ZN • *zinklood* • USA *donut*

sinking ('sɪŋkɪŋ) ZN • *(het) (doen) zinken*
• *beklemd gevoel*

sinking fund ZN *amortisatiefonds*

sinner ('sɪnə) ZN *zondaar* ★ as I am a ~ *zowaar ik
leef*

Sinn Fein (ʃɪn 'feɪn) ZN POL. *Sinn Fein* ⟨Ierse
nationalistische partij⟩

sinology (saɪ'nɒlədʒɪ) ZN *sinologie*

sinuosity (sɪnjʊ'ɒsətɪ) ZN *bocht(igheid)*

sinuous ('sɪnjʊəs) BNW *bochtig*; *kronkelend*

sinus ('saɪnəs) ZN • *holte* • *schedelholte*

sip (sɪp) I ZN • *teugje*; *slokje* II OV+ONOV WW
• *nippen aan*; *met kleine teugjes drinken*

siphon ('saɪfən) ZN • *hevel* • *sifon*

sir (sɜː) I ZN • *mijnheer* II OV WW • *met 'sir'
aanspreken*

Sir (sɜː) ZN *Sir* ⟨titel⟩ ★ Dear Sir, *Geachte heer*, ⟨in
brief⟩

sire ('saɪə) I ZN • *stamvader*; *(voor)vader* • *Sire*
II OV WW • *de vader zijn van* ⟨bij dieren⟩

siren ('saɪərən) ZN • *sirene* • *zeekoe*

sirloin ('sɜːlɔɪn) ZN *lendenstuk v. rund*

sis (sɪs) ZN *zus(je)*

SIS (esər'es) AFK Secret Intelligence Service
Britse geheime dienst

sisal ('saɪs(ə)l) ZN *sisal* ★ ~ grass *sisal*

siskin ZN *sijs*

sissy ('sɪsɪ) I ZN • MIN. *mietje* II BNW • MIN.
mietjesachtig

sister ('sɪstə) ZN • *zus*; *zuster* • *non*
• *hoofdverpleegster*

sisterhood ('sɪstəhʊd) ZN • *zusterschap*
• *vrouwenbeweging* • *congregatie*

sister-in-law ('sɪstərɪnlɔ:) ZN *schoonzuster*

sisterly ('sɪstəlɪ) BNW *zusterlijk*

Sistine ('sɪstaɪn, 'sɪsti:n) BNW ★ the ~ Chapel *de
Sixtijnse Kapel*

sit (sɪt) I ONOV WW • *zitten* • *blijven zitten* • *zitten*
⟨op o.a. paard⟩ • *liggen*; *zich bevinden* • *zitten
te broeden* ★ sit for an examination *examen
doen* ★ sit heavy on *bezwaren*; *zwaar zijn* ★ sit
ill on *niet passen bij* ★ sit in for *vervangen*; *de
plaats innemen van* ★ sit in judgment *stem in
't kapittel hebben* ★ sit slight/loosely on *van
weinig betekenis zijn voor* ★ don't be sat on
laat je niet op de kop zitten ★ sit on a p.'s head
iem. onder de duim houden of negeren ★ sit on
the fence *van twee walletjes eten*; *geen partij
kiezen* ★ OOK FIG. sit tight *stevig in 't zadel
zitten* ★ that will make him sit up *daar zal hij
van opfrissen/-kijken* ★ sit well on *goed passen
bij* ★ sit at home *werkeloos thuis zitten* ★ sits
the wind there? *waait de wind uit die hoek?*
★ sit down before *het beleg slaan vóór*
• ~ back *achterover gaan zitten* • ~ down
gaan zitten • ~ for *poseren*; *vertegenwoordigen*
• ~ in *bezetten*; *aan bezetting deelnemen*;
aanwezig zijn bij • ~ out *niet deelnemen aan*;
buiten blijven; *tot het eind toe blijven (bij)*;
langer blijven dan • ~ under *(geregeld) onder
het gehoor zijn van* • ~ up *rechtop gaan zitten*

si

• ~ **(up)on** blijven; behandelen; beraadslagen over; zitting hebben in; op z'n nummer zetten; op de kop zitten **II** ZN • houding te paard

sitcom ('sɪtkɒm) ZN situation comedy komische tv-serie

sit-down (sɪt'daʊn) ZN • staking ⟨waarbij de werkplaats bezet wordt⟩ • adempauze

site (saɪt) **I** ZN • terrein; perceel; kavel • plaats; ligging; locatie • zetel • vindplaats (van informatie) ⟨internet⟩ **II** OV WW • plaatsen

sit-in ('sɪtɪn) ZN bezetting

sitter ('sɪtə) ZN • model • oppas; babysitter

sitting ('sɪtɪŋ) ZN • zittingsperiode • vaste plaats in de kerk • broedsel

sitting duck ZN gemakkelijk doelwit; eenvoudige prooi

sitting room ZN zitkamer

situate ('sɪtʃʊeɪt) OV WW plaatsen

situated ('sɪtʃʊeɪtɪd) BNW gelegen • be ~ on liggen aan/op • thus ~ in deze positie

situation (sɪtʃʊ'eɪʃən) ZN • toestand; situatie • ligging; stand • gelegenheid • betrekking • EUF. problematische situatie; noodgeval

sit-up ZN sit-up (buikspieroefening)

six (sɪks) TELW zes ★ six of one and half a dozen of the other lood om oud ijzer ★ at sixes and sevens in 't honderd

sixfold ('sɪksfəʊld) BNW zesvoudig

six-footer (siks'fʊtə) ZN iem. die 1.80 m lang is

sixpack ZN • verpakking van zes stuks ⟨vooral blikjes drank⟩ • INFORM. wasbord ⟨gespierde buik⟩

sixpence ('sɪkspəns) ZN zesstuiverstuk

sixpenny ('sɪkspənɪ) BNW • van zes stuivers • kwartjes- ★ ~ bit/piece zesstuiverstuk

sixpennyworth ('sɪkspənɪwɜ:θ) BNW t.w.v. zes stuivers

sixteen (sɪks'ti:n) TELW zestien

sixteenth (sɪks'ti:nθ) BNW zestiende

sixth (sɪksθ) TELW zesde ★ ~ form bovenbouw v. middelbare school

sixthly (sɪksθlɪ) TELW ten zesde

sixties ('sɪksti:z) ZN MV ★ the ~ de jaren zestig ⟨v. de twintigste eeuw⟩

sixtieth ('sɪkstɪəθ) BNW zestigste

sixty ('sɪkstɪ) TELW zestig ★ like ~ als de donder

sizar ('saɪzə) ZN beursstudent

size (saɪz) **I** ZN • grootte • maat • stijfsel • of some size behoorlijk groot ★ is the size of is zo groot als ★ of a size even groot ★ what size do you take? welke maat hebt u? **II** OV WW • naar grootte of maat sorteren • passend maken • stijven • ~ **up** taxeren; schatten; een beeld vormen van

sizeable, sizable ('saɪzəbl) BNW • nogal groot • aanzienlijk

sizzle ('sɪzəl) **I** ZN • gesis • onaangenaam persoon **II** ONOV WW • sissen ★ sizzling hot bloedheet

sizzler ('sɪzlə) ZN • sisser • bloedhete dag • PLAT lekker stuk • PLAT knoert

skate (skeɪt) **I** ZN • schaats • vleet ⟨vis⟩ **II** ONOV WW • schaatsen • skaten ★ ~ over thin ice een gevoelig onderwerp behandelen

skateboard ('skeɪtbɔ:d) **I** ZN • rol-/schaatsplank; skateboard **II** ONOV WW • skateboarden

skater ('skeɪtə) ZN schaatser

skating rink ('skeɪtɪŋrɪŋk) ZN • ijsbaan • rolschaatsbaan

skeet (ski:t) ZN (het) kleiduivenschieten

skein (skeɪn) ZN • knot; streng • vlucht wilde ganzen • warboel

skeletal ('skelɪtəl) BNW • skelet-; v.h. skelet • broodmager • schematisch

skeleton ('skelɪtn) ZN • geraamte; skelet • schema; kern ★ ~ (crew/regiment) kader ★ a ~ in the closet/cupboard een lijk in de kast ⟨achtergehouden feit; onaangename verrassing⟩ ★ ~ key loper ★ ~ service zeer beperkte dienst

skeptical BNW • → **sceptical**

skerry ('skerɪ) ZN klip; rif

sketch (sketʃ) **I** ZN • schets ⟨afbeelding⟩ • TON. sketch ⟨humoristisch toneelstukje⟩ • FIG. schets ⟨kort verslag⟩ **II** OV WW • schetsen ⟨afbeelden⟩ • FIG. schetsen ⟨kort verslag geven⟩

sketchbook ('sketʃbʊk) ZN schetsboek

sketchy ('sketʃɪ) BNW oppervlakkig; niet afgewerkt ★ ~ meal haastige maaltijd

skew (skju:) **I** ZN • schuinte **II** BNW • schuin **III** ONOV WW • opzij gaan • hellen • van opzij kijken ★ skewed vision scheef beeld

skewbald ('skju:bɔ:ld) BNW met witte vlekken

skewer ('skju:ə) **I** ZN • vleespen • spit • sabel • hoenderpen **II** OV WW • doorsteken

skew-eyed BNW scheel

ski (ski:) **I** ZN • ski ★ ski lift skilift **II** ONOV WW • skiën

skid (skɪd) **I** ZN • 't slippen; slip • remblok; remschoen • USA weg v. boomstammen voor houttransport • ~ **mark** remspoor **II** ONOV WW • slippen • remmen • USA vervoeren over weg van boomstammen

skid lid ('skɪdlɪd) ZN veiligheidshelm

skier ('ski:ə) ZN skiër

skiff (skɪf) ZN skiff ⟨eenpersoonsroeiboot⟩

ski jump ZN skischans

ski jumping ZN (het) ski-, schansspringen

skilful ('skɪlfʊl) BNW bedreven; bekwaam

skill (skɪl) ZN vaardigheid; (verworven) bedrevenheid

skilled (skɪld) BNW geschoold; vakkundig ★ ~ labour geschoold werk

skillet ('skɪlɪt) ZN USA koekenpan

skillful BNW • → **skilful**

skim (skɪm) OV WW • langs (iets) strijken/scheren • afromen; afschuimen • ~ **over** vluchtig bekijken; oppervlakkig behandelen ★ skimmed milk magere melk ★ skimmed money zwart geld ★ skim stones on the water steentjes keilen ★ OOK FIG. skim the cream off afromen

skimmer ('skɪmə) ZN schuimspaan

skimp (skɪmp) ONOV WW • kort houden; karig bedelen • zuinig zijn; bekrimpen

skimpy ('skɪmpɪ) BNW krap; karig; krenterig

skin (skɪn) **I** ZN • huid • scheepshuid • vlies • schil • leren wijnzak • inner/true skin lederhuid ★ outer skin opperhuid ★ keep a whole skin het er levend afbrengen ★ jump out of one's skin buiten zichzelf zijn; zich doodschrikken ★ save one's skin het er levend afbrengen ★ I would not be in your skin ik zou niet graag in jouw schoenen staan ★ thick skin een dikke *huid* ★ get under a p.'s skin *iem. irriteren*; *iem. fascineren* ★ by/with the skin of one's teeth *op 't kantje af*; *ternauwernood* ★ wear sth next to the skin *iets op 't blote lijf dragen* **II** OV WW • *villen* • *ontvellen* • *stropen* • *pellen* ★ keep your eyes skinned *kijk goed uit je doppen* ★ skin a flint *op een cent doodblijven* • ~ **off** *uittrekken* ⟨v. kleren⟩ • ~ **over** *helen* **III** OV+ONOV WW • *met (een) vel/vliesje bedekken/bedekt worden*

skin condition ZN *huidaandoening*

skin-deep (skɪn'di:p) BNW *oppervlakkig* ★ beauty is but ~ *schoonheid zit alleen maar aan de buitenkant*

skin-dive ('skɪndaɪv) ONOV WW *duiken* ⟨zonder duikpak⟩

skin-diver ZN *duiker* ⟨zonder duikpak⟩

skin diving ZN *onderwatersport; duiksport*

skin-flick ('skɪnflɪk) ZN USA *seksfilm*

skinflint ('skɪnflɪnt) ZN *vrek; gierigaard*

skinful ('skɪnfʊl) ZN *leren (wijn)zak vol* ★ when he's got his ~ *als hij flink wat op heeft*

skin game ZN *oplichterij; afzetterij*

skinhead ('skɪnhed) ZN • *kaalkop* • *skinhead*

skinny ('skɪnɪ) BNW *broodmager; vel over been*

skint (skɪnt) BNW PLAT *blut; platzak*

skintight (skɪn'taɪt) BNW *strak over het lichaam gespannen; nauw passend*

skip (skɪp) **I** OV WW • *overslaan* ★ skip the formaliteiten *de formaliteiten laten voor wat ze zijn* ★ my heart skipped a beat *mijn hart sloeg over* **II** ONOV WW • *huppelen* • *(touwtje)springen* ★ skip (it) *er tussenuit knijpen* • ~ **over** *overslaan* **III** ZN • *sprong(etje)* • *dat wat overgeslagen is/moet worden/wordt* • *hiaat* • *mand* • *bak* • *kooi* ⟨in mijnschacht⟩ • *kiepkar* • *aanvoerder* ⟨bij bowlen⟩

skipper ('skɪpə) **I** ZN • *schipper; (scheeps)kapitein* • SPORT *aanvoerder* • USA *commanderend onderofficier; sergeant* **II** OV WW • *aanvoeren; bevel voeren (over)* ⟨als kapitein⟩

skirl (skɜ:l) **I** ZN • *geluid v.e. doedelzak* **II** ONOV WW • *geluid maken v.e. doedelzak*

skirmish ('skɜ:mɪʃ) **I** ZN • *schermutseling* **II** ONOV WW • *schermutselen*

skirt (skɜ:t) **I** ZN • *rok; slip; pand* • *rand; buitenwijk; zoom* ⟨v. bos⟩ • PLAT *meid; griet* ★ divided ~ *broekrok* **II** OV WW • *bewegen langs de rand van* • *grenzen aan* • *vermijden* • *ontgaan*

skit (skɪt) **I** ZN • *schimpscheut* • *steek* • *parodie* **II** OV WW • *hekelen; afgeven op*

skits (skɪts) ZN *hopen*

skitter ('skɪtə) ONOV WW • *rennen; snel bewegen; gaan als lopend vuur*

skittish ('skɪtɪʃ) BNW • *dartel; frivool* • *schichtig*

skittle ('skɪtl) **I** ZN • *kegel* ★ ~s *kegelspel* **II** OV WW • ~ **out** *snel één voor één eruit spelen*

skive (skaɪv) ONOV WW *zich drukken; niet komen werken*

skivvy ('skɪvɪ) ZN PLAT *dienstmeisje* ★ skivvies *(heren)ondergoed*

skulk (skʌlk) ONOV WW • *sluipen* • *op de loer liggen* • *z. verschuilen* • *z. onttrekken aan* • *lijntrekken*

skull (skʌl) ZN • *schedel* • *doodskop*

skullcap ('skʌlkæp) ZN *kalotje*

skunk (skʌŋk) **I** ZN • *bunzing* • *skunk* • PLAT *vuns; schoft* ▼ drunk as a ~ *ladderzat* **II** OV WW • USA *totaal verslaan*

sky (skaɪ) **I** ZN • *lucht; hemel* • *klimaat; streek* ★ FIG. the sky's the limit ≈ *er is geen grens aan de mogelijkheden* **II** OV WW • *hoog slaan* • *hoog hangen*

sky-blue BNW *hemelsblauw*

skybox ('skaɪbɒks) ZN *viploge* ⟨boven aan stadiontribune⟩

skydiver ('skaɪdaɪvə) ZN *parachutist in vrije val*

skyey ('skaɪɪ) BNW • *hemelhoog* • *hemelsblauw*

sky-high BNW *hemelhoog*

skyjack ('skaɪdʒæk) OV WW *kapen* ⟨v. vliegtuig⟩

skyjacking ('skaɪdʒækɪŋ) ZN *vliegtuigkaping*

skylab ('skaɪlæb) ZN *ruimtelaboratorium*

skylark ('skaɪlɑ:k) **I** ZN • *leeuwerik* **II** ONOV WW • OUD. *lol maken* • *de boel op stelten zetten*

skylight ('skaɪlaɪt) ZN *dakraam; bovenlicht*

skyline ('skaɪlaɪn) ZN *silhouet* ⟨v. landschap/stad⟩

skyrocket ('skaɪrɒkɪt) **I** ZN • *vuurpijl* **II** ONOV WW • *snel de hoogte ingaan; de hoogte in schieten*

skyscraper ('skaɪskreɪpə) ZN *wolkenkrabber*

skywards ('skaɪwədz), **skyward** ('skaɪwəd) BIJW *hemelwaarts*

skywriting ('skaɪraɪtɪŋ) ZN *luchtschrijven; luchtschrift*

slab (slæb) **I** ZN • *platte steen* • *trottoirtegel* • *sectietafel* • *plak* **II** OV WW • *met tegels plaveien*

slack (slæk) **I** ZN • *slap hangend deel v. touw of zeil* • *dood tij* • *slapte* • *kolengruis* ★ I'm going to have a good ~ this afternoon *vanmiddag neem ik het er eens van* **II** BNW • *slap* • *los* • *lui; traag; laks; loom* ★ ~ water *dood tij* **III** OV+ONOV WW • *treuzelen; lijntrekken* • *nalatig zijn (in)* • *lessen* • ~ **away/off** *vieren* • ~ **off** *verslappen; kalmpjes aan (gaan) doen* • ~ **up** *vaart minderen; het rustiger aandoen*

slacken ('slækən) **I** OV WW • *laten vieren* • *slap doen worden* **II** ONOV WW • *vieren* • *vaart minderen* • *afnemen* • *slap worden*

slacker ('slækə) ZN *lijntrekker*

slacks (slæks) ZN MV USA *vrijetijdsbroek*

slag (slæg) **I** ZN • *slons* • *slak(ken)* • *sintel(s)* **II** ONOV WW • *slakken vormen*

slain (sleɪn) WW [volt. deelw.] → **slay**

slake (sleɪk) OV WW • *lessen* • *koelen* • *blussen* ⟨v. kalk⟩

slalom ('slɑ:ləm) ZN *slalom*

slam (slæm) **I** OV WW • *verslaan* • *slem maken* ⟨bij kaartspel⟩ • USA/PLAT *op de kop geven* **II** OV+ONOV WW • *hard dichtslaan* **III** ZN • *harde klap* • *slem* **IV** BIJW • *met een harde klap* • *pardoes*

slander ('slɑ:ndə) **I** ZN • *laster* **II** ONOV WW • *(be)lasteren*

slanderer ('slɑ:ndərə) ZN *lasteraar; kwaadspreker*

slanderous ('slɑ:ndərəs) BNW *lasterlijk*

slang (slæŋ) **I** ZN • TAALK. *slang; Bargoens; platte taal* • *groeptaal; jargon* **II** OV WW • *uitkafferen*

slangy ('slæŋɪ) BNW TAALK. *'slangig'* ⟨zoals in straattaal⟩

slant (slɑ:nt) **I** OV WW • *schuin houden/zetten* **II** ONOV WW • *schuin lopen/staan* ★ ~ed eyes

sl

schuinstaande ogen **III** ZN • *helling* • USA *kijk* ⟨op de zaak⟩ • *steelse blik* • *steek onder water* • *kans* • *schuine streep* ★ on a/the ~ *schuin*

slanting ('slɑːntɪŋ) BNW *schuin*

slantwise ('slɑːntwaɪz) BNW *schuin*

slap (slæp) **I** ZN • *klap* ⟨met de vlakke hand⟩ • *slag* ★ OOK FIG. a slap in the face *een klap in het gezicht* ★ slap on the back *schouderklopje*; *felicitatie(s)* **II** OV WW • *slaan* • *klappen*; *kletsen* ★ she slapped him in the face *ze sloeg hem (met de vlakke hand) in het gezicht* **III** BIJW • *pardoes* • *met een klap*

slapdash ('slæpdæʃ) **I** ZN • *nonchalance* • *geklodder* **II** BNW • *pardoes*; *zo maar ineens* • *lukraak* **III** OV WW • *maar raak doen* • *met de pet ernaar gooien*

slap-happy BNW • INFORM. *uitgelaten* • INFORM. *nonchalant*; *onbekommerd*

slapstick ('slæpstɪk) **I** ZN • *slapstick* ⟨platte humor⟩ **II** BNW • *lawaaierig* • *boertig*

slap-up ('slæpʌp) BNW • *pico bello* • *chic* ★ ~ meal *maaltijd met alles erop en eraan*

slash (slæʃ) **I** ZN • *houw*; *jaap* • *striem* • *schuine streep* ⟨het teken /⟩ ★ VULG. have a ~ *gaan pissen* **II** OV WW • *houwen*; *snijden*; *een jaap geven* • *striemen* • *drastisch verlagen/ verminderen/inkorten* ⟨bijv. v. prijzen/ personeel/tekst⟩ ★ ~ed sleeve *splitmouw* ★ ~ing criticism *meedogenloze kritiek*

slasher ('slæʃə) ZN *messentrekker*; *moordenaar* ★ ~ film/movie *griezel-/geweldsfilm*

slat (slæt) ZN • *dun latje* ⟨v. o.a. jaloezie⟩ • LUCHTV. *neusvleugel*

slate (sleɪt) **I** ZN • *lei(steen)* • *leikleur* • USA *voorlopige kandidatenlijst* ★ ~ club *onderlinge spaarkas* ★ clean the ~ *schoon schip maken* ★ a clean ~ *een schone lei* **II** BNW • *leien* **III** OV WW • USA *kandidaat stellen* • *met leien dekken* • *uitvaren tegen* • *scherp kritiseren*; *met kritiek afmaken* • *bestemmen (als)*

slate-pencil ZN *griffel*

slater ('sleɪtə) ZN *leidekker*

slating ('sleɪtɪŋ) ZN *dakwerk v. lei*

slattern ('slætn) **I** ZN • *slons* • *slet* **II** BNW • *slonzig*

slatternly ('slætnlɪ) BNW *slordig*

slaty ('sleɪtɪ) BNW *leiachtig*

slaughter ('slɔːtə) **I** ZN • *slachting* • *bloedbad* **II** OV WW • *(af)slachten*

slaughterer ('slɔːtərə) ZN • *slachter* • *(massa)moordenaar*

slaughterhouse ('slɔːtəhaʊs) ZN *slachthuis*

Slav (slɑːv) **I** ZN • *Slaaf* **II** BNW • *Slavisch*

slave (sleɪv) **I** ZN • *slaaf* • *slavin* ★ OOK FIG. ~ labour *slavenarbeid, -werk* **II** ONOV WW • *z. afbeulen*

slave driver ZN *slavendrijver*

slaver ('sleɪvə) **I** ZN • *slavenhandelaar* • *slavenschip* • *kwijl* • *strooplikkerij* **II** OV WW • *kwijlen*

slavery ('sleɪvərɪ) ZN *slavernij*

slave trade ZN *slavenhandel*

Slavic ('slɑːvɪk), **Slavonic** (slə'vɒnɪk) BNW *Slavisch*

slavish ('sleɪvɪʃ) BNW *slaafs*

slay (sleɪ) OV WW OUD. • *doden* ★ be slain *sneuvelen*

sleazy ('sliːzɪ) BNW • *vies* • *louche en verlopen* • *vodderig* • *slonzig*

sled (sled) **I** ZN • *slee* **II** ONOV WW • *sleeën* • *per slee vervoeren* ★ USA have a hard sledding *een zware dobber (aan iets) hebben*; *tobben*

sledge (sledʒ) ZN *slee*

sledgehammer ('sledʒhæmə) ZN *voorhamer*

sleek (sliːk) **I** BNW • OOK FIG. *glad* • *glanzend* **II** OV WW • *glad maken*; *gladstrijken*

sleep (sliːp) **I** OV WW • *inslapen* • *logies geven* • *(kunnen) bergen* • *laten slapen* ★ ~ away/off one's headache *zijn hoofdpijn door slapen kwijtraken* ★ ~ it off *zijn roes uitslapen* ★ the hotel can ~ 300 *het hotel heeft 300 bedden* **II** ONOV WW • *slapen* ★ ~ over/(up)on a matter *(nog eens) 'n nachtje slapen over een kwestie* ★ ~ like a log/top *slapen als een os* • ~ in *lang door blijven slapen*; *z. verslapen* • ~ out *niet thuis overnachten*; *niet intern zijn* • ~ with *slapen met* ⟨vrijen⟩ **III** ZN • *slaap* ★ go to ~ *in slaap vallen* ★ put to ~ *in slaap brengen*; ⟨onder narcose⟩ *laten inslapen* ⟨euthanasie plegen⟩ ★ lose ~ *slaapgebrek lijden*; *te weinig slapen* ★ FIG. the big ~ *de lange slaap* ⟨de dood⟩

sleeper ('sliːpə) ZN • *slaper* • *slaapwagen* • *dwarsligger* ⟨tussen rails⟩ ★ heavy ~ *iem. die vast slaapt*

sleepless ('sliːpləs) BNW *slapeloos*

sleepwalk ('sliːpwɔːkə) ONOV WW *slaapwandelen*

sleepy ('sliːpɪ) BNW • *slaperig* • *dromerig* • *melig*

sleepyhead ('sliːpɪhed) ZN *slaapkop*

sleet (sliːt) **I** ZN • *hagel met regen*; *natte sneeuw* **II** ONP WW • *hagelen*; *sneeuwen*

sleety ('sliːtɪ) BNW • → sleet

sleeve (sliːv) ZN • *mouw* • *hoes* • *windzak* ★ laugh in one's ~ *heimelijk lachen* ★ have sth up one's ~ *iets achter de hand hebben* ★ wear one's heart upon one's ~ *het hart op de tong dragen*

sleeveless ('sliːvləs) BNW *zonder mouwen*; *mouwloos*

sleigh (sleɪ) ZN *slee*

sleight (slaɪt) ZN • *goocheltruc* • *handigheidje*; *slimmigheid*

sleight-of-hand ZN • *vingervlugheid* • *handigheid*; *truc*

slender ('slendə) BNW • *slank* • *dun* • *mager* • *zwak* • *karig* ★ ~ abilities *beperkte vermogens*

slept (slept) WW [verleden tijd + volt. deelw.] • → sleep

sleuth (sluːθ) ZN *speurder*; *detective* ★ ~(-hound) *bloedhond*; *speurhond*

slew (sluː) **I** ZN • *draai*; *zwenking* • *poel*; *moeras* **II** WW [verleden tijd] • → slay OV+ONOV WW *omdraaien*; *zwenken*

slice (slaɪs) **I** ZN • *punt* ⟨pizza of taart⟩ • *snee*; *plak(je)* • *deel* • *stuk* • *visschep* • *spatel* ★ ~ of bread and butter *boterham* ▼ FIG. a ~ of the cake/pie *een stuk van de koek* ⟨een deel van de opbrengst⟩ **II** OV WW • *in sneetjes snijden* • *afsnijden* **III** ONOV WW • SPORT *onhandige slag maken met golfclub/roeiriem*

slicer ('slaɪsə) ZN • *snijder*; *snijmachine* ⟨bijv. voor brood⟩ • *schaaf* ⟨voor groenten enz.⟩

slick (slɪk) **I** ZN • *olievlek* **II** BNW • *vlot* • *handig*

• OOK FIG. *glad*; *soepel* • *gewiekst* III OV WW
• *glad maken* • *polijsten* • ~ **down**
gladkammen ⟨v. haar⟩; *plakken* IV BIJW
• *precies* • *pardoes*

slicker ('slɪkə) ZN • USA *olie-/regenjas* • *gladjanus*

slid (slɪd) WW [verleden tijd + volt. deelw.] • → **slide**

slide (slaɪd) I ZN • *(het) glijden, enz.* • *glijbaan/-plank* • *hellend vlak* • *glijbank* • *geleider*
• *dia(positief)* • *objectglaasje* ⟨v. microscoop⟩
• A-V *chassis* • *schuifje* • *schuifraampje*
• *aardverschuiving* • *(stoom)schuif* II ONOV WW
• *schuiven* • *(uit)glijden* ★ ~ **into sin** *tot zonde vervallen* ★ **let things ~** *Gods water over Gods akker laten lopen*

slide fastener ZN USA *rits(sluiting)*

sliding ('slaɪdɪŋ) BNW ★ ~ **door** *schuifdeur* ★ ~ **rule** *rekenliniaal* ★ ~ **scale** *variabele schaal* ★ ~ **seat** *glijbankje* ★ USA ~ **time** *variabele werktijd*

slight (slaɪt) I ZN • *geringschatting* • *kleinering* II BNW • *tenger* • *gering* • *klein* • *vluchtig*
• *zwak* • *licht* ★ **not the ~est** *absoluut niet* III OV WW • *met geringschatting behandelen*; *kleineren*

slightly ('slaɪtlɪ) BIJW *enigszins*

slim (slɪm) I BNW • *slank* • *dun* • *zwak* • *slim*
• *sluw* II OV WW • *inkorten* ⟨v. programma⟩
III ONOV WW • *aan de lijn doen*

slime (slaɪm) I ZN • *slijk* • *pek* • *slijm* II OV WW
• *met slijm bedekken* • *glippen*

slimming ('slɪmɪŋ) ZN • *vermageringskuur* • *'t slank worden* ★ ~ **diet** *vermageringsdieet*

slimy ('slaɪmɪ) BNW • *vies*; *walgelijk* • *kruiperig*
• *glibberig* • *(zo) glad (als een aal)*

sling (slɪŋ) I ZN • *(werp)slinger* • *lus*; *strop*
• *mitella*; *draagverband* • *geweerriem* • USA *grog* II OV WW • *slingeren* • *gooien* • *sjorren*
• *in takel hangen* ★ ~ **arms** *aan de schouder ... geweer!* ★ ~ **ink** *in de krant schrijven*

slinger ('slɪŋə) ZN *slingeraar*

slink (slɪŋk) ONOV WW *sluipen*

slip (slɪp) I OV WW • *toestoppen* • *loslaten*; *vieren*; *laten glijden* • ~ **on/off** *aan-/uittrekken* ★ **she slipped him a note** *ze stopte hem een briefje toe* ★ **slip on/off a coat** *een jas aanschieten/uitgooien* ★ **slip sth over sb** *iem. ergens mee de das omdoen* II ONOV WW • *(uit)glijden*
• *los-/wegschieten*; *van zijn plaats schieten* • *'n fout maken* • *zich vergissen* ★ **the car is slipping along splendidly** *de wagen loopt prima* ★ **slip into another suit** *vlug even een ander pak aanschieten* ★ **let slip the dogs of war** *de oorlog ontketenen* ★ **it has slipped (from) memory/mind** *het is me ontschoten* ★ **slip carriage** *treinrijtuig dat tijdens rijden wordt losgelaten*; *slipwagen* • ~ **away/out** *er tussenuit knijpen* • ~ **by** *ongemerkt voorbijgaan* • ~ **over** *overslaan* • ~ **up** *zich vergissen*; *wegstoppen* ⟨vooral in mouw⟩ III ZN
• *vergissing* • *strook*; *reep(je)* • *onderjurk*
• *onderbroekje* ★ **slip road** *af-/oprit* ★ **give a p. the slip** *iem. ontglippen* ★ **Freudian slip** *freudiaanse vergissing* ★ FIG. **there's many a slip 'twixt the cup and the lip** *men moet de huid niet verkopen vóór de beer geschoten is*
★ **slip of the pen** *schrijffoutje* ★ **slip of the**

tongue *verspreking* ★ **make a slip** *misstap begaan* ★ **slip of a boy** *tenger jongetje* ★ **slip of a room** *klein kamertje*

slip cover ZN *hoes*

slip-on ('slɪpɒn) ZN ★ ~ **shoe** *instapschoen*

slipover ('slɪpəʊvə) ZN *slip-over*; *mouwloze trui*; *spencer*

slipper ('slɪpə) I ZN • *pantoffel* • *remschoen* II OV WW ★ **in ~ed feet** *met pantoffels aan*

slippery ('slɪpərɪ) BNW • *glad* • *glibberig*
• *onbetrouwbaar* • *gewetenloos*

slippy ('slɪpɪ) BNW • *vlug* • *glad*

slipshod ('slɪpʃɒd) BNW *slordig*

slipslop ('slɪpslɒp) I ZN • FIG. *slootwater*; *slap goedje* • *weeïg gedaas/geschrijf* • *geroddel* II BNW • *slap* • *weeïg* • *waardeloos*

slipstream ('slɪpstriːm) ZN *luchtstroom*; *zuiging* ⟨achter bewegend voer-/vaartuig⟩

slip-up ('slɪpʌp) ZN *vergissing*; *misrekening*

slipway ('slɪpweɪ) ZN *scheepshelling*

slit (slɪt) I ZN • *spleet*; *split* II OV WW • *af-/opensnijden* • *scheuren*

slither ('slɪðə) ONOV WW *glibberen*; *glijden*

slithery ('slɪðərɪ) BNW *glibberig*

sliver ('slɪvə) I ZN • *splinter* • *stuk(je)* • *reepje vis* ⟨als aas⟩ II OV WW • *splijten* • *een splinter/stukje afhalen van* • *in reepjes snijden of breken*

slob (slɒb) ZN *luiwammes*; *vetzak*

slobber ('slɒbə) I ZN • *kwijl* • *dom, aanstellerig gepraat* II OV WW • *haastig afrollen*
• *bekwijlen* III ONOV WW • *knoeien* • *kwijlen*
• *huilen*

slobbery ('slɒbərɪ) BNW • *kwijlerig* • *nat v. kwijl*
• *slordig*

sloe (sləʊ) ZN • *sleedoorn* • *sleepruim*

slog (slɒg) I ZN • *harde klap* II OV WW • *goed raken* • *hard slaan* • ~ **away at** *hard werken aan* • ~ **on** *ploeteren aan*

slogan ('sləʊgən) ZN • *strijdkreet* • *leuze* • *slagzin*

slogger ('slɒgə) ZN • *iem. die hard slaat*
• *zwoeger*

sloop (sluːp) ZN *sloep*

slop (slɒp) I ZN • [ook als mv] *vervuild water*
• [ook als mv] *spoeling* ⟨veevoer⟩ II OV WW
• *bekladden*; *bemorsen* • *morsen* • *kwakken*; *smijten* III ONOV WW • *klotsen*

slop basin, slop bowl ZN *spoelkom*

slope (sləʊp) I ZN • *helling* • *talud* ★ **dry ~/dry-ski ~** *borstelbaan* ★ **on the ~** *schuin* II OV WW • *doen hellen* • *schuin zetten* ★ MIL. ~ **arms!** *geweer op schouder!* III ONOV WW
• *hellen* • *schuin liggen/staan* • ~ **about** *rondhangen* • ~ **off** *er vandoor gaan*

sloping ('sləʊpɪŋ) BNW *schuin* ★ ~ **shoulders** *afhangende schouders*

sloppy ('slɒpɪ) BNW • *nat* • *drassig* • *slap* • *soppig*
• *slordig* • *flodderig* • *sentimenteel*

slosh (slɒʃ) I ZN • PLAT *klap*; *bons* II OV WW
• ~ **on** *er dik opkwakken/-smeren*

sloshed (slɒʃt) BNW *dronken*

slot (slɒt) I ZN • *gleuf*; *sleuf* ⟨insteekplaats⟩
• *spoor* ⟨vooral van herb⟩ II OV WW • *gleuf maken in* • *ploegen* ⟨v. planken⟩

sloth (sləʊθ) ZN • *lui-/traagheid* • *luiaard* ⟨dier⟩

slothful ('sləʊθfʊl) BNW *lui*; *traag*

slot machine ('slɒtməʃiːn) ZN *(fruit)automaat*

sl

slouch (slaʊtʃ) I ZN • *slungelige gang/houding* ★ ~ hat *flambard* II ONOV WW • *slungelachtig doen* • *(slap) naar beneden hangen* • ~ **about** *rondlummelen*

slough[1] (slʌf) I ZN • *afgestoten slangenhuid* • *(wond)roof* • *korst* • *afgelegde gewoonte* II OV WW • ~ **off** *de huid afwerpen* ⟨v. slang, reptiel⟩; *weg-/afvallen*; *laten vallen*; *opgeven* III ONOV WW • *afstoten* • *eraf vallen* • *vervellen* ★ ~ a habit *breken met een gewoonte*

slough[2] (slaʊ) ZN *moeras* ★ LIT. ~ of despair *vertwijfeling*

sloven ('slʌvən) ZN *sloddervos*; *slons*

slovenliness ('slʌvənlɪnəs) ZN *slonzigheid*

slovenly ('slʌvənlɪ) BNW *slordig*

slow (sləʊ) I BNW + BIJW • *saai* • *slap* • *langzaam* • *traag* ⟨v. begrip⟩ ★ the clock is (ten minutes) slow *de klok loopt (tien minuten) achter* ★ be slow to *niet vlug reageren op* ★ he is slow to anger *hij wordt niet gauw kwaad* ★ be not slow to *er vlug bij zijn (om)* ★ go slow *niet overijld te werk gaan*; *achter lopen* ★ slow and sure *langzaam maar zeker* ★ slow march *paradepas* ★ slow poison *langzaam werkend vergif* ★ be slow in *geen haast maken met*; *niet correct zijn in of met* II ONOV WW • ~ **down/up** *vertragen*; *langzamer gaan, rijden of laten werken*; *kalm(er) aan (gaan) doen*

slowcoach ('sləʊkəʊtʃ) ZN • *treuzelaar* • *slome*

slowdown ('sləʊdaʊn) ZN • *slow-down strike* *langzaamaanactie*

slow motion (sləʊ'məʊʃən) I ZN • *in ~ in een vertraagde opname; in vertraagd tempo* II BNW • *vertraagd*

slowness ('sləʊnəs) ZN • ~ → **slow** *traagheid*

slow-worm ('sləʊwɜːm) ZN *hazelworm*

SLR AFK *single-lens reflex* ★ SLR camera *spiegelreflexcamera*

sludge (slʌdʒ) ZN • *slik* • *drab* • *sneeuwmodder*

slue (sluː) ZN • ~ → **slew**

slug (slʌg) I ZN • *(naakt)slak* • *made* • *luilak* • *kogel*; *prop* • *regel zetwerk* • *klap*; *opstopper* • *pak slaag* II OV WW • *(ver)luieren* • *een klap geven*

sluggard ('slʌgəd) ZN *luiwammes*; *leegloper*

sluggish ('slʌgɪʃ) BNW • *lui* • *traag(werkend)* • *flauw* ⟨v. markt⟩

sluice (sluːs) I ZN • *sluis* • *sluiswater* • *waterkering* • *goudwastrog* • *bad* ★ have a ~ *zich 'ns lekker afspoelen* II OV WW • *sluizen aanbrengen in* • *bevloeien* • *af-/doorspoelen* • *wassen* • ~ **out** *laten uitstromen* III ONOV WW • *vrij doorstromen* ★ it is sluicing down *het regent pijpenstelen* • ~ **out** *uitstromen*

sluice gate ('sluːsgeɪt) ZN *sluisdeur*

slum (slʌm) I ZN • *slop*; *achterbuurt* ★ slum brat *boefje* II ONOV WW • go slumming *de sloppen intrekken* ⟨om de sfeer te proeven⟩

slumber ('slʌmbə) I ZN • *slaap* • *sluimering* II ONOV WW • *slapen* • *sluimeren*

slummy ('slʌmɪ) BNW • *vervallen* • *vuil*

slump (slʌmp) I ZN • *plotselinge (sterke) prijsdaling* • *malaise* • *achteruitgang in populariteit* II ONOV WW • *plotseling sterk dalen* • *kelderen*

slung (slʌŋ) WW [verl. tijd + volt. deelw.] • ~ →

sling

slunk (slʌŋk) WW [verl. tijd + volt. deelw.] • ~ → **slink**

slur (slɜː) I OV WW • *tot één lettergreep verbinden* • *in elkaar laten lopen* • *verdoezelen* • ~ **over** *(losjes) over (iets) heen praten* II ONOV WW • MUZ. *legato spelen/zingen*; *slepen* • ~ **over** *vervagen* III OV+ONOV WW • *schrijven/uitspreken* IV ZN • MUZ. *verbindingsboogje*; *legatoteken* ★ cast a slur upon *een smet werpen op*

slurp (slɜːp) I ZN • *geslurp* II OV+ONOV WW • *slurpen*

slurring ('slɜːrɪŋ) BNW *slecht gearticuleerd*

slurry ('slʌri) ZN *vloeistof-poedermengsel*; *brij*

slush (slʌʃ) ZN • *modder* • *sneeuwdrab/-modder* • *vals sentiment* • *waardeloos geklets*

slush fund ZN *smeergeldfonds*

slushy ('slʌʃɪ) BNW • *modderig* • *vals sentimenteel*

slut (slʌt) ZN MIN. *slet*

sluttish ('slʌtɪʃ) BNW *hoerig*

sly (slaɪ) I ZN ★ on the sly *in het geniep* II BNW • *link* • *geniepig* • *geslepen*; *sluw* ★ sly dog *sluwe vos*

slyboots ('slaɪbuːts) ZN *slimme vos*; *sluw heerschap*

SM AFK *sadomasochism* SM; *sadomasochisme*

smack (smæk) I ZN • *smaak(je)* • *geur(tje)* • *tikje*; *tikkeltje* • *smak*; *klap* • *(het) smakken* ⟨v. o.a. tong⟩; *klapzoen* • PLAT *heroïne* • *smak* ⟨vissersvaartuig⟩ ★ FIG. ~ in the eye *klap in 't gezicht* II ONOV WW • *kletsen* • *klappen* • *smakken* ★ ~ one's lips (over) *likkebaarden (bij)*; *smakken met de lippen* • ~ **of** *rieken/smaken naar*; *doen denken aan* III BIJW ★ I had the wind ~ against me *ik had de wind pal tegen*

smacker ('smækə) ZN • *klapzoen* • *dreun* • G-B, INFORM. *pond* • USA/INFORM. *dollar*

small (smɔːl) I ZN • *smal, dun gedeelte* ★ the ~ of the back *onder in de rug* ★ in ~ *in 't klein* II BNW • *klein* • *kleingeestig* • *flauw* • *onbenullig* • *zwak* ⟨v. stem⟩ ★ ~ ad *kleine advertentie* ★ ~ beer *dun bier*; *onbenulligheid/ -heden* ★ he thinks no ~ beer of himself *hij heeft een hoge dunk v. zichzelf* ★ ~ change *kleingeld* ★ fry *klein grut*; *onbelangrijke mensen/dingen* ★ ~ hand *gewoon handschrift* ★ ~ print *de kleine lettertjes* ★ ~ hours *eerste uren na middernacht* ★ ~ blame to him *hij had groot gelijk* ★ look ~ *beteuterd kijken* ★ on the ~ side *nogal klein* ★ sing ~ *een toontje lager zingen* ★ ~ talk *oppervlakkige conversatie* ★ live in a ~ way *bescheiden leven* ★ ~ whisky *kleintje whisky* ★ ~ wonder! *wat een wonder!* ★ ~ arms *individuele wapens* ★ ~ potatoes *onbelangrijke persoon/zaak*; *kleinigheid*

smallholder ('smɔːlhəʊldə) ZN *kleine boer*

smallholding ('smɔːlhəʊldɪŋ) ZN *klein (boeren)bedrijf*

smallish ('smɔːlɪʃ) BNW *vrij klein*

small-minded (smɔːl'maɪndɪd) BNW *kleingeestig*

smallness ('smɔːlnəs) ZN • ~ → **small**

smallpox ('smɔːlpɒks) ZN *pokken*

small-scale BNW *op kleine schaal*; *kleinschalig*; *miniatuur-*

sl

small-time (smɔːl'taɪm) BNW *derderangs; onbelangrijk*

smallwares ('smɔːlweəz) ZN *garen en band*

smarmy ('smɑːmɪ) BNW *flemerig*

smart (smɑːt) I BNW • *bijdehand; slim* • *gevat; geestig* • *handig* • *vlug* • *behoorlijk* • *chic* • *vinnig* • *pijnlijk* ★ *as* ~ *as threepence/a new pin om door een ringetje te halen* II ONOV WW • *pijn doen* • *z. gekwetst voelen* • *lijden* • ~ *for boeten voor* ★ *you shall* ~ *for this! daar zul je voor bloeden!*

smarten ('smɑːtn) I OV WW • *opknappen* • *verbeteren* • ~ *up mooi worden* II ONOV WW • *opleven*

smartness ('smɑːtnəs) ZN • → **smart**

smash (smæʃ) I OV WW • *slaan; smashen* ⟨hoge bal hard neerwaarts slaan⟩ • *vernielen; verpletteren* • *vals geld maken* ★ ~ *into a tree tegen een boom botsen* ★ ~ *things up de boel kort en klein slaan* • ~ *up kapot slaan* II ONOV WW • *kapot vallen; te pletter slaan; botsen* • *op de fles gaan* III ZN • *smak; hevige klap/slag* • *smash* ⟨bij tennis⟩ • *vernieling* • *verpletterende nederlaag* • *botsing; ongeluk* • *catastrofe* • *soort cocktail* ★ *come/go* (to) ~ *op de fles gaan* IV BIJW • *met een klap* • *pardoes*

smash-and-grab BNW ★ ~ *raid snelle overval*

smashed (smæʃt) BNW • *laveloos; stomdronken* • *onder de drugs*

smasher ('smæʃə) ZN • *iem. die alles breekt/kapot maakt* • *vernietigend(e) argument/slag* • *prachtexemplaar* • *kanjer* • *toffe vent*

smash hit ZN *reuzesucces*

smashing ('smæʃɪŋ) BNW *geweldig; gaaf*

smash-up ('smæʃʌp) ZN *harde botsing/klap*

smattering ('smætərɪŋ) ZN ★ *have a* ~ *of een beetje weten van* ★ *speak a* ~ *of French een heel klein beetje Frans spreken*

smear (smɪə) I ZN • *veeg* • MED. *uitstrijkje* II OV WW • *besmeren;* (in)*smeren* (met) • *vuil maken* ★ ~ *campaign lastercampagne*

smeary ('smɪərɪ) BNW *vuil; vettig*

smell (smel) I ZN • *reuk* • *lucht* • *geur; stank* ★ *take a* ~ *at ruiken aan* II OV+ONOV WW • *ruiken* ★ ~ *a rat lont ruiken* ★ ~ *of the lamp naar de lamp rieken* • ~ **about** *rondsnuffelen* • ~ **at** *ruiken aan* • ~ **of** *ruiken naar* • ~ **out** *opsporen; uitvissen*

smelled (smeld) WW [verleden tijd + volt. deelw.] • → **smell**

smelling bottle ZN *reukzoutflesje*

smelling salts ('smelɪŋsɔːlts) ZN *reukzout*

smelly ('smelɪ) BNW *vies ruikend*

smelt (smelt) I ZN *spiering* II WW [verleden tijd + volt. deelw.] • → **smell** III OV WW *smelten*

smelter ('smeltə) ZN *smelter* ⟨v. metaal⟩

smile (smaɪl) I ZN • *glimlach* II OV WW • *met een lach uitdrukken* III ONOV WW • *glimlachen* • ~ **at** *lachen om; toelachen* • ~ **away** *stil voor z. heen lachen*

smirch (smɜːtʃ) I ZN • *smet* II OV WW • OUD. *bezoedelen*

smirk (smɜːk) I ZN • *gemaakt lachje* II ONOV WW • *gemaakt/hautain lachen*

smite (smaɪt) I OV WW • *slaan* • OOK FIG. *treffen*

• *doden* • *kwellen* II ONOV WW • ~ **upon** *treffen; slaan op* III ZN ★ *have a* ~ *at een gooi doen naar*

smith (smɪθ) ZN *smid*

smithereens (smɪðə'riːnz) ZN MV ★ *smash to* ~ *kort en klein slaan*

smithy ('smɪðɪ) ZN *smederij*

smitten ('smɪtn) WW [volt. deelw.] • → **smite** BNW ★ HUMOR. ~ *by/with* (sb/sth) *smoorverliefd zijn op; volledig ondersteboven zijn van* ★ ~ *by/with* (sth) *bevangen/getroffen door* ⟨ziekte, emotie⟩

smock (smɒk) I ZN • *kiel* • *mouwschort* II OV WW • *smokken*

smocking ('smɒkɪŋ) ZN *smokwerk*

smog (smɒg) ZN *smog* (= smoke + fog)

smoke (sməʊk) I ZN • *rook; walm; damp* • *rokertje* ⟨sigaret e.d.⟩ • *rookpauze* ★ *go up in* ~ *in rook opgaan* ★ *have a* ~ *roken* ⟨sigaret e.d.⟩ ★ *no* ~ *without fire waar rook is, moet vuur zijn* ★ *holy* ~*! asjemenou!* II OV WW • *roken* ⟨sigaret e.d.⟩ • ~ **out** *uitroken* III ONOV WW • *roken; walmen*

smoke alarm ZN *rookmelder*

smoke bomb ('sməʊkbɒm) ZN *rookbom*

smoke-dried (sməʊk'draɪd) BNW *gerookt*

smoke-free ZN *rookvrij*

smokeless ('sməʊkləs) BNW *rookloos*

smoker ('sməʊkə) ZN • *roker* • *rookcoupé* • *concert waar gerookt mag worden*

smoke screen ZN *rookgordijn*

smokestack ('sməʊkstæk) ZN *schoorsteen* ★ USA ~ *industry zware industrie*

smoking ('sməʊkɪŋ) ZN *(het) roken* ★ *no* ~ *verboden te roken* ★ *give up* ~ *stoppen met roken*

smoking ban ZN *rookverbod*

smoky ('sməʊkɪ) BNW *rokerig*

smolder USA • → **smoulder**

smolt (sməʊlt) ZN *jonge zalm*

smooch (smuːtʃ) I ZN • *(klap)zoen* • *vrijpartijtje* II ONOV WW • *knuffelen; vrijen* • *(langzaam, dicht tegen elkaar) dansen*

smooth (smuːð) I BNW • *vloeiend; vlot* • *kalm* ⟨v. zee of water⟩ • *zacht* ⟨v. smaak⟩ • *vleiend* • *glad; effen* • *vlak* ★ *everything went* ~(*ly*) *alles ging gesmeerd* ★ ~ *face uitgestreken gezicht* ★ ~ *tongue mooiprater* ★ ~ *words mooie praatjes* II OV WW • *glad maken* • ~ *away/out glad-/wegstrijken; uit de weg ruimen* • ~ **down** *vergoelijken; goed praten* III ONOV WW • *glad worden* • ~ **down** *tot rust komen* IV OV+ONOV WW • ~ **down** *bedaren; kalmeren*

smooth-faced BNW • *met uitgestreken gezicht* • *gladgeschoren*

smoothie ('smuːðɪ) ZN • *gladjanus; charmeur* • *shake van melk, yoghurt of ijs met vruchten*

smoothness ('smuːðnəs) ZN • → **smooth**

smote (sməʊt) WW [verleden tijd] • → **smite**

smother ('smʌðə) I OV WW • *in de doofpot stoppen* • *smoren; doven* • *verstikken; doen stikken* • *onderdrukken* ★ ~*ed in smoke in rook gehuld* ★ ~ *a p. in blankets iem. inpakken in dekens* • ~ *by/with overladen met* II ONOV WW • *stikken* III ZN • *verstikkende rook/stoom;*

walm • *stof(wolk)*

smothery (ˈsmʌθərɪ) BNW *verstikkend*

smoulder (ˈsməʊldə) I ZN • *smeulend vuur* II ONOV WW • *smeulen*

smudge (smʌdʒ) I ZN • *veeg*; *vlek* • *vuile vlek* • *rokend, walmend vuur* • *lippenstift* II OV WW • *vuil maken* • *bevlekken* • *vlakken*

smudgy (ˈsmʌdʒɪ) BNW • → **smudge**

smug (smʌg) I ZN • *net persoon* • *studiebol*; *blokker* • *degelijke* II BNW • *(burgerlijk) netjes*; *precies*; *braaf* • *bekrompen* • *zelfingenomen*

smuggle (ˈsmʌgl) OV WW *smokkelen*

smuggler (ˈsmʌglə) ZN *smokkelaar*

smuggling (ˈsmʌglɪŋ) ZN *smokkel*; *het smokkelen*

smugness (ˈsmʌgnəs) ZN • → **smug**

smut (smʌt) I ZN • *roetdeeltje* • *(zwarte) vlek* • *vuil(igheid)* • *pornografie* ★ talk smut *vieze praatjes verkopen* II OV WW • *bevuilen* • *brand veroorzaken* III ONOV WW • *vuil worden* • *brand krijgen*

smutty (ˈsmʌtɪ) BNW *vuil*

snack (snæk) I ZN • *snelle hap* • *(hartig) hapje* ★ go~s *samen delen* II ONOV WW • USA *iets tussendoor eten*

snack bar (ˈsnækbɑː) ZN *snackbar*; *cafetaria*; *snelbuffet*

snaffle (ˈsnæfəl) I ZN • *trens* ★ ride on the~ *met zachte hand regeren* II OV WW • *de trens aanleggen* • PLAT *gappen*; *mee/wegpikken*

snafu (snæˈfuː) ZN USA/STRAATT. situation normal: all f***ed up *verwarring*; *chaos*; *gedonder*

snag (snæg) I ZN • *knoest* • *stronk* • *stomp* • *moeilijkheid* II OV WW • *meepikken* • *in de wacht slepen* III ONOV WW • *op een stronk varen* • *vast komen te zitten* • *van stronken zuiveren*

snagged (snægd) BNW *vol knoesten, enz.*

snaggy (ˈsnægɪ) BNW • → **snagged**

snail (sneɪl) I ZN • *slak* • *treuzelaar* ★ at a~'s pace *met een slakkengang* II ONOV WW • *langzaamaan doen*

snailfish (ˈsneɪlfɪʃ) ZN *zeeslak*

snail mail ZN IRON. *(gewone) post* ⟨versus e-mail⟩

snake (sneɪk) I ZN • *slang* • *valsaard* ★ USA ~ fence *zigzag lopende afrastering* ★ plumber's~ *ontstoppingsveer* ★ a~ in the grass *een addertje onder 't gras* ★ raise/wake~s *enorme herrie veroorzaken* ★ ~s and ladders ≈ *ganzenbord* II OV WW • USA *slepen*; *sleuren* III ONOV WW • *kronkelen*

snakebite (ˈsneɪkbaɪt) ZN *slangenbeet*

snake charmer (ˈsneɪktʃɑːmə) ZN *slangenbezweerder*

snake pit (ˈsneɪkpɪt) ZN • OOK FIG. *slangenkuil* • INFORM. *gekkenhuis*

snaky (ˈsneɪkɪ) BNW • *slangachtig* • *kronkelend* • *sluw*; *vals*

snap (snæp) I OV+ONOV WW • *happen*; *bijten* • *snauwen* • *(doen) afknappen*; *breken* • *klikken* • *klappen* • *ketsen* • *knippen (met)* • *pakken* • *op de kop tikken* • *kieken* ★ snap shut *met een klik dichtgaan* ★ snap out of it *abrupt uit een roes ontwaken*; *abrupt van gewoonte/stemming veranderen* ★ snap into it *er op af vliegen* • ~ at *happen naar*; *toehappen*;

snauwen tegen • ~ off *afbijten/-knappen/ -snauwen* ★ snap a p.'s head/nose off *iem. bits in de rede vallen*; *iem. afsnauwen* • ~ up *mee-/wegpikken*; *gretig aannemen* II ZN • *'t knappen* • *klik*; *tik* • *knipje*; *slot* • *fut*; *pit* • *korte periode* • *momentopname* • *kaartspelletje* ★ cold snap *'n paar koude dagen* III BNW • *haastig* IV BIJW • *knap* • *krak* • *klik* • *pang* ★ snap it went *knap zei 't*

snap-cap (ˈsnæpkæp) ZN *klappertje*

snapdragon (ˈsnæpdrægən) ZN • PLANTK. *leeuwenbek* • *spelletje met Kerstmis*

snap fastener (ˈsnæpfɑːsnə) ZN USA *drukknoop*

snapper (ˈsnæpə) ZN • *bits antwoord* • *knalbonbon* • *snapper* ⟨vissoort⟩

snappish (ˈsnæpɪʃ) BNW • *bijterig* ⟨v. hond⟩ • *vinnig*

snappy (ˈsnæpɪ) BNW *pittig* ★ make it~ *vlug, opschieten!*

snapshot (ˈsnæpʃɒt) I ZN • *op aanslag gericht schot* • *momentopname* II OV WW • *een kiekje nemen*

snare (sneə) I ZN • *strik* • *verleiding* • *snaar* ⟨v. trom⟩ ★ ~ drum *kleine trom* II OV WW • *strikken* • *vangen*

snarl (snɑːl) I ZN • *kwaadaardige grijns* ★ in a ~ *in de war* II OV WW • *verwarren* • *uitkloppen* • ~ up *vastlopen*; *in de knoop raken* III ONOV WW • *grommen* • *grauwen*; *snauwen* • *in de war raken*

snarl-up ZN • *verkeerschaos* • *warboel*

snatch (snætʃ) I OV WW • *pakken* • *grissen* • *pikken* • *happen* • USA *kidnappen* ★ ~ a kiss *een kusje stelen* • ~ away *wegrukken* • ~ up *bemachtigen*; *oppikken* II ONOV WW • ~ at *grijpen naar*; *aangrijpen* III ZN • *greep* • *korte periode* • *hapje* • *(brok)stuk* ★ ~es of song *flarden muziek* ★ ~ of sleep *kort slaapje* ★ by ~es *bij vlagen*; *te hooi en te gras*

snatcher (ˈsnætʃə) ZN *gapper*; *jatter*

snatchy (ˈsnætʃɪ) BNW • *ongeregeld* • *zo nu en dan*

snazzy (ˈsnæzɪ) BNW *geweldig*; *fantastisch*

sneak (sniːk) I OV WW • *heimelijk (iets) doen* • PLAT *pikken* II ONOV WW • *(weg)sluipen* • z. *achterbaks gedragen* • *klikken* • ~ up on *besluipen* III BNW • *heimelijk*; *geheim* • *onverwacht* ★ a~ attack *een onverhoedse aanval* IV ZN • JEUGDT. *klikspaan*

sneaker (ˈsniːkə) ZN USA *gymschoen*; *sportschoen*

sneaking (ˈsniːkɪŋ) BNW • *stiekem* • *gluiperig* ★ have a~ sympathy for sb *iem. diep in z'n hart wel mogen*

sneak thief ZN • *zakkenroller* • *insluiper*

sneer (snɪə) I ZN • *uitdrukking van minachting* • *sarcasme* • *schimpscheut* • *hatelijkheid* II ONOV WW • *spottend lachen* • *grijnzen* • ~ at *sarcastische opmerkingen maken over*; *bespotten*; *honen*

sneerer (ˈsnɪərə) ZN *sarcast*

sneeze (sniːz) I ZN • *nies(geluid)* II ONOV WW • *niezen* ★ not to be~d at *niet mis*; *de moeite waard*; *niet te versmaden*

snick (snɪk) I ZN • *(kleine) insnijding*; *keep* II OV WW • *inkepen* • *insnijding maken* • *afknippen*

snicker (ˈsnɪkə) ONOV WW *zacht grinniken*

sm

snide (snaɪd) BNW • *gemeen* • *spottend*; *sarcastisch*

sniff (snɪf) I OV WW • *opsnuiven* • *in de gaten krijgen* II ONOV WW • *snuiven* • *de neus ophalen* • ~ *at ruiken aan*; *de neus optrekken voor* III ZN • take a ~ of fresh air *een frisse neus (gaan) halen*

sniffle ('snɪfəl) I ZN • *gesnotter* II ONOV WW • *snotteren*

sniffy ('snɪfɪ) BNW • *hautain* • *smalend* • *slechtgehumeurd* • *met een luchtje (eraan)*

snifter ('snɪftə) ZN • PLAT *borrel* • *stevige bries* • PLAT *cocaïnesnuiver*

snigger ('snɪɡə) I ZN • *gegrinnik* II ONOV WW • *(gemeen) grinniken*

snip (snɪp) I ZN • *knip* • *stukje*; *snippertje* • *kleermaker* • *koopje* II OV WW • *(af-/door)knippen* • *(af)knijpen* ⟨met de nagels⟩

snipe (snaɪp) I ONOV WW • *op snippen jagen* II OV+ONOV WW • *uit hinderlaag (dood)schieten* III ZN • *snip(pen)*

sniper ('snaɪpə) ZN *sluipschutter*

snippet ('snɪpɪt) ZN • *snipper(tje)*; *stuk(je)* • *fragment*

snipping ('snɪpɪŋ) ZN • *knipsel* • *fragment*

snitch (snɪtʃ) I ZN • *verklikker*; *informant* • *snufferd* II ONOV WW • *klikken* • *gappen*

snivel ('snɪvəl) I ONOV WW • *(huichelend) jammeren* • *grienen* • *jengelen* • *snotteren* II ZN • *huichelarij*

snob (snɒb) ZN *snob*; *parvenu*

snobbery ('snɒbərɪ) ZN *snobisme*

snobbish ('snɒbɪʃ) BNW *snobachtig*; *snobistisch*

snog (snɒɡ) I ZN • *vrijpartij* II ONOV WW • *knuffelen*; *vrijen*

snook (snuːk) ZN • *snoek* ★ cock a ~ at *een lange neus maken naar* ★ ~st *loop heen!*

snooker ('snuːkə) ZN • *snooker* • *obstructiestoot* • *jonge cadet*; *groentje* ★ play ~ *snookeren*

snoop (snuːp) I ZN • *bemoeial* II ONOV WW • *rondneuzen* • *de neus in andermans zaken steken*

snooper ('snuːpə) ZN *bemoeial*

snooty ('snuːtɪ) BNW INFORM. *verwaand*

snooze (snuːz) I ZN • *sluimerknop op elektrische wekker* • *dutje* II ONOV WW • *dutten* • ~ **away** *(ver)luieren*

snore (snɔː) I ZN • *(ge)snurk* II ONOV WW • *snurken*

snorkel ('snɔːkl) I ZN • *snorkel* II ONOV WW • *snorkelen*

snort (snɔːt) I ZN • *(ge)snuif* II ONOV WW • *briesen* • *ronken* ★ ~ with laughter *'t uitproesten* • ~ **out** *briesend uiten* III OV+ONOV WW • *snuiven* ★ ~ cocaine *cocaïne snuiven*

snorter ('snɔːtə) ZN • *iets geweldigs* • *geweldenaar* • *bulderende storm* • *scherp verwijt*; *donderpreek*

snorty ('snɔːtɪ) BNW *snuivend*; *briesend*

snot (snɒt) ZN • VULG. *snot* • VULG. *snotneus*

snot rag ZN *snotlap*

snotty ('snɒtɪ) I ZN • *adelborst* II BNW • *snotterig* • *verwaand*

snout (snaʊt) ZN • *snuit* • *kokkerd* • PLAT *sigaret* • PLAT *tabak*

snow (snəʊ) I ZN • *sneeuw* • *sneeuwval* • PLAT *cocaïne*; *heroïne* ★ snows *sneeuw(buien/-massa's)* II OV WW • *besneeuwen* • INFORM. *vleien* III ONOV WW • *sneeuwwit worden* ★ be snowed under *overstelpt worden* IV ONP WW • *sneeuwen*

snowball ('snəʊbɔːl) I ZN • *sneeuwbal* II OV+ONOV WW • *sneeuwballen gooien (naar)* ★ keep ~ing *escaleren*

snowbird ('snəʊbɜːd) ZN *sneeuwvink*

snowboard ('snəʊbɔːd) I ZN • *snowboard* II ONOV WW • *snowboarden*

snow boot ('snəʊbuːt) ZN *sneeuwlaars*; *moonboot*

snowbound ('snəʊbaʊnd) BNW • *ingesneeuwd* • *door sneeuwval opgehouden*

snow-capped ('snəʊkæpt) BNW *met besneeuwde top*

snow chain ZN *sneeuwketting*

snow-clad ('snəʊklæd), **snow-covered** BNW LIT. *besneeuwd*

snow-covered ('snəʊ-kʌvəd) BNW *besneeuwd*

snowdrift ('snəʊdrɪft) ZN • *sneeuwjacht* • *sneeuwbank*

snowdrop ('snəʊdrɒp) ZN *sneeuwklokje*

snowfall ('snəʊfɔːl) ZN *sneeuwval*

snowfield ('snəʊfiːld) ZN *sneeuwvlakte*

snowflake ('snəʊfleɪk) ZN • *sneeuwvlok* • *sneeuwvink*

snow goose ZN *sneeuwgans*

snow line ZN *sneeuwgrens*

snowman ('snəʊmæn) ZN *sneeuwpop* ★ the Abominable Snowman *de verschrikkelijke sneeuwman*

snowplough, USA **snowplow** ('snəʊplaʊ) ZN *sneeuwploeg*

snowshed ('snəʊʃed) ZN *afdak boven spoorlijn* ⟨tegen lawines⟩

snowshoe ('snəʊʃuː) ZN *sneeuwschoen*

snowslide ('snəʊslaɪd) ZN *sneeuwlawine*

snowstorm ('snəʊstɔːm) ZN • *hevige sneeuwbui* • *sneeuwstorm*

snow-white BNW *sneeuwwit* ★ Snow White *Sneeuwwitje*

snowy (snəʊɪ) BNW • *sneeuwachtig* • *besneeuwd*

SNP AFK Scottish National Party *Nationale Schotse Partij*

snub (snʌb) I ZN • *terechtwijzing* • *hatelijke opmerking* II BNW • *stomp* III OV WW • *op z'n nummer zetten*; *neerzetten* • *bits/hooghartig afwijzen* • SCHEEPV. *vaart (doen) inhouden* ⟨door tros om paal te leggen⟩ • *vastleggen*

snuff (snʌf) I ZN • *stuk verbrande pit* • *snuif* • *snufje* ★ take ~ *snuiven* ★ up to ~ *niet van gisteren* II OV WW • *snuiten* ⟨v. kaars⟩ • ~ **out** *uitdoven*; *een eind maken aan*; *uit de weg ruimen* ⟨v. persoon⟩ III ONOV WW • ~ **out** *er tussenuit knijpen*; *doodgaan*

snuffle ('snʌfəl) I OV WW • *snuffelen aan* II ONOV WW • *snuiven* • *snuffelen* • *door de neus praten*; *met neusgeluid praten/zingen* III ZN • *gesnuffel* • *neusgeluid* ★ the ~(s) *verstopte neus*

snuff movie ZN *pornofilm met echte moord*

snug (snʌɡ) I ZN • *gezellig plekje* II BNW • *behaaglijk*; *knus*; *gezellig* • *goed gedekt* ★ be as snug as a bug in a rug *een leventje hebben*

sn

als een prins ★ he has a snug income *hij verdient een aardig sommetje* ★ lie snug *lekker (warm) liggen*; zich gedekt houden III ONOV ww ● z. behaaglijk nestelen; *lekker (knus) gaan liggen*

snuggery ('snʌgərɪ) ● *gezellig plekje* ● *knus hokje*

snuggle ('snʌgl) I OV ww ● *knuffelen* II ONOV ww ● *lekker (knus) gaan liggen*; z. behaaglijk nestelen

snugness ('snʌgnəs) ZN ● → snug

so (səʊ) I BIJW ● *zo; aldus ● dus ● het; dat* ★ I hope so *dat hoop ik* ★ just/quite so *precies* ★ it's so kind of you *dat is heel vriendelijk van u* ★ so am/did I *ik ook* ★ so I am/did *dat ben/heb ik ook* ★ five or so *'n stuk of vijf; ongeveer vijf* ★ so and so *Dinges; je-weet-wel* ★ if so *zoja; als dat zo is* ★ so far, so good *tot dusver gaat het goed* ★ so much *zo zeer; zo veel* ★ so much for today *genoeg voor vandaag* ★ so much for him *en nu praten we niet meer over hem* ★ USA so long *tot ziens* ★ and so on, and so forth *enzovoorts* ★ so that *op-/zodat* ★ so as to *om* ★ so what? *en wat dan nog?* ★ so so *(maar) zozo* II VW ● *zodat ● als...maar ● daarom*

soak (səʊk) I OV ww ● *zuipen ● zat voeren ● drenken ● (door)weken ● soppen ● doordringen* ★ soak o.s. *zich verdiepen* ★ soaked *doornat; dronken* ★ soaked through (with) *doornat (van)* ● ~ in *opzuigen; absorberen* ● ~ into *doordringen in* ● ~ off *afweken; losweken* ● ~ through *doorsijpelen* ● ~ up *(doen) opzuigen; opnemen; gretig in z. opnemen; laten intrekken* II ONOV ww ● ~ in *doordringen in* III ZN ● *plensbui ● regen ● zatlap ● zuippartij*

soaker ('səʊkə) ZN ● *plensbui ● weekmiddel*

soaking ('səʊkɪŋ) BIJW ★ ~ wet *doornat*

soap (səʊp) I ZN ● *zeep* ★ soap bubble *zeepbel* ★ soap dish *zeepbakje* ★ soap opera *melodramatische radio/tv-feuilleton* ★ soft soap *zachte zeep*; FIG. *vleierij* II OV ww ● *inzepen ● vleien* ★ soap one's hands *zich in de handen wrijven* ★ soap a p. down *iem. stroop om de mond smeren*

soapbox ('səʊpbɒks) ZN ● *zeepbakje ● zeepkist* ★ ~ orator *zeepkistredenaar*

soapstone ('səʊpstəʊn) ZN AARDK. *zeepsteen; speksteen*

soapsuds ('səʊpsʌdz) ZN MV *zeepsop*

soapy ('səʊpɪ) BIJW ● *zeep-; vol zeep ● zeepachtig ● vleierig; zalvend* ★ ~ water *zeepwater*

soar (sɔː) ONOV ww ● *stijgen ● zich verheffen ● zweven*

sob (sɒb) I ZN ● *snik* II OV ww ● *snikken* III ONOV ww ● *sob story sentimenteel verhaal*

sober ('səʊbə) I BIJW ● *nuchter ● matig; sober ● beheerst; rustig ● stemmig* ★ as ~ as a judge *volkomen nuchter* ★ ~ suit *stemmig pak* II OV ww ● *ontnuchteren ● doen bedaren* ● ~ up *nuchter maken* III ONOV ww ● *bedaren ● nuchter worden* ● ~ up *nuchter worden*

soberness ('səʊbənɪs) ZN ● *nuchterheid ● matigheid*

sobersides ('səʊbəsaɪdz) ZN ● *bezadigd man*

● *nuchterling*

sobriety (sə'braɪətɪ) ZN ● *nuchterheid ● gematigdheid*

sobriquet ('səʊbrɪkeɪ) ZN *bij-/scheldnaam*

sob stuff ZN *sentimentele kost*

so-called (səʊ'kɔːld) BNW *zogenaamd*

soccer ('sɒkə) ZN *voetbal*

sociability (səʊʃə'bɪlətɪ) ZN *gezelligheid*

sociable ('səʊʃəbl) I ZN ● *gezellige bijeenkomst ● tweepersoonsbrik/-driewieler ● S-vormige canapé* II BNW ● *vriendelijk ● prettig in de omgang ● gezellig*

social ('səʊʃəl) I ZN ● *gezellig avondje* II BNW ● *sociaal; maatschappelijk ● levend in maatschappij ● gezellig* ★ ~ evil *prostitutie* ★ ~ science *sociologie* ★ ~ security *bijstandsuitkering; sociale zekerheid* ★ ~ service *overheidsvoorziening* ★ ~ studies *sociale wetenschappen; gammavakken; maatschappijleer* ★ ~ work *maatschappelijk werk* ★ ~ worker *maatschappelijk werkende*

socialise WW G-B ● → socialize

socialism ('səʊʃəlɪzəm) ZN *socialisme*

socialist ('səʊʃəlɪst) I ZN ● *socialist* II BNW ● *socialistisch*

socialistic (səʊʃə'lɪstɪk) BNW MIN. *socialistisch*

socialite ('səʊʃəlaɪt) ZN *iem. die tot de grote wereld behoort*

sociality (səʊʃɪ'ælətɪ) ZN *gemeenschapsgevoel*

socialize ('səʊʃəlaɪz) I OV ww ● *socialistisch inrichten* II OV+ONOV ww ● *socialiseren ● nationaliseren ● z. sociabel gedragen; z. onder de mensen begeven*

society (sə'saɪətɪ) I ZN ● *maatschappij; samenleving ● vereniging ● genootschap ● wereld van beroemdheden* II BNW ● *mondain; betreffende beroemdheden*

society pages ZN MV *nieuwsrubriek over beroemdheden*

sociological (səʊʃɪə'lɒdʒɪkəl) BNW *sociologisch*

sociologist (səʊʃɪ'ɒlədʒɪst) ZN *socioloog*

sociology (səʊʃɪ'ɒlədʒɪ) ZN *sociologie*

sock (sɒk) I ZN ● *sok ● zooltje* 〈los in schoen〉 ● *toneellaars ● het blijspel ● snoepgoed ● mep* II OV ww ● *slaan; raken* ★ sock it to sb *iem. er van langs geven* III BIJW ★ sock in the eye *recht in/op zijn oog*

socket ('sɒkɪt) I ZN ● *gat ● koker* ● G-B *stopcontact ● (oog)kas ● holte* ★ ~ joint *kogelgewricht* ★ her arm had come out of its ~ *haar arm was uit de kom (geschoten)* II OV ww ● *in holte/kas, enz. plaatsen/zetten*

sod (sɒd) I ZN ● *rotzak ● graszode ● grasveld* ★ silly sod *mafkees* ★ under the sod *onder de groene zoden* II OV ww ● *met zoden bedekken* III ONOV ww ★ sod it! *de pot op (ermee)!* ★ VULG. sod him! *hij kan de boom in!* ★ VULG. sod off! *rot op!; oplazeren!*

soda ('səʊdə) ZN ● *soda ● frisdrank* 〈met prik〉; *spuitwater* ● USA *ijssorbet* ★ baking soda *zuiveringszout* ★ caustic soda *natronloog* ★ washing soda *soda* 〈om mee te wassen〉

soda fountain ZN *sifon*

sodality (səʊ'dælətɪ) ZN *broederschap*

soda water ZN *sodawater*

sodden ('sɒdn) ZN ● *klef; doorweekt*

• *stomdronken*

sodium ('səʊdɪəm) ZN *natrium*

sodomize, G-B **sodomise** ('sɒdəmaɪz) ONOV WW *sodomie bedrijven*

sodomy ('sɒdəmɪ) ZN *sodomie*

sofa ('səʊfə) ZN *sofa*

sofa bed ZN *bedbank*

soft (sɒft) BNW + BIJW • *zacht; week*
• *zachtaardig; verwijfd; sentimenteel* • *getikt; onnozel* ★ be soft with sb *iem. met zachtheid behandelen*

softball ('sɒftbɔːl) ZN *softbal* ⟨soort honkbal⟩

soft-boiled BNW *zachtgekookt*

soften ('sɒfən) I OV WW • *zacht(er) maken*
• *vermurwen* • ~ **up** *murw maken* II ONOV WW • *zacht(er) worden* • *z. laten vermurwen*

softener ('sɒfnə) ZN • *wasverzachter*
• *zachtmakend middel*

softening ('sɒfnɪŋ) ZN *het zacht(er) maken/ worden* ★ ~ of the brain *hersenverweking*

softhead ('sɒfthed) ZN *onnozele hals*

soft-headed BNW *onnozel*

soft-hearted (sɒft'hɑːtɪd) BNW • *weekhartig*
• *toegeeflijk*

softie ('sɒftɪ) ZN *doetje; sukkel; softie*

softish ('sɒftɪʃ) BNW *nogal zacht*

softness ('sɒftnɪs) ZN *zachtheid*

soft-spoken BNW • *zacht gezegd* • *vriendelijk; sympathiek*

software ('sɒftweə) ZN COMP. *software; programmatuur*

softy ZN • → **softie**

soggy ('sɒgɪ) BNW • *drassig; nat* • *klef* ⟨brood of cake⟩ • *sullig*

soil (sɔɪl) I ZN • *vlek; veeg* • *grond* • *vuil; drek*
• *bodem* ★ native soil *geboortegrond* II OV WW • *vuil maken* • *met groenvoer voeren* III ONOV WW • *vuil worden*

soil pipe ZN *rioolbuis*

soiree (swɑːˈreɪ) ZN *soiree* ★ musical ~ *muziekavond*

sojourn ('sɒdʒən) I ZN • *verblijf(plaats)* II ONOV WW • *verblijven*

solace ('sɒləs) I ZN • *(ver)troost(ing)* II OV WW
• *troosten*

solar ('səʊlə) BNW *m.b.t. de zon; zonne-; zons-* ★ ~ system *zonnestelsel* ★ ~ panel *zonnepaneel*

sold (səʊld) WW [verleden tijd + volt. deelw.]
• → **sell**

solder ('səʊldə) I ZN • *soldeer* II OV WW • *solderen*

soldering iron ZN *soldeerbout*

soldier ('səʊldʒə) I ZN • *soldaat; militair*
• *lijntrekker* ⟨bij de marine⟩ ★ ~ of fortune *avonturier* ★ she's a brave little ~ *zij houdt moedig vol ondanks alle tegenslag* ★ come the old ~ over *(proberen te) overdonderen* ★ go for a ~ *dienst nemen* ★ ~ crab *heremietkreeft* II ONOV WW • *dienen* ⟨als soldaat⟩ • ~ **on** *moedig volhouden; volharden; stoer doorsjouwen*

soldierlike ('səʊldʒəlaɪk) BNW *krijgshaftig; soldatesk*

soldierly ('səʊldʒəlɪ) BNW *krijgshaftig; soldatesk*

sole (səʊl) I ZN • *zool* • *tong* ⟨vis⟩ ★ Dover sole *tong* II BNW • *enig; enkel* III OV WW • *(ver)zolen*

solecism ('sɒlɪsɪzəm) ZN • *ongemanierdheid*

• *taalfout*

solely ('səʊllɪ) BIJW • *alleen* • *enkel*

solemn ('sɒləm) BNW • *plechtig* • *plechtstatig*
• *ernstig* ★ a ~ ass *een idioot die belangrijk wil zijn*

solemnity (sə'lemnətɪ) ZN *plechtigheid*

solemnize, G-B **solemnise** ('sɒləmnaɪz) OV WW
• *plechtig vieren* • *inzegenen* • *plechtig maken*

sol-fa ('sɒlfɑː) I ZN • *solfège* II ONOV WW • *zingen op do-re-mi, enz.*

solicit (sə'lɪsɪt) I OV WW • JUR. *uitlokken* ⟨als strafbaar feit⟩ • *dringend vragen (om)* • *lastig vallen* ⟨in ongunstige zin⟩ • *aanspreken* ⟨door prostituee⟩ II ONOV WW • JUR. *z. prostitueren*

solicitation (səlɪsɪ'teɪʃən) ZN • JUR. *uitlokking* ⟨als strafbaar feit⟩ • *dringend verzoek* • *het aanspreken op straat* ⟨als strafbaar feit⟩

solicitor (sə'lɪsɪtə) ZN • G-B ≈ *advocaat-procureur*
• *juridisch adviseur* • ≈ *notaris* • USA *colporteur*

Solicitor-General (səlɪsɪtə'dʒenrəl) BNW ≈ *advocaat-generaal*

solicitous (sə'lɪsɪtəs) BNW • *begerig* • *bezorgd* ★ ~ to *er op uit om*

solicitude (sə'lɪsɪtjuːd) ZN • *zorg* • *aandacht*

solid ('sɒlɪd) I ZN • *vast lichaam* • *stereometrische figuur* II BNW • *stevig* • *degelijk* • *gezond* ⟨principes⟩ • *eensgezind* • *kubiek* • *vast*
• *massief* ★ be/go ~ for *eensgezind zijn in/voor* ★ a ~ hour *een heel uur lang* ★ USA the Solid South *het Democratische Zuiden*

solidarity (sɒlɪ'dærətɪ) ZN *solidariteit; saamhorigheidsgevoel*

solidify (sə'lɪdɪfaɪ) I OV WW • *in vaste toestand brengen* • *stevig/vast, enz. maken* II ONOV WW
• *in vaste toestand komen* • *stevig/vast, enz. worden*

solidity (sə'lɪdətɪ) ZN *het solide/vast, enz. zijn*

soliloquy (sə'lɪləkwɪ) ZN • *alleenspraak* • *'t in zichzelf praten*

solitaire ('sɒlɪteə) ZN • *solitairspel* • *patience*

solitary ('sɒlɪtərɪ) BNW • *eenzaam* • *enkel*
• *alleenlevend* ★ take a ~ walk *alleen gaan wandelen* ★ ~ confinement *eenzame opsluiting; cellulaire gevangenisstraf*

solitude ('sɒlɪtjuːd) ZN *eenzaamheid*

solo ('səʊləʊ) ZN • *solo* • *alleen-*

soloist ('səʊləʊɪst) ZN *solist(e)*

solstice ('sɒlstɪs) ZN *zonnewende*

solubility (sɒljʊ'bɪlɪtɪ) ZN *oplosbaarheid*

soluble ('sɒljʊbl) BNW *oplosbaar* ★ ~ tablets *oplostabletten* ★ ~ glass *waterglas*

solution (sə'luːʃən) ZN • *oplossing* • *solutie*

solvable ('sɒlvəbl) BNW *oplosbaar*

solve (sɒlv) OV WW *oplossen* ★ ~ a vow *een gelofte inlossen*

solvency ('sɒlvənsɪ) ZN *solventie*

solvent ('sɒlvənt) I ZN • *oplossingsmiddel*
• *tinctuur* • *iets dat verduidelijkt* II BNW
• *oplossend* • ECON. *solvabel*

somatic (sə'mætɪk) BNW • *lichamelijk* • *lichaams-*

sombre ('sɒmbə) BNW *somber*

sombreness ('sɒmbənəs) ZN *somberheid*

some (sʌm) I BNW • *sommige* • *ongeveer; een*
• *nogal wat; heel wat* • *een of ander(e); een zeker(e)* • *wat; een paar; enige* ★ some day *op een (goeie) dag* ★ some time *op een (goeie)*

SO

keer; *nog wel 'ns (in de toekomst)* ★ some chap or other *een of andere vent* ★ some few *een paar* ★ some little way *een eindje* ★ some 40 people *ongeveer 40 mensen* ★ you'll need some courage *je zult behoorlijk wat moed nodig hebben* ★ he is some scholar *dat is me nog eens een geleerde* II ONB VNW • *enige(n)*; *sommige(n)*; *een stuk of wat* • *een beetje*; *wat* III BIJW • *een beetje*; *een tikje*

somebody ('sʌmbədɪ) I ONB VNW • *iemand* II ZN ★ a ~ *een heel iemand*

somehow ('sʌmhaʊ) BIJW • *op één of andere manier* • *om de één of andere reden* ★ ~ or other *op de één of andere manier*

someone ('sʌmwʌn) ONB VNW *één of andere persoon*; *iemand*

someplace ('sʌmpleɪs) BIJW *ergens*

somersault ('sʌməsɒlt) I ZN • *duikeling* • *salto mortale* II ONOV WW • *duikelen*

something ('sʌmθɪŋ) ONB VNW *iets*; *wat* ★ ~ dreadful *iets vreselijks* ★ ~ like *zo iets als*; *ongeveer* ★ ~ of *iets van*; *zo'n soort* ★ ~ or other *'t teen of ander* ★ or ~ *of zoiets*

sometime ('sʌmtaɪm) BIJW • *te zijner tijd*; *wel 'ns een keer* (in de toekomst) • *te eniger tijd* • *vroeger*; *voorheen* ★ ~ or other *te zijner tijd*; *wel 'ns een keer* (in de toekomst)

sometimes ('sʌmtaɪmz) BIJW *soms*

somewhat ('sʌmwɒt) BIJW *enigszins*; *een beetje*

somewhere ('sʌmweə) BIJW *ergens*

somnambulist (sɒm'næmbjʊlɪst) ZN *slaapwandelaar*

somnolence ('sɒmnələns) ZN *slaperigheid*

somnolent ('sɒmnələnt) BNW • *slaperig* • *slaapwekkend*

son (sʌn) ZN *zoon* ★ son of a bitch *klootzak* ★ son of a gun *stoere bink* ★ INFORM. old son *ouwe jongen*

sonar ('səʊnə) ZN *sonar*

sonata (sə'nɑːtə) ZN *sonate*

sonatina (sɒnə'tiːnə) ZN *sonatine*

song (sɒŋ) ZN • *lied(je)* • *gezang* • *'t zingen* • *poëzie* • *lyriek* ★ Song of Songs *'t Hooglied* ★ burst into song *beginnen te zingen* ★ I got it for a song *ik kreeg 't voor een appel en een ei* ★ make a song (and dance) about *een hoop drukte/ophef maken over*

songbird ('sɒŋbɜːd) ZN *zangvogel*

songbook ('sɒŋbʊk) ZN *zangbundel*; *liedbundel*

songful ('sɒŋfʊl) BNW • *melodieus* • *gaarne zingend*

songster ('sɒŋstə) ZN • *zanger*; *zangvogel* • *lyrisch dichter*

songstress ('sɒŋstrəs) ZN • *zangeres* • *zangvogel*

songwriter ('sɒŋraɪtə) ZN *tekstdichter en componist*

sonic ('sɒnɪk) BNW *geluid(s)-* ★ ~ barrier *geluidsbarrière*

son-in-law ZN *schoonzoon*

sonnet ('sɒnɪt) ZN *sonnet*

sonneteer (sɒnɪ'tɪə) ZN *sonnettendichter*

sonny ('sʌnɪ) ZN *ventje*; *kereltje*

sonority (sə'nɒrɪti) ZN *sonoriteit*

sonorous ('sɒnərəs) BNW • *geluidgevend* • *klankvol*; *sonoor* • *melodieus* • *schoon klinkend*

soon (suːn) BIJW *spoedig*; *weldra*; *gauw* ★ as (so) soon as *zodra* ★ I would just as soon not go *ik ging net zo lief niet*

sooner ('suːnə) BIJW • *eerder* • *liever* ★ no ~ ... than *nauwelijks ... of* ★ ~ or later *vroeg of laat*; *vandaag of morgen* ★ the ~ the better *hoe eerder hoe beter*

soot (sʊt) I ZN • *roet* II OV WW • *beroeten*

soothe (suːð) OV WW • *sussen*; *kalmeren* • *vleien*

soothsayer ('suːθseɪə) ZN *waarzegger/-ster*

sooty ('sʊtɪ) BNW • *roetig* • *roetkleurig*

sop (sɒp) I ZN • *stukje brood in jus/melk, enz. gedrenkt* • *aanbod* (om iem. mee om te kopen) • *concessie* • *melkmuil* II OV WW • *soppen* • *drenken* • *doornat maken* ★ ~ up *opnemen/-zuigen*

sophism ('sɒfɪzəm) ZN *sofisme*; *drogreden*

sophist ('sɒfɪst) ZN *sofist*; *drogredenaar*

sophisticate (sə'fɪstɪkeɪt) ZN • *wereldwijs, sociaal ontwikkeld persoon* • *intellectueel*

sophisticated (sə'fɪstɪkeɪtɪd) BNW • *wereldwijs*; *sociaal ontwikkeld* • *geavanceerd*; *geraffineerd*; *subtiel* • *intellectueel ontwikkeld*

sophistication (səfɪstɪ'keɪʃən) ZN • *wereldwijsheid*; *sociale ontwikkeling* • *geavanceerdheid*; *subtiliteit*; *raffinement* • *intellectuele ontwikkeling*

sophistry ('sɒfɪstrɪ) ZN • *drogreden(ering)* • *sofisterij*

sophomore ('sɒfəmɔː) ZN USA *tweedejaarsstudent(e)*

soporific (sɒpə'rɪfɪk) I ZN • *slaapmiddel*; *slaapverwekkend middel/medicijn/enz.* II BNW • *slaapverwekkend* (middel)

sopping ('sɒpɪŋ) BNW *doorweekt*

soppy ('sɒpɪ) BNW • *kletsnat* • *drassig* • *futloos*; *week* • *sentimenteel*

soprano (sə'prɑːnəʊ) ZN *sopraan*

sorbet ('sɔːbeɪ) ZN *sorbet*; *vruchten(room)ijs met limonade*

sorcerer ('sɔːsərə) ZN *tovenaar*

sorceress ('sɔːsərəs) ZN *tovenares*; *heks*

sorcery ('sɔːsərɪ) ZN *toverij*; *hekserij*

sordid ('sɔːdɪd) BNW • *onverkwikkelijk* (kwestie) • *vuil* • *laag* • *gemeen*

sordidness ('sɔːdɪdnəs) ZN *gemeenheid*

sore (sɔː) I ZN • *zeer* • *pijnlijke plek* • *zweer* ★ cold sore *koortsuitslag* ★ old sores *oude wonden* ★ an open sore *een open wond* II BNW • *zeer*; *pijnlijk* • *gevoelig* • *bedroefd* • *gekrenkt* • *ernstig*; *dringend* ★ sore head *hoofd met builen en schrammen* ★ he was like a bear with a sore head *hij had gruwelijk de pest in* ★ sore point/subject *gevoelige kwestie*; *teer punt* ★ sore throat *keelpijn* III BIJW • *zeer*

sorehead ('sɔːhed) ZN *mopperaar*

sorely ('sɔːlɪ) BIJW *erg*

soreness ('sɔːnəs) ZN • → sore

sorority (sə'rɒrəti) ZN USA *meisjesstudentenvereniging*

sorrel ('sɒrəl) I ZN • *vos* (paard) • *zuring* • *roodbruin* II BNW • *roodbruin*; *rossig*

sorrow ('sɒrəʊ) I ZN • *verdriet*; *droefheid* • *leed(wezen)*; *berouw* • *lijden* II ONOV WW • *bedroefd zijn*; *treuren*

sorrowful ('sɒrəʊfʊl) BNW • *treurig* • *bedroefd*

sorrow-stricken BNW *onder smart gebukt*
sorry ('sɒrɪ) BNW • *bedroefd* • *treurig* ★ a ~
excuse een pover excuus ★ be/feel~ for *spijt
hebben van*; *'t vervelend vinden voor* ★ be/feel
~ for o.s. *met zichzelf te doen hebben*; *in de put
zitten* ★ (I'm) (so) ~ *'t spijt me*; *neem me niet
kwalijk*
sort (sɔːt) I OV WW • *sorteren* • *indelen* • ~ out
uitzoeken; *sorteren* II ONOV WW ★ you're well
sorted *jullie passen goed bij elkaar* ★ ~ with
passen bij III ZN • *soort* ★ all sorts of *allerlei*
★ all sorts and conditions of men *mensen van
allerlei slag* ★ a good sort *een goede vent* ★ he
is a bad sort *hij deugt niet* ★ he's not my sort
ik moet 'm niet ★ nothing of the sort *geen
kwestie van* ★ a meal of sorts *schamele
maaltijd* ★ a writer of some sort *een soort
(van) schrijver* ★ it's sort of moist *'t lijkt wel
vochtig*; *'t is wat vochtig, geloof ik* ★ he sort of
refused *hij weigerde zo'n beetje* ★ out of sorts
niet lekker; *uit zijn humeur*; *verdrietig*
sorter ('sɔːtə) ZN *sorteerder*
sortie ('sɔːtɪ) ZN • MIL. *uitval* • LUCHTV. *operatie*
• *uitje*; *het even uitgaan*
SOS AFK *save our souls SOS*; *noodsignaal*
so-so ('səʊ-səʊ) BNW + BIJW *(maar) zozo*
sot (sɒt) ZN *zatlap*
sottish ('sɒtɪʃ) BNW • *bezopen* • *idioot*
souffle ('suːfəl) ZN MED. *hartruis*
soufflé ('suːfleɪ) ZN *soufflé*
sough (saʊ) I ZN • *gesuis* • *zucht* II ONOV WW
• *suiz(el)en*
sought (sɔːt) WW [verleden tijd + volt. deelw.]
• → **seek**
soul (səʊl) ZN • *ziel* • *geest* • MUZ. *soul* ★ not a
soul *geen levend mens*; *geen sterveling* ★ he
was the life and the soul of *hij was het
middelpunt van* ★ he has a soul above ... *hij
heeft hogere aspiraties dan ...* ★ not for the
soul of me *met geen mogelijkheid* ★ bless my
soul! *lieve hemel!*
soul brother ZN INFORM. *zwarte broeder* ⟨met
name onder Afro-Amerikanen⟩
soul-destroying BNW *geestdodend*
soulful ('səʊlfʊl) BNW • *zielvol* • *met vuur*
• *gevoelvol*
soulless ('səʊlləs) BNW *zielloos*; *dood(s)*
soul-searching ZN *gewetensonderzoek*
sound (saʊnd) I ZN • *geluid*; *klank* • *sonde*
• *peiling* • *zee-engte* • *zwemblaas* ★ ~ wave
geluidsgolf II BNW • *gezond* • *degelijk*; *flink*
• *solide* • *betrouwbaar* • *rechtmatig* ★ safe and
~ *gezond en wel*; *behouden* ★ ~ asleep *vast in
slaap* ★ ~ sleep *vaste slaap* ★ a ~ thrashing *een
flink pak slaag* ★ of ~ mind *bij zijn volle
verstand* III OV+ONOV WW • *laten horen*
• *uitbazuinen* • *loden*; *sonderen* • *polsen*
• *onderzoeken* • *onderduiken* ⟨v. walvis⟩
• *klinken* • *luiden* • *doen klinken* • *blazen op*
• *peilen* ★ ~ the retreat *de aftocht blazen* ★ USA
~ **off** *zijn mening zeggen*; *z. laten horen*
IV BIJW ★ ~ asleep *vast in slaap*
sound bite ZN *kernachtige uitspraak*
soundboard ZN *klankbord*
sound card ZN COMP. *geluidskaart*
sounding ('saʊndɪŋ) I ZN • *peiling* • *gepeilde/te

peilen plaats • *zee-engte* ★ take ~s *peilen*; *loden*
II BNW • *(hol)klinkend*
sounding board ('saʊndɪŋbɔːd) ZN OOK FIG.
klankbord; *klankbodem*
soundless ('saʊndləs) BNW *geluidloos*
soundly ('saʊndlɪ) BIJW *gezond*; *degelijk* ★ ~
asleep *vast in slaap*
soundness ('saʊndnɪs) ZN • → **sound**
soundproof ('saʊndpruːf) BNW *geluiddicht*
sound system ZN *geluidsinstallatie*
soundtrack ('saʊndtræk) ZN *geluidsband* ⟨v.
film⟩; *filmmuziek*
soup (suːp) I ZN • *soep* ★ in the soup *in
moeilijkheden* ★ clear soup *heldere soep*
★ NATK. primordial soup *oersoep* II OV WW
• ~ **up** *opvoeren*
soup kitchen ('suːpkɪtʃɪn) ZN • *gaarkeuken*;
centrale keuken • MIL. *veldkeuken*
sour ('saʊə) I ZN • OOK FIG. *iets zuurs* • USA
alcoholische drank met citroen II BNW • *zuur*;
wrang • *nors* • USA/INFORM. be sour on *een
hekel hebben aan* III OV WW • *zuur maken*
IV ONOV WW • *zuur worden* • USA ~ on *afkerig
maken van* ★ the whole affair soured on me
de hele kwestie ging me danig tegenstaan
source (sɔːs) ZN OOK FIG. *bron*
source code ZN COMP. *broncode*
sourdough ('saʊədəʊ) ZN • *zuurdesem* • *ouwe
rot*; *veteraan*
sourish ('saʊərɪʃ) BNW *zurig*
sourpuss ('saʊəpʊs) ZN *zuurpruim*
souse (saʊs) I ZN • *pekel* • *haring/varkenspoten,
enz. in de pekel* • *onderdompeling* ★ give sb a ~
iem. kopje onder houden ★ get a thorough ~
doornat worden II OV WW • *pekelen* • *onder
water houden* III ONOV WW • *doornat worden*
IV BIJW ★ fall ~ *into the water (pardoes) in 't
water vallen*
soused (saʊst) BNW • *bezopen*; *dronken*
• *doornat*
soutane (suːˈtɑːn) ZN *toog*; *soutane*
south (saʊθ) I ZN • *zuiden* ★ USA the South *de
staten in het zuiden v.d.VS* ★ (to the) ~ of *ten
zuiden van* II BNW • *zuid-* • *zuiden-* ★ op 't
zuiden ★ South Sea(s) *Stille Zuidzee* ★ South
African *Zuid-Afrikaan* III ONOV WW • *naar 't
zuiden varen* • *door de meridiaan gaan*
southbound ('saʊθbaʊnd) BNW *(op weg) naar
het zuiden*; *zuidwaarts*
south-east I ZN • *zuidoost(en)* II BNW
• *zuidoostelijk*
south-easter ZN *zuidooster* ⟨wind⟩
south-easterly BNW + BIJW *zuidoostelijk*
south-eastern BNW *zuidoostelijk*
southerly ('sʌðəlɪ) BNW + BIJW *zuidelijk*; *zuiden-*
• *van 't zuid*
southern ('sʌðn) BNW • *zuidelijk* • *zuider-*
southerner ('sʌðənə) ZN *zuiderling*
southernmost ('sʌðnməʊst) BNW *meest
zuidelijk*; *zuidelijkst*
South Pole ZN GEOGRAFIE *Zuidpool*
southward ('saʊθwəd) BNW + BIJW *zuidwaarts*
southwards ('saʊθwədz) BIJW *zuidwaarts*
south-west I ZN • *zuidwest(en)* II BNW
• *zuidwestelijk*
south-wester ZN *zuidwester*; *zuidwestenwind*

SO

south-westerly BNW + BIJW *zuidwestelijk*
south-western (saʊθ'westən) BNW *zuidwestelijk*
souvenir (su:və'nɪə) I ZN • *souvenir* II OV WW
• PLAT *als 'souveniertje' meepikken*
souwester (saʊ'westə) ZN *zuidwester*
sovereign ('sɒvrɪn) I ZN • *soeverein* • *gouden munt ⟨20 shilling⟩* II BNW • *soeverein* • *hoogst* • *onovertroffen*
sovereignty ('sɒvrəntɪ) ZN • *soevereiniteit* • *oppergezag*
soviet ('səʊvɪət) ZN *sovjet*
sow[1] (saʊ) ZN • *zeug* • *grote gietgoot; gieteling; blok ⟨metaal⟩* ★ *have the wrong sow by the ear de verkeerde te pakken hebben; 't bij 't verkeerde eind hebben* ★ *as drunk as a sow stomdronken* ★ *sow bug pissebed*
sow[2] (səʊ, USA soʊ) OV WW • *zaaien* • *poten* ★ *sow the wind and reap the whirlwind wind zaaien en storm oogsten* ★ *sow one's wild oats z'n wilde haren nog niet kwijt zijn*
sower ('səʊə) ZN • *zaaier* • *zaaimachine*
sowing ('səʊɪŋ) ZN *zaaisel* ★ *~machine zaaimachine*
sown (səʊn) WW [volt. deelw.] • → sow[2]
soy (sɔɪ) ZN *soja*
soybean ('sɔɪbi:n) ZN *sojaboon*
soy sauce ZN *ketjap*
sozzled ('sɒzəld) BNW *dronken*
spa (spɑ:) ZN • *badplaats; kuuroord* • *geneeskrachtige bron*
space (speɪs) I ZN • *ruimte* • *tijdsruimte; poos* • DRUKK. *spatie* II OV WW • *op gelijke afstanden opstellen* • *spatiëren* ★ *~d payments termijnbetaling(en)* III ONOV WW • ~ *out in een roes raken ⟨door drugs⟩*
space-age ZN *ruimtetijdperk*
space bar ZN COMP. *spatiebalk*
spacecraft ('speɪskrɑːft) ZN *ruimtevaartuig*
spaceman ('speɪsmæn) ZN *ruimtevaarder; kosmonaut*
spacer ('speɪsə) ZN COMP. *spatiebalk*
spaceship ('speɪsʃɪp) ZN *ruimteschip*
space shuttle ZN *spaceshuttle; ruimteveer*
spacesuit ('speɪssuːt) ZN *ruimte(vaarders)pak*
space travel ZN *ruimtevaart*
space wagon ZN AUTO. *ruimtewagen*
spacing ('speɪsɪŋ) ZN • *spatiëring; tussenruimte* • *spatie*
spacious ('speɪʃəs) BNW • *ruim; uitgestrekt* • *veelzijdig*
spade (speɪd) I ZN • *spade; schop* • *schoppenkaart* ★ *call a ~a ~ het beestje bij de naam noemen* II OV WW • *(om)spitten*
spadework ('speɪdwɜːk) ZN • *grondig werk* • FIG. *pionierswerk*
Spain (speɪn) ZN *Spanje*
spam (spæm) ZN • *spam ⟨gekookte ham in blik⟩* • *spam ⟨massa ongevraagde e-mail⟩*
span (spæn) I ZN • *span ⟨± 23 cm⟩* • *reik-/spanwijdte* • *vleugelbreedte* • *spanne; hoeveelheid* • *sjortouw* • USA *span* ★ *bridge of four spans brug met vier spanningen* ★ *our life is but a span ons leven is maar kort* II WW [verleden tijd] • → spin I OV WW • *(om-/over)spannen; overbruggen* • *vastsjorren* II ONOV WW • *lopen ⟨v. spanrups⟩*

spangle ('spæŋgl) I ZN • *lovertje* • *glinsterend spikkeltje* • PLANTK. *gal ⟨op blad⟩* II OV WW • *met lovertjes versieren* • *bezaaien* ★ *star-~d banner Amerikaanse vlag; met sterren bezaaide vlag*
Spanglish ('spæŋglɪʃ) ZN TAALK. *Spanglish ⟨hybride taal: Engels/Spaans⟩*
Spaniard ('spænjəd) ZN *Spanjaard; Spaanse*
spaniel ('spænjəl) ZN *spaniël; patrijshond* ★ *tame ~ laaghartige vleier*
Spanish ('spænɪʃ) BNW m.b.t. Spanje; Spaans ★ *~ castle luchtkasteel* ★ *~ main kust- en zeegebied N.O. v. Zuid-Amerika*
spank (spæŋk) I OV WW • *slaan ⟨met platte hand⟩; op achterwerk slaan* II ONOV WW • ~ *along voortsnellen* III ZN • *klap*
spanking ('spæŋkɪŋ) I ZN • *billenkoek; pak voor de broek* II BNW • *straf ⟨wind⟩* • *prima* • *flink* • *knaap van een …*
spanner ('spænə) ZN *moersleutel* ★ *adjustable ~ Engelse sleutel; bahco* ★ *open-end(ed) ~ steeksleutel* ★ *ring ~ ringsleutel* ★ *throw a ~ into the works roet in 't eten gooien*
spar (spɑː) I ZN • *paal; mast* • *spaat* • *bokspartij* • *(woorden)twist* • *hanengevecht* II ONOV WW • *masten/palen plaatsen* • *bomen* • *boksen* • *twisten; (be)vechten* • ~ *at slaan/stompen (naar)*
spare (speə) I ZN • *reserveonderdeel/-wiel* II BNW • *mager; schraal* • *reserve-* • *extra-* ★ *~cash geld over; spaargeld* ★ *~room logeerkamer* ★ *~time vrije tijd; tijd over* ★ *~wheel reservewiel* ★ *~part reserveonderdeel* ★ *~part surgery transplantatie v. organen* III OV WW • *(be)sparen* • *niet of weinig gebruiken* • *over hebben* • *missen* ★ *can you ~me … kun je … even missen; kan ik … van je hebben/krijgen* ★ *~o.s. zich ontzien* ★ *~the rod and spoil the child wie zijn kind lief heeft, kastijdt het* ★ *enough and to ~in overvloed; meer dan genoeg*
sparing ('speərɪŋ) BNW • *matig* • *karig; zuinig*
spark (spɑːk) I ZN • *vonk; ontlading* • *sprankje* • *greintje* • *vrolijke frans* II ONOV WW • *vonken (uitslaan)* • *uitgaan* • *fuiven* • *versieren* • *flirten*
sparkle ('spɑːkl) I ZN • *sprankje* • *schittering* II ONOV WW • *bruisen* • *sprankelen* • *schitteren* • *vonken schieten* • *mousseren* ★ *sparkling wine mousserende wijn*
sparkler ('spɑːklə) ZN • *sprankelende geest* • *diamant*
sparkling ('spɑːklɪŋ) BNW ★ *~water spuitwater* ★ *~wines mousserende wijnen*
spark plug ZN *bougie*
Sparks ('spɑːks) ZN MV • PLAT *marconist* • PLAT *elektricien*
sparring ('spɑːrɪŋ) BNW ★ *~match bokswedstrijd* ★ *~partner tegenstander bij oefenwedstrijd*
sparrow ('spærəʊ) ZN *mus* ★ *house ~huismus*
sparrowhawk ('spærəʊhɔːk) ZN *sperwer*; USA *torenvalk*
sparse (spɑːs) BNW • *schaars* • FIG. *dun gezaaid*
sparseness ('spɑːsnəs) ZN *schaarsheid*
sparsity ('spɑːsətɪ) ZN • → sparseness
Spartan ('spɑːtən) I ZN • *Spartaan* II BNW • *Spartaans*

spasm ('spæzəm) ZN • kramp • scheut
• opwelling ★ ~s of laughter lachstuip
spasmodic (spæz'mɒdɪk) BNW • krampachtig
• met vlagen; onregelmatig
spastic ('spæstɪk) BNW • kramp- • spastisch
spat (spæt) I ZN • slobkous • broed/zaad v. oesters,
enz. • geschil; ruzie; controverse II WW
[verleden tijd + volt. deelw.] • → spit ONOV
WW • zaad schieten ⟨v. oester⟩ • kibbelen
spatchcock ('spætʃkɒk) I ZN • geslacht en direct
bereid gevogelte II OV WW • slachten en direct
bereiden • nog even/vlug inlassen
spate (speɪt) ZN • overstroming • stroom;
(toe)vloed ⟨fig.⟩ ★ river is in ~ de rivier is
hoog/sterk gezwollen
spatial ('speɪʃəl) BNW • ruimtelijk • m.b.t. ruimte
spatted ('spætɪd) BNW met slobkousen aan
spatter ('spætə) I ZN • het bekladden, enz.
• spat(je) ⟨neerslag⟩; buitje II OV WW
• besprenkelen; bespatten • bekladden ⟨fig.⟩
III ONOV WW • sprenkelen; kladden
spatula ('spætjʊlə) ZN spatel
spawn (spɔ:n) I ZN • kuit • gebroed
• zwamdraden/-vlok II OV WW • voortbrengen
III ONOV WW • kuit schieten • eieren leggen
spay (speɪ) OV WW steriliseren ⟨v. dieren⟩
speak (spi:k) OV+ONOV WW • spreken • zeggen
• tegen elkaar spreken • praaien • getuigen van
• geluid geven ★ strictly ~ing eigenlijk gezegd
★ ~ a p. fair voorkomend zijn tegen iem. ★ so
to ~ om zo te zeggen ★ (this is) B. ~ing u
spreekt met B. ★ B. ~ing? spreek ik met B? ★ ~
one's mind oprecht zijn mening zeggen; geen
blad voor de mond nemen ★ be well spoken
verzorgd/beschaafd spreken • ~ for spreken
namens/voor; bespreken; getuigen van; pleiten
voor ★ ~well for pleiten voor ★ that ~s for
itself dat behoeft geen nader betoog; dat is
vanzelfsprekend • ~ of spreken over ★ nothing
to ~ of niets noemenswaardigs • ~ out hardop
spreken; uitspreken; vrijuit spreken • ~ to
aan-/toespreken; getuigen van • ~ up duidelijk
zeggen; zijn mond niet meer houden; harder
spreken
speak-easy ZN USA illegaal kroegje
speaker ('spi:kə) ZN • spreker • luidspreker
★ Speaker voorzitter van het LagerhuisG-B
speakership ('spi:kəʃɪp) ZN voorzitterschap
speaking ('spi:kɪŋ) BNW spreek- ★ be on ~ terms
with a p. iem. goed kennen ★ be no longer on
~terms niet meer spreken tegen ★ ~
acquaintance oppervlakkige kennis ★ have a ~
knowledge of English Engels kunnen spreken
speaking trumpet ZN • spreektrompet
• (scheeps)roeper
speaking tube ZN spreekbuis
spear ('spɪə) I ZN • speer • piek • lansknecht ★ ~
side mannelijke linie II OV WW • doorboren
• spietsen • aan de speer rijgen
spearhead ('spɪəhed) I ZN • speerpunt • spits
⟨ook v. leger⟩ II ONOV WW • de spits afbijten
spearmint ('spɪəmɪnt) ZN kruizemunt
spec (spek) ZN • → specification ★ on spec op de
bonnefooi
special ('speʃəl) I ZN • special • extra-editie; extra
prijs; extra trein • documentaire • hulpagent

II BNW • speciaal • bijzonder • extra- ★ JUR. ~
verdict vonnis bij bijzondere rechtspleging ★ ~
areas noodgebieden ★ ~committee commissie
v. gedelegeerden ★ ~constable
(burger)hulpagent; politievrijwilliger ★ ~
delivery expressebestelling ★ ~licence
machtiging om huwelijk te sluiten zonder
afkondiging, enz. ★ ~pleading 't naar voren
brengen v. extra bewijsmateriaal; spitsvondig
geredeneer ★ ~school school voor b.l.o.
specialisation ZN G-B • → specialization
specialise WW G-B • → specialize
specialism ('speʃəlɪzəm) ZN • specialisatie
• specialisme
specialist ('speʃəlɪst) ZN specialist ★ ~service
afdeling voor adviezen en diensten
speciality (speʃɪ'æltɪ) ZN • specialiteit
• bijzondere eigenschap • speciaal
onderwerp/vak
specialization (speʃəlaɪ'zeɪʃən) ZN specialisatie
specialize ('speʃəlaɪz) ONOV WW • specialiseren
• nader bepalen • voor bijzondere functie
bestemmen • speciaal karakter aannemen
• ~ in z. speciaal gaan toeleggen op
specially ('speʃəlɪ) BIJW speciaal; (in het)
bijzonder
specialty ('speʃəltɪ) ZN • JUR. gezegeld contract
• verpakt geneesmiddel
species ('spi:ʃɪz) ZN • soort(en) ⟨levensvormen⟩
• vorm
specific (spə'sɪfɪk) I ZN • specifiek geneesmiddel
II BNW • specifiek • soortelijk; soort- • bepaald
specifically (spə'sɪfɪkəlɪ) BIJW • specifiek • wat je
noemt
specification (spesɪfɪ'keɪʃən) ZN specificatie
specificity (spesə'fɪsətɪ) ZN • het specifiek zijn
• specifieke eigenschap
specifics (spə'sɪfɪks) ZN MV details
specify ('spesəfaɪ) OV+ONOV WW • specificeren
• nader bepalen
specimen ('spesəmɪn) ZN • staaltje; (voor)proef
• voorbeeld; exemplaar ★ what a ~! wat een
nummer/vent! ★ ~copy present exemplaar
specious ('spi:ʃəs) BNW • schoonschijnend • (op 't
oog) aanvaardbaar
speck (spek) I ZN • stippeltje • USA spek • vlekje;
stip ★ ~of dust stofje II OV WW • (be)spikkelen
speckle ('spekl) I ZN • spikkeltje II OV WW
• (be)spikkelen
speckless ('speklǝs) BNW smetteloos
specs (speks) ZN • → spectacles
spectacle ('spektəkl) ZN • tafereel; schouwspel
• tafereel • gezicht ★ he is a sad ~je krijgt
medelijden als je hem ziet ★ make a ~of o.s.
zich (belachelijk) aanstellen; voor schut staan
★ ~case brillendoos
spectacled ('spektəkld) BNW met een bril op ★ ~
cobra/snake brilslang
spectacles ('spektəklz) ZN MV bril
spectacular (spek'tækjʊlə) I ZN • schouwspel
• show II BNW • opzienbarend; spectaculair
• opvallend • sensationeel
spectator (spek'teɪtə) ZN toeschouwer
spectral ('spektrəl) BNW • spookachtig • spook-
• spectraal
spectre ('spektə) ZN spook(verschijning)

sp

specula ('spekjʊlə) ZN MV • → **speculum**
speculate ('spekjʊleɪt) ONOV WW • *beschouwen* • *peinzen*; *mediteren* • *speculeren*
speculation (spekjʊ'leɪʃən) ZN • *beschouwing* • *speculatie*
speculative ('spekjʊlətɪv) BNW *speculatief* ★ ~ market *termijnmarkt*
speculator ('spekjʊleɪtə) ZN *speculant*
speculum ('spekjʊləm) ZN *speculum*
sped (sped) WW [verl. tijd + volt. deelw.] • → **speed**
speech (spiːtʃ) ZN • *spraak*; *(het) spreken* • *speech*; *toespraak* • *geluid* • *taal* ★ TAALK. part of ~ *woordsoort* ★ TAALK. figure of ~ *stijlfiguur* ★ free ~ *het vrije woord* ★ have ~ with *spreken met* ★ hold one's ~ *zijn mond houden*
speech day ZN *prijsuitreiking* ⟨op school⟩
speechify ('spiːtʃɪfaɪ) ONOV WW *speechen*
speechless ('spiːtʃləs) BNW • *sprakeloos* • *onuitsprekelijk* • *stom* • *stomdronken*
speech-reading ZN *(het) liplezen*
speech recognition ZN COMP. *spraakherkenning*
speech therapist ZN *logopedist*
speech therapy ZN *logopedie*
speed (spiːd) I ZN • *snelheid* • *spoed* • *versnelling* • *amfetamine* ★ at full ~ *met/op topsnelheid* II ONOV WW • *z. haasten*; *spoeden* • *(te) snel rijden* • *vooruitkomen* • *aanvuren* • *'t tempo opvoeren* ★ ~ing ticket *boete voor te snel rijden* ★ God ~! *het ga u goed!*; God moge met u zijn! ★ ~ a guest *iem. het beste wensen* • ~ **up** *het tempo opvoeren*
speedboat ('spiːdbəʊt) ZN *raceboot*
speed bump ZN • → **speed hump**
speed dating ZN *speeddaten*
speeder ('spiːdə) ZN *snelheidsregulateur*
speed hump ZN *verkeersdrempel*
speeding ('spiːdɪŋ) ZN *(het) te hard rijden*
speed limit ZN *maximumsnelheid*
speedometer (spiː'dɒmɪtə) ZN *snelheidsmeter*
speed trap ZN *radarval*
speedway ('spiːdweɪ) ZN *motorracebaan*; *modderbaan*
speedwell ('spiːdwel) ZN PLANTK. *ereprijs*
speedy ('spiːdɪ) BNW • *met spoed* • *spoedig* • *snel*
spell (spel) I ZN • *toverspreuk* • *betovering* • *(korte) periode* • *tijdje* • *beurt* ★ cold ~ *periode v. koud weer*; *periode van kou* ★ ~ of rain *tijdje regen* ★ take a ~ at the oars *'n tijdje roeien* ★ ~ for ~ *beurtelings* II OV+ONOV WW • *spellen* • *ontcijferen* • *betekenen* • *aflossen* • *schaften* ★ o-n-e ~s one *o-n-e is de spelling van one* • ~ **out** *(voluit) spellen*
spellbinding ('spelbaɪndɪŋ) BNW *fascinerend*
spellbound ('spelbaʊnd) BNW • *als aan de grond genageld* • *betoverd* • *gefascineerd*
spelled WW [verleden tijd + volt. deelw.] • → **spell**
spelling ('spelɪŋ) ZN *spelling* ★ ~ bee *spelwedstrijd* ★ ~ checker *spellingcontrole, -checker*
spelt (spelt) I ZN *spelt* ⟨soort tarwe⟩ II WW [verleden tijd + volt. deelw.] • → **spell**
spencer ('spensə) ZN • *korte overjas* • *slip-over* • *gaffelzeil*
spend (spend) I OV WW • *ten koste leggen*

• *doorbrengen* • *verbruiken* • *verspelen* • *uitgeven* • *besteden* ★ ~ing money *zakgeld* ★ the night is far spent *de avond/nacht is bijna om* II WKD WW ★ the storm has spent itself *de storm is uitgeraasd* ★ ~ o.s. *zich uitputten/-sloven* III ZN • *uitgave*
spendable ('spendəbl) BNW *te besteden*
spend-all ZN *verkwister*
spender ('spendə) ZN • *uitgever* ⟨v. geld⟩ • *opmaker* ★ be a lavish ~ *royaal met geld omgaan*
spendthrift ('spendθrɪft) I ZN • *opmaker* II BNW • *verkwistend*
spent (spent) I BNW *uitgeput*; *op*; *versleten*; *leeg* ⟨huls⟩ II WW [verleden tijd + volt. deelw.] • → **spend**
sperm (spɜːm) ZN *sperma(cel)*
sperm whale ZN *potvis*
spew (spjuː) OV+ONOV WW *spuwen*; *(uit)braken*
sphere (sfɪə) I ZN • *bol* • *hemellichaam* • *sfeer* • *terrein* II OV WW • *omsluiten* • *in sfeer opnemen*
spherical ('sferɪkl) BNW • *bolvormig* • *bol-*
sphinx (sfɪŋks) ZN *sfinx*
spic BNW • → **spick**
spice (spaɪs) I ZN • *vleugje*; *tikje* • *specerij* II OV WW • OOK FIG. *kruiden* • *prepareren*
spiciness ('spaɪsɪnəs) ZN *kruidigheid*
spick (spɪk) BNW ★ ~ and span *op orde*; *opgeruimd en netjes*
spicy ('spaɪsɪ) BNW • *kruidig*; *geurig* • *pikant*; *pittig*
spider ('spaɪdə) ZN • *spin* • *hoge treeft* • *braadpan* ⟨op hoge poten⟩ • *brik op hoge wielen* ★ ~ line *kruisdraad* ⟨v. kijker⟩
spidery ('spaɪdərɪ) BNW • *spinachtig* • *spichtig*
spiel (ʃpiːl, spiːl) I ZN • INFORM. *verhaal* • *speech* • *reclametekst* ★ a salesman's ~ *verko000praatje* II OV WW • *afdraaien* ⟨v. speech⟩ • *ophangen* ⟨v. verhaal⟩
spiffing ('spɪfɪŋ) BNW *magnifiek*; *uitstekend*
spiffy ('spɪfɪ) BNW • → **spiffing**
spigot ('spɪgət) ZN • *stop* • *tap*
spike (spaɪk) I ZN • *(metalen) punt* • *schoennagel* • *lange bout/spijker* • *piek* • *pen* • *aar* • *maïskolf* • MIN. *aanhanger v.d. High Church* II OV WW • *van punten, enz. voorzien* • *vastspijkeren*; *vernagelen* ★ ~ a p.'s guns *iem. 's plannen verijdelen*
spikes (spaɪks) ZN MV • *atletiekschoenen* ⟨met metalen punten⟩ • *metalen punten* ⟨op sneeuwbanden⟩ • USA *spijkerbroek*
spiky ('spaɪkɪ) BNW • *met scherpe punten* • *stekelig* ⟨ook v. personen⟩ • *fanatiek voor High Church*
spill (spɪl) I OV WW • *morsen* • *omgooien* • *gemorst worden* • *overlopen* • *uit 't zadel werpen* ★ ~ the beans *de boel verraden* ★ ~ blood *bloed vergieten* ★ don't ~ your nonsense on me *houd je onzin maar voor je* ★ be spilt *afvallen*; *uitvallen* II ZN • *(het) morsen* • *val(partij)* ★ ~ of milk *(beetje) gemorste melk* • coffee ~s *koffievlekken* ★ the horse gave me a ~ *'t paard wierp me af*
spillage ('spɪlɪdʒ) ZN • *gemors* • *lozing* ⟨v. bijv. olie⟩

spilled WW [verleden tijd + volt. deelw.] • → spill

spillway ('spɪlweɪ) ZN *(water)overlaat*

spilt (spɪlt) WW [verleden tijd + volt. deelw.] • → spill

spin (spɪn) I OV WW • *spinnen* ⟨draad⟩ • *snel doen/laten draaien* • *effect geven* ⟨aan bal⟩ • *opdissen* ⟨gegevens⟩ ★ spin clothes *kleren centrifugeren* • spin a coin *een munt opgooien* ★ spin a yarn *een sterk verhaal vertellen* • OOK FIG. ~ off *uit de mouw schudden; afdraaien; (af)dalen* • ~ out *uitrekken/-spinnen* II ONOV WW • *snel draaien* • *rondtollen* • *snel lopen/rijden/fietsen* • *zakken* ⟨voor examen⟩ ★ send sb spinning *iem. doen duizelen/tollen* • ~ along *voortrollen; voortpeddelen/-rollen* III OV+ONOV WW • *spinnen* IV ZN • *draaiing* • *spinsel* • SPORT *effect* • *tochtje; ritje; dans* ★ get into a spin *lelijk in de knoei zitten* ★ go for a spin *een eindje gaan fietsen/rijden*

spina bifida ('spaɪnə'bɪfɪdə) ZN *open rug(getje)*

spinach ('spɪnɪdʒ) ZN *spinazie*

spinal ('spaɪnl) I ZN • *stekel* • *ruggengraat* II BNW • *ruggen(graat)-* ★ ~ column *ruggengraat*

spindle ('spɪndl) I ZN • *spoel*; *klos* • *spil*; *as*; *stang* • *spindle* ⟨voor cd's⟩ II ONOV WW • *in de lengte groeien* • *hoog opschieten* ⟨v. plant⟩

spindly ('spɪndlɪ) BNW *spichtig*

spin doctor ZN • INFORM. *(politieke) woordvoerder* • INFORM. *mannetjesmaker*; *spindoctor*

spindrift ('spɪndrɪft) ZN • *opspattend zeewater*; *buiswater* • *sneeuwjacht*

spin-dry OV WW *centrifugeren*

spin dryer ZN *centrifuge*

spine (spaɪn) ZN • *stekel*; *doorn* • *ruggengraat* • *rug* ⟨v. boek⟩

spine-chiller (spaɪn'tʃɪlə) ZN *griezelverhaal* ⟨film, roman⟩

spine-chilling (spaɪn'tʃɪlɪŋ) BNW *griezelig*; *huiveringwekkend*

spineless ('spaɪnləs) BNW *zonder ruggengraat* ⟨vooral fig.⟩; *futloos*

spinnaker ('spɪnəkə) ZN *ballonfok*

spinner ('spɪnə) ZN • *spinmachine* • *vormer* ⟨aardewerkindustrie⟩ • *tolletje* • *propellerdop* • *kunstvlieg* ⟨als aas bij vissen⟩

spinney ('spɪnɪ) ZN *bosje*; *struikgewas*

spinning ('spɪnɪŋ) BNW ★ ~ house *spinhuis* ★ ~ wheel *spinnewiel*

spin-off ZN *bijproduct*; *nevenproduct*; *derivaat*

spinster ('spɪnstə) ZN • *jongedochter* • *oude vrijster*

spiny ('spaɪnɪ) BNW • *stekelig* • *netelig*

spiral ('spaɪərəl) I ZN • *spiraal* II BNW • *spiraalvormig*; *spiraal-* ★ ~ staircase *wenteltrap* III OV WW • *spiraalvormig maken* IV ONOV WW • *spiraalvormig lopen*

spire ('spaɪə) ZN • *(toren)spits* • *punt* • *(gras)spriet* • *top* • *spiraal*

spirit ('spɪrɪt) I ZN • *geest* • *spook* • *(levens)moed*; *energie*; *pit*; *fut* • *spiritus* • *spirits* [mv]; *sterke drank*; *levensgeesten*; *gemoedsstemming* ★ *animal~s levenslust*; *opgewektheid* ★ corporate~ *teamgeest* ★ free~ *onafhankelijk persoon* ★ REL. Holy Spirit *Heilige Geest* ★ in high ~s *opgeruimd*; *opgewekt* ★ in low ~s *neerslachtig* ★ out of ~s *neerslachtig* ★ the poor in ~ *de armen van geest* ★ be in low ~s *somber zijn* ★ raise sb's ~s *iem. opbeuren* ▼ in ~ *in gedachten* ▼ the ~ is willing (but the flesh is weak) *de geest is gewillig (maar het vlees is zwak)* ▼ as/if/when the ~ moves me *als ik de geest krijg* II OV WW • ~ away/off *heimelijk doen verdwijnen*; *wegtoveren*

spirited ('spɪrɪtɪd) BNW • *levendig*; *vurig* • *geanimeerd* • *pittig*

spiritism ('spɪrɪtɪzəm) ZN *spiritisme*

spirit lamp ZN *spirituslamp*

spiritless ('spɪrɪtləs) BNW • *levenloos* • *apathisch* • *zonder geest*

spirit level ZN *waterpas*

spiritual ('spɪrɪtʃʊəl) I ZN • MUZ. ≈ *godsdienstig lied* II BNW • *geestelijk* • *intellectueel* • *spiritueel* • *fijnbesnaard* ★ Lords Spiritual *bisschoppen in 't Hoger Huis*

spiritualism ('spɪrɪtʃʊəlɪzəm) ZN • *spiritualisme* • *spiritisme*

spiritualist ('spɪrɪtʃʊəlɪst) ZN • *spiritualist* • *spiritist*

spiritualities (spɪrɪtʃʊ'ælətɪz) ZN MV • *kerkelijke inkomsten* • *kerkelijk recht* • *kerkelijk gezag*

spirituality (spɪrɪtʃʊ'ælətɪ) ZN • *geestesleven* • *spiritualiteit*

spirituous ('spɪrɪtʃʊəs) BNW • *alcoholisch* • *geestrijk* ★ ~ liquor *sterkedrank*

spirt (spɜːt) ZN • → spurt

spit (spɪt) I OV WW • *doorboren*; *aan spit steken* ★ spit it out! *kom/zeg op!* II ONOV WW ★ it is just spitting *er valt maar een druppeltje (regen)* ★ she's the spitting image of her grandmother *ze lijkt sprekend op haar grootmoeder* • ~ upon *spugen op*; FIG. *verachten* III OV+ONOV WW • *blazen* ⟨v. kat⟩; *sputteren*; *spuwen* IV ZN • *(braad)spit* • *landtong* • *steek* ⟨met spade⟩ • *speeksel* • *spuug* • *schuim* ⟨v. schuimwesp⟩ ★ the dead/very spit of his father *het evenbeeld v. zijn vader* ★ spit of rain *buitje/spatje regen*

spite (spaɪt) I ZN • *wrevel*; *rancune*; *wrok* • *boosaardigheid* ★ out of ~ *uit wraak* ★ (in) ~ of *in weerwil van*; *ondanks* ★ have a ~ against a p. *iets tegen iem. hebben* II OV WW • *dwars zitten* • *kwellen*; *pesten*; *plagen*

spiteful ('spaɪtfʊl) BNW • *rancuneus* • *hatelijk* • *uit haat*

spitfire ('spɪtfaɪə) ZN • *nijdas* • *driftkop* • *type jachtvliegtuig*

spittle ('spɪtl) ZN *speeksel*

spittoon (spɪ'tuːn) ZN *kwispedoor*; *spuwbak*

spitz (spɪts) ZN *spitshond*

spiv (spɪv) ZN *zwarthandelaar*

splash (splæʃ) I ZN • *plas* • *klets* • *kwak* • *plek* • *poeder* • *sensatie* ★ make a ~ *opzien baren*; *sensatie verwekken* ★ ~ of soda *scheutje spuitwater* ★ ~ of rye *slokje whisky* II OV+ONOV WW • *ploeteren* • *(be)spatten* • *rondspatten* • *kletsen* ⟨met water⟩ • *klateren* • *plenzen* ★ ~ a story over the front page *een verhaal met vette koppen op de voorpagina zetten* • ~ in (to) *binnen (komen) vallen*

splashdown ('splæʃdaʊn) ZN • *landing in zee* ⟨v.

sp

ruimtecapsule) •*plons*
splatter('splætə) I ov ww •*doen klateren/
plassen* •*doen (op)spatten* II ONOV WW
•*klateren*; *plassen* •*(op)spatten* •*sputteren*
splay(spleɪ) I ww •*afschuining* II BNW •*schuin*;
wijd uitstaand III ov ww •*afschuiven* •*schuin
zetten* ★ ~ed *ontwricht*; *boeglam*
spleen(spli:n) zn •*milt* •*weltschmerz*;
zwaarmoedigheid ★*vent one's* ~*zijn gemoed
luchten*
spleenless('spli:nləs) BNW *opgeruimd v. geest*
splendid('splendɪd) BNW •*prachtig* •*groots*
•*prima* •*schitterend*
splendour, USA **splendor**('splendə) zn •*pracht*
•*luister* •*glans*
splenetic(splɪ'netɪk) I zn •*zwaartillend iem.*
II BNW •*humeurig* •*droevig/slecht gehumeurd*
splenic('splenɪk) BNW *m.b.t. de milt* ★ ~fever
miltvuur
splice(splaɪs) I zn •*las* •*houtverbinding* II ov
ww •*splitsen* (touw) •*in elkaar vlechten*
•*verbinden* (hout) •INFORM. *trouwen*
splicer('splaɪsə) zn *plakapparaat* (voor
beeld-/geluidsband)
splint(splɪnt) I zn •*spaan* •*spalk* II ov ww •*het
spalken*
splint-bone zn *kuitbeen*
splinter('splɪntə) I zn •*splinter* •*scherf* ★ ~
group *splintergroep* II ov ww •*versplinteren*
splinter bar zn •*lamoen* •*disselboom* (met twee
armen)
splinter-proof BNW *scherfvrij*
splintery('splɪntərɪ) BNW *schilferig*
split(splɪt) I ov ww ★ ~level (house) *woning
met vloeren op verschillend niveau* II OV+ONOV
ww •*splijten* •*(z.) splitsen* •INFORM.
uiteengaan •*(z. ver)delen* •*samen doen (met)*
•*klikken* •*aanbrengen* ★ ~personality
meervoudige persoonlijkheid (psychose) ★a ~
second *een fractie v.e. seconde* ★ ~vote
stem(ming) op meer dan één kandidaat ★ ~the
difference '*t verschil delen* ★ ~hairs/words
muggenziften ★ ~(one's sides) with laughter
barsten v. 't lachen ★this is the rock on which
we ~*hier zullen we het nooit over eens worden*;
dit doet ons de das om ★TAALK. ~infinitive
gedeeld infinitief III zn •*scheuring*; *breuk*
•*scheur* •*split* •*afgescheiden groep/partij*
•*(glas) whisky met spuitwater* •*aanbrenger*;
politiespion
splitting('splɪtɪŋ) BNW ★ ~headache *barstende
hoofdpijn*
split-up zn •*verbreking v.d. relatie*; *scheiding*;
breuk •*opsplitsing* (bijv. v. aandelen)
splodge(splɒdʒ), **splotch**(splɒtʃ) zn *veeg*; *vlek*;
smet; *spat*
splosh(splɒʃ) zn *pingping*
splurge(splɜ:dʒ) I zn •*(kouwe) drukte* •*vertoon*
II ONOV WW •*met geld smijten*
splutter('splʌtə) I zn •*gesputter* •*tumult*
II ONOV WW •*vochtig praten* •*sputteren*
spoil(spɔɪl) I ov ww •*schaden* •*in de war sturen*
•*verwennen* •'*n ongeluk slaan* •OUD. *beroven*;
plunderen •*bederven* ★be ~ing for *hunkeren
naar* II zn •[ook als mv] *opbrengst*; *buit*
spoiled(spɔɪld) I BNW *verwend* ★ ~paper

ongeldig (gemaakt) stembiljet II ww [verleden
tijd + volt. deelw.] •→ **spoil**
spoiler('spɔɪlə) zn •*spoiler* (auto) •*vangscherm*
spoilsport('spɔɪlspɔ:t) zn *spelbederver*
spoilt(spɔɪlt) ww [verleden tijd + volt. deelw.]
•→ **spoil**
spoke(spəʊk) I zn *spaak* II ww [verleden tijd]
•→ **speak** ov ww •*v. spaken voorzien* •*met
spaken tegenhouden*
spoken('spəʊkən) ww [volt. deelw.] •→ **speak**
BNW *spreek-*
spokesman('spəʊksmən) zn *woordvoerder*
spokesperson('spəʊkspɜ:sən) zn *woordvoerder*
spokeswoman('spəʊkswʊmən) zn
woordvoerster
spoliation(spəʊlɪ'eɪʃən) zn •*plundering* •*roof*
spondaic(spɒn'deɪk) zn *spondeïsch*
spondee('spɒndi:) zn *spondeus*
spondulicks(spɒn'dju:lɪks) zn *duiten*
sponge(spʌndʒ) I zn •*spons* •*sponsdeeg*
•*Moskovisch gebak* •*klaploper* •*parasiet*
★give it a ~*spons het even af* ★throw in the ~
zich gewonnen geven ★ ~cake *Moskovisch
gebak* ★ ~bag *toilettas* II ov ww •*afsponsen*
•~ **down** *afsponsen* •~ **out** *uitwissen* •~ **up**
opnemen/-zuigen met een spons III ONOV WW
•*parasiteren* •~ **off** *op (iemands) zak teren*
sponge-finger zn *lange vinger* (koekje)
sponger('spʌndʒə) zn INFORM. *klaploper*
spongy('spʌndʒɪ) BNW *sponsachtig*
sponsor('spɒnsə) I zn •*peetoom/-tante* •*borg*
•*sponsor* ★stand ~for *meter/peter zijn bij*;
borg staan voor II ov ww •*borg staan voor*
•*financieel steunen* ★ ~ed *programme (door
derden) gefinancierd programma* •~ed by
aangeboden door; *onder auspiciën van*
sponsorship('spɒnsəʃɪp) zn •*auspiciën* •*het
sponsor zijn* •*peetschap*
spontaneity(spɒntə'neɪətɪ) zn *spontaniteit*
spontaneous(spɒn'teɪnɪəs) BNW •*spontaan*
•*vanzelf*; *uit zichzelf*
spoof(spu:f) I zn •*parodie*; *satire* II ov ww •*bij
de neus nemen*
spook(spu:k) I ov ww •*bang maken* ★his horse
was ~ed by the thunder *zijn paard schrok van
de donder en sloeg op hol* ★he is easily ~ed *er
is niet veel voor nodig om hem te laten
schrikken*; *hij is schrikachtig* II zn •*spook*
spooky('spu:kɪ) BNW *spookachtig*
spool(spu:l) I zn •*spoel* II ov ww •*op spoel
winden* III OV+ONOV WW •~ **back** *terugspoelen*
(v. film-/geluidsband) •~ **forward**
vooruitspoelen (v. film-/geluidsband)
spoon(spu:n) I zn •*lepel* •*soort golfstick*
•*roeiriem met gebogen blad* •*sul*; *halve zachte*
•*verliefde kwast* •*vrijerij* ★wooden ~
paplepel; *houten lepel die in Cambridge aan
laatste op examenranglijst gegeven werd* ★get
the wooden ~*onderaan staan*; *de poedelprijs
krijgen* ★be born with a silver ~in one's
mouth *van rijke ouders zijn*; *een gelukskind
zijn* II ov ww •*lepelen*; *scheppen* III ONOV WW
•*vrijen*; *verliefd doen/zijn*
spoonbill('spu:nbɪl) zn *lepelaar*
spoon-feed ov ww •*voeren* (met lepel) •FIG.
voorkauwen

spoonful ('spu:nfʊl) ZN *lepel* ⟨hoeveelheid⟩
spoony ('spu:nɪ) BNW *verliefd(erig)*
spoor (spʊə) I ZN • *spoor* II ONOV WW • *'t spoor volgen*
sporadic (spə'rædɪk) BNW *sporadisch*
sporadically (spə'rædɪklɪ) BIJW *sporadisch*
spore (spɔ:) ZN • *spore* ⟨v. plant of zwam⟩ • *kiem*
sporran ('spɒrən) ZN *tasje gedragen op kilt* ⟨door Hooglanders⟩
sport (spɔ:t) I ZN • *sport* • *spel* • *vermaak* • *jacht* • *fideel/sportief persoon*; USA *playboy* • FIG. *speelbal* • *speling der natuur* ★ *make ~of voor de gek houden* ★ *a regular ~ een toffe knul*; *een beste vent* ★ *old ~ ouwe jongen* ★ *be a good ~ fideel/sportief zijn* ★ *have good ~ flink wat schieten* (bij de jacht) ★ *in ~ voor de grap* ★ *~s jacket sportjasje* II OV WW • *dragen*; *pronken met* • *erop na houden* III ONOV WW • *spelen*; *z. vermaken*
sporting ('spɔ:tɪŋ) BNW • *sport-*; *jacht-* • *sportief* • *royaal* ★ *~chance eerlijke kans* ★ *~column sportrubriek*
sportingly ('spɔ:tɪŋlɪ) BIJW *schertsend*
sportive ('spɔ:tɪv) • *speels* • *voor de grap* • *om te plagen*
sports ('spɔ:ts) ZN MV • *takken v. sport* • *sportwedstrijden* ★ *athletic ~ atletiek(wedstrijden)* ★ *~car sportwagen*
sportsman ('spɔ:tsmən) ZN • *sportman*; *sportliefhebber* • *jager* • *sportieve kerel*
sportsmanlike ('spɔ:tsmənlaɪk) BNW *sportief*
sportsmanship ('spɔ:tsmənʃɪp) ZN *sportiviteit*
sportswear ('spɔ:tsweə) ZN *sportkleding*; *vrijetijdskleding*
sportswoman ('spɔ:tswʊmən) ZN *sportliefhebster*
sporty ('spɔ:tɪ) BNW *sportief (uitziend)*
spot (spɒt) I ZN • *plek*; *plaats* • *spikkeltje* • *puistje* • *beetje*; *tikje* • ECON. *loco* • *acquit(bal)* (bij biljarten) • *reclamespot* • *neutje*; *drankje* • *vlek* ★ *let's have a spot of lunch laten we wat gaan eten* ★ *spot cash contant* ★ *be in a (tight) spot in de knoei zitten* ★ *in a spot of trouble in de narigheid* ★ *knock the spots off glansrijk de baas zijn* ★ *on the spot ter plaatse*; *direct er bij*; *op staande voet* ★ *be on the spot er als de kippen bij zijn*; *bijdehand zijn* ★ INFORM. *spot on precies goed*; *de spijker op zijn kop* ★ *black spot gevaarlijk verkeerspunt* (waar veel ongelukken gebeuren) ★ *blind spot blinde vlek*; *dode hoek*; *zwakke plek* ★ *hot spot gevaarlijk gebied*; *interessant*, *mooi gebied*; *hippe uitgaansgelegenheid* ★ *have a soft spot for sb een zwak hebben voor iem.* II OV WW • *vlek(ken) maken (op)*; *een smet werpen (op)* • *stippelen* • *plaatsen*; *lokaliseren* • *in de gaten krijgen* • USA *ontvlekken* III ONOV WW • *vlekken krijgen*; *vlekken* • *spetteren*
spot ball ZN *stipbal* (biljart)
spot check ZN *steekproef*
spotless ('spɒtləs) BNW *smetteloos*
spotlight ('spɒtlaɪt) I ZN • *spotlight* (op toneel) • *zoeklicht* ★ *in the ~ in 't middelpunt v.d. belangstelling* II OV WW • *met zoeklichten beschijnen*; *in 't volle licht zetten* • *aller ogen richten op*
spotted ('spɒtɪd) BNW • *gevlekt*; *bont* • *met*

puistjes • *verdacht* ★ *~dick jan-in-de-zak*; *rozijnenpudding* ★ *~fever nekkramp*
spotter ('spɒtə) ZN • *artillerieverkenner* ⟨vliegtuig⟩ • *rechercheur*; *stille* • *spion* • *controleur*
spotting ('spɒtɪŋ) ZN *vlekken*
spotty ('spɒtɪ) BNW • *geschakeerd* • *verdacht*
spouse (spaʊz) ZN • *echtgenoot*; *echtgenote* • *bruid(egom)* • *gade*
spout (spaʊt) I ZN • *tuit* • *spuit(gat)* • *goot*; *waterpijp* • *straal* • *lommerd* ★ *up the ~ in de lommerd*; *in de knoei* II OV WW • *spuiten*; *gutsen*; *stromen* • *opzeggen* • *verkondigen*
sprain (spreɪn) I ZN • *verstuiking* II OV WW • *verstuiken*
sprang (spræŋ) WW [verleden tijd] • → **spring**
sprat (spræt) ZN *sprot* ★ *throw a ~ to catch a herring/mackerel/whale een spiering uitgooien om een kabeljauw te vangen*
sprawl (sprɔ:l) I ZN • *luie houding* • *'t wijd uitlopen* • *spreiding* II OV WW • *doen spartelen* III ONOV WW • *languit (gaan) liggen* • *naar alle kanten uitsteken* (v. ledematen) • *wijd uitlopen* • *spartelen*
spray (spreɪ) I ZN • *stuifwolk* • *wolk* (parfum) • *sproeier* • *verstuiver*; *vaporisator* • *bloemtakje*; *twijgje*; *toefje* II OV WW • *besproeien* • *verstuiven*
spray can ZN *spuitbus*
sprayer ('spreɪə) ZN *sproeier*; *vaporisator*; *verstuiver*
spray gun ZN *spuitpistool*; *verfspuit*
spread (spred) I OV WW • *verspreiden* • *verbreiden* • *(uit)spreiden* • *uitstrekken* • *smeren* • *dekken* • *wijd uit zetten* ★ *~ing spreiding* (v. vakantie/werk) ★ *~one's wings zijn vleugels uitslaan* ★ *~over 10 years over 10 jaar uitsmeren/verdelen* ★ *~out uitspreiden* II ONOV WW • *wijd uit (gaan) staan* • *z. verbreiden*; *z. verspreiden* III WKD WW ★ *~o.s. zich uitstrekken*; *zich uitsloven*; *zich verbreiden* IV ZN • *smeerbeleg* • *het spreiden, enz.* • *omvang*; *wijdte* • *breedte* ★ *sandwich ~ broodbeleg* ★ *a nice ~ een rijk gedekte tafel*
spreader ('spredə) ZN • *spatel* • *(water)verspreider*
spread-over ZN *(vakantie-/werktijd)spreiding*
spreadsheet ('spredʃi:t) ZN • *rekenblad*; *werkblad* • *calculatieprogramma*
spree (spri:) I ZN • *shopping ~ extreme koopbui* ★ *on the ~ aan de zwier* II ONOV WW • *boemelen*
sprig (sprɪg) ZN • *twijgje*; *takje* • *telg*; *spruit* • *spijkertje* (zonder kop) • *jongmens*
sprigged (sprɪgd) BNW *met takjes en loofwerk versierd*
sprightly ('spraɪtlɪ) BNW • *vrolijk* • *dartel*
spring (sprɪŋ) I ZN • *lente*; *voorjaar* • *veer*; *veerkracht* • *weerstand* • *sprong* • *bron*; *oorsprong* • *'t werken*; *werking* (v. hout) • *lek*; *spleet*; *kier*; *barst* • *meerkabel* ★ *~s periode v. springvloeden* ★ *~bed springveren matras* ★ *~mattress springverenmatras* ★ *~roll loempia* II OV WW • *doen springen* • *plotseling aankomen met* • *opjagen* (v. wild) ★ *~a leak lek beginnen te worden* ★ *~sth on a p. iem.*

met iets op het lijf vallen **III** ONOV WW
• *springen* • *ontspringen*; *ontstaan*;
voortkomen • PLANTK. *uitkomen*; *opschieten*
• *kromtrekken*; *werken* ⟨v. hout⟩ • *barsten* ⟨v.
hout⟩ ★ ~ at a p. *op iem. afspringen* ★ where
do you ~ from? *waar kom jij ineens vandaan?*
★ the trap sprang shut *de val sprong dicht* ★ ~
to fame *ineens beroemd worden* ★ ~ to one's
feet *plotseling opstaan* ★ tears sprang (in)to
her eyes *tranen sprongen haar in de ogen*
• ~ up *opspringen*; *opveren*; *plotseling
ontstaan*; z. *plotseling voordoen*; *opschieten* ⟨v.
plant⟩

springboard ('sprɪŋbɔːd) ZN *springplank*
springbok ('sprɪŋbɒk) ZN *gazelle*
spring break ZN ≈ *voorjaarsvakantie*
spring clean ZN *grote schoonmaak*
spring-clean OV WW *grote schoonmaak houden*
springer ('sprɪŋə) ZN • *gazelle* • *stormvis*
• *oorsprong v. boog* • *ribbe v. gewelf* • *kleine
patrijshond*
springhead ('sprɪŋhed) ZN *bron*; *oorsprong*
springlike ('sprɪŋlaɪk) BNW • *lente-
voorjaars(achtig)*
spring tide ZN *springtij*
springtime ('sprɪŋtaɪm) ZN *voorjaar*
springy ('sprɪŋɪ) BNW • *veerkrachtig* • *springerig*
sprinkle ('sprɪŋkl) **I** OV WW • *(be)sprenkelen*;
(be)strooien **II** ONOV WW • *motregenen* **III** ZN
• *klein beetje*; *tikje* ★ chocolate ~s *hagelslag*
★ ~ of snow *licht sneeuwbuitje*
sprinkler ('sprɪŋklə) ZN *strooier*; *sproeiwagen*
sprinkling ('sprɪŋklɪŋ) ZN • → **sprinkle** ★ ~can
gieter
sprint (sprɪnt) **I** ZN • *sprint* **II** OV+ONOV WW
• *sprinten*
sprinter ('sprɪntə) ZN *sprinter*
sprit (sprɪt) ZN *zeilspriet*
sprite (spraɪt) ZN • *kabouter* • *fee* • *(bos)geest*
spritsail ('sprɪtseɪl) ZN *sprietzeil*
sprocket wheel ('sprɒkɪtwiːl) ZN *kettingwiel*
sprog (sprɒg) ZN • PLAT *rekruut* • PLAT *broekie*;
groentje
sprout (spraʊt) **I** ZN • *scheut*; *loot* ★ (Brussels) ~s
spruitjes **II** OV WW ★ ~ horns/hair *hoorns/haar
beginnen te krijgen* **III** ONOV WW • *uitbotten*;
uitlopen
spruce (spruːs) **I** ZN • *spar(renhout)* ★ ~ fir *spar*
II BNW • *keurig*; *netjes* **III** OV WW ★ ~ (up) *netjes
maken*; *opdirken*
sprung (sprʌŋ) WW [volt. deelw.] • → **spring**
BNW • *gebarsten* • *aangeschoten*
spry (spraɪ) BNW *vlug*; *kwiek*; *kittig* ★ look spry!
vlug!
spud (spʌd) **I** ZN • *kort dikkerdje* • *wiedijzer*
• *pieper* ⟨aardappel⟩ **II** OV WW • *rooien*
• *wieden*; *uitsteken*
spume (spjuːm) **I** ZN • *schuim* **II** ONOV WW
• *schuimen*
spun (spʌn) **I** BNW ★ spun glass *glaswol* • spun
silk *zijdegaren* **II** WW [verleden tijd + volt.
deelw.] • → **spin**
spunk (spʌŋk) ZN • *pit*; *moed*; *lef* • *drift* • *tonder*
spunky ('spʌŋkɪ) BNW • *vurig*; *moedig*
• *opvliegend*
spur (spɜː) **I** ZN • *spoor* ⟨(metalen) uitsteeksel⟩

• *prikkel* • *uitstekende punt of tak* • *uitloper*
• *verbindingsweg tussen twee autosnelwegen*
★ on the spur of the moment *spontaan*; *zo
maar voor de vuist weg* ★ win one's spurs
(ge)ridder(d) worden; *zijn sporen verdienen*
II OV WW • *de sporen geven* • ~ on *aansporen*; *aanvuren*
III ONOV WW • *spoorslags rijden*
spurge (spɜːdʒ) ZN *wolfsmelk* ⟨plant⟩
spurious ('spjʊərɪəs) BNW *vals*; *niet echt*
spurn (spɜːn) **I** ZN • *verachting* • *versmading*
II OV WW • *(weg)trappen* • *verachten*
• *versmaden* **III** ONOV WW • ~ at *zich schamper
verzetten tegen*
spurt (spɜːt) **I** ZN ★ by ~s *bij vlagen* **II** ONOV WW
• *spurten* • *alles op alles zetten* **III** OV+ONOV WW
• *spuiten* • *spatten* ⟨v. pen⟩
sputter ('spʌtə) **I** ZN • *gesputter* • *gestamel* **II** OV
WW • *brabbelen* **III** ONOV WW • *sputteren*;
spetteren; *knetteren*
sputum ('spjuːtəm) ZN *sputum*; *opgehoest slijm*
spy (spaɪ) **I** ZN • *spion* **II** OV WW • ~ out *(stiekem)
opnemen*; *verkennen* ★ spy out the land
terrein verkennen; *poolshoogte nemen*
III OV+ONOV WW • *(be)spioneren* • *(be)loeren*
• *in 't oog krijgen* ★ I spy with my little eye *ik
zie, ik zie wat jij niet ziet* • ~ out *proberen
achter ... te komen* • ~ (up)on *bespioneren*
spy-hole ('spaɪhəʊl) ZN *kijkgaatje*
squab (skwɒb) ZN • *dikkerdje* • *mollig meisje*
• *nestjong* ⟨v. duif of roek⟩ • *(zacht dik) kussen*
II BNW • *plomp* • *kort en dik*
squabble ('skwɒbl) **I** ZN • *kibbelpartij* • *pastei*
II ONOV WW • *kibbelen*; *ruzie maken*
squad (skwɒd) ZN • *groep*; *ploeg* • MIL. *rot*
• *(politie)patrouille* ★ The Flying Squad *ME*;
Mobiele Eenheid
squad car ZN USA *overvalwagen*;
patrouillewagen ⟨politie⟩
squadron ('skwɒdrən) ZN • *eskadron* ⟨bij de
cavalerie⟩ • *eskader* ⟨bij de marine⟩ • *escadrille*
⟨bij de luchtmacht⟩
squalid ('skwɒlɪd) BNW • *vunzig*; *smerig*
• *gemeen*
squall (skwɔːl) **I** ZN • *windstoot* • *vlaag* ★ FIG.
look out for ~s *pas op dat je geen herrie (met
hem) krijgt*; *weest op uw hoede* ★ white ~
plotselinge waterhoos **II** OV+ONOV WW • *gillen*
• *brallen*
squally ('skwɔːlɪ) BNW *winderig*; *stormachtig*
squalor ('skwɒlə) ZN • *vunzigheid*; *smerigheid*
• *ellende*
squander ('skwɒndə) OV WW *verkwisten*;
vergooien
squandermania (skwɒndə'meɪnɪə) ZN
geldsmijterij
square (skweə) **I** ZN • *vierkant* • *kwadraat*
• *plein*; *exercitieterrein* • *huizenblok* • *carré*
• *winkelhaak*; *tekenhaak* • *vlaktemaat* (±9 m)
• *conservatief* ★ by the ~ *precies* ★ back to ~
one *terug naar het begin* ★ on the ~ *in de
haak*; *eerlijk* ★ be on the ~ *vrijmetselaar zijn*
★ out of ~ *niet in de haak*; *niet haaks* ★ ~
dance *quadrille* ★ be out of ~ with the rest
niet in overeenstemming met de rest zijn; *uit de
toon vallen* **II** BNW • *vierkant* • *stoer*; *stevig*

• *eerlijk*; *oprecht*; *betrouwbaar*
• *ondubbelzinnig* • *gelijk*; *quitte*; *in orde*; *in de haak* • *conservatief*; *conformistisch*; *burgerlijk* ★ ~ root *vierkantswortel* ★ ~ measure *vlaktemaat* ★ get a ~ deal *eerlijk behandeld worden* ★ get things ~ with sb *het in orde maken met iem.*; *met iem.* afrekenen **III** OV WW • *in kwadraat brengen* • *omkopen* • *bewerken* • *vierkant maken*; *recht/haaks maken* • *in orde maken*; *afrekenen* ★ ~ one's shoulders *zich schrap zetten* ★ ~ the circle *de oppervlakte v.d. cirkel berekenen*; '*t onmogelijke proberen* ★ ~ accounts *afrekenen* • ~ **to/with** *in overeenstemming brengen met*; *aanpassen aan* • ~ **up** *vereffenen*; *afrekenen*; *betalen* ★ ~ up to *zich schrap zetten tegenover* **IV** ONOV WW • *recht/haaks staan op* • *overeenstemmen* ★ ~ up at sb *zich schrap zetten tegen iem.*; *een vechtlustige houding aannemen tegen iem.* ★ ~ up to *energiek aanpakken* • ~ **with** *kloppen met* **V** BIJW • *vierkant* • *oprecht* • *vlak*; *ronduit*
square-built (skweə'bɪlt) BNW *met brede schouders*
squarely ('skweəlɪ) BIJW *vierkant*
square-shouldered BNW *met vierkante schouders*
square-toed (skweə'təʊd) BNW • *met vierkante, brede neus* ⟨schoeisel⟩ • *preuts* • *bekrompen*
square-toes ZN *preuts iem.*
squash (skwɒʃ) **I** ZN • SPORT *squash* • *pulp*; *moes*; *vruchtvlees v. pompoen* • *limonade* ⟨v. vruchtensap⟩ • *gedrang* ★ SPORT play~ *squashen* **II** OV WW • *kneuzen* • *plat drukken* • *tot moes maken/slaan* • *de mond snoeren* • *dringen* **III** ONOV WW • *geplet worden*
squashy ('skwɒʃɪ) BNW • *zacht* • *sentimenteel*
squat (skwɒt) **I** ZN • *hurkende houding* **II** BNW • *kort*; *gedrongen* **III** OV WW • *kraken* ⟨v. huis, stuk land⟩ **IV** ONOV WW • *hurken* • *(gaan) zitten*; *gaan liggen* • *kruipen met lichaam tegen de grond*
squatter ('skwɒtə) ZN • *kraker* • *iem. die onrechtmatig een stuk land bewoont*
squaw (skwɔː) ZN *(indiaanse) vrouw*
squawk (skwɔːk) **I** ZN • *schreeuw* **II** ONOV WW • *krijsen*
squeak (skwiːk) **I** ZN • *gepiep* ★ it was a narrow ~ '*t scheelde maar een haar* **II** ONOV WW • *piepen* ★ PLAT ~ (on) *(iem.) verraden*
squeaker ('skwiːkə) ZN • *piepertje* • *jong vogeltje* • *verrader*
squeaky ('skwiːkɪ) BNW • *piepend* • *krakend*
squeal (skwiːl) **I** ZN • *gil* **II** ONOV WW • *gillen* • *gieren* • *tekeergaan* • *een keel opzetten* • PLAT *verraden*
squealer ('skwiːlə) ZN • *schreeuwlelijk* • *jonge duif* • *aanbrenger* • *querulant*
squeamish ('skwiːmɪʃ) BNW • *(gauw) misselijk* • *kieskeurig* • *pijnlijk nauwgezet* • *overgevoelig*
squeegee ('skwiːdʒiː) **I** ZN • *vloertrekker* • A-V *rolstrijker* **II** OV WW • *zwabberen* • *rollen*
squeeze (skwiːz) **I** OV WW • *knijpen*; *uitknijpen* • *kneden* • *uitpersen*; *afpersen* • *pressen* • *uitzuigen* ⟨fig.⟩ • *(tegen z. aan)drukken* • *(bridge) eruit dwingen* ★ ~ a p.'s hand *iem. een stevige hand geven* ★ ~ to death

dooddrukken ★ ~ o.s. *in zich nestelen in* **II** ONOV WW • *(z.) dringen* • ~ **through** '*t met moeite halen* **III** ZN • *kneep(je)* • *gedrang* • *(hand)druk* • *afdruk* ⟨v. munt⟩ • *hartelijke omhelzing* • *afpersing* ★ put the ~ on a p. *iem. onder druk zetten*; *chantage plegen op iem.* ★ it was a ~ '*t was 'n hele toer* ★ at a ~ *als 't er om gaat*
squeezer ('skwiːzə) ZN • *(citroen)pers* • *uitzuiger*
squelch (skweltʃ) **I** ZN • *gevat antwoord* • *zuigend geluid* **II** OV WW • *de mond snoeren* • *verpletteren* • *de kop indrukken* **III** ONOV WW • *zuigend geluid maken* ⟨als bij lopen door modder⟩
squib (skwɪb) **I** ZN • *voetzoeker* • *ontstekingspatroon* • *schotschrift* **II** OV WW • *hekelen* **III** ONOV WW • *voetzoeker of ontsteking afsteken*
squid (skwɪd) ZN • *pijlinktvis* • *kunstaas*
squiffy ('skwɪfɪ) BNW *aangeschoten*
squiggle ('skwɪgl) **I** ZN • *golvend lijntje*; *slangetje* **II** ONOV WW • *krullen* • *kronkelen*
squint (skwɪnt) **I** ZN • *neiging* • *opening om van zijbeuk op altaar te kunnen zien* ★ have a fearful ~ *vreselijk scheel kijken* ★ have a ~ at *eventjes kijken naar* **II** BNW • *scheel* **III** ONOV WW • *loensen*; *scheel kijken*; *(even) kijken* • *overhellen* ⟨fig.⟩ • ~ at *blikken naar*
squint-eyed (skwɪnt'aɪd) BNW • *scheel* • *scheef*
squire (skwaɪə) **I** ZN • *landjonker* • GESCH. *schildknaap* ★ ~ of dames *galante ridder* ★ the ~ *de (land)heer v.h. dorp* **II** OV WW • *escorteren*; *attent/galant zijn voor*
squirm (skwɜːm) **I** ONOV WW • *wriemelen*; *kronkelen* • *iets op z'n hart hebben* • *niet op z'n gemak zijn* **II** ZN • *(lichaamsge)kronkel*
squirrel ('skwɪrəl) ZN • *eekhoorn*
squirt (skwɜːt) **I** ZN • *straal* • *spuitje* • *branieschopper* **II** OV+ONOV WW • *spuiten* • *sprietsen*
squirt gun ZN *waterpistool*
squish (skwɪʃ) ZN *soppend geluid*
Sr. USA **Sr.** AFK Senior *Sr.* ⟨senior⟩
SRN AFK State Registered Nurse *gediplomeerd verpleegkundige*
SS AFK • Saints *Sint* • Schutzstaffel *SS*
SSE AFK south southeast *zuidzuidoost*
SSW AFK south southwest *zuidzuidwest*
St. (sənt) AFK • Saint *Sint* • Street *straat*
Sta. AFK Station *station*
stab (stæb) **I** ZN • *dolkstoot*; *doodsteek* ★ have/make a stab at '*n gooi doen naar* ▼ a stab in the dark *een slag in de lucht* **II** OV+ONOV WW • *steken* ⟨vnl. met dolk, of van wond⟩ • *de doodsteek geven* • *afbikken* ★ stab in the back *in de rug aanvallen*
stability (stə'bɪlətɪ) ZN *stabiliteit*; *evenwichtigheid*
stabilization, G-B **stabilisation** (steɪbəlarˈzeɪ∫ən) ZN *stabilisatie*
stabilize, G-B **stabilise** ('steɪbəlaɪz) OV+ONOV WW *stabiliseren*
stable ('steɪbl) **I** ZN • *stal* **II** BNW • *hecht*; *vast* • *standvastig* • *stabiel* **III** OV WW • *op stal zetten* **IV** ONOV WW • *op stal staan*
stable boy ('steɪblbɔɪ) ZN *stalknecht*

stableman ('steɪblmæn) ZN *stalknecht*

stableness ('steɪblnəs) ZN • → *stability*

stabling ('steɪblɪŋ) ZN • *stallen* • *stalling*

staccato (stə'kɑ:təʊ) BNW + BIJW *staccato*

stack (stæk) I ZN • *stapel; hoop* • *groep schoorstenen* ‹op dak› • *(schoorsteen)pijp* • *steile kale rots* • *(hooi)mijt* ▼ USA *blow your ~ in woede uitbarsten* II OV WW • *stapelen* • *steken* (valsspelen met kaarten) ★ FIG. ~ *the cards de zaak bekonkelen* • ~ *up opstapelen; optassen*

stacked (stækt) BNW *welgevormd*

stackyard ('stækjɑ:d) ZN *erf waar hooimijten staan*

stadium ('steɪdɪəm) ZN • *stadion* • *stadium*

staff (stɑ:f) I ZN • *staf* • *(leidinggevend) personeel* • *stut* • *notenbalk* • *soort gips* ★ *editorial ~ redactie* • *the ~ of life het dagelijks brood* II OV WW • *van personeel e.d. voorzien*

staff college ZN ≈ *militaire academie*

staff room ZN *docentenkamer*

Staffs. AFK *Staffordshire*

stag (stæg) I ZN • *(mannetjes)hert* • *os* • *beursspeculant* ★ *stag beetle vliegend hert* II OV WW ★ USA *stag it z'n vrouw thuis laten* III ONOV WW • *speculeren*

stag beetle ZN *vliegend hert* (insect)

stage (steɪdʒ) I ZN • *fase; stadium* • *objecttafel* ‹v. microscoop› • *stage; leertijd* • *diligence* • *toneel* • *podium* • *steiger* • *etappe; traject* • *stopplaats* ★ *go on the ~ bij het toneel gaan* ★ ~ *direction toneelaanwijzing* ★ ~ *door artiesteningang* ★ ~ *fright plankenkoorts* ★ ~ *whisper goed hoorbaar gefluister* ★ ~ *fever vurige bewondering voor toneel* II OV WW • *opvoeren* • *ten tonele/voor 't voetlicht brengen* • *ensceneren* • *op touw zetten*

stagecoach ('steɪdʒkəʊtʃ) ZN • *diligence* • USA *postkoets*

stagecraft ('steɪdʒkrɑ:ft) ZN • *toneelkunst* • *dramatiek*

stage-dive ONOV WW *stagediven*

stage-manage OV WW *ensceneren*

stage manager (steɪdʒ'mænɪdʒə) ZN *toneelmeester*

stagewright ('steɪdʒraɪt) ZN *toneelschrijver*

stagger ('stægə) I OV WW • *doen wankelen* • *ontstellen* • *(doen) duizelen* • *zigzagsgewijs of om en om plaatsen* ‹v. spaken in fietswiel› ★ ~*ed holidays gespreide vakantie* ★ ~*ed office hours glijdende werktijden* II ONOV WW • *wankelen* • *waggelen* III ZN • *wankeling* • *schok v. ontsteltenis* ★ *the ~s duizeling; duizeligheid*

staggerer ('stægərə) ZN *vraag/gebeurtenis waar men van ondersteboven is*

staggering ('stægərɪŋ) BNW • *wankelend; weifelend* • *schrikbarend; onthutsend* ★ ~ *blow klap waar je van rondtolt*

staghound ('stæghaʊnd) ZN *jachthond*

staging ('steɪdʒɪŋ) ZN • *mise-en-scène* • *stellage; steiger(werk)*

stagnancy ('stægnənsɪ) ZN *stagnatie*

stagnant ('stægnənt) BNW • *stilstaand* • *lui; traag;* FIG. *dood*

stagnate (stæg'neɪt) ONOV WW • *stilstaan* • *alle fut kwijt zijn of kwijtraken* • *op 'n dood punt staan of komen* • *afstompen*

stagnation (stæg'neɪʃən) ZN *stagnatie*

stag night ZN *hengstenbal* ‹vrijgezellenfeest voor bruidegom›

stag party ZN *hengstenbal* ‹vrijgezellenfeest voor bruidegom›

stagy ('steɪdʒɪ) BNW *theatraal*

staid (steɪd) BNW • *bedaard; bezadigd* • *degelijk*

stain (steɪn) I ZN • *vlek; smet* • *blaam* • *kleurstof; verfstof; beits* II OV WW • *vlek(ken) maken op* • *kleuren; verven* • *beitsen* • *onteren; bezoedelen* ★ ~*ed glass windows gebrandschilderde ramen* III ONOV WW • *vlekken geven* • *afgeven* ‹v. stoffen›

stainless ('steɪnləs) BNW • *vlekkeloos* • *vlekvrij; roestvrij*

stair (steə) ZN • *trede* • *trap* ★ *(flight of) ~s trap* ★ ~ *carpet traploper*

staircase ('steəkeɪs), **stairway** ('steəweɪ) ZN *trap* ‹constructie met treden› ★ *grand ~ staatsietrap* ★ *moving ~ roltrap* ★ *spiral ~ wenteltrap*

stairwell ('steəwel) ZN *trappenhuis*

stake (steɪk) I ZN • *paal; staak* • *brandstapel* • *aandeel; belang* • *inzet* (bij weddenschap enz.) ★ *be at ~ op 't spel staan* ★ *play for high ~s spelen om een hoge inzet* ★ *he has a ~ In the country hij heeft belang bij het welzijn van 't land* II OV WW • *aan een paal vastbinden* • *op het spel zetten* ★ I ~ *my life on it ik verwed er mijn leven onder* • ~ *out als eigendom markeren; als standpunt innemen; observeren*

stale (steɪl) I ZN • *gier* ‹v. vee› II BNW • *niet fris meer; muf* • *verschaald* • *oud(bakken)* • *verlegen* ‹v. goederen› ★ ~ *joke ouwe mop* ★ *one's mind gets ~ by ... je wordt suf van ...* ★ SPORT *go ~ overtraind raken* III OV WW • *oud maken* • *doen verschalen* IV ONOV WW • *oud worden* • *verschalen* • *urineren* ‹v. paard›

stalemate ('steɪlmeɪt) I ZN • *pat(stelling)* • *schaakmat* II OV WW • *pat zetten*

stalk (stɔ:k) I ZN • *stengel* • *steel* • *schacht* ‹v. veer› • *hoge schoorsteen* II OV WW • *besluipen* ‹v. prooi› • *(hinderlijk) achtervolgen; lastig vallen; stalken* III ONOV WW • *(statig) schrijden* • OOK FIG. *voortschrijden*

stalker ('stɔ:kə) ZN • *sluiper* • *sluipjager* • *achtervolger; stalker*

stall (stɔ:l) I ZN • *(het) afglijden* • *afdeling in stal* • *box* • *koorbank* • *koorstoel* • *stalletje; kiosk; kraam* • *stallesplaats* • *plaats* ‹v. mijnwerker› • *handlanger* ‹die bestolene aan de praat houdt› • *smoesje* II OV WW • *stallen* • *op stal houden; vetmesten* • *in boxen verdelen* • *afzetten* ★ I'll ~ *her ik zal haar aan de praat houden* III ONOV WW • *vastrijden; vastlopen* • *afslaan* ‹v. motor› • *snelheid verliezen en afglijden*

stall-fed ('stɔ:lfed) BNW *vetgemest*

stallholder ('stɔ:lhəʊldə) ZN • *geestelijke die recht heeft op koorstoel* • *kanunnik* • *kraamhouder*

stallion ('stæljən) ZN *hengst*

stalwart ('stɔ:lwət) I ZN • *getrouwe; trawant* II BNW • *robuust; stoer; struis* • *trouw*

stamen ('steɪmən) ZN *meeldraad*

stamina ('stæmɪnə) zn • *(innerlijke) kracht* • *pit*
• *energie* • *uithoudingsvermogen* ★ *moral ~*
karaktervastheid
stammer ('stæmə) I zn • *het stotteren* II ov+onov
ww • *stotteren* • *stamelen*
stammerer ('stæmərə) zn *stotteraar*
stammering ('stæmərɪŋ) bnw *stotterend*
stamp (stæmp) I zn • *stempel*; *merk* • *postzegel*
• *(ge)stamp* • *stamper* • *soort*; *karakter* ★ *bear
the ~ het stempel dragen* ⟨fig.⟩ ★ *set one's ~
*(up)on *zijn stempel drukken op* ★ *~machine
hamermolen*; *postzegelautomaat* II ov ww
• *(be)stempelen* • *frankeren*; *zegelen* • *stampen*
• *karakteriseren*; *kenmerken* ★ *~flat
plattrappen* ★ *~-ed addressed envelope
gefrankeerde retourenvelop* • *~ out uittrappen*;
vernietigen; *verdelgen*; *uitroeien* III onov ww
★ *~ing ground lievelingsplek(je)* IV ov+onov
ww • *stampen*
stamp collector ('stæmpkəlektə) zn
postzegelverzamelaar
stampede (stæm'piːd) I zn • *wilde, massale
vlucht* ⟨v. dieren⟩ • *paniek* • *sauve-qui-peut*
• *toeloop, oploop*; *stormloop* • usa
massabeweging II ov ww • *paniek/vlucht
veroorzaken* III onov ww • *massaal op hol
slaan*
stamper ('stæmpə) zn *breekmachine* ⟨v. erts of
steen⟩
stance (stɑːns) zn *houding* ⟨bij golf⟩
stanch (stɑːntʃ) ov ww *stelpen*
stanchion ('stɑːnʃən) I zn • *stut* • *paal* • scheepv.
dekstijl II ov ww • *stutten* • *aan paal binden*
stand (stænd) I ov ww • *plaatsen*; *zetten*
• *uithouden*; *verdragen*; *uitstaan* • *bestand zijn
tegen* • *trakteren (op)* ★ *he can ~ a good deal
hij kan heel wat hebben* • *~ fire vijandelijk
vuur trotseren*; *kritiek trotseren* ★ *~sb in good
stead iem. goed van pas komen* • *~ off tijdelijk
ontslaan* • *~ up (rechtop) zetten*; *opstellen*;
uitsteken II onov ww • *staan*; *gaan staan*
• *blijven staan*; *er (nog) staan* • *liggen*
• *standhouden*; *geldig zijn*; *steek houden*;
gehandhaafd blijven ★ *~six feet 1 m 80 lang
zijn* ★ *~accused beschuldigd zijn* ★ *~alone
bovenaan staan*; *alleen staan* ★ *~candidate
kandidaat zijn* ★ *~a chance kans hebben* ★ *~
corrected erkennen dat men schuld heeft* ★ *~
one's ground standhouden*; *niet toegeven*; *niet
wijken* ★ *~pat vasthouden aan partijprincipes*
★ *~(one's) trial terechtstaan* ★ *at ease op de
plaats rust staan* ★ *~in awe of ontzag hebben
voor*; *respecteren* ★ *~off and on kusthavens
langsvaren* ★ *it ~s to reason het spreekt vanzelf*
★ *~to lose/win op verliezen/winnen staan* ★ *~
well with goed aangeschreven staan bij*; *op
goede voet staan met* • *~ aside aan de kant
staan*; *zich afzijdig houden* • *~ at aangeven* ⟨v.
meter⟩ • *~ away weg gaan staan* • *~ back
achteruit gaan staan* • *~ by erbij (blijven/gaan)
staan*; *lijdelijk toezien*; *klaar (gaan) staan om te
helpen*; *een handje helpen*; *in de buurt blijven*
★ *~by one's friend zijn vriend bijstaan* ★ *~by
one's promise z. houden aan zijn belofte*
• *~ down teruggaan naar zijn plaats*; *z.
terugtrekken* • *~ for steunen*; *voorstaan*;

betekenen; *symboliseren*; g-b *kandidaat zijn
voor*; *peter/meter zijn voor*; *verdragen* ★ *I
won't ~ for that dat neem ik niet* • *~ in kosten*;
komen (te staan) op; *meedoen*; *niet
achterblijven*; *zijn steentje bijdragen*; *naar land
koersen* ★ *~in with één lijn trekken met* ★ *~in
for waarnemen voor*; *invallen voor* • *~ off aan
de kant gaan staan*; *op een afstand blijven*; *z.
afzijdig houden*; scheepv. *afhouden* • *~ on
staan op*; *aanhouden*; *dezelfde koers houden*
• *~ out in 't oog vallen*; *volhouden*; *niet
toegeven*; *standvastig zijn*; *zee kiezen* • *~ over
blijven liggen* • *~ to blijven bij*; *trouw blijven*
★ *~to it that blijven volhouden dat* ★ *~to
one's guns bij zijn standpunt blijven*; *niet
toegeven* ★ *~to one's word woord houden*
• *~ up opstaan*; *rechtop blijven/gaan staan*
• *~ upon staan op*; *afgaan op* III zn • *tribune*
• *standaard*; *rek*; *tafeltje*; *statief* • *gewas te
velde* • *stand*; *stilstand*; *oponthoud*
• *standplaats* • *standpunt* • *kraam*; *kiosk*
★ *one-night ~één enkele voorstelling*; *korte
affaire* ⟨figuurlijk⟩ ★ *take one's ~on uitgaan
van*; *zich baseren op* ★ *make a ~(against)
stelling nemen (tegen)* ★ *be at a ~stil staan*
★ *be at a ~for verlegen zitten om* ★ *come to a
~tot stand komen* ★ *take one's ~postvatten*;
zich op 't standpunt stellen ★ *~of arms
bewapening v. één soldaat* ★ *~of colours
regimentsvaandel*
standard ('stændəd) I zn • *stamroos* • *standaard*
• *vaandel* • *standaardmaat* • *maatstaf*; *norm*
• *stelregel* • *stander* • *paal* • *heester op hoge
stam* ★ *raise the ~ of revolt het sein tot
revolutie geven* II bnw • *standaard*; *normaal*
• *algemeen erkend/gewaardeerd* • *op hoge stam*
★ *~English algemeen beschaafd Engels* ★ *~
joke stereotiepe mop* ★ *~lamp staande
(schemer-/lees-)lamp*
standard-bearer ('stændədbeərə) zn • *vaandrig*
• *leider*
standardization, g-b standardisation
(stændədɑr'zeɪʃən) zn *standaardisering*
standardize, g-b standardise ('stændədaɪz) ov
ww • *normaliseren* • *als normaal vaststellen*
• *algemeen erkennen*
standby ('stændbaɪ) I zn • *hulp in nood*; *reserve*
• *uitkomst* • *steun* II bnw • *nood-* • *reserve-*
stand-in ('stændɪn) zn • *invaller*
• *plaatsvervanger*
standing ('stændɪŋ) I zn • *duur*; *ouderdom*
• *reputatie*; *aanzien* ★ *of long ~wat al lang
bestaat*; *van oudsher gevestigd* ★ *~room
staanplaats(en)* II bnw • *staand* • *te velde
staand* • *blijvend*; *voortdurend*; *permanent* ★ *~
jump sprong zonder aanloop* ★ *~joke vaste
grap* ★ *~orders reglement*
stand-offish (stænd'ɒfɪʃ) bnw • *terughoudend*;
gereserveerd • *hautain*
standpoint ('stændpɔɪnt) zn *standpunt*
standstill ('stændstɪl) zn *stilstand* ★ *be at a ~
stilstaan*; *stilliggen* ★ *come to a ~stil komen te
liggen*
stand-to ('stændtuː) zn mil. *appel*
stand-up ('stændʌp) I zn • *staande boord*
• *staande lunch* II bnw • *staand* ★ *~comedian*

st

conferencier die staande voor een publiek grappen vertelt ★ ~ fight *eerlijk gevecht* ★ ~ row *flinke ruzie*

stank (stæŋk) ww [verleden tijd] • → **stink**

stannic ('stænɪk) BNW *tin-*

stanza ('stænzə) ZN *couplet*

staple ('steɪpl) I ZN • *hoofdmiddel van bestaan* • *hoofdproduct; hoofdexportartikel* • *kern; hoofdschotel* ⟨fig.⟩ • *grondstof* • *vezel* • *kram* • *hechtnietje* • *stapelplaats* II BNW • *hoofd-* • *kern-* III OV WW • *(vast)nieten; krammen* • *sorteren* ⟨v. wol⟩

stapler ('steɪplə) ZN *nietmachine*

star (stɑ:) I ZN • *ster(retje)* • *gesternte* • *bles* ★ stars and stripes *vlag van de VS* ★ star shell *lichtkogel* II BNW • *ster-* • *hoofd-* • *eerste* III OV WW • *met sterren tooien/versieren* • *sterretjes zetten bij* • *als ster laten optreden* ★ starring *met in de hoofdrol* ★ star it *als ster optreden; de hoofdrol spelen* IV ONOV WW • *de hoofdrol spelen* • *als ster optreden*

starboard ('stɑ:bəd) ZN *stuurboord*

starch (stɑ:tʃ) I ZN • *zetmeel* • *stijfsel* • *stijfheid; stijve vormelijkheid* II OV WW • *stijven*

starched (stɑ:tʃt) BNW • *in de plooi* • *stijf; vormelijk*

starchy ('stɑ:tʃɪ) BNW • *zetmeelrijk* • *gesteven* • *vormelijk* ★ ~ food *meelkost*

star-crossed BNW *niet voor het geluk geboren; ongelukkig*

stardom ('stɑ:dəm) ZN *de status van ster*

stardust ('stɑ:dʌst) ZN • *kosmisch stof* • *sterrenhoop* ★ have ~ in one's eyes *tot over zijn oren verliefd zijn*

stare (steə) I ZN • *(hol) starende blik* • *blik* II OV+ONOV WW • *grote ogen opzetten* • *staren* • *(nieuwsgierig) kijken* ★ ~ a p. out of countenance *iem. de ogen doen neerslaan* ★ that will make him ~ *dat zal hem doen opkijken* ★ it ~s you in the face *'t ligt vlak voor je neus; 't is overduidelijk* • ~ **at** *aangapen*

starfish ('stɑ:fɪʃ) ZN *zeester*

stark (stɑ:k) I BNW • *absoluut; volkomen* • *spiernaakt* • *star; stijf* • *grimmig* ★ ~ nonsense *klinkklare onzin* II BIJW • *volkomen* ★ ~ blind *stekeblind* ★ ~ mad *stapelgek* ★ ~ naked *spiernaakt*

starkers ('stɑ:kəz) BNW *spiernaakt*

starlet ('stɑ:lət) ZN *sterretje*

starlight ('stɑ:laɪt) ZN *sterrenlicht*

starling ('stɑ:lɪŋ) ZN • *spreeuw* • *paalbeschoeiing*

starlit ('stɑ:lɪt) BNW • *door sterren verlicht* • *met sterren*

starred (stɑ:d) BNW • *met ster/sterretje(s)* • *gesternd*

starry ('stɑ:rɪ) BNW • *met sterren bezaaid* • *schitterend* ★ ~ sky *sterrenlicht*

starry-eyed BNW *in vervoering; euforisch*

star-spangled ('stɑ:spæŋgld) BNW *met sterren bezaaid* ★ ~ banner *vlag v. VS; (woorden uit) volkslied v. VS*

star-studded BNW • *bezaaid met sterren* • FIG. *met een sterrenbezetting* ⟨toneel, film⟩

start (stɑ:t) I OV WW • *aan de gang krijgen* • *op gang/weg helpen* • *aanzetten* • *opjagen* ⟨v. wild⟩ • *opperen* • *doen losraken* ★ ~ another

hare een nieuw onderwerp aansnijden • ~ **up** *starten; aanzetten* II ONOV WW • *(op)springen* • *(op)schrikken* • *vertrekken* • *aan de gang gaan* • *aanslaan* ⟨v. motor⟩ • *doen losraken* ★ to ~ with *om te beginnen* ★ his eyes ~ed *zijn ogen puilden uit* ★ ~ into existence *plotseling ontstaan* ★ ~ing block *startblok* • ~ **at** *schrikken van* • ~ **for** *vertrekken naar* • ~ **from/with** *uitgaan van* • ~ **off/out** *beginnen; aan 't werk gaan; vertrekken* • ~ **up** *opspringen; opschrikken; plotseling ontstaan; aanslaan; starten* III OV+ONOV WW • *beginnen (met)* • *starten* • *startsein geven* ★ ~ working *beginnen te werken* ★ ~ to work *beginnen te werken* IV ZN • *vertrekpunt; beginpunt; start* • *voorsprong* ★ by fits and ~s *op ongeregelde tijden; onregelmatig* ★ from ~ to finish *van 't begin tot 't eind* ★ get a ~ on a p. *iem. vóór zijn* ★ it gave me a ~ *het deed me schrikken* ★ give a p. a ~ *iem. op weg helpen* ★ give a p. a ~ in life *iem. een opstapje geven* ⟨fig.⟩ ★ wake up with a ~ *wakker schrikken* ★ make an early ~ *(te) vroeg beginnen; vroeg op pad gaan* ★ flying ~ *vliegende start* ★ get off to a flying ~ *een geweldig goede start maken* V BNW • *bezaaid met sterren* • *met veel sterren* ⟨fig.⟩

START (stɑ:t) AFK Strategic Arms Reduction Talks *besprekingen tot vermindering van strategische wapens*

starter ('stɑ:tə) ZN • *starter* • *deelnemer* ⟨aan wedstrijd⟩ • *begin* • *voorgerecht* ★ for ~s *als voorgerecht; om mee te beginnen*

starting ('stɑ:tɪŋ) BNW • ~ gate *starthek* ★ ~ point *uitgangspunt* ★ ~ post *startpaal*

startle ('stɑ:tl) OV WW • *opschrikken; doen schrikken* • *opjagen* • be ~d *schrikken*

startling ('stɑ:tlɪŋ) BNW • *verrassend* • *ontstellend* • *alarmerend*

starvation (stɑ:'veɪʃən) I ZN • *voedselgebrek* II BNW • *honger-*

starve (stɑ:v) I OV WW • *uithongeren* • *honger laten lijden* ★ ~ a p. into submission *iem. door uithongeren tot toegeven dwingen* II ONOV WW • *honger lijden; honger/trek hebben* • *niet eten; vasten* • *verhongeren* • ~ **for** *hunkeren naar; dorsten naar*

starveling ('stɑ:vlɪŋ) I ZN • *hongerlijder* • *uitgehongerd dier* II BNW • *uitgehongerd* • *ondervoed*

stash (stæʃ) OV WW *verbergen; verborgen houden*

state (steɪt) I ZN • *staat* • *toestand* • *stand* • *staatsie; praal* ★ ~ of affairs *toestand; stand v. zaken* ★ be in a terrible ~ *vreselijk opgewonden/overstuur zijn* ★ in ~ *in pracht en praal* ★ lie in ~ *opgebaard liggen* ★ United States (of America) *Verenigde Staten (v. Amerika)* ★ Yankee State *Ohio* II BNW • *staats-* • *staatsie-* III OV WW • *verklaren; beweren* • *uiteenzetten* • *formuleren* • *opgeven*

State (steɪt) ZN ★ USA ~ *attorney officier v. justitie in een staat* ★ ~ Department *ministerie v. buitenlandse zaken der VS* ★ ~ of the Union *jaarlijkse toespraak v. president v.d. VS tot Congress* ★ the ~s *de VS* ★ ~ Registered nurse *gediplomeerd verpleegster*

statecraft ('steɪtkrɑ:ft) ZN • *staatkunde*

- *staatkundig beleid*
stated ('steɪtɪd) BNW • *gegeven* • *vastgesteld* ★ at
~ *intervals op gezette tijden*
stateless ('steɪtləs) BNW *staatloos*
stately ('steɪtlɪ) BNW • *statig* • *imposant*
statement ('steɪtmənt) ZN *verklaring* ★ ~ of
affairs balansstaat
state-of-the-art BNW • *hypermodern*;
(technologisch) geavanceerd
state-owned BNW *staats-*; *overheids-*;
genationaliseerd
stateroom ('steɪtru:m) ZN • *staatsiezaal* • *luxe
hut*
statesman ('steɪtsmən) ZN *staatsman*; *politicus*
statesmanly ('steɪtsmənlɪ) BNW *als (van) een
goed staatsman*
statesmanship ('steɪtsmənʃɪp) ZN *(goed)
staatsmanschap*; *staatkunde*
static ('stætɪk) BNW • *statisch* • *in evenwicht*
statics ('stætɪks) ZN MV • *statica* • *luchtstoringen*
⟨op radio⟩
station ('steɪʃən) I ZN • *station* • *(stand)plaats*
• *positie* • *post* • *depot* • *politiebureau*
• *veeboerderij* • *statie* • *statiekerk* • ~s of the
Cross *kruiswegstaties* ★ *naval* ~ *marinebasis*
★ *above one's* ~ *boven zijn stand* ★ of ~
hooggeplaatst ★ ~ *house politiebureau*
★ *terminal* ~ *eindstation* II OV WW • *opstellen*
• *stationeren* • *postvatten*
stationary ('steɪʃənərɪ) BNW • *stationair*
• *stilstaand*; *vast*; *onveranderlijk*
stationer ('steɪʃənə) ZN *kantoorboekhandelaar*
stationery ('steɪʃənərɪ) ZN
• *kantoorbenodigdheden* • *postpapier*
★ Stationery Office *staatsdrukkerij/-uitgeverij*
Stationery Office ZN ≈ *staatsdrukkerij en -
uitgeverij*
stationmaster ('steɪʃənmɑːstə) ZN *stationschef*
station wagon ('steɪʃənwægən) ZN USA
stationcar
statistic (stə'tɪstɪk) MV *statistiek* ★ ~s [mv]
statistiek ⟨als kennisgebied⟩
statistical (stə'tɪstɪkl) BNW *statistisch*
statistician (stætɪ'stɪʃən) ZN *statisticus*
statuary ('stætʃʊarɪ) I ZN • *beeldhouwkunst*
• *beeldhouwwerk(en)* • *beeldhouwer* II BNW
• *beeldhouw-*
statue ('stætʃuː) ZN *standbeeld*
statuesque (stætʃʊ'esk) BNW *statig*
statuette (stætʃʊ'et) ZN *beeldje*
stature ('stætʃə) ZN *gestalte*; *postuur* ★ man of ~
man v. formaat
status ('steɪtəs) ZN • *status* • *positie*
• *rechtspositie*
status bar ZN COMP. *statusregel*
status symbol ZN *statussymbool*
statute ('stætʃuːt) ZN • *wet* • *statuut*
• *verordening* • *reglement*
statute book ('stætʃuːtbʊk) ZN ≈ *Staatsblad*
statute law ZN JUR. *geschreven recht*
statutory ('stætʃʊtərɪ) BNW • *statutair* • *volgens
de wet*
staunch (stɔːntʃ) I BNW • *betrouwbaar* • *hecht*
• *sterk* • *trouw* • *stoer* • *waterdicht* • *stelpend*
II OV WW • *stelpen*
stave (steɪv) I ZN • *duig* • *sport* ⟨v. ladder⟩

• *couplet* • *notenbalk* II OV WW ★ ~ a cask *een
vat/ton maken* • ~ **in** *in duigen slaan*; *lek stoten
of slaan* • ~ **off** *afwenden*; *opschorten*
staves (steɪvz) ZN MV • → **staff**
stay (steɪ) I OV WW • *stay one's hand zijn
hand(en) afhouden* • *tegenhouden*;
terughouden • *vertragen* • *uitstellen* ★ stay out
the play *blijven tot het stuk uit is* ★ stay the
course *'t uithouden*; *volhouden* ★ stay one's
appetite *zijn eetlust/honger stillen* II ONOV WW
• *blijven* • *logeren* ★ come and stay *kom(en)
logeren* ★ it's come to stay *het is van blijvende
aard gebleken* ★ stay to/for dinner *blijven eten*
• ~ **behind** *achterblijven* ⟨ook in
ontwikkeling⟩; *nablijven* ⟨op school⟩ • ~ **for**
wachten op III KWW ★ stay gone/away
wegblijven ★ stay put *daar blijven* • ~ **in**
binnenblijven IV ZN • *verblijf* • *uitstel*
• *uithoudingsvermogen* • *stut* • *steun*
• SCHEEPV. *stag* ★ make a stay *blijven*; *zich
ophouden* ★ put a stay on *een halt toeroepen
aan*; *bedwingen* ★ the ship is in stays *'t schip
gaat overstag*
stay-at-home ('steɪəthəʊm) I ZN • *huismus*
• *iem. die 't liefst thuis zit* ★ ~ mom ≈
niet-werkende moeder II BNW • *ho(n)kvast*
stayer ('steɪə) ZN • *volhouder*
• *langeafstandsrenner*; *wielrenner achter motor*
staying power ('steɪɪŋpaʊə) ZN
uithoudingsvermogen
stays (steɪz) ZN MV *korset*
staysail ('steɪseɪl) ZN *stagzeil*
STD AFK Sexually Transmissible Disease *soa*;
geslachtsziekte
stead (sted) ZN *plaats* ★ it stood me in good ~ *'t
is mij goed van pas gekomen*
steadfast ('stedfɑːst) BNW • *standvastig*;
onwrikbaar • *strak* ⟨v. blik⟩
steady ('stedɪ) I ZN • *steun* • PLAT *vaste vrijer*
II BNW • *stevig*; *vast* • *gestadig* • *bedaard*;
rustig; *oppassend* • *trouw* ★ ~ does the trick
kalmpjes aan, dan breekt 't lijntje niet ★ go~
vaste verkering hebben ★ ~! *rustig (aan)!*; *maak
je niet zo druk!* ★ SCHEEPV. keep her ~ *rechtzo
die gaat* ★ SCHEEPV. ~ as you go *rechtzo die
gaat* III OV WW ★ ~ the helm *'t roer in zelfde
stand houden* IV ONOV WW • ~ **down**
rustig/kalm worden
steady-going BNW + BIJW *bedaard*; *bezadigd*
steak (steɪk) ZN • *runderlap*; *plat stuk vlees* • *filet*
• *moot vis* ★ T-bone ~ *biefstuk v.d. rib*
steal (stiːl) I ONOV WW • *sluipen*; *glijden*
• *onmerkbaar gaan of komen* • ~ **away**
ongemerkt voorbij gaan • ~ **out** *er stilletjes
vandoor gaan* II OV+ONOV WW • *stelen* ★ ~ a
glance at *een steelse blik werpen op* ★ ~ a
march on *vóór komen* ★ one may ~ a horse,
another may not look over the hedge *de ene
mag alles en de andere niets*
stealth (stelθ) ZN ★ by ~ *heimelijk*; *in stilte*
stealthy ('stelθɪ) BNW • *heimelijk* • *steels*
steam (stiːm) I ZN • *stoom* • *damp* • *wasem*
★ on/under one's own ~ *op eigen kracht*;
zonder hulp v. anderen ★ to get up ~ *moed
verzamelen*; FIG. *de mouwen opstropen* II OV
WW • *doen beslaan* • ~ed (up) *nijdig*;

opgewonden **III** ONOV WW • *beslaan* • ~ **up**
beslaan
steamboat ('sti:mbəʊt) ZN *stoomboot*
steamer ('sti:mə) ZN • *stoomboot* • *stoomkoker*
steam gauge ZN *manometer*
steam iron ZN *stoomstrijkijzer*
steamship ('sti:mʃɪp) ZN *stoomschip*
steam tug ZN *sleepboot(je)*
steamy ('sti:mɪ) BNW • *beslagen* • *nevelig*
stearin ('stɪərɪn) ZN *stearine*
steed (sti:d) ZN • *paard* • *strijdros*
steel (sti:l) **I** ZN • *staal*; *wetstaal* • *balein* ⟨in
korset⟩ • *vuurstaal* ★ cold ~*stalen wapens*
⟨zoals sabel, bajonet⟩ ★ a foe worthy of his ~
een waardig tegenstander **II** BNW • *stalen*; *staal-*
III OV WW • *stalen* • *harden*
steel band ZN MUZ. *steelband*
steel-clad ('sti:lklæd) BNW • *geharnast*
• *gepantserd*
steelhead ('sti:lhed) ZN *regenboogforel*
steelify ('sti:lɪfaɪ) OV WW *tot staal maken*
steel-plated (sti:l'pleɪtɪd) BNW *gepantserd*
steels (sti:lz) ZN MV *staalfondsen*
steel wool ZN *staalwol*
steelwork ('sti:lwɜ:k) ZN *staalwaren*
steely ('sti:lɪ) BNW • *van staal* • *staalachtig*
steelyard ('sti:lja:d) ZN *unster* ⟨soort weegschaal⟩
steep (sti:p) **I** ZN • *steile helling* • *steile weg*; *steil
pad* • *bad* • *loog* ★ in ~*in de week*; *aan het
weken* **II** BNW • *steil* • *abnormaal (hoog)*
• *overdreven* • ★ ~*story kras verhaal* **III** OV WW
• *indompelen*; *onderdompelen*; *weken*; *drenken*
• FIG. *onderdompelen*; *drenken* ★ to ~ o.s. *in
zich verdiepen in* ★ ~ed *in debts tot over de
oren in de schulden* ★ ~ed *in history
doordrenkt van het verleden* ★ ~ed *in liquor
stomdronken*
steepen ('sti:pən) **I** ONOV WW • *steil worden* **II** OV
WW • *steil maken*
steeple ('sti:pl) ZN • *spitse toren* • *torenspits*
steeplechase ('sti:pltʃeɪs) ZN • *wedren met
hindernissen* • *terreinrit* ★ ~r *deelnemer aan
steeplechase*
steeplejack ('sti:pldʒæk) ZN • *man die
schoorstenen e.d. repareert* • *torenbeklimmer*
steer (stɪə) OV WW ★ ~ing gear *stuurinrichting*;
stuurorganen • ~ing committee *stuurgroep*;
beleidscommissie
steerage ('stɪərɪdʒ) ZN • *bestuurbaarheid*
• *achtersteven* • *achterdek* • *tussendek*
steering wheel ('stɪərɪŋwi:l) ZN *stuur(wiel)*
steersman ('stɪəzmən) ZN *stuurman* ★ ~ship
bekwaamheid als stuurman
stein (staɪn) ZN *bierkan*; *bierkroes*
stele (sti:l) ZN *(graf)zerk*; *grafzuil*
stellar ('stelə) BNW *sterren-*
stem (stem) **I** ZN • *stengel* • *stam* ⟨ook van
woord⟩ • *steel* ⟨v. pijp⟩ • *schacht* • *boeg*;
voorsteven ★ from stem to stern *van voor tot
achter* **II** OV WW • *strippen* ⟨v. tabak⟩ • *van
takken ontdoen* • *stremmen* • *stelpen* • *ingaan
tegen* • *'t hoofd bieden aan* ★ stem the tide *'t
tij doodzeilen*; *(moedig) optornen tegen* **III** ONOV
WW • *afstammen* • ~ **from** *teruggaan op*
stemmer ('stemə) ZN *stripper*
stench (stentʃ) ZN *stank*; *(onaangename) lucht*

stencil ('stensɪl) **I** ZN • *stencil* • *sjabloon* • *mal*
II OV WW • *stencilen*
stenographer (stə'nɒɡrəfə) ZN *stenograaf*
stenography (stə'nɒɡrəfɪ) ZN *steno(grafie)*
stentorian (sten'tɔ:rɪən) BNW ★ ~voice
stentorstem
step (step) **I** ZN • *interval* • MIL. *promotie*
• SCHEEPV. *spoor(gat)* • *(voet)stap*; *pas* • *tred*
• *tree*; *sport* ★ step by step *stap voor stap*
★ make/take a step *een stap doen* ★ watch
one's steps *behoedzaam/voorzichtig te werk
gaan* ★ FIG. false step *verkeerde stap* ★ get
one's step(s) *promotie maken* ★ turn one's
steps to *zijn schreden richten naar* ★ in step *in
de pas* ★ keep step *in de pas blijven* ★ keep
step to *lopen op (de maat v.)* ★ keep (in) step
with *gelijke tred houden met* ★ fall into step *in
de pas gaan lopen* ★ out of step *uit de pas*
★ break step *uit de pas gaan* ★ steps [mv]
stoep; *trapje* **II** OV WW • *stappen* ★ step it *te
voet gaan* • ~ **off/out** *afpassen* • ~ **up**
opvoeren; *versnellen* **III** ONOV WW • *stappen*;
treden; *trappen*; *opstappen* ★ step this way
wilt u maar volgen ★ step high *steppen* ⟨v.
paard⟩ ★ won't you step inside? *kom je er niet
even in?* ★ step on the gas *gas geven* ★ step on
it *voortmaken* ★ step short *met kleine(re)
stappen lopen*; *de pas verkorten* • ~ **aside** *opzij
gaan staan*; *afdwalen*; *een misstap doen*
• ~ **aside/down** *af-/terugtreden* • ~ **back**
teruggaan ⟨figuurlijk⟩; *z. terugtrekken*
• ~ **between** *tussenbeide komen* • ~ **in** *er in
stappen*; *naar binnen gaan*; *er even tussen
komen* • ~ **off** *aantreden*; *stom doen* • ~ **out**
uitrijden; MIL. *de pas verlengen*; *uitstappen*;
naar buiten gaan ★ step out briskly *flink/stevig
doorstappen* • ~ **outside** *naar buiten stappen*;
eruit gaan • ~ **up** *naar voren komen*; *promotie
maken* ★ step up to *erop af gaan*
stepbrother ('stepbrʌðə) ZN *stiefbroer*
stepdaughter ('stepdɔ:tə) ZN *stiefdochter*
stepfather ('stepfɑ:ðə) ZN *stiefvader*
stepladder ('steplædə) ZN *trapje*
stepmother ('stepmʌðə) ZN *stiefmoeder*
stepparent ('steppeərənt) ZN *stiefouder*
steppe (step) ZN *steppe*
stepped-up BNW *opgevoerd*
stepping stone ('stepɪnstəʊn) ZN • *steen om op
te stappen* ⟨vnl. in beek⟩ • *eerste stap/sport v.d.
(maatschappelijke) ladder*
stepsister ('stepsɪstə) ZN *stiefzuster*
stepson ('stepsʌn) ZN *stiefzoon*
stereo ('sterɪəʊ) **I** ZN • *stereotype* • *foto*;
driedimensionale foto/film • *stereo* **II** BNW
• *stereo(fonisch)* • *driedimensionaal* ★ ~
recording *geluidsopname in stereo*
stereophonic (sterɪəʊ'fɒnɪk) BNW *stereofonisch*
stereoscope ('sterɪəskəʊp) ZN *stereoscoop*
stereoscopic (sterɪə'skɒpɪk) BNW *stereoscopisch*
stereotype ('sterɪəʊtaɪp) **I** ZN • *stereotype* **II** OV
WW • *stereotype maken van* • *drukken van
stereotype*
stereotyped ('sterɪətaɪpt) BNW *stereotiep*
sterile ('steraɪl) BNW • *onvruchtbaar*
• *onproductief* • *steriel*
sterility (stə'rɪlətɪ) ZN *steriliteit*; *(het) steriel zijn*

st

sterilization, G-B **sterilisation** (sterǝlɑr'zeɪʃǝn) ZN *sterilisatie*

sterilize, G-B **sterilise** ('sterɪlaɪz) OV WW • *onvruchtbaar maken* • *steriliseren; kiemvrij (en houdbaar) maken*

sterling ('stɜ:lɪŋ) BNW • *van standaardgehalte* • *onvervalst; echt* • *degelijk* ★ *pound* ~ *pond sterling* ★ ~ *area sterlinggebied*

stern (stɜ:n) I ZN • *achtersteven; hek* • *achterste* ⟨v. dier⟩ • *staart* II BNW • *streng* • *hard*

sternmost ('stɜ:nmǝʊst) BNW *achterst*

sternum ('stɜ:nǝm) ZN *borstbeen*

steroids ('stɪǝrɔɪdz, 'sterɔɪdz) ZN MV *steroïden*

stethoscope ('steθǝskǝʊp) I ZN • *stethoscoop* II OV WW • *met stethoscoop onderzoeken*

stevedore ('sti:vǝdɔ:) OV WW *stuwadoor*

stew (stju:) I ZN • *stamppot; stoofschotel* • *visvijver* • *oesterbed* ★ *Irish stew Ierse stoofpot* ⟨met aardappels, vlees en uien⟩ ★ *be in a (regular) stew (behoorlijk) in de rats zitten* II ONOV WW • *'t benauwd hebben* ~ *the tea is stewed de thee heeft gekookt* ★ *let him stew in his own juice/grease laat hem maar in zijn eigen vet gaar smoren* III OV+ONOV WW • *stoven*

steward ('stju:ǝd) I ZN • SCHEEPV., LUCHTV. *steward* • *beheerder* ⟨v. landgoed⟩ II OV WW • *beheren*

stewardess (stju:ǝ'des) ZN *stewardess*

stewardship ('stju:ǝdʃɪp) ZN *beheer*

stick (stɪk) I ZN • *stok; staaf; steel* ★ *tak* • *dirigeerstok* • *pijpje* • *lippenstift* • *zethaak* • *kruk*; *hannes; rare snijboon* ★ *not a* ~ *was left standing er werd geen steen op de andere gelaten* ★ *cut one's* ~ *(gaan) vertrekken* ★ *be in a cleft* ~ *in een moeilijk parket zitten* ★ *get hold of the wrong end of the* ~ *'t bij 't verkeerde eind hebben* ★ *go to* ~*s naar de knoppen gaan* ★ *give the* ~ *met de stok geven* ★ *a few* ~*s of furniture een paar meubeltjes* II OV WW • *steken; zetten* • *vastplakken* • *uithouden; uitstaan* ★ *I can't* ~ *him ik kan hem niet zetten* ★ *I won't* ~ *that dat neem ik niet* ★ ~ *pigs varkens kelen; op wilde zwijnen jagen* ⟨met speer⟩ ★ ~ *down an envelope een envelop dichtplakken* ★ ~ *bills affiches aanplakken* • ~ *in inplakken; inlassen* • ~ *on plakken op; opplakken* ★ ~ *it on een overdreven prijs vragen; overdrijven* • ~ *out naar buiten/voren steken* ★ ~ *it out het uitzingen; het uithouden* • ~ *up overeind zetten; bedreigen; beroven; in de buurt brengen; in verlegenheid brengen* ★ ~ *'em up! handen omhoog!* ★ *that will* ~ *him up daar zal hij geen raad mee weten* III ONOV WW • *blijven hangen/steken/zitten; vast blijven zitten* • *klitten; kleven; plakken* ★ ~ *where you are blijf waar je bent* ★ ~ *at home thuis blijven* ★ *the nickname stuck hij hield de bijnaam* ★ ~ *in the mud treuzelen; niet met z'n tijd meegaan* • ~ *around in de buurt blijven* • ~ *at blijven bij; doorgaan met; volhouden; terugdeinzen voor* ★ ~ *at nothing staan voor niets* ★ ~ *at no scruples geen gewetensbezwaren kennen* • ~ *by trouw blijven; z. houden aan* • ~ *in blijven steken in; binnen blijven* • ~ *out naar buiten/voren steken*

★ *it* ~*s out a mile dat ligt er dik bovenop* ★ ~ *out for better terms/a higher price het been strak houden; niet toegeven* • ~ *to trouw blijven aan; blijven bij; volhouden; blijven hangen aan* • ~ *up overeind staan; aanhouden* ★ ~ *up for opkomen voor; in de bres springen voor* ★ ~ *up out of the water boven 't water uitsteken*

sticker ('stɪkǝ) ZN • *plakkertje; sticker; etiket* • FIG. *plakker* • *doorzetter* • *slagersmes*

stick insect ZN *wandelende tak*

stick-in-the-mud ('stɪkɪnðǝmʌd) ZN INFORM. ≈ *conservatieveling*

stickleback ('stɪklbæk) ZN *stekelbaarsje*

stickler ('stɪklǝ) ZN ★ *be a* ~ *for erg staan op*; *een voorstander zijn van*

stick-on BNW *zelfklevend*

stick-up ('stɪkʌp) I ZN • USA *(gewapende) overval* • *opstaande boord* II BNW • *opstaand*

sticky ('stɪkɪ) I ZN • *geeltje* ⟨zelfklevend memoblaadje⟩ II BNW • *kleverig* • *klitterig* • *taai* • *lastig; penibel* • *aarzelend* ★ *be very* ~ *about sth veel bezwaren maken tegen iets* ★ *he'll come to a* ~ *end het zal slecht met hem aflopen*

stiff (stɪf) I ZN • *lijk* • *lummel; sufferd* • *waardepapier; geld* ★ *a big* ~ *een enorme kluns* II BNW • *stijf* • *onbuigzaam* • *stram* • *vormelijk* • *moeilijk* • *stroef* • *stevig* • *kras* ★ *keep a* ~ *expression ernstig blijven; zich goed houden* ★ ~ *subject (onderwerp/vak waar men) een hele kluif (aan heeft)* ★ *he bores me* ~ *hij verveelt me gruwelijk* ★ *it scared me* ~ *het joeg me de doodsschrik op het lijf* ★ ~ *denial hardnekkige ontkenning* ★ *keep a* ~ *upper lip zich flink houden* ★ ~ *market vaste markt* ★ ~ *climb hele klim* ★ ~ *demand forse eis* ★ ~ *price gepeperde prijs*

stiffen ('stɪfǝn) I OV WW • *stijf maken* • *meer ruggengraat geven* II ONOV WW • *verstijven*

stiffener ('stɪfǝnǝ) ZN *hartversterking*

stiff-necked (stɪf'nekt) BNW *koppig; halsstarrig; hardnekkig*

stifle ('staɪfǝl) I OV WW • *doen stikken* • *smoren* • *de kop indrukken* • *onderdrukken* • *inhouden* • *blussen; doven* II ONOV WW • *(ver)stikken* III ZN • *achterkniegewricht* ⟨v. dier⟩ • *ziekte aan achterkniegewricht*

stifling ('staɪflɪŋ) BNW • *verstikkend* • *zwoel* • *benauwd*

stigma ('stɪgmǝ) ZN • *stigma; brandmerk* • *stigma; schandvlek* • REL. *stigma; wondteken v. Christus* • *huidvlek of huidplek*

stigmatic (stɪg'mætɪk) BNW *gestigmatiseerd*

stigmatize, G-B **stigmatise** ('stɪgmǝtaɪz) OV WW • *brandmerken* • *stigmatiseren*

stile (staɪl) ZN • *overstap* • *deurstijl* ★ *help a lame dog over a* ~ *een arme tobber een handje helpen*

stiletto (stɪ'letǝʊ) ZN • *stiletto* • *schoen met naaldhak* ★ ~ *heel stilettohak*; *naaldhak*

still (stɪl) I ZN • *stilte* • *distilleerketel* • *filmfoto* II BNW • *stil; rustig* • *niet mousserend* ⟨v. wijn⟩ ★ ~ *waters run deep stille wateren hebben diepe gronden* ★ ~ *life stilleven* III OV WW • *distilleren* • *stillen* • *kalmeren* IV BIJW • *nog*

st

• *nog altijd* • *toch*; *toch nog*
stillbirth ('stɪlbɜ:θ) ZN *geboorte v. dood kind*
stillborn ('stɪlbɔ:n) BNW *doodgeboren*
stilling ('stɪlɪŋ) ZN *opstand*; *stellage*
stilt (stɪlt) ZN *stelt* • *on* ~s *hoogdravend*; *bombastisch*
stilted ('stɪltɪd) BNW • *op stelten* • *hoogdravend*
stimulant ('stɪmjʊlənt) I ZN • *prikkel* • *opwekkend middel* II BNW • *prikkelend*
stimulate ('stɪmjʊleɪt) OV WW • *prikkelen* • *(op)wekken* • *stimuleren* • *aansporen*
stimulation (stɪmjʊ'leɪʃən) ZN • *stimulatie* • *prikkeling*
stimulative ('stɪmjʊlətɪv) BNW • *stimulerend* • *prikkelend*
stimulus ('stɪmjʊləs) ZN *stimulans*
sting (stɪŋ) I ZN • *steek*; *beet* • *angel* • PLANTK. *brandhaar* • *wroeging* ★ *the breeze has a* ~ *in it de wind is verkwikkend* II OV WW • *afzetten*; *'t vel over de neus halen* III ONOV WW • *pijn doen* • *knagen* IV OV+ONOV WW • *steken* • *prikken*
stinger ('stɪŋə) ZN • *klap die aankomt of pijn doet* • *vinnig antwoord*
stinging ('stɪŋɪŋ) BNW • *stekend* • *grievend* ★ ~ *blow gevoelige slag*
stingless ('stɪŋləs) BNW *zonder angel*
stingy ('stɪndʒɪ) BNW *gierig*; *vrekkig*
stink (stɪŋk) I OV WW • *you can* ~ *it a mile off het stinkt een uur in de wind* II ONOV WW • *stinken* • *waardeloos zijn*; *niet deugen* ★ FIG. *it ~s in my nostrils ik kan 't niet luchten of zien* ★ ~ *of stinken naar* III ZN • *stank* ★ ~ *trap stankafsluiter*
stinker ('stɪŋkə) ZN • *rotvent*; *mispunt* • *stinkstok* • *stinkerd*
stinking ('stɪŋkɪŋ) BNW • *rot*; *gemeen* • *ontzettend* ★ ~ *drunk stomdronken*
stinks ('stɪŋks) ZN MV INFORM. *scheikunde*
stint (stɪnt) I ZN • *beperking* • *taak* • *opgelegde portie werk* • *strandloper (vogel)* II OV WW • *karig zijn met* • *karig toebedelen* ★ *don't* ~ *money spaar geen kosten* ★ ~ *a p. for money iem. kort houden*
stipend ('staɪpend) ZN • *salaris* • *bezoldiging*
stipendiary (staɪ'pendjərɪ) I ZN • *bezoldigd politierechter* II BNW • *bezoldigd* ★ *stipendiary magistrate bezoldigd politierechter*
stipple ('stɪpl) I ZN • *punteerts* • *punteeretswerk* II OV WW • *punteren*
stipulate ('stɪpjʊleɪt) I OV WW • *bepalen* • *bedingen* • *erop staan* II ONOV WW • ~ *for bedingen*
stipulation (stɪpjʊ'leɪʃən) ZN • *stipulatie* • *bepaling* • *beding*
stir (stɜ:) I OV WW • *verroeren* • *bewegen* • *poken* • *roeren* • *in beweging brengen* • *(op)wekken* • *werken op* ⟨de verbeelding⟩ ★ *stir a p.'s blood iemands bloed sneller doen stromen*; *iem. aansporen* ★ *stir your stumps! opschieten!*; *doorlopen!* • ~ *up door elkaar roeren*; *omhoog roeren*; *omhoog doen komen*; *opwekken*; *opruien (tot)*; *doen oplaaien* II ONOV WW • *z. verroeren* • *z. bewegen* • *wakker worden* ★ *be deeply stirred diep getroffen zijn*; *diep onder de indruk zijn* ★ *nobody stirring yet? is er nog*

niemand op?; *is er nog niemand bij de hand?* ★ *no news stirring er is geen nieuws* ★ *stir out (of the house) buiten komen*; *'t huis uit komen* III ZN • *beweging* • *beroering* • *sensatie*; *herrie* • *roerstaatje* • *bajes* ★ *give it a stir er in roeren*; *er in poken* ★ *make a great stir grote sensatie verwekken* ★ *not a stir of air bladstil*
stirrer ('stɜ:rə) ZN *roerapparaat* ★ *an early* ~ *iem. die altijd vroeg op is*
stirring ('stɜ:rɪŋ) BNW • *emotioneel* • *sensationeel* • *(veel)bewogen* • *druk*; *bedrijvig*
stirrup ('stɪrəp) ZN *stijgbeugel*
stirrup cup ZN *glaasje op de valreep*
stitch (stɪtʃ) I ZN • *steek* • *hechting* • *steek in de zij* ★ *a* ~ *in time saves nine voorkomen is beter dan genezen* ★ *without a* ~ *of clothing zonder een draad aan 't lijf* ★ *drop a* ~ *een steek laten vallen* ★ *not a* ~ *on zonder een draad aan 't lijf* ★ *put a* ~ *in (een wond) hechten* II OV+ONOV WW • *vastnaaien*; *(dicht)naaien* • *hechten* • *borduren*; *bestikken* • *stikken* • ~ *up dichtnaaien*; *vastnaaien* ★ ~ *sb up iem. er in luizen*
stitching ('stɪtʃɪŋ) ZN • *borduursel* • *naaisel*
stiver ('staɪvə) ZN *stuiver* ★ *not worth a* ~ *geen cent waard*
stoat (stəʊt) ZN • *hermelijn* • *wezel*
stock (stɒk) I ZN • *voorraad* • AGRAR. *veestapel* • ECON. [vaak als mv] *aandeel*; *aandelenkapitaal* • *afkomst* • CUL. *bouillon* • *schouderstuk (v. vuurwapen)* ★ *in* ~ *in voorraad* ★ *lay/take in* ~ *voorraad inslaan* ★ *take* ~ *inventaris opmaken*; *de stand v. zaken opnemen* ★ *take* ~ *of sth de ontwikkelingen overdenken* ★ *have money in the* ~s *staatsobligaties hebben* ★ FIG. *be on the* ~s *op stapel staan* ★ *subject to* ~ *being unsold zolang de voorraad strekt* ★ *out of* ~ *niet meer voorhanden*; *uitverkocht* ★ *be the laughing* ~ *of everyone door iedereen uitgelachen worden* II BNW • *voorhanden*; *voorraad-* • *gewoon*; *vast*; *stereotiep*; *afgezaagd* III OV WW • *inslaan* ⟨v. voorraad⟩; *in voorraad nemen* • *bevoorraden*; *voorzien van*; *uitrusten (met)* • *in voorraad hebben*
stockade (stɒ'keɪd) I ZN • *palissade* II OV WW • *palissaderen*
stock boy ZN *vakkenvuller*
stockbreeder ('stɒkbri:də) ZN *veefokker*
stockbroker ('stɒkbrəʊkə) ZN *effectenmakelaar*
stockbroking ('stɒkbrəʊkɪŋ) ZN *effectenhandel*
stock car ('stɒkkɑ:) ZN • *veewagen* ⟨aan trein⟩ • *seriemodel auto met speciale voorzieningen voor races*
stock company ZN • TON. *repertoiregezelschap* • ECON. *maatschappij op aandelen*
stock cube ZN *bouillonblokje*
stock exchange ZN • ECON. *effectenbeurs* • ECON. *beursnoteringen*
stock-farmer ZN *veefokker*
stockfish ('stɒkfɪʃ) ZN *stokvis*
stock girl ZN *vakkenvulster*
stockholder ('stɒkhəʊldə) ZN USA *houder v. aandelen/effecten*
stocking ('stɒkɪŋ) ZN • *kous* • *sok* ⟨v. paard⟩
stockinged ('stɒkɪŋd) BNW • ~ *feet kousenvoeten*

st

stock-in-trade (stɒkɪn'treɪd) ZN
• *bedrijfsinventaris* • *goederenvoorraad*
• *gereedschappen* • *that's his ~ daar weet hij*
wel weg mee
stockist ('stɒkɪst) ZN *leverancier*
stockjobber ('stɒkdʒɒbə) ZN • *hoekman*
• *beursspeculant*
stockjobbing ('stɒkdʒɒbɪŋ) ZN • *effectenhandel*
• *speculatie*
stock market ZN ECON. *effectenbeurs*
stockpile ('stɒkpaɪl) I ZN • *(hamster)voorraad*
II OV+ONOV WW • *hamsteren*
stockpiling ('stɒkpaɪlɪŋ) ZN *voorraadvorming*
stockrider ('stɒkraɪdə) ZN *Australische veehouder*
te paard; Australische cowboy
stockroom ('stɒkruːm) ZN *magazijn*
stock-still (stɒk'stɪl) BNW *doodstil*
stocktaking ('stɒkteɪkɪŋ) ZN • *inventarisatie*
• *opmaken v. tussentijdse balans*
stocky ('stɒkɪ) BNW • *stevig* • *gezet* • *kort en dik*
stockyard ('stɒkjɑːd) ZN *omsloten ruimte voor*
vee op veemarkt
stodge (stɒdʒ) I ZN • *zware maaltijd* • FIG.
machtige of zware kost II OV WW • *volproppen*
III ONOV WW • *gulzig eten* • *z. volproppen*
stodgy ('stɒdʒɪ) BNW • *zwaar; machtig*
• *moeilijk verteerbaar*
stoic ('stəʊɪk) I ZN • *stoïcijn* II BNW • *stoïcijns*
stoical ('stəʊɪkl) BNW *stoïcijns*
stoicism ('stəʊɪsɪzəm) ZN *stoïcisme*
stoke (stəʊk) I OV WW • *stoken* • *brandstof/kolen*
bijgooien II ONOV WW • ~ *(up) schransen*
stoker ('stəʊkə) ZN *stoker*
stole (stəʊl) I ZN *stola* II WW [verleden tijd] • →
steal
stolen ('stəʊlən) WW [volt. deelw.] • → **steal**
stolid ('stɒlɪd) BNW • *bot* • *flegmatisch*
• *onaandoenlijk*
stolidity (stə'lɪdətɪ) ZN • *flegmatisme*
• *onaandoenlijkheid*
stomach ('stʌmək) I ZN • *maag; buik* • *(eet)lust*
• *zin* ⋆ *it turns my ~ ik word er misselijk van*
⋆ FIG. *have the ~ to de moed hebben om (te)*
II OV WW • *verteren* • *verdragen* • *(voor lief)*
nemen
stomach ache ZN • *maagpijn* • *buikpijn*
stomp (stɒmp) ZN • USA *hospartij; gehos* • *stomp*
⟨soort jazzdans⟩
stone (stəʊn) I ZN • G-B *steen; kei* • *pit* • Eng.
gewichtseenheid ⟨6,35 kg⟩ ⋆ *leave no ~*
unturned geen middel onbeproefd laten; overal
zoeken ⋆ *mark with a white ~ met een krijtje*
aan de balk schrijven ⋆ *operation for ~*
operatie voor gal-, nier- en andere stenen
⋆ *throw ~s at met stenen gooien; bekladden*
⋆ *~'s throw steenworp* ⋆ ~ *coal antraciet* ⋆ ~
pit steengroeve ⋆ *a rolling ~ gathers no moss*
blijven doet beklijven II BNW • *steen-; van steen*
⋆ Stone Age *stenen tijdperk* • *volkomen* ⋆ ~
cold steenkoud ⋆ ~ *deaf stokdoof* ⋆ ~ *dead*
morsdood III OV WW • *stenigen* • *met stenen*
gooien naar • *ontpitten* • *plaveien*
stone-blind (stəʊn'blaɪnd) BNW *stekeblind*
stone-cold BNW *volkomen* ⋆ ~ *sober*
broodnuchter
stoned (stəʊnd) BNW • *ontpit* • *zonder pit*

• *stomdronken* • *onder de (invloed van) drugs*
stoneless ('stəʊnləs) BNW *zonder pit*
stonemason ('stəʊnmeɪsən) ZN *steenhouwer*
stoneware ('stəʊnweə) ZN *(extra hard)*
aardewerk
stonework ('stəʊnwɜːk) ZN *metselwerk;*
steenwerk
stony ('stəʊnɪ) BNW *(steen)hard; hardvochtig* ⋆ ~
broke op zwart zaad; blut
stony-faced BNW *uiterlijk onbewogen; zonder*
een spier te vertrekken
stood (stʊd) WW [verleden tijd + volt. deelw.]
• → **stand**
stooge (stuːdʒ) I ZN • *zondebok* • *zwarte schaap*
• *stroman* • *leerling-vlieger* • USA *mikpunt;*
aangever ⟨v. conferencier⟩ II ONOV WW ⋆ ~
(around) rondlummelen
stool (stuːl) I ZN • *kruk* • *knielbankje; voetbankje*
• *stilletje* • *stoelgang; ontlasting* • *wortelstoel*
• *knoest* • JACHT *lokvogel* ⋆ *he fell between*
two ~s hij miste zijn kans door te lang aarzelen
⋆ ~ *of repentance zondaarsbankje* ⋆ *go to ~*
stoelgang hebben II OV WW • USA *lokken* ⟨met*
*lokvogel⟩ • USA, STRAATT. *verlinken* III ONOV
WW • *(uit)stoelen* ⟨v. plant⟩
stool pigeon ('stuːlpɪdʒən) ZN USA, STRAATT.
lokvogel
stoop (stuːp) I OV WW ⋆ ~ *one's head het hoofd*
buigen II ONOV WW • *voorover houden* • *z.*
vernederen/verwaardigen • *voorover*
lopen/staan/zitten • *(z.) bukken* III ZN • *kromme*
rug • *gebukte houding* • *neerbuigendheid;*
vernedering • USA *stoep* ⋆ *he has a shocking ~*
hij loopt vreselijk voorover
stooping ('stuːpɪŋ) BNW *voorovergebogen*
stop (stɒp) I OV WW • *ophouden met; neerleggen*
⟨werk⟩ • *aanhouden; afzetten; stilleggen;*
beletten; weerhouden; doen ophouden; stil
doen staan • *afsluiten; verstoppen;*
dichtstoppen • *versperren; stelpen;*
tegenhouden; MUZ. *dempen* • *de leestekens*
plaatsen ⋆ *stop a cheque een cheque blokkeren*
⋆ *stop one's ears zijn oren dichtstoppen; niet*
willen luisteren ⋆ *stop a gap als noodhulp/*
stoplap dienen ⋆ *stop it! hou op!* ⋆ *stop sb's*
mouth iem. de mond snoeren ⋆ *stop payment*
ophouden te betalen; (uit)betaling staken
⋆ *stop sb's salary iemands salaris inhouden*
⋆ *stop a tooth een kies/tand vullen* ⋆ *stopped*
trumpet gedempte trompet ⋆ *stop wages loon*
inhouden ⋆ *stop the way de weg versperren*
⋆ *stop sb from iem. beletten te* • ~ *up doen*
verstoppen; dichtstoppen ⋆ *be stopped up*
verstopt raken II ONOV WW • *stoppen;*
ophouden; niet meer werken/gaan • *stil*
(blijven) staan • *logeren; blijven* ⋆ *stop dead*
plotseling stilstaan ⋆ *stop short ineens*
stilstaan; plotseling ophouden • ~ *at logeren*
bij/te • ~ *in binnenblijven* • ~ *out uitblijven*
• ~ *up opblijven* III ZN • *(het) (doen) stoppen*
• *stopplaats; halte* • *stilstand* • *pin; stopblikje;*
pal • TAALK. *plofklank* • *diafragma* • *register* ⟨v.
orgel⟩; klep; demper • *punt* ⟨leesteken⟩ ⋆ *put a*
stop to blokkeren; vasthouden; een eind maken
aan ⋆ *without a stop zonder ophouden;*
zonder tussenstop ⋆ *come to a (full) stop*

(helemaal) vast komen te zitten; (volkomen) tot stilstand komen ★ make a stop *stilstaan; halt houden; pauzeren* ★ G-B full stop *punt* ★ pull out another stop *uit een ander vaatje (beginnen te) tappen* ★ pull out the sympathetic stop *sympathiek worden; op 't gevoel werken*

stopcock ('stɒpkɒk) ZN *afsluitkraan*

stopgap ('stɒpgæp) ZN ● *stoplap* ● *noodhulp* ● *noodmaatregel* ● *bladvulling* ● *stopwoord*

stop-go ZN G-B, ECON. *hollen-of-stilstaanbeleid*

stop light ZN *(rood) stoplicht*

stopover ('stɒpəʊvə) ZN USA *reisonderbreking*

stoppage ('stɒpɪdʒ) ZN *inhouding; blokkering* ★ there is a ~somewhere *de zaak stokt ergens* ★ SPORT ~time *blessuretijd*

stopper ('stɒpə) I ZN ● *stop* ● *stopper* ⟨om tabak in pijp te stoppen⟩ ● *meertouw* ● *landvast* ★ put a ~on *een eind maken aan* II OV WW ● *stop op een fles doen*

stopping ('stɒpɪŋ) ZN *vulling* ⟨v. tand, kies⟩ ★ ~knife *stopmes; plamuurmes* ★ ~train *stoptrein*

stop press (stɒp'pres) ZN *laatste nieuws; nagekomen berichten*

storage ('stɔ:rɪdʒ) ZN ● *opslag; (het) opslaan* ● *opslagruimte* ● *pakhuis* ● *opslagkosten* ★ in cold ~in *koelhuis/-cel opgeslagen* ● FIG. put your plan into cold ~*je plan in de ijskast zetten*

storage battery/cell ZN *accu(mulator)*

store (stɔ:) I ZN ● *voorraad* ● *hoeveelheid* ● *goederen* ● *opslagplaats* ● *magazijn; depot* ● USA *winkel* ★ ~s [mv] ★ USA *consignment*; *tweedehandskledingzaak* ★ cooperative ~ *coöperatiewinkel* ★ general ~ *warenhuis; bazaar* ★ multiple ~*grootwinkelbedrijf; warenhuis* ★ have/hold in ~*in petto hebben* ★ lay in ~s *voorraden vormen; reserves kweken* ★ USA mind the ~*op de winkel passen; (de zaak) waarnemen* ★ set great ~by *veel waarde hechten aan* ★ ~of information *vraagbaak* ★ ~of knowledge *schat(kamer) v. kennis/ wetenschap* ★ what the future may have in ~ for us *wat de toekomst voor ons in petto heeft* II OV WW ● *bevoorraden* ● *voorzien van 't nodige* ● *opdoen* ● *opslaan* ● *kunnen bergen* ★ ~ the mind with knowledge *de nodige kennis opdoen* ★ ~cattle *mestvee* ● ~ up *opslaan; bewaren* ● ~ with *voorzien van*

storehouse ('stɔ:haʊs) ZN ● *pakhuis* ● *voorraadschuur* ● *schatkamer*

storekeeper ('stɔ:ki:pə) ZN ● MIL. *magazijnmeester* ● USA *winkelier*

storeroom ('stɔ:ru:m) ZN *provisiekamer*

storey ('stɔ:rɪ) ZN ● *verdieping* ● *etage* ★ first ~ *begane grond* ★ second ~*eerste etage* ● FIG. the upper ~*bovenverdieping* ⟨hersenen⟩

storeyed ('stɔ:rɪd) BNW *met verdiepingen*

storied ('stɔ:rɪd) BNW ● *met historische taferelen of opschriften versierd* ● *befaamd*

stork (stɔ:k) ZN *ooievaar*

storm (stɔ:m) I ZN ● *storm; (hevige) bui/regen; noodweer* ★ Storm and stress *Sturm und Drang* ★ take by ~*stormenderhand veroveren* ★ ~of applause *stormachtig applaus* ★ ~in a

tea-cup *storm in een glas water* II OV WW ● *bestormen* ★ ~ing party *stormtroep* III ONOV WW ● *woeden; razen* ● USA *stormen* ● ~ at *tekeer gaan tegen*

stormbound ('stɔ:mbaʊnd) ZN *door storm/noodweer opgehouden*

storm cloud ZN ● *donkere wolk* ● *naderend onheil*

stormcock ('stɔ:mkɒk) ZN *grote lijster*

storm cone ZN *stormkegel* ⟨aan seinmast⟩

storm-tossed ('stɔ:mtɒst) BNW OOK FIG. *door de storm(en) geslingerd*

storm troops ZN MV *stormtroepen*

stormy ('stɔ:mɪ) BNW ● *stormachtig* ● *storm-* ● *woelig* ● *heftig*

story ('stɔ:rɪ) ZN ● *verdieping* ● *etage* ● *verhaal* ● *geschiedenis* ● *legende* ● *gerucht* ● *leugentje* ● *mop* ★ *short ~novelle* ★ the ~goes *het gerucht gaat / het verhaal wil* ★ that's quite another/a different ~now *nu liggen de zaken heel anders* ★ but that's another ~*maar dat is weer een ander verhaal; maar dat staat er buiten* ★ to cut/make a long ~ short *om een lang verhaal kort te maken*

storybook ('stɔ:rɪbʊk) ZN *verhalenboek*

storyteller ('stɔ:rɪtelə) ZN ● *verteller* ● *fantast; jokker*

stoup (stu:p) ZN ● *kan* ● *beker* ● *wijwaterbak(je)*

stout (staʊt) I ZN ● *donker bier* II BNW ● *dapper* ● *krachtig* ● *stoer* ● *stevig* ● *dik; gezet*

stout-hearted (staʊt'hɑ:tɪd) BNW ● *dapper* ● *resoluut*

stoutness ('staʊtnəs) ZN ● → **stout**

stove (staʊv) I ZN ● *kachel* ● *brander* ● *broeikas* ★ oil ~*petroleumstel* II WW [verleden tijd] ● → **stave** OV WW *in broeikas kweken*

stow (staʊ) OV WW ● *pakken* ● *inpakken* ● *(vakkundig) laden* ● *opbergen; wegbergen* ★ stow it! *houd je mond!; laat 't!* ★ stow that nonsense! *houd op met die onzin!* ● ~ away *opbergen; wegstoppen*

stowage ('staʊɪdʒ) ZN ● → **stow** ● *stuwage(geld)* ★ in safe ~*veilig opgeborgen*

stowaway ('staʊəweɪ) ZN *verstekeling*

str. AFK ● *strait (zee)straat* ● *stroke slag* ⟨roeisport⟩

straddle ('strædl) I ZN ● *spreidstand; spreidsprong* ● *vrijblijvende houding* ● ECON. *stellage (dubbele optie)* II OV WW ● FIG. *op de wip zitten* ● *de kat uit de boom kijken* ★ ~a horse *schrijlings te paard zitten* ★ he stood straddling the ditch *hij stond schrijlings over de sloot* ★ ~a ship *een schip inschieten* ★ ~the white line *midden op de weg rijden* III ONOV WW ● *wijdbeens (gaan) lopen/staan/zitten*

strafe (strɑ:f) I ZN ● *bombardement* ● *beschieting* ● *afstraffing* II OV WW ● *bombarderen* ● *beschieten* ● *danig op de kop geven*

straggle ('strægl) ONOV WW ● *slenteren* ● *achterblijven* ● *langzaam trekken of gaan; treuzelen; sjokken* ● *verspreid of verward groeien/hangen/liggen* ● *zwerven; afdwalen* ★ the town ~s out into the country *de stad breidt zich uit* ● ~ behind *achterblijven; niet meekomen* ● ~ in/out *in groepjes naar binnen/buiten komen*

straggler ('stræglə) ZN *achterblijver*
straggling ('stræglɪŋ), **straggly** ('stræglɪ) BNW
• *(in groepjes) verspreid* • *onsamenhangend*
• *loshangend* • *onregelmatig (gegroeid)*
straight (streɪt) I ZN • *recht stuk of traject*
• *straatje* ⟨bij pokeren⟩ • *out of the ~ krom*
II BNW • *eerlijk*; *oprecht* • *betrouwbaar* • *in
orde*; *op orde* • *puur*; *onvermengd* • *recht*
• *rechtstreeks* • *recht op de man af* • INFORM.
hetero ★ *keep one's face ~ geen spier
vertrekken* ★ *get a thing ~ iets recht zetten*; *iets
goed begrijpen* ★ *~ hair sluik haar* ★ *~ jet
straalvliegtuig zonder schroef* ★ *put ~ in orde
brengen* ★ *put o.s. ~ with the world zich
rehabiliteren* ★ *~ thinking logisch denken*
★ USA *vote the ~ ticket voor 't partijprogram
stemmen* ★ *whisky ~ whisky puur* III BIJW
• *recht(streeks)* • *rechtop* • *direct* • *zonder
omhaal/omwegen* • *ronduit* ★ *I'd better come
~ to the point ik val maar meteen met de deur
in huis* ★ *~ off rechtstreeks*; *direct* ★ *~ on
rechtdoor*; *rechttoe, rechtaan* ★ *~ out ronduit*
★ *go ~ goed/netjes oppassen* ★ *hit ~ from the
shoulder met een rechte treffen* ⟨bij boksen⟩
★ *ride ~ dwars door 't terrein rijden* ★ *run ~
rechtschapen leven* ★ *shoot ~ gericht schieten*
straightaway ('streɪtəweɪ) BIJW • *meteen*
• *zonder omhaal*
straighten ('streɪtn) I OV WW • *rechtmaken/
-zetten/-leggen* • *strekken* • *in orde brengen* ★ *~
(out) ontwarren* • *~ up in orde brengen* II ONOV
WW • *recht worden* • *rechttrekken* • *~ up
rechtop gaan staan*
straightforward (streɪt'fɔːwəd) BNW • *oprecht*
• *ronduit* • *ongekunsteld*; *eenvoudig*
strain (streɪn) I ZN • *(over)belasting*; OOK FIG.
druk • *(in)spanning* • *verrekking* (v. spier)
• *verdraaiing* ⟨v.d. waarheid⟩ • *streven*
• *afkomst*; *geslacht* • *aard*; *karakter(trek)*
• *toon*; *melodie*; *stijl*; *trant* ★ *a ~ of
melancholy iets droevigs* • *is a ~ on vergt heel
wat van* • *in the same ~ op dezelfde toon*; *in
dezelfde trant* ★ *put a ~ on o.s. zich geweld
aandoen* • *of good ~ v. goede afkomst* II OV
WW • *spannen* • *(op)rekken* • *inspannen*
• *zwoegen* • *overspannen* • *(te) veel vergen van*
• *forceren* • *op de spits drijven* • *verdraaien*
• *verrekken* ★ *~ one's ears de oren spitsen* ★ *~
every nerve alle krachten inspannen*; *alle
middelen te baat nemen* ★ *~ the law de wet
verkrachten* ★ *~ a point een soepel standpunt
innemen*; *een oogje toedoen* ★ *~ to o.s./one's
heart tegen zich aan/aan 't hart drukken*
III ONOV WW • *z. inspannen* • *turen* • *~ after
streven naar*; *krachtig (na)streven* • *~ at rukken
aan*; *trekken aan*; *moeite hebben met*
• *~ through doorsijpelen*; *turen door*
IV OV+ONOV WW • *zeven* • *filteren* • *~ off/out
uitzeven*; *filtreren*
strained (streɪnd) BNW • *gewrongen* • *geforceerd*;
gedwongen • *onnatuurlijk*
strainer ('streɪnə) ZN • *zeef* • *teems* • *vergiet*
strait (streɪt) ZN • *the Straits Straat v. Malakka*
★ *Straits of Dover Nauw v. Calais* ★ *be in a ~
in moeilijkheden zitten* ★ *~(s) zeestraat*
straitened ('streɪtnd) BNW • *be in ~

circumstances 't niet breed hebben*; *er moeilijk
voorzitten* ★ *be ~ for gebrek hebben aan*
straitjacket ('streɪtdʒækɪt) ZN *dwangbuis*
strait-laced (streɪt'leɪst) BNW *streng*; *stipt*
strand (strænd) I ZN • *streep* ⟨in haar⟩ • *strand*
• *vezel* • *streng* • *lok*; *wrong* II OV WW • *aan de
grond doen lopen*; *stranden* • *twijnen* ★ *be ~ed
(hulpeloos) vastzitten*; *stranden*; *aan de grond
zitten* ⟨fig.⟩ III ONOV WW • *vastlopen*; *stranden*
stranded ('strændɪd) BNW • *getwijnd*
• *vastgelopen* ★ *~ hair ~ with grey haar met grijs
erdoor*
strange (streɪndʒ) BNW • *vreemd* • *raar*
• *eigenaardig* ★ *~ to say vreemd genoeg* ★ *be ~
to vreemd staan tegenover*
stranger ('streɪndʒə) ZN *vreemde(ling)* ★ *~ to
onbekend met*; *onbekende voor* ★ *he is no ~ to
sorrow hij weet wat verdriet is* ★ INFORM. *don't
be a ~! laat nog eens wat van je horen!*
strangle ('stræŋgl) OV WW • *worgen* • *knellen*
⟨om de nek⟩ • *onderdrukken*; *stikken*
stranglehold ('stræŋglhəʊld) ZN *wurggreep*;
macht
strangler ('stræŋglə) ZN *wurger*
strangulate ('stræŋgjʊleɪt) OV WW *dichtknijpen*;
dichtknellen ★ *~d hernia beklemde breuk*
strangulation (stræŋgjʊ'leɪʃən) ZN • *wurging*
• *economische druk*
strap (stræp) I ZN • *riem(pje)* • *band(je)* • *lus* ⟨in
tram of van laars⟩ • *metalen band*; *beugel*
• MIL. *schouderbedekking* ★ *the ~ aframmeling
met riemen* II OV WW • *afranselen* ★ *~ (up) met
riem vastmaken*; *met hechtpleister hechten*
• *~ together bij elkaar gespen*
straphanger ('stræphæŋə) ZN *passagier die aan
de lus hangt*
strapless ('stræpləs) BNW *zonder schouderbandjes*
strapped (stræpt) BNW • *vastgebonden*;
verbonden • INFORM. *platzak* ★ *be ~ for cash
krap bij kas zitten*
strapping ('stræpɪŋ) I ZN • *riemen*; *riemleer*
• *pleister* II BNW • *potig* • *struis*
strata ('streɪtə) ZN MV • *→ stratum*
stratagem ('strætədʒəm) ZN *list*
strategic (strə'tiːdʒɪk) BNW *strategisch*
strategics (strə'tiːdʒɪks) ZN MV *krijgstactiek*
strategist ('strætədʒɪst) ZN *strateeg*
strategy ('strætədʒɪ) ZN • *strategie* • *strijdplan*;
beleidsplan
stratification (strætɪfɪ'keɪʃən) ZN *gelaagdheid*
★ *social ~ maatschappelijke gelaagdheid*
stratify ('strætɪfaɪ) OV WW *laag voor laag (op
elkaar) leggen*
stratosphere ('strætəsfɪə) ZN *stratosfeer*
stratum ('strɑːtəm) ZN *(geologische) laag*
stratus ('streɪtəs) ZN *stratus*
straw (strɔː) I ZN • *stro(halm)* • *rietje* • *strootje*
• *strohoed* ★ *~s which show the way the wind
blows tekenen van de naderende storm* ★ *catch
at a ~ zich aan een strohalm vastgrijpen* ★ *it's
the last ~ that breaks the camel's back de
laatste loodjes wegen het zwaarst* ★ *that's the
last ~ dat is de druppel die de emmer doet
overlopen* ★ *man of ~ stroman*; *stropop*;
karakterloos iem. ★ *not worth a ~ geen rooie
cent waard* ★ *~ poll opiniepeiling* II BNW

st

• *strooien* • *nietszeggend*
strawberry ('strɔ:bərɪ) ZN • *aardbei* ★ the ~ *leaves de hertogskroon* ★ ~ *mark aardbeivlek* ⟨op huid⟩
strawboard ('strɔ:bɔ:d) ZN *strobord; karton*
stray (streɪ) **I** ZN • *verdwaald persoon of dier*
• *zwerver; dakloze* **II** BNW • *verdwaald*
• *sporadisch* • *verspreid* • *los(lopend)* • *toevallig*
★ ~ *bullet verdwaalde kogel* **III** ONOV WW
• *(af)dwalen* • *zwerven* • *weglopen* • FIG. *de verkeerde kant opgaan*
stray cat ZN *zwerfkat*
streak (stri:k) **I** ZN • *streep* • *flits* • *beetje*
• *tik(kelt)je* ★ ~ *of lightning bliksemstraal*
★ *like a ~ als de weerlicht* ★ *the silver ~ het Kanaal* ★ *he has a ~ of humour in him hij heeft gevoel voor humor* **II** OV WW • *strepen*
III ONOV WW • *snellen; ijlen* • INFORM. *naakt over plein e.d. rennen* • ~ *off z. uit de voeten maken*
streaker ('stri:kə) ZN *iemand die naakt over plein e.d. rent*
streaky ('stri:kɪ) BNW • *gestreept* • *geaderd*
• *doorregen*
stream (stri:m) **I** ZN • *stroom* • *beek(je)* • *groep met zelfde leerprogram* ★ *down-/up~ stroomaf-/-opwaarts* **II** OV WW • *doen stromen*
III ONOV WW • *stromen* • *wapperen* • *lopen* ⟨v. ogen⟩ ★ ~*ing cold hevige verkoudheid*
streamer ('stri:mə) ZN • *loshangende veer*
• *serpentine* • *wimpel* • *(lang) lint*
streamlet ('stri:mlət) ZN *stroompje*
streamline ('stri:mlaɪn) ZN *stroomlijn* ★ ~*d gestroomlijnd*
streamlined ('stri:mlaɪnd) BNW *gestroomlijnd*
street (stri:t) ZN *straat* ★ *the Street Fleet Street;* USA *Wall Street* ★ *in/on the ~ op straat* ★ ~ *corner work straathoekwerk* ★ *go on the ~s gaan tippelen; in de prostitutie gaan* ★ *man in the ~ de gewone man* ★ *he's not in the same ~ with you hij kan niet bij jou in de schaduw staan* ★ *that's exactly up my ~ dat is net iets voor mij* ★ ~ *orderly straatveger* ★ ~ *lighting straatverlichting* ★ ~ *value handelswaarde* ★ ~ *refuge vluchtheuvel*
street Arab ('stri:tærəb) ZN • *straatjongen*
• *dakloos kind*
streetcar ('stri:tka:) ZN USA *tram*
street cred ZN *straatimago; populariteit* ⟨onder de jeugd⟩
streetlamp ('stri:tlæmp) ZN *straatlantaarn*
street-smart ('stri:tsma:t) BNW *doorgewinterd* ⟨w.b. het grotestadsleven⟩
streetwalker ('stri:twɔ:kə) ZN *prostituee*
streetwise ('stri:twaɪz) BNW *doorgewinterd* ⟨w.b. het grotestadsleven⟩
strength (strenθ) ZN • *kracht(en)* • *sterkte* • MIL. *sterktelijst* ★ *in great~ in groten getale* ★ *on the ~ of krachtens; op grond van* ★ *up to ~ op volle sterkte* ★ *brute ~ grof geweld*
strengthen ('strenθən) **I** OV WW • *versterken* ★ ~ *a p.'s hands iem. kracht geven* **II** ONOV WW
• *sterker worden*
strenuous ('strenjʊəs) BNW • *inspannend*
• *krachtig* • *energiek* ★ ~ *life leven van zwoegen en strijd*

stress (stres) **I** ZN • *druk; spanning; gewicht*
• *gespannenheid; stress* • *nadruk; accent*
★ *under ~ of weather in zwaar weer* **II** OV WW
• *de nadruk leggen op* • *belasten* ★ *I'd just like to ~ that ... ik zou er alleen op willen wijzen dat ...*
stressful ('stresfʊl) BNW *vermoeiend; zorgelijk; zwaar*
stress mark ZN *accentteken*
stretch (stretʃ) **I** OV WW • *(uit)pletten* • PLAT *ophangen* • *afleggen* ⟨v. lijk⟩ • *(uit)strekken*
• *uitrekken; (op)rekken* • *spannen* • *(uit)leggen*
• *overdrijven* ★ ~ *o.s. zich uitrekken* ★ ~ *a p. on the floor iem. vloeren* ★ ~ *the law/truth de wet/waarheid geweld aandoen* • ~ **forth** *uitsteken* **II** ONOV WW • *zich (uit)strekken*
• *(zich) uitrekken* • *reiken (tot)* • *lopen tot*
• ~ **down to** *z. uitstrekken tot; lopen tot*
• ~ **out** *flink aanpakken* **III** ZN • *uitgestrektheid*
• *stuk* • *periode; duur* • *traject* • *afstand*
• *wandeling* • *overdrijving* • *misbruik* • *een jaar dwangarbeid/gevangenisstraf* • SCHEEPV. *slag* ⟨bij laveren⟩ ★ *at a ~ aan één stuk* ★ *at full ~ helemaal gestrekt; tot 't uiterste gespannen*
★ *by a ~ of language door de taal geweld aan te doen* ★ *give a ~ zich uitrekken* ★ *on the ~ in spanning; gespannen*
stretcher ('stretʃə) ZN • *brancard; draagberrie*
• *opvouwbaar bed; stretcher* • *spanraam*
• *spanner* • ~*-bearer ziekendrager*
stretchy ('stretʃɪ) BNW • *langgerekt* • *elastisch*
strew (stru:) OV WW • *bezaaien* • *verspreid liggen op* • *(be)strooien*
strewn (stru:n) WW [volt. deelw.] • → **strew**
stricken ('strɪkən) BNW • *getroffen* • *geteisterd*
• *geslagen; verslagen* ★ ~ *in years hoogbejaard*
★ ~ *field veldslag; slagveld*
strict (strɪkt) BNW • *strikt* • *stipt* • *nauwgezet*
• *streng*
strictly ('strɪktlɪ) BIJW ★ ~ *speaking strikt genomen*
stricture ('strɪktʃə) ZN • *(ziekelijke) vernauwing; strictuur* • *kritiek* ★ *pass ~s on kritiek uitoefenen op*
stridden WW [volt. deelw.] • → **stride**
stride (straɪd) **I** ZN • OOK FIG. *(grote) stap* ★ *take sth in one's ~ iets en passant even meenemen/ afdoen* ★ *get into one's ~ op dreef komen* **II** OV WW ★ *schrijlings staan of zitten op* **III** ONOV WW
• *grote stappen nemen* • *schrijden* • ~ **over** *stappen over*
stridency ('straɪdnsɪ) ZN *schelheid*
strident ('straɪdnt) BNW • *knarsend* • *schel*
strife (straɪf) ZN • *vijandige rivaliteit* • *strijd*
• *conflict*
strike (straɪk) **I** OV WW • *slaan (met); raken*
• *toevallig tegenaan lopen; aantreffen; stoten op; komen aan/bij* • *afbreken* ⟨v. tent⟩; *strijken* ⟨v. vlag, zeil⟩ • *zetten; stekken* • *afstrijken* ⟨v. zand in een maat⟩ • *aanslaan* • *aan de haak slaan* • *aanstrijken; aangaan* • *opvallen*
• *opkomen bij* ★ *how does his playing ~ you? wat denk je van zijn spel?* ★ ~ *a blow for vechten voor* ★ ~ *camp opbreken* ★ ~ *cuttings stekken nemen* ★ ~ *me dead/handsome/ugly if ... ik mag doodvallen als ...* ★ *be struck dumb*

verstomd staan ★ ~ one's flag *zich overgeven*; *het onderspit delven* ★ ~ hands *de hand erop geven*; *met handslag bekrachtigen* ★ ~ it lucky *boffen* ★ ~ a different note *een andere toon aanslaan* ★ ~ oil *fortuin maken*; *olie aanboren* ★ ~ a pose *poseren* ★ ~ root(s) *wortel schieten* ★ ~ terror into every heart *alle harten met schrik vervullen* ★ ~ into a waltz *een wals inzetten* ★ ~ spurs into a horse *een paard de sporen geven* ★ ~ upon an idea *een idee krijgen* ★ ~ an attitude *een houding aannemen* ★ ~ an average *een gemiddelde nemen* ★ ~ a balance *balans opmaken* ★ ~ a bargain *een koop sluiten* ★ ~ a blow *een slag toebrengen* ● ~ **down** *neerslaan*; *vellen* ● ~ be struck down *tegen de vlakte gaan* ● ~ **off** *afslaan*; *drukken*; *afdraaien*; *doorhalen* ★ ~ sb off (the list) *iem. royeren* ● ~ **out** *doorhalen* ● ~ out a new idea *een nieuw denkbeeld ontwikkelen* ★ ~ out a new line *nieuwe wegen inslaan* ● ~ **through** *doorhalen* ● ~ through the darkness *door de duisternis dringen* ● ~ **up** *aanheffen*; *sluiten* ★ ~ up the band! *muziek!* ★ ~ up a friendship *vriendschap aanknopen* II ONOV WW ● *toeslaan*; *treffen* ● *staken* ● *afslaan* ● *wortel schieten*; *z. vastzetten*; *z. vasthechten* ★ his hour has struck *zijn laatste uur heeft geslagen* ★ ~ home *raak slaan* ★ ~ into a street *een straat inslaan* ● ~ **at** *slaan naar* ★ ~ at the root of *in het hart/de kern aantasten* ● ~ **in** *naar binnen slaan* 〈v. ziekte〉; *er tussen komen*; *invallen* ★ ~ in with *meegaan met*; *z. aansluiten bij* ● ~ **out** *armen en benen uitslaan* ★ ~ out for *krachtige pogingen doen om te bereiken* ● ~ **up** *inzetten*; *beginnen te spelen/zingen* III ZN ● *slag* ● SPORT *slag* 〈honkbal〉 ● *aanval* ● *vondst* 〈v. olie, erts enz.〉 ● *staking* ● air ~ *luchtaanval* ★ lucky ~ *gelukstreffer* ★ unofficial ~ *wilde staking* ★ go on ~ *in staking gaan*

strike-bound BNW *lamgelegd*; *gesloten*; *dicht* 〈wegens staking〉
strike-breaker ('straɪkbreɪkə) ZN ● *stakingsbreker* ● *werkwillige*
strike force ZN *aanvalsmacht*
strike fund ZN *stakingskas*
strike pay ZN *stakingsuitkering*
strike picket ZN *stakingspost*
striker ('straɪkə) ZN ● *staker* ● *slagpin* ● *harpoen* ● *strijkhout* ● SPORT *slagman*; *spitsspeler*; *aanvaller*
striking ('straɪkɪŋ) BNW ● *opvallend* ● *markant*; *treffend*
string (strɪŋ) I ZN ● *touw(tje)* ● *koord* ● *lijn* ● *lint* ● *band* ● *veter* ● *pees* ● *snaar* ● *vezel* ● *draad* 〈v. boon〉 ● *snoer*; *rij*; *reeks*; *file* ● pull ~s *invloed aanwenden* ★ touch the ~s *de snaren roeren*; *bespelen* ★ ~ of horses *renstal* ★ ~ of the tongue *tongriem* ● have another ~ to your bow *nog een pijl op je boog hebben* ★ on a ~ *aan een touwtje* ★ harping on the same ~ *op 't zelfde aanbeeld hameren* ★ FIG. first ~ *voornaamste troef* ★ I have a second ~ *ik heb nog iets achter de hand* ★ ~s [mv] *strijkers* 〈v. orkest〉 ★ INFORM., USA ~s [mv] *beperkingen*; *bepaalde voorwaarden* ★ INFORM., USA no ~s attached *zonder beperkende bepalingen*;

zonder kleine lettertjes; *onvoorwaardelijk* ★ pull the ~s *achter de schermen zitten*; *de eigenlijke macht hebben* II OV WW ● *besnaren* ● *bespannen* ● *aan snoer rijgen* ● USA *bij de neus nemen* ● *strung up overgevoelig*; *hypernerveus* ★ ~ facts together *feiten met elkaar in verband brengen* ★ highly strung *hypernerveus*; *overgevoelig* ● ~ **along** *aan het lijntje houden*; *beduvelen* ● ~ **out** *in rij of reeks plaatsen* ● ~ **up** *aan (elkaar) knopen*; *binden*; *spannen*; *overspannen maken*; *opknopen* III ONOV WW ● *draderig worden* ● ~ **along** *meedoen/-gaan* ● ~ **out** *uitgespreid zijn*
string band ZN *strijkorkest*
string bass ZN *contrabas*
string bean ZN *snijboon*
stringed (strɪŋd) BNW *besnaard*; *snaar-*
stringency ('strɪndʒənsɪ) ZN *(geld)schaarste*
stringent ('strɪndʒənt) BNW ● *bindend* ● *knellend* ● *streng*; *strikt* ● *krap*; *moeilijk*
stringer ('strɪŋə) ZN ● *correspondent* 〈v. krant〉 ● *verbindingsbalk*; *verbindingsstijl*
stringy ('strɪŋɪ) BNW ● *draderig* ● *pezig*
strip (strɪp) I ZN ● *strook* ● *lat* ● *reep* ● *landingsbaan* ● *clubkleuren* ★ comic ~ *stripverhaal* ● magnetic ~ *magneetstrip* II OV WW ● *uitkleden* ● *uittrekken* ● *ontbloten* ● *(af)stropen* ● *(af)schillen* ● *(er) afhalen* ● *leeghalen* ★ ~ a cow *een koe leegmelken* ★ ~ a tree *een boom kaalvreten* ★ a p. naked *iem. totaal uitschudden* ★ ~ a sergeant *een sergeant degraderen* ● ~ **of** *ontdoen van* III ONOV WW ● *zich uitkleden* ● *doldraaien* 〈v. schroef〉
strip cartoon ZN *stripverhaal*
stripe (straɪp) ZN ● *streep* ● *chevron* ● *striem*
striped (straɪpt) BNW *gestreept*
strip light ZN *tl-buis*
stripper ('strɪpə) ZN ● *stripteasedanser(es)* ● ≈ *iets dat wegneemt* ● paint ~ *verfafbrander*
stripy ('straɪpɪ) BNW *gestreept*
strive (straɪv) ONOV WW ● *z. inspannen*; *vechten* ● *strijden* ● ~ **after/for** *streven naar*
striven ('strɪvən) WW [volt. deelw.] ● → **strive**
strode (strəʊd) WW [verleden tijd] ● → **stride**
stroke (strəʊk) I ZN ● *slag*; *klap*; *houw* ● *streek*; *haal*; *streling* ● MED. *beroerte* ● *zwemslag* ★ ~ of genius *geniale zet* ★ ~ of luck *buitenkansje*; *bof* ★ finishing ~ *genadeslag* ★ row ~ *als achterste man roeien*; *'t tempo aangeven* ★ on the ~ of five *op slag van vijven* ★ be off one's ~ *zijn draai niet hebben*; *de kluts kwijt zijn* II OV WW ● *strijken*; *aaien*; *strelen* ★ ~ a p. down *iem. kalmeren*
stroll (strəʊl) I ZN ● *wandeling(etje)* ● take a ~ *wandeling maken* II ONOV WW ● *slenteren* ● *op z'n gemak lopen* ● *wandelen* ● *zwerven*
stroller ('strəʊlə) ZN ● *wandelwagentje* ● *wandelaar*
strolling ('strəʊlɪŋ) BNW *rondtrekkend*
strong (strɒŋ) I BNW ● *sterk* ● *krachtig* ● *zwaar* 〈v. tabak, bier〉 ● *vast* 〈v. geldkoers, prijzen〉 ● *overdreven* ★ be ~ on/for *zeer gesteld zijn op* ★ ~ language *krachttermen* ★ mathematics is not my ~ point *ik ben niet sterk in wiskunde* II BIJW ★ he's going it ~! *hij overdrijft behoorlijk!* ★ come it ~ *overdrijven* ★ I feel so

st

~ly about it *mijn mening staat vast* ★ still going ~ *nog goed in vorm/conditie; nog steeds actief*

strong-arm BNW *hardhandig*

strongbox ('strɒŋbɒks) ZN • *geldkist* • *documentenkist* • *brandkast*

strongheaded (strɒŋ'hedɪd) BNW *koppig*

stronghold ('strɒŋhəʊld) ZN • *fort* • *burcht* • *bolwerk*

strongman ('strɒŋmæn) ZN *sterke man; leider*

strong-minded (strɒŋ'maɪndɪd) BNW • *zelfbewust* • *resoluut*

strongroom ('strɒŋruːm) ZN *kluis*

strong-willed BNW *vastberaden; wilskrachtig*

strop (strɒp) ZN *scheerriem*

stroppy ('strɒpɪ) BNW • *tegendraads* • *dwars; koppig*

strove (strəʊv) WW [verleden tijd] • → **strive**

struck (strʌk) WW [verleden tijd + volt. deelw.] • → **strike**

structural ('strʌktʃərəl) BNW *structureel*

structure ('strʌktʃə) ZN • *(op)bouw* • *bouwwerk* • *structuur*

struggle ('strʌgl) I ZN • *worsteling* ★ ~ for life/existence *strijd om 't bestaan* II ONOV WW • *worstelen* • *vechten* • *tegenspartelen* ★ ~ to one's feet *met moeite opstaan* • ~ into one's coat *zich met moeite in zijn jas werken* • ~ to *moeite hebben om*

strum (strʌm) I ZN • *getrommel; getjingel* II OV+ONOV WW • *trommelen; tjingelen*

strumpet ('strʌmpɪt) ZN HUMOR. *hoer*

strung (strʌŋ) WW [verl. tijd + volt. deelw.] • → **string**

strut (strʌt) I ZN • *schoor* • *trotse stap of gang* • *stut* II OV WW • *stutten* III OV+ONOV WW • *trots stappen*

stub (stʌb) I ZN • *stronk* • *stobbe* • *stompje* • *peukje* II OV WW • *de stronken verwijderen (uit)* • *stoten* ★ stub out a cigarette *een sigarettenpeukje uitdoven*

stubble ('stʌbl) ZN *stoppels*

stubbly ('stʌblɪ) BNW *stoppelig*

stubborn ('stʌbən) BNW • *hardnekkig* • *onverzettelijk* • *koppig* • *moeilijk te bewerken*

stubby ('stʌbɪ) BNW • → **stub**

stucco ('stʌkəʊ) I ZN • *pleisterkalk; stuc* II OV WW • *stukadoren*

stuck (stʌk) WW [verleden tijd + volt. deelw.] • → **stick**

stuck-up (stʌk'ʌp) BNW *verwaand*

stud (stʌd) I ZN • *dekhengst* • *fokstal; renstal* • *knop(je); spijker; knoopje* • *verbindingsbout* • INFORM. *kanjer; stuk* ★ studs *beslag* II OV WW • *met knopjes beslaan/versieren* • *verspreiden over* • *bezaaien* ★ plain studded with trees *vlakte met overal bomen*

student ('stjuːdnt) ZN • *student* • *leerling* • *wetenschapper* ★ ~ nurse *leerling-verpleegkundige* ★ ~ in/of iem. die *studeert in; iem. die zich interesseert voor*

studentship ('stjuːdntʃɪp) ZN • *'t student zijn* • *studiebeurs*

studied ('stʌdɪd) BNW • *bestudeerd* • *gemaakt* • *gekunsteld*

studio ('stjuːdɪəʊ) ZN • *atelier* • *studio*

studious ('stjuːdɪəs) BNW • *vlijtig; ijverig* • *studerend* • *vastbesloten* • *opzettelijk nauwgezet* ★ ~ of *verlangend naar*

study ('stʌdɪ) I OV WW • *(be)studeren* • *opnemen* • *rekening houden met* • *streven naar* • ~ out *uitvissen; uitpuzzelen* • ~ to z. *beijveren om* • ~ up *erin pompen; blokken* II ONOV WW • *studeren* ★ ~ for the Bar *voor rechtbankadvocaat studeren* ★ ~ for the Church *voor geestelijke studeren* III ZN • *studie* • *etude* • *studieobject* • *studeerkamer* • *streven* ★ in a brown ~ *verstrooid; afwezig* ★ his face was a perfect ~ *zijn gezicht was volkomen de moeite v. 't studeren waard* ★ it shall be my ~ to ik *zal het tot mijn plicht rekenen; ik zal ernaar streven* ★ be a quick ~ *gemakkelijk (toneel)rollen leren*

stuff (stʌf) I ZN • *stof; materiaal* • *spul; goedje* • *waardeloze rommel* • *onzin* • OUD. *wol(len stof)* • *heroïne; cocaïne; hasj* ★ that's the (right) ~! *dat is 't; zo moet 't* ★ that's the ~ to give them *zo moet je ze aanpakken* ★ PLAT do your ~ *ga je gang* ★ green ~ *groente* ★ ~ and nonsense *klinkklare onzin* ★ man with plenty of good ~ in him *man met een hart van goud* ★ poor/sorry ~ *niet veel soeps* II BNW • *wollen* ★ ~ gown *toga van gewoon advocaat* III OV WW • *(vol)stoppen* • *opvullen* • *stofferen* • *farceren* • *volproppen* • *opzetten (v. dier)* ★ ~ a p. (up) iem. *wat op de mouw spelden* ★ ~ o.s. *te veel eten* ★ he can get ~ed! *hij kan barsten!* ★ ~ed nose *verstopte neus* ★ USA ~ed shirt *opgeblazen idioot* IV ONOV WW • *schransen* • *schrokken*

stuffing ('stʌfɪŋ) ZN • *vulling* • *pakking* ★ knock the ~ out of sb iem. *van zijn stuk brengen*

stuffy ('stʌfɪ) BNW • *nijdig* • *benauwd; bedompt* • *verstopt (v. neus)* • *bot; stom; suf*

stultification (stʌltɪfɪ'keɪʃən) ZN *bespotting*

stultify ('stʌltɪfaɪ) OV WW • *belachelijk maken* • *tenietdoen*

stumble ('stʌmbl) I ONOV WW • *struikelen* • *stuntelen* • *hakkelen* ★ stumbling block *struikelblok; handicap* ★ ~ through one's speech *zijn speech stuntelig afdraaien* ★ stumbling stone *steen des aanstoots* • ~ across/(up)on *toevallig aantreffen; tegen 't lijf lopen* • ~ along *voortstrompelen* • ~ at z. *niet kunnen verenigen met; in dubio staan wat betreft* • ~ over *zich ergens niet overheen kunnen zetten; vallen over (fig.)* II ZN • *misstap; struikeling*

stump (stʌmp) I ZN • *stomp(je)* • *(boom)stronk* • *peukje* • *doezelaar* • *platform* ★ ~ oratory *bombast; retoriek* ★ POL. go on the ~ *campagne voeren* II OV WW • USA *uitdagen* • *in verlegenheid brengen* • *vastzetten* • *doezelen* ★ POL. ~ it *campagne voeren* ★ be ~ed for an answer *niet weten wat te zeggen* III ONOV WW • *klossen* • *onbehouwen lopen* IV OV+ONOV WW • PLAT ~ up *betalen; dokken*

stumper ('stʌmpə) ZN • *lastig probleem* • *moeilijke taak*

stumps (stʌmps) ZN MV *benen* ★ stir your ~! *doorlopen!*

stumpy ('stʌmpɪ) BNW • *dik en kort; gezet* • *met*

stompjes; *afgesleten*

stun (stʌn) OV WW • *bewusteloos slaan*
• *bedwelmen* • *verdoven* ⟨v. hard geluid⟩
• *versteld doen staan*

stung (stʌŋ) WW [verleden tijd + volt. deelw.]
• → **sting**

stunk (stʌŋk) WW [verleden tijd + volt. deelw.]
• → **stink**

stunner ('stʌnə) ZN • *iets waar je van achterover slaat* • *kanjer* • PLAT *stuk*; *kei*; *reuzevent*

stunning ('stʌnɪŋ) BNW • *versuffend*
• *oorverdovend* • PLAT *denderend* • *fantastisch*
★ OOK FIG. ~ *blow geweldige slag*

stunt (stʌnt) I ZN • *stunt*; *opzienbarende actie* ★ ~ *man stuntman* ★ ~ *woman stuntvrouw* II ONOV WW • LUCHTV. *stunten* • *(acrobatische) toeren doen*

stunted ('stʌntɪd) BNW • *achtergebleven* ⟨in groei⟩ • *klein gebleven* • *dwerg-*

stupefaction ('stju:pɪfækʃən) ZN • *verdoving*
• *verbijstering*

stupefy ('stju:pɪfaɪ) OV WW • *verdoven*
• *afstompen* • *versuffen* • *stomverbaasd doen staan*

stupendous (stju:'pendəs) BNW • *verbluffend*
• *enorm* • *kolossaal*

stupid ('stju:pɪd) I ZN • *sufferd*; *stommerik* II BNW
• *dom* • *stom* • *suf*

stupidity (stju'pɪdətɪ) ZN *domheid*

stupor ('stju:pə) ZN • *verdoving* • *coma* • *apathie*

sturdy ('stɜ:dɪ) BNW • *fors*; *krachtig*; *stevig*
• *struis* • *flink* • *stoer*

sturgeon ('stɜ:dʒən) ZN *steur*

stutter ('stʌtə) I ZN • *gestotter* II OV+ONOV WW
• *stotteren* • *stamelen* • ~ **out** *stamelend uitbrengen*

stutterer ('stʌtərə) ZN *stotteraar(ster)*

sty (staɪ) ZN • *strontje* ⟨op oog⟩ • *stal*; *kot*

style (staɪl) I ZN • *stijl* • *trant* • *model* • *distinctie*; *klasse* • *schrijfstift* • *etsnaald* • *aanspreekvorm*
• *titulatuur* • *titel* ★ Old/New Style *Juliaanse/Gregoriaanse kalender* ★ that's the right ~ *zo moet 't* II OV WW • *adresseren als*
• *aanspreken als* • *noemen* • *betitelen* ★ be ~d as *de titel dragen van*

styling ('staɪlɪŋ) ZN *vormgeving*; *modellering*; *styling*

stylish ('staɪlɪʃ) BNW • *stijlvol* • *chic*

stylist ('staɪlɪst) ZN *stilist*

stylistic (staɪ'lɪstɪk) BNW *stilistisch*

stylize, G-B **stylise** ('staɪlaɪz) OV WW *stileren*

stylus ('staɪləs) ZN • *schrijfstift* • *naald* ⟨v. platenspeler⟩

stymie ('staɪmɪ) I ZN • SPORT *moeilijke situatie* II OV WW • *dwarsbomen*; *lamleggen* ⟨fig.⟩; *buiten spel zetten*

styptic ('stɪptɪk) I ZN • *bloedstelpend middel*
• *aluinstift* II BNW • *bloedstelpend*

suave (swɑ:v) BNW • *hoffelijk* • *minzaam*

sub (sʌb) I ZN • INFORM. *plaatsvervanger* II BNW
• *ondergeschikt* III ONOV WW • *invallen* • ~ **for** *invallen*

sub- (sʌb) VOORV • *onder-*; *sub-* • *adjunct-* • *bij-*
• *enigszins*

subaltern ('sʌbəltn) I ZN • *subalterne officier*
• *ondergeschikte* II BNW • *ondergeschikt*

subclass ('sʌbklɑ:s) ZN *onderklasse*

subcommittee ('sʌbkəmɪtɪ) ZN *subcommissie*

subconscious (sʌb'kɒnʃəs) I ZN • *onderbewustzijn*
II BNW • *onderbewust*

subcontract[1] (sʌb'kɒntrækt) ZN *toeleveringscontract*

subcontract[2] (sʌbkɒn'trækt) ONOV WW *een toeleveringscontract sluiten*

subcontractor (sʌbkɒn'træktə) ZN *onderaannemer*

subculture ('sʌbkʌltʃə) ZN *subcultuur*

subdivide ('sʌbdɪvaɪd) I OV WW • *onderverdelen*
II ONOV WW • *z. splitsen*

subdivision ('sʌbdɪvɪʒən) ZN *onderverdeling*; *afdeling*

subdue (səb'dju:) OV WW • *temperen*
• *verzwakken* • *onderwerpen* • *bedwingen*
• *matigen* ★ ~d *gedempt*; *ingetogen*; *stemmig*

subeditor (sʌb'edɪtə) ZN *redacteur, ander dan hoofdredacteur*

subgroup ('sʌbgru:p) ZN *subgroep(ering)*

subheading ('sʌbhedɪŋ) ZN *kopje*; *ondertitel*

subhuman (sʌb'hju:mən) BNW *niet menselijk*; *dierlijk*

subject[1] ('sʌbdʒekt) I ZN • *onderwerp*; *thema*
• *subject* ⟨in de logica⟩ • *voorwerp*
• *(school)vak*; *vakgebied* • *reden*; *oorzaak*
• *patiënt*; *proefpersoon* • *onderdaan* • *lijk* ★ ~ for *aanleiding tot* ★ end of ~ *discussie gesloten!* II BNW • ~ to *onderworpen aan*; *onderhevig aan* III BNW + BIJW • ~ to *afhankelijk van* ★ ~ to the consent of *behoudens toestemming van*

subject[2] (səb'dʒekt) OV WW • *onderwerpen* • ~ **to** *blootstellen aan*

subject index ZN *zaakregister*

subjection (səb'dʒekʃən) ZN • *afhankelijkheid*
• *onderwerping*

subjective (səb'dʒektɪv) BNW • *subjectief*
• *onderwerps-*

subjectivity (səbdʒek'tɪvətɪ) ZN *subjectiviteit*

subject matter ('sʌbdʒektmætə) ZN *(behandelde) stof*; *onderwerp*; *thema*

subjoin (sʌb'dʒɔɪn) OV WW *toevoegen*

subjugate ('sʌbdʒʊgeɪt) OV WW *onderwerpen*

subjugation (sʌbdʒʊ'geɪʃən) ZN *onderwerping*

subjunctive (səb'dʒʌŋktɪv) I ZN • *aanvoegende wijs* II BNW • ~ mood *aanvoegende wijs*

sublease (sʌb'li:s) I ZN • *onderverhuur(contract)*
II OV WW • *onderverhuren*

sublet (sʌb'let) OV WW *onderverhuren*

sublimate[1] ('sʌblɪmət) I ZN • *sublimaat* II BNW
• *gesublimeerd*

sublimate[2] ('sʌblɪmeɪt) OV WW • *sublimeren*
• *zuiveren* • *veredelen*

sublime (sə'blaɪm) I BNW • *verheven* • *subliem*
• *hooghartig* II OV WW • *sublimeren* • *zuiveren*
• *veredelen*

subliminal (səb'lɪmɪnl) BNW • *in een (zeer korte) flits* • *onder de bewustzijnsdrempel*

sublimity (sʌ'blɪmətɪ) ZN • → **sublime**

submachine gun (sʌbmə'ʃi:n gʌn) ZN *licht machinepistool*

submarine (sʌbmə'ri:n) I ZN • *onderzeeër* II BNW
• *onderzees* III OV WW • *torpederen vanuit onderzeeër*

su

submerge (səb'mɜːdʒ) I ov ww • onder water zetten • (onder)dompelen ★ ~d rock blinde klip ★ ~d tenth de paupers II onov ww • onder water gaan • onderduiken

submergence (səb'mɜːdʒəns), submersion (səb'mɜːʃən) zn • onderdompeling • het onder water gaan

submersible (səb'mɜːsɪbl) bnw overstroombaar ★ ~ boat onderzeeër

submission (səb'mɪʃən) zn • onderdanigheid • nederigheid

submissive (səb'mɪsɪv) bnw onderdanig

submit (səb'mɪt) I ov ww • vóórleggen • in het midden brengen • (menen te mogen) opmerken II ov+onov ww • (z.) onderwerpen

subnormal (sʌb'nɔːml) bnw beneden de norm; achterlijk

subordinate[1] (sə'bɔːdɪnət) I zn • ondergeschikte II bnw • ondergeschikt ★ ~ clause bijzin

subordinate[2] (sə'bɔːdineit) ov ww ~ to ondergeschikt maken aan

subordination (səbɔːdɪ'neɪʃən) zn • ondergeschiktheid • onderschikking

subpoena (səb'piːnə) I zn • dagvaarding II ov ww • dagvaarden

subscribe (səb'skraɪb) I ov ww • bijeenbrengen (v. geld) • ~ to z. abonneren op; onderschrijven II ov+onov ww • ondertekenen • intekenen • inschrijven • inschrijven voor ★ ~ one's name (to) ondertekenen

subscriber (səb'skraɪbə) zn • intekenaar • inschrijver • abonnee

subscription (səb'skrɪpʃən) zn abonnement ★ ~ fee/rate abonnementsprijs

subsection ('sʌbsekʃən) zn onderafdeling

subsequent ('sʌbsɪkwənt) bnw • (daarop)volgend • later ★ ~ to volgend op ★ ~ upon volgend uit

subsequently ('sʌbsɪkwəntlɪ) bijw daarna; later

subserve (səb'sɜːv) ov ww • dienen • bevorderlijk zijn voor

subservience (səb'sɜːvɪəns) zn • kruiperigheid • onderdanigheid

subservient (səb'sɜːvɪənt) bnw • onderdanig • kruiperig ★ ~ to ondergeschikt aan

subside (səb'saɪd) onov ww • inzakken; (ver)zakken • (be)zinken • afnemen (in hevigheid) • bedaren ★ ~ into a chair zich in een stoel laten zakken

subsidence ('sʌbsɪdəns) zn • bezinksel • afname • bedaring

subsidiaries (səb'sɪdɪərɪz) zn mv hulptroepen

subsidiary (səb'sɪdɪərɪ) I zn • hulpmiddel • dochtermaatschappij II bnw • hulp- • bij- • ondergeschikt ★ ~ company dochtermaatschappij ★ ~ stream zijrivier

subsidization, G-B subsidisation (sʌbsɪdaɪ'zeɪʃən) zn subsidiëring

subsidize, G-B subsidise ('sʌbsɪdaɪz) ov ww subsidiëren; financieel steunen

subsidy ('sʌbsɪdɪ) zn subsidie

subsist (səb'sɪst) I ov ww • provianderen II onov ww • bestaan • (voort)leven

subsistence (səb'sɪstns) zn • bestaansminimum • bestaan • middel(en) van bestaan • kost(winning) ★ ~ allowance/money

onderhoudstoelage

subsoil ('sʌbsɔɪl) zn grond onder de oppervlakte; ondergrond

subspecies ('sʌbspiːʃiːz) zn subspecies; onderklasse; ondersoort

substance ('sʌbstns) zn • stof; substantie • wezen; essentie • hoofdzaak; kern • stevigheid; degelijkheid • vermogen ★ jur., vs controlled ~ ≈ verdovend middel

substance abuse zn drugsgebruik, -misbruik

substandard (sʌb'stændəd) bnw • substandaard • dialectisch; dialect-

substantial (səb'stænʃəl) bnw • essentieel • stevig • gegrond • flink • aanzienlijk • vermogend

substantials (səb'stænʃəlz) zn mv 't wezenlijke; de hoofdzaken

substantiate (səb'stænʃɪeɪt) ov ww • de deugdelijkheid aantonen van • bewijzen • verwerkelijken

substantiation (səbstænʃɪ'eɪʃən) zn verwerkelijking

substantive ('sʌbstəntɪv) I zn • zelfstandig naamwoord II bnw • zelfstandig • mil. effectief • wezenlijk; aanzienlijk ★ the ~ verb het werkwoord 'zijn'

substitute ('sʌbstɪtjuːt) I zn • vervanger • vervangmiddel • surrogaat II ov ww • vervangen • in de plaats stellen • substitueren

substitution (sʌbstɪ'tjuːʃən) zn vervanging; substitutie

substratum ('sʌbstrɑːtəm, sʌb'streɪtəm) zn • onderlaag • grond(slag)

substructure ('sʌbstrʌktʃə) zn onderbouw; grondslag; fundament

subsume (səb'sjuːm) ov ww onder één noemer brengen; opnemen

subtenant ('sʌbtenənt) zn onderhuurder

subtend (sʌb'tend) ov ww • staan tegenover (een hoek) • onderspannen (v. boog)

subtense ('sʌbtens) zn • staande zijde • koorde

subterfuge ('sʌbtəfjuːdʒ) zn • uitvlucht • draaierij om eruit te komen

subterranean (sʌbtə'reɪnɪən) bnw • ondergronds • heimelijk

subtitle ('sʌbtaɪtl) I zn • ondertitel (v. film) • lagere titel II ov ww • ondertitelen

subtle ('sʌtl) bnw • ijl; teer; (ver)fijn(d) • subtiel • zeer kritisch • spitsvondig • geraffineerd • sluw ★ ~ distinction uiterst fijne onderscheiding

subtlety ('sʌtəltɪ) zn subtiliteit

subtopia (sʌb'təʊpɪə) zn saaie, onaantrekkelijke woonwijk(en)

subtract (səb'trækt) ov+onov ww • aftrekken • afdoen

subtraction (səb'trækʃən) zn aftrekking

subtropical (sʌb'trɒpɪkl) bnw subtropisch ★ ~ fruit zuidvruchten

suburb ('sʌbɜːb) zn voorstad

suburban (sə'bɜːbən) I zn • inwoner v. voorstad II bnw • van/wonend in een voorstad • kleinsteeds • bekrompen ★ ~ line/service openbaar vervoer verbinding met voorstad

suburbia (sə'bɜːbɪə) zn de (mensen in/van de) buitenwijken

subvention (səb'venʃən) I zn • subsidie II ov ww

• *subsidiëren*
subversion (səb'vɜ:ʃən) ZN *omverwerping*
subversive (səb'vɜ:sɪv) BNW *subversief*
subvert (səb'vɜ:t) OV WW *omverwerpen*
subway ('sʌbweɪ) ZN • *tunnel* • USA *metro*;
ondergrondse
sub-zero BNW *onder nul*
succeed (sək'si:d) I ONOV WW • *slagen* • *succes
hebben* ★ he ~ed in escaping *hij slaagde erin
te ontkomen* II OV+ONOV WW • *opvolgen* • ~ **to**
volgen op ★ ~ **to** the throne of *opvolger als
vorst van*
success (sək'ses) ZN • *succes* • *goed gevolg*
★ achieve/meet with ~ *succes behalen/boeken*
successful (sək'sesfʊl) BNW • *succesvol, -rijk*
• *geslaagd* • *voorspoedig* ★ be ~ in persuading
sb *erin slagen iem. over te halen*
succession (sək'seʃən) ZN • *erfgenamen*
• *nakomelingen* • *op(een)volging* • *serie* • *reeks*
• *successie* ★ in ~ *achter elkaar* ★ in ~ to *als
opvolger van*
successive (sək'sesɪv) BNW • *achtereenvolgend*
• *successievelijk*
successively (sək'sesɪvlɪ) BIJW *achtereenvolgens*;
successievelijk
successor (sək'sesə) ZN *opvolger*
succinct (sək'sɪŋkt) BNW *beknopt*; *bondig*
succory ('sʌkərɪ) ZN *cichorei*
succour ('sʌkə) I ZN • *helper* • *schuilplaats* II OV
WW • *helpen*; *te hulp komen* • *bevrijden*
succulence ('sʌkjʊləns) ZN *sappigheid*
succulent ('sʌkjʊlənt) I ZN • *vetplant*; *succulent*
II BNW • *sappig*
succumb (sə'kʌm) ONOV WW • *bezwijken* • ~ **to**
sterven aan; *zwichten voor*
such (sʌtʃ) I BNW • *zulk (een)* • *zo'n* • *zo*
• *zodanig*; *zo groot* • *degenen* • *zulks* ★ such as
zoals; *zoals bijvoorbeeld* ★ another such *nog zo
een* ★ in such and such a house *in dat en dat
huis* ★ no such thing *niets v. dien aard*; *geen
kwestie van* ★ such is life *zo is 't leven* ★ we
note your remarks and in reply to such *wij
hebben nota genomen van uw opmerkingen en
in antwoord daarop* II BIJW ★ such as *zoals*
suchlike ('sʌtʃlaɪk) BNW *dergelijk*; *van dien aard*
suck (sʌk) I OV+ONOV WW • *opnemen* • *zuigen
(op)* ★ suck a p.'s brains *de ideeën van iem.
anders overnemen* ★ suck dry *uitzuigen*;
leegzuigen ★ suck one's underlip *op z'n lippen
bijten* ★ suck up to a p. *zich inlikken bij iem.*
• ~ **from** *halen uit* • ~ **in** *inzuigen*; *in zich
opnemen* • ~ **out of** *halen uit* • ~ **up** *opzuigen*;
opnemen; *doen verdwijnen* II ONOV WW
• *waardeloos zijn*; *niet deugen* III ZN • *(het)
zuigen* • PLAT *sof* • *slokje* ★ sucks *snoep*;
mispoes ★ take a suck at *nippen aan*; *'n slokje
nemen van* ★ what a suck! *lekker mis*; *wat een
sof*
sucker ('sʌkə) ZN • *sukkel*; *stommeling* • *zuignap*;
zuigleer; *zuigbuis* • *spruit*; *loot* • *speenvarken*
• *zuigvis* • *walvisjong* ★ be a ~ for sth *verzot
zijn op iets*
suckle ('sʌkl) OV WW • *zogen* • *grootbrengen*
suckling ('sʌklɪŋ) ZN • *zuigeling* • *nog zuigend
dier*
suction ('sʌkʃən) ZN *(het) zuigen*; *zuiging*

suction cup ZN *zuignap*
suction pump ('sʌkʃənpʌmp) ZN *zuigpomp*
sudden ('sʌdn) I ZN ★ (all) of a ~ *plotseling*
II BNW • *plotseling* • *overijld*
suddenly ('sʌdnlɪ) BIJW *plotseling*
suds (sʌdz) ZN MV *zeepsop*
sue (su:) I OV WW • *een proces aandoen*
II OV+ONOV WW • ~ **for** *smeken om*
suede (sweɪd) BNW *suède*
suet ('su:ɪt) ZN *niervet*
suffer ('sʌfə) I OV WW • *ondergaan* • *(toe)laten*
• *verdragen* • *uitstaan* ★ ~ fools gladly *laat de
gekken in vreugde leven* II ONOV WW
• *beschadigd worden* • *de marteldood sterven*;
ter dood gebracht worden • *te lijden hebben*;
lijden • *boeten* • ~ **by** *schade lijden door*;
geschaad worden door • ~ **from** *lijden aan*
sufferance ('sʌfərəns) ZN • *stilzwijgende
toestemming*; *instemming* • *toelating* • OUD.
lijdzaamheid ★ be admitted on ~ *ergens
geduld worden* ★ bill of ~ *voorlopige
invoervergunning*
sufferer ('sʌfərə) ZN • *lijder* • *slachtoffer*
suffering ('sʌfərɪŋ) ZN *beproeving*; *ellende*
suffice (sə'faɪs) OV+ONOV WW • *voldoende zijn
(voor)* • *tevreden stellen* ★ ~ it to say *wij mogen
volstaan met te zeggen*
sufficiency (sə'fɪʃənsɪ) ZN • *'t voldoende zijn*
• *voldoende hoeveelheid* • *voldoende om (van)
te bestaan*
sufficient (sə'fɪʃənt) BNW *voldoende*; *genoeg*
suffix ('sʌfɪks) I ZN • *achtervoegsel* II OV WW • *als
suffix hechten aan* • *achtervoegen*
suffocate ('sʌfəkeɪt) I OV WW • *doen stikken*
• *verstikken* ★ suffocating *zeer benauwd*
II OV WW • *stikken*
suffocation (sʌfə'keɪʃən) ZN *verstikking*
suffrage ('sʌfrɪdʒ) ZN *stemrecht*
suffragette (sʌfrə'dʒet) ZN GESCH. *suffragette*
⟨militante voorvechtster v. vrouwenkiesrecht
tussen 1900-1910⟩
suffuse (sə'fju:z) OV WW • *overdekken*
• *overgieten* ★ eyes ~d with tears *ogen vol
tranen* ★ sky ~d with light *verlichte hemel*
suffusion (sə'fju:ʒən) ZN • *verspreiding* • *schijnsel*
• *blos*
sugar ('ʃʊgə) I ZN • *suiker* • USA *schatje* • *mooie
woorden*; *vleierij* • USA *heroïne* • USA *poen*; *geld*
★ granulated ~ *kristalsuiker* ★ icing/powdered
~ *poedersuiker* II OV WW • *(be)suikeren* • *stroop
om de mond smeren* • *verbloemen* ★ ~ the pill
de pil vergulden
sugar basin/bowl ZN *suikerpot*
sugar beet ZN *suikerbiet*
sugar candy ZN *kandij*
sugar cane ('ʃʊgəkeɪn) ZN *suikerriet*
sugar cube/lump ZN *suikerklontje*
sugar daddy ZN USA, HUMOR. *rijke oudere heer*
⟨vriend van jonge vrouw⟩
sugar estate ZN *suikerplantage*
sugar gum ZN *eucalyptus*
sugarplum ('ʃʊgəplʌm) ZN *suikerboontje*; *bonbon*
sugary ('ʃʊgərɪ) BNW • *suikerachtig* • *suikerzoet*
suggest (sə'dʒest) OV WW • *suggereren* • *opperen*
• *wijzen op* • *doen denken aan* • *voorstellen* ★ ~
an idea *een idee aan de hand doen*; *op een idee*

su

brengen ★the idea ~s itself 't idee komt
vanzelf bij je op ★does the name ~anything
to you? zegt de naam u iets? ★I ~that is het
niet zo, dat ★I don't ~that ik wil niet zeggen
dat ★~ed list price adviesprijs
suggestible (sə'dʒestɪbl) BNW gemakkelijk onder
suggestie te brengen
suggestion (sə'dʒestʃən) ZN •indruk •werk
•idee •suggestie •insinuatie •zweem; spoor
★that is full of ~daar zit heel wat in ★at/on
the ~of op voorstel van
suggestive (sə'dʒestɪv) BNW •waar veel inzit;
met veel stof tot nadenken •vol ideeën
•suggestief ★~of wat doet denken aan
suicidal (su:ɪ'saɪdl) BNW zelfmoord-; suïcidaal
suicide ('su:ɪsaɪd) ZN zelfmoord(enaar)
suit (su:t) I ZN •aanzoek •aanklacht •proces
•pak •mantelpak •reeks •stel •ameublement
•kleur ⟨in kaartspel⟩ •FORM. verzoek ★suit of
clothes pak ★follow suit kleur bekennen
★long/short suit veel/weinig kaarten v.
dezelfde kleur; ⟨bij kaartspel⟩ iets dat men
goed/slecht kent ★suit of armour
wapenrusting ★suit of harness tuig ⟨v. paard⟩
II OV WW •OUD. verzoeken •naar de zin
maken ★suit the action to the word de daad
bij 't woord voegen •~ to aanpassen aan
•~ with voorzien van ▾suit yourself! zoals je
wil! III OV+ONOV WW •conveniëren •passen
(bij/voor) •staan •schikken •gelegen komen
★the part doesn't suit him de rol ligt hem niet
suitability (su:tə'brɪlətɪ) ZN •geschiktheid
•gepastheid
suitable ('su:təbl) BNW •geschikt; gepast
•passend
suitcase ('su:tkeɪs) ZN (platte) koffer
suite (swi:t) ZN •suite ⟨kamer⟩ •gevolg ⟨vnl. van
koning⟩ •MUZ. suite •rij; serie; ameublement
suited ('su:tɪd) BNW ★~for/to geschikt voor ★be
~to each other bij elkaar passen
suiting ('su:tɪŋ) ZN kostuumstof
suitor ('su:tə) ZN •minnaar •OUD. verzoeker
•JUR. eiser
sulfate ZN USA •→ **sulphate**
sulfur ZN USA •→ **sulphur**
sulfuric BNW USA •→ **sulphuric**
sulfurous BNW USA •→ **sulphurous**
sulk (sʌlk) I ZN mokken; pruilen ★to be in the
sulks aan het mokken zijn II ONOV WW
sulky ('sʌlkɪ) BNW •nukkig; bokkig; onwillig
•chagrijnig; pruilerig •somber •traag
sullen ('sʌlən) BNW •uit zijn/haar humeur;
knorrig; nors •somber
sullens ('sʌlənz) ZN MV ★the ~boze bui; slecht
humeur
sully ('sʌlɪ) OV WW •een smet zijn op; bevlekken
•vuil maken; bezoedelen
sulphate ('sʌlfeɪt) ZN SCHEIK. sulfaat
sulphur ('sʌlfə) ZN SCHEIK. zwavel
sulphuric (sʌl'fjʊərɪk) BNW SCHEIK. zwavel- ★~
acid zwavelzuur
sulphurous ('sʌlfərəs) BNW •heftig •FIG. geladen
•zwavelachtig •hels
sultan ('sʌltn) ZN sultan
sultana (sʌl'tɑ:nə) ZN •sultane •maîtresse ⟨v.
vorst⟩ •soort rozijn

sultry ('sʌltrɪ) BNW •drukkend •OOK FIG. zwoel
sum (sʌm) I ZN •som •totaal •kern; waar 't op
neerkomt ★do sums sommen maken ★good
at sums goed in rekenen ★in sum in totaal
★the sum (and substance) of ... de essentie
van ...; in één woord ★sum total totaal ★sums
rekenen II OV WW ★sum a p. up zich 'n
oordeel vormen over iem. •~ up opsommen;
optellen; samenvatten
summarily ('sʌmərəlɪ) BIJW summier; beknopt
summarize, G-B **summarise** ('sʌməraɪz)
OV+ONOV WW samenvatten
summary ('sʌmərɪ) I ZN •samenvatting II BNW
•kort •beknopt •summier ★do ~
justice/punishment to standrechtelijk
vonnissen/straffen ★deal ~with korte metten
maken met
summation (sə'meɪʃən) ZN optelling; totaal
summer ('sʌmə) I ZN •zomer •schoorbalk
★Indian ~warme nazomer ★St. Martin's ~
warme nazomer II OV WW •weiden gedurende
de zomer III ONOV WW •de zomer doorbrengen
summer house ZN zomerhuisje
summersault ('sʌməsɔːlt) ZN •→ **somersault**
summer school ZN zomercursus
summer time ('sʌmə taɪm) ZN •zomertijd
•zomer ⟨seizoen⟩
summery ('sʌmərɪ) BNW zomerachtig
summing-up (sʌmɪŋ'ʌp) ZN •samenvatting
•eindoordeel; (eind)conclusie ⟨v. rechter⟩;
slotpleidooi ⟨v. advocaat⟩
summit ('sʌmɪt) ZN •top; toppunt
•topconferentie
summon ('sʌmən) OV WW •dagvaarden
•(op)roepen •bijeenroepen •verzamelen
•bekeuren •~ up vergaren; bijeenrapen;
optrommelen
summoner ('sʌmənə) ZN deurwaarder
summons ('sʌmənz) ZN MV •oproep(ing)
•dagvaarding ★answer a p.'s ~gevolg geven
aan iemands oproep
sump (sʌmp) ZN •mijnput •G-B oliereservoir
•karter
sumpter ('sʌmptə) ZN ★~horse lastpaard;
pakpaard
sumptuary ('sʌmptʃʊərɪ) BNW ★~law weeldewet
sumptuous ('sʌmptʃʊəs) BNW •kostbaar
•overdadig •weelderig
sun (sʌn) I ZN •zon ★against the sun tegen de
klok in ★with the sun met de klok mee ★his
sun is set hij heeft zijn tijd gehad ★sun
drawing water waterig zonnetje ★sun visor
doorzichtig zonnescherm ★beneath the sun
(hier) op aarde ★sun lounge serre II OV+ONOV
WW •(zich) in de zon koesteren •zonnen
Sun. AFK Sunday zondag
sun-baked ('sʌnbeɪkt) BNW zonovergoten;
uitgedroogd
sunbathe ('sʌnbeɪð) ONOV WW zonnebaden
sunbeam ('sʌnbi:m) ZN zonnestraal
sunblind ('sʌnblaɪnd) ZN markies; jaloezie
sunbow ('sʌnbəʊ) ZN regenboogeffect
sunburn ('sʌnbɜ:n) ZN zonnebrand; zonnebruin
★~ed/~t (ge)bruin(d) door de zon
sundae ('sʌndeɪ) ZN USA sorbet; coupe met
vruchtenijs

Sunday ('sʌndeɪ) ZN zondag ★ when two ~s come together met sint-juttemis ★ one's ~best z'n zondagse kleren; z'n paasbest ★ Low ~ beloken Pasen ★ Mothering ~Moederdag ★ ~ paper zondagskrant

Sunday observance ZN zondagsheiliging

sun deck ZN zonneterras; boven-/zonnedek

sunder ('sʌndə) I ZN • scheiding • in ~in tweeën; van elkaar; gescheiden II OV+ONOV WW • scheiden; splijten

sundial ('sʌndaɪəl) ZN zonnewijzer

sundown ('sʌndaʊn) ZN USA zonsondergang

sundowner (sʌndaʊnə) ZN • borrel • AUS landloper

sun-dried ('sʌn-draɪd) BNW in de zon gedroogd

sundry ('sʌndrɪ) I ZN ★ all and ~allemaal en iedereen ★ sundries diversen II BNW • diverse; verscheiden(e) • allerlei

sunfish ('sʌnfɪʃ) ZN koningsvis

sunflower ('sʌnflaʊə) ZN zonnebloem

sung (sʌn) WW [volt. deelw.] • → sing

sunglare ('sʌnɡleə) ZN verblindend zonlicht

sunglasses ('sʌnɡlɑːsɪz) ZN zonnebril

sunk (sʌnk) WW [volt. deelw.] • → sink

sunken ('sʌnkən) BNW • ingevallen • diepliggend • hol ★ ~rock blinde klip

sunlamp ('sʌnlæmp) ZN • hoogtezon • zonlichtlamp ‹voor filmopnames›

sunlight ('sʌnlaɪt) ZN zonlicht

sunlit ('sʌnlɪt) BNW door de zon verlicht

sunny ('sʌnɪ) BNW zonnig

sunproof ('sʌnpruːf) BNW lichtecht

sunray ('sʌnreɪz) ZN zonnestraal

sunrise ('sʌnraɪz) ZN zonsopgang

sunroof ('sʌnruːf) ZN open dak; schuifdak

sunset ('sʌnset) ZN zonsondergang ★ ~slow avonddrood ★ ~of life levensavond

sunshade ('sʌnʃeɪd) ZN • parasol • zonnescherm

sunshine ('sʌnʃaɪn) ZN • zonneschijn • 't zonnige ★ ~roof schuifdak ★ OOK FIG. sunshiny zonnig

sunspot ('sʌnspɒt) ZN • zonnevlek • sproet

sunstroke ('sʌnstrəʊk) ZN zonnesteek

suntan ('sʌntæn) I ZN • gebruinde huid II ONOV WW • bruinen; bruin branden

suntanned ('sʌntænd) BNW bruin; gebruind

sun-up ('sʌn-ʌp) ZN USA zonsopgang

sunwise ('sʌnwaɪz) BIJW met de klok mee

sup (sʌp) I ZN • → bite slokje II OV WW • nippen aan; met kleine teugjes drinken

super ('suːpə) BNW grandioos; prima

super- ('suːpə) VOORV super-; over-

superable ('suːpərəbl) BNW te overkomen

superabundance (suːpərə'bʌndəns) ZN grote overvloed

superabundant (suːpərə'bʌndənt) BNW • meer dan overvloedig • in rijke mate

superannuate (suːpər'ænjʊeɪt) OV WW • ontslaan wegens leeftijd; pensioneren • afdanken ★ ~d gepensioneerd; afgedankt; verouderd ★ be ~d met pensioen gaan; van school gaan

superannuation (suːpərænjʊ'eɪʃən) ZN pensionering

superb (suː'pɜːb) BNW • voortreffelijk • zeer indrukwekkend • groots • meesterlijk • kolossaal

supercargo ('suːpəkɑːɡəʊ) ZN supercarga

supercharger ('suːpətʃɑːdʒə) ZN compressor

supercilious (suːpə'sɪlɪəs) BNW verwaand

supercup ('suːpəkʌp) ZN VOETB. supercup

super-duper (suːpə'duːpə) BNW geweldig; grandioos

superfatted (suː'pəˈfætɪd) BNW ★ ~soap overvette zeep

superficial (suː'pəˈfɪʃəl) BNW oppervlakkig

superficiality (suːpəfɪʃɪ'ælətɪ) ZN oppervlakkigheid

superficies (suːpə'fɪʃiːz) ZN oppervlakte(n)

superfine ('suːpəfaɪn) BNW • zeer fijn • uiterst geraffineerd • voortreffelijk

superfluity (suːpə'fluːətɪ) ZN overtolligheid

superfluous (suː'pɜːfluəs) BNW overbodig; overtollig

supergrass ('suːpəɡrɑːs) ZN verrader; verklikker

superheat (suːpə'hiːt) OV WW oververhitten

superhuman (suːpə'hjuːmən) BNW bovenmenselijk

superimpose (suːpərɪm'pəʊz) OV WW • (er) bovenop plaatsen • ~ (up)on plaatsen op; bouwen op

superinduce (suːpərɪn'djuːs) OV WW • (eraan) toevoegen • (er nog bij) veroorzaken

superintend (suːpərɪn'tend) OV+ONOV WW • toezicht houden op • met controle belast zijn op

superintendence (suːpərɪn'tendəns) ZN toezicht

superintendent (suːpərɪn'tendənt) ZN • inspecteur • opzichter • directeur • hoofdinspecteur ‹v. politie› ★ medical ~ geneesheer-directeur

superior (suː'pɪərɪə) I ZN • meerdere • overste II BNW • uitmuntend • voortreffelijk • bijzonder goed • hoogstaand • ongenaakbaar; hautain • autoritair • BIOL. bovenstandig ★ ~ letter/figure letter/cijfer boven de lijn ★ be ~to verheven zijn boven; staan boven ★ ~to hoger/beter dan; machtiger dan

superiority (suːpɪərɪ'ɒrətɪ) ZN • overmacht • superioriteit ★ ~over voorrang boven

superlative (suː'pɜːlətɪv) I ZN • overtreffende trap II BNW • allervoortreffelijkst • grandioos • buitengewoon ★ ~degree overtreffende trap

superman ('suːpəmæn) ZN superman

supermarket ('suːpəmɑːkɪt) ZN supermarkt

supermarket trolley ('suːpəmɑːkɪt 'trɒlɪ) ZN winkelwagentje

supernal (suː'pɜːnl) BNW bovenaards

supernatural (suːpə'nætʃərəl) I ZN ★ the ~het bovennatuurlijke ★ ~ism geloof in het bovennatuurlijke II BNW • buitennatuurlijk • bovennatuurlijk

supernumerary (suːpə'njuːmərərɪ) I ZN • boventallige • surnumerair • figurant II BNW • boventallig • extra

superordinate (suːpə'ɔːdɪnət) BNW • bovengeschikt; superieur • TAALK. hyperoniem

superpose (suːpə'pəʊz) OV WW • er boven(op) plaatsen • ~ on plaatsen op

superposition (suːpəpə'zɪʃən) ZN superpositie

superpower ('suːpəpaʊə) ZN supermacht

superscription (suːpə'skrɪpʃən) ZN • opschrift • inscriptie

su

supersede (su:pə'si:d) OV WW • *vervangen* • *in de plaats stellen of komen van*
supersensitive (su:pə'sensɪtɪv) BNW • *overgevoelig* • *hypersensitief*
supersession (su:pə'seʃən) ZN *vervanging*
supersonic (su:pə'sɒnɪk) BNW *supersonisch*
superstar ('su:pəsta:) ZN *superster; superstar*
superstition (su:pə'stɪʃən) ZN *bijgeloof*
superstitious (su:pə'stɪʃəs) BNW *bijgelovig*
superstructure ('su:pəstrʌktʃə) ZN • *bovenbouw* • *(op grondstelling opgebouwde) theorie*
supertax ('su:pətæks) I ZN • *extra belasting boven bepaald inkomen* II OV WW • *extra belasten*
supervene (su:pə'vi:n) ONOV WW *er (nog) bij/tussen komen*
supervention (su:pə'venʃən) ZN *tussenkomst*
supervise ('su:pəvaɪz) OV+ONOV WW • *met toezicht belast zijn* • *controleren* • *surveilleren* • *toezicht houden op*
supervision (su:pə'vɪʒən) ZN • *supervisie* • *controle*
supervisor ('su:pəvaɪzə) ZN • *inspecteur* • *(afdelings)chef* • *controleur* • *surveillant*
supervisory (su:pə'vaɪzərɪ) BNW • *toezichthoudend* • *controle-* • *toeziend*
supine ('su:paɪn) I ZN • *supinum* II BNW • *achteroverliggend* • *traag; lui*
supper ('sʌpə) ZN *avondmaal; souper* • REL. the Last Supper *het Laatste Avondmaal* ★ the Lord's Supper *de eucharistie; het Avondmaal* ★ have ~ *het avondmaal gebruiken* ★ what's for ~? *wat eten we vanavond?*
supplant (sə'plɑ:nt) OV WW • *(listig) verdringen* • *eruit werken*
supple ('sʌpl) I BNW • *buigzaam* • *soepel* • *lenig* • *gedwee* • *gewillig* • *kruiperig* • *sluw* II OV+ONOV WW • *versoepelen*
supplement[1] ('sʌplɪmənt) ZN *supplement*
supplement[2] ('sʌplɪment) OV WW • *aanvullen* • *toevoegen*
supplementary (sʌplɪ'mentərɪ) BNW *aanvullend*
suppleness ('sʌplnəs) ZN *gratie; soepelheid; souplesse*
suppliant ('sʌplɪənt) I ZN • *smekeling* • *verzoeker* II BNW • *smekend*
supplicate ('sʌplɪkeɪt) OV+ONOV WW • *nederig verzoeken of vragen* • *een nederig verzoek richten tot* • ~ for *smeken om*
supplication (sʌplɪ'keɪʃən) ZN *smeekbede*
supplier (sə'plaɪə) ZN *leverancier*
supplies (sə'plaɪz) ZN MV *gevoteerde gelden*; budget ★ vote ~ *gelden voteren* ★ food ~ *voedselvoorziening* ★ power ~ *stroomvoorziening* ★ water ~ *watervoorziening*
supply[1] (sə'plaɪ) ZN • *voorraad* • *aanvullend artikel; bijbehorend artikel* • *proviandering; voorziening* • *vervanger* ★ ~ and demand *vraag en aanbod* ★ ~ teacher *vervanger* ★ food supplies *voedselvoorziening*
supply[2] (sə'plaɪ) I OV WW • *voorzien in* • *(kunnen) leveren* • *geven* • *aanvullen* • *vervullen* ★ ~ the demand *voldoen aan de (aan)vraag* ★ ~ a want *in een lacune voorzien* ★ ~ line *toevoerlijn* • ~ with *voorzien van* II ONOV WW • *waarnemen*
supply[3] ('sʌpli) BIJW • → **supple**

support (sə'pɔ:t) I OV WW • *steunen* • *stutten* • *staan achter* (fig.) • *in stand houden* • *onderhouden* • *staande houden* • *volhouden* • *verdragen* • *uithouden* • *met succes weergeven; spelen* II ZN • *steun; ondersteuning* ★ in ~ of *ter ondersteuning van*
supportable (sə'pɔ:təbl) BNW • *draaglijk* • *uit te houden*
supporter (sə'pɔ:tə) ZN • *aanhanger* • *partijgenoot* • *donateur*
supportive (sə'pɔ:tɪv) BNW *(onder)steunend; hulpvaardig*
suppose (sə'pəʊz) OV WW • *veronderstellen* • *menen* • *denken* ★ be ~d to *moeten* ★ not be ~d to *niet mogen* ★ ~ he knew (en) als hij 't nu eens wist ★ the ~d teacher *de vermeende leraar* ★ supposing *als; indien* ★ always supposing *mits* ★ ~dly *naar men mag aannemen; vermoedelijk*
supposition (sʌpə'zɪʃən) ZN *veronderstelling*
suppositional (sʌpə'zɪʃənəl) BNW *verondersteld; hypothetisch*
supposititious (sʌpə'zɪʃəs) BNW • *vals; niet echt* • *onwettig* ⟨v. kind⟩
suppository (sə'pɒzɪtərɪ) ZN *zetpil*
suppress (sə'pres) OV WW • *onderdrukken* • *verbieden* ⟨v. krant, boek⟩ • *schrappen* • *achterhouden*
suppression (sə'preʃən) ZN *onderdrukking*
suppressive (sə'presɪv) BNW *onderdrukkend*
suppressor (sə'presə) ZN *onderdrukker*
suppurate ('sʌpʊərət) ONOV WW *etteren*
suppuration (sʌpʊə'reɪʃən) ZN *ettering*
supra- ('su:prə) VOORV • *voor-* • *boven-*
supremacy (su:'preməsɪ) ZN • *suprematie* • *hoogste gezag of macht*
supreme (su:'pri:m) BNW • *hoogste; opperste* • *laatst; uiterst* • *voortreffelijk* ★ ~ fidelity *trouw tot in de dood* ★ Supreme Pontiff *de paus* ★ the Supreme Being *de Allerhoogste* ⟨God⟩
supremely (su:'pri:mlɪ) BIJW • → **supreme** *in hoge mate*
surcharge (sɜ:tʃɑ:dʒ) I ZN • *toeslag* • *boetesom* • *strafport* • *opcenten* • *opdruk* ⟨op postzegel⟩ • *overbelasting* • *overvraging* II OV WW • *extra laten betalen* • *v. opdruk voorzien* • *overvragen* • *overbelasten* • *overladen*
surcoat ('sɜ:kəʊt) ZN *wapenrok*
surd (sɜ:d) I ZN • *onmeetbaar getal* • *stemloze medeklinker* II BNW • *onmeetbaar* ⟨v. getal⟩ • *stemloos* ⟨v. medeklinker⟩
sure (ʃɔ:) I BNW • *zeker* • *verzekerd* ★ he is sure to come *hij komt zeker* ★ for sure *zeker* ★ make sure *zich ervan vergewissen; eraan denken; niet vergeten* ★ make sure of *zich verzekeren van* ★ be sure *er zeker van zijn* ★ to be sure *weliswaar; nog wel* ★ I'm sure I didn't mean to *het was heus mijn bedoeling niet om* ★ be sure to *denk eraan dat je* ★ feel sure *ervan overtuigd zijn* II BIJW • USA *(ja)zeker* ★ as sure as eggs is eggs *zo zeker als 2 x 2 vier is* ★ sure enough *zeker; nou en of*
sure-fire BNW *onfeilbaar; zeker* ★ ~ winner *geheide winnaar*
sure-footed (ʃɔ:'fʊtɪd) BNW • *stevig op de benen*

- *betrouwbaar*
surely ('ʃɔːlɪ) BIJW • *gerust* • *zeker* ★ ~ *not beslist niet*
surety ('ʃɔːrətɪ) ZN *borg*
surf (sɜːf) I ZN • *branding* II ONOV WW • *surfen*
surface ('sɜːfɪs) ZN • *oppervlakte* • *buitenkant* ★ *of/on the ~ aan de oppervlakte; oppervlakkig* ★ *break the ~ aan de oppervlakte komen*
surface mail ZN *post via land of zee* ⟨niet-luchtpost⟩
surfboard ('sɜːfbɔːd) ZN *surfplank*
surfeit ('sɜːfɪt) I ZN • *overlading; oververzadiging* • *walging* II OV WW • *oververzadigen* III ONOV WW • *zich overeten*
surfer ('sɜːfə) ZN *surfer; windsurfer*
surfing ('sɜːfɪŋ) ZN *(het) surfen*
surf-riding ZN *(het) surfen*
surge (sɜːdʒ) I ZN • *hoge golven* • *stortzee* II ONOV WW • *(hoog) golven* • *deinen* • *opwellen; opbruisen*
surgeon ('sɜːdʒən) ZN • *chirurg* • *arts* ★ *dental ~ tandarts* ★ *manipulative ~ manueel therapeut* ★ *veterinary ~ veearts*
surgery ('sɜːdʒərɪ) ZN • *chirurgie* • *operatieve ingreep* • *spreekkamer* • *spreekuur* • *apotheek* ⟨v. arts⟩ ★ *corrective ~ plastische chirurgie* ★ *cosmetic ~ plastische chirurgie* ★ *dental ~ tandheelkunde*
surgical ('sɜːdʒɪkl) BNW *chirurgisch* ★ ~ *case instrumententas*
surly ('sɜːlɪ) BNW • *humeurig* • *knorrig* • *nors*
surmise (sə'maɪz) I ZN • *gissing* • *vermoeden* II OV+ONOV WW • *gissen* • *vermoeden*
surmount (sə'maʊnt) OV WW • *overtrekken* ⟨v. berg⟩ • *te boven komen* • *staan op* ★ ~*ed by a crown met een kroon erop*
surmountable (sə'maʊntəbl) BNW *overwinbaar*
surname ('sɜːneɪm) I ZN • *achternaam* • *bijnaam* II OV WW • *bijnaam geven* • *bij achternaam noemen*
surpass (sə'pɑːs) OV WW *overtreffen*
surplice ('sɜːplɪs) ZN *superplie* ★ ~ *fee stipendium voor doop/huwelijk*
surplus ('sɜːpləs) I ZN • *teveel; overschot* II BNW • *overtollig* ★ ~ *goods legergoederen die niet meer gebruikt en daarom verkocht worden* ★ ~ *population overbevolking* ★ ~ *value meerwaarde*
surprise (sə'praɪz) I ZN • *verrassing* • *verbazing* ★ *to my ~ tot mijn verwondering* ★ *be ~ed zwever* ★ ~ *overrompelen; bij verrassing (in)nemen* II OV WW • *verwonderen* • *verrassen* • *overrompelen* ★ *be ~d at zich verwonderen/verbazen over* ★ *I should not be ~d if het zou me niet verwonderen als* ★ *I'm ~d at you ik sta van je te kijken* ⟨als verwijt⟩ ★ ~ *a p. into iem. onverhoeds brengen tot* III BNW • *verrassings-* ★ ~ *visit onverwacht bezoek*
surprising (sə'praɪzɪŋ) BNW • *verwonderlijk* • *wonderbaarlijk*
surreal (sə'rɪəl) BNW *surrealistisch*
surrealism (sə'rɪəlɪzəm) ZN *surrealisme*
surrealist (sə'riːəlɪst) ZN *surrealist*
surrender (sə'rendə) I OV WW • *overgeven* • *opgeven* • *afstand doen van* ★ ~ *a policy een polis afkopen* II ONOV WW • *z. overgeven*

- *capituleren* III ZN • *overgave*
surreptitious (sʌrəp'tɪʃəs) BNW *heimelijk (verkregen); clandestien*
surrogate ('sʌrəgət) I ZN • *(plaats)vervanger* ⟨speciaal v. bisschop⟩ • *vervangmiddel; surrogaat* II BNW WW • *vervangend* ★ ~ *mother draagmoeder*
surround (sə'raʊnd) I OV WW • *omringen* • *omsingelen* • *omgeven* II ZN • *vloerbedekking tussen los kleed en wanden*
surrounding (sə'raʊndɪŋ) BNW *naburig*
surroundings (sə'raʊndɪŋz) ZN MV *omgeving*
surtax ('sɜːtæks) I ZN • *extra belasting* II OV WW • *extra belasten*
surveillance (sɜː'veɪləns) ZN *toezicht*
survey[1] ('sɜːveɪ) ZN • *overzicht* • *rapport* • *onderzoek* • *expertise*
survey[2] (sə'veɪ) OV WW • *inspecteren* • *opmeten* • *taxeren* • *in ogenschouw nemen; bekijken* • *opnemen*
surveying (sər'veɪɪŋ) ZN • *landmeting; landmeter* • *landmeetkunde*
surveyor (sə'veɪə) ZN • *opzichter* • *inspecteur* • *landmeter* • *taxateur* ★ ~*-ship inspecteurschap*
survival (sə'vaɪvəl) ZN • *het overleven* • *overblijfsel* ★ ~ *of the fittest het blijven voortbestaan van de sterksten* ★ ~ *kit overlevingsuitrusting*
survive (sə'vaɪv) OV+ONOV WW • *overleven* • *nog (voort)leven of bestaan*
survivor (sə'vaɪvə) ZN • *langst levende* • *overlevende* • *geredde* ★ *he was among the ~s hij behoorde tot degenen die niet omgekomen waren*
susceptibility (səseptə'bɪlətɪ) ZN *ontvankelijkheid*
susceptible (sə'septɪbl) BNW • *ontvankelijk* • *gemakkelijk te beïnvloeden* • *lichtgeraakt* • *gauw verliefd* ★ ~ *of vatbaar voor* ★ ~ *to gevoelig voor*
sushi ('suːʃi) ZN *sushi* ⟨Japanse snack⟩
suspect[1] ('sʌspekt) I ZN • *verdachte* II BNW • *verdacht*
suspect[2] (səs'pekt) I OV WW • *verdenken* • *wantrouwen* II ONOV WW • *vermoeden* • *geloven* • *argwaan koesteren*
suspend (sə'spend) OV WW • *opschorten* • *verdragen* • *uitstellen* • *schorsen* • *tijdelijk intrekken* ★ ~ *payments de betalingen staken* ★ *be ~ed animation schijndood* • ~ *from ophangen aan; ontheffen van*
suspender (sə'spendə) ZN • *sokophouder* • *jarretelle*
suspenders (sə'spendəz) ZN MV USA *bretels*
suspense (sə'spens) ZN • *(angstige) spanning* • *onzekerheid* ★ ~ *account voorlopige rekening*
suspension (sə'spenʃən) ZN • *schorsing; (tijdelijke) stopzetting* • SCHEIK. *suspensie* • TECHN. *ophanging* ★ ~ *of fighting gevechtspauze* ★ ~ *bridge hangbrug* ★ ~ *lamp hanglamp*
suspensive (sə'spensɪv) BNW • *onzeker* • *hangende* • *opschortend*
suspensory (sə'spensərɪ) BNW *opschortend* ★ ~ *bandage draagverband; suspensoir*
suspicion (sə'spɪʃən) ZN • *argwaan*

• *wantrouwen* • *verdenking* • *(flauw)
vermoeden* • *spoortje* • *tikkeltje* • lurking ~
vaag vermoeden
suspicious (sə'spɪʃəs) BNW • *verdacht*
• *achterdochtig* ★ be ~of *wantrouwen*
sustain (sə'steɪn) OV WW • *steunen* • *verdragen*
• *doorstaan* • *lijden* • in stand houden; *staande
of gaande houden* • *volhouden* • *aanhouden*
• *staven*; *bevestigen* ★ ~ing food *versterkend
voedsel*
sustainable (sə'steɪnəbl) BNW *houdbaar*
sustained (sə'steɪnd) I BNW • *aanhoudend*;
volhoudend II TW • USA ~! *(door rechter)
toegewezen!*
sustenance ('sʌstɪnəns) ZN *voeding*; *voedsel*
suture ('su:tʃə) I ZN • *naad* • *hechting* II OV WW
• *hechten*
svelte (svelt) BNW • *soepel*; *slank* • *welgevormd*
SW AFK *southwest(ern) zuidwest(elijk)*
swab (swɒb) I ZN • *zwabber*; *vaat-/wrijfdoek*;
OOK FIG. *dweil* • *wattenbolletje* • MED. *uitstrijkje*
II OV WW • *opdweilen* • *schoonmaken*
swaddle ('swɒdl) OV WW • *inbakeren* • *inpakken*
⟨v. baby⟩
swaddling clothes ZN OUD. *windsels*; *luiers* ★ he
is just out of swaddling-bands *hij komt pas
kijken*
swag (swæg) ZN • PLAT *buit* • *guirlande*
swagger ('swægə) I ZN • *branie* • *opschepperij*
• *verbeelding* • *zwierigheid*; *gepronk* II BNW
• *chic*; *zwierig* III ONOV WW • *branieachtig
lopen* • *opscheppen* • *pronken*
swain (sweɪn) ZN • *boerenzoon* • *aanbidder*
swallow ('swɒləʊ) I OV WW • *(in)slikken*
• *verslinden* ★ ~the bait *erin vliegen* ★ ~one's
words *zijn woorden terugnemen* ★ be ~ed up
by *opgaan aan* • ~ **down** *inslikken* • ~ **up**
verzwelgen II ONOV WW • *slikken* III ZN • *slok*
• *slikbeweging* • *slokdarm* • *keelgat* • *zwaluw*
★ one ~does not make a summer *één zwaluw
maakt nog geen zomer* ★ ~dive *zwaluwsprong*
swallowtail ('swɒləʊteɪl) ZN • *zwaluwstaart*
• *koninginnenpage* ⟨vlinder⟩ • *rok* ★ ~ed
gevorkt; in rok ★ ~ed coat *rok*
swam (swæm) WW [verleden tijd] • → **swim**
swamp (swɒmp) I ZN • *moeras* II OV WW • *vol of
onder water doen lopen* ★ be ~ed with
overstelpt worden met III ONOV WW
• *overstromen*
swampy ('swɒmpɪ) BNW *moerassig*; *drassig*
swan (swɒn) ZN *zwaan* ★ LIT. Swan of Avon
Shakespeare ★ FIG. black swan *witte raaf*
★ mute swan *knobbelzwaan*
swank (swæŋk) I ZN • *branie* II ONOV WW
• *opscheppen* • *branie maken*
swanky ('swæŋkɪ) BNW • *opschepperig* • *piekfijn*;
chic
swansdown ('swɒnzdaʊn) ZN *zwanendons*
swanskin ('swɒnskɪn) ZN *molton*
swansong ('swɒnsɒŋ) ZN *zwanenzang*
swap (swɒp) I ZN *ruil(handel)*; *ruilobject* II WW
• → **swop**
swarm (swɔ:m) I ZN • *zwerm* • *troep* • *hoop*
II ONOV WW • *zwermen* • ~ **with** *wemelen van*
swarthy ('swɔ:ðɪ) BNW • *donker(bruin)*
• *gebruind* • *zwart*

swash (swɒʃ) I ZN • *geklots* II ONOV WW • *klotsen*
• *kletsen* • *plonzen*
swashbuckler ('swɒʃbʌklə) ZN *ijzervreter*;
vuurvreter
swashbuckling ('swɒʃbʌklɪŋ) I ZN
• *branie(schopperij)*; *bluf* II BNW • *branieachtig*;
blufferig
swastika ('swɒstɪkə) ZN *swastika*; *hakenkruis*
swat (swɒt) OV WW • *(dood)slaan* ⟨v. vlieg⟩
swath (swɔ:θ) ZN *strook*; *stuk* ★ cut a wide ~
through sth *ergens een spoor van vernieling
trekken*
swathe (sweɪð) I OV WW • *inbakeren*
• *zwachtelen* • *omhullen* II ZN • *strook*; *stuk*
★ cut a wide swath through sth *ergens een
spoor van vernieling trekken*
sway (sweɪ) I OV WW • *beïnvloeden* • *bewerken*
• *(be)heersen* ★ be swayed by *zich laten
beïnvloeden door* II OV+ONOV WW • *zwaaien*
• *zwiepen* • *slingeren* III ZN • *zwaai* • *invloed*
• *overwicht* • *macht* • *heerschappij* ★ hold
sway over *heersen over*
swear (sweə) I ONOV WW • *vloeken* • ~ **at** *vloeken
op* II OV+ONOV WW • *onder ede verklaren*
• *beëdigen* • *zweren* ★ ~against *onder ede
beschuldigen* ★ not enough to ~by *een
schijntje* ★ ~to secrecy *onder ede
geheimhouding laten beloven* • ~ **by** *zweren bij*
• ~ **in** *beëdigen* • ~ **off** *afzweren* • ~ **to** *zweren
op*
swear word ('sweəwɜ:d) ZN *vloek*
sweat (swet) I OV WW • *doen zweten* • *afbeulen*
• *uitbuiten* ▾don't ~it *maak je niet dik* II ONOV
WW • *zweten* III ZN • *zweet* • *het uitzweten*
• *zweetkuur*; *lastig werk* ★ be in a ~*in de rats
zitten* • in/by the ~of one's brow *in het zweet
des aanschijns* ★ it's an awful ~ *'t is een heel
karwei* ★ cold ~*het klamme zweet* ★ no ~*geen
probleem*
sweatband ('swetbænd) ZN *zweetband*
sweated ('swetɪd) I BNW • *onderbetaald* • *tegen
hongerloon gemaakt* • ~labour *tegen
hongerloon verrichte arbeid*; *slavenarbeid*
II WW [verleden tijd + volt. deelw.] • → **sweat**
sweater ('swetə) ZN • *sportieve pullover*
• *uitbuiter*; FIG. *slavendrijver*
sweat gland ZN *zweetklier*
sweating ('swetɪŋ) BNW ★ ~bath *zweetbad* ★ ~
iron *zweetmes* ★ ~system *uitbuitsysteem*
sweatshirt ZN *katoenen sporttrui*
sweatshop ('swetʃɒp) ZN *slavenbedrijf*;
uitzuigersbedrijf
sweaty ('swetɪ) BNW *bezweet*
Swede (swi:d) ZN *Zweed*
Sweden ('swi:dn) ZN *Zweden*
Swedish ('swi:dɪʃ) BNW *Zweeds* ★ ~drill
heilgymnastiek
sweep (swi:p) I OV WW • *vegen* • *snellen door*;
slaan over; *woeden over*; *teisteren* • *bestrijken*
• *afzoeken*; *afdregen* • *wegvagen*; *drijven*;
voeren; *meeslepen*; in *vervoering brengen* ★ ~
the board *met de hele inzet gaan strijken* ★ ~a
constituency *alle stemmen v.e. kiesdistrict op
zich verenigen* ★ ~the horizon with one's eyes
zijn ogen langs de horizon laten gaan ★ ~the
keys/strings *zijn vingers over de toetsen/snaren*

laten glijden ★ be swept along *meegesleept worden* ★ ~the enemy before one *de vijand voor zich uit drijven* ★ ~one's eyes over *zijn ogen laten gaan over* • ~ **away** *wegvagen* • ~ **off** *wegvoeren*; *met één streek wegvagen* ★ ~one's hat off (one's head) *gracieus zijn hoed afnemen* ★ be swept off one's feet *onderstoboven geworpen worden*; *overdonderd worden* • ~ **up** *opvegen*; *aanvegen* • ~ **with** *meeslepen* **II** ONOV WW • *gaan*; *snellen*; *woeden* • *strijken over* • *vegen* • *statig schrijden* • z. *uitstrekken*; *met een wijde bocht lopen* ★ a new broom ~s clean *nieuwe bezems vegen schoon* ★ ~down on *neerschieten op* ★ the cavalry swept down the valley *de ruiters snelden door het dal* ★ ~out of the room *statig de kamer uitschrijden*; *de kamer uit vliegen* • ~ **along** *voortsnellen* ★ the wind swept along the windows *de wind suisde langs de ramen* • ~ **by** *voorbij schrijden/snellen* • ~ **over** *razen over*; *slaan over* • ~ **through** *gaan/snellen door* ★ fear swept through his limbs *angst voer hem door de leden* **III** ZN • *koers* • *schoorsteenveger* • *smeerpoets*; *smeerlap* • *lange roeiriem* • *het vegen* • *bocht* • *draai*; *zwaai*; *slag* • *streek* • *omvang*; *bereik*; *sector* • *stroming*; *beweging* ▼ give the room a ~ *de kamer vegen* ▼ make a clean ~(of sth) *schoon schip maken*; *alle prijzen winnen die er te behalen zijn*

sweeper ('swi:pə) ZN • *veger* • *straatveger*; *schoorsteenveger* • *veegmachine* • *libero* ⟨voetbal⟩

sweeping ('swi:pɪŋ) BNW • *overweldigend* • *radicaal* • *(te) veelomvattend* • *(te) algemeen* • *kolossaal* • z. *uitstrekkend over een (grote) oppervlakte*

sweepstake ('swi:psteɪk) ZN [ook als mv] *sweepstake*; *wedren*

sweet (swi:t) **I** ZN • G-B *bonbon*; *snoepje* • *dessert* • INFORM. *lieveling* • *het aangename* ★ ~s *snoep*; *dessert*; *aangename dingen*; *emolumenten* ★ USA ~corn *suikermaïs* **II** BNW ★ ~pea *lathyrus* ★ ~pepper *paprika* ★ ~ potato *bataat* **III** BNW + BIJW • *lief* • *leuk* • *zoet* • *fris* • *heerlijk ruikend* • *fijn* • *zacht* ★ be ~on *verliefd zijn op* ★ clean and ~ *netjes* ★ ~one *lieve schat* ★ PLAT a ~one *behoorlijke mep* ★ at one's own ~will *net zo als je wilt*; *zo maar vanzelf* ★ have a ~tooth *van zoet houden*

sweet-and-sour BNW *zoetzuur*

sweetbread ('swi:tbred) ZN *zwezerik*

sweeten ('swi:tn) **I** OV WW • *verzachten*; *veraangenamen*; *verlichten* • *zoet maken* ★ you like it ~ed? *suiker erin?* **II** ONOV WW • *zoet worden*

sweetener ('swi:tənə) • *zoetstof(tabletje)* • *douceurtje*

sweetening (swi:tnɪŋ) ZN • *suiker* • *zoetstof*

sweetheart ('swi:thɑ:t) ZN • OUD. *liefste*; *schattebout* • *vriendje/vriendinnetje* ⟨romantisch⟩ • *verkering* ★ they are ~s *zij hebben verkering*

sweetie ('swi:tɪ) ZN • *snoepje* ⟨kindertaal⟩ • *schatje*

sweeting ('swi:tɪŋ) ZN *zoete appel*

sweetish ('swi:tɪʃ) BNW • *zoetig* • *vrij zoet*

sweetly ('swi:tlɪ) BIJW ★ the bike runs ~ *de fiets loopt lekker*

sweetmeat ('swi:tmi:t) ZN *bonbon*; *snoepje*

sweetness ('swi:tnəs) ZN *zoetheid* ★ ~and light *poeslief gedrag*

sweetroot ('swi:tru:t) ZN *zoethout*

sweet-scented (swi:t'sentɪd) BNW • *aromatisch* • *geurend* • *geparfumeerd*

sweet shop ('swi:tʃɒp) ZN *snoepwinkel*; *kiosk*

sweet-tempered (swi:t'tempəd) BNW *zacht*; *lief*

swell (swel) **I** ZN • *crescendo* • *crescendo-diminuendo* • *zwelkast* • *dandy* • *chique meneer* • *hoge piet* • PLAT *kei* ⟨in bepaald (school)vak⟩ • *deining* **II** BNW • *eersteklas*; *prima* • *grandioos* • *chic* • *prachtig* **III** OV WW • *doen zwellen* • *opblazen* ★ to ~the chorus of admiration *in 't koor v. bewonderaars meezingen* **IV** ONOV WW • *zwellen* • *aanzwellen*; *opzetten*; *uitzetten* • *omhoog komen* • *uitdijen* • *bol gaan staan* • *zich opblazen*

swell box (swelbɒks) ZN MUZ. *zwelkast*

swelldom ('sweldəm) ZN *de chic*

swell-headed (swel'hedɪd) BNW *verwaand*

swelling ('swelɪŋ) **I** ZN • *zwelling*; *buil*; *gezwel* • *verhevenheid* • *heuveltje* • *buik* ⟨v. vat⟩ **II** BNW • *bolstaand* • *golvend*

swelter ('sweltə) ONOV WW *stikken v. de hitte*

sweltering ('sweltərɪŋ) **I** ZN • *drukkende hitte* **II** BNW • *snikheet*

swept (swept) WW [verleden tijd + volt. deelw.] • → **sweep**

swerve (sw3:v) **I** ZN • *afbuiging* • *afwijking* **II** OV+ONOV WW • *afbuigen*; *afwijken* • *zwenken*

swift (swɪft) **I** ZN • *gierzwaluw* • *hagedis* • *soort witte nachtvlinder* • *klos* **II** BNW + BIJW • *snel* ★ ~to take offence *gauw op zijn teentjes getrapt*

swift-footed (swɪft'fʊtɪd) BNW *snel ter been*

swig (swɪg) **I** ZN • *teug* **II** OV+ONOV WW • PLAT *drinken*; *zuipen*

swill (swɪl) **I** ZN • *spoeling* • *drank v. slechte kwaliteit*; *spoelwater* • USA/PLAT *swell* ~*fijne, chique spullen of kleding*; *heerlijkheden* **II** OV WW • ~ **out** *uitspoelen* **III** ONOV WW • *zuipen*

swim (swɪm) **I** ONOV WW • *zweven* • *duizelen* **II** OV+ONOV WW • *zwemmen* • *overzwemmen*; *laten zwemmen* • *drijven* ★ swim with the tide *meedoen met de rest* ★ swim a p. a 100 yards *100 yards tegen iem. zwemmen* ★ she swam into the room *zij kwam de kamer binnen* ★ eyes swimming with tears *ogen vol tranen* **III** ZN • *(het) zwemmen*; *zwempartij* • *kuil (in rivier) waar veel vis zit* ★ have a swim *(gaan) zwemmen* ★ go for a swim *(gaan) zwemmen* ★ be in the swim *meedoen*; *op de hoogte zijn van wat er zoal gebeurt*

swimmer ('swɪmə) ZN • *zwemmer* • *zwemvogel*

swimming ('swɪmɪŋ) BNW *zwem-* • ~*ly van een leien dakje*; *gesmeerd*

swimming costume ZN *badpak*; *zwempak*

swimmingly ('swɪmɪŋli) BNW *makkelijk*; *moeiteloos*

swimming pool ZN *zwembad*

swimsuit ('swɪmsuːt) ZN USA *badpak; zwembroek*

swindle ('swɪndl) I ZN • *zwendel* • *oplichterij*
★ it's a ~ *het is zwendel* II OV WW ★ ~ *money
out of a p. iem. geld afzetten*

swindler ('swɪndlə) ZN *oplichter*

swine (swaɪn) ZN *zwijn(en)* ★ ~ *plague/fever
varkenspest* ★ ~'s snout *paardenbloem*

swineherd ('swaɪnhɜːd) ZN *varkenshoeder*

swinepox ('swaɪnpɒks) ZN *waterpokken*

swing (swɪŋ) I ZN • *(het) zwaaien; zwaai; slag*
• *schommel* • *vaart; (kwieke) gang* • *vlot ritme*
• MUZ. *swing* • SPORT *slag* ★ ~ *of the
pendulum wisseling van de macht tussen
politieke partijen; het heen en weer gaan* ⟨v. de
publieke opinie⟩ ★ *in full* ~ *in volle gang;
bruisend van activiteit* ★ *get into* ~ *op dreef
komen; zijn draai krijgen* ★ FIG. *take one's* ~ *at
sth iets te lijf gaan* ⟨een probleem aanpakken⟩
II OV+ONOV WW • *zwaaien* • *slingeren*
• *schommelen* • *kwiek lopen* • *lustig marcheren*
• *swingen* ★ *the door swung to de deur sloeg
dicht* ★ ~ *a child onto one's shoulder een kind
op zijn schouder wippen* ★ *there was no room
to* ~ *a cat (in) je kon je er niet wenden of keren*
★ ~ *a hammock een hangmat ophangen* ★ ~
into line in line brengen of komen ★ ~ *the
lead zijn snor drukken; lijntrekken* ★ PLAT ~ *for
opgehangen worden voor* • ~ **from** *hangen
aan; bengelen aan* • ~ **on** *draaien om*
• ~ **round** *(zich) omdraaien; omzwenken*

swing door (swɪŋˈdɔː) ZN *tochtdeur*

swinge (swɪndʒ) OV WW *afranselen*

swingeing ('swɪndʒɪŋ) BNW • *formidabel*
• *drastisch*

swinger ('swɪŋə) ZN • *levensgenieter* • *bon vivant*

swinging ('swɪŋɪŋ) BNW • *actief; lustig; kwiek*
• FIG. *bruisend*

swing state ZN USA, POL. OMSCHR. *staat waar
Democraten noch Republikeinen een duidelijke
meerderheid hebben*

swinish ('swaɪnɪʃ) BNW *beestachtig*

swipe (swaɪp) I ZN • *harde slag; mep* II OV+ONOV
WW • *hard slaan* • *flink raken* • PLAT *gappen;
wegpikken*

swirl (swɜːl) I ZN • *snelle beweging v. vis*
II OV+ONOV WW • *warrelen; wervelen*

swish (swɪʃ) I ZN • *gesuis* II BNW • *exclusief* • PLAT
reuzechic III ONOV WW • *ruisen* • *suizen*
• *fluiten* ⟨v. kogel⟩ IV OV+ONOV WW • *zwiepen*

Swiss (swɪs) I ZN • *Zwitser(s)* II BNW • *Zwitsers*

switch (swɪtʃ) I OV WW ★ ~ *yard
rangeeremplacement* II OV+ONOV WW • *aan de
knop draaien; (over)schakelen* • *op ander spoor
leiden; rangeren* • *slaan; zwiepen (met)* • *vlug
omdraaien* • *grissen* • ~ **off** *uit-/afdraaien;
uitschakelen; verbinding verbreken; andere
richting geven; afleiden* • ~ **on** *aandraaien;
inschakelen; aansluiten; verbinden* ★ ~ed *on
met de ogen open; onder de invloed van drugs*
• ~ (**on/over) to** *overgaan op* III ZN
• *schakelaar* • *knop* • *(spoor)wissel* • *twijg* • *roe*
• *rijzweep* • *haarrol; valse haarlok*

switchback ('swɪtʃbæk) ZN • *zigzagspoorlijn*
⟨tegen helling⟩ • *roetsjbaan*

switchblade ('swɪtʃbleɪd) ZN ★ ~ *knife stiletto*

switchboard ('swɪtʃbɔːd) ZN *schakelbord;
telefooncentrale*

Switzerland ('swɪtsələnd) ZN *Zwitserland*

swivel ('swɪvəl) I ZN • *wervel* • *draaibank*
II OV+ONOV WW • *draaien (als) om een wervel*

swivel chair ZN *draaistoel*

swivel-eyed BNW *scheel*

swizzle stick ('swɪzəlstɪk) ZN *swizzlestick; stokje
om dranken te roeren*

swollen ('swəʊlən) WW [volt. deelw.] • → **swell**

swollen-headed (swəʊlən'hedɪd) BNW
verwaand

swoon (swuːn) I ZN • OUD. *flauwte* II ONOV WW
• OUD. *flauwvallen; in zwijm vallen*
• *langzaam wegsterven*

swoop (swuːp) I ZN • *forse ruk; slag* II ONOV WW
• ~ **down upon** *neerschieten op* ⟨als 'n
roofvogel⟩; *aanvallen* • ~ **up** *(weg)grissen;
(plotseling) klimmen*

swop (swɒp) I OV+ONOV WW • *verwisselen;
(uit)wisselen* • *verruilen; (om)ruilen* ★ *never
swop horses while crossing the stream voer
geen nieuwe maatregelen in op een kritiek
moment* ★ *swop places van plaats verwisselen*
★ *swop yarns elkaar verhalen vertellen* II ZN
★ ECON. *make a swop een klap krijgen*

sword (sɔːd) ZN • *zwaard* • *degen* • *sabel* • PLAT
bajonet ★ *cross/measure ~s de degens kruisen*
★ *put to the* ~ *over de kling jagen* ★ ~ *of the
spirit 't Woord Gods* ★ Sword of State
Rijkszwaard ★ ~ *arm rechterarm* ★ ~ *belt
koppel* ★ ~ *cane degenstok; wandelstok met
degen erin* ★ ~ *cut (litteken v.) sabelhouw;
Schmiss* ★ ~ *hand rechterhand* ★ ~ *law
militaire dictatuur* ★ ~ *lily gladiool*

swordbill ('sɔːdbɪl) ZN *kolibrie*

swordfish ('sɔːdfɪʃ) ZN *zwaardvis*

swordgrass ('sɔːdɡrɑːs) ZN *rietgras*

swordplay ('sɔːdpleɪ) ZN • *(het) schermen* • *debat*

swordsman ('sɔːdzmən) ZN *zwaardvechter;
(geoefend) schermer* ★ ~ship *schermkunst*

swore (swɔː) WW [verleden tijd] • → **swear**

sworn (swɔːn) WW [volt. deelw.] • → **swear** BNW
• *gezworen* • *beëdigd*

swot (swɒt) I ZN • *serieuze student; blokker*
• *karwei* II ONOV WW • *blokken* • *zwoegen*

swum (swʌm) WW [volt. deelw.] • → **swim**

swung (swʌŋ) WW [verleden tijd + volt. deelw.]
• → **swing**

sybarite ('sɪbəraɪt) ZN *(verwijfde) genieter*

sycamore ('sɪkəmɔː) ZN • *esdoorn* • *wilde
vijgenboom* • USA *plataan*

syce (saɪs) ZN *koetsier*

sycophancy ('sɪkəfənsɪ) ZN • *pluimstrijkerij*
• *hielenlikkerij*

sycophant ('sɪkəfənt) ZN • *sycofant; aanbrenger*
• *vleier*

sycophantic (sɪkə'fæntɪk) BNW *kruiperig; als een
hielenlikker*

syllabic (sɪ'læbɪk) BNW ★ ~ *sound klank die
lettergreep kan vormen*

syllable ('sɪləbl) ZN *lettergreep; syllabe* ★ *not a* ~!
geen woord!; geen kik!

syllabus ('sɪləbəs) ZN • *lijst* • *rooster; program*
• *syllabus* ⟨in de r.-k. kerk⟩ • *overzicht*

syllogism ('sɪlədʒɪzəm) ZN *syllogisme; sluitrede*

sylph (sɪlf) ZN • *luchtgeest* • *slank(e) meisje/vrouw*

sylvan ('sɪlvən) BNW woud-
symbol ('sɪmbl) ZN • symbool; zinnebeeld • teken ⟨dat begrip, eenheid voorstelt⟩; letter; cijfer • geloofsbelijdenis
symbolic (sɪm'bɒlɪk) BNW symbolisch; zinnebeeldig ★ be ~ of 't teken zijn van
symbolism ('sɪmbəlɪzəm) ZN symboliek
symbolize, G-B symbolise ('sɪmbəlaɪz) OV WW • symbool zijn van • symboliseren
symmetrical (sɪ'metrɪkl), symmetric (sɪ'metrɪk) BNW symmetrisch
symmetry ('sɪmətrɪ) ZN symmetrie; evenredigheid
sympathetic (sɪmpə'θetɪk) I ZN • sympathische zenuw II BNW • hartelijk • prettig • sympathisch
sympathize, G-B sympathise ('sɪmpəθaɪz) ONOV WW • meevoelen • sympathiseren • deelneming voelen • ~ with condoleren
sympathizer, G-B sympathiser ('sɪmpəθaɪzə) ZN aanhanger; sympathisant
sympathy ('sɪmpəθɪ) ZN • medegevoel • medeleven • gelijkgestemde gevoelens • eensgezindheid • solidariteit(sgevoel) • sympathie • deelneming • medelijden • condoleantie • aantrekkingskracht • correlatie
symphonic (sɪm'fɒnɪk) BNW symfonisch
symphony ('sɪmfənɪ) ZN symfonie ★ ~ orchestra symfonieorkest
symposium (sɪm'pəʊzɪəm) ZN • discussie • reeks artikelen van verschillende schrijvers over zelfde onderwerp • drinkgelag • kring; bijeenkomst v. filosofen
symptom ('sɪmptəm) ZN • symptoom; MED. klacht • teken
symptomatic (sɪmptə'mætɪk) BNW ★ be ~ of wijzen op
synagogue ('sɪnəgɒg) ZN synagoge
sync (sɪŋk) ZN ★ be out of sync niet gelijklopen
synchronic (sɪŋ'krɒnɪk) BNW gelijktijdig; synchroon
synchronisation ZN G-B • → synchronization
synchronise WW G-B • → synchronize
synchroniser WW G-B • → synchronizer
synchronism ('sɪŋkrənɪzəm) ZN • gelijktijdigheid; synchronisme • synchronische tabel
synchronization (sɪŋkrənaɪ'zeɪʃən) ZN synchronisatie
synchronize ('sɪŋkrənaɪz) OV+ONOV WW • gelijktijdig (laten) gebeuren • samenvallen • synchroniseren • gelijk zetten
synchronizer ('sɪŋkrənaɪzə) ZN flitscontact ⟨aan camera⟩
synchronous ('sɪŋkrənəs) BNW • → synchronic
syncom ('sɪnkɒm) ZN communicatiesatelliet
syncopate ('sɪŋkəpeɪt) OV WW syncoperen
syncopation (sɪnkə'peɪʃən) ZN syncopering
syncope ('sɪŋkəpɪ) ZN • flauwte; bezwijming • MUZ./LETTERK. syncope
syndic ('sɪndɪk) ZN • magistraat • senaatslid v. universiteit ⟨in Cambridge⟩ ★ the Syndics De Staalmeesters
syndicalism ('sɪndɪkəlɪzəm) ZN syndicalisme
syndicalist ('sɪndɪkəlɪst) ZN syndicalist
syndicate[1] ('sɪndɪkət) ZN • syndicaat; belangengroepering; consortium • vakbond

• senaat v. universiteit ⟨in Cambridge⟩
syndicate[2] ('sɪndɪkeɪt) OV WW • tot syndicaat e.d. verenigen • gelijktijdig in verschillende kranten publiceren
syndrome ('sɪndrəʊm) ZN syndroom; ziektebeeld
synod ('sɪnəd) ZN • synode • kerkvergadering
synonym ('sɪnənɪm) ZN synoniem
synonymous (sɪ'nɒnɪməs) BNW synoniem; overeenkomend in betekenis
synopsis (sɪ'nɒpsɪs) ZN overzicht; korte samenvatting
synoptic (sɪ'nɒptɪk) BNW beknopt
syntactic (sɪn'tæktɪk) BNW syntactisch; grammaticaal ⟨v. zinnen⟩
syntax ('sɪntæks) ZN syntaxis; grammatica ⟨v. zinnen⟩
synthesis ('sɪnθəsɪs) ZN synthese; samenvoeging
synthesize, G-B synthesise ('sɪnθəsaɪz) OV WW • kunstmatig vervaardigen; samenstellen • samenvoegen
synthesizer, G-B synthesiser ('sɪnθəsaɪzə) ZN synthesizer
synthetic (sɪn'θetɪk) BNW synthetisch; kunstmatig; kunst-
syphilis ('sɪfəlɪs) ZN syfilis
syphilitic (sɪfə'lɪtɪk) I BNW • syfilitisch II ZN • syfilislijder
syphon ZN • → siphon
Syria ('sɪrɪə) ZN Syrië
Syrian ('sɪrɪən) I ZN • Syriër • Syrisch II BNW • Syrisch
syringe (sɪ'rɪndʒ) I ZN • MED. injectiespuit • MED. spuit(je) ★ MED. hypodermic ~ injectiespuit ⟨onderhuids⟩ II OV WW • MED. inspuiten; besputen
syrup ('sɪrəp) ZN • stroop • siroop
syrupy ('sɪrəpɪ) BNW stroperig; weeïg ⟨fig.⟩
system ('sɪstəm) ZN • systeem • stelsel • gestel • USA maatschappij • formatie ⟨in geologie⟩ ★ WWW distributed ~ aantal computers dat een netwerk vormt ★ nervous ~ zenuwgestel; zenuwstelsel ★ WWW operating ~ besturingssysteem ★ solar ~ zonnestelsel ★ read on ~ volgens werkschema studeren
systematic (sɪstə'mætɪk) BNW systematisch; stelselmatig
systematize, G-B systematise ('sɪstəmətaɪz) OV WW systematiseren; rangschikken
system crash ZN COMP. totale systeemstoring
systemic (sɪ'stemɪk) BNW het (hele) gestel/ lichaam betreffende
system requirements ZN [mv] COMP. systeemeisen
systems analyst ZN MV COMP. systeemanalist

T

t (ti:) I ZN • letter *t* ★ T as in Tommy *de t van Theo* II AFK • it '*t* • tempo *t* • time *tijd*

ta (tɑ:) TW *dank u*; *dank je*

tab (tæb) I ZN • *label*; *etiket* • *rekening* ★ keep tab(s) on *in het oog houden*; *controleren* ★ USA pick up the tab *de rekening betalen* ★ put sth on the tab *iets op de rekening zetten* II OV WW • *voorzien van label/etiket* III AFK • tabulator *tabulator* • tabloid (newspaper) *sensatiekrant*

tabard ('tæbəd) ZN • *tabberd* • *herautenmantel*

tabby ('tæbɪ) I ZN • *tabijn* • *cyperse kat* • *poes* • *roddelaarster* • *schelpencement* • *soort vlinder* II BNW • *gestreept* III OV WW • *moireren*

tabernacle ('tæbənækl) I ZN • *tabernakel* • *tent* • *bedehuis* ⟨o.a. bij methodisten⟩ • *mastkoker* ★ Feast of Tabernacles *Loofhuttenfeest* II OV WW • *voorzien van koepel of hemel* III ONOV WW • *tijdelijk verblijven*

tab key ZN *tabulatortoets*

table ('teɪbl) I ZN • *tafel* • *het eten* • *plateau* • *tabel* • *handpalm* • WISK. *tafel* ⟨v. vermenigvuldiging⟩ ★ ~ of contents *inhoudsopgave* ★ the ~s are turned *de rollen zijn omgedraaid* ★ he turned the ~ upon his opponent *hij versloeg zijn tegenstander met diens eigen argumenten* ★ go to ~ *aan tafel gaan* ★ REL. go to the ~ *aan het Avondmaal deelnemen* ★ lay an account on the ~ *een verslag bespreken/opschorten/uitstellen*; *opschorten*; *uitstellen* II OV WW • *rangschikken* • *indienen* ⟨v. voorstel, motie, enz.⟩ ★ USA *voor kennisgeving aannemen* III ONOV WW • *eten*

tableau ('tæbləʊ) ZN • *tableau* • *tableau vivant*

tablecloth ('teɪblklɒθ) ZN *tafelkleed*

table lamp ZN *tafellamp*

tableland ('teɪblænd) ZN *plateau* ⟨hoogvlakte⟩

table manners ZN MV *tafelmanieren*

table mat ('teɪblmæt) ZN *onderzetter*

tablespoon ('teɪblspu:n) ZN *eetlepel*

tablet ('tæblət) ZN • *tablet* • *gedenkplaat* • *wastafeltje* ★ ~s aantekenboekje ★ ~ of soap *stuk zeep*

table tennis ZN *tafeltennis*

table top ('teɪbltɒp) ZN *tafelblad*

tableware ('teɪblweə) ZN *tafelgerei*; *bestek*

tabloid ('tæblɔɪd) ZN *sensatie-*, *boulevardblad*

taboo, tabu (tə'bu:, tæ'bu:) I ZN • *taboe* ⟨verboden/te mijden zaak⟩ ★ put under ~ *taboe verklaren*; *in de ban doen* II BNW • *verboden*; *taboe* • *heilig* III OV WW • *in de ban doen* • *verbieden*

tabular ('tæbjʊlə) BNW • *tafelvormig* • *tabellarisch*

tabulate ('tæbjʊlert) OV WW *rangschikken in tabellen*

tabulator (tæbjə'leɪtə) ZN *tabulator*; *tabellentoets*

tachometer (tə'kɒmɪtə) ZN *snelheidsmeter*; *toerenteller*

tacit ('tæsɪt) BNW *stilzwijgend*

taciturn ('tæsɪtɜ:n) BNW *zwijgend*; *stil* ★ William the Taciturn *Willem de Zwijger*

taciturnity (tæsɪ'tɜ:nətɪ) ZN *zwijgzaamheid*

tack (tæk) I ZN • *kopspijker* • *rijgsteek* • SCHEEPV. *hals* • *richting waarin schip vaart*; FIG. *gedragslijn* • *kleverigheid* ⟨v. vernis⟩ • *kost* ⟨eten⟩ • INFORM. *rotzooi*; *kitsch* ★ they got down to brass tacks *ze sloegen spijkers met koppen* ★ change one's tack *het over een andere boeg gooien* ★ soft tack *wittebrood*; *lekkere kost* ★ hard tack *scheepsbeschuit* ★ brass tacks *kern v.d. zaak* ★ try a different tack *een andere manier zoeken* II OV WW • *vastspijkeren* • *rijgen* • ~ on *losjes rijgen*; *terloops toevoegen* ⟨figuurlijk⟩ ★ tack onto *toevoegen* III ONOV WW • *v. koers veranderen* ⟨figuurlijk⟩ • *laveren*; *overstag gaan*

tackle ('tækl) I ZN • *takel* • *tuig*; *gerei* • INFORM. *eten*; *drinken* • SPORT *tackle* • *fishing ~ vistuig* II OV WW • *optuigen* ⟨v. paard⟩ • *(flink/met kracht) aanpakken* • *beginnen met* • *aanvallen* ⟨aan tafel⟩ • SPORT *tackelen* ⟨fors aanvallen (en onderuit halen)⟩

tacky ('tækɪ) I ZN • USA *schooier* II BNW • INFORM. *smakeloos*; *onhandig* • USA *haveloos* • *kleverig*

tact (tækt) ZN • *tact* • *tastzin*

tactful ('tæktfʊl) BNW *tactvol*

tactic ('tæktɪk) ZN *tactiek*; *tactische zet*

tactical ('tæktɪkl) BNW *tactisch*

tactician (tæk'tɪʃən) ZN *tacticus*

tactics ('tæktɪks) ZN MV *tactiek* ★ delayed ~ *vertragingstactiek*

tactile ('tæktaɪl) BNW • *tast-*; *tactiel* • *tastbaar* ★ ~ sense *tastzin*

tactless ('tæktləs) BNW *tactloos*; *ontactisch*

tactual ('tæktʃʊəl) BNW • *tactiel* • *met de tastzin verbonden*

tadpole ('tædpəʊl) ZN *kikkervisje*; *dikkopje*

Taffy ('tæfɪ) ZN INFORM. *Welshman*

tag (tæg) I ZN • *etiket*; *insigne*; *kenteken*; *label* • *rafel* • *aanhangsel* • *refrein* • *aanhaling* • *gemeenplaats*; *zegswijze* • *punt* ⟨v. staart⟩ • *krijgertje* (spel) • USA/PLAT *naam* • *metalen punt* ⟨v. veter⟩ • *lus* • *tag* ⟨code(woord) voor opmaak v. tekst⟩ II OV WW • *van labels/lusjes enz. voorzien* • *etiketteren*; *markeren* • USA *bestempelen als* • *samenflansen* • *(af)tikken* ⟨bij krijgertje spelen⟩ III ONOV WW • *op de voet volgen*

tag end ZN USA *restje*; *laatste stukje*

tag line ZN USA *clou*; *slogan*

tail (teɪl) I ZN • *staart* • *(uit)einde* • *sluitcode* • *pand* ⟨v. jas⟩ • *aanhang* • *(na)sleep* • *queue* • *steel* ⟨v. hark⟩ • *achterste* • ECON. *cijfers achter de komma* ★ tails [mv] *jacquet*; *muntzijde* ★ keep your tail up! *kop op!* ★ turn tail *er vandoor gaan* ★ the tail wags the dog *de minst belangrijke persoon/partij neemt de beslissing* ★ they're chasing tail *ze zitten achter de wijven aan* II OV WW • *voorzien v. staart* • *v. steel ontdoen* ⟨fruit⟩ • *verbinden* • *in 't oog houden* • *schaduwen* • *de achterhoede vormen* • ~ to *vastmaken*; *z. voegen bij* III ONOV WW • *achter geraken* • ~ after *op de voet volgen* • ~ away/off *geleidelijk afnemen*

tailback ('teɪlbæk) ZN *file*

tailboard ('teɪlbɔ:d) ZN *laadklep*

tailcoat ('teɪlkəʊt) ZN • *jacquet* • *rok*

tail end (teɪl'end) ZN *(uit)einde*

tailgate ('teɪlɡeɪt) I zn • *achterklep; laadklep* ⟨v. vrachtauto⟩ • *benedensluisdeur* II ov ww • *bumperkleven*

tailgater ('teɪlɡeɪtə) zn *bumperklever*

tailings ('teɪlɪŋz) zn mv *afval*

tail lamp, tail light zn *achterlicht*

tailor ('teɪlə) I zn • *kleermaker* ★ the ~ makes the man *de kleren maken de man* II ov ww • *maken* ⟨kleren⟩ III onov ww • *kleermaker zijn* • *werken als kleermaker*

tailoring ('teɪlərɪŋ) zn • *kleermakersbedrijf* • *kleermakerswerk*

tailor-made bnw • *op maat gemaakt* • fig. *perfect geschikt*

taint (teɪnt) I zn • *smet* • *bederf* • *vlek* ★ hereditary ~ *erfelijke belasting* ★ with no ~ of *met geen spoor/zweem van* II ov ww • *bevlekken; bezoedelen* • *aantasten* ★ of a ~ed stock *erfelijk belast*

taintless ('teɪntləs) bnw *vlekkeloos; smetteloos*

take (teɪk) I ov ww • *nemen; gebruiken* ⟨v. eten, drinken⟩; *maken; doen; inwinnen; kopen* • *aannemen* • *afnemen* • *betrappen; innemen* • *opnemen* • *meenemen* • *oplopen; vatten* ⟨kou⟩ • *behalen* • *treffen* • *begrijpen; beschouwen; opvatten; opnemen* • *aanvaarden* • *vergen; nodig zijn* ★ the actor takes the audience with him *de toneelspeler sleept het publiek mee* ★ we take you at your word *we geloven je op je woord* ★ fig. she is taken with him *zij is weg van hem* ★ he was taken with a fever *hij kreeg koorts* ★ not to be taken *niet om in te nemen* ★ take comfort *zich (ge)troosten* ★ that takes little doing *'t valt nogal mee* ★ they were taken ill *ze werden ziek* ★ I'm sometimes taken like that *ik krijg soms zo'n bevlieging; ik heb soms dat gevoel* ★ he took his final exam *hij deed eindexamen* ★ I take it that... *ik neem aan dat...* ★ take it or leave it *kiezen of delen* ★ have your photo taken *je laten fotograferen* ★ take your time! *kalm aan!* ★ take it easy! *kalm aan!* ★ it takes a chemist to see this *je moet chemicus zijn om dit te begrijpen* • ~ **about** *rondleiden* • ~ **away** *wegnemen; meenemen; afnemen* ★ take o.s. away *er vandoor gaan* • ~ **back** *terugnemen; terugbrengen* • ~ **down** *afnemen; neerhalen; afbreken; voorbijstreven; noteren; 'n toontje lager doen zingen* • ~ **from** *aftrekken; afnemen van; slikken van* • ~ **in** *ontvangen* ⟨v. geld⟩; *binnendringen; inademen; in z. opnemen; omheinen; beetnemen; bezoeken; bijwonen; innemen; binnenkrijgen* • ~ **off** *uittrekken; van 't repertoire nemen; afnemen; afzetten; opheffen; wegbrengen; ten grave slepen; afdruk maken; karikaturiseren* ★ take o.s. off *weggaan; z. v. kant maken* • ~ **on** *aannemen; op z. nemen; overnemen* • ~ **out** *uitnemen; verwijderen; aanvragen; uitschakelen; elimineren* ★ he takes her out *hij gaat met haar uit; hij leidt haar ten dans* ★ take it out in goods *laten betalen met goederen* ★ take it out on sb *zich op iem. afreageren* ★ such a thing takes it out of you *zoiets grijpt je aan* • ~ **over** *overnemen; overbrengen* ★ take sb over the shop *iem. de*

zaak laten zien ★ take over to *verbinden met* • ~ **round** *rondleiden* • ~ **through** *doornemen* • ~ **up** *opnemen; afhalen; opbreken* ⟨straat⟩; *opgraven; afbinden; betalen; inschrijven op* ⟨lening⟩; *snappen; arresteren; standje geven; ingaan op; reageren op; z. bemoeien met; bekleden; innemen; in beslag nemen; beginnen* ★ take up duties *een ambt aanvaarden* II onov ww • *worden* ★ the vaccine didn't take *de pokken kwamen niet op* • ~ **after** *aarden naar; lijken op* • ~ **off** *afnemen; opstijgen* • ~ **on** *opgang maken; tekeer gaan* ★ take on with 't *aanleggen met* • ~ **over** *overnemen* • ~ **to** z. *begeven naar; vluchten naar; beginnen te; z. toeleggen op* ★ he takes to her *hij voelt z. tot haar aangetrokken* ★ take to drinking *aan de drank raken* • ~ **up** *beter worden* ⟨v. weer⟩ ★ take up for 't *opnemen voor* ★ take up with 't *aanleggen met* III zn • *opname* • *ontvangst(en)* • *vangst* • *kopij* ★ he was on the take *hij liet zich omkopen*

takeaway ('teɪkəweɪ) zn • g-b *afhaalmaaltijd* • g-b *afhaalrestaurant*

take-home bnw • ~ *pay/wages nettoloon*

take-in zn *bedrieger(ij)*

taken ('teɪkən) ww [volt. deelw.] • → **take**

take-off zn • *vertrek; start* • *vermindering* • *parodie*

takeout ('teɪkaʊt) zn • usa *afhaalmaaltijd* • usa *afhaalrestaurant*

takeover ('teɪkəʊvə) zn *overname*

taker ('teɪkə) zn *aannemer* ⟨v. weddenschap⟩ ★ no ~s for this article *geen kopers voor dit artikel* ★ any ~s? *wie biedt?*

take-up zn *inbeslagneming*

taking ('teɪkɪŋ) I zn • *(het) nemen; ontvangst* • inform. *drukte* II bnw • *aantrekkelijk; boeiend* • *besmettelijk*

takings ('teɪkɪŋz) zn mv *verdiensten*

talc (tælk), **talcum (powder)** ('tælkəm ('paʊdə)) I zn • *talk; talkpoeder* • *mica* II ov ww • *talken*

tale (teɪl) zn • *verhaal* • *geschiedenis* • *smoesje; sprookje; leugen* ★ tale of a tub *praatje voor de vaak* ★ tell tales *kletsen; uit de school klappen; klikken*

tale bearer zn *verklikker*

talent ('tælənt) zn • *talent* • *iem. met talent*

talented ('tæləntɪd) bnw *begaafd*

talents ('tælənts) zn mv • sport *wedder* ⟨tegenover bookmaker⟩ • *begaafdheid*

talent scout/spotter zn *talentenjager*

tale teller zn • *verteller* • *verklikker*

talisman ('tælɪzmən) zn *talisman*

talk (tɔːk) I ov ww • *spreken over* ★ talk out a bill *discussie over wetsontwerp rekken tot verdaging* ★ talk it out *het uitpraten* ★ talk s.o.'s head off *iem. de oren v.h. hoofd praten* ★ usa talk turkey *ronduit spreken; geen blad voor de mond nemen* ★ talk nineteen to the dozen *honderduit praten* ★ talk U.S. *Amerikaans praten* ★ talk business *spijkers met koppen slaan; over zaken praten* ★ talk shop *over je vak praten* ★ talk things over *de zaken bespreken* ★ I'll talk him out of it *ik zal 't hem uit het hoofd praten* • ~ **away** *verpraten* ⟨v. tijd⟩ • ~ **down** *tot zwijgen brengen* • ~ **into**

overreden • ~ **up** ll ONOV WW • *praten; spreken*
★ talk big/tall *opscheppen* • ~ **about/of** *praten
over* ★ get talked about *over de tong gaan*
• ~ **at** *onaangename dingen zeggen over iem.
in diens bijzijn, maar niet tégen hem/haar*
• ~ **at/round** *iem. bepraten* • ~ **away** *urenlang
praten* • ~ **back** *brutaal antwoord geven*
• ~ **down** *neerbuigend praten* ★ talk down to
one's audience *afdalen tot het niveau v. zijn
gehoor* • ~ **to** *spreken tegen; ernstig praten*
• ~ **up** *ophemelen* lll ZN • *gepraat* • *gesprek*
• *voordracht* • *bespreking* • *praatjes; gerucht*
★ talks [mv] *onderhandelingen* ★ he is the talk
of the town *iedereen praat over hem* ★ it made
plenty of talk *'t gaf veel stof tot praten*
talkative ('tɔ:kətɪv) BNW *praatziek*
talker ('tɔ:kə) ZN • *prater* • *bluffer*
talkie ('tɔ:kɪ) ZN *geluidsfilm*
talking ('tɔ:kɪŋ) BNW *sprekend* ★ ~ shop
praatcollege
talking point ZN *gespreksthema; discussiepunt*
talking-to ZN *strafpreek* ★ he got a sound ~ *er
werd een hartig woordje met hem gesproken*
talk show ZN *praatprogramma* ⟨op tv, radio⟩
tall (tɔ:l) BNW • *groot* • *hoog; lang* • PLAT
hoogdravend ★ tall *prima* ★ talk tall
opscheppen ★ a tall story *'n sterk/kras verhaal*
tallboy ('tɔ:lbɔɪ) ZN • *hoge latafel* • *schoorsteen*
tallish ('tɔ:lɪʃ) BNW *nogal hoog/lang*
tallow ('tæləʊ) l ZN • *talk* • *kaarsvet* • ~ candle
vetkaars ll OV WW • *besmeren met talk*
• *mesten* ⟨schaap⟩
tally ('tælɪ) l ZN • *overeenstemming* • *duplicaat*
• *merk* • *bordje* ⟨bij plant⟩ • *inkeping* • *kerfstok*
• *rekening* • *aantal* ★ they fit like two tallies
ze passen precies bij elkaar ★ PLAT he lives ~
with her *hij hokt met haar* ★ buy goods by
the ~ *kopen bij 't dozijn, de honderd, enz.* ll OV
WW • *aanstrepen* • *controleren* • *etiketteren*
• *optellen* lll ONOV WW • *(in)kerven*
• *aanstrepen* • *kloppen; stroken met*
talon ('tælən) ZN • *klauw* ⟨v. roofvogel⟩ • *talon*
⟨geldswaarde⟩ • *stok* ⟨kaarten⟩
talus ('teɪləs) ZN • *talud* • *helling*
TAM AFK television audience measurement
kijkcijfers
tamable, tameable ('teɪməbl) BNW *te temmen*
tambour ('tæmbʊə) l ZN • *trom*
• *tamboereerraam* • *borduurwerk* ll OV WW
• *borduren op tamboereerraam*
tambourine (tæmbə'ri:n) ZN *tamboerijn*
tame (teɪm) l BNW • *tam; getemd* • *saai* ★ tame
cat *lobbes; goedbloed* ll OV WW • *temmen*
tamer ('teɪmə) ZN *temmer*
tamp (tæmp) OV WW • *opvullen; stoppen* ⟨v. pijp⟩
• *aanstampen* ⟨v. grond⟩ • ~ **out** *uitdoven* ⟨v.
sigaret⟩
tamper ('tæmpə) l ZN • *stamper* ll ONOV WW
• ~ **with** *heulen met; (met de vingers) zitten
aan; z. bemoeien met; knoeien aan; omkopen;
vervalsen*
tampon ('tæmpɒn) l ZN • *tampon* ll OV WW
• *tamponneren; bloed stelpen* ⟨met watten of
gaas⟩
tan (tæn) l ZN • *(geel)bruine kleur* • ~ *gebruinde
huidskleur* ll BNW • *geelbruin* • *zongebruind*

lll OV WW • *looien* lV ONOV WW • *bruinen* ⟨v.
huid⟩
tang (tæŋ) ZN • *sterke smaak* • *lucht* • *zweem*
• *soort zeewier* • *tikje* • *(onaangename) klank*
tangent ('tændʒənt) l ZN • WISK. *tangens*
• *raaklijn* ★ fly/go off at a ~ *plotseling v. koers
veranderen* ⟨figuurlijk⟩ ll BNW • *rakend*
tangential (tæn'dʒenʃəl) BNW • *tangentiaal*
• *overijld* • *oppervlakkig*
tangerine ('tændʒəri:n) l ZN • *mandarijn(tje)*
ll BNW • *oranjerood*
tangibility (tændʒə'bɪlətɪ) ZN *tastbaarheid*
tangible ('tændʒɪbl) BNW *tastbaar*
tangle ('tæŋgl) l ZN • *verwarring* • *verwarde
toestand* • *wirwar* • *zeewier* ★ in a ~ *in de war*
⟨haar⟩ ★ all knots and ~s *totaal in de war* ll OV
WW • *in de war maken* ★ get ~d *in de war
raken* lll ONOV WW • *in de war raken* ★ ~d
ingewikkeld ⟨v. proces⟩ • PLAT ~ with
omarmen; in conflict raken met
tangly ('tæŋlɪ) BNW • *ingewikkeld; verward*
• *bedekt met zeewier*
tangy ('tæŋɪ) BNW • *met scherpe, zurige smaak*
⟨bijv. citroen⟩ • *met onaangename smaak*
tank (tæŋk) l ZN • *reservoir; bassin* • USA *poel*
• *tank* ll OV WW • *be tanked up afgeladen zijn*
lll ONOV WW • *tanken; brandstof innemen*
• PLAT *zuipen*
tankard ('tæŋkəd) ZN *(bier)pul*
tanked (tæŋkt), **tanked-up** BNW USA, STRAATT.
dronken
tanker ('tæŋkə) ZN • *tankschip* • *tankwagen*
tank top ZN *(mouwloos) T-shirt; topje*
tanner ('tænə) ZN • *looier* • *zesstuiverstuk*
tannery ('tænərɪ) ZN *looierij*
tannic ('tænɪk) BNW *looi-* ★ ~ acid *looizuur*
tannin ('tænɪn) ZN *tannine; looizuur*
tanning ('tænɪŋ) ZN *bruining*
tantalize, G-B **tantalise** ('tæntəlaɪz) OV WW *doen
watertanden*
tantamount ('tæntəmaʊnt) BNW *gelijkwaardig*
★ it is ~ to *het komt neer op*
tantrum ('tæntrəm) ZN *vervelende bui* ⟨humeur⟩;
woedeaanval ★ she went into one of her ~s *ze
kreeg weer een woedeaanval* ★ get into/throw
a ~ *een driftbui krijgen; uit zijn hum raken*
tap (tæp) l ZN • *kraan* • *tikje; klopje* • USA *(leren)
lap* ⟨voor schoenreparatie⟩ • *spon*
• *gelagkamer* • *spul; goedje* ★ on tap
*aangestoken; ⟨vnl. van biervat⟩ altijd ter
beschikking* ll OV WW • *v. kraan voorzien*
• *schroefdraad snijden in* • *aftappen*
• *aansteken* ⟨v. vat⟩ • *aanbreken* ⟨v. fles⟩
• *exploiteren* • *handel vestigen* • *verzoeken;
(iem. om iets) vragen* • *beginnen met
(onderwerp)* • USA *lappen* ⟨schoenen⟩ ★ tap a till *geldlade
lichten* • ~ **out** *uitzenden* lll ONOV WW • *zacht
tikken; zacht kloppen*
tapas ('tɑ:pɑ:s) ZN [mv] CUL. *tapas*
tap-dancing ZN *(het) tapdansen*
tape (teɪp) l ZN • *lint* • *geluidsband*
• *telegrafische koersberichten* • PLAT
sterkedrank ★ FIG. red tape *bureaucratische
rompslomp* ★ masking tape *afplakband*
★ adhesive tape *plakband* ★ magnetic tape

geluidsband **II** OV WW • *opnemen* ⟨op geluids- of beeldband⟩ • *met lint verbinden* ★ INFORM. she got him taped *zij had hem door*

tape deck ZN *bandrecorder*

tape-head ZN *opneemkop; wiskop*

tape measure ZN *rolmaat; meetlint*

taper ('teɪpə) **I** ZN • *kaars* • *waspit* • *zwak licht* • *taps toelopend voorwerp* • *geleidelijke vermindering* **II** BNW • *taps* • *afnemend* **III** OV WW • *taps/spits doen toelopen* • ~ **down/off** *uitlopen in punt; scherp toelopen* • ~ed off to a point *spits/in 'n punt uitlopend* **IV** ONOV WW • *taps/spits toelopen* • ~ing fingers *spits toelopende vingers*

tape recorder ZN *bandrecorder*

tape recording ZN *bandopname*

tapestry ('tæpɪstrɪ) **I** ZN • *tapijtwerk* • *wandtapijt* **II** OV WW • *met tapijt behangen*

tapeworm ('teɪpwɜ:m) ZN *lintworm*

tapioca (tæpɪ'əʊkə) ZN *tapioca*

tapir ('teɪpə) ZN *tapir*

taproom ('tæpru:m) ZN *gelagkamer*

tap water ZN *leidingwater*

tar (tɑ:) **I** ZN • *teer* • INFORM. *pikbroek* **II** OV+ONOV WW • *teren* • *zwart maken* ⟨figuurlijk⟩ ★ they are tarred with the same brush/stick *ze zijn met 't zelfde sop overgoten*

ta-ra TW INFORM., G-B *doei; doeg*

taradiddle ('tærədɪdl) **I** ZN • INFORM. *leugentje* **II** OV WW • INFORM. *bedotten* **III** ONOV WW • INFORM. *jokken*

tarantula (tə'ræntjʊlə) ZN *tarantula; vogelspin; wolfsspin*

tardy ('tɑ:dɪ) BNW • *laat* • USA *te laat* • *langzaam; traag* • *achterlijk*

tare (teə) ZN • *voederwikke* • *tarra(gewicht)*

target ('tɑ:gɪt) **I** ZN • *schietschijf* • *seinschijf* ⟨bij spoorweg⟩ • *mikpunt* • *doel* • *productiecijfer* ★ off the ~ *ernaast* ★ sitting ~ *eenvoudig doelwit; gemakkelijke prooi* **II** OV WW • *mikken/richten op*

target area ZN *doelgebied*

target date ZN *streefdatum*

tariff ('tærɪf) **I** ZN • *(tol)tarief* ★ ~ duty *invoerrecht; uitvoerrecht* **II** OV WW • *tarief maken* • *belasten*

tarmac ('tɑ:mæk) ZN *asfalt(weg)*

tarn (tɑ:n) ZN *bergmeertje*

tarnish ('tɑ:nɪʃ) **I** ZN • *matheid* • *aanslag* **II** OV WW • *bezoedelen* • *mat/dof maken* **III** ONOV WW • *mat/dof worden* • *aanslaan*

tarot ('tærəʊ) ZN *tarot*

tarpaulin (tɑ:'pɔ:lɪn) ZN • *zeildoek* • *dekkleed* • *hoed v. matroos* • INFORM. *pikbroek; matroos*

tarragon ('tærəgən) ZN *dragon; slangenkruid*

tarry ('tɑ:rɪ) **I** ZN • USA *verblijf* **II** BNW • *teer-* • *teerachtig* • *geteerd* ★ ~ fingered *met lange vingers; diefachtig* **III** OV WW • ~ **for** *wachten op* **IV** ONOV WW

tart (tɑ:t) **I** ZN • *taart(je); vlaai* • PLAT *del* **II** BNW • *wrang; zuur; scherp* **III** OV WW • ~ **up** *opdirken*

tartan ('tɑ:tn) ZN • *(bep.) Schotse ruit; (geruite) Schotse wollen stof* • *plaid* • *Schotse Hooglander*

tartar ('tɑ:tə) ZN • *wijnsteen* • *tandsteen*

Tartar ('tɑ:tə) **I** ZN • *Tartaar* • *woesteling*

★ INFORM. catch a ~ *z'n mannetje vinden* **II** BNW • *tartaars*

tartaric (tɑ:'tærɪk) BNW ★ ~ acid *wijnsteenzuur*

task (tɑ:sk) **I** ZN • *taak* • *huiswerk* ★ take sb to task *iem. onder handen nemen* **II** OV WW • *taak opgeven* • *veel vergen van*

task bar ZN COMP. *taakbalk*

task force **II** ZN *strijdmacht met speciale opdracht*

taskmaster ('tɑ:skmɑ:stə) ZN • *opdrachtgever* • *opzichter* • *leermeester*

taskwork ('tɑ:skwɜ:k) ZN • *aangenomen werk* • *stukwerk*

tassel ('tæsəl) **I** ZN • *kwastje* • *katje* ⟨v. wilg⟩ • *bloesem* • *lint* ⟨als bladwijzer⟩ **II** OV WW • *v. kwastje voorzien*

taste (teɪst) **I** OV WW • *proeven* ★ tasting knife *kaasboor* **II** ONOV WW • OOK FIG. *smaken* **III** ZN • *smaak(je)* • *slokje* • INFORM. *'n weinig* ★ I have lost my sense of ~ *m'n smaak is weg* ★ everyone to his~ *ieder z'n meug* ★ there is no accounting for~ *over smaak valt niet te twisten* ★ she has a ~ for drawing *ze tekent graag* ★ remark in bad~ *onkiese/onbehoorlijke opmerking* ★ ~ buds *smaakpapillen* ★ it' an acquired~ *je moet het léren waarderen*

taste bud ZN *smaakpapil*

tasteful ('teɪstfʊl) BNW *smaakvol; v. goede smaak getuigend*

tasteless ('teɪstləs) BNW • *v. slechte smaak getuigend; smakeloos* • *smaakloos*

taster ('teɪstə) ZN • *proever* • *proefje* • *voorproever* • *beoordelaar; criticus*

tasty ('teɪstɪ) BNW *smakelijk*

tat (tæt) **I** ZN • *pony* • *hit* • PLAT *vod* **II** OV+ONOV WW • *frivolitéwerk maken*

tater ('teɪtə) ZN PLAT *aardappel*

tatter ('tætə) **I** ZN • *vod; lap* **II** OV WW • *aan flarden scheuren* **III** ONOV WW • *aftakelen* • *aan flarden gaan*

tattered ('tætəd) BNW *haveloos*

tattle ('tætl) **I** ZN • *gebabbel* • *geklik* **II** ONOV WW • *babbelen* • *klappen; klikken*

tattler ('tætlə) ZN • *babbelaar* • *klikspaan* • *ruiter* ⟨vogel⟩ • PLAT *horloge*

tattletale ('tætlteɪl) ZN • *klikspaan* • USA *babbelaar*

tattoo (tə'tu:) **I** ZN • *taptoe* • *militair schouwspel* • *tatoeëring* ★ beat the devil's~ *nerveus met de vingers trommelen* ★ beat/sound the~ *taptoe slaan/blazen* **II** OV WW **III** ONOV WW • *trommelen*

tatty ('tætɪ) BNW *kitscherig; smerig; sjofel; verward; slordig*

taught (tɔ:t) WW [verleden tijd + volt. deelw.] • → **teach**

taunt (tɔ:nt) **I** ZN • *smaad; hoon* **II** BNW • *hoog* ⟨mast⟩ **III** OV WW • *beschimpen* **IV** ONOV WW • *honen* • *schimpen*

Taurus ('tɔ:rəs) ZN *Stier* ⟨sterrenbeeld⟩

taut (tɔ:t) BNW • *strak; gespannen* • *goed in orde* • *nauwgezet*

tauten ('tɔ:tn) **I** OV WW • *spannen* **II** ONOV WW • *z. spannen*

tautology (tɔ:'tɒlədʒɪ) ZN *tautologie* ⟨herhaling met andere woorden⟩

tavern ('tævən) ZN *taveerne; café; restaurant;*

ta

herberg

taw (tɔ:) I ZN • *knikkerspel* • *knikker* • *eindstreep bij knikkerspel* II OV+ONOV WW • *looien*

tawdry ('tɔ:drɪ) I ZN • *goedkope opschik* II BNW • *opzichtig* • *opgedirkt* • *smakeloos*

tawny ('tɔ:nɪ) BNW • *taankleurig* ⟨geelbruin⟩ • *getaand*

tax (tæks) I ZN • *belasting* • *proef* ∗ value-added tax *belasting op toegevoegde waarde* II OV WW • *belasten* • *veel vergen van* • *op de proef stellen* • *vaststellen* ⟨kosten⟩ • USA *raag berekenen* ⟨prijs⟩ • ∼ **with** *beschuldigen van*

taxability (tæksə'bɪlətɪ) ZN *belastbaarheid*

taxable ('tæksəbl) BNW *belastbaar*

tax assessment ZN *belastingaanslag*

taxation (tæk'seɪʃən) ZN *belastingschijf*

tax bracket ZN *belastingschijf*

tax break ZN *(tijdelijk) belastingvoordeel*

tax collector ZN *belastingontvanger*

tax-deductible BNW *aftrekbaar v.d. belastingen*

tax dodger ZN *belastingontduiker*

tax evasion ZN *belastingontduiking*

tax-free BNW *belastingvrij*

tax haven ZN *belastingparadijs*

taxi ('tæksɪ) I ZN • *taxi* II ONOV WW ∗ taxi strip/way *startbaan* III OV+ONOV WW • *rijden*; *vervoeren in taxi* • *taxiën* ⟨v. vliegtuig⟩

taxicab ('tæksɪkæb) ZN *taxi*

taxidermist ('tæksɪdɜ:mɪst) ZN *iem. die dieren opzet*

taxidermy ('tæksɪdɜ:mɪ) ZN *taxidermie*

taxi-driver ('tæksɪdraɪvə) ZN *taxichauffeur*

taximeter ('tæksɪmi:tə) ZN *taximeter*

taxi rank ZN *taxistandplaats*

taxman ('tæksmæn) ZN *belastingambtenaar*

taxpayer ('tækspeɪə) ZN *belastingbetaler*

tax return ZN *belastingteruggave*

TB ('ti:bi:) AFK tuberculosis *tbc*; AFK *tuberculose*

tbsp AFK tablespoonful *eetlepel* ⟨maat⟩

tea (ti:) I ZN • *thee* • *lichte theemaaltijd* • *(vroege) avondmaaltijd* ∗ PLAT *sterkedrank* ∗ afternoon tea / five o'clock tea *lichte maaltijd met thee, broodjes, zoetigheid* ∗ high tea *warme maaltijd met thee* ∗ at tea *bij de thee* ∗ have tea *theedrinken*; *licht avondmaal gebruiken* ∗ make tea *thee zetten* ∗ not for all the tea in China *voor geen goud ter wereld* II OV WW • *onthalen op thee* III ONOV WW • *theedrinken*

tea bag ZN *theezakje*

tea caddy ZN *theebus*

teacake ('ti:keɪk) ZN *theebroodje*

teach (ti:tʃ) OV+ONOV WW *onderwijzen*; *leren* ∗ USA she ∼es school *ze is onderwijzeres*

teacher ('ti:tʃə) ZN *leraar*; *onderwijzer*

tea chest ZN *theekist*; *verhuis-/pakkist*

teach-in ZN *(politiek) debat/forum*; *podiumdiscussie*

teaching ('ti:tʃɪŋ) I ZN • *het onderwijs* • *leer* II BNW ∗ the ∼ profession *het ambt van leraar*; *de leraarsstand* ∗ ∼ hospital *academisch ziekenhuis*

tea cosy, USA **tea cozy** ZN *theemuts*

teacup ('ti:kʌp) ZN *theekopje* ∗ storm in a ∼ *storm in een glas water*

teak (ti:k) ZN • *teakboom* • *teakhout*

teakettle ('ti:ketl) ZN *theeketel*

teal (ti:l) ZN *taling* ⟨wilde eend⟩

tea leaves ZN MV *theebladeren* ∗ read ∼ *de toekomst voorspellen* ⟨vgl. koffiedikkijken⟩

team (ti:m) I ZN • *team*; *ploeg* • *werkgroep* • *elftal* • *vlucht* ⟨vogels⟩ ∗ team spirit *teamgeest* II ONOV WW • INFORM. ∼ **up** *samen een team vormen* • INFORM. ∼ **up with** *samenwerken met*

team-race ZN *estafetteloop*

teamster ('ti:mstə) ZN • *voerman* • USA *vrachtwagenchauffeur*

teamwork ('ti:mwɜ:k) ZN • *teamwerk* • *samenwerking*

tea party ZN *theevisite*; *theepartij*

teapot ('ti:pɒt) ZN *theepot*

tear[1] (teə) I OV WW • *(ver)scheuren* • *trekken (aan)* • *uitrukken* ⟨v. haren⟩ • *openrijten* ∗ tear in(to) the house *het huis binnenrennen* ∗ PLAT tear it *de boel bederven* ∗ he could not tear himself away *hij kon zich niet losmaken/ vrijmaken* ∗ torn between good and evil *in tweestrijd tussen goed en kwaad* • ∼ **apart** *overhoop halen*; *verscheuren*; *kapotscheuren*; *afkraken* • ∼ **at** *rukken aan* • ∼ **down** *afbreken* ⟨v. gebouw⟩; *afscheuren* • ∼ **up** *verscheuren*; *uitroeien* ∗ tear up the stairs *de trap opstormen* II ONOV WW • *razen*; *tekeergaan* • *rennen*; *vliegen*; *snellen* • *trekken* • *scheuren* • ∼ **about** *wild rondvliegen* • ∼ **along** *voortslepen*; *scheuren* ⟨v. auto⟩; *voortrennen* III ZN • *scheur* • *woest geren* • *woede* • USA *fuif* ∗ she's never in a tear *ze heeft nooit haast*; *ze is nooit kwaad*

tear[2] (tɪə) ZN • *traan* • *druppel*

teardrop ('tɪədrɒp) ZN *traan*

tearduct ZN *traanbuisje*

tearful ('tɪəfʊl) BNW • *vol tranen* • *betraand*

tear gas ZN *traangas*

tearing ('teərɪŋ) BNW *woest* ∗ ∼ pain *vlammende pijn* ∗ be in a ∼ hurry *een verschrikkelijke haast hebben*

tear jerker ('tɪədʒɜ:kə) ZN *smartlap*; *tranentrekker*

tearless ('tɪələs) BNW *zonder tranen*

tear-off ('teərɒf) BNW ∗ ∼ calendar *scheurkalender*

tea room ZN *lunchroom*

tear-stained BNW ∗ ∼ face *behuild gezicht*

tease (ti:z) I ZN • *plaaggeest* • *flirt* ⟨uitdagende vrouw⟩ II OV WW • *plagen* • *kwellen* • *kammen*; *kaarden* ⟨wol⟩ • VULG. *opgeilen* • ∼ **for** *lastig vallen om* • ∼ **out** *ontwarren*

teasel ('ti:zəl) I ZN • PLANTK. *kaarde(bol)* • *kaardmachine* II OV WW • *kaarden*

teaser ('ti:zə) ZN • *plager* • INFORM. *moeilijk geval* • *kaarder* • *kaardmachine* • *advertentie*

tea service, tea set ZN *theeservies*

tea shop ZN • *theewinkel* • *lunchroom*

teaspoon ('ti:spu:n) ZN *theelepel*

teaspoonful ('ti:spu:nfʊl) ZN *theelepel* ∗ two ∼s of vinegar *twee theelepels azijn*

tea-strainer ZN *theezeefje*

teat (ti:t) ZN *tepel* ⟨v. dier⟩; *uier*; *speen*

tea towel ZN *thee-/droogdoek*

tea tray ZN *theeblad*

tea trolley ZN *theetafel op wielen*; *theeboy*

teazle ('ti:zəl) ZN • → **teasel**
tech (tek) ZN O&W, INFORM. technical (college) ≈ *hogere technische school*
technical ('teknɪkl) BNW • *technisch* • *vaktechnisch*
technicality (teknɪ'kælətɪ) ZN • *technische term* • *technisch karakter* ★ only technicalities *slechts formaliteiten*
technically ('teknɪklɪ) BIJW *technisch*
technicals ('teknɪkəlz) ZN MV *technische details*
technician (tek'nɪʃən) ZN *technicus*
Technicolor ('teknɪkələ) ZN *technicolor*
technique (tek'ni:k) ZN • *techniek; werkwijze* • *manier v. optreden; handelen*
technocracy (tek'nɒkrəsɪ) ZN *technocratie*
technocrat ('teknəkræt) ZN *technocraat*
technological (teknə'lɒdʒɪkl) BNW *technologisch*
technologist (tek'nɒlədʒɪst) ZN *technoloog*
technology (tek'nɒlədʒɪ) ZN *technologie*
tectonic ('tektɒnɪk) BNW • *de bouwkunde betreffend* • *aardverschuiving betreffend*
tectonics (tek'tɒnɪks) ZN MV *bouwkunde*
teddybear ('tedɪbeə) ZN *teddybeer*
tedious ('ti:dɪəs) BNW *saai; vervelend*
tedium ('ti:dɪəm) ZN • *saaiheid* • *verveling*
tee (ti:) I ZN • SPORT *afslagplaats* 〈golf〉; *afslagpaaltje* 〈golf〉 ★ to a tee *perfect* II OV WW • *klaarleggen* • ~ **off** *afslaan*; USA/INFORM. *ergeren* • tee'd off *pissig*
teem (ti:m) I OV WW • TECHN. *storten* 〈v. gesmolten metaal, e.d.〉 II ONOV WW • *vol zijn* • ~ **with** *wemelen van*
teeming ('ti:mɪŋ) BNW • *vruchtbaar* • *wemelend*
teen (ti:n) I ZN • *tiener* II BNW • *tiener-*
teenage ('ti:neɪdʒ) BNW *tiener-*
teenager ('ti:neɪdʒə) ZN *tiener*
teens (ti:nz) ZN MV ★ be in one's ~ *in de tienerleeftijd zitten* ★ be out of one's ~ *boven de 19 zijn*
teepee ZN • → **tepee**
teeter ('ti:tə) I ZN • USA *wip(plank)* II ONOV WW • *wankelen* • USA *wippen*
teeth (ti:θ) ZN MV • → **tooth**
teethe (ti:ð) ONOV WW *tanden krijgen*
teething ('ti:ðɪŋ) ZN *het tanden krijgen* ★ ~ rash *uitslag aan tandvlees* ★ ~ring *bijtring* ★ ~ troubles *kinderziekten*; 〈figuurlijk〉 *eerste moeilijke periode*
teetotal (ti:'təʊtl) BNW • *geheelonthouders-*; *alcoholvrij* ★ INFORM. *geheel*
teetotalism (ti:'təʊtəlɪzəm) ZN *geheelonthouding*
teetotaller (ti:'təʊtələ) ZN *geheelonthouder*
tel. AFK telephone *telefoon*
tele- ('telɪ) VOORV *tele-*; *ver-*; *afstand-*
telecamera ('telɪkæmrə) ZN *televisiecamera*
telecast ('telɪkɑ:st) ZN *televisie-uitzending*
telecommunications (telɪkəmju:nɪ'keɪʃənz) ZN MV *telecommunicatieverbinding(en)*
telegram ('telɪgræm) ZN *telegram*
telegraph ('telɪgrɑ:f) I ZN • *telegraaf* • *seintoestel* II ONOV WW • *telegraferen*
telegrapher (telɪ'legrəfə) ZN *telegrafist*
telegraphese (telɪgrə'fi:z) ZN *telegramstijl*
telegraphy (tɪ'legrəfɪ) ZN *telegrafie*
telemarketing ('telɪmɑ:kətɪŋ) ZN *telemarketing*; *telefonische klantenwerving*

telemeter ('telɪmi:tə) ZN *afstandsmeter*
telepathy (tɪ'lepəθɪ) ZN *telepathie*
telephone ('telɪfəʊn) I ZN • *telefoon* II ~ call *telefoongesprek; telefonische oproep* ★ ~ directory *telefoongids* ★ ~ exchange *telefooncentrale* ★ is he on the ~? *is hij aangesloten?; is hij aan de telefoon/lijn?* ★ a message on the ~ *telefonische boodschap* II OV+ONOV WW • *telefoneren*
telephone box ZN G-B *telefooncel*
telephonic (telɪ'fɒnɪk) BNW *telefonisch*; *telefoon-*
telephonist (tɪ'lefənɪst) ZN *telefonist(e)*
telephony (tɪ'lefənɪ) ZN *telefonie*
telephoto (telɪ'fəʊtəʊ) ZN ★ ~ lens *telelens*
teleprinter ('telɪprɪntə) ZN *telex*
telescope ('telɪskəʊp) I ZN • *verrekijker* II OV+ONOV WW • *in elkaar schuiven* • *inschuifbaar zijn*
telescopic (telɪ'skɒpɪk) BNW *telescopisch*
telethon ('telɪθɒn) ZN USA *tv-marathon*
Teletype ('telɪtaɪp) I ZN • *telex* II OV+ONOV WW • *telexen*
teletypewriter (telɪ'taɪpraɪtə) ZN *telex*
televise ('telɪvaɪz) OV WW *uitzenden* 〈via televisie〉
television (telɪ'vɪʒən) ZN *televisie*
television set ZN *televisietoestel*
telework ('teləwɜ:k) ONOV WW *telewerken*
telex ('teleks) I ZN • *telex* II OV+ONOV WW • *telexen*
tell (tel) I OV WW • *zeggen* • *vertellen* • *(op)tellen* 〈v. stemmen〉 • *uit elkaar houden* ★ can you tell them apart/one from the other? *kun je ze uit elkaar houden?* ★ INFORM. you're telling me! *wat je (toch) zegt!* ★ tell a person good-bye *afscheid nemen van iem.* ★ don't tell tales *klap niet uit de school*; *je mag niet jokken* ★ she will tell my fortune *ze zal mij de toekomst voorspellen* ★ tell the beads *de rozenkrans bidden* • ~ **off** *een nummer geven*; *(na)tellen*; *aanwijzen* 〈voor bep. werk〉 ★ I've told him off *ik heb hem goed gezegd waar het op stond* II ONOV WW • *vertellen* • *zeggen* • *klikken* • *effect hebben*; *indruk maken* ★ blood will tell *bloed kruipt waar 't niet gaan kan* ★ every shot told *elk schot was raak* ★ time will tell *de tijd zal 't leren* ★ you never can tell *je kunt nooit weten* ★ never tell me! *dat maak je me niet wijs!* ★ I will not tell on you *ik zal het niet (van je) verklappen* ★ his work tells on him *je kunt 't hem aanzien dat hij hard werkt* ★ it did not tell in the least with him *'t maakte helemaal geen indruk op hem* ★ stupid past telling *onbeschrijfelijk dom* ★ that would be telling! *dat verklap ik je lekker niet!* • ~ **against** *pleiten tegen* • ~ **of** *getuigen van*
teller ('telə) ZN • *stemopnemer* 〈lid v.h. Parlement〉 • USA *kassier*
telling ('telɪŋ) BNW • *indrukwekkend* • *tekenend*
telling-off (telɪŋ'ɒf) ZN *uitbrander*
telltale ('telteɪl) I ZN • *kletskous* • *verklikker* 〈ook waarschuwingsinstrument〉 II BNW • *verraderlijk* 〈bijv. houding〉 ★ watch out for those ~ signs! *let op die veelzeggende tekenen!*
telluric (te'ljʊərɪk) BNW *aards*

te

telly ('telɪ) ZN INFORM. *tv*
temerarious (temə'reərɪəs) BNW • *roekeloos*
• *onbezonnen* • *vermetel*
temerity (tɪ'merətɪ) ZN • *onbezonnenheid*
• *roekeloosheid*
temp (temp) I ZN • *uitzendkracht* II ONOV WW
• *werken als uitzendkracht* III AFK
• *temperature temperatuur*
temper ('tempə) I ZN • *aard; aanleg; natuur*
• *stemming; humeur* • *boze bui* ★ *have a~ zeer*
humeurig zijn ★ *what a~ he is in! wat heeft*
hij een boze bui! ★ *lose one's~ kwaad worden*
★ *have a hot~ snel kwaad zijn* • *mengsel*
• *bep. hardheid v. staal* II OV WW • *bereiden;*
aanmaken • *harden* ⟨v. staal⟩ • *matigen;*
verzachten • *in toom houden* • MUZ. *temperen*
temperament ('temprəmənt) ZN • *temperament;*
aard • MUZ. *temperatuur*
temperamental (temprə'mentl) BNW
• *aangeboren* • *onbeheerst*
temperamentally (temprə'mentəlɪ) BIJW *van*
nature
temperance ('tempərəns) ZN • *matigheid*
• *(geheel)onthouding* ★ *~ drinks alcoholvrije*
dranken
temperate ('tempərət) BNW *matig; gematigd* ★ *~*
zone gematigde luchtstreek
temperature ('temprɪtʃə) ZN *temperatuur* ★ *he*
had a~ hij had verhoging
tempest ('tempɪst) I ZN • OOK FIG. *storm* ★ USA *~*
in a teapot storm in een glas water II OV WW
• *stormen* • *in beroering brengen*
tempestuous (tem'pestjʊəs) BNW *onstuimig;*
stormachtig
Templar ('templə) ZN GESCH. *tempelier*
template ('templət) ZN *mal; patroon*
temple ('templ) ZN • *tempel* • *slaap* ⟨v.h. hoofd⟩
tempo ('tempəʊ) ZN *tempo*
temporal ('tempərəl) I ZN • *slaapbeen* ★ *~s*
wereldlijk bezit II BNW • *tijdelijk* • *wereldlijk*
• *de slaap v.h. hoofd betreffende* ★ *the Lords*
Temporal wereldlijke leden v. Hogerhuis
temporality (tempə'rælətɪ) ZN *tijdelijkheid*
★ *temporalities wereldlijk bezit*
temporary ('tempərərɪ) I ZN • *noodhulp; tijdelijk*
aangestelde kracht II BNW • *tijdelijk* ★ *~ officer*
reserveofficier
temporization, G-B **temporisation**
(tempərar'zeɪʃən) ZN *uitstel*
temporize, G-B **temporise** ('tempəraɪz) ONOV
WW • *trachten tijd te winnen* • *slag om de arm*
houden • *z. schikken naar omstandigheden*
• *tot 'n overeenkomst geraken*
temporizer, G-B **temporiser** ('tempəraɪzə) ZN
• *tijdrekker* • *opportunist*
tempt (tempt) OV WW *verleiden; bekoren* ★ I am
~ed to discontinue this ik voel er veel voor
hiermee op te houden
temptation (temp'teɪʃən) ZN *verleiding; bekoring*
tempter ('temptə) ZN • *(de) duivel* • *verleider*
tempting ('temptɪŋ) BNW *verleidelijk* ★ *~ offer*
verleidelijk aanbod
temptress ('temptrəs) ZN *verleidster*
ten (ten) I TELW • *tien* II ZN • *tiental* • *boot met*
tien riemen ★ *the upper ten de elite*
tenability (tenə'bɪlətɪ) ZN • *houdbaarheid* ⟨bijv.

v. argument⟩ • *verdedigbaarheid*
tenable ('tenəbl) BNW *houdbaar; te verdedigen*
tenacious (tɪ'neɪʃəs) BNW • *vasthoudend*
• *kleverig* ★ FIG. *be~ of life taai zijn* ★ *a~*
memory 'n sterk geheugen
tenacity (tɪ'næsətɪ) ZN • *vasthoudendheid*
• *kleverigheid*
tenancy ('tenənsɪ) ZN • *huur; pacht* • *bekleden v.*
ambt • *verblijf*
tenant ('tenənt) I ZN • *huurder; pachter*
• *bewoner* • *bezitter* ★ *~ at will naar willekeur*
opzegbare huurder II OV WW • *pachten; huren*
tenantless ('tenəntləs) BNW • *niet verhuurd*
• *niet bewoond*
tenantry ('tenəntrɪ) ZN • *gezamenlijke pachters*
• *pacht* • *huizen in gezamenlijk bezit*
tend (tend) I OV WW • *bedienen* ⟨v. machine⟩
• *hoeden* ⟨dieren⟩ • *oppassen* ⟨op zieke⟩
• *zorgen voor* ★ USA *they will tend the*
meeting ze zullen de vergadering bijwonen
• *~ (up)on (be)dienen* II ONOV WW • *z.*
uitstrekken • *in de richting gaan van* • *geneigd*
zijn • *~ to neigen tot*
tendance ('tendəns) ZN *verzorging; zorg*
tendency ('tendənsɪ) ZN • *neiging; aanleg*
• *tendens* • *stemming* ⟨op beurs⟩
tendentious (ten'denʃəs) BNW *tendentieus*
tender ('tendə) I ZN • *oppasser* • *politieauto*
• *inschrijving; tender* • *aanbod; offerte*
• *geleideschip* • *tender* ⟨v. locomotief⟩
• *betaalmiddel* ★ *the work will be put up for~*
het werk zal worden aanbesteed II BNW • *teder;*
zacht • *gevoelig* • *pijnlijk* • *liefhebbend* ★ *~ of*
bezorgd voor ★ *his~ years prille jeugd* ★ *the~*
passion liefde III OV WW • *aanbieden* ★ *he~ed*
his resignation hij diende z'n ontslag in ★ *~ an*
oath to sb iem. 'n eed opleggen IV ONOV WW
• *~ for inschrijven op* ⟨werk⟩
tenderfoot ('tendəfʊt) ZN INFORM. *nieuweling*
tender-hearted BNW *teergevoelig*
tenderize, G-B **tenderise** ('tendəraɪz) OV WW
mals maken ⟨v. vlees⟩
tenderloin ('tendəlɔɪn) ZN • *biefstuk v.d. haas;*
varkenshaas • USA *rosse buurt*
tendon ('tendən) ZN • *pees* • *spanwapening*
⟨betonbouw⟩
tendril ('tendrɪl) ZN *scheut; rank; dunne twijg*
tenebrous ('tenɪbrəs) BNW *somber; duister*
tenement ('tenɪmənt) ZN • *woning* • *pachtgoed*
• *als woning verhuurd deel v.e. huis* • *huurflat*
★ *~ house huurkazerne*
tenet ('tenɪt) ZN *dogma; leerstelling*
tenfold ('tenfəʊld) BNW *tienvoudig; tiendelig*
Tenn. AFK USA *Tennessee* ⟨staat⟩
tenner ('tenə) ZN • G-B, INFORM. *bankbiljet van*
tien pond • USA/INFORM. *bankbiljet van tien*
dollar
tennis ('tenɪs) ZN *tennis*
tennis-court ('tenɪskɔːt) ZN *tennisbaan*
tenon ('tenən) ZN *(houten) pen* ★ *~-and-mortise*
joint pen-en-gatverbinding
tenor ('tenə) ZN • *tenor* • *altviool* • *geest;*
strekking; bedoeling • *gang* ⟨v. zaken⟩
• *afschrift*
tenpin ('tenpɪn) ZN *kegel* ★ *~ bowling*
bowlingspel; bowlen

tenpins ('tenpɪnz) ZN MV *kegelspel met tien kegels*
tenpounder ('tenpaʊndə) ZN *bankbiljet van 10 pond*
tense (tens) I ZN • TAALK. *grammaticale tijd* II BNW • *(in)gespannen; strak* ★ *those were ~ days dat waren dagen v.* spanning III OV WW • *spannen* ★ *all ~d up helemaal over zijn toeren*
tenseness ('tensnəs) ZN *spanning*
tensile ('tensaɪl) BNW *rekbaar; elastisch* ★ *~ strength treksterkte*
tension ('tenʃən) ZN • *(in)spanning* • *spankracht*
tensity ('tensətɪ) ZN *spanning*
tensive ('tensɪv) BNW *spannend*
tensor ('tensə) ZN *strekspier*
tent (tent) I ZN • *tent* • *wondijzer* • *donkerrode Spaanse wijn* II OV WW • *bedekken als een tent* III ONOV WW • *kamperen in tent*
tentacle ('tentəkl) ZN • *voelhoorn* • *vangarm* • PLANTK. *klierhaar*
tentative ('tentətɪv) I ZN • *poging; proef* II BNW • *experimenteel* • *voorlopig* • *voorzichtig* • *weifelend*
tenterhooks ('tentəhʊkz) ZN *spanhaak; klem*
tenth (tenθ) I TELW • *tiende* II ZN • *tiende (deel)* • *tiend(e)* • MUZ. *decime*
tenuity (tɪ'njuːətɪ) ZN • *slapheid* • *onbeduidendheid* • *dunheid*
tenuous ('tenjʊəs) BNW • *(te) subtiel; vaag* • *onbeduidend*
tenure ('tenjə) ZN • *eigendomsrecht* • *(periode v.) bezit* • *(ambts)periode* ★ *during his ~ of office gedurende zijn ambtsperiode*
tepee ('tiːpiː) ZN *tipi* ⟨tent van de indianen⟩
tepid ('tepɪd) BNW *lauw*
tepidity (te'pɪdətɪ) ZN *lauwheid*
tercentenary (tɜːsen'tiːnərɪ) BNW *driehonderdste gedenkdag*
tercet ('tɜːsɪt) ZN *drieregelig vers*
tergiversate ('tɜːdʒɪvɜːseɪt) ONOV WW • *proberen te ontwijken* • *weifelen* • *afvallig worden*
tergiversation (tɜːdʒɪvɜː'seɪʃən) ZN • *afvalligheid* • *draaierij*
term (tɜːm) I ZN • *beperkte periode* • *trimester* • *vastgestelde dag* • WISK. *term* • *woord(en)* • *zittingsduur* ⟨v. rechtbank⟩ • OUD. *grens* ★ *terms verhouding; voorwaarden* ★ *terms and conditions bepalingen en voorwaarden* ★ *flattering terms vleiende bewoordingen* ★ *guarded terms bedekte termen* ★ *his term of office expired zijn ambtsperiode liep af* ★ *term has not yet started de scholen/colleges zijn nog niet begonnen* ★ *come to terms het eens worden; toegeven* ★ *keep terms college lopen* ★ *I'm on good terms with him ik sta op goede voet met hem* ★ *for a term of years voor een aantal jaren* ★ *they are in terms with one another ze voeren onderhandelingen* ★ *he only thinks in terms of money hij denkt alleen maar aan geld* ★ *surrender on terms zich voorwaardelijk overgeven* ★ *be on Christian/first name term elkaar bij de voornaam noemen* ★ *they met on equal terms ze gingen op voet v. gelijkheid om met elkaar* ★ *marry on equal terms huwen in gemeenschap v. goederen* ★ *they are not on*

speaking terms *ze praten niet (meer) met elkaar* ★ *they were brought to terms ze werden overtuigd* ★ ECON. *landed term vrij wal* II OV WW • *(be)noemen*
termagant ('tɜːməgənt) I ZN • *feeks* II BNW • *feeksachtig*
terminable ('tɜːmɪnəbl) BNW • *wat beëindigd kan worden* ⟨bijv. contract⟩
terminal ('tɜːmɪnl) I ZN • *einde* • *eindpunt*; *terminal* ⟨v. vliegveld, station, haven, computer⟩ • *(pool)klem* ⟨elektriciteit⟩ II BNW • *slot-; eind-* • PLANTK. *eindstandig* • *periodiek*
terminate (tɜːmɪneɪt) I OV WW • *beëindigen* • *opzeggen of aflopen* ⟨v. contract⟩ II BNW • *tot einde komend* • *opgaand* ★ *a ~ decimal opgaande tiendelige breuk*
termination (tɜːmɪ'neɪʃən) ZN • *afloop* • *einde*; *slot* • *besluit*
terminology (tɜːmɪ'nɒlədʒɪ) ZN *terminologie*
terminus ('tɜːmɪnəs) ZN • *kopstation* • *eind(punt)* • OUD. *grensbeeld*
termite ('tɜːmaɪt) ZN *termiet*
tern (tɜːn) ZN • *stern* • *drietal*
terrace ('terəs) ZN • *terras* • *bordes* • *huizenrij op helling*
terraced ('terəst) BNW • *terrasvormig* • *rijtjes* ★ *~ roof terrasdak*; *plat dak* ★ *~ house rijtjeshuis*
terrain (te'reɪn) ZN *terrein*
terrestrial (tə'restrɪəl) I ZN • *aardbewoner* II BNW • *aards*; *ondermaans* • *land-* ★ *~ globe aardbol*; *globe*
terrible ('terɪbl) BNW *verschrikkelijk*; *ontzettend*
terribly ('terɪblɪ) BIJW • *vreselijk*; *verschrikkelijk*; *erg* • *geweldig*
terrier ('terɪə) ZN *terriër* ★ *Jack Russell ~ jackrussellterriër*
terrific (tə'rɪfɪk) BNW • *uitstekend*; *erg goed* • *schrikbarend*
terrifically (tə'rɪfɪklɪ) BIJW *verschrikkelijk*
terrified ('terɪfaɪd) BNW *doodsbang* ★ *~ of doodsbang voor* ★ *~ at antsticeid over*
terrify ('terɪfaɪ) OV WW • *doodsbang maken* • *doen schrikken* ★ *he was terrified into signing the contract hij werd zo geïntimideerd dat hij het contract tekende*
terrifying ('terɪfaɪɪŋ) BNW • *afschuwelijk* • *geweldig*
territorial (terɪ'tɔːrɪəl) I ZN • *soldaat van de vrijwillige landweer* II BNW • *territoriaal* • *land-*; *grond betreffende*
territory ('terɪtərɪ) ZN • *territorium*; *gebied* • ECON. *rayon* • USA *gebied dat nog niet alle rechten v.e. staat heeft* ★ *mandated ~ mandaatgebied*
terror ('terə) ZN • *angst*; *paniek* • *terreur*; *verschrikking* • *pestkop* ★ IRON. *holy ~ schrik van de familie* ⟨persoon⟩
terrorism ('terərɪzəm) ZN *terrorisme*
terrorist ('terərɪst) I ZN • *terrorist* II BNW • *terroristisch* ★ *~ attack terroristische aanslag*
terrorize, G-B terrorise ('terəraɪz) OV WW *terroriseren*
terror-stricken BNW *hevig verschrikt*
terse (tɜːs) BNW *kort*; *beknopt*
tertian ('tɜːʃən) BNW ★ *~ fever derdendaagse koorts*

te

tertiary ('tɜ:ʃərɪ) I ZN • *het tertiaire tijdvak* • *lid v.d. Derde Orde* II BNW • *tertiair* • *v.d. Derde Orde*

terylene ('terəli:n) ZN *synthetische textielvezel*

tessellated ('tesəlertɪd) BNW *met mozaïek(en) ingelegd; ingelegd*

tessellation (tesə'leɪʃən) ZN *mozaïekwerk*

test (test) I ZN • *test* • *proef(werk)*; *tentamen* • *wedstrijd* • *beproeving* • *toets(steen)* • SCHEIK. *reagens* • *schaal* ⟨v. bep. dieren⟩ ★ *mental test intelligentietest* ★ *put to the test op de proef stellen* ★ *oral/written test mondelinge/ schriftelijke overhoring* II OV WW • *beproeven*; *op de proef stellen* • *toetsen* • MED. *onderzoeken* ★ *test the water(s) de stemming peilen*

testament ('testəmənt) ZN *testament*

testamentary (testə'mentərɪ) BNW • *testamentair* • *betrekking hebbende op Oude en Nieuwe Testament*

testator (te'stertə) ZN JUR. *erflater*

testatrix (te'stertrɪks) ZN JUR. *erflaatster*

test ban ZN *verdrag over het stoppen met nucleaire proeven*

test case ZN • *test*; *testcase* • *proefproces*

tester ('testə) ZN • *klankbord* • *baldakijn* • *iem. die test* • *hemel* ⟨v. ledikant⟩

test flight ZN *testvlucht*

test-fly OV+ONOV WW *proefvlucht maken*; *invliegen v. vliegtuig*

testicle ('testɪkl) ZN *testikel*; *zaadbal*

testify ('testɪfaɪ) I OV WW • *verklaren* • *getuigen van* • ~ **to** *getuigen van*; *getuigenis afleggen van* II ONOV WW • *getuigen*

testimonial (testɪ'məʊnɪəl) ZN • *getuigschrift* • *huldeblijk*

testimony ('testɪmənɪ) ZN • *getuigenis* • *bewijs*; *verklaring onder ede* • *de Tien Geboden*; *decalogus* ★ *bear* ~ *against getuigen tegen* ★ *bear* ~ *to getuigen van*

test match ZN SPORT *testmatch*

test paper ZN *proefwerk*; USA *handschrift als bewijsstuk*

test pilot ZN *testpiloot*

test tube ZN *reageerbuisje*

test-tube baby ZN *reageerbuisbaby*

testy ('testɪ) BNW *prikkelbaar*

tetanus ('tetənəs) ZN *tetanus*; *stijfkramp*

tetchy ('tetʃɪ) BNW *gemelijk*; *prikkelbaar*

tether ('teðə) I ZN • *touw*; *ketting* ⟨v. grazend dier⟩ • *gebied dat men kan bestrijken* ★ *he is at the end of his* ~ *hij is uitgepraat*; *hij is ten einde raad* ★ *it is beyond my* ~ *het gaat m'n begrip te boven* II OV WW • *vastbinden* • *she ~ed him by a short rope ze hield hem kort*

tetrarch ('tetrɑ:k) ZN *onderkoning*; *tetrarch*

Teuton ('tju:tn) ZN • GESCH. *Teutoon* • *Germaan*; *Duitser*

Teutonic (tju:'tɒnɪk) BNW • *Teutoons* • *Germaans* • *Duits*

Tex. AFK USA *Texas* (staat)

Texan ('teksən) I ZN • *Texaan* II BNW • *v. Texas*; *Texaans*

Tex-Mex I ZN • *tex-mex* • *Mexicaans-Texaans dialect* II BNW • *Mexicaans-Texaans* ⟨culinair, muziek⟩

text (tekst) I ZN • *tekst* • *sms'je* II OV WW • *sms'en*

textbook ('tekstbʊk) ZN • *leerboek* • *tekstboek*

textile ('tekstaɪl) I ZN • *textiel* II BNW • *geweven*

text message ZN *tekstbericht*; *sms* ★ *send a* ~ *een sms'je versturen*

textual ('tekstʃʊəl) BNW • *letterlijk* • *m.b.t. de tekst*

texture ('tekstʃə) ZN • *weefsel* • *structuur*; *bouw*

TFT screen ZN *tft-scherm*

Thai (taɪ) I ZN • *Thai* • *Thailander* II BNW • *Thais*; *Thailands*

thalidomide (θə'lɪdəmaɪd) ZN ★ ~ *baby softenonkind*

Thames (temz) ZN *Theems* ⟨rivier⟩ ★ *he won't set the* ~ *on fire hij heeft het buskruit niet uitgevonden*

than (ðən) VW *dan* ★ *larger than groter dan*

thang (θæŋ) ZN VS, PLAT *ding* ★ *it's a racial* ~ *het is een rassenkwestie* ★ *it's your* ~ *het is jouw zaak*; *je moet het zelf weten*

thank (θæŋk) OV WW *(be)danken* ★ ~ *you dank je/u*; ⟨bij aanneming⟩ *alstublieft*; *ga uw gang* ★ *no,* ~ *you nee, dank je/u* ⟨bij weigering⟩ ★ IRON. ~ *you for nothing! daar hebben we veel aan (gehad)!* ★ IRON. ~ *you for the potatoes wil je me de aardappels even aangeven* ★ *I'll* ~ *you to mind your own business bemoei je alsjeblieft met je eigen zaken*

thankee (θæŋ'ki:) TW *bedankt!*

thankful ('θæŋkfʊl) BNW *dankbaar*

thankless ('θæŋkləs) BNW *ondankbaar*

thanks (θæŋks) I TUSSENW • INFORM. *bedankt*; *dank je*; *dankjewel* • *many* ~ *dank je hartelijk* ★ *no* ~ *graag gedaan* ★ IRON. ~ *but 'no* ~' *bedankt, maar laat maar zitten* II ZN MV • *dank* ★ *give/return* ~ *danken* ⟨aan tafel⟩ ★ ~ *to you dankzij jou* ★ MIN. *no* ~ *to you niet vanwege jouw inzet* ★ ~ *to your stupidity als gevolg van jouw domheid* ★ *we received your letter with* ~ *in dank ontvingen wij uw schrijven* ★ *small* ~ *we had for it we kregen stank voor dank*

thanksgiving ('θæŋksgɪvɪŋ) ZN *dankzegging*

Thanksgiving Day ZN *Thanksgiving Day* ⟨feestdag in USA en Canada⟩

thank-you speech ZN *dankwoord*

that (ðæt) I AANW VNW • *dat*; *die* ★ *who is that lady? wie is die dame?* ★ *that's that! dat is dat*; *dat is klaar!* ★ *that's right! in orde!* ★ *don't talk like that zó moet je niet praten* ★ *go, that's a good boy ga maar, dan ben je een brave jongen* ★ *he has that trust in you hij heeft zoveel vertrouwen in je* ★ *put that and that together breng de dingen met elkaar in verband* ★ *there was that in his manner hij had iets in zijn optreden* ★ *they did that much (at least) zóveel hebben ze (in ieder geval) gedaan* II BETR VNW • *die*; *dat*; *welk(e)*; *wat* ★ *the book that I sent you het boek dat ik je gezonden heb* ★ *Mrs. Smith, Helen Burns that was Mevr. Smith, geboren Helen Burns* III VW • *dat* • *opdat*

thatch (θætʃ) I ZN • *(dak)stro* • *rieten dak* • INFORM. *dik hoofdhaar* II OV WW • *met riet dekken*

thatcher ('θætʃə) ZN *rietdekker*

thatching ('θætʃɪŋ) ZN *dekriet*

thaw (θɔ:) I ZN • *dooi* II OV+ONOV WW • *(doen)*

(ont)dooien

the (ðɪ) LW *de*; *het* ★ the more so as *te meer omdat* ★ he is the man for it *hij is dé man ervoor* ★ the more ..., the less ... *hoe meer ..., des te minder ...* ★ all the better *des te beter* ★ the stupidity! *wat stom!*

theatre, USA **theater** ('θɪətə) ZN • *theater; schouwburg* • *toneel* • *aula* • *operatiezaal* • *dramatische literatuur/kunst* ★ ~ of war *front* ★ MED. operating ~ *operatiekamer/-zaal*

theatregoer, USA **theatergoer** ('θɪətəgəʊə) ZN *schouwburgbezoeker*

theatrical (θɪ'ætrɪkl) I ZN • *acteur* II BNW • *theatraal; toneel-*

theatricals (θɪ'ætrɪklz) ZN MV • *toneel(zaken)* • FIG. *vertoning* ★ private ~ *amateurtoneel*

thee (ðiː) PERS VNW OUD. *U*

theft (θeft) ZN *diefstal*

their (ðeə) BEZ VNW *hun*; *haar*

theirs (ðeəz) BEZ VNW *de/het hunne*; *hare* ★ she was a friend of ~ *zij was één v. hun vrienden* ★ it is not ~ to judge *het is niet aan hen om te oordelen*

theist ('θi:ɪst) ZN *theïst*

them (ðəm) PERS VNW *hen*; *hun*; *haar*; *ze*; *zich*

thematic (θɪ'mætɪk) BNW *thematisch*; *naar onderwerp gerangschikt* ★ ~ vowel *themavocaal*

theme (θi:m) ZN • *onderwerp* • *oefening*; *thema* • TAALK. *thema*; *stam*

theme park ZN *amusementspark* ⟨rond één thema⟩

theme song ZN *titellied* ⟨v.e. film e.d.⟩; *herkenningsmelodie*

themselves (ðəm'selvz) WKD VNW *zich(zelf)* ⟨meervoud⟩

then (ðen) I ZN ★ by then *tegen die tijd* ★ not till then *toen pas* ★ till then *tot die tijd* ★ every now and then *nu en dan* II BNW ★ the then King *de toenmalige koning* III BIJW • *daarop*; *dan*; *toen*; *daarna*; *vervolgens* ★ then and there *direct*; *op staande voet* IV VW • *dan* ★ if you didn't like it, then you should have gone *als je 't niet leuk vond, dan had je (maar) moeten gaan*

thence (ðens) BIJW *vandaar*; *om die reden*

theocracy (θɪ'ɒkrəsɪ) ZN *theocratie*

theocratic (θi:ə'krætɪk) BNW *theocratisch*

theologian (θi:ə'ləʊdʒɪən) ZN *theoloog*; *godgeleerde*

theological (θi:ə'lɒdʒɪkl) BNW *theologisch*

theology (θɪ'ɒlədʒɪ) ZN *theologie*; *godgeleerdheid*

theoretical (θɪə'retɪkl) BNW *theoretisch*

theoretician (θɪərə'tɪʃən) ZN *theoreticus*

theoretics (θɪə'retɪks) ZN MV *theorie*

theorist ('θɪərɪst) ZN *theoreticus*

theorize, G-B **theorise** ('θɪəraɪz) ONOV WW *theoretiseren*

theory ('θɪərɪ) ZN *theorie*

therapeutic (θerə'pju:tɪk) BNW *therapeutisch*; *geneeskrachtig*

therapeutics (θerə'pju:tɪks) ZN MV *therapie*

therapist ('θerəpɪst) ZN *therapeut*

therapy ('θerəpɪ) ZN *therapie*; *behandeling* ★ electroconvulsive ~ *elektroschoktherapie*

there (ðeə) BIJW • *daar*; *er* • *daarheen* ★ INFORM.

I've been ~ *ik weet er alles van* ★ he's not all ~ *hij is niet goed wijs* ★ it's neither here nor ~ *'t raakt kant noch wal* ★ ~ and then *op staande voet* ★ ~'s a game! *dat is nog eens spel!* ★ ~, ~! *kom, kom, rustig maar!* ★ ~'s a dear *je bent een beste meid* ★ ~ you are! *dáár ben je!*; *precies!*; ⟨als bevestiging⟩ *alsjeblieft!* ⟨ter demonstratie⟩ ★ ~ it is *het is nu eenmaal niet anders* ★ from ~ *daarvandaan* ★ near ~ *daar in de buurt*

thereabouts ('ðeərəbaʊts) BIJW • *in de buurt* • *daaromtrent*

thereafter (ðeər'ɑ:ftə) BIJW • OUD. *daarna* • OUD. *daar naar*

thereby (ðeə'baɪ) BIJW • *daarbij* • *daardoor*

therefore ('ðeəfɔ:) BIJW • *daarom* • *bijgevolg*; *dus*

therein (ðeər'ɪn) BIJW *daarin*; *erin*

thereof (ðeər'ɒv) BIJW *daarvan*; *ervan*

thereupon (ðeərə'pɒn) BIJW *daarna*

therm (θɜːm) ZN *bepaalde warmte-eenheid*

thermal ('θɜːml) I ZN • *thermiek* II BNW • *warmte-* ★ ~ underwear *warmte-isolerend ondergoed* • LUCHTV. ~ barrier *warmtebarrière*; *warmtegrens*

thermic ('θɜːmɪk) BIJW • *warmte-* • *heet* ⟨bron⟩

thermodynamics (θɜːməʊdar'næmɪks) ZN MV *thermodynamica*

thermometer (θɜː'mɒmɪtə) ZN *thermometer* ★ ⟨clinical⟩ ~ *koortsthermometer*

thermonuclear (θɜːməʊ'nju:klɪə) BNW *thermonucleair* ★ ~ bomb *waterstofbom*

thermoplastic (θɜːməʊ'plæstɪk) BNW *thermoplast(isch)*

thermos ('θɜːməs) ZN *thermosfles*

thermostat ('θɜːməstæt) ZN *thermostaat*

thermostatic (θɜːmə'stætɪk) BNW ★ ~ control ⟨regeling met een⟩ *thermostaat*

thesaurus (θɪ'sɔ:rəs) ZN • *thesaurus*; *lexicon* • FIG. *schatkamer*

these (ði:z) AANW VNW *deze* ★ I've lived here ~ 3 years *ik woon hier al 3 jaar*

thesis ('θi:sɪs) ZN • *dissertatie* • *te verdedigen stelling* • LIT. *onbeklemtoond deel v.e. versvoet* ★ ~ novel *strekkingsroman*

thews (θju:z) ZN MV ⟨spier⟩*kracht*; *spieren*

thewy ('θju:ɪ) BNW *gespierd*

they (ðeɪ) PERS VNW *zij*, *ze* ⟨meervoud⟩; *men* ★ as they say *naar men zegt*

thick (θɪk) I ZN • *dikte* • INFORM. *domoor* • *hoogtepunt* ★ kritieke deel van ★ the ~ of the battle *'t heetst v.d. strijd* II BNW + BIJW • *dik* • *dicht begroeid* • *onduidelijk klinkend door slechte articulatie* • *dom* • FIG. *sterk*; *kras* ★ FIG. schuin ★ ~ type *vette letter* ★ they are very ~ together *ze zijn dikke vrienden* ★ ~ with bushes *vol struiken* ★ INFORM. lay it on ~ *drukte maken over*; *overdrijven* ★ speak ~/with a ~ tongue *moeilijk spreken* ★ that's rather ~ *dat is (nogal) kras*; *dat is nogal schuin*

thicken ('θɪkən) OV WW • *verdikken* • *dikker/talrijker worden* • *binden* ⟨v. saus, jus, soep⟩ ★ ~ing of the arteries *slagaderverkalking*

thickener ('θɪkənə) ZN *bindmiddel*

thicket ('θɪkɪt) ZN *struikgewas*

thickhead ('θɪkhed) ZN *domoor*

thickheaded (θɪk'hedɪd) BNW • *dikkoppig* • *dom*

th

thickly ('θɪklɪ) BIJW *met zware tong sprekend*; *moeilijk sprekend*

thickness ('θɪknəs) ZN • *dikte* • *laag*

thickset (θɪk'set) I ZN • *dichte haag* • *soort stof* II BNW • *dicht beplant* • *gedrongen* ⟨v. figuur⟩ • *sterk gebouwd*

thick-skinned BNW OOK FIG. *dikhuidig*

thief (θi:f) ZN *dief*

thief-proof BNW *inbraakvrij*

thieve (θi:v) ONOV WW *stelen*

thievery ('θi:vərɪ) ZN *dieverij*

thieving ('θi:vɪŋ) ZN *diefstal*

thievish ('θi:vɪʃ) BNW *diefachtig*

thigh (θaɪ) ZN *dij*

thimble ('θɪmbl) ZN • *vingerhoed* • *dopmoer*

thimbleful ('θɪmblful) ZN *vingerhoedje*; *heel klein beetje*

thin (θɪn) I BNW • *dun* • *mager* • *ijl* ⟨lucht⟩ • *doorzichtig* • thin excuse *pover excuus* • we had a thin time *we hadden het niet breed* • a thin joke *flauwe grap* • that's too thin *dat is al te doorzichtig* • thin ice *gevaarlijk terrein* ⟨figuurlijk⟩ • a thin attendance *geringe opkomst* II OV+ONOV WW • *dunner worden*; *verdunnen* • *vermageren* • ~ **off** *langzaam minder worden*

thine (ðaɪn) BEZ VNW • OUD. *uw*; *van u* • OUD. *de/het uwe*

thing (θɪŋ) ZN • *ding*; *zaak*; *iets* • *wezen(tje)* • for one ~ ... for another ... *enerzijds ... anderzijds ...* • for one ~ he is stupid, for another he is clumsy *ten eerste is hij dom, ten tweede is hij onhandig* • neither one ~ nor another *noch dit, noch dat* • poor ~ *arm schepsel/schaap* • dear old ~ *(beste) jongen/meid* • soft ~ *kinderspel*; *voordelig zaakje*; *gemakkelijk baantje* • dumb ~s *stomme dieren* • he takes ~s too seriously *hij neemt het te zwaar op* • INFORM. I am not feeling at all the ~ *ik voel me niet in orde/goed* • ~s real *eigendom* • ~s English *wat op Engels betrekking heeft* • see ~s *hallucinaties hebben* • he knows a ~ or two *hij is bij de tijd* • the first ~ we did *het eerste dat we deden* • they made a good ~ of it *ze verdienden er een aardige duit aan* • how are ~s at home? *hoe gaat 't thuis?* • that ~ Smith *die Smith*; *die vent van Smith* • the latest ~ in shoes *'t laatste snufje op 't gebied v. schoenen* • she had done any old ~ *ze had v. alles bij de hand gehad* • first ~s first *wat 't zwaarst is moet 't zwaarst wegen* • it is not quite the ~ *'t is niet zoals het hoort* • INFORM. no great ~s *niet veel zaaks* ▾ that was a close ~ *dat was op het nippertje*

think (θɪŋk) I OV WW • *vinden*; *achten* • *geloven* • z. herinneren • *nadenken over* • *bedenken* • *denken* • ~ no harm *geen kwaad vermoeden* • ~ better of z. *bedenken* • I ~ you're right *ik geloof dat je gelijk hebt* • ~ **out** *uitdenken*; *ontwerpen* ⟨plan⟩; *overwegen* • ~ **over** *overdenken* • USA ~ **up** *bedenken*; *verzinnen* II ONOV WW • *denken* • z. *bedenken* • *(erover) nadenken* • z. *voorstellen* • just ~! *stel je 'ns voor!*; *denk je 'ns even in!* • we ~ not *we denken/vinden v. niet* • ~ (alike) with sb *het met iem. eens zijn* • ~ing power

denkvermogen • ~ hard *ingespannen denken* • ~ big *grootschalig denken* • ~ to o.s. *bij zichzelf denken* • ~ **about** *denken over* • ~ **of** *denken aan/over/van* • ~ little of sb *niet veel op hebben met*; *geen hoge dunk hebben v. iem.* • ~ little of sth *ergens de hand niet voor omdraaien* III ZN • just have a ~ about it *denk er 'ns even over na*

thinkable ('θɪŋkəbl) BNW *denkbaar*

thinker ('θɪŋkə) ZN *denker*

thinking ('θɪŋkɪŋ) I ZN • *het denken* • way of ~ *zienswijze* • put on your ~ cap *denk eens goed na* • ~s *gedachten* • wishful ~ *hoopvol denken* II BNW • *(na)denkend*

thinner ('θɪnə) ZN *thinner*; *verdunner*

thin-skinned BNW *overgevoelig*

third (θɜːd) I TELW • *derde* • ~ root *derde machtswortel* • ~ time (is) lucky (time) *driemaal is scheepsrecht* II ZN • *derde deel* • *zestigste deel v. seconde* • MUZ. *terts* • JUR. *derde deel v. nalatenschap voor weduwe*

third-class BNW • *derderangs-* • *derdeklasse-*

thirdly ('θɜːdlɪ) BIJW *ten derde*

third-party BNW JUR. *m.b.t. derden* • ~ risks *WA-risico*

third-rate BNW *derderangs*; *inferieur*

thirst (θɜːst) I ZN • ~ after/for/of *dorst naar* II ONOV WW • ~ **after/for** *dorsten naar*

thirsty ('θɜːstɪ) BNW *dorstig* • be ~ *dorst hebben*

thirteen (θɜː'tiːn) TELW *dertien*

thirteenth (θɜː'tiːnθ) TELW *dertiende*

thirtieth ('θɜːtɪəθ) TELW *dertigste*

thirty ('θɜːtɪ) TELW *dertig*

this (ðɪs) AANW VNW *dit*; *deze* ⟨enkelvoud⟩ • this, that and the other *van alles en nog wat* • to this day *tot nu toe* • from this to A. *v. hier naar A.* • it's John this and John that *het is John vóór en John na* • this much is true *dit is waar* • this is to you! *op je gezondheid!* • he can put this and that together *hij kan verband leggen tussen de dingen* • this many a day *al vele dagen* • this terrible *zo vreselijk* • before this *vroeger* • they'll be ready by this time *ze zullen nu wel klaar zijn* • for all this *niettegenstaande dit alles* • it is like this: ... *'t zit zo: ...*

thistle ('θɪsəl) ZN *distel* ⟨nationaal embleem v. Schotland⟩

thistly ('θɪslɪ) BNW *distelachtig*; *vol distels*

tho' (ðəʊ) BIJW • → **though**

thole (θəʊl) ZN *dol*; *roeipen*

thong (θɒŋ) I ZN • *string* ⟨slipje⟩ • *riem* • ~s USA *teenslippers* II OV WW • *voorzien v. riem*; *slaan met riem*

thorax ('θɔːræks) ZN • *borstkas* • *borststuk* ⟨v. insect⟩ • GESCH. *kuras*

thorn (θɔːn) ZN • *doorn*; *stekel* • *Oud-Eng. letter voor th* • it is a ~ in my flesh *het is mij 'n doorn in het oog* • sit on ~s *op hete kolen zitten*

thorny ('θɔːnɪ) BNW • *doornachtig*; *stekelachtig* • *netelig*

thorough ('θʌrə) I BNW • *volkomen* • *grondig* • *degelijk* • *echt* • *doortrapt* ⟨bijv. schurk⟩ • a ~ policy *politiek die van geen compromis wil weten* II BIJW • *door* III VZ • *door*

thoroughbred ('θʌrəbred) **I** ZN • *volbloed paard* • *zeer beschaafd persoon* • *eersteklas auto, enz.* **II** BNW • *volbloed*; *rasecht* • *beschaafd*

thoroughfare ('θʌrəfeə) ZN *(hoofd)straat*; *hoofdweg* ★ no ~ *afgesloten voor verkeer*; *geen doorgaand verkeer*

thoroughgoing ('θʌrəgəuɪŋ) BNW *grondig*; *flink*

thoroughly ('θʌrəlɪ) BIJW *door en door*; *grondig*

those (ðəuz) AANW VNW • *die* ⟨meervoud⟩; *zij* ⟨meervoud⟩ • *degenen* ★ there are ~ *who say er zijn er die zeggen*

thou (ðau) PERS VNW OUD. *gij* ⟨enkelvoud⟩; *u*

though (ðəu) **I** BIJW • *maar toch*; *evenwel* ★ I wish you had told me ~ *ik wou toch maar dat je 't me gezegd had* **II** VW • *ofschoon*; *niettegenstaande* ★ as ~ *alsof*

thought (θɔːt) **I** ZN • *gedachte* • *oordeel* • *het denken* • *'n klein beetje* ★ at a ~ *ineens* ★ there's a ~! *da's een idee!*; *daar zeg je wat!* ★ a ~ wider *'n tikje breder* ★ she gave the matter a ~ *ze dacht er eens over na*; *ze dacht over het geval na* ★ take ~ against *waken voor* ★ take ~ for *zorgen voor* ★ on second ~s *bij nader inzien* ★ have second ~s *naderhand van mening veranderen* ★ at the ~ *bij die gedachte* **II** WW [verleden tijd + volt. deelw.] • → **think**

thoughtful ('θɔːtful) BNW • *nadenkend*; *bedachtzaam* • *rijk aan oorspronkelijke gedachten* • *attent*; *tactvol*

thoughtless ('θɔːtləs) BNW *gedachteloos*; *onnadenkend*; *nonchalant*

thousand ('θauzənd) TELW *duizend* ★ one in a ~ *één op de duizend* ★ a ~ thanks *duizendmaal dank* ★ a ~ to one *duizend tegen één* ★ the upper ten ~ *de elite*

thousandfold ('θauzəndfəuld) BNW + BIJW *duizendvoudig*

thousandth ('θauzənθ) TELW *duizendste*

thraldom ('θrɔːldəm) ZN *slavernij*

thrall (θrɔːl) **I** ZN • *slavernij* ★ ~ of/to *slaaf van* **II** BNW ★ ~ to *verslaafd aan* **III** OV WW ★ *tot slaaf maken*

thrash (θræʃ) **I** OV WW • *slaan*; *afranselen* • *verpletteren*; *dorsen* **II** ONOV WW • *stampen* ⟨v. schip⟩ • *slaan* • *rollen* ★ ~ **about** *wild om zich heen slaan*; *(zich in allerlei bochten) kronkelen*; *woelen*

thrashing ('θræʃɪŋ) ZN *pak slaag*

thread (θred) **I** ZN • *draad*; *garen* ★ he had not a dry ~ on him *hij had geen droge draad aan z'n lijf* ★ ~ and thrum *alles/goed en slecht bij elkaar* ★ his life hangs by a ~ *z'n leven hangt aan een zijden draadje* ★ his coat was worn to a ~ *zijn jas was tot op de draad versleten* ★ USA/PLAT ~s *kleren* **II** OV WW • *v. schroefdraad voorzien* • *aanrijgen* ⟨kralen⟩; *een draad doen door* • *doorboren* ★ ~ the narrows *moeilijkheden te boven komen* **III** ONOV WW • *draden spannen*

threadbare ('θredbeə) BNW • *(tot op de draad) versleten* • *afgezaagd* (figuurlijk)

thready ('θredɪ) BNW • *draderig* • *dun*; *zwak*; *versleten*

threat (θret) ZN *bedreiging*

threaten ('θretn) OV WW • *(be)dreigen* • *dreigen met*

threateningly ('θretnɪŋlɪ) BIJW *dreigend*

three (θriː) **I** TELW • *drie* ★ REL. Three in One *Drie-eenheid* **II** ZN • *drietal*

three-cornered BNW • *driehoekig* • *onbeholpen* ★ ~ hat *steek* • ~ rip/tear *winkelhaak*

three-dimensional BNW • *driedimensionaal* • *stereoscopisch* • *naar het leven*; *net echt*

threefold ('θriːfəuld) BNW *drievoudig*; *in drieën*; *driedelig*

three-legged BNW *met drie poten*

threepence ('θrepəns) ZN *driestuiver(stuk)*

threepenny ('θrepənɪ) BNW • *driestuivers-* • *goedkoop* ⟨figuurlijk⟩; *sjofel*

three-piece BNW *driedelig*

three-ply BNW *triplex*; *driedubbel dik*

three-quarter BNW *driekwart*

threescore ('θriːskɔː) TELW *zestig*

threesome ('θriːsəm) ZN • *drietal* • *spel met drieën* ⟨golf⟩; *twee tegen één*

threnody ('θrenədɪ) ZN *klaagzang*; *lijkzang*

thresh (θreʃ) OV WW *dorsen* ★ ~ out a question *een kwestie grondig bespreken* ★ I'll try to ~ it out *ik zal er achter zien te komen*

thresher ('θreʃə) ZN • *dorser* • *dorsmachine*

threshold ('θreʃəuld) ZN • *drempel* • *grens(gebied)* ★ on the ~ of *aan de vooravond van*

threw (θruː) WW [verleden tijd] • → **throw** *gooide*; *wierp*

thrice (θraɪs) BIJW OUD. *driemaal*; *driewerf*

thrift (θrɪft) **I** ZN • *zuinigheid*; *spaarzaamheid* • PLANTK. *Engels gras*; *strandkruid* **II** OV+ONOV WW • *opsparen*; *besparen*; *zuinig zijn*

thriftless ('θrɪftləs) BNW *verkwistend*

thrifty ('θrɪftɪ) BNW • *zuinig* • *voorspoedig*

thrill (θrɪl) **I** ZN • *spanning* • *sensatie* • *ontroering*; *huivering* • *vertoning waar men koud van wordt* ⟨vnl. v. film⟩ **II** OV WW • *aangrijpen* **III** ONOV WW • *aangegrepen/ontroerd worden* • *verrukt*; *zeer enthousiast zijn* • *huiveren* • ~ **through** *doordringen*; *doortrillen*

thriller ('θrɪlə) ZN *spannende (griezel-, misdaad-, sensatie)roman, -film enz.*; *thriller*

thrilling ('θrɪlɪŋ) BNW • *spannend* • *sensationeel*

thrive (θraɪv) ONOV WW *gedijen*; *voorspoed hebben*

thrived (θraɪvd) WW [verleden tijd + volt. deelw.] • → **thrive**

thriven ('θrɪvən) WW [volt. deelw.] • → **thrive**

thriving ('θraɪvɪŋ) BNW • *voorspoedig* • *bloeiend*

throat (θrəut) **I** ZN • *keel(gat)*; *strot* ★ cut one's own ~ *z'n eigen glazen ingooien* ★ lie in one's ~ *verschrikkelijk liegen* ★ thrust sth down s.o.'s ~ *iem. iets opdringen* ★ it sticks in my ~ *'t zit me dwars* ★ full to the ~ *stampvol* ★ I have it up to my ~ *'t hangt me de keel uit* **II** OV WW • *groef maken in*

throaty ('θrəutɪ) BNW • *keel-* • *schor* • *met vooruitstekend strottenhoofd*

throb (θrɒb) **I** ZN • *(ge)bons* • *(ge)klop* **II** ONOV WW • *pulseren*; *kloppen* ⟨vnl. v.h. hart⟩; *bonzen* ⟨vnl. v.h. hart⟩ • *ronken* ⟨v. machine⟩

throes (θrəuz) ZN MV • *hevige pijn* • *(barens)weeën* ★ in the ~ of *worstelend met*; *midden in iets (zittend)*

th

thrombosis (θrɒm'bəʊsɪs) ZN *trombose*
★ coronary ~ *hartinfarct*

throne (θrəʊn) I ZN • *troon* • *soevereine macht*
II OV WW • *op de troon plaatsen*

throng (θrɒŋ) I ZN • *menigte* • *gedrang* II ONOV
WW • *z. verdringen* • *opdringen*; *toestromen*

throttle ('θrɒtl) I ZN • *strot*; *keel*; *luchtpijp*
• *smoorklep* • *gaspedaal* ★ open the ~ *gas
geven* ⟨motorfiets⟩ II OV WW • *verstikken*;
smoren; *worgen* • *lam leggen* ⟨figuurlijk⟩
III ONOV WW • ~ **back/down** *gas minderen*

through (θru:) I BNW • *doorgaand*; *door-* II BIJW
• *klaar*; *er door* • *overal* • *helemaal* ★ it lasted
all ~ *'t duurde de hele tijd* ★ wet ~ *doornat* ★ I
am ~ *ik ben er door*; *ik ben klaar*; COMM. *ik heb
verbinding* ★ USA I am ~ with you *met jou wil
ik niets meer te maken hebben* III VZ • *via*
⟨personen, instanties, enz.⟩ • *door* • *door ...
heen* • *door bemiddeling van* ★ it's all ~ them
't komt door hen

throughout (θru:'aʊt) VZ *door* ★ ~ the day *de
hele dag door*

throughput ('θru:pʊt) ZN • (*totaal van*)
verwerkte gegevens • *productie*

throve (θrəʊv) WW [verleden tijd] • → **thrive**

throw (θrəʊ) I OV WW • (*uit*)*werpen*;
(*weg*)*gooien*; *dobbelen* • *verslaan* • *twijnen*;
draaien ⟨hout⟩; *vormen* ⟨aardewerk⟩ • *geven*
⟨feest⟩; *krijgen* ⟨toeval⟩; *maken* ⟨scène⟩ ★ USA
met opzet verliezen ★ they were much ~n
together *ze waren vaak bij elkaar* ★ ~ o.s.
upon s.o.'s mercy *een beroep doen op iemands
medelijden* ★ USA ~ the bull *onzin vertellen* ★ ~
feathers *ruien* ★ ~ the skin *vervellen* ★ ~a vote
een stem uitbrengen ★ ~a kiss *een kushandje
toewerpen* ★ they were ~n idle *ze raakten
werkloos*; *ze kwamen stil te liggen* ⟨fabrieken⟩
★ ~o.s. at a woman *een vrouw nalopen* ★ ~
idle *stilleggen*; *werkloos maken* ★ ~into
French *vertalen in 't Frans* ★ ~into gear
inschakelen ★ ~o.s. into *met hart en ziel
geven aan* ★ ~two houses into one *twee
huizen bij elkaar trekken* • ~ **about** *heen en
weer gooien*; *smijten* ⟨met geld⟩ • ~ **away**
voorbij laten gaan; *weggooien* ★ he ~s himself
away on that woman *hij vergooit z. aan die
vrouw* ★ it's all ~n away on him *niets is aan
hem besteed* • ~ **back** *achteruitwerpen*;
terugzetten ⟨met werk⟩; *kenmerken v.
voorouders vertonen* ★ he was ~n back on his
own resources *hij was helemaal op zichzelf
aangewezen* • ~ **by** *weggooien* • ~ **down**
neerwerpen; *slopen*; *vernederen*; USA *verwerpen*
• ~ **in** *ingooien*; *er tussen gooien* ⟨opmerking⟩
★ ~in one's hand *'t opgeven* • ~ **off** *uitgooien*
⟨kleren⟩; *opleveren*; *produceren*; *uit de mouw
schudden*; *de bons geven*; *afdanken* • ~ **on**
aanschieten ⟨kleren⟩ ★ ~on the brakes
krachtig remmen • ~ **open** *openstellen* • ~ **out**
er uitgooien; *schieten* ⟨bladeren⟩; *afgeven*
⟨hitte⟩; *opperen*; *verwerpen*; *in de war brengen*
★ ~out of gear *uitschakelen* ★ ~out of work
werkloos • ~ **over** *in de steek laten* • ~ **to**
dichtgooien • ~ **up** *opgooien*; *opschuiven*;
uitbraken; *omhoog steken* ⟨hand⟩; *er aan geven*
★ ~up one's cards *z. gewonnen geven* II ONOV

WW • *gooien* ★ ~in with *z'n lot verbinden met*
• ~ **up** *braken* III ZN • *worp*; *gooi*
• *pottenbakkersschijf* • *breuk in aardlaag* ★ let
me have a ~ *at it laat me 't eens proberen*

throwaway ('θrəʊəweɪ) ZN *wegwerpartikel*

throw-away BNW *wegwerp-* ★ ~ remark
opmerking in het wilde weg

throwback ('θrəʊbæk) ZN • *tegenslag* • *voorbeeld
v. atavisme*

thrower ('θrəʊə) ZN • *twijnder* • *vormer* ⟨in
pottenbakkerij⟩

throw-in ZN *inworp*

thrown (θrəʊn) WW [volt. deelw.] • → **throw**

thru (θru:) BNW • → **through**

thrum (θrʌm) I ZN • *drom* • *einde(n) v. draden v.
weefsel* • *draad* • *rafel* • *franje* II OV WW
• *bedekken/versieren met franje* III OV+ONOV
WW • *trommelen* • *krassen* ⟨v. viool⟩ • *neuriën*;
ronken

thrush (θrʌʃ) ZN • *lijster* ★ song ~ *zanglijster*
• *spruw*

thrust (θrʌst) I ZN • *stoot* • OOK FIG. *steek*
• *aanval* • *stootkracht* II OV+ONOV WW • *duwen*
• *werpen* • *steken* ★ ~o.s. in *tussenbeide komen*
★ ~o.s. upon *zich opdringen* • ~ **from**
ontzetten uit ⟨rechten⟩ • ~ **through**
doorworstelen

thruster ('θrʌstə) ZN • *voordringer* • INFORM.
streber • (*raket*)*aandrijver*

Thu. AFK Thursday *donderdag*

thud (θʌd) I ZN • *doffe slag*; *plof* II ONOV WW
• *ploffen*; *dreunen*

thug (θʌg) ZN (*gewelddadige*) *misdadiger*

thuggery ('θʌgərɪ) ZN *ruw optreden*;
geweld(dadigheid)

thumb (θʌm) I ZN • *duim* ★ INFORM. ~s up *goed
zo!* II OV WW • *beduimelen* ⟨v. boek⟩ ★ ~a lift
G-B ★ ~a ride USA *een lift* (*proberen te*) *krijgen*
★ ~through a newspaper *een krant
doorbladeren*

thumbnut ('θʌmnʌt) ZN *vleugelmoer*

thumbtack ('θʌmtæk), thumb-pin ZN USA
punaise

thump (θʌmp) I ZN • *zware slag* • *stomp*
II OV+ONOV WW • *beuken*; *stompen*; *erop slaan*

thumper ('θʌmpə) ZN *iets ontzaglijks* ⟨vooral een
leugen⟩

thumping ('θʌmpɪŋ) BNW *geweldig*

thunder ('θʌndə) I ZN • *donder*; (*ban*)*bliksem*
★ ~s of applause *donderend applaus*
★ blood-and-~ *novel sensatieroman* II ONOV
WW • *donderen*

thunderbolt ('θʌndəbəʊlt) ZN • *bliksemstraal*
• (*ban*)*bliksem* • *dondersteen*

thunderclap ('θʌndəklæp) ZN *donderslag*

thundercloud ('θʌndəklaʊd) ZN *onweerswolk*

thunderer ('θʌndərə) ZN *donderaar* ★ INFORM.
the Thunderer *de Times*

thundering ('θʌndərɪŋ) BNW *kolossaal*

thunderous ('θʌndərəs) BNW *donderend*

thunderstorm ('θʌndəstɔ:m) ZN *onweersbui*

thunderstruck ('θʌndəstrʌk) BNW (*als*) *door
bliksem getroffen*

thundery ('θʌndərɪ) BNW OOK FIG. *dreigend* ★ ~
sky *onweerslucht*

thurible ('θjʊərɪbl) ZN *wierookvat*

Thursday ('θɜːzdeɪ) ZN *donderdag* ★ REL. Holy ~ *Witte Donderdag*

thus (ðʌs) BIJW • *op deze/die manier*; *zo*; *aldus* • *als gevolg van* ★ thus far *tot zo ver*

thwack (θwæk) I ZN • *(harde) klap*; *dreun* II OV WW • *een dreun geven*

thwart (θwɔːt) I ZN • *tegenwerking* • *roeiersbank* II BNW + BIJW • OOK FIG. *dwars(liggend)* III OV WW • *dwarsbomen* • *verijdelen* IV VZ • OUD. *van de ene naar de andere kant van iets* ⟨literatuur, poëzie⟩

thy (ðaɪ) BEZ VNW OUD. *uw*

thyme (taɪm) ZN *tijm*

thyroid ('θaɪrɔɪd) BNW *schildvormig* ★ ~ (gland) *schildklier*

thyself (ðaɪ'self) WKD VNW OUD. *u zelf*

tiara (tɪ'ɑːrə) ZN *tiara*; *diadeem* ★ ~ night *gala-avond* ⟨v. opera⟩

tibia ('tɪbɪə) ZN *scheenbeen*

tick (tɪk) I OV WW • ~ off *aanstrepen* ⟨op lijst⟩; *een standje geven* II ONOV WW • *tikken* • ~ over *stationair lopen* ⟨v. motor⟩ III OV+ONOV WW • *op de pof kopen* IV ZN • *(ge)tik* • *tekentje* ⟨om aan te strepen⟩ • *krediet* • *(bedden)tijk* • *teek* • *mispunt* • *ogenblik* ★ to the tick *op de seconde af*

ticker ('tɪkə) ZN • IRON. *hart* • PLAT *horloge*; *klok*

ticker tape ZN *serpentine*; *tickertape* ★ ticker-tape parade *tickertape parade*

ticket ('tɪkɪt) I ZN • *kaartje* • *briefje* • *biljet* • *bon* • *bekeuring* • USA *kandidatenlijst v. politieke partij*; *partijprogram* • PLAT *diploma*; *brevet* • *paspoort* • MIL. *ontslag* ★ complimentary ~ *vrijkaartje* ★ INFORM. that's the ~! *dát is het!* II OV WW • *v. etiket voorzien* • *prijzen* ⟨v. goederen⟩ • *v. kaartje voorzien* • *bekeuren*

ticket machine ZN *kaartjesautomaat*

ticket office ZN *plaatskaartenbureau*

ticket window ZN *loket*

ticking ('tɪkɪŋ) ZN *beddentijk*

tickle ('tɪkl) I OV WW • *kietelen* • *amuseren* • ~ up *aanzetten*; *opsmukken* II ONOV WW • *jeuken* • *aangenaam aandoen*

tickler ('tɪklə) ZN • *moeilijke kwestie* • *pook* • *hoeveelheid sterkedrank* • *zakmes* • *aantekenboekje* • *herinnering*

ticklish ('tɪklɪʃ) BNW • *kittelig* • *netelig*; *teer*; *lastig* ★ be ~ *niet tegen kietelen kunnen*

tidal ('taɪdl) BNW *getij(den)-* ★ ~ wave OOK FIG. *vloedgolf*; *golf van emotie*

tidbit ('tɪdbɪt) ZN USA • → **titbit**

tiddler ('tɪdlə) ZN *(klein) visje*

tiddly ('tɪdlɪ) BNW • *aangeschoten*; *beetje tipsy* • *nietig*; *klein*

tiddlywinks ('tɪdlɪwɪŋks) ZN MV *vlooienspel*

tide (taɪd) I ZN • *getij* • OOK FIG. *stroom* • OUD. *tijd* ★ low/high tide *laag/hoog tij*; *eb/vloed* ★ the tide is in *'t is hoog water* ★ the tide is out *'t is laag water* ★ the tide of events *loop der gebeurtenissen* ★ he goes with the tide *hij gaat met de stroom mee* (figuurlijk) ★ they worked double tides *ze werkten dag en nacht* II OV WW • ~ off *meevaren op de stroom* • ~ over *te boven komen* ⟨v. tegenslag⟩ III ONOV WW • *door de stroom meegevoerd worden*

tidemark ('taɪdmɑːk) ZN *(hoog-/laag)waterlijn*

tidewater ('taɪdwɔːtə) ZN • *vloedwater* • *kuststrook*

tideway ('taɪdweɪ) ZN *eb* (in stroombed); *vloed*

tidings ('taɪdɪŋz) ZN MV *nieuws*; *bericht(en)*

tidy ('taɪdɪ) I OV WW • *opruimen* • *in orde brengen* • ~ away *wegbergen* • ~ up *opruimen*; *opknappen* II BNW • *netjes*; *proper* • *flink* ⟨v. bedrag⟩ III ZN • *gootsteenbakje* • *prullenbakje*; *opbergdoosje*; *werkmandje* ★ he gave his room a good tidy *hij ruimde zijn kamer grondig op*

tie (taɪ) I OV WW • *(vast)binden* • *verbinden* • *afbinden* ⟨v. slagader⟩ ★ tie a knot *knoop leggen* ★ tie the knot *huwelijk sluiten* ★ tied to time *gebonden aan tijd* • TECHN. ~ in *aansluiten* • ~ up *vastmaken*; *vastmeren*; *vastzetten* ⟨v. geld⟩; *verbinden*; *afbinden* • tied up *druk(bezet)* II ONOV WW • *gelijk aantal punten/stemmen behalen* • USA ~ up with *intiem staan met* • ~ with *gelijk staan in wedstrijd met*; *kunnen wedijveren met* III ZN • *(strop)das* • *touw(tje)*; *koord* • MUZ. *verbindingsbalk* (in notatie); *boogje* • SPORT *gelijk spel* • USA *lage schoen* • *handenbinder* (aandacht opeisend persoon) ★ black tie *smoking* ★ white tie *rok(kostuum)*; *avondkleding*

tiebreak ('taɪbreɪk) ZN *beslissende extra game* (tennis)

tied (taɪd) BNW *gebonden* ★ tied cottage *boerderijtje waarvan de huur wordt betaald met werken* ★ tied house *café v.d. brouwerij*

tie-dye OV WW *verven van geknoopte stof*

tiepin ('taɪpɪn) ZN *dasspeld*

tier[1] (tɪə) I ZN • *rij*; *rang* • *medespeler in wedstrijd* II OV WW • *in rijen boven elkaar zetten*

tier[2] ('taɪə) ZN • *band* • USA *schort*

tierce (tɪəs) ZN • *terts* • *wijnmaat*; *vat* • *driekaart* • *derde positie bij schermen* • *officie van derde uur*

tie-up ('taɪʌp) ZN • *verband* • *verwikkeling* • USA *staking* • USA *stilstand*; *(verkeers)opstopping*

tiff (tɪf) I ZN • *slok* • *kwade bui* • *lichte onenigheid* • *ruzietje* ★ he was in a tiff *hij voelde zich beledigd* II ONOV WW • *slurpen* • *kwaad zijn*

tig (tɪg) I ZN • *tik* • *krijgertje* II OV WW • *tikken* (bij krijgertje)

tiger ('taɪgə) ZN • *tijger* • *formidabele tegenstander* ★ FIG. paper ~ *papieren tijger* (loos dreigement)

tigerish ('taɪgərɪʃ) BNW *tijgerachtig*

tight (taɪt) BNW + BIJW • *stevig* • *dicht* • *vast* • *vol*; *overladen* ⟨v. programma⟩ • *krap*; *strak* • *proper* • *gespannen* ⟨v. touw⟩ • *schaars* ⟨v. geld⟩ • *moeilijk* ⟨v. situatie⟩ • *zuinig* • *gierig* • *dronken* • *flink* ★ this coat is a ~ fit *deze jas zit vrij krap* ★ it was as ~ as wax *er was geen speld tussen te krijgen* ★ a ~ match *wedstrijd met twee even sterke ploegen* ★ ~ spot *netelige situatie* ★ hold on ~! *hou je goed vast!* ★ she kept her son ~ *ze hield haar zoon kort* ★ he'll sit ~ *hij zal voet bij stuk houden*

tighten ('taɪtn) I OV WW • *aanhalen*; *spannen* • *aandraaien* ⟨v. schroef⟩ • *verscherpen* ⟨v.

ti

maatregelen⟩ • INFORM. z. inrijgen ★ ~ one's belt de buikriem aanhalen II ONOV WW • krap worden ⟨v. geldmarkt⟩

tight-fitting BNW strak zittend; nauwsluitend

tight-knit BNW hecht verweven

tight-lipped BNW niet bereid een woord los te laten; met gesloten lippen; zwijgend

tightness ('taɪtnəs) ZN gevoel v. beklemming

tightrope ('taɪtrəʊp) ZN strakke koord

tights (taɪts) ZN MV maillot; tricot; panty

tigress ('taɪgrəs) ZN tijgerin

tike ZN • → **tyke**

tile (taɪl) I ZN • dakpan • tegel • draineerbuis ★ he has a tile loose hij heeft ze niet allemaal op een rijtje ★ be on the tiles aan de zwier zijn II OV WW • met pannen dekken • plaveien • draineren • dekken ⟨in vrijmetselaarsloge⟩ • tot geheimhouding binden

tiler ('taɪlə) ZN • pannendekker • dekker ⟨v.d. vrijmetselaarsloge⟩

tiling ('taɪlɪŋ) ZN • het (be)tegelen • (de) pannen • tegels

till (tɪl) I ZN • geldlade • leem met stenen ★ till tapper ladelichter II OV WW • bebouwen ⟨v. land⟩ III VZ • tot; tot aan ★ USA ten till nine tien voor negen IV VW • tot(dat)

tiller ('tɪlə) I ZN • roerpen • scheut; jonge tak II ONOV WW • uitlopen

tilt (tɪlt) I ZN • aanval • USA loonsverhoging • huif • tent • overhelling; neiging • steekspel • ringrijden ★ full tilt met volle vaart ★ at a tilt schuin II OV WW • doen wippen; doen hellen; kantelen • zeil spannen • smeden ★ your hat is tilted je hoed staat schuin III ONOV WW • hellen • ringsteken; aan steekspel deelnemen ★ ~ at aanstormen op • ~ at/with lans breken met; aanval doen op

tilth (tɪlθ) ZN • → **Link**

timber ('tɪmbə) I ZN • hout • bomen • woud • balk • spant ⟨v. schip⟩ • beschoeiing • hekken ⟨bij wedren⟩ • PLAT lucifers ★ ~! van onderen! II BNW • houten III OV WW • beschoeien

timbered ('tɪmbəd) BNW • van hout • begroeid met hout

timbering ('tɪmbərɪŋ) ZN beschoeiing

timber yard ZN houtloods; houttuin

timbre ('tæmbə) ZN timbre

time (taɪm) I ZN • tijd • periode • keer • gelegenheid • maat ★ what's the time? hoe laat is het? ★ time after time keer op keer ★ time out pauze; korte (spel)onderbreking ★ SPORT extra time verlenging ★ many a time vaak ★ at one time I thought vroeger dacht ik ★ what a time I had getting it done! wat een moeite kostte het me dat gedaan te krijgen! ★ time and tide wait for no man neem de gunstige gelegenheid waar ★ by that time tegen die tijd ★ by this time zo zoetjes aan; ongeveer nu ★ for some time to come voorlopig ★ mean time gemiddelde tijd ★ so that's the time of day! dus zo zit 't! ★ I had the time of my life ik heb een geweldige tijd gehad ★ time out of mind onheuglijke tijden ★ two at a time twee tegelijk ★ he knows the time of day hij kent de kneepjes van het vak ★ they had a hot time of it ze zaten lelijk in de

klem ★ at the same time tegelijkertijd ★ at times nu en dan ★ at one time eens ★ in time ★ in due time te zijner tijd ★ in time to the music op de maat van de muziek ★ (right) on time (precies) op tijd ★ to time precies op tijd ★ out of time te laat; uit de maat ★ for the time being voorlopig ★ for old times' sake uit oude vriendschap ★ behind the times zijn tijd ten achter ★ since time immemorial sinds mensenheugenis ★ any time elk ogenblik ★ any time! tot uw dienst!; graag gedaan! ★ it's your time now nu heb je de gelegenheid ★ those were the times! dat was nog eens 'n tijd! ★ time and again keer op keer ★ time is up de tijd is om ★ at this time of day op dit tijdstip ★ big time lawyer succesvol advocaat ★ be behind one's time te laat zijn ★ beat time de maat slaan ★ USA come to time toegeven ★ do time een gevangenisstraf uitzitten ★ have a good time zich amuseren ★ you won't give me the time of day je geeft me geen enkele kans; je negeert me ★ keep time maat houden; in de pas blijven; op tijd lopen; op tijd; na verloop v. tijd; in de maat ★ make a good time opschieten; vooruitgang boeken ★ make/hit the big time een doorslaand succes zijn ★ make time with sb vreemdgaan met iem. ★ mess up sth big time iets gigantisch verknoeien ★ serve one's time in de gevangenis zitten ★ talk against time praten om de tijd te winnen ★ some other time een andere keer ▼ long time no see ⟨wat hebben we elkaar al⟩ lang niet gezien II OV WW • controleren • regelen; vaststellen • controleren ⟨v. horloge⟩ • ~ out indelen III ONOV WW • ~ with harmoniëren met

time bomb ZN tijdbom

time clock ZN prikklok

time-consuming BNW tijdrovend

time fuse ZN tijdontsteker

time-honoured ('taɪmɒnəd) BNW • eerbiedwaardig • aloud

timekeeper ('taɪmkiːpə) ZN • uurwerk • tijdwaarnemer

time lag ('taɪmlæg) ZN • tijdsverschil • vertraging

timeless ('taɪmləs) BNW • oneindig • tijdloos

timely ('taɪmlɪ) BNW • tijdig; op het geschikte moment • actueel

time payment ZN betaling in termijnen

timepiece ('taɪmpiːs) ZN klok; horloge

timer ('taɪmə) ZN tijdklokje; (keuken)wekkertje

time-server ('taɪmsɜːvə) ZN OMSCHR. iemand die zijn tijd uitzit; ongemotiveerde arbeidskracht

time-sharing ZN gebruik om beurten ⟨v. gedeeld bezit, m.n. vakantiehuis⟩

time sheet ZN tijdkaart; rooster ⟨v. werkuren⟩

time switch ZN tijdschakelaar

timetable ('taɪmteɪbl) I ZN • dienstregeling • rooster II OV WW • indelen volgens rooster

time-worn ('taɪmwɔːn) BNW • versleten • afgezaagd

time zone ZN tijdzone

timid ('tɪmɪd) BNW • bedeesd; verlegen; timide • bang(elijk)

timidity (tɪ'mɪdɪtɪ), **timidness** ('tɪmɪdnəs) ZN • bedeesdheid; verlegenheid; timiditeit • angst

ti

timing ('taɪmɪŋ) ZN • *(het) timen* ‹op de juiste tijd(en) doen› • *(het) tijd opnemen* • *(het) maat houden*

timorous ('tɪmrəs) BNW • *bang; angstig* • *timide; schuchter*

timpani ('tɪmpənɪ) ZN MV *pauken*

timpanist ('tɪmpənɪst) ZN *paukenist*

tin (tɪn) I ZN • *tin* • G-B *blik(je)* • *trommel* • PLAT *geld* II BNW • tin can *blik(je)* ★ tin tack *vertind spijkertje* ★ tin wedding anniversary *tienjarige bruiloft* ★ put the tin hat/lid on sth *iets plotseling afbreken* ★ little tin god *afgod* ★ PLAT tin hat *helm* III OV WW • *vertinnen* • *inblikken* • MUZ. *op band of plaat vastleggen*

tincture ('tɪŋktʃə) I ZN • *tinctuur* • *tikje* • *smaakje* • *kleur; tint* II OV WW • *kleuren; verven*

tinder ('tɪndə) ZN *tondel* ★ be like~ *opvliegen als buskruit*

tinderstick ('tɪndəstɪk) ZN *zwavelstokje*

tine (taɪn) ZN • *tand* ‹v. vork› • *tak* ‹v. gewei›

tinfoil ('tɪnfɔɪl) I ZN • *bladtin* • *zilverpapier* • *aluminiumfolie* II OV WW • *bedekken met bladtin*

ting (tɪŋ) I ZN • *getingel* II OV+ONOV WW • *tingelen*

tinge (tɪndʒ) I ZN • *tint;* OOK FIG. *kleur* • *zweem* II OV WW • *een tintje geven*

tingle ('tɪŋgl) I ZN • *tinteling* II ONOV WW • *tintelen* • *prikkelen; jeuken* • *tuiten* ‹v. oren›

tingling ('tɪŋglɪŋ) ZN *getuit; (het) oorsuizen*

tinhorn ('tɪnhɔːn) I ZN • USA *opschepper* II BNW • PLAT *ordinair* • USA *opscheeperig*

tinker ('tɪŋkə) I ZN • *ketellapper* • *prutser* • *geknoei* II OV WW • *oplappen* III ONOV WW • *liefhebberen* ★ ~ing measures *lapmiddelen* • ~ at/with *prutsen aan*

tinkerer ('tɪŋkərə) ZN *knoeier*

tinkle ('tɪŋkl) I ZN • *(het) rinkelen; gerinkel* • JEUGDT. *plasje* II OV+ONOV WW • *tingelen; rinkelen* • JEUGDT. *plasje doen*

tinny ('tɪnɪ) BNW • *blikkerig; schel* • *derderangs* ★ ~ car *rammelkast*

tin-opener ZN *blikopener*

tinsel ('tɪnsəl) I ZN • OOK FIG. *klatergoud* II BNW • *opzichtig* • *schijn-; vals* III OV WW • *versieren met klatergoud*

tint (tɪnt) I ZN • *tint* II OV WW • *een tint geven*

tinted ('tɪntɪd) BNW *getint; gekleurd*

tiny ('taɪnɪ) I ZN • *klein kind; kleintje* II BNW • *(zeer) klein*

tip (tɪp) I ZN • *eind(je)* • *punt* • *topje* ‹v. vingers› • *mondstuk* ‹v. sigaret› • *pomerans* • *oorbel* • *verguld penseel* • *fooi* • in 't geheim verstrekte *inlichtingen; wenk* • *lichte duw of slag* • G-B *vuilnisbelt* • *schuine stand* • *kiepkar* • *foefje* ★ she missed her tip *ze miste haar doel* II OV WW • *fooi geven* • PLAT *achteroverslaan* ‹v. glas drank› • *schrijven* ‹v. briefje› • *voorspellen* • *doen hellen; kantelen* • *doen doorslaan* ‹v. weegschaal› • *wippen* ‹met stoel› • *even aanraken* • PLAT *toegooien* ‹v. geldstuk› • *inlichtingen in 't geheim verstrekken; wenk geven* ★ tip the balance de doorslag geven ★ PLAT tip a man the wink *iem. 'n wenk geven* ★ PLAT tip us a yarn *vertel eens wat* • ~ off *waarschuwen; een hint geven* • ~ up *schuin*

zetten III ONOV WW • *hellen* • *omkantelen*

tipi ZN • → *tepee*

tip-off ZN • *waarschuwing* • *vertrouwelijke informatie*

tipper ('tɪpə) ZN *kiepauto*

tippet ('tɪpɪt) ZN • *stola* • *schoudermanteltje*

tipple ('tɪpl) I ZN • *sterkedrank* • USA *kiepkar voor kolen* II OV+ONOV WW • *pimpelen*

tippler ('tɪplə) ZN *pimpelaar*

tipster ('tɪpstə) ZN *tipgever; informant*

tipsy ('tɪpsɪ) BNW *aangeschoten; dronken*

tiptoe ('tɪptəʊ) I ZN • *punt(en) v.d. tenen* ★ on~ in spanning II BNW • *op de tenen lopend* • *gespannen* III ONOV WW • *op de tenen lopen/staan* IV BIJW • *op de tenen*

tip-top BNW *uitstekend; prima*

tip-up ('tɪpʌp) BNW ★ ~ seat *klapstoel*

TIR AFK Transport International Routier *internationaal wegtransport*

tirade (taɪ'reɪd) ZN *tirade; scheldkanonnade*

tire ('taɪə) I ZN • USA *band* ‹om wiel› • OUD. *(hoofd)tooi* • USA *schort* II OV WW • *vermoeien* • *vervelen* • *tooien* ★ I (got) tired of it *ik werd 't beu* ★ tire to death *dodelijk vervelen; vermoeien* ★ it makes me tired *ik kan 't niet uitstaan* • ~ out *afmatten* ★ tired out *doodop* III ONOV WW • ~ with *iets/iem. beu worden; vermoeid worden van*

tired ('taɪəd) BNW • *moe* • *zat; verveeld* ★ to be sick and ~ *het helemaal zat zijn*

tireless ('taɪələs) BNW *onvermoeibaar*

tiresome ('taɪəsəm) BNW *vervelend*

tiro ZN • → *tyro*

tissue ('tɪʃuː) ZN • *weefsel* ‹v. stof of organisme› • *zacht papieren doekje; servet*

tissue paper ZN • *zijdepapier* • *zacht vloeipapier* • *toiletpapier*

tit (tɪt) ZN • *mees* • VULG. *tiet; tepel* ★ tit for tat *leer om leer* ★ blue tit *pimpelmees* ★ great tit *koolmees*

Titan, titan ('taɪtn) ZN *titaan; reus*

titanic (taɪ'tænɪk) BNW *reusachtig; titanisch*

titbit ('tɪtbɪt) ZN • *lekker hapje* • *interessant/ pikant nieuwtje;* FIG. *juweeltje; iets moois*

tithe (taɪð) I ZN • *tiende deel; tiend* ★ take~s *tienden heffen* II BNW • *tiende* ★ ~ pig *elk tiende varken* ‹als belasting› III OV WW • *tienden betalen/heffen*

tithing ('taɪðɪŋ) ZN • *het heffen v. tienden* • *tien gezinshoofden* • *plattelandsdistrict*

titillate ('tɪtɪleɪt) OV WW *strelen; kietelen; prikkelen*

titillating ('tɪtɪleɪtɪŋ) ZN *amusant*

titillation (tɪtɪ'leɪʃən) ZN *prikkeling*

titivate ('tɪtɪveɪt) OV WW *(z.) opsmukken*

title ('taɪtl) I ZN • *titel* • *(eigendoms)recht* • *gehalte* ‹v. goud› ★ ~ page *titelpagina* ★ ~ role *titelrol* II OV WW • *betitelen; titel verlenen*

titled ('taɪtld) BNW *getiteld; met titel*

title deed ('taɪtldiːd) ZN *eigendomsakte*

title-holder ZN *titelhouder*

titmouse ('tɪtmaʊs) ZN *mees*

titter ('tɪtə) I ZN • *gegiechel* II ONOV WW • *giechelen*

tittle ('tɪtl) ZN *klein deel* ★ not one jot or ~ *geen tittel of jota*

tittle-tattle ('tɪtltætl) I ZN • *gebabbel* II BNW
• *babbelachtig* III ONOV WW • *babbelen*
titular ('tɪtʃʊlə) I ZN • *titularis* II ~(saint)
schutspatroon II BNW • *titulair*; *titel-* ★ ~
character *titulaire rol*
tizzy ('tɪzɪ) ZN INFORM. *(zenuwachtige) opwinding*
★ in a ~ *nerveus; gejaagd*
T-junction ('tiːdʒʌŋkʃən) ZN • *T-stuk* • *T-kruising*
tn AFK • ton *ton* • town *stad*
to (tə) I BIJW ★ to and fro *heen en weer* ★ the
door is to *de deur is dicht* II VZ • *naar; tot;
aan; tot aan* • *bij* • *tegen* • *in* • *op* • *van* • *om
te* ★ it's drawn to scale *'t is op schaal getekend*
★ he is equal to the occasion *hij is het wel
aan* ★ your letter came to hand *ik heb uw
brief ontvangen* ★ he was appointed to the
post *hij werd benoemd voor de betrekking* ★ it
fits you to a T *'t zit je als gegoten* ★ she sang
to the piano *ze zong begeleid op de piano*
★ here's to you! *op je gezondheid!* ★ hold it to
the light *houd het tegen 't licht* ★ that's
nothing to him *dat stelt voor hem niets voor*;
dat interesseert hem niets ★ ten to one *tien
tegen één; tien (minuten) voor één* ★ they had
the room to themselves *ze hadden de kamer
voor zich alleen* ★ still one week to the end
nog één week vóór we aan 't einde zijn
★ there's nothing to him *er zit niet veel bij*
★ there's nothing to it *dit klusje stelt niets
voor; er steekt geen kwaad in; er is niets van
waar* ★ 3 is to 9 as 9 to 27 *3 staat tot 9 als 9
tot 27* ★ to the day *op de dag af* ★ door to
door *deur aan deur* ★ man to man *van man
tot man* ★ they rose to a man *ze stonden als
één man op* ★ it was hot to suffocation *'t was
om te stikken* ★ USA/REG. to Chapman's *bij
Chapman (in de winkel)* ★ I should like to go,
but I have no time to *ik zou graag gaan, maar
ik heb (er) geen tijd (voor)* ★ when I come to
think of it *wanneer ik er aan denk* ★ the room
looks to the south *de kamer ziet uit op het
zuiden* ★ to arms! *te wapen!* ★ I told him to
his face *ik heb 'm ronduit gezegd dat* ★ three
to the minute *drie per minuut*
toad (təʊd) ZN • *pad* ⟨dier⟩ • *walgelijk persoon*;
vuilak
toadstool ('təʊdstuːl) ZN *paddenstoel*
toady ('təʊdɪ) I ZN • *gemene vleier* II BNW
• *padachtig* III OV+ONOV WW • *vleien*
toast (təʊst) I ZN • *heildronk* • *persoon op wie
men toast* • *geroosterd brood* • French ~
wentelteefje ★ she has him on ~ *zij heeft hem
totaal in haar macht* ★ as warm as a ~ *lekker
warm* ★ she was the ~ of the town *zij werd
alom gevierd* II OV WW • *roosteren*
• *verwarmen* • *dronk instellen op*
toaster ('təʊstə) ZN *broodrooster*
toastmaster ('təʊstmaːstə) ZN *ceremoniemeester*
⟨bij een diner⟩
tobacco (tə'bækəʊ) ZN *tabak*
tobacconist (tə'bækənɪst) ZN • *sigarenwinkelier*
• *sigarenfabrikant*
toboggan (tə'bɒgən) I ZN • *bobslee* II ONOV WW
• *met slede helling afgaan*; *rodelen*
today (tə'deɪ) BIJW • *vandaag* • *op de dag v.
vandaag*; *tegenwoordig*

toddle ('tɒdl) I ZN • *slakkengangetje* II OV WW
★ ~ one's way *kuierend afleggen* ⟨v. afstand⟩
III ONOV WW • *onzeker lopen* ⟨v. kind⟩
• *waggelen* • INFORM. *kuieren* • ~ **round**
komen aanlopen
toddler ('tɒdlə) ZN *peuter; dreumes*
toddy ('tɒdɪ) ZN • *palmwijn*
• *(cognac/whisky-)grog*
to-do (tə'duː) ZN INFORM. *poeha; drukte*
toe (təʊ) I ZN • *teen* • *punt; neus* ⟨v. schoen⟩
★ toe to toe *man tegen man* ★ INFORM. toes up
dood ★ INFORM. turn up one's toes *'t hoekje
omgaan* ★ dig your toes in *je hakken in het
zand zetten* II OV WW • *aanraken met tenen*
• *van een teen(stuk) voorzien* • ~ **out** *eruit
schoppen* III ONOV WW • ~ **in** *X-benen hebben*
• ~ **out** *O-benen hebben*
toecap ('təʊkæp) ZN *versterkte neus* ⟨v. schoen⟩
toehold ('təʊhəʊld) ZN *greep; houvast*
toenail ('təʊneɪl) ZN *teennagel*
toff (tɒf) I ZN • PLAT *chic/goed gekleed persoon*
⟨'het heertje'⟩ II OV WW • PLAT ~ **up** *opdirken*
toffee (tɒfɪ) ZN *toffee* ★ he couldn't sing for ~ *hij
kon absoluut niet zingen*
tofu ('təʊfuː) ZN *tofoe; tahoe*
tog (tɒg) I OV WW • ~ **out/up** *uitdossen* II ZN
• [vaak als mv] *uitdossing*
toga ('təʊgə) ZN *toga*
together (tə'geðə) BIJW • *samen; tegelijk*
• *aaneen* • ~ **with** *met; alsmede; benevens*
★ for days ~ *dagenlang*
togetherness (tə'geðənəs) ZN *saamhorigheid;
solidariteit*
toggery ('tɒgərɪ) ZN USA, INFORM. *kleren*
toggle ('tɒgl) I ZN • *dwarshoutje; knevel(tje)* II OV
WW • *vastmaken (met dwarshoutje in lus e.d.);
knevelen* • *aan-/uitschakelen, -zetten*
toggle switch ZN *kip-/tuimelschakelaar*
toil (tɔɪl) I ZN • *zware arbeid; inspanning* II ONOV
WW • *hard werken* • ~ **along** *z. met moeite
voortbewegen* • ~ **at** *zwoegen aan*
toiler ('tɔɪlə) ZN *zwoeger*
toilet ('tɔɪlət) ZN • *toilet* ⟨WC⟩ • *toilet* ⟨kleding en
opmaak⟩
toilet paper ZN *toiletpapier*
toilet roll ZN *closetrol*
toilet set ZN *toiletgarnituur*
toilet-train OV WW *zindelijk maken* ⟨een kind⟩
toils (tɔɪlz) ZN MV *netten*; OOK FIG. *strikken*
token ('təʊkən) I ZN • *teken* • *bewijs* • *aandenken*
• *tegoed/waardebon* ★ by this ~ *evenzo;
bovendien* ★ in ~ of *ten teken van* II BNW
• *symbolisch* • *obligaat* ★ ~ payment
symbolisch bedrag ter betaling ★ ~ woman
excuustruus
told (təʊld) WW [verleden tijd + volt. deelw.]
• → **tell** ★ told out *blut; (dood)op* ★ 25 all told
25 alles bij elkaar
tolerable ('tɒlərəbl) BNW • *draaglijk* • *tamelijk*
tolerably ('tɒlərəblɪ) BIJW *draaglijk; redelijk*
tolerance ('tɒlərəns) ZN • *verdraagzaamheid*;
tolerantie • *'t dulden* • *speling* ⟨v. machine⟩
tolerant ('tɒlərənt) BNW *verdraagzaam; tolerant*
tolerate ('tɒləreɪt) OV WW *verdragen; toelaten*
toleration (tɒlə'reɪʃən) ZN *verdraagzaamheid*
toll (təʊl) I ZN • *tol(geld)* • *staangeld* • *schatting*

• *aandeel* • *gelui* • *slag* ⟨v. klok⟩ ★ toll call *interlokaal gesprek* ★ death toll *aantal dodelijke slachtoffers* ★ take toll *tol heffen* ★ road toll *verkeersongelukken op de weg* II OV WW • USA/REG. *lokken* III OV+ONOV WW • *tol heffen* • *luiden* ⟨v. klok⟩

tollhouse ('təʊlhaʊs) ZN *tolhuis*

Tom (tɒm) ZN • *mannetjesdier* • INFORM. *prostitué* ★ (every) Tom, Dick and Harry *Jan en alleman*; *Jan, Piet en Klaas* ★ Long Tom *scheepskanon* ★ Tom Long *iem. die lang v. stof is* ★ Tom Thumb *Klein Duimpje* ★ Tom Tiddler's ground *Luilekkerland*; *niemandsland* ★ peeping Tom *gluurder*

tomahawk ('tɒməhɔːk) I ZN • *indianenstrijdbijl*; *tomahawk* II OV WW • *doden* • *de grond in boren*

tomato (tə'mɑːtəʊ) ZN • *tomaat* • USA, INFORM. *lekker stuk*

tomb (tuːm) I ZN • *graf* • *grafgewelf* • *(graf)tombe* ★ the Tombs *gevangenis*; *(staats)gevangenis van New York* ★ tomb house *grafkelder* II OV WW • *begraven*

tombola (tɒm'bəʊlə) ZN *tombola; loterij*

tomboy ('tɒmbɔɪ) ZN ≈ *jongensachtig meisje*

tombstone ('tuːmstəʊn) ZN *grafsteen*

tomcat ('tɒmkæt) ZN *kater*

tome (təʊm) ZN *boekdeel*

Tommy ('tɒmɪ) ZN ★ G-B/INFORM. ~(Atkins) *gewoon soldaat* ⟨bijnaam⟩

tommy gun ('tɒmɪɡʌn) ZN *pistoolmitrailleur*

tomorrow (tə'mɒrəʊ) BIJW *morgen* ★ ~ morning *morgenochtend* ★ ~ is another day *morgen komt er weer een dag* ★ ~ come never *met sint-juttemis*

tom-tom ('tɒmtɒm) ZN *tamtam* ⟨handtrom⟩

ton (tʌn) ZN • *2240 Eng. pond* ⟨± 1016 kg⟩ • USA *2000 Eng. pond* ⟨± 907 kg⟩ • *boel*; *grote hoeveelheid* • (register) ton *scheepston*; ± *2,8 kubieke meter* ★ come down on sb like a ton of bricks *hevig tegen iem. uitvaren*

tonal ('təʊnl) BNW *de toon betreffend*; *tonaal*

tonality (tə'nælətɪ) ZN • *toonaard* • *toonzetting*

tone (təʊn) I ZN • *toon* • *klank* • *tonus* • *klemtoon* • *gemoedstoestand* • *stemming*; *geest* • *tint* • *cachet* ★ dialling tone *kiestoon* ★ COMM. engage tone *bezettoon* ★ fundamental tone *grondtoon* II OV WW • *kleuren* ⟨v. foto⟩ • *stemmen* ⟨v. instrument⟩ • *de juiste toon aangeven* ★ ~ down *temperen* • ~ up *bezielen*

tone control ZN *toonregeling* ⟨bij opname⟩

tone-deaf BNW *zonder muzikaal gehoor*

toneless ('təʊnlɪs) BNW • *toonloos*; *kleurloos* • *slap*

tongs (tɒŋz) ZN MV ★ (pair of) ~ *tang*

tongue (tʌŋ) I ZN • *tong* • *spraak* • *taal* • *geblaf* • *klepel* • *messing* ⟨v. plank⟩ • *dissel* ★ ~ in cheek *ironisch*; *spottend* ⟨v. opmerking⟩ ★ native ~ *moedertaal* ★ hold your ~! *hou je mond!* ★ find your ~ *weer kunnen spreken* ★ keep a civil ~ in your head! *hou je brutale mond!* ★ wag one's ~(te veel) kletsen ★ her ~ is too long for her teeth *ze kletst maar raak* ★ the dog gave ~ *de hond sloeg aan* II OV WW • MUZ. *staccato spelen* • *likken* III ONOV WW

• *staccato-effecten produceren* • *aanslaan* ⟨v. hond⟩

tongue-tied ('tʌŋtaɪd) BNW • *met te korte tongriem* • *met een mond vol tanden* ⟨figuurlijk⟩

tongue twister ('tʌŋtwɪstə) ZN *lastig uit te spreken woord(en)*

tonic ('tɒnɪk) I ZN • *tonicum*; *versterkend middel* • *tonic* ⟨frisdrank⟩ • MUZ. *grondtoon* II BNW • *toon-* • *versterkend* • *opwekkend* • *spankracht gevend* ★ ~accent *klemtoon*

tonight (tə'naɪt) BIJW • *vanavond* • *vannacht*; *komende nacht*

tonnage ('tʌnɪdʒ) ZN • *tonnenmaat*; *laadruimte in schip* • *vracht per ton*

tonsil ('tɒnsəl) ZN *(keel)amandel*

tonsillitis (tɒnsɪ'laɪtɪs) ZN *amandelontsteking*

tonsure ('tɒnʃə) ZN *tonsuur*; *kruinschering*

Tony ('təʊnɪ) ZN *Tony* ⟨theaterprijs in USA⟩

too (tuː) BIJW • *(al) te* • *ook*; *nog wel* ★ too bad *erg jammer* ★ bad too! *en ook nog slecht!* ★ she is too too *ze is overdreven (sentimenteel)*

took (tʊk) WW [verleden tijd] → take

tool (tuːl) I ZN • OOK FIG. *werktuig*; *gereedschap*; *instrument*; *hulpmiddel* • *stempel* ⟨versiering op boek⟩ • PLAT *penis* • PLAT *stommeling* ★ tools *bestek* II OV WW • *(boek) voorzien van ingeperste versieringen* • *bewerken* III ONOV WW • INFORM. *rijden*; *voortrollen* ⟨v. voertuig⟩

toolbar ('tuːlbɑː) ZN COMP. *werkbalk*

toolbox ('tuːlbɒks), **tool-locker** ZN *gereedschapskist*

toot (tuːt) I ZN • *getoeter* • USA *slok* • *braspartij* • *dwaas* II ONOV WW • *toeteren* • USA *drinken* ★ *aan de zwier zijn*

tooth (tuːθ) I ZN • *tand*; *kies* ★ cut teeth ⟨v. kind enz.⟩ *tanden krijgen* ★ have a sweet ~ *een zoetekauw zijn* ★ fight ~ and nail *uit alle macht/op leven en dood vechten* ★ he spoke through his teeth *hij sprak binnensmonds* ★ in the teeth of the wind *met de wind pal tegen* ★ they cast it in my teeth *ze verweten het mij* ★ in the teeth of these objections *niettegenstaande deze bezwaren* II OV WW • *v. tanden voorzien*

toothache ('tuːθeɪk) ZN *tandpijn*; *kiespijn*

toothbrush ('tuːθbrʌʃ) ZN *tandenborstel*

toothcomb ('tuːθkəʊm) ZN *stofkam*

toothed (tuːθt) BNW *getand*

tooth fairy ZN *tandenfee* ⟨geeft een dubbeltje voor elke verloren melktand⟩

toothless ('tuːθləs) BNW *tandeloos*

toothpaste ('tuːθpeɪst) ZN *tandpasta*

toothpick ('tuːθpɪk) ZN • *tandenstoker* • PLAT *bajonet*

toothsome ('tuːθsəm) BNW *smakelijk*

toothy ('tuːθɪ) BNW *getand*

tootle ('tuːtl) I ZN • *getoeter* II ONOV WW • *toeteren*

top (tɒp) I ZN • *top* • *kruin* • *deksel* • *dop* ⟨v. vulpen⟩ • *oppervlakte* • *tafelblad* • *bovenleer* ⟨v. schoen⟩ • *hoofd* ⟨v.h. gezin⟩ • *kap* ⟨v. rijtuig⟩ • *mars* ⟨v. schip⟩ • *tol* ⟨speelgoed⟩ ★ the tops *het allerbeste* ★ big top *circustent* ★ black top *asfaltlaag* ★ AUTO. convertible top *linnen kap* ★ curly top *krullenbol* ★ at the top

to

of the page *bovenaan de bladzijde* ★ at the top of your voice *uit volle borst* ★ on top of it all *tot overmaat v. ramp* ★ FIG. on top of the world *in de zevende hemel* ★ on (the) top of the bus *boven in de bus* ★ over the top *overdreven; extravagant* ★ without top or tail *zonder kop of staart* ▼ blow your top *in woede uitbarsten* **II** BNW • *bovenste* • *voornaamste* **III** OV WW • *bedekken* • *v. top voorzien* • *voltooien* • *groter zijn dan* • *overtreffen* • *de top bereiken* • *v. boven raken* ⟨v. bal⟩ ★ to top it all he failed *tot overmaat v. ramp lukte het hem niet* ★ he has topped it off *hij heeft 't voltooid* • ~ **up** *opladen* ⟨v. accu⟩; *bijvullen*

topaz ('təʊpæz) ZN • *topaas* • *topaaskolibrie* ★ false ~ *gele kwarts*

topcoat ('tɒpkəʊt) ZN • *overjas* • *bovenste verflaag*

top drawer **I** ZN • *bovenste la* • FIG. *de hogere kringen* **II** BNW • *hooggeplaatst*; *vooraanstaand; van goeden huize*

topee ('təʊpiː) ZN *tropenhelm*

top-flight BNW *eersteklas; beste; hoogste*

top gear ZN *hoogste versnelling*

top hat ZN *hoge hoed*

top-heavy (tɒp'hevɪ) BNW OOK FIG. *topzwaar*

top-hole BNW INFORM. *prima*

topi ZN • → **topee**

topiary ('təʊpɪərɪ) BNW ★ PLANTK. ~ work *vormsnoei*

topic ('tɒpɪk) ZN *onderwerp v. gesprek*

topical ('tɒpɪkl) BNW • *actueel* • *plaatselijk* • *uitwendig* ⟨v. geneesmiddel⟩ ★ ~ song *actueel lied*

topicality (tɒpɪ'kælɪtɪ) ZN *actualiteit*

topknot ('tɒpnɒt) ZN *haarknot/strik boven op hoofd*

topless ('tɒpləs) BNW *zonder bovenstukje; met blote borsten; topless*

topman ('tɒpmən) ZN • *hoge piet* • SCHEEPV. *marsgast*

topmost ('tɒpməʊst) BNW *bovenste*

top-notch ('tɒp'nɒtʃ) ZN *toppunt*

topography (tə'pɒgrəfɪ) ZN *topografie*; *plaatsbeschrijving*

topper ('tɒpə) ZN • INFORM. *topper* ⟨geweldig goed iets of iemand⟩ • INFORM. *goeie vent* • INFORM. *hoge hoed* • PLAT *peukje van sigaar*

topping ('tɒpɪŋ) **I** ZN • *toplaag* **II** BNW • *tiptop*; *verrukkelijk* • USA *uit de hoogte*

topple ('tɒpl) **I** OV WW • ~ **down/over** *omvergooien* **II** ONOV WW • ~ **down/over** *omvallen*

top-ranking BNW *hooggeplaatst; elite-*

top-sawyer ZN • *bovenste v. twee zagers* • *hoge piet*

top-secret BNW *strikt geheim*

topside ('tɒpsaɪd) ZN *deel v. scheepszij boven waterlijn*

topsoil ('tɒpsɔɪl) ZN *bovengrond*; *toplaag*

topspin ('tɒpspɪn) ZN SPORT *topspin* ⟨tennis⟩

topsy-turvy (tɒpsɪ'tɜːvɪ) **I** ZN • *verwarring* **II** BNW • *omgekeerd* • *in de war* **III** BIJW • *op z'n kop*

top-up ('tɒpʌp) ZN PLAT *afzakkertje*

top-up card ZN *prepaidkaart*

toque (təʊk) ZN *dameshoed*; *dopje*

tor (tɔː) ZN • *spitse heuvel* • *rotsachtige piek*

torch (tɔːtʃ) ZN *fakkel*; *toorts* ★ carry a/the ~ for sb *(onbeantwoorde) liefde voor iem. koesteren* ★ electric ~ *elektrische zaklantaarn*

torchlight ('tɔːtʃlaɪt) ZN • *licht v.e. zaklantaarn* • *fakkel* ★ ~ procession *fakkeloptocht*

tore (tɔː) WW [verleden tijd] • → **tear**[1]

torment[1] ('tɔːment) ZN *marteling* ⟨emotioneel, psychologisch⟩; *kwelling; plaag*

torment[2] (tɔː'ment) OV WW *martelen; kwellen*

tormentor (tɔː'mentə) ZN *beul; kwelgeest*

torn (tɔːn) WW [volt. deelw.] • → **tear**[1]

tornado (tɔː'neɪdəʊ) ZN *wervelstorm; tornado*

torpedo (tɔː'piːdəʊ) **I** ZN • *torpedo* • *sidderrog* **II** OV WW *torpederen*

torpedo boat ZN ★ torpedo-boat destroyer *torpedo(boot)jager*

torpedo tube ZN *torpedolanceerbuis*

torpid ('tɔːpɪd) BNW • *verstijfd* • *in de winterslaap verkerend* • *traag*

torpidity (tɔː'pɪdətɪ) ZN • *traagheid* • *verdoving* • *apathie* • *gevoelloosheid*

torpor ('tɔːpə) ZN *apathie*

torque (tɔːk) ZN TECHN. *torsie*

torrent ('tɒrənt) ZN OOK FIG. *stroom; stortvloed* ★ it's coming down in ~s *'t regent dat 't giet*

torrential (tə'rənʃəl) BNW *als een stortvloed*

torrid ('tɒrɪd) BNW • *door de zon verzengd* • *zeer heet* ★ ~ zone *tropische zone; hete luchtstreek*

torsion ('tɔːʃən) ZN *torsie; draaiing*

torsional ('tɔːʃənl) BNW *gedraaid*

torso ('tɔːsəʊ) ZN *torso; tors*

tort (tɔːt) ZN JUR. *onrechtmatige daad*

tortoise ('tɔːtəs) ZN *(land)schildpad*

tortoiseshell ('tɔːtəʃel) ZN • *schild v. bepaalde schildpadden* • *lapjeskat* • *geel, oranje en zwart gekleurde vlinder*

tortuous ('tɔːtʃʊəs) BNW • *gedraaid; verwrongen* • *slinks*

torture ('tɔːtʃə) **I** ZN • *foltering, tortuur*; *marteling; kwelling* ★ death by ~ *marteldood* **II** OV WW • *martelen; folteren; kwellen* • *verdraaien* ⟨v. woorden⟩

torturer ('tɔːtʃərə) ZN • *folteraar* ⟨iem. die martelt⟩; *kwelgeest* • *verdraaier*

Tory ('tɔːrɪ) ZN • *lid v.d. Engelse Conservatieve Partij* • *conservatief* • USA *Britsgezinde*

Toryism ('tɔːrɪɪzəm) ZN *conservatisme*

toss (tɒs) **I** OV WW • *de lucht in gooien* • *om iets opgooien; tossen* ⟨kruis of munt gooien⟩ ★ she tossed her head *ze wierp 't hoofd in de nek* ★ toss oars *riemen v. boot opsteken als groet* • INFORM. ~ **down/off** *achterover slaan* ⟨v. glas drank⟩ • ~ **up** *opgooien* **II** OV+ONOV WW • *slingeren* • *dobberen* ★ ~ **about** *heen en weer slingeren; woelen* ⟨in bed⟩ **III** ZN • *(op)gooi* ⟨v.e. munt⟩

tosspot ('tɒspɒt) ZN INFORM. *zuiplap*

toss-up ('tɒsʌp) ZN *(op)gooi* ★ it's a ~ *'t is 'n twijfelachtig geval*

tot (tɒt) **I** ZN • *klein kind*; *hummeltje* • *borreltje*; *glaasje* • INFORM. *optellen* **II** OV WW • INFORM. *optellen* • ~ **up** *optellen* **III** ONOV WW • INFORM. ~ **up** *oplopen tot* • *bedragen*

total ('təʊtl) **I** ZN • *totaal*; *geheel* ★ grand ~ *eindtotaal*; *uiteindelijk resultaat* **II** BNW

• *totaal*; *volslagen* **III** ONOV WW • *bedragen* ★ the men ~led one hundred *het aantal mannen bedroeg honderd*

totalitarian (təʊtælɪˈteərɪən) BNW *totalitair* 〈vnl. van regime〉

totalitarianism (təʊtælɪˈteərɪənɪzəm) ZN *totalitarisme* 〈dictatoriale staatsvorm〉

totality (təʊˈtælətɪ) ZN • *totaliteit* • *totaal bedrag*

totalizator (ˈtəʊtəlaɪzeɪtə) ZN *toto*

tote (təʊt) **I** ZN • INFORM. *totalisator* **II** OV WW • USA *brengen*; *dragen*; *vervoeren* ★ *tote fair eerlijk handelen* ★ *tote tales uit de school klappen*

tote bag ZN *grote (boodschappen)tas*

tother (ˈtʌðə) SAMENTR. OUD. *the other* • → **other**

totter (ˈtɒtə) ONOV WW *waggelen*; *wankelen* ★ he ~ed to his feet *hij stond wankelend op*

tottery (ˈtɒtərɪ) BNW *wankel*

totty (ˈtɒtɪ) ZN PLAT *lekkere wijven*

touch (tʌtʃ) **I** OV WW • *(aan)raken*; *(aan)roeren* • *aandoen* 〈v. haven〉; *loskrijgen*; *stelen* • *uitwerking hebben op* • *betreffen* • *aankunnen*; *aantasten* 〈v. metaal〉 • *toetsen* 〈v. goud〉 ★ now you ~ the spot *nu leg je de vinger op de wond*; *nu is 't raak* ★ ~ wood *afkloppen* ★ he's ~ed *hij is 'n beetje getikt* ★ ~ the King's/Queen's coin *uit de staatsruif eten* ★ ~ glasses *klinken* ★ you always ~ lucky *jij boft altijd* ★ we couldn't ~ the sums *we konden de sommen onmogelijk maken* ★ ~ed with pity *door medelijden bewogen* ★ the flowers were ~ed with the wind *de bloemen hadden geleden van de wind* • ~ **off** *ruw schetsen*; *afvuren* • ~ **up** *afmaken*; *bijwerken*; *retoucheren*; *met zweep aanraken*; *opfrissen* 〈v. geheugen〉 **II** ONOV WW • *raken* • ~ **at** *aandoen* 〈v. haven〉 • ~ **down** *neerkomen*; *landen* • ~ **on** *even aanraken* 〈v. onderwerp〉 **III** ZN • *aanraking*; *betasting* • *contact* • *gevoel* • *tikkertje*; *wijze van iets aan te pakken* • *aanslag* 〈bij instrument〉; *penseelstreek* • OUD. *gehalte*; *proef*; *waarmerk* • INFORM. *diefstal* • *deel v. voetbalveld buiten zijlijnen* • *kleine hoeveelheid*; *ietsje* ★ it was a near ~ *hij ontsnapte ternauwernood* ★ I'm no ~ to him *ik kan 't niet halen bij hem* ★ ~ of nature *natuurlijke trek* ★ put to the ~ *op de proef stellen* ★ a ~ and go undertaking *'n riskante onderneming* ★ put the finishing ~ to *de laatste hand leggen aan* ★ it's warm to the ~ *'t voelt warm aan* ▼ have the common ~ OMSCHR *goed met gewone mensen kunnen omgaan*

touch-and-go (tʌtʃənˈgəʊ) **I** ZN • *riskante zaak* **II** BNW • *riskant* 〈v. kwestie, zaak〉 • *onbeslist*

touchdown (ˈtʌtʃdəʊn) ZN • *landing* 〈v. vliegtuig, ruimteschip〉 • SPORT *(het) scoren van punt* 〈bij Amerikaans voetbal〉

touched (tʌtʃt) BNW • *ontroerd* • INFORM. *maf*; *gek*

toucher (ˈtʌtʃə) ZN *treffer* ★ PLAT it was a near ~ *'t was op 't nippertje*

touching (ˈtʌtʃɪŋ) **I** BNW • *treffend*; *roerend* **II** VZ • *aangaande*; *betreffende*

touch-judge (ˈtʌtʃdʒʌdʒ) ZN *grensrechter* 〈rugby〉

touchline (ˈtʌtʃlaɪn) ZN SPORT *zijlijn* 〈in rugby, voetbal〉

touch-me-not ZN • *kruidje-roer-mij-niet* • *taboe*

touchscreen (ˈtʌtʃskriːn) ZN COMP. *aanraakscherm*

touchstone (ˈtʌtʃstəʊn) ZN *toetssteen*; *criterium*

touch-type ONOV WW *blind typen*

touchy (ˈtʌtʃɪ) BNW • *(over)gevoelig* • *lichtgeraakt* • *teer*

tough (tʌf) **I** ZN • USA *misdadiger* **II** BNW • *taai* • *hardnekkig* • *moeilijk* • *lastig* 〈v. werk, opdracht〉 • USA *gemeen*; *misdadig* ★ ~ luck *tegenslag*; *pech (gehad)* ★ USA, STRAATT. a ~ guy *'n zware jongen*

toughen (ˈtʌfən) OV+ONOV WW *hard (doen) worden*

toughness (ˈtʌfnəs) ZN • → **tough**

toupee, toupet (ˈtuːpeɪ) ZN *toupet*; *haarstukje*

tour (tʊə) **I** ZN • *(rond)reis* • *uitstapje* • *tournee* • *ploeg* 〈v. werklieden in diensttijd〉 ★ *tour of duty diensttijd*; 〈voor militairen〉 *detachering* ★ *conducted/guided tour rondleiding* ★ the Grand Tour *rondreis* 〈langs de cultuurcentra in Europa〉 **II** OV+ONOV WW • *een (rond)reis maken (door)*

tourism (ˈtʊərɪzəm) ZN *toerisme*

tourist (ˈtʊərɪst) ZN *toerist* ★ ~ ticket *rondreisbiljet* ★ ~ office *VVV-kantoor*

tourist class ZN *toeristenklasse*

touristic (tʊərɪstɪ) BNW *toeristisch*

tournament (ˈtʊənəmənt) ZN *toernooi*

tourney (ˈtʊənɪ) **I** ZN • *toernooi* **II** ONOV WW • *deelnemen aan toernooi*

tousle (ˈtaʊzəl) OV WW • *heen en weer trekken* • *stoeien* • *in de war brengen* 〈v. haar〉

tout (taʊt) **I** ZN • G-B *zwarthandelaar* 〈in kaartjes〉 ★ PLAT keep the tout *op de loer liggen* **II** OV WW • *opdringerig aanprijzen* 〈denkbeelden, producten, mensen〉 • *opdringerig werven* 〈leden, medestanders〉

tow (təʊ) **I** ZN • *(sleep)touw* • *sleepboot* • *werk* 〈hennep- en vlasvezels〉 ★ take in tow *op sleeptouw nemen* **II** OV WW • *slepen*; *trekken*

towage (ˈtəʊɪdʒ) ZN *sleeploon*

toward (ˈtəʊəd) BNW + BIJW • OUD. *leerzaam* • OUD. *gewillig* • OUD. *aanstaande* • OUD. *aan de hand*

towards (təˈwɔːdz, tɔːdʒ) VZ • *in de richting van*; *naar* • *jegens* • *voor* • *om te* • *tegen*

tow area ZN USA *wegsleepzone*

tow-car ZN *sleepwagen*

towel (ˈtaʊəl) **I** ZN • *handdoek* ★ throw in the ~ *de handdoek in de ring werpen*; *zich gewonnen geven* **II** OV WW • PLAT *afranselen* ★ ~ dry *droogwrijven* **III** OV+ONOV WW • *(z.) afdrogen*

towel horse, towel rack/rail ZN *handdoekrekje*

towelling (ˈtaʊəlɪŋ) ZN • *badstof* • *'t afdrogen* • PLAT *pak slaag*

tower (taʊə) **I** ZN • *toren* ★ the Tower (of London) *de Tower* ★ a ~ of strength *een rots in de branding* ★ conning ~ *commandotoren* **II** ONOV WW • *hoog uitsteken boven*; *z. hoog verheffen*

tower block ZN *torenflat*; *kantoorflat*

towering (ˈtaʊərɪŋ) BNW • *verheven* • *torenhoog* • *geweldig* 〈v. woede〉

town (taʊn) ZN • *stad* • *(dichtstbijzijnde) grote gemeente*; *centrum (v.d. stad)* ★ corporate

to

town *stedelijke gemeente* ★ dormitory town *slaap-/forenzenstad* ★ new town *nieuwbouwstad* ★ in town *in de stad* ★ she's come to town *ze heeft naam gemaakt* ★ go (in)to town *de stad ingaan*; *naar het centrum gaan* ★ INFORM. go to town on sth *zich uitsloven met iets* ★ be out on the town *'n avondje stappen* ★ man/woman about town *wereldwijze man/vrouw*

town clerk ZN *gemeentesecretaris*
town council ZN *gemeenteraad*
townee, townie (taʊˈniː) ZN *stedeling*; *stadsmens*
town hall ZN *stadhuis*
town house ZN *rijtjeshuis*
townscape (ˈtaʊnskeɪp) ZN *stadsgezicht*
townsfolk (ˈtaʊnzfəʊk) ZN *stedelingen*
township (ˈtaʊnʃɪp) ZN • USA/CAN. *gemeente* • *zwart woonoord* ⟨Z.-Afrika⟩ • *stadsgebied*
townsman (ˈtaʊnzmən) ZN *stedeling*
townspeople (ˈtaʊnziːpl) ZN *stedelingen*
town twinning ZN *jumelage* ⟨vriendschapsband tussen steden⟩
toxaemia, toxemia (tɒkˈsiːmɪə) ZN *bloedvergiftiging*
toxic (ˈtɒksɪk) BNW *giftig*; *vergiftigings-*; *toxisch*
toxicity (ɒkˈsɪsəti) ZN *giftigheid*; *toxiciteit*
toxicology (tɒksɪˈkɒlədʒɪ) ZN *toxicologie*; *vergiftenleer*
toxin (ˈtɒksɪn) ZN *toxine* ⟨bacteriële gifstof⟩
toy (tɔɪ) I ZN • *(stuk) speelgoed* • *beuzelarij* • *speelbal* ★ cuddly toy *knuffel(dier)* II ONOV WW • *spelen* • *beuzelen* • *liefkozen* • ~ with *lichtvaardig omspringen met*; *z. vermaken met*; *spelen met* ★ I toyed with the idea for a while *ik heb even met de gedachte gespeeld*
toy dog ZN *speelgoedhond*; *schoothondje*
toyshop (ˈtɔɪʃɒp) ZN *speelgoedwinkel*
trace (treɪs) I ZN • *spoor* ⟨dat is achtergebleven⟩ • *ontwerp* • FIG. *kleine hoeveelheid* • a ~ of water *'n klein beetje water* ★ kick over the ~s *opstandig worden* II OV WW • *volgen* • *ontwerpen* • *afbakenen* ⟨v. gebied⟩ • *nasporen* • ~ back *terugvoeren* ★ he ~s his family back to *zijn familie gaat terug tot* • ~ out *opsporen* • ~ over *calqueren*
traceable (ˈtreɪsəbl) BNW *na te gaan* ★ ~ to *terug te brengen tot*
tracer (ˈtreɪsə) ZN MIL. *lichtspoorkogel*
tracery (ˈtreɪsəri) ZN • GESCH. *traceerwerk in gotiek* • *op traceerwerk lijkende lijnen* ⟨vnl. op insectenvleugel⟩
trachea (trəˈkiːə) ZN *luchtpijp*
tracheae (trəˈkiːiː) ZN MV • → trachea
tracing (ˈtreɪsɪŋ) ZN • *kopie*; *doordruk* • *opsporing*
tracing paper (ˈtreɪsɪŋpeɪpə) ZN *calqueerpapier*
track (træk) I ZN • *spoor* • *weg*; *pad*; *baan* • *spoorbaan* • *race-/renbaan* • *spoorwijdte* • *uitgestrektheid* • *nummer op een cd*; *spoor op een magneetband* • *rupsband* ★ off the ~ *het spoor bijster* ★ INFORM. make ~s *er vandoor gaan* ★ keep ~ of sth *iets in de gaten (blijven) houden* ★ INFORM. he dropped off in his ~s *hij viel ter plekke neer* ★ the beaten ~ *de gebruikelijke weg*; *het platgetreden pad* ★ off the beaten ~ *weg van de gebaande paden*;

ongebruikelijk ★ I am on his ~ *ik ben hem op 't spoor* II OV WW • *het spoor volgen van*; *nasporen* • *slepen* ⟨v. boot⟩ • *sporen nalaten van/op* • ~ down/out *volgen*; *opsporen* III ONOV WW • *sporen* ⟨v. wielen⟩
tracked (trækt) BNW *voorzien v. rupsbanden*
tracker (ˈtrækə) ZN • *opspoorder* • *speurhond* • *sleepboot*
track event, track meet ZN *atletiekwedstrijd*
tracking station ZN *grondstation* ⟨ruimtevaart⟩
trackless (ˈtrækləs) BNW • *spoorloos* • *ongebaand*
tracksuit (ˈtræksuːt) ZN *trainingspak*; *joggingpak*
tract (trækt) ZN • *gebied*; *uitgestrektheid* • OUD. *periode* • ANAT. *ademhalings-/spijsverteringsstelsel* • *verhandeling*
tractability (træktəˈbɪlətɪ) ZN *handelbaarheid*
tractable (ˈtræktəbl) BNW *gemakkelijk te behandelen*; *volgzaam*; *gedwee*
tractate (ˈtrækteɪt) ZN *verhandeling*
traction (ˈtrækʃən) ZN • *(het) (voort)trekken*; *tractie* • USA *stedelijke openbare vervoermiddelen* • *(samen)trekking* ⟨v. spier⟩ ★ lose ~ *de grip verliezen*
tractor (ˈtræktə) ZN *tractor*; *trekker*
trad (træd) AFK traditional *traditioneel* ⟨vooral v. muziek⟩
trade (treɪd) I ZN • *(ruil)handel* • *beroep*; *vak*; *ambacht* • *bedrijf(stak)*; *branche*; *zaken* • *(handels)transactie*; SPORT *transfer* ★ by ~ *van beroep* ★ be in the ~ *zaken doen* ★ two of a ~ never agree *vaklui hebben altijd verschil van mening* ★ foreign ~ *buitenlandse handel* II OV WW • *ruilen*; *verhandelen* • USA ~ away/off *verhandelen* • USA ~ in *inruilen* III ONOV WW • *handel drijven* • ~ on *misbruik maken van* ⟨iemands goedheid⟩ • ~ to *handel drijven met* ⟨vnl. bep. land⟩
trade commissioner ZN *handelsattaché*
trade craft ZN *vakkennis*
trade deficit ZN *tekort op de handelsbalans*
trade embargo ZN *handelsembargo*
trade gap ZN *tekort op de handelsbalans*
trade-in (treɪd-ˈɪn) BNW *inruil-*
trade list ZN *prijscourant*
trademark (ˈtreɪdmɑːk) ZN *handelsmerk* ★ registered ~ *gedeponeerd handelsmerk*
trade mission ZN *handelsmissie*
trade name ZN • *handelsnaam* ⟨v. artikel⟩; *merknaam* • *firmanaam*
trade-off ZN • *compromis* • *ruiling*
trade price ZN *(groot)handelsprijs*
trader (ˈtreɪdə) ZN • *koopman* • *koopvaardijschip*
tradesfolk (ˈtreɪdzfəʊk) ZN *winkeliers*
tradesman (ˈtreɪdzmən) ZN *winkelier*
tradespeople (ˈtreɪdziːpl) ZN *winkeliers*
trades union ZN • → trade union
trade union, trades union ZN G-B *vakbond*
trade unionist ZN G-B *vakbondslid*
trade wind ZN *passaatwind*
trading (ˈtreɪdɪŋ) ZN *handel* ★ ~ company *handelsonderneming* ★ ~ station/post *handelsnederzetting*; *factorij*
tradition (trəˈdɪʃən) ZN *traditie*
traditional (trəˈdɪʃənl) I BNW • *traditioneel* II ZN • MUZ. ≈ *volksliedje*
traditionally (trəˈdɪʃənlɪ) BIJW *traditioneel*;

to

traditiegetrouw
traduce (trə'dju:s) OV WW *lasteren*
traducer (trə'dju:sə) ZN *lasteraar*
traffic ('træfɪk) I ZN • *verkeer* • *(koop)handel*
 II OV+ONOV WW • *handeldrijven* • *verkwanselen*
traffic circle ZN USA *rotonde*
traffic congestion ZN *verkeersopstopping*
traffic control ZN *verkeersregeling*
traffic island ZN *vluchtheuvel*
traffic jam ZN *verkeersopstopping*
trafficker ('træfɪkə) ZN MIN. *handelaar*
trafficking ('træfɪkɪŋ) ZN MIN. *handel*
traffic light ZN *verkeerslicht*
traffic sign ZN *verkeersbord*
traffic warden ZN *parkeerwacht(er)*
tragedian (trə'dʒi:dɪən) ZN • *treurspeldichter*
 • *treurspelspeler*
tragedienne (trədʒi:dɪˈen) ZN
 • *treurspelschrijfster* • *treurspelspeelster*
tragedy ('trædʒədɪ) ZN • *gebeurtenis tragedie*
 • TON. *tragedie; treurspel*
tragic ('trædʒɪk) BNW *tragisch*
tragicomedy (trædʒɪ'kɒmɪdɪ) ZN *tragikomedie*
trail (treɪl) I ZN • *gebaand pad* • *spoor*
 • *aanhangsel* • *sleep* • *staart* • *reeks*
 • *kruipende tak v. plant* • *sleepnet* ★ on the ~
 op 't spoor ★ vapour ~ *condensatiestreep v.*
 vliegtuig ★ off the ~ *'t spoor bijster* II OV WW
 • *slepen* • *(uit)rekken* • INFORM. *voor de gek*
 houden • *opsporen; volgen* • *plattegrass* 〈v.
 gras〉 III ONOV WW • *(z.) slepen* • *kruipen* 〈v.
 plant〉 • ~ **along** *(z.) voortslepen* • ~ **away/off**
 wegsterven 〈v. geluid〉 • ~ **off** *afdruipen*
trailer ('treɪlə) ZN • *speurhond* • *voorfilmpje* • USA
 caravan • *aanhangwagen* • *oplegger*
 • *kruipplant*
trailer park ZN USA *camper-/caravanterrein*
trailer truck ZN USA *trekker met oplegger*
trailing ('treɪlɪŋ) BNW ★ ~ *wheel sleepwiel*
train (treɪn) I ZN • *trein* • *reeks; rij* • *(na)sleep*
 • *(lange) staart* • *gevolg* • *lont* • *raderwerk* ★ by
 ~ *met de trein* ★ on the ~ *in de trein* • *miss the*
 ~ *te laat komen; achter het net vissen* ★ in ~
 aan de gang ★ ~ *of thought gedachtegang*
 II OV WW • *opvoeden; grootbrengen* • *leiden* 〈v.
 plant in bep. richting〉 • *vormen; trainen*
 • *richten* 〈v. kanon〉 • OUD. *lokken* ★ ~ *it per*
 trein gaan • ~ **up** *inwerken* III ONOV WW
 • *trainen* • ~ **down/off** *vermageren door*
 trainen • ~ **for** *trainen voor; studeren voor*
 • ~ **off** *afwijken* 〈v. kogel〉 • USA ~ **with** *z.*
 aansluiten bij
trained ('treɪnd) BNW *ervaren; geschoold* ★ ~
 nurse gediplomeerd verpleegster
trainee (treɪ'ni:) ZN *stagiair(e); trainee*
trainer ('treɪnə) ZN *trainer; oefenmeester;*
 africhter
training ('treɪnɪŋ) ZN *training; opleiding;*
 oefening; scholing ★ *physical* ~
 conditietraining ★ *be out of / in* ~ *uit / in vorm*
 zijn
training camp ZN *opleidingskamp*
training college ('treɪnɪŋkɒlɪdʒ) ZN
 pedagogische academie
trainman ('treɪnmæn) ZN USA *spoorwegbeambte*
traipse (treɪps) ONOV WW • *doelloos*

rondslenteren; zwerven; (rond)zwalken • ~ **off**
 to verzeild raken in
trait (treɪ(t)) ZN • *(karakter)trek* • *(penseel)streek*
traitor ('treɪtə) ZN *verrader*
traitorous ('treɪtərəs) BNW *verraderlijk*
traitress ('treɪtrəs) ZN *verraadster*
trajectory (trə'dʒektərɪ) ZN *baan* 〈v. projectiel〉
tram (træm) I ZN • G-B *tram* • *tramlijn*
 • *kolenwagen* 〈in mijn〉 • *inslag* 〈zijden draad〉
 II OV WW • *per kolenwagen vervoeren* III ONOV
 WW • *met de tram rijden*
tramline ('træmlaɪn) ZN *tramlijn*
tramlines ('træmlaɪnz) ZN MV • *tramrails*
 • INFORM. *dubbele zijlijnen* 〈tennis〉
trammel ('træml) ZN • *passer voor ellips;*
 stangpasser • *visnet* • USA *haak in schoorsteen*
 voor ketel ★ ~*s belemmering*
tramp (træmp) I ZN • *landloper* • *zware stap*
 • *voetreis* • *vrachtschip op de wilde vaart* • USA
 slet ★ on the ~ *de boer op; zwervend*
 II OV+ONOV WW • *trappen (op)* • *stampen*
 • *lopen* • *sjouwen* • *voetreis doen* • *ronddolen;*
 zwerven (langs) • ~ **down** *vertrappen*
trample ('træmpl) I OV WW • *vertrappen; met*
 voeten treden ★ ~ *out the fire het vuur*
 uittrappen • ~ **down/under** *vertrappen* II ZN
 • *gestamp; getrappel*
trampoline ('træmpəli:n) ZN *trampoline*
tramway ('træmweɪ) ZN *tramrails; tramweg*
trance (trɑ:ns) I ZN • *trance; geestvervoering*
 • *hypnotische toestand* • MUZ. *trance* II OV WW
 • *in vervoering brengen*
tranny ('trænɪ) ZN • *draagbare transistorradio*
 • INFORM. *transseksueel*
tranquil ('træŋkwɪl) BNW *kalm; rustig*
tranquillity (træn'kwɪlətɪ) ZN *kalmte*
tranquillize, G-B **tranquillise** ('træŋkwɪlaɪz) OV
 WW *kalmeren; verzachten*
tranquillizer, G-B **tranquilliser** ('træŋkwɪlaɪzə)
 ZN *kalmerend middel*
trans- (træns) VOORV *trans-; over-* ★ *transmission*
 overbrenging
transact (træn'zækt) OV WW • *verrichten*
 • *onderhandelen; zaken doen*
transaction (træn'zækʃən) ZN • *transactie*
 • *handeling* • *schikking*
transatlantic (trænzət'læntɪk) BNW
 trans-Atlantisch
transcend (træn'send) OV WW *te boven gaan;*
 overtreffen
transcendence (træn'sendəns), **transcendency**
 (træn'sendənsɪ) ZN *uitmuntendheid*
transcendent (træn'sendənt) BNW • *overtreffend*
 • *voortreffelijk*
transcendental (trænsen'dentl) BNW
 bovenzinnelijk
transcribe (træn'skraɪb) OV WW • *overschrijven*
 • *in bepaald schrift overbrengen* • MUZ.
 bewerken
transcript ('trænskrɪpt) ZN *afschrift*
transcription (træns'krɪpʃən) ZN • *'t overschrijven*
 • *afschrift* • MUZ. *arrangement*
transection (træn'sekʃən) ZN *dwarsdoorsnede*
transfer[1] ('trænsfɜ:) ZN • *overdracht;*
 overbrenging; SPORT *transfer* • *overmaking;*
 overboeking; overschrijving • *plakplaatje;*

tr

overdrukplaatje • *iem. die overgeplaatst / getransfereerd is* • *overdrachtsformulier*; USA *overstapkaartje* • *overstapstation* ★ ~ *of power machtsoverdracht*

transfer² (træns'fɜ:) I OV WW • *overdrukken* • *vervoeren* • *overdragen*; *overbrengen* • *overmaken*; *overschrijven* ⟨op rekening⟩ II ONOV WW • *overstappen*

transferability (trænsfɜ:rə'bɪlətɪ) ZN *overdraagbaarheid*

transferable (træns'fɜ:rəbl) BNW *over te dragen* ★ *not* ~ *persoonlijk* ⟨v. kaart⟩

transferee (trænsfə'ri:) ZN *iem. aan wie overgedragen wordt*

transference (træns'fɜ:rəns) ZN *overdracht*

transferor (træns'fɜ:rə) ZN *overdrager*

transfer paper ZN *calqueerpapier*

transfiguration (trænsfɪgjʊ'reɪʃən) ZN *verheerlijking v. Christus*; *gedaanteverandering*

transfigure (træns'fɪgə) OV WW • *veranderen v. gedaante* • *verheerlijken*

transfix (træns'fɪks) OV WW *doorboren* ★ *we were* ~*ed we stonden als aan de grond genageld*

transform (træns'fɔ:m) I OV WW • *vervormen*; *omvormen* • *van gedaante doen veranderen* • WISK. *herleiden* II ONOV WW • *van gedaante veranderen*

transformable (træns'fɔ:məbl) BNW *vervormbaar*

transformation (trænsfə'meɪʃən) ZN • *(gedaante)verandering*; *transformatie* • *vervorming*; TON. *changement*; *omzetting* • *pruik*

transformer (træns'fɔ:mə) ZN • *hervormer* • *transformator*

transfuse (træns'fju:z) OV WW • *overbrengen* • *overgieten* • *inprenten*

transfusion (træns'fju:ʒən) ZN • *(het) overbrengen* • *transfusie* ⟨v. bloed⟩

transgress (trænz'gres) OV WW • *overtreden*; *schenden* • *zondigen*

transgression (trænz'greʃən) ZN • *overtreding* • *schending*

transgressor (trænz'gresə) ZN *overtreder*

tranship (træn'ʃɪp) OV WW • → **transship**

transient ('trænzɪənt) I ZN • USA *passant* II BNW • *vergankelijk*; *v. korte duur*

transistor (træn'zɪstə) ZN *transistor(radio)*

transit ('trænzɪt) I ZN • *doortocht*; *doorvoer* • *vervoer* • *doorgang door meridiaan* ★ *in* ~ *tijdens het vervoer* II OV+ONOV WW • *gaan door/over*

transit circle ZN *meridiaancirkel*

transit duty ZN *doorvoerrechten*

transition (træn'zɪʃən) ZN *overgang(speriode)*

transitional (træn'zɪʃnəl) BNW *overgangs-*; *tussenliggend*

transitive ('trænsətɪv) BNW *overgankelijk*

transitory ('trænsətərɪ) BNW • *niet blijvend* • *vergankelijk*; *tijdelijk*

transit trade ZN *doorvoerhandel*

translatable (træns'leɪtəbl) BNW *vertaalbaar*

translate (træn'sleɪt) OV WW • *vertalen* • *z. laten vertalen* • *omzetten*; *omrekenen* • COMP. *converteren* • *verklaren*; *uitleggen*; *duidelijk zeggen* • *doorseinen* ⟨v. telegram⟩ • PLAT

oplappen ★ *kindly* ~ *zeg het me duidelijk*

translation (træns'leɪʃən) ZN • *vertaling* • *overdracht* ⟨v. goederen⟩ • *gravure* ⟨v. schilderij⟩ ★ *simultaneous* ~ *simultaanvertaling*

translator (træns'leɪtə) ZN • *vertaler* • *tolk* • COMP. *vertaalprogramma*

translucence (træns'lu:səns), **translucency** (træns'lu:sənsɪ) ZN • *doorschijnendheid* • *doorzichtigheid*

translucent (træns'lu:sənt) BNW • *doorschijnend* • *doorzichtig* ⟨figuurlijk⟩

transmigrate (trænzmaɪ'greɪt) ONOV WW • *in ander lichaam overgaan* ⟨v. ziel⟩ • *verhuizen*

transmigration (trænzmaɪ'greɪʃən) ZN *(ziels)verhuizing*

transmissible (trænz'mɪsəbl) BNW • *overbrengbaar* • *overerfelijk*

transmission (trænz'mɪʃən) ZN • *transmissie*; *overbrenging* • COMM. *uitzending* ⟨radio, tv⟩ • TECHN. *versnellingsbak*

transmit (trænz'mɪt) OV WW • TECHN. *geleiden* • *overbrengen*; *overzenden* • *overmaken* ⟨v. geld⟩ • *overleveren* • *doorlaten* ⟨v. licht⟩

transmittal (trænz'mɪtl) ZN • *overbrenging* • *overdracht*

transmitter (trænz'mɪtə) ZN *radiozender*

transmutable (trænz'mju:təbl) BNW • *veranderbaar*; *verwisselbaar*

transmutation (trænzmju:'teɪʃən) ZN *transmutatie*

transmute (trænz'mju:t) OV WW • *veranderen* • *verwisselen*

transom ('trænsəm) ZN *(raam met) dwarsbalk*

transparence (træns'pærəns), **transparency** (træns'pærənsɪ) ZN • *doorzichtigheid*; *doorschijnendheid* • *transparant*; *lichtbak*

transparent (træns'pærənt) BNW • OOK FIG. *transparant*; *doorzichtig* • *oprecht*

transpiration (trænspɪ'reɪʃən) ZN *transpiratie*

transpire (træns'spaɪə) I OV WW • *uitzweten* II ONOV WW • *ontsnappen*; *uitlekken* • INFORM. *gebeuren*

transplant (træns'plɑ:nt) I ZN ★ ~ *(operation)* *transplantatie* II OV WW • *verplanten*; *overplanten* • *overbrengen*

transplantation (trænsplɑ:n'teɪʃən) ZN • *transplantatie* • *verplanting*

transport¹ ('trænspɔ:t) ZN • *transport* • *gedeporteerde* • *vervoering*; *vlaag van emotie* • *transportschip* • *verkeersvliegtuig* ★ *in* ~*s in vervoering*

transport² (træns'pɔ:t) OV WW • *vervoeren*; *transporteren* • *deporteren* • *verrukken*

transportable (træns'pɔ:təbl) BNW • *vervoerbaar* • *met deportatie strafbaar*

transportation (trænspɔ:'teɪʃən) ZN • *transport* • *deportatie* • USA *middelen v. vervoer* • *reiskosten* • *openbaar vervoer*

transporter (træns'pɔ:tə) ZN • *vervoerder* • *transportbedrijf*

transposal (træns'pəʊzəl) ZN • *verplaatsing* • *omzetting*

transpose (træns'pəʊz) OV WW • *verplaatsen* • *omzetten* • WISK. *overbrengen v. het ene lid v. een vergelijking naar het andere* • MUZ.

transponeren

transposition (trænspə'zɪʃən) ZN *verplaatsing*

transship (træns'ʃɪp) OV WW *in ander schip laden*; *óverladen*

transshipment ('trænʃɪpmənt, 'trɑːnʃɪpmənt) ZN *overlading*

transversal (trænz'vɜːsəl) I ZN • *dwarslijn*; *transversaal* II BNW • *dwars*

transverse ('trænzvɜːs) I ZN • *dwarsspier* II BNW • *dwars* ∗ ~ section *dwarsdoorsnede*

transversely (trænz'vɜːslɪ) BNW • *(over)dwars* • *dwars*

transvestite (trænz'vestaɪt) ZN *travestiet*

trap (træp) I ZN • *val(strik)* • *strik(vraag)* • *autoval* ⟨radarcontrole⟩ • *stank-/ stoomafsluiter* • *bunker* ⟨golf⟩ • *katapult* • PLAT *mond* • PLAT *oplichterij* II OV WW • *in de val laten lopen* • *'n val zetten* • *voorzien v. vallen* • *opsmukken*

trapdoor ('træpdɔː) ZN *valluik*

trapeze (trə'piːz) ZN *trapeze*

trapper ('træpə) ZN • *strikkenzetter*; *pelsjager* • *bediener v. valdeur in mijn* • INFORM. *rijtuigpaard*

trappings ('træpɪŋz) ZN MV • *sieraden*; *versierselen* • *vertoon*

traps (træps) ZN MV • *slaginstrumenten* • INFORM. *spullen*; *boeltje*

trash (træʃ) I ZN • *rommel*; *afval*; *bocht*; *rotzooi* • *tuig*; *nietsnut(ten)* • *snoeisel* ∗ MIN. white ~ *blank tuig* ∗ USA talk ~ *onzin praten* II OV WW • *snoeien* ⟨v. suikerriet⟩ • *kapot maken*; FIG. *afkraken*

trash can ZN USA *vuilnisbak*

trashy ('træʃɪ) BNW *waardeloos*; *snert-*

trauma ('trɔːmə) ZN *trauma*; *verwonding*; *psychische schok*

traumatic (trɔː'mætɪk) BNW *traumatisch*

traumatize, G-B **traumatise** ('trɔːmətaɪz) OV WW *traumatiseren*

travel ('trævəl) I OV+ONOV WW • *reizen* • *(z.) bewegen* • *(laten) gaan* • *afleggen* ⟨v. afstand⟩ • *vliegen* • *z. voortplanten* ⟨v. (geluids)golven⟩ • *vervoeren* ∗ ~ out of the record *v. het onderwerp afdwalen* ∗ these things ~ badly *deze artikelen kunnen slecht tegen vervoer* II ZN • *reis* • *beweging* ⟨v. machineonderdeel⟩; *slag* ⟨v. zuiger⟩

travel agency ZN *reisbureau*

travel agent ZN *reisagent*

travel guide ZN *reisgids*

travel insurance ZN *reisverzekering*

travelled ('trævəld) BNW *bereisd*

traveller ('trævələ) ZN • *reiziger* • *loopkraan* ∗ ~'s cheque *travellercheque*; *reischeque*

travelling ('trævəlɪŋ) I ZN • *(het) reizen* II BNW • *reizend* • *verplaatsbaar* ∗ ~ crane *loopkraan* ∗ ~ companion *reisgenoot*

travelling expenses ZN *reiskosten*

travels ('trævəlz) ZN MV • *(het) reizen* • *reis(verhaal)*

travel-sick BNW *reisziek*

traverse[1] ('trævɜːs) I ZN • *(het) doortrekken*, *oversteken* • JUR. *ontkenning* • *dwarsbalk*, *-stuk*; *traverse* • WISK. *transversaal* II BNW • *dwars*

traverse[2] (trə'vɜːs) I OV WW • *doortrekken* • *oversteken* • *tegenwerken* • JUR. *ontkennen* II ONOV WW • *dwarslopen* ⟨v. paard⟩

travesty ('trævəstɪ) I ZN • *travestie* • *parodie* • *karikatuur* II OV WW • *parodiëren*

trawl (trɔːl) I ZN • *sleepnet* II ONOV WW • *treilen*

trawler ('trɔːlə) ZN *treiler*

tray (treɪ) ZN • *presenteerblad* • *bak(je)* ∗ baking tray *bakblik*

treacherous ('tretʃərəs) BNW • *verraderlijk* • *trouweloos*

treachery ('tretʃərɪ) ZN • *verraad* • *bedrog* • *trouweloosheid*

treacle ('triːkl) I ZN • *stroop* II OV WW • *besmeren met stroop* • *stroop voeren* III ONOV WW • *vangen met stroop*

treacly ('triːklɪ) BNW • *stroopachtig* • *stroperig*

tread (tred) I ZN • *stap*; *tred* • *zool* • *profiel* ⟨ook van autoband⟩ • *loopvlak* ⟨v. wiel, lijn⟩ • *trede*; *sport* ⟨v. ladder⟩ II OV+ONOV WW • *stappen* • *(be)treden* • *heen en weer lopen* ⟨in kamer⟩ ∗ ~ underfoot *met voeten treden* ∗ ~ in s.o.'s footsteps *iem. navolgen* ∗ ~ on eggshells *voorzichtig te werk gaan* ∗ ~ on air *verrukt zijn* ∗ well trodden *platgetreden* ⟨v. pad⟩ ∗ he ~s the stage *hij is toneelspeler* ∗ ~ lightly *iets omzichtig behandelen* • ~ **down** *vertrappen* • ~ **out** *uittrappen* ⟨v. vuur⟩; *dempen* ⟨v. opstand⟩ ∗ ~ out a path *pad maken* • ~ **over** *scheef lopen* ⟨v. schoenen⟩

treadle ('tredl) I ZN • *trapper* ⟨v. naaimachine⟩ • *pedaal* II ONOV WW • *trappen*

treadmill ('tredmɪl) ZN *tredmolen*

treason ('triːzən) ZN *verraad*

treasonable ('triːzənəbl), **treasonous** ('triːzənəs) BNW *verraderlijk*

treasure ('treʒə) I ZN • OOK FIG. *schat* II OV WW • *waarderen* • *bewaren als een schat*

treasure house ('treʒəhaʊs) ZN *schatkamer*

treasure hunt ZN *schatgraverij*; *vossenjacht* ⟨spel⟩

treasurer ('treʒərə) ZN • *thesaurier* • *penningmeester*

treasure trove ('treʒətrəʊv) ZN *gevonden schat* ⟨v. onbekende eigenaar⟩

treasury ('treʒərɪ) ZN • *schatkist*; *schatkamer* • *kas* • *ministerie v. financiën* ∗ First Lord of the Treasury *minister-president van Engeland* ∗ USA Treasury Secretary *minister v. Financiën* ∗ ~ note *muntbiljet*

treat (triːt) I OV WW • *behandelen* • ~ **to** *trakteren op* II ONOV WW • ~ **for** *onderhandelen* • ~ **of** *handelen over* III ZN • *traktatie* • *feest* ∗ stand a ~ *trakteren* ∗ INFORM. you look a ~ *je ziet er beeldig uit* ∗ IRON. Dutch ~ *gelegenheid waarbij ieder voor zichzelf afrekent*

treatise ('triːtɪs) ZN *verhandeling*

treatment ('triːtmənt) ZN *behandeling* ∗ course of ~ *behandelmethode* ∗ be under ~ *in behandeling zijn*

treaty ('triːtɪ) ZN *verdrag*; *overeenkomst* ∗ by private ~ *onderhands*

treble ('trebl) I ZN • *(het) drievoudige* • *sopraan* II BNW • *drievoudig* • *sopraan-* • *hoge tonen* ⟨v. audioapparatuur⟩ ∗ MUZ. ~ clef *g-sleutel* III OV WW • *verdrievoudigen* IV ONOV WW • *z.*

verdrievoudigen

trebly ('trebli) BIJW *drievoudig*

tree (tri:) I ZN • *boom* • *kruis* ⟨v. Christus⟩
• *stamboom* • *houten leest*; *schoenspanner*
★ they are up a tree *ze zitten in de knel*
★ weeping tree *treurwilg* II OV WW • *in een boom jagen* ⟨v. dier⟩ • *in moeilijkheden brengen*

trefoil ('trefɔɪl) ZN *klaver*; *klaverblad*

trek (trek) I ZN • *uittocht* • *lange tocht* II ONOV WW • INFORM. *vertrekken* • *reizen* ⟨met ossenwagen⟩ • *trekken*

trellis ('trelɪs) I ZN • *traliewerk* II OV WW
• *voorzien v. latten*

tremble ('trembl) I ONOV WW • *trillen*; *rillen*; *beven* ★ his life ~s in the balance *z'n leven hangt aan een zijden draad* ★ he ~d with fear *hij beefde van angst* II ZN • *trilling* ★ there was a ~ in her voice *haar stem beefde* ★ INFORM. I was all of a ~ *ik rilde over mijn hele lijf*

trembler ('tremblə) ZN • *bangerik* • *sidderaal*
• TECHN. *onderbreker*

tremendous (trɪ'mendəs) BNW • *verschrikkelijk*
• *reusachtig*

tremor ('tremə) ZN • *beving* • *(t)rilling*; MED. *tremor* • *huivering*

tremulous ('tremjʊləs) BNW • *bevend* • *bedeesd*

trench (trentʃ) I ZN • *sloot* • *greppel* • *loopgraaf*
• *groef* II OV WW • *loopgraven of greppels graven* • *omspitten* III ONOV WW • *inbreuk maken op* • *raken aan*

trenchancy ('trentʃənsɪ) ZN • *scherpzinnigheid*
• *kracht*

trenchant ('trentʃənt) BNW • *scherp*; *snijdend*
• *krachtig*

trench boot ZN *(hoge) rubberlaars*

trench coat ZN *trenchcoat* ⟨mil. regenjas met ceintuur⟩

trencher ('trentʃə) ZN • *broodplank* • *graver* ⟨v. loopgraven⟩

trencherman ('trentʃəmən) ZN IRON. *eter*

trend (trend) I ZN • *richting* • *trend*; *mode*; *tendens* • *strekking* • *loop* ⟨v. gebeurtenissen⟩
★ ~ of thought *gedachtegang* ★ set a ~ *een trend (in gang) zetten* II ONOV WW • *gaan* ⟨in bepaalde richting⟩; *(af)buigen* • *neigen (towards naar)*

trendiness ('trendɪnəs) ZN *modieusheid*

trendsetter ('trendsetə) ZN *trendsetter*

trendy ('trendɪ) BNW • *modern*; *van deze tijd*
• *modieus*; *in*

trepidation (trepr'deɪʃən) ZN • *opwinding*; *verwarring* • *beverigheid*

trespass ('trespəs) I ONOV WW • *verboden terrein betreden*; *binnendringen* • *overtreding begaan*; *overtreden* • *zondigen* • *lastig vallen* • *beslag leggen op* ★ no ~ing *verboden toegang* ★ he ~ed against the law *hij overtrad de wet* ★ you ~ (up)on his hospitality *je maakt misbruik van zijn gastvrijheid* II ZN • *overtreding*
• *binnendringing*

trespasser ('trespəsə) ZN • *overtreder* ⟨v.e. wet⟩
• *indringer* ⟨op een terrein⟩ ★ ~s will be prosecuted *verboden toegang* ★ ~s will be shot *streng verboden toegang* ⟨indringers zullen worden beschoten⟩

tress (tres) I ZN • *tak*; *rank* • *haarvlecht*; *haarlok*
II OV WW • *vlechten*

trestle ('tresəl) ZN *schraag*; *bok* ★ ~ table *schraagtafel*

tri- (traɪ) VOORV *drie-*; *tri-*

triable ('traɪəbl) BNW • *te proberen* • *te berechten*

triad ('traɪæd) ZN • *drietal*; *trits* • MUZ. *drieklank*
• *Drie-eenheid*

trial ('traɪəl) I ZN • *proef(neming)* • *proefvlucht*; *proeftocht* • *beproeving*; *last* • *gerechtelijk onderzoek*; *verhoor* • *behendigheids-/oefenwedstrijd* ★ ~ and error *met vallen en opstaan* ★ on ~ *op proef*; *voor het gerecht*
★ make ~ of *beproeven* ★ I'll give you a ~ *ik zal 't eens met je proberen* ★ bring to ~ *voor de rechter brengen* ★ commit for ~ *naar openbare terechtzitting verwijzen* ★ he stood his ~ *hij stond terecht* ★ he'll move for a new ~ *hij zal in hoger beroep gaan* II BNW ★ ~-run *proefrit*

trial heat ZN *voorronde*; *halve finale*

trial period ZN *proefperiode*

trial trip ZN *proefvaart*

triangle ('traɪæŋgl) ZN • *driehoek* • *driepotige takel* • *triangel*

Triangle ('traɪæŋgl) ZN *Driehoek* ⟨sterrenbeeld⟩

triangular (traɪ'æŋgjʊlə) BNW • *driehoekig*
• *drievoudig*

tribal ('traɪbl) BNW *(volks)stam-*; *tribaal*

tribalism ('traɪbəlɪzəm) ZN *stamverband*

tribe (traɪb) ZN • MIN. *troep* • *onderorde* ⟨bij dier- en plantkunde⟩ • *stam* • *geslacht* • *klasse*

tribesman ('traɪbzmən) ZN *lid van stam*

tribulation (trɪbjʊ'leɪʃən) ZN *tegenspoed*; *beproeving*

tribunal (traɪ'bju:nl) ZN *rechterstoel*; *rechtbank*

tribune ('trɪbju:n) ZN • *tribune*; *spreekgestoelte*
• *tribuun*

tributary ('trɪbjʊtərɪ) I ZN • *schatplichtige staat*
• *zijrivier* II BNW • *bijdragend* • *schatplichtig*
• *bij-*; *zij-*

tribute ('trɪbju:t) ZN • *bijdrage*; *schatting*
• *huldeblijk* ★ floral ~s *bloemen als huldeblijk*
★ pay the last ~ to *laatste eer bewijzen aan*
★ their success is a ~ to their perseverance *hun succes getuigt van doorzettingsvermogen*

trice (traɪs) I ZN • *ogenblik* ★ in a ~ *in 'n wip* II OV WW ★ SCHEEPV. *ophijsen en vastsjorren*
★ SCHEEPV. ~ up *ophijsen en vastsjorren*

trick (trɪk) I ZN • *truc*; *list* • *handigheid*
• *aanwensel*; *tic* • *poets*; *grap* • *slag* ⟨bij kaartspel⟩ • SCHEEPV. *(werk)beurt*; *dienst* ★ ~s of the trade *kneepjes v. 't vak* ★ he knows a ~ or two *hij is niet v. gisteren* ★ learn the ~ *de slag te pakken krijgen* ★ do the ~ *'t klaarspelen*; *'t gewenste resultaat opleveren* ★ play a ~ upon sb *iem. een streek leveren* ★ a ~ of thumb *handigheidje* ★ he never misses a ~ *hij laat geen kans/gelegenheid voorbijgaan* II OV WW
• *bedotten*; *bedriegen* • *versieren*; *aankleden*
• *grapjes uithalen* ★ she was ~ed out in a gaudy dress *ze was gekleed in een opzichtige jurk* ★ ~ out *versieren*

tricker ('trɪkə) ZN • *bedrieger* • *grappenmaker*

trickery ('trɪkərɪ) ZN *bedotterij*

trickle ('trɪkl) I ZN • *straaltje* II OV WW • *doen druppelen* III ONOV WW • *druppelen* • *druipen*

• *sijpelen* ★ the news ~d in *het nieuws kwam langzaam binnen*
trick question ZN *strikvraag*
trickster ('trɪkstə) ZN • *bedrieger* • *grappenmaker*
tricksy ('trɪksɪ) BNW *schalks*; *speels*
tricky ('trɪkɪ) BNW • INFORM. *lastig* • *gewaagd* • *bedrieglijk* • *vol streken*
tricycle ('traɪsɪkl) ZN *driewieler*
trident ('traɪdnt) ZN *drietand*
tried (traɪd) BNW *beproefd*
triennial (traɪ'enɪəl) I ZN • *driejarige plant/periode* • *driejaarlijkse gebeurtenis* II BNW • *driejarig* • *driejaarlijks*
trier ('traɪə) ZN *volhouder; beproever*
trifle ('traɪfəl) I ZN • *kleinigheid*; *beetje* • *cake in vla* • *siertin* II OV WW ★ he ~s away his time *hij verknoeit zijn tijd* III ONOV WW • *beuzelen* • *spelen* (met potlood of ander klein voorwerp) • *lichtvaardig behandelen* ★ she is not to be ~d with *er valt niet met haar te spotten*
trifler ('traɪflə) ZN *beuzelaar*
trifling ('traɪflɪŋ) BNW *onbeduidend*
trig (trɪg) I ZN • *remblok* • INFORM. *trigonometrie* II BNW • *keurig*; *netjes* III OV WW • *remmen* (v. wiel) • *vastzetten* (v. wiel) ★ trig (up) *opdirken*; *mooi maken*
trigger ('trɪgə) I ZN • *trekker* (v. geweer) • OOK MED. *uitlokker*; *aanleiding* ★ pull the ~ *de trekker overhalen*; *vuren* II OV WW • *teweegbrengen*; *veroorzaken*; *in werking stellen* (bijv. v. alarm) • *afvuren* ★ ~ **off** *op gang brengen*; *aanleiding geven tot*
trigger-happy ('trɪgəhæpɪ) BNW *schietgraag*
trigonometric (trɪgənə'metrɪk),
  trigonometrical (trɪgənə'metrɪkl) BNW *trigonometrisch*
trigonometry (trɪgə'nɒmətrɪ) ZN *trigonometrie*; *driehoeksmeting*
trike (traɪk) ZN INFORM. *driewieler*
trilby ('trɪlbɪ) ZN *slappe vilten hoed*
trill (trɪl) I ZN • *trilling* • MUZ. *triller* II OV+ONOV WW • *trillen*; *vibreren*
trillion ('trɪljən) ZN • *triljoen* • USA *biljoen*
trilogy ('trɪlədʒɪ) ZN *trilogie*
trim (trɪm) I OV WW • *in orde brengen* • *opknappen*; *versieren* • *garneren* • *snuiten* (v. kaars) • *bijknippen* (v. haar) • *snoeien* • INFORM. *uitbrander geven* • PLAT *afzetten* • SCHEEPV. *lading gelijk verdelen*; *stuwen* • *tremmen* (v. kolen) ★ trim the fire *vuur oppoken* ★ trim s.o.'s jacket *iem. afranselen* • ~ **in** *inpassen* • ~ **out** *uitdossen* • ~ **up** *opdirken* II ONOV WW • *zeilen naar de wind zetten* • *met alle winden meewaaien* • ~ **to** *z. voegen naar* (vnl. omstandigheden) III ZN • *(het) bijknippen* • *stuwage*; *(het) tremmen* (v. lading) • USA *etalagemateriaal* ★ in (perfect) trim *goed gestuwd*; *in (uitstekende) conditie* ★ be out of trim *niet goed afgesteld zijn* (vliegtuig, boot) ★ get the room into trim *maak de kamer in orde* ★ they were in fighting trim *ze waren klaar voor de strijd* IV BNW • *netjes*; *goed onderhouden*; *in goede conditie* • *goed passend*
trimmer ('trɪmə) ZN • *snoeier* • *snoeimes*

• *opmaakster* (vnl. van hoeden) • *politieke weerhaan* • *zware concurrent* • *aframmeling* • *uitbrander*
trimming ('trɪmɪŋ) ZN • *geschipper* • *garneersel* • *pak slaag*
trimmings ('trɪmɪŋz) ZN MV • *snoeisel* • *versierselen* • *toebehoren*
trine (traɪn) I ZN • *drietal* • *Drie-eenheid* II BNW • *drievoudig*
trinitarian (trɪnə'teərɪən) I ZN • *belijder v. de leer van de Drie-eenheid* • *student v. Trinity College* II BNW • *betreffende de leer v.d. Drie-eenheid* • *drievoudig*
trinity ('trɪnətɪ) ZN *drietal*
Trinity ('trɪnɪtɪ) ZN REL. *(heilige) Drie-eenheid*
trinket ('trɪŋkɪt) ZN • *sieraad* (aan 't lichaam gedragen) • *kleinood* ★ ~ box *bijouteriedoosje*
trio ('tri:əʊ) ZN *trio*; *drietal*
trip (trɪp) I ZN • *struikeling* • *trippelpas* • *reis(je)*; *uitstapje* • *trip* (hallucinatorische ervaring) II OV WW • *doen struikelen*; *beentje lichten* • ~ **up** *betrappen* III ONOV WW • *trippelen* • *dansen* • *huppelen* • *uitstapje maken* • *struikelen* • *misstap begaan* • *trip* (it) *dansen* ★ I caught him tripping *ik betrapte hem op een fout* ★ trip the anchor *anker lichten* ★ her tongue tripped *ze viel over haar woorden*; *ze versprak zich*
tripartite (traɪ'pɑːtaɪt) BNW • *drieledig*; *driedelig*; *tripartiet* • *driezijdig* (v. contract) • *in triplo*
tripe (traɪp) ZN • *(rol)pens* (als voedsel) • PLAT *rommel*; *snert* • *onzin*
triplane ('traɪpleɪn) ZN *driedekker* (vliegtuig)
triple ('trɪpl) I BNW • *drievoudig*; *driedelig* ★ ~ crown *pauselijke kroon/tiara* ★ ~ time *drieslagsmaat* ★ ~ jump *hink-stap-sprong* II OV WW • *verdrievoudigen* III ONOV WW • *z. verdrievoudigen*
triplet ('trɪplət) ZN • *drieregelig vers* • MUZ. *triool* • *drietal* • *één v. drieling*
triplets ('trɪpləts) ZN MV *drieling*
triplex ('trɪpleks) BNW *drievoudig*
triplicate[1] ('trɪplɪkət) I ZN • *triplo* II BNW • *drievoudig*; *in drievoud*
triplicate[2] ('trɪplɪkeɪt) OV WW *verdrievoudigen*
tripod ('traɪpɒd) ZN • *drievoet* • *statief* (v. fototoestel) • *altaar van Delfisch orakel*
tripper ('trɪpə) ZN *toerist* ★ day ~s *dagjesmensen*
triptych ('trɪptɪk) ZN *triptiek*; *drieluik*
trite (traɪt) BNW *afgezaagd*; *versleten*; *alledaags*
triton ('traɪtn) ZN *watersalamander*
triturate ('trɪtjʊreɪt) OV WW *tot poeder maken*
triumph ('traɪəmf) I ZN • *triomf* • *zegetocht* II ONOV WW • *triomferen* • *zegetocht houden*
triumphal (traɪ'ʌmfəl) BNW *triomferend*; *triomf-* ★ ~arch *erepoort* ★ ~chariot *zegewagen*
triumphant (traɪ'ʌmfənt) BNW *triomfantelijk*; *triomferend*
trivet ('trɪvɪt) ZN *driepoot*
trivia ('trɪvɪə) ZN MV *onbelangrijke dingen/zaken*
trivial ('trɪvɪəl) BNW • *alledaags* • *onbeduidend*; *triviaal* ★ the ~round of life *dagelijkse routine v. het leven* ★ the ~name of that plant is ... *de populaire naam van die plant is ...*
triviality (trɪvɪ'ælətɪ) ZN *trivialiteit*
trivialize, G-B **trivialise** ('trɪvɪəlaɪz) OV WW

tr

bagatelliseren

trod (trɒd) WW [verl. tijd + volt. deelw.] • → **tread**

trodden ('trɒdn) WW [volt. deelw.] • → **tread**

Trojan ('trəʊdʒən) I ZN • *Trojaan* II BNW
• *Trojaans*

troll (trəʊl) I ZN • *trol* • *sleeplijn*; *aas* II OV+ONOV
WW • *zingen* ⟨v. canon⟩ • *galmen* • *vissen*
• *slenteren* ★ the melody~s in my head *het
wijsje speelt me door 't hoofd* • ~ **for** *zoeken*

trolley ('trɒlɪ) ZN G-B *wagentje*; *karretje*;
serveerwagen; *winkelwagentje* ★ shopping ~
winkelwagentje

trombone (trɒm'bəʊn) ZN *trombone*

troop (tru:p) I ZN • *troep*; *menigte* • *afdeling v.
cavalerie* • MIL. *marssignaal op de trom* ★ he
got his~ *hij werd tot ritmeester bevorderd* II OV
WW • *in troepen formeren* III ONOV WW
• *bijeenkomen* • *in troepen marcheren*
• *wegtrekken*

troop carrier ('tru:pkærɪə) ZN
troepentransportvliegtuig

trooper ('tru:pə) ZN • *cavalerist* • *cavaleriepaard*
• *troepentransportschip* • USA *staatspolitieagent*
★ swear like a ~ *vloeken als een ketter*

trooping ('tru:pɪŋ) ZN ★ ~ the colour(s)
vaandelparade

troopship ('tru:pʃɪp) ZN *troepentransportschip*

trophy ('trəʊfɪ) ZN *trofee*; *zegeteken*;
overwinningsbuit/-prijs

tropic ('trɒpɪk) ZN *keerkring* ★ Tropic of Cancer
Kreeftskeerkring ★ Tropic of Capricorn
Steenbokskeerkring ★ the~s *de tropen*

tropical ('trɒpɪkl) BNW • *tropisch* • *zinnebeeldig*
• *hartstochtelijk* ★ ~ outfit *tropenuitrusting* ★ ~
year *zonnejaar*

trot (trɒt) I OV WW • *laten draven of lopen* • *laten
rijden* ⟨op de knie⟩ ★ he trotted me round the
town *hij nam me mee door de hele stad* ★ they
trot you off your legs *ze laten je je dood lopen*
• ~ **out** *laten (op)draven*; *weer tevoorschijn
halen*; *voor de dag komen met* ★ trot it out!
zeg op! II ONOV WW • *draven*; *lopen* ★ trot
along! *maak dat je wegkomt!* III ZN • *draf*
• INFORM. *tippel* • *dreumes* • *zetlijn* • USA *dans*
• USA *spiekbriefje* ★ at a trot *op 'n draf* ★ at full
trot *in volle galop* ★ shall we go for a trot
zullen we 'n eindje gaan lopen ★ they'll keep
you on the trot *ze zullen je wel aan de gang
houden* ★ be on the trot/have the trots *diarree
hebben*

trotter ('trɒtə) ZN • *voet* • PLAT *loopjongen*;
loopmeisje • *varkenspoot*; *schapenpoot*

trouble ('trʌbl) I ZN • *kwaal*; *ongemak* • *onrust*
• *last*; *pech* • *zorg* • *lastig persoon* • *verdriet*
★ ~s *onlusten* ★ no~ (at all)! *graag gedaan!*;
geen moeite! ★ make~ *last veroorzaken* ★ get
into~ *zich moeilijkheden op de hals halen* II OV
WW • *in beroering brengen* • *kwellen* • *lastig
vallen* • *storen* ★ we'll~ you to do this *wilt u
zo goed zijn dat voor ons te doen?* III ONOV WW
• *z. bekommeren*; *z. moeite geven*

troubled ('trʌbld) BNW • *verontrust* • *verdrietig*
• *verstoord* • be~ about *zich zorgen maken
over* ★ be~ with *last hebben van* ★ what a~
look you wear! *wat zie je er bezorgd uit!* ★ fish

in ~ waters *in troebel water vissen*

troublemaker ('trʌblmeɪkə) ZN *onruststoker*

troubleshooter ('trʌblʃu:tə) ZN *troubleshooter*;
probleemoplosser

troublesome ('trʌblsəm) BNW *lastig*; *vervelend*

trough (trɒf) ZN • *trog* • *pijp(leiding)* • *laagte
tussen twee golven* • *dieptepunt*

trounce (traʊns) OV WW *afranselen*; *afstraffen*

trouncing ('traʊnsɪŋ) ZN *afstraffing*; *pak slaag*

troupe (tru:p) ZN *troep* ⟨v. toneelspelers,
acrobaten⟩

trouper ('tru:pə) ZN *lid v. een troep*

trouser ('traʊzə) ZN • → **trousers** *broek-* ★ ~
pocket *broekzak*

trousers ('traʊzəs) MV *broek* ★ (pair of) ~ *lange
broek*

trouser suit ZN *broekpak*

trousseau ('tru:səʊ) ZN *uitzet* ⟨v. bruid⟩

trout (traʊt) ZN *forel(len)* ★ ~ farm *forelkwekerij*

trove (trəʊv) ZN • → **treasure trove**

trowel ('traʊəl) I ZN • *troffel* • *schopje* ⟨voor
planten⟩ ★ lay it on with a ~ *'t er dik opleggen*
II OV WW • *werken met troffel* • *pleisteren*

troy (trɔɪ) ZN ★ troy (weight) *gewichtsstandaard
voor goud, zilver en edelstenen* ★ troy ounce
31,1 gram

truancy ('tru:ənsɪ) ZN *'t spijbelen*

truant ('tru:ənt) I ZN • *spijbelaar* ★ play~
spijbelen II BNW • *spijbelend* • *rondslenterend*
III ONOV WW • *spijbelen* • *rondslenteren*

truce (tru:s) ZN *wapenstilstand* ★ ~ of God
godsvrede

truck (trʌk) I ZN • *(zware) vrachtwagen*; *truck*
• *(open) goederenwagon* • *wagenonderstel* ⟨v.
trein⟩ • *ruil(handel)* • INFORM. *rommel*
★ pickup~ *bestelwagen* II OV WW • *vervoeren
per vrachtwagen* III OV+ONOV WW • USA *een
vrachtwagen rijden* • *(ver)ruilen*; *(ruil)handel
drijven*; *in natura betalen* • USA/INFORM. *(op z'n
gemak) doorgaan*

truckage ('trʌkɪdʒ) ZN • *transportkosten*
• *goederenvervoer per vrachtwagen*

trucker ('trʌkə) ZN • *vrachtwagenchauffeur*;
trucker • *vrachtwagenbedrijf* • USA
groentekweker

truck farm ZN USA *groentekwekerij*;
tuinbouwbedrijf

trucking ('trʌkɪŋ) BNW ★ ~ business (company)
transportbedrijf

truckle ('trʌkl) I ZN • *wieltje* ★ ~(-bed) *laag bed op
wieltjes* II ONOV WW • ~ **for** *bedelen om* • ~ **to**
kruipen voor

truckload ('trʌkləʊd) ZN *(vracht)wagenlading*

truculent ('trʌkjʊlənt) BNW • *wreed*
• *vernietigend* • *strijdlustig*

trudge (trʌdʒ) I ZN • *gesjok* ★ on the~ *aan de
tippel* II OV WW • *sjokkend afleggen* ⟨v. afstand⟩
III ONOV WW • *sjokken* • INFORM. *opstappen*
• ~ **out** *op pad gaan*

true (tru:) I BNW + BIJW • *waar* • *juist* • *zuiver*
• *recht* • *vast* • *bestendig* ★ true to facts
volgens de feiten ★ true to life *naar het leven*
★ true to nature *natuurgetrouw* ★ true to type
rasecht ★ come true *uitkomen* ★ my watch
goes true *m'n horloge loopt goed* ★ true copy
gelijkluidend afschrift • ~ **to** *(ge)trouw aan*

II OV WW • *gelijk maken* • *in juiste stand brengen* ⟨v. wiel, paal of balk⟩
true-blue (truːˈbluː) **I** ZN • *betrouwbare kerel* **II** BNW • *eerlijk; trouw* • *(ras)echt; aarts-* • *orthodox*
true-born (truːˈbɔːn) BNW *echt*
truffle (ˈtrʌfəl) ZN *truffel*
truffled (ˈtrʌfld) BNW *getruffeerd*
truism (ˈtruːɪzəm) ZN • *onbetwiste waarheid* • *gemeenplaats*
truly (ˈtruːlɪ) BIJW • *waarlijk* • *goed* • *juist* • *terecht* ★ yours~ *hoogachtend* ⟨bij ondertekening v. brieven⟩ ★ INFORM. yours ~ *ondergetekende; ik, mij*
trump (trʌmp) **I** ZN • *troef(kaart)* • INFORM. *fijne vent* • *trompet(geschal)* ⟨in Schotland⟩ • *mondharmonica* • no ~(s) *sans atout* ⟨bij bridge⟩ ★ the last ~ *bazuin v. 't laatste oordeel* ★ the ~ of doom *bazuin v. 't laatste oordeel* ★ he was put to his~s *werd tot 't uiterste gedreven* ★ it's turned up ~s *'t is goed uitgevallen; 't is meegevallen* **II** OV WW • *aftroeven* • *overtroeven* • ~ **up** *verzinnen* ⟨v. verhaal⟩
trumpery (ˈtrʌmpərɪ) **I** ZN • *rommel* • *onzin* **II** BNW • *prullerig; onbeduidend*
trumpet (ˈtrʌmpɪt) **I** ZN • *trompet; bazuin* • *scheepsroeper* • *trompetgeschal* ▼ *blow your own* ~ *opscheppen* **II** OV WW • *uitbazuinen; met trompetgeschal aankondigen* ★ ~ *forth s.o.'s praise iemands loftrompet steken* **III** ONOV WW • *trompetteren*
trumpeter (ˈtrʌmpɪtə) ZN • *trompetter* • *loftuiter* • *trompetvogel*
truncal (ˈtrʌŋkl) ZN • *stam-* • *romp-*
truncate (ˈtrʌŋkeɪt) **I** BNW • *afgeknot* **II** OV WW • *besnoeien; afknotten*
truncation (trʌŋˈkeɪʃən) ZN *beknotting*
truncheon (ˈtrʌntʃən) ZN • *(gummi)stok* ⟨v. politieagent⟩ • *maarschalksstaf*
trundle (ˈtrʌndl) **I** ZN • *wieltje* • *rolwagentje* • *rolbed* • *lantaarnrad* **II** OV WW • *doen rollen of rijden* • *iem. ontslag geven* ★ ~ *a hoop hoepelen* **III** ONOV WW • *rollen; rijden*
trunk (trʌŋk) ZN • *boomstam* • *romp* • *schacht* ⟨v. zuil⟩ • *hoofdkanaal; hoofdlijn* ⟨vnl. van spoorweg⟩ • *slurf* ⟨v. olifant⟩ • *koffer* • *slurf koferruimte* ⟨v. auto⟩ • *fooienpot* • PLAT *neus* ★ OUD. ~ *call conversation interlokaal telefoongesprek*
trunk road ZN *hoofdweg*
trunks (trʌŋks) ZN MV *sportbroek* • *swim(ming)* ~ *zwembroek*
truss (trʌs) **I** ZN • *spant; steun* • *bep. hoeveelheid* ⟨v. stro of hooi⟩ • *bos* • SCHEEPV. *rak* **II** OV WW • *(vast)binden; armen langs lichaam binden* • *versterken* ⟨v. (dak)constructie⟩ • *opmaken* ⟨v. gevogelte, voor het bereiden⟩
trust (trʌst) **I** ZN • *vertrouwen; hoop* • *krediet* • *stichting* • *trust* ⟨combinatie v. zelfst. ondernemingen⟩ • *voor ander beheerde goederen* • *pand* ★ goods on ~ *goederen op krediet* ★ they were committed to my ~ *ze werden toevertrouwd aan mijn zorgen* ★ he is in my ~ *hij is onder mijn hoede* ★ I don't take it on ~ *ik neem 't niet op goed geloof aan* **II** OV

WW • *op goed geloof aannemen* • *toevertrouwen* • *krediet verschaffen* • *vertrouwen (op)* • *(v. harte) hopen* ★ ~ him for it! *laat dat gerust aan hem over!* ★ they ~ed it to me *ze vertrouwden het mij toe* ★ they ~ed me with it *ze vertrouwden het mij toe* **III** ONOV WW ★ ~ to o.s. *op eigen krachten vertrouwen* • ~ in *vertrouwen op*
trustee (trʌsˈtiː) ZN *(gevolmachtigd) beheerder; curator; executeur; regent* ⟨v. instelling⟩
trustful (ˈtrʌstfʊl) BNW *vertrouwend*
trust fund ZN *(beheer)stichting*
trusting (ˈtrʌstɪŋ) BNW *goedgelovig*
trustworthy (ˈtrʌstwɜːðɪ) BNW *te vertrouwen; betrouwbaar*
trusty (ˈtrʌstɪ) **I** ZN • *bevoorrechte, z. goed gedragende gevangene* **II** BNW • *betrouwbaar*
truth (truːθ) ZN • *waarheid* • *nauwkeurigheid* • *echtheid* • *waarheidsliefde; oprechtheid* ★ out of ~ *niet zuiver; scheef* ★ in ~ *inderdaad* ★ bald ~ *naakte waarheid* ★ universal ~ *algemeen geldende waarheid*
truthful (ˈtruːθfʊl) BNW • *waarheidlievend* • *getrouw* ⟨v. afbeelding⟩
try (traɪ) **I** OV WW • *proberen* • *beproeven; testen* • *proeven* • JUR. *onderzoeken* ★ try-on room *paskamer* ▼ *don' try this at home probeer dit thuis niet* ★ try it on with him! *kijk eens of hij het pikt!* ★ don't try your hand at it *probeer 't maar niet* ★ well tried *beproefd* • ~ **out** *(uit)proberen; proefrit of proefvlucht maken* met ★ try the matter out! *zet door!* **II** ONOV WW ★ ~ - **back** *terugkomen op; teruggaan om 't spoor te vinden* ⟨v. jachthonden⟩ • ~ **for** *solliciteren naar* • ~ **on** *passen* ⟨v. kleren⟩ **III** ZN • *poging* ★ let me have a try *laat mij het eens proberen*
trying (ˈtraɪɪŋ) BNW • *lastig* ⟨v. gedrag⟩ • *zwaar; inspannend; vermoeiend*
try-on (ˈtraɪɒn) ZN • *(het) passen* ⟨v. kleren⟩ • *poging tot bedrog*
try-out (ˈtraɪaʊt) ZN • *proef* • *proefuit-/opvoering (voor publiek)* ⟨v. toneel, film⟩ • USA *wedstrijd*
tryst (trɪst) **I** ZN • *(plaats v.) samenkomst* ⟨in Schotland⟩ • *markt* • *afspraak* **II** OV+ONOV WW • *een afspraak maken* • *een afspraak vaststellen*
tsar (zɑː) ZN *tsaar*
tsarina (zɑːˈriːnə) ZN *tsarina*
T-shirt (ˈtiːʃət) ZN *T-shirt*
T-square (ˈtiːskweə) ZN *winkelhaak; tekenhaak*
tsunami (tsuːˈnɑːmi) ZN *hoge vloedgolf veroorzaakt door een zeebeving* ⟨uit het Japans⟩
TT (tiːˈtiː) AFK *Tourist Trophy snelheidswedstrijd voor motoren*
TU (tiːjuː) AFK *Trade Union vakbond*
tub (tʌb) **I** ZN • *tobbe* • *vaatje; ton* • *badkuip* • *bad* • *schuit* • INFORM. *preekstoel* • INFORM. *auto* ★ lucky tub *grabbelton* **II** OV WW • *kuipen* • *in vaten doen* ⟨v. boter⟩ • *een bad geven* **III** ONOV WW • *een bad nemen* • PLAT *oefenen voor roeiwedstrijd*
tuba (tjuːbə) ZN *tuba*
tubby (ˈtʌbɪ) BNW • *rond; corpulent* • *hol klinkend*
tube (tjuːb) ZN • *pijp; buis* • *tube* • *tube* ⟨binnenband⟩ • USA, INFORM. *televisie* • G-B

metro ★ bronchial tube *luchtpijp* ★ go down the tube *naar z'n grootje gaan* ★ a tube of paint *een tube verf*

tubeless ('tju:bləs) BNW *tubeless*; *zonder binnenband*

tuber ('tju:bə) ZN • *knol* (v. plant) • *gezwel* • INFORM. *aardappel*

tubercle ('tju:bəkl) ZN • MED. *knobbel(tje)* • *knolletje* ★ ~d *met knolletje*

tubercular (tju:'bɜ:kjʊlə), **tuberculous** (tju:'bɜ:kjʊləs) BNW *tuberculeus* ★ ~ consumption *long-tbc*

tuberculosis (tju:bɜ:kjʊ'ləʊsɪs) ZN *tuberculose*

tube station ZN *metrostation*

tubing ('tju:bɪŋ) ZN • *buizenstelsel* • *(gummi)slang*

tub-thumping ('tʌbθʌmpɪŋ) ZN *bombast*; *demagogie*

tubular ('tju:bjʊlə) BNW *buisvormig* ★ ~ boiler *vlampijpketel* ★ ~ steel furniture *(stalen) buismeubelen*

tubule ('tju:bju:l) ZN *buisje*

TUC (ti:ju:si:) AFK Trade Unions Congress *Centrale Organisatie van Vakverenigingen*

tuck (tʌk) **I** OV WW • *plooien* • *omslaan* • *opstropen* (v. mouw) • *instoppen* • *samentrekken*; *optrekken* • ~ **away** *verstoppen* • ~ **in** *instoppen*; *verorberen* • ~ **up** *instoppen*; *ophangen* (v. misdadiger) ★ PLAT tucked up *doodop*; *vermagerd* **II** ZN • *plooi* • *omslag* • *lekkers*; *snoep*

tucker ('tʌkə) **I** ZN • PLAT *kost*; *eten* • *kanten kraag* **II** OV WW • USA *vermoeien*

Tue. AFK Tuesday *dinsdag*

Tuesday ('tju:zdeɪ) ZN *dinsdag*

tufa ('tju:fə) ZN • *tuf(steen)* • *sedimentgesteente*

tuff (tʌf) ZN *tuf(steen)*

tuft (tʌft) **I** ZN • *bosje*; *groepje bomen* • *pool* • *student v. adel* **II** OV WW • *versieren met bosje* • *dóórsteken* (v. matras) **III** ONOV WW • *groeien in bosjes*

tug (tʌg) **I** ZN • *ruk* • *grote inspanning* • *felle strijd* • *sleepboot* • *streng* (v. trekpaardentuig) • PLAT *beursleerling in Eton* ★ I felt a great tug at parting *scheiden viel me zwaar* **II** OV+ONOV WW • *rukken (aan)*; *trekken* • *zwoegen* ★ he tugged him in *hij sleepte 'm met de haren erbij*

tugboat ('tʌgbəʊt) ZN *sleepboot*

tug-of-war (tʌgəv'wɔ:) ZN • *(het) touwtrekken* • *krachtmeting*

tuition (tju:'ɪʃən) ZN • *lesgeld* • *onderricht*

tulip ('tju:lɪp) ZN *tulp*

tumble ('tʌmbl) **I** OV WW • *ondersteboven gooien* • *neerschieten* (v. wild) • PLAT *naar bed gaan met* • ~ **over** *omvergooien* • PLAT ~ **to** *iets snappen* **II** ONOV WW • *tuimelen* • *woelen* (in bed) • *(in elkaar) vallen* • *duikelen* ★ it has ~d down *'t is ingestort* ★ ~ into bed *het bed inrollen* ★ ~ out/up! *opstaan!* ★ everything ~d about him *'t was alsof alles om hem heen instortte* ★ I ~d across on him *ik liep hem tegen 't lijf* • ~ **in** *instorten*; *binnenvallen* **III** ZN • *tuimeling* • *warboel* • *val* ★ everything was in a ~ *alles was in de war*

tumbledown ('tʌmbldaʊn) BNW *bouwvallig*

tumble dryer/drier ZN *droogtrommel*

tumbler ('tʌmblə) ZN • *bekerglas* • *duikelaartje* • *acrobaat* • *droogtrommel*

tumid ('tju:mɪd) BNW *gezwollen*

tummy ('tʌmɪ) ZN JEUGDT. *buikje*

tumour ('tju:mə) ZN *gezwel*; *tumor*

tumuli ('tju:mjʊlaɪ) ZN MV • → **tumulus**

tumult ('tju:mʌlt) ZN • *tumult*; *opschudding*; *beroering*; *rumoer* • *verwarring* • *oploop*

tumultuous (tju:'mʌltʃʊəs) BNW • *lawaaierig*; *rumoerig* • *verward* • *oproerig*

tumulus ('tju:mjʊləs) ZN *grafheuvel*

tuna ('tju:nə) ZN *tonijn*

tundra ('tʌndrə) ZN *toendra*

tune (tju:n) **I** ZN • *toon* • *wijsje* • *stemming* • *melodie* • *harmonie* ★ in tune with *in overeenstemming met* ★ be in tune *zuiver gestemd zijn*; *in goede conditie zijn* ★ she sang in tune *ze hield goed wijs* ★ be out of tune with *niet in overeenstemming zijn met* ★ she sang out of tune *ze zong vals* ★ I'll make her change her tune *ik zal haar 'n toontje lager laten zingen* ★ he had to pay to the tune of £ 100 *hij moest maar liefst £ 100 betalen* ★ dance to s.o.'s tune *naar iemands pijpen dansen* **II** OV WW • *in bep. stemming brengen* • *zingen* • *afstemmen*; *stemmen* • *afstellen* • ~ **to** *afstemmen op*; *aanpassen aan* **III** ONOV WW • ~ **in** *woordje gaan meespreken*; *afstemmen* (bij radio) • ~ **up** *stemmen* (v. instrument); *beginnen met spelen of zingen*; *afstellen* (v. apparaat); *zich voorbereiden* • ~ **with** *harmoniëren met*

tuneful ('tju:nfʊl) BNW • *welluidend* • *muzikaal*

tuneless ('tju:nləs) BNW *onwelluidend*

tuner ('tju:nə) ZN • *stemmer* • *radio zonder versterker*; *tuner*

tune-up ZN TECHN. *afstelling* ★ give a car a ~ *een auto (opnieuw) afstellen*

tungsten ('tʌŋstn) ZN *wolfraam*

tunic ('tju:nɪk) ZN • *tunica* • *uniformjas* • *rok* (v. bolgewas) • *vlies dat orgaan omsluit*

tuning fork ('tju:nɪŋfɔ:k) ZN *stemvork*

tuning peg, tuning pin ZN *stemschroef* (v. piano)

Tunisian (tju:'nɪzɪən) **I** ZN • *Tunesische*; *Tunesiër* **II** BNW • *Tunesisch*

tunnel ('tʌnl) **I** ZN • *tunnel* • *(mollen)gang* ★ ~ shaft *tunnelschacht* ★ drive a ~ *een tunnel boren* **II** OV WW • *tunnel maken*

tunny ('tʌnɪ) ZN *tonijn*

tup (tʌp) **I** ZN • *ram* **II** OV WW • *dekken*

tuppence ZN • → **twopence**

tuppenny ('tʌpənɪ) BNW OUD. *van twee pence*

turban ('tɜ:bən) ZN *tulband*

turbaned ('tɜ:bənd) BNW *met tulband*

turbid ('tɜ:bɪd) BNW • *troebel*; *dik* • *verward*

turbidity (tɜ:'bɪdətɪ) ZN • *troebelheid* • *verwardheid*

turbine ('tɜ:baɪn) ZN *turbine*

turbo ('tɜ:bəʊ) ZN ★ ~(-jet) *turbinestraalvliegtuig*

turboprop ('tɜ:bəʊprɒp) ZN • *turbopropvliegtuig* • *schroefturbine*

turbot ('tɜ:bət) ZN *tarbot*

turbulence ('tɜ:bjʊləns) ZN *onstuimigheid*; *beroering*; *turbulentie*

turbulent ('tɜ:bjʊlənt) BNW *wervelend*;

onstuimig; turbulent

turd (tɜːd) ZN • *drol* • *rotkerel; rotmeid*

tureen (tjʊəˈriːn) ZN *soepterrine*

turf (tɜːf) **I** ZN • *gras(tapijt)* • *graszode* ★ the turf *de renbaan* ★ he is on the turf *hij is betrokken bij de rensport* ★ turf accountant *bookmaker* **II** OV WW • *turf steken* • *graszoden leggen* • *begraven* • PLAT ~ **out** *(iem.) eruit gooien*

turfy (ˈtɜːfɪ) BNW • *rensport-* • *veenachtig* • *houdend v. rensport*

turgid (ˈtɜːdʒɪd) BNW *gezwollen; hoogdravend* ⟨v. taal⟩

turgidity (tɜːˈdʒɪdɪtɪ) ZN *hoogdravendheid*

Turk (tɜːk) ZN • *woesteling* • *Turk* • *rakker* ★ Turk's head *ragebol; knoop*

turkey (ˈtɜːkɪ) ZN • *kalkoen* • USA *fiasco; flop* • USA *domme gans* ★ talk ~ *duidelijke taal spreken; ter zake komen* ★ cold ~ *cold turkey;* ⟨ontwenningsverschijnselen van drugs⟩ *harde waarheid*

Turkey (ˈtɜːkɪ) ZN *Turkije*

turkeycock (ˈtɜːkɪkɒk) ZN • *kalkoense haan* • *patser*

Turkish (ˈtɜːkɪʃ) BNW *Turks* ★ ~ delight *Turks fruit* ★ ~ towel *ruwe handdoek*

turmoil (ˈtɜːmɔɪl) ZN *verwarring; herrie; opwinding*

turn (tɜːn) **I** OV WW • *omploegen* • *in één stuk afschillen* • *afwenden* • *omgaan; omtrekken* • *wegsturen; voeren; leiden* • *vormen* • *doen draaien; doen keren; omslaan; naar 't hoofd doen stijgen* • *richten; aanwenden* • *doen worden; veranderen; vertalen* ★ turn loose *afvuren* ★ turn a penny *een eerlijk stuk brood verdienen* ★ they turned me a compliment *ze maakten me een compliment* ★ it turned the day *het deed de kansen keren* ★ she didn't turn a hair *ze vertrok geen spier* ★ he turned his hand to anything *hij deed van alles* ★ he turns his hand to it *hij pakt 't aan* • ~ **back** *omslaan* • ~ **down** *indraaien; de bons geven; verwerpen; omslaan; lager/zachter zetten/draaien* • ~ **in** *inleveren; naar binnen draaien; ergens in jagen/sturen* • ~ **into** *veranderen in* • ~ **off** *uitdraaien; uitzetten; wegsturen; produceren; ophangen; in de echt verbinden; trouwen* ★ turn it off! *hou op!* • ~ **on** *opendraaien; aanzetten; (seksueel) opwinden/prikkelen; afhangen van* • ~ **out** *uitdraaien; naar buiten draaien; eruit gooien; binnenstebuiten keren; beurt geven* ⟨v. kamer⟩; *produceren; presteren; uitschenken* ★ a well turned-out man *een net gekleed man* • ~ **over** *kantelen; doorbladeren; omzetten* ⟨handel⟩; *(naar de kant rijden en) stoppen* ⟨met auto enz.⟩; *aan de kant gaan* ⟨met auto enz.⟩ ★ I'll turn it over *ik zal er over denken* ★ the boat was turned over *de boot sloeg om* • ~ **up** *opslaan; opzetten; omslaan; aan de oppervlakte brengen; openleggen* ⟨v. kaart⟩; *doen overgeven; misselijk maken; aan dek roepen; opgeven; hoger/harder zetten/draaien* **II** ONOV WW • *draaien; z. keren* • *z. richten* • *veranderen; worden; geel worden; zuur worden* ★ he turns after his mother *hij aardt naar zijn moeder* ★ he has turned off 70 *hij is*

al over de 70 ★ turn colour *verschieten v. kleur* ★ this made my head turn *dit deed me duizelen* • ~ **about** *ronddraaien* ★ turn about! *rechtsomkeert!* • ~ **aside/away/from** z. *afwenden van* • ~ **back** *terugkeren* ★ there's no turning back *er is geen weg terug* • ~ **down** *inslaan* • ~ **in** *naar bed gaan* • ~ **into** *inslaan; veranderen in* • ~ **off** z. *afkeren; afslaan* • ~ **on** z. *keren tegen* • ~ **out** *tevoorschijn komen; blijken te zijn; opstaan; in staking gaan* • ~ **over** z. *omkeren* • ~ **round** z. *omdraaien* • ~ **to** z. *wenden tot; raadplegen; z. toeleggen op* ★ turn to account *zijn voordeel mee doen; benutten* • ~ **up** z. *voordoen; gebeuren* **III** ZN • *draai(ing); wending; richting; bocht* • *keerpunt; verandering* • *beurt* • INFORM. *schok* • *vlaag, aanval* ⟨v. woede, ziekte⟩ • *nummer* ⟨v. voorstelling⟩ • *toer* ⟨v. acrobaat⟩ • *wandelingetje; ritje; ronde* • *slag* ⟨in touw⟩ • MUZ. *dubbelslag teken* • *omgekeerde letter* ★ the turn of the century *de eeuwwisseling* ★ no left turn *linksaf slaan verboden* ★ they took turns *ze wisselden elkaar af* ★ he took his turn *het was nu zijn beurt* ★ it came to my turn *'t werd mijn beurt* ★ FIG. you're taking a turn for the better/worse *het gaat de goede/slechte kant op met jou* ★ it gave me quite a turn *'t bracht me totaal in de war* ★ he will do you a good turn *hij zal je 'n goede dienst bewijzen* ★ one good turn deserves another *de ene dienst is de andere waard* ★ turn of work *werkje* ★ FIG. turn of the tide *verandering in de algemene toestand* ★ turn and turn about *om beurten* ★ by/in turns *achtereenvolgens* ★ in the turn of a hand *in 'n ommezien* ★ on the turn *verzurend;* ⟨v. melk⟩ *vergelend;* ⟨v. bladeren⟩ *aan 't omslaan* ⟨v. weer⟩ ★ the meat was done to a turn *het vlees was precies gaar genoeg* ★ an elegant turn of phrase *een elegante formulering* ★ have I been talking out of turn? *heb ik (soms) iets verkeerds gezegd?*

turnabout (ˈtɜːnəbaʊt) ZN • *ommekeer* • USA *draaimolen*

turnaround (ˈtɜːnəraʊnd) ZN • *periode waarin wordt gelost en weer geladen* ⟨v. schip⟩ • *tijd waarin een karwei wordt voltooid* • *omslag; ommekeer; ommezwaai*

turncoat (ˈtɜːnkəʊt) ZN *overloper*

turner (ˈtɜːnə) ZN • *draaier* • *tuimelaar* ⟨duif⟩ • USA *gymnast; turner*

turning (ˈtɜːnɪŋ) ZN • *'t kunstdraaien* • *turnen* • *vouw* • *omslag* • *bocht* • *(zij)straat; afslag* ★ ~ lathe/loom *draaibank* ★ ~ point *keerpunt*

turnip (ˈtɜːnɪp) ZN *raap; knol* ★ he got ~s *hij kreeg de bons*

turnkey (ˈtɜːnkiː) ZN *cipier*

turn-off (ˈtɜːnɒf) ZN *afknapper; iets afschrikwekkends*

turn-on ZN *iets/iemand dat/die (seksueel) opwindt*

turnout (ˈtɜːnaʊt) ZN • *opmars; (het) uitrukken* • *staking* • *verzamelde menigte* • *opkomst* ⟨op vergadering, verkiezing⟩; *deelname* • *wisselspoor* • *(weg)verbreding* • *schoonmaakbeurt* • *productie* • *uitrusting* ★ coffee and turn-out *koffie en iets erbij*

tu

turnover ('tɜ:nəʊvə) I ZN • *omzet*
• *omverwerping* • *verandering v. politiek*
• *verloop* ⟨v. personeel⟩ • *omslag* ⟨v. envelop, kous⟩ • *appelflap* II BNW • *omgeslagen*
turnover tax ZN *omzetbelasting*
turnpike ('tɜ:npaɪk) ZN *tolhek*; *tolweg*
turn signal ZN USA *richtingaanwijzer*
turnstile ('tɜ:nstaɪl) ZN *tourniquet*; *draaihek*
turntable ('tɜ:nteɪbl) ZN *draaischijf*; *draaitafel*
★ ~ ladder *brandladder*
turn-up ('tɜ:nʌp) I ZN • *opstaande rand* • *omslag* ⟨v. broek⟩ • *worp* ⟨v. dobbelsteen⟩ • *iets onverwachts* II BNW • *opstaand* • *omgeslagen*
turpentine ('tɜ:pəntaɪn) ZN *terpentijn*
turpitude ('tɜ:pɪtju:d) ZN *verdorvenheid*
turps (tɜ:ps) ZN INFORM. *terpentijn*
turquoise ('tɜ:kwɔɪz) BNW *turquoise*
turret ('tʌrɪt) ZN • *torentje* • *geschuttoren*
turreted ('tʌrɪtɪd) BNW • *voorzien v. torentjes*
• *torenvormig* • *spits* ⟨v. schelp⟩
turtle ('tɜ:tl) I ZN • *zeeschildpad* • *schildpadsoep*
II ONOV WW • *omslaan* ★ turn ~ *omslaan*; *kapseizen*
turtle dove ('tɜ:tldʌv) ZN *tortelduif*
turtleneck ('tɜ:tlnek) ZN *col(trui)*
turves (tɜ:vz) ZN MV • → **turf**
Tuscan ('tʌskən) I ZN • *Toscaner* II BNW
• *Toscaans*
Tuscany ('tʌskənɪ) ZN *Toscane*
tush (tʊʃ) ZN *kont(je)*
tusk (tʌsk) ZN *(slag)tand*
tusked (tʌskt) ZN *met slagtanden*
tussle ('tʌsəl) I ZN • *worsteling*; *strijd* II ONOV WW
• *vechten*
tussock ('tʌsək) ZN • *(gras)pol* • *(haar)lok*
tut (tʌt), **tut-tut** I ONOV WW • '*kom, kom' roepen*
II TW • *kom, kom!*
tutelage ('tju:tɪlɪdʒ) ZN *voogdij(schap)*
tutelary ('tju:tɪlərɪ) BNW *beschermend*
tutor ('tju:tə) I ZN • *privéleraar*; *bijlesleraar*
• *studiebegeleider*; *mentor* • *leerboek* ★ private ~ *privéleraar* II OV WW • *(bij)les geven*
• *discipline uitoefenen* • *de voogdij hebben over* III ONOV WW • *als privédocent werken*
tutorial (tju:'tɔ:rɪəl) ZN • *werkcollege*
• *leerprogramma*
tux (tʌks) I ZN • INFORM. • → **tuxedo** II OV WW
★ tux up o.s. *z'n smoking aantrekken*
tuxedo (tʌk'si:dəʊ) ZN USA *smoking* ★ ~ed *in smoking*
TV AFK television *tv*
TV guide ZN *tv-gids*
TV set (ti:vi: set) ZN *televisie(apparaat)*
twaddle ('twɒdl) ONOV WW *kletsen*
twang (twæŋ) I ZN • *getokkel* II ONOV WW
• *snorren* ⟨v. pijl⟩ III OV+ONOV WW • *tjingelen*; *tokkelen* ⟨op instrument⟩ • *door de neus spreken* ★ ~ on a fiddle *zagen op viool* ★ ~ a bow *pijl afschieten*
twangy ('twæŋɪ) BNW *tjingelend*
tweak (twi:k) I ZN • *ruk* • PLAT *truc* II OV WW
• *(draaien en) trekken aan* • *knijpen*
tweaker ('twi:kə) ZN INFORM. *katapult*
twee (twi:) BNW INFORM. *lief*; *mooi*
tweed (twi:d) ZN *tweed* ⟨ruig wollen weefsel⟩
Tweedledum (twi:dl'dʌm) ▾ ~ and Tweedledee

lood om oud ijzer
tweedy ('twi:dɪ) BNW *gekleed in kostuum v. tweed*
'tween-decks BNW *tussendeks*
tweet (twi:t) ZN *getjilp*
tweeter ('twi:tə) ZN *tweeter*; *luidspreker voor hoge tonen*
tweezers ('twi:zəz) ZN MV ★ (a pair of) ~ *pincet*
twelfth (twelfθ) I TELW • *twaalfde* II ZN
• *twaalfde deel*
Twelfth (twelfθ) BNW ★ ~ Night *Driekoningen*
twelve (twelv) TELW *twaalf*
twen (twen) ZN *iem. tussen 20 en 30 jaar*
twentieth ('twentɪəθ) TELW *twintigste*
twenty ('twentɪ) TELW *twintig*
twerp (twɜ:p) ZN • *vervelende vent*; *rotvent*
• PLAT *geld*; *poen*
twice (twaɪs) BIJW *twee keer* ★ in ~ *in twee keer*
★ I'll think ~ before … *ik zal me nog wel eens bedenken voordat …*
twice-told BNW ★ ~ tale *bekend verhaal*
twiddle ('twɪdl) I ZN • *draai* II OV+ONOV WW
• *spelen met* ⟨klein voorwerp⟩ ★ ~ one's thumbs *met de duimen draaien*; *niets uitvoeren*
twig (twɪg) I ZN • *twijg* • *wichelroede* ★ INFORM. hop the twig *sterven* ★ in prime twig *netjes uitgedost* II OV WW • INFORM. *begrijpen*; *snappen*
twiggy ('twɪgɪ) BNW • *als een twijg* • *vol twijgen*
• *broodmager*
twilight ('twaɪlaɪt) ZN • *schemering*; *schemerlicht*
• *obscuriteit* • *verval*; *slotfase* ★ the ~ of her career *de nadagen van haar carrière*
twin (twɪn) I ZN • *tweelingbroer/zus* • *één v. een paar* • *tegenhanger* • twins [mv] *tweeling*
★ conjoined twins *Siamese tweeling*
★ fraternal/identical twins *twee-eiige tweeling*
II BNW • *tweeling-* • *gepaard* III OV WW • z. *innig verbinden met*
twin beds ZN MV *lits-jumeaux*
twine (twaɪn) I ZN • *getwijnd garen* • *draai*
• *warboel* • *omstrengeling* II OV WW • *twijnen*
• *vlechten* ⟨v. krans⟩ III ONOV WW • *(z.) slingeren*
twin-engined (twɪn'endʒɪnd) BNW *tweemotorig* ⟨v. vliegtuig⟩
twinge (twɪndʒ) I ZN • *steek*; *pijnscheut* II ONOV WW • *pijn doen* • *knagen* ⟨v. geweten⟩
twinkle ('twɪŋkl) I ZN • *knipperen* ⟨met ogen⟩ • *uitzenden* ⟨v. licht⟩ II ONOV WW
• *flikkeren* • *snel heen en weer/op en neer gaan*
• *fonkelen* III ZN • *knippering* ⟨met oogleden⟩
• *trilling* ★ in a ~ *in een ommezien* ★ in the twinkling of an eye *in een ommezien*
twinkling ZN • *schittering*; *fonkeling*
• *knippering*
twins (twɪnz) ZN MV • → **twin**
twinset ('twɪnset) ZN *truitje met bijpassend vest*; *twinset*
twirl (twɜ:l) I ZN • *(snelle) draai* • *krul* ⟨v. letter⟩ II OV+ONOV WW • *(rond)draaien*
twirler ('twɜ:lə) ZN • *tol* • USA *majorette*
twist (twɪst) I OV WW • *(in elkaar) draaien*
• *vlechten* • *wringen* • PLAT *bedriegen* ★ ~ the lion's tail *Groot-Brittannië tergen* ★ ~ed

intestine *kronkel in de darm* ★ ~ drill
spiraalboor **II** ONOV WW • *draaien*; *kronkelen*
• *z. wringen* • *vertrekken* ⟨v. gezicht⟩ • *de twist
dansen* **III** ZN • *draaiing* • *kromming*
• *afwijking* • *gril* • *twist* ⟨dans⟩ ★ the tube has
got a ~ *de pijp is krom* ★ give it a ~ *geef er een
draai aan* ★ ~ of the wrist *handigheidje* ★ a
cruel ~ of fate *een wrede speling van het lot*
twister ('twɪstə) ZN • USA *cycloon*; *tornado*
• INFORM. *bedrieger* • PLAT *kolossale leugen*
• *trekbal* ⟨bij biljart⟩
twisty ('twɪstɪ) BNW • *kronkelig* • *achterbaks*
twit (twɪt) **I** ZN • *verwijt*; *berisping* • *sufferd*;
sukkel **II** OV WW • *verwijten*; *berispen*
twitch (twɪtʃ) **I** ZN • *zenuwtrekking* • *ruk*
• *pijnscheut* **II** OV WW • *rukken of trekken* ⟨aan
mouw, om aandacht te trekken⟩ **III** ONOV WW
• *trekken* ⟨v. spier⟩
twitter ('twɪtə) **I** ZN • *gesjilp* • *zenuwachtigheid*
★ they were all in a ~ *ze waren allemaal erg
opgewonden* **II** OV WW • *piepen* **III** ONOV WW
• *sjilpen* • *met piepstem spreken*
two (tu:) TELW *twee(tal)* ★ two or three *enkele*
★ in two twos *in 'n oogwenk* ★ divide into two
in tweeën delen ★ he knows how to put two
and two together *hij weet hoe de vork aan de
steel zit*
two-bit BNW USA *goedkoop*; *waardeloos*
two-dimensional BNW *tweedimensionaal*
two-edged (tu:'edʒd) BNW *tweesnijdend*
two-faced (tu:'feɪst) BNW • *met twee gezichten*
• *oneerlijk*; *huichelachtig*
twofold ('tu:fəʊld) BNW *tweevoudig*
two-handed (tu:hændɪd) BNW • *tweehandig*
• *voor twee handen* ⟨v. zwaard⟩ • *voor twee
personen*
two-party system ZN *tweepartijenstelsel*
twopence ('tʌpəns) ZN *dubbeltje* ★ he doesn't
care a ~ *hij geeft er geen zier om*
twopenny ('tʌpənɪ) BNW • *onbeduidend* • *ter
waarde v. twee stuivers* ★ ~ halfpenny
goedkoop; *onbeduidend*
two-piece BNW *tweedelig*
two-ply ('tu:plaɪ) BNW *tweelagig*
twosome ('tu:səm) **I** ZN • *tweetal* **II** BNW
• *gedaan door twee personen* ⟨vnl. van dans⟩
two-stroke ('tu:strəʊk) BNW ★ ~ motor
tweetaktmotor
two-time ('tu:taɪm) **I** BNW • *tweevoudig* **II** OV
WW • USA *bedriegen*
two-tone BNW • *tweekleurig* • *tweetonig*
two-way (tu:weɪ) BNW ★ ~ cock *tweewegskraan*
★ ~ switch *hotelschakelaar* ★ ~ radio *apparaat
met zend- en ontvanginrichting*
tycoon (taɪ'ku:n) ZN USA *groot zakenman*;
magnaat; *tycoon*
tying ('taɪɪŋ) WW [teg. deelw.] • → **tie**
tyke (taɪk) ZN • *straathond* • *ondeugend kind*
tympanic (tɪm'pænɪk) BNW ★ ~ membrane
trommelvlies
tympanum ('tɪmpənəm) ZN *trommelvlies*
type (taɪp) **I** ZN • *voorbeeld*; *type*; *model*
• *(zinne)beeld* • *beeldenaar* • *gegoten letter*
• *zetsel* • *lettervorm* ★ type foundry
lettergieterij **II** OV WW • *symboliseren*
• *onderzoeken v. bloed voor transfusie*

III OV+ONOV WW • *typen*
typecast ('taɪpkɑ:st) OV WW *typecasten*
⟨selecteren voor film-, tv-rol⟩; *steeds hetzelfde
soort rol laten spelen*
typeface ('taɪpfeɪs) ZN *lettertype*; *letterbeeld*
typescript ('taɪpskrɪpt) ZN *getypte tekst*;
typoscript
typeset ('taɪpset) OV WW DRUKK. *zetten*
typesetter ('taɪpsetə) ZN • *letterzetter*
• *zetmachine*
typewrite ('taɪpraɪt) OV+ONOV WW *tikken*; *typen*
typewriter ('taɪpraɪtə) ZN *schrijfmachine*
typhoid ('taɪfɔɪd) **I** ZN • *tyfus* **II** BNW • *tyfeus*
typhoon (taɪ'fu:n) ZN *tyfoon* ⟨tropische cycloon⟩
typhus ('taɪfəs) ZN *vlektyfus*
typical ('tɪpɪkl) BNW *typisch*; *kenmerkend* ★ it is ~
of him *'t typeert hem*
typify ('tɪpɪfaɪ) OV WW *typeren*
typing ('taɪpɪŋ) BNW ★ ~ error/mistake *tikfout*
typist ('taɪpɪst) ZN *typiste*
typo ('taɪpəʊ) ZN • INFORM. *typefout* • INFORM.
drukker
typographer (taɪ'pɒgrəfə) ZN *drukker*; *grafisch
vormgever*
typographic (taɪpə'græfɪk) BNW *typografisch*
typographical (taɪpə'græfɪkl) BNW *typografisch*
typography (taɪ'pɒgrəfɪ) ZN *typografie*; *grafische
vormgeving*
typology (taɪ'pɒlədʒɪ) ZN *typologie*; *typeleer*
tyrannical (tɪ'rænɪkl), **tyrannous** ('tɪrənəs) BNW
tiranniek
tyrannize, G-B **tyrannise** ('tɪrənaɪz) OV+ONOV
WW *tiranniseren*
tyranny ('tɪrənɪ) ZN *tirannie*
tyrant ('taɪərənt) ZN *tiran*
tyre ('taɪə) **I** ZN • G-B *band* ⟨v. wiel⟩ ★ spare tyre
reserveband ★ radial tyre *radiaalband* ★ IRON.
spare tyre *zwembandje* ⟨vetrol⟩ **II** OV WW
• *band leggen om*
tyre chain ZN *sneeuwketting*
tyred (taɪəd) BNW *voorzien v. band(en)*
tyre gauge ZN *bandenspanningsmeter*
Tyrian ('tɪrɪən) BNW • *uit Tyrus* • *purperkleurig*
tyro ('taɪərəʊ) ZN *beginneling*
tzar (zɑ:) ZN *tsaar*

tz

U

u (ju:) ZN letter *u* ★ U as in Uncle *de u van Utrecht*

U (ju:) AFK • USA/AUSTR. University *universiteit* • universal *voor alle leeftijden* ⟨film⟩ • upper class *maatschappelijke bovenlaag*

UAE (ju:er'i:) AFK United Arab Emirates *Verenigde Arabische Emiraten*

ubiquitous (ju:'bɪkwɪtəs) BNW *alomtegenwoordig*

ubiquity (jʊ'bɪkwətɪ) ZN *alomtegenwoordigheid*

U-boat ('ju:bəʊt) ZN underwater boat *onderzeeër; duikboot*

udder ('ʌdə) ZN *uier*

UEFA (ju:'i:fə, ju:'eɪfə) AFK Union of European Football Associations *UEFA* ⟨Europese Voetbal Unie⟩

UFO (ju:ef'əʊ) AFK unidentified flying object *ufo* ⟨onbekend vliegend voorwerp⟩

ufology (ju:'fɒlədʒɪ) ZN *literatuur/wetenschap omtrent ufo's*

ugh (əx) TW *bah!*

uglify ('ʌglɪfaɪ) OV WW *lelijk maken*

ugliness ('ʌglɪnəs) ZN *lelijkheid*

ugly ('ʌglɪ) I ZN • *lelijk persoon; lelijkerd* • OUD. *scherm aan dameshoed* II BNW • *verdacht; bedenkelijk* • *vervelend* • *dreigend* • *kwaadaardig* • *lelijk* ⟨v. aanzien⟩ ★ an ugly customer *een lastpak* ★ ugly duckling *lelijk eendje* ★ ugly tongues *boze tongen*

UK (ju:keɪ) AFK United Kingdom *Verenigd Koninkrijk; Groot-Brittannië*

ulcer ('ʌlsə) ZN • *etterende zweer; ulcus* • FIG. *smet*

ulcerate ('ʌlsəreɪt) WW *etteren; zweren* ★ ~d stomach *maagzweer* ★ alcohol was causing his stomach to ~ *door alcohol heeft hij een maagzweer gekregen*

ulceration (ʌlsə'reɪʃən) ZN *zweer; verzwering*

ulcerative ('ʌlsərətɪv) BNW *zwerend; bedekt met zweren*

ulna ('ʌlnə) ZN *ellepijp*

ulster ('ʌlstə) ZN *lange herenwinterjas*

ult. AFK ultimo (of last month) *van de vorige maand*

ulterior (ʌl'tɪərɪə) BNW • *aan de andere zijde; verderop* • *in de toekomst* • *heimelijk* ★ ~ motive/purpose *bijbedoeling*

ultimate ('ʌltɪmət) I ZN • *uiterste* • *grond(principe)* • *eind-/slotresultaat* • *summum; toppunt* ★ in the ~ *ten slotte* II BNW • *uiterste* • *ultieme; laatste* • *definitief*

ultimately ('ʌltɪmətlɪ) BIJW *ten slotte*

ultimatum (ʌltɪ'meɪtəm) ZN • *ultimatum* • *besluit* • *grondbeginsel*

ultimo ('ʌltɪməʊ) BNW *v.d. vorige maand*

ultra ('ʌltrə) I ZN • *extremist; radicaal* II BNW • *extremistisch; uiterst(e)* III VOORV • *ultra-; hyper-*

ultraist ('ʌltraɪst) ZN *iem. met geavanceerde ideeën over godsdienst/politiek*

ultramarine (ʌltrəmə'ri:n) I ZN • *ultramarijn* II BNW • *overzees* • *ultramarijn*

ultramodern (ʌltrə'mɒdən) BNW *hypermodern*

ultramontane (ʌltrə'mɒnteɪn) BNW *aan de zuidzijde v.d. Alpen gelegen; Italiaans; Rooms*

ultramundane (ʌltrə'mʌndeɪn) BNW • *buiten de wereld of 't zonnestelsel gelegen* • *tot het andere leven behorend*

ultrasonic (ʌltrə'sɒnɪk) BNW *ultrasoon*

ultrasound (ʌltrə'saʊnd) ZN • *ultrasoon geluid* • MED. *echografie*

ultraviolet (ʌltrə'vaɪələt) BNW *ultraviolet*

ululate ('ju:lʊlet) ONOV WW • *schreeuwen* • *jammeren*

ululation (ju:ljʊ'leɪʃən) ZN *geweeklaag; geschreeuw*

umbel ('ʌmbl) ZN *bloemscherm*

umbelliferous (ʌmbə'lɪfərəs) BNW *schermdragend*

umber ('ʌmbə) I ZN • *omber* ⟨kleur v. aarde⟩ • *ombervogel* II BNW • *omberkleurig* III OV WW • *bruinen*

umbilical (ʌm'bɪlɪkl) I ZN • *verbinding* • *schakel* II BNW • *navel-* • *centraal* ★ ~ ancestor *voorouder v.d. kant v.d. moeder*

umbilicus (ʌm'bɪlɪkəs) ZN *navel*

umbrage ('ʌmbrɪdʒ) ZN *aanstoot* ★ take ~ at *aanstoot nemen aan* ★ give ~ to *aanstoot geven; ergeren*

umbrella (ʌm'brelə) ZN • *paraplu* • *bedekking* ⟨v. kwal⟩ • *zonnescherm* • *tuinparasol* • *parachute* • *overkoepeling(sorgaan)*

umbrella stand ZN *paraplubak*

umph (ʌmf) TW *hm!*

umpire ('ʌmpaɪə) I ZN • *scheidsrechter; arbiter* II OV+ONOV WW • *optreden als scheidsrechter*

umpteen ('ʌm(p)'ti:n) TELW • INFORM. *heel wat* • INFORM. *tig*

umpteenth ('ʌm(p)'ti:nθ) BNW *zoveelste*

un- (ʌn) VOORV *on-; niet* ★ unfair *oneerlijk*

'un (ən) • → **one**

UN (ju'en) AFK United Nations *VN; Verenigde Naties*

unabashed (ʌnə'bæʃt) BNW • *niet verlegen* • *schaamteloos* • *onbeschaamd*

unabated (ʌnə'beɪtɪd) BNW *onverzwakt; onverminderd*

unable (ʌn'eɪbl) BNW *niet in staat; onbekwaam*

unabridged (ʌnə'brɪdʒd) BNW *onverkort*

unacceptable (ʌnək'septəbl) BNW • *onaanvaardbaar* • *onaannemelijk* • *niet welkom*

unaccommodating (ʌnə'kɒmədeɪtɪŋ) BNW *niet inschikkelijk*

unaccompanied (ʌnə'kʌmpənɪd) BNW *zonder begeleiding*

unaccomplished (ʌnə'kʌmplɪʃt) BNW • *onvoltooid* • *onbeschaafd* • *onbegaafd*

unaccountable (ʌnə'kaʊntəbl) BNW • *onverklaarbaar* • *niet verantwoordelijk* • *ontoerekenbaar*

unaccounted (ʌnə'kaʊntɪd) BNW *onverantwoord* ★ ~ for *onverklaard; onverantwoord*

unaccustomed (ʌnə'kʌstəmd) BNW • *ongewoon* • *niet gewend* ★ ~ to *niet gewend aan*

unacquainted (ʌnə'kweɪntɪd) BNW • *onbekend* • *elkaar niet kennende*

unadulterated (ʌnə'dʌltəreɪtɪd) BNW • *zuiver; echt* • *volkomen; compleet* ★ an ~ villain *een* *doortrapte schurk*

unadvised (ʌnəd'vaɪzd) BNW *ondoordacht; onberaden*

unadvisedly (ʌnəd'vaɪzɪdlɪ) BIJW • *ondoordacht; onverstandig* • *niet bijgestaan*

unaffected (ʌnə'fektɪd) BNW • *eerlijk; open; natuurlijk; ongedwongen* • *niet beïnvloed*

unafraid (ʌnə'freɪd) BNW *niet bang; onversaagd*

unaided (ʌn'eɪdɪd) BNW *zonder hulp* ★ *the ~ eye het blote oog*

unalarmed (ʌnə'lɑːmd) BNW *onbevreesd*

unalienable (ʌn'eɪlɪənəbl) BNW *onvervreemdbaar*

unalive (ʌnə'laɪv) BNW *zonder leven* ★ *~ to ongevoelig voor*

unallied (ʌnə'laɪd) BNW • *niet verwant* • *zonder bondgenoten*

unalloyed (ʌnə'lɔɪd) BNW *onvermengd; zuiver*

unalterable (ʌn'ɔːltərəbl) BNW *onveranderlijk*

unaltered (ʌn'ɔːltəd) BNW *ongewijzigd*

unambiguous (ʌnæm'bɪɡjʊəs) BNW *ondubbelzinnig; helder*

unambitious (ʌnæm'bɪʃəs) BNW *bescheiden; niet eerzuchtig*

unamenable (ʌnə'miːnəbl) BNW • *onhandelbaar* • *onverantwoordelijk* • *niet vatbaar* ★ *~ to criticism niet vatbaar voor kritiek*

unanimity (juːnə'nɪmətɪ) ZN *eenstemmigheid*

unanimous (juː'nænɪməs) BNW *eenstemmig*

unannounced (ʌnə'naʊnst) BNW *onaangekondigd*

unanswerable (ʌn'ɑːnsərəbl) BNW • *niet te beantwoorden* • *onweerlegbaar* • *niet verantwoordelijk*

unanswered (ʌn'ɑːnsəd) BNW • *onbeantwoord* • *niet weerlegd*

unappalled (ʌnə'pɔːld) BNW *onvervaard*

unappeased (ʌnə'piːzd) BNW *niet bevredigd*

unappreciated (ʌnə'priːʃeɪtɪd) BNW • *niet gewaardeerd* • *miskend*

unapproachable (ʌnə'prəʊtʃəbl) BNW • *ontoegankelijk* • *weergaloos*

unapt (ʌn'æpt) BNW • *ongeschikt* • *ongepast* • *onbekwaam* • *niet geneigd*

unarguable (ʌn'ɑːɡjʊəbl) BNW *ontegenzeggelijk*

unarmed (ʌn'ɑːmd) BNW *ongewapend*

unashamed (ʌnə'ʃeɪmd) BNW • *schaamteloos* • *onbeschroomd*

unasked (ʌn'ɑːskt) BNW *ongevraagd*

unaspiring (ʌnə'spaɪərɪŋ) BNW *bescheiden*

unassailable (ʌnə'seɪləbl) BNW *onaantastbaar*

unassertive (ʌnə'sɜːtɪv) BNW *bescheiden*

unassisted (ʌnə'sɪstɪd) BNW • *zonder hulp* • *ongewapend; bloot* 〈oog〉

unassuming (ʌnə'sjuːmɪŋ) BNW *niet aanmatigend; bescheiden; pretentieloos*

unattached (ʌnə'tætʃt) BNW • *niet gebonden; niet verbonden; los* • *alleenstaand; ongebonden* • *extern* • JUR. *onbezwaard*

unattended (ʌnə'tendɪd) BNW • *niet vergezeld; zonder gevolg* • *onbeheerd* • *verwaarloosd*

unattractive (ʌnə'træktɪv) BNW *onaantrekkelijk*

unauthorized, G-B **unauthorised** (ʌn'ɔːθəraɪzd) BNW • *niet gemachtigd* • *onwettig; niet echt*

unavailable (ʌnə'veɪləbl) BNW • *niet geldig* • *niet beschikbaar; niet te spreken; niet toegankelijk*

unavailing (ʌnə'veɪlɪŋ) BNW *vergeefs*

unavoidable (ʌnə'vɔɪdəbl) BNW *onvermijdelijk*

unaware (ʌnə'weə) BNW • *wereldvreemd* • *z. niet bewust van*

unawares (ʌnə'weəz) BIJW • *onbewust; ongemerkt* • *onverhoeds* ★ *they were taken ~ ze werden (er door) overvallen/verrast*

unbalance (ʌn'bæləns) **I** ZN • *onevenwichtigheid* **II** OV WW • *uit 't evenwicht brengen*

unbalanced (ʌn'bæ-lənst) BNW • *uit 't evenwicht* • *onevenwichtig* • ECON. *niet sluitend/vereffend* 〈rekening〉

unbated (ʌn'beɪtɪd) BNW • → **unabated**

unbearable (ʌn'beərəbl) BNW *ondraaglijk; onduldbaar*

unbeaten (ʌn'biːtn) BNW • *ongeslagen* • *onovertroffen* • *onbetreden*

unbecoming (ʌnbɪ'kʌmɪŋ) BNW • *ongepast* 〈gedrag〉 • *niet goed staand* ★ *an ~ hat een onflatteuze hoed*

unbeknown (ʌnbɪ'nəʊn) BNW INFORM. *onbekend* ★ *~ to zonder medeweten van*

unbelief (ʌnbɪ'liːf) ZN *ongeloof*

unbelievable (ʌnbɪ'liːvəbl) BNW *ongelofelijk*

unbeliever (ʌnbɪ'liːvə) ZN *ongelovige*

unbelieving (ʌnbɪ'liːvɪŋ) BNW *ongelovig*

unbend (ʌn'bend) OV+ONOV WW • *rechtbuigen/ maken* • *(z.) ontspannen; losmaken; verslappen* • *z. laten gaan*

unbending (ʌn'bendɪŋ) BNW • *ontspannend* • *onbuigzaam; hardnekkig*

unbent (ʌn'bent) BNW • *niet gebogen; recht* • *niet onderworpen* • *slap* 〈v. boog〉

unbiased, unbiassed (ʌn'baɪəst) BNW *onbevooroordeeld*

unbidden (ʌn'bɪdn) BNW *ongenood*

unbind (ʌn'baɪnd) OV WW *losmaken*

unbleached (ʌn'bliːtʃt) BNW *ongebleekt*

unblenched (ʌn'blentʃt) BNW *onverschrokken; niet wijkend*

unblenching (ʌn'blentʃɪŋ) BNW *onversaagd*

unblushing (ʌn'blʌʃɪŋ) BNW *schaamteloos*

unbolt (ʌn'bəʊlt) OV WW • *ontgrendelen* • *bout(en) losdraaien*

unborn (ʌn'bɔːn) BNW *ongeboren*

unbosom (ʌn'bʊzəm) OV WW • *ontboezemen* • *uiten*

unbottle (ʌn'bɒtl) OV WW *uitgieten* ★ *~ one's feelings uiting geven aan z'n gevoelens*

unbound (ʌn'baʊnd) BNW *niet gebonden*

unbounded (ʌn'baʊndɪd) BNW • *onbegrensd* • *teugelloos*

unbridle (ʌn'braɪdl) OV WW • *aftomen* • *de teugel vieren*

unbridled (ʌn'braɪdld) BNW *ongebreideld*

unbroken (ʌn'brəʊkən) BNW • *ononderbroken* • *ongeschonden* • *(nog) niet gebroken*

unbuckle (ʌn'bʌkl) OV WW *losgespen*

unbuilt (ʌn'bɪlt) BNW • *ongebouwd* • *onbebouwd* ★ *~ site onbebouwd terrein*

unburden (ʌn'bɜːdn) OV WW • *ontlasten* • *z. bevrijden van* ★ *~ o.s. zijn hart uitstorten*

unbutton (ʌn'bʌtn) OV WW • *losknopen* • *uiten* ★ *~ o.s. zijn hart uitstorten*

uncalled (ʌn'kɔːld) BNW • *niet geroepen* • *on(op)gevraagd* • *ongestort* 〈kapitaal〉 • *niet beroepen* 〈predikant〉 ★ *~ for ongevraagd/*

un

opdringerig; *niet afgehaald*; ⟨pakje⟩ *onnodig*;
ongemotiveerd

uncanny (ʌnˈkænɪ) BNW • *geheimzinnig*
• *angstwekkend; griezelig* ⟨in Schotland⟩
• *onvoorzichtig*

uncaring (ʌnˈkeərɪŋ) BNW *z. niet bekommerend*
om

unceasing (ʌnˈsiːsɪŋ) BNW *onophoudelijk*

unceremonious (ʌnserrˈməʊnɪəs) BNW *zonder*
complimenten; familiair

uncertain (ʌnˈsɜːtn) BNW *onzeker; twijfelachtig;*
onbetrouwbaar

uncertainty (ʌnˈsɜːtəntɪ) ZN *twijfelachtigheid;*
onbetrouwbaarheid; onzekerheid

unchain (ʌnˈtʃeɪn) OV WW *ontketenen; loslaten*

unchallengeable (ʌnˈtʃælɪndʒəbl) BNW
onbetwistbaar

unchallenged (ʌnˈtʃælɪndʒd) BNW • *ongewraakt;*
ongehinderd • *onbetwist; onaangetast* ⟨bijv. v.
record⟩

unchangeable (ʌnˈtʃeɪndʒəbl) BNW
onveranderlijk; niet te veranderen

unchanged (ʌnˈtʃeɪndʒd) BNW *onveranderd*

unchanging (ʌnˈtʃeɪndʒɪŋ) BNW *onveranderlijk;*
niet veranderend

uncharitable (ʌnˈtʃærɪtəbl) BNW *liefdeloos;*
onbarmhartig

uncharted (ʌnˈtʃɑːtɪd) BNW *niet in kaart*
gebracht

unchaste (ʌnˈtʃeɪst) BNW *onkuis*

unchecked (ʌnˈtʃekt) BNW • *niet gecontroleerd*
• *onbelemmerd*

uncivic (ʌnˈsɪvɪk) ZN *getuigend v. weinig*
burgerzin

uncivil (ʌnˈsɪvɪl) BNW *onbeleefd*

uncivilized, G-B **uncivilised** (ʌnˈsɪvəlaɪzd) BNW
onbeschaafd

unclaimed (ʌnˈkleɪmd) BNW • *onopgevraagd*
• *niet opgehaald*

unclassified (ʌnˈklæsɪfaɪd) BNW • *niet*
geclassificeerd; niet geregistreerd • *niet (meer)*
geheim

uncle (ˈʌŋkl) ZN • *oom* • PLAT *lommerd* ★ *Uncle*
Sam oom Sam ⟨personificatie van de USA⟩
★ *become the ~ over a p. iem. op 'n*
vriendelijke manier de les lezen ★ *talk like a*
Dutch ~ iem. op een vriendelijke wijze de les
lezen ★ JEUGDT. *say/cry ~ zich gewonnen geven;*
een toontje lager zingen ★ *Bob's your ~ klaar is*
Kees; dik voor elkaar

unclean (ʌnˈkliːn) BNW • *onrein; smerig* • *onkuis*

uncleanly (ʌnˈklenlɪ) I BNW • *vuil* • *onkuis*
• *onrein* II BIJW • *vuil*

unclear (ʌnˈklɪə) BNW *onduidelijk*

unclose (ʌnˈkləʊz) OV+ONOV WW *openen; bekend*
maken/worden

unclouded (ʌnˈklaʊdɪd) BNW *onbewolkt* ★ *~*
happiness onverdeeld geluk

uncoil (ʌnˈkɔɪl) OV+ONOV WW • *afwikkelen* • *(z.)*
ontrollen

uncoloured, USA **uncolored** (ʌnˈkʌləd) BNW
ongekleurd

uncome-at-able (ʌnkʌmˈætəbl) ZN
• *onbereikbaar* • *onverkrijgbaar*

uncomfortable (ʌnˈkʌmftəbl) BNW
• *ongemakkelijk* • *verontrustend* • *niet op zijn*
gemak

uncommitted (ʌnkəˈmɪtɪd) BNW *niet gebonden;*
neutraal

uncommon (ʌnˈkɒmən) BNW *ongewoon* ★ *not*
~ly nogal eens

uncommunicative (ʌnkəˈmjuːnɪkətɪv) BNW
gesloten; gereserveerd

uncompromising (ʌnˈkɒmprəmaɪzɪŋ) BNW
onverzoenlijk; niets ontziend; niet tot schikking
bereid; niet inschikkelijk

unconcealed (ʌnkənˈsiːld) BNW *openlijk;*
onverholen

unconcern (ʌnkənˈsɜːn) ZN *onbezorgdheid;*
onverschilligheid

unconcerned (ʌnkənˈsɜːnd) BNW • *niet betrokken*
(in/with in/bij) • *onverschillig (about over);*
onbezorgd

unconditional (ʌnkənˈdɪʃənl) BNW
onvoorwaardelijk

unconditioned (ʌnkənˈdɪʃənd) BNW
• *onvoorwaardelijk* • *niet-geconditioneerd;*
natuurlijk

unconfined (ʌnkənˈfaɪnd) BNW *vrij; onbeperkt*

uncongenial (ʌnkənˈdʒiːnɪəl) BNW
• *onsympathiek; onaangenaam* • *niet verwant*

unconnected (ʌnkəˈnektɪd) BNW *losstaand;*
zonder verband; onsamenhangend

unconscionable (ʌnˈkɒnʃənəbl) BNW *ontzaglijk;*
onredelijk

unconscious (ʌnˈkɒnʃəs) I ZN • *het*
onderbewustzijn II BNW • *onbewust*
• *bewusteloos* ★ *he was ~ of the danger hij*
was zich niet van het gevaar bewust

unconsciousness (ʌnˈkɒnʃəsnəs) ZN
bewusteloosheid

unconsidered (ʌnkənˈsɪdəd) BNW • *onbezonnen*
• *ondoordacht*

uncontested (ʌnkənˈtestɪd) BNW *onbetwist*

uncontrollable (ʌnkənˈtrəʊləbl) BNW • *niet te*
beïnvloeden • *niet te beheersen* • *onbeperkt* ★ *~*
laughter onbedaarlijk gelach

uncontrolled (ʌnkənˈtrəʊld) BNW • *bandeloos*
• *niet gecontroleerd* • *onbelemmerd*

unconventional (ʌnkənˈvenʃənl) BNW
onconventioneel; niet gebonden aan vormen;
vrij

unconventionality (ʌnkənvenʃəˈnælətɪ) ZN
ongedwongenheid

unconvincing (ʌnkənˈvɪnsɪŋ) BNW *niet*
overtuigend

uncork (ʌnˈkɔːk) OV WW *ontkurken; opentrekken*
⟨v. fles⟩

uncountable (ʌnˈkaʊntəbl) BNW • *niet te tellen*
• *ontelbaar*

uncounted (ʌnˈkaʊntɪd) BNW • *talloos* • *niet*
geteld

uncouth (ʌnˈkuːθ) BNW • OUD. *onbekend;*
vreemd; eigenaardig • *onhandig* • OUD. *woest;*
verlaten

uncover (ʌnˈkʌvə) OV WW • *ontbloten; bloot*
leggen • *uit zijn schuilplaats drijven* ⟨vos⟩ • MIL.
zonder dekking laten

uncovered (ʌnˈkʌvəd) BNW • *onbedekt*
• *ongedekt*

uncreditable (ʌnˈkredɪtəbl) ZN *oneervol*

uncritical (ʌnˈkrɪtɪkl) BNW • *onkritisch*

un

• *klakkeloos*

uncrowned (ʌn'kraʊnd) BNW *ongekroond*; *nog niet gekroond* ★ ~ *king nog niet gekroonde koning*; *ongekroonde koning* ⟨fig.⟩

UNCTAD AFK United Nations Conference on Trade and Development *Unctad*

unction ('ʌŋkʃən) ZN • *zalf* • *zalving*; *'t insmeren met 'n zalf(je)*; *sacrament der zieken* • *vuur*; *animo* ★ Extreme Unction *Heilig Oliesel*

unctuous ('ʌŋktʃʊəs) BNW • *vettig* • *zalvend* ⟨fig.⟩

uncultivable (ʌn'kʌltɪvəbl) BNW • *onbebouwbaar* • *niet te beschaven/ontwikkelen*

uncultivated (ʌn'kʌltɪveɪtɪd) BNW • *onbebouwd* • *onbeschaafd*; *onontwikkeld*

uncultured (ʌn'kʌltʃəd) BNW • *onbeschaafd*; *onontwikkeld* • *onbebouwd*

uncurbed (ʌn'kɜːbd) BNW *tomeloos*

uncut (ʌn'kʌt) BNW • *ongesnoeid* • *ongeslepen* ⟨diamant⟩ • *onverkort* • USA *niet versneden* ⟨drank⟩ • *onversneden* ⟨drugs⟩ • *niet opengesneden* ★ ~ film/book/play *ongecensureerd(e) film/boek/stuk* ★ ~ pages *onafgesneden pagina's* ⟨v. boek⟩

undaunted (ʌn'dɔːntɪd) BNW *onverschrokken*; *onversaagd*

undeceive (ʌndɪ'siːv) OV WW • FIG. *de ogen openen* • *ontgoochelen*

undecided (ʌndɪ'saɪdɪd) BNW *onbeslist*

undeclinable (ʌndɪ'klaɪnəbl) BNW *onverbuigbaar*

undeclined (ʌndɪ'klaɪnd) BNW *onverbogen*

undefiled (ʌndɪ'faɪld) BNW *rein*; *onbesmet*

undemonstrative (ʌndɪ'mɒnstrətɪv) BNW *gesloten*; *terughoudend*

undeniable (ʌndɪ'naɪəbl) BNW • *ontegenzeglijk* • *niet te wraken* • *onberispelijk* • *niet te weigeren*

undenominational (ʌndɪnɒmɪ'neɪʃənl) BNW *niet tot een kerkgenootschap behorend* ★ ~ school *openbare school*

under ('ʌndə) I BNW • *onder*; *beneden* • *onvoldoende* ★ ~ classes *lagere klassen* II BIJW • *hieronder*; *(daar)onder* III VZ • *onder*; *lager/minder dan*; *beneden* • *krachtens* • *onder beschutting van* ★ ~ difficult circumstances *onder moeilijke omstandigheden* • ~secretary *staatssecretaris*

underact (ʌndər'ækt) OV+ONOV WW • *bewust ingetogen acteren* • *niet goed spelen/vervullen* ⟨rol⟩

under-age (ʌndər'eɪdʒ) BNW *jong*; *minderjarig*

underbid (ʌndə'bɪd) OV WW • *minder bieden dan* • *te weinig bieden* ⟨bridge⟩

underbidder (ʌndə'bɪdə) ZN *op één na hoogste bieder*

underbred (ʌndə'bred) I ZN • *v. inferieur ras* ⟨vooral paard⟩ II BNW • *onopgevoed* • *niet raszuiver*

underbrush ('ʌndəbrʌʃ) ZN *kreupelhout*

undercarriage ('ʌndəkærɪdʒ) ZN *landingsgestel* ⟨v. vliegtuig⟩; *onderstel* ⟨v. wagen⟩

undercharge (ʌndə'tʃɑːdʒ) OV WW *te weinig berekenen*

underclothes ('ʌndəkləʊðz) ZN MV *onderkleren*

underclothing ('ʌndəkləʊðɪŋ) ZN *onderkleding*

undercoat ('ʌndəkəʊt) ZN • *onderjas* • *grondverflaag*; *onderlaag* • USA *roestwerend middel*

undercover (ʌndə'kʌvə) BNW *geheim*; *heimelijk* ★ ~ agent *geheim agent*; *infiltrant*

undercurrent ('ʌndəkʌrənt) I ZN • *onderstroom* • *verborgen invloed* • *onderstroom* II BNW • *verborgen*

undercut[1] ('ʌndəkʌt) ZN • SPORT *slag met tegeneffect* • *toespeling*; *steek onder water* • *ossenhaas*

undercut[2] (ʌndə'kʌt) OV WW • *ondermijnen* • *van onderen uitdunnen* ⟨haar⟩; *wegkappen* • *ondergraven* • *onderbieden*; *goedkoper werken dan concurrent* • SPORT *bal v. onderen raken* ★ ~ efforts *pogingen ondermijnen* ★ ~ competitors *iets aanbieden tegen lagere prijs dan concurrenten*

underdeveloped (ʌndədɪ'veləpt) BNW *onderontwikkeld*

underdo (ʌndə'duː) OV WW • *te kort/niet gaar koken* • *niet voldoende doen*

underdog ('ʌndədɒg) ZN *verliezer*; *zwakkere*; *verdrukte*

underdone (ʌndə'dʌn) BNW *niet doorbakken*; *niet gaar*

underdress (ʌndə'dres) OV+ONOV WW *(z.) te dun/te eenvoudig kleden*

underestimate (ʌndər'estɪmeɪt) I ZN • *onderschatting* • *te lage waardering* II OV+ONOV WW • *onderschatten* • *te laag waarderen*

underexpose (ʌndərɪk'spəʊz) OV WW *onderbelichten*

underfeed (ʌndə'fiːd) OV WW *onvoldoende te eten geven* ★ underfed children *ondervoede kinderen*

underflow ('ʌndəfləʊ) ZN • → **undercurrent**

underfoot (ʌndə'fʊt) BIJW *onder de voet(en)* ★ crush ~ *vernederen*; *vertrappen*

undergo (ʌndə'gəʊ) OV WW *ondergaan*; *lijden* ★ ~ radical political changes *aan ingrijpende politieke veranderingen onderhevig zijn* ★ ~ an operation *een operatie ondergaan*

undergraduate (ʌndə'grædʒʊət) ZN • O&W *student* ⟨aan universiteit⟩ • FIG. *beginneling*

underground ('ʌndəgraʊnd) I ZN • G-B *metro* • *ondergrondse* ⟨(politiek) illegaal verzet⟩ • *radicale tegencultuur* ★ Underground *metro* ⟨v. London⟩ II BNW • *ondergronds* ⟨onder de grond⟩ • *ondergronds* ⟨(politiek) illegaal⟩ • *radicaal*; *experimenteel* ★ ~ activities *geheime activiteiten* ★ ~ movie *avant-gardefilm* III BIJW • *ondergronds* ⟨onder de grond⟩ • *ondergronds* ⟨(politiek) illegaal⟩ ★ go ~ *onderduiken*

undergrowth ('ʌndəgrəʊθ) ZN *kreupelhout*

underhand (ʌndə'hænd) BNW • *met de hand beneden de schouder* ⟨worp⟩ • *onderhands* • *heimelijk*; *slinks*

underhanded (ʌndə'hændɪd) BNW • *met de hand onder schouderhoogte* • *onderbezet*; *met te weinig personeel*

underlay[1] ('ʌndəleɪ) ZN *ondertapijt*; *onderlegger*

underlay[2] (ʌndə'leɪ) WW [verleden tijd] • → **underlie** OV WW *d.m.v. onderlegger steunen*

underlease (ʌndəli:s) I ZN • *onderverhuur* II OV WW • *onderverhuren*

un

underlet (ʌndə'let) OV WW • *onderverhuren* • *onder de waarde verhuren*

underlie (ʌndə'laɪ) OV WW • *liggen onder* • *ten grondslag liggen aan*

underline (ʌndə'laɪn) OV WW OOK FIG. *onderstrepen*

underlinen ('ʌndəlɪnɪn) ZN *ondergoed*

underling ('ʌndəlɪŋ) ZN • MIN. *ondergeschikte* • MIN. *loopjongen*

undermanned (ʌndə'mænd) BNW *met onvoldoende bemanning/personeel*

undermentioned (ʌndə'menʃənd) BNW *hieronder vermeld*

undermine (ʌndə'maɪn) OV WW *ondermijnen*

undermost ('ʌndəməʊst) BNW + BIJW *alleronderste; op de onderste plaats*

underneath (ʌndə'niːθ) I ZN • *onderkant* II BNW • *onder-* ★ the ~ *meaning de dieperliggende betekenis* III BIJW • *hieronder; daaronder; beneden* ★ ~, I am very shy *eigenlijk, diep van binnen, ben ik erg verlegen* IV VZ • *onder; beneden* ★ ~ the table *onder de tafel*

undernourish (ʌndə'nʌrɪʃ) OV WW *onvoldoende te eten geven* ★ ~ed *ondervoed*

underpants ('ʌndəpænts) ZN *onderbroek*

underpass ('ʌndəpɑːs) ZN *onderdoorgang* ★ the ~ *near the railway station de onderdoorgang bij het station*

underpay (ʌndə'peɪ) OV WW *onderbetalen; niet voldoende uitbetalen*

underpin (ʌndə'pɪn) OV WW *onderbouwen; steunen; versterken*

underplay (ʌndə'pleɪ) OV WW • *onderwaarderen; bagatelliseren* • *duiken* ⟨kaartspel⟩

underplot ('ʌndəplɒt) ZN • *ondergeschikte intrige* ⟨v. verhaal⟩ • *kuiperij*

underpopulated (ʌndə'pɒpjʊ'leɪtɪd) BNW *te dun bevolkt*

underprivileged (ʌndə'prɪvəlɪdʒd) BNW *kansarm*

underquote (ʌndə'kwəʊt) OV WW *een lagere prijs bieden/vragen dan; onderbieden*

underrate (ʌndə'reɪt) OV WW • *onderschatten* • *te laag schatten*

unders ('ʌndəz) ZN MV *onderkleren*

underscore[1] ('ʌndəskɔ:) ZN *onderstreping*

underscore[2] (ʌndə'skɔ:) OV WW *onderstrepen; FIG. benadrukken*

under-secretary (ʌndə'sekrətərɪ) ZN *onderminister; tweede secretaris* ★ ~ *of state onderminister; staatssecretaris*

undersell (ʌndə'sel) OV WW • *goedkoper verkopen dan* • *onder de waarde verkopen*

underside ('ʌndəsaɪd) ZN *onderkant*

undersign (ʌndə'saɪn) OV WW *ondertekenen*

undersized (ʌndə'saɪzd) BNW *onder de gemiddelde maat*

understaffed (ʌndə'stɑːft) ZN *onderbezet*

understand (ʌndə'stænd) OV WW • *begrijpen* • *verstaan* ⟨ergens uit⟩ *opmaken* ★ we could not make ourselves understood *we konden ons niet verstaanbaar maken* ★ an understood thing *iets dat vanzelf spreekt; iets dat men van te voren is overeengekomen* ★ it is understood that ... *stilzwijgend wordt aangenomen dat ...; naar we vernemen ...* ★ from what you say I ~

... *uit wat je zegt maak ik op ...* ★ what do you ~ by this? *wat versta je hieronder?* ★ am I to ~ that you will not be present? *moet ik hieruit begrijpen dat je er niet bij zult zijn?*

understandable (ʌndə'stændəbl) BNW *begrijpelijk (to voor)*

understandably (ʌndə'stændəblɪ) BIJW *begrijpelijkerwijs*

understanding (ʌndə'stændɪŋ) I ZN • *begrip; verstand* • *verstandhouding* • *afspraak; overeenkomst* • *interpretatie* ★ on the ~ that ... *op voorwaarde dat ...* ★ come to/arrive at/reach an ~ *tot een overeenkomst komen; een regeling treffen* ★ this is beyond my ~ *dit gaat mijn verstand te boven* II BNW • *begripvol*

understandingly (ʌndə'stændɪŋlɪ) BIJW *met kennis v. zaken*

understate (ʌndə'steɪt) OV WW • *te weinig zeggen* • *te laag opgeven* ⟨bedrag⟩ ★ he is understating his age *hij doet zich jonger voor dan hij is*

understatement (ʌndə'steɪtmənt) ZN • *constatering die iets (opzettelijk) te zwak uitdrukt* • *te lage opgave* ★ calling him incompetent would be an ~ *hem incompetent noemen is allesbehalve overdreven*

understood (ʌndə'stʊd) WW [verleden tijd + volt. deelw.] • → **understand**

understudy ('ʌndəstʌdɪ) I ZN • *doublure* II OV WW • *doublure zijn voor; instuderen v.e. rol ter eventuele vervanging v.e. toneelspeler*

undertake[1] (ʌndə'teik) OV WW • *op z. nemen* • *ondernemen* • *z. verbinden* • *garanderen* • *borg staan* • *beweren* • USA *wagen*

undertake[2] ('ʌndəteik) ONOV WW *begrafenissen verzorgen*

undertaker[1] ('ʌndəteikə) ZN *begrafenisondernemer*

undertaker[2] (ʌndə'teikə) ZN *iem. die iets onderneemt*

undertaking ('ʌndə'teikɪŋ) ZN • *verbintenis* • *lijkbezorging* • *onderneming* ★ ~ business *begrafenisonderneming* ★ ~ parlour *rouwkamer*

undertenant ('ʌndətenənt) ZN *onderhuurder; onderpachter*

underthings ('ʌndəθɪŋz) ZN MV *ondergoed*

undertone ('ʌndətəʊn) ZN • *gedempte toon* • *ondertoon* ⟨fig.⟩ • *lichte tint* ★ speak in an ~ *met gedempte stem spreken*

undertook (ʌndə'tʊk) WW [verleden tijd] • → **undertake**[2]

undertow ('ʌndətəʊ) ZN *onderstroom*

undervalue[1] ('ʌndəvælju:) ZN *te kleine waarde*

undervalue[2] (ʌndə'vælju:) WW • *onderwaarderen* • *onderschatten*

underwater (ʌndə'wɔ:tə) BNW • *onder de waterlijn* • *onderzee(s)* • *onder water gelegen*

underwear ('ʌndəweə) ZN *ondergoed*

underweight (ʌndə'weit) I ZN • *ondergewicht* • *lichtgewicht* II BNW • *onder 't (normale) gewicht; te licht* III OV WW • *onderschatten*

underwent (ʌndə'went) WW [verleden tijd] • → **undergo**

underwood ('ʌndəwʊd) ZN • *hout dat onder ligt* • *kreupelhout*

un

underwork (ʌndə'wɜːk) **I** OV WW • *te weinig laten werken* **II** ONOV WW • *te weinig werken*

underworld ('ʌndəwɜːld) ZN • *onderwereld* • *misdadigerswereld*

underwrite (ʌndə'raɪt) **I** OV WW • *ondertekenen* ⟨polis⟩ • *afsluiten v. verzekeringen* • *syndiceren* • *(iets) onderschrijven* • *eronder schrijven* **II** ONOV WW • *verzekeringen afsluiten*; *assureren* • *verzekeringszaken doen*

underwriter ('ʌndəraɪtə) ZN • SCHEEPV. *assuradeur* • *iem. die niet geplaatste aandelen koopt*

underwriting ('ʌndəraɪtɪŋ) ZN • *garantie* ⟨v. emissie⟩ • SCHEEPV. *assurantie*

undeserved (ʌndɪ'zɜːvd) BNW *onverdiend*

undesignedly (ʌndɪ'zaɪnɪdlɪ) BIJW *onopzettelijk*

undesigning (ʌndɪ'zaɪnɪŋ) BNW • *eerlijk* • *argeloos*

undesirability (ʌndɪzaɪərə'bɪlətɪ) ZN *ongewenstheid*

undesirable (ʌndɪ'zaɪərəbl) **I** ZN • *ongewenste persoon* **II** BNW • *niet begeerlijk* • *ongewenst* ★ ~ *aliens ongewenste vreemdelingen*

undetermined (ʌndɪ'tɜːmɪnd) BNW *onbeslist*; *besluiteloos*

undeterred (ʌndɪ'tɜːd) BNW *onverschrokken*; *niet afgeschrikt*

undeveloped (ʌndɪ'veləpt) BNW *onontwikkeld*

undid (ʌn'dɪd) WW [verleden tijd] • → **undo**

undies ('ʌndɪz) ZN MV INFORM. *(dames)ondergoed*

undig (ʌn'dɪg) OV WW • *opgraven* • *openen* ⟨v. graf⟩

undigested (ʌndɪ'dʒestɪd) BNW • *niet verteerd* • *onrijp* ⟨fig.⟩ • *verward*

undignified (ʌn'dɪgnɪfaɪd) BNW *onwaardig*; *onbetamelijk*; *ongepast*

undiluted (ʌndaɪ'ljuːtɪd) BNW *onverdund*; *puur*

undiscernible (ʌndɪ'sɜːnɪbl) BNW *onmerkbaar*

undiscerning (ʌndɪ'sɜːnɪŋ) **I** ZN • *kortzichtigheid* **II** BNW • *geen onderscheid makend* • *kortzichtig*

undisciplined (ʌn'dɪsəplɪnd) BNW • *ongedisciplineerd* • *onopgevoed*

undisclosed BNW • *geheim*; *verborgen* • *anoniem*

undisputed (ʌndɪ'spjuːtɪd) BNW *onbetwist*

undissolved (ʌndɪ'zɒlvd) BNW • *onontbonden* • *onopgelost* • *onverbroken*

undistinguished (ʌndɪ'stɪŋgwɪʃt) BNW *onbetekenend*; *middelmatig*

undisturbed (ʌndɪ'stɜːbd) BNW *ongestoord*; *onverstoord*

undivided (ʌndɪ'vaɪdɪd) BNW *ongedeeld*; *onverdeeld*

undivulged (ʌndər'vʌldʒd) BNW *geheim gehouden*

undo (ʌn'duː) **I** OV WW • *uitkleden* • *tenietdoen*; *ongedaan maken* • *losmaken*; *openmaken* • *ruïneren* **II** ONOV WW • *losgaan/laten*

undoing (ʌn'duːɪŋ) ZN *oorzaak v. ondergang/ongeluk*

undone (ʌn'dʌn) BNW + BIJW • *on(af)gedaan* • *losgemaakt* • OUD. *geruïneerd* ★ my shoelace came ~ *mijn veter ging los* ★ what is done cannot be ~ *gedane zaken nemen geen keer*

undoubted (ʌn'daʊtɪd) BNW • *ongetwijfeld*; *ontwijfelbaar* • *onverdacht*

undraped (ʌn'dreɪpt) BNW • *niet gedrapeerd* • *naakt*

undrawn (ʌn'drɔːn) BNW • *niet getekend* • *niet getapt* ⟨v. bier⟩ • *niet gemolken*

undreamed (ʌn'driːmd) BNW – **of** *onvoorstelbaar* ★ possibilities ~ of *onvoorstelbare mogelijkheden*

undress¹ ('ʌndres) **I** ZN • *negligé* • MIL. *klein tenue* **II** BNW • *m.b.t. het kleine tenue* • *alledaags*

undress² (ʌn'dres) **I** OV WW • *blootleggen*; *uit-/ontkleden* **II** ONOV WW • *uitkleden* • *blootleggen* • ~ **of** *ontdoen van*

undressed (ʌn'drest) BNW *ongekleed*; *uitgekleed* ★ get~ *zich uitkleden*

undue (ʌn'djuː) BNW • *niet verschuldigd* • *niet vervallen* ⟨schuld⟩ • *ongepast* • *overdreven*

undulate ('ʌndjələt) **I** BNW • *gegolfd* • *golvend* **II** OV+ONOV WW • *(doen) golven* • *(doen) trillen*

undulation (ʌndjʊ'leɪʃən) ZN *golving*; *trilling*

undulatory ('ʌndjʊlətərɪ) *golf-*; *golvend* ★ NATK. ~ theory *golftheorie*

unduly (ʌn'djuːlɪ) BIJW *onoverdreven*; *te zeer*

undying (ʌn'daɪɪŋ) BNW FORM. *onsterfelijk*

unearned (ʌn'ɜːnd) BNW *onverdiend* ★ ~ income *inkomen uit vermogen*

unearth (ʌn'ɜːθ) OV WW • *uit zijn hol jagen* ⟨dier⟩ • *opgraven*, *rooien* • *aan 't licht brengen*; *opdiepen*

unearthly (ʌn'ɜːθlɪ) BNW • *bovenaards* • *akelig*; *griezelig*; *spookachtig* ★ at an ~ hour *op een belachelijk laat/vroeg uur*

unease (ʌn'iːz), **uneasiness** (ʌn'iːzɪnəs) ZN • *ongerustheid*; *angst*; *bezorgdheid* • *ongemak* • *onbehaaglijkheid*

uneasy (ʌn'iːzɪ) BNW • *ongerust* • *onrustig* • *ongemakkelijk*; *onbehaaglijk* ★ sleep uneasily *onrustig slapen* ★ ~ about/at *bezorgd over*

uneconomic (ʌniːkə'nɒmɪk) BNW • *verliesgevend* • *oneconomisch*; *onrendabel*

uneconomical (ʌniːkə'nɒmɪkəl) BNW *oneconomisch*; *onrendabel*

uneducated (ʌn'edjʊkeɪtɪd) BNW • *ongeschoold*; *onontwikkeld* • *onbeschaafd*

unembarrassed (ʌnɪm'bærəst) BNW • *onbelemmerd* • *onbezwaard* ⟨hypotheek⟩ • *vrijmoedig*

unemployable (ʌnɪm'plɔɪəbl) BNW *ongeschikt voor werk*

unemployed (ʌnɪm'plɔɪd) BNW • *werkloos* • *niet gebruikt* ★ the~ *de werklozen*

unemployment (ʌnɪm'plɔɪmənt) ZN *werkloosheid* ★ technological ~ *werkloosheid door automatisering*

unemployment benefit ZN *werkloosheidsuitkering*

unending (ʌn'endɪŋ) BNW • *oneindig* • *onophoudelijk*; *zonder ophouden*

unengaged (ʌnɪn'geɪdʒd) BNW • MIL. *niet in gevecht* • *niet bezet*; *vrij* • *niet bezig*

unenviable (ʌn'envɪəbl) BNW *niet benijdenswaardig*; *onaangenaam*

unequal (ʌn'iːkwəl) BNW • *onregelmatig* • *oneven* • *niet opgewassen tegen* • *ongelijk* ★ FORM. they were ~ to this work *zij konden dit werk*

un

niet aan
unequalled (ʌnˈiːkwəld) BNW *ongeëvenaard*
unequivocal (ʌnɪˈkwɪvəkl) BNW *ondubbelzinnig; duidelijk*
unerring (ʌnˈɜːrɪŋ) BNW *onfeilbaar*
UNESCO, Unesco (juːˈneskəʊ) AFK United Nations Educational, Scientific and Cultural Organization *Unesco*
unethical (ʌnˈeθɪkəl) BNW *onethisch*
uneven (ʌnˈiːvən) BNW *ongelijk(matig)*
uneventful (ʌnɪˈventfʊl) BNW *zonder gebeurtenissen v. belang* ★ these are ~ times *het zijn rustige tijden*
unexceptionable (ʌnɪkˈsepʃənəbl) BNW FORM. *onberispelijk; voortreffelijk*
unexceptional (ʌnɪkˈsepʃənl) BNW *gewoon; niet bijzonder*
unexpected (ʌnɪkˈspektɪd) BNW *onverwacht*
unexplained (ʌnɪkˈspleɪnd) BNW *onverklaard*
unexpressed (ʌnɪkˈsprest) BNW *onuitgedrukt*
unfading (ʌnˈfeɪdɪŋ) BNW • *wat niet verwelkt* • *kleurecht*
unfailing (ʌnˈfeɪlɪŋ) BNW • *zeker; vast* • *onfeilbaar* • *betrouwbaar; trouw* ★ ~ source *onuitputtelijke bron* • be ~ *altijd klaar staan*
unfair (ʌnˈfeə) BNW • *oneerlijk* • *onsportief*
unfaithful (ʌnˈfeɪθfʊl) BNW • *trouweloos* • OUD. *ongelovig* • *niet nauwkeurig* • an ~ translation *een onnauwkeurige vertaling*
unfaltering (ʌnˈfɔːltərɪŋ) BNW • *zonder te stotteren* • *niet aarzelend* • *onwankelbaar; vast*
unfamiliar (ʌnfəˈmɪljə) BNW • *onbekend* • *ongewoon* ★ ~ with *onbekend met*
unfamiliarity (ʌnfəmɪlɪˈærətɪ) ZN • *ongewoonheid* • *onbekendheid*
unfashionable (ʌnˈfæʃənəbl) BNW *niet modieus*
unfashioned (ʌnˈfæʃənd) BNW *niet bekoorlijk v. vorm; ongefatsoeneerd*
unfasten (ʌnˈfɑːsən) I OV WW • *losmaken; openmaken* II ONOV WW • *losraken*
unfathomable (ʌnˈfæðəməbl) BNW • *niet te peilen* • *ondoorgrondelijk*
unfathomed (ʌnˈfæðəmd) BNW • *niet gepeild* • *onmetelijk*
unfavourable (ʌnˈfeɪvərəbl) BNW *ongunstig*
unfeasible (ʌnˈfiːzəbl) BNW *ondoenlijk*
unfeeling (ʌnˈfiːlɪŋ) BNW • *ongevoelig* • *onsympathiek*
unfeigned (ʌnˈfeɪnd) BNW • *ongeveinsd* • *onvervalst* • *echt*
unfinished (ʌnˈfɪnɪʃt) BNW • *onaf; onafgewerkt; onafgedaan* • *onbewerkt* • *onvolledig*
unfit[1] (ˈʌnfɪt) BNW • *ongepast* • *ongeschikt* • *minderwaardig*
unfit[2] (ʌnˈfɪt) I BNW • *niet in goede conditie* II OV WW • *ongeschikt maken*
unfitted (ʌnˈfɪtɪd) BNW • *niet geschikt* • *niet uitgerust* (fig.)
unfitting (ʌnˈfɪtɪŋ) BNW • *ongeschikt* • *ongepast*
unfix (ʌnˈfɪks) OV WW • *verwarren* • *losmaken* • *losgaan*
unflagging (ʌnˈflægɪŋ) BNW *onvermoeibaar; onverflauwd*
unflappable (ʌnˈflæpəbl) BNW *onverstoorbaar; flegmatiek*
unfledged (ʌnˈfledʒd) BNW • *onervaren* • *zonder*

veren; niet kunnen vliegen
unflinching (ʌnˈflɪntʃɪŋ) BNW z. *niet gewonnen gevend; onversaagd*
unfold (ʌnˈfəʊld) OV+ONOV WW • (z.) *ontvouwen;* (z.) *uitspreiden* • *opengaan* • *openbaren* • *loslaten* ⟨schapen uit kooi⟩
unforeseen (ʌnfɔːˈsiːn) BNW *onvoorzien*
unforgettable (ʌnfəˈgetəbl) BNW *onvergetelijk*
unforgivable (ʌnfəˈgɪvəbl) BNW *onvergeeflijk*
unforgiving (ʌnfəˈgɪvɪŋ) BNW *onverzoenlijk*
unfortunate (ʌnˈfɔːtʃənət) I ZN • *ongelukkige* II BNW • *onfortuinlijk; ongelukkig*
unfounded (ʌnˈfaʊndɪd) BNW *ongegrond*
unfreeze (ʌnˈfriːz) OV WW *ontdooien*
unfrequent (ʌnˈfriːkwənt) BNW *zelden* ★ not ~ly *nog al eens*
unfrequented (ʌnfrɪˈkwentɪd) BNW *niet bezocht; eenzaam*
unfriendly (ʌnˈfrendlɪ) BNW *onsympathiek; nors; onvriendschappelijk* ★ ~ weather *slecht weer* ★ ~ welcome *koele ontvangst*
unfrock (ʌnˈfrɒk) OV WW • *van jurk/pij ontdoen* • *ontzetten uit priesterlijk ambt*
unfulfilled (ʌnfʊlˈfɪld) BNW *onvervuld; niet in vervulling gegaan*
unfurl (ʌnˈfɜːl) OV+ONOV WW • (z.) *ontrollen;* (z.) *ontplooien* • *uitspreiden* ★ to ~ the sails *de zeilen hijsen* ★ ~ a flag *een vlag ontvouwen*
unfurnished (ʌnˈfɜːnɪʃt) BNW *ongemeubileerd* ★ ~ with *niet voorzien van*
ungainly (ʌnˈgeɪnlɪ) BNW • *onbeholpen* • *lelijk*
ungenerous (ʌnˈdʒenərəs) BNW • *krenterig; gierig* • *kleinzielig; hard*
ungiving (ʌnˈgɪvɪŋ) BNW *onbuigzaam*
unglue (ʌnˈgluː) OV WW *losweken; losgaan*
ungodly (ʌnˈgɒdlɪ) BNW • *goddeloos; zondig* • *ergerlijk; onmenselijk* ★ an ~ hour *een onchristelijk uur*
ungovernable (ʌnˈgʌvənəbl) BNW *niet bestuurbaar; onhandelbaar*
ungraceful (ʌnˈgreɪsfʊl) BNW *niet charmant; lomp*
ungracious (ʌnˈgreɪʃəs) BNW • *onvriendelijk; niet aardig* • *afstotend* • *ondankbaar* ★ ~ answer *onbeleefd antwoord* ★ ~ task *ondankbare taak*
ungrateful (ʌnˈgreɪtfʊl) BNW • *ondankbaar* • *onaangenaam* ★ an ~ task *een ondankbare taak*
ungrounded (ʌnˈgraʊndɪd) BNW *ongegrond* ★ ~ in *niet onderricht in*
ungrudgingly (ʌnˈgrʌdʒɪŋlɪ) BIJW *zonder te mopperen*
ungual (ˈʌŋgwəl) BNW *nagel-; klauw-*
unguarded (ʌnˈgɑːdɪd) BNW • *niet beschermd* • *onvoorzichtig* • *onbewaakt*
unguent (ˈʌŋgwənt) ZN *zalf; smeersel*
unhallowed (ʌnˈhæləʊd) BNW • *ongewijd; profaan* • *goddeloos; snood*
unhampered (ʌnˈhæmpəd) BNW *ongehinderd*
unhand (ʌnˈhænd) OV WW OUD. *loslaten* ★ ~ me *laat me los*
unhandled (ʌnˈhændld) BNW • *niet behandeld* • *onaangeraakt*
unhandy (ʌnˈhændɪ) BNW • *onhandig* • *moeilijk te hanteren*
unhappy (ʌnˈhæpɪ) BNW *ongelukkig; ongepast;*

un

noodlottig ★ an ~ remark *een misplaatste opmerking*

unharness (ʌnˈhɑːnɪs) OV WW *uitspannen* ⟨paard⟩

unhealthy (ʌnˈhelθɪ) BNW • *ongezond* • PLAT *niet in de haak*

unheard (ʌnˈhɜːd) BNW • *ongehoord* • *niet verhoord* • *niet gehoord* ★ an ~of assertion *een ongekende (verrassende) bewering* ★ an ~of outrage *een schokkend vergrijp/schandaal*

unheeded (ʌnˈhiːdɪd) BNW *verwaarloosd; waar niet naar gekeken wordt*

unheeding (ʌnˈhiːdɪŋ) BNW *achteloos* ★ ~ of *niet lettend op*

unhelpful (ʌnˈhelpfʊl) BNW • *niet hulpvaardig* • *nutteloos*

unhesitating (ʌnˈhezɪteɪtɪŋ) BNW *zonder aarzelen; prompt*

unhinge (ʌnˈhɪndʒ) OV WW *ontwrichten; iem. uit z'n evenwicht slaan*

unhitch (ʌnˈhɪtʃ) OV WW • *uitspannen* ⟨paard⟩ • *losmaken; loslaten*

unhoard (ʌnˈhɔːd) OV WW ★ ~ a treasure *een schat opgraven; voor de dag halen*

unholy (ʌnˈhəʊlɪ) BNW • *goddeloos; zondig* • INFORM. *verschrikkelijk* ★ ~ noise *hels kabaal*

unhook (ʌnˈhʊk) OV WW *loshaken; losmaken*

unhoped (ʌnˈhəʊpt) BNW ★ ~ for *onverhoopt*

unhurt (ʌnˈhɜːt) BNW *ongedeerd*

uni- (ˈjuːnɪ) VOORV *één-*

UNICEF, Unicef (ˈjuːnɪsef) AFK United Nations International Children's Emergency Fund *Unicef*

unicorn (ˈjuːnɪkɔːn) ZN *eenhoorn*

unicycle (ˈjuːnɪsaɪkl) ZN *eenwieler*

unidentified (ˌʌnaɪˈdentɪfaɪd) BNW *niet geïdentificeerd* ★ ~ flying object *ufo; vliegende schotel*

unification (juːnɪfɪˈkeɪʃən) ZN *unificatie; eenmaking/-wording* ★ the ~ of Europe *de eenwording van Europa*

uniform (ˈjuːnɪfɔːm) I ZN • *uniform* ★ out of ~ *in burger* ★ in full ~ *in groot tenue* II BNW • *uniform; eenvormig; gelijk* • *onveranderlijk; eenparig* ★ a ~ movement *een gelijktijdige beweging* III OV WW • *gelijkschakelen; eenvormig maken* • *kleden in uniform*

uniform dress ZN *uniform*

uniformed (ˈjuːnɪfɔːmd) BNW *in uniform*

uniformity (juːnɪˈfɔːmətɪ) ZN *uniformiteit; eenvormigheid*

unify (ˈjuːnɪfaɪ) OV WW • *verenigen* • *gelijkschakelen*

unilateral (juːnɪˈlætərəl) BNW *eenzijdig* ★ ~ declaration *eenzijdige verklaring*

unimaginable (ʌnɪˈmædʒɪnəbl) BNW *ondenkbaar*

unimaginative (ʌnɪˈmædʒɪnətɪv) BNW *zonder enige fantasie*

unimpaired (ʌnɪmˈpeəd) BNW *ongeschonden*

unimpeachable (ʌnɪmˈpiːtʃəbl) BNW • *onberispelijk* • *onbetwistbaar*

unimportant (ʌnɪmˈpɔːtnt) BNW *onbelangrijk*

unimpressed (ʌnɪmˈprest) BNW *niet onder de indruk*

unimpressive (ʌnɪmˈpresɪv) BNW *niet of weinig indrukwekkend*

unimproved (ʌnɪmˈpruːvd) BNW • *niet verbeterd* • *niet ontgonnen* • *onbenut*

uninformed (ʌnɪnˈfɔːmd) BNW *niet op de hoogte (gebracht); niet ingelicht*

uninhibited (ʌnɪnˈhɪbɪtɪd) BNW *ongeremd; onbevangen; vrijmoedig*

uninitiated (ʌnɪˈnɪʃɪeɪtɪd) BNW *oningewijd; niet ingewijd*

uninspired (ʌnɪnˈspaɪəd) BNW *ongeïnspireerd; niet bezield; saai*

uninspiring (ʌnɪnˈspaɪərɪŋ) BNW *niet inspirerend; saai; oninteressant*

unintelligent (ʌnɪnˈtelɪdʒənt) BNW *niet intelligent; dom*

unintelligible (ʌnɪnˈtelɪdʒəbl) BNW *onbegrijpelijk*

unintended (ʌnɪnˈtendɪd) BNW *onbedoeld; onopzettelijk*

unintentional (ʌnɪnˈtenʃənl) BNW *onbedoeld; onopzettelijk*

uninterested (ʌnˈɪntrəstɪd) BNW *ongeïnteresseerd*

uninteresting (ʌnˈɪntrəstɪŋ) BNW *oninteressant*

uninterrupted (ʌnɪntəˈrʌptɪd) BNW *ononderbroken; ongestoord*

uninvited (ʌnɪnˈvaɪtɪd) BNW *ongenood; niet uitgenodigd*

uninviting (ʌnɪnˈvaɪtɪŋ) BNW *weinig aantrekkelijk*

union (ˈjuːnjən) ZN • *unie; verbond* • *vereniging; (vak)bond;* G-B *(studenten)club, -sociëteit* • *verbintenis; huwelijk* • *harmonie; eendracht* • TECHN. *verbindingsstuk* • *(vlag met) vakbondsembleem* ★ GESCH. *(armenhuis van) verenigde parochies* ★ ~ is strength *eendracht maakt macht* ★ *monetary* ~ *monetaire unie*

unionism (ˈjuːnjənɪzəm) ZN • *vakbeweging* • GESCH./POL. *unionisme*

unionist (ˈjuːnjənɪst) I ZN • *lid v.d. vakbond* • *voorstander v. (politieke) unie* II BNW • *verenigings-* • *unionistisch*

unionize, G-B **unionise** (ˈjuːnjənaɪz) OV WW *verenigen tot een vakbond*

Union Jack ZN SCHEEPV. *vlag van Groot-Brittannië*

unique (juˈniːk) I ZN • *iets unieks* II BNW • *buitengewoon; ongeëvenaard* • *uniek; enig (in soort)* • INFORM. *opmerkelijk* ★ a ~ figure *een opmerkelijke figuur*

uniquely (juˈniːklɪ) BIJW • *enkel* • *uniek* • *op zichzelf*

unisex (ˈjuːnɪseks) BNW *uniseks; gelijk (voor beide seksen)* ★ ~ clothing/dress *gelijke kleding voor mannen en vrouwen*

unison (ˈjuːnɪsn) ZN • MUZ. *eenklank* • FIG. *overeenstemming* ★ in ~ MUZ. *unisono;* FIG. *eensgezind*

unit (ˈjuːnɪt) ZN • TECHN. *onderdeel* • *eenheid (groep)* • MIL. *afdeling* • USA *aandeel in een beleggingsmaatschappij*

unitary (ˈjuːnɪtərɪ) BNW • *eenheids-* • *uniform*

unite (juˈnaɪt) I OV WW • *verenigen* • ~ **in** *(doen) verenigen in* II ONOV WW • *z. verenigen* • ~ **with** *iem./iets met z. verenigen*

united (juˈnaɪtɪd) BNW • *verenigd* • *eendrachtig*

unity (ˈjuːnətɪ) ZN • *eenheid* • *overeenstemming* ★ in ~ *eensgezind*

un

universal (ju:nɪ'vɜ:səl) I ZN • *algemeen principe*
II BNW • *universeel; algemeen (geldend)* ★ ~
film *film voor alle leeftijden*

universality (ju:nɪvɜ:'sælətɪ) ZN *universaliteit;
algemeenheid; alzijdigheid*

universe ('ju:nɪvɜ:s) ZN • *universum* • FIG. *wereld*

university (ju:nɪ'vɜ:sətɪ) ZN *universiteit;
hogeschool*

university extension ZN *volksuniversiteit*

university fee ZN *collegegeld*

university man, university woman ZN
• *student* • *afgestudeerde*

university student ZN *student*

unjust (ʌn'dʒʌst) BNW *onrechtvaardig*

unjustifiable (ʌn'dʒʌstɪfaɪəbl) BNW • *niet te
rechtvaardigen* • *onverantwoordelijk*

unjustified (ʌn'dʒʌstɪfaɪd) BNW
• *ongerechtvaardigd* • *onverantwoord*

unjustly (ʌn'dʒʌstlɪ) BNW • *onrechtvaardig* • *ten
onrechte*

unkempt (ʌn'kempt) BNW • *ongekamd* • *slordig;
onverzorgd* ★ an ~ appearance *een onverzorgd
uiterlijk*

unkept (ʌn'kept) BNW • *niet bewaard* • *niet
onderhouden; veronachtzaamd* • *niet
nagekomen* ⟨v. belofte⟩ • *niet gevierd* ⟨v. feest⟩

unkind (ʌn'kaɪnd) BNW *onvriendelijk;
onhartelijk; onaardig*

unknot (ʌn'nɒt) OV WW *losknopen; losmaken*

unknowing (ʌn'nəʊɪŋ) BNW *onkundig; dom;
onontwikkeld* ★ ~ of *zich niet bewust van*

unknown (ʌn'nəʊn) I ZN • *onbekende* ★ the ~ *het
onbekende; de onbekende(n)* II BNW • *ongekend*
• *onbekend* ★ an ~ quantity *een onbekende
grootheid*

unlace (ʌn'leɪs) OV WW *losrijgen*

unlaid (ʌn'leɪd) BNW • *niet gelegd; niet gedekt* ⟨v.
tafel⟩ • *rondwarend* ⟨v. spook⟩

unlatch (ʌn'lætʃ) OV WW *openen*

unlawful (ʌn'lɔ:fʊl) BNW *ongeoorloofd; onwettig*

unleaded (ʌn'ledɪd) BNW • *loodvrij* • *ongelood*
⟨v. benzine⟩

unlearn (ʌn'lɜ:n) OV WW *afleren; verleren*

unleash (ʌn'li:ʃ) OV WW *loslaten* ★ ~ o.'s rage
upon *zijn woede op iem. koelen*

unleavened (ʌn'levənd) BNW *ongedesemd*

unless (ʌn'les) I VZ • *behalve* II VW • *tenzij*

unlettered (ʌn'letəd) BNW *ongeletterd*

unlicensed (ʌn'laɪsənst) BNW *zonder vergunning*

unlicked (ʌn'lɪkt) BNW • *ongemanierd* • PLAT
onovertroffen ★ ~ cub *ongelikte beer*

unlike (ʌn'laɪk) I BNW • *ongelijk* II VZ • *anders
dan* • *in tegenstelling tot* ★ he is ~ his father
hij is anders dan zijn vader ★ ~ his promise, he
came *in tegenstelling tot zijn belofte kwam hij*

unlikelihood (ʌn'laɪklɪhʊd) ZN
onwaarschijnlijkheid

unlikely (ʌn'laɪklɪ) BNW *onwaarschijnlijk* ★ they
are ~ to go *zij gaan waarschijnlijk niet*

unlimited (ʌn'lɪmɪtɪd) BNW • *onbeperkt; niet
begrensd* • *vrij*

unlink (ʌn'lɪŋk) OV WW *losmaken*

unlisted (ʌn'lɪstɪd) BNW *niet geregistreerd*
★ ECON. ~ securities *incourante fondsen*

unload (ʌn'ləʊd) OV WW • *wegdoen* • *ontladen*
• *lossen; aan de man brengen* ★ he ~ed his

mind *hij stortte zijn hart uit*

unlock (ʌn'lɒk) OV WW • *openbaren* ⟨fig.⟩
• *ontsluiten* ★ ~ a mystery *een geheim
ontsluieren*

unlooked-for (ʌn'lʊktfɔ:) BNW *onverwacht*

unloose (ʌn'lu:s), unloosen (ʌn'lu:s(ən)) OV WW
• *ontspannen* • *losmaken*

unlovely (ʌn'lʌvlɪ) BNW • *onbeminnelijk*
• *onaantrekkelijk; lelijk*

unlucky (ʌn'lʌkɪ) BNW • *ongelukkig* • *onzalig*

unmade (ʌn'meɪd) BNW • *niet opgemaakt* ⟨v.
bed⟩ • *niet gemaakt*

unmake (ʌn'meɪk) OV WW • *tenietdoen*
• *ruïneren* • *afzetten* ★ ~ a p. *iem. uit zijn
functie ontheffen*

unman (ʌn'mæn) OV WW • *ontmannen*
• *ontmoedigen*

unmanageable (ʌn'mænɪdʒəbl) BNW
• *onhandelbaar; lastig* • *niet te besturen*

unmanly ('ʌn'mænli) BNW • *slap* • *onmenselijk*
• *verwijfd*

unmanned (ʌn'mænd) BNW *onbemand;
onbeheerd*

unmannered (ʌn'mænəd), unmannerly
(ʌn'mænəlɪ) BNW *ongemanierd*

unmarked (ʌn'mɑ:kt) BNW • *niet v.e. merk
voorzien* • *onopgemerkt* • *niet opvallend*

unmarketable (ʌn'mɑ:kɪtəbl) BNW
onverkoopbaar

unmarried (ʌn'mærɪd) BNW *ongetrouwd*

unmask (ʌn'mɑ:sk) OV+ONOV WW • *ontmaskeren*
• (z.) *demaskeren*

unmasking (ʌn'mɑ:skɪŋ) ZN *demasqué;
ontmaskering*

unmastered (ʌn'mɑ:stəd) BNW *teugelloos*

unmatchable (ʌn'mætʃəbl) BNW *niet te evenaren*

unmatched (ʌn'mætʃt) BNW • *ongeëvenaard;
weergaloos* • *niet bij elkaar passend*

unmeaning (ʌn'mi:nɪŋ) BNW • *zonder betekenis*
• *uitdrukkingsloos* ★ an ~ face *een
uitdrukkingsloos gelaat*

unmeant (ʌn'ment) BNW *onopzettelijk*

unmeasured (ʌn'meʒəd) BNW • *ongemeten*
• *onmetelijk* • *niet gematigd* • TAALK. *niet
metrisch*

unmentionable (ʌn'menʃənəbl) I ZN • *dat wat
niet besproken kan/mag worden* II BNW
• *onbeschrijflijk* • *niet (nader) te noemen*

unmentionables (ʌn'menʃənəblz) ZN MV
• *ondergoed* • OUD. *broek*

unmerciful (ʌn'mɜ:sɪfʊl) BNW *ongenadig;
onbarmhartig*

unmindful (ʌn'maɪndfʊl) BNW *onachtzaam;
onattent; achteloos* ★ ~ of *zonder acht te slaan
op; zonder te denken aan*

unmistakable (ʌnmɪ'steɪkəbl) BNW
onmiskenbaar

unmitigated (ʌn'mɪtɪgeɪtɪd) BNW
• *onverminderd* • *absoluut* ★ an ~ lie *een
doortrapte leugen*

unmoor (ʌn'mʊə) I OV WW • *losgooien* ⟨de
trossen v. schip⟩ II ONOV WW • *het anker
lichten*

unmount (ʌn'maʊnt) I OV WW • *demonteren*
II ONOV WW • *afstijgen* ⟨paard⟩

unmounted (ʌn'maʊntɪd) BNW • *onbereden*

• *niet gezet/gemonteerd* ★ ~ police *onbereden politie*

unmoved (ʌn'muːvd) BNW • *onbewogen* • *niet verplaatst* • *onbeweeglijk* • *standvastig*

unmoving (ʌn'muːvɪŋ) BNW • *geen indruk makend* • *bewegingloos*

unnamed (ʌn'neɪmd) BNW *niet met name genoemd*; *naamloos*; *onbekend* ★ ~ fears *vage gevoelens van angst*; *vage fobieën*

unnatural (ʌn'nætʃərəl) BNW *onnatuurlijk*; *geforceerd*; *tegennatuurlijk*

unnaturally (ʌn'nætʃərəlɪ) BNW *onnatuurlijk* ★ not ~ *vanzelfsprekend*; *uit de aard der zaak*

unnecessary (ʌn'nesəsərɪ) BNW • *onnodig* • *overbodig* ★ ~ care *nodeloos veel zorg*

unnerve (ʌn'nɜːv) OV WW v. *kracht beroven*; *verslappen*; *ontzenuwen*

unnoted (ʌn'nəʊtɪd) BNW • *on(op)gemerkt* • *onbekend*

unnoticed (ʌn'nəʊtɪst) BNW *onopgemerkt*

UNO (juː'nəʊ) AFK United Nations Organization *(Organisatie van de) Verenigde Naties*

unobservant (ʌnəb'zɜːvənt) BNW *onopmerkzaam* ★ be ~ of *niet in acht nemen*

unobserved (ʌnəb'zɜːvd) BNW *onopgemerkt*

unobserving (ʌnəb'zɜːvɪŋ) BNW *onoplettend*

unobtainable (ʌnəb'teɪnəbl) BNW • *niet te krijgen*; *onverkrijgbaar* • *niet te bereiken*; *onbereikbaar*

unobtrusive (ʌnəb'truːsɪv) BNW *niet in-/opdringerig*

unoccupied (ʌn'ɒkjʊpaɪd) BNW • *onbewoond* • *onbezet* • *niet bezig*

unofficial (ʌnə'fɪʃəl) BNW *officieus*; *niet geautoriseerd* ★ ~ strike *wilde staking*

unopposed (ʌnə'pəʊzd) BNW • *ongehinderd* • *zonder tegenkandidaat*

unorganized, G-B **unorganised** (ʌn'ɔːɡənaɪzd) BNW *ongeorganiseerd*

unorthodox (ʌn'ɔːθədɒks) BNW • *ketters* • *onconventioneel*; *ongewoon*; *ongebruikelijk*

unpack (ʌn'pæk) OV+ONOV WW *uitpakken*

unpaid (ʌn'peɪd) BNW • *niet betaald*; *onbezoldigd* • *ongefrankeerd*

unparalleled (ʌn'pærəleld) BNW *zonder weerga*

unpardonable (ʌn'pɑːdənəbl) BNW *onvergeeflijk*

unparliamentary (ʌnpɑːlə'mentərɪ) BNW *onparlementair*

unpassable (ʌn'pɑːsəbl) BNW • *onovertrefbaar* • *niet gangbaar* ⟨v. geld⟩

unpeg (ʌn'peg) OV WW • *losmaken* • ECON. *vrijlaten* ⟨prijzen⟩

unperturbed (ʌnpə'tɜːbd) BNW *onverstoord*

unplait (ʌn'plæt) OV WW • *de plooien halen uit* • *losmaken* ⟨v. haar⟩

unpleasant (ʌn'plezənt) BNW *onplezierig*; *onprettig*; *onaangenaam*

unpleasantness (ʌn'plezəntnəs) ZN *onprettige toestand*; *wrijving*

unpliable (ʌn'plaɪəbl) BNW *onbuigzaam*

unpolished (ʌn'pɒlɪʃt) BNW • *ongepolijst* • *onbeschaafd*

unpopular (ʌn'pɒpjʊlə) BNW *impopulair*

unpracticable (ʌn'præktɪkəbl) BNW *onuitvoerbaar*

unpractical (ʌn'præktɪkl) BNW *onpraktisch*

unpractised (ʌn'præktɪst) BNW • *ongeoefend*; *onervaren* • *ongebruikelijk*

unprecedented (ʌn'presɪdentɪd) BNW • *zonder precedent* • *weergaloos*

unpredictable (ʌnprɪ'dɪktəbl) BNW *onvoorspelbaar*

unprejudiced (ʌn'predʒʊdɪst) BNW *onbevooroordeeld*

unprepared (ʌnprɪ'peəd) BNW *onvoorbereid*

unpresentable (ʌnprɪ'zentəbl) BNW *niet te tonen*; *ontoonbaar*

unpretentious (ʌnprɪ'tenʃəs) BNW *niet aanmatigend*; *bescheiden*

unprevailing (ʌnprɪ'veɪlɪŋ) BNW • *geen vat hebbend op* • *niet heersend* • *geen nut hebbend*

unprincipled (ʌn'prɪnsɪpld) BNW • *zonder beginsel* • *gewetenloos*

unproductive (ʌnprə'dʌktɪv) BNW *onproductief*; *weinig opleverend*

unprofessional (ʌnprə'feʃənl) BNW *leken-*; *niet professioneel*

unprofitable (ʌn'prɒfɪtəbl) BNW • *geen voordeel opleverend* • *onproductief* ★ ~ negotiations *onvruchtbare onderhandelingen*

unpromising (ʌn'prɒmɪsɪŋ) BNW *weinig belovend*

unprompted (ʌn'prɒmptɪd) BNW *spontaan*

unprotected (ʌnprə'tektɪd) BNW *onbeschermd*

unprovable (ʌn'pruːvəbl) BNW *niet te bewijzen*

unproved (ʌn'pruːvd), **unproven** (ʌn'pruːvən) BNW *niet bewezen*

unprovided (ʌnprə'vaɪdɪd) BNW • *niet voorzien* • *niet verschaft* • *niet voorbereid* ★ ~ with *niet voorzien van* ★ ~ for *onverzorgd*

unprovoked (ʌnprə'vəʊkt) BNW *onuitgelokt*; *zonder uitdaging*

unqualified (ʌn'kwɒlɪfaɪd) BNW • *onbevoegd* • *ongeschikt* • *onvermengd* • *onvoorwaardelijk*

unquestionable (ʌn'kwestʃənəbl) BNW *onbetwistbaar*

unquestionably (ʌn'kwestʃənəblɪ) BIJW *ongetwijfeld*

unquestioned (ʌn'kwestʃənd) BNW • *niet ondervraagd* • *onbetwist*

unquestioning (ʌn'kwestʃənɪŋ) BNW *onvoorwaardelijk* ★ ~ obedience *onvoorwaardelijke gehoorzaamheid*

unquiet (ʌn'kwaɪət) I ZN • *onrust* II BNW • *onrustig*; *rusteloos* • *ongerust*

unquote (ʌn'kwəʊt) I ONOV WW • *een citaat beëindigen* II TW • *einde citaat*

unravel (ʌn'rævəl) WW *ontknopen*; *ontwarren*; *uitpluizen*

unread (ʌn'red) BNW • *ongelezen* • *ongeletterd*

unreadable (ʌn'riːdəbl) BNW *onleesbaar*

unready (ʌn'redɪ) BNW • *niet klaar* • *talmend*; *aarzelend* • *niet bereid*

unreal (ʌn'rɪəl) BNW *irreëel*; *onwerkelijk*

unrealistic (ʌnrɪə'lɪstɪk) BNW *onrealistisch*

unreality (ʌnrɪ'ælətɪ) ZN *onwerkelijkheid*

unreasonable (ʌn'riːzənəbl) BNW • *onredelijk* • *redeloos* • *ongegrond*

unreasoning (ʌn'riːzənɪŋ) BNW *onnadenkend*

unreclaimed (ʌnrɪ'kleɪmd) BNW • *onveranderd* • *onontgonnen*

unrecognized, G-B **unrecognised**

un

(ʌn'rekəgnaɪzd) BNW • niet erkend • niet herkend

unredeemable (ʌnrɪ'di:məbl) BNW • REL. niet te verlossen • onaflosbaar • niet meer goed te maken

unredeemed (ʌnrɪ'di:md) BNW • REL. niet verlost • ECON. niet af-/ingelost • niet vervuld ★ an ~ promise een niet nagekomen belofte

unrelated (ʌnrɪ'leɪtɪd) BNW • niet verwant • geen verband met elkaar houdend

unrelenting (ʌnrɪ'lentɪŋ) BNW meedogenloos; onverbiddelijk

unreliable (ʌnrɪ'laɪəbl) BNW onbetrouwbaar

unremitting (ʌnrɪ'mɪtɪŋ) BNW aanhoudend; onverdroten

unremunerative (ʌnrɪ'mju:nərətɪv) BNW niet lonend/rendabel

unrepair ('ʌnrɪpeə) ZN verval; slechte toestand

unrequited (ʌnrɪ'kwaɪtɪd) BNW • onbeantwoord ⟨v. liefde⟩ • niet-beloond

unreserved (ʌnrɪ'zɜ:vd) BNW • openhartig; vrijmoedig • niet besproken ⟨plaats⟩

unreservedly (ʌnrɪ'zɜ:vɪdlɪ) BIJW zonder voorbehoud

unresponsive (ʌnrɪ'spɒnsɪv) BNW • niet reagerend • niet sympathiek; ontoeschietelijk ★ ~ to niet reagerend op

unrest (ʌn'rest) ZN onrust; rusteloosheid ★ ethnic ~ etnische spanningen

unrestrained (ʌnrɪ'streɪnd) BNW • ongedwongen • onbeperkt; onbeteugeld

unrestricted (ʌnrɪ'strɪktɪd) BNW • onbeperkt; onbegrensd • zonder snelheidslimiet

unrewarding (ʌnrɪ'wɔ:dɪŋ) BNW niet lonend; onrendabel; teleurstellend ★ ~ task ondankbare taak

unrig (ʌn'rɪg) OV WW • SCHEEPV. aftakelen • INFORM. uitkleden

unrighteous (ʌn'raɪtʃəs) BNW • onrechtvaardig • zondig

unrip (ʌn'rɪp) OV WW openscheuren

unripe (ʌn'raɪp) BNW onrijp

unrivalled, unrivaled (ʌn'raɪvəld) BNW ongeëvenaard

unrobe (ʌn'rəʊb) OV+ONOV WW • (z.) ontkleden • mantel of toga afleggen of -nemen

unroll (ʌn'rəʊl) OV+ONOV WW ontplooien; (z.) ontrollen

unroot (ʌn'ru:t) OV WW ontwortelen

unruffled (ʌn'rʌfəld) BNW • ongerimpeld; glad • bedaard

unruly (ʌn'ru:lɪ) BNW onstuimig; onhandelbaar; lastig

unsafe (ʌn'seɪf) BNW onveilig; gevaarlijk; onbetrouwbaar

unsaid (ʌn'sed) BNW onuitgesproken; verzwegen

unsanitary (ʌn'sænɪtərɪ) BNW ongezond; onhygiënisch

unsated (ʌn'seɪtɪd) BNW onverzadigd

unsatisfactory (ʌnsætɪs'fæktərɪ) BNW onbevredigend

unsatisfied (ʌn'sætɪsfaɪd) BNW onbevredigd; ontevreden

unsavoury, USA **unsavory** (ʌn'seɪvərɪ) BNW • walgelijk; onsmakelijk • onverkwikkelijk ★ ~ case onverkwikkelijk geval

unsay (ʌn'seɪ) OV WW FORM. herroepen

unscathed (ʌn'skeɪðd) BNW ongedeerd; onbeschadigd

unscientific (ʌnsaɪən'tɪfɪk) BNW onwetenschappelijk

unscrew (ʌn'skru:) OV WW losschroeven

unscrupulous (ʌn'skru:pjʊləs) BNW gewetenloos

unseal (ʌn'si:l) OV WW openen

unseasonable (ʌn'si:zənəbl) BNW • abnormaal voor het seizoen • ongepast; ongelegen

unseasoned (ʌn'si:zənd) BNW • onvolgroeid • ongekruid • onervaren

unseat (ʌn'si:t) OV WW • doen vallen • van zetel beroven/verwijderen • FIG. wippen ★ ~ a minister een minister ten val brengen

unsecured (ʌnsɪ'kjʊəd) BNW ongedekt; onbeveiligd ★ ~ creditors concurrente crediteuren ★ ~ debts ongedekte schulden

unseeing (ʌn'si:ɪŋ) BNW OOK FIG. zonder (iets) te zien; blind ★ with ~ eyes met wezenloze blik

unseemliness (ʌn'si:mlɪnəs) ZN • ongelegenheid • onaantrekkelijkheid • ongepastheid

unseemly (ʌn'si:mlɪ) BNW • ongelegen • ongepast • lelijk

unseen (ʌn'si:n) I ZN • het onzichtbare ★ the ~ de geestenwereld II BNW • ongezien ★ an ~ translation een onvoorbereide vertaling

unselfish (ʌn'selfɪʃ) BNW onbaatzuchtig

unsent (ʌn'sent) BNW niet verzonden ★ ~ for ongevraagd; niet genodigd

unserviceable (ʌn'sɜ:vɪsəbl) BNW onbruikbaar

unsettle (ʌn'setl) OV WW • (beginnen te/doen) wankelen • van streek brengen • verwarren • schokken • onbestendig worden ⟨weer⟩

unsettled (ʌn'setld) BNW • onbestendig • onzeker • in de war • ongedurig • onbetaald ⟨rekening⟩ • niet nagelaten ⟨bij testament⟩ • zonder vaste woonplaats ★ ~ weather wisselvallig weer

unsex (ʌn'seks) OV WW castreren

unsexed (ʌn'sekst) BNW geslachtloos

unshaded (ʌn'ʃeɪdɪd) BNW • onbeschaduwd • zonder scherm

unshakable (ʌn'ʃeɪkəbl) BNW onwankelbaar

unshaken (ʌn'ʃeɪkən) BNW • niet geschokt • onwrikbaar

unshamed (ʌn'ʃeɪmd) BNW • niet beschaamd (gemaakt) • schaamteloos

unshapely (ʌn'ʃeɪplɪ) BNW niet mooi gevormd; lelijk

unshielded (ʌn'ʃi:ldɪd) BNW onbeschut; onverdedigd

unship (ʌn'ʃɪp) WW • ontschepen; lossen • SCHEEPV. onttakelen • losraken • van streek brengen

unshipped (ʌn'ʃɪpt) BNW ★ ~ goods niet verzonden goederen

unshroud (ʌn'ʃraʊd) OV WW onthullen

unsightly (ʌn'saɪtlɪ) BNW afzichtelijk; lelijk

unskilful (ʌn'skɪlfʊl) BNW onbekwaam

unskilled (ʌn'skɪld) BNW • ongedreven • geen bedrevenheid vereisend ★ ~ labour ongeschoolde arbeid

unsociability (ʌnsəʊʃə'bɪlətɪ) ZN • ongezelligheid • onverenigbaarheid

unsociable (ʌn'səʊʃəbl) BNW • ongezellig • niet bij elkaar passend

unsocial (ʌn'səʊʃəl) BNW *niet sociaal voelend*; *onsociaal*; *eenzelvig*

unsolicited (ʌnsə'lɪsɪtɪd) BNW *ongevraagd*

unsophisticated (ʌnsə'fɪstɪkeɪtɪd) BNW • *eenvoudig*; *ongekunsteld* • *onervaren*

unsound (ʌn'saʊnd) BNW • *ongezond*; *aangestoken*; *ziek*; *zwak* • *onbetrouwbaar*; *ondeugdelijk* • *vals* ★ of ~ mind *krankzinnig*

unsparing (ʌn'speərɪŋ) BNW • *kwistig*; *mild* • *meedogenloos* ★ he was ~ of his powers *hij spaarde zijn krachten niet*

unspeak (ʌn'spiːk) OV WW *herroepen*

unspeakable (ʌn'spiːkəbl) BNW • *onbeschrijfelijk* • *afschuwelijk*

unspecified (ʌn'spesɪfaɪd) BNW *niet gespecificeerd*

unspoiled (ʌn'spɔɪld), **unspoilt** (ʌn'spɔɪlt) BNW • *niet verwend* • *onbeschadigd* • *niet bedorven*

unspoken (ʌn'spəʊkən) BNW *niet geuit* ★ ~ of *niet vermeld*

unstable (ʌn'steɪbl) BNW • *onvast* • *wankelbaar* ★ mentally ~ *(geestelijk) labiel*

unstained (ʌn'steɪnd) BNW • *ongeverfd* • *onbesmet*

unstamped (ʌn'stæmpt) BNW • *ongestempeld* • *ongezegeld* • *ongefrankeerd* ★ ~ envelope *ongefrankeerde enveloppe* ★ ~ act *onbezegelde akte*

unsteady (ʌn'stedɪ) I BNW • *onvast*; *instabiel*; *labiel* • *ongestadig* • *onsolide* ★ ~ on your feet *wankel ter been* ★ ~ behaviour *wisselvallig gedrag* II OV WW • *onvast maken*; *veranderlijk maken*

unstick (ʌn'stɪk) OV WW *losweken*

unstinted (ʌn'stɪntɪd) BNW *royaal*; *kwistig*; *onbeperkt*

unstoppable (ʌn'stɒpəbl) BNW *onstuitbaar*; *niet te stoppen*

unstrap (ʌn'stræp) OV WW *(de riemen) losgespen (van)*; *losmaken*

unstressed (ʌn'strest) BNW *zonder nadruk*

unstring (ʌn'strɪŋ) OV WW • *ontsnaren* • *los(ser) maken* • *ontzenuwen*; *verslappen* ⟨zenuwen⟩ • *van streek brengen*

unstuck (ʌn'stʌk) BNW *los* ★ INFORM. the plan came ~ *het plan mislukte* ★ he has come ~ *het is 'm in z'n hoofd geslagen*

unstudied (ʌn'stʌdɪd) BNW • *spontaan*; *natuurlijk* • *niet bestudeerd*

unsubstantial (ʌnsəb'stænʃəl) BNW • *onwerkelijk* • *onsolide*; *niet degelijk* • *slap* ⟨voedsel⟩ ★ ~ food *eten dat de maag niet vult*; *een slappe hap*

unsubstantiated (ʌnsəb'stænʃɪeɪtɪd) BNW *onbevestigd* ★ ~ accusation *ongefundeerde beschuldiging*

unsuccessful (ʌnsək'sesfʊl) BNW *zonder succes*; *niet geslaagd* ★ my attempt was ~ *mijn poging slaagde niet*; *mijn poging strandde*

unsuitability (ʌnsuːtə'bɪlətɪ) ZN *ongeschiktheid*

unsuitable (ʌn'suːtəbl) BNW • *ongeschikt* • *ongepast*

unsuited (ʌn'suːtɪd) BNW *ongeschikt* ★ ~ to *niet passend bij*

unsung (ʌn'sʌŋ) BNW • *niet gezongen* • *niet bezongen*

unsure (ʌn'ʃʊə) BNW *onzeker*

unsuspected (ʌnsə'spektɪd) BNW • *onverdacht* • *niet vermoed*

unsuspecting (ʌnsə'spektɪŋ) BNW *geen kwaad vermoedend*; *argeloos*

unsuspicious (ʌnsə'spɪʃəs) BNW *niet wantrouwend*; *argeloos*

unswayed (ʌn'sweɪd) BNW *onbevooroordeeld*

unswerving (ʌn'swɜːvɪŋ) BNW *niet afwijkend*; *onwankelbaar*

unsympathetic (ʌnsɪmpə'θetɪk) BNW *geen belangstelling tonend*

untackle (ʌn'tækl) OV WW *uitspannen* ⟨v. paard⟩

untalked (ʌn'tɔːkt) BNW ★ ~ of *onbesproken*

untangle (ʌn'tæŋgl) OV WW *ontwarren*

untapped (ʌn'tæpt) BNW *onaangesproken* ⟨fig.⟩; *(nog) niet aangeboord*

untarnished (ʌn'tɑːnɪʃt) BNW • *onbezoedeld* • *onverbleekt* ★ *niet dof gemaakt*

untasted (ʌn'teɪstɪd) BNW *niet geproefd*; *onaangeroerd* ⟨spijzen⟩ ★ the food was left ~ *het eten was onaangeroerd*

untaught (ʌn'tɔːt) BNW • *niet onderwezen* • *onwetend*

untaxed (ʌn'tækst) BNW • *onbelast* • *niet beschuldigd*

unteach (ʌn'tiːtʃ) OV WW *afleren*

unteachable (ʌn'tiːtʃəbl) BNW *hardleers*

untenable (ʌn'tenəbl) BNW *onhoudbaar*

untenanted (ʌn'tenəntɪd) BNW • *onbewoond* • *niet verhuurd*

untended (ʌn'tendɪd) BNW *onverzorgd*

unthinkable (ʌn'θɪŋkəbl) BNW • *ondenkbaar* • *onwaarschijnlijk*

unthinking (ʌn'θɪŋkɪŋ) BNW *onbezonnen* ★ ~ moment *onbewaakt ogenblik*

unthinkingly (ʌn'θɪŋkɪŋlɪ) BIJW • *onbezonnen* • *zonder na te denken*

unthought (ʌn'θɔːt) BNW *ondenkbaar* ★ ~ of *onvermoed*

unthrifty (ʌn'θrɪftɪ) BNW • *verkwistend* • *onvoorspoedig*

unthrone (ʌn'θrəʊn) OV WW *onttronen*

untidy (ʌn'taɪdɪ) BNW *slordig*

untie (ʌn'taɪ) OV WW • *bevrijden* • *losmaken*

until (ən'tɪl) I VZ • *tot (aan)* • *wait* ~ midnight *wachten tot middernacht* ★ ~ now I was not informed of this *tot nu toe was ik hier niet van op de hoogte gebracht* II VW • *tot(dat)* ★ ~ I met him, I was very restless *ik was erg onrustig totdat ik hem ontmoette*

untilled (ʌn'tɪld) BNW *ongecultiveerd*

untimely (ʌn'taɪmlɪ) BNW • *niet op de juiste tijd*; *ongelegen* • *voortijdig*

untiring (ʌn'taɪərɪŋ) BNW *onvermoeid*; *onverdroten*

unto ('ʌntʊ) VZ OUD. *tot*; *tot aan*

untold (ʌn'təʊld) BNW • *talloos*; *onnoemelijk veel/groot* • *(nog) niet verteld*

untouchable (ʌn'tʌtʃəbl) I ZN • *iem. die, iets dat onaantastbaar is* • REL. *paria* II BNW • *onaantastbaar* • REL. *onrein*; *onaanraakbaar*

untouched (ʌn'tʌtʃt) BNW *onaangeraakt*; *onbewogen*

untoward (ʌntə'wɔːd) BNW *onvoorzien*

untrained (ʌn'treɪnd) BNW *ongeoefend*

untrammelled (ʌn'træmld) BNW *onbelemmerd*

un

untranslatable (ʌntræns'leɪtəbl) BNW *onvertaalbaar*

untravelled (ʌn'trævəld) BNW • *onbereisd* • *niet door reizigers bezocht*

untread (ʌn'tred) OV WW ★ ~ one's steps *op zijn schreden terugkeren*

untried (ʌn'traɪd) BNW • *niet geprobeerd* • *onervaren* • JUR. *(nog) niet berecht/verhoord*

untroubled (ʌn'trʌbld) BNW • *ongestoord* • *kalm*; *onbewogen* ★ ~ conscience *zuiver geweten*

untrue (ʌn'tru:) BNW • *onwaar* • *ontrouw*

untruth (ʌn'tru:θ) ZN *onwaarheid*

untruthful (ʌn'tru:θʊl) BNW *leugenachtig*

untuned (ʌn'tju:nd) BNW • *ongestemd* • *niet afgestemd*

untuneful (ʌn'tju:nʊl) BNW *onwelluidend*

untutored (ʌn'tju:təd) BNW • *niet onderwezen* • *eenvoudig* • *onbeschaafd*

untwine (ʌn'twaɪn) OV WW • *ontstrengelen*; *losdraaien* • *losraken*

untwist (ʌn'twɪst) WW • *ontstrengelen*; *losdraaien* • *losraken*

unused[1] (ʌn'ju:st) BNW *niet gewend*

unused[2] (ʌn'ju:zd) BNW *ongebruikt*

unusual (ʌn'ju:ʒʊəl) BNW *niet gebruikelijk*; *ongewoon*

unusually (ʌn'ju:ʒʊəlɪ) BIJW *ongebruikelijk*; *ongewoon*

unutterable (ʌn'ʌtərəbl) BNW • *onuitsprekelijk* • *vreselijk*

unvaried (ʌn'veərɪd) BNW *onveranderd*; *eentonig*; *zonder afwisseling*; *ongevarieerd*

unvarnished (ʌn'vɑ:nɪʃt) BNW • *niet gevernist* • *onverbloemd* ⟨waarheid⟩ • *onopgesmukt*

unvarying (ʌn'veərɪɪŋ) BNW *eentonig*; *zonder afwisseling*; *onveranderlijk*

unveil (ʌn'veɪl) I OV WW • *ontsluieren*; *onthullen* II ONOV WW • *de sluier afdoen*

unversed (ʌn'vɜ:st) BNW FORM. *onervaren*

unvoiced (ʌn'vɔɪst) BNW • *onuitgesproken* • TAALK. *stemloos*

unvouched (ʌn'vaʊtʃt) BNW ★ ~ for *niet gegarandeerd*

unwanted (ʌn'wɒntəd) BNW • *niet verlangd* • *niet nodig* ★ ~ pregnancy *(geval v.) ongewenste zwangerschap*

unwarrantable (ʌn'wɒrəntəbl) BNW *niet te rechtvaardigen*; *onverantwoordelijk*

unwarranted (ʌn'wɒrəntɪd) BNW • *onverantwoord* • *ongewettigd* • *niet gewaarborgd*

unwary (ʌn'weərɪ) BNW *onvoorzichtig*; *onbezonnen*

unwatered (ʌn'wɔ:təd) BNW • *zonder water* • *niet besproeid* • *niet verdund met water*

unwavering (ʌn'weɪvərɪŋ) BNW *onwankelbaar*; *standvastig*

unwearable (ʌn'weərəbl) BNW *niet te dragen*

unwearied (ʌn'wɪərɪd) BNW *onvermoeid*

unwearying (ʌn'wɪərɪɪŋ) BNW *onvermoeibaar*

unwelcome (ʌn'welkəm) BNW *onwelkom*

unwell (ʌn'wel) BNW *onwel*

unwholesome (ʌn'həʊlsəm) BNW OOK FIG. *ongezond*

unwieldy (ʌn'wi:ldɪ) BNW • *log* • *lastig te hanteren* • *lomp*

unwifely (ʌn'waɪflɪ) BNW *zoals men v. een echtgenote niet verwacht*

unwilling (ʌn'wɪlɪŋ) BNW • *met tegenzin* • *onwillig* ★ he was ~ to help me *hij was niet genegen met (te) helpen*

unwind (ʌn'waɪnd) I OV WW • *afwinden* II ONOV WW • INFORM. *kalmeren* • *zich ontrollen*

unwise (ʌn'waɪz) BNW *onverstandig*

unwitting (ʌn'wɪtɪŋ) BNW *zonder erg*; *onwetend*

unwittingly (ʌn'wɪtɪŋlɪ) BIJW • *onopzettelijk* • *onbewust*; *zonder 't te weten*

unwomanly (ʌn'wʊmənlɪ) BNW *onvrouwelijk*

unwonted (ʌn'wəʊntɪd) BNW *ongewoon*; *niet gewend*

unworkable (ʌn'wɜ:kəbl) BNW • *onuitvoerbaar* • *niet te bewerken*

unworldly (ʌn'wɜ:ldlɪ) BNW • *onwereldlijk*; *niet materialistisch* • *naïef* • *onwezenlijk*

unworried (ʌn'wʌrɪd) BNW *niet geplaagd*

unworthy (ʌn'wɜ:ðɪ) BNW *onwaardig*; *niet passend* ★ it is ~ of you *het siert u niet*; *het past u niet*

unwound (ʌn'waʊnd) I BNW *niet (op)gewonden*; *afgewonden* II WW [verl. tijd + volt. deelw.] • → **unwind**

unwrap (ʌn'ræp) OV WW *loswikkelen*

unwritten (ʌn'rɪtn) BNW *ongeschreven*

unwrought (ʌn'rɔ:t) BNW • *onbewerkt* • *niet afgemaakt*

unyielding (ʌn'ji:ldɪŋ) BNW *onverzettelijk*

unzip (ʌn'zɪp) OV WW • *openritsen*; *losmaken* ⟨v. ritssluiting⟩ • COMP. *unzippen*

up (ʌp) I BIJW • *op*; *omhoog*; *naar boven* • *in/naar de stad* (i.h.b. Londen) ★ it is not up to much *'t is niet veel zaaks* ★ it is up to you *dat is uw/jouw zaak* ★ it is up to us to stop this *'t ligt op onze weg hier paal en perk aan te stellen* ★ she was up to all kinds of tricks *zij haalde allerlei streken uit* ★ it doesn't come up to what I expected *het beantwoordt niet aan wat ik verwachtte* ★ up there you can see it *daarginds kun je het zien* ★ up the royalists! *hoera voor de koningsgezinden!* ★ as far up as A. *in noordelijke richting tot A.* ★ the carriage was full up *het rijtuig was helemaal vol* ★ he lives two pair of stairs up *hij woont twee hoog* ★ from my birth up *van mijn geboorte af* ★ you will be up against much trouble *je zult tegenover veel moeilijkheden komen te staan* ★ up to the ceiling *tot aan 't plafond* ★ did he act up to his principles? *heeft hij overeenkomstig z'n principes gehandeld?* ★ he is not up to his work *hij kan z'n werk niet aan* ★ up and about *op de been* ★ up till/to now *tot op heden* II VZ • *op* ★ up and down *op en neer*; *eerlijk* ★ up hill and down dale *heuvel op, heuvel af*; *bergop, bergaf* III BNW • *op*; *omhoog* • *in rep en roer*; *in opstand* • *verstreken*; *afgelopen* • *aan de gang* • *opgebroken* ★ his blood is up *hij is razend* ★ the hunt is up *de jacht is begonnen* ★ he is well up in this subject *hij is goed in dit onderwerp thuis* ★ I was up for B. *ik was op weg naar B.* ★ the minister is up *de minister begint te spreken/is aan 't spreken* ★ the goods are up *de goederen zijn aangekomen* ★ it's all up with us *we zijn totaal verloren*; *de kans is verkeken*; *we zijn er bij* ★ (the) beer is up *'t bier is opgeslagen*; *het bier schuimt* ★ Parliament is up *'t parlement houdt geen zitting meer* ★ the tide is up *'t is hoog water* ★ what's up there? *wat is daar aan de hand?* ★ I was up for an exam *ik moest examen doen* ★ up stroke *slag omhoog* ★ up line *spoorlijn die naar boven loopt/naar een centraal punt gaat* ★ he is up on this matter *hij is op de hoogte van deze kwestie* **IV** ZN • *opwaartse beweging* ★ ups in the rent *renteverhogingen* ★ the ups and downs (of life) *voor- en tegenspoed (in het leven)* ★ on the up and up *aan de beterende hand*; USA *eerlijk, openhartig* **V** ONOV WW • *(plotseling) opspringen* • *(abrupt) verhogen* ★ up and do sth *plotseling iets doen*

up- (ʌp) VOORV *op-*; *naar*

up-and-coming (ʌpən'kʌmɪŋ) BNW *veelbelovend* ★ an ~ actress *een veelbelovende actrice*

upbraid (ʌp'breɪd) OV WW *berispen*; *verwijten* ★ ~ for/with *iem. berispen om/wegens*

upbringing ('ʌpbrɪŋɪŋ) ZN *opvoeding*

upcast¹ ('ʌpkɑːst) **I** ZN • *worp omhoog* • *ventilatieschacht* ⟨bij mijn⟩ **II** BNW • *opgeworpen* • *opgeslagen* ⟨ogen⟩ ★ ~ eyes *hemelwaarts gerichte blik*

upcast² (ʌp'kɑːst) WW *opwerpen*

upcoming ('ʌpkʌmɪŋ) BNW *aanstaande*; *verwacht*

up-country (ʌp'kʌntrɪ) BNW • *onwetend*; *naïef* • *in het binnenland* ★ ~ regions *in het binnenland gelegen gebieden*

update¹ ('ʌpdeɪt) ZN • *nieuwtje* • COMP. *update*; *nieuwe versie*

update² (ʌp'deɪt) OV WW • *moderniseren*; *actualiseren*; *up-to-date maken* • COMP. *updaten*

upend (ʌp'end) OV WW • *op zijn kant zetten* • *omkeren* • *overeind komen/zetten* • *ondersteboven zetten*

upgrade (ʌp'greɪd) **I** ZN • *helling naar boven* • COMP. *upgrade* ⟨nieuwe versie⟩ ★ on the ~ *stijgend*; *steeds beter wordend* **II** OV WW • *verbeteren* ⟨positie⟩ • *bevorderen* • *opwaarderen* • COMP. *upgraden* ⟨nieuwere versie installeren⟩ **III** BIJW • *omhoog*; *bergop*

upheaval (ʌp'hiːvəl) ZN • *omwenteling* • *ontreddering*

upheld (ʌp'held) WW [verl. tijd + volt. deelw.] • → **uphold**

uphill¹ ('ʌphɪl) **I** ZN • *opwaartse helling* **II** BNW • *moeilijk* ★ ~ work *zwaar werk*

uphill² (ʌp'hɪl) BIJW • *moeizaam* • *bergopwaarts*

uphold (ʌp'həʊld) OV WW • *handhaven* • *steunen*; *verdedigen* • *bevestigen* ★ ~ a decision *een besluit verdedigen* ★ ~ a statement *een uitspraak bevestigen*

upholder (ʌp'həʊldə) ZN *handhaver*; *beschermer*; *hoeder*

upholster (ʌp'həʊlstə) OV WW • *meubileren* • *stofferen*

upholsterer (ʌp'həʊlstərə) ZN *stoffeerder*

upholstery (ʌp'həʊlstərɪ) ZN • *stoffering*; *bekleding* • *gestoffeerde meubelen* • *stoffeerderij*

upkeep ('ʌpkiːp) ZN *onderhoud(skosten)*

upland ('ʌplənd) **I** ZN • *hoogland* **II** BNW • *in/uit/van het hoogland*

uplift¹ ('ʌplɪft) ZN • *verheffing*; *veredeling* • *steun*

uplift² (ʌp'lɪft) WW • *opheffen* • *verheffen* ⟨i.h.b. geestelijk⟩

upmarket ('ʌpmɑːkɪt) BNW *exclusief*; *chic* ★ ~ shop *chique zaak*

upmost ('ʌpməʊst) BNW *hoogst*

upon (ə'pɒn) VZ • *op* • *meteen na(dat)* ★ walk upon the moon *op de maan lopen* ★ thousands upon thousands of birds *vele duizenden vogels* ★ upon entering the room, she sat down *meteen na binnenkomst in de kamer ging ze zitten*

upper ('ʌpə) **I** ZN • *bovengedeelte* ⟨v. schoen⟩ • USA/INFORM. *pepmiddel* **II** BNW • *hoger*; *boven(ste)*

upper-class BNW *uit de hogere kringen*; *van goeden huize*

uppercut ('ʌpəkʌt) ZN *opstoot* ⟨boksen⟩; *uppercut*

uppermost ('ʌpəməʊst) BNW + BIJW *hoogst*; *boven*

uppish ('ʌpɪʃ) BNW • *verwaand*; *pedant* • *zelfverzekerd*; *vrijpostig*

uppity ('ʌpətɪ) BNW USA/PLAT *brutaal*; *verwaand*

upraise (ʌp'reɪz) OV WW *opheffen*

uprear (ʌp'rɪə) OV WW • *verheffen* • *grootbrengen*

upright ('ʌpraɪt) **I** ZN • *verticale post/stut* • *buffetpiano* **II** BNW • *recht*; *verticaal* • *eerbaar*; *oprecht*; *eerlijk* **III** BIJW • *rechtop*

uprightness ('ʌpraɪtnəs) ZN • *opstaande stand* • *rechtschapenheid*

uprising ('ʌpraɪzɪŋ) ZN *opstand* ⟨rebellie⟩

uproar ('ʌprɔː) ZN *tumult*; *rumoer*; *lawaai*

uproarious (ʌp'rɔːrɪəs) BNW *lawaaierig*; *onstuimig* ★ ~ applause *stormachtig/tumultueus applaus*

uproot (ʌp'ruːt) OV WW *ontwortelen*

uprush ('ʌprʌʃ) ZN *opwelling*; *stroom*

upscale ('ʌpskeɪl) BNW USA *chic*

upset¹ ('ʌpset) ZN • *omkanteling*; *omslag* • *omverwerping* • *schok*; *ontsteltenis*; *onaangename verrassing* • *onenigheid* ★ stomach ~ *indigestie* ⟨spijsverteringsstoornis⟩

upset² (ʌp'set) **I** BNW • *omvergeworpen* • *ongesteld* • *verstoord* ★ ~ price *minimumprijs* **II** OV WW • *omverwerpen*; *omgooien* • *in de war sturen* • *v. streek brengen* • *omslaan* ★ be ~ *omkantelen*; *omslaan*; *v. streek raken/zijn* ★ this meal has ~ my stomach *mijn maag is van streek door deze maaltijd*

upshot ('ʌpʃɒt) ZN *resultaat*; *eind van 't liedje* ★ the ~ of it is that … *'t komt hierop neer dat …* ★ in the ~ *uiteindelijk*

upside ('ʌpsaɪd) ZN *bovenkant* ★ ~ down *ondersteboven*; *in de war* ★ turn sth ~ down *iets omdraaien*; *iets ondersteboven keren*; FIG. *iets op zijn kop zetten*

upstage (ʌp'steɪdʒ) OV WW *in de schaduw stellen* ⟨fig.⟩; *naar de achtergrond dringen* ⟨fig.⟩; *overschaduwen* ⟨fig.⟩

upstairs (ʌp'steəz) **I** BNW • *boven-* **II** BIJW • *de trap op*; *naar boven* • *de lucht in* • *in de lucht*

upstanding (ʌp'stændɪŋ) BNW *oprecht*;

up

hoogstaand

upstart ('ʌpstɑ:t) I ZN • *parvenu* II BNW
• *opschepperig*

upstream ('ʌpstri:m) BNW *tegen de stroom op*;
stroomopwaarts

upsurge ('ʌpsɜ:dʒ) ZN *opwelling*; *plotselinge
toename*

upswing ('ʌpswɪŋ) ZN *toename*; *opleving*

uptake ('ʌpteɪk) ZN ★ *be quick at the* ~ *snel van
begrip*

uptight (ʌp'taɪt) BNW • *nerveus* • *kwaad* • *stijf*;
verkrampt • *vormelijk*

up-to-date (ʌptə'deɪt) BNW *bijdetijds*;
bij(gewerkt); *actueel* ★ *keep the books* ~ *de
boeken bijhouden*

uptown (ʌp'taʊn) BIJW • *in/naar de bovenstad*
• *naar de buitenwijken v.d. stad*

upturn ('ʌptɜ:n) I ZN • *omverwerping* • ECON.
opleving • *omslag*; *v. broek/mouw* II OV WW
• *omkeren*; *omgooien*; *omwoelen* • *opslaan*;
opzetten ⟨kraag⟩

upward ('ʌpwəd) I BNW • *stijgend* II BIJW
• *opwaarts*; *naar boven* ★ *this price and* ~ *deze
prijs en hoger* ★ ~ *of one hundred meer dan
honderd*

upwards ('ʌpwədz) BIJW *opwaarts*; *naar boven*
★ *this price and* ~ *deze prijs en hoger* ★ ~ *of
one hundred meer dan honderd*

upwind ('ʌpwɪnd) BNW + BIJW *tegen de wind in*

uranium (jʊə'reɪnɪəm) ZN *uranium* ★ *depleted* ~
verarmd uranium

urban ('ɜ:bən) I M (jeugdcultuur) • *urban* II BNW
• *stedelijk*; *stads-*

urbane (ɜ:'beɪn) BNW *hoffelijk*; *wellevend*

urbanite ('ɜ:bənaɪt) ZN *stedeling*

urbanity (ɜ:'bænətɪ) ZN • *beschaafdheid*;
wellevendheid • *stadsleven* ★ *urbanities
beleefdheden*

urbanize, G-B **urbanise** ('ɜ:bənaɪz) OV WW
verstedelijken; *urbaniseren*

urchin ('ɜ:tʃɪn) ZN *schelm*; *kwajongen*

urge (ɜ:dʒ) I ZN • *aandrang*; *verlangen* II OV WW
• *aansporen*; *aanzetten*; *aandrijven* • *ernstig
verzoeken*; *aandringen op* • *als argument
aanvoeren* ★ *he urged it on me hij probeerde
mij er van te doordringen* • ~ *on voortdrijven*;
aanzetten

urgency ('ɜ:dʒənsɪ) ZN • *dringende noodzaak*
• *urgentie*

urgent ('ɜ:dʒənt) BNW *dringend*; *spoedeisend*;
urgent ★ *we are in* ~ *need of we hebben
dringend behoefte aan*

urinal (jʊə'raɪnl, 'jʊərɪnəl) ZN • *urinoir*
• *urineglas*; *urinaal*

urinary ('jʊərɪnərɪ) I ZN • *urinoir* II BNW • *urine-*

urinate ('jʊərɪneɪt) ONOV WW *urineren*

urine ('jʊərɪn) ZN *urine*

URL AFK COMP. Uniform Resource Locator *URL*

urn (ɜ:n) I ZN • *urn* • *graf* • *koffie-/theeketel* II OV
WW • *in een urn doen*

urology (jʊə'rɒlədʒɪ) ZN MED. *urologie*

Ursa ('ɜ:sə) ZN ★ *Ursa Major Grote Beer* ★ *Ursa
Minor Kleine Beer*

us (ʌs) PERS VNW *ons*

US (ju:'es) AFK United States *Verenigde Staten*

USA (ju:es'eɪ) AFK United States of America

Verenigde Staten van Amerika

usable ('ju:zəbl) BNW *bruikbaar*

usage ('ju:sɪdʒ) ZN • *gebruik*; *gewoonte*
• *behandeling* ★ *water* ~ *waterverbruik*

USB AFK COMP. Universal Serial Bus *USB*

use¹ (ju:s) ZN • *gebruik*; *toepassing*; *verbruik*
• *nut* • *gewoonte*; *usance* • *ritueel* ★ *it's no use
to go/going there het heeft geen zin er heen te
gaan* ★ *there's no use (in) talking praten heeft
geen zin* ★ *what's the use of it? wat heeft 't
voor zin of nut?* ★ *we have no use for your
article we kunnen uw artikel niet gebruiken*
★ *get/go out of use in onbruik raken* ★ *put
in(to) use in gebruik nemen*

use² (ju:z) I OV WW • *gebruiken*; *benutten* • *(iem.)
behandelen* • ~ *up opmaken*; *verbruiken*;
uitputten; *(iem.) afmaken*; USA *toetakelen*
★ *he's used up hij is op/versleten* ⟨fig.⟩ II HWW
★ *he used to live in A. vroeger woonde hij in
A.* ★ *used to had de gewoonte om* ★ *he used
not to do it vroeger deed hij het niet* ★ *he
didn't use to do it vroeger deed hij het niet*

use-by ('ju:zbaɪ) BNW ★ ~ *date uiterste
houdbaarheidsdatum*

used (ju:zd) BNW • *tweedehands*; *gebruikt*
• *gewend*; *gewoon*

useful ('ju:sfʊl) BNW *dienstig*; *nuttig*; *bruikbaar*
★ PLAT ~ *at knap in* ★ *he made himself* ~ *hij
maakte zichzelf verdienstelijk*

useless ('ju:sləs) BNW • *nutteloos*; *onnut* • PLAT
niet in orde; *niet gezond* • *in de put* ★ *I am
feeling* ~ *ik voel me beroerd*

user ('ju:zə) ZN • *gebruiker*; *verbruiker* • JUR.
gebruiksrecht

user-friendly BNW *gebruikersvriendelijk*

user name ZN COMP. *gebruikersnaam*

usher ('ʌʃə) I ZN • *portier*; *zaalwachter*
• *plaatsaanwijzer*; *ouvreuse* • *ceremoniemeester*
• *paranimf* • *bruidsjonker* • *deurwaarder* II OV
WW • *binnenleiden* • *aankondigen* • ~ *in
inleiden*

usherette (ʌʃə'ret) ZN *ouvreuse*

USS (ju:es'es) AFK United States Ship *schip uit de
VS*

usta ('ju:stə) SAMENTR used to • → **use²**

usual ('ju:ʒʊəl) I ZN ★ *he drank his* ~ *hij dronk
zijn gebruikelijke drankje* ★ *he's in his* ~ *met
hem gaat 't als vanouds* II BNW • *gewoon*;
gebruikelijk ★ IRON. *as per* ~ *(zo)als gewoonlijk*
★ *as* ~ *(zo)als gewoonlijk*

usually ('ju:ʒʊəlɪ) BIJW *gewoonlijk*

usufruct ('ju:zju:frʌkt) I ZN • *vruchtgebruik* II OV
WW • *het vruchtgebruik hebben van*

usufructuary (ju:sjʊ'frʌktʃʊərɪ) I ZN
• *vruchtgebruiker* II BNW ★ ~ *right recht v.
vruchtgebruik*

usurer ('ju:ʒərə) ZN *woekeraar*

usurious (jʊ'ʒʊərəs) BNW *woekerachtig*

usurp (jʊ'zɜ:p) OV WW *z. aanmatigen*; *z.
wederrechtelijk toe-eigenen*

usurpation (ju:zɜ:'peɪʃən) ZN *aanmatiging*;
usurpatie

usurper (jʊ'zɜ:pə) ZN • *overweldiger* • *usurpator*

usury ('ju:ʒərɪ) ZN • *woekerrente* • *woeker*

Ut. AFK USA *Utah* (staat)

utensil (ju:'tensəl) ZN *gebruiksvoorwerp*; *werktuig*

★ cooking ~s *keukengerei*

uterine ('ju:tərɪn) BNW • *baarmoeder-* • *met/van dezelfde moeder*

uterus ('ju:tərəs) ZN *baarmoeder*; *uterus*

utilise WW G-B • → **utilize**

utilitarian (jʊtɪlɪ'teərɪən) I ZN • *utilitarist* II BNW • *nuttigheids-*; *utilitair*

utilitarianism (jʊtɪlɪ'teərɪənɪzəm) ZN *utilisme*; *nuttigheidsleer*

utility (ju:'tɪlətɪ) ZN • *(openbare) voorziening* • *nut* • *bruikbaarheid* ★ utilities *gebruiksvoorwerpen* ★ public utilities *openbare nutsbedrijven*

utility bill ZN *gas-, water-, elektrarekening*

utility clothing ZN *standaardkleding*

utility company ZN *nutsbedrijf*

utility man ZN *manusje-van-alles*

utility program ZN COMP. *hulpprogramma*

utility room ZN *bijkeuken*

utility vehicle ZN *open bestelwagen*

utilize ('ju:tɪlaɪz) OV WW *gebruik maken van*; *benutten*

utmost ('ʌtməʊst) I ZN ★ do one's ~ *zijn uiterste best doen* ★ at the ~ *op z'n hoogst* II BNW • *hoogste*; *uiterste*; *verste*

Utopia (ju:'təʊpɪə) ZN • *Utopia* • *utopie*

utopian (ju:'təʊpɪən) BNW *utopisch*; *utopistisch*

utter ('ʌtə) I BNW • *volkomen*; *totaal*; *volslagen* II OV WW • *uiten*; *uiting geven aan* • *in omloop brengen*

utterance ('ʌtərəns) ZN • *uiting* • *uitspraak* • *manier v. (z.) uitdrukken*; *voordracht* ★ they fought to the ~ *ze vochten tot het bittere einde*

utterly ('ʌtəlɪ) BIJW *totaal*; *volkomen*

uttermost ('ʌtəməʊst) BNW *verste*; *hoogste*; *uiterste*

U-turn ('ju:tɜ:n) ZN • *ommezwaai van 180 graden* • FIG. *totale ommezwaai* ★ no ~ *keren niet toegestaan* ⟨in het verkeer⟩

uvula ('ju:vjʊlə) ZN *huig*

uvular ('ju:vjʊlə) BNW *huig-*; *uvulaar*

V

v (vi:) I ZN • letter *v* ★ V as in Victory *de v van Victor* II AFK • verse *vers* • versus (against) *tegen* • very *zeer* • vide (see) *zie* • volt(age) *volt*

Va. AFK USA *Virginia* ⟨staat⟩

vac (væk) ZN • vacation *vakantie* • vacuum cleaner *stofzuiger* ★ the long vac *de grote vakantie*

vacancy ('veɪkənsɪ) ZN • *lege plaats/kamer* ⟨bijv. in pension⟩ • *vacature* • *leegte*; *ledigheid* • *wezenloosheid* ★ 'vacancies' *'kamer(s) vrij'* ★ stare into ~ *voor zich uitstaren*

vacant ('veɪkənt) BNW • *onbezet*; *leeg(staand)* • *lusteloos* • *wezenloos* • *leeghoofdig*; *dom* • *vacant*; *openstaand*

vacate (və'keɪt) I OV WW • *vacant komen* • *neerleggen* ⟨v. ambt⟩ • *afstand doen van* • *ontruimen* ⟨v. huis⟩ • *annuleren* ⟨v. contract⟩ II ONOV WW • USA *vakantie nemen*

vacation (və'keɪʃən) I ZN • USA *vakantie* • *afstand* • *ontruiming* • *annulering* ★ USA paid ~ *betaald verlof* II ONOV WW • USA *vakantie hebben/nemen*

vaccinate ('væksɪneɪt) OV WW *vaccineren*; *inenten*

vaccination (væksɪ'neɪʃən) ZN *vaccinatie*; *inenting*

vaccine ('væksi:n) I ZN • *vaccin*; *entstof* II BNW • *koepok-*

vacillate ('væsɪleɪt) ONOV WW • *aarzelen* • *schommelen*; *wankelen*

vacillation (væsɪ'leɪʃən) ZN • *schommeling* • *aarzeling*

vacillator ('væsɪleɪtə) ZN *weifelaar*

vacua ('vækjʊə) ZN MV • → **vacuum**

vacuity (væ'kjʊətɪ) ZN • *(lucht)ledige ruimte* • *ledigheid* • *wezenloosheid*

vacuous ('vækjʊəs) BNW • *(lucht)ledig* • *leeghoofdig*; *wezenloos*; *dom*

vacuum ('vækjʊəm) I ZN • *(lucht)ledige ruimte* ★ ~ bottle *thermosfles* ★ ~ cleaner *stofzuiger* II OV+ONOV WW • INFORM. *stofzuigen*

vagabond ('vægəbɒnd) I ZN • *landloper*; *vagebond*; *zwerver* • *schelm* II BNW • *zwervend* III ONOV WW • INFORM. *zwerven*

vagary ('veɪgərɪ) ZN *gril*; *kuur*

vagina (və'dʒaɪnə) ZN • *vagina*; *schede* • PLANTK. *(blad)schede*

vaginal (və'dʒaɪnl) BNW • *vagina-*; *vaginaal* • PLANTK. *schedeachtig*

vagrancy ('veɪgrənsɪ) ZN • *omzwerving*; *landloperij* • *afdwaling* ⟨figuurlijk⟩

vagrant ('veɪgrənt) I ZN • *zwerver*; *vagebond* ★ ~ ward *asiel voor daklozen* II BNW • *zwervend* • *wild groeiend* • *afdwalend*

vague (veɪg) BNW *vaag*; *onbestemd*; *onbepaald*

vain (veɪn) BNW • *onbeduidend*; *leeg* • *ijdel*; *prat (op)* • *vergeefs*; *nutteloos* ★ in vain *tevergeefs* ★ take a p.'s name in vain *iemands naam ijdel gebruiken*

vainglorious (veɪn'glɔ:rɪəs) BNW *ijdel*; *verwaand*; *grootsprakig*

vainglory (veɪn'glɔ:rɪ) ZN *grootspraak; verwaandheid*

vainly ('veɪnlɪ) BIJW • *tevergeefs* • *ijdel*

vale (veɪl) ZN FORM. *dal* ★ this vale of tears *dit tranendal*

valediction (vælɪ'dɪkʃən) ZN *afscheid*

valentine ('væləntaɪn) ZN • *Valentijnslief(je)* • *Valentijnskaart* ★ Valentine's Day *Valentijnsdag* ⟨14 februari⟩

valet ('vælɪt) I ZN • *bediende* II ONOV WW • *bediende zijn*

valiant ('væljənt) BNW *dapper; moedig*

valid ('vælɪd) BNW • *valide; geldig* • *gefundeerd; deugdelijk*

validate ('vælɪdeɪt) OV WW • *geldig verklaren* • *bekrachtigen; bevestigen*

validation (vælɪ'deɪʃən) ZN *bevestiging*

validity (və'lɪdətɪ) ZN • *geldigheid* • *validiteit; deugdelijkheid*

valise (və'li:z) ZN • *valies* • MIL. *ransel*

valley ('vælɪ) ZN • *dal* • GESCH. *kiel*

valorous ('vælərəs) BNW *moedig*

valour ('vælə) ZN *moed; dapperheid*

valuable ('væljʊbl) BNW • *erg waardevol; kostbaar; v. grote waarde* • *te schatten*

valuables ('væljʊblz) ZN MV *waardevolle bezittingen; kostbaarheden*

valuation (vælju'eɪʃən) ZN *schatting; taxatie* ★ at a ~ *tegen taxatieprijs* ★ put a ~ on *waarderen; aanslaan*

value ('vælju:) I ZN • *waarde* • *valuta* • *verhouding v. licht en donker op schilderij* ★ ~ in exchange *ruilwaarde* ★ ~ today *valuta per heden* ★ you get ~ for your money *je krijgt waar voor je geld* ★ to the ~ of £10 *ter waarde van £10* ★ marketable ~ *marktwaarde* ★ appraised ~ *taxatiewaarde* II OV WW • *waarderen; achten* • *schatten; taxeren* ★ he ~s himself on it *gaat er prat op*

value judgement ZN *waardeoordeel*

valueless ('væljʊləs) BNW *waardeloos*

valuer ('væljʊə) ZN *taxateur*

valve (vælv) ZN • *klep; ventiel; buis • radio-/ tv-buis; tv-lamp* ★ ~connection *ventielslangetje*

valved (vælvd) BNW *voorzien van klep(pen)*

valvular ('vælvjʊlə) BNW • *met klep(pen)* • *klep-*

vamp (væmp) I ZN • INFORM. *vamp; fatale vrouw; verleidster* • MUZ. *ad lib intro* • *bovenleer • lap(werk)* II OV WW • *nieuwe voorschoenen zetten aan* • ~ **up** *in elkaar flansen; improviseren; oplappen; inpalmen* III ONOV WW • INFORM. ~ **up** *verstrikken; flirten*

vampire ('væmpaɪə) ZN • *vampier* • *uitzuiger* ⟨figuurlijk⟩ • *dubbel toneelluik* ★ BIOL. ~ *bat soort vleermuis*

vampiric (væm'pɪrɪk) BNW *vampierachtig*

van (væn) I ZN • *(bestel-/vracht)wagen*; USA *minibus • voorhoede • pioniers* ⟨figuurlijk⟩ ★ moving van *verhuiswagen* II ONOV WW • *leiden* • *vervoeren in een (bestel-/meubel-/post)wagen*

vandal ('vændl) I ZN • *vandaal* II BNW • *vandalistisch*

vandalism ('vændəlɪzəm) ZN *vandalisme*

vandalize, G-B **vandalise** ('vændəlaɪz) OV WW • *schenden* • *vernielen*

vane (veɪn) ZN • *weerhaan* • *wimpel; vaan* • *wiek* ⟨v. molen⟩ • *schoep* ⟨v. schroef⟩ • *vizier* ⟨landmetersinstrument⟩

vanguard ('vænga:d) ZN *voorhoede*

vanilla (və'nɪlə) ZN *vanille*

vanish ('vænɪʃ) ONOV WW *verdwijnen* ★ ~ into smoke *in rook opgaan* ★ ~ into thin air *in het niets verdwijnen*

vanity ('vænətɪ) ZN • *ijdelheid; verwaandheid* • *leegheid; zinloosheid • futiliteit • prul* • USA *toilettafel*

vanity bag, vanity case ZN *toilettas; beautycase*

Vanity Fair ZN LIT. *Kermis der IJdelheid*

vanity plate ZN USA *nummerplaat* ⟨met zelfgekozen letter-/cijfercombinatie⟩

vanity unit ZN *ingebouwde wastafel*

vanquish ('væŋkwɪʃ) OV WW *overwinnen; bedwingen*

vanquisher ('væŋkwɪʃə) ZN *overwinnaar*

vantage point ('va:ntɪdʒ pɔɪnt) ZN OOK FIG. *uitkijkpunt*

vapid ('væpɪd) BNW • *geesteloos* ⟨gesprek⟩ • *verschaald* ⟨bier⟩ ★ run ~ *verschalen*

vapidity ('væpɪdətɪ) ZN • *geestloosheid* • *nietszeggende opmerking; flauwiteit*

vapor ZN • → **vapour**

vaporization, G-B **vaporisation** (veɪpərər'zeɪʃən) ZN *verdamping*

vaporize, G-B **vaporise** ('veɪpəraɪz) I OV WW • *vaporiseren; verstuiven* • *doen verdampen* • *besproeien* II ONOV WW • *verdampen*

vaporizer, G-B **vaporiser** ('veɪpəraɪzər) ZN *verstuiver*

vaporous ('veɪpərəs) BNW • *dampig; damp-* • FIG. *opgeblazen; vaag*

vapour ('veɪpə) I ZN • *damp* • *ijdele waan* II OV WW • *doen verdampen* III ONOV WW • *verdampen* • *uitwasemen* • *grootsprakig zijn; opscheppen*

variability (veərɪə'bɪlətɪ) ZN *'t veranderlijk zijn*

variable ('veərɪəbl) I ZN • WISK. *variabele* II BNW • *variabel; veranderlijk; ongedurig*

variables ('veərɪəblz) ZN MV *veranderlijke winden*

variance ('veərɪəns) ZN • *onenigheid • verschil* • *tegenspraak* ⟨in verklaring⟩ • *afwisseling* ★ they are at ~ *ze zijn 't niet eens* ★ at ~ with *in strijd met* ★ set at ~ *tegen elkaar opzetten*

variant ('veərɪənt) I ZN • *variant* II BNW • *afwijkend • veranderlijk*

variation (veərɪ'eɪʃən) ZN • *variatie • afwijking • variëteit; verscheidenheid • verandering*

varicella (værɪ'selə) ZN *waterpokken*

varices ('værɪsi:z) ZN MV • → **varix**

varicose ('værɪkəʊs) BNW *spatader-* ★ ~ stocking *steunkous; elastieken kous* ★ ~ veins *spataderen*

varied ('veərɪd) BNW *gevarieerd; bont* ⟨v. kleur⟩

variegated ('veərɪəgeɪtɪd) BNW • *bont* ⟨v. kleur⟩ • *afwisselend • afgewisseld*

variegation (veərɪə'geɪʃən) ZN *(kleur)schakering; verscheidenheid* ⟨in kleur⟩

variety (və'raɪətɪ) ZN • *variatie • variëteit; verscheidenheid • soort • variété*

variety store, variety shop ZN USA *bazaar*

variform ('veərɪfɔ:m) BNW *v. verschillende vorm*

variola (və'raɪələ) ZN *variola; pokken*

various ('veərɪəs) BNW • *verschillend; verscheiden*

• *afwisselend*
varix ('veəriks) ZN *spatader*
varnish ('vɑːnɪʃ) **I** ZN • *vernis* • *vernisje*
⟨figuurlijk⟩ • *schijn* • *glazuur* **II** OV WW
• *opsmukken*; *verbloemen* • *vernissen*
varsity ('vɑːsətɪ) ZN • *universiteit* • USA
universiteitsteam ⟨foot-, basketball⟩ ★ ~ match
roeiwedstrijd tussen Oxford en Cambridge
vary ('veərɪ) OV+ONOV WW • *variëren*; *veranderen*
• *anders worden/zijn* • *verschillen* • MUZ.
variaties maken op ★ vary inversely as
omgekeerd evenredig zijn met
vascular ('væskjʊlə) BNW *vaat-*; *vasculair* ★ ~
system *vaatstelsel*
vase (vɑːz) ZN *vaas*
vasectomy (və'sektəmɪ) ZN *vasectomie*;
sterilisatie
vaseline ('væsəliːn) ZN *vaseline*
vassal ('væsəl) **I** ZN • *vazal* • FIG. *slaaf* **II** BNW
• *slaafs*
vast (vɑːst) **I** ZN • FORM. *eindeloze ruimte* **II** BNW
• *onmetelijk*; *reusachtig* • *veelomvattend*
vat (væt) **I** ZN • *vat* **II** OV WW • *in vat doen*;
kuipen
VAT (viː eɪ tiː, væt) AFK Value Added Tax *btw*
⟨belasting toegevoegde waarde⟩
Vatican ('vætɪkən) **I** ZN • *Vaticaan* **II** BNW
• *Vaticaans*
vault (vɔːlt) **I** ZN • *wijnkelder*; *gewelf*; *grafkelder*
• *kluis* ⟨bank⟩ • *sprong* **II** OV WW • *springen*
⟨steunend op handen of stok⟩ • *overwelven*
vaulted ('vɔːltɪd) BNW *gewelfd*
vaulter ('vɔːltə) ZN • *springer* • *kunstrijder*
vaulting ('vɔːltɪŋ) ZN *gewelf*
vaunt (vɔːnt) OV WW *roemen*
vaunter ('vɔːntə) ZN *snoever*
VC AFK • Viet Cong *Vietcong* • Vice Chairman
vicevoorzitter • Vice Chancellor *vicekanselier*
⟨i.h.b. universiteitsfunctionaris⟩ • Victoria
Cross *Victoriakruis*
VCR (viːsiːˈɑːr) AFK video cassette recorder
videorecorder
VD AFK venereal disease *geslachtsziekte*
've (v) WW • → **have**
veal (viːl) ZN *kalfsvlees*
vector ('vektə) ZN • WISK. *vector* • *bacillendrager*
vedette (vɪˈdet) ZN • *vedette*; *beroemd persoon*
• *ruiterwacht* • *patrouilleboot*
veer (vɪə) **I** ZN • *wending* **II** OV WW • *doen
draaien* • ~ **away/out** *vieren* ⟨v. kabel⟩
III ONOV WW • *van koers veranderen* • *omlopen*
⟨v. wind⟩ • *draaien* • ~ **round** *een keer nemen*
veg (vedʒ) ZN • INFORM. • → **vegetable**
• INFORM. • → **vegetarian** ★ meat and two
veg meal *maaltijd van vlees met aardappelen
en groente*
vegan ('viːgən) **I** ZN • *veganist* **II** BNW
• *veganistisch*
vegetable ('vedʒɪtəbl) **I** ZN • *plant* • *groente* ★ ~s
groenten ⟨ook aardappelen⟩ **II** BNW
• *plantaardig*; *planten-* ★ ~ earth/mould
teelaarde ★ ~ garden *moestuin* ★ ~ kingdom
plantenrijk
vegetarian (vedʒəˈteərɪən) **I** ZN • *vegetariër*
II BNW • *vegetarisch*
vegetarianism (vedʒəˈteərɪənɪzəm) ZN

vegetarisme
vegetate ('vedʒɪteɪt) ONOV WW • *groeien* ⟨als
plant⟩ • *vegeteren* ⟨figuurlijk⟩
vegetation (vedʒɪˈteɪʃən) ZN • *vegetatie*; *het
vegeteren* • *plantenleven*; *plantengroei*
vegetative ('vedʒɪtətɪv) BNW • *vegetatief*;
vegeterend • *planten-*; *plantaardig* • *groei-*
• MED. *onwillekeurig*
veggie ('vedʒi) **I** ZN • *vegetariër* **II** BNW
• *vegetarisch* ★ ~ burger *vegetarische burger*
vehemence ('viːəməns) ZN • *onstuimigheid*
• *vurigheid* • *heftigheid*
vehement ('viːəmənt) BNW • *onstuimig*; *vurig*
• *heftig*; *hevig*
vehicle ('viːɪkl) ZN • *voertuig* • *drager*; *medium*;
vehikel; *geleider*
vehicular (vɪˈhɪkjʊlə) BNW *voertuig-* ★ JUR. ~
manslaughter *dood door schuld waarbij een
voertuig betrokken is*
veil (veɪl) **I** ZN • *sluier*; *voile* • *gordijn*; *voorhang*
• *dekmantel* ⟨figuurlijk⟩ • *enigszins hese stem*
★ beyond the veil *na dit leven* ★ they drew a
veil over it *ze deden er 't zwijgen toe* ★ she
took the veil *ze werd non* **II** OV WW • *sluieren*
• *bedekken* ⟨figuurlijk⟩; *vermommen*
vein (veɪn) **I** ZN • *ader* • *nerf* • FIG. *stemming*;
geest • *vleugje* ★ there is a wilful vein in her
ze heeft iets eigenwijs over zich ★ be in a
talkative vein *op z'n praatstoel zitten* **II** OV WW
• *marmeren*; *aderen*
velcro ('velkrəʊ) ZN *(nylon) klittenband*;
klittenbandsluiting
veld (velt) ZN *open vlakte*
vellum ('veləm) ZN • *perkament* • *manuscript op
perkament*
velocity (vɪˈlɒsɪtɪ) ZN *snelheid*
velodrome ('velədrəʊm) ZN *wielerbaan*
velvet ('velvɪt) **I** ZN • *fluweel* • *zachte huid om
groeiend gewei* ⟨bij een hert⟩ • *voordeel*; *winst*
★ black ~ *donker bier met mousserende wijn*
★ be on ~ *op fluweel zitten* **II** BNW • *fluwelen*
velveteen (velvəˈtiːn) ZN *katoenfluweel*
velvety ('velvətɪ) BNW *fluweelachtig*
venal ('viːnl) BNW *omkoopbaar*
venality (viːˈnælɪtɪ) ZN *omkoopbaarheid*
vend (vend) OV WW *verkopen*; *venten*
vendetta (venˈdetə) ZN *bloedwraak*
vending machine ('vendɪŋməˈʃiːn) ZN *automaat*
vendor, vender ('vendə) ZN • *verkoper*
• *verkoopautomaat* ★ petrol ~ *benzinepomp*
veneer (vɪˈnɪə) **I** ZN • *fineer(bladen)*; *fineerhout*
• *vernisje* ⟨figuurlijk⟩ **II** OV WW • *fineren* • *met
'n vernisje bedekken* ⟨figuurlijk⟩
venerable ('venərəbl) BNW • *eerbiedwaardig*
• *hoogeerwaarde* ⟨in anglicaanse Kerk, als
titel v. aartsdiaken⟩
venerate ('venəreɪt) OV WW *vereren*
veneration (venəˈreɪʃən) ZN *verering*
venereal (vɪˈnɪərɪəl) BNW *venerisch*; *geslachts-*
Venetian (vɪˈniːʃən) **I** ZN • *Venetiaan(se)* **II** BNW
• *Venetiaans*
vengeance ('vendʒəns) ZN *wraak* ★ with a ~!
van jewelste!; *in het kwadraat*; *en hoe!* ★ take
~ on/upon *wraak nemen op*
vengeful ('vendʒfʊl) BNW *wraakzuchtig*
venial ('viːnɪəl) BNW *vergeeflijk* ★ ~ sin *dagelijkse*

ve

zonde

veniality (viːnɪˈælətɪ) ZN *vergeeflijkheid*
Venice (ˈvenɪs) I ZN • *Venetië* II BNW • *Venetiaans*
venison (ˈvenɪsən) ZN *reebout; wildbraad*
venom (ˈvenəm) ZN • *vergif* • *venijn*
venomous (ˈvenəməs) BNW • *(ver)giftig*
• *venijnig*
vent (vent) I ZN • *het lucht happen* ⟨v. bever of otter⟩ • *schoorsteenkanaal* • *split* ⟨v. jas⟩
• *uitweg; opening* • *luchtgat* • *vingergaatje* ⟨v. instrument⟩ • *anus* ⟨v. vogel⟩ ★ *he gave vent to his indignation hij gaf lucht aan/uitte z'n verontwaardiging* II OV WW • *gat boren* ⟨in vat⟩
• *lucht geven aan; uiten* ★ *vent itself 'n uitweg vinden* III ONOV WW • *boven komen om adem te halen* ⟨bever of otter⟩
ventilate (ˈventɪleɪt) OV WW • *ventileren; luchten*
• *in 't openbaar bespreken* ⟨figuurlijk⟩ • *luchten* ⟨v. grieven⟩
ventilation (ventɪˈleɪʃən) ZN *ventilatie*
ventilator (ˈventɪleɪtə) ZN *ventilator*
ventral (ˈventrəl) I ZN • *buikvin* II BNW • *buik-*
ventricle (ˈventrɪkl) ZN • *ventrikel; (lichaams-/orgaan-)holte* • *hartkamer*
ventriloquism (venˈtrɪləkwɪzəm) ZN *het buikspreken*
ventriloquist (venˈtrɪləkwɪst) ZN *buikspreker*
ventriloquy (venˈtrɪləkwɪ) ZN *het buikspreken*
venture (ˈventʃə) I ZN • *(riskante) onderneming*
• *risico* • *speculatie* • *inzet* ★ *at a ~ op goed geluk af* II OV+ONOV WW • *riskeren; wagen; op 't spel zetten* ★ I ~ *to differ with you ik ben zo vrij met je van mening te verschillen* • *~ out z. buiten wagen*
venture capital ZN *risicodragend kapitaal*
venturer (ˈventʃərə) ZN • *waaghals* • *avonturier*
venturesome (ˈventʃəsəm) BNW • *riskant*
• *(stout)moedig; avontuurlijk; gedurfd* ★ *~ undertaking gewaagde onderneming*
venue (ˈvenjuː) ZN • *zittingszaal* • *arrondissement*
• *sportontmoeting* • *terrein* • *rendez-vous*
veracious (vəˈreɪʃəs) BNW • *waarheidlievend*
• *waar*
veracity (vəˈræsətɪ) ZN • *waarheid(sliefde)*
• *geloofwaardigheid*
veranda, verandah (vəˈrændə) ZN
verb (vɜːb) ZN *werkwoord* ★ *linking verb koppelwerkwoord*
verbal (ˈvɜːbl) I ZN • TAALK. *verbaal substantief*
• *bekentenis* • *ruzie* II BNW • *verbaal; mondeling* • *woord(en)-* • *letterlijk*
• *werkwoordelijk* ★ ~ *criticism tekstkritiek*
verbalism (ˈvɜːbəlɪzəm) ZN • *uitdrukking*
• *nauwkeurige uitdrukkingswijze*
• *muggenzifterij*
verbalize, G-B verbalise (ˈvɜːbəlaɪz) OV WW *verwoorden*
verbatim (vɜːˈbeɪtɪm) BNW *woordelijk*
verbiage (ˈvɜːbɪɪdʒ) ZN *woordenstroom*
verbose (vɜːˈbəʊs) BNW *breedsprakig; woordenrijk*
verbosity (vɜːˈbɒsətɪ) ZN *breedsprakigheid*
verdancy (vɜːdnsɪ) ZN • *groenheid* • FIG. *groenheid* ⟨onbedrevenheid⟩
verdant (ˈvɜːdnt) BNW • *groen* ⟨figuurlijk⟩
• *onbedreven; onervaren*

verdict (ˈvɜːdɪkt) ZN • *uitspraak* ⟨v. rechter⟩
• *oordeel; beslissing* ★ *deliver/return a ~ uitspraak doen* ★ *he got a ~ hij werd niet schuldig bevonden*
verdigris (ˈvɜːdɪgrɪs) BNW *kopergroen*
verdure (ˈvɜːdʒə) ZN *groen; gebladerte*
verge (vɜːdʒ) I ZN • *staf; spil* ⟨in mechaniek⟩
• *rand; berm* • *grens; kant* • *gebied*
• *schacht(zuil)* ★ *she was on the ~ of fainting ze viel bijna flauw* II ONOV WW • *neigen* • *lopen* ⟨in de richting van⟩ • *hellen* • ~ **on** *grenzen aan*
verger (ˈvɜːdʒə) ZN • *koster* • *stafdrager*
verifiable (ˈverɪfaɪəbl) BNW *verifieerbaar*
verification (verɪfɪˈkeɪʃən) ZN *verificatie; bekrachtiging*
verifier (ˈverɪfaɪə) ZN *verificateur*
verify (ˈverɪfaɪ) OV WW • *verifiëren* • *de juistheid van iets controleren* • *bewijzen; bevestigen*
verisimilitude (verɪsɪˈmɪlɪtjuːd) ZN • *schijn v. waarheid* • *waarschijnlijkheid* • *schijnwaarheid*
veritable (ˈverɪtəbl) BNW *echt; waar*
verity (ˈverətɪ) ZN • *waarheid* • *echtheid*
vermiform (ˈvɜːmɪfɔːm) BNW *wormvormig*
vermilion (vəˈmɪljən) I ZN • *vermiljoen* II BNW
• *vermiljoen*
vermin (ˈvɜːmɪn) ZN • *schadelijke dieren; ongedierte* • *schoelje*
verminous (ˈvɜːmɪnəs) BNW • *vol ongedierte*
• *gemeen* • *vies* • *veroorzaakt door ongedierte* ⟨ziekte⟩
vernacular (vəˈnækjʊlə) I ZN • *landstaal*
• *technische taal* • *klare taal* II BNW • *inheems; vaderlands* • *aangeboren*
vernal (ˈvɜːnl) BNW *lente-; voorjaars-*
verruca (vəˈruːkə) ZN *wrat*
versatile (ˈvɜːsətaɪl) BNW • *veelzijdig (ontwikkeld)*
• *draaibaar* • *veranderlijk; onbestendig*
versatility (vɜːsəˈtɪlətɪ) ZN • *veelzijdigheid*
• *veranderlijkheid*
verse (vɜːs) I ZN • LIT. *vers; versregel* • *poëzie*
• MUZ. *couplet* ★ LIT. *blank* • *blank/rijmloos vers* II ONOV WW • *verzen maken; dichten*
versed (vɜːst) BNW *ervaren; bedreven* ★ *well* ~ *in zeer bedreven in*
versification (vɜːsɪfɪˈkeɪʃən) ZN *verskunst; versbouw*
versifier (ˈvɜːsɪfaɪə) ZN *verzenmaker*
versify (ˈvɜːsɪfaɪ) ONOV WW *verzen maken*
version (ˈvɜːʃən) ZN • *versie* • *bewerking*
• *vertaling* • MED. *'t keren v. de vrucht*
verso (ˈvɜːsəʊ) ZN • *linker bladzijde in boek*
• *keerzijde* ⟨v. penning⟩
versus (ˈvɜːsəs) VZ *contra*
vertebra (ˈvɜːtɪbrə) ZN *wervel* ★ ~e [mv] *wervelkolom*
vertebrae (ˈvɜːtɪbreɪ) ZN MV • → **vertebra**
vertebral (ˈvɜːtɪbrəl) BNW • *wervel-* • *geweveld; vertebraal*
vertebrate (ˈvɜːtɪbrət) I ZN • BIOL. *geweveld dier; vertebraat* II BNW • *geweveld* • *met ruggengraat* ⟨figuurlijk⟩
vertex (ˈvɜːteks) ZN • *(top)punt; kruin* • *hoekpunt*
vertical (ˈvɜːtɪkl) I ZN • *loodrechte positie*
• *loodlijn* • *verticaal vlak* • *tophoek* II BNW
• *verticaal; loodrecht* ★ ~ *angle overstaande*

ve

hoek; *tophoek*
vertices ('vɜ:tɪsi:z) ZN MV • → **vertex**
vertiginous (və'tɪdʒɪnəs) BNW • *duizelig (makend)* • *duizelingwekkend* • *wispelturig*
vertigo ('vɜ:tɪɡəʊ) ZN *duizeling* ⟨vooral door hoogtevrees veroorzaakt⟩
verve (vɜ:v) ZN *geestdrift; vuur*
very ('verɪ) I BNW • *waar; echt; juist* • *zelfde* • *zelfs* ★ he snatched it from under my very eyes *hij griste het vlak onder m'n ogen weg* ★ in this very room *in deze (zelfde) kamer* ★ the very fact that you lie ... *het feit dat je liegt alleen al ...* ★ you are the very man I want *je bent juist de man die ik hebben moet* ★ his very pupils say this *z'n eigen leerlingen zeggen het* ★ he is the very picture of his mother *hij is precies z'n moeder* ★ it's the very minimum you can do *het is 't allerminste wat je kunt doen* II BIJW • *aller-* • *zeer; heel* ★ they did their very best *ze deden hun uiterste best* ★ I was very pleased *ik vond 't buitengewoon aardig* ★ the very last drop *de allerlaatste druppel*
vesicle ('vesɪkl) ZN *blaar; blaasje*
vesper ('vespə) ZN • *vesper* • OUD. *avond* ★ Vesper *Avondster*
vessel ('vesəl) ZN • *vat* • *vaartuig; schip* ★ REL. a chosen ~ *een uitverkoren werktuig*
vest (vest) I ZN • USA *vest* • *vestje* ⟨over japon⟩ • *(onder)hemd* II OV WW • *bekleden* ⟨met macht⟩ • *begiftigen* ★ be vested in *berusten bij* ⟨v. bevoegdheid, macht⟩ ★ vested rights *onvervreemdbare rechten* III ONOV WW • FORM. *zich kleden*
vestal ('vestl) I ZN • *vestaalse maagd* • *kuise vrouw* • *non* II BNW • *vestaals* • *maagdelijk*
vestiary ('vestɪərɪ) ZN *kleedkamer; garderobe*
vestibule ('vestɪbju:l) ZN • *vestibule* • *portaal* ⟨v. kerk⟩ • *voorhof* ⟨ook van oor⟩
vestige ('vestɪdʒ) ZN • *spoor* • *teken; bewijs* • *rudiment*
vestigial (ve'stɪdʒɪəl) BNW *rudimentair*
vestment ('vestmənt) ZN • *(ambts)gewaad* • *priestergewaad* • *altaarkleed* ★ ~s *priestergewaad*
vest-pocket I ZN • *vestzak* II BNW • *in zakformaat* • *miniatuur*
vestry ('vestrɪ) ZN • *sacristie* • *consistoriekamer* • *gemeenteleden* • *vergadering v. kerkgemeente/parochieleden* ★ select ~ *parochiaal kerkbestuur*
vestryman ('vestrɪmən) ZN *kerkmeester; lid v.d. kerkenraad*
vesture ('vestʃə) I ZN • OUD. *kleding(stukken)* • JUR. *wat op het land groeit met uitzondering van bomen* II OV WW • OUD. *(be)kleden*
vet (vet) I ZN • → **veterinarian** • → **veteran** II OV WW • *behandelen; grondig onderzoeken*
vetch (vetʃ) ZN *wikke*
veteran ('vetərən) I ZN • *veteraan* • *oud-militair* ★ ~ car *antieke auto* II BNW • *oud; ervaren* • *vergrijsd in de dienst*
veterinarian (vetərɪ'neərɪən) ZN • *dierenarts* • *veearts*
veterinary ('vetərɪnərɪ) BNW *veterinair; diergeneeskundig*

veto ('vi:təʊ) I ZN • *veto; verbod* II OV WW • *z. verzetten tegen* • *verbieden*
vex (veks) OV WW • *plagen; ergeren; hinderen* • *deining veroorzaken op zee* ⟨dichterlijk⟩ ★ he was vexed at it *hij ergerde zich erover* ★ a vexed question *veel besproken kwestie*
vexation (vek'seɪʃən) ZN • *plagerij; kwelling* • *ergernis*
vexatious (vek'seɪʃəs) BNW • *hinderlijk; ergerlijk* • *verdrietig*
vexillum (vek'sɪləm) ZN • *Romeins vaandel* • *vlag* ⟨v. vlinderbloem⟩ • *wimpel aan bisschopsstaf* • *processievaan; processiekruis*
vexing ('veksɪŋ) BNW • *plagend* • *vervelend* • *ergerlijk*
VHF AFK Very High Frequency *FM*
via (vaɪə) VZ *via*
viability (vaɪə'bɪlətɪ) ZN • *levensvatbaarheid* • *uitvoerbaarheid*
viable ('vaɪəbl) BNW • *levensvatbaar* • *uitvoerbaar*
viaduct ('vaɪədʌkt) ZN *viaduct*
vial ('vaɪəl) ZN *medicijnflesje* ★ pour out the vials of wrath *aan de woede lucht geven*; *z'n toorn luchten op*
vibes (vaɪbz) ZN MV • INFORM. vibrations *uitstraling van gevoelens* • MUZ. *vibrafoon* ★ FIG. bad ~ *slechte vibraties*; *slechte sfeer*
vibrant ('vaɪbrənt) BNW • *trillend* • *vibrerend* • ~ with *trillend van*
vibrate (vaɪ'breɪt) I OV WW • *doen slingeren; doen trillen* II ONOV WW • *slingeren; schommelen*; *vibreren; trillen*
vibration (vaɪ'breɪʃən) ZN • *trilling* • *vibratie*
vibrator (vaɪ'breɪtə) ZN • *vibrator* • *triller; iem. die/iets dat trilt* • *tongetje in orgelpijp*
vibratory ('vaɪbrətərɪ) BNW *trillend*
vicar ('vɪkə) ZN • *predikant* ⟨anglicaanse Kerk⟩; *dominee* ⟨anglicaanse Kerk⟩ • *plaatsvervanger* ⟨r.-k. Kerk⟩; *vicaris* ★ ~ of Bray *iem. die met alle winden meewaait* ★ Vicar of (Jesus) Christ *de paus*
vicarage ('vɪkərɪdʒ) ZN • *predikantsplaats* • *pastorie*
vicariate (vɪ'keərɪət) ZN • *vicariaat* • *predikantschap*
vicarious (vɪ'keərɪəs) BNW • *plaatsvervangend* • *voor anderen gedaan*
vice (vaɪs) I ZN • *verdorvenheid; fout; gebrek; ondeugd* • JUR. *zedendelict* • *kuur* ⟨v. paard⟩ • *bankschroef* II BIJW ★ vice versa *vice versa*
vice- (vaɪs) VOORV *vice-; plaatsvervangend*
vice-chair ZN *vicepresidentschap*
vice-chairman ZN *vicevoorzitter*
vicegerent (vaɪs'dʒerənt) I ZN • *plaatsvervanger* II BNW • *plaatsvervangend*
viceregal (vaɪs'ri:gl) BNW *van een onderkoning*
viceroy ('vaɪsrɔɪ) ZN *onderkoning*
vice squad ZN *zedenpolitie*
vicinity (vɪ'sɪnətɪ) ZN *buurt; nabijheid*
vicious ('vɪʃəs) BNW • *(moreel) slecht* • *nukkig* ⟨paard⟩ • *gebrekkig* ⟨stijl⟩ • *nijdig* ⟨stemming⟩ • *venijnig; vals* ⟨hond⟩ ★ ~ circle *vicieuze cirkel*
vicissitude (vɪ'sɪsɪtju:d) ZN *wisselvalligheid*
vicissitudinous (vɪsɪs'tju:dɪnəs) BNW *wisselvallig*
victim ('vɪktɪm) ZN *(slacht)offer* ★ fall (a) ~ to *'t*

vi

slachtoffer worden van

victimize. G-B **victimise** ('vɪktɪmaɪz) OV WW *tot slachtoffer maken*

victor ('vɪktə) I ZN • *overwinnaar* II BNW • *zegevierend*

victoria (vɪk'tɔːrɪə) ZN • *grote waterlelie* • *soort duif* • *soort pruim*

Victorian (vɪk'tɔːrɪən) BNW • *victoriaans* ⟨uit de tijd v. koningin Victoria⟩ • *victoriaans* ⟨preuts, hypocriet⟩

victorious (vɪk'tɔːrɪəs) BNW *zegevierend*

victory ('vɪktərɪ) ZN *overwinning*

victual ('vɪtl̩) I ZN ★ ~s *proviand; levensmiddelen* II OV+ONOV WW • *levensmiddelen verstrekken* • *levensmiddelen innemen* • *eten*

victualler ('vɪtlə) ZN • *leverancier v. levensmiddelen* • *proviandschip* ★ *licensed ~ caféhouder met vergunning*

victualling ('vɪtlɪŋ) ZN • *proviandering* • *proviand*

video ('vɪdɪəʊ) I ZN • *video* ⟨recorder⟩ • *video* ⟨cassette⟩ • *video* ⟨clip⟩ II OV WW • *op video opnemen*

videophone ('vɪdɪəʊfəʊn) ZN *beeldtelefoon*

vie (vaɪ) ONOV WW *wedijveren*

Vienna (vɪ'enə) I ZN • *Wenen* II BNW • *Wener*

Viennese (vɪə'niːz) I ZN • *Weense(n); Wener(s)* II BNW • *Wener-; Weens*

view (vjuː) I ZN • *(ver)gezicht; uitzicht* • *onderzoek* • *gezichtskring* • *standpunt* • *idee; denkbeeld* • *bedoeling* • *prentbriefkaart* • *kiekje* ★ *to the view openbaar* | *with the view of met de bedoeling om* ★ *with a view to met 't oog op* ★ *have views upon 'n oogje hebben op* ★ *in view in 't gezicht; zichtbaar* ★ *in view of in aanmerking genomen; gezien* ★ *have in view op 't oog hebben* • *on view te kijk; te bezichtigen; ter controle* ★ *leave out of view buiten beschouwing laten* II OV WW • *bekijken; beschouwen* III ONOV WW • *televisie kijken*

viewer ('vjuːə) ZN • *opzichter* • *kijker* • *bezichtiger*

viewfinder ('vjuːfaɪndə) ZN *zoeker*

viewpoint ('vjuːpɔɪnt) ZN • *standpunt* • *gezichtspunt*

vigil ('vɪdʒɪl) ZN • *vigilie; (nacht)wake* • *dag vóór een heiligendag* ⟨vooral vastendag⟩ ★ *keep ~ waken*

vigilance ('vɪdʒɪləns) ZN • *omzichtigheid; waakzaamheid* • MED. *slapeloosheid*

vigilant ('vɪdʒɪlənt) BNW *omzichtig; waakzaam*

vigilante (vɪdʒɪ'læntɪ) ZN • *lid v.d. vrijwillige burgerwacht* • *Nachtwacht* ★ *neighbourhood ~ buurtpreventie*

vignette (vɪ'njet) ZN • *vignet* • *portret met vervloeiende achtergrond* • *karakterschets* ⟨figuurlijk⟩

vigorous ('vɪgərəs) BNW • *krachtig; vitaal; energiek* • *gespierd* ⟨taal⟩

vigour ('vɪgə) ZN *kracht; gezondheid; vitaliteit; activiteit*

vile (vaɪl) BNW • *walgelijk; verdorven; gemeen* • *afschuwelijk; vies* ⟨weer of sigaar⟩

vilification (vɪlɪfɪ'keɪʃən) ZN *laster*

vilify ('vɪlɪfaɪ) OV WW *belasteren; beschimpen*

villa ('vɪlə) ZN *villa*

village ('vɪlɪdʒ) ZN *dorp* ★ ~ *green dorpsplein; dorpswei; brink*

villager ('vɪlɪdʒə) ZN *dorpsbewoner*

villain ('vɪlən) ZN • *schurk* • IRON. *rakker* • GESCH. *horige*

villainous ('vɪlənəs) BNW • *schurkachtig; gemeen* • *abominabel*

villainy ('vɪlənɪ) ZN *schurkerij*

villein ('vɪlɪn) ZN *horige*

villeinage ('vɪlɪnɪdʒ) ZN *lijfeigenschap*

vindicate ('vɪndɪkeɪt) OV WW • *v. verdenking/ blaam zuiveren; rehabiliteren* • *verdedigen; rechtvaardigen* ★ *has ~d to himself a place in literature heeft zich een plaats weten te veroveren in de letterkunde*

vindication (vɪndɪ'keɪʃən) ZN • *rechtvaardiging* • *rehabilitatie*

vindictive (vɪn'dɪktɪv) BNW *rancuneus; wraakgierig* ★ JUR. ~ ⟨of exemplary⟩ *damages boete opgelegd als straf en schadevergoeding*

vine (vaɪn) ZN • *wijnstok* • *klimplant*

vinegar ('vɪnɪgə) I ZN • *azijn* ★ *balsamic ~ balsamicoazijn* II BNW • *zuur* ⟨gezicht⟩ III OV WW • *inmaken in azijn* • OOK FIG. *verzuren*

vinegary ('vɪnɪgərɪ) BNW OOK FIG. *azijnachtig; zuur*

vinery ('vaɪnərɪ) ZN • *druivenkas* • *wijnstokken*

vineyard ('vɪnjɑːd) ZN *wijngaard*

viniculture ('vɪnɪkʌltʃə) ZN *wijnbouw*

vinous ('vaɪnəs) BNW • *wijn-* • *wijnachtig; wijnkleurig* • *verslaafd aan wijn* • *spraakzaam door gebruik v. wijn*

vintage ('vɪntɪdʒ) I ZN • *wijnoogst* • *wijn uit bep. jaar* II BNW • *v. bep. jaar* ⟨kwaliteitsaanduiding v. wijn e.d.⟩ • *klassiek* ★ ~ *car oldtimer; klassieke auto* ★ ~ *wine zeer goede wijn* ⟨v. bep. jaar⟩

vintner ('vɪntnə) ZN *wijnhandelaar*

vinyl ('vaɪnəl) ZN *vinyl*

viol ('vaɪəl) ZN *viola*

viola (vɪ'əʊlə) ZN • MUZ. *altviool* • PLANTK. *viooltje*

violaceous (vaɪə'leɪʃəs) BNW • *viooltjesachtig* • *violetkleurig*

violate ('vaɪəleɪt) OV WW • *overtreden* • *breken* ⟨v. gelofte⟩ • *onteren; ontwijden; schenden*

violation (vaɪə'leɪʃən) ZN • *overtreding* • *schennis; inbreuk*

violator ('vaɪələtə) ZN • *overtreder* • *schender*

violence ('vaɪələns) ZN *geweld(dadigheid); gewelddaad* ★ *do/use ~ to geweld aandoen* ★ *domestic ~ huiselijk geweld*

violent ('vaɪələnt) BNW • *gewelddadig* • *hevig; heftig* • *hel* ⟨v. kleur⟩ ★ *die a ~ death gewelddadige dood sterven* ★ *lay ~ hands on o.s. de hand aan zichzelf slaan*

violet ('vaɪələt) I ZN • PLANTK. *viooltje* ★ *African ~ Kaaps viooltje* II BNW • *violet*

violin (vaɪə'lɪn) ZN *viool*

violinist (vaɪə'lɪnɪst) ZN *violist*

violist ('vaɪəlɪst) ZN *altist*

violoncellist (vaɪələn'tʃelɪst) ZN *cellist*

violoncello (vaɪələn'tʃeləʊ) ZN • *cello; violoncel*

VIP AFK Very Important Person *vip; zeer belangrijk persoon*

viper ('vaɪpə) ZN *adder*

viperish ('vaɪpərɪʃ) BNW • *venijnig* • *adderachtig*

virago (vɪ'rɑ:gəʊ) ZN *feeks*

virescent (vɪ'resənt) BNW • *groenachtig* • *groen wordend*

Virgil ('vɜ:dʒɪl) ZN *Vergilius; Virgil*

virgin ('vɜ:dʒɪn) I ZN • *maagd* ★ the Blessed Virgin *de H. Maagd* ★ the Virgin Mother *de Heilige Maagd Maria*; *de Moedermaagd* ★ the Virgin Queen *koningin Elizabeth I* II BNW
 • *maagdelijk* • *onbevlekt; ongerept*
 • *onbetreden* ⟨gebied⟩ • *gedegen* ⟨metaal⟩
 ★ extra ~ *extra virgine* ⟨(olijfolie) uit eerste persing⟩

virginal ('vɜ:dʒɪnl) BNW *maagdelijk*

virginhood ('vɜ:dʒɪnhʊd), **virginity** (vɜ:'dʒɪnətɪ) ZN • *maagdelijkheid* • *kuisheid*

Virgo ('vɜ:gəʊ) ZN *Maagd* ⟨sterrenbeeld⟩

viridescent (vɪrɪ'desənt) BNW *groenachtig*

virile ('vɪraɪl) BNW • *mannelijk; manmoedig; krachtig* • FORM. *fors*

virility (vɪ'rɪlətɪ) ZN *mannelijkheid*

virtu (vɜ:'tu:) ZN • *liefde voor/kennis van de kunst* • *kunstwaarde* ★ articles of ~ *kunstvoorwerpen*

virtual ('vɜ:tʃʊəl) BNW *virtueel; schijnbaar; potentieel (aanwezig)*

virtuality (vɜ:tʃʊ'ælətɪ) ZN • *wezen; essentie* • *latent vermogen*

virtually ('vɜ:tʃʊəlɪ) BIJW *zo goed als*

virtue ('vɜ:tʃu:) ZN • *deugd(zaamheid)* • *(genees)kracht* • *(goede) eigenschap* ★ make a ~ of necessity *v. de nood een deugd maken* ★ by/in ~ of *krachtens*

virtuosi (vɜ:tʃʊ'əʊsi:) ZN MV • → **virtuoso**

virtuosity (vɜ:tʃʊ'ɒsətɪ) ZN • *virtuositeit* • *virtuozen; kunstkenners*

virtuoso (vɜ:tʃʊ'əʊsəʊ) ZN • *kunstkenner* • *virtuoos*

virtuous ('vɜ:tʃʊəs) BNW *deugdzaam*

virulence ('vɪrʊləns) ZN • *kwaadaardigheid* • *heftigheid*

virulent ('vɪrʊlənt) BNW • *vergiftig; kwaadaardig* • *hevig; heftig*

virus ('vaɪərəs) ZN • *virus* • *(ver)gif; smetstof* • *kwaadaardigheid*

virus scanner ZN COMP. *virusscanner*

visa ('vi:zə) ZN *visum*

visage ('vɪzɪdʒ) ZN *gelaat*

vis-à-vis ('vi:zə'vi:) I ZN • *tegenhanger* • USA *partner* II BIJW • *recht tegenover elkaar* III VZ • *vis-à-vis; (recht) tegenover*

viscera ('vɪsərə) ZN *inwendige organen*

visceral ('vɪsərəl) BNW • *ingewands-* • *inwendig*

viscid ('vɪsɪd) BNW *viskeus; dikvloeibaar*

viscose ('vɪskəʊz) ZN *viscose*

viscosity (vɪ'skɒsətɪ) ZN *viscositeit; dikvloeibaarheid*

viscount ('vaɪkaʊnt) ZN *burggraaf*

viscountess (vaɪkaʊn'tɪs) ZN *burggravin*

viscous ('vɪskəs) BNW *viskeus; dikvloeibaar*

visibility (vɪzə'bɪlətɪ) ZN • *zicht* ★ ~ good *zicht goed* ⟨in verkeersinformatie of weerbericht⟩

visible ('vɪzɪbl) I ZN • *iets zichtbaars* II BNW • *zichtbaar* • *duidelijk; merkbaar* ★ I'm afraid he's not ~ *'t spijt me, maar hij is niet te spreken*

visibly ('vɪzɪblɪ) BIJW *zichtbaar; zienderogen*

Visigoth ('vɪzɪgɒθ) ZN *West-Goot*

Visigothic (vɪzɪ'gɒθɪk) BNW *West-Gotisch*

vision ('vɪʒən) I ZN • *visie; inzicht* • *gezichtsvermogen; het zien* • *visioen; verschijning* • *beeld* ⟨op tv⟩ II OV WW • *zien* • *(z.) voorstellen als in een visioen* • *z. voor de geest halen*

visional ('vɪʒənəl) BNW • *v. een visioen* • *ingebeeld*

visionary ('vɪʒənərɪ) I ZN • *ziener* • *fantast* II BNW • *fantastisch* • *ingebeeld*

visit ('vɪzɪt) I ZN • *bezoek* • *inspectie; visitatie* • USA *praatje* ★ domiciliary ~ *huisbezoek; huiszoeking* ★ flying ~ *bliksembezoek* II OV WW • *bezoeken* • *inspecteren* • *visiteren* • ~ed *behekst* ★ ~ing hours *bezoekuren* • ~ with *straffen met; omgaan met* • ~ (up)on *wreken* III ONOV WW • USA *'n praatje maken* • *logeren* ★ they ~ at my house *ze komen wel (eens) bij me thuis*

visitant ('vɪzɪtnt) I ZN • *trekvogel* • FORM. *bezoeker* II BNW • OUD. *bezoekend*

visitation (vɪzɪ'teɪʃən) ZN • *visitatie* • *al te lang bezoek* • *inspectie* • *huisbezoek* ⟨v. geestelijke⟩ • *bezoeking*

visiting ('vɪzɪtɪŋ) I ZN • *het bezoeken* II BNW ★ I have no ~ acquaintances with him *ik kom niet bij hem thuis* ★ I am not on ~ terms with him *ik kom niet bij hem thuis* ★ SPORT ~ team *gasten*

visitor ('vɪzɪtə) ZN • *gast; bezoeker* • *inspecteur* ★ ~s' book *gastenboek* ⟨in hotel⟩

visor ('vaɪzə) ZN • *vizier* ⟨v. helm⟩ • *klep* ⟨v. pet⟩ • *scherm voor ogen*

vista ('vɪstə) ZN • *vergezicht* • *perspectief* • *verschiet* • *terugblik*

visual ('vɪʒʊəl) I ZN • COMM. *beeld* II BNW • *visueel; gezichts-; oog-* • *zichtbaar* ★ ~ arts *beeldende kunsten* ★ we witnessed it ~ly *we waren er ooggetuigen van*

visualization, G-B **visualisation** (vɪʒʊəlaɪ'zeɪʃən) ZN *visualisatie; verbeelding*

visualize, G-B **visualise** ('vɪʒʊəlaɪz) OV WW *visualiseren; verbeelden*

visualizer, G-B **visualiser** ('vɪʒʊəlaɪzə) ZN *(reclame)ontwerper*

vital ('vaɪtl) BNW • *levens-* • *vitaal* • *noodzakelijk* • *levensgevaarlijk* ⟨verwonding⟩ ★ ~ statistics *bevolkingsstatistiek* • MED. ~ signs *levensfuncties* ⟨vnl. hartslag, bloeddruk⟩ ★ ~ parts *edele delen*

vitality (var'tælətɪ) ZN *vitaliteit; levensvatbaarheid; levenskracht*

vitals ('vaɪtlz) ZN MV • *het essentiële* • *edele delen*

vitamin ('vɪtəmɪn) ZN *vitamine*

vitiate ('vɪʃɪeɪt) OV WW • *bederven* ⟨v. lucht⟩ • *vervalsen* ⟨v. waarheid⟩ • *ongeldig maken* ⟨v. document⟩

viticulture ('vɪtɪkʌltʃə) ZN *wijnbouw*

vitreous ('vɪtrɪəs) BNW *glasachtig; glas-; glazen*

vitrify ('vɪtrɪfaɪ) I OV WW • *in glas doen veranderen* II ONOV WW • *in glas veranderd worden*

vitriol ('vɪtrɪəl) ZN • *vitriool* • *sarcasme*

vitriolic (vɪtrɪ'ɒlɪk) BNW • *vitriool-* • *sarcastisch; sardonisch; bijtend*

vituperate (vɪ'tju:pəreɪt) ov ww • *(be)schimpen* • *(uit)schelden*

vituperation (vaɪtju:pər'eɪʃən) zn *geschimp*; *scheldwoorden*

vituperative (vɪ'tju:pərətɪv) bnw *schimpend*

vivacious (vɪ'veɪʃəs) bnw *levendig*; *opgewekt*

vivacity (vɪ'væsətɪ) zn *opgewektheid*

vivaria (vaɪ'veərɪə) zn mv • → **vivarium**

vivarium (vaɪ'veərɪəm) zn • *aquarium* • *dierentuin*

vivid ('vɪvɪd) bnw *levendig*; *helder* ⟨v. kleur of licht⟩

vivify ('vɪvɪfaɪ) ov ww *levend maken*; *bezielen*; *opwekken*

viviparous (vɪ'vɪpərəs) bnw *levendbarend*

vivisection (vɪvɪ'sekʃən) zn *vivisectie*

vixen ('vɪksən) zn • *wijfjesvos* • *feeks*; *helleveeg*

vixenish ('vɪksənɪʃ) bnw *feeksachtig*

viz. (vɪz) afk *videlicet namelijk*

VJ afk muz. video jockey *vj*; *videojockey*

vocable ('vəʊkəbl) zn *woord*

vocabulary (və'kæbjʊlərɪ) zn • *woordenlijst* • *woordenschat*

vocal ('vəʊkl) I zn • *stem*; *klinker(teken)*; *vocaal* II bnw • *vocaal* • *klinker-* • *stemhebbend* ⟨fonetiek⟩ • *mondeling* • *stem-* ★ ~ with *weerklinkend van* ★ ~ ligaments *stembanden* ★ ~ performer *stemkunstenaar*

vocalic (və'kælɪk) bnw *klinker-*

vocalist ('vəʊkəlɪst) zn *zanger(es)*

vocalize, g-b **vocalise** ('vəʊkəlaɪz) ov+onov ww • iron. *spreken*; *zingen*; *schreeuwen* • *stemhebbend maken*

vocation (və'keɪʃən) zn • *roeping* • *beroep* ★ he has never had the sense of ~ *hij heeft nooit echt roeping gevoeld* ★ he mistook his ~ *hij heeft 't verkeerde beroep gekozen*

vocational (və'keɪʃənl) bnw • *roepings-* • *beroepsopleiding* ★ ~ guidance *beroepskeuzebegeleiding* ★ ~ teacher *vakonderwijzer*

vociferate (və'sɪfəreɪt) ov+onov ww *schreeuwen*; *brullen*; *razen*

vociferation (vəʊsɪfə'reɪʃən) zn *geschreeuw*

vociferous (və'sɪfərəs) bnw *uitbundig*

vodka ('vodkə) zn *wodka*

vogue (vəʊg) zn *het algemeen in gebruik zijn*; *mode*; *populariteit*; *trek* ★ be in/the ~ *erg in de mode zijn* ★ have a great ~ *erg in de mode zijn* ★ out of ~ *uit de mode*

voice (vɔɪs) I zn • *stem*; *spraak* • *geluid*; *geschreeuw* • *inspraak* • *stemhebbende klank* • *grammaticale vorm* ★ give ~ to *uiting geven aan* ★ raise your ~ *je stem verheffen* ★ have no ~ in the chapter *geen stem in het kapittel hebben* ★ be in ~ *goed bij stem zijn* ★ be out of ~ *niet bij stem zijn* ★ with one ~ *eenstemmig* ★ active/passive ~ *bedrijvende/lijdende vorm* II ov ww • *uitdrukking geven aan* ⟨gevoelens⟩ • *weergeven* • *stemmen* ⟨v. orgel⟩ • taalk. *stemhebbend maken* ⟨fonetiek⟩

voice box zn *strottenhoofd*

voiced (vɔɪst) bnw • *met stem* • taalk. *stemhebbend* ⟨fonetiek⟩

voiceless ('vɔɪsləs) bnw • *stemloos* • *monddood*

voice-over zn *voice-over*; *commentaarstem*

void (vɔɪd) I zn • *leegte* • *(ledige) ruimte* ★ talk in the void *in de ruimte praten* II bnw • *ongeduldig*; *nietig* ⟨v. contract⟩ • *onbezet*; *ledig* • form. *nutteloos* ★ void of *zonder* ★ void of sense *zonder zin of betekenis* ★ fall void *vacant komen* III ov ww • *ongeldig maken/verklaren* • *ledigen* • *lozen* ⟨v. urine⟩ • *ontlasten*

voidable ('vɔɪdəbl) bnw *ongeldig, enz. te maken*

vol. afk volume *volume* ⟨deel uit reeks⟩

volatile (vɒlə'tɪlətɪ) I zn • *levendigheid* • *vluchtigheid* II bnw • *vluchtig* ⟨vloeistoffen⟩ • *levendig* • *wuft*; *wispelturig*

volcanic (vɒl'kænɪk) bnw *vulkanisch*

volcano (vɒl'keɪnəʊ) zn *vulkaan* ★ an active ~ *een werkende vulkaan*

vole (vəʊl) I zn • *woelmuis* II onov ww • *alle slagen halen* ⟨bij kaartspel⟩

volition (və'lɪʃən) zn *(het) willen*; *wilskracht* ★ by his own ~ *uit vrije wil*

volitional (və'lɪʃənəl) bnw *wils-*; *v. de wil*

volitive ('vɒlɪtəv) bnw • *wils-* • *opzettelijk* • taalk. *optatief*

volley ('vɒlɪ) I zn • *salvo* • *stroom* ⟨figuurlijk⟩; *vloed* ⟨v. woorden⟩ • sport *volley* ⟨bij tennis⟩ II ov ww • *'n salvo afvuren* • *doen losbranden* • *uitstoten* ⟨v. geluid⟩ • sport *bal terugslaan vóór hij de grond heeft geraakt* ⟨bij tennis⟩ III onov ww • *tegelijk losbarsten* ⟨v. kanonnen⟩ • *losbranden* • *kronkelen* ⟨v. rook⟩

volleyball ('vɒlɪbɔːl) zn *volleybal*

volt (vəʊlt) zn • *volt* • *wending*

voltage ('vəʊltɪdʒ) zn *elektrische spanning* ★ ~regulator *spanningsregelaar*

voltaic (vɒl'teɪɪk) bnw *galvanisch* ★ ~ pile *zuil v. Volta*

volubility (vɒljʊ'bɪlətɪ) zn *welbespraaktheid*

voluble ('vɒljʊbl) bnw • *woordenrijk* • *rad v. tong* • plantk. *kronkelend*

volume ('vɒlju:m) zn • *volume*; *omvang*; *massa* • *geluidssterkte* • *boekdeel*; *schriftrol* • *jaargang* ★ ~ of traffic *verkeersaanbod* ★ ~s of smoke *massa (opkringelende) rook*

volume control zn *volumeregelaar*

voluminous (və'lju:mɪnəs) bnw • *uit vele delen bestaande* • *productief* ⟨schrijver⟩ • *omvangrijk*; *lijvig*

voluntarism ('vɒləntərɪzm) zn *principe dat bep. sociale taken door vrijwilligers worden uitgevoerd*

voluntary ('vɒləntərɪ) I zn • *vrijwillige bijdrage* ⟨in wedstrijd of werk⟩ • muz. *solofantasie op orgel* II bnw • *vrijwillig* • *opzettelijk* • *gecontroleerd* ⟨v. spierbeweging⟩

volunteer (vɒlən'tɪə) I bnw • *vrijwillig* • *vrijwilligers-* • plantk. *vanzelf opkomend* II ov ww • *ten beste geven* ★ we ~ed our services *we boden vrijwillig onze diensten aan* III onov ww • *z. als vrijwilliger aanbieden* IV zn • *vrijwilliger*

voluptuary (və'lʌptʃʊərɪ) I zn • *wellusteling* II bnw • *wellustig*

voluptuous (və'lʌptʃʊəs) bnw • *weelderig* ⟨v. vormen⟩ • *wellustig* • *heerlijk*

voluted (və'lu:tɪd) bnw • *met krullen versierd* • *spiraalvormig*

vomit ('vɒmɪt) **I** ZN • *braaksel* • *braakmiddel*
II OV+ONOV WW • *braken*

voodoo ('vuːduː) **I** ZN • *toverij* **II** OV WW • USA
beheksen

voracious (və'reɪʃəs) BNW *gulzig*; *vraatzuchtig*

voracity (və'ræsətɪ) ZN • *gulzigheid*
• *vraatzuchtigheid*

vorteces ('vɔːtɪsiːz) ZN MV • → **vortex**

vortex ('vɔːteks) ZN *draaikolk*; *maalstroom*

Vosges (vəʊʒ) ZN • the ~ *de Vogezen*

votary ('vəʊtərɪ) ZN • *ordebroeder/-zuster*
• *aanbidder*; *liefhebber* ⟨v. sport of muziek⟩

vote (vəʊt) **I** OV WW • ~ **in** *verkiezen* **II** OV+ONOV
WW • *stemmen* • *vaststellen* • *toestaan*
⟨gelden⟩; *goedkeuren*; *voteren* • *vinden*
• *voorstellen* ★ I vote that we go *ik stel voor
dat we vertrekken* ★ they voted him a bore *ze
vonden hem een vervelende vent* • ~ **down**
verwerpen ⟨v. maatregelen⟩; *overstemmen*
• ~ **for** *stemmen voor*; *stemmen op* • ~ **out**
door stemmen uitsluiten ⟨v. persoon⟩ **III** ZN
• *stem(ming)* • *gezamenlijke stemmen*
• *stembriefje* • *stemrecht* • *begroting* ★ vote
of censure *motie v. wantrouwen* ★ vote in supply
toegestane gelden ★ they took a vote on it *ze
lieten erover stemmen* ★ a vote of this amount
was passed *dit bedrag werd gevoteerd* ★ by ten
votes *met een meerderheid van tien stemmen*
★ put to a/the vote *in stemming brengen*
★ proceed to the vote *tot stemming overgaan*
★ he was within a vote of obtaining the post
*het scheelde maar één stem of hij had de baan
gekregen*

voter ('vəʊtə) ZN • *kiezer* • *stemgerechtigde*

votive ('vəʊtɪv) BNW *votief*; *gelofte-* ★ ~ offering
ex voto

vouch (vaʊtʃ) **I** OV WW • *staven* ⟨v. bewering⟩
II ONOV WW • *getuigen* • ~ **for** *instaan voor*

voucher ('vaʊtʃə) ZN • *(waarde)coupon* • *borg*
• *bewijs(stuk)* • *bon* • *vrijkaart* • *reçu*
• *declaratie* ⟨voor vergoeding⟩ ★ ~ copy
bewijsnummer

vouchsafe (vaʊtʃ'seɪf) OV WW z. *verwaardigen
toe te geven/staan* ★ they ~d me a visit *zij
verwaardigden zich mij 'n bezoek te brengen*

vow (vaʊ) **I** ZN • *eed*; *gelofte* • be under a vow
zich plechtig hebben verbonden ★ take the
vow(s) *kloostergelofte afleggen* **II** OV+ONOV WW
• *zweren* ★ his vowed enemy *zijn gezworen
vijand* • ~ **to** *wijden aan*

vowel ('vaʊəl) ZN *klinker(teken)* ★ ~ gradation
ablaut ★ ~ mutation *umlaut*

voyage ('vɔɪɪdʒ) **I** ZN • *reis* ★ OOK FIG. ~ of
discovery *ontdekkingsreis* **II** OV WW • *bevaren*
III ONOV WW • *reizen*

voyager ('vɔɪɪdʒə) ZN *reiziger*; *zeevaarder*

voyeur (vwɑ:'jɜ:) ZN *gluurder*; *voyeur*

VP AFK Vice-President *vicepresident*

VR AFK Victoria Regina *koningin Victoria*

vs AFK versus *tegen*

VS AFK veterinary surgeon *dierenarts*

VSOP AFK Very Special Old Pale
⟨ouderdomsaanduiding van cognac⟩

Vt. AFK USA *Vermont* (staat)

vulcanite ('vʌlkənaɪt) ZN *eboniet*

vulcanize, G-B **vulcanise** ('vʌlkənaɪz) OV WW

vulkaniseren

vulgar ('vʌlgə) **I** ZN ★ the ~ *de massa*; *de grote
hoop* **II** BNW • *volks-*; *gewoon-*; *algemeen
bekend* • *vulgair*; *ordinair*; *grof*; *laag* ★ ~ era
gewone (christelijke) jaartelling ★ the ~ herd *de
massa* ★ the ~ speech *de volkstaal*

vulgarian (vʌl'geərɪən) BNW *proleterig*; *ordinair*

vulgarisation ZN G-B • → **vulgarization**

vulgarise WW G-B • → **vulgarize**

vulgarism ('vʌlgərɪzəm) ZN • *plat gezegde*
• *laag-bij-de-grondse manier v. doen*

vulgarity (vʌl'gærətɪ) ZN *vulgariteit*

vulgarization (vʌlgəraɪ'zeɪʃən) ZN • *vulgarisering*
• *popularisatie* • *verruwing*

vulgarize ('vʌlgəraɪz) **I** OV WW • *vulgariseren*
• *populariseren* • *verruwen* **II** ONOV WW
• *vulgair worden*

vulgate ('vʌlgeɪt) ZN *omgangstaal*

Vulgate ('vʌlgeɪt) ZN *Vulgaat*

vulnerability (vʌlnərə'bɪlətɪ) ZN *kwetsbaarheid*

vulnerable ('vʌlnərəbl) BNW *kwetsbaar*

vulpine ('vʌlpaɪn) BNW • *vosachtig*; *vossen-
• *listig*; *sluw*; *slim*

vulture ('vʌltʃə) ZN *gier*

vulva ('vʌlvə) ZN *vulva*

vying ('vaɪɪŋ) WW [teg. deelw.] • → **vie**

vy

W

w ('dʌblju:) **I** ZN • letter *w* ★ W as in William *de w van Willem* **II** AFK • weight
wacky ('wækɪ) BNW *idioot; vreselijk excentriek*
wad (wɒd) **I** ZN • *prop* • *vulsel* • *pakje bankbiljetten; geld* **II** OV WW • *opvullen; met watten voeren* • *tot een prop maken* • *dichtproppen*
wadding ('wɒdɪŋ) ZN • *opvulsel* • *watten*
waddle ('wɒdl) **I** ZN • *waggelgang* **II** ONOV WW • *waggelen*
wade (weɪd) **I** OV WW • *doorwaden* **II** ONOV WW • *waden; baggeren (door)* ★ wade through a book *een boek doorworstelen* • ~ **into** *te lijf gaan* **III** ZN • *het doorwaden*
wader ('weɪdə) ZN • *waadvogel* • *waterlaars*
wafer ('weɪfə) **I** ZN • *wafel* • *hostie* • *ouwel* • *papieren zegel* **II** OV WW • *met ouwel dichtplakken*
wafer-thin BNW *(zeer) dun; flinterdun*
wafery ('weɪfərɪ) BNW *wafelachtig; zo dun als een wafel*
waffle ('wɒfəl) **I** ZN • *wafel* • *geklets* ★ ~ iron *wafelijzer* **II** ONOV WW • *kletsen*
waft (wɒft, wɑːft) **I** ZN • *vleugje; rookwolkje; sliertje* • *noodvlag* **II** OV WW • *laten zweven; voeren* • *(over)brengen* **III** ONOV WW • *zweven* • OUD. *toewuiven*
wag (wæg) **I** OV WW • *heen en weer bewegen; schudden* • *kwispelen* ★ wag one's finger *de vinger dreigend heen en weer bewegen* ★ wag one's head *met z'n hoofd schudden* **II** ONOV WW • *heen en weer bewegen/gaan* • *kwispelen* ★ beards/chins/jaws/tongues are wagging *er wordt druk gepraat* ★ how wags the world? *hoe staat 't leven?* **III** ZN • *grappenmaker* ★ with a wag of his head *hoofdschuddend* ★ play (the) wag *spijbelen*
wage (weɪdʒ) **I** ZN • *loon* ★ wage(s) *loon* ★ minimum wage *minimumloon* **II** OV WW • *voeren* ⟨vnl. van oorlog⟩
wage earner ZN *loontrekker; loontrekkende*
wage freeze ZN *loonstop*
wager ('weɪdʒə) **I** ZN • *weddenschap* ★ lay/make a ~ *een weddenschap aangaan; wedden* **II** OV+ONOV WW • *(ver)wedden*
wage rate ZN *loonstandaard*
wage tax ZN *loonbelasting*
waggery ('wægərɪ) ZN *grappenmakerij; schalksheid*
waggish ('wægɪʃ) BNW *schalks*
waggle ('wægl) ZN • → wag
wagon, waggon ('wægən) ZN • *wagen; wagon; woonwagen; veewagen* • USA *stationcar; bestelwagen; politiewagen* ★ covered ~ *huifkar* ★ the Wagon *de Grote Beer* ★ IRON. be on the ~ *van de blauwe knoop geen alcohol gebruiken⟩* ★ FIG. hitch one's ~ to a star *hoog mikken*
wagtail ('wægteɪl) ZN *kwikstaart*
waif (weɪf) ZN • *onbeheerd dier/goed; strandgoed* • *straathond* • *zwerver; dakloze* • *verwaarloosd kind* ★ waifs and strays *rommel; straatjeugd;*

daklozen
wail (weɪl) **I** OV WW • *jammeren* **II** ONOV WW • *jammeren; weeklagen* • *huilen; loeien* ⟨v. wind⟩ **III** ZN • *geweeklaag*
wainscot ('weɪnskət) **I** ZN • *lambrisering* **II** OV WW • *lambriseren*
waist (weɪst) ZN • *middel; taille* • USA *lijfje; bloes* • *smal(ler) middengedeelte*
waistband ('weɪstbænd) ZN *broeks-/roksband*
waistcoat ('weɪskəʊt) ZN *vest*
waist-deep (weɪst'diːp) BNW + BIJW *tot aan het middel*
waisted ('weɪstɪd) BNW *getailleerd*
waist-high BNW *tot aan het middel*
waistline ('weɪstlaɪn) ZN *taille*
wait (weɪt) **I** OV WW • *afwachten* • *bedienen* ★ he must wait our pleasure *hij moet wachten tot het ons schikt* ★ wait dinner for sb *met 't eten op iem. wachten* **II** ONOV WW • *wachten* • *bedienen* ⟨aan tafel⟩ ★ wait and see *rustig afwachten; de kat uit de boom kijken* ★ may good fortune wait upon you *moge het lot u gunstig zijn* ★ wait on Providence *kalm afwachten* • ~ **for** *wachten op* • ~ **(up)on** *bedienen; van dienst zijn; volgen op; gepaard gaan met* **III** ZN • *wachttijd* • *pauze* ★ we had a long wait for *we moesten lang wachten op* ★ lie in wait for *op de loer liggen*
waiter ('weɪtə) ZN • *kelner* • *presenteerblad* • *wachtende* • ~! *ober!* ★ dumb ~ *serveertafel; etenslift*
waiting ('weɪtɪŋ) ZN • *(het) wachten* • *bediening* ★ in ~ *gereedstaand; dienstdoend*
waiting game ZN *afwachtende houding* ★ play a/the ~ *de kat uit de boom kijken*
waiting list ZN *wachtlijst*
waiting room ZN *wachtkamer*
waitress ('weɪtrəs) ZN *serveerster*
waive (weɪv) OV WW *afstand doen van; afzien van*
wake (weɪk) **I** OV WW • *wekken* • *oproepen* • *ten leven wekken* • ~ **up** *wakker maken/schudden* **II** ONOV WW • *wakker zijn; waken* • *opstaan* ⟨uit de dood⟩ • ~ **up** *wakker worden* ★ wake up to a consciousness/sense that *beginnen te zien dat* **III** ZN • *(nacht)wake* ★ in the wake of *volgend op; in het spoor van*
wakeful ('weɪkfʊl) BNW • *slapeloos* • *waakzaam; wakker*
waken ('weɪkən) **I** OV WW • *wekken* • *oproepen* • *ten leven wekken* • ~ **up** *wakker maken/ schudden* **II** ONOV WW • *wakker zijn; waken* • *opstaan* ⟨uit de dood⟩ • ~ **up** *wakker worden* ★ ~ up to a consciousness/sense that *beginnen in te zien dat*
wale (weɪl) **I** ZN • *ribbel* • USA *striem* **II** OV WW • *striemen*
walk (wɔːk) **I** OV WW • *lopen/wandelen in/op* • *stapvoets doen gaan; laten stappen; uitlaten* • *opbrengen; lopen tegen* ⟨wedstrijd⟩ ★ walk it *te voet gaan* ★ walk the boards *aan 't toneel zijn* ★ walk the chalk *over de krijtstreep lopen* ⟨als bewijs dat men nuchter is⟩ ★ walk the hospitals *medicijnen studeren* ★ walk the plank *over de plank lopen (de zee in); (gedwongen) ontslag nemen* ★ walk the streets

flaneren; *langs de straat lopen* • ~ **off**
wegbrengen ★ walk one's legs off *lopen tot men er bij neervalt* ★ walk sb off his legs *iem. laten lopen tot hij er bij neervalt* II ONOV WW
• *lopen*; *wandelen*; *stapvoets gaan* • *rondwaren* ★ walk with God *een godvruchtig leven leiden* ★ walk away from *gemakkelijk achter zich laten* ★ walk away with sth *er met iets vandoor gaan* ★ walk out on sb *iem. in de steek laten* ★ walk up! *komt dat zien!* ★ walk up to *naar toe lopen*; *op af lopen* ★ walk (out) with *verkering hebben met* • ~ **about** *wandelen*; *rondlopen* • ~ **by** *voorbijgaan* • ~ **in** *binnenlopen*; *eens aanlopen* ★ walk in! *binnen zonder kloppen!* • ~ **into** *er van langs geven*; *'m raken*; *z. te goed doen aan* • ~ **off** *(kwaad) weglopen*; *niet meer meedoen* ★ walk off with *er vandoor gaan met* • ~ **over** *stapvoets over de baan gaan*; *gemakkelijk de overwinning behalen* III ZN • *wandeling* • *manier v. lopen*; *gang* • *kippenren* • *wandelpas*; *stap* • *wandellaan(tje)*; *wandelpad* • *levenswandel* • *ronde*; *wijk* ★ a ten minutes' walk *10 minuten lopen* ★ at a walk *stapvoets* ★ go for/take a walk *(gaan) wandelen* ★ walk of life *beroep*; *positie*

walkable ('wɔːkəbl) BNW *te (be)lopen*
walkabout ('wɔːkəbaʊt) I ZN • *rondgang* • *trek(tocht) van Aboriginals* II ONOV WW • *op trektocht gaan*
walker ('wɔːkə) ZN • *voetganger*; *wandelaar* • *loopvogel* • *lo_prek*
walkie-talkie (wɔːkɪ'tɔːkɪ) ZN *walkietalkie*; *draagbare zender*
walking ('wɔːkɪŋ) BNW *wandel-* ★ ~ chair *loopwagentje*; *wandelwagentje* ★ ~ frame *looprek* ★ PLAT ~ papers/ticket *ontslag* ★ ~ stick *wandelstok*
walkman ('wɔːkmən) ZN *walkman*
walk-on BNW ★ ~ part *figurantenrol*
walkout ('wɔːkaʊt) ZN *(het) (kwaad) weglopen* ⟨als protest⟩; *werkonderbreking*
walkover ('wɔːkəʊvə) ZN *gemakkelijke overwinning*
walk-up ZN USA *flat/kantoor zonder lift*
walkway ('wɔːkweɪ) ZN USA *doorgang*; *passage*
wall I ZN • *wand*; *muur* • *stadswal* ★ blank wall *blinde/kale muur* ★ supporting wall *dragende muur* ★ wall of partition *scheidsmuur* ★ drive sb up the wall *iem. razend maken* ★ go/climb up the wall *woedend/gek worden*; *'doordraaien'* ★ go to the wall *het onderspit delven*; *failliet gaan* ★ USA, INFORM. off the wall *gek*; ⟨alleen predicatief⟩ *bizar* ★ FIG. be up against a brick wall *tegen een muur aanlopen* II OV WW • ~ **in** *ommuren* • ~ **up** *afsluiten met een muur*; *dichtmetselen*
wallaby ('wɒləbɪ) ZN • *kleine kangoeroe* • *Australiër*
wallet ('wɒlɪt) ZN • *portefeuille* • *tas*; *gereedschapstas*
wall fern ZN *eikvaren*
wallflower ('wɔːlflaʊə) ZN OOK FIG. *muurbloem(pje)*
Walloon (wɒ'luːn) I ZN • *Waal* II BNW • *Waals*
wallop ('wɒləp) I ZN • *klap*; *mep*; *opdonder*

• *impact*; *invloed* • USA, INFORM. *bier* ★ pack a ~ *impact hebben* II OV WW • *hard slaan*; *afranselen* • *grondig verslaan*; *inmaken* ★ ~ across the head *op z'n kop geven* III BIJW • *pardoes* • go ~ *neerploffen*
walloping ('wɒləpɪŋ) I ZN • *afranseling*; *pak slaag* II BNW • *kolossaal*
wallow ('wɒləʊ) I ZN • *poel* ⟨voor dieren⟩ II ONOV WW • *rollen* • ~ **in** *(z.) wentelen in* ★ ~ in money *zwemmen in het geld*
wall painting ('wɔːlpeɪntɪŋ) ZN • *muurschildering* • *fresco*
wallpaper ('wɔːlpeɪpə) ZN *behang(selpapier)*
wall socket ZN *stopcontact*
wall-to-wall BNW *kamerbreed*
wally ('wɒlɪ) ZN *sul*; *sukkel*; *idioot*
walnut ('wɔːlnʌt) I ZN • *walnoot* • *notenhout* ★ over the ~s and the wine *aan het dessert* II BNW • *notenhouten*
walrus (wɔːlrəs) ZN *walrus*
waltz (wɔːls) I ZN • *wals* • *dans* II ONOV WW • *walsen* • *dansen*
wan (wɒn) BNW • *bleek*; *flets* • *flauw*; *ziekelijk*
wand (wɒnd) ZN • *dirigeerstok* • *(tover)staf* • *roede* ★ magic wand *toverstokje*
wander ('wɒndə) ONOV WW • *zwerven*; *dwalen*; *ronddolen* • *ijlen* • *afdwalen*; *van de hak op de tak springen* ★ ~ in one's mind *ijlen* • ~ **about** *de ronde doen* ⟨v. gerucht⟩; *rondzwerven*
wanderer ('wɒndərə) ZN *zwerver*; *(rond)trekker*
wanderings ('wɒndərɪŋz) ZN MV *omzwervingen*
wanderlust ('wɒndəlʌst) ZN *zwerflust*; *reislust*; *treklust*
wane (weɪn) I ZN • *het afnemen* II ONOV WW • *afnemen*; *tanen*
wangle ('wæŋgl) I ZN • *knoeierij* II OV WW • *voor elkaar prutsen*; *gedaan krijgen* • *knoeien met*; *vervalsen* III ONOV WW • ~ **through** *zich er door heen (weten te) werken*
want (wɒnt) I OV WW • *missen*; *ontberen* • *nodig hebben*; *moeten*; *vereisen* • *wensen*; *willen* ★ wanted *gevraagd*; *gezocht* ⟨door de politie⟩ ★ I want you to do it *ik wil dat jij het doet* ★ I want it done at once *ik wil dat het direct gedaan wordt* ★ the door wants painting *de deur moet geverfd worden* ★ you don't want to overdo it *je moet het niet overdrijven* II ONOV WW • *gebrek lijden* ★ let him want for nothing *laat 't hem aan niets ontbreken* III ZN • *(het) ontbreken* • *behoefte* • *gemis*; *gebrek* ★ want ad *advertentie onder 'gevraagd'* ★ be in want of *nodig hebben*
wanting ('wɒntɪŋ) I BNW • *ontbrekend* ★ be ~ *ontbreken*; *mankeren*; *in gebreke blijven* ★ be found ~ *niet aan de verwachtingen blijken te voldoen* II VZ • *zonder* • *minus*
wanton ('wɒntən) I ZN • *lichtekooi*; *lichtmis* II BNW • *speels* • *weelderig* • *wellustig* • *zinloos* • *onbeheerst* III ONOV WW • *speels zijn*; *gek doen* • *welig tieren*
WAP (wɒp) AFK Wireless Application Protocol *wap*
war (wɔː) I ZN • *oorlog* ★ war of nerves *zenuwenoorlog* ★ war to the bitter end *strijd op leven en dood* ★ at war *in oorlog* ★ be at war with o.s. *een innerlijke strijd voeren* ★ go

to war *ten strijde trekken* ★ levy/make/wage war upon *oorlog voeren tegen* ★ he has been in the wars *hij is behoorlijk toegetakeld* **II** OV+ONOV WW • *strijden (tegen); oorlog voeren (tegen)*

warble ('wɔːbl) **I** ZN • *gekweel* **II** OV+ONOV WW • USA *jodelen* • *zingen; kwelen*

warbler ('wɔːblə) ZN • *tjiftjaf* ★ icterine ~ *spotvogel* • *zanger*

war crime ZN *oorlogsmisdaad*

war cry ZN *strijdkreet*

ward (wɔːd) **I** ZN • *(verzekerde) bewaring* • *curatele; voogdij* • *pupil* (v. voogd) • *stadsdistrict* • *zaal; afdeling* ★ the child is in ward (to you) *het kind staat onder (uw) voogdij* ★ keep watch and ward over *met uiterste zorg bewaren* ★ casual ward *doorgangshuis voor daklozen* **II** OV WW • *bewaren; behoeden* • ~ **off** *afweren; behoeden voor; pareren*

warden ('wɔːdn) ZN • *gouverneur* • *huismeester* • *bewaker* • *(parkeer)wacht* • *soort stoofpeer*

warder ('wɔːdə) ZN • *cipier* • *staf* (v. vorst)

wardress ('wɔːdrəs) ZN *gevangenbewaarster*

wardrobe ('wɔːdrəʊb) ZN • *kleerkast* • *garderobe*

wardroom ('wɔːdruːm) ZN *officiersmess*

wardship ('wɔːdʃɪp) ZN *voogdij*

ware (weə) **I** ZN • *waar* • *aardewerk* ★ Tunbridge ware *ingelegd houtwerk* ★ INFORM. wet ware *menselijk brein* **II** BNW • OUD. *pgo zijn hoede* • *zich bewust zijn* **III** OV WW • OUD. *z. wachten voor* • ware! *pas op!*

warehouse ('weəhaʊs) **I** ZN • *pakhuis; opslagplaats; magazijn* **II** OV WW • *opslaan*

warfare ('wɔːfeə) ZN *oorlog(voering); strijd* ★ wordy ~ *woordenstrijd*

war guilt ZN *het schuldig zijn aan oorlog of oorlogsmisdaden*

warhead ('wɔːhed) ZN *projectielkop*

warhorse ('wɔːhɔːs) ZN • *strijdros* • *ijzervreter*

war law ZN *oorlogsrecht*

warlike ('wɔːlaɪk) BNW *oorlogszuchtig; krijgshaftig* ★ ~ preparations *voorbereidingen tot oorlog*

warlock ('wɔːlɒk) ZN *tovenaar*

warlord ('wɔːdd) ZN *krijgsheer*

warm (wɔːm) **I** ZN ★ give o.s. a warm *zich wat warmen* ★ have a warm *zich wat warmen* ★ British (Service) warm *korte jekker* **II** BNW • *warm; heet* • *vurig; opgewonden; verhit* • *hartelijk* • *vers* (v. spoor) ★ warm corner *plekje waar 't heet toegaat* ★ it was warm work *het ging er heet toe* ★ grow warm *warm lopen* ★ make it/things warm for *'t vuur na aan de schenen leggen* **III** OV+ONOV WW • *(ver)warmen; warm maken/worden* ★ warm sb's jacket *iem. een aframmeling geven* ★ warm the heart of sb *iem. opvrolijken* ★ my heart warms to him *ik begin wat voor hem te voelen* • ~ **up** *warm(er) / gezellig(er) / vurig(er) maken / worden*; ook FIG. *opwarmen; verwarmen* ★ warm up the engine *de motor op temperatuur brengen* ★ look like death warmed-up *er als een levend lijk uitzien*

warm-blooded (wɔːm'blʌdɪd) BNW *warmbloedig*

warm-hearted (wɔːm'hɑːtɪd) BNW *hartelijk*

warming ('wɔːmɪŋ) ZN • *pak slaag* • *opwarming*

★ global ~ *broeikaseffect*

warmonger ('wɔːmʌŋgə) ZN *oorlogshitser*

warmth (wɔːmθ) ZN • *warmte* • *hartelijkheid*

warn (wɔːn) OV+ONOV WW • *waarschuwen* ★ warn of *waarschuwen voor* ★ warn against *waarschuwen tegen* • ~ **against** *waarschuwen tegen* • ~ **of** *waarschuwen voor*

warning ('wɔːnɪŋ) ZN • *waarschuwing; dreiging* • *opzegging* (v. baan, huur); *opzegtermijn* ★ a month's ~ *opzegtermijn v.e. maand* ★ give sb a month's ~ *iem. opzeggen met een maand opzegtermijn*

War Office ZN G-B *Ministerie van Oorlog*

warp (wɔːp) **I** ZN • NATK. *kromming* • *(psychische) afwijking* • *schering* • *werptros* **II** OV WW • *doen kromtrekken* • *vervormen; verkeerd richten; (verkeerd) beïnvloeden* • SCHEEPV. *verhalen* • *bevloeien* **III** ONOV WW • *kromtrekken* • *afwijken*

warpaint ('wɔːpeɪnt) ZN • *oorlogsbeschildering* • IRON. *groot tenue; gala*

warpath ('wɔːpɑːθ) ZN *oorlogspad*

warrant ('wɒrənt) **I** ZN • *machtiging* • *bevel(schrift)* • *rechtvaardiging; (rechts)grond; recht* • *waarborg* • *aanstelling* ★ ~ of arrest *bevel tot inhechtenisneming* ★ ~ of attorney *notariële volmacht* ★ ~ of distress *beslaglegging; dwangbevel* ★ a ~ is out against... *er loopt een arrestatiebevel tegen...* **II** OV WW • *rechtvaardigen; wettigen* • *waarborgen* ★ I'll ~ you! *daar kun je van op aan!*

warrantable ('wɒrəntəbl) BNW *gewettigd*

warrantee (wɒrən'tiː) ZN *degene aan wie iets wordt gewaarborgd*

warranter ('wɒrəntə), **warrantor** ('wɒrəntɔː) ZN • *waarborger* • *volmachtgever*

warrant officer ('wɒrəntɒfɪsə) ZN • USA *dekofficier* • G-B ≈ *adjudant-onderofficier* • *onderluitenant*

warranty ('wɒrəntɪ) ZN • *bewijs* • *rechtvaardiging* • *garantie*

warren ('wɒrən) ZN • *konijnenreservaat; gebied waar veel konijnen zitten* • *warnest* (figuurlijk); *doolhof* (figuurlijk)

warring ('wɔːrɪŋ) BNW • *tegenstrijdig* • *strijdend*

warrior ('wɒrɪə) ZN *krijger* ★ the unknown ~ *de onbekende soldaat*

warship ('wɔːʃɪp) ZN *oorlogsschip*

wart (wɔːt) ZN *wrat* ★ paint sb warts and all *iem. (uit)schilderen precies zoals hij is*

warthog ('wɔːthɒg) ZN *wrattenzwijn*

wartime ('wɔːtaɪm) **I** ZN • *oorlogstijd* **II** BNW • *oorlogs-; in/onder de oorlog*

warty ('wɔːtɪ) BNW *wratachtig*

war widow ZN *oorlogsweduwe*

war work ZN *oorlogsindustrie*

wary ('weərɪ) BNW *behoedzaam* ★ wary of *op zijn hoede voor*

was (wɒz,wəz) WW [verleden tijd] • → **be**

wash (wɒʃ) **I** OV WW • *nat afnemen; wassen; spoelen* • *besproeien; vochtig maken* • *uitzeven* • *uitschuren* (v. rivier) ★ wash one's hands of *niets te maken willen hebben met* ★ be washed up *aanspoelen* ★ wash white *witten* • ~ **down** *wegspoelen* • ~ **out** *uitwassen; uitspoelen;*

onmogelijk maken ★ washed out *verkleurd;
flets; bleek; futloos* ★ G-B ~ **up** *afwassen* **II** ONOV
WW • *wassen* • *gewassen kunnen worden*
• *spoelen/stromen langs* ★ wash ashore
aanspoelen ★ your excuse won't wash *je
verontschuldiging houdt geen steek* ★ wash
overboard *overboord slaan* • ~ **out** *door
wassen eruit gaan* • ~ **up** *de afwas doen* **III** ZN
• *wasbeurt* • *was* • *deining; het spoelen*
• *haarwater; lotion* • *laagje verf; muurverf*
• *slootwater* (slappe thee) • *kletspraat* ★ have
a wash *zich wassen*

Wash. AFK USA *Washington* ⟨staat⟩
washable ('wɒʃəbl) BNW *(af)wasbaar*
washbasin ('wɒʃbeɪsən) ZN • *wasbak* • *vaste
wastafel*
washboard ('wɒʃbɔːd) ZN *wasbord*
washcloth ('wɒʃklɒθ) ZN USA *washandje*
washer ('wɒʃə) ZN • *wasser* • *wasmachine*
• *sluitring; kraanleertje; pakking* ★ ~ woman
wasvrouw
washing ('wɒʃɪŋ) **I** ZN • *wasgoed* **II** BNW
• *wasbaar* ★ ~soda *soda*
washing-up (wɒʃɪŋ'ʌp) ZN *afwas* ★ ~ liquid
afwasmiddel
washland ('wɒʃlænd) ZN *uiterwaard(en);
vlietland*
washout ('wɒʃaʊt) ZN • *bres; gat* ⟨door
waterwerking⟩ • *fiasco; totale mislukking*
• *mislukkeling*
wash-pan ZN *wasteiltje*
washroom ('wɒʃruːm) ZN USA *toilet; wc*
washstand ('wɒʃstænd) ZN *wastafel*
washtub ('wɒʃtʌb) ZN *wastobbe*
washy ('wɒʃɪ) BNW • *waterig; slap* • *verwaterd*
wasp (wɒsp) ZN • *wesp* • *nijdas*
Wasp (wɒsp) AFK White Anglo-Saxon Protestant
blanke Angelsaksische protestant ⟨doorsnee
Amerikaan⟩
waspish ('wɒspɪʃ) BNW *venijnig; nijdig;
prikkelbaar*
wastage ('weɪstɪdʒ) ZN *verkwisting* ★ natural ~
natuurlijk verloop
waste (weɪst) **I** ZN • *verkwisting; verspilling*
• *verwaarlozing* • *verbruik; verlies;
achteruitgang; slijtage* • *afval* • *braakliggend
land; wildernis* ★ it's a ~ *'t is zonde* ★ watery ~
troosteloze watervlakte ★ go/run to ~
verwilderen; onbenut blijven; verloren gaan
★ toxic ~ *giftig afval* ★ the ~ of waters
troosteloze watervlakte **II** BNW • *woest; braak*
• *niet meer nodig; afgewerkt; afval-* ★ lay ~
verwoesten ★ lie ~ *braak liggen* **III** OV WW
• *verkwisten; verknoeien; verloren laten gaan*
• *verwaarlozen; laten wegkwijnen; laten
wegteren* • *verwoesten* • USA, STRAATT.
vermoorden; omleggen ★ ~ breath *woorden
verspillen* • ~ **on** *opmaken aan; verspillen aan*
IV ONOV WW • *verloren gaan; afnemen;
achteruitgaan* • *wegkwijnen; wegteren* ★ the
day ~s *de dag loopt ten einde* ★ ~ not, want
not *wie wat bewaart die heeft wat*
wastebasket ('weɪstbɑːskɪt) ZN *prullenmand*
waste disposal ZN *afvalverwerking*
wasteful ('weɪstfʊl) BNW *verkwistend* ★ be ~ of
verkwisten

waste-paper basket ZN *prullenmand*
waster ('weɪstə) ZN *verkwister*
wastrel ('weɪstrəl) ZN *nietsnut*
watch (wɒtʃ) **I** OV WW • *bekijken; nakijken* • *in
de gaten houden* • *bewaken; zorgen voor*
• *afwachten* ★ if you don't ~ it *als je niet goed
oppast* ★ a ~ed pot never boils *wachten duurt
altijd lang* ★ ~ sb home/in *iem. nakijken tot hij
naar binnen gaat* **II** ONOV WW • *kijken* • *op
wacht staan* • *op zijn hoede zijn* ★ ~ through
the night *de nacht doorwaken* ★ ~ with sb *bij
iem. waken* • ~ **for** *uitkijken naar* **III** ZN
• *wacht* • *qui-vive; waakzaamheid; hoede*
• *nachtwake* • *horloge* ★ set ~ over sb *iem.
laten bewaken* ★ in the ~es of the night *in de
uren dat men 's nachts wakker ligt* ★ be on the
~ for *op de uitkijk staan naar* ★ keep ~ on *in
de gaten houden* ★ keep ~ and ward met
uiterste zorg waken ★ Watch Committee
*gemeenteraadscommissie vnl. belast met
politiezaken* ★ ~ hand *horlogewijzer*
watch case ('wɒtʃkeɪs) ZN *horlogekast*
watch chain ('wɒtʃtʃeɪn) ZN *horlogeketting*
watchdog ('wɒtʃdɒg) ZN *waakhond*
watcher ('wɒtʃə) ZN • *bewaker* • *waker* • *poster*
⟨bij staking⟩
watchful ('wɒtʃfʊl) BNW *waakzaam* ★ be ~ of *in
't oog houden; behartigen*
watch glass ('wɒtʃglɑːs) ZN *horlogeglas*
watchmaker ('wɒtʃmeɪkə) ZN *horlogemaker*
watchman ('wɒtʃmən) ZN *nachtwaker*
watchstrap ('wɒtʃstræp) ZN *horlogebandje*
watchtower ('wɒtʃtaʊə) ZN *wachttoren*
watchword ('wɒtʃwɜːd) ZN • *wachtwoord*
• *slogan*
water ('wɔːtə) **I** ZN • *water* • REL. *holy/lustral ~
wijwater* ★ by ~ *over 't water; over zee* ★ throw
cold ~ on *een domper zetten op* ★ that doesn't
hold ~ *dat houdt geen steek* ★ still ~s run deep
stille wateren hebben diepe gronden ★ struggle
in great ~s *in grote moeilijkheden zitten* ★ be
in deep ~ *in grote moeilijkheden zitten* ★ be
in/get into hot ~ *in moeilijkheden
zitten/komen* ★ it brings ~ to my mouth *het
doet me watertanden* ★ ~ under the
bridge *zand erover* ★ for all ~s *van alle
markten thuis* ★ of the first ~ *v.h. zuiverste
water* ★ make ~ *lek zijn* • make/pass ~
urineren ★ FIG. be at low ~ *aan de grond
zitten; op zwart zaad zitten* ★ like ~ *als water*
⟨in overvloed⟩ ★ tread ~ *watertrappelen*
▼ blow out of the ~ *wegvagen; van de kaart
vegen* ▼ pour/throw cold ~ on sth *iets
(be)kritiseren* **II** OV WW • *besproeien;
besprenkelen; water geven* • *van water voorzien*
• *aanlengen* ★ ~ed silk *moirézijde* • ~ **down**
verwateren; verzachten; verbloemen **III** ONOV
WW • SCHEEPV. *water innemen* • *drinken*
• *verwateren* ★ it makes my mouth ~ *het doet
me watertanden*
water biscuit ZN *droog biskwietje*
waterborne ('wɔːtəbɔːn) BNW *over water
vervoerd*
water bottle ('wɔːtəbɒtl) ZN • *karaf* • *veldfles*
water butt ZN *regenton*
water cannon ZN *waterkanon*

wa

water cart ZN *sproeiwagen*
watercolour, USA **watercolor** ('wɔ:təkʌlə) ZN
• *waterverf • aquarel; waterverfschilderij*
watercourse ('wɔ:təkɔ:s) ZN *stroompje*
watercress ('wɔ:təkres) ZN *waterkers*
water engineering ZN *waterbouwkunde*
waterfall ('wɔ:təfɔ:l) ZN *waterval*
waterfowl ('wɔ:təfaʊl) ZN *watervogel(s)*
waterfront ('wɔ:təfrʌnt) ZN • *waterkant*
• *havenkwartier*
watergate ('wɔ:təgeɪt) ZN • *waterpoort*
• *vloeddeur v. sluis*
water gauge ('wɔ:təgeɪdʒ) ZN *peilglas*
waterhole ('wɔ:təhoʊl) ZN *poel; drinkplaats*
watering can, watering-pot ZN *gieter*
watering place ZN • *drinkplaats • badplaats; kuuroord*
water level ('wɔ:təlevəl) ZN • *waterniveau*
• *waterpas*
water lily ZN *waterlelie*
waterline ('wɔ:təlaɪn) ZN *waterlijn* ⟨v. schip⟩
waterlogged ('wɔ:təlɒgd) BNW *vol van/met water*
Waterloo (wɔ:tə'lu:) ZN *beslissende nederlaag*
★ meet one's ~ *(ergens) zijn Waterloo vinden*
water main ZN *hoofdwaterleiding*
waterman ('wɔ:təmən) ZN • *veerman • roeier*
watermark ('wɔ:təmɑ:k) I ZN • *watermerk* II OV WW • *van watermerk voorzien*
water meadow ('wɔ:təmedəʊ) ZN *overloopgebied; uiterwaard*
watermelon ('wɔ:təmelən) ZN *watermeloen*
watermill ZN *watermolen*
water motor ZN *waterturbine*
water pipe ZN *waterleidingsbuis*
water polo ZN *waterpolo*
waterpot ('wɔ:təpɒt) ZN • *gieter • waterkan*
waterproof ('wɔ:təpru:f) I ZN • *waterdichte stof*
• *regenjas* II BNW • *waterdicht; waterbestendig* III OV WW • *waterdicht maken*
water-repellent BNW *waterafstotend*
water-resistant BNW *bestand tegen water; waterproof*
water seal ZN *(stank)afsluiter*
watershed ('wɔ:təʃed) ZN • *waterscheiding*
• *stroombedding*
waterside ('wɔ:təsaɪd) ZN *waterkant*
waterski ('wɔ:təski:) I ZN • *waterski* II ONOV WW • *waterskiën*
waterskin ('wɔ:təskɪn) ZN *leren waterzak*
water splash ('wɔ:təsplæʃ) ZN *ondergelopen stuk weg*
waterspout ('wɔ:təspaʊt) ZN • *waterhoos; wolkbreuk • waterspuwer • afvoerpijp*
water supply ('wɔ:təsəplaɪ) ZN
• *watervoorziening • watervoorraad*
water table ('wɔ:təteɪbl) ZN *grondwaterpeil*
watertight ('wɔ:tətaɪt) BNW • *waterdicht*
• *onaanvechtbaar*
water tower ZN *watertoren*
water vapour ZN *waterdamp*
waterway ('wɔ:təweɪ) ZN • *waterweg*
• *vaarwater,* SCHEEPV. *watergang*
waterwheel ('wɔ:təwi:l) ZN *waterscheprad*
water witch ZN *wichelroedeloper; stormvogeltje*
waterworks ('wɔ:təwɜ:ks) ZN

• *waterleiding(bedrijf) • fontein* ★ turn on the ~ *het op een janken zetten*
watery ('wɔ:təri) BNW • *waterig • waterachtig*
• *regenachtig • verwaterd; verbleekt*
watt (wɒt) ZN *watt*
wattage ('wɒtɪdʒ) ZN *wattage*
wattle ('wɒtl) I ZN • *(twijgen)horde; twijgenschot*
• *teenwerk • Australische acacia • lel; halskwab* ★ land of the golden ~ *Australië* ★ ~-and-daub wall *wand v. rijshout en leem* II OV WW
• *afzetten/bouwen/omgeven met gevlochten rijswerk • vlechten*
wave (weɪv) I ZN • *golf • golving • wuivend gebaar • vloedgolf* ★ wave of enthusiasm *opwelling v. enthousiasme* ★ medium wave *middengolf* ⟨radio⟩ ★ short wave *korte golf* ⟨radio⟩ II OV WW • *doen golven; doen wapperen • met een gebaar te kennen geven*
• ~ aside *afwijzen* • ~ away *beduiden weg te gaan* III ONOV WW • *golven; wapperen*
• *zwaaien; wuiven*
waveband ('weɪvbænd) ZN *golfband*
wavelength (weɪvleŋθ) ZN *golflengte* ★ FIG. be on the same ~ *op dezelfde golflengte zitten*
waver ('weɪvə) I ZN • *wankeling • weifeling* II ONOV WW • *wankelen • flikkeren • aarzelen; weifelen • beginnen te wijken*
wavering ('weɪvərɪŋ) BNW • *wankelend*
• *weifelend*
wavy ('weɪvɪ) BNW *golvend*
wax (wæks) I ZN • *was; (schoen)smeer • lak*
• *oorsmeer* II BNW • *was-; wassen* III OV WW
• *boenen; met was inwrijven; poetsen*
• *ontharen/epileren met was* IV ONOV WW
• *toenemen •* OUD. *worden* ★ wax and wane *toenemen en afnemen*
wax cloth ZN *boendoek*
waxen ('wæksən) BNW • *wassen • wasbleek*
wax flower ('wæksflaʊə) ZN • *kunstbloem; wasbloem • bruidsbloem*
wax-modelling ZN *boetseren*
wax paper ZN *vetvrij papier*
waxpod ('wækspɒd) ZN *sperzieboon*
waxwork ('wækswɜ:k) ZN • *wassen beeld* ★ ~s [mv] *wassenbeeldententoonstelling*
waxy ('wæksɪ) BNW • *wasachtig • wasbleek*
• *opvliegend; nijdig*
way (weɪ) I ZN • *weg • richting; kant • eind(je); afstand • wijze; manier (van doen); gewoonte; methode* ★ he has a way with people *hij weet hoe hij met mensen om moet gaan* ★ she has a little way of *ze heeft er een handje van om*
★ she was in a (great) way *zij was (erg) van streek* ★ out of the way *uit de weg; afgelegen; ongewoon* ★ lose one's way *verdwalen* ★ make one's (own) way *zijn weg vinden* ★ put sb in the way of *iem. op weg helpen met; iem. de gelegenheid geven om* ★ in this way *zo(doende); op deze manier* ★ in no way *in geen enkel opzicht* ★ we are all in the same way *we zitten allemaal in hetzelfde schuitje* ★ in a small way *op kleine schaal* ★ in a big way *op een grootse manier* ★ it isn't/doesn't come in my way *het ligt niet op mijn weg; het is niets voor mij* ★ he is in the retail way *hij is middenstander* ★ the ship has hardly any way

on *'t schip komt bijna niet vooruit* ★ in the way of *op 't gebied van* ★ on the way (to) *op (de) weg (naar)*; *onderweg (naar)* ★ way of the Cross *Kruisweg* ★ in the way *in de weg* ★ it's not his way *het is niets voor hem om* ★ that's only his way *zo doet hij nu eenmaal* ★ the way you look! *wat zie jij eruit!* ★ the way she dresses! *en dan moet je zien hoe ze zich kleedt!* ★ one/some way or (an)other *op de een of andere manier* ★ get/have one's way *zijn zin krijgen/hebben* ★ have it your own way! *zoals je wilt!* ★ he has it all his own way with *hij kan doen wat hij wil met* ★ have it both ways *van beide kanten profiteren* ★ in a/some way *in zekere zin*; *in zeker opzicht* ★ things are in a bad way *de zaak zit niet goed*; *de zaak staat er beroerd voor* ★ give way *'t opgeven* ★ a long way off *een heel eind weg* ★ lose way *vaart verliezen* ★ make way *vooruit komen* ★ make way for *uit de weg gaan voor* ★ ways and means *budget* ★ get out of the way of *(er) uit raken* ★ he has a way of blinking *hij knippert altijd met zijn ogen* ★ put out of the way *uit de weg ruimen* ★ put o.s. out of the way *zichzelf/zijn eigen belangen opzij schuiven* ★ over the way *aan de overkant* ★ the other way round *andersom* ★ that way *zó* ★ that's the way *zó moet 't*; *zó hoort 't* ★ if you feel that way *als je er zó over denkt* ★ this way *hierheen*; *volgt U maar* ★ under way *aan de gang*; *onder zeil* ★ all the way from China *helemaal uit China* ★ go all the way *'het' doen* (seks) ★ by way of *door middel van*; *bij wijze van*; *via* ★ he is by way of engaged *hij is zo'n beetje verloofd* ★ by the way *tussen twee haakjes*; *overigens* ★ I can't make any way *ik kan maar niet op gang komen* ★ get sb out of the way *iem. opzij zetten* ★ give way to *wijken voor*; *voorrang verlenen* ★ the furthest way about is nearest home *de kortste weg is meestal niet de zekerste* ★ that's only by the way *dat is maar terloops*; *daar gaat het eigenlijk niet om* ★ be in the family way *in verwachting zijn* ★ STERRENK. Milky Way *Melkweg* ★ be on one's way *onderweg zijn*; *eraan komen* ★ go out of one's way *zich uitsloven* ★ find a way of doing sth *een manier vinden om iets te doen* ★ no way! *nooit!*; *nietes!*; *onmogelijk!* II BIJW • USA *helemaal* ★ way down *helemaal naar beneden* ★ way back *lang geleden*

waybill ('weɪbɪl) ZN • *passagierlijst* • *vervoerbewijs*

wayfarer ('weɪfeərə) ZN *reiziger*; *trekker*

wayfaring ('weɪfeərɪŋ) ZN *het trekken*

waylay (weɪ'leɪ) OV WW • *op de loer liggen* • *opwachten*

way leave ('weɪliːv) ZN *recht v. overpad voor openbare werken*

way-off BNW USA *afgelegen*

way-out (weɪ'aʊt) I ZN • *uitgang* II BNW • *ongewoon*; *excentriek*

ways (weɪz) ZN MV *scheepshelling*

wayside ('weɪsaɪd) I ZN • *kant van de weg* II BNW • *aan de kant v.d. weg*; *langs de weg*

wayward ('weɪwəd) BNW • *dwars* • *eigenzinnig*

• *grillig*; *onberekenbaar*

we (wiː) PERS VNW *wij*, *we*

weak (wiːk) BNW • *zwak* • *slap*

weaken ('wiːkən) OV+ONOV WW *verzwakken*; *zwak worden*; *verslappen*

weak-kneed (wiːk'niːd) BNW *zwak*; *slap*; *karakterloos*

weakling ('wiːklɪŋ) ZN *zwakkeling*

weakly ('wiːklɪ) BNW *ziekelijk*; *zwak*

weak-minded (wiːk'maɪndɪd) BNW *zwakzinnig*; *imbeciel*

weakness ('wiːknəs) ZN • *zwak punt* • *zwakheid* ★ have a ~ for *een zwak hebben voor*

weal (wiːl) ZN • *welzijn* • *striem* ★ weal and woe *wel en wee* ★ public weal *algemeen welzijn*

wealth (welθ) ZN • *rijkdom* • OUD. *welzijn*; *voorspoed*

wealthy ('welθɪ) BNW *rijk*

wean (wiːn) I ZN (in Schotland) • *kind* II OV WW • *spenen* • ~ (away) from *doen vervreemden van*; *afwennen*

weanling ('wiːnlɪŋ) ZN *gespeend dier/kind*

weapon ('wepən) ZN *wapen* ★ smart ~ *precisiewapen* ★ ~ of mass destruction *massavernietigingswapen*

weaponry ('wepənrɪ) ZN *wapentuig*

wear (weə) I OV WW • *dragen*; *aanhebben*; *ophebben*; *gekleed gaan in* • *hebben*; *tonen* • *afslijten*; *uitschuren*; *uitslijten*; *verslijten* • *uitputten*; *afmatten*; *ondermijnen* • wear a troubled look *zorgelijk kijken* ★ I won't wear it *dat neem ik niet* • wearing apparel *kleding* • ~ away *uitwissen*; *uitslijten* • ~ down *(af)slijten*; *afmatten*; *geleidelijk overwinnen* • ~ out *verslijten*; *afdragen*; *uitputten* II ONOV WW • *afslijten*; *verslijten*; *zich goed houden*; *'t uithouden* • *voortduren* ★ it will wear for ever *het gaat nooit kapot* ★ it won't wear very long *het zal niet lang meegaan* • ~ away *slijten*; *omkruipen*; *langzaam om/voorbij gaan* • ~ down *slijten* • ~ off *(af)slijten*; *er af gaan* • ~ on *vorderen*; *voorbijgaan* • ~ out *slijten*; *uitgeput raken* III ZN • *dracht* • *slijtage* • *gebruik* • *sterkte* • *'t dragen* ★ wear and tear *slijtage* ★ fair wear and tear *normaal gebruik* ★ in wear *in gebruik* ★ in excellent state of wear *ziet er nog zeer goed uit* ★ much the worse for wear *danig versleten*

wearable ('weərəbl) BNW *(geschikt om) te dragen*

weariness ('wɪərɪnəs) ZN • *lusteloosheid* • *vermoeidheid* • *verveling*

wearing ('weərɪŋ) BNW • *moeizaam* • *vermoeiend*

wearisome ('wɪərɪsəm) BNW • *vervelend* • *vermoeiend*

weary ('wɪərɪ) I BNW • *moe* • *beu* • *lusteloos* • *vermoeiend* • *vervelend* ★ this ~ life *dit afmattende leven* ★ ~ of waiting *het wachten beu* ★ ~ with waiting *moe v.h. wachten* II OV WW • *vervelen* • *vermoeien*; *afmatten* III ONOV WW • *moe worden* • ~ for *hunkeren naar*

weasel ('wiːzəl) ZN *wezel*

weasel word ZN [meestal mv] *verhullend woord*

weather ('weðə) I ZN • *weer* ★ have bad/good ~ *slecht/goed weer hebben* ▼ under the ~ *in de put*; *niet lekker* ▼ make heavy ~ of *zich druk* maken over ▾ it's April ~ *'t is Jantje lacht, Jantje huilt* II BNW • *aan de windzijde* ▾ keep a ~ eye on *goed in de gaten houden* III OV WW • *doen verweren* • *aan weer en wind blootstellen* • *schuin leggen* ⟨zodat regen eraf loopt⟩ • *aan de windzijde omzeilen* ★ ~ (out) a storm *een storm doorstaan* IV ONOV WW • *aan weer en wind blootgesteld zijn* • *verweren*

weather-beaten ('weðəbi:tn) BNW *verweerd; in weer en wind gehard*

weathercock ('weðəkɒk) ZN *windhaan; windwijzer*

weather forecast ZN *weerbericht*

weathering ('weðərɪŋ) ZN • *verwering* • *helling* ⟨voor afloop van regenwater⟩

weatherman ('weðəmæn) ZN *weerman*

weatherproof ('weðəpru:f) BNW *weerbestendig*

weather strip ZN *tochtstrip; tochtlat*

weathervane ('weðəveɪn) ZN *windvaan*

weatherworn ('weðəwɔ:n) BNW *verweerd*

weave (wi:v) I ZN • *weeftrant; patroon; dessin* II OV WW • *weven* • *vlechten* • *in elkaar zetten* III ONOV WW • *weven* • LUCHTV. *zwenken*

weaver ('wi:və) ZN *wever*

web (web) ZN • *web* • *weefsel* • COMP. *netwerk; internet* • *zwemvlies* • *baard* ⟨v. sleutel, veer⟩ • *rol papier*

web address ZN COMP. *webadres*

webbed (webd) BNW *met zwemvliezen*

webbing ('webɪŋ) ZN • *boordband* • *singel* ⟨onder stoelzitting⟩

webcam ('webkæm) ZN COMP. *webcam*

webcast ('webkɑ:st) ZN COMP. *live uitzending via het internet*

weblog ('weblɒg) ZN COMP. *weblog* ⟨dagboek op internet⟩

webmaster ('webmɑ:stə) ZN COMP. *webmaster*

webpage ('webpeɪdʒ) ZN COMP. *webpagina*

website ('websaɪt) ZN COMP. *website*

web wheel ZN *dicht wiel*

wed (wed) OV WW • *trouwen* • *verenigen*

we'd (wi:d) SAMENTR • we had • → **have** • we would • → **will**

Wed. AFK Wednesday *woensdag*

wedded ('wedɪd) BNW *huwelijks-* ★ ~ to *verknocht aan*

wedding ('wedɪŋ) ZN • *huwelijksplechtigheid* • *bruiloft*

wedding anniversary ZN *trouwdag* ⟨als gedenkdag⟩

wedding breakfast ZN *huwelijksmaal*

wedding cake ZN *bruiloftstaart*

wedding day ZN *trouwdag*

wedding ring ZN *trouwring*

wedge (wedʒ) I ZN • *wig* • *stuk kaas; taartpunt* • *sector* • *wedge* ⟨golfstick⟩ ★ the thin end of the ~ *het eerste (nog onbelangrijke) begin* II OV WW • *proppen* • *een wig slaan/steken in; vastzetten* • *splijten* ★ ~d (in) between *bekneld tussen* ★ ~ away *opzij dringen* ★ ~ o.s. *in zich indringen*

wedge-shaped (wedʒ'ʃeɪpt) BNW *wigvormig*

wedgie (wedʒɪ) ZN ≈ *het bij de bilnaad snel omhoog trekken van iemands onderbroek* ⟨practical joke⟩

wedlock ('wedlɒk) ZN • *huwelijk* • *echtelijke*

staat ★ born in/out of ~ *(on)echt; (on)wettig* ⟨v. kind⟩

Wednesday ('wenzdeɪ) ZN *woensdag*

wee BNW *heel klein* ★ a wee bit *een heel klein beetje*

weed (wi:d) I ZN • *onkruid* • *tabak* • *marihuana* • *lange slungel* ★ the fragrant/soothing weed *tabak* • Indian weed *tabak* II OV WW • *wieden* • *zuiveren (van)* • ~ out *verwijderen*

weed-grown BNW *overwoekerd met onkruid*

weed killer ('wi:dkɪlə) ZN *onkruidverdelger*

weedy ('wi:dɪ) BNW • *vol onkruid* • *uitgegroeid; lang en mager; spichtig* • *niet sterk*

week (wi:k) ZN *week* ★ today week *vandaag over een week* ★ week of Sundays *een hele tijd; zeven weken* ★ look like a wet week *sip kijken* ★ REL. Holy Week *Goede Week*

weekday ('wi:kdeɪ) ZN *werkdag*

weekend (wi:k'end) I ZN • *weekeinde* ★ dirty ~ *weekendje met buitenechtelijke relatie* II ONOV WW • *een weekeinde doorbrengen*

weekender (wi:k'endə) ZN • *weekendgast, -toerist* • *(sportief) overhemd* • *weekendtas*

weekly ('wi:klɪ) I ZN • *weekblad* II BNW + BIJW • *wekelijks*

ween (wi:n) OV WW OUD. *denken; menen*

weep (wi:p) I OV WW • *betreuren* ★ weep tears *tranen schreien* II ONOV WW • *wenen (for om)* • *vocht afscheiden*

weepy ('wi:pɪ) BNW *huilerig*

weevil ('wi:vɪl) ZN *korenworm*

w.e.f. AFK with effect from *met ingang van*

weft (weft) ZN • *inslag* ⟨v. garen⟩ • *weefsel* • *web*

weigh (weɪ) I OV WW • *wegen; z. laten wegen* • *overwegen* ★ ~ anchor *het anker lichten* • ~ **down** *(terneer)drukken; doen (door)buigen* ★ be ~ed down by grief *onder verdriet gebukt gaan* • ~ **out** *afwegen* II ONOV WW • *gewicht in de schaal leggen; (mee)tellen* • *wegen* • ~ **in with** *in 't midden brengen* • ~ **in/out** *gewogen worden voor/na wedstrijd* • ~ **with** *tellen bij; gewicht in de schaal leggen bij* • ~ **(up)on** *(zwaar) drukken op; belasten*

weighage ('weɪdʒ) ZN *weegloon*

weighbeam ('weɪbi:m) ZN *unster*

weighbridge ('weɪbrɪdʒ) ZN *weegbrug*

weight (weɪt) I ZN • *gewicht* • *druk; last* • *presse-papier* ★ a great ~ from my mind *een pak van mijn hart* ★ it had no ~ with me *het legde bij mij geen gewicht in de schaal* ★ the ~ of evidence is against you *het bewijsmateriaal is bezwarend voor u* ★ pull one's ~ *z'n steentje bijdragen* ★ put on ~ *aankomen; zwaarder worden* ★ landed ~ *uitgeleverd gewicht* II OV WW • *beladen* • *verzwaren* • ~ **down** *vastleggen/vastmaken met een gewicht*

weighted ('weɪtɪd) BNW *met (een) speciale voorziening(en)* ★ be ~ in favour of *in het voordeel werken van*

weighting ('weɪtɪŋ) ZN *toelage; toeslag; standplaatstoelage*

weightlifter ('weɪtlɪftə) ZN *gewichtheffer*

weightlifting ('weɪtlɪftɪŋ) ZN *gewichtheffen*

weighty ('weɪtɪ) BNW • *zwaar* • *gewichtig; belangrijk*

weir (wɪə) ZN • *(stuw)dam* • *weer*

weird (wɪəd) BNW • *vreemd; onwerkelijk* • *akelig; griezelig; eng*

weirdo ('wɪədəʊ) ZN *rare snuiter; excentriekeling*

welch (weltʃ) WW • → **welsh**

welcome ('welkəm) I ZN • *ontvangst; verwelkoming* ⋆ give sb a warm ~ *iem. hartelijk ontvangen; iem. een warme ontvangst bereiden* ⋆ overstay/outstay one's ~ *langer blijven dan gewenst* II BNW • *welkom* ⋆ bid/make sb ~ *iem. welkom heten* ⋆ you're ~ *tot je dienst; graag gedaan; niets te danken* ⋆ you're ~ *to my library mijn bibliotheek staat je ten dienste* ⋆ you're (quite) ~ *to take what steps you please elke maatregel die je wilt nemen neem je maar* ⋆ you're ~ *to your own opinion! jouw mening interesseert mij geen zier!* III OV WW • *verwelkomen (to in); welkom heten; (graag) ontvangen* • ~ **back** *(opnieuw) begroeten*

weld (weld) I OV WW • *lassen* • *samenvoegen* II ONOV WW • *lasbaar zijn* III ZN • *las*

welder ('weldə) ZN *lasser*

weldless ('weldləs) ZN *naadloos*

welfare ('welfeə) ZN • *voorspoed; welstand* • *welzijn* ⋆ ~ **work** *maatschappelijk werk* ⋆ ~ **state** *verzorgingsstaat* ⋆ be on ~ *in de bijstand zitten*

well (wel) I ZN • *het goede* • OOK FIG. *bron* • *(boor)put* ⋆ *trappenhuis; liftkoker, -schacht; lichtkoker; luchtkoker* • *diepte* • *advocatenbank* ⋆ wells *badplaats; kuuroord* ⋆ let well alone *als 't goed is laat 't dan zo* II BNW • *goed* • *wel; beter; gezond* • *in orde* ⋆ it's all very well to say ... but *dat kun je nu wel zeggen ... maar* ⋆ it would be as well to *het zou geen slecht idee zijn om* ⋆ perhaps it's just as well *misschien is 't wel beter zo* ⋆ well enough *goed; best* III ONOV WW • *(omhoog) wellen; ontspringen* IV BIJW • *goed; wel; goed en wel* • *behoorlijk* • *een heel eind* ⋆ as well *ook (nog)* ⋆ as well as *evengoed als; zowel als* ⋆ I can't very well refuse *ik kan toch eigenlijk niet weigeren* ⋆ well done! *goed zo* V TW • *nou* • *nou ja* • *och ja* • *welnu*

we'll (wiːl) SAMENTR • we shall • → **shall** • we will • → **will**

well-being (wel'biːɪŋ) ZN *welzijn*

well bred BNW FORM. *goed opgevoed; beschaafd*

well-dish ZN *vleesschaal met jusbakje*

wellies ('welɪz) ZN MV *wellingtons rubberlaarzen*

wellington ('welɪŋtən) ZN ⋆ ~ *(boot) (hoge) rubberlaars*

well-looking BNW *knap*

well-mannered (wel'mænəd) BNW *welgemanierd*

well-marked (wel'mɑːkt) BNW *duidelijk*

well-nigh (wel'naɪ) BIJW *nagenoeg*

well-off (wel'ɒf) BNW *goed gesitueerd; rijk; welgesteld*

well-padded (wel'pædɪd) BNW • *goed gestoffeerd* • *mollig*

well-proportioned (wel'prɔpɔːʃənd) BNW *goed geproportioneerd*

well-thought-of BNW *geacht; gerespecteerd*

well-thought-out BNW *weldoordacht*

well-thumbed BNW *beduimeld*

well-to-do (weltə'duː) BNW *welgesteld; rijk*

well-wisher ('welwɪʃə) ZN • *vriend* • *begunstiger*

welly ('welɪ) ZN *wellington rubberlaars*

welsh (welʃ) I OV WW • *zijn woord niet houden* ⋆ ~ on a promise *zijn belofte niet nakomen* II ONOV WW • *er vandoor gaan zonder (verloren weddenschap) te betalen*

Welsh (welʃ) I ZN • *taal van Wales* ⋆ the ~ *de bewoners v. Wales* II BNW • *van Wales* ⋆ ~ rabbit/rarebit *toast met gesmolten kaas*

Welshman ('welʃmən) ZN *bewoner v. Wales*

welt (welt) I ZN • *boord* • *striem* • *rand leer* (ter versterking) II OV WW • *boorden; met welt versterken* • *striemen*

welter ('weltə) I ZN • *chaos; verwarring* • *extra zware belasting v. renpaard* • *weltergewicht* II ONOV WW • z. wentelen *rollen* ⋆ ~ in gore *baden in het bloed*

welterweight ('weltəweɪt) ZN • *extra zware belasting v. renpaard* • *bokser* ⟨weltergewichtklasse⟩

wench (wentʃ) ZN *meisje; deern*

wend (wend) OV WW ⋆ wend one's way to *zich begeven naar; zijn schreden richten naar*

went (went) WW [verleden tijd] • → **go**

wept (wept) WW [verleden tijd + volt. deelw.] • → **weep**

were (wə) WW [verleden tijd] • → **be**

we're (wɪə) SAMENTR we are • → **be**

weren't (wɜːnt) SAMENTR were not • → **be**

west (west) I ZN • *westen* II BNW + BIJW • *west(en); westelijk* ⋆ west of *ten westen van* ⋆ go west *het hoekje om gaan* ⋆ West End *het West End* ⋆ West Point *West Point* ⟨militaire academie in de VS⟩ ⋆ West Country *het Z.W. van Engeland* ⋆ West Bank *Westelijke Jordaanoever*

westbound ('westbaʊnd) BNW *westwaarts; (op weg) naar het westen*

westering ('westərɪŋ) BNW *naar 't westen koersend/neigend*

westerly ('westəlɪ) BNW + BIJW *westelijk*

western ('westn) I ZN • *westerling* • *western* II BNW • *westers* • *westelijk* ⋆ Western Empire *West-Romeinse Rijk*

westerner ('westənə) ZN *westerling*

westernize, G-B **westernise** ('westənaɪz) OV WW *westers maken*

westernmost ('westənməʊst) BNW *meest westelijk*

westing ('westɪŋ) ZN *westelijke koers*

westward ('westwəd) BNW + BIJW *westwaarts*

westwards ('westwədz) BIJW *westwaarts*

wet (wet) I ZN • *nat(tigheid); plas* • INFORM. *borreltje* • *slappeling* II BNW • *nat; vochtig* • *regenachtig* • INFORM. *niet zindelijk* • INFORM. *zwak; slap* • INFORM. *dronken* • USA *met vrije drankverkoop* ⋆ wet through/to the skin / all soaking wet *door-, kletsnat* ⋆ FIG. wet behind the ears *nog niet droog achter de oren* III OV WW • *nat maken; bevochtigen*

wether ('weðə) ZN *hamel*

wetlook (wet) BNW *wetlook* ⋆ a ~ hairdo *een wetlook kapsel*

wetness ('wetnəs) ZN • *vochtigheid* • *versheid*

wetsuit ('wetsuːt) ZN *duikpak; surfpak*

we

wetted (wetɪd) ww [verleden tijd + volt. deelw.] • → **wet**

wetting ('wetɪŋ) ZN • get a ~ *een nat pak halen*

we've (wi:v) SAMENTR we have • → **have**

whack (wæk) I ZN • *smak*; *klap*; *mep* • *(aan)deel*; *portie* ⋆ have a ~ at *een slag slaan naar*; *proberen* II OV WW • *(er op) slaan*; *meppen* • *verdelen* ⋆ ~ed to the wide *doodop*; *kapot* • ~ up *arrangeren*; *in elkaar flansen*

whacked ((h)wækt) BNW *zeer moe*; *afgepeigerd*

whacker ('wækə) ZN • *kanjer* • *enorme leugen*

whacking ('wækɪŋ) I ZN • *afranseling* II BNW • *kolossaal*

whacky ('wækɪ) BNW • → **wacky**

whale (weɪl) I ZN • *walvis* ⋆ a ~ of *een hoop*; *geweldig*; *reusachtig* ⋆ very like a ~ IRON. *nee, maar dat geloof ik direct, zeg* ⋆ be a ~ on *een kei zijn in* ⋆ blue ~ *blauwe vinvis* II ONOV WW • *op walvis jagen*; *walvissen vangen*

whaleboat ('weɪlbəʊt) ZN *walvisvaarder*

whalebone ('weɪlbəʊn) ZN *balein*

whaler ('weɪlə) ZN *walvisvaarder* ⟨ook schip⟩

whaling ('weɪlɪŋ) ZN *walvisvangst*

wham (wæm) I ZN • *klap*; *dreun* II TW • *boem*; *pats*

whang (wæŋ) I ZN • *slag*; *dreun* II OV WW • *slaan*; *beuken*

wharf (wɔ:f) I ZN • *kade*; *laad-/lossteiger* II OV WW • *aanleggen/lossen/opslaan aan de kade*

wharfage ('wɔ:fɪdʒ) ZN *kadegeld*

wharfinger ('wɔ:fɪndʒə) ZN • ≈ *veembaas* • *kademeester*

what (wɒt) I VR VNW • *wat voor*; *welk(e)*; *wat* ⋆ what time is it? *hoe laat is het?* ⋆ what do you call that? *hoe noem je dat?*; *hoe heet dat?* ⋆ what is today? *de hoeveelste is het vandaag?* ⋆ what's his name? *hoe heet hij?* ⋆ what's yours? *wat wil je drinken?* ⋆ he told me what is what *hij legde me (precies) uit hoe de zaak zat* ⋆ what little he knew *'t kleine beetje dat hij wist* ⋆ he made the best of what shelter could be found *hij profiteerde zoveel mogelijk van het beetje beschutting dat hij kon vinden* ⋆ what about *wat denk je van*; *hoe staat/zit het met* ⋆ what for? *waarom?*; *waarvoor?* ⋆ what if we ... *en als we nu eens ...* ⋆ what next? *wat zullen we nou krijgen?* ⋆ what of it? *wat zou dat?* ⋆ and what not *en wat al niet* ⋆ what though *wat zou het als* ⋆ I'll tell you what *ik zal je eens wat vertellen* II BETR VNW • *wat* ⋆ what with *bij*; *met*; *aangezien* ⋆ what with one thing and another *kortom* III TW • *hè*

whatchamacallit (wɒtʃəmə'kɔ:lɪt) ZN INFORM. *hoe heet het ook weer*; *dinges*

whatever (wɒt'evə) I ONB VNW • *wat/welke ... ook* • *wat/welke ... toch* ⋆ ~ does he want? *wat moet hij toch?* II TW • *mij best!*; *boeien!*

whatnot ('wɒtnɒt) ZN *wat al niet*; *noem maar op*

whatsoever ('wɒtsəʊ'evə) BIJW *geen enkele*; *niets*; *niemand* ⋆ no money ~ *absoluut geen geld*

wheat (wi:t) ZN *tarwe* ⋆ ~ belt *tarwe zone*

wheaten ('wi:tn) BNW *tarwe-*

wheatmeal ('wi:tmi:l) ZN *tarwemeel*

wheedle ('wi:dl) I OV WW ⋆ ~ sb out of sth *iets v. iem. aftroggelen* ⋆ ~ sb into *iem. door mooipraten krijgen tot* II ONOV WW • *flemen*; *vleien*; *stroop om de mond smeren*

wheel (wi:l) I ZN • *wiel*; *rad* • *stuur* • *fiets* • *spinnewiel* • *pottenbakkersschijf* • *draaiende beweging*; *zwenking* ⋆ ~s [mv] *auto* ⋆ turn ~ *een radslag maken* ⋆ at the ~ *aan 't stuur*; *belast met de leiding* ⋆ ~s within ~s *zeer ingewikkelde zaak* ⋆ right ~! *rechts zwenken!* ⋆ to break sb on the ~ *iem. radbraken* ⋆ on (oiled) ~s *gladjes*; *gesmeerd* ⋆ big ~ *reuzenrad*; *hoge pief* II OV WW • *duwen*; *laten rijden*; *kruien*; *per as vervoeren* • *doen zwenken* ⋆ ~ one's bicycle *met de fiets aan de hand lopen* III ONOV WW • *rijden*; *rollen* • *fietsen* • *zwenken* ⋆ ~ and deal *(politiek/zakelijk) plannen smeden*; *intrigeren* ⋆ ~ round (om)zwenken*; *z. omdraaien*

wheelbarrow ('wi:lbærəʊ) ZN *kruiwagen*

wheelbase ('wi:lbeɪs) ZN *wielbasis*

wheelchair ('wi:ltʃeə) ZN *rolstoel* ⋆ ~ access to all facilities *alle faciliteiten zijn toegankelijk voor rolstoelers*

wheelchair access ZN *toegangsmogelijkheid voor rolstoelers*

wheeled (wi:ld) BNW *met/op wielen*

wheeler ('wi:lə) ZN • *wagenmaker* • *achterpaard* • *kruier* • *wagenrijder*

wheeler-dealer I ZN • *konkelaar*; *intrigant* II ONOV WW • *konkelen*; *konkelfoezen*; *intrigeren*

wheelhouse ('wi:lhaʊs) ZN • *raderkast* • *stuurhut*

wheelie ('wi:lɪ) ZN *wheelie* ⟨het op één wiel rijden⟩

wheel tread ZN *loopvlak*

wheelwright ('wi:lraɪt) ZN *wagenmaker*

wheeze (wi:z) I ZN • *mop*; *grap(je)* • *foefje* II OV WW • *hijgend uitbrengen* III ONOV WW • *piepen* ⟨bij 't ademhalen⟩ • *hijgen*

wheezy ('wi:zɪ) BNW *piepend*; *hijgend*

whelk (welk) ZN • *wulk* • *puistje*

whelp (welp) I ZN • *welp*; *jonge hond* • *kwajongen* II OV+ONOV WW • *jongen*; *werpen*

when (wen) I ZN ⋆ the when and the where *de plaats en de tijd* II BIJW • *wanneer* ⋆ say when *zeg maar hoeveel* ⟨bij inschenken⟩ ⋆ that's when *toen* III VW • *terwijl* • *toen* • *als*

whence (wens) I VR VNW • *waar vandaan* II BIJW • *van waar* ⋆ ~ comes it that *hoe komt 't dat*

whenever (wen'evə), **whensoever** (wensoʊ'evə) I BIJW • *wanneer ook maar* II VW • *telkens wanneer*

where (weə) I ZN ⋆ *waar* ⋆ the ~ and when *de plaats en de tijd* II BETR VNW • *waar* • *waarheen* III BIJW • *waar*; *waarheen* ⋆ that's ~ *daar* ⋆ this is ~ *hier* IV VW • *terwijl* ⋆ ~ she is concerned *wat haar betreft*

whereabouts ('weərəbaʊts) I ZN MV • *verblijfplaats* II BIJW • *waar ongeveer*

whereas (weər'æz) VW • *terwijl toch*; *terwijl daarentegen* • *aangezien*

whereby (weə'baɪ) BETR VNW *waardoor*

wherefore ('weəfɔ:) I ZN ⋆ every why has a ~ *ieder waarom heeft een daarom* ⋆ the whys and the ~s *de redenen waarom* II VW

• waarom; daarom
wherein (weər'ɪn) BIJW waarin
whereof (weər'ɒv) BIJW waarvan
whereon (weər'ɒn) BIJW waarop
whereupon (weərə'pɒn) I BIJW • waarop II VW
• waarna
wherever (weər'evə), **wheresoever**
('weərsoʊ'evə) I BIJW • waar toch (heen) II VW
• waar(heen) ook; overal waar(heen)
wherewithal ('weəwɪð(ɔ:l)) ZN benodigde
middelen; geld
wherry ('werɪ) ZN • lichte (roei)boot • wherry
whet (wet) I ZN • prikkel; lust II OV WW
• scherpen; aanzetten • prikkelen; opwekken
whether ('weðə) VW of ★ ∼ ... or of ... of; hetzij ...
hetzij ... ★ ∼ or no hoe dan ook
whetstone ('wetstəʊn) ZN slijpsteen
whew (hwju:) TW
whey (weɪ) ZN wei
which (wɪtʃ) I VR VNW • wie; wat; welk(e) ★ I
can't tell ∼ is ∼ ik kan ze niet uit elkaar houden
II BETR VNW • die; dat; welke; wat; hetwelk
whichever (wɪtʃ'evə) I VR VNW welk(e) II ONB
VNW
whiff (wɪf) I ZN • ademtocht • zuchtje; vleugje
• trekje • rookwolkje • sigaartje • lichte roeiboot
II OV WW • opsnuiven • blazen III ONOV WW
• blazen • licht ruiken; geuren • vissen met aas
whiffet ('wɪfɪt) ZN • USA klein hondje
• onbeduidend stukje mens
whiffy ('wɪfɪ) BNW onfris ruikend
Whig (wɪg) Whig; liberaal
while (waɪl) I ZN • tijd(je); poosje ★ the ∼
onderwijl; terwijl ★ for a ∼ even ★ in a little ∼
zometeen; spoedig ★ once in a ∼ af en toe
★ worth ∼ de moeite waard ★ it's not worth
the/my ∼ het is (mij) de moeite niet waard II OV
WW ★ ∼ away the time de tijd doorkomen/
verdrijven III VW • terwijl; hoewel
whilst (waɪlst) VW terwijl
whim (wɪm) ZN • gril; nuk • lier (mijnbouw)
whimper ('wɪmpə) I ZN • zacht gejank • gedrein
II OV+ONOV WW • janken • dreinen
whimsey ZN • → whimsy
whimsical ('wɪmzɪkl) BNW • wispelturig
• eigenaardig
whimsicality (wɪmzɪ'kælətɪ) ZN grilligheid;
speelsigheid(je); eigenaardigheid
whimsy ('wɪmzɪ) ZN • eigenaardigheid • gril
whine (waɪn) I ZN • gezeur • gejammer
II OV+ONOV WW • jengelen; dreinen; janken
• gieren
whiner ('waɪnə) ZN zeurpiet
whinny ('wɪnɪ) I ZN • gehinnik II ONOV WW
• hinniken
whip (wɪp) I OV VW • kloppen • de zweep leggen
over; geselen; (af)ranselen; slaan • verslaan; de
baas zijn • omwoelen ⟨v. touw⟩ • overhands
naaien ★ whip a stream afvissen ★ ∼ in
bijeendrijven; bij elkaar trommelen ★ ∼ off
weggrissen; uitgooien; wegdrijven • ∼ out snel
tevoorschijn halen; eruit flappen ★ ∼ up
opwippen; haastig in elkaar zetten; opzwepen;
aanvuren; bij elkaar trommelen ★ whip up a
horse de zweep erover leggen II ONOV WW
• wippen; schieten • ∼ off er snel vandoor gaan

• ∼ round z. snel omdraaien • ∼ up snel
opstaan; opvliegen III ZN ★ ∼ zweep • koetsier;
menner • lid dat voor stemming zijn partijleden
oproept • oproeping door whip; partijdiscipline
• CUL. mousse ★ three-line whip dringende
oproep; dringend beroep • whip gin takelblok
whipcord ('wɪpkɔ:d) ZN • zweepkoord
• whipcord ⟨soort stof⟩
whip hand ZN rechterhand ★ have the ∼ of sb de
baas zijn over iem.; iem. in zijn macht hebben
whiplash ('wɪplæʃ) ZN • zweeppriem/-koord
• zweepslag ⟨spieraandoening⟩ ★ ∼ injury
zweepslag ⟨nekverstuiking⟩
whipped (wɪpt) BNW ★ ∼ cream slagroom
whipper-in (wɪpə'rɪn) ZN hondenleider ⟨jacht⟩
whippet ('wɪpɪt) ZN • whippet ⟨kleine
hazewind⟩ • kleine tank
whipping ('wɪpɪŋ) ZN • pak slaag met zweep;
afranseling • nederlaag ★ ∼ boy zondebok;
GESCH. jongen die slaag kreeg i.p.v. prinsje ★ ∼
top drijftol
whippy ('wɪpɪ) BNW zwependig; lenig
whip-round ZN collecte
whipsaw ('wɪpsɔ:) ZN trekzaag
whirl (wɜ:l) I ZN • werveling; draaikolk • roes
★ my brain/head is in a ∼ mijn hoofd loopt me
om II OV+ONOV WW • draaien • stuiven • (snel
rond)draaien; snel rondgaan; rondtollen
• snellen
whirligig ('wɜ:lɪgɪg) ZN • tol; molentje
• draaimolen • draaikever; schrijverke ★ ∼ of
time de mallemolen v.h. leven
whirlpool ('wɜ:lpu:l) ZN draaikolk; maalstroom
whirlwind ('wɜ:lwɪnd) ZN wervelwind
whirr, whir (wɜ:) I ZN • een gonzend/snorrend
geluid II ONOV WW • gonzen; snorren
whisk (wɪsk) I ZN • bos(je) • kwast; plumeau
• vliegenmepper • garde; eierklopper;
(zeep)klopper • tik; veeg; snelle beweging II OV
WW • tikken; zwaaien; zwiepen; slaan • (met
snelle beweging) slaan; (op)kloppen ★ ∼ sb off
iem. meenemen • ∼ away in een flits
wegvoeren/-werken; wegflitsen III ONOV WW • z.
snel bewegen; wegglippen • ∼ round z.
plotseling omdraaien
whisker ('wɪskə) ZN snorhaar ⟨v. kat/hond⟩ ★ ∼s
[mv] bakkebaard; snorharen ★ within a ∼ op
een haar na
whiskey ('wɪskɪ) ZN whiskey ⟨niet-Schotse
sterkedrank⟩
whisky ('wɪskɪ) ZN whisky ⟨Schotse sterkedrank⟩
whisper ('wɪspə) I ZN • gefluister • gerucht ★ in a
∼ fluisterend II OV+ONOV WW • fluisteren
whisperer ('wɪspərə) ZN fluisteraar
whispering ('wɪspərɪŋ) I ZN • gefluister II BNW
• fluisterend ★ ∼ gallery fluistergewelf
whist (wɪst) ZN whist ⟨kaartspel⟩
whist-drive ZN whistdrive ⟨met wisselende
partners⟩
whistle ('wɪsəl) I ZN • gefluit • fluit(je) ★ pay for
one's ∼ leergeld geven ★ wet one's ∼ z'n keel
smeren ▾ as clean as a ∼ brandschoon ★ blow
the ∼ on sb een boekje over iem. opendoen;
iem. erbij lappen II OV+ONOV WW • fluiten ★ let
sb go ∼ iem. laten fluiten naar • ∼ for fluiten
naar ⟨fig.⟩

wh

whistle-blower ZN • *fluitblazer* • FIG.
klokkenluider; verrader
whistler ('wɪslə) ZN • *fluiter* • *dampig paard*
whistle-stop ZN • USA *stationnetje* • USA *gat;
gehucht* ★ POL. ~ tour *bliksembezoek*
whit (wɪt) ZN ★ no/not a whit *geen zier*
Whit (wɪt) BNW *pinkster-* ★ Whit Monday *tweede
pinksterdag* ★ Whit Saturday *pinksterzaterdag*
white (waɪt) I BNW • *wit* • *bleek* • *blank*
⟨huidskleur⟩ • *kleurloos* • *eerlijk; goed* II ZN
• *wit; wit gedeelte* • *blanke* • *heroïne* ★ the ~s
of their eyes *het wit van hun ogen*
⟨schietinstructie⟩ ★ MED. ~s *witte vloed*
★ TECHN. ~ *witgoed*
whitebait ('waɪtbeɪt) ZN *witvis*
Whitechapel ('waɪtʃæpl) ZN ★ ~ cart
bestelwagentje
white-collar BNW *witteboorden-*
Whitehall ('waɪthɔ:l) ZN *de (Britse) regering*
★ ~ese *ambtenarenjargon*
white-hot (waɪt'hɒt) BNW *witgloeiend*
whiten ('waɪtn) I OV WW • *bleken* II ONOV WW
• *wit worden*
whitener ('waɪtnə) ZN *bleekmiddel*
whiteness ('waɪtnəs) ZN • → **white**
whitening ('waɪtnɪŋ) ZN *krijtpoeder; witkalk
polijstpoeder*
whites (waɪts) ZN MV • → **white**
whitewash ('waɪtwɒʃ) I ZN • *witkalk*
• *rehabilitatie* • *vergoelijking* II OV WW • *witten*
• *rehabiliteren* • *vergoelijken; schoonpraten;
goed (proberen te) praten*
whither ('wɪðə) I ONB VNW • *waarheen* II BIJW
• *waarheen; waarnaar*
whithersoever (wɪðəsəʊ'evə) BIJW *waarheen
ook maar*
whiting ('waɪtɪŋ) ZN • *witkalk* • *wijting*
whitish ('waɪtɪʃ) BNW *witachtig; bleekjes*
Whitsun ('wɪtsən) I ZN • *Pinksteren* II BNW
• *pinkster-* ★ ~ week *pinksterweek*
Whitsuntide ('wɪtsəntaɪd) ZN *Pinksteren;
pinkstertijd*
whittle ('wɪtl) I ZN • *(slagers)mes* II OV WW
• *(af)snijden; besnijden* • ~ away *wegrederen*
• ~ **down** *besnoeien; verzwakken; ontzenuwen*
whizz, whiz (wɪz) I ZN • *gesuis; gefluit; gesnor*
II ONOV WW • *suizen; fluiten; snorren*
whizz-kid, whiz-kid ZN *whizzkid* ⟨jonge expert⟩
who (hu:) I VR VNW • *wie* ★ know who is who *de
verschillende personen kennen* II BETR VNW
• *die; wie*
WHO AFK World Health Organization *WHO;
Wereldgezondheidsorganisatie*
whoa (wəʊ) TW *ho!*
who'd (hu:d) SAMENTR • who had • → **have**
• who would • → **will**
whodunnit, whodunit (hu:'dʌnɪt) ZN
detectiveverhaal ⟨waarin de schuldvraag
centraal staat⟩
whoever (hu:'evə) ONB VNW *wie ook maar* ★ ~
can it be? *wie kan dat toch zijn?*
whole (həʊl) I ZN • *geheel* ★ the ~ of England
heel Engeland ★ as a ~ *in zijn geheel* ★ on the ~
over 't geheel genomen II BNW • *(ge)heel*
• *ongeschonden; gezond* • eat ~ *in zijn geheel
opeten*

wholehearted (həʊl'hɑ:tɪd) BNW • *hartelijk*
• *oprecht*
whole-hogger ZN *doorzetter*
whole-hoofed BNW *éénhoevig*
whole-length ZN *over de hele lengte* ★ ~ portrait
portret ten voeten uit
wholemeal ('həʊlmi:l) BNW *volkoren*
wholeness ('həʊlnəs) ZN *heelheid*
wholesale ('həʊlseɪl) I ZN • *groothandel* • by ~
en gros II BNW • *in 't groot; massaal* ★ ~ dealer
grossier III BIJW • *zonder onderscheid; op grote
schaal*
wholesale price ZN *groothandelsprijs*
wholesaler ('həʊlseɪlə) ZN *grossier*
wholesome ('həʊlsəm) BNW *gezond*
whole-time BNW ★ ~ job *volledige baan*
whole-wheat BNW *volkoren*
who'll (hu:l) SAMENTR • who shall • → **shall**
• who will • → **will**
wholly ('həʊlɪ) BIJW *geheel*
whom (hu:m) VR VNW • → **who**
whoop (wu:p, hu:p) I ZN • *uitroep* • *oorlogskreet*
II ONOV WW • *hoesten* III OV+ONOV WW
• *schreeuwen*
whoopee ('wu:pi:) I ZN • USA *lol; feest* • USA
whisky ★ make ~ *lol/pret maken; 'het' doen*
⟨seks⟩ II TW • *joepie!*
whooping cough ('hu:pɪŋkɒf) ZN *kinkhoest*
whoosh (wʊʃ) I ZN • *stortvloed; stuivende
stofwolk; windstoot/-vlaag; plons* II ONOV WW
• *suizen; flitsen; razen* III TW • *zoef!*
whop (wɒp) OV WW • *(af)ranselen; slaan*
• *verslaan*
whopper ('wɒpə) ZN • *enorme leugen* • *knaap;
kanjer*
whopping ('wɒpɪŋ) I ZN • *pak slaag* • *nederlaag*
II BNW • *enorm; kolossaal*
whore (hɔ:) I ZN • *hoer* II ONOV WW • *hoereren*
whorehouse ('hɔ:haʊs) ZN *hoerentent; bordeel*
whoremonger ('hɔ:mʌŋgə) ZN *hoerenloper*
whorl (wɔ:l) ZN • *bladerkrans* • *rand*
who's (hu:z) SAMENTR who is • → **be**
whose (hu:z) I VR VNW • *van wie; v.wat; wiens;
wiens; ervan; waarvan* II BETR VNW • *waarvan;
van wie/welke; wiens; wier*
whosoever (hu:səʊ'evə) I VR VNW • *wie (toch)*
II ONB VNW • *wie dan ook*
who've (hu:v) SAMENTR who have • → **have**
why (waɪ) I ZN • *reden* • *('t) waarom* II BIJW
• *waarom* ★ why so *waarom (dan)*
★ that's/this is why *daarom* III TW • *wat!;
wel!; nou!*
wicca ('wɪkə) ZN • *heks* • *hekserij*
wick (wɪk) ZN • *pit* ⟨v. kaars⟩ • *kous* ⟨v. lamp⟩
★ PLAT dip one's wick *'m erin hangen* ⟨seks⟩
★ get on s.o.'s wick *op iemands zenuwen
werken*
wicked ('wɪkɪd) BNW • *slecht* • *gemeen;
boosaardig* • *onaangenaam* • *ondeugend*
• *gevaarlijk* • PLAT *wreed; vet* ★ a most~ price
een schandalig hoge prijs
wickedness ('wɪkɪdnəs) ZN • → **wicked**
wicker ('wɪkə) ZN • *teen* • *vlechtwerk; mandwerk*
★ ~ chair *rieten stoel*
wickerwork ('wɪkəwɜ:k) ZN *manden; mandwerk;
vlechtwerk*

wicket ('wɪkɪt) ZN • *poortje; hekje* • *(onder)deur* • *wicket* ⟨cricket⟩ ★ be on a good ~ *er goed voor staan*

wide (waɪd) I BNW • *wijd; breed* • *groot*; *ruim*; *uitgestrekt*; *uitgebreid* ★ wide of *ver naast* II BIJW • *wijdbeens* • *wijd open* ★ go wide *missen* ★ shoot wide *misschieten* III ZN • SPORT *bal die naast gaat* ★ to the wide *volkomen* ★ be done to the wide *doodop zijn*

wide-angle BNW *groothoek-*

wide-eyed BNW *met de ogen wijd open*

widely ('waɪdlɪ) BIJW *breed*; *wijd*; *op velerlei gebied* ★ vary ~ *sterk wisselen/variëren*

widen ('waɪdn) OV+ONOV WW *verbreden*; *wijder maken/worden*

wide-ranging BNW *breed opgezet*

widescreen ('waɪdskri:n) BNW *breedbeeld-* ★ ~ TV *breedbeeld-tv*

widespread ('waɪdspred) BNW *wijd verbreid*; *(nagenoeg) algemeen*

widow ('wɪdəʊ) I ZN • *weduwe* ★ ~'s peak *haartres op voorhoofd* ★ the ~ *champagne* ★ grass~ *onbestorven weduwe* ★ black~ *zwarte weduwe* II OV WW • *tot weduwe/ weduwnaar maken* ★ ~ed state *weduwschap* • ~ of *beroven van*

widower ('wɪdəʊə) ZN *weduwnaar*

widowhood ('wɪdəʊhʊd) ZN *weduwschap*

width (wɪdθ) ZN • *wijdte*; *breedte* • *ruimheid*

wield (wi:ld) OV WW • *gebruiken*; *zwaaien* • *uitoefenen* ★ ~ the pen *de pen voeren*; *schrijven*

wife (waɪf) ZN *vrouw*; *echtgenote*

wifelike ('waɪflaɪk), **wifely** ('waɪflɪ) BNW *vrouwelijk*; *een vrouw passend*

wig (wɪg) I ZN • *pruik* ▾ wigs on the green *herrie*; *ruzie* ▾ flip your lid /USA *your wig over de rooie raken* II ONOV WW • *op z'n nummer zetten*

wigged ('wɪgd) BNW *gepruikt*

wigging ('wɪgɪŋ) ZN *uitbrander*

wiggle ('wɪgl) I OV WW • *doen wiebelen*; *(snel op en neer) bewegen* II ONOV WW • *wiebelen* • *wrikken*

wigwag ('wɪgwæg) I ZN • *vlaggensein* II OV+ONOV WW • USA *seinen* ⟨met vlag⟩

wigwam ('wɪgwæm) ZN *wigwam*

wilco ('wɪlkəʊ) TW will comply *begrepen en akkoord* ⟨communicatie⟩

wild (waɪld) I ZN • *wildernis* ★ wilds *woeste gebieden* II BNW • *wild* • *schuw* • *razend*; *woest* • *verwilderd* • *onbeheerst*; *ondoordacht* • *ruw* • *dol* • go wild *razend worden* ★ run wild *verwaarloosd worden*; *in 't wild leven/ opgroeien* ★ wild about *razend op/over* ★ wild with *dol van*; *woedend op* ★ wild goose *wilde gans* ★ wild boar *wild zwijn* ★ wild-goose chase *dwaze/vruchteloze onderneming* ★ state of wild confusion *toestand v.d. grootste verwarring* ★ wild guess *gissing in 't wilde weg* ★ wild nonsense *klinkklare onzin* ★ wild story *fantastisch verhaal* ★ drive wild *razend maken* III BIJW • *in 't wilde weg*

wildcard ('waɪldka:d) ZN COMP. *joker* ⟨één of meer willekeurige tekens⟩

wildcat ('waɪldkæt) I ZN • *wilde kat* II BNW

• *financieel onbetrouwbaar* • ECON. *onsolide* • *zwendel-* ★ ~ schemes *fantastische plannen*; *dwaze utopieën*

wildebeest ('wɪldəbi:st) ZN *gnoe*

wilderness ('wɪldənəs) ZN *wildernis*

wildfire ('waɪldfaɪə) ZN *Grieks vuur* ★ spread like ~ *zich als een lopend vuurtje verspreiden*

wildfowl ('waɪldfaʊl) ZN *wild gevogelte* ★ ~er *jager*

wilding ('waɪldɪŋ) I ZN • *wilde vrucht* II BNW • *in 't wild groeiend*

wildlife ('waɪldlaɪf) ZN *dierenwereld*; *dierenrijk*

wildness ('waɪldnəs) ZN • → **wild**

wile (waɪl) I ZN • *streek*; *list* II OV WW • *lokken* ★ wile away the time *de tijd verdrijven*

wilful ('wɪlfʊl) BNW • *opzettelijk* • *koppig*; *dwars* ★ by~ *interest* *puur uit interesse* ★ ~ murder *moord met voorbedachte rade*

wiliness ('waɪlɪnəs) ZN *listigheid*; *gehaaidheid*; *sluwheid*

will (wɪl) I ZN • *wil*; *wilskracht* • *testament* ★ of your own free will *uit eigen beweging* ★ with a will *energiek*; *vastberaden* ★ at (one's) will *naar willekeur* II OV WW • *nalaten*; *vermaken* • *dwingen* III OV+ONOV WW • *willen* ★ I would he were gone *ik zou dat hij weg was* IV HWW • *zullen* • *willen* ★ he will sit there for hours doing nothing *hij kan daar uren niets zitten doen* ★ you will have your way *jij moet altijd je zin hebben* ★ he would sit by the fire *hij zat altijd bij de haard* ★ 'he has refused it' - '(think) he would' *'hij heeft geweigerd' - 'dat was te voorzien'* ★ it will be a hard job *'t zal wel een moeilijk karweitje zijn*

willie ZN • → **willy**

willing ('wɪlɪŋ) BNW *bereid(willig)*; *gewillig* ★ be ~ *wel willen*

willingly ('wɪlɪŋlɪ) BIJW *graag*

willingness ('wɪlɪŋnəs) ZN *bereidwilligheid*

will-o'-the-wisp (wɪləðə'wɪsp) ZN *dwaallichtje*

willow ('wɪləʊ) I ZN • *wilg* • *cricketbat* • *wolf* ⟨wolbewerking⟩ ★ wear/wield the ~ *'t bat hanteren* ★ weeping ~ *treurwilg* II OV WW • *wolven* ⟨wolbewerking⟩

willowy ('wɪləʊɪ) BNW • *vol wilgen* • *soepel*

willpower ('wɪlpaʊə) ZN *wilskracht*

willy ('wɪlɪ) ZN • *piemel*; *plassertje* • *lulletje*; *slome* ★ FIG. get the willies *het op de heupen krijgen*

willy-nilly (wɪlɪ'nɪlɪ) I BNW • *onvermijdelijk* II BIJW • *goedschiks of kwaadschiks*

wilt (wɪlt) OV+ONOV WW *(doen) verwelken*; *slap doen/gaan hangen*

Wilts. AFK *Wiltshire*

wily ('waɪlɪ) BNW *sluw*

wimp (wɪmp) ZN *doetje*; *sukkel*; *(onnozele) hals*

wimple ('wɪmpl) I ZN • *kap* ⟨v. non⟩ II ONOV WW • *in plooien neervallen*

win (wɪn) I OV WW • *winnen* • *behalen*; *verwerven*; *bereiken* ★ win sb over *iem. overhalen*; *iem. op zijn hand krijgen* ★ win one's spurs *zijn sporen verdienen* ★ win one's way *zich met moeite vooruitwerken/opwerken* • ~ back *terugwinnen* II ONOV WW • *winnen* ★ win by a head *met een hoofdlengte winnen* ★ win clear *er in slagen zich los/vrij te maken*

★ win hands down *op zijn sloffen slagen/winnen* ★ win upon sb *iem. langzamerhand voor zich winnen* • ~ out *'t winnen* • ~ through *te boven komen*; *z. er doorheen slaan*; *met moeite bereiken* III ZN • *overwinning* • *succes*

wince (wɪns) I ZN • *huivering* • *haspel* II ONOV WW • *pijnlijk vertrekken* ⟨v. gezicht⟩ • *huiveren* ★ without wincing *zonder een spier te vertrekken*

winch (wɪntʃ) ZN • *lier*; *windas* • *kruk*; *handvat*

wind¹ (waɪnd) I OV WW • *(op)winden*; *(omhoog)draaien* ★ wind a tape back(wards) *een band terugspoelen* ★ wind one's arm round *omhelzen*; *omstrengelen* ★ wind a shawl round *een sjaal omdoen* • ~ down *naar beneden draaien* ⟨v. ruit⟩; *terugdraaien*; *verminderen* ⟨v. activiteiten⟩ • ~ in *opwinden*; *op een spoel winden*; *wikkelen in* • ~ off *afwenden*; *laten aflopen* • ~ up *op-*, *omhoogdraaien*; *opwinden, op stang jagen*; *beëindigen, besluiten, opheffen* II ONOV WW • *kronkelen*; *draaiend gaan*; *z. wenden/ slingeren* • ~ down *aflopen* ⟨v. veer⟩; *langzamer gaan lopen* • ~ round *kronkelen* • ~ up *terechtkomen* III ZN • *draai*; *kinkel*; *bocht* • *slag* ★ give sth a wind *iets opwinden*

wind² (wɪnd) I ZN • *wind* • *windstreek* • *lucht* • *zucht*; *adem* • *winderigheid* • *gezwets* ★ MUZ. winds [mv] *blazerssectie* ★ crosswind *zijwind* ★ down wind *vóór de wind* ★ in the wind's eye / in the teeth of the wind *pal tegen de wind in* ★ the wind blows *de wind waait* ★ bring up (a baby's) wind *(een baby) een boertje laten doen* ★ get one's (second) wind *(weer) op adem komen* ★ hit sb in the wind *iem. in de maag stompen* ★ lose one's wind *buiten adem raken* ★ recover one's wind *op adem komen* ★ give wind *winderigheid veroorzaken* ★ break wind *winden laten* ★ FIG. wind/winds of change ≈ *kentering van het tij* ⟨historische verandering⟩ ★ be in the wind *op til zijn* II OV WW • *buiten adem doen raken* • *laten boeren* ⟨v. baby⟩ ★ be winded *buiten adem zijn*

windage ('wɪndɪdʒ) ZN • *luchtweerstand* • *windinvloed* • *speling*

windbag ('wɪndbæg) ZN *windbuil*; *bluffer*

windbound ('wɪndbaʊnd) ZN *door tegenwind opgehouden*

windbreak ('wɪndbreɪk) ZN *windvanger/-scherm*

windbreaker ('wɪndbreɪkə) ZN USA *windjack*

windcheater ('wɪn(d)tʃiːtə) ZN G-B *windjack*

winder ('waɪndə) ZN • *(op)winder* • *haspel* • *slingerplant*

windfall ('wɪndfɔːl) ZN • *meevallertje* • *afgewaaid fruit* ★ ~ apples *afgewaaide appels*

winding ('waɪndɪŋ) BNW *draaiend*; *kronkelend*; *bochtig* ★ ~ stairs/staircase *wenteltrap* ★ ~ up *einde*; *liquidatie* ★ ~ sheet *lijkwade*

wind instrument ZN *blaasinstrument*

windjammer ('wɪndʒæmə) ZN *windjammer*

windlass ('wɪndləs) I ZN • *windas*; *lier* II OV WW • *opwinden*; *ophijsen*

windless ('wɪndlɪs) BNW *windstil*

windmill ('wɪndmɪl) ZN *windmolen*

window ('wɪndəʊ) ZN • *raam* • *loket* • *etalage* ★ in the ~ *vóór 't raam*; *in de etalage* ★ INFORM. out of the ~ *afgeschreven*; *niet meer meetellend* ★ display ~ *etalage* ★ French ~ *openslaande glazen deur* ★ leaded ~ *glas in lood* ★ venetian ~ *raam met zijvensters* ▾ fly/go out of the ~ *volledig verdwijnen*

window box ZN *bloembak*

window catch ZN *spanjolet*

window dresser ZN *etaleur*

window dressing ZN *(het) etaleren; reclame; bedrog*

windowed ('wɪndəʊd) BNW *met raam*

window frame ZN *raamkozijn*

window ledge ZN *vensterbank*

windowpane ('wɪndəʊpeɪn) ZN *ruit*

window-shopping ('wɪndəʊʃɒpɪŋ) ZN *(het) etalages kijken*

window sill ZN *vensterbank*

windpipe ('wɪndpaɪp) ZN *luchtpijp*

windscreen ('wɪndskriːn) ZN • *voorruit* • *windscherm*

windscreen wiper ZN *ruitenwisser*

windshield ('wɪndʃiːld) ZN • *windscherm* • USA *voorruit*

windshield washer ZN *ruitensproeier*

wind spout ZN *windhoos*

windsurfing ('wɪndsɜːfɪŋ) ZN *(het) windsurfen*

windswept ('wɪndswept) BNW *winderig*

windward ('wɪndwəd) BNW + BIJW *naar de wind gericht* ★ Windward Islands *Bovenwindse eilanden*

windy ('wɪndɪ) BNW • *winderig* • *breedsprakig*; *zwetsend* • *bang*

wine (waɪn) I ZN • *wijn* • *wijnrood* ★ Adam's wine *water* ★ in wine *dronken* ★ take wine with sb *op iemands gezondheid drinken* ★ mature wine *belegen wijn* ★ mulled wine *bisschopswijn* ★ good wine needs no bush *goede wijn behoeft geen krans* II ONOV WW • *wijn drinken/schenken* ★ wine and dine *uitgebreid (laten) eten en drinken*

wine cellar ZN *wijnkelder*

wine glass ('waɪnglɑːs) ZN *wijnglas*

wine grower ZN *wijnbouwer*

wine merchant ZN *slijter*

wine press ('waɪnpres) ZN *wijnpers*

winery ('waɪnərɪ) ZN *wijnzaak*

wineskin ('waɪnskɪn) ZN *wijnzak*

wing (wɪŋ) I ZN • *vleugel* • *wiek* • G-B *spatbord* • *omgeslagen punt v. boord* • LUCHTV. *groep* ⟨drie squadrons⟩ ★ his wings are sprouting *hij is te goed voor deze wereld* ★ clip the wings of *kortwieken*; *kort houden* ★ lend wings to *vleugels geven* ★ on the wing *op weg*; *onderweg*; *in de vlucht*; *op 't punt te vertrekken* ★ take wing *wegvliegen*; *vertrekken* ★ under the wing of *onder (de) bescherming van* ▾ clip sb's wings *iem. kortwieken* II OV WW • *v. vleugels voorzien* • *doorklieven* • *afschieten* • *verwonden in arm/vleugel* ★ wing one's way *vliegen* III ONOV WW • *vliegen*

wingbeat ('wɪŋbiːt) ZN *vleugelslag*

wing chair ZN *oorfauteuil*

winged (wɪŋd) BNW *met vleugels*; *gevleugeld*; *vleugel-*

winger ('wɪŋə) ZN *buitenspeler; vleugelspeler*
wingless ('wɪŋləs) BNW *ongevleugeld*
wing mirror ZN *buiten-/zijspiegel*
wings (wɪŋz) ZN MV • *(vliegers)vink* • *coulissen*
wingspan ('wɪŋspæn) ZN *vleugelspanwijdte*
wingspread ('wɪŋspred) ZN *vleugelspanwijdte*
wink (wɪŋk) I ZN • *knipoog* • *wenk* ★ I have not slept a wink *ik heb geen oog dichtgedaan* ★ tip sb the wink *iem. een wenk geven* II OV+ONOV WW • *knipperen* • *knipogen* • *flikkeren* ★ wink an eye *'n knipoogje geven* ★ wink the other eye *'n oogje toedoen; negeren* • ~ at *knipogen naar; oogluikend toelaten; door de vingers zien*
winker ('wɪŋkə) ZN • *knipperlicht* • *oogklep*
winkle ('wɪŋkl) I ZN • *alikruik* II OV WW • ~ out *los-/uitpeuteren;* FIG. *uitkammen*
winner ('wɪnə) ZN • *winnaar; winnend paard* • *succes*
winning ('wɪnɪŋ) BNW • *winnend; succesvol* • *innemend*
winnings ('wɪnɪŋz) ZN MV *winst*
winnow ('wɪnəʊ) OV+ONOV WW • *wannen* • *ziften*
wino ('waɪnəʊ) ZN *zuiplap*
winsome ('wɪnsəm) BNW *innemend; sympathiek*
winter ('wɪntə) I ZN • *winter* II OV+ONOV WW • *de winter doorbrengen* • *(laten) overwinteren*
winter sports ('wɪntəspɔːts) MV *wintersport*
wintertime ('wɪntətaɪm) ZN • *winter* 〈seizoen〉 • *wintertijd*
wintry ('wɪntrɪ) BNW • a ~ smile *een koele glimlach*
winy ('waɪnɪ) BNW • *wijn-; wijnachtig* • *wijnrood* • *dronken*
wipe (waɪp) I OV WW • *(af)vegen; afdrogen* ★ wipe the floor with sb *iem. zijn vet geven; iem. volkomen afmaken* ★ wipe one's eyes *zijn tranen drogen* ★ wipe sb's eye *iem. een vlieg afvangen* • ~ **away** *wegvegen* • ~ **off** *uitwissen; afvegen* • ~ **out** *uitvegen; raderen; uitwissen; wegvagen; totaal vernietigen* • ~ **up** *afranselen; opvegen; opdeppen* II WW • *veeg* • INFORM. *zakdoek* • give sth a wipe *iets afvegen; schoonvegen* ★ wipe in the eye *veeg uit de pan*
wipe-down ('waɪpdaʊn) ZN *afdroging; aframmeling*
wiper ('waɪpə) ZN • *afneemdoek* • *ruitenwisser*
wire ('waɪə) I ZN • *(metaal)draad* • *strik* • *leiding* 〈bv. microfoon, zender〉 • *microfoon* 〈verborgen〉 • *telegram* ★ live wire *schrikdraad; energiek persoon* ★ barbed wire *prikkeldraad* ★ by wire *telegrafisch* ★ pull the wires *aan de touwtjes trekken* II OV WW • *met draad vastzetten/versterken; aan draad rijgen; draad leggen in* • *strikken* • *telegraferen* • *voorzien van bedrading; voorzien van verborgen apparatuur* • ~ **in** *met draad afsluiten/insluiten* III ONOV WW • *telegraferen* • ~ **in** *flink aanpakken*
wire blind ZN *hor*
wire bridge ZN *hangbrug*
wire cloth ZN *gaas*
wire-cutters ('waɪəkʌtəz) ZN *draadschaar*
wire entanglement ZN *prikkeldraadversperring*
wire gauze ZN *gaas*

wire-haired (waɪə'heəd) BNW *ruwharig*
wireless ('waɪələs) I ZN • *draadloze telegrafie* • *draadloos telegram* • *radio* ★ ~ operator *marconist* II BNW • *draadloos* • *radio-* ★ ~ set *radiotoestel*
wire netting ZN *(kippen)gaas*
wirepuller ('waɪəpʊlə) ZN • *figuur achter de schermen* • *intrigant*
wiretap ('waɪətæp) ONOV WW *afluisteren* 〈v. telefoon〉
wiretapping ('waɪətæpɪŋ) ZN USA *het afluisteren* 〈v. telefoon〉
wire wool ZN *staalwol*
wiring ('waɪərɪŋ) ZN • *draadwerk* • *elektriciteitsdradennet*
wiry ('waɪərɪ) BNW • *draadachtig* • *stevig en soepel* • *gespierd* • *taai*
Wis. AFK USA *Wisconsin*
wisdom ('wɪzdəm) ZN • *wijsheid* • *wijs beleid* ★ ~ tooth *verstandskies* ★ cut one's ~ tooth *de gave des onderscheids krijgen*
wise (waɪz) I ZN • OUD. *wijze; manier* ★ in no wise *geenszins* II BNW • *wijs; verstandig* ★ wise guy *betweter; eigenwijs persoon* ★ wise saw *spreuk* ★ wise woman *zieneres; vroedvrouw* ★ be/get wise to *in de gaten hebben/krijgen* ★ be wise after the event *weten hoe 't zit, als 't gebeurd is* ★ no one will be the wiser (for it) *niemand zal er iets van in de gaten hebben* ★ put sb wise *iem. inlichten; iem. op de hoogte brengen* III OV+ONOV WW • • ~ **up** *iets door krijgen*
wiseacre ('waɪzeɪkə) ZN *betweter; eigenwijs iem.*
wisecrack ('waɪzkræk) I ZN • *grapje; mopje* • *spottende opmerking* II ONOV WW • *geestig/sarcastisch uit de hoek komen*
wisecracker ('waɪzkrækə) ZN *grapjas*
wisely ('waɪzlɪ) BIJW *wijselijk*
wish (wɪʃ) I ZN • *wens* ★ dying wish *laatste wens* II OV+ONOV WW • *wensen; toewensen* • *verlangen* ★ I wish him to come *ik verlang dat hij komt* ★ I wish (that) he were here *ik wou dat hij hier was* ★ don't you wish we were there? *zou je niet willen dat we er waren?* ★ wish o.s. (at home) *wensen dat men (thuis) was* ★ wish sb further (at the devil) *iem. naar het eind v.d. wereld wensen* • ~ **for** *verlangen; wensen*
wishful ('wɪʃfʊl) BNW *verlangend*
wish-wash ('wɪʃwɒʃ) ZN • *slappe thee; slootwater* • *leuterpraat*
wishy-washy ('wɪʃɪwɒʃɪ) BNW • *slap* • *besluiteloos*
wisp (wɪsp) I ZN • *(rook)sliert; zweem* • *troep* 〈vogels〉 • *bos(je)* • *piek* 〈v. haar〉 II OV WW • *(op)vegen; afvegen* III ONOV WW • *(omhoog)kringelen* 〈v. rook〉
wispy ('wɪspɪ) BNW • *in bosjes; in slierten* • *piekerig; spichtig*
wistful ('wɪstfʊl) BNW • *treurig; droefgeestig* • *in zichzelf gekeerd*
wistfulness ('wɪstfʊlnəs) ZN • → wistful
wit (wɪt) ZN • *geestigheid* • *geestig persoon* • [ook als mv] *verstand* • *tegenwoordigheid van geest* ★ I'm at my wit's/wits' end *ik ben ten einde raad* ★ be out of your wits *door het dolle*

wi

(heen) zijn; *krankzinnig zijn* ★ have one's wits about one *alert/pienter zijn* ★ set your wits to *het opnemen tegen*; *aanpakken* ★ I have my wits about me *ik heb mijn hersens bij elkaar* ★ have quick wits *bij de pinken zijn*; *pienter zijn* ★ live by your wits *van de wind leven*; *van leugen en bedrog leven*

witch (wɪtʃ) ZN *heks* • ~ hunt *heksenjacht*

witchcraft ('wɪtʃkrɑːft), **witchery** ('wɪtʃərɪ) ZN *hekserij*

witch doctor ('wɪtʃdɒktə) ZN *tovenaar*; *medicijnman*

with (wɪð) VZ • *met* • *van* • *bij* • wet with rain *nat van de regen* ★ with all her faults *ondanks al haar fouten* ★ I am with you *ik ben het met je eens* ★ are you with me? *kun je me volgen?*

withdraw (wɪð'drɔː) I OV WW • *terugtrekken* • *terugnemen* ★ ~ money from the bank *geld opvragen v.d. bank* II ONOV WW • *z. terugtrekken*

withdrawal (wɪð'drɔːəl) ZN • *het terugtrekken* • *het terugnemen* ★ ~ symptoms *ontwenningsverschijnselen*

withdrawn (wɪð'drɔːn) BNW • *teruggetrokken* • *verlegen*

wither ('wɪðə) OV+ONOV WW *(doen) verwelken*; *verschrompelen*; *verdorren*; *(uit)drogen* ★ ~ sb with a look *iem. vernietigend aankijken* ★ ~ed *dor*; *(uit)gedroogd* ★ a ~ing look *een vernietigende blik*

withers ('wɪðəz) ZN MV *schoft* 〈schouder van paard〉

withhold (wɪð'həʊld) I OV WW • *terughouden*; *niet geven* II ONOV WW • *z. weerhouden*; *z. onthouden*

within (wɪ'ðɪn) I BIJW • *(van) binnen*; *in huis* II VZ • *binnen (in)* ★ ~ call *te beroepen* ★ ~ the law *binnen de grenzen v.d. wet* ★ fight/run (well) ~ o.s. *zich sparen*; *niet zijn volle kracht ontplooien* ★ be saved ~ an ace of death *ternauwernood v.d. dood gered worden* ★ ~ a mile *nog geen mijl*

without (wɪ'ðaʊt) I BIJW • *(van) buiten* II VZ • *zonder* • *(aan de) buiten(kant)* ★ be ~ zonder zitten ★ we can't do ~ him *we kunnen hem niet missen* ★ go ~ *het stellen zonder* ★ it goes ~ saying *het spreekt vanzelf*

withstand (wɪð'stænd) OV WW *weerstaan*; *weerstand bieden (aan)*

witless ('wɪtləs) BNW *onnozel*; *stupide*; *dom*

witness ('wɪtnəs) I ZN • *getuige* • *getuigenis* ★ ~ for the crown *getuigen à charge* ★ ~ for the defence *getuigen à decharge* ★ in ~ whereof *ten getuige waarvan* ★ bear ~ of/to *getuigenis afleggen van*; *getuigen van* II OV WW • *getuigen van* • *(als getuige) tekenen* • *getuige zijn van* ★ ~ Heaven *de Hemel zij mijn getuige*

witness box ('wɪtnəsbɒks), **witness stand** ZN *getuigenbank*

witticism ('wɪtɪsɪzəm) ZN *geestigheid*

wittiness ('wɪtɪnəs) ZN *geestigheid*

wittingly ('wɪtɪŋlɪ) BIJW *opzettelijk*; *willens en wetens*

witty ('wɪtɪ) BNW *geestig*

wives (waɪvz) ZN MV • → **wife**

wizard ('wɪzəd) I ZN • *tovenaar*; *goochelaar*

• *genie* II BNW • *betoverend* • *knap*; *fantastisch*

wizardry ('wɪzədrɪ) ZN *toverkunst*

wizened ('wɪznd) BNW *verdroogd*; *verschrompeld*

wo (wəʊ) TW *ho!*

wobble ('wɒbl) I OV WW • *wiebelen met*; *schommelen met* II ONOV WW • *waggelen* • *weifelen* III ZN • *een waggelende beweging*

wobbler ('wɒblə) ZN *weifelaar*

wobbly ('wɒblɪ) BNW • *wiebelend* • *weifelend*

woe (wəʊ) ZN • *smart*; *wee* • *rampspoed* ★ woes betide you *wee u* ★ woe is me *wee mij* ★ woe betide you *wee u*

woebegone ('wəʊbɪgɒn) BNW *droevig*; *smartelijk*

woeful ('wəʊfʊl) BNW *droevig*; *smartelijk*; *treurig*

wog (wɒg) ZN MIN. *neger*; *kleurling*

woke (wəʊk) WW [verleden tijd + volt. deelw.] • → **wake, waken**

woken ('wəʊkən) WW [volt. deelw.] • → **wake, waken**

wold (wəʊld) ZN *open heuvelland*

wolf (wʊlf) I ZN • *wolf* • *donjuan* ★ cry wolf *loos alarm slaan* ★ keep the wolf from the door *zorgen dat men te eten heeft* ★ have the wolf by the ears *in een hachelijke positie zitten* II OV WW • ~ **down** *opschrokken*

wolfish ('wʊlfɪʃ) BNW • *wolfachtig* • *vraatzuchtig* • *wellustig*

wolfram ('wʊlfrəm) ZN *wolfraam*

wolves (wʊlvz) ZN MV • → **wolf**

woman ('wʊmən) ZN • *vrouw* • *wijf*; *mens* • *werkster* ★ Women's Lib(eration) ≈ *Dolle Mina's*; *emancipatiebeweging* ★ a ~ doctor *een vrouwelijke arts* ★ kept ~ *maîtresse* ★ there's little of the ~ in her *zij heeft weinig vrouwelijks*

woman-hater ('wʊmənheɪtə) ZN *vrouwenhater*

womanhood ('wʊmənhʊd) ZN • *(het) vrouw-zijn* • *vrouwelijkheid*

womanish ('wʊmənɪʃ) BNW *verwijfd*; *sentimenteel*

womanize, G-B **womanise** ('wʊmənaɪz) I OV WW • *verwijfd maken* II ONOV WW • *achter de vrouwen aanzitten*

womanizer, G-B **womaniser** ('wʊmənaɪzə) ZN *rokkenjager*; *versierder*

womankind ('wʊmənkaɪnd) ZN *de vrouwen* ★ my ~ *de dames*; *mijn vrouw en dochters*

womanlike ('wʊmənlaɪk), **womanly** ('wʊmənlɪ) BNW *vrouwelijk*

womb (wuːm) ZN *baarmoeder*; *schoot*

women ('wɪmɪn) ZN MV • → **woman**

womenfolk ('wɪmɪnfəʊk) ZN *vrouwvolk*

won (wʌn) WW [verleden tijd + volt. deelw.] • → **win**

wonder ('wʌndə) I ZN • *wonder* • *verwondering* ★ he is punctual today for a ~ *hij is vandaag zowaar eens op tijd* ★ do/work ~s *wonderen doen* ★ no/small ~ *geen wonder dat* II ONOV WW • *verbaasd staan* • *zich afvragen* • *benieuwd zijn* ★ I ~ at you! *dat had ik niet van je gedacht* ★ I ~ why you never told me? *waarom heb je me dat eigenlijk nooit gezegd?* ★ I ~ whether you would let me know if... *zou u mij willen meedelen of...* • ~ at *zich verwonderen over*

wonderful ('wʌndəfʊl) BNW • *wonderlijk* • *prachtig*; *schitterend* ★ you're ~ *dat vind ik fantastisch van je!*

wondering ('wʌndərɪŋ) BNW *met verbazing*; *verwonderd*

wonderingly ('wʌndərɪŋlɪ) BIJW *verbaasd*

wonderland ('wʌndəlænd) ZN *wonderland*; *sprookjesland*

wonderment ('wʌndəmənt) ZN *verwondering*

wondrous ('wʌndrəs) BNW + BIJW *verwonderlijk*; *buitengewoon*

wonky ('wɒŋkɪ) BNW *wankel*; *onvast*; *onstabiel*

wont (wəʊnt) I ZN • FORM. *gewoonte* II BNW • FORM. *gewend*; *gewoon* III ONOV WW • FORM. *gewoon zijn*

won't (wəʊnt) SAMENTR will not • → will

wonted ('wəʊntɪd) BNW *gewoonlijk*

woo (wu:) OV+ONOV WW • *dingen naar de hand/gunst van* • *verleiden* • ~ **away** *weglokken*

wood (wʊd) ZN • *hout* • *bos* • *houtblazers* • *houten bal*; *cricketbal*; *golfclub (met houten kop)* ★ soft wood *zachte houtsoort*; *vurenhout* ★ laminated wood *triplex*; *multiplex* ★ from the wood *van 't vat* ★ be out of the woods *uit de moeilijkheden zijn* ★ don't halloo till you're out of the woods *men moet de dag niet prijzen voor het avond is* ★ touch / USA knock on wood! *afkloppen!*

woodbind ('wʊdbaɪnd) ZN *wilde kamperfoelie*

woodbine ('wʊdbaɪn) ZN *wilde kamperfoelie*

woodcarving ('wʊdkɑːvɪŋ) ZN *houtsnijwerk*

woodchuck ('wʊdtʃʌk) ZN *bosmarmot*

woodcock ('wʊdkɒk) ZN *houtsnip*

woodcraft ('wʊdkrɑːft) ZN *kennis v.h. leven/de jacht in (de) bossen*

woodcut ('wʊdkʌt) ZN *houtsnede*

woodcutter ('wʊdkʌtə) ZN • *houthakker* • *houtsnijder*

wooded ('wʊdɪd) BNW *bebost*

wooden ('wʊdn) BNW • *houten* • *onbuigzaam*; *lomp*; *houterig*; *stijf* • *nietszeggend*

wooden-head ZN *stomkop*

wooden-headed BNW *stom*; *dom*

woodland ('wʊdlənd) I ZN • *bosland*; *bebost(e) terrein(en)* II BNW • *bos-*

woodman ('wʊdmən) ZN • *boswachter* • *houthakker*

wood nuthatch ZN *boomklever*

wood nymph ZN *bosnimf*; *soort nachtvlinder*

woodpecker ('wʊdpekə) ZN *specht*

woodpie ('wʊdpaɪ) ZN *bonte specht*

woodpile ('wʊdpaɪl) ZN • *houtmijt* • *stapel brandhout*

wood pulp ZN *houtpulp*

woodshed ('wʊdʃed) ZN *houtschuur*

woodsman ('wʊdzmən) ZN • *bosbewoner* • *houthakker* • *iem. die graag door de bossen dwaalt*

wood warbler ZN *fluiter* ⟨vogel⟩

woodwind ('wʊdwɪnd) ZN *houtblazerssectie* ⟨in orkest⟩

woodwork ('wʊdwɜːk) ZN *houtwerk*

woodworm ('wʊdwɜːm) ZN *houtworm*

woody ('wʊdɪ) BNW • *houtachtig*; *hout-* • *bos-*; *bosrijk*; *bebost*

woodyard ('wʊdjɑːd) ZN • *houtopslagplaats* • *houthandel*

woof (wʊf) ZN • *inslag* • *weefsel*

woofer ('wuːfə, 'wʊfə) ZN *woofer*; *luidspreker voor lage tonen*

wool (wʊl) I ZN • *wol* • *wollen garen*; *wollen kleding* • *dons* • *kroeshaar* ★ keep your wool on *maak je niet dik* ★ lose one's wool *nijdig worden* ★ go for wool and come home shorn *van een kouwe kermis thuis komen* ★ dyed in the wool *door de wol geverfd* ★ pull the wool over s.o.'s eyes *iem. zand in de ogen strooien* II OV WW • *plukken wol uit vacht bijten*

wool-fat ('wʊlfæt) ZN *lanoline*

wool-fell ('wʊlfel) ZN *schapenvacht*

wool-gathering ('wʊlgæðərɪŋ) ZN *verstrooidheid* ★ his wits have gone ~ *hij zit te dromen/suffen*

woollen ('wʊlən) BNW *wollen* ★ ~ draper *handelaar in wollen goederen* ★ ~ drapery/ draper's *wolzaak*

woollens ('wʊlənz) ZN MV *wollen goederen*

woolly ('wʊlɪ) I ZN • [vaak mv] *wollen kleding/ondergoed* II BNW • *wollig*; *donzig* • *wollig* ⟨vaag⟩

woolly-headed BNW *warhoofdig*

woolsack ('wʊlsæk) ZN • *wolbaal* • *ambt/zetel van Lord Chancellor in Hogerhuis*

woozy ('wuːzɪ) BNW • *licht in het hoofd*; *beneveld* • *wazig*

wop (wɒp) ZN MIN. *spaghettivreter* ⟨Italiaan⟩

Worcs. AFK *Worcestershire*

word (wɜːd) I ZN • *woord* • *bericht*; *boodschap*; *nieuws* • *bevel* • *parool*; *wachtwoord* ★ words *praat(jes)* ★ the Word *het Woord Gods* ★ word of honour *erewoord* ★ dying words *laatste woorden* ★ four-letter word *schuttingwoord* ★ fair words *mooie woorden* ★ hot words *boze woorden* ★ a soft word *een vriendelijk woord* ★ give the word *bevel geven*; *het wachtwoord geven* ★ hang on sb's words *aan iemands lippen hangen* ★ he is as good as his word *je kunt van hem op aan* ★ he hasn't a good word to say for anybody *hij heeft op iedereen wat aan te merken* ★ can I have a word with you? *kan ik u even spreken?* ★ have words with sb *woorden hebben met iem.* ★ in a word *in één woord* ★ the last word in *het allernieuwste op 't gebied van* ★ leave word *een boodschap achterlaten* ★ take sb at his word ★ take sb's word for it *iem. op zijn woord geloven* ★ take my word for it *neem dat van mij aan* ★ to a word *woordelijk* ★ with the word *meteen toen het gezegd was/werd* ★ suit the action to the word *de daad bij het woord voegen* ★ by word of mouth *mondeling* ★ in so many words *ronduit gezegd* ★ my word! *jeminee!* ★ (up)on my word! *op m'n erewoord!*; *nee, nou wordt ie goed!* ★ play upon words *woordspelingen maken* ★ put in a word for *een goed woordje doen voor* ★ quick is the word *vlug zijn is de boodschap* ★ sharp's the word *opschieten!* ★ bandy words with *disputeren met* ★ beyond words *onbeschrijfelijk* ★ word of command *bevel* ★ eat one's words *zijn woorden intrekken*; *zijn excuus maken* ★ a word in one's ear *wenk*;

WO

aanwijzing ∗ word painter *woordkunstenaar*
∗ word processor *tekstverwerker* ∗ say the
word! *zeg 't maar!* ∗ send word to sb *iem.
berichten* ∗ fair words butter no parsnips
praatjes vullen geen gaatjes ∗ word for word
woord voor woord; woordelijk ∗ receive word
bericht ontvangen ∗ mark my words *let op
mijn woorden* ∙ spread the word (around) *het
doorvertellen* ∗ in other words *met andere
woorden* ∗ words fail me *woorden schieten
(mij) te kort* ∗ too stupid for words *te dom
voor woorden* ▾eat your words *je woorden
terugnemen* ‖ OV WW ∙ *uitdrukken;
verwoorden; stellen*
word-blind ('wɜ:dblaɪnd) BNW *woordblind*
wordiness ('wɜ:dɪnəs) ZN *langdradigheid*
wording ('wɜ:dɪŋ) ZN *bewoordingen; stijl;
redactie*
wordless ('wɜ:dləs) BNW ∙ *zonder woorden*
∙ *sprakeloos*
wordly ('wɜ:dlɪ) BNW ∙ *werelds* ∙ *mondain*
∙ *materialistisch* ∙ *aards*
word-perfect (wɜ:d'pɜ:fɪkt) BNW *tekstvast*
⟨toneel⟩
word-splitting ('wɜ:dsplɪtɪŋ) ZN *woordenzifterij*
wordy ('wɜ:dɪ) BNW *breedsprakig*
wore (wɔ:) WW [verleden tijd] ∙→ wear
work (wɜ:k) ‖ OV WW ∙ *laten werken* ∙ *bedienen;
drijven; bewegen; exploiteren* ∙ *bewerken;
kneden; smeden* ∙ *tot stand brengen; ten
uitvoer brengen; maken* ∗ he'll work it *hij lapt
't 'm wel* ∗ work one's passage *zijn overtocht
met werken verdienen* ∗ work one's way *zich
een weg banen* ∗ work one's way up *zich
opwerken* ∙ ~ in *er in werken; er tussen werken*
∗ work in with *samengaan met* ∙ ~ into *tot ...
brengen* ∗ work o.s. into z. *weten te dringen in*
∗ work o.s. into a rage z. *woedend maken*
∙ ~ off *van de hand doen; opknappen met;
door werken verdrijven* ∙ ~ out *uitwerken;
berekenen; uitputten* ∙ ~ over *aftuigen*
∙ ~ through *(er) doorkomen; z. werken door;
doornemen* ∙ ~ up *opwerken; opbouwen;
aanzetten; opruien; omhoog komen; z. omhoog
werken; opkruipen* ∗ work o.s. up into a
passion z. *steeds nijdiger maken* ‖ ONOV WW
∙ *werken* ∙ *gaan; functioneren; effect hebben*
∙ *handwerken; borduren* ∙ *(nerveus) trekken*
∗ your theory won't work *jouw theorie gaat
niet op* ∙ ~ at *werken aan; doen aan* ∙ ~ down
naar beneden gaan/groeien; zakken ∙ ~ on
dóórwerken; werken op ∗ work on a plan
volgens een plan werken ∙ the door works on
a spring *de deur gaat dicht/open met een veer*
∙ ~ out *uitkomen; trainen; lukken; aflopen*
∗ work out at *neerkomen op* ∙ ~ round
draaien ⟨v. wind⟩; *bijdraaien* ‖‖ ZN ∙ *werk;
arbeid* ∙ *naaiwerk; breiwerk; borduurwerk*
∙ *werkstuk* ∙ be in work *werk hebben; werken*
∙ be at work upon *bezig zijn met; werken aan*
∗ it's all in a day's work *'t is heel gewoon*, *'t
hoort er zo bij* ∙ have one's work cut out (for
one) *een zware taak vóór zich hebben* ∗ a
nasty piece of work *'n klier* ∗ all work and no
play makes Jack a dull boy *de boog kan niet
altijd gespannen zijn* ∗ out of work *werkeloos*

workable ('wɜ:kəbl) BNW ∙ *te bewerken;
verwerkbaar* ∙ *bruikbaar* ∙ *rendabel*
workaday ('wɜ:kədeɪ) BNW *alledaags; saai*
workaholic (wɜ:kə'hɒlɪk) ZN *workaholic;
werkverslaafde; werkezel*
workaround ('wɜ:kəraʊnd) ZN *omweg* ⟨om een
probleem te omzeilen⟩
workbag ('wɜ:kbæg) ZN *naaizakje*
work-basket ('wɜ:kbɑ:skɪt) ZN *naaimandje*
workbench ('wɜ:kbentʃ) ZN *werkbank*
workbook ('wɜ:kbʊk) ZN ∙ *werkboek*
∙ *instructieboek*
workday ('wɜ:kdeɪ) ZN *werkdag*
worker ('wɜ:kə) ZN *werker; arbeider* ∗ ~ ant/bee
werkmier/-bij ∗ domestic ~ *huishoudelijke hulp*
workflow ('wə:kfləʊ) ZN *werkstroom* ⟨volgorde
van bewerkingen⟩
workforce ('wə:kfɔ:s) ZN ∙ *personeel*
∙ *arbeidspotentieel; werkende bevolking*
workhorse ('wɜ:hɔ:s) ZN *werkpaard*
workhouse ('wɜ:khaʊs) ZN ∙ *werkinrichting/-huis*
∙ USA *verbeteringsgesticht*
working ('wɜ:kɪŋ) ‖ ZN ∙ *werking* ∙ *bewerking*
∙ *proces* ∗ ~s of the heart *wat er in 't hart
omgaat* ∗ ~ account *exploitatierekening* ∗ ~
capital *werkkapitaal* ∗ ~ day *werkdag* ∗ ~
week *werkweek* ∗ ~ stock *bedrijfsmateriaal;
werkvoorraad* ‖ BNW ∙ *werk-; bedrijfs-*
∙ *werkend; praktisch; bruikbaar* ∗ ~ classes
arbeiders(klasse) ∗ ~ knowledge *elementaire
kennis* ∗ ~ majority *regeerkrachtige
meerderheid* ∗ ~ conditions
arbeidsvoorwaarden/-omstandigheden
workload ('wɜ:kləʊd) ZN *werklast; taak*
workman ('wɜ:kmən) ZN ∙ *werkman; arbeider*
∙ *vakman* ∗ a bad ~ always blames his tools
*een slechte werkman geeft altijd zijn
gereedschap de schuld* ∗ Workmen's
Compensation Act *Ongevallenwet*
workmanlike ('wɜ:kmənlaɪk) BNW *vakkundig*
workmanship ('wɜ:kmənʃɪp) ZN ∙ *vakmanschap;
technisch kunnen* ∙ *techniek; werk* ∗ of good ~
goed afgewerkt
workout ('wɜ:kaʊt) ZN *(conditie)training*
workpeople ('wɜ:kpi:pl) ZN ∙ *werkvolk*
∙ *personeel*
work permit ZN *werkvergunning*
works (wɜ:ks) ZN MV ∙ *fabriek; bedrijf*
∙ *binnenwerk* ∙ *ingewanden* ∗ engineering ~
machinefabriek ∗ First Commissioner of
Works Minister v. Openbare Werken ∗ faith
and ~ *geloof en goede werken* ∗ the ~ *de hele
zaak* ∗ give him the ~ *geef 'm de volle laag*
works council ZN *centrale ondernemingsraad*
workshop ('wɜ:kʃɒp) ZN ∙ *werkplaats*
∙ *workshop; studiegroep*
workstation ('wɜ:ksterʃən) ZN ∙ *werkplek* ∙ COMP.
werkstation
worktop ('wɜ:ktɒp) ZN *werkblad* ⟨in keuken⟩
work-to-rule ('wɜ:ktə'ru:l) ZN ∗ ~ action
modelactie; stiptheidsactie
world (wɜ:ld) ZN *wereld* ∗ a ~ of *een (hele) massa*
∗ all the ~ (and his wife) *jan en alleman* ∗ all
over the ~ *overal ter wereld; de hele wereld
door* ∗ begin the ~ *het leven/zijn loopbaan
beginnen* ∗ the ~ to come *het hiernamaals*

★ for all the ~ as if/like *precies als(of)* ★ I'm not long for this ~*ik zal 't niet lang meer maken* ★ how is the ~ using you? *hoe gaat het met je?* ★ in the ~*ter wereld* ★ how/what/who in the ~*hoe/wat/wie in 's hemelsnaam* ★ drunk to the ~*stomdronken* ★ tired to the ~ *doodmoe* ★ carry the ~ before one *een overrompelend succes behalen* ★ the other ~ *de bovennatuurlijke wereld; het hiernamaals* ★ lower ~ *aarde; hel* ★ think the ~ of *een hoge dunk hebben van* ★ out of this ~ *onwezenlijk goed* ★ (I wouldn't miss it) for the ~*(ik zou het) voor geen goud (willen missen)*

world champion ZN *wereldkampioen*

world-class I ZN ● *wereldklasse* ★ a ~ *cricketer een cricketer van wereldklasse* II BNW ● *van wereldklasse*

world-court (wɜːld'kɔːt) ZN *Internationaal Gerechtshof*

world economy ZN *wereldeconomie*

world-famous BNW *wereldberoemd*

worldliness ('wɜːldlɪnəs) ZN ● → **worldly**

worldly ('wɜːldlɪ) BNW ● *aards* ● *materialistisch; werelds; mondain* ★ ~ minded *werelds*

worldly-minded BNW *werelds; aards*

worldly-wise BNW *wereldwijs*

world music ZN *wereldmuziek*

world population ZN *wereldbevolking*

world record ZN *wereldrecord*

World Series MV USA 〈nationale honkbalfinale〉

world trade ZN *wereldhandel*

World Trade Organization ZN *Wereldhandelsorganisatie*

world war ZN *wereldoorlog*

world-weary (wɜːld'wɪərɪ) BNW *levensmoe*

world-wide (wɜːld'waɪd) BNW *wereldwijd; wereld-; over de hele wereld* ★ ~ difference *hemelsbreed verschil* ★ ~ reputation *wereldnaam*

World Wide Web ZN COMP. *internet*

world-wise BNW *wereldwijs; zakelijk*

worm (wɜːm) I ZN ● *worm* ● *schroefdraad* ● *tongriem* ● COMP. *wormvirus* ● MIN. *rotzak* ★ food for the ~worms *voor de pieren; dood* ★ even a worm will turn *tenslotte kan men niet alles over zijn kant laten gaan; ik ben wel goed maar niet gek* ★ worm of conscience *wroeging* ★ I'm a worm today *ik ben vandaag niets waard* II OV WW ● *v. wormen zuiveren* ● *v.d. tongriem snijden* ★ worm o.s. into *zich op slinkse wijze weten te draaien/dringen in* ★ worm a secret out of sb *een geheim uit iem. weten te krijgen* ★ worm (one's way) through *zich door ... wriemelen*

worm cast ('wɜːmkɑːst) ZN *wormhoopje*

worm-eaten ('wɜːmiːtn) BNW ● *wormstekig* ● *versleten; verouderd*

worm gear ZN *wormoverbrenging*

wormwood ('wɜːmwʊd) ZN *alsem*

wormy ('wɜːmɪ) BNW ● *wormachtig* ● *wormstekig* ● *vol wormen*

worn (wɔːn) WW [volt. deelw.] ● → **wear**

worn-out (wɔːn'aʊt) BNW ● *uitgeput* ● *versleten*

worried ('wʌrɪd) BNW ● *bezorgd; benauwd* ● *afgetobd* ★ be ~ about sth *ergens over in zitten*

worrisome ('wʌrɪsəm) BNW *lastig; vervelend; zorgelijk*

worry ('wʌrɪ) I OV WW ● *lastig vallen; vervelen; (aan 't hoofd) zaniken* ● *verscheuren; (met de tanden) heen en weer rukken* 〈v. hond〉 ★ it worries me *ik maak me zorgen om* ★ ~out a problem *een probleem na veel gepieker oplossen* ★ he was ~ing the loose button of his coat *hij zat steeds maar aan de losse knoop van zijn jas* II ONOV WW ● *piekeren; z. zorgen maken* ★ don't ~*trek je er niets van aan* ★ I should ~! *dat zal mij een zorg zijn!* ★ not to ~! *maak je geen zorgen!* ● ~ along *moeizaam vooruit komen; voortscharrelen* III ZN ● *zorg* ● *tobberij; gezanik* ★ INFORM. no worries *(maak je) geen zorgen; geen probleem*

worrying ('wʌrɪɪŋ) BNW *zorgwekkend; zorgelijk*

worse (wɜːs) I ZN ● *iets ergers; iets slechters* ★ from bad to ~*v. kwaad tot erger* II BNW + BIJW ● *slechter; erger* ★ ~off *(financieel) slechter af* ★ want ~*harder nodig hebben* ★ he is none the ~ for it *het heeft hem geen kwaad gedaan* ★ I like him none the ~for it *ik mag hem er even/wel zo graag om* ★ much the ~for wear *behoorlijk versleten* ★ the ~ for drink *dronken* ★ to make matters/things ~ *tot overmaat v. ramp* ★ little the ~for wear *nog zo goed als nieuw*

worsen ('wɜːsən) OV+ONOV WW *slechter maken/worden; verergeren*

worship ('wɜːʃɪp) I OV WW ● *aanbidden* II ONOV WW ● *de godsdienstoefeningen bijwonen; naar de kerk gaan* III ZN ● *verering; aanbidding* ● *eredienst* ★ place of ~*godshuis* ★ Your Worship *Edelachtbare*

worshipful ('wɜːʃɪpfʊl) BNW ● *eerbiedig* ● *achtbaar* 〈in titels〉

worshipper ('wɜːʃɪpə) ZN ● *vereerder* ● *gelovige; kerkganger*

worst (wɜːst) I ZN ● *slechst(e); ergst(e)* II BNW + BIJW ● *slechtst; ergst; ziekst*

worsted (wʊstɪd) ZN *wol; kamgaren*

wort (wɜːt) ZN ● *kruid* ● *wort* 〈bij bierbereiding〉

worth (wɜːθ) I ZN ● *waarde* ● *goede karaktereigenschappen* ★ two shillings' ~of apples *voor twee shilling appels* II BNW ● *waard* ★ it's (not) ~ *it het is de moeite (niet) waard* ★ ~ knowing *wetenswaardig* ★ for all he is ~ *uit alle macht; zo hard hij kan* ★ it was as much as his place was ~(not) *to het zou hem zijn baan kosten als hij (niet)* ★ he is ~two millions *hij bezit twee miljoen* ★ for what it's ~ *voor wat het waard is; voor zover ik er iets over kan zeggen* III OV WW

worthless ('wɜːθləs) BNW *waardeloos*

worthwhile ('wɜːθwaɪl) BNW *de moeite waard*

worthy ('wɜːðɪ) I ZN ● *achtenswaardig persoon* ● *beroemdheid; held* ★ my ~ waarde heer; mijn waarde* II BNW ● *waardig* ● *waard* ● *(achtens)waardig; braaf* ★ ~ of a better cause *een betere zaak waardig* ★ ~ of praise prijzenswaardig*

would (wʊd) WW [verleden tijd] ● → **will**

would-be ('wʊdbiː) BNW ● *zogenaamd; pseudo-* ● *toekomstig; aspirant-*

wouldn't ('wʊdnt) SAMENTR would not ● → **will**

wound¹ (wu:nd) I ZN • *wond* II OV WW
• *(ver)wonden; krenken*
wound² (waʊnd) WW [verleden tijd + volt.
deelw.] • → **wind¹**
wove (wəʊv), **woven** WW [verleden tijd + volt.
deelw.] • → **weave**
woven ('wəʊvən) WW [volt. deelw.] • → **weave**
wow (waʊ) I ZN • *succes; iets geweldigs*
• *langzame jank* ⟨geluidstechniek⟩ II OV WW
• *overweldigen; in verrukking brengen;*
meeslepen III TW • *wow; jeetje*
wrack (ræk) ZN *(aangespoeld) zeewier*
wraith (reɪθ) ZN *geestverschijning; schim*
wrangle ('ræŋgl) I ZN • *ruzie* II ONOV WW • *ruzie*
hebben/maken; kiften; vitten
wrangler ('ræŋglə) ZN • *ruziemaker* • USA
cowboy
wrap (ræp) I ZN • *omhulsel* • *omslagdoek* • *wijde*
mantel • *reisdeken* II OV WW • *inpakken;*
verpakken; wikkelen; hullen in ★ wrapped in
thought *in gepeins verzonken* • ~ up *afronden;*
hullen in; inwikkelen ★ be wrapped up in
geheel opgaan in III ONOV WW • ~ up *z.*
inpakken
wrapper ('ræpə) ZN • *wikkel* • *adresbandje*
• *omslag; losse kaft* • *dekblad* • *ochtendjas*
wrapping ('ræpɪŋ) ZN • *(in)pakmateriaal*
• *omhulsel* ★ ~ paper *pakpapier*
wrath (rɒθ) ZN *toorn*
wrathful ('rɒθʊl) BNW *toornig; verbolgen*
wreak (ri:k) OV WW *aanrichten* ★ ~ vengeance
upon sb *wraak nemen op iem.*
wreath (ri:θ) ZN • *krans; guirlande* • *sliert;*
(rook)pluim
wreathe (ri:ð) I OV WW • *vlechten; strengelen*
• *bekransen* II ONOV WW • *kronkelen*
wreck (rek) I OV WW • *doen schipbreuk lijden;*
doen verongelukken • *vernietigen* II ONOV WW
• *schipbreuk lijden; stranden; verongelukken*
III ZN • *'t vergaan; schipbreuk* • *vernieling;*
ondergang; ruïne; wrak(stukken); overblijfsel
★ nervous ~ *(een) bonk zenuwen* ★ go to ~ and
ruin *te gronde gaan*
wreckage ('rekɪdʒ) ZN • *wrakstukken*
• *schipbreuk; ondergang*
wrecked (rekt) BNW *vergaan; verongelukt;*
gestrand
wrecker ('rekə) ZN • *verwoester* • *berger*
• *strandjutter*
wrecking ball ZN *sloopkogel*
wren (ren) ZN *winterkoninkje*
wrench (rentʃ) I ZN • *ruk; draai* • *ontwrichting*
• USA *moersleutel* • *pijnlijke scheiding* ★ it was
a terrible ~ *het viel mij zwaar* II OV WW
• *draaien; rukken* • *ontwrichten; verstuiken*
• *(ver)wringen; verdraaien*
wrest (rest) I ZN • *stemsleutel* II OV WW
• *wegrukken* • *verdraaien*
wrestle ('resəl) I ZN • *worsteling* II OV+ONOV WW
• *worstelen (met)* ★ ~ with God *vurig bidden*
wrestler ('reslə) ZN *worstelaar*
wrestling ('reslɪŋ) ZN *het worstelen* ★ ~ bout
worstelpartijtje
wretch (retʃ) ZN • *stakker* • *ellendeling* • *ondeugd*
wretched ('retʃɪd) BNW • *slecht; miserabel*
• *ellendig; diep ongelukkig*

wrick (rɪk) I ZN • *verrekking* II OV WW • *verrekken*
wriggle ('rɪgl) I ZN • *gekronkel; gewriemel* II OV
WW ★ ~ one's way *kronkelend voortgaan*
III ONOV WW • *draaien; kronkelen; wriemelen*
• FIG. *zich kronkelen* • ~ along *kronkelend*
voortgaan • ~ out *z. eruit draaien*
wriggler ('rɪglə) ZN • *draaier* • *wriemelend*
insect/worm
wring (rɪŋ) I ZN • *draai* ★ give sth a ~ *iets*
uitwringen II OV WW • *wringen* • *verdraaien*
• *benauwen* • ~ing wet *kletsnat* ★ ~ sth
from/out of sb *iem. iets afdwingen* ★ ~ the
neck of *de nek omdraaien* ★ ~ sb's hand *iem.*
(hartelijk) de hand drukken • ~ out *uitwringen*
wringer ('rɪŋə) ZN *mangel* ★ put sb through the
~ *iem. over de hekel halen; iem. het vuur aan*
de schenen leggen
wrinkle ('rɪŋkl) I ZN • *rimpel; plooi* • *tip; wenk*
• *foefje* ★ he put me up to a ~ or two *hij gaf*
me een paar goede tips II OV+ONOV WW
• *rimpelen; plooien* • ~ up one's forehead *zijn*
voorhoofd fronsen
wrinkly ('rɪŋklɪ) BNW *kreukelig*
wrist (rɪst) ZN • *pols(gewricht)* • SPORT *polswerk*
wristband ('rɪstbænd) ZN *horlogebandje*
wristlet ('rɪstlət) ZN • *polsband; armband*
• *handboei* • ~ watch *polshorloge*
wristwatch ('rɪstwɒtʃ) ZN *polshorloge*
writ (rɪt) I ZN • *bevelschrift; gerechtelijk schrijven*
• *dagvaarding* • FIG. *gezag* • REL. Holy/Sacred
Writ *Heilige Schrift* ★ serve a writ on *een*
dagvaarding betekenen aan ★ issue writs for
election *verkiezingen uitschrijven* II WW [verl.
tijd + volt. deelw.] • → **write**
write (raɪt) I OV WW • *schrijven* ★ writing
materials *schrijfbenodigdheden* ★ it is written
er staat geschreven ★ ~ o.s. *zich beschrijven als*
★ it is written all over/on his face *het staat*
hem op zijn gezicht te lezen • ~ down
opschrijven; afkraken; uitmaken voor;
neerzetten als ★ ~ down capital *op kapitaal*
afschrijven • USA ~ in *bijschrijven; stemmen*
⟨namens een ander⟩ • ~ off *vlug neerpennen;*
overschrijven; afschrijven • FIG. ~ off
afschrijven; dumpen • ~ out *uitschrijven;*
voluit schrijven ★ ~ out fair *in 't net schrijven*
• ~ up *bijwerken; bijhouden; prijzen; (te)*
uitvoerig beschrijven II ONOV WW • *schrijven*
• ~ in *schrijven* • ~ in/off for *schrijven om*
write-down ('raɪtdaʊn) ZN *afschrijving* ⟨v.
waarde⟩
write-off ('raɪtɒf) ZN • *total loss; verliespost*
• *afschrijving*
writer ('raɪtə) ZN • *schrijver* • *handleiding om*
brieven e.d. te schrijven ★ ~ to the signet
advocaat en procureur ★ ~'s cramp
schrijfkramp
writership ('raɪtəʃɪp) ZN *schrijverschap*
write-up ('raɪtʌp) ZN *rapport; recensie; kritiek*
writhe (raɪð) ONOV WW • *(z.) kronkelen* • ~ with
ineenkrimpen van
writing ('raɪtɪŋ) I ZN • *schrift* • *geschrift;*
handschrift • *stijl* ⟨v. schrijven⟩ ★ in ~
schriftelijk ★ the ~ on the wall *het teken aan*
de wand ★ put in ~ *op schrift stellen* ★ ~s [mv]
literair oeuvre II BNW • *schrijf-* ★ ~ paper

schrijfpapier; briefpapier ★ ~ table schrijftafel
★ ~ materials schrijfbenodigdheden
writing pad ZN • onderlegger ⟨op bureau⟩
• schrijfblok
written ('rɪtn) WW [volt. deelw.] • → write BNW
schriftelijk
wrong (rɒŋ) I ZN • kwaad; onrecht • iets
verkeerds • ongelijk ★ be in the ~ ongelijk
hebben ★ put in the ~ in 't ongelijk stellen
★ the King can do no ~ de Koning is
onschendbaar II BNW + BIJW • fout; mis;
verkeerd; niet in orde • slecht ★ get in ~ with
sb bij iem. in ongenade vallen ★ be in the ~
box 't mis hebben; in het verkeerde schuitje
zitten ★ go ~ de verkeerde kant opgaan ★ ~ side
out binnenste buiten ★ on the ~ side of 40 over
de 40 ★ be ~ ongelijk hebben; 't mis hebben
★ what's ~? wat scheelt eraan? ★ don't get me
~ begrijp me goed ★ get it ~ het bij het
verkeerde eind hebben; het verkeerd opvatten
III OV WW • verkeerd beoordelen • onrecht
aandoen; onheus behandelen
wrongdoer ('rɒŋduːə) ZN • onrechtpleger
• zondaar • deugniet
wrongdoing ('rɒŋduːɪŋ) ZN • kwaaddoenerij
• overtreding; delict
wrongful ('rɒŋfʊl) BNW • onrechtmatig • fout
wrong-headed BNW dwars; koppig
wrongly ('rɒŋlɪ) BIJW • ten onrechte • verkeerd
wrote (rəʊt) WW [verleden tijd] • → write
wrought (rɔːt) I BNW gewrocht ★ ~ iron
smeedijzer II BNW [verl. tijd] • → work
wrung (rʌŋ) WW [verleden tijd + volt. deelw.]
• → wring
wry (raɪ) BNW scheef; verdraaid ★ wry face zuur
gezicht ★ smile wryly lachen als een boer die
kiespijn heeft
wt AFK weight gewicht
wuthering ('wʌðərɪŋ) BNW woest;
onherbergzaam
W.Va. AFK USA West Virginia
WW AFK World War wereldoorlog ★ WWI Eerste
Wereldoorlog ★ WWII Tweede Wereldoorlog
WWW AFK WWW World Wide Web www
Wyo., Wy. AFK USA Wyoming ⟨staat⟩
WYSIWYG (wɪziˈwɪg) AFK COMP. What You See
Is What You Get wysiwyg ⟨wat je ⟨op het
scherm⟩ ziet, krijg je afgedrukt⟩

x (eks) ZN letter x ★ X as in X-mas de x van
Xantippe
xenophobia (zenəˈfəʊbɪə) ZN
vreemdelingenhaat/-angst
xerox ('zɪərɒks) I ZN • (foto)kopie
• (foto)kopieerapparaat II OV+ONOV WW
• fotokopiëren
XL (eksˈel) AFK Extra Large extra groot
⟨kledingmaat⟩
Xmas ('krɪsməs) ZN INFORM. • → Christmas
X-rated (eksˈreɪtɪd) BNW USA met klassering X
⟨verboden voor kinderen, wegens seks of
geweld⟩ ★ an ~ movie een film voor
volwassenen
X-ray (eksˈreɪ) I ZN • röntgenstraal • röntgenfoto;
röntgenonderzoek II OV WW • röntgenfoto
maken (v.) • nauwkeurig onderzoeken
XS AFK Extra Small extra klein ⟨kledingmaat⟩
xylography (zaɪˈlɒgrəfɪ) ZN houtsnijkunst
xylophone ('zaɪləfəʊn) ZN xylofoon

Y

y (waɪ) I ZN • letter *y* ★ Y as in Yellow *de y van ypsilon* ★ y-road *driesprong* II AFK • year *j(aar)*

Y2K AFK Year 2 Kilo *het jaar 2000*

yabber ('jæbə) ONOV WW AUS. *kletsen; wauwelen; ratelen*

yacht (jɒt) I ZN • *jacht* • ~ club *zeilclub* II ONOV WW • *zeilen met een jacht*

yachter ('jɒtə), **yachtsman** ('jɒtsmən) ZN *zeiler*

yachting ('jɒtɪŋ) ZN *zeilsport*

yadda yadda ZN INFORM. *blabla*

yaffil ('jæfɪl), **yaffle** ('jæfl) ZN *groene specht*

yager ('jeɪgə) ZN MIL. *jager*

yah (jɑ:) TW • USA *ja* • *och kom!; bah!* ★ yah, yah! *moet je (dat/haar/hem) horen!*

yahoo (jə'hu:) ZN *bruut; beest* (figuurlijk)

yak (jæk) I ZN • *jak* ⟨soort rund⟩ • INFORM. *geouwehoer* II ONOV WW • INFORM. *ouwehoeren*

yam (jæm) ZN *yam*

yammer ('jæmə) ONOV WW • *jammeren; klagen* • *kakelen; veel praten*

yammerhead ('jæməhed) ZN *jammeraar*

yank (jæŋk) I ZN • *ruk; stoot; klap* II OV WW • *plotseling (weg)trekken; rukken; trekken aan* • *gappen* ★ they yanked me off *ze brachten me haastig weg*

Yank (jæŋk), **Yankee** ('jæŋkɪ) I ZN • vaak MIN. *Amerikaan* • *inwoner v. New England* • GESCH. *soldaat v.d. Noordelijke Staten* ⟨in Am. burgeroorlog⟩ II BNW • *Amerikaans*

yap (jæp) I ZN • *gekef* ★ give a yap *keffen* II ONOV WW • *keffen* • *kletsen*

yard (jɑ:d) I ZN • *yard* ⟨ca. 91 cm⟩ • *ra* • *erf; plaats(je)* ⟨bij huis⟩; *binnenplaats* • *emplacement; werf* • USA *tuin* ★ the Yard *Scotland Yard* ★ don't trust him a yard *vertrouw 'm voor geen cent* ★ he talked by the yard *hij praatte honderd uit* ★ yards of een heleboel ★ yard master *rangeermeester* II OV WW • *naar afgesloten terrein brengen* ⟨v. vee⟩ • *opslaan* ⟨v. hout⟩

yardage ('jɑ:dɪdʒ) ZN • *lengte in yards* • *opslag-/stallingskosten*

yardbird ('jɑ:dbɜ:d) ZN USA *gedetineerde*

yardstick ('jɑ:dstɪk) ZN • *maatstok* • *maatstaf* ⟨figuurlijk⟩

yardwand ('jɑ:dwɒnd) ZN *ellenstok; meetstok*

yarmulke, yarmulka ('jɑ:mʊlkə) ZN *keppeltje*

yarn (jɑ:n) I ZN • *garen; draad* • *sterk verhaal; lang(dradig) verhaal* • sportsman's yarn *visserslatijn* • spin a yarn *een sterk verhaal vertellen* II ONOV WW • *sterke verhalen vertellen*

yaw (jɔ:) I ZN • *(het) slingeren; verlies v.d. koers* II OV WW • *uit koers doen raken* III ONOV WW • *slingeren* ⟨v. vliegtuig of schip⟩ • *uit de koers raken*

yawl (jɔ:l) ZN *jol*

yawn (jɔ:n) I ZN • *gapende afgrond* • *geeuw* • *vervelend iem.* ★ give a yawn *geeuwen* II OV WW • *geeuwend (iets) zeggen* III ONOV WW • *gapen; geeuwen*

yaws (jɔ:z) ZN *framboesia* ⟨tropische huidziekte⟩

yd AFK yard(s) *yard*

ye (ji:) I PERS VNW • OUD. *gij; u* II LW • OUD. *de; het*

yea (jeɪ) I ZN • *ja* • *een stem vóór* • USA *vóórstemmer* ★ USA yeas and nays *vóór- en tegenstemmers* II BIJW • USA *ja zelfs*

yeah (jeə) TW *ja*

yean (ji:n) OV WW *werpen* ⟨lammeren⟩

yeanling ('ji:nlɪŋ) ZN *lam; geitje*

year (jɪə) ZN *jaar* ★ the year dot/one *het jaar nul* ★ a year from today *vandaag over 'n jaar* ★ it will be years first before ... *'t kan nog wel jaren duren voordat ...* ★ year after/by year *jaar na jaar* ★ at his years *op zijn leeftijd* ★ in years *bejaard* ★ declining years *levensavond; oude dag* ★ INFORM. donkey's years *heel lang; eeuwen* ★ financial year *boekjaar* ★ New Year's Day *Nieuwjaarsdag* ★ New Year's Eve *oudejaarsavond; oudejaar(sdag)* ★ in years to come *tot in lengte van dagen*

yearbook ('jɪəbʊk) ZN *jaarboek*

yearling ('jɪəlɪŋ) I ZN • *eenjarig(e) dier/plant* • USA *eerstejaarsstudent* II BNW • *éénjarig*

year-long BNW *een jaar lang*

yearly ('jɪəlɪ) BNW + BIJW *jaar-; jaarlijks*

yearn (jɜ:n) ONOV WW • ~ after/for *smachten naar* • ~ to(wards) *met liefde/medelijden vervuld zijn jegens*

yearning ('jɜ:nɪŋ) I ZN • *vurig verlangen* • *diep medelijden* II BNW • *smachtend*

yeast (ji:st) ZN • *gist* • *schuim* ⟨op golven⟩ • *zuurdesem* ★ USA ~ powder *bakpoeder*

yeasty ('ji:stɪ) BNW • *gistend* • *oppervlakkig* • *luchtig* • *hoogdravend* ★ a ~ conscience *onrustig geweten*

yegg ('jeg) ZN USA, STRAATT. *inbreker*

yell (jel) I ZN • *gil; geschreeuw* • INFORM. *iets vreselijk grappigs* II ONOV WW • *schreeuwen* • ~ forth/out *uitbrullen* • ~ on *aanvuren met geschreeuw* • ~ with *gillen van*

yellow ('jeləʊ) I BNW • *geel* • *laf* • *jaloers* • *achterdochtig* II ZN • *geel* • *eigeel* III OV WW • *geel maken* IV ONOV WW • *vergelen; geel worden*

yellow-belly ZN • *kikker* • *Mexicaan* • *halfbloed* • *lafaard*

yellow-dog BNW *laf*

yellowish ('jeləʊɪʃ), **yellowy** ('jeləʊɪ) BNW *gelig*

yellowy ('jeləʊɪ) BNW *gelig*

yelp (jelp) I ZN • *gejank* • *keffer* II ONOV WW • *keffen* ⟨als v. een hond⟩; *janken*

yen (jen) I ZN • *yen* II ONOV WW • PLAT/USA *intens verlangen*

yeoman ('jəʊmən) ZN • *vrije boer; kleine landeigenaar; herenboer* • *lid v.e. vrijwillige cavalerie* • *titel v. bep. bedienden aan 't hof* • *bevaren matroos belast met toezicht op bep. afdeling* • USA *onderofficier belast met de geestelijke verzorging aan boord* ★ ~ of the guard *lid v.d. lijfwacht der Eng. koningen in 16e-eeuws uniform* ★ ~('s) service *steun; goede dienst*

yeomanry ('jəʊmənrɪ) ZN • *de yeomen* • *vrijwillige cavalerie* ⟨v. kleine landeigenaars⟩

yep (jep) TW USA/INFORM. *ja*

yes (jes) I TW • *ja* II OV WW • INFORM. *beamen*

yes-man ZN *jaknikker; jabroer*

yesterday ('jestədeı) BIJW *gisteren* ★ the day before ~ *eergisteren*

yesteryear ('jestəjɪə) ZN *verleden jaar*

yet (jet) I BIJW • *nog*; *tot nog toe* • *toch*; *nochtans* • *al* ★ as yet *tot nu/nog toe* ★ not yet *nog niet* ★ never yet *nog nooit* ★ need you go yet? *moet je al gaan?* ★ yet once (more) *nog eens* ★ even yet *zelfs nu nog* ★ nor yet *en ook niet* II VW • *en toch*; *maar* ★ yet what is the use of it *maar waar dient dit voor*

yew (ju:) ZN *taxus*

YHA AFK Youth Hostels Association *StayOkay*; ≈ *Jeugdherbergcentrale*

Yiddish ('jɪdɪʃ) I ZN • *de Jiddische taal* II BNW • *Jiddisch*

yield (ji:ld) I OV WW • *op-/voortbrengen*; *opleveren* • *geven*; *verschaffen* • *afstaan* ★ ~ precedence to *voorrang geven* ★ ~ the palm *overtroffen worden* ★ ~ justice to *recht doen wedervaren* ★ I ~ the point *ik geef het argument toe* • ~ up *opleveren*; *afstaan* ★ ~ up the ghost *de geest geven* II ONOV WW • *toegeven* • z. *overgeven* • *voorrang verlenen* • ~ **to** *bezwijken voor* ★ ~ to none *voor niemand onderdoen* III ZN • *'t toegeven* • *productie* • *opbrengst* • *oogst*

yielding ('ji:ldɪŋ) BNW • *vruchtbaar*; *productief* • *meegaand/-gevend*

yikes (jaɪks) TW *ai!* ⟨bij schrik of afschuw⟩

yippee (jɪ'pi:) TW *jippie!*

YMCA AFK Young Men's Christian Association *protestantse organisatie voor jongemannen*

yo (jəʊ) TW JEUGDT. *hee*; *hoi*

yob (jɔb), **yobbo** ('jɔbəʊ) ZN • MIN. *vandaal* • MIN. *pummel*

yodel ('jəʊdl) I ZN • *gejodel* II OV+ONOV WW • *jodelen*

yoga (jəʊgə, USA jɔʊgə) ZN *yoga*

yogi ('jəʊgɪ) ZN *yogi*; *Hindoestaans asceet*

yogurt, yoghurt, yoghourt ('jɔgət, USA jɔʊgərt) ZN *yoghurt*

yoke (jəʊk) I ZN • *juk* • *heup-/schouderstuk* ⟨v. kledingstuk⟩ II OV WW • *'t juk opleggen* • *aanspannen* ⟨v. ossen⟩ • *verbinden* ★ they do not yoke well *ze passen niet bij elkaar*

yoke elm ZN PLANTK. *haagbeuk*

yokel ('jəʊkl) ZN *boerenpummel*

yolk (jəʊk) ZN • *eidooier* • *wolvet*

yonder ('jɔndə) BIJW *ginds*; *daarginds*

yore (jɔ:) ZN ★ of yore *(van) voorheen* ★ in days of yore *in vroeger dagen*

Yorker ('jɔ:kə) ZN *inwoner van York*; *inwoner van New York*

Yorks. AFK *Yorkshire*

you (ju:) PERS VNW • *jullie*; *jij*, *je* • *u*; *gij* • *men* ★ you never can tell *je kunt/men kan nooit weten* ★ you people know that ... *jullie weten toch dat ...* ★ poor you! *arme ziel die je bent!*

you'd (ju:d) SAMENTR • you had • → **have** • you would • → **will**

you'll (ju:l) SAMENTR • you shall • → **shall** • you will • → **will**

young (jʌŋ) I ZN • *jongen* ⟨v. dieren⟩ ★ the ~ *de jeugd* ★ with ~ *drachtig* II BNW • *jong*; *jeugdig* • *onervaren*; *nieuw* • *junior* ★ ~ mr. A. A. *junior* ★ he is still a ~ one *hij is nog onervaren*

★ the ~ ones *de jongeren*; *de jongelui*

youngish ('jʌŋɪʃ) BNW *jeugdig*; *vrij jong*

youngster ('jʌŋstə) ZN • *jongmens* • *jong broekje/maatje* • *jonge officier* • *jong dier* ★ the ~s *de jongelui*

your (jɔ:) BEZ VNW *uw*; *je*

you're (jʊə) SAMENTR you are • → **be**

yours (jɔ:z) BEZ VNW *de/het uwe*; *jouwe* ★ you and ~ *gij en de uwen/uw bezittingen, enz.* ★ it was ~ to do this *het was aan u om dit te doen* ★ ~ is to hand *uw brief ontvangen* ★ ~ truly *hoogachtend*; IRON. *ondergetekende* ★ a friend of ~ *een vriend van jou/u* ★ what's ~? *wat wil je gebruiken?* ★ VULG. up ~ *je kan de pot op*

yourself (jɔ:'self) WKD VNW • *jijzelf*; *uzelf* • *u*; *zelf* ★ INFORM. how's ~? *hoe gaat 't?* ★ be ~! *kalm aan!*; *bedaar 'n beetje!*

yourselves (jɔ:'selvz) PERS VNW [mv] • → **yourself**

youth (ju:θ) ZN • *jeugd* • *jongelui* • *jongeling* ★ gilded ~ *rijkeluiskinderen* ★ from my ~ onwards (up) *van jongs af aan*

youthful ('ju:θʊl) BNW *jeugdig*; *jong*

youth hostel ZN *jeugdherberg*; *stayokay*

you've (ju:v) SAMENTR you have • → **have**

yowl (jaʊl) I ZN • *gejank* • *gemiauw* II ONOV WW • *janken*; *huilen*; *miauwen*

yo-yo ('jəʊjəʊ) I ZN • *jojo* II ONOV WW • *jojoën* • *op- en neergaan* • *weifelen*

yperite ('i:pəraɪt) ZN *yperiet* ★ ~ (gas) *mosterdgas*

yr AFK • year *jaar* • your *jouw*; *uw*

Yugoslav ('ju:gəslɑ:v) I ZN • *Joegoslaaf* II BNW • *Joegoslavisch*

Yugoslavia ('ju:gə'slɑ:vɪə) ZN *Joegoslavië*

yuk (jʌk) TW *gadverdamme!*

Yuletide ('ju:ltaɪd) ZN *kersttijd*

yummy ('jʌmɪ) I BNW • INFORM. *lekker*; *heerlijk*; *prachtig* II TW • *mmm!*

yum-yum (jʌm'jʌm) TW *mmm*; *lekker*; *heerlijk*

yup ZN USA young urban professional *yup*

YWCA AFK Young Women's Christian Association *protestantse organisatie van jonge vrouwen*

yw

Z

z (zed) ZN letter *z* ⋆ Z as in Zebra *de z van Zaandam*

zany (ˈzeɪnɪ) I ZN • *halvegare* • *lolbroek* II BNW • *grappig*; *geinig* • *absurd*

zap (zæp) I ZN • *pit*; *pep*; *energie* • *schok*; *slag* II OV WW • *uitschakelen* ⟨v. concurrent⟩; *verslaan*; *vernietigen* • *plotseling hard slaan* • *diepe indruk maken op* • *opwarmen* ⟨in magnetron⟩ • ~ **through** *doorspoelen* ⟨video enz.⟩ III ONOV WW • *snel bewegen*; *racen* • *zappen* ⟨tv⟩

zeal (ziːl) ZN *ijver*; *vuur*

zealot (ˈzelət) ZN *fanatiekeling*; *drijver*; *dweper*

zealotry (ˈzelətrɪ) ZN *fanatisme*

zealous (ˈzeləs) BNW *ijverig*

zebra (ˈzebrə, ˈziːbrə) I ZN • *zebra* • USA/INFORM. *scheids-/lijnrechter* II BNW • *zwart-wit gestreept*

zebra crossing ZN *zebrapad*

zebu (ˈziːbuː) ZN *Indisch bultrund*

zenana (zɪˈnɑːnə) ZN *harem* ⟨in India⟩ ⋆ ~-(cloth) *dunne stof*

zenith (ˈzenɪθ) ZN *toppunt*

zephyr (ˈzefə) ZN • *windje*; *koeltje* • *dunne sporttrui* • *zefier* ⟨stof⟩

zero (ˈzɪərəʊ) I ZN • *nul(punt)* • *laagste punt*; *dieptepunt* • *beginpunt* • MIL. *middernacht* ⋆ be at zero *op nul staan* ⋆ fly at zero *beneden 1000 voet vliegen* ⋆ zero g *toestand van gewichtloosheid* ⋆ MIL. zero day *datum v.e. operatie* II ONOV WW • *richten* ⟨geweer⟩

zest (zest) ZN • *iets pikants* • *pikante smaak* • *vuur* • *animo* ⋆ zest for life *levenslust* ⋆ add a zest to *kruiden*; FIG. *'t genot verhogen van*

zigzag (ˈzɪgzæg) I ZN • *zigzag* II BNW + BIJW • *zigzagsgewijs* III ONOV WW • *zigzaggen(d voortbewegen)* • *heen en weer/op en neer gaan*

zilch (zɪltʃ) TELW INFORM *niks*; *noppes*

zillion (ˈzɪljən) ZN USA *x miljoen*; *onbepaald groot aantal/getal* ⋆ ~s of mosquitoes *ontelbaar veel muggen*

Zimmer frame (ˈzɪmə freɪm) ZN ≈ *rollator*

zinc (zɪŋk) I ZN • *zink* ⋆ zinc plate *gegalvaniseerd ijzer* II OV WW • *met zink bedekken*

zing (zɪŋ) ZN *energie*; *enthousiasme*

Zionism (ˈzaɪənɪzəm) ZN *zionisme*

zip (zɪp) I ZN • *ritssluiting* • *fut* • *gefluit/-snor* ⟨v. kogels of pijlen⟩ II OV WW • COMP. *zippen* • ~ **up** *dichtritsen* ⋆ could you zip me up? *kun je de rits (op mijn rug) dichtmaken?* III ONOV WW • *vliegen*; *fluiten* ⟨v. kogels⟩ • USA/INFORM. *met energie werken*

zip code ZN USA *postcode*

zip fastener ZN *ritssluiting*

zipper (ˈzɪpə) ZN • *ritssluiting* • *tasje, enz. met ritssluiting*

zither (ˈzɪðə) ZN *citer*

zodiac (ˈzəʊdɪæk) ZN *dierenriem*

zodiacal (zəˈdaɪəkl) ZN *zodiakaal*

zombie (ˈzɒmbɪ) ZN • *levend lijk* • *apathisch iem.*

zonal (ˈzəʊnl) BNW • *m.b.t. zones* • *ingedeeld in zones*

zone (zəʊn) I ZN • *ring*; *zone*; *luchtstreek*; *gordel* ⋆ zone of fire *baan v. projectiel* II OV WW • *omgorden* • *in zones verdelen* • *toewijzen voor bep. gebied*

zoning (ˈzəʊnɪŋ) ZN • *handels-/industriewijken* • *indeling v. stad in woonwijken*

zonked (zɒŋkt, zaŋkt) BNW USA *onder invloed* ⟨v. alcohol of drugs⟩

zoo (zuː) ZN *dierentuin* ⋆ zoo man *oppasser in dierentuin* ⋆ the London Zoo *de dierentuin van Londen*

zoological (zəʊəˈlɒdʒɪkl) BNW *dierkundig* ⋆ ~ garden *dierentuin*

zoologist (zəʊˈɒlədʒɪst) ZN *dierkundige*

zoology (zəʊˈɒlədʒɪ) ZN *dierkunde*

zoom (zuːm) I ZN • *'t steil klimmen v. vliegtuig* II ONOV WW • PLAT *vliegtuig snel en steil doen stijgen* • *zoemen* • *snel in prijs stijgen* • A-V *zoomen* ⋆ zoom lens *zoomlens* • ~ **in (on)** *inzoomen (op)*

zoomorphic (zəʊəˈmɔːfɪk) BNW *in dierenvorm*

zoot (zuːt) BNW • *opzichtig* • *modieus* ⋆ USA zoot suit *opzichtig twee- of driedelig herenkostuum met brede revers en wijde broekspijpen*

zucchini (zuːˈkiːnɪ) ZN USA *courgette*

Beknopte grammatica

ONREGELMATIGE WERKWOORDEN

infinitief	o.v.t.	volt. deelwoord	vertaling
abide	abode	abode	vasthouden aan, verdragen
arise	arose	arisen	ontstaan
awake	awoke	awoken	wakker worden
be	was/were	been	zijn, worden
bear	bore	borne	(ver)dragen
beat	beat	beaten	(ver)slaan
become	became	become	worden
begin	began	begun	beginnen
behold	beheld	beheld	aanschouwen
bend	bent	bent	buigen
bet	bet	bet	wedden
	betted	betted	
bid	bade	bidden	gebieden
bid	bid	bid	bieden
bind	bound	bound	binden
bite	bit	bitten	bijten
bleed	bled	bled	bloeden
blow	blew	blown	blazen, waaien
break	broke	broken	breken
breed	bred	bred	kweken, fokken
bring	brought	brought	brengen
broadcast	broadcast	broadcast	uitzenden
build	built	built	bouwen
burn	burned	burned	(ver)branden
	burnt	burnt	
burst	burst	burst	barsten
buy	bought	bought	kopen
cast	cast	cast	werpen
catch	caught	caught	vangen
choose	chose	chosen	kiezen
cling	clung	clung	zich vastgrijpen
come	came	come	komen
cost	cost	cost	kosten
creep	crept	crept	kruipen
cut	cut	cut	snijden
deal	dealt	dealt	(be)handelen
dig	dug	dug	graven
do	did	done	doen
draw	drew	drawn	tekenen, trekken
dream	dreamed	dreamed	dromen
	dreamt	dreamt	
drink	drank	drunk	drinken
drive	drove	driven	drijven, besturen
dwell	dwelt	dwelt	wonen
eat	ate	eaten	eten
fall	fell	fallen	vallen
feed	fed	fed	(zich) voeden
feel	felt	felt	(zich) voelen
fight	fought	fought	vechten
find	found	found	vinden
flee	fled	fled	vluchten
fling	flung	flung	smijten
flee	fled	fled	ontvluchten
fly	flew	flown	vliegen
forbid	forbade	forbidden	verbieden
forget	forgot	forgotten	vergeten
forgive	forgave	forgiven	vergeven
forsake	forsook	forsaken	in de steek laten
freeze	froze	frozen	(be)vriezen
get	got	got	krijgen, worden
		gotten (VS)	

infinitief	o.v.t.	volt. deelwoord	vertaling
give	gave	given	geven
go	went	gone	gaan
grind	ground	ground	malen, slijpen
grow	grew	grown	groeien, kweken, worden
hang	hung	hung	hangen
	hanged	hanged	ophangen
have	had	had	hebben
hear	heard	heard	horen
hide	hid	hidden	(zich) verbergen
hit	hit	hit	slaan, raken, treffen
hold	held	held	(vast)houden
hurt	hurt	hurt	pijn doen, bezeren
keep	kept	kept	houden, bewaren
kneel	knelt	knelt	knielen
knit	knit	knitted	breien
	knitted	knit	
know	knew	known	weten
lay	laid	laid	leggen
lead	led	led	leiden
lean	leant	leant	leunen
	leaned	leaned	
leap	leapt	leapt	springen
	leaped	leaped	
learn	learnt	learnt	leren
	learned	learned	
leave	left	left	(ver)laten
lend	lent	lent	uitlenen
let	let	let	laten, verhuren
lie	lay	lain	liggen
light	lit	lighted	aansteken, verlichten
	lighted	lit	
lose	lost	lost	verliezen
make	made	made	maken
mean	meant	meant	bedoelen, betekenen
meet	met	met	ontmoeten
mow	mowed	mown	maaien
pay	paid	paid	betalen
put	put	put	leggen, plaatsen, zetten
quit	quit	quitted	ophouden, verlaten
	quitted	quit	
read	read	read	lezen
rid	rid	rid	bevrijden
ride	rode	ridden	rijden
ring	rang	rung	bellen, klinken
rise	rose	risen	opstaan, stijgen, rijzen
run	ran	run	rennen, lopen
saw	sawed	sawn	zagen
		sawed	
say	said	said	zeggen
see	saw	seen	zien
seek	sought	sought	zoeken
sell	sold	sold	verkopen
send	sent	sent	sturen, zenden
set	set	set	zetten, ondergaan
sew	sewed	sewn	naaien
		sewed	
shake	shook	shaken	schudden, beven
shave	shaved	shaven	scheren
		shaved	
shed	shed	shed	vergieten, storten
shine	shone	shone	schijnen, glanzen
shoot	shot	shot	schieten
show	showed	shown	tonen
		showed	
shrink	shrank	shrunk	krimpen
shut	shut	shut	sluiten
sing	sang	sung	zingen

infinitief	o.v.t.	volt. deelwoord	vertaling
sink	sank	sunk	zinken, tot zinken brengen
sit	sat	sat	zitten
sleep	slept	slept	slapen
slide	slid	slid	glijden
smell	smelt	smelled	ruiken
	smelled	smelt	
sow	sowed	sown	zaaien
speak	spoke	spoken	spreken
spell	spelt	spelled	spellen
	spelled	spelt	
spend	spent	spent	uitgeven, doorbrengen
spin	spun	spun	ronddraaien, spinnen
spill	spilt	spilled	morsen
	spilled	spilt	
spit	spat	spat	spuwen
split	split	split	splijten
spoil	spoilt	spoiled	bederven, verwennen
	spoiled	spoilt	
spread	spread	spread	(zich ver)spreiden
stand	stood	stood	staan
steal	stole	stolen	stelen
stick	stuck	stuck	steken, kleven
sting	stung	stung	steken, prikken
stink	stank	stunk	stinken
	stunk		
stride	strode	stridden	schrijden, stappen
strike	struck	struck	slaan, treffen, staken
strive	strove	striven	streven
swear	swore	sworn	zweren, vloeken
sweat	sweat	sweated	zweten
	sweated	sweat	
sweep	swept	swept	vegen
swim	swam	swum	zwemmen
swing	swung	swung	zwaaien, slingeren
take	took	taken	nemen, brengen
teach	taught	taught	onderwijzen
tear	tore	torn	scheuren, rukken
tell	told	told	vertellen, zeggen
think	thought	thought	denken
thrive	throve	thrived	voorspoed hebben
	thrived	thriven	
throw	threw	thrown	gooien
thrust	thrust	thrust	duwen, stoten
understand	understood	understood	begrijpen, verstaan
wake	woke	woke(n)	wekken, wakker worden
wear	wore	worn	dragen
weave	wove	woven	weven
weep	wept	wept	huilen, wenen
wet	wet	wetted	nat maken
	wetted	wet	
.win	won	won	winnen
wind	wound	wound	winden, draaien
wring	wrung	wrung	wringen
write	wrote	written	schrijven

HET ZELFSTANDIG NAAMWOORD, MEERVOUD EN VERKLEINVORM

In het Engels wordt een zelfstandig naamwoord meestal in het meervoud gezet door er een -s achter te plaatsen:

1 house – 2 houses (huis)
1 market – 2 markets (markt)

De meeste uitzonderingen zijn gemakkelijk te herkennen:

1 victory – 2 victories (overwinning)
1 bus – 2 buses (bus)

In het Engels wordt zelden een verkleinvorm (bv.'huisje') gebruikt, al komt het suffix '-let' nog weleens voor: 'starlet' (sterretje).

HET LIDWOORD

Terwijl het Nederlands twee bepaalde lidwoorden heeft ('de' en 'het'), is er in het Engels maar één: **the**.

the bike of **the** girl – de fiets van het meisje

Het onbepaalde lidwoord ('een') komt in het Engels daarentegen in twee vormen voor:

a – wanneer er een medeklinker op volgt:

a call, **a** great song

an – wanneer er een klinker of een *h* op volgt:

an evening, **an** oval office, **an** hour

HET BIJVOEGLIJK NAAMWOORD

Het bijvoeglijk naamwoord wordt in het Engels niet verbogen:

a big plane (een groot vliegtuig)
the big plane (het grote vliegtuig)
big planes (grote vliegtuigen)

HET BIJWOORD

Engelse bijwoorden worden gevormd door **-ly** te plakken achter een stam:

the absolute majority (de absolute meerderheid)
you are absolutely right (je hebt absoluut gelijk)

Als het bijvoeglijk naamwoord eindigt op een **y**, dan wordt deze vervangen door een **i**:

a hasty answer (een haastig antwoord)
he answered hastily (hij antwoordde haastig)

ENGELSE WERKWOORDEN

regelmatige werkwoorden

Het vervoegen van Engelse werkwoorden is in de regel heel simpel: voor de tegenwoordige tijd wordt altijd het hele werkwoord gebruikt. Alleen in de derde persoon enkelvoud komt er een **-s** achter. Voor de verleden tijd komt er in alle persoonsvormen **-ed** achter het hele werkwoord. Dus:

	tegenwoordige tijd	verleden tijd
I (ik)	work (ik werk)	worked (ik werkte)
you (jij, u)	work	worked
he/she/it (hij/zij/het)	works	worked
we (wij)	work	worked
you (jullie)	work	worked
they (zij)	work	worked

Het voltooid deelwoord wordt gevormd met **-ed** achter het hele werkwoord: I have worked (ik heb gewerkt).

HULPWERKWOORDEN

De hulpwerkwoorden 'be', 'have' en 'do' worden onregelmatig vervoegd:

	be tegenw td	verl td	have tegenw td	verl td	do tegenw td	verl td
I (ik)	am	was	have	had	do	did
you (jij, u)	are	were	have	had	do	did
he/she/it (hij/zij/het)	is	was	has	had	does	did
we (wij)	are	were	have	had	do	did
you (jullie)	are	were	have	had	do	did
they (zij)	are	were	have	had	do	did

Andere hulpwerkwoorden ('shall', 'will') worden regelmatig vervoegd
Bij 'be' en 'have' worden persoonlijk voornaamwoord en hulpwerkwoord in de
tegenwoordige tijd vaak samengetrokken; bij shall' en 'will' gebeurt dat zowel in de
tegenwoordige als in de verleden tijd. Bij 'shall' en 'will' leidt dat tot identieke vormen:

	be	have	shall/will tegenw td	verl td
I (ik)	I'm	I've	I'll	I'd
you (jij, u)	you're	you've	you'll	you'd
he/she/it (hij/zij/het)	he's	he has	he'll	he'd
we (wij)	we're	we've	we'll	we'd
you (jullie)	you're	you've	you'll	you'd
they (zij)	they're	they've	they'll	they'd

be
Engelse werkwoorden worden op twee manieren gebruikt: met de normale vervoeging of
samen met het hulpwerkwoord 'be'.

Voor het uitdrukken van de algemene, normale gang van zaken kan men de normale
vervoeging gebruiken:
    this is the building I work in (dit is het gebouw waar ik werk)

Voor het uitdrukken van iets dat op het moment zelf gaande is, wordt het werkwoord 'be'
vervoegd en gevolgd door het hele (hoofd)werkwoord, waaraan **-ing** is toegevoegd (I am
work+ing).
    I'm working now, but I will be ready soon (ik ben nu aan het werken, maar ik ben snel
    klaar)

have
Alle voltooide werkwoordsvormen worden vervoegd met 'have', ook als je in het
Nederlands 'zijn' zou gebruiken:
    we have left (wij zijn weggegaan)
    I had fallen (ik was gevallen)

do
Om iets tegen te spreken kan 'do' worden gebruikt, gevolgd door het hele werkwoord:
    I dó think it's beautiful (ik vind wél dat het mooi is)
Op dezelfde manier kan iets worden benadrukt:
    I dó think it's beautiful (ik vind écht dat het mooi is)

De belangrijkste functie van 'do' is echter die in ontkennende en vragende zinnen.

ONTKENNENDE ZINNEN

In het Nederlands wordt een zin ontkennend gemaakt door er 'niet' of een ander
ontkennend woord aan toe te voegen:
   ik woon hier – ik woon hier niet
In het Engels wordt hiervoor meestal het werkwoord 'do' gebruikt, gevolgd door de
ontkenning:
   I live here – I do not live here
Maar als andere werkwoorden worden gebruikt die een *zijn* uitdrukken ('be', 'may', 'will'),
blijven deze zo staan in de ontkennende zin:
   she is – not – at home (zij is – niet – thuis)
   we may – not – be abroad (we zijn wellicht – niet – in het buitenland)

Het is gebruikelijk om werkwoorden samen te trekken met 'not':
   I do not *wordt* I don't
   he/she/it does not *wordt* he/she/it doesn't

Dus ze worden aan elkaar geschreven en de o van not wordt vervangen door een
apostrof (').
Hetzelfde gebeurt bij 'have':
   I have not *wordt* I haven't
Bij 'shall' en 'will' leidt het tot onregelmatige vormen:
   he shall not *wordt* he shan't
   we will not *wordt* we won't
Hetzelfde gebeurt ook bij de verleden tijd:
   I was not *wordt* I wasn't
   he had not *wordt* he hadn't
   we should not *wordt* we shouldn't
   you would not *wordt* you wouldn't

VRAGENDE ZINNEN

Meestal worden vragende zinnen gevormd met het werkwoord 'do', dat vervoegd wordt,
gevolgd door het persoonlijk voornaamwoord en het hele werkwoord:
   do you work here? (werkt u hier?)
   does he like candy? (houdt hij van snoep?)
Maar deze regel gaat niet op als er werkwoorden worden gebruikt die een *zijn* uitdrukken
('be', 'may', 'will'):
   are you ill? (ben je ziek?)
   when will you be back? (wanneer zul je weer terug zijn?)
Ook bij andere hulpwerkwoorden gaat de *do*-regel niet op:
   have you seen her? (heb je haar gezien?)
   can you do this?

Om een vraag te beantwoorden, wordt het hulpwerkwoord herhaald dat in de vraag
wordt gebruikt:
   – do you know that? (– weet je dat?)
   – yes, I do *of* – no, I don't (– ja *of* – nee)
Als vragende zinnen gevormd zijn met koppelwerkwoorden, worden deze herhaald:
   – are you from Holland? (kom je uit Nederland?)
   – yes, I am *of* – no, I'm not (– ja *of* – nee)
Als de vraag betrekking heeft op iets wat op dat moment gebeurt, wordt de
-ing-constructie gebruikt:
   – is she baking cookies? (is ze koekjes aan het bakken?)
   – yes, she is *of* – no, she isn't (– ja *of* – nee)

Vragende zinnen met een voltooid deelwoord worden gevormd met 'have':
- have you seen her? (heb je haar gezien?)
- yes, I have *of* - no, I haven't (- ja *of* - nee)

Praktische tips

HET SAMENVOEGEN VAN WOORDEN

In het Nederlands worden dikwijls twee of meer woorden samengevoegd tot één woord. In het Engels wordt dat zelden gedaan. Twee woorden die samen één begrip vormen, staan in het Engels meestal los van elkaar:

food problem   voedselprobleem
insurance company   verzekeringsmaatschappij

Woorden die kort zijn of die erg veel gebruikt worden, worden dikwijls aan elkaar geschreven:

bus stop wordt: busstop
motor-car wordt: motorcar

Het verbindingsstreepje wordt wel gebruikt bij samengestelde bijvoeglijke naamwoorden:

a seven-year-old girl   een meisje van zeven jaar
on-the-job training   training binnen het bedrijf

HET AFBREKEN VAN WOORDEN

Bij voorkeur voorkomt men het afbreken van een woord aan het einde van de regel, door het woord aan het begin van de nieuwe regel te schrijven. Er zijn geen eenduidige regels voor het afbreken van woorden, maar de volgende regels worden het meest toegepast.

1 Niet afgebroken wordt:
a bij woorden met één lettergreep:
   care, week, love, enz.
b voor de uitgang *-ed* van de verleden tijd en het voltooid deelwoord:
c voor de uitgangen *cial, cian, cious, sion, tion* die in de uitspraak één lettergreep vormen:
   social, conscious, starvation, mission

2 Bij voorkeur worden niet afgebroken:
a woorden met één letter aan het begin of aan het eind:
   apart, above, windy, enz.
b korte woorden met twee lettergrepen:
   city, water, enz.
c woorden waarvan na het verbindingsstreepje twee letters zouden overblijven (met uitzondering van bijwoorden die eindigen op *-ly*):
   against, mixer, beauty, enz.

3 Indien een woord moet worden afgebroken, gebeurt dit bij voorkeur:
a na een klinker:
   fe-ver, de-pend
b voor de uitgang *ing:*
   think-ing, keep-ing
c tussen twee medeklinkers:
   mil-lion, mes-sage, recom-mend
d voor het tweede deel van een samenstelling:
   anti-hero, tele-phone, happi-ness